ΞΕΝΟΦΩΝΤΟΣ
ΤΑ ΣΩΖΟΜΕΝΑ.

XENOPHONTIS
SCRIPTA QUÆ SUPERSUNT.

GRÆCE ET LATINE
CUM INDICIBUS NOMINUM ET RERUM
LOCUPLETISSIMIS.

PARISIIS,
EDITORE AMBROSIO FIRMIN DIDOT,
INSTITUTI REGII FRANCIÆ TYPOGRAPHO.

M DCCC XLI.

ΞΕΝΟΦΩΝΤΟΣ
ΤΑ ΣΩΖΟΜΕΝΑ.

XENOPHONTIS
SCRIPTA QUÆ SUPERSUNT.

ΞΕΝΟΦΩΝΤΟΣ
ΤΑ ΣΩΖΟΜΕΝΑ.

XENOPHONTIS
SCRIPTA QUÆ SUPERSUNT.

GRÆCE ET LATINE
CUM INDICIBUS NOMINUM ET RERUM
LOCUPLETISSIMIS.

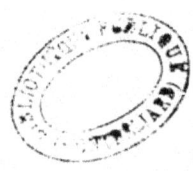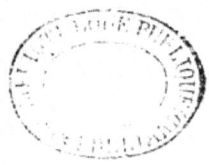

PARISIIS,
EDITORE AMBROSIO FIRMIN DIDOT,
INSTITUTI REGII FRANCIÆ TYPOGRAPHO.
VENIT APUD FIRMIN DIDOT FRATRES.

M DCCC LX.

PRÆFATIO.

Ut Xenophonteis scriptis sua, quantum ejus hodie fieri potest, redderetur forma et integritas, jam magnus criticorum numerus laboraverat, quum ad hoc opus se conferret Ludovicus Dindorf. Is primus librorum manu exaratorum auctoritatem justa lance pensitavit, et tam rerum narratarum quam Attici sermonis cognitione eximia, dum alii editores fluctuabant per plurima, ipse orationem Xenophontis ad veræ critices normam constituit. Hujus igitur viri, nostra laude altioris, recensionem ita repræsentamus, ut perpauca aliorum, velut Dobræi, inventa suis locis inserta legas. Nostrum namque institutum quum annotationis omne genus in aliud tempus differat, vigilandum est ne quid ipsis textis immittatur quod non omnes contineat numeros veritatis.

Quapropter iis in locis, ubi præpostero ordine res referuntur, seriem e codicibus manuscriptis productam servare quam non adjectis rationibus immutatam edere maluimus. Accedit quod scripta nonnulla, ea præsertim quæ sunt de rebuspublicis Atheniensi et Lacedæmoniorum, atque adeo Historia Græca, non videntur ab ipso Xenophonte perfecta et edita, sed ex scriniis mortui ab alio collecta: quo magis lubricum est genuinæ talium scriptorum formæ, quæ fortasse nunquam exstitit, inveniendæ studium. Lacedæmoniorum tamen respublica quia multo commodius legitur intelligiturque melius secundum seriem ab Haasio institutam, quæ sine dubio ad ipsum Xenophontis in illa scribenda consilium proxime accedit, eam hoc loco indicamus. Capite 2 vir doctus §§ 10 et 11 ponit post § 2; ibidem sectionis 9 extrema verba, Δηλοῦται... λαμβάνει, initio ejusdem sectionis, ut jam sequentia verba, valde corrupta, Καὶ ὡς πλείστους.... εὐφραίνεσθαι, intelligantur de annua verberatione adolescentium ad aram Dianæ. Extrema verba ejusdem capitis in codicibus non sunt illa ab Weiskio et post eum ab editoribus omnibus ex tertii capitis fine huc translata, Καὶ... ἐπεμελήθη, sed ea quæ nunc comprehenduntur sectione 6 capitis 3. Codicum ordinem et παιδίσκων pro παιδικῶν recte restituit Haasius. Nos inveterata locum ex Weiskiana mutatione legendi consuetudo de codicum dissensu fefellerat. In fine capitis 4 vir ille doctus ponit capitis 10 sectiones 1, 3, 2 (hoc ordine); post capitis 11 § 3 assumit capitis 13

PRÆFATIO.

sectionem 8 et primam phrasin sectionis 9. Post ejusdem capitis 11 § 6 ponit capitis 13 § 9, a verbis, Καὶ παρακελεύονται : denique caput 15 post caput 12 : nam caput 14 pro epilogo debet haberi. De Atheniensium Republica valde dolemus ad manum nobis non fuisse dissertationem G. A. Sauppii.

Interpretationes latinæ quo græcis jam ad majorem integritatem adductis responderent, multis modis corrigendæ et refingendæ erant, adeo ut vix una alterave minorum sectionum sine mutatione discesserit : nihilominus ipsa oratio et vertendi modus singularum auctores etiamnum prodit. Quas Hutchinsonus condidit *Cyropædiæ*, *Anabaseos* et *Agesilai*, ad verbum pæne expressæ sunt, sed paullo artificiosius scriptæ, et operosioris elegantiæ quam græca Xenophontis. Liberius vertit Leonclavius, propius ad archetypum suum accessurus, nisi Livii imitatio eum nimis sæpe in alienas loquendi formas abduceret. Qua cum libertate, quæ sententiarum redderet summam, modum mutaret et ordinem enuntiatorum, non diffitemur nobis multum fuisse luctandum. *Memorabilium* sive potius Commentariorum interpres Anglus Edwards tam aperta levitatis vestigia ostendit, ut tandem pœniteret nos ipsius potissimum, utpote recentissimam, translationem ad refingendum elegisse. Denique in scriptis *de re equestri* et *venatica* si nostra interpretatio plurimum differt a veteribus, haud paullo melius procedens, ejus rei gratia habenda est primum Couriero, qui Equestria Xenophontis excellentissime et emendavit, et vertit gallice, et explicavit; successorique ejus in Germania, Friderico Jacobs filio, qui paucos illius errores correxit, plurima explicuit latius et apparatu ex antiquis scriptoribus collecto ampliore; deinde T. W. Lenzio, Germano et ipsi, qui venationis peritissimus multa in Cynegeticis primus recte intellexit.

Indices nominum et rerum plenissimi debentur doctæ diligentiæ cujusdam olim professoris in aliquot Borussici regni gymnasiis, cujus scripta maximam partem historica non improbantur. Historiæ Græcæ, rerum gestarum utplurimum brevissime indicatarum vim ingentem complectentis, index plane novus est et ex ter repetita hujus libri lectione constructus; reliquarum scriptionum indices jam editi cum accessione non exigua prodeunt; adduntur que argumenta capitum, quibus series rerum tractatarum utiliter ab editoribus fuit delineata.

XENOPHONTIS OPERUM
ARGUMENTA.

CYRI DISCIPLINA.

LIBER I.

Caput I. Ostendit auctor operis procemio non adeo difficile videri hominibus imperare, modo quis eorum naturam cognitam prudenter tractare sciat. Quam in rem Cyri affert exemplum, atque ita commode ad narrationem instituendam transit. — Cap. II. Cyri genus et corporis animique dotes ejusdemque educatio puerilis ad leges Persicas instituta, quarum ratio et praestantia explanatur. — Cap. III. Duodecim annos natus Cyrus ad avum profectus est, apud quem multa pueriliter quidem, sed ingenue atque ita dixit et fecit ut egregiam mentis et animi indolem ostenderet omniumque amorem sibi conciliaret. — Cap. IV. Exactis pueritiae annis gravitatem et verecundiam induit : aequales obsequio et comitate sibi devincit, inter quos unice tenetur equitandi et venandi studio. Sedecim annos natus tirocinium ponit et documentum artis imperatoriae edit adversus Assyrios. In Persas redeuntem deducunt Medi magno comitatu, quorum unus ejus pulchritudine captus aegre ab eo discedit. — Cap. V. Transactis modeste et strenue legitimis usque ad aetatem virilem annis Cyrus a Persis praeficitur exercitui qui Cyaxari mittitur auxilio contra Assyrios. Ejus oratio ad mille duces exercitus sui. — Cap. VI. Cyrum proficiscentem prosequitur Cambyses et cum eo disserit de officiis imperatoris et singulatim quidem de rerum divinarum cura et de precibus ad deos certa lege faciendis 1 — 6, de industria et cura efficiendi ut quisque modestus et probus reperiatur et ut commeatus suppetat exercitui 7 — 11, de multiplici boni imperatoris scientia 12 — 14, de tuenda bona exercitus valetudine et de exercitationibus hanc in rem instituendis 15 — 18, de artibus quibus effici possit ut milites non modo coacti et inviti, sed volentes ac lubentes imperatori pareant 19 — 25, de variis artibus superandi hostes 26 — 43, de divinatione in rebus suscipiendis adhibenda 44 — 46.

LIBER II.

Caput I. Cyaxares suas hostiumque copias recenset Cyro et pugnae armorumque genus quod sit ostendit. Cyrus autem ab eo impetrat ut Persis advenientibus nova arma ad bellum felicius gerendum fieri jubeat. Concionibus de mutando armorum genere habitis Persae omnes iisdem quibus homotimi armis ornantur. Cyrus meditationes campestres instituit, et virtutis praemiis propositis studia contentionum honestarum excitat. — Cap. II. Convivantium sermones ita moderatur Cyrus ut et delectent et prosint. Ergo cum narrationes de fatuitate et vecordia Persarum privatim institutorum redarguantur ab Aglaitada, Cyrus narrantium jocos defendit. Inde post seria quaedam de praemiis distribuendis rursus ad ludum sermones revocat. — Cap. III. Causa de praemiis in concione agitur. Cyrus rem ad deliberandum proponit. E procerum ordine Chrysantas statuit ut in ea re virtutis singulorum ratio habeatur. Et plebeiorum ordine praestantissima oratione idem suadet, simulque decerni dignitatis et virtutis judicium esse Cyro permittendum. Totas centurias Cyrus ob singulares exercitationes ab ipsis institutas epulo excipit. — Cap. IV. Legatis ab Indorum rege ad Cyaxarem missis Cyrus arcessitus dat responsum. Cyaxari suadet idem ut Armeniorum rex, qui defecerat, ad officium redigatur, et probata re sub venationis specie cum exercitu ad fines ejus accedit.

LIBER III.

Caput I. Armeniae rex cum suis capitur, et judicii quadam forma defensus a filio in fidem conditionibus aequis recipitur. Regis Armeniorum et filii ejus paratum obsequium. — Cap. II. Chaldaeos pariter oppressos Cyrus sibi et Armeniis socios adjungit, et utrisque volentibus montes occupatos ipse tenet: quos munire instituit. Legatos ad Indorum regem de pecunia in belli sumtus mutuo sibi danda mittit. — Cap. III. Cyrum redeuntem excipiunt honorifice deducuntque abeuntem Armenii. Ornatis et exercitatis militibus Cyrus persuadet Cyaxari ut jam in hostium regionem educatur exercitus : in qua praedando et cuncta vastando accedunt ad hostes. Assyriorum et Cyri diversa in castris collocandis ratio. Cyaxaris intempestiva pugnandi cupiditate refutata Cyrus principes Persarum ad fortitudinem cohortatur; Assyrius omnem suum exercitum; quod sero ab hoc et frustra fieri pluribus docet Cyrus. Magno animo Persae impetum faciunt in Assyrios, qui amissis suorum multis in castra repelluntur.

LIBER IV.

Caput I. Cyrus ob victoriam reportatam deos et milites honore afficit. De hostibus, qui nocte castra deseruerant, persequendis capitur consilium. Rem impedire conatur Cyaxaris livor et ignavia : sed ab eo impetrat Cyrus ut Medi, qui sponte velint, ipsum sequantur. — Cap. II. Interim Hyrcaniorum legati de societate cum Persis ineunda veniunt : quos duces itineris secutus Cyrus cum suis omnibus et cum maxima parte Medorum proficiscitur, Hyrcaniosque in fidem recipit. Hostium aggrediendorum et persequendorum modum docet, quos oppressos nullo resistente maxima clade afficit. Cyrus per servos, captivos parat commeatum et summa cura providet ut socios in hostibus persequendis jam occupatos sibi devinciat. — Cap. III. Persarum res equestris decernitur. — Cap. IV. Captivi ut contineantur sub imperio, dimittuntur liberi. — Cap. V. Coena sumitur et castra custodiuntur. Cyaxares cognito suorum discessu iratus mittit qui confestim illos redire jubeat : sed Cyrus nuntium retinere studet. Mittitur nuntius cum mandatis in Persas ut novos milites mittant, sed cum litteris idem ad Cyaxarem. De praeda

dividenda ita Cyrus agit ut equi et omnia quæ ad rem equestrem pertinent, Persis ad instituendum equitatum cedant. — Cap. VI. Gobryas ab Assyrio deficit ad Cyrum. Molli de præda divisa referunt.

LIBER V.

Caput I. Cyrus de præda sibi tributa ornat alios. Panthea, forma et virtute excellens mulier, custodienda committitur Araspæ: qui cum adversus Cyrum egregie disputasset de amore, suamque adversus ejus illecebras jactasset firmitatem, ad extremum vehementi capitur amore Pantheæ. Cyrus de bello persequendo certus explorat Medorum et sociorum voluntatem, utrum secum manere velint : qui omnes haud dubitanter respondent se ab eo non esse discessuros. — Cap. II. Cyrus proficiscitur ad Gobryam : hic se et sua omnia tradit Cyro. Gobryas in castra invitatus Persarum cœnam admiratur. Cyrus a Gobryâ et Hyrcanio exquirit quæ nova sociorum auxilia possit adsciscere; et si via propter Babylonem ducat, non refugiendum, sed nunc maxime illuc iter dirigendum esse docet. — Cap. III. Assyria denuo vastata prædæ maxima pars tribuitur Gobryæ. Cyrus ad Babylonem accedit et Assyrium ad pugnam, sed frustra provocat. Gadatas, regulus sub Assyriorum ditione agens, sed per vim a rege castratus, ad Cyrum transit et aliud castellum dolo occupatum ei tradit. Cadusios et Sacas cum Cyro se conjunxisse paucis significatur, qui majores copias, ut et Hyrcanii, ad bellum educunt. Gadatas ad oppida sua defendenda proficiscitur, et Cyrus suos hortatur ut ei auxilium ferant docetque quomodo agmen ad iter nocturnum instrui velit. Quibus de causis Cyrus militum duces nominatim appellarit exponitur. Ejus cura et sollertia in itinere instituto conficiendo. — Cap. IV. Gadatas a perfido vulneratus servatur a Cyro. Cadusii temere versus Babylona excurrunt et amisso duce magnam contrahunt cladem. Quos Cyrus humaniter monet et meliora docet, simulque cum novo eorum duce hostes ulciscitur. Pactum conventum de parcendo agricolis. Gadatas relicto domi præsidio cum exercitu Cyri proficiscitur. Cyrus exponit cur in itinere non prope Babylona, sed aliquo spatio remotus præterire velit. Castellis tribus potitur. — Cap. V. Cum novi milites, de quibus nuntius cum mandatis missus erat, e Perside ad Cyaxarem venissent, hic invitatu Cyri eo lubentius in ejus castra proficiscitur, quod cum suis exercitibus Medorum agris molestus esse non vult. Cyrus obviam Cyaxari procedit cum equitatu. Altercatio inter Cyaxarem et Cyrum. Cyaxares reconciliatus deducitur in tabernaculum et donatur a suis. Dum Cyaxares cum suis cœnat, Cyrus in concione amicorum refert de bello ducendo.

LIBER VI.

Caput I. Ante Cyaxaris tabernaculum congregati socii rogant Cyrum ne dimittat exercitum. Egresso jam Cyaxare decernitur bellum esse prosequendum. Cyrus suadet ut castellis hostium sublatis a suis nova exstruantur. Probato illo consilio Cyrus capit loca hibernis idonea. Equitatus Persarum augetur et instituuntur currus falcati. Araspæ, qui Pantheam violare conatus erat, ignoscit Cyrus, eundemque ad hostes simulata fuga jubet transire. Abradatas arcessitur a Panthea : idem Cyri rem curulem adjuvat. Plaustra cum turribus ædificat Cyrus. — Cap. II. Indorum legati mittuntur a Cyro ad Assyrium speculandi causa. Cyri studium in apparando bello et exercendis militibus. Indorum narratio de hostium copiis perturbat milites Cyri, quorum metum sedant conciones Cyri et Chrysantæ. Decreta expeditione statim suscipienda Cyrus edicit de rebus, quibus præter arma exercitus debet esse instructus ad iter. — Cap. III. Describitur ordo agminis, et imprimis plaustrorum et impedimentorum. Cyrus e pabulatoribus, quos intercipi jubet, de statu hostium quærit. Araspas redit et exponit de acie hostium. Accuratius describitur acies Cyri. — Cap. IV. Armis ornatur exercitus, imprimisque Abradatas munere Pantheæ, quæ simul virum gravissimis verbis ad fortitudinem hortatur. Cyrus duces convocatos denuo ad spem victoriæ excitat.

LIBER VII.

Caput I. Prandio sumto et sacris rite factis Cyri exercitus omine fausto procedit. Cum jam uterque exercitus est in conspectu, obequitat Cyrus et suos excitat totamque prælii ineundi rationem docet. Crœsus tribus phalangibus invadit Cyri aciem, sed ejus utrumque cornu primo impetu fugatur. Abradatas hostes incurrit, et cum nonnullis suorum cadit. Ægyptiorum globus cum fortiter resistit, pedem referunt Persæ. Ægyptii tandem, cum a tergo adortus esset Cyrus, cæduntur undique, sed in fidem acceptis assignantur sedes. Quid in hoc prælio plurimum valuerit, breviter commemoratur. — Cap. II. Sardibus captis Cyrus Crœsum custodiri jubet et ob prædandi libidinem castigat Chaldæos. Crœsum arcessitum humaniter salutat, et ejus consilio de urbe non diripienda paret. Exponit Crœsus de oraculis Apollinis sibi datis et suam incusat imprudentiam. Cyri clementia erga Crœsum. — Cap. III. Cyrus audita morte Abradatæ funus ei splendidum parat : cumque Panthea prope maritum gladio incubuisset, utrique amplissimum poni jubet monumentum. — Cap. IV. Carum controversias callide componit Adusius. Phrygiam minorem domat Hystaspes. Cyrus cum Crœso ejusque thesauris profectus Sardibus in itinere Phrygibus, Cappadocibus, Arabibusque bello subactis petit Babylonem. — Cap. V. Babylonem corona cingit et inde se caute recipit. Quasi ad obsidendam urbem fossa lata profundaque circumducitur. Urbs tandem, Euphrate in fossas derivato, vi simul omnique sepulta capitur. Res captæ urbis ordinantur. Callida ratione Cyrus instituit ut amici intelligant ipsum raro in conspectum populi venire debere. Artabazus dum exponit quibus de rebus ipse adhuc Cyri consuetudine frui non potuerit, summam rerum a Cyro gestarum repetit. Chrysantas exsistit suasor eorum quæ Cyrus maxime expetebat. Corporis custodes eligit Cyrus eunuchos. Satellites regiæ et præsidium urbicum instituit. Cyri oratio ad amicos de disciplina procerum constituenda.

LIBER VIII.

Caput I. Chrysantas assentitur Cyro et persuadet aliis observantiam cultumque regis. Munera palatina instituuntur a Cyro. Quibus artibus effecerit ut sæpe in regiæ atrio comparerent optimates. Ut eosdem ad virtutis studium excitaret, ipse virtutem coluit omnem. Se suosque exercuit venando, suum et amicorum cultum habitumque ad splendorem instituit, servitutis sub ipsius imperio addictos ab armorum usu et ab omni liberali exercitatione removit. Principes ne quid novarum rerum molirentur, effecit amore civium, quem sibi conciliavit ita, ut magis sibi quam inter se essent amici; et id quidem variis usus artibus. — Cap. II. Multis principum cibos de sua mensa

mittebat, aliis eos ornabat donis, omnino se benevolum et liberalem adversus eos præbebat : etiam medicos constituebat, qui ægrotantes curarent. Eodem consilio, ut aliquid dissensionis inter eos aleretur, certamina instituit. — Cap. III. Pompa Cyri primum e regia prodeuntis ad loca sacra. Sacris peractis habentur ludi equestres. Pheraulas cum homine plebeio e Sacis colloquitur de divitiarum pretio, eique omnia bona sua donat ita, ut ipse ab eo quantum satis sit ad victum et cultum accipiat. — Cap. IV. Amicos excipit convivio Cyrus, ubi joci liberales non desiderantur. Nuptiis Hystaspæ cum Gobryæ filia conciliatis ceteros convivas cum muneribus dimittit. Socios partim domum dimittit partim secum Babylone manere concedit, quos omnes tam duces quam milites muneribus ornat. Amicis et proceribus convocatis omnes suas copias et opes ostendit. — Cap. V. Cyri in Persidem proficiscentis agmen et castrorum ratio describitur. Cyrus ad Cyaxarem devertitur, a quo filia et Media dotis loco ei offertur. Cambysis auctoritate pacta fiunt jurata inter Persas Cyrumque de regno Persico. Cyaxaris filiam ducit uxorem Cyrus. — Cap. VI. Satrapas provinciarum constituit, quibus eandem morum disciplinam commendat, quæ apud ipsum in urbe obtinet. Legatos instituit, qui cum exercitu provincias obeunt; angaros item seu verodarios disponit per stationes, qui epistolas summa celeritate quocumque perferant. Asia inde a Syria usque ad mare rubrum Ægyptoque domita habitare instituit modo Babylone modo Susis modo Ecbatanis. — Cap. VII. Somnio admonitus se parat ad discessum ex hac vita. Cyri morientis oratio ad filios et amicos. — Cap. VIII. Epilogus commemorat a Cyri institutis defecisse Persas posteriores et deteriores esse factos.

CYRI EXPEDITIO.

LIBER I.

Caput I. Cyrus minor, Dario patre mortuo, ob Tissaphernis calumniam apud Artaxerxem fratrem regem periclitatur de vita. Sed vix matris interventu precibusque liberatus et in satrapiam, cui a Dario præfectus erat, remissus, regni cupiditate non minus quam fratris odio incitatus bellum parat, sed clanculum, multis copiis tum barbarorum tum Græcorum sub diversis titulis undique comparandis, et callide suo consilio dissimulando. — Cap. II. Sardibus, quo copiæ convenerant, proficiscitur per Lydiam, Phrygiam majorem, Lycaoniam et superatis Ciliciæ faucibus pervenit Tarsum castris quatuor et triginta, intra dies quinque et quinquaginta, iter parasangarum ducentarum duarum emensus. Cilænis conjungit Clearchus suas copias cum Cyro : celebrant Lycææ Arcades Peltis : tum advenit Epyaxa Ciliciam regina, cujus hortatu ad Tyriaium instituitur decursio exercitus, in qua barbaris terrorem jocularium incutiunt Græci : Danæ duo occiduntur Persæ perfidi : Tarsi Syennesis rex Ciliciæ tandem reconciliatus Cyrum pecuniis adjuvat. — Cap. III. Tarsi dies viginti morari Cyrum coegit Græcorum seditio, qui, suspicati expeditionem esse adversus regem, Clearchum progredi cogentem lapidibus fere obruerunt. Hic, dum cedit militibus, simulatque se ipsorum sententiam secuturum esse, reconciliat sibi militum animos; qui, cognita difficultate invito Cyro domum discedendi, Clearchum aliosque nonnullos

mittunt, qui de consilio hujus expeditionis interrogent Cyrum. Hic, re vera dissimulata, cum respondisset, se contra Abrocomam quendam ducere : Græci, sã stipendii augendi sibi facta, in gratiam redeunt cum Cyro. — Cap. IV. Inde Cyrus proficiscitur Issos; ubi simul appellit classis Cyri Lacedæmoniorumque cum septingentis Lacedæmoniis duce Chirisopho, et ad Cyrum adveniunt quoque quadringenti Græci, qui ab Abrocoma defecerant. Hinc superatis facile et sine ullo impedimento Ciliciæ Syriæque portis, quas Abrocomas deseruerat, per Syriam iter facit Cyrus et venit Myriandrum; ubi Xenias et Pasio, navibus clanculum conscensis, Cyro deserto domum revertuntur : quorum discessum Cyrus æquo animo ferre videtur. Inde trajecto Chalo castra metatur in vicis Parysatidis : ubi ad fontes Dardacis venit, prætorium et paradisum Belesis Syriæ satrapæ devastat. Inde cum Thapsacum et ad Euphratem venisset; suæ expeditionis consilium operit Græcis, qui ejus promissis excitati tandem Euphratem trajiciunt, initio facto a Menone. — Cap. V. Tum per Mesopotamiæ Arabiam juxta Euphratem quanta cum celeritate poterat, iter facit, sæpe non sine magna viæ difficultate et jumentorum strage ob pabuli inopiam. Tandem cum e regione Charmandæ exercitus consedisset frumentum commeatumque comparandi gratia : Clearchus dum per Menonis castra equitat, propemodum lapidibus obruitur a militibus iratis præterea, quod paulo ante militem cædi jusserat. Hinc cum res ad seditionem et prælium spectaret, interventu et oratione Proxeni et maxime Cyri animorum impetus reprimitur iisque composita conquiescit. — Cap. VI. Tum Orontes Persarum nobilissimus, qui jam bis cum Cyro in gratiam redierat, tertium deficere ad regem conatur : sed, insidiis per hominem, quem certum putabat, proditis, comprehenditur, et sceleris convictus, de sententia Clearchi aliorumque, quos Cyrus convocaverat, capitis damnatus, clam e medio tollitur. — Cap. VII. Babyloniam ingressus Cyrus, cum regem postridie affore suspicaretur, copias lustrat et instruit media ipsa nocte : Græcos hortatur iisque præmia promittit magnifica. Inde acie instructa progressus superat facile, nemine impediente, fossam a rege ductam. Silano haruspici, cum ejus vaticinium probasset eventus, solvit præmium promissum, et opinans, regem pugnandi consilium abjecisse, iter facit negligentius. — Cap. VIII. Tandem præter opinionem Artaxerxes cum exercitu egregie instructo appropinquat. Cyrus igitur et Græci trepidant et, ne imparati opprimantur, celeriter arma expediunt aciemque instruunt. Græci, qui, quamquam Cyro invito, dextrum obtinent cornu juxta Euphratem, statim primo impetu facile barbaros sibi oppositos in fugam compellunt. Cyrus vero, cum et ipse hostes in fugam convertisset, suis hostem cupide persequentibus, paucis stipatus fidelibus amicis, dum cupidius pugnat regemque ipsum petit, interficitur. — Cap. IX. Continetur hic Cyri encomium moresque ejus honesti describuntur. Etsi fato impeditus regno potitus non est : ob virtutem tamen regno dignissimus judicatus est. Puer adhuc optima Persarum disciplina institutus brevi æqualibus præstitit modestia, erga seniores obsequio, equitandi studio, arcus tractandi et jaculorum mittendorum peritia, et ferarum vel ferocissimarum venandarum studio. Adultus, et a patre satrapa constitutus egregia virtutis specimina edidit. Fidem enim datam sancte servavit : in amicitia colenda fuit constans : ut in justitia exercenda sceleribusque puniendis severissimus, ita erga bonos fortesque viros munificentissimus et rem honeste acquirendam adjutor exstitit

liberalissimus: atque omnis generis liberalitate amorem aliorum sibi reconciliavit verissimum. — Cap. X. Ariæum fugientem dum persequitur Artaxerxes, potitur Cyri castris et ea diripit: unde, collectis copiis dispersis, redit contra Græcos in suo cornu victores: qui, consilio regis cognito, hostes insequi desinunt, et, conversione aciei facta, regis impetum sustinere sese parant. Hic vero, circumducto suo exercitu, instruit aciem eadem parte, qua ab initio præliit. Græci multo alacrius, quam ante, impetu facto, facile barbaros in fugam compellant omnes, sed eos persequi non possunt, nocte impediti, et simul ignari, quid Cyro evenerit, quod nec ipse adsit, nec alium mittat. Ergo, re deliberata, tandem ad impedimenta redeunt: ubi cum commeatus a regiis esset direptus, noctem transigunt impransi omnes, et plerique incœnati.

LIBER II.

Caput I. Postero die mane cum Græci jam in eo essent, ut castra moverent: adveniunt missi ab Ariæo, qui eos certiores facerent de Cyri morte, et Ariæi fuga consilioque revertendi in Ioniam postridie. Clearchus per legatos invitat ad se Ariæum, eique defert imperium Persarum. Sub meridiem missa legatione rex jubet Græcos arma tradere, atque iis, si subsistant, offert inducias, si perrexerint, minitatur bellum. Græci legatos cum responso forti dimittunt. — Cap. II. Ad Ariæum arcessentem, qui oblatum Persarum imperium renuerat, tandem, re deliberata, Græci ingruente nocte proficiscuntur, et sub noctem mediam adveniunt. Hic fœdere rite inito consultant de reditu. Ariæus via alia quam qua ascenderint, quamvis longa, ut commeatus habeant, idque celeriter ab initio, ne rex assequatur, descendendum esse suadet. Itaque, luce orta, inde proficiscuntur; et, dum sub vesperam vicis Babyloniæ appropinquant, castra regia in propinquo esse intelligunt. Clearchus quidem copias itinere defatigatas et fractas inedia adversus hostes non ducit, nec tamen a via cœpta declinat, atque cum sole occidente in vicos a regiis direptos pervenit: in quos pars exercitus devertit, ceteri sub dio pernoctare coguntur. Panicus terror, qui nocte invaserat milites, Clearchi consilio sedatur. — Cap. III. Rex, qui pridie satis superbe ac ferociter poposcerat, ut Græci armis traditis se ipsi dederent, nunc horum audacia perculsus mittit legatos de fœdere. His Clearchus negat, fœdere opus esse Græcis, sed prælio, quoniam non habeant unde prandeant. Paulo post iidem nuntii regis responsum referunt de commeatu comparando, dum fœdus ictum fuerit. Clearchus, de consilio ceterorum, respondet, se oblatam accipere conditionem; atque ita, ducibus Persis, cum exercitu proficiscitur ad fœdus faciendum et commeatum comparandum, venitque tandem in vicos, vino, palmulis aliisque rebus refertos. Triduo post Tissaphernes cum comitibus nonnullis advenit, et in colloquio cum Græcorum ducibus jactata sua erga Græcos benevolentia quærit ex illis, quamobrem arma tulerint adversus regem, rogatque ut lenius respondeant, quo facilius ipse regis iram sedare possit. Cui Clearchus ceterorum verbis respondet, se non ad bellum regi inferendum profectos esse, sed Cyri calliditate deceptos tandem in hanc necessitatem delatos, ut Cyrum bene de ipsis meritum sine animi ingrati crimine non deserere possent; se vero nunc, Cyro e medio sublato, nec regi nec ejus regioni vim ullam allaturos esse, nisi injuria lacessiti essent, sed domum discessuros. Tissaphernes tandem triduo post redit et fœdus facit ita, ut Persæ quidem sine dolo malo Græcos in patriam deducant commeatumque suppeditent; Græci vero sine vi commeatum vel emant, vel sine agrorum devastatione ipsi sumant. — Cap. IV. Dum Græci exspectant reditum Tissaphernis, qui domum eos e pacto deducat; interim Ariæus, spe veniæ a rege impetrandæ facta, fit animo alieniore erga Græcos. Iti igitur, cum omnia suspecta essent, nolunt Tissaphernis adventum operiri, sed statim domum abire: sed multis de causis id fieri posse negat Clearchus. Tandem advenit cum copiis Tissaphernes; et omnes quidem ingrediuntur iter, sed Græci ob suspiciones seorsim, et seorsim quoque castra metantur: atque ita intra Mediæ murum non procul Babylone ingrediuntur, et mox duobus Tigridis canalibus trajectis Sitacen oppidum in ripa Tigridis situm perveniunt. Inde, vano metu de insidiis Persarum delusi, trajecto Tigride primum, mox Physco amne, perveniunt Opim oppidum; ad quod regis frater spurius obviam factus cum copiis multis, quas Susis et Ecbatanis contra Cyrum auxilio regi adducebat, Græcos prætereuntes cum admiratione magna spectat. Inde, sex dierum iter per loca Mediæ deserta emensi, in Parysatidis vicos, quos Tissaphernes in Cyri contumeliam diripiendos tradit, perveniunt, et inde, quinque dierum itinere in sinistra Tigridis ripa itinere facto, ad Zabatum amnem. — Cap. V. Ibi quum triduum commorantur et suspicio insidiarum augetur; Clearchus in colloquio cum Tissapherne luculenter docet, Persis non una justam causam ullas Græcorum insidias metuendi. Nam fœdus esse jurejurando sancitum, et Tissaphernis amicitiam cum Clearcho tum ceteris Græcis non una de causa esse utilissimam; quemadmodum nec Græcorum amicitiam Tissapherni esse inutilem. Tum Tissaphernes, homo nequam et fraudulentus, negat, Græcos recte metuere Persarum insidias. Nam cum regi tot tantæque præsto sint Græcos perdendi, si velit, subsidia, stultum fore, si confugeret ad fraudem ac perjurium, præsertim cum Græcorum amicitia prosit plurimum. Clearchus igitur simulata amicitia deceptus, postridie ipse cum quatuor prætoribus et viginti lochagis, ut cognosceret, quis esset qui Græcos criminaretur (nam ita Tissaphernes scelestus promiserat, se auctorem culpæ indicaturum esse) ad Tissaphernis prætorium securus se confert. Verum hic, signo dato, prætores simul intus comprehenduntur omnes et ad regem ad supplicium abducuntur, atque lochagi foris trucidantur cum ducentis militibus. Mox Ariæus aliique Persarum proceres ad castra Græcorum adveniunt, et verbis regis poscunt, ut arma tradantur: sed frustra. — Cap. VI. Prætorum interemtorum describitur ingenium. Clearchus Laco quidem belli usque peritissimus ac studiosissimus fuit, spretis vitæ commoditatibus et suavitatibus. In periculis subeundis alacer et prudens; in commeatu militibus comparando diligens; in disciplina militari exercenda severissimus, adeo ut eum magis quam hostem metuerent milites, sed parum amarent: et omnino non tam ad parendum quam ad imperandum natus erat. Proxenus Bœotius in laerescendi cupidus a puero, et disciplina Gorgiæ sophistæ usus est. Hinc, ut honestis artibus gloriam, opes et divitias sibi pararet, apud Cyrum militare suscepit. Erat animo lene ita, ut ille magis milites, quam hi ipsum revererentur. Unde factum est, ut boni quidem cum amarent, sed ejus facilitate abuterentur improbi. Contra Meno Thessalus pessimis præditus erat moribus: lucri cupidus; perjurus; mendax; fraudulentus; magis amicorum quam hostium insidiator, homines perditos suspiciebat, probos vexabat, amicos irridebat; quicumque in decipiendo, malisque artibus

minus exercitatus erat, hunc tamquam rudem et indoctum spernebat; obtrectator optimi cujusque, et militum suorum corruptor. Ariæo corpus suum prostituebat, et ipse imberbis Tharypam barbatum turpiter amabat. Cum ceteris quidem prætoribus non est occisus, ob proditionem; at postea gravi supplicio excruciatus periit, ut homo scelestus. In Agia Arcade et Socrate Achæo nec virtutis bellicæ laudem nec amicitiæ fidem desideravit ullus.

LIBER III.

CAPUT I. In Græcorum exercitu ducibus orbato fit omnium conturbatio summa. Tandem Xenophon, qui cur illi expeditioni interfuerit, paucis narratur, somnio commonitus reipublicæ, quam omnes ceteri negligebant, consulere aggreditur. Convocatis igitur primum Proxeni lochagis persuadet, ut ceteros ad virtutem excitent et novis ducibus creatis vim vi repellant. Unus Apollonides, cum ignave repugnat, suo loco movetur et turpiter abigitur. Ceteri duces superstites omnes sub mediam noctem conveniunt. Hos Xenophon mascula oratione hortatur, ut ipsi sint bono animo, et militum animos confirment, atque novis ducibus constitutis nihil prætermittant, quod ad hostium vim et injuriam propulsandam pertineat. Xenophontis sententia ab omnibus comprobata, novi duces statim creantur. — CAP. II. Tum fere sub lucem concione militum advocata primum Chirisophus breviter, sed graviter adhortatur, ut nunc aut fortiter vincant, aut pulcre moriantur. Deinde Cleanor, regio perjurio, perfidia Tissaphernis et Ariæi cum suis defectione commemorata, ipse quoque paucis ad fortiter pugnandum adhortatur. Denique prodit Xenophon ad concionandum pulcris armis ornatus. Hujus oratio luculenta est tripartita. Primum enim militum animos confirmat, et docet, Deos, qui sint barbaris ob perjurium irati, ipsis esse propitios : majorum virtutem superasse Darii Xerxisque copias ingentes : ipsos paucis diebus ante Artaxerxem vicisse. Quare quo animo pro Cyri imperio nuper pugnarint, eodem, imo majori, nunc pro sua ipsorum salute esse dimicandum; præsertim cum barbarorum ignaviam sint experti. Deinde tollit impedimenta, quæ obstare videantur, quod Tissaphernem non amplius habeant ducem itineris; quod rex non præbeat commeatum; quod interjecta sint flumina altissima; quod, nisi satius foret domum proficisci, facile in ipsius regis terris sedes figere possent. Denique ostendit modum itineris faciendi et prælii ineundi. Opus esse autem, ut plaustra tentoriaque comburantur, et vasa, nisi quæ belli usus requirat, abjiciantur; ut nunc duces sint multo vigilantiores, et milites dicto audientiores; ut hæc omnia statim, nulla cunctatione interjecta, peragantur. Hac sententia, hortante Chirisopho, ab omnibus comprobata, idem Xenophon monstrat rationem agminis ducendi, et quinam duces singulis agminis partibus præsint. — CAP. III. Cum Græci in eo essent ut proficiscerentur, advenit Mithridates cum triginta equitibus quæritque, quid consilii cepissent. Illi cum, domum abeundi, respondissent; ille ostendere conatur, invito rege hoc fieri non posse. Sed homo fit suspectus Græcis, qui, sæpe decepti, decernunt, ne unquam, quamdiu sint in hostico, pacem ut inducias cum rege ineant. Tum, trajecto Zabato, redit idem Mithridates cum ducentis equitibus et levis armaturæ militibus quadringentis, et repente adoritur agmen extremum Græcorum, qui hoc die laborant. Quare cum tandem in vicos venissent; Xenophontis consilio celeriter et funditores et equites instituuntur ad hostes arcendos. — CAP. IV. Postridie idem Mithridates cum majoribus copiis Græcos in itinere adortus, nunc facile telis repellitur, multis suorum amissis. Quo facto Græci ad Tigrim amnem perveniunt, et ad Larissam urbem desertam castra ponunt; ad Mespila urbem die sequenti. Postridie ipse Tissaphernes cum copiis ingentibus adortus, sed vi telorum depulsus non nisi extra telorum jactum sequitur. Verum idem triduo post in campo lacessens Græcos coegit rationem agminis paululum immutare. Hoc modo per quatuor dies itinere facto, quinto per colles Græci ascendentes et descendentes gravius urgentur ab hoste, donec vicos occuparunt. Inde et vulneratorum et frumentandi causa demum quarto die profecti, mox ob hostium impetum devertere in vicum coguntur; ex quo post hostium discessum sub vesperam profecti, per noctem tantum itineris spatium conficiunt, ut hostes demum die quarto ipsos assequantur. Hi cum collem occupassent et angustias viæ obsedissent, tandem consilio ac virtute Xenophontis inde dejiciuntur. — CAP. V. Tempore pomeridiano repente redeunt barbari, occidunt palantes per agros prædatores et vicos comburunt. Quibus depulsis, Græcorum duces de itinere consultant : nam hinc rat Tigris, qui sine ponte transiri non poterat, illinc montes Carduchorum prærupti. Consilio Rhodii cujusdam de ponte ex utribus faciendo repudiato, postridie itinere paululum retro facto, et ex captivis diligenter regionum circumjectarum natura explorata, decernunt per Carduchorum montes facere iter.

LIBER IV.

CAPUT I. Inde prima luce fines Carduchorum ingressi Græci totum diem ascendendo et descendendo consumserunt, ita tamen ut agmen extremum non nisi leviter lacessceretur a barbaris, quippe quibus res ex improviso acciderat. Altero die mane, jumentis supervacuis et mancipiis relictis, quo expeditiores per montes et angustias iter facerent, pergunt, sed non sine prœlis. Die sequenti quamquam gravis orta erat tempestas; tamen ob propinquum iter necessario faciunt, idque celeriter; unde agmen extremum valde vexatum est a barbaris insequentibus. Cum tandem sub vesperam ad locum arduum, a barbaris penitus obsessum, pervenissent; captivum alterum ipsis alias commodiorem viam indicare cogunt. — CAP. II. Sub noctem clam duo millia selectorum ad jugum occupandum alia via mittuntur. Illi barbaros mane oppressos fugant, et adeo adscendendi copiam faciunt ceteris cum Chirisopho Græcis. Xenophon vero cum impedimentis et agmine extremo eadem via, qua pridie selecti illi, proficiscitur : sed quamquam summo ducis prudentissimi consilio et diligentia usus erat; non tamen sine gravi clade sese inde emergit. Postridie etiam cum barbaris graviter urgentibus et lacessentibus iter per montes fecissent; tandem in vicos campestres ad Centritem amnem perveniunt. — CAP. III. Ad Centritem amnem cum tandem, itinere septem dierum molestissimo et periculosissimo per Carduchorum montes confecto, pervenissent, et liberius respirare cœpissent : nova difficultas ac sollicitudo objecta est. Nam transitum per amnem tria impedire videbantur; barbarorum multitudo in ripa ulteriori, fluminis altitudo et impetus, atque Carduchi a tergo instantes. Xenophontis sollicitii somnium postridie habet exitum. Vado enim casu reperto, exercitus transit; et barbari adversi fugantur, et insequentes arcentur, non sine summa ducum Græcorum, et in his Xenophontis, prudentia, &

militum vi et virtute. — Cap. IV. Inde Armeniam ingressi et superatis Tigris fontibus post aliquot dierum iter perveniunt ad Teleboam amnem, in Arunceniam occidentalem. Ibi cum Teribazo, regionis satrapa, uti petierat ipse, inducias faciunt. Sed nihilominus homo statim sequitur cum multis copiis et insidias struit. Quare, vicis relictis, coguntur sub dio pernoctare et nivis ingentis incommoda tolerare. — Cap. V. Ne iterum hostium copiæ convenirent, inde postridie coguntur proficisci. Sed hic per aliquot dies summum valetudinis, salutis et vitæ discrimen adeunt ob vim frigoris, nivis altitudinem ac necessitatem inediæ, hostibus insequentibus. Tandem in vicos omnibus copiis refertos perveniunt, ubi per dies septem laute vivunt et corpora egregie curant. — Cap. VI. Octo diebus post inde, præfecto vici duce viæ, proficiscuntur, sed triduo post cum dux viæ, male habitus a Chirisopho, clam aufugisset, sine duce aberrant, et septimo tandem die perveniunt ad Phasin amnem. Inde bidui itinere confecto appropinquant montibus, quos Chalybes, Taochi et Phasiani obsident. Igitur consilio habito, Xenophontis hortatu selecti nonnulli noctu mittuntur ad juga hostibus vacua clam occupanda, ut postridie mane hostes adoriantur. Quo facto Græci, barbaris fugatis et montibus superatis, descendunt in planitiem et in vicos omnis generis bonis refertos devertunt. — Cap. VII. Agrum Taochorum, a quibus omne frumentum in loca munita comportatum erat, ingressi inopia commeatus laborare cœperunt Græci, donec tandem et Xenophontis consilio et virtute nonnullorum militum castellum expugnant et magna ibi pecorum multitudine potiuntur. His solis alitur necessario exercitus per septem dies, quibus agrum Chalybum, qui omnium barbarorum fortissimi laudantur, peragrat. Inde progressi ad Harpasum amnem perveniunt; et, itinere quatridui per Scythinorum fines confecto, in vicis triduum commeatus comparandi causa commorantur. Hinc post quatuor dierum iter perveniunt Gymniam urbem opulentam. Hic ipsis regionis præfectus ducem viæ mittit, qui Græcos iter quinque dierum emensos ducit in Thecien montem, ex quo summa cum lætitia mare prospectant. Quare ille dux multis muneribus donatus remittitur domum. — Cap. VIII. Agro Macronum, quibuscum fœdus faciunt, intra sex dies peragrato, ad Colchorum montes adveniunt, ubi barbaros instructos offendunt. His vero acie victis ac fugatis, in vicos omni rerum genere refertos descendunt; atque qui mel quoddam ibi gustaverant, hi per aliquantum temporis mente viribusque destituuntur. Inde biduo post tandem ad mare et Trapezuntem urbem Græcorum descendunt. Hic intra triginta dierum spatium ex Colchorum agro prædas agunt, sacris faciundis vota olim nuncupata Diis solvunt, et ludos gymnicos celebrant.

LIBER V.

Caput I. Cum de reliquo itinere consultatur; Antileontis sententiam de itinere maritimo comprobant omnes. Ergo ad naves conquirendas mittitur Chirisophus. Tum Xenophon, quid interim sit faciendum, docet, commeatum ex hostico esse comparandum, sed caute ac diligenter: non singulis esse egrediendum, sed universis, sed tamen ita, ut semper pars exercitus idonea ad castra tutanda relinquatur: naves præternavigantes esse retinendas; et, nisi sat navium conquiri possit, civitatibus maritimis imperandum, ut viam muniant. Omnia comprobat multitudo, sed mentionem de via munienda et itinere pedestri faciendo non ferre potest. Hinc ad navigia deducenda mittitur Dexippus Lacedæmonius, sed cum nave aufugit; contra Polycrates Atheniensis fidem præstat. — Cap. II. Interea ad commeatum, qui deficiebat, comparandum, Trapezuntiis ducibus pars copiarum dimidia exit adversus Drilas, gentem bellicosissimam, et loca montana accessuque difficilia incolentem. Ab initio nihil fere prædæ capiunt Græci, quoniam Drilæ locis, quæ capi posse videbantur, incensis, discesserant. Tandem vero ad urbem valde munitam, in quam hostes cum suis confluxerant omnes, perveniunt: expugnant eam, præter arcem, et omnibus direptis, et urbe ipsa, ut tutum haberent discessum, incensa abeunt, sed non sine magna difficultate, redeuntque salvi in castra omnes. — Cap. III. Cum Chirisophi reditum cum navibus, ob frumenti penuriam, diutius Trapezunte exspectare non possint Græci: ægrotos mulieresque navibus paucis, quas ipsi interim nancisci potuerant, impositos, Philesio ac Sophæneto ducibus, cursu maritimo devehunt; ipsi vero pedestri itinere trium dierum perveniunt Cerasuntem. Ibi decem dies morati, exercitum recensent, et pecuniam ex captivis venditis redactam partiuntur. Xenophon dimidium alterum suæ portionis consecrat Apollini Delphico; alterum vero, ut depositum, tradit Dianæ Ephesiæ ædituo. Inde postea in Elide Peloponnesi non procul ab Olympia agrum emit, et ædificat fanum Dianæ Ephesiæ, ad formam templi Ephesini, instituitque sacrum quotannis concelebrandum. — Cap. IV. Cum ventum esset ad fines Mossynœcorum, qui locis munitis freti Græcos a transitu prohibere audent: cum alia Mossynœcorum gente adversus communes hostes initur societas. Hi socii, quibuscum Græci nonnulli imprudenter, prædandi causa, se conjunxerant, primum clade afficci repelluntur. Postridie autem Xenophon ipse, cum animos militum confirmasset, suos et barbaros scite instructos ducit contra hostes, eosque vincit et fugat. Quo facto, castella duo una cum hominibus comburuntur, urbs, caput regni, diripitur, et alia nonnulla loca aut vi expugnantur, aut in fidem recipiuntur. Sub finem capitis mores plane barbari Mossynœcorum describuntur. — Cap. V. Mossynœcorum terra octo castris peragrata, agrum Chalybum transgressi, veniunt in fines Tibarenorum, quibuscum de haruspicum auctoritate fœdus faciunt, et biduo post ad Cotyora urbem adveniunt: ubi per dies quinque et quadraginta commorati, commeatum partim ex finitima Paphlagonia, partim ex ipsorum Cotyorensium agris prædando sibi acquirunt. Sinopensium legato de injuria Cotyorensibus illata temere querenti et Græcis stulte minitanti Xenophon graviter, libere et audacter respondet, et adeo legatos ad meliorem mentem revocat. — Cap. VI. De sententia legati Sinopensium præfertur iter maritimum terrestri per Paphlagoniam. Xenophontis consilium de urbe in Ponto condenda comprobatur quidem extis, sed impeditur cum Silani vatis dolo ac calumnia, tum ducum quorundam invidia, atque vanis Heracleotarum pollicitationibus de stipendio. Cedit igitur; et auctor fit, ut universi simul proficiscantur, invito Silano. Tum naves quidem militari Heracleotæ, sed pecuniæ ad stipendium nihil. Hinc duces isti, qui spem rei antea fecerant militibus, metuunt, aperientque Xenophonti, sibi nunc placere ejus consilium de sedibus in Ponto figendis. Quare cum se rem ad milites relaturum esse negasset Xenophon: isti ipsi primum lochagos in suam adducere sententiam conantur. — Cap. VII. Quod consilium cum milites rescivissent; Neo Lacedæmonius ejus auctorem esse Xenophontem criminatur. Hinc cum metuendum esset, ne vim inferrent; concione advocata, ducet pri-

CYRI EXPEDITIONIS ARGUMENTA.

mum luculenter Xenophon vanitatem istius criminationis. Deinde queritur de collapsa disciplina militari, eamque exemplo crudelitatis effrenisque licentiæ, quod in Colchorum legatos et rerum venalium curatores ediderint, ostendit: quare si hoc malum latius serpat, periculum esse, ne diis hominibusque invisus reddatur exercitus universus. Hac oratione commoti decernunt, ut istorum scelerum auctores causam dicant, et si qui posthac hujus generis facinora ausi fuerint, in eos gravissime animadvertatur. Præterea imprimis Xenophontis auctoritate exercitus lustratur. — CAP. VIII. Cum decreto exercitus duces muneris sui redderent rationem: nonnulli eo ingrati animi progressi sunt, ut ipsum innocentissimum Xenophontem injuriæ ex petulanti insolentique animo illatæ accusarent, criminantes se temere ab illo verberatos esse. Verum facile hanc criminationem diluit ita, ut concedat quidem, se interdum, necessitate urgente, vi ac verberibus usum esse, salutis cum universæ tum ipsorum, qui de vi conquererentur, causa, sed ex petulantia nullo modo.

LIBER VI.

CAPUT I. Cum Paphlagonum legatis, quibus præsentibus in convivio varii generis saltationes armatæ celebrantur, pace ac societate facta, Cotyoris tandem universi solvunt, et prospero vento usi ad Harmenem Sinopes portum appellunt; ubi dies quinque morati ad unum Xenophontem totius exercitus imperium deferunt; sed, illo prudenter recusante, summæ rerum præficitur Chirisophus Lacedæmonius, modo redux. — CAP. II. Chirisopho igitur duce universus exercitus inde Heracleam navigat. Ibi seditione orta, ejus imperio sese primi subtrahunt Arcades cum Achæis. Itaque exercitu trifariam diviso, pars una, eaque maxima, fuit Arcadum et Achæorum, qui sibi decem prætores creant; altera Chirisophi; Xenophontis tertia. — CAP. III. Sed hic mox cognitum est, quod dicunt, concordia res parvas crescere, discordia dilabi maximas; atque interim Arcadas, seditionis auctores, sui consilii et cupiditatis pœnitere cœpit. Illi enim navibus coactis primi proficiscuntur, ut soli, si fieri possit, occupent prædam; et in portu Calpes egressi Bithynos quidem ab initio opprimunt et agunt prædam; sed mox, una alterave cohorte a barbaris cæsa et fugata, ceteræ in colle quodam subduntur: ubi haud dubie de illis actum esset, nisi Xenophon, qui in itinere de calamitate Græcorum acceperat, cum suis strenue auxilio venisset, et stratagemate usus barbaros ita terruisset, ut, obsidione sublata, adventum eorum non exsperare sustinerent. Postridie igitur salvus cum Arcadibus venit ad Calpes portum, quo jam Chirisophus cum suis copiis salvus advenerat. — CAP. IV. Milites, metuentes ne ad Calpes portum urbs conderetur, nolebant castra ponere loco tuto et urbi exstruendæ idoneo. Postridie cæsis sepultis decernunt, ut capitale foret, qui posthac de copiis distrahendis referre auderet. Ad commeatum, quo jam laborabant, comparandum egredi cupientibus exta non addicunt. Veruntamen Neo duo millia hominum prædatum educit; sed ab equitatu Pharnabazi quingentis cæsis, ceteros, ut in castra confugerant, tandem in castra reducit Xenophon. — CAP. V. Periculo moniti tandem milites castra in loco munito poni munirique patiuntur. Tum cum litasset Xenophon, præsidio castris relicto, copias instructas educit: quæ, mortuis in via sepultis et præda in vicis capta, barbaros instructos in colle quodam conspiciunt. Hinc acie instructa arte nova, pergunt adversus hostes, ac valle impeditiori

superata, quam ut transirent Xenophontis auctoritas effecerat, pugnam conserunt, et tandem barbaros vincunt fugantque, quos ne longius persequantur, nox et itineris longitudo ad castra usque impedit. — CAP. VI. Victa Pharnabazi manu et fugata, jam undique ex Bithynorum agro prædas agunt. Interim advenit Cleander Spartanus harmosta, et cum eo simul Dexippus, homo perfidus ac scelestus. Iste dum, a nonnullis instigatus, prædæ partem subvertere cupit, a milite quodam impeditur; quem dum ad Cleandrum abducit; superveniente Agasia et hortante a militibus fugatur. Quapropter Cleander, imprimis a Dexippo irritatus, minitatur, sese, nisi sibi ad puniendum Agasias et miles gregarius traditi essent, effecturum esse, ut universi a Græcis urbibus prohibeantur. Xenophon igitur, cui istæ minæ haud contemnendæ videbantur, persuasit et Agasiæ ipsi et ceteris omnibus, ut Cleandri imperata facerent eumque quovis modo sibi reconciliarent. Ergo rei illi causam dicunt apud Cleandrum, quem verbis totius exercitus omnes strategi et lochagi orant, ut impune dimittat reos, deferuntque ita ad eundem summum exercitus imperium. Hinc, quod rogant, impetrant: sed Cleander, sacris prohibentibus, imperium illud suscipere non potest. Ergo exercitus sub prioribus ducibus, per Bithynos itinere facto, cum præda multa Chrysopolin Chalcedoniæ pervenit.

LIBER VII.

CAPUT I. Anaxibius classi Spartanæ præfectus Pharnabazi promissis perductus, Græcos ut ex Asia trajiciant Byzantium, spe stipendii facta pellicit, sed, qui est mos improborum homuncionum, nihil, quod promiserat, præstat. Idem ut Byzantio exonerat his copiis, iterum fraude utitur promittens, sese copias urbe egressas recensurum esse et daturum unde vivant. Verum egressis, portis clausis, nihil præstat, sed jubet prædam agere ex Thracum vicis et ita abire in Chersonesum ad Cyniscum. Hinc irritati milites, portis effractis, vi irrumpunt in urbem: sed eos placat Xenophon, ut, nulla vi facta, iterum Byzantio exeant. Hic Cœratades quidem ipsis se ducem offert, sed paucis diebus post repudiatur homo vanus. — CAP. II. Dum duces inter se de reliquo itinere dissident, interim multi de exercitu dilabuntur milites: quæ res grata accidit Anaxibio Pharnabazi pollicitationibus corrupto. Hinc idem Aristarcho novo Byzantii harmostæ mandat, ut quotquot de Cyri exercitu reperisset Byzantii venderet. Verum cum se a Pharnabazo negligi, et Aristarchum ab eodem promissis ad Græcos illos perdendos perductum esse sensisset: mutata repente sententia accersit Xenophontem hortaturque, ut quam possit celerrime dispersos colligat Perinthum et inde eosdem in Asiam reducat. Sed rem impedit Aristarchi improbitas, apud quem ut apud ceteros Spartanos tum omnia argento vicia erant. Ergo non mirum, quod, ut Pharnabazo gratificaretur, Xenophontem ipsum tollere studeret. Igitur Xenophon in summa rerum inopia et difficultate, qua milites premi videbat, cum selectis proficiscitur ad Seuthen, ut conditionem, qua is Græcos apud sese stipendia merere vellet, cognosceret. — CAP. III. Gravi, præter Neonem Laconem cum suis, conditionibus Seuthæ comprobatis, ad illum tendunt; aque fœdere contracto, duces convivio more Thracum quod deligentius describitur, excipiuntur. Inde sub noctem mediam contra hostes proficiscuntur, quos postridie imparatos et inprudentes opprimunt, et magnam mancipiorum pecorumque prædam faciunt. — CAP. IV. Vicis

hostium a Seuthe combustis, Græci in Thynorum campo castra ponunt, et frigore niveque vexantur. Qui in montes confugerant, a Seuthe per captivos evocantur, ut se dedant; sed non nisi homines imbelles parent, juvenes vero in vicis ad radices montis remanent. Hinc cum selectis eos adoritur Xenophon: quorum plerique in montem refugiunt, sed qui capiuntur, hos jaculis confodit omnes Seuthes. Brevi montani isti simulant, se fœdus inituros esse; sed nocte repente invadunt Græcos, a quibus in fugam compulsi, tandem fidei Seuthæ se suæque committunt. — Cap. V. Heraclides, præda vendita, redit, sed militibus non omne stipendium solvit: ergo reprehenditur a Xenophonte, qui quod sibi destinatum erat, ceteris ducibus distribui jubet. Hinc homo perfidus non solum apud Seuthen obtrectat Xenophontem, sed et cum imperio exercitus prorsus privare conatur, quamquam frustra, Timasione et quibusdam aliis ducibus palam adversantibus. Tum rursus a Seuthe exorati Græci adversus Thracas Salmydessi oram, nautis tantopere periculosam, incolentes proficiscuntur, eosque in Seuthæ potestatem redigunt omnes; qui jam opibus et copiis ingentibus auctus, non tamen stipendium promissum solvere cœpit. Unde Xenophonti innocenti succensent milites, et Seuthes ipse ejus consuetudinem vitare studet. — Cap. VI. Cum Lacedæmonii misissent, qui Græcos ad Thimbronem adjuvandum contra Tissaphernem invitarent; nec Seuthes Heraclidis hortatu commotus eos retinuit, nec Græci ipsi rem detrectarant. In his vero Arcas quidam Xenophontem gravissime accusat culpamque stipendii nondum a Seuthe soluti in cum confert. Verum Xenophon egregie causam suam agit, et ostendit primum, Græcos ipsos sua sponte ad Seuthen profectos esse: tum, procul abesse ut stipendium militum intervertisset, ut ne ipse quidem tantum, quantum ordinis ductor, accepisset: deinde non recte posse conqueri de sua sorte, etiamsi nihil stipendii accipiant, quia sine Seuthe per hiemem non habuissent unde viverent: denique esse eos admodum ingratos, et beneficiorum a se acceptorum et promissorum sibi factorum prorsus immemores. Quo facto, Xenophon a Charmino Spartano et Polycrate Atheniensi defenditur. Paulo post Seuthes per interpretem suum rogat Xenophontem, ut ipse cum mille militibus gravis armaturæ apud sese remaneat, præsertim cum periculum ei a Lacedæmoniis immineat. Xenophon vero sacris factis cum exercitu discedere statuit. — Cap. VII. Redeuntes e Perside Lacedæmoniorum legati cum omnia quæ voluissent a rege se obtinuisse dicerent, Athenienses quoque se istuc deduci cupiebant: sed diu a Pharnabazo et Cyro lusi tertio demum anno ad suum exercitum reducti sunt. Alcibiades cum animos civium a se non alienos videret, sæpe audisset imperatorem esse creatum, Athenas demigravit ibique summum copiarum Atheniensium imperium demandatum accepit. Hinc profectus est Andrum et Samum. — Cap. V. Lacedæmonii interim Persarum opibus adjuti ad bellum Lysandro duce se instruebant, classe ad Ephesum subducta. Jam cum Alcibiades Notium profectus a navibus discessisset, Antiochi temeritate Athenienses infelici pugna quindecim naves amiserunt. Id cum Alcibiades culpæ domi tribuerent, in ejus locum suffectus est Conon. — Cap. VI. Lysandro successor missus Callicratidas. Simultas inter utrumque. A Cyro cum huic non statim pecunia numeraretur, e Mileto et Chio accepit unde stipendia sois daret. Hinc statim Methymnam expugnavit et inde Cononem ad Mytilenem obsedit. Quod cum perlatum esset Athenas, magnam classem Athenienses et miserunt subsidio. Cum hac reliquisque Atheniensium copiis Callicratidas congressus ad Arginusas ipse in mari periit; naves autem ejus aut demersæ aut captæ. Eteonicus tamen callide cum reliquis elapsus est. — Cap. VII. Sed quia

HISTORIA GRÆCA.

LIBER I.

Caput I. Post infelicem in Hellesponto pugnam Athenienses iisdem in locis, cum Alcibiades venisset subsidio, prospera fortuna utuntur. Tissaphernes in Hellespontum profectus Alcibiadem comprehensum in custodiam conjicit: unde ille noctu elapsus petit Clazomenas. Thrasylus Athenas navigat ad novas copias et naves petendas. Cum Lacedæmonii Athenienses denuo petere vellent, his auxilio venit Alcibiades, quo duce pugna ad Cyzicum feliciter pugnata est, in qua cecidit Mindarus. Inde cum Athenienses e Cyzico, Perintho, Selybria pecunias coegissent munita Chrysopoli portorium instituerunt. Afflictis Lacedæmoniorum rebus succurrit Pharnabazus. Interim prætoribus Syracusanorum domi abrogatum imperium: in Thaso ejecti qui rebus Lacedæmoniorum studerent: Atheniis autem Agis admovet exercitum, quem minus armis quam minis Athenienses repellunt. Eodem anno Carthaginienses magno exercitu aggressi duas urbes Græcas ceperunt. — Cap. II. Thrasylus cum classe Samum petit. Inde in Asia nonnulla feliciter gerit, sed Ephesum aggressus a Tissapherne et Syracusanis defensam afficitur magna clade. Rursus ad Lesbum navibus quatuor Syracusanorum captis navigavit Sestum, ubi erant reliquæ Atheniensium copiæ. Hinc universus exercitus Lampsacum se contulit ad hiberna, in quibus Alcibiade duce adversus Abydum expeditione suscepta Pharnabazum vincunt, et aliis locis Persarum terras vastant. — Cap. III. Athenienses Chalcedonem, quæ ad Lacedæmonios defecerat, oppugnant. Eam infeliciter defendere conatur Hippocrates Lacedæmoniorum harmosta. Quare cum hic in pugna occidisset, Athenienses cum Chalcedoniis et Pharnabazo, qui his auxilio venerat, pacem ineunt. Mox eodem modo Byzantium oppugnant a Lacedæmoniis occupatum: quod cum capi non potuisset, a Byzantiis ipsis et Lacedæmoniis quibusdam absente Clearcho harmosta in manus Atheniensium, quos clam noctu intromiserant, traditur. — Cap. IV. Redeuntes e Perside Lacedæmoniorum legati cum omnia quæ voluissent a rege se obtinuisse dicerent, Athenienses quoque se istuc deduci cupiebant: sed diu a Pharnabazo et Cyro lusi tertio demum anno ad suum exercitum reducti sunt. Alcibiades cum animos civium a se non alienos videret, sæpe audisset imperatorem esse creatum, Athenas demigravit ibique summum copiarum Atheniensium imperium demandatum accepit. Hinc profectus est Andrum et Samum. — Cap. V. Lacedæmonii interim Persarum opibus adjuti ad bellum Lysandro duce se instruebant, classe ad Ephesum subducta. Jam cum Alcibiades Notium profectus a navibus discessisset, Antiochi temeritate Athenienses infelici pugna quindecim naves amiserunt. Id cum Alcibiades culpæ domi tribuerent, in ejus locum suffectus est Conon. — Cap. VI. Lysandro successor missus Callicratidas. Simultas inter utrumque. A Cyro cum huic non statim pecunia numeraretur, e Mileto et Chio accepit unde stipendia sois daret. Hinc statim Methymnam expugnavit et inde Cononem ad Mytilenem obsedit. Quod cum perlatum esset Athenas, magnam classem Athenienses et miserunt subsidio. Cum hac reliquisque Atheniensium copiis Callicratidas congressus ad Arginusas ipse in mari periit; naves autem ejus aut demersæ aut captæ. Eteonicus tamen callide cum reliquis elapsus est. — Cap. VII. Sed quia

praetores Atheniensium suos qui perierant in pugna e mari non sustulerant, capitis omnes sunt damnati, frustraque eos defendit Euryptolemus.

LIBER II.

Caput I. Interim Eteonicus in Chio penuria laborabat, ita ut ejus milites conspiratione facta Chium diripere vellent. Sed eos prudenter cohibuit et accepta a Chiis pecunia iis solvit stipendium. Sed tamen Chii reliquique Lacedaemoniorum socii alium imperatorem, et Lysandrum quidem, petierant. Lacedaemonii autem iis miserunt Aracum Lysandro adjuncto legato. Lysander a Cyro pecunia instructus exercitui stipendium solvit, et expugnatis Cedreis Cariae civitate Atheniensium socia, navigat Rhodum. Athenienses autem Chium et Ephesum transmittunt et se parant ad pugnam navalem. Tum Lysander Hellespontum petit et Lampsacum expugnatam militibus diripiendam dedit. Athenienses item illos persecuti ad Hellespontum contendunt, et ad Aegospotamos spreto Alcibiadis, qui prope habitabat, consilio, cum Lysandro infelicissima pugna confligunt, imparati ab illo oppressi. Conon cum novem navibus Cyprum ad Evagoram fugit: reliqua omnia capta. Athenienses omnes sunt necati. — Cap. II. Paralus navis cum nuntium de calamitate pertulisset Athenas, cives omnia parant, ut certam obsidionem tolerarent. Mox a Pausania, Lacedaemoniorum rege, et Lysandro terra marique diu obsessis, cum multi fame morerentur, pax convenit his legibus ut naves nonnisi duodecim haberent, exsules revocarent, diruerent muros longos et Lacedaemoniis omne imperium traderent. — Cap. III. Imperio Atheniensium trigintaviris tradito Lysander Samum expugnat et magna e toto bello pecunia ditatus Spartam redit. Trigintaviri cum leges conscribere deberent, magistratibus novis constitutis et praesidio harmostaque a Lacedaemoniis expetito pro lubitu optimum quemque ad mortem ducebant. Critias princeps Trigintavirorum cum e collegis Theramenem maxime haberet adversarium, lenius quippe sentientem, ne huic populus se applicaret, re cum reliquis composita, tria millia civium legit qui summam rempublicam defenderent: reliquos arma tradere jubent. Hinc Theramenem in senatu Critias proditionis accusat. Egregie se defendit ille adeo ut senatus eum absolvere velle videretur. Sed calumnia usus Critias et armatis hominibus hominem ad supplicium abstrahi jubet. — Cap. IV. Tum Thrasybulus Thebis, quo multi Atheniensium exsules se contulerant, cum paucis profectus Phylen castellum occupat, et crescente suorum numero mox tyrannorum copias ad oppugnationem Phyles profectas vincit. Hi, et haberent perfugium, Eleusin occupant, incolis nefaria fraude circumventis. Jam Thrasybulus noctu Piraeeum occupat, et mox in Munychia fundit adversarios; qua in pugna cecidit Critias. Tandem populus abrogato Trigintavirorum imperio Decemviros creat. Cum in Piraeeo exsules se magis magisque confirmarent, rursus Lysander accitu maxime triginta virorum cum fratre navarcho venit, ut exsules terra marique obsessos ad deditionem compellerent. Quae res cum ex sententia succedere videretur, Pausanias invidens Lysandro, nomine quidem subsidio ei venit, sed re ipsa Thrasybulo. Itaque post levia cum ipso praelia cum ad utriusque factionis Athenienses misit, eosque permovit ut Lacedaemoniorum arbitrio se suaque ad restituendam concordiam permitterent. Lacedaemonii ergo miserunt quindecim legatos, qui cum Pausania res Atheniensium his conditionibus composuerunt, ut hi inter se pacem haberent et ad sua quisque negotia praeter magistratus redirent; si qui eorum qui fuissent in urbe, tutum sibi in ea locum non putarent, iis potestas esset Eleusina migrandi. Paullo post cum hi ex Eleusine bellum moverent, eorum ducibus circumventis Athenienses lege ὀμνηστίας discordias omnes sustulerunt.

LIBER III.

Caput I. Cyro auxilia Lacedaemoniorum petenti adversus Artaxerxem fratrem Samius navarchus tutum ad Ciliciam praestat iter. Graecis Asiaticis contra Tissaphernem auxilio mittunt Lacedaemonii Thimbronem, cui Athenienses adjungunt equites, quos in bello perire cupiebant. Sic mediocriter instructus Ionicas civitates utcumque tuetur. Jam Graecis Cyri nuper sociis cum Thimbrone conjunctis hic audacior factus etiam in campo cum Tissapherne congrediebatur. Ceterum plures civitates sponte se ei adjungebant; imbecilliores quasdam vi expugnabat. In oppugnanda Larisa quae dicitur Aegyptia cum frustra haereret, jussus est ab ephoris cum exercitu transire in Cariam. Thimbroni succedit Dercyllidas, imperator callidissimus, qui cum Tissapherne se conjungit, et sic unum tantum habet hostem Pharnabazum. Mania Zenis hyparchi uxor mortuo marito impetrarat a Pharnabazo ut satrapiam mariti servaret, et egregie omnes res suas gesserat. Sed cum interfecit Midias filiae maritus ejusque ditionem invasit. Ad quem ulciscendum cum se pararet Pharnabazus, venit Dercyllidas et complures urbes in deditionem accepit. Cebrenem vero cum oppugnare vellet, cives invito urbis praefecto ei se tradunt. Hinc adversus Midiam profectus Scepsin et Gergitha urbes ejus insigniores astu occupavit, et magnis quas Mania collegerat pecuniis ditatus Midiae paterna bona concessit, milites ejus sibi addidit mercenarios. — Cap. II. Hinc Pharnabazus cum eo facit inducias; ipse per hiemem Bithynorum Thracum regionem vastat. Vere redeunte ad Dercyllidam venerunt domo legati, qui imperium ei prorogarent militumque laudarent virtutem et integritatem Dercyllidas cum ex iisdem audisset legatos e Chersoneso petiisse a Lacedaemoniis ut muro Thracas a Chersoneso arcerent, rursus cum Pharnabazo pactus inducias istuc est profectus, et muri opere strenue perfecto rediit in Asiam et Atarnea a Chiorum exsulibus occupatam vi expugnavit eamque ita ornavit ut in eam, quoties istuc veniret, commode posset divertere. Inde abiit Ephesum. Legati a Graecis Asiaticis Lacedaemonios docent, Tissaphernem ita posse cogi ut sibi libertatem redderet, si Caria, ubi ejus esset domicilium, infestaretur. Jubent ergo Ephori Dercyllidam istuc transire. Venerat tum in eandem Cariam cum Tissapherne Pharnabazus: quos cum Dercyllidas accepisset Maeandrum rursus transiisse, transiit et ipse. Instruxerant Persae exercitum, ut Lacedaemonios, quos securos et dispalatos insequi putabant, imparatos opprimerent. Sed Dercyllidas cum propius accessisset, re cognita confestim suos ad pugnam instruxit. Sed Tissaphernes metu Graecorum misit qui illum ad colloquium invitarent. Deinde pax servata his conditionibus ut rex civitatibus Graecis libertatem daret, Lacedaemonii harmostas ex iisdem revocarent et e regis ditione abirent. Domi interim propter antiquas injurias Lacedaemonii bellum intulerunt Eleis. Sed Agis rex jam in hosticum ingressus terrae motu, quasi dei monitu, absterritus exercitum dimisit. Rursus insequenti anno idem Eleos petiit, eorumque regionem misere vastavit. Redeunte aestate Elei pacem petentes obtinuerunt iniquis conditionibus. — Cap. III. Mors Agidis et contentio Agesilai cum Leotychide; cui ille ut justior regni successor praelatus est. Agesilaus cum fere annum obtinuisset

imperium, periculosa exstitit adversus Spartanos conspiratio Cinadonis, qui se non inter principes Spartanorum haberi ægre ferebat. Sed ephori in auctores callide comprehensos animadverterunt atque ita depulerunt periculum. — Cap. IV. Cum nuntiatum esset Lacedæmone magnam in Phœnice ornari classem, ad expeditionem in Asiam se paravit Agesilaus, adjuncto Lysandro. Cum autem Agamemnonis exemplo Aulide sacra facere instituisset, a Bœotarchis contumeliose impeditus Ephesum navigavit. Agesilaus cum aperuisset Tissaphemi se ad liberandas Græcas in Asia civitates venisse, inducias hic jurejurando interposito pactus, dum a rege illud consuleret, bellum comparavit : sed religiose fidem servavit Agesilaus. Interim Græci Asiatici Lysandrum ita observabant ut ipse regis, Agesilaus privati hominis speciem haberet. Sensit Lysander ea re offendi Agesilaum petitque ab eo ut sibi alibi aliquid muneris gerendum assignaret. Missus ergo in Hellespontum etsi Agesilao non inutilem se præbebat, tamen non magnam ab eo inibat gratiam. Tissaphernes novis a rege missis copiis superbus bellum indicit Agesilao, ni ex Asia excedat. Sed Agesilaus nihil territus in Phrygiam irrupit et magna præda potitus est. Cum per aliquod tempus tuto illam regionem depopulatus esset, casu concurrunt equites Agesilai cum Pharnabazi equitibus, quos ille pene victores in fugam conjecit pedestri exercitu. Insequenti die cum sacra fecisset infausto omine, versus mare se convertit et equitatu maxime se instruere cœpit. Ineunte vere Agesilaus Ephesi summo studio bellum paravit. Deinde postquam calliditatem Tissaphernis eluserat, armis etiam eum superavit. Ipse Tissaphernes cum in pugna non adfuisset, Artaxerxes proditionis insimulatum misso Tithrauste interfici jussit. — Cap. V. A Tithrauste cum Agesilaus ex Asia discedere juberetur, et hic potius regem ipsum adoriri meditaretur, quinquaginta talentis ille Græcos in Europa corrupit, ut bellum Lacedæmonii inferrent. Callide rem instituerunt, qui pecunias illas acceperant, ita ut ipsi Lacedæmonii bellum movere et Thebanos petere coacti essent. Sed infeliciter illa expeditio cessit. Interfecto enim ad Haliartum Lysandro rex ipse Pausanias sponte cum exercitu abiit : qui absens crimine proditionis damnatus Tegeæ morbo mortuus est.

LIBER IV.

Caput I. Spithridatis suasu Agesilaus in Paphlagoniam profectus cum Otye rege init societatem : cui matrimonio jungit Spithridatis filiam. Hiberna constituit Dascylii. Hic cum Herippidas prædatum egressus Spithridati res captas abstulisset, hic noctu cum suis clam ad Ariæum abiit. Mox Apollophanes Cyzicenus, hospes et Pharnabazi et Agesilai, perfecit ut hi venirent in colloquium, in quo Pharnabazus hanc tulit conditionem ut si a rege Persarum alius cujuspiam imperio subjiciatur, cum Agesilao societatem faciat, sin ipsi summum imperium committatur, bellum strenue cum Agesilao gerat. Delectatus ejus oratione Agesilaus spopondit se statim ex ejus ditione abiturum, et concessit in campum Thebes. Sed cum magna moliretur adversus regem, revocatur domum ad defendendam patriam. — Cap. II. Itaque adjunctis ex Asia sociis eodem itinere rediit quo Xerxes ad bellum Græciæ inferendum iverat. Interim cum Corinthii cum sociis de belli ratione consultarent, Lacedæmonii jam in agrum processerant Sicyoniorum. In pugna socii Lacedæmoniorum cedunt præter Pellenæos, ipsi vincunt et victores sociorum redeuntes cædunt. — Cap. III. Nuntiatur hæc pugna Agesilao, qui continuo civitatibus Asiaticis eandem nuntiari jubet. In Thessalia vexatur a Bœotiorum sociis : sed equitibus suis Thessalos ipsos equitatu maxime valentes vincit. Ad Bœotiam accedenti nuntius affertur de infelici pugna navali : quo dissimulato effecit ut in levi prælio Lacedæmonii superiores discederent. Pugna ad Coroneam, in eaque virtus Agesilai. Finito bello decimam partem prædæ consecravit Apollini. — Cap. IV. Apud Corinthios ultimo Euclerorum die optimates pacis cupidi ab adversariis necopini cæduntur. Ab eo tempore cum tota civitas sub Argivorum ditionem ventura videretur, Pasimelus et Alcimenes in præsidiis ad portus constituti noctu Praxitam Lacedæmonium Sicyone cum suis adductum intra muros recipiunt. Insequuto die facta pugna vincunt Lacedæmonii, qui deinde parte murorum longorum diruta et Sidunte Crommyoneque capta munierunt Epiciam. Inde conductitio milite utrinque bellatum. Iphicrates irrupit Phliuntem : Phliasii sponte arcessunt Lacedæmonios iisque civitatem suam tuendam tradunt. Athenienses muros Corinthiorum dirutos reficiunt : quos Agesilaus rursus demolitur. — Cap. V. Postea cum Piræo portu Corinthii opes suas tuerentur, rursus Lacedæmonii Agesilao duce bellum iis intulerunt. Hic cum reperisset portum illum magno præsidio munitum, callide fecit ut præsidiarii discederent ipsique occupandi portus facultatem præberent. Occupavit et castellum : quo facto fi qui Heræum confugerant sponte se suaque ipsi dediderunt. Ejus lætitiam turbavit nuntius de mora Lacedæmoniorum deleta. Nam Amyclæos ad celebranda Hyacinthia ituros peltastæ Iphicrate duce paucis exceptis conciderunt. Agesilaus deinde relicta ad tuendum Lechæum mora domum est profectus. — Cap. VI. Cum Calydonii Achæorum socii ab Acarnanibus bello peterentur, denuo Lacedæmonii duce Agesilao excitantur ad opem Achæis ferendam. Cum his ergo conjunctus Agesilaus Acarnaniam vastavit eorumque copias fudit. Nullam tamen cepit urbem. Quare cum minus satisfecisset Achæis, promisit se insequenti anno bellum redintegraturum, atque ita domum rediit. — Cap. VII. Initio veris cum bellum sibi a Lacedæmoniis instare viderent Acarnanes, cum his societatem, cum Achæis pacem fecerunt. Lacedæmonii autem bellum adversus Argivos decernunt : quos Agesipolis repente oppressos vehementer afflixit. Magna vero audacia proxime ad urbem accessit et magnum iis sæpe terrorem incussit. — Cap. VIII. Interim Pharnabazus et Conon, per insulas et urbes maritimas harmostis Lacedæmoniorum expulsis, multos sibi socios adjunxerant. Abydum vero et Sestum tenebat Dercyllidas quæ Pharnabazus eas urbes illi eripere poterat. Initio anni Pharnabazus cum Conone magna classe ad Peloponnesum accessit et multa maritima vastat. Inde se recipiens Cythera occupat, et harmosta præsidioque ibi relicto Isthmum Corinthi petit, ubi socios confirmat et pecunia ornat. Hinc cum rediret domum classem reliquit Cononi : qui, ut promiserat, deinde muros longos Piræeique munitionem magna ex parte restituit. Lacedæmonii hac re audita Antalcidam mittunt, qui Tiribazo exponeret quid rerum pecunia regia gereretur, pacemque cum rege faceret. Exponit hic mandata et offert, ut omnes insulæ et civitates Asiaticæ sint liberæ. Miserant et Athenienses reliquique legatos, quibus illa conditio videbatur iniquissima. Tiribazus Lacedæmoniis clam pecunia instructis Cononem conjecit in vincula et profectus ad regem de his rebus retulit. Rex mittit Strutham ad res maritimas gerendas. Hic favebat Atheniensibus : unde Lacedæmonii adversus eum mittunt Thimbronem, sed infausto successu. Ad exsules Rhodiorum restituendos populiemque statum tollendum Lacedæmonii

HISTORIÆ GRÆCÆ ARGUMENTA.

mittunt Eedicum navarchum; Diphridam autem adversus Strutham. Eodico Lacedæmonii subsidio cum navibus mittunt Teleutiam, Athenienses adversus illos Thrasybulum. Hic omissa Rhodo Thracium reges dissidentes conciliavit, et deinde Byzantio et Chalcedone recuperata Lesbum navigat et Mytilenis, quæ sola urbis Atheniensibus fida manserat, confirmatis ad Methymnam Lacedæmonios vincit. In Thrasybuli ab Aspendiis occisi locum sufficiunt Athenienses Agyrrhium, et in Hellespontum, ubi Lacedæmonii Anaxibio duce multa moliebantur, mittunt Iphicratem. Qui post levia prœlia cum accepisset Anaxibium cum suis Antandrum abiisse, noctu Abydum trajecit et redeuntem ex insidiis oppressit. Anaxibius ipse fortiter pugnans cecidit : ejus autem copiæ partim fuga elapsæ partim cæsæ sunt.

LIBER V.

CAPUT I. Æginetas Lacedæmoniorum permissu ex Attica prædas agentes oppugnant Athenienses. Horum classem Teleutias Lacedæmonius fugat. Honores Teleutiæ a militibus habiti. Successit ei Hierax, et huic Antalcidas, qui Nicolochum mittit Abydum. Interim Eunomus præfectus classis Atheniensium cum ab Ægina noctu profectus Atticam accederet, Gorgopas Lacedæmonius cum decem navibus modico intervallo tacite insecutus eum opprimit, et captis quatuor triremibus Æginam redit. Eodem Chabrias deinde noctu vectus insidias ponit. Re animadversa Gorgopas cum Æginetis aliisque ei occurrit : sed ipse cum multis Æginetarum cadit : reliqui diffugiunt. Hinc rursus Teleutias missus magno militum gaudio excipitur. Hic cum duodecim navibus ipsum Piræeum noctu invadere ausus, aliquot navibus abreptis Æginam reversus e præda nautis et militibus stipendia numeravit. Antalcidam Athenienses in errorem inducti frustra persequuntur. Ipse contra Thrasybulum Collytensem cum octo triremibus capit. Postea navalibus copiis ita est auctus ut totius maris videretur habere imperium. Jam Athenienses pacis quam belli cupidiores facti. Simul et Lacedæmonii et Argivi de pace cogitare cœperunt. Habebat eo tempore Tiribazus ejus conditiones a rege acceptas, quarum caput erat, ut omnes Græcæ civitates et insulæ exceptis paucis aut essent juris. Placebat hæc conditio omnibus præter Thebanos : quos tamen Agesilaus belli terrore coegit ut Bœotiis civitatibus αὐτονομίαν redderent. Pari modo Corinthios et Argivos communi fœderi subjecit. — CAP. II. Jam in socios etiam dubiæ fidei Lacedæmonii animadvertere cœperunt et primo Mantineensium urbem penitus sustulerunt. Jam exules Phliasiorum, temporibus suis, ad Lacedæmonios de rebus suis confugiunt. Hi per legatos Phliuntem missos rogant ut illos restituant. Phliasii, qui cognatos exsulum aliosque rerum novarum studiosos timerent, eos confestim revocant, et iis bona sua publice restituunt. Legati Acantho et Apollonia missi Lacedæmonem Olynthiorum impotentiam accusant et quid periculi ab illis immineat ostendunt. Statim igitur Lacedæmonii adversus illos mittunt Eudamidam cum copiis, quas e proximo cogere potuerant, et hujus fratrem cum reliquis Phœbidam subsequi jubent. Hic cum processisset ad Thebas, quæ civitas discordia civili tum laborabat, Leontiades alterius factionis princeps ei arcem tradidit et deinde confestim adversarium ut patriæ hostem abstrahi jussit. Hinc contenditi Spartam. Lacedæmoniis, et Agesilao maxime, hoc factum placebat, miserantque qui de Ismenia judicarent. Hoc interfecto Leontiades cum suis Thebas tenens magnis ad bellum Olynthiacum copiis Lacedæmonios juvit, præsertim cum Teleutiam Agesilai fratrem harmostam misissent. Expeditio ipsa feliciter cessit, et quamquam initio dubia fuerat victoria fortiter pugnantibus Olynthiis, tamen cum prœlium prope urbem committeretur, viderenturque Lacedæmonii esse irrupturi, cesserunt tandem Olynthii, et multis suorum amissis in urbem se receperunt. — CAP. III. Teleutias cum ad vastandos Olynthiorum agros egressus audacius eorum equites excurrere vidisset, primo Thermonidam in eos impetum facere jubet, mox cum hic multis suorum amissis cecidisset, ipse cum omnibus copiis eos ad muros usque persequitur. Sed erumpentes Olynthii cum prosternunt Lacedæmoniosque omnes partim fuga disjiciunt, partim concidunt. Majorem postea adversus Olynthios exercitum duce Agesipolide mittunt. Interim Phliasii cum exsulibus fidem non præstarent, hi ad Lacedæmonios confugiunt eosque ad bellum excitant. Jam Agesilaus Phliuntem obsidet et callide benignitate necessarios exsulum elicit ex urbe et ad partes suas traducit. Interea Olynthios vexat Agesipolis; sed paulo post morbo mortuus refertur in patriam. Phliunte Delphion quidam cum trecentis diu obsidentes vexat : sed tandem penuria victus agit de deditione. Lacedæmoniorum civitas totam rem commisit Agesilai arbitrio. Hic quamquam debebat esse iratior, tamen magna humanitate adversus Phliasios ea in re usus est. Olynthii in fidem recepti. — CAP. IV. Thebanis vero pœnam dederunt Lacedæmoni. Nam pauci quidam Thebani clam facta conspiratione occisis tyrannis Cadmeam cum Atheniensibus accitis invadunt et Lacedæmoniorum præsidium ad deditionem cogunt. Morte multant Lacedæmonii harmostam qui Cadmeam Thebanis reddiderat. Jam vero cum Agesilaus ætatem excusaret, adversus hos bellum Cleombroto mandant. Qui cum fere nihil egisset, reliquit Thespiis cum tertia sociorum parte Sphodriam harmostam, domumque rediit. Inusitata procella in ejus reditu. Thebani ne soli bellum haberent cum Lacedæmoniis Sphodriam corruperant, ut in Atticam irrumperet. Hoc ille facit inscis Lacedæmoniis, atque accersitus, cum in judicio capitali non comparuisset, tamen ob virtutes et merita in patriam, vel potius deprecante apud Agesilaum Archidamo, absolutus est. Commovit hoc Athenienses ut jam Bœotios omni ope juvarent. Lacedæmonii autem rursus Agesilao duce bellum fisdem inferunt. Sed hic non multis rebus gestis domum rediit, Thespis relicto Phœbida harmosta. Hic primo multum agri vastabat Thebanorum. Sed ad pugnam Thebani profecti eum prosternunt ejusque exercitum cædunt et fugant. Agesilaus suscepta adversus Thebas expeditione simularat se primo Thespias venturum. Hoc falso nuntio decepit Thebanos, et alia loca atque ipsi putarent ingressus multa depopulatus est, priusquam illi rebus suis subsidio venire possent. Deinde cum accessisset, versus ipsas Thebas deflectens eos permovit ut cursu ad urbem magno anfractu contenderent. Sciriræ eos usque ad mœnia persecuti, revertentibus inde Thebanis, celeriter se recipiunt. Tropæum igitur statuunt Thebani. Postero die Agesilaus abiit Thespias. Ibi discordias civiles sedavit, et inde cum domum est profectus. Thebani duas triremes frumenta emtum emittunt Pagasas. Has cum frumento et trecentis hominibus capit Alcetas Lacedæmonius Oreum Eubœæ tenens captosque in arce includit. Sed commodum nacti occasionem ipsi arcem occupant : quo facto civitas defecit a Lacedæmoniis, neque amplius Thebani frumento caruerunt. Morbus Agesilai. Cleombrotus adversus Thebas profectus cum Cithærone

ab hostibus dejectus esset, reversus est exercitumque dimisit. Jam suasu sociorum Lacedæmonii magnam classem parant, qua maxime re frumentaria intercluderent Athenienses. Sed hi Chabria duce victores navibus annonariis tutum Athenas cursum præstiterunt. Mox et Bœotiorum rogatu classem sexaginta navium Timotheo duce adversus eos miserunt. Timotheus civitates circa Corcyram æquitate sibi adjunxit. Contra eum Lacedæmonii mittunt Nicolochum, hominem valde audacem, qui a navibus nondum satis instructus infeliciter pugnavit.

LIBER VI.

CAPUT I. Interim ad Phocenses bello petitos a Thebanis proficiscitur Cleombrotus. Eodem fere tempore Lacedæmonem venit Polydamas Pharsalius, civitatis suæ princeps, petiturus auxilia adversus Iasonem hominem potentissimum, qui vel precibus vel armis Pharsalum sibi adjungere vellet. Lacedæmonii cum ei non possent satisfacere, redux cum Iasone rem composuit ita, ut ille, quod cupierat, totius Thessaliæ constitueretur imperator. — CAP. II. Athenienses cum viderent Thebanorum opes augeri, suas minui, pace cum Lacedæmoniis facta Timotheum revocant domum. At hic in reditu simul exsules Zacynthiorum in sedibus suis reponit : unde sequenti anno novum bellum. Ob Timothei factum Lacedæmonii suis et sociorum opibus magnam classem exornant Mnasippo duce ad Corcyram Atheniensibus eripiendam. Quo facto cum Corcyræi undique inclusi fame premerentur, Atheniensium auxilium imploravit, qui post alios iis miserunt Iphicratem. Sed antequam hic adveniret, Mnasippi temeritate factum ut Corcyræi facta eruptione Lacedæmonios magna clade afficerent. Ipse etiam Mnasippus in pugna cecidit, reliqui metu adventantis Iphicratis Leucadem profugerunt. Laudatur Iphicrates et ejus disciplina nautica. Cum venisset Corcyram, decem triremes a Dionysio Syracusio Corcyram missas capit. Jam pluribus Corcyra navibus auctus ipsam Laconicam petere cogitabat. Laudatur tota ejus expeditio. — CAP. III. Athenienses a Thebanis offensi optimum putabant eos invitare ad pacem cum Lacedæmoniis faciendam. Itaque et ipsi cum sociis legatos Spartam miserunt, et Thebani, Bœotiorum omnium, ut ipsi quidem volebant, nomine juraturi. Postquam Callistratus ille præter alios oratores dixerat, his legibus pax convenit ut Lacedæmonii harmostas undique revocarent, exercitus omnes dimitterent, civitatibus libertatem redderent, liceret, si quis hac migraret, succurrere violatis. Juraverunt itaque Lacedæmonii suo sociorumque nomine, Athenienses autem per se, ut et ipsorum civitates sociæ. In Thebanis vero res manebat ambigua. — CAP. IV. Thebani cum civitatibus Bœotiæ libertatem non redderent, Cleombrotus ephororum jussu adversus eos e Phocide profectus improviso adventu Creusin urbem et duodecim triremes cepit, et deinde ad Leuctra castra metatus est. Non longo intervallo castra posuerant Thebani. Utrisque autem commodum videbatur pugnare. Sed infausta omnia cecciderunt Lacedæmoniis, ita ut gravissima clade affligerentur, et plus mille suorum amissis in fugam se darent. Ephori de hac re certiores facti collectis undique copiis Archidamum subsidio mittunt. Thebani vero Athenienses permovere student ut hoc tempore tam commodo pœnas a Lacedæmoniis repeterent. Sed ab his minus benigne excepti Iasonem excitant. Hic cum venisset in Bœotiam tam Lacedæmonios quam Thebanos prudenti oratione a

bello deterruit. Itaque illi Archidamo obviam profecti domum redierunt. Iason per Phocidem rediens præter alia ut in hostico hostiliter facta Heracleæ munitiones diruit, ut tutior ipsi pateret transitus in Græciam. Pythia celebrare parat Iason luculenta victimarum copia. Sed dum Pheræorum equites lustrat, a septem adolescentulis quasi de controversia quadam cum accedentibus interficitur. Ei succedunt in imperio fratres Polydorus et Polyphron, et his deinceps Alexander. Hic sævus et domi et foris fraude uxoris periit. Ex quo Tisiphonus imperium tenebat quo tempore hæc scribebat Xenophon. — CAP. V. Cum Peloponnesii etiamnum auspicia Lacedæmoniorum sequerentur, Athenienses agebant cum civitatibus ut se legibus pacis Antalcidæ obstringerent. Fecerunt hoc quos convocarant omnes præter Eleos, qui civitates quasdam liberas dimittere nolebant. Mantinenses rursus in unam urbem invitis Lacedæmoniis coeunt. Apud Tegeatas Callibius universum concilium Arcadum constituere volebat : illi adversabatur Stasippi factio. Orto inde bello Mantinensibus cum Callibio conjunctis Stasippus cum suis periit. Pœnas a Mantineensibus repetitum Lacedæmonii mittunt Agesilaum. Sed quamquam interim illi Orchomeniis rursus bellum inferebant, tamen Agesilaus cunctandum ratus, cum hostes in campo potestatem sui non facerent, in Laconicam reversus dimisit exercitum domumque rediit. Thebani ab Arcadibus vocati cum Agesilaum viderent abiisse domum, domum et ipsi redire volebant : sed multorum precibus et cohortationibus victi in Laconicam irruperunt et vastatis agris prope accesserunt ad urbem. In hoc tumultu Lacedæmonii Helotes armant et sociorum auxiliis de imperio decertare parant. Locant et insidias : e quibus hostes oppressos in fugam verterunt atque ita terruerunt ut ab urbe discederent. Interim et Athenas miserunt legatos, qui opem ejus civitatis implorarent, in quorum oratione illud maxime movit Athenienses, quod Lacedæmonii olim Thebanorum auctoritati obstiterant, neque passi erant Athenarum civitatem plane excindi. Prorsus autem admirabilis erat oratio Proclis Phliasii. Denique miserunt Iphicratem cum omnibus copiis, cujus tamen opera tum fere fuit nulla, feliciterque videtur cessisse quod sponte Thebani domum redierunt.

LIBER VII.

CAPUT I. Jam nova legatio Lacedæmoniorum venit Athenas deliberatum quibus legibus societas esset ineunda. Hic etsi prudens Proclis oratio magna laude ab omnibus excepta est : suaserat autem ut Athenienses mari, Lacedæmonii terra gererent imperium : tamen in Cephisodoti sententiam decreverunt ut alternis per quinos dies utrique summam rerum tenerent. Lacedæmonii cum Atheniensibus ad Corinthum congregati difficillimam Oneï montis partem defendendam suscipiunt. Sed Thebani sub diluculum oppressos inde dejiciunt, et deinde cum Arcadibus, Eleis et Argivis conjuncti multa vastant: Corinthum vero invasuri graviter accipiuntur. Interim a Dionysio veniunt triremes viginti. Cum ergo a Corintho ad mare Thebani agros obsiderent, Atheniensibus et Corinthiis nihil audentibus, quinquaginta fere Dionysii equites illos mire vexatos fatigarunt. Paucis post diebus Thebani redeunt domum. Jam vero Lycomedes Mantinecnsis magnos Arcadibus injicit spiritus, eosque deterruit, ne amplius sub Thebanis agerent, sed commune imperium postularent. Hinc facti sunt Thebanis invisi, et ob similem arrogantiam Eleis. Distractis jam eorum animis venit ab Ariobarzane cum magnis pecuniis

AGESILAI ARGUMENTA.

Philiscus et Thebanos Lacedæmoniosque convocavit Delphos ad pacem restituendam. Hic cum Messenen Lacedæmonii liberam dimittere nollent, ad bellum iis faciendum Philiscus magnum exercitum paravit. Auxilia iterum mittit Dionysius. Cum his et Lacedæmoniis Archidamus Caryas expugnat et incolas omnes trucidat, deinde vastat Parrhasiorum agros. Jam Cissidas dux Siculorum cum profectionem pararet, hostes reditum ejus intercludere conabantur : sed ab Archidamo incredibili clade sunt affecti, salvis omnibus ad unum Lacedæmoniis. Thebani imperium Græcorum dudum affectantes Pelopidam mittunt ad regem : qui consilio et eloquentia impetravit ab eo ut pacis formulam scriberet, ex qua Messene a Lacedæmoniis libera esset, Athenienses naves subducerent, reliquæ civitates hæc armis defenderent. In hanc formulam cum Corinthii jurare nollent, compluresque aliæ civitates hujus exemplum secutæ conatum Thebanorum fecerunt irritum. Epaminondas civitates Achaiæ partibus Thebanorum adjungere cupiens bello eas petit. Sed cum optimates statim cum eo se conjungerent, nihil aliud nisi fœdus cum iis pepigit, ex quo socii Thebanorum essent in omni bello. Hi civitatum principes cum oppressa populari factione Lacedæmoniis studerent, Arcades in medio constituti ancipiti premebantur periculo. Apud Sicyonios Euphron populare imperium, ut videri volebat, instituit, sed reipsa tyrannidem occupavit. — Cap. II. Phliasii autem ab Argivis et Sicyoniis commeatu privati firmam cum Lacedæmoniis amicitiam tuebantur. Hujus fidei et vero etiam fortitudinis plura documenta etiam e superioribus annis proferuntur ab auctore, in quibus illud, quod cum ipsorum exsules ab Eleorum Arcadumque manu adjuti dolo in urbem irruissent et captam jam tenerent acropolin, eos inde effugere et partim e muris desilire coegerunt. — Cap. III. Æneas Arcadum dux Sicyoniis domestico malo laborantibus cum exercitu succurrit ; et in acropolin convocat eorum principes et exsules non publice ejectos. Euphron statim confugit in portum, eumque tradit Lacedæmoniis. Postea cum Thebani Sicyoniam acropolin tenerent, in Bœotiam profectus cum Thebanis de tota Sicyonis urbe sibi tradenda agere volebat. Sed in ipsa Cadmea a civibus quibusdam suis occisus est. — Cap. IV. Oropum, sociam Atheniensium civitatem, exsules occupant. Arcades suasu Lycomedis de societate cum Atheniensibus agunt eamque obtinent. Eodem tempore Athenienses frustra Corinthii imperium affectabant. Cum vero Corinthii de rebus suis jam magis solliciti laborarent, fœdus fecerunt cum Lacedæmoniis et Thebanis hac lege ut quantum in ipsis esset ab omni bello abstinerent. Eodem tempore Dionysius junior Lacedæmoniis misit duodecim triremes, quibus illi adjuti Sellasiam oppugnarunt. Elei Lasionem Arcadum urbem, ut antiquitus suam, occupant. Arcades igitur bellum iis faciunt, ea quidem usi felicitate, ut in ipsam urbem Elidem penetrarent, ex qua tamen mox sunt ejecti. Discordia Elei dudum laborabant. Unde Arcades ab alterutra factione adjuti facilius reliquos superabant. Postea cum Achæi ad societatem Eleorum accessissent, et eorum urbem cum præsidio tuerentur, Arcades nova expeditione suscepta cum accepissent Pellenenses Elidem tueri, Olurum occuparunt, e quo ipso tamen vi sunt expulsi. Nova expeditio Arcadum feliciter cedit. Jam Lacedæmonii ab Eleis excitati ad bellum adversus Arcadas Archidamo duce Cromnum occupant, præsidioque relicto domum redeunt. Arcades statim Cromnum obsident. Denuo igitur mittitur Archidamus : sed rem gerit infeliciter. Interim ipsi Elei exsules vincunt et Pylum expugnant.

Jam Lacedæmonii noctu Cromnum profecti vallum occupant et suos ex urbe evocant. Sed cum Arcades concurrerent, plus centum præsidiariorum in eorum venerunt potestatem. Sequitur tempus ludorum Olympicorum, quos Arcades cum Pisatis apparare cœperant. Sed Elei prope Olympiam inusitata fortitudine cum iis conflixerunt, et pene e loco sacro dejecerunt. Sed tamen cum postridie vallo et fossa locum viderent munitum, ulterius periclitandum non rati Elidem redierunt. Cum Arcadum principes pecunia Olympicis sacris dicata abuterentur ad numerandum Eparitis stipendium, Mantineenses primi, post et alii huic sacrilegio obsistere cœperunt. Hinc magni motus. Nam illi acrius causam acturi Thebanorum auxilia requirunt. Publico tamen decreto Thebani rogati sunt, ne jam copias in Arcadiam mitterent, et pax cum Eleis restituta est. Jam convivia securi et læti Tegeæ celebrabant. Sed principes illi et præfectus quidam Thebanorum quam plurimos convivantium comprehensos in custodiam duxerunt. Plurimi autem inprimis Mantineensium, qui præter ceteros custodiri debebant, cum elapsi essent, res aliter atque illi voluerant, cecidit. Inprimis Thebanus ille ab Arcadibus domi accusatus laborabat. Sed Epaminondas ejus causæ favens durum dedit legatis responsum ; bellum Bœotios Arcadiæ illaturos, quod sine ipsorum auctoritate pacem fecissent. — Cap. V. Epaminondas cum primum potuit cum sociis transiit in Peloponnesum, et frustra exspectatis Atheniensibus, quos intercipere cogitabat, Tegeam profectus est. Hic ubi audierat Agesilaum jam domo cum copiis exiisse, recta contendit Spartam, quam vacuam occupasset nisi Agesilaus re audita mature recurrisset. Ad urbem autem Epaminondas conflixit infausto Marte, atque inde celeriter Tegeam rediit, missis Mantineam equitibus. Eodem paullo ante venerant Atheniensium equites, qui opportunissimo tempore acerrime pugnantes commeatura Mantineensium servarunt. Epaminondas bis superatus delere hoc dedecus decrevit. Itaque confirmatis animis militum se ad novum prœlium paravit : et delusis aliqua cunctatione hostibus, conferto in cunei formam agmine eorum aciem perrupit et ad fugam compulit. Jam ipse cadit : sui victoria uti nesciunt : itaque a victis multi cæduntur : denique victoria utrius partis fuerit dubitari cœptum est. Ceterum hoc tanto totius pene Græciæ conflictu nihil confectum est : contra major quam ante fuerat rerum perturbatio exstitit.

AGESILAUS.

Caput I. Agesilai genus nobile ; patriæ dignitas ipsiusque virtus, ob quam regio munere dignus est habitus. Res ejus in Asia gestæ, in quibus præter artes militares, maximamque in bello prudentiam, pietatem adversus deos, æquitatem et clementiam adversus homines ostendit, modestiam denique adversus magistratus Lacedæmoniorum ipsum revocantium. Additur ad has laudes illud, quod concordiam in civitatibus Græcorum Asiaticis restauraverit. — Cap. II. Copiis in Europam trajectis cum in itinere a Bœotiis eorumque sociis lacesseretur, hos in fugam conjecit. Paullo post ad Coroneam eosdem gravi prælio vicit, et salvus rediit in patriam. Pari virtute bellum postea gessit cum Argivis et aliis Græcis civitatibus. Postea cum Lacedæmoniorum res pugna Leuctrica conciliasse viderentur, tamen rursus præter opinionem hostes est ultus. Contra eosdem ipsam urbem

Spartanam aggressos patriam prudenter et fortiter defendit. Cum jam propter ætatem ad militiam imbecillior videretur, legationibus maxime obeundis pecuniis in subsidium patriæ collegit. Sed tamen senex octoginta annorum ab Ægyptiorum rege auxilio vocatus, mox ab eodem offensus, adversarium ejus in regno constituit, atque ita socio Lacedæmoniis adjuncto et pecuniis ab eo acceptis, patriæ non parum profuit. — Cap. III. Maximis Agesilaus virtutibus fuit præditus, — Cap. IV. pietate adversus deos, justitia, — Cap. V. continentia, — Cap. VI. fortitudine et sapientia. — Cap. VII. Demonstratur deinde amor Agesilai erga cives et adversus Græcos omnes, et odium ejus adversus barbaros. — Cap. VIII. Agesilai comitas, spiritus regius, frugalitas; quæ virtutes aliæque his affines comparantur cum vitiis regis Persarum, — Cap. IX, X. ut Agesilaus tanto excellentior appareat. — Cap. XI. Sententiis brevibus quasi principia virtutis omnis Agesilai explicantur, exordio a pietate sumto.

HIERO.

Caput I. Ostendit Hiero plures voluptates per sensus percipere privatos homines quam tyrannos. Hos enim minus interesse posse spectaculis rebusque oculos pascentibus : neque magis aurium suavi sensu delectari : laudem enim qua vel maxime hominum aures mulceantur, tyrannis tribui suspectam : cibos potusque quamvis exquisitos parum suavitatis offerre, cum creber usus et copia afferat fastidium : odores suavissimos quibus ungantur, magis sentiri ab aliis quam a regibus ipsis : in re amatoria denique eosdem longe inferiores esse privatis. — Cap. II. Illas voluptates e sensibus captas Simonides dicit esse exiguas et majores res commemorat quarum fructu tyranni videantur beatiores. Sed contra Hiero docere instituit, tyrannidem esse splendidam miseriam et maximis bonis tyrannos carere, plurima mala experiri. Foris enim et domi ab hostibus et insidiatoribus obsessos esse : atque bellorum incommoda quæ sint habere communia cum liberis civitatibus, sed commodis quæ percipiantur ex bello non item frui. — Cap. III. Amicitiæ veræ commoda, quæ omnium consensu maxima esse censentur, non pertinere ad tyrannos. Parum etiam fidei illos habere posse cognatis, a quibus tyranno sæpe struantur insidiæ. Metuendum porro illis esse, ne per cibos potusque venenatos clam tollantur : et tantum abesse ut tyrannicida puniatur a civitate, ut præmiis potius ornetur. — Cap. IV. Ob opes, quas possidere videatur tyrannus, ejus conditionem non esse meliorem : eum molestius et periculosius per vim et injuriam eas acquirere cogi : et vix tantas posse cogere, quantæ ad sumtus necessarios requirantur. — Cap. V. A viris porro bonis eum timere : quos si tollat, ipsi relinqui homines pravos et serviles. Denique etsi suæ utilitatis causa patriam amare debeat, cives tamen imbelles reddere iisque milites externos mercenariosque præferre cogi. — Cap. VI. Vitam jucundam Hiero, quam privatus egerit, comparat cum miseria et metu, in quo versetur, postquam regnum sit adeptus. — Cap. VII. Cum Simonides dixisset, certe Hieronem id tam gratus et optatus vulgo videatur hominibus, tyranno haberi : ostendit Hiero, plura et gratum honorem nonnisi a benevolis haberi, cujus adeo omnino sit expers tyrannus, quia hic ab invitis, servis et metuentibus exprimatur. Tum Simonidi miranti, cur tyrannis, si sit tale tantumque malum, non deponatur, respondet Hiero, istud malum quamvis intolerabile, tamen non sine jactura salutis posse abjici. — Cap. VIII. Ostendit Simonides, tyrannum facilius, quam privatum, posse sibi aliorum conciliare benevolentiam. Nam cuncta benevolentiæ signa gratiora proficisci a tyranno, quam a privato. Objicit Hiero, plura negotia necessario obeunda esse tyranno, quæ pariant odium. — Cap. IX. Respondet ad hoc Simonides isti incommodo ita occurri posse a tyranno ut negotia vulgo grata ipse administret ; quæ facile offendant, ea per alios gerenda curet. Atque præmiis studia et æmulationes civium debere excitari, ut res civitatis utiles alacriter et libenter administrent. — Cap. X. Invidiam ex mercenariis militibus ita declinari ostendit Simonides, si tyrannus eos alat ad hominum petulantium injurias coercendas, salutem non modo suam, sed omnium civium, tuendam, agricolas pecoraque contra latrones defendenda, incursiones hostium arcendas, expeditionem adversus hostes suscipiendam, amicorum res tutandas et hostium res frangendas. Propter talem et tam multiplicem usum, quem præstant satellites, necesse ut cives stipendia solvant libenter. — Cap. XI. Addit Simonides, tyrannum etiam de suis rebus debere ad publicos usus conferre, et omnino nulli rei parcere ut civitatem reddat quam beatissimam.

MEMORABILIA.

LIBER I.

Caput I. Crimini primo Socrati publice objecto respondetur ita ut Socratem neque contemtorem patriorum deorum neque novorum auctorem fuisse doceatur. — Cap. II. Crimini alteri occurritur et demonstratur Socratem juventutem et discipulos non corrupisse. — Cap. III. Dehinc docetur Socratem et verbis et factis totaque vita talem fuisse ut et ipse honeste viveret et alios ad honestatis studium excitaret : primum igitur precando, sacrificando et deorum voluntate exploranda rectum fuisse deorum cultorem ; deinde in cibo, potu venereque temperantiæ studuisse. — Cap. IV. Deos esse atque hominibus consulere demonstratur. — Cap. V. Temperantia commendatur. — Cap. VI. Antiphontem sophistam objicientem sibi victum habitumque tenuem et gratis docendi consuetudinem refellit Socrates. — Cap. VII. Quomodo Socrates ab jactantia averterit homines.

LIBER II.

Caput I. Socratis de voluptate et temperantia cum Aristippo Cyrenæo disputatio. — Cap. II. Lamproclem filium matri iratum placat et pietatis causas docet. — Cap. III. Fratres invicem sibi iratos placat, et concordiam commendat Socrates. — Cap. IV. De amicitiæ pretio. — Cap. V. Explorare se quemque, quanti ab amicis æstimari possit, et ut magni æstimetur, elaborare debere. — Cap. VI. De amicis cum deligendis tum conciliandis. — Cap. VII. Quomodo amicorum inopiæ et angustiis occurrere debeamus et consilio et opera, docetur dehinc usque ad finem libri ; hoc vero capite exemplo colloquii cum Aristarcho habiti. — Cap. VIII. Eutherum mercede operam locantem ad convenientius vitæ genus eligendum hortatur. — Cap. IX. Critonem a sycophantis tutum reddit. — Cap. X. Amicorum indigentiæ occurrendum esse beneficiis docet.

LIBER III.

Caput I. Quid et quantum imperatori scire sit necessarium, Socrates docet. — Cap. II. Ostenditur summum imperatoris officium esse eos quibus præsit reddere beatos. — Cap. III. Cuidam præfecto equitum creato demonstrat Socrates in officio ejus esse ut et equos et equites meliores efficiat. — Cap. IV. Socrates docere conatur bonum choragum et œconomum posse etiam esse bonum imperatorem. — Cap. V. De revocandis ad pristinam fortitudinem et felicitatem Atheniensibus. — Cap. VI. Glauconem imperitum adolescentem a capessenda republica avertit Socrates. — Cap. VII. Charmidem verecundantem ad capessendam rempublicam cohortatur Socrates. — Cap. VIII. Captiosis Aristippi quæstionibus de bono et pulcro respondet Socrates. — Cap. IX. Sententiæ Socratis variæ de fortitudine, de sapientia, de temperantia aliisque virtutibus et rebus. — Cap. X. Cum artificibus de ipsorum arte disserit, atque ita prodesse iis studet Socrates. — Cap. XI. Cum Theodota meretrice de arte amatorum alliciendorum confabulatur Socrates. — Cap. XII. De bona valetudine, firmitate et robore corporis per exercitia gymnastica quærendis. — Cap. XIII. Varia Socratis commemorantur apophthegmata. — Cap. XIV. Sermones Socratis convivales frugalitatem commendant.

LIBER IV.

Caput I. Exponit artes varias quibus Socrates juvenes alliciebat, eorumque ingenia diversamque indolem tentabat, explorabat, et disciplina sua ad virtutem capessendam formatos excitabat omnes. — Cap. II. Continuat narrationem antecedentis capitis exemplo Euthydemi, quem sapientiæ suæ opinione inflatum tam diu interrogando versat Socrates, donec confiteatur omnium se illarum rerum quas antea callere existimaverat esse plane ignarum. — Cap. III. Socrates non prius ad rem publicam juvenes aut quamcunque artem capessendam incitandos esse statuebat quam eorum animus fuisset præceptis ad virtutem formatus, cujus fundamentum sit pietas erga deos. Igitur Euthydemum docet hoc capite deos hominibus consulere et propterea colendos esse. — Cap. IV. Juris civilis et naturalis fontes et causas aperit Socrates cum Hippia sophista disputans. — Cap. V. Intemperantiæ mala ostenduntur. — Cap. VI. Artem bene et recte de re quacunque proposita disserendi docet familiares suos Socrates. — Cap. VII. Demonstrat Socrates quid et quantum in arte quaque, velut geometria, astronomia, arithmetica, medica, discendum sit, adeo ut quæstionibus intellectu difficilibus usque inanibus neglectis, eas res tantum cognoscere jubeat quæ ad vitam domesticam civilemque recte instituendam gerendamque pertinent. — Cap. VIII. Demonstrare Socratem capitali judicio condemnatum minime mendacii de dæmonio sibi significante, si quid sit omittendum aut faciendum, coargui. Ad extremum fit brevis repetitio argumentorum quæ per hos commentarios sunt tractata.

APOLOGIA SOCRATIS.

Cum vulgo ab iis, qui de morte Socratis exposuerant, magniloquentia quidem ejus commemorata esset, sed causæ non allatæ cur ille judicibus non supplex factus fuerit, immo eos dictis factisque irritaverit ad se damnandum : conatur magistrum a stulta pertinacia et a vano animi fastu vindicare, ostenditque, Socrati tunc melius visum esse mori quam diutius vivere. Refert igitur primo sermonem, quem Hermogenes cum Socrate ante judicium habuerat. Hic enim admonitus ab illo, negat se apud judices causam dicturam esse, non modo quod semper ab omni abstinuerit injuria, sed quod sæpius etiam de causa cogitare volenti deus sibi obstiterit, quia sine dubio bene de se actum sit, si jam moriatur. In judicio causam suam agens ostendit, mirum sibi videri, quod a Melito reus sit factus religionis contemtæ et juventutis corruptæ; cum tamen sacra fecerit in altaribus publicis, a deo admonitus sit de rebus suis, ab Apolline laudem maximarum virtutum adeptus sit, eamque verissimam propterea, quod a corporis voluptatibus abstinuerit, alieni non appetens mercedem pro disciplina exegerit nullam, discendi cupiditate semper flagrarit, multis viris bonis gratus acceptusque fuerit, paucis contentus vixerit, et nullius mores depravarit. Quamobrem damnatus a judicibus litem æstimare, ut innocentiæ suæ sibi conscius, noluit; sed impietate ac turpitudine testibus judicibusque objecta lætus e judicio abiit. Amicos e judicio secum discedentes a lacrimis abstinere ac lætari potius jubet ; Apollodori vero stultam querelam venuste nec sine risu castigat. Anyti, accusatoris sui, filium prædicit ad grave et exitiosum aliquod vitium esse prolapsurum : quod evenit.

OECONOMICUS.

Caput I. Socrates de œconomia disputaturus principia disputationis subtiliter ponit ostenditque esse artem et eam quidem quæ in administranda domo sive sua sive aliena cernatur : ad domum referendum esse quidquid bonorum quis possideat : in bonis vero numerandum esse quo quis sic uti possit ut fructus inde percipiat, scientiam autem solam rei familiaris administrandæ non sufficere ad laudem boni patrisfamilias, nisi quis sit liber a pravis cupiditatibus, quia qui istis indulgeat sit servus et bonorum quæ habeat faciat jacturam. — Cap. II. Festive ostendit Socrates Critobulo homini satis lauto se esse divitem, ipsum valde pauperem. Qua re excitatus Critobulus vehementer ab eo contendit ut se modum augendæ rei familiaris doceat. Respondet Socrates se istam artem non callere, sed alios ei esse monstraturum unde eam discere possit, si velit. — Cap. III. Socrates auctor est Critobulo ut vitam institutaque inspiciat eorum qui rem vel male vel bene administrent. Esse enim ait qui ædes bonas sumtibus exiguis, esse qui malas multis exstruant : alios ordine neglecto multiplici supellectili uti male; alios carta bene et commode : aliorum servos vinctos aufugere, aliorum libenter manere et opus facere sedulo : alios ab agricultura pauperes fieri, alios inde locupletari : alios ob studium rei equestris ad egestatem redigi, alios inde multum lucri facere : aliorum uxores ad rem augendam conferre, aliorum ad imminuendam : se et monstrare posse homines qui reliquas artes scienter exerceant : sellularias quidem animum et corpus frangere et repudiandas esse; sed belli gerendi et agri colendi artes unice convenire Critobulo. — Cap. IV. Ad commendandam vel militarem et agriculturam Socrates exemplo regis Persarum utitur, et narrationem addit de Cyri minoris erga agriculturam studio, propter quod Lysander aliquando eum admiratus sit. — Cap. V. Laudatur agricultura quod studium illius sit jucundum, rem augeat, corpora corroboret et ad militiam apta reddat, doceat

justitiam et liberalitatem, artesque pariat et alat. Opponit Socrati Critobulus calamitates quibus cunctæ res in agro studiose cultæ et feliciter florentes sint obnoxiæ. Respondet ille deos esse colendos et placandos ut res in agro gerendas prospere procedere jubeant. Deinde repetitis summatim iis quæ ante de natura et præstantia agriculturæ disputata erant, exemplum ei proponit Ischomachi, viri et patrisfamilias egregii. — Cap. VI, VII. Narrato eleganter modo quo Ischomachum convenerit et ad colloquium invitaverit Socrates, ille suum cum uxore recens nupta colloquium narrat et ita officium bonæ matrisfamilias omne exponere incipit. Et prima quidem præcepta hæc sunt : materfamilias sit temperans et casta; perita vestis conficiendæ, lanæ tractandæ et pensi sui cuique ancillæ assignandi ; res a viro domum comportatas tueatur ac dispenset; liberos nutriat ; instar reginæ apum servo et ancillæ suum cuique opus tribuat ; servorum valetudinem curet ; familiam domi doceat et prudenter gubernet. Commode inseritur locus communis de fine conjugii. — Cap. VIII. Uxori demonstrat Ischomachus ordinis ac dispositionis rerum domesticarum utilitatem et præstantiam, et pro ratione ædium et diversitate partium ædificii assignat vestibus variis, calceis, armis, instrumentis, vasis loca idonea. Ancillam penariam Ischomachus et uxor legunt probam et formant honesta et indulgenti disciplina. Sed monet Ischomachus has curas inutiles esse, nisi ipsa materfamilias rerum ordinem servet : plura enim ipsam negotia sustinere debere quam servos. — Cap. IX, X. Narrat Ischomachus quomodo uxorem a faciei fucapdæ et corporis nimium ornandi studio revocarit. — Cap. XI. Cum Socrates audire velit quibus factis Ischomachus perfectæ virtutis laudem sibi paraverit, exponit hic, quia felix omnium rerum successus a divino numine pendeat se primum deos colere, deinde operam dare, ut sit corpore sanus et robustus, ut honores consequatur in civitate, benevolentiam amicorum sibi conciliet, salutem in bello tueatur et divitias honeste pariat. — Cap. XII. Transitur ad boni villici virtutes. Narrat autem Ischomachus villicos a se legi eos quos speret sibi redditum iri benevolos et rerum agendarum studiosos; repudiari homines intemperantes, somnolentos et libidinosos ; reliquos autem corrigi aut ad officium revocari oculo domini sæpe præsentis et cuncta lustrantis. — Cap. XIII. omnes ceterum instui, quid, quando et quomodo quæque res sit administranda, et arte adeo imbui aliis servis imperandi. Ut vero Integros se præstent, — Cap. XIV. nec bona heri subvertant, leges publicas adjungit ad hanc rem accommodari; in quibus eas, quæ ad justitiam spe præmiorum alliciant. — Cap. XV. Ad ipsius agriculturæ præcepta transit Ischomachus, et hic primum ostendit illam per se esse cognitu facilem, et a rusticis ob mores ingenuos quibus sint præditi libenter tradi quidquid interrogentur : illos enim hoc in genere præstare artificibus, qui vel invidia vel lucro ducti studiose celent quæ in quaque arte sint præstantissima. — Cap. XVI. Disputatur de soli natura et de modo illius cognoscendæ, et quando quaque ratione novalis debeat exerceri, moveri et purgari. — Cap. XVII. De satione traduntur hæc : frumentum esse serendum posteaquam solum pluvia tempore autumni satis sit irrigatum, idque variis temporibus; terræ tenuiori minus seminis mandandum esse; segeti injicienda esse sarcula, quorum usus explicatur. — Cap. XVIII. Agitur de frumenti præparatione, quæ cernitur in metendo, triturando per jumenta, et ventilando per ventilationem. — Cap. XIX. De ratione arborum, inprimis vitium, ficuum et olearum plantandarum quædam traduntur, veluti de mensura scrobum, de natura soli, de planta terræ immittenda et terra aggerenda. Socrates igitur cum miraretur quod hæc jam tenuisset, cumque suspicaretur sibi de ceteris quoque artibus præcepta cognita esse : Ischomachus confirmat quod ante docuerat, agriculturam esse facillimum et ab ipsa natura doceri. — Cap. XX. Rursus sub finem cura, sollertia et diligentia in omni re rustica commendatur, doceturque, quod nonnulli detrimentum inde capiant, id fieri non inscitia rei cogniti facillimæ, sed negligentia et socordia. — Cap. XXI. Clausula est hujus argumenti : cum agricultura ipsa facile discatur, difficillimam esse artem homines ita imperio tractandi, ut sponte et libenter imperata faciant. Ad eam auctoritatem adipiscendam, sive sis villicus, sive procurator sive dominus, opus esse ingenio ac disciplina, quin imo divino quodam bono, quod sine summa virtute nemini contingat.

CONVIVIUM.

Caput I. Convivium Athenis instituerat tempore Panathenæorum magnorum Callias, homo ditissimus, in honorem Autolyci ab ipso amati et tum pancratio victoris. Ad illud etiam Socrates cum familiaribus nonnullis vocatur. Convivæ cum accubuissent, omnes capti forma Autolyci vel admirationem suam vel amoris quemdam sensum tacite vultu et gestu ostendebant. Eorum silentium interrupit Philippus scurra, qui intromissus ut Callia, ut una cœnaret, aliquos jocos parasiticos protulit, ut convivas exhilararet; sed frustra ab initio : unde sat ridicule de fortuna sua conquestus est. — Cap. II. Mensis remotis venit ad comessationem Syracusanus cum tibicina, saltatrice et puero formoso, qui scienter et cithara caneret et saltaret. Jam cum Callias ob liberalitatem et elegantiam convivii laudatus unguento quoque convivas delectare vellet, Socrates, qui semper e loco, tempore et personis materiam sermonis fructuosi capiebat, negat illud sexui virili convenire et ostendit cujus generis odores adolescentes et viri spargere debeant. Cum porro puella viriliter saltaret, ait muliebre ingenium non esse deterius virili, dummodo colatur disciplina. Eadem cum saltationem periculi plenam edidisset, disputare incipit cum Antisthene virtus utrum possit doceri. Denique cum puer scite saltasset, docet saltationis utilitatem et necessitatem. Philippus pueri puellæque saltationem imitari ridicule conatur et satis defatigatus sitiensque poscit majorem phialam. Unde Socrates mediocrem vini usum commendare aggreditur, et ut minutis poculis bibatur suadere. — Cap. III. Cum tibiæ lyræque cantu delectari viderentur convivæ, Socrates ait honorificentius esse si sermonibus habendis sibimet ipsi prodessent seque delectarent quam si ex puellis cantantibus caperent voluptatem. Itaque singuli rogati aperuerunt qua facultate sibi quisque excellere videretur et qua re sibi maxime placeret. — Cap. IV. Convivæ hic deinceps reddunt rationem rei ob quam quisque maxime sibi placeat. Callias jactat artem qua homines efficiat justiores, quam dandis non præceptis sed numis exerceat. Niceratus prædicat se, Homeri carmina cum teneat memoria, versibus Homeri posse res humanas fere omnes comprobare. Critobulus pulchritudinem suam jactat, cujus ope homines ad multas virtutes adducat. Charmides recenset paupertatis suæ commoda ; Antisthenes contra licet pauperrimus divitias suas prædicat. Hermogenes amicis certis gloriatur, sub quibus intelligit deos sibi propitios. Phi-

lippus scurram quod agat, vehementer sibi placet; quia omnes beati se invitent ad coenam reddantque partorum bonorum participem. Syracusanus suam felicitatem collocat in hominum stultitia, qui praestigiis et spectaculis delectati dent ei unde commode vivere possit. Socrates denique demonstrat praestantiam et utilitatem lenocinii h. e. artis hominum benevolentiam sibi aliisque conciliandi. — Cap. V. Narratur certamen lepidum plenumque facetiarum de pulchritudine inter Critobulum satis formosum et Socratem insigniter deformem, qui more suo h. e. ironice, suam commendat formam, oculos exstantes, simum nasum, os amplum, crassa labia, et omnino similitudinem cum Silenis Naiadum filiis: atque cum victus discessisset, judices corruptos esse joense queritur. — Cap. VI. Hermogenem adhuc tacentem Socrates de vi παροινίας rogans non sine joco excitat ad sermocinandum. Syracusanus offensus Socrati convicium facere incipit. Sed partim Socratis modestia partim Antisthenis interpellatione conviciatoris importunitas reprimitur et confutatur. — Cap. VII, VIII. Socrates de amore venereo disputaturus jocose de nequitiis Antisthenis et molestiis quas sibi exhibeat conquestus honestiorem Calliae amorem laudat atque hinc docere aggreditur admirabili cum gravitate et copia, quanto praestantior sit amor pueri ortus ex ejus indole et animo quam is qui e pulchra corporis forma et ex obscoenis cupiditatibus oriatur. — Cap. IX. Saltatio mimica exhibet Bacchi cum Ariadne congressum et convivium concludit.

RESPUBLICA LACEDAEMONIORUM.

Caput. I. Instituta Lycurgi de conjugio et de procreatione sobolis. — Cap. II. De puerorum educatione. Quatenus Lycurgus amorem masculorum concesserit. — Cap. III. De adolescentium disciplina. — Cap. IV. De institutis virorum et proveciorum aetate. — Cap. V. De pudititis sive de convictu publico. De corpore pro modo cibi exercendo. — Cap. VI. De cura et usu communi liberorum, servorum et bonorum. — Cap. VII. Liberis hominibus omne lucri studium interdixit Lycurgus, et ea sola exerceri jussit quibus civitatis libertas constat. — Cap. VIII. Obedientiam magistratibus et legibus praestandam cum aliis rebus Lycurgus impressit Spartanis, tum auctoritate Apollinis Delphici. — Cap. IX. Ignavos et imbelles ignominia multiplicis generis notavit Lycurgus, adeo ut homines honestam mortem turpi vitae praeferrent. — Cap. X. De judicio senibus in senatum legendis subeundo. Sapienter Lycurgus omnibus civibus necessitatem imposuit omnes civiles virtutes colendi. — Cap. XI. De acie Laconica. — Cap. XII. De re castrensi. — Cap. XIII. De auctoritate et munere regis in bello et de tota belli gerendi ratione. — Cap. XIV. De depravata Lycurgi disciplina. — Cap. XV. Jura et commoda regis et pacta singulis mensibus a rege et civitate renovata.

RESPUBLICA ATHENIENSIUM.

Caput. I. Docere instituit populum Atheniensem callide res componere, ut statum popularem conservet. De servorum et peregrinorum apud Athenienses conditione. Documenta quaedam socordiae, iniquitatis et pravitatis Atheniensium. Cur boni viri in sociis civitatibus a populo Atheniensi vexantur. Sociis cur non concedatur ut suas habeant leges, et cur jura cogantur petere Athenis. — Cap. II. Obscurius locutus auctor de terrestribus Atheniensium copiis ostendit quae commoda illis proficiscantur e maris imperio. Communia sive publica quaedam ad usum fructum populi instituta. Rursus de commodis e maris imperio. In populari imperio foedera facilius impune violantur quam in paucorum principatu. Populus perstringi et maledictis affici sinit quos odit. — Cap. III. De causis cur soci difficulter Athenis jus suum consequantur. In seditionibus aliarum civitatum quas partes tueatur et tueri debeat populus Atheniensis. Quaeritur an democratiae timendum sit ab ἀτίμοις.

DE VECTIGALIBUS.

Caput I. De terrae Atticae natura ad redituum rationes augendas aptae. — Cap. II. De modo augendi numerum inquilinorum. — Cap. III. De commodis quae sint concedenda mercatoribus ut eorum negotia civitati prosint. — Cap. IV. De argentifodinarum in Attica copiis. Quomodo ex argentifodinis fructus ad rem publicam redire possit. Respondetur ad ea quae quis modo dictis et superioribus opponat. — Cap. V. Ad tuenda vectigalia pace opus esse ostenditur. — Cap. VI. Commemorantur commoda perfectis rebus illis, de quibus dictum est, ad civitatem redundatura, additurque non sine numine deorum ista esse instituenda.

DE RE EQUESTRI.

Caput. I. Quomodo quis indolem generosi pulli spectare debeat, ne circumveniatur in emtione. — Cap. II. De educandis pullis. — Cap. III. De ratione spectandi equi victoris. — Cap. IV. De cura ipsius domini circa equum. — Cap. V. De cura et negotiis equisonis. — Cap. VI, VII. De ratione equum conscendendi et de insidendi ratione. De variis cursibus, quibus equum oportet exerceri. — Cap. VIII. Quomodo equus sit erudiendus ut transiliat fossas, decurrat per declivia, exsiliat in montana. De ratione meditationis equestris ad belli usum, et maxime quae a binis equitibus hanc ad rem fieri possint. — Cap. IX. Equi feroces quomodo sint tractandi. — Cap. X. De freni ratione et usu ad equi habitum et speciem efformandam. — Cap. XI. Qui equi et quomodo possint erudiri, ut subinde anteriora magnifice in altum extollant. — Cap. XII. De armis equestribus et de jaculorum missione.

HIPPARCHICUS.

Caput I. Summatim perstringuntur officia magistri equitum. Quomodo magister equitum perficere possit, ut sit justus equitum numerus, equi commodi, boni et modesti equites, et probabiles tribuni. — Cap. II. De ordine equitum ad itinera omnis generis collocandorum. — Cap. III. De ratione et ordine decursionum, quae per urbem et per gymnasia, partim religionis partim lustrationis causa, instituendae sunt. — Cap. IV. De itineribus in bello faciendis. Varia praecepta belli caute gerendi, apta maxime copiis exiguis. — Cap. V. Variae hostium decipiendorum artes. — Cap. VI. Quomodo dux efficere possit, ut et

amore et auctoritate apud suos valeat. — Cap. VII. Docetur, adversus hostes (Thebanos) opus esse magistro equitum inprimis prudenti et callido, qui sui potestatem nunquam faciat, neque pugnæ discrimini paucitatem suam committat, sed levibus incommodis hostes fatiget eorumque vires frangat. — Cap. VIII. Interposita cohortatione ad exercendas artes militiæ terrestri necessarias continuantur superioris generis præcepta. Quid faciendum sit ut adversus equites pari numero feliciter decertes. — Cap. IX. Quomodo mille hominum equitatus Atheniensibus confici possit. Clausulæ loco pius deorum cultus commendatur.

CYNEGETICUS.

Caput I. Commendatio venationis ab inventoribus diis et cultoribus hominibus, quorum principes cum laude virtutis commemorantur. — Cap. II. Qualis venator leporum ejusque minister esse debeat et qualia retia. — Cap. III. De duplici canum (leporariorum) genere, Castoriorum et vulpinorum, et de vitiis eorum in forma et habitu corporis et in ratione investigationis. — Cap. IV. De virtutibus canum in habitu et forma corporis et in ratione investigandi. Quo tempore et quæ in loca, canes exercitationis causa domo educi debeant. — Cap. V. De leporum vestigiis, cubili, forma et natura. Tanguntur quædam leges venationis : deinde exponitur de canum vinculis reliquoque ornatu et de tempore investigationi leporum apto. — Cap. VI. De habitu et officio custodis retium. De habitu venatoris, et de tota investigandi, persequendi et capiendi leporis ratione. — Cap. VII. De catulis procreandis, educandis et instituendis ad venandum. — Cap. VIII. De leporibus venandis per hiemem. — Cap. IX. De hinnulis et cervis venandis. — Cap. X. De apris venandis. — Cap. XI. De venandis leonibus, pardis, similibusque belluis. — Cap. XII. De usu venationis ad bellum. De usu venationis ad tuendam rem familiarem et ad exercendam omnem virtutem. — Cap. XIII. De sophistis, vanis sapientiæ et virtutis tradendæ professoribus. Moneantur juvenes, ne exemplum sequantur eorum, qui reipublicæ administrandæ nomine et publicas et privatas pecunias abripiant, et ut venationis potius disciplina ad virtutem parandam utantur.

ΞΕΝΟΦΩΝΤΟΣ ΚΥΡΟΥ ΠΑΙΔΕΙΑ.

ΒΙΒΛΙΟΝ Α.

ΚΕΦΑΛΑΙΟΝ Α.

Ἔννοιά ποθ' ἡμῖν ἐγένετο ὅσαι δημοκρατίαι κατελύθησαν ὑπὸ τῶν ἄλλως πως βουλομένων πολιτεύεσθαι μᾶλλον ἢ ἐν δημοκρατίᾳ, ὅσαι τ' αὖ μοναρχίαι ὅσαι τε ὀλιγαρχίαι ἀνῄρηνται ἤδη ὑπὸ δήμων, καὶ ὅσοι τυραννεῖν ἐπιχειρήσαντες οἱ μὲν αὐτῶν καὶ ταχὺ πάμπαν κατελύθησαν, οἱ δὲ, κἂν ὁποσονοῦν χρόνον ἄρχοντες διαγένωνται, θαυμάζονται ὡς σοφοί τε καὶ εὐτυχεῖς ἄνδρες γεγενημένοι. Πολλοὺς δ' ἐδοκοῦμεν καταμεμαθηκέναι καὶ ἐν ἰδίοις οἴκοις τοὺς μὲν ἔχοντας καὶ πλείονας οἰκέτας, τοὺς δὲ καὶ πάνυ ὀλίγους, καὶ ὅμως οὐδὲ τοῖς ὀλίγοις τούτοις πάνυ τι δυναμένους χρῆσθαι πειθομένοις τοὺς δεσπότας. (2) Ἔτι δὲ πρὸς τούτοις ἐνενοοῦμεν ὅτι ἄρχοντες μέν εἰσι καὶ οἱ βουκόλοι τῶν βοῶν καὶ οἱ ἱπποφορβοὶ τῶν ἵππων, καὶ πάντες δὲ οἱ καλούμενοι νομεῖς ὧν ἂν ἐπιστατῶσι ζώων εἰκότως ἂν ἄρχοντες τούτων νομίζοιντο· πάσας τοίνυν τὰς ἀγέλας ταύτας ἐδοκοῦμεν ὁρᾶν μᾶλλον ἐθελούσας πείθεσθαι τοῖς νομεῦσιν ἢ τοὺς ἀνθρώπους τοῖς ἄρχουσι. Πορεύονταί τε γὰρ αἱ ἀγέλαι ᾗ ἂν αὐτὰς εὐθύνωσιν οἱ νομεῖς, νέμονταί τε χωρία ἐφ' ὁποῖα ἂν αὐτὰς ἐφιῶσιν, ἀπέχονταί τε ὧν ἂν αὐτὰς ἀπείργωσι· καὶ τοῖς καρποῖς τοίνυν τοῖς γιγνομένοις ἐξ αὐτῶν ἐῶσι τοὺς νομέας χρῆσθαι οὕτως ὅπως ἂν αὐτοὶ βούλωνται. Ἔτι τοίνυν οὐδεμίαν πώποτε ἀγέλην ᾐσθήμεθα συστᾶσαν ἐπὶ τὸν νομέα οὔτε ὡς μὴ πείθεσθαι οὔτε ὡς μὴ ἐπιτρέπειν τῷ καρπῷ χρῆσθαι, ἀλλὰ καὶ χαλεπώτεραί εἰσιν αἱ ἀγέλαι πᾶσι τοῖς ἀλλοφύλοις ἢ τοῖς ἄρχουσί τε αὐτῶν καὶ ὠφελουμένοις ἀπ' αὐτῶν· ἄνθρωποι δὲ ἐπ' οὐδένας μᾶλλον συνίστανται ἢ ἐπὶ τούτους οὓς ἂν αἴσθωνται ἄρχειν αὑτῶν ἐπιχειροῦντας. (3) Ὅτε μὲν δὴ ταῦτα ἐνεθυμούμεθα, οὕτως ἐγιγνώσκομεν περὶ αὐτῶν, ὡς ἀνθρώπῳ πεφυκότι πάντων τῶν ἄλλων ζώων εἴη ῥᾷον ἢ ἀνθρώπων ἄρχειν. Ἐπειδὴ δὲ ἐνενοήσαμεν ὅτι Κῦρος ἐγένετο Πέρσης, ὃς παμπόλλους μὲν ἀνθρώπους ἐκτήσατο πειθομένους αὑτῷ, παμπόλλας δὲ πόλεις, πάμπολλα δὲ ἔθνη, ἐκ τούτου δὴ ἠναγκαζόμεθα μετανοεῖν μὴ οὔτε τῶν ἀδυνάτων οὔτε τῶν χαλεπῶν ἔργων ᾖ τὸ ἀνθρώπων ἄρχειν, ἄν τις ἐπισταμένως τοῦτο πράττῃ. Κύρῳ γοῦν ἴσμεν ἐθελήσαντας πείθεσθαι τοὺς μὲν ἀπέχοντας παμπόλλων ἡμερῶν ὁδὸν, τοὺς δὲ καὶ μηνῶν, τοὺς δὲ οὐδ' ἑωρακότας πώποτε αὐτὸν, τοὺς δὲ καὶ

XENOPHONTIS CYRI INSTITUTIO.

LIBER I.

CAPUT I.

Subiit aliquando nos cogitatio, quot democratiæ ab iis eversæ fuerint, qui alio quodam reipublicæ statu, potius quam populari, uti vellent; quotque item monarchiæ, quotque oligarchiæ a populo jam sublatæ : et quot tyrannidem aggressi, eorum alii quidem vel statim prorsus sint de imperio dejecti, alii vero, si modo imperium, quantumcunque id tandem fuerit ad tempus, retinere valuerint, in admiratione sint, tanquam qui et sapientes fuerint et felices viri. Quin et multos animadvertisse videbamur, quorum alii quidem in privatis ædibus famulos vel complures, alii vero perpaucos haberent : cum tamen fidem domini ne his quidem paucis in omnibus possent uti obedientibus. Ad hæc autem cogitabamus, et bubulcis in boves, et in equos illis, qui eos pascunt, esse imperium, omnesque adeo pastores qui vocantur, posse eorum, quibus præsint, animalium dominatores jure existimari : atque videre videbamur greges hosce omnes libentius pastoribus parere, quam principibus suis homines. Greges enim illi et pergunt quocunque eos pastores dirigunt, et per ea pascuntur loca, in quæ eos dimittant, et ab iis abstinent, a quibus eos arceant : quinetiam fructibus, qui ex ipsis proveniunt, pastores ita, ut ipsi voluerint, uti sinunt. Jam vero nullum unquam gregem adversus pastorem coiivisse accepimus, quo vel minus ei pareret, vel fructu uti non permitteret ; quin contra multo infestiores sunt greges, quam iis, qui et in eos imperium habent, et ex iis capiunt commoda : homines vero contra nullos magis consurgunt, quam quos imperium in se moliri senserint. Hæc igitur cum in animo versaremus, ita de iis statuimus, ea esse hominem natura, ut facilius illi sit aliis omnibus animantibus, quam hominibus, imperare. Sed postquam cogitavimus Cyrum exstitisse Persam, qui permultos quidem homines, permultas civitates, permultasque nationes sibi habuerit obsequentes, tum vero mutata sententia coacti sumus existimare, quod imperare hominibus neque in impossibilium sit neque difficilium factu numero, modo quis perite id agat. Cyro certe quidem novimus libenter paruisse alios qui complurium dierum, alios qui etiam mensium iter ab eo distarent, alios item qui nullo unquam tempore illum ad-

εὖ εἰδότας ὅτι οὐδ' ἂν ἴδοιεν, καὶ ὅμως ἤθελον αὐτῷ ὑπακούειν. (4) Καὶ γάρ τοι τοσοῦτον διήνεγκε τῶν ἄλλων βασιλέων καὶ τῶν πατρίους ἀρχὰς παρειληφότων καὶ τῶν δι' ἑαυτῶν κτησαμένων, ὥςτε ὁ μὲν Σκύθης καίπερ παμπόλλων ὄντων Σκυθῶν ἄλλου μὲν οὐδενὸς δύναιτ' ἂν ἔθνους ἐπάρξαι, ἀγαπῴη δ' ἂν εἰ τοῦ ἑαυτοῦ ἔθνους ἄρχων διαγένοιτο, καὶ ὁ Θρᾷξ Θρᾳκῶν καὶ ὁ Ἰλλυριὸς Ἰλλυριῶν, καὶ τἆλλα δὲ ἔθνη ὡςαύτως ὅσα ἀκούομεν· τὰ γοῦν ἐν τῇ Εὐρώπῃ ἔτι καὶ νῦν αὐτόνομα εἶναι λέγεται καὶ λελύσθαι ἀπ' ἀλλήλων· Κῦρος δὲ παραλαβὼν ὡςαύτως οὕτω καὶ τὰ ἐν τῇ Ἀσίᾳ ἔθνη αὐτόνομα ὄντα ὁρμηθεὶς σὺν ὀλίγῃ Περσῶν στρατιᾷ ἑκόντων μὲν ἡγήσατο Μήδων, ἑκόντων δὲ Ὑρκανίων, κατεστρέψατο δὲ Σύρους, Ἀσσυρίους, Ἀραβίους, Καππαδόκας, Φρύγας ἀμφοτέρους, Λυδούς, Κᾶρας, Φοίνικας, Βαβυλωνίους, ἦρξε δὲ Βακτρίων καὶ Ἰνδῶν καὶ Κιλίκων, ὡςαύτως δὲ Σακῶν καὶ Παφλαγόνων καὶ Μαριανδυνῶν καὶ ἄλλων δὲ παμπόλλων ἐθνῶν, ὧν οὐδ' ἂν τὰ ὀνόματα ἔχοι τις εἰπεῖν, ἐπῆρξε δὲ καὶ Ἑλλήνων τῶν ἐν τῇ Ἀσίᾳ, καταβὰς δὲ ἐπὶ θάλατταν καὶ Κυπρίων καὶ Αἰγυπτίων. (5) Καὶ τοίνυν τῶν ἐθνῶν τούτων ἦρξεν οὔτε αὐτῷ ὁμογλώττων ὄντων οὔτε ἀλλήλοις, καὶ ὅμως ἐδυνάσθη ἐφικέσθαι μὲν ἐπὶ τοσαύτην γῆν τῷ ἑαυτοῦ φόβῳ ὥςτε καταπλῆξαι πάντας καὶ μηδένα ἐπιχειρεῖν αὐτῷ, ἐδυνάσθη δὲ ἐπιθυμίαν ἐμβαλεῖν τοσαύτην τοῦ πάντας αὐτῷ χαρίζεσθαι ὥςτε ἀεὶ τῇ αὐτοῦ γνώμῃ ἀξιοῦν κυβερνᾶσθαι· ἀνηρτήσατο δὲ τοσαῦτα φῦλα ὅσα καὶ διελθεῖν ἔργον ἐστίν, ὅποι ἄν τις ἄρξηται πορεύεσθαι ἀπὸ τῶν βασιλείων, ἤν τε πρὸς ἕω ἤν τε πρὸς ἑσπέραν ἤν τε πρὸς ἄρκτον ἤν τε πρὸς μεσημβρίαν. (6) Ἡμεῖς μὲν δὴ ὡς ἄξιον ὄντα θαυμάζεσθαι τοῦτον τὸν ἄνδρα ἐσκεψάμεθα τίς ποτε ὢν γενεὰν καὶ ποίαν τινὰ φύσιν ἔχων καὶ ποίᾳ τινὶ παιδείᾳ παιδευθεὶς τοσοῦτον διήνεγκεν εἰς τὸ ἄρχειν ἀνθρώπων. Ὅσα οὖν καὶ ἐπυθόμεθα καὶ ᾐσθῆσθαι δοκοῦμεν περὶ αὐτοῦ, ταῦτα πειρασόμεθα διηγήσασθαι.

ΚΕΦΑΛΑΙΟΝ Β.

Πατρὸς μὲν δὴ λέγεται ὁ Κῦρος γενέσθαι Καμβύσεω Περσῶν βασιλέως· ὁ δὲ Καμβύσης οὗτος τοῦ Περσειδῶν γένους ἦν· οἱ δὲ Περσεῖδαι ἀπὸ Περσέως κλῄζονται· μητρὸς δὲ ὁμολογεῖται Μανδάνης γενέσθαι· ἡ δὲ Μανδάνη αὕτη Ἀστυάγους ἦν θυγάτηρ τοῦ Μήδων βασιλέως. Φῦναι δὲ ὁ Κῦρος λέγεται καὶ ᾄδεται ἔτι καὶ νῦν ὑπὸ τῶν βαρβάρων εἶδος μὲν κάλλιστος, ψυχὴν δὲ φιλανθρωπότατος καὶ φιλομαθέστατος καὶ φιλοτιμότατος, ὥςτε πάντα μὲν πόνον ἀνατλῆναι, πάντα δὲ κίνδυνον ὑπομεῖναι τοῦ ἐπαινεῖσθαι ἕνεκα. (2) Φύσιν μὲν δὴ τῆς ψυχῆς καὶ τῆς μορφῆς τοιαύτην ἔχων διαμνημονεύεται· ἐπαιδεύθη γε μὴν ἐν Περσῶν νόμοις. Οὗτοι δὲ δοκοῦσιν οἱ νόμοι ἄρχεσθαι τοῦ κοινοῦ ἀγαθοῦ ἐπιμελούμενοι οὐκ ἔνθεν ὅθενπερ ἐν ταῖς πλείσταις πόλεσιν ἄρχονται. Αἱ μὲν γὰρ πλεῖσται πόλεις ἀφεῖσαι παιδεύειν ὅπως τις ἐθέλει

spexerant, alios denum, qui bene noverint ne fore quidem ut viderent; ac nihilominus tamen ei obedire voluerunt. Is etenim usque adeo ceteris regibus antecellit, tum iis qui paternos principatus accepissent, tum iis qui ipsi per se acquisivissent, ut Scytha quidem, quamvis permagnus sit Scytharum numerus, nullam aliam gentem ditioni suæ subjicere possit, satis vero sibi ducat, si in suam imperium tenere perseveret; et Thrax in Thracas, et Illyricus in Illyricos; quod ipsum de reliquis itidem nationibus audimus : nam in Europa quidem gentes etiam nunc suis aiunt legibus vivere, et minime consociatas esse : Cyrus autem, cum nationes Asiæ suis similiter legibus utentes accepisset, cum exigua Persarum manu profectus, Medis Hyrcaniisque non invitis præfuit : subegit vero Syros, Assyrios, Arabas, Cappadocas, Phrygas utrosque, Lydos, Caras, Phœnices, Babylonios : imperavit etiam et Bactriis et Indis et Cilicibus; et Sacis itidem et Paphlagonibus et Mariandynis, aliisque compluribus gentibus, quarum ne nomina quidem quis possit referre : atque Græcos Asiam incolentes, Cyprios quoque et Ægyptios, cum ad mare descendisset, in potestatem suam redegit. His igitur imperavit gentibus, quibus neque cum ipso, neque inter se, lingua erat communis : et tamen potuit tantum terrarum nominis sui terrore pervadere, ut omnes percelleret, nemoque adversus ipsum quidquam moliretur : ac tantum omnibus gratificandi sibi desiderium injicere valuit, ut semper ipsius arbitrio regi cuperent. Tot autem nationes sibi devinxit, quot vel percurrere operosum fuerit, quocunque quis ire a regia cœperit, sive ad orientem, sive ad occidentem, sive ad septentriones sive ad meridiem. Nos quidem certe, cum sit hic vir admiratione dignus, disposuimus, quo tandem genere ortus, quali præditus ingenio, quave institutus disciplina, adeo in hominibus imperandis excelluerit. Quæcunque igitur de illo et audivimus et percepisse videmur, hæc enarrare conabimur.

CAPUT II.

Ac Cyrus quidem patre natus esse dicitur Cambyse, Persarum rege : Cambyses autem hic Persidarum genere natus erat; at Persidæ a Perseo nomen habent : matre vero consentitur fuisse Mandane, quæ quidem Mandane erat Astyagis, Medorum regis, filia. Fuisse autem Cyrus natura fertur, atque hoc etiam tempore a barbaris decantatur, specie quidem pulcherrimus, animo vero humanissimus, disciplinæ studiosissimus, et honoris cupidissimus; adeo ut laudis gratia laborem omnem perferret, omneque adiret periculum. Animi certe indole ac forma tali ornatus fuisse traditur : institutus vero est secundum Persarum leges. Hæ autem leges a cura publici commodi initium sumere videntur : nec eodem modo, quo pleræque civitates, curam illam auspicantur. Etenim plurimæ civitates unicuique liberos suos, prout

τοὺς ἑαυτοῦ παῖδας, καὶ αὐτοὺς τοὺς πρεσβυτέρους ὅπως ἐθέλουσι διάγειν, ἔπειτα προστάττουσιν αὐτοῖς μὴ κλέπτειν, μὴ ἁρπάζειν, μὴ βίᾳ εἰς οἰκίαν παριέναι, μὴ παίειν ὃν μὴ δίκαιον, μὴ μοιχεύειν, μὴ ἀπειθεῖν ἄρχοντι, καὶ τἆλλα τὰ τοιαῦτα ὡσαύτως· ἢν δέ τις τούτων τι παραβαίνῃ, ζημίαν αὐτοῖς ἐπέθεσαν. (3) Οἱ δὲ Περσικοὶ νόμοι προλαβόντες ἐπιμέλονται ὅπως τὴν ἀρχὴν μὴ τοιοῦτοι ἔσονται οἱ πολῖται οἷοι πονηροῦ τινος ἢ αἰσχροῦ ἔργου ἐφίεσθαι. Ἐπιμέλονται δὲ ὧδε. Ἔστιν αὐτοῖς ἐλευθέρα ἀγορὰ καλουμένη, ἔνθα τά τε βασίλεια καὶ τὰ ἄλλα ἀρχεῖα πεποίηται. Ἐντεῦθεν τὰ μὲν ὤνια καὶ οἱ ἀγοραῖοι καὶ αἱ τούτων φωναὶ καὶ ἀπειροκαλίαι ἀπελήλανται εἰς ἄλλον τόπον, ὡς μὴ μιγνύηται ἡ τούτων τύρβη τῇ τῶν πεπαιδευμένων εὐκοσμίᾳ. (4) Διῄρηται δὲ αὕτη ἡ ἀγορὰ ἡ περὶ τὰ ἀρχεῖα εἰς τέτταρα μέρη· τούτων δ᾽ ἔστιν ἓν μὲν παισίν, ἓν δὲ ἐφήβοις, ἄλλο τελείοις ἀνδράσιν, ἄλλο τοῖς ὑπὲρ τὰ στρατεύσιμα ἔτη γεγονόσι. Νόμῳ δὲ εἰς τὰς ἑαυτῶν χώρας ἕκαστοι τούτων πάρεισιν, οἱ μὲν παῖδες ἅμα τῇ ἡμέρᾳ καὶ οἱ τέλειοι ἄνδρες, οἱ δὲ γεραίτεροι ἡνίκ᾽ ἂν ἑκάστῳ προχωρῇ, πλὴν ἐν ταῖς τεταγμέναις ἡμέραις, ἐν αἷς δεῖ αὐτοὺς παρεῖναι. Οἱ δὲ ἔφηβοι καὶ κοιμῶνται περὶ τὰ ἀρχεῖα σὺν τοῖς γυμνητικοῖς ὅπλοις πλὴν τῶν γεγαμηκότων· οὗτοι δὲ οὔτε ἐπιζητοῦνται, ἐὰν μὴ προρρηθῇ παρεῖναι, οὔτε πολλάκις ἀπεῖναι καλόν. (5) Ἄρχοντες δ᾽ ἐφ᾽ ἑκάστῳ τούτων τῶν μερῶν εἰσι δώδεκα· δώδεκα γὰρ καὶ Περσῶν φυλαὶ διῄρηνται. Καὶ ἐπὶ μὲν τοῖς παισὶν ἐκ τῶν γεραιτέρων ᾑρημένοι εἰσὶν οἳ ἂν δοκῶσι τοὺς παῖδας βελτίστους ἀποδεικνύναι, ἐπὶ δὲ τοῖς ἐφήβοις ἐκ τῶν τελείων ἀνδρῶν οἳ ἂν αὖ τοὺς ἐφήβους βελτίστους δοκῶσι παρέχειν, ἐπὶ δὲ τοῖς τελείοις ἀνδράσιν οἳ ἂν δοκῶσι παρέχειν αὐτοὺς μάλιστα τὰ τεταγμένα ποιοῦντας καὶ τὰ παραγγελλόμενα ὑπὸ τῆς μεγίστης ἀρχῆς· εἰσὶ δὲ καὶ τῶν γεραιτέρων προστάται ᾑρημένοι, οἳ προστατεύουσιν ὅπως καὶ οὗτοι τὰ καθήκοντα ἀποτελῶσιν. Ἃ δὲ ἑκάστῃ ἡλικίᾳ προστέτακται ποιεῖν διηγησόμεθα, ὡς μᾶλλον δῆλον γένηται ᾗ ἐπιμέλονται ὡς ἂν βέλτιστοι εἶεν οἱ πολῖται. (6) Οἱ μὲν δὴ παῖδες εἰς τὰ διδασκαλεῖα φοιτῶντες διάγουσι μανθάνοντες δικαιοσύνην· καὶ λέγουσιν ὅτι ἐπὶ τοῦτο ἔρχονται ὥσπερ παρ᾽ ἡμῖν ὅτι τὰ γράμματα μαθησόμενοι. Οἱ δὲ ἄρχοντες αὐτῶν διατελοῦσι τὸ πλεῖστον τῆς ἡμέρας δικάζοντες αὐτοῖς. Γίγνεται γὰρ δὴ καὶ παισὶ πρὸς ἀλλήλους ὥσπερ ἀνδράσιν ἐγκλήματα καὶ κλοπῆς καὶ ἁρπαγῆς καὶ βίας καὶ ἀπάτης καὶ κακολογίας καὶ ἄλλων οἵων δὴ εἰκός. Οὓς δ᾽ ἂν γνῶσι τούτων τι ἀδικοῦντας, τιμωροῦνται. (7) Κολάζουσι δὲ καὶ οὓς ἂν ἀδίκως ἐγκαλοῦντας εὑρίσκωσι. Δικάζουσι δὲ καὶ ἐγκλήματος οὗ ἕνεκα ἄνθρωποι μισοῦσι μὲν ἀλλήλους μάλιστα, δικάζονται δὲ ἥκιστα, ἀχαριστίας, καὶ ὃν ἂν γνῶσι δυνάμενον μὲν χάριν ἀποδιδόναι, μὴ ἀποδιδόντα δέ, κολάζουσι [καὶ] τοῦτον ἰσχυρῶς. Οἴονται γὰρ τοὺς ἀχαρίστους καὶ περὶ θεοὺς ἂν μάλιστα ἀμελῶς ἔχειν καὶ περὶ γονέας καὶ πατρίδα καὶ φίλους. Ἕπεσθαι δὲ δοκεῖ μάλιστα τῇ ἀχαριστίᾳ καὶ ἡ ἀναισχυντία· καὶ

ipse voluerit, educare permittentes, atque ipsis senioribus pro arbitrio vitam agere, eis præscribunt ne furentur, ne rapiant, ne in domum aliquam vi ingrediantur, ne quem injuste percutiant, ne adulterium committant, ne magistratus imperium detrectent, et reliqua itidem his consimilia: quod si quis in horum aliquo delinquat, pœnas in eum statuunt. At Persicæ leges hoc antevertentes, diligenter curant ab initio tales ne sint cives, qui pravam aliquam fœdamve rem appetant. Curant autem hoc modo: Est illis forum quod vocatur Liberale, ubi et regia, et aliæ magistratuum ædes sunt exstructæ. Hinc venalia quæque, et circumforanei atque eorum clamores et ineptiæ alium in locum sunt rejectæ; ne horum turba cum decoro illorum ordine, qui sunt instituti, misceatur. Est autem hoc ipsum forum, ad palatia situm, in quatuor partes divisum; quarum una pueris est attributa, altera ephebis, tertia viris, quarta eis, qui jam militares annos confecerint. Atque lege ad sua loca singuli horum adsunt, pueri quidem et viri, prima luce: seniores vero, quando cuique commodum sit, exceptis diebus statutis, quibus oportet eos adesse. At ephebi cubant etiam ad palatia cum velitaribus armis, præter eos qui uxorem habent: hi autem ne requirantur quidem, nisi denuntiatum fuerit, ut adsint; nec tamen sæpius abesse decorum est. Harum autem cuique partium duodecim sunt præsides (nam et in duodecim tribus Persæ sunt divisi); et pueris quidem præsunt delecti quidam ex senioribus, qui optimos eos reddituri videantur: ephebis autem, ex viris, qui hos effecturi optimos existimentur: et viris, qui eos reddituri putentur paratissimos ad ea exsequenda, quæ a summo magistratu constituta fuerint et imperata: sunt etiam seniorum præsides delecti, qui ideo præsunt, ut ipsi quoque sua persolvant officia. Quæ vero cuique ætati facienda præcipiantur, enarrabimus, quo magis perspicuum fiat, qualem adhibeant curam, ut cives sint quam optimi. Pueri igitur ad scholas ventitantes, in justitia discenda versantur; aiuntque ipsi se hujus rei causa venire, quemadmodum apud nos qui literarum discendarum gratia. Horum vero præsides maximam diei partem in jure dicendo consumunt. Fiunt etenim inter pueros quoque, quemadmodum inter viros, accusationes mutuæ, et de furto, et de rapina, et de vi, et de fraude, et de maledictione, et de aliis, uti par est. Quoscunque autem in horum aliquo deliquisse noverint, eos puniunt. Castigant etiam quoscumque injuste alios accusasse deprehenderint. Ac judicium de eo quoque exercent crimine, cujus causa homines quam maxime quidem se invicem oderunt, in jus vero minime vocant, scilicet ingratitudine; et quemcunque cognoverint posse referre gratiam, qui tamen non refert, hunc etiam severe admodum puniunt. Arbitrantur enim ingratos et deos imprimis, et parentes, et patriam, et amicos negligere. Ingrati autem animi vitium maxime comitari videtur impudentia: etenim hæc ad turpia

αὕτη μεγίστη δοκεῖ εἶναι ἐπὶ πάντα τὰ αἰσχρὰ ἡγεμών. (8) Διδάσκουσι δὲ τοὺς παῖδας καὶ σωφροσύνην· μέγα δὲ συμβάλλεται εἰς τὸ μανθάνειν σωφρονεῖν αὐτοὺς ὅτι καὶ τοὺς πρεσβυτέρους ὁρῶσιν ἀνὰ πᾶσαν ἡμέραν σωφρόνως διάγοντας. Διδάσκουσι δὲ αὐτοὺς καὶ πείθεσθαι τοῖς ἄρχουσι· μέγα δὲ καὶ εἰς τοῦτο συμβάλλεται ὅτι ὁρῶσι τοὺς πρεσβυτέρους πειθομένους τοῖς ἄρχουσιν ἰσχυρῶς. Διδάσκουσι δὲ καὶ ἐγκρατεῖς εἶναι γαστρὸς καὶ ποτοῦ· μέγα δὲ καὶ εἰς τοῦτο συμβάλλεται ὅτι ὁρῶσι τοὺς πρεσβυτέρους οὐ πρόσθεν ἀπιόντας γαστρὸς ἕνεκα πρὶν ἂν ἀφῶσιν οἱ ἄρχοντες, καὶ ὅτι οὐ παρὰ μητρὶ σιτοῦνται οἱ παῖδες, ἀλλὰ παρὰ τῷ διδασκάλῳ, ὅταν οἱ ἄρχοντες σημήνωσι. Φέρονται δὲ οἴκοθεν σῖτον μὲν ἄρτον, ὄψον δὲ κάρδαμον, πιεῖν δὲ, ἤν τις διψῇ, κώθωνα, ὡς ἀπὸ τοῦ ποταμοῦ ἀρύσασθαι. Πρὸς δὲ τούτοις μανθάνουσι καὶ τοξεύειν καὶ ἀκοντίζειν. Μέχρι μὲν δὴ ἓξ ἢ ἑπτακαίδεκα ἐτῶν ἀπὸ γενεᾶς οἱ παῖδες ταῦτα πράττουσιν, ἐκ τούτου δὲ εἰς τοὺς ἐφήβους ἐξέρχονται. (9) Οὗτοι δ' αὖ οἱ ἔφηβοι διάγουσιν ὧδε. Δέκα ἔτη ἀφ' οὗ ἂν ἐκ παίδων ἐξέλθωσι κοιμῶνται μὲν περὶ τὰ ἀρχεῖα, ὥσπερ προείρηται, καὶ φυλακῆς ἕνεκα τῆς πόλεως καὶ σωφροσύνης· δοκεῖ γὰρ αὕτη ἡ ἡλικία μάλιστα ἐπιμελείας δεῖσθαι· παρέχουσι δὲ καὶ τὴν ἡμέραν ἑαυτοὺς τοῖς ἄρχουσι χρῆσθαι, ἤν τι δέωνται ὑπὲρ τοῦ κοινοῦ. Καὶ ὅταν μὲν δέῃ, πάντες μένουσι περὶ τὰ ἀρχεῖα· ὅταν δὲ ἐξίῃ βασιλεὺς ἐπὶ θήραν, τὰς ἡμισείας φυλὰς καταλείπει· ποιεῖ δὲ τοῦτο πολλάκις τοῦ μηνός. Ἔχειν δὲ δεῖ τοὺς ἐξιόντας τόξα καὶ παρὰ τὴν φαρέτραν ἐν κολεῷ κοπίδα ἢ σάγαριν, ἔτι δὲ γέρρον καὶ παλτὰ δύο, ὥστε τὸ μὲν ἀφεῖναι, τῷ δ', ἂν δέῃ, ἐκ χειρὸς χρῆσθαι. (10) Διὰ τοῦτο δὲ δημοσίᾳ τοῦ θηρᾶν ἐπιμελοῦνται καὶ βασιλεὺς ὥσπερ καὶ ἐν πολέμῳ ἡγεμών αὐτοῖς ἐστι καὶ αὐτός τε θηρᾷ καὶ τῶν ἄλλων ἐπιμελεῖται ὅπως ἂν θηρῶσιν, ὅτι ἀληθεστάτη αὐτοῖς δοκεῖ εἶναι ἡ μελέτη τῶν πρὸς τὸν πόλεμον εἶναι. Καὶ γὰρ πρωῒ ἀνίστασθαι ἐθίζει καὶ ψύχη καὶ θάλπη ἀνέχεσθαι, γυμνάζει δὲ καὶ ὁδοιπορίαις καὶ δρόμοις, ἀνάγκη δὲ καὶ τοξεῦσαι θηρίον καὶ ἀκοντίσαι ὅπου ἂν παραπίπτῃ. Καὶ τὴν ψυχὴν δὲ πολλάκις ἀνάγκη θήγεσθαι, ὅταν τι τῶν ἀλκίμων θηρίων ἀνθιστῆται· παίειν μὲν γὰρ δήπου δεῖ τὸ ὁμόσε γιγνόμενον, φυλάξασθαι δὲ τὸ ἐπιφερόμενον· ὥστε οὐ ῥᾴδιον εὑρεῖν ἐν τῇ θήρᾳ τί ἄπεστι τῶν ἐν πολέμῳ παρόντων. (11) Ἐξέρχονται δὲ ἐπὶ τὴν θήραν ἄριστον ἔχοντες πλεῖον μὲν, ὡς τὸ εἰκός, τῶν παίδων, τἆλλα δὲ ὅμοιον. Καὶ θηρῶντες μὲν οὐκ ἂν ἀριστήσαιεν, ἢν δέ τι δεήσῃ ἢ θηρίου ἕνεκα ἐπικαταμεῖναι ἢ ἄλλως βουληθῶσι διατρῖψαι περὶ τὴν θήραν, τὸ ἄριστον τοῦτο δειπνήσαντες τὴν ὑστεραίαν αὖ θηρῶσι μέχρι δείπνου, καὶ μίαν ἄμφω τούτω τὼ ἡμέρα λογίζονται, ὅτι μιᾶς ἡμέρας σῖτον δαπανῶσι. Τοῦτο δὲ ποιοῦσι τοῦ ἐθίζεσθαι ἕνεκα, ἵνα ἐάν τι καὶ ἐν πολέμῳ δεήσῃ, δύνωνται τοῦτο ποιεῖν. Καὶ ὄψον δὲ τοῦτο ἔχουσιν οἱ τηλικοῦτοι ὅ,τι ἂν θηράσωσιν, εἰ δὲ μή, τὸ κάρδαμον. Εἰ δέ τις αὐτοὺς οἴεται ἢ ἐσθίειν ἀηδῶς, ὅταν κάρδαμον μόνον ἔχωσιν ἐπὶ τῷ σίτῳ, ἢ πί-

quaeque dux maxima esse videtur. Temperantiam quoque pueros docent : ad temperantiam vero discendam plurimum id eos adjuvat, quod ipsos etiam seniores vident totos dies temperanter vitam agere. Docent porro eos magistratibus parere : quam item ad rem multum confert, quod et seniores magno studio magistratibus obtemperare cernunt. In cibo etiam ac potu continentes esse docent : ad quod item praestandum id magnopere conducit, quod vident seniores ipsos non prius ventris causa discedere, quam praesides eos dimiserint; quodque non apud matrem pueri, sed apud praeceptorem, vescantur, quando id eis praesides significarint. Ferunt autem domo pro cibo quidem, panem, pro obsonio, nasturtium : ad potandum vero, si quis sitiat, cothonem, ut de fluvio hauriant. Ad haec sagittare discunt et jaculari. Et quidem ad sextum septimumve ac decimum aetatis annum haec agunt pueri : ex eo autem tempore ad ephebos abeunt. Hi rursus ephebi hoc modo degunt : decem annis, postquam ex pueris excesserint, cubant quidem circa palatia, quemadmodum jam dictum est, cum civitatis custodiendae, tum temperantiae gratia (videtur enim haec aetas potissimum cura indigere) : ac interdia etiam magistratibus utendos se praebent, si quid agendum sit pro republica : et si tempus ita postulet, omnes circa palatia morantur ; cum vero rex venatum exit, id quod saepius unoquoque mense facit, dimidiam ibi custodiae partem relinquit. Habeant autem excuntes oportet arcus cum pharetra, ac copidem in vagina, vel securim : praetereascutum, et palta duo, ut et alterum emittant, et altero, si sit opus, cominus utantur. Idcirco autem venatui publice dant operam, et rex, perinde ac in bello, se ducem eis praestat, venaturque ipse, et, ut alii venentur, curam adhibet, quod videtur haec verissima esse bellicae disciplinae exercitatio. Etenim assuefacit diluculo surgere, et frigora caloresque perferre ; itineribus quoque exercet atque cursu ; necessarium etiam est feram, ubicunque occurrerit, sagitta jaculoque petere. Saepe etiam acui animum in venatione necesse est, cum valentior aliqua bestia contra sese objecerit : ferire enim propius accedentem oportet, et ab irruente cavere ; adeoque haud facile invenias, quid in venatione desideretur eorum quae sunt in bello. Exeunt autem in venationem, prandium secum ferentes copiosius quidem, ut par est, quam sit puerorum, alioqui simile. Ac dum venantur, nequaquam pranderint : sed si quid opus fuerit ferae causa praestolari, aut aliter venationi immorari velint, prandium id coenati, postridie rursus ad coenam usque venantur, ambosque hos dies pro uno suppetant, quod unius diei cibum consumant. Hoc autem faciunt consuescendi causa, ut, si quid opus fuerit in bello, id etiam praestare possint. Quicquid vero qui hac sunt aetate, venando ceperint, id illi obsonium habent ; sin minus, nasturtium. Si quis autem eos existimat injucunde edere cum nasturtium solum adhibeant ad panem, vel libere inju-

νειν ἀηδῶς, ὅταν ὕδωρ πίνωσιν, ἀναμνησθήτω πῶς ἡδὺ μὲν μᾶζα καὶ ἄρτος πεινῶντι φαγεῖν, πῶς δὲ ἡδὺ ὕδωρ διψῶντι πιεῖν. (12) Αἱ δ' αὖ μένουσαι φυλαὶ διατρίβουσι μελετῶσαι τά τε ἄλλα ἃ παῖδες ὄντες ἔμαθον καὶ τοξεύειν καὶ ἀκοντίζειν, καὶ διαγωνιζόμενοι ταῦτα πρὸς ἀλλήλους διατελοῦσιν. Εἰσὶ δὲ καὶ δημόσιοι τούτων ἀγῶνες καὶ ἆθλα προτίθεται. Ἐν ᾗ δ' ἂν φυλῇ πλεῖστοι ὦσι δαιμονέστατοι καὶ ἀνδρικώτατοι καὶ εὐπιστότατοι, ἐπαινοῦσιν οἱ πολῖται καὶ τιμῶσιν οὐ μόνον τὸν νῦν ἄρχοντα αὐτῶν, ἀλλὰ καὶ ὅστις αὐτοὺς παῖδας ὄντας ἐπαίδευσε. Χρῶνται δὲ τοῖς μένουσι τῶν ἐφήβων αἱ ἀρχαί, ἤν τι ἢ φρουρῆσαι δεηθῇ ἢ κακούργους ἐρευνῆσαι ἢ λῃστὰς ὑποδραμεῖν ἢ καὶ ἄλλο τι ὅσα ἰσχύος τε καὶ τάχους ἔργα ἐστί. Ταῦτα μὲν δὴ οἱ ἔφηβοι πράττουσιν. Ἐπειδὰν δὲ τὰ δέκα ἔτη διατελέσωσιν, ἐξέρχονται εἰς τοὺς τελείους ἄνδρας. (13) Ἀφ' οὗ δ' ἂν ἐξέλθωσι χρόνου οὗτοι αὖ πέντε καὶ εἰκοσιν ἔτη ὧδε διάγουσι. Πρῶτον μὲν ὥσπερ οἱ ἔφηβοι παρέχουσιν ἑαυτοὺς ταῖς ἀρχαῖς χρῆσθαι, ἤν τι δέῃ ὑπὲρ τοῦ κοινοῦ ὅσα φρονούντων τε ἤδη ἔργα ἐστὶ καὶ ἔτι δυναμένων. Ἢν δέ που δῇ στρατεύεσθαι, τόξα μὲν οἱ οὕτω πεπαιδευμένοι οὐκέτι ἔχοντες οὐδὲ παλτὰ στρατεύονται, τὰ δ' ἀγχέμαχα ὅπλα καλούμενα, θώρακά τε περὶ τοῖς στέρνοις καὶ γέρρον ἐν τῇ ἀριστερᾷ, οἷόνπερ γράφονται οἱ Πέρσαι ἔχοντες, ἐν δὲ τῇ δεξιᾷ μάχαιραν ἢ κοπίδα. Καὶ αἱ ἀρχαὶ δὲ πᾶσαι ἐκ τούτων καθίστανται πλὴν οἱ τῶν παίδων διδάσκαλοι. Ἐπειδὰν δὲ τὰ πέντε καὶ εἴκοσιν ἔτη διατελέσωσιν, εἴησαν μὲν ἂν οὗτοι πλεῖόν τι γεγονότες ἢ πεντήκοντα ἔτη ἀπὸ γενεᾶς· ἐξέρχονται δὲ τηνικαῦτα εἰς τοὺς γεραιτέρους ὄντας τε καὶ καλουμένους. (14) Οἱ δ' αὖ γεραίτεροι οὗτοι στρατεύονται μὲν οὐκέτι ἔξω τῆς ἑαυτῶν, οἴκοι δὲ μένοντες δικάζουσι τά τε κοινὰ πάντα καὶ τὰ ἴδια. Καὶ θανάτου δὲ οὗτοι κρίνουσι, καὶ τὰς ἀρχὰς οὗτοι πάσας αἱροῦνται· καὶ ἤν τις ἢ ἐν ἐφήβοις ἢ ἐν τελείοις ἀνδράσιν ἐλλίπῃ τι τῶν νομίμων, φαίνουσι μὲν οἱ φύλαρχοι ἕκαστοι καὶ τῶν ἄλλων ὁ βουλόμενος, οἱ δὲ γεραίτεροι ἀκούσαντες ἐκκρίνουσιν· ὁ δὲ ἐκκριθεὶς ἄτιμος διατελεῖ τὸν λοιπὸν βίον.

15. Ἵνα δὲ σαφέστερον δηλωθῇ πᾶσα ἡ Περσῶν πολιτεία, μικρὸν ἐπάνειμι· νῦν γὰρ ἐν βραχυτάτῳ ἂν δηλωθείη διὰ τὰ προειρημένα. Λέγονται μὲν γὰρ Πέρσαι ἀμφὶ τὰς δώδεκα μυριάδας εἶναι· τούτων δ' οὐδεὶς ἀπελήλαται νόμῳ τιμῶν καὶ ἀρχῶν, ἀλλ' ἔξεστι πᾶσι Πέρσαις πέμπειν τοὺς ἑαυτῶν παῖδας εἰς τὰ κοινὰ τῆς δικαιοσύνης διδασκαλεῖα. Ἀλλ' οἱ μὲν δυνάμενοι τρέφειν τοὺς παῖδας ἀργοῦντας πέμπουσιν, οἱ δὲ μὴ δυνάμενοι οὐ πέμπουσιν. Οἳ δ' ἂν παιδευθῶσι παρὰ τοῖς δημοσίοις διδασκάλοις, ἔξεστιν αὐτοῖς ἐν τοῖς ἐφήβοις νεανισκεύεσθαι, τοῖς δὲ μὴ διαπαιδευθεῖσιν οὕτως οὐκ ἔξεστιν. Οἳ δ' ἂν αὖ ἐν τοῖς ἐφήβοις διατελέσωσι τὰ νόμιμα ποιοῦντες, ἔξεστι τούτοις εἰς τοὺς τελείους ἄνδρας συναλίζεσθαι καὶ ἀρχῶν καὶ τιμῶν μετέχειν· οἳ δ' ἂν μὴ διαγένωνται ἐν τοῖς ἐφήβοις, οὐκ ἔρχονται εἰς τοὺς τελείους. Οἳ δ' ἂν αὖ ἐν τοῖς τελείοις διαγένωνται ἀνεπίληπτοι, οὗτοι τῶν γεραιτέρων γίγνονται. Οὕτω

cunde, cum aquam potent, recordetur is, ut suavis sit maza panisque ei qui esuriens edit, et ut dulcis sit aqua ei qui sitiens bibit. Ac tribus quae domi manent operam consumunt tum in ceteris artibus, quas pueri didicerunt, colendis, tum in sagittis jaculisque mittendis; atque in his summa contentione assidue se exercent. Sunt etiam publica horum certamina, et praemia proposita : et in quacunque tribu plurimi sint peritissimi et fortissimi et fidelissimi, non modo eum, qui in praesenti eorum est praeses, laude et honore afficiunt cives, sed illum etiam qui eos, dum adhuc pueri essent, instituit. Utuntur vero magistratus his qui remanent ephebis, si quid vel praesidio fuerit opus, vel investigandi fuerint malefici, vel comprehendendi latrones, vel etiam aliud quidquam eorum agendum fuerit, quae sunt roboris ac celeritatis opera. Haec igitur agunt ephebi. Sed postquam hos decem annos compleverint, ad viros transeunt. A quo autem tempore ex ephebis excesserunt, hi rursus annos quinque et viginti ita degunt : Primum quidem, quemadmodum ephebi, magistratibus utendos se praebent, si horum quidquam postulet reipublicae ratio, quae per eos effici possiant, qui et jam prudentes sint animo et integris adhuc viribus. Sicubi vero militatum exire oportuerit, non jam arcus, qui hac ratione instituti sunt, nec palta in expeditione gestant; sed arma quae ἀγχέμαχα vocantur, thoracem nimirum circa pectora, et scutum in sinistra (quemadmodum Persae pingi solent), in dextra gladium vel copidem. Et magistratus quidem omnes ex his constituuntur praeterquam puerorum magistri. At postquam hos quinque ac viginti annos exegerint, fuerint sane hi annos amplius paulo quinquaginta natii : tunc vero transeunt in eorum ordinem, qui et sunt, et appellantur, seniores. Et seniores quidem hi non amplius extra patriam militant, sed domi manentes, tum publica omnia tum privata exercent judicia. Etiam capitis supplicia decernunt illi, iidemque magistratus omnes eligunt : ac si quis, vel inter ephebos, vel inter viros, in eorum aliquo deliquerit, quae legibus constituta sunt, tribuum praesides unumquemque deferunt, et ex aliis qui voluerit : seniores vero, re cognita, ordine movent; et qui ordine motus est, reliquum vitae tempus infamis traducit.

Ut vero clarius pateat universa Persarum reipublicae ratio, paulo altius rem repetam; nunc enim, propter ante dicta, quam paucissimis exponi poterit. Persae dicuntur esse circiter centum viginti millia : horum nemo lege ab honoribus ac magistratibus arcetur, sed licet Persis omnibus ad publica justitiae scholas liberos suos mittere. Et quidem qui possunt liberos in otio alere, mittunt; qui non possunt, non mittunt. Iis autem, qui apud publicos magistros instituti sunt, licet inter ephebos juvenilem aetatem transigere; hac vero ratione non edoctis interdictum est. Et qui inter ephebos continenter ea, quae leges jubent, peregerint, his licet in virorum societatem transire, magistratuumque ac honorum esse participes : qui vero contra inter ephebos tempus suum non exegerint, ad virorum classem non admittuntur. Qui porro inter viros vitam reprehensioni minime obnoxiam degerint, seniorum ii in ordinem cooptantur. Ita igitur hi

μὲν δὴ οἱ γεραίτεροι διὰ πάντων τῶν καλῶν ἐληλυθότες καθίστανται· καὶ ἡ πολιτεία ἐστὶν ἡ Περσῶν καὶ ἡ ἐπιμέλεια αὕτη, ᾗ οἴονται χρώμενοι βέλτιστοι ἂν εἶναι. (10) Καὶ νῦν δὲ ἔτι ἐμμένει μαρτύρια καὶ τῆς μετρίας διαίτης αὐτῶν καὶ τοῦ ἐκπονεῖσθαι τὴν δίαιταν. Αἰσχρὸν μὲν γὰρ ἔτι καὶ νῦν ἐστι Πέρσαις καὶ τὸ ἀποπτύειν καὶ τὸ ἀπομύττεσθαι καὶ τὸ φύσης μεστοὺς φαίνεσθαι, αἰσχρὸν δὲ ἔτι καὶ τὸ ἰόντα που φανερὸν γενέσθαι ἢ τοῦ οὐρῆσαι ἕνεκα ἢ καὶ ἄλλου τινὸς τοιούτου. Ταῦτα δὲ οὐκ ἂν ἐδύναντο ποιεῖν, εἰ μὴ καὶ διαίτῃ μετρίᾳ ἐχρῶντο καὶ τὸ ὑγρὸν ἐκπονοῦντες ἀνήλισκον, ὥστε ἄλλῃ πῃ ἀποχωρεῖν. Ταῦτα μὲν δὴ κατὰ πάντων Περσῶν ἔχομεν λέγειν· οὗ δὲ ἕνεκα ὁ λόγος ὡρμήθη, νῦν λέξομεν τὰς Κύρου πράξεις ἀρξάμενοι ἀπὸ παιδός.

ΚΕΦΑΛΑΙΟΝ Γ.

Κῦρος γὰρ μέχρι μὲν δώδεκα ἐτῶν ἢ ὀλίγῳ πλεῖον ταύτῃ τῇ παιδείᾳ ἐπαιδεύθη, καὶ πάντων τῶν ἡλίκων διαφέρων ἐφαίνετο καὶ εἰς τὸ ταχὺ μανθάνειν ἃ δέοι καὶ εἰς τὸ καλῶς καὶ ἀνδρείως ἕκαστα ποιεῖν. Ἐκ δὲ τούτου τοῦ χρόνου μετεπέμψατο Ἀστυάγης τὴν ἑαυτοῦ θυγατέρα καὶ τὸν παῖδα αὐτῆς· ἰδεῖν γὰρ ἐπεθύμει, ὅτι ἤκουε καλὸν κἀγαθὸν αὐτὸν εἶναι. Ἔρχεται δ' αὐτή τε ἡ Μανδάνη πρὸς τὸν πατέρα καὶ τὸν Κῦρον τὸν υἱὸν ἔχουσα. (2) Ὡς δὲ ἀφίκετο τάχιστα, καὶ ἔγνω δ Κῦρος τὸν Ἀστυάγην τῆς μητρὸς πατέρα ὄντα, εὐθὺς οἷα δὴ παῖς φιλόστοργος φύσει ἠσπάζετό τε αὐτὸν ὥσπερ ἂν εἴ τις πάλαι συντεθραμμένος καὶ πάλαι φιλῶν ἀσπάζοιτο· καὶ ὁρῶν δὴ αὐτὸν κεκοσμημένον καὶ ὀφθαλμῶν ὑπογραφῇ καὶ χρώματος ἐντρίψει καὶ κόμαις προσθέτοις, ἃ δὴ νόμιμα ἦν ἐν Μήδοις· ταῦτα γὰρ πάντα Μηδικά ἐστι, καὶ οἱ πορφυροῖ χιτῶνες καὶ οἱ κάνδυες καὶ οἱ στρεπτοὶ περὶ τῇ δέρῃ καὶ τὰ ψέλια περὶ ταῖς χερσίν, ἐν Πέρσαις δὲ τοῖς οἴκοι καὶ νῦν ἔτι πολὺ καὶ ἐσθῆτες φαυλότεραι καὶ δίαιται εὐτελέστεραι· ὁρῶν δὴ τὸν κόσμον τοῦ πάππου, ἐμβλέπων αὐτῷ ἔλεγεν, Ὦ μῆτερ, ὡς καλός μοι ὁ πάππος. Ἐρωτώσης δὲ τῆς μητρὸς αὐτὸν πότερος δοκεῖ καλλίων αὐτῷ εἶναι, ὁ πατὴρ ἢ οὗτος, ἀπεκρίνατο ἄρα ὁ Κῦρος, Ὦ μῆτερ, Περσῶν μὲν πολὺ κάλλιστος ὁ ἐμὸς πατήρ, Μήδων μέντοι ὅσων ἑώρακα ἐγὼ καὶ ἐν ταῖς ὁδοῖς καὶ ἐπὶ ταῖς θύραις πολὺ οὗτος ὁ ἐμὸς πάππος κάλλιστος. (3) Ἀντασπαζόμενος δὲ ὁ πάππος αὐτὸν καὶ στολὴν καλὴν ἐνέδυσε καὶ στρεπτοῖς καὶ ψελίοις ἐτίμα καὶ ἐκόσμει, καὶ εἴ που ἐξελαύνοι, ἐφ' ἵππου χρυσοχαλίνου περιῆγεν, ὥσπερ καὶ αὐτὸς εἰώθει πορεύεσθαι. Ὁ δὲ Κῦρος ἅτε παῖς ὢν καὶ φιλόκαλος καὶ φιλότιμος ἥδετο τῇ στολῇ, καὶ ἱππεύειν μανθάνων ὑπερέχαιρεν· ἐν Πέρσαις γὰρ διὰ τὸ χαλεπὸν εἶναι καὶ τρέφειν ἵππους καὶ ἱππεύειν ἐν ὀρεινῇ οὔσῃ τῇ χώρᾳ καὶ ἰδεῖν ἵππον σπάνιον. (4) Δειπνῶν δὲ ὁ Ἀστυάγης σὺν τῇ θυγατρὶ καὶ τῷ Κύρῳ, βουλόμενος τὸν παῖδα ὡς ἥδιστα δειπνεῖν, ἵνα ἧττον τὰ οἴκαδε ποθοίη, προσῆγεν αὐτῷ καὶ παροψίδας καὶ παντοδαπὰ ἐμβάμματα καὶ

CAPUT III.

constituuntur seniores, qui omnis iter honesti confecerunt: estque hæc reipublicæ ratio, et cura, qua Persæ utentes putant se posse optimos evadere. Quin hoc etiam tempore testimonia exstant et moderati eorum victus, et quod per labores cibum digerere solebant. Turpe enim hac etiam tempestate apud Persas habetur exspuere, nasum emungere, et flatus videri plenos : turpe item ducitur si quis ire quoquam conspiciatur vel mejendi, vel alius hujusmodi rei causa. Hæc autem facere non possent, nisi et modico uterentur victu, et humores laborando consumerent, ita ut ii alio quopiam secederent. Et hæc quidem habemus quæ de Persis omnibus dicamus : nunc Cyri res gestas, cujus gratia narratio instituta est, exponemus, a pueritia ejus initio sumto.

CAPUT III.

Cyrus ad annos usque duodecim, aut paulo plus, hac erat disciplina institutus, antecelluitque omnibus æqualibus tum celeriter, quæ oporteret, discendo, tum præclare singula ac viriliter exsequendo. Ex eo autem tempore filiam suam accersivit Astyages, ejusque filium : hunc enim videre percupiebat, quod pulchrum cum esse ac bona præditum indole audiret. Et venit ipsa Mandane ad patrem, Cyrum quoque filium secum perducens. Et simul ac pervenisset, Cyrusque Astyagem matris patrem esse cognovisset, continuo, ut puer erat a natura pio erga parentes affectu, eum amplexatus est veluti si quis jam olim una educatus, jamque olim amans amplexaretur. Et cum eum videret oculorum pigmentis, colore infricto, ascititiisque comis ornatum, ut Medorum ferebat consuetudo : hæc enim omnia Medica sunt, et purpureæ tunicæ, et candyes, et torques ad collum, et armillæ ad manus ; apud Persas vero domi degentes, hoc etiam tempore multo tum vestes sunt viliores, tum victus tenuiores : cum videret ergo avi ornatum, intuens in eum : O mater, inquit, quam pulcher meus est avus! Matre vero eum interrogante, uter pulchrior ipsi videretur, paterne, an ille ; respondit utique Cyrus : Persarum quidem, o mater, longe pulcherrimus est pater meus, Medorum vero, quotquot equidem vidi cum in viis tum ad portas, multo formosissimus est hic meus avus. Astyages autem vicissim eum amplexatus, et pulchra stola induit, et torquibus armillisque honestavit atque ornavit : ac si quo equitaret, eum in equo, cui aureum esset frenum, circumducebat, quemadmodum et ipse proficisci consueverat. At Cyrus, ut qui puer erat elegantiæ honorisque studiosus, delectabatur stola ; et cum equitare disceret, mirum in modum lætatus est : nam in Persia, eo quod difficile est tum equos alere, tum equitare, cum montosa sit regio, vel videre equum rarissime datur. Cum vero cœnaret Astyages una cum filia et Cyro, velletque puerum quam suavissime cœnare, ut domestica minus desideraret, apponebat ei paropsidas omnifariaque condimenta et

βρώματα. Τὸν δὲ Κῦρον ἔφασαν λέγειν, Ὦ πάππε, ὅσα πράγματα ἔχεις ἐν τῷ δείπνῳ, εἰ ἀνάγκη σοι ἐπὶ πάντα τὰ λεκάνια ταῦτα διατείνειν τὰς χεῖρας καὶ ἀπογεύεσθαι τούτων τῶν παντοδαπῶν βρωμάτων. Τί δέ, φάναι τὸν Ἀστυάγην, οὐ γὰρ πολύ σοι δοκεῖ κάλλιον τόδε τὸ δεῖπνον εἶναι τοῦ ἐν Πέρσαις; Τὸν δὲ Κῦρον πρὸς ταῦτα ἀποκρίνασθαι λέγεται, Οὐχί, ὦ πάππε· ἀλλὰ πολὺ ἁπλουστέρα καὶ εὐθυτέρα παρ' ἡμῖν ἡ ὁδός ἐστιν ἐπὶ τὸ ἐμπλησθῆναι ἢ παρ' ὑμῖν. Ἡμᾶς μὲν γὰρ ἄρτος καὶ κρέα εἰς τοῦτο ἄγει, ὑμεῖς δὲ εἰς μὲν τὸ αὐτὸ ἡμῖν σπεύδετε, πολλοὺς δέ τινας ἑλιγμοὺς ἄνω καὶ κάτω πλανώμενοι μόλις ἀφικνεῖσθε ὅποι ἡμεῖς πάλαι ἥκομεν. (5) Ἀλλ', ὦ παῖ, φάναι τὸν Ἀστυάγην, οὐκ ἀχθόμενοι ταῦτα περιπλανώμεθα· γευόμενος δ', ἔφη, καὶ σὺ γνώσῃ ὅτι ἡδέα ἐστίν. Ἀλλὰ καὶ σέ, φάναι τὸν Κῦρον, ὁρῶ, ὦ πάππε, μυσαττόμενον ταῦτα τὰ βρώματα. Καὶ τὸν Ἀστυάγην ἐπερέσθαι, Καὶ τίνι δὴ σὺ τεκμαιρόμενος, ὦ παῖ, λέγεις; Ὅτι σε, φάναι, ὁρῶ, ὅταν μὲν τοῦ ἄρτου ἅψῃ, εἰς οὐδὲν τὴν χεῖρα ἀποψώμενον, ὅταν δὲ τούτων τινὸς θίγῃς, εὐθὺς ἀποκαθαίρῃ τὴν χεῖρα εἰς τὰ χειρόμακτρα, ὡς πάνυ ἀχθόμενος ὅτι πλέα σοι ἀπ' αὐτῶν ἐγένετο. (6) Πρὸς ταῦτα δὴ τὸν Ἀστυάγην εἰπεῖν, Εἰ τοίνυν οὕτω γιγνώσκεις, ὦ παῖ, ἀλλὰ κρέα γε εὐωχοῦ, ἵνα νεανίας οἴκαδε ἀπέλθῃς. Ἅμα δὲ ταῦτα λέγοντα πολλὰ αὐτῷ παραφέρειν καὶ θηρία καὶ τῶν ἡμέρων. Καὶ τὸν Κῦρον, ἐπεὶ ἑώρα πολλὰ τὰ κρέα, εἰπεῖν, Ἦ καὶ δίδως, φάναι, ὦ πάππε, πάντα ταυτί μοι τὰ κρέα ὅ,τι βούλομαι αὐτοῖς χρῆσθαι; Νὴ Δία, φάναι, ὦ παῖ, ἔγωγέ σοι. (7) Ἐνταῦθα δὴ τὸν Κῦρον λαβόντα τῶν κρεῶν διαδιδόναι τοῖς ἀμφὶ τὸν πάππον θεραπευταῖς, ἐπιλέγοντα ἑκάστῳ, Σοὶ μὲν τοῦτο ὅτι προθύμως με ἱππεύειν διδάσκεις, σοὶ δὲ ὅτι μοι παλτὸν ἔδωκας· νῦν γὰρ τοῦτο ἔχω· σοὶ δὲ ὅτι τὸν πάππον καλῶς θεραπεύεις, σοὶ δὲ ὅτι μου τὴν μητέρα τιμᾷς· ταῦτα ἐποίει ἕως διεδίδου πάντα ἃ ἔλαβε κρέα. (8) Σάκᾳ δέ, φάναι τὸν Ἀστυάγην, τῷ οἰνοχόῳ, ὃν ἔχων μάλιστα τιμῷ, οὐδὲν δίδως; ὁ δὲ Σάκας ἄρα καλός τε ὢν ἐτύγχανε καὶ τιμὴν ἔχων προσάγειν τοὺς δεομένους Ἀστυάγους καὶ ἀποκωλύειν οὓς μὴ καιρὸς αὐτῷ δοκοίη εἶναι προσάγειν. Καὶ τὸν Κῦρον ἐπερέσθαι προπετῶς ὡς ἂν παῖς μηδέπω ὑποπτήσσων, Διὰ τί δή, ὦ πάππε, τοῦτον οὕτω τιμᾷς; καὶ τὸν Ἀστυάγην σκώψαντα εἰπεῖν, Οὐχ ὁρᾷς, φάναι, ὡς καλῶς οἰνοχοεῖ καὶ εὐσχημόνως; Οἱ δὲ τῶν βασιλέων τούτων οἰνοχόοι κομψῶς τε οἰνοχοοῦσι καὶ καθαρείως ἐγχέουσι καὶ διδόασι ταῖς τρισὶ δακτύλοις ὀχοῦντες τὴν φιάλην καὶ προσφέρουσιν ὡς ἂν ἐνδοῖεν τὸ ἔκπωμα εὐληπτότατα τῷ μέλλοντι πίνειν. (9) Κέλευσον δή, φάναι, ὦ πάππε, τὸν Σάκαν καὶ ἐμοὶ δοῦναι τὸ ἔκπωμα, ἵνα κἀγὼ καλῶς σοι πιεῖν ἐγχέας ἀνακτήσωμαί σε, ἢν δύνωμαι. Καὶ τὸν κελεῦσαι δοῦναι. Λαβόντα δὴ τὸν Κῦρον οὕτω μὲν δὴ εὖ κλύσαι τὸ ἔκπωμα ὥσπερ τὸν Σάκαν ἑώρα, οὕτω δὲ στήσαντα τὸ πρόσωπον σπουδαίως καὶ εὐσχημόνως προσενεγκεῖν καὶ ἐνδοῦναι τὴν φιάλην τῷ πάππῳ ὥστε τῇ μητρὶ καὶ τῷ Ἀστυάγει πολὺν γέ-

fercula. Ibi Cyrum dixisse ferunt: Quantum, ave, tibi est in coena negotii, si tibi necessarium sit ad omnes istas patellas manus extendere, et epulas hasce omnigenas degustare! Quid? inquit Astyages; nonne haec tibi videtur coena multo elegantior quam Persica? Cyrum autem ad haec respondisse ferunt: Nequaquam, ave; sed longe simplicior apud nos ac rectior est ad explendam famem via, quam apud vos. Nam panis et caro nos ad hoc deducunt: vos eodem quidem, quo nos, tenditis, sed per multas quasdam ambages sursum deorsumque vagantes, vix eo tandem pervenitis, quo nos jamdudum venimus. Verum, o fili, dixit Astyages, haud aegre circum haec vagamur: sed et tu, si gustaveris, inquit, senties haec esse suavia. At vero vel te ipsum, ave, aiebat Cyrus, hasce epulas fastidire video. Et Astyagem interrogasse ferunt: Unde, fili, conjecturam capiens, hoc ais? Quod te, inquit, video, cum panem tetigeris, nulla re manum abstergere: cum vero horum aliquid attigeris, statim ad mantilia manum purgas, quasi moleste admodum feras, quod istis plena fuerit. Ad haec subdidit Astyages: Si ergo ita, fili, sentis, carnibus saltem vescere, quo strenuus adolescens domum redeas. Simulque haec locutus, multas ei tam ferarum quam cicurum animalium carnes adferri jussisse perhibetur. Cyrus autem, cum eam carnium copiam vidisset, Num, inquit, ave, das mihi has omnes carnes, ut iis pro arbitrio utar? Profecto, inquit ille, has ego tibi do, fili. Ibi Cyrum aiunt inter avi ministros acceptas carnes distribuisse, cum simul haec fere unicuique diceret: Hoc tibi quidem do, quod alacri animo me doces equitare: tibi hoc, quod paltum mihi dedisti: nam hoc ego nunc habeo: tibi vero, quod avo praeclare servis: tibi quoque, quod matrem meam honore prosequeris: atque ita faciebat, quoad omnes, quas acceperat, carnes distribuisset. Sacae vero, inquit Astyages, pincernae, quem ego maximo in honore habeo, nihilne das? Sacas autem is et pulcher erat, et eo fungebatur munere, ut eos, quibus Astyage convento opus esset, adduceret, et quos adducere minus opportunum ipsi videretur, arceret. Tum Cyrus, ut puer nihil adhuc veritus, temere interrogavit: Cur, ave, tanto istum in honore habes? Cui Astyages dixit jocabundus: Nonne vides, inquit, quam belle quamque venuste pocillatoris munus obeat? Et horum sane regum pincernae vinum eleganter miscent, et perpolite infundunt, ac tribus digitis phialam vehentes praebent, offeruntque ita, ut haustoro poculum commodissime capiendum porrigant. At ille, jubeto, inquit, ave, Sacam mihi quoque poculum tradere, ut et ipse tibi potum belle miscens te mihi, si possim, conciliem. Atque is dare jussit. Cyrus autem cum accepisset, ita sedulo poculum eluit, quemadmodum Sacam fecisse viderat: jam etiam vultu ita composito, serio venusteque quodammodo phialam avo porrexit atque tradidit, ut multum matriae Astyagi ri-

λοιπὰ παρασχεῖν. Καὶ αὐτὸν δὲ τὸν Κῦρον ἐκγελάσαντα ἀναπηδῆσαι πρὸς τὸν πάππον καὶ φιλοῦντα ἅμα εἰπεῖν, Ὦ Σάκα, ἀπόλωλας· ἐκβαλῶ σε ἐκ τῆς τιμῆς· τά τε γὰρ ἄλλα, φάναι, σοῦ κάλλιον οἰνοχοήσω καὶ οὐκ ἐκπίομαι αὐτὸς τὸν οἶνον. Οἱ δ' ἄρα τῶν βασιλέων οἰνοχόοι, ἐπειδὰν διδῶσι τὴν φιάλην, ἀρύσαντες ἀπ' αὐτῆς τῷ κυάθῳ εἰς τὴν ἀριστερὰν χεῖρα ἐγχεάμενοι καταρροφοῦσι, τοῦ δὴ εἰ φάρμακα ἐγχέοιεν μὴ λυσιτελεῖν αὐτοῖς. (10) Ἐκ τούτου δὴ ὁ Ἀστυάγης ἐπισκώπτων, Καὶ τί δὴ, ἔφη, ὦ Κῦρε, τἄλλα μιμούμενος τὸν Σάκαν οὐκ ἀπερρόφησας τοῦ οἴνου; Ὅτι, ἔφη, νὴ Δία ἐδεδοίκειν μὴ ἐν τῷ κρατῆρι φάρμακα μεμιγμένα εἴη. Καὶ γὰρ ὅτε εἱστίασας σὺ τοὺς φίλους ἐν τοῖς γενεθλίοις, σαφῶς κατέμαθον φάρμακα ὑμῖν αὐτὸν ἐγχέαντα. Καὶ πῶς δὴ σὺ τοῦτο, ἔφη, ὦ παῖ, κατέγνως; Ὅτι νὴ Δί' ὑμᾶς ἑώρων καὶ ταῖς γνώμαις, καὶ τοῖς σώμασι σφαλλομένους. Πρῶτον μὲν γὰρ ἃ οὐκ ἐᾶτε ἡμᾶς τοὺς παῖδας ποιεῖν, ταῦτα αὐτοὶ ἐποιεῖτε. Πάντες μὲν γὰρ ἅμα ἐκεκράγειτε, ἐμανθάνετε δὲ οὐδὲν ἐν ἀλλήλων, ᾔδετε δὲ καὶ μάλα γελοίως, οὐκ ἀκροώμενοι δὲ τοῦ ᾄδοντος ὠμνύετε ἄριστα ᾄδειν· λέγων δὲ ἕκαστος ὑμῶν τὴν ἑαυτοῦ ῥώμην, ἔπει ἀνασταίητε ὀρχησόμενοι, μὴ ὅπως ὀρχεῖσθαι ἐν ῥυθμῷ, ἀλλ' οὐδ' ὀρθοῦσθαι ἐδύνασθε. Ἐπελήσθε δὲ παντάπασι σύ τε ὅτι βασιλεὺς ἦσθα, οἵ τε ἄλλοι ὅτι σὺ ἄρχων. Τότε γὰρ δὴ ἔγωγε καὶ πρῶτον κατέμαθον ὅτι τοῦτ' ἄρ' ἦν ἡ ἰσηγορία ὃ ὑμεῖς τότε ἐποιεῖτε. Οὐδέποτε γοῦν ἐσιωπᾶτε. (11) Καὶ ὁ Ἀστυάγης λέγει, Ὁ δὲ σὸς πατήρ, ἔφη, ὦ παῖ, πίνων οὐ μεθύσκεται; Οὐ μὰ Δί', ἔφη. Ἀλλὰ πῶς ποιεῖ; Διψῶν παύεται, ἄλλο δὲ κακὸν οὐδὲν πάσχει· οὐ γὰρ οἶμαι, ὦ πάππε, Σάκας αὐτῷ οἰνοχοεῖ. Καὶ ἡ μήτηρ εἶπεν, Ἀλλὰ τί ποτε δὴ, ὦ παῖ, τῷ Σάκᾳ οὕτω πολεμεῖς; τὸν δὲ Κῦρον εἰπεῖν, Ὅτι νὴ Δία, φάναι, μισῶ αὐτόν· πολλάκις γάρ με πρὸς τὸν πάππον ἐπιθυμοῦντα προσδραμεῖν οὗτος ὁ μιαρώτατος ἀποκωλύει. Ἀλλὰ ἱκετεύω, φάναι, ὦ πάππε, δός μοι τρεῖς ἡμέρας ἄρξαι αὐτοῦ. Καὶ τὸν Ἀστυάγην εἰπεῖν, Καὶ πῶς ἂν ἄρξαις αὐτοῦ; τὸν δὲ Κῦρον φάναι, Στὰς ἂν ὥσπερ οὗτος ἐπὶ τῇ εἰσόδῳ, ἔπειτα ὁπότε βούλοιτο παριέναι ἐπ' ἄριστον, λέγοιμ' ἂν ὅτι οὔπω δυνατὸν τῷ ἀρίστῳ ἐντυχεῖν· σπουδάζει γὰρ πρός τινας· εἶθ' ὁπόταν ἥκοι ἐπὶ τὸ δεῖπνον, λέγοιμ' ἂν ὅτι λοῦται· εἰ πάνυ δὲ σπουδάζοι φαγεῖν, εἴποιμ' ἂν ὅτι παρὰ ταῖς γυναιξίν ἐστιν· ἕως παρατείναιμι τοῦτον ὥσπερ οὗτος ἐμὲ παρατείνει ἀπὸ σοῦ κωλύων. (12) Τοσαύτας μὲν αὐτοῖς εὐθυμίας παρεῖχεν ἐπὶ τῷ δείπνῳ· τὰς δὲ ἡμέρας, εἴ τινος αἴσθοιτο δεόμενον ἢ τὸν πάππον ἢ τὸν τῆς μητρὸς ἀδελφόν, χαλεπὸν ἦν ἄλλον φθάσαι τοῦτο ποιήσαντα· ὅ,τι γὰρ δύναιτο ὁ Κῦρος ὑπερέχαιρεν αὐτοῖς χαριζόμενος.

13. Ἐπεὶ δὲ ἡ Μανδάνη παρεσκευάζετο ἀπιοῦσα πάλιν πρὸς τὸν ἄνδρα, ἐδεῖτο αὐτῆς ὁ Ἀστυάγης καταλιπεῖν τὸν Κῦρον. Ἡ δὲ ἀπεκρίνατο ὅτι βούλοιτο μὲν ἅπαντα τῷ πατρὶ χαρίζεσθαι, ἄκοντα μέντοι τὸν παῖδα χαλεπὸν εἶναι νομίζειν καταλιπεῖν. (14) Ἔνθα δὴ ὁ

sum concitaret. Atque ipse etiam Cyrus effuse ridens ad avum exsiliit, simulque eum osculans dixit, Periisti, Saca; ego te de munere dejiciam: nam et in ceteris pincernæ officio præclarius, quam tu, fungar, et vinum non ipse ebibam. Regum enim pincernæ, cum phialam tradant, aliquantum vini cyatho ex ea haustum, in sinistram manum infundentes, absorbent; ea quidem de causa, ut, si venenum infuderint, nihil hoc ipsis prosit. Tum vero jocari pergens Astyages inquit, Cur, Cyre, ceteris in rebus Sacam imitans, vinum non absorbuisti? Quod profecto metuerem, ait, ne venena essent in cratere mista. Etenim cum tu amicos in natalitiis convivio exceperis, plane deprehendi venenum vobis eum infudisse. At quonam pacto, inquit ille, tu, fili, hoc intellexisti? Quod profecto videbam, inquit, vos et mente et corpore titubare. Primum enim, quæ nos pueros facere non sinitis, ea ipsi faciebatis. Nam omnes simul clamabatis, cum vosmet mutuo plane non intelligeretis: quin et ridicule admodum canebatis: et cum eum qui caneret minime audiretis, jurabatis tamen optime canere. Et cum quisque vestrum robur suum prædicaret, postquam saltaturi exsurgebatis, non modo non ad numerum saltare, sed ne erecti quidem stare poteratis. Eratisque penitus obliti, et tu, quod rex esses, et alii, quod tu ipsorum princeps. Et quidem ego tunc primum didici, æqualiter loquendi licentiam hoc utique esse, quod vos eo tempore faciebatis: nunquam enim tacebatis. Et Astyages ait, At pater tuus, fili, cum bibit, nonne inebriatur? Non profecto, inquit. Quomodo ergo agit? Sitire desinit, nec aliud quispiam mali patitur: non enim, opinor, ave, Sacas ei pocula ministrat. Ibi mater ait, Quid vero causæ est, cur Sacam usque adeo oppugnes? Quoniam profecto, inquit Cyrus, eum odi: nam me sæpius ad avum accurrere percupientem, impurissimus iste prohibet. Sed obsecro te, inquit, ave, da mihi ut triduum ego imperium in ipsum exerceam. Et Astyages ait, Quanam vero ratione ei imperitares? Respondit autem Cyrus, Stans equidem, quemadmodum iste, in aditu, deinde ubi ad prandium vellet ingredi, dicerem, nondum fieri posse ut prandio interesset: nam cum quibusdam de seriis rebus agit. Post ubi ad cœnam veniret, dicerem, quod lavatur. Sin magno edendi desiderio teneretur, dicerem, cum esse apud mulieres; donec hunc ego ita cruciam, ut ipse me cruciat, ab aditu ad te prohibens. Talia quidem illis oblectamenta in cœna præbebat: interdiu vero, si qua re aut avum aut avunculum indigere perciperet, haud facile erat ut aliorum quisquam in ea peragenda ipsum anteverteret: mirifice enim lætabatur Cyrus, si qua in re eis gratificari posset.

At cum jam Mandane reditum ad virum suum pararet, orabat eam Astyages, Cyrum ut relinqueret. Ea vero respondit, se velle quidem patri in omnibus gratificari, verum tamen difficile esse existimare, puerum invitum relinquere.

Ἀστυάγης λέγει πρὸς τὸν Κῦρον, Ὦ παῖ, ἢν μένῃς παρ' ἐμοί, πρῶτον μὲν τῆς παρ' ἐμὲ εἰσόδου σοι οὐ Σάκας ἄρξει, ἀλλ' ὁπόταν βούλῃ εἰσιέναι ὡς ἐμέ, ἐπὶ σοὶ ἔσται· καὶ χάριν σοι εἴσομαι ὅσῳ ἂν πλεονάκις εἰσίῃς ὡς ἐμέ. Ἔπειτα δὲ ἵπποις τοῖς ἐμοῖς χρήσῃ καὶ ἄλλοις ὁπόσοις ἂν βούλῃ, καὶ ὅταν ἀπίῃς, ἔχων ἄπει οὓς ἂν αὐτὸς ἐθέλῃς. Ἔπειτα δὲ ἐν τῷ δείπνῳ ἐπὶ τὸ μετρίως σοι δοκοῦν ἔχειν ὁποίαν ἂν βούλῃ ὁδὸν πορεύσῃ. Ἔπειτα τά τε νῦν ὄντα ἐν τῷ παραδείσῳ θηρία δίδωμί σοι καὶ ἄλλα παντοδαπὰ συλλέξω, ἃ σὺ ἐπειδὰν τάχιστα ἱππεύειν μάθῃς, διώξῃ, καὶ τοξεύων καὶ ἀκοντίζων καταβαλεῖς ὥσπερ οἱ μεγάλοι ἄνδρες. Καὶ παῖδας δέ σοι ἐγὼ συμπαίκτορας παρέξω, καὶ ἄλλα ὁπόσα ἂν βούλῃ λέγων πρὸς ἐμὲ οὐκ ἀτυχήσεις. (15) Ἐπεὶ ταῦτα εἶπεν ὁ Ἀστυάγης, ἡ μήτηρ διηρώτα τὸν Κῦρον πότερον βούλοιτο μένειν ἢ ἀπιέναι. Ὁ δὲ οὐκ ἐμέλλησεν, ἀλλὰ ταχὺ εἶπεν ὅτι μένειν βούλοιτο. Ἐπερωτηθεὶς δὲ πάλιν ὑπὸ τῆς μητρὸς διὰ τί, εἰπεῖν λέγεται, Ὅτι οἴκοι μὲν τῶν ἡλίκων καὶ εἰμὶ καὶ δοκῶ κράτιστος εἶναι, ὦ μῆτερ, καὶ ἀκοντίζων καὶ τοξεύων, ἐνταῦθα δὲ οἶδ' ὅτι ἱππεύων ἥττων εἰμὶ τῶν ἡλίκων· καὶ τοῦτο εὖ ἴσθι, ὦ μῆτερ, ἔφη, ὅτι ἐμὲ πάνυ ἀνιᾷ. Ἢν δέ με καταλίπῃς ἐνθάδε καὶ μάθω ἱππεύειν, ὅταν μὲν ἐν Πέρσαις ὦ, οἶμαί σοι ἐκείνους τοὺς ἀγαθοὺς τὰ πεζικὰ ῥᾳδίως νικήσειν, ὅταν δὲ εἰς Μήδους ἔλθω ἐνθάδε, πειράσομαι τῷ πάππῳ ἀγαθῶν ἱππέων κράτιστος ὢν ἱππεὺς συμμαχεῖν αὐτῷ. (16) Τὴν δὲ μητέρα εἰπεῖν, Τὴν δὲ δικαιοσύνην, ὦ παῖ, πῶς μαθήσῃ ἐνθάδε, ἐκεῖ ὄντων σοι τῶν διδασκάλων; καὶ τὸν Κῦρον φάναι, Ἀλλ', ὦ μῆτερ, ἀκριβῶς ταῦτά γε οἶδα. Πῶς σὺ οἶσθα; τὴν Μανδάνην εἰπεῖν. Ὅτι, φάναι, ὁ διδάσκαλός με ὡς ἤδη ἀκριβοῦντα τὴν δικαιοσύνην καὶ ἄλλοις καθίστη δικάζειν. Καὶ τοίνυν, φάναι, ἐπὶ μιᾷ ποτε δίκῃ πληγὰς ἔλαβον ὡς οὐκ ὀρθῶς δικάσας. Ἦν δὲ ἡ δίκη τοιαύτη. (17) Παῖς μέγας μικρὸν ἔχων χιτῶνα ἕτερον παῖδα μικρὸν μεγάλην ἔχοντα χιτῶνα ἐκδύσας αὐτὸν τὸν μὲν ἑαυτοῦ ἐκεῖνον ἠμφίεσε, τὸν δὲ ἐκείνου αὐτὸς ἐνέδυ. Ἐγὼ οὖν τούτοις δικάζων ἔγνων βέλτιον εἶναι ἀμφοτέροις τὸν ἁρμόζοντα χιτῶνα ἔχειν. Ἐν τούτῳ αὖ με ἔπαισεν ὁ διδάσκαλος, λέξας ὅτι ὁπότε μὲν τοῦ ἁρμόττοντος εἴην κριτής, οὕτω δέοι ποιεῖν, ὁπότε δὲ κρῖναι δέοι ποτέρου ὁ χιτὼν εἴη, τοῦτ' ἔφη σκεπτέον εἶναι τίς κτῆσις δικαία ἐστί, πότερον τὸν βίᾳ ἀφελόμενον ἔχειν ἢ τὸν ποιησάμενον ἢ πριάμενον κεκτῆσθαι. Ἔπειτα δὲ ἔφη τὸ μὲν νόμιμον δίκαιον εἶναι, τὸ δὲ ἄνομον βίαιον· σὺν τῷ νόμῳ οὖν ἐκέλευεν ἀεὶ τὸν δικαστὴν τὴν ψῆφον τίθεσθαι. Οὕτως ἐγώ σοι, ὦ μῆτερ, τά γε δίκαια παντάπασιν ἤδη ἀκριβῶ· ἢν δέ τι ἄρα προσδέωμαι, ὁ πάππος με, ἔφη, οὗτος ἐπιδιδάξει. (18) Ἀλλ' οὐ ταῦτα, ἔφη, ὦ παῖ, παρὰ τῷ πάππῳ καὶ ἐν Πέρσαις δίκαια ὁμολογεῖται. Οὗτος μὲν γὰρ τῶν ἐν Μήδοις πάντων ἑαυτὸν δεσπότην πεποίηκεν, ἐν Πέρσαις δὲ τὸ ἴσον ἔχειν δίκαιον νομίζεται. Καὶ ὁ σὸς πρῶτος πατὴρ τὰ τεταγμένα μὲν ποιεῖ τῇ πόλει, τὰ τεταγμένα δὲ λαμβάνει, μέτρον δὲ αὐτῷ οὐχ ἡ ψυχή, ἀλλ' ὁ νόμος ἐστίν.

Tum vero ad Cyrum ait Astyages: O fili, si apud me mauseris, primum quidem in me adeundo Sacas tibi non imperabit, sed in tua erit potestate, ad me, quandocunque volueris, accedere; et quo sæpius accesseris, eo majorem, inquit, tibi gratiam habebo. Deinde equis meis uteris, et aliis quotcunque volueris; et cum abibis, duces tecum quos ipse volueris. Insuper vero, in cœna, ad id quod intra mediocritatem consistere tibi videbitur, quamcunque libebit viam tenebis. Præterea, et quæ nunc in hortis sunt feras tibi do, et alias cujusque generis colligam, quas tu, cum primum equitare didiceris, agitabis, et tum sagittis tum jaculis, quemadmodum grandes viri consuevere, prosternes. Collusores porro tibi pueros præbebo; et alia quæcunque mihi velle te dixeris, nunquam non impetrabis. Hæc cum dixisset Astyages, interrogavit Cyrum mater, manerene vellet, an abire. Hic autem nihil cunctatus est, sed celeriter, velle se manere, respondit. Rursus vero a matre interrogatus, quamobrem; dixisse perhibetur, Quoniam domi quidem, mater, æqualium et sum et videor esse præstantissimus, sive sagittis sive jaculis mittendis: hic autem probe novi me meis æqualibus equitando inferiorem esse, id quod, certo scias, mater, ait, me vehementer torquet. Quod si me hic reliqueris, et equitare didicero, cum quidem apud Persas fuero, puto me illos pedestrium certaminum peritos facile superaturum: cum vero huc ad Medos venero, bonorum equitum factus præstantissimus eques, avo auxilia ferre conabor. At justitiam, inquit mater, quomodo hic, fili, addisces, cum tui illic sint magistri? Respondit que Cyrus, Equidem hanc, mater, accurate calleo. Qui id tibi cognitum est? inquit Mandane. Quoniam me magister, ait, ut qui justitiam perfecte jam tenerem, vel aliis me judicem constituit. Atque adeo, inquit, quadam aliquando in lite plagas accepi, ut pote qui minus recte judicassem. Erat autem causa hujusmodi: Puer grandis, qui parvam habebat tunicam, alium parvum puerum, cui magna erat tunica, exuit; ac suam quidem illi circumdedit, illius autem ipse vestem induit. Ego igitur horum causam judicans, statui ambobus esse melius, ut uterque tunicam sibi congruentem haberet. At me verberavit magister, qui diceret ita faciendum esse, siquando de eo quod congrueret judex essem constitutus: cum vero judicandum fuerit, utrius esset tunica, hoc, inquit, considerandum esse, quæ possessio justa sit, utrum ut is qui vi abstulit haberet, an qui a se factam, emptamve possideret. Deinde subjiciebat, id esse justum, quod legibus constitutum esset; quod vero contra leges, violentum: quare secundum legem jubebat sententiam semper esse a judice ferendam. Ita ego sane, mater, ait, jura omnino accurate calleo : quod si quid forte præterea mihi opus fuerit, avus, inquit, hic meus id me insuper docebit. At qui, fili, inquit, non eadem justitiæ ratio apud avum et apud Persas est consensu pari recepta. Hic enim omnium apud Medos se dominum constituit; apud Persas vero id justum ducitur, æquo ut quisque jure cum ceteris vivat. Ac tuus adeo pater primus ex præscripto præstat, quæ præstat civitati; præscripta etiam accipit: ac norma ei,

Ὅπως οὖν μὴ ἀπολῇ μαστιγούμενος, ἐπειδὰν οἴκοι ᾖς, ἂν παρὰ τούτου μαθὼν ἥκῃς ἀντὶ τοῦ βασιλικοῦ τὸ τυραννικόν, ἐν ᾧ ἐστι τὸ πλεῖον οἴεσθαι χρῆναι πάντων ἔχειν. Ἀλλ' ὅ γε σὸς πατήρ, εἶπεν ὁ Κῦρος, δεινότερός ἐστιν, ὦ μῆτερ, διδάσκειν μεῖον ἢ πλεῖον ἔχειν. Ἦ οὐχ ὁρᾷς, ἔφη, ὅτι καὶ Μήδους ἅπαντας δεδίδαχεν ἑαυτοῦ μεῖον ἔχειν; ὥστε θάρσει, ὡς ὅ γε σὸς πατὴρ οὔτ' ἄλλον οὐδένα οὔτ' ἐμὲ πλεονεκτεῖν μαθόντα ἀποπέμψει.

non animi libido, sed lex est. Cave igitur, ne flagris cæsus pereas, cum domi fueris, si redeas, pro regia, tyrannicam disciplinam ab hoc edoctus, cujus quidem disciplinæ hoc proprium est, ut statuat, plus oportere unum quam alios omnes habere. At iste certe pater tuus, inquit Cyrus, aptior est omnino, mater, ad docendum ut minus, quam ut plus, quis habeat. Annon vides, ait, eum Medos omnes minus habere docuisse quam se? Quare noli metuere, ne pater hicce tuus vel me, vel alium quenquam ita edoctum a se dimittat, ut plura, quam alii, possidere studeat.

ΚΕΦΑΛΑΙΟΝ Δ.

Τοιαῦτα μὲν δὴ πολλὰ ἐλάλει ὁ Κῦρος· τέλος δὲ ἡ μὲν μήτηρ ἀπῆλθε, Κῦρος δὲ κατέμενε καὶ αὐτοῦ ἐτρέφετο. Καὶ ταχὺ μὲν τοῖς ἡλικιώταις συνεκέκρατο ὥστε οἰκείως διακεῖσθαι, ταχὺ δὲ τοὺς πατέρας αὐτῶν ἀνήρτητο, προσιὼν καὶ ἔνδηλος ὢν ὅτι ἠσπάζετο αὐτῶν τοὺς υἱεῖς, ὥστε εἴ τι τοῦ βασιλέως δέοιντο, τοὺς παῖδας ἐκέλευον τοῦ Κύρου δεῖσθαι διαπράξασθαι σφίσιν. Ὁ δὲ Κῦρος, εἰ δέοιντο αὐτοῦ οἱ παῖδες, διὰ τὴν φιλανθρωπίαν καὶ φιλοτιμίαν περὶ παντὸς ἐποιεῖτο διαπράττεσθαι. (2) Καὶ ὁ Ἀστυάγης δ', τι δέοιτο αὐτοῦ ὁ Κῦρος οὐδὲν ἐδύνατο ἀντέχειν μὴ οὐ χαρίζεσθαι. Καὶ γὰρ ἀσθενήσαντος αὐτοῦ οὐδέποτε ἀπέλιπε τὸν πάππον οὐδὲ κλαίων ποτὲ ἐπαύετο, δῆλός τε ἦν πᾶσιν ὅτι ὑπερεφοβεῖτο μή οἱ ὁ πάππος ἀποθάνῃ· καὶ γὰρ ἐκ νυκτὸς εἴ τινος δέοιτο Ἀστυάγης, πρῶτος ᾐσθάνετο Κῦρος καὶ πάντων ἀοκνότατα ἀνεπήδα ὑπηρετήσων δ', τι οἴοιτο χαριεῖσθαι, ὥστε παντάπασιν ἀνεκτήσατο τὸν Ἀστυάγην.

3. Καὶ ἦν μὲν ἴσως ὁ Κῦρος πολυλογώτερος, ἅμα μὲν διὰ τὴν παιδείαν, ὅτι ἠναγκάζετο ὑπὸ τοῦ διδασκάλου καὶ διδόναι λόγον ὧν ἐποίει καὶ λαμβάνειν παρ' ἄλλων, ὁπότε δικάζοι, ἔτι δὲ καὶ διὰ τὸ φιλομαθὴς εἶναι πολλὰ μὲν αὐτὸς ἀεὶ τοὺς παρόντας ἀντηρώτα πῶς ἔχοντα τυγχάνει, καὶ ὅσα αὐτὸς ὑπ' ἄλλων ἐρωτῷτο, διὰ τὸ ἀγχίνους εἶναι ταχὺ ἀπεκρίνετο, ὥστε ἐκ πάντων τούτων ἡ πολυλογία συνελέγετο αὐτῷ· ἀλλ' ὥσπερ γὰρ ἐν σώμασιν, ὅσοι νέοι ὄντες μέγεθος ἔλαβον, ὅμως ἐμφαίνεται τὸ νεαρὸν αὐτοῖς, ὃ κατηγορεῖ τὴν ὀλιγοετίαν, οὕτω καὶ Κύρου ἐκ τῆς πολυλογίας οὐ θράσος διεφαίνετο, ἀλλ' ἁπλότης τις καὶ φιλοστοργία, ὥστ' ἐπιθυμεῖ ἄν τις ἔτι πλείω ἀκούειν αὐτοῦ ἢ σιωπῶντι παρεῖναι.

4. Ὡς δὲ προῆγεν αὐτὸν ὁ χρόνος σὺν τῷ μεγέθει εἰς ὥραν τοῦ πρόσηβον γενέσθαι, ἐν τούτῳ δὴ τοῖς μὲν λόγοις βραχυτέροις ἐχρῆτο καὶ τῇ φωνῇ ἡσυχαιτέρᾳ, αἰδοῦς δὲ ἐνεπίμπλατο ὥστε καὶ ἐρυθραίνεσθαι, ὁπότε συντυγχάνοι τοῖς πρεσβυτέροις, καὶ τὸ σκυλακῶδες τὸ πᾶσιν ὁμοίως προσπίπτειν οὐκέθ' ὁμοίως προπετὲς εἶχεν. Οὕτω δὴ ἡσυχαίτερος μὲν ἦν, ἐν δὲ ταῖς συνουσίαις πάμπαν ἐπίχαρις. Καὶ γὰρ ὅσα διαγωνίζονται πολλάκις ἥλικες πρὸς ἀλλήλους, οὐχ ἃ κρείττων ᾔδει ὤν, ταῦτα προεκαλεῖτο τοὺς συνόντας, ἀλλ' ἅπερ εὖ ᾔδει ἑαυτὸν ἥττονα ὄντα, ταῦτα ἐξῆρχε φάσκων κάλλιον αὐτῶν ποιήσειν, καὶ κατῆρχεν ἤδη ἀναπηδῶν ἐπὶ τοὺς ἵππους ἢ διατοξευσόμενος ἢ διακοντιούμενος ἀπὸ

Hujusmodi quidem multa loquebatur Cyrus : tandemque mater abiit, remansit Cyrus, ibique educabatur. Et quidem in æqualium suorum consuetudinem brevi se insinuavit ita, ut familiariter iis uteretur ; brevique sibi eorum patres cum visendo devinxit, tum manifeste ostendendo se filios eorum valde diligere; adeo ut si qua in re regis ope indigerent, filios Cyrum rogare juberent, ut id sibi conficeret. Cyrus autem, quicquid eum rogarent pueri, pro humanitate sua gloriæque cupiditate, illud supra omnia spectabat, ut effectum daret. Atque Astyages ipse, quicquid abeo Cyrus peteret, recusare nihil poterat, quo minus ei gratificaretur. Etenim cum ægrotaret, nunquam ab avo discedebat, neque plorare unquam desinebat ; ac palam omnibus erat ipsum valde pertimescere, ne moreretur avus. Noctu etiam si qua re Astyages indigeret, primus sentiebat Cyrus, et omnium impigerrimus exsiliebat subministraturus omnia quæ grata fore putaret : adeo ut Astyagem penitus sibi devinxerit.

Et erat quidem Cyrus paulo fortasse loquacior, partim ob institutionem, quod a magistro et eorum quæ fecerat rationem reddere cogeretur, et ab aliis accipere, quoties jus diceret ; partim quod, cum discendi studiosus esset, de multis ipse rebus solebat eos, quibuscum erat, interrogare, quomodo se haberent ; et ad ea quæcunque alii ab ipso quærerent, ob ingenii acumen, continuo respondebat : ita ut ex his omnibus loquacitas ei colligeretur. Sed quemadmodum in corporibus, quotquot in adolescentia grandes facti sunt, apparet tamen in iis juvenile quiddam, quod annorum paucitatem arguit; ita quoque ex Cyri loquacitate non audacia perlucebat, sed simplicitas et magna quædam ad amorem propensio : ut ex eo quis plura adhuc audire magis uptaret, quam tacenti adesse.

Postquam vero tempus eum una cum aucta corporis mole ad ætatem produxerat, qua pubertatem jam attingeret, tum paucioribus quidem verbis, voceque sedatiori utebatur ; atque verecundiæ adeo plenus erat, ut etiam erubesceret, cum obvius fieret senioribus : nec jam amplius catulorum illum morem, quo nempe omnibus similiter assultando solent alludere, temere itidem retinuit. Atque ita quietior sane fiebat, at in congressibus omnino perjucundus. Nam quæcunque inter æquales sæpenumero solent esse certamina, in his non ad ea socios suos provocabat, quæ se melius tenere noverat, sed in quibus se inferiorem esse certo sciret, eorum auctor erat, se melius illis facturum inquiens : jamque adeo in equos insilire incipiebat, vel ja-

τῶν ἵππων οὔπω πάνυ ἔποχος ὤν, ἡττώμενος δὲ αὐτὸς ἐφ᾽ ἑαυτῷ μάλιστα ἐγέλα. (5) Ὡς δ᾽ οὐκ ἀπεδίδρασκεν ἐκ τοῦ ἡττᾶσθαι εἰς τὸ μὴ ποιεῖν ὃ ἡττῷτο, ἀλλ᾽ ἐκαλινδεῖτο ἐν τῷ πειρᾶσθαι αὖθις βέλτιον ποιεῖν, ταχὺ μὲν εἰς τὸ ἴσον ἀφίκετο τῇ ἱππικῇ τοῖς ἥλιξι, ταχὺ δὲ παρῄει διὰ τὸ ἐρᾶν τοῦ ἔργου, ταχὺ δὲ τὰ ἐν τῷ παραδείσῳ θηρία ἀνηλώκει διώκων καὶ βάλλων καὶ κατακαίνων, ὥστε ὁ Ἀστυάγης οὐκέτ᾽ εἶχεν αὐτῷ συλλέγειν θηρία. Καὶ ὁ Κῦρος αἰσθόμενος ὅτι βουλόμενος οὐ δύναται οἱ ζῶντα πολλὰ παρέχειν, ἔλεγε πρὸς αὐτόν, Ὦ πάππε, τί σε δεῖ θηρία ζητοῦντα πράγματα ἔχειν· ἀλλ᾽ ἐὰν ἐμὲ ἐκπέμπῃς ἐπὶ θήραν σὺν τῷ θείῳ, νομιῶ ὅσα ἂν ἴδω θηρία, ἐμοὶ ταῦτα τρέφεσθαι. (6) Ἐπιθυμῶν δὲ σφόδρα ἐξιέναι ἐπὶ τὴν θήραν οὐκέθ᾽ ὁμοίως λιπαρεῖν ἐδύνατο ὥσπερ παῖς ὤν, ἀλλ᾽ ὀκνηρότερον προσῄει. Καὶ ἃ πρόσθεν τῷ Σάκᾳ ἐμέμφετο ὅτι οὐ παρίει αὐτὸν πρὸς τὸν πάππον, αὐτὸς ἤδη Σάκας ἑαυτῷ ἐγίγνετο· οὐ γὰρ προσῄει, εἰ μὴ ἴδοι εἰ καιρὸς εἴη, καὶ τοῦ Σάκα ἐδεῖτο πάντως σημαίνειν αὐτῷ ὁπότε ἐν καιρῷ εἴη εἰσιέναι καὶ ὁπότε οὐκ ἐν καιρῷ· ὥστε ὁ Σάκας ὑπερεφίλει ἤδη αὐτόν, ὥσπερ καὶ οἱ ἄλλοι πάντες.

7. Ἐπεὶ δ᾽ οὖν ἔγνω ὁ Ἀστυάγης σφόδρα αὐτὸν ἐπιθυμοῦντα ἔξω θηρᾶν, ἐκπέμπει αὐτὸν σὺν τῷ θείῳ καὶ φύλακας συμπέμπει ἐφ᾽ ἵππων πρεσβυτέρους, ὅπως ἀπὸ τῶν δυσχωριῶν φυλάττοιεν αὐτὸν καὶ εἴ τῶν ἀγρίων τι φανείη θηρίων. Ὁ οὖν Κῦρος τῶν ἑπομένων προθύμως ἐπυνθάνετο ποίοις οὐ χρὴ θηρίοις πελάζειν καὶ ποῖα χρὴ θαῤῥοῦντα διώκειν. Οἱ δ᾽ ἔλεγον ὅτι καὶ ἄρκτοι πολλοὺς ἤδη πλησιάσαντας διέφθειραν καὶ κάπροι καὶ λέοντες καὶ παρδάλεις, αἱ δὲ ἔλαφοι καὶ δορκάδες καὶ οἱ ἄγριοι οἶες καὶ οἱ ὄνοι οἱ ἄγριοι ἀσινεῖς εἰσιν. Ἔλεγον δὲ καὶ τοῦτο, τὰς δυσχωρίας ὅτι δέοι φυλάττεσθαι οὐδὲν ἧττον ἢ τὰ θηρία· πολλοὺς γὰρ ἤδη αὐτοῖς τοῖς ἵπποις κατακρημνισθῆναι. (8) Καὶ ὁ Κῦρος πάντα ταῦτα ἐμάνθανε προθύμως· ὡς δὲ εἶδεν ἔλαφον ἐκπηδήσασαν, πάντων ἐπιλαθόμενος ὧν ἤκουσεν ἐδίωκεν οὐδὲν ἄλλο ὁρῶν ἢ ὅπῃ ἔφευγε. Καί πως διαπηδῶν αὐτῷ ὁ ἵππος πίπτει εἰς γόνατα, καὶ μικροῦ κἀκεῖνον ἐξετραχήλισεν· οὐ μὴν ἀλλ᾽ ἐπέμεινεν ὁ Κῦρος μόλις πως καὶ ὁ ἵππος ἐξανέστη. Ὡς δὲ εἰς τὸ πεδίον ἦλθεν, ἀκονιτίσας καταβάλλει τὴν ἔλαφον, καλόν τι χρῆμα καὶ μέγα. Καὶ ὁ μὲν δὴ ὑπερέχαιρεν· οἱ δὲ φύλακες προσελάσαντες ἐλοιδόρουν αὐτὸν καὶ ἔλεγον εἰς οἷον κίνδυνον ἔλθοι καὶ ἔφασαν κατερεῖν αὐτοῦ. Ὁ οὖν Κῦρος εἱστήκει καταβεβηκὼς καὶ ἀκούων ταῦτα ἠνιᾶτο. Ὡς δ᾽ ᾔσθετο κραυγῆς, ἀνεπήδησεν ἐπὶ τὸν ἵππον ὥσπερ ἐνθουσιῶν, καὶ ὡς εἶδεν ἐκ τοῦ ἀντίου κάπρον προσφερόμενον, ἀντίος ἐλαύνει καὶ διατεινάμενος εὐστόχως βάλλει εἰς τὸ μέτωπον καὶ κατέσχε τὸν κάπρον. (9) Ἐνταῦθα μέντοι ἤδη καὶ ὁ θεῖος αὐτῷ ἐλοιδορεῖτο, τὴν θρασύτητα ὁρῶν. Ὁ δ᾽ αὐτοῦ λοιδορουμένου ὅμως, ἐδεῖτο ὅσα αὐτὸς ἔλαβε, ταῦτα ἐᾶσαι εἰσκομίσαντα δοῦναι τῷ πάππῳ. Τὸν δὲ θεῖον εἰπεῖν φασιν, Ἀλλ᾽ ἢν αἴσθηται ὅτι ἐξέλωκας, οὐ σοὶ μόνον λοιδορήσεται, ἀλλὰ καὶ ἐμοὶ ὅτι σε εἴων.

cula, vel sagittas ex equis emissurus, cum needum equo firmiter insidere admodum sciret : quod si vinceretur, ipse sibi plurimum ridens illudebat. Et cum, propterea quod superaretur, haudquaquam defugeret ea agere in quibus fuerat inferior, sed assidue in experiendo versaretur, si rursus posset eadem melius facere, brevi quidem assequutus est, ut equitando par esset aequalibus; brevi etiam, ob rei studium, a tergo eosdem reliquit : brevi denique feras quae in hortis erant, persequendo, feriendo, interimendo confecit; ita ut Astyages unde feras et colligeret amplius non haberet. Cyrus autem cum sensisset, non posse avum, tametsi cuperet, vivas sibi feras praebere, ita cum saepe alloquebatur, Quid opus est, ave, tibi molestiam in conquirendis feris creari? si modo me cum avunculo venatum emiseris, putaverim, quascunque feras videro, eas te mihi alere. Cum autem vehementer cuperet ad venationem egredi, non amplius ita, ut cum puer esset, efflagitare poterat, sed cunctantius avum adibat. Et quae antea Sacae vitio vertebat, quod eum ad avum non admitteret, in iis jam sibi ipse fiebat Sacas; non enim adibat, nisi praevidisset, an esset tempestivum : Sacamque rogabat, omnino sibi significaret, quando accedendi tempus esset, et quando non esset ; itaque jam Sacas eum, perinde atque omnes alii, mirifice diligebat.

Postquam igitur cognovit Astyages vehementer eum extra hortorum septa venari cupere, emittit eum una cum avunculo, et custodes simul mittit in equis aetate provectiores, qui eum a locis impeditis servarent, atque a ferocioribus bestiis, si qua appareret. Cyrus igitur alacri animo comites percunctatus est, quibusnam feris appropinquandum non esset, quasve oporteret audacter insequi. Illi autem dicebant, ursos complures olim qui propius ad eos accessarent, dilaniasse, itemque leones et apros et pardos : cervas autem, et capreas, et oves silvestres, et asinos silvestres, nihil nocere. Addebant et illud, impedita loca nihilo minus quam bestias esse cavenda; multos enim aliquando una cum ipsis equis per praerupta loca praecipites corruisse. Haec sane Cyrus omnia prompte discebat : ut vero cervam exsilientem vidisset, oblitus omnium quae audierat, insequebatur, nihil aliud spectans, quam qua fugeret. At equus ejus nescio quomodo prosiliens concidit in genua, parumque abfuit quin et illum de collo praecipitarit : verum enimvero Cyrus cum quadam difficultate inhaesit, et equus exsurrexit. Postquam autem in planitiem venit, cervam jaculo vibrato sternit, pulchram sane bestiam magnamque. Ipse igitur gaudio exsiliebat : at custodes, eum adequitassent, eum objurgabant, indicabantque quantum in periculum devenisset : et ad avum rem se delaturos aiebant. Itaque Cyrus, cum ex equo descendisset, constitit, et haec audiens angebatur. Sed ubi clamorem exaudisset, in equum rursus, entheo tanquam furore actus, insiliit : et cum primum aprum ex adverso irruentem cerneret, obviam equum incitat ; jaculoque perite contorto, frontem ferit, aprumque prostravit. Ibi vero eum avunculus etiam, visa ejus audacia, reprehendit. At ille tamen ab eo ita reprehendi petiit, ut quaecunque ipse cepisset animalia, ad avum afferre atque ei dare se permitteret. Avunculum autem dixisse ferunt, At si te haec insequutum esse sentiat, non te solum, sed me etiam, qui

Καὶ ἢν βούληται, φάναι αὐτὸν, μαστιγωσάτω, ἐπειδὰν γε ἐγὼ δῶ αὐτῷ. Καὶ σύ γε, εἰ βούλει, ἔφη, ὦ Θεῖε, τιμωρησάμενος ὅ,τι βούλει ταῦτα ὅμως χάρισαί μοι. Καὶ ὁ Κυαξάρης μέντοι τελευτῶν εἶπε, Ποίει ὅπως βούλει· σὺ γὰρ νῦν γε ἡμῶν ἔοικας βασιλεὺς εἶναι. (10) Οὕτω δὴ ὁ Κῦρος εἰσκομίσας τὰ θηρία ἐδίδου τε τῷ πάππῳ καὶ ἔλεγεν ὅτι αὐτὸς ταῦτα θηράσειεν ἐκείνῳ. Καὶ τὰ ἀκόντια ἐπεδείκνυε μὲν οὔ, κατέθηκε δὲ ᾑματωμένα ὅπου ᾤετο τὸν πάππον ὄψεσθαι. Ὁ δὲ Ἀστυάγης ἄρα εἶπεν, Ἀλλ', ὦ παῖ, δέχομαι μὲν ἔγωγε ἡδέως ὅσα σὺ δίδως, οὐ μέντοι δέομαί γε τούτων οὐδενὸς, ὥστε σε κινδυνεύειν. Καὶ ὁ Κῦρος ἔφη, Εἰ τοίνυν μὴ σὺ δέῃ, ἱκετεύω, ὦ πάππε, ἐμοὶ δὸς αὐτὰ, ὅπως τοῖς ἡλικιώταις ἐγὼ διαδῶ. Ἀλλ', ὦ παῖ, ἔφη ὁ Ἀστυάγης, καὶ ταῦτα λαβὼν διαβίδου ὅτῳ σὺ βούλει καὶ τῶν ἄλλων ὁπόσα θέλεις.

11. Καὶ ὁ Κῦρος λαβὼν ἐδίδου τε ἅρας τοῖς παισὶ καὶ ἅμα ἔλεγεν, Ὦ παῖδες, ὡς ἄρα ἐφλυαροῦμεν ὅτε τὰ ἐν τῷ παραδείσῳ θηρία ἐθηρῶμεν· ὅμοιον ἔμοιγε δοκεῖ εἶναι οἷόνπερ εἴ τις δεδεμένα ζῷα θηρῴη. Πρῶτον μὲν γὰρ ἐν μικρῷ χωρίῳ ἦν, ἔπειτα καὶ λεπτὰ καὶ ψωραλέα, καὶ τῷ μὲν αὐτῶν χωλὸν ἦν, τὸ δὲ κολοβόν· τὰ δ' ἐν τοῖς ὄρεσι καὶ λειμῶσι θηρία ὡς μὲν καλὰ, ὡς δὲ μεγάλα, ὡς δὲ λιπαρὰ ἐφαίνετο. Καὶ αἱ μὲν ἔλαφοι ὥσπερ πτηναὶ ἥλλοντο εἰς τὸν οὐρανόν, οἱ δὲ κάπροι ὥσπερ τοὺς ἄνδρας φασὶ τοὺς ἀνδρείους ὁμόσε ἐφέροντο· ὑπὸ δὲ τῆς πλατύτητος οὐδὲ ἁμαρτεῖν οἷόν τ' ἦν αὐτῶν· καλλίω δὲ, ἔφη, ἔμοιγε δοκεῖ καὶ τεθνηκότα εἶναι ταῦτα ἢ ζῶντα ἐκεῖνα τὰ περιῳκοδομημένα. Ἀλλ' ἆρα ἂν, ἔφη, ἀφεῖεν καὶ ὑμᾶς οἱ πατέρες ἐπὶ θήραν; Καὶ ῥᾳδίως γ' ἄν, ἔφασαν, εἰ Ἀστυάγης κελεύοι. (12) Καὶ ὁ Κῦρος εἶπε, Τίς οὖν ἂν ἡμῖν Ἀστυάγει πεισθείη; Τίς γὰρ ἄν, ἔφασαν, σοῦ γε ἱκανώτερος πεῖσαι; Ἀλλὰ μὰ τὸν Δία, ἔφη, ἐγὼ μὲν οὐκ οἶδ' ὅστις ἄνθρωπος γεγένημαι· οὐδὲ γὰρ οἷός τ' εἰμὶ λέγειν ἔγωγε οὐδ' ἀναβλέπειν πρὸς τὸν πάππον ἐκ τοῦ ἴσου ὅτι δύναμαι. Ἢν δὲ τοσοῦτον ἐπιδιδῶ, δέδοικα, μὴ παντάπασι βλάξ τις καὶ ἠλίθιος γένωμαι· παιδάριον δὲ ὢν δεινότατος λαλεῖν ἐδόκουν εἶναι. Καὶ οἱ παῖδες εἶπον, Πονηρὸν λέγεις τὸ πρᾶγμα, εἰ μηδ' ὑπὲρ ἡμῶν ἄν τι δέῃ δυνήσει πράττειν, ἀλλ' ἄλλου τινὸς τὸ ἐπὶ σὲ ἀνάγκη ἔσται δεῖσθαι ἡμᾶς. (13) Ἀκούσας δὲ ταῦτα ὁ Κῦρος ἐδήχθη, καὶ σιγῇ ἀπελθὼν διακελευσάμενος ἑαυτῷ τολμᾶν εἰσῆλθεν, ἐπιβουλεύσας ὅπως ἂν ἀλυπότατα εἴποι πρὸς τὸν πάππον καὶ διαπράξειεν αὐτῷ τε καὶ τοῖς παισὶν ὧν ἐδέοντο. Ἤρξατο οὖν ὧδε·

Εἰπέ μοι, ἔφη, ὦ πάππε, ἢν τις ἀποδρᾷ τῶν οἰκετῶν σε καὶ λάβῃς αὐτὸν, τί αὐτῷ χρήσῃ; Τί ἄλλο, ἔφη, ἢ δήσας ἐργάζεσθαι ἀναγκάσω; Ἢν δὲ αὐτόματος πάλιν ἔλθῃ, πῶς ποιήσεις; Τί δὲ, ἔφη, εἰ μὴ μαστιγώσας γε, ἵνα μὴ αὖθις τοῦτο ποιῇ, ἐξ ἀρχῆς χρήσομαι; Ὥρα ἂν, ἔφη ὁ Κῦρος, σοὶ παρασκευάζεσθαι εἴη ὅτῳ μαστιγώσεις με· ὡς βουλεύομαί γε πῶς σε ἀποδρῶ λαβὼν τοὺς ἡλικιώτας ἐπὶ θήραν. Καὶ ὁ Ἀστυάγης, Καλῶς,

permiseris, objurgabit. Etiam verberet, inquit ille, siquidem ita volet, postquam hæc ei dederim. Quin tu quoque, ait, avuncule, si libet, quodvis supplicium de me sumito, modo mihi gratificeris. Et Cyaxares sane tandem inquit, Ut voles, facito: quippe tu jam quidem rex noster esse videris. Atque ita Cyrus, illatis feris, et dabat avo, et se has illi venatum esse dicebat. Jacula vero non ille quidem ostendebat, cruenta tamen ibi deposuerat, ubi avum ea visurum putabat. Astyages autem inquit, Libenter equidem, fili, accipio, quæcunque mihi donas; sed horum tamen nullius sic egeo, ut tibi propterea periculum adeundum sit. Et Cyrus ait, Si ergo tu non eges, obsecro te, ave, ea mihi da, ut inter æquales distribuam. Sume vero, fili, respondit Astyages, et hæc, et ex aliis quæcunque volueris, et inter quos tibi visum fuerit distribue.

Itaque Cyrus ea sumpta et pueris dabat, et simul dicebat: O pueri, ut vero nugabamur, cum feras illas in septis hortorum venaremur : simile enim mihi quidem esse videtur, quemadmodum si quis ligata animalia venaretur. Primum enim in angusto erant loco; deinde tenues et scabiosæ; et alia quidem earum clauda erat, alia mutila : sed quæ in montibus feræ sunt et pratis, quam sunt pulchræ, quam magnæ, quam nitidæ visæ! Atque cervæ quidem, tanquam volucres, ad cœlum saltu tollebantur; apri vero quemadmodum fortes viros facere dicunt, adversi prope ferebantur; et præ latitudine fieri non poterat, ut ab iis aberrares : pulchriores denique, ait, mihi quidem hæ bestiæ videntur esse vel mortuæ, quam vivæ illæ septis inclusæ. Num vero, inquit, vos etiam parentes venatum ire permitterent? Et facile quidem, aiunt illi, si Astyages jubeat. Et Cyrus inquit, Quis igitur nobis de hac re Astyagem adierit? Quisnam, dixerunt illi, magis ad persuadendum te fuerit idoneus? At profecto, inquit, ego quidem qui homo factus sim nescio : neque enim avum alloqui possum, neque jam amplius ex æquo quasi jure respicere. Quod si tantum pudori huic meo accesserit, vereor, inquit, ne hebes fatuusque omnino fiam : at puerulus cum essem, in loquendo acerrimus esse videbar. Tum dicebant pueri, Male comparatam rem narras, si ne nostra quidem causa, ubi quid opus fuerit, quicquam agere poteris, sed, quantum in te est, id nobis ab alio quodam necessario sit petendum. Hæc cum audisset Cyrus, animo angebatur : et cum tacitus abilisset, seque ipse ad audendum hortatus esset, ingressus est, e secum deliberata, qua ratione avum quam minima cum molestia alloqueretur, sibique ac pueris, quæ peterent, conficeret. Sic igitur orsus est :

Die mihi, inquit, ave, si famudorum quis aufugerit, et eum prehenderis, quid de eo facturus sis? Qui aliud, ait, quam ut vinctum opus facere cogam? At si sponte sua ad te redierit, quid facies? Quid aliud, inquit, quam ut eo verberibus cæso, ne hoc iterum faciat, postlhac ut antea rursus utar? Tempus ergo tibi fuerit, inquit Cyrus, parare quo me verberes, quippe qui consilium inierim qua ratione aufugiam, adsumptis ad venandum mecis æqualibus. Et Astyages, Per-

ἔφη, ἐποίησας προειπών· ἔνδοθεν γὰρ ἀπαγορεύω σοι μὴ κινεῖσθαι. Χάριεν γὰρ, ἔφη, εἰ ἕνεκα κρεᾳδίων τῇ θυγατρὶ τὸν παῖδα ἀποδουκολήσαιμι. (14) Ἀκούσας ταῦτα ὁ Κῦρος ἐπείθετο μὲν καὶ ἔμενεν, ἀνιαρὸς δὲ καὶ σκυθρωπὸς ὢν σιωπῇ διῆγεν. Ὁ μέντοι Ἀστυάγης ἐπεὶ ἔγνω αὐτὸν λυπούμενον ἰσχυρῶς, βουλόμενος αὐτῷ χαρίζεσθαι ἐξάγει ἐπὶ θήραν, καὶ πεζοὺς πολλοὺς καὶ ἱππέας συναλίσας καὶ τοὺς παῖδας καὶ συνελάσας εἰς τὰ ἱππάσιμα χωρία τὰ θηρία ἐποίησε μεγάλην θήραν. Καὶ βασιλικῶς δὲ παρὼν αὐτὸς ἀπηγόρευε μηδένα βάλλειν, πρὶν Κῦρος ἐμπλησθείη θηρῶν. Ὁ δὲ Κῦρος οὐκ εἴα κωλύειν, ἀλλ' εἰ βούλει, ἔφη, ὦ πάππε, ἡδέως με θηρᾶν, ἄφες τοὺς κατ' ἐμὲ πάντας διώκειν καὶ διαγωνίζεσθαι ὅπως ἕκαστος κράτιστα δύναιτο. (15) Ἐνταῦθα δὴ ὁ Ἀστυάγης ἀφίησι, καὶ στὰς ἐθεᾶτο ἁμιλλωμένους ἐπὶ τὰ θηρία καὶ φιλονεικοῦντας καὶ διώκοντας καὶ ἀκοντίζοντας. Καὶ Κύρῳ ἥδετο οὐ δυναμένῳ σιγᾶν ὑπὸ τῆς ἡδονῆς, ἀλλ' ὥσπερ σκύλακι γενναίῳ ἀνακλάζοντι ὁπότε πλησιάζοι θηρίῳ καὶ παρακαλοῦντι ὀνομαστὶ ἕκαστον. Καὶ τοῦ μὲν καταγελῶντα αὐτὸν ὁρῶν εὐφραίνετο, τὸν δέ τινα καὶ ἐπαινοῦντα αὐτὸν ᾐσθάνετο οὐδ' ὁπωστιοῦν φθονερῶς. Τέλος δ' οὖν πολλὰ θηρία ἔχων ὁ Ἀστυάγης ἀπῄει. Καὶ τὸ λοιπὸν οὕτως ἤδη τῇ τότε θήρᾳ ὥστε ἀεὶ ὁπότε οἷόν τε εἴη συνεξῄει τῷ Κύρῳ καὶ ἄλλους τε πολλοὺς παρελάμβανε καὶ τοὺς παῖδας Κύρου ἕνεκα. Τὸν μὲν οὖν πλεῖστον χρόνον οὕτω διῆγεν ὁ Κῦρος, πᾶσιν ἡδονῆς μὲν καὶ ἀγαθοῦ τινος συναίτιος ὤν, κακοῦ δὲ οὐδενός.

16. Ἀμφὶ δὲ τὰ πέντε ἢ ἑκκαίδεκα ἔτη γενομένῳ αὐτῷ ὁ υἱὸς τοῦ Ἀσσυρίων βασιλέως· γαμεῖν μέλλων ἐπεθύμησεν αὐτὸς θηρᾶσαι εἰς τοῦτον τὸν χρόνον. Ἀκούων οὖν ἐν τοῖς μεθορίοις τοῖς τε αὐτῶν καὶ τοῖς Μήδων πολλὰ θηρία εἶναι ἀθήρευτα διὰ τὸν πόλεμον, ἐνταῦθα ἐπεθύμησεν ἐξελθεῖν. Ὅπως οὖν ἀσφαλῶς θηρῴη, ἱππέας τε προσέλαβε πολλοὺς καὶ πελταστάς, οἵτινες ἔμελλον αὐτῷ ἐκ τῶν λασίων τὰ θηρία ἐξελᾶν εἰς τὰ ἐργάσιμά τε καὶ εὔκλατα. Ἀφικόμενος δὲ ὅπου ἦν αὐτοῖς τὰ φρούρια καὶ ἡ φυλακή, ἐνταῦθα ἐδειπνοποιεῖτο ὡς πρωῒ τῇ ὑστεραίᾳ θηράσων. (17) Ἤδη δὲ ἑσπέρας γενομένης ἡ διαδοχὴ τῇ πρόσθεν φυλακῇ ἔρχεται ἐκ πόλεως καὶ ἱππεῖς καὶ πεζοί. Ἔδοξεν οὖν αὐτῷ πολλὴ στρατιὰ παρεῖναι· δύο γὰρ ὁμοῦ ἦσαν φυλακαί, καὶ πολλοὺς [τε] αὐτὸς ἧκεν ἔχων ἱππέας καὶ πεζούς. Ἐβουλεύσατο οὖν κράτιστον εἶναι λεηλατῆσαι ἐκ τῆς Μηδικῆς, καὶ λαμπρότερόν τε ἂν φανῆναι τὸ ἔργον τῆς θήρας καὶ ἱερείων ἂν πολλὴν ἀφθονίαν ἐνόμιζε γενέσθαι. Οὕτω δὴ πρωῒ ἀναστὰς ἦγε τὸ στράτευμα, καὶ τοὺς μὲν πεζοὺς κατέλιπεν ἁθρόους ἐν τοῖς μεθορίοις, αὐτὸς δὲ τοῖς ἵπποις προσελάσας πρὸς τὰ τῶν Μήδων φρούρια, τοὺς μὲν βελτίστους καὶ πλείστους ἔχων μεθ' ἑαυτοῦ ἐνταῦθα κατέμεινεν, ὡς μὴ βοηθοῖεν οἱ φρουροὶ τῶν Μήδων ἐπὶ τοὺς καταθέοντας, τοὺς δ' ἐπιτηδείους ἀφῆκε κατὰ φυλὰς ἄλλους ἄλλοσε καταθεῖν, καὶ ἐκέλευε περιβαλομένους ὅτῳ

belle, inquit, fecisti, qui prædixeris: ex ædibus enim ne te moveas velo. Nam bella res fuerit, inquit, si carunculæ gratia, filiæ meæ filium evagari sinam. Hæc cum audisset Cyrus, parebat ille quidem ac manebat: sed mœstus erat, tristique vultu, ac perpetuo silebat. Astyages autem, ubi eum vehementius dolore affici intellexerat, volens ei rem gratam facere, venatum proficiscitur: et multis peditibus equitibusque, ac pueris etiam, coactis, ferisque in loca equitabilia compulsis, magnam venationem instituit. Quin et ipse regio cum apparatu præsens, vetuit ferire quenquam, priusquam Cyrus feriendo satiatus esset. At Cyrus cum alios prohibere non passus est: sed, Si vis, inquit, ave, jucunde me venari, sine omnes meos æquales insequi et certare, ut quisque optime possit. Tum vero permisit Astyages; stansque spectabat decertantes contra feras, studioseque inter se contendentes, persequentesque, et jaculantes. Atque Cyro delectabatur, qui præ voluptate silere non posset, sed, generosus tanquam catulus, clamorem ederet, cum feræ appropinquaret, et unumquemque nominatim appellans exhortaretur. Valde etiam gaudebat, cum eum hunc quidem deridere, illum vero sine ulla prorsus invidia laudare sentiebat. Tandem discessit Astyages, multas feras secum habens. Postea adeo venatione illa delectatus est, ut semper, quoties quidem liceret, cum Cyro exiret, assumptis tum multis aliis, tum pueris, Cyri gratia. Et hoc sane modo maximam temporis partem traducebat Cyrus, omnibus voluptatis quidem ac boni alicujus auctor, mali autem nemini.

Cum vero circiter quindecim sedecimve annos haberet, regis Assyriorum filius, uxorem ducturus, ipsemet id temporis venari cupivit. Itaque quod audiret in suis ac Medorum finibus plurimas esse feras, quippe quas nemo propter bellum venaretur, isto exire impendio voluit. Ut igitur tuto venaretur, et equites et peltastas complures assumpsit, qui feras e locis silvestribus in culta planaque depellerent. Cum autem eo pervenisset ubi castella ipsius erant et custodia, ibi cœnam parari jussit, ut qui postridie mane venaturus esset. Et cum jam advesperasceret, ex urbe veniunt qui custodiæ priori succederent, tam pedites quam equites. Quapropter ipsi numerosus adesse visus est exercitus, cum hinc quidem una essent custodiæ, multique, quos ipse secum duxerat, equites peditesque. Itaque re deliberata statuit optimum esse Medorum ex agro prædas agere; atque ita tum venationis opus illustrius visum iri, tum magnam animalium copiam futuram existimavit. Mane igitur surgens, exercitum educit; ac pedites quidem in finibus confertos relinquit; ipse vero cum equitatu ad castella Medorum provectus, optimos secum habens atque plurimos equites, substitit, ne Medorum præsidiarii milites suis contra eos qui populabundi discurrerent auxilium ferrent; idoneos autem quosdam tributim dimisit, ut alii alio discurrerent: atque hos corripere jussit quidquid habuerit

ΚΥΡΟΥ ΠΑΙΔΕΙΑΣ ΒΙΒΛ. Α. ΚΕΦ. Δ.

τις ἐπιτυγχάνοι ἐλαύνειν πρὸς ἑαυτόν. Οἱ μὲν δὴ ταῦτα ἔπραττον.

18. Σημανθέντων δὲ τῷ Ἀστυάγει ὅτι πολέμιοί εἰσιν ἐν τῇ χώρᾳ, ἐξεβοήθει καὶ αὐτὸς πρὸς τὰ ὅρια σὺν τοῖς περὶ αὑτὸν καὶ ὁ υἱὸς αὐτοῦ ὡσαύτως σὺν τοῖς παρατυχοῦσιν ἱππόταις, καὶ τοῖς ἄλλοις δὲ ἐσήμαινε πᾶσιν ἐκβοηθεῖν. Ὡς δὲ εἶδον πολλοὺς ἀνθρώπους τῶν Ἀσσυρίων συντεταγμένους καὶ τοὺς ἱππέας ἡσυχίαν ἔχοντας, ἔστησαν καὶ οἱ Μῆδοι. Ὁ δὲ Κῦρος ὁρῶν ἐκβοηθοῦντας καὶ τοὺς ἄλλους πασσυδί, ἐκβοηθεῖ καὶ αὐτὸς πρῶτον τότε ὅπλα ἐνδύς, οὔποτε οἰόμενος· οὕτως ἐπεθύμει αὐτοὺς ἐξοπλίσασθαι· μάλα δὲ καλὰ ἦν καὶ ἁρμόζοντα αὐτῷ ἃ ὁ πάππος περὶ τὸ σῶμα ἐπεποίητο. Οὕτω δὴ ἐξοπλισάμενος προσήλασε τῷ ἵππῳ. Καὶ ὁ Ἀστυάγης ἐθαύμασε μὲν τίνος κελεύσαντος ἥκοι, ὅμως δ᾽ εἶπεν αὐτῷ μένειν παρ᾽ ἑαυτοῦ. (19) Ὁ δὲ Κῦρος ὡς εἶδε πολλοὺς ἱππέας ἀντίους, ἤρετο, Ἦ οὗτοι, ἔφη, ὦ πάππε, πολέμιοί εἰσιν, οἳ ἐφεστήκασι τοῖς ἵπποις ἠρέμα; Πολέμιοι μέντοι, ἔφη. Ἦ καὶ ἐκεῖνοι, ἔφη, οἱ ἐλαύνοντες; Κἀκεῖνοι μέντοι. Νὴ τὸν Δί᾽, ἔφη, ὦ πάππε, ἀλλ᾽ οὖν πονηροί γε φαινόμενοι καὶ ἐπὶ πονηρῶν ἱππαρίων ἄγουσιν ἡμῶν τὰ χρήματα· οὐκοῦν χρὴ ἐλαύνειν τινὰς ἡμῶν ἐπ᾽ αὐτούς. Ἀλλ᾽ οὐχ ὁρᾷς, ἔφη, ὦ παῖ, ὅσον τὸ στῖφος τῶν ἱππέων ἕστηκε συντεταγμένον, οἳ ἢν ἐπ᾽ ἐκείνους ἡμεῖς ἐλαύνωμεν, ὑποτεμοῦνται ἡμᾶς πάλιν ἐκεῖνοι· ἡμῖν δὲ οὔπω ἡ ἰσχὺς πάρεστιν. Ἀλλ᾽ ἢν σὺ μένῃς, ἔφη ὁ Κῦρος, καὶ ἀναλαμβάνῃς τοὺς προσβοηθοῦντας, φοβήσονται οὗτοι καὶ οὐ κινήσονται, οἱ δ᾽ ἄγοντες εὐθὺς ἀφήσουσι τὴν λείαν, ἐπειδὰν ἴδωσί τινας ἐπ᾽ αὐτοὺς ἐλαύνοντας.

20. Ταῦτ᾽ εἰπόντος αὐτοῦ ἔδοξέ τι λέγειν τῷ Ἀστυάγει. Καὶ ἅμα θαυμάζων ὡς καὶ φρονεῖ καὶ ἐγρήγορεν κελεύει τὸν υἱὸν λαβόντα τάξιν ἱππέων ἐλαύνειν ἐπὶ τοὺς ἄγοντας τὴν λείαν. Ἐγὼ δέ, ἔφη, ἐπὶ τούσδε, ἢν ἐπὶ σὲ κινῶνται, ἐλῶ, ὥστε ἀναγκασθῆναι ἡμῖν προσέχειν τὸν νοῦν. Οὕτω δὴ ὁ Κυαξάρης λαβὼν τῶν ἐρρωμένων ἵππων τε καὶ ἀνδρῶν προσελαύνει. Καὶ ὁ Κῦρος ὡς εἶδεν ὁρμωμένους, ἐξορμᾷ καὶ αὐτὸς πρῶτος ἡγεῖτο ταχέως, καὶ ὁ Κυαξάρης μέντοι ἐφείπετο, καὶ οἱ ἄλλοι δὲ οὐκ ἀπελείποντο. Ὡς δὲ εἶδον αὐτοὺς πελάζοντας οἱ λεηλατοῦντες, εὐθὺς ἀφέντες τὰ χρήματα ἔφευγον. (21) Οἱ δ᾽ ἀμφὶ τὸν Κῦρον ὑπετέμνοντο καὶ οὓς μὲν κατελάμβανον εὐθὺς ἔπαιον, πρῶτος δὲ ὁ Κῦρος, ὅσοι δὲ παραλλάξαντες αὐτῶν ἔφθασαν, κατόπιν τούτους ἐδίωκον, καὶ οὐκ ἀνίεσαν, ἀλλὰ καὶ ᾕρουν τινὰς αὐτῶν. Ὥσπερ δὲ κύων γενναῖος ἄπειρος ἀπρονοήτως φέρεται πρὸς κάπρον, οὕτω καὶ ὁ Κῦρος ἐφέρετο, μόνον ὁρῶν τὸ παίειν τὸν ἁλισκόμενον, ἄλλο δ᾽ οὐδὲν προνοῶν. Οἱ δὲ πολέμιοι ὡς ἑώρων πονοῦντας τοὺς σφετέρους, προεκίνησαν τὸ στῖφος, ὡς παυσομένους τοῦ διωγμοῦ, ἐπεὶ σφᾶς ἴδοιεν προορμήσαντας. (22) Ὁ δὲ Κῦρος οὐδὲν μᾶλλον ἀνίει, ἀλλ᾽ ὑπὸ τῆς χαρμονῆς ἀνακαλῶν τὸν θεῖον ἐδίωκε καὶ ἰσχυρὰν τὴν φυγὴν τοῖς πολεμίοις ἰσχυρῶς

quisque obvium, et ad se abigere. Et hi quidem hæc agebant.

Cum autem Astyagi nuntiatum esset, hostes jam esse in ipsius agro, ipse etiam cum illis quos secum habuit, opis ferendæ causa ad limites excurrit; quod et filius itidem fecit cum equitibus qui tum forte aderant; aliisque omnibus auxilio ut venirent imperavit. Cum vero vidissent magnam Assyriorum multitudinem simul instructam, et equites quietem agentes, substiterunt etiam Medi. Cyrus autem videns alios quoque auxilio totis viribus ad opem ferendam egredi, egreditur et ipse auxilium laturus, tum primum arma indutus, quod nunquam speraverat: tam cupiebat cum armis istis in prælium exire: erant autem perpulchra atque ipsi belle congruentia, quæ avus ei ad tegendum corpus facienda curaverat. In his igitur egressus, equo advectus est. Et cum cum vidisset Astyages, miratus ille quidem cujus jussu veniret; sed tamen ei dicebat, ut apud se maneret. Cyrus autem, cum conspexisset multos equites adversos, interrogabat, Num isti, inquiens, ave, hostes sunt, qui equis quiete insident? Hostes profecto, ait is. Num et illi, qui huc cursant? Et illi sane. At enimvero, inquit, ave, ignavi esse videntur, et ignavia insidere equulis, qui nostras tamen res diripiunt: itaque nostrum aliquos oportet impetum in eos facere. At non vides, fili, inquit, quanta equitum turma constiterit instructa! qui, si nos in illos irruamus, ipsi nos iterum subeundo intercipient: nobis vero nondum satis copiarum adest. Verum tu maneas, inquit Cyrus, et eos qui subsidio veniunt adsumas, metuent hi, neque se movebunt: illi vero qui res nostras auferunt, prædam mox dimittent, ubi quosdam impetum in se facere viderint.

Hæc cum protulisset, visus est Astyagi aliquid dicere. Et simul admiratus et prudentiam ejus et vigilantiam, filium jubet assumpta equitum manu in eos ducere, qui prædam agerent. Ego vero, inquit, in hos, si contra te se commoverint, impetum faciam; adeo ut animum nobis attendere cogantur. Itaque Cyaxares, robustissimis et equis et viris assumptis, in hostem fertur. Ac Cyrus, ut hos cum impetu exeuntes vidit, statim una se proripit: atque ipse primus celeriter ducebat, et Cyaxares sane subsequebatur, atque alii non procul erant relicti. Eos autem ut appropinquantes viderunt ii qui prædas agebant, continuo relictis rebus in fugam sese conjiciebant. At qui circa Cyrum erant hos subeundo intercipiebant, et quoscunque assequerentur statim feriebant, et in primis Cyrus: quotquot autem declinato cursu eos antevertendo effugerant, hos a tergo persequebantur, nec intermittebant, sed ex eis quosdam ceperunt. Sicut autem canis generosus, inexpertus, temere in aprum fertur, ita et Cyrus ferebatur, solum hoc videns ut deprehensum feriret, ac nihil aliud prospiciens. Hostes vero, cum suos laborantes cernerent, agmen promoverunt, arbitrati fore ut ii persequi desisterent, postquam ipsos contra irruere vidissent. At Cyrus nihil propterea de contentione remittebat, sed præ gaudio avunculum inclamans, insequebatur; et, acrius urgens, hostes in effusam fugam vertebat.

κατέχων ἐποίει· καὶ ὁ Κυαξάρης μέντοι ἐφαίπετο, ἴσως καὶ αἰσχυνόμενος τὸν πατέρα, καὶ οἱ ἄλλοι δὲ εἵποντο, προθυμότεροι ὄντες ἐν τῷ τοιούτῳ εἰς τὸ διώκειν καὶ οἱ μὴ πάνυ πρὸς τοὺς ἐναντίους ἄλκιμοι ὄντες. Ὁ δὲ Ἀστυάγης ὡς ἑώρα τοὺς μὲν ἀπρονοήτως διώκοντας, τοὺς δὲ πολεμίους ἀθρόους τε καὶ τεταγμένους ὑπαντῶντας, δείσας περί τε τοῦ υἱοῦ καὶ τοῦ Κύρου μὴ εἰς παρεσκευασμένους ἀτάκτως ἐμπεσόντες πάθοιέν τι, ἡγεῖτο εὐθὺς πρὸς τοὺς πολεμίους. (23) Οἱ δ᾽ αὖ πολέμιοι ὡς εἶδον τοὺς Μήδους προκινηθέντας, διατεινάμενοι οἱ μὲν τὰ παλτὰ οἱ δὲ τὰ τόξα εἰστήκεσαν, ὡς ἂν ἐπειδὴ εἰς τόξευμά γε ἀφίκοιντο στησομένους, ὥσπερ τὰ πλεῖστα εἰώθεσαν ποιεῖν. Μέχρι γὰρ τοσούτου, ὁπότε ἐγγύτατα γένοιντο, προσήλαυνον ἀλλήλοις, καὶ ἠκροβολίζοντο πολλάκις μέχρι ἑσπέρας. Ἐπεὶ δὲ ἑώρων τοὺς μὲν σφετέρους φυγῇ εἰς ἑαυτοὺς φερομένους, τοὺς δ᾽ ἀμφὶ τὸν Κῦρον ἐπ᾽ αὐτοὺς ὁμοῦ φερομένους, τὸν δὲ Ἀστυάγην σὺν τοῖς ἵπποις ἐντὸς γιγνόμενον ἤδη τοξεύματος, ἐκκλίνουσι καὶ φεύγουσι. Οἱ δὲ ἅτε ὁμόθεν διώκοντες ἀνὰ κράτος ᾕρουν πολλούς· καὶ τοὺς μὲν ἁλισκομένους ἔπαιον καὶ ἵππους καὶ ἄνδρας, τοὺς δὲ πίπτοντας κατέκαινον· καὶ οὐ πρόσθεν ἔστησαν πρὶν ἢ πρὸς τοῖς πεζοῖς τῶν Ἀσσυρίων ἐγένοντο. Ἐνταῦθα μέντοι δείσαντες μή τις ἐνέδρα τις μείζων ὑπείη, ἐπέσχον. (24) Ἐκ τούτου δὴ ἀνῆγεν ὁ Ἀστυάγης, μάλα χαίρων τῇ ἱπποκρατίᾳ, καὶ τὸν Κῦρον οὐκ ἔχων ὅ,τι χρὴ λέγειν αἴτιον μὲν ὄντα εἰδὼς τοῦ ἔργου, μαινόμενον δὲ γιγνώσκων τῇ τόλμῃ. Καὶ γὰρ τότε ἀπιόντων οἴκαδε μόνος τῶν ἄλλων ἐκεῖνος οὐδὲν ἄλλο ἢ τοὺς πεπτωκότας περιελαύνων ἐθεᾶτο, καὶ μόλις αὐτὸν ἀφελκύσαντες οἱ ἐπὶ τοῦτο ταχθέντες προσήγαγον τῷ Ἀστυάγει, μάλα ἐπίπροσθε ποιούμενον τοὺς προσάγοντας, ὅτι ἑώρα τὸ πρόσωπον τοῦ πάππου ἠγριωμένον ἐπὶ τῇ θέᾳ τῇ αὐτοῦ.

25. Ἐν μὲν δὴ Μήδοις ταῦτα ἐγεγόνει, καὶ οἵ τε ἄλλοι πάντες τὸν Κῦρον διὰ στόματος εἶχον καὶ ἐν λόγῳ καὶ ἐν ᾠδαῖς, ὅ τε Ἀστυάγης καὶ πρόσθεν τιμῶν αὐτὸν τότε ὑπερεξεπέπληκτο ἐπ᾽ αὐτῷ. Καμβύσης δὲ ὁ τοῦ Κύρου πατὴρ ἥδετο μὲν καὶ πυνθανόμενος ταῦτα, ἐπεὶ δ᾽ ἤκουσεν ἔργα ἀνδρὸς ἤδη διαχειριζόμενον τὸν Κῦρον, ἀπεκάλει δή, ὅπως τὰ ἐν Πέρσαις ἐπιχώρια ἐπιτελοίη. Καὶ ὁ Κῦρος δὲ ἐνταῦθα λέγεται εἰπεῖν ὅτι ἀπιέναι βούλοιτο, μὴ ὁ πατήρ τι ἄχθοιτο καὶ ἡ πόλις μέμφοιτο. Καὶ τῷ Ἀστυάγει δὲ ἐδόκει ἀναγκαῖον εἶναι ἀποπέμπειν αὐτόν. Ἔνθα.δὴ ἵππους τε αὐτῷ δοὺς οὓς αὐτὸς ἐπεθύμει λαβεῖν καὶ ἄλλα συσκευάσας πολλὰ ἔπεμπε καὶ διὰ τὸ φιλεῖν αὐτὸν καὶ ἅμα ἐλπίδας ἔχων μεγάλας ἐν αὐτῷ ἄνδρα ἔσεσθαι ἱκανὸν καὶ φίλους ὠφελεῖν καὶ ἐχθροὺς ἀνιᾶν. Ἀπιόντα δὲ τὸν Κῦρον προὔπεμπον ἅπαντες καὶ παῖδες καὶ ἥλικες καὶ ἄνδρες καὶ γέροντες ἐφ᾽ ἵππων καὶ Ἀστυάγης αὐτός, καὶ οὐδένα ἔφασαν ὄντιν᾽ οὐ δακρύοντ᾽ ἀποστρέφεσθαι. (26) Καὶ Κῦρον δὲ αὐτὸν λέγεται σὺν πολλοῖς δακρύοις ἀποχωρῆσαι. Πολλὰ δὲ δῶρα διαδοῦναί φασιν αὐτὸν τοῖς ἡλικιώταις ὧν Ἀστυάγης αὐτῷ ἐδεδώκει, τέλος δὲ καὶ ἣν εἶχε

Cyaxares quidem subsequebatur, patrem fortasse veritus; et ceteri quoque subsequebantur, cum promptiores tali in rerum statu sint ad persequendum etiam illi, qui non admodum in adversos hostes animosi sunt. At Astyages, cum hos quidem inconsiderate persequi videret, hostes vero confertos instructosque occurrere, sollicitus et de filio et de Cyro, ne in paratos incomposite delapsis adversi quid accideret, in hostes confestim duxit. At hostes rursus, ut viderunt Medos se promovisse, intentis alii paltis, alii arcubus, constiterunt, quod fore putarent ut et illi subsisterent, ubi ad teli jactum pervenissent, quemadmodum plerumque facere consueverant. Nam ad hoc usque intervallum, cum quam proxime ad alteros alteri accederent, contra se mutuo provehebantur, ac saepe ad vesperam usque missilibus procul sese invicem adpetebant. At postquam et suos fuga ad se ferri cernerent, et Cyrum cum suis prope a tergo ipsos insequentem, et Astyagem cum equitatu esse jam intra teli jactum, inclinant et fugiunt. Illi vero, utpote qui e propinquo persequebantur, multos summis adnixi viribus ceperunt; et quoscunque prehenderent, tam equos quam viros, feriebant, et quotquot caderent interimebant; neque prius constitere quam ad Assyriorum peditatum pervenissent. Hic vero, ne majores aliquae subessent insidiae veriti, substiterunt. Tum igitur Astyages suos reduxit, equestri victoria magnopere laetatus; nec quid de Cyro diceret habebat; quod illius quidem facinoris ipsum auctorem fuisse sciret, sed audacia furentem animadverteret. Etenim ceteris domum abeuntibus, solus ille nihil aliud quam eos qui occidissent circumequitando spectabat: adeoque ii, quibus id negotii datum erat, vix eum inde abstractum ad Astyagem deduxerunt, qui quidem eos ipsos, qui se adducerent, sibi praetendere studebat, quod avi vultum saeviorem factum cerneret ob spectationem suam.

Et haec quidem apud Medos contigerunt; et Cyrum cum alii omnes in ore, sermone, et cantilenis habebant, tum Astyages, apud quem vel antea erat in honore, jam stupefactus eum suspiciebat. Haec vero Cambyses, Cyri pater, cum audisset, gaudebat ille quidem; at ubi accepisset eum viri jam obire munera, revocavit, ut patria Persarum institula absolveret. Atque Cyrus tum dixisse fertur, abire velle, ne quid pater aegre ferret, et civitas de se quereretur. Quare visum est Astyagi necesse esse eum dimittere. Ibi igitur cum et equos illi, quos ipse voluit sumere, donasset, atque alias res omnigenas comparasset, dimisit, tum quod eum amaret, tum quia magnam in eo spem haberet, virum fore idoneum et ad afferendum amicis adjumentum, et ad molestiam inimicis exhibendam. Abeuntem vero Cyrum universi, et pueri, et aequales, et viri, et senes, equis vecti, atque adeo Astyages ipse, deducebant; ac neminem omnium fuisse dicunt quin lacrimans reverterit. Et Cyrum quoque ipsum multis cum lacrimis discessisse traditum est. Et multa eum inter aequales munera distribuisse ferunt, de iis nempe quae ipsi dederat Astyages; ac demum, exuta quam

στολὴν τὴν Μηδικὴν ἐκδόντα δοῦναί τινι, δηλῶν ὅτι τοῦτον μάλιστα ἠσπάζετο. Τοὺς μέντοι λαβόντας καὶ δεξαμένους τὰ δῶρα λέγεται Ἀστυάγει ἀπενεγκεῖν, Ἀστυάγην δὲ δεξάμενον Κύρῳ ἀποπέμψαι, τὸν δὲ πάλιν τε ἀποπέμψαι εἰς Μήδους καὶ εἰπεῖν, Εἰ βούλει, ὦ πάππε, ἐμὲ καὶ αὖθις ἰέναι ὡς σὲ μὴ αἰσχυνόμενον, ἔα ἔχειν εἴ τῳ τι ἐγὼ δέδωκα· Ἀστυάγην δὲ ταῦτα ἀκούσαντα ποιῆσαι ὥσπερ Κῦρος ἐπέστειλεν.

27. Εἰ δὲ δεῖ καὶ παιδικοῦ λόγου ἐπιμνησθῆναι, λέγεται, ὅτε Κῦρος ἀπῄει καὶ ἀπηλλάττοντο ἀπ' ἀλλήλων, τοὺς συγγενεῖς φιλοῦντας τῷ στόματι ἀποπέμπεσθαι αὐτὸν νόμῳ Περσικῷ· καὶ γὰρ νῦν ἔτι τοῦτο ποιοῦσι Πέρσαι· ἄνδρα δέ τινα τῶν Μήδων μάλα καλὸν κἀγαθὸν ὄντα ἐκπεπλῆχθαι πολύν τινα χρόνον ἐπὶ τῷ κάλλει τοῦ Κύρου, ἡνίκα δὲ ἑώρα τοὺς συγγενεῖς φιλοῦντας αὐτὸν, ὑπολειφθῆναι· ἐπεὶ δὲ οἱ ἄλλοι ἀπῆλθον, προσελθεῖν τῷ Κύρῳ καὶ εἰπεῖν, Ἐμὲ μόνον οὐ γιγνώσκεις, ὦ Κῦρε, τῶν συγγενῶν; τῷ δὲ εἰπεῖν τὸν Κῦρον, Ἦ καὶ σὺ συγγενὴς εἶ; Μάλιστα, φάναι. Ταῦτ' ἄρα, εἰπεῖν τὸν Κῦρον, καὶ ἐνεώρας μοι· πολλάκις γάρ σε δοκῶ γιγνώσκειν τοῦτο ποιοῦντα. Προσελθεῖν γάρ σοι ἀεὶ βουλόμενος, ἔφη, ναὶ μὰ τοὺς θεοὺς ᾐσχυνόμην. Ἀλλ' οὐκ ἔδει, φάναι τὸν Κῦρον, συγγενῆ γε ὄντα· ἅμα δὲ προσελθόντα φιλῆσαι αὐτόν. Καὶ τὸν Μῆδον φιληθέντα ἐρέσθαι, Ἦ καὶ ἐν Πέρσαις νόμος ἐστὶν οὗτος συγγενεῖς φιλεῖν; Μάλιστα, φάναι, ὅταν γε ἴδωσιν ἀλλήλους διὰ χρόνου ἢ ἀπίωσί ποι ἀπ' ἀλλήλων. Ὥρα ἂν εἴη, ἔφη ὁ Μῆδος, μάλα πάλιν σε φιλεῖν ἐμέ· ἀπέρχομαι γὰρ, ὡς ὁρᾷς, ἤδη. Οὕτω καὶ τὸν Κῦρον πάλιν φιλήσαντα ἀποπέμπειν καὶ ἀπιέναι. Καὶ ὁδόν τε οὔπω πολλὴν διηνύσθαι αὐτοῖς καὶ τὸν Μῆδον ἥκειν πάλιν ἱδροῦντι τῷ ἵππῳ· καὶ τὸν Κῦρον ἰδόντα, Ἀλλ' ἤ, φάναι, ἐπελάθου τι ὧν ἐβούλου εἰπεῖν; Μὰ Δία, φάναι, ἀλλ' ἥκω διὰ χρόνου. Καὶ τὸν Κῦρον εἰπεῖν, Νὴ Δί', ὦ σύγγενες, δι' ὀλίγου γε. Ποίου ὀλίγου; εἰπεῖν τὸν Μῆδον. Οὐκ οἶσθα, φάναι, ὦ Κῦρε, ὅτι καὶ ὅσον σκαρδαμύττω χρόνον, πάνυ πολύς μοι δοκεῖ εἶναι, ὅτι οὐχ ὁρῶ σε τότε τοιοῦτον ὄντα; Ἐνταῦθα δὴ τὸν Κῦρον γελάσαι τε ἐκ τῶν ἔμπροσθεν δακρύων καὶ εἰπεῖν αὐτῷ θαρρεῖν ἀπιόντι, ὅτι παρέσται αὐτοῖς ὀλίγου χρόνου, ὥστε ὁρᾶν ἐξέσται κἂν βούληται ἀσκαρδαμυκτί.

ΚΕΦΑΛΑΙΟΝ Ε.

Ὁ μὲν δὴ Κῦρος οὕτως ἀπελθὼν ἐν Πέρσαις ἐνικυτὸν λέγεται ἐν τοῖς παισὶν ἔτι γενέσθαι. Καὶ τὸ μὲν πρῶτον οἱ παῖδες ἔσκωπτον αὐτὸν ὡς ἡδυπαθεῖν ἐν Μήδοις μεμαθηκὼς ἥκοι· ἐπεὶ δὲ καὶ ἐσθίοντα αὐτὸν ἑώρων ὥσπερ καὶ αὐτοὶ ἡδέως καὶ πίνοντα, καὶ εἴ ποτ' ἐν ἑορτῇ εὐωχία γένοιτο, ἐπιδιδόντα μᾶλλον αὐτὸν τοῦ ἑαυτοῦ μέρους ἡσθανόμενον ἢ προσδεόμενον, καὶ πρὸς τούτοις δὲ τἆλλα κρατιστεύοντα αὑτῶν ἑώρων ἑαυτῶν· ἐνταῦθα δὴ πάλιν ὑπέπτησσον αὐτῷ οἱ ἥλικες. Ἐπεὶ δὲ διελθὼν τὴν παιδείαν ταύτην ἤδη εἰσῆλθεν εἰς τοὺς ἐφήβους, ἐν

habebat stola Medica cuidam hanc dedisse, quod indicio erat se hunc in primis diligere. At illos, cum sumpsissent libentique animo accepissent munera, ad Astyagem ea detulisse fertur; Astyagemque recepta itidem ad Cyrum referenda curasse; hunc autem in Mediam denuo ea cum his verbis remisisse, Si me vis, ave, iterum ad te pudore minime confusum venire, sinito habere si quid ego cuipiam largitus sum : atque his auditis Astyagem fecisse, quemadmodum Cyrus nuntiari jusserat.

Quod si mentio sermonis blanditias pueriles spirantis sit facienda, fertur, cum Cyrus abiret, et a se invicem discederent, cognatos ore Cyrum, more Persico, osculatos dimisisse; etenim hoc etiam tempore id faciunt Persæ : virum autem quendam Medum, admodum sane probum et honestum, longo tempore Cyri pulchritudinis amore fuisse perculsum; et cum cognatos eum osculantes videret, substitisse : alii vero postquam abiissent, accessisse ad Cyrum, dixisseque, Me solum ex cognatis, Cyre, non cognoscis? Cui dixisse Cyrum : Num et tu cognatus es? Maxime, respondisse illum. Idcirco utique, dixisse Cyrum, me defixis oculis intuebaris : videor enim hoc te sæpius facere animadvertisse. Enimvero cum nunquam non te accedere vellem, profecto, ait, me pudebat. At non oportuit, dixisse Cyrum, pudore te deterreri cognatum esse : simulque cum accessisset eum osculatus est. Et Medus, accepto osculo, interrogasse fertur, Estne et Persis in more osculari cognatos? Maxime, dixisse Cyrum, cum ex intervallo temporis alii alios videant, vel a se invicem aliquo discedant. Tempus igitur tibi fuerit, inquit Medus, me iterum ut osculeris : jam enim, uti vides, abeo. Atque ita cum Cyrus denuo eum osculatus esset, dimisit, atque ipse etiam abiit. Cumque illi nondum longam viam alter ab altero digressi essent, ecce Medus sudante equo revertitur. Quem eum vidisset Cyrus, Num quid eorum, inquit, es oblitus, quæ mihi dicere velles? Non profecto, ait; sed temporis ex intervallo venio. Brevi quidem, hercle, mi cognate, dixit Cyrus. Qui brevi? dixit Medus. Nonne nosti, inquit, Cyre, mihi perlongum esse videri tempus, quo vel connivo, quod te talem interea non adspiciam? Ibi vero et risisse Cyrum fertur post priores lacrimas, et illum alecuntem bono esse animo jussisse; brevi enim se ipsis adfuturum : itaque si voles, ait, tibi licebit, oculis me non conniventibus intueri.

CAPUT V.

Cyrus igitur hoc modo reversus, in Persia annum adhuc inter pueros egisse perhibetur. Ac primum quidem eum illudebant pueri, ut qui apud Medos delicate vivere edoctus venisset. At postquam eum et comedere suaviter, quemadmodum ipsi solebant , et bibere vidissent, et si quando festo die lautius injiceretur epulum, eum aliis potius de portione sua largiri, quam quid amplius requirere sensissent ; atque adeo ad hæc, in ceteris etiam rebus omnibus eum ipsis longe præstare animadvertissent: tum enimvero contra æquales cum reverebantur. At postquam, cursu hujus institutionis absoluto, jam ad ephebos transiit, inter hos

τούτοις αὖ ἐδόκει κρατιστεύειν καὶ μελετῶν ἃ χρῆν καὶ καρτερῶν καὶ αἰδούμενος τοὺς πρεσβυτέρους καὶ πειθόμενος τοῖς ἄρχουσι.

2. Προϊόντος δὲ τοῦ χρόνου ὁ μὲν Ἀστυάγης ἐν τοῖς Μήδοις ἀποθνήσκει, ὁ δὲ Κυαξάρης ὁ τοῦ Ἀστυάγους παῖς, τῆς δὲ Κύρου μητρὸς ἀδελφὸς, τὴν βασιλείαν ἔσχε τῶν Μήδων. Ὁ δὲ τῶν Ἀσσυρίων βασιλεὺς καταστρεψάμενος μὲν πάντας Σύρους, φῦλον οὐ μικρὸν, ὑπήκοον δὲ πεποιημένος τὸν Ἀραβίων βασιλέα, ὑπηκόους δὲ ἔχων ἤδη καὶ Ὑρκανίους, πολιορκῶν δὲ καὶ Βακτρίους, ἐνόμιζεν, εἰ τοὺς Μήδους ἀσθενεῖς ποιήσειε, πάντων γε τῶν πέριξ ῥαδίως ἄρξειν· ἰσχυρότατον γὰρ τῶν ἐγγὺς φύλων τοῦτο ἐδόκει εἶναι. (3) Οὕτω δὴ διαπέμπει πρός τε τοὺς ὑφ' ἑαυτὸν πάντας καὶ πρὸς Κροῖσον τὸν Λυδῶν βασιλέα καὶ πρὸς τὸν Καππαδοκῶν καὶ πρὸς Φρύγας ἀμφοτέρους καὶ πρὸς Παφλαγόνας καὶ Ἰνδοὺς καὶ πρὸς Κᾶρας καὶ Κίλικας, τὰ μὲν διαβάλλων τοὺς Μήδους καὶ Πέρσας, λέγων ὡς μεγάλα τε εἴη ταῦτα ἔθνη καὶ ἰσχυρὰ καὶ συνεστηκότα εἰς τὸ αὐτὸ καὶ ἐπιγαμίας ἀλλήλοις πεποιημένοι εἶεν, καὶ κινδυνεύσοιεν, εἰ μή τις αὐτοὺς φθάσας ἀσθενώσαι, ἐπὶ ἓν ἕκαστον τῶν ἐθνῶν ἰόντες καταστρέφασθαι. Οἱ μὲν δὴ καὶ τοῖς λόγοις τούτοις πειθόμενοι συμμαχίαν αὐτῷ ἐποιοῦντο, οἱ δὲ καὶ δώροις καὶ χρήμασιν ἀναπειθόμενοι· πολλὰ γὰρ καὶ τοιαῦτα ἦν αὐτῷ. (4) Κυαξάρης δὲ ὁ τοῦ Ἀστυάγους παῖς ἐπεὶ ᾔσθανετο τήν τ' ἐπιβουλὴν καὶ τὴν παρασκευὴν τῶν συνισταμένων ἐφ' ἑαυτοῦ, αὐτός τε εὐθέως ὅσα ἐδύνατο ἀντιπαρεσκευάζετο καὶ εἰς Πέρσας ἔπεμπε πρός τε τὸ κοινὸν καὶ πρὸς Καμβύσην τὸν τὴν ἀδελφὴν ἔχοντα καὶ βασιλεύοντα ἐν Πέρσαις. Ἔπεμπε δὲ καὶ πρὸς Κῦρον, δεόμενος αὐτοῦ πειρᾶσθαι ἄρχοντα ἐλθεῖν τῶν ἀνδρῶν, εἴ τινας πέμποι στρατιώτας τὸ Περσῶν κοινόν. Ἤδη γὰρ καὶ ὁ Κῦρος διατετελεκὼς τὰ ἐν τοῖς ἐφήβοις δέκα ἔτη, ἐν τοῖς τελείοις ἀνδράσιν ἦν. (5) Οὕτω δὴ δεξαμένου τοῦ Κύρου οἱ βουλεύοντες γεραίτεροι αἱροῦνται αὐτὸν ἄρχοντα τῆς εἰς Μήδους στρατείας. Ἔδοσαν δὲ αὐτῷ καὶ προσελέσθαι διακοσίους τῶν ὁμοτίμων, τῶν δ' αὖ διακοσίων ἑκάστῳ τέτταρας ἔδωκαν προσελέσθαι καὶ τούτους ἐκ τῶν ὁμοτίμων· γίγνονται δὴ οὗτοι χίλιοι· τῶν δ' αὖ χιλίων τούτων ἑκάστῳ ἔταξαν ἐκ τοῦ δήμου τῶν Περσῶν δέκα μὲν πελταστὰς προσελέσθαι, δέκα δὲ σφενδονήτας, δέκα δὲ τοξότας· καὶ οὕτως ἐγένοντο μύριοι μὲν τοξόται, μύριοι δὲ πελτασταί, μύριοι δὲ σφενδονῆται· χωρὶς δὲ τούτων οἱ χίλιοι ὑπῆρχον. Τοσαύτη μὲν δὴ στρατιὰ τῷ Κύρῳ ἐδόθη. (6) Ἐπεὶ δ' ᾑρέθη τάχιστα, ἤρχετο πρῶτον ἀπὸ τῶν θεῶν· καλλιερησάμενος δὲ τότε προσῃρεῖτο τοὺς διακοσίους. Ἐπεὶ δὲ προσείλοντο καὶ οὗτοι δὴ τοὺς τέτταρας ἕκαστοι, συνέλεξεν αὐτοὺς καὶ εἶπε τότε πρῶτον ἐν αὐτοῖς τάδε.

7. Ἄνδρες φίλοι, ἐγὼ προειλόμην μὲν ὑμᾶς, οὐ νῦν πρῶτον δοκιμάσας, ἀλλ' ἐκ παίδων ὁρῶν ὑμᾶς ἃ μὲν καλὰ ἡ πόλις νομίζει, προθύμως ταῦτα ἐκπονοῦντας, ἃ δὲ αἰσχρὰ ἡγεῖται, παντελῶς τούτων ἀπεχομένους. Ὧν

XENOPHON.

item maxime excellere visus est, et exercendo quæ oportebat, et tolerando quæ opus erat, et seniores reverendo, et magistratibus parendo.

Procedente vero tempore moritur apud Medos Astyages ; et Cyaxares, Astyagis filius, matrisque Cyri frater, Medorum imperio potitus est. Rex autem Assyriorum, cum Syros omnes, gentem non parvam, subegisset, Arabum regem imperio suo subjecisset, subditos jam et Hyrcanios haberet, Bactriosque obsideret, existimavit, si Medorum vires debilitasset, facile se finitimis omnibus imperaturum : hæc enim natio inter vicinas alias potentissima esse videbatur. Itaque nuntios ad subditos suos universos, et ad Crœsum, Lydorum regem, et ad regem Cappadocum, ad Phrygas utrosque, ad Paphlagonas, ad Indos etiam, et ad Caras Cilicasque mittit, et Medos Persasque apud illos in invidiam et crimen vocat, cum diceret magnas esse has fortesque gentes, et viribus consiliisque conjunctas, et affinitatibus mutuis devinctas, ut periculum esset, nisi quis eas antevertendo debilitaret, ne nationes alias adortæ singulas, omnes everterent. At illi, partim his verbis persuasi, partim muneribus ac pecuniis adducti, harum enim magna et aderat copia, societatem belli cum eo ineunt. Cyaxares vero, Astyagis filius, cum et insidias eorum et apparatum adversus se conflatum animadverteret, statim et ipse quæcunque poterat parabat, et nuntios in Persiam tum ad rempublicam, tum ad Cambysem, qui sororem ipsius in matrimonio habebat, et in Persia regnabat, legavit. Atque etiam ad Cyrum mittebat, rogans eum daret operam, ut si quos Persarum respublica missura esset milites, eorum ipse veniret imperator. Jam enim Cyrus, exactis decem inter ephebos annis, in virorum numerum erat adscitus. Itaque Cyro munus suscipiente, seniores consiliarii imperatorem cum ad expeditionem Medicam deligunt. Et potestatem ei fecere ducentos de eis ὁμότιμοι vocantur allegendi ; harum vero ducentorum unicuique permiserunt, ut quatuor viros ejusdem ordinis adsciret : ita hi mille fiunt : horum autem mille unicuique concesserunt, ut ex Persarum plebe decem peltastas, funditores decem, decem sagittarios allegeret. Atque hoc modo sagittariorum decem millia, peltastarum decem millia, funditorum decem millia conferta sunt; præter hos autem erant mille illi. Tantus igitur Cyro datus est exercitus. At ille cum primum electus esset imperator, a diis primum est auspicatus; sacrisque litatis, tum demum ducentos illos adscivit. Postquam vero et horum singuli quatuor legissent, eos convocavit, et hæc primum ad eos verba tunc fecit Cyrus :

« Allegi vos equidem, viri amici, non qui tunc primum vos probaverim, sed qui viderim vos inde usque a pueritia ea, quæ civitas honesta censet, studiose facere, prorsusque ab iis abstinere, quæ illa turpia esse ducit. Quibus

δ' ἕνεκα αὐτός τε οὐκ ἄκων εἰς τόδε τὸ τέλος κατέστην καὶ ὑμᾶς παρεκάλεσα, δηλῶσαι ὑμῖν βούλομαι. (6) Ἐγὼ γὰρ κατενόησα ὅτι οἱ πρόγονοι χείρους μὲν ἡμῶν οὐδὲν ἐγένοντο· ἀσκοῦντες γοῦν κἀκεῖνοι διετέλεσαν ἅπερ ἔργα ἀρετῆς νομίζεται· ὅ,τι μέντοι προσεκτήσαντο τοιοῦτοι ὄντες ἢ τῷ τῶν Περσῶν κοινῷ ἀγαθὸν ἢ αὑτοῖς, τοῦτ' οὐκέτι δύναμαι ἰδεῖν. (9) Καίτοι ἐγὼ οἶμαι οὐδεμίαν ἀρετὴν ἀσκεῖσθαι ὑπ' ἀνθρώπων ὡς μηδὲν πλεῖον ἔχωσιν οἱ ἐσθλοὶ γενόμενοι τῶν πονηρῶν, ἀλλ' οἵ τε τῶν παραυτίκα ἡδονῶν ἀπεχόμενοι οὐχ ἵνα μηδέποτε εὐφρανθῶσι, τοῦτο πράττουσιν, ἀλλ' ὡς διὰ ταύτην τὴν ἐγκράτειαν πολλαπλάσια εἰς τὸν ἔπειτα χρόνον εὐφρανούμενοι οὕτω παρασκευάζονται, οἵ τε λέγειν προθυμούμενοι δεινοὶ γενέσθαι οὐχ ἵνα εὖ λέγοντες μηδέποτε παύσωνται, τοῦτο μελετῶσιν, ἀλλ' ἐλπίζοντες τῷ λέγειν εὖ πείθοντες ἀνθρώπους πολλὰ καὶ μεγάλα ἀγαθὰ διαπράξασθαι· οἵ τε αὖ τὰ πολεμικὰ δοκοῦντες οὐχ ὡς μαχόμενοι μηδέποτε παύσωνται, τοῦτ' ἐκπονοῦσιν, ἀλλὰ νομίζοντες καὶ οὗτοι τὰ πολεμικὰ ἀγαθοὶ γενόμενοι πολὺν μὲν ὄλβον, πολλὴν δὲ εὐδαιμονίαν, μεγάλας δὲ τιμὰς καὶ ἑαυτοῖς καὶ τῇ πόλει περιάψειν. (10) Εἰ δέ τινες ταῦτα ἐκπονήσαντες πρίν τινα καρπὸν ἀπ' αὐτῶν κομίσασθαι περιεῖδον αὐτοὺς γήρᾳ ἀδυνάτους γενομένους, ὅμοιον ἔμοιγε δοκοῦσι πεπονθέναι οἷον εἴ τις γεωργὸς ἀγαθὸς προθυμηθεὶς γενέσθαι καὶ εὖ σπείρων καὶ εὖ φυτεύων, ὁπότε καρποῦσθαι ταῦτα δέοι, ἐῴη τὸν καρπὸν ἀσυγκόμιστον εἰς τὴν γῆν πάλιν καταρρεῖν· καὶ εἴ τίς γε ἀσκητὴς πολλὰ πονήσας καὶ ἀξιόνικος γενόμενος ἀναγώνιστος διατελέσειεν, οὐδ' ἂν οὗτος μοι δοκεῖ δικαίως ἀναίτιος εἶναι ἀφροσύνης. (11) Ἀλλ' ἡμεῖς, ὦ ἄνδρες, μὴ πάθωμεν ταῦτα, ἀλλ' ἐπείπερ σύνισμεν ἡμῖν αὐτοῖς ἀπὸ παίδων ἀρξάμενοι ἀσκηταὶ ὄντες τῶν καλῶν κἀγαθῶν ἔργων, ἴωμεν ἐπὶ τοὺς πολεμίους, οὓς ἐγὼ σαφῶς ἐπίσταμαι αὐτοὺς ἰδὼν ἰδιώτας ὄντας ὡς πρὸς ἡμᾶς ἀγωνίζεσθαι. Οὐ γάρ τί πω οὗτοι ἱκανοί εἰσιν ἀγωνισταί, οἳ ἂν τοξεύωσι καὶ ἀκοντίζωσι καὶ ἱππεύωσιν ἐπισταμένως, ἢν δέ που πονῆσαι δέῃ, τούτῳ λείπωνται, ἀλλ' οὗτοι ἰδιῶταί εἰσι κατὰ τοὺς πόνους, οὐδέ γε οἵτινες ἀγρυπνῆσαι δέον ἡττῶνται τούτου, ἀλλὰ καὶ οὗτοι ἰδιῶταί εἰσι κατὰ τὸν ὕπνον, οὐδέ γε οἳ ταῦτα μὲν ἱκανοί, ἀπαίδευτοι δὲ ὡς χρὴ καὶ συμμάχοις καὶ πολεμίοις χρῆσθαι, ἀλλὰ καὶ οὗτοι δῆλον ὡς τῶν μεγίστων παιδευμάτων ἀπείρως ἔχουσιν. (12) Ὑμεῖς δὲ νυκτὶ μὲν δήπου ὥσπερ οἱ ἄλλοι ἡμέρᾳ δύναισθ' ἂν χρῆσθαι, πόνους δὲ τοῦ ζῆν ἡδέως ἡγεμόνας νομίζετε, λιμῷ δὲ ὥσπερ ὄψῳ διαχρῆσθε, ὑδροποσίαν δὲ ῥᾷον τῶν λεόντων φέρετε, κάλλιστον δὲ πάντων καὶ πολεμικώτατον κτῆμα εἰς τὰς ψυχὰς συγκεκόμισθε· ἐπαινούμενοι γὰρ μᾶλλον ἢ τοῖς ἄλλοις ἅπασι χαίρετε. Τοὺς δ' ἐπαίνου ἐραστὰς ἀνάγκη κτᾶσθαι τὰ αὑτια καὶ διὰ τοῦτο πάντα μὲν πόνον πάντα δὲ κίνδυνον ἡδέως ὑποδύεσθαι. (13) Εἰ δὲ ταῦτα ἐγὼ λέγω περὶ ὑμῶν ἄλλῃ γιγνώσκων, ἐμαυτὸν ἐξαπατῶ· ὅ,τι γὰρ μὴ τοιοῦτον ἀποβήσεται παρ' ὑμῶν, εἰς ἐμὲ τὸ ἐλλεῖπον ἥξει. Ἀλλὰ

vero de causis et ipse munus hoc non invitus susceperim, et vos advocaverim, vobis exponere libet. Majores ego nostros nihilo nobis deteriores fuisse animadverti; quippe qui se nunquam non in iis, quæ virtutis studia ducuntur, exercuerint: quid tamen emolumenti tales qui essent vel Persarum civitati publicæ, vel sibi privatim acquisiverint, hoc nequaquam perspicere possum. Atqui ego quidem arbitror nullam ab hominibus virtutem coli, ut qui probi evaserint nihilo meliore sint conditione quam inertes: sed qui a voluptatibus in præsentia oblatis abstinent, non, ut nulla unquam gaudia percipiant, hoc faciunt, sed ut in posterum propter hanc continentiam multiplici gaudio fruantur, ita sese comparant : quique dicendi vi student excellere, non, ut ornate dicendi finem nunquam faciant, hoc meditantur, sed quod fore sperant ut, cum dicendi facultate in suam multos homines sententiam adducant, multa magnaque assequantur commoda : iique itidem qui res bellicas tractant, non, ut pugnare nunquam desinant, hunc laborem sustinent, sed quod hi quoque arbitrantur, si peritiam rei militaris adepti sint, multas se opes, multam felicitatem, magnos honores tum sibi tum patriæ acquisituros. Quod si qui studiose in his versati, per negligentiam sese senectute imbecilles reddi siverunt, priusquam fructum ex eis aliquem perceperint, illis ejusmodi quidpiam usu venisse mihi quidem videtur, ac si quis agricola, postquam peritus esse studuisset, bene serendo, bene item plantando, cum tandem fructus eum ex his colligere oporteret, eos minime comportatos, in terram rursus decidere patiatur. Si quis itidem athleta multum postquam laboris hauserit, et idoneus ad victoriam adipiscendam evaserit, in certamen nunquam descenderit, neque is mihi quidem jure liberandus dementiæ culpa videtur. At nobis, viri, idem nequaquam usu veniat; sed cum ipsimet nobis conscii simus, inde usque a pueritia nos et in honestarum et laudabilium actionum studiis exercitatos esse, eamus in hostes, quos ego, quippe qui spectaverim, certo scio adversum vos pugnandi rudes esse. Nequaquam enim idonei sunt prælistores, qui vel sagittandi, vel jaculandi, vel equitandi sunt periti, labores vero perferre si quando oporteret, hic deficiant; verum hi quod ad labores attinet, rudes sunt : neque ii certe, qui vigilandum cum sit, vigiliis succumbunt; sed et hi rudes sunt, somnum quod attinet : neque ii sane, qui ad hæc quidem præstanda sint idonei, rudes vero quomodo se et erga socios et hostes gerere oporteat : sed et hos maximarum disciplinarum rudes esse constat. At vos, opinor, nocte perinde atque alii die uti potestis : labores autem ad jucunde vivendum duces esse existimatis; fame tanquam obsonio omnino utimini; et aquæ potum facilius quam leones ipsi fertis; pulcherrimam denique omnium possessionem et bellatoribus aptissimam in animos vestros condidistis; quippe qui laude magis quam omnibus aliis rebus gaudetis. Laudis autem amatores necesse est ejus adipiscendæ gratia laborem omnem, omne periculum libentissime subire. Quod si hæc ego de vobis, aliter ac sentiam, dico, memetipsum fallo : nam si contigerit ut vosmet tales non præstetis, in me quicquid defuerit recidet. Verum ex-

πιστεύω τοι τῇ πείρᾳ καὶ τῇ ὑμῶν εἰς ἐμὲ εὐνοίᾳ καὶ τῇ τῶν πολεμίων ἀνοίᾳ μὴ ψεύσειν με ταύτας τὰς ἀγαθὰς ἐλπίδας, ἀλλὰ θαρροῦντες ὁρμώμεθα, ἐπειδὴ καὶ ἐκποδὼν ἡμῖν γεγένηται τὸ δόξαι τῶν ἀλλοτρίων ἀδίκως ἐφίεσθαι. Νῦν γὰρ ἔρχονται μὲν οἱ πολέμιοι ἄρχοντες ἀδίκων χειρῶν, καλοῦσι δὲ ἡμᾶς ἐπικούρους οἱ φίλοι· τί οὖν ἐστιν ἢ τοῦ ἀλέξασθαι δικαιότερον ἢ τοῦ τοῖς φίλοις ἀρήγειν κάλλιον; (14) Ἀλλὰ μὴν καὶ ἐκεῖνο οἶμαι ὑμᾶς θαρρεῖν, τὸ μὴ παρημεληκότα μετὰ τῶν θεῶν τὴν ἔξοδον ποιεῖσθαι· πολλὰ γάρ μοι συνόντες ἐπίστασθε οὐ μόνον τὰ μεγάλα ἀλλὰ καὶ τὰ μικρὰ πειρώμενον ἀεὶ ἀπὸ θεῶν ὁρμᾶσθαι. Τέλος εἶπε, Τί δεῖ ἔτι λέγειν; ἀλλ' ὑμεῖς μὲν τοὺς ἄνδρας ἑλόμενοι καὶ ἀναλαβόντες καὶ τἄλλα παρασκευασάμενοι ἴτε εἰς Μήδους· ἐγὼ δ' ἐπανελθὼν πρὸς τὸν πατέρα πρόειμι δή, ὅπως τὰ τῶν πολεμίων ὡς τάχιστα μαθὼν οἷά ἐστι παρασκευάζωμαι ὅ,τι ἂν δέωμαι, ὅπως ὡς κάλλιστα σὺν θεῷ ἀγωνιζώμεθα. Οἱ μὲν δὴ ταῦτα ἔπραττον.

ΚΕΦΑΛΑΙΟΝ ς.

Κῦρος δὲ ἐλθὼν οἴκαδε καὶ προσευξάμενος Ἑστίᾳ πατρῴᾳ καὶ Διὶ πατρῴῳ καὶ τοῖς ἄλλοις θεοῖς ὡρμᾶτο ἐπὶ τὴν στρατείαν, συμπροὔπεμπε δὲ αὐτὸν καὶ ὁ πατήρ. Ἐπειδὴ δὲ ἔξω τῆς οἰκίας ἐγένοντο, λέγονται ἀστραπαὶ καὶ βρονταὶ αὐτῷ αἴσιοι γενέσθαι. Τούτων δὲ φανέντων οὐδὲν ἄλλο ἔτι οἰωνιζόμενοι ἐπορεύοντο, ὡς οὐδένα λήσοντα τὰ τοῦ μεγίστου θεοῦ σημεῖα.

2. Προϊόντι δὲ τῷ Κύρῳ ὁ πατὴρ ἤρχετο λόγου τοιοῦδε. Ὦ παῖ, ὅτι μὲν οἱ θεοί σε ἵλεῴ τε καὶ εὐμενεῖς πέμπουσι καὶ ἐν ἱεροῖς δῆλον καὶ ἐν οὐρανίοις σημείοις· γιγνώσκεις δὲ καὶ αὐτός. Ἐγὼ γάρ σε ταῦτα ἐπίτηδες ἐδιδαξάμην, ὅπως μὴ δι' ἄλλων ἑρμηνέων τὰς τῶν θεῶν συμβουλίας συνείης, ἀλλ' αὐτὸς καὶ ὁρῶν τὰ ὁρατὰ καὶ ἀκούων τὰ ἀκουστὰ γιγνώσκοις καὶ μὴ ἐπὶ μάντεσιν εἴης, εἰ βούλοιντό σε ἐξαπατᾶν ἕτερα λέγοντες παρὰ τὰ παρὰ τῶν θεῶν σημαινόμενα, μηδ' αὖ, εἴ ποτε ἄρα ἄνευ μάντεως γένοιο, ἀποροῖς θείοις σημείοις ὅ,τι χρῷο γε, ἀλλὰ γιγνώσκων διὰ τῆς μαντικῆς τὰ παρὰ τῶν θεῶν συμβουλευόμενα, τούτοις πείθοιο. (3) Καὶ μὲν δή, ὦ πάτερ, ἔφη ὁ Κῦρος, ὡς ἂν ἵλεῳ οἱ θεοὶ ὄντες ἡμῖν συμβουλεύειν θέλωσιν ὅσον δύναμαι κατὰ τὸν σὸν λόγον διατελῶ ἐπιμελούμενος. Μέμνημαι γάρ, ἔφη, ἀκούσας ποτέ σου ὅτι εἰκότως ἂν καὶ παρὰ θεῶν πρακτικώτερος εἴη ὥσπερ καὶ παρὰ ἀνθρώπων ὅστις μὴ ὁπότε ἐν ἀπόροις εἴη, τότε κολακεύοι, ἀλλ' ὅτε ἄριστα πράττοι, τότε μάλιστα τῶν θεῶν μεμνῷτο· καὶ τῶν φίλων δ' ἔφησθα χρῆναι ὡσαύτως οὕτως ἐπιμελεῖσθαι. (4) Οὐκοῦν νῦν, ἔφη, ὦ παῖ, διά γε ἐκείνας τὰς ἐπιμελείας ἥδιον μὲν ἔρχῃ πρὸς τοὺς θεοὺς δεησόμενος, ἐλπίζεις δὲ μᾶλλον τεύξεσθαι ὧν ἂν δέῃ, ὅτι συνειδέναι σαυτῷ δοκεῖς οὐπώποτ' ἀμελήσας αὐτῶν; Πάνυ μὲν οὖν, ἔφη, ὦ πάτερ, ὡς πρὸς φίλους ὄντας μοι τοὺς θεοὺς οὕτω διάκειμαι. (5) Τί γάρ, ἔφη, ὦ παῖ, μέμνησαι ἐκεῖνα δ'

CAPUT VI.

perientia, et benevolentia erga me vestra, et hostium amentia fretus confido, bonas hasce spes me non frustraturas. Fidentibus igitur animis proficiscamur, praesertim cum hoc procul a nobis absit, ut aliena per injuriam appetere videamur. Hostes enim nunc adveniunt, qui primi bello lacessunt: amici vero nos ad opem ferendam accessunt. Quid ergo vel justius est quam vim propulsare, aut honestius quam amicis opitulari? At vero ea vos de causa non paulo fidentiores esse arbitror, quod nimirum diis minime neglectis expeditionem hanc paremus. Nam cum multum mecum versemini, non modo res magnas, sed etiam parvas aggredientem, initium a diis semper me facere novistis. Tandem ait, Quid pluribus verbis opus est? At vos lectis quidem assumptisque viris, ceterisque rebus paratis, ad Medos pergite: ego vero ad patrem reversus, co utique jam proficiscor, quo de rebus hostium quam celerrime quales ea sint edoctus, quicquid potero vobis parem, ut quam praeclarissime, deo juvante, dimicemus. » Et illi quidem haec agebant.

Cyrus autem domum reversus, precatusque Vestam patriam, et Jovem patrium, ceterosque deos, in expeditionem profectus est: eumque pater etiam deducebat. At postquam domo egressi essent, fulgura tonitruaque fausta ei oblata fuisse perhibentur. Quae cum apparuissent, alio praeterea nullo captato augurio perrexere, quasi neminem maximi dei signa latere possent.

Cyrum vero progredientem pater hujusmodi verbis alloqui coepit: Quod quidem, fili, dii te propitii atque benigni dimittunt, cum ex sacrificiis constat tum coelestibus signis: id quod et ipse etiam nosti. Haec ego enim te de industria edocui, ut ne per alios interpretes deorum consilia intelligeres, sed ea, et quae videnda sint videns, et quae audienda audiens, cognosceres, et ab hariolis non penderes, qui te, si vellent, decipere possent, alia dicentes quam quae divinitus portenderentur: neve rursus, si quando hariolus non adesset, quid de signis divinis statuendum esset ambigeres; sed vaticinandi arte percipiens quae divinitus consulerentur, eisdem obtemperares. Et Cyrus quidem, Pater, inquit, ut dii propitii nobis consulere velint, quantum potero ex oratione tua nunquam non curabo. Memini enim ex te aliquando audisse, merito illum etiam a diis, quemadmodum et ab hominibus, aliquid facilius impetrare, qui non tunc demum, cum adducitur in angustias, adulatur, sed cum felicissima utitur fortuna, tunc deorum maxime meminerit: et amicorum etiam aiebas eodem modo habendam esse curam. Ergo jam, fili, inquit, nonne libentius deos accedis suppplicaturus, propter illa tua in eis colendis studia, et speras te magis ea quae petieris consecuturum, quod tibi sic conscius esse videris ut qui nunquam eos neglexeris? Sane quidem, pater, inquit, sic erga deos sum affectus ut qui mihi amici sint. Quid enim, fili, inquit, meministin'

ποτε ἐδόκει ἡμῖν ὡς ἅπερ δεδώκασιν οἱ θεοὶ μαθόντας ἀνθρώπους βέλτιον πράττειν ἢ ἀνεπιστήμονας αὐτῶν ὄντας καὶ ἐργαζομένους μᾶλλον ἀνύτειν ἢ ἀργοῦντας καὶ ἐπιμελομένους ἀσφαλέστερον [ἂν] διάγειν ἢ ἀφυλακτοῦντας τούτων, παρέχοντας οὖν τοιούτους ἑαυτοὺς οἵους δεῖ, οὕτως ἡμῖν ἐδόκει δεῖν καὶ αἰτεῖσθαι τἀγαθὰ παρὰ τῶν θεῶν; (6) Ναὶ μὰ Δία, ἔφη, ὁ Κῦρος, μέμνημαι μέντοι τοιαῦτα ἀκούσας σου· καὶ γὰρ ἀνάγκη ἦν με πείθεσθαι τῷ λόγῳ· καὶ γὰρ οἶδά σε λέγοντα ἀεὶ ὡς οὐδὲ θέμις εἴη αἰτεῖσθαι παρὰ τῶν θεῶν οὔτε ἱππεύειν μὴ μαθόντας ἱππομαχοῦντας νικᾶν οὔτε μὴ ἐπισταμένους τοξεύειν τοξεύοντας κρατεῖν τῶν ἐπισταμένων οὔτε μὴ ἐπισταμένους κυβερνᾶν σώζειν εὔχεσθαι ναῦς κυβερνῶντας, οὐδὲ μὴ σπείροντάς γε σῖτον εὔχεσθαι καλὸν αὐτοῖς φύεσθαι, οὐδὲ μὴ φυλαττομένους γε ἐν πολέμῳ σωτηρίαν αἰτεῖσθαι· παρὰ γὰρ τοὺς τῶν θεῶν θεσμοὺς πάντα τὰ τοιαῦτα εἶναι· τοὺς δὲ ἀθέμιτα εὐχομένους ὁμοίως ἔφησθα εἰκὸς εἶναι παρὰ θεῶν ἀτυχεῖν ὥσπερ καὶ παρὰ ἀνθρώπων ἀπρακτεῖν τοὺς παρὰνομα δεομένους.

7. Ἐκείνων δὲ, ὦ παῖ, ἐπελάθου ἅ ποτε ἐγὼ καὶ σὺ ἐλογιζόμεθα ὡς ἱκανὸν εἴη καὶ καλὸν ἀνδρὶ ἔργον, εἴ τις δύναιτο ἐπιμεληθῆναι ὅπως ἂν αὐτός τε καλὸς κἀγαθὸς δοκίμως γένοιτο καὶ τὰ ἐπιτήδεια αὐτός τε καὶ οἱ οἰκέται ἱκανῶς ἔχοιεν. Τὸ δὲ τούτου μεγάλου ἔργου ὄντος οὕτως ἐπίστασθαι ἀνθρώπων ἄλλων προστατεύειν ὅπως ἕξουσι πάντα τὰ ἐπιτήδεια ἐκτελέως καὶ ὅπως ἔσονται πάντες οἵους δεῖ, τοῦτο θαυμαστὸν δήπου ἐφαίνετο ἡμῖν εἶναι. (8) Ναὶ μὰ Δί᾽, ἔφη, ὦ πάτερ, μέμνημαι καὶ τοῦτό σου λέγοντος· συνεδόκει οὖν καὶ ἐμοὶ ὑπερμεγέθες εἶναι ἔργον τὸ καλῶς ἄρχειν· καὶ νῦν γ᾽, ἔφη, ταῦτά μοι δοκεῖ ταῦτα, ὅταν πρὸς αὐτὸ τὸ ἄρχειν σκοπῶν λογίζωμαι· ὅταν μέντοι γε πρὸς ἄλλους ἀνθρώπους ἰδὼν κατανοήσω οἷοι ὄντες διαγίγνονται ἄρχοντες καὶ οἷοι ὄντες ἀνταγωνισταὶ ἡμῖν ἔσονται, πάνυ μοι δοκεῖ αἰσχρὸν εἶναι τὸ τοιούτους αὐτοὺς ὄντας ὑποπτῆξαι καὶ μὴ θέλειν ἰέναι τοῖς ἀνταγωνιουμένοις· οὓς, ἔφη, ἐγὼ αἰσθάνομαι ἀρξάμενος ἀπὸ τῶν ἡμετέρων φίλων τούτων ἡγουμένους δεῖν τὸν ἄρχοντα τῶν ἀρχομένων διαφέρειν τῷ καὶ πολυτελέστερον δειπνεῖν καὶ πλέον ἔχειν ἔνδον χρυσίον καὶ πλείονα χρόνον καθεύδειν καὶ πάντα ἀπονώτερον τῶν ἀρχομένων διάγειν. Ἐγὼ δὲ οἶμαι, ἔφη, τὸν ἄρχοντα οὐ τῷ ῥᾳδιουργεῖν χρῆναι διαφέρειν τῶν ἀρχομένων, ἀλλὰ τῷ προνοεῖν καὶ φιλοπονεῖν προθυμούμενον. (9) Ἀλλά τοι, ἔφη, ὦ παῖ, ἔνιά ἐστιν ἃ οὐ πρὸς ἀνθρώπους ἀγωνιστέον, ἀλλὰ πρὸς αὐτὰ τὰ πράγματα, ὧν οὐ ῥᾴδιον εὐπόρως περιγενέσθαι. Αὐτίκα δήπου οἶσθα ὅτι εἰ μὴ ἕξει τὰ ἐπιτήδεια ἡ στρατιά, καταλύσεταί σου εὐθὺς ἡ ἀρχή. Οὐκοῦν ταῦτα μὲν, ἔφη, ὦ πάτερ, Κυαξάρης φησὶ παρέξειν τοῖς ἐντεῦθεν ἰοῦσι πᾶσιν ὁπόσοι ἂν ὦσι. Τούτοις δὴ σύ, ὦ παῖ, πιστεύων ἔρχῃ τοῖς παρὰ Κυαξάρου χρήμασιν; Ἔγωγε, ἔφη ὁ Κῦρος. Τί δέ, ἔφη, οἶσθα ὁπόσα αὐτῷ ἐστι; Μὰ τὸν Δία, ἔφη ὁ Κῦρος, οὐ μὲν δή.

illa, de quibus inter nos aliquando conveniebat? nimirum, ea quæ dii largiti sunt, homines si didicerint, melius facturos, quam si eorum sint imperiti; et si operentur, plus effecturos, quam si sint otiosi; et si curam adhibeant, securius vitam acturos, quam si horum sint negligentes: adeoque præbentes seipsos quales oportet, sic nobis videbatur oportere quoslibet bona a diis petere. Profecto, inquit Cyrus, memini quidem ex te hæc audisse: et sane necesse erat huic tuo sermoni adsentiri. Etenim novi te dicere solitum, ne fas quidem esse a diis petere vel eos, qui equitandi artem non didicerint, ut equestri prælio victoriam adipiscantur: vel eos, qui sagittare nesciant, ut sagittandi peritos sagittando superent; vel gubernandi rudes precari, ut naves gubernando servent: vel eos, qui frumentum non serant, poscere, bonum ut sibi nascatur frumentum: vel denique eos, qui in bello sibi non caveant, salutem petere: hujusmodi enim omnia esse contra leges divinas: eos vero, qui ea quæ non fas sit precantur, par esse aiebas æque a diis optata non consequi, atque ab hominibus nihil impetrare eos, qui ea quæ legibus adversantur rogant.

Illorum vero, fili, ait, oblitus es, quæ aliquando inter nos argumentando concludebamus: sat magnum scilicet ac præclarum esse hominis opus, si quis studio suo perficere possit, ut et ipse gnaviter honestas probusque evadat, et ut omnium ad victum necessariorum affatim sit tum ipsi tum familiæ. Jam vero, cum hoc adeo magnum opus esset, scire etiam hominibus aliis præesse ut omnia ad victum necessaria illis abunde suppetant, et tales ut sint omnes quales oportet, id sane nobis admirandum esse videbatur. Profecto memini, pater, inquit, hoc quoque te dicere: itaque mihi simul videbatur ingens arduumque esse opus, recte imperare. Et nunc quidem, ait, idem de his mihi videtur, cum ad ipsum munus imperatorium respiciens mecum ipse considero: cum vero in alios homines intuens perspexerim, quales sint qui in imperio permanent, et quales qui nobis adversarii futuri sunt, omnino mihi turpe videtur, hujusmodi quosdam formidare, ac non libenter ad certamen cum iis ineundum procedere; quos ego, inquit, intelligo, ab amicis hisce nostris initio facto, existimare, oportere principem a siti cupiditate in eo differre, ut et sumptuosius coenet, et domi plus auri habeat, et diutius dormiat, et omnino magis otiose quam subditi degat. Ego autem, ait, arbitror, principem non desidiose vitam agendo a subditis distare debere, sed et rebus suis alacri animo prospiciendo et laboribus studiose tolerandis. At vero, fili, inquit ille, sunt quædam, in quibus non cum hominibus certandum est, sed cum ipsis rebus, quas quidem haud facile est commode superare. Ac primum quidem nosti, inquit, nisi exercitus commeatum habeat, imperium tuum statim ruiturum. Atqui hæc, pater, inquit, Cyaxares præbiturum se dicit omnibus hinc proficiscentibus, quotquot fuerint. Ergo tu, fili, ait, iter ingrederis his opibus quæ sunt apud Cyaxarem confisus? Sic, equidem, inquit Cyrus. Quid autem? ait, nostin' quantæ sint illi opes? Minime profecto, inquit Cyrus.

Ὅμως δὲ τούτοις πιστεύεις τοῖς ἀδήλοις; ὅτι δὲ πολλῶν μὲν δεήσει, πολλὰ δὲ καὶ ἄλλα νῦν ἀνάγκη δαπανᾶν, ἐκεῖνο οὐ γιγνώσκεις; Γιγνώσκω, ἔφη ὁ Κῦρος. Ἢν οὖν, ἔφη, ἐπιλίπῃ αὐτόν ἡ δαπάνη ἢ καὶ ἑκὼν ψεύσηται, ὦ παῖ, πῶς ἄρ' ἕξει τὰ τῆς στρατιᾶς; Δῆλον ὅτι οὐ καλῶς. Ἀτάρ, ἔφη, ὦ πάτερ, σὺ εἰ ἐνορᾷς τινα πόρον καὶ ἀπ' ἐμοῦ ἂν προσγενόμενον, ἕως ἔτι ἐν φιλίᾳ ἐσμέν, λέγε. (10) Ἐρωτᾷς, ἔφη, ὦ παῖ, ποῦ ἂν ἀπὸ σοῦ πόρος προσγένοιτο; ἀπὸ τίνος δὲ μᾶλλον εἰκός ἐστι πόρον προσγενέσθαι ἢ ἀπὸ τοῦ δύναμιν ἔχοντος; Σὺ δὲ πεζὴν μὲν δύναμιν ἐνθένδε ἔχων ἔρχῃ ἀνθ' ἧς οἶδ' ὅτι πολλαπλασίαν ἄλλην οὐκ ἂν δέξαιο, ἱππικὸν δέ σοι ὅπερ κράτιστον, τὸ Μήδων, σύμμαχον ἔσται. Ποῖον οὖν ἔθνος τῶν πέριξ οὐ δοκεῖ σοι καὶ χαρίζεσθαι βουλομένων ὑμῖν ὑπηρετεῖν καὶ φοβουμένων μή τι πάθῃ; ἃ χρή σε κοινῇ σὺν Κυαξάρῃ σκοπεῖσθαι μήποτε ἐπιλίπῃ τι ὑμᾶς ὧν δεῖ ὑπάρχειν, καὶ ἔθους δὲ ἕνεκα μηχανᾶσθαι προσόδου πόρον. Τόδε δὲ πάντων μάλιστά μοι μέμνησο μηδέποτε ἀναμένειν τὸ πορίζεσθαι τὰ ἐπιτήδεια ἔστ' ἂν ἡ χρεία σε ἀναγκάσῃ· ἀλλ' ὅταν μάλιστα εὐπορῇς, τότε, πρὸ τῆς ἀπορίας, μηχανῶ. Καὶ γὰρ τεύξῃ μᾶλλον παρ' ὧν ἂν δέῃ μὴ ἄπορος δοκῶν εἶναι, καὶ ἔτι ἀναίτιος ἔσῃ παρὰ τοῖς σαυτοῦ στρατιώταις· ἐκ τούτου δὲ καὶ μᾶλλον καὶ ὑπ' ἄλλων αἰδοῦς τεύξῃ, καὶ ἤν τινας βούλῃ ἢ εὖ ποιῆσαι τῇ δυνάμει ἢ κακῶς, μᾶλλον ἕως ἂν ἔχωσι τὰ δέοντα οἱ στρατιῶται ὑπηρετήσουσί σοι, καὶ πιστικωτέρους, σάφ' ἴσθι, λόγους, δυνήσῃ τότε λέγειν δεικνύναι καὶ ἐνδείκνυσθαι μάλιστα δύνῃ καὶ εὖ ποιεῖν ἱκανὸς ὢν καὶ κακῶς. (11) Ἀλλ', ἔφη, ὦ πάτερ, ἄλλως τέ μοι καλῶς δοκεῖς ταῦτα λέγειν πάντα, καὶ ὅτι ὧν μὲν νῦν λέγονται λήψεσθαι οἱ στρατιῶται, οὐδεὶς αὐτῶν ἐμοὶ τούτων χάριν εἴσεται· ἴσασι γὰρ ἐφ' οἷς αὐτοὺς Κυαξάρης ἄγεται συμμάχους· ὅ, τι δ' ἂν πρὸς τοῖς εἰρημένοις λαμβάνῃ τις, ταῦτα καὶ τιμὴν νομιοῦσι καὶ χάριν τούτων πλείστην εἰκὸς εἰδέναι τῷ διδόντι. Τὸ δ' ἔχοντα δύναμιν ᾗ ἔστι μὲν φίλους εὖ ποιοῦντα ἀντωφελεῖσθαι, ἔστι δὲ ἐχθροὺς ἔχοντα πειρᾶσθαι τίσασθαι, ἔπειτα ἀμελεῖν τοῦ πορίζεσθαι, οἴει τι, ἔφη, ἧττον τοῦτο εἶναι αἰσχρὸν ἢ εἴ τις ἔχων μὲν ἀγρούς, ἔχων δὲ ἐργάτας οἷς ἂν ἐργάζοιτο, ἔπειτα ἐῴη τὴν γῆν ἀργοῦσαν ἀνωφέλητον εἶναι; Ὡς γ' ἐμοῦ, ἔφη, μηδέποτε ἀμελήσοντος τοῦ τὰ ἐπιτήδεια τοῖς στρατιώταις συμμηχανᾶσθαι μήτ' ἐν φιλίᾳ μήτ' ἐν πολεμίᾳ οὕτως ἔχε τὴν γνώμην.

12. Τί γάρ, ἔφη, ὦ παῖ, τῶν ἄλλων ὧν ἐδόκει ποθ' ἡμῖν ἀναγκαῖον εἶναι μὴ παραμελεῖν ἢ μέμνησαι; Οὐ γάρ, ἔφη, μέμνημαι ὅτε ἐγὼ μὲν πρὸς σὲ ἦλθον ἐπ' ἀργύριον, ὅπως ἀποδοίην τῷ φάσκοντι στρατηγεῖν με πεπαιδευκέναι, σὺ δὲ ἅμα διδοὺς ἀνηρώτας ὧδέ πως, Ἆρά γε, εἶπε, ὦ παῖ, ἐν τοῖς στρατηγικοῖς καὶ οἰκονομικοῖς τί σοι ἐπεμνήσθη ὁ ἀνὴρ ᾧ τὸν μισθὸν φέρεις; οὐδὲν μέντοι ἧττον τοῦ στρατιώτου τῶν ἐπιτηδείων δέονται ἥ οἱ ἐν οἴκῳ οἰκέται. Ἐπεὶ δ' ἐγώ σοι λέγων τἀληθῆ εἶπον ὅτι οὐδ' ὁτιοῦν περὶ τούτου ἐπεμνήσθη, ἐπήρου με πάλιν εἴ τί μοι ὑγιείας πέρι ἢ ῥώ-

Et hisce tamen incertis, ait, fretus es? Quod autem multis tibi erit opus, ac magnos etiam alios sumptus jam necesse est impendere, illud non vides? Video, inquit Cyrus. Quod si ergo deficiat illum sumptus suppeditandi copia, vel etiam sciens fallat, quomodo tibi sese res exercitus habuerint? Certe non bene. Ceterum tu, pater, ait, si quam parandæ copiæ rationem, quæ a me quoque possit adferri, perspicis, eam mihi, dum adhuc in regione pacata sumus, exponito. Hoc, fili, quæris, ait, ecqua possit abs te etiam copiæ parandæ ratio proficisci? a quonam vero magis convenit copiæ parandæ rationem adinveniri, quam ab eo qui exercitui præsit? Tu vero cum iis pedestribus copiis hinc discedis, quas, sat scio, cum aliis longe majoribus non commutares : equitatus autem Medorum, qui sane est præstantissimus, tibi belli socius erit. Quam ergo nationem finitimarum putas, et gratificandi studio, et damni metu, non omnia vobis subministraturam? quæ quidem te communiter cum Cyaxare considerare oportet, ne quid nunquam eorum vos deficiat, quæ adesse debeant; atque etiam assuescendi causa reditus rationem excogitare. Hoc vero maxime omnium mihi memineris, ne unquam rationem res necessarias comparandi excogitare differas, donec ipsa te coegerit necessitas : sed cum maxime rebus omnibus abundes, tunc potius aliquam, ante inopiam, excogita. Nam et magis consequeris ab illis a quibus petes, cum non indigere videaris, et præterea culpa apud milites tuos vacabis : hac autem ratione magis etiam ab aliis reverentiam consequeris : et si quos copiis tuis vel juvare volueris vel lædere, impensius, dum res necessarias habebunt milites, tibi navabunt operam : et oratione, mihi crede, magis ad persuadendum apta te nunc usurum, cum maxime etiam demonstrare potoris te erit et ad juvandum et ad lædendum esse idoneum. At Cyrus, Pater, inquit, cum aliis de causis præclare mihi hæc omnia dicere videris, tum etiam quod quum modo milites accepturi sunt, eorum nemo mihi istorum nomine gratiam sit habiturus : (sciunt enim quibus conditionibus Cyaxares eos ad belli societatem accersat) : quidquid vero præter promissa illa quis acceperit, id et honori sibi ducent, et consentaneum est maximum pro eo largienti gratiam eos habituros. Qui autem copias habeat, quibus et beneficia in amicos conferens ab iis vicissim ipse commodi aliquid percipere possit, possit et experiri ut si quos habeat hostes ab iis pœnas expetat, negligens ut is deinde sit in comparandis opibus, an minus, inquit, hoc turpe putas, quam si quis cum agros habeat, habeat operarios iis colendis idoneos, nihilominus terram incultam sinat esse inutilem? Itaque sic de me sentias velim, ait, nunquam me in conquirendis rebus exercitui necessariis fore negligentem, nec in amicorum, nec in hostium regione.

Quid vero, fili, ait et aliorum, quæ nobis aliquando videbantur necessario non spernenda esse, an meministi? Quidni meminerim, inquit? quando ego ad te argenti petendi causa veniebam, quod ei persolverem qui se arte imperatoria me instituisse diceret; tu vero simul id mihi dans, hac fere modo me interrogabas, Num, aiebas, fili, vir iste, cui mercedem defers, in explicandis imperatoris officiis ullam etiam de ratione domesticæ rei administrandæ mentionem fecit? nihilo sane minus milites rebus ad victum necessariis indigent, quam qui domi sunt famuli. Cum vero ego tibi, vera dicens, respondissem, illum hac de re ne quidquam sane memorasse, rursum ex me quærebas, ecquid mihi de bona

μης ἔλεξεν, ὡς δεήσοι καὶ τούτων [ὅσπερ καὶ] ὑπὲρ τῆς στρατιᾶς τὸν στρατηγὸν ἐπιμελεῖσθαι. (13) Ὡς δὲ καὶ ταῦτα ἀπέφηνα, ἐπήρου με αὖ πάλιν εἴ τινας τέχνας ἐδίδαξα με ὡς ἂν ἕκαστα τῶν πολεμικῶν ἔργων κράτιστοι ἂν οἱ σύμμαχοι γίγνοιντο. Ἀποφήσαντος δέ μου καὶ τοῦτο ἀνέκρινάς αὖ σὺ καὶ τόδε εἴ τί μ᾽ ἐπαίδευσεν ὡς ἂν δυναίμην στρατιᾷ προθυμίαν ἐμβαλεῖν, λέγων ὅτι τὸ πᾶν διαφέρει ἐν παντὶ ἔργῳ προθυμία ἀθυμίας. Ἐπεὶ δὲ καὶ τοῦτο ἀνένευον, ἤλεγχες αὖ σὺ εἴ τινα λόγον ποιήσαιτο διδάσκων περὶ τοῦ πείθεσθαι τὴν στρατιάν, ὡς ἄν τις μάλιστα μηχανῷτο. (14) Ἐπεὶ δὲ καὶ τοῦτο παντάπασιν ἄρρητον ἐφαίνετο, τέλος δὴ με ἐπήρου ὅ,τι ποτὲ διδάσκων στρατηγίαν φαίην με διδάσκειν. Κἀγὼ δὴ ἐνταῦθα ἀποκρίνομαι ὅτι τὰ τακτικά. Καὶ σὺ γελάσας διῆλθές μοι παρατιθεὶς ἕκαστον ὅτι οὐδὲν ὄφελος εἴη στρατιᾷ τακτικῶν ἄνευ τῶν ἐπιτηδείων, τί δ᾽ ἄνευ τοῦ ὑγιαίνειν, τί δ᾽ ἄνευ τοῦ ἐπίστασθαι τὰς εὑρημένας εἰς πόλεμον τέχνας, τί δ᾽ ἄνευ τοῦ πείθεσθαι. Ὡς δέ μοι καταφανὲς ἐποίησας ὅτι μικρόν τι μέρος εἴη στρατηγίας τὰ τακτικά, ἐπερομένου μου εἴ τι τούτων σύ με διδάξαι ἱκανὸς εἴης, ἀπιόντα με ἐκέλευσας τοῖς στρατηγικοῖς νομιζομένοις ἀνδράσι διαλέγεσθαι καὶ πυθέσθαι πῇ ἕκαστα τούτων γίγνεται. (15) Ἐκ τούτου δὴ ἐγὼ συνῆν τούτοις οὓς μάλιστα φρονίμους περὶ τούτων ἤκουον εἶναι. Καὶ περὶ μὲν τροφῆς ἐπείσθην ἱκανὸς εἶναι ὑπάρχον ὅ,τι Κυαξάρης ἔμελλε παρέξειν ἡμῖν, περὶ δὲ ὑγιείας, ἀκούων καὶ ὁρῶν ὅτι καὶ πόλεις αἱ χρῄζουσαι ὑγιαίνειν ἰατροὺς αἱροῦνται καὶ οἱ στρατηγοὶ τῶν στρατιωτῶν ἕνεκεν ἰατροὺς ἐξάγουσιν, οὕτω καὶ ἐγὼ ἐπεὶ ἐν τῷ τέλει τούτῳ ἐγενόμην, εὐθὺς τούτου ἐπεμελήθην, καὶ οἶμαι, ἔφη, ὦ πάτερ, πάνυ ἱκανοὺς τὴν ἰατρικὴν τέχνην ἔχειν μετ᾽ ἐμαυτοῦ ἄνδρας. (16) Πρὸς ταῦτα δὴ ὁ πατήρ ἔφη, Ἀλλ᾽, ὦ παῖ, ἔφη, οὗτοι μὲν οὓς λέγεις, ὥσπερ ἱματίων ῥαγέντων εἰσί τινες ἠπηταί, οὕτω καὶ οἱ ἰατροί, ὅταν τινὲς νοσήσωσι, τότε ἰῶνται τούτους· σοὶ δὲ τούτου μεγαλοπρεπεστέρα ἔσται ἡ τῆς ὑγιείας ἐπιμέλεια· τὸ γὰρ ἀρχὴν μὴ κάμνειν τὸ στράτευμα, τούτου σοι δεῖ μέλειν. Καὶ τίνα δὴ ἐγώ, ἔφη, ὦ πάτερ, ὁδὸν ἰὼν τοῦτο πράττειν ἱκανὸς ἔσομαι; Ἢν μὲν δήπου τούτων τινὰ μέλλῃς ἐν τῷ αὐτῷ μένειν, ὑγιεινοῦ πρῶτον δεῖ στρατοπέδου μὴ ἀμελῆσαι· τούτου δὲ οὐκ ἂν ἁμάρτοις, ἐάν περ μελῃ σοι. Καὶ γὰρ λέγοντες οὐδὲν παύονται οἱ ἄνθρωποι περί τε τῶν νοσηρῶν χωρίων καὶ περὶ τῶν ὑγιεινῶν· μάρτυρες δὲ σαφεῖς ἑκατέροις αὐτῶν παρίστανται τά τε σώματα καὶ τὰ χρώματα. Ἔπειτα δὲ οὐ τὰ χωρία μόνον ἀρκεῖ σκέψασθαι, ἀλλὰ μνήσθητι σὺ πῶς πειρᾷ σαυτοῦ ἐπιμελεῖσθαι ὅπως ὑγιαίνῃς. (17) Καὶ Κῦρος εἶπε, Πρῶτον μὲν νὴ Δία πειρῶμαι μηδέποτε ὑπερεμπίπλασθαι· δύσφορον γάρ. Ἔπειτα δὲ ἐκπονῶ τὰ εἰσιόντα· οὕτω γάρ μοι δοκεῖ ἥ τε ὑγίεια μᾶλλον παραμένειν καὶ ἰσχὺς προσγενέσθαι. Οὕτω τοίνυν, ἔφη, ὦ παῖ, καὶ τῶν ἄλλων δεῖ ἐπιμελεῖσθαι. Ἦ καὶ σχολή, ἔφη, ἔσται, ὦ πάτερ, σωμασκεῖν τοῖς στρατιώταις; Οὐ μὰ Δί᾽, ἔφη

corporis valetudine ac robore disseruisset; uti de quibus imperatorem pro exercitus commodo sollicitum esse oporteat. Hoc etiam cum negassem, me rursum interrogabas, ecquam me procurandi rationem docuisset, ut socii in quolibet munere militari præstantissimi evadant. Hoc quoque a me denegato, denuo percunctatus es, numquid me erudiisset quo pacto possem exercitui alacritatem injicere; quippe qui diceres in omni suscipiendo opere inter alacritatem et abjectionem animi discrimen esse maximum. Ubi hoc etiam abnuissem, sciscitatus es tu rursum, num quæ sermone præcepta tradidisset de concilianda exercitus obedientia, qua quis potissimum ratione id possit efficere. Cum vero de hoc quoque nihil omnino esse dictum pateret, postremo interrogabas, quid tandem docendo disciplinam imperatoriam mihi tradere diceret. Tum autem respondi ego, Rationes instruendi exercitus. Risisti hic tu quidem, et singulis istis propositis, mihi percurrendo ostendisti, exercitus instruendi artem in militibus nihil proficere, absque rebus ad victum necessariis: quid autem absque firma valetudine? quid absque illarum artium scientia, quæ ad belli usum sunt inventæ? quid absque obedientia? Cumque adeo perspicuum mihi fecisti, rationem aciei instruendæ exiguam quandam esse muneris imperatorii partem, atque ego rogasses, an tu idoneus esses qui me quidpiam horum doceres, ut abirem hortatus es et illis cum viris dissererem qui rei imperatoriæ periti haberentur, deque ipsis percunctarer quo pacto horum singula fierent. Ex eo igitur tempore cum iis ego versatus sum, quos in primis esse harum rerum prudentes audiebam. Ac de victu quidem mihi persuasum est satis id futurum, quod Cyaxares nobis sit præbiturus: de bona vero valetudine, quod et audirem et viderem tum civitates eas, quæ quo bene valeant operam medicos eligere, tum imperatores militum gratia medicos educere, ita et ego, postquam mihi munus hoc mandatum fuit, statim in hujus rei curam incubui: et opinor, ait, pater, viros me artis medicæ admodum gnaros mecum habere. Ad hoc pater respondit, Verum, fili, inquit, medici, quos dicis, isti, quemadmodum sunt vestium laceratarum sarcinatores quidam, ita et ipsi tum demum, cum aliqui in morbum inciderint, medentur iis: at ea quæ tibi incumbet bonæ valetudinis cura eo quod exercent medici officio præclarior erit; hoc enim tibi curæ esse oportet, ne exercitus omnino in morbos incidat. Et quanam via, pater, ait, incedens, hoc præstare potero? Nimirum si diutius in eodem loco sis mansurus, primum negligendum tibi non erit ut castra in regione ponas salubri: quod quidem facile assequeris, si curæ tibi fuerit. Etenim nunquam loqui desinunt homines tam de morbidis locis quam salubribus: testes autem evidentes his utrisque adsunt, tum corpora tum colores. Deinde, regiones considerare non satis erit, sed ad memoriam revocare debes quo pacto studeas tui ipsius curam gerere, ut recte valeas. Et Cyrus inquit, Primum quidem, hercle, operam do ne unquam nimium me repleam; nam grave et molestum est: deinde qui intrarunt cibos laborando digero: ita enim mihi videtur et valetudo magis permanere firma, et robur accedere. Ita igitur, fili, inquit, et aliorum curam agere oportet. Num et otium, pater, ait, militibus ad exercenda corpora suppetet? Imo vero, respondit pater,

ὁ πατήρ, οὐ μόνον γε, ἀλλὰ καὶ ἀνάγκη. Δεῖ γὰρ δήπου στρατιάν, εἰ μέλλει πράξειν τὰ δέοντα, μηδέποτε παύεσθαι ἢ τοῖς πολεμίοις κακὰ πορσύνουσαν ἢ ἑαυτῇ ἀγαθά· ὡς χαλεπὸν μὲν καὶ ἕνα ἄνθρωπον ἀργὸν τρέφεσθαι, πολὺ δ᾽ ἔτι, ὦ παῖ, χαλεπώτερον οἶκον ὅλον, πάντων δὲ χαλεπώτατον στρατιὰν ἀργὸν τρέφειν. Πλεῖστά τε γὰρ τὰ ἐσθίοντα ἐν στρατιᾷ καὶ ἀπ᾽ ἐλαχίστων ὁρμώμενα καὶ οἷς ἂν λάβῃ δαψιλέστατα χρώμενα, ὥστε οὐδέποτε ἀργεῖν δεήσει στρατιάν. (18) Λέγεις σύ, ἔφη, ὦ πάτερ, ὡς ἐμοὶ δοκεῖ, ὅτι ὥσπερ οὐδὲ γεωργοῦ ἀργοῦ οὐδὲν ὄφελος, οὕτως οὐδὲ στρατηγοῦ ἀργοῦ οὐδὲν ὄφελος εἶναι. Τὸν δέ γε ἐργάτην στρατηγὸν ἐγώ, ἔφη, ἀναδέχομαι, ἢν μή τις θεὸς βλάπτῃ, ἅμα καὶ τὰ ἐπιτήδεια μάλιστα ἔχοντας τοὺς στρατιώτας ἀποδείξειν καὶ τὰ σώματα ἄριστα ἔχοντας παρασκευάσειν. Ἀλλὰ μέντοι, ἔφη, τό γε μελετᾶσθαι ἕκαστα τῶν πολεμικῶν ἔργων, ἀγῶνας ἄν τινας μοι δοκεῖ, ἔφη, ὦ πάτερ, προειπὼν ἑκάστοις καὶ ἆθλα προτιθεὶς μάλιστ᾽ ἂν ποιεῖν εὖ ἀσκεῖσθαι, ὥστε ἕκαστα ὁπότε δέοιτο ἔχειν ἂν παρεσκευασμένοις χρῆσθαι. Κάλλιστα λέγεις, ἔφη, ὦ παῖ· τοῦτο γὰρ ποιήσας, σάφ᾽ ἴσθι, ὥσπερ χοροὺς τὰς τάξεις ἀεὶ τὰ προσήκοντα μελετώσας θεάσῃ.

19. Ἀλλὰ μήν, ἔφη ὁ Κῦρος, εἴς γε τὸ προθυμίαν ἐμβαλεῖν στρατιώταις οὐδέν μοι δοκεῖ ἱκανώτερον εἶναι ἢ τὸ δύνασθαι ἐλπίδας ἀγαθὰς ἐμποιεῖν ἀνθρώποις. Ἀλλ᾽, ἔφη, ὦ παῖ, τοῦτό γε τοιοῦτόν ἐστιν οἷόνπερ εἴ τις κύνας ἐν θήρᾳ ἀνακαλοῖτο ἀεὶ τῇ κλήσει ᾗπερ ὅταν τὸ θηρίον ὁρᾷ. Τὸ μὲν γὰρ πρῶτον προθύμως οἶδ᾽ ὅτι ἔχει ὑπακουούσας· ἢν δὲ πολλάκις ψεύδηται αὐτάς, τελευτῶσαι οὐδ᾽ ὁπόταν ἀληθῶς ὁρῶν καλῇ πείθονται αὐτῷ. Οὕτω καὶ τὸ περὶ τῶν ἐλπίδων ἔχει· ἢν πολλάκις προσδοκίας ἀγαθῶν ἐμβαλὼν ψεύδηταί τις, τελευτῶν οὐδ᾽ ὁπόταν ἀληθεῖς ἐλπίδας λέγῃ ὁ τοιοῦτος πείθειν δύναται. Ἀλλὰ τοῦ μὲν αὐτὸν λέγειν ἃ μὴ σαφῶς εἰδείη φείδεσθαι δεῖ, ὦ παῖ, ἄλλοι δ᾽ ἐνίοτε λέγοντες ταὐτὰ ἂν διαπράττοιεν· τὴν δὲ αὑτοῦ παρακέλευσιν εἰς τοὺς μεγίστους κινδύνους δεῖ ὡς μάλιστα ἐν πίστει διασῴζειν. Ἀλλὰ ναὶ μὰ τὸν Δία, ἔφη ὁ Κῦρος, καλῶς μοι, ὦ πάτερ, δοκεῖς λέγειν, καὶ ἐμοὶ οὕτως ἥδιον. (20) Τό γε μὴν πειθομένους παρέχεσθαι τοὺς στρατιώτας οὐκ ἀπείρως μοι δοκῶ αὐτοῦ ἔχειν, ὦ πάτερ· σὺ γάρ με εὐθὺς τοῦτο ἐκ παιδίου ἐπαίδευες σαυτῷ πείθεσθαι ἀναγκάζων· ἔπειτα τοῖς διδασκάλοις παρέδωκας, καὶ ἐκεῖνοι αὖ τὸ αὐτὸ τοῦτο ἔπραττον· ἐπεὶ δ᾽ ἐν τοῖς ἐφήβοις ἦμεν, ὁ ἄρχων τοῦ αὐτοῦ τούτου ἰσχυρῶς ἐπεμελεῖτο· καὶ οἱ νόμοι δέ μοι δοκοῦσιν οἱ πολλοὶ ταῦτα δύο μάλιστα διδάσκειν, ἄρχειν τε καὶ ἄρχεσθαι. Καὶ τοίνυν κατανοῶν περὶ τούτων ἐν πᾶσιν ὁρᾶν μοι δοκεῖ τὸ προτρέπον πείθεσθαι μάλιστα ὂν τὸ τὸν μὲν πειθόμενον ἐπαινεῖν τε καὶ τιμᾶν, τὸν δὲ ἀπειθοῦντα ἀτιμάζειν καὶ κολάζειν. (21) Καὶ ἐπὶ μέν γε τὸ ἀνάγκῃ ἕπεσθαι αὕτη, ὦ παῖ, ἡ ὁδός ἐστιν, ἐπὶ δὲ τὸ κρεῖττον τούτου πολὺ τὸ ἑκόντας πείθεσθαι ἄλλη ἐστὶ συντομωτέρα. Ὃν γὰρ ἂν ἡγήσωνται περὶ τοῦ συμφέροντος ἑαυτοῖς φρονιμώτερον ἑαυτῶν εἶναι,

non modo otium erit, sed etiam necessitas id postulabit. Nam certe oportet exercitum, si officio suo sit satisfacturus, nunquam desinere vel hostibus damna vel sibi ipsi commoda adferre. Etenim difficile est vel unum hominem otiosum ali; multo etiam difficilius, fili, est, totam familiam; omnium vero difficillimum, exercitum otiosum alere. Plurima enim sunt in exercitu quæ comedant, et ut quæque tenuissime commeatu instructa in bellum feruntur, ita quæcunque ceperint, iis largissime utuntur: Idcirco nunquam convenit exercitum esse otiosum. Dicis tu, pater, inquit, ut mihi videtur, quemadmodum iners agricola nulli sit usui, ita et imperatorem desidem nulli esse usui. Atqui ego quidem imperatorem, ait, industrium polliceor (nisi quis deus obstet) id præstaturum ut et rebus necessariis milites abundent, et corporibus sint quam optime affectis. Verum enimvero quod ad exercitationem, ait, singularum rerum bellicarum attinet, arbitror, si quis certamina quædam singulis indicat, et præmia proponat, eum maxime effecturum ut in singulis bene exerciti evadant, ita ut, ubi opus fuerit, iis paratis uti possit. Optime dicis, fili, inquit: nam hoc si feceris, certe scias, ordines te militum, tanquam choros, in iis quæ officii ratio postulat semper occupatos spectaturum.

At vero, inquit Cyrus, ad alacritatem militibus injiciendam nihil mihi magis idoneum esse videtur, quam bonas posse spes in animis hominum excitare. Verum, fili, ait, hoc sane tale est, ac si quis in venatione canes eadem semper inclamet voce, qua, cum feram videt, utitur. Nam primum quidem, sat scio, alacriter obedient: sin frequenter eas decipiat, tandem ne tum quidem obsequuntur ei, cum feram vere conspiciens clamando hortetur. Sic etiam se habet illud de spe excitanda: si sæpius quis injecta bonorum exspectatione fallat, is ad extremum, etiam cum veras spes afferat, persuadere non potest. Iis utique imperatorem ipsum dicendis, quæ non certo severit, abstinere, fili, oportet; at alii si nonnunquam ea dicant, idem quod ipse volet efficiant: suam vero incitationem ad summa pericula fide quam maxime dignam servare oportet. At enimvero, pater, inquit Cyrus, et mihi recte dicere videris, et sic facere me magis juvat. Atqui qua ratione fieri possit ut obedientes sint milites, mihi, pater, nequaquam ignorare videor. Tute enim hoc me statim a puero docebas, cum tibi ipsi parere cogeres; deinde magistris me tradidisti, atque illi quoque idem hoc agebant. Deinde, cum jam inter ephebos versati sumus, præfectus noster hujus ipsius rei curam enixe admodum agebat; quin leges etiam pleræque videntur mihi hæc duo maxime docere, imperare scilicet et esse sub imperio. Quapropter equidem de iis cogitans, in omnibus videre mihi videor hortamen ad obediendum efficacissimum id esse, si is qui dicto audiens est et laude et honore, contumax autem et ignominia et supplicio afficiatur. Ad efficiendum sane, inquit, ut necessitate coactus quis pareat, hæc, fili, via est: verum ad id quod hoc multo melius est, ut nempe ultro pareant homines, alia via est magis compendiaria. Nam quemcunque existimant seipsis in iis conficiendis quæ

τούτῳ οἱ ἄνθρωποι ὑπερηδέως πείθονται. Γνοίης δ' ἂν ὅτι τοῦθ' οὕτως ἔχει ἔν ἄλλοις τε πολλοῖς καὶ δὴ καὶ ἐν τοῖς κάμνουσιν, ὡς προθύμως τοὺς ἐπιτάξοντας ὅ,τι χρὴ ποιεῖν καλοῦσι· καὶ ἐν θαλάττῃ δὲ ὡς προθύμως τοῖς κυβερνήταις οἱ συμπλέοντες πείθονται· καὶ οὓς γ' ἂν νομίσωσί τινες βέλτιον ἑαυτῶν ὁδοὺς εἰδέναι, ὡς ἰσχυρῶς τούτων οὐδ' ἀπολείπεσθαι ἐθέλουσιν· ὅταν δὲ οἴωνται πειθόμενοι κακόν τι λήψεσθαι, οὔτε ζημίαις πάνυ τι θέλουσιν εἴκειν οὔτε δώροις ἐπαίρεσθαι. Οὐδὲ γὰρ δῶρα ἐπὶ τῷ ἑαυτοῦ κακῷ ἑκὼν οὐδεὶς λαμβάνει. (22) Λέγεις σύ, ἔφη, ὦ πάτερ, εἰς τὸ πειθομένους ἔχειν οὐδὲν εἶναι ἀνυσιμώτερον τοῦ φρονιμώτερον δοκεῖν εἶναι τῶν ἀρχομένων. Λέγω γὰρ οὖν, ἔφη. Καὶ πῶς δή τις ἄν, ὦ πάτερ, τοιαύτην δόξαν τάχιστα περὶ αὑτοῦ παρασχέσθαι ἂν δύναιτο; Οὐκ ἔστιν, ἔφη, ὦ παῖ, συντομωτέρα ὁδὸς περὶ ὧν ἂν βούλῃ δοκεῖν φρόνιμος εἶναι ἢ τὸ γενέσθαι περὶ τούτων φρόνιμον. Καθ' ἓν δὲ ἕκαστον σκοπῶν γνώσῃ ὅτι ἀληθῆ λέγω. Ἢν γὰρ βούλῃ μὴ ὢν ἀγαθὸς γεωργὸς δοκεῖν εἶναι ἀγαθὸς ἢ ἱππεὺς ἢ ἰατρὸς ἢ αὐλητὴς ἢ ἀλλ' ὁτιοῦν, ἐννόει πόσα σε δέοι ἂν μηχανᾶσθαι τοῦ δοκεῖν ἕνεκα. Καὶ εἰ δὴ πείσαις ἐπαινεῖν τέ σε πολλούς, ὅπως δόξαν λάβῃς, καὶ κατασκευὰς καλὰς ἐφ' ἑκάστῳ αὐτῶν κτήσαιο, ἄρτι τε ἐξηπατηκὼς εἴης ἂν καὶ ὀλίγῳ ὕστερον, ὅπου ἂν πεῖραν δοίης, ἐξεληλεγμένος εἴης ἂν καὶ προσέτι καὶ ἀλαζὼν φαίνοιο. (23) Φρονίμος δὲ περὶ τοῦ συνοίσειν μέλλοντος πῶς ἄν τις τῷ ὄντι γένοιτο; Δῆλον, ἔφη, ὦ παῖ, ὅτι ὅσα μὲν ἔστι μαθόντα εἰδέναι μαθὼν ἄν, ὥσπερ τὰ τακτικὰ ἔμαθες, ὅσα δὲ ἀνθρώποις οὔτε μαθητὰ οὔτε προορατὰ ἀνθρωπίνῃ προνοίᾳ, διὰ μαντικῆς ἂν παρὰ θεῶν πυνθανόμενος φρονιμώτερος ἄλλων ἂν εἴης ὅ, τι δὲ γνοίης βέλτιον ὂν πραχθῆναι, ἐπιμελούμενος ἂν τούτου ὅπως ἂν πραχθείη. Καὶ γὰρ τὸ ἐπιμελεῖσθαι οὗ δέῃ φρονιμωτέρου ἀνδρὸς ἢ τὸ ἀμελεῖν. (24) Ἀλλὰ μέντοι ἐπὶ γε τὸ φιλεῖσθαι ὑπὸ τῶν ἀρχομένων, ὅπερ ἔμοιγε ἐν τοῖς μεγίστοις δοκεῖ εἶναι, δῆλον ὅτι ἡ αὐτὴ ὁδὸς ᾗπερ εἴ τις ὑπὸ τῶν φίλων στέργεσθαι ἐπιθυμοίη· εὖ γὰρ οἶμαί σε δεῖν ποιοῦντα φανερὸν εἶναι. Ἀλλὰ τοῦτο μέν, ἔφη, ὦ παῖ, χαλεπόν, τὸ ἀεὶ δύνασθαι εὖ ποιεῖν οὓς ἂν τις θέλῃ· τὸ δὲ συνηδόμενόν τε φαίνεσθαι, ἤν τι ἀγαθὸν αὐτοῖς συμβαίνῃ, καὶ συναχθόμενον, ἤν τι κακόν, καὶ συνεπικουρεῖν προθυμούμενον ταῖς ἀπορίαις αὐτῶν, καὶ προφοβούμενον μή τι σφαλῶσι, καὶ προνοεῖν πειρώμενον ὡς μὴ σφάλλωνται, ἐπὶ ταῦτά πως δεῖ μᾶλλον συμπαρομαρτεῖν. (25) Καὶ ἐπὶ τῶν πράξεων δέ, ἢν ἐν θέρει ὦσι, τὸν ἄρχοντα δεῖ τοῦ ἡλίου πλεονεκτοῦντα φανερὸν εἶναι, ἢν δὲ ἐν χειμῶνι, τοῦ ψύχους, ἢν δὲ διὰ μόχθων, τῶν πόνων· πάντα γὰρ ταῦτα εἰς τὸ φιλεῖσθαι ὑπὸ τῶν ἀρχομένων συλλαμβάνει. Λέγεις σύ, ἔφη, ὦ πάτερ, ὡς καὶ καρτερώτερον δεῖ πρὸς πάντα τὸν ἄρχοντα τῶν ἀρχομένων εἶναι. Λέγω γὰρ οὖν, ἔφη. Θάρρει μέντοι τοῦτο, ὦ παῖ· εὖ γὰρ ἴσθι ὅτι τῶν ὁμοίων σωμάτων οἱ αὐτοὶ πόνοι οὐχ ὁμοίως ἅπτονται ἄρχοντός τε ἀνδρὸς καὶ ἰδιώτου,

sibi sint utilia prudentiorem, huic homines libentissime parent. Hoc autem ita se habere, cum in multis aliis, tum certe in aegrotantibus licet animadvertere, qui libentissimo animo id praecepturos accersunt quod faciendum sit; itidemque in mari, gubernatoribus perquam libenter parent qui una navigant; quos item arbitrentur aliqui melius quam se vias nosse, ab iis ne sint a tergo relicti totis viribus enituntur; cum autem futurum putant uti ex obedientia detrimenti quid capiant, tum vero nec suppliciis admodum cedere, nec donis excitari volunt. Neque enim dona quisquam suo damno libens accipit. Dicis tu, pater, ait, nihil ad hoc, ut suos quis obsequentes habeat, efficacius esse, quam ut sibi subjectis prudentior videatur. Dico id equidem, inquit. At quo pacto, pater, possit aliquis opinionem ejusmodi de se quam primum exhibere? Nulla est, inquit, fili, via magis compendiaria, quam ut, quibus in rebus prudens videri volueris, in iis revera prudens sis. Quod si haec singulatim consideres, vera me dicere intelliges. Nam si, bonus agricola cum non sis, bonus videri velis, vel eques, vel medicus, vel tibicen, vel aliud quidpiam, quam multa machinari tibi opus fuerit, ut talis videare, cogita. Et si quidem tum multis te ut laudent persuaseris, quo hanc de te opinionem excites, tum praeclaros et haud dubie vita, quo utendum est illi qui ab amicis diligi cupiat. Dandam enim operam puto ut palam sit beneficus. Sed hoc quidem, fili, difficile est, posse semper, quoscunque velit quispiam, beneficiis afficere: at ut una gaudere videatur, si quid eis prospere eveniat, et una dolere si quid adversi, et prompto esse animo dubiis eorum rebus una succurrendis, et sollicitus ne qua in re labantur, et studiose providere ne infelici successu rem gerant, haec ad benevolentiam parandam majorem in modum debent adesae. Jam vero in rebus gerendis, si per aestatem sint gerendae, oportet imperatorem palam de solis maxime patientem exhibere; sin per hiemem, frigoris; et si laborandum sit, laborum : nam haec omnia ad conciliandum eorum quibus quis praesit amorem conducunt. Dicis tu, pater, inquit, oportere imperatorem omnia tolerantius pati quam eos qui sunt sub ejus imperio. Id utique dico, inquit. Tu tamen, fili, ait, bono sis animo : certo enim hoc scias, labores eosdem similibus corporibus, imperatoris scilicet et privati, aeque graves non esse; sed ipse

ἀλλ' ἐπικουφίζει τι ἡ τιμὴ τοὺς πόνους τῷ ἄρχοντι καὶ αὐτὸ τὸ εἰδέναι ὅτι οὐ λανθάνει ὅ,τι ἂν ποιῇ.

26. Ὁπότε δέ, ὦ πάτερ, σοὶ ἤδη ἔχοιεν μὲν τὰ ἐπιτήδεια οἱ στρατιῶται, ὑγιαίνοιεν δέ, πονεῖν δὲ δύναιντο, τὰς δὲ πολεμικὰς τέχνας ἠσκηκότες εἶεν, φιλοτίμως δ' ἔχοιεν πρὸς τὸ ἀγαθοὶ φαίνεσθαι, τὸ δὲ πείθεσθαι αὐτοῖς ἥδιον εἴη τοῦ ἀπειθεῖν, οὐκ ἂν τηνικαῦτα σωφρονεῖν ἄν τίς σοι δοκοίη διαγωνίζεσθαι βουλόμενος πρὸς τοὺς πολεμίους ὡς τάχιστα; Ναὶ μὰ Δί', ἔφη, εἰ μέλλοι γε πλέον ἕξειν· εἰ δὲ μή, ἔγωγε ὅσῳ οἰοίμην καὶ αὐτὸς βελτίων εἶναι καὶ τοὺς ἑπομένους βελτίονας ἔχειν, τόσῳ ἂν μᾶλλον φυλαττοίμην, ὥσπερ καὶ τἄλλα ἃ δ' ἂν οἰόμεθα πλείστου ἡμῖν ἄξια εἶναι, ταῦτα πειρώμεθα ὡς ἐν ἐχυρωτάτῳ ποιεῖσθαι. (27) Πλεῖον δ' ἔχειν, ὦ πάτερ, πολεμίων πῶς ἄν τις δύναιτο μάλιστα; Οὐ μὰ Δί', ἔφη, οὐκέτι τοῦτο φαῦλον, ὦ παῖ, οὐδ' ἁπλοῦν ἔργον ἐρωτᾷς, ἀλλ' εὖ ἴσθι ὅτι δεῖ τὸν μέλλοντα τοῦτο ποιήσειν καὶ ἐπίβουλον εἶναι καὶ κρυψίνουν καὶ δολερὸν καὶ ἀπατεῶνα καὶ κλέπτην καὶ ἅρπαγα καὶ ἐν παντὶ πλεονέκτην τῶν πολεμίων. Καὶ ὁ Κῦρος ἐπιγελάσας εἶπεν, Ὦ Ἡράκλεις, οἷον σὺ λέγεις, ὦ πάτερ, δεῖν ἄνδρα με γενέσθαι. Οἷος ἄν, ἔφη, ὦ παῖ, δικαιότατός τε καὶ νομιμώτατος ἀνὴρ εἴης. (28) Πῶς μήν, ἔφη, παῖδας ὄντας ἡμᾶς καὶ ἐφήβους τἀναντία τούτων ἐδιδάσκετε; Ναὶ μὰ Δί', ἔφη, καὶ νῦν γε πρὸς τοὺς φίλους τε καὶ πολίτας· ὅπως δέ γε τοὺς πολεμίους δύνασθε κακῶς ποιεῖν οὐκ οἶσθα μανθάνοντας ὑμᾶς πολλὰς κακουργίας; Οὐ δῆτα, ἔφη, ἔγωγε, ὦ πάτερ. Τίνος μὴν ἕνεκα, ἔφη, ἐμανθάνετε τοξεύειν; τίνος δ' ἕνεκα ἀκοντίζειν; τίνος δ' ἕνεκα δολοῦν ὗς ἀγρίους καὶ πλέγμασι καὶ ὀρύγμασι; τί δὲ ἐλάφους ποδάγραις καὶ ἁρπεδόναις; τί δὲ λέουσι καὶ ἄρκτοις καὶ παρδάλεσιν οὐκ εἰς τὸ ἴσον καθιστάμενοι ἐμάχεσθε, ἀλλὰ μετὰ πλεονεξίας τινὸς ἀεὶ ἐπειρᾶσθε ἀγωνίζεσθαι πρὸς αὐτά; ἢ οὐ πάντα γιγνώσκεις ταῦτα ὅτι κακουργίαι τέ εἰσι καὶ ἀπάται καὶ δολώσεις καὶ πλεονεξίαι; (29) Ναὶ μὰ Δί', ἔφη, θηρίων γε· ἀνθρώπων δὲ εἰ καὶ δόξαιμι βούλεσθαι ἐξαπατῆσαί τινα, πολλὰς πληγὰς οἶδα λαμβάνων. Οὐδὲ γὰρ τοξεύειν, οἶμαι, ἔφη, οὐδ' ἀκοντίζειν ἄνθρωπον ἐπετρέπομεν ὑμῖν, ἀλλ' ἐπὶ σκοπὸν βάλλειν ἐδιδάσκομεν, ἵνα γε νῦν μὲν μὴ κακουργοίητε τοὺς φίλους, εἰ δέ ποτε πόλεμος γένοιτο, δύναισθε καὶ ἀνθρώπων στοχάζεσθαι. Καὶ ἐξαπατᾶν καὶ πλεονεκτεῖν οὐκ ἐν ἀνθρώποις ἐπαιδεύομεν ὑμᾶς, ἀλλ' ἐν θηρίοις, ἵνα μηδ' ἐν τούτοις τοὺς φίλους βλάπτοιτε, εἰ δέ ποτε πόλεμος γένοιτο, μηδὲ τούτων ἀγύμναστοι εἴητε. (30) Οὐκοῦν, ἔφη, ὦ πάτερ, εἴπερ χρήσιμά ἐστιν ἀμφότερ' ἐπίστασθαι, εὖ τε ποιεῖν ἀνθρώπους καὶ κακῶς, καὶ διδάσκειν ἀμφότερα ταῦτα ἔδει ἐπ' ἀνθρώποις. (31) Ἀλλὰ λέγεται, ἔφη, ὦ παῖ, ἐπὶ τῶν ἡμετέρων προγόνων γενέσθαι ποτὲ ἀνὴρ διδάσκαλος τῶν παίδων, ὃς ἐδίδασκεν ἄρα τοὺς παῖδας τὴν δικαιοσύνην ὥσπερ σὺ κελεύεις, μὴ ψεύδεσθαι καὶ ψεύδεσθαι, καὶ μὴ ἐξαπατᾶν καὶ ἐξαπατᾶν, καὶ μὴ διαβάλλειν καὶ διαβάλλειν, καὶ μὴ πλεονεκτεῖν

honos labores nonnihil leviores facit imperatori, et quod intelligat, minime latere, quicquid ipse agat.

Ubi vero, pater, res necessarias jam habeant milites, recte valeant, labores perferre possint, in bellicis artibus exercitati sint, et obnixe strenui videri cupiant, et denique facere imperata quam detrectare ipsis sit jucundius, nonne jam tum sapere tibi quis videretur, si cum hoste quam primum confligere vellet? Ita profecto, inquit, si quidem superiori conditione sit futurus: sin minus, ego certe quanto et meliorem me esse existimaverim, et meliores mecum habere, tanto magis caverem: quemadmodum et alia, quae a nobis plurimi aestimanda esse putemus, ut quam maxime in tuto sint, operam damus. At qua potissimum ratione possit quis, pater, meliori esse quam hostes conditione? Non hercle, inquit, non jam de levi, fili, neque simplici re percontaris: sed certo scias oportere eum qui praestaturus hoc sit, et insidiatorem esse, et mentis suae occultatorem, et fraudulentum, et veteratorem, et furem, et raptorem, et in quavis re plus quam hostes habendi appetentem. Et Cyrus ad ea ridens ait, Dii boni, qualem esse me virum tu, pater, oportere dicis! Qualis, inquit, si fueris, fili, et justissimus sis et legum observantissimus. At qui fit, ait, ut, pueri cum essemus et ephebi, his contraria nos doceretis? Immo, inquit, etiam nunc profecto, erga amicos utique et cives: hostes vero ut laedere possitis nonne nosti multas vos didicisse nequitias? Minime equidem, pater, inquit. Cur ergo, ait ille, sagittare discebatis? cur, jaculari? cur, sues agrestes retibus et foveis fallendo captare? cur, cervos pedicis et laqueis? cur cum leonibus et ursis et pardis non aequo marte pugnabatis, sed aliqua semper conditione superiori decipere adversus hasce feras certare nitebamini? annon animadvertis haec omnia nequitias esse, et fraudes, et dolos, et melioris conditionis captationes? Sunt hercle, inquit Cyrus, adversus feras quidem; at hominum quenquam si modo decipere velle viderer, multas me plagas accipere solitum novi. Neque enim sagittis, opinor, pater inquit, nec jaculo hominem vobis ferire permisimus; sed scopum petere docebamus non quidem ut in praesens noceretis amicis, verum si quando bellum obortum sit, etiam homines ictu certo ferire possetis. Atque adeo fallaciis utendi et meliorem aliquam conditionem praeripiendi ratione non in hominibus vos instituimus, sed in feris, nec his quidem artibus ut amicos laederetis; at si quando bellum ipsis obortum, neque in his inexercitati essetis. Atqui, pater, inquit, si utraque scitu sunt utilia, tam bene quam male facere hominibus, haec etiam utraque erant in hominibus docenda. Fertur utique, fili, ait ille, tempore majorum nostrorum virum quendam fuisse puerorum magistrum, qui nimirum justitiam pueros doceret, quemadmodum tu quoque jubes, et injustitiam; non mentiri, et mentiri; non fallere, et fallere; non calumniari, et calumniari; non aliis praeripere commodum,

καὶ πλεονεκτεῖν. Διώριζε δὲ τούτων ἅ τε πρὸς τοὺς φίλους ποιητέον καὶ ἃ πρὸς ἐχθρούς. Καὶ ἔτι δὲ ταῦτα ἐδίδασκεν ὡς καὶ τοὺς φίλους δίκαιον εἴη ἐξαπατᾶν ἐπί γε ἀγαθῷ καὶ κλέπτειν τὰ τῶν φίλων ἐπί γε ἀγαθῷ. (32) Καὶ τάδε διδάσκοντα ἀνάγκη καὶ γυμνάζειν ἦν πρὸς ἀλλήλους τοὺς παῖδας ταῦτα ποιεῖν, ὥσπερ καὶ ἐν πάλῃ φασὶ τοὺς Ἕλληνας διδάσκειν ἐξαπατᾶν, καὶ γυμνάζειν δὲ τοὺς παῖδας πρὸς ἀλλήλους τοῦτο δύνασθαι ποιεῖν. Γενόμενοι δέ τινες οὕτως εὐφυεῖς καὶ πρὸς τὸ εὖ ἐξαπατᾶν καὶ πρὸς τὸ εὖ πλεονεκτεῖν, ἴσως δὲ καὶ πρὸς τὸ φιλοκερδεῖν οὐκ ἀφυεῖς ὄντες, οὐκ ἀπείχοντο οὐδ᾽ ἀπὸ τῶν φίλων τὸ μὴ οὐχὶ πλεονεκτεῖν αὐτῶν πειρᾶσθαι. (33) Ἐγένετο οὖν ἐκ τούτων ῥήτρα, ᾗ καὶ νῦν χρώμεθα ἔτι, ἁπλῶς διδάσκειν τοὺς παῖδας, ὥσπερ τοὺς οἰκέτας πρὸς ἡμᾶς αὐτοὺς διδάσκομεν, ἀληθεύειν καὶ μὴ ἐξαπατᾶν καὶ μὴ πλεονεκτεῖν, εἰ δὲ παρὰ ταῦτα ποιοῖεν, κολάζειν, ὅπως σὺν τοιούτῳ ἤθει ἐθισθέντες πρᾳότεροι πολῖται γένοιντο. (34) Ἐπεὶ δὲ ἔχοιεν τὴν ἡλικίαν ἣν σὺ νῦν ἔχεις, ἤδη καὶ τὰ πρὸς τοὺς πολεμίους νόμιμα ἐδόκει ἀσφαλὲς εἶναι διδάσκειν. Οὐ γὰρ ἂν ἔτι ἐξενεχθῆναι δοκεῖτε πρὸς τὸ ἄγριον πολῖται γενέσθαι ἐν τῷ αἰδεῖσθαι ἀλλήλους συντεθραμμένοι, ὥσπερ γε καὶ περὶ ἀφροδισίων οὐ διαλεγόμεθα πρὸς τοὺς ἄγαν νέους, ἵνα μὴ πρὸς τῇ ἰσχυρᾷ ἐπιθυμίᾳ αὐτοῖς ῥᾳδιουργίας προσγενομένης ἀμέτρως αὐτῇ χρῷντο οἱ νέοι. (35) Νὴ Δί᾽, ἔφη ὣς τοίνυν ὀψιμαθῆ ὄντα ἐμὲ τούτων τῶν πλεονεξιῶν, πάτερ, μὴ φείδου, εἴ τι ἔχεις, διδάσκειν ὅπως πλεονεκτήσω ἐγὼ τῶν πολεμίων. Μηχανῶ τοίνυν, ἔφη, ὁπόσῃ ἐστὶ δύναμις, τεταγμένοις τοῖς αὑτοῦ ἀτάκτους λαμβάνειν τοὺς πολεμίους καὶ ὡπλισμένοις ἀόπλους καὶ ἐγρηγορόσι καθεύδοντας, καὶ φανεροὺς σοι ὄντας ἀφανὴς ὢν αὐτὸς ἐκείνοις, καὶ ἐν δυσχωρίαις αὐτοὺς γιγνομένους ἐν ἐρυμνοῖς αὑτῶν ὢν ὑποδέξῃ. (36) Καὶ πῶς ἄν, ἔφη, τις τοιαῦτα, ὦ πάτερ, ἁμαρτάνοντας δύναιτ᾽ ἂν τοὺς πολεμίους λαμβάνειν; Ὅτι, ἔφη, ὦ παῖ, πολλὰ μὲν τούτων ἀνάγκη ἐστὶ καὶ ὑμᾶς καὶ τοὺς πολεμίους παρασχεῖν. Σιτοποιεῖσθαί τε γὰρ ἀνάγκη ἀμφοτέρους, κοιμᾶσθαί τε ἀμφοτέρους, καὶ ἕωθεν ἐπὶ τὰ ἀναγκαῖα σχεδὸν ἅμα πάντας ἀποχωρεῖν δεῖ, καὶ ταῖς ὁδοῖς ὁποῖαι ἂν ὦσι τοιαύταις ἀνάγκη χρῆσθαι. Ἃ χρή σε πάντα κατανοοῦντα ἐν ᾧ μὲν ἂν ὑμᾶς γιγνώσκῃς ἀσθενεστάτους γιγνομένους, ἐν τούτῳ μάλιστα φυλάττεσθαι, ἐν ᾧ δ᾽ ἂν τοὺς πολεμίους αἰσθάνῃ εὐχειροτάτους γιγνομένους, ἐν τούτῳ μάλιστα ἐπιτίθεσθαι. (37) Πότερον δ᾽, ἔφη ὁ Κῦρος, ἐν τούτοις μόνον ἐστὶ πλεονεκτεῖν ἢ καὶ ἐν ἄλλοις τισί; Καὶ πολύ γε μᾶλλον, ἔφη, ὦ παῖ· ἐν τούτοις μὲν γὰρ ὡς ἐπὶ τὸ πολὺ πάντες ἰσχυρὰς φυλακὰς ποιοῦνται, εἰδότες ὅτι δέονται. Οἱ δ᾽ ἐξαπατῶντες τοὺς πολεμίους δύνανται καὶ θαρρῆσαι ποιήσαντες ἀφυλάκτους λαμβάνειν καὶ διδάξαι παραδόντας ἑαυτοὺς ἀτάκτους ποιῆσαι καὶ εἰς δυσχωρίαν φυγῇ ὑπαγαγόντες ἐνταῦθα ἐπιτίθεσθαι. (38) Δεῖ δή, ἔφη, ὦ παῖ, φιλομαθῆ σε τούτων ἁπάντων ὄντα οὐχ οἷς ἂν μάθῃς τούτοις μόνοις χρῆσθαι, ἀλλὰ καὶ αὐτὸν ποιητὴν εἶναι

et præripere. Distinguebat etiam quænam horum erga amicos, quæ adversus inimicos facienda essent: præterea autem etiam hæc docebat, amicos decipere, ipsorum bono quidem, justum esse; et amicorum res, ipsorum quidem bono, furari. Hæc qui docebat pueros ad ea inter se facienda exercuerit etiam necesse erat; quemadmodum et in lucta circumveniendi rationem Græcos docere aiunt, atque etiam exercere pueros ut inter se hoc facere possint. Itaque cum nonnulli natura essent ingeniosi et ad scite decipiendum, et ad aliis aliquid scite præripiendum, ac fortasse etiam ad lucrandi studium non inepti essent, nec ab amicis quidem abstinebant, quo minus eis aliquid præripere conarentur. Factum est igitur inde decretum, quo nunc etiam utimur, ut simpliciter doceerentur pueri, quemadmodum servos docemus erga nos veraces esse, et non fallacis uti, nec furari, nec quidquam alicui plus habendi desiderio eripere: si quid autem contra hæc facerent, ut castigarentur; quo nimirum mansuetiores, his moribus adsuefacti, cives existerent. At postquam ea essent ætate, qua tu jam nunc es, tunc sane iis et jura adversus hostes servanda tuto tradi posse putabant. Non enim amplius eo efferri posse videmini, ut cives feri evadatis, cum ita simul nutriti et educati sitis, ut vos mutuo revereamini: sicuti de rebus venereis ad valde juvenes verba non facimus, ne accedente ipsis ad vehementem libidinem facilitate ex disciplina, immodice huic libidini indulgeant juvenes. Ita profecto, ait Cyrus; quapropter me, ceu sero accedentem ad discendum rationes illas præripiendi commoditates, pater, docere, si quid habes, ne recuses, quo ego meliori sim, quam hostes, conditione. Igitur enitere, inquit, quantum potes, ut cum tuis instructis hostes non instructos deprehendas; et cum armatis, inermes; et cum vigilantibus, dormientes; et abs te conspectos, cum ipsi te non videant; et ut difficultatibus locorum impeditos, ipse in loco munito constitutus, excipias. Et quonam modo, pater, inquit, possit aliquis hostes in hujusmodi erroribus deprehendere? Quoniam, fili, ait, multa talia cum vobis tum hostibus accidere necesse est. Nam utrosque cibum parare necesse est, utrosque etiam somnum capere, ac mane ad facta necessaria simul fere omnibus secedendum est; et viis, qualescunque fuerint, talibus uti necesse est. Quæ te omnia considerantem oportet, ubi quidem vos maxime imbecilles esse animadverteris, ibi summa cautione uti; ubi vero posse senseris hostes facillime opprimi, ibi potissimum eos adoriri. Num vero in his duntaxat, ait Cyrus, meliori esse conditione licet, an etiam in quibusdam aliis? In aliis, et sane multo magis, inquit, fili: nam in his quidem plerumque omnes cautiones adhibent accuratas, quippe quas necessarias esse intelligant. Qui vero hostibus fallendis operam dant, possunt eos et, injecta fiducia, incautos comprimere, et, concessa se insequendi facultate, corum ordines perturbare; et cum fuga simulata paulatim in difficilia loca perduxerint, ibi aggredi. Oportet autem te, fili, inquit, qui hæc omnia discendo callere cupis, non, quæcunque didiceris, his solis uti, sed ipsum etiam ma-

τῶν πρὸς τοὺς πολεμίους μηχανημάτων, ὥσπερ καὶ οἱ μουσικοὶ οὐχ οἷς ἂν μάθωσι τούτοις μόνον χρῶνται, ἀλλὰ καὶ ἄλλα νέα μέλη πειρῶνται ποιεῖν. Καὶ σφόδρα μὲν καὶ ἐν τοῖς μουσικοῖς τὰ νέα καὶ ἀνθηρὰ εὐδοκιμεῖ, πολὺ δὲ καὶ ἐν τοῖς πολεμικοῖς μᾶλλον τὰ καινὰ μηχανήματα εὐδοκιμεῖ· ταῦτα γὰρ μᾶλλον καὶ ἐξαπατᾶν δύναται τοὺς ὑπεναντίους. (39) Εἰ δὲ σύ γε, ἔφη, ὦ παῖ, μηδὲν ἄλλο ἢ μετενέγκοις ἐπ᾽ ἀνθρώπους τὰς μηχανὰς ἃς καὶ πάνυ ἐπὶ τοῖς μικροῖς θηρίοις ἐμηχανῶ, οὐκ οἴει ἄν, ἔφη, πρόσω πάνυ ἐλάσαι τῆς πρὸς τοὺς πολεμίους πλεονεξίας; σὺ γὰρ ἐπὶ μὲν τὰς ὄρνιθας ἐν τῷ ἰσχυροτάτῳ χειμῶνι ἀνιστάμενος ἐπορεύου νυκτός, καὶ πρὶν κινεῖσθαι τὰς ὄρνιθας ἐπεποίητό σοι αἱ πάγαι αὐταῖς καὶ τὸ κεκινημένον χωρίον ἐξείκαστο τῷ ἀκινήτῳ· ὄρνιθες δὲ ἐπεπαίδευντό σοι ὥστε σοὶ μὲν τὰ συμφέροντα ὑπηρετεῖν, τὰς δὲ ὁμοφύλους ὄρνιθας ἐξαπατᾶν· αὐτὸς δὲ ἐνήδρευες, ὥστε ὁρᾶν μὲν αὐτάς, μὴ ὁρᾶσθαι δὲ ὑπ᾽ αὐτῶν· ἤσκηκεις δὲ φθάνειν ἕλκων ἢ τὰ πτηνὰ φεύγειν. (40) Πρὸς δ᾽ αὖ τὸν λαγῶ, ὅτι μὲν ἐν σκότει νέμεται, τὴν δ᾽ ἡμέραν ἀποδιδράσκει, κύνας ἔτρεφες αἳ τῇ ὀσμῇ αὐτὸν ἀνεύρισκον· ὅτι δὲ ταχὺ ἔφευγεν, ἐπεὶ εὑρεθείη, ἄλλας κύνας εἶχες ἐπιτετηδευμένας πρὸς τὸ κατὰ πόδας αἱρεῖν. Εἰ δὲ καὶ ταύτας ἀποφύγοι, τοὺς πόρους αὐτῶν ἐκμανθάνων καὶ πρὸς οἷα χωρία φεύγοντες αἱροῦνται οἱ λαγῴ, ἐν τούτοις δίκτυα δυσόρατα ἐνεπετάννυες ἄν, καὶ τῷ σφοδρῶς φεύγειν αὐτὸς ἑαυτὸν ἐμπεσὼν συνέδει. Τοῦ δὲ μηδ᾽ ἐντεῦθεν διαφεύγειν σκοπούς του γιγνομένου καθίστης οἳ ἐγγύθεν ταχὺ ἔμελλον ἐπιγενήσεσθαι· καὶ αὐτὸς μὲν οἷς ὄπισθεν κραυγῇ οὐδὲν ὑστερίζουσιν τοῦ λαγῶ βοῶν ἐξέπληττες αὐτόν· ὥστε ἀφρόνως ἁλίσκεσθαι, τοὺς δὲ ἔμπροσθεν σιγᾶν διδάξας ἐνεδρεύοντας λανθάνειν ἐποίεις. (41) Ὥσπερ οὖν προεῖπον, εἰ τοιαῦτα ἐθελήσαις ἔτι καὶ τοῖς ἀνθρώποις μηχανᾶσθαι, οὐκ οἶδ᾽ ἔγωγε εἴ τινα λίποις ἂν τῶν πολεμίων. Ἢν δέ ποτε ἄρα ἀνάγκη γένηται καὶ ἐν τῷ ἰσοπέδῳ καὶ ἐκ τοῦ ἐμφανοῦς καὶ ὡπλισμένους ἀμφοτέρους μάχην συνάπτειν, ἐν τῷ τοιούτῳ δή, ὦ παῖ, αἱ ἐκ πολλοῦ παρεσκευασμέναι πλεονεξίαι μέγα δύνανται. Ταύτας δὲ ἐγὼ λέγω εἶναι ἣν τῶν στρατιωτῶν εὖ μὲν τὰ σώματα ἠσκημένα ᾖ, εὖ δὲ αἱ ψυχαὶ τεθηγμέναι, εὖ δὲ αἱ πολεμικαὶ τέχναι μεμελετημέναι ὦσιν. (42) Εὖ δὲ χρὴ καὶ τοῦτο εἰδέναι ὅτι ὁπόσους ἂν ἀξιοῖς σοι πείθεσθαι, καὶ ἐκεῖνοι πάντες ἀξιώσουσι σὲ πρὸ ἑαυτῶν βουλεύεσθαι. Μηδέποτε οὖν ἀφροντίστως ἔχε, ἀλλὰ τῆς μὲν νυκτὸς προσκόπει τί σοι ποιήσουσιν οἱ ἄνδρες ἐπειδὰν ἡμέρα γένηται, τῆς δὲ ἡμέρας ὅπως τὰ εἰς νύκτα κάλλιστα ἕξει. (43) Ὅπως δὲ χρὴ τάττειν εἰς μάχην στρατιὰν ἢ ὅπως ἄγειν ἡμέρας ἢ νυκτὸς ἢ στενὰς ἢ πλατείας ὁδοὺς ἢ ὀρεινὰς ἢ πεδινάς, ἢ ὅπως στρατοπεδεύεσθαι, ἢ ὅπως φυλακὰς νυκτερινὰς καὶ ἡμερινὰς καθιστάναι, ἢ ὅπως προσάγειν πρὸς πολεμίους, ἢ ἀπάγειν ἀπὸ πολεμίων, ἢ ὅπως παρὰ πόλιν πολεμίαν ἄγειν ἢ ὅπως πρὸς τεῖχος ἄγειν ἢ ἀπάγειν, ἢ ὅπως νάπῃ ἢ ποταμοὺς διαβαίνειν, ἢ ὅπως ἱππικὸν φυλάττεσθαι ἢ ὅπως ἀκοντιστὰς ἢ το-

chinationum esse adversus hostes opificem : quemadmodum et musici non iis tantum, quos didicere, modis utuntur, sed alios etiam facere conantur. Ac vehementer quidem cum in musicis quæ nova sunt et florida, probantur, tum vero multo magis in rebus bellicis novæ machinationes laudantur : hæ enim facilius hostes decipere possunt. Quod si tu quidem, fili, ait, nihil aliud in homines transferas, quam eas molitiones quas cummaxime adversus bestias minutas excogitabas, nonne te, inquit, plurimum in rationibus, quibus hoste superior evadas, inveniendis profecturum putas? Nam tu quidem hieme surgens sævissima, ad captandas aves noctu ire solebas; et priusquam aves se commoverent, jam eis erant abs te posita in hunc finem retia, et quem moveras locus erat inmoto persimilis : quædam autem tibi aves erant ita edoctæ, ut tuis quidem commodis servirent, sui vero generis aves in fraudem pellicerent : ipse in insidiis ita te abdebas, ut illas tu quidem cerneres, ab illis vero cerni non posses : curam etiam adhibuisti, ut volucres prius trahendo anteverteres, quam fugerent. Rursus autem adversus leporem, quod is in tenebris pastum quærat, interdiu vero fugit, canes alebas, quæ eum odoratu investigarent. Quoniam vero, postquam fuerit inventus, celeriter in fugam se conjiceret, canes alias habebas ad eum vestigiis persequendo capiendum institutas. Quod si et has effugerent lepores, edoctus eorum meatus, et ad quæ potissimum loca fugere solent, in illis retia visu difficilia tendebas, ac, dum concitate fugeret, illapsus in ea lepus ipse se in ea induebat. Atque uti ne hinc etiam aufugeret, speculatores ejus quod accideret constituebas, qui ex propinquo celeriter accurrendo supervenirent illi : et tu quidem ipse a tergo clamorem ad leporem usque pervenientem tollens, ita territabas eum, ut improvide procurrens caperetur; eos autem, quos ab anteriori parte in insidiis collocaras silere jusseras, latere faciebas. Quamobrem, ut aïebam antea, si hujusmodi quædam adversus homines etiam moliri volueris, haud equidem scio, an ullum ex hostibus superstitem relicturus sis. Quod si aliquando necessitas obveniat, ut et in æquo campi, et marte aperto, et armatis utrisque prælium conserendum sit, in hoc certe, fili, rerum statu, adjumenta quibus superiores evadamus, multo ante comparata, plurimum valent. Hæc autem esse dico, cum corpora militum probe fuerint exercitata, animique probe exacuti sint, et militares artes probe excultæ. Præterea hoc etiam certo scias necesse est, quoscunque censeas æquum esse tibi parere, eos item omnes existimaturos æquum esse, ut tu rebus eorum consulas. Nunquam igitur curam abjicias, sed noctu providens quid subjectos noctu facere velis, ubi dies advenerit; interdiu vero, quo pacto se res nocturnæ quam optime sint habituræ. Qua vero ratione oporteat exercitum ad pugnam instruere, quo pacto vel interdiu vel noctu, vel per angustas vel latas, vel per montosas vel campestres vias ducere, quo pacto metari castra, quo pacto nocturnas diurnasve excubias constituere, quo pacto ad hostes accedere vel ab hostibus recedere, quo pacto propter urbem hostilem iter facere, quo pacto exercitum ad murum adducere vel abducere, quo pacto saltus vel fluvios transire, quo pacto a copiis equestribus vel a jaculatoribus vel a sagittariis cavere : et si qui.

ξότας, καὶ εἴ γε δή σοι κατὰ κέρας ἄγοντι πολέμιοι ἐπιφανεῖεν, πῶς χρὴ ἀντικαθιστάναι, καὶ εἴ σοι ἐπὶ φάλαγγος ἄγοντι ἀλλοθέν ποθεν οἱ πολέμιοι φαίνοιντο ἢ κατὰ πρόσωπον, ὅπως χρὴ ἀντιπαράγειν, ἢ ὅπως τὰ τῶν πολεμίων ἄν τις μάλιστα αἰσθάνοιτο, ἢ ὅπως τὰ σὰ οἱ πολέμιοι ἥκιστα εἰδεῖεν, ταῦτα δὲ πάντα τί ἂν ἐγώ λέγοιμί σοι; ὅσα τε γὰρ ἔγωγε ᾔδειν, πολλάκις ἀκήκοας, ἄλλος τε ὅστις ἐδόκει τι τούτων ἐπίστασθαι, οὐδενὸς αὐτῶν ἡμέληκας οὐδ᾽ ἀδαὴς γεγένησαι. Δεῖ οὖν πρὸς τὰ συμβαίνοντα, οἶμαι, τούτοις χρῆσθαι ὁποῖον ἂν συμφέρειν σοι τούτων δοκῇ.

44. Μάθε δέ μου καὶ τάδε, ὦ παῖ, ἔφη, τὰ μέγιστα· παρὰ γὰρ ἱερὰ καὶ οἰωνοὺς μήτ᾽ ἐν ἑαυτῷ μηδέποτε μήτ᾽ ἐν στρατιᾷ κινδυνεύσῃς, κατανοῶν ὡς ἄνθρωποι μὲν αἱροῦνται πράξεις εἰκάζοντες, εἰδότες δὲ οὐδὲν ἀπὸ ποίας ἔσται αὐτῶν τἀγαθά. (45) Γνοίης δ᾽ ἂν ἐξ αὐτῶν τῶν γιγνομένων· πολλοὶ μὲν γὰρ πόλεις ἔπεισαν καὶ ταῦτα οἱ δοκοῦντες σοφώτατοι εἶναι πόλεμον ἄρασθαι πρὸς τούτους ὑφ᾽ ὧν οἱ πεισθέντες ἐπιθέσθαι ἀπώλοντο· πολλοὶ δὲ πολλοὺς ηὔξησαν καὶ ἰδιώτας καὶ πόλεις ὑφ᾽ ὧν αὐξηθέντων τὰ μέγιστα κακὰ ἔπαθον· πολλοὶ δὲ οἷς ἐξῆν φίλοις χρῆσθαι καὶ εὖ ποιεῖν καὶ εὖ πάσχειν, τούτοις δούλοις μᾶλλον βουληθέντες ἢ φίλοις χρῆσθαι, ὑπ᾽ αὐτῶν τούτων δίκην ἔδοσαν· πολλοῖς δ᾽ οὐκ ἤρκεσεν αὐτοῖς τὸ μέρος ἔχουσι ζῆν ἡδέως, ἐπιθυμήσαντες δὲ κύριοι εἶναι πάντων, διὰ ταῦτα καὶ ἃ εἶχον ἀπέτυχον· πολλοὶ δὲ τὸν πολυεύκτον πλοῦτον καταχτησάμενοι, διὰ τοῦτον ἀπώλοντο. (46) Οὕτως ἡ ἀνθρωπίνη σοφία οὐδὲν μᾶλλον οἶδε τὸ ἄριστον αἱρεῖσθαι ἢ εἰ κληρούμενος ὅ, τι λάχοι τοῦτό τις πράττοι. Θεοὶ δέ, ὦ παῖ, ἀεὶ ὄντες πάντα ἴσασι τά τε γεγενημένα καὶ τὰ ὄντα καὶ ὅ, τι ἐξ ἑκάστου αὐτῶν ἀποβήσεται, καὶ τῶν συμβουλευομένων ἀνθρώπων οἷς ἂν ἵλεῳ ὦσι προσημαίνουσιν ἅ τε χρὴ ποιεῖν καὶ ἃ οὐ χρή. Εἰ δὲ μὴ πᾶσιν ἐθέλουσι συμβουλεύειν, οὐδὲν θαυμαστόν· οὐ γὰρ ἀνάγκη αὐτοῖς ἐστιν ὧν ἂν μὴ θέλωσιν ἐπιμελεῖσθαι.

ΒΙΒΛΙΟΝ Β.

ΚΕΦΑΛΑΙΟΝ Α.

Τοιαῦτα μὲν δὴ ἀφίκοντο διαλεγόμενοι μέχρι τῶν ὁρίων τῆς Περσίδος· ἐπεὶ δὲ αὐτοῖς ἀετὸς δεξιὸς φανεὶς προηγεῖτο, προσευξάμενοι θεοῖς καὶ ἥρωσι τοῖς Περσίδα γῆν κατέχουσιν ἵλεως καὶ εὐμενεῖς πέμπειν σφᾶς, οὕτω διέβαινον τὰ ὅρια. Ἐπειδὴ δὲ διέβησαν, προσηύχοντο αὖθις θεοῖς τοῖς Μηδίαν γῆν κατέχουσιν ἵλεως καὶ εὐμενεῖς δέχεσθαι αὐτούς. Ταῦτα δὲ ποιήσαντες, ἀσπασάμενοι ἀλλήλους ὥσπερ εἰκός, ὁ μὲν πατὴρ πάλιν εἰς πόλιν ἀπῄει, Κῦρος δὲ εἰς Μήδους πρὸς Κυαξάρην ἐπορεύετο. (2) Ἐπεὶ δὲ ἀφίκετο ὁ Κῦρος εἰς Μήδους πρὸς τὸν Κυα-

---

dem tibi exercitum in cornua explicatum ducenti se ostendant hostes, qua ratione eis sit obsistendum; et si tibi eum phalangis in morem instructum ducenti ex alia quavis parte, quam a fronte, appareant, quo pacto ducendus sit in eos exercitus : qua quis ratione possit quid hostes rerum agant cognoscere vel tu quid instituas hostes minime sciant : hæc, inquam, omnia quid ego tibi commemorem? Nam et quæcunque ego noveram, audisti sæpius; et præterea si qui horum aliquid callere videbantur, eorum neminem neglexisti, nec imperitus evasisti. Quapropter ad quælibet, opinor, eventa his uti oportet monitis, quæcunque ex istis tibi quovis tempore et usu potissimum fore videbuntur.

Hæc etiam ex me, fili, maximi sane momenti discito : nunquam vel ipse solus, vel cum exercitu, contra quam sacra monent et auguria, periculum adieris; illud cogitans, homines conjecturis nixos res gerendas suscipere, et plane nescios esse unde boni aliquid sit ipsis eventurum. Id quod ex ipsis rerum eventibus intelligas licet. Multi enim iique sapientissimi habiti, civitatibus persuaserunt, ut bellum adversus eos moverent, a quibus illi, qui alios invadere persuasi fuerant, sunt deleti. Multi multos et privatos homines et respublicas ad majora provexerunt, a quibus promotis gravissima mala passi sunt. Multi, cum eos, quibus amicis uti poterant, collatis in ipsos et acceptis beneficiis, servorum quam amicorum loco habere maluerint, iisdem pœnas dedere. Multi vita jucunda cum partis alicujus possessione conjuncta non contenti, cum omnia suam in potestatem redigere cuperent, idcirco iis etiam quæ possidebant exciderunt : multi denique aurum tantopere votis omnium expetitum adepti, ob hoc ipsum periere. Itaque humana quidem sapientia nihilo magis quod optimum est deligere novit, quam si quis, sortibus ductis, hoc agat, quod ei sorte obtigerit. Verum dii, fili, immortales omnia norunt, præterita, et præsentia, et quis singulorum futurus sit exitus : et hominibus eos consulentibus, quibus quidem sunt propitii, quæ suscipienda vel non suscipienda sint, ante significant. At non omnibus eos consulere velle, minime mirum videri debet ; neque enim necessitate sunt coacti illorum curam gerere, quos benevolentia sua complecti nolint.

LIBER II.

CAPUT I.

Ac talia quidem disserentes Persidis usque fines pervenere : cum autem aquila dextra iis visa præcederet, deos et heroas precati terræ Persidis præsides, ut se propitii benignique dimitterent, fines ita demum transierunt. Postquam vero transiissent, rursus deos precati sunt Medicæ terræ præsides, uti se propitios benigniquo exciperent. His peractis, mutuo se complexi, ut par erat, ad urbem pater rursus revertebat, Cyrus in Mediam ad Cyaxarem proficiscebatur. Cum autem ad Cyaxarem Medorum in regione pervenisset Cyrus, primum se, ut par erat, mutuo com-

ξάρην, πρῶτον μὲν ὥσπερ εἰκὸς ἠσπάσαντο ἀλλήλους, ἔπειτα δὲ ἤρετο τὸν Κῦρον ὁ Κυαξάρης πόσον ἄγοιτο στράτευμα. Ὁ δ᾽ ἔφη, Τρισμυρίους μὲν, οἳ καὶ πρόσθε ἐφοίτων πρὸς ὑμᾶς μισθοφόροι· ἄλλοι δὲ καὶ τῶν οὐδεπώποτε ἐξελθόντων προσέρχονται τῶν ὁμοτίμων. (3) Πόσοι τινές; ἔφη ὁ Κυαξάρης. Οὐκ ἂν ὁ ἀριθμός σε, ἔφη ὁ Κῦρος, ἀκούσαντα εὐφράνειεν· ἀλλ᾽ ἐκεῖνο ἐννόησον ὅτι ὀλίγοι ὄντες οὗτοι οἱ ὁμότιμοι καλούμενοι πολλῶν ὄντων τῶν ἄλλων Περσῶν ῥᾳδίως ἄρχουσιν. Ἀτὰρ, ἔφη, δέῃ τι αὐτῶν, ἢ μάτην ἐφοβήθης, οἱ δὲ πολέμιοι οὐκ ἔρχονται; Ναὶ μὰ Δί᾽, ἔφη, καὶ πολλοί γε. (4) Πῶς τοῦτο σαφές; Ὅτι, ἔφη, πολλοὶ ἥκοντες αὐτόθεν ἄλλος ἄλλον τρόπον πάντες ταὐτὸ λέγουσιν. Ἀγωνιστέον μὲν ἄρα ἡμῖν πρὸς τοὺς ἄνδρας. Ἀνάγκη γὰρ, ἔφη. Τί οὖν, ἔφη ὁ Κῦρος, οὐ καὶ τὴν δύναμιν ἐλεξάς μοι, εἰ οἶσθα, πόση ἡ προσιοῦσα, καὶ πάλιν τὴν ἡμετέραν; ὅπως εἰδότες ἀμφοτέρας πρὸς ταῦτα βουλευσόμεθα ὅπως ἂν ἄριστα ἀγωνιζοίμεθα. Ἄκουε δὴ, ἔφη ὁ Κυαξάρης.

5. Κροῖσος μὲν ὁ Λυδὸς ἄγεται λέγεται μυρίους μὲν ἱππέας, πελταστὰς δὲ καὶ τοξότας πλείους ἢ τετρακισμυρίους. Ἀρτακάμαν δὲ τὸν τῆς μεγάλης Φρυγίας ἄρχοντα λέγουσιν ἱππέας μὲν εἰς ὀκτακισχιλίους ἄγειν, λογχοφόρους δὲ σὺν πελτασταῖς οὐ μείους τετρακισμυρίων, Ἀρίβαιον δὲ τὸν τῶν Καππαδοκῶν βασιλέα ἱππέας μὲν ἑξακισχιλίους, τοξότας δὲ καὶ πελταστὰς οὐ μείους τρισμυρίων, τὸν Ἀράβιον δὲ Ἄραγδον ἱππέας τε εἰς μυρίους καὶ ἅρματα εἰς ἑκατὸν καὶ σφενδονητῶν πάμπολύ τι χρῆμα. Τοὺς μέντοι Ἕλληνας τοὺς ἐν τῇ Ἀσίᾳ οἰκοῦντας οὐδέν πω σαφὲς λέγεται εἰ ἕπονται. Τοὺς δὲ ἀπὸ Φρυγίας τῆς πρὸς Ἑλλησπόντῳ συμβαλεῖν φασι Γαβαίων ἔχοντα εἰς Καΰστριον πεδίον ἑξακισχιλίους μὲν ἱππέας, πελταστὰς δὲ εἰς δισμυρίους. Κᾶρας μέντοι καὶ Κίλικας καὶ Παφλαγόνας παρακληθέντας οὔ φασιν ἕπεσθαι. Ὁ δὲ Ἀσσύριος ὁ Βαβυλῶνά τε ἔχων καὶ τὴν ἄλλην Ἀσσυρίαν ἐγὼ μὲν οἶμαι ἱππέας μὲν ἄξει οὐκ ἐλάττους δισμυρίων, ἅρματα δ᾽ εὖ οἶδ᾽ ὅτι οὐ μείω διακοσίων, πεζοὺς δὲ οἶμαι παμπόλλους· εἰώθει γοῦν ὅπότε δεῦρ᾽ ἐμβάλλοι. (6) Σὺ, ἔφη ὁ Κῦρος, πολεμίους λέγεις ἱππέας μὲν εἰς ἑξακισμυρίους εἶναι, πελταστὰς δὲ καὶ τοξότας πλείω ἢ εἴκοσι μυριάδας. Ἄγε δὴ τῆς δυνάμεως τῆς σῆς τί φῂς πλῆθος εἶναι; Εἰσὶν, ἔφη, Μήδων μὲν ἱππεῖς μὲν πλείους τῶν μυρίων· πελτασταὶ δὲ καὶ τοξόται γένοιντ᾽ ἂν ὡς ἐπὶ τῆς ἡμετέρας κἂν ἑξακισμύριοι. Ἀρμενίων δ᾽, ἔφη, τῶν ὁμόρων ἡμῖν παρέσονται ἱππεῖς μὲν τετρακισχίλιοι, πεζοὶ δὲ δισμύριοι. Λέγεις σὺ, ἔφη ὁ Κῦρος, ἱππέας μὲν ἡμῖν εἶναι μείω ἢ τὸ τρίτον μέρος τοῦ τῶν πολεμίων ἱππικοῦ, πεζοὺς δὲ ἀμφὶ τοὺς ἡμίσεις. (7) Τί οὖν, ἔφη ὁ Κυαξάρης, ὀλίγους νομίζεις Περσῶν εἶναι οὓς σὺ φῂς ἄγειν; Ἀλλ᾽ εἰ μὲν ἀνδρῶν προσδεῖ ἡμῖν, ἔφη ὁ Κῦρος, εἴτε καὶ μὴ, αὖθις συμβουλευσόμεθα· τὴν δὲ μάχην μοι, ἔφη, λέξον ἑκάστων ἥτις ἐστί. Σχεδὸν, ἔφη Κυαξάρης, πάντων ἡ αὐτή· τοξόται γάρ εἰσι καὶ ἀκοντισταὶ οἵ τ᾽ ἐκείνων καὶ οἱ ἡμέτεροι. Οὐκοῦν ἀκροβολίζεσθαι ἀνάγκη ἐστὶ τοιούτων γε τῶν

plexi salutarunt : deinde Cyrum interrogabat Cyaxares, quantum exercitum duceret. Cyrus autem, Triginta quidem millia, inquit, qui et antehac mercede conducti ad vos venire consueverunt : præter hos ex eorum etiam ordine qui ὁμότιμοι vocantur, qui nullo unquam tempore domo sunt egressi, alii quidam adveniunt. Quam multi? ait Cyaxares. Numerus sane te, inquit Cyrus, cum eum audieris, non admodum delectabit; verum illud tecum reputes velim, paucos hosce , qui ὁμότιμοι appellantur, in ceteros Persas, multi sint licet, facile imperium obtinere. Verum, inquit, numquid iis tibi opus est? an sine causa timuisti, neque veniunt hostes? Immo veniunt illi profecto, ait, et multi quidem. Qui hoc constat? Quod cum multi, inquit, inde veniant, alius alio modo , omnes tamen eadem referunt. Est ergo nobis cum viris certandum. Id utique poscit necessitas, ait Cyaxares. Cur igitur, inquit Cyrus, non mihi dixisti, si nosti, et hostium copiæ, quæ adveniunt, quantæ sint, et item nostræ? ut cognitis ambabus, quo pacto optime bellum geramus, pro earum ratione deliberemus. Audi vero, inquit Cyaxares :

Crœsus quidem ille Lydus ducere fertur equites decies mille, peltastas et sagittarios plures quadraginta millibus. Artacamam autem, magnæ Phrygiæ principem, equitum circiter octo millia, hastatos cum peltastis non pauciores quadraginta millibus ducere perhibent : Aribæum, Cappadocum regem, equites ad sex mille, sagittarios et peltastas haud pauciores triginta millibus : Aragdum Arabem, et equites ad decies mille, et currus fere centum, et funditorum ingentem quandam copiam. De Græcis vero, qui Asiam incolunt, nihildum certi est allatum, an sequantur, necne : eos autem qui e Phrygia sunt propter Hellespontum sita, Gabæum ducem coacturum aiunt ad Caystri planitiem, sex quidem millia equitum, peltastas et sagittarii circiter decies mille. Caras vero, et Cilices, et Paphlagonas, licet accessiti sint, non sequuturos aiunt. Quod autem ad Assyrium attinet, qui et Babylona, et reliquam Assyriam possidet, ducturum eum equidem arbitror equites non pauciores viginti millibus, currus, sat scio, non pauciores ducentis; pedites vero, ut opinor, permultos : sic certe consuevit, cum fines nostros invadit. Dicis tu, inquit Cyrus, hostium equites esse ad sexagies mille, peltastas vero et sagittarios plures ducentis millibus. Age vero, quem tuarum copiarum ais esse numerum? Medorum, inquit, sunt equites plures decem millibus ; peltastæ et sagittarii in nostra utique regione fortasse fuerint sexagies mille. Ab Armeniis, inquit, qui nobis sunt finitimi, equitum millia quatuor aderunt, peditum viginti millia. Dicis tu, inquit Cyrus, equites nostros tertia parte equitatus hostium esse minores, pedites vero dimidiam circiter eorum peditatus partem. Quid igitur? ait Cyaxares, paucosne adeo Persas esse arbitraris, quos ducere te dicis? Verum nobis, inquit Cyrus, an præterea milite sit opus, nec no, posthac deliberabimus : mihi autem, inquit, quæ sit singulorum pugnæ ratio exponito. Prope omnium, ait Cyaxares, est eadem. Nam illorum et nostri milites sagittarii sunt et jaculatores. Cum ergo, ait Cyrus, hujusmodi sint arma, eminus pugnare necesse erit. Necesse sane

ὅπλων ὄντων. (8) Ἀνάγκη γὰρ οὖν, ἔφη. Οὐκοῦν ἐν τούτῳ μὲν τῶν πλειόνων ἡ νίκη· πολὺ γὰρ ἂν θᾶττον οἱ ὀλίγοι ὑπὸ τῶν πολλῶν τιτρωσκόμενοι ἀναλωθείησαν ἢ οἱ πολλοὶ ὑπὸ τῶν ὀλίγων. Εἰ οὖν οὕτως ἔχει, ὦ Κῦρε, τί ἂν ἄλλο τις κρεῖττον εὕροι ἢ πέμπειν εἰς Πέρσας, καὶ ἅμα μὲν διδάσκειν αὐτοὺς ὅτι εἴ τι πείσονται Μῆδοι, εἰς Πέρσας τὸ δεινὸν ἥξει, ἅμα δὲ αἰτεῖν πλείον στράτευμα; Ἀλλὰ τοῦτο μέν, ἔφη ὁ Κῦρος, εὖ ἴσθι, οὐδ' εἰ πάντες ἔλθοιεν Πέρσαι, πλήθει γε οὐχ ὑπερβαλοίμεθ' ἂν τοὺς πολεμίους. (9) Τί μὴν σὺ ἄλλο ἐνορᾷς ἄμεινον τούτου; Ἐγὼ μὲν ἄν, ἔφη ὁ Κῦρος, εἰ ἔγωγε, ὡς τάχιστα ὅπλα ἐποιούμην πᾶσι Πέρσαις τοῖς προσιοῦσιν οἷάπερ ἔχοντες ἔρχονται οἱ παρ' ἡμῶν οἱ τῶν ὁμοτίμων καλούμενοι. Ταῦτα δ' ἐστὶ θώραξ μὲν περὶ τὰ στέρνα, γέρρον δὲ εἰς τὴν ἀριστεράν, κοπὶς δὲ ἢ σάγαρις εἰς τὴν δεξιάν· κἂν ταῦτα παρασκευάσῃς, ἡμῖν μὲν ποιήσεις τὸ ὁμόσε τοῖς ἐναντίοις ἰέναι ἀσφαλέστατον, τοῖς πολεμίοις δὲ τὸ φεύγειν ἢ τὸ μένειν αἱρετώτερον. Τάττομεν δέ, ἔφη, ἡμᾶς μὲν αὐτοὺς ἐπὶ τοὺς μένοντας· οἵ γε μέντοι αὐτῶν φεύγωσι, τούτους ὑμῖν καὶ τοῖς ἵπποις νέμομεν, ὡς μὴ σχολάζωσι μήτε μένειν μήτ' ἀναστρέφεσθαι. (10) Κῦρος μὲν οὕτως ἔλεξε· τῷ δὲ Κυαξάρῃ ἔδοξέ τε εὖ λέγειν, καὶ τοῦ μὲν πλείους μεταπέμπεσθαι οὐκέτι ἐμέμνητο, παρεσκευάζετο δὲ ὅπλα τὰ προειρημένα. Καὶ σχεδόν τε ἕτοιμα ἦν καὶ τῶν Περσῶν οἱ ὁμότιμοι παρῆσαν ἔχοντες τὸ ἀπὸ Περσῶν στράτευμα. Ἐνταῦθα δὴ εἰπεῖν λέγεται ὁ Κῦρος συναγαγὼν αὐτούς·

11. Ἄνδρες φίλοι, ἐγὼ ὑμᾶς ὁρῶν αὐτοὺς μὲν καθωπλισμένους οὕτω καὶ ταῖς ψυχαῖς παρεσκευασμένους ὡς χεῖρας συμμίξοντας τοῖς πολεμίοις, τοὺς δὲ ἑπομένους ὑμῖν Πέρσας γιγνώσκων ὅτι οὕτως ὡπλισμένοι εἰσὶν ὡς ὅτι προσωτάτω σταθέντες μάχεσθαι, ἔδεισα μὴ ὀλίγοι καὶ ἔρημοι συμμάχων συμπίπτοντες πολεμίοις πολλοῖς πάθοιτέ τι. Νῦν μὲν οὖν, ἔφη, σώματα ἔχοντες ἀνδρῶν ἥκετε οὐ μεμπτά· ὅπλα δὲ ἔσται αὐτοῖς ὅμοια τοῖς ἡμετέροις· τάς γε μέντοι ψυχὰς θήγειν αὐτῶν ὑμέτερον τὸ ἔργον. Ἄρχοντος γάρ ἐστιν οὐχ ἑαυτοῦ μόνον ἀγαθὸν παρέχειν, ἀλλὰ δεῖ καὶ τῶν ἀρχομένων ἐπιμελεῖσθαι ὅπως ὡς βέλτιστοι ἔσονται. (12) Ὁ μὲν οὕτως εἶπεν· οἱ δ' ἥσθησαν μὲν πάντες, νομίζοντες μετὰ πλειόνων ἀγωνιεῖσθαι· εἷς δὲ αὐτῶν καὶ ἔλεξε τοιάδε.

12. Ἀλλὰ θαυμαστά, ἔφη, ἴσως δόξω λέγειν, εἰ Κύρῳ συμβουλεύσω τι εἰπεῖν ὑπὲρ ἡμῶν, ὅταν τὰ ὅπλα λαμβάνωσιν οἱ ἡμῖν μέλλοντες συμμαχέσθαι· ἀλλὰ γιγνώσκω γάρ, ἔφη, ὅτι οἱ τῶν ἱκανωτάτων καὶ εὖ καὶ κακῶς ποιεῖν λόγοι οὗτοι καὶ μάλιστα ἐνδύονται ταῖς ψυχαῖς τῶν ἀκουόντων· κἂν δῶρα διδῶσιν οἱ τοιοῦτοι, καὶ ἂν μείω τυγχάνῃ ὄντα ἢ τὰ παρὰ τῶν ὁμοίων, ὅμως μείζονος αὐτὰ τιμῶνται οἱ λαμβάνοντες. Καὶ νῦν, ἔφη, οἱ Πέρσαι παραστάται ὑπὸ Κύρου πολὺ μᾶλλον ἡσθήσονται ἢ ὑφ' ὑμῶν παρακαλούμενοι, εἴς τε τοὺς ὁμοτίμους καθιστάμενοι βεβαιοτέρως σφίσιν ἡγήσονται ἔχειν τοῦτο ὑπὸ βασιλέως τε παιδὸς καὶ ὑπὸ στρατηγοῦ

erit, ait Cyaxares. Hic igitur, inquit Cyrus, illorum erit victoria, qui numero plures fuerint : multo enim citius a pluribus pauci, vulneribus confecti, perierint, quam a paucis plures. Si ergo, Cyre, inquit, sic se res habeat, quid aliud melius quis reperire possit, quam ad Persas uti mittamus, et simul eos doceamus, calamitatem ad Persas penetraturam, si Medis adversi quid acciderit, simulque majorem exercitum postulemus? At hoc quidem, inquit Cyrus, certo scias hos multitudine hostes non superaturos esse, etiamsi Persæ universi veniant. Quid igitur aliud, quod melius hoc sit, vides? Equidem, inquit Cyrus, si essem qui tu, quam primum Persis omnibus huc venientibus ejusmodi fabricanda curarem arma, qualibus instructi veniunt e nostris ii, qui ὁμότιμοι appellantur. Ea vero sunt, lorica circum pectus, in manu læva scutum, in dextra copis vel securis : hæc si paraveris, efficies ut nobis cum hostibus congredi tutissime liceat, et hostibus ipsis foret optabilius fuga, quam subsistere. Ac nos quidem ipsos, ait, adversus eos collocamus qui subsistent : ex iis autem quicunque fugerint, hos vobis et equitibus attribuimus, ut eis nec fugere vacet, nec converti. Cyrus quidem ad hunc modum disseruit : et Cyaxari visus est recte dicere, isque adeo nullam de pluribus accessendis mentionem faciebat amplius, sed arma, de quibus modo dictum, parabat. Ac ea cum prope jam parata essent, Persarum aderant ὁμότιμοι, ducentes eum qui a Persis mittebatur exercitum. Ibi tum Cyrus hæc, iis convocatis, verba fecisse perhibetur :

« Ego vos quidem, amici, cum sic et ipsos armatos, et animis paratos viderem, ut qui manus cum hostibus conserturi essetis, Persas vero, qui vos sequuntur, ejusmodi armis instructos animadverterem, ut in hostem pugnare, nisi ab eo quam longissime collocati, non possent, veritus sum ne, si pauci consisteretis, et belli sociis destituti in magnam hostium multitudinem incideretis, adversi quid vobis eveniret. Jam vero et corpora, inquit, virorum haud culpanda vobiscum una adducentes adestis; et illis arma nostris similia futura sunt. Ut autem eorum exacuantur animi, eæ scilicet nostræ erunt partes. Est enim ejus cui imperium est, non scipsum modo bonum præbere, sed eorum etiam quibus præest curam gerere, ut illi quam optimi evadant. » In hunc modum Cyrus quidem loquutus est : il vero gavisi sunt omnes quod se plures in pugna socios habituros arbitrarentur ; unus autem ex iis hujusmodi etiam verba fecit :

« Equidem fortasse, ait, mira quædam proferre videbor, si consilium Cyro dare velim, ut aliquid pro nobis dicat, cum arma sumpserint ii quos belli socios habituri sumus. At enim sentio, inquit, eorum orationes quibus et ad beneficium præstandum et ad lædendum maxima est facultas, plurimum in audientium animos penetrare : tales etiam si munera largiantur, licet viliora sint iis quæ a paris conditionis hominibus offerantur, tamen ea pluris æstimant accipientes. Jam vero Persæ adstites, inquit, multo majori jucunditate afficientur, si Cyrus ipse eos advocaverit, quam si nos advocaremus : et in eorum qui ὁμότιμοι appellantur ordinem coopati, beneficium hoc stabilius sibi fore existimabunt, si et a filio regis et ab imperatore proficiscatur,

γενόμενον ἤ, εἰ ὑφ' ἡμῶν τὸ αὐτὸ τοῦτο γίγνοιτο. Ἀπεῖναι μέντοι οὐδὲ τὰ ἡμέτερα χρή, ἀλλὰ παντὶ τρόπῳ δεῖ τῶν ἀνδρῶν θήγειν πάντως τὸ φρόνημα. Ἡμῖν γὰρ ἔσται τοῦτο χρήσιμον ὅ,τι ἂν οὗτοι βελτίονες γένωνται. (14) Οὕτω δὴ ὁ Κῦρος καταθεὶς τὰ ὅπλα εἰς τὸ μέσον καὶ συγκαλέσας πάντας τοὺς Περσῶν στρατιώτας ἔλεξε τοιάδε.

15. Ἄνδρες Πέρσαι, ὑμεῖς καὶ ἔφυτε ἐν τῇ αὐτῇ ἡμῖν καὶ ἐτράφητε, καὶ τὰ σώματά τε οὐδὲν ἡμῶν χείρονα ἔχετε, ψυχάς τε ὑμῖν προσήκει οὐδὲν χείρονας ἡμῶν ἔχειν. Τοιοῦτοι δ' ὄντες ἐν μὲν τῇ πατρίδι οὐ μετείχετε τῶν ἴσων ἡμῖν, οὐχ ὑφ' ἡμῶν ἀπελαθέντες, ἀλλ' ὑπὸ τοῦ τὰ ἐπιτήδεια ἀνάγκην ὑμῖν εἶναι πορίζεσθαι. Νῦν δὲ ὅπως μὲν ταῦτα ἕξετε ἐμοὶ μελήσει σὺν τοῖς θεοῖς· ἔξεστι δ' ὑμῖν, εἰ βούλοισθε, λαβόντας ὅπλα οἷάπερ ἡμεῖς ἔχομεν εἰς τὸν αὐτὸν ἡμῖν κίνδυνον ἐμβαίνειν, καὶ ἂν τι ἐκ τούτων καλὸν κἀγαθὸν γίγνηται, τῶν ὁμοίων ἡμῖν ἀξιοῦσθαι. (16) Τὸν μὲν οὖν πρόσθεν χρόνον ὑμεῖς τε τοξόται καὶ ἀκοντισταὶ ἦτε καὶ ἡμεῖς, καὶ εἴ τι χείρους ἡμῶν ταῦτα ποιεῖν ἦτε, οὐδὲν θαυμαστόν· οὐ γὰρ ἦν ὑμῖν σχολὴ ὥσπερ ἡμῖν τούτων ἐπιμελεῖσθαι. Ἐν δὲ ταύτῃ τῇ ὁπλίσει οὐδὲν ἡμεῖς ὑμῶν προέξομεν. Θώραξ μέν γε περὶ τὰ στέρνα ἁρμόζων ἑκάστῳ ἔσται, γέρρον δὲ ἐν τῇ ἀριστερᾷ, ὃ πάντες εἰθίσμεθα φορεῖν, μάχαιρα δὲ ἢ σάγαρις ἐν τῇ δεξιᾷ, ᾗ δὴ παίειν τοὺς ἐναντίους δεήσει οὐδὲν φυλαττομένους μή τι παίοντες ἐξαμάρτωμεν. (17) Τί οὖν ἂν ἐν τούτοις ἕτερος ἑτέρου διαφέροι ἡμῶν πλὴν τόλμῃ; ἣν οὐδὲν ὑμῖν ἧττον προσήκει ἡμῶν ὑποτρέφεσθαι. Νίκης τε γὰρ ἐπιθυμεῖν, ἥ τὰ καλὰ πάντα καὶ τὰ ἀγαθὰ κτᾶται τε καὶ σώζει, τί μᾶλλον ἡμῖν ἢ ὑμῖν προσήκει; κράτους τε, ὃ πάντα τὰ τῶν ἡττόνων τοῖς κρείττοσι δωρεῖται, τί εἰκὸς ἡμᾶς μᾶλλον ἢ καὶ ὑμᾶς τούτου δεῖσθαι; (18) Τέλος εἶπεν, Ἀκηκόατε πάντα· ὁρᾶτε τὰ ὅπλα· ὁ μὲν χρῄζων λαμβανέτω ταῦτα καὶ ἀπογραφέσθω πρὸς τὸν ταξίαρχον εἰς τὴν ὁμοίαν τάξιν ἡμῖν· ὅτῳ δ' ἀρκεῖ ἐν μισθοφόρου χώρᾳ εἶναι, καταμενέτω ἐν τοῖς ὑπηρετικοῖς ὅπλοις. (19) Ὁ μὲν οὕτως εἶπεν. Ἀκούσαντες δὲ οἱ Πέρσαι ἐνόμισαν, εἰ παρακαλούμενοι ὥστε τὰ ὅμοια πονοῦντες τῶν αὐτῶν τυγχάνειν, μὴ ἐθελήσουσι ταῦτα ποιεῖν, δικαίως ἂν διὰ παντὸς τοῦ αἰῶνος ἀμηχανοῦντες βιοτεύειν· καὶ οὕτως δὴ ἀπογράφονται πάντες, ἀνέλαβόν τε τὰ ὅπλα πάντες.

20. Ἐν ᾧ δὲ οἱ πολέμιοι ἐλέγοντο μὲν προσιέναι, παρῆσαν δὲ οὐδέπω, ἐν τούτῳ ἐπειρᾶτο ὁ Κῦρος ἀσκεῖν μὲν τὰ σώματα τῶν μεθ' ἑαυτοῦ εἰς ἰσχύν, διδάσκειν δὲ τὰ τακτικά, θήγειν δὲ τὰς ψυχὰς εἰς τὰ πολεμικά. (21) Καὶ πρῶτον μὲν λαβὼν παρὰ Κυαξάρου ὑπηρέτας προσέταξεν ἑκάστοις τῶν στρατιωτῶν ἱκανῶς ὧν ἐδέοντο πάντα πεποιημένα παρασχεῖν· τοῦτο δὲ παρασκευάσας οὐδὲν αὐτοῖς ἄλλο ἐλελοίπει ἢ ἀσκεῖν τὰ ἀμφὶ τὸν πόλεμον, ἐκεῖνο δοκῶν καταμεμαθηκέναι ὅτι οὗτοι κράτιστοι ἕκαστα γίγνονται οἳ ἂν ἀφέμενοι τοῦ πολλοῖς προσέχειν τὸν νοῦν ἐπὶ ἓν ἔργον τράπωνται. Καὶ αὐ-

quam si a nobis ad hunc ipsum gradum promoverentur. Neque vero illa abesse debent quæ nostri sunt muneris : sed omnino quovis modo virorum animos exacuere oportet. Quicquid enim illorum virtuti accesserit, id e re nostra fuerit. " Itaque Cyrus, armis in medio depositis, atque omnibus Persarum militibus convocatis, hujusmodi orationem habuit :

" In eadem, Persæ, nobiscum regione vos et nati estis et educati ; et corpora quidem nostris nihilo deteriora habetis, animosque adeo ut nostris nihilo ignaviores habeatis consentaneum est. Tales autem cum sitis, in patria quidem pari nobiscum conditione non eratis, non quod a nobis inde repulsi essetis, sed quod vobis victum quæritare necesse esset. At nunc ut hæc quidem omnia quæ ad vitam sunt necessaria vobis suppetant, mihi curæ erit, diis juvantibus : vobis autem licet, siquidem ita libuerit, sumptis qualia nos gestamus armis, etiamsi nobis aliqua in re deteriores sitis, idem nobiscum pugnæ periculum adire : et si quid inde præclari et eximii obtigerit, paria nobiscum præmia, tanquam qui iis digni fueritis, consequi. Enimvero tempore anteacto, vos quoque sagittarii et jaculatores, admodum et nos, fuistis : quod si in sagittis, jaculisque mittendis minus quam nos periti eratis, minime mirum id videri debet ; neque enim vobis his artibus studiose operam dare, perinde ac nobis, otium erat. At in hoc armaturæ genere, nihilo nos potiores vobis erimus. Nam unicuique aptus erit thorax circa pectus, in læva manu scutum, quod omnes gestare consuevimus, in dextra gladius vel securis, qua feriendi nobis erunt hostes, minime verentibus ne ictus nostri aberrent. Quid igitur est in his, quo alius nostrum alii præstare possit, præter audaciam ? quam vos non minorem quam nos animis fovere decet. Nam et victoriam expetere, quæ bona ac præclara omnia parat et conservat, cur nos magis quam vos deceat ? et cur victrici potentia, quæ facultates devictorum omnes victoribus donat, nobis opus esse magis quam vobis, rationi sit consentaneum ? Tandem dixit, Audistis omnia : arma omnia cernitis ; iis qui indiget, ea capiat, nomenque apud cohortis præfectum profitendo in eundem nobiscum ordinem adscribatur : cui vero mercenarii militis locum tenere sit est, is servilibus armis maneat indutus. " Hæc Cyri verba fuerunt. Quæ cum audissent Persæ, jure se arbitrabantur omnem deinde ætatem in rerum inopia et egestate acturos, si invitati ut pares suscipiendo labores eandem consequerentur præmia, non paruissent : itaque omnes nomina sua sunt professi, omnesque adeo arma acceperunt.

Interea vero dum hostes adventare dicerentur, necdum tamen adessent, Cyrus suorum corpora ad robur exercere nitebatur, et eos quæ ad disciplinam militarem pertinent docere, et ad res bellicas animos acuere. Ac primum quidem acceptis a Cyaxare ministris, imperavit eis ut singulis militibus abunde omnia, quibus opus esset, parata suppeditarent : quod cum ita curasset, nihil aliud ipsis militibus agendum reliquit, quam ut in rebus bellicis sese exercerent ; quippe qui illud sibi videretur animadvertisse, singulis nimirum eos in rebus effici præstantissimos, qui misso facto plurium studio, ad unam rem animum converterent. Quin

τῶν δὲ τῶν πολεμικῶν περιελὼν καὶ τὸ τόξῳ μελετᾶν καὶ ἀκοντίῳ κατέλιπε τοῦτο μόνον αὐτοῖς τὸ σὺν μαχαίρᾳ καὶ γέῤῥῳ καὶ θώρακι μάχεσθαι· ὥστε εὐθὺς αὐτῶν παρεσκεύασε τὰς γνώμας ὡς ὁμόσε ἰτέον εἴη τοῖς πολεμίοις, ἢ ὁμολογητέον μηδενὸς εἶναι ἀξίους συμμάχους· τοῦτο δὲ χαλεπὸν ὁμολογῆσαι οἵτινες ἂν εἰδῶσιν ὅτι οὐδὲ δι' ἄλλο τρέφονται ἢ ὅπως μαχοῦνται ὑπὲρ τῶν τρεφόντων. (22) Ἔτι δὲ πρὸς τούτοις ἐννοήσας ὅτι περὶ ὁπόσων ἂν γένωνται ἀνθρώποις φιλονεικίαι, πολὺ μᾶλλον ἐθέλουσι ταῦτα ἀσκεῖν, ἀγῶνάς τε αὐτοῖς προεῖπεν ἁπάντων ὁπόσα ἐγίγνωσκεν ἀσκεῖσθαι ἀγαθὸν εἶναι ὑπὸ στρατιωτῶν καὶ προεῖπε τάδε, ἰδιώτῃ μὲν ἑαυτὸν παρέχειν εὐπειθῆ τοῖς ἄρχουσι καὶ ἐθελόπονον καὶ φιλοκίνδυνον μετ' εὐταξίας καὶ ἐπιστήμονα τῶν στρατιωτικῶν καὶ φιλόκαλον περὶ ὅπλα καὶ φιλότιμον ἐπὶ πᾶσι τοῖς τοιούτοις, πεμπαδάρχῳ δ' αὐτόν τε ὄντα οἷόνπερ τὸν ἀγαθὸν ἰδιώτην καὶ τὴν πεμπάδα εἰς τὸ δυνατὸν τοιαύτην παρέχειν, δεκαδάρχῳ δὲ τὴν δεκάδα ὡσαύτως, λοχαγῷ δὲ τὸν λόχον, καὶ ταξιάρχῳ ἀνεπίκλητον αὐτὸν ὄντα ἐπιμελεῖσθαι καὶ τῶν ὑφ' αὑτῷ ἀρχόντων ὅπως ἐκεῖνοι αὖ ὧν ἂν ἄρχωσι παρέξουσι τὰ δέοντα ποιοῦντας. (23) Ἆθλα δὲ προὔφηνε τοῖς μὲν ταξιάρχοις οἳ κρατίστας δόξαιεν τὰς τάξεις παρασκευάσαι, χιλιάρχους ἔσεσθαι· τῶν δὲ λοχαγῶν οἳ κρατίστους δόξαιεν τοὺς λόχους ἀποδεικνύναι, εἰς τὰς τῶν ταξιάρχων χώρας ἐπαναβήσεσθαι· τῶν δ' αὖ δεκαδάρχων τοὺς κρατίστους εἰς τὰς τῶν λοχαγῶν χώρας καταστήσεσθαι, τῶν δ' αὖ πεμπαδάρχων ὡσαύτως εἰς τὰς τῶν δεκαδάρχων, τῶν γε μὴν ἰδιωτῶν τοὺς κρατιστεύοντας εἰς τὰς τῶν πεμπαδάρχων. Ὑπῆρχε δὲ πᾶσι τούτοις τοῖς ἄρχουσι πρῶτον μὲν θεραπεύεσθαι ὑπὸ τῶν ἀρχομένων, ἔπειτα δὲ καὶ ἄλλαι τιμαὶ αἱ πρέπουσαι ἑκάστοις συμπαρείποντο. Ἐπανετείνοντο δὲ καὶ μείζονες ἐλπίδες τοῖς ἀξίοις ἐπαίνου, εἴ τι ἐν τῷ ἐπιόντι χρόνῳ ἀγαθὸν μεῖζον φαίνοιτο. (24) Προεῖπε δὲ καὶ νικητήρια καὶ ὅλαις ταῖς τάξεσι καὶ ὅλοις τοῖς λόχοις, καὶ ταῖς δεκάσιν ὡσαύτως καὶ ταῖς πεμπάσιν, ἐὰν φαίνωνται εὐπιστότατα τοῖς ἄρχουσι οὖσαι καὶ προθυμότατα ἀσκοῦσαι τὰ προειρημένα. Ἦν δὲ ταῦτα τὰ νικητήρια οἷα δὴ εἰς πλῆθος πρέπει. Ταῦτα μὲν δὴ προείρητό τε καὶ ἤσκειτό ἡ στρατιά. (25) Σκηνὰς δὲ αὐτοῖς κατεσκεύασε, πλῆθος μὲν ὅσοι ταξίαρχοι ἦσαν, μέγεθος δὲ ὥστε ἱκανὰς εἶναι τῇ τάξει ἑκάστῃ· ἡ δὲ τάξις ἦν ἑκατὸν ἄνδρες. Ἐσκήνουν μὲν δὴ οὕτω κατὰ τάξεις· ἐν δὲ τῷ ὁμοῦ σκηνοῦν ἐδόκουν μὲν αὐτῷ ὠφελεῖσθαι πρὸς τὸν μέλλοντα ἀγῶνα τούτῳ ὅτι ἑώρων ἀλλήλους ὁμοίως τρεφομένους καὶ οὐκ ἐνῆν πρόφασις μειονεξίας ὥστε ὀφείλεσθαί τινα κακίω τε ἑτέρου ἑτέρου εἶναι πρὸς τοὺς πολεμίους. Ὠφελεῖσθαι δὲ ἐδόκουν αὐτῷ καὶ πρὸς τὸ γιγνώσκειν ἀλλήλους ὁμοῦ σκηνοῦντες· ἐν δὲ τῷ γιγνώσκεσθαι καὶ τὸ αἰσχύνεσθαι πᾶσι δοκεῖ μᾶλλον ἐγγίγνεσθαι, οἱ δὲ ἀγνοούμενοι ῥᾳδιουργεῖν πως μᾶλλον δοκοῦσιν, ὥσπερ οἱ ἐν σκότει ὄντες. (26) Ἐδόκουν δὲ αὐτῷ καὶ εἰς τὸ τὰς τάξεις ἀκριβοῦν μεγάλα ὠφελεῖσθαι διὰ τὴν

etiam ex ipsis rebus ad bellum pertinentibus sublata sagittandi jaculandique exercitatione, hoc solum illis agendum reliquit, ut gladio et scuto et thorace instructi pugnarent. Itaque statim sic eorum præparavit animos, ut vel cominus cum hostibus congrediendum statuerent, vel fatendum se nullius in bello momenti socios esse : hoc autem fateri grave est illis, qui aliam nullam ob causam ali se norunt, quam uti pro iis pugnent qui victum præbent. Præterea, cum ei in mentem veniret homines in iis multo libentius se exercere, de quibus contentiones cum æmulatione conjunctæ inter ipsos nascuntur, certamina earum rerum omnium indixit illis, in quibus exerceri milites utile esse judicaret. Erant autem hæc, quæ indicebat : gregario militi, ut præfectis se obedientem exhiberet, ad labores impigrum, ad subeunda pericula, ordine tamen servato, promptum, peritum rerum militarium, in armis elegantiæ studiosum et in hujusmodi rebus omnibus laudis avidum : quinque virorum præfecto, ut et ipse boni militis gregarii more se gereret, et quinionem, pro virili, talem exhiberet : decurioni, ut decuriam : manipuli itidem ductori, manipulum : cohortis denique præfecto, tum ut ipse reprehensione vacaret, tum daret operam ut suo sub imperio constituti duces, ipsi vicissim eos quibus præsint in officio continerent. Præmia vero proponebat, cohortium quidem præfectis, ut qui cohortes optimas reddidisse viderentur, tribuni fierent : ut autem ex manipulorum præfectis ii, qui manipulos effecisse optimos viderentur, eorum in loca succederent, qui fuissent præfecti cohortium : ut decuriones itidem optimi, in eorum loca substituerentur, qui manipulorum præfecti fuissent : et quinque virorum præfecti, in decurionum itidem : gregariorum autem militum præstantissimi, in eorum substituerentur loca qui quinque virorum fuissent præfecti. His vero præfectis omnibus hoc aderat, ut primum ab iis quibus præerant colerentur ; deinde honores etiam alii, singulis convenientes, una accedebant. Quin et majores spes laude dignis ostendebat, si qua secuturo tempore fortuna melior affulserit. Totis etiam cohortibus, totisque manipulis victoriæ præmia promisit, decuriis itidem et quinionibus, si præfectis suis obedientissimi comperti essent, et in iis quæ sunt prædicta se libentissime exercerent. Erant autem illis ejusmodi præmia victoriæ constituta, qualia multitudini sane conveniunt. Et hæc quidem erant præscripta, atque in iis se exercebant milites. Tabernacula, quod numerum attinet, tot eis instruxit, quot erant præfecti cohortium ; magnitudine vero tanta, ut singulis cohortibus capiendis sufficerent : cohors autem ex centum viris constabat. Atque hoc modo centuriatim in tabernaculis degebant. Ex tali autem contubernio hoc ei videbantur ad futurum certamen percepturi commodi, quod eodem se modo ali mutuo cernerent ; neque deterioris conditionis prætextui locus erat, ut quis eo nomine remissius ageret, et alius alio adversus hostes ignavius se gereret. Hoc etiam commodi ipsi videbantur ex contubernio consecuturi, quod hinc facilius se mutuo cognoscerent : ex eo autem quod se nossent inter se, majorem in omnibus verecundiam excitari arbitrabatur : ignoti vero qui sunt, quemadmodum ii qui in tenebris versantur, ad segnitiam aliquantum procliviores esse videntur. Videbantur etiam ad accuratam ordinum cognitionem contubernio magnopere

συσκηνίαν. Εἶχον γὰρ οἱ μὲν ταξίαρχοι ὑφ' ἑαυτοῖς τὰς τάξεις κεκοσμημένας ὥσπερ ὁπότε εἰς ἕνα πορεύοιτο ἡ τάξις, οἱ δὲ λοχαγοὶ τοὺς λόχους ὡςαύτως, οἱ δὲ δεκάδαρχοι τὰς δεκάδας καὶ οἱ πεμπάδαρχοι τὰς πεμπάδας. (29) Τὸ δὲ διακριβοῦν τὰς τάξεις σφόδρα ἐδόκει αὐτῷ ἀγαθὸν εἶναι καὶ εἰς τὸ μὴ ταράττεσθαι, καὶ εἴ ταραχθείεν, θᾶττον καταστῆναι, ὥσπερ γε καὶ λίθων καὶ ξύλων ἃ ἂν δέῃ συναρμοσθῆναι, ἔστι κἂν ὁπωςοῦν καταβεβλημένα τύχῃ συναρμόσαι αὐτὰ εὐπετῶς, ἂν ἔχῃ γνωρίσματα ὥςτε εὔδηλον εἶναι ἐξ ὁποίας ἕκαστον χώρας αὐτῶν ἐστιν. Ἐδόκουν δὲ ὠφελεῖσθαι αὐτῷ ὁμοῦ τρεφόμενοι καὶ πρὸς τὸ ἧττον ἀλλήλους ἐθέλειν ἀπολιπεῖν, ὅτι ἑώρα καὶ τὰ θηρία τὰ συντρεφόμενα δεινῶς ἔχοντα πόθον, ἤν τις αὐτὰ διασπᾷ ἀπ' ἀλλήλων. (29) Ἐπεμέλετο δὲ καὶ τούτου ὁ Κῦρος ὅπως μήποτε ἀνίδρωτοι γενόμενοι ἐπὶ τὸ ἄριστον καὶ τὸ δεῖπνον εἰςίοιεν. Ἢ γὰρ ἐπὶ θήραν ἐξάγων ἱδρῶτα αὐτοῖς παρεῖχεν, ἢ παιδιὰς τοιαύτας ἐξεύρισκεν αἳ ἱδρῶτα ἔμελλον παρέχειν, ἢ καὶ πρᾶξαι εἴ τι δεόμενος τύχοι, οὕτως ἐξηγεῖτο τῆς πράξεως ὡς μὴ ἐπανίοιεν ἀνίδρωτί. Τοῦτο γὰρ ἡγεῖτο καὶ πρὸς τὸ ἡδέως ἐσθίειν ἀγαθὸν εἶναι καὶ πρὸς τὸ ὑγιαίνειν καὶ πρὸς τὸ δύνασθαι πονεῖν· καὶ πρὸς τὸ ἀλλήλοις δὲ πρᾳοτέρους εἶναι ἀγαθὸν ἡγεῖτο τοὺς πόνους εἶναι, ὅτι καὶ οἱ ἵπποι συμπονοῦντες ἀλλήλοις πρᾳότερον συνεστήκασι. Πρός γε μὴν τοὺς πολεμίους μεγαλοφρονέστεροι γίγνονται ὧν ἂν ξυνειδῶσιν ἑαυτοῖς εὖ ἠσκηκότες.

30. Κῦρος δὲ αὑτῷ σκηνὴν μὲν κατεσκευάσατο ὥςτε ἱκανὴν ἔχειν οὓς καλοίη ἐπὶ δεῖπνον. Ἐκάλει δὲ ὡς τὰ πολλὰ τῶν ταξιάρχων οὓς καιρὸς αὐτῷ δοκοίη εἶναι, ἔστι δ' ὅτε καὶ τῶν λοχαγῶν καὶ τῶν δεκαδάρχων τινὰς καὶ τῶν πεμπαδάρχων ἐκάλει, ἔστι δ' ὅτε καὶ τῶν στρατιωτῶν, ἔστι δ' ὅτε καὶ τὴν πεμπάδα ὅλην καὶ δεκάδα ὅλην καὶ λόχον ὅλον καὶ τάξιν ὅλην. Ἐκάλει δὲ καὶ ἐτίμα καὶ ὁπότε τινὰς ἴδοι τοιοῦτόν τι ποιήσαντας ὃ πάντας ἐβούλετο ποιεῖν. Ἦν δὲ τὰ μὲν παρατιθέμενα ἀεὶ ἴσα αὑτῷ τε καὶ τοῖς καλουμένοις ἐπὶ δεῖπνον. (31) Καὶ τοὺς ἀμφὶ τὸ στράτευμα δὲ ὑπηρέτας ἰσομοίρους πάντων ἀεὶ ἐποιεῖτο· οὐδὲ γὰρ ἧττον τιμᾶν ἀξίους ἐδόκει αὐτῷ εἶναι τοὺς ἀμφὶ τὰ στρατιωτικὰ ὑπηρέτας οὔτε κηρύκων οὔτε πρέσβεων. Καὶ γὰρ πιστοὺς ἡγεῖτο δεῖν εἶναι τούτους καὶ ἐπιστήμονας τῶν στρατιωτικῶν καὶ συνετούς, προςέτι δὲ καὶ σφοδροὺς καὶ ταχεῖς καὶ ἀόκνους καὶ ἀταράκτους. Πρὸς δ' ἔτι ἃ οἱ βέλτιστοι νομιζόμενοι ἔχουσιν ἐγίγνωσκεν ὁ Κῦρος δεῖν τοὺς ὑπηρέτας ἔχειν καὶ τοῦτο ἀσκεῖν ὡς μηδὲν ἀναινοιντο ἔργον, ἀλλὰ πάντα νομίζοιεν πρέπειν αὐτοῖς πράττειν ὅσα ὁ ἄρχων προςτάττοι.

ΚΕΦΑΛΑΙΟΝ B.

Ἀεὶ μὲν οὖν ἐπεμέλετο ὁ Κῦρος, ὁπότε συσκηνοῖεν, ὅπως εὐχαριστότατοί τε ἅμα λόγοι ἐμβληθήσονται καὶ

---

juvari. Nam præfecti cohortium perinde sub se dispositas cohortes habebant, ut cum procedant in cohorte singuli; manipulorum item ductores, manipulos : decuriones itidem decurias : et quinque virorum præfecti, quiniones. Ordines autem accurate cognitos habere, utile admodum ei videlatur esse, tum ut ne perturbarentur, tum ut, si quando perturbarentur, citius in ordinem restitui possent : quemadmodum sane et lapides et ligna, quæ coagmentanda sunt, utcunque fuerint disjecta, facile quis coagmentare possit, si qua habeant indicia, quæ manifestum faciant, cujus eorum unumquodque sit loci. Hoc porro ipsi videbantur ex convictu capturi commodi, ut minus alii alios deserere velint; quod videret etiam bestias, quæ una pascuntur, miro sui desiderio teneri, si quis eas a se invicem divellat. Hoc quoque Cyro curæ erat, ut nunquam, nisi prius sudassent, ad prandium cœnamve accederent. Nam vel eos in venationem eductos ad sudorem usque exercebat, vel ejusmodi ludos excogitabat, qui sudorem elicerent ; vel si qua etiam res ipsi forte agenda esset, ita se ducem in ea agenda præbuit, ut absque sudore non redirent. Hoc enim et ad excitandam edendi dulcedinem, et ad valetudinem, et ad laborum tolerantiam utile putabat. Quin ad hoc etiam conducere labores arbitrabatur, ut inter se mansuetiores essent, propterea quod et equi eosdem labores inter se sustinentes, placidius eodem stare loco consueverint. In hostes vero etiam ferociores animosiores, qui sibi ipsis conscii sunt, quam egregie se exercuerint.

Cyrus autem tabernaculum sibi instruendum curavit, quod eorum capax esset, quos ad cœnam invitaret. In invitabat plerumque cohortium præfectos, quos ipsi visum esset opportunum : nonnunquam ex manipulorum præfectis et decurionibus et quinque virorum præfectis quosdam ; quosdam etiam aliquando ex militibus; aliquando etiam quinionem totum, totam decuriam, totum manipulum, cohortem denique totam invitabat. Invitare autem atque eos honore excipere solebat, cum cerneret aliquos ejusmodi quiddam fecisse, quod ab omnibus fieri volebat. Semper vero et ipsi et ad cœnam invitatis eædem apponebantur dapes. Et exercitus etiam ministris æquas semper partes distribuendas curabat : nam castrenses illos ministros non minus honore dignos existimabat quam præcones ac legatos. Etenim fideles hos esse debere putabat, rerumque quæ ad milites pertinent peritos, et intelligentes, quin etiam gnavos, et celeres, et impigros, et intrepidos. Præterea autem censebat Cyrus, ea ministris istis inesse debere, quæcunque viris qui optimi habentur adsint, et huic sese assuefacere, ut nullum opus detrectent, sed existiment decere se omnia agere quæcunque jusserit imperator.

CAPUT II.

Cyrus certe quidem semper operam dabat, ut, cum in eodem tabernaculo una essent, et jucundissimi simul sermo-

παρορμῶντες εἰς τἀγαθόν. Ἀφίκετο δ' οὖν καὶ εἰς τόνδε ποτὲ τὸν λόγον. Ἆρά γε, ἔφη, ὦ ἄνδρες, ἐνδεέστεροί τι ἡμῶν διὰ τοῦτο φαίνονται εἶναι οἱ ἑταῖροι ὅτι οὐ πεπαίδευνται τὸν αὐτὸν τρόπον ἡμῖν, ἢ οὐδὲν ἄρα διοίσειν ἡμῶν οὔτε ἐν ταῖς συνουσίαις οὔτε ὅταν ἀγωνίζεσθαι πρὸς τοὺς πολεμίους δέῃ; (2) Καὶ ὁ Ὑστάσπης ὑπολαβὼν εἶπεν, Ἀλλ' ὁποῖοι μέν τινες ἔσονται εἰς τοὺς πολεμίους οὔπω ἔγωγε ἐπίσταμαι· ἐν μέντοι τῇ συνουσίᾳ δύσκολοι ναὶ μὰ τοὺς θεοὺς ἔνιοι αὐτῶν φαίνονται. Πρώην μέν γε, ἔφη, Κυαξάρης ἐπεμψεν εἰς τὴν τάξιν ἑκάστην ἱερεῖα, καὶ ἐγένετο κρέα ἑκάστῳ ἡμῶν τρία ἢ καὶ πλείω τὰ περιφερόμενα. Καὶ ἤρξατο μὲν δὴ ἀπ' ἐμοῦ ὁ μάγειρος τὴν πρώτην περίοδον περιφέρων· ὅτε δὲ τὸ δεύτερον εἰσῄει περιοίσων, ἐκέλευσα ἐγὼ ἀπὸ τοῦ τελευταίου ἄρχεσθαι καὶ ἀνάπαλιν περιφέρειν. (3) Ἀνακραγὼν οὖν τις τῶν κατὰ μέσον τὸν κύκλον κατακειμένων στρατιωτῶν, Μὰ Δί', ἔφη, τῶνδέ μὲν οὐδὲν ἴσον ἐστίν, εἴ γε ἀφ' ἡμῶν γε τῶν ἐν μέσῳ οὐδεὶς οὐδέποτε ἄρξεται. Καὶ ἐγὼ ἀκούσας ἠχθέσθην εἴ τι μεῖον δοκοῖεν ἔχειν, καὶ ἐκάλεσα εὐθὺς αὐτὸν πρὸς ἐμέ. Ὁ δὲ μάλα γε τοῦτο εὐτάκτως ὑπήκουσεν. Ὡς δὲ τὰ περιφερόμενα ἧκε πρὸς ἡμᾶς, ἅτε οἶμαι ὑστάτους λαμβάνοντας, τὰ σμικρότατα λελειμμένα ἦν· ἐνταῦθα δὴ ἐκεῖνος πάνυ ἀνιαθεὶς δῆλος ἦν καὶ εἶπε πρὸς ἑαυτόν, Τῆς τύχης, τὸ ἐμὲ νῦν κληθέντα δεῦρο τυχεῖν. (4) Καὶ ἐγὼ εἶπον, Ἀλλὰ μὴ φρόντιζε· αὐτίκα γὰρ ἀφ' ἡμῶν αὖ ἄρξεται, καὶ σὺ πρῶτος λήψῃ τὸ μέγιστον. Καὶ ἐν τούτῳ περιέφερε τὸ τρίτον, ὅπερ δὴ λοιπὸν ἦν τῆς περιφορᾶς, κἀκεῖνος ἔλαβε μετ' ἐμὲ δεύτερος. Ὡς δ' ὁ τρίτος ἔλαβε, καὶ ἔδοξεν αὐτῷ μεῖζον ἑαυτοῦ λαβεῖν, κατέβαλεν ὃ ἔλαβεν ὡς ἕτερον ληψόμενος. Καὶ ὁ ἀρτάμος οἰόμενος αὐτὸν οὐδὲν ἔτι δεῖσθαι ὄψου, ᾤχετο παραφέρων πρὶν λαβεῖν αὐτὸν ἕτερον. (5) Ἐνταῦθα δὴ οὕτω βαρέως ἤνεγκε τὸ πάθος ὥστε ἀνήλωτο μὲν αὐτῷ ὃ εἰλήφει ὄψον, ὃ δὲ ἔτι αὐτῷ λοιπὸν ἦν τοῦ ἐμβάμματος, τοῦτό πως ὑπὸ τοῦ ἐκπεπλῆχθαί τε καὶ τῇ τύχῃ ὀργίζεσθαι δυσχετούμενος ἀνέτρεψεν. Ὁ μὲν δὴ λοχαγὸς ὁ ἐγγύτατα ἡμῶν ἰδὼν συνεκρότησε τὸ χεῖρε καὶ τῷ γέλωτι ηὐφραίνετο. Ἐγὼ μέντοι, ἔφη, προσεποιούμην βήττειν· οὐδὲ γὰρ αὐτὸς ἐδυνάμην κατασχεῖν τὸν γέλωτα. Τοιοῦτον μέν σοι ἕνα, ὦ Κῦρε, τῶν ἑταίρων ἐπιδεικνύω, ἔφη. Ἐπὶ μὲν δὴ τούτῳ ὥσπερ εἰκὸς ἐγέλασαν. (6) Ἄλλος δέ τις ἔλεξε τῶν ταξιάρχων, Οὗτος μὲν δή, ἔφη, ὦ Κῦρε, ὡς ἔοικεν οὕτω δυσκόλων ἐπέτυχεν. Ἐγὼ δέ, ὡς σὺ διδάξας ἡμᾶς τὰς τάξεις ἀπέπεμψας καὶ ἐκέλευσας διδάσκειν τὴν ἑαυτοῦ ἕκαστον τάξιν ἃ παρὰ σοῦ ἐμάθομεν, οὕτω δὴ καὶ ἐγώ, ὥσπερ καὶ οἱ ἄλλοι ἐποίουν, ἐλθὼν ἐδίδασκον ἕνα λόχον. Καὶ στήσας τὸν λοχαγὸν πρῶτον, καὶ τάξας δὴ ἐπ' αὐτῷ ἄνδρα νεανίαν, καὶ τοὺς ἄλλους ᾗ ᾤμην δεῖν, ἔπειτα στὰς ἐκ τοῦ ἔμπροσθεν βλέπων εἰς τὸν λόχον, ἡνίκα μοι ἐδόκει καιρὸς εἶναι, προϊέναι ἐκέλευσα. (7) Καὶ ὁ ἀνήρ σοι ὁ νεανίας ἐκεῖνος προελθὼν τοῦ λοχαγοῦ πρότερος ἐπορεύετο. Κἀγὼ ἰδὼν εἶπον, Ἄνθρωπε, τί ποιεῖς; καὶ ὃς ἔφη, Προέρχομαι ὥσπερ σὺ κελεύεις. Κἀγὼ εἶπον,

nos, et qui ad praeclarum aliquid eos incitarent, injicerentur. Itaque hunc etiam aliquando in sermonem incidit: Num, viri, ait, socii illi propterea nobis aliquanto inferiores esse videntur, quod ea, qua nos, non sunt disciplina instituti? an nihil a nobis different, neque in congressibus, neque cum dimicandum erit cum hostibus? Et Hystaspes suscipiens dixit, At quales quidem in hostes futuri sint ego certe nondum scio; verumtamen in familiari consuetudine ex iis quidam, profecto, morosi plane videntur. Nuper quidem, inquit, Cyaxares ad singulas cohortes animantium corpora mittebat, et unicuique nostrum tres aut plures carnis, quae circumferebatur, portiones obvenerunt. Et coquus quidem a me exorsus est, cum prima eam circuitione circumferebat: cum autem secundo ingrederetur ut circumferret, jussi ego eum ab ultimo ordiri, et vice versa circumferre. Ibi tandem militum quidam in media corona discumbentium exclamans, Nulla profecto, ait, hic est aequalitas, si a nobis, qui sumus in medio, nemo unquam incipiet. Quod ego cum audissem, moleste tuli, videri medios deteriori esse conditione, ac eum ad me statim arcessivi. Paruit in hoc ille mihi perquam modeste. Cum autem ea quae circumferebantur ad nos pervenissent, quippe quibus ultimo sane loco sumendum esset, minimae partes relictae erant; tum ille palam visus est magno moerore affici, et secum ipse, O iniquam meam fortunam, qui jam huc sim arcessitus! Et ego aiebam, Ne sis sollicitus : statim enim a nobis incipiet, ac tu primus capies quod maximum erit. Et coquus interim tertium circumferebat quod solum sane circumferendum restabat : atque ille secundo post me sumebat loco. Cum autem tertius etiam sumpsisset, et visus est huic majorem sua portionem accepisse, id quod sumpserat abjicit, velut aliud sumpturus. At coquus, qui cum nihil quicquam obsonii egere putaret, abiit atque aliis ferculo prius adferebat, quam ille aliud sumpsisset. Hic enimvero usque adeo graviter hunc casum tulit, ut, cum absumptum esset quod acceperat obsonium, etiam quod ei reliquum erat intinctus, stupefactus jam iratusque fortunae, id prae impatientia everteret. Id quidem cum proximus nobis manipuli praefectus videret, manibus complosis risui indulgebat. Ego vero, inquit, tussire me simulabam, neque enim ipse risum continere potuissem. Ejusmodi sane, inquit, Cyre, quendam e sociis tibi nostris ostendo. Hic omnes quidem, ut par erat, riserunt. Et alius quidem ex cohortium praefectis, Hic quidem, Cyre, inquit, in morosum ita, ut videtur, incidit. Ego vero, postquam tu nos rationes ordinum a te edoctos dimisisses, ac jussisses uti quisque suam cohortem ea doceret, quae abs te didicissemus, atque ita ipse, inquam, quemadmodum et alii fecere, discedens ad manipuli unum erudiebam. Et cum manipuli praefectum loco primo statuissem, ac post hunc quidem strenuum quendam juvenem collocassem, ceterosque, quo quemque loco disponendum putabam, stans deinde ab anteriori parte, versusque manipulum respiciens, cum opportunum mihi visum esset, progredi jussi. Ac protinus juvenis ille progressus ante manipuli praefectum, prior incedebat. Quod ego cum viderem, Quid, inquam, agis, homo? Et ille, Progredior, ait, quemadmodum tu jubes. Atqui ego, inquam, non te solum, sed omnes, pro-

Ἀλλ' οὐκ ἐγώ σε μόνον ἐκέλευον ἀλλὰ πάντας προϊέναι. Καὶ ὃς ἀκούσας τοῦτο μεταστραφεὶς πρὸς τοὺς λοχίτας εἶπεν, Οὐκ ἀκούετ', ἔφη, λοιδορουμένου; προϊέναι, ἔφη, πάντας κελεύει. Καὶ οἱ ἄνδρες πάντες παρελθόντες τὸν λοχαγὸν ᾖεσαν πρὸς ἐμέ. (8) Ἐπειδὲ δ λοχαγὸς αὐτοὺς ἀνεχώριζεν, ἐδυσφόρουν καὶ ἔλεγον, Ποτέρῳ δὴ πείθεσθαι χρή; νῦν γὰρ ὁ μὲν κελεύει προϊέναι, ὁ δ' οὐκ ἐᾷ. Ἐγὼ μέντοι ἐνεγκὼν ταῦτα πράως ἐξ ἀρχῆς αὖ κατα-χωρίσας εἶπον μηδένα τῶν ὄπισθεν κινεῖσθαι πρὶν ἂν ὁ πρόσθεν ἡγῆται, ἀλλὰ τοῦτο μόνον ὁρᾶν πάντας, τῷ πρόσθεν ἕπεσθαι. (9) Ὡς δ' εἰς Πέρσας τις ἀπιὼν ἦλθε πρὸς ἐμὲ καὶ ἐκέλευσέ με τὴν ἐπιστολὴν ἣν ἐγράψα οἴκαδε δοῦναι, κἀγώ, ὁ γὰρ λοχαγὸς ᾔδει ὅπου ἔκειτο ἡ ἐπιστολή, ἐκέλευσα αὐτὸν δραμόντα ἐνεγκεῖν τὴν ἐπιστολήν, ὁ μὲν δὴ ἔτρεχεν, ὁ δὲ νεανίας ἐκεῖνος εἵπετο τῷ λοχαγῷ σὺν αὐτῷ τῷ θώρακι καὶ τῇ κοπίδι, καὶ ὁ ἄλλος δὲ πᾶς λόχος ἰδὼν ἐκεῖνον συνέτρεχε· καὶ ἧκον οἱ ἄνδρες φέροντες τὴν ἐπιστολήν. Οὕτως, ἔφη, ὅ γε ἐμὸς λόγος ἀκριβοῖ σοι πάντα τὰ παρὰ σοῦ. (10) Οἱ μὲν δὴ ἄλλοι ὡς εἰκὸς ἐγέλων ἐπὶ τῇ ἐπιστολῇ· ὁ δὲ Κῦρος εἶπεν, Ὦ Ζεῦ καὶ πάντες θεοί, οἵους ἄρα ἡμεῖς ἔχομεν ἄνδρας ἑταίρους, οἵ γε εὐθεράπευτοι μὲν οὕτως εἰσίν ὥστε εἶναι αὐτῶν καὶ μικρῷ ὀψῷ πάνυ [πολλοὺς] φίλους ἀνακτήσασθαι· πιθανοὶ δ' οὕτως εἰσί τινες ὥστε πρὶν εἰδέναι τὸ προσταττόμενον πρότερον πείθονται. Ἐγὼ μὲν οὐκ οἶδα ποίους τινὰς χρὴ μᾶλλον εὔξασθαί ἢ τοιούτους στρατιώτας ἔχειν. (11) Ὁ μὲν δὴ Κῦρος ἅμα γελῶν οὕτως ἐπῄνεσε τοὺς στρατιώτας. Ἐν δὲ τῇ σκηνῇ ἐτύγχανέ τις ὢν τῶν ταξιάρχων Ἀγλαϊτάδας ὄνομα, ἀνὴρ τὸν τρόπον τῶν στρυφνοτέρων ἀνθρώπων, ὃς οὑτωσὶ πως εἶπεν· Ἦ γὰρ οἴει, ἔφη, ὦ Κῦρε, τούτους ἀληθῆ λέγειν ταῦτα; Ἀλλὰ τί μὴν βουλόμενοι, ἔφη ὁ Κῦρος, ψεύδονται; Τί δ' ἄλλο γε, ἔφη, εἰ μὴ γέλωτα ποιεῖν ἐθέλοντες· ὑπὲρ οὗ ταῦτα καὶ ἀλαζονεύονται. (12) Καὶ ὁ Κῦρος, Εὐφήμει, ἔφη, μηδὲ λέγε ἀλαζόνας εἶναι τούτους. Ὁ μὲν γὰρ ἀλαζὼν ἔμοιγε δοκεῖ ὄνομα κεῖσθαι ἐπὶ τοῖς προσποιουμένοις καὶ πλουσιωτέροις εἶναι ἢ εἰσὶ καὶ ἀνδρειοτέροις καὶ ποιήσειν ἃ μὴ ἱκανοί εἰσιν ὑπισχνουμένοις, καὶ ταῦτα φανεροὺς γιγνομένους ὅτι τοῦ λαβεῖν τι ἕνεκα καὶ κερδᾶναι ποιοῦσιν. Οἱ δὲ μηχανώμενοι γέλωτα τοῖς συνοῦσι μήτ' ἐπὶ τῷ ἑαυτῶν κέρδει μήτ' ἐπὶ ζημίᾳ τῶν ἀκουόντων μήτε ἐπὶ βλάβῃ μηδεμιᾷ, πῶς οὐχ οὗτοι ἀστεῖοι ἂν καὶ εὐχάριτες δικαιότερον ὀνομάζοιντο μᾶλλον ἢ ἀλαζόνες; (13) Ὁ μὲν δὴ Κῦρος οὕτως ἀπελογήσατο περὶ τῶν τὸν γέλωτα παραγόντων· αὐτὸς δὲ ὁ ταξίαρχος ὁ τὴν τοῦ λόγου χαρίτιαν διηγησάμενος ἔφη, Ἦ που ἂν, ἔφη, ὦ Ἀγλαϊτάδα, εἴ γε κλαίειν ἐπειρώμεθά σε ποιεῖν, σφόδρ' ἂν ἡμῖν ἐμέμφου, ὥσπερ ἔνιοι καὶ ἐν ᾠδαῖς καὶ ἐν λόγοις αἰκρά ἄττα λογοποιοῦντες εἰς δάκρυα πειρῶνται ἄγειν, ὁπότε γε νῦν καὶ αὐτὸς εἰδὼς ὅτι εὐφραίνειν μέν τί σε βουλόμεθα, βλάψαι δ' οὐδέν, ὅμως οὕτως ἐν πολλῇ ἀτιμίᾳ ἡμᾶς ἔχεις. (14) Ναὶ μὰ Δί', ἔφη ὁ Ἀγλαϊτάδας, καὶ δικαίως γε, ἐπεὶ καὶ αὐτοῦ τοῦ κλαίειν καθίζοντος τοὺς

greali jubebam. Id ille cum audisset, ad socios manipulares conversus, Annon auditis, ait, objurgantem? jubet, inquit, omnes progredi. Tum viri omnes manipuli præfectura prætergressi, ad me venerunt. Cum autem manipuli præfectus eos priorem in locum redire vellet, stomachabantur, et dicebant, Utri parendum erit? jam enim hic progredi jubet, ille vetat. At ego hæc æquo ferebam animo, et cum de integro in suum quemque locum restituissem, ne quis se posteriorum prius commoveret, edicebam, quam anterior præcederet; sed unum hoc spectarent omnes, ut anteriorem sequerentur. Quidam vero in Persiam profecturus cum ad me veniret, et abs me postularet, ut epistolam ei darem, quam domum mittendam scripseram; atque ego cum juberem manipuli præfectum (is enim quo loco sita esset epistola norat) ad epistolam eam adferendam currere; ille quidem cursui se dabat: juvenis autem ille manipuli præfectum, cum ipso thorace copideque, sequebatur: reliquus item universus manipulus, illum intueus una currebat : atque adeo viri venere epistolam ferentes. Sic demum, inquit, meus quidem manipulus omnia accurate tenet abs te imperata. Ac alii quidem, ut par erat, de hac epistolæ satellitio ridebant : Cyrus autem inquit, O Jupiter diique omnes, quales tandem nos viros socios habemus! quos tam levi sane cultu demereri liceat, ut multorum ex iis amicitia exiguo etiam obsonio conciliari queat : nonnulli autem adeo sunt ad obedientiam propensi, ut, priusquam norint quid sit imperatum, pareant. Ego quidem haud scio, quales tandem potius optandum sit, quam ut hujusmodi quis habeat milites. Et Cyrus quidem, simul ridens, hoc modo milites collaudabat. Erat autem forte in tabernaculo quidam ex præfectis cohortium, Aglaïtadas nomine; vir, quod ad mores attineret, ex asperiorum numero; is in hunc fere modum loquutus est : Tune, inquit, Cyre, vera istos hæc narrare putas? Quid igitur, inquit Cyrus, mentiendo quærunt? Quid aliud, inquit, nisi quod risum movere volunt? cujus rei causa et narrant hæc, et sese ostentant. Tum Cyrus, Bona verba, quæso, ait : ne hos ostentatores appellaveris. Nam mihi quidem nomen ἀλαζὼν iis inditum fuisse videtur, qui se et ditiores esse simulant et magis strenuos, quam sint, quique pollicentur ea se præstaturos, quibus ipsi præstandis non sufficiant; idque, ut pateat ipsos hæc accipiendi aliquid et quæstus causa facere. Qui vero risum aliis secum versantibus, neque lucri sui, neque detrimenti audientium, neque ullius adeo damni causa movent, quid causæ est cur hi non urbani ac faceti justius quam ostentatores appellentur? Atque in hunc sane modum Cyrus eos, qui risum excitaverant, defendebat. Rursus autem manipuli præfectus ille, qui rem eam narraverat, quam lepide fecit manipulus, inquit, Certe quidem, Aglaïtada, si te ad fletum commovere conati essemus (quemadmodum nonnulli tam carminibus quam orationibus miserabilia quædam commenti lacrimas ciere nitantur), vehementer nos reprehendisses; cum nunc quidem licet et ipse noveris velle nos te exhilarare, minime autem lædere, ita tamen contumeliose nos habes. Et jure quidem id profecto, ait Aglaïtadas : nam qui risum amicis excitat, is

φίλους πολλαχῆ ἔμοιγε δοκεῖ ἐλάττονος ἄξια διαπράττεσθαι ὁ γέλωτα αὐτοῖς μηχανώμενος. Διὸ, ἔφη, καὶ σὺ νῦν, ἂν ὀρθῶς λογίζῃ, ἐμὲ ἀληθῆ λέγοντα εὑρήσεις. Κλαύμασι μέν γε καὶ πατέρες υἱοῖς σωφροσύνην μηχανῶνται καὶ διδάσκαλοι παισὶν ἀγαθὰ μαθήματα, καὶ νόμοι γε πολίτας διὰ τοῦ κλαίοντας καθίζειν εἰς δικαιοσύνην προτρέπουσι· τοὺς δὲ γέλωτα μηχανωμένους ἔχοις ἂν εἰπεῖν ἢ σώματα ὠφελοῦντας ἢ ψυχὰς οἰκονομικωτέρας τι ποιοῦντας ἢ πολιτικωτέρας; (15) Ἐκ τούτου ὁ Ὑστάσπης ὡδέ πως εἶπε· Σὺ, ἔφη, ὦ Ἀγλαϊτάδα, ἢν ἐμοὶ πείθῃ, εἰς μὲν τοὺς πολεμίους θαῤῥῶν δαπανήσεις τοῦτο τὸ πολλοῦ ἄξιον, καὶ κλαίοντας ἐκείνους πειράσῃ καθίζειν· ἡμῖν δὲ πάντως, ἔφη, καὶ τοῖσδε τοῖς φίλοις τούτου τοῦ ὀλίγου ἀξίου γέλωτος ἐπιδαψιλεύσῃ. Καὶ γὰρ οἶδ' ὅτι πολύς σοί ἐστιν ἀποκείμενος· οὔτε γὰρ αὐτὸς χρώμενος ἀνήλωκας αὐτόν, οὐδὲ μὴν φίλοις οὐδὲ ξένοις ἑκὼν εἶναι γέλωτα παρέχεις· ὥστε οὐδεμία σοι πρόφασίς ἐστιν ὡς οὐ παρεκτέον σοι ἡμῖν γέλωτα. Καὶ ὁ Ἀγλαϊτάδας εἶπε, Καὶ οἴει γε, ὦ Ὑστάσπη, γέλωτα ποιεῖν ἐξ ἐμοῦ; καὶ ὁ ταξίαρχος εἶπε, Ναὶ μὰ Δί', ἀνόητος ἄρα ἐστίν· ἐπεὶ ἔκ γε τοῦ πῦρ, οἶμαι, ῥᾷον ἄν τις ἐκτρίψειεν ἢ γέλωτα ἐξαγάγοιτο. (16) Ἐπὶ τούτῳ μὲν δὴ οἵ τε ἄλλοι ἐγέλασαν, τὸν τρόπον εἰδότες αὐτοῦ, καὶ αὐτὸς ὁ Ἀγλαϊτάδας ἐπεμειδίασε. Καὶ ὁ Κῦρος ἰδὼν αὐτὸν φαιδρωθέντα, Ἀδικεῖς, ἔφη, ὦ ταξίαρχε, ὅτι ἄνδρα ἡμῖν τὸν σπουδαιότατον διαφθείρεις γελᾶν ἀναπείθων, καὶ ταῦτ', ἔφη, οὕτω πολέμιον ὄντα τῷ γέλωτι. Ταῦτα μὲν δὴ ἐνταῦθα ἔληξεν. Ἐκ δὲ τούτου Χρυσάντας ὧδε ἔλεξεν.

17. Ἀλλ' ἔγωγ', ἔφη, ὦ Κῦρε καὶ πάντες οἱ παρόντες, ἐννοῶ ὅτι ἐξεληλύθασι μὲν σὺν ἡμῖν οἱ μὲν καὶ βελτίονες, οἱ δὲ καὶ μείονος ἄξιοι· ἢν δέ τι γίγνηται ἀγαθόν, ἀξιώσουσιν οὗτοι πάντες ἰσομοιρεῖν. Καίτοι ἔγωγε οὐδὲν ἀνισώτερον νομίζω τῶν ἐν ἀνθρώποις εἶναι τοῦ τῶν ἴσων τόν τε κακὸν καὶ τὸν ἀγαθὸν ἀξιοῦσθαι. (18) Καὶ ὁ Κῦρος εἶπε πρὸς τοῦτο, Ἆρ' οὖν, ἔφη, πρὸς τῶν θεῶν, ὦ ἄνδρες, κράτιστον ἡμῖν ἐμβαλεῖν περὶ τούτου βουλὴν εἰς τὸ στράτευμα, πότερα δοκεῖ, ἤν τι ἐκ τῶν πόνων δῷ ὁ θεὸς ἀγαθόν, ἰσομοίρους πάντας ποιεῖν, ἢ σκοποῦντας τὰ ἔργα ἑκάστου πρὸς ταῦτα καὶ τὰς τιμὰς ἑκάστῳ προστιθέναι; (19) Καὶ τί δεῖ, ἔφη ὁ Χρυσάντας, ἐμβαλεῖν λόγον περὶ τούτου, ἀλλ' οὐχὶ προειπεῖν ὅτι οὕτω ποιήσεις; ἢ οὐ σὺ καὶ τοὺς ἀγῶνας οὕτω προεῖπας καὶ τὰ ἆθλα; Ἀλλὰ μὰ Δί', ἔφη ὁ Κῦρος, οὐχ ὅμοια ταῦτα ἐκείνοις· ἃ μὲν γὰρ ἂν στρατευόμενοι κτήσωνται, κοινὰ, οἶμαι, ἑαυτῶν ἡγήσονται εἶναι· τὴν δὲ ἀρχὴν τῆς στρατιᾶς ἐμὴν ἴσως ἔτι οἴκοθεν νομίζουσιν εἶναι, ὥστε διατάττοντα ἐμὲ τοὺς ἐπιστάτας οὐδέν, οἶμαι, ἀδικεῖν νομίζουσιν. (20) Ἦ καὶ οἴει, ἔφη ὁ Χρυσάντας, ψηφίσασθαι ἂν τὸ πλῆθος συνελθὸν ὥστε μὴ ἴσων ἕκαστον τυγχάνειν, ἀλλὰ τοὺς κρατίστους καὶ τιμαῖς καὶ δώροις πλεονεκτεῖν; Ἔγωγ', ἔφη ὁ Κῦρος, οἶμαι, ἅμα μὲν συναγορευόντων ἡμῶν, ἅμα δὲ καὶ αἰσχρὸν ὂν τὸ ἀντιλέγειν μὴ οὐχὶ τὸν πλεῖστα καὶ πονοῦντα καὶ ὠφελοῦντα

multis modis mihi quidem videtur efficere minoris æstimanda, quam vel is, qui eos inducit ut plorent. Et tu quoque, si recte rem perpenderis, me vera dicere invenies. Nam fletu et patres filios temperantes reddere conantur, et magistri puerorum animos bonis disciplinis imbuere: leges etiam dum eo cives adigunt ut plorent, ad justitiam eos impellunt: illos vero qui risum excitant, an dicere possis vel corporibus aliquid adferre commodi, vel animos ad rei privatæ publicæve administrationem magis idoneos efficere? Hystaspes deinde sic ferme loquutus est : Tu, inquit, Aglaitada, si me audias, in hostes illud magni æstimandum audacter impendes, et efficere conaberis ut illi quidem plorent : nobis autem, ait, et amicis hisce tuis risus aliquid, vilis illius rei, omnino largieris. Nam hujus apud te magnam repositam esse copiam scio : neque enim ipse usu eum absumpsisti, neque amicis sane, neque hospitibus libens ridendi materiam præbes : adeo ut nihil prætexere possis, quo minus risum nobis impertias. Et Aglaitadas, Tune etiam, Hystaspa, inquit, ex me risum elicere conaris? Ibi tum manipuli præfectus inquit, Demens fuerit profecto, Id utique si conaretur : nam ex te quidem, opinor, ignem facilius quis excusserit, quam risum elicuerit. Hic quidem ei alii, qui ingenium illius nossent, riserunt, et leniter subrisit etiam Aglaitadas ipse. Ac Cyrus eum exhilaratum videns, Inique agis, inquit, manipuli præfecte, quod dum huic ut rideat persuades, nobis maxima gravitate virum corrumpis, præsertim, ait, qui adeo risui sit infestus. Et hæc quidem hic finem habuerunt. Chrysantas vero deinceps hujusmodi verba fecit :

Ego quidem, Cyre, vosque omnes qui adestis, inquit, cogito, nobiscum præstantiores nonnullos minoris alios faciendos domo profectos esse : si quid autem prosperi evenerit, omnes hi æquales portiones consequi postulabunt. At ego quidem nihil in rebus humanis inæqualius esse duco, quam ignavum et fortem æqualibus præmiis haberi dignos. Ad hoc subjecit Cyrus, An igitur, per deos, optimum, viri, fuerit hac de re ad exercitum referre, utrum placeat, si quid de laboribus boni deus dederit, æquales facere omnium partes, an consideratis cujusque factis, ad horum rationem honores cuique apponere? Et quid opus est, inquit Chrysantas, de hoc ad exercitum referre, ac non edicere potius ita te facturum esse? annon tu sic et certamina indixisti, ait, et constituisti præmia? At profecto, subjecit Cyrus, hæc illis non sunt similia. Nam quæcumque hac in expeditione acquirent, ea, ut arbitror, communia sibi fore putabunt : imperium vero hac in expeditione summum fortassis etiam domestico jure mihi deberi existimant : itaque si præfectos ego constituo, nihil opinor, me contra jus fasque agere putant. Num putas, inquit Chrysantas, fore ut vulgus, postquam convenerit, sciscat, ne æquales singuli portiones consequerentur, sed præstantissimos quosque cum honoribus tum præmiis maxime augendos esse? Equidem sic arbitror, ait Cyrus, tum quia nos idem probamus, tum quod turpe fuerit recusare quo minus is qui et plurimum laboris sustinet et

τὸ κοινὸν τοῦτον καὶ μεγίστων ἀξιοῦσθαι. Οἶμαι δὲ, ἔφη, καὶ τοῖς κακίστοις σύμφορον φανεῖσθαι τοὺς ἀγαθοὺς πλεονεκτεῖν. (21) Ὁ δὲ Κῦρος ἐβούλετο καὶ αὐτῶν ἕνεκα τῶν ὁμοτίμων γενέσθαι τοῦτο τὸ ψήφισμα· βελτίους γὰρ ἂν καὶ αὐτοὺς ἡγεῖτο τούτους εἶναι, εἰ εἰδεῖεν ὅτι ἐκ τῶν ἔργων καὶ αὐτοὶ κρινόμενοι τῶν ἀξίων τεύξονται. Καιρὸς οὖν ἐδόκει αὐτῷ νῦν εἶναι ἐμβαλεῖν περὶ τούτου ψῆφον, ἐν ᾧ καὶ οἱ ὁμότιμοι ὤκνουν τὴν τοῦ ὄχλου ἰσομοιρίαν. Οὕτω δὴ συνεδόκει τοῖς ἐν τῇ σκηνῇ συμβαλέσθαι περὶ τούτου λόγους καὶ συναγορεύειν ταῦτα ἔφασαν χρῆναι ὅστισπερ ἀνὴρ οἴοιτο εἶναι.

22. Ἐπιγελάσας δὲ τῶν ταξιάρχων τις εἶπεν, Ἀλλ' ἐγὼ, ἔφη, ἄνδρα οἶδα καὶ τοῦ δήμου ὃς συνερεῖ ὥστε μὴ εἰκῇ οὕτως ἰσομοιρίαν εἶναι. Ἄλλος δ' ἀντήρετο τούτων τίνα λέγοι. Ὁ δ' ἀπεκρίνατο, Ἔστι νὴ Δί' ἀνὴρ σύσκηνος ἐμὸς, ὃς ἐν παντὶ μαστεύει πλέον ἔχειν. Ἄλλος δ' αὖ ἐπήρετο αὐτὸν, Ἦ καὶ τῶν πόνων; Μὰ Δί', ἔφη· ἀλλὰ τοῦτό γε ψευδόμενος ἑάλωκα. Καὶ γὰρ πόνον καὶ τῶν ἄλλων τῶν τοιούτων πάνυ πρᾴως ἀεὶ ἐᾷ τὸν βουλόμενον πλέον ἔχειν. (23) Ἀλλ' ἐγὼ μὲν, ἔφη ὁ Κῦρος, ὦ ἄνδρες, γιγνώσκω τοὺς τοιούτους ἀνθρώπους οἷον καὶ οὗτος νῦν λέγει, εἴπερ δεῖ ἐνεργὸν καὶ πειθόμενον ἔχειν τὸ στράτευμα, ἐξαιρετέους εἶναι ἐκ τῆς στρατιᾶς. Δοκεῖ γάρ μοι τὸ μὲν πολὺ τῶν στρατιωτῶν εἶναι οἷον ἕπεσθαι ᾗ ἄν τις ἡγῆται· ἄγειν δ', οἶμαι, ἐπιχειροῦσιν οἱ μὲν καλοὶ κἀγαθοὶ ἐπὶ τὰ καλὰ κἀγαθά, οἱ δὲ πονηροὶ ἐπὶ τὰ πονηρά. (24) Καὶ πολλάκις τοίνυν πλείονας ὁμογνώμονας λαμβάνουσιν οἱ φαῦλοι ἢ οἱ σπουδαῖοι. Ἡ γὰρ πονηρία διὰ τῶν παραυτίκα ἡδονῶν πορευομένη ταύτας ἔχει συμπειθούσας πολλοὺς αὐτῇ ὁμογνωμονεῖν· ἡ δ' ἀρετὴ πρὸς ὄρθιον ἄγουσα οὐ πάνυ δεινή ἐστιν ἐν τῷ παραυτίκα εἰκῇ συνεπισπᾶσθαι, ἄλλως τε καὶ ἢν ἄλλοι ὦσιν ἐπὶ τὸ πρανὲς καὶ τὸ μαλακὸν ἀντιπαρακαλοῦντες. (25) Καὶ τοίνυν ἢν μέν τινες βλακείᾳ καὶ ἀπονίᾳ μόνον κακοὶ ὦσι, τούτους ἐγὼ νομίζω ὥσπερ κηφῆνας δαπάνῃ μόνον ζημιοῦν τοὺς κοινωνούς· οἳ δ' ἂν τῶν μὲν πόνων κακοὶ ὦσι κοινωνοί, πρὸς δὲ τὸ πλεονεκτεῖν σφοδροὶ καὶ ἀναίσχυντοι, οὗτοι καὶ ἡγεμονικοί εἰσι πρὸς τὰ πονηρά· πολλάκις γὰρ δύνανται τὴν πονηρίαν πλεονεκτοῦσαν ἀποδεικνύναι· ὥστε παντάπασιν ἐξαιρετέοι ἡμῖν οἱ τοιοῦτοί εἰσι. (26) Μηδὲ μέντοι σκοπεῖτε ὅπως ἐκ τῶν πολιτῶν ἀντιπληρώσετε τὰς τάξεις, ἀλλ' ὥσπερ ἵππων οἳ ἂν ἄριστοι ὦσι, οὐχ οἳ ἂν πατρῷαται, τούτους ζητεῖτε, οὕτω καὶ ἀνθρώπους ἐκ πάντων οἳ ἂν ὑμῖν δοκῶσι μάλιστα συνισχυρεῖν τε ὑμᾶς καὶ συγκοσμήσειν, τούτους λαμβάνετε. Μαρτυρεῖ δέ μοι καὶ τόδε πρὸς τὸ ἀγαθόν· οὔτε γὰρ ἅρμα δήπου ταχὺ γένοιτ' ἂν βραδέων ἵππων ἐνόντων οὔτε δίκαιον ἀδίκων συνεζευγμένων, οὐδὲ οἶκος δύναιτ' ἂν εὖ οἰκεῖσθαι πονηροῖς οἰκέταις χρώμενος, ἀλλὰ καὶ ἐνδεόμενος οἰκετῶν ἧττον σφάλλεται ἢ ὑπὸ ἀδίκων ταραττόμενος. (27) Εὖ δὲ ἴστε, ὦ ἄνδρες, ἔφη, φίλοι, ὅτι οὐδὲ τοῦτο μόνον ὠφελήσουσιν οἱ κακοὶ ἀφαιρεθέντες ὅτι κακοὶ ἀπέσονται, ἀλλὰ καὶ τῶν καταμενόντων οἱ μὲν δὴ ἀνεπίμπλαντο ἤδη κακίας, ἀποκαθαροῦνται

plurimum reipublicæ utilitatis adfert, etiam maximis quibusque dignus habeatur potiaturque. Arbitror autem, inquit, vel ignavissimis commodum visum iri, viros fortes potiori esse quam ceteros conditione. Et Cyrus quidem eorum etiam causa qui ὁμότιμοι appellantur decretum hoc fieri volebat : nam et hos magis strenuos futuros existimabat, si intelligerent, judicio de ipsis ex operibus facto, se præmia digna consequuturos. Quapropter ei opportunum videbatur, hoc tempore hac de re suffragium inire, cum et ii qui ὁμότιμοι vocantur hanc vulgi æqualitatem reformidabant. Itaque iis quoque placuit qui in tabernaculo tunc aderant, de hoc conferendum esse, ac unumquemque his patrocinari debere aiebant, qui virum se perhiberi vellet.

Et quidam e præfectis cohortium subridens dixit, Enimvero ego, inquit, quendam media etiam de plebe novi, qui nobis adsentietur, non ita temere servandam esse æqualitatem. Hunc autem interrogabat alius, quemnam diceret. Et respondit is, Est, profecto, quidam mihi contubernalis, qui in omnibus plus aliis habere quærit. Tum alius rursum interrogabat eum, Num et laborum? Minime vero, inquit : at hic sane in mendacio sum deprehensus. Semper enim æquo admodum fert animo, in laboribus, et ceteris hujusmodi, plus alium habere, qui velit. At ego quidem statuo, viri, inquit Cyrus, tales homines, qualem jam iste narrat, si quidem strenuum atque obedientem exercitum habere velimus, numero copiarum nostrarum eximendos esse. Nam militum plerisque mihi sic comparati esse videntur, ut sequantur, quacunque quis duxerit : ducere vero, ut opinor, viri strenui ac præclari conantur, ad res præclaras et honestas, improbi, ad improbas. Atque adeo plurium sæpe mali homines compotem assensum, quam probi. Nam improbitas per voluptates in præsentia se offerentes procedens, harum utitur ope ad multos persuadendos ipsi uti adsentiantur : virtus autem in ardua ducens, non admodum pollet in hominibus ad se illico passim attrahendis; præsertim si sint alii, qui diverso ad declivem molliemque viam cohortentur. Idcirco si qui ex ignavia laborumque detrectatione solum sint mali, eos equidem arbitror, veluti fucos, sumptus tantum damnum sociis inferre : qui rursus mali sunt in laboribus socii, in commodis autem suis captandis vehementes atque impudentes, hi etiam duces se ad facta præbent improba; sæpe enim efficere possunt, ut præcipua commoda improbitati cedant : quare omnino sunt homines ejusmodi nobis eximendi. Neque vero vobis circumspiciendum est, qua ratione de civibus ordines repletis : sed quemadmodum equos, qui optimi, non qui vestra in patria sint nati, quæritis, sic et homines ex omnibus sumite, quoscunque vobis et roboris et ornamenti plurimum allaturos existimabitis. Mihi autem hoc quoque testimonio est, id nobis utile futurum; quod neque celer possit esse currus, cujus equi sint tardi, neque æquabili cursu, si conjuncti sint equi inæquales : neque domus quidem recte administrari potest, quæ malis utatur famulis : immo etiam minus detrimenti accipit, si careat famulis, quam si ab improbis perturbetur. Pro certo autem, amici, habeatis, inquit, submotis malis militibus, non id modo nos commodum inde perceptaros, mali quod aberunt, sed illi etiam qui nobiscum manebunt, quotquot sane jam improbitate se opplere cœperunt

πάλιν ταύτης, οἱ δὲ ἀγαθοὶ τοὺς κακοὺς ἰδόντες ἀτιμασθέντας πολὺ εὐθυμότερον τῆς ἀρετῆς ἀνθέξονται. (28) Ὁ μὲν οὕτως εἶπε· τοῖς δὲ φίλοις πᾶσι συνέδοξε ταῦτα· καὶ οὕτως ἐποίουν.

Ἐκ δὲ τούτου πάλιν αὐτοῖς σκώμματος ἤρχετο ὁ Κῦρος. Κατανοήσας γάρ τινα τῶν λοχαγῶν σύνδειπνον καὶ παρακλίτην πεποιημένον ἄνδρα ὑπέρδασύν τε καὶ ὑπέραισχρον, ἀνακαλέσας τὸν λοχαγὸν ὀνομαστὶ εἶπεν ὧδε· Ὦ Σαμβαύλα, ἔφη, ἀλλ' ἦ καὶ σὺ κατὰ τὸν Ἑλληνικὸν τρόπον, ὅτι καλόν ἐστι, περιάγεις τοῦτο τὸ μειράκιον τὸ παρακατακείμενόν σοι; Νὴ τὸν Δί', ἔφη ὁ Σαμβαύλας, ἥδομαι γοῦν καὶ ἐγὼ συνὼν τε τούτῳ καὶ θεώμενος τοῦτον. (29) Ἀκούσαντες ταῦτα οἱ σύσκηνοι προσέβλεψαν· ὡς δὲ εἶδον τὸ πρόσωπον τοῦ ἀνδρὸς ὑπερβάλλον αἴσχει, ἐγέλασαν πάντες. Καί τις εἶπε, Πρὸς τῶν θεῶν, ὦ Σαμβαύλα, ποίῳ ποτέ σε ἔργῳ ὁ ἀνὴρ οὗτος ἀνήρτηται; (30) Καὶ ὃς εἶπεν, Ἐγὼ ὑμῖν νὴ τὸν Δία, ὦ ἄνδρες, ἐρῶ. Ὁποσάκις γὰρ αὐτὸν ἐκάλεσα εἴτε νυκτὸς εἴτε ἡμέρας, οὐπώποτέ μοι οὔτ' ἀσχολίαν προυφασίσατο οὔτε βάδην ὑπήκουσεν, ἀλλ' ἀεὶ τρέχων· ὁποσάκις τε αὐτῷ πρᾶξαί τι προσέταξα, οὐδὲν ἀνιδρωτί ποτε αὐτὸν εἶδον ποιοῦντα. Πεποίηκε δὲ καὶ τοὺς δεκαδέας πάντας τοιούτους, οὐ λόγῳ ἀλλ' ἔργῳ ἀποδεικνὺς οἵους δεῖ εἶναι. (31) Καί τις εἶπε, Κἄπειτα τοιοῦτον ὄντα οὐ φιλεῖς αὐτὸν ὥσπερ τοὺς συγγενεῖς; Καὶ ὁ αἰσχρὸς ἐκεῖνος πρὸς τοῦτο εἶπε, Μὰ Δία, ἔφη· οὐ γὰρ φιλόπονός ἐστιν· ἐπεὶ ἤρκει ἂν αὐτῷ, εἰ ἐμὲ ἤθελε φιλεῖν, τοῦτο ἀντὶ πάντων γυμνασίων.

ΚΕΦΑΛΑΙΟΝ Γ.

Τοιαῦτα μὲν δὴ καὶ γελοῖα καὶ σπουδαῖα καὶ ἐλέγετο καὶ ἐπράττετο ἐν τῇ σκηνῇ. Τέλος δὲ τὰς τρίτας σπονδὰς ποιήσαντες καὶ εὐξάμενοι τοῖς θεοῖς τἀγαθὰ τὴν σκηνὴν εἰς κοίτην διέλυον. Τῇ δ' ὑστεραίᾳ ὁ Κῦρος συνέλεξε πάντας τοὺς στρατιώτας καὶ ἔλεξε τοιάδε.

2. Ἄνδρες φίλοι, ὁ μὲν ἀγὼν ἐγγὺς ἡμῖν· προσέρχονται γὰρ οἱ πολέμιοι. Τὰ δ' ἆθλα τῆς νίκης, ἢν ἡμεῖς νικῶμεν, τοῦτο γὰρ δεῖ καὶ λέγειν [ἔφη] καὶ ποιεῖν δεῖ, οἵ τε πολέμιοι δῆλον ὅτι ἡμέτεροι καὶ τὰ τῶν πολεμίων ἀγαθὰ πάντα· ἢν δὲ ἡμεῖς αὖ νικώμεθα, καὶ οὕτω τὰ τῶν νικωμένων ἀγαθὰ πάντα τοῖς νικῶσιν ἀεὶ ἆθλα πρόκειται. (2) Οὕτω δή, ἔφη, δεῖ ὑμᾶς γιγνώσκειν ὡς, ὅταν μὲν ἄνθρωποι κοινωνοὶ πολέμου γενόμενοι ἐν ἑαυτοῖς ἕκαστοι ἔχωσιν, εἰ μὴ αὐτός τις προθυμηθήσεται, ὡς οὐδὲν ἐσόμενον τῶν δεόντων, ταχὺ πολλὰ τε καὶ καλὰ διαπράττονται· οὐδὲ γὰρ αὐτοῖς ἀργεῖται τῶν πραττέσθαι δεομένων· ὅταν δ' ἕκαστος προσδοκήσῃ ὡς ἄλλος ἔσται ὁ πράττων καὶ μαχόμενος, κἂν αὐτὸς μαλακίζηται, τούτοις, ἔφη, εὖ ἴστε ὅτι πᾶσιν ἅμα πάντα ἥκει τὰ χαλεπὰ φερόμενα. (4) Καὶ ὁ θεὸς οὕτω πως ἐποίησε· τοῖς μὴ θέλουσιν ἑαυτοῖς προστάττειν ἐκπονεῖν τἀγαθὰ ἄλλους αὐτοῖς ἐπιτακτῆρας δίδωσι. Νῦν οὖν τις, ἔφη,

CAPUT III.

Et talia quidem partim ridicula partim seria, tum dicebantur in tabernaculo tum gerebantur. Tandem, ubi tertiam peregissent libationem, et a diis bona precati essent, convivio soluto cubitum iverunt. Postridie autem Cyrus omnes coegit milites, et hujusmodi orationem habuit :

« Prope, amici, a nobis abest certamen : adventant enim hostes. Victoriæ autem præmia, si quidem nos vicerimus, (hoc enim et dicere et facere oportet), hæc nobis futura constat, ut et hostes et bona eorum omnia nostra sint : sin ipsi contra vincamur, itidem superatorum bona omnia victoribus præmia semper sunt proposita. Sic ergo vobis existimandum est, homines belli societate junctos, cum apud se singuli statuant, nihil ex sententia successurum, nisi quisque suo se loco præbuerit alacrem, multa brevi et præclara gesturos ; nihil enim eorum quæ peragenda sunt per socordiam ab iis negligetur : cum vero quisque cogitaverit, alium fore rem qui gerat pugnetque, licet ipse segniter agat, hujusmodi, inquit, homines universos, pro certo habeatis, adversa simul omnia statim invasura. Atque ipse deus sic quodammodo constituit : is enim illis, qui sibi imperare nolint, ut bona laboribus acquirant, alios dat, qui imperent. Nunc ergo, ait, surgat hic aliquis, deque

λεγέτω ἐνθάδε ἀναστὰς περὶ αὐτοῦ τούτου πότερως ἂν τὴν ἀρετὴν μᾶλλον οἴεται ἀσκεῖσθαι παρ' ἡμῖν, εἰ μέλλοι ὁ πλεῖστα καὶ πονεῖν καὶ κινδυνεύειν ἐθέλων πλείστης καὶ τιμῆς τεύξεσθαι, ἢ ἂν εἰδῶμεν ὅτι οὐδὲν διαφέρει κακὸν εἶναι· ὁμοίως γὰρ πάντες τῶν ἴσων τευξόμεθα.

(6) Ἐνταῦθα δὴ ἀναστὰς Χρυσάντας, εἷς τῶν ὁμοτίμων, ἀνὴρ οὔτε μέγας οὔτε ἰσχυρὸς ἰδεῖν, φρονήσει δὲ διαφέρων, ἔλεξεν·

Ἀλλ' οἶμαι μέν, ἔφη, ὦ Κῦρε, οὐδὲ διανοούμενόν σε ὡς δεῖ ἴσον τοὺς κακοὺς τοῖς ἀγαθοῖς ἔχειν ἐμβαλεῖν τοῦτον τὸν λόγον, ἀλλ' ἀποπειρώμενον εἴ τις ἄρα ἔσται ἀνὴρ ὅστις ἐθελήσει ἐπιδεῖξαι ἑαυτὸν ὡς διανοεῖται μηδὲν καλὸν κἀγαθὸν ποιῶν, ἃ ἂν ἄλλοι τῇ ἀρετῇ καταπράξωσι, τούτων ἰσομοιρεῖν. (6) Ἐγὼ δέ, ἔφη, οὔτε ποσίν εἰμι ταχὺς οὔτε χερσὶν ἰσχυρός, γιγνώσκω τε ὅτι ἐξ ὧν ἂν ἐγὼ τῷ ἐμῷ σώματι ποιήσω οὐ κριθείην οὔτε ἂν πρῶτος οὔτε ἂν δεύτερος, οἶμαι δ' οὐδ' ἂν χιλιοστός, ἴσως δ' οὐδ' ἂν μυριοστός· ἀλλ' ἐκεῖνο σαφῶς ἐπίσταμαι ὅτι εἰ μὲν οἱ δυνατοὶ ἐρρωμένως ἀντιλήψονται τῶν πραγμάτων, ἀγαθοῦ τινός μοι μετέσται τοσοῦτον μέρος ὅσον ἂν δίκαιον ᾖ· εἰ δ' οἱ μὲν κακοὶ μηδὲν ποιήσουσιν, οἱ δ' ἀγαθοὶ καὶ δυνατοὶ ἀθύμως ἕξουσι, δέδοικα μὴ ἄλλου τινὸς μᾶλλον ἢ τοῦ ἀγαθοῦ μεθέξω πλεῖον ἢ βούλομαι.

(7) Χρυσάντας μὲν δὴ οὕτως εἶπεν. Ἀνέστη δ' ἐπ' αὐτῷ Φεραύλας Πέρσης τῶν δημοτῶν, Κύρῳ πως ἔτι οἴκοθεν συνήθης καὶ ἀρεστὸς ἀνήρ, καὶ τὸ σῶμα οὐκ ἀφυὴς καὶ τὴν ψυχὴν οὐκ ἀγεννεῖ ἀνδρὶ ἐοικώς, καὶ ἔλεξε τοιάδε.

8. Ἐγώ, ἔφη, ὦ Κῦρε καὶ πάντες οἱ παρόντες Πέρσαι, ἡγοῦμαι μὲν ἡμᾶς πάντας ἐκ τοῦ ἴσου νῦν ὁρμᾶσθαι εἰς τὸ ἀγωνίζεσθαι περὶ ἀρετῆς· ὁρῶ γὰρ ὁμοίως μὲν τροφῇ πάντας ἡμᾶς τῷ σώματι ἀσκοῦντας, ὁμοίως δὲ συνουσίας πάντας ἀξιουμένους, ταὐτὰ δὲ πᾶσιν ἡμῖν πρόκειται. Τὸ γὰρ τοῖς ἄρχουσι πείθεσθαι πᾶσιν ἐν κοινῷ κεῖται, καὶ ὃς ἂν φανῇ τοῦτο ἀπροφασίστως ποιῶν, τοῦτον ὁρῶ παρὰ Κύρου τιμῆς τυγχάνοντα· τό τε τὰ πρὸς τοὺς πολεμίους ἄλκιμον εἶναι οὐ τῷ μὲν προσῆκον τῷ δ' οὔ, ἀλλὰ πᾶσι καὶ τοῦτο προκέκριται κάλλιστον εἶναι. (9) Νῦν δέ, ἔφη, ἡμῖν καὶ δέδεικται μάχη, ἣν ἐγὼ ὁρῶ πάντας ἀνθρώπους φύσει ἐπισταμένους, ὥσπερ γε καὶ τἆλλα ζῷα ἐπίσταταί τινα μάχην ἕκαστα οὐδὲ παρ' ἑνὸς ἄλλου μαθόντα ἢ παρὰ τῆς φύσεως, οἷον ὁ βοῦς κέρατι παίειν, ὁ ἵππος ὁπλῇ, ὁ κύων στόματι, ὁ κάπρος ὀδόντι. Καὶ φυλάττεσθαί γ', ἔφη, ἅπαντα ταῦτα ἐπίσταται ἀφ' ὧν μάλιστα δεῖ, καὶ ταῦτα εἰς οὐδενὸς διδασκάλου πώποτε φοιτήσαντα. (10) Καὶ ἐγώ, ἔφη, ἐκ παιδίου εὐθὺς προβάλλεσθαι ἠπιστάμην πρὸ τούτων ὅ,τι ᾤμην πληγήσεσθαι καὶ εἰ μὴ ἄλλο μηδὲν ἔχοιμι, τὼ χεῖρε προέχων ἐνεπόδιζον ὅ,τι ἠδυνάμην τὸν παίοντα· καὶ τοῦτο ἐποίουν οὐ διδασκόμενος, ἀλλὰ καὶ ἐπ' αὐτῷ τούτῳ παιόμενος, εἰ προβαλλοίμην. Μάχαιράν γε μὴν εὐθὺς παιδίον ὢν ἥρπαζον ὅπου ἴδοιμι, οὐδὲ παρ' ἑνὸς οὐδὲ τοῦτο μαθὼν ὅπως δέοι λαμβάνειν ἄλλου ἢ παρὰ τῆς φύσεως, ὡς ἐγώ φημι. Ἐποίουν γοῦν καὶ τοῦτο κωλυόμενος, οὐ διδασκόμενος· ὥσπερ καὶ ἄλλα ἔστιν ἃ

« Equidem arbitror, Cyre, ait, te de hoc ad nos retulisse, non quod in animo cogitares æquali portione fortes et ignavos debere potiri, sed uti experiaris an quisquam sit, qui ipsum indicare velit cogitare se, fore ut, tametsi nihil ipse pulchre præclareve faciat, parem eorum portionem capiat, quæ alii virtute sua comparaverint. Ego vero, inquit, neque sum pedibus celer, neque manibus robustus : et futurum intelligo, ut judicio ex iis de me facto, quæ meo corpore geram, neque primum, neque secundum, neque, opinor, millesimum, immo forte neque decies millesimum locum habiturus sim. At hoc quoque certo futurum scio, ut si viribus præstantes fortiter res gerendas capessiverint, mihi etiam tantum boni alicujus obveniet, quantum æquum fuerit : sin autem et ignavi nihil fecerint, et fortes robustique animis minus fuerint alacres, vereor, inquit, ne potius alterius cujusdam rei, quam boni alicujus, partem, eamque majorem, quam ipse velim, habiturus sim. » Et hunc quidem in modum loquutus est Chrysantas. Post eam autem surrexit Pheraulas, Persa, qui e plebe erat, Cyro quodammodo jam consuetudine domestica familiaris acceptusque vir, habitu corporis haud indecoro, animo viro degeneri nequaquam similis, atque orationem hanc habuit :

« Ego quidem, Cyre, ac vos Persæ, inquit, quotquot adestis, existimo nos omnes jam æquis conditionibus ad virtutis certamen contendere. Quippe consimili nos omnes victu et corporis exercitatione uti, et omnes eadem consuetudina dignos haberi fruique, et eadem nobis omnibus virtutis decora proposita esse, video. Nam iis ut pareamus, qui cum imperio sunt, communiter omnibus est propositum : et quisquis hoc sine recusatione in conspectu omnium præstat, hunc a Cyro honore affici video : itidem fortiter adversus hostes se gerere, non huic convenit, illi non convenit, sed et hoc jam ante judicatum est omnibus honestissimum esse. Nunc vero, inquit, etiam pugna nobis monstrata est, quam homines ego universos a natura nosse video, quemadmodum et aliorum quælibet animalium aliquam pugnam norunt, non per alium quenquam, atque ipsam naturam, edocta : verbi gratia, bos cornu ferire novit; equus, ungula; canis, ore; aper, dente. Atque omnia hæc animalia ab iis sibi cavere norunt, a quibus maxime cavendum est; idque, ad nullius unquam magistri ludum profecta. Ego etiam statim a puero noram ei parti aliquid objicere, qua me percussum iri putaram; ac si nihil aliud haberem, manus prætendens, quantum poteram, percutientem impediebam : atque hoc faciebam non modo non doceri, sed etiam ob id ipsum vapularem, si quid objicerem. Gladium porro statim puer adhuc, ubi vidissem, arripiebam, ne hoc quidem, qui pacto prehendendus esset, sub alio quoquam, quam ipsa natura, ut ego censeo, edoctus. Hoc quoque certe faciebam cum prohiberer, non docerer : quemadmodum et alia quædam

εἰργόμενος καὶ ὑπὸ πατρὸς καὶ ὑπὸ μητρός, ὑπὸ τῆς φύσεως πράττειν ἠναγκαζόμην. Καὶ ναὶ μὰ Δία ἐπαιών γε τῇ μαχαίρᾳ πᾶν ὅ,τι δυναίμην λανθάνειν. Οὐ γὰρ μόνον φύσει ἦν, ὥσπερ τὸ βαδίζειν καὶ τρέχειν, ἀλλὰ καὶ ἡδὺ πρὸς τῷ πεφυκέναι τοῦτο ἐδόκει μοι εἶναι. (11) Ἐπεὶ δ᾽ οὖν αὕτη, ἔφη, ἡ μάχη καταλείπεται, ἐν ᾗ προθυμίας μᾶλλον ἢ τέχνης ἔργον ἐστί, πῶς ἡμῖν οὐχ ἡδέως πρὸς τούσδε τοὺς ὁμοτίμους ἀγωνιστέον; ὅπου γε τὰ μὲν ἆθλα τῆς ἀρετῆς ἴσα πρόκειται, παραβαλλόμενοι δὲ οὐκ ἴσα εἰς τὸν κίνδυνον ἴμεν, ἀλλ᾽ οὗτοι μὲν ἔντιμον βίον, ὅσπερ μόνος ἥδιστος βίων, ἡμεῖς δὲ ἐπίπονον μέν, ἄτιμον δέ, ὅπερ οἶμαι, χαλεπώτατος. (12) Μάλιστα δέ, ὦ ἄνδρες, τοῦτό με εὐθύμως εἰς τὸν ἀγῶνα τὸν πρὸς τούσδε παρορμᾷ ὅτι Κῦρος ὁ κρίνων ἔσται, ὃς οὐ φθόνῳ κρινεῖ, ἀλλὰ σὺν θεῶν ὅρκῳ λέγω ἢ μὴν ἐμοὶ δοκεῖ Κῦρος οὕστινας ἂν ὁρᾷ ἀγαθοὺς φιλεῖν οὐδὲν ἧττον ἑαυτοῦ· τούτοις γοῦν ὁρῶ αὐτόν ὅ,τι ἂν ἔχῃ ἥδιον διδόντα μᾶλλον ἢ αὐτὸν ἔχοντα. (13) Καίτοι, ἔφη, οἶδα ὅτι οὗτοι μέγα φρονοῦσιν ὅτι πεπαίδευνται δὴ καὶ πρὸς λιμὸν καὶ πρὸς δίψαν καὶ πρὸς ῥίγος καρτερεῖν, κακῶς εἰδότες ὅτι καὶ ἡμεῖς ὑπὸ κρείττονος διδασκάλου πεπαιδεύμεθα ἢ οὗτοι. Οὐ γὰρ ἔστι διδάσκαλος οὐδεὶς τούτων κρείττων τῆς ἀνάγκης, ἣ ἡμᾶς καὶ λίαν ταῦτ᾽ ἀκριβῶς ἐδίδαξε. (14) Καὶ πονεῖν οὗτοι μὲν τὰ ὅπλα φέροντες ἐμελέτων, ἅ ἐστιν ἅπασιν ἀνθρώποις εὑρημένα ὡς ἂν εὐφορώτατα εἴη, ἡμεῖς δέ γε, ἔφη, καὶ ἐν μεγάλοις φορτίοις καὶ βαδίζειν καὶ τρέχειν ἠναγκαζόμεθα, ὥστε νῦν ἐμοὶ δοκεῖν τὸ τῶν ὅπλων φόρημα πτεροῖς μᾶλλον ἐοικέναι ἢ φορτίῳ. (15) Ὡς οὖν ἐμοῦ γε καὶ ἀγωνιουμένου καὶ ὁποῖος ἄν τις ὦ κατὰ τὴν ἀξίαν με τιμᾶν ἀξιώσοντος, οὕτως, ἔφη, ὦ Κῦρε, γίγνωσκε. Καὶ ὑμῖν δέ, ἔφη, ὦ ἄνδρες δημόται, παραινῶ εἰς ἔριν ὁρμᾶσθαι ταύτης τῆς μάχης πρὸς τοὺς πεπαιδευμένους τούτους· νῦν γὰρ ἄνδρες εἰλημμένοι εἰσὶν ἐν δημοτικῇ ἀγωνίᾳ. (16) Φεραύλας μὲν δὴ οὕτως εἶπεν. Ἀνίσταντο δὲ καὶ ἄλλοι πολλοὶ ἑκατέρῳ συναγορεύοντες. Ἔδοξε δ᾽ οὖν κατὰ τὴν ἀξίαν τιμᾶσθαι ἕκαστον, Κῦρον δὲ τὸν κρίνοντα εἶναι. Ταῦτα μὲν δὴ οὕτω προὐκεχωρήκει.

17. Ἐκάλεσε δ᾽ ἐπὶ δεῖπνον καὶ ὅλην ποτὲ τὴν τάξιν σὺν τῷ ταξιάρχῳ, ἰδὼν αὐτὸν τοὺς μὲν ἡμίσεις τῶν ἀνδρῶν τῆς τάξεως ἀντιτάξαντα ἑκατέρωθεν εἰς ἐμβολήν, θώρακας μὲν ἀμφοτέρους ἔχοντας καὶ γέῤῥα ἐν ταῖς ἀριστεραῖς, εἰς δὲ τὰς δεξιὰς νάρθηκας παχεῖς τοῖς ἡμίσεσιν ἔδωκε, τοῖς δ᾽ ἑτέροις εἶπεν ὅτι βάλλειν δεήσοι ἀναιρουμένους ταῖς βώλοις. (18) Ἐπεὶ δὲ παρεσκευασμένοι ἕστησαν, ἐσήμηνεν αὐτοῖς μάχεσθαι. Ἐνταῦθα δὴ οἱ μὲν βάλλοντες ταῖς βώλοις ἔστιν ὅτι καὶ ἐτύγχανον καὶ θωράκων καὶ γέῤῥων, οἱ δὲ καὶ μηροῦ καὶ κνημῖδος. Ὅπου δὲ ὁμόσε γένοιντο, οἱ τοὺς νάρθηκας ἔχοντες ἔπαιον τῶν μὲν μηρούς, τῶν δὲ χεῖρας, τῶν δὲ κνήμας, τῶν δὲ ἐπικυπτόντων ἐπὶ βώλους ἔπαιον τοὺς τραχήλους καὶ τὰ νῶτα. Τέλος δὲ τρεψάμενοι ἐδίωκον οἱ ναρθηκοφόροι παίοντες σὺν πολλῷ γέλωτι καὶ παιδιᾷ. Ἐν μέρει γε μὴν οἱ ἕτεροι λαβόντες πάλιν

sunt quæ, a patre licet matreque vetarer, facere tamen a natura cogebar. Ac gladio, profecto, cædebam quicquid clanculum poteram. Neque enim natura solum insitum erat, sicut incedere et currere, sed præterquam quod ingenitum erat, etiam suave mihi esse videbatur. Quandoquidem igitur hæc, inquit, nobis dimicatio restat, in qua plus animorum alacritas quam ars effectura est, cur non libenter adversus hosce, qui dicuntur ὁμότιμοι, certamen suscipiamus? cum sane paria virtutis præmia sint utrisque proposita, at nos non item res paris pretii objecturi periculis simus; sed illi vitam honoratam, quæ sola sit jucundissima : nos autem laboriosam quidem illam, sed inhonoratam, quam equidem molestissimam duco. Maxime autem, viri, hoc me ad suscipiendum læto animo adversus hosce certamen excitat, quod Cyrus judex erit, qui non ex invidia judicabit; at, quod per deos jurans affirmo, Cyrus mihi videtur, quoscunque fortiter se gerere animadvertat, nihilo minus quam se ipsum diligere : his certe quidem eum video, quicquid habeat jucundius dare potius quam apud se retinere. Et sane novi, inquit, istos ὁμοτίμους elatis esse animis, quod instituti sint ad famem, et ad sitim, et ad frigus tolerandum, cum ipsi parum noverint, nos etiam his a magistro potiori, quam ipsos, institutos esse. Nullus enim est necessitate potior horum magister, quæ nos hæc vel accurate admodum tenere docuit. Et hi quidem ad labores sese armis ferendis exercuere, quæ ita sunt ab omnibus hominibus excogitata, ut gestatu sint commodissima : nos vero, inquit, sub magnis oneribus et incedere cogebamur et currere : ut mihi jam armorum gestamina similiora videantur alis quam oneribus. Quamobrem, Cyre, inquit, hæc scito, me et in certamen descensurum, et , qualis qualis fuero, pro merito præmiis ornari postulaturum. Et vos, viri plebeii, hortor ad pugnam hanc adversus hosce bene institutos hujusce magna contentione suscipiendam : quippe nunc hi viri in populari certamine sunt capti. » In hunc modum dixit Pheraulas : surrexerunt autem et alii complures, qui utriusque sententiam defendebant. Itaque decretum est quemque pro merito ornandam, et Cyrum constituendum esse judicem. Et hæc quidem ita cesserant.

Cyrus autem aliquando totam cohortem una cum ejus præfecto ad cœnam vocavit, quod vidisset eum divisam in duas partes cohortem utrinque ex adverso ad conflictum instruxisse, gestantibus quidem utrisque loricas et scuta in manibus sinistris; in dextris vero parti dimidiæ ferulas crassas dederat, alteram glebas sublatas ejaculari jusserat. Hoc modo cum instructi starent, iis pugnæ signum dabat. Ibi quidem ii glebas ejaculabantur, et de iis aliqui tum loricas tum scuta feriebant, alii femur etiam tibiasque. Ubi vero cominus pugnam conserebant, tum illi qui ferulas gestabant aliorum quidem femora, manus aliorum, nonnullorum etiam feriebant suras; et eorum qui ad glebas tollendas se deorsum inclinassent cervices et dorsa feriebant. Tandem adversarios in fugam conversos persequebantur ii qui ferulas gestabant, illos multo cum risu lusuque cædentes. Verum et alteri vicissim sumptis ipsi quoque ferulis;

τοὺς νάρθηκας ταὐτὰ ἐποίησαν τοὺς ταῖς βώλοις βάλλοντας. (19) Ταῦτα δ᾽ ἀγασθεὶς ὁ Κῦρος, τοῦ μὲν ταξιάρχου τὴν ἐπίνοιαν, τῶν δὲ τὴν πειθώ, ὅτι ἅμα μὲν ἐγυμνάζοντο, ἅμα δὲ εὐθυμοῦντο, ἅμα δὲ ἐνίκων οἱ εἰκασθέντες τῇ τῶν Περσῶν ὁπλίσει, τούτοις δὲ ἡσθεὶς ἐκάλεσέ τε ἐπὶ δεῖπνον αὐτοὺς καὶ ἐν τῇ σκηνῇ ἰδών τινας αὐτῶν ἐπιδεδεμένους, τὸν μέν τινα αὐτῶν ἀντικνήμιον, τὸν δὲ χεῖρα, ἠρώτα εἴ πάθοιεν. Οἱ δ᾽ ἔλεγον ὅτι πληγεῖεν ταῖς βώλοις. (20) Ὁ δὲ πάλιν ἐπηρώτα πότερον ἐπεὶ ὁμοῦ ἐγένοντο ἢ ὅτε πρόσω ἦσαν. Οἱ δ᾽ ἔλεγον ὅτε πρόσω ἦσαν· ἐπεὶ δὲ ὁμοῦ ἐγένοντο, παιδιὰν ἔφασαν εἶναι καλλίστην οἱ ναρθηκοφόροι· οἱ δ᾽ αὖ συγκεκομμένοι τοῖς νάρθηξιν ἀνέκραγον ὅτι οὐ σφίσι γε δοκοίη παιδιὰ εἶναι τὸ ὁμόθεν παίεσθαι· ἅμα δὲ ἐπεδείκνυσαν τῶν ναρθήκων τὰς πληγὰς καὶ ἐν χερσὶ καὶ ἐν τραχήλοις, ἔνιοι δὲ καὶ ἐν προσώποις. Καὶ τότε μὲν ὥσπερ εἰκὸς ἐγέλων ἐπ᾽ ἀλλήλοις. Τῇ δ᾽ ὑστεραίᾳ μεστὸν ἦν τὸ πεδίον πᾶν τῶν τούτους μιμουμένων· καὶ εἰ μὴ ἄλλο τι σπουδαιότερον πράττοιεν, ταύτῃ τῇ παιδιᾷ ἐχρῶντο.

21. Ἄλλον δέ ποτε ἰδὼν ταξίαρχον ἄγοντα τὴν τάξιν ἀπὸ τοῦ ποταμοῦ ἐπὶ τὸ ἀριστερὸν ἐφ᾽ ἑνός, καὶ ὁπότε καιρὸς δοκοίη αὐτῷ εἶναι, παραγγέλλοντα τὸν ὕστερον λόχον παράγειν, καὶ τὸν τρίτον καὶ τὸν τέταρτον, εἰς μέτωπον· ἐπεὶ δὲ ἐν μετώπῳ οἱ λοχαγοὶ ἐγένοντο, παρηγγύησεν εἰς δύο ἄγειν τὸν λόχον· ἐκ τούτου δὴ παρῆγον οἱ δεκάδαρχοι εἰς μέτωπον· ὁπότε δὲ αὖ ἐδόκει αὐτῷ καιρὸς εἶναι, παρήγγειλεν εἰς τέτταρας ἄγειν τὸν λόχον· οὕτω δὴ οἱ πεμπάδαρχοι αὖ παρῆγον εἰς τέτταρας· ἐπεὶ δὲ ἐπὶ θύραις τῆς σκηνῆς ἐγένοντο, παραγγείλας αὖ εἰς ἕνα ἰόντας εἰσῄει τὸν πρῶτον λόχον, καὶ τὸν δεύτερον τούτου κατ᾽ οὐρὰν ἐκέλευσεν ἕπεσθαι, καὶ τὸν τρίτον καὶ τὸν τέταρτον ὡσαύτως παραγγείλας ἡγεῖτο εἴσω· οὕτω δὲ εἰσαγαγὼν κατέκλινεν ἐπὶ τὸ δεῖπνον ὥσπερ εἰσεπορεύοντο· τοῦτον δὴ ὁ Κῦρος ἀγασθεὶς τῆς τε πρᾳότητος τῆς διδασκαλίας καὶ τῆς ἐπιμελείας ἐκάλεσε καὶ ταύτην τὴν τάξιν ἐπὶ τὸ δεῖπνον σὺν τῷ ταξιάρχῳ.

22. Παρὼν δέ τις ἐπὶ τῷ δείπνῳ κεκλημένος ἄλλος ταξίαρχος, Τὴν δ᾽ ἐμήν, ἔφη, ὦ Κῦρε, τάξιν οὐ καλεῖς εἰς τὴν σκηνήν; καὶ μὴν ὅταν γε παρίῃς ἐπὶ τὸ δεῖπνον, πάντα ταῦτα ποιεῖ· καὶ ὅταν τέλος ᾖ ἡ σκηνὴ ἔχῃ, ἐξάγει μὲν ὁ οὐραγός, ἔφη, ὁ τοῦ τελευταίου λόχου τὸν λόχον, ὑστάτους ἔχων τοὺς πρώτους εἰς μάχην τεταγμένους· ἔπειτα ὁ δεύτερος τοὺς τοῦ ἑτέρου λόχου ἐπὶ τούτοις, καὶ ὁ τρίτος· καὶ ὁ τέταρτος ὡσαύτως, ὅπως, ἔφη, καὶ ὅταν δέῃ ἀπάγειν ἀπὸ πολεμίων, ἐπίστωνται ὡς δεῖ ἀπιέναι. Ἐπειδὰν δέ, ἔφη, καταστῶμεν ἐπὶ τὸν δρόμον ἔνθα περιπατοῦμεν, ὅταν μὲν πρὸς ἕω ἴωμεν, ἐγὼ μὲν ἡγοῦμαι, καὶ ὁ πρῶτος λόχος πρῶτος, καὶ ὁ δεύτερος ὡς δεῖ, καὶ ὁ τρίτος καὶ ὁ τέταρτος, καὶ αἱ τῶν λόχων δεκάδες καὶ πεμπάδες, ἕως ἂν παραγγέλλω ἐγώ· ὅταν δ᾽, ἔφη, πρὸς ἑσπέραν ἴωμεν, ὁ οὐραγός τε καὶ οἱ τελευταῖοι πρῶτοι ἀφηγοῦνται· ἐμοὶ μέντοι οὕτω πείθονται ὑστέρῳ ὄντι, ἵνα ἐθίζωνται καὶ ἕπεσθαι καὶ ἡγεῖσθαι

eodem illos modo tractarunt, qui glebas jaculabantur. Cyrus autem hæc admiratus, tum nempe præfecti cohortis solers inventum, tum militum obedientiam, quod simul exercerentur, simul se ipsos exhilararent atque etiam quod illi, qui Persarum armaturam imitati essent, vincerent : his ergo delectatus, ad cœnam eos invitavit : cumque in tabernaculo quosdam ipsorum videret, quorum alii tibia, manus alii obligata esset, quid ipsis accidisset rogabat. Illi se glebis ictos aiebant. Ille quærebat iterum, utrum postquam congressi fuissent, an cum procul essent. Respondebant illi, tum id se perpessos cum procul essent : at postquam cominus congressi fuissent, ludum fuisse pulcherrimum aiebant ii qui ferulas gestabant. Illi vero contra qui ferulis erant concisi, non ludum sibi sane videri clamabant cominus feriri ; simulque ferularum plagas in manibus et cervicibus, atque etiam in facie nonnulli ostendebant. Ac tum quidem, sicuti par erat, sese mutuo ridebant. Postridie vero totus campus hominibus hos imitantibus plenus erat: semperque adeo, cum non aliud quidquam magis serium tractarent, hoc ludo utebantur.

Alium vero aliquando videns cohortis præfectum ducentem cohortem a fluvio ad sinistram singulis singulos sequentibus, et cum tempus ipsi esse videretur, jubentem secundum manipulum promovere in frontem, et dein tertium, et quartam : cum autem in fronte jam manipulorum duces essent, mandabat in binos explicatum manipulum ducerent : deinde igitur decuriones in frontem promovebant : rursus cum opportunum ipsi visum esset, imperabat in quaternos explicatum manipulum ducerent : atque ita quinque virorum duces etiam procedebant, ut in quaternos manipulus explicatus iret : postquam vero ad tabernaculi fores perventum esset, tum signo dato jubens ut rursus singulatim incederent, manipulum primum introducebat, et alterum jubebat hunc a tergo sequi ; et cum tertio itidem quartoque præcepisset, ducebat intro : atque ita cum eos introduxisset, eodem jussit ordine discumbere, quo ingressi essent : hunc ergo Cyrus admiratus, et ob mansuetudinem in disciplinam, et diligentiam, hanc quoque una cum præfecto cohortem ad cœnam invitavit.

Cum autem alius quidam cohortis præfectus ad cœnam vocatus adesset, Meam vero, inquit, cohortem ad tuum hoc tabernaculum, Cyre, non invitas? atqui illa quoties ad cœnam venit, hæc omnia facit ; et ubi finis convivio fiat, extremus ultimi manipuli ductor suum manipulum educit, qui quidem postremos habet primo ad pugnam loco dispositos : deinde post hos alter alterius manipuli milites, simili ratione et tertius et quartus ; ut etiam quando necesse sit ab hostibus pedem referre, sciant, quo pacto recedere oporteat. Postquam vero in curriculo constitimus, ubi deambulamus, cum quidem versus ortum progredimur, ego præire soleo, et primus manipulus primum habet locum, et alter suum, et tertius et quartus, ac manipulorum decuriæ, et quiniones, donec ego jubeam : cum vero versus occidentem progredimur, tum et extremi ductor agminis et cum eo postremi primo loco sunt in abitu duces : ac nihilominus parent mihi qui proficiscor ultimus, ut et sequi et præire pari cum obedientia consuescant.

ὁμοίως πειθόμενοι. (23) Καὶ ὁ Κῦρος ἔφη, Ἦ καὶ ἀεὶ τοῦτο ποιεῖτε; Ὁποσάκις γε, ἔφη, καὶ δειπνοποιούμεθα νὴ Δία. Καλῶ τοίνυν, ἔφη, ὑμᾶς, ἅμα μὲν ὅτι τὰς τάξεις μελετᾶτε καὶ προσιόντες καὶ ἀπιόντες, ἅμα δὲ ὅτι καὶ ἡμέρας καὶ νυκτὸς, ἅμα δὲ ὅτι τά τε σώματα περιπατοῦντες ἀσκεῖτε καὶ τὰς ψυχὰς ὠφελεῖτε διδάσκοντες. Ἐπεὶ οὖν πάντα διπλᾶ ποιεῖτε, διπλῆν ὑμῖν δίκαιον καὶ τὴν εὐωχίαν παρέχειν. Μὰ Δί', ἔφη ὁ ταξίαρχος, μήτοι γε ἐν μιᾷ γε ἡμέρᾳ, εἰ μὴ καὶ διπλᾶς ἡμῖν τὰς γαστέρας παρέξεις. Καὶ τότε μὲν δὴ οὕτω τὸ τέλος τῆς σκηνῆς ἐποιήσαντο. Τῇ δ' ὑστεραίᾳ ὁ Κῦρος ἐκάλεσεν ἐκείνην τὴν τάξιν, ὥσπερ ἔφη, καὶ τῇ ἄλλῃ. Αἰσθόμενοι δὲ ταῦτα καὶ οἱ ἄλλοι τὸ λοιπὸν πάντες αὐτοὺς ἐμιμοῦντο.

ΚΕΦΑΛΑΙΟΝ Δ.

Ἐξέτασιν δέ ποτε πάντων τοῦ Κύρου ποιουμένου ἐν τοῖς ὅπλοις καὶ συντάξιν, ἦλθε παρὰ Κυαξάρου ἄγγελος λέγων ὅτι Ἰνδῶν παρείη πρεσβεία· κελεύει οὖν σε ἐλθεῖν ὡς τάχιστα. Φέρω δέ σοι, ἔφη ὁ ἄγγελος, καὶ στολὴν τὴν καλλίστην παρὰ Κυαξάρου· βούλεται γὰρ σε ὡς εὐκοσμότατα καὶ λαμπρότατα προσάγειν, ὡς ὀψομένων τῶν Ἰνδῶν ὅπως ἂν προσίῃς. (2) Ἀκούσας δὲ ταῦτα ὁ Κῦρος παρήγγειλε τῷ πρώτῳ τεταγμένῳ ταξιάρχῳ εἰς μέτωπον στῆναι, ἐφ' ἑνὸς ἄγοντα τὴν τάξιν, ἐν δεξιᾷ ἔχοντα ἑαυτόν, καὶ τῷ δευτέρῳ ἐκέλευσε ταὐτὸ τοῦτο παραγγεῖλαι, καὶ διὰ πάντων οὕτω παραδιδόναι ἐκέλευσεν. Οἱ δὲ πειθόμενοι ταχὺ μὲν παρήγγειλον, ταχὺ δὲ τὰ παραγγελλόμενα ἐποίουν, ἐν ὀλίγῳ δὲ χρόνῳ ἐγένοντο τὸ μὲν μέτωπον ἐπὶ τριακοσίων, τοσοῦτοι γὰρ ἦσαν οἱ ταξίαρχοι, τὸ δὲ βάθος ἐφ' ἑκατόν. (3) Ἐπεὶ δὲ κατέστησαν, ἕπεσθαι ἐκέλευσεν ὡς ἂν αὐτὸς ἡγῆται· καὶ εὐθὺς τροχάζων ἡγεῖτο. Ἐπεὶ δὲ κατενόησε τὴν ἀγυιὰν τὴν πρὸς τὸ βασίλειον φέρουσαν στενωτέραν οὖσαν ἢ ὡς ἐπὶ μετώπου πάντας διιέναι, παραγγείλας τὴν πρώτην χιλιοστὺν ἕπεσθαι κατὰ χώραν, τὴν δὲ δευτέραν κατ' οὐρὰν ταύτῃ ἀκολουθεῖν, καὶ διὰ παντὸς οὕτως, αὐτὸς μὲν ἡγεῖτο οὐκ ἀναπαυόμενος, αἱ δὲ ἄλλαι χιλιοστύες κατ' οὐρὰν ἑκάστη τῆς ἔμπροσθεν εἵποντο. (4) Ἔπεμψε δὲ καὶ ὑπηρέτας δύο ἐπὶ τὸ στόμα τῆς ἀγυιᾶς, ὅπως εἴ τις ἀγνοοίη, σημαίνοιεν τὸ δέον ποιεῖν. Ὡς δὲ ἀφίκοντο ἐπὶ τὰς Κυαξάρου θύρας, παρήγγειλα τῷ πρώτῳ ταξιάρχῳ τὴν τάξιν εἰς δώδεκα τάττειν βάθος· τοὺς δὲ δωδεκάρχους ἐν μετώπῳ καθιστάναι περὶ τὸ βασίλειον, καὶ τῷ δευτέρῳ ταὐτὰ ἐκέλευσε παραγγεῖλαι, καὶ διὰ παντὸς οὕτως. (5) Οἱ μὲν δὴ ταῦτ' ἐποίουν· ὁ δ' εἰσῄει πρὸς τὸν Κυαξάρην ἐν τῇ Περσικῇ στολῇ οὐδέν τι ὑβρισμένῃ. Ἰδὼν δὲ ὁ Κυαξάρης αὐτὸν τῷ μὲν τάχει ἥσθη, τῇ δὲ φαυλότητι τῆς στολῆς ἠχθέσθη καὶ εἶπε, Τί τοῦτο, ὦ Κῦρε; πῶς ἐποίηκας οὕτω φανεὶς τοῖς Ἰνδοῖς; ἐγὼ δ', ἔφη, ἐβουλόμην σε ὡς λαμπρότατον φανῆναι· καὶ γὰρ ἐμοὶ ἂν κόσμος ἦν τοῦτο, ἐμῆς

Et Cyrus inquit, Hoccine semper facitis? Profecto, respondit ille, quotiescunque coenam instruimus. Vos igitur, inquit, ad coenam voco, partim quod et in accedendo et in abeundo studiose servatis ordines, partim quod illud et interdiu et noctu facitis, partim quod et corpora deambulando exercetis, et animos docendo meliores redditis. Quandoquidem igitur omnia duplicia facitis, aequum est vobis etiam duplex epulum praeberi. Minime profecto, ait cohortis illius praefectus, uno quidem die; nisi nobis duplices etiam ventres dabis. Ac tum quidem hoc pacto finem hujus convivii fecere. Postridie autem Cyrus illum ordinem, quemadmodum dixerat, et sequenti die vocavit. Quae cum ceteri animadverterent, omnes deinceps eos imitabantur.

CAPUT IV.

Cum autem Cyrus aliquando militem universum in armis lustraret et instrueret, a Cyaxare venit nuntius, qui diceret ab Indis legatos adesse: Quapropter te quamprimum ad se venire jubet Cyaxares. Quin et vestem, inquit nuntius, pulcherrimam a Cyaxare tibi fero: te enim quam ornatissime splendidissimeque advenire cupit: quippe quia Indi spectaturi sunt, quo cultu accedas. Haec cum audisset Cyrus, imperavit praefecto cohortis loco primo in acie constituto, ut in fronte consisteret, cohorte singulatim ducta, latus ipse dextrum tenens : et jussit hunc eadem secundo imperare, et per omnes sic imperata tradi jussit. Illi dicto audientes et celeriter quidem haec imperant, et celeriter imperata faciunt : brevique tempore frons trecenos (tot enim erant cohortium praefecti), altitudo agminis centenos milites habuit. Cum jam hoc ordine constituisset, eos ita sequi jussit, ut ipse praecederet : et mox citato gradu praecedebat. At ubi viam, quae ad regiam tendebat, arctiorem esse animadvertisset, quam ut omnes in fronte progredi possent, jussis primis in ordine millenis militibus ita se sequi, ut collocati fuerant, alterisque hos a tergo sequi, et ceteris deinceps omnibus eodem servato ordine procedere, ipse sine intermissione praeibat, aliique milleni milites totidem praecedentes a tergo subsequebantur. Ministros etiam duos ad viae aditum misit, qui, quid facto opus esset, si quem fugeret, significarent. Cum autem Cyaxaris ad portam pervenisset, praefecto primae cohortis imperat, ut cohortem instrueret, ut ejus altitudo duodenos contineret, praefectos autem duodenum militum propter regiam in fronte constitueret; atque eadem secundo jubet imperari, et sic deinceps omnibus. Atque haec illi quidem faciebant: Cyrus autem ipse ad Cyaxarem veste indutus Persica ambitionem minime indicanti ingressus est. Et Cyaxares eum cum vidisset, celeritate quidem delectabatur, at vilitate vestis offensus erat, dixitque, Quid hoc, Cyre, est? cujusmodi rem facis, qui habitu tali in conspectum Indorum venis? ego vero te quam splendidissimum conspici volebam : nam mihi hoc

ὄντα ἀδελφῆς υἱὸν ὅτι μεγαλοπρεπέστατον φαίνεσθαι. (6) Καὶ ὁ Κῦρος πρὸς ταῦτα εἶπε, Καὶ ποτέρως ἄν, ὦ Κυαξάρη, μᾶλλόν σε ἐκόσμουν, εἴπερ πορφυρίδα ἐνδὺς καὶ ψέλια λαβὼν καὶ στρεπτὸν περιθέμενος σχολῇ κελεύοντι ὑπήκουόν σοι, ἢ νῦν ὅτε σὺν τοιαύτῃ καὶ τοσαύτῃ δυνάμει οὕτως ὀξέως σοι ὑπακούω διὰ τὸ σὲ τιμᾶν ἱδρῶτι καὶ σπουδῇ καὶ αὐτὸς κεκοσμημένος καὶ τοὺς ἄλλους ἐπιδεικνύς σοι οὕτω πειθομένους; Κῦρος μὲν οὖν ταῦτα εἶπεν· ὁ δὲ Κυαξάρης νομίσας αὐτὸν ὀρθῶς λέγειν ἐκάλεσε τοὺς Ἰνδούς. (7) Οἱ δ᾽ Ἰνδοὶ εἰσελθόντες ἔλεξαν ὅτι πέμψειε σφᾶς ὁ Ἰνδῶν βασιλεὺς κελεύων ἐρωτᾶν ἐξ ὅτου ὁ πόλεμος εἴη Μήδοις τε καὶ τῷ Ἀσσυρίῳ· ἐπεὶ δὲ σοῦ ἀκούσαιμεν, ἐκέλευσεν αὖ πρὸς τὸν Ἀσσύριον κἀκείνου ταῦτα πυθέσθαι· τέλος δ᾽ ἀμφοτέροις εἰπεῖν ὑμῖν ὅτι ὁ Ἰνδῶν βασιλεὺς τὸ δίκαιον σκεψάμενος φαίη μετὰ τοῦ ἠδικημένου ἔσεσθαι. (8) Πρὸς ταῦτα ὁ Κυαξάρης εἶπεν, Ἐμοῦ μὲν τοίνυν ἀκούετε ὅτι οὐκ ἀδικοῦμεν τὸν Ἀσσύριον οὐδέν· ἐκείνου δ᾽, εἰ δεῖσθε, ἐλθόντες νῦν πύθεσθε ὅ,τι λέγει. Παρὼν δὲ ὁ Κῦρος ἤρετο τὸν Κυαξάρην, Ἦ καὶ ἐγώ, ἔφη, εἴπω ὅ,τι γιγνώσκω; καὶ ὁ Κυαξάρης ἐκέλευσεν. Ὑμεῖς τοίνυν, ἔφη, ἀπαγγείλατε τῷ Ἰνδῶν βασιλεῖ τάδε, εἰ μή τι ἄλλο Κυαξάρῃ δοκεῖ, ὅτι φαμὲν ἡμεῖς, εἴ τί φησιν ὑφ᾽ ἡμῶν ἀδικεῖσθαι ὁ Ἀσσύριος, αἱρεῖσθαι αὐτὸν τὸν Ἰνδῶν βασιλέα δικαστήν. Οἱ μὲν δὴ ταῦτα ἀκούσαντες ᾤχοντο.

9. Ἐπεὶ δὲ ἐξῆλθον οἱ Ἰνδοί, ὁ Κῦρος πρὸς τὸν Κυαξάρην ἤρξατο λόγου τοιοῦδε.

Ὦ Κυαξάρη, ἐγὼ μὲν ἦλθον οὐδέν τι πολλὰ ἔχων ἴδια χρήματα οἴκοθεν· ὁπόσα δ᾽ ἦν, τούτων πάνυ ὀλίγα λοιπὰ ἔχω. Ἀνήλωκα δέ, ἔφη, εἰς τοὺς στρατιώτας καὶ τοῦτο ἴσως, ἔφη, θαυμάζεις σὺ πῶς ἐγὼ ἀνήλωκα σοῦ αὐτοὺς τρέφοντος· εὖ δ᾽ ἴσθι, ἔφη, ὅτι οὐδὲν ἄλλο ποιῶν ἢ τιμῶν καὶ χαριζόμενος, ὅταν τινὶ ἀγασθῶ τῶν στρατιωτῶν. (10) Δοκεῖ γάρ μοι, ἔφη, πάντας μὲν οὓς ἄν τις βούληται ἀγαθοὺς συνεργοὺς ποιεῖσθαι ὁποιουτινοσοῦν πράγματος, ἥδιον εἶναι εὖ τι λέγοντα καὶ εὖ ποιοῦντα παρορμᾶν μᾶλλον ἢ λυποῦντα καὶ ἀναγκάζοντα· οὓς δὲ δὴ τῶν εἰς τὸν πόλεμον ἔργων ποιήσασθαί τις βούλοιτο συνεργοὺς προθύμους, τούτους παντάπασιν ἔμοιγε δοκεῖ ἀγαθοῖς θηρατέον εἶναι καὶ λόγοις καὶ ἔργοις. Φίλους γάρ, οὐκ ἐχθρούς, δεῖ εἶναι τοὺς μέλλοντας ἀπροφασίστους συμμάχους ἔσεσθαι καὶ μήτε τοῖς ἀγαθοῖς τοῦ ἄρχοντος φθονήσοντας μήτε ἐν τοῖς κακοῖς προδώσοντας. (11) Ταῦτ᾽ οὖν ἐγὼ οὕτω προγιγνώσκων χρημάτων δοκῶ προσδεῖσθαι. Πρὸς μὲν οὖν σὲ πάντα ὁρᾶν, ὃν αἰσθάνομαι πολλὰ δαπανῶντα, ἄτοπόν μοι δοκεῖ εἶναι· σκοπεῖν δ᾽ ἀξιῶ κοινῇ καὶ σὲ καὶ ἐμὲ ὅπως σὲ μὴ ἐπιλείψῃ χρήματα. Ἐὰν γὰρ σὺ ἄφθονα ἔχῃς, οἶδ᾽ ὅτι καὶ ἐμοὶ ἂν εἴη λαμβάνειν ὁπότε δεοίμην, ἄλλως τε καὶ εἰ εἰς τοιοῦτόν τι λαμβάνοιμι ὃ μέλλοι καὶ σοὶ δαπανηθὲν βέλτιον εἶναι. (12) Ἔναγχος οὖν μέμνημαί σου ἀκούσας ὡς ὁ Ἀρμένιος καταφρονοίη σου νῦν, ὅτι ἀκούει τοὺς πολεμίους προσιόντας ἡμῖν,

ornamento fuisset, te, meæ sororis filium, quam magnificentissime ornatum conspici. Et Cyrus ad hæc respondit, Utro te modo, Cyaxares, magis ornassem, si purpura indutus, adhibitis armillis, et torquatus, tibi mandanti lente paruissem, an nunc potius, cum tali tantoque stipatus exercitu, tam velociter, honoris tui causa, tibi pareo, sudore et celeritate cum ipse ornatus adsum, tum te orno, et ceteros etiam tibi tantopere obsequentes exhibeo? Cyrus igitur hæc dixit; Cyaxares autem eum recte dicere arbitratus, Indos introduci jussit. Indi vero ingressi se missos a rege Indorum aiebant, et jussos interrogare, qua de re bellum inter Medos et Assyrium susceptum esset: Ac te quidem postquam audissemus, nos ad Assyrium quoque proficisci, et de his ipsis ab illo etiam percunctari jussit: tandem vero utrique vestrum nuntiare, regem Indorum dicere, se juris et æqui ratione habita, staturum ab illo cui fieret injuria. Ad hæc respondit Cyaxares, Me igitur audite, nulla nos omnino injuria Assyrium afficere: quid ipse dicat, si libet, profecti ad eum exquirite. Cyrus autem, qui aderat, Cyaxarem interrogavit, Num et ipse etiam, inquit, dicam quod sentio? et Cyaxares eum loqui jussit. Vos igitur, ait, Indorum regi hæc nuntiate (nisi quid aliud Cyaxari videatur), dicere nos, si quam a nobis sibi factam injuriam dicat Assyrius, ipsum nos Indorum regem judicem eligimus. His illi auditis abierunt.

Cum autem egressi essent Indi, Cyrus ad Cyaxarem hujusmodi sermone cœpit uti:

Equidem ad te, Cyaxares, veni, non multas mecum pecunias meas domo ferens; quæ autem mihi erant, earum exiguam admodum summam reliquam habeo; quippe qui in milites, ait, eas expenderim. Ac tu forsan miraris, quo pacto expenderim, eos cum tu alas: verum certo scias, inquit, me non aliter eas expendisse, quam præmiis tribuendis et largiendo, quoties aliquem militum admirarer. Nam mea hæc sententia est, inquit, omnes, quoscunque sibi quis fideles adjutores quacunque in re gerenda efficere velit, suavius esse bene tum dicendo tum faciendo potius ad ejusmodi munus excitare, quam offendendo et cogendo: et quos quidem in rebus bellicis adjutores sibi alacres quispiam conciliare velit, eos omnino et dictis bonis et factis captandos arbitror. Amicos enim, non inimicos, oportet esse, qui sine excusatione tergiversationeque in bello socii futuri sint, nec in secundis imperatoris rebus invidi, nec in adversis futuri sint proditores. Hæc igitur ego cum ita apud animum statuta habeam, pecuniis mihi pluribus opus esse puto. Ceterum ad te in omnibus respicere, quem sumptus graves facere intelligo, mihi absurdum videtur: communiter autem tibi et mihi providendum arbitror, ne te pecuniæ deficiant. Nam tibi si abunde suppetant, scio mihi quoque facultatem fore accipiendi, cum opus erit; præsertim si eas in ejusmodi quendam usum accipiam, in quem quod expensum fuerit, tibi etiam majus commodum allaturum est. Nuper igitur audire te memini, Armenium te nunc contemnere, qui hostes adversum nos adventare audiat; ac neque copias

καὶ οὔτε τὸ στράτευμα πέμποι οὔτε τὸν δασμὸν ὃν ἔδει ἀπάγοι. Ποιεῖ γὰρ ταῦτα, ἔφη, ὦ Κῦρε, ἐκεῖνος· ὥστε ἔγωγε ἀπορῶ πότερόν μοι κρεῖττον στρατεύεσθαι καὶ πειρᾶσθαι ἀνάγκην αὐτῷ προσθεῖναι ἢ λυσιτελεῖ ἐᾶσαι ἐν τῷ παρόντι, μὴ καὶ τοῦτον πολέμιον πρὸς τοῖς ἄλλοις προσθώμεθα. (13) Καὶ ὁ Κῦρος ἐπήρετο, Αἱ δ᾽ οἰκήσεις αὐτῷ πότερον ἐν ἐχυροῖς χωρίοις εἰσὶν ἢ καὶ που ἐν εὐεφόδοις; Καὶ ὁ Κυαξάρης εἶπεν, Αἱ μὲν οἰκήσεις οὐ πάνυ ἐν ἐχυροῖς· ἐγὼ γὰρ τούτου οὐκ ἠμέλουν· ὄρη μέντοι ἔστιν ἔνθα δύναιτ᾽ ἂν ἀπελθὼν ἐν τῷ παραχρῆμα ἐν ἀσφαλεῖ εἶναι τοῦ μὴ αὐτός γε ὑποχείριος γενέσθαι μηδὲ ὅσα ἐνταῦθα δύναιτο ὑπεκκομίσασθαι, εἰ μή τις πολιορκοίη προσκαθήμενος, ὥσπερ ὁ ἐμὸς πατὴρ τοῦτο ἐποίησεν. (14) Ἐκ τούτου δὴ ὁ Κῦρος λέγει τάδε· Ἀλλ᾽ εἰ θέλοις, ἔφη, ἐμὲ πέμψαι ἱππέας μοι προσθεὶς ὁπόσοι δοκοῦσι μέτριοι εἶναι, οἶμαι ἂν σὺν τοῖς θεοῖς ποιῆσαι αὐτὸν καὶ τὸ στράτευμα πέμψαι καὶ ἀποδοῦναι τὸν δασμόν σοι· ἔτι δὲ ἐλπίζω καὶ φίλον αὐτὸν μᾶλλον ἡμῖν γενήσεσθαι ἢ νῦν ἐστι. (15) Καὶ ὁ Κυαξάρης εἶπε, Καὶ ἐγώ, ἔφη, ἐλπίζω ἐκείνους ἐλθεῖν πρὸς σὲ μᾶλλον ἢ πρὸς ἐμέ· ἀκούω γὰρ ὅτι καὶ συνθηρευτάς τινας τῶν παίδων σοι γενέσθαι αὐτοῦ· ὥστε ἴσως ἂν καὶ πάλιν ἐλθοιεν πρὸς σέ, εἰ δὲ ὑποχείριοι δὲ γενομένων αὐτῶν πάντ᾽ ἂν πραχθείη ᾗ ἡμεῖς βουλοίμεθα. Οὐκοῦν σοι δοκεῖ, ἔφη ὁ Κῦρος, σύμφορον εἶναι τὸ λεληθέναι ἡμᾶς ταῦτα βουλεύοντας; Μᾶλλον γὰρ ἂν οὖν, ἔφη ὁ Κυαξάρης, καὶ ἔλθοι τις αὐτῶν εἰς χεῖρας, καὶ εἴ τις δρμῷτο ἐπ᾽ αὐτούς, ἀπαρασκεύαστοι ἂν λαμβάνοιντο. (16) Ἄκουε τοίνυν, ἔφη ὁ Κῦρος, ἄν τί σοι δόξω λέγειν. Ἐγὼ πολλάκις δὴ σὺν πᾶσι τοῖς μετ᾽ ἐμοῦ ταυθἡρακα ἀμφὶ τὰ ὅρια τῆς τε σῆς χώρας καὶ τῆς τῶν Ἀρμενίων, καὶ ἱππέας δέ τινας ἤδη προσλαβὼν τῶν ἐνθένδε ἑταίρων ἀφικόμην. Τὰ μὲν τοίνυν ὅμοια ποιῶν, ἔφη ὁ Κυαξάρης, οὐκ ἂν ὑποπτεύοιο· εἰ δὲ πολὺ πλείων ἡ δύναμις φαίνοιτο ἧς ἔχων εἰώθας θηρᾶν, τοῦτ᾽ ἤδη ὕποπτον ἂν γένοιτο. (17) Ἀλλ᾽ ἔστιν, ἔφη ὁ Κῦρος, καὶ πρόφασιν κατασκευάσαι καὶ ἐνθάδε οὐκ ἄπιστον, καὶ ἄν τις ἐκεῖσε ἐξαγγείλῃ δὴ ὡς ἐγὼ βουλοίμην μεγάλην θήραν ποιῆσαι· καὶ ἱππέας, ἔφη, αἰτοίην ἄν σε τοῦ φανεροῦ. Κάλλιστα λέγεις, ἔφη ὁ Κυαξάρης· ἐγὼ δέ σοι οὐκ ἐθελήσω διδόναι πλὴν μετρίους τινάς, ὡς βουλόμενος πρὸς τὰ φρούρια ἐλθεῖν τὰ πρὸς τῇ Συρίᾳ. Καὶ γὰρ τῷ ὄντι βούλομαι, ἔφη, ἐλθὼν κατασκευάσαι αὐτὰ ὡς ἐχυρώτατα. Ὁπότε δὲ σὺ προεληλυθοίης σὺν ᾗ ἔχοις δυνάμει καὶ θηρῴης καὶ δὴ δύο ἡμέρας, πέμψαιμι ἄν σοι ἱκανοὺς ἱππέας καὶ πεζοὺς τῶν παρ᾽ ἐμοὶ ἠθροισμένων, οὓς σὺ λαβὼν εὐθὺς ἀνίοις, καὶ αὐτὸς δὲ ἔχων τὴν ἄλλην δύναμιν πειρῴμην μὴ πρόσω ὑμῶν εἶναι, ἵνα, εἴ που καιρὸς εἴη, ἐπιφανείην.

18. Οὕτω δὴ ὁ μὲν Κυαξάρης εὐθὺς πρὸς τὰ φρούρια ἤθροιζεν ἱππέας τε καὶ πεζούς, καὶ ἁμάξας δὲ σίτου προέπεμπε τὴν ἐπὶ τὰ φρούρια ὁδόν. Ὁ δὲ Κῦρος ἐθύετο ἐπὶ τῇ πορείᾳ, καὶ ἅμα πέμπων ἐπὶ τὸν Κυα-

mittere, neque tributum debitum adferre. Nimirum, inquit, facit hæc ille, Cyre: ut equidem dubius sim animi, utrum mihi melius sit bello eum adgredi et ad cogendum vires nostras conferre, an expediat in præsens missum eum facere, ne lunc etiam hostem ceteris illis adjungamus. Et Cyrus interrogabat, Num vero domicilia ejus munitis in locis sita sunt, an iis, quæ facile adiri possint? Domicilia quidem ejus, respondit Cyaxares, non admodum munitis in locis sita sunt; nam illam ego rem non neglexi: sunt tamen montes, in quos si se recipiat, statim sic tutus esse possit, ut nec ipse in potestatem alicujus redigi possit, nec quæcunque in illos clam subvehenda curaverit, nisi quis eum diutius ibidem hærendo obsideat, quemadmodum pater meus olim fecit. Tum Cyrus hæc verba facit: Si autem mittere me voles, tanta equitum manu mihi adjuncta, quanta sufficere videatur, arbitror me, diis juvantibus, effecturum ut et copias mittat, et tributum tibi pendat: immo præter hæc spero confore ut nobis sit, quam nunc est, amicior. Et Cyaxares inquit, Ego quoque spero illos ad te libentius accessuros, quam ad nos. Nam quosdam ex ipsius liberis tecum olim venari solitos audio, iique adeo fortassis ad te rursus accesserint: quibus captis, omnia confici ex animi nostri sententia possint. Nempe, inquit Cyrus, tibi conducere videtur, nostra hæc ut celentur consilia? Immo certe hoc pacto, ait Cyaxares, et facilius ipsorum aliquis in potestatem nostram venerit, et si quis in eos impetum faciat, minus paratos deprehenderit. Audi igitur, inquit Cyrus, si aliquid dicere tibi videbor. Ego quidem sæpe cum omnibus qui mecum sunt, Persis, ad tuæ Armeniorumque regionis fines venatus sum, atque etiam aliquando quibusdam equitibus hinc e numero nostrorum nostrorum adsumptis, illuc accessi. Ergo minime suspectus fueris, ait Cyaxares, si his consimilia facias; sin autem majores copiæ conspiciantur, quam quibus uti ad venandum consuevisti, id demum suspicioni locum dederit. At licet, inquit Cyrus, causam quandam ad persuadendum haud parum aptam et hic prætexere; et si quis famam isto deportet, velle me magnam venationem instituere, et si palam, ait, equites ego abs te petam. Optime dicis, inquit Cyaxares: ego vero tibi non volam præter modicos quosdam dare, quasi qui ad castella Syriæ finitima profecturus sim. Nam revera quidem, inquit, mihi in animo est illo proficisci, ut ea quam munitissima reddam. Tu vero tuis cum copiis ubi progressus fueris, ac jam biduum venando consumpseris, mittam tibi quot sufficerint equites peditesque de iis qui apud me collecti sunt; quos ubi acceperis, statim pergas: ipse vero cum reliquis copiis, ne procul a vobis absim, enitar; ut, sicubi opportunum fuerit, conspiciendum me præbeam.

Hoc igitur modo Cyaxares quidem statim et equites et pedites ad castella cogebat, atque etiam currus commeatu ea, quæ ad castella duceret, via præmittebat. Cyrus autem, profectionis causa, confestim rem divinam faciebat, ac simul

ξάρην ᾔτει τῶν νεωτέρων ἱππέων. Ὁ δὲ πάνυ πολλῶν βουλομένων ἕπεσθαι οὐ πολλοὺς ἔδωκεν αὐτῷ. Προεληλυθότος δ' ἤδη τοῦ Κυαξάρου σὺν δυνάμει καὶ πεζῇ καὶ ἱππικῇ τὴν πρὸς τὰ φρούρια γίγνεται τῷ Κύρῳ τὰ ἱερὰ ἐπὶ τὸν Ἀρμένιον ἰέναι καλά· καὶ οὕτως ἐξάγει δὴ ὡς εἰς θήραν παρεσκευασμένος. (19) Πορευομένῳ δὲ αὐτῷ εὐθὺς ἐν τῷ πρώτῳ χωρίῳ ὑπανίσταται λαγώς· ἀετὸς δ' ἐπιπτάμενος αἴσιος, κατιδὼν τὸν λαγῶ φεύγοντα, ἐπιφερόμενος ἐπαισέ τε αὐτὸν καὶ συναρπάσας ἔξῃρε, κἀπενεγκὼν ἐπὶ λόφον τινὰ οὐ πρόσω ἐχρῆτο τῇ ἄγρᾳ ὅ,τι ἤθελεν. Ἰδὼν οὖν ὁ Κῦρος τὸ σημεῖον ἥσθη τε καὶ προσεκύνησε Δία βασιλέα, καὶ εἶπε πρὸς τοὺς παρόντας, Ἡ μὲν θήρα καλὴ ἔσται, ὦ ἄνδρες, ἢν ὁ θεὸς θελήσῃ. (20) Ὡς δὲ πρὸς τοῖς ὁρίοις ἐγένετο, εὐθὺς ὥσπερ εἰώθει ἐθήρα· καὶ τὸ μὲν πλῆθος τῶν πεζῶν καὶ τῶν ἱππέων ὤγμευον αὐτῷ, ὡς ἐπιόντες τὰ θηρία ἐξανισταῖεν· οἱ δὲ ἄριστοι καὶ πεζοὶ καὶ ἱππεῖς διέστασαν καὶ τὰ ἀνισστάμενα ὑπεδέχοντο καὶ ἐδίωκον· καὶ ᾕρουν πολλοὺς καὶ σῦς καὶ ἐλάφους καὶ δορκάδας καὶ ὄνους ἀγρίους· πολλοὶ γὰρ ἐν τούτοις τοῖς τόποις ὄνοι καὶ νῦν ἔτι γίγνονται. (21) Ἐπεὶ δ' ἔληξε τῆς θήρας, προσμίξας πρὸς τὰ ὅρια τῶν Ἀρμενίων ἐδειπνοποιήσατο· καὶ τῇ ὑστεραίᾳ αὖθις ἐθήρα προσελθὼν πρὸς τὰ ὄρη ὧν ὠρέγετο. Ἐπεὶ δ' αὖ ἔληξεν, ἐδειπνοποιεῖτο. Τὸ δὲ παρὰ Κυαξάρου στράτευμα ὡς ᾔσθετο προσιόν, ὑποπέμψας πρὸς αὐτούς· εἶπεν ἀπέχοντας δυοῖν δειπνοποιεῖσθαι ὡς δύο παρασάγγας, καὶ τοῦτο προῄδει ὡς συμβαλεῖται πρὸς τὸ λανθάνειν· ἐπεὶ δὲ δειπνήσαιεν, εἶπε τῷ ἄρχοντι αὐτῶν παρεῖναι πρὸς αὐτόν. Μετὰ δὲ τὸ δεῖπνον τοὺς ταξιάρχους ἐκάλει· ἐπεὶ δὲ παρῆσαν, ἔλεξεν ὧδε.

22. Ἄνδρες φίλοι, ὁ Ἀρμένιος πρόσθεν μὲν καὶ σύμμαχος ἦν καὶ ὑπήκοος Κυαξάρῃ· νῦν δ' ὡς ᾔσθετο τοὺς πολεμίους ἐπιόντας, καταφρονεῖ καὶ οὔτε τὸ στράτευμα πέμπει ἡμῖν οὔτε τὸν δασμὸν ἀποδίδωσι· νῦν οὖν τοῦτον δεῖ θηρᾶσαι, ἂν δυνώμεθα. Ὧδ' οὖν μοι, ἔφη, δοκεῖ ποιεῖν. Σὺ μὲν δή, ὦ Χρυσάντα, ἐπειδὰν ἀποκοιμηθῇς ὅσον μέτριον, λαβὼν τοὺς ἡμίσεις Περσῶν τῶν σὺν ἡμῖν ἴθι τὴν ὀρεινὴν καὶ κατάλαβε τὰ ὄρη εἰς ἅ φασιν αὐτὸν ὅταν τι φοβηθῇ καταφεύγειν· ἡγεμόνας δέ σοι ἐγὼ δώσω. (23) Φασὶ μὲν οὖν καὶ δασέα τὰ ὄρη ταῦτα εἶναι, ὥστ' ἐλπὶς ὑμᾶς μὴ ὀρθῆναι· ὅμως δὲ εἰ προπέμποις πρὸ τοῦ στρατεύματος [τοῦ σεαυτοῦ] εὐζώνους ἄνδρας λῃσταῖς ἐοικότας καὶ τῷ πλήθει καὶ ταῖς στολαῖς, οὗτοι ἄν σοι, εἴ τινι ἐντυγχάνοιεν τῶν Ἀρμενίων, τοὺς μὲν ἂν συλλαμβάνοντες αὐτῶν κωλύσειεν τῶν ἐξαγγελιῶν, οὓς δὲ μὴ δύναιντο λαμβάνειν, ἀποσοβοῦντες ἂν ἐμποδὼν γίγνοιντο τοῦ μὴ ὁρᾶν αὐτοὺς τὸ ὅλον στράτευμά σου, ἀλλ' ὡς περὶ κλωπῶν βουλεύεσθαι. (24) Καὶ σὺ μέν, ἔφη, οὕτω ποίει· ἐγὼ δὲ ἅμα τῇ ἡμέρᾳ τοὺς ἡμίσεις μὲν τῶν πεζῶν ἔχων, πάντας δὲ τοὺς ἱππέας, πορεύσομαι διὰ τοῦ πεδίου εὐθὺς πρὸς τὰ βασίλεια. Καὶ ἢν μὲν ἀνθιστῆται, δῆλον ὅτι μάχεσθαι δεήσει· ἢν δ' ὑποχωρῇ τοῦ πεδίου, δῆλον ὅτι μεταθεῖν δεήσει· ἢν δ' εἰς τὰ ὄρη φεύγῃ, ἐνταῦθα δὴ, ἔφη,

mittit qui a Cyaxare de junioribus equitibus aliquos peterent. Ille vero, licet permulti sequi vellent, non multos tamen ei concessit. Et Cyaxare jam cum copiis equitum peditumque via, quæ ad castella ducebat, progresso, Cyro sacra de suscipienda in Armenium expeditione auspicata fuerunt: itaque suos educit, quasi ad venandum parasset. Et cum jam iter faceret, mox primo in agro exsurgit lepus: ei aquila dextra advolans, cum leporem fugientem despexisset, irruens percussitque eum, correptumque sustulit, et cum proximum in collem deportasset, pro libidine præda usa est. Cyrus, hoc quidem signo viso, delectatusque est, et Jovem regem adoravit, et ad eos qui aderant dixit, Hæc sane nobis, viri, venatio prospera, volente deo, futura est. Cum autem ad fines perventum esset, statim, more suo, venabatur: ac peditum quidem equitumque vulgus ordine ante ipsum procedebant, ut adventu suo feras excitarent: præstantissimi vero quique tam peditum quam equitum hinc inde constiterant, excitatasque feras et exceperunt, et insecuti sunt, atque multos et apros, et cervos, et capreas, et asinos silvestres ceperunt; sunt enim hac etiam tempestate illis in locis multi asini. At venatione tandem intermissa, propius ad Armeniorum fines delatus, cœnam instrui jussit: ac prostridie rursum venari cœpit, eos ad montes progressus, quos adpetebat. Postquam autem rursus venandi finem fecisset, cœnavit. Cum vero exercitum a Cyaxare missum adventare sentiret, ad eos clam misit qui edicerent, ut abs se ad duarum fere parasangarum intervallum cœnarent; providebat enim futurum ut hoc ipsum ad fallendum hostem conduceret: postquam vero cœnassent, ut ipsorum præfectus ad se veniret, præcepit. Cœna autem peracta, præfectos ad se vocabat; qui cum advenissent, in hunc modum locutus est:

« Armenius antelac quidem, amici, Cyaxari et societate junctus fuit et ejus imperio subjectus: nunc vero spreto, postquam hostes eum invadere senserit, Cyaxare, neque copias nobis mittit, neque tributum illud debitum persolvit: itaque jam nobis venandus est, si quidem poterimus. Ac mihi sane res in hunc modum gerenda videtur: Tu, Chrysanta, postquam modicum somnum ceperis, dimidia Persarum qui sunt nobiscum sumpta parte, viam montanam ingreditor, et montes occupato, ad quos eum, cum aliquem metuit, confugere aiunt. Duces ipse tibi dabo. Atque hos sane montes etiam nemorosos esse perhibent, ut spes sit vos minime conspectum iri: si tamen ante exercitum expeditos homines, qui et numero et vestimentis sint latronibus similes, præmiseris, nimirum hi, si quibus ex Armeniis occurrerint, eos partim comprehendendo impedire poterunt, ne quod indicium faciant; partim quos comprehendere nequiverint, absterritos procul arcendo, ne totum exercitum videant, obstabunt; ideoque de vobis tanquam latrunculis consilium capient. Ac tu quidem ita facito; ego vero cum prima luce peditum altera cum parte dimidia, et universis cum equitibus campestri itinere ad regiam recta proficiscar. Et si quidem se nobis opposuerit, patet, pugnam necessario conserendam esse: sin campo se subduxerit, cursu nobis persequendum esse constat: ad montes denique si fugerit, hic scilicet tui

σὺν ἔργον μηδένα ἀφιέναι τῶν πρὸς σὲ ἀφικνουμένων. (25) Νόμιζε δ' ὥσπερ ἐν θήρᾳ ἡμᾶς μὲν τοὺς ἐπιζητοῦντας ἔσεσθαι, σὲ δὲ τὸν ἐπὶ ταῖς ἄρκυσι. Μέμνησο οὖν ἐκεῖνο ὅτι φθάνειν δεῖ παφραγμένους τοὺς πόρους πρὶν κινεῖσθαι τὴν θήραν. Καὶ λεληθέναι δὲ δεῖ τοὺς ἐπὶ τοῖς στόμασιν, εἰ μέλλουσι μὴ ἀποτρέψειν τὰ προσφερόμενα. (26) Μὴ μέντοι, ἔφη, ὦ Χρυσάντα, οὕτως αὖ ποίει ὥσπερ ἐνίοτε διὰ τὴν φιλοθηρίαν· πολλάκις γὰρ ὅλην τὴν νύκτα ἄυπνος πραγματεύῃ· ἀλλὰ νῦν ἐᾶσαι χρὴ τοὺς ἄνδρας τὸ μέτριον ἀποκοιμηθῆναι, ὡς ἂν δύνωνται ὑπνομαχεῖν. (27) Μηδέ γε, ὅτι οὐχ ἡγεμόνας ἔχων ἀνθρώπους πλανᾷ ἀνὰ τὰ ὄρη, ἀλλ' ὅπῃ ἂν τὰ θηρία ὑφηγῆται, ταύτῃ μεταθεῖς, μήτι καὶ νῦν οὕτω τὰ δύσβατα πορεύου, ἀλλὰ κέλευέ σοι τοὺς ἡγεμόνας, ἐὰν μὴ πολὺ ἐλάττων ἡ ὁδὸς ᾖ, τὴν ῥᾴστην ἡγεῖσθαι. Στρατιᾷ γὰρ ἡ ῥᾴστη ταχίστη. (28) Μηδέ γε σύ, ὅτι δύνασαι τρέχειν ἀνὰ τὰ ὄρη, μήτι δρόμῳ ἡγήσῃ, ἀλλ' ὡς ἂν δύνηταί σοι ὁ στρατὸς ἕπεσθαι, τῷ μέσῳ τῆς σπουδῆς ἡγοῦ. (29) Ἀγαθὸν δὲ καὶ τῶν δυνατωτάτων καὶ προθύμων ὑπομένοντάς τινας ἐνίοτε παρακελεύεσθαι· ἐπειδὰν δὲ παρέλθῃ τὸ κέρας, παροξυντικὸν εἰς τὸ σπεύδειν πάντας παρὰ τοὺς βαδίζοντας τρέχοντας ὁρᾶσθαι.

30. Χρυσάντας μὲν δὴ ταῦτα ἀκούσας καὶ ἐπιγαυρωθεὶς τῇ ἐντολῇ τοῦ Κύρου, λαβὼν τοὺς ἡγεμόνας, ἀπελθὼν καὶ παραγγείλας ἃ ἔδει ἅμα αὐτῷ μέλλουσι πορεύεσθαι, ἀνεπαύετο. Ἐπειδὴ δὲ ἀπεκοιμήθησαν ὅσον ἐδόκει μέτριον εἶναι, ἐπορεύετο ἐπὶ τὰ ὄρη. (31) Κῦρος δέ, ἐπειδὴ ἡμέρα ἐγένετο, ἄγγελον μὲν προέπεμπε πρὸς τὸν Ἀρμένιον, προειπὼν αὐτῷ λέγειν ὧδε. Κῦρος, ὦ Ἀρμένιε, κελεύει οὕτω ποιεῖν σε ὅπως ὡς τάχιστα ἔχων οἴσεις καὶ τὸν δασμὸν καὶ τὸ στράτευμα. Ἢν δ' ἐρωτᾷ ὅπου εἰμί, λέγε τἀληθῆ ὅτι ἐπὶ τοῖς ὁρίοις. Ἢν δ' ἐρωτᾷ εἰ καὶ αὐτὸς ἔρχομαι, λέγε κἀνταῦθα τἀληθῆ ὅτι οὐκ οἶδα. Ἐὰν δ' ὁπόσοι ἐσμὲν πυνθάνηται, συμπέμπειν τινὰ κέλευε καὶ μαθεῖν. (32) Τὸν μὲν δὴ ἄγγελον ἐπιστείλας ταῦτα ἔπεμψε, νομίζων φιλικώτερον οὕτως εἶναι ἢ μὴ προειπόντα πορεύεσθαι. Αὐτὸς δὲ συνταξάμενος ᾗ ἄριστον καὶ πρὸς τὸ ἀνύτειν τὴν ὁδὸν καὶ πρὸς τὸ μάχεσθαι, εἴ τι δέοι, ἐπορεύετο. Προεῖπε δὲ τοῖς στρατιώταις μηδένα ἀδικεῖν, καὶ εἴ τις Ἀρμενίων τῳ ἐντυγχάνοι, θαρρεῖν τε παραγγέλλειν καὶ ἀγορὰν τὸν θέλοντα ἄγειν ὅπου ἂν ὦσιν, εἴτε σιτία εἴτε ποτὰ τυγχάνοι πωλεῖν βουλόμενος.

ΒΙΒΛΙΟΝ Γ.

ΚΕΦΑΛΑΙΟΝ Α.

Ὁ μὲν δὴ Κῦρος ἐν τούτοις ἦν· ὁ δὲ Ἀρμένιος ὡς ἤκουσε τοῦ ἀγγέλου τὰ παρὰ τοῦ Κύρου, ἐξεπλάγη, ἐννοήσας ὅτι ἀδικοίη καὶ τὸν δασμὸν λίποι καὶ τὸ στράτευμα

fuerit muneris, eorum, qui ad te pervenient, neminem di mittere. Perinde scilicet atque in venatione velim existimes, nos quidem eos fore qui indagabunt, te autem illum qui sit ad plagas. Quamobrem memineris, obstruenda prius esse itinera, quam feræ se loco moveant. Quin et occulti sint necesse est, quicunque ad ea collocati fuerint, si quidem ad se accurrentes feras nolint avertere. Verum, Chrysanta, inquit, ita jam ne feceris, quemadmodum nonnunquam venandi studio consuevisti : nam insomnis totam sæpe noctem in hoc negotio exigis : at nunc militi modice cubandi facultas est concedenda, ut somno obrepenti interdum reluctari possint. Neque vero tu, quia montes pererras ducem viæ nullum habens, sed quacumque feræ præcesserint, hac insequi soles, neque tu, inquam, nunc etiam per loca penetratu difficilia sic iter feceris; sed impera ducibus, ut, nisi aliqua longe brevissima via fuerit, per facillimam ducant. Nam exercitui via facillima celerrima est. Neve item, quia tu montes cursu pervagari es adsuefactus, jam quoque curriculo præiveris, sed festinatione mediocri prælto, ut sequi te possit exercitus. Commodum etiam fuerit, quosdam ex robustissimis et in primis alacribus interdum cohortandi causa subsistere : ubi autem cornu processerit, incitamentum erit ad festinandum, si præ his gradatim incedentibus, omnes illi currere videantur. »

At Chrysantas quidem hæc cum audisset, ad elationem incenso Cyri mandatis animo, acceptis ducibus, abiit ; et cum iis, qui profecturi cum ipso erant, facienda imperasset, quieti se dedit. Cumque tantum somni cepissent, quantum ad mediocritatem satis esse videbatur, ad montes perrexit. Cyrus autem, cum dies illuxisset, nuntium ad Armenium præmisit, cui prius indicarat, ut in hunc modum hominem alloqueretur : Cyrus, Armenie, sic agas imperat, ut quamprimum ad ipsum tributumque feras et exercitum ducas. Quod si te interroget, ubi sim, vera dicito, esse me nimirum in finibus. Sin roget, an et ipse veniam, hic quoque vera dicito, te nempe nescire. Sin quot numero simus quærat, jube tecum aliquem mittat, ac rem cognoscat. Itaque nuntium Cyrus cum his mandatis misit; quod existimaret hoc modo se humanius facturum, quam si nihil prædicens pergeret. Ipse vero quam optime cum ad perficiendum iter, cum etiam ad pugnandum, si foret opus, instructis suis progrediebatur. Militibus autem edixit ne quenquam injuria adficerent : ac si quis Armenium aliquem obvium haberet, et bono esse animo juberet, et ut is qui vellet, ad ea loca, quibus ipsi essent, res venales adveheret, si quis esculenta aut potulenta vendere cuperet.

LIBER III.

CAPUT I.

Et Cyrus quidem hæc agebat : Armenius autem, cum de nuntio mandata Cyri audisset, perterritus est ; quod cum animo suo cogitaret se injuste facere, qui et tributum pen-

οὐ πέμποι, καὶ τὸ μέγιστον, ἐφοβεῖτο, ὅτι ὀρθήσεσθαι ἔμελλε τὰ βασίλεια οἰκοδομεῖν ἀρχόμενος ὡς ἂν ἱκανὰ ἀπομάχεσθαι εἴη. (2) Διὰ ταῦτα δὴ πάντα ὀκνῶν ἅμα μὲν διέπεμπεν ἀθροίζων τὴν αὑτοῦ δύναμιν, ἅμα δ' ἔπεμπεν εἰς τὰ ὄρη τὸν νεώτερον υἱὸν Σάβαριν καὶ τὰς γυναῖκας, τήν τε ἑαυτοῦ καὶ τὴν τοῦ υἱοῦ, καὶ τὰς θυγατέρας· καὶ κόσμον δὲ καὶ κατασκευὴν τὴν πλείστου ἀξίαν συναπέπεμπε προπομπούς δοὺς αὐτοῖς. Αὐτὸς δὲ ἅμα μὲν κατασκευαζομένους ἔπεμπε τὰ πρῶτος Κῦρος, ἅμα δὲ συνέταττε τοὺς παραγιγνομένους τῶν Ἀρμενίων· καὶ ταχὺ παρῆσαν ἄλλοι εἰς καὶ δὴ αὐτὸς ὁμοῦ. Ἐνταῦθα δὴ οὐκέτι ἔτλη εἰς χεῖρας ἐλθεῖν, ἀλλ' ὑπεχώρει. (3) Ὡς δὲ τοῦτο εἶδον αὐτὸν ποιήσαντα οἱ Ἀρμένιοι, διεδίδρασκον ἤδη ἕκαστος ἐπὶ τὰ ἑαυτοῦ βουλόμενοι τὰ ὄντα ἐκποδὼν ποιεῖσθαι. Ὁ δὲ Κῦρος ὡς ἑώρα διαθεόντων καὶ ἐλαυνόντων τὸ πεδίον μεστόν, ὑποπέμπων ἔλεγεν ὅτι οὐδενὶ πόλεμος εἴη τῶν μενόντων· εἰ δέ τινα φεύγοντα λήψοιτο, προηγόρευεν ὅτι ὡς πολεμίῳ χρήσοιτο. Οὕτω δὴ οἱ μὲν πολλοὶ κατέμενον, ἦσαν δὲ οἳ ὑπεχώρουν σὺν τῷ βασιλεῖ. (4) Ἐπεὶ δὲ οἱ σὺν ταῖς γυναιξὶ προϊόντες ἐνέπεσον εἰς τοὺς ἐν τῷ ὄρει, εὐθὺς κραυγήν τε ἐποίουν καὶ φεύγοντες ἡλίσκοντο πολλοί γε αὐτῶν. Τέλος δὲ καὶ ὁ παῖς καὶ αἱ γυναῖκες καὶ αἱ θυγατέρες ἑάλωσαν, καὶ τὰ χρήματα ὅσα σὺν αὐτοῖς ἀγόμενα ἔτυχεν. Ὁ δὲ βασιλεὺς αὐτῶν ὡς ᾔσθετο τὰ γιγνόμενα, ἀπορῶν ποῖ τράποιτο ἐπὶ λόφον τινὰ καταφεύγει. (5) Ὁ δ' αὖ Κῦρος ταῦτα ἰδὼν περιΐσταται τὸν λόφον τῷ παρόντι στρατεύματι, καὶ πρὸς Χρυσάνταν πέμψας ἐκέλευε φυλακὴν τοῦ ὄρους καταλιπόντα ἥκειν. Τὸ μὲν δὴ στράτευμα ἠθροίζετο τῷ Κύρῳ· ὁ δὲ πέμψας πρὸς τὸν Ἀρμένιον κήρυκα ἤρετο ὧδε. Εἰπέ μοι, ἔφη, ὦ Ἀρμένιε, πότερα βούλει αὐτοῦ μένων τῷ λιμῷ καὶ τῷ δίψει μάχεσθαι ἢ εἰς τὸ ἰσόπεδον καταβὰς ἡμῖν διαμάχεσθαι; Ἀπεκρίνατο δ' ὁ Ἀρμένιος ὅτι οὐδετέρος βούλοιτο μάχεσθαι. (6) Πάλιν ὁ Κῦρος πέμψας ἠρώτα, Τί οὖν κάθησαι αὐτόθι καὶ οὐ καταβαίνεις; Ἀπορῶν, ἔφη, ὅ, τι χρὴ ποιεῖν. Ἀλλ' οὐδέν, ἔφη ὁ Κῦρος, ἀπορεῖν σε δεῖ· ἔξεστι γάρ σοι ἐπὶ δίκην καταβαίνειν. Τίς δ', ἔφη, ἔσται ὁ δικάζων; Δῆλον ὅτι ᾧ ὁ θεὸς ἔδωκε καὶ ἄνευ δίκης χρῆσθαί σοι ὅ, τι βούλοιτο. Ἐνταῦθα δὴ ὁ Ἀρμένιος γιγνώσκων τὴν ἀνάγκην καταβαίνει· καὶ ὁ Κῦρος λαβὼν εἰς τὸ μέσον κἀκεῖνον καὶ τὰ ἄλλα πάντα ἐστρατοπεδεύσατο, ὁμοῦ ἔχων πᾶσαν ἤδη τὴν δύναμιν.

7. Ἐν τούτῳ δὲ τῷ χρόνῳ ὁ πρεσβύτερος παῖς τοῦ Ἀρμενίου Τιγράνης ἐξ ἀποδημίας τινὸς προσῄει, ὃς καὶ σύνθηρός ποτε ἐγένετο τῷ Κύρῳ· καὶ ὡς ἤκουσε τὰ γεγενημένα, εὐθὺς πορεύεται ὥσπερ εἶχε πρὸς τὸν Κῦρον. Ὡς δὲ εἶδε πατέρα τε καὶ μητέρα καὶ ἀδελφοὺς καὶ τὴν ἑαυτοῦ γυναῖκα αἰχμαλώτους γεγενημένους, ἐδάκρυσεν ὥσπερ εἰκός. (8) Ὁ δὲ Κῦρος ἰδὼν αὐτὸν ἄλλο μὲν οὐδὲν ἐφιλοφρονήσατο αὐτῷ, εἶπε δ' ὅτι Εἰς καιρὸν ἥκεις, ἔφη, ὅπως τῆς δίκης ἀκούσῃς παρὼν τῆς ἀμφὶ τοῦ πατρός. Καὶ εὐθὺς συνεκάλει τοὺς ἡγεμόνας τούς τε τῶν Περσῶν καὶ τοὺς τῶν Μήδων· προσεκάλει δὲ καὶ εἴ τις Ἀρμε-

dere desineret, et non mitteret exercitum : maxime vero metuebat, quod futurum erat ut manifestum fieret, se fecisse initium struendæ regiæ, quo ad propulsandos hostes illa sufficeret. Has sane ob causas omnes trepidans, simul nonnullis in diversas partes dimissis copias suas cogebat, simul in montes minorem natu filium Sabarim, et suam atque filii uxorem, et filias mittebat; et cum his ornatum quoque apparatumque maximi pretii mittebat, additis etiam qui deducerent. Ipse autem simul mittebat qui specularentur quidnam rerum Cyrus ageret, simul Armenios, qui aderant, instruebat : cum mox adessent alii, qui Cyrum ipsummet appropinquare dicerent : tum vero manum conserere non amplius ausus, se subducebat. Id cum eum Armenii facere viderent, ad suas eorum quisque ædes diffugiunt, ut qui res suas longius submovere vellent. Cyrus autem cum vidisset campum discurrentibus et abigentibus plenum, submisit qui dicerent, nemini eorum qui remanerent se futurum hostem : sin fugientem aliquem caperet, eum se pro hoste habiturum prædixit. Itaque plures quidem remanebant, cum nonnulli essent qui cum rege se subducerent. At vero qui cum mulieribus antecessarant, in eos cum incidissent qui erant in monte, clamorem statim ediderunt, et dum in fugam se conjiciunt, eorum plurimi capti sunt. Tandem et filius et uxores, et filiæ captæ sunt, iis cum opibus quascunque secum vehebant. Rex autem eorum ubi quæ acciderant sentiret, quo se verteret ambigens, in collem quendam fuga se recipit. Cyrus item hæc cum vidisset, collem cum iis, quæ aderant, copiis circumdat, mittitque ad Chrysantam jubetque eum montis custodia relicta venire. Et Cyro quidem collectus jam aderat exercitus : misso autem ad Armenium caduceatore, sic eum interrogabat : Die mihi, ait, Armenie, utrum istic manens cum fame ac siti pugnare mavis, an in æquum campum descendere, ac nobiscum depugnare? Cum neutris pugnare se velle respondit Armenius. Cyrus iterum misit qui quærerent, Cur igitur istic desides, ac non descendis? Quia quid agendum sit, inquit, ambigo. Sed enim, ait Cyrus, te neutiquam ambigere oportet : nam licet tibi ad agendam causam descendere. Quis autem, inquit, judex erit? Nimirum is cui deus potestatem fecit te pro arbitrio suo, indicta etiam causa, statuendi. Hic Armenius, considerata necessitate, descendit : ac Cyrus et illo et ceteris omnibus in medium receptis, castra iis circumdedit, cum copias jam secum una omnes haberet.

Hoc ipso tempore Tigranes, natu maximus Armenii filius, peregre rediens adveniebat, quem Cyrus aliquando socium venationis habuerat : is cum ea quæ acciderant audisset, statim ad Cyrum ita contendit, uti tum comparatus erat. Ubi vero patrem, et matrem, et sorores, et uxorem suam in hostium manus devenisse vidit, ut par erat, illacrumavit. Cyrus autem eum intuitus, comitate in ipsum alia nulla est usus, quam quod diceret, Opportune ades, ut judicium in patrem tuum exercendum præsens audias. Statimque duces tum Persarum tum Medorum convocavit; quin et Ar-

νέων τῶν ἐντίμων παρῆν· καὶ τὰς γυναῖκας ἐν ταῖς ἁρμαμάξαις παρούσας οὐκ ἀπήλασεν, ἀλλ᾽ εἴα ἀκούειν. (9) Ὁπότε δὲ καλῶς ἔχειν, ἤρχετο τοῦ λόγου, Ὦ Ἀρμένιε, ἔφη, πρῶτον μέν σοι συμβουλεύω ἐν τῇ δίκῃ τἀληθῆ λέγειν, ἵνα σοι ἓν γε ἀπῇ τὸ εὐμισητότατον· τὸ γὰρ ψευδόμενον φαίνεσθαι εὖ ἴσθι ὅτι καὶ τοῦ συγγνώμης τινὸς τυγχάνειν ἐμποδὼν μάλιστα ἀνθρώποις γίγνεται· ἔπειτα δέ, ἔφη, συνίσασι μέν σοι καὶ οἱ παῖδες καὶ αἱ γυναῖκες αὗται πάντα ὅσα ἔπραξας, καὶ Ἀρμενίων οἱ παρόντες· ἢν δὲ αἰσθάνωνταί σε ἄλλα ἢ τὰ γενόμενα λέγοντα, νομιοῦσί σε καὶ αὐτὸν καταδικάζειν σαυτοῦ πάντα τὰ ἔσχατα παθεῖν, ἢν ἐγὼ τἀληθῆ πύθωμαι. Ἀλλ᾽ ἐρώτα, ἔφη, ὦ Κῦρε, ὅ, τι βούλει, ὡς τἀληθῆ ἐροῦντος τούτου ἕνεκα καὶ γενέσθω ὅ, τι βούλεται. (10) Λέγε δή μοι, ἔφη, ἐπολέμησάς ποτε Ἀστυάγει τῷ τῆς ἐμῆς μητρὸς πατρὶ καὶ τοῖς ἄλλοις Μήδοις; Ἔγωγ᾽, ἔφη. Κρατηθεὶς δ᾽ ὑπ᾽ αὐτοῦ συνωμολόγησας δασμὸν οἴσειν καὶ συστρατεύσεσθαι ὅπου ἐπαγγέλλοι καὶ ἐρύματα μὴ ἕξειν; Ἦν ταῦτα. Νῦν οὖν διὰ τί οὔτε τὸν δασμὸν ἀπῆγες οὔτε τὸ στράτευμα ἔπεμπες, ἐτείχιζές τε τὰ ἐρύματα; Ἐλευθερίας ἐπεθύμουν· καλὸν γάρ μοι ἐδόκει εἶναι καὶ αὐτὸν ἐλεύθερον εἶναι καὶ παισὶν ἐλευθερίαν καταλιπεῖν. (11) Καὶ γάρ ἐστιν, ἔφη ὁ Κῦρος, καλὸν μάχεσθαι, ὅπως μή ποτέ τις δοῦλος μέλλοι γενήσεσθαι· ἢν δὲ δὴ πολέμῳ κρατηθεὶς ἢ καὶ ἄλλον τινὰ τρόπον δουλωθεὶς ἐπιχειρῶν τις φαίνηται τοὺς δεσπότας ἀποστερεῖν ἑαυτοῦ, τοῦτον σὺ πρῶτος πότερον ὡς ἀγαθὸν ἄνδρα καὶ καλὰ πράττοντα τιμᾷς ἢ ὡς ἀδικοῦντα, ἢν λάβῃς, κολάζεις; Κολάζω, ἔφη· οὐ γὰρ ἐᾷς σὺ ψεύδεσθαι. (12) Λέγε δὴ σαφῶς, ἔφη ὁ Κῦρος, καθ᾽ ἓν ἕκαστον· ἢν ἀρχῶν τις τύχῃ σοι καὶ ἁμάρτῃ, πότερον ἐᾷς ἄρχειν ἢ ἄλλον καθίστης ἀντ᾽ αὐτοῦ; Ἄλλον καθίστημι. Τί δέ, ἢν χρήματα πολλὰ ἔχῃ, ἐᾷς πλουτεῖν ἢ πένητα ποιεῖς; Ἀφαιροῦμαι, ἔφη, ἃ ἂν ἔχων τυγχάνῃ. Ἢν δὲ καὶ πρὸς πολεμίους γιγνώσκῃς αὐτὸν ἀφιστάμενον, τί ποιεῖς; Κατακαίνω, ἔφη· τί γὰρ δεῖ ἐλεγχόντα ὅτι ψεύδομαι ἀποθανεῖν μᾶλλον ἢ τἀληθῆ λέγοντα; (13) Ἔνθα δὴ ὁ μὲν παῖς αὐτοῦ, ὡς ἤκουσε ταῦτα, περιεσπάσατο τὴν τιάραν καὶ τοὺς πέπλους κατερρήξατο, αἱ δὲ γυναῖκες ἀναβοήσασαι ἐδρύπτοντο, ὡς οἰχομένου τοῦ πατρὸς καὶ ἀπολωλότων πάντων σφῶν ἤδη. Καὶ ὁ Κῦρος σιωπῆσαι κελεύσας εἶπεν, Εἶεν· τὰ μὲν δὴ σὰ δίκαια ταῦτα, ὦ Ἀρμένιε· ἡμῖν δὲ τί συμβουλεύεις ἐκ τούτων ποιεῖν; Ὁ μὲν δὴ Ἀρμένιος ἀπορῶν ἐσιώπα πότερα συμβουλεύοι τῷ Κύρῳ κατακαίνειν ἑαυτὸν ἢ τἀναντία διδάσκοι ὧν αὐτὸς ἔφη ποιεῖν. (14) Ὁ δὲ παῖς αὐτοῦ Τιγράνης ἐπήρετο τὸν Κῦρον, Εἰπέ μοι, ἔφη, ὦ Κῦρε, ἐπεὶ ὁ πατὴρ ἀπορεῖν ἔοικεν, ἦ συμβουλεύσω περὶ αὐτοῦ ἃ οἴομαί σοι βέλτιστα εἶναι; καὶ ὁ Κῦρος, ᾐσθημένος, ὅτε συνεθήρα αὐτῷ ὁ Τιγράνης, σοφιστήν τινα αὐτῷ συνόντα καὶ θαυμαζόμενον ὑπὸ τοῦ Τιγράνου, πάνυ ἐπεθύμει αὐτοῦ ἀκοῦσαι ὅ, τι ποτὲ ἐροῖ· καὶ προθύμως ἐκέλευσε λέγειν ὅ, τι γιγνώσκοι.

15. Ἐγὼ τοίνυν, ἔφη ὁ Τιγράνης, εἰ μὲν ἄγασαι τοῦ πατρὸς ἢ ὅσα βεβούλευται ἢ ὅσα πέπραχε, πάνυ σοι συμ-

menios accersivit, si qui eorum dignitate præstantes aderant ; et feminas, quæ in harmamaxis aderant, non repulit, sed eis audire permittebat. Cumque opportunum illi visum esset, dicere orsus est; et, Primum, ait, Armenie, auctor tibi sum, ut in hac causæ cognitione vera dicas, quo unum illud saltem a te absit, quod odium maximum meretur : nam in mendacio deprehendi, certo scias maximo esse hominibus ad veniam aliquam consequendam impedimento. Præterea liberi tui, inquit, et hæ mulieres, et Armenii qui adsunt, omnium abs te actorum tibi sunt conscii : qui si te senserint alia dicere, quam quæ facta sint, arbitrabuntur te etiam ipsum extrema tibimet supplicia patienda decernere, si veritatem ego rescivero. Tu vero, Cyre, inquit, quodcunque voles interrogato me nempe haud dubie vera dicturum: quidvis tandem ea de causa mihi evenerit. Dic mihi igitur, inquit, bellumne aliquando cum matris meæ patre Astyage ceterisque Medis gessisti? Gessi equidem, ait. Victus autem ab ipso, nonne conditiones has accepisti, tributum te allaturum, et una cum ipso militaturum ubicunque denuntiasset, munitionesque non habiturum? Ita prorsus. Jam ergo quamobrem neque tributum attulisti, neque misisti exercitum, et munitiones exstruere cœpisti? Et ille dixit, Libertatis eram cupidus : nam præclarum mihi visum est et me ipsum liberum esse, et libertatem liberis meis relinquere. Certe præclarum est, inquit Cyrus, pugnare, ne quis unquam servus fiat : at si quis vel bello victus, vel alio quodam modo in servitutem redactus, id moliri deprehendatur, ut dominorum se potestate eximat, hunc tu, primus mihi dicito, utrum ceu virum bonum et præclare se gerentem honore afficias, an ut injuste agentem, eum si deprehenderis, plectas? Plecto, inquit : non enim concedis mihi ut mentiar. Responde mihi liquido, ait Cyrus, singulatim in hunc modum : Si quis cum imperio sit, ac delinquat, utrum esse illum cum imperio pateris, an ejus in locum alium substituis ? Alium, inquit, substituo. Quid vero, si magnas habeat opes, divitemne permittis esse, an ad paupertatem redigis? Eripio, inquit, homini, quæ possidet. Si ad hostes etiam eum deficere intelligas, quid facis? Occido, inquit : cur enim potius, mendacii convictus, moriar, quam vera profatus? Ibi quidem Armenii filius, hæc ut audivit, detraxit tiaram capiti, vestesque discidit : feminæ autem, ingenti sublato ejulatu, ora sua dilaniabant, quasi jam periisset pater, et actum de omnibus ipsis esset. Et Cyrus, indicto silentio, rursus inquit, Esto ; tua quidem hæc sunt, Armenie, jura : nobis vero quid secundum hæc faciendum consulis? Tacebat quidem Armenius, dubius animi, utrum sui necandi consilium Cyro daret, an contraria doceret ils, quæ se facturum fuisse dixerat. At filius ejus Tigranes Cyrum percunctatus, Dic mihi, Cyre, inquit, quando pater hærere videtur, an consilium mihi de eo dare liceat, quod ex usu maxime futurum arbitrer? Et Cyrus, qui animadverterat, quo tempore Tigranes cum ipso venari solebat, sophistam quendam Tigrani familiarem eique magnæ admirationi fuisse, quid tandem dicturus esset audire percupiebat; atque adeo jubebat alacriter, quod sentiret, proferret.

Ego igitur, inquit Tigranes, si tu quæcunque pater vel deliberando instituit, vel patravit probas, omnino tibi sum

δουλεύω τοῦτον μιμεῖσθαι· εἰ μέντοι σοι δοκεῖ πάντα ἡμαρτηκέναι, συμβουλεύω σοι τοῦτον μὴ μιμεῖσθαι. Οὐκοῦν, ἔφη ὁ Κῦρος, τὰ δίκαια ποιῶν ἥκιστ᾽ ἂν τὸν ἁμαρτάνοντα μιμοίμην. Ἔστιν, ἔφη, ταῦτα. Κολαστέον ἄρ᾽ ἂν εἴη κατά γε τὸν σὸν λόγον τὸν πατέρα, εἴπερ τὸν ἀδικοῦντα δίκαιον κολάζειν. Πότερα δ᾽ ἡγῇ, ὦ Κῦρε, ἄμεινον εἶναι σὺν τῷ σῷ ἀγαθῷ τὰς τιμωρίας ποιεῖσθαι ἢ σὺν τῇ σῇ ζημίᾳ; Ἐμαυτόν, ἔφη, οὕτω γε ἂν τιμωροίμην. (16) Ἀλλὰ μέντοι, ἔφη ὁ Τιγράνης, μεγάλα γ᾽ ἂν ζημιοῖο, εἰ τοὺς σεαυτοῦ κατακαίνοις ὁπότε σοι πλείστου ἄξιοι εἶεν κεκτῆσθαι. Πῶς δ᾽ ἄν, ἔφη ὁ Κῦρος, τότε πλείστου ἄξιοι γίγνοιντο ἄνθρωποι ὁπότε ἀδικοῦντες ἁλίσκοιντο; Εἰ τότε, οἶμαι, σώφρονες γίγνοιντο. Δοκεῖ γάρ μοι, ὦ Κῦρε, οὕτως ἔχειν, ἄνευ μὲν σωφροσύνης οὐδ᾽ ἄλλης ἀρετῆς οὐδὲν ὄφελος εἶναι· τί γὰρ ἄν, ἔφη, χρήσαιτ᾽ ἄν τις ἰσχυρῷ ἢ ἀνδρείῳ μὴ σώφρονι, τί δ᾽ ἱππικῷ, τί δὲ πλουσίῳ, τί δὲ δυνάστῃ ἐν πόλει; σὺν δὲ σωφροσύνῃ καὶ φίλος πᾶς χρήσιμος καὶ θεράπων πᾶς ἀγαθός. (17) Τοῦτο οὖν, ἔφη, λέγεις ὡς καὶ ὁ σὸς πατὴρ ἐν τῇδε τῇ μιᾷ ἡμέρᾳ ἐξ ἄφρονος σώφρων γεγένηται; Πάνυ μὲν οὖν, ἔφη. Πάθημα ἄρα τῆς ψυχῆς σὺ λέγεις εἶναι τὴν σωφροσύνην, ὥσπερ λύπην, οὐ μάθημα· οὐ γὰρ ἄν δήπου, εἴ γε φρόνιμον δεῖ γενέσθαι τὸν μέλλοντα σώφρονα ἔσεσθαι, παραχρῆμα ἐξ ἄφρονος σώφρων ἄν τις γένοιτο. (18) Τί δ᾽, ἔφη, ὦ Κῦρε, οὔπω ᾔσθου καὶ ἕνα ἄνδρα δι᾽ ἀφροσύνην μὲν ἐπιχειροῦντα κρείττονι ἑαυτοῦ μάχεσθαι, ἐπειδὰν δὲ ἡττηθῇ εὐθὺς πεπαυμένον τῆς πρὸς τοῦτον ἀφροσύνης; πόλιν δ᾽, ἔφη, οὔπω ἑώρακας ἀντιταττομένην πρὸς πόλιν ἑτέραν ἥτις ἐπειδὰν ἡττηθῇ, παραχρῆμα ταύτῃ ἀντὶ τοῦ μάχεσθαι πείθεσθαι ἐθέλει; (19) Ποίαν δ᾽, ἔφη ὁ Κῦρος, καὶ σὺ τοῦ πατρὸς ἥττων λέγων οὕτως ἰσχυρίζῃ σεσωφρονίσθαι αὐτόν; Ἥν νὴ Δία, ἔφη, σύνοιδεν ἑαυτῷ ἐλευθερίας μὲν ἐπιθυμήσας, δοῦλος δ᾽ ὡς οὐδεπώποτε γενόμενος, ἃ δὲ ᾠήθη λαθεῖν ἢ φθάσαι ἢ ἀποβιάσασθαι, οὐδὲν τούτων ἱκανὸς γενόμενος διαπράξασθαι. Σὺ δὲ οἶδεν, ἐπεὶ ἐβουλήθης ἐξαπατῆσαι αὐτόν, οὕτως ἐξαπατήσαντα ὥσπερ ἂν τις τυφλοὺς καὶ κωφοὺς καὶ μηδ᾽ ὁτιοῦν φρονοῦντας ἐξαπατήσειεν, ἅ δὲ ᾠήθης λαθεῖν χρῆναι, οὕτω σε οἶδε λαθόντα ὥστε ἅ ἐνόμιζεν ἑαυτῷ ἰσχυρὰ χωρία ἀπακεῖσθαι, ταῦτα σὺ εἰρκτὰς αὐτῷ ἔλαθες προκατασκευάσας· τάχει δὲ τοσοῦτον περιεγένου αὐτοῦ ὥστε πρόσωθεν ἔφθασας ἐλθὼν σὺν πολλῷ στόλῳ πρὶν τοῦτον τὴν παρ᾽ ἑαυτῷ δύναμιν ἀθροῖσασθαι. (20) Ἔπειτα δοκεῖ σοι, ἔφη ὁ Κῦρος, καὶ ἡ τοιαύτη ἧττα σωφρονίζειν ἱκανὴ εἶναι ἀνθρώπους τὸ γνῶναι ἄλλους ἑαυτῶν βελτίονας εἶναι; Πολύ γε μᾶλλον, ἔφη ὁ Τιγράνης, ἢ ὅταν μάχῃ τις ἡττηθῇ. Ὁ μὲν γὰρ ἰσχύϊ κρατηθεὶς ἔστιν ὅτε ᾠήθη σωμασκήσας ἀναμαχεῖσθαι· καὶ πόλεις γε ἁλοῦσαι συμμάχους προσλαβοῦσαι οἴονται ἀναμαχέσασθαι ἄν· οὓς δ᾽ ἂν βελτίους τινὲς ἑαυτῶν ἡγήσωνται, τούτοις πολλάκις καὶ ἄνευ ἀνάγκης ἐθέλουσι πείθεσθαι. (21) Σύ, ἔφη, ἔοικας οὐκ οἴεσθαι τοὺς ὑβριστὰς γιγνώσκειν τοὺς ἑαυτῶν σω-

XENOPHON.

auctor, ipsum ut imiteris : sin tibi videtur omnia peccasse, hoc tibi do consilii, eum ne imiteris. Ergo minime delinquentem imitabor, ait Cyrus, si quod justum est egero. Ita est, inquit ille. Erit igitur animadvertendum, ex tua quidem ratione, in patrem tuum; siquidem justum est in hominem injuste agentem animadvertere. Utrum vero, Cyre, melius esse ducis tuo cum commodo pœnas te sumere, an tuo cum detrimento? Nimirum hoc pacto, subjecit Cyrus, supplicio me ipsum adfecero. Atqui tu magnam sane jacturam facies, ait Tigranes, si tuos tum occidas, cum tibi quantivis pretii fuerint, tua si sint in potestate. Verum qui possint homines, inquit Cyrus, maximi tum esse pretii, cum in improbis facinoribus fuerint deprehensi? Si tum, nimirum, sanæ fiant mentis. Nam mihi, Cyre, sic se res habere videtur, sine sanitate mentis ne cujusvis quidem alterius virtutis usum ullum esse : (quam enim ad rem, inquit, utatur aliquis hominis robusti vel fortis, vel equestris rei periti opera, si non sit sana mente? quam ad rem, divitis? quam ad rem, hominis qui in civitate potentatum obtinet?) at si mentis adsit sanitas, et amicus omnis, utilis est, et omnis servus, bonus. Hoc igitur, inquit, dicis, etiam patrem tuum hoc uno die de insano sanum factum esse hominem? Sane quidem, ait. Ergo tu sanitatem affectionem esse animi dicis, sicut est ægritudo, non quiddam ex disciplina comparandum : nec enim sane, si prudentem cum fieri oporteat, qui mente sanus sit homo futurus, subito quis ex insano sanus evaserit. Quid autem, Cyre, inquit, nunquam adhuc animadvertisti hominem etiam unum ex insania conantem pugnare cum alio se viribus præstantiori, cum victus esset, mox insaniæ adversus hunc suæ finem fecisse? Nondum item, ait, civitatem unam adversus aliam se opponentem vidisti, quæ ubi victa fuerit, confestim huic alteri parere, quam repugnare, mallet? Quam vero, Cyrus inquit, etiam patris victi cladem narrans, mentem eum ad sanitatem revocatum esse tantopere affirmas? Quod sibi profecto conscius est, se libertatem adpetendo, et eam servitutem redactum, in qua nunquam antehac fuerit : atque etiam nihil eorum perficere potuisse, quæ habenda clam, vel occupanda, vel conficienda per vim existimarat. Te vero scit in iis, in quibus ipsum fallere volueris, ita fefellisse, uti quis cæcos, aut surdos, et nullius plane mentis homines fallat : quæ autem occultanda putaris, ea sic te scit occultasse, ut quæ loca sibi reservata esse tutissima existimabat, hæc ei tu septa prius efficeris, quam ipse persentisceret : celeritate vero tantum superasti, ut e longinquo magno cum exercitu prius ventres, quam is copias sibi proximas cogeret. Videturne igitur tibi, inquit Cyrus, talis etiam clades, quod nempe homines ipsis alios meliores tandem cognoscant, sufficere ad eos ad sanam mentem reducendos? Multo sane magis, ait Tigranes, quam cum pugna quis superatus sit. Robure enim inferior interdum, inquit, exercito corpore, se pugnam instauraturum putat; et captæ quidem civitates adscitis belli sociis, cladem acceptam resarciri posse existimant : quos vero aliqui seipsis præstantiores ducunt, iis sæpe nulla etiam necessitate coacti parere volunt. Videris tu, subjecit Cyrus, non existimare

φρονεστέρους, οὐδὲ τοὺς κλέπτας τοὺς μὴ κλέπτοντας, οὐδὲ τοὺς ψευδομένους τοὺς ἀληθῆ λέγοντας, οὐδὲ τοὺς ἀδικοῦντας τοὺς τὰ δίκαια ποιοῦντας· οὐκ οἶσθα, ἔφη, ὅτι καὶ νῦν ὁ σὸς πατὴρ ἐψεύσατο καὶ οὐκ ἐξημπέδου τὰς πρὸς ἡμᾶς συνθήκας, εἰδὼς ὅτι ἡμεῖς οὐδ᾽ ὁτιοῦν ὧν Ἀστυάγης συνέθετο παραβαίνομεν; (23) Ἀλλ᾽ οὐδ᾽ ἐγὼ ταῦτα λέγω ὡς τὸ γνῶναι μόνον τοὺς βελτίονας σωφρονίζειν ἄνευ τοῦ δίκην διδόναι ὑπὸ τῶν βελτιόνων, ὥσπερ ὁ ἐμὸς πατὴρ νῦν δίδωσιν. Ἀλλ᾽, ἔφη ὁ Κῦρος, ὅ γε σὸς πατὴρ πέπονθε μὲν οὐδ᾽ ὁτιοῦν πω κακόν, φοβεῖταί γε μέντοι εὖ οἶδ᾽ ὅτι μὴ πάντα τὰ ἔσχατα πάθῃ. (23) Οἴει οὖν τι, ἔφη ὁ Τιγράνης, μᾶλλον καταδουλοῦσθαι ἀνθρώπους τοῦ ἰσχυροῦ φόβου; οὐκ οἶσθ᾽ ὅτι οἱ μὲν τῷ ἰσχυροτάτῳ κολάσματι νομιζομένῳ σιδήρῳ παιόμενοι ὅμως ἐθέλουσι καὶ πάλιν μάχεσθαι τοῖς αὐτοῖς· οὓς δ᾽ ἂν σφόδρα φοβηθῶσίν ἄνθρωποι, τούτοις οὐδὲ παραμυθουμένους ἔτι ἀντιβλέπειν δύνανται; Λέγεις σύ, ἔφη, ὡς ὁ φόβος τοῦ ἔργῳ κακοῦσθαι μᾶλλον κολάζει τοὺς ἀνθρώπους. (24) Καὶ σύ γε, ἔφη, οἶσθα ὅτι ἀληθῆ λέγω· ἐπίστασαι γὰρ ὅτι οἱ μὲν φοβούμενοι μὴ φύγωσι πατρίδα καὶ οἱ μέλλοντες μάχεσθαι δεδιότες μὴ ἡττηθῶσιν ἀθύμως διάγουσι, καὶ οἱ πλέοντες μὴ ναυαγήσωσι, καὶ οἱ δουλείαν καὶ δεσμὸν φοβούμενοι, οὗτοι μὲν οὔτε σίτου οὔθ᾽ ὕπνου δύνανται λαγχάνειν διὰ τὸν φόβον· οἱ δὲ ἤδη μὲν φυγάδες, ἤδη δ᾽ ἡττημένοι, ἤδη δὲ δουλεύοντες, ἔστιν ὅτε δύνανται καὶ μᾶλλον τῶν εὐδαιμόνων ἐσθίειν τε καὶ καθεύδειν. (25) Ἔτι δὲ φανερώτερον καὶ ἐν τοῖς δέ οἷον φόρημα ὁ φόβος· ἔνιοι γὰρ φοβούμενοι μὴ ληφθέντες ἀποθάνωσιν ὑπὸ τοῦ φόβου προαποθνήσκουσιν, οἱ μὲν ῥιπτοῦντες ἑαυτούς, οἱ δὲ ἀπαγχόμενοι, οἱ δὲ ἀποσφαττόμενοι· οὕτω πάντων τῶν δεινῶν ὁ φόβος μάλιστα καταπλήττει τὰς ψυχάς. Τὸν δ᾽ ἐμὸν πατέρα, ἔφη, νῦν πῶς δοκεῖς διακεῖσθαι τὴν ψυχήν, ὃς οὐ μόνον περὶ ἑαυτοῦ, ἀλλὰ καὶ περὶ ἐμοῦ καὶ περὶ γυναικὸς καὶ περὶ πάντων τῶν τέκνων δουλείας φοβεῖται; (26) Καὶ ὁ Κῦρος εἶπεν, Ἀλλὰ νῦν μὲν ἔμοιγε οὐδὲν ἄπιστον τοῦτον οὕτω διακεῖσθαι δοκεῖ· μέντοι μοι τοῦ αὐτοῦ ἀνδρὸς εἶναι εὐτυχοῦντα ἐξυβρίσαι καὶ πταίσαντα ταχὺ πτῆξαι καὶ ἀνεθέντα γε πάλιν αὖ μέγα φρονῆσαι καὶ πάλιν αὖ πράγματα παρασχεῖν. (27) Ἀλλὰ ναὶ μὰ Δί᾽, ἔφη, ὦ Κῦρε, ἔχει μὲν προφάσεις τὰ ἡμέτερα ἁμαρτήματα ὥστε ἀπιστεῖν ἡμῖν· ἔξεστι δέ σοι καὶ φρούρια ἐντειχίζειν καὶ τὰ ἐχυρὰ κατέχειν καὶ ἄλλο ὅ, τι ἂν βούλῃ πιστὸν λαμβάνειν. Καὶ μέντοι, ἔφη, ἡμᾶς μὲν ἕξεις οὐδέν τι τούτοις μέγα λυπουμένους· μεμνησόμεθα γὰρ ὅτι ἡμεῖς αὐτῶν αἴτιοί ἐσμεν· εἰ δέ τινι τῶν ἀναμαρτήτων παραδοὺς τὴν ἀρχὴν ἀπιστῶν αὐτοῖς φανεῖ, ὅρα μὴ ἅμα τε εὖ ποιήσῃς καὶ ἅμα οὐ φίλον νομίσωσί σε· εἰ δ᾽ αὖ φυλαττόμενος τὸ ἀπεχθάνεσθαι μὴ ἐπιθήσεις αὐτοῖς ζυγά τοῦ μὴ ὑβρίσαι, ὅρα μὴ ἐκείνους αὖ δεήσῃ σε σωφρονίζειν ἔτι μᾶλλον ἢ ἡμᾶς νῦν ἐδέησεν. (28) Ἀλλὰ ναὶ μὰ τοὺς θεούς, ἔφη, τοιούτοις μὲν ἔγωγε ὑπηρέταις οὓς εἰδείην ἀνάγκῃ ὑπηρετοῦντας ἀηδῶς ἄν μοι δοκῶ

homines petulantes alios se ipsis modestiores noscere; vel fures, illos qui non furantur; vel mendaces, eos qui vera dicunt; vel injustos, eos qui juste agunt : an ignoras, inquit, nunc etiam patrem tuum nos fefellisse, neque pactis inter nos conventis stetisse, quamvis sciret nos nihil quicquam eorum, quæ Astyages pepigit, violasse? At enim nec ipse id dico, solum hoc homines ad sanam mentem reducere, quod se meliores norint, nisi melioribus etiam pœnas dent, quemadmodum dat nunc pater meus. At tuus certe pater, inquit Cyrus, nihil prorsus mali adhuc est perpessus : metuit vero, sat scio, ne ultima quæque patiatur. Ergo tu quidquam esse existimas, inquit Tigranes, quod homines magis ad servilem animi demissionem dejiciat, quam vehemens metus? Num ignoras, eos qui ferro cæduntur, quod castigationis genus gravissimum existimatur, tamen adversus eosdem pugnare velle? at quos admodum metuunt homines, eos ne consolantia quidem dicentes verba intueri sustinent. Dicis ergo, inquit, metum gravius cruciare homines quam si re ipsa malo mactentur. Ac tu quidem nosti, inquit, vera me dicere : scis enim eos qui metuunt ne patria exulent, et qui pugnaturi timent ne vincantur, in anxietate versari; itidem qui inter navigandum metuunt, ne naufragium faciant, et qui servitutem ac vincula timent, isti quidem nec cibum nec somnum præ metu capere possunt : at qui jam sunt exules, jam victi, jam servi, nonnunquam etiam magis quam fortunati homines edere et dormire possunt. Manifestius est tibi in his, quale onus sit metus : quippe nonnulli metuentes ne capti interficiantur, præ metu prius moriuntur; alii quidem, sese alicunde præcipitando; alii, strangulando; alii, jugulando : usque adeo metus inter omnes res terribiles maxime animos percellit. Ac quo nunc, ait, animo patrem meum esse affectum putas, qui non solum sua, sed mea etiam, et uxoris, et omnium liberorum causa servitutem metuit? Et Cyrus, Mihi quidem, inquit, nequaquam incredibile videtur, eum nunc sic animo affectum esse : verum ejusdem esse hominis arbitror, et secundis rebus insolescere, et adversis subito consternari; et, si venia donatus in antiquum statum restituatur, rursus insolenter se efferre, denuoque negotium facessere. Enimvero, Cyre, inquit, delicta nostra adferunt illa quidem causas, quamobrem fides nobis non haberetur : at vero tibi licet castella circumvallare, et loca munita occupata tenere, atque aliud quodcunque voles fidei pignus capere. Et nos sane, inquit, il erga te erimus, qui hæc non graviter admodum ferant : nam recordaturi sumus, horum nos auctores exsistere. Quod si ex iis alicui tradito imperio, qui nihil in te deliquerint, fidem ipse non habere videberis, cave ne simul et beneficium præstes, simulque te minime amicum ducant. Rursus si, dum cavebis ne odio premaris, juga ipsis non imposueris, quo minus se insolenter gerant, vide ne illi magis etiam quam nos modo, tibi sint ad mentem sanam revocandi. At ego me profecto, inquit Cyrus, ejusmodi ministris, quos sciam necessitate coactos suas mihi præstare operas, minus libenter usurum

χρῆσθαι· οὓς δὲ γιγνώσκειν δοκοίην ὅτι εὐνοίᾳ καὶ φιλίᾳ τῇ ἐμῇ τὸ δέον συλλαμβάνοιεν, τούτους ἄν μοι δοκῶ καὶ ἁμαρτάνοντας ῥᾷον φέρειν ἢ τοὺς μισοῦντας μέν, ἔκπλεω δὲ πάντα ἀνάγκῃ διαπονουμένους. Καὶ ὁ Τιγράνης εἶπε πρὸς ταῦτα, Φιλίαν δὲ παρὰ τίνων λάβοις ἄν ποτε τοσαύτην ὅσην σοι παρ᾽ ἡμῶν ἔξεστι κτήσασθαι νῦν; Παρ᾽ ἐκείνων οἶμαι, ἔφη, παρὰ τῶν μηδέποτε πολεμίων γεγενημένων, εἰ ἐθέλοιμι εὐεργετεῖν αὐτοὺς ὥσπερ σὺ νῦν με κελεύεις εὐεργετεῖν ὑμᾶς. (29) Ἦ καὶ δύναιο ἄν, ὦ Κῦρε, ἔν τῷ παρόντι νῦν εὑρεῖν ὅτῳ ἄν χαρίσαιο ὅσαπερ τῷ ἐμῷ πατρί; αὐτίκα, ἔφη, ἤν τινα ἕᾷς ζῇν τῶν σε μηδὲν ἠδικηκότων, τίνα σοι τούτων χάριν οἴει αὐτὸν εἴσεσθαι; τί δ᾽, ἢν αὐτοῦ τέκνα καὶ γυναῖκα μὴ ἀφαιρῇ, τίς σε τούτου ἕνεκα φιλήσει μᾶλλον ἢ ὁ νομίζων προσήκειν αὐτῷ ἀφαιρεθῆναι; τὴν δ᾽ Ἀρμενίων βασιλείαν εἰ μὴ ἕξει, οἶσθά τινα, ἔφη, νῦν λυπούμενον μᾶλλον ἢ ἡμᾶς; οὐκοῦν καὶ τοῦτο, ἔφη, δῆλον ὅτι ὁ μάλιστα λυπούμενος εἰ μὴ βασιλεὺς εἴη, οὗτος καὶ λαβὼν τὴν ἀρχὴν μεγίστην ἄν σοι χάριν εἰδείη. (30) Εἰ δέ τί σοι, ἔφη, μέλει καὶ τοῦ ὡς ἥκιστα τεταραγμένα τάδε καταλιπεῖν ὅταν ἀπίῃς, σκόπει, ἔφη, πότερον ἂν οἴει ἠρεμεστέρως ἔχειν τὰ ἐνθάδε καινῆς ἀρχομένης ἀρχῆς ἢ τῆς εἰωθυίας καταμενούσης· εἰ δέ τί σοι μέλει καὶ τοῦ ὡς πλείστην στρατιὰν ἐξάγειν, τίν᾽ ἂν οἴει μᾶλλον ἐξετάσαι ταύτην ὀρθῶς τοῦ πολλάκις αὐτῇ κεχρημένου; εἰ δὲ καὶ χρημάτων δεήσει, τίνα ἂν ταῦτα νομίζεις κρεῖττον ἐκπορίσαι τοῦ καὶ εἰδότος καὶ ἔχοντος πάντα τὰ ὄντα; Ὦ 'γαθέ, ἔφη, Κῦρε, φύλαξαι μὴ ἡμᾶς ἀποβαλὼν σαυτὸν ζημιώσῃς πλείω ἢ ὁ πατὴρ ἠδυνήθη σε βλάψαι. Ὁ μὲν τοιαῦτα ἔλεγεν.

31. Ὁ δὲ Κῦρος ἀκούων ὑπερήδετο, ὅτι ἐνόμιζε περαίνεσθαι πάντα αὐτῷ ὅσαπερ ὑπέσχετο τῷ Κυαξάρῃ πράξειν· ἐμέμνητο γὰρ εἰπὼν ὅτι καὶ φίλον οἴοιτο μᾶλλον ἢ πρόσθεν ποιήσειν. Καὶ ἐκ τούτου δὴ τὸν Ἀρμένιον ἠρώτα, Ἦν δὲ δὴ ταῦτα πείθωμαί ὑμῖν, ἔφη, λέγε μοι σύ, ἔφη, ὦ Ἀρμένιε, πόσην μὲν στρατιάν μοι συμπέμψεις, πόσα δὲ χρήματα συμβαλεῖ εἰς τὸν πόλεμον; (32) Πρὸς ταῦτα δὴ λέγει ὁ Ἀρμένιος, Οὐδὲν ἔχω, ὦ Κῦρε, ἔφη, ἁπλούστερον εἰπεῖν οὐδὲ δικαιότερον ἢ δεῖξαι μὲν ἐμὲ πᾶσαν τὴν οὖσαν δύναμιν, σὲ δὲ ἰδόντα ὅσην μὲν ἄν σοι δοκῇ στρατιὰν ἄγειν, τὴν δὲ καταλιπεῖν τῆς χώρας φυλακήν. Ὡς δ᾽ αὕτως περὶ χρημάτων δηλῶσαί μὲν ἐμὲ δίκαιόν σοι πάντα τὰ ὄντα, σὲ δὲ τούτων αὐτὸν γνόντα ὁπόσα ἄν βούλῃ φέρεσθαι καὶ ὁπόσα ἄν βούλῃ καταλιπεῖν. (33) Καὶ ὁ Κῦρος εἶπεν, Ἴθι δὴ λέξον μοι πόση σοι δύναμίς ἐστι, λέξον δὲ καὶ πόσα χρήματα. Ἐνταῦθα δὴ λέγει ὁ Ἀρμένιος, Ἱππεῖς μὲν τοίνυν εἰσὶν Ἀρμενίων εἰς ὀκτακισχιλίους, πεζοὶ δὲ εἰς τέτταρας μυριάδας· χρήματα δ᾽, ἔφη, σὺν τοῖς θησαυροῖς οἷς ὁ πατὴρ κατέλιπεν ἔστιν εἰς ἀργύριον λογισθέντα τάλαντα πλείω τῶν τρισχιλίων. (34) Καὶ ὁ Κῦρος οὐκ ἐμέλλησεν, ἀλλ᾽ εἶπε, Τῆς μὲν τοίνυν στρατιᾶς, ἐπεί σοι, ἔφη, οἱ ὅμοροι Χαλδαῖοι πολεμοῦσι, τοὺς ἡμίσεις μοι σύμπεμπε· τῶν δὲ χρημάτων, ἀντὶ μὲν τῶν πεντήκοντα ταλάντων ὧν ἔφερες

arbitror: quos autem animadvertere viderer, ex benevolentia et mei amore, in id quod facto sit opus mecum simul incumbere, hos ego delinquentes etiam laturum me facilius existimo, quam eos qui me quidem oderint, cumulate tamen omnia sua munera coacti explere studeant. Ad hæc Tigranes, A quibus autem, inquit, amorem tantum unquam consequeris, quantum modo tibi licet a nobis adipisci? Ab illis arbitror, ait Cyrus, qui nimirum nunquam ita hostili fuerint in me animo; si velim eos beneficio adficere quemadmodum tu jam, ut in vos beneficium conferam, hortaris. Num, Cyre, possis, inquit, quenquam hoc tempore reperire, cui tanta gratificari queas, quanta meo patri? Primum, inquit, si de iis aliquem vivere sinas, qui nulla te affeceerit injuria, quam eum existimas tibi hac de re gratiam habiturum? quid item? si liberos ipsi et uxorem non adimas, quis eo te nomine magis diliget, quam qui jure sibi suos eripi potuisse putat? an vero quem nosti cui gravius, quam nobis, futurum sit, se Armeniorum regnum non obtinere? quapropter etiam hoc, ait, perspicuum est, eum qui molestissime laturus sit se regem non esse, maximam tibi gratiam habiturum, si imperium a te impetraverit. Quod si etiam tibi curæ est, inquit, ut has res quam minime turbatas, ubi discesseris, relinquas, re deliberata, inquit, utrum tandem existimas tranquilliora hic loci futura omnia, novato imperio, an usitato remanente? quod si etiam tibi curæ est, ut exercitum amplissimum educas, quem existimas hujus delectum rectius habiturum, quam qui eo sæpius est usus? si pecunia quoque tibi sit opus, quem melius confecturum hanc putas, quam qui et novit et habet quicquid facultatum his in locis est? Cyre, inquit, optime, cave ne nobis amissis, majori te ipsum detrimento adficias, quam quo adficere te pater hic meus potuisset. Hujusmodi quædam proferebat Tigranes.

Cyrus autem hæc audiens mirifice delectabatur, quod arbitraretur omnia sibi confecta jam esse, quæ Cyaxari facturum se recepera: nam dixisse meminerat, existimare se futurum ut Armenius amicior ipsis, quam antea fuisset, opera sua redderetur. Itaque deinceps Armenium ipsum percontatus est, Si vobis, inquit, in his morem gessero, dic mihi, Armenie, quantum missurus es exercitum mecum, quantumque pecuniæ ad hoc bellum conferes? Ad hæc respondens Armenius, Nihil, Cyre, ait, simplicius nec æquius quod dicam habeo, quam ut copias mihi quæ adsunt omnes ostendam, easque adeo ubi tu videris, exercitum quantum tibi visum fuerit abducas, partem relinquas, quæ regioni nostræ præsidio sit. Itidem de pecuniis, æquum est ut quas habeam tibi declarem; tu autem, summa earum cognita, ex iis quantum velis auferas, quantum velis relinquas. Et Cyrus, Age vero, inquit, ostendo quanta tibi sint copiæ, quantumque pecuniæ habeas dicito. Hic Armenius, Equites ergo, inquit, Armeniorum fere sunt octies mille, pedites quadragies mille : pecuniæ vero summa, inquit, cum thesauris, quos reliquit pater, est, ad argentum redacta, tribus talentorum millibus major. Et Cyrus nihil cunctatus dixit : De exercitu igitur, quandoquidem, inquit, Chaldæi finitimi bellum tibi faciunt, partem dimidiam mihi adjungendam mittito : de pecunia vero, pro talentis quin-

4.

δασμὸν διπλάσια Κυαξάρῃ ἀπόδος, ὅτι ἔλιπες τὴν φοράν· ἐμοὶ δ', ἔφη, ἄλλα ἑκατὸν δάνεισον· ἐγὼ δέ σοι ὑπισχνοῦμαι, ἢν ὁ θεὸς εὖ διδῷ, ἀνθ' ὧν ἂν ἐμοὶ δανείσῃς ἢ ἄλλα πλείονος ἄξια εὐεργετήσειν ἢ τὰ χρήματα ἀπαριθμήσειν, ἢν δύνωμαι· ἢν δὲ μὴ δύνωμαι, ἀδύνατος μὲν ἂν φαινοίμην, οἶμαι, ἄδικος δ' οὐκ ἂν δικαίως κρινοίμην. (36) Καὶ ὁ Ἀρμένιος, Πρὸς τῶν θεῶν, ἔφη, ὦ Κῦρε, μὴ οὕτω λέγε, εἰ δὲ μή, οὐ θαρροῦντά με ἕξεις· ἀλλὰ νόμιζε, ἔφη, ἃ ἂν καταλίπῃς μηδὲν ἧττον σὰ εἶναι ὧν ἂν ἔχων ἀπίῃς. Εἶεν, ἔφη ὁ Κῦρος· ὥστε δὲ τὴν γυναῖκα ἀπολαβεῖν, πόσα ἄν μοι χρήματα δοίης; Ὁπόσα ἂν δυναίμην, ἔφη. Τί δέ, ὥστε τοὺς παῖδας; Καὶ τούτων, ἔφη, ὁπόσα ἂν δυναίμην. Οὐκοῦν, ἔφη ὁ Κῦρος, ταῦτα μὲν ἤδη διπλάσια τῶν ὄντων. (36) Σὺ δέ, ἔφη, ὦ Τιγράνη, λέξον μοι πόσου ἂν πρίαιο ὥστε τὴν γυναῖκα ἀπολαβεῖν. Ὁ δὲ ἐτύγχανε νεόγαμος ὢν καὶ ὑπερφιλῶν τὴν γυναῖκα. Ἐγὼ μέν, ἔφη, ὦ Κῦρε, κἂν τῆς ψυχῆς πριαίμην ὥστε μήποτε λατρεῦσαι ταύτην. (37) Σὺ μὲν τοίνυν, ἔφη, ἀπάγου τὴν σήν· οὐδὲ γὰρ εἰλῆφθαι ἔγωγε αἰχμάλωτον ταύτην νομίζω σοῦ γε μηπώποτε φυγόντος ἡμᾶς. Καὶ σὺ δέ, ὦ Ἀρμένιε, ἀπάγου τὴν γυναῖκα καὶ τοὺς παῖδας μηδὲν αὐτῶν καταθείς, ἵνα εἰδῶσιν ὅτι ἐλεύθεροι πρός σε ἀπέρχονται. Καὶ νῦν μέν, ἔφη, δειπνεῖτε παρ' ἡμῖν· δειπνήσαντες δὲ ἀπελαύνετε ὅποι ὑμῖν θυμός. Οὕτω δὴ κατέμειναν.

38. Διασκηνούντων δὲ μετὰ τὸ δεῖπνον ἐπήρετο ὁ Κῦρος, Εἰπέ μοι, ἔφη, ὦ Τιγράνη, ποῦ δὴ ἐκεῖνός ἐστιν ὁ ἀνὴρ ὃς συνεθήρα ἡμῖν, καὶ σύ μοι μάλα ἐδόκεις θαυμάζειν αὐτόν. Οὐ γάρ, ἔφη, ἀπέκτεινεν αὐτὸν οὑτοσὶ ὁ ἐμὸς πατήρ; Τί λαβὼν ἀδικοῦντα; Διαφθείρειν αὐτὸν ἔφη με. Καίτοι γ', ἔφη, ὦ Κῦρε, οὕτω καλὸς κἀγαθὸς ἐκεῖνος ἦν ὡς καὶ ὅτε ἀποθνῄσκειν ἔμελλε προσκαλέσας με εἶπε, Μήτι σύ, ὦ Τιγράνη, ἔφη, ὅτι ἀποκτείνει με, χαλεπανθῇς τῷ πατρί· οὐ γὰρ κακονοίᾳ τινὶ τοῦτο ποιεῖ, ἀλλ' ἀγνοίᾳ· ὁπόσα δὲ ἀγνοίᾳ ἄνθρωποι ἐξαμαρτάνουσι, πάντα ἀκούσια ταῦτ' ἐγὼ νομίζω. (39) Ὁ μὲν δὴ Κῦρος ἐπὶ τούτοις εἶπε, Φεῦ τοῦ ἀνδρός. Ὁ δὲ Ἀρμένιος ἔλεξεν οὕτως· Ὦ Κῦρε, οὐδ' οἱ τὰς ἑαυτῶν γυναῖξι λαμβάνοντες συνόντας ἀλλοτρίους ἄνδρας οὐ τοῦτο αἰτιώμενοι αὐτοὺς κατακταίνουσιν ὡς ἀφρονεστέρας ποιοῦντας τὰς γυναῖκας, ἀλλὰ νομίζοντες ἀφαιρεῖσθαι αὐτοὺς τὴν πρὸς ἑαυτοὺς φιλίαν, διὰ τοῦτο ὡς πολεμίοις αὐτοῖς χρῶνται. Καὶ ἐγὼ ἐκείνῳ, ἔφη, ἐφθόνουν, ὅτι μοι ἐδόκει τὸν ἐμὸν υἱὸν τοῦτον ποιεῖν αὐτὸν μᾶλλον θαυμάζειν ἢ ἐμέ. (40) Καὶ ὁ Κῦρος εἶπεν, Ἀλλὰ ναὶ μὰ τοὺς θεούς, ἔφη, ὦ Ἀρμένιε, ἀνθρωπινά μοι δοκεῖς ἁμαρτεῖν· καὶ σύ, ὦ Τιγράνη, συγγίγνωσκε τῷ πατρί. Τότε μὲν δὴ τοιαῦτα διαλεχθέντες καὶ φιλοφρονηθέντες ὥσπερ εἰκὸς ἐκ συναλλαγῆς, ἀναβάντες ἐπὶ τὰς ἁρμαμάξας σὺν ταῖς γυναιξὶν ἀπήλαυνον εὐφραινόμενοι.

41. Ἐπεὶ δ' ἦλθον οἴκαδε, ἔλεγον τοῦ Κύρου ὁ μέν τις τὴν σοφίαν, ὁ δὲ τὴν καρτερίαν, ὁ δὲ τὴν πραότητα, ὁ δέ τις καὶ τὸ κάλλος καὶ τὸ μέγεθος. Ἔνθα δὴ ὁ Τιγράνης ἐπήρετο τὴν γυναῖκα, Ἦ καὶ σοί, ἔφη, ὦ Ἀρ-

quaginta, qua: tributi nomine pendebas, duplum Cyaxari solvito, propterea quod solutionem neglexeris : mihi autem, ait, mutuo centum altera dato : et pro iis quæ mihi mutuo dederis, ego tibi pollicoor, vel alia me, deo bene juvante, beneficia pluris æstimanda in te collaturum vel ipsam pecuniam dinumeraturum, si quidem potero : sin autem non potero, præstandæ nimirum pecuniæ impar esse videar, injustus haud certe jure existimari possim. Et Armenius, Obsecro te profecto, Cyre, inquit, ut ne sic loquaris; alioquia ero tibi fidenti minus animo : sed velim existimes, ait, quascunque reliqueris pecunias, nihilo minus tuas esse atque illæ sint quas hinc tecum auferas. Esto, inquit Cyrus : verum ut uxorem recipias, quantum mihi pecuniæ dederis? Quantum mihi fuerit dandi facultas, inquit. Quid, ut liberos? Pro his etiam, ait, quantum mihi fuerit dandi facultas. Ergo jam hæ duplo ampliores fuerint iis quas tu possides. Tu vero, Tigranes, inquit, dic mihi quanti re dimeres, ut uxorem tibi recipere liceret. (Is autem novus tunc forte maritus erat uxoremque summo amore complectebatur.) Equidem, Cyre, inquit, vel animæ pretio meæ redemerim, ne unquam haec servitutem serviat. Tu igitur, inquit Cyrus, tuam abducito : neque enim eam ego sane in captivitatem venisse arbitror, quando tu quidem nunquam nos deseruisti. Tu quoque, Armenie, tam uxorem quam liberos abducito, nullo pro iis pretio soluto : ut se liberos ad te venire sciant. At nunc quidem, inquit, apud nos coenate ; sumpta vero coena, quo animo vestro libitum erit, discedite. Atque ita manserunt.

Cum autem a coena e tabernaculo digrederentur, interrogans Cyrus, Dic mihi, Tigranes, inquit, ubi tandem est vir ille, qui nobiscum venari solebat : tu quidem mihi videloris eum plurimum admirari. Annon, ait, pater hic meus eum occidit? In quo deprehensum facinore malo? Dicebat me ab ipso corrumpi. At vero, Cyre, adeo praeclarus honestusque erat, ut tum etiam cum moriturus erat, arcessito mihi diceret, Ne tu patri, Tigranes, inquit, quidquam succenseris, quod me morte multaverit : non enim hoc ex malevolentia, sed ignorantia facit : quæcunque vero per ignorantiam peccant homines, ea omnia praeter voluntatem committi equidem arbitror. At Cyrus hic ait, Hem qualem virum, indigna morte peremptum ! Armenius autem in hunc modum loquutus est : Nec illi, Cyre, qui viros alios cum uxoribus suis familiarius versantes deprehendunt, ob hanc culpam eos interficiunt, quod minus modestas reddant uxores suas, sed quod existiment amorem eos sibi debitum præripere, idcirco pro hostibus illos habent. Itidem et ipse illi homini invidi, quod facere mihi videretur, ut filius meus ipsum magis quam me diligeret. Et Cyrus subjicit, Profecto, Armenie, inquit, humanitus quid deliquisse videris : tuque adeo, Tigranes, ignoscito patri. Et hujusmodi quidem cum hoc in tempore inter se disseruissent et amarent, ut par erat a reconciliatione, se mutuo complexi essent, harmamaxis una cum uxoribus conscensis, læti unde venerant redibant.

Cum autem domum venissent, Cyri alius sapientiam, fortitudinem alius, alius mansuetudinem, atque etiam non nemo pulchritudinem ac majestatem commemorabat. Ibi sane Tigranes uxorem interrogabat, Num et tibi, Armenia,

μενία, καλὸς ἐδόκει ὁ Κῦρος εἶναι; Ἀλλὰ μὰ Δί', ἔφη, οὐκ ἐκεῖνον ἐθεώμην. Ἀλλὰ τίνα μήν; ἔφη ὁ Τιγράνης. Τὸν εἰπόντα νὴ Δία ὡς τῆς αὑτοῦ ψυχῆς ἂν πρίαιτο ὥστε μή με δουλεύειν. Τότε μὲν δὴ ὥσπερ εἰκὸς ἐκ τοιούτων ἀνεπαύοντο σὺν ἀλλήλοις.

42. Τῇ δ' ὑστεραίᾳ ὁ Ἀρμένιος Κύρῳ μὲν καὶ τῇ στρατιᾷ ἁπάσῃ ξένια ἔπεμπε, προεῖπε δὲ τοῖς ἑαυτοῦ, οὓς δέησοι στρατεύεσθαι, εἰς τρίτην ἡμέραν παρεῖναι· τὰ δὲ χρήματα ὧν εἶπεν ὁ Κῦρος διπλάσια ἀπηρίθμησεν. Ὁ δὲ Κῦρος ὅσα εἶπε λαβὼν τἄλλα ἀπέπεμψεν· ἤρετο δὲ πότερος ἔσται ὁ τὸ στράτευμα ἄγων, ὁ παῖς ἢ αὐτός. Εἰπέτην δὲ ἅμα ὁ μὲν πατὴρ οὕτως, Ὁπότερον ἂν σὺ κελεύῃς, ὁ δὲ παῖς οὕτως, Ἐγὼ μὲν οὐκ ἀπολείψομαί σου, ὦ Κῦρε, οὐδ' ἂν σκευοφόρον με δέῃ σοι συνακολουθεῖν. (43) Καὶ ὁ Κῦρος ἐπιγελάσας εἶπε, Καὶ ἐπὶ πόσῳ ἄν, ἔφη, ἐθέλοις τὴν γυναῖκά σου ἀκοῦσαι ὅτι σκευοφορεῖς; Ἀλλ' οὐδέν, ἔφη, ἀκούειν δεήσει αὐτήν· ἄξω γάρ, ὥστε ὁρᾶν ἐξέσται αὐτῇ ὅ,τι ἂν ἐγὼ πράττω. Ὥρα ἄν, ἔφη, συσκευάζεσθαι ὑμῖν εἴη. Νόμιζε δέ, ἔφη, συνεσκευασμένους παρέσεσθαι ὅ,τι ἂν ὁ πατὴρ δῷ. Τότε μὲν δὴ ξενισθέντες οἱ στρατιῶται ἐκοιμήθησαν.

ΚΕΦΑΛΑΙΟΝ Β'.

Τῇ δ' ὑστεραίᾳ ἀναλαβὼν ὁ Κῦρος τὸν Τιγράνην καὶ τῶν Μήδων ἱππέων τοὺς κρατίστους καὶ τῶν ἑαυτοῦ φίλων ὁπόσους καιρὸς ἐδόκει εἶναι, περιελαύνων τὴν χώραν κατεθεᾶτο, σκοπῶν ποῦ τειχίσειε φρούριον. Καὶ ἐπ' ἄκρον τι ἐλθὼν ἐπηρώτα τὸν Τιγράνην ποῖα εἴη τῶν ὀρέων, ὁπόθεν οἱ Χαλδαῖοι καταθέοντες λῄζονται. Καὶ ὁ Τιγράνης ἐδείκνυεν. Ὁ δὲ πάλιν ἤρετο, Νῦν δὲ ταῦτα τὰ ὄρη ἐρημά ἐστιν; Οὐ μὰ Δί', ἔφη, ἀλλ' ἀεὶ σκοποὶ εἰσὶν ἐκείνων οἳ σημαίνουσι τοῖς ἄλλοις ὅ,τι ἂν ὁρῶσι. Τί οὖν, ἔφη, ποιοῦσιν, ἐπὴν αἴσθωνται; Βοηθοῦσιν, ἔφη, ἐπὶ τὰ ἄκρα, ὡς ἂν ἕκαστος δύνηται. (2) Ταῦτα μὲν δὴ ὁ Κῦρος ἠκηκόει· σκοπῶν δὲ κατενόει πολλὴν τῆς χώρας τοῖς Ἀρμενίοις ἔρημον καὶ ἀργὸν οὖσαν διὰ τὸν πόλεμον. Καὶ τότε μὲν ἀπῆλθον ἐπὶ τὸ στρατόπεδον καὶ δειπνήσαντες ἐκοιμήθησαν. (3) Τῇ δ' ὑστεραίᾳ αὐτός τε ὁ Τιγράνης παρῆν συνεσκευασμένος καὶ ἱππεῖς εἰς τοὺς τετρακισχιλίους συνελέγοντο αὐτῷ καὶ τοξόται εἰς τοὺς μυρίους καὶ πελτασταὶ ἄλλοι τοσοῦτοι. Ὁ δὲ Κῦρος ἐν ᾧ συνελέγοντο ἐθύετο· ἐπεὶ δὲ καλὰ τὰ ἱερὰ ἦν αὐτῷ, συνεκάλεσε τοὺς τε τῶν Περσῶν ἡγεμόνας καὶ τοὺς τῶν Μήδων. (4) Ἐπεὶ δὲ ὁμοῦ ἦσαν, ἔλεξε τοιάδε.

Ἄνδρες φίλοι, ἔστι μὲν τὰ ὄρη ταῦτα ἃ ὁρῶμεν Χαλδαίων· εἰ δὲ ταῦτα καταλάβοιμεν καὶ ἐπ' ἄκρου γένοιτο ἡμέτερον φρούριον, σωφρονεῖν ἀνάγκη ἂν εἴη πρὸς ἡμᾶς ἀμφοτέροις, τοῖς τε Ἀρμενίοις καὶ τοῖς Χαλδαίοις. Τὰ μὲν οὖν ἱερὰ καλὰ ἡμῖν· ἀνθρωπίνη δὲ προθυμία

---

pulcher esse visus est Cyrus? Profecto, ait, illum non adspectabam. At quem vero? inquit Tigranes. Eum, profecto, qui dicebat animæ pretio se redempturum, ne servitutem ego servirem. Ac tum quidem, ut par erat, rebus hujusmodi transactis quieti una se dederunt.

Postridie vero Armenius Cyro universoque exercitui munera tanquam hospitibus misit; ac suis edixit, quibus in militiam eundum erat, ut tertium ad diem adessent : et pecuniam quam poposcerat Cyrus duplicatam dinumeravit. Cyrus autem, accepta quam poposcerat summa, reliquam remisit, simulque interrogavit, uter exercitum ducturus esset, filius, an ipse. Simul autem respondit uterque, pater quidem in hunc modum, Utramcunque tu jusseris : filius vero sic, Equidem abs te, Cyre, non abero, non si etiam comitari et calonis instar sarcinarii me oportet. Et Cyrus risu ille sublato, Et quanti velles, inquit, ut uxor tua sarcinas te gestare audiret? At non opus erit ut audiat, inquit : ducam enim illam mecum; adeo ut ipsa videre poterit quidquid egero. Verum jam, ait, tempus fuerit, ut collectis vasis ad iter vos accingatis. Existimes velim, inquit, nos collectis paratisque iis, quæcunque pater dederit, adfuturos. Ac tum quidem milites more hospitum excepti quieti se dederunt.

CAPUT II.

Postridie Cyrus sumpto secum Tigrane, ac Medorum equitum præstantissimis, deque suis amicis quot commodum ei visum esset, regionem obequitans circumspectabat, quo loco castellum muniendum esset considerans. Cumque ad jugum quoddam venisset, Tigranem interrogabat, quinam illi montes essent, unde Chaldæi decurrentes prædas agerent. Monstrat eos Tigranes. Rursum interrogabat, Hi montes suntne nunc deserti? Minime vero, inquit, sed eorum speculatores ibi semper adsunt, qui ceteris significant quidquid viderint. Quid ergo faciunt, inquit, cum aliquid senserint? Ad juga, inquit, defensionis causa, pro suis quisque viribus, accurrunt. Et hæc quidem Cyrus ubi audisset, lustrando omnia animadvertebat magnam regionis partem Armeniis propter bellum desertam et incultam esse. Et tum quidem ad exercitum reverterunt, et cum cœnassent, quieti se dederunt. Postridie Tigranes ipse paratis rebus suis aderat; atque equitum ei quatuor millia cogebantur, cum decies mille sagittariis, totidemque peltastis. Cyrus autem, dum eæ copiæ cogerentur, hostias mactabat : cumque sacra ei secunda evenissent, tum Persarum, tum Medorum convocavit duces. Et cum una omnes adessent, hujusmodi verba fecit :

« Hi montes, amici, quos adspicimus, Chaldæorum sunt : eos autem si occupaverimus, et castellum in vertice nostrum fuerit, necesse erit utrique¹, tam Armenii quam Chaldæi, erga nos modeste, ut officii ratio postulat, se gerant. Et sacra quidem nobis evenere læta ; humanæ vero

εἰς τὸ πραχθῆναι ταῦτα οὐδὲν οὕτω μέγα σύμμαχον ἂν γένοιτο ὡς τάχος. Ἢν γὰρ φθάσωμεν πρὶν τοὺς πολεμίους συλλεγῆναι ἀναβάντες, ἢ παντάπασιν ἀμαχεὶ ληψόμεθ᾽ ἂν τὸ ἄκρον, ἢ ὀλίγοις τε καὶ ἀσθενέσι χρησαίμεθ᾽ ἂν πολεμίοις. (5) Τῶν οὖν πόνων οὐδεὶς ῥᾴων οὐδ᾽ ἀκινδυνότερος, ἔφη, ἐστὶ τοῦ νῦν καρτερῆσαι σπεύδοντας. Ἴτε οὖν ἐπὶ τὰ ὅπλα, καὶ ὑμεῖς μέν, ὦ Μῆδοι, ἐν ἀριστερᾷ ἡμῶν πορεύεσθε, ὑμεῖς δέ, ὦ Ἀρμένιοι, οἱ μὲν ἡμίσεις ἐν δεξιᾷ, οἱ δὲ ἡμίσεις ἔμπροσθεν ἡμῶν ἡγεῖσθε· ὑμεῖς δέ, ὦ ἱππεῖς, ὄπισθεν ἕπεσθε παρακελευόμενοι καὶ ὠθοῦντες ἄνω ἡμᾶς, ἢν δέ τις μαλακύνηται, μὴ ἐπιτρέπετε. (6) Ταῦτ᾽ εἰπὼν ὁ Κῦρος ἡγεῖτο ὀρθίους ποιησάμενος τοὺς λόχους. Οἱ δὲ Χαλδαῖοι ὡς ἔγνωσαν τὴν ὁρμὴν ἄνω οὖσαν, εὐθὺς ἐσήμαινόν τε τοῖς ἑαυτῶν καὶ συνεβόων ἀλλήλοις καὶ ἠθροίζοντο. Ὁ δὲ Κῦρος παρηγγύα, Ἄνδρες Πέρσαι, ἡμῖν σημαίνουσι σπεύδειν· ἢν γὰρ φθάσωμεν ἄνω γενόμενοι, οὐδὲν τὰ τῶν πολεμίων δυνήσεται.

7. Εἶχον δὲ οἱ Χαλδαῖοι γέρρα τε καὶ παλτὰ δύο· καὶ πολεμικώτατοι δὲ λέγονται οὗτοι τῶν περὶ ἐκείνην τὴν χώραν εἶναι· καὶ μισθοῦ στρατεύονται, ὁπόταν τις αὐτῶν δέηται, διὰ τὸ πολεμικοί τε καὶ πένητες εἶναι· καὶ γὰρ ἡ χώρα αὐτοῖς ὀρεινή τέ ἐστι καὶ ὀλίγη ἡ τὰ χρήματα ἔχουσα. (8) Ὡς δὲ μᾶλλον ἐπλησίαζον οἱ ἀμφὶ τὸν Κῦρον τῶν ἄκρων, ὁ Τιγράνης σὺν τῷ Κύρῳ πορευόμενος εἶπεν, Ὦ Κῦρε, ἆρ᾽ οἶσθ᾽, ἔφη, ὅτι αὐτοὺς ἡμᾶς αὐτίκα μάλα δεήσει μάχεσθαι; ὡς οἵ γε Ἀρμένιοι οὐ μὴ δέξωνται τοὺς πολεμίους. Καὶ ὁ Κῦρος εἶπεν ὅτι εἰδείη τοῦτο, εὐθὺς παρηγγύησε τοῖς Πέρσαις παρασκευάζεσθαι ὡς αὐτίκα δεῆσον διώκειν, ἐπειδὰν ὑπαγάγωσι τοὺς πολεμίους ὑποφεύγοντες οἱ Ἀρμένιοι ὥστ᾽ ἐγγὺς ἡμῖν γενέσθαι. (9) Οὕτω δὴ ἡγοῦντο μὲν οἱ Ἀρμένιοι· τῶν δὲ Χαλδαίων οἱ παρόντες, ὡς ἐπλησίαζον οἱ Ἀρμένιοι, ταχὺ ἀλαλάξαντες ἔθεον, ὥσπερ εἰώθεσαν, εἰς αὐτούς· οἱ δὲ Ἀρμένιοι, ὥσπερ εἰώθεσαν, οὐκ ἐδέχοντο. (10) Ὡς δὲ διώκοντες οἱ Χαλδαῖοι εἶδον ἀντίους μαχαιροφόρους ἱεμένους ἄνω, οἱ μέν τινες αὐτοῖς πελάσαντες ταχὺ ἀπέθνῃσκον, οἱ δ᾽ ἔφευγον, οἱ δέ τινες ἑάλωσαν αὐτῶν. Ταχὺ δὲ εἴχοντο τὰ ἄκρα. Ἐπεὶ δὲ τὰ ἄκρα εἶχον οἱ ἀμφὶ τὸν Κῦρον, καθεώρων τε τῶν Χαλδαίων τὰς οἰκήσεις καὶ ᾐσθάνοντο φευγόντων αὐτοὺς ἐκ τῶν ἐγγὺς οἰκήσεων. (11) Ὁ δὲ Κῦρος, ὡς πάντες οἱ στρατιῶται ὁμοῦ ἐγένοντο, ἀριστοποιεῖσθαι παρήγγειλεν. Ἐπεὶ δὲ ἠριστήκεσαν, καταμαθὼν ἔνθα αἱ σκοπαὶ ἦσαν τῶν Χαλδαίων ἐρυμνές τε ὂν καὶ ἔνυδρον, εὐθὺς ἐτείχιζε φρούριον· καὶ τὸν Τιγράνην ἐκέλευσε πέμπειν ἐπὶ τὸν πατέρα καὶ κελεύειν παραγενέσθαι ἔχοντα ὁπόσοι εἶεν τέκτονές τε καὶ λιθοδόμοι. Ἐπὶ μὲν δὴ τὸν Ἀρμένιον ᾤχετο ἄγγελος· ὁ δὲ Κῦρος τοῖς παροῦσιν ἐτείχιζεν.

12. Ἐν δὲ τούτῳ προσάγουσι τῷ Κύρῳ τοὺς αἰχμαλώτους δεδεμένους, τοὺς δέ τινας καὶ τετρωμένους. Ὡς δὲ εἶδεν, εὐθὺς λύειν μὲν ἐκέλευσε τοὺς δεδεμένους, τοὺς δὲ τετρωμένους ἰατροὺς καλέσας θεραπεύειν ἐκέ-

ad hæc perficienda alacritati nihil æque magno adjumento fuerit, atque celeritas. Nam si montes prius, quam hostes se colligant, adscenderimus, vel omnino verticem sine ullo prælio capiemus, vel cum paucis invalidisque hostibus res nobis erit. Nullus ergo labor facilior, inquit, magisve fuerit periculi expers, quam si nunc in accelerando tolerantes erimus. Ite igitur ad arma. Et vos quidem, Medi, a sinistra incedite; vos autem, Armenii, cum parte dimidia dextram tenete, cum altera parte dimidia duces nobis itineris estote: vos, equites, a tergo sequimini, ut nos cohortemini sursumque protrudatis; quod si quis remissiorem se præbeat, hoc ut se modo gerat ne permittite. » Hæc cum Cyrus dixisset, præibat, exercitu ita instructo ut manipuli recti fierent. Chaldæi vero, postquam sursum tendi cum impetu animadverterent, et suis statim signa dant, et mutuis clamoribus se convocando colliguntur. Cyrus autem suos ita cohortabatur: Hi, Persæ, nobis signum dant ut properemus : nam si priores illuc adscenderimus, nihil hostium conatus efficere poterunt.

Gestabant autem Chaldæi scuta et palta duo; iidemque bellicosissimi feruntur esse inter ejus regionis incolas : mercede etiam militant, cum ipsorum opera quis eget, propterea quod et bellicosissimi sint et pauperes : quippe regio eis montuosa, et cujus exigua pars opulenta est. Cum autem Cyri milites propius ad juga montium accederent, Tigranes, qui una cum Cyro ibat, An nosti, Cyre, ait, mox pugnandum nobis ipsis esse? nam Armenii quidem certe hostes irruentes sustinere non poterunt. Et Cyrus id se non ignorare respondens, edixit Persis ut se pararent, utpote quibus mox insequendum esset, posteaquam Armenii suffugientes paulatim hostes, ut prope nos essent, deducerent. Atque ita præcedebant quidem Armenii; de Chaldæis autem qui aderant, ubi propius Armenii accessissent, celeriter clamore sublato, more suo, cursu in eos feruntur: Armenii vero, more iidem suo, impetum illorum non excipiebant. Ubi vero Chaldæi, qui hos persequebantur, viderunt homines gladiis instructos adversus se sursum tendere, nonnulli cum ad eos propius accesserint sursum interfecti sunt, alii in fugam se conjecere, nonnulli etiam eorum capti sunt. Statim autem juga montium occupata sunt. Cumque juga ea Cyri milites occupata tenerent, et Chaldæorum domicilia despiciebant, et eos ex proximis domiciliis aufugere animadvertebant. Cyrus autem, cum milites omnes convenissent, ut pranderent edixit. Pransi vero cum essent, ipseque animadvertisset locum esse munitum et aquis irriguum, ubi speculæ Chaldæorum erant, statim ibi castellum exstruere cœpit : Tigranemque jubet ad patrem mittere, et eum si statim adesset præcipere, et fabros lignarios ac structuræ lapideæ peritos, quotquot haberet, secum adduceret. Et nuntius quidem ad Armenium profectus est : Cyrus autem per eos qui aderant structuræ intentus erat.

Interea vero captivi ad Cyrum vincti adducuntur, et nonnulli etiam vulnerati. Hos ut vidit, statim vinctos solvi jussit, et vulneratos, accessitis medicis, curari præcepit.

λεύσειν· ἔπειτα δὲ ἔλεξε τοῖς Χαλδαίοις ὅτι ἥκοι οὔτε ἀπελάσαι ἐπιθυμῶν ἐκείνους οὔτε πολεμεῖν δεόμενος, ἀλλ' εἰρήνην βουλόμενος ποιῆσαι Ἀρμενίοις καὶ Χαλδαίοις. Πρὶν μὲν οὖν ἔχεσθαι τὰ ἄκρα οἶδ' ὅτι οὐκ ἐδεῖσθε εἰρήνης· τὰ μὲν γὰρ ὑμέτερα ἀσφαλῶς εἶχε, τὰ δὲ τῶν Ἀρμενίων ἤγετε καὶ ἐφέρετε· νῦν δ' ὁρᾶτε δὴ ἐν οἵῳ ἐστέ. (13) Ἐγὼ οὖν ἀφίημι ὑμᾶς οἴκαδε τοὺς εἰλημμένους, καὶ δίδωμι ὑμῖν σὺν τοῖς ἄλλοις Χαλδαίοις βουλεύσασθαι εἴτε βούλεσθε πολεμεῖν ἡμῖν εἴτε φίλοι εἶναι. Καὶ ἢν μὲν πόλεμον αἰρῆσθε, μηκέτι ἥκετε δεῦρο ἄνευ ὅπλων, εἰ σωφρονεῖτε· ἢν δὲ εἰρήνης δοκῆτε δεῖσθαι, ἄνευ ὅπλων ἥκετε· ὡς δὲ καλῶς ἕξει τὰ ὑμέτερα, ἢν φίλοι γένησθε, ἐμοὶ μελήσει. (14) Ἀκούσαντες δὲ οἱ Χαλδαῖοι ταῦτα, πολλὰ μὲν ἐπαινέσαντες, πολλὰ δὲ δεξιωσάμενοι τὸν Κῦρον ᾤχοντο οἴκαδε.

Ὁ δὲ Ἀρμένιος ὡς ἤκουσε τήν τε κλῆσιν τοῦ Κύρου καὶ τὴν πρᾶξιν, λαβὼν τοὺς τέκτονας καὶ ἄλλα ὅσων ᾤετο δεῖν, ἧκε πρὸς τὸν Κῦρον ὡς ἠδύνατο τάχιστα. (15) Ἐπεὶ δὲ εἶδε τὸν Κῦρον, ἔλεξεν, Ὦ Κῦρε, ὡς ὀλίγα δυνάμενοι προορᾶν ἄνθρωποι περὶ τοῦ μέλλοντος πολλὰ ἐπιχειροῦμεν πράττειν. Νῦν γὰρ δὴ καὶ ἐγὼ ἐλευθερίαν μὲν μηχανᾶσθαι ἐπιχειρήσας δοῦλος ὡς οὐδεπώποτε ἐγενόμην· ἐπεὶ δ' ἑάλωμεν, σαφῶς ἀπολωλέναι νομίσαντες νῦν ἀναφαινόμεθα σεσωσμένοι ὡς οὐδεπώποτε. Οἱ γὰρ οὐδεπώποτε ἐπαύοντο πολλὰ κακὰ ἡμᾶς ποιοῦντες, νῦν ὁρῶ τούτους ἔχοντας ὥσπερ ἐγὼ εὐχόμην. (16) Καὶ τοῦτ' ἐπίστω, ἔφη, ὦ Κῦρε, ὅτι ἐγὼ ὥστε ἀπελάσαι Χαλδαίους ἀπὸ τούτων τῶν ἄκρων πολλαπλάσια ἂν ἔδωκα χρήματα ὧν νῦν ἔχεις παρ' ἐμοῦ· καὶ ἃ ὑπισχνοῦ ποιήσειν ἀγαθὰ ἡμᾶς ὅτ' ἐλάμβανες τὰ χρήματα, ἀποτετέλεσταί σοι ἤδη, ὥστε καὶ προσοφείλοντές σοι ἄλλας χάριτας ἀναπεφήναμεν, ἃς ἡμεῖς γε, εἰ μὴ κακοί ἐσμεν, αἰσχυνοίμεθ' ἂν σοι μὴ ἀποδιδόντες, οἵ καὶ ἀποδιδόντες οὐδὲν ἄξιον οὐδ' οὕτω πρὸς εὐεργέτην καταλαμβανόμεθα τοσοῦτον ποιοῦντες. (17) Ὁ μὲν Ἀρμένιος τοσαῦτα ἔλεξεν.

Οἱ δὲ Χαλδαῖοι ἧκον δεόμενοι τοῦ Κύρου εἰρήνην σφίσι ποιῆσαι. Καὶ ὁ Κῦρος ἐπήρετο αὐτούς, Ἄλλο τι, ἔφη, ὦ Χαλδαῖοι, ἢ τούτου ἕνεκα εἰρήνης νῦν ἐπιθυμεῖτε ὅτι νομίζετε ἀσφαλέστερον ἂν δύνασθαι ζῆν εἰρήνης γενομένης ἢ πολεμοῦντες, ἐπεὶ ἡμεῖς τάδ' ἔχομεν; Ἔφασαν οἱ Χαλδαῖοι. (18) Καὶ ὃς, Τί δ', ἔφη, εἰ καὶ ἄλλα ὑμῖν ἀγαθὰ προσγένοιτο διὰ τὴν εἰρήνην; Ἔτι ἄν, ἔφασαν, μᾶλλον εὐφραινοίμεθα. Ἄλλο τι οὖν, ἔφη, ἢ διὰ τὸ γῆς σπανίζειν ἀγαθῆς νῦν πένητες νομίζετ' εἶναι; Συνέφασαν καὶ τοῦτο. Τί οὖν; ἔφη ὁ Κῦρος, βούλοισθ' ἂν ἀποτελοῦσιν ὅσαπερ οἱ ἄλλοι Ἀρμένιοι ἐξεῖναι ὑμῖν τῆς Ἀρμενίας γῆς ἐργάζεσθαι ὁπόσην ἂν θέλητε; Ἔφασαν οἱ Χαλδαῖοι, εἰ πιστεύοιμεν μὴ ἀδικήσεσθαι. (19) Τί δὲ σύ, ἔφη, ὦ Ἀρμένιε, βούλοιο ἄν σοι τὴν νῦν ἀργὸν οὖσαν χώραν ἐνεργὸν γενέσθαι, εἰ μέλλοιεν τὰ νομιζόμενα παρὰ σοὶ ἀποτελεῖν οἱ ἐργαζόμενοι; Ἔφη ὁ Ἀρμένιος πολλοῦ ἂν τοῦτο πρίασθαι· πολὺ γὰρ ἂν αὐξάνεσθαι τὴν πρόσοδον. (20) Τί δ', ὑμεῖς, ἔφη, ὦ Χαλ-

Deinde Chaldæis dixit, non se venisse, quod illos a regione ipsorum ejectos cuperet, vel bello sibi esset opus, sed quod inter Armenios Chaldæosque pacem facere vellet. Prius certe quidem quam a nobis hæc juga teneremur, scio vos pacem minime expetivisse : nam vestræ res in tuto positæ erant, et Armeniorum facultates agere et ferre solebatis : nunc vero quo sitis loco perspicitis. Itaque vos ego, qui capti estis, domum dimitto, vobisque potestatem ceteris cum Chaldæis deliberandi facio, bellumne nobiscum gerere velitis, an amicitiam jungere. Bellum quidem si elegeritis, ne sine armis huc amplius venite, si sapitis : sin pacis egere vos statueritis, inermes accedite : ut vero bene res vestræ se habeant, si amici fueritis, mihi curæ erit. Hæc Chaldæi cum audissent, multis laudibus Cyrum prosecuti, multumque dextram ejus amplexi, domum discesserunt.

Armenius autem, ut a Cyro se arcessi, quasque res ille gereret, audisset, adsumptis fabris rebusque aliis, quibuscunque illi opus futurum putabat, quam poterat celerrime ad Cyrum contendit. Et Cyrum ubi vidit, O Cyre, inquit, quam paucos futurorum eventus nos homines prospicere valentes multa peragenda suscipimus! Nam et ego nunc libertatem comparare adgressus, in majorem, quam antehac unquam, servitutem incidi : postquam vero capti sumus, certo nos periisse rati, majorem nunc, quam hactenus unquam, incolumitatem nos adeptos esse manifestum est. Qui enim nunquam multis nos damnis adficere desinebant, hos eo jam in statu esse video, quo ego hactenus optabam. Atque hoc scias velim, Cyre, inquit, multo me majorem daturum fuisse pecuniam, quam tu nunc a me acceperis, ut jugis hisce Chaldæi depellerentur ; jamque adeo cumulate præstitisti, quæ nobis te beneficia præstaturum pollicebare, cum pecuniam illam acciperes : itaque præterea debere nos alias etiam tibi gratias manifestum est, quas sane nos, nisi improbi simus, pudeat tibi non referre : atque adeo referentes, tamen ne sic quidem pro merito quidquam nos facere erga virum tantum ad nos contulit beneficia comperiemur. Hæc quidem dixit Armenius.

Chaldæi vero venientes orabant Cyrum ut pacem cum ipsis faceret. Et eos interrogabat Cyrus, Ecqua de causa, Chaldæi, alia, nunc pacem cupitis, nisi quod existimetis tutius vos, pace facta, quam si bellum geratis, degere posse? quandoquidem nos juga tenemus. Adsensi sunt Chaldæi. Et ille, Quid igitur, inquit, si et alia vobis ex pace accedant commoda? Majori adhuc, aiunt illi, gaudio adficiemur. Quid ergo aliud, inquit, causæ esse arbitremini cur pauperes sitis, nisi quod fertilis soli penuria laboretis? Hoc quoque illi adsensi sunt. Quid ergo? inquit Cyrus, velletisne vobis, pendentibus ea quæ ceteri Armenii pendunt, liceret tantum agri Armenii colere, quantum vobis ipsis liberet? Si crederemus, aiebant Chaldæi, nullam nobis injuriam illatum iri. Quid tu vero, Armenie? vellesne solum id quod nunc incultum est, cultum reddi, si cultores id, quod apud te in more positum est, penderent? Magno se hoc redempturum, ait Armenius : quod ea ratione reditus longe sibi futurus esset auctior. Quid autem vos, inquit, Chaldæi? cum montes

δαῖοι, ἐπεὶ ὄρη ἀγαθὰ ἔχετε, ἐθέλοιτ' ἂν ἐᾶν νέμειν ταῦτα τοὺς Ἀρμενίους, εἰ ὑμῖν μέλλοιεν οἱ νέμοντες τὰ δίκαια ἀποτελεῖν; Ἔφασαν οἱ Χαλδαῖοι· πολλὰ γὰρ ἂν ὠφελεῖσθαι οὐδὲν πονοῦντας. Σὺ δὲ, ἔφη, ὦ Ἀρμένιε, ἐθέλοις ἂν ταῖς τούτων νομαῖς χρῆσθαι, εἰ μέλλοις μικρὰ ὠφελῶν Χαλδαίους πολὺ πλείω ὠφελεῖσθαι; Καὶ σφόδρα ἂν, ἔφη, εἴπερ οἰοίμην ἀσφαλῶς νέμειν. Οὐκοῦν, ἔφη, ἀσφαλῶς ἂν νέμοιτε, εἰ τὰ ἄκρα ἔχοιτε σύμμαχα; Ἔφη ὁ Ἀρμένιος. (21) Ἀλλὰ μὰ Δί', ἔφασαν οἱ Χαλδαῖοι, οὐκ ἂν ἡμεῖς ἀσφαλῶς ἐργαζοίμεθα μὴ ὅτι τὴν τούτων, ἀλλ' οὐδ' ἂν τὴν ἡμετέραν, εἰ οὗτοι τὰ ἄκρα ἔχοιεν. Εἰ δ' ὑμῖν αὖ, ἔφη, τὰ ἄκρα σύμμαχα εἴη; Οὕτως ἂν, ἔφασαν, ἡμῖν καλῶς ἔχοι. Ἀλλὰ μὰ Δί', ἔφη ὁ Ἀρμένιος, οὐκ ἂν ἡμῖν αὖ καλῶς ἔχοι, εἰ οὗτοι παραλήψονται πάλιν τὰ ἄκρα ἄλλως τε καὶ τετειχισμένα. (22) Καὶ ὁ Κῦρος εἶπεν, Οὑτωσὶ τοίνυν, ἔφη, ἐγὼ ποιήσω· οὐδετέρων ὑμῶν τὰ ἄκρα παραδώσω, ἀλλὰ ἡμεῖς φυλάξομεν αὐτά· κἂν ἀδικῶσιν ὑμῶν ὁπότεροι, σὺν τοῖς ἀδικουμένοις ἡμεῖς ἐσόμεθα.

23. Ὡς δ' ἤκουσαν ἀμφότεροι ταῦτα, ἐπῄνεσαν καὶ ἔλεγον ὅτι οὕτως ἂν μόνως ἡ εἰρήνη βεβαία γένοιτο. Καὶ ἐπὶ τούτοις ἔλαβον καὶ ἔδοσαν πάντες τὰ πιστά, καὶ ἐλευθέρους μὲν ἀμφοτέρους ἀπ' ἀλλήλων εἶναι συνετίθεντο, ἐπιγαμίας δ' εἶναι καὶ ἐπεργασίας καὶ ἐπινομίας, καὶ ἐπιμαχίαν δὲ κοινήν, εἴ τις ἀδικοίη ὁποτέρους. (24) Οὕτω μὲν οὖν τότε διεπράχθη· καὶ νῦν δὲ ἔτι οὕτω διαμένουσιν αἱ τότε γενόμεναι συνθῆκαι Χαλδαίοις καὶ τῷ τὴν Ἀρμενίαν ἔχοντι. Ἐπεὶ δὲ αἱ συνθῆκαι ἐγεγένηντο, εὐθὺς συνετείχιζόν τε ἀμφότεροι προθύμως ὡς κοινὸν φρούριον καὶ τὰ ἐπιτήδεια συνεισῆγον. (25) Ἐπεὶ δὲ ἑσπέρα προσῄει, συνδείπνους ἔλαβεν ἀμφοτέρους πρὸς ἑαυτὸν ὡς φίλους ἤδη. Συσκηνούντων δὲ εἶπέ τις τῶν Χαλδαίων ὅτι τοῖς μὲν ἄλλοις σφῶν πᾶσι ταῦτ' εὐκτὰ εἴη· εἰσὶ δέ τινες τῶν Χαλδαίων οἱ ληϊζόμενοι ζῶσι καὶ οὔτ' ἐπίστανται ἐργάζεσθαι οὔτ' ἂν δύναιντο, εἰθισμένοι ἀπὸ πολέμου βιοτεύειν· ἀεὶ γὰρ λῄζονται ἢ ἐμισθοφόρουν, πολλάκις μὲν παρὰ τῷ Ἰνδῶν βασιλεῖ, καὶ γὰρ, ἔφασαν, πολύχρυσος ἀνήρ, πολλάκις δὲ καὶ παρ' Ἀστυάγει. (26) Καὶ ὁ Κῦρος ἔφη, Τί οὖν οὐ καὶ νῦν παρ' ἐμοὶ μισθοφοροῦσιν; ἐγὼ γὰρ δώσω ὅσον τις καὶ ἄλλος πλεῖστον δήποτε ἔδωκε. Συνέφασάν οἱ, καὶ πολλοὺς γε ἔσεσθαι ἔλεγον τοὺς ἐθελήσοντας.

27. Καὶ ταῦτα μὲν δὴ οὕτω συνωμολογεῖτο. Ὁ δὲ Κῦρος ὡς ἤκουσεν ὅτι πολλάκις πρὸς τὸν Ἰνδὸν οἱ Χαλδαῖοι ἐπορεύοντο, ἀναμνησθεὶς ὅτι ἦλθον παρ' αὐτοῦ κατασκεψόμενοι εἰς Μήδους τὰ αὐτῶν πράγματα καὶ ᾤχοντο πρὸς τοὺς πολεμίους, ὅπως ἂν καὶ τὰ ἐκείνων κατίδωσιν, ἐβούλετο μαθεῖν τὸν Ἰνδὸν τὰ αὑτῷ πεπραγμένα. (28) Ἤρξατο οὖν λόγου τοιοῦδε. Ὦ Ἀρμένιε, ἔφη, καὶ ὑμεῖς ὦ Χαλδαῖοι, εἴπατέ μοι, εἴ τινα ἐγὼ νῦν τῶν ἐμῶν ἀποστέλλοιμι πρὸς τὸν Ἰνδόν, συμπέμψαιτ' ἄν μοι τῶν ὑμετέρων οἵτινες αὐτῷ τήν τε ὁδὸν ἡγοῖντο ἂν καὶ συμπράττοιεν ὥστε γενέσθαι ἡμῖν παρὰ τοῦ Ἰνδοῦ ἃ ἐγὼ βούλομαι; ἐγὼ χρήματα μὲν προσέσεσθαι ἔλεγον τοὺς ἐθελήσοντας.

fertiles habeatis, an velletis Armeniis permittere ut iis pro pascuis uterentur, si vobis ii, pascuis qui utentur istis, quod æquum esset, penderent? Adsentiebantur Chaldæi : magnas quippe se hac ratione capturos utilitates, sine ullo suo labore, dicebant. At tu, inquit, Armenie, vellesne pascuis horum uti, si pro parvo Chaldæis allato commodo, multo majores ipse utilitates ceperis? Et admodum quidem, ait, si putarem fore, ut pascuis tuto frui liceret. Nempe, ait, tuto his fruemini pascuis, si vestrum sit quicquid adjumenti ab his jugis peti possit? Adsentiebatur Armenius. At nos profecto, inquiunt Chaldæi, nequaquam tuto non modo istorum, sed ne nostrum quidem agrum culturi sumus, si juga montium isti teneant. Quid vero si vobis, inquit, auxilio sint ista juga? Nimirum ita, respondent illi, bene nobiscum ageretur. Sed profecto, ait Armenius, non bene nobiscum ageretur, si juga montium hi reciperent, præsertim castello jam muroque munita. Et Cyrus, Ego igitur sic faciam, inquit; neutris vestrum arces juga tradam, sed nos ea custodiemus : ac si vestrum alterutri auctores injuriæ fuerint, a læsis nos stabimus.

Hæc cum utrique audissent, collaudarunt, solamque hac ratione pacem firmam fore dixerunt. Atque his conditionibus fidem dabant accipiebantque omnes; atque inter se constituebant, ut per utrosque utrisque sua constaret libertas, ut connubia, cultus agrorum, et pastiones utrisque communes essent; ut communibus etiam copiis sese juvarent, si quis alterutros læderet. Ad hunc modum res tunc confectæ sunt : atque hac etiam tempestate, pacta hæc inter Chaldæos et eum qui Armeniam tenet id temporis inita, sic manent. Postquam pactiones hæ factæ sunt, statim utrique castellum, quasi quod esset commune, conjunctis alacriter operis exstruunt, et una res in id necessarias important. Advperante autem vespera, Cyrus utrosque, velut jam amicos, in cœnes apud se societatem adsumpsit. Iis autem una cœnantibus, quidam ex Chaldæis inquit, ceteris quidem suæ gentis omnibus optabilia hæc accidere pacta; at quidam, ait, sunt Chaldæi, qui rapto vivunt, ac terræ neque norint colendæ rationem, neque adhibere possint, quippe qui victum bello quærere consueti sint : semper enim latrocinari solent et stipendia mereri, sæpe quidem apud Indorum regem (is etenim, aiebant, auro abundat), sæpe etiam apud Astyagem. Et Cyrus inquit, Cur igitur non etiam hoc tempore apud me stipendia faciunt? nam ego tantum iis dabo quantum aliquis alius unquam dedit, plurimum. Adsensi sunt ei, multosque fore dixerunt, qui hoc facere vellent.

Et de his quidem inter eos ita conveniebat. Cyrus autem cum audisset Chaldæos ad Indum sæpe proficisci, recordatus ab hoc venisse quosdam ad Medos, qui, quid rerum apud ipsos gereretur, explorarent, eosdemque deinde ad hostes etiam abiisse, ut illorum quoque res perspicerent, Indum edoctum volebat ea quæ a se gesta fuissent. Itaque hujusmodi sermonem suscepit : Dicite mihi, Armenie, vosque Chaldæi, inquit, si quem ego meorum ad Indum mitterem, vestrumne aliquos una mitteretis, qui et itineris duces ipsi, et adjumento essent in iis ab Indo impetrandis, quæ ipse cupio? nam ego quidem accedere nobis

γενέσθαι ἔτι ἂν βουλοίμην ἡμῖν, ὅπως ἔχω καὶ μισθὸν ἀφθόνως διδόναι οἷς ἂν δέῃ καὶ τιμᾶν καὶ δωρεῖσθαι τῶν συστρατευομένων τοὺς ἀξίους· τούτων δὴ ἕνεκα βούλομαι ὡς ἀφθονώτατα χρήματα ἔχειν, δεῖσθαι τούτων νομίζω. Τῶν δὲ ὑμετέρων ἡδύ μοι φείδεσθαι· φίλους γὰρ ὑμᾶς ἤδη νομίζω· παρὰ δὲ τοῦ Ἰνδοῦ ἡδέως ἂν λάβοιμι, εἰ διδοίη. (29) Ὁ οὖν ἄγγελος ᾧ κελεύω ὑμᾶς ἡγεμόνας δοῦναι καὶ συμπράκτορας γενέσθαι, ἐλθὼν ἐκεῖσε λέξει ὧδε. Ἐπεμψέ με Κῦρος, ὦ Ἰνδέ, πρὸς σέ· φησὶ δὲ προσδεῖσθαι χρημάτων, προσδεχόμενος ἄλλην στρατιὰν οἴκοθεν ἐκ Περσῶν· καὶ γὰρ προσδέχομαι, ἔφη· ἢν οὖν αὐτῷ πέμψῃς ὁπόσα σοι προχωρεῖ, φησὶν, ἢν θεὸς ἀγαθὸν τέλος διδῷ αὐτῷ, πειράσεσθαι ποιῆσαι ὥστε σε νομίζειν καλῶς βεβουλεῦσθαι χαρισάμενον αὐτῷ. (30) Ταῦτα μὲν ὁ παρ' ἐμοῦ λέξει· τοῖς δὲ παρ' ὑμῶν ὑμεῖς αὖ ἐπιστέλλετε δ', τι ὑμῖν σύμφορον δοκεῖ εἶναι. Καὶ ἢν μὲν λάβωμεν, ἔφη, παρ' αὐτοῦ, ἀφθονωτέροις χρησόμεθα· ἢν δὲ μὴ λάβωμεν, εἰσόμεθα αὐτῷ ὅτι οὐδεμίαν χάριν ὀφείλομεν, ἀλλ' ἐξέσται ἡμῖν ἐκείνου ἕνεκα πρὸς τὸ ἡμέτερον συμφέρον πάντα τίθεσθαι. (31) Ταῦτ' εἶπεν ὁ Κῦρος, νομίζων τοὺς ἰόντας Ἀρμενίων καὶ Χαλδαίων τοιαῦτα λέξειν περὶ αὐτοῦ οἷα αὐτὸς ἐπεθύμει πάντας ἀνθρώπους καὶ λέγειν καὶ ἀκούειν περὶ αὐτοῦ. Καὶ τότε μὲν δὴ ὁπότε καλῶς εἶχε διαλύσαντες τὴν σκηνὴν ἀνεπαύοντο.

ΚΕΦΑΛΑΙΟΝ Γ.

Τῇ δ' ὑστεραίᾳ ὅ τε Κῦρος ἔπεμπε τὸν ἄγγελον ἐπιστείλας ὥσπερ ἔφη, καὶ ὁ Ἀρμένιος καὶ οἱ Χαλδαῖοι συνέπεμπον οὓς ἱκανωτάτους ἐνόμιζον εἶναι καὶ συμπρᾶξαι καὶ εἰπεῖν περὶ Κύρου τὰ προσήκοντα. Ἐκ δὲ τούτου παρασκευάσας ὁ Κῦρος τὸ φρούριον καὶ φύλαξιν ἱκανοῖς καὶ τοῖς ἐπιτηδείοις πᾶσι καὶ ἄρχοντα αὐτῶν καταλιπὼν Μῆδον ὃν ᾤετο Κυαξάρῃ ἂν μάλιστα χαρίσασθαι, ἀπῄει συλλαβὼν τό [ἕτερον] στράτευμα ὅσον τε ἦλθεν ἔχων καὶ ὃ παρ' Ἀρμενίων προσέλαβε, καὶ τοὺς παρὰ Χαλδαίων εἰς τετρακισχιλίους, οἳ ᾤοντο καὶ ξυμπάντων τῶν ἄλλων κρείττονες εἶναι. (2) Ὡς δὲ κατέβη εἰς τὴν οἰκουμένην, οὐδεὶς ἔμεινεν ἔνδον Ἀρμενίων οὔτε ἀνὴρ οὔτε γυνή, ἀλλὰ πάντες ὑπήντων ἡδόμενοι τῇ εἰρήνῃ καὶ φέροντες καὶ ἄγοντες ὅ, τι ἕκαστος ἄξιον εἶχε. Καὶ ὁ Ἀρμένιος τούτοις οὐκ ἤχθετο, οὕτως ἂν νομίζων καὶ τὸν Κῦρον μᾶλλον ἥδεσθαι τῇ ὑπὸ πάντων τιμῇ. Τέλος δ' οὖν ὑπήντησε καὶ ἡ γυνὴ τοῦ Ἀρμενίου, τὰς θυγατέρας ἔχουσα καὶ τὸν νεώτερον υἱόν, καὶ σὺν ἄλλοις δώροις καὶ τὸ χρυσίον ἐκόμιζεν, ὃ πρότερον οὐκ ἤθελε λαβεῖν ὁ Κῦρος. (3) Καὶ ὁ Κῦρος ἰδὼν εἶπεν, Ὑμεῖς ἐμὲ οὐ ποιήσετε μισθοῦ περιιόντα εὐεργετεῖν, ἀλλὰ σύ, ὦ γύναι, ἔχουσα ταῦτα τὰ χρήματα ἃ φέρεις ἄπιθι, καὶ τῷ μὲν Ἀρμενίῳ μηκέτι δῷς αὐτὰ κατορύξαι, ἐκπεμψον δὲ τὸν υἱὸν ὡς κάλλιστα ἀπ' αὐτῶν κατασκευάσασα ἐπὶ τὴν στρατιάν· ἀπὸ δὲ τῶν

adhuc aliquid pecuniæ velim, ut iis, quibus opus est, stipendia abunde numerare possim, et milites, qui meriti fuerint, honore muneribusque cohonestare : his quidem de causis quam maximam pecuniæ mihi copiam esse volo, quippe qua mihi opus esse arbitror. Vestris vero mihi omnino libet parcere (nam vos jam in numero amicorum pono) : at ab Indo, si daret, libenter acciperem. Itaque nuntius, cui duces vos ut detis atque adjumento sitis hortor, cum eo venerit, in hunc modum loquetur : Cyrus ad te me misit, Inde ; qui pecunia sibi opus esse dicit, quod a Persis alium etiam domo exercitum exspectet (omnino enim exspecto, inquit) : quapropter si tantum ei miseris pecuniæ, quantum poteris commode, ait se, si bonum rerum exitum deus ipsi dederit, studiose id operam daturum, ut existimes, bene te rebus tuis consuluisse, qui eis ipsi gratificatus. Hæc qui a me mittetur nuntius dicet : quos autem vos una mittetis, iis ipsi, quicquid vobis ex usu fore videtur, imperate. Et pecuniam quidem, inquit, ab eo si acceperimus, major nobis illius copia fuerit : sin minus, sciemus nullam nos ei gratiam debere, sed, quod ad eum attinet, licebit nobis omnia e re nostra constituere. Hæc Cyrus aiebat, cum quidem existimaret, Armenios Chaldæosque, qui illuc proficiscerentur, talia de se dicturos, qualia omnes ipse homines et de se dicere cupiebat et audire. Ac tum quidem, ubi visum fuisset opportunum, soluto convivio, quieti se dederunt.

CAPUT III.

Postridie Cyrus hunc nuntium mittebat, cum ea omnia, quorum meminerat, mandata ipsi dedisset ; et Armenius ac Chaldæi de suis mittebant eos, quos et ad conficiendum hoc negotium maxime idoneos arbitrabantur, et ad prædicandum ea de Cyro quæ conveniret. Secundum hæc Cyrus, cum et militibus præsidiariis, quot satis essent, in eo constitutis, et rebus omnibus necessariis, castellum absolvisset, Medumque eorum præfectum reliquisset, quem quod præficeret, rem Cyaxari maxime gratam facturum se existimabat, discessit, sumptis secum et copiis, quas adduxerat, et iis, quas ab Armeniis acceperat ; et iis, quas Chaldæi miserant, hominum ad quatuor millia, qui vel reliquis omnibus præstantiores se arbitrabantur. Ubi autem in regionis loca culta descendisset, Armeniorum nemo se domi continuit, nec vir, nec femina, sed obviam processerunt omnes, de pace læti, secum ferentes adducentesque quicquid alicujus pretii quilibet haberet. Atque his Armenius minime offendebatur, quod Cyrum magis hoc modo delectatum iri delato ab omnibus honore putaret. Tandem et uxor Armenii occurrit, filias ac minorem natu filium secum ducens ; ac præter alia munera illud aurum quoque adferebat, quod Cyrus antea accipere noluerat. Hoc Cyrus ubi vidisset, Vos non effecturi estis, inquit, ut mercedis causa hinc inde proficiscendo bene merear ; verum tu, mulier, abi, istas quas adfers pecunias retine, nec eas posthac Armenio defodiendas dederis : sed filium tuum potius his a te quam pulcherrime exornatum in militiam mittito : de reliquis

λοιπῶν κτῶ καὶ σαυτῇ καὶ τῷ ἀνδρὶ καὶ ταῖς θυγατράσι καὶ τοῖς υἱοῖς δ᾽,τι κεκτημένοι καὶ κεκοσμημένοι κάλλιον καὶ ἥδιον τὸν αἰῶνα διάξετε· ὡς δὲ τὴν γῆν, ἔφη, ἀρκείτω τὰ σώματα, ὅταν ἕκαστος τελευτήσῃ, κατακρύπτειν. (4) Ὁ μὲν ταῦτα εἰπὼν παρήλασεν· ὁ δὲ Ἀρμένιος συμπροὔπεμπε καὶ οἱ ἄλλοι πάντες ἄνθρωποι, ἀνακαλοῦντες τὸν εὐεργέτην, τὸν ἄνδρα [τὸν] ἀγαθόν· καὶ τοῦτ᾽ ἐποίουν, ἕως ἐκ τῆς χώρας ἀπῆν. Συναπέστειλε δὲ αὐτῷ καὶ ὁ Ἀρμένιος στρατιὰν πλείονα, ὡς εἰρήνης οἴκοι οὔσης. (5) Οὕτω δὴ ὁ Κῦρος ἀπῄει, κεχρηματισμένος οὐχ ἃ ἔλαβε μόνον χρήματα, ἀλλὰ πολὺ πλείονα τούτων ἠτοιμασμένος διὰ τὸν τρόπον, ὥστε λαμβάνειν ὁπότε δέοιτο. Καὶ τότε μὲν ἐστρατοπεδεύσατο ἐν τοῖς μεθορίοις. Τῇ δ᾽ ὑστεραίᾳ τὸ μὲν στράτευμα καὶ τὰ χρήματα ἔπεμψα πρὸς Κυαξάρην, ὃ δὲ πλησίον ἦν, ὥσπερ ἔφησεν· αὐτὸς δὲ σὺν Τιγράνῃ καὶ Περσῶν τοῖς ἀρίστοις ἐθήρα ὅπουπερ ἐπιτυγχάνοιεν θηρίοις καὶ εὐφραίνετο.

6. Ἐπεὶ δὲ ἀφίκετο εἰς Μήδους, τῶν χρημάτων ἔδωκε τοῖς ἑαυτοῦ ταξιάρχοις ὅσα ἐδόκει ἑκάστῃ ἱκανὰ εἶναι, ὅπως καὶ ἐκεῖνοι ἔχοιεν τιμᾶν, εἴ τινας ἄγαιντο τῶν ὑφ᾽ ἑαυτοὺς ἐνόμιζε γὰρ, εἰ ἕκαστος τὸ μέρος ἀξιέπαινον ποιήσειε, τὸ ὅλον αὐτῷ καλῶς ἔχειν. Καὶ αὐτὸς δὲ ὅ,τι που καλὸν ἴδοι εἰς τὴν στρατιὰν τοῦτο κτώμενος διεδωρεῖτο τοῖς ἀεὶ ἀξιωτάτοις, νομίζων ὅ,τι καλὸν κἀγαθὸν ἔχοι τὸ στράτευμα, τούτοις ἅπασιν αὐτὸς κεκοσμῆσθαι. (7) Ἡνίκα δὲ αὐτοῖς διεδίδου ὧν ἔλαβεν, ἔλεξεν ὧδε πως εἰς τὸ μέσον τῶν ταξιάρχων καὶ λοχαγῶν καὶ πάντων ὅσους ἐτίμα. Ἄνδρες φίλοι, δοκεῖ ἡμῖν εὐφροσύνη τις νῦν παρεῖναι, καὶ ὅτι εὐπορία τις προσγεγένηται καὶ ὅτι ἔχομεν ἀφ᾽ ὧν τιμᾶν ἕξομεν οὓς ἂν βουλώμεθα, καὶ τιμᾶσθαι ὡς ἂν ἕκαστος ἄξιος ᾖ. (8) Πάντως δὲ ἀναμιμνησκώμεθα τὰ ποῖα ἄττα ἔργα τούτων τῶν ἀγαθῶν ἐστιν αἴτια· σκοπούμενοι γὰρ εὑρήσετε τό τε ἀγρυπνῆσαι ὅπου ἔδει καὶ τὸ πονῆσαι καὶ τὸ σπεῦσαι καὶ τὸ μὴ εἶξαι τοῖς πολεμίοις. Οὕτως οὖν χρὴ καὶ τὸ λοιπὸν ἄνδρας ἀγαθοὺς εἶναι, γιγνώσκοντας ὅτι τὰς μεγάλας ἡδονὰς καὶ τἀγαθὰ τὰ μεγάλα ἡ πειθὼ καὶ ἡ καρτερία καὶ οἱ ἐν τῷ καιρῷ πόνοι καὶ κίνδυνοι παρέχονται.

9. Κατανοῶν δὲ ὁ Κῦρος ὡς εὖ μὲν αὐτῷ εἶχον τὰ σώματα οἱ στρατιῶται πρὸς τὸ δύνασθαι στρατιωτικοὺς πόνους φέρειν, εὖ δὲ τὰς ψυχὰς πρὸς τὸ καταφρονεῖν τῶν πολεμίων, ἐπιστήμονες δὲ ἦσαν τὰ προσήκοντα τῇ ἑαυτῶν ἕκαστος ὁπλίσει, καὶ πρὸς τὸ πείθεσθαι δὲ τοῖς ἄρχουσιν ἑώρα πάντας εὖ παρεσκευασμένους· ἐκ τούτων οὖν ἐπεθύμει τι ἤδη τῶν πρὸς τοὺς πολεμίους πράττειν, γιγνώσκων ὅτι ἐν τῷ μέλλειν πολλάκις τοῖς ἄρχουσι καὶ τῆς καλῆς παρασκευῆς ἀλλοιοῦταί τι. (10) Ἔτι δ᾽ ὁρῶν ὅτι φιλοτίμως ἔχοντες ἐν οἷς ἀντηγωνίζοντο πολλοὶ καὶ ἐπιφθόνως εἶχον πρὸς ἀλλήλους τῶν στρατιωτῶν, καὶ τῶνδε ἕνεκα ἐξάγειν αὐτοὺς ἐβούλετο εἰς τὴν πολεμίαν ὡς τάχιστα, εἰδὼς ὅτι οἱ κοινοὶ κίνδυνοι φιλοφρόνως ποιοῦσιν ἔχειν τοὺς συμμάχους πρὸς ἀλλήλους καὶ οὐκ

autem et marito, et filiabus, et filiis id comparato, quod consecuti quoque ornati elegantius atque jucundius vitam traducatis : sub terra vero, ubi quisque defunctus erit, satis esto corpora condere. Hæc cum dixisset prætervectus est : Armenius autem, ceterique homines universi cum una deducebant, alta voce appellantes plurimorum beneficiorum auctorem, virum bonum. Idque adsidue faciebant, donec extra regionem suam deduxissent. Armenius vero majorem etiam exercitum ei adjunxit, quippe qui domi pacem haberet. Atque ita Cyrus abiit, non iis solum, quas acceperat, pecuniis locupletatus, sed patefacta amabili morum facilitate ad multo his majores via, adeo ut eas, quoties esset opus, sumere posset. Ac tum quidem in finibus castra metati sunt. Postridie copias pecuniasque ad Cyaxarem misit (is autem prope aberat, quemadmodum dixerat); ipse cum Tigrane ac Persarum optimatibus venabatur ubicumque in feras incidissent, atque ita se oblectabat.

In Medorum vero regionem cum pervenisset, suis cohortium præfectis pecunias dedit, quantum scilicet earum cuique satis esse arbitrabatur, ut illi etiam haberent unde suos honoris ergo ornarent, si quos admirarentur : existimabat enim, si quisque partem exercitus sibi mandatam laude dignam redderet, fore ut totus exercitus egregie comparatus esset. Ipse quoque, si quid uspiam videret quod exercitui posset esse ornamento, id ubi comparasset, dignissimis quibusque donabat : quippe qui putaret, quidquid pulchri præclarique haberet exercitus, id omne sibi ornamento esse. Quando autem ea quæ acceperat iis distribuebat, in hunc fere modum inter cohortium præfectos, et manipulorum duces, et omnes illos, quid apud ipsum erant in honore, loquutus est : « Lætitia quædam, amici, hoc tempore nobis adesse videtur, tum quod rerum omnium copia quædam nobis accesserit, tum quod habeamus, unde eos quos velimus honore afficere poterimus, et quisque quo dignus fuerit honorem consequatur. Omnino autem memoria nobis retinenda est, cujusmodi studia sint horum nobis commodorum causæ : nam si cum animis vestris consideretis, hæc vos et vigilando, cum opus erat, et laborando, et accelerando, consequutos reperietis. Quapropter deinceps quoque viri fortes sitis oportet, statuatisque obedientiam, et tolerantiam, et laborum, ubi poscit occasio, periculorumque patientiam, magnas voluptates et commoda ingentia adferre. »

Cum autem Cyrus animadverteret, milites et corporibus ad labores militares perferendos valere, et animis esse ad contemnendum hostem præparatos, peritos etiam eorum esse, quæ ad pugnæ apparatum suæ rationi postularet, ac præterea omnes ad parendum præfectis suis paratos esse videret; his utique de causis jam aliquid eorum gerere cupiebat, quæ adversus hostes suscipi solent : quippe qui intelligeret, in cunctationibus sæpe ducibus usu venire ut apparatus etiam præclari aliqua ex parte immutati labefactiaue essent. Et cum præterea videret, complures milites, quorum summa comparebat ambitio in iis de quibus erant inter ipsos certamina, sibi etiam mutuo inviderent, et hisce de causis quam primum eos in hosticum educare volebat; quippe qui sciret pericula communia efficere ut commilitones mutua se bene-

ἔτι ἐν τούτῳ οὔτε τοῖς ἐν ὅπλοις κοσμουμένοις φθονοῦσιν οὔτε τοῖς δόξης ἐφιεμένοις, ἀλλὰ μᾶλλον καὶ ἐπαινοῦσι καὶ ἀσπάζονται οἱ τοιοῦτοι τοὺς ὁμοίους, νομίζοντες συνεργοὺς αὑτοὺς τοῦ κοινοῦ ἀγαθοῦ εἶναι. (11) Οὕτω δὴ πρῶτον μὲν ἐξώπλισε τὴν στρατιὰν καὶ κατέταξεν ὡς ἐδύνατο κάλλιστά τε καὶ ἄριστα, ἔπειτα δὲ συνεκάλεσε μυριάρχους καὶ χιλιάρχους καὶ ταξιάρχους καὶ λοχαγούς· οὗτοι γὰρ ἀπολελυμένοι ἦσαν τοῦ καταλέγεσθαι ἐν τοῖς τακτικοῖς ἀριθμοῖς, καὶ ὁπότε δέοι ἢ ὑπακούειν τῷ στρατηγῷ ἢ παραγγέλλειν τι, οὐδ᾽ ὡς οὐδὲν ἄναρχον κατελείπετο, ἀλλὰ δωδεκαδάρχοις καὶ ἑξαδάρχοις πάντα τὰ καταλειπόμενα διεκοσμεῖτο. (12) Ἐπεὶ δὲ συνῆλθον οἱ ἐπικαίριοι, παράγων αὐτοὺς ἐπεδείκνυέ τε αὐτοῖς τὰ καλῶς ἔχοντα καὶ ἐδίδασκεν ᾗ ἕκαστον ἰσχυρὸν ἦν τῶν συμμαχικῶν. Ἐπεὶ δὲ κἀκείνους ἐποίησεν ἐρωτικῶς ἔχειν τοῦ ἤδη ποιεῖν τι, εἶπεν αὐτοῖς νῦν μὲν ἀπιέναι ἐπὶ τὰς τάξεις καὶ διδάσκειν ἕκαστον τοὺς ἑαυτοῦ ἅπερ αὐτὸς ἐκείνους, καὶ πειρᾶσθαι ἐπιθυμίαν ἐμβαλεῖν πᾶσι τοῦ στρατεύεσθαι, ὅπως εὐθυμότατα πάντες ἐξορμῷντο, πρωΐ δὲ παρεῖναι ἐπὶ τὰς Κυαξάρου θύρας. (13) Τότε μὲν δὴ ἀπιόντες οὕτω πάντες ἐποίουν. Τῇ δ᾽ ὑστεραίᾳ ἅμα τῇ ἡμέρᾳ παρῆσαν οἱ ἐπικαίριοι ἐπὶ τὰς θύρας. Σὺν τούτοις οὖν ὁ Κῦρος εἰσελθὼν πρὸς τὸν Κυαξάρην ἤρχετο λόγου τοιοῦδε.

Οἶδα μέν, ἔφη, ὦ Κυαξάρη, ὅτι ἃ μέλλω λέγειν σοι πάλαι δοκεῖ οὐδὲν ἧττον ἢ ἡμῖν· ἀλλ᾽ ἴσως αἰσχύνῃ λέγειν ταῦτα, μὴ δόξῃς ἀχθόμενος ὅτι τρέφεις ἡμᾶς ἐξόδου μεμνῆσθαι. (14) Ἐπεὶ οὖν σὺ σιωπᾷς, ἐγὼ λέξω καὶ ὑπὲρ σοῦ καὶ ὑπὲρ ἡμῶν. Ἡμῖν γὰρ δοκεῖ πᾶσιν, ἐπείπερ παρεσκευάσμεθα, μὴ ἐπειδὰν ἐμβάλωσιν οἱ πολέμιοι εἰς τὴν σὴν χώραν τότε μάχεσθαι, μηδ᾽ ἐν τῇ φιλίᾳ καθημένους ἡμᾶς ὑπομένειν, ἀλλ᾽ ἰέναι ὡς τάχιστα εἰς τὴν πολεμίαν. (15) Νῦν μὲν γὰρ ἐν τῇ σῇ χώρᾳ ὄντες πολλὰ τῶν σῶν σινόμεθα ἄκοντες· ἢν δ᾽ εἰς τὴν πολεμίαν ἴωμεν, τὰ ἐκείνων κακῶς ποιήσομεν ἡδόμενοι. (16) Ἔπειτα νῦν μὲν σὺ ἡμᾶς τρέφεις πολλὰ δαπανῶν, ἢν δ᾽ ἐκστρατευώμεθα, θρεψόμεθα ἐκ τῆς πολεμίας. (17) Ἔτι δὲ εἰ μὲν μείζων τις κίνδυνος ἔμελλεν ἡμῖν εἶναι ἐκεῖ ἢ ἐνθάδε, ἴσως τὸ ἀσφαλέστατον ἦν ἂν αἱρετέον. Νῦν δὲ ἴσοι μὲν ἐκεῖνοι ἔσονται, ἤν τε ἐνθάδε ὑπομένωμεν ἤν τε εἰς τὴν ἐκείνων ἰόντες ὑπαντῶμεν αὐτοῖς, ἴσοι δὲ ἡμεῖς ὄντες μαχούμεθα, ἤν τε ἐνθάδε ἐπιόντας αὐτοὺς δεχώμεθα, ἤν τε ἐπ᾽ ἐκείνους ἰόντες τὴν μάχην συνάπτωμεν. (18) Πολὺ μέντοι ἡμεῖς μὲν βελτίοσι καὶ ἐρρωμενεστέραις ταῖς ψυχαῖς τῶν στρατιωτῶν χρησόμεθα, ἢν ἴωμεν ἐπὶ τοὺς ἐχθροὺς καὶ μὴ ἄκοντες ὁρᾶν δοκῶμεν τοὺς πολεμίους· πολὺ δὲ κἀκεῖνοι μᾶλλον ἡμᾶς φοβήσονται, ὅταν ἀκούσωσιν ὅτι οὐχ ὡς φοβούμενοι ἡσυχάζομεν αὐτοὺς οἴκοι καθήμενοι, ἀλλ᾽ ἐπεὶ αἰσθανόμεθα προσιόντας, ἀπαντῶμέν τε αὐτοῖς, ἵν᾽ ὡς τάχιστα συμμίξωμεν, καὶ οὐκ ἀναμένομεν ἕως ἂν ἡ ἡμετέρα χώρα κακῶται, ἀλλὰ φθάνοντες ἤδη δῃοῦμεν τὴν ἐκείνων γῆν. (19) Καίτοι, ἔφη, εἴ τι ἐκείνους μὲν

volentia complectantur, quique adeo non amplius, in eo rerum statu, vel iis quibus ornatissima sunt arma, vel iis qui gloriæ cupidi sunt invident, sed potius qui tales sint et collaudent, et amanter complectuntur sibi similes, quod nimirum eos secum una communi utilitati inservire existiment. Primum igitur exercitum penitus armavit, quamque poterat pulcherrime et optime instruxit : deinde duces decem millium, et tribunos, et cohortium præfectos, et manipulorum ductores convocavit : nam hi nulla erant necessitate adstricti ut in ordinum militarium recensu referrentur : cumque vel imperatori parendum sit, vel denuntiandum aliquid, ne sic quidem pars ulla rectoris expers relinquebatur, sed reliquæ omnes copiæ per duodenum et senum militum præfectos apte instruebantur. Postquam vero convenissent duces, re postulante convocari soliti, eis præter aciem deductis et quæ præclare se haberent ostendebat, et qua parte valida essent auxilia singula docebat. Cumque illos etiam gerendi jam aliquid cupidos reddidisset, eos ad præsens quidem ad ordines redire jussit, et suos quemque milites edocere, quæ illos ipse modo docuerat, omnibusque militiæ cupiditatem injicere conari, ut alacri maxime animo egrederentur omnes, ac mane Cyaxaris ad portas adesse. Et tunc quidem abeuntes ita fecerunt : postridie autem prima luce duces illi ad portas aderant. Itaque cum iis ingressus ad Cyaxarem Cyrus, hujusmodi orationem exorsus est :

« Scio quidem ea, Cyaxares, quæ dicturus sum , jam pridem tibi non minus quam nobis videri : sed fortassis hæc te proferre pudet, ne videaris ideo mentionem profectionis facere, quod graviter feras te nos alere. Quando tu igitur taces, ego tam tuo quam nostro nomine rem exponam. Nobis nimirum omnibus videtur, cum parati simus, non tunc demum pugnandum esse, cum hostes in regionem tuam irrumpant, neque illos nobis in amicorum agro sedentibus exspectandos esse, sed in hosticum quam primum eundum esse. Cum enim in tua nunc simus regione, multis rebus tuis detrimentum inferimus inviti : at si hostilem in agrum proficiscemur, rebus illorum cum voluptate incommodabimus. Præterea tu nunc quidem , magno tuo sumptu, nos alis : sin autem tuos extra fines exercitum educamus, ex hostili agro victus nobis erit. Jam vero si majus aliquod nobis istic periculum, quam hic, immineret, fortassis id , quod tutissimum, eligendum esset. Nunc autem et illi futuri sunt iidem, sive adeo hic eos exspectemus, seu in illorum regionem progressi obviam eis eamus ; et nos iidem pugnam inituri sumus, sive hic eos cum nosmet invaserint excipiamus, seu adversus eos profecti pugnam conseramus. Verum nos militum animos alacriores multo et firmiores experimur, si adversus eos qui infenso veniunt animo contendamus, et in conspectum hostium non inviti venire videamur : illi itidem multo nos magis metuent, cum ne hos audient non ut formidolosos eorum metu percelli ac domi desidere, sed adventu hostium comperto, iis occurrere, ut quam celerrime pugnam conseramus, et non opperire dum regio nostra infestetur, sed terram eorum antevertendo jam populari. Atqui si illos, inquit, aliquantum formidolosiores,

φοβερωτέρους ποιήσομεν, ἡμᾶς δὲ αὐτοὺς θαρραλεωτέρους, πολὺ τοῦτο ἡμῖν ἐγὼ πλεονέκτημα νομίζω, καὶ τὸν κίνδυνον οὕτως ἡμῖν μὲν ἐλάττω λογίζομαι, τοῖς δὲ πολεμίοις μείζω πολὺ ἂν μᾶλλον. Καὶ ὁ πατήρ ἀεὶ λέγει καὶ σὺ φῂς, καὶ οἱ ἄλλοι δὲ πάντες ὁμολογοῦσιν ὡς αἱ μάχαι κρίνονται μᾶλλον ταῖς ψυχαῖς ἢ ταῖς τῶν σωμάτων ῥώμαις. (20) Ὁ μὲν οὕτως εἶπε. Κυαξάρης δὲ ἀπεκρίνατο, Ἀλλ᾽ ὅπως μέν, ὦ Κῦρε καὶ οἱ ἄλλοι Πέρσαι, ἐγὼ ἀχθομαι ὑμᾶς τρέφων μηδ᾽ ὑπονοεῖτε· τό γε μέντοι ἰέναι εἰς τὴν πολεμίαν ἤδη καὶ ἐμοὶ δοκεῖ βέλτιον εἶναι πρὸς πάντα. Ἐπεὶ τοίνυν, ἔφη ὁ Κῦρος, ὁμογνωμονοῦμεν, συσκευαζώμεθα, καὶ ἢν τὰ τῶν θεῶν ἡμῖν θᾶττον συγκαταινῇ, ἐξίωμεν ὡς τάχιστα.

21. Ἐκ τούτου τοῖς μὲν στρατιώταις εἶπον συσκευάζεσθαι· ὁ δὲ Κῦρος ἔθυε πρῶτον μὲν Διὶ βασιλεῖ, ἔπειτα δὲ καὶ τοῖς ἄλλοις θεοῖς, καὶ ᾐτεῖτο ἵλεως καὶ εὐμενεῖς ὄντας ἡγεμόνας γίγνεσθαι τῇ στρατιᾷ καὶ παραστάτας ἀγαθοὺς καὶ συμμάχους καὶ συμβούλους τῶν ἀγαθῶν. Συμπαρεκάλει δὲ καὶ ἥρωας γῆς Μηδίας οἰκήτορας καὶ κηδεμόνας. (22) Ἐπεὶ δ᾽ ἐκαλλιέρησέ τε καὶ ἁθρόον ἦν αὐτῷ τὸ στράτευμα πρὸς τοῖς ὁρίοις, τότε δὴ οἰωνοῖς χρησάμενος αἰσίοις ἐνέβαλεν εἰς τὴν πολεμίαν. Ἐπεὶ δὲ τάχιστα διέβη τὰ ὅρια, ἐκεῖ αὖ καὶ Γῆν ἱλάσκετο χοαῖς καὶ θεοὺς θυσίαις καὶ ἥρωας Ἀσσυρίας οἰκήτορας εὐμενίζετο. Ταῦτα δὲ ποιήσας αὖθις Διὶ πατρῴῳ ἔθυε, καὶ εἴ τις ἄλλος θεῶν ἀνεφαίνετο, οὐδενὸς ἠμέλει.

23. Ἐπεὶ δὲ καλῶς ταῦτα εἶχεν, εὐθὺς τοὺς μὲν πεζοὺς προαγαγόντες οὐ πολλὴν ὁδὸν ἐστρατοπεδεύσαντο, τοῖς δ᾽ ἵπποις καταδρομὴν ποιησάμενοι περιεβάλοντο πολλὴν καὶ παντοδαπὴν λείαν. Καὶ τὸ λοιπὸν δὲ μεταστρατοπεδευόμενοι καὶ ἔχοντες ἄφθονα τὰ ἐπιτήδεια καὶ δῃοῦντες τὴν χώραν ἀνέμενον τοὺς πολεμίους. (24) Ἡνίκα δὲ προσιόντες ἐλέγοντο οὐκέτι δέχ᾽ ἡμερῶν ὁδὸν ἀπέχειν, τότε δὴ ὁ Κῦρος λέγει, Ὦ Κυαξάρη, ὥρα δὴ ἀπαντᾶν καὶ μήτε τοῖς πολεμίοις δοκεῖν μήτε τοῖς ἡμετέροις φοβουμένους μὴ ἀντιπροσιέναι, ἀλλὰ δῆλοι ὧμεν ὅτι οὐκ ἄκοντες μαχούμεθα. (25) Ἐπεὶ δὲ ταῦτα συνέδοξε τῷ Κυαξάρῃ, οὕτω δὴ συντεταγμένοι προῇεσαν τοσοῦτον καθ᾽ ἡμέραν ὅσον ἐδόκει αὐτοῖς καλῶς ἔχειν. Καὶ δεῖπνον μὲν ἀεὶ κατὰ φῶς ἐποιοῦντο, πυρὰ δὲ νύκτωρ οὐκ ἔκαιον ἐν τῷ στρατοπέδῳ· ἔμπροσθεν μέντοι τοῦ στρατοπέδου ἔκαιον, ὅπως ὁρῷεν μέν εἴ τινες νυκτὸς προσίοιεν διὰ τὸ πῦρ, μὴ ὁρῷντο δὲ ὑπὸ τῶν προσιόντων. Πολλάκις δὲ καὶ ὄπισθεν τοῦ στρατοπέδου ἐπυρπόλουν ἀπάτης ἕνεκα τῶν πολεμίων· ὥς γ᾽ ἔστιν ὅτε καὶ κατάσκοποι ἐνέπιπτον εἰς τὰς προφυλακὰς αὐτῶν, διὰ τὸ ὄπισθεν τὰ πυρὰ εἶναι ἔτι πρόσω τοῦ στρατοπέδου οἰόμενοι εἶναι.

26. Οἱ μὲν οὖν Ἀσσύριοι καὶ οἱ σὺν αὐτοῖς, ἐπεὶ ἤδη ἐγγὺς ἀλλήλων τὰ στρατεύματα ἐγίγνοντο, τάφρον περιεβάλοντο, ὅπερ καὶ νῦν ἔτι ποιοῦσιν οἱ βάρβαροι βασιλεῖς, ὅπου ἂν στρατοπεδεύωνται, τάφρον περιβάλλονται εὐπετῶς διὰ τὴν πολυχειρίαν· ἴσασι γὰρ ὅτι ἱππικὸν στράτευμα ἐν νυκτὶ ταραχῶδές ἐστι καὶ δύσ-

et nos ipsos audentiores reddiderimus, magnam id ego nobis singularemque commoditatem allaturum existimo; atque hoc equidem modo nobis minus, hostibus plus periculi, multo magis futurum statuo. Pater quoque meus semper dicit, et tu ais, ceterique adeo omnes consentiunt, de prœliis judicium fieri potius ex animis quam corporum viribus. » Ille quidem hanc orationem habuit: Cyaxares autem respondit: Tu vero, Cyre, ceterique vos Persæ, vos alere mihi grave esse ne suspicemini quidem : sed in hostilem tamen agrum ut progrediamur, jam mihi quoque ad omnia melius esse videtur. Quando igitur, ait Cyrus, in eadem sumus sententia, vasa colligamus, et si res divinæ nobis confestim adnuerint, quam primum egrediamur.

Secundum hæc militibus edixerunt ut vasa colligerent; Cyrus autem rem sacram Jovi primum regi, deinde diis ceteris etiam fecit : ac petebat ut propitii benignique essent, et exercitui duces bonique adjutores et socii in re gerenda, atque utilium consultores sibi adessent. Quin etiam heroas Medorum terræ incolas et curatores simul invocabat. Cum autem sacra secunda fecisset, et simul omnis ad fines adesset exercitus, tum sane bonis usus avibus hostile solum invasit. Et cum primum fines transiisset, illic rursus Tellurem etiam libationibus sibi propitiam reddidit, et deos atque heroas Assyriæ incolas sacrificiis placavit. His peractis, rursum Jovi patrio rem divinam fecit, nec, si quis alius se deorum offerret, ullum neglexit.

Postquam vero hæc recte erant constituta, statim peditibus itinere non longe promotis, castra metati sunt : equitatu vero incursione facta, prædam ingentem ac variam compararunt. Et deinceps etiam castra moventes, et rebus necessariis abundantes, et regionem vastantes, hostes expectabant. Cum vero adventare, nec jam amplius decem dierum itinere abesse dicerentur, tum Cyrus utique ait, Jam tempus est, Cyaxares, ut occurramus, nec committamus ut vel hostibus, vel nostris metu præpediti videamur, quominus adversus ipsos progrediamur; sed palam declaremus, nos non invite prœlium inituros. Hæc cum Cyaxari quoque placerent, ita demum instructi tantum quotidie procedebant, quantum ipsis commodum videbatur. Et cœnam quidem semper luce sumebant, noctu vero ignes in castris non accendebant : verumtamen ante castra accendebant, ut ignis adjumento cernerent quidem, si qui noctu accederent, ipsi autem ab accedentibus non cernerentur. Sæpenumero etiam post castra, hostium fallendorum causa, ignes accendebant; adeo ut nonnumquam speculatores in primas ipsorum excubias inciderent, rati se procul adhuc a castris abesse, propterea quod ignes post castra excitati essent.

Et Assyrii quidem cum iis quos secum habebant, cum jam exercitus prope ad se invicem accessissent, fossa se cingebant; quod barbari reges hodieque faciunt, castra quoties metantur' (fossa autem se facillime ob manuum multitudinem circumdant) : norunt enim copias equestres noctu esse turbulentas, difficilemque earum esse usum, præsertim si

χρηστὸν ἄλλως τε καὶ βάρβαρον. (27) Πεποδισμένους τε γὰρ ἔχουσι τοὺς ἵππους ἐπὶ ταῖς φάτναις, καὶ εἴ τις ἐπ' αὐτοὺς ἴοι, ἔργον μὲν νυκτὸς λῦσαι ἵππους, ἔργον δὲ χαλινῶσαι, ἔργον δ' ἐπισάξαι, ἔργον δὲ θωρακίσασθαι, ἀναβάντας δ' ἐφ' ἵππων ἐλάσαι διὰ στρατοπέδου παντάπασιν ἀδύνατον. Τούτων δὴ ἕνεκα πάντων καὶ οἱ ἄλλοι καὶ ἐκεῖνοι τὰ ἐρύματα περιβάλλονται, καὶ ἅμα αὐτοῖς δοκεῖ τὸ ἐν ἐχυρῷ εἶναι ἐξουσίαν παρέχειν ὅταν βούλωνται μάχεσθαι. (28) Τοιαῦτα μὲν δὴ ποιοῦντες ἐγγὺς ἀλλήλων ἐγίγνοντο. Ἐπεὶ δὲ προσιόντες ἀπεῖχον ὅσον παρασάγγην, οἱ μὲν Ἀσσύριοι οὕτως ἐστρατοπεδεύοντο ὥσπερ εἴρηται, ἐν περιτεταφρευμένῳ μέν, καταφανεῖ δέ· ὁ δὲ Κῦρος ὡς ἐδύνατο ἐν ἀφανεστάτῳ, κώμας τε καὶ γεωλόφους ἐπίπροσθεν ποιησάμενος, νομίζων πάντα τὰ πολέμια ἐξαίφνης ὁρώμενα φοβερώτερα τοῖς ἐναντίοις εἶναι. Καὶ ἐκείνην μὲν τὴν νύκτα ὥσπερ ἔπρεπε προφυλακὰς ποιησάμενοι ἑκάτεροι ἐκοιμήθησαν.

29. Τῇ δ' ὑστεραίᾳ ὁ μὲν Ἀσσύριος καὶ ὁ Κροῖσος καὶ οἱ ἄλλοι ἡγεμόνες ἀνέπαυον τὰ στρατεύματα ἐν τῷ ἐχυρῷ· Κῦρος δὲ καὶ Κυαξάρης συνταξάμενοι περιέμενον, ὡς, εἰ προσίοιεν οἱ πολέμιοι, μαχούμενοι. Ὡς δὲ δῆλον ἐγένετο ὅτι οὐκ ἐξίοιεν οἱ πολέμιοι ἐκ τοῦ ἐρύματος, οὐδὲ μάχην ποιήσοιντο ἐν ταύτῃ τῇ ἡμέρᾳ, ὁ μὲν Κυαξάρης καλέσας τὸν Κῦρον καὶ τῶν ἄλλων τοὺς ἐπικαιρίους ἔλεξε τοιάδε. (30) Δοκεῖ μοι, ἔφη, ὦ ἄνδρες, ὥσπερ τυγχάνομεν συντεταγμένοι οὕτως ἰέναι πρὸς τὸ ἔρυμα τῶν ἀνδρῶν καὶ δηλοῦν ὅτι θέλομεν μάχεσθαι. Οὕτω γάρ, ἔφη, ἐὰν μὴ ἀντεπεξίωσιν ἐκεῖνοι, οἱ μὲν ἡμέτεροι μᾶλλον θαρρήσαντες ἀπίασιν, οἱ πολέμιοι δὲ τὴν τόλμαν ἰδόντες ἡμῶν μᾶλλον φοβηθήσονται. (31) Τούτῳ μὲν δὴ οὕτως ἐδόκει. Ὁ δὲ Κῦρος, Μηδαμῶς, ἔφη, πρὸς τῶν θεῶν, ὦ Κυαξάρη, οὕτω ποιήσωμεν. Εἰ γὰρ ἤδη ἐκφανέντες πορευσόμεθα ᾗ σὺ κελεύεις, νῦν τε προσιόντας ἡμᾶς οἱ πολέμιοι θεάσονται, οὐδὲν φοβούμενοι, εἰδότες ὅτι ἐν ἀσφαλεῖ εἰσι τοῦ μηδὲν παθεῖν· ἐπειδάν τε μηδὲν ποιήσαντες ἀπίωμεν, πάλιν ἰδόντες ἡμῶν τὸ πλῆθος πολὺ ἐνδεέστερον τοῦ ἑαυτῶν, καταφρονήσουσι καὶ αὔριον ἐξίασι πολὺ ἐρρωμενεστέραις ταῖς γνώμαις. (32) Νῦν δ', ἔφη, εἰδότες μὲν ὅτι πάρεσμεν, οὐχ ὁρῶντες δὲ ἡμᾶς, εὖ τοῦτο ἐπίστω, οὐ καταφρονοῦσιν ἀλλὰ φροντίζουσι τί ποτε τοῦτ' ἐστί, καὶ διαλεγόμενοι περὶ ἡμῶν ἐγῷδ' ὅτι οὐδὲν παύονται. Ὅταν δ' ἐξίωσι, τότε δεῖ αὐτοῖς ἅμα φανερούς τε ἡμᾶς γενέσθαι καὶ ἰέναι εὐθὺς ὁμόσε εἰληφότας αὐτοὺς ἔνθα πάλαι ἐβουλόμεθα. (33) Λέξαντος δὲ οὕτω Κύρου συνέδοξε ταῦτα καὶ Κυαξάρῃ καὶ τοῖς ἄλλοις. Καὶ τότε μὲν δειπνοποιησάμενοι καὶ φυλακὰς καταστησάμενοι καὶ πυρὰ πολλὰ πρὸ τῶν φυλακῶν καύσαντες ἐκοιμήθησαν. (34) Τῇ δ' ὑστεραίᾳ πρωῒ Κῦρος μὲν ἐστεφανωμένος ἔθυε, παρήγγειλε δὲ καὶ τοῖς ἄλλοις ὁμοτίμοις ἐστεφανωμένοις πρὸς τὰ ἱερὰ παρεῖναι. Ἐπεὶ δὲ τέλος εἶχεν ἡ θυσία, συγκαλέσας αὐτοὺς ἔλεξεν·

Ἄνδρες, οἱ μὲν θεοί, ὡς οἵ τε μάντεις φασὶ καὶ ἐμοὶ

barbaræ sint. Nam equos habent ad præsepia pedibus alligatos; et si quis adeo eos invadat, operosum est noctu equos solvere, frænare operosum, operosum insternere, operosum inducere loricas: et ubi tandem equos conscenderint, fieri prorsus nequit ut equites iis per castra vehantur. His omnibus de causis cum alii barbari tum illi munimentis se circumdant : simul etiam existimant, si in locis sint munitis, se quoque potestatem habere prælii, cum velint, committendi. Et hæc quidem dum agerent, alter alteri adpropinquare cœpit. Cumque jam utroque ad alterum accedente parasangæ fere intervallo inter se distarent, Assyrii ita, uti dictum est, castra ponebant, loco quidem fossa ducta munito, sed aperto : Cyrus autem, loco, quantum sane poterat, ab adspectu remotissimo, sua faciebat castra, et vicis et tumulis a fronte objectis, in bellis omnia existimans subito conspecta adversariis esse formidabiliora. Et illa quidem nocte, quemadmodum par erat, utrique constitutis ante castra excubiis quieti se dederunt.

Postridie Assyrius et Crœsus, ducesque ceteri copias intra munitiones quiescere jusserunt : Cyrus autem et Cyaxares instructis suis, tanquam pugnaturi, si hostes accederent, exspectabant. Cum autem jam pateret, hostes extra munitionem non prodituros, neque manum illo quidem die conserturos, Cyaxares accessito Cyro et ducibus, ita fere loquutus est : Nobis, viri, inquit, existimo sic, uti nunc instructi sumus, ad horum munitiones procedendum esse, ac declarandum nos pugnandi cupidos esse. Hoc enim modo, ait, ubi contra nos illi non prodierint, nostri audentiores inde discedent; hostes vero, audacia nostra perspecta, magis sibi metuent. Et huic quidem ita visum erat. At vero Cyrus, Ne per deos, Cyaxares, ita faciamus, inquit. Nam si in conspectum jam illorum, quod tu nos hortaris, prodierimus, et in hoc tempore nos accedentes sine ullo metu spectabunt hostes, quia in tuto se esse sciant, ut accidere quid ipsis adversi nequeat : et deinde, cum nulla re gesta recedemus, rursus ii copias nostras suis multo inferiores numero conspicientes, eas contemnent, crastinoque die animis multo firmioribus prodibunt. Nunc autem cum nos adesse sciant, neque tamen videant, hoc certo scias, non contemptui habent, sed quid tandem hoc sibi velit sollicite cogitant, atque etiam, sat scio, inter se colloqui de nobis non desinunt. Ubi vero prodierint, tum demum et exhibeamus nos conspiciendos eis, et continuo concurramus oportet, deprehensis iis illic ubi jamdudum cupiebamus. In hunc modum Cyrus cum loquutus esset, Cyaxaris hæc aliorumque adsensu sunt approbata. Et tunc quidem cœnati, constitutis excubiis, et multis ante has excitatis ignibus, quieti se dederunt. Postridie autem mane Cyrus coronatus rem sacram faciebat, et ceteris etiam Persis, qui dicti sunt ὁμότιμοι, coronati sacris adessent edixit. Peracto autem sacrificio, convocatis illis, hanc orationem habuit :

« Dii quidem, viri, quemadmodum et aruspices aiunt,

συνδοκεῖ, μάχην ἔσεσθαι προαγγέλλουσι καὶ νίκην διδόασι καὶ σωτηρίαν ὑπισχνοῦνται ἐν τοῖς ἱεροῖς. (35) Ἐγὼ δὲ ὑμῖν μὲν παραινῶν ποίους τινὰς χρὴ εἶναι ἐν τῷ τοιῷδε αἰσχυνοίμην ἄν· οἶδα γὰρ ὑμᾶς ταῦτα ἐπισταμένους καὶ μεμελετηκότας καὶ ἀκηκοότας καὶ ἀκούοντας διὰ τέλους οἷάπερ ἐγώ, ὥστε κἂν ἄλλους εἰκότως ἂν διδάσκοιτε. Τάδε δὲ εἰ μὴ τυγχάνετε κατανενοηκότες, ἀκούσατε· (36) οὓς γὰρ νεωστὶ συμμάχους τε ἔχομεν καὶ πειρώμεθα ἡμῖν αὐτοῖς ὁμοίους ποιεῖν, τούτους δὲ ἡμᾶς δεῖ ὑπομιμνῄσκειν ἐφ᾿ οἷς τε ἐτρεφόμεθα ὑπὸ Κυαξάρου, ἅ τε ἠσκοῦμεν, ἐφ᾿ ἅ τε αὐτοὺς παρακεκλήκαμεν, ὧν τε ἄσμενοι ἀνταγωνισταὶ ἔφασαν ἡμῖν ἔσεσθαι. (37) Καὶ τοῦτο δ᾿ αὐτοὺς ὑπομιμνῄσκετε ὅτι ἤδη ἡ ἡμέρα δείξει ὧν ἕκαστός ἐστιν ἄξιος. Ὧν γὰρ ἂν ὀψιμαθεῖς ἄνθρωποι γένωνται, οὐδὲν θαυμαστὸν εἴ τινες αὐτῶν καὶ τοῦ ὑπομιμνῄσκοντος δέοιντο, ἀλλ᾿ ἀγαπητὸν εἰ καὶ ἐξ ὑποβολῆς δύναιντο ἄνδρες ἀγαθοὶ εἶναι. (38) Καὶ ταῦτα μέντοι πράττοντες ἅμα καὶ ὑμῶν αὐτῶν πεῖραν λήψεσθε. Ὁ μὲν γὰρ δυνάμενος ἐν τῷ τοιῷδε καὶ ἄλλους βελτίους ποιεῖν, εἰκότως ἂν ἤδη καὶ ἑαυτῷ συνειδείη τέλειος ἀγαθὸς ἀνὴρ ὤν· ὁ δὲ τὴν τούτων ὑπόμνησιν αὐτὸς μόνος ἔχων καὶ τοῦτ᾿ ἀγαπῶν, εἰκότως ἂν ἡμιτελῆ αὑτὸν νομίζοι. (39) Τούτου δ᾿ ἕνεκα οὐκ ἐγώ, ἔφη, αὐτοὺς λέγω, ἀλλ᾿ ὑμᾶς κελεύω λέγειν, ἵνα καὶ ἀρέσκειν ὑμῖν πειρῶνται· ὑμεῖς γὰρ καὶ πλησιάζετε αὐτοῖς ἕκαστος τῷ ἑαυτοῦ μέρει. Εὖ δὲ ἐπίστασθε, ἔφη, ὡς ἢν θαρροῦντας τούτους ὑμᾶς αὐτοὺς ἐπιδεικνύητε, καὶ τούτους καὶ ἄλλους πολλοὺς οὐ λόγῳ ἀλλ᾿ ἔργῳ θαρρεῖν διδάξετε. (40) Τέλος εἶπεν ἀπιόντας ἀριστᾶν ἐστεφανωμένους, καὶ σπονδὰς ποιησαμένους ἥκειν εἰς τὰς τάξεις αὐτοὺς ἐστεφάνους. Ἐπεὶ δ᾿ οὗτοι ἀπῆλθον, αὖθις τοὺς οὐραγοὺς προσεκάλεσε, καὶ τούτοις αὖ τοιάδε ἐνετέλλετο.

41. Ἄνδρες Πέρσαι, ὑμεῖς καὶ τῶν ὁμοτίμων γεγόνατε καὶ ἐπιλελεγμένοι ἐστέ, οἳ δοκεῖτε τὰ μὲν ἄλλα τοῖς κρατίστοις ὅμοιοι εἶναι, τῇ δ᾿ ἡλικίᾳ καὶ φρονιμώτεροι. Καὶ τοίνυν χώραν ἔχετε οὐδὲν ἧττον ἡμῶν ἀντιμον τῶν προστατῶν· ὑμεῖς γὰρ ὄπισθεν ὄντες τούς τ᾿ ἀγαθοὺς ἂν ἐφορῶντες καὶ ἐπικελεύοντες αὐτοῖς ἔτι κρείττους ποιοῖτε, καὶ εἴ τις μαλακίζοιτο, καὶ τοῦτον ὁρῶντες οὐκ ἂν ἐπιτρέποιτε αὐτῷ. (42) Συμφέρει δ᾿ ὑμῖν, εἴπερ τῳ καὶ ἄλλῳ, τὸ νικῆν καὶ διὰ τὴν ἡλικίαν καὶ διὰ τὸ βάρος τῆς στολῆς. Ἢν δ᾿ ἄρα ὑμᾶς καὶ οἱ ἔμπροσθεν ἀνακαλοῦντες ἕπεσθαι παρεγγυῶσιν, ὑπακούετε αὐτοῖς, καὶ ὅπως μηδ᾿ ἐν τούτῳ αὐτῶν ἡττηθήσεσθε, ἀντιπαρακελευόμενοι αὐτοῖς θᾶττον ἡγεῖσθαι ἐπὶ τοὺς πολεμίους. Καὶ ἀπιόντες, ἔφη, ἀριστήσαντες καὶ ὑμεῖς ἥκετε σὺν τοῖς ἄλλοις ἐστεφανωμένοι εἰς τὰς τάξεις. (43) Οἱ μὲν δὴ ἀμφὶ Κῦρον ἐν τούτοις ἦσαν· οἱ δ᾿ Ἀσσύριοι καὶ δὴ ἠριστηκότες ἐξῄεσαν τε θρασέως καὶ παρατάττοντο ἐρρωμένως. Παρέταττε δὲ αὐτοὺς αὐτὸς ὁ βασιλεὺς ἐφ᾿ ἅρματος παρελαύνων καὶ τοιάδε παρεκελεύετο.

44. Ἄνδρες Ἀσσύριοι, νῦν δεῖ ἄνδρας ἀγαθοὺς εἶναι.

et mihi quoque videtur, prælium fore prænuntiant, et victoriam largiuntur, et incolumitatem a sacris captis præsagiis pollicentur. Me vero pudeat vos commonefacere velle, quales vos in hujusmodi rerum statu esse oporteat : nam vos hæc æque tenere novi ac meipsum, eademque, quæ ipse, studiose vos curasse, audisse, atque adhuc etiam adsidue audire, ut vel alios jure hæc docere possitis. Si tamen hæc nondum perspexistis, me audite. Ii nempe, quos paulo ante et socios nobis adsciviimus, et nobis ipsis similes efficere conamur, vobis admonendi sunt, quem ad finem nos aluerit Cyaxares, quæ nostræ fuerint exercitationes, ad quæ demum eos ita cohortati simus, ut libenti se animo nobis æmulos fore dixerint. Hoc quoque eos admonete, hunc ipsum diem declaraturum esse, quibus quisque præmiis dignus sit. Nam quas res sero discunt homines, in iis minime mirum est quosdam admonitore egere : sed boni consulendum est, si vel aliorum monitu viri fortes esse possint. Atque hæc quidem dum agetis, simul de vobis etiam ipsis periculum facietis. Nam qui alios in hujusmodi rerum articulo fortiores reddere possit, is sibi quoque procul dubio jam conscius fuerit, virum se perfecte bonum esse ; qui vero hæc sibi soli suggerere potest, atque hoc sibi satis esse ducit, is merito se ex dimidia tantum parte perfectum existimet. Eam autem ob rem ego quidem hæc ipsis non expono, sed vobis exponenda mando, ut nimirum se vobis quoque probare studeant : vos enim estis eis proximi, suæ nempe quisque parti. Fore etiam sciatis velim, ait, ut quamdiu vosmet fiduciæ plenos eis ostenderitis, cum hos tum multos alios non verbo, sed re ipsa fidenti esse animo doceatis. » Tandem edixit, coronati pransum irent, peractisque libationibus cum ipsis coronis ad ordines venirent. Hi autem cum abiissent, agminis extremi duces advocavit, et his vicissim hujusmodi verba fecit :

« Vos, Persæ, et in eorum, qui ὁμότιμοι appellantur, ordinem cooptati, et delecti quidam estis, qui in rebus quidem ceteris præstantissimis pares videmini, et per ætatem etiam prudentiores. Itaque locum non minus honestum, quam ipsi præfecti, tenetis : nam cum in extremo sitis agmine, viros fortes intuendo eosque cohortando, fortiores etiam efficiatis ; et si quis remissior fuerit, hunc itidem observando, ignaviæ indulgere eum non sinetis. Vobis autem, si cuiquam alii, expedit, victoria potiri, tum ob ætatem, tum ob armaturæ pondus. Itaque si ii qui primum in acie locum tenent vos inclamando ad sequendum hortati fuerint, ipsis velim obtemperetis : et videte ne hac in parte eis sitis inferiores, nimirum in eis vicissim adhortandis, ut majori cum celeritate adversus hostes præeundo ducant. Nunc abite, inquit, et pransi cum eritis, ad ordines una cum aliis coronati accedite. » Et in his quidem rebus Cyri milites occupati erant. Assyrii autem, jam pransi quoque, audacter e castris prodibant, et acie instructa præsentibus animis stabant. Instruebat autem eos rex ipse, curru prætervehens, et verbis hujusmodi cohortabatur :

« Nunc vos, Assyrii, viros esse fortes oportet. Jam enim

Νῦν γὰρ περὶ ψυχῶν τῶν ὑμετέρων ὁ ἀγὼν καὶ περὶ γῆς ἐν ᾗ ἔφυτε καὶ περὶ οἴκων ἐν οἷς ἐτράφητε, καὶ περὶ γυναικῶν δὲ καὶ τέκνων καὶ περὶ πάντων ὧν πέπασθε ἀγαθῶν. Νικήσαντες μὲν γὰρ ἁπάντων τούτων ὑμεῖς ὥσπερ πρόσθεν κύριοι ἔσεσθε· εἰ δὲ ἡττηθήσεσθε, εὖ ἴστε ὅτι παραδώσετε ταῦτα πάντα τοῖς πολεμίοις. (45) Ἅτε οὖν νίκης ἐρῶντες μένοντες μάχεσθε. Μωρὸν γὰρ τὸ κρατεῖν βουλομένους τὰ τυφλὰ τοῦ σώματος καὶ ἄοπλα καὶ ἄχειρα ταῦτα ἐναντία τάττειν τοῖς πολεμίοις φεύγοντας· μωρὸς δὲ καὶ εἴ τις ζῆν βουλόμενος φεύγειν ἐπιχειρεῖ, εἰδὼς ὅτι οἱ μὲν νικῶντες σώζονται, οἱ δὲ φεύγοντες ἀποθνήσκουσι μᾶλλον τῶν μενόντων. Μωρὸς δὲ καὶ εἴ τις χρημάτων ἐπιθυμῶν ἥτταν προσίεται· τίς γὰρ οὐκ οἶδεν ὅτι οἱ μὲν νικῶντες τά τε ἑαυτῶν σώζουσι καὶ τὰ τῶν ἡττωμένων προσλαμβάνουσιν, οἱ δ' ἡττώμενοι ἅμα ἑαυτούς τε καὶ τὰ ἑαυτῶν πάντα ἀποβάλλουσιν; (46) Ὁ μὲν δὴ Ἀσσύριος ἐν τούτοις ἦν.

Ὁ δὲ Κυαξάρης πέμπων πρὸς τὸν Κῦρον ἔλεγεν ὅτι ἤδη καιρὸς εἴη ἄγειν ἐπὶ τοὺς πολεμίους· Εἰ γὰρ νῦν, ἔφη, ὀλίγοι ἔτι εἰσὶν οἱ ἔξω τοῦ ἐρύματος, ἐν ᾧ ἂν προσίωμεν πολλοὶ ἔσονται· μὴ οὖν ἀναμείνωμεν ἕως ἂν πλείους ἡμῶν γένωνται, ἀλλ' ἴωμεν ἕως ἔτι οἰόμεθα εὐπετῶς ἂν αὐτῶν κρατῆσαι. (47) Ὁ δ' αὖ Κῦρος ἀπεκρίνατο, Ὦ Κυαξάρη, εἰ μὴ ὑπὲρ ἥμισυ αὐτῶν ἔσονται οἱ ἡττηθέντες, εὖ ἴσθι ὅτι ἡμᾶς μὲν ἐροῦσι φοβουμένους τὸ πλῆθος τοῖς ὀλίγοις ἐπιχειρῆσαι, αὐτοὶ δὲ οὐ νομιοῦσιν ἡττῆσθαι, ἀλλ' ἄλλης σοι μάχης δεήσει, ἐν ᾗ ἄμεινον ἂν ἴσως βουλεύσαιντο ἢ νῦν βεβούλευνται, παραδόντες ἑαυτοὺς ἡμῖν ταμιεύεσθαι ὥστε ὁπόσοις ἂν βουλώμεθα αὐτῶν μάχεσθαι. (48) Οἱ μὲν δὴ ἄγγελοι ταῦτα ἀκούσαντες ᾤχοντο.

Ἐν τούτῳ δὲ ἧκε Χρυσάντας τε ὁ Πέρσης καὶ ἄλλοι τινὲς τῶν ὁμοτίμων αὐτομόλους ἄγοντες. Καὶ ὁ Κῦρος ὥσπερ εἰκὸς ἠρώτα τοὺς αὐτομόλους τὰ ἐκ τῶν πολεμίων. Οἱ δ' ἔλεγον ὅτι ἐξίοιέν τε ἤδη σὺν τοῖς ὅπλοις καὶ παρατάττοι αὐτοὺς αὐτὸς ὁ βασιλεὺς ἔξω ὢν καὶ παρακελεύοιτο μὲν δὴ τοῖς δεὶ ἔξω οὖσι πολλά τε καὶ ἰσχυρά, ὡς ἔφασαν λέγειν τοὺς ἀκούοντας. (49) Ἔνθα δὴ ὁ Χρυσάντας εἶπε, Τί δ', ἔφη, ὦ Κῦρε, εἰ καὶ σὺ συγκαλέσας ἕως ἔτι ἔξεστι παρακελεύσαιο, εἰ ἄρα τι καὶ σὺ ἀμείνους ποιήσαις τοὺς στρατιώτας; (50) Καὶ ὁ Κῦρος εἶπεν, Ὦ Χρυσάντα, μηδέν σε λυπούντων αἱ τοῦ Ἀσσυρίου παρακελεύσεις· οὐδεμία γάρ ἐστιν οὕτω καλὴ παραίνεσις ἥτις τοὺς μὴ ὄντας ἀγαθοὺς αὐθημερὸν ἀκούσαντας ἀγαθοὺς ποιήσει· οὐκ ἂν τοξόται γε, εἰ μὴ ἔμπροσθεν τοῦτο μεμελετηκότες εἶεν, οὐδὲ μὴν ἀκοντισταὶ, οὐδὲ μὴν ἱππέας, ἀλλ' οὐδὲ μὴν τά γε σώματα ἱκανοὺς πονεῖν, ἢν μὴ πρόσθεν ἠσκηκότες ὦσι. (51) Καὶ ὁ Χρυσάντας εἶπεν, Ἀλλ' ἀρκεῖ τοι, ὦ Κῦρε, ἢν τὰς ψυχὰς αὐτῶν παρακελευσάμενος ἀμείνονας ποιήσῃς. Ἦ καὶ δύναιτ' ἄν, ἔφη ὁ Κῦρος, εἰς λόγος ῥηθεὶς αὐθημερὸν αἰδοῦς μὲν ἐμπλῆσαι τὰς ψυχὰς τῶν ἀκουσάντων, ἢ ἀπὸ τῶν αἰσχρῶν κωλῦσαι, προτρέψαι δὲ ὡς χρὴ ἐπαίνων ἕνεκα πάντα μὲν πόνον, πάντα δὲ κίνδυνον ὑπο-

de vita vestra certamen vobis propositum est, et de solo in quo estis orti, et de domiciliis in quibus educati, et de uxoribus etiam liberisque, et de bonis quæ possidetis universis. Nam si victoria potiti fueritis, horum omnium domini vos, ut antea, futuri estis : sin victi fueritis, certo vos scire volo hostibus istæc omnia vos traditures esse : itaque tanquam victoriæ cupidi, constanter pugnam sustinete. Quippe stultum est, eos qui superiores esse velint, cæcas corporis partes et armis ac manibus destitutas per fugam hostibus obvertere. Stultus item, quicunque vitæ cupidus in fugam se convertat, cum sciat victores quidem servari incolumes, fugientes autem citius interire quam resistentes. Est et is stultus qui opum cupidus, vinci se patitur : nam quis ignorat, victores et suas res conservare, et illorum præterea quos vicerint fortunis potiri; cum victi et seipsos et omnia sua simul amittant? » Et hæc quidem agebat Assyrius.

Cyaxares autem ad Cyrum mittebat, qui diceret, in hostes ducendi jam tempus esse : Nam si pauci, ait, adhuc illi sunt qui extra munitiones progressi sunt, tamen interea dum ad eos accedemus, multi erunt; ne exspectemus igitur donec ipsi plures nobis sint, sed eamus dum adhuc facile superiores eis nos futuros arbitramur. Cyrus contra respondebat, Certo te scire velim, Cyaxares, nisi ex iis plus dimidia pars victa fuerit, dicturos esse, nos multitudinem metuentes paucos e suis adgressos esse : ipsique adeo se minime victos existimabunt; sed aliud tibi prælium subeundum erit, in quo melius fortasse sibi consuluerint, quam hoc tempore consuluere, quo se ipsos nobis offerunt velut e penu promendos, ut cum quanto velimus eorum numero pugnemus. Et nuntii quidem his auditis discesserunt.

Interea Chrysantas Persa venit, et alii nonnulli ex eorum qui ὁμότιμοι appellantur ordine, qui secum transfugas ducebant. Et Cyrus, ut par erat, transfugas quid de rebus hostium adferrent interrogabat. Illi vero dicebant, armatos jam e castris prodire, regemque et ipsum extra castra progressum eos instruere, et cohortatione copiosa vehementique ad eos uti, quotquot quoque progressu existent, uti quidem eos qui audissent illum adfirmare aiebant. Ibi tum Chrysantas, Quid vero, Cyre, inquit, si et tu, convocatis militibus, cos dum licet cohortefis? si forte et tu reddas eos animosiores? Respondit Cyrus, Ne tibi omnino molestæ sint Assyrii adhortationes istæ, Chrysanta : nam admonitio nulla tam præclara futura est, quæ homines minime fortes eodem, quo eam audiverint, die fortes sit effectura; non sagittarios certe, nisi eam artem prius exercuerint; non jaculatores, nec equites; imo ne id quidem efficiet, ut corporibus ad labores perferendos valeant, nisi se prius exercuerint. Et Chrysantas, Atqui satis est, Cyre, inquit, si eorum animos cohortando meliores reddideris. Num queat, ait Cyrus, una oratio pronuntiata, eodem die, pudore audientium animos implere, vel a rebus turpibus arcere, et eos monendo adducere, ut laudis gratia laborem omnem, omne

δύεσθαι, λαβεῖν δ' ἐν ταῖς γνώμαις βεβαίως τοῦτο ὡς αἱρετώτερόν ἐστι μαχομένους ἀποθνήσκειν μᾶλλον ἢ φεύγοντας σώζεσθαι; (52) Ἆρ' οὐκ, ἔφη, εἰ μέλλουσι τοιαῦται διάνοιαι ἐγγραφήσεσθαι ἀνθρώποις καὶ ἔμμονοι ἔσεσθαι, πρῶτον μὲν νόμους ὑπάρξαι δεῖ τοιούτους δι' ὧν τοῖς μὲν ἀγαθοῖς ἔντιμος καὶ ἐλευθέριος ὁ βίος παρασκευασθήσεται, τοῖς δὲ κακοῖς ταπεινός τε καὶ ἀλγεινὸς καὶ ἀβίωτος ὁ αἰὼν ἐπανακείσεται; (53) ἔπειτα δὲ διδασκάλους, οἶμαι, δεῖ καὶ ἄρχοντας ἐπὶ τούτοις γενέσθαι οἵτινες δείξουσί τε ὀρθῶς καὶ διδάξουσι καὶ ἐθιοῦσι ταῦτα δρᾶν, ἔστ' ἂν ἐγγένηται αὐτοῖς τοὺς μὲν ἀγαθοὺς καὶ εὐκλεεῖς εὐδαιμονεστάτους τῷ ὄντι νομίζειν, τοὺς δὲ κακοὺς καὶ δυσκλεεῖς ἀθλιωτάτους ἁπάντων ἡγεῖσθαι. Οὕτω γὰρ δεῖ διατεθῆναι τοὺς μέλλοντας τοῦ ἀπὸ τῶν πολεμίων φόβου τὴν μάθησιν κρείττονα παρέξεσθαι. (54) Εἰ δέ τοι ἰόντων εἰς μάχην σὺν ὅπλοις, ἐν ᾧ πολλοὶ καὶ τῶν παλαιῶν μαθημάτων ἐξίστανται, ἐν τούτῳ δυνήσεταί τις ἀπορραψῳδήσας παραχρῆμα ἄνδρας πολεμικοὺς ποιῆσαι, πάντων ἂν ῥᾷστον εἴη καὶ μαθεῖν καὶ διδάξαι τὴν μεγίστην τῶν ἐν ἀνθρώποις ἀρετήν. (55) Ἐπεὶ ἔγωγ', ἔφη, οὐδ' ἂν τούτοις ἐπίστευον ἐμμόνοις ἔσεσθαι οὓς νῦν ἔχοντες παρ' ἡμῖν αὐτοῖς ἠσκοῦμεν, εἰ μὴ καὶ ὑμᾶς ἑώρων παρόντας, οἳ καὶ παραδείγματα αὐτοῖς ἔσεσθε οἵους χρὴ εἶναι, καὶ ὑποβαλεῖν δυνήσεσθε, ἤν τι ἐπιλανθάνωνται. Τοὺς δ' ἀπαιδεύτους παντάπασιν ἀρετῆς θαυμάζοιμ' ἄν, ἔφη, ὦ Χρυσάντα, εἴ τι πλέον ἂν ὠφελήσειε λόγος καλῶς ῥηθεὶς εἰς ἀνδραγαθίαν ἢ τοὺς ἀπαιδεύτους μουσικῆς ᾆσμα μάλα καλῶς ᾀσθὲν εἰς μουσικήν.

56. Οἱ μὲν τοιαῦτα διελέγοντο. Ὁ δὲ Κυαξάρης πάλιν πέμπων ἔλεγεν ὅτι ἐξαμαρτάνοι διατρίβων καὶ οὐκ ἄγων ὡς τάχιστα ἐπὶ τοὺς πολεμίους. Καὶ ὁ Κῦρος ἀπεκρίνατο δὴ τότε τοῖς ἀγγέλοις, Ἀλλ' εὖ μὲν ἴστω, ἔφη, ὅτι οὔπω εἰσὶν ἔξω ὅσους δεῖ· καὶ ταῦτα ἀπαγγέλλετε αὐτῷ ἐν ἅπασιν· ὅμως δέ, ἐπεὶ ἐκείνῳ δοκεῖ, ἄξω ἤδη. (57) Ταῦτ' εἰπὼν καὶ προσευξάμενος τοῖς θεοῖς ἐξῆγε τὸ στράτευμα. Ὡς δ' ἤρξατο ἄγειν θᾶττον, οἱ μὲν ἡγεῖτο, οἱ δ' εἵποντο εὐτάκτως μὲν διὰ τὸ ἐπίστασθαι καὶ μεμελετηκέναι ἐν τάξει πορεύεσθαι, ἐρρωμένως δὲ διὰ τὸ φιλονεικίας ἔχειν πρὸς ἀλλήλους καὶ διὰ τὸ τὰ σώματα ἐκπεπονῆσθαι καὶ διὰ τὸ πάντας ἄρχοντας τοὺς πρωτοστάτας εἶναι, ἡδέως δὲ διὰ τὸ φρονίμως ἔχειν· ἠπίσταντο γὰρ καὶ ἐκ πολλοῦ οὕτως ἐμεμαθήκεσαν ἀσφαλέστατον εἶναι καὶ ῥᾷστον τὸ ὁμόσε ἰέναι τοῖς πολεμίοις, ἄλλως τε καὶ τοξόταις καὶ ἀκοντισταῖς καὶ ἱππεῦσιν. (58) Ἕως δ' ἔτι ἔξω βελῶν ἦσαν, παρηγγύα ὁ Κῦρος σύνθημα Ζεὺς ξύμμαχος καὶ ἡγεμών. Ἐπεὶ δὲ πάλιν ἧκε τὸ σύνθημα ἀνταποδιδόμενον, ἐξῆρχεν αὖ ὁ Κῦρος παιᾶνα τὸν νομιζόμενον· οἱ δὲ θεοσεβῶς πάντες συνεπήχησαν μεγάλῃ τῇ φωνῇ· ἐν τῷ τοιούτῳ γὰρ δὴ οἱ δεισιδαίμονες ἧττον τοὺς ἀνθρώπους φοβοῦνται. (59) Ἐπεὶ δ' ὁ παιὰν ἐγένετο, ἅμα πορευόμενοι οἱ ὁμότιμοι φαιδροί, πεπαιδευμένοι, καὶ παρορῶντες εἰς ἀλλήλους, ὀνομάζοντες παραστά-

periculum subeundum statuant ac mentibus suis infixum hoc habeant, optabilius nimirum esse pugnando mori, quam fugiendo salutem adipisci? Nonne, si hujusmodi cogitationes, inquit, hominum animis inscribi et in iis manere debeant, leges primum sint tales oportet, ut earum beneficio viris quidem fortibus honesta et liberalis vita paretur, ignavis vero et plena doloris et minime vitalis vita præparata immineat? Dein præceptores, ut arbitror, et magistros, eis qui præsint, accedere oportet, qui exemplo recte monstrent doceantque quæ sint agenda, hisque eos agendis adsuefaciant, donec insitum hoc ipsis fuerit, ut viros nempe fortes et laudatos reapse felicissimos existiment, ignavos et infames omnium miserrimos ducant. Sic enim animati esse debent, quotquot disciplinam metu hostili potiorem præstaturi sunt. Quod si quis militibus armatis ad pugnam prodeuntibus, quo tempore multi etiam eorum quæ olim didicerant obliviscuntur, tum demum verba fundendo possit homines extemplo bellicosos efficere, res sane omnium facillima fuerit, cam virtutem et discere et docere, quæ inter homines maxima est. Nam ego certe, inquit, ne hos quidem, quos jam ducimus et apud nosmetipsos olim in belli studio exercuimus, firmos futuros esse polliceri mihi ausim, nisi vos etiam præsentes intuerer, qui exemplo eis eritis, quales esse oporteat, et suggerere poteritis, si quod obliti fuerint. Eis vero, qui ad virtutem omnino instituti non sunt, mirum mihi sane videatur, Chrysanta, si quid plus oratio præclare habita ad fortitudinem profuerit, quam musicæ imperitis bene cantatum carmen ad musicam percipiendam.

Hujusmodi quidem illi inter se sermones habebant; Cyaxares autem denuo per nuntios significat, Cyrum perperam facere qui tempus tereret, et non quam primum in hostes duceret. Tum vero Cyrus nuntiis respondit, Sciat plane Cyaxares, inquit, nondum tot hostes, quot oportet, castris egressos esse; atque hoc coram omnibus ei renuntiate: quando tamen illi sic videtur, copias jam ducturus sum. Haec locutus et ad deos precatus, exercitum produxit. Cumque celerius etiam ducere cœpisset, præibat ipse, milites sequebantur, servatis illi quidem ordinibus, quod et tenerent et studiose rationem ordines in progrediendo servandi exercerint; et præsentibus animis, quod alii alios æmularentur, quod corpora eorum laboribus adsuefacta et firmata essent, quodque perfecti essent omnes qui primi in acie stabant; et libenter denique, quod prudentia valerent: sciebant enim, et jampridem didicerant, tutissimum esse facillimumque cominus hostes invadere, præsertim qui sagittarii sint, et jaculatores, et equites. Cumque adhuc extra ictum telorum essent, Cyrus hanc tesseram militibus dari jussit, JUPITER AUXILIARIS ET DUX. Cum autem tessera vicissim reddita ad Cyrum rediisset, ibi vero pæana pro more Cyrus exorsus est, et milites universi religiose magna voce una canebant: nam in hujusmodi rerum statu, qui religiosi sunt, minus homines metuunt. Pæane absoluto ὁμότιμοι qui vocantur una pergentes, vultu hilari, et rite tanquam instituti, oculis in se mutuo conversis, eos qui juxta se, quique

τας, ἐπιστάτας, λέγοντες πολὺ τὸ Ἄγετ᾽, ἄνδρες φίλοι, Ἄγετ᾽, ἄνδρες ἀγαθοί, παρεκάλουν ἀλλήλους ἕπεσθαι. Οἱ δ᾽ ὄπισθεν αὐτῶν ἀκούσαντες ἀντιπαρεκελεύοντο τοῖς πρώτοις ἡγεῖσθαι ἐρρωμένως. Ἦν δὲ μεστὸν τὸ στράτευμα τῷ Κύρῳ προθυμίας, φιλοτιμίας, ῥώμης, θάρρους, παρακελευσμοῦ, σωφροσύνης, πειθοῦς· ὅπερ, οἶμαι, δεινότατον τοῖς ὑπεναντίοις. (60) Τῶν δ᾽ Ἀσσυρίων οἱ μὲν ἀπὸ τῶν ἁρμάτων προμαχόυντες, ὡς ἐγγὺς ἤδη προσεμίγνυον τὸ Περσικὸν πλῆθος, ἀνέβαινόν τε ἐπὶ τὰ ἅρματα καὶ ὑπεξῆγον πρὸς τὸ ἑαυτῶν πλῆθος· οἱ δὲ τοξόται καὶ ἀκοντισταὶ καὶ σφενδονῆται αὐτῶν ἀφίεσαν τὰ βέλη πολὺ πρὶν ἐξικνεῖσθαι. (61) Ὡς δ᾽ ἐπιόντες οἱ Πέρσαι ἐπέβησαν τῶν ἀφειμένων βελῶν, ἐφθέγξατο δὴ ὁ Κῦρος, Ἄνδρες ἄριστοι, ἤδη θᾶττόν τις ἰὼν ἐπιδεικνύτω ἑαυτὸν καὶ παρεγγυάτω. Οἱ μὲν δὴ παρεδίδοσαν τοῦτο· ὑπὸ δὲ προθυμίας καὶ μένους καὶ τοῦ σπεύδειν συμμῖξαι δρόμου τινὲς ἦρξαν, συνεφείπετο δὲ καὶ πᾶσα ἡ φάλαγξ δρόμῳ. (62) Καὶ αὐτὸς δὲ ὁ Κῦρος ἐπιλαθόμενος τοῦ βάδην δρόμῳ ἡγεῖτο, καὶ ἅμα ἐφθέγγετο, Τίς ἕψεται; Τίς ἀγαθός; Τίς ἄνδρα πρῶτος καταβαλεῖ; Οἱ δὲ ἀκούσαντες ταὐτὸ τοῦτο ἐφθέγγοντο, καὶ διὰ πάντων δὴ ὥσπερ παρεγγύα οὕτως ἐχώρει, Τίς ἕψεται; Τίς ἀγαθός; (63) Οἱ μὲν δὴ Πέρσαι οὕτως ἔχοντες ὁμόσε ἐφέροντο· οἱ γε μὴν πολέμιοι οὐκέτι ἐδύναντο μένειν, ἀλλὰ στραφέντες ἔφευγον εἰς τὸ ἔρυμα. (64) Οἱ δ᾽ αὖ Πέρσαι κατὰ τὰς εἰσόδους ἐφεπόμενοι ὠθουμένων αὐτῶν πολλοὺς κατεστρώννυσαν, τοὺς δ᾽ εἰς τὰς τάφρους ἐμπίπτοντας ἐπεισπηδῶντες ἐφόνευον ἀνδρας ὁμοῦ καὶ ἵππους· ἔνια γὰρ τῶν ἁρμάτων εἰς τὰς τάφρους ἠναγκάσθη φεύγοντα ἐμπεσεῖν. (65) Καὶ οἱ τῶν Μήδων δ᾽ ἱππεῖς ὁρῶντες ταῦτα ἤλαυνον εἰς τοὺς ἱππέας τοὺς τῶν πολεμίων· οἱ δ᾽ ἐνέκλιναν καὶ τούτοις. Ἔνθα δὴ καὶ ἵππων διωγμός ἦν καὶ ἀνδρῶν καὶ φόνος ἐξ ἀμφοτέρων. (66) Οἱ δ᾽ ἐντὸς τοῦ ἐρύματος τῶν Ἀσσυρίων ἑστηκότες ἐπὶ τῆς κεραλῆς τῆς τάφρου τοξεύειν μὲν ἢ ἀκοντίζειν εἰς τοὺς κατακαινοντας οὔτε ἐφρόνουν οὔτε ἐδύναντο διά τε τὰ δεινὰ δράματα καὶ διὰ τὸν φόβον. Τάχα δὲ καὶ καταμαθόντες τῶν Περσῶν τινας διακεκοφότας πρὸς τὰς εἰσόδους τοῦ ἐρύματος ἐτράποντο καὶ ἀπὸ τῶν κεφαλῶν τῶν ἔνδον. (67) Ἰδοῦσαι δὲ αἱ γυναῖκες τῶν Ἀσσυρίων καὶ τῶν συμμάχων ἤδη φυγὴν καὶ ἐν τῷ στρατοπέδῳ ἀνέκραγον καὶ ἔθεον ἐκπεπληγμέναι, αἱ μὲν καὶ τέκνα ἔχουσαι, αἱ δὲ καὶ νεώτεραι, καταρρηγνύμεναί τε τοὺς πέπλους καὶ δρυπτόμεναι, καὶ ἱκετεύουσι πάντας ὅτῳ ἐντυγχάνοιεν μὴ φεύγειν καταλιπόντας αὐτάς, ἀλλ᾽ ἀμῦναι καὶ αὐταῖς καὶ τέκνοις καὶ σφίσιν αὐτοῖς. (68) Ἔνθα δὴ καὶ αὐτοὶ οἱ βασιλεῖς σὺν τοῖς πιστοτάτοις στάντες ἐπὶ τὰς εἰσόδους καὶ ἀναβάντες ἐπὶ τὰς κεφαλὰς αὐτοὶ ἐμάχοντο καὶ τοῖς ἄλλοις παρεκελεύοντο. (69) Ὡς δ᾽ ἔγνω ὁ Κῦρος τὰ γιγνόμενα, δείσας μὴ καὶ εἰ βιάσαιντο εἴσω, ὀλίγοι ὄντες ὑπὸ πολλῶν σφαλεῖέν τι, παρηγγύησεν ἐπὶ πόδα ἀνάγειν ἔξω βελῶν καὶ πείθεσθαι. (70) Ἔνθα δὴ ἔγνω τις ἂν τοὺς ὁμοτίμους

post se erant nominatim compellantes, atque hæc iterantes verba, Heus viri cari, Heus viri fortes, ad sequendum mutuo se cohortabantur. Eos autem cum audissent qui pone sequebantur, vicissim primos ut præsentibus animis præirent hortabantur. Atque adeo totus Cyri exercitus alacritatis, gloriæ cupiditatis, roboris, fiduciæ, cohortationis, prudentiæ, obedientiæ plenus erat : quod maxime equidem adversariis terribile puto. Apud Assyrios autem ii, qui de curribus ante aciem primi pugnare solebant, cum jam propius accessissent ad agmen Persicum, currus conscenderunt et ad copias suas recessere : sagittarii vero, et jaculatores, et funditores tela sua multo prius emisere quam ad hostem pervenire possent. Ubi autem Persæ irruentes jam tela in ipsos missa conculcarent, tum Cyrus ita loquutus est : Jam, viri fortissimi, celerius vestrum aliquis procedens sui det specimen et aliis idem significet. Et illi quidem hoc aliis tradidere ; præ alacritate autem et ardore animi et manum conserendi studio, currere quidam cœperunt : ac tota simul phalanx eos curriculo secuta est. Ipse Cyrus etiam gradatim incedere oblitus, cursu præibat ; et simul clamabat, Quis sequetur ? Quis vir fortis ? Quis primus virum prosternet ? Quod illi cum audissent, hoc ipsum proferebant ; adeoque per universos, ut ipse cohortari inceperat, ita vox hæc didita erat, Quis sequetur ? Quis fortis ? Hoc igitur Persæ cum impetu in congressum ferebantur : hostes vero non amplius subsistere poterant, sed terga vertentes ad munitionem fuga se recipiebant. Persæ contra ad ipsos castrorum aditus insequuti, dum illi se protrudendo premerent, multos occiderunt ; et in eos, qui in fossas delaberentur, insilientes viros simul et equos interfecerunt : nam currus quidam in fuga coacti sunt in fossas decidere. Hæc cum Medorum etiam cernerent equites, in hostium equitatum irruebant : at hi eorum quoque impetum declinabant. Ibi vero et equorum et hominum persecutio, et cædes utrorumque evenit. Assyrii autem qui intra munitionem supra caput fossæ consisterant, de sagittis et jaculis in eos emittendis, qui suos occidebant, nec cogitabant, nec ita quidem facere poterant, cum ob terribilia ista spectacula, tum propter metum. Cumque mox etiam animadvertissent quosdam Persas ad munitionis aditus perrupisse, fuga reliquerunt etiam interiores castrorum aggeres. Ubi vero et Assyriorum et sociorum uxores viderunt, etiam in castris jam fugam fieri, clamorem tollebant, discurrebantque hinc inde consternatæ, aliæ liberos habentes, juvenili ætate aliæ, vestes discindentes, ora dilaniantes, et obsecrabant eos quibuscunque occurrerent, ne se fugiendo desererent, sed et liberos, et ipsas uxores, et se ipsos tuerentur. Atque hic demum reges ipsi qui cum fidissimis ad castrorum aditus constiterant, conscensis eminentioribus locis, et pugnabant ipsi, et alios cohortando excitabant. Cyrus autem ubi quid ageretur animadvertit, veritus ne si etiam intro vi perrumperent, pauci cum essent, a multis detrimenti aliquid caperent, extra telorum ictus pedem referrent, dictoque audientes essent, edixit. Ibi tum agnovisset aliquis Persas, qui

πεπαιδευμένους ὡς δεῖ· ταχὺ μὲν γὰρ αὐτοὶ ἐπείθοντο, ταχὺ δὲ τοῖς ἄλλοις παρήγγελλον. Ὡς δ᾽ ἔξω βελῶν ἐγένοντο, ἔστησαν κατὰ χώραν, πολὺ μᾶλλον χοροῦ ἀκριβῶς εἰδότες ὅπου ἔδει ἕκαστον αὐτῶν γενέσθαι.

ὁμότιμοι appellantur, ita instituos, ut oporteret: nam et ipsi celeriter parebant, et aliis idem celeriter denuntiabant. Cumque jam extra telorum ictus essent, suo eorum quisque loco constiterunt, accuratius multo, quam canentium saltantiumque coetus, scientes quo quemque loco stare oporteret.

ΒΙΒΛΙΟΝ Δ.

ΚΕΦΑΛΑΙΟΝ Α.

Μείνας δὲ ὁ Κῦρος μέτριον χρόνον αὐτοῦ σὺν τῷ στρατεύματι καὶ δηλώσας ὅτι ἕτοιμοί εἰσι μάχεσθαι, εἴ τις ἐξέρχοιτο, ὡς οὐδεὶς ἀντεξῄει, ἀπήγαγεν ὅσον ἐδόκει καλῶς ἔχειν καὶ ἐστρατοπεδεύσατο. Φυλακὰς δὲ καταστησάμενος καὶ σκοποὺς προπέμψας, στὰς εἰς τὸ μέσον συνεκάλεσε τοὺς ἑαυτοῦ στρατιώτας καὶ ἔλεξε τοιάδε. (2) Ἄνδρες Πέρσαι, πρῶτον μὲν τοὺς θεοὺς ἐγώ τε ἐπαινῶ ὅσον δύναμαι, καὶ ὑμεῖς δὲ πάντες, οἴμαι· νίκης τε γὰρ τετυχήκαμεν καὶ σωτηρίας. Τούτων μὲν οὖν χρὴ χαριστήρια ὧν ἂν δεῖ ἔχωμεν τοῖς θεοῖς ἀποτελεῖν. Ἐγὼ δὲ ξύμπαντας μὲν ὑμᾶς ἤδη ἐπαινῶ· τὸ γὰρ γεγενημένον ἔργον πᾶσιν ὑμῖν καλὸν ἀποτετέλεσται· ὧν δ᾽ ἕκαστος ἄξιος, ἐπειδὰν παρ᾽ ὧν προσήκει πύθωμαι, τότε τὴν ἀξίαν ἑκάστῳ καὶ λόγῳ καὶ ἔργῳ πειράσομαι ἀποδιδόναι. (3) Τὸν δ᾽ ἐμοῦ ἐγγύτατα ταξίαρχον Χρυσάνταν οὐδὲν παρ᾽ ἄλλων δέομαι πυνθάνεσθαι ἀλλ᾽ αὐτὸς οἶδα οἷος ἦν· τὰ μὲν γὰρ ἄλλα ὥσπερ, οἶμαι, καὶ πάντες ὑμεῖς ἐποιεῖτε· ἐπεὶ δ᾽ ἐγὼ παρηγγύησα ἐπανάγειν καλέσας αὐτὸν ὀνομαστί, ἀνατεταμένος οὗτος τὴν μάχαιραν ὡς παίσων πολέμιον ὑπήκουσέ τέ μοι εὐθὺς ἀφείς τε ὃ ἔμελλε ποιεῖν τὸ κελευόμενον ἔπραττεν· αὐτός τε γὰρ ἐπανῆγε καὶ τοῖς ἄλλοις μάλα ἐπισπερχῶς παρηγγύα· ὥστ᾽ ἔφθασεν ἔξω βελῶν τὴν τάξιν ποιήσας πρὶν τοὺς πολεμίους κατανοῆσαί τε ὅτι ἀνεχωροῦμεν καὶ τόξα ἐντείνασθαι καὶ τὰ παλτὰ ἐπαφεῖναι· ὥστε αὐτός τε ἀδλαβὴς καὶ τοὺς ἑαυτοῦ ἄνδρας ἀβλαβεῖς διὰ τὸ πείθεσθαι παρέχεται. (4) Ἄλλους δέ, ἔφη, ὁρῶ τετρωμένους, περὶ ὧν ἐγὼ σκεψάμενος ἐν ὁποίῳ χρόνῳ ἐτρώθησαν, τότε τὴν γνώμην περὶ αὐτῶν ἀποφανοῦμαι. Χρυσάνταν δὲ καὶ ὡς ἐργάτην τῶν ἐν πολέμῳ καὶ φρόνιμον καὶ ἀρχικὸν ἱκανὸν καὶ ἄρχειν χιλιαρχίᾳ μὲν ἤδη τιμῶ· ὅταν δὲ καὶ ἄλλο τι ἀγαθὸν διδῷ ὁ θεός, οὐδὲ τότε ἐπιλήσομαι αὐτοῦ. (5) Καὶ πάντας δὲ βούλομαι ὑμᾶς, ἔφη, ὑπομνῆσαι· ἃ γὰρ νῦν εἴδετε ἐν τῇ μάχῃ τῇδε, ταῦτα ἐνθυμούμενοι μήποτε παύεσθε, ἵνα παρ᾽ ὑμῖν αὐτοῖς ἀεὶ κρίνητε πότερον ἡ ἀρετὴ μᾶλλον ἢ ἡ φυγὴ σώζει τὰς ψυχὰς καὶ πότερον οἱ μάχεσθαι ἐθέλοντες ῥᾷον ἀπαλλάττουσιν ἢ οἱ οὐκ ἐθέλοντες, καὶ ποίαν τινὰ ἡδονὴν τὸ νικᾶν παρέχει· ταῦτα γὰρ νῦν ἄριστ᾽ ἂν κρίναιτε πεῖράν τε αὐτῶν ἔχοντες καὶ ἄρτι γεγενημένου τοῦ πράγματος. (6) Καὶ ταῦτα μέν, ἔφη, ἀεὶ διανοούμενοι βελτίους ἂν εἴητε· νῦν δὲ ὡς θεο-

LIBER IV.

CAPUT I.

Cyrus, ubi paulisper istic cum exercitu constitisset, ac suos paratos esse declarasset ad pugnandum, si quis castris egredi vellet, exeunte nemine, suos eo, quo commodum ipsi visum est, abduxit, et castra metatus est; cumque locasset excubias, et speculatores praemisisset, in medio stans suos convocavit milites, et hujusmodi orationem habuit : « Primum equidem, Persae, deos laudibus quam possum maximis veneror, atque vos omnes pariter eos, ut arbitror, veneramini : quippe qui et victoria potiti sumus et salute. Et ob haec quidem diis gratias, quibuscunque rebus possumus, persolvere nos oportet. Vos autem equidem omnes jam collaudo (nam quae jam gesta res est, cum vestrum ea omnium decore confecta est) : verum ubi ex iis a quibus par est sciscitatus fuero, quibus quisque se dignum praebuerit, tunc debitum cuique honorem conabor et verbis et ipsa re tribuere. De Chrysanta vero cohortis praefecto mihi proximo percontari alios non necesse habeo, cum ipse norim qualem se praebuerit. Nam alia quidem, quacunque vos etiam omnes fecisse arbitror, praestitit : et cum ego pedem referre jussi, compellato nominatim ipso, etsi gladium sustulerat ille, ut percussurus hostem, statim tamen mihi paruit, eoque omisso quod facturus erat, it jusseram fecit : nam et ipse suos abduxit, et aliis idem faciendum studiose admodum significavit : adeo ut prius extra teli jactum cohortem collocaret, quam hostes animadverterent, nos pedem referre, quamque arcus tenderent, et palta in nos ejacularentur : unde fit ut et ipse illaesus sit, et milites suos per obedientiam incolumes praestat. Alios autem quosdam, inquit, vulneratos video, de quibus, ubi consideravero quo tempore vulnera acceperint, tum demum sententiam meam aperiam. Chrysantam vero, et in rebus bellicis strenuum et prudentem, et ad accipiendum imperium et imperandum idoneum, in praesentia quidem honore tribunatus adficio; et cum deus aliquid etiam aliud boni largietur, ne tunc quidem ejus obliviscar. Quin vos etiam universos, ait, admonitos volo : nam quae modo in hac pugna fidistis, ea vobis in animis vestris nusquam non cogitanda sunt, ut ipsi semper statuatis, utrum virtus an fuga vitam magis conservet, et utrum ii qui pugnare volunt, facilius se pugnae discrimine defunctos praestent, an illi qui pugnare nolunt, et cujusmodi voluptatem adferat victoria : de his enim optime jam statuere possitis, cum et periculum vosmet ipsi feceritis, et res ipsa recens gesta sit. Atque haec si usque animo versetis, ait, meliores evasuri

φιλεῖς καὶ ἀγαθοὶ καὶ σώφρονες ἄνδρες δειπνοποιεῖσθε καὶ σπονδὰς τοῖς θεοῖς ποιεῖσθε καὶ παιᾶνα ἐξάρχεσθε καὶ ἅμα τὸ παραγγελλόμενον προνοεῖτε. (7) Εἰπὼν δὲ ταῦτα ἀναβὰς·ἐπὶ τὸν ἵππον ἤλασε καὶ πρὸς Κυαξάρην ἦλθε· καὶ συνησθεὶς ἐκείνῳ κοινῇ ὡς εἰκὸς καὶ ἰδὼν τἀκεῖ καὶ ἐρόμενος εἴ τι δέοιτο, ἀπήλαυνεν εἰς τὸ ἑαυτοῦ στράτευμα. Καὶ οἱ μὲν δὴ ἀμφὶ Κῦρον δειπνοποιησάμενοι καὶ φυλακὰς καταστησάμενοι ὡς ἔδει ἐκοιμήθησαν.

8. Οἱ δὲ Ἀσσύριοι, ἅτε καὶ τεθνηκότος τοῦ ἄρχοντος καὶ σχεδὸν σὺν αὐτῷ τῶν βελτίστων, ἠθύμουν μὲν πάντες, πολλοὶ δὲ καὶ ἀπεδίδρασκον αὐτῶν τῆς νυκτὸς ἐκ τοῦ στρατοπέδου. Ὁρῶντες δὲ ταῦτα ὅ τε Κροῖσος καὶ οἱ ἄλλοι σύμμαχοι αὐτῶν πάντες ἠθύμουν· πάντα μὲν γὰρ ἦν χαλεπά, ἀθυμίαν δὲ πλείστην παρεῖχε πᾶσιν ὅτι τὸ ἡγούμενον τῆς στρατιᾶς φῦλον διεφθάρθαι ἐδόκει ταῖς γνώμαις. Οὕτω δὴ ἐκλείπουσι τὸ στρατόπεδον καὶ ἀπέρχονται τῆς νυκτός. (9) Ὡς δ' ἡμέρα ἐγένετο καὶ ἔρημον τῶν ἀνδρῶν ἐφάνη τὸ τῶν πολεμίων στρατόπεδον, εὐθὺς διαβιβάζει ὁ Κῦρος τοὺς Πέρσας πρώτους· κατελέλειπτο δὲ ὑπὸ τῶν πολεμίων πολλὰ μὲν πρόβατα, πολλοὶ δὲ βόες, πολλαὶ δὲ ἅμαξαι πολλῶν ἀγαθῶν μεσταί· ἐκ τούτου δὲ διέβαινον ἤδη καὶ οἱ ἀμφὶ Κυαξάρην Μῆδοι πάντες καὶ ἠριστοποιοῦντο ἐνταῦθα. (10) Ἐπεὶ δὲ ἠρίστησαν, συνεκάλεσεν ὁ Κῦρος τοὺς ἑαυτοῦ ταξιάρχους καὶ ἔλεξε τοιάδε. Οἷά μοι δοκοῦμεν καὶ ὅσα ἀγαθά, ὦ ἄνδρες, ἀφεῖναι, θεῶν ἡμῖν αὐτὰ διδόντων. Νῦν γὰρ ὅτι οἱ πολέμιοι φοβούμενοι ἡμᾶς ἀποδεδράκασιν αὐτοὶ ὁρᾶτε· οἵτινες δὲ ἐν ἐρύματι ὄντες ἐκλιπόντες τοῦτο φεύγουσι, πῶς ἄν τις τούτους, οἷοί τε εἶναι ἰδόντες ἡμᾶς ἐν τῷ ἰσοπέδῳ; οἵτινες δὲ ἡμῶν ἄπειροι ὄντες οὐχ ὑπέμειναν, πῶς νῦν γ' ἂν ὑπομείναιεν, ἐπεὶ ἥττηνταί τε καὶ πολλὰ κακὰ ὑφ' ἡμῶν πεπόνθασιν; ὧν δὲ οἱ βέλτιστοι ἀπολώλασι, πῶς οἱ φαυλότεροι ἐκείνων μάχεσθαι ἂν ἡμῖν ἐθέλοιεν; (11) Καί τις εἶπε, Τί οὖν οὐ διώκομεν ὡς τάχιστα, καταδήλων γε οὕτω τῶν ἀγαθῶν ὄντων; Καὶ ὃς εἶπεν, Ὅτι ἵππων προσδεόμεθα· οἱ μὲν γὰρ κράτιστοι τῶν πολεμίων, οὓς μάλιστα χειρὸς ἦν ἢ λαβεῖν ἢ κατακαίνειν, οὗτοι αὐτῶν ἐφ' ἵππων ὀχοῦνται· οὓς ἡμεῖς τρέπεσθαι μὲν σὺν τοῖς θεοῖς ἱκανοί, διώκοντες δὲ αἱρεῖν οὐχ ἱκανοί. (12) Τί οὖν, ἔφασαν, οὐκ ἐλθὼν Κυαξάρῃ λέγεις ταῦτα; Καὶ ὃς εἶπε, Συνέπεσθε τοίνυν μοι πάντες, ὡς εἰδῇ ὅτι πᾶσιν ἡμῖν ταῦτα δοκεῖ. Ἐκ τούτου εἵποντό τε πάντες καὶ ἔλεγον οἷα ἐπιτήδεια ἐδόκουν εἶναι ὑπὲρ ὧν ἐδέοντο.

13. Καὶ ὁ Κυαξάρης ἅμα μὲν ὅτι ἐκεῖνοι ἦρχον τοῦ λόγου, ὥςπερ ὑπερφθόνει, ἅμα δὲ ἴσως καλῶς ἔχειν ἐδόκει αὐτῷ μὴ πάλιν κινδυνεύειν· καὶ γὰρ αὐτός τε περὶ εὐθυμίαν ἐτύγχανεν ὢν καὶ τῶν ἄλλων Μήδων ἑώρα πολλοὺς τὸ αὐτὸ ποιοῦντας· εἶπε δ' οὖν ὧδε. (14) Ὦ Κῦρε, ἀλλ' ὅτι μὲν τῶν ἄλλων μᾶλλον ἀνθρώπων μελετᾶτε ὑμεῖς οἱ Πέρσαι μηδὲ πρὸς μίαν ἡδονὴν ἀπληστως διακεῖσθαι καὶ ὁρῶν καὶ ἀκούων οἶδα· ἐμοὶ δὲ δοκεῖ τῆς μεγίστης ἡδονῆς πολὺ μᾶλλον συμφέρειν

ostis : nunc, ut deo cari, et fortes, et prudentes viri, cœnam instruite, diis libate, pæana præcinite, simul ut fiat id quod denuntiatum est providete.» Hæc cum dixisset, equo conscenso provectus est; atque ubi ad Cyaxarem venisset, et cum eo communem ex gratulatione mutua, ut par erat, voluptatem cepisset, quæque gererentur ibi vidisset, ac num aliqua ipsi re opus esset rogasset, suum ad exercitum revectus est. Et Cyri quidem milites posteaquam cœnati essent, et excubias locassent, uti conveniebat, quieti se dederant.

Assyrii vero, quorum nimirum et princeps, et cum eo fere fortissimus quisque occubuerat, universi animis concidebant, multi etiam eorum ex castris nocte diffugiebant. Hæc autem cum Crœsus ceterique eorum socii viderent, animis deficiebant : nam erant omnia quidem dira : maximum vero mœrorem omnibus præbebat, quod ea natio, quæ in exercitu principatum teneret, pene alienata esse mente videbatur : itaque castra deserunt, et noctu discedunt. Ubi vero illuxisset, et castra hostium a militibus vacua cernerentur, mox Cyrus Persas primos eo traducit : ab hostibus autem multæ oves, bovesque multi, multa etiam bonis multis referta plaustra relicta erant : deinde Medi quoque qui erant cum Cyaxare jam in ea transierunt omnes, ibique prandium pararunt. Cum autem pransi essent, Cyrus suos cohortium præfectos convocavit, et in hunc modum loquutus est : Qualia, viri, quantaque bona, divinitus nobis oblata, dimittere videmur ! Jam enim videtis ipsi, metu nostri permotos hostes in fugam se conjecisse : qui autem munitionibus, in quibus erant, desertis fugam capiunt, hos quonam modo possit existimare quisquam substituros, ubi nos in planitie viderint? et qui nos minime sustinuerunt, cum needum experti nos essent, quo pacto nunc sustinebunt, cum et victi, et multis a nobis incommodis adfecti sint? et quorum fortissimi quique occiderunt, quomodo illorum viiissimi nobiscum pugnare velint? Et hic quidam, Cur igitur non quam celerrime, inquit, eos persequimur, cum tanta nobis bona manifeste adeo offerantur? Respondit ille, Quoniam equis adhuc nobis opus est : hostium enim qui præstantissimi sunt, quos nobis commodum maxime esset vel capere vel occidere, domum equis vecti redeunt : quos deorum ope nos in fugam quidem vertere potuimus, at non sumus ad eos persequendo capiendos idonei. Cur igitur, inquiunt, non Cyaxarem accedis, atque hæc ipsi exponis? Et ille, Vos ergo, ait, omnes una me sequimini, ut omnibus nobis hæc placere videat. Tum vero universi Cyrum sequebantur, et dicebant quæ ad rem, quam postulabant, accommodata esse, dicebant.

Et Cyaxares, partim quod illi hac de re sermonem primi injecissent, iis quasi subinvidebat; partim, recte se fortasse facturum existimabat, si rursum periculum non adiret (nam et ipse hilaritati se tunc dederat, et de ceteris Medis complures hoc ipsum facere videbat) : itaque in hunc modum respondit : «Enimvero, Cyre, vos Persas omnium hominum maxime id operam dare, ut insatiabili nullius voluptatis cupiditate teneamini, et oculis et auditu compertum habui : mihi vero multo magis expedire videtur, na-

5.

ἐγκρατῆ εἶναι. Μεῖζω δὲ ἡδονὴν τί παρέχει ἀνθρώποις εὐτυχίας ἢ νῦν ἡμῖν παραγεγένηται; (15) Ἢν μὲν τοίνυν, ἐπεὶ εὐτυχοῦμεν, σωφρόνως διαφυλάττωμεν αὐτήν, ἴσως δυναίμεθ᾽ ἂν ἀκινδύνως εὐδαιμονοῦντες γηρᾶν· εἰ δ᾽ ἀπλήστως χρώμενοι ταύτῃ ἄλλην καὶ ἄλλην πειρασόμεθα διώκειν, ὁρᾶτε μὴ πάθωμεν ἅπερ πολλοὺς μὲν λέγουσιν ἐν θαλάττῃ πεπονθέναι, διὰ τὸ εὐτυχεῖν οὐκ ἐθέλοντας παύσασθαι πλέοντας, ἀπολέσθαι· πολλοὺς δὲ νίκης τυχόντας ἑτέρας ἐφιεμένους καὶ τὴν πρόσθεν ἀποβαλεῖν. (16) Καὶ γὰρ εἰ μὲν οἱ πολέμιοι ἥττους ὄντες ἡμῶν ἔφευγον, ἴσως ἂν καὶ διώκειν τοὺς ἥττους ἀσφαλὲς εἶχε· νῦν δὲ κατανόησον πότερῳ αὐτῶν μέρει πάντες μαχεσάμενοι νενικήκαμεν· οἱ δ᾽ ἄλλοι ἀμαχοί εἰσιν· οὓς εἰ μὲν μὴ ἀναγκάσομεν μάχεσθαι, ἀγνοοῦντες καὶ ἡμᾶς καὶ ἑαυτοὺς δι᾽ ἀμαθίαν καὶ μαλακίαν ἀπίασιν· εἰ δὲ γνώσονται ὅτι ἀπιόντες οὐδὲν ἧττον κινδυνεύουσιν ἢ μένοντες, ὅπως μὴ ἀναγκάσωμεν αὐτοὺς, κἂν μὴ βούλωνται, ἀγαθοὺς γενέσθαι. (17) Ἴσθι δὲ ὅτι οὐ σὺ μᾶλλον τὰς ἐκείνων γυναῖκας καὶ παῖδας λαβεῖν ἐπιθυμεῖς ἢ ἐκεῖνοι σῶσαι. Ἐννόει δ᾽ ὅτι καὶ αἱ σύες ἐπειδὰν ὀφθῶσι, φεύγουσι, κἂν πολλαὶ ὦσι, σὺν ταῖς τέκνοις· ἐπειδὰν δέ τις αὐτῶν θηρῷ τι τῶν τέκνων, οὐκέτι φεύγει οὐδ᾽ ἂν μία τυγχάνῃ οὖσα, ἀλλ᾽ ἵεται ἐπὶ τὸν λαμβάνειν πειρώμενον. (18) Καὶ νῦν μὲν κατακλείσαντες ἑαυτοὺς εἰς ἔρυμα παρέσχον ἡμῖν ταμιεύεσθαι ὥστε ὁπόσους ἐβουλόμεθα αὐτῶν μάχεσθαι· εἰ δ᾽ ἐν εὐρυχωρίᾳ πρόσιμεν αὐτοῖς καὶ μαθήσονται χωρὶς γενόμενοι οἱ μὲν κατὰ πρόσωπον ἡμῖν ὥσπερ καὶ νῦν ἐναντιοῦσθαι, οἱ δ᾽ ἐκ πλαγίου, οἱ δὲ καὶ ὄπισθεν, ὅρα μὴ πολλῶν ἑκάστῳ ἡμῶν χειρῶν δεήσει καὶ ὀφθαλμῶν. Προςέτι δ᾽ οὐδ᾽ ἂν ἐθέλοιμι, ἔφη, ἐγὼ νῦν, ὁρῶν Μήδους εὐθυμουμένους, ἐξαναστήσας ἀναγκάζειν κινδυνεύσοντας ἰέναι.

19. Καὶ ὁ Κῦρος ὑπολαβὼν εἶπεν, Ἀλλὰ σύ γε μηδένα ἀναγκάσῃς, ἀλλὰ τοὺς ἐθέλοντάς μοι ἕπεσθαι δός· ἴσως ἂν σοὶ καὶ τῶν σῶν φίλων τούτων ἥκοιμεν ἑκάστῳ ἄγοντες ἐφ᾽ οἷς ἅπαντες εὐθυμήσεσθε. Τὸ μὲν γὰρ πλῆθος ἡμεῖς γε τῶν πολεμίων οὐ διωξόμεθα· πῶς γὰρ ἂν καὶ καταλάβοιμεν; ἢν δέ τι ἢ ἀπεσχισμένον τοῦ στρατεύματος λάβωμεν ἤ τι ὑπολειπόμενον, ἥξομεν πρός σε ἄγοντες. (20) Ἐννόει δ᾽, ἔφη, ὅτι καὶ ἡμεῖς, ἐπεὶ σὺ ἐδέου, ἤλθομεν σοὶ χαριζόμενοι μακρὰν ὁδόν· καὶ σὺ οὖν ἡμῖν δίκαιος εἶ ἀντιχαρίζεσθαι, ἵνα καὶ ἔχοντές τι οἴκαδε ἀφικώμεθα καὶ μὴ εἰς τὸν σὸν θησαυρὸν πάντες οἷδε ὁρῶμεν. (21) Ἐνταῦθα δὴ ἔλεξεν ὁ Κυαξάρης, Ἀλλ᾽ εἴ γε μέντοι ἐθέλων τις ποίοιτο, καὶ χάριν ἔγωγέ σοι εἰδείην ἄν. Σύμπεμψον τοίνυν μοί τινα, ἔφη, τῶν ἀξιοπίστων τούτων, ὃς ἐρεῖ ἃ ἂν σὺ ἐπιστείλῃς. Λαβὼν δὴ ἴθι, ἔφη, ὄντινα ἐθέλεις τουτωνί. (22) Ἔνθα δὴ ἐτύγχανε παρὼν ὁ φήσας ποτὲ συγγενὴς αὐτοῦ εἶναι καὶ φιληθείς. Εὐθὺς οὖν ὁ Κῦρος εἶπεν, Ἀρκεῖ μοι, ἔφη, οὗτος. Οὗτος τοίνυν σοι, ἔφη, ἐπέσθω. Καὶ λέγε σὺ, ἔφη, τὸν ἐθέλοντα ἰέναι μετὰ Κύρου. Οὕτω δὴ λαβὼν τὸν ἄνδρα ἐξῄει.

xima continenter frui voluptate. Quid autem voluptatem hominibus majorem adfert, quam prospera fortuna, quæ quidem hoc tempore nobis obtigit? Si ergo, cum prospera utamur fortuna, prudenter eam conservemus, in vita fortasse beata sine periculis senescere possimus : sin hac minime satiati, aliam ex alia persequi conabimur, videte, ne idem nobis accidat, quod accidisse multis in mari dicitur, ut, propterea quod bona usi fortuna, finem navigandi facere nollent, donec naufragio interirent, itidemque multis, qui victoriam adepti, dum alteram expeterent, priorem etiam amiserint. Nam si hostes, pauciores eum nobis essent, in fugam se dedissent, fortasse et persequi pauciores tutum esset : nunc vero consideres velim, cum quantula ipsorum parte nos omnes congressi vicerimus; ceteri autem pugna abstinebant, quos si ut pugnent non cogemus, et nostrûm et sui ipsorum ignari, propter imperitiam et animi mollitiam discedent : sin animadvertent, nihilo se minus in periculo fore, si abeant, quam si resistant, vide, ne cogamus eos ut etiam præter animi sententiam fortiter se gerant. Nam scire debes, non magis illorum uxores ac liberos capiendi te cupidum esse, quam illi servandi sint cupidi. Etiam sues cogita, posteaquam conspectæ sunt, cum prole sua fugere, tametsi multæ numero sint : cum vero quis de pullis earum venetur aliquem, non jam amplius, ne si una quidem sit, fugit, sed eum qui capere conatur invadit. Nunc quidem cum sese in munitionem incluserint, potestatem nobis fecere velut e penu quodam promendi et pugnandi cum tanto eorum numero, quanto nobis visum esset : at si lata in planitie ad ipsos accedemus, divisisque copiis discent, partim nobis a fronte, quemadmodum modo accidit, obsistere, partim ab latere, partim etiam a tergo; vide, ne cuique nostrûm multis et oculis et manibus futurum sit opus. Præterea nolim equidem, inquit, cum Medos nunc hilaritati indulgere videam, eos surgere jussos ad periculosum iter cogere. »

Et Cyrus respondens, Neminem vero, coegeris, inquit; sed illos da tantum, qui me libentes sequentur : et fortassis ita redibimus, ut tibi et amicis hisce tuis singulis adferamus ea, quæ grata omnibus futura sunt. Copias enim hostium confertim omnes nos certe non persequemur; (nam quo pacto eas adsequi possimus?) verum si quid vel avulsum ab exercitu nacti crimus, vel a tergo relictum, id ad te redeuntes adducremus. Cogita vero, inquit, nos etiam, quoniam tu rogabas, longo venisse itinere, tibi uti rem gratam faceremus : itaque te vicissim nobis gratificari æquum est, ut et ipsi aliquo cum emolumento domum redeamus, et ne omnes nos ad tuum thesaurum respiciamus. Hic Cyaxares, At vero, si quis, inquit, libens te sequatur, equidem tibi gratiam quoque habiturus sim. Mitte igitur mecum quendam de tuis hisce fide dignis, qui tu quæ jusseris exponat. Age vero, inquit, quemcunque horum volueris accipe. Ibi forte Medus ille aderat, qui aliquando cognatum se Cyri dixerat, et osculum ab eo tulerat. Statim itaque Cyrus, Sufficit, inquit, mihi quidem. Et is ergo te sequatur, ait. Tuque adeo dicito, ait, ut eat cum Cyro qui volet. Atque ita recepto Cyrus ad se homi-

(23) Ἐπεὶ δ' ἐξῆλθον, εὐθὺς ὁ Κῦρος εἶπε, Νῦν δὴ σὺ δηλώσεις εἰ ἀληθῆ ἔλεγες, ὅτε ἔφης ἥδεσθαι θεώμενος ἐμέ. Οὔκουν ἀπολείψομαί γέ σου, ἔφη ὁ Μῆδος, εἰ τοῦτο λέγεις. Οὐκοῦν καὶ ἄλλους, ἔφη, προθύμως ἐξάξεις; Κἀκεῖνος ἐπομόσας, Νὴ τὸν Δί', ἔφη, ἔστε γ' ἂν ποιήσω καὶ σὲ ἐμὲ ἡδέως θεᾶσθαι. (24) Τότε δὴ καὶ ἐκπεμφθεὶς ὑπὸ τοῦ Κυαξάρου τά τε ἄλλα προθύμως ἀπήγγελλε τοῖς Μήδοις καὶ προσετίθει ὅτι αὐτός γε οὐκ ἀπολείποιτο ἀνδρὸς καλλίστου καὶ ἀρίστου, καὶ τὸ μέγιστον, ἀπὸ θεῶν γεγονότος.

ΚΕΦΑΛΑΙΟΝ Β.

Πράττοντος δὲ τοῦ Κύρου ταῦτα θείως πως ἀφικνοῦνται ἀπὸ Ὑρκανίων ἄγγελοι. Οἱ δὲ Ὑρκάνιοι ὅμοροι μὲν τῶν Ἀσσυρίων εἰσίν, ἔθνος δ' οὐ πολύ, διὸ καὶ ὑπήκοοι ἦσαν τῶν Ἀσσυρίων· ἔφιπποι δὲ καὶ τότε ἐδόκουν καὶ νῦν ἔτι δοκοῦσιν εἶναι· διὸ καὶ ἐχρῶντο αὐτοῖς οἱ Ἀσσύριοι ὥσπερ καὶ οἱ Λακεδαιμόνιοι τοῖς Σκιρίταις, οὐδὲν φειδόμενοι αὐτῶν οὔτ' ἐν πόνοις οὔτ' ἐν κινδύνοις· καὶ δὴ καὶ τότε ὀπισθοφυλακεῖν ἐκέλευον αὐτοὺς ὡς χιλίους ἱππέας ὄντας, ὅπως εἴ τι ὄπισθεν δεινὸν εἴη, ἐκεῖνοι πρὸ αὐτῶν τοῦτ' ἔχοιεν. (2) Οἱ δὲ Ὑρκάνιοι, ἅτε μέλλοντες ὕστατοι πορεύεσθαι, καὶ τὰς ἁμάξας τὰς ἑαυτῶν καὶ τοὺς οἰκείους ὑστάτους εἶχον. Στρατεύονται γὰρ δὴ οἱ κατὰ τὴν Ἀσίαν ἔχοντες οἱ πολλοὶ μεθ' ὧνπερ καὶ οἰκοῦσι· καὶ τότε δὴ ἐστρατεύοντο οὕτως οἱ Ὑρκάνιοι. (3) Ἐννοηθέντες δὲ οἷά τε πάσχουσιν ὑπὸ τῶν Ἀσσυρίων καὶ ὅτι νῦν τεθναίη μὲν ὁ ἄρχων αὐτῶν, ἡττημένοι δ' εἶεν, φόβος δ' ἐνείη τῷ στρατεύματι, οἱ δὲ σύμμαχοι αὐτῶν ὡς ἀθύμως ἔχοιεν καὶ ἀπολείποιεν, ταῦτα ἐνθυμουμένοις ἔδοξεν αὐτοῖς νῦν καλὸν εἶναι ἀποστῆναι, εἰ θέλοιεν οἱ ἀμφὶ Κῦρον συνεπιθέσθαι. Καὶ πέμπουσιν ἀγγέλους πρὸς Κῦρον· ἀπὸ γὰρ τῆς μάχης τὸ τούτου ὄνομα μέγιστον ηὔξητο. (4) Οἱ δὲ πεμφθέντες λέγουσι Κύρῳ ὅτι μισοῖέν τε τοὺς Ἀσσυρίους δικαίως, νῦν τε εἰ βούλοιτο ἰέναι ἐπ' αὐτούς, καὶ σφεῖς σύμμαχοι ὑπάρξοιεν καὶ ἡγήσοιντο· ἅμα δὲ πρὸς τούτοις διηγοῦντο τὰ τῶν πολεμίων ὡς ἔχοι, ἐπαίρειν βουλόμενοι μάλιστα στρατεύεσθαι αὐτόν. (5) Καὶ ὁ Κῦρος ἐπήρετο αὐτούς, Καὶ δοκεῖτε ἄν, ἔφη, ἔτι ἡμᾶς καταλαβεῖν αὐτοὺς πρὶν ἐν τοῖς ἐρύμασιν εἶναι; ἡμεῖς μὲν γάρ, ἔφη, μάλα συμφορὰν τοῦτο ἡγούμεθα ὅτι ἔλαθον ἡμᾶς ἀποδράντες. Ταῦτα δὲ ἔλεγε βουλόμενος αὐτοὺς ὡς μέγιστον φρονεῖν ἐπὶ σφίσιν. (6) Οἱ δὲ ἀπεκρίναντο ὅτι καὶ αὔριον ἕωθεν εἰ εὔζωνοι πορεύοιντο, καταλήψοιντο· ὑπὸ γὰρ τοῦ ὄχλου καὶ τῶν ἁμαξῶν σχολῇ πορεύεσθαι αὐτούς· καὶ ἅμα, ἔφασαν, τὴν προτέραν νύκτα ἀγρυπνήσαντες νῦν μικρὸν προελθόντες ἐστρατοπεδεύονται. (7) Καὶ ὁ Κῦρος ἔφη, Ἔχετε οὖν ὧν λέγετε πιστόν τι ἡμᾶς διδάσκειν ὡς ἀληθεύετε; Ὁμήρους γ', ἔφασαν, θέλομεν αὐτίκα ἐλάσαντες τῆς νυκτὸς ἀγαγεῖν· μόνον καὶ σὺ ἡμῖν πιστὰ θεῶν πεποίησο

CAPUT II.

Dum hæc a Cyro geruntur, divinitus quodammodo accidit ut ab Hyrcaniis nuntii venirent. Sunt autem Assyriis finitimi Hyrcanii, natio non illa quidem magna : quocirca etiam imperio Assyriorum subjecti erant : equites vero idonei et tunc habebantur, et adhuc habentur ; idcirco utebantur opera ipsorum Assyrii, quemadmodum Lacedæmonii Sciritarum ; nec in laboribus, nec in periculis eis parcentes. Et quidem eo ipso tempore jusserant eos, qui erant equites circiter mille numero, extremum tueri agmen, ut si quid a tergo periculum instaret, id illi ante se subirent. Hyrcanii autem, utpote qui ultimo loco iter facturi erant, etiam currus suos et domesticos ultimos habebant. Nam pleræque nationes Asiaticæ expeditionem suscipientes familiam secum una ducunt ; et in hac quidem expeditione Hyrcanii morem hunc servabant. Cumque ad animos eis accidisset, cujusmodi incommodis ab Assyriis afficerentur, horum principem mortem occubuisse, victos ipsos esse, magnum metum invasisse exercitum, socios animum abjecisse defecisseque : hæc cum secum ipsi cogitarent, visum est opportune defectionem hoc tempore fieri posse, si cum ipsis Cyri exercitus hostes una adoriri vellet. Atque adeo nuntios ad Cyrum mittunt ; hujus enim nomini a prælio maxima celebritas accesserat. Qui autem missi erant, exponunt Cyro, jure se Assyrios odisse, ac si hoc tempore eos adgredi vellet, se quoque socios et duces ipsi itineris futuros : simul commemorabant etiam quo loco res hostium essent, utpote qui eum quammaxime ad expeditionem hanc suscipiendam excitare cupiebant. Et Cyrus eos interrogans, An existimatis, inquit, nos adhuc eos adsequuturos, priusquam intra munitiones se recipiant? nam hoc ipsum nos magni infurtunii loco ducimus, quod clam nobis aufugerint. Hæc vero dicebat, volens eos magnificentissime de se sentire vellet. Illi autem responderunt, postridie etiam mane fieri posse, si expediti pergerent, ut eos adsequerentur : præ turba enim et plaustris eos lente iter facere : Ac præterea, inquiunt, quippe quod nocte superiore vigilassent, jam paululum progressi castra metati sunt. Et Cyrus inquit, Ergone pignus quo fidem dictis faciatis aliquod habetis, quod nos doceat, vera vos dicere? Obsides, inquiunt, actutum hinc profecti nocte adducere volumus : tu modo

καὶ δεξιὰν δός, ἵνα φέρωμεν καὶ τοῖς ἄλλοις τὰ αὐτὰ ἅπερ ἂν αὐτοὶ λάβωμεν παρὰ σοῦ. (8) Ἐκ τούτου πιστὰ δίδωσιν αὐτοῖς ἡ μήν, ἂν ἐμπεδώσωσιν ἃ λέγουσιν, ὡς φίλοις καὶ πιστοῖς χρήσεσθαι αὐτοῖς, ὡς μήτε Περσῶν μήτε Μήδων μεῖον ἔχειν παρ' αὐτῷ. Καὶ νῦν δ' ἔστιν ἔτι ἰδεῖν Ὑρκανίους καὶ πιστευομένους καὶ ἀρχὰς ἔχοντας, ὥσπερ καὶ Περσῶν καὶ Μήδων οἳ ἂν δοκῶσιν ἄξιοι εἶναι.

9. Ἐπεὶ δ' ἐδείπνησαν, ἐξῆγε τὸ στράτευμα ἔτι φάους ὄντος, καὶ τοὺς Ὑρκανίους περιμένειν ἐκέλευσεν, ἵνα ἅμα ἴοιεν. Οἱ μὲν δὴ Πέρσαι ὥσπερ εἰκὸς πάντες εὐθὺς ἔξω ἦσαν καὶ Τιγράνης ἔχων τὸ ἑαυτοῦ στράτευμα· (10) τῶν δὲ Μήδων ἐξῄεσαν οἱ μὲν διὰ τὸ παιδὶ ὄντι Κύρῳ παῖδες ὄντες φίλοι γενέσθαι, οἱ δὲ διὰ τὸ ἐν θήραις συγγενόμενοι ἀγασθῆναι αὐτοῦ τὸν τρόπον, οἱ δὲ διὰ τὸ καὶ χάριν εἰδέναι ὅτι μέγαν αὐτοῖς φόβον ἀπεληλακέναι ἐδόκει, οἱ δὲ καὶ ἐλπίδας ἔχοντες διὰ τὸ ἄνδρα φαίνεσθαι ἀγαθὸν καὶ εὐτυχῆ καὶ μέγαν ἔτι ἰσχυρῶς ἔσεσθαι αὐτόν, οἱ δέ, ὅτε ἐτρέφετο ἐν Μήδοις, εἴ τι ἀγαθόν τῳ συνέπραξεν, ἀντιχαρίζεσθαι ἠθούλοντο· πολλοῖς δὲ πολλὰ διὰ φιλανθρωπίαν παρὰ τοῦ πάππου ἀγαθὰ διεπέπρακτο· πολλοὶ δ' ἐπεὶ καὶ τοὺς Ὑρκανίους εἶδον καὶ λόγος διῆλθεν ὡς ἡγήσοιντο ἐπὶ πολλὰ ἀγαθά, ἐξῄεσαν καὶ τοῦ λαβεῖν τι ἕνεκα. (11) Οὕτω δὴ ἐξῆλθον σχεδὸν ἅπαντες καὶ οἱ Μῆδοι πλὴν ὅσοι σὺν Κυαξάρῃ ἔτυχον σκηνοῦντες· οὗτοι δὲ κατέμενον καὶ οἱ τούτων ὑπήκοοι. Οἱ δὲ ἄλλοι πάντες φαιδρῶς καὶ προθύμως ἐξωρμῶντο, ἅτε οὐκ ἀνάγκῃ ἀλλ' ἐθελούσιοι καὶ χάριτος ἕνεκα ἐξιόντες. (12) Ἐπεὶ δ' ἔξω ἦσαν, πρῶτον μὲν πρὸς τοὺς Μήδους ἐλθὼν ἐπῄνεσέ τε αὐτοὺς καὶ ἐπηύξατο μάλιστα μὲν θεοὺς αὐτοῖς ἵλεως ἡγεῖσθαι καὶ σφίσιν, ἔπειτα δὲ καὶ αὐτὸς δυνασθῆναι χάριν αὐτοῖς ταύτης τῆς προθυμίας ἀποδοῦναι. Τέλος δ' εἶπεν ὅτι ἡγήσοιντο μὲν αὐτοῖς οἱ πεζοί, ἐκείνους δὲ ἕπεσθαι σὺν τοῖς ἵπποις ἐκέλευσε· καὶ ὅπου ἂν ἢ ἀναπαύωνται ἢ ἐπίσχωσι τῆς πορείας, ἐνετέλλετο αὐτοῖς πρὸς ἑαυτὸν παρελαύνειν τινάς, ἵνα εἰδῶσι τὸ ἀεὶ καίριον. (13) Ἐκ τούτου ἡγεῖσθαι ἐκέλευε τοὺς Ὑρκανίους. Καὶ οἱ ἤροντο, Τί δέ, οὐ γὰρ ἀναμενεῖς, ἔφασαν, τοὺς ὁμήρους ἕως ἂν ἀγάγωμεν, ἵνα ἔχων καὶ σὺ τὰ πιστὰ παρ' ἡμῶν πορεύῃ; Καὶ τὸν ἀποκρίνασθαι λέγεται, Ἐννοῶ γάρ, φάναι, ὅτι ἔχομεν τὰ πιστὰ ἐν ταῖς ἡμετέραις ψυχαῖς καὶ ταῖς ἡμετέραις χερσίν. Οὕτω γὰρ δοκοῦμεν παρεσκευάσθαι ὡς ἢν μὲν ἀληθεύητε, ἱκανοὶ εἶναι ὑμᾶς εὖ ποιεῖν· ἢν δὲ ἐξαπατᾶτε, οὕτω νομίζομεν ἔχειν ὡς οὐχ ἡμᾶς ἐφ' ὑμῖν ἔσεσθαι, ἀλλὰ μᾶλλον, ἢν οἱ θεοὶ θέλωσιν, ὑμᾶς ἐφ' ἡμῖν γενήσεσθαι. Καὶ μέντοι, ἔφη, ὦ Ὑρκάνιοι, ἐπείπερ φατὲ ὑστάτους ἕπεσθαι τοὺς ὑμετέρους, ἐπειδὰν ἴδητε αὐτούς, σημαίνετε ἡμῖν ὅτι οἱ ὑμέτεροί εἰσιν, ἵνα φειδώμεθα αὐτῶν. (14) Ἀκούσαντες δὲ ταῦτα οἱ Ὑρκάνιοι τὴν μὲν ὁδὸν ἡγοῦντο ὥσπερ ἐκέλευε, τὸ δὲ ῥώμην τῆς ψυχῆς ἐθαύμαζον· καὶ οὔτε Ἀσσυρίους οὔτε Λυδοὺς οὔτε τοὺς συμμάχους αὐτῶν ἔτι ἐφοβοῦντο, ἀλλὰ μὴ παντάπασιν ὁ Κῦρος μικράν τινα

quoque diis testibus tuam nobis adstringe fidem, et dextram da, ut ea ad alios etiam adferamus, quæ abs te acceperimus. Secundum hæc fidem iis dat, omnino se, ea si præstent quæ pollicentur, illos et amicorum et fidorum hominum loco habiturum, ut deteriori apud se conditione non essent, quam vel Persæ vel Medi. Atque hac etiam tempestate videre est, et fidem Hyrcaniis haberi et eosdem magistratus gerere, quemadmodum qui de natione Persarum et Medorum iisdem digni videntur esse.

Cyrus, posteaquam cœnatum esset, copias eduxit, cum adhuc luceret, jussitque Hyrcanios operiri, ut una proficiscerentur. Ac Persæ quidem universi, ut par erat, statim castris egrediebantur, et Tigranes itidem suis cum copiis; Medorum autem alii, quod pueri cum Cyro puero amicitiam contraxerant, prodiere; alii, quod cum eo in venationibus consuetudine congressi, mores ipsius admirati fuissent; alii, quod gratiam ipsi haberent, qui metum eis ingentem depulisse videretur; alii, spe concepta, quod Cyrus virum se virtute præditum præferret, cum etiam felicem valdeque magnum aliquando futurum: alii vero, si qua in se, dum apud Medos educaretur, contulerat beneficia, pro vicissim ei rem gratam facere volebant (et multis sane multa commoda, quæ ejus erat humanitas, apud avum confecerat); multi etiam, cum Hyrcanios cernerent, et rumor esset diditus, hos ad multa bona eis duces futuros, idcirco proficiscebantur, ut aliquid consequerentur. Atque ita factum, ut et Medi prope universi prodirent, extra eos, quicunque Cyaxari forte erant contubernales; hi enim, cum subjectis imperio suo, manebant. Ceteri omnes lætis alacribusque animis illinc profecti sunt, utpote qui non coacti, sed sponte sua gratificandique studio prodirent. Cum vero jam egressi essent, primum Medos adiit, laudibusque collaudatis precatus est, maxime quidem ut dii propitii et ipsis et sibi duces essent, deinde ut et ipse gratiam iis pro hoc studio referre posset. Tandem pedites præituros dixit, utque cum equis ipsi sequerentur imperavit: ac ubi vel requiescerent vel in itinere subsisterent, præcepit iis ut ad quidam equis adveherentur, ut quid pro tempore quolibet fieri oporteret cognoscerent. Secundum hæc jussit Hyrcanios præire. Et illi interrogantes, Cur non exspectas, inquiunt, donec obsides adducamus, ut et tu fidei pignoribus a nobis prius acceptis progrediaris? Cyrus ibi respondisse fertur, Equidem cogito, inquit, nostris in animis manibusque nostris fidei nos habere pignora. Sic enim instructi nobis videmur, ut, vera si dicatis, nobis adsit beneficiis vos adficiendi facultas: sin fraude uti velitis, ita nos comparatos existimamus, ut minime nos in potestate vestra, sed vos potius in nostra, diis volentibus futuri sitis. Et vero Hyrcanii, ait, quia postremo loco vestros proficisci dicitis, ubi eos videritis, significate nobis illos esse vestros, iis uti parcamus. Hæc cum audissent Hyrcanii, et præeundo itineris se duces præstabant, quemadmodum mandarat, et animi robur admirabantur; neque jam Assyrios, neque Lydos, neque socios ipsorum amplius metuebant, sed hoc unum ne Cyrus omnino parum in ipsis

αὐτῶν οἴοιτο ῥοπὴν εἶναι καὶ προςόντων καὶ ἀπόντων.

15. Πορευομένων δὲ ἐπεὶ νὺξ ἐπεγένετο, λέγεται φῶς τῷ Κύρῳ καὶ τῷ στρατεύματι ἐκ τοῦ οὐρανοῦ προφανὲς γενέσθαι, ὥςτε πᾶσι μὲν φρίκην ἐγγίγνεσθαι πρὸς τὸ θεῖον, θάρρος δὲ πρὸς τοὺς πολεμίους. Ὡς δὲ εὔζωνοί τε καὶ ταχὺ ἐπορεύοντο, εἰκότως πολλήν τε ὁδὸν διήνυσαν καὶ ἅμα κνέφᾳ πλησίον γίγνονται τοῦ τῶν Ὑρκανίων στρατεύματος. (16) Ὡς δ' ἔγνωσαν οἱ ἄγγελοι, καὶ τῷ Κύρῳ λέγουσιν ὅτι οὗτοί εἰσιν οἱ σφέτεροι· τῷ τε γὰρ ὑστάτους εἶναι γιγνώσκειν ἔφασαν καὶ τῷ πλήθει τῶν πυρῶν· (17) ἐκ τούτου πέμπει τὸν ἕτερον αὐτῶν πρὸς αὐτοὺς, προςτάξας λέγειν, εἰ φίλοι εἰσίν, ὡς τάχιστα ὑπαντᾶν τὰς δεξιὰς ἀνατείναντας. Συμπέμπει δέ τινα καὶ τῶν σὺν αὐτῷ καὶ λέγειν ἐκέλευσε τοῖς Ὑρκανίοις ὅτι ὡς ἂν ὁρῶσιν αὐτοὺς προςφερομένους, οὕτω καὶ αὐτοὶ ποιήσουσιν. Οὕτω δὴ ὁ μὲν μένει τῶν ἀγγέλων παρὰ τῷ Κύρῳ, ὁ δὲ προςελαύνει πρὸς τοὺς Ὑρκανίους. (18) Ἐν ᾧ δ' ἐσκόπει τοὺς Ὑρκανίους ὁ Κῦρος ὅ,τι ποιήσουσιν, ἐπέστησε τὸ στράτευμα· καὶ παρελαύνουσι πρὸς αὐτὸν οἱ τῶν Μήδων προεστηκότες καὶ ὁ Τιγράνης καὶ ἐπερωτῶσί τι δεῖ ποιεῖν. Ὁ δὲ λέγει αὐτοῖς ὅτι τοῦτ' ἐστὶ τὸ πλησίον Ὑρκανίων στράτευμα, καὶ οἴχεται ὁ ἕτερος τῶν ἀγγέλων πρὸς αὐτοὺς καὶ τῶν ἡμετέρων τις σὺν αὐτῷ, ἐροῦντες, εἰ φίλοι εἰσίν, ὑπαντιάζειν τὰς δεξιὰς ἀνατείναντας πάντας. Ἢν οὖν οὕτω ποιῶσι, δεξιοῦσθέ τε αὐτοὺς καθ' ὃν ἂν ᾖ ἕκαστος καὶ ἅμα θαρρύνετε· ἢν δὲ ὅπλα αἴρωνται ἢ φεύγειν ἐπιχειρῶσι, τούτων, ἔφη, εὐθὺς δεῖ πρώτων πειρᾶσθαι μηδένα λείπειν. (19) Ὁ μὲν τοιαῦτα παρήγγειλεν. Οἱ δὲ Ὑρκάνιοι ἀκούσαντες τῶν ἀγγέλων ἥσθησάν τε καὶ ἀναπηδήσαντες ἐπὶ τοὺς ἵππους παρῆσαν τὰς δεξιὰς ὥςπερ εἴρητο προτείνοντες· οἱ δὲ Μῆδοι καὶ Πέρσαι ἀντεδεξιοῦντό τε αὐτοὺς καὶ ἐθάρρυνον. (20) Ἐκ τούτου δὴ ὁ Κῦρος λέγει, Ἡμεῖς μὲν δὴ, Ὑρκάνιοι, ἤδη ὑμῖν πιστεύομεν· καὶ ὑμᾶς δὲ χρὴ πρὸς ἡμᾶς οὕτως ἔχειν. Τοῦτο δ', ἔφη, ἡμῖν πρῶτον εἴπατε πόσον ἀπέχει ἐνθένδε ἔνθα αἱ ἀρχαί εἰσι τῶν πολεμίων καὶ τὸ ἀθρόον αὐτῶν. Οἱ δὲ ἀπεκρίναντο ὅτι ὀλίγῳ πλέον ἢ παρασάγγην.

21. Ἐνταῦθα δὴ λέγει ὁ Κῦρος, Ἄγετε δὴ, ἔφη, ὦ ἄνδρες Πέρσαι καὶ Μῆδοι καὶ ὑμεῖς, ὦ Ὑρκάνιοι, ἤδη γὰρ καὶ πρὸς ὑμᾶς ὡς πρὸς συμμάχους καὶ κοινωνοὺς διαλέγομαι, εὖ χρὴ εἰδέναι νῦν ὅτι ἐν τοιούτῳ ἐσμὲν ἔνθα δὴ μαλακισάμενοι μὲν πάντων ἂν τῶν χαλεπωτάτων τύχοιμεν· ἴσασι γὰρ οἱ πολέμιοι ἐφ' ᾧ ἥκομεν· ἢν δὲ κατὰ τὸ καρτερὸν ἐμβαλόμενοι ἴωμεν ῥώμῃ καὶ θυμῷ ἐπὶ τοὺς πολεμίους, αὐτίκα μάλα ὄψεσθε ὥςπερ δούλων ἀποδιδρασκόντων ὡς μὲν εὑρημένους τοὺς μὲν ἱκετεύοντας αὐτῶν, τοὺς δὲ φεύγοντας, τοὺς δ' οὐδὲ ταῦτα φρονεῖν δυναμένους. Ἡττημένοι γὰρ ὄψονταί τε ἡμᾶς καὶ οὔτε οἰόμενοι ἥξειν οὔτε συντεταγμένοι οὔτε μάχεσθαι παρεσκευασμένοι κατειλημμένοι ἔσονται. (22) Εἰ οὖν ἡδέως βουλόμεθα καὶ δειπνῆσαι καὶ νυκτερεῦσαι καὶ βιοτεύειν τὸ ἀπὸ τοῦδε, μὴ δῶμεν τούτοις σχολὴν μήτε βουλεύσασθαι μήτε παρασκευάσασθαι ἀγαθὸν ἑαυτοῖς

---

momenti situm existimaret, sive ei adessent sive abessent.

Cum autem iis progredientibus, nox adpetisset, traditum est, Cyro et exercitui lucem clarissimam de coelo datam fuisse, quo factum ut in animis omnium quidam horror erga numen divinum, et in hostes confidentia nasceretur. Et quia expediti celeriterque pergerent, mirum non est si magnum confecissent iter, atque adeo cum ipso crepusculo prope ab Hyrcaniorum copiis aberant. Id cum nuntii animadvertissent, Cyrum docent, hos esse suos : nam hoc et inde se intelligere aiebant quod essent ultimi, et de ignium multitudine. Tum eorum alterum ad ipsos mittit, jubetque dicere, ut si quidem essent amici, quam celerrime sublatis dextris occurrerent. Quosdam etiam suorum una mittit, quibus præcipit Hyrcaniis dicerent, futurum ut ipsi eodem se gererent modo, quo eos ad se ferri viderent. Atque ita nuntius alter apud Cyrum manet, alter ad Hyrcanios equo provehitur. Interea vero, dum quid Hyrcanii facturi essent considerabat Cyrus, exercitum subsistere jussit; et eum adequitant principes Medorum et Tigranes, et quid faciendum sit interrogant. Ille autem dicit iis, Agmen hoc proximum Hyrcaniorum est, et ad eos nuntiorum alter abiit, cumque hoc de nostris aliquis, monituri eos, ut, si quidem amici sint, sublatis dextris occurrant omnes. Quapropter si hoc modo accesserint, dextras iis quisque loco porrigite, simulque animum ipsis addite : sin arma expedierint, aut fugam moliantur, date operam, ait, ne quis ex hostium primis hisce supersit. Hujusmodi quædam præcipiebat Cyrus; Hyrcanii vero nuntios cum audissent, et gavisi sunt, et equis celeriter conscensis adfuerunt, dextras, uti denuntiatum fuerat, protendentes : et Medi ac Persæ dextras vicissim iis porrigebant, atque bono eos animo esse jubebant. Deinde Cyrus, Nos quidem, inquit, Hyrcanii, vobis jam fidem habemus; ac vos etiam eodem modo erga nos adfectos esse oportet. Verum hoc primum nobis dicite, quantum hinc distet is locus ubi hostium principes, et totæ eorum sunt copiæ. Responderunt illi, paulo majus intervallum esse parasanga.

Hic Cyrus, « Agite, ergo, inquit, Persæ, Medi, et vos, Hyrcanii (nam vos etiam tanquam auxiliares et socios adloquor), certo nos scire oportet, eo res nostras esse in loco, ut si molliter remisseque agamus, gravissima quæque nobis eventura sint : norunt enim hostes quarum rerum causa huc advenerimus : sin totis viribus irruentes, fortiter animoseque hostes adgrediemur, illico videbitis, eorum, servorum fugitivorum more qui reperiuntur, alios supplicare, alios fugere, alios ne ad hæc quidem posse animos intendere. Nam victi nos adspicient, et neque fore ut adventum existimantes , neque in ordines dispositi, neque ad pugnam parati deprehendentur. Quamobrem si suaviter et coenare et noctem hanc exigere et vivere deinceps volumus, ne demus eis deliberandi otium, neque parandi quidquam, quod

μηδὲν, μηδὲ γνῶναι πάμπαν ὅτι ἄνθρωποί ἐσμεν, ἀλλὰ γέῤῥα καὶ κοπίδας καὶ σαγάρεις ἅπαντα καὶ πληγὰς ἥκειν νομιζόντων. (22) Καὶ ὑμεῖς μέν, ἔφη, ὦ Ὑρκάνιοι, ὑμᾶς αὐτοὺς προπετάσαντες ἡμῶν πορεύεσθε ἔμπροσθεν, ὅπως τῶν ὑμετέρων ὅπλων δρωμένων λανθάνωμεν ὅτι πλεῖστον χρόνον. Ἐπειδὰν δ᾽ ἐγὼ πρὸς τῷ στρατεύματι γένωμαι τῶν πολεμίων, παρ᾽ ἐμοὶ μὲν καταλείπετε ἕκαστοι τάξιν ἱππέων, ἐάν τι δέωμαι, ὡς χρῶμαι μένων παρὰ τὸ στρατόπεδον. (23) Ὑμῶν δὲ οἱ μὲν ἄρχοντες καὶ οἱ πρεσβύτεροι ἐν τάξει ἀθρόοι ἐλαύνετε, εἰ σωφρονεῖτε, ἵνα μήποτε ἀθρόῳ τινὶ ἐντυχόντες ἀποβιασθῆτε, τοὺς δὲ νεωτέρους ἐφίετε διώκειν· οὗτοι δὲ καινόντων· τοῦτο γὰρ ἀσφαλέστατον νῦν ὡς ἐλαχίστους τῶν πολεμίων λιπεῖν. (24) Ἢν δὲ νικῶμεν, ἔφη, ὃ πολλοὺς δὴ κρατοῦσι τὴν τύχην ἀνέτρεψε, φυλάξασθαι δεῖ τὸ ἐφ᾽ ἁρπαγὴν τραπέσθαι· ὡς ὁ τοῦτο ποιῶν οὐκέτι ἀνήρ ἐστιν, ἀλλὰ σκευοφόρος· καὶ ἔξεστι τῷ βουλομένῳ χρῆσθαι δὴ τούτῳ ὡς ἀνδραποδίῳ. (25) Ἐκεῖνο δὲ χρὴ γνῶναι ὅτι οὐδέν ἐστι κερδαλεώτερον τοῦ νικᾶν· ὁ γὰρ κρατῶν ἅμα πάντα συνήρπακε, καὶ τοὺς ἄνδρας καὶ τὰς γυναῖκας καὶ τὰ χρήματα καὶ πᾶσαν τὴν χώραν. Πρὸς ταῦτα τοῦτο μόνον ὁρᾶτε ὅπως τὴν νίκην διασωζόμεθα· ἐν γὰρ ταύτῃ καὶ αὐτὸς ὁ ἁρπάζων ἔχεται. Καὶ τοῦτο δὴ διώκοντες μέμνησθε, ἥκειν πάλιν ὡς ἐμὲ ἔτι φάους ὄντος· ὡς σκότους γενομένου οὐδένα ἔτι προσδεξόμεθα.

27. Ταῦτα εἰπὼν ἀπέπεμπεν εἰς τὰς τάξεις ἑκάστους, καὶ ἐκέλευεν ἅμα πορευομένους τοῖς ἑαυτοῦ ἕκαστον δεκαδάρχοις ταὐτὰ σημαίνειν· ἐν μετώπῳ γὰρ ἦσαν οἱ δεκάδαρχοι, ὥστε ἀκούειν· τοὺς δὲ δεκαδάρχους τῇ δεκάδι ἑκάστῳ κελεύειν παραγγέλλειν. Ἐκ τούτου δὲ προηγοῦντο μὲν οἱ Ὑρκάνιοι, αὐτὸς δὲ τὸ μέσον ἔχων σὺν τοῖς Πέρσαις ἐπορεύετο· τοὺς δὲ ἱππέας ἑκατέρωθεν, ὥσπερ εἰκός, παρέταξε. (28) Τῶν δὲ πολεμίων, ἐπεὶ φάος ἐγένετο, οἱ μὲν ἐθαύμαζον τὰ δρώμενα, οἱ δὲ ἐγίγνωσκον ἤδη, οἱ δ᾽ ἤγγελλον, οἱ δ᾽ ἐβόων, οἱ δ᾽ ἔλυον ἵππους, οἱ δὲ συνεσκευάζοντο, οἱ δ᾽ ἐῤῥίπτουν τὰ ὅπλα ἀπὸ τῶν ὑποζυγίων, οἱ δ᾽ ὡπλίζοντο, οἱ δὲ ἀνεπήδων ἐπὶ τοὺς ἵππους, οἱ δὲ ἐχαλίνουν, οἱ δὲ τὰς γυναῖκας ἀνεβίβαζον ἐπὶ τὰ ὀχήματα, οἱ δὲ τὰ πλείστου ἄξια διαλάμβανον ὡς διασωσόμενοι, οἱ δὲ κατορύττοντες τὰ τοιαῦτα ἡλίσκοντο, οἱ δὲ πλεῖστοι εἰς φυγὴν ὥρμων· οἴεσθαι δὲ δεῖ πολλά τε καὶ παντοδαπὰ καὶ ἄλλα ποιεῖν αὐτούς, πλὴν ἐμάχετο οὐδείς, ἀλλ᾽ ἀμαχητὶ ἀπώλλυντο. (29) Κροῖσος δὲ ὁ Λυδῶν βασιλεύς, ὡς θέρος ἦν, τάς τε γυναῖκας ἐν ταῖς ἁρμαμάξαις προκατεπέμψατο τῆς νυκτός, ὡς ῥᾷον πορεύοιντο κατὰ ψῦχος, καὶ αὐτὸς ἔχων τοὺς ἱππεῖς ἐπηκολούθει. (30) Καὶ τὸν Φρύγα τὰ αὐτὰ ταῦτα ποιῆσαί φασι τὸν τῆς παρ᾽ Ἑλλησπόντου ἄρχοντα Φρυγίας. Ὡς δὲ παρήσθοντο τῶν φευγόντων καὶ καταλαμβανόντων αὐτούς, πυθόμενοι τὸ γιγνόμενον, ἔφευγον δὴ καὶ αὐτοὶ ἀνὰ κράτος. (31) Τὸν δὲ τῶν Καππαδοκῶν βασιλέα καὶ τὸν τῶν Ἀραβίων ἔτι ἐγγὺς ὄντας καὶ ὑποστάντας ἀθωρακίστους κατακαίνουσιν οἱ Ὑρκάνιοι. Τὸ δὲ πλεῖστον ἦν τῶν ἀποθανόντων Ἀσσυρίων καὶ Ἀρα-

ipsis ex usu sit, et ne omnino animadvertendi quidem quod homines simus : sed non nisi scuta, et copidas, et secures, et plagas venisse putent. Et vos quidem, Hyrcanii, ait, vosmet nobis prætendendo, antecedite, quo vestris armis conspectis quam longissimo tempore hostes fallere possimus. Verum ubi ad hostium ego copias pervenero, cohortem equitum apud me singuli relinquite ut eorum opera, si quid opus fuerit, ipse apud exercitum manens utar. Vos autem qui principes estis et ætate provectiores, ordinibus servatis conferti procedite, si sapitis, ut ne in confertas hostium copias delapsi per vim repellamini ; at junioribus persequendi potestatem facite ; ilque hostes occidant : nam id tutissimum hoc fuerit tempore, ut ex hostibus quam paucissimos superstites relinquamus. Quod si vincamus, inquit, cavendum est, id quod multis jam victoriam adeptis fortunam evertit, ne ad prædandum nos conferamus : nam qui hoc facit, non amplius vir est et miles, sed sarcinarius calo, atque hunc adeo uti mancipium tractare cuivis licet. Illud autem sciamus oportet, victoria nihil esse quæstuosius : nam qui victor est, is simul omnia corripit, et viros, et mulieres, et opes, et regionem simul universam. Ad hæc unicum illud videte, ut victoriam conservemus : quippe qua etiam raptor ipse continetur. Hoc quoque inter persequendum memineritis, ut ad me, dum adhuc lucebit, redeatis : nam postquam tenebræ accesserint, neminem amplius admissuri sumus. »

Hæc loquutus unumquemque suos ad ordines dimisit, simulque edixit, ad suos cum venissent, decurionibus suis hæc quisque significarent (nam quia in fronte decuriones erant, audire poterant) ; decurionum vero quemque juberent eadem decuriæ suæ denuntiare. Secundum hæc antecedebant Hyrcanii, ipse cum Persis medium agmen tenens iter faciebat ; equitesque in utrumque latus, uti par erat, instructos collocavit. Cum autem illuxisset, hostium alii obstupuerunt eis quæ fiebant, alii jam quid ageretur, animadvertebant ; alii comperta nuntiabant, vociferabantur alii, alii solvebant equos ; alii vasa colligebant, alii de jumentis arma dejiciebant, alii armis se instruebant ; alii in equos insiliebant, alii frenos eis injiciebant ; alii in vehicula uxores imponebant ; alii res maximi pretii sumebant, tanquam eas conservaturi, deprehendebantur alii, qui hujusmodi res defodiebant ; maxima vero pars in fugam ruebat. Alia etiam multa variæque tunc fecisse eos existimandum est ; extra illud unum, quod nemo pugnabat, sed sine prælio peribant. Cræsus autem, Lydorum rex, et mulieres, quod æstas esset, noctu harmamaxis præmiserat, ut in frigore facilius iter facerent, et ipse cum equitatu subsequebatur. Eadem etiam Phrygem illum fecisse perhibent, qui sitæ ad Hellespontum Phrygiæ imperabat. Verum ubi fugere quosdam et ad se jam pervenire senserunt, comperto quid fieret, etiam ipsi summa virium contentione fugerunt. Cappadocum autem regem et Arabum, qui prope adhuc erant, et inermes subsistebant, Hyrcanii trucidant. Qui vero interficiebantur, maxima ex parte Assyrii erant et Arabes : nam

βίων· ἐν γὰρ τῇ αὐτῶν ὄντες χώρᾳ ἀσυντονώτατα πρὸς τὴν πορείαν εἶχον. (32) Οἱ μὲν δὴ Μῆδοι καὶ Ὑρκάνιοι οἷα δὴ εἰκὸς κρατοῦντας τοιαῦτα ἐποίουν διώκοντες. Ὁ δὲ Κῦρος τοὺς παρ' ἑαυτῷ ἱππέας καταλειφθέντας περιελαύνειν ἐκέλευε τὸ στρατόπεδον, καὶ εἴ τινας σὺν ὅπλοις ἴδοιεν ἐξιόντας, κατακαίνειν· τοῖς δὲ ὑπομένουσιν ἐκήρυξεν, ὁπόσοι τῶν πολεμίων στρατιωτῶν ἦσαν ἱππεῖς ἢ πελτασταὶ ἢ τοξόται, ἀποφέρειν τὰ ὅπλα συνδεδεμένα, τοὺς δὲ ἵππους ἐπὶ ταῖς σκηναῖς καταλείπειν· ὅστις δὲ ταῦτα μὴ ποιήσοι, αὐτίκα τῆς κεφαλῆς στερήσεσθαι· τὰς δὲ κοπίδας προχείρους ἔχοντες ἐν τάξει περιέστησαν. (33) Οἱ μὲν δὴ τὰ ὅπλα ἔχοντες ἐρρίπτουν, ἀποφέροντες εἰς ἓν χωρίον ὅποι ἐκέλευε· καὶ ταῦτα μὲν οἷς ἐπέταξεν ἔκαιον.

34. Ὁ δὲ Κῦρος ἐνενόησεν ὅτι ἦλθον μὲν οὔτε σῖτα οὔτε ποτὰ ἔχοντες, ἄνευ δὲ τούτων οὔτε στρατεύεσθαι δυνατὸν οὔτ' ἄλλο ποιεῖν οὐδέν. Σκοπῶν δὲ ὅπως ἂν κάλλιστα καὶ τάχιστα ταῦτα γένοιτο, ἐνθυμεῖται ὅτι ἀνάγκη πᾶσι τοῖς στρατευομένοις εἶναί τινα ὅτῳ καὶ σκηνῆς μελήσει καὶ ὅπως τὰ ἐπιτήδεια παρεσκευασμένα τοῖς στρατιώταις εἰσιοῦσιν ἔσται. (35) Καὶ τοίνυν ἔγνω ὅτι τούτους εἰκὸς μάλιστα πάντων ἐν τῷ στρατοπέδῳ νῦν καταλελῆφθαι ἂν ἦν διὰ τὸ ἀμφὶ συσκευασίαν ἔχειν· ἐκήρυξε δὴ παρεῖναι τοὺς ἐπιτρόπους πάντας, εἰ δέ που μὴ εἴη ἐπίτροπος, τὸν πρεσβύτατον ἀπὸ σκηνῆς· τῷ δὲ ἀπειθοῦντι πάντα τὰ χαλεπὰ ἀνεῖπεν. Οἱ δὲ ὁρῶντες καὶ τοὺς δεσπότας πειθομένους ταχὺ ἐπείθοντο. (36) Ἐπεὶ δὲ παρεγένοντο, πρῶτον μὲν ἐκέλευε καθίζεσθαι αὐτῶν ὅσοις ἐστὶ πλέον ἢ δυοῖν μηνοῖν ἐν τῇ σκηνῇ τὰ ἐπιτήδεια. Ἐπεὶ δὲ τούτους εἶδεν, αὖθις ἐκέλευεν ὅσοις μηνὸς ἦν· ἐν τούτῳ σχεδὸν πάντες ἐκαθίζοντο. (37) Ἐπεὶ δὲ ταῦτα ἔμαθεν, εἶπεν ὧδε αὐτοῖς· «Ἄγετε νῦν, ἔφη, ὦ ἄνδρες, εἴ τινες ὑμῶν τὰ μὲν κακὰ μισεῖτε, ἀγαθοῦ δέ τινος παρ' ἡμῶν βούλοισθ' ἂν τυγχάνειν, ἐπιμελήθητε προθύμως ὅπως διπλάσια ἐν τῇ σκηνῇ ἑκάστῃ σῖτα καὶ ποτὰ παρεσκευασμένα ᾖ ἢ ἃ τοῖς δεσπόταις καὶ τοῖς οἰκέταις καθ' ἡμέραν ἐποιεῖτε· καὶ τἆλλα δὲ πάντα ὁπόσα καλὴν δαῖτα παρέξει ἕτοιμα ποιεῖτε, ὡς αὐτίκα μάλα παρέσονται ὁπότεροι ἂν κρατῶσι, καὶ ἀξιώσουσιν ἔκπλεω ἔχειν πάντα τὰ ἐπιτήδεια. Εὖ οὖν ἴστε ὅτι συμφέρει ἂν ὑμῖν ἀμέμπτως δέχεσθαι τοὺς ἄνδρας. (38) Οἱ μὲν δὴ ταῦτα ἀκούσαντες πολλῇ σπουδῇ τὰ παρηγγελμένα ἔπραττον· ὁ δ' αὖ συγκαλέσας τοὺς ταξιάρχους ἔλεξε τοιάδε. «Ἄνδρες φίλοι, γιγνώσκω μὲν ὅτι νῦν ἔξεστιν ἡμῖν προτέροις, ἀπόντων τῶν συμμάχων, ἀρίστου τυχεῖν καὶ τοῖς μάλιστα ἐσπουδασμένοις καὶ σίτοις καὶ ποτοῖς χρῆσθαι· ἀλλ' οὔ μοι δοκεῖ τοῦτ' ἂν τὸ ἄριστον πλέον ὠφελῆσαι ἡμᾶς ἢ τὸ τῶν συμμάχων ἐπιμελεῖς φανῆναι, οὐδ' αὕτη ἡ εὐωχία ἰσχυροτέρους τοσοῦτον ποιῆσαι ὅσον εἰ δυναίμεθα τοὺς συμμάχους προθύμους ποιεῖσθαι. (39) Εἰ δὲ τῶν νῦν διωκόντων καὶ κατακαινόντων τοὺς ἡμετέρους πολεμίους, καὶ μαχομένων, εἴ τις ἐναντιοῦται, τούτων δόξομεν οὕτως ἀμελεῖν ὥστε καὶ πρὶν εἰδέναι ὅ,τι πράττουσιν ἠριστηκότες φαινε-

quod in sua jam essent regione, lentissime progrediebantur. Ac Medi quidem et Hyrcanii hujusmodi quædam, inter persequendum, qualia victores facere consentaneum est, patrabant. Cyrus autem equites apud se relictos castra circumequitare jussit, et si quos armatos exire viderent, eos occidere : remanentibus vero per præconem edicebat, ut quicunque militum hostium vel equites essent, vel peltastæ, vel sagittarii, arma colligata adferrent, equis ad tabernacula relictis : hæc autem quicunque non faceret, mox capite plecteretur : et cum strictis copidibus in ordine circumsteterant. Itaque ii, quibus erant arma, unum in locum illa asportata abjiciebant, ubi Cyrus jusserat, et ea quidem concremabant illi, quibus hoc negotii dederat.

Cyrum autem cogitatio subiit, se neque esculentis neque potulentis instructos venisse, sine quibus nec ulla suscipi expeditio, nec fieri quicquam aliud queat. Et cum consideraret quo pacto hæc et celerrime et rectissime parari possent, animadvertit omnibus militantibus opus esse quodam, cui et tabernaculum curæ foret, atque ut res necessariæ militibus in id intrantibus paratæ essent. Itaque sentiebat verisimile esse id maxime temporis illos in castris deprensos esse, quod in colligendis vasis occuparentur : per præcones igitur edixit, ut servi castrenses omnes adessent, et sicubi servus talis nullus esset, maximus natu e tabernaculo veniret : ei vero qui non pareret gravissima quæque indixit. Illi autem, cum etiam dominos jussis obtemperare cernerent, statim paruerunt. Et cum adessent, primum sedere jussit illos, quibus esset plus quam in duos menses in tabernaculo commeatus. Hos cum adspexisset, rursus sedere jussit quibus esset in unum mensem commeatus : ibi tum fere omnes simul sederant. Cum hæc comperisset, iis eos verbis allocutus est : « Agite vero, inquit, o viri, quicunque vestrum mala exosi estis, et boni quidpiam a nobis consequi cupitis, promptis animis operam date, ut quotlibet in tabernaculo cibi ac potus plus duplo paratum sit et dominis et famulis, quam quotidie parare consuevistis : quin et alia parata sint omnia facite, quæcunque dapes effectura sint lautas; quippe mox aderunt, utricunque vicerint, æquumque putabunt esse, ut res omnes necessarias adfatim habeant. Itaque scire vos volo e re vestra futurum, si viros sine querelis exceperitis. » Hæc illi cum audissent, magno studio imperata faciebant. Cyrus autem convocatis cohortium præfectis hujusmodi quædam verba fecit : « Scio jam licere nobis, amici, ante absentes socios prandium sumere, cibisque adeo studiosissime paratis ac potu uti : verum mihi non videtur hoc prandium magis nobis profuturum, quam si pateat socios nobis curæ fuisse, neque tantas nobis vires additurum esse hoc convivium, quantæ nobis accesuræ sunt, si socios ad nos juvandos alacres reddere possimus. Quod si eos, qui jam persequuntur et interficiunt hostes nostros et, si quis adhuc resistit, dimicant, usque adeo negligere videbimur, ut etiam, priusquam cognoverimus quid rerum agant, nos

σθαι, ὅπως μὴ αἰσχροὶ μὲν φανούμεθα, ἀσθενεῖς δ' ἐσόμεθα, συμμάχων ἀποροῦντες· τὸ δὲ τῶν κινδυνευόντων καὶ πονούντων ἐπιμεληθῆναι ὅπως εἰσιόντες τὰ ἐπιτήδεια ἕξουσιν, αὕτη ἂν ἡμᾶς ἢ θοίνη πλείω εὐφράνειεν, ὡς ἐγώ φημι, ἢ τὸ παραχρῆμα τῇ γαστρὶ χαρίσασθαι. (40) Ἐννοήσατε δ', ἔφη, ὡς εἰ μηδ' ἐκείνους αἰσχυντέον ἦν, οὐδ' ὡς ἡμῖν νῦν προσήκει οὔτε πλησμονῆς πω οὔτε μέθης· οὐ γάρ πω διαπέπρακται ἡμῖν ἃ βουλόμεθα, ἀλλ' αὖ τὰ πάντα νῦν ἀκμάζει ἐπιμελείας δεόμενα. Ἔχομεν γὰρ ἐν τῷ στρατοπέδῳ πολεμίους πολλαπλασίους ἡμῶν αὐτῶν, καὶ τούτους λελυμένους· οὓς καὶ φυλάττεσθαι ἴσως ἔτι προσήκει καὶ φυλάττειν, ὅπως ὦσι καὶ οἱ ποιήσοντες ἡμῖν τὰ ἐπιτήδεια· ἔτι δ' οἱ ἱππεῖς ἡμῖν ἄπεισι, φροντίδα παρέχοντες ὅπου εἰσί, κἂν ἔλθωσιν, εἰ παραμενοῦσιν· (41) ὥστ', ὦ ἄνδρες, νῦν μοι δοκεῖ τοιοῦτον σῖτον ἡμᾶς προσφέρεσθαι δεῖν καὶ τοιοῦτον ποτὸν ὁποῖον ἄν τι συμφορώτατον εἴη πρὸς τὸ μήτε ὕπνου μήτε ἀφροσύνης ἐμπίπλασθαι. (42) Ἔτι δὲ καὶ χρήματα πολλά ἐστιν ἐν τῷ στρατοπέδῳ, ὧν οὐκ ἀγνοῶ ὅτι δυνατὸν ἡμῖν κοινῶν ὄντων τοῖς συγκατειληφόσι νοσφίσασθαι ὁπόσα ἂν βουλώμεθα· ἀλλ' οὔ μοι δοκεῖ τὸ λαβεῖν κερδαλεώτερον εἶναι τοῦ δικαίους φαινομένους αὐτοὺς τούτῳ πειρᾶσθαι ἔτι μᾶλλον ποιεῖν ἢ νῦν ἀσπάζεσθαι ἡμᾶς. (43) Δοκεῖ δ' ἔμοιγ', ἔφη, καὶ τὸ νεῖμαι τὰ χρήματα, ἐπειδὰν ἔλθωσι, Μήδοις καὶ Ὑρκανίοις καὶ Τιγράνῃ ἐπιτρέψαι, καὶ ἤν τι μεῖον ἡμῖν διάσωσι, κέρδος ἡγεῖσθαι· διὰ γὰρ τὰ κέρδη ἥδιον ἡμῖν παραμενοῦσι. (44) Τὸ μὲν γὰρ νῦν πλεονεκτῆσαι ὀλιγοχρόνιον ἂν τὸν πλοῦτον παράσχοι· τὸ δὲ ταῦτα προεμένους ἐκεῖνα κτήσασθαι ὅθεν ὁ πλοῦτος φύεται, τοῦτο, ὡς ἐγὼ δοκῶ, ἀεναώτερον ἡμῖν δύναιτ' ἂν τὸν ὄλβον καὶ πᾶσι τοῖς ἡμετέροις παρέχειν. (45) Οἶμαι δ', ἔφη, καὶ οἴκοι ἡμᾶς τούτου ἕνεκεν ἀσκεῖν καὶ γαστρὸς κρείττους εἶναι καὶ κερδῶν ἀκαίρων, ἵν', εἴ ποτε δέοι, δυναίμεθα αὐτοῖς συμφόρως χρῆσθαι· ποῦ δ' ἂν ἐν μείζοσι τῶν νῦν παρόντων ἐπιδειξαίμεθ' ἂν τὴν παιδείαν ἐγὼ μὲν οὐχ ὁρῶ. (46) Ὁ μὲν οὕτως εἶπε. Συνεῖπε δ' αὐτῷ Ὑστάσπης ἀνὴρ Πέρσης τῶν ὁμοτίμων ὧδε. Δεινὸν γὰρ τἂν εἴη, ὦ Κῦρε, εἰ ἐν θήρᾳ μὲν πολλάκις ἄσιτοι καρτεροῦμεν, ὅπως θηρίον τι ὑποχείριον ποιησώμεθα καὶ μάλα μικροῦ ἴσως ἀξίου· ὄλβον δὲ ὅλον πειρώμενοι θηρᾶν εἰ ἐμποδών τι ποιησαίμεθα γενέσθαι ἡμῖν ἃ τῶν μὲν κακῶν ἀνθρώπων ἄρχει, τοῖς δ' ἀγαθοῖς πείθεται, οὐκ ἂν πρέποντα ἡμῖν δοκοῦμεν ποιεῖν. (47) Ὁ μὲν οὖν Ὑστάσπης οὕτως εἶπεν· οἱ δ' ἄλλοι πάντες ταῦτα συνῄνουν. Ὁ δὲ Κῦρος εἶπεν, Ἄγε δή, ἔφη, ἐπειδὴ ὁμονοοῦμεν ταῦτα, πέμψατε ἀπὸ λόγου ἕκαστος πέντε ἄνδρας τῶν σπουδαιοτάτων· οὗτοι δὲ περιιόντες, οὓς μὲν ἂν ὁρῶσι πορσύνοντας τἀπιτήδεια, ἐπαινούντων, οὓς δ' ἂν ἀμελοῦντας, κολαζόντων ἀφειδέστερον ἢ ὡς δεσπόται. Οὗτοι μὲν δὴ ταῦτα ἐποίουν.

pransos esse constet, vereor ne manifesti simus turpitudinis, et, sociis destituti, vires nostrae debilitentur. At eorum curam gerere qui et labores perferunt et pericula adeunt, ut adventantes scilicet res habeant necessarias, hoc vero epulum multo nos magis exhilaraverit, mea quidem sententia, quam si statim ea quae gulae grata sunt faciamus. Etiam hoc cogitetis velim, ut illos maxime revereri non debeamus, tamen ne sic quidem vel satietati unquam vel temulentiae nos indulgere consentaneum esse: necdum enim confecimus ea quae volumus, sed jam omnia, curam quae requirunt atque diligentiam, in ipso sunt articulo. Nam in castris hostes habemus numero plures nobis ipsis, eosque solutos; a quibus forsan adhuc cavere nos convenit, et eosdem custodire, ut sint qui nobis res necessarias parent. Absunt praeterea a nobis equites, qui sollicitudinem, quonam sint in loco, adferunt; ac si redeant, mansurine sint nobiscum. Quapropter, viri, mea quidem sententia, cibus ejusmodi hoc tempore potiusque nobis est sumendus, qualis sit ad hoc quam maxime idoneus, ut nec somno, nec dementia repleamur. Scio itidem magnam in hisce castris pecuniae copiam esse, de qua non ignoro fieri posse ut nos, utut illa nobis sit cum iis, qui nobiscum eam cepere, communis, quantum voluerimus, avertamus: verum non quaestuosius hoc ergo futurum arbitror, si hanc ipsi sumamus quam si justos illis nos declarantes, studeamus hoc id comparemus, ut nos majori, quam modo, benevolentia complectantur. Etiam pecuniarum, inquit, divisionem Medis et Hyrcaniis et Tigrani, postquam advenerint, permittendam arbitror: ac si minus quoque nobis tribuerint, id ipsum in lucro ponendum esse: nam ob haec lucra libentius nobiscum manebunt. Nos hoc quidem tempore proprii commodi rationem habere, opes nobis brevi temporis spatio duraturas conciliaverit: verum his neglectis illa parare, unde divitiae nascuntur, hoc nimirum, meo judicio, nobis nostrisque omnibus opes magis perennes suppeditare possit. Arbitror autem, ait, propterea domi quoque nos et ad gulam et ad quaestus intempestivi cupiditatem frenandam adsuefactos, ut iis, cum usus veniat, commode possimus uti: quibus autem in rebus melius quam in praesentibus, edere queamus disciplinae specimen, equidem non video. » Hoc quidem modo dixit Cyrus: ejusque orationem Hystaspas Persa, unus ex ἑομοτίμων numero, hujusmodi verbis comprobavit: Absurdum nempe fuerit, Cyre, nos in venatione quidem saepenumero ciborum usu tolerantur abstinere, quadam uti fera potiamur, eaque forsan parvi admodum pretii; at in conatu solidas venandi opes, si nobis ea patiamur esse impedimento, quae pravis quidem hominibus dominantur, sed bonis cedunt, sic nos videri, quod minime nos deceat, facere. Et ita quidem Hystaspas loquutus est; ceterique omnes his adsensi sunt. Et Cyrus, Agite ergo, inquit, quando de his eadem est omnium nostrum sententia, mittite de suo quisque manipulo viros quinque inprimis graves, qui per castra circumeuntes collaudent eos, quoscunque res necessarias parare viderint; in negligentes autem nihilo parcius quam si ipsorum essent domini, animadvertant. Et haec quidem illi faciebant.

ΚΕΦΑΛΑΙΟΝ Γ.

Τῶν δὲ Μήδων τινὲς ἤδη, οἱ μὲν ἁμάξας προωρμημένας καταλαβόντες καὶ ἀποστρέψαντες προσήλαυνον μεστὰς ὧν δεῖται στρατιά, οἱ δὲ καὶ ἁρμαμάξας γυναικῶν τῶν βελτίστων τῶν μὲν γνησίων, τῶν δὲ καὶ παλλακίδων διὰ τὸ κάλλος συμπεριαγομένων, καὶ ταύτας εἰληφότες προσῆγον. (2) Πάντες γὰρ ἔτι καὶ νῦν οἱ κατὰ τὴν Ἀσίαν στρατευόμενοι ἔχοντες τὰ πλείστου ἄξια στρατεύονται, λέγοντες ὅτι μᾶλλον μάχοιντ' ἄν εἰ τὰ φίλτατα παρείη· τούτοις γάρ φασιν ἀνάγκην εἶναι προθύμως ἀλέξειν. Ἴσως μὲν οὖν οὕτως ἔχει· ἴσως δὲ καὶ ποιοῦσιν αὐτὰ τῇ ἡδονῇ χαριζόμενοι.

3. Ὁ δὲ Κῦρος θεωρῶν τὰ τῶν Μήδων ἔργα καὶ Ὑρκανίων ὥσπερ κατεμέμφετο καὶ αὑτὸν καὶ τοὺς σὺν αὑτῷ, εἰ οἱ ἄλλοι τοῦτον τὸν χρόνον ἀκμάζειν τε μᾶλλον ἑαυτῶν ἐδόκουν καὶ προσκτᾶσθαί τι, αὐτοὶ δ' ἐν ἀργοτέρᾳ χώρᾳ ὑπομένειν. Καὶ γὰρ δὴ οἱ ἀπάγοντες καὶ ἀποδεικνύοντες Κύρῳ ἃ ἦγον πάλιν ἀπήλαυνον μεταδιώκοντες τοὺς ἄλλους· ταῦτα γὰρ σφίσιν ἔφασαν προστετάχθαι ποιεῖν ὑπὸ τῶν ἀρχόντων. Δακνόμενος δὴ ὁ Κῦρος ἐπὶ τούτοις ταῦτα μὲν ὅμως κατεχώριζ'· συνεκάλει δὲ πάλιν τοὺς ταξιάρχους, καὶ στὰς ὅπου αὐτοῦ ἐμέλλον ἀκούσεσθαι τὰ βουλευόμενα λέγει τάδε.

4. "Ὅτι μέν, ὦ ἄνδρες φίλοι, εἰ κατάσχοιμεν τὰ νῦν προφαινόμενα, μεγάλα μὲν ἂν ἅπασι Πέρσαις ἀγαθὰ γένοιτο, μέγιστα δ' ἂν εἰκότως ἡμῖν δι' ὧν πράττεται, πάντες, οἶμαι, γιγνώσκετε· ὅπως δ' ἂν αὐτῶν ἡμεῖς κύριοι γιγνώμεθα, μὴ αὐτάρκεις ὄντες κτήσασθαι αὐτά, εἰ μὴ ἔσται οἰκεῖον ἱππικὸν Πέρσαις, τοῦτο ἐγὼ οὐκέτι ὁρῶ. (5) Ἐννοεῖτε γὰρ δή, ἔφη ἔχομεν ἡμεῖς οἱ Πέρσαι ὅπλα οἷς δοκοῦμεν τρέπεσθαι τοὺς πολεμίους ὁμόσε ἰόντες· καὶ δὴ τρεπόμενοι ποίους ἢ ἱππέας ἢ τοξότας ἢ πελταστὰς ἢ ἀκοντιστὰς ἄνευ ἵππων ὄντες δυναίμεθ' ἂν ἢ φεύγοντες ἢ λαβεῖν ἢ κατακανεῖν; τίνες δ' ἂν φοβοῖντο ἡμᾶς προσιόντας κακοῦν ἢ τοξόται ἢ ἀκοντισταὶ ἢ ἱππεῖς, εὖ εἰδότες ὅτι οὐδεὶς αὐτοῖς κίνδυνος ὑφ' ἡμῶν κακόν τι παθεῖν μᾶλλον ἢ ὑπὸ τῶν πεφυκότων δένδρων; (6) Εἰ δ' οὕτω ταῦτα ἔχει, εὔδηλον ὅτι οἱ νῦν παρόντες ἡμῖν ἱππεῖς νομίζουσι πάντα τὰ ὑποχείρια γιγνόμενα ἑαυτῶν εἶναι οὐχ ἧττον ἢ ἡμέτερα, ἴσως δὲ νὴ Δία καὶ μᾶλλον. (7) Νῦν μὲν οὖν οὕτω ταῦτ' ἔχει κατ' ἀνάγκην· εἰ δ' ἡμεῖς ἱππικὸν κτησαίμεθα μὴ χεῖρον τούτων, οὐ πᾶσιν ἡμῖν καταφανὲς ὅτι τούς γ' ἂν πολεμίους δυναίμεθα καὶ ἄνευ τούτων ποιεῖν ὅσαπερ νῦν σὺν τούτοις, τούτους τε ἔχοιμεν ἂν ἴσως μετριωτέρους πρὸς ἡμᾶς φρονοῦντας; ὁπότε γὰρ ἢ παρεῖναι ἢ ἀπιέναι βούλοιντο, ἧττον ἂν ἡμῖν μέλοι, εἰ αὐτοὶ ἄνευ τούτων ἀρκοίημεν ἡμῖν αὐτοῖς. (8) Εἶεν. Ταῦτα μὲν δή, οἶμαι, οὐδεὶς ἂν ἀντιγνωμονήσειε· μὴ οὐχὶ τὸ πᾶν διαφέρειν γενέσθαι Περσῶν οἰκεῖον ἱππικόν. Ἀλλ' ἐκεῖνο ἴσως ἐννοεῖτε πῶς ἂν τοῦτο γένοιτο. Ἆρ' οὖν σκεψώμεθα, εἰ βουλοίμεθα καθιστάναι ἱππικόν, τί ἡμῖν ὑπάρχει καὶ τίνος ἐνδεῖ; (9) Οὐκοῦν ἵπποι μὲν οὗτοι πολλοὶ ἐν τῷ στρα-

CAPUT III.

Medorum vero quidam, cum partim plaustra, quæ e castris hostium dudum excesserant, rebus quibus indigebat exercitus referta, adsequuti e fuga retraxissent, advehebant; partim harmamaxas interceptas cum præstantissimis mulieribus, quas vel conjuges legitimas, vel concubinas formæ causa viri secum duxerant, ad castra adducebant. Nam hoc etiam tempore Asiatici omnes cum exercitu in expeditionem educunt, ita solent educere, ut res maximi pretii secum sumant, quippe aiunt se pugnandi fore avidiores, eæ si res adsint, quas carissimas habent: has enim animose defendendi necessitatem sibi imponi dicunt. Et fortasse quidem ita se res habet; fortassis etiam hæc, voluptati uti indulgeant, faciunt.

Cyrus autem, cum Medorum et Hyrcaniorum facinora cerneret, ipse sibi suisque quasi succensebat, quod alii hoc ipso tempore vigore quodam superare viderentur, atque aliquid etiam adquirere, ipsi vero loco ab exercenda industria remotiori hærere. Etenim qui prædam abducebant, monstratis Cyro rebus iis quas adferebant, rursum ceteros persequuturi hostes avecti sunt: hæc enim uti facerent, imperatum sibi suis a præfectis alebant. Quæ tametsi Cyrum mordercent, suis tamen ille locis singula reponebat; convocabat autem denuo cohortium præfectos, et cum ibi constitisset, unde exaudiri consultatio posset, hæc protulit:

« Arbitror ego, amici, vos omnes animadvertere, bona ingentia Persis universis cessura, maximaque adeo nobis, ut par est, quorum adquiruntur opera, si quidem illa quæ nobis sunt jam ostentata obtinuerimus: verum quo his pacto potiri queamus, cum virium satis ad ea comparanda nobis non suppetat, nisi proprius Persis equitatus fuerit, equidem non video. Nam velim vobis in mentem veniat, ait, nos Persas instructos armis esse, quibus hostes cominus cum iis congressi, in fugam vertere posse videmur : at ubi jam eos in fugam verterimus, quosnam vel equites, vel sagittarios, vel peltastas, vel jaculatores fugientes aut capere possimus, aut interficere, cum nulli nobis sint equi? Quinam itidem contra nos tendere formident, ac maleficiis nos vexare, sive sagittarii, sive jaculatores, sive equites, cum certo sciant nihil iis imminere periculi, ne a nobis magis quam a consitis arboribus detrimenti quid accipiant? Quod si hæc ita se habeant, manifestum est, ait, illos equites qui modo nobiscum sunt, existimare universa hæc quæ capta sunt, non minus sua esse quam nostra? imo profecto magis etiam fortasse. Et jam sane hæc uti sic se habeant necessarium est. At vero si nos equitatum paramus nihilo hoc equitatu deteriorem, annon nobis omnino perspicuum est, futurum, ut et adversus hostes ea sine his geramus, quæ nunc cum his modo gerimus, et ut hos ipsos erga nos modestiores experiamur? nam cum vel adesse vel abesse velint, minus curæ nobis erit, si nobis ipsis etiam absque his, facultas res conficiendi nostras abunde suppetat. Esto. Nemo certe, ut opinor, contra hanc sententiam repugnando dubitare possit, quin omnino præstet, Persas proprium sibi equitatum parare. Sed illud forsan vobiscum animo cogitatis, quo pacto confieri hoc possit. Consideremusne igitur, si equitatum instituere velimus, quid nobis adsit, quidque desit? Sunt certe hi nobis equi multi numero, capti in

ΚΥΡΟΥ ΠΑΙΔΕΙΑΣ ΒΙΒΛ. Δ. ΚΕΦ. Γ.

τοπέδῳ κατειλημμένοι καὶ χαλινοὶ οἷς πείθονται καὶ τἆλλα ὅσα δεῖ ἵπποις ἔχουσι χρῆσθαι. Ἀλλὰ μὴν καὶ οἷς γε δεῖ ἄνδρα ἱππέα χρῆσθαι ἔχομεν, θώρακας μὲν ἐρύματα τῶν σωμάτων, παλτὰ δὲ οἷς καὶ μεθιέντες καὶ ἔχοντες χρώμεθ᾽ ἄν. (10) Τί δὴ τὸ λοιπόν; δῆλον ὅτι ἀνδρῶν δεῖ. Οὐκοῦν τοῦτο μάλιστα ἔχομεν· οὐδὲν γὰρ οὕτως ἡμέτερόν ἐστιν ὡς ἡμεῖς ἡμῖν αὐτοῖς. Ἀλλ᾽ ἐρεῖ τις ἴσως ὅτι οὐκ ἐπιστάμεθα. Μὰ Δί᾽· οὐδὲ γὰρ τούτων τῶν ἐπισταμένων νῦν πρὶν μαθεῖν οὐδεὶς ἠπίστατο. (11) Ἀλλ᾽ εἴποι ἄν τις ὅτι παῖδες ὄντες ἐμάνθανον. Καὶ πότερα παῖδές εἰσι φρονιμώτεροι ὥστε μαθεῖν τὰ φραζόμενα καὶ δεικνύμενα ἢ ἄνδρες; πότεροι δὲ ἃ ἂν μάθωσιν ἱκανώτεροι τῷ σώματι ἐκπονεῖν, οἱ παῖδες ἢ οἱ ἄνδρες; (12) Ἀλλὰ μὴν σχολή γε ἡμῖν μανθάνειν ὅση οὔτε παισὶν οὔτε ἄλλοις ἀνδράσιν· οὔτε γὰρ τοξεύειν ἡμῖν μαθητέον, ὥσπερ τοῖς παισί· προεπιστάμεθα γάρ· τοῦτο· οὔτε μὴν ἀκοντίζειν· ἐπιστάμεθα γὰρ τοῦτο· ἀλλ᾽ οὐδὲ μὴν, ὥσπερ τοῖς ἄλλοις ἀνδράσι τοῖς μὲν γεωργίαι ἀσχολίαν παρέχουσι, τοῖς δὲ τέχναι, τοῖς δὲ ἄλλα οἰκεῖα· ἡμῖν δὲ στρατεύεσθαι οὐ μόνον σχολή, ἀλλὰ καὶ ἀνάγκη. (13) Ἀλλὰ μὴν οὐχ ὥσπερ ἄλλα πολλὰ τῶν πολεμικῶν χαλεπὰ μέν, χρήσιμα δέ· ἱππικὴ δὲ οὐκ ἐν ὁδῷ μὲν ἡδίων ἢ αὐτοῖν τοῖν ποδοῖν πορεύεσθαι; ἐν δὲ σπουδῇ οὐχ ἡδὺ ταχὺ μὲν φίλῳ παραγενέσθαι, εἰ δέοι, ταχὺ δέ, εἴτε ἄνδρα εἴτε θῆρα δέοι διώκεσθαι, καταλαβεῖν; ἐκεῖνο δὲ οὐχὶ εὐπετὲς τὸ θ᾽, ὅ, τι ἂν δέῃ ὅπλα φέρειν τὴν ἵππον τοῦτο συμφέρειν; οὔκουν ταὐτό γ᾽ ἐστὶν ἔχειν τε καὶ φέρειν. (14) Ὅ γε μὴν μάλιστ᾽ ἄν τις φοβηθείη, μὴ ἢ δεήσει ἐφ᾽ ἵππου κινδυνεύειν ἡμᾶς πρότερον πρὶν ἀκριβοῦν τὸ ἔργον τοῦτο, κἄπειτα μήτε πεζοί ἔτι ὦμεν μήτε πω ἱππεῖς ἱκανοί, ἀλλ᾽ οὐδὲ τοῦτο ἀμήχανον· ὅπου γὰρ ἂν βουλώμεθα, ἐξέσται ἡμῖν πεζοῖς εὐθὺς μάχεσθαι· οὐδὲν γὰρ τῶν πεζικῶν ἀπομαθησόμεθα ἱππεύειν μανθάνοντες. (15) Κῦρος μὲν οὕτως εἶπε· Χρυσάντας δὲ συναγορεύων αὐτῷ ὧδε ἔλεξεν.

Ἀλλ᾽ ἐγὼ μέν, ἔφη, οὕτως ἐπιθυμῶ ἱππεύειν μαθεῖν ὡς νομίζω, ἢν ἱππεὺς γένωμαι, ἄνθρωπος πτηνὸς γενέσθαι. (16) Νῦν μὲν γὰρ ἔγωγε ἀγαπῶ ἢν γ᾽ ἐξ ἴσου τῳ θεῖν ὁρμηθεὶς ἀνθρώπων μόνον τῇ κεφαλῇ πρόσχω, κἂν θηρίον παραθέον ἰδὼν δυνασθῶ διατειναμένῳ φθάσαι ὥστε ἀκοντίσαι ἢ τοξεῦσαι πρὶν πάνυ πρόσω αὐτὸ γενέσθαι· ἢν δὲ ἱππεὺς γένωμαι, δυνήσομαι μὲν ἄνδρα ἐξ ὄψεως μήκους καθαιρεῖν, δυνήσομαι δὲ θηρία διώκων τὰ μὲν ἐκ χειρὸς παίειν καταλαμβάνων, τὰ δὲ ἀκοντίζειν ὥσπερ ἑστηκότα· καὶ γὰρ ἂν ἀμφότερα ταχέα ᾖ, ὅμως ἂν πλησία γίγνηται ἀλλήλων, ὥσπερ τὰ ἑστηκότα ἔσται. (17) Ὃ δὲ δὴ μάλιστα δοκῶ ζῴων, ἔφη, ἐζηλωκέναι, ἱπποκενταύρους, εἰ ἐγένοντο, ὥστε προβουλεύσασθαι μὲν ἀνθρώπου φρονήσει, ταῖς δὲ χερσὶ τὸ δέον παλαμᾶσθαι, ἵππου δὲ τάχος ἔχειν καὶ ἰσχύν, ὥστε τὸ μὲν φεῦγον αἱρεῖν, τὸ δὲ ὑπομένον ἀνατρέπειν, οὐκοῦν ταῦτα πάντα καὶ ἐγὼ ἱππεὺς γενόμενος συγκομίζομαι πρὸς ἐμαυτόν. (18) Προνοεῖν μέν γε καὶ πάντα τῇ ἀνθρωπίνῃ γνώμῃ, ταῖς δὲ χερσὶν ὁπλοφορήσω, διώξομαι δὲ

castris ; sunt item frena quibus regi solent, ceteraque omnia quibus ad usum equorum opus est. Quin et illa nobis suppetunt, quibus eques uti debet, nimirum loricæ, munimenta corporum, et palta, quibus et ejaculandis et retentis uti possumus. Quid ergo reliquum? Viris nempe nobis opus est. Atqui hoc potissimum habemus : nihil enim æque nostrum est, atque nosmet nobis ipsis sumus. At dixerit fortasse quispiam nos imperitos esse. Ita profecto res est : neque enim illorum quisquam, qui jam periti sunt, priusquam discerет, peritus erat. Verum quis objeceret, eos, pueri dum essent, didicisse. Utrum vero in pueris an in viris prudentiæ plus est ad discendum ea quæ dictantur et monstrantur ? quibus, postquam didicerint, ad exercendum ea, magis idonea corpora sunt, pueris an viris? At vero tantum nobis est ad discendum otii, quantum nec pueris, nec aliis viris : neque enim sagittandi nobis discenda est ars, sicut pueris; nam hanc jam tenemus : neque jaculandi ; cum illam quoque calleamus : nec item nobis accidit, quod hominibus ceteris, quibus negotia partim agrorum cultura, partim artificia, partim aliæ domesticæ res exhibent; nobis ad tractandam rem militarem non otium duntaxat est, sed etiam necessitas imponitur. At vero non hic est, quod in aliis multis rebus ad bellum necessariis, quæ sunt illæ quidem difficiles, sed utilitatem adferunt : annon equitatio jucundior est in itinere quam pedibus incedere ? in festinatione autem, nonne jucundum est celeriter, si sit opus, amico adesse; celeriterque, vel hominem vel feram, si poscat usus, insequendo intercipere ? illud autem nonne commodum est, quodcumque armorum genus ferendum sit, id equum una portare ? non enim idem est, et habere ista, et portare. Quod vero maxime quis vereri possit, ne, si necesse fuerit in equo prius nos prælii periculum subire, quam hoc equitandi munus accurate teneamus, tum demum neque pedites amplius simus, neque satis idonei equites ; nec hoc ipsum adeo omnino est explicatu difficile : nam ubicunque voluerimus, nobis statim licebit peditibus dimicare : quippe equitandi artem educti, nihil eorum, quæ ad artem pedestris pugnæ pertinent, dediscemus. " Cyrus quidem hanc orationem habuit : et Chrysantas, ejus sententiam adprobans, in hunc modum loquutus est :

« Equidem, inquit, usque adeo equitandi artem discere cupio, ut existimem me hominem volatilem fore, si eques factus fuero. Nam modo satis mihi certe fuerit, si cum aliquo currere pariter adgressus, solo eum capite antevertam ; et si feram praetercurrentem videam, ita contento cursu præverterre possim, ut prius eam vel jaculo vel sagitta feriam quam procul admodum evaserit : at eques si factus fuero, virum interimere tanto ex intervallo potero, quanto me fuerit conspectus : et feras persequens, partim eas potero cominus interceptas, partim quasi stantes jaculando ferire : nam si duo velocia sint, et propius tamen ad se invicem accedant, stantium instar erunt. Ego vero, inquit, maxime omnibus ex animalibus hippocentauros, si qui fuerunt, admirari soleo ; qui et humana prudentia consilium caperent prius, quod opus esset manibus efficerent, et equi celeritatem et robur haberent ad id capiendum quod fugeret, et prosternendum quod subsisteret : hæc igitur omnia et ipse factus eques, in me conferam. Mente quidem humana providere cuncta potero, manibus arma ge-

τῷ ἵππῳ, τὸν δ' ἐναντίον ἀνατρέψω τῇ τοῦ ἵππου ῥύμῃ, ἀλλ' οὗ συμπεφυκὼς δεδήσομαι ὥσπερ οἱ ἱπποκένταυροι· οὐκοῦν τοῦτό γε κρεῖττον ἢ συμπεφυκέναι. (19) Τοὺς μὲν γὰρ ἱπποκεντάυρους οἶμαι ἔγωγε πολλοῖς μὲν ἀπορεῖν τῶν ἀνθρώποις εὑρημένων ἀγαθῶν ὅπως δεῖ χρῆσθαι, πολλοῖς δὲ τῶν ἵπποις πεφυκότων ἡδέων πῶς αὐτῶν χρὴ ἀπολαύειν. (20) Ἐγὼ δὲ ἦν ἱππεύειν μάθω, ὅταν μὲν ἐπὶ τοῦ ἵππου γένωμαι, τὰ τοῦ ἱπποκεντάυρου δήπουθεν διαπράξομαι· ὅταν δὲ καταβῶ, δειπνήσω καὶ ἀμφιέσομαι καὶ καθευδήσω ὥσπερ οἱ ἄλλοι ἄνθρωποι· ὥστε τί ἄλλο ἢ διαιρετὸς ἱπποκένταυρος καὶ πάλιν σύνθετος γίγνομαι; (21) Ἔτι δ', ἔφη, καὶ τοῖς δὲ πλεονεκτήσω τοῦ ἱπποκεντάυρου· ὁ μὲν γὰρ δυοῖν ὀφθαλμοῖν προεωρᾶτο καὶ δυοῖν ὤτοιν ἤκουεν· ἐγὼ δὲ τέτταρσι μὲν ὀφθαλμοῖς τεκμαροῦμαι, τέτταρσι δὲ ὠσὶ προαισθήσομαι· πολλὰ γάρ φασι καὶ ἵππον ἀνθρώπου τοῖς ὀφθαλμοῖς προορῶντα δηλοῦν, πολλὰ δὲ τοῖς ὠσὶ προακούοντα σημαίνειν. Ἐμὲ μὲν οὖν, ἔφη, γράφε τῶν ἱππεύειν ὑπερεπιθυμούντων. (22) Νὴ τὸν Δί', ἔφησαν οἱ ἄλλοι πάντες, καὶ ἡμᾶς γε. Ἐκ τούτου δὴ ὁ Κῦρος λέγει, Τί οὖν; ἔφη, ἐπεὶ σφόδρα ἡμῖν δοκεῖ ταῦτα, εἰ καὶ νόμον ἡμῖν αὐτοῖς ποιησαίμεθα αἰσχρὸν εἶναι οἷς ἂν ἵππους ἐγὼ πορίσω, ἤν τις φανῇ πεζῇ ἡμῶν πορευόμενος, ἤν τε πολλήν, ἤν τε ὀλίγην ὁδὸν δέῃ διελθεῖν, ἵνα καὶ παντάπασιν ἱπποκεντάυρους ἡμᾶς οἴωνται οἱ ἄνθρωποι εἶναι; (23) Ὁ μὲν οὕτως ἐπήρετο· οἱ δὲ πάντες συνεπήνεσαν· ὥστ' ἔτι καὶ νῦν ἐξ ἐκείνου χρῶνται Πέρσαι οὕτω, καὶ οὐδεὶς ἂν τῶν καλῶν κἀγαθῶν ἑκὼν ὀφθείη Περσῶν οὐδαμῇ πεζὸς ἰών. Οἱ μὲν δὴ ἐν τούτοις τοῖς λόγοις ἦσαν.

ΚΕΦΑΛΑΙΟΝ Δ.

Ἡνίκα δ' ἦν ἔξω μέσου ἡμέρας, προσήλαυνον μὲν οἱ Μῆδοι ἱππεῖς καὶ οἱ Ὑρκάνιοι, ἵππους τε ἄγοντες αἰχμαλώτους καὶ ἄνδρας· ὅσοι γὰρ τὰ ὅπλα παρεδίδοσαν, οὐ κατέκαινον (2) ἐπεὶ δὲ προσήλασαν, πρῶτον μὲν αὐτῶν ἐπυνθάνετο ὁ Κῦρος εἰ σωθεῖεν πάντες αὐτῷ· ἐπεὶ δὲ τοῦτ' ἔφασαν, ἐκ τούτου ἠρώτα τί ἔπραξαν. Οἱ δὲ διηγοῦντο ἅ τ' ἐποίησαν καὶ ὡς ἀνδρείως ἕκαστα ἐμεγαληγόρουν. (3) Ὁ δὲ διήκουε πάντα ἡδέως ὅσα ἐβούλοντο λέγειν· ἔπειτα δὲ καὶ ἐπῄνεσεν αὐτοὺς οὕτως· Ἀλλὰ καὶ δηλοῖ τοι, ἔφη, ὅτι δὲ ἄνδρες ἀγαθοὶ ἐγένεσθε· καὶ γὰρ μείζους φαίνεσθε καὶ καλλίους καὶ γοργότεροι ἢ πρόσθεν ἰδεῖν. (4) Ἐκ δὲ τούτου ἐπυνθάνετο ἤδη αὐτῶν καὶ ὁπόσην ὁδὸν διήλασαν καὶ εἰ οἰκοῖτο ἡ χώρα. Οἱ δ' ἔλεγον ὅτι καὶ πολλὴν διελάσειαν καὶ πᾶσα οἰκοῖτο ἡ χώρα καὶ μεστὴ εἴη καὶ οἰῶν καὶ αἰγῶν καὶ βοῶν καὶ ἵππων καὶ σίτου καὶ πάντων ἀγαθῶν. (5) Δυοῖν ἂν, ἔφη, ἐπιμελητέον ἡμῖν εἴη, ὅπως τε κρείττους ἐσόμεθα τῶν αὐτὰ ἐχόντων καὶ ὅπως αὐτοὶ μενοῦσιν· οἰκουμένη μὲν γὰρ χώρα πολλοῦ ἄξιον κτῆμα· ἐρήμη δ' ἀνθρώπων οὖσα ἐρήμη καὶ τῶν ἀγαθῶν γίγνεται.

CAPUT IV.

Cum vero jam meridies praeteriisset, advecti sunt equites Medi et Hyrcanii, secum tum equos tum viros captivos ducentes : quotquot enim arma tradiderant, eorum neminem occiderant. Cum autem advenissent primum eos interrogabat Cyrus, an omnes sibi salvi essent : cum hoc illi significassent, deinde quid rerum gessissent, quaerebat. Illi res a se gestas exponebant, et quam fortiter singula, magnifice praedicabant. Omnia autem ille, quae dicere volebant, libenter audivit; deinde etiam eos hunc in modum collaudavit : Satis certe adparet, inquit, vos fortiter vosmet gessisse : nam ea jam vestra species est, ut et grandiores, et pulchriores, et acriores visu sitis, quam prius. Deinde autem, quantum itineris confecissent, interrogabat, et an incolas regio haberet. Dicebant illi, longum se iter per magnam ejus partem perequitando confecisse, totamque regionem habere incolas, et esse refertam et ovibus, et capris, et bobus, et equis, et frumento, et bonis omnibus. Duo nobis, inquit, curanda sunt, ut superiores simus iis, qui haec possident, tum ut illi maneant : nam, quae incolas habet regio, magni pretii possessio est; eademque si ab hominibus deserta sit, bonis etiam ipsis destituta est. Scio

(6) Τοὺς μὲν οὖν ἀμυνομένους, ἔφη, οἶδα ὅτι κατεκάνετε, ὀρθῶς ποιοῦντες· τοῦτο γὰρ μάλιστα σώζει τὴν νίκην· τοὺς δὲ παραδιδόντας αἰχμαλώτους ἡγάγετε. Οὓς εἰ ἀφείημεν, τοῦτ᾽ αὖ ξύμφορον ἂν, ὡς ἐγώ φημι, ποιήσαιμεν. (7) Πρῶτον μὲν γὰρ νῦν οὐκ ἂν φυλάττεσθαι οὐδὲ φυλάττειν ἡμᾶς τούτους δέοι, οὐδ᾽ αὖ σιτοποιεῖν τούτοις· οὐ γὰρ λιμῷ γε δήπου κατακανοῦμεν αὐτούς· ἔπειτα δὲ τούτους ἀφέντες πλείοσιν αἰχμαλώτοις χρησόμεθα. (8) Ἢν γὰρ κρατῶμεν τῆς χώρας, πάντες ἡμῖν οἱ ἐν αὐτῇ οἰκοῦντες αἰχμάλωτοι ἔσονται· μᾶλλον δὲ τούτους ζῶντας ἰδόντες καὶ ἀφεθέντας μενοῦσιν οἱ ἄλλοι καὶ πείθεσθαι αἱρήσονται μᾶλλον ἢ μάχεσθαι. Ἐγὼ μὲν οὖν οὕτω γιγνώσκω· εἰ δ᾽ ἄλλο τις ὁρᾷ ἄμεινον, λεγέτω. (9) Οἱ δὲ ἀκούσαντες συνῄνουν ταῦτα ποιεῖν. Οὕτω δὴ ὁ Κῦρος καλέσας τοὺς αἰχμαλώτους λέγει τοιάδε. (10) Ἄνδρες, ἔφη, νῦν τε ὅτι ἐπείθεσθε, τὰς ψυχὰς περιεποιήσασθε, τοῦ τε λοιποῦ, ἢν οὕτω ποιῆτε, οὐδ᾽ ὁτιοῦν κακὸν ἔσται ὑμῖν ἀλλ᾽ ἢ, οὐχ ὁ αὐτὸς ἄρξει ὑμῶν ὅσπερ καὶ πρότερον· οἰκήσετε δὲ τὰς αὐτὰς οἰκίας καὶ χώραν τὴν αὐτὴν ἐργάσεσθε καὶ γυναιξὶ ταῖς αὐταῖς συνοικήσετε καὶ παίδων τῶν ὑμετέρων ἄρξετε ὥσπερ νῦν· (11) ἡμῖν μέντοι οὐ μαχεῖσθε οὐδὲ ἄλλῳ οὐδενί· ἡνίκα δ᾽ ἄν τις ὑμᾶς ἀδικῇ, ἡμεῖς ὑπὲρ ὑμῶν μαχούμεθα. Ὅπως δὲ μηδ᾽ ἐπαγγέλλῃ μηδεὶς ὑμῖν στρατεύειν, τὰ ὅπλα πρὸς ἡμᾶς κομίσατε· καὶ τοῖς μὲν κομίζουσιν ἔσται εἰρήνη καὶ ἃ λέγομεν ἀδόλως· ὁπόσοι δ᾽ ἂν τὰ πολεμικὰ μὴ ἀποφέρωσιν ὅπλα, ἐπὶ τούτους ἡμεῖς ὡς ἡμᾶς ὡς στρατευσόμεθα. (12) Ἂν δέ τις ὑμῶν καὶ ἰὼν ὡς ἡμᾶς εὐνοϊκῶς καὶ πράττων τι καὶ διδάσκων φαίνηται, τοῦτον ἡμεῖς ὡς εὐεργέτην καὶ φίλον, οὐχ ὡς δοῦλον περιέψομεν. Ταῦτα οὖν, ἔφη, αὐτοί τε ἴστε καὶ τοῖς ἄλλοις διαγγέλλετε. (13) Ἢν δ᾽ ἄρα, ἔφη, ὑμῶν βουλομένων ταῦτα μὴ πείθωνταί τινες, ἐπὶ τούτους ἡμᾶς ἄγετε, ὅπως ὑμεῖς ἐκείνων, μὴ ἐκεῖνοι ὑμῶν ἄρχωσιν. Ὁ μὲν δὴ ταῦτ᾽ εἶπεν· οἱ δὲ προσεκύνουν τε καὶ ὑπισχνοῦντο ταῦτα ποιήσειν.

ΚΕΦΑΛΑΙΟΝ Ε.

Ἐπεὶ δ᾽ ἐκεῖνοι ᾤχοντο, ὁ Κῦρος εἶπεν, Ὥρα δὴ, ὦ Μῆδοι καὶ Ἀρμένιοι, δειπνεῖν πᾶσιν ἡμῖν· παρεσκεύασται δὲ ὑμῖν τὰ ἐπιτήδεια ὡς ἡμεῖς βέλτιστα ἐδυνάμεθα. Ἀλλ᾽ ἴτε καὶ ἡμῖν πέμπετε τοῦ πεποιημένου σίτου τὸν ἥμισυν· ἱκανὸς δὲ ἀμφοτέροις πεποίηται· ὄψον δὲ μὴ πέμπετε μηδὲ πιεῖν· ἱκανὰ γὰρ ἔχομεν παρ᾽ ἡμῖν αὐτοῖς παρεσκευασμένα. (2) Καὶ ὑμεῖς δὲ, ὦ Ὑρκάνιοι, ἔφη, διάγετε αὐτοὺς ἐπὶ τὰς σκηνάς, τοὺς μὲν ἄρχοντας ἐπὶ τὰς μεγίστας, γιγνώσκετε δέ, τοὺς δ᾽ ἄλλους ὡς ἂν δοκῇ κάλλιστα ἔχειν· καὶ αὐτοὶ δὲ δειπνεῖτε ὅπουπερ ἥδιστον ὑμῖν· σῶαι μὲν γὰρ ὑμῖν καὶ ἀκέραιοι αἱ σκηναί· παρεσκεύασται δὲ καὶ ἐνθάδε ὥσπερ καὶ τούτοις. (3) Τοῦτο δ᾽ ἴστε ἀμφότεροι ὅτι τὰ μὲν ἔξω ὑμῖν ἡμεῖς νυκτοφυλακήσομεν, τὰ δ᾽ ἐν ταῖς σκηναῖς αὐτοὶ

---

quidem trucidatos a vobis eos, qui se defendebant, recteque adeo a vobis id factum (nam hoc victoriam in primis conservat) : qui autem arma tradiderunt, eos captivos fecistis : quos si quidem dimittimus, facturi hoc , ut equidem aio, nostro cum commodo sumus. Primum enim neque caveri ab his neque custodire nos eos necesse fuerit, neque cibos eis parare (non enim certe fame eos necabimus); deinde etiam, his dimissis, pluribus captivis utemur. Nam si regione potiti fuerimus, omnes ejus incolas captivos habebimus : magisque adeo ceteri, cum hos vivos dimissosque videbunt, mansuri sunt, et parere potius volent quam praelio decernere. Haec mea quidem sententia est : si quid aliud quisquam melius viderit, proferat. Quae cum audissent illi , facienda haec consentiebant. Itaque Cyrus advocatos captivos his verbis alloquitur : « Animas vestras, inquit, viri, et nunc conservastis, eo quod paruistis : et si deinceps vos ita gesseritis, nihil vobis accidet praeterquam quod idem, qui antehac, vobis non imperabit : incoletis autem domos easdem , et idem solum exercebitis, et cum iisdem mulieribus habitabitis, et liberis vestris, uti modo , imperabitis. Neque tamen adversus nos, neque quenquam alium , pugnabitis; ac si quis alius injuriam vobis intulerit, nos ipsi pro vobis pugnabimus. Ne quis vero militiam vobis imperet, ad nos arma deferte : eaque qui detulerint, pacem , et cetera, quae dicimus, sine fraude habebunt; quotquot autem arma bellica non deposuerint, adversus eos expeditionem continuo suscepturi sumus. Quod si quis vestrum benevolo se ad nos animo accedere, et agere quid nostra causa nosque docere ostenderit, hunc nos ut bene de nobis promerentem atque amicum, non ut servum, tractabimus. Haec igitur, ait, et vos ipsos scire volo, et ceteris denuntiare. Quod si quidam , ait , nobis haec statuentibus, parere noluerint, adversus eos nos ducite, ut vobis in illos, non illis in vos sit imperium. » Haec cum dixisset, eum illi adorarunt, seque adeo praestaturos haec dixerunt.

CAPUT V.

Cumque illi discessissent , Tempus jam fuerit, inquit Cyrus, o Medi et Hyrcanii , ut nos coenemus omnes : res autem necessarias vobis studio quo potuimus maximo paravimus. Ite ergo, nobisque partem parati panis dimidiam mittite ; paratus autem est quantus sufficiat utrisque : obsonia vero ne mittite, neve potulenta ; haec enim ipsi, quantum satis est, parata habemus. Vos autem, Hyrcanii, inquit, deducite ipsos ad tabernacula, principes quidem ad maxima (ea vero nostis), ceteros , ut visum fuerit commodissimum : quin et ipsi coenate ubi jucundissimum vobis fuerit ; nam tabernacula vobis integra sunt et ab hostibus intacta; et in his etiam parata sunt omnia, sicut et istis. Illud utrique scitote, nocturnas excubias nos pro vobis obituros esse, quod ea, quae foris sunt, attinet; vos ea, quae in tabernaculis fiunt, ipsi

ὁρᾶτε καὶ τὰ ὅπλα εὖ τίθεσθε· οἱ γὰρ ἐν ταῖς σκηναῖς οὔπω φίλοι ἡμῖν. (5) Οἱ μὲν δὴ Μῆδοι καὶ οἱ ἀμφὶ Τιγράνην ἐλοῦντο, καὶ, ἣν γὰρ παρεσκευασμένα, ἱμάτια μεταλαβόντες ἐδείπνουν· καὶ οἱ ἵπποι αὐτοῖς εἶχον τὰ ἐπιτήδεια· καὶ τοῖς Πέρσαις δὲ ἔπεμπον τῶν ἄρτων τοὺς ἡμίσεις· ὄψον δὲ οὐκ ἔπεμπον οὐδὲ οἶνον, οἰόμενοι ἔχειν τοὺς ἀμφὶ Κῦρον, ὅτι ἔφη ἄφθονα ταῦτα ἔχειν. Ὁ δὲ Κῦρος [ταῦτα] ἔλεγεν ὄψον μὲν τὸν λιμόν, πιεῖν δ᾽ ἀπὸ τοῦ παραρρέοντος ποταμοῦ. (6) Ὁ μὲν οὖν Κῦρος δειπνίσας τοὺς Πέρσας, ἐπεὶ συνεσκότασε, κατὰ πεμπάδας καὶ κατὰ δεκάδας πολλοὺς αὐτῶν διέπεμψε καὶ ἐκέλευσε κύκλῳ τοῦ στρατοπέδου κρυπτεύειν, νομίζων ἅμα μὲν φυλακὴν ἔσεσθαι, ἄν τις ἔξωθεν προσίῃ, ἅμα δὲ, ἄν τις ἔξω χρήματα φέρων ἀποδιδράσκῃ, ἁλώσεσθαι αὐτόν· καὶ ἐγένετο οὕτω· πολλοὶ μὲν γὰρ ἀπεδίδρασκον, πολλοὶ δὲ ἑάλωσαν. (6) Ὁ δὲ Κῦρος τὰ μὲν χρήματα τοὺς λαβόντας εἴα ἔχειν, τοὺς δὲ ἀνθρώπους ἀποσφάξαι ἐκέλευσεν· ὥστε τοῦ λοιποῦ οὐδὲ βουλόμενος ἂν εὗρες ῥᾳδίως τὸν νύκτωρ πορευόμενον. (7) Οἱ μὲν δὴ Πέρσαι οὕτω διῆγον· οἱ δὲ Μῆδοι καὶ ἔπινον καὶ εὐωχοῦντο καὶ ηὐλοῦντό τε καὶ πάσης εὐθυμίας ἐνεπίμπλαντο· πολλὰ γὰρ καὶ τὰ τοιαῦτα ἥλω, ὥστε μὴ ἀπορεῖν ἔργου τοὺς ἐγρηγορότας.

8. Ὁ δὲ Κυαξάρης ὁ τῶν Μήδων βασιλεὺς τὴν μὲν νύκτα ᾗ ἐξῆλθεν ὁ Κῦρος αὐτός τε ἐμεθύσκετο μεθ᾽ ὧνπερ ἐσκήνου ὡς ἐπ᾽ εὐτυχίᾳ, καὶ τοὺς ἄλλους δὲ Μήδους ᾤετο παρεῖναι ἐν τῷ στρατοπέδῳ πλὴν ὀλίγων, ἀκούων θόρυβον πολύν· οἱ γὰρ οἰκέται τῶν Μήδων, ἅτε τῶν δεσποτῶν ἀπελθόντων, ἀνειμένως καὶ ἔπινον καὶ ἐθορύβουν, ἄλλως τε καὶ ἐκ τοῦ Ἀσσυρίου στρατεύματος καὶ οἶνον καὶ πολλὰ τοιαῦτα εἰληφότες. (9) Ἐπεὶ δὲ ἡμέρα ἐγένετο, καὶ ἐπὶ θύραις οὐδεὶς ἧκε πλὴν οἵπερ καὶ συνεδείπνουν, καὶ τὸ στρατόπεδον ἤκουσε κενὸν εἶναι τῶν Μήδων καὶ τῶν ἱππέων, καὶ ἑώρα, ἐπειδὴ ἐξῆλθεν, οὕτως ἔχοντα, ἐνταῦθα δὴ ἐβριμοῦτό τε τῷ Κύρῳ καὶ τοῖς Μήδοις τοῖς καταλιποῦσιν αὐτὸν ἔρημον οἴχεσθαι, καὶ εὐθύς, ὥσπερ λέγεται ὠμὸς εἶναι καὶ ἀγνώμων, τῶν παρόντων κελεύει τινὰ λαβόντα τοὺς ἑαυτοῦ ἱππέας πορεύεσθαι ὡς τάχιστα ἐπὶ τὸ ἀμφὶ Κῦρον στράτευμα καὶ λέγειν τάδε. (10) Ὅμην μὲν ἔγωγε οὐδ᾽ ἂν σέ, ὦ Κῦρε, περὶ ἐμοῦ οὕτως ἀπρονοήτως βουλεύσασθαι· εἰ δὲ Κῦρος οὕτω γιγνώσκει, οὐκ ἂν ὑμᾶς γε, ὦ Μῆδοι, ἐθελῆσαι οὕτως ἔρημον ἐμὲ καταλιπεῖν. Καὶ νῦν, ἂν μὲν ὁ Κῦρος βούληται, εἰ δὲ μή, ὑμεῖς γε τὴν ταχίστην πάρεστε. Ταῦτα δὴ ἐπέστελλεν. (11) Ὁ δὲ ταξόμενος πορεύεσθαι ἔφη, Καὶ πῶς, ὦ δέσποτα, ἐγὼ εὑρήσω ἐκείνους; Ὅπῃ δὴ Κῦρος, ἔφη, καὶ οἱ σὺν αὐτῷ ἐφ᾽ οὓς ἐπορεύοντο. Ὅτι νὴ Δί᾽, ἔφη, ἀκούω ἀφεστηκότας τῶν πολεμίων Ὑρκανίους τινὰς καὶ ἐλθόντας δεῦρο οἴχεσθαι ἡγουμένους αὐτῷ. (12) Ἀκούσας δὲ ταῦτα ὁ Κυαξάρης πολὺ μᾶλλον ἔτι τῷ Κύρῳ ὠργίζετο τῷ μηδ᾽ εἰπεῖν αὐτῷ ταῦτα· καὶ πολλῇ σπουδῇ μᾶλλον ἔπεμπεν ἐπὶ τοὺς Μήδους, ὡς ψιλώσων αὐτόν, καὶ ἰσχυρότερον ἔτι ἢ πρόσθεν τοῖς Μήδοις ἀπειλῶν ἀπεκάλει· καὶ τῷ

curate, atque arma in promptu habete : necdum enim illi, qui sunt in tabernaculis, nobis amici sunt. Et Medi quidem Tigranisque milites lavabant, mutatis, quippe paratæ erant, vestibus cœnabant : ipsorum etiam equi necessaria habebant : mittebantque Persis dimidium panis partem singulis : at neque obsonium neque vinum miserunt, quod Cyri milites hæc habere putarent, quia is horum ipsis affatim esse dixerat. Cyrus vero hæc dixerat, Persis famem esse pro obsonio, potum autem, qui de præterfluente amne hauriretur. Et Cyrus quidem præbita Persis cœna, cum tenebræ jam essent, complures eorum, quinos ac denos, dimittebat; eosque circum castra se occultare jussit, quippe qui existimaret simul custodiam hoc modo fore, si quis extrinsecus accederet; simul futurum, ut si quis extra castra pecunias ferens aufugeret, caperetur; atque ita quidem accidit : nam et aufugiebant multi, et multi fuere capti. Cyrus autem pecunias quidem eos tenere, qui hos cepissent, sinebat; homines vero interfici jussit : quo factum est, ut deinceps ne si cuperes quidem, quenquam noctu abeuntem reperisses. Et Persæ quidem hoc modo degebant : Medi vero et potabant, et epulabantur, et tibiarum cantu semet oblectabant, et omni hilaritate ad satietatem usque fruebantur : nam ejusmodi multa capta fuerant, ut vigilantibus, quod agerent, minime deesset.

Medorum vero rex Cyaxares, ea nocte qua Cyrus abierat, et ipse cum contubernalibus ebrius erat, veluti re bene gesta, et Medos ceteros in castris, exceptis paucis, adesse putabat, quod ingentem strepitum audiret : nam Medorum domestici, quippe quia domini discessissent, cum omni licentia potabant et tumultuabantur, præsertim quod ab Assyriorum exercitu vinum et alia hujusmodi multa accepissent. Cum autem illuxisset, atque ad portam nemo veniret præter eos qui cum ipso cœnati fuerant, audiretque castra Medis et equitibus esse vacua, et egressus ipse rem ita se habere cerneret : tum vero et in Cyrum et in Medos ira fremebat, quod se relicto solo discessissent : statimque jubet, uti sane crudelis et amens fuisse perhibetur, quendam ex iis qui aderant, equitibus suis secum sumptis, quam celerrime ad copias Cyrum secutas proficisci, atque hæc dicere : Ego sane ne te quidem, Cyre, arbitrabar adeo imprudens consilium de me capturum fuisse : si tamen ea Cyri esset sententia, minime vos saltem, Medi, voluisse sic me solum relinquere putaram. Jam vero, Cyrus siquidem volet, veniat; sin minus, vos saltem quam celerrime adeste. Hæc mandata ad Medos perferenda dedit nuntio. Is autem qui proficisci jussus erat, Ego vero, domine, ait, quonam modo illos inveniam? Eodem, inquit Cyaxares, quo Cyrus istique adeo qui eum secuti sunt, illos invenerunt adversus quos profecti sunt. Quoniam profecto, ait, quosdam Hyreanios ab hostibus defecisse audio, cumque huc venissent, duces se Cyro præbentes abiisse. Hæc cum audisset Cyaxares, multo etiam magis Cyro succensebat, qui hæc ei non indicasset; ac multo majori studio ad Medos mittebat, quo eum copiis nudaret : quin etiam gravioribus cum minis, quam antea,

πεμπομένῳ δὲ ἠπείλει, εἰ μὴ ἰσχυρῶς ταῦτα ἀπαγγείλοι.

13. Ὁ μὲν δὴ πεμπόμενος ἐπορεύετο ἔχων τοὺς ἑαυτοῦ ἱππέας ὡς ἑκατόν, ἀνιώμενος ὅτι οὐκ ἐπορεύθη καὶ αὐτὸς μετὰ τοῦ Κύρου. Ἐν δὲ τῇ ὁδῷ πορευόμενοι διασχισθέντες τρίβῳ τινὶ ἐπλανῶντο, καὶ οὐ πρόσθεν ἀφίκοντο ἐπὶ τὸ φίλιον στράτευμα πρὶν ἐντυχόντες ἀπαχωροῦσί τισι τῶν Ἀσσυρίων ἠνάγκασαν αὐτοὺς ἡγεῖσθαι, καὶ οὕτως ἀφικνοῦνται τὰ πυρὰ κατιδόντες ἀμφὶ μέσας πως νύκτας. (14) Ἐπεὶ δ᾽ ἐγένοντο πρὸς τῷ στρατοπέδῳ, οἱ φύλακες, ὥσπερ εἰρημένον ἦν ὑπὸ Κύρου, οὐκ εἰσαρῆκαν αὐτοὺς πρὸ ἡμέρας. Ἐπεὶ δὲ ἡμέρα ὑπέφαινε, πρῶτον μὲν τοὺς μάγους καλέσας ὁ Κῦρος τὰ τοῖς θεοῖς νομιζόμενα ἐπὶ τοῖς τοιούτοις ἀγαθοῖς ἐξαιρεῖσθαι ἐκέλευε. (15) Καὶ οἱ μὲν ἀμφὶ ταῦτα εἶχον· ὁ δὲ συγκαλέσας τοὺς ὁμοτίμους εἶπεν, Ἄνδρες, ὁ μὲν θεὸς προφαίνει πολλὰ καὶ ἀγαθά· ἡμεῖς δὲ, ὦ Πέρσαι, ἐν τῷ παρόντι ὀλίγοι ἐσμὲν ὡς ἐγκρατεῖς εἶναι αὐτῶν. Εἴτε γὰρ ὅσα ἂν κατεργασώμεθα, μὴ φυλάξομεν, πάλιν ταῦτα ἀλλότρια ἔσται, εἴτε καταλείψομέν τινας ἡμῶν αὐτῶν φύλακας ἐπὶ τοῖς ἐφ᾽ ἡμῖν γιγνομένοις, αὐτίκα οὐδεμίαν ἰσχὺν ἔχοντες ἀναφανούμεθα. (16) Δοκεῖ οὖν μοι ὡς τάχιστα ἰέναι τινὰ ὑμῶν εἰς Πέρσας καὶ διδάσκειν ἅπερ ἐγὼ λέγω, καὶ κελεύειν ὡς τάχιστα πέμπειν στράτευμα, εἴπερ ἐπιθυμοῦσι Πέρσαι τὴν ἀρχὴν τῆς Ἀσίας αὑτοῖς καὶ τὴν κάρπωσιν γενέσθαι. (17) Ἴθι μὲν οὖν σύ, ἔφη, ὁ πρεσβύτατος, καὶ ἐλθὼν ταῦτα λέγε, καὶ ὅτι οὓς ἂν πέμπωσι στρατιώτας, ἐπειδὰν ἔλθωσι παρ᾽ ἐμέ, ἐμοὶ μελήσει περὶ τροφῆς αὐτῶν. Ἃ δ᾽ ἔχομεν ἡμεῖς, ὁρᾷς μὲν αὐτά, κρύπτε δὲ τούτων μηδέν, τὰ δὲ τούτων ἐγὼ πέμπων εἰς Πέρσας καλῶς καὶ νομίμως ποιοίην ἂν τὰ μὲν πρὸς τοὺς θεοὺς τὸν πατέρα ἐρωτᾷ, τὰ δὲ πρὸς τὸ κοινὸν τὰς ἀρχάς. Πεμψάντων δὲ καὶ ὀπτῆρας ὧν πράττομεν καὶ φραστῆρας ὧν ἐρωτῶμεν. Καὶ σὺ μὲν, ἔφη, συσκευάζου καὶ τὸν λόχον προπομπὸν ἄγε.

18. Ἐκ τούτου δὲ καὶ τοὺς Μήδους ἐκάλει, καὶ ἅμα ὁ παρὰ τοῦ Κυαξάρου ἄγγελος παρίσταται, καὶ ἐν πᾶσι τὴν τε πρὸς Κῦρον ὀργὴν καὶ τὰς πρὸς Μήδους ἀπειλὰς αὐτοῦ ἔλεγε· καὶ τέλος εἶπεν ὅτι ἀπιέναι Μήδους κελεύει, καὶ εἰ Κῦρος μένειν βούλεται. (19) Οἱ μὲν οὖν Μῆδοι ἀκούσαντες τοῦ ἀγγέλου ἐσίγησαν, ἀποροῦντες μὲν πῶς χρὴ καλοῦντος ἀπειθεῖν, φοβούμενοι δὲ πῶς χρὴ ἀπειλοῦντι ὑπακοῦσαι, τάς τε καὶ εἰδότες τὴν ὠμότητα αὐτοῦ. (20) Ὁ δὲ Κῦρος εἶπεν, Ἀλλ᾽ ἐγώ, ὦ ἄγγελέ τε καὶ Μῆδοι, οὐδέν, ἔφη, θαυμάζω εἰ Κυαξάρης, πολλοὺς μὲν πολεμίους τότε ἰδών, ἡμᾶς δὲ οὐκ εἰδὼς ὅ,τι πράττομεν, ὀκνεῖ περὶ ἡμῶν καὶ περὶ ἑαυτοῦ· ἐπειδὰν δὲ αἴσθηται πολλοὺς μὲν τῶν πολεμίων ἀπολωλότας, πάντας δὲ ἀπεληλαμένους, πρῶτον μὲν παύσεται φοβούμενος, ἔπειτα γνώσεται ὅτι οὐ νῦν ἔρημος γίγνεται, ἡνίκα οἱ φίλοι αὐτοῦ τοὺς ἐκείνου ἐχθροὺς ἀπολλύουσιν. (21) Ἀλλὰ μὴν μέμψεώς γε πῶς ἔσμεν

Medos ab eo avocabat : eique etiam qui missus erat minas intendit, si non hæc vehementer acriterque exponeret.

Et ille quidem qui missus erat, cum suis centum fere equitibus, proficiscebatur : id ipsum, quod non et ipse cum Cyro discessisset, ægre ferens. Cumque iter pergerent, semita quadam a via deflectente divisi, oberrarunt ; neque prius ad socium exercitum pervenere, quam in Assyrios quosdam a castris digressos incidissent, atque eos ut sibi duces essent vi coegissent : atque ita demum, conspectis ignibus, eo, circa mediam noctem, pervenerunt. Cum vero ad castra accessissent, excubitores eos, quemadmodum mandatum a Cyro fuerat, ante lucem non intromiserunt. Die vero jam illucescente, Cyrus primum accersitis magis, diis ea, quæ in more essent, ob res adeo prosperas, seligi jussit. Et ii quidem in his erant occupati : ille autem, convocatis iis qui ὁμότιμοι appellantur, dixit, Multa bona, viri, deus nobis ostendit ; at nos, Persæ, pauciores hoc tempore sumus, quam ut illa nostra in potestate tenere possimus. Nam sive ea, quæcunque laboribus nostris adepti fuerimus, non conservabimus, rursus erunt aliena ; sive ex nostris quosdam ipsis custodes eorum quibus potiti sumus relinquamus, statim nullas nobis esse vires manifestum erit. Quamobrem mihi videtur, cuidam e vobis quamprimum in Persiam eundum esse, qui doceat ea quæ a me dicuntur, et exercitum quam celerrime mitti jubeat, si quidem Persæ et imperium et fructum Asiæ suam in potestatem venire capiant. Tu ergo tu, qui natu maximus es, inquit, ac postquam eo veneris, hæc exposito, tum autem, mihi curæ futurum, ut militibus quos miserint, ubi ad me pervenerint, alimenta suppetant. Vides ipse quidem ea, quæ habemus, eorumque nihil celato ; ex quibus quidnam potissimum in Persiam mittendo, ut par et legibus consentaneum est fecero, deos quod attinet, patrem meum ; quod rempublicam, magistratus, interroga. Etiam spectatores eorum quæ gerimus, et explicatores eorum de quibus interrogaturi sumus, huc mittant. Ac tu quidem, ait, ad iter te collectis rebus necessariis parato, manipulumque qui te deducat, tecum sumito.

Secundum hæc Medos arcessit, cum simul Cyaxaris nuntius adesset, et coram omnibus iram ejus adversus Cyrum et minas adversus Medos indicaret, tandemque diceret, mandare Cyaxarem ut Medi discederent, etiamsi Cyrus manere vellet. Et Medi quidem cum hæc nuntii verba audissent, silebant, tum consilii inopes quo pacto accessenti non parerent, tum metuentes quemadmodum minanti obtemperarent, præsertim quod illius crudelitatem nossent. Cyrus autem, Minime miror equidem, ait, nuntie Medique, Cyaxarem de nobis et de seipso valde timere, cum multos id temporis hostes viderit, et quid nos agamus ignoret : verum ubi senserit, complures hostium periisse, fugatos universos, primum metuere desinet, deinde agnoscet minime se jam desertum esse, cum amici hostes ipsius interimunt. At vero quonam modo reprehensione digni

ἄξιοι, εὖ τε ποιοῦντες ἐκεῖνον καὶ οὐδὲ ταῦτα αὐτοματίσαντες· ἀλλ' ἐγὼ μὲν ἐκεῖνον ἔπεισα ἐᾶσαί με λαβόντα ὑμᾶς ἐξελθεῖν· ὑμεῖς δὲ οὐχ ὡς ἐπιθυμοῦντες τῆς ἐξόδου ἠρωτήσατε εἰ ἐξίοιτε καὶ νῦν δεῦρο ἥκετε, ἀλλ' ὑπ' ἐκείνου κελευσθέντες ἐξιέναι, ὅτῳ ὑμῶν μὴ ἀχθομένῳ εἴη. Καὶ ἡ ὀργὴ οὖν αὕτη, σάφ' οἶδα, ὑπό τε τῶν ἀγαθῶν πεπανθήσεται καὶ σὺν τῷ φόβῳ λήγοντι ἄπεισι. (22) Νῦν μὲν οὖν, ἔφη, σύ τε, ὦ ἄγγελε, ἀνάπαυσαι, ἐπεὶ καὶ πεπόνηκας, ἡμεῖς τε, ὦ Πέρσαι, ἐπεὶ προσδεχόμεθα πολεμίους ἤτοι μαχουμένους γε ἢ πεισομένους παρέσεσθαι, ταχθῶμεν ὡς κάλλιστα· οὕτω γὰρ ὁρωμένοις εἰκὸς πλέον προκνύτειν ὧν χρῄζομεν. Σὺ δ', ἔφη, ὁ τῶν Ὑρκανίων ἄρχων, ὑπόμεινον προστάξας τοῖς ἡγεμόσι τῶν σῶν στρατιωτῶν ἐξοπλίζειν αὐτούς. (23) Ἐπεὶ δὲ ταῦτα ποιήσας ὁ Ὑρκάνιος προσῆλθε, λέγει ὁ Κῦρος, Ἐγὼ δ', ἔφη, ὦ Ὑρκάνιε, ἥδομαι αἰσθανόμενος ὅτι σὺ μόνον φιλίαν ἐπιδεικνύμενος πάρει, ἀλλὰ καὶ ξύνεσιν φαίνῃ μοι ἔχειν. Καὶ νῦν ὅτι συμφέρει ἡμῖν ταῦτα δῆλον· ἐμοί τε γὰρ πολέμιοι Ἀσσύριοι σοί τε νῦν ἐχθίονές εἰσιν ἢ ἐμοί. (24) Οὕτως οὖν ἡμῖν ἀμφοτέροις βουλευτέον ὅπως τῶν μὲν νῦν παρόντων μηδεὶς ἀποστατήσει ἡμῖν συμμάχων, ἄλλους δέ, ἂν δυνώμεθα, προσληψόμεθα. Τοῦ δὲ Μήδου ἤκουες ἀποκαλοῦντος τοὺς ἱππέας· εἰ δ' οὗτοι ἀπίασιν, ἡμεῖς μόνοι οἱ πεζοὶ μενοῦμεν. (25) Οὕτως οὖν δεῖ ποιεῖν καὶ ἐμὲ καὶ σὲ ὅπως ὁ ἀποκαλῶν οὗτος καὶ αὐτὸς μένειν παρ' ἡμῖν βουλήσεται. Σὺ μὲν οὖν εὑρὼν σκηνὴν δὸς αὐτῷ ὅπου κάλλιστα διάξει πάντα τὰ δέοντα ἔχων· ἐγὼ δ' αὖ πειράσομαι αὐτῷ ἔργον τι προστάξαι ὅπερ αὐτὸς ἥδιον πράξει ἢ ἄπεισι· καὶ διαλέγου δὲ αὐτῷ ὁπόσα ἐλπὶς γενέσθαι ἀγαθὰ πᾶσι τοῖς φίλοις, ἂν ταῦτ' εὖ γένηται· ποιήσας μέντοι ταῦτα ἧκε πάλιν παρ' ἐμέ.

26. Ὁ μὲν δὴ Ὑρκάνιος τὸν Μῆδον ᾤχετο ἄγων ἐπὶ σκηνήν· ὁ δ' εἰς Πέρσας ὅπλα παρὴν συνεσκευασμένος· ὁ δὲ Κῦρος αὐτῷ ἐπέστελλε πρὸς μὲν Πέρσας λέγειν ἅ καὶ πρόσθεν ἐν τῷ λόγῳ δεδήλωται, Κυαξάρῃ δὲ ἀποδοῦναι τὰ γράμματα. Ἀναγνῶναι δέ σοι καὶ τὰ ἐπιστελλόμενα, ἔφη, βούλομαι, ἵνα εἰδὼς αὐτὰ ὁμολογῇς, ἄν τί σε πρὸς ταῦτα ἐρωτᾷ. Ἐνῆν δὲ ἐν τῇ ἐπιστολῇ τάδε.

27. Κῦρος Κυαξάρῃ χαίρειν. Ἡμεῖς σε οὔτε ἔρημον κατελίπομεν οὐδείς· γὰρ, ὅταν ἐχθρῶν κρατῇ, τότε φίλων ἔρημος γίγνεται· οὐδὲ μὴν ἀποχωροῦντές γέ σε οἰόμεθα ἐν κινδύνῳ καθιστάναι· ἀλλὰ ὅσῳ πλέον ἀπέχομεν, τοσούτῳ πλέονά σοι τῇ ἀσφαλείᾳ ποιεῖν νομίζομεν· (28) οὐ γὰρ οἱ ἐγγύτατα τῶν φίλων καθήμενοι μάλιστα τοῖς φίλοις τὴν ἀσφάλειαν παρέχουσιν, ἀλλ' οἱ τοὺς ἐχθροὺς μήκιστον ἀπελαύνοντες μᾶλλον τοὺς φίλους ἐν ἀκινδύνοις καθιστᾶσι. (29) Σκέψαι δὲ οἷῳ ὄντι μοι περὶ σὲ οἷος ὢν περὶ ἐμὲ ἔπειτά μοι μέμφῃ. Ἐγὼ μὲν γέ σοι ἤγαγον συμμάχους, οὐχ ὅσους σὺ ἔπεισας, ἀλλ' ὁπόσους ἐγὼ πλείστους ἠδυνάμην· σὺ δέ μοι ἔδωκας μὲν ἐν τῇ φιλίᾳ ὄντι ὅσους πεῖσαι δυναθείην· νῦν δ' ἐν τῇ πολεμίᾳ ὄντος οὐ τὸν θέλοντα ἀλλὰ πάντας ἀποXENOPHON.

sumus, cum de ipso bene promereamur, neque hæc quidem de nostra sententia et auctoritate faciamus? sed ego illum persuasi, ut mihi permitteret vobis adsumptis egredi: vos autem non ut cupidi profectionis, an exeundum esset, interrogastis, atque ita jam huc pervenistis: at ab illo prodire jussi, si cui vestrûm grave non esset. Quapropter hæc ira, sat scio, secundis hisce rebus mitigabitur, et una cum desinente metu abibit. Ac tu quidem modo, nuntie, quia labore defatigatus es, quietem capito: nos autem Persæ, quia sic hostes adfuturos exspectamus, ut vel pugnent vel imperium accipiant, ordines quam elegantissime instructos habeamus: nam ita si conspiciamur, fortasse citius ea sumus effecturi quæ desideramus. Tu vero, princeps Hyrcaniorum, ait, fac imperes militum tuorum ducibus, ut suos armis captis egredi jubeant. Cum autem his peractis Hyrcanius accessisset, inquit Cyrus, In hoc ego, Hyrcanie, delector, quod animadverto, te non solum ita nobis adesse ut amicitiam re declares, sed etiam indicia mihi præbere perspicaeis, qua præditus es, prudentiæ. At nunc quidem nobis eadem conducere perspicuum est: nam et mihi sunt hostes Assyrii, et tibi jam infestiores sunt quam mihi: quare sic nostrûm utrique consultandum est, ut eorum sociorum, qui jam nobis adsunt, nemo deficiat; et alios quoque, si possimus, nobis adjungamus. Audisti vero Medum equites avocare; hi autem si discedant, jam nos pedites soli manebimus. Sic igitur et mihi et tibi agendum est, ut hic ipse qui Medos avocat, nobiscum manere velit. Tu igitur reperto aliquod et tabernaculum tradito, ubi commodissime degat, et omnia, quibus opus fuerit, habeat; ego vero sum operam daturus, ut opus aliquod ei imperem, quod libentius susceperus sit, quam hinc abiturus: quin etiam cum ipso de bonis iis disserito, quæ spes sit amicis omnibus eventura, si bene gerantur ea quæ fieri oportet: hæc vero ubi feceris, ad me redito.

Itaque abiit Hyrcanius quidem ut Medum ad tabernaculum deduceret; et qui in Persiam profecturus erat, paratus aderat: et Cyrus mandavit, ut Persis diceret quæ oratione superiori sunt indicata, Cyaxari vero literas redderet. Volo autem, ait, tibi recitare, quæ mea continet epistola; quo et scias ea et profitearis, si quis te de his interroget.

Hæc autem epistolæ inerant:

CYRUS CYAXARI SALUTEM. Nos neque te solum reliquimus (nemo enim tunc ab amicis destituitur est, cum hostes per eos vincit), nec vero proptereaquod abs te discessimus in periculo te nos constituisse arbitramur: sed quanto longius abs te absumus, tanto tibi nos plus securitatis præstare existimamus. Nam qui proxime amicos desident, non iis maxime securitatem adferunt, sed qui hostes longissime repellunt, ii potius amicos extra periculum collocant. Considera vero qualem me cum sis erga te expertus, ipseque vicissim qualem erga me te præbeas, de me tandem quereris. Equidem auxilii qui tibi sint socios adduxi, non quot tu ut venirent persuasisti, sed quam ego plurimos potui: tu mihi, dum adhuc amica in regione essem, tot concessisti, quot persuadendo, me ut sequerentur, adducere possem; et nunc cum in hostili sim agro, non eos, qui redire velint,

καλεῖς. (30) Καὶ γὰρ οὖν τότε μὲν ᾤμην ἀμφοτέροις ὑμῖν χάριν ὀφείλειν· νῦν δὲ σύ με ἀναγκάζεις τοῦ μὲν ἐπιλαθέσθαι, τοῖς δ᾽ ἀκολουθήσασι πειρᾶσθαι πᾶσαν τὴν χάριν ἀποδιδόναι. (31) Οὐ μέντοι ἔγωγε σοὶ ὅμοιος δύναμαι γενέσθαι, ἀλλὰ καὶ νῦν πέμπων ἐπὶ στράτευμα εἰς Πέρσας ἐπιστέλλω, ὁπόσοι ἂν ἴωσιν ὡς ἐμέ, ἤν τι σὺ αὐτῶν δέῃ πρὶν ἡμᾶς ἐλθεῖν, σοὶ ὑπάρχειν, οὐχ ὅπως ἂν ἐθέλωσιν, ἀλλ᾽ ὅπως ἂν σὺ βούλῃ χρῆσθαι αὐτοῖς. (32) Συμβουλεύω δέ σοι καίπερ νεώτερος ὢν μὴ ἀφαιρεῖσθαι ἃ ἂν δῷς, ἵνα μή σοι ἀντὶ χαρίτων ἔχθραι ὀφείλωνται, μηδ᾽ ὅντινα βούλει πρὸς σὲ ταχὺ ἐλθεῖν, ἀπειλοῦντι μεταπέμπεσθαι, μηδὲ φάσκοντα ἔρημον εἶναι ἅμα πολλοῖς ἀπειλεῖν, ἵνα μὴ διδάσκῃς αὐτοὺς σοῦ μὴ φροντίζειν. (33) Ἡμεῖς δὲ πειρασόμεθα παρεῖναι, ὅταν τάχιστα διαπραξώμεθα ἃ σοί τ᾽ ἂν καὶ ἡμῖν νομίζομεν πραχθέντα κοινὰ γενέσθαι ἀγαθά. Ἔρρωσο.

34. Ταύτην αὐτῷ ἀπόδος, καὶ ὅ, τι ἄν σε τούτων ἐρωτᾷ, ᾗπερ γέγραπται σύμφαθι. Καὶ γὰρ ἐγὼ ἐπιστέλλω σοι περὶ Περσῶν ᾗπερ γέγραπται. Τούτῳ μὲν οὕτως εἶπε, καὶ δοὺς τὴν ἐπιστολὴν ἀπέπεμψε, προσετειλάμενος οὕτω σπεύδειν ὥσπερ οἶδεν ὅτι ξυμφέρει ταχὺ παρεῖναι.

36. Ἐκ τούτου δὲ ἑώρα μὲν ἐξωπλισμένους ἤδη πάντας καὶ τοὺς Μήδους καὶ τοὺς Ὑρκανίους καὶ τοὺς ἀμφὶ Τιγράνην· καὶ οἱ Πέρσαι δὲ ἐξωπλισμένοι ἦσαν· ἤδη δέ τινες πλησιόχωροι καὶ ἵππους ἀπῆγον καὶ ὅπλα ἀπέφερον. (36) Ὁ δὲ τὰ μὲν πάλτα ὅπουπερ καὶ τοὺς πρόσθεν καταβάλλειν ἐκέλευσε, καὶ ἔκαυσν οἷς τοῦτο ἔργον ἦν ὁπόσων μὴ αὐτοὶ ἐδέοντο· τοὺς δ᾽ ἵππους ἐκέλευσε φυλάττειν μένοντας τοὺς ἀγαγόντας ἕως ἂν τις σημάνῃ αὐτοῖς· τοὺς δ᾽ ἄρχοντας τῶν ἱππέων καὶ Ὑρκανίων καλέσας τάδε ἔλεξεν.

37. Ἄνδρες φίλοι τε καὶ ξύμμαχοι, μὴ θαυμάζετε ὅτι πολλάκις ὑμᾶς συγκαλῶ· καινὰ γὰρ ἡμῖν ὄντα τὰ παρόντα πολλὰ αὐτῶν ἐστιν ἀσύντακτα· ἃ δ᾽ ἂν ἀσύντακτα ᾖ, ἀνάγκη ταῦτα ἀεὶ πράγματα παρέχειν, ἕως ἂν χώραν λάβῃ. (38) Καὶ νῦν ἔστι μὲν ἡμῖν πολλὰ τὰ αἰχμάλωτα χρήματα, καὶ ἄνδρες ἐπ᾽ αὐτοῖς· διὰ δὲ τὸ μήθ᾽ ἡμᾶς εἰδέναι ποῖα τούτων ἑκάστου ἐστὶν ἡμῶν, μήτε τούτους εἰδέναι ὅστις ἑκάστου αὐτῶν δεσπότης, περαίνοντας μὲν δὴ τὰ δέοντα οὐ πάνυ ἔστιν ὁρᾶν αὐτῶν πολλούς, ἀποροῦντας δὲ ὅ, τι χρὴ ποιεῖν σχεδὸν πάντας. (39) Ὡς οὖν μὴ οὕτως ἔχῃ, διορίσατε αὐτά· καὶ ὅστις μὲν ἔλαβε σκηνὴν ἔχουσαν ἱκανὰ καὶ σῖτα καὶ ποτὰ καὶ τοὺς ὑπηρετήσοντας καὶ στρωμνὴν καὶ ἐσθῆτα καὶ τἄλλ᾽ οἷς οἰκεῖται σκηνὴ καλῶς στρατιωτική, ἐνταῦθα μὲν οὐδὲν ἄλλο δεῖ προσγενέσθαι· τὸν λαβόντα εἰδέναι ὅτι τούτων τῶν οἰκείων ἐπιμελεῖσθαι δεῖ· ὅστις δὲ εἰς ἐνδεόμενά του κατεσκήνωσε, τούτους ὑμεῖς σκεψάμενοι τὸ ἐλλεῖπον ἐκπλήσατε. (40) Πολλὰ δὲ καὶ τὰ περιττὰ οἶδ᾽ ὅτι ἔσται· πλείω γὰρ ἅπαντα ἢ κατὰ τὸ ἡμέτερον πλῆθος εἶχον οἱ πολέμιοι. Ἦλθον δὲ πρὸς ἐμὲ καὶ χρημάτων ταμίαι, οἵ τε τοῦ Ἀσσυρίων βασιλέως καὶ ἄλλων δυναστῶν, οἳ ἔλεγον ὅτι χρυσίον εἴη παρὰ σφίσιν ἐπίση-

---

sed universos avocas. Itaque tunc quidem arbitrabar me vobis utrisque gratiam debere ; at nunc me tui quidem oblivisci cogis, et illis qui me sequuti sunt omnem referre gratiam studere. Verum facere non possum, ut tibi similis fiam ; sed hoc ipso tempore copiarum causa misso in Persiam nuntio, mandatum dedi, ut quotquot ad me venturi sunt, si eorum opera tibi sit opus, antequam nos redeamus, iis tibi sit potestas, non ut ipsi voluerint, sed uti tu voles, utendi. Consilium autem tibi do, quanquam ipse junior, ne quæ concesseris auferas ; ut ne inimicitiæ tibi gratiarum loco debeantur : nec minitabundus arcessas, cum aliquem simul te solum esse dixeris, et multis ministeris, ne doceas eos nihili te facere. Nos autem ut adsimus operam dabimus, ubi primum ea confecerimus, quæ facta cum fuerint et tibi et nobis ex æquo fructuosa fore censemus. Vale. »

Hanc ei epistolam reddito, et de quocunque horum te interrogarit, id ita se habere dicito, prout in epistola scriptum est. Nam et de Persis itidem tibi mando, prout scriptum est. Atque hunc quidem his verbis adloquutus, tradita epistola, dimisit ; adjecto mandato, ut ita festinaret, quemadmodum expediri voverat celeriter uti adesset.

Secundum hæc armatos jam omnes et Medos et Hyrcanios et Tigranis milites spectabat : Persæ quoque egressi erant armati : jam etiam finitimi quidam et se dedentes equos adducebant, et adferebant arma : hos ille palta eum in locum, ubi et ceteros antea, jussit abjicere, eaque illos concremare, quibus id negotii datum erat, ipsi quibus non egerent ; equos autem ut illi in castris remanentes custodirent, qui eos adduxerant, præcepit, donec aliquis eis aliter significaret : et convocatis præfectis equitum et Hyrcaniorum, hujusmodi orationem habuit :

« Ne mirum vobis sit, amici et socii, inquit, quod vos sæpe convoco : nam cum res præsentes novæ sint, earum multæ ordine adhuc carent ; quæ vero ordinata non sunt, ea semper negotia facessere necesse est, donec in suum quæque locum delata fuerint. Et multa jam sunt bona nobis bello capta, et viri præterea qui in nostram potestatem venerunt : quoniam vero neque scimus ipsi, quænam horum cujusque nostrûm sint, neque hi novere quis eorum cujusque sit dominus, idcirco non admodum multos quidem ex eis videre est officia facere, quod omnes fere ambigere, quid abs se fieri oporteat : quapropter ut ne hæc sit rerum nostrarum ratio, vos ista singulis quæ eis propria sint dividendo discernite : et cum quidem tabernaculum aliquis adeptus est, satis et esculentis instructum, et potulentis, et ministris, et stragula, et alia veste, rebusque ceteris quæ requiruntur ut in tabernaculo militari commode degi possit, huic ut quid aliud accedat non opus est, nisi ut is qui illud nactus est, sciat horum sibi curam, tanquam suorum, gerendam esse ; qui vero in ea divertit tabernacula quibus pleraque desunt, vos his inspectis, quod deest supplete. Multa etiam fore scio quæ supersint : nam hostium omnia fuere copiosiora quam pro multitudine nostra. Venerunt etiam ad me Assyriorum regis aliorumque dynastarum quæstores, qui apud se aurum signatum esse

μὸν, δασμοὺς τινας λέγοντες. (41) Καὶ ταῦτα οὖν κηρύττετε πάντα ἀποφέρειν πρὸς ὑμᾶς ὅπου ἂν καθέζησθε· καὶ φόβον ἐπιτίθεσθε τῷ μὴ ποιοῦντι τὰ παραγγελλόμενα· ὑμεῖς δὲ λαβόντες διάδοτε ἱππεῖ μὲν τὸ διπλοῦν, πεζῷ δὲ τὸ ἁπλοῦν, ἵνα ἔχητε, ἤν τινος προςδέησθε, καὶ ὅτου ὠνήσεσθε. (42) Τὴν δ' ἀγορὰν τὴν οὖσαν ἐν τῷ στρατοπέδῳ κηρυξάτω μὲν ἤδη, ἔφη, μὴ ἀδικεῖν μηδένα, πωλεῖν δὲ τοὺς καπήλους ὅ, τι ἔχει ἕκαστος πράσιμον, καὶ ταῦτα διαθεμένους ἄλλα ἄγειν, ὅπως οἰκῆται ἡμῖν τὸ στρατόπεδον. (43) Καὶ ταῦτα μὲν ἐκήρυττον εὐθύς. Οἱ δὲ Μῆδοι καὶ Ὑρκάνιοι εἶπον ὧδε. Καὶ πῶς ἄν, ἔφασαν, ἡμεῖς ἄνευ σοῦ καὶ τῶν σῶν διανέμοιμεν ταῦτα; (44) Ὁ δ' αὖ Κῦρος πρὸς τοῦτον τὸν λόγον ὧδε προςηνέχθη. Ἢ γὰρ οὕτως, ἔφη, ὦ ἄνδρες, γιγνώσκετε ὡς ὅ, τι ἂν δέῃ πραχθῆναι ἐπὶ πᾶσι πάντας ἡμᾶς δεήσει παρεῖναι, καὶ οὔτε ἐγὼ ἀρκέσω πράττων πρὸ ὑμῶν ὅ, τι ἂν δέῃ, οὔτε ὑμεῖς πρὸ ἡμῶν; καὶ πῶς ἂν ἄλλως πλείω μὲν πράγματα ἔχοιμεν, μείω δὲ διαπραττοίμεθα ἢ οὕτως; (45) ἀλλ' ὁρᾶτε, ἔφη, ἡμεῖς μὲν γὰρ διεφυλάξαμεν ὑμῖν τάδε, καὶ ὑμεῖς ἡμῖν πιστεύετε καλῶς διαπεφυλάχθαι· ὑμεῖς δέ γ' αὖ διανείματε, καὶ ἡμεῖς πιστεύσωμεν ὑμῖν καλῶς διανενεμηκέναι. (46) Καὶ ἄλλο δέ τι αὖ ἡμεῖς πειρασόμεθα κοινὸν ἀγαθὸν πράττειν. Ὁρᾶτε γὰρ δή, ἔφη, νυνὶ πρῶτον ἵπποι ὅσοι ἡμῖν πάρεισιν, οἱ δὲ προςάγονται· τούτους οὖν εἰ μὲν ἐάσομεν ἀναμβάτους, ὠφελήσουσι μὲν οὐδὲν ἡμᾶς, πράγματα δὲ παρέξουσιν ἐπιμελεῖσθαι· ἢν δ' ἱππέας ἐπ' αὐτοὺς καταστήσωμεν, ἅμα πραγμάτων τε ἀπαλλαξόμεθα καὶ ἰσχὺν ἡμῖν αὐτοῖς προςθησόμεθα. (47) Εἰ μὲν οὖν ἄλλους ἔχετε οἷςτισιν ἂν δοίητε αὐτούς, μεθ' ὧν ἂν καὶ κινδυνεύοιτε ἥδιον, ἤ, ἢ μεθ' ἡμῶν, ἐκείνοις δίδοτε· εἰ μέντοι ἡμᾶς ἂν βούλοισθε παραστάτας μάλιστα ἔχειν, ἡμῖν αὐτοὺς δότε. (48) Καὶ γὰρ νῦν ὅτε ἄνευ ἡμῶν προςελάσαντες ἐκινδυνεύετε, πολλὴν μὲν φόβον ἡμῖν παρέχετε μή τι πάθητε, μάλα δὲ αἰσχύνεσθαι ἡμᾶς ἐποιήσατε ὅτι οὐ παρῆμεν ὅπουπερ ὑμεῖς· ἢν δὲ λάβωμεν τοὺς ἵππους, ἐψόμεθα ὑμῖν. (49) Κἂν μὲν δοκῶμεν ὠφελεῖν πλέον ἐπ' αὐτῶν συναγωνιζόμενοι, οὔτω προθυμίας οὐδὲν ἐλλείψομεν· ἢν δὲ πεζοὶ γενόμενοι δοκῶμεν καιρωτέροι ἂν παρεῖναι, τὸ καταβῆναι ἐν μέσῳ καὶ εὐθὺς πεζοὶ ἡμῖν παρεσόμεθα· τοὺς δ' ἵππους μηχανησόμεθα οἷς ἂν παραδοίημεν. (50) Ὁ μὲν οὕτως ἔλεξεν· οἱ δὲ ἀπεκρίναντο, Ἀλλ' ἡμεῖς μέν, ὦ Κῦρε, οὔτε ἄνδρας ἔχομεν οὓς ἂν ἀναβιβάσαιμεν ἂν ἐπὶ τούτους τοὺς ἵππους, οὔτ' εἰ εἴχομεν, σοῦ ταῦτα βουλομένου, ἄλλο ἂν ἀντὶ τούτων ἡροῦμεθα. Καὶ νῦν, ἔφασαν, τούτους λαβὼν ποίει ὅπως ἄριστόν σοι δοκεῖ εἶναι. (51) Ἀλλὰ δέχομαί τε, ἔφη, καὶ ἀγαθῇ τύχῃ ἡμεῖς τε ἱππεῖς γενοίμεθα καὶ ὑμεῖς διδοῖτε τὰ κοινά. Πρῶτον μὲν οὖν τοῖς θεοῖς, ἔφη, ἐξαιρεῖτε ὅ, τι ἂν οἱ μάγοι ἐξηγῶνται· ἔπειτα δὲ καὶ Κυαξάρῃ ἐκλέξασθε ὁποῖ' ἂν οἴεσθε αὐτῷ μάλιστα χαρίζεσθαι. (52) Καὶ οἱ γελάσαντες εἶπον ὅτι γυναῖκας ἐξαιρετέον ἂν εἴη. Γυναῖκάς τε τοίνυν ἐξαιρεῖτε, ἔφη, καὶ ὅ, τι ἄλλο ἂν δοκῇ

dixerunt, de tributis quibusdam mentionem facientes : itaque per præconem imperate, ut istæc ad vos omnia deferant, ubicunque consederitis; et terrorem ei incutite qui, quod imperatum est, non fecerit : vos autem ea cum acceperitis, duplum quidem equiti, pediti simplum distribuite ; ut habeatis, si quibus vobis præterea opus fuerit, unde etiam ea emere possitis. Forum vero castrense, inquit, præconis jam voce edicite, ut nemo violet, utque cauponem ac mercatores vendant merces quisque suas venales ; et has ubi vendiderint, alias advehant, quo castra nostra sint frequentia. » Et hæc illi quidem statim per præconem edicebant : Medi vero et Hyrcanii, Quo pacto nos, inquiunt, absque te ac tuis hæc distribuerimus? Cyrus autem hæc ipsorum verba ita excepit : « Eane vestra, viri, sententia est, inquit, ut quicquid tandem nobis agendum fuerit, rebus omnibus nos omnes interesse oporteat ; neque satis ego facturus sim vobis, agens pro vobis quod usus postulet, neque vos, pro nobis? et quanam alia ratione plus habituri simus negotii, et minus effecturi, quam ista? At videte, ait : nos enim hæc vobis custodivimus, et vos credidistis a nobis esse recte custodita ; vos vero vicissim distribuite, et nos credemus vobis, recte vos distribuisse. Ac nos rursus alia in re operam dabimus, ut quiddam in commune profuturum peragamus. Videte enim, ait, nunc primum quot nobis partim adsint equi, partim adducantur ; hos utique ita si relinquemus ut nemo insideat, neque quidquam nobis proderunt, et ob curam iis impendendam negotium nobis exhibebunt : sin equites eis imponemus, eadem opera tum negotiis molestis liberabimur, tum virium nobis ipsis accessionem faciemus. Atqui si alii sunt, quibus eos detis, et quibuscum (si sit opus) pericula libentius adeatis, quam nobiscum, nimirum illis eos date : sin nos in primis auxiliarios apud vobis præsto sint habere vultis, nobis eos date. Etenim modo cum ad hostes impetum absque nobis provecti, magnum nobis metum injecistis, ne quid adversi vobis accideret ; atque etiam magnum nobis pudorem incussistis, quod ibi non adessemus, ubi vos aderatis : verum si equos accipiemus, sequuturi vos sumus ; ac si quidem una vobiscum ex equis pugnantes majori usui esse videbimur, cum ita se res habet, faciemus ut alacritatem nostram minime desideretis : sin pedites cum fuerimus opportunius adsfuri videamur, proclive fuerit descendere, statimque adeo vobis pedites aderimus ; equos autem quibus tradamus, excogitabimus. » Cyrus in hunc modum loquutus est : illi autem responderunt, At nos, Cyre, neque viros habemus, quos equis hisce imponamus, neque, si haberemus, cum tu hæc velis, aliud iis quæ velles præferremus. Atque adeo nunc, inquiunt, equos accipe, et quod tibi optimum factu videtur facito. Ego vero accipio, inquit, adeoque nos, quod felix faustumque sit, efficiamur equites ; et vos, quæ communia sunt, dividatis. Ac primum quidem, ait, diis secernite quodcunque magi secernendum præscripserint ; deinde Cyaxari seligite, quæ quod se legeritis maxime rem gratam vos ipsi facturos arbitramini. Et illi risu facto, mulieres formosas huic deligendas aiebant. Ergo et mulieres, inquit, deligite, et quidquid aliud vobis

6.

ὑμῖν. Ἐπειδὰν δ' ἐκείνῳ ἐξέλητε, ὦ Ὑρκάνιοι, τοὺς ἐμοὶ ἐθελουσίους τούτους ἐπισπομένους [Μήδους] ἀμέμπτους πάντας ποιεῖτε εἰς δύναμιν. (53) Ὑμεῖς δ' αὖ, ὦ Μῆδοι, τοὺς πρώτους ξυμμάχους γενομένους τιμᾶτε τούτους, ὅπως εὖ βεβουλεῦσθαι ἡγήσωνται ἡμῖν φίλοι γενόμενοι. Νείματε δὲ πάντων τὸ μέρος καὶ τῷ παρὰ Κυαξάρου ἥκοντι αὐτῷ τε καὶ τοῖς μετ' αὐτοῦ· καὶ συνδιαμένειν δὲ παρακαλεῖτε, ὡς ἐμοὶ τούτου συνδοκοῦντος, ἵνα καὶ Κυαξάρῃ μᾶλλον εἰδὼς περὶ ἑκάστου ἀπαγγείλῃ τὰ ὄντα. (54) Πέρσαις δ', ἔφη, τοῖς μετ' ἐμοῦ, ὅσα ἂν περιττὰ γένηται ὑμῶν καλῶς κατεσκευασμένων, ταῦτα ἀρκέσει. Καὶ γὰρ, ἔφη, μάλα πως ἡμεῖς οὐκ ἐν χλιδῇ τεθράμμεθα ἀλλὰ χωριτικῶς· ὥστε ἴσως ἂν ἡμῶν καταγελάσαιτε, εἴ τι σεμνὸν ἡμῖν περιτιθείητε, ὥσπερ, ἔφη, οἶδ' ὅτι πολὺν ὑμῖν γέλωτα παρέξομεν καὶ ἐπὶ τῶν ἵππων καθήμενοι, οἶμαι δ', ἔφη, καὶ ἐπὶ τῆς γῆς καταπίπτοντες.

55. Ἐκ τούτου οἱ μὲν ᾖσαν ἐπὶ τὴν διαίρεσιν, μάλα ἐπὶ τῷ ἱππικῷ γελῶντες· ὁ δὲ τοὺς ταξιάρχους καλέσας ἐκέλευσε τοὺς ἵππους λαμβάνειν καὶ τὰ τῶν ἵππων σκεύη, καὶ τοὺς ἱπποκόμους ἀριθμήσαντας λαβεῖν κληρωσαμένους εἰς τάξιν ἴσους ἑκάστοις. (56) Αὖθις δὲ ὁ Κῦρος ἀνειπεῖν ἐκέλευσεν, εἴ τις εἴη ἐν τῷ Ἀσσυρίων ἢ Σύρων ἢ Ἀραβίων στρατεύματι ἀνὴρ δοῦλος ἢ Μήδων ἢ Περσῶν ἢ Βακτρίων ἢ Καρῶν ἢ Κιλίκων ἢ Ἑλλήνων ἢ ἀλλοθέν ποθεν βεβιασμένος, ἐκφαίνεσθαι. (57) Οἱ δὲ ἀκούσαντες τοῦ κήρυκος ἄσμενοι πολλοὶ προεφάνησαν· ὁ δὲ ἐκλεξάμενος αὐτοὺς τοὺς τὰ εἴδη βελτίστους ἔλεγεν ὅτι ἐλευθέρους αὐτοὺς ὄντας δεήσει ὅπλα ὑποφέρειν ἃ ἂν αὐτοῖς διδῷσι· τὰ δὲ ἐπιτήδεια ὅπως ἕξουσιν ἔφη αὐτῷ μελήσειν. (58) Καὶ εὐθὺς ἄγων πρὸς τοὺς ταξιάρχους συνέστησεν αὐτούς, καὶ ἐκέλευσε τά τε γέρρα καὶ τὰς ψιλὰς μαχαίρας τούτοις δοῦναι, ὅπως ἔχοντες τοῖς ἵπποις ἕπονται, καὶ τὰ ἐπιτήδεια τούτοις ὥσπερ καὶ τοῖς μετ' αὐτοῦ Πέρσαις λαμβάνειν, αὐτοὺς δὲ τοὺς θώρακας καὶ τὰ ξυστὰ ἔχοντας ἀεὶ ἐπὶ τῶν ἵππων ὀχεῖσθαι, καὶ αὐτὸς οὕτω ποιῶν κατῆρχεν, ἐπὶ δὲ τοὺς πεζοὺς τῶν ὁμοτίμων ἀνθ' αὑτοῦ ἕκαστον καθιστάναι ἄλλον ἄρχοντα τῶν ὁμοτίμων.

ΚΕΦΑΛΑΙΟΝ ϛ.

Οἱ μὲν δὴ ἀμφὶ ταῦτα εἶχον. Γωβρύας δ' ἐν τούτῳ παρῆν Ἀσσύριος πρεσβύτης ἀνὴρ ἐφ' ἵππου σὺν ἱππικῇ θεραπείᾳ· εἶχον δὲ πάντες τὰ ἐφ' ἵππων ὅπλα. Καὶ οἱ μὲν ἐπὶ τῷ τὰ ὅπλα παραλαμβάνειν τεταγμένοι ἐκέλευον παραδιδόναι τὰ ξυστά, ὅπως κατακαίοιεν ὥσπερ τἆλλα. Ὁ δὲ Γωβρύας εἶπεν ὅτι Κῦρον πρῶτον βούλοιτο ἰδεῖν· καὶ οἱ ὑπηρέται τοὺς μὲν ἄλλους ἱππέας αὐτοῦ κατέλιπον, τὸν δὲ Γωβρύαν ἄγουσι πρὸς τὸν Κῦρον. (2) Ὁ δ' ὡς εἶδε τὸν Κῦρον, ἔλεξεν ὧδε. Ὦ δέσποτα, ἐγώ εἰμι τὸ μὲν γένος Ἀσσύριος· ἔχω δὲ καὶ τεῖχος ἰσχυρὸν καὶ χώρας ἐπάρχω πολλῆς· καὶ ἵππον ἔχω εἰς

visum fuerit. Postea vero quam illi selegeritis, Hyrcanii, facite, quantum potestis, ut omnes hi [Medi], qui me ultro sequuti sunt, nihil habeant quod querantur. Et vos item, Medi, primos hosce socios nostros honoribus præmiisque ornate, quo recte se consuluisse rebus suis existiment, cum nostræ se amicitiæ adjunxerunt. Etiam de omnibus partem nuntio tribuite qui a Cyaxare venit, tum ipsi, tum iis quos secum habet : atque etiam hunc obsecrate ut nobiscum maneat, id quod et mihi simul probari dicite : ut cum rectius singula intellexerit, vera Cyaxari renuntiare possit. Persis autem, ait, qui mecum sunt, quæcunque vobis præclare instructis supersint, ea sufficient : quippe nos, inquit, in deliciis non admodum educati sumus, sed duriter ac rusticorum ferme more : itaque nos fortassis etiam irrisissetis, si quid splendidius nobis attribueretur ; sicuti futurum scio, inquit, ut equis insidentes multum vobis risum moveamus ; et fortassis, ut arbitror, ait, etiam in terram decidentes. »

Secundum hæc illi ad prædæ divisionem accessere, de equitatu hoc admodum ridentes : et Cyrus arcessitis cohortium præfectis præcepit equos uti reciperent, et instrumenta equestria, cum equisonibus ; et numero quidem inito eos acciperent, ut pares velicelet militum singulorum numero, sortito cohorti cuique obvenirent. Ipse etiam Cyrus per præconem pronuntiari jussit, ut si quod in Assyriorum, aut Syrorum, aut Arabum exercitu mancipium esset, vel e Media, vel Persia, vel terra Bactriana, vel Caria, vel Cilicia, vel Græcia, vel aliunde vi abductum, se conspiciendum exhiberet. Hoc autem audito præconio, multi se libenter in conspectum dedere : et ille, cum ex eorum numero selegisset qui forma præstabant, iis, libertate donatis, arma esse gestanda dixit, quæ ipsis daturus erat : sibi autem curæ futurum aiebat, res uti necessarias haberent. Simul eos ad præfectos cohortium deducens, iisdem commendavit ; et præcepit, ut scuta ac gladios sine balteis eis darent, his ut instructi equitatum sequerentur ; atque ut pro iisdem commeatum, perinde ac pro Persis suis, acciperent : ipsi vero cohortium præfecti loricis hastilibusque instructi semper equis veherentur ; atque ipse primum hoc facere orsus est : ac singuli suo loco præfectum alium ex ordine ὁμοτίμων, peditibus qui de numero itidem ὁμοτίμων erant constituerent.

CAPUT VI.

Et in his quidem rebus cum illi occupati essent, interea Gobryas Assyrius, senex, equo vectus, cum equestri famulatu aderat : gestabant autem omnes arma equestria. Et illi quidem quibus datum hoc erat negotii ut arma reciperent, eos hastilia tradere jubebant, ut ea perinde atque arma cetera comburerent. Gobryas autem, velle se primum videre Cyrum, ait : itaque ministri ceteros quidem ipsius equites reliquerunt et ad Cyrum Gobryam deducunt. Is ubi Cyrum conspexit, his verbis usus est : « Equidem, domine, natione sum Assyrius ; et castellum munitum habeo, et regioni amplæ dominor ; et equos circiter mille trecentos

χιλίαν τριακοσίαν, ἣν τῷ τῶν Ἀσσυρίων βασιλεῖ παρειχόμην· καὶ φίλος ἦν ἐκείνῳ ὡς μάλιστα· ἐπεὶ δὲ ἐκεῖνος μὲν τέθνηκεν ὑφ᾽ ὑμῶν ἀνὴρ ἀγαθὸς ὤν, ὁ δὲ παῖς ἐκείνου τὴν ἀρχὴν ἔχει ἐχθιστος ὢν ἐμοί, ἥκω πρὸς σὲ καὶ ἱκέτης προσπίπτω καὶ δίδωμί σοι ἐμαυτὸν δοῦλον καὶ σύμμαχον, σὲ δὲ τιμωρὸν αἰτοῦμαι ἐμοὶ γενέσθαι· καὶ παῖδα οὕτως ὡς δυνατόν σε ποιοῦμαι· ἄπαις δ᾽ εἰμὶ ἀρρένων παίδων. (3) Ὃς γὰρ ἦν μοι μόνος καὶ καλὸς καὶ ἀγαθός, ὦ δέσποτα, καὶ ἐμὲ φιλῶν καὶ τιμῶν ὥσπερ ἂν εὐδαίμονα πατέρα παῖς τιμῶν τιθείη, τοῦτον ὁ νῦν βασιλεὺς οὗτος καλέσαντος τοῦ τότε βασιλέως, πατρὸς δὲ τοῦ νῦν, ὡς δώσοντος τὴν θυγατέρα τῷ ἐμῷ παιδί, ἐγὼ μὲν ἀπεπεμψάμην μέγα φρονῶν ὅτι δῆθεν τῆς βασιλέως θυγατρὸς ὀψοίμην τὸν ἐμὸν υἱὸν γαμέτην, ὁ δὲ νῦν βασιλεὺς εἰς θήραν αὐτὸν παρακαλέσας καὶ ἀνεὶς αὐτῷ θηρᾶν ἀνὰ κράτος, ὡς πολὺ κρείττων αὐτοῦ ἱππεὺς ἡγούμενος εἶναι, ὁ μὲν ὡς φίλῳ συνεθήρα, φανείσης δ᾽ ἄρκτου διώκοντες ἀμφότεροι, ὁ μὲν νῦν ἄρχων οὗτος ἀκοντίσας ἥμαρτεν, ὡς μήποτε ὤφελεν, ὁ δ᾽ ἐμὸς παῖς βαλών, οὐδὲν δέον, καταβάλλει τὴν ἄρκτον. (4) Καὶ τότε μὲν δὴ ἀνιαθεὶς ἄρ᾽ οὗτος κατέσχεν ὑπὸ σκότου τὸν φθόνον· ὡς δὲ πάλιν λέοντος παρατυχόντος ὁ μὲν αὖ ἥμαρτεν, οὐδὲν θαυμαστόν, οἶμαι, παθών, ὁ δ᾽ αὖ ἐμὸς παῖς αὖθις τυχὼν κατειργάσατό τε τὸν λέοντα καὶ εἶπεν, Ἆρα βέβληκα δὶς ἐφεξῆς καὶ καταβέβληκα θῆρα ἑκατεράκις, ἐν τούτῳ δὲ οὐκέτι κατέχει ὁ ἀνόσιος τὸν φθόνον, ἀλλ᾽ αἰχμὴν παρά τινος τῶν ἑπομένων ἁρπάσας, παίσας εἰς τὰ στέρνα τὸν μόνον μοι καὶ φίλον παῖδα ἀφείλετο τὴν ψυχήν. (5) Κἀγὼ μὲν ὁ τάλας νεκρὸν ἀντὶ νυμφίου ἐκομισάμην καὶ ἔθαψα τηλικοῦτος ὢν ἄρτι γενειάσκοντα τὸν ἄριστον παῖδα τὸν ἀγαπητόν· ὁ δὲ κατακανὼν ὥσπερ ἐχθρὸν ἀπολέσας οὔτε μεταμελόμενος πώποτε φανερὸς ἐγένετο, οὔτε ἀντὶ τοῦ κακοῦ ἔργου τιμῆς τινος ἠξίωσε τὸν νεκρὸν κατὰ γῆς. Ὅ γε μὴν πατὴρ αὐτοῦ καὶ συνῴκτισέ με καὶ δῆλος ἦν συναχθόμενός μοι τῇ ξυμφορᾷ. (6) Ἐγὼ μὲν οὖν, εἰ μὲν ἔζη ἐκεῖνος, οὐκ ἄν ποτε ἦλθον πρὸς σὲ ἐπὶ τῷ ἐκείνου κακῷ· πολλὰ γὰρ φιλικὰ ἔπαθον ὑπ᾽ ἐκείνου καὶ ὑπηρέτησα ἐκείνῳ· ἐπεὶ δ᾽ εἰς τὸν τοῦ ἐμοῦ παιδὸς φονέα ἡ ἀρχὴ περιήκει, οὐκ ἄν ποτε ἐγὼ τούτῳ δυναίμην εὔνους γενέσθαι, οὐδὲ οὗτος ἐμέ γε εὖ οἶδ᾽ ὅτι φίλον ἄν ποτε ἡγήσαιτο. Οἶδε γὰρ ὡς ἐγὼ πρὸς αὐτὸν ἔχω καὶ ὡς πρόσθεν φαιδρῶς βιοτεύων νῦν διάκειμαι, ἔρημος ὢν καὶ διὰ πένθους τὸ γῆρας διάγων. (7) Εἰ οὖν σύ με δέξῃ καὶ ἐλπίδα τινὰ λάβοιμι τῷ φίλῳ παιδὶ τιμωρίας ἄν τινος μετὰ σοῦ τυχεῖν, καὶ ἀνηβῆσαι ἄν πάλιν δοκῶ μοι καὶ οὔτε ζῶν ἄν ἔτι αἰσχυνοίμην οὔτε ἀποθνῄσκων ἀνιώμενος ἂν τελευτᾶν δοκῶ. (8) Ὁ μὲν οὕτως εἶπε· Κῦρος δ᾽ ἀπεκρίνατο, Ἀλλ᾽ ἤνπερ, ὦ Γωβρύα, καὶ φρονῶν φαίνῃ ὅσαπερ λέγεις πρὸς ἡμᾶς, δέχομαί τε ἱκέτην σὲ καὶ τιμωρήσειν σοι τοῦ παιδὸς τὸν φονέα θεοῖς ὑπισχνοῦμαι. Λέξον δέ μοι, ἔφη, ἐάν σοι ταῦτα ποιῶμεν καὶ τὰ τείχη σε ἔχειν ἐῶμεν καὶ τὴν χώραν καὶ τὴν δύναμιν ἥνπερ πρόσθεν εἶχες, σὺ ἡμῖν τί ἀντὶ τούτων ὑπηρετή-

regi Assyriorum exhibere solebam, et illi quidem carus eram, ut qui maxime: sed quando interfectus ille a vobis erat, vir sane fortis et bonus, illiusque filius rerum modo potitur, inimicissimus mihi, ad te veni, et ad genua tibi supplex accido : tradoque me tibi servum et belli socium, ac te rogo ut me ulciscaris; teque pro eo ac possum filium mihi adopto. Nam nulla mihi est jam proles mascula. Quem enim solum habebam filium, et forma, domine, et virtute præstantem, et amantem mei et cum honore mihi deferentem, quo filius patrem persequendo beare possit, hunc rex ille qui nunc Assyriæ dominatur, accessitum ab illius temporis rege, hujus patre, ut qui vellet filio meo filiam suam uxorem dare; atque ego quidem eum ita dimittebam, ut elato essem animo, qui nimirum filium meum regis filiæ maritum visurus essem : hunc, inquam, rex iste, rerum qui nunc potitur, ad venationem invitavit, et potestatem ei fecit venandi totis viribus, quod longe se illo meliorem equitem duceret; itaque venatus est cum eo tanquam amico : cumque in conspectum prodiisset ursa, et uterque hanc insequeretur, isto modo princeps emisso jaculo aberravit (quod utinam ne unquam accidisset); at meus illi filius, telo conjecto (quod minime factum oportuit), ursam sternit. Et tunc quidem ille licet graviter rem ferret, invidiam tamen occulte repressit : cum autem leone forte excitato hic rursus aberrasset (quod ei accidisse mirum, ut mea fert opinio, videri non debuit), filius vero meus ictu denuo non aberrante leonem confecisset, diceretque, Profecto bina emisi jacula, uno sub alterum statim emisso, et utraque vice feram prostravi; tum vero sceleratus ille non amplius invidiam cohibuit, sed e manibus cujusdam ex comitibus erepta cuspide, et in pectus adacta, meo illi unico caroque filio animam abstulit. Ego vero miser mortuum pro sponso retuli, et natu adeo grandis filium optimum, dilectissimum, cujus vestire genas jam prima inceperat lanugo, sepelii : at interfector ille, quasi inimicum aliquem peremisset, neque pœnitentiam agere visus est unquam, neque pro atroci hoc facinore terra conditum honore ullo dignatus est. Pater sane ejus et misertus mei fuit, et palam declaravit, se quoque casum meum lugere. Itaque, si ille viveret, nunquam ego ad te cum ipsius damno venissem (nam multis amici muneribus erga me functus est; et a me vicissim pie inservitum est): quoniam vero ad interfectorem filii mei pervenit imperium, non equidem animo in illum unquam esse benevolo possim, nec ipse me unquam, sat scio, amicum duxerit. Scit enim quæ mens in eum mea sit, meque adeo antehac hilariter vivere solitum, misera nunc orbitate adfectum esse, senectutemque in luctu degere. Quapropter tu si me receperis, et aliqua mihi filii cari mortem per te ulciscendi spes offeratur, etiam reviviscere mihi videbor, neque vitam amplius cum dedecore traham, neque mortem me cum luctu obiturum puto. » Sic ille cum loquutus esset, respondit Cyrus : Si constet ea te sentire, Gobrya, quæ nobis narras, et te supplicem recipio, et de interfectore filii me pœnas sumpturum, diis juvantibus, polliceor. Verum dic mihi, ait, si tibi hæc præstemus, et castella retinere te sinamus, et regionem, et arma, et potestatem cum qua fuisti hactenus,

σεις; (9) Ὁ δὲ εἶπε, Τὰ μὲν τείχη, ὅταν ἔλθῃς, οἶκόν σοι παρέξω· δασμὸν δὲ τῆς χώρας ὅνπερ ἔφερον ἐκείνῳ σοὶ ἀποίσω· καὶ ὅποι ἂν στρατεύῃ, συστρατεύσομαι τὴν ἐκ τῆς χώρας δύναμιν ἔχων. Ἔστι δέ μοι, ἔφη, καὶ θυγάτηρ παρθένος ἀγαπητὴ γάμου ἤδη ὡραία, ἣν ἐγὼ πρόσθεν μὲν ᾤμην τῷ νῦν βασιλεύοντι γυναῖκα τρέφειν. Νῦν δὲ αὕτη τέ μοι ἡ θυγάτηρ πολλὰ γοωμένη ἱκέτευσε μὴ δοῦναι αὐτὴν τῷ τοῦ ἀδελφοῦ φονεῖ, ἐγώ τε ὡσαύτως γιγνώσκω. Νῦν δέ σοι δίδωμι βουλεύσασθαι καὶ περὶ ταύτης οὕτως ὥσπερ ἂν καὶ ἐγὼ βουλεύσω περὶ σοῦ φαίνωμαι. (10) Οὕτω δὴ ὁ Κῦρος εἶπεν, Ἐπὶ τούτοις, ἔφη, ἐγὼ ἀληθευομένοις δίδωμί τέ σοι τὴν ἐμὴν καὶ λαμβάνω τὴν σὴν δεξιάν· θεοὶ δ' ἡμῖν μάρτυρες ἔστων. Ἐπεὶ δὲ ταῦτα ἐπράχθη, ἀπιέναι τε κελεύει τὴν Γοβρύαν ἔχοντα τὰ ὅπλα καὶ ἐπήρετο πόσην τις ὁδὸς ὡς αὐτὸν εἴη, ὡς ἥξων. Ὁ δ' ἔλεγεν, Ἢν αὔριον ἴῃς πρωῒ, τῇ ἑτέρᾳ ἂν αὐλίζοιο παρ' ἡμῖν.

11. Οὕτω δὴ οὗτος μὲν ᾤχετο ἡγεμόνα καταλιπών. Οἱ δὲ Μῆδοι παρῆσαν, ἃ μὲν οἱ μάγοι ἔφρασαν τοῖς θεοῖς ἐξελεῖν, ἀποδόντες τοῖς μάγοις, Κύρῳ δ' ἐξῃρηκότες τὴν καλλίστην σκηνὴν καὶ τὴν Σουσίδα γυναῖκα, ἣ καλλίστη δὴ λέγεται ἐν τῇ Ἀσίᾳ γυνὴ γενέσθαι, καὶ μουσουργοὺς δὲ δύο τὰς κρατίστας· δεύτερον δὲ Κυαξάρῃ τὰ δεύτερα, τοιαῦτα δ' ἄλλα ὧν ἐδέοντο ἑαυτοῖς ἐκπληρώσαντες, ὡς μηδενὸς δεόμενοι ἐστρατεύοντο, πάντα γὰρ ἦν πολλά. (12) Προσέλαβον δὲ καὶ οἱ Ὑρκάνιοι ὧν ἐδέοντο· ἰσόμοιρον δὲ ἐποίησαν καὶ τὸν παρὰ Κυαξάρου ἄγγελον· τὰς δὲ περιττὰς σκηνὰς ὅσαι ἦσαν Κύρῳ παρέδοσαν, ὡς τοῖς Πέρσαις γένοιντο. Τὸ δὲ νόμισμα ἔφασαν, ἐπειδὰν ἅπαν συναχθῇ, διαδώσειν· καὶ διέδωκαν.

ΒΙΒΛΙΟΝ Ε.

ΚΕΦΑΛΑΙΟΝ Α.

Οἱ μὲν δὴ ταῦτα ἔπραξάν τε καὶ ἔλεξαν· ὁ Κῦρος δὲ ἐκέλευσε τὰ μὲν Κυαξάρου διαλαβόντας φυλάττειν οὓς ᾔδει οἰκειοτάτους αὐτῷ ὄντας· καὶ ὅσα δὲ ἐμοὶ δίδοτε, ἡδέως, ἔφη, ἐγὼ δέχομαι· χρήσεται δ' αὐτοῖς ὑμῶν ὁ ἀεὶ μάλιστα δεόμενος. Φιλόμουσος δέ τις τῶν Μήδων εἶπε, Καὶ μὴν ἔγωγε, ὦ Κῦρε, τῶν μουσουργῶν ἀκούσας ἑσπέρας ὧν σὺ νῦν ἔχεις, ἥκουσά τε ἡδέως καὶ ἤν μοι δῷς αὐτῶν μίαν, στρατεύεσθαι ἄν μοι δοκῶ ἥδιον ἢ οἴκοι μένειν. Ὁ δὲ Κῦρος εἶπεν, Ἀλλ' ἔγωγε, ἔφη, καὶ δίδωμί σοι καὶ χάριν οἴομαί σοι πλείω ἔχειν ὅτι ἐμὲ ᾔτησας ἢ σὺ ἐμοὶ ὅτι λαμβάνεις· οὕτως ἐγὼ ὑμῖν θυμῷ χαρίζεσθαι. Ταύτην μὲν οὖν ἔλαβεν ὁ αἰτήσας.

2. Καλέσας δὲ ὁ Κῦρος Ἀράσπην Μῆδον, ὃς ἦν ἐκ παιδὸς αὐτῷ ἑταῖρος, ᾧ καὶ τὴν στολὴν ἐκδὺς ἔδωκε τὴν Μηδικήν, ὅτε παρὰ Ἀστυάγους εἰς Πέρσας ἀπῄει, τοῦτον ἐκέλευσε διαφυλάξαι αὐτῷ τήν τε γυναῖκα καὶ τὴν

LIBER V.

CAPUT I.

Et hæc illi quidem egerunt dixeruntque: Cyrus autem Cyaxari selecta eos accipere et custodire jussit, quos ei maxime familiares esse norat: ac, Mihi quæ datis, inquit, libens accipio; utetur autem his vestrûm quilibet, qui eis potissimum indigebit. Et Medus quidam musicæ studiosus, Ego vero, inquit, cum audirem vespere musicas istas mulieres, quas tu nunc habes, voluptatem audiendo percepi; ac si quidem harum unam mihi dederis, in castris versari, quam domi manere, jucundius esse existimabo. Ego vero, subjecit Cyrus, hanc tibi dono, et majorem tibi videor habere gratiam, qui a me petieris, quam tu mihi qui eam acceperis, quam adeo vobis gratificari sitio. Atque ita quidem mulierem accepit is qui petierat.

Cyrus autem accersito Araspe Medo (qui erat ei a puero sodalis, et cui vestem quoque Medicam exuens, cum in Persiam discederet ab Astyage, dederat), ei præcepit, ut sibi et mulierem et tabernaculum adservaret: erat autem
quidnam tu pro his in nos officii conferes? Ille vero dixit, Castella, ubi voles, tradam tibi in domum: et tributum, quod illi ex agro meo pendebam, ad te deferam: et ubi necesse fuerit expeditionem suscipere, tuo cum exercitu me quoque regionis vires in eam una educam. Præterea mihi, inquit, filia est, eaque virgo, quam unice diligo, ætate jam nubili, quam me antehac quidem regi rerum nunc potienti putabam conjugem futuram educare: verum ipsa me nunc filia, largo cum fletu, suppliciter orat, ne se fratris interfectori tradam; atque mea quoque hæc est ea de re sententia. De hac etiam tibi nunc permitto ut ita consulas, quemadmodum me de te consulere manifestum sit. Itaque Cyrus, De his, ait, si vera ea dicis, ego et meam tibi do, tuamque accipio, dextram; dii nobis testes sunto. Actis his rebus, Gobryam arma retinentem abire jussit, et sciscitatus est, quantum itineris ad ipsum esset, quod eo venire vellet. Et ille, Si cras mane, inquit, proficiscaris, postridie apud nos pernoctare poteris.

Itaque Gobryas, itineris duce relicto, discessit. Et Medi jam aderant, qui ea quæ magi diis seligenda dixerant, magis tradiderunt; Cyro pulcherrimum selegerant tabernaculum, et mulierem Susianam, quæ omnium quas habuit Asia formosissima fuisse perhibetur, et duas musicæ peritissimas; secundo autem loco, Cyaxari quæ istis erant secunda: aliorumque hujusmodi, quibus ipsis opus erat, supplementum sibi sumpserunt, ut nec nullius indigi militarent: nam magna erat omnium copia. Quin et Hyrcanii acceperunt ea, quibus ipsis opus erat. Et Cyaxaris quoque nuntium ad æquam cum ceteris partem admiserunt: tabernacula vero, quæ supererant, Cyro tradiderunt, ut ea Persæ haberent. Nummos denique tum se distributuros aiebant, ubi colligissent universos, eosque adeo deinde distribuerunt.

σκηνήν· (3) ἦν δὲ αὕτη ἡ γυνὴ Ἀβραδάτου τοῦ Σουσίου· ὅτε δὲ ἡλίσκετο τὸ τῶν Ἀσσυρίων στρατόπεδον, ὁ ἀνὴρ αὐτῆς οὐκ ἔτυχεν ἐν τῷ στρατοπέδῳ ὤν, ἀλλὰ πρὸς τὸν τῶν Βακτριανῶν βασιλέα πρεσβεύων ᾤχετο· ἔπεμψε δὲ αὐτὸν ὁ Ἀσσύριος περὶ ξυμμαχίας· ξένος γὰρ ὢν ἐτύγχανε τῷ τῶν Βακτριανῶν βασιλεῖ· ταύτην οὖν ἐκέλευσεν ὁ Κῦρος διαφυλάττειν τὸν Ἀράσπην, ἕως ἂν αὐτὸς λάβῃ. (4) Κελευόμενος δὲ ὁ Ἀράσπης ἐπήρετο, Ἑώρακας δ', ἔφη, ὦ Κῦρε, τὴν γυναῖκα, ἥν με κελεύεις φυλάττειν; Μὰ Δί', ἔφη ὁ Κῦρος, οὐκ ἔγωγε. Ἀλλ' ἐγώ, ἔφη, ἡνίκα ἐξῃροῦμέν σοι αὐτήν· καὶ δῆτα, ὅτε μὲν εἰσήλθομεν εἰς τὴν σκηνὴν αὐτῆς, τὸ πρῶτον οὐ διέγνωμεν αὐτήν· χαμαί τε γὰρ ἐκάθητο καὶ αἱ θεράπαιναι πᾶσαι περὶ αὐτήν· καὶ τοίνυν ὁμοίαν ταῖς δούλαις εἶχε τὴν ἐσθῆτα· ἐπεὶ δὲ γνῶναι βουλόμενοι ποία εἴη ἡ δέσποινα πάσας περιεβλέψαμεν, ταχὺ πάνυ καὶ πασῶν ἐφαίνετο διαφέρουσα τῶν ἄλλων, καίπερ καθημένη κεκαλυμμένη τε καὶ εἰς γῆν ὁρῶσα. (5) Ὡς δὲ ἀναστῆναι αὐτὴν ἐκελεύσαμεν, συνανέστησαν μὲν αὐτῇ ἅπασαι αἱ ἀμφ' αὐτήν, διήνεγκα δὲ ἐνταῦθα πρῶτον μὲν τῷ μεγέθει, ἔπειτα δὲ καὶ τῇ ἀρετῇ καὶ τῇ εὐσχημοσύνῃ, καίπερ ἐν ταπεινῷ σχήματι ἑστηκυῖα. Δῆλα δ' ἦν αὐτῇ καὶ τὰ δάκρυα κατασταζοντα, τὰ μὲν κατὰ τῶν πέπλων, τὰ δὲ καὶ ἐπὶ τοὺς πόδας. (6) Ὡς δ' ἡμῶν ὁ γεραίτερος εἶπε, Θάρρει, ὦ γύναι· καλὸν μὲν γὰρ κἀγαθὸν ἀκούομεν καὶ τὸν σὸν ἄνδρα εἶναι· νῦν μέντοι ἐξαιρούμεν ἀνδρί σε εὖ ἴσθι ὅτι οὔτε τὸ εἶδος ἐκείνου χείρονι οὔτε τὴν γνώμην οὔτε δύναμιν ἥττω ἔχοντι, ἀλλ' ὡς ἡμεῖς γε νομίζομεν, εἴ τις καὶ ἄλλος ἀνήρ, καὶ Κῦρος ἀξιός ἐστι θαυμάζεσθαι, οὗ σὺ ἔσῃ τὸ ἀπὸ τοῦδε· ὡς οὖν τοῦτο ἤκουσεν ἡ γυνή, περικατερρήξατό τε τὸν ἄνωθεν πέπλον καὶ ἀνωδύρατο· συνανεβόησαν δὲ αὐτῇ καὶ αἱ δμωαί. (7) Ἐν τούτῳ δ' ἐφάνη μὲν αὐτῆς τὸ πλεῖστον μέρος τοῦ προσώπου, ἐφάνη δὲ ἡ δέρη καὶ αἱ χεῖρες· καὶ εὖ ἴσθι, ἔφη, ὦ Κῦρε, ὡς ἐμοί τε ἔδοξε καὶ τοῖς ἄλλοις ἅπασι τοῖς ἰδοῦσι μήπω φῦναι μηδὲ γενέσθαι γυνὴ ἀπὸ θνητῶν τοιαύτη ἐν τῇ Ἀσίᾳ. Ἀλλὰ πάντως, ἔφη, καὶ σὺ θέασαι αὐτήν. (8) Καὶ ὁ Κῦρος ἔφη, Ναὶ μὰ Δία, πολύ γε ἧττον, εἰ τοιαύτη ἐστὶν οἵαν σὺ λέγεις. Τί δαί; ἔφη ὁ νεανίσκος. Ὅτι, ἔφη, εἰ νυνὶ σοῦ ἀκούσας ὅτι καλή ἐστιν ἐλθεῖν πεισθήσομαι θεασόμενος, οὐδὲ πάνυ μοι σχολῆς οὔσης, δέδοικα μὴ πολὺ θᾶττον ἐκείνη με αὖθις ἀναπείσῃ καὶ πάλιν ἐλθεῖν θεασόμενον· ἐκ δὲ τούτου ἴσως ἂν ἀμελήσας ὧν με δεῖ πράττειν καθοίμην ἐκείνην θεώμενος.

9. Καὶ ὁ νεανίσκος ἀναγελάσας εἶπεν, Οἴει γάρ, ἔφη, ὦ Κῦρε, ἱκανὸν εἶναι κάλλος ἀνθρώπου ἀναγκάζειν τὸν μὴ βουλόμενον πράττειν παρὰ τὸ βέλτιστον; εἰ μέντοι, ἔφη, τοῦτ' οὕτως ἐπεφύκει, πάντας ἂν ἠνάγκαζεν ὁμοίως. (10) Ὁρᾷς, ἔφη, τὸ πῦρ, ὡς πάντας ὁμοίως καίει· πέφυκε γὰρ τοιοῦτο· τῶν δὲ καλῶν τῶν μὲν ἐρῶσι τῶν δ' οὔ, καὶ ἄλλος γε ἄλλου. Ἐθελούσιον γάρ, ἔφη, ἐστὶ, καὶ ἐρᾷ ἕκαστος ὧν ἂν βούληται. Αὐτίκα, ἔφη, οὐκ ἐρᾷ ἀδελφὸς ἀδελφῆς, ἄλλος δὲ ταύτης· οὐδὲ πατὴρ θυ-

mulier hæc, Susorum regis Abradatæ uxor: quo vero tempore capta erant Assyriorum castra, maritus ejus in castris forte non adfuit, sed ad Bactrianorum regem legatus abierat: miserat autem eum Assyrius societatis ineundæ gratia; huic enim cum Bactrianorum rege hospitium intercedebat: hanc igitur, donec eam ad se reciperet, Araspen adservare jussit. Et Araspes, cum hoc ei mandatum esset, Cyrum interrogans, Vidistine, inquit, mulierem hanc, quam me servare jubes? Non profecto, ait Cyrus. Ego vero, inquit Araspes, hanc vidi, cum eam tibi seligeremus: ac sane cum tabernaculum ejus primum ingrederemur, eam non agnovimus: nam et humi sedebat, et circum eam ancillæ sedebant omnes; et vestem quidem famularum vestibus similem habebat : cum autem studio cognoscendi quænam esset hera, circumspectaremus universas, mox alias omnes excellere visa est, tametsi sederet, et velata terram intueretur. Postquam vero surgere eam jussimus, consurrexere cum ea quæ circum eam erant omnes; tunc præstabat hæc, primum majestate, deinde decore et formæ venustate, licet habitu humili induta constitisset. Etiam lacrimas videre erat ei manantes per vestes partim, partim ad ipsos usque pedes. Cumque natu maximus inter nos diceret, Bono animo sis, mulier : nam tametsi virum tuum tum corporis tum animi bonis ornatum audiamus, tamen viro te modo seligimus, quem certo scias nec formæ pulchritudine illi cedere, neque ingenio, neque potestate: sed, nos uti quidem arbitramur, si quisquam alius, Cyrus admiratione dignus est, cujus tu deinceps eris. Id ubi mulier audivit, veste superiori abscissa ejulare cœpit; ancillæque una vociferatæ sunt. His autem maxima faciei ejus pars adparuit, collum etiam et manus adparuerunt: sciasque adeo, Cyre, inquit, tam mihi quam aliis omnibus, eam qui adspexerant, visum esse, nunquam vel natam esse, vel in Asia talem ex mortalibus extitisse mulierem : sed enim, ait, omnino tu eam spectabis. Et Cyrus, Imo vero multo minus, inquit, si talis est qualem tu prædicas. Quid ita? inquit adolescens ille. Quia si nunc, ait, postquam de te audivi eam esse formosam, persuaderi mihi patiar, ut ad spectandum illam abeam, cum non in otio prorsus sim, vereor ne multo citius illa mihi rursum persuadeat, ut spectatum redeam; ac deinde neglectis fortasse rebus iis quæ mihi gerendæ sunt, oculis in illam fixis desideam.

Et adolescens risu sublato, Existimasne, Cyre, inquit, formam humanam tantum habere virium, ut nolentem cogat facere, quod factu non sit optimum? Si vero vim hanc, inquit, natura habeat forma, omnes eodem modo cogeret. Ignem, inquit, adspice, ut omnes itidem urat (nam talis a natura est) : at ex formosis, alios amare solent homines, alios non; et alius alios amores habet. Est enim, ait, hæc res in voluntate posita, et unusquisque quos vult amat. Ac primum quidem neque frater sororem, sed alius eam, amat;

γατρός, ἄλλος δὲ ταύτης. Καὶ γὰρ φόβος καὶ νόμος ἱκανὸς ἔρωτα κωλύειν. (11) Εἰ δέ γ', ἔφη, νόμος τεθείη μὴ ἐσθίοντας μὴ πεινῆν καὶ μὴ πίνοντας μὴ διψῆν μηδὲ ῥιγοῦν τοῦ χειμῶνος μηδὲ θάλπεσθαι τοῦ θέρους, οὐδεὶς ἂν νόμος δυνηθείη διαπράξασθαι ταῦτα πείθεσθαι ἀνθρώπους· πεφύκασι γὰρ ὑπὸ τούτων κρατεῖσθαι. Τὸ δ' ἐρᾶν ἐθελούσιόν ἐστιν· ἕκαστος γοῦν τῶν καθ' ἑαυτὸν ἐρᾷ, ὥσπερ ἱματίων καὶ ὑποδημάτων. (12) Πῶς οὖν, ἔφη ὁ Κῦρος, εἰ ἐθελούσιόν ἐστι τὸ ἐρασθῆναι, οὐ καὶ παύσασθαί ἐστιν ὅταν τις βούληται; Ἀλλ' ἐγώ, ἔφη, ἑώρακα καὶ κλαίοντας ὑπὸ λύπης δι' ἔρωτα, καὶ δουλεύοντάς γε τοῖς ἐρωμένοις καὶ μάλα κακὸν νομίζοντας πρίν γε ἐρᾶν τὸ δουλεύειν, καὶ διδόντας γε πολλὰ ὧν οὐ βέλτιον αὐτοῖς στέρεσθαι, καὶ εὐχομένους ὥσπερ καὶ ἄλλης τινὸς νόσου ἀπαλλαγῆναι, καὶ οὐ δυναμένους μέντοι ἀπαλλάττεσθαι, ἀλλὰ δεδεμένους ἰσχυροτέρᾳ τινὶ ἀνάγκῃ ἢ εἰ ἐν σιδήρῳ ἐδέδεντο. Παρέχουσι γοῦν ἑαυτοὺς τοῖς ἐρωμένοις πολλὰ καὶ εἰκῆ ὑπηρετοῦντας· καὶ μέντοι οὐδ' ἀποδιδράσκειν ἐπιχειροῦσι, τοιαῦτα κακὰ ἔχοντες, ἀλλὰ καὶ φυλάττουσι τοὺς ἐρωμένους μή ποι ἀποδρῶσι. (13) Καὶ ὁ νεανίσκος εἶπε πρὸς ταῦτα, Ποιοῦσι γάρ, ἔφη, ταῦτα· εἰσὶ μέντοι οἱ τοιοῦτοι, ἔφη, μοχθηροί· διόπερ, οἶμαι, καὶ εὔχονται μὲν ἀεὶ ὡς ἄθλιοι ὄντες ἀποθανεῖν, μυρίων δ' οὐσῶν μηχανῶν ἀπαλλαγῆς τοῦ βίου οὐκ ἀπαλλάττονται. Οἱ αὐτοὶ δέ γε οὗτοι καὶ κλέπτειν ἐπιχειροῦσι καὶ οὐκ ἀπέχονται τῶν ἀλλοτρίων, ἀλλ' ἐπειδὰν τι ἁρπάσωσιν ἢ κλέψωσιν, ὁρᾷς ὅτι σὺ πρῶτος, ὡς οὐκ ἀναγκαῖον τὸ κλέπτειν, αἰτιᾷ τὸν κλέπτοντα καὶ ἁρπάζοντα, καὶ οὐ συγγιγνώσκεις, ἀλλὰ κολάζεις. (14) Οὕτω μέντοι, ἔφη, καὶ οἱ καλοὶ οὐκ ἀναγκάζουσιν ἐρᾶν ἑαυτῶν οὐδὲ ἐφίεσθαι ἀνθρώπους ὧν μὴ δεῖ, ἀλλὰ τὰ μοχθηρὰ ἀνθρώπια πασῶν, οἶμαι, τῶν ἐπιθυμιῶν ἀκρατῆ ἐστι, κἄπειτα ἔρωτα αἰτιῶνται· οἱ δέ γε καλοὶ κἀγαθοὶ ἐπιθυμοῦντες καὶ χρυσίου καὶ ἵππων ἀγαθῶν καὶ γυναικῶν καλῶν, ὅμως ἁπάντων τούτων ῥᾳδίως δύνανται ἀπέχεσθαι ὥστε μὴ ἅπτεσθαι αὐτῶν παρὰ τὸ δίκαιον. (15) Ἐγὼ γοῦν, ἔφη, ταύτην ἑώρακα καὶ πάνυ καλῆς δοξάσης μοι εἶναι, ὅμως καὶ παρὰ σοί εἰμι καὶ ἱππεύω καὶ τἆλλα τά μοι προσήκοντα ἀποτελῶ. (16) Ναὶ μὰ Δί', ἔφη ὁ Κῦρος· ἴσως γὰρ θᾶττον ἀπῆλθες ἢ ἐν ὅσῳ χρόνῳ ὁ ἔρως πέφυκε συσκευάζεσθαι ἀνθρώπῳ. Καὶ πυρὸς γάρ τοι ἔστι θιγόντα μὴ εὐθὺς καίεσθαι, καὶ τὰ ξύλα οὐκ εὐθὺς ἀναλάμπει· ὅμως δ' ἔγωγε οὔτε πυρὸς ἑκὼν εἶναι ἅπτομαι οὔτε τοὺς καλοὺς εἰσορῶ. Οὐδέ γε σοὶ συμβουλεύω, ἔφη, ὦ Ἀράσπα, ἐν τοῖς καλοῖς ἐᾶν τὴν ὄψιν ἐνδιατρίβειν· ὡς τὸ μὲν πῦρ τοὺς ἁπτομένους καίει, οἱ δὲ καλοὶ καὶ τοὺς ἄπωθεν θεωμένους ὑφάπτουσιν, ὥστε αἴθεσθαι τῷ ἔρωτι. (17) Θάρρει, ἔφη, ὦ Κῦρε· οὐδ' ἐὰν μηδέποτε παύσωμαι θεώμενος, οὐ μὴ κρατηθῶ ὥστε ποιεῖν τι ὧν μὴ χρὴ ποιεῖν. Κάλλιστα, ἔφη, λέγεις· φύλαττε τοίνυν, ἔφη, ὥσπερ σε κελεύω καὶ ἐπιμελοῦ αὐτῆς· ἴσως γὰρ ἂν καὶ πάνυ ἡμῖν ἐν καιρῷ γένοιτο αὕτη ἡ γυνή. (18) Τότε μὲν δὴ ταῦτα εἰπόντες διελύθησαν.

neque pater filiam, sed alius eam, amat. Etenim metus et lex satis ad coercendum amorem valent. At vero si lex, inquit, lata esset, ut qui non comedunt, non esuriant, et qui non bibunt, non sitiant, utque nec hieme algeant, nec aestate caleant, his in rebus ut homines parerent lex nulla posset efficere : sunt enim a natura sic comparati, ut his cedant. Amare vero in voluntate positum est : siquidem unusquisque amat quae sibi conveniunt, ut vestes et calceos. Qui fit igitur, inquit Cyrus, si voluntarium quiddam est amor, ut amandi finem facere non liceat, cum quis velit? Atqui vidi ego, inquit, qui prae dolore, quem ex amore percipiebant, flerent, et iis, quos amabant, servirent; tametsi, priusquam amarent, servitutem rem valde malam arbitrarentur; quique multa largirentur, quibus haud ita commode carere poterant; tum qui optarent ut amore non secus atque morbo quodam alio liberarentur, neque tamen liberari possent, sed validiore quadam necessitate fuisse constrictos, quam si ferro vincti fuissent. Quin et se suis amoribus valde et inaniter obsequiosos exhibent; ac ne aufugere quidem conantur, cum ejusmodi habeant mala, sed etiam amores suos, ne aufugiant aliquo, observant. Et adolescens ad haec, Faciunt vero, quae dicis, ait : sunt nimirum hujusmodi homines, inquit, socordes : quocirca, uti opinor, semper etiam mori optant, ut miseri; cumque rationes e vita excedendi sint innumerae, non tamen excedunt. Et illi sane ipsi furari quoque conantur, et ab alienis haud abstinent : verum ubi quid rapuere vel furto subtraxere, nonne vides ipse, inquit, te primum, quoniam natura ad furtum faciendum non cogit, furantem rapientemque accusare, neque veniam dare, sed poenam sumere? Sic quidem certe, ait, neque formosi se amare cogunt homines, nec ea adpetere quae adpetenda non sunt : sed miseri stolidique homunciones ab omnibus, utique, cupiditatibus superantur, ac deinde culpam in amorem conferunt : at honesti probique viri, etsi et aurum, et equos bonos, et mulieres formosas expetant, tamen ab his omnibus facile semet abstinere possunt, ut praeter aequum ea non attingant. Ego quidem certe, inquit, quamvis hanc conspexerim, perque mihi venusta visa sit, tibi tamen adsum, et equito, et cetera quae mei sunt officii praesto. Ita profecto, inquit Cyrus; fortasse enim discessisti citius et ante id tempus, quo natura solet amor machinis suis homines occupare. Nam fieri potest, ut etiam ignem quis tangens non statim uratur, et ligna non statim flamma concepta fulgent : ego tamen nec ignem ultro tangere, nec formosos adspicere soleo. Ne tibi quidem consulo, Araspa, inquit, ut oculos formosis diutius immorari sinas : nam ignis quidem non nisi tangentes urit, at formosi etiam eos, qui e longinquo spectant, adeo accendunt, ut amore flagrent. Bono sis animo, Cyre, ait, nequaquam enim futurum est, ipse uti adeo capiar, nec si nunquam hanc spectare desinam, ut aliquid, fieri quod non oporteat, admittam. Rectissime, inquit, ais; atque adeo hanc mihi serva, inquit, quemadmodum te jubeo, ejusque curam gerito : nam fortasse mulier haec oblata aliquando occasione magno nobis usui fuerit. Et tum quidem his dictis a se invicem discesserunt.

Ὁ δὲ νεανίσκος ἅμα μὲν ὁρῶν ὑπερκαλλῆ τὴν γυναῖκα, ἅμα δὲ αἰσθανόμενος τὴν καλοκἀγαθίαν αὐτῆς, ἅμα δὲ θεραπεύων αὐτὴν καὶ οἰόμενος χαρίζεσθαι αὐτῇ, ἅμα δὲ αἰσθανόμενος οὐκ ἀχάριστον οὖσαν, ἀλλ' ἀντεπιμελουμένην διὰ τῶν αὑτῆς οἰκετῶν ὡς καὶ εἰσιόντι εἴη αὐτῷ τὰ δέοντα καὶ εἴ ποτε ἀσθενήσειεν, ὡς μηδενὸς ἂν δέοιτο, ἐκ πάντων τούτων ἡλίσκετο ἔρωτι, καὶ ἴσως οὐδὲν θαυμαστὸν ἔπασχε. Καὶ ταῦτα μὲν δὴ οὕτως ἐπράττετο.

19. Βουλόμενος δὲ ὁ Κῦρος ἐθελοντὰς μένειν μεθ' ἑαυτοῦ τούς τε Μήδους καὶ τοὺς συμμάχους, συνεκάλεσε πάντας τοὺς ἐπικαιρίους· ἐπεὶ δὲ συνῆλθον, ἔλεξε τοιάδε. (20) Ἄνδρες Μῆδοι καὶ πάντες οἱ παρόντες, ἐγὼ ὑμᾶς οἶδα σαφῶς ὅτι οὔτε χρημάτων δεόμενοι σὺν ἐμοὶ ἐξήλθετε οὔτε Κυαξάρῃ νομίζοντες τοῦτο ὑπηρετεῖν, ἀλλ' ἐμοὶ βουλόμενοι τοῦτο χαρίζεσθαι καὶ ἐμὲ τιμῶντες νυκτοπορεῖν καὶ κινδυνεύειν σὺν ἐμοὶ ἠθελήσατε. (21) Καὶ χάριν τούτων ἐγὼ ὑμῖν ἔχω μέν, εἰ μὴ ἀδικῶ· ἀποδιδόναι δὲ οὔπω ἀξίαν δύναμιν ἔχειν μοι δοκῶ. Καὶ τοῦτο μὲν οὐκ αἰσχύνομαι λέγων· τὸ δ' Ἐὰν μένητε παρ' ἐμοί, ἀποδώσω, εὖ ἴστε, αἰσχυνοίμην ἂν εἰπεῖν· νομίζοιμι γὰρ ἐμαυτὸν ἐοικέναι λέγοντι ταῦτα ἕνεκα τοῦ ὑμᾶς μᾶλλον ἐθέλειν παρ' ἐμοὶ καταμένειν. Ἀντὶ δὲ τούτου τάδε λέγω· ἐγὼ γὰρ ὑμῖν, κἂν ἤδη ἀπίητε Κυαξάρῃ πειθόμενοι, ὅμως, ἂν ἀγαθόν τι πράξω, πειράσομαι οὕτω ποιεῖν ὥστε καὶ ὑμᾶς ἐμὲ ἐπαινεῖν. (22) Οὐ γὰρ δὴ αὐτός γε ἄπειμι, ἀλλὰ καὶ Ὑρκανίοις τοὺς ὅρκους καὶ τὰς δεξιὰς ἃς ἔδωκα ἐμπεδώσω καὶ οὔποτε τούτους προδιδοὺς ἁλώσομαι, καὶ τῷ νῦν διδόντι Γωβρύᾳ καὶ τείχη ἡμῖν καὶ χώραν καὶ δύναμιν πειράσομαι ποιεῖν μήποτε μεταμελῆσαι τῆς πρὸς ἐμὲ ὁδοῦ. (23) Καὶ τὸ μέγιστον δή, τῶν θεῶν οὕτω διδόντων περιφανῶς ἀγαθὰ καὶ φοβοίμην ἂν αὐτοὺς καὶ αἰσχυνοίμην ἀπολιπὼν ταῦτα εἰκῇ ἀπελθεῖν. Ἐγὼ μὲν οὖν οὕτως, ἔφη, ποιήσω· ὑμεῖς δὲ ὅπως γιγνώσκετε οὕτω καὶ ποιεῖτε, καὶ ἐμοὶ εἴπατε ὅ,τι ἂν ὑμῖν δόξῃ. (24) Ὁ μὲν οὕτως εἶπε.

Πρῶτος δ' ὁ φήσας ποτὲ συγγενὴς τοῦ Κύρου εἶναι πρὸς ταῦτα ἔλεξεν, Ἀλλ' ἐγὼ μέν, ἔφη, ὦ βασιλεῦ· βασιλέα γὰρ ἔμοιγε δοκεῖς τῇ φύσει πεφυκέναι οὐδὲν ἧττον ἢ ὁ ἐν τῷ σμήνει φυόμενος τῶν μελιττῶν ἡγεμών· ἐκείνῳ τε γὰρ αἱ μέλιτται ἑκοῦσαι μὲν πείθονται, ὅπου δ' ἂν μένῃ, οὐδὲ μία ἐντεῦθεν ἀπέρχεται, ἐὰν δέ που ἐξίῃ, οὐδὲ μία αὐτοῦ ἀπολείπεται· οὕτω δεινός τις ἔρως αὐταῖς τοῦ ἄρχεσθαι ὑπ' ἐκείνου ἐγγίγνεται· (25) καὶ πρὸς σὲ δέ μοι δοκοῦσι παραπλησίως πως οἱ ἄνθρωποι οὗτοι διακεῖσθαι. Καὶ γὰρ εἰς Πέρσας ὅτε παρ' ἡμῶν ἀπῄεις, τίς Μήδων ἢ νέος ἢ γέρων σοῦ ἀπελείφθη τὸ μή σοι ἀκολουθεῖν ἔστε Ἀστυάγης ἡμᾶς ἀπέστρεψεν; ἐπειδὴ δ' ἐκ Περσῶν βοηθὸς ἡμῖν ὡρμήθης, σχεδὸν αὖ ἑωρῶμεν τοὺς φίλους σου πάντας ἐθελουσίως συνεπομένους. Ὅτε δ' αὖ τῆς δεῦρο στρατείας ἐπεθύμησας, πάντες σοι Μῆδοι ἑκόντες ἠκολούθησαν. (26) Νῦν δ' αὖ οὕτως ἔχομεν ὡς σὺν μὲν σοὶ ὅμως καὶ ἐν τῇ πο-

Adolescens autem ille, tum quod eximia pulchritudine mulierem videret, tum quod ejus excellentem bonitatem animadverteret, tum autem quod eam coleret, seque ei gratificari putaret, tum etiam quod illam non ingratam esse sentiret, sed quæ vicissim per famulos suos curam adhiberet, ut ad se introeunti necessaria suppeterent, et, si quando ægrotaret, nihil ut ei deesset : ex his omnibus factum est, ut amore caperetur ; nec mirum aliquid ei fortassis accidit. Atque hæc quidem hoc modo gerebantur.

Cum autem Cyrus et Medos et ceteros socios ultro secum manere vellet, convocavit omnes, qui ad negotium hoc agendum opportuni erant ; et ubi convenere, hujusmodi verba fecit : « Equidem, Medi, vosque omnes qui adestis, certo scio, non ob penuriam pecuniæ vos mecum egressos esse, nec quod existimaretis in hoc Cyaxari inserviturum iri ; sed quia mihi hoc gratificari, meque honore prosequi velletis, libitum est vobis mecum et nocturna itinera ingredi et adire pericula. Quas ob res vobis equidem gratiam habere debeo, ni injustus esse velim, necdum tamen pro meritis vestris referendi facultatem habere mihi videor. Et hoc quidem minime pudet dicere : illud vero, Si mecum manseritis, referam, illud utique, inquam, dicere mihi pudor esset ; nam existimarem videri posse, me dicere hæc eam ob causam, ut libentius apud me remanere velletis. At pro illo hæc dico : Ego nempe apud vos, etiamsi nunc Cyaxari morem gerendo discesseritis, id efficere conabor, si quid prospere gessero, ut vos ipsi me laudetis. Non enim ipse quidem jam discedo ; sed Hyrcaniis, quibus et jusjurandum et dextram dedi, fidem præstabo, neque unquam committam ut hos prodidisse convincar. Atque etiam facere conabor, ne Gobryam, qui modo et munitiones et regionem et copias nobis tradidit, unquam itineris ad me suscepti pœniteat. Quod denique maximum est, cum dii tam manifeste bona nobis largiantur, et metus eorum, et pudor retinere me debet, quo minus relictis his temere discedam. Ego quidem certe, inquit, ita sum facturus: vos vero, quod vobis visum fuerit, facite : et mihi, vestra quæ sententia sit, indicate. » Hæc ejus verba fuerunt.

Is autem, qui Cyri se cognatum esse dixerat aliquando, primus ad hæc respondens, Ego vero mea quæ sit sententia dicam, rex, inquit : nam regem sane natura nihilo te minus extitisse arbitror, quam ille rex est, qui dux apum in alveo nascitur : illi enim semper apes ultro parent ; ac quocumque loco manserit, ab eo nulla earum discedit ; quod si aliquo prodierit, nulla ipsum deserit : tam mirificus eis amor illius obtemperandi imperio innascitur. Eodem prope modo erga te quoque mihi hi homines adfecti esse videntur. Namque ubi a nobis in Persiam proficiscebare, quisnam Medorum vel juvenis vel senex a te abfuit, quo minus te sequeretur, donec Astyages nos ad se reverti jussit? postquam vero e Perside nobis subsidio profectus es, videmus iterum amicos tuos prope omnes te sponte sua sequi. Cum rursus expeditionem in hæc loca suscipere cupivisti, omnes te Medi libentes secquuti sunt. Et nunc adeo sic adfecti sumus, ut te quidem præsente, tametsi in hostico versemur, simus ani-

λεμία ὄντες θαρροῦμεν, ἄνευ δὲ σοῦ καὶ οἴκαδε ἀπιέναι φοβούμεθα. Οἱ μὲν οὖν ἄλλοι ὅπως ποιήσουσιν αὐτοὶ ἐροῦσιν· ἐγὼ δὲ, ὦ Κῦρε, καὶ ὢν ἐγὼ κρατῶ, καὶ μενοῦμεν παρὰ σοὶ καὶ ὁρῶντές σε ἀνεξόμεθα καὶ καρτερήσομεν ὑπὸ σοῦ εὐεργετούμενοι.

27. Ἐπὶ τούτῳ ἔλεξεν ὁ Τιγράνης ὧδε. Σὺ, ἔφη, ὦ Κῦρε, μήποτε θαυμάσῃς ἂν ἐγὼ σιωπῶ· ἡ γὰρ ψυχή, ἔφη, οὐχ ὡς βουλεύσουσα παρεσκεύασται ἀλλ᾽ ὡς ποιήσουσα ὅ,τι ἂν παραγγέλλῃς. (28) Ὁ δὲ Ὑρκάνιος εἶπεν, Ἀλλ᾽ ἐγὼ μὲν, ὦ Μῆδοι, εἰ νῦν ἀπέλθοιτε, δαίμονος ἂν φαίην τὴν ἐπιβουλὴν εἶναι τὸ μὴ ἐᾶσαι ὑμᾶς μέγα εὐδαίμονας γενέσθαι· ἀνθρωπίνῃ δὲ γνώμῃ τίς ἂν ἢ φευγόντων τῶν πολεμίων ἀποτρέποιτο ἢ ὅπλα παραδιδόντων οὐκ ἂν λαμβάνοι ἢ ἑαυτοὺς διδόντων καὶ τὰ ἑαυτῶν οὐκ ἂν δέχοιτο, ἄλλως τε καὶ τοῦ ἡγεμόνος ἡμῶν ὄντος τοιούτου ὃς ἐμοὶ δοκεῖ, ὡς ὄμνυμι ὑμῖν πάντας τοὺς θεοὺς, εὖ ποιῶν ἡμᾶς μᾶλλον ἥδεσθαι ἢ ἑαυτὸν πλουτίζων. (29) Ἐπὶ τούτῳ πάντες οἱ Μῆδοι τοιάδ᾽ ἔλεγον. Σὺ, ὦ Κῦρε, καὶ ἐξήγαγες ἡμᾶς καὶ οἴκαδε ὅταν ἀπιέναι καιρὸς δοκῇ, σὺν σοὶ ἡμᾶς ἀπάγαγε. Ὁ δὲ Κῦρος ἀκούσας ταῦτα ἐπεύξατο, Ἀλλ᾽ ὦ Ζεῦ μέγιστε, αἰτοῦμαί σε, δὸς τοὺς ἐμὲ τιμῶντας νικῆσαί με εὖ ποιοῦντα. (30) Ἐκ τούτου ἐκέλευσε τοὺς μὲν ἄλλους φυλακὰς καταστήσαντας ἀμφ᾽ αὑτοὺς ἤδη ἔχειν, τοὺς δὲ Πέρσας διαλαβεῖν τὰς σκηνὰς τοῖς μὲν ἱππεῦσι τὰς τούτοις πρεπούσας, τοῖς δὲ πεζοῖς τὰς τούτοις ἀρκούσας, καὶ οὕτω καταστήσασθαι ὅπως ποιοῦντες οἱ ἐν ταῖς σκηναῖς πάντα τὰ δέοντα φέρωσιν εἰς τὰς τάξεις τοῖς Πέρσαις καὶ τοὺς ἵππους τεθεραπευμένους παρέχωσι, Πέρσαις δὲ μηδὲν ἄλλο ᾖ ἔργον ἢ τὰ πρὸς τὸν πόλεμον ἐκπονεῖν. Ταύτην μὲν οὖν οὕτω διῆγον τὴν ἡμέραν.

ΚΕΦΑΛΑΙΟΝ Β.

Πρωὶ δ᾽ ἀναστάντες ἐπορεύοντο πρὸς Γωβρύαν, Κῦρος μὲν ἐφ᾽ ἵππου καὶ οἱ Περσῶν ἱππεῖς γεγενημένοι εἰς δισχιλίους· οἱ δὲ τὰ τούτων γέῤῥα καὶ τὰς κοπίδας ἔχοντες ἐπὶ τούτοις εἴποντο, ἴσοι ὄντες τὸν ἀριθμόν· καὶ ἡ ἄλλη δὲ στρατιὰ τεταγμένη ἐπορεύετο. Ἑκάστῳ δὲ ἐκέλευσε τοῖς καινοῖς ἑαυτοῦ θεράπουσιν εἰπεῖν ὅτι ὅστις ἂν αὐτῶν ἢ τῶν ὀπισθοφυλάκων φαίνηται ὄπισθεν ἢ τοῦ μετώπου πρόσθεν ἢ ἢ κατὰ πλάγια ἔξω τῶν ἐν τῇ τάξει ὄντων ἁλίσκηται, κολασθήσεται. (2) Δευτεραῖοι δὲ ἀμφὶ δείλην γίγνονται πρὸς τῷ Γωβρύου χωρίῳ, καὶ ὁρῶσιν ὑπερίσχυρόν τε τὸ ἔρυμα καὶ ἐπὶ τῶν τειχῶν πάντα παρεσκευασμένα ὡς ἂν κράτιστα ἀπομάχοιτο· καὶ βοῦς δὲ πολλοὺς καὶ πάμπολλα πρόβατα ὑπὸ τὰ ἐρυμνὰ προσηγμένα ἑώρων. (3) Πέμψας δὲ ὁ Γωβρύας πρὸς τὸν Κῦρον ἐκέλευσε περιελάσαντα ἰδεῖν ᾗ ἡ πρόσοδος εὐπετεστάτη, εἴσω δὲ πέμψαι πρὸς ἑαυτὸν τῶν πιστῶν τινας, οἵτινες αὐτῷ τὰ ἔνδον ἰδόντες ἀπαγγελοῦσιν. (4) Οὕτω δὴ ὁ Κῦρος αὐτὸς μὲν τῷ ὄντι βουλόμενος ἰδεῖν εἴ πῃ εἴη ἁλώσιμον τὸ τεῖχος, εἰ

mosi, absque te domum reverti metuamus. Itaque ceteri quid facturi sint, ipsi exponent; ego vero, Cyre, atque illi qui mea in potestate sunt, et manebimus apud te, et te intueri sustinebimus, et pertolerabimus abs te beneficiis adfici.

Post hæc Tigranes ita loquutus est : Nolim mireris, ait, Cyre, quod taceam; animus enim meus non ad consultandum paratus est, sed ad faciendum quicquid imperaveris. Hyrcanius autem, Dicerem equidem, Medi, inquit, si jam discederetis, numinis id alicujus mala voluntate fieri, quod valde beatos vos fieri non sineret : ex humanæ enim mentis judicio, quis se vel ab hostibus fugientibus averteret, vel arma his ea tradentibus non caperet, vel eosdem se cum rebus suis dedentes non reciperet? præsertim cum ejusmodi ducem habeamus, qui mihi videtur (quod juratus deos omnes vobis testor) beneficiis in nos conferendis magis quam seipso locupletando delectatus. Tum deinde Medi omnes hæc dixerunt : Tu nos eduxisti, Cyre; domumque reverti quandocunque tibi visum erit commodum, tecum nos abducito. Cyrus autem hæc cum audisset, votum hoc adjecit, Te vero, maxime Jupiter, oro, fac ut eos qui honore me prosequuntur, beneficiis superem. Deinde præcepit ut ceteri quidem locatis excubiis corpora curarent; Persæ vero tabernacula distribuerent, equitibus nempe ea quæ his convenirent, peditibus quæ his sufficerent, ut etiam res ita constituerent, ut universi, qui in tabernaculis essent, necessaria conficerent, ac Persis ad ordines ipsorum adferrent, et equos eis curatos exhiberent; Persis autem nihil aliud negotii esset, quam uti res bellicas elaborarent. Hoc modo diem hunc exegerunt.

CAPUT II.

Mane autem cum surrexissent, iter ad Gobryam ingressi sunt, Cyrus quidem equo vectus, cum Persarum equitibus, qui jam ad duo millia excreverant : hos sequebantur qui scuta et copidas eorum habebant, numero eis pares. Itidem exercitus reliquus instructus iter faciebat. Præcepit autem Cyrus, uti quisque famulis suis novitiis futurum diceret, ut quisquis eorum vel post agminis extremi custodes conspiceretur, vel ante frontem, vel ab utrovis latere extra cos qui essent in ordine deprehenderetur, pœnas daret. Postridie circa vesperam ad castellum Gobryæ perveniunt, et munitionem quam firmissimam vident, et in mœnibus parata omnia, quæ ad propulsandos hostes erant aptissima : quin etiam boves multos, permultumque pecus subter munitiones adductum cernebant. Gobryas autem misit ad Cyrum hortaretur, ut equo circumvectus dispiceret, ubinam accessus esset facillimus ; atque etiam ex fidis quosdam hominibus intro ad se mitteret, qui renuntiarent ei, quæ intus vidissent. Itaque Cyrus re ipsa videre volens, num alicubi castellum capi posset, an Gobryas mendax esse deprehen-

ψευδὴς φαίνοιτο ὁ Γωβρύας, περιήλαυνε πάντοθεν, ἑώρα τε ἰσχυρότερα πάντα ἢ προσελθεῖν· οὓς δ' ἔπεμψε πρὸς Γωβρύαν, ἀπήγγελλον τῷ Κύρῳ ὅτι τοσαῦτα εἴη ἔνδον ἀγαθὰ ὅσα ἐπ' ἀνθρώπων γενεᾶν, ὡς σφίσι δοκεῖν, μὴ ἂν ἐπιλείπειν τοὺς ἔνδον ὄντας. (5) Ὁ μὲν δὴ Κῦρος ἐν φροντίδι ἦν ὅ,τι ποτ' εἴη ταῦτα, ὁ δὲ Γωβρύας αὐτός τε ἐξῄει πρὸς αὐτὸν καὶ τοὺς ἔνδοθεν πάντας ἐξῆγε φέροντας οἶνον, ἄλφιτα, ἄλευρα, ἄλλους δὲ ἐλαύνοντας βοῦς, αἶγας, οἷς, σῦς, καὶ εἴ τι βρωτόν, πάντα ἱκανὰ προσῆγον ὡς δειπνῆσαι πᾶσαν τὴν σὺν Κύρῳ στρατιάν. (6) Οἱ μὲν δὴ ἐπὶ τούτῳ ταχθέντες διῇρουν τε ταῦτα καὶ ἐδειπνοποίουν. Ὁ δὲ Γωβρύας, ἐπεὶ πάντες αὐτῷ οἱ ἄνδρες ἔξω ἦσαν, εἰσιέναι τὸν Κῦρον ἐκέλευσεν ὅπως νομίζοι ἀσφαλέστατον. Προεισπέμψας οὖν ὁ Κῦρος προσκόπους καὶ δύναμιν καὶ αὐτὸς οὕτως εἰσῄει. Ἐπεὶ δ' εἰσῆλθον, ἀναπεπταμένας τὰς πύλας ἔχων παρεκάλει πάντας τοὺς φίλους καὶ ἄρχοντας τῶν μεθ' ἑαυτοῦ. (7) Ἐπειδὴ δὲ ἔνδον ἦσαν, ἐκφέρων ὁ Γωβρύας φιάλας χρυσᾶς καὶ πρόχους καὶ κάλπιδας καὶ κόσμον παντοῖον καὶ δαρεικοὺς ἀμέτρους τινὰς καὶ πάντα καλὰ, καὶ τέλος τὴν θυγατέρα, δεινόν τι κάλλος καὶ μέγεθος, πενθικῶς δὲ ἔχουσαν τοῦ ἀδελφοῦ τεθνηκότος, ἐξάγων ὧδε εἶπεν. Ἐγώ σοι, ὦ Κῦρε, τὰ μὲν χρήματα ταῦτα δωροῦμαι, τὴν δὲ θυγατέρα ταύτην ἐπιτρέπω διαθέσθαι ὅπως ἂν σὺ βούλῃ· ἱκετεύομεν δὲ, ἐγὼ μὲν καὶ πρόσθεν τοῦ υἱοῦ, αὕτη δὲ νῦν τοῦ ἀδελφοῦ τιμωρὸν γενέσθαι σε.

8. Ὁ δὲ Κῦρος πρὸς ταῦτα εἶπεν, Ἀλλ' ἐγώ σοι μὲν καὶ τότε ὑπισχνόμην ἀψευδοῦντός σου τιμωρήσειν εἰς δύναμιν, νῦν δὲ ὅτε σε ἀληθεύοντα ὁρῶ, ἤδη ὀφείλω τὴν ὑπόσχεσιν· καὶ ταύτῃ ὑπισχνοῦμαί τὰ αὐτὰ ταῦτα σὺν θεοῖς ποιήσειν. Καὶ τὰ μὲν χρήματα ταῦτα, ἔφη, ἐγὼ μὲν δέχομαι, δίδωμι δ' αὐτὰ τῇ παιδὶ ταύτῃ κἀκείνῳ ὃς ἂν γήμῃ αὐτήν. Ἓν δὲ δῶρον ἄπειμι ἔχων παρὰ σοῦ ἀνθ' οὗ οὐδ' ἂν τὰ ἐν Βαβυλῶνι, εἰ καὶ πλεῖστά ἐστιν, οὐδὲ τὰ πανταχοῦ ἀντὶ τούτου οὗ σύ μοι δεδώρησαι ἥδιον ἂν ἔχων ἀπελθοιμι. (9) Καὶ ὁ Γωβρύας θαυμάσας τί τε τοῦτ' εἴη καὶ ὑποπτεύσας μὴ τὴν θυγατέρα λέγοι, οὕτως ἤρετο, Καὶ τί τοῦτ' ἐστίν, ἔφη, ὦ Κῦρε; Καὶ ὁ Κῦρος ἀπεκρίνατο, Ὅτι, ἔφη, ἐγώ, ὦ Γωβρύα, πολλοὺς μὲν οἶμαι εἶναι ἀνθρώπους οἳ οὔτε ἀσεβεῖν ἂν θέλοιεν οὔτε ἀδικεῖν οὔτε ἂν ψεύδοιντο ἑκόντες εἶναι· διὰ δὲ τὸ μηδένα αὐτοῖς ἠθεληκέναι προέσθαι μήτε χρήματα πολλὰ μήτε τυραννίδα μήτε τείχη ἐρυμνὰ μήτε τέκνα ἀξιέραστα ἀποθνῄσκουσι πρότερον πρὶν δῆλοι γίγνεσθαι οἷοι ἦσαν· (10) ἐμοὶ δὲ σὺ νυνὶ καὶ τείχη ἐρυμνὰ καὶ πλοῦτον παντοδαπὸν καὶ δύναμιν τὴν σὴν καὶ θυγατέρα ἀξιόκτητον ἐγχειρίσας πεποίηκάς με δῆλον γενέσθαι πᾶσιν ἀνθρώποις ὅτι οὔτ' ἂν ἀσεβεῖν περὶ ξένους θέλοιμι οὔτ' ἂν ἀδικεῖν χρημάτων ἕνεκα οὔτε συνθήκας ἂν ψευδοίμην ἑκὼν εἶναι. (11) Τοῦτ' οὖν ἐγώ, εὖ ἴσθι, ἕως ἂν ἀνὴρ δίκαιος ὦ καὶ δοκῶν εἶναι τοιοῦτος ἐπαινῶμαι ὑπ' ἀνθρώπων, οὔποτ' ἐπιλήσομαι, ἀλλὰ πειράσομαί σε ἀντιτιμῆσαι πᾶσι τοῖς καλοῖς. (12) Καὶ ἀνδρὸς δ', ἔφη, τῇ θυγατρὶ μὴ φοβοῦ ὡς ἀπορήσεις

deretur, undique obequitabat, et omnia munitiora videbat esse, quam ut ei accedere quis posset : illi vero quos Cyrus ad Gobryam miserat, renuntiant ei, tantam intus bonorum esse copiam, quanta in hominum ætatem, de suo quidem judicio, eos qui intus essent minime defectura videretur. Cumque esset ingressus, portas tenens apertas. Et Cyrus quidem secum cogitabat, quænam illæ res essent : cum Gobryas ipse ad eum egreditur, et omnes quotquot intus erant educit, alios quidem ferentes vinum et farinas: alios vero agentes boves, capras, oves, et sues, et si qua haberent esculenta, eorum omnium satis magnam copiam adferebant, ut totus qui cum Cyro erat exercitus bene cœnaret. Itaque ii, quibus id negotii datum erat, distribuebant hæc et cœnam adparabant. Gobryas autem, postquam omnes ejus milites ex castello essent egressi, Cyrum ingredi jussit eo modo quem arbitraretur ipse tutissimum. Cyrus igitur præmissis speculatoribus copiisque, tandem et ipse ingreditur. Cumque esset ingressus, portas tenens apertas, amicos omnes et præfectos militum advocabat. Postquam hi jam intus erant, Gobryas depromptis pateris aureis, et gutturniis, et urnulis, et omnis generis ornamentis, et immensa quadam daricorum vi, et universis rebus pulchris, ad extremum etiam filia (quæ quidem erat admiranda forma et proceritate, habita vero lugubri propter mortem fratris) producta, dixit : Pecunias hasce tibi trado, Cyre ; ac filiam hanc tibi committo, ut de ea, sicut ipse voles, statuas : obsecramus vero te supplices, ego quidem etiam antea, ut filii ; hæc vero nunc, ut fratris ultor sis.

Ad hæc respondit Cyrus, Equidem tibi tunc etiam pollicitus sum, me ultoreni tibi, si minime mendax esses, pro viribus futurum : nunc vero cum te veracem jam videam, reus sum promissi : quin et huic pollicitor eadem hæc me diis juvantibus facturum. Ac pecunias quidem istas, inquit, accipio, et huic puellæ, atque illi, cui nuptura sit, eas dono. Unum vero munus abs te accipiens discedam, pro quo nec ea quidem quæ in Babylone sunt, quanquam sunt plurima nec quæ sunt usplam, pro illo inquam tu quod mihi donasti, libentius habiturus sim discedens. Et Gobryas miratus quid tandem illud esset, ac suspicatus an filiam diceret, interrogavit, Quid istud est, Cyre? Et respondens Cyrus, Multos arbitror esse homines, ait, Gobrya, qui nec impii, nec injusti esse velint, nec mentiantur aut fallant, sponte quidem sua : sed quia nemo potestati eorum permittere voluerit nec magnam pecuniæ vim, nec regnum, nec castella munita, nec liberos amari dignos, eo fit ut prius moriantur, quam quales sint cognosci possit : tu vero, cum mihi jam castella munita, et omnis generis opes, et copias tuas, et filiam dignam sane quam sibi quis adquirat, in manus tradideris, fecisti ut apud omnes homines constet, eum me esse, qui nec in hospites impius esse velim, nec pecuniæ causa injustus, nec in servandis pactis, quod me quidem volente sit, fallax. Igitur hujus ego tibi, sat scito, donec vir justus ero, et, talis quod esse videar, laudem ab hominibus consequar, nunquam obliviscar ; sed omnibus te rebus honestis bonisque vicissim ornare conabor. Neque verendum est tibi, inquit, filiam quod attinet, ne viro sis cariturus,

ΚΥΡΟΥ ΠΑΙΔΕΙΑΣ ΒΙΒΛ. Ε. ΚΕΦ. Β.

ἀξίου ταύτης· πολλοὶ γὰρ κἀγαθοὶ φίλοι εἰσὶν ἐμοί, ὧν τις φαμεῖ ταύτην· εἰ μέντοι χρήμαθ᾽ ἕξει τοσαῦτα ὅσα δίδως ἢ καὶ ἄλλα πολλαπλάσια τούτων, οὐκ ἂν ἔχοιμι εἰπεῖν· σὺ μέντοι εὖ ἴσθι ὅτι εἰσί τινες αὐτῶν οἳ ὧν μὲν σὺ δίδως χρημάτων οὐδὲ μικρὸν τούτων ἕνεκά σε μᾶλλον θαυμάζουσιν· ἐμὲ δὲ ζηλοῦσι νυνὶ καὶ εὔχονται πᾶσι θεοῖς γενέσθαι ἐπιδείξασθαι ὡς πιστοὶ μέν εἰσιν οὐδὲν ἧττον ἐμοῦ τοῖς φίλοις, τοῖς δὲ πολεμίοις ὡς οὔποτ᾽ ἂν ὑφεῖντο ζῶντες, εἰ μή τις θεὸς βλάπτοι· ἀντὶ δ᾽ ἀρετῆς καὶ δόξης ἀγαθῆς ὅτι οὐδ᾽ ἂν τὰ Σύρων πρὸς τοῖς σοῖς καὶ Ἀσσυρίων πάντα προέλοιντο· τοιούτους ἄνδρας εὖ ἴσθι ἐνταῦθα καθημένους. (13) Καὶ ὁ Γωβρύας εἶπε γελάσας, Πρὸς τῶν θεῶν, ἔφη, ὦ Κῦρε, δεῖξον δή μοι ποῦ οὗτοί εἰσιν, ἵνα σε τούτων τινὰ αἰτήσωμαι παῖδά μοι γενέσθαι. Καὶ ὁ Κῦρος εἶπεν, Οὐδέν ἐμοῦ σε δεήσει πυνθάνεσθαι, ἀλλ᾽ ἂν σὺν ἡμῖν ἔπῃ, αὐτὸς σὺ ἕξεις καὶ ἄλλῳ δεικνύναι αὐτῶν ἕκαστον.

14. Τοσαῦτ᾽ εἰπὼν δεξιάν τε λαβὼν τοῦ Γωβρύα καὶ ἀναστὰς ἐξῄει, καὶ τοὺς μεθ᾽ αὑτοῦ ἐξῆγεν ἅπαντας· καὶ πολλὰ δεομένου τοῦ Γωβρύα ἔνδον δειπνεῖν οὐκ ἠθέλησεν, ἀλλ᾽ ἐν τῷ στρατοπέδῳ ἐδείπνει καὶ τὸν Γωβρύαν σύνδειπνον παρέλαβεν. (15) Ἐπὶ στιβάδος δὲ κατακλιθεὶς ἤρετο αὐτὸν ὧδε. Εἰπέ μοι, ἔφη, ὦ Γωβρύα, πότερον οἴει σοὶ εἶναι πλείω ἢ ἑκάστῳ ἡμῶν στρώματα; Καὶ ὃς εἶπεν, Ὑμῖν νὴ Δί᾽ εὖ οἶδ᾽ ὅτι, ἔφη, καὶ στρώματα πλείω ἐστὶ καὶ κλῖναι, καὶ οἰκία γε πολὺ μείζων ἡ ὑμετέρα τῆς ἐμῆς, οἵ γε οἰκίᾳ μὲν χρῆσθε γῇ τε καὶ οὐρανῷ, κλῖναι δ᾽ ὑμῖν εἰσιν ὁπόσαι εἶναί γένοιντ᾽ ἂν ἐπὶ γῆς, στρώματα δὲ νομίζετε οὐχ ὅσα πρόβατα φύει ἔρια, ἀλλ᾽ ὅσα φρύγανα ὄρη τε καὶ πεδία ἀνήσι. (16) Τὸ μὲν δὴ πρῶτον συνδειπνῶν αὐτοῖς ὁ Γωβρύας καὶ ὁρῶν τὴν φαυλότητα τῶν παρατιθεμένων βρωμάτων πολὺ σφᾶς ἐνόμιζεν ἐλευθεριωτέρους εἶναι αὐτῶν. (17) ἐπεὶ δὲ κατενόησε τὴν μετριότητα τῶν συσσίτων· ἐπ᾽ οὐδενὶ γὰρ βρώματι οὐδὲ πόματι Πέρσης ἀνὴρ τῶν πεπαιδευμένων οὔτ᾽ ἂν ὄμματος ἐκπεπληγμένος καταφανὴς γένοιτο οὔτε ἁρπαγῇ οὔτε τῷ νῷ μὴ οὐχὶ προσκοπεῖν ἅπερ ἂν καὶ μὴ ἐπὶ σίτῳ ὤν, ἀλλ᾽ ὥσπερ οἱ ἱππικοὶ διὰ τὸ μὴ ταράττεσθαι ἐπὶ τῶν ἵππων δύνανται ἅμα ἱππεύοντες καὶ ὁρᾶν καὶ ἀκούειν καὶ λέγειν τὸ δέον, οὕτω καὶ ἐκεῖνοι ἐπὶ τῷ σίτῳ οἴονται δεῖν φρόνιμοι καὶ μέτριοι φαίνεσθαι, τὸ δὲ κεκινῆσθαι ὑπὸ τῶν βρωμάτων καὶ τῆς πόσεως πάνυ αὐτοῖς ὑϊκόν τε καὶ θηριῶδες δοκεῖ εἶναι. (18) Ἐνενόησε δὲ αὐτῶν καὶ ὡς ἐπηρώτων ἀλλήλους τοιαῦτα οἷα ἐρωτηθῆναι ἥδιον ἦν ἢ μή, καὶ ὡς ἔσκωπτον οἷα σκωφθῆναι ἥδιον ἦν ἢ μή· ἅ τε ἔπαιζον ὡς πολὺ μὲν ὕβρεως ἀπῆν, πολὺ δὲ τοῦ αἰσχροῦ τι ποιεῖν, πολὺ δὲ τοῦ χαλεπαίνεσθαι πρὸς ἀλλήλους. (19) Μέγιστον δ᾽ αὐτῷ ἔδοξεν εἶναι τὸ ἐν στρατείᾳ ὄντας τῶν εἰς τὸν αὐτὸν κίνδυνον ἐμβαινόντων μηδενὸς οἴεσθαι δεῖν πλείω παρατίθεσθαι, ἀλλὰ τοῦτο νομίζειν ἡδίστην εὐωχίαν εἶναι τοὺς συμμαχεῖσθαι μέλλοντας ὅτι βελτίστους παρασκευάζειν. (20) Ἡνίκα δὲ Γωβρύας ὡς εἰς οἶκον ἀπιὼν ἀνίστατο,

qui hac dignus sit : nam multi mihi præstantesque sunt amici, quorum aliquis hanc duxerit; an vero tantas sane habiturus sit pecunias, quantas tu largiris, vel etiam alias eis multo plures, dicere nequeo : te vero certo scire volo, esse quosdam inter eos, qui ob pecunias quas tu largiris, ne tantillo quidem magis te sint admiraturi : me autem hoc tempore suspiciunt beatumque prædicant, et omnes deos precantur, ut iis aliquando demonstrare liceat, se quoque nihilo minus quam me, fidelibus amicis esse, hostibus nunquam cessuros, dum vita fruuntur, nisi numen obstet : virtuti vero et existimationi bonæ ne Syrorum quidem et Assyriorum omnia bona, tuis addita, prætulerint : tales viros certo scias hic jam consedisse. Hic cum adrisisset Gobryas, Per deos immortales, inquit, indica mihi, Cyre, ubinam illi sint, quo petam ut mihi per te liceat horum aliquem sumere generum. Nihil profecto, ait Cyrus, opus fuerit ex me sciscitari, sed si nos sequaris, poteris ipsemet etiam alteri quemlibet horum ostendere.

Hæc loquutus, Gobryæ dextram prehendit, et surgens abiit, suosque omnes eduxit : cumque nullum eum Gobryas rogasset, intus uti cœnaret, noluit ; sed in castris cœnavit, et Gobryam sibi in cœna socium adhibuit. Cum autem super toro herbarum frondiumque discubuisset, sic eum interrogavit : Dic mihi, Gobrya, inquit, utrum existimas plura tibi esse stramenta, quam cuique nostrûm ? et ille, Vobis profecto, inquit, plura sunt tum stragula, tum lecti ; et domus sane vestra longe amplior est, quam mea ; quibus terra quidem et cœlum domus usum præbent ; tot vobis etiam lecti sunt, quot supra terram cubilia ; præterea non quas pecus gerit lanas, pro stragulis habetis, sed quæcunque virgulta tum montes tum campi submittunt. Ac Gobryas quidem tunc primum apud eos cœnans, cum cibo rum qui adponerentur vilitatem cerneret, se suosque multo liberalius illis degere judicavit : at postquam eorum in vescendo moderationem animadvertit ; (in nullo enim neque cibo neque potu, Persa, disciplina patria liberaliter institutus, sic vel oculis commotus manifeste deprehensus fuerit, vel rapacitate, vel animo, minus ut rerum suarum providus sit, quam si cibo capiendo non intentus esset : sed ut homines equestres, propterea quod in equis non perturbantur, inter equitandum et cernere, et audire, et dicere possunt quod oportet ; ita et illi par esse consent, ut prudentes se ac moderatos in vescendo palam præbeant ; ac prorsus sordidum belluinumque ducunt a cibis et potu commoveri) ac secum reputaverat etiam eos de rebus ejusmodi se mutuo interrogare, de quibus jucundius esset interrogari, quam non interrogari, et salse quædam dicere, quibus perstringi jucundius esset quam non perstringi : quæque jocarentur, a contumelia longe abesse, longe ab actione quavis turpi, longe demum a mutua animorum irritatione : [his consideratis, mutata sententia, Persas se suisque liberalius degere putabat]. Maximum vero ei visum est, quod, cum in expeditione essent, plura sibi quam ulli eorum qui periculum idem adibant, non putarent adponenda : sed epulum id lautissimum ducerent, si eos, quos belli socios habituri essent, quam optimos efficerent. Cum autem Gobryas domum iturus surgeret, dixisse perhibetur,

εἰπεῖν λέγεται, Οὐκέτι θαυμάζω, ὦ Κῦρε, εἰ ἐκπώματα μὲν καὶ ἱμάτια καὶ χρυσίον ἡμεῖς ὑμῶν πλέονα κεκτήμεθα, αὐτοὶ δὲ ἐλάττονος ὑμῶν ἄξιοί ἐσμεν. Ἡμεῖς μὲν γὰρ ἐπιμελούμεθα ὅπως ἡμῖν ταῦτα ὡς πλεῖστα ἔσται, ὑμεῖς δὲ μοι δοκεῖτε ἐπιμελεῖσθαι ὅπως αὐτοὶ ὡς βέλτιστοι ἔσεσθε. (21) Ὁ μὲν ταῦτ᾽ εἶπεν· ὁ δὲ Κῦρος, Ἄγ᾽, ἔφη, ὦ Γωβρύα, ὅπως πρωὶ παρέσῃ ἔχων τοὺς ἱππέας ἐξωπλισμένους, ἵνα τὴν δύναμίν σου ἰδῶμεν, καὶ ἅμα διὰ τῆς σῆς χώρας ἄξεις ἡμᾶς, ὅπως ἂν εἰδῶμεν ἅ τε δεῖ φίλια καὶ πολέμια νομίζειν. (22) Τότε μὲν δὴ ταῦτα εἰπόντες ἀπῆλθον ἑκάτεροι ἐπὶ τὰ προσήκοντα.

Ἐπεὶ δὲ ἡμέρα ἐγένετο, παρῆν ὁ Γωβρύας ἔχων τοὺς ἱππέας, καὶ ἡγεῖτο. Ὁ δὲ Κῦρος, ὥσπερ προσήκει ἀνδρὶ ἄρχοντι, οὐ μόνον τῷ πορεύεσθαι τὴν ὁδὸν προσεῖχε τὸν νοῦν, ἀλλ᾽ ἅμα προϊὼν ἐπεσκοπεῖτο εἴ τι δυνατὸν εἴη τοὺς πολεμίους ἀσθενεστέρους ποιεῖν ἢ αὐτοὺς ἰσχυροτέρους. (23) Καλέσας οὖν τὸν Ὑρκάνιον καὶ τὸν Γωβρύαν, τούτους γὰρ ἐνόμιζεν εἰδέναι μάλιστα ὧν αὐτὸς ᾤετο δεῖσθαι μαθεῖν, Ἐγώ τοι, ὦ ἄνδρες φίλοι, οἶμαι σὺν ὑμῖν ἂν τοῖς πιστοῖς βουλευόμενος περὶ τοῦ πολέμου τοῦδε οὐκ ἂν ἐξαμαρτάνειν· ὁρῶ γὰρ ὅτι μᾶλλον ὑμῖν ἢ ἐμοὶ σκεπτέον ὅπως ὁ Ἀσσύριος ἡμῶν μὴ ἐπικρατήσει. Ἐμοὶ μὲν γὰρ, ἔφη, τοῦδε προσφαλέντι ἔστιν ἴσως καὶ ἄλλη ἀποστροφή· ὑμῖν δ᾽, εἰ οὗτος ἐπικρατήσει, ὁρῶ ἅμα πάντα τὰ ἄλλα ἀλλότρια γιγνόμενα. (24) Καὶ γὰρ ἐμοὶ μὲν πολέμιός ἐστιν, οὐκ ἐμὲ μισῶν, ἀλλ᾽ οἰόμενος ἀσύμφορον ἑαυτῷ μεγάλους εἶναι ἡμᾶς, καὶ στρατεύει διὰ τοῦτο ἐφ᾽ ἡμᾶς· ὑμᾶς δὲ καὶ μισεῖ, ἀδικεῖσθαι νομίζων ὑφ᾽ ὑμῶν. Πρὸς ταῦτα ἀπεκρίναντο ἀμφότεροι κατὰ ταὐτὰ περαίνειν ὅ,τι μέλλει, ὡς ταῦτ᾽ εἰδόσι σφίσι καὶ μέλον αὐτοῖς ἰσχυρῶς ὅπῃ τὸ μέλλον ἀποβήσοιτο.

25. Ἐνταῦθα δὴ ἤρξατο ὧδε. Λέξατε δή μοι, ἔφη, ὑμᾶς νομίζει μόνους πολεμικῶς ἔχειν ὁ Ἀσσύριος πρὸς ἑαυτόν, ἢ ἐπίστασθε καὶ ἄλλον τινὰ αὐτῷ πολέμιον; Ναὶ μὰ Δί᾽, ἔφη ὁ Ὑρκάνιος, πολεμιώτατοι μέν εἰσιν αὐτῷ Καδούσιοι, ἔθνος πολύ τε καὶ ἄλκιμον· Σάκαι γε μὴν ὅμοροι ἡμῖν, οἳ κακὰ πολλὰ πεπόνθασιν ὑπὸ τοῦ Ἀσσυρίου· ἐπειράτο γὰρ κἀκείνους ὥσπερ καὶ ἡμᾶς καταστρέψασθαι. (26) Οὐκοῦν, ἔφη, οἴεσθ᾽ ἂν νῦν αὐτοὺς ἀμφοτέρους ἡδέως ἂν ἐπιθῆναι μεθ᾽ ἡμῶν τῷ Ἀσσυρίῳ; Ἔφασαν καὶ σφόδρ᾽ ἄν, εἰ πῄ γε δύναιντο συμμῖξαι. Τί δ᾽, ἔφη, ἐν μέσῳ ἐστὶ τοῦ συμμῖξαι; Ἀσσύριοι, ἔφασαν, τὸ αὐτὸ ἔθνος δι᾽ οὗπερ νυνὶ πορεύῃ. (27) Ἐπεὶ δὲ ταῦτα ἤκουσεν ὁ Κῦρος, Τί γάρ, ἔφη, ὦ Γωβρύα, οὐ σὺ τοῦ νεανίσκου τούτου ὃς νῦν εἰς τὴν βασιλείαν καθέστηκεν ὑπερηφανίαν πολλήν τινα τοῦ τρόπου κατηγόρεις; Τοιαῦτα γάρ, οἶμαι, ἔφη ὁ Γωβρύας, ἔπαθον ὑπ᾽ αὐτοῦ. Πότερα δῆτα, ἔφη ὁ Κῦρος, εἰς σὲ μόνον τοιοῦτος ἐγένετο ἢ καὶ εἰς ἄλλους τινάς; (28) Νὴ Δί᾽, ἔφη ὁ Γωβρύας, καὶ εἰς ἄλλους γε· ἀλλὰ τοὺς μὲν ἀσθενοῦντας οἷα ὑβρίζει τί δεῖ λέγειν; ἑνὸς δὲ ἀνδρὸς πολὺ δυνατωτέρου ἢ ἐγὼ υἱόν, καὶ ἐκείνου ἑταῖρον ὄντα ὥσπερ τὸν ἐμόν, συμπίνοντα παρ᾽ ἑαυτῷ συλλαβὼν ἐξέτεμεν, ὡς

Non amplius, Cyre, miror nos copiam majorem poculorum et vestium et auri possidere, quam vos; sed ipsos tamen vobis minoris æstimandos esse. Quippe nobis curæ est, ut copia illorum adfluamus; vos id eniti studiose mihi videmini, ut ipsi sitis quam præstantissimi. Hæc cum dixisset Gobryas, subjecit Cyrus, Age, Gobrya, fac adsis cras mane cum equitibus eductis, ut copias tuas inspiciamus, simulque per tuam nos regionem ducas, ut sciamus, quæ pro amicorum, quæ pro hostium rebus nos habere oporteat. Et tunc quidem his dictis, uterque ad suas res agendas discessit.

Cum autem dies illuxisset, aderat cum equitibus Gobryas, ac præibat. At Cyrus, velut cum facere par est, qui cum imperio sit, non solum itineri faciendo intentus erat, sed inter progrediendum considerabat, fieri ne aliqua ratione posset, ut hostes imbecilliores redderentur, ipsi firmiores. Itaque accersito Hyrcanio et Gobrya, (hos enim in primis ea scire putabat, quibus sibi cognitis opus esse existimabat), Equidem arbitror, inquit, amici, me, si cum vobis, fidis sociis, de hoc bello consultem, nequaquam erraturum : vobis enim magis etiam cogitandum esse video, quam mihi, ne superior nobis evadat Assyrius. Nam mihi, inquit, in his si frustra fuero, fortassis aliud non decrit perfugium; a vobis autem, si superior hic evaserit, omnia quæ possidetis alienatum iri video. Etenim meus hostis est, non quod me oderit, sed quod sibi non expedire arbitratur nos magnos esse; eaque una causa est, cur bellum nobis faciat : at vos et odit, et adfectum se a vobis injuria ducit. Ad hæc respondit uterque, in cœpto sermone ad ipsos pergat, utpote qui scirent illa quæ Cyrus dicebat, et soliciti etiam essent, quis harum rerum futurus sit exitus.

Ibi tum sic orsus est dicere : Velim mihi significetis, ait, an vos solos Assyrius existimat esse hostili in eum animo? an allum quendam infestum ei novistis? Imo, inquit Hyrcanius, infestissimi profecto ei sunt Cadusii, gens magna admodum et robusta : Sacæ porro nobis finitimi sunt, qui multis ab Assyrio incommodis sunt adfecti; nam et illos, æque ac nos, conatus est in potestatem suam redigere. Ergo an existimastis, ait, jam libenter hos utrosque nobiscum invasuros Assyrium? Imo etiam acriter, inquiunt, si quo modo se nobiscum conjungere possent. At quid obstat, ait, quo minus se nobis conjungant? Nimirum Assyrii, dixere, ea ipsa gens, per quam nunc iter facis. Cum hæc audisset Cyrus, Quid enim? inquit, Gobrya, nonne tu adolescentem hunc, qui modo regno potitur, gravis cujusdam arrogantiæ superbiæque accusas? Talem nempe eum, ait Gobryas, expertus sum. Utrum tandem, inquit Cyrus, in te solum se talem præbuit, an etiam erga quosdam alios? Profecto, inquit Gobryas, erga multos etiam alios. At quibus contumeliis imbecilliores adficiat, quid attinet dicere? etiam viri cujusdam longe me potentioris filium, qui etiam illius sodalis, sicut meus filius, erat, compotantem apud se comprehendit et castravit, idque propterea, quemadmodum

μέν τινες ἔφασαν, ὅτι ἡ παλλακὴ αὐτοῦ ἐπῄνεσεν αὐτὸν ὡς καλός εἴη καὶ ἐμακάρισε τὴν μέλλουσαν αὐτῷ γυναῖκα ἔσεσθαι, ὡς δ' αὐτὸς νῦν λέγει, ὅτι ἐπείρασεν αὐτοῦ τὴν παλλακίδα. Καὶ νῦν οὗτος εὔνοιχος μέν ἐστι, τὴν δ' ἀρχὴν ἔχει, ἐπεὶ ὁ πατὴρ αὐτοῦ ἐτελεύτησεν. (29) Οὐκοῦν, ἔφη, οἴει σε καὶ τοῦτον ἡδέως ἡμᾶς ἰδεῖν, εἰ οἴοιτο ἑαυτῷ βοηθοὺς ἂν γενέσθαι; Εὖ μὲν οὖν, ἔφη, οἶδα, ὦ Γωβρύα· ἀλλ' ἰδεῖν τοι αὐτὸν χαλεπὸν ἐστιν, ὦ Κῦρε. Πῶς; ἔφη ὁ Κῦρος. Ὅτι εἰ μέλλει τις ἐκείνῳ συμμείξειν, παρ' αὐτὴν τὴν Βαβυλῶνα δεῖ παριέναι. (30) Τί οὖν, ἔφη, τοῦτο χαλεπόν; Ὅτι νὴ Δί', ἔφη ὁ Γωβρύας, οἶδα ἐξελθοῦσαν δύναμιν ἐξ αὐτῆς πολλαπλασίαν ἧς σὺ ἔχεις νῦν· εὖ δ' ἴσθι, ἔφη, ὅτι δι' αὐτὸ τοῦτο καὶ ἧττόν σοι νῦν ἢ τὸ πρότερον Ἀσσύριοι καὶ τὰ ὅπλα ἀποφέρουσι καὶ τοὺς ἵππους ἀπάγουσιν, ὅτι τοῖς ἰδοῦσιν αὐτῶν ὀλίγη ἔδοξεν εἶναι ἡ σὴ δύναμις· καὶ ὁ λόγος οὗτος πολὺς ἤδη ἔσπαρται· δοκεῖ δέ μοι, ἔφη, βέλτιον εἶναι φυλαττομένους πορεύεσθαι.

31. Καὶ ὁ Κῦρος ἀκούσας τοῦ Γωβρύου τοιαῦτα, τοιάδε πρὸς αὐτὸν ἔλεξε. Καλῶς μοι δοκεῖς λέγειν, ὦ Γωβρύα, κελεύων ὡς ἀσφαλέστατα τὰς πορείας ποιεῖσθαι. Ἐγὼ οὖν σκοπῶν οὐ δύναμαι ἐννοῆσαι ἀσφαλεστέραν οὐδεμίαν πορείαν ἡμῖν τῆς πρὸς αὐτὴν Βαβυλῶνα πορείας ἰέναι, εἰ ἐκεῖ τῶν πολεμίων ἐστὶ τὸ κράτιστον. Πολλοὶ μὲν γάρ εἰσιν, ὡς σὺ φῄς· εἰ δὲ θαρροῦσι, καὶ δῆλοι ἡμῖν, ὡς ἐγὼ φημί, ἔσονται. (32) Μὴ οὖν ὁρῶντες μὲν ἡμᾶς, ἀλλ' οἰόμενοι ἀφανεῖς εἶναι διὰ τὸ φοβεῖσθαι ἐκείνους, σάφ' ἴσθι, ἔφη, ὅτι τοῦ μὲν φόβου ἀπαλλάξονται ὃς αὐτοῖς ἐνεγένετο, θάρρος δ' ἐμφύσεται ἀντὶ τούτου τοσούτῳ μεῖζον ὅσῳ ἂν πλείονα χρόνον ἡμᾶς μὴ ὁρῶσιν· ἂν δὲ ἤδη ἴωμεν ἐπ' αὐτούς, πολλοὺς μὲν αὐτῶν εὑρήσομεν ἔτι κλαίοντας τοὺς ἀποθανόντας ὑφ' ἡμῶν, πολλοὺς δ' ἔτι τραύματα ἐπιδεδεμένους ἃ ὑπὸ τῶν ἡμετέρων ἔλαβον, πάντας δ' ἔτι μεμνημένους τῆς μὲν τοῦδε τοῦ στρατεύματος τόλμης, τῆς δὲ αὐτῶν φυγῆς τε καὶ ξυμφορᾶς. (33) Εὖ δ' ἴσθι, ὦ Γωβρύα, ἵνα καὶ τοῦτ' εἰδῇς, οἱ πολλοὶ ἄνθρωποι, ὅταν μὲν θαρρῶσιν, ἀνυπόστατον τὸ φρόνημα παρέχονται, ὅταν δὲ δείσωσιν, ὅσῳ ἂν πλείους ὦσι, τοσούτῳ μείζω καὶ ἐκπεπληγμένον μᾶλλον τὸν φόβον κέκτηνται. (34) Ἐκ πολλῶν μὲν γὰρ καὶ κακῶν λόγων ηὐξημένος αὐτοῖς πάρεστιν, ἐκ πολλῶν δὲ καὶ πονηρῶν χρωμάτων, ἐκ πολλῶν δὲ καὶ δυσθύμων τε καὶ ἐξεστηκότων προσώπων ἤθροισται· ᾧς' ὑπὸ τοῦ μεγέθους οὐ ῥᾴδιον αὐτόν ἐστιν οὔτε λόγοις κατασβέσαι οὔτε προσάγοντα πολεμίοις μένος ἐμβαλεῖν οὔτε ἀπαγαγόντα ἀναφέψαι τὸ φρόνημα, ἀλλ' ὅσῳ ἂν μᾶλλον αὐτοὺς θαρρεῖν παρακελεύῃ, τοσούτῳ ἐν δεινοτέροις ἡγοῦνται εἶναι. (35) Ἐκεῖνο μέντοι νὴ Δία, ἔφη, σκεψώμεθα ἀκριβῶς ὅπως ἔχει. Εἰ μὲν γὰρ τὸ ἀπὸ τοῦδε αἱ νῖκαι ἔσονται ἐν τοῖς πολεμικοῖς ἔργοις ὁπότεροι ἂν πλείονα ὄχλον ἀπαριθμήσωσιν, ὀρθῶς καὶ σὺ φοβῇ περὶ ἡμῶν καὶ ἡμεῖς τῷ ὄντι ἐν δεινοῖς ἐσμεν· εἰ μέντοι ὥσπερ πρόσθεν διὰ τοὺς εὖ μαχομένους ἔτι καὶ νῦν αἱ μάχαι

nonnulli adfirmarunt, quod ipsius concubina eum a formæ præstantia laudaverat, eamque beatam dixerat, quæ ejus esset uxor futura; ut autem iste nunc ait, quod ejus concubinæ pudicitiam tentasset. Ille quidem jam eunuchus est, et, patre mortuo, imperium obtinet. Ergo, inquit Cyrus, an existimas hunc quoque nos libenter conspecturum, si nos arbitraretur opem sibi laturos? Id quidem certe sat scio, ait Gobryas : verum difficile, Cyre, est, ejus in conspectum venire. Quid ita? inquit Cyrus. Quia, si quis cum eo conjungere se velit, eum necesse est præter ipsam Babylonem transire. Quid hoc tandem, ait Cyrus, difficultatis habet? Quia profecto, inquit Gobryas, scio copias ex ea multo his, quas tu nunc habes, majores prodiisse : atque adeo certo scias velim, hanc ipsam ob causam minus Assyrios ad te nunc et arma adferre, et equos adducere, quam antea, quod exercitus tuus exiguus esse visus sit iis, qui eum conspexerunt ; et iste quidem jam increbuit rumor : miliique adeo consultius esse videtur, ut caute proficiscamur.

Hujusmodi quædam cum ex Gobrya Cyrus audisset, ei sic respondit : Recte, Gobrya, mihi dicere videris, qui nos de itinere quam tutissime faciendo moneas. Mihi vero negotium hoc consideranti nulla tutior itineris faciendi ratio ad animum accidit, quam si ipsam ad Babylonem tendamus, si quidem ibi robur hostium maximum est. Nam multos istic esse asseris ipse : et si fidentibus sint animis, etiam in conspectum nostrum venient, ut equidem arbitror. Et quidem si nusquam nos conspiciant, sed nos, propterea quod eos metuamus, delitescere existiment, certo futurum scias, inquit, ut metu liberantur, quem conceperunt, proque hoc tanto major sis innascatur fiducia, quanto nos diutius non conspexerint ; sin autem in eos jam pergemus, multos inveniemus plorantes adhuc illos, qui a nobis interfecti sunt ; multos, quibus erunt obligata vulnera, quæ a nostris acceperunt ; omnes denique memoria hujusce nostri exercitus audaciam, et fugam calamitatemque suam adhuc tenentes. Scire autem te volo, Gobrya, sic comparatum esse, ut multitudo, cum fiduciæ plena est, ea sit animorum elatione, quæ sustineri nequeat : verum ubi sibi metuunt, tanto majori horribilioriore formidine teneantur quanto plures numero fuerint. Nam de multis et adversis rumoribus is terror eis adauctus adest, de multis malisque palloribus, de multis etiam tristibus exanimatisque vultibus collectus est ; adeo ut ob magnitudinem terroris hujus facile fieri nequeat, ut vel ille verbis exstinguatur, vel in hostem ducendo robur animis addatur, vel ab eisdem abducendo, militum spiritus reficollentur : sed quanto magis eos hortere præsentibus ut animis sint, tanto se gravioribus in periculis esse putant. Jam vero illud etiam quo se pacto habeat, accurate consideremus. Nam si deinceps in rebus bellicis apud eos futuræ sunt victoriæ, qui majorem hominum turbam adnumerabunt, recte tu nobis metuis, et nos reapse in periculo versamur ; sin, ut antea, sic etiam nunc, ex virtute dimicantium pendent præliorum exitus, haud fru-

κρίνονται, θαρρῶν οὐδὲν ἂν σφαλείης· πολὺ γὰρ σὺν τοῖς θεοῖς πλείονας εὑρήσεις παρ' ἡμῖν τοὺς θέλοντας μάχεσθαι ἢ παρ' ἐκείνοις. (36) Ὡς δὲ ἔτι μᾶλλον θαρρῇς, καὶ τόδε κατανόησον· οἱ μὲν γὰρ πολέμιοι πολὺ μὲν ἐλάττονές εἰσι νῦν ἢ πρὶν ἡττηθῆναι ὑφ' ἡμῶν, πολὺ δ' ἐλάττονες ἢ ὅτε ἀπέδρασαν ἡμᾶς· ἡμεῖς δὲ καὶ μείζονες νῦν ἢ πρίν, ἐπεὶ νενικήκαμεν, καὶ ἰσχυρότεροι, ἐπεὶ εὐτυχήκαμεν· καὶ πλείονας δέ, ἐπεὶ ὑμεῖς ἡμῖν προςγένεσθε· μὴ γὰρ ἔτι ἀτίμαζε μηδὲ τοὺς σούς, ἐπεὶ σὺν ἡμῖν εἰσι· σὺν γὰρ τοῖς νικῶσι, σάφ' ἴσθι, ὦ Γωβρύα, θαρροῦντες καὶ οἱ ἀκόλουθοι ἕπονται. (37) Μὴ λανθανέτω δέ σε μηδὲ τοῦτο, ἔφη, ὅτι ἔξεστι μὲν τοῖς πολεμίοις καὶ νῦν ἰδεῖν ἡμᾶς· γοργότεροι δέ, σάφ' ἴσθι, οὐδαμῶς ἂν αὐτοῖς φανείημεν μένοντες ἢ ἰόντες ἐπ' ἐκείνους. Ὡς οὖν ἐμοῦ ταῦτα γιγνώσκοντος ἄγε ἡμᾶς εὐθὺ τὴν ἐπὶ Βαβυλῶνος.

ΚΕΦΑΛΑΙΟΝ Γ΄.

Οὕτω μὲν δὴ πορευόμενοι τεταρταῖοι πρὸς τοῖς ὁρίοις τῆς Γωβρύου χώρας ἐγένοντο. Ὡς δὲ ἐν τῇ πολεμίᾳ ἦν, κατέστησε λαβὼν ἐν τάξει μεθ' ἑαυτοῦ τούς τε πεζοὺς καὶ τῶν ἱππέων ὁπόσους ἐδόκει καλῶς αὐτῷ ἔχειν, τοὺς δ' ἄλλους ἱππέας ἀφῆκε καταθεῖν, καὶ ἐκέλευσε τοὺς μὲν ὅπλα ἔχοντας κατακαίνειν, τοὺς δ' ἄλλους καὶ πρόβατα ὅσα ἂν λάβωσι πρὸς αὑτὸν ἄγειν. Ἐκέλευσε δὲ καὶ τοὺς Πέρσας συγκαταθεῖν· καὶ ἦκον πολλοὶ μὲν αὐτῶν κατακεκυλισμένοι ἀπὸ τῶν ἵππων, πολλοὶ δὲ καὶ λείαν πλείστην ἄγοντες. (2) Ὡς δὲ παρῆν ἡ λεία, συγκαλέσας τούς τε τῶν Μήδων ἄρχοντας καὶ τῶν Ὑρκανίων καὶ τοὺς ὁμοτίμους ἔλεξεν ὧδε. Ἄνδρες φίλοι, ἐξένισεν ἡμᾶς ἅπαντας πολλοῖς ἀγαθοῖς Γωβρύας. Εἰ οὖν, ἔφη, τοῖς θεοῖς ἐξελόντες τὰ νομιζόμενα καὶ τῇ στρατιᾷ τὰ ἱκανὰ τὴν ἄλλην τούτῳ δοίημεν λείαν, ἆρα ἄν, ἔφη, καλὸν ποιήσαιμεν τῷ εὐθὺς φανεροὶ εἶναι ὅτι καὶ τοὺς εὖ ποιοῦντας πειρώμεθα νικᾶν εὖ ποιοῦντες. (3) Ὡς δὲ τοῦτ' ἤκουσαν, πάντες μὲν ἐπῄνουν, πάντες δ' ἐνεκωμίαζον· εἷς δὲ καὶ ἔλεξεν ὧδε, Πάνυ, ἔφη, ὦ Κῦρε, τοῦτο ποιήσωμεν. Καὶ γάρ μοι, ἔφη, δοκεῖ ὁ Γωβρύας πτωχούς τινας νομίζειν ἡμᾶς, ὅτι οὐ δαρεικῶν μεστοὶ ἥκομεν οὐδὲ ἐκ χρυσῶν πίνομεν φιαλῶν· εἰ δὲ τοῦτο ποιήσομεν, γνοίη ἄν, ἔφη, ὅτι ἔστιν ἐλευθερίους εἶναι καὶ ἄνευ χρυσοῦ. (4) Ἄγε δή, ἔφη, τὰ τῶν θεῶν ἀποδόντες τοῖς μάγοις καὶ ὅσα τῇ στρατιᾷ ἱκανὰ ἐξελόντες τἄλλα καλέσαντες τὸν Γωβρύαν δότε αὐτῷ. Οὕτω δὴ λαβόντες ἐκεῖνοι ὅσα ἔδει τἄλλα ἔδοσαν τῷ Γωβρύᾳ.

5 Ἐκ τούτου δὴ ἄγει πρὸς Βαβυλῶνα παραταξάμενος ὥσπερ ὅτε ἡ μάχη ἦν. Ὡς δ' οὐκ ἀντεξῇεσαν οἱ Ἀσσύριοι, ἐκέλευσεν ὁ Κῦρος τὸν Γωβρύαν προςελάσαντα εἰπεῖν ὅτι εἰ βούλεται ὁ βασιλεὺς ἐξιὼν ὑπὲρ τῆς χώρας μάχεσθαι, κἂν αὐτὸς σὺν ἐκείνῳ μάχοιτο· εἰ δὲ μὴ ἀμυνεῖ τῇ χώρᾳ, ὅτι ἀνάγκη τοῖς κρατοῦσι πείθε-

---

stra fueris, si fidenti sis animo: nam diis juvantibus multo plures apud nos invenies, qui pugnare velint, quam apud illos. Ut vero etiam fidentiori sis animo, hoc quoque tecum cogita: sunt nempe hostes jam multo etiam minores, quam essent, antequam a nobis fuere victi; multo etiam minores, quam cum aufugerunt nobis: nos autem et majores, quam ante, nunc sumus, cum vicerimus; et firmiores, cum nobis vosmet adjunxeritis: noli enim ne tuos quidem jam aspernari, quando nobiscum sunt; nam cum victoribus certo scire debes, Gobrya, etiam eos, qui sequuntur exercitum, fidentibus animis pergere. Ne id quidem te lateat, inquit, posse hostes hoc etiam tempore nos videre: sed terrorem eis majorem nequaquam incutiemus hic manentes, quam si adversus ipsos progrediamur. Cum igitur haec mea sit sententia, Babylonem nos recta ducito.

CAPUT III.

Itaque sic pergentes, die quarto ad fines agri Gobryae pervenerunt. Cumque jam esset in hostico, constitit instructosque apud se retinuit tum pedites tum equites, quot ipsi sufficere viderentur: reliquis equitibus excurrendi potestatem fecit, praecepitque ut armatos occiderent, reliquos cum pecudibus, quascunque cepissent, ad se deducerent. Jussit et Persas cum ceteris excurrere; eorumque adeo multi redierunt qui ex equis deciderant, multi etiam qui praedam amplissimam adducerent. Praeda autem cum adesset, convocatis Medorum Hyrcaniorumque principibus et Persis qui ὁμότιμοι appellantur, sic eos adloquutus est: Gobryas, amici, nos universos hospitio exceptos liberaliter habuit. Itaque si, postquam diis, inquit, ea quae in more sunt selegerimus, et reliquo exercitui, quantum satis erit, praedam aliam huic largiamur, recte sane facturi samus, ut statim constet, conari nos bene de nobis promerentes vicissim beneficentiae vincere. Hoc ubi audissent, omnes id quidem comprobabant, laudibus celebrabant omnes: quin et unus hujusmodi quiddam protulit, Omnino, Cyre, inquit, hoc nobis faciendum est. Nam mea quidem sententia, Gobryas nos mendicos quosdam esse arbitratus est, quia daricis onusti non venimus nec aureis e pateris bibimus: at si hoc fecerimus, agnoverit sane, posse homines etiam absque auro liberales esse. Ite igitur, inquit, atque ubi diis debita magis tradideritis, et quae exercitui suffecerint selegeritis, cetera Gobryae accessito date. Quamobrem acceptis illi rebus omnibus quibus opus erat, cetera Gobryae dederunt.

Secundum haec ad ipsam Babylonem progressus est Cyrus, instructo exercitu eodem modo, quo instructus pugnae tempore fuerat. Cum vero Assyrii contra non prodirent, Gobryam Cyrus eis adequitare et dicere jussit, etiam seipsum cum rege dimicaturum, si ille quidem egressus pro regione dimicare vellet: sin regionem suam non defenderet,

ΚΥΡΟΥ ΠΑΙΔΕΙΑΣ ΒΙΒΛ. Ε. ΚΕΦ. Γ.

σθαι. (6) Ὁ μὲν δὴ Γωδρύας προςελάσας ἔνθα ἀσφαλὲς ἦν ταῦτα εἶπεν· ὁ δὲ αὐτῷ ἐξέπεμψεν ἀποκρινούμενον τοιάδε. Δεσπότης ὁ σὸς λέγει, ὦ Γωδρύα, Οὐχ ὅτι ἀπέκτεινά σου τὸν υἱὸν μεταμέλει μοι, ἀλλ' ὅτι οὐ καὶ σὲ προςαπέκτεινα. Μάχεσθαι δὲ ἐὰν βούλησθε, ἥκετε εἰς τριακοστὴν ἡμέραν· νῦν δ' οὔπω ἡμῖν σχολή· ἔτι γὰρ παρασκευαζόμεθα. (7) Ὁ δὲ Γωδρύας εἶπεν, Ἀλλὰ μήποτέ σοι λήξειεν αὕτη ἡ μεταμέλεια· δῆλον γὰρ ὅτι ἀνιᾷ σέ τι, ἐξ οὗ αὕτη σε ἡ μεταμέλεια ἔχει.

8. Ὁ μὲν δὴ Γωδρύας ἀπήγγειλε τὰ τοῦ Ἀσσυρίου· ὁ δὲ Κῦρος ἀκούσας ταῦτα ἀπήγαγε τὸ στράτευμα· καὶ καλέσας τὸν Γωδρύαν, Εἰπέ μοι, ἔφη, οὐκ ἔλεγες μέντοι σὺ ὅτι τὸν ἐκτμηθέντα ὑπὸ τοῦ Ἀσσυρίου οἴει ἂν σὺν ἡμῖν γενέσθαι; Εὖ μὲν οὖν, ἔφη, δοκῶ εἰδέναι· πολλὰ γὰρ δὴ ἔγωγε κἀκεῖνος ἐπαρρησιασάμεθα πρὸς ἀλλήλους. (9) Ὁπότε τοίνυν σοι δοκεῖ καλῶς ἔχειν, πρὸς αὐτὸν πρόςιθι· καὶ πρῶτον μὲν οὕτω ποίει ὅπως ἂν αὐτοὶ ὅ,τι ἂν λέγῃ εἰδῆτε· ἐπειδὰν δὲ συγγένῃ αὐτῷ, ἐὰν γνῷς αὐτὸν φίλον ἡμῶν βουλόμενον εἶναι, τοῦτο δεῖ μηχανᾶσθαι ὅπως λάθῃ φίλος ὢν ἡμῖν· οὔτε γὰρ ἂν φίλους τις ποιήσειεν ἄλλους πως πλείω ἀγαθὰ ἐν πολέμῳ ἢ πολέμιος δοκῶν εἶναι· οὔτ' ἂν ἐχθροὺς πλείω τις βλάψειεν ἄλλως πως ἢ φίλος δοκῶν εἶναι. (10) Καὶ μὴν, ἔφη ὁ Γωδρύας, οἶδ' ὅτι κἂν πρίαιτο Γαδάτας τὸ μέγα τι ποιῆσαι κακὸν τὸν νῦν βασιλέα Ἀσσυρίων· ἀλλ' ὅ, τι ἂν δύναιτο, τοῦτο δεῖ καὶ ἡμᾶς σκοπεῖν. (11) Λέγε δή μοι, ἔφη ὁ Κῦρος, εἰς τὸ φρούριον τὸ πρὸ τῆς χώρας, ὅ φατε Ὑρκανίοις τε καὶ Σάκαις ἐπιτετειχίσθαι τῇδε τῇ χώρᾳ πρόβολον εἶναι τοῦ πολέμου, ἆρ' ἂν, ἔφη, οἴει τῷ φρουράρχῳ παρεθῆναι τοῦ εὐνούχου ἐλθόντα σὺν δυνάμει; Σαφῶς γε, ἔφη ὁ Γωδρύας, εἴπερ ἀνύποπτος ὢν ὥςπερ νῦν ἐστιν ἀφίκοιτο πρὸς αὐτόν. (12) Οὐκοῦν, ἔφη, ἀνύποπτος ἂν εἴη, εἰ προςβάλοιμι μὲν ἐγὼ πρὸς τὰ χωρία αὐτοῦ ὡς λαβεῖν βουλόμενος, ἀπομάχοιτο δὲ ἐκεῖνος ἀνὰ κράτος, καὶ λάβοιμι μὲν αὐτοῦ τι ἐγώ, ἀντιλάβοι δὲ κἀκεῖνος ἡμῶν ἢ ἄλλους τινὰς ἢ καὶ ἀγγέλους πεμπομένους ὑπ' ἐμοῦ πρὸς τούτους οὕς φατε πολεμίους τῷ Ἀσσυρίῳ εἶναι, καὶ οἱ μὲν ληφθέντες λέγοιεν ὅτι ἐπὶ στράτευμα ἀπέρχονται, καὶ κλίμακας ὡς εἰς τὸ φρούριον ἄξοντες, ὁ δὲ εὐνοῦχος ἀκούσας προςποιήσαιτο προαγγεῖλαι βουλόμενός μοι ταῦτα παραινᾶι. (13) Καὶ ὁ Γωδρύας εἶπεν, Οὕτω μὲν γιγνομένων σαφῶς οἶδα ὅτι παρείη ἂν αὐτόν, καὶ δέοιτό γ' ἂν αὐτοῦ μένειν ἕως ἀπέλθοις. Οὐκοῦν, ἔφη ὁ Κῦρος, εἴ γε ἅπαξ εἰςέλθοι, δύναιτ' ἂν ἡμῖν ὑποχείριον ποιῆσαι τὸ χωρίον; (14) Εἰκὸς γοῦν, ἔφη ὁ Γωδρύας, τὰ μὲν ἔνδον ἐκείνου συμπαρασκευάζοντος, τὰ δ' ἔξωθεν σοῦ ἰσχυρότερα προςάγοντος. Ἴθι νῦν, ἔφη, καὶ πειρῶ ταῦτα διδάξας καὶ διαπραξάμενος παρεῖναι· πιστὰ δὲ αὐτῷ οὐκ ἂν μείζω οὔτε εἰπὼν οὔτε δείξας ὧν αὐτὸς παρ' ἡμῶν τετύχηκας παρ' ἡμῶν ἐληρύς.

15. Ἐκ τούτου ᾤχετο μὲν ὁ Γωδρύας· ἀσμένως δὲ ἰδὼν αὐτὸν ὁ εὐνοῦχος συνωμολόγει τε πάντα καὶ συνέθετο ἃ ἔδει. Ἐπεὶ δὲ ἀπήγγειλεν ὁ Γωδρύας ὅτι πάντα δο-

necessario victoribus parendum sciret. Et Gobryas quidem eo, unde tuto liceret dicere, profectus, haec dixit : is vero quendam prodire jussit, qui in hunc fere modum responderet : Sic ait dominus tuus, Gobrya, Non me poenitet, quod filium tuum interfeci, sed quod praeter ipsum non etiam te occiderim. Quod si pugnare velitis, ad diem ab huc trigesimum venite : nunc nobis haud vacat ; jam enim adparatui bellico damus operam. Gobryas autem ait, Utinam nullus tibi sit unquam hujusce rei poenitentiam agendi finis : manifestum enim est, te ab illo tempore, quo ejus te poenitentia cepit, a me cruciari.

Itaque Gobryas Assyrii responsa ad Cyrum referebat; quae cum hic audisset, copias abduxit ; et accessito Gobrya, Dic mihi, ait, annon tu aiebas existimare te futurum, ut ille castratus ab Assyrio nobiscum se conjungeret? Equidem hoc, ait, certo mihi persuasum habeo : nam multa jam pridem nos inter nos libere colloquuti sumus. Quando igitur, inquit Cyrus, commodum tibi videtur, eum accedito ; ac primum quidem sic facito, ut vos soli sciatis quid ille dixerit : ubi vero in congressum ejus veneris, si quidem animadvertes eum nobis amicum esse velle, hoc sane molliendum erit, ut clam sit, eum nobis amicum esse : nec enim aliquis in bello amicos ulla ratione alia pluribus beneficiis adfecerit, quam si hostis esse putetur; nec inimicos ulla ratione alia pluribus quis adfecerit detrimentis, quam si amicus esse videatur. Novi equidem, ait Gobryas, id vel empturum Gadatam, ut magno aliquo malo regem hunc Assyriorum adficere posset : sed nobis etiam considerandum est, quid possit. Dic igitur, ait Cyrus, an in castellum hoc, quod est ante regionem hanc, quod ipsi dicitis contra Hyrcanios et Sacas excitatis muris munitum esse, ut belli tempore propugnaculo huic regioni sit ; in hoc, inquit, castellum existimas admissum iri a praesidii praefecto eunuchum illum, si cum copiis accedat? Prorsus, inquit Gobryas, si quidem haud suspectus, uti nunc est, ad eum veniat. Ergo, ait Cyrus, quam minime suspectus fuerit, si ego castella ipsius adoriar, tanquam ea capere velim, et ille totis viribus defendat : et capiam ego quidam, quod ipsius sit, ille contra vel quosdam alios nostrum capiat, vel etiam nuntios eos qui mittentur a me ad illos, quos regi Assyriorum infestos esse dicitis : ex his qui capti fuerint, at exercitum se proficisci dicant, ut scalas ad castellum illud deportent : eunuchus autem, his auditis, adesse se simulet, velut haec indicaturum. Et Gobryas, Si res ita geratur, ait, certo scio recepturum eum, atque etiam rogaturum, ut secum maneat, donec tu recedas. Ergo, ait Cyrus, si semel castellum ingrediatur, an nostram illud in potestatem redigere possit? Ita videtur, inquit Gobryas, siquidem intus ille adparando juvet, ac tu foris impetu vehementiori exercitum admoveas. Ito igitur, inquit Cyrus, et enitere castratum ut istum haec edoceas et re confecta nobis praesto sis : fidem vero neque dederis neque ostenderis et majorem illi quam a nobis ipse accepisti.

Secundum haec discessit Gobryas : et eum cum animo gaudenti videret eunuchus, omnibus de rebus cum eo consensit et pactus est ut oportuit. Cumque renuntiasset Cyro

κοίη ἰσχυρῶς τῷ εὐνούχῳ ἔχειν τὰ ἐπισταλέντα, ἐκ τούτου τῇ ὑστεραίᾳ προσέβαλε μὲν ὁ Κῦρος, ἀπεμάχετο δὲ ὁ Γαδάτας. (16) Ἦν δὲ καὶ ὃ ἔλαβε χωρίον ὁ Κῦρος ὁποῖον ἔφη ὁ Γαδάτας. Τῶν δὲ ἀγγέλων οὓς ἔπεμψεν ὁ Κῦρος προειπὼν ᾗ πορεύσοιντο, τοὺς μὲν εἴασεν ὁ Γαδάτας διαφεύγειν, ὅπως ἄγοιεν τὰ στρατεύματα καὶ τὰς κλίμακας κομίζοιεν· οὓς δ᾽ ἔλαβε, βασανίζων ἐναντίον πολλῶν, ὡς ἤκουσεν ἐφ᾽ ἃ ἔφασαν πορεύεσθαι, εὐθέως συσκευασάμενος ὡς ἐξαγγελῶν τῆς νυκτὸς ἐπορεύετο. (17) Τέλος δὲ πιστευθεὶς ὡς βοηθὸς εἰσέρχεται εἰς τὸ φρούριον· καὶ τέως μὲν συμπαρεσκεύαζεν ὅ, τι δύναιτο τῷ φρουράρχῳ· ἐπεὶ δὲ ὁ Κῦρος ἦλθε, καταλαμβάνει τὸ χωρίον συνεργοὺς ποιησάμενος καὶ τοὺς παρὰ τοῦ Κύρου αἰχμαλώτους. (18) Ἐπεὶ δὲ τοῦτο ἐγένετο, εὐθὺς Γαδάτας ὁ εὐνοῦχος τὰ ἔνδον καταστήσας ἐξῆλθε πρὸς τὸν Κῦρον, καὶ τῷ νόμῳ προσκυνήσας εἶπε Χαῖρε, Κῦρε. (19) Ἀλλὰ ποιῶ ταῦτα, ἔφη· σὺ γάρ με σὺν τοῖς θεοῖς οὐ κελεύεις μόνον ἀλλὰ καὶ ἀναγκάζεις χαίρειν. Εὖ γὰρ ἴσθι, ἔφη, ὅτι ἐγὼ μέγα ποιοῦμαι φίλιον τοῦτο τὸ χωρίον τοῖς ἐνθάδε συμμάχοις καταλείπων· σοῦ δ᾽, ἔφη, ὦ Γαδάτα, ὁ Ἀσσύριος παῖδας μὲν, ὡς ἔοικε, τὸ ποιεῖσθαι ἀφείλετο, οὐ μέντοι τό γε φίλους δύνασθαι κτᾶσθαι ἀπεστέρησεν· ἀλλ᾽ εὖ ἴσθι ὅτι ἡμᾶς τῷ ἔργῳ τούτῳ φίλους πεποίησαι σε σοι, ἐὰν δυνώμεθα, πειρασόμεθα μηδὲν χείρονας βοηθοὶ παραστῆναι ἤ εἰ παῖδάς γ᾽ ἐκγόνους ἐκέκτησο. (20) Ὁ μὲν ταῦτ᾽ ἔλεγεν. Ἐν δὲ τούτῳ ὁ Ὑρκάνιος ἄρτι ᾐσθημένος τὸ γεγενημένον προσέει τῷ Κύρῳ καὶ λαβὼν τὴν δεξιὰν αὐτοῦ εἶπεν, Ὦ μέγα ἀγαθὸν σὺ τοῖς φίλοις Κῦρε, ὡς πολλήν με τοῖς θεοῖς ποιεῖς χάριν ὀφείλειν ὅτι σοί με συνήγαγον. (21) Ἴθι νῦν, ἔφη ὁ Κῦρος, καὶ λαβὼν τὸ χωρίον οὗπερ ἕνεκά με ἀσπάζῃ, διατίθει αὐτὸ οὕτως ὡς ἂν τῷ ἡμετέρῳ φύλῳ πλεῖστον ἄξιον ᾖ καὶ τοῖς ἄλλοις συμμάχοις, μάλιστα δ᾽, ἔφη, Γαδάτα τούτῳ, ὃς ἡμῖν αὐτὸ λαβὼν παραδίδωσιν.

22. Τί οὖν, ἔφη ὁ Ὑρκάνιος, ἐπειδὰν Καδούσιοι ἔλθωσι καὶ Σάκαι καὶ οἱ ἐμοὶ πολῖται, καλέσωμεν καὶ τούτων, ἵνα κοινῇ συμβουλευσώμεθα πάντες ὅσοις προσήκει πῶς ἂν συμφορώτατα χρώμεθα τῷ φρουρίῳ; (23) Ταῦτα μὲν οὕτω συνήνεσεν ὁ Κῦρος· ἐπεὶ δὲ συνῆλθον οἷς ἔμελε περὶ τοῦ φρουρίου, ἐβουλεύσαντο κοινῇ φυλάττειν οἷσπερ φίλιον ἦν ἔχειν ὄν, ὅπως αὐτοῖς μὲν πρόβολος εἴη πολέμου, τοῖς δ᾽ Ἀσσυρίοις ἐπιτετειχισμένον εἴη. (24) Τούτων γενομένων πολὺ δὴ προθυμότερον καὶ πλείους καὶ Καδούσιοι συνεστρατεύοντο καὶ Σάκαι καὶ Ὑρκάνιοι· καὶ συνελέγη ἐντεῦθεν στράτευμα Καδουσίων μὲν πελταστῶν εἰς δισμυρίους καὶ ἱππεῖς εἰς τετρακισχιλίους, Σακῶν δὲ τοξόται εἰς μυρίους καὶ ἱπποτοξόται εἰς δισχιλίους· καὶ Ὑρκάνιοι δὲ πεζούς τε ὁπόσους ἐδύναντο προσεξέπεμψαν καὶ ἱππεῖς ἐξεπλήρωσαν εἰς δισχιλίους· τὸ γὰρ πρόσθεν καταλελειμμένοι ἦσαν πλείους οἴκοι αὐτοῖς ἱππεῖς, ὅτι καὶ οἱ Καδούσιοι καὶ οἱ Σάκαι τοῖς Ἀσσυρίοις πολέμιοι ἦσαν. (25) Ὅσον δὲ χρόνον ἐκαθέζετο ὁ Κῦρος ἀμφὶ τὴν περὶ τὸ φρούριον

Gobryas, videri sibi apud eunuchum certa jam et firma esse omnia quae mandasset; tum deinde postero die Cyrus copias admovebat, Gadatas contra pro suis propugnabat: castellum autem a Cyro captum, id erat, quod Gadatas jusserat oppugnari: nuntios autem, quos Cyrus miserat, et quo proficisci deberent praemonuerat, alios Gadatas elabi sivit ut copias adducerent, et scalas adferrent; de iis vero quos cepit quaestione in multorum praesentia habita, cum audisset, ad quae proficisci se dicerent, statim rebus ad iter adparatis, tanquam haec enuntiaturus, noctu profectus est. Tandem cum ei fides habita esset, velut opem laturus castellum ingreditur: ac primum quidem una cum castelli praefecto omnia pro viribus adparabat; posteaquam vero Cyrus accessit, castellum Gadatas occupat, usus ad hoc etiam captivorum de Cyri copiis opera. Quod cum confectum esset, statim Gadatas eunuchus rebus in ea constitutis ad Cyrum egreditur, cumque eum more adorasset, Gaudere, inquit, te Cyre jubeo. Gaudeo vero, subjecit ille : nam tu cum diis non solum me jubes, sed etiam cogis gaudere. Nam plane scias, magni me facere, quod sociis hic nostris castellum hoc pacatum relinquo : tibi vero, Gadata, inquit, liberorum quidem, uti videtur, procreandorum facultatem ademit Assyrius, amicos parandi facultatem non abstulit : sed velim tibi persuadeas, te nos hoc facto tibimet amicos fecisse; qui, si poterimus, haudquaquam deteriores in ope tibi ferenda esse conabimur, quam si filios, vel nepotes haberes. Hujusmodi verba fecit Cyrus. Atque hic Hyrcanius, qui jam primum animadverteret quid esset gestum, adcurrit ad Cyrum; prehensaque ejus dextra, inquit, O ingens tu bonum amicis, Cyre, quantam ut diis gratiam modo debeam effecisti, quod tibi me conjunxerunt. Jam vero abito, inquit Cyrus, et recepto in potestatem tuam castello, cujus causa me tantopere complecteris, ita res ejus componito, nationi ut vostrae maximo sit commodo, et reliquis sociis, inque primis, ait, huic Gadatae, qui captum id nobis tradit.

Quid igitur? inquit Hyrcanius, an ubi Cadusii Sacaeque venerint, et cives mei, hunc etiam vocabimus, ut omnes, ad quos res pertinet, in commune consulamus, quo pacto maxima cum utilitate nostra castello fruamur? Haec Cyrus etiam comprobavit : cumque convenissent, ad quos castelli cura pertinebat, hoc consilii ceperunt, ut communiter ab iis custodiretur, quibus expediret illud habere pacatum, quo ipsis belli tempore propugnaculo esset, ac munimento Assyriis objecto. Quo facto, multo alacrius et majori numero et Cadusii, et Sacae, et Hyrcanii militiae societatem amplectebantur; coactusque hinc est exercitus, ex Cadusiis, ad vices mille peltastae, equitumque circiter quatuor milia; de Sacis decies mille sagittarii, et ad duo hippotoxotarum milia : et Hyrcanii pedites, quot poterant, ceteris adjiciendos emiserunt; equitumque numerum ad duo milia expleverunt; nam domi antehac major equitum pars relicta erat, quod Cadusii et Sacae hostes Assyriorum essent. At toto illo tempore, quo sedebat hic Cyrus, ut castelli res constitueret, multi Assy-

ΚΥΡΟΥ ΠΑΙΔΕΙΑΣ ΒΙΒΛ. Ε. ΚΕΦ. Γ.

οἰκονομίαν, τῶν Ἀσσυρίων τῶν κατὰ ταῦτα τὰ χωρία πολλοὶ μὲν ἀπῆγον ἵππους, πολλοὶ δὲ ἀπέφερον ὅπλα, φοδούμενοι ἤδη πάντες τοὺς προσχώρους.

26. Ἐκ δὲ τούτου προσέρχεται τῷ Κύρῳ ὁ Γαδάτας καὶ λέγει ὅτι ἥκουσιν αὐτῷ ἄγγελοι ὡς ὁ Ἀσσύριος ἐπεὶ πύθοιτο τὰ περὶ τοῦ φρουρίου, χαλεπῶς τε ἐνέγκοι καὶ συσκευάζοιτο ὡς ἐμβαλῶν εἰς τὴν αὐτοῦ χώραν. Ἐὰν οὖν ἀφῇς με, ὦ Κῦρε, τὰ τείχη ἂν πειραθείην διασῶσαι, τῶν δ' ἄλλων μείων λόγος. (27) Καὶ ὁ Κῦρος εἶπεν, Ἐὰν οὖν ἴῃς νῦν, πότε ἔσῃ οἴκοι; Καὶ ὁ Γαδάτας εἶπεν, Εἰς τρίτην δειπνήσω ἐν τῇ ἡμετέρᾳ. Ἦ καὶ τὸν Ἀσσύριον, ἔφη, οἴει ἐκεῖ ἤδη καταλήψεσθαι; Εὖ μὲν οὖν, ἔφη, οἶδα· σπεύσει γὰρ ἕως ἔτι πρόσω δοκεῖς ἀπεῖναι. (28) Ἐγὼ δ', ἔφη ὁ Κῦρος, ποσταῖος ἂν τῷ στρατεύματι ἐκεῖσε ἀφικοίμην; Πρὸς τοῦτο δὴ ὁ Γαδάτας λέγει· Πολὺ ἤδη, ὦ δέσποτα, ἔχεις τὸ στράτευμα καὶ οὐκ ἂν δύναιο μεῖον ἢ ἐν ἓξ ἢ ἑπτὰ ἡμέραις ἐλθεῖν πρὸς τὴν ἐμὴν οἴκησιν. Σὺ μὲν τοίνυν, ἔφη ὁ Κῦρος, ἄπιθι ὡς τάχιστα· ἐγὼ δὲ ὡς ἂν δύνωμαι ᾗ πορεύσομαι. (29) Ὁ μὲν δὴ Γαδάτας ᾤχετο· ὁ δὲ Κῦρος συνεκάλεσε πάντας τοὺς ἄρχοντας τῶν συμμάχων· καὶ ἤδη πολλοί τε ἐδόκουν καὶ καλοὶ κἀγαθοὶ παρεῖναι· ἐν οἷς δὴ λέγει ὁ Κῦρος ταῦτα.

30. Ἄνδρες σύμμαχοι, Γαδάτας διέπραξεν ἃ δοκεῖ πᾶσιν ἡμῖν πολλοῦ ἄξια εἶναι, καὶ ταῦτα πρὶν καὶ ὁτιοῦν ὑφ' ἡμῶν ἀγαθὸν παθεῖν. Νῦν δὲ ὁ Ἀσσύριος εἰς τὴν χώραν αὐτοῦ ἐμβαλεῖν ἀγγέλλεται, δῆλον ὅτι ἅμα μὲν τιμωρεῖσθαι αὐτὸν βουλόμενος, ὅτι δοκεῖ ὑπ' αὐτοῦ μέγα βεβλάφθαι· ἅμα δὲ ἴσως κἀκεῖνο ἐννοεῖται ὡς εἰ οἱ μὲν πρὸς ἡμᾶς ἀφιστάμενοι μηδὲν ὑπ' ἐκείνου κακὸν πείσονται, οἱ δὲ ἐκείνου ὄντες ὑφ' ἡμῶν ἀπολοῦνται, ὅτι τάχα οὐδένα εἰκὸς σὺν αὐτῷ βουλήσεσθαι εἶναι. (31) Νῦν οὖν, ὦ ἄνδρες, καλόν τι ἂν μοι δοκοῦμεν ποιῆσαι, εἰ προθύμως Γαδάτᾳ βοηθήσαιμεν ἀνδρὶ εὐεργέτῃ· καὶ ἅμα δίκαια ποιοῖμεν ἂν χάριν ἀποδιδόντες· ἀλλὰ μὴν καὶ ξύμφορά γ' ἂν, ὡς ἐγὼ δοκῶ, πράξαιμεν ἡμῖν αὐτοῖς. (32) Εἰ γὰρ πᾶσι φαινοίμεθα τοὺς μὲν κακῶς ποιοῦντας νικᾶν πειρώμενοι κακῶς ποιοῦντες, τοὺς δ' εὐεργετοῦντας ἀγαθοῖς ὑπερβαλλόμενοι, εἰκὸς ἐκ τῶν τοιούτων φίλους μὲν πολλοὺς ἡμῖν βούλεσθαι γίγνεσθαι, ἐχθρὸν δὲ μηδένα ἐπιθυμεῖν εἶναι· (33) εἰ δὲ ἀμελήσαι δόξαιμεν Γαδάτου, πρὸς τῶν θεῶν ποίοις λόγοις ἂν ἄλλον πείθοιμεν χαρίζεσθαί τι ἡμῖν; πῶς δ' ἂν τολμῷμεν ἡμᾶς αὐτοὺς ἐπαινεῖν; πῶς δ' ἂν ἀντιβλέψαι τις ἡμῶν δύναιτο Γαδάτᾳ, εἰ ἡττηθείημεν αὐτοῦ εὖ ποιοῦντος τοσοῦτοι ὄντες ἑνὸς ἀνδρὸς καὶ τούτου οὕτω διακειμένου; (34) Ὁ μὲν οὕτως εἶπεν· οἱ δὲ πάντες ἰσχυρῶς συνεπῄνουν ταῦτα ποιεῖν.

Ἄγετε τοίνυν, ἔφη, ἐπεὶ καὶ ὑμῖν συνδοκεῖ ταῦτα, ἐπὶ μὲν τοῖς ὑποζυγίοις καὶ ὀχήμασι καταλίπωμεν ἕκαστοι τοὺς μετ' αὐτῶν ἐπιτηδειοτάτους πορεύεσθαι. (35) Γωβρύας δ' ἡμῖν ἀρχέτω αὐτῶν καὶ ἡγείσθω αὐτοῖς· καὶ γὰρ ἐῶν ἔμπειρος καὶ τἆλλα ἱκανός· ἡμεῖς δ', ἔφη, καὶ ἵπποις τοῖς δυνατωτάτοις καὶ ἀνδράσι πορευώμεθα

riorum, qui his locis erant vicini, equos adducebant, multi deferebant arma, quod jam finitimos omnes metuerent.

Ad Cyrum deinde accedit Gadatas, et nuntios ad se venisse dicit, qui narrarent, Assyrium, postquam de castello inaudisset, graviter molesteque tulisse, seque ad incursionem in ipsius Gadatæ agrum faciendam parare. Quamobrem si me, Cyre, dimiseris, ait, saltem tueri munitiones enitar : res utique cæteras minoris facio. Et Cyrus, Si ergo jam discesseris, inquit, quando futurus es domi? Tertio sane die, inquit Gadatas, mea in regione cœnabo. An et Assyrium istic, ait Cyrus, offensurum te jam arbitraris? Sat quidem certe scio, inquit Gadatas : festinabit enim ille, dum tu abesse longius videris. Verum ego, subjecit Cyrus, quoto die cum copiis eo pervenire possim? Ad hoc respondet Gadatas, Magnas tu jam, domine, copias habes, nec poteris meum ad domicilium minori quam sex septemve dierum spatio pervenire. Tu ergo, inquit Cyrus, eo quam celerrime proficiscitor : ego pro viribus iter faciam. Discessit igitur Gadatas : Cyrus autem omnes sociorum principes convocavit ; et multi jam ac præclari fortesque viri videbantur adesse : apud quos adeo talem orationem habuit Cyrus :

« Perfecit ea, socii, Gadatas, quæ nobis omnibus magni æstimanda videntur ; et quidem prius quam ullo a nobis beneficio esset adfectus. Nunc vero Assyrius in fines ejus incursionem facere nuntiatur, qui nimirum eadem vult opera supplicium de eo sumere, propterea quod magnum se ab eo detrimentum accepisse putet : et illud fortassis etiam cogitat, si nihil ex ipso mali iis accidat, qui ad nos deficiunt, et qui cum ipso stant a nobis delentur, par esse creditu, brevissimo tempore secum velle stare neminem. Jam ergo, viri, præclarum quiddam facere videbimur, si alacribus animis opem Gadatæ tulerimus, homini bene de nobis promerenti : et juste simul fecerimus si gratiam referamus : et vero etiam, mea sententia, rebus nostris recte consuluerimus. Nam si nos palam omnibus eniti videbimur, ut eos, qui nos lædunt, lædendo vincamus, et bene merentes beneficiis superemus : consentaneum est, talibus ex causis futurum ut et multi se nobis amicos adscribi velint, et nemo inimicum esse cupiat : sin Gadatam negligere videamur, quibus verbis, per deos immortales, aliis persuaserimus, ut nobis gratificentur aliquid? qui nosmet ipsos audeamus laudare? qui possit aliquis nostrûm coram intueri Gadatam, si ab eo beneficiis, tot nempe ipsi numero, uno ab homine, eoque tali qui sit in statu, superemur? » In hunc modum dixit Cyrus : eaque consenserunt omnes acriter esse facienda.

Agite igitur, inquit, quando hæc vobis etiam placent, relinquamus quidem jumenta et vehicula, qui quam maxime sint ad iter cum his faciendum idonei : Gobryas iis præfectus sit, eosque præcedat : est enim peritus itinerum, et ad quævis alia idoneus : nos, ait, cum valentissimis tum

τὰ ἐπιτήδεια τριῶν ἡμερῶν λαβόντες· ὅσῳ δ' ἂν κουφότερον συσκευασώμεθα καὶ εὐτελέστερον, τοσούτῳ ἥδιον τὰς ἐπιούσας ἡμέρας ἀριστήσομέν τε καὶ δειπνήσομεν καὶ καθευδήσομεν. (36) Νῦν δ', ἔφη, πορευσώμεθα ὧδε· πρῶτον μὲν ἄγε σὺ, Χρυσάντα, τοὺς θωρακοφόρους, ἐπεὶ ὁμαλή τε καὶ πλατεῖα ἡ ὁδός ἐστι, τοὺς ταξιάρχους ἔχων ἐν μετώπῳ πάντας· ἡ δὲ τάξις ἑκάστη ἐφ' ἑνὸς ἴτω· ἁθρόοι γὰρ ὄντες καὶ τάχιστα καὶ ἀσφαλέστατα πορευοίμεθ' ἄν. (37) Τούτου δ' ἕνεκα, ἔφη, κελεύω τοὺς θωρακοφόρους ἡγεῖσθαι ὅτι τοῦτο βαρύτατόν ἐστι τοῦ στρατεύματος. Τοῦ δὲ βαρυτάτου ἡγουμένου, ἀνάγκη ῥᾳδίως ἕπεσθαι πάντα τὰ θᾶττον ἰόντα· ὅταν δὲ τὸ τάχιστον ἡγῆται ἐν νυκτί, οὐδέν ἐστι θαυμαστὸν καὶ διασπᾶσθαι τὰ στρατεύματα· τὸ γὰρ προταχθὲν ἀποδιδράσκει. (38) Ἐπὶ δὲ τούτοις, ἔφη, Ἀρτάβαζος τοὺς Περσῶν πελταστὰς καὶ τοξότας ἀγέτω· ἐπὶ δὲ τούτοις Ἀνδαμύας ὁ Μῆδος τὸ Μήδων πεζικόν· ἐπὶ δὲ τούτοις Ἔμβας τὸ Ἀρμενίων πεζικόν· ἐπὶ δὲ τούτοις Ἀρτούχας Ὑρκανίους· ἐπὶ δὲ τούτοις Θαμβράδας τὸ Σακῶν πεζικόν· ἐπὶ δὲ τούτοις Δαμάτας Καδουσίους. (39) Ἀγόντων δὲ καὶ οὗτοι πάντες ἐν μετώπῳ μὲν τοὺς ταξιάρχους ἔχοντες, δεξιοὺς δὲ τοὺς πελταστὰς, ἀριστεροὺς δὲ τοὺς τοξότας τοῦ ἑαυτῶν πλαισίου· οὕτω γὰρ πορευόμενοι καὶ εὐχρηστότεροι γίγνονται. (40) Ἐπὶ δὲ τούτοις οἱ σκευοφόροι, ἔφη, πάντων ἐπέσθων· οἱ δ' ἄρχοντες αὐτῶν ἐπιμελείσθων ὅπως συνεσκευασμένοι τε ὦσι πάντα πρὶν καθεύδειν καὶ πρωῒ σὺν τοῖς σκεύεσι παρῶσιν εἰς τὴν τεταγμένην χώραν καὶ ὅπως κοσμίως ἕπωνται. (41) Ἐπὶ δὲ τοῖς σκευοφόροις, ἔφη, τοὺς Πέρσας ἱππέας Μαδάτας ὁ Πέρσης ἀγέτω, ἔχων καὶ οὗτος τοὺς ἑκατοντάρχους τῶν ἱππέων ἐν μετώπῳ· ὁ δ' ἑκατόνταρχος τὴν τάξιν ἀγέτω εἰς ἕνα ὥσπερ οἱ πέζαρχοι. (42) Ἐπὶ δὲ τούτοις Ῥαμβάκας ὁ Μῆδος ὡσαύτως τοὺς ἑαυτοῦ ἱππέας· ἐπὶ δὲ τούτοις σὺ, ὦ Τιγράνη, τὸ σεαυτοῦ ἱππικόν· καὶ οἱ ἄλλοι δὲ ἱππάρχοι μεθ' ὧν ἕκαστοι ἀφίκοντο πρὸς ἡμᾶς· ἐπὶ δὲ τούτοις Σάκαι ἄγετε· ἔσχατοι δ', ὥσπερ ἦλθον, Καδούσιοι ἀγόντων τὸ στράτευμα· Ἀλκεύνα, σὺ δὲ ὁ ἄγων αὐτοὺς ἐπιμελοῦ τὸ νῦν εἶναι τῶν ὄπισθεν καὶ μηδένα ἔα ὕστερον τῶν σῶν ἱππέων γίγνεσθαι. (43) Ἐπιμελεῖσθε δὲ τοῦ σιωπῇ πορεύεσθαι οἵ τε ἄρχοντες καὶ πάντες δὲ οἱ σωφρονοῦντες· διὰ γὰρ τῶν ὤτων ἐν τῇ νυκτὶ ἀνάγκη μᾶλλον ἢ διὰ τῶν ὀφθαλμῶν ἕκαστα καὶ αἰσθάνεσθαι καὶ πράττεσθαι· καὶ τὸ ταραχθῆναι δὲ ἐν τῇ νυκτὶ πολὺ μεῖζόν ἐστι πρᾶγμα ἢ ἐν τῇ ἡμέρᾳ καὶ δυσκαταστατώτερον· οὗ ἕνεκα ἥ τε σιωπὴ ἀσκητέα καὶ ἡ τάξις διαφυλακτέα. (44) Τὰς δὲ νυκτερινὰς φυλακὰς, ὅταν μέλλητε νυκτὸς ἀναστήσεσθαι, χρὴ ὡς βραχυτάτας καὶ πλείστας ποιεῖσθαι, ὡς μηδένα ἢ ἐν τῇ φυλακῇ ἀγρυπνία πολλὴ οὖσα λυμαίνηται ἐν τῇ πορείᾳ· ἡνίκα δ' ἂν ὥρα ᾖ πορεύεσθαι, σημανεῖ τῷ κέρατι. (45) Ὑμεῖς δ' ἔχοντες ἃ δεῖ ἕκαστοι πάρεστε εἰς τὴν ἐπὶ Βαβυλῶνος ὁδόν· ὁ δ' ὁρμώμενος ἀεὶ τῷ κατ' οὐρὰν παρεγγυάτω ἕπεσθαι.

equis tum viris, trium dierum commeatu instructi, pergamus: quanto autem leviore et viliore nos instruxerimus, tanto sequentibus hisce diebus proximis jucundius et pransuri, et cœnaturi, et dormituri sumus. Nunc vero', inquit, iter hoc modo instituamus: Primum tu, Chrysanta, thoracatos ducito (quando plana et lata via est), cohortium præfectis omnibus in fronte constitutis; et cohors quælibet ita procedito, ut singuli singulis succedant: quippe conferti, et celerrime et tutissime iter fecerimus. Hac de causa thoracatos præire jubeo, quod exercitus ea pars sit maxime gravis. Gravissima vero si præeant, facilius omnia sequantur necesse est, quæ expeditiora sunt: cum vero pars expeditissima noctu præeat, mirum non est divelli copias: id enim quod prima est in acie aufugit. Post hos, ait, Artabazus Persas, qui peltastæ sunt et sagittarii, ducat; post eos Andamyas Medus, peditatum Medicum : post eos, peditatum Armeniorum, Embas : post eos, Artuchas Hyrcanios : post eos, Thambradas peditatum Sacarum : post eos, Damatas Cadusios. Atque omnes hi sic ducant, ut cohortium præfectos in fronte habeant, peltastas ad dextram, ad lævam agminis sui sagittarios : nam si hoc modo incedant, etiam paratiores quemlibet ad usum fuerint. Post hos, inquit, calones cum impedimentis omnium sequantur; eorumque præfecti dent operam ut omnes vasa omnia sarcinasque colligant prius et componant, quam somnum capiant, ac mane cum impedimentis ad locum constitutum adsint, et composite sequantur.. Post calones, inquit, Persas equites Madatas Persa ducat, et is etiam centuriones equitum in fronte habeat : centurio autem quilibet cohortem ducat singillatim, perinde atque peditum præfecti faciunt. Post hos Rambacas Medus equites itidem suos; et post eos, tu, Tigranes, tuas equestres copias : et deinde reliqui etiam equitum præfecti ducant eos, cum quibus ad nos quisque venit : post hos vos, Sacæ, ducite; ultimi, quemadmodum venerunt, ita etiam copias ducant, Cadusii; tuque, Alceuna, eorum ductor, studiose curam gerito, in hoc quidem tempore, omnium qui postremo sunt in agmine, neu permittito ut quisquam tuos sequatur equites. Date vero etiam operam, vos præfecti, et omnes qui sapitis, ut eum silentio progrediamini : quippe noctu magis auribus quam oculis singula tum percipi tum agi oportet; quin et multo majoris res est negotii sedataque difficilior, si noctu perturbatio incidat, quam interdiu : quapropter et silentium teneri, et ordines servari necesse est. Nocturnæ vero excubiæ, inquit, quoties noctu castra vobis erunt movenda, semper quam brevissime constituendæ sunt et frequentes ; ne cui vigiliæ in excubiis, si diuturniores sint, in itinere noceant; cum autem proficiscendi tempus erit, cornu signum erit dandum. Vos denique rebus iis, quas quemque habere oportet, instructi, ad viam Babylonem versus ineundam adeste : quisquis autem progredi cœperit, semper a tergo iter facientem ad sequendum hortetur.

7.

46. Ἐκ τούτου δὴ ᾤχοντο ἐπὶ τὰς σκηνὰς καὶ ἅμα ἀπιόντες διελέγοντο πρὸς ἀλλήλους ὡς μνημονικὸς ὁ Κῦρος ὁπόσοις συνέταττε πᾶσιν ὀνομάζων ἐνετέλλετο. (47) Ὁ δὲ Κῦρος ἐπιμελείᾳ τοῦτο ἐποίει· πάνυ γὰρ αὐτῷ ἐδόκει θαυμαστὸν εἶναι εἰ οἱ μὲν βάναυσοι ἴσασι τῆς ἑαυτοῦ τέχνης ἕκαστος τῶν ἐργαλείων τὰ ὀνόματα, καὶ ὁ ἰατρὸς δὲ οἶδε καὶ τῶν ὀργάνων καὶ τῶν φαρμάκων οἷς χρῆται πάντων τὰ ὀνόματα, ὁ δὲ στρατηγὸς οὕτως ἠλίθιος ἔσοιτο ὥστε οὐκ εἴσεται ὑπὸ τίσιν ὑφ' ἑαυτῷ ἡγεμόνων τὰ ὀνόματα, οἷς ἀνάγκη ἐστὶν αὐτῷ ὀργάνοις χρῆσθαι καὶ ὅταν καταλαβεῖν τι βουληθῇ καὶ ὅταν φυλάξαι καὶ ὅταν θαρρῦναι καὶ ὅταν φοβῆσαι· καὶ τιμῆσαι δὲ ὁπότε τινὰ βούλοιτο, πρέπον αὐτῷ ἐδόκει εἶναι ὀνομαστὶ προσαγορεύειν. (48) Ἐδόκουν δ' αὐτῷ οἱ γιγνώσκεσθαι δοκοῦντες ὑπὸ τοῦ ἄρχοντος καὶ τοῦ καλόν τι ποιοῦντες δρᾶσθαι μᾶλλον ὀρέγεσθαι καὶ τοῦ αἰσχρόν τι ποιεῖν μᾶλλον προθυμεῖσθαι ἀπέχεσθαι. (49) Ἠλίθιον δὲ καὶ τοῦτ' ἐδόκει εἶναι αὐτῷ τὸ ὁπότε βούλοιτό τι πραχθῆναι, οὕτω προστάττειν ὥσπερ ἐν οἴκῳ ἔνιοι δεσπόται προστάττουσιν, Ἴτω τις ἐφ' ὕδωρ, Ξύλα τις σχισάτω· (50) οὕτω γὰρ προσταττομένων εἰς ἀλλήλους τε ὁρᾶν πάντες ἐδόκουν αὐτῷ καὶ οὐδεὶς περαίνειν τὸ προσταχθὲν καὶ πάντες ἐν αἰτίᾳ εἶναι καὶ οὐδεὶς οὔτε αἰσχύνεσθαι οὔτε φοβεῖσθαι ὁμοίως διὰ τὸ σὺν πολλοῖς αἰτίαν ἔχειν· διὰ ταῦτα δὴ αὐτὸς πάντας ὠνόμαζεν ὅτῳ τι προστάττοι.

51. Καὶ Κῦρος μὲν δὴ περὶ τούτων οὕτως ἐγίγνωσκεν. Οἱ δὲ στρατιῶται τότε μὲν δειπνήσαντες καὶ φυλακὰς καταστησάμενοι καὶ συσκευασάμενοι πάντα ἃ ἔδει ἐκοιμήθησαν. (52) Ἡνίκα δ' ἦν ἐν μέσῳ νυκτῶν ἐσήμηνε τῷ κέρατι. Κῦρος δ' εἰπὼν τῷ Χρυσάντᾳ ὅτι ἐπὶ τῇ ὁδῷ ὑπομένων [δὴ] ἐν τῷ πρόσθεν τοῦ στρατεύματος, ἐξῄει λαβὼν τοὺς ἀμφ' αὐτὸν ὑπηρέτας βραχεῖ δὲ χρόνῳ ὕστερον Χρυσάντας παρῄει ἄγων τοὺς θωρακοφόρους. (53) Τούτῳ μὲν οὖν ὁ Κῦρος δοὺς τοὺς ἡγεμόνας τῆς ὁδοῦ πορεύεσθαι ἐκέλευεν ἡσύχως ἕως ἄγγελος ἔλθοι· οὐ γάρ πω ἐν ὁδῷ πάντες ἦσαν· αὐτὸς δὲ ἑστηκὼς ἐν τῇ ὁδῷ τὸν μὲν προσιόντα προὔπεμπεν ἐν τάξει, ἐπὶ δὲ τὸν ὑστερίζοντα ἔπεμπε καλῶν. (54) Ἐπεὶ δὲ πάντες ἐν ὁδῷ ἦσαν, πρὸς μὲν Χρυσάνταν ἱππέας ἔπεμψεν ἐροῦντας ὅτι ἐν ὁδῷ ἤδη πάντες· ἄγε οὖν ἤδη θᾶττον. (55) Αὐτὸς δὲ παρελαύνων τὸν ἵππον εἰς τὸ πρόσθεν ἡσυχος κατεθεᾶτο τὰς τάξεις καὶ οὓς μὲν ἴδοι εὐτάκτως καὶ σιωπῇ ἰόντας, προσελαύνων αὐτοῖς τίνες τε εἶεν ἤρετο καὶ ἐπεὶ πύθοιτο ἐπῄνει· εἰ δέ τινας θορυβουμένους αἴσθοιτο, τὸ αἴτιον τούτου σκοπῶν κατασβεννύναι τὴν ταραχὴν ἐπειρᾶτο.

56. Ἓν μόνον παραλελείπεται τῆς ἐν νυκτὶ ἐπιμελείας αὐτοῦ, ὅτι πρὸ παντὸς τοῦ στρατεύματος πεζοὺς εὐζώνους τε οὐ πολλοὺς προδπεμπων, ἐφορωμένους ὑπὸ Χρυσάντα καὶ ἐφορῶντας αὐτόν, ὡς ἀνακουστοῦντος καὶ εἴ πως ἄλλως δύναιντο αἰσθάνεσθαι σημαίνοιεν τῷ Χρυσάντᾳ ὅ,τι καιρὸς δοκοίη εἶναι· ἄρχων δὲ καὶ ἐπὶ τούτοις ἦν ὃς καὶ τούτους ἐκόσμει καὶ τὸ μὲν ἄξιον λόγου

Secundum hæc ibant ad tabernacula, et inter eundum colloquebantur inter se, quanta memoriæ vi Cyrus, quibuscunque præciperet, nominatis præciperet. At Cyrus hoc studiose faciebat : nam ei perquam mirum videbatur, eorum qui sordidas exercent artes, tenere suæ quemque artis instrumentorum adpellationes, et medico quoque tum instrumentorum tum medicamentorum omnium quibus utitur, nota esse nomina, imperatorem vero tam stolidum esse, ut ducum sub se nomina ignoraret, quibus ei tanquam instrumentis necessarii esset utendum, et cum quid occupare, et cum custodire, et cum aliquibus animos addere, et cum terrere vellet. Quinetiam si quem honore adficere aliquando vellet, ei decorum esse videbatur, ut nominatim hunc compellaret. Præterea existimabat, eos, qui se principi notos esse arbitrarentur, tum magis expetere, ut præclarum aliquid gerentes conspicerentur, tum studiose magis curare, ut ab omni se turpi facinore abstinerent. Hoc ei quoque stolidum esse videbatur, imperatorem, cum aliquid geri vellet, ita præcipere, quemadmodum domini quidam domi suæ imperant, Eat aliquis ad aquam, Ligna quis findat : nam cum hoc modo negotium aliquod famulis mandatum est, mutuo se respicere putabat omnes neminemque imperata facere ; et omnes in culpa esse, neque tamen quenquam ita vel ob culpam pudore adfici, vel sibi metuere, quod ea cum multis ipsi communis esset : his de causis cum aliquid imperaret, nominatim adpellabat omnes.

Atque hæc Cyri erat de his sententia. Milites vero tum cœnati, locatis excubiis, et necessariis rebus omnibus collectis compositisque, quieti se dederunt. Nocte autem media, signum cornu datum est. Cumque Cyrus Chrysantæ dixisset, ut in itinere subsisteret ante exercitum, secum sumptis, qui circa eum erant, ministris egrediebatur, et paulo post aderat Chrysantas, thoracatos ducens. Huic itaque Cyrus datis ducibus itineris, lente ut procederet, præcepit, donec nuntius adesset, in via omnes esse : ipse autem eodem in loco consistens, quemlibet advenientem ordine progredi jubebat, cunctantem vero missis nuntiis arcessebat. Cumque omnes essent in itinere, ad Chrysantam misit equites, qui dicerent, Omnes jam in via sunt ; quare celerius ducito. Ipse profectus equo ad partem anteriorem, tacitus ordines inspectabat ; et quos composite et cum silentio videbat incedere, ad eos adequitans, qui nam essent interrogabat ; et cum cognovisset, eos collaudabat : sin quosdam tumultuari animadverteret, comperta causa, motum sedare nitebatur.

Unum modo curæ ejus nocturnæ exemplum prætermissum est : quod ante copias universas pedites quosdam expeditos eosque non multos præmisit, qui conspicerentur a Chrysanta, et eum conspicerent, ut auribus captando, et alio quodam modo si persentiscere aliquid possent, Chrysantæ significarent, quidquid opportunum esse videretur : suus autem et his erat præfectus, hos qui instruebat ;

ἐσήμαινε, τὸ δὲ μὴ οὐκ ἠνώχλει λέγων. (57) Τὴν μὲν δὴ νύκτα οὕτως ἐπορεύοντο· ἐπεὶ δὲ ἡμέρα ἐγένετο, τοὺς μὲν τῶν Καδουσίων ἱππέας, ὅτι αὐτῶν καὶ οἱ πεζοὶ ἔσχατοι ἐπορεύοντο, παρὰ τούτοις κατέλιπεν, ὡς μηδ᾽ οὗτοι ψιλοὶ ἱππέων ἴοιεν· τοὺς δ᾽ ἄλλους εἰς τὸ πρόσθεν παρελαύνειν ἐκέλευσεν, ὅτι καὶ οἱ πολέμιοι ἐν τῷ πρόσθεν ἦσαν, ὅπως εἴ τέ τί που ἐναντιοῖτο αὐτῷ, ὑπαντώη ἔχων τὴν ἰσχὺν ἐν τάξει καὶ μάχοιτο, εἴ τέ τί που φεῦγον ὀφθείη, ὡς ἐξ ἑτοιμοτάτου διώκοι. (58) Ἦσαν δὲ αὐτῷ ἀεὶ τεταγμένοι οὕς τε διώκειν δέοι καὶ οὓς παρ᾽ αὐτῷ μένειν· πᾶσαν δὲ τὴν τάξιν λυθῆναι οὐδέποτε εἴα. (59) Κῦρος μὲν δὴ οὕτως ἦγε τὸ στράτευμα· οὐ μέντοι αὐτός γε μιᾷ χώρᾳ ἐχρῆτο, ἀλλ᾽ ἄλλοτε ἀλλαχῇ περιελαύνων ἐφεώρα τε καὶ ἐπεμελεῖτο εἴ του δέοιντο. Οἱ μὲν δὴ ἀμφὶ Κῦρον οὕτως ἐπορεύοντο.

ΚΕΦΑΛΑΙΟΝ Δ.

Ἐκ δὲ τοῦ Γαδάτα ἱππικοῦ τῶν δυνατῶν τις ἀνδρῶν ἐπεὶ ἑώρα αὐτὸν ἀφεστηκότα ἀπὸ τοῦ Ἀσσυρίου, ἐνόμισεν ὅτι εἴ τι οὗτος πάθοι, αὐτὸς ἂν λάβοι παρὰ τοῦ Ἀσσυρίου πάντα τὰ Γαδάτα· οὕτω δὴ πέμπει τινὰ τῶν ἑαυτοῦ πιστῶν πρὸς τὸν Ἀσσύριον καὶ κελεύει τὸν ἰόντα, εἰ καταλάβοι ἤδη ἐν τῇ Γαδάτα χώρᾳ τὸ Ἀσσύριον στράτευμα, λέγειν τῷ Ἀσσυρίῳ ὅτι εἰ βούλοιτο ἐνεδρεῦσαι, λαβεῖν ἂν Γαδάταν καὶ τοὺς σὺν αὐτῷ. (2) Δηλοῦν δὲ ἐνετέλλετο ὅσην τε εἶχεν ὁ Γαδάτας δύναμιν καὶ ὅτι Κῦρος οὐ συνείπετο αὐτῷ· καὶ τὴν ὁδὸν ἐδήλωσεν ᾗ προσιέναι μέλλοι. Προσεπέστειλε δὲ τοῖς αὑτοῦ οἰκέταις, ὡς πιστεύοιτο μᾶλλον, καὶ τὸ τεῖχος ὃ ἐτύγχανεν αὐτὸς ἔχων ἐν τῇ Γαδάτου χώρᾳ παραδοῦναι τῷ Ἀσσυρίῳ καὶ τὰ ἐνόντα· ἥξειν δὲ καὶ αὐτὸς ἔφασκεν, εἰ μὲν δύναιτο, ἀποκτείνας Γαδάταν, εἰ δὲ μή, ὡς σὺν τῷ Ἀσσυρίῳ τὸ λοιπὸν ἐσόμενος. (3) Ἐπεὶ δὲ ὁ ἐπὶ ταῦτα ταχθεὶς ἐλαύνων ὡς δυνατὸν ἦν τάχιστα ἀφικνεῖται πρὸς τὸν Ἀσσύριον καὶ ἐδήλωσεν ἐφ᾽ ἃ ἥκοι, ἀκούσας ἐκεῖνος τό τε χωρίον εὐθὺς παρέλαβε καὶ πολλὴν ἵππον ἔχων καὶ ἅρματα ἐνήδρευεν ἐν κώμαις ἀθρόαις. (4) Ὁ δὲ Γαδάτας ὡς ἐγγὺς ἦν τούτων τῶν κωμῶν, πέμπει τινὰς προδιερευνησομένους. Ὁ δὲ Ἀσσύριος ὡς ἔγνω προσιόντας τοὺς διερευνητάς, φεύγειν κελεύει ἅρματα ἐξαναστάντα δύο ἢ τρία καὶ ἵππους ὀλίγους, ὡς δὴ φοβηθέντας καὶ ὀλίγους ὄντας. Οἱ δὲ προδιερευνηταὶ ὡς εἶδον ταῦτα, αὐτοί τε ἐδίωκον καὶ τῷ Γαδάτᾳ κατέσειον· καὶ ὃς ἐξαπατηθεὶς διώκει ἀνὰ κράτος. Οἱ δὲ Ἀσσύριοι, ὡς ἐδόκει ἁλώσιμος εἶναι ὁ Γαδάτας, ἀνίστανται ἐκ τῆς ἐνέδρας. (5) Καὶ οἱ μὲν ἀμφὶ Γαδάταν ἰδόντες ὥσπερ εἰκὸς ἔφευγον, οἱ δ᾽ αὖ ὥσπερ εἰκὸς ἐδίωκον. Καὶ ἐν τούτῳ ὁ ἐπιβουλεύων τῷ Γαδάτᾳ παίει αὐτόν, καὶ καιρίας μὲν πληγῆς ἁμαρτάνει, τύπτει δὲ αὐτοῦ εἰς τὸν ὦμον καὶ τιτρώσκει. Ποιήσας δὲ τοῦτο ἐξίσταται ἕως σὺν τοῖς διώκουσιν ἐγένετο· ἐπεὶ δ᾽ ἐγνώσθη ὅς ἦν, ὁμοῦ δὴ σὺν τοῖς Ἀσσυρίοις προθύμως ἐκτείνων

et si quid esset narratu dignum significabat; sin autem, indicando minime molestus erat. Et hac quidem nocte iter hoc modo fecerunt : cum vero illuxisset, quosdam Cadusiorum equites, propterea quod eorum pedites ultimi pergerent, apud eosdem reliquit, ne ab equitibus hi nudi progrederentur : reliquos in anteriorem partem provehi jussit, quod et hostes in ea essent parte : ut si quid uspiam ei se opponeret, cum instructo suo robore dimicaret : sive aliqui conspecti essent, qui fugerent, ut quam expeditissime persequeretur. Erant etiam apud eum semper instructi, si persequendum esset, qui persequi deberent, et qui apud eum manere : universos autem ordines dissolvi nunquam patiebatur. Hoc modo Cyrus exercitum ducebat : neque tamen ipse uno tantum loco utebatur, sed alias alibi circumvectus inspectabat, ac si quo suis esset opus, id curabat. Atque ita quidem exercitus Cyri pergebat.

CAPUT IV.

In equitatu vero Gadatæ quidam ex potentibus viris, cum eum ab Assyrio defecisse videbat, arbitrabatur se, si quid illi accidisset, omnia quæ possideret Gadatas ab Assyrio impetraturum; itaque quendam de iis qui sibi fidi erant ad Assyrium mittit, et eunti mandat, ut, si jam in agro Gadatæ Assyriorum copias offenderet, diceret Assyrio, posse ab eo et Gadatam et qui essent cum illo capi, si quidem insidias illi tendere vellet. Præterea indicare jussit, quem copiarum numerum Gadatas duceret, quodque Cyrus eum non comitaretur ; viam quoque qua accessurus esset indicavit. Dedit etiam famulis suis mandata, quo fidei plus haberetur ei, ut castellum, quod in agro Gadatæ possidebat, Assyrio cum universis in eo rebus traderent : se venturum quoque aiebat, occiso Gadata, si quidem posset; sin autem, velle se tamen deinceps cum Assyrio facere. Is vero, cui datum hoc erat negotii, cum equitando quam fieri poterat celerrime ad Assyrium pervenisset, et qua re illius causa veniret, exposuisset; audita re, castellum ille mox occupat, et cum magno equitum numero et multis curribus in vicis illic frequentibus insidias locavit. Gadatas, cum prope ab his vicis abesset, exploratum quosdam præmittit. Assyrius, ut exploratores advenire animadvertit, currus duos tresve, cum paucis equitibus, prodire et fugere jubet, quasi qui et territi et numero pauci essent Hæc cum exploratores viderent, et ipsi persequebantur, et Gadatæ signum dederunt : atque is deceptus totis viribus insequitur. Assyrii cum Gadatam capi jam posse putarent, statim ex insidiis surgunt. His Gadata militibus conspectis, ut par erat, fugiunt : illi contra, quemadmodum fieri solet, insequebantur. Atque hic Gadatæ is qui struxerat insidias cum ferit, et a vulnere quidem letali aberrat, sed icto tamen humero, vulnus ei infligit. Hoc cum patrasset, discedit, ut persequentibus se conjungeret : agnitus autem quis esset, alacriter una cum Assyriis equo concitato, regem in

τὸν ἵππον σὺν τῷ βασιλεῖ ἐδίωκεν. (6) Ἐνταῦθα δὴ ἡλίσκοντο μὲν δῆλον ὅτι οἱ βραδυτάτους ἔχοντες τοὺς ἵππους ὑπὸ τῶν ταχίστων· ἤδη δὲ μάλα πάντες πιεζόμενοι διὰ τὸ κατατετρῖφθαι ὑπὸ τῆς πορείας οἱ τοῦ Γαδάτα ἱππεῖς καθορῶσι τὸν Κῦρον προσιόντα σὺν τῷ στρατεύματι· δοκεῖν δὲ χρὴ ἀσμένως καὶ ἡδέως ὥσπερ εἰς λιμένα ἐκ χειμῶνος προσφέρεσθαι αὐτούς. (7) Ὁ δὲ Κῦρος τὸ μὲν πρῶτον ἐθαύμασεν, ὡς δ' ἔγνω τὸ πρᾶγμα, ἕστε μὲν πάντες ἐναντίοι ἤλαυνον, ἐναντίος καὶ αὐτὸς ἐν τάξει ἦγε τὴν στρατιάν· ὡς δὲ γνόντες οἱ πολέμιοι τὸ ἂν ἐτράπησαν εἰς φυγήν, ἐνταῦθα δὴ ὁ Κῦρος διώκειν ἐκέλευσε τοὺς πρὸς τοῦτο τεταγμένους, αὐτὸς δὲ σὺν τοῖς ἄλλοις εἵπετο ὡς ᾤετο συμφέρειν. (8) Ἔνθα δὴ καὶ ἅρματα ἡλίσκετο, ἔνια μὲν καὶ ἐκπιπτόντων τῶν ἡνιόχων, τῶν μὲν ἐν τῇ ἀναστροφῇ, τῶν δὲ καὶ ἄλλως, ἔνια δὲ καὶ περιταμνόμενα ὑπὸ τῶν ἱππέων ἡλίσκετο. Καὶ ἀποκτείνουσι δὲ ἄλλους τε πολλοὺς καὶ τὸν παίσαντα τὸν Γαδάταν. (9) Τῶν μέντοι πεζῶν Ἀσσυρίων οἳ ἔτυχον τὸ Γαδάτα χωρίον πολιορκοῦντες οἱ μὲν εἰς τὸ τεῖχος κατέφευγον τὸ ἀπὸ Γαδάτου ἀποστάν, οἱ δὲ φθάσαντες εἰς πόλιν τινὰ τοῦ Ἀσσυρίου μεγάλην, ἔνθα καὶ αὐτὸς σὺν τοῖς ἵπποις καὶ τοῖς ἅρμασι κατέφυγεν ὁ Ἀσσύριος.

10. Κῦρος μὲν δὴ διαπραξάμενος ταῦτα ἐπαναχωρεῖ εἰς τὴν Γαδάτου χώραν· καὶ προστάξας οἷς ἔδει ἀμφὶ τὰ αἰχμάλωτα ἔχειν εὐθὺς ἐπορεύετο, ὡς ἐπισκέψαιτο τὸν Γαδάταν πῶς ἔχοι ἐκ τοῦ τραύματος. Πορευομένῳ δὲ αὐτῷ ὁ Γαδάτας ἐπιδεδεμένος ἤδη τὸ τραῦμα ἀπαντᾷ. Ἰδὼν δὲ αὐτὸν ὁ Κῦρος ἥσθη τε καὶ εἶπεν, Ἐγὼ δὲ πρὸς σὲ ᾖα ἐπισκεψόμενος πῶς ἔχεις. (11) Ἐγὼ δέ γ', ἔφη ὁ Γαδάτας, ναὶ μὰ τοὺς θεοὺς σὲ ἐπαναθεασόμενος ᾖα ὁποίός τις φαίνει ἰδεῖν ὁ τοιαύτην ψυχὴν ἔχων· ὅστις οὔτ' οἶδα ἔγωγε ὅ,τι νῦν ἐμοῦ δεόμενος οὔτε μὴν ὑποσχόμενός γέ μοι ταῦτα πράξειν οὔτε εὖ πεπονθὼς ὑπ' ἐμοῦ εἴς γε τὸ ἴδιον οὐδ' ὁτιοῦν, ἀλλ' ὅτι τοὺς φίλους ἔδοξά σοί τι ὀνῆσαι, οὕτω μοι προθύμως ἐβοήθησας ὡς νῦν τὸ μὲν ἐπ' ἐμοὶ οἴχομαι, τὸ δ' ἐπὶ σοὶ σέσωσμαι. (12) Οὐ μὰ τοὺς θεούς, ὦ Κῦρε, εἰ ἦν οἷος ἔφυν ἐξ ἀρχῆς καὶ ἐπαιδοποιησάμην, οὐκ οἶδ' ἂν εἰ ἐκτησάμην παῖδα τοιοῦτον περὶ ἐμέ· ἐπεὶ ἄλλους τε οἶδα παῖδας καὶ τοῦτον τὸν νῦν Ἀσσυρίων βασιλέα πολὺ πλείω ἤδη τὸν ἑαυτοῦ πατέρα ἀνιάσαντα ἢ σὲ νῦν δύναται ἀνιᾶν. (13) Καὶ ὁ Κῦρος πρὸς ταῦτα εἶπεν ὧδε. Ὦ Γαδάτα, πολὺ μεῖζον παρεὶς θαῦμα ἐμὲ νῦν θαυμάζεις. Καὶ τί δὴ τοῦτ' ἐστίν; ἔφη ὁ Γαδάτας. Ὅτι τοσοῦτοι μέν, ἔφη, Περσῶν ἐσπούδασαν περὶ σέ, τοσοῦτοι δὲ Μῆδοι, τοσοῦτοι δὲ Ὑρκανίων, πάντες δὲ οἱ παρόντες Ἀρμενίων καὶ Σακῶν καὶ Καδουσίων. (14) Καὶ ὁ Γαδάτας ἐπηύξατο, Ἀλλ', ὦ Ζεῦ, ἔφη, καὶ τούτοις πολλὰ ἀγαθὰ δοῖεν οἱ θεοὶ καὶ πλεῖστα τῷ αἰτίῳ τοῦ καὶ τούτους τοιούτους εἶναι. Ὅπως μέντοι οὓς ἐπαινεῖς τούτους, ὦ Κῦρε, καὶ ξενίσωμεν καλῶς, δέχου τάδε ξένια οἷα ἐγὼ δύναμαι. Ἅμα δὲ προσῆγε πάμπολλα, ὥστε καὶ θύειν τὸν βουλόμενον καὶ ξενίζεσθαι πᾶν τὸ στράτευμα ἀξίως τῶν καλῶς πεποιημένων καὶ καλῶς συμβάντων.

persequendo juvat. Atque hic quidem illi scilicet quibus erant equi tardissimi ab iis capiebantur, qui velocissimos haberent : cumque jam equites Gadatæ omnes valde premerentur, quod itinere confecti essent, Cyrum cum exercitu advenientem conspiciunt : credique adeo par est eos tunc, tanquam in portum ex tempestate, cum gaudio voluptateque adpulisse. Cyro primum res admirationi erat, verum ubi quid ageretur animadvertit, quamdiu quidem omnes adversi ferebantur, et ipse copias instructas in eos ducebat : cum autem hostes eo, quod erat, cognito, in fugam versi sunt, ibi tum Cyrus illos, quibus hoc negotii dederat, persequi jussit, et ipse cum ceteris subsequebatur, prout expedire putabat. Ibi vero et currus capti sunt, de quorum nonnullis aurigæ delabebantur, partim dum converterentur, partim aliis modis; aliqui etiam in potestatem ab equitibus intercepti venere. Interficiunt etiam cum alios multos, tum illum ipsum qui Gadatam vulnerarat. Pedites vero Assyrii, qui tunc forte Gadatæ castellum obsidebant, partim in illam munitionem, quæ a Gadata defecerat, fuga se recipiunt; partim, antevertendo in magnam quandam Assyrii regis urbem se conferunt ; in quam et ipse rex cum curribus et equis confugerat.

His rebus confectis, Cyrus in regionem Gadatæ recedit ; et cum eos quos oportuit captivis operam dare jussisset, confestim pergit Gadatæ visendi causa, cognoscendique quo pacto se is ex vulnere haberet. Illi autem pergenti Gadatas obligato jam vulnere occurrit. Eum Cyrus simulac vidit, gavisus est dixitque, Ad te ibam visurus qui valeres. Ego vero, inquit Gadatas, iterum te profecto spectatum veni, ut videam quæ vultus tui, qui animo præditi viri, species sit; qui cum ipse nesciam qua nunc in re mei indigeas, nec mihi sane hæc te facturum promiseris , nec adfectus ullo a me vel tantillo sis beneficio privatim, sed ideo duntaxat quod tibi visus sum amicis aliquid utilitatis adferre, usque adeo alacriter opem tulisti, ut jam me quod attinet, perierim; quod te, salvus sim. Per deos immortales, Cyre, etiam si talis essem qualis initio natus sum , liberosque procreassem, haud scio an filium sic erga me adfectum unquam habiturus fuerim : nam et alios aliorum filios novi et hunc ipsum Assyriorum modo regem, multo plus doloris molestiæque patri suo attulisse quam tibi jam adferre possit. Ad hæc Cyrus sic respondit : Multo, Gadata, majori certe miraculo prætermisso, me jam admiraris. Et quidnam illud est? ait Gadatas. Quod, inquit, tot Persæ tibi navarunt operam, tot Medi, tot Hyrcanii ; atque adeo quotquot adsunt Armenii, Sacæ, Cadusii. Et Gadatas adjecto voto, Verum his, ait, o Jupiter, multa dii bona largiantur, et illi qui auctor est ut et hi tales sint. Ut tamen eos , quos tu , Cyre, laudas, egregie hospitio excipiamus, accipe hæc munera, qualia quidem ipse dare possum. Simul permulta adduxit, ut et rem sacram facere, qui vellet, posset, et universus exercitus hospitio exciperetur, pro dignitate illarum rerum, quæ et præclare gestæ erant et præclare successerant.

15. Ὁ δὲ Καδούσιος ὠπισθοφυλάκει καὶ οὐ μετέσχε τῆς διώξεως· βουλόμενος δὲ καὶ αὐτὸς λαμπρόν τι ποιῆσαι, οὔτε ἀνακοινωσάμενος οὔτε εἰπὼν οὐδὲν Κύρῳ καταθεῖ τὴν πρὸς Βαβυλῶνα χώραν. Διεσπαρμένοις δὲ τοῖς ἵπποις αὐτοῦ ἀπιὼν ὁ Ἀσσύριος ἐκ τῆς ἑαυτοῦ πόλεως, οἷ κατέφυγε, συντυγχάνει μάλα συντεταγμένον ἔχων τὸ ἑαυτοῦ στράτευμα. (16) Ὡς δ᾽ ἔγνω μόνους ὄντας τοὺς Καδουσίους, ἐπιτίθεται, καὶ τόν τε ἄρχοντα τῶν Καδουσίων ἀποκτείνει καὶ ἄλλους πολλοὺς καὶ ἵππους τινὰς λαμβάνει τῶν Καδουσίων καὶ ἣν ἄγοντες λείαν ἐτύγχανον ἀφαιρεῖται. Καὶ ὁ μὲν Ἀσσύριος διώξας ἄχρι οὗ ἀσφαλὲς ᾤετο εἶναι ἀπετράπετο· οἱ δὲ Καδούσιοι ἐσῴζοντο πρὸς τὸ στρατόπεδον ἀμφὶ δείλην οἱ πρῶτοι. (17) Κῦρος δὲ ὡς ᾔσθετο τὸ γεγονός, ἀπήντα τε τοῖς Καδουσίοις καὶ ὅντινα ἴδοι τετρωμένον ἀναλαμβάνων τοῦτον μὲν ὡς Γαδάταν ἔπεμπεν, ὅπως θεραπεύοιτο, τοὺς δ᾽ ἄλλους συγκατεσκήνου καὶ ὅπως τὰ ἐπιτήδεια ἕξουσι συνεπεμελεῖτο, παραλαμβάνων Περσῶν τῶν ὁμοτίμων συνεπιμελητάς· ἐν γὰρ τοῖς τοιούτοις οἱ ἀγαθοὶ ἐπιπονεῖν ἐθέλουσι. (18) Καὶ ἀνιώμενος μέντοι ἰσχυρῶς δῆλος ἦν, ὡς καὶ τῶν ἄλλων δειπνούντων ἡνίκα ὥρα ἦν Κῦρος ἔτι σὺν τοῖς ὑπηρέταις καὶ τοῖς ἰατροῖς οὐδένα ἑκὼν ἀτημέλητον παρέλειπεν, ἀλλ᾽ ἢ αὐτόπτης ἐφεώρα, ἤ, εἰ μὴ αὐτὸς ἐξαρκοῖ, πέμπων φανερὸς ἦν τοὺς θεραπεύσοντας.

19. Καὶ τότε μὲν οὕτως ἐκοιμήθησαν. Ἅμα δὲ τῇ ἡμέρᾳ κηρύξας συνιέναι τῶν μὲν ἄλλων τοὺς ἄρχοντας, τοὺς δὲ Καδουσίους ἅπαντας, ἔλεξε τοιάδε.

Ἄνδρες σύμμαχοι, ἀνθρώπινον τὸ γεγενημένον πάθος· τὸ γὰρ ἁμαρτάνειν ἀνθρώπους ὄντας οὐδέν, οἶμαι, θαυμαστόν. Ἄξιοί γε μέντοι ἐσμὲν τοῦ γεγενημένου πράγματος τούτου ἀπολαῦσαί τι ἀγαθόν, τὸ μαθεῖν μήποτε διασπᾶν ἀπὸ τοῦ ὅλου δύναμιν ἀσθενεστέραν τῆς τῶν πολεμίων δυνάμεως. (20) Καὶ οὐ τοῦτο, ἔφη, λέγω ὡς οὐ δεῖ ποτε καὶ ἐλάττονι ἔτι μορίῳ ἰέναι, ὅπου ἂν δέῃ, ἢ νῦν ὁ Καδούσιος ᾤχετο· ἀλλ᾽ ἐάν τις κοινούμενος ὁρμᾶται τῷ ἱκανῷ βοηθῆσαι, ἔστι μὲν ἀπατηθῆναι, ἔστι δὲ τῷ ὑπομένοντι ἐξαπατήσαντι τοὺς πολεμίους ἄλλοσε τρέψαι ἀπὸ τῶν ἐξεληλυθότων, ἔστι δὲ ἄλλα παρέχοντα πράγματα τοῖς πολεμίοις τοὺς φίλους ἀσφάλειαν παρέχειν· καὶ οὕτω μὲν οὐδ᾽ ὁ χωρὶς ὢν ἀπέσται, ἀλλ᾽ ἐξαρτήσεται τῆς ἰσχύος· ὁ δὲ ἀπεληλυθὼς μὴ ἀνακοινωσάμενος, ὅπου ἂν ᾖ, οὐδὲν τι διαφόρως πάσχει ἢ εἰ μόνος ἐστρατεύετο. (21) Ἀλλ᾽ ἀντὶ μὲν τούτου, ἔφη, ἐὰν θεὸς θέλῃ, ἀμυνούμεθα τοὺς πολεμίους οὐκ εἰς μακράν. Ἀλλ᾽ ἐπειδὰν τάχιστα ἀριστήσητε, ἄξω ὑμᾶς ἔνθα τὸ πρᾶγμα ἐγένετο· καὶ ἅμα μὲν θάψομεν τοὺς τελευτήσαντας, ἅμα δὲ δείξομεν τοῖς πολεμίοις ἔνθα κρατῆσαι νομίζουσιν ἐνταῦθα ἄλλους αὐτῶν κρείττους, ἐὰν θεὸς θέλῃ· καὶ ὅπως τε μηδὲ τὸ χωρίον ἡδέως ὁρῶσιν ἔνθα κατέκανον ἡμῶν τοὺς φίλους· ἐὰν δὲ μὴ ἀντεπεξίωσι, καύσομεν αὐτῶν τὰς κώμας καὶ δῃώσομεν τὴν χώραν, ἵνα μὴ ἃ ἡμᾶς ἐποίησαν ὁρῶντες εὐφραίνωνται, ἀλλὰ τὰ ἑαυτῶν κακὰ θεώμενοι ἀνιῶνται. (22) Οἱ μὲν

CYRI INSTITUT. LIB. V. CAP. IV. 103

Cadusius autem extremi custos erat agminis, nec hostium persequendorum particeps; qui tamen cum et ipse vellet facinus illustre quoddam edere, neque communicata re cum Cyro, neque ad eum delata, in regionem Babylonem versus excurrit. Dispersis vero ipsius equitibus rex Assyrius, cum ex urbe sua, quo confugerat, proficisceretur, cum instructis egregie copiis occurrit. Cumque solos esse hos Cadusios percepisset, impetum in eos facit, et tum Cadusiorum principem interficit, tum multos alios : quin et complures Cadusiorum equos capit, quamque illi forte tunc agebant praedam, aufert. Et Assyrius quidem Cadusios eo usque persequutus, quo tutum esse putabat, reversus est : Cadusii vero primi ad castra circa vesperam salvi pervenerunt. Cyrus ubi rem, sicuti gesta fuerat, cognovit, et obviam Cadusiis prodiit, et quem vulneratum videret, cum reciperes, ad Gadatam mittebat, ut curaretur : ceteros in eodem tabernaculo collocabat, studioseque cum aliis et ipse dabat operam ut eis necessaria suppeterent, adsumptis in partem curationis hujus nonnullis de Persis qui ὁμότιμοι appellantur; nam in hujusmodi rebus viri boni libenter operas suas intendunt. Ipse vero gravem etiam prae se ferebat dolorem ; adeo ut coenantibus aliis, cum jam coenandi tempus erat, Cyrus etiam tum cum ministris ac medicis neminem sua quidem sponte neglectum reliqueret, sed vel ipsemet suis oculis inspiceret omnes, vel, ipse si hoc perficere non posset, palam mitteret qui eorum curam gererent.

Ac tum quidem ita se quieti dederunt : prima autem luce cum per praecones reliquorum quidem duces, Cadusios vero universos convenire jussisset, talia quaedam verba fecit :

« Humanum est, socii, nobis quod accidit. Nam eos, homines qui sint, errare, minime, mea quidem sententia, mirum est. Verum est fructum nos ut aliquem ex eo quod contigit capiamus, nimirum uti discamus copias, hostium quae sint copiis imbecilliores, ab exercitu toto nunquam avellendas esse. Neque hoc dico, ait, non debere aliquem etiam minori cum agmine illuc unquam proficisci quo sit opus, quam illud fuerit, cum quo Cadusius modo exiit : sed si quis re cum illo communicata, qui satis virium ad opem ferendam habeat, egrediatur, fieri quidem posse ut decipiatur ; at illud etiam fieri posse, ut is qui remanet, hostes fallendo ab iis, qui egressi sunt, avertat : esse et alia hostilibus negotia facessendo, amicos in tuto collocare potest : atque ita fiet, ut ne is quidem, qui seorsum fuerit a ceteris, absit ; sed ab exercitus robore pendeat : qui vero discesserit, neque cum aliquo communicaverit quo iturus sit, nihil nihil diversi accidit, quam si solus expeditionem susceperit. At enim pro facinore hoc, volente deo, hostes brevi ulciscemur. Sed cum primum pransi fueritis, ego ducam ubi res est gesta, simulque mortuos sepeliemus, simul hostibus, si deus volet, ostendemus, illic alios ipsis esse potiores, ubi se superiores evasisse censent : atque etiam efficiemus, ut ne locum quidem illum libenter intueantur, nostros ubi socios interemerunt : sin adversi non prodierint, incendemus eorum vicos, agrumque populabimur ; ut ne laetitiam ex conspectu eorum, quae in nos patrarunt, capiant ; sed intuentes mala propria moerore adficiantur. Ita-

ΚΥΡΟΥ ΠΑΙΔΕΙΑΣ ΒΙΒΛ. Ε. ΚΕΦ. Δ.

σὺν ἄλλοι, ἔφη, ἀριστᾶτε ἰόντες ὑμεῖς δέ, ὦ Καδούσιοι, πρῶτον μὲν ἀπελθόντες ἄρχοντα ὑμῶν αὐτῶν ἕλεσθε ᾗπερ ὑμῖν νόμος, ὅστις ὑμῶν ἐπιμελήσεται σὺν τοῖς θεοῖς καὶ σὺν ἡμῖν, ἄν τι προσδέησθε· ἐπειδὰν δὲ ἕλησθε καὶ ἀριστήσητε, πέμψατε πρός με τὸν αἱρεθέντα. (22) Οἱ μὲν δὴ ταῦτα ἔπραξαν· ὁ δὲ Κῦρος ἐπεὶ ἐξήγαγε τὸ στράτευμα, κατέστησεν εἰς τάξιν τὸν ἐρημωμένον ὑπὸ τῶν Καδουσίων καὶ ἐκέλευσα πλησίον αὑτοῦ ἄγειν τὴν τάξιν, Ὅπως, ἔφη, ἂν δυνώμεθα, ἀναθαρρύνωμεν τοὺς ἄνδρας. Οὕτω δὴ ἐπορεύοντο· καὶ ἐλθόντες ἔθαπτον μὲν τοὺς Καδουσίους, ἐδῄουν δὲ τὴν χώραν. Ποιήσαντες δὲ ταῦτα ἀπῆλθον τὰ ἐπιτήδεια ἐκ τῆς πολεμίας ἔχοντες πάλιν εἰς τὴν Γαδάτα.

24. Ἐννοήσας δὲ ὅτι οἱ πρὸς αὐτὸν ἀφεστηκότες, ὄντες πλησίον Βαβυλῶνος, κακῶς πείσονται, ἂν μὴ αὐτὸς ἀεὶ παρῇ, οὕτως ὅσους τε τῶν πολεμίων ἀφίει τούτους ἐκέλευε λέγειν τῷ Ἀσσυρίῳ καὶ αὐτὸς κήρυκα ἔπεμψε πρὸς αὐτὸν ταῦτα λέγοντα ὅτι ἕτοιμος εἴη τοὺς ἐργαζομένους τὴν γῆν ἐᾶν καὶ μὴ ἀδικεῖν, εἰ καὶ ἐκεῖνος βούλοιτο ἐᾶν ἐργάζεσθαι τοὺς τῶν ἑαυτοῦ ἀφεστηκότων ἐργάτας. (25) Καίτοι, ἔφη, σὺ μὲν ἂν καὶ δύνῃ κωλύειν, ὀλίγους τινὰς κωλύσεις· ὀλίγη γάρ ἐστι χώρα ἡ τῶν πρὸς ἐμὲ ἀφεστηκότων· ἐμοὶ δὲ πολλὴν ἄν σοι χώραν ἐῴην ἐνεργὸν εἶναι. Εἰς δὲ τὴν τοῦ καρποῦ κομιδήν, ἐὰν μὲν πόλεμος ᾖ, ὁ ἐπικρατῶν, οἶμαι, καρπώσεται, ἐὰν δὲ εἰρήνη, δῆλον, ἔφη, ὅτι σύ. Ἐὰν μέντοι τις ἢ τῶν ἐμῶν ὅπλα ἀνταίρηται σοὶ ἢ τῶν σῶν ἐμοί, τούτους, ἔφη, ἂν δυνώμεθα ἑκάτεροι ἀμυνούμεθα. (26) Ταῦτα ἐπιστείλας τῷ κήρυκι ἔπεμψεν αὐτόν. Οἱ δὲ Ἀσσύριοι ὡς ἤκουσαν ταῦτα, πάντα ἐποίουν πείθοντες τὸν βασιλέα συγχωρῆσαι ταῦτα καὶ ὅτι σμικρότατον τοῦ πολέμου λιπεῖν. (27) Καὶ ὁ Ἀσσύριος μέντοι εἴτε καὶ ὑπὸ τῶν ὁμοφύλων πεισθεὶς εἴτε καὶ αὐτὸς βουληθεὶς συνῄνεσε ταῦτα· καὶ ἐγένοντο συνθῆκαι τοῖς μὲν ἐργαζομένοις εἰρήνην εἶναι, τοῖς δὲ ὁπλοφόροις πόλεμον. (28) Ταῦτα μὲν δὴ διεπέπρακτο περὶ τῶν ἐργατῶν ὁ Κῦρος· τὰς μέντοι νομὰς τῶν κτηνῶν τοὺς μὲν ἑαυτοῦ φίλους ἐκέλευσε καταθέσθαι, εἰ βούλοιντο, ἐν τῇ ἑαυτῶν ἐπικρατείᾳ· τὴν μέντοι τῶν πολεμίων λείαν ἦγον ὁπόθεν δύναιντο, ὅπως εἴη ἡ στρατεία ἡδίων τοῖς συμμάχοις. Οἱ μὲν γὰρ κίνδυνοι οἱ αὐτοὶ καὶ ἄνευ τοῦ λαμβάνειν τὰ ἐπιτήδεια, ἡ δ᾽ ἐκ τῶν πολεμίων τροφὴ κουφοτέραν τὴν στρατείαν ἐδόκει παρέχειν.

29. Ἐπεὶ δὲ παρεσκευάζετο ἤδη ὁ Κῦρος ὡς ἀπιών, παρῆν ὁ Γαδάτας ἄλλα τε δῶρα πολλὰ καὶ παντοῖα φέρων καὶ ἄγων ὡς ἂν ἐξ οἴκου μεγάλου, καὶ ἵππους δὲ ἦγε πολλοὺς ἀφελόμενος τῶν ἑαυτοῦ ἱππέων, οἷς ἠπίστηκει διὰ τὴν ἐπιβουλήν. (30) Ὡς δ᾽ ἐπηγίασεν, ἔλεξε τοιάδε. Ὦ Κῦρε, νῦν μὲν ἐγὼ ταῦτά σοι δίδωμι ἐν τῷ παρόντι, καὶ χρῶ αὐτοῖς, ἐὰν δέῃ τι· νόμιζε δ᾽, ἔφη, καὶ τἆλλα πάντα τἀμὰ σὰ εἶναι. Οὔτε γὰρ ἔστιν οὔτ᾽ ἔσται ποτὲ ὅτῳ ἐγὼ ἀπ᾽ ἐμοῦ φύντι καταλείψω τὸν ἐμὸν οἶκον, ἀλλ᾽ ἀνάγκη, ἔφη, σὺν ἐμοὶ τελευτῶντι πᾶν ἀποσβῆναι τὸ ἡμέτερον γένος καὶ ὄνομα.

que vos, inquit, alii pransum ite : vos autem, Cadusii, primum hinc digressi, more vestro vobis aliquem ipsis in principem eligite, qui cum diis ac nobis vestri curam gerat, ubicunque opus fuerit : hunc ubi delegeritis ac pransi fueritis, delectum ad me mittite. » Atque haec illi fecerunt : Cyrus autem postquam copias eduxisset, suum illi, qui a Cadusiis fuerat delectus, in acie locum tribuit, et jussit eum propter se suorum aciem ducere, Quo illorum, inquit, si quidem poterimus, rursum excitemus animos. Atque ita quidem proficiscebantur : cumque ad locum pervenissent, et Cadusios sepeliebant, et agrum populabantur. His rebus confectis, commeatum ex hostico secum ferentes, in regionem Gadatae reversi sunt.

Cum autem ad animum Cyro accidisset, futurum, ut qui ad se defecerant, quod prope Babylonem essent, misere adfligerentur, nisi praesens ipse semper adesset, idcirco tum eos, quotquot ex hostibus dimittebat, Assyrio dicere jussit, tum ipse caduceatorem misit qui ad eum haec deferret : se nempe paratum agricolis parcere, nullaque hos afficere injuria, si quidem et ille eorum, qui ad se defecissent, agricolis, suas ut operas facerent, permittere vellet. Ac tu quidem, ait, etiamsi prohibere possis, non nisi paucos prohibebis (nam eorum, qui ad me defecerant, exiguus est ager) : ego vero permitterem, amplam tibi regionem cultam esse. Quo autem tempore fructus colligi solent, si quidem bellum fuerit, is qui potentior est, mea sententia, hos colliget : sin pacem inter nos fecerimus, tu scilicet colliges, ait. Si quis vero vel meorum adversus te arma sumpserit, vel tuorum adversus me, ab his inquit, pro virili poenas uterque reposcemus. His cum mandatis caduceatorem dimisit. Assyrii vero, cum haec audissent, omni studio a rege contendebant, ut in his Cyro accederet, ac quam minimum belli reliquum facerent. Assyrius vero, sive quod ei gens sua persuaserat, sive quod ipse sic vellet, haec comprobavit : pactisque adeo convenit, ut cum agricolis pax esset, cum armatis bellum. Haec igitur de agricolis perfecit Cyrus : armentorum quidem pascua amicos suos, si vellent, in ditione sua collocare jussit; hostium vero praedam agebant undecunque poterant, ut militia sociis jucundior esset. Nam tametsi commeatus pararetur nullus, tamen eadem pericula proposita erant : at militiam leviorem efficere videbatur alimenta ex hostium regione quaerendi ratio.

Cum autem Cyrus se jam ad discessum pararet, aderat Gadatas cum alia dona multa variaque adferens adducensque, velut ex ampla copiosaque domo, tum permultos equos suis equitibus ademptos, quibus jam propter illas insidias fidem non habebat. Ubi propius accessisset, ita loquutus est : Haec ego jam ad te adduco, Cyre, ut iis in praesenti si quid opus sit utaris : existimes vero, inquit, velim, etiam reliqua, mea quae sunt, esse tua. Quippe nemo est, nec erit unquam, cui ex me nato domum ego meam relicturus sim : sed necesse est, inquit, me moriente, mecum et genus no-

(31) Καὶ ταῦτα, ἔφη, ὦ Κῦρε, ὀμνυμί σοι θεοὺς, οἳ καὶ ὁρῶσι πάντα καὶ ἀκούουσι πάντα, οὔτε ἄδικον οὔτε αἰσχρὸν οὐδὲν οὔτε εἰπὼν οὔτε ποιήσας ἔπαθον. Καὶ ἅμα ταῦτα λέγων κατεδάκρυσε τὴν ἑαυτοῦ τύχην καὶ οὐκέτι ἠδυνήθη πλείω εἰπεῖν.

32. Καὶ ὁ Κῦρος ἀκούσας τοῦ μὲν πάθους ᾤκτειρεν αὐτὸν, ἔλεξε δὲ ὧδε. Ἀλλὰ τοὺς μὲν ἵππους δέχομαι, ἔφη· σέ τε γὰρ ὠφελήσω εὐνουστέρους δοὺς αὐτοὺς ἢ οἳ νῦν σοι εἴχον, ὡς ἔοικεν, ἐγώ τε οὗ δὴ πάλαι ἐπεθύμουν, τὸ τῶν Περσῶν ἱππικὸν θᾶττον ἐκπληρώσω εἰς τοὺς μυρίους ἱππέας· τὰ δὲ ἄλλα χρήματα σὺ ἀπαγαγὼν φύλαττε, ἔφη, ἔστ' ἂν ἐμὲ ἴδῃς ἔχοντα οὕτε σοῦ μὴ ἡττᾶσθαι ἀντιδωρούμενον· εἰ δὲ πλείω μοι διδοὺς ἀπίοις ἢ λαμβάνοις παρ' ἐμοῦ, μὰ τοὺς θεοὺς οὐκ οἶδα πῶς ἂν δυναίμην μὴ αἰσχύνεσθαι. (33) Πρὸς ταῦτα ὁ Γαδάτας εἶπε, Ἀλλὰ ταῦτα μὲν, ἔφη, πιστεύω σοι· ὁρῶ γάρ σου τὸν τρόπον· φυλάττειν μέντοι ὅρα εἰ ἐπιτήδειός εἰμι. (34) Ἕως μὲν γὰρ φίλοι ἦμεν τῷ Ἀσσυρίῳ, καλλίστη δὴ ἐδόκει εἶναι ἡ τοῦ ἐμοῦ πατρὸς κτῆσις· τῆς γὰρ μεγίστης πόλεως Βαβυλῶνος ἐγγὺς οὖσα ὅσα μὲν ὠφελεῖσθαι ἔστιν ἀπὸ μεγάλης πόλεως, ταῦτα ἀπελαύομεν, ὅσα δὲ ἐνοχλεῖσθαι, οἴκαδε δεῦρ' ἀπιόντες τούτων ἐκποδὼν ἦμεν· νῦν δ' ἐπεὶ ἐχθροί ἐσμεν, δῆλον ὅτι ἐπειδὰν σὺ ἀπέλθῃς, καὶ αὐτοὶ ἐπιβουλευσόμεθα καὶ ὁ οἶκος ὅλος, καὶ, οἶμαι, λυπηρῶς βιωσόμεθα ὅλως τοὺς ἐχθροὺς καὶ πλησίον ἔχοντες καὶ κρείττους ἡμῶν αὐτῶν ὁρῶντες. (35) Τάχ' οὖν εἴποι τις ἄν, τί δῆτα οὐχ οὕτως ἐνενόου πρὶν ἀποστῆναι; Ὅτι, ὦ Κῦρε, ἡ ψυχή μου διὰ τὸ ὑβρίσθαι καὶ ὀργίζεσθαι οὐ τὸ ἀσφαλέστατον σκοποῦσα διῆγεν, ἀλλ' εἶχε τοῦτο κυοῦσα, ἆρά ποτε ἔσται ἀποτίσασθαι τὸν καὶ θεοῖς ἐχθρὸν καὶ ἀνθρώποις, ὃς διατελεῖ μισῶν, οὐκ ἤν τί τις αὐτὸν ἀδικῇ, ἀλλ' ἐάν τινα ὑποπτεύσῃ βελτίονα ἑαυτοῦ εἶναι. (36) Τοιγαροῦν, οἶμαι, αὐτὸς πονηρὸς ὢν πᾶσι πονηροτέροις ἑαυτοῦ ξυμμάχοις χρήσεται. Ἐὰν δέ τις ἄρα καὶ βελτίων αὐτοῦ φανῇ, θάρρει, ἔφη, ὦ Κῦρε, οὐδέν σε δεήσει τῷ ἀγαθῷ ἀνδρὶ μάχεσθαι, ἀλλ' ἐκεῖνος τούτῳ ἀρκέσει μηχανώμενος, ἕως ἂν ἕλῃ τὸν ἑαυτοῦ βελτίονα. Τοῦ μέντοι ἐμὲ ἀνιᾶν καὶ σὺν πονηροῖς ῥᾀδίως, οἶμαι, κρείττων ἔσται.

37. Ἀκούσαντι ταῦτα τῷ Κύρῳ ἔδοξεν ἄξια ἐπιμελείας λέγειν· καὶ εὐθὺς εἶπε, Τί οὖν, ἔφη, ὦ Γαδάτα, οὐχὶ τὰ μὲν τείχη φυλακῇ ἐχυρὰ ἐποιήσαμεν, ὅπως ἄν σοι σῶα ᾖ χρῆσθαι ἀσφαλῶς, ὁπόταν εἰς αὐτὰ ἴῃς, αὐτὸς δὲ σὺν ἡμῖν στρατεύῃ, ἵνα ἢν οἱ θεοὶ ὥσπερ νῦν σὺν ἡμῖν ὦσιν, οὗτος σὲ φοβῆται, ἀλλὰ μὴ σὺ τοῦτον; ὅ,τι δὲ ἡδύ σοι ὁρᾶν τῶν σῶν ἢ ὅτῳ συνὼν χαίρεις, ἔχων σὺν ἑαυτῷ πορεύου. Καὶ σύ τ' ἂν ἐμοί, ὥς γε ἐγὼ δοκῶ, πάνυ χρήσιμος εἴης ἐγὼ δὲ σοὶ ὅσα ἂν δύνωμαι πειράσομαι. (38) Ἀκούσας ταῦτα ὁ Γαδάτας ἀνέπνευσέ τε καὶ εἶπεν, Ἆρ' οὖν, ἔφη, δυναίμην ἂν συσκευασάμενος φθάσαι πρὶν σὲ ἐξιέναι; βούλομαι γάρ τοι, ἔφη, καὶ τὴν μητέρα ἄγειν μετ' ἐμαυτοῦ. Ναὶ μὰ Δί', ἔφη, φθάσεις μέντοι· ἐγὼ γὰρ ἐπισχήσω ἕως ἂν

strum et nomen exstingui. Atque haec, Cyre, sum perpessus, ait, (deos juratus testor, qui et vident et audiunt omnia) cum tamen nihil injustum, nihil turpe neque dixerim, neque fecerim. Simulque haec dicens, suam cum lacrimis deploravit fortunam, neque loqui plura potuit.

Quibus auditis Cyrus calamitatem ejus miseratus, atque his verbis usus est: Equidem equos, ait, accipio: tuae enim utilitati consulam, hominibus eos dando majori te benevolentia prosequentibus, quam quorum modo erant, uti quidem apparet : et Persicum equitatum (id quod jamdudum expetiveram) celeriter explebo ad decem equitum millia : reliquas autem pecunias opesque tecum avectas servato, inquit, donec tantum me habere videris, ut remunerando te non sim inferior : quod si ita abeas ut plura mihi des, quam a me acceperis, nescio profecto, quo pacto facere possim, ut pudore non adficiar. Ad ea Gadatas, Equidem haec tibi credo, ait, (nam ingenium tuum video) : verum consideres, an satis ad haec conservanda sim idoneus. Etenim quamdiu Assyrio amici eramus, paterna sane possessio pulcherrima esse videbatur : quippe cum ab urbe maxima Babylone prope absit, quaecunque commoda ex urbe ampla percipi possunt, hisce omnibus fruebamur; quaecunque autem molestias nobis exhibere poterant, ab his domum huc profecti longe aberamus : nunc cum inimici simus, manifestum est, ubi tu discesseris, futurum, ut et nobis et toti domui nostrae insidiae struantur; atque adeo, mea sententia, vitam cum dolore miseriaque degemus, qui et omnino vicinos habituri simus hostes, eosque nobis ipsis potentiores conspecturi. Fortasse dixeris, Cur ista non cogitasti prius, quam deficerem? Quia, Cyre, animus meus propter acceptam injuriam et iram, non quod esset tutissimum considerabat, sed hoc perpetuo parturiebat, ecquando licebit ulcisci hominem et diis et hominibus invisum, qui non desinit odisse, non si quis eum laedat, sed si quem se praestantiorem suspicetur. Itaque, uti opinor, cum malus ipse sit, omnes etiam se deteriores socios habebit. Quod si quis inter hos eo praestantior visus fuerit, certus esto, Cyre, nequaquam tibi adversus ejusmodi virum egregium dimicandum esse, sed ille ipse ad hoc machinandum sufficiet, laborans usquedum se praestantiorem o medio tollat. Verum ut mihi molestus sit, in eo, quamvis mali ignavique ipsi adsint socii, facile superior fore, ut opinor, futurus.

Haec cum Cyrus audisset, visus est e dignia consideratione dicere : atque adeo statim, Quid ergo, inquit, Gadata, nonne castella praesidiis munivimus, quo tuto iis uti tibi liceat, cum ea fueris ingressus; ipse vero nonne nobiscum es in expeditione, ut, si dii perinde ac modo nobiscum fuerint, hic te metuat, non tu ipsum? Quin tu, tecum habens quidquid tuorum adspectu tibi jucundum sit, aut cujus consuetudine delecteris, proficiscitor. Nimirum et tu mihi, ut equidem arbitror, admodum usui fueris, et esse tibi ego conabor, quantumcunque potero. Haec Gadatas cum audisset, respiravit ac dixit, Num possim res meas citius colligere, quam tu discedas? nam et matrem, ait, mecum abducere volo. Poteris, inquit, profecto citius : etenim subsi-

φῆς καλῶς ἔχειν. (39) Οὕτω δὴ ὁ Γαδάτας ἀπελθὼν φύλαξι μὲν τὰ τείχη σὺν Κύρῳ ὠχυρώσατο, συνεσκευάσατο δὲ πάντα ὁπόσοις ἂν οἶκος μέγας καλῶς οἰκοῖτο. Ἤγετο δὲ καὶ τῶν ἑαυτοῦ τῶν τε πιστῶν οἷς ἥδετο καὶ ὧν ἠπίστει πολλούς, ἀναγκάσας τοὺς μὲν καὶ γυναῖκας ἄγειν, τοὺς δὲ καὶ ἀδελφάς, ὡς διαδεμένους τούτοις κατέχοι αὐτούς. (40) Καὶ τὸν μὲν Γαδάταν εὐθὺς ὁ Κῦρος ἐν τοῖς περὶ αὑτὸν ἦει ἔχων καὶ ὁδῶν φραστῆρα καὶ ὑδάτων καὶ χιλοῦ καὶ σίτου, ὡς εἴη ἐν τοῖς ἀφθονωτάτοις στρατοπεδεύεσθαι.

41. Ἐπεὶ δὲ πορευόμενος καθεώρα τὴν τῶν Βαβυλωνίων πόλιν καὶ ἔδοξεν αὐτῷ ἡ ὁδὸς ἣν ᾔει παρ' αὐτὸ τὸ τεῖχος φέρειν, καλέσας τὸν Γωβρύαν καὶ τὸν Γαδάταν ἠρώτα εἰ εἴη πλείονα ὁδὸς ὥστε μὴ πάνυ ἐγγὺς τοῦ τείχους ἄγειν. (42) Καὶ ὁ Γωβρύας εἶπεν, Εἰσί μέν, ὦ δέσποτα, καὶ πολλαὶ ὁδοί· ἀλλ' ἔγωγ', ἔφη, ᾤμην καὶ βούλεσθαι ἄν σε νῦν ὅτι ἐγγυτάτω τῆς πόλεως ἄγειν, ἵνα καὶ ἐπιδείξαις αὐτῷ ὅτι τὸ στράτευμά σου ἤδη πολύ τέ ἐστι καὶ καλόν· ἐπειδὴ καὶ ὅτε ἔλαττον εἶχες προσῆλθές τε πρὸς αὐτὸ τὸ τεῖχος καὶ ἐθεᾶτο ἡμᾶς οὐ πολλοὺς ὄντας· νῦν δὲ εἰ καὶ παρεσκευασμένοι τί ἐστιν, ὥσπερ προεῖπεν ὅτι παρασκευάζοιτο ὡς μαχούμενός σοι, οἶδ' ὅτι ἰδόντι αὐτῷ τὴν σὴν δύναμιν πάλιν ἀπαρασκευαστότατα τὰ ἑαυτοῦ φανεῖται.

43. Καὶ ὁ Κῦρος πρὸς ταῦτα εἶπε, Δοκεῖς μοι, ὦ Γωβρύα, θαυμάζειν ὅτι ἐν ᾧ μὲν χρόνῳ πολὺ μείονα ἔχων στρατιὰν ἦλθον, πρὸς αὐτὸ τὸ τεῖχος προσήγαγον νῦν δ' ἐπεὶ πλείονα δύναμιν ἔχω, οὐκ ἐθέλω ὑπ' αὐτὰ τὰ τείχη ἄγειν. (44) Ἀλλὰ μὴ θαύμαζε· οὐ γὰρ τὸ αὐτό ἐστι προσάγειν τε καὶ παράγειν. Προσάγουσι μὲν γὰρ πάντες οὕτω ταξάμενοι ὡς ἂν ἄριστοι εἶεν μάχεσθαι· καὶ ἀπάγουσι δὲ οἱ σώφρονες ᾗ ἂν ἀσφαλέστατα, οὐχ ᾗ ἂν τάχιστα ἀπέλθοιεν. (45) Παριέναι δὲ ἀνάγκη ἐστὶν ἐκτεταμένας μὲν ταῖς ἁμάξαις, ἐκτεταμένοις δὲ καὶ τοῖς ἄλλοις σκευοφόροις ἐπὶ πολύ· ταῦτα δὲ πάντα δεῖ προκεκαλύφθαι τοῖς ὁπλοφόροις καὶ μηδαμῇ τοῖς πολεμίοις γυμνὰ ὅπλων τὰ σκευοφόρα φαίνεσθαι. (46) Ἀνάγκη, οὖν οὕτω πορευομένων ἐπὶ λεπτὸν καὶ ἀσθενὲς τὸ μάχιμον τετάχθαι· εἰ οὖν βούλοιντο ἀθρόοι ἐκ τοῦ τείχους προσπεσεῖν πῃ, ὅπῃ προσμίξειαν, πολὺ ἂν ἐῤῥωμενέστερον συμμιγνύοιεν τῶν παριόντων. (47) Καὶ τοῖς μὲν ἐπὶ μακρὸν πορευομένοις μακραὶ καὶ αἱ ἐπιβοήθειαι, τοῖς δ' ἐκ τοῦ τείχους βραχὺ πρὸς τὸ ἐγγὺς καὶ προσδραμεῖν καὶ πάλιν ἀπελθεῖν. (48) Ἢν δὲ μὴ μεῖον ἀπέχοντες παρίωμεν ἢ ἐφ' ὅσον κατέχονται ἡμᾶς καὶ νῦν ἐκτεταμένοι πορευόμεθα, τὸ μὲν πλῆθος κατόψονται ἡμῶν, ὑπὸ δὲ τῶν παρῳπλασμένων ὅπλων πᾶς ὁ ὄχλος δεινὸς φαίνεται. (49) Ἂν δὲ οὖν καὶ οὕτως ἰόντων ἐπεξίωσί πῃ, ἐκ πολλοῦ προσορῶντες αὐτοὺς οὐκ ἂν ἀπαράσκευοί γε λαμβανοίμεθα. Μᾶλλον δέ, ὦ ἄνδρες, ἔφη, οὐδ' ἐπιχειρήσουσιν, ὁπόταν πρόσω δέῃ ἀπὸ τοῦ τείχους ἀπιέναι, ἂν μὴ τῷ ὅλῳ ὑπολάβωσι τοῦ παντὸς κρείττους εἶναι· φοβερὰ γὰρ ἡ ἀποχώρησις. (50) Ἐπεὶ δὲ ταῦτ' εἶπεν, ἔδοξέ τε ὀρθῶς τοῖς παροῦσι λέγειν καὶ

stam, donec tibi commodum esse dixeris. Itaque digressus inde Gadatas, castellis quæ communicarat, una cum Cyro præsidia imposuit, et omnia quibus ampla domus instrui commode posset, collegit. Præterea suorum complures secum abducebat, tum fidos, quibus delectabatur, tum quibus diffidebat; quorum alios cogebat secum uxores ducere, alios sorores, ut his quasi vinculis eos constrictos teneret. Itaque Cyrus cum Gadata abibat, eum inter proximos comites habens; qui et index ei viarum esset, et aquarum, et pabuli, et frumenti, ut castra semper locis in uberrimis haberet.

Cum vero pergens iter Babyloniorum urbem adspiceret, atque ei via, qua incedebat, ducere propter ipsa urbis moenia videretur, accessito Gobrya Gadataque, allane via esset interrogabat, ut ne tam prope ad moenia copias ducerent. Et Gobryas, Sunt, inquit, domine, permultæ quidem viæ : sed existimabam equidem te quam proxime jam ad urbem iter facere velle, quo commonstrares Assyrio, exercitum tibi nunc et magnum esse et præclarum : nam cum etiam minor tibi esset, ad murum ipsum accessisti, et ille nos haud multos numero spectabat : nunc autem tametsi paratus sit aliquatenus, quemadmodum dixit ipsum ad pugnandum se parare, scio futurum, ut, si copias tuas conspexerit, imparata rursus ipsi sua videantur.

Ad hæc Cyrus ait, Videris mihi, Gobrya, mirari, quod id temporis quo multo cum minori exercitu veni, ad ipsa usque moenia duxerim ; nunc majoribus copiis instructus eos ducere sub muros nolim. Verum ne mireris, ait ; non enim idem est adducere, et prætereducere. Omnes enim sic instructas copias adducunt, uti se quam optime pugnaturos arbitrantur ; at qui sapiunt, sic abducunt, ut quam tutissime, non quam celerrime abscedant. In prætereundo autem exporrigi plaustra necesse est, et impedimenta reliqua cetera uti procedant ordinibus angustis et in longum protractis : atque hæc omnia armatis prætentis tegi oportet, nec uspiam impedimenta hostibus ab armis nuda conspici. Sic utique procedentibus copiis, necesse est ordines militum extenuari ac debilitari. Si ergo velint ex munitione conferti hostes in aliquos prætereuntes impetum facere, ubicumque tandem manus conserent multo validiores erunt in conflictu, quam qui prætereunt. Et iis quidem, longo qui procedunt agmine, etiam subsidia non nisi longo ex intervallo mitti possunt ; qui vero munitione se erumpunt, brevi spatio ad illos qui prope absunt et excurrere possunt, et rursus abscedere. Quod si intervallo non minori interjecto prætierimus, quam quanto conspici ab ipsis poterimus et quo nunc extensis ordinibus procedimus, multitudinem illi nostram conspicient, et omnis vero multitudo propter armatos reliquis prætextos formidabilis apparet. Quod si nobis hoc modo incedentibus aliquo loco erumpent, quia multo eos ante prospicimus, imparati minime deprehendemur. Quin potius, viri, inquit, ne adgredientur quidem, quando ipsis procul a muro recedendum erit, nisi se cum universis copiis suis futuros toto exercitu nostro superiores existimaverint : nam receptus res est plena formidinis. Hæc cum dixisset, visus est iis qui aderant

ἦγεν ὁ Γωβρύας ὥσπερ ἐκέλευσεν. Παραμειβομένου δὲ τὴν πόλιν τοῦ στρατεύματος ἀεὶ τὸ ὑπολειπόμενον ἰσχυρότερον ποιούμενος ἀπεχώρει.

21. Ἐπεὶ δὲ πορευόμενος οὕτως ἐν ταῖς γιγνομέναις ἡμέραις ἀφικνεῖται εἰς τὰ μεθόρια τῶν Σύρων καὶ Μήδων, ἔνθενπερ ὡρμᾶτο, ἐνταῦθα δὴ τρία ὄντα τῶν Σύρων φρούρια, ἓν μὲν αὐτῶν τὸ ἀσθενέστατον βίᾳ προσβαλὼν ἔλαβε, τὼ δὲ δύο φρουρίω φόβῳ μὲν Κῦρος, πείθων δὲ Γαδάτας ἔπεισε παραδοῦναι τοὺς φυλάττοντας.

ΚΕΦΑΛΑΙΟΝ Ε.

Ἐπεὶ δὲ ταῦτα διεπέπρακτο, πέμπει πρὸς Κυαξάρην καὶ ἐπέστελλεν αὐτῷ ἥκειν ἐπὶ τὸ στρατόπεδον, ὅπως περί τε τῶν φρουρίων ὧν εἰλήφεσαν βουλεύσαιντο ὅ, τι χρήσαιντο, καὶ ὅπως θεασάμενος τὸ στράτευμα καὶ περὶ τῶν ἄλλων σύμβουλος γίγνοιτο ὅ,τι δοκοίη ἐκ τούτου πράττειν· Ἐὰν δὲ κελεύῃ, εἰπέ, ἔφη, ὅτι ἐγὼ ἂν ὡς ἐκεῖνον ἴοιμι στρατοπεδευσόμενος. (2) Ὁ μὲν δὴ ἄγγελος ᾤχετο ταῦτ᾽ ἀπαγγελῶν.

Ὁ δὲ Κῦρος ἐν τούτῳ ἐκέλευσε τὴν τοῦ Ἀσσυρίου σκηνήν, ἣν Κυαξάρῃ οἱ Μῆδοι ἐξεῖλον, ταύτην κατασκευάσαι ὡς βέλτιστα τῇ τε ἄλλῃ κατασκευῇ ἣν εἶχον καὶ τὸ γυναῖκε εἰσαγαγεῖν εἰς τὸν γυναικῶνα τῆς σκηνῆς, καὶ σὺν αὐταῖς τὰς μουσουργούς, αἵπερ ἐξῃρημέναι ἦσαν Κυαξάρῃ. (3) Οἱ μὲν δὴ ταῦτ᾽ ἔπραττον. Ὁ δὲ πεμφθεὶς πρὸς τὸν Κυαξάρην ἐπεὶ ἔλεξε τὰ ἐντεταλμένα, ἀκούσας αὐτοῦ ὁ Κυαξάρης ἔγνω βέλτιον εἶναι τὸ στράτευμα μένειν ἐν τοῖς μεθορίοις. Καὶ γὰρ οἱ Πέρσαι οὓς μετεπέμψατο ὁ Κῦρος ἧκον· ἦσαν δὲ μυριάδες τέτταρες τοξοτῶν καὶ πελταστῶν. (4) Ὁρῶν οὖν καὶ τούτους σινομένους πολλὰ τὴν Μηδικήν, τούτων ἂν ἐδόκει ἥδιον ἀπαλλαγῆναι ἢ ἄλλον ὄχλον εἰσδέχεσθαι. Ὁ μὲν δὴ ἐκ Περσῶν ἄγων τὸν στρατὸν ἐρόμενος τὸν Κυαξάρην κατὰ τὴν Κύρου ἐπιστολὴν εἴ τι δέοιτο τοῦ στρατοῦ, ἐπεὶ οὐκ ἔφη δεῖσθαι, αὐθημερόν, ἐπεὶ ἤκουσε παρόντα Κῦρον, ᾤχετο πρὸς αὐτὸν ἄγων τὸ στράτευμα.

5. Ὁ δὲ Κυαξάρης ἐπορεύετο τῇ ὑστεραίᾳ σὺν τοῖς παραμείνασιν ἱππεῦσι Μήδων· ὡς δ᾽ ᾔσθετο ὁ Κῦρος προσιόντα αὐτόν, λαβὼν τούς τε τῶν Περσῶν ἱππέας, πολλοὺς ἤδη ὄντας, καὶ τοὺς Μήδους πάντας καὶ τοὺς Ἀρμενίους καὶ τοὺς Ὑρκανίους καὶ τῶν ἄλλων συμμάχων τοὺς εὐιπποτάτους τε καὶ εὐοπλοτάτους ἀπήντα ἐπιδεικνὺς τῷ Κυαξάρῃ τὴν δύναμιν. (6) Ὁ δὲ Κυαξάρης, ἐπεὶ εἶδε σὺν μὲν τῷ Κύρῳ πολλούς τε καὶ καλοὺς κἀγαθοὺς ἑπομένους, σὺν ἑαυτῷ δὲ ὀλίγην τε καὶ ὀλίγου ἀξίαν θεραπείαν, ἄτιμόν τι αὐτῷ ἔδοξεν εἶναι καὶ ἄχος αὐτὸν ἔλαβεν. Ἐπεὶ δὲ καταβὰς ἀπὸ τοῦ ἵππου ὁ Κῦρος προσῆλθεν ὡς φιλήσων αὐτὸν κατὰ νόμον, ὁ Κυαξάρης κατέβη μὲν ἀπὸ τοῦ ἵππου, ἀπεστράφη δὲ καὶ ἐφίλησε μὲν οὔ, δακρύων δὲ φανερὸς ἦν. (7) Ἐκ τούτου δὴ ὁ Κῦρος τοὺς μὲν ἄλλους πάντας ἀποστάντας ἐκέλευσεν ἀναπαύεσθαι· αὐτὸς δὲ λαβόμενος τῆς δεξιᾶς

CAPUT V.

His rebus confectis, ad Cyaxarem mittit, atque uti ad exercitum veniret per epistolam petiit, quo et de castellis captis quid esset agendum deliberarent, et quo exercitum ipse contemplatus, de ceteris etiam rebus consilium daret quid deinceps agendum arbitraretur : Quod si jusserit, ait, dicito me ad ipsum venturum et istic castra locaturum. Atque nuntius, hæc qui exponeret, abibat.

Cyrus interea suis mandat, ut tabernaculum Assyrii, quod Cyaxari Medi selegerant, cum adparatu reliquo, quem habebat, instruerent elegantissime; tum utramque mulierem in conclave tabernaculi muliebre deducerent, et cum his etiam alteras illas musicæ peritas, quæ Cyaxari selectæ fuerant. Atque hæc illi quidem exsequebantur. Qui vero missus erat ad Cyaxarem, cum mandata exposuisset, his Cyaxari auditis visum est potius, ut istic in finibus maneret exercitus. Nam et Persæ, quos Cyrus accersiverat, aderant; qui quidem erant numero quadragies mille sagittarii et peltastæ. Quamobrem cum videret hos etiam magnum Medorum agro detrimentum adferre, libentius his quoque liberari velle videbatur, quam ut aliam turbam in agrum suum admitteret. Et cum quidem is, qui e Persia copias hasce ducebat, Cyaxarem interrogaret, quemadmodum Cyrus præceperat, an hoc ipsi opus esset exercitu, atque is sibi opus esse negaret, eodem die, Cyrum ubi prope abesse audierat, ad eum exercitum secum ducens abibat.

Cyaxares postridie cum iis, qui secum manserant, equitibus Medis, iter ipse ingressus: cumque cum Cyrus advenire sensit, sumptis secum et Persicis equitibus, qui jam multi erant, et Medis omnibus, et Armeniis et Hyrcaniis, et reliquorum sociorum qui equis et armis instructissimi essent, obviam prodiit, atque Cyaxari copias spectandas exhibuit. Cyaxares autem, ubi multos et egregios fortesque viros Cyrum sequi conspexit, secum vero et exiguum et parvi ducendum comitatum; id sibi dedecori esse putavit, adeoque dolor eum invasit. Cumque Cyrus et equo descendisset, ac de more osculaturus ipsum accederet, Cyaxares descendit quidem ex equo, sed sese avertit; nec cum osculatus est, sed lacrimas palam profudit. Tum vero Cyrus alios quidem omnes secedere jussit et quiescere : ipse

τοῦ Κυαξάρου καὶ ἀπαγαγὼν αὐτὸν τῆς ὁδοῦ ἔξω ὑπὸ φοίνικάς τινας, τῶν τε Μηδικῶν πίλων ὑποβαλεῖν ἐκέλευσεν αὐτῷ καὶ καθίσας αὐτὸν καὶ παρακαθισάμενος εἶπεν ὧδε.

8. Εἰπέ μοι, ἔφη, πρὸς τῶν θεῶν, ὦ θεῖα, τί μοι ὀργίζῃ καὶ τί χαλεπὸν ὁρῶν οὕτω χαλεπῶς φέρεις; Ἐνταῦθα δὴ ὁ Κυαξάρης ἀπεκρίνατο, Ὅτι, ὦ Κῦρε, δοκῶν γε δὴ ἐφ' ὅσον ἀνθρώπων μνήμῃ ἐφικνεῖται καὶ τῶν πάλαι προγόνων καὶ πατρὸς βασιλέως πεφυκέναι καὶ αὐτὸς βασιλεὺς νομιζόμενος εἶναι, ἐμαυτὸν μὲν ὁρῶ οὕτω ταπεινῶς καὶ ἀναξίως ἐλαύνοντα, σὲ δὲ τῇ ἐμῇ θεραπείᾳ καὶ τῇ ἄλλῃ δυνάμει μέγαν τε καὶ μεγαλοπρεπῆ παρόντα. (9) Καὶ ταῦτα χαλεπὸν μὲν οἶμαι καὶ ὑπὸ πολεμίων παθεῖν, πολὺ δ', ὦ Ζεῦ, χαλεπώτερον ὑφ' ὧν ἥκιστα ἐχρῆν ταῦτα πεπονθέναι. Ἐγὼ μὲν γὰρ δοκῶ δεκάκις ἂν κατὰ τῆς γῆς καταδῦναι ἥδιον ἢ ὀφθῆναι οὕτω ταπεινὸς καὶ ἰδεῖν τοὺς ἐμοὺς ἐμοῦ ἀμελήσαντας καὶ ἐπεγγελῶντας ἐμοί. Οὐ γὰρ ἀγνοῶ τοῦτο, ἔφη, ὅτι οὐ σύ μου μόνον μείζων εἶ, ἀλλὰ καὶ οἱ ἐμοὶ δοῦλοι ἰσχυρότεροι ἐμοῦ ὑπαντιάζουσί μοι καὶ κατεσκευασμένοι εἰσὶν ὥστε δύνασθαι ποιῆσαι μᾶλλον ἐμὲ κακῶς ἢ παθεῖν ὑπ' ἐμοῦ. (10) Καὶ ἅμα ταῦτα λέγων πολὺ ἔτι μᾶλλον ἐκρατεῖτο ὑπὸ τῶν δακρύων, ὥστε καὶ τὸν Κῦρον ἐπεσπάσατο ἐμπλησθῆναι δακρύων τὰ ὄμματα. Ἐπισχὼν δὲ μικρὸν ἔλεξε τοιάδε ὁ Κῦρος.

Ἀλλὰ ταῦτα μέν, ὦ Κυαξάρη, οὔτε λέγεις ἀληθῆ οὔτε ὀρθῶς γιγνώσκεις, εἰ οἴει τῇ ἐμῇ παρουσίᾳ Μήδους κατεσκευάσθαι ὥστε ἱκανοὺς εἶναί σε κακῶς ποιεῖν. (11) Τὸ μέντοι σε θυμοῦσθαι οὐ θαυμάζω· εἰ μέντοι γε δικαίως ἢ ἀδίκως αὐτοῖς χαλεπαίνεις, παρήσω τοῦτο· οἶδα γὰρ ὅτι βαρέως ἂν φέροις ἀκούων ἐμοῦ ἀπολογουμένου ὑπὲρ αὐτῶν· τὸ μέντοι ἄνδρα ἄρχοντα πᾶσιν ἅμα χαλεπαίνειν τοῖς ἀρχομένοις, τοῦτο ἐμοὶ δοκεῖ μέγα ἁμάρτημα εἶναι. Ἀνάγκη γὰρ διὰ τὸ πολλοὺς μὲν φοβεῖν πολλοὺς ἐχθροὺς ποιεῖσθαι, διὰ δὲ τὸ πᾶσιν ἅμα χαλεπαίνειν πᾶσιν αὐτοῖς ὁμόνοιαν ἐμβάλλειν. (12) Ὧν ἕνεκα, εὖ ἴσθι, ἐγὼ οὐκ ἀπέπεμπον ἄνευ ἐμαυτοῦ τούτους, φοβούμενος μή τι γένοιτο διὰ τὴν σὴν ὀργὴν ὅ, τι πάντας ἡμᾶς λυπήσαι. Ταῦτα μὲν οὖν σὺν τοῖς θεοῖς ἐμοῦ παρόντος ἀσφαλῶς ἔχει σοι· τὸ μέντοι σε νομίζειν ὑπ' ἐμοῦ ἀδικεῖσθαι, τοῦτο ἐγὼ πάνυ χαλεπῶς φέρω, εἰ ἀσκῶν ὅσον δύναμαι τοὺς φίλους ὡς πλεῖστα ἀγαθὰ ποιεῖν ἔπειτα τἀναντία τούτου δοκῶ ἐξεργάζεσθαι. (13) Ἀλλὰ γὰρ, ἔφη, μὴ οὕτως εἰκῇ ἡμᾶς αὐτοὺς αἰτιώμεθα, ἀλλ', εἰ δυνατόν, σαφέστατα κατίδωμεν ποῖόν ἐστι τὸ παρ' ἐμοῦ ἀδίκημα. Καὶ τὴν ἐν φίλοις δικαιοτάτην ὑπόθεσιν ἔχω ὑποτίθεναι· ἐὰν γάρ τί σε φανῶ κακὸν πεποιηκώς, ὁμολογῶ ἀδικεῖν· ἐὰν μέντοι μηδὲν φαίνωμαι κακὸν πεποιηκὼς μηδὲ βουληθείς, οὐ καὶ σὺ αὖ ὁμολογήσεις μηδὲν ὑπ' ἐμοῦ ἀδικεῖσθαι; Ἀλλ' ἀνάγκη, ἔφη. (14) Ἐὰν δὲ δὴ καὶ ἀγαθά σοι πεπραχὼς δῆλος ὦ καὶ προθυμούμενος πρᾶξαι ὡς ἐγὼ πλεῖστα ἠδυνάμην, οὐκ ἂν καὶ ἐπαίνου σοι ἄξιος εἴην μᾶλλον ἢ μέμψεως; Δίκαιον γοῦν, ἔφη. (15) Ἄγε τοίνυν, ἔφη ὁ

dextra Cyaxaris prehensa, de via sub palmas quasdam eum abduxit, et stragula quædam ei Medica substerni jussit, in quæ cum eum collocasset et adsedisset ipse, sic interrogavit.

Dic mihi, per deos immortales, inquit, avuncule, quamobrem mihi irasceris? et quid rei molestæ vides, quod usque adeo fers graviter? Hic Cyaxares hunc in modum respondit: Quia cum, Cyre, existimer inde usque ab omni hominum memoria tum majoribus jam olim regibus tum patre rege procreatus esse, atque etiam ipse rex habear, me quidem adeo vilem indignumque in modum advehi conspicio, te vero meo cum comitatu ceterisque copiis magnum et magnificum adesse. Atque hæc, mea sententia, vel ab hostibus pati grave est; sed multo, pro Jupiter, gravius ab illis, a quibus hæc quenquam perpessum esse minime decebat. Equidem arbitror esse satius decies sub terram condi, quam adeo vilem me conspici, meosque mei negligentes, me irridentes cernere. Neque enim hoc, ait, ignoro, non te solum me majorem esse, sed mihi etiam servos meos, me potentiores, occurrere, atque ita paratos esse, ut facilius me lædere possint quam a me lædi. Atque hæc dum proferret, multo etiam magis eum superabant lacrimæ: adeo ut Cyrum etiam eo pertraheret, ut oculi ejus lacrimis implerentur. Cum autem paulum tacuisset, ita Cyrus loquutus est:

Hæc vero, Cyaxares, nec vere dicis, nec recte judicas, si Medos arbitraris, ipse quod hic adsim, sic instructos esse, ut ad te lædendum satis virium habeant. Te sane ira correptum esse non miror : utrum vero jure an injuria eis succenseas, id equidem omittam : quippe novi te graviter laturum, si me pro eis causam dicere audias : sed enim virum, qui cum imperio sit, subjectis sibi pariter omnibus succensere, magnum equidem errorem arbitror. Est enim necesse, multos inimicos fieri, cum quis terrorem multis incutit ; necesse etiam, ut concordiam eis omnibus injiciat, cum quis omnibus succenset. His de causis me certo scias velim hos ad te sine me non remisisse, quod metuerem, ne quid ob iracundiam tuam accideret, quod nobis universis dolorem adferret. Itaque deum ope nullum hæc tibi, me præsente, periculum creabunt : verum quod putas injuria te adfectum a me esse, id graviter admodum fero, si, dum pro virili laboro, ut in amicos plurima beneficia conferam, contrarium facere videar. Verum enimvero, inquit, ne nosmet ipsos adeo temere criminemur; sed, si fieri potest, planissime videamus qualis illa sit a me illata injuria. Atque ego quidem æquissimam inter amicos conditionem propono : nam si me constat mali quidquam fecisse, injustum me fatebor ; sin me nihil admisisse maleficii manifestum sit, ac ne voluisse quidem, annon et ipse vicissim fatebere, nulla te adfectum a me injuria? Id vero necesse fuerit, ait. Quod si autem manifestum sit etiam boni me auctorem extitisse tibi, studioseque in id incubuisse, ut quam plurima beneficia possem, in te conferrem ; annon potius laude tibi dignus habear, quam reprehensione? Æquum scilicet, ait. Age

Κῦρος, σκοπῶμεν τὰ ἐμοὶ πεπραγμένα πάντα καθ᾽ ἓν ἕκαστον· οὕτω γὰρ δὴ μάλιστα δῆλον ἔσται ὅ,τι τε αὐτῶν ἀγαθόν ἐστι καὶ ὅ,τι κακόν. (16) Ἀρξώμεθα δ᾽, ἔφη, ἐκ τῆσδε τῆς ἀρχῆς, εἰ καὶ σοὶ ἀρκούντως δοκεῖ ἔχειν. Σὺ γὰρ δήπου ἐπεὶ ᾔσθου πολλοὺς πολεμίους ἠθροισμένους, καὶ τούτους ἐπὶ σὲ καὶ τὴν σὴν χώραν ὁρμωμένους, εὐθὺς ἔπεμπες πρός τε τὸ κοινὸν Περσῶν συμμάχους αἰτούμενος καὶ πρὸς ἐμὲ ἰδίᾳ δεόμενος πειρᾶσθαι αὐτὸν ἐμὲ ἐλθεῖν ἡγούμενον, εἴ τινες Περσῶν ἴοιεν. Οὔκουν ἐγὼ ἐπείσθην τε ταῦτα ὑπὸ σοῦ καὶ παρεγενόμην ἄνδρας ἄγων σοι ὡς ἦν δυνατὸν πλείστους τε καὶ ἀρίστους; Ἦλθες γὰρ οὖν, ἔφη. (17) Ἐν τούτῳ τοίνυν, ἔφη, πρῶτόν μοι εἰπὲ πότερον ἀδικίαν τινά μου πρὸς σὲ κατέγνως ἢ μᾶλλον εὐεργεσίαν; Δῆλον, ἔφη ὁ Κυαξάρης, ὅτι ἔκ γε τούτων εὐεργεσίαν. (18) Τί γάρ, ἔφη, ἐπεὶ οἱ πολέμιοι ἦλθον καὶ διαγωνίζεσθαι ἔδει πρὸς αὐτούς, ἐν τούτῳ κατενόησάς πού με ἢ πόνου ἀποστάντα ἤ τινος κινδύνου φεισάμενον; Οὐ μὰ τὸν Δί᾽, ἔφη, οὐ μὲν δή. (19) Τί γάρ, ἐπεὶ νίκης γενομένης σὺν τοῖς θεοῖς ἡμετέρας καὶ ἀναχωρησάντων τῶν πολεμίων παρεκάλουν ἐγώ σε ὅπως κοινῇ μὲν αὐτοὺς διώκοιμεν, κοινῇ δὲ τιμωροίμεθα, κοινῇ δὲ εἴ τι καλὸν κἀγαθὸν συμβαίνοι, τοῦτο καρποίμεθα, ἐν τούτοις ἔχεις τινά μου πλεονεξίαν κατηγορῆσαι; (20) Ὁ μὲν δὴ Κυαξάρης πρὸς τοῦτο ἐσίγα· ὁ δὲ Κῦρος πάλιν ἔλεγεν ὧδε. Ἀλλ᾽ εἰ πρὸς τοῦτο σιωπᾶν ἥδιόν σοι ἢ ἀποκρίνασθαι, τόδε γ᾽, ἔφη, εἰπὲ εἴ τι ἀδικεῖσθαι ἐνόμισας ὅτι ἐπεί σοι οὐκ ἀσφαλὲς ἐδόκει εἶναι διώκειν, σὲ μὲν αὐτὸν ἀφῆκα τούτου τοῦ κινδύνου, ἱππέας δὲ τῶν σῶν συμπέμψαι μοι ἐδεήθην σου· εἰ γὰρ καὶ τοῦτο αἰτῶν ἠδίκουν, ἄλλως τε καὶ προπαρεσχηκὼς ἐμαυτόν σοι σύμμαχον, τοῦτ᾽ αὖ παρὰ σοῦ, ἔφη, ἐπιδεικνύσθω. (21) Ἐπεὶ δ᾽ αὖ καὶ πρὸς τοῦτο ἐσίγα ὁ Κυαξάρης, Ἀλλ᾽ εἰ μηδὲ τοῦτ᾽, ἔφη, βούλει ἀποκρίνασθαι, σὺ δὲ τοὐντεῦθεν λέγε εἴ τι ἀν ἠδίκουν ὅτι σοῦ ἀποκριναμένου ἐμοὶ ὡς οὐκ ἂν βούλοιο εὐθυμουμένους ὁρῶν Μήδους τούτου παύσας αὐτοὺς ἀναγκάζειν κινδυνεύσοντας ἰέναι, εἰ τί αὖ σοι δοκῶ τοῦτο χαλεπὸν ποιῆσαί ὅτι ἀμελήσας τοῦ ὀργίσεσθαί σοι ἐπὶ τούτοις πάλιν ᾐτούν σε ὃ ᾔδειν οὔτε σοὶ μεῖον ὃν δοῦναί μοι οὐδὲν οὔτε ῥᾷον Μήδοις ἐπιταχθῆναι [οὐδέν]· τὸν γὰρ βουλόμενον δήπου ἐπεσθαι ᾔτησά σε δοῦναί μοι. (22) Οὐκοῦν τούτου τυχὼν παρὰ σοῦ οὐδὲν ἤνυον εἰ μὴ τούτους πείσαιμι. Ἐλθὼν οὖν ἐπειθον αὐτοὺς καὶ οὓς ἔπεισα τούτους ἔχων ἐπορευόμην σοῦ ἐπιτρέψαντος. Εἰ δὲ τοῦτο αἴτιον ἄξιον νομίζεις, οὐδ᾽ ὅ,τι ἂν διδῷς, ὡς ἔοικε, παρὰ σοῦ δέχεσθαι ἀναίτιόν ἐστιν. (23) Οὐκοῦν ἐξωρμήσαμεν οὕτως· ἐπειδὴ δὲ ἐξήλθομεν, τί ἡμῖν πεπραγμένον οὐ φανερόν ἐστιν; οὐ τὸ στρατόπεδον ᾑλωκε τῶν πολεμίων; οὐ τεθνᾶσι πολλοὶ τῶν ἐπὶ σὲ ἐλθόντων; ἀλλὰ μὴν τῶν γε ζώντων ἐχθρῶν πολλοὶ μὲν ὅπλων ἐστέρηνται, πολλοὶ δὲ ἵππων· χρήματά γε μὴν τὰ τῶν φερόντων καὶ ἀγόντων τὰ σὰ ὁρᾷς οὓς νῦν ὁρᾷς τοὺς σοὺς φίλους καὶ ἔχοντας καὶ ἄγοντας τὰ μὲν σοί, τὰ δὲ αὖ τοῖς ὑπὸ τὴν σὴν ἀρχήν. (24) Τὸ

igitur, inquit Cyrus, consideremus singillatim omnia quæ a me gesta sunt; sic enim maxime perspicuum erit, quid in iis boni sit, quid mali. Ordiamur autem ab hoc, ait, principatu, si ei tibi sufficere videtur. Tu nimirum, cum animadverteres multos coivisse hostes, et quidem adversus te tuamque regionem domo progressos esse, illico tum ad Persas publice misisti copias auxiliares petitum, tum ad me privatim, rogans ut operam darem quo venirem ipse, copiarumque Persicarum, si quæ ad te irent, ductor essem. An non in his abs te persuasus sum, adfuique viros ducens numero quam potui maxime, eosdemque præstantissimos? Venisti vero, inquit. Ergo, ait, mihi primum dicito, utrum in hoc injuriam adversum te meam deprehenderis, an potius beneficium? Manifestum est, inquit Cyaxares, ex his quidem beneficium me cognovisse. Quid vero? inquit, ubi venerunt hostes, et dimicandum adversus eos erat, an tum animadvertisti me vel laborem ullum detrectasse, vel pepercisse periculo? Non profecto, ait, non equidem. Quid? ubi deum ope victoria penes nos stetit, hostesque jam cederent, atque ego te rogarem ut communibus eos copiis insequeremur, communi opera ulcisceremur, communem denique, si quid bene feliciterque eveniret, ex eo fructum caperemus : in iis an me accusare possis, quasi proprii emolumenti plus æquo cupidum? Ad hæc quidem Cyaxares subticuit : Cyrus autem rursum ita loquutus est : Quando tibi ad hoc tacere potius libet, quam respondere, id mihi dicito, adfectumne te eis arbitratus injuria quod, cum tibi tutum non esse videretur persequi, te quidem ipsum periculi hujus participem fieri non sum passus, sed ut equites mihi quosdam de tuis mitteres, rogavi? num enim id abs te petens injuste fecerim, præsertim qui jam ante me tibi socium belli præbuissem, hoc abs te, inquit, demonstretur. Ad hæc itidem cum taceret Cyaxares, At, si ne ad hoc quidem, inquit, respondere vis, illud deinceps dicito, an injurius fuerim quod, cum tu mihi respondores nolle te, qui Medos hilaritati operam dare videres, ab hac revocatos cogere tunc ad profectionem cum periculo conjunctam; an, inquam, videar molestum aliquid tibi fecisse, quod irasci tibi noluerim, sed post hæc rursum abs te id petiverim, quo sciebam nihil a te tibi dari posse levius, nihil Medis imperari facilius : rogabam enim ut eos mihi dares, qui sequi vellent. Atqui hoc cum abs te impetrassem, perfeci nihil, extra quam his ut me sequerentur persuadendo. Itaque cos accessi, persuasi, iisque quibus persuaseram adsumptis abii, tuo permissu. Quod si hoc merito culpandum existimas, ne culpa quidem vacat, uti videtur, aliquid abs te accipere, quod dederis. Sic igitur profecti sumus. At postquam discessimus, quid gestum a nobis est, quod omnibus notum non sit? annon hostium castra capta sunt? annon plures eorum interfecti sunt, qui contra te veneraut? quin et ex vivis hostibus multi sunt spoliati sunt armis, equis multi. Fortunas vero eorum qui antehac ferebant et agebant res tuas, jam vides amicos tuos tenere et secum adferre partim tibi, partim sibi et iis qui tuo imperio subjecti sunt. Quod vero omnium

δὲ πάντων μέγιστον καὶ κάλλιστον, τὴν μὲν σὴν χώραν αὐξανομένην ὁρᾷς, τὴν δὲ τῶν πολεμίων μειουμένην, καὶ τὰ μὲν τῶν πολεμίων φρούρια ἐχόμενα, τὰ δὲ σὰ τὰ πρότερον εἰς τὴν Σύρων ἐπικράτειαν συγκατασπασθέντα νῦν τἀναντία σοι προσκεχωρηκότα· τούτων δὲ εἴ τι κακὸν σοι ἢ, εἴ τι μὴ ἀγαθόν σοι μαθεῖν μὲν ἔγωγε βούλεσθαι οὐκ οἶδα ὅπως ἂν εἴποιμι, ἀκοῦσαί μέντοι γε οὐδέν κωλύει. Ἀλλὰ λέγε δ', τι γιγνώσκεις περὶ αὐτῶν. (25) Ὁ μὲν δὴ Κῦρος οὕτως εἰπὼν ἐπαύσατο· ὁ δὲ Κυαξάρης ἔλεξε πρὸς ταῦτα τάδε.

Ἀλλ᾽, ὦ Κῦρε, ὡς μὲν ταῦτα ἃ σὺ πεποίηκας κακά ἐστιν οὐκ οἶδ᾽ ὅπως χρὴ λέγειν· εὖ γε μέντοι, ἔφη, ἴσθι ὅτι ταῦτα τὰ ἀγαθὰ τοιαῦτά ἐστιν οἷα ὅσῳ πλείονα φαίνεται, τοσούτῳ μᾶλλον ἐμὲ βαρύνει. (26) Τήν τε γὰρ χώραν, ἔφη, ἐγὼ ἂν τὴν σὴν ἐβουλόμην τῇ ἐμῇ δυνάμει μείζω ποιεῖν μᾶλλον ἢ τὴν ἐμὴν ὑπὸ σοῦ ὁρᾶν οὕτως αὐξανομένην· σοὶ μὲν γὰρ ταῦτα ποιοῦντι καλά, ἐμοὶ δέ γέ ἐστί πῃ ταῦτα ἀτιμίαν φέροντα. (27) Καὶ χρήματα οὕτως ἄν μοι δοκῶ ἥδιόν σοι δωρεῖσθαι ἢ παρὰ σοῦ οὕτω λαμβάνειν ὡς σὺ νῦν ἐμοὶ δίδως· τούτοις γὰρ πλουτιζόμενος ὑπὸ σοῦ καὶ μᾶλλον αἰσθάνομαι οἷς πενέστερος γίγνομαι. Καὶ τούς γ᾽ ἐμοὺς ὑπηκόους ἰδὼν μικρά γε ἀδικουμένους ὑπὸ σοῦ ἧττον ἂν δοκῶ λυπεῖσθαι ἢ νῦν ὁρῶν ὅτι μεγάλα ἀγαθὰ πεπόνθασιν ὑπὸ σοῦ. (28) Εἰ δέ σοι, ἔφη, ταῦτα δοκῶ ἀγνωμόνως ἐνθυμεῖσθαι, μὴ ἐν ἐμοὶ αὐτὰ ἀλλ᾽ εἰς σὲ τρέψας πάντα κατάθεασαι οἷά σοι φαίνεται. Τί γὰρ ἄν, εἴ τις κύνας οὓς σὺ τρέφεις φυλακῆς ἕνεκα σαυτοῦ τε καὶ τῶν σῶν τούτους θεραπεύων γνωριμωτέρους ἑαυτῷ ἢ σοὶ ποιήσειεν, ἆρα ἄν σε εὐφράναι τούτῳ τῷ θεραπεύματι; (29) Εἰ δὲ τοῦτό σοι δοκεῖ μικρὸν εἶναι, ἐκεῖνο κατανόησον· εἴ τις τοὺς σὰ θεραπεύοντας, οὓς σὺ καὶ φρουρᾶς καὶ στρατείας ἕνεκα κέκτησαι, τούτους οὕτω διαθείη ὥσθ᾽ ἐκείνου μᾶλλον ἢ σοῦ βούλεσθαι εἶναι, ἆρα ἂν ἀντὶ ταύτης τῆς εὐεργεσίας χάριν αὐτῷ εἰδείης; (30) Τί δ᾽, ὃ μάλιστα ἄνθρωποι ἀσπάζονταί τε καὶ θεραπεύουσιν οἰκειότατα, εἴ τις τὴν γυναῖκα τὴν σὴν οὕτω θεραπεύσειεν ὥστε φιλεῖν αὐτὴν μᾶλλον ποιήσειεν ἑαυτοῦ ἢ σέ, ἆρα ἄν σε τῇ εὐεργεσίᾳ ταύτῃ εὐφράναι; πολλοῦ γ᾽ ἄν, οἶμαι, καὶ δέοι· ἀλλ᾽ εὖ οἶδ᾽ ὅτι πάντων ἂν μάλιστα ἀδικοίη σε τοῦτο ποιήσας. (31) Ἵνα δὲ εἴπω καὶ τὸ μάλιστα τῷ ἐμῷ πάθει ἐμφερές, εἴ τις οὓς σὺ ἡγαγες Πέρσας οὕτω θεραπεύσειεν ὥστε αὐτῷ ἥδιον ἕπεσθαι ἢ σοί, ἆρ᾽ ἂν φίλον αὐτὸν νομίζοις; οἶμαι μὲν οὒ, ἀλλὰ πολεμιώτερον ἄν ἢ εἰ πολλοὺς αὐτῶν κατακάνοι. (32) Τί δ᾽, εἴ τις τῶν φίλων φιλοφρόνως σου εἰπόντος λαμβάνειν ὁπόσα ἐθέλοι εἶπ᾽ αὐτὸς τοῦτο ἀκούσας λαβὼν οἴχοιτο ἅπαντα ὁπόσα δύναιτο, καὶ αὐτὸς μέν γε τοῖς σοῖς πλουτοίη, σὺ δὲ μηδὲ μετρίοις ἔχοις χρῆσθαι, ἆρ᾽ ἂν δύναιο τὸν τοιοῦτον ἄμεμπτον φίλον νομίζειν; Νῦν μέντοι ἐγὼ, ὦ Κῦρε, εἰ μὴ ταῦτα ἀλλὰ τοιαῦτα ὑπὸ σοῦ δοκῶ πεπονθέναι. Σὺ γὰρ ἀληθῆ λέγεις· εἰπόντος ἐμοῦ τοὺς ἐθέλοντας ἄγειν λαβὼν ᾤχου πᾶσάν μου τὴν δύναμιν, ἐμὲ δὲ ἔρημον κατέλιπες· καὶ νῦν ἃ ἔλαβες τῇ ἐμῇ δυνάμει

maximum est et praeclarissimum, vides ditionem tuam ampliorem fieri, hostium imminui : vides hostium castella tenere, ac tua, quae avulsa Syri antea suam in potestatem redegerant, nunc e contrario tibi cessisse : an horum aliquid perniciosum tibi, an aliquid bonum sit, cognoscere me velle, equidem haud scio quomodo dixerim ; quo minus tamen audiam, nihil impedit. Quare dic, quae tua de his sententia sit. Et haec quidem cum dixisset Cyrus, finem fecit ; Cyaxares vero haec ad ista respondit :

Nescio, Cyre, qui dici possit, ea quae tu fecisti, mala esse : verum scire te volo, inquit, haec bona ejusmodi esse, ut quanto plurium speciem habent, tanto magis mihi sint oneri. Nam malim equidem ditionem tuam, inquit, copiis meis ampliorem facere, quam videre tali modo abs te augeri meam : quippe tibi haec gerenti honesta sunt, mihi quodammodo ignominiam inurunt. Etiam opes, ait, tibi me donare malim, quam abs te ita accipere, ut tu nunc mihi das : nam iis potius abs te locupletari me sentio, quibus ipse pauperior fio. Atque eos sane, meo qui sunt imperio subjecti, si modica quadam abs te adfectos injuria viderem, minus, mea sententia, dolerem, quam nunc, ubi magnis a te beneficiis adfecti sunt. Quod si tibi, inquit, haec absque judicio inique cogitare videar, non ea in me, sed in te conversa omnia, qualia tibi videantur, considera. Quid enim, ait, si quis canes, quos tu aleres custodiae tuae tuorumque causa, tales commode curando reddat, ut ipsum magis quam te norint ; an te hoc curationis genere delectaturus sit? Quod si exiguum hoc tibi videatur, illud etiam considera : si quis tuos a familia ministros, quos tu tum praesidii tum obsequii tibi praestandi causa tecum habes, ejusmodi efficiat, ut illius esse malint quam tui ; an pro hoc beneficio gratiam ei sis habiturus? Quid vero? (quod unum amore maximo complectuntur homines, et curae in primis sibi propriam habent) si quis uxorem tuam sic obsequiis demereretur, ut eam tandem sui magis, quam te, amantem efficeret ; num hoc te beneficio delectaret? Longe secus, mea quidem, ait, sententia, res se habere videretur : imo sat scio injuriam cum hoc facto maximam tibi illaturum. Ut autem quod simillimum est ei, mihi quod accidit, dicam, si quis Persas eos, quos tu ad nos duxisti, sic demereretur, ut ipsum libentius quam te sequerentur, an eum in amicorum numero haberes? Equidem arbitror, talem non duceres, sed infestiorem, quam si multos eorum occideret. Quid? si amicus quispiam tuus, te amanter dicente, Accipe de rebus meis, quantum voles, postea quam id audisset, omnia, quae posset acciperet et discederet, tuisque adeo rebus ditatus esset is, cum tu ne modicum quidem earum fructum perciperes ; an posses expertem culpae amicum hunc existimare? Nunc vero abs te, Cyre, si non haec, tamen his similia perpessum me arbitror. Nam vera narras ; cum ego dixissem, licere tibi sequi volentes tecum ducere, copiis meis omnibus acceptis discessisti, meque solum reliquisti : jam autem quae mei exercitus opera ce-

ἄγεις δή μοι καὶ τὴν ἐμὴν χώραν αὔξεις σὺν τῇ ἐμῇ ῥώμῃ, ἐγὼ δὲ δοκῶ οὐδὲν συναίτιος ὢν τῶν ἀγαθῶν παρέχειν ἐμαυτὸν ὥσπερ γυνὴ εὖ ποιεῖν, καὶ τοῖς τε ἄλλοις ἀνθρώποις καὶ τοῖσδε τοῖς ἐμοῖς ὑπηκόοις σὺ μὲν ἀνὴρ φαίνῃ, ἐγὼ δ' οὐκ ἄξιος ἀρχῆς. (34) Ταῦτά σοι δοκεῖ εὐεργετήματα εἶναι, ὦ Κῦρε· εὖ ἴσθ' ὅτι εἴ τι ἐμοῦ ἐκήδου, οὐδενὸς ἂν οὕτω με ἀποστερεῖν ἐφυλάττου ὡς ἀξιώματος καὶ τιμῆς. Τί γὰρ ἐμοὶ πλέον τὸ τὴν γῆν πλατύνεσθαι, αὐτὸν δὲ ἀτιμάζεσθαι; οὐ γάρ τοι ἐγὼ Μήδων ἦρχον διὰ τὸ κρείττων αὐτῶν πάντων εἶναι, ἀλλὰ μᾶλλον διὰ τὸ αὐτοὺς τούτους ἀξιοῦν ἡμᾶς ἑαυτῶν πάντα βελτίονας εἶναι.

35. Καὶ ὁ Κῦρος ἔτι λέγοντος αὐτοῦ ὑπολαβὼν εἶπε, Πρὸς τῶν θεῶν, ἔφη, ὦ θεῖε, εἴ τι κἀγώ σοι πρότερον ἐχαρισάμην, καὶ σὺ νῦν ἐμοὶ χάρισαι ὧν ἂν δεηθῶ σοῦ παῦσαι, ἔφη, τὸ νῦν εἶναι, μεμφόμενός μοι· ἐπειδὰν δὲ πεῖραν ἡμῶν λάβῃς πῶς ἔχομεν πρὸς σὲ, ἐὰν μὲν δή σοι φαίνηται τὰ ὑπ' ἐμοῦ πεπραγμένα ἐπὶ τῷ σῷ ἀγαθῷ πεποιημένα, ἀσπαζομένου τέ μού σε ἀντασπάζου εὐεργέτην τε νόμιζε, ἐὰν δ' ἐπὶ θάτερα, τότε μοι μέμφου. (36) Ἀλλ' ἴσως μέντοι, ἔφη ὁ Κυαξάρης, καλῶς λέγεις· κἀγὼ οὕτω ποιήσω. Τί οὖν; ἔφη ὁ Κῦρος, ἦ καὶ φιλήσω σε; Εἰ σὺ βούλει, ἔφη. Καὶ οὐκ ἀποστρέψῃ με ὥσπερ ἄρτι; Οὐκ ἀποστρέψομαι, ἔφη. Καὶ ὃς ἐφίλησεν αὐτόν.

37. Ὡς δὲ εἶδον οἱ Μῆδοί τε καὶ οἱ Πέρσαι καὶ οἱ ἄλλοι, πᾶσι γὰρ ἔμελεν ὅ,τι ἐκ τούτων ἔσοιτο, αὐτοὺς ἥσθησάν τε καὶ ἐφαιδρύνθησαν. Καὶ ὁ Κῦρος δὲ καὶ ὁ Κυαξάρης ἀναβάντες ἐπὶ τοὺς ἵππους ἡγοῦντο, καὶ ἐπὶ μὲν τῷ Κυαξάρῃ οἱ Μῆδοι εἵποντο, Κῦρος γὰρ αὐτοῖς οὕτως ἐπένευσεν, ἐπὶ δὲ τῷ Κύρῳ οἱ Πέρσαι, οἱ δ' ἄλλοι ἐπὶ τούτοις. (38) Ἐπεὶ δὲ ἀφίκοντο ἐπὶ τὸ στρατόπεδον καὶ κατέστησαν τὸν Κυαξάρην εἰς τὴν κατεσκευασμένην σκηνήν, οἷς μὲν ἐπετέτακτο παρεσκεύαζον τὰ ἐπιτήδεια τῷ Κυαξάρῃ· (39) οἱ δὲ Μῆδοι ὅσον χρόνον σχολὴν πρὸ δείπνου ἦγεν ὁ Κυαξάρης ᾖεσαν πρὸς αὐτόν, οἱ μὲν καὶ αὐτοὶ καθ' ἑαυτοὺς, οἱ δὲ πλεῖστοι ὑπὸ Κύρου ἐγκέλευστοι, δῶρα ἄγοντες, ὁ μέν τις οἰνοχόον καλὸν, ὁ δ' ὀψοποιὸν ἀγαθὸν, ὁ δ' ἀρτοποιὸν, ὁ δὲ μουσουργὸν, οἱ δ' ἐκπώματα, οἱ δ' ἐσθῆτα καλήν· πᾶς δέ τις ὡς ἐπὶ τὸ πολὺ ἕν γέ τι ὧν εἰλήφει ἐδωρεῖτο αὐτῷ· (40) ὥστε τὸν Κυαξάρην μεταγιγνώσκειν ὡς οὔτε ὁ Κῦρος ἀφίστη αὐτοὺς ἀπ' αὐτοῦ οὔθ' οἱ Μῆδοι ἧττόν τε αὐτῷ προσεῖχον τὸν νοῦν ἢ καὶ πρόσθεν.

41. Ἐπεὶ δὲ δείπνου ὥρα ἦν, καλέσας ὁ Κυαξάρης ἠξίου τὸν Κῦρον διὰ χρόνου ἰδόντα αὐτὸν συνδειπνεῖν. Ὁ δὲ Κῦρος ἔφη, Μὴ δὴ σὺ κέλευε, ὦ Κυαξάρη· ἢ οὐχ ὁρᾷς ὅτι οὗτοι οἱ παρόντες ὑφ' ἡμῶν πάντες ἐπηρμένοι πάρεισιν; οὐκοῦν καλῶς ἂν πράττοιμι εἰ τούτων ἀμελῶν τὴν ἐμὴν ἡδονὴν θεραπεύειν δοκοίην. Ἀμελεῖσθαι δὲ δοκοῦντες στρατιῶται, οἱ μὲν ἀγαθοὶ πολὺ ἀθυμότεροι γίγνονται, οἱ δὲ πονηροὶ πολὺ ὑβριστότεροι. (42) Ἀλλὰ σὺ μὲν, ἔφη, ἄλλως τε καὶ ὁδὸν μακρὰν ἥκων δείπνει ἤδη· καὶ εἴ τινές σε τιμῶσιν, ἀντασπάζου καὶ εὐώχει αὐ-

pisti, adfers sane mihi, ac meam copiis meis ditionem auges: atqui ego, nullius boni tecum auctor, instar feminae me offerre videor ut bene mihi fiat, atque tum aliis hominibus, tum etiam his imperio meo subjectis tu viri speciem habes, ego indignus videor imperio. Haeccine tibi, Cyre, videntur esse beneficia? Certo scias, ulla mei si te cura tangeret, in primis tu cavisses, ut nulla re minus me spoliares, quam auctoritate ac dignitate. Nam quid ex eo mihi accedit, si regio mea dilatetur, ipse per ignominiam contemptui sim? nec enim idcirco Medorum ego potius sum imperio, quod unus praestantior universis essem; sed potius quia ducerent ipsi nos in omnibus se meliores esse.

Et Cyrus, eo adhuc loquente sermonem suscipiens, Per deos immortales, inquit, avuncule, si quid ego tibi antehac feci, gratum quod esset, etiam tu hoc mihi gratificare, quae a te petam : finem scilicet de me querendi hoc tempore facito : ubi vero periculum nostrum feceris, quo pacto erga te simus adfecti, si quidem tibi constiterit, ea quae sunt a me gesta, tui boni causa facta esse, me amplectentem te vicissim amplectere, beneque de te promeritum existima : sin aliter, tum demum de me queritor. Fortassis, ait Cyaxares, recte dicis : atque equidem hoc faciam. Quid igitur? ait Cyrus, an etiam te osculabor? Si voles, inquit. Neque me aversaberis, ut modo? Non aversabor, ait. Itaque Cyrus eum est osculatus.

Quod cum Medi, Persae, atque ceteri omnes viderent (erant enim omnes solliciti quid de his futurum esset), statim adfecti laetitia et exhilarati sunt. Cyaxares autem et Cyrus, conscensis equis, praeibant, Cyaxaremque Medi sequebantur (sic enim nutu Cyrus eis significarat), Persae Cyrum, post deinde ceteri sequebantur. Ubi vero ad castra pervenissent, Cyaxaremque in tabernaculum paratum collocassent, ii quibus hoc datum erat negotii, necessaria ei parabant : et Medi, quamdiu ante coenam otiosus erat Cyaxares, adibant eum, nonnulli etiam sponte sua, plerique ex mandato Cyri, dona ferentes, alius, bellum pocillatorem; alius, bonum coquum; alius, pistorem; alius, musicae artificem ; alius, pocula ; vestem alius elegantem : maxima quidem ex parte quilibet unum quiddam eorum, quae ceperat, ei donabat : adeo ut Cyaxares mutata sententia tandem agnosceret, neque Cyrum eorum abs se animos avertisse, neque ipsum minus quam ante Medos observare.

Cum autem coenae tempus adpetiisset, Cyrum accessivit Cyaxares ac rogavit, ut, quando jam eum ex longo temporis intervallo videret, secum coenaret. Cui Cyrus, Ne me jusseris, inquit, Cyaxares. Annon vides, hos omnes qui adsunt a nobis impulsos adesse? quamobrem non recte fecero, si hos negligens, voluptati meae indulgere videar : quippe ubi se negligi putant milites, tum fortes qui sunt, multo minus alacres evadunt, improbi multo petulantiores. Verum tu, qui praesertim, ait, longo itinere confecto advenisti, coenato jam : et si qui te colunt, eos vicissim complectere epulisque

τοὺς, ἵνα σε καὶ θαρρήσωσιν· ἐγὼ δ' ἀπιὼν ἐφ' ἅπερ λέγω τρέψομαι. (43) Αὔριον δ', ἔφη, πρωῒ δεῦρο ἐπὶ τὰς σὰς θύρας παρέσονται πάντες οἱ ἐπικαίριοι, ὅπως βουλευσόμεθα σὺν σοὶ ὅ,τι χρὴ ποιεῖν τὸ ἐκ τοῦδε. Σὺ δ' ἡμῖν ἔμβαλε παρὼν περὶ τούτου πότερον ἔτι δοκεῖ στρατεύεσθαι ἢ καιρὸς ἤδη διαλύειν τὴν στρατιάν. (44) Ἐκ τούτου ὁ μὲν Κυαξάρης ἀμφὶ δεῖπνον εἶχεν, ὁ δὲ Κῦρος συλλέξας τῶν φίλων τοὺς ἱκανωτάτους καὶ φρονεῖν καὶ συμπράττειν, εἴ τι δέοι, ἔλεξε τοιάδε.

Ἄνδρες φίλοι, ἃ μὲν δὴ πρῶτα ηὐξάμεθα, πάρεστι σὺν θεοῖς. Ὅπῃ γὰρ ἂν πορευώμεθα, κρατοῦμεν τῆς χώρας· καὶ μὲν δὴ τοὺς πολεμίους ὁρῶμεν μειουμένους, ἡμᾶς δὲ αὐτοὺς πλείονάς τε καὶ ἰσχυροτέρους γιγνομένους. (45) Εἰ δὲ ἡμῖν ἔτι ἐθελήσαιεν οἱ νῦν προσγεγενημένοι σύμμαχοι παραμεῖναι, πολλῷ ἂν μᾶλλον ἀνύσαι δυναίμεθα καὶ εἴ τι βιάσασθαι καιρὸς καὶ εἴ τι πεῖσαι δέοι. Ὅπως οὖν τὸ μένειν ὡς πλείστους συνδοκῇ τῶν συμμάχων, οὐδὲν μᾶλλον τοῦτο ἔργον ἐμὸν ἢ καὶ ὑμέτερον μηχανᾶσθαι. (46) Ἀλλ' ὥσπερ καὶ ὅταν μάχεσθαι δέῃ, ὁ πλείστους χειρωσάμενος ἀλκιμώτατος δοξάζεται εἶναι, οὕτω καὶ ὅταν πεῖσαι δέῃ, ὁ πλείστους ὁμογνώμονας ἡμῖν ποιήσας οὗτος δικαίως ἂν λεκτικώτατός τε καὶ πρακτικώτατος κρίνοιτο ἂν εἶναι. (47) Μὴ μέντοι ὡς λόγον ἡμῖν ἐπιδειξόμενοι οἷον ἂν εἴπητε πρὸς ἕκαστον αὐτῶν τοῦτο μελετᾶτε, ἀλλ' ὡς τοὺς πεπεισμένους ὑφ' ἑκάστου δήλους ἐσομένους οἷς ἂν πράττωσιν οὕτω παρασκευάζεσθε. (48) Καὶ ὑμεῖς μέν, ἔφη, τούτων ἐπιμελεῖσθε· ἐγὼ δὲ ὅπως ἂν ἔχοντες τὰ ἐπιτήδεια ὅσον ἂν ἔγωγε δύνωμαι οἱ στρατιῶται περὶ τοῦ στρατεύεσθαι βουλεύωνται τούτου πειράσομαι ἐπιμελεῖσθαι.

ΒΙΒΛΙΟΝ ϛ.

ΚΕΦΑΛΑΙΟΝ Α.

Ταύτην μὲν δὴ τὴν ἡμέραν οὕτω διαγαγόντες καὶ δειπνήσαντες ἀνεπαύοντο. Τῇ δ' ὑστεραίᾳ πρωῒ ἧκον ἐπὶ τὰς Κυαξάρου θύρας πάντες οἱ ξύμμαχοι. Ἕως οὖν ὁ Κυαξάρης ἐκοσμεῖτο, ἀκούων ὅτι πολὺς ὄχλος ἐπὶ τὰς θύρας εἴη, ἐν τούτῳ οἱ φίλοι τῷ Κύρῳ προσῆγον οἱ μὲν Καδουσίους δεομένους αὐτοῦ μένειν, οἱ δὲ Ὑρκανίους, ὁ δέ τις Σάκας, ὁ δέ τις καὶ Γωβρύαν· Ὑστάσπης δὲ Γαδάταν τὸν εὐνοῦχον προσῆγε, δεόμενον τοῦ Κῦρου μένειν. (2) Ἔνθα δὴ ὁ Κῦρος γιγνώσκων ὅτι Γαδάτας πάλαι ἀπωλώλει τῷ φόβῳ μὴ λυθείη ἡ στρατιά, ἐπιγελάσας εἶπεν, Ὦ Γαδάτα, δῆλος εἶ, ἔφη, ὑπὸ τοῦ Ὑστάσπου τούτου πεπεισμένος ταῦτα γιγνώσκειν ἃ λέγεις. (3) Καὶ ὁ Γαδάτας ἀνατείνας τὰς χεῖρας εἰς τὸν οὐρανὸν ἀπώμοσεν ἦ μὴν μὴ ὑπὸ τοῦ Ὑστάσπου πεισθεὶς ταῦτα γιγνώσκειν· ἀλλ' οἶδα, ἔφη, ὅτι ἂν ὑμεῖς ἀπέλθητε, ἔρρει τἀμὰ παντελῶς· διὰ ταῦτα, ἔφη, καὶ

accipito, ut per eos bono sis animo : ego vero ad ea me convertam, quæ dixi. Cras autem mane, inquit, hic ad portam tuam omnes, rebus qui sunt consultandis idonei, aderunt ; ut tecum deliberemus, quidnam deinceps agendum sit. Tu vero præsens de hoc ad nos referto, videaturne amplius bellum esse gerendum, an opportunum sit jam exercitum dimittere. Post hæc Cyaxares cœnabat : Cyrus autem, convocatis amicis, qui maxime et ad intelligendum, et ad navandam operam, si quid usus postularet, idonei erant, hujusmodi orationem habuit :

« Quæ primum optavimus, amici, ea deorum benignitate nobis adsunt. Quo enim cunque tandem pergimus, hostium agro potimur : et vero etiam hostes imminui videmus, cum nos et numero et robore augeamur. Quod si manere nobiscum velint socii, qui ad nos jam accesserunt, multo etiam magis ea omnia quæ aggrediemur perficere poterimus, sive quid vi peragendi sit opportunitas, sive quid persuadendo sit obtinendum. Quapropter non magis mei quam vestri muneris fuerit moliri, ut maximæ sociorum parti nobiscum manere placeat. Quemadmodum vero, cum pugnandum est, is qui plurimos capit, fortissimus existimatur : ita qui plurimos nostram in sententiam adducit, cum consilium ineundum est, is jure tam dicendi quam agendi peritissimus habeatur. Neque tamen in hoc vos exercueritis, ut orationem nobis ostentetis, qua usuri ad quemque sitis, sed ita eos parate, ut se persuasos a quolibet vestrum factis declarent. « Ac vobis quidem hæc, inquit, curæ sint : ego pro mea virili curare conabor, ut milites a commeatu quammaxime instructi, de expeditione deliberent.

LIBER VI.

CAPUT I.

Cum hoc modo diem hunc exegissent, cœnassentque, quieti se dederunt : postridie autem mane ad Cyaxaris portam socii omnes conveniunt. Itaque dum Cyaxares ornaretur, qui audiret magnam multitudinem ad portam adesse, interea ad Cyrum amici adducebant, alii quidem Cadusios, rogantes uti maneret ; alii, Hyrcanios ; Gobryam hic, ille Sacas ; Gadatam eunuchum adducebat Hystaspas, orantem Cyrum, uti maneret. Ibi Cyrus, qui Gadatam jam dudum interiisse nosset præ metu ne exercitus dimitteretur, cum risu ait, Manifestum est, Gadata, te ab hoc Hystaspa persuasum ea sentire, quæ dicis. Et Gadatas, sublatis ad cœlum manibus, jurejurando negavit ab Hystaspa sibi persuasa hæc esse, quæ sentiret : Sed scio futurum, inquit, ut, vos si discedatis, meæ res prorsus perierint : propterea, inquit, hunc ego

τούτῳ ἐγὼ αὐτὸς διελεγόμην, ἐρωτῶν εἰ εἰδείη τί ἐν νῷ· ἔχεις ὑπὲρ τῆς διαλύσεως τοῦ στρατεύματος ποιεῖν. (4) Καὶ ὁ Κῦρος εἶπεν, Ἀδίκως ἄρα ἐγώ, ὡς ἔοικεν, Ὑστάσπου τοῦδε καταιτιῶμαι. Ἀδίκως μέντοι νὴ Δία, ἔφη ὁ Ὑστάσπης, ὦ Κῦρε· ἐγὼ γὰρ ἔλεγον τῷ Γαδάτᾳ τῷδε τοσοῦτον μόνον ὡς οὐχ οἷόν τί σοι εἴη στρατεύεσθαι, λέγων ὅτι ὁ πατήρ σε μεταπέμπεται. (5) Καὶ ὁ Κῦρος, Τί λέγεις; ἔφη· καὶ σὺ τοῦτο ἐτόλμησας ἐξενεγκεῖν, εἴτε ἐγὼ ἐβουλόμην εἴτε μή; Ναὶ μὰ Δί᾽, ἔφη ὁρῶ γάρ σε ὑπερεπιθυμοῦντα ἐν Πέρσαις περίβλεπτον περιελθεῖν καὶ τῷ πατρὶ ἐπιδείξασθαι ᾗ ἕκαστα διεπράξω. Ὁ δὲ Κῦρος ἔφη, Σὺ δ᾽ οὐκ ἐπιθυμεῖς οἴκαδε ἀπελθεῖν; Οὐ μὰ Δί᾽, ἔφη ὁ Ὑστάσπης, οὐδ᾽ ἄπειμί γε, ἀλλὰ μένων στρατηγήσω, ἕως ἂν ποιήσω Γαδάταν τουτονὶ τοῦ Ἀσσυρίου δεσπότην.

6. Οἱ μὲν δὴ τοιαῦτα ἔπαιζον σπουδῇ πρὸς ἀλλήλους. Ἐν τούτῳ ὁ Κυαξάρης σεμνῶς κεκοσμημένος ἐξῆλθε καὶ ἐπὶ θρόνου Μηδικοῦ ἐκαθέζετο. Ὡς δὲ πάντες συνῆλθον οὓς ἔδει καὶ σιωπὴ ἐγένετο, ὁ Κυαξάρης ἔλεξεν ὧδε. Ἄνδρες ξύμμαχοι, ἴσως, ἐπειδὴ παρὼν τυγχάνω καὶ πρεσβύτερός εἰμι Κύρου, εἰκὸς ἄρχειν με λόγου. Νῦν οὖν δοκεῖ μοι εἶναι καιρὸς περὶ τούτου πρῶτον διαλέγεσθαι πότερον στρατεύεσθαι ἐν καιρῷ δοκεῖ εἶναι ἢ διαλύειν ἤδη τὴν στρατιάν· λεγέτω οὖν τις, ἔφη, περὶ αὐτοῦ τούτου ᾗ γιγνώσκει. (7) Ἐκ τούτου πρῶτος μὲν εἶπεν ὁ Ὑρκάνιος, Ἄνδρες ξύμμαχοι, οὐκ οἶδα μὲν ἔγωγε εἴ τι δεῖ λόγων ὅπου αὐτὰ τὰ ἔργα δεικνύει τὸ κράτιστον. Πάντες γὰρ ἐπιστάμεθα ὅτι ὁμοῦ μὲν ὄντες πλείω κακὰ τοὺς πολεμίους ποιοῦμεν ἢ πάσχομεν· ὅτε δὲ χωρὶς ἦμεν ἀλλήλων, ἐκεῖνοι ἡμῖν ἐχρῶντο ὡς ἐκείνοις ἦν ἥδιστον, ἡμῖν γε μὴν ὡς χαλεπώτατον. (8) Ἐπὶ τούτῳ ὁ Καδούσιος εἶπεν, Ἡμεῖς δὲ τί ἂν λέγοιμεν, ἔφη, περὶ τοῦ οἴκαδε ἀπελθόντες ἕκαστοι χωρὶς εἶναι, ὁπότε γε οὐδὲ στρατευομένοις, ὡς ἔοικε, χωρίζεσθαι συμφέρει; ἡμεῖς γοῦν οὐ πολὺν χρόνον δίχα τοῦ ὑμετέρου πλήθους στρατευσάμενοι δίκην ἔδομεν οἵαν καὶ ὑμεῖς ἐπίστασθε. (9) Ἐπὶ τούτῳ Ἀρτάβαζος ὅ ποτε φήσας εἶναι Κύρῳ συγγενὴς ἔλεξε τοιάδε. Ἐγὼ δ᾽, ἔφη, ὦ Κυαξάρη, τοσοῦτον διαφέρομαι τοῖς πρόσθεν λέγουσιν· οὗτοι μὲν γάρ φασιν ὅτι δεῖ μένοντας στρατεύεσθαι, ἐγὼ δὲ λέγω ὅτι ὅτε μὲν οἴκοι ἦμεν, ἐστρατευόμην· (10) καὶ γὰρ ἐβοήθουν πολλάκις τῶν ἡμετέρων ἀγομένων καὶ περὶ τῶν σφετέρων φρουρίων τῶν ἐπιβουλευσομένων πολλάκις πράγματα εἶχον φοβούμενός τε καὶ φρουρῶν· καὶ ταῦτ᾽ ἔπραττον τὰ οἰκεῖα δαπανῶν. Νῦν δ᾽ ἔχω μὲν τὰ ἐκείνων φρούρια, οὐ φοβοῦμαι δὲ ἐκείνους, εὐωχοῦμαι δὲ τὰ ἐκείνων καὶ πίνω τὰ τῶν πολεμίων. Ὡς οὖν τὰ μὲν οἴκοι στρατείαν οὖσαν, τάδε δὲ ἑορτήν, ἐμοὶ μὲν οὐ δοκεῖ, ἔφη, διαλύειν τήνδε τὴν πανήγυριν. (11) Ἐπὶ τούτῳ ὁ Γωβρύας εἶπεν, Ἐγὼ δ᾽, ὦ ἄνδρες ξύμμαχοι, μέχρι μὲν τοῦδε ἐπαινῶ τὴν Κύρου δεξιάν· οὐδὲν γὰρ ψεύδεται ὧν ὑπέσχετο· εἰ δ᾽ ἄπεισιν ἐκ τῆς χώρας, δῆλον ὅτι ὁ μὲν Ἀσσύριος ἀναπαύσεται οὐ τίνων ποινὰς ὧν τε ὑμᾶς

met adivi, ut interrogarem num sciret quæ tua de copiis dimittendis esset sententia. Et Cyrus inquit, Ergo injuste in Hystaspam, uti quidem apparet, culpam ego confero. Profecto, Cyre, ait Hystaspas, injuste : nam ego sane Gadatæ huic solum dicebam, fieri non posse, ut maneas, quod arcessi te a patre dicerem. Tum Cyrus, Quid ais? inquit : et tu hoc efferre ausus es, sive ego vellem, sive non? Ego vero, inquit : nam te nimis quam cupere video, conspicuum in Persia circumire, ac patri demonstrare, quo pacto singula peregeris. At tu, subjecit Cyrus, non es domum redeundi cupidus? Non profecto, inquit Hystaspas, nec discedam sane; sed hic manens imperatorio fungar munere, donec Gadatam hunc Assyrii dominum fecero.

Hujusmodi quædam illi studiose inter se jocabantur. Interea Cyaxares auguste ornatus prodiit, inque Medico solio consedit. Cumque jam convenissent omnes quos oportebat, et silentium factum esset, Cyaxares in hunc modum locutus est: Quia præsens, socii, et Cyro major natu sum, par fortassis est me priore loco verba facere. Equidem arbitror, ait, nunc tempus esse, ut de eo primum disseramus, utrum adhuc commodum esse videatur, bellum geri, an copias jam dimitti : itaque de hoc ipso dicat aliquis sententiam suam. Tum primus Hyrcanius dixit, Equidem nescio, socii, num verbis sit opus, ubi res ipsæ quod optimum est demonstrant. Omnes enim intelligimus, plus hostibus detrimenti nos adferre, dum una manemus, quam ipsi accipiamus : quo vero tempore alii ab aliis sejuncti eramus, agebant illi nobiscum, prout ipsis jucundissimum, nobis vero quam gravissimum erat. Post hunc Cadusius, Nos autem quid dicamus, ait, de eo, ut domum hinc profecti separatim singuli vivamus, cum ne militantibus quidem, ut apparet, conducat sejunctionem fieri? Nimirum nos , cum non magno temporis spatio seorsum a copiis universis militaremus, pœnas dedimus, quemadmodum et ipsi nostis. Post hunc Artabazus, qui se cognatum Cyri aliquando dixerat, hæc protulit : Ego vero, ait, hactenus, Cyaxares, ab his qui ante me dixero dissentio : aiunt nempe hi oportere nos hic manentes in expeditione versari ; ego autem dico me, domi cum essem, in expeditione versatum esse. Nam sæpe ad vim arcendam adcurrebam, cum res nostræ ferrentur et agerentur ; atque etiam de castellis nostris, uti quibus insidiæ struerentur, sæpe negotium mihi exhibitum est, cum et metuerem et in præsidio essem ; atque hæc meo sumptu faciebam : nunc castella eorum teneo, et ipsos non metuo, et de iis quæ hostium sunt nem epulor et bibo. Itaque tanquam si vita domestica militia sit, hæc vero militaria, feriæ, conventum hunc equidem, ait, celebrem minime dimittendum arbitror. Post hunc Gobryas ait, Ego vero, socii, hactenus Cyri dextram laudo : nihil enim eorum non præstitit, quæ promisit ; at si ex hac regione discesserit, manifestum est, Assyrium quietem habiturum, nec pœnas ea-

ἐπεχείρησεν ἀδικεῖν καὶ ὧν ἐμὲ ἐποίησεν, ἐγὼ δὲ ἐν τῷ μέρει ἐκείνῳ πάλιν δώσω δίκην ὅτι ὑμῖν φίλος ἐγενόμην.

12. Ἐπὶ τούτοις πᾶσι Κῦρος εἶπεν, Ὦ ἄνδρες, οὐδ᾽ ἐμὲ λανθάνει ὅτι ἐὰν μὲν διαλύωμεν τὸ στράτευμα, τὰ μὲν ἡμέτερα ἀσθενέστερα γίγνοιτ᾽ ἄν, τὰ δὲ τῶν πολεμίων πάλιν αὐξήσεται. Ὅσοι τε γὰρ αὐτῶν ὅπλα ἀφῄρηνται, ταχὺ ἄλλα ποιήσονται, ὅσοι τε ἵππους ἀπεστέρηνται, ταχὺ πάλιν ἄλλους ἵππους κτήσονται, ἀντὶ δὲ τῶν ἀποθανόντων ἕτεροι ἐφηβήσουσι καὶ ἐπιγενήσονται· ὥστε οὐδὲν θαυμαστὸν εἰ πάνυ ἐν τάχει πάλιν ἡμῖν πράγματα παρέχειν δυνήσονται. (13) Τί δῆτα ἐγὼ Κυαξάρην ἐκέλευσα λόγον ἐμβαλεῖν περὶ καταλύσεως τῆς στρατιᾶς; εὖ ἴστε ὅτι φοβούμενος τὸ μέλλον. Ὁρῶ γὰρ ἡμῖν ἀντιπάλους προσιόντας οἷς ἡμεῖς, εἰ ὧδε στρατευσόμεθα, οὐ δυνησόμεθα μάχεσθαι. (14) Προσέρχεται μὲν γὰρ δήπου χειμών, στέγαι δὲ εἰ καὶ ἡμῖν αὐτοῖς εἰσίν, ἀλλὰ μὰ Δί᾽ οὐχ ἵπποις οὐδὲ θεράπουσιν οὐδὲ τῷ δήμῳ τῶν στρατιωτῶν, ὧν ἄνευ ἡμεῖς οὐκ ἂν δυναίμεθα στρατεύεσθαι· τὰ δ᾽ ἐπιτήδεια ὅπου μὲν ἡμεῖς ἐληλύθαμεν ὑφ᾽ ἡμῶν ἀνήλωται· ὅποι δὲ μὴ ἀφίγμεθα, διὰ τὸ ἡμᾶς φοβεῖσθαι ἀνακεκομισμένοι εἰσὶν εἰς ἐρύματα, ὥστε αὐτοὶ μὲν ἔχειν, ἡμᾶς δὲ ταῦτα μὴ δύνασθαι λαμβάνειν. Τίς οὖν οὕτως ἀγαθὸς ἢ τίς οὕτως ἰσχυρὸς ὃς λιμῷ καὶ ῥίγει δύναιτ᾽ ἂν μαχόμενος στρατεύεσθαι; (15) Εἰ μὲν οὖν οὕτω στρατευσόμεθα, ἐγὼ μέν φημι χρῆναι ἑκόντας ἡμᾶς καταλῦσαι τὴν στρατιὰν μᾶλλον ἢ ἄκοντας ὑπὸ ἀμηχανίας ἐξελαθῆναι. Εἰ δὲ βουλόμεθα ἔτι στρατεύεσθαι, τόδ᾽ ἐγώ φημι χρῆναι ποιεῖν, ὡς τάχιστα πειρᾶσθαι τῶν μὲν ἐκείνων ὀχυρῶν ὡς πλεῖστα παραιρεῖν, ἡμῖν δ᾽ αὐτοῖς ὡς πλεῖστα ὀχυρὰ ποιεῖσθαι· ἐὰν γὰρ ταῦτα γένηται, τὰ μὲν ἐπιτήδεια πλείω ἕξουσιν ὁπότεροι ἂν πλείω δύνωνται λαβόντες ἀποτίθεσθαι, πολιορκήσονται δὲ θάτεροι ἂν ἥττους ὦσι. (16) Νῦν δ᾽ οὐδὲν διαφέρομεν τῶν ἐν τῷ πελάγει πλεόντων· καὶ γὰρ ἐκεῖνοι πλέουσι μὲν ἀεί, τὸ δὲ πεπλευσμένον οὐδὲν οἰκειότερον τοῦ ἀπλεύστου καταλείπουσιν. Ἐὰν δὲ φρούρια ἡμῖν γένηται, ταῦτα δὴ τοῖς μὲν πολεμίοις ἀλλοτριώσει τὴν χώραν, ἡμῖν δ᾽ ὑπ᾽ εὐδίᾳ μᾶλλον πάντ᾽ ἔσται. (17) Ὃ δ᾽ ἴσως ἄν τινες ὑμῶν φοβηθεῖεν, εἰ δεήσει πόρρω τῆς ἑαυτῶν φρουρεῖν, μηδὲ τοῦτο ὀκνήσητε. Ἡμεῖς μὲν γὰρ ἐπείπερ καὶ ὡς οἴκοθεν ἀποδημοῦμεν, φρουρήσειν ὑμῖν ἀναδεχόμεθα τὰ ἐγγυτάτω χωρία τῶν πολεμίων, ὑμεῖς δὲ τὰ πρόσορα ὑμῖν αὐτοῖς τῆς Ἀσσυρίας, ἐκείνων κτᾶσθε καὶ ἐργάζεσθε. (18) Ἐὰν γὰρ ἡμεῖς τὰ πλησίον αὐτῶν φρουροῦντες δυνώμεθα σῴζεσθαι, ἐν πολλῇ ἡμεῖς εἰρήνῃ ἔσεσθε οἱ τὰ πρόσω αὐτῶν ἔχοντες· οὐ γὰρ, οἶμαι, δυνήσονται τῶν ἐγγὺς ἑαυτοῖς κακῶν ὄντων ἀμελοῦντες τοῖς πρόσω ὑμῶν ἐπιβουλεύειν.

19. Ὡς δὲ ταῦτ᾽ ἐρρήθη, οἵ τε ἄλλοι πάντες ἀνιστάμενοι συμπροθυμήσεσθαι ταῦτ᾽ ἔφασαν καὶ Κυαξάρης. Γαδάτας δὲ καὶ Γωβρύας καὶ τεῖχος ἑκάτερος αὐτῶν, ἢν ἐπιτρέψωσιν οἱ σύμμαχοι, τειχίσασθαι ἔφα-

rum injuriarum quas vobis inferre conatus est, nec illorum quæ in me patravit, luiturum: ego autem vicissim ei pœnas iterum dabo, quod vestræ amicitiæ me adjunxerim.

Post omnes hos Cyrus inquit, « Nec ego sum, viri, nescius futurum, ut, si copias dimittamus, nostræ quidem imbecilliores reddantur, hostium vero res rursum incremento augeantur. Nam quibuscunque ipsorum arma sunt adempta, ii celeriter alia facturi sunt: quicunque spoliati sunt equis, celeriter alios sibi de integro comparabunt: pro interfectis alii pubescent et iis succedent: adeo ut minime mirum videri debeat, si celeriter nobis rursum negotia facessere poterunt. Cur igitur ego Cyaxari, ut de copiarum dimissione ad vos referret, auctor fui? Nempe quia quod futurum est metuo. Video enim adversarios nobis eos adventare, cum quibus nos, hoc si modo in expeditione versamur, dimicare non poterimus. Nam hiems utique adpetit, ac tametsi tecta nos habeamus, non tamen equis ea, non ministris, non militum vulgo suppetunt; sine quibus bellum hosti facere non poterimus: commeatus autem, iis in locis in quæ nos venimus, a nobismet absumptus est; quo non accessimus, nostri metu in munitiones subvexerunt hostes: adeo ut ii hunc habeant, nos capere non possimus. Quis ergo tam fortis, quisve tam robustus, ut adversus famem et frigus pugnando bellum gerere possit? Quapropter si hoc modo militaturi sumus, aio nos ultro dimittere potius exercitum debere, quam invitos a difficultate rerum profligari. Sin hac in militia perseverare volumus, sic nobis agendum esse censeo, ut quam celerrime loca munita quam plurima hostibus adimere conemur, ac nobismet quam plurima munire: nam si ita fiat, commeatus majorem habituri sunt copiam, qui majorem rapere copiam et recondere potuerint, et obsidebuntur, qui fuerint ex alterutris inferiores. Jam vero nihil inter nos et in mari navigantes discriminis est: quippe navigant illi quidem semper, sed nihilo magis partem maris jam navigatam sibi propriam relinquunt, quam quæ ipsis enavigata non est. At si castella nobis accesserint, ab hostibus ea regionem alienabunt, nobisque omnia magis erunt in tranquillo. Quod vero nonnulli vestrum fortasse metuerint, ne procul a patrio solo collocentur in præsidiis, id minime vobis formidandum est. Nos enim qui sic quoque domo peregrinantes absumus, loca nos hostibus proxima custodituros vobis recipiemus: vos Assyriæ loca vobismet finitima possidete et colite. Nam si nos ea, quæ ab ipsis prope absunt, tueri custodiendo poterimus, alta vos in pace, qui loca possidetis procul ab ipsis dissita, victuri estis: neque enim, ut arbitror, neglectis malis sibi proximis, insidiari vobis procul remotis poterunt. »

Hæc ubi dicta fuere, cum alii omnes surgentes in ea operas suas et studia promptis se animis collaturos aiebant, tum etiam Cyaxares. Gadatas vero et Gobryas munitionem uterque se exstructuros aiebant, si potestatem ejus sibi fa-

σαν, ὥστε καὶ ταῦτα φίλια τοῖς συμμάχοις ὑπάρχειν. (20) Ὁ οὖν Κῦρος ἐπεὶ πάντας ἑώρα προθύμως ὄντας πράττειν ὅσα ἔλεξε, τέλος εἶπεν, Εἰ τοίνυν περαίνειν βουλόμεθα ὅσα φαμὲν χρῆναι ποιεῖν, ὡς τάχιστ᾽ ἂν δέοι γενέσθαι μηχανὰς μὲν εἰς τὸ καθαιρεῖν τὰ τῶν πολεμίων τείχη, τέκτονας δὲ εἰς τὸ ἡμῖν ὀχυρὰ πυργοῦσθαι. (21) Ἐκ τούτου ὑπέσχετο ὁ μὲν Κυαξάρης μηχανὴν αὐτὸς ποιησάμενος παρέξειν, ἄλλην δὲ Γαδάτας καὶ Γωβρύας, ἄλλην δὲ Τιγράνης· αὐτὸς δὲ Κῦρος ἔφη δύο πειράσεσθαι ποιήσασθαι. (22) Ἐπεὶ δὲ ταῦτ᾽ ἔδοξεν, ἐπορίζοντο μὲν μηχανοποιούς, παρεσκευάζοντο δὲ ἕκαστοι εἰς τὰς μηχανὰς ὧν ἔδει ἄνδρας δ᾽ ἐπέστησαν οἳ ἐδόκουν ἐπιτηδειότατοι εἶναι ἀμφὶ ταῦτ᾽ ἔχειν.

23. Κῦρος δ᾽ ἐπεὶ ἔγνω ὅτι διατριβὴ ἔσται ἀμφὶ ταῦτα, ἐκάθισε τὸ στράτευμα ἔνθα ᾤετο ὑγιεινότατον εἶναι καὶ εὐπροσοδώτατον ὅσα δεῖ προσκομίζεσθαι, ὅσα τε ἐρυμνότητος προσεδεῖτο, ἐποιήσατο, ὡς ἐν ἀσφαλεῖ οἱ μένοντες εἶεν, εἴ ποτε καὶ πρόσω τῇ ἰσχύι ἀποστρατοπεδεύοιτο. (24) Πρὸς δὲ τούτοις ἐρωτῶν οὓς ᾤετο μάλιστα εἰδέναι τὴν χώραν ὁπόθεν ἂν οἷς πλεῖστα ὠφελοῖτο τὸ στράτευμα, ἐξῆγεν ἀεὶ εἰς προνομάς, ἅμα μὲν ὅπως ὅτι πλεῖστα λαμβάνοι ἡ στρατιὰ τὰ ἐπιτήδεια, ἅμα δ᾽ ὅπως μᾶλλον ὑγιαίνοιεν καὶ ἰσχύοιεν διαπονούμενοι ταῖς πορείαις, ἅμα δ᾽ ὅπως ἐν ταῖς ἀγωγαῖς τὰς τάξεις ὑπομιμνῄσκοιντο. (25) Ὁ μὲν δὴ Κῦρος ἐν τούτοις ἦν.

Ἐκ δὲ Βαβυλῶνος οἱ αὐτόμολοι καὶ ἁλισκόμενοι ταῦτ᾽ ἔλεγον ὅτι ὁ Ἀσσύριος οἴχοιτο ἐπὶ Λυδίας, πολλὰ τάλαντα χρυσίου καὶ ἀργυρίου ἄγων καὶ ἄλλα κτήματα καὶ κόσμον παντοδαπόν. (26) Ὁ μὲν οὖν ὄχλος τῶν στρατιωτῶν ἔλεγεν ὡς ὑπεκτίθοιτο ἤδη τὰ χρήματα φοβούμενος, ὁ δὲ Κῦρος γιγνώσκων ὅτι οἴχοιτο συστήσων εἴ τι δύναιτο ἀντίπαλον ἑαυτῷ, ἀντιπαρεσκευάζετο ἐρρωμένως, ὡς μάχης ἔτι δεήσον· καὶ ἐξεπίμπλη μὲν τὸ τῶν Περσῶν ἱππικόν, ἵππους μὲν ἐκ τῶν αἰχμαλώτων, τοὺς δέ τινας καὶ παρὰ τῶν φίλων λαμβάνων ἵππους· ταῦτα γὰρ παρὰ πάντων ἐδέχετο καὶ ἀπεποιεῖτο οὐδέν, οὔτε εἴ τις ὅπλον διδοίη καλὸν οὔτ᾽ εἴ τις ἵππον· (27) κατεσκευάζετο δὲ καὶ ἅρματα ἔκ τε τῶν αἰχμαλώτων ἁρμάτων καὶ ἄλλοθεν ὁπόθεν ἐδύνατο. Καὶ τὴν μὲν Τρωικὴν διφρείαν πρόσθεν οὖσαν καὶ τὴν Κυρηναίων ἔτι καὶ νῦν οὖσαν ἁρματηλασίαν κατέλυσε· τὸν γὰρ πρόσθεν χρόνον καὶ οἱ ἐν τῇ Μηδίᾳ καὶ Συρίᾳ καὶ Ἀραβίᾳ καὶ πάντες οἱ ἐν τῇ Ἀσίᾳ τοῖς ἅρμασιν οὕτως ἐχρῶντο ὥσπερ νῦν οἱ Κυρηναῖοι. (28) Ἔδοξε δ᾽ αὐτῷ, ὃ κράτιστον εἰκὸς εἶναι δυνάμεος, ὄντων τῶν βελτίστων ἐπὶ τοῖς ἅρμασι, τοῦτο ἐν ἀκροβολιστῶν μέρει εἶναι καὶ εἰς τὸ κρατεῖν οὐδὲν μέγα μέρος συμβάλλεσθαι. Ἅρματα γὰρ τριακόσια τοὺς μαχομένους παρέχεται τριακοσίους, ἵππους δ᾽ οὗτοι χρῶνται διακοσίοις καὶ χιλίοις· ἡνίοχοι δ᾽ αὐτοῖς εἰσι μὲν ὡς εἰκὸς οἷς μάλιστα πιστεύουσιν, οἱ βέλτιστοι· ἄλλοι δὲ εἰς τριακοσίους οὗτοί εἰσιν οἳ οὐδ᾽ ὁτιοῦν τοὺς πολεμίους βλάπτουσι. (29) Ταύτην μὲν οὖν τὴν διφρείαν κατέλυσεν· ἀντὶ δὲ

cerent socii; ut etiam illæ sociis essent amicæ. Cyrus ergo, cum videret omnes animis esse promptis ad ea omnia quæ dixisset facienda, tandem ait, Quod si igitur perficere, quæcunque dicimus conficienda esse, volumus, quam primum machinas parari necesse est ad muros hostium demoliendos, et fabros qui munitiones nobis excitent. Tum vero Cyaxares machinam se fabricaturum et suppeditaturum pollicitus est, aliam Gadatas et Gobryas, aliam Tigranes; alias duas Cyrus ipse curaturum se uti conficeret aiebat. His decretis, machinarum structores conquirebant, et adparabant singuli quæ ad machinas requirerentur; nonnullos etiam operi præficiebant, qui ad hæc curanda maxime viderentur esse idonei.

Cyrus vero, quod animadverteret hæc sine mora perfectum non iri, eo loco castra metatus est, quem putabat saluberrimum esse, et propter illa quæ advehi oporterat, accessu facillimum : et quæcunque munitione adhuc indigebant, sic perficiebat, ut quovis tempore et remanerent, in tuto essent, quamvis cum exercitus robore aliquando castris motis longius ipse ceterique ab iis abscederent. Præterea, interrogans eos, quos regionem maxime cognitam habere putabat, quibus ex locis exercitus plurimum emolumenti capere posset, suos semper pabulatum eduxit, tum ut res exercitui necessarias maxima copia pararet, tum ut rectius valerent et robusti essent, itineribus exercitati, tum etiam ut inter ducendum ordinis servandi recordarentur. His in rebus Cyrus erat occupatus.

E Babylone vero transfugæ et captivi narrabant, Assyrium multa auri argentique talenta secum ferentem opesque alias jam pecunias cum alibi deponendas ex regione sua clam exportasse: Cyrus vero, qui hominem intelligeret ea de causa discessisse, ut si quam posset adversariorum sibi manum conflaret, et ipse præsenti se animo parabat, tanquam prælium adhuc ineundum esset: explebat quoque Persarum equitatum, partim captivis, partim ab amicis acceptis equis : nam hæc ab omnibus accipiebat, neque rejiciebat eorum quidquam, sive quis arma ipsi elegantia daret, seu equum. Præterea currus parabat cum de iis quos ceperat, tum undecunque poterat : Ac curruum quidem rationem superiori tempore Trojæ usitatam, et aurigationem, qua hodieque Cyrenæi utuntur, sustulit et abrogavit : nam superiori tempore Medi et Syri et Arabes et omnes Asiatici curribus sic utebantur ut nunc Cyrenæi. Existimavit autem Cyrus, partem exercitus eam quam esse præstantissimam sit verisimile, cum fortissimi quique sint in curribus, velitum vicem explere, neque magnum aliquod ad victoriam momentum adferre. Nam trecenti currus pugnantes quidem suppeditat trecentos, equis hi mille ducentis utuntur; iis præterea aurigæ sunt, uti par est, quibus illi optimi in exercitu maxime fidunt : hi igitur alii trecenti sunt qui nihil prorsus hostibus detrimenti adferunt. Hanc igitur curruum agendorum ra-

8.

ΚΥΡΟΥ ΠΑΙΔΕΙΑΣ ΒΙΒΛ. ς. ΚΕΦ. Α.

τούτου πολεμιστήρια κατεσκευάσατο ἅρματα τροχοῖς τε ἰσχυροῖς, ὡς μὴ ῥᾳδίως συντρίβηται, ἄξοσί τέ μακροῖς· ἧττον γὰρ ἀνατρέπεται πάντα τὰ πλατέα· τὸν δὲ δίφρον τοῖς ἡνιόχοις ἐποίησεν ὥσπερ πύργον ἰσχυρῶν ξύλων· ὕψος δὲ τούτων ἐστὶ μέχρι τῶν ἀγκώνων, ὡς δύνανται ἡνιοχεῖσθαι οἱ ἵπποι ὑπὲρ τῶν δίφρων· τοὺς δ᾽ ἡνιόχους ἐθωράκισε πάντα πλὴν τῶν ὀφθαλμῶν. (30) Προσέθηκε δὲ καὶ δρέπανα σιδηρᾶ ὡς διπήχη πρὸς τοὺς ἄξονας ἔνθεν καὶ ἔνθεν τῶν τροχῶν καὶ ἄλλα κάτω ὑπὸ τῷ ἄξονι εἰς τὴν γῆν βλέποντα, ὡς ἐμβαλούντων εἰς τοὺς ἐναντίους τοῖς ἅρμασιν. Ὡς δὲ τότε Κῦρος ταῦτα κατεσκεύασεν, οὕτως ἔτι καὶ νῦν τοῖς ἅρμασι χρῶνται οἱ ἐν τῇ βασιλέως χώρᾳ. Ἦσαν δὲ αὐτῷ καὶ κάμηλοι πολλαὶ παρά τε τῶν φίλων συνειλεγμέναι καὶ αἰχμάλωτοι πᾶσαι συνηθροισμέναι. (31) Καὶ ταῦτα μὲν οὕτω συνεπεραίνετο.

Βουλόμενος δὲ κατάσκοπόν τινα πέμψαι ἐπὶ Λυδίας καὶ μαθεῖν δ᾽,τι πράττοι ὁ Ἀσσύριος, ἔδοξεν αὐτῷ ἐπιτήδειος εἶναι Ἀράσπας ἐλθεῖν ἐπὶ τοῦτο ὁ φυλάττων τὴν γυναῖκα τὴν καλήν. Συνεβεβήκει δὲ τῷ Ἀράσπᾳ τοιάδε. Ἀησθεὶς ἔρωτι τῆς γυναικὸς ἠναγκάσθη προσενεγκεῖν λόγους αὐτῇ περὶ συνηθείας. (32) Ἡ δὲ ἀπέφησε μὲν καὶ ἦν πιστὴ τῷ ἀνδρὶ καίπερ ἀπόντι· ἐφίλει γὰρ αὐτὸν ἰσχυρῶς· οὐ μέντοι κατηγόρησε τοῦ Ἀράσπου πρὸς τὸν Κῦρον, ὀκνοῦσα συμβαλεῖν φίλους ἄνδρας. (33) Ἐπεὶ δὲ ὁ Ἀράσπας διακῶν ὑπηρετήσειν τῷ τυχεῖν ἃ ἐβούλετο ἠπείλησε τῇ γυναικὶ ὅτι εἰ μὴ βούλοιτο ἑκοῦσα, ἄκουσα ποιήσει ταῦτα, ἐκ τούτου ἡ γυνή, ὡς ἔδεισε τὴν βίαν, οὐκέτι κρύπτει, ἀλλὰ πέμπει τὸν εὐνοῦχον πρὸς τὸν Κῦρον καὶ κελεύει λέξαι πάντα. (34) Ὁ δὲ ὡς ἤκουσεν, ἀναγελάσας ἐπὶ τῷ κρείττονι τοῦ ἔρωτος φάσκοντι εἶναι, πέμπει Ἀρτάβαζον σὺν τῷ εὐνούχῳ καὶ κελεύει αὐτῷ εἰπεῖν βιάζεσθαι μὲν μὴ τοιαύτην γυναῖκα, πείθειν δὲ εἰ δύναιτο, οὐκ ἔφη κωλύειν. (35) Ἐλθὼν δὲ ὁ Ἀρτάβαζος πρὸς τὸν Ἀράσπαν ἐλοιδόρησεν αὐτόν, παρακαταθήκην ὀνομάζων τὴν γυναῖκα, ἀσέβειάν τε αὐτοῦ λέγων ἀδικίαν τε καὶ ἀκράτειαν, ὥστε τὸν Ἀράσπαν πολλὰ μὲν δακρύειν ὑπὸ λύπης, καταδύεσθαι δὲ ὑπὸ τῆς αἰσχύνης, ἀπολωλέναι δὲ τῷ φόβῳ μή τι καὶ πάθοι ὑπὸ Κύρου.

36. Ὁ οὖν Κῦρος καταμαθὼν ταῦτα ἐκάλεσεν αὐτὸν καὶ μόνος μόνῳ ἔλεξεν, Ὁρῶ σε, ἔφη, ὦ Ἀράσπα, φοβούμενόν τε ἐμὲ καὶ ἐν αἰσχύνῃ δεινῶς ἔχοντα. Παῦσαι οὖν τούτων· ἐγὼ γὰρ θεούς τε ἀκούω ἔρωτος ἡττῆσθαι, ἀνθρώπους τε οἶδα καὶ μάλα δοκοῦντας φρονίμους εἶναι οἷα πεπόνθασιν ὑπὸ ἔρωτος· καὶ αὐτὸς δ᾽ ἐμαυτοῦ κατέγνων μὴ ἂν καρτερῆσαι ὥστε συνόντα καλοῖς ἀμελεῖν αὐτῶν. Καὶ σοὶ δὲ τούτου τοῦ πράγματος ἐγὼ αἴτιός εἰμι· ἐγὼ γὰρ σε συγκαθεῖρξα τούτῳ τῷ ἀμάχῳ πράγματι. (37) Καὶ ὁ Ἀράσπας ὑπολαβὼν εἶπεν, Ἀλλὰ σὺ μέν, ὦ Κῦρε, καὶ ταῦτα ὅμοιος εἶ οἷόσπερ καὶ τἄλλα, πρᾷός τε καὶ συγγνώμων τῶν ἀνθρωπίνων ἁμαρτημάτων· ἐμὲ δέ, ἔφη, καὶ οἱ ἄλλοι ἄνθρωποι καταδύουσι τῷ ἄχει. Ὡς γὰρ ὁ θροῦς διῆλθε τῆς ἐμῆς συμφορᾶς,

tionem sustulit; proque ea bello aptos currus instruxit, et rotis firmis, ut ne facile comminuerentur, et axibus longis; quippe minus everti solent omnia quæ lata sunt : sellam vero aurigis struxit, veluti turrim, ex lignis firmis; atque harum sellarum altitudo usque ad aurigæ cubitos pertinebat, ut equi supra sellas habentes regi possent; aurigas vero ipsos totos, exceptis oculis, loricis armavit. Præterea falces ferreas duum fere cubitorum ad axes ab utraque rotarum parte adposuit, et alias infra sub axem, quæ terram respicerent : ut aurigæ in adversos cum curribus impetum facere possent. Atque ut Cyrus id temporis hæc instituit, sic hac etiam tempestate curribus hisce utuntur ii qui regis in ditione degunt. Habebat etiam permultas camelos tum ab amicis collectas, tum omnes illas, quæ captæ fuerant, congregatas. Et hæc quidem ita peragebantur.

Cum autem in Lydiam speculatorem quendam mittere vellet, ac quid rerum Assyrius ageret cognoscere, visus ei fuit idoneus, qui eo hanc ad rem proficisceretur, illius formosæ feminæ custos, Araspas. Nam huic Araspæ hujusmodi quiddam evenerat; cum mulieris ejus amore captus esset, coactus est eam adpellare de consuetudine. At negabat illa quidem, viroque suo fida erat, tametsi abesset (quippe vehementer cum amabat) : non tamen Araspam apud Cyrum accusabat, amicos inter se committere verita. Sed ubi Araspas eas momentum aliquod ad ea, quæ volebat, consequenda adlaturus, mulieri minas intendisset, ni libens faceret, invitam esse ea facturam; tum vero mulier, ut quæ vim verita fuerit, rem non amplius occultat, sed ad Cyrum eunuchum mittit, eique mandat ut exponat omnia. Is autem ubi rem audivit, edito risu de homine qui ab amore se nuper invictum dixisset, Artabazum cum eunucho mittit, et Araspæ dicere jubet, vim quidem tali feminæ adferri non debere, quo minus autem persuadeat, si posset, non se vetare. Et Artabazus, cum ad Araspam venisset, conviciis eum proscindebat, cum mulierem illam depositum adpellans, tum ipsi impietatem, injustitiam, incontinentiam objiciens : adeo ut Araspas quidem præ dolore multas profunderet lacrimas, pudore opprimeretur, atque etiam metu exanimaretur, ne quid ipsi gravius a Cyro accideret.

Cyrus igitur hæc ubi cognovisset, accersivit eum, et solus cum solo locutus est; Video te, inquit, Araspa, metuere me, et maximo pudore adfici. Verum de his desiste; nam audio equidem deos etiam ab amore victos fuisse, et non ignoro, qualia ab amore iis etiam hominibus, qui prudentes admodum viderentur, acciderint : atque etiam ipse de me ipso animadverti, ita me continentem non esse, ut si cum formosis una sim, mihi neglectui sint. Quin hujus ego tibi rei sum auctor; quippe qui te cum illa re inexpugnabili conclaserim. Et Araspas sermonem suscipiens, Enimvero tu, Cyre, inquit, in his etiam sic te geris, ut in aliis, qui et clemens sis et delictis humanis ignoscas : me vero ceteri homines mœrore obruunt. Nam ex quo rumor de calamitate mea vulgatus est, inimici mihi insultant;

οἱ μὲν ἐχθροὶ ἐφήδονταί μοι, οἱ δὲ φίλοι προσιόντες συμβουλεύουσιν ἐκποδὼν ἔχειν ἐμαυτόν, μή τι καὶ πάθω ὑπὸ σοῦ, ὡς ἠδικηκότος ἐμοῦ μεγάλα. (38) Καὶ ὁ Κῦρος εἶπεν, Εὖ τοίνυν ἴσθι, ὦ Ἀράσπα, ὅτι ταύτῃ τῇ δόξῃ οἷός τ' εἶ ἐμοί τε ἰσχυρῶς χαρίσασθαι καὶ τοὺς συμμάχους μεγάλα ὠφελῆσαι. Εἰ γὰρ γένοιτο, ἔφη ὁ Ἀράσπας, ὅ,τι ἐγώ σοι ἐν καιρῷ ἂν γενοίμην αὖ χρήσιμος. (39) Εἰ τοίνυν, ἔφη, προσποιησάμενος ἐμὲ φεύγειν ἐθέλοις εἰς τοὺς πολεμίους ἔλθοις, οἶμαι ἄν σε πιστευθῆναι ὑπὸ τῶν πολεμίων. Ἔγωγε ναὶ μὰ Δί', ἔφη ὁ Ἀράσπας, καὶ ὑπὸ τῶν φίλων οἶδα ὅτι ὡς σὲ πεφευγὼς λόγον ἂν παρέχοιμι. (40) Ἔλθοις ἂν τοίνυν, ἔφη, ἡμῖν πάντα εἰδὼς τὰ τῶν πολεμίων· οἶμαι δὲ καὶ λόγων καὶ βουλευμάτων κοινωνὸν ἄν σε ποιοῖντο διὰ τὸ πιστεύειν, ὥστε μηδὲ ἕν σε λεληθέναι ὧν βουλοίμεθα εἰδέναι. Ὡς πορευσομένου οὖν, ἔφη, ἤδη νυνί· καὶ γὰρ τοῦτο ἴσως ἂν τῶν πιστῶν ἔσται· τὸ δοκεῖν με ὑπὸ σοῦ μελλήσαντά τι παθεῖν ἐκπεφευγέναι. (41) Ἦ καὶ δυνήσῃ ἀπολιπεῖν, ἔφη, τὴν καλὴν Πάνθειαν; Δύο γάρ, ἔφη, ὦ Κῦρε, σαφῶς ἔχω ψυχάς. Νῦν τοῦτο πεφιλοσόφηκα μετὰ τοῦ ἀδίκου σοφιστοῦ τοῦ Ἔρωτος. Οὐ γὰρ δὴ μία γε οὖσα ἅμα ἀγαθή τέ ἐστι καὶ κακή, οὐδ' ἅμα καλῶν τε καὶ αἰσχρῶν ἔργων ἐρᾷ καὶ ταὐτὰ ἅμα βούλεταί τε καὶ οὐ βούλεται πράττειν, ἀλλὰ δῆλον ὅτι δύο ἐστὸν ψυχαί, καὶ ὅταν μὲν ἡ ἀγαθὴ κρατῇ, τὰ καλὰ πράττεται, ὅταν δὲ ἡ πονηρά, τὰ αἰσχρὰ ἐπιχειρεῖται. Νῦν δὲ ὡς σὲ σύμμαχον ἔλαβε, κρατεῖ ἡ ἀγαθὴ καὶ πάνυ πολύ. (42) Εἰ τοίνυν καὶ σοὶ δοκεῖ πορεύεσθαι, ἔφη ὁ Κῦρος, ὧδε χρὴ ποιεῖν, ἵνα κἀκείνοις πιστότερος ᾖς· ἐξάγγελλέ τε αὐτοῖς τὰ παρ' ἡμῶν, οὕτω τε ἐξάγγελλε ὡς ἂν αὐτοῖς τὰ παρὰ σοῦ λεγόμενα ἐμποδὼν μάλιστ' ἂν εἴη ἐν βούλωνται πράττειν. Εἴη δ' ἂν ἐμποδών, εἰ ἡμᾶς φαίης παρασκευάζεσθαι ἐμβαλεῖν που τῆς ἐκείνων χώρας· ταῦτα γὰρ ἀκούοντες ἧττον ἂν παντὶ σθένει ἁθροίζοιντο, ἕκαστός τις φοβούμενος καὶ περὶ τῶν οἴκοι. (43) Καὶ μένε, ἔφη, παρ' ἐκείνοις ὅτι πλεῖστον χρόνον· ἃ γὰρ ἂν ποιῶσιν ὅταν ἐγγύτατα ἡμῶν ὦσι, ταῦτα μάλιστα καιρὸς ἡμῖν εἰδέναι ἔσται. Συμβούλευε δὲ αὐτοῖς καὶ ἐκτάττεσθαι ὅπῃ ἂν δοκῇ κράτιστον εἶναι· ὅταν γὰρ σὺ ἀπέλθῃς εἰδέναι δοκῶν τὴν τάξιν αὐτῶν, ἀναγκαῖον οὕτω τετάχθαι αὐτοῖς· μετατάττεσθαι γὰρ ὀκνήσουσι· καὶ ἤν πῃ ἄλλῃ μετατάττωνται, ἐξ ὑπογύου ταράξονται. (44) Ἀράσπας μὲν δὴ οὕτως ἐξελθὼν καὶ συλλαβὼν τοὺς πιστοτάτους θεράποντας καὶ εἰπὼν πρός τινας ἃ ᾤετο ξυμφέρειν τῷ πράγματι ᾤχετο.

48. Ἡ δὲ Πάνθεια ὡς ᾔσθετο οἰχόμενον τὸν Ἀράσπαν, πέμψασα πρὸς τὸν Κῦρον εἶπε, Μὴ λυποῦ, ὦ Κῦρε, ὅτι Ἀράσπας οἴχεται εἰς τοὺς πολεμίους· ἢν γὰρ ἐμὲ ἐάσῃς πέμψαι πρὸς τὸν ἐμὸν ἄνδρα, ἐγώ σοι ἀναδέχομαι ἥξειν πολὺ Ἀράσπου πιστότερον φίλον· καὶ δύναμιν δὲ οἶδ' ὅτι ὁπόσην ἂν δύνηται ἔχων παρέσται σοι. Καὶ γὰρ ὁ μὲν πατὴρ τοῦ βασιλεύοντος φίλος ἦν αὐτῷ· ὁ δὲ νῦν βασιλεύων καὶ ἐπεχείρησέ ποτε ἐμέ καὶ τὸν ἄνδρα διασπάσαι ἀπ' ἀλλήλων· ὑβριστὴν οὖν νο-

amici me convenientes, ut e medio me proripiam, consulunt; ne quid a te mihi accidat, ut qui magnum quoddam scelus admiserim. Et Cyrus, Atqui certo scias, inquit, Araspa, posse te per hanc hominum de te opinionem admodum gratam mihi rem facere, et sociis utilitates maximas adferre. Utinam vero fiat, inquit Araspas, aliqua ut in re tibi rursus opportune commodem. Quod si ergo volueris, ait, simulare quasi me fugias, atque ad hostes transire, arbitror fore ut ab hostibus tibi fides habeatur. Profecto, inquit Araspas, scio futurum equidem, ut etiam per amicos rumor excitetur, quasi te fugerim. Itaque nobis redires, ait, rebus omnibus hostium cognitis : quin etiam arbitror ita tibi fidem habituros, ut et rationum et consiliorum suorum te participem facturi sint; adeo ut nihil latere te possit eorum omninum quæ nos scire cupimus. Ergo me nunc jam profecturum, inquit, tibi persuadeas : nam fortasse hoc quoque unum fidei argumentum erit, quod effugisse videbor, cum jam tibi supplicium daturus essem. An et fortnosam, inquit, Pantheam relinquere poteris? Duæ mihi nimirum, Cyre, ait, certe sunt animæ. Hanc philosophiam didici modo apud improbum illum sophistam, Amorem. Nam una sane si esset anima, non et bona simul esset et mala, neque res simul honestas et turpes amaret, neque simul eadem et vellet et nollet facere : sed manifestum est, duas esse animas, et ubi quidem penes animam bonam imperium est, honestæ conficiuntur res; ubi vero penes malam, res suscipiuntur turpes. Nunc, quia te socium et adjutorem nacta est, anima bona viribus, et longe quidem, superior est. Quod si ergo, inquit Cyrus, tibi quoque hoc iter instituendum videtur, sic erit agendum, ut apud illos etiam majorem habeas fidem : nimirum eis enuntiato quæ a nobis geruntur, et quidem sic enuntiato, ut quæ abs te dicentur, maxime sint ipsis impedimento ad ea quæ facere voluerint. Fuerit autem impedimento, si nos dixeris apparatum facere, ut alicubi agrum ipsorum invadamus : nam si haec audient, minus collatis viribus universis in unum se congregabunt locum, metuente quolibet domesticis etiam rebus. Maneto etiam, inquit, apud ipsos quam diutissime : nam maxime nobis opportunum fuerit ea rescire quæ facient, ubi proxime a nobis aberunt. Is porro sis auctor, ut aciem, quocunque modo fuerit optimum, instruant; cum enim tu discesseris, qui nosse ipsorum quomodo acies structa sit videbere, necesse erit ut eandem ordinum rationem retineant : nam verebuntur aciem mutare; ac si quo alio modo eam sunt mutaturi, subito perturbabuntur. Et hoc quidem modo digressus Araspas, sumptis secum fidissimis famulis, et ad quosdam prolatis iis, quæ ad negotium conficiendum profutura putabat, discessit.

Panthea vero, cum discessisse Araspam sensisset, ad Cyrum misit qui diceret, Ne tibi molestum sit, Cyre, quod Araspas ad hostes transierit; nam si potestatem mihi feceris ad maritum mittendi meum, recipio tibi, venturum amicum longe tibi Araspa fideliorem; atque etiam scio futurum, ut tibi cum quantis maximis poterit copiis adsit. Etenim hujus quidem regis, qui modo imperat, pater ei amicus erat : at is qui jam rerum potitur etiam conatus est aliquando me ac maritum meum divellere : quamobrem sat

μίζων αὐτὸν εὖ οἶδα ὅτι ἄσμενος ἂν πρὸς ἄνδρα οἷος σὺ εἶ ἀπαλλαγείη. (46) Ἀκούσας ταῦτα ὁ Κῦρος ἐκέλευε πέμπειν πρὸς τὸν ἄνδρα· ἡ δὲ ἔπεμψεν. Ὡς δ' ἔγνω ὁ Ἀβραδάτας τὰ παρὰ τῆς γυναικὸς σύμβολα καὶ τἆλλα δὲ ἤσθετο ὡς εἶχεν, ἄσμενος πορεύεται πρὸς τὸν Κῦρον ἵππους ἔχων ἀμφὶ τοὺς χιλίους. Ὡς δ' ἦν πρὸς τοῖς τῶν Περσῶν σκοποῖς, πέμπει πρὸς τὸν Κῦρον εἰπὼν ὅς ἦν. Ὁ δὲ Κῦρος εὐθὺς ἄγειν κελεύει αὐτὸν πρὸς τὴν γυναῖκα. (47) Ὡς δὲ εἰδέτην ἀλλήλους ἥ γυνὴ καὶ ὁ Ἀβραδάτας, ἠσπάζοντο ἀλλήλους ὡς εἰκὸς ἐκ δυσελπίστων. Ἐκ τούτου δὴ λέγει ἡ Πάνθεια τοῦ Κύρου τὴν ὁσιότητα καὶ τὴν σωφροσύνην καὶ τὴν πρὸς αὑτὴν κατοίκτισιν. Ὁ δὲ Ἀβραδάτας ἀκούσας εἶπε, Τί ἂν οὖν ἐγὼ ποιῶν, ὦ Πάνθεια, χάριν Κύρῳ ὑπέρ τε σοῦ καὶ ἐμαυτοῦ ἀποδοίην; Τί δὲ ἄλλο, ἔφη ἡ Πάνθεια, ἢ πειρώμενος ὅμοιος εἶναι περὶ ἐκεῖνον οἷόσπερ ἐκεῖνος περὶ σέ;

48. Ἐκ τούτου δὴ ἔρχεται πρὸς τὸν Κῦρον ὁ Ἀβραδάτας· καὶ ὡς εἶδεν αὐτὸν, λαβόμενος τῆς δεξιᾶς εἶπεν, Ἀνθ' ὧν σὺ εὖ πεποίηκας ἡμᾶς, ὦ Κῦρε, οὐκ ἔχω τι μεῖζον εἰπεῖν ἢ ὅτι φίλον σοι ἐμαυτὸν δίδωμι καὶ θεράποντα καὶ ξύμμαχον, καὶ ὅσα ἂν ὁρῶ σε σπουδάζοντα, συνεργὸς πειράσομαι γίγνεσθαι ὡς ἂν δύνωμαι κράτιστος. (49) Καὶ ὁ Κῦρος εἶπεν, Ἐγὼ δὲ δέχομαι· καὶ νῦν μέν σε ἀφίημι, ἔφη, σὺν τῇ γυναικὶ δειπνεῖν· αὖθις δὲ καὶ παρ' ἐμοὶ δεήσει σε σκηνοῦν σὺν τοῖς σοῖς τε καὶ ἐμοῖς φίλοις.

50. Ἐκ τούτου ὁρῶν ὁ Ἀβραδάτας σπουδάζοντα τὸν Κῦρον περὶ τὰ δρεπανηφόρα ἅρματα καὶ περὶ τοὺς τεθωρακισμένους ἵππους τε καὶ ἱππέας, ἐπειρᾶτο συντελεῖν αὐτῷ εἰς τὰ ἑκατὸν ἅρματα ἐκ τοῦ ἱππικοῦ τοῦ ἑαυτοῦ ὅμοια ἐκείνῳ· αὐτὸς δὲ ὡς ἡγησόμενος αὐτῶν ἐπὶ τοῦ ἅρματος παρεσκευάζετο. (51) Συνεζεύξατο δὲ τὸ ἑαυτοῦ ἅρμα τετράρρυμόν τε καὶ ἵππων ὀκτώ· ἡ δὲ Πάνθεια ἡ γυνὴ αὐτῷ ἐκ τῶν ἑαυτῆς χρημάτων χρυσοῦν τε αὐτῷ θώρακα ἐποιήσατο καὶ χρυσοῦν κράνος, ὡσαύτως δὲ καὶ περιβραχιόνια· τοὺς δὲ ἵππους τοῦ ἅρματος χαλκοῖς πᾶσι προβλήμασι κατεσκευάσατο.

52. Ἀβραδάτας μὲν ταῦτα ἔπραττε. Κῦρος δὲ ἰδὼν τὸ τετράρρυμον αὐτοῦ ἅρμα κατενόησεν ὅτι οἷόν τε εἴη καὶ ὀκτάρρυμον ποιήσασθαι, ὥστε ὀκτὼ ζεύγεσι βοῶν ἄγειν τὸν μηχανῶν τὸ κατώτατον οἴκημα· ἦν δὲ τοῦτο τριόροφον μάλιστα ἀπὸ τῆς γῆς σὺν τοῖς τροχοῖς. (53) Τοιοῦτοι δὲ πύργοι σὺν τάξει ἀκολουθοῦντες ἐδόκουν αὐτῷ μεγάλῃ μὲν ἐπικουρίᾳ γενέσθαι τῇ ἑαυτοῦ φάλαγγι, μεγάλῃ δὲ βλάβῃ τῇ τῶν πολεμίων τάξει. Ἐποίησε δὲ ἐπὶ τῶν οἰκημάτων καὶ περιδρόμους καὶ ἐπάλξεις· ἀνεβίβαζε δὲ ἐπὶ τὸν πύργον ἕκαστον ἄνδρας εἴκοσιν. (54) Ἐπεὶ δὲ πάντα συνειστήκει αὐτῷ τὰ περὶ τοὺς πύργους, ἐλάμβανε τοῦ ἀγωγίου πεῖραν· καὶ πολὺ ῥᾷον ἦγε τὰ ὀκτὼ ζεύγη τὸν πύργον καὶ τοὺς ἐπ' αὐτῷ ἄνδρας ἢ τὸ σκευοφορικὸν βάρος ἕκαστον τὸ ζεῦγος. Σκευῶν μὲν γὰρ βάρος ἀμφὶ τὰ πέντε καὶ εἴκοσι τάλαντα ἦν ζεύγει· τοῦ δὲ πύργου, ὥσπερ τραγικῆς

scio, cum eum insolenter injurium esse existimet, libenter ad virum talem, qualis tu es, discesserit. Haec ubi Cyrus audisset, ei mandat ut ad maritum mittat: quod quidem illa fecit. Cum vero ab uxore signa cognovisset Abradatas, atque etiam animadverteret, qui ceterarum rerum status esset, libens ad Cyrum cum duobus circiter equorum millibus profectus est. Ad Persarum vero speculatores ubi pervenisset, mittit ad Cyrum, et quisnam esset significat. Cyrus statim deduci hominem ad uxorem jubet. Cum autem haec et Abradatas se mutuo vidissent, ipsi inter se complexi sunt, uti par erat, ex insperato. Deinde Panthea Cyri sanctitatem, temperantiam, et commiserationem erga se commemorat. Quibus auditis, Abradatas ait, Quid igitur faciam, Panthea, quo gratiam Cyro cum tuo tum meo nomine referam? Quid aliud, inquit Panthea, quam ut perinde erga ipsum te gerere coneris, atque se ipse erga te gessit?

Post haec ad Cyrum venit Abradatas; eumque ubi conspexit, prehensa ipsius dextra, Pro iis, ait, beneficiis, Cyre, quibus nos adfecisti, non habeo quod dicam majus, quam quod amicum me tibi, et ministrum, et socium trado: et quacunque in re strenuam te navare operam viderim, in ea conabor operam tibi meam exhibere quam potero praeclarissimam. Et Cyrus, Ego vero accipio, inquit; ac nunc te quidem dimitto, ut cum uxore coenes; deinceps autem tibi etiam meo, cum tuis ac meis amicis, tabernaculo utendum erit.

Secundum haec cum Cyrum Abradatas videret falcatorum curruum, ac tum equorum tum equitum thoracatorum studio teneri, operam dabat, ut ex equestribus copiis suis ad centum ei currus conficeret, similes ipsius curribus; ac seipsum etiam parabat ut in curru dux eorum esset. Junxit autem currum suum ita, ut e temonibus quatuor et equis octo constaret: uxor vero ejus Panthea de facultatibus ipsius loricam ei auream et auream galeam confecit, itemque brachiorum tegumenta, equos autem currui junctos, totos aereis tegumentis instruxit.

In his quidem conficiendis occupatus erat Abradatas. Cyrus autem currum ejus cum temonibus quatuor intuitus, animadvertit fieri posse currum etiam octo temonum, ut octo boum jugis machinarum infima veheretur structura: et aberat hic currus cum rotis a terra tribus ulnis. Hujusmodi turres si cum ordinibus sequerentur, videbantur ei et phalangi suae magno fore adjumento, et hostium aciei magno damno. Etiam structuris in hisce tum circuitus fecit tum propugnacula; et in turrim quamlibet viginti viros imposuit. Postquam vero omnia, quae ad currus pertinebant, ipsi essent confecta, periculum vecturae fecit; et multo facilius octo illa juga turrim cum impositis in eam militibus trahebant, quam unum jugum id omne ferret, quod ei ex impedimentis imponebatur. Nam jugo impedimentorum onus, quod fere talenta quinque ac viginti aequabat, imponi solebat: at cum in turri materia tanquam tragicae scenae

σκηνῆς τῶν ξύλων πάχος ἐχόντων, καὶ εἴκοσιν ἀνδρῶν καὶ ὅπλων, τούτων ἐγένετο ἔλαττον ἢ πεντεκαίδεκα τάλαντα ἑκάστῳ ζεύγει τὸ ἀγώγιον. (55) Ὡς δ᾽ ἔγνω εὔπορον οὖσαν τὴν ἀγωγήν, παρεσκευάζετο ὡς ἄξων τοὺς πύργους σὺν τῷ στρατεύματι, νομίζων τὴν ἐν πολέμῳ πλεονεξίαν ἅμα σωτηρίαν τε καὶ δικαιοσύνην εἶναι καὶ εὐδαιμονίαν.

ΚΕΦΑΛΑΙΟΝ Β.

Ἦλθον δ᾽ ἐν τούτῳ τῷ χρόνῳ καὶ παρὰ τοῦ Ἰνδοῦ χρήματα ἄγοντες καὶ ἀπήγγειλαν αὐτῷ ὅτι ὁ Ἰνδὸς ἐπιστέλλει τοιάδε. Ἐγώ, ὦ Κῦρε, ἥδομαι ὅτι μοι ἐπήγγειλας ὧν ἐδέου, καὶ βούλομαί σοι ξένος εἶναι καὶ πέμπω σοι χρήματα. Κἂν ἄλλων δέῃ, μεταπέμπου. Ἐπέσταλται δὲ τοῖς παρ᾽ ἐμοῦ ποιεῖν ὅ,τι ἂν σὺ κελεύῃς. (2) Ἀκούσας δὲ ὁ Κῦρος εἶπε, Κελεύω τοίνυν ὑμᾶς τοὺς μὲν ἄλλους μένοντας ἔνθα κατεσκηνώκατε φυλάττειν τὰ χρήματα καὶ ζῆν ὅπως ὑμῖν ἥδιστον· τρεῖς δέ μοι ἐλθόντες ὑμῶν εἰς τοὺς πολεμίους ὡς παρὰ τοῦ Ἰνδοῦ περὶ συμμαχίας, καὶ τὰ ἐκεῖ μαθόντες ὅ,τι ἂν λέγωσί τε καὶ ποιῶσιν, ὡς τάχιστα ἀπαγγείλατε ἐμοί τε καὶ τῷ Ἰνδῷ· κἂν ταῦτά μοι καλῶς ὑπηρετήσητε, ἔτι μᾶλλον ὑμῖν χάριν εἴσομαι τούτου ἢ ὅτι χρήματα πάρεστε ἄγοντες. Καὶ γὰρ οἱ μὲν δοῦλοις ἐοικότες κατάσκοποι οὐδὲν ἄλλο δύνανται εἰδότες ἀπαγγέλλειν ἢ ὅσα πάντες ἴσασιν· οἱ δὲ οἷοίπερ ὑμεῖς ἄνδρες πολλάκις καὶ τὰ βουλευόμενα καταμανθάνουσιν. (3) Οἱ μὲν δὴ Ἰνδοὶ ἡδέως ἀκούσαντες καὶ ξενισθέντες τότε παρὰ Κύρῳ, συσκευασάμενοι τῇ ὑστεραίᾳ ἐπορεύοντο, ὑποσχόμενοι ἦ μὴν μαθόντες ὅσα ἂν δύνωνται πλεῖστα ἐκ τῶν πολεμίων ἥξειν ὡς δυνατὸν τάχιστα.

4. Ὁ δὲ Κῦρος τά τε ἄλλα εἰς τὸν πόλεμον παρεσκευάζετο μεγαλοπρεπῶς, ὡς δὴ ἀνὴρ οὐδὲν σμικρὸν ἐπινοῶν πράττειν, ἐπεμελεῖτο δὲ οὐ μόνον ὧν ἔδοξε τοῖς συμμάχοις, ἀλλὰ καὶ ἔριν ἐνέβαλλε πρὸς ἀλλήλους τοῖς φίλοις ὅπως αὐτοὶ ἕκαστοι φανοῦνται καὶ εὐοπλότατοι καὶ ἱππικώτατοι καὶ ἀκοντιστικώτατοι καὶ τοξικώτατοι καὶ φιλοπονώτατοι. (5) Ταῦτα δὲ ἐξειργάζετο ἐπὶ τὰς θήρας ἐξάγων καὶ τιμῶν τοὺς κρατίστους ἕκαστα· καὶ τοὺς ἄρχοντας δὲ οὓς ἑώρα ἐπιμελομένους τούτου ὅπως οἱ αὑτῶν κράτιστοι ἔσονται στρατιῶται, καὶ τούτους ἐπαινῶν τε παρώξυνε καὶ χαριζόμενος αὐτοῖς ὅ,τι δύναιτο. (6) Εἰ δέ ποτε θυσίαν ποιοῖτο καὶ ἑορτὴν ἄγοι, καὶ ἐν ταύτῃ ὅσα πολέμου ἕνεκα μελετῶσιν ἄνθρωποι πάντων τούτων ἀγῶνας ἐποίει καὶ ἆθλα τοῖς νικῶσι μεγαλοπρεπῶς ἐδίδου, καὶ ἦν πολλὴ εὐθυμία ἐν τῷ στρατεύματι.

7. Τῷ δὲ Κύρῳ σχεδόν τι ἤδη ἀποτετελεσμένα ἦν ὅσα ἐβούλετο ἔχων στρατεύεσθαι πλὴν τῶν μηχανῶν. Καὶ γὰρ οἱ Πέρσαι ἱππεῖς ἔκπλεῳ ἤδη ἦσαν εἰς τοὺς μυρίους, καὶ τὰ ἅρματα τὰ δρεπανηφόρα, ἅ τε αὐτὸς κατεσκεύαζεν, ἔκπλεα ἤδη ἦν εἰς τὰ ἑκατόν, ἅ τε Ἀβρα-

---

erassitudinem haberet, et viri essent viginti et sua arma, fiebat ut hæc in unumquodque jugum oneris filius plaustro vehendi, minus quam talenta quindecim, conficerent. Postquam animadvertit facilem hanc esse vehendi rationem, parabat sese ut turres una cum exercitu duceret, quippe qui in bello captationem conditionis potioris existimare: et salutis et justitiæ et prosperitatis esse plenam.

CAPUT II.

Id temporis etiam venerunt, qui pecuniam ab Indo adferrent, atque ei renuntiarent, Indum talia quædam ipsis mandata ad eum perferenda dedisse, « Gratum mihi est, Cyre, te mihi significasse, quibus tibi rebus opus esset; atque mihi tecum hospitii jus esse volo, et pecunias tibi mitto : quod si aliis tibi sit opus, mitte qui ad te ferant. Præterea mandatum est iis, qui a me ad te veniunt, ut quicquid tu jusseris faciant. » Quæ cum audisset Cyrus, Præcipio igitur, ait, ut vestrum alii iis in tabernaculis hic remanentes in quæ vos recepistis, harum pecuniarum custodes sint, et quo ipsis modo jucundissimum sit vitam degant; tres autem vestrum ad hostes profecti, quasi adsint ab Indo societatis ineundæ gratia, et edocti illic omnia, quæ dicant faciantque, quamprimum et mihi et Indo renuntient : atque iis si mihi egregiam operam navabitis, majores etiam hoc nomine vobis habebo gratias, quam quod pecunias attuleritis. Etenim speculatores servis similes nihil aliud quod sciant renuntiare possunt, quam quæ nota sunt universis : at ejusmodi viri, quales vos estis, sæpenumero etiam consilia perdiscunt. Quæ cum Indi libenter audissent et hospitio tunc a Cyro liberaliter accepti fuissent, paratis compositisque rebus suis, postridie profciscebantur, sancte polliciti se, ubi de hostibus quam plurima liceret didicissent, quam fieri posset celerrime redituros.

Cyrus autem cum alia parabat ad pugnam magnifice, ut erat enim vir talis, qui nihil exiguum gerere cogitaret, tum non solum ea curabat, quæ socii censuissent, sed etiam contentionem inter amicos mutuam excitabat, ut eorum singuli armati pulcherrime, et equitandi, et jaculandi, et sagittandi peritissimi, laborumque patientissimi conspicerentur. Hæc vero effecit, tum ad venationes eos educendo, tum præstantissimos ubique præmiis et honoribus ornando : quin et præfectos eos, quos videret studiose operam dare, ut milites ipsorum quam optimi essent, partim collaudando exacuebat, partim eis gratificando quacunque in re posset. Quod si rem sacram aliquando faceret festumve diem ageret, tum quoque eorum omnium, quæ homines belli causa exercent, certamina instituebat, et præmia victoribus magnifice largiebatur; multaque adeo jam erat in exercitu hilaritas.

Erant autem Cyro perfecta jam propemodum omnia, quibus in expeditione uti volebat, extra machinas. Etenim Persicorum equitum numerus ad decem millia plene jam excreverat; et falcati currus, quos ipse paraverat, centenarium jam numerum explebant; ii etiam, quos Abradatas ille Su-

ἐάτας ὁ Σούσιος ἐπεχείρησε κατασκευάζειν ὅμοια τοῖς Κύρου, καὶ ταῦτα ἔκπλεα ἦν εἰς ἄλλα ἑκατόν. (8) Καὶ τὰ Μηδικὰ δὲ ἅρματα ἐπεπείκει Κῦρος Κυαξάρην εἰς τὸν αὐτῶν τρόπον τοῦτον μετασκευάσαι ἐκ τῆς Τρωικῆς καὶ Λιβυκῆς δυρρείας· καὶ ἔκπλεα καὶ ταῦτα ἦν εἰς ἄλλα ἑκατόν. Καὶ ἐπὶ τὰς καμήλους δὲ τεταγμένοι ἦσαν ἄνδρες δύο ἐφ' ἑκάστην τοξόται. Καὶ ὁ μὲν πλεῖστος στρατὸς οὕτως εἶχε τὴν γνώμην ὡς ἤδη παντελῶς κεκρατηκὼς καὶ οὐδὲν ὄντα τὰ τῶν πολεμίων.

9. Ἐπεὶ δὲ οὕτω διακειμένων ἦλθον οἱ Ἰνδοὶ ἐκ τῶν πολεμίων οὓς ἐπεπόμφει Κῦρος ἐπὶ κατασκοπῇ, καὶ ἔλεγον ὅτι Κροῖσος μὲν ἡγεμὼν καὶ στρατηγὸς πάντων ᾑρημένος εἴη τῶν πολεμίων, δεδογμένον δ' εἴη πᾶσι τοῖς συμμάχοις βασιλεῦσι πάσῃ τῇ δυνάμει ἕκαστον παρεῖναι, χρήματα δὲ εἰσφέρειν πάμπολλα, ταῦτα δὲ τελεῖν καὶ μισθουμένους οὓς δύναιντο καὶ δωρουμένους οἷς δέοι, (10) ἤδη δὲ καὶ μεμισθωμένους εἶναι πολλοὺς μὲν Θρᾳκῶν μαχαιροφόρους, Αἰγυπτίους δὲ προσπλεῖν· καὶ ἀριθμὸν ἔλεγον εἰς δώδεκα μυριάδας σὺν ἀσπίσι ποδήρεσι καὶ δόρασι μεγάλοις, οἷάπερ καὶ νῦν ἔχουσι, καὶ κοπίσι· προσπλεῖν δὲ καὶ Κυπρίων στράτευμα· παρεῖναι δ' ἤδη Κίλικας πάντας καὶ Φρύγας ἀμφοτέρους καὶ Λυκάονας καὶ Παφλαγόνας καὶ Καππαδόκας καὶ Ἀραβίους καὶ Φοίνικας καὶ σὺν τῷ Βαβυλῶνος ἄρχοντι τοὺς Ἀσσυρίους, καὶ Ἴωνας δὲ καὶ Αἰολέας καὶ σχεδὸν πάντας τοὺς Ἕλληνας τοὺς ἐν τῇ Ἀσίᾳ ἐποικοῦντας σὺν Κροίσῳ ἠναγκάσθαι ἕπεσθαι, (11) πεπομφέναι δὲ Κροῖσον καὶ εἰς Λακεδαίμονα περὶ ξυμμαχίας· συλλέγεσθαι δὲ τὸ στράτευμα ἀμφὶ τὸν Πακτωλὸν ποταμόν, προϊέναι δὲ μέλλειν αὐτοὺς εἰς Θύμβραρα, ἔνθα καὶ νῦν ὁ σύλλογος τῶν ὑπὸ βασιλέα βαρβάρων τῶν κάτω Συρίας, καὶ ἀγορὰν πᾶσι παρηγγέλθαι ἐνταῦθα κομίζειν· σχεδὸν δὲ τούτοις ταὐτὰ ἔλεγον καὶ οἱ αἰχμάλωτοι· ἐπεμελεῖτο γὰρ καὶ τούτου ὁ Κῦρος ὅπως ἁλίσκοιντο παρ' ὧν ἔμελλε πεύσεσθαί τι· ἔπεμπε δὲ καὶ δούλοις ἐοικότας κατασκόπους ὡς αὐτομόλους. (12) ὡς οὖν ταῦτα ἤκουσεν ὁ στρατὸς τῷ Κύρῳ, ἐν φροντίδι ἐγένετο, ὥσπερ εἰκός, καὶ ἡσυχαίτεροι τε ἢ ὡς εἰώθεσαν διεφοίτων, φαιδροί τε οὐ πάνυ ἐφαίνοντο, ἐκυκλοῦντό τε καὶ μεστὰ ἦν πάντα ἀλλήλους ἐρωτώντων καὶ διαλεγομένων περὶ τούτων.

13. Ὡς δὲ ᾔσθετο ὁ Κῦρος φόβον διαθέοντα ἐν τῇ στρατιᾷ, συγκαλεῖ τούς τε ἄρχοντας τῶν στρατευμάτων καὶ πάντας ὁπόσων ἀθυμούντων ἐδόκει τις βλάβη γίγνεσθαι καὶ προθυμουμένων ὠφέλεια. Προεῖπε δὲ τοῖς ὑπηρέταις καὶ ἄλλος εἴ τις βούλοιτο τῶν ὁπλοφόρων προΐστασθαι ἀκουσόμενος τῶν λόγων, μὴ κωλύειν. Ἐπεὶ δὲ συνῆλθον, ἔλεξε τοιάδε.

14. Ἄνδρες ξύμμαχοι, ἐγώ τοι ὑμᾶς συνεκάλεσα ἰδών τινας ὑμῶν, ἐπεὶ αἱ ἀγγελίαι ἦλθον ἐκ τῶν πολεμίων, πάνυ ἐοικότας πεφοβημένοις ἀνθρώποις. Δοκεῖ γάρ μοι θαυμαστὸν εἶναι εἴ τις ὑμῶν ὅτι μὲν οἱ πολέμιοι συλλέγονται δέδοικεν, ὅτι δὲ ἡμεῖς πολὺ μὲν πλείους συνειλέγμεθα νῦν ἢ ὅτε ἐνικῶμεν ἐκείνους, πολὺ δὲ

sius Cyri curribus similes parandos susceperat, centum alios plene efficiebant. Etiam Cyaxari Cyrus auctor fuerat, ut currus Medicos ad eundem modum ex Trojana Libycaque currum forma immutaret, qui et ipsi erant omnino ad centenos numero alios. Præterea delecti erant pro camelis milites, in singulas duo sagittarii. Et maxima quidem pars exercitus hoc erat animo, quasi qui omnino jam vicissent, et quasi hostium apparatus nullius essent momenti.

Cum autem, illis sic affectis, Indi ab hostibus rediissent, quos Cyrus speculandi causa miserat, ac dicerent, Crœsum electum esse ducem et imperatorem omnium hostium; et decretum ut omnes reges socii, suis quisque cum copiis universis, adessent; ut maximam pecuniæ summam conferrent, eamque impendendo ad milites conducendos, quoscunque possent, et ad danda munera, quibus oporteret: præterea conductos jam permultos esse Thracas machærophoros, Ægyptios navigiis advehi; atque hos aiebant esse numero ad centum viginti millia, cum scutis ad pedes usque pertinentibus, hastisque magnis (quales etiam nunc habent), et copidibus : Cypriorum quoque copias navigiis advehi; jamque adesse Cilicas omnes et Phrygas utrosque, et Lycaonas, et Paphlagonas, et Cappadocas, et Arabas, et Phœnicas, et cum Babylonio rege Assyrios; Ionas etiam et Æolenses, propeque Græcos omnes Asiam incolentes Crœsum sequi coactos esse : Crœsum porro societatis ineundæ causa legatos etiam Lacedæmonem misisse; exercitum ipsum propter Pactolum amnem cogi, ac progressuros deinde eos ad Thymbrara versus (ubi nunc quoque barbari infra Syriam incolentes, qui sub regis imperio sunt, cogi solent), omnibusque denuntiatum esse, ut res venales eo conferrent : eadem prope captivi etiam dicebant : dabat enim operam Cyrus, ut caperentur aliqui, de quibus nonnihil exquirere posset; atque etiam mittebat speculatores servorum specie, tanquam si transfugæ essent. Hæc igitur cum Cyri exercitus audisset, et sollicitus jam esse cœpit, uti consentaneum erat, et lento magis incedebant gradu, quam consuevissent; neque admodum hilares cernebantur; præterea in circulis congregabantur, et omnia plena erant se mutuo interrogantium de his rebus, et colloquentium.

Cyrus autem, ubi metum pervagari exercitum animadvertit, tum copiarum præfectos convocat, tum eos omnes, qui si dejectis essent animis, damnum; si alacribus, utilitatem adlaturi viderentur. Prædixit etiam ministris, ut si quis alius quoque ex armatis adesse vellet, orationem auditurus, ne prohiberent. Ubi convenissent, in hanc sententiam loquutus est.

« Convocavi ego vos, socii, quia nonnullos vestrum video, posteaquam ab hostibus venere nuntii, similes admodum hominibus esse perterritis. Equidem miror, quenquam vestrum formidine corripi, quia dicantur hostes colligi : quod vero multo majore numero nos jam collecti sumus, quam id temporis, cum eos vinceremus, et multo nunc dei

ἄμεινον σὺν θεοῖς παρεσκευάσμεθα νῦν ἢ πρόσθεν, ταῦτα δὲ ὁρῶντες οὐ θαρρεῖτε. (15) Ὦ πρὸς θεῶν, ἔφη, τί δῆτα ἂν ἐποιήσατε οἱ νῦν δεδοικότες, εἰ ἠγγέλλόν τινες τὰ παρ' ἡμῖν νῦν ὄντα ταῦτα ἀντίπαλα ἡμῖν προςιόντα; καὶ πρῶτον μὲν ἠκούετε, ἔφη, ὅτι οἱ πρότερον νικήσαντες ἡμᾶς οὗτοι πάλιν ἔρχονται ἔχοντες ἐν ταῖς ψυχαῖς ἣν τότε νίκην ἐκτήσαντο· ἔπειτα δὲ οἱ τότε ἐκκόψαντες τῶν τοξοτῶν καὶ ἀκοντιστῶν τὰς ἀκροβολίσεις νῦν οὗτοι ἔρχονται καὶ ἄλλοι ὅμοιοι τούτοις πολλαπλάσιοι· (16) ἔπειτα δὲ ὥσπερ οὗτοι ὡπλισμένοι τοὺς πεζοὺς τότε ἐνίκων, νῦν οὗτω καὶ οἱ ἱππεῖς αὐτῶν παρεσκευασμένοι πρὸς τοὺς ἱππέας προσέρχονται, καὶ τὰ μὲν τόξα καὶ ἀκόντια ἀποδεδοκιμάκασι, παλτὸν δὲ ἓν ἰσχυρὸν ἕκαστος λαβὼν προςελαύνειν διανενόηται ὡς ἐκ χειρὸς τὴν μάχην ποιησόμενος· (17) ἔτι δὲ ἅρματα ἔρχεται, ἃ οὐχ οὕτως ἑστήξεται ὥςπερ πρόσθεν ἀπεστραμμένα ὥςπερ εἰς φυγήν, ἀλλ' οἵ τε ἵπποι εἰσὶ κατατεθωρακισμένοι οἱ ἐν τοῖς ἅρμασιν, οἵ τε ἡνίοχοι ἐν πύργοις ἑστᾶσι ξυλίνοις τὰ ὑπερέχοντα ἅπαντα συνεστεγασμένοι θώραξι καὶ κράνεσι, δρέπανα δὲ σιδηρᾷ περὶ τοῖς ἄξοσι προςήρμοσται, ὡς ἐλῶντες καὶ οὗτοι εὐθὺς εἰς τὰς τάξεις τῶν ἐναντίων· (18) πρὸς δ' ἔτι κάμηλοι εἰσὶν αὐτοῖς ἐφ' ὧν προςελῶσιν, ὧν μίαν ἑκάστην ἑκατὸν ἵπποι οὐκ ἂν ἀνάσχοιντο ἰδόντες· ἔτι δὲ πύργοις προςίασιν ἔχοντες ἀφ' ὧν τοῖς μὲν ἑαυτῶν ἀρήξουσιν, ἡμᾶς δὲ βάλλοντες κωλύσουσι τοῖς ἐν τῷ ἰσοπέδῳ μάχεσθαι· εἰ δὴ ταῦτα ἀπήγγελλέ τις ὑμῖν ἐν τοῖς πολεμίοις ὄντα, οἱ νῦν φοβούμενοι τί ἂν ἐποιήσατε; ὁπότε ἀπαγγελλομένων ὑμῖν ὅτι Κροῖσος μὲν ᾕρηται τῶν πολεμίων στρατηγός, ὃς τοσούτῳ Σύρων κακίων ἐγένετο ὅσῳ Σύροι μὲν μάχῃ ἡττηθέντες ἔφυγον, Κροῖσος δὲ ἰδὼν ἡττημένους ἀντὶ τοῦ ἀρήγειν τοῖς συμμάχοις φεύγων ᾤχετο. (20) Ἔπειτα δὲ διαγγέλλεται δήπου, ὅτι αὐτοὶ μὲν οἱ πολέμιοι οὐχ ἱκανοὶ ἡγοῦνται ὑμῖν εἶναι μάχεσθαι, ἄλλους δὲ μισθοῦνται, ὡς ἄμεινον μαχουμένους ὑπὲρ σφῶν ἢ αὐτοί. Εἰ μέντοι τισὶ ταῦτα μὲν τοιαῦτα ὄντα δεινὰ δοκεῖ εἶναι, τὰ δὲ ἡμέτερα φαῦλα, τούτους ἐγώ φημι χρῆναι, ὦ ἄνδρες, ἀφεῖναι εἰς τοὺς ἐναντίους· πολὺ γὰρ ἐκεῖ ὄντες πλείω ἂν ἡμᾶς ἢ παρόντες ὠφελοῖεν.

21. Ἐπεὶ δὲ ταῦτα εἶπεν ὁ Κῦρος, ἀνέστη Χρυσάντας ὁ Πέρσης καὶ ἔλεξεν ὧδε. Ὦ Κῦρε, μὴ θαύμαζε εἴ τινες ἐσκυθρώπασαν ἀκούσαντες τῶν ἀγγελλομένων, οὐ γὰρ φοβηθέντες οὕτω διετέθησαν, ἀλλ' ἀχθεσθέντες ὥςπερ γέ, ἔφη, εἴ τινων βουλομένων τε καὶ οἰομένων ἤδη ἀριστήσειν ἐξαγγελθείη τι ἔργον ὃ ἀνάγκη εἴη πρὸ τοῦ ἀρίστου ἐξεργάσασθαι, οὐδεὶς ἄν, οἶμαι, ἡσθείη ἀκούσας· οὕτω τοίνυν καὶ ἡμεῖς ἤδη οἰόμενοι πλουτήσειν, ἐπεὶ ἠκούσαμεν ὅτι ἔστι περίλοιπον ἔργον ὃ δεῖ ἐξεργάσασθαι, συνεσκυθρωπάσαμεν, οὐ φοβούμενοι, ἀλλὰ πεποιῆσθαι ἂν ἤδη καὶ τοῦτο βουλόμενοι. (22) Ἀλλὰ γὰρ ἐπειδὴ οὐ περὶ Συρίας μόνον ἀγωνιούμεθα, ὅπου σῖτος πολὺς καὶ πρόβατά ἐστι καὶ φοίνικες οἱ καρποφόροι, ἀλλὰ καὶ περὶ Λυδίας, ἔνθα πολὺς μὲν οἶνος, πολλὰ δὲ σῦκα, πολὺ δὲ ἔλαιον, θάλαττα δὲ προς-

ope, quam antea, melius instructi, adeoque hæc cum videatis, non fidentibus potius vos esse animis. Dii immortales, ait, quid facturi tandem fuissetis, qui jam metu estis perculsi, si qui nuntium attulissent, quæ nunc apud nos, hæc nobis adversa adventare? et primum audiretis, inquit, eos, qui prius nos vicissent, rursum venire, victoriam in animis habentes, quam aliquando adepti essent; deinde eos, qui tum et sagittariorum et jaculatorum velitationes fregissent, nunc advenire, aliosque his similes multo plures: præterea quemadmodum hi tunc armati vicissent pedites, sic nunc equites ipsorum instructos ad equites accedere, ac rejectis arcubus et jaculis, et accepto quemque palto uno eoque firmiore, apud animum statuisse adequitare, ut cominus pugnam ineat: venire item currus, qui non ita constituendi sint aversi velut ad fugam, sicut prius, sed tum equos in curribus cataphractos esse, tum aurigas in turribus ligneis stare, quorum partes corporis eminentes omnes loricis ac galeis tectæ sint; et falces ferreas ad axes aptatas esse, quo et illi statim in adversariorum ordines impetum faciant: præter hæc habere ipsos camelos, quibus advehantur, quarum unam vel centum equi videre non sustineant; adventare item eos cum turribus, de quibus sint opem laturi suis, et nos ejaculando impedituri, quo minus in planitie dimicemus: hæc igitur si quis vobis nuntiaret hostibus adesse, quid tandem facturi essetis, qui jam in metu estis? quando adeo perturbamini adlatis nuntiis, Crœsum hostes imperatorem legisse, qui tanto Syris ignavior fuit, ut cum Syri prælio victi fugerent, Crœsus victos esse videns, quibus opem, ut sociis, ferre debebat, fuga se subduceret. Deinde nuntiatur sane hostes ipsos se non idoneos ac pares arbitrari, qui nobiscum pugnent, sed alios conducere, quasi pro eis melius illi præliaturi sint, quam ipsimet. Si quibus tamen hæc, ita cum se habeant, terribilia videntur esse, nostra vero frivola, hos equidem aio, viri, ad hostes ablegandos esse: nam multo magis nobis profuerint, si cum illis sint, quam si nobiscum. »

Hæc ubi Cyrus dixisset, Chrysantas ille Persa surrexit, et in hunc modum loquutus est: Ne tibi, Cyre, mirum sit, quosdam auditis hisce, quæ nuntiantur, tristes visos esse: quippe non propter metum sic affecti fuere, sed propter indignationem: perinde ac, inquit, si aliquibus jam et prandere cupientibus et existimantibus id futurum, opus aliquod denuntietur, quod necesse sit ante prandium absolvi, neminem opinor hoc audito delectatum iri: sic et nos quidem, qui fore jam putabamus ut opes consequeremur, posteaquam audivimus restare quoddam opus quod absolvendum sit, vultus nostros contraxinus, non qui metu percelleremur, sed illud etiam vellemus effectum esse. Verum enimvero quia non de Syria solum dimicabimus, ubi magna est frumenti copia, et pecudes et palmæ frugiferæ, sed etiam de Lydia, in qua vini, ficorum, olei magna est copia, et quam mare adluit, quo bona plura, quam quisquam viderit, adve-

κλύζει καθ' ἣν πλείω ἔρχεται ἢ ὅσα τις ἑώρακεν ἀγαθά, ταῦτα, ἔφη, ἐννοούμενοι οὐκέτι ἀχθόμεθα, ἀλλὰ θαρροῦμεν ὡς μάλιστα, ἵνα θᾶττον καὶ τούτων τῶν Λυδίων ἀγαθῶν ἀπολαύωμεν. Ὁ μὲν οὕτως εἶπεν· οἱ δὲ σύμμαχοι πάντες ἥσθησάν τε τῷ λόγῳ καὶ ἐπῄνεσαν.

23. Καὶ μὲν δή, ἔφη ὁ Κῦρος, ὦ ἄνδρες, δοκεῖ μοι καὶ ἰέναι ἐπ' αὐτοὺς ὡς τάχιστα, ἵνα πρῶτον μὲν αὐτοὺς φθάσωμεν ἀφικόμενοι, ἣν δυνώμεθα, ὅπου τὰ ἐπιτήδεια αὐτοῖς συλλέγεται· ἔπειτα δὲ ὅσῳ ἂν θᾶττον ἴωμεν, τοσούτῳ μείω μὲν τὰ παρόντα εὑρήσομεν αὐτοῖς, πλείω δὲ τὰ ἀπόντα. (24) Ἐγὼ μὲν δὴ οὕτω λέγω· εἰ δέ τις ἄλλῃ πῃ γιγνώσκει ἢ ἀσφαλέστερον εἶναι ἢ ῥᾷον ἡμῖν, διδασκέτω. Ἐπεὶ δὲ συνηγόρευον μὲν πολλοὶ ὡς χρεὼν εἴη ὅτι τάχιστα πορεύεσθαι ἐπὶ τοὺς πολεμίους, ἀντέλεγε δὲ οὐδείς, ἐκ τούτου δὴ ὁ Κῦρος ἤρχετο λόγου τοιοῦδε.

25. Ἄνδρες ξύμμαχοι, αἱ μὲν ψυχαὶ καὶ τὰ σώματα καὶ τὰ ὅπλα οἷς δεήσει χρῆσθαι ἐκ πολλοῦ ἡμῖν σὺν θεῷ παρεσκεύασται· νῦν δὲ τὰ ἐπιτήδεια δεῖ εἰς τὴν ὁδὸν συσκευάζεσθαι αὐτοῖς τε ἡμῖν καὶ ὁπόσοις τετράποσι χρώμεθα μὴ μεῖον ἢ εἴκοσιν ἡμερῶν. Ἐγὼ γὰρ λογιζόμενος εὑρίσκω πλεόνων ἢ πεντεκαίδεκα ἡμερῶν ἐσομένην ὁδόν, ἐν ᾗ οὐδὲν εὑρήσομεν τῶν ἐπιτηδείων· ἀνεσκεύασται γὰρ τὰ μὲν ὑφ' ἡμῶν, τὰ δὲ ὑπὸ τῶν πολεμίων ὅσα ἠδύναντο. (26) Συσκευάζεσθαι οὖν χρὴ σῖτον μὲν ἱκανόν· ἄνευ γὰρ τούτου οὔτε μάχεσθαι οὔτε ζῆν δυναίμεθ' ἄν· οἶνον δὲ τοσοῦτον ἑκάστους ἔχειν χρὴ ὅσος ἱκανὸς ἔσται ἐθίσαι ἡμᾶς αὐτοὺς ὑδροποτεῖν· πολλὴ γὰρ ἔσται τῆς ὁδοῦ ἄοινος, εἰς ἣν οὐδ' ἂν πάνυ πολὺν οἶνον συσκευασώμεθα, διαρκέσει. (27) Ὡς οὖν μὴ ἐξαπίνης ἄοινοι γενόμενοι νοσήμασι περιπίπτωμεν, ὧδε χρὴ ποιεῖν· ἐπὶ μὲν τῷ σίτῳ νῦν εὐθὺς ἀρχώμεθα πίνειν ὕδωρ· τοῦτο γὰρ ἤδη ποιοῦντες οὐ πολὺ μεταβαλοῦμεν. (28) Καὶ γὰρ ὅστις ἀλφιτοσιτεῖ, ὕδατι μεμιγμένην ἀεὶ τὴν μᾶζαν ἐσθίει, καὶ ὅστις ἀρτοσιτεῖ, ὕδατι δεδευμένον τὸν ἄρτον, καὶ τὰ ἐφθὰ δὲ πάντα μεθ' ὕδατος τὰ πλεῖστα ἐσκεύασται. Μετὰ δὲ τὸν σῖτον ἐὰν οἶνον ἐπιπίνωμεν, οὐδὲν μεῖον ἔχουσα ἡ ψυχὴ ἀναπαύσεται. (29) Ἔπειτα δὲ καὶ τοῦ μετὰ δεῖπνον ἀφαιρεῖν χρή, ἕως ἂν λάθωμεν ὑδροπόται γενόμενοι. Ἡ γὰρ κατὰ μικρὸν παράλλαξις πᾶσαν ποιεῖ φύσιν ὑποφέρειν τὰς μεταβολάς· διδάσκει δὲ καὶ ὁ θεός, ἀπάγων ἡμᾶς κατὰ μικρόν τε ἐκ τοῦ χειμῶνος εἰς τὸ ἀνέχεσθαι ἰσχυρὰ θάλπη, καὶ ἐκ τοῦ θάλπους εἰς τὸν ἰσχυρὸν χειμῶνα· ὃν χρὴ μιμουμένους εἰς ὃ δεῖ ἐλθεῖν προεθισμένους ἡμᾶς ἀφικνεῖσθαι. (30) Καὶ τὸ τῶν στρωμάτων δὲ βάρος εἰς τὰ ἐπιτήδεια καταδαπανᾶτε· τὰ μὲν γὰρ ἐπιτήδεια περιττεύοντα οὐκ ἄχρηστα ἔσται· στρωμάτων δὲ ἐνδεηθέντες μὴ δείσητε ὡς οὐχ ἡδέως καθευδήσετε· εἰ μὴ καί, ἐμὲ αἰτιᾶσθε. Ἐσθὴς μέντοι ὅτῳ ἐστὶν ἀφθονωτέρα παροῦσα, πολλὰ καὶ ὑγιαίνοντι καὶ κάμνοντι ἐπικουρεῖ. (31) Ὄψα δὲ χρὴ συνεσκευάσθαι ὅσα ἐστὶν ὀξέα καὶ δριμέα καὶ ἁλμυρά· ταῦτα γὰρ ἐπί τε σῖτον ἄγει καὶ ἐπὶ πλεῖστον ἀρκεῖ. Ὅταν δ' ἐκβαίνωμεν εἰς ἀκέραια, ὅπου ἤδη εἰκὸς ἡμᾶς

huntur; hæc, inquit, cogitantes, non jam amplius indignamur, sed quam maxime confirmatis animis sumus, ut quamprimum etiam istis Lydiæ bonis fruamur. In hunc ille modum loquutus est : socii autem universi sermone delectati sunt eumque probarunt.

Et Cyrus, Equidem, ait, arbitror quam celerrime adeo contra eos ducendum esse; ut primum ipsos eo veniendo antevertamus, si quidem poterimus, ubi commeatum colligunt : deinde quanto celerius iverimus, tanto pauciora eis adesse, plura abesse inveniemus. Equidem ita censeo : quod si quis vel tutius vel facilius aliquid alia ratione facturos nos sentit, sane id doceat. Cum autem multi in eandem sententiam concurrentes dicerent, necessarium esse ut quam celerrime in hostes pergerent, ac nemo contradiceret, tum vero Cyrus hujusmodi orationem est orsus :

« Jam dudum, socii, tum animi, tum corpora, tum arma quibus utendum erit, ope dei nobis parata sunt, nunc vero commeatus ad iter comportandus est, et nobis ipsis et quibuscunque utimur quadrupedibus, iique non minor quam viginti dierum. Etenim considerando reperio, plurium quam quindecim dierum fore viam, in qua nihil commeatus inveniemus : nam avecta sunt, partim a nobis, partim ab hostibus, quæcunque potuerunt. Quamobrem cibi quantum satis sit nobis comparandum est (nam absque hoc nec prœliari, nec vivere possimus); et vini tantum habere quemque oportet, quantum satis fuerit ad consuefaciendum nos ut aquam bibamus : nam magna viæ pars vino caret, in quam si vel plurimum vini comportemus, non tamen illud suffecerit. Quare ne, si subito vinum nos deficiat, in morbos incidamus, sic faciendum erit : ad cibum jam statim aquam bibere incipiamus : nam hoc si jam fecerimus, mutationem non magnam sentiemus. Etenim quicumque polenta vescitur, is semper mazam aqua mistam; qui pane vescitur, aqua subactum panem, comedit : quin et elixa omnia cum aqua parantur. Post cibum vero si vini potus accedat, nihilo deterius habens animus adquiescet. Deinde de illo etiam, quod a cœna sumitur, detrahere oportebit aliquid, donec imprudentes quodammodo aquæ potores evadamus. Nam quæ mutatio paulatim declinando fit, ea facit ut quælibet natura mutationes ferat : id quod deus ipse nos docet, qui paulatim ab hieme nos ad perferendum vehementes calores abducit et ab æstu ad acrem hiemem : quem imitando pervenire ad id, quod necesse est, jam ante consuefacti debemus. Quin et stragulorum pondus in res necessarias insumite : necessaria enim si supersint, non erunt inutilia; at stragulis si caruritis, ne metuatis quin suaviter dormituri sitis : sin minus, me culpate. Vestis vero cui adsit abundantior, permultum et recte valenti et ægrotanti prodest. Obsonia comportanda sunt, quæcunque maxime acida, et acria, et salsa fuerint : nam hæc ad cibum iinvitant et quam diutissime sufficient. Postea quam vero ad integra loca pervenerimus, ubi consenta-

σῖτον λαμβάνειν, χειρομύλας χρὴ αὐτόθεν παρασκευάσασθαι αἷς σιτοποιησόμεθα· τοῦτο γὰρ κουρότατον τῶν σιτοποιικῶν ὀργάνων. (32) Ξυνεσκευάσθαι δὲ χρὴ καὶ ὧν ἀσθενοῦντες δέονται ἄνθρωποι· τούτων γὰρ ὁ μὲν ὄγκος μικρότατος, ἢν δὲ τύχῃ τοιαύτη γένηται, μάλιστα δεήσει. Ἔχειν δὲ χρὴ καὶ ἱμάντας· τὰ γὰρ πλεῖστα καὶ ἀνθρώποις καὶ ἵπποις ἱμᾶσιν ἤρτηται· ὧν κατατριβομένων καὶ ῥηγνυμένων ἀνάγκη ἀργεῖν, ἢν μή τις ἔχῃ περίζυγα. Ὅστις δὲ πεπαίδευται καὶ παλτὸν ξύσασθαι, ἀγαθὸν καὶ ξυήλης μὴ ἐπιλαθέσθαι. (33) Ἀγαθὸν δὲ καὶ ῥίνην φέρεσθαι· ὁ γὰρ λόγχην ἀκονῶν ἐκεῖνος καὶ τὴν ψυχήν τι παρακονῇ· ἔπεστι γάρ τις αἰσχύνη, λόγχην ἀκονῶντα κακὸν εἶναι. Ἔχειν δὲ χρὴ καὶ ξύλα περίπλεα καὶ ἅρμασι καὶ ἁμάξαις· ἐν γὰρ πολλαῖς πράξεσι πολλὰ ἀνάγκη καὶ τὰ ἀπαγορεύοντα εἶναι. (34) Ἔχειν δὲ δεῖ καὶ τὰ ἀναγκαιότατα ὄργανα ἐπὶ ταῦτα πάντα· οὐ γὰρ πανταχοῦ χειροτέχναι παραγίγνονται· τὸ δ' ἐφ' ἡμέραν ἀρκέσον ὀλίγοι τινές οἳ οὐχ ἱκανοὶ ποιῆσαι. Ἔχειν δὲ χρὴ καὶ ἄμην καὶ σμινύην κατὰ ἅμαξαν ἑκάστην, καὶ κατὰ τὸ νωτοφόρον δὲ ἀξίνην καὶ δρέπανον· ταῦτα γὰρ καὶ ἰδίᾳ ἑκάστῳ χρήσιμα καὶ ὑπὲρ τοῦ κοινοῦ πολλάκις ὠφέλιμα γίγνεται. (35) Τὰ μὲν οὖν εἰς τροφὴν δέοντα οἱ ἡγεμόνες τῶν ὁπλοφόρων ἐξετάζετε τοὺς ὑφ' ὑμῖν αὐτοῖς· οὐ γὰρ δεῖ παρεῖναι ὅτου ἂν τις τούτων δέηται· ἡμεῖς γὰρ τούτων ἐνδεεῖς ἐσόμεθα. Ἃ δὲ καὶ τὰ ὑποζύγια κελεύω ἔχειν, ὑμεῖς οἱ τῶν σκευοφόρων ἄρχοντες ἐξετάζετε, καὶ τὸν μὴ ἔχοντα κατασκευάζεσθαι ἀναγκάζετε. (36) Ὑμεῖς δ' αὖ οἱ τῶν ὁδοποιῶν ἄρχοντες ἔχετε μὲν ἀπογεγραμμένους παρ' ἐμοῦ τοὺς ἀποδεδοκιμασμένους καὶ τοὺς ἐκ τῶν ἀκοντιστῶν καὶ τοὺς ἐκ τῶν τοξοτῶν καὶ τοὺς ἐκ τῶν σφενδονητῶν· τούτων δὲ τοὺς μὲν ἀπὸ τῶν ἀκοντιστῶν ἢ πελέκεις ἔχοντας ξυλοκόπειν ἀναγκάζειν στρατεύεσθαι, τοὺς δ' ἀπὸ τῶν τοξοτῶν σμινύην, τοὺς δ' ἀπὸ τῶν σφενδονητῶν ἄμην· τούτους δὲ ἔχοντας ταῦτα πρὸ τῶν ἁμαξῶν κατὰ ἴλας πορεύεσθαι, ὅπως ἤν τι δέῃ ὁδοποιίας, εὐθὺς ἐνεργοὶ ἦτε, καὶ ἐγὼ ἤν τι δέωμαι, ὅπως εἰδῶ ὁπόθεν δεῖ λαβόντα τούτοις χρῆσθαι. (37) Ἄξω δὲ καὶ τοὺς ἐν τῇ στρατευσίμῳ ἡλικίᾳ ξὺν τοῖς ὀργάνοις χαλκέας τε καὶ τέκτονας καὶ σκυτοτόμους, ὅπως ἄν τι δέῃ καὶ τοιούτων τεχνῶν ἐν τῇ στρατιᾷ, μηδὲ ἐλλίπηται. Οὗτοι δὲ ὁπλοφόρων μὲν τάξεως ἀπολελύσονται, ἃ δ' ἐπίστανται, ὁ βουλομένῳ μισθοῦ ὑπηρετοῦντες ἐν τῷ τεταγμένῳ ἔσονται. (38) Ἢν δέ τις καὶ ἔμπορος βούληται ἕπεσθαι πωλεῖν τι βουλόμενος, τῶν μὲν προειρημένων ἡμερῶν τὰ ἐπιτήδεια ἔχειν ἢν τι πωλῶν ἁλίσκηται, πάντων στερήσεται· ἐπειδὰν δ' αὗται παρέλθωσιν αἱ ἡμέραι, πωλήσει ὅπως ἂν βούληται. Ὅστις δ' ἂν τοῖς ἐμπόροις πλείστην ἀγορὰν παρέχων φαίνηται, οὗτος καὶ παρὰ τῶν ξυμμάχων καὶ παρ' ἐμοῦ δώρων καὶ τιμῆς τεύξεται. (39) Εἰ δέ τις χρημάτων προσδεῖσθαι νομίζει εἰς ἐμπολήν, γνωστῆρας ἐμοὶ προσαγαγὼν καὶ ἐγγυητὰς ἦ μὴν πορεύεσθαι σὺν τῇ στρατιᾷ, λαμβανέτω ὧν ἡμεῖς ἔχομεν. Ἐγὼ μὲν δὴ ταῦτα

neum est frumentum nos jam tandem capturos, jam inde manuales molas parandae erunt, quibus panem conficiamus : nam id ex illis instrumentis, quibus fit panis, levissimum est. Praeterea comparari oportet etiam illa, quibus homines infirmae valetudinis indigent : nam horum moles est perexigua, et si talis fortuna sit, eis maxime opus erit. Oportet etiam habere lora : nam plurima tum hominibus tum equis loris adligata sunt; quibus attritis et fractis cessare necesse est, nisi vincula quis habeat. Quicunque autem et paltum polire didicit, ei utile fuerit asciae non oblivisci. Profuerit etiam limam ferre; nam qui hastam acuit, is animum quoque praeterea nonnihil exacuit. Inest enim hic pudor quidam, cum ignavum esse, qui hastam acuit. Oportet autem lignorum etiam habere copiam et curribus et plaustris : nam multis in negotiis et operibus, necesse est multa quoque deficere. Praeterea habere oportet instrumenta maxime necessaria ad haec omnia ; non enim ubique adsunt opifices : quod autem in diem satis fuerit, ad id efficiendum pauci sunt qui non sufficiant. Oportet etiam sarculum et ligonem in curru quovis habere, et in jumento dossuario dolabram et falcem ; nam haec et cuique privatim usui sunt, et publice frequenter utilitatem adferunt. Et quibus quidem ad cibos opus est, de iis vos duces militum gravis armaturae illos interrogate, qui vobis parent : non enim praetermittendum est quidquam horum, quo quis indigere poterit; nam eorum indigi nos erimus. Quaecunque vero jumenta habere jubeo, vos impedimentorum praefecti inquirite, et qui non habet, hunc ad parandam ea cogite. Vos autem, qui vias exercitui sternentibus praeestis, habetis a me descriptos eos, qui ex jaculatoribus, et sagittariis, et funditoribus rejecti sunt : hos itaque cogere oportet, ex jaculatoribus quidem qui sunt rejecti, ut sumpta securi lignum ad secandum apta militent; qui ex sagittariis, ligone; qui ex funditoribus, sarculo : hos porro iis instructos cogere oportet, ante plaustra turmatim incedere, ut si quid opus sit munienda via, statim opus adgrediamini ; et ipse sciam, si mihi aliquorum opera necessaria sit, unde ad usum meum mihi sumendi sint. Ducam vero nobiscum et fabros aerarios militaris aetatis, et ligniarios, et sutores, cum instrumentis suis; ut quacunque in re hujusmodi etiam artificiis opus sit in exercitu, nihil deficiat. Et hi quidem ab armatorum militum ordinibus erunt soluti, quae autem sciunt, mercede ei ministrantes qui velit; erunt in constituto loco. Quod si quis etiam mercator sequi castra voluerit, ut aliquid vendat, is si intra eos dies, qui necessario commeatui ferendo praefiniti sunt, aliquid vendere deprehendatur, omnibus spoliabitur. Posteaquam vero dies hi praeterierint, quo pacto volet, vendet : et quisquis e mercatoribus quam maxime rerum venalium forum augere videbitur, is et a sociis, et a me munera et honores consequetur. Quod si quis existimat, pecunia sibi ad coemptionem rerum opus esse, is cognitoribus, quique spondeant futurum, ut cum exercitu proficiscatur, adductis, ex ea, quam nos habemus, accipiat. Atque haec equidem

προαγορεύω· εἰ δέ τίς τι καὶ ἄλλο δέον ἐνορᾶ, πρὸς ἐμὲ σημαινέτω. (40) Καὶ ὑμεῖς μὲν ἀπιόντες συσκευάζεσθε, ἐγὼ δὲ θύσομαι ἐπὶ τῇ ὁρμῇ· ὅταν δὲ τὰ τῶν θεῶν καλῶς ἔχῃ, σημανοῦμεν. Παρεῖναι δὲ χρὴ ἅπαντας τὰ προειρημένα ἔχοντας εἰς τὴν τεταγμένην χώραν πρὸς τοὺς ἡγεμόνας ἑαυτῶν. (41) Ὑμεῖς δὲ οἱ ἡγεμόνες τὴν ἑαυτοῦ ἕκαστος τάξιν εὐτρεπισάμενος πρὸς ἐμὲ πάντες συμβάλλετε, ἵνα τὰς ἑαυτῶν ἕκαστοι χώρας καταμάθητε.

prædico : si quis vero aliud quidpiam, quod facto sit opus, perspicit, mihi significet. Ac vos quidem hinc digressi vasa colligite ; ego profectionis causa rem sacram faciam : cum vero res divinæ recte se habebunt, signum dabimus. Debent autem adesse omnes cum iis quæ prædicta sunt, ad locum constitutum, apud duces suos. Vos vero, duces, ubi suum quisque ordinem instruxeritis, ad me convenietis omnes, ut suos singuli locos percipiatis. »

ΚΕΦΑΛΑΙΟΝ Γ.

Ἀκούσαντες δὲ ταῦτα οἱ μὲν συνεσκευάζοντο, ὁ δὲ Κῦρος ἐθύετο. Ἐπεὶ δὲ καλὰ τὰ ἱερὰ ἦν, ὡρμᾶτο σὺν τῷ στρατεύματι· καὶ τῇ μὲν πρώτῃ ἡμέρᾳ ἐξεστρατοπεδεύσατο ὡς δυνατὸν ἐγγύτατα, ὅπως εἴ τίς τι ἐπιλελησμένος εἴη, μετέλθοι, καὶ εἴ τίς τι ἐνδεόμενος γνοίη, τοῦτο ἐπιπαρασκευάσαιτο. (2) Κυαξάρης μὲν οὖν τῶν Μήδων ἔχων τὸ τρίτον μέρος κατέμενεν, ὡς μηδὲ τὰ οἴκοι ἔρημα εἴη. Ὁ δὲ Κῦρος ἐπορεύετο ὡς ἠδύνατο τάχιστα, τοὺς ἱππέας μὲν πρώτους ἔχων, καὶ πρὸ τούτων διερευνητὰς καὶ σκοποὺς ἀεὶ ἀναβιβάζων ἐπὶ τὰ πρόσθεν εὐσκοπώτατα· μετὰ δὲ τούτους ἦγε τὰ σκευοφόρα, ὅπου μὲν πεδινὸν εἴη, πολλοὺς ὁρμαθοὺς ποιούμενος τῶν ἁμαξῶν καὶ τῶν σκευοφόρων· ὄπισθεν δὲ ἡ φάλαγξ ἐφέπομένη, εἴ τι τῶν σκευοφόρων ὑπολείποιτο, οἱ προστυγχάνοντες τῶν ἀρχόντων ἐπεμέλοντο ὡς μὴ κωλύοιντο πορεύεσθαι. (3) Ὅπου δὲ στενωτέρα εἴη ἡ ὁδός, διὰ μέσου ποιούμενοι τὰ σκευοφόρα ἔνθεν καὶ ἔνθεν ἐπορεύοντο οἱ ὁπλοφόροι· καὶ εἴ τι ἐμποδίζοι, οἱ κατὰ ταῦτα γιγνόμενοι αὖ τῶν στρατιωτῶν ἐπεμέλοντο. Ἐπορεύοντο δὲ ὡς τὰ πολλὰ αἱ τάξεις παρ' ἑαυταῖς ἔχουσαι τὰ σκευοφόρα· ἐπετέτακτο γὰρ πᾶσι τοῖς σκευοφόροις κατὰ τὴν ἑαυτῶν τάξιν ἰέναι, εἰ μή τι ἀναγκαῖον ἀποκωλύοι. (4) Καὶ σημεῖον δὲ ἔχων ὁ τοῦ ταξιάρχου σκευοφόρος ἡγεῖτο γνωστὸν τοῖς τῆς ἑαυτῶν τάξεως· ὥστ' ἀθρόοι ἐπορεύοντο, ἐπεμελοῦντό τε ἰσχυρῶς ἕκαστοι τῶν ἑαυτοῦ ὡς μὴ ὑπολείποιντο. Καὶ οὕτω ποιούντων οὔτε ζητεῖν ἔδει ἀλλήλους, ἅμα τε παρόντα ἅπαντα καὶ σαώτερα ἦν καὶ θᾶττον τὰ δέοντα εἶχον οἱ στρατιῶται.

5. Ὡς δὲ οἱ προϊόντες σκοποὶ ἔδοξαν ἐν τῷ πεδίῳ ὁρᾶν ἀνθρώπους λαμβάνοντας καὶ χιλὸν καὶ ξύλα, καὶ ὑποζύγια δὲ ἑώρων ἕτερα τοιαῦτα ἄγοντα, τὰ δὲ καὶ νεμόμενα, καὶ τὰ πρόσω αὖ ἀφορῶντες ἐδόκουν καταμανθάνειν μετεωριζόμενον ἢ καπνὸν ἢ κονιορτόν, ἐκ τούτων πάντων σχεδὸν ἐγίγνωσκον ὅτι εἴη που πλησίον τὸ στράτευμα τῶν πολεμίων. (6) Εὐθὺς οὖν πέμπει τινὰ ὁ σκόπαρχος ἀγγελοῦντα ταῦτα τῷ Κύρῳ. Ὁ δὲ ἀκούσας ταῦτα ἐκείνους μὲν ἐκέλευσε μένοντας ἐπὶ ταύταις ταῖς σκοπαῖς ὅ,τι ἂν ἀεὶ καινὸν ὁρῶσιν ἐξαγγέλλειν· τάξιν δ' ἔπεμψεν ἱππέων εἰς τὸ πρόσθεν καὶ ἐκέλευσε πειραθῆναι συλλαβεῖν τινας τῶν ἀνὰ τὸ πεδίον ἀνθρώπων, ὅπως σαφέστερον μάθοιεν τὸ ὄν. (7) Οἱ

CAPUT III.

His illi auditis, ad iter sarcinis compositis se comparabant : Cyrus vero rei divinæ dabat operam. Ubi vero sacrificia bene se habuerunt, cum exercitu progredi cœpit : ac primo quidem die metatus est castra loco, quam potuit, proximo, ut si quis alicujus rei esset oblitus, eam quæreret, et si quis esse sibi aliqua opus animadverteret, eam etiam sibi compararet. Et Cyaxares quidem cum tertia parte Medorum remansit, ut domi solitudo non esset. Cyrus quam celerrime poterat, faciebat iter, equites quidem primo loco constituens, et ante hos exploratores et speculatores anteriora semper in loca, quæ ad speculandum essent commodissima, præmittens : post hos agebat impedimenta, multos, ubi quidem planities esset, plaustrorum et impedimentorum globos faciens ; hos cum a tergo sequeretur phalanx, si quid impedimentorum a tergo relinqueretur, præfecti qui in ea inciderent curabant, ut in progressu non impedirentur. Ubi vero angustior erat via, milites armati receptis in medium impedimentis, hinc et illinc incedebant ; ac si quid impediret, milites ad hæc constituti in eo curam adhibebant. Plerumque vero sic cohortes iter faciebant, ut apud se sua haberent impedimenta : omnibus enim qui impedimentis ferendis operam dabant imperatum erat, ut quisque propter cohortem suam progrederetur, nisi quid rei necessariæ vetaret. Atque is etiam cui centurionis sarcinarum vectura curæ erat præibat, cum signo centurionis sui quod militibus ejusdem cohortis notum esset : itaque catervatim faciebant iter, et vehementer intentus erat quilibet, ne qui suorum a tergo relinquerentur. Quod cum facerent, necesse non erat ut se mutuo quærerent, et omnia præsto magisque salva erant, et ea quibus esset opus citius milites habebant.

Ceterum speculatores antegressi cum viderentur in planitie videre homines, qui et pabulum et ligna sumerent, et adspicerent itidem jumenta, quæ ejusmodi alia portarent, aliqua quæ pascerentur, et remotiora loca intuendo, animadvertere sibi viderentur, vel fumum vel pulverem in sublime ferri : de his omnibus fere intelligebant, hostium copias alicubi esse in propinquo. Itaque speculatorum præfectus statim quendam mittit, qui Cyro ista nuntiaret. Is autem ubi hæc audisset, mandavit illis, ut iis ipsis in speculis manerent, ac quicquid semper novi conspicerent, sibi renuntiarent : præterea equitum cohortem ulterius misit, mandavitque darent operam ut quosdam illorum qui erant in planitie comprehenderent, quo certius id quod esset cogno-

μὲν δὴ ταχθέντες τοῦτο ἔπραττον. Αὐτὸς δὲ τὸ ἄλλο στράτευμα αὐτοῦ κατεχώριζεν, ὅπως παρασκευάσαιντο ὅσα ᾤετο χρῆναι πρὶν πάνυ ὁμοῦ εἶναι. Καὶ πρῶτον μὲν ἀριστᾶν παρηγγύησεν, ἔπειτα δὲ μένοντας ἐν ταῖς τάξεσι τὸ παραγγελλόμενον προνοεῖν· (8) ἐπεὶ δὲ ἠρίστησαν, συνεκάλεσε καὶ ἱππέων καὶ πεζῶν καὶ ἁρμάτων τοὺς ἡγεμόνας, καὶ τῶν μηχανῶν δὲ καὶ τῶν σκευοφόρων τοὺς ἄρχοντας καὶ τῶν ἁρμαμαξῶν· καὶ οὗτοι μὲν συνῄεσαν. (9) Οἱ δὲ καταδραμόντες εἰς τὸ πεδίον συλλαβόντες ἀνθρώπους ἤγαγον· οἱ δὲ συλληφθέντες ἀνερωτώμενοι ὑπὸ τοῦ Κύρου ἔλεγον ὅτι ἀπὸ τοῦ στρατοπέδου εἶεν, προεληλυθότες ἐπὶ χιλὸν, οἱ δ' ἐπὶ ξύλα, παρελθόντες τὰς προφυλακάς· διὰ γὰρ τὸ πλῆθος τοῦ στρατοῦ σπάνια πάντα εἶναι. (10) Καὶ ὁ Κῦρος ταῦτα ἀκούσας, Πόσον δὲ, ἔφη, ἄπεστιν ἐνθένδε τὸ στράτευμα; Οἱ δ' ἔλεγον ὅτι ὡς δύο παρασάγγας. Ἐπὶ τούτοις ἤρετο ὁ Κῦρος, Ἡμῶν δ', ἔφη, λόγος τις ἦν παρ' αὐτοῖς; Ναὶ μὰ Δία, ἔφασαν, καὶ πολύς γε ὡς ἐγγὺς ἤδη εἴητε προσιόντες. Τί οὖν, ἔφη ὁ Κῦρος, ἦ καὶ ἔχαιρον ἀκούοντες ἰόντας; τοῦτο δὲ ἐπήρετο τῶν παρόντων ἕνεκα. Οὐ μὰ Δία, εἶπον ἐκεῖνοι, οὐ μὲν δὴ γ' ἔχαιρον, ἀλλὰ καὶ μάλα ἠνιῶντο. (11) Νῦν δ', ἔφη ὁ Κῦρος, τί ποιοῦσιν; Ἐκτάττονται, ἔφασαν· καὶ ἐχθὲς δὲ καὶ τρίτην ἡμέραν τὸ αὐτὸ τοῦτο ἔπραττον. Ὁ δὲ τάττων, ἔφη ὁ Κῦρος, τίς ἐστιν; Οἱ δὲ ἔφασαν, Αὐτός τε Κροῖσος καὶ σὺν αὐτῷ Ἕλλην τις ἀνὴρ, καὶ ἄλλος δέ τις Μῆδος· οὗτος μέντοι ἐλέγετο φυγὰς εἶναι παρ' ὑμῶν. Καὶ ὁ Κῦρος εἶπεν, Ἀλλ', ὦ Ζεῦ μέγιστε, λαβεῖν μοι γένοιτο αὐτὸν ὡς ἐγὼ βούλομαι.

12. Ἐκ τούτου τοὺς μὲν αἰχμαλώτους ἀπάγειν ἐκέλευσεν, εἰς δὲ τοὺς παρόντας ὡς λέξιων τι ἀνήγετο. Ἐν τούτῳ δὲ παρῆν ἄλλος αὖ ἀπὸ τοῦ σκοπάρχου, λέγων ὅτι ἱππέων τάξις μεγάλη ἐν τῷ πεδίῳ προφαίνοιτο· καὶ ἡμεῖς μὲν, ἔφη, εἰκάζομεν ἐλαύνειν αὐτοὺς βουλομένους ἰδεῖν τόδε τὸ στράτευμα. Καὶ γὰρ πρὸ τῆς τάξεως ταύτης ἄλλοι ὡς τριάκοντα ἱππεῖς συχνὸν προελαύνουσι, καὶ μέντοι, ἔφη, κατ' αὐτοὺς ἡμᾶς, ἴσως βουλόμενοι λαβεῖν, ἢν δύνωνται, τὴν σκοπὴν ἡμεῖς δέ ἐσμεν μία δεκὰς οἱ ἐπὶ ταύτῃ τῇ σκοπῇ. (13) Καὶ ὁ Κῦρος ἐκέλευσε τῶν περὶ αὐτὸν ἀεὶ ὄντων ἱππέων ἐλάσαντας ὑπὸ τὴν σκοπὴν ἀδήλους τοῖς πολεμίοις ἀτρεμίαν ἔχειν. Ὅταν δὲ, ἔφη, ἡ δεκὰς ἡ ἡμετέρα λείπῃ τὴν σκοπὴν, ἐξαναστάντες ἐπίθεσθε τοῖς ἀναβαίνουσιν ἐπὶ τὴν σκοπήν. Ὡς δὲ ἡμᾶς μὴ λυπῶσιν οἱ ἀπὸ τῆς μεγάλης τάξεως, ἀντέξελθε σύ, ἔφη, ὦ Ὑστάσπα, τὴν χιλιοστὴν τῶν ἱππέων λαβὼν καὶ ἐπιφανηθι ἐναντίος τῇ τῶν πολεμίων τάξει. Διώξεις δὲ οὐδαμῇ εἰς ἀφανές, ἀλλ' ὅπως αἱ σκοπαί σοι διαμένωσιν ἐπιμεληθεὶς πάριθι. Ἢν δ' ἄρα ἀνατείναντές τινες τὰς δεξιὰς προσελαύνωσιν ὑμῖν, δέχεσθε φιλίως τοὺς ἄνδρας.

14. Ὁ μὲν δὴ Ὑστάσπης ἀπιὼν ὡπλίζετο· οἱ δ' ὑπηρέται ἤλαυνον εὐθὺς ὡς ἐκέλευσεν. Ἀπαντᾷ δ' αὐτοῖς καὶ δὴ ἐντὸς τῶν σκοπῶν Ἀράσπας σὺν τοῖς θεράπου-

scere possent. Ac illi quidem, quibus id negotii datum erat, hoc faciebant : Cyrus ipse copias reliquas ibidem disponebat, ut præpararent ea quibus opus esse arbitrabatur, antequam omnino congrederentur. Ac primum quidem edixit uti pranderent, deinde ut suis in ordinibus manerent ac providerent quod imperaretur. Pransi autem cum essent, equitum, peditum, curruum duces, atque etiam machinarum, impedimentorum, harmamaxarum præfectos convocavit. Et hi quidem convenerunt : ii vero interea qui in planitiem excurrerant, homines comprehensos adducebant. Cumque a Cyro interrogarentur ii, qui capti erant, aiebant se hostium ex castris esse, ac processisse partim pabulatum, partim lignatum, prætergressos primas excubias : etenim propter exercitus multitudinem rara esse omnia. Et Cyrus his auditis, Quanto, inquit, intervallo hinc exercitus abest? Parasangas fere duas, aiunt illi. Post hæc eos interrogans Cyrus, An de nobis erat, inquit, apud ipsos aliquis rumor? Erat profecto, inquiunt, et quidem magnus : nimirum vos adventare et prope jam adesse. Quid igitur? ait Cyrus, cum id audirent, an gaudebant? (hoc autem rorum, qui aderant, causa quærebat.) Non profecto, respondent illi, non sane gaudebant, sed admodum etiam angebantur. Jam vero, ait Cyrus, quid agunt? Instruuntur, inquiunt; atque in hoc ipso tum heri, tum nudiustertius occupati fuerunt. Et quis eos instruit? ait Cyrus. Crœsus ipse, inquiunt, et cum eo Græcus quidam, et alius quidam Medus : hic quidem a vobis venisse transfuga dicebatur. Verum, o maxime Jupiter, inquit Cyrus, utinam eum capiam, uti cupio.

Secundum hæc captivos abduci jussit, et ad eos, qui aderant, quasi dicturus aliquid, se parabat. Interea quidam alius a speculatorum præfecto aderat, qui magnum equitum agmen in planitie conspici dicebat : Ac nos quidem, inquit, suspicamur eos provehi studio contemplandi hunc exercitum. Nam ante hanc turmam alii equites fere triginta celeriter advehuntur et quidem nos ipsos versus; fortasse quod speculam hanc, si quidem possint, occupare velint : nos autem in ista specula tantummodo decem sumus. Et Cyrus nonnullos equites ex iis quos semper circum se habebat, provectos sub ipsam usque speculam clam hostibus immotos ibi consistere jussit. Ubi vero, ait, decuria nostra speculam deseruerit, tum vos ex insidiis exsurgite, eosque invadite, qui speculam conscenderint. Atque ut vos magna illa non lædat turma, egredere tu, inquit, adversus hos, Hystaspa, equitibus mille adsumptis, et in conspectum hostilis agminis adverso agmine prodi. Nequaquam vero persequaris eos usque ad loca tibi non perspecta, sed ubi curaveris, ut tuæ constanter maneant speculæ, progreditor. Quod si qui porrectis dextris ad vos advehantur, eos amanter excipite.

Hystaspas itaque discedens arma sumebat; et Cyri statim ministri, quemadmodum imperarat, avehebantur. Illis autem Araspas cum famulis eis ipsas etiam speculas occur-

σιν, ὁ πεμφθεὶς πάλαι κατάσκοπος, ὁ φύλαξ τῆς Σουσίδος γυναικός. (15) Ὁ μὲν οὖν Κῦρος ὡς ἤκουσεν, ἀναπηδήσας ἐκ τῆς ἕδρας ὑπήντα τε αὐτῷ καὶ ἐδεξιοῦτο· οἱ δὲ ἄλλοι, ὥσπερ εἰκὸς, μηδὲν εἰδότες ἐκπεπληγμένοι ἦσαν τῷ πράγματι, ἕως ὁ Κῦρος εἶπεν, Ἄνδρες φίλοι, ἥκει ἡμῖν ἀνὴρ ἄριστος. Νῦν γὰρ ἤδη πάντας ἀνθρώπους δεῖ εἰδέναι τὰ τούτου ἔργα. Οὗτος οὔτε αἰσχροῦ ἡττηθεὶς οὐδενὸς ᾤχετο οὔτ᾽ ἐμὲ φοβηθεὶς, ἀλλ᾽ ὑπ᾽ ἐμοῦ πεμφθεὶς ὅπως ἡμῖν μαθὼν τὰ τῶν πολεμίων σαφῶς τὰ ὄντα ἐξαγγείλειεν. (16) Ἃ μὲν οὖν ἐγώ σοι ὑπεσχόμην, ὦ Ἀράσπα, μέμνημαί τε καὶ ἀποδώσω σὺν τούτοις πᾶσι. Δίκαιον δὲ καὶ ὑμᾶς ἅπαντας, ὦ ἄνδρες, τοῦτον τιμᾶν ὡς ἀγαθὸν ἄνδρα· ἐπὶ γὰρ τῷ ἡμετέρῳ ἀγαθῷ καὶ ἐκινδύνευσε καὶ αἰτίαν ὑπέσχεν ἣ ἐβαρύνετο. (17) Ἐκ τούτου δὴ πάντες ἠσπάζοντο τὸν Ἀράσπαν καὶ ἐδεξιοῦντο. Εἰπόντος δὲ Κύρου ὅτι τούτων μὲν ἱκανῶς εἴη ἅλις, Ἃ δὲ καιρὸς ἡμῖν εἰδέναι, ταῦτ᾽, ἔφη, διηγοῦ, ὦ Ἀράσπα, καὶ μηδὲν ἐλάττω τοῦ ἀληθοῦς μηδὲ μείου τὰ τῶν πολεμίων. Κρεῖττον γὰρ μείζω οἰηθέντας μείονα ἰδεῖν ἢ μείω ἀκούσαντας ἰσχυρότερα εὑρίσκειν. (18) Καὶ μὴν, ἔφη ὁ Ἀράσπας, ὡς σαφέστατά γ᾽ ἂν εἰδείην ὁπόσον τὸ στράτευμά ἐστιν ἐποίουν· συνεξέταττον γὰρ παρὼν αὐτοῖς. Σὺ μὲν ἄρα, ἔφη ὁ Κῦρος, οὐ τὸ πλῆθος μόνον οἶσθα, ἀλλὰ καὶ τὴν τάξιν αὐτῶν; Ἐγὼ μὲν ναὶ μὰ Δί᾽, ἔφη ὁ Ἀράσπας, καὶ ὡς διανοοῦνται τὴν μάχην ποιεῖσθαι. Ἀλλ᾽ ὅμως, ἔφη ὁ Κῦρος, τὸ πλῆθος ἡμῖν πρῶτον εἰπὲ ἐν κεφαλαίῳ. (19) Ἐκεῖνοι τοίνυν, ἔφη, πάντες τεταγμένοι εἰσὶν ἐπὶ τριάκοντα τὸ βάθος καὶ πεζοὶ καὶ ἱππεῖς πλὴν τῶν Αἰγυπτίων· οὗτοι δ᾽ ἔχουσιν ἀμφὶ τὰ τετταράκοντα στάδια· πάνυ γάρ μοι, ἔφη, ἐμέλησεν ὥστε εἰδέναι ὁπόσον κατεῖχον χωρίον. (20) Οἱ δ᾽ Αἰγύπτιοι, ἔφη ὁ Κῦρος, πῶς εἰσι τεταγμένοι; ὅτι εἶπας Πλὴν τῶν Αἰγυπτίων. Τούτους δὲ οἱ μυρίαρχοι ἔταττον εἰς ἑκατὸν πανταχῇ τὴν μυριοστὺν ἑκάστην· τοῦτον γάρ σφισι καὶ οἴκοι νόμον ἔφασαν εἶναι τῶν τάξεων. Καὶ ὁ Κροῖσος μέντοι μάλα ἄκων συνεχώρησεν αὐτοῖς οὕτω τάττεσθαι· ἐβούλετο γὰρ ὅτι πλεῖστον ὑπερφαλαγγῆσαι τοῦ σοῦ στρατεύματος. Πρὸς τί δή, ἔφη ὁ Κῦρος, τοῦτο ἐπιθυμῶν; Ὡς ναὶ μὰ Δί᾽, ἔφη, τῷ περιττῷ κυκλωσόμενος. Καὶ ὁ Κῦρος εἶπεν, Ἀλλ᾽ οὗτοι ἂν εἰδεῖεν εἰ οἱ κυκλούμενοι κυκλωθεῖεν. (21) Ἀλλ᾽ ἃ μὲν παρὰ σοῦ καιρὸς μαθεῖν, ἀκηκόαμεν· ὑμᾶς δὲ χρή, ὦ ἄνδρες, οὕτω ποιεῖν· νῦν μὲν ἐπειδὰν ἐνθένδε ἀπέλθητε, ἐπισκέψασθε καὶ τὰ τῶν ἵππων καὶ τὰ ὑμῶν αὐτῶν ὅπλα· πολλάκις γὰρ μικρῷ ἐνδείᾳ καὶ ἀνὴρ καὶ ἵππος καὶ ἅρμα ἀχρεῖον γίγνεται· αὔριον δὲ πρωὶ, ἕως ἂν ἐγὼ θύωμαι, πρῶτον μὲν χρὴ ἀριστῆσαι καὶ ἄνδρας καὶ ἵππους, ὅπως ὅ,τι ἂν πράττειν ἀεὶ καιρὸς ᾖ μὴ τούτου ἡμῖν ἐνδέῃ· ἔπειτα δὲ σὺ, ἔφη, ὦ Ἀράσπα, τὸ δεξιὸν κέρας ἔχε ὥσπερ καὶ ἔχεις, καὶ οἱ ἄλλοι μυρίαρχοι ᾗπερ νῦν ἔχετε· ὁμοῦ δὲ τοῦ ἀγῶνος ὄντος οὐδενὶ ἅρματι καιρὸς τοὺς ἵππους μεταζευγνύναι. Παραγγείλατε δὲ τοῖς ταξιάρχοις καὶ λοχαγοῖς ἐπὶ φάλαγγος καθίστασθαι εἰς δύο ἔχοντας ἕκα-

rit, is qui dudum explorator missus fuerat, Susiæ mulieris custos. Et Cyrus quidem, eum ut vidit, exsiliens de sella progressus est ei obviam et dextra hominem excepit : ceteri, qui nihil horum scirent, re ista erant obstupefacti, ut par est credi ; donec Cyrus ait, Vir ad nos optimus venit, amici. Nam scire jam omnes homines hujus oportet facinora. Hic neque ulla re turpi victus, neque formidine inci permotus discessit ; sed a me missus, ut hostium rebus cognitis, quo loco essent, certo nobis renuntiaret. Tibi quidem, Araspa, quæ sum pollicitus, et memini et præstabo cum his omnibus. Vos autem omnes etiam æquum est, milites, hunc, ut virum fortem, honore prosequi : nam commodi nostri causa tum periculo se obtulit, tum crimen, quo premebatur, in se sustinuit. Tum vero Araspam omnes salutantes amplectebantur, et dextris excipiebant. Cum autem dixisset Cyrus, satis jam istorum esse ; Quæ autem scire nos ex re nostra fuerit, inquit, narra nobis, Araspa, neque res hostium præter veritatem extenua. Nam melius fuerit, nos arbitratos majora, deinde minora videre, quam auditis minoribus, majora reperire. Enimvero, inquit Araspas, operam dedi ut quam certissime cognoscerem quantus sit illorum exercitus : nam præsens una cum aliis aciem eorum instruxi. Tu igitur, inquit Cyrus, non eorum modo numerum, verum etiam aciei rationem tenes? Teneo profecto, inquit Araspas, atque etiam quo pacto prælium inire cogitent. Tu tamen, ait Cyrus, primum nobis eorum multitudinem summatim exponito. Sunt igitur illi, inquit, omnes et pedites et equites instructi ad tricenos in altitudinem, exceptis Ægyptiis : occupant autem hi fere spatium quadraginta stadiorum : nam illud equidem, inquit, admodum curæ fuit, ut quantum loci occuparent scirem, Ægyptii vero, ait Cyrus, quo pacto, instructi sint, dicito : aiebas enim, exceptis Ægyptiis. Nimirum hos denum millium præfecti ita instruebant, ut quælibet denum millium acies in centenos esset ab omni parte disposita : nam domi quoque sibi hanc ordinum legem esse dicebant. Crœsus sane perquam invitus eis concessit ut hoc modo instruerentur : quippe phalangem suam sic extendere volebat, ut tuum ultra exercitum quam longissime porrigeret. At quamobrem, ait Cyrus, id cupiebat? Ea profecto de causa, ait, exsuperante copias tuas multitudine circumdaret. Et Cyrus ait, At hi cognoscent, an qui circumdare volunt, circumdari possint. Sed enim quæ ex te didicisse nostram erat in rem, audivimus : vobis autem ita, viri, faciendum est : nunc quidem, posteaquam hinc abieritis, tum equorum arma, tum vestra inspicite ; nam sæpenumero exigua re deficiente, et vir, et equus, et currus inutilis redditur : cras autem mane dum sacram ego rem peragam, primum et viris et equis vescendum erit, ut quidquid fieri semper opportunum fuerit, nihil nobis desit quo minus id conficiamus : deinde tu, inquit, Araspa, cornu dextrum tene, ut nunc tenes, ac ceteri itidem denum millium præfecti servate quem nunc locum obtinetis ; nam ubi prope adest certamen, cum sit conserendum, non juncti jam equi in curru commode mutari possunt. Denuntiato vero cohortium præfectis et ductoribus manipulorum, ut in phalange consistant, singulis manipulis bifariam divi-

στον τὸν λόγον. Ὁ δὲ λόγος ἦν ἕκαστος εἰκοσιτέτταρες.

22. Καί τις εἶπε τῶν μυριάρχων, Καὶ δοκοῦμέν σοι, ἔφη, ὦ Κῦρε, ἱκανῶς ἕξειν εἰς τοσούτους τεταγμένοι πρὸς οὕτω βαθεῖαν φάλαγγα; Καὶ ὁ Κῦρος εἶπεν, Αἱ δὲ βαθύτεραι φάλαγγες ἢ ὡς ἐξικνεῖσθαι τοῖς ὅπλοις τῶν ἐναντίων τί σοι, ἔφη, δοκοῦσιν ἢ τοὺς πολεμίους βλάπτειν ἢ τοὺς συμμάχους ὠφελεῖν; (23) Ἐγὼ μὲν γάρ, ἔφη, τοὺς εἰς ἑκατὸν τούτους ὁπλίτας εἰς μυρίους ἂν μᾶλλον βουλοίμην τετάχθαι· οὕτω γὰρ ἂν ἐλαχίστοις μαχοίμεθα. Ἐξ ὅσων μέντοι ἐγὼ τὴν φάλαγγα βαθύνω οἴομαι ὅλην ἐνεργὸν καὶ σύμμαχον ποιήσειν αὐτὴν ἑαυτῇ. (24) Ἀκοντιστὰς μὲν ἐπὶ τοῖς θωρακοφόροις τάξω, ἐπὶ δὲ τοῖς ἀκοντισταῖς τοξότας. Τούτους γὰρ πρωτοστάτας μὲν τίς ἂν τάττοι, οἳ καὶ αὐτοὶ ὁμολογοῦσι μηδεμίαν μάχην ἂν ὑπομεῖναι ἐκ χειρός; προβεβλημένοι δὲ τοὺς θωρακοφόρους μενοῦσί τε, καὶ οἱ μὲν ἀκοντίζοντες, οἱ δὲ τοξεύοντες, ὑπὲρ τῶν πρόσθεν πάντων λυμανοῦνται τοὺς πολεμίους. Ὅ,τι δ᾽ ἂν κακουργῇ τις τοὺς ἐναντίους, δῆλον ὅτι παντὶ τούτῳ τοὺς συμμάχους κουφίζει. (25) Τελευταίους μέντοι στήσω τοὺς ἐπὶ πᾶσι καλουμένους. Ὥσπερ γὰρ οἰκίας οὔτε ἄνευ λιθολογήματος ὀχυροῦ οὔτε ἄνευ τῶν στέγην ποιούντων οὐδὲν ὄφελος, οὕτως οὐδὲ φάλαγγος οὔτ᾽ ἄνευ τῶν πρώτων οὔτ᾽ ἄνευ τῶν τελευταίων, εἰ μὴ ἀγαθοὶ ἔσονται, ὄφελος οὐδέν. (26) Ἀλλ᾽ ὑμεῖς τε, ἔφη, ὡς παραγγέλλω τάττεσθε, καὶ ὑμεῖς οἱ τῶν πελταστῶν ἄρχοντες ἐπὶ τούτοις ὡσαύτως τοὺς λόχους καθίστατε, καὶ ὑμεῖς οἱ τῶν τοξοτῶν ἐπὶ τοῖς πελτασταῖς ὡσαύτως. (27) Σὺ δὲ ὃς τῶν ἐπὶ πᾶσιν ἄρχεις τελευταίοις ἔχων τοὺς ἄνδρας παράγγελλε τοῖς ἑαυτοῦ ἐφορᾶν τε ἑκάστῳ τοὺς καθ᾽ αὑτὸν καὶ τοῖς μὲν τὸ δέον ποιοῦσιν ἐπικελεύειν, τοῖς δὲ κακουμένοις ἀπειλεῖν ἰσχυρῶς· ἢν δέ τις στρέφηται προδιδόναι θέλων, θανάτῳ ζημιοῦν. Ἔργον γάρ ἐστι τοῖς μὲν πρωτοστάταις θαρρύνειν τοὺς ἑπομένους καὶ λόγῳ καὶ ἔργῳ· ὑμᾶς δὲ δεῖ τοὺς ἐπὶ πᾶσι τεταγμένους πλείω φόβον παρέχειν τοῖς κακοῖς τοῦ ἀπὸ τῶν πολεμίων. (28) Καὶ ὑμεῖς μὲν ταῦτα ποιεῖτε. Σὺ δέ, ὦ Βραδάτα, ὃς ἄρχεις τῶν ἐπὶ ταῖς μηχαναῖς, οὕτω ποίει ὅπως τὰ ζεύγη τὰ τοὺς πύργους ἄγοντα ἕψεται ὡς ἐγγύτατα τῆς φάλαγγος. (29) Σὺ δ᾽, ὦ Δαοῦχε, ὃς ἄρχεις τῶν σκευοφόρων, ἐπὶ τοῖς πύργοις [καὶ ἐπὶ ταῖς μηχαναῖς] ἄγε πάντα τὸν τοιοῦτον στρατόν· οἱ δὲ ὑπηρέται σου [τῶν ὄχλων] ἰσχυρῶς κολαζόντων τοὺς προϊόντας τοῦ καιροῦ ἢ λειπομένους. (30) Σὺ δέ, ὦ Καρδοῦχε, ὃς ἄρχεις τῶν ἁρμαμαξῶν αἳ ἄγουσι τὰς γυναῖκας, κατάστησον αὐτὰς τελευταίας ἐπὶ τοῖς σκευοφόροις. Ἑπόμενα γὰρ ταῦτα πάντα καὶ πλῆθος δόξαν παρέξει καὶ ἐνεδρεύειν ἡμῖν ἐξουσία ἔσται, καὶ τοὺς πολεμίους, ἢν κυκλοῦσθαι πειρῶνται, μείζω τὴν περιβολὴν ἀναγκάσει ποιεῖσθαι· ὅσῳ δ᾽ ἂν μεῖζον χωρίον περιβάλλωνται τοσούτῳ, ἀνάγκη αὐτοὺς ἀσθενεστέρους γίγνεσθαι. (31) Καὶ ὑμεῖς μὲν οὕτω ποιεῖτε· σὺ δέ, ὦ Ἀρτάοζε καὶ Ἀρταγέρσα, τὴν χιλιοστὴν ἑκάτερος τῶν σὺν ὑμῖν πεζῶν ἐπὶ τούτοις ἔχετε. (32) Καὶ σύ, ὦ Φαρνοῦχε καὶ Ἀσιαδά-

CYRI INSTITUT. LIB. VI. CAP. III.   127

sis. Erant autem manipuli singuli militum viginti quatuor.

Et quidam e denum militum præfectis, An videmur tibi, Cyre, inquit, si quidem in tot ordinati simus, adversus tam densam phalangem suffecturi? Et Cyrus, Densiores quæ sunt phalanges, ait, quam ut armis ad hostes possint pertingere, quid tibi videntur hostibus adferre damni, sociis quid commodi? Equidem, ait, hos in centenos ordinatos gravis armaturæ milites mallem in decies millenos esse dispositos: nam hoc modo cum paucissimis dimicaremus. At quo militum numero phalangis meæ constabit altitudo, futurum arbitror, ut tota strenua reddatur, et ad opem mutuo ferendam prompta. Jaculatores quidem post loricatos disponam, et post jaculatores, sagittarios. Quis enim eos in acie prima constituat, qui fateantur ipsi nullam se cominus pugnam sustinere posse? at si loricatos ante se hostibus oppositos habeant, subsistent: et illi quidem tela vibrando, hi sagittas emittendo super omnes ante collocatos, hostibus perniciem facient. Quocunque autem maleficio hostes quis infestat, eo nimirum omni socios sublevat. Postremos vero collocabo, qui omnium ultimi vocantur. Nam quemadmodum domus nec sine lapidum lectorum compositione firma, nec absque iis qui tectum faciant, ullam ad rem utilis est, sic neque phalangis vel absque primis vel absque ultimis, si strenui non fuerint, ullus est usus. At vestros ordines, uti præcipio, instruite; ac vos peltastarum præfecti, post hos vestros itidem manipulos disponite; vosque præfecti sagittariorum, itidem post peltastas. At tu, qui præfectus es ultimis omnium, extrema esto in acie cum tuis, eisque præcipe, ut quisque suos respiciendo observet, et officium facientes adhortetur, ignaviores minitabundus acriter increpet: quod si quis tergum vertat, prodendi consilio, eum morte multet. Est enim eorum qui principe constituti sunt loco munus, ut sequentes verbis et factis animosos efficiant: vos autem, qui post omnes estis collocati, etiam metum hostili majorem ignavis incutere debetis. Ac vos quidem hæc facite. Tu vero, Bradata, qui præfectus es iis quibus machinæ curæ sunt, sic fac, ut vehicula jugalia, quæ turres vehunt, quam proxime phalangem sequantur. Tu, Daüche, qui præfectus es sarcinariis, post turres et machinas copias ejusmodi omnes ducito: et ministri tui vehementer in eos gregales animadvertant, qui vel intempestive præcesserint vel a tergo manserint. Tu, Carduche, qui harmamaxis mulieres vehentibus es præfectus, postremo eas loco post impedimenta constitue. Nam si hæc omnia sequantur, et multitudinis opinionem præbebunt, et insidias struendi facultatem nobis suppeditabunt, et cogent hostes, si quidem circumdare nos velint, ut majorem ambitum faciant: quanto autem majus spatium circumdando complectantur, tanto necesse est imbecilliores fiant. At vos quidem ita facite: tu vero, Artaoze, et tu Artagersa, uterque mille pedites, ex his qui vobiscum sunt, post hos habete. Tuque, Pharnuche, et tu Asiadata, equites illos mille, quibus præestis

τα, τὴν τῶν ἱππέων χιλιοστὺν ἧς ἑκάτερος ἄρχει ὑμῶν μὴ συγκατατάττετε εἰς τὴν φάλαγγα, ἀλλ' ὄπισθεν τῶν ἁρμαμαξῶν ἐξοπλίσθητε καθ' ὑμᾶς αὐτούς· ἔπειτα πρὸς ἐμὲ ἥκετε σὺν τοῖς ἄλλοις ἡγεμόσιν. Οὕτω δὲ δεῖ ὑμᾶς παρεσκευάσθαι ὡς πρώτους δεήσον ἀγωνίζεσθαι. (33) Καὶ σὺ δὲ ὁ ἄρχων τῶν ἐπὶ ταῖς καμήλοις ἀνδρῶν, ὄπισθεν τῶν ἁρμαμαξῶν ἐκτάττου· ποίει δ' ὅ, τι ἄν σοι παραγγέλλῃ Ἀρταγέρσης. (34) Ὑμεῖς δ' οἱ τῶν ἁρμάτων ἡγεμόνες διακληρωσάμενοι, ὁ μὲν λαχὼν ὑμῶν πρὸ τῆς φάλαγγος τὰ μεθ' ἑαυτοῦ ἑκατὸν ἔχων ἅρματα καταστησάτω· αἱ δ' ἕτεραι ἑκατοστύες τῶν ἁρμάτων, ἡ μὲν κατὰ τὸ δεξιὸν πλευρὸν τῆς στρατιᾶς στειχοῦσα ἑπέσθω τῇ φάλαγγι ἐπὶ κέρως, ἡ δὲ κατὰ τὸ εὐώνυμον. (35) Κῦρος μὲν οὕτω διέταττεν.

Ἀβραδάτας δὲ ὁ Σούσων βασιλεὺς εἶπεν, Ἐγώ σοι, ὦ Κῦρε, ἐθελούσιος ὑφίσταμαι τὴν κατὰ πρόσωπον τῆς ἀντίας φάλαγγος τάξιν ἔχειν, εἰ μή τί σοι ἄλλο δοκεῖ. (36) Καὶ ὁ Κῦρος ἀγασθεὶς αὐτὸν καὶ δεξιωσάμενος ἐπήρετο τοὺς ἐπὶ τοῖς ἄλλοις ἅρμασι Πέρσας, Ἦ καὶ ὑμεῖς, ἔφη, ταῦτα συγχωρεῖτε; Ἐπεὶ δὲ ἐκεῖνοι ἀπεκρίναντο ὅτι οὐ καλὸν εἴη ταῦτα ὑφίεσθαι, διεκλήρωσεν αὐτούς, καὶ ἔλαχεν ὁ Ἀβραδάτας ἥπερ ὑφίστατο, καὶ ἐγένετο κατὰ τοὺς Αἰγυπτίους. (37) Τότε μὲν δὴ ἀπιόντες καὶ ἐπιμεληθέντες ὧν προεῖπον ἐδειπνοποιοῦντο καὶ φυλακὰς καταστησάμενοι ἐκοιμήθησαν.

ΚΕΦΑΛΑΙΟΝ Δ.

Τῇ δ' ὑστεραίᾳ πρωῒ Κῦρος μὲν ἐθύετο, ὁ δ' ἄλλος στρατὸς ἀριστήσας καὶ σπονδὰς ποιησάμενος ἐξωπλίζετο πολλοῖς μὲν καὶ καλοῖς χιτῶσι, πολλοῖς δὲ καὶ καλοῖς θώραξι καὶ κράνεσιν· ὥπλιζον δὲ καὶ ἵππους πραμετωπιδίοις καὶ προστερνιδίοις· καὶ τοὺς μὲν μονίππους παραμηριδίοις, τοὺς δ' ὑπὸ τοῖς ἅρμασιν ὄντας παραπλευριδίοις· ὥστε ἤστραπτε μὲν χαλκῷ, ἤνθει δὲ φοινικίσι πᾶσα ἡ στρατιά.

2. Καὶ τῷ Ἀβραδάτᾳ δὲ τὸ τετράρρυμον ἅρμα καὶ ἵππων ὀκτὼ παγκάλως ἐκεκόσμητο. Ἐπεὶ δ' ἔμελλε τὸν λινοῦν θώρακα, ὃς ἐπιχώριος ἦν αὐτοῖς, ἐνδύεσθαι, προσφέρει αὐτῷ ἡ Πάνθεια χρυσοῦν καὶ χρυσοῦν κράνος καὶ περιβραχιόνια καὶ ψέλια πλατέα περὶ τοὺς καρποὺς τῶν χειρῶν καὶ χιτῶνα πορφυροῦν ποδήρη στολιδωτὸν τὰ κάτω καὶ λόφον ὑακινθινοβαφῆ· ταῦτα δ' ἐποιήσατο λάθρα τοῦ ἀνδρὸς ἐκμετρησαμένη τὰ ἐκείνου ὅπλα. (3) Ὁ δὲ ἰδὼν ἐθαύμασέ τε καὶ ἐπήρετο τὴν Πάνθειαν, Σὺ δήπου, ὦ γύναι, συγκόψασα τὸν σαυτῆς κόσμον τὰ ὅπλα μοι ἐποίησας; Μὰ Δί', ἔφη ἡ Πάνθεια, οὔκουν ὅτι γε πλείστου ἄξιον· σὺ γὰρ ἔμοιγε, ἢν καὶ τοῖς ἄλλοις φανῇς οἷόσπερ ἐμοὶ δοκεῖς εἶναι, μέγιστος κόσμος ἔσῃ. Ταῦτα δὲ λέγουσα ἅμα ἐνέδυε τὰ ὅπλα, καὶ λανθάνειν μὲν ἐπειρᾶτο, ἐλείβετο δὲ αὐτῇ τὰ δάκρυα κατὰ τῶν παρειῶν.

4. Ἐπεὶ δὲ καὶ πρόσθεν ὢν ἀξιοθέατος ὁ Ἀβραδά-

---

uterque, ne in phalange una cum ceteris disponite, sed armis vosmet pone harmamaxas seorsum ipsi instruite: deinde cum ducibus ceteris ad me accedite. Sic autem paratos vos esse oportet, quasi primi prælium sitis inituri. Tu quoque, illorum qui in camelos sunt impositi præfecte, pone harmamaxas locum obtineto; et quidquid Artagersas imperarit, facito. Vos autem curruum duces, cum sortem duxeritis, cui vestrûm id sorte obvenerit, is ante phalangem suos centum currus constituat: de ceteris curruum centuriis altera quidem ad latus dextrum exercitus longo agmine procedens, phalangem ad cornu sequatur, ad lævum altera. Sic adeo Cyrus omnes disponebat.

Abradatas autem, Susorum rex, Ego, Cyre, ait, ultro in me recipio, ut hunc e regione phalangis adversæ locum obtineam, nisi quid aliud tibi videtur. Et Cyrus hominem admiratus dextra prehendit, ac Persas qui ceteris erant in curribus interrogabat, An et vos hæc conceditis? Illis respondentibus, honestum non esse, hæc permittere; rem sorte decernendam ipsis proposuit, et Abradatæ sorte id obvenit, quod ipse in se recipere statuerat, atque adeo Ægyptiis oppositus fuit. Ac tum quidem cum discessissent, et curassent ea, de quibus modo dixi, cœnabant, et constitutis excubiis quieti se dabant.

CAPUT IV.

Postridie mane Cyrus rem divinam faciebat: reliquus vero exercitus cum pransus esset ac libasset, in armis egressus est, multis et elegantibus tunicis, multis et elegantibus loricis et galeis instructus: equos etiam frontalibus et pectoralibus armabant: et equitum quidem equos illis armis, quæ femora; curribus vero junctos armis illis, quæ latera tegerent; adeo ut totus exercitus ære fulgeret, et florido vestium punicearum coloreniteret.

Erat et Abradatæ currus temonum quatuor et equorum octo pereleganter exornatus. Cumque jam thoracem more patrio lineum induere vellet, adfert ei Panthea aureum et galeam auream, et tegumenta brachiorum, et armillas latas circum internodia manuum, et purpuream tunicam, talarem et infra cinctam plicatam; denique cristam hyacinthino colore tinctam. Hæc illa fecerat, clam viro mensura armorum ejus diligenter inita. Quibus ille conspectis miratus est, et Pantheam interrogavit, Tune vero, mea uxor, ornatu tuo conscisso, hæc mihi arma confecisti? Non profecto, ait Panthea, ornamento illo, quod maximi pretii est: nam tu, si quidem talis etiam aliis videaris, qualis esse mihi videris, maximo mihi fueris ornamento. Hæc dicens armis eum induebat, et quanquam id occultare conaretur, lacrimæ tamen ei per genas manabant.

Abradatas autem jam ante spectatu dignus, postea quam

τὰς ὡπλίσθη τοῖς ὅπλοις τούτοις, ἐφάνη μὲν κάλλιστος καὶ ἐλευθεριώτατος, ἅτε καὶ τῆς φύσεως ὑπαρχούσης· λαβὼν δὲ παρὰ τοῦ ὑφηνιόχου τὰς ἡνίας παρεσκευάζετο ὡς ἀναβησόμενος ἤδη ἐπὶ τὸ ἅρμα. (6) Ἐν δὲ τούτῳ ἡ Πάνθεια ἀποχωρῆσαι κελεύσασα τοὺς παρόντας πάντας ἔλεξεν, Ἀλλ' ὅτι μέν, ὦ Ἀβραδάτα, εἴ τις καὶ ἄλλη πώποτε γυνὴ τὸν ἑαυτῆς ἄνδρα μεῖζον τῆς ἑαυτῆς ψυχῆς ἐτίμησεν, οἶμαί σε γιγνώσκειν ὅτι καὶ ἐγὼ μία τούτων εἰμί. Τί οὖν ἐμὲ δεῖ καθ' ἓν ἕκαστον λέγειν; τὰ γὰρ ἔργα οἶμαί σοι πιθανώτερα παρασχῆσθαι τῶν νῦν λεχθέντων λόγων. (6) Ὅμως δὲ οὕτως ἔχουσα πρός σε ὥσπερ σὺ οἶσθα, ἐπόμνυμι σοι τὴν ἐμὴν καὶ σὴν φιλίαν ἦ μὴν ἐγὼ βούλεσθαι ἂν μετὰ σοῦ ἀνδρὸς ἀγαθοῦ γενομένου κοινῇ γῆν ἐπιέσασθαι μᾶλλον ἢ ζῆν μετ' αἰσχυνομένου αἰσχυνομένη· οὕτως ἐγὼ καὶ σὲ τῶν καλλίστων καὶ ἐμαυτὴν ἠξίωκα. (7) Καὶ Κύρῳ δὲ μεγάλην τινὰ δοκῶ ἡμᾶς χάριν ὀφείλειν, ὅτι με αἰχμάλωτον γενομένην καὶ ἐξαιρεθεῖσαν ἑαυτῷ οὔτε ὡς δούλην ἠξίωσε κεκτῆσθαι οὔτε ὡς ἐλευθέραν ἐν ἀτίμῳ ὀνόματι, διεφύλαξε δὲ σοὶ ὥσπερ ἀδελφοῦ γυναῖκα λαβών. (8) Πρὸς δὲ καὶ ὅτε Ἀράσπας ἀπέστη αὐτοῦ ὁ ἐμὲ φυλάττων, ὑπεσχόμην αὐτῷ, εἰ με ἐάσεις πρὸς σὲ πέμψαι, ἥξειν αὐτῷ σὲ πολὺ Ἀράσπα ἄνδρα καὶ πιστότερον καὶ ἀμείνονα.

9. Ἡ μὲν ταῦτα εἶπεν· ὁ δὲ Ἀβραδάτας ἀγασθεὶς τοῖς λόγοις καὶ θιγὼν αὐτῆς τῆς κεφαλῆς, ἀναβλέψας εἰς τὸν οὐρανὸν ἐπεύξατο, Ἀλλ', ὦ Ζεῦ μέγιστε, δός μοι φανῆναι ἀξίῳ μὲν Πανθείας ἀνδρί, ἀξίῳ δὲ καὶ Κύρου φίλῳ τοῦ ἡμᾶς τιμήσαντος. Ταῦτ' εἰπὼν κατὰ τὰς θύρας τοῦ ἁρματείου δίφρου ἀνέβαινεν ἐπὶ τὸ ἅρμα. (10) Ἐπεὶ δὲ ἀναβάντος αὐτοῦ κατέκλεισε τὸν δίφρον ὁ ὑφηνίοχος, οὐκ ἔχουσα ἡ Πάνθεια πῶς ἂν ἔτι ἄλλως ἀσπάσαιτο αὐτόν, κατεφίλησε τὸν δίφρον· καὶ τῷ μὲν προῄει ἤδη τὸ ἅρμα, ἡ δὲ λαθοῦσα αὐτὸν συνεφείπετο, ἕως ἐπιστραφεὶς καὶ ἰδὼν αὐτὴν ὁ Ἀβραδάτας εἶπε, Θάρρει, Πάνθεια, καὶ χαῖρε καὶ ἄπιθι ἤδη. (11) Ἐκ τούτου δὴ οἱ εὐνοῦχοι καὶ αἱ θεράπαιναι λαβοῦσαι ἀπῆγον αὐτὴν εἰς τὴν ἁρμάμαξαν καὶ κατακλίναντες κατεκάλυψαν τῇ σκηνῇ. Οἱ δὲ ἄνθρωποι καλοῦ ὄντος τοῦ θεάματος τοῦ Ἀβραδάτου καὶ τοῦ ἅρματος οὐ πρόσθεν ἐδύναντο θεάσασθαι αὐτὸν πρὶν ἡ Πάνθεια ἀπῆλθεν.

12. Ὡς δ' ἐκεκαλλιερήκει μὲν ὁ Κῦρος, ἡ δὲ στρατιὰ παρετέτακτο αὐτῷ ὥσπερ παρήγγειλα, κατέχων σκοπὰς ἄλλας πρὸ ἄλλων συνεκάλεσε τοὺς ἡγεμόνας καὶ ἔλεξε τάδε. (13) Ἄνδρες φίλοι καὶ ξύμμαχοι, τὰ μὲν ἱερὰ οἱ θεοὶ ἡμῖν φαίνουσιν οἷάπερ ὅτε τὴν πρόσθεν νίκην ἔδοσαν· ὑμᾶς δ' ἐγὼ βούλομαι ἀναμνῆσαι οἷ μοι δοκεῖτε μεμνημένοι πολὺ ἂν εὐθυμότεροι εἰς τὸν ἀγῶνα ἰέναι. (14) Ἠσκήκατε μὲν γὰρ τά εἰς τὸν πόλεμον πολὺ μᾶλλον τῶν πολεμίων, συντέτραφθε δὲ καὶ συντέταχθε ἐν τῷ αὐτῷ πολὺ πλείω ἤδη χρόνον ἢ οἱ πολέμιοι καὶ συννενικήκατε μετ' ἀλλήλων· τῶν δὲ πολεμίων οἱ πολλοὶ μὲν συνήττηνται μεθ' ἑαυτῶν, οἱ δὲ ἀμάχητοι ἑκατέ-

XENOPHON.

his armis erat instructus, pulcherrimus adparebat et maxime liberali forma præditus, quippe qui talis esset etiam a natura: cumque ab auriga inferiore habenas accepisset, jam se parabat ut in currum adscenderet. Ibi tum Panthea, secedere jussis omnibus qui aderant, dixit, « Enimvero, Abradata, si quæ mulier unquam maritum suum pluris quam suam æstimavit animam, agnoscere te arbitror etiam me harum unam esse. Quid ergo necesse est omnia singillatim commemorare? nam factis ea me tibi præstitisse existimo, quæ plus apud te fidei mereantur, quam verba a me nunc prolata. Sed enim tametsi hoc sim erga te animo, quem ipse nosti, jurata tamen et meum et tuum amorem sancte testor, malle me tecum, strenue cum te gesseris, terra simul obrui, quam cum infami et ipsam infamem vivere; usque adeo equidem et te et me ipsam honestissimis quibusque dignos judicavi. Quin etiam Cyro, mea sententia, magnas quasdam gratias debemus, quod redactam me ad captivæ fortunam et sibi selectam, nec ut servilis feminam conditionis, nec ut liberam sub ignominioso nomine possidendam censuerit; sed posteaquam me accepit, tibi tanquam fratris uxorem custodiverit. Præterea, cum Araspas, custos ille meus, ad ipso deficeret, pollicita sum ei, si mihi facultatem ad te mittendi concederet, venturum te ad ipsum longe Araspa tum fideliorem tum meliorem.

Hæc illa proloquuta est: cujus verbis mirifice delectatus Abradatas, et caput ejus tangens, sublatis ad cœlum oculis, precatus est: Tu vero, Jupiter maxime, fac ut dignum me Panthea maritum, et amicum Cyro dignum ostendam, qui nobis honorem habuit. Hæc loquutus, per fores sellæ curulis in currum adscendit. Et cum inferior auriga, post ejus adscensum, sellam istam occlusisset, Panthea, quæ alia ratione non posset amplius ipsum amplecti, sellam est osculata: et Abradatæ quidem jam procedebat currus, atque illa clam eo subsequebatur, donec conversus Abradatas, ea conspecta, dixit, Bono sis animo, Panthea, et salve, et abi jam. Tum deinde eunuchi atque ancillæ receptam eam ad harmamaxam deduxerunt, et in lecto positam tentorio texerunt. Homines vero, tametsi et Abradatas erat currus ejus pulchrum sane spectaculum exhiberent, prius tamen eum contemplari non potuere, quam Panthea discessisset.

Cum autem Cyrus rite rem divinam fecisset, et jam instructus ei esset exercitus, uti mandarat, speculis aliis ante alias collocatis, duces convocavit, atque hujusmodi verba fecit: « Dii nobis, amici ac socii, sacrificia talia ostendunt, qualia cum victoriam nobis illam priorem largiti sunt: ego vero commonefacere vos eorum volo, quorum si memoria teneatis, longe mea quidem sententia sitis ad prælium alacries accessuri. Nam bellicis in rebus multo magis quam hostes estis exerciti; multo etiam diutius quam hostes, eodem simul in loco et educati estis et instructi, et victoria simul estis potiti: at ex hostibus multi cum iisdem ipsis victi sunt: qui autem ex utraque parte prælio nondum interfuerunt,

ρων οἱ μὲν τῶν πολεμίων ἴσασιν ὅτι προδότας τοὺς παραστάτας ἔχουσιν, ὑμεῖς δὲ οἱ μεθ' ἡμῶν ἴστε ὅτι μετὰ θελόντων τοῖς συμμάχοις ἀρήγειν μάχεσθε. (15) Εἰκὸς δὲ τοὺς μὲν πιστεύοντας ἀλλήλοις ὁμονόως μάχεσθαι μένοντας, τοὺς δὲ ἀπιστοῦντας ἀναγκαῖον βουλεύεσθαι πῶς ἂν ἕκαστοι τάχιστα ἐκποδὼν γένοιντο. (16) Ἴωμεν δὴ, ὦ ἄνδρες, ἐπὶ τοὺς πολεμίους, ἅρματα μὲν ἔχοντες ὡπλισμένα πρὸς ἄοπλα τὰ τῶν πολεμίων, ὡς δ' αὕτως καὶ ἱππέας καὶ ἵππους ὡπλισμένους πρὸς ἀόπλους ὡς ἐκ χειρὸς μάχεσθαι. (17) Πεζοῖς δὲ τοῖς μὲν ἄλλοις οἷς καὶ πρόσθεν μαχεῖσθε, Αἰγύπτιοι δὲ ὁμοίως μὲν ὡπλισμένοι εἰσίν, ὁμοίως δὲ τεταγμένοι· τάς τε γὰρ ἀσπίδας μείζους ἔχουσιν ἢ ὡς ποιεῖν τι καὶ ὁρᾶν· τεταγμένοι τε εἰς ἑκατὸν δῆλον ὅτι κωλύσουσιν ἀλλήλους μάχεσθαι πλὴν πάνυ ὀλίγων. (18) Εἰ δὲ τῷ ὠθοῦντες ἐξώσειν πιστεύουσιν, ἵπποις αὐτοὺς πρῶτον δεήσει ἀντέχειν καὶ σιδήρῳ ὑφ' ἵππων ἰσχυριζομένῳ· ἢν δέ τις αὐτῶν καὶ ὑπομείνῃ, πῶς ἅμα δυνήσεται ἱππομαχεῖν τε καὶ φαλαγγομαχεῖν καὶ πυργομαχεῖν; καὶ γὰρ οἱ ἀπὸ τῶν πύργων ἡμῖν μὲν ἐπαρήξουσι, τοὺς δὲ πολεμίους παίοντες ἀμηχανεῖν ἀντὶ τοῦ μάχεσθαι ποιήσουσιν. (19) Εἰ δέ τινος ἔτι ἐνδεῖσθαι δοκεῖτε, πρὸς ἐμὲ λέγετε· σὺν γὰρ θεοῖς οὐδενὸς ἀπορήσομεν. Καὶ εἰ μέν τις εἰπεῖν τι βούλεται, λεξάτω· εἰ δὲ μὴ, ἐλθόντες πρὸς τὰ ἱερὰ καὶ προσευξάμενοι οἷς ἐθύσαμεν θεοῖς ὅτι ἐπὶ τὰς τάξεις· (20) καὶ ἕκαστος ὑμῶν ὑπομιμνησκέτω τοὺς μεθ' αὑτοῦ ἅπερ ἐγὼ ὑμᾶς, καὶ ἐπιδεικνύτω τις τοῖς ἀρχομένοις ἑαυτὸν ἄξιον ἀρχῆς, ἄφοβον δεικνὺς καὶ σχῆμα καὶ πρόσωπον καὶ λόγους.

ΒΙΒΛΙΟΝ Ζ.

ΚΕΦΑΛΑΙΟΝ Α.

Οἱ μὲν δὴ εὐξάμενοι τοῖς θεοῖς ἀπῄεσαν πρὸς τὰς τάξεις· τῷ δὲ Κύρῳ καὶ τοῖς ἀμφ' αὐτὸν προσήνεγκαν οἱ θεράποντες ἐμφαγεῖν καὶ ἐμπιεῖν ἔτι οὖσιν ἀμφὶ τὰ ἱερά. Ὁ δὲ Κῦρος ὥσπερ εἶχεν ἑστηκὼς ἀπαρξάμενος ἠρίστα καὶ μετεδίδου ἀεὶ τῷ μάλιστα δεομένῳ καὶ σπείσας καὶ εὐξάμενος ἔπιε, καὶ οἱ ἄλλοι δὲ οἱ περὶ αὐτὸν οὕτως ἐποίουν. Μετὰ δὲ ταῦτα αἰτησάμενος Δία πατρῷον ἡγεμόνα εἶναι καὶ σύμμαχον ἀνέβαινεν ἐπὶ τὸν ἵππον καὶ τοὺς ἀμφ' αὐτὸν ἐκέλευσε. (2) Ὡπλισμένοι δὲ πάντες ἦσαν οἱ περὶ τὸν Κῦρον τοῖς αὐτοῖς Κύρῳ ὅπλοις, χιτῶσι φοινικοῖς, θώραξι χαλκοῖς, κράνεσι χαλκοῖς, λόφοις λευκοῖς, μαχαίραις, παλτῷ κρανείνῳ ἑνὶ ἕκαστος, οἱ δὲ ἵπποι προμετωπιδίοις καὶ προστερνιδίοις καὶ παραμηριδίοις χαλκοῖς· τὰ δ' αὐτὰ ταῦτα παραμηρίδια ἦν καὶ τῷ ἀνδρί· τοσοῦτον μόνον διέφερον τὰ Κύρου ὅπλα ὅτι τὰ μὲν ἄλλα ἐκέχριστο τῷ χρυσοειδεῖ χρώματι, τὰ δὲ Κύρου ὅπλα ὥσπερ κάτοπτρον ἐξέλαμ-

---

corum quotquot in hostium exercitu sunt, norunt, socios sibi adstare desertores : vos vero qui a nobis estis, cum iis aleam prælii vos subituros nostis, qui sociis opem ferre cupiant. Est autem consentaneum, concordibus animis in pugna substituros eos, qui mutuo sibi fidunt : qui vero diffidunt, hos consultare necesse est, quo pacto singuli quamprimum se subducere possint. Eamus igitur in hostes, viri, cum armatis curribus adversus hostium currus inermes ; itidemque cum equitibus et equis armatis adversus inermes cominus pugnaturi. Adversus pedites pugnaturi estis, quorum alii quidem tales sunt quales antehac estis experti ; Ægyptii autem eodem armati sunt modo, eodemque ordine in acie dispositi sunt : nam majores habent clypeos, quam ut efficere aliquid et cernere possint : et in centenos ordinati, manifestum est fore, ut alii alios quo minus pugnare possint, paucis admodum exceptis, impediant. Quod si nos impellendo protrusuros se crediderint, primum equi eis sustinendi erunt, et ferrum, cui robur ab equis accedit. Jam si quis illorum etiam non cedendo subsistet, quo pacto simul et adversus equitatum, et phalangem, et turres pugnare poterit ? nam in turribus collocati nostri nobis auxilio futuri sunt, et hostes feriendo, potius ut de suis rebus desperent, quam prælientur, efficient. Quod si re quapiam vobis adhuc opus esse putatis, ad me referte : nam diis adjuvantibus, nulla res nobis deerit. Jam si quis dicere aliquid volet, dicat ; sin autem, ad rem divinam profecti, ac deos precati, quibus rem sacram fecimus, ad ordines vosmet conferte : et vestrum quisque suos eorum commonefaciat, de quibus ego vos admonui ; atque adeo subjectis sibi quilibet intrepidum et gestu, et vultu, et oratione semet ostendendo, imperio se dignum demonstret. »

LIBER VII.

CAPUT I.

Illi igitur, precati deos, ad ordines abierunt : et ministri Cyro atque iis qui cum ipso erant, in re sacra facienda adhuc occupatis, cibum ac potum attulere. Cyrus autem ita, uti constiterat, libatis cibis prandebat, et semper ei, qui maxime indigeret, impertiebat : cumque libationes et preces peregisset, tum ipse bibit, tum ceteri, qui circum eum erant, similiter fecerunt. Secundum hæc imploratio Jove patrio, ut dux et socius esset, equum ascendit, idemque eos, qui circa ipsum erant, facere jussit. Erant autem omnes illi cum Cyro, iisdem armis instructi, quibus ipse Cyrus ; tunicis puniceis, loricis æreis, æreis galeis, cristis albis, gladiis, et uno corneo quisque palto : equi tegumentis frontium, et pectorum, et femorum æreis muniti erant : ejusdem generis tegumenta equitis cujusque femora muniebant. In hoc autem duntaxat uno Cyri a reliquis differebant arma, quod reliqua colore aureo illita erant ; at Cyri arma instar

πεν. (3) Ἐπεὶ δὲ ἀνέβη καὶ ἔστη ἀποβλέπων ᾗπερ ἔμελλε πορεύεσθαι, βροντῇ δεξιᾷ ἐφθέγξατο· ὁ δ' εἶπεν, Ἑψόμεθά σοι, ὦ Ζεῦ μέγιστε. Καὶ ὡρμᾶτο μὲν ἐν δεξιᾷ ἔχων Χρυσάνταν τὸν ἵππαρχον καὶ τοὺς ἱππέας, ἐν ἀριστερᾷ δὲ Ἀρσάμαν καὶ τοὺς πεζούς. (4) Παρηγγύησε δὲ παρορᾶν πρὸς τὸ σημεῖον καὶ ἐν ἴσῳ ἕπεσθαι· ἦν δὲ αὐτῷ τὸ σημεῖον ἀετὸς χρυσοῦς ἐπὶ δόρατος μακροῦ ἀνατεταμένος. Καὶ νῦν δ' ἔτι τοῦτο τὸ σημεῖον τῷ Περσῶν βασιλεῖ διαμένει. Πρὶν δὲ ὁρᾶν τοὺς πολεμίους εἰς τρὶς ἀνέπαυσε τὸ στράτευμα.

8. Ἐπεὶ δὲ προεληλύθεσαν ὡς εἴκοσι σταδίους, ἤρχοντο ἤδη τὸ τῶν πολεμίων στράτευμα ἀντιπροσιὸν παρορᾶν. Ὡς δ' ἐν τῷ καταφανεῖ πάντες ἀλλήλοις ἐγένοντο καὶ ἔγνωσαν οἱ πολέμιοι πολὺ ἑκατέρωθεν ὑπερφαλαγγοῦντες, στήσαντες τὴν αὑτῶν φάλαγγα, οὐ γὰρ ἔστιν ἄλλως κυκλοῦσθαι, ἐπέκαμπτον εἰς κύκλωσιν, ὥσπερ γάμμα ἑκατέρωθεν τὴν ἑαυτῶν τάξιν ποιήσαντες, ὡς πάντοθεν ἅμα μάχοιντο. (6) Ὁ δὲ Κῦρος ὁρῶν ταῦτα οὐδέν τι μᾶλλον ἀφίστατο, ἀλλ' ὡσαύτως ἡγεῖτο. Κατανοῶν δὲ ὡς πρόσω τὸν καμπτῆρα ἑκατέρωθεν ἐποιήσαντο περὶ ὃν κάμπτοντες ἀνέτεινον τὰ κέρατα, Ἐννοεῖς, ἔφη, ὦ Χρυσάντα, ἔνθα τὴν ἐπικαμπὴν ποιοῦνται; Πάνυ γε, ἔφη ὁ Χρυσάντας, καὶ θαυμάζω γε· πολὺ γάρ μοι δοκοῦσιν ἀποσπᾶν τὰ κέρατα ἀπὸ τῆς ἑαυτῶν φάλαγγος. (7) Ναὶ μὰ Δί', ἔφη ὁ Κῦρος, καὶ ἀπό γε τῆς ἡμετέρας. Τί δὴ τοῦτο; Δῆλον ὅτι, ἔφη, φοβούμενοι μὴ ἢν ἐγγὺς ἡμῶν γένηται τὰ κέρατα τῆς φάλαγγος ἔτι πρόσω οὔσης, ἐπιθυώμεθα αὐτοῖς. Ἔπειτ', ἔφη ὁ Χρυσάντας, πῶς δυνήσονται ὠφελεῖν οἱ ἕτεροι τοὺς ἑτέρους οὕτω πολὺ ἀπέχοντες ἀλλήλων; Ἀλλὰ δῆλον, ἔφη ὁ Κῦρος, ὅτι ἡνίκα ἂν γένηται τὰ κέρατα ἀναβαίνοντα κατ' ἀντιπέρας τῶν πλαγίων τοῦ ἡμετέρου στρατεύματος, στραφέντες ὡς εἰς φάλαγγα ἅμα πάντοθεν ἡμῖν προσίασιν, ὡς ἅμα πάντοθεν μαχούμενοι. (8) Οὐκοῦν, ἔφη ὁ Χρυσάντας, εὖ σοι δοκοῦσι βουλεύεσθαι; Πρός γε ἃ ὁρῶσι, πρὸς δὲ ἃ οὐχ ὁρῶσιν ἔτι κάκιον ἢ εἰ κατὰ κέρας προσῇεσαν. Ἀλλὰ σὺ μέν, ἔφη, ὦ Ἀρσάμα, ἡγοῦ τῷ πεζῷ ἠρέμα ὥσπερ ἐμὲ ὁρᾷς· καὶ σύ, ὦ Χρυσάντα, ἐν ἴσῳ τούτῳ τὸ ἱππικὸν ἔχων συμπαρέπου. Ἐγὼ δ' ἄπειμι ἐκεῖσε ὅθεν μοι δοκεῖ καιρὸς εἶναι ἄρχεσθαι τῆς μάχης· ἅμα δὲ παριὼν ἐπισκέψομαι ἕκαστα πῶς ἡμῖν ἔχει. (9) Ἐπειδὰν δὲ ἐκεῖ γένωμαι, ὅταν ἤδη ὁμοῦ προσιόντες ἀλλήλοις γιγνώμεθα, παιᾶνα ἐξάρξω, ὑμεῖς δὲ ἐπείγεσθε. Ἡνίκα δ' ἂν ἡμεῖς ἐγχειρῶμεν τοῖς πολεμίοις, αἰσθήσεσθε μέν, ὡς ἐγώ, οἶμαι, ὀλίγος θόρυβος ἔσται, ὁρμήσεται δὲ τηνικαῦτα Ἀβραδάτας ἤδη σὺν τοῖς ἅρμασιν εἰς τοὺς ἐναντίους· οὕτω γὰρ αὐτῷ εἰρήσεται· ὑμᾶς δὲ χρὴ ἕπεσθαι ἐχομένους ὅτι μάλιστα τῶν ἁρμάτων· οὕτω γὰρ μάλιστα τοῖς πολεμίοις τεταραγμένοις ἐπιπεσούμεθα. Παρέσομαι δὲ κἀγὼ ᾗ ἂν δύνωμαι τάχιστα διώκων τοὺς ἄνδρας, ἢν οἱ θεοὶ θέλωσιν.

10. Ταῦτ' εἰπὼν καὶ ξύνθημα παρεγγυήσας Ζεὺς σωτὴρ καὶ ἡγεμὼν ἐπορεύετο. Μεταξὺ δὲ τῶν ἁρμά-

speculi resplendebant. Postenquam conscendit equum, ac substitit ut respiceret qua perrecturus esset, tonitru dextrum insonuit : et ille, Sequemur, ait, te, maxime Jupiter. Tum progredi cœpit, Chrysanta equitum præfecto cum equitibus, dextrum; Arsama cum pedestribus copiis latus lævum obtinentibus. Præcepit etiam ut ad signum respicerent, et æquali gradu sequerentur : erat autem ei signum aquila aurea in hasta sublimi extensa. Et hodie signum hoc a rege Persarum adhuc retinetur. Prius vero quam in hostium conspectum venirent, ter exercitum quiescendo refecit.

Ubi stadia circiter viginti processissent, hostium copias adventantes contra se jam cernere cœperunt. Cumque jam se mutuo conspicerent, et hostes animadvertissent ipsorum longius quam Persarum phalangem ab utraque parte exporrectam esse, suam ubi stitissent phalangem (nec enim aliter circumdare liceat), inflexerunt eam ad intercipiendum in medio hostem, ut instructo agmine suo utrinque instar literæ gamma, undique simul dimicarent. Quæ Cyrus tametsi videret, nihilo tamen magis itinere decessit, sed eodem modo præibat. Cum autem animadverteret, procul ab ipsis utrinque flexum fieri, quo cornua flectendo extendebant, Animadvertis, inquit, Chrysanta, ubi hostes inflexionem instituant? Prorsus, ait Chrysantas, atque adeo miror sane : cornua enim, mea quidem sententia, longe a sua phalange abstrahunt. Sic est profecto, ait Cyrus, ac longe etiam a nostra. Cur id? Nimirum, ait, metuunt ne, si cornua nobis propiora sint, phalange procul adhuc remota, impetum in eos faciamus. At qui poterunt deinde, inquit Chrysantas, aliis alii adjumento esse, cum tam longe a se invicem absint? Manifestum vero, inquit Cyrus, fore ut ubi cornua e regione laterum exercitus nostri adscendendo constiterint, quasi in phalangem conversi pariter ex omni parte nos adgrediantur, simul undique adversum nos pugnaturi. Ergone tibi, inquit Chrysantas, recte hoc consilii capere videntur? Recte, ad ea quod attinet, quæ prospiciunt, inquit; ad ea vero, quæ non prospiciunt, etiam pejus sibi consulunt, quam si adversis cornibus nos invaderent. Sed tu, Arsama, inquit, peditatum quiete ducito, sicuti me præire vides : ac tu, Chrysanta, pari cum hoc gradu copias equestres ducens sequitor. Ego vero illuc abeo, unde mihi commodum videtur ordiri prælium ; et simul in transitu singula considerabo, quo pacto nobis ista se habeant. Illuc ubi venero, cum congressuri jam inter nos erimus, pæana exordiar, ac vos festinate. Quando autem manus cum hostibus non consertui simus, facile vos sentietis (quippe tumultus, opinor, haud exiguus futurus est), ac tum Abradatas cum curribus in adversarios impetum faciet : sic enim ipsi significabitur : vos autem sequi oportebit quam maxime contiguos curribus ; nam hoc modo in hostes plurimum perturbatos incidemus. Adero etiam ipse, et quam celerrime potero, diis volentibus, eos persequar.

Hæc loquutus, cum tesseram militarem hanc dedisset, JUPITER SERVATOR ET DUX, progressus est. Cum-

των καὶ τῶν θωρακοφόρων διαπορευόμενος ὁπότε προσβλέψειέ τινας τῶν ἐν ταῖς τάξεσι, τοτὲ μὲν εἶπεν ἄν, Ὦ ἄνδρες, ὡς ἡδὺ ὑμῶν τὰ πρόσωπα θεάσασθαι, τοτὲ δ' αὖ ἐν ἄλλοις ἂν ἔλεξεν, Ἆρα ἐννοεῖτε, ἄνδρες, ὅτι ὁ νῦν ἀγών ἐστιν οὐ μόνον περὶ τῆς τήμερον νίκης, ἀλλὰ καὶ περὶ τῆς πρόσθεν ἣν νενικήκατε καὶ περὶ πάσης εὐδαιμονίας; (11) ἐν ἄλλοις δ' ἂν προϊὼν εἶπεν, Ὦ ἄνδρες, τὸ ἀπὸ τοῦδε οὐδέν ποτε ἔτι θεοὺς αἰτιατέον ἔσται· παραδεδώκασι γὰρ ἡμῖν πολλά τε καὶ ἀγαθὰ κτήσασθαι. Ἀλλ', ὦ ἄνδρες, ἀγαθοὶ γενώμεθα. (12) Κατ' ἄλλους δ' αὖ τοιάδε, Ὦ ἄνδρες, εἰς τίνα ποτ' ἂν καλλίονα ἔρανον ἀλλήλους παρακαλέσαιμεν ἢ εἰς τόνδε; νῦν γὰρ ἔξεστιν ἀγαθοῖς ἀνδράσι γενομένοις πολλὰ κἀγαθὰ ἀλλήλοις εἰσενεγκεῖν. (13) Κατ' ἄλλους δ' αὖ, Ἐπίστασθε μέν, οἶμαι, ὦ ἄνδρες, ὅτι νῦν ἆθλα πρόκειται τοῖς νικῶσι μὲν διώκειν, παίειν, κατακαίνειν, ἀγαθὰ ἔχειν, καλὰ ἀκούειν, ἐλευθέρους εἶναι, ἄρχειν· τοῖς δὲ κακοῖς δῆλον ὅτι τἀναντία τούτων. Ὅστις οὖν αὑτὸν φιλεῖ, μετ' ἐμοῦ μαχέσθω· ἐγὼ γὰρ κακὸν οὐδὲν οὐδ' αἰσχρὸν ἑκὼν εἶναι προσήσομαι. (14) Ὁπότε δ' αὖ γένοιτο κατά τινας τῶν πρόσθεν συμμαχεσαμένων, εἶπεν ἄν, Πρὸς δὲ ὑμᾶς, ὦ ἄνδρες, τί δεῖ λέγειν; ἐπίστασθε γὰρ οἷαν τε οἱ ἀγαθοὶ ἐν ταῖς μάχαις ἡμέραν ἄγουσι καὶ οἵαν οἱ κακοί.

15. Ὡς δὲ παριὼν κατὰ Ἀβραδάταν ἐγένετο, ἔστη· καὶ ὁ Ἀβραδάτας παραδοὺς τῷ ὑφηνιόχῳ τὰς ἡνίας προσῆλθεν αὐτῷ· προσέδραμον δὲ καὶ ἄλλοι τῶν πλησίον τεταγμένων καὶ πεζῶν καὶ ἁρματηλατῶν. Ὁ δ' αὖ Κῦρος ἐν τοῖς παραγεγενημένοις ἔλεξεν, Ὁ μὲν θεός, ὦ Ἀβραδάτα, ὥσπερ σὺ ἠξίους, συνῄνεσε σὲ καὶ τοὺς σὺν σοὶ πρωτοστάτας εἶναι τῶν συμμάχων· σὺ δὲ τοῦτο μέμνησο, ὅταν σε ἤδη ἀγωνίζεσθαι, ὅτι Πέρσαι οἵ τε θεασόμενοί ὑμᾶς ἔσονταί σοι καὶ οἱ εψόμενοι ὑμῖν καὶ οὐκ ἐάσοντες ἐρήμους ὑμᾶς ἀγωνίζεσθαι. (16) Καὶ ὁ Ἀβραδάτας εἶπεν, Ἀλλὰ τὰ μὲν καθ' ἡμᾶς ἔμοιγε δοκεῖ, ὦ Κῦρε, καλῶς ἔχειν· ἀλλὰ τὰ πλάγια λυπεῖ με, ὅτι τὰ μὲν τῶν πολεμίων κέρατα ἰσχυρὰ ὁρῶ ἀνατετραμμένα καὶ ἅρμασι καὶ παντοδαπῇ στρατιᾷ, ἡμέτερον δ' οὐδὲν ἄλλο αὐτοῖς ἀντιτέτακται ἢ ἅρματα· ὥστ' ἔφη, εἰ μὴ ἔλαχον τήνδε τὴν τάξιν, ᾐσχυνόμην ἂν ἐνθάδε ὤν· οὕτω πολύ μοι δοκῶ ἐν ἀσφαλεστάτῳ εἶναι. (17) Καὶ ὁ Κῦρος εἶπεν, Ἀλλ' εἰ τὰ παρὰ σοὶ καλῶς ἔχει, θάρρει ὑπὲρ ἐκείνων· ἐγὼ γάρ σοι σὺν θεοῖς ἔρημα τῶν πολεμίων τὰ πλάγια ταῦτα ἀποδείξω. Καὶ σὺ μὴ πρότερον ἐμβάλλῃς τοῖς πολεμίοις, διαμαρτύρομαι, πρὶν ἂν φεύγοντας τούτους οὓς νῦν φοβῇ θεάσῃ· (τοιαῦτα δ' ἐμεγαληγόρει μελλούσης τῆς μάχης γίγνεσθαι, ἄλλως δ' οὐ μάλα μεγαληγόρος ἦν·) ὅταν μέντοι ἴδῃς τούτους φεύγοντας, ἐμέ τε ἤδη παρεῖναι νόμιζε καὶ ὁρμα εἰς τοὺς ἄνδρας· καὶ γὰρ τότε τοῖς μὲν ἐναντίοις κακίστοις ἂν χρήσαιο, τοῖς δὲ μετὰ σαυτοῦ ἀρίστοις. (18) Ἀλλ' ἕως ἔτι σοι σχολή, ὦ Ἀβραδάτα, πάντως περιελάσας παρὰ τὰ σαυτοῦ ἅρματα παρακάλει τοὺς σὺν σοὶ εἰς τὴν ἐμβολήν, τῇ μὲν προσώπῳ παραθαρρύνων,

que inter currus et loricatos pergeret, quoties aliquos eorum qui in ordinibus erant adspiceret, aiebat modo, Quam jucundum est, viri, vestros intueri vultus! modo apud alios dicebat, An intelligitis, viri, certamen jam propositum esse non solum de hodierna victoria, sed etiam de ea quam prius obtinuistis, et de felicitate universa? apud alios autem praecedens aiebat, Deinceps nunquam dii nobis accusandi erunt, commilitones : nam facultatem concessere multa et egregia nobis adquirendi. At nos, milites, fortiter nosmet geramus. Rursus alios hujusmodi verbis adfatus est, Quasnam ad communes epulas lautiores alii alios invitare possemus, quam ad has ipsas? nam modo facultas vobis est, si viri fortes esse volueritis, multa et egregia commoda in vos mutuo conferendi. Rursus alios, Nostis, opinor, milites, proposita jam esse præmia, vincentibus quidem, ut persequantur, feriant, occidant, bona possideant, præclare audiant, liberi sint, imperent; ignavis autem, his contraria scilicet. Quisquis ergo se ipsum diligit, mecum prælium ineat : nam ego nihil ignaviæ, nihil turpitudinis volens admittam. Rursus ubi ad quosdam accessisset, qui prælio superiori interfuissent, aiebat, ad vos vero, milites, quid verbis opus est? nostis enim qualem diem viri fortes in prœliis agant, et qualem ignavi.

Cum autem discedens ad Abradatam accessisset, restitit : et Abradatas habenis inferiori aurigæ traditis, adiit eum ; et alii etiam ex eis, qui prope ab ipso in acie collocati erant, tum pedites tum curruum agitatores, ad eum adcurrebant. Rursus apud hos, cum jam advenissent, in hanc sententiam dixit Cyrus: Deus, Abradata, quemadmodum tu petebas, te tuosque dignos censuit, qui sociorum in acie primi staretis : tu vero hoc memineris, cum tibi prælium inire debebis, Persas eos futuros qui vos et spectabunt et sequentur, neque committent, ut auxilio destituti dimicetis. Et Abradatas ait, Equidem res nostras, Cyre, recte se habere existimo : verum latera me sollicitum habent, quod hostium cornua video porrigi firma tum propter currus, tum propter omnis generis copias; his autem nihil nos oppositum aliud quam currus : quapropter me sane, nisi sorte locus hic mihi obtigisset, ejus puderet; adeo mihi plane tutissime hic esse videor. Et Cyrus, Si res apud te recte habent, inquit, bono sis animo quos illos attinet : nam ego, deum ope, tibi palam hæc hostium latera nudabo. Teque obtestor, ne prius in hostes impetum facias, quam hos ipsos, quos modo metuis, fugere cernas : (hujusmodi autem verba Cyrus magnifice jactabat, instante pugna; cum ceteroqui non admodum jactabundus esset :) ubi vero fugientes hos conspexeris, tum et me jam adesse putato, et impetum in hostes facito: quippe tunc adversarios ignavissimos, et tuos fortissimos experieris. Enimvero dum tibi vacat, Abradata, currus tuos utique prætervectus, cohortare tuos ad impressionem in hostes faciendam, ac partim eis vultu animos

ταῖς δὲ ἐλπίσιν ἐπικουφίζων· ὅπως δὲ κράτιστοι φανεῖσθε τῶν ἐπὶ τοῖς ἅρμασι, φιλονεικίαν αὐτοῖς ἐμβαλλε· καὶ γάρ, εὖ ἴσθι, ἢν τάδε εὖ γένηται, πάντες ἐροῦσι τὸ λοιπὸν μηδὲν εἶναι κερδαλεώτερον ἀρετῆς. Ὁ μὲν δὴ Ἀβραδάτας ἀναβὰς παρήλαυνε καὶ ταῦτα ἐποίει.

19. Ὁ δ' αὖ Κῦρος παριὼν ὡς ἐγένετο πρὸς τῷ εὐωνύμῳ, ἔνθα ὁ Ὑστάσπης τοὺς ἡμίσεις ἔχων ἦν τῶν Περσῶν ἱππέων, ὀνομάσας αὐτὸν εἶπεν, Ὦ Ὑστάσπα, νῦν ὁρᾷς ἔργον τῆς σῆς ταχυεργίας· νῦν γὰρ εἰ φθάσομεν τοὺς πολεμίους κατακαίνοντες, οὐδεὶς ἡμῶν ἀποθανεῖται. (20) Καὶ ὁ Ὑστάσπης ἐπιγελάσας εἶπεν, Ἀλλὰ περὶ μὲν τῶν ἐξ ἐναντίας ἡμῖν μελήσει· τοὺς δ' ἐκ πλαγίου σὺ ἄλλοις πρόσταξον, ὅπως μηδ' οὗτοι σχολάζωσι. Καὶ ὁ Κῦρος εἶπεν, Ἀλλ' ἐπὶ γε τούτους ἐγὼ αὐτὸς παρέρχομαι· ἀλλ', ὦ Ὑστάσπα, τόδε μέμνησο, ὅτῳ ἂν ἡμῶν ὁ θεὸς νίκην διδῷ, ἤν τί που μένῃ πολέμιον, πρὸς τὸ μαχόμενον ἀεὶ συμβάλλωμεν. (21) Ταῦτα εἰπὼν προῄει. Ἐπεὶ δὲ κατὰ τὸ πλευρὸν παριὼν ἐγένετο καὶ κατὰ τὸν ἄρχοντα τῶν ταύτῃ ἁρμάτων, πρὸς τοῦτον ἔλεξεν, Ἐγὼ δ' ἐπέρχομαι ὑμῖν ἐπικουρήσων· ἀλλ' ὁπόταν αἴσθησθε ἡμᾶς ἐπιτιθεμένους κατ' ἄκρον, τότε καὶ ὑμεῖς πειρᾶσθε ἅμα διὰ τῶν πολεμίων ἐλαύνειν· πολὺ γὰρ ἐν ἀσφαλεστέρῳ ἔσεσθε ἔξω γενόμενοι ἢ ἐντὸς ἀπολαμβανόμενοι. (22) Ἐπεὶ δ' αὖ παριὼν ἐγένετο ὄπισθεν τῶν ἁρμαμαξῶν, Ἀρταγέρσαν μὲν καὶ Φαρνοῦχον ἐκέλευσεν ἔχοντας τήν τε τῶν πεζῶν χιλιοστὺν καὶ τὴν τῶν ἱππέων μένειν αὐτοῦ. Ἐπειδὰν δ', ἔφη, αἰσθάνησθε ἐμοῦ ἐπιτιθεμένου τοῖς κατὰ τὸ δεξιὸν κέρας, τότε καὶ ὑμεῖς τοῖς καθ' ὑμᾶς ἐπιχειρεῖτε· μαχεῖσθε δ', ἔφη, πρὸς κέρας, ὅπερ ἀσθενέστατον στράτευμα γίγνεται, φάλαγγα ἔχοντες, ὅπερ ἂν ἰσχυρότατοι εἴητε. Καὶ εἰσὶ μέν, ὡς ὁρᾶτε, τῶν πολεμίων ἱππεῖς οἱ ἔσχατοι· πάντως δὲ πρόετε πρὸς αὐτοὺς τὴν τῶν καμήλων τάξιν, καὶ εὖ ἴστε ὅτι καὶ πρὶν μάχεσθαι γελοίους τοὺς πολεμίους θεάσεσθε.

23. Ὁ μὲν δὴ Κῦρος ταῦτα διαπραξάμενος ἐπὶ τὸ δεξιὸν παρῄει· ὁ δὲ Κροῖσος νομίσας ἤδη ἐγγύτερον εἶναι τῶν πολεμίων τὴν φάλαγγα, σὺν ᾗ αὐτὸς ἐπορεύετο, ἢ τὰ ἀνατεινόμενα κέρατα, ᾖρε τοῖς κέρασι σημεῖον μηκέτι ἄνω πορεύεσθαι, ἀλλ' αὐτοῦ ἐν χώρᾳ στραφῆναι. Ὡς δ' ἔστησαν [πάντες] ἀντία πρὸς τὸ τοῦ Κύρου στράτευμα ὁρῶντες, ἐσήμηνεν αὐτοῖς πορεύεσθαι πρὸς τοὺς πολεμίους. (24) Καὶ οὕτω δὴ προσῇσαν τρεῖς φάλαγγες ἐπὶ τὸ Κύρου στράτευμα, ἡ μὲν μία κατὰ πρόσωπον· τὼ δὲ δύο, ἡ μὲν κατὰ τὸ δεξιὸν, ἡ δὲ κατὰ τὸ εὐώνυμον, ὥστε πολὺν φόβον παρεῖναι πάσῃ τῇ Κύρου στρατιᾷ· ὥσπερ γὰρ μικρὸν πλινθίον ἐν μεγάλῳ τεθέν, οὕτω καὶ τὸ Κύρου στράτευμα πάντοθεν περιείχετο ὑπὸ τῶν πολεμίων καὶ ἱππεῦσι καὶ ὁπλίταις καὶ πελτοφόροις καὶ τοξόταις καὶ ἅρμασι πλὴν ἐξόπισθεν. (25) Ὅμως δὲ ὁ Κῦρος ἐπεὶ παρήγγειλεν, ἐστράφησαν πάντες ἀντιπρόσωποι τοῖς πολεμίοις· καὶ ἦν μὲν πολλὴ πανταχόθεν σιγὴ ὑπὸ τοῦ τὸ μέλλον ὀκνεῖν, ἡνίκα δὲ ἔδοξε τῷ Κύρῳ καιρὸς εἶναι, ἐξῆρχε παιᾶνα, συνεπήχησε δὲ πᾶς ὁ

addito, partim spe sublevato. Atque uti præstantissimi omnium, qui sunt in curribus, videamini, æmulationem ipsis injicito: nam certo scias, dicturos omnes deinceps, si hoc bene fiat, virtute nihil esse fructuosius. Itaque conscenso curru prætervehebatur Abradatas, et hæc faciebat.

Cyrus autem progrediens, cum ad lævam pervenit, ubi Hystaspas erat cum equitatus Persici parte dimidia, eo nominatim compellato, ait, Vides jam, Hystaspa, tua dignum opus in rebus conficiendis celeritate: nam si modo antevertemus hostes interficiendo, nemo nostrum peribit. Et Hystaspas cum risu ait, Enimvero de iis, qui ex adverso sunt, curæ nobis erit: tu autem de illis, qui sunt a latere, aliis mandata dederis, ut ne isti sint otiosi. Equidem ad hos, ait Cyrus, ipse pergo. Tu tamen hoc memineris, Hystaspa; cuicunque nostrum tandem victoriam deus concesserit, si quid alicubi reliquum ex hostibus manserit, semper cum iis, qui pugnabunt, manus conserendas esse. His dictis, procedebat. Cumque progrediendo ad latus venisset, et ad præfectum curruum, qui istic erant, sic eum adlocutus est: Equidem vobis operam laturus venio: vos ubi senseritis, nos ad partes extremas hostem invadere, tum et ipsi per hostes una perrumpere conamini: nam tutiores multo futuri estis, si extra progressi fueritis, quam si ab iis in medio intercipiamini. Postquam autem pergendo pone harmamaxas venit, præcepit, ut Artagersas et Pharnuchus, cum mille peditibus ac totidem equitibus, ibidem manerent. Ubi vero, inquit, me animadverteritis eos, qui ad dextrum cornu sunt, adoriri, tunc et ipsi vobis oppositos invadite: pugnabitis autem, ait, adversus cornu, quia hoc imbecillima pars est exercitus, et phalangem habebitis, qua ratione firmissimi eritis. Sunt etiam, uti videtis, equites hostium ultimi; adversus hos omnino camelorum ordines immittite, nec dubitetis fore ut prius hostes ridiculos conspiciatis, quam manus conseratis.

His Cyrus peractis, ad latus dextrum se contulit: Crœsus autem ratus jam phalangem, cum qua ipse procedebat, ab hostibus abesse propius quam illa cornua quæ protendebantur, signum extulit quo cornua monerentur, ne longius sursum progrederentur, sed eo se loco converterent. Cumque subsisterent omnes, ex adverso Cyri copias intuentes, signum iis dedit, ut in hostes pergerent. Hoc modo tres phalanges adversus exercitum Cyri tendebant; una, ex adverso; ex reliquis altera ad dextrum latus, ad lævum altera: adeo ut totus Cyri exercitus magno in metu versaretur. Nam sicuti exiguus laterculus, in magno collocatus, sic Cyri copiæ cingebantur undique ab hostium et equitibus, et gravis armaturæ militibus, et peltastis, et sagittariis, et curribus, extra quam a tergo. Sed ubi tamen Cyrus imperavit, omnes ore adverso in hostes se converterunt: et erat altum ubique silentium præ futuri eventus formidine. Cum autem Cyro jam tempus esse videretur, pæanem exorsus est, et univer-

ΚΥΡΟΥ ΠΑΙΔΕΙΑΣ ΒΙΒΛ. Ζ. ΚΕΦ. Α.

στρατός. (26) Μετὰ δὲ τοῦτο τῷ Ἐνυαλίῳ τε ἅμα ἐπηλάλαξαν καὶ ἐξανίσταται ὁ Κῦρος, καὶ εὐθὺς μετὰ τῶν ἱππέων λαβὼν πλαγίους τοὺς πολεμίους ὁρμᾷ αὐτοῖς τὴν ταχίστην συνεμίγνυεν· οἱ δὲ πεζοὶ αὐτῷ συντεταγμένοι ταχὺ ἐφείποντο καὶ περιεπτύσσοντο ἔνθεν καὶ ἔνθεν, ὥστε πολὺ ἐπλεονέκτει· φάλαγγι γὰρ κατὰ κέρας προσέβαλλεν· ὥστε ταχὺ ἰσχυρὰ φυγὴ ἐγένετο τοῖς πολεμίοις.

27. Ὡς δὲ ᾔσθετο Ἀρταγέρσης ἐν ἔργῳ ὄντα τὸν Κῦρον, ἐπιτίθεται καὶ αὐτὸς κατὰ τὰ εὐώνυμα, προεὶς τὰς καμήλους, ὥσπερ Κῦρος ἐκέλευσεν. Οἱ δὲ ἵπποι αὐτὰς ἐκ πάνυ πολλοῦ οὐκ ἐδέχοντο, ἀλλ᾽ οἱ μὲν ἔκφρονες γιγνόμενοι ἔφευγον, οἱ δ᾽ ἐξήλλοντο, οἱ δ᾽ ἐνέπιπτον ἀλλήλοις. Τοιαῦτα γὰρ πάσχουσιν ἵπποι ὑπὸ καμήλων. (28) Ὁ δὲ Ἀρταγέρσης συντεταγμένους ἔχων τοὺς μεθ᾽ ἑαυτοῦ ταραττομένοις ἐπέκειτο, καὶ τὰ ἅρματα δὲ τά τε κατὰ τὸ δεξιὸν καὶ τὸ εὐώνυμον ἅμα ἐνέβαλλε. Καὶ πολλοὶ μὲν τὰ ἅρματα φεύγοντες ὑπὸ τῶν κατὰ κέρας ἑπομένων ἀπέθνησκον, πολλοὶ δὲ τούτους φεύγοντες ὑπὸ τῶν ἁρμάτων ἡλίσκοντο.

29. Καὶ Ἀβραδάτας δὲ οὐκέτι ἔμελλεν, ἀλλὰ ἀναβοήσας Ἄνδρες φίλοι, ἕπεσθε, ἐνίει οὐδὲν φειδόμενος τῶν ἵππων, ἀλλὰ ἰσχυρῶς ἐξαιμάττων τῷ κέντρῳ συνεξώρμησαν δὲ καὶ οἱ ἄλλοι ἁρματηλάται. Καὶ τὰ μὲν ἅρματα ἔφευγεν αὐτοὺς εὐθύς, οἱ μὲν καὶ ἀναλαβόντες τοὺς παραβάτας, τὰ δὲ καὶ ἀπολιπόντες· (30) ὁ δὲ Ἀβραδάτας ἀντικρὺ δι᾽ αὐτῶν εἰς τὴν τῶν Αἰγυπτίων φάλαγγα ἐμβάλλει· συνεισέβαλον δὲ αὐτῷ καὶ οἱ ἐγγύτατα τεταγμένοι. Πολλαχοῦ μὲν οὖν καὶ ἄλλοθι δῆλον ὡς οὐκ ἔστιν ἰσχυροτέρα φάλαγξ ἢ ὅταν ἐκ φίλων συμμάχων ἠθροισμένη ᾖ, καὶ ἐν τούτῳ δὲ ἐδήλωσεν. Οἱ μὲν γὰρ ἑταῖροί τε αὐτοῦ καὶ ὁμοτράπεζοι συνεισέβαλον, οἱ δ᾽ ἄλλοι ἡνίκα ὡς εἶδον ὑπομένοντας πολλῇ στίβῃ τοὺς Αἰγυπτίους, ἐξέκλιναν κατὰ τὰ φεύγοντα ἅρματα καὶ τούτοις ἐφείποντο. (31) Οἱ δὲ ἀμφὶ Ἀβραδάταν ᾗ μὲν ἐνέβαλον, ἅτε οὐ δυναμένων διαχάσασθαι τῶν Αἰγυπτίων διὰ τὸ μένειν τοὺς ἔνθεν καὶ ἔνθεν αὐτῶν, τοὺς μὲν ὀρθοὺς τῇ ῥύμῃ τῶν ἵππων παίοντας ἀνέτρεπον, τοὺς δὲ πίπτοντας κατηλόων καὶ αὐτοὺς καὶ ὅπλα καὶ ἵππους καὶ τροχούς. Ὅτου δ᾽ ἐπιλάβοιτο τὰ δρέπανα, πάντα βίᾳ διεκόπτετο καὶ ὅπλα καὶ σώματα. (32) Ἐν δὲ τῷ ἀδιηγήτῳ τούτῳ ταράχῳ ὑπὸ τῶν παντοδαπῶν σωρευμάτων ἐξαλλομένων τῶν τροχῶν ἐκπίπτει ὁ Ἀβραδάτας, καὶ ἄλλοι δὲ τῶν συνεισβαλόντων· καὶ οὗτοι μὲν ἐνταῦθα ἄνδρες ἀγαθοὶ γενόμενοι κατεκόπησαν καὶ ἀπέθανον· οἱ δὲ Πέρσαι συνεπισπόμενοι, ᾗ μὲν ὁ Ἀβραδάτας ἐνέβαλε καὶ οἱ σὺν αὐτῷ, ταύτῃ συνεσπεσόντες τεταραγμένους ἐφόνευον, ᾗ δὲ ἀπαθεῖς ἐγένοντο οἱ Αἰγύπτιοι, πολλοὶ δ᾽ οὗτοι ἦσαν, ἐχώρουν ἐναντίοι τοῖς Πέρσαις.

33. Ἔνθα δὴ δεινὴ μάχη ἦν καὶ δοράτων καὶ ξυστῶν καὶ μαχαιρῶν· ἐπλεονέκτουν δὲ οἱ Αἰγύπτιοι καὶ πλήθει καὶ τοῖς ὅπλοις. Τά τε γὰρ δόρατα ἰσχυρά τε καὶ μακρὰ ἔτι καὶ νῦν ἔχουσιν, αἵ τε ἀσπίδες πολὺ μᾶλλον τῶν θωράκων καὶ τῶν γέρρων καὶ στεγάζουσι τὰ

sus exercitus simul insonuit. Deinde Enyalium alta voce conclamabant, et Cyrus erumpit, statimque cum equitibus corum hostium adgressus, quamprimum cum eis manum conseruit : pedites autem eum servatis ordinibus suis celeriter subsequebantur, et hostibus hinc atque inde circumfundebantur, ut multo jam potiori, quam illi, esset conditione : nam cum phalange in cornu impressionem faciebat : quo factum est, ut celeriter vehemens hostium fuga fieret.

Artagerses ut Cyrum jam rem adgressum animadvertit, et ipse ad sinistrum latus hostes invadit, præmissis camelis, quemadmodum Cyrus jusserat. Has equi magno admodum ex intervallo non exspectabant, sed alii consternati fugiebant, alii saltu efferebantur, alii in se invicem irruebant. Nam solent equis talia quædam a camelis accidere. Artagerses autem suos ordinatos retinens, perturbatos urgebat; et currus, qui ad dextram et lævam erant, simul immittebat. Et multi quidem, cum currus fugerent, ab iis qui cornu directo sequebantur, sunt interempti; multi cum hos fugerent, a curribus intercipiebantur.

Et Abradatas haud amplius cunctatus est, sed simul inclamans, Sequimini me, amici, equos immittebat in hostes, cum quidem iis minime parceret, sed ita stimulo foderet, ut multo sanguine respergerentur. Cum hoc etiam ceteri currum agitatores eruperunt : et oppositi quidem currus hos statim fugiebant, partim receptis qui ex eis pugnarent, partim relictis. Abradatas autem recta per eos in Ægyptiorum phalangem impetum facit; illi quoque una cum eo irruebant, qui proxime collocati erant. Et quidem cum aliunde sæpe perspicuum est, non esse firmiorem phalangem, quam quæ ex amicis commilitonibus est collecta, tum illud hoc tempore res ipsa manifestum fecit. Nam et sodales ipsius et mensæ participes ejusdem hostes una cum ipso sunt adgressi : alii aurigæ cum viderent Ægyptios agmine denso impetum sustinere, currus fugientes versus deflexerunt, et illos insequuti sunt. Qui vero circa Abradatam erant, qua quidem irruerant, quia Ægyptii cedere divisi non poterant, omnibus utrinque suo loco manentibus, equorum impetu stantes impellendo everterunt, cadentes conculcabant, et ipsos et arma, et equis et rotis. Quidquid autem falces corripuissent, id totum violenter concidebatur impetu; sive arma essent, sive corpora. Atque in hoc incnarrabili tumultu, rotis propter multiplices acervos exsultantibus, curru excidit Abradatas, atque illorum alii qui cum ipso in hostes impetum fecerant : et hi quidem hic, officio functi virorum fortium, vulneribus concisi interierunt : at hos una sequuti Persæ, cum eo loco, quo Abradatas hostem cum suis invaserat, irruissent, perturbatos occidebant : qua vero parte cladis expertes fuerant Ægyptii (et erant hi multi numero), recta tendebant adversus Persas.

Ibi tum atrox pugna hastis, jaculis, gladiis committebatur : et Ægyptii sane tum numero quam armis superiores erant. Etenim hastæ ipsis erant firmæ ac longæ (quas nunc etiam gestant), et clypei multo, quam vel loricæ vel scuta Persarum viminea, magis et corpora tegunt, et ad

σώματα καὶ πρὸς τὸ ὠθεῖσθαι συνεργάζονται πρὸς τοῖς ὤμοις οὖσαι. Συγκλείσαντες οὖν τὰς ἀσπίδας ἐχώρουν καὶ ἐώθουν. (34) Οἱ δὲ Πέρσαι οὐκ ἐδύναντο ἀντέχειν, ἅτε ἐν ἄκραις ταῖς χερσὶ τὰ γέῤῥα ἔχοντες, ἀλλ' ἐπὶ πόδα ἀνεχάζοντο παίοντες καὶ παιόμενοι, ἕως ὑπὸ ταῖς μηχαναῖς ἐγένοντο. Ἐπεὶ μέντοι ἐνταῦθα ἦλθον, ἐπαίοντο αὖθις οἱ Αἰγύπτιοι ἀπὸ τῶν πύργων· καὶ οἱ ἐπὶ πᾶσι δὲ εἴων φεύγειν οὔτε τοὺς τοξότας οὔτε τοὺς ἀκοντιστάς, ἀλλ' ἀνατεταμένοι τὰς μαχαίρας ἠνάγκαζον καὶ τοξεύειν καὶ ἀκοντίζειν. (35) Ἦν δὲ πολὺς μὲν ἀνδρῶν φόνος, πολὺς δὲ κτύπος ὅπλων καὶ βελῶν παντοδαπῶν, πολλὴ δὲ βοὴ τῶν μὲν ἀνακαλούντων ἀλλήλους, τῶν δὲ παρακελευομένων, τῶν δὲ θεοὺς ἐπικαλουμένων.

36. Ἐν δὲ τούτῳ Κῦρος διώκων τοὺς καθ' αὑτὸν παραγίγνεται. Ὡς δ' εἶδε τοὺς Πέρσας ἐκ τῆς χώρας ἐωσμένους, ἤλγησέ τε καὶ γνοὺς ὅτι οὐδαμῶς ἂν θᾶττον σχοίη τοὺς πολεμίους τῆς εἰς τὸ πρόσθεν προόδου ἢ εἰ εἰς τὸ ὄπισθεν περιελάσειεν αὐτῶν, παραγγείλας ἕπεσθαι τοῖς μεθ' ἑαυτοῦ περιήλαυνεν εἰς τὸ ὄπισθεν· καὶ εἰσπεσόντες παίουσιν ἀφορῶντας καὶ πολλοὺς κατακαίνουσιν. (37) Οἱ δὲ Αἰγύπτιοι ὡς ᾔσθοντο, ἐβόων τε ὅτι ὄπισθεν οἱ πολέμιοι, καὶ ἐστρέφοντο ἐν ταῖς πληγαῖς. Καὶ ἐνταῦθα δὴ φύρδην ἐμάχοντο καὶ πεζοὶ καὶ ἱππεῖς. Πεπτωκὼς δέ τις ὑπὸ τῷ Κύρου ἵππῳ καὶ πατούμενος παίει εἰς τὴν γαστέρα τῇ μαχαίρᾳ τὸν ἵππον αὐτοῦ· ὁ δὲ ἵππος πληγεὶς σφαδάζων ἀποσείεται τὸν Κῦρον. (38) Ἔνθα δὴ ἔγνω ἄν τις ὅσου ἄξιον εἴη τὸ φιλεῖσθαι ἄρχοντα ὑπὸ τῶν περὶ αὐτόν. Εὐθὺς γὰρ ἀνεβόησάν τε πάντες καὶ προσπεσόντες ἐμάχοντο, ἐώθουν, ἐωθοῦντο, ἔπαιον, ἐπαίοντο. Καταπηδήσας δέ τις ἀπὸ τοῦ ἵππου τῶν τοῦ Κύρου ὑπηρετῶν ἀναβάλλει αὐτὸν ἐπὶ τὸν ἑαυτοῦ ἵππον. (39) Ὡς δ' ἀνέβη ὁ Κῦρος, κατεῖδε πάντοθεν ἤδη παιομένους τοὺς Αἰγυπτίους· καὶ γὰρ Ὑστάσπης ἤδη παρῆν σὺν τοῖς Περσῶν ἱππεῦσι καὶ Χρυσάντας. Ἀλλὰ τούτους ἐμβαλεῖν μὲν οὐκέτι εἴα εἰς τὴν φάλαγγα τῶν Αἰγυπτίων, ἔξωθεν δὲ τοξεύειν καὶ ἀκοντίζειν ἐκέλευεν. Ὡς δ' ἐγένετο περιελαύνων παρὰ τὰς μηχανάς, ἔδοξεν αὐτῷ ἀναβῆναι ἐπὶ τῶν πύργων τινὰ καὶ κατασκέψασθαι εἴ πῃ καὶ ἄλλο τι μένει τῶν πολεμίων καὶ μάχοιτο. (40) Ἐπεὶ δὲ ἀνέβη, κατεῖδε μεστὸν τὸ πεδίον ἵππων, ἀνθρώπων, ἁρμάτων, φευγόντων, διωκόντων, κρατούντων, κρατουμένων· μένον δὲ οὐδαμοῦ οὐδὲν ἔτι ᾐδύνατο κατιδεῖν πλὴν τὸ τῶν Αἰγυπτίων· οὗτοι δὲ ἐπειδὴ ἠποροῦντο, πάντοθεν κυκλοποιησάμενοι, ὥστε ὁρᾶσθαι τὰ ὅπλα, ὑπὸ ταῖς ἀσπίσιν ἐκάθηντο· καὶ ἐποίουν μὲν οὐδὲν ἔτι, ἔπασχον δὲ πολλὰ καὶ δεινά.

41. Ἀγασθεὶς δὲ ὁ Κῦρος αὐτοὺς καὶ οἰκτείρων ὅτι ἀγαθοὶ ἄνδρες ὄντες ἀπώλλυντο, ἀνεχώρισε πάντας τοὺς περιμαχομένους καὶ μάχεσθαι οὐδένα ἔτι εἴα. Πέμπει δὲ πρὸς αὐτοὺς κήρυκα ἐρωτῶν πότερα βούλονται ἀπολέσθαι πάντες ὑπὲρ τῶν προδεδωκότων αὐτοὺς ἢ σωθῆναι ἄνδρες ἀγαθοὶ δοκοῦντες εἶναι. Οἱ δ' ἀπε-

propellendum aliquid adjumenti adferunt, humeris adfixi. Quamobrem clypeis consertis procedebant, ac propellebant. Persæ vero eorum impetum sustinere non poterant, quippe qui manibus extremis scuta tenerent, sed pedetentim cedebant, cum et alios ferirent ipsi, et ferirentur, donec sub machinas se receperunt. At eo cum venissent, vicissim Ægyptii de turribus feriebantur: et ultimi omnium neque sagittarios neque jaculatores fugere sinebant, sed iis intentatis gladiis et sagittas et tela emittere cogebant. Erat autem ingens hominum cædes, ingens armorum telorumque omnis generis strepitus, ingens vociferatio, aliis mutuo sibi inclamantibus, aliis cohortantibus, aliis deos implorantibus.

Interea Cyrus hostes sibi oppositos persequens, advenit. Cumque Persas loco pulsos vidit, indoluit; et animadvertens nulla ratione citius hostes inhiberi posse, quo minus progrederentur ulterius, quam si ad eorum terga circumveheretur, et ad ipsorum terga circumvehitur: cumque irruissent, aversos cædunt, ac multos perimunt. Quod cum Ægyptii sentirent, hostes a tergo esse clamabant, et inter ipsos ictus se vertebant. Tum vero et pedites et equites promiscue præliabantur. Et quidam, cum subter equum Cyri cecidisset et conculcaretur, gladio ventrem equi ferit: equus autem saucius, cum pedes varie jactaret, Cyrum excutit. Tum perspicere potuisset aliquis, quanti sit æstimandum, principem a sibi subjectis diligi. Nam statim universi clamorem sustulerunt, impetuque facto pugnabant, pellebant, pellebantur, feriebant, feriebantur. Quidam autem ex Cyri ministris cum ex equo desiliisset, eum in equum suum sustulit. Ac Cyrus ubi conscendisset, undique jam Ægyptios cædi vidit: nam Hystaspas cum equitatu Persarum jam aderat, itemque Chrysantas. Verum hos in Ægyptiorum phalangem amplius irruere non sivit, sed extrinsecus sagittas ac tela mittere jussit. Posteaquam autem circumvectus ad machinas pervenit, visum est ei quandam in turrim ascendere, quo circumspiceret, an alicubi aliæ quoque hostium copiæ subsisterent ac præliarentur. Ut adscendit, campum refertum vidit equis, hominibus, curribus, fugientibus, persequentibus, vincentibus, succumbentibus: ex hostium vero copiis nusquam amplius aliam, quam subsisteret, partem conspicere poterat, præter Ægyptios. Hi cum summas in angustias adducti consilii essent inopes, facto undique circulo, ut arma conspicerentur, subter clypeos consederunt: et faciebant illi quidem nihil amplius, multa vero graviaque perpetiebantur.

Cyrus eos admiratus, et præ misericordia dolens viros fortes interire, omnes, qui undique adversus eos dimicabant, pedem referre jussit, nec ulli amplius ut in eos pugnaret concessit. Misso etiam caduceatore, interrogavit eos, utrum omnes interire vellent propter eos, a quibus proditi fuissent, an servari bona cum existimatione, viros se esse

κρίναντο, Πῶς δ' ἂν ἡμεῖς σωθείημεν ἄνδρες ἀγαθοὶ δοκοῦντες εἶναι; (42) Ὁ δὲ Κῦρος πάλιν ἔλεγεν, Ὅτι ἡμεῖς ὑμᾶς ὁρῶμεν μόνους καὶ μένοντας καὶ μάχεσθαι θέλοντας. Ἀλλὰ τοὐντεῦθεν, ἔφασαν οἱ Αἰγύπτιοι, τί καὶ καλὸν ἂν ποιοῦντες σωθείημεν; Καὶ ὁ Κῦρος αὖ πρὸς τοῦτο εἶπεν, Εἰ τῶν τε συμμαχομένων μηδένα προδόντες σωθείητε, τά τε ὅπλα ἡμῖν παραδόντες φίλοι τε γενόμενοι τοῖς αἱρουμένοις ὑμᾶς σῶσαι, ἔξον ἀπολέσαι. (43) Ἀκούσαντες ταῦτα ἐπήροντο, Ἢν δὲ γενώμεθά σοι φίλοι, τί ἡμῖν ἀξιώσεις χρῆσθαι; Ἀπεκρίνατο ὁ Κῦρος, Εὖ ποιεῖν καὶ εὖ πάσχειν. Ἐπηρώτων πάλιν οἱ Αἰγύπτιοι, Τίνα εὐεργεσίαν; Πρὸς τοῦτο εἶπεν ὁ Κῦρος, Μισθὸν μὲν ὑμῖν δοίην ἂν πλείονα ἢ νῦν ἐλαμβάνετε ὅσον ἂν χρόνον πόλεμος ᾖ· εἰρήνης δὲ γενομένης τῷ βουλομένῳ ὑμῶν μένειν παρ' ἐμοὶ χώραν τε δώσω καὶ πόλεις καὶ γυναῖκας καὶ οἰκέτας. (44) Ἀκούσαντες ταῦτα οἱ Αἰγύπτιοι τὸ μὲν ἐπὶ Κροῖσον συστρατεύειν ἀφελεῖν σφίσιν ἐδεήθησαν· τούτῳ γὰρ μόνῳ γιγνώσκεσθαι ἔφασαν· τὰ δὲ ἄλλα συνομολογήσαντες ἔδοσαν πίστιν καὶ ἔλαβον. (45) Καὶ οἱ Αἰγύπτιοι τε οἱ καταμείναντες τότε ἔτι καὶ νῦν βασιλεῖ πιστοὶ διαμένουσι, Κῦρός τε πόλεις αὐτοῖς ἔδωκε, τὰς μὲν ἄνω, αἳ ἔτι καὶ νῦν πόλεις Αἰγυπτίων καλοῦνται, Λάρισσαν δὲ καὶ Κυλλήνην παρὰ Κύμην πλησίον θαλάττης, ἃς ἔτι καὶ νῦν οἱ ἀπ' ἐκείνων ἔχουσι. Ταῦτα δὲ διαπραξάμενος ὁ Κῦρος ἤδη σκοταῖος ἀναγαγὼν ἐστρατοπεδεύσατο ἐν Θυμβράραις.

46. Ἐν δὲ τῇ μάχῃ τῶν μὲν πολεμίων Αἰγύπτιοι μόνοι εὐδοκίμησαν· τῶν δὲ σὺν Κύρῳ τὸ Περσῶν ἱππικὸν κράτιστον ἔδοξεν εἶναι· ὥστ' ἔτι καὶ νῦν διαμένει ἡ ὅπλισις ἣν τότε Κῦρος τοῖς ἱππεῦσι κατεσκεύασε. (47) Εὐδοκίμησε δὲ ἰσχυρῶς καὶ τὰ δρεπανηφόρα ἅρματα· ὥστε καὶ τοῦτο ἔτι καὶ νῦν διαμένει τὸ πολεμιστήριον τῷ ἀεὶ βασιλεύοντι. (48) Αἱ μέντοι κάμηλοι ἐφόβουν μόνον τοὺς ἵππους, οὐ μέντοι κατέκαινόν γε οἱ ἐπ' αὐτῶν ἱππεῖς, οὐδ' αὐτοί γε ἀπέθνησκον ὑπὸ ἱππέων· οὐδεὶς γὰρ ἵππος ἐπέλαζε. (49) Καὶ χρήσιμον μὲν ἐδόκει εἶναι, ἀλλὰ γὰρ οὔτε τρέφειν οὐδεὶς ἤθελε καλὸς κἀγαθὸς κάμηλον οὔτ' ἐποχεῖσθαι ὅτι μελετάν ὡς πολεμήσων ἀπὸ τούτων. Οὕτω δὴ ἀπολαβοῦσαι πάλιν τὸ ἑαυτῶν σχῆμα ἐν τοῖς σκευοφόροις διάγουσι.

ΚΕΦΑΛΑΙΟΝ Β.

Καὶ οἱ μὲν ἀμφὶ τὸν Κῦρον δειπνοποιησάμενοι καὶ φυλακὰς καταστησάμενοι, ὥσπερ ἔδει, ἐκοιμήθησαν. Κροῖσος μέντοι εὐθὺς ἐπὶ Σάρδεων ἔφευγε σὺν τῷ στρατεύματι· τὰ δὲ ἄλλα φῦλα ὅποι ἐδύνατο προσωτάτω ἐν τῇ νυκτὶ τῆς ἐπ' οἶκον ὁδοῦ ἕκαστος ἀπεχώρει. (2) Ἐπειδὴ δὲ ἡμέρα ἐγένετο, εὐθὺς ἐπὶ Σάρδεις ἦγε Κῦρος. Ὡς δ' ἐγένετο πρὸς τὸ τεῖχει τῷ ἐν Σάρδεσι, τάς τε μηχανὰς ἀνίστη ὡς προσβαλῶν πρὸς τὸ τεῖχος καὶ κλίμακας παρεσκευάζετο. (3) Ταῦτα δὲ ποιῶν

fortes. Ad hæc illi responderunt, Quo pacto possimus esse salvi cum existimatione bona, viros nos fortes esse? Et Cyrus iterum, Quia nos, ait, vos solos conspicimus, qui et subsistant et dimicare velint. Quid vero deinceps, aiunt Ægyptii, recte etiam agendo servari possimus? Ad hoc rursum Cyrus, Si nemine, inquit, sociorum prodito, salutem consequamini, arma cum nobis tradideritis, et eorum amplexi fueritis amicitiam, qui vos conservare malunt, cum liceat interimere. His illi auditis, rursum interrogant, Si tuam amplexi fuerimus amicitiam, quas ad res uti nobis voles? Beneficia, respondit Cyrus, conferre et vicissim accipere volo. Quærebant iterum Ægyptii, Quæ beneficia? Ad hoc Cyrus, Stipendium vobis, ait, illo majus dedero, quod nunc accipitis, quamdiu bellum geretur: pace vero facta, cuicumque vestrum mecum manere libuerit, ei et agros, et oppida, et uxores, et famulos donabo. His auditis oraverunt Ægyptii, hoc unum exciperetur, ne in Crœsum cum eo militarent: quippe cum hoc solo sibi notitiam intercedere dicerent: de ceteris iis cum Cyro convenit, dederuntque et accepere fidem. Et qui tunc manserant Ægyptii, nunc quoque regis in fide permanent: deditque eis urbes et in regione superiori, quæ hac etiam tempestate urbes Ægyptiorum adpellantur, et Larissam et Cyllenen, propter Cymen, haud procul a mari, quas etiam nunc illorum posteri possident. His rebus confectis, Cyrus jam sub ipsas noctis tenebras reversus, Thymbraris castra locavit.

In hoc autem prælio soli ex hostibus Ægyptii gloriam consequuti sunt, et ex iis qui cum Cyro erant, equestres Persarum copiæ visæ sunt esse præstantissimæ: adeo ut illa nunc etiam armatura duret, qua tunc equites a Cyro instructi fuere. Præterea currus illi falcati vehementer erant comprobati: adeo ut hoc etiam tempore bellicum illud curruum genus apud quemque Persarum regem vigeat. At cameli equis terrori duntaxat fuerunt: neque vero ipsis insidentes ex equitibus quenquam interemerunt, neque ii ab equitibus occisi erant: nullus enim ad eos equus propius accedebat. Idque tum quidem utile esse visum est; sed nemo tamen virorum fortium et honestiorum vel alere camelum vult, ut ea vehatur; vel ad pugnandum ex his semet exercere. Itaque recepta forma sua cultuque pristino, inter impedimenta jam degunt.

CAPUT II.

Et Cyri quidem milites, ubi cœnassent et excubias constituissent, uti par erat, quieti se dederunt. At Crœsus statim Sardes cum exercitu profugit: ceteræ nationes, quam remotissime quisque poterat, inita domum quæ duceret via, nocte ea discedebant. Cum autem illuxisset, Cyrus confestim Sardes versus suos duxit. Atque ubi ad Sardium arcem pervenit, et machinas erexit quasi facturus in muros impetum, et scalas paravit. Ea dum face-

κατὰ τὰ ἀποτομώτατα δοκοῦντα εἶναι τοῦ Σαρδιανῶν ἐρύματος τῆς ἐπιούσης νυκτὸς ἀναθιβάζει Χαλδαίους τε καὶ Πέρσας. Ἡγήσατο δ' αὐτοῖς ἀνὴρ Πέρσης, δοῦλος γεγενημένος τῶν ἐν τῇ ἀκροπόλει τινὸς φρουρῶν καὶ καταμεμαθηκὼς κατάβασιν εἰς τὸν ποταμὸν καὶ ἀνάβασιν τὴν αὐτήν. (4) Ὡς δὲ ἐγένετο τοῦτο δῆλον ὅτι εἴχετο τὰ ἄκρα, πάντες δὴ ἔφευγον οἱ Λυδοὶ ἀπὸ τῶν τειχῶν ὅπῃ ἠδύνατο ἕκαστος τῆς πόλεως. Κῦρος δὲ ἅμα τῇ ἡμέρᾳ εἰσῄει εἰς τὴν πόλιν καὶ παρήγγειλεν ἐκ τῆς τάξεως μηδένα κινεῖσθαι. (5) Ὁ δὲ Κροῖσος κατακλεισάμενος ἐν τοῖς βασιλείοις Κῦρον ἐβόα· ὁ δὲ Κῦρος τοῦ μὲν Κροίσου φύλακας κατέλιπεν, αὐτὸς δὲ ἀπαγαγὼν πρὸς τὴν ἐχομένην ἄκραν ὡς εἶδε τοὺς μὲν Πέρσας φυλάττοντας τὴν ἄκραν, ὥσπερ ἔδει, τὰ δὲ τῶν Χαλδαίων ὅπλα ἐρῆμα, καταδεδραμήκεσαν γὰρ ἁρπασόμενοι τὰ ἐκ τῶν οἰκιῶν, εὐθὺς συνεκάλεσεν αὐτῶν τοὺς ἄρχοντας καὶ εἶπεν αὐτοῖς ἀπιέναι ἐκ τοῦ στρατεύματος τάχιστα. (6) Οὐ γὰρ ἄν, ἔφη, ἀνασχοίμην πλεονεκτοῦντας ὁρῶν τοὺς ἀτακτοῦντας. Καὶ εὖ μὲν, ἔφη, ἐπίστασθε ὅτι παρεσκευαζόμην ἐγὼ ὑμᾶς τοὺς ἐμοὶ συστρατευομένους πᾶσι Χαλδαίοις μακαριστοὺς ποιῆσαι· νῦν δ', ἔφη, μὴ θαυμάζετε ἤν τις καὶ ἀπιοῦσιν ὑμῖν κρείττων ἐντύχῃ. (7) Ἀκούσαντες ταῦτα οἱ Χαλδαῖοι ἔδεισάν τε καὶ ἱκέτευον παύσασθαι ὀργιζόμενον καὶ τὰ χρήματα πάντα ἀποδώσειν ἔφασαν. Ὁ δὲ εἶπεν ὅτι οὐδὲν αὐτῶν δέοιτο. Ἀλλ' εἴ με, ἔφη, βούλεσθε παύσασθαι ἀχθόμενον, ἀπόδοτε πάντα ὅσα ἐλάβετε τοῖς διαφυλάξασι τὴν ἄκραν. Ἢν γὰρ αἴσθωνται οἱ ἄλλοι στρατιῶται ὅτι πλεονεκτοῦσιν οἱ εὔτακτοι γενόμενοι, πάντα μοι καλῶς ἕξει. (8) Οἱ μὲν δὴ Χαλδαῖοι οὕτως ἐποίησαν ὡς ἐκέλευσεν ὁ Κῦρος· καὶ ἔλαβον οἱ πειθόμενοι πολλὰ καὶ παντοῖα χρήματα. Ὁ δὲ Κῦρος καταστρατοπεδεύσας τοὺς ἑαυτοῦ ὅπου ἐδόκει [τὸ] ἐπιτηδειότατον εἶναι· τῆς πόλεως μένειν ἐπὶ τοῖς ὅπλοις παρήγγειλε καὶ ἀριστοποιεῖσθαι.

9. Ταῦτα διαπραξάμενος ἀγαγεῖν ἐκέλευσεν αὐτῷ τὸν Κροῖσον. Ὁ δὲ Κροῖσος ὡς εἶδε τὸν Κῦρον, Χαῖρε, ὦ δέσποτα, ἔφη· τοῦτο γὰρ ἡ τύχη καὶ ἔχειν τὸ ἀπὸ τοῦδε δίδωσί σοι καὶ ἐμοὶ προσαγορεύειν. (10) Καὶ σύ γε, ἔφη, ὦ Κροῖσε, ἐπείπερ ἄνθρωποί γέ ἐσμεν ἀμφότεροι. Ἀτάρ, ἔφη, ὦ Κροῖσε, ἆρ' ἄν τί μοι ἐθελήσαις συμβουλεῦσαι; Καὶ βουλοίμην γ' ἄν, ἔφη, ὦ Κῦρε, ἀγαθόν τί σοι εὑρεῖν· τοῦτο γὰρ ἂν οἶμαι ἀγαθὸν κἀμοὶ γενέσθαι. (11) Ἄκουσον τοίνυν, ἔφη, ὦ Κροῖσε· ἐγὼ γὰρ ὁρῶν τοὺς στρατιώτας πολλὰ πεπονηκότας καὶ πολλὰ κεκινδυνευκότας καὶ νῦν νομίζοντας πόλιν ἔχειν τὴν πλουσιωτάτην τῶν ἐν τῇ Ἀσίᾳ μετὰ Βαβυλῶνα, ἀξιῶ ὠφεληθῆναι τοὺς στρατιώτας. Γιγνώσκω γάρ, ἔφη, ὅτι εἰ μή τινα καρπὸν λήψονται τῶν πόνων, οὐ δυνήσομαι αὐτοὺς πολὺν χρόνον πειθομένους ἔχειν. Διαρπάσαι μὲν οὖν αὐτοῖς ἐφεῖναι τὴν πόλιν οὐ βούλομαι· τήν τε γὰρ πόλιν νομίζω ἂν διαφθαρῆναι, ἔν τε τῇ ἁρπαγῇ εὖ οἶδ' ὅτι οἱ πονηρότατοι πλεονεκτήσειαν ἄν. (12) Ἀκούσας ταῦτα ὁ Κροῖσος ἔλεξεν, Ἀλλ' ἐμὲ,

ret, ut in munitiones Sardianorum, qua parte maxime praeruptae videbantur, sequenti nocte Chaldaei ac Persae adscenderent, effecit. His ductor erat Persa quidam, qui cujusdam ex arcis custodibus praesidiariis servus fuerat, et descensum ad flumen et adscensum itidem didicerat. Cum cognitum esset arcem esse occupatam, Lydi omnes a muris diffugerunt quo quisque poterat per urbem. Quam Cyrus prima luce ingressus, ne quis sese ex loco moveret, edixit. Croesus autem, se ipso in regia incluso, Cyrum inclamabat: at Cyrus Croesum qui custodirent reliquit, ipseque ad arcem occupatam profectus, cum Persas arcem, ut oportebat, custodire videret, Chaldaeorum vero stationes desertas (quod illi ad diripienda ex aedibus bona excurrissent), mox praefectos corum convocavit, eisque ut ab exercitu quamprimum discederent, praecepit. Non enim, ait, tolerare possim, ut qui ordines deserunt majoribus quam alii commodis potiantur. Et vos quidem, ait, certo scire volo, in hoc me fuisse, ut vos qui signa mea sequimini, tales efficerem, quos universi Chaldaei felices praedicarent: verum jam vobis minime mirum videatur, si quis vobis hinc etiam discedentibus felicior occurrat. Haec Chaldaei cum audissent, metu perculsi orabant ut irasci desineret; aiebantque se res opesque omnes velle restituere. Ille his sibi non opus esse dixit: Sed si me vultis, ait, ab indignatione desistere, date omnia, quaecunque cepistis, illis qui arcis in custodia mansere. Nam si milites ceteri animadvertent, eos qui ordines servarunt, majora consequi commoda, praeclare se meae res habebunt. Itaque Chaldaei sic, uti Cyrus edixerat, fecerunt; et qui obedienter sese gesserant, magnam rerum opumque variarum copiam consequuti sunt. Cyrus autem, cum castra pro militibus suis metatus esset eo urbis loco, qui maxime opportunus ei videbatur, eos in armis manere ac prandere jussit.

His perfectis, Croesum ad se adduci praecepit. Et Croesus, ubi Cyrum vidit, Salve, inquit, domine: hoc enim nomine tibi ut deinceps fruaris tributi fortuna; mihi, ut eo te adpellem. Salve tu quoque, ait, Croese; quandoquidem homines ambo sumus. Verum, inquit, Croese, velisne mihi consilium dare? Etiam, Cyre, inquit, aliquid boni tibi reperire velim: nam idem fere arbitror etiam mihi fructuosum fore. Audi ergo, Croese, inquit: quia video milites multis laboribus perfunctos, multisque versatos in periculis, nunc etiam putare se urbe totius Asiae, post Babylonem, opulentissima potitos; aequum judico, ut aliquid utilitatis ad eos perveniat. Nam futurum intelligo, ut nisi quem laborum suorum fructum percipiant, dicto eos audientes diu non sim habiturus. Sed urbem tamen eis diripiendam concedere non est animus: nam et urbs, mea sententia, prorsus interiret, et in direptione plurimum utilitatis coperent, qui maxime sunt improbi. Quae ubi Croe-

ἔφη, ἔασον λέξαι πρὸς οὓς ἂν ἐγὼ Λυδῶν ἐθέλω ὅτι διαπέπραγμαι παρὰ σοῦ μὴ ποιῆσαι ἁρπαγὴν μηδὲ ἐᾶσαι ἀφανισθῆναι παῖδας καὶ γυναῖκας· ὑπεσχόμην δέ σοι ἀντὶ τούτων ἦ μὴν παρ' ἑκόντων Λυδῶν ἔσεσθαι πᾶν ὅ,τι καλὸν κἀγαθόν ἐστιν ἐν Σάρδεσιν. (13) Ἢν γὰρ ταῦτα ἀκούσωσιν, οἶδα ὅτι ἥξει σοι πᾶν ὅ,τι ἔστιν ἐνθάδε καλὸν κτῆμα ἀνδρὶ καὶ γυναικί, καὶ ὁμοίως εἰς νέωτα πολλῶν καὶ καλῶν πάλιν σοι πλήρης ἡ πόλις ἔσται· ἢν δὲ διαρπάσῃς, καὶ αἱ τέχναι σοι, ἃς πηγάς φασι τῶν καλῶν εἶναι, διεφθαρμέναι ἔσονται. (14) Ἐξέσται δέ σοι ἰδόντι τὰ ἐλθόντα ἔτι καὶ περὶ τῆς ἁρπαγῆς βουλεύσασθαι. Πρῶτον δέ, ἔφη, ἐπὶ τοὺς ἐμοὺς θησαυροὺς πέμπε καὶ παραλαμβανέτωσαν οἱ σοὶ φύλακες παρὰ τῶν ἐμῶν φυλάκων. Ταῦτα μὲν δὴ ἅπαντα οὕτω συνῄνεσε ποιεῖν ὁ Κῦρος ὥσπερ ἔλεξεν ὁ Κροῖσος. 15. Τάδε δέ μοι πάντως, ἔφη, ὦ Κροῖσε, λέξον, πῶς ἀποδέδηκε τὰ ἐκ τοῦ ἐν Δελφοῖς χρηστηρίου· σοὶ γὰρ δὴ λέγεται πάνυ γε τεθεραπεῦσθαι ὁ Ἀπόλλων καί σε πάντα ἐκείνῳ πειθόμενον πράττειν. (16) Ἐβουλόμην ἄν, ἔφη, ὦ Κῦρε, οὕτως ἔχειν· νῦν δὲ πάντα τἀναντία εὐθὺς ἐξ ἀρχῆς πράττων προσηνέχθην τῷ Ἀπόλλωνι. Πῶς δέ; ἔφη ὁ Κῦρος· δίδασκε· πάνυ γὰρ παράδοξα λέγεις. (17) Ὅτι πρῶτον μέν, ἔφη, ἀμελήσας ἐρωτᾶν τὸν θεόν, εἴ τι ἐδεόμην, ἀπεπειρώμην αὐτοῦ εἰ δύναιτο ἀληθεύειν. Τοῦτο δέ, ἔφη, μὴ ὅτι θεός, ἀλλὰ καὶ ἄνθρωποι καλοὶ κἀγαθοὶ ἐπειδὰν γνῶσιν ἀπιστουμένοι, οὐ φιλοῦσι τοὺς ἀπιστοῦντας. (18) Ἐπεὶ μέντοι ἔγνω καὶ μάλα ἄτοπα ἐμοῦ ποιοῦντος τοῦ ἐν Δελφοῖς ἀπέχοντος, οὕτω δὴ πέμπω περὶ παίδων. (19) Ὁ δέ μοι τὸ μὲν πρῶτον οὐδ' ἀπεκρίνατο· ἐπεὶ δὲ ἐγὼ πολλὰ μὲν ἀναθήματα χρυσᾶ, πολλὰ δὲ ἀργυρᾶ, πάμπολλα δὲ θύων ἐξιλασάμην ποτὲ αὐτόν, ὡς ἐδόκουν, τότε δή μοι ἀποκρίνεται ἐρωτῶντι τί ἄν μοι ποιήσαντι παῖδες γένοιντο· ὁ δὲ εἶπεν ὅτι ἔσονται. (20) Καὶ ἐγένοντο μέν, οὐδὲ γὰρ οὐδὲ τοῦτο ἐψεύσατο, γενόμενοι δὲ οὐδὲν ὤνησαν. Ὁ μὲν γὰρ κωφὸς ὢν διετέλει, ὁ δὲ ἄριστος γενόμενος ἐν ἀκμῇ τοῦ βίου ἀπώλετο. Πιεζόμενος δὲ ταῖς περὶ τοὺς παῖδας συμφοραῖς πάλιν πέμπω καὶ ἐπερωτῶ τὸν θεὸν τί ἂν ποιῶν τὸν λοιπὸν βίον εὐδαιμονέστατα διατελέσαιμι· ὁ δέ μοι ἀπεκρίνατο,

Σαυτὸν γιγνώσκων εὐδαίμων, Κροῖσε, περάσεις. (21) Ἐγὼ δὲ ἀκούσας τὴν μαντείαν ἥσθην· ἐνόμιζον γὰρ τὸ ῥᾷστόν μοι αὐτὸν προστάξαντα τὴν εὐδαιμονίαν διδόναι. Ἄλλους μὲν γὰρ γιγνώσκειν τοὺς μὲν οἷόν τ' εἶναι τοὺς δ' οὔ· ἑαυτὸν δὲ ὅστις ἐστὶ πάντα τινὰ ἐνόμιζον ἄνθρωπον εἰδέναι. (22) Καὶ τὸν μετὰ ταῦτα δὴ χρόνον ἕως μὲν εἶχον ἡσυχίαν, οὐδὲν ἐνεκάλουν μετὰ τὸν τοῦ παιδὸς θάνατον ταῖς τύχαις· ἐπειδὴ δὲ ἀνεπείσθην ὑπὸ τοῦ Ἀσσυρίου ἐφ' ὑμᾶς στρατεύεσθαι, εἰς πάντα μὲν κίνδυνον ἦλθον· ἐσώθην μέντοι οὐδὲν κακὸν λαβών. Οὐκ αἰτιῶμαι δὲ οὐδὲ τάδε τὸν θεόν. Ἐπεὶ γὰρ ἔγνων ἐμαυτὸν μὴ ἱκανὸν ὑμῖν μάχεσθαι, ἀσφαλῶς σὺν τῷ θεῷ ἀπῆλθον καὶ αὐτὸς καὶ οἱ σὺν ἐμοί. (23) Νῦν δ' αὖ πάλιν ὑπό τε πλούτου τοῦ παρόντος διαθρυπτόμενος

sus audisset, Me vero dicere sinito Lydis, ait, quibus ego voluero, impetrasse me abs te, ne direptio fiat, neve permittatur ut liberi et conjuges ab eorum conspectu abstrahantur ; proque hoc tibi pollicitum esse, futurum omnino, ut Lydi tibi libentes offerant, quidquid Sardibus pulchrum et praeclarum sit. Nam si haec audierint, adlaturos scio quidquid pulchrae rei vir aut mulier hic habuerit ; itidemque alterum in annum multis ac pulchris rebus iterum urbs tibi referta erit. Quod si eam diripueris, etiam artificia tibi, quae bonorum fontes esse perhibent, perierint. Praeterea licet tibi, postquam ea intuitus sis, quae ad te adlata fuerint, tum etiam de direptione consultare. Primum autem, inquit, ad meos thesauros mittito, atque hos a custodibus meis tui custodes accipiant. Et haec quidem omnia sic fieri censuit oportere Cyrus, uti Croesus dixerat.

At ista mihi, Croese, inquit, omnino memorato, quonam tibi evaserint, quae Delphico tibi sunt oraculo prodita : nam fertur is Apollo admodum abs te cultus, teque fertur omnia sic agere, ut illi obtemperes. Vellem, inquit, Cyre, sic comparatae res essent : nunc vero cum me Apollini exhibui, qui contraria omnia statim ab initio facerem. Quomodo vero? ait Cyrus, edoce : nam valde quidem mira refers. Primum, ait, posthabita cura interrogandi deum si qua re mihi opus esset, periculum feci, an vera respondere posset. At non solum deus, inquit, sed homines etiam honesti ac boni, cum fidem non haberi sibi animadvertunt, haud amant diffidentes. Cum vero animadvertisset absurde admodum me agere, ac procul Delphis abesse, mitto de liberis interrogatum. Ille mihi primum ne respondit quidem : ubi vero, missis multis donariis aureis, argenteis etiam multis , permultisque caesis hostiis, tandem cum aliquando placavi, uti quidem ipse arbitrabar, tunc mihi quaerenti quid faciendum esset, ut filii mihi nascerentur, respondit ille, habiturum me liberos. Ac nati quidem mihi sunt (quippe nec in hoc mentitus est), sed nati nulli usui fuere. Nam alter eorum mutus manet ; alter , qui praestantissimus extitit, in ipso aetatis flore periit. Cum his liberorum calamitatibus premerer, iterum mitto, deumque interrogo, quid a me fieri oporteret, ut id quod esset vitae reliquum exigere felicissime possem : respondit ille mihi ,

Si te noscas, Croese, vitam feliciter transibis. Hoc audito oraculo, gavisus sum : arbitrabar enim eum felicitatem mihi tribuere, rem facillimam imperando. Nam alios partim cognosci posse, partim non : quis vero sit ipsemet, quemlibet hominem scire putabam. Omnique adeo deinceps tempore, quamdiu quietem colui, nihil erat post mortem filii, quamobrem casus fortuitos culparem. Verum posteaquam ab Assyrio sum persuasus, ut expeditionem adversus vos susciperem, omnis generis adii pericula; nec ullo tamen accepto malo servatus sum. Ac ne de his quidem deum incuso. Nam ubi me ad pugnandum adversus vos idoneum non esse animadverti, tuto, dei ope, tum ipse tum mei mecum evasimus. Sed rursum nunc deliciis opulentiae praesentis diffluens, et ob eorum preces qui me rogabant ut eis praeessem,

καὶ ὑπὸ τῶν δεομένων μου προστάτην γενέσθαι καὶ ὑπὸ τῶν δώρων ὧν ἐδίδοσάν μοι καὶ ὑπ' ἀνθρώπων οἵ με κολακεύοντες ἔλεγον ὡς εἰ ἐγὼ ἐθέλοιμι ἄρχειν, πάντες ἂν ἐμοὶ πείθοιντο καὶ μέγιστος ἂν εἴην ἀνθρώπων, ὑπὸ τοιούτων δὲ λόγων ἀναφυσώμενος, ὡς εἵλοντό με πάντες οἱ κύκλῳ βασιλεῖς προστάτην τοῦ πολέμου, ὑπεδεξάμην τὴν στρατηγίαν ὡς ἱκανὸς ὢν μέγιστος γενέσθαι, (24) ἀγνοῶν ἄρα ἐμαυτόν, ὅτι σοὶ ἀντιπολεμεῖν ἱκανὸς ᾤμην εἶναι πρῶτον μὲν ἐκ θεῶν γεγονότι, ἔπειτα δὲ διὰ βασιλέων πεφυκότι, ἔπειτα δ' ἐκ παιδὸς ἀρετὴν ἀσκοῦντι· τῶν δ' ἐμῶν προγόνων ἀκούω τὸν πρῶτον βασιλεύσαντα ἅμα τε βασιλέα καὶ ἐλεύθερον γενέσθαι. Ταῦτ' οὖν ἀγνοήσας δικαίως, ἔφη, ἔχω τὴν δίκην. (25) Ἀλλὰ νῦν δή, ἔφη, ὦ Κῦρε, γιγνώσκω μὲν ἐμαυτόν· σὺ δ', ἔφη, δοκεῖς ἔτι ἀληθεύσειν τὸν Ἀπόλλω ὡς εὐδαίμων ἔσομαι γιγνώσκων ἐμαυτόν; σὲ δὲ ἐρωτῶ διὰ τοῦτο ὅτι ἄριστ' ἄν μοι δοκεῖς εἰκάσαι τοῦτο ἐν τῷ παρόντι· καὶ γὰρ δύνασαι ποιῆσαι.

26. Καὶ ὁ Κῦρος εἶπε, Βουλήν μοι δὸς περὶ τούτου, ὦ Κροῖσε· ἐγὼ γάρ σου ἐννοῶν τὴν πρόσθεν εὐδαιμονίαν οἰκτείρω τέ σε καὶ ἀποδίδωμι ἤδη γυναῖκά τε ἔχειν ἣν ἔχεις καὶ τὰς θυγατέρας, ἀκούω γάρ σοι εἶναι, καὶ τοὺς φίλους καὶ τοὺς θεράποντας καὶ τράπεζαν σὺν οἷσπερ ἐζῆτε· μάχας δέ σοι καὶ πολέμους ἀφαιρῶ. (27) Μὰ Δία μηδὲν τοίνυν, ἔφη ὁ Κροῖσος, σὺ ἐμοὶ ἔτι βουλευόυ ἀποκρίνασθαι περὶ τῆς ἐμῆς εὐδαιμονίας· ἐγὼ γάρ ἤδη σοι λέγω, ἣν ταῦτά μοι ποιήσῃς ἃ λέγεις, ὅτι ἣν ἄλλοι τε μακαριωτάτην ἐνόμιζον εἶναι βιοτὴν καὶ ἐγὼ συνεγίγνωσκον αὐτοῖς, ταύτην καὶ ἐγὼ νῦν ἕξων δείξω. (28) Καὶ ὁ Κῦρος εἶπε, Τίς δὴ ὁ ἔχων ταύτην τὴν μακαρίαν βιοτήν; Ἡ ἐμή γυνή, εἶπεν, ὦ Κῦρε· ἐκείνη γὰρ τῶν μὲν ἀγαθῶν καὶ τῶν μαλακῶν καὶ εὐφροσυνῶν πασῶν ἐμοὶ τὸ ἴσον μετεῖχε, φροντίδων δὲ πως ταῦτα ἔσται καὶ πολέμου καὶ μάχης οὐ μετῆν αὐτῇ. Οὕτω δὴ καὶ σὺ δοκεῖς ἐμὲ κατασκευάζειν ὥσπερ ἐγὼ ἣν ἐφίλουν μάλιστα ἀνθρώπων, ὥστε τῷ Ἀπόλλωνι ἄλλα μοι δοκῶ χαριστήρια ὀφειλήσειν. (29) Ἀκούσας δὲ ὁ Κῦρος τοὺς λόγους αὐτοῦ ἐθαύμασε μὲν τὴν εὐθυμίαν, ἦγέ τε τὸ λοιπὸν ὅποι κἂν αὐτὸς πορεύοιτο, εἴτ' ἄρα καὶ χρήσιμόν τι νομίζων αὐτὸν εἶναι εἴτε καὶ ἀσφαλέστερον οὕτως ἡγούμενος.

ΚΕΦΑΛΑΙΟΝ Γ.

Καὶ τότε μὲν οὕτως ἐκοιμήθησαν. Τῇ δ' ὑστεραίᾳ καλέσας ὁ Κῦρος τοὺς φίλους καὶ τοὺς ἡγεμόνας τοῦ στρατεύματος, τοὺς μὲν αὐτῶν ἔταξε τοὺς θησαυροὺς παραλαμβάνειν, τοὺς δ' ἐκέλευσεν ὁπόσα παραδοίη Κροῖσος χρήματα, πρῶτον μὲν τοῖς θεοῖς ἐξελεῖν ὁποῖα ἂν οἱ μάγοι ἐξηγῶνται, ἔπειτα τἆλλα χρήματα παραδεχομένους ἐν ζυγάστροις στήσαντας ἐφ' ἁμαξῶν ἐπισκευάσαι καὶ διαλαχόντας τὰς ἁμάξας κομίζειν ὅποιπερ ἂν αὐτοὶ πορεύωνται, ἵνα ὅπῃ καιρὸς εἴη διαλαμβάνωσιν ἕκαστοι τὰ ἄξια. (2) Οἱ μὲν δὴ ταῦτ' ἐποίουν.

---

et ob illa munera quæ mihi donabant, et illorum hominum opera, qui mihi adsentando futurum dicebant ut omnes mihi parerent, et omnium ego mortalium maximus evaderem, modo cum imperio esse vellem; ejusmodi, inquam, verbis inflatus, ubi reges omnes undique belli me præsidem legerunt, suscepi munus imperatorium, quasi essem is, qui maximus evadere possem; meipsum certe ignorans, qui bello adversus te gerendo parem me tibi arbitrarer, primum ex diis genito, deinde ex regibus continua serie se excipientibus orto, atque etiam a puero ad virtutem exercitato: at ex meis majoribus eum, qui primus regno potitus est, audio simul et regnum et libertatem esse consequutum. Hæc ergo cum ignoraverim, merito, inquit, pœnam subeo. Nunc autem, Cyre, inquit, meipsum nosco: sed censesne, ait, Apollinis responsum posthac verax futurum esse, qui beatum me fore dixit, si meipsum nossem? te autem propterea interrogo, quod optime conjecturam mihi de hoc facturus in præsentia videris: potes enim id facere.

Et Cyrus, Da vero mihi, inquit, de hoc deliberandi tempus, Crœse: nam ego mecum considerans felicitatem tuam pristinam, misericordia moveor erga te, conjugemque tibi jam habere permitto, quam habes, et filias (audio enim esse tibi quasdam), et amicos, et famulos, et mensam, quali hactenus estis usi: pugnas autem et bella tibi adimo. Ergo, ait Crœsus, nihil tu profecto amplius deliberes, quid mihi de mea felicitate respondeas: etenim ipse jam tibi dico, si hæc, quæ nunc ais, feceris, fore ut quam alii vitam beatissimam ducere solent, etiam me adsentiente, hanc ego modo consequutus agam. Et Cyrus, Quis, ait, beatæ istius vitæ compos est? Uxor mea, inquit, Cyre: nam illi mecum pars æqua bonorum, et mollitiarum, et gaudiorum fuit, curarum vero quo pacto hæc contingerent, et belli et pugnæ nihil mecum ei commune fuit. Ac tu quoque me talem efficere velle videris, qualem ego illam quam omnium hominum maxime diligebam: adeo ut Apollini etiam alia munera, quibus me gratum ei præbeam, mox debere mihi videar. His Crœsi verbis auditis, Cyrus in eo tranquillitatem animi est admiratus: deinceps ille, quocunque Cyrus proficisceretur, una ducebatur; sive adeo propterea quod eum ad aliquam rem utilem esse putaret, seu quod ita tutius arbitraretur.

CAPUT III.

Ac tum quidem hoc modo quieti se dederunt. Postridie Cyrus amicis et ducibus copiarum convocatis, eorum alios quidem constituit qui thesauros acciperent, aliis præcepit, ut de iis pecuniis, quascunque Crœsus traderet, primum diis seligerent, quas magi seligendas præscriberent; deinde reliquas pecunias acceptas in arcis locarent ac plaustris imponerent, eademque plaustra sorte distributa secum veherent, quocunque proficiscerentur ipsi; ut opportuno tempore sua singuli pro meritis acciperent. Et hi quidem ista exsequebantur.

Ὁ δὲ Κῦρος καλέσας τινὰς τῶν παρόντων ὑπηρετῶν, Εἴπατέ μοι, ἔφη, ἑώρακέ τις ὑμῶν Ἀβραδάταν; θαυμάζω γάρ, ἔφη, ὅτι πρόσθεν θαμίζων ἐφ᾿ ἡμᾶς νῦν οὐδαμοῦ φαίνεται. (3) Τῶν οὖν ὑπηρετῶν τις ἀπεκρίνατο ὅτι Ὦ δέσποτα, οὐ ζῇ, ἀλλ᾿ ἐν τῇ μάχῃ ἀπέθανεν ἐμβαλὼν τὸ ἅρμα εἰς τοὺς Αἰγυπτίους· οἱ δ᾿ ἄλλοι πλὴν τῶν ἑταίρων αὐτοῦ ἐξέκλιναν, ὥς φασιν, ἐπεὶ τὸ στῖφος εἶδον τὸ τῶν Αἰγυπτίων. (4) Καὶ νῦν γε, ἔφη, λέγεται αὐτῷ ἡ γυνὴ ἀνελομένη τὸν νεκρὸν καὶ ἐνθεμένη εἰς τὴν ἁρμάμαξαν ἐν ᾗπερ αὐτὴ ὠχεῖτο προσκεκομικέναι αὐτὸν ἐνθάδε ποι πρὸς τὸν Πακτωλὸν ποταμόν. (5) Καὶ τοὺς μὲν εὐνούχους καὶ τοὺς θεράποντας αὐτοῦ ὀρύττειν φασὶν ἐπὶ λόφου τινὸς θήκην τῷ τελευτήσαντι· τὴν δὲ γυναῖκα λέγουσιν ὡς κάθηται χαμαὶ κεκοσμηκυῖα οἷς εἶχε τὸν ἄνδρα, τὴν κεφαλὴν αὐτοῦ ἔχουσα ἐπὶ τοῖς γόνασι. (6) Ταῦτα ἀκούσας ὁ Κῦρος ἐπαίσατο ἄρα τὸν μηρὸν καὶ εὐθὺς ἀναπηδήσας ἐπὶ τὸν ἵππον λαβὼν χιλίους ἱππέας ἤλαυνεν ἐπὶ τὸ πάθος. (7) Γαδάταν δὲ καὶ Γωβρύαν ἐκέλευσεν ὅ,τι δύναιντο λαβόντας καλὸν κόσμημα ἀνδρὶ φίλῳ καὶ ἀγαθῷ τετελευτηκότι μεταδιδόναι· καὶ ὅστις εἶχε τὰς ἑπομένας ἀγέλας, καὶ βοῦς καὶ ἵππους εἶπε τούτῳ καὶ ἅμα πρόβατα πολλὰ ἐλαύνειν ὅπῃ ἂν αὐτὸν πυνθάνηται ὄντα, ὡς ἐπισφαγείη τῷ Ἀβραδάτα.

8. Ἐπεὶ δὲ εἶδε τὴν γυναῖκα χαμαὶ καθημένην καὶ τὸν νεκρὸν κείμενον, ἐδάκρυσέ τε ἐπὶ τῷ πάθει καὶ εἶπε, Φεῦ, ὦ ἀγαθὴ καὶ πιστὴ ψυχή, οἴχῃ δὴ ἀπολιπὼν ἡμᾶς; καὶ ἅμα ἐδεξιοῦτο αὐτόν, καὶ ἡ χεὶρ τοῦ νεκροῦ ἐπηκολούθησεν· ἀπεκέκοπτο γὰρ κοπίδι ὑπὸ τῶν Αἰγυπτίων. (9) Ὁ δὲ ἰδὼν πολὺ ἔτι μᾶλλον ἤλγησε· καὶ ἡ γυνὴ δὲ ἀνωδύρατο καὶ δεξαμένη δὴ παρὰ τοῦ Κύρου ἐφίλησέ τε τὴν χεῖρα καὶ πάλιν ὡς οἷόν τ᾿ ἦν προσήρμοσε, (10) καὶ εἶπε, Καὶ τἆλλα τοι, ὦ Κῦρε, οὕτως ἔχει· ἀλλὰ τί δεῖ σε ὁρᾶν; Καὶ ταῦτα, ἔφη, οἶδ᾿ ὅτι δι᾿ ἐμὲ οὐχ ἥκιστα ἔπαθεν, ἴσως δὲ καὶ διὰ σέ, ὦ Κῦρε, οὐδὲν ἧττον. Ἐγώ τε γὰρ ἡ μωρὰ πολλὰ διεκελευόμην αὐτῷ οὕτω ποιεῖν ὅπως σοι φίλος ἄξιος λόγου φανείη, αὐτός τε οἶδ᾿ ὅτι οὗτος οὐ τοῦτο ἐνενόει ὅ,τι πείσοιτο, ἀλλὰ τί ἂν ποιήσας σοι χαρίσαιτο. Καὶ γὰρ οὖν, ἔφη, αὐτὸς μὲν ἀμέμπτως τετελεύτηκεν, ἐγὼ δ᾿ ἡ παρακελευομένη ζῶσα παρακάθημαι. (11) Καὶ ὁ Κῦρος χρόνον μέν τινα σιωπῇ κατεδάκρυσεν, ἔπειτα δὲ ἐφθέγξατο, Ἀλλ᾿ οὗτος μὲν δή, ὦ γύναι, ἔχει τὸ κάλλιστον τέλος· νικῶν γὰρ τετελεύτηκε· σὺ δὲ λαβοῦσα τοῖσδε ἐπικόσμει αὐτόν τοῖς παρ᾿ ἐμοῦ· (παρῆν δὲ ὁ Γωβρύας καὶ ὁ Γαδάτας πολὺν καὶ καλὸν κόσμον φέροντες) ἔπειτα δ᾿, ἔφη, ἴσθι ὡς οὐδὲ τὰ ἄλλα ἄτιμος ἔσται, ἀλλὰ καὶ τὸ μνῆμα πολλοὶ χώσουσιν ἀξίως ἡμῶν καὶ ἐπισφαγήσεται αὐτῷ ὅσα εἰκὸς ἀνδρὶ ἀγαθῷ. (12) Καὶ σὺ δέ, ἔφη, οὐκ ἐρήμη ἔσῃ, ἀλλ᾿ ἐγώ σε καὶ σωφροσύνης ἕνεκα καὶ πάσης ἀρετῆς καὶ τἆλλα τιμήσω καὶ συστήσω ὅστις ἀποκομιεῖ σε ὅποι ἂν αὐτὴ ἐθέλῃς· μόνον, ἔφη, δήλωσον πρὸς ἐμὲ πρὸς ὅντινα χρῄζεις κομισθῆναι. Καὶ ἡ Πάνθεια εἶπεν, Ἀλλὰ θάρρει, ἔφη, ὦ Κῦρε, οὐ

Cyrus autem quibusdam ex ministris qui aderant accersitis, Dicite mihi, ait, an aliquis vestrum Abradatam vidit? miror enim, quod antehac frequenter nos accedere solitus, modo nusquam adpareat. Ei quidam ex ministris respondit, Is, domine, non vivit, sed in pugna mortuus est, cum in Ægyptios currum suum immisisset: ceteri, sodalibus ejus exceptis, declinarunt, uti quidem perhibetur, postesquam Ægyptiorum agmen conspexissent. Et uxor ipsius, inquit, jam mortuum sustulisse dicitur, atque impositum in harmamaxam, qua ipsa vehi solita est, attulisse huc aliquo ad Pactolum fluvium. Aiunt et eunuchos et famulos ipsius quondam in tumulo conditorium mortuo fodere; et uxorem humi sedere, quæ maritum rebus iis ornarit, quascunque habuerit, ejusque caput impositum genibus teneat. Hæc ubi Cyrus audivit, femur sane suum percussit, statimque in equum ubi insilisset, sumptis secum equitibus mille, ad tristem illum casum advehitur. Gadatæ vero Gobryæque mandat, ut secum sumerent quidquid ornamenti mortuo viro amico et forti conveniret, statimque subsequerentur: et si quis greges et boves et equos secum duceret, mandabat ut simul etiam pecudes eo multas ageret, ubicunque se resciret esse, quo mactari super Abradata possent.

Ut humi sedentem mulierem vidit et jacentem mortuum, lacrimas ob casum tristem profudit, ac dixit, Heu fortem ac fidam animam! abiisti ergo nobis relictis? simul dextram mortui prehendit, atque ea subsequuta est; quippe quæ ab Ægyptiis copide fuisset amputata. Cyrus id cum vidit, multo etiam majori dolore adfectus est: mulier autem ejulare cœpit, acceptamque a Cyro manum osculabatur, et rursus loco eam, uti quidem poterat, accommodavit. Dixitque, Etiam cetera, Cyre, sic se habent. Verum quod attinet ea te adspicere? Atque hæc, ait, scio propter me maxime ipsi accidisse, ac fortassis etiam propter te, Cyre, nihilo minus. Etenim stulta ego multis eum cohortata sum, efficeret, ut amicum in aliquo numero habendum tibi se declararet: et ipse, sat scio, non quid sibi accideret, cogitabat; sed quibus facinoribus editis tibi gratificaretur. Quamobrem ipse quidem, inquit, extremum vitæ diem ita morte confecit, ut de eo nemo conqueri possit, ego vero hortatrix ei viva hic adsideo. Cyrus aliquamdiu cum silentio lacrimas fudit, deinde dixit, Hic vero, mulier, finem præclarissimam sortitus est; nam victor diem obiit supremum : tu vero hæc a me accipito, quibus eum ornes : (nam Gobryas Gadatasque jam aderant, copiosum et elegantem ferentes ornatum :) dein scito, inquit, ne alios quidem honores ei defuturos, sed et monumentum illi complures ex dignitate vestra aggesto tumulo conficient; et mactabuntur ei quæcunque viro forti æquum est mactari. Tu quoque deserta, inquit, non eris, sed ego te propter pudicitiam virtutesque tuas ceteras cum aliis rebus colam, tum alicui commendabo, qui te quocunque voles deportabit: tantum, ait, indicato ad quem deportari te cupias. Et Panthea, Securo sis animo, inquit, Cyre;

μή σε κρύψω πρὸς ὅντινα βούλομαι ἀφικέσθαι. (13) Ὁ μὲν δὴ ταῦτ' εἰπὼν ἀπῄει, κατοικτείρων τήν τε γυναῖκα οἵου ἀνδρὸς στέροιτο καὶ τὸν ἄνδρα οἵαν γυναῖκα καταλιπὼν οὐκέτ' ὄψοιτο. Ἡ δὲ γυνὴ τοὺς μὲν εὐνούχους ἐκέλευσεν ἀποστῆναι, ἕως ἄν, ἔφη, τόνδε ἐγὼ ὀδύρωμαι ὡς βούλομαι· τῇ δὲ τροφῷ εἶπε παραμένειν, καὶ ἐπέταξεν αὐτῇ, ἐπειδὰν ἀποθάνῃ, περικαλύψαι αὐτήν τε καὶ τὸν ἄνδρα ἐν ἑνὶ ἱματίῳ. (14) Ἡ δὲ τροφὸς πολλὰ ἱκετεύουσα μὴ ποιεῖν τοῦτο, ἐπεὶ οὐδὲν ἤνυε καὶ χαλεπαίνουσαν ἑώρα, ἐκάθητο κλαίουσα. Ἡ δὲ ἀκινάκην πάλαι παρεσκευασμένη σφάττει ἑαυτήν, καὶ ἐπιθεῖσα ἐπὶ τὰ στέρνα τοῦ ἀνδρὸς τὴν ἑαυτῆς κεφαλὴν ἀπέθνησκεν. Ἡ δὲ τροφὸς ἀνωλοφύρατό τε καὶ περιεκάλυπτεν ἄμφω ὥσπερ ἡ Πάνθεια ἐπέστειλεν. (15) Ὁ δὲ Κῦρος ὡς ᾔσθετο τὸ ἔργον τῆς γυναικός, ἐκπλαγεὶς ἵεται, εἴ τι δύναιτο βοηθῆσαι. Οἱ δὲ εὐνοῦχοι ἰδόντες τὸ γεγενημένον τρεῖς ὄντες σπασάμενοι κἀκεῖνοι τοὺς ἀκινάκας ἀποσφάττονται οὗπερ ἔταξεν αὐτοὺς ἑστηκότες. (16) Καὶ νῦν τὸ μνῆμα μέχρι τοῦ νῦν τῶν εὐνούχων κεχῶσθαι λέγεται· καὶ ἐπὶ μὲν τῇ ἄνω στήλῃ τοῦ ἀνδρὸς καὶ τῆς γυναικὸς ἐπιγεγράφθαι φασὶ τὰ ὀνόματα, Σύρια γράμματα, κάτω δὲ εἶναι τρεῖς λέγουσι στήλας καὶ ἐπιγεγράφθαι σκηπτούχων. (17) Ὁ δὲ Κῦρος ὡς ἐπλησίασε τῷ πάθει, ἀγασθείς τε τὴν γυναῖκα καὶ κατολοφυράμενος ἀπῄει· καὶ τούτων μὲν ᾗ εἰκὸς ἐπεμελήθη ὡς τύχοιεν πάντων τῶν καλῶν, καὶ τὸ μνῆμα ὑπερμέγεθες ἐχώσθη, ὥς φασιν.

ΚΕΦΑΛΑΙΟΝ Δ.

Ἐκ δὲ τούτου στασιάζοντες οἱ Κᾶρες καὶ πολεμοῦντες πρὸς ἀλλήλους, ἅτε τὰς οἰκήσεις ἔχοντες ἐν ἐχυροῖς χωρίοις, ἑκάτεροι ἐπεκαλοῦντο τὸν Κῦρον. Ὁ δὲ Κῦρος αὐτὸς μὲν μένων ἐν Σάρδεσι μηχανὰς ἐποιεῖτο καὶ κριούς, ὡς τῶν μὴ πειθομένων ἐρείψων τὰ τείχη, Ἀδούσιον δὲ ἄνδρα Πέρσην καὶ τἄλλα οὐκ ἄφρονα οὐδ' ἀπόλεμον, καὶ πάνυ δὴ εὔχαριν, πέμπει ἐπὶ τὴν Καρίαν στράτευμα δούς· καὶ Κίλικες δὲ καὶ Κύπριοι πάνυ προθύμως αὐτῷ συνεστράτευσαν. (2) Ὧν ἕνεκα οὐδ' ἔπεμψε πώποτε Πέρσην σατράπην οὔτε Κιλίκων οὔτε Κυπρίων, ἀλλ' ἤρκουν αὐτῷ ἀεὶ οἱ ἐπιχώριοι βασιλεύοντες· δασμὸν μέντοι ἐλάμβανε καὶ στρατιᾶς ὁπότε δέοιτο, ἐπήγγελλεν αὐτοῖς. (3) Ὁ δὲ Ἀδούσιος ἄγων τὸ στράτευμα ἐπὶ τὴν Καρίαν ἦλθε, καὶ ἀπ' ἀμφοτέρων τῶν Καρῶν παρῆσαν πρὸς αὐτόν, ἕτοιμοι ὄντες δέχεσθαι εἰς τὰ τείχη ἐπὶ κακῷ τῶν ἀντιστασιαζόντων. Ὁ δὲ Ἀδούσιος πρὸς ἀμφοτέρους ταὐτὰ ἐποίει. Δικαιότερά τε ἔφη λέγειν τούτους ὁπότεροις διαλέγοιτο, λαθεῖν τε ἔφη δεῖν τοὺς ἐναντίους φίλους σφᾶς γενομένους, ὡς δὴ οὕτως ἂν μᾶλλον ἐπιπεσὼν ἀπαρασκεύοις τοῖς ἐναντίοις· πιστὰ δ' ἠξίου γενέσθαι, καὶ τοὺς μὲν Κᾶρας ὀμόσαι ἀδόλως τε δέξασθαι εἰς τὰ τείχη σφᾶς καὶ ἐπ' ἀγαθῷ τῷ Κύρου καὶ Περσῶν· αὐτὸς δὲ ὀμόσαι θέλειν

---

nequaquam te celabo, ad quem pervenire velim. Cyrus hæc loquutus discessit, tum mulieris misertus, quæ virum talem amisisset, tum viri, qui relictam uxorem talem non amplius adspiceret. Mulier autem eunuchos secedere jussit, Donec istum ego, inquit, ex animi sententia lamentando defleverim: ac nutrici dixit ut secum maneret, eidemque præcepit, ut se, mortem ubi occubuisset, et virum una veste velatos obtegeret. Nutrix multis eam precata suppliciter, ne id faceret, cum nihil proficeret, ipsamque videret indignari, sedit lacrimans. Tum mulier, quæ acinacem dudum ad hoc paratum haberet, seipsam jugulat, et capite in mariti pectus imposito moritur. Nutrix cum ejulatu ambos obtegit, quemadmodum Panthea jusserat. Cyrus autem ubi mulieris facinus rescivit, exterritus, accessit, si quid auxilii ferre posset. Eunuchi autem, qui tres erant, cum quid factum esset viderent, et ipsi strictis acinacibus, quo eos loco stare jusserat, stantes se jugularunt. Et nunc quoque monumentum.... *etiam his* eunuchis aggesto tumulo structum esse dicitur: ac superiore quidem in columna hujus viri et mulieris hujus nomina feruntur inscripta literis Syriacis; inferius autem columnas esse tres aiunt, et eis inscriptum, SCEPTUCHORUM. Cyrus ubi propius ad illum tristem casum accessisset, et admiratus istam mulierem et lamentis prosequutus, discessit: fuitque, ceu par erat, ei curæ, præclara ut illis omnia contingerent; ingensque adeo monumentum, ut perhibent, aggesto tumulo factum fuit.

CAPUT IV.

Secundum hæc cum factionibus Cares armisque adeo inter se contenderent, utpote qui domicilia munitis in locis haberent, utrique Cyrum implorabant. Cyrus autem ipse Sardibus manens machinas fabricabatur et arietes, ut eorum qui parere nollent, mœnia solo æquaret: Adusium vero Persam, hominem ceteroqui nec imprudentem reive militaris rudem, ac valde etiam elegantis ingenii, cum exercitu in Cariam mittit; perlibenter autem tum Cilices tam Cyprii ejus in hac expeditione signa sequuti sunt. Quæ causa fuit cur nullum satrapam Persicum Cilicibus et Cypriis unquam miserit, contentus semper indigenis eorum regibus: tributum tamen ab istis exigebat; et militiam, cum erat opus, eis imperabat. Adusius autem qui ducebat exercitum, posteaquam in Cariam pervenit, aderant ab utraque Carum parte quidam, parati eum suas intra munitiones, ad contrariæ factionis detrimentum, recipere. Adusius erga utrosque faciebat eadem; cum diceret illos, quibuscum loquebatur, æquiora proponere, et clam adversarios haberi oportere amicitiam cum ipsis initam, quasi hoc pacto magis imparatos adversarios adgressurus esset. Præterea fidem utrinque dari petebat, a Caribus quidem jusjurandum dari, se absque dolo malo, et Cyri Persarumque bono, intra munitiones Persas admissuros; ipsum autem jurare velle, se absque

ἀδόλως εἰςιέναι εἰς τὰ τείχη καὶ ἐπ' ἀγαθῷ τῶν δεχομένων. (4) Ταῦτα δὲ ποιήσας ἀμφοτέροις λάθρα ἑκατέρων νύκτα συνέθετο τὴν αὐτήν, καὶ ἐν ταύτῃ εἰςήλατο εἰς τὰ τείχη καὶ παρέλαβε τὰ ἐρύματα ἀμφοτέρων. Ἅμα δὲ τῇ ἡμέρᾳ καθεζόμενος εἰς τὸ μέσον σὺν τῇ στρατιᾷ ἐκάλεσεν ἑκατέρων τοὺς ἐπικαιρίους. Οἱ δὲ ἰδόντες ἀλλήλους ἠχθέσθησαν, νομίζοντες ἐξηπατῆσθαι ἀμφότεροι. (5) Ὁ μέντοι Ἀδούσιος ἔλεξε τοιάδε. Ἐγὼ ὑμῖν, ὦ ἄνδρες, ὤμοσα ἀδόλως εἰςιέναι εἰς τὰ τείχη καὶ ἐπ' ἀγαθῷ τῶν δεχομένων. Εἴπερ οὖν ἀπολῶ ὁποτέρους ὑμῶν, νομίζω ἐπὶ κακῷ ἐιςεληλυθέναι Καρῶν. Ἢν δὲ εἰρήνην ὑμῖν ποιήσω καὶ ἀσφάλειαν ἐργάζεσθαι ἀμφοτέροις τὴν γῆν, νομίζω ὑμῖν ἐπ' ἀγαθῷ παρεῖναι. Νῦν οὖν χρὴ ἀπὸ τῆςδε τῆς ἡμέρας ἐπιγιγνώσθαι τε ἀλλήλοις φιλικῶς, ἐργάζεσθαι τε τὴν γῆν ἀδεῶς, διδόναι τε τέκνα καὶ λαμβάνειν παρ' ἀλλήλων· ἣν δὲ παρὰ ταῦτα ἀδικεῖν τις ἐπιχειρῇ, τούτοις Κῦρος τε καὶ ἡμεῖς ἐσόμεθα πολέμιοι. (6) Ἐκ τούτου πύλαι μὲν ἀνεῳγμέναι ἦσαν τῶν τειχῶν, μεσταὶ δὲ αἱ ὁδοὶ πορευομένων παρ' ἀλλήλους, μεστοὶ δὲ οἱ χῶροι ἐργαζομένων· ἑορτὰς δὲ κοινῇ ἦγον, εἰρήνης δὲ καὶ εὐφροσύνης πάντα πλέα ἦν. (7) Ἐν δὲ τούτῳ ἧκον οἱ παρὰ Κύρου, ἐρωτῶντες εἴ τι στρατιᾶς προςδέοιτο ἢ μηχανημάτων· ὁ δὲ Ἀδούσιος ἀπεκρίνατο ὅτι καὶ τῇ παρούσῃ ἔχοι ἀλλαχόσε χρῆσθαι στρατιᾷ, καὶ ἅμα ταῦτα λέγων ἀπῆγε τὸ στράτευμα, φρουροὺς ἐν ταῖς ἄκραις καταλιπών. Οἱ δὲ Κᾶρες ἱκέτευον μένειν αὐτόν· ἐπεὶ δὲ οὐκ ἤθελε, προςέπεμψαν πρὸς Κῦρον δεόμενοι πέμψαι Ἀδούσιον σφίσι σατράπην.

8. Ὁ δὲ Κῦρος ἐν τούτῳ ἀπεστάλκει Ὑστάσπην στράτευμα ἄγοντα ἐπὶ Φρυγίαν τὴν περὶ Ἑλλήσποντον. Ἐπεὶ δ' ἧκεν ὁ Ἀδούσιος, μετάγειν αὐτὸν ἐκέλευσεν ᾗπερ ὁ Ὑστάσπης προὔχετο, ὅπως μᾶλλον πείθοιντο τῷ Ὑστάσπῃ, ἀκούσαντες ἄλλο στράτευμα προςιόν. (9) Οἱ μὲν οὖν Ἕλληνες οἱ ἐπὶ θαλάττῃ οἰκοῦντες πολλὰ δόντες δῶρα διεπράξαντο ὥςτε εἰς μὲν τὰ τείχη βαρβάρους μὴ δέχεσθαι, δασμὸν δὲ ἀποφέρειν καὶ στρατεύειν ὅποι Κῦρος ἐπαγγέλλοι. (10) Ὁ δὲ τῶν Φρυγῶν βασιλεὺς παρεσκευάζετο μὲν ὡς καθέξων τὰ ἐρυμνὰ καὶ οὐ πεισόμενος καὶ παρήγγελλεν οὕτως· ἐπεὶ δὲ ἀφίσταντο αὐτοῦ οἱ ὕπαρχοι καὶ ἔρημος ἐγίγνετο, τελευτῶν εἰς χεῖρας ἦλθεν Ὑστάσπῃ ἐπὶ τῇ Κύρου δίκῃ. Καὶ ὁ Ὑστάσπης καταλιπὼν ἐν ταῖς ἄκραις ἰσχυρὰς Περσῶν φρουρὰς ἀπῄει ἄγων σὺν τοῖς ἑαυτοῦ καὶ Φρυγῶν πολλοὺς ἱππέας καὶ πελταστάς. (11) Ὁ δὲ Κῦρος ἐπέστειλεν Ἀδουσίῳ συμμίξαντα πρὸς Ὑστάσπην τοὺς μὲν ἑλομένους Φρυγῶν τὰ σφέτερα σὺν τοῖς ὅπλοις ἄγειν, τοὺς δ' ἐπιθυμήσαντας πολεμεῖν τούτων ἀφελομένους τοὺς ἵππους καὶ τὰ ὅπλα σφενδόνας ἔχοντας πάντας κελεύειν ἕπεσθαι.

12. Οὗτοι μὲν δὴ ταῦτ' ἐποίουν. Κῦρος δὲ ὡρμᾶτο ἐκ Σάρδεων, φρουρὰν μὲν πεζὴν καταλιπὼν πολλὴν ἐν Σάρδεσι, Κροῖσον δὲ ἔχων, ἄγων δὲ πολλὰς ἁμάξας πολλῶν καὶ παντοδαπῶν χρημάτων. Ἧκε δὲ καὶ ὁ

dolo malo, et quidem admittentium commodo, munitiones ingressurum esse. Hæc ubi confecisset, cum utrisque noctem clam alteris eandem pactus est, atque eâ in castella invectus est, et munitiones amborum recepit. Cum autem illuxisset, in medio cum exercitu consedit, et in concionem ex utraque parte ad res componendas opportunos vocavit. Illi, se mutuo intuiti, graviter rem tulere, qui partem utramque dolo circumventam existimarent. Adusius vero in hanc sententiam verba fecit : Jurejurando vobis ego, viri, fidem adstrinxi, ingressurum vestra me castella sine dolo malo, et eorum commodo qui me admitterent. Quamobrem si alterutros vestrum evertere velim, ipse me damno Carum hæc ingressum esse statuam : sin pacem inter vos conciliavero, et utrisque confecero, ut agrum tuto colere possitis, vestra cum utilitate vobis adesse me arbitrabor. Oportet igitur ex hoc die vos amice mutuo misceri commercio, et agros colere sine metu, et inter liberos hinc inde matrimonia contrahi : quod si contra hæc injuriam facere conatus fuerit aliquis, iis et Cyrus et nos hostes erimus. Ibi tum et portæ castellorum erant apertæ, et itinera plena congredientium inter se, et agri pleni cultoribus : festos dies communiter agebant, et pacis ac lætitiæ cuncta erant plena. Interea quidam a Cyro veniunt, qui Adusium interrogarent, ecquo exercitu alio vel machinis egeret : quibus Adusius respondit, se præsenti exercitu etiam alibi uti posse ; ac simul cum hisce verbis copias abduxit, relictis in arcibus militibus præsidiariis. Cares autem supplices orabant ut maneret ; quod cum facere nollet, missis ad Cyrum suis rogabant, ut Adusium sibi satrapam mitteret.

Cyrus Hystaspam interim ablegarat, qui exercitum in Phrygiam Hellesponto finitimam duceret. Posteaquam autem Adusius venit, eoqui Cyrus cum eo exercitu jussit, qua Hystaspas præcesserat, ut Hystaspæ magis parerent, ubi audiissent alias etiam copias accedere. Græci quidem certe maris accolæ, multis muneribus datis, id consequuti sunt, ut intra mœnia barbaros admittere necesse non haberent, sed tributum tamen penderent, et militatum tamen irent quo Cyrus jussisset. Phrygum vero rex se parabat quasi loca munita tueri, nec imperata facere vellet, atque ita se facturum denuntiabat : sed postquam constituti sub ipsius imperio præfecti ab eo defecerunt, et solus est relictus, tandem in manus Hystaspæ venit, causa Cyri judicio permissa. Hystaspas relictis in arcibus firmis Persarum præsidiis, discessit, secum præter suos Phrygum complures tum equites tum peltastas ducens. Cyrus autem Adusio mandata dederat, ut postquam se cum Hystaspa conjunxisset, Phrygas eos, qui partes suas amplexi fuissent, armatos adduceret, qui vero bellum gerere studuissent, illis et equos adimeret et arma, omnesque cum fundis sequi juberet.

Hæc illi quidem exsequebantur. Cyrus autem Sardibus movit, numeroso istic ex peditibus præsidio relicto, Crœsum secum retinens, et multa multis variisque opibus onusta plaustra ducens. Accessit autem Crœsus ad Cyrum, ferens

Κροῖσος γεγραμμένα ἔχων ἀκριβῶς ὅσα ἐν ἑκάστῃ ἦν τῇ ἁμάξῃ· καὶ διδοὺς τῷ Κύρῳ τὰ γράμματα εἶπε, Ταῦτα, ἔφη, ἔχων, ὦ Κῦρε, εἴσῃ τόν τέ σοι ὀρθῶς ἀποδιδόντα ἃ ἄγει καὶ τὸν μή. (12) Καὶ ὁ Κῦρος ἔλεξεν, Ἀλλὰ σὺ μὲν καλῶς ἐποίεις, ὦ Κροῖσε, προνοῶν· ἔμοιγε μέντοι ἄξουσι τὰ χρήματα οὕπερ καὶ ἔχειν αὐτὰ ἄξιοί εἰσιν· ὥστε ἤν τι καὶ κλέψωσι, τῶν ἑαυτῶν κλέψονται. Καὶ ἅμα ταῦτα λέγων ἔδωκε τὰ γράμματα τοῖς φίλοις καὶ τοῖς ἄρχουσιν, ὅπως εἰδεῖεν τῶν ἐπιτρόπων οἵ τε σῶα αὐτοῖς ἀποδιδοῖεν οἵ τε μή. (14) Ἦγε δὲ καὶ Λυδῶν οὓς μὲν ἑώρα καλλωπιζομένους καὶ ὅπλοις καὶ ἵπποις καὶ ἅρμασι καὶ πάντα πειρωμένους ποιεῖν ὅ,τι ᾤοντο αὐτῷ χαριεῖσθαι, τούτους μὲν σὺν τοῖς ὅπλοις· οὓς δὲ ἑώρα ἀχαρίστως ἑπομένους, τοὺς μὲν ἵππους αὐτῶν παρέδωκε Πέρσαις τοῖς πρώτοις συστρατευομένοις, τὰ δὲ ὅπλα κατέκαυσε· σφενδόνας δὲ καὶ τούτους ἠνάγκασεν ἔχοντας ἕπεσθαι. (15) Καὶ πάντας δὲ τοὺς ἀόπλους τῶν ὑποχειρίων γενομένων σφενδονᾶν ἠνάγκαζε μελετᾶν, νομίζων τοῦτο τὸ ὅπλον δουλικώτατον εἶναι· σὺν μὲν γὰρ ἄλλῃ δυνάμει μάλα ἔστιν ἔνθα ἰσχυρῶς ὠφελοῦσι σφενδονῆται παρόντες, αὐτοὶ δὲ καθ' ἑαυτοὺς οὐδ' ἂν οἱ πάντες σφενδονῆται μείνειαν πάνυ ὀλίγους ὁμόσε ἰόντας σὺν ὅπλοις ἀγχεμάχοις.

16. Προϊὼν δὲ τὴν ἐπὶ Βαβυλῶνος κατεστρέψατο μὲν Φρύγας τοὺς ἐν τῇ μεγάλῃ Φρυγίᾳ, κατεστρέψατο δὲ Καππαδόκας, ὑποχειρίους δὲ ἐποιήσατο Ἀραβίους· ἐξέπλησε δὲ ἀπὸ πάντων τούτων Περσῶν μὲν ἱππέας οὐ μεῖον ἢ τετρακισμυρίους, πολλοὺς δὲ ἵππους τῶν αἰχμαλώτων καὶ πᾶσι τοῖς συμμάχοις διέδωκε· καὶ πρὸς Βαβυλῶνα ἀφίκετο παμπόλλους μὲν ἱππέας ἔχων, παμπόλλους δὲ τοξότας καὶ ἀκοντιστάς, σφενδονήτας δὲ ἀναριθμήτους.

ΚΕΦΑΛΑΙΟΝ Ε.

Ἐπεὶ δὲ πρὸς Βαβυλῶνι ἦν ὁ Κῦρος, περιίστησι μὲν πᾶν τὸ στράτευμα περὶ τὴν πόλιν, ἔπειτα αὐτὸς περιήλαυνε τὴν πόλιν σὺν τοῖς φίλοις τε καὶ ἐπικαιρίοις τῶν συμμάχων. (2) Ἐπεὶ δὲ κατεθεάσατο τὰ τείχη, ἀπάγειν παρεσκευάσατο τὴν στρατιὰν ἀπὸ τῆς πόλεως· ἐξελθὼν δέ τις αὐτόμολος εἶπεν ὅτι ἐπιτίθεσθαι μέλλοιεν αὐτῷ, ὁπότε ἀπάγοι τὸ στράτευμα· καταθεωμένοις γάρ, ἔφη, αὐτοῖς ἀπὸ τοῦ τείχους ἀσθενὴς ἐδόκει εἶναι ἡ φάλαγξ. Καὶ οὐδὲν θαυμαστὸν ἦν οὕτως ἔχειν· περὶ πολὺ γὰρ τεῖχος κυκλουμένους ἀνάγκη ἦν ἐπ' ὀλίγον τὸ βάθος γενέσθαι τὴν φάλαγγα. (3) Ἀκούσας οὖν ὁ Κῦρος ταῦτα, στὰς κατὰ μέσον τῆς αὑτοῦ στρατιᾶς σὺν τοῖς περὶ αὑτὸν παρήγγειλεν ἀπὸ τοῦ ἄκρου ἑκατέρωθεν τοὺς ὁπλίτας ἀναπτύσσοντας τὴν φάλαγγα ἀπιέναι παρὰ τὸ ἑστηκὸς τοῦ στρατεύματος, ἕως γένοιτο ἑκατέρωθεν τὸ ἄκρον κατ' αὐτὸν καὶ κατὰ τὸ μέσον. (4) Οὕτως οὖν ποιούντων οἵ τε μένοντες εὐθὺς θαρραλεώτεροι ἐγίγνοντο ἐπὶ διπλάσιον τὸ βάθος γιγνόμενοι οἵ τ' ἀπιόντες ὡσαύτως

---

accurate descripta, quæcunque singulis essent in plaustris, easque scripturas Cyro tradens ait, Has, Cyre, si habeas, scies quinam recte sit redditurus quæ vehit, et qui non recte. Et Cyrus, Facis tu quidem probe, inquit, Crœse, qui provideas : sed mihi sane has vehent opes qui digni sunt ut eas etiam possideant; adeo ut si quid suffurabuntur, sua suffurabuntur. Dum hæc diceret, amicis et præfectis scripturas istas tradidit, ut scirent quinam ex iis, quibus essent eæ res creditæ, salvas et integras redderent, qui non redderent. Ducebat etiam secum Lydos, quibus esse curæ cerneret elegantiam armorum et equorum et curruum ; et quos eniti videret ut omnia facerent quibus ipsi gratificatures se putabant, hos secum armatos ducebat ; quos autem cerneret gravate sequi, eorum equos Persis, qui primi cum eo militatum profecti fuerant, tradidit, et arma combussit : hos vero etiam fundis instructos sequi coegit. Quin et omnes inermes ex iis qui ejus in potestatem venerant, ad usum fundarum exercere se coegit, quod hoc armorum genus maxime servile duceret : est enim ubi funditores, si copiis aliis adsint, mirum quantum utilitatis adferunt ; ipsi vero seorsum, ne omnes quidem, quotquot sint, funditores, admodum paucos iis cum armis, quibus cominus pugnatur, congressos sustinuerint.

Cum autem via Babylonem ducente progrederetur, subegit Phrygas qui sunt majoris Phrygiæ, subegit Cappadocas, Arabas in potestatem redegit : quorum omnium armis Persas equites instruxit, non pauciores quadragies millibus ; multos vero captivorum equos in socios etiam universos distribuit : Babylonemque venit permagno cum equitatu, permultis cum sagittariis et jaculatoribus, cum funditoribus autem innumeris.

CAPUT V.

Cumque jam apud Babylonem Cyrus esset, exercitum omnem circa urbem constituit, deinde cum amicis et sociorum ducibus eam ipse circumvectus est. Muros contemplatus, ab urbe copias abducere parabat ; cum transfuga quidam ex urbe egressus ait, Babylonios ipsum adoriri velle, quando copias abducturus esset : nam de muro phalangem hanc despectantibus, inquit, visa est imbecilla esse. Nec quidem id ita se habuisse mirum erat : quia enim murum amplum circumdarent, necesse erat phalangem ad exiguam densitatem redigi. Hæc igitur Cyrus cum audisset, stans in medio exercitus sui, cum iis quos circum se habebat, præcepit ut gravis armaturæ milites ab utraque extremitate phalangem replicantes abirent propter eam exercitus partem quæ subsisteret, donec utraque extremitas ad se atque ad medium perveniret. Id cum facerent, tum iis qui subsistebant fiducia quædam continuo accedebat, quod duplicata jam esset aciei densitas ; tum illis quoque fiducia similiter accedebat,

θαῤῥαλεώτεροι· εὐθὺς γὰρ αἱ μένοντες αὐτῶν πρὸς τοῖς πολεμίοις ἐγίγνοντο. Ἐπεὶ δὲ πορευόμενοι ἑκατέρωθεν συνῆψαν τὰ ἄκρα, ἔστησαν ἰσχυρότεροι γεγενημένοι, οἵ τε ἀπεληλυθότες διὰ τοὺς ἔμπροσθεν, οἵ τ᾽ ἔμπροσθεν διὰ τοὺς ὄπισθεν προσγεγενημένους. (5) Ἀναπτυχθείσης δ᾽ οὕτω τῆς φάλαγγος ἀνάγκη τοὺς πρώτους ἀρίστους εἶναι καὶ τοὺς τελευταίους, ἐν μέσῳ δὲ τοὺς κακίστους τετάχθαι· ἡ δ᾽ οὕτως ἔχουσα τάξις καὶ πρὸς τὸ μάχεσθαι ἐδόκει εὖ παρεσκευάσθαι καὶ πρὸς τὸ μὴ φεύγειν. Καὶ οἱ ἱππεῖς δὲ καὶ οἱ γυμνῆτες οἱ ἀπὸ τῶν κεράτων ἀεὶ ἐγγύτερον ἐγίγνοντο τοῦ ἄρχοντος τοσούτῳ ὅσῳ ἡ φάλαγξ βραχυτέρα ἐγίγνετο ἀναδιπλουμένη. (6) Ἐπεὶ δὲ οὕτω συνεσπειράθησαν, ἀπῇεσαν, ἕως μὲν ἐξικνεῖτο τὰ βέλη ἀπὸ τοῦ τείχους, ἐπὶ πόδα· ἐπεὶ δὲ ἔξω βελῶν ἐγένοντο, στραφέντες, καὶ τὸ μὲν πρῶτον ὀλίγα βήματα προϊόντες, μετεβάλλοντο ἐπ᾽ ἀσπίδα καὶ ἵσταντο πρὸς τὸ τεῖχος βλέποντες· ὅσῳ δὲ προσωτέρω ἐγίγνοντο, τοσῷδε μανότερον μετεβάλλοντο. Ἐπεὶ δ᾽ ἐν τῷ ἀσφαλεῖ ἐδόκουν εἶναι, ξυνείρον ἀπιόντες, ἔστε ἐπὶ ταῖς σκηναῖς ἐγένοντο.

7. Ἐπεὶ δὲ κατεστρατοπεδεύσαντο, συνεκάλεσεν ὁ Κῦρος τοὺς ἐπικαιρίους καὶ ἔλεξεν, Ἄνδρες ξύμμαχοι, τεθεάμεθα μὲν κύκλῳ τὴν πόλιν· ἐγὼ δὲ ὅπως μὲν ἄν τις τείχη οὕτως ἰσχυρὰ καὶ ὑψηλὰ προσμαχόμενος ἕλοι οὐκ ἐνορῶ· ὅσῳ δὲ πλέονες ἄνθρωποι ἐν τῇ πόλει εἰσίν, ἐπείπερ οὐ μάχονται ἐξιόντες, τοσούτῳ ἂν θᾶττον λιμῷ αὐτοὺς ἡγοῦμαι ἁλῶναι. Εἰ μή τιν᾽ οὖν ἄλλον τρόπον ἔχετε λέγειν, τούτῳ πολιορκητέους φημὶ εἶναι τοὺς ἄνδρας. (8) Καὶ ὁ Χρυσάντας εἶπεν, Ὁ δὲ ποταμὸς, ἔφη, οὗτος οὐ διὰ μέσης τῆς πόλεως ῥεῖ πλάτος ἔχων πλεῖον ἢ ἐπὶ δύο στάδια; Ναὶ μὰ Δί᾽, ἔφη ὁ Γωβρύας, καὶ βάθος γ᾽ ὡς οὐδ᾽ ἂν δύο ἄνδρες ὁ ἕτερος ἐπὶ τοῦ ἑτέρου ἑστηκὼς τοῦ ὕδατος ὑπερέχοιεν· ὥστε τῷ ποταμῷ ἔτι ἰσχυροτέρα ἐστὶν ἡ πόλις ἢ τοῖς τείχεσι. (9) Καὶ ὁ Κῦρος, Ταῦτα μὲν, ἔφη, ὦ Χρυσάντα, ἐῶμεν ὅσα κρεῖττόν ἐστι τῆς ἡμετέρας δυνάμεως· διαμετρησαμένους δὲ χρὴ ὡς τάχιστα τὸ μέρος ἑκάστου ἡμῶν ὀρύττειν τάφρον ὡς πλατυτάτην καὶ βαθυτάτην, ὅπως ὅτι ἐλαχίστων ἡμῖν τῶν φυλάκων δέῃ. (10) Οὕτω δὴ κύκλῳ διαμετρήσας περὶ τὸ τεῖχος, ἀπολιπὼν ὅσον τύρσεσι μεγάλαις ἀπὸ τοῦ ποταμοῦ, ὤρυττεν ἔνθεν καὶ ἔνθεν τοῦ τείχους τάφρον ὑπερμεγέθη· καὶ τὴν γῆν ἀνέβαλλον πρὸς ἑαυτούς. (11) Καὶ πρῶτον μὲν πύργους ἐπὶ τοῦ ποταμοῦ ᾠκοδόμει φοίνιξι θεμελιώσας οὐ μεῖον ἢ πλεθριαίοις· εἰσὶ γὰρ καὶ μείζονες ἢ τοσοῦτοι τὸ μῆκος πεφυκότες· καὶ γὰρ δὴ πιεζόμενοι οἱ φοίνικες ὑπὸ βάρους ἄνω κυρτοῦνται, ὥσπερ οἱ ὄνοι οἱ κανθήλιοι. (12) τούτους δ᾽ ὑπετίθει τούτου ἕνεκα ὅπως ὅτι μάλιστα ἐοίκοι πολιορκήσειν παρασκευαζόμενος, ὡς εἰ καὶ διαρρυείη ὁ ποταμὸς εἰς τὴν τάφρον, μὴ ἀνέλοι τοὺς πύργους. Ἀνίστη δὲ καὶ ἄλλους πολλοὺς πύργους ἐπὶ τῆς ἀμβολάδος γῆς, ὅπως ὅτι πλεῖστα φυλακτήρια εἴη. (13) Οἱ μὲν δὴ ταῦτ᾽ ἐποίουν· οἱ δὲ ἐν τῷ τείχει κατεγέλων τῆς πολιορκίας, ὡς ἔχοντες τὰ

qui abscedebant : mox enim illi qui subsistebant, prope ab hostibus aberant. Cum autem progrediendo extremitates utrinque conjunxissent, constitere jam facti firmiores, tum qui abscesserant, propter anteriores ; tum anteriores, propter eos qui a tergo accesserunt. Hoc modo replicata phalange, necesse est primos et ultimos fortissimos esse, ignavissimos in medio collocari : aciesque hunc in modum constituta et ad dimicandum, et ad prohibendam fugam instructa commode videbatur. Præterea equites et levis armaturæ milites qui a cornibus procedebant, semper eo propius ad imperatorem accedebant, quo phalanx duplicata densior efficiebatur. Cum hoc sese modo conglobassent, pedetentim inde recedebant, quo tela de muro pertingebant : cumque extra telorum ictus essent, conversi, ac primum quidem modicos passus progressi, statum mutabant clypeum versus, atque ita consistebant, ut murum intuerentur ; quanto autem longius abscederent, tanto rarius fiebat mutatio. Posteaquam in tuto sibi esse videbantur, recto continuoque itinere recedebant, donec ad tabernacula pervenirent.

Ubi jam in castris essent, Cyrus eos, quos oporteret, convocavit et hunc sermonem habuit : Urbem, socii, undique contemplati sumus ; atque equidem quo pacto quis adeo firmos et excelsos muros oppugnando capere possit, videre mihi non videor : quanto autem plures homines in urbe sunt, quando ad pugnandum non exeant, tanto citius fieri arbitror, ut fame in potestatem redigantur. Nisi igitur aliquem alium, quem proponatis, modum habetis, hoc ipso nobis istos expugnandos esse aio. Et Chrysantas inquit, Hiccine fluvius per mediam urbem labitur, cujus latitudo stadia duo superat ? Ita profecto, ait Gobryas ; ac tanta quoque profunditas ejus est, ut ne duo quidem viri, alter alteri licet institerit, supra aquam exstare possint ; quo fit ut fluvio sit urbs etiam munitior, quam mœnibus. Et Cyrus, Missa faciamus hæc, ait, Chrysanta, quæ viribus nostris potiora sunt ; adhibita vero mensura, quam primum fossa latissima profundissimaque nobis erit ducenda, pro parte cuique sua, quo paucissimis custodibus nobis sit opus. Sic igitur undique circa murum spatia dimensus, relicto a flumine intervallo, quantum sufficeret magnis propugnaculis, ingentem fossam circum murum undique duxit, terramque adeo illi seipsos versus egesserunt. Ac primum quidem turres propter flumen exstruebat, palmis fundatas, quarum non minor erat quam plethri altitudo : ibi nascuntur enim quæ hac majorem etiam in longitudinem excrescunt ; palmæ vero cum aliquo premuntur pondere, sursum incurvantur, quemadmodum et asini clitellarii. Has autem palmas operi propterea subjecit, ut quam maxime videretur il facere, quod solent qui ad urbem obsidendam sese comparent ; ut tametsi flumen in fossam dilaberetur, ipsas turres non everteret. Etiam multas alias turres supra terram egestam excitabat, ut quam plurima essent excubiarum loca. Et has quidem illi res agebant ; qui autem in muro stabant, obsidionem

ἐπιτήδεια πλέον εἴκοσιν ἐτῶν. Ἀκούσας δὲ ταῦτα ὁ Κῦρος τὸ στράτευμα κατένειμε δώδεκα μέρη, ὡς μῆνα τοῦ ἐνιαυτοῦ ἕκαστον μέρος φυλάξον. (14) Οἱ δ' αὖ Βαβυλώνιοι ἀκούσαντες ταῦτα πολὺ ἔτι μᾶλλον τούτων κατεγέλων, ἐννοούμενοι οἱ σφᾶς Φρύγες καὶ Λυδοὶ καὶ Ἀράβιοι καὶ Καππαδόκαι φυλάξοιεν, οὓς σφίσιν ἐνόμιζον πάντας εὐμενεστέρους εἶναι ἢ Πέρσαις.

15. Καὶ αἱ μὲν τάφροι ἤδη ὀρωρυγμέναι ἦσαν, ὁ δὲ Κῦρος ἐπειδὴ ἑορτὴν ἐν τῇ Βαβυλῶνι ἤκουσεν εἶναι ἐν ᾗ πάντες Βαβυλώνιοι ὅλην τὴν νύκτα πίνουσι καὶ κωμάζουσιν, ἐν ταύτῃ, ἐπειδὴ τάχιστα συνεσκότασε, λαβὼν πολλοὺς ἀνθρώπους ἀνεστόμωσε τὰς τάφρους τὰς πρὸς τὸν ποταμόν. (16) Ὡς δὲ τοῦτο ἐγένετο, τὸ ὕδωρ κατὰ τὰς τάφρους ἐχώρει ἐν τῇ νυκτί, ἡ δὲ διὰ τῆς πόλεως τοῦ ποταμοῦ ὁδὸς πορεύσιμος ἀνθρώποις ἐγίγνετο. (17) Ὡς δὲ τὸ τοῦ ποταμοῦ οὕτως ἐπορεύοντο, παρηγγύησεν ὁ Κῦρος Πέρσαις χιλιάρχοις καὶ πεζοῖς καὶ ἱππεῦσιν εἰς δύο κερασθέντας ἰέναι τὴν χιλιοστὴν παρεῖναι πρὸς αὐτόν, τοὺς δ' ἄλλους συμμάχους κατ' οὐρὰν τούτων ἕπεσθαι ᾗπερ πρόσθεν τεταγμένους. (18) Οἱ μὲν παρῆσαν· ὁ δὲ καταβιβάσας εἰς τὸ ξηρὸν τοῦ ποταμοῦ τοὺς ὑπηρέτας καὶ πεζοὺς καὶ ἱππέας, ἐκέλευσε σκέψασθαι εἰ πορεύσιμον εἴη τὸ ἔδαφος τοῦ ποταμοῦ. (19) Ἐπεὶ δὲ ἀπήγγειλαν ὅτι πορεύσιμον εἴη, ἐνταῦθα δὴ συγκαλέσας τοὺς ἡγεμόνας τῶν πεζῶν καὶ τῶν ἱππέων ἔλεξε τοιάδε.

20. Ἄνδρες, ἔφη, φίλοι, ὁ μὲν ποταμὸς ἡμῖν παρακεχώρηκε τῆς εἰς τὴν πόλιν ὁδοῦ· ἡμεῖς δὲ θαρροῦντες εἰσίωμεν ἐν μηδὲν φοβούμενοι εἴσω, ἐννοούμενοι ὅτι οὗτοι ἐφ' οὓς νῦν πορευσόμεθα ἐκεῖνοί εἰσιν οὓς ἡμεῖς καὶ συμμάχους πρὸς ἑαυτοῖς ἔχοντας καὶ ἐγρηγορότας ἅπαντας καὶ νήφοντας καὶ ἐξωπλισμένους καὶ συντεταγμένους ἐνικῶμεν· (21) νῦν δ' ἐπ' αὐτοὺς ἴμεν ἐν ᾧ πολλοὶ μὲν αὐτῶν καθεύδουσι, πολλοὶ δ' αὐτῶν μεθύουσι, πάντες δ' ἀσύντακτοί εἰσιν· ὅταν δὲ καὶ αἴσθωνται ἡμεῖς ἔνδον ὄντας, πολὺ ἔτι μᾶλλον ἢ νῦν ἀχρεῖοι ἔσονται ὑπὸ τοῦ ἐκπεπλῆχθαι. (22) Εἰ δὲ τις τοῦτο ἐννοεῖται ὃ δὴ λέγεται φοβερὸν εἶναι τοῖς εἰς πόλιν εἰσιοῦσι, μὴ ἐπὶ τὰ τέγη ἀναβάντες βάλλωσιν ἔνθεν καὶ ἔνθεν, τοῦτο μάλιστα θαρρεῖτε· ἢν γὰρ ἀναβῶσί τινες ἐπὶ τὰς οἰκίας, ἔχομεν σύμμαχον θεὸν Ἥφαιστον. Εὔφλεκτα δὲ τὰ πρόθυρα αὐτῶν, φοίνικος μὲν αἱ θύραι πεποιημέναι, ἀσφάλτῳ δὲ ὑπαλημμένῳ κεχρισμέναι. (23) Ἡμεῖς δ' αὖ πολλὴν μὲν δᾷδα ἔχομεν, ἣ ταχὺ πολὺ πῦρ τέξεται, πολλὴν δὲ πίτταν καὶ στυππεῖον, ἃ ταχὺ παρακαλεῖ πολλὴν φλόγα· ὥστε ἀνάγκη εἶναι ἢ φεύγειν ταχὺ τοὺς ἀπὸ τῶν οἰκιῶν ἢ ταχὺ κατακεκαῦσθαι. (24) Ἀλλ' ἄγετε λαμβάνετε τὰ ὅπλα· ἡγήσομαι δὲ ἐγὼ σὺν τοῖς θεοῖς. Ὑμεῖς δ', ἔφη, ὦ Γαδάτα καὶ Γωβρύα, δείκνυτε τὰς ὁδούς· ἴστε γάρ· ὅταν δὲ ἐντὸς γενώμεθα, τὴν ταχίστην ἄγετε ἐπὶ τὰ βασίλεια. (25) Καὶ μήν, ἔφασαν οἱ ἀμφὶ τὸν Γωβρύαν, οὐδὲν ἂν εἴη θαυμαστὸν εἰ καὶ ἀκλειστοὶ αἱ πύλαι αἱ τοῦ βασιλείου εἶεν· ὡς ἐν κώμῳ δοκεῖ γὰρ ἡ πόλις πᾶσα εἶναι τῇδε τῇ νυκτί.

hanc irridebant, quod iis esset commeatus in annos plus viginti. Quæ Cyrus cum audisset, in partes duodecim exercitum divisit, ut pars quælibet unum anni mensem in excubiis esset. Babylonii rursum, his auditis, multo etiam magis irridebant, qui cogitarent secum, Phrygas et Lydios et Arabas et Cappadoceas futuros contra se in excubiis, quos omnes arbitrabantur animis erga se magis esse benevolos, quam erga Persas.

Ac fossæ quidem ductæ erant : Cyrus vero, cum audisset, celebrari Babylone festum quendam diem, quo Babylonii omnes nocte tota potarent et comissarentur, eo die, cum primum invesperasceret, magna hominum multitudine adhibita, fossarum ostia fluvium versus aperuit. Hoc cum factum esset, aqua noctu in fossas manabat; et alveus fluvii per urbem tendens, hominibus pervius esse cœpit. Id ubi de flumine hoc modo ei successisset, Persicis Cyrus et equitum et peditum tribunis imperat, mille suos in binos explicatos ducendo apud se adessent; reliqui socii hos a tergo sequerentur, instructi quemadmodum prius. Et hi quidem aderant; cum ille, in siccam fluminis partem ministris suis, tam peditibus quam equitibus immissis, ut explorarent an vadum fluminis permeari posset imperavit. Posteaquam illi posse permeari renuntiarunt, tum vero peditum equitumque ducibus convocatis, hujusmodi verba fecit:

« Flumen hoc nobis , amici , viam in urbem concessit : eam nos animis præsentibus et omni timore vacuis ingrediamur, nobiscum ipsi reputantes, hos , quos adgressuri nunc sumus, eos esse, quos a sociis sibi adjunctis instructos, et omnes vigilantes et sobrios, armatos et in acie dispositos vicimus : jam vero adversus eos tendimus quo tempore multi eorum dormiunt, multi sunt ebrii, universi denique inordinati : cum autem et nos intus esse senserint, multo magis etiam, quam nunc, inutiles futuri sunt, quia exanimati erunt. At si hoc in mentem alicui venit, quod sane fertur esse formidolosum urbem intrantibus, ne tectis illi conscensis hinc inde tela in nos conjiciant, ob hoc maxime bono animo sitis : nam si qui conscenderint ædes, adjutor nobis est deus Vulcanus. Sunt vero eorum vestibula crematu facilia; cum januæ palmarum e materia fabricatæ sint, et bitumine illitæ, quod ignem facile concipit. Nobis autem et faces plurimæ sunt, quæ incendium ingens cito parient, et copia picis ac stuppæ, quæ cito magnam flammam eliciunt : adeo ut vel celeriter necesse sit hos ex ædibus aufugere, vel celeriter exuri. Verum agite, arma capite; diis equidem juvantibus præibo. Vos autem, Gadata et Gobrya, demonstrate nobis itinera; cum ea vobis sint cognita : et ubi jam intus erimus, quamprimum ad regiam ducite. » Atqui, aiebant illi qui erant cum Gobrya, non mirum fuerit, si quidem nec portæ ipsius regiæ clausæ sint : urbs enim tota videtur hac nocte ut in comissatione esse.

Φυλακῇ μέντοι πρὸ τῶν πυλῶν ἐντευξόμεθα· ἔστι γὰρ ἀεὶ τεταγμένη. Οὐκ ἂν ἀμελεῖν δέοι, ἔφη ὁ Κῦρος, ἀλλ' ἰέναι, ἵνα ἀπαρασκεύους ὡς μάλιστα λάβωμεν τοὺς ἄνδρας.

26. Ἐπεὶ δὲ ταῦτα ἐρρήθη, ἐπορεύοντο· τῶν δὲ ἀπαντώντων οἱ μὲν ἀπέθνησκον παιόμενοι, οἱ δ' ἔφευγον πάλιν εἴσω, οἱ δ' ἐβόων· οἱ δ' ἀμφὶ τὸν Γωβρύαν συνεβόων αὐτοῖς, ὡς κωμασταὶ ὄντες καὶ αὐτοί. Καὶ ἰόντες ᾗ ἐδύναντο ὡς τάχιστα ἐπὶ τοῖς βασιλείοις ἐγένοντο. (27) Καὶ οἱ μὲν σὺν τῷ Γωβρύᾳ καὶ Γαδάτᾳ τεταγμένοι κεκλεισμένας εὑρίσκουσι τὰς πύλας τοῦ βασιλείου· οἱ δ' ἐπὶ τοὺς φύλακας ταχθέντες ἐπεισπίπτουσιν αὐτοῖς πίνουσι πρὸς φῶς πολύ, καὶ εὐθὺς ὡς πολεμίοις ἐχρῶντο. (28) Ὡς δὲ κραυγὴ καὶ κτύπος ἐγίγνετο, αἰσθόμενοι οἱ ἔνδον τοῦ θορύβου, κελεύσαντος τοῦ βασιλέως σκέψασθαι τί εἴη τὸ πρᾶγμα, ἐκδέουσί τινες ἀνοίξαντες τὰς πύλας. (29) Οἱ δ' ἀμφὶ τὸν Γαδάταν ὡς εἶδον τὰς πύλας χαλώσας, εἰσπίπτουσι καὶ τοῖς πάλιν φεύγουσιν εἴσω ἐφεπόμενοι καὶ παίοντες ἀφικνοῦνται πρὸς τὸν βασιλέα· καὶ ἤδη ἑστηκότα αὐτὸν καὶ ἐσπασμένον ὃν εἶχεν ἀκινάκην εὑρίσκουσι. (30) Καὶ τοῦτον μὲν οἱ σὺν Γαδάτᾳ καὶ Γωβρύᾳ πολλοὶ ἐχειροῦντο· καὶ οἱ σὺν αὐτῷ δὲ ἀπέθνησκον, ὁ μὲν προβαλλόμενός τι, ὁ δὲ φεύγων, ὁ δέ γε καὶ ἀμυνόμενος ὅτῳ ἐδύνατο. (31) Ὁ δὲ Κῦρος διέπεμπε τὰς τῶν ἱππέων τάξεις κατὰ τὰς ὁδοὺς καὶ προσεῖπεν οὓς μὲν ἔξω λαμβάνοιεν κατακαίνειν, τοὺς δ' ἂν ταῖς οἰκίαις κηρύττειν τοὺς Συριστὶ ἐπισταμένους ἔνδον μένειν· εἰ δέ τις ἔξω ληφθείη, ὅτι θανατώσοιτο.

32. Οἱ μὲν δὴ ταῦτα ἐποίουν. Γαδάτας δὲ καὶ Γωβρύας ἧκον· καὶ θεοὺς μὲν πρῶτον προσεκύνουν, ὅτι τετιμωρημένοι ἦσαν τὸν ἀνόσιον βασιλέα, ἔπειτα δὲ Κύρου κατεφίλουν καὶ χεῖρας καὶ πόδας, πολλὰ δακρύοντες ἅμα χαρᾷ καὶ εὐφραινόμενοι. (33) Ἐπεὶ δὲ ἡμέρα ἐγένετο καὶ ᾔσθοντο οἱ τὰς ἄκρας ἔχοντες ἑαλωκυῖάν τε τὴν πόλιν καὶ τὸν βασιλέα τεθνηκότα, παραδιδόασι καὶ τὰς ἄκρας. (34) Ὁ δὲ Κῦρος τὰς μὲν ἄκρας εὐθὺς παρελάμβανε καὶ φρουράρχους τε καὶ φρουροὺς εἰς ταύτας ἀνέπεμπε, τοὺς δὲ τεθνηκότας θάπτειν ἐφῆκε τοῖς προσήκουσι· τοὺς δὲ κήρυκας κηρύττειν ἐκέλευσεν ἀποφέρειν πάντας τὰ ὅπλα Βαβυλωνίους· ὅπου δὲ ληφθήσοιτο ὅπλα ἐν οἰκίᾳ, προηγόρευεν ὡς πάντες οἱ ἔνδον ἀποθανοῦντο. Οἱ μὲν δὴ ἀπέφερον, ὁ δὲ Κῦρος ταῦτα μὲν εἰς τὰς ἄκρας κατέθετο, ὡς εἴη ἕτοιμα εἴ τί ποτε δέοι χρῆσθαι. (35) Ἐπεὶ δὲ ταῦτ' ἐπέπρακτο, πρῶτον μὲν τοὺς μάγους καλέσας, ὡς δοριαλώτου τῆς πόλεως οὔσης ἀκροθίνια τοῖς θεοῖς καὶ τεμένη ἐκέλευσεν ἐξελεῖν· ἐκ τούτου δὲ καὶ οἰκίας διεδίδου καὶ ἀρχεῖα τούτοις οὕσπερ κοινωνὰς ἐνόμιζε τῶν καταπεπραγμένων· καὶ οὕτω διένειμεν ὥσπερ ἐδέδοκτο τὰ κράτιστα τοῖς ἀρίστοις. Εἰ δέ τις οἴοιτο μεῖον ἔχειν, διδάσκειν προσιόντας ἐκέλευε. (36) Προεῖπε δὲ Βαβυλωνίοις μὲν τὴν γῆν ἐργάζεσθαι καὶ τοὺς δασμοὺς ἀποφέρειν καὶ θεραπεύειν τούτους οἷς ἕκαστοι αὐτῶν ἐδόθησαν· Πέρσας δὲ

τοὺς κοινωνοὺς καὶ τῶν συμμάχων ὅσοι μένειν ᾑροῦντο παρ' αὐτῷ ὡς δεσπότας ὧν ἔλαβον προηγόρευε διαλέγεσθαι.

37. Ἐκ δὲ τούτου ἐπιθυμῶν ὁ Κῦρος ἤδη κατασκευάσασθαι καὶ αὐτὸς ὡς βασιλεῖ ἡγεῖτο πρέπειν, ἔδοξεν αὐτῷ τοῦτο σὺν τῇ τῶν φίλων γνώμῃ ποιῆσαι, ὡς ὅτι ἥκιστα ἂν ἐπιφθόνως σπάνιός τε καὶ σεμνὸς φανείη. Ὧδε οὖν ἐμηχανᾶτο τοῦτο. Ἅμα τῇ ἡμέρᾳ στὰς ὅπου ἐδόκει ἐπιτήδειον εἶναι προσεδέχετο τὸν βουλόμενον λέγειν τι καὶ ἀποκρινάμενος ἀπέπεμπεν. (38) Οἱ δ' ἄνθρωποι ὡς ἔγνωσαν ὅτι προσδέχοιτο, ἧκον ἀμήχανοι τὸ πλῆθος· καὶ ὠθουμένων περὶ τοῦ προσελθεῖν μηχανή τε πολλὴ καὶ μάχη ἦν. (39) Οἱ δὲ ὑπηρέται ὡς ἠδύναντο διακρίναντες προσίεσαν. Ὁπότε δέ τις καὶ τῶν φίλων διωσάμενος τὸν ὄχλον προφανείη, προτείνων ὁ Κῦρος τὴν χεῖρα προσήγετο αὐτοὺς καὶ οὕτως ἔλεγεν, Ἄνδρες φίλοι, περιμένετε, ἕως τὸν ὄχλον διωσόμεθα· ἔπειτα δὲ καθ' ἡσυχίαν συγγενησόμεθα. Οἱ μὲν δὴ φίλοι περιέμενον, ὁ δ' ὄχλος πλείων καὶ πλείων ἐπέρρει, ἕωσπερ ἔφθασεν ἑσπέρα γενομένη πρὶν τοῖς φίλοις αὐτὸν σχολάσαι καὶ συγγενέσθαι. (40) Οὕτω δὴ ὁ Κῦρος λέγει, Ἆρα, ἔφη, ὦ ἄνδρες, νῦν μὲν καιρὸς διαλυθῆναι· αὔριον δὲ πρωῒ ἔλθετε· καὶ γὰρ ἐγὼ βούλομαι ὑμῖν τι διαλεχθῆναι. Ἀκούσαντες ταῦτα οἱ φίλοι ἄσμενοι ᾤχοντο ἀποθέοντες, δίκην δεδωκότες ὑπὸ πάντων τῶν ἀναγκαίων. Καὶ τότε μὲν οὕτως ἐκοιμήθησαν.

41. Τῇ δ' ὑστεραίᾳ ὁ μὲν Κῦρος παρῆν εἰς τὸ αὐτὸ χωρίον, ἀνθρώποις δὲ πολὺ πλεῖον πλῆθος περιεστήκει βουλομένων προσιέναι, καὶ πολὺ πρότερον ἢ οἱ φίλοι παρῆσαν. Ὁ οὖν Κῦρος περιστησάμενος τῶν ξυστοφόρων Περσῶν κύκλον μέγαν εἶπε μηδένα παριέναι ἢ τοὺς φίλους τε καὶ ἄρχοντας τῶν Περσῶν τε καὶ τῶν συμμάχων. (42) Ἐπεὶ δὲ συνῆλθον αὐτοί, ἔλεξεν ὁ Κῦρος αὐτοῖς τοιαῦτα. Ἄνδρες φίλοι καὶ ξύμμαχοι, τοῖς μὲν θεοῖς οὐδὲν ἂν ἔχοιμεν μέμφεσθαι τὸ μὴ οὐχὶ μέχρι τοῦδε πάντα ὅσα εὐχόμεθα καταπεπραγέναι· εἰ μέντοι τοιοῦτον ἔσται τὸ μεγάλα πράττειν ὥστε μὴ οἷόν τε εἶναι μήτε ἀμφ' αὑτὸν σχολὴν ἔχειν μήτε μετὰ τῶν φίλων εὐφρανθῆναι, ἐγὼ μὲν χαίρειν ταύτην τὴν εὐδαιμονίαν κελεύω. (43) Ἐνενοήσατε γάρ, ἔφη, καὶ χθὲς δήπου ὅτι ἕωθεν ἀρξάμενοι ἀκούειν τῶν προσιόντων οὐκ ἐλήξαμεν πρόσθεν ἑσπέρας· καὶ νῦν ὁρᾶτε τούτους καὶ ἄλλους πλείονας τῶν χθὲς παρόντων ὡς πράγματα ἡμῖν παρέξοντας. (44) Εἰ οὖν τις τούτοις τρέψει ἑαυτόν, λογίζομαι μικρὸν μέν τι ὑμῖν μέρος ἐμοῦ μετεσόμενον, μικρὸν δὲ ἐμοὶ ὑμῶν· ἐμαυτοῦ μέντοι σαφῶς οἶδ' ὅτι οὐδ' ὁτιοῦν μοι μετέσται. (45) Ἔτι δ', ἔφη, καὶ ἄλλο ὁρῶ γελοῖον πρᾶγμα. Ἐγὼ γὰρ δήπου ὑμῖν μὲν ὥσπερ εἰκὸς διάκειμαι· τούτων δὲ τῶν περιεστηκότων ἢ τινὰς ἢ οὐδένα οἶδα, καὶ οὗτοι πάντες οὕτω παρεσκευασμένοι εἰσὶν ὡς ἢν νικήσωσιν ὑμᾶς ὠθούντες, πρότεροι ἃ βούλονται ὑμῶν παρ' ἐμοῦ διαπραξόμενοι. Ἐγὼ δὲ ἠξίουν τοὺς τοιούτους, εἴ τί τι ἐμοῦ δέοιντο, θεραπεύειν ὑμᾶς τοὺς ἐμοὺς φίλους δεομένους προςαγωγῆς. (46) Ἴσως

sociis apud eum remanere vellent, jussit tanquam dominos cum iis, quos sibi traditos accepissent, loqui.

Secundum hæc cupiens jam Cyrus etiam se parare, quemadmodum decere regem existimaret, id de amicorum sententia faciendum statuit, ut quam minima cum invidia et rarius conspiceretur et augustiori specie. Id igitur ita effecit: prima luce stabat in loco, quo putabat esse commodum, et admittebat quemlibet aliquid dicere volentem; ac postquam respondisset, dimittebat. Cum autem intellexissent homines, Cyrum eos admittere, infinita multitudo ad eum confluxit ; jamque conveniendi ejus causa semet impellentium molitiones et rixæ multiplices erant. Ministri autem ipsius adhibito discrimine, prout poterant, accedendi potestatem faciebant. Quod si aliquando quispiam ex amicis impellendo disjecta hominum turba in conspectum Cyri prodiret, tum vero manum protendens istos attrahebat, et ita dixit : Exspectate, amici, donec turbam hanc dimoveamus; ac deinde per otium congrediemur. Exspectabant igitur amici, et turba major usque adfluebat, donec opprimeret cum vespera, priusquam nactus esset otium in amicorum congressum colloquiumque veniendi. Itaque dicebat Cyrus, Nonne jam, viri, tempus est discedendi? cras mane adeste; nam est quod vobiscum colloquar. His auditis, libenter amici discedebant curriculo, ut qui ab omnibus necessariis prohibiti, male fuerint. Ac tum quidem ita quieti se dederunt.

Postridie Cyrus ad eundem locum aderat : quem jam multo major hominum adire volentium turba circumstabat, qui multo prius etiam, quam illi amici, advenerant. Cyrus igitur Persis hastas gestantibus ambitu magno circum se collocatis, neminem admitti jussit, præter amicos et Persarum sociorumque principes. Illi vero cum convenissent, hujusmodi Cyrus ad eos orationem habuit : « Nihil est, amici ac socii, quod de diis queramur, quasi non perfecerimus hactenus omnia, quæcunque licuerit optare : sed enim si hujusmodi quiddam est res magnas gerere, ut neque possis ipsi tibi vacare, neque cum amicis hilariter vivere, beatitatem sane hanc equidem valere jubeo. Nam et heri utique animadvertistis, inquit, a prima nos aurora cœpisse audire accedentes, neque desiisse ante vesperam : et nunc videtis hos, atque alios multo plures iis qui heri aderant, præsto esse, ut nobis negotia facessant. Itaque si quis istis se submittere velit, equidem cogito, exigua parte vobis mei copiam fore, et mihi vestri : mei sane ipsius mihi, sat scio, ne tantilla quidem erit copia. Præterea rem, inquit, aliam quoque ridiculam animadverto. Nam equidem ita sum erga vos adfectus, ut par est : at eorum, qui nos circumstant, vel unum aliquem vel neminem novi; et hi tamen omnes ita parati sunt, ut, si vos impellendo vincant, priores etiam vobis a me, quæ voluerint, impetraturi sint. Ego vero æquum arbitrarer hos, si quis a me petere aliquid vellet, amicos meos vos obsequio demereri, atque orare ut eos adduceretis. Fortasse dixerit quispiam, cur ita non ab

ἂν οὖν εἴποι τις, τί δῆτα οὐχ οὕτως ἐξ ἀρχῆς παρεσκευασάμην, ἀλλὰ παρεῖχον ἐν τῷ μέσῳ ἐμαυτόν. Ὅτι τὰ τοῦ πολέμου τοιαῦτα ἐγίγνωσκον ὄντα ὡς μὴ ὑστερίζειν δέον τὸν ἄρχοντα μήτε τὸ εἰδέναι ἃ δεῖ μήτε τὸ πράττειν ἃ ἂν καιρὸς ᾖ· τοὺς δὲ σπανίως ἰδεῖν στρατηγοὺς πολλὰ ἐνόμιζον ἂν δεῖ πραχθῆναι παριέναι. (47) Νῦν δ' ἐπειδὴ καὶ ὁ φιλοπονώτατος πόλεμος ἀναπέπαυται, δοκεῖ μοι καὶ ἡ ἐμὴ ψυχὴ ἀναπαύσεώς τινος ἀξιοῦν τυγχάνειν. Ὡς οὖν ἐμοῦ ἀποροῦντος δ', τι ἂν τύχοιμι ποιῶν ὥστε καλῶς ἔχειν τά τε ἡμέτερα καὶ τὰ τῶν ἄλλων ὧν ὑμᾶς δεῖ ἐπιμελεῖσθαι, συμβουλευέτω ὅ, τι τις ὁρᾷ συμφορώτατον.

48. Κῦρος μὲν οὕτως εἶπεν· ἀνίσταται δ' ἐπ' αὐτῷ Ἀρτάβαζος ὁ συγγενής ποτε φήσας εἶναι καὶ εἶπεν, Ἦ καλῶς, ἔφη, ἐποίησας, ὦ Κῦρε, ἄρξας τοῦ λόγου. Ἐγὼ γὰρ ἔτι νέου μὲν ὄντος σοῦ πάνυ ἀρξάμενος ἐπεθύμουν φίλος γενέσθαι, ὁρῶν δέ σε οὐδὲν δεόμενον ἐμοῦ κατώκνουν σοι προσιέναι. (49) Ἐπεὶ δὲ ἐτυχές ποτε καὶ ἐμοῦ δεηθεὶς προθύμως ἐξαγγεῖλαι πρὸς Μήδους τὰ παρὰ Κυαξάρου, ἐλογιζόμην, εἰ ταῦτα προθύμως σοι συλλάβοιμι, ὡς οἰκεῖός τέ σοι ἐσοίμην καὶ ἐξέσοιτό μοι διαλέγεσθαί σοι ὁπόσον ἂν χρόνον βουλοίμην. (50) Καὶ ἐκεῖνα μὲν δὴ ἐπράχθη ὥστε σε ἐπαινεῖν. Μετὰ δὲ τοῦτο Ὑρκάνιοι μὲν πρῶτοι φίλοι ἡμῖν ἐγένοντο καὶ μάλα πεινῶσι συμμάχων· ὥστε μόνον οὐκ ἐν ταῖς ἀγκάλαις περιεφέρομεν αὐτοὺς ἀγαπῶντες. Μετὰ δὲ τοῦτο ἐπεὶ ἑάλω τὸ πολέμιον στρατόπεδον, οὐκ, οἶμαι, σχολή σοι ἦν ἀμφ' ἐμὲ ἔχειν· καὶ ἐγώ σοι συνεγίγνωσκον. (51) Ἐκ δὲ τούτου Γωβρύας ἡμῖν φίλος ἐγένετο, καὶ ἐγὼ ἔχαιρον· καὶ αὖθις Γαδάτας· καὶ ἤδη ἔργον σου ἦν μεταλαβεῖν. Ἐπεί γε μέντοι καὶ Σάκαι καὶ Καδούσιοι σύμμαχοι ἐγένοντο, θεραπεύειν εἰκότως ἔδει τούτους· καὶ γὰρ οὗτοι σὲ ἐθεράπευον. (52) Ὡς δ' ἤλθομεν πάλιν ἔνθεν ὡρμήθημεν, ὁρῶν σε ἀμφ' ἵππους ἔχοντα, ἀμφ' ἅρματα, ἀμφὶ μηχανάς, ἡγούμην, ἐπεὶ ἀπὸ τούτων σχολάσαις, τότε σε καὶ ἀμφ' ἐμὲ ἕξειν σχολήν. Ὡς γε μέντοι ἦλθεν ἡ δεινὴ ἀγγελία τὸ πάντας ἀνθρώπους ἐφ' ἡμᾶς συλλέγεσθαι, ἐγίγνωσκον ὅτι ταῦτα μέγιστα εἴη· εἰ δὲ ταῦτα καλῶς γένοιτο, εὖ ᾔδειν ἐδόξασα ὅτι πολλὴ ἔσοιτο ἀφθονία τῆς ἐμῆς καὶ τῆς σῆς συνουσίας. (53) Καὶ νῦν δὴ νενικήκαμέν τε τὴν μεγάλην μάχην καὶ Σάρδεις καὶ Κροῖσον ὑποχείριον ἔχομεν καὶ Βαβυλῶνα ᾑρήκαμεν καὶ πάντα κατεστράμμεθα, καὶ μὰ τὸν Μίθρον ἐγώ τοι ἐχθὲς εἰ μὴ πολλοῖς διεπύκτευσα, οὐκ ἂν ἐδυνάμην σοι προσελθεῖν. Ἐπεί γε μέντοι ἐδεξιώσω με καὶ παρὰ σοὶ ἐκέλευσας μένειν, ἤδη περίβλεπτος ἦν, ὅτι μετὰ σοῦ ἄσιτος καὶ ἄποτος διημέρευον. (54) Νῦν οὖν εἰ μὲν ἔσται πῃ ὅπως οἱ πλεῖστον ἄξιοι γεγενημένοι πλεῖστον σοῦ μέρος μεθέξομεν· εἰ δὲ μή, πάλιν αὖ ἐγὼ ἐθέλω παρὰ σοῦ ἐξαγγέλλειν ἀπιέναι πάντας ἀπὸ σοῦ πλὴν ἡμῶν τῶν ἐξ ἀρχῆς φίλων.

55. Ἐπὶ τούτῳ ἐγέλασε μὲν ὁ Κῦρος καὶ ἄλλοι πολλοί. Χρυσάντας δὲ ἀνέστη ὁ Πέρσης καὶ ἔλεξεν ὧδε. Ἀλλὰ τὸ μὲν πρόσθεν, ὦ Κῦρε, εἰκότως ἐν τῷ φανερῷ σαυτὸν

initio me comparaverim, sed omnibus in medio me potius exhibuerim. Nimirum animadvertebam res bellicas ejusmodi esse, ut imperatorem non oporteat esse postremum vel intelligendis iis quæ necesse est, vel gerendis quæ usus postulat : et imperatores, si raro conspicerentur, existimabam prætermittere multa, quæ fieri debuerant. Nunc posteaquam bello maximi laboris confecto quiescimus, etiam meus animus æquum censet, ut requiete aliqua potiatur. Quare cum ipse ambigam quid mihi faciendum sit, ut res nostræ et aliorum, quos curæ nobis esse oportet, recte se habeant, consulat in medium aliquis, quid maxime commodum fore perspiciat. »

Hæc Cyri verba fuerunt : post eum surgens Artabazus, qui se aliquando cognatum Cyri dixerat, Profecto, ait, recte factum abs te, Cyre, qui hac de re dicere cœperis. Nam equidem, te admodum juvene, cœpi amicitiam tuam expetere, sed cum te mei non egere viderem, adire te sum veritus. Postquam vero me forte rogasses, ut quæ Cyaxares mandarat studiose Medis exponerem, mecum ipse cogitabam, si prompto te juvissem in illis animo, futurum me tibi familiarem, mihique adeo datum iri copiam colloquendi tecum, quamdiu vellem. Et sunt illa quidem sic effecta, ut laudem apud te invenerim. Deinde primi amplexi sunt amicitiam nostram Hyrcanii, cum sociis admodum desiderabamus : adeo ut tantum non in ulnis præ caritate eos gestaremus. Postea cum hostium castra capta essent, non tibi, opinor, otium erat, mihi ut operam dares, atque ipse tibi ignoscebam. Deinde Gobryas nobis amicus accessit, idque adeo gaudebam : iidemque Gadatas ; unde factum ut difficile esset te aliqua ex parte frui. Cum vero Sacæ et Cadusii societatem nobiscum coivissent, hi tibi merito erant colendi ; quippe qui et ipsi te colerent. Posteaquam autem eo reversi sumus, unde profectionis inititium factum erat, quia te videbam occupatum instruendis equis, curribus, machinis, existimabam te, ubi hac cura liberatus esses, otium habiturum ut mihi quoque operam dares. Sed ubi nuntius ille terribilis venit, homines universos contra nos colligi, maxima esse illa intelligebam ; quæ si prospere cederent, certo me jam scire putabam, fore magnam inter nos ambos consuetudinis mutuæ copiam. Nunc tandem et ingenti prælio victoriam adepti sumus, Sardes cum Crœso nobis subjectas tenemus, et Babylonem cepimus, et omnia nostram in potestatem redegimus : nec heri tamen, per Mithram, accedere te potuissem, nisi cum multis fuissem luctatus. Verum ubi me dextra prehendisti, et apud te manere jussisti, jam tum in oculis omnium eram, qui sine cibo ac potu totum apud te diem transigerem. Nunc igitur, si quo fieri modo potest, ut qui plurimum tibi commodaverimus plurimum te fruamur, bene est : sin autem, rursus ego nuntiabo verbis tuis, ut omnes a te discedant, exceptis nobis, qui amici ab initio tui fuimus.

Ibi tum et Cyrus et complures alii risere : Chrysantas autem Persa surrexit, atque in hunc modum loquutus est : « Antehac, Cyre, merito te oculis omnium exhibebas, cum

παρεῖχες δι' ἅ τε αὐτὸς εἶπες καὶ ὅτι οὐχ ἡμᾶς σοι μάλιστα ἦν θεραπευτέον. Ἡμεῖς μὲν γὰρ καὶ ἡμῶν αὐτῶν ἕνεκα παρῆμεν· τὸ δὲ πλῆθος ἔδει ἀνακτᾶσθαι ἐκ παντὸς τρόπου, ὅπως ὅτι ἥδιστα συμπονεῖν καὶ συγκινδυνεύειν ἡμῖν ἐθέλοιεν. (56) Νῦν δ' ἐπειδὴ οὐχ οὕτω τρόπου μόνον ἔχεις, ἀλλὰ καὶ ἄλλως ἀνακτᾶσθαι δύνασαι οὓς καιρὸς εἴη, ἤδη καὶ οἰκίας σε τυχεῖν ἄξιον· ἢ τί ἀπολαύσαις ἂν τῆς ἀρχῆς, εἰ μόνος ἄμοιρος εἴης ἑστίας, οὗ οὔτε ὁσιώτερον χωρίον ἐν ἀνθρώποις οὔτε ἥδιον οὔτε οἰκειότερόν ἐστιν οὐδέν; ἔπειτα δ', ἔφη, οὐκ ἂν οἴει καὶ ἡμᾶς αἰσχύνεσθαι, εἰ σὲ μὲν ὁρῶμεν ἔξω καρτεροῦντα, αὐτοὶ δ' ἐν οἰκίαις εἶμεν καὶ τοῦ σοῦ δοκοίημεν πλεονεκτεῖν; (57) Ἐπεὶ δὲ Χρυσάντας ταῦτα ἔλεξε, συνηγόρευον αὐτῷ κατὰ ταὐτὰ πολλοί. Ἐκ τούτου δὴ εἰσέρχεται εἰς τὰ βασίλεια, καὶ τὰ ἐκ Σάρδεων χρήματα ἐνταῦθ' οἱ ἄγοντες ἀπέδοσαν. Ἐπεὶ δὲ εἰσῆλθεν ὁ Κῦρος, πρῶτον μὲν Ἑστίᾳ ἔθυσεν, ἔπειτα Διὶ βασιλεῖ, καὶ εἴ τινι ἄλλῳ θεῷ οἱ μάγοι ἐξηγοῦντο.

58. Ποιήσας δὲ ταῦτα τὰ ἄλλα ἤδη ἤρχετο διοικεῖν. Ἐννοῶν δὲ τὸ αὐτοῦ πρᾶγμα ὅτι ἐπιχειροίη μὲν ἄρχειν πολλῶν ἀνθρώπων, παρασκευάζοιτο δὲ οἰκεῖν ἐν πόλει τῇ μεγίστῃ τῶν φανερῶν, αὕτη δὲ οὕτως ἔχοι αὐτῷ ὡς ἂν πολεμιωτάτη γένοιτο ἀνδρὶ πόλις, ταῦτα δὴ λογιζόμενος φυλακῆς περὶ τὸ σῶμα ἡγήσατο δεῖσθαι. (59) Γνοὺς δ' ὅτι οὐδαμοῦ ἄνθρωποι εὐχειρότεροί εἰσιν ἢ ἐν σίτοις καὶ ποτοῖς καὶ λουτροῖς καὶ κοίτῃ καὶ ὕπνῳ, ἐσκόπει τίνας ἂν ἐν τούτοις περὶ ἑαυτὸν πιστοτάτους ἔχοι. Ἐνόμισε δὲ μὴ ἂν γενέσθαι ποτὲ πιστὸν ἄνθρωπον ὅστις ἄλλον μᾶλλον φιλήσοι τοῦ τῆς φυλακῆς δεομένου. (60) Τοὺς μὲν οὖν ἔχοντας παῖδας ἢ γυναῖκας συναρμοζούσας ἢ παιδικὰ ἔγνω φύσει ἠναγκάσθαι ταῦτα μάλιστα φιλεῖν. Τοὺς δὲ εὐνούχους ὁρῶν πάντων τούτων στερομένους ἡγήσατο τούτους ἂν περὶ πλείστου ποιεῖσθαι οἵτινες δύναιντο πλουτίζειν μάλιστα αὐτοὺς καὶ βοηθεῖν, εἴ τι ἀδικοῖντο, καὶ τιμὰς περιάπτειν αὐτοῖς· τούτους δὲ εὐεργετοῦντα ὑπερβάλλειν αὐτὸν οὐδένα ἂν ἡγεῖτο δύνασθαι. (61) Πρὸς δὲ τούτοις ἄδοξοι ὄντες οἱ εὐνοῦχοι παρὰ τοῖς ἄλλοις ἀνθρώποις καὶ διὰ τοῦτο δεσπότου ἐπικούρου προσδέονται· οὐδεὶς γὰρ ἂν ἦν ὅστις οὐκ ἂν ἀξιώσειεν εὐνούχου πλέον ἔχειν ἐν παντί, εἰ μή τι ἄλλο κρεῖττον ἀπείργοι· δεσπότῃ δὲ πιστὸν ὄντα οὐδὲν κωλύει πρωτεύειν καὶ τὸν εὐνοῦχον. (62) Ὃ δ' ἂν μάλιστά τις οἰηθείη, ἀναλκίδας τοὺς εὐνούχους γίγνεσθαι, οὐδὲ τοῦτο ἐφαίνετο αὐτῷ. Ἐτεκμαίρετο δὲ καὶ ἐκ τῶν ἄλλων ζώων ὅτι οἱ τε ὑβρισταὶ ἵπποι ἐκτεμνόμενοι τοῦ μὲν δάκνειν καὶ ὑβρίζειν ἀποπαύονται, πολεμικοὶ δὲ οὐδὲν ἧττον γίγνονται, οἵ τε ταῦροι ἐκτεμνόμενοι τοῦ μὲν μέγα φρονεῖν καὶ ἀπειθεῖν ὑφίενται, τοῦ δ' ἰσχύειν καὶ ἐργάζεσθαι οὐ στερίσκονται· καὶ οἱ κύνες δὲ ὡσαύτως τοῦ μὲν ἀπολείπειν τοὺς δεσπότας ἀποπαύονται ἐκτεμνόμενοι, φυλάττειν δὲ καὶ εἰς θήραν οὐδὲν κακίους γίγνονται. (63) Καὶ οἵ γε ἄνθρωποι ὡσαύτως ἠρεμέστεροι γίγνονται στερισκόμενοι ταύτης τῆς ἐπιθυμίας, οὐ μέντοι ἀμελέστεροί γε τῶν προσταττομένων, οὐδ'

---

illis de causis quas ipse exposuisti, tum quod nos ii non eramus, quos tu colere maxime deberes. Quippe nos etiam nostra ipsorum causa tunc aderamus : at necesse erat, ut quovis pacto multitudinem tibi conciliares, ut quam libentissime nobiscum eosdem suscipere labores, et eadem adire pericula vellet. Nunc vero, postquam non solum tenes modum istum, sed alia etiam ratione conciliare potes eos, quos opportunum fuerit, æquum est ut jam tibi quoque domus contingat : alioqui quem ex imperio fructum perciperes, si solus foci exsors esses, quo nullus neque sanctior fundus est inter homines, neque gratior, neque magis noster et peculiaris? Præterea, inquit, non adfici nos etiam pudore putas, si te videamus foris toleranter vivere, nos in ædibus degere, ac videri conditione, quam tua sit, potiori? Hæc cum Chrysantas protulisset, eandem ipsi de his sententiam multi tuebantur. Tum deinde Cyrus regiam ingreditur, et qui pecunias ex Sardibus advexerant, hic eas tradebant. Cum autem ingressus esset, primum Vestæ rem sacram fecit, deinde Jovi regi, et si cui alteri deo magi sacrificandum suis ritibus indicarent.

His peractis, jam alia cœpit administrare. Cumque in mentem ei veniret, quid in se negotii suscepisset, qui multis hominibus imperare niteretur, et habere domicilium in urbe inter illustres amplissima institueret, quæ sic adfecta in eum esset, ut urbs alicui maxime infesta : cum hæc, inquam, expenderet, corporis sibi custodia opus esse existimavit. Quod item sciret homines opprimi facilius non posse, quam inter vescendum, bibendum, lavandum, in cubili et somno, circumspiciebat quosnam in his sibi maxime fidos habere posset. Arbitrabatur autem non posse fidum hominem unquam esse, qui alium magis amaret, quam illum qui ejus custodia indigeret. Quamobrem illos, qui haberent liberos vel conjuges genio congruentes, vel amores alios, natura fere cogi judicabat ad eos maxime diligendos : at eunuchos omnibus his carere cernens, maximi facturos putabat illos, qui ipsos locupletare plurimum possent, et auxilio defendere, si injuriis adficerentur, et honoribus ornare : a quo autem beneficiis in hos conferendis ipse superari posset, neminem fore censebat. Præterea, cum ignobiles et pretii nullius sint apud homines ceteros eunuchi, hanc ipsam ob causam domino indigent, qui suppetias eis ferat : quippe nemo fuerit, quin potior esse velit in omnibus eunucho, si non obstet aliquid, cui vires siat majores : jam qui domino fidelis est, nihil impedit, quo minus is locum principem teneat, licet eunuchus sit. Quod vero maxime quis existimet eunuchos imbelles effici, ne id quidem Cyro videbatur. Huic autem argumento erant animalia quoque cetera ; siquidem feroces et insolentes equi castrentur, desinunt illi quidem mordere ac insolentes esse, sed nihilominus ad res bellicas idonei sunt : et tauri si castrentur, ex ferocia et contumacia remittunt aliquid, sed robore tamen et viribus ad laborandum haud destituuntur : eodemque modo canes castrati non amplius dominos illi quidem deserunt, sed ad custodiam et venationem nihilo redduntur deteriores. Sic et homines magis sedati fiunt, ubi hæc cupiditas eis est exempta ; neque tamen negligentiores sunt in exsequendis iis quæ imperan-

ἧττόν τι ἱππικοί, οὐδὲ ἧττόν τι ἀκοντιστικοί, οὐδὲ ἧττόν τι φιλότιμοι. (65) Κατάδηλοι δὲ γίγνονται καὶ ἐν τοῖς πολέμοις καὶ ἐν ταῖς θήραις ὅτι ἔσωζον τὸ φιλόνεικον ἐν ταῖς ψυχαῖς. Τοῦ δὲ πιστοὶ εἶναι ἐν τῇ φθορᾷ τῶν δεσποτῶν μάλιστα βάσανον ἐδίδοσαν· οὐδένες γὰρ πιστότερα ἔργα ἀπεδείκνυντο ἐν ταῖς δεσποτικαῖς συμφοραῖς τῶν εὐνούχων. (66) Εἰ δέ τι ἄρα τῆς τοῦ σώματος ἰσχύος μειοῦσθαι δοκοῦσιν, ὁ σίδηρος ἀνισοῖ τοὺς ἀσθενεῖς τοῖς ἰσχυροῖς ἐν τῷ πολέμῳ. Ταῦτα δὴ γιγνώσκων ἀρξάμενος ἀπὸ τῶν θυρωρῶν πάντας τοὺς περὶ τὸ ἑαυτοῦ σῶμα θεραπευτῆρας ἐποιήσατο εὐνούχους.

68. Ἡγησάμενος δὲ οὐχ ἱκανὴν εἶναι τὴν φυλακὴν ταύτην πρὸς τὸ πλῆθος τῶν δυσμενῶς ἐχόντων, ἐσκόπει τίνας τῶν ἄλλων ἂν πιστοτάτους περὶ τὸ βασίλειον φύλακας λάβοι. (67) Εἰδὼς οὖν Πέρσας τοὺς οἴκοι κακοβιωτάτους μὲν ὄντας διὰ πενίαν, ἐπιπονώτατα δὲ ζῶντας διὰ τὴν τῆς χώρας τραχύτητα καὶ διὰ τὸ αὐτουργοὺς εἶναι, τούτους ἐνόμιζε μάλιστ' ἂν ἀγαπᾶν τὴν παρ' ἑαυτῷ δίαιταν. (68) Λαμβάνει οὖν τούτων μυρίους δορυφόρους, οἳ κύκλῳ μὲν νυκτὸς καὶ ἡμέρας ἐφύλαττον περὶ τὰ βασίλεια, ὁπότε ἐπὶ χώρας εἴη· ὁπότε δὲ ἐξίοι που, ἔνθεν καὶ ἔνθεν τεταγμένοι ἐπορεύοντο. (69) Νομίσας δὲ καὶ Βαβυλῶνος ὅλης φύλακας δεῖν εἶναι ἱκανούς, εἴτ' ἐπιδημῶν αὐτὸς τυγχάνοι εἴτε καὶ ἀποδημῶν, κατέστησε καὶ ἐν Βαβυλῶνι φρουροὺς ἱκανούς· μισθὸν δὲ καὶ τούτοις Βαβυλωνίους ἔταξε παρέχειν, βουλόμενος αὐτοὺς ὡς ἀμηχανωτάτους εἶναι, ὅπως ὅτι ταπεινότατοί τε καὶ εὐκαθεκτότατοι εἶεν.

70. Αὕτη μὲν δὴ ἡ περὶ αὐτόν τε φυλακὴ καὶ ἡ ἐν Βαβυλῶνι τότε κατασταθεῖσα καὶ νῦν ἔτι οὕτως ἔχουσα διαμένει. Σκοπῶν δ' αὖ ὅπως ἂν καὶ ἡ πᾶσα ἀρχὴ κατέχοιτο καὶ ἄλλη ἔτι προσγίγνοιτο, ἡγήσατο τοὺς μὲν μισθοφόρους τούτους οὐ τοσοῦτον βελτίονας τῶν ὑπηκόων εἶναι ὅσον ἐλάττονας· τοὺς δὲ ἀγαθοὺς ἄνδρας ἐγίγνωσκε συνεκτέον εἶναι, οἵπερ σὺν τοῖς θεοῖς τὸ κρατεῖν παρέσχον, καὶ ἐπιμελητέον ὅπως μὴ ἀνήσουσι τὴν τῆς ἀρετῆς ἄσκησιν. (71) Ὅπως δὲ μὴ ἐπιτάττειν αὐτοῖς δοκοίη, ἀλλὰ γνόντες καὶ αὐτοὶ ταῦτα ἄριστα εἶναι οὕτως συμμενοῖέν τε καὶ ἐπιμελοῖντο τῆς ἀρετῆς, συνέλεξε τούς τε ὁμοτίμους καὶ πάντας ὁπόσοι ἐπικαίριοι ἦσαν καὶ ἀξιοχρεώτατοι ἐδόκουν αὐτῷ κοινωνοὶ εἶναι καὶ πόνων καὶ ἀγαθῶν. (72) Ἐπεὶ δὲ συνῆλθον, ἔλεξε τοιάδε.

Ἄνδρες φίλοι καὶ σύμμαχοι, τοῖς μὲν θεοῖς μεγίστη χάρις ὅτι ἔδοσαν ἡμῖν τυχεῖν ὧν ἐνομίζομεν ἀξίοι εἶναι. Νῦν μὲν γὰρ δὴ ἔχομεν καὶ γῆν πολλὴν καὶ ἀγαθὴν καὶ οἵτινες ταύτην ἐργαζόμενοι θρέψουσιν ἡμᾶς· ἔχομεν δὲ καὶ οἰκίας καὶ ἐν ταύταις κατασκευάς. (73) Καὶ μηδείς γε ὑμῶν ἔχων ταῦτα νομισάτω ἀλλότρια ἔχειν· νόμος γὰρ ἐν πᾶσιν ἀνθρώποις ἀΐδιός ἐστιν, ὅταν πολεμούντων πόλις ἁλῷ, τῶν ἑλόντων εἶναι καὶ τὰ σώματα τῶν ἐν τῇ πόλει καὶ τὰ χρήματα. Οὔκουν ἀδικίᾳ γε ἕξετε ὅ,τι ἂν ἔχητε, ἀλλὰ φιλανθρωπίᾳ οὐκ ἀφαιρήσεσθε, ἤν τι ἐᾶτε ἔχειν αὐτούς. (74) Τὸ μέντοι ἐκ τοῦδε οὕτως ἐγὼ

tur, neque minus ad equitandum vel jaculandum idonei, neque minus honoris cupidi. Imo tum in bellis tum in venationibus manifeste declarant, in animis ipsorum quoddam contentionis studium superesse. Documenta vero fidelitatis in dominorum interitu maxima dedere : nulli enim alii magis spectatæ fidei facinora designarunt in dominorum suorum calamitatibus, quam eunuchi. Quod si forte nonnihil de viribus corporis existimetur in eis decedere, ferrum tamen imbecillos in bello robustis exæquare valet. Hæc igitur cum animadverteret, facto ab janitoribus initio, illos omnes quibus corporis sui curam committebat, ex eunuchis delegit.

Quod etiam existimaret non sufficere custodiam hanc adversus eorum multitudinem, qui hostiliter affecti essent, circumspiciebat, quos e ceteris maxime fidos regiæ custodes sumeret. Quod ergo sciret Persas domi relictos pessime propter inopiam victitare, laboresque tota vita sustinere gravissimos, tum ob agri Persici asperitatem, tum quod opus ipsi faciant; hos potissimum istam vivendi apud se rationem amplexuros arbitratus est. Itaque decies mille satellites hastatos ex his sumit, qui et noctu et interdiu in excubiis undique circum regiam essent, quandocunque in ipsa regione esset; quando vero prodiret, hinc et illinc instructi circum ipsum incederent. Quia vero existimabat etiam toti Babyloni custodes, qui ad eam tenendam sufficerent, imponi debere, sive adeo ad urbem esset ipse, sive esset peregre, idoneum in Babylone quoque præsidium constituit; cui stipendium etiam a Babyloniis numerari jussit, quod eos quam maxime inopes esse vellet, ut quam abjectissimi fierent, et in officio contineri facillime possent.

Et hæc quidem, quæ tunc et circum ipsum et Babylone collocata fuit custodia, nunc etiam in eodem statu manet. Præterea cum consideraret quo pacto universum imperium conservari, atque etiam aliqua principatus alterius accessione augeri posset, existimabat stipendiarios non tam superiores esse reliquis sibi subjectis, quam numero inferiores: ideoque viros fortes secum retinendos judicabat, qui diis juvantibus sibi potentiam istam conciliassent; et curandum, ut virtutis exercitationem non intermitterent. Ne vero videretur hoc eis imperare, sed et ipsi censerent hæc esse optima, et in eis perseverarent, ac virtutem studiose colerent, tum Persas illos, qui ὁμότιμοι vocantur, convocavit, tum proceres omnes quotquot erant, et eos, qui videbantur imprimis idonei, ut tam in laborum quam commodorum societatem admitterentur. Ubi convenissent, orationem ejusmodi habuit :

« Maximam diis gratiam habemus, amici et socii, quod ea nobis adipisci concesserint, quibus arbitrabamur nos esse dignos. Jam enim possidemus solum amplum, ac fertile, nec desunt, qui hoc colendo nos sint altari : sunt etiam nobis ædes, et eæ quidem instructæ. Nec est cur quisquam vestrum hæc possidens, aliena se possidere existimet : est enim æterna lex inter omnes homines, ut urbe qui bellum alis faciunt, tam corpora illorum qui sunt in urbe, quam fortunas in eorum potestatem venire, qui urbem capiunt. Quamobrem injuste non possidebitis, quæ tenetis; sed si quid hostes retinere permiseritis, id quoque quod non abstuleritis, clementiæ vestræ acceptum referre debebunt. Quod

γιγνώσκω ὅτι αἳ μὲν τρεφόμεθα ἐπὶ ῥᾳδιουργίαν καὶ τὴν τῶν κακῶν ἀνθρώπων ἡδυπάθειαν, οἳ νομίζουσι τὸ μὲν πονεῖν ἀθλιώτατον, τὸ δὲ ἀπόνως βιοτεύειν ἡδυπάθειαν, ταχὺ ἡμᾶς φημι ὀλίγου ἀξίους ἡμῖν αὐτοῖς ἔσεσθαι καὶ ταχὺ πάντων τῶν ἀγαθῶν στερήσεσθαι. (76) Οὐ γάρ τοι τὸ ἀγαθοὺς ἄνδρας γενέσθαι τοῦτο ἀρκεῖ ὥστε καὶ διατελεῖν [ὄντας ἀγαθούς], ἢν μή τις αὐτοῦ διὰ τέλους ἐπιμελῆται· ἀλλὰ ὥσπερ καὶ αἱ ἄλλαι τέχναι ἀμεληθεῖσαι μείονος ἄξιαι γίγνονται, καὶ τὰ σώματά γ᾽ εὖ τὰ εὖ ἔχοντα, ὁπόταν τις αὐτὰ ἀνῇ ἐπὶ ῥᾳδιουργίαν, πονήρως πάλιν ἔχει, οὕτω καὶ ἡ σωφροσύνη καὶ ἡ ἐγκράτεια καὶ ἡ ἀλκή, ὁπόταν τις αὐτῶν ἀνῇ τὴν ἄσκησιν, ἐκ τούτου εἰς τὴν πονηρίαν πάλιν τρέπεται. (76) Οὔκουν δεῖ ἀμελεῖν οὐδ᾽ ἐπὶ τὸ αὐτίκα ἡδὺ προϊέναι αὑτούς. Μέγα μὲν γὰρ, οἶμαι, ἔργον καὶ τὸ ἀρχὴν καταπρᾶξαι, πολὺ δ᾽ ἔτι μεῖζον τὸ λαβόντα διασώσασθαι. Τὸ μὲν γὰρ λαβεῖν πολλάκις τῷ τόλμαν μόνον παρασχομένῳ ἐγένετο, τὸ δὲ λαβόντα κατέχειν οὐκέτι τοῦτο ἄνευ σωφροσύνης οὐδ᾽ ἄνευ ἐγκρατείας οὐδ᾽ ἄνευ πολλῆς ἐπιμελείας γίγνεται. (77) Ἃ χρὴ γιγνώσκοντας νῦν πολὺ μᾶλλον ἀσκεῖν τὴν ἀρετὴν ἢ πρὶν τάδε τἀγαθὰ κτήσασθαι, εὖ εἰδότας ὅτι ὅταν πλεῖστά τις ἔχῃ, τότε πλεῖστοι τούτῳ καὶ φθονοῦσι καὶ ἐπιβουλεύουσι καὶ πολέμιοι γίγνονται, ἄλλως τε κἂν παρ᾽ ἀκόντων τά τε κτήματα καὶ τὴν θεραπείαν ὥσπερ ἡμεῖς ἔχῃ. Τοὺς μὲν οὖν θεοὺς οἴεσθαι χρὴ σὺν ἡμῖν ἔσεσθαι· οὐ γὰρ ἐπιβουλεύσαντες ἀδίκως ἔχομεν, ἀλλ᾽ ἐπιβουλευθέντες ἐτιμωρησάμεθα. (78) Τὸ μέντοι μετὰ τοῦτο κράτιστον ἡμῖν αὐτοῖς παρασκευαστέον· τοῦτο δέ ἐστι τὸ βελτίονας ὄντας τῶν ἀρχομένων ἄρχειν ἀξιοῦν. Θάλπους μὲν οὖν καὶ ψύχους καὶ σίτων καὶ ποτῶν καὶ πόνων καὶ ὕπνου ἀνάγκη καὶ τοῖς δούλοις μεταδιδόναι· μεταδιδόντας γε μέντοι πειρᾶσθαι δεῖ ἐν τούτοις πρῶτον βελτίονας αὐτῶν φαίνεσθαι. (79) Πολεμικῆς δ᾽ ἐπιστήμης καὶ μελέτης παντάπασιν οὐ μεταδοτέον τούτοις, οὕστινας ἐργάτας ἡμετέρους καὶ δασμοφόρους βουλόμεθα καταστήσασθαι, ἀλλ᾽ αὐτοὺς δεῖ τούτοις τοῖς ἀσκήμασι πλεονεκτεῖν, γιγνώσκοντας ὅτι ἐλευθερίας ταῦτα ὄργανα καὶ εὐδαιμονίας οἱ θεοὶ τοῖς ἀνθρώποις ἀπέδειξαν· καὶ ὥσπερ γε ἐκείνους τὰ ὅπλα ἀφῃρήμεθα, οὕτως ἡμᾶς αὐτοὺς δεῖ μήποτ᾽ ἐρήμους ὅπλων γίγνεσθαι, εὖ εἰδότας ὅτι τοῖς ἀεὶ ἐγγυτάτω τῶν ὅπλων οὖσι τούτοις καὶ οἰκειότατά ἐστιν ἃ ἂν βούλωνται. (80) Εἰ δέ τις τοιαῦτα ἐννοεῖται, τί δῆτα ἡμῖν ὄφελος καταπράξαι ἃ ἐπεθυμοῦμεν, εἰ ἔτι δεήσει καρτερεῖν καὶ πεινῶντας καὶ διψῶντας καὶ πονοῦντας καὶ ἐπιμελουμένους· ἐκεῖνο δεῖ καταμαθεῖν ὅτι τοσούτῳ τἀγαθὰ μᾶλλον εὐφραίνει ὅσῳ ἂν μᾶλλον προπονήσας τις ἐπ᾽ αὐτὰ ἴῃ· οἱ γὰρ πόνοι ὄψον τοῖς ἀγαθοῖς· ἄνευ δὲ τοῦ δεόμενον τυγχάνειν τινὸς οὐδὲν οὕτω πολυτελῶς παρασκευασθείη ἂν ὥσθ᾽ ἡδὺ εἶναι. (81) Εἰ δὲ ᾧ μὲν μάλιστα ἄνθρωποι ἐπιθυμοῦσιν ὁ δαίμων ἡμῖν ταῦτα συμπαρεσκεύακεν, ὡς δ᾽ ἂν ἥδιστα ταῦτα φαίνηται αὐτός τις αὑτῷ ταῦτα παρασκευάσει, ὁ τοιοῦτος ἀνὴρ τοσούτῳ πλεονεκτήσει τῶν ἐνδεεστέρων

vero attinet ad illa, quæ agenda deinceps erunt, hæc mea sententia est, si deflectamus ad desidiam et vitam ignavorum hominum voluptariam, qui laborem pro re miserrima, vitam laboris expertem pro voluptaria ducunt; cito nos equidem nobis ipsis aio parum utiles futuros, adeoque bona hæc universa cito amissuros. Neque enim viros fortes fuisse sufficit ad hoc, ut fortes permaneant, nisi quis assidue diligentiam, ut talis sit, adhibeat; sed ut artes etiam aliæ, ubi neglectæ sint, minus æstimantur, et ut ipsa corpora bene adfecta, cum in desidiam solvantur, male se rursum habere incipiunt; sic et prudentia, et continentia, et fortitudo, cum quis exercitationem horum remittit, exinde rursus ad improbitatem deflectunt. Non igitur per inertiam cessandum nobis, nec in id, quod in præsentia suave est, proruendum. Quippe magnum equidem aliquid esse arbitror, imperium parare, sed multo majus, id quod sis adeptus, conservare. Nam adipisci sæpe etiam illi contigit qui audaciam duntaxat adhiberet; sed retinere quod adeptus sis, id non jam sine prudentia, nec sine continentia, nec sine multo studio fieri solet. Quæ cum intelligamus, multo jam magis virtutem exercere debemus, quam antea, bonis hisce needum partis; hoc etiam nobis cognito, tum plurimis et invidere et insidiari, et hostes fieri, cum plurima quis possidet, præsertim si ab invitis et opes et obsequium, quod nobis usu venit, habeat. Deos quidem certe nobiscum futuros existimandum est : non enim insidiis usi hæc injuste possidemus, sed insidiis petiti pœnas sumpsimus. Quod vero secundum hoc optimum est, a nobis ipsis parari debet : est autem illud, ut iis, quibus nos subjecti sunt, ipsi meliores, imperio nos dignos æstimemus. Caloris quidem certe et frigoris, et ciborum, et potus, et laborum, et somni partem servis etiam concedi necesse est; sed ita tamen hæc ipsis impertiri nos oportet, ut declarare nos in his primum præstantiores eis conemur. Militaris vero scientiæ atque exercitationis omnino nihil cum iis communicandum est, quos habere volumus, ut operis suis nobis inserviant et tributum pendant, sed his exercitiis nos superiores istis esse debemus, atque adeo scire, deos hominibus hæc instrumenta libertatis et felicitatis exhibuisse : et quemadmodum arma istis ademimus, ita nos ipsos nunquam ab armis destitui oportet ; idque plane habere persuasum, illis omnia, quæcunque velint, maxime propria esse, qui quam proxime ab armis absint. Quod si quis hujusmodi quædam cogitat, quid ergo conducit nobis, quod ea, quæ cupiebamus, perfecerimus, si quidem adhuc necesse erit famem, sitim, curas, labores tolerare? Nimirum hoc cognosci oportet, tanto plus adferre lætitiæ bona, quanto majori labore præcedente ad ea perveniatur; labores enim fortibus viris obsonii loco sunt : at absque eo, ut aliquis indigeat ejus, quod consequitur, nihil tam sumptuose parari possit, ut suave sit. Quod si in iis comparandis quæ maxime homines expetunt, numen nos adjuvit, ut eadem quam suavissima videantur, ipse sibi quisque parabit, sano vir talis in hoc meliori erit conditione, quam alii quibus minus suppetant ad victum necessaria, quod esuriens suavissimis

βίου ὅσῳ πεινήσας τῶν ἡδίστων σίτων τεύξεται καὶ δι-
ψήσας τῶν ἡδίστων ποτῶν ἀπολαύσεται καὶ δεηθεὶς ἀναπαύσεως ἥδιστον ἀναπαύσεται. (82) Οὗ ἕνεκά φημι
χρῆναι νῦν ἐπιταθῆναι ἡμᾶς εἰς ἀνδραγαθίαν, ὅπως τῶν
τε ἀγαθῶν ᾗ ἄριστον καὶ ἥδιστον ἀπολαύσωμεν καὶ
ὅπως τοῦ πάντων χαλεπωτάτου ἄπειροι γενώμεθα. Οὐ
γὰρ τὸ μὴ λαβεῖν τἀγαθὰ οὕτω γε χαλεπὸν ὥσπερ τὸ
λαβόντα στερηθῆναι λυπηρόν. (83) Ἐννοήσατε δὲ κἀκεῖνο τίνα πρόφασιν ἔχοντες ἂν προείμεθα κακίονες ἢ
πρόσθεν γενέσθαι. Πότερον ὅτι ἄρχομεν; ἀλλ' οὐ δήπου
τὸν ἄρχοντα τῶν ἀρχομένων πονηρότερον προσήκει
εἶναι. Ἀλλ' ὅτι εὐδαιμονέστεροι δοκοῦμεν νῦν ἢ πρότερον
εἶναι; ἔπειτα τῇ εὐδαιμονίᾳ φήσει τις τὴν κακίαν ἐπι-
πρέπειν; Ἀλλ' ὅτι ἐπεὶ κεκτήμεθα δούλους, τούτους κο-
λάσομεν, ἤν πονηροὶ ὦσι; καὶ τί προσήκει αὐτὸν ὄντα
πονηρὸν πονηρίας ἕνεκα ἢ βλακείας ἄλλους κολάζειν;
(84) Ἐννοεῖτε δὲ καὶ τοῦτο ὅτι τρέφειν μὲν παρεσκευ-
ασμεθα πολλοὺς καὶ τῶν ἡμετέρων οἴκων φύλακας καὶ
τῶν σωμάτων· αἰσχρὸν δὲ πῶς οὐκ ἂν εἴη εἰ δι' ἄλλους μὲν δορυφόρους τῆς σωτηρίας οἰησόμεθα χρῆναι
τυγχάνειν, αὐτοὶ δὲ ἡμῖν αὐτοῖς οὐ δορυφορήσομεν;
Καὶ μὴν εὖ γε δεῖ εἰδέναι ὅτι οὐκ ἔστιν ἄλλη φυλακὴ
τοιαύτη οἵα αὐτόν τινα καλὸν κἀγαθὸν ὑπάρχειν· τοῦτο
γὰρ δεῖ συμπαρομαρτεῖν· τῷ δ' ἀρετῆς ἐρήμῳ οὐδὲ ἄλλο
καλῶς ἔχειν οὐδὲν προσήκει. (85) Τί οὖν φημι χρῆναι
ποιεῖν καὶ ποῦ τὴν ἀρετὴν ἀσκεῖν καὶ ποῦ τὴν μελέτην
ποιεῖσθαι; οὐδὲν καινόν, ὦ ἄνδρες, ἐρῶ· ἀλλ' ὥσπερ ἐν
Πέρσαις ἐπὶ τοῖς ἀρχείοις οἱ ὁμότιμοι διάγουσιν, οὕτω καὶ
ἡμᾶς φημι χρῆναι ἐνθάδε ὄντας τοὺς ἐντίμους πάντας
ἅπερ καὶ ἐκεῖ ἐπιτηδεύειν, καὶ ὑμᾶς γε ἐμὲ δρῶντας
κατανοεῖν παρόντας εἰ ἐπιμελόμενος ὧν δεῖ διάξω, ἐγώ
τε ὑμᾶς κατανοῶν θεάσομαι, καὶ οὓς ἂν ὁρῶ τὰ καλὰ
καὶ τἀγαθὰ ἐπιτηδεύοντας, τούτους τιμήσω. (86) Καὶ
τοὺς παῖδας δέ, οἳ ἂν ἡμῶν γίγνωνται, ἐνθάδε παι-
δεύωμεν· αὐτοί τε γὰρ βελτίονες ἐσόμεθα, βουλόμενοι
τοῖς παισὶν ὡς βέλτιστα παραδείγματα ἡμᾶς αὐτοὺς
παρέχειν, οἵ τε παῖδες οὐδ' ἂν εἰ βούλοιντο ῥᾳδίως πονηροὶ γίγνοιντο, αἰσχρὸν μὲν μηδὲν μήτε δρῶντες μήτε
ἀκούοντες, ἐν δὲ καλοῖς κἀγαθοῖς ἐπιτηδεύμασι διημε-
ρεύοντας.

ΒΙΒΛΙΟΝ Η.

ΚΕΦΑΛΑΙΟΝ Δ.

Κῦρος μὲν οὖν οὕτως εἶπεν· ἀνέστη δ' ἐπ' αὐτῷ Χρυσάντας καὶ εἶπεν ὧδε. Ἀλλὰ πολλάκις μὲν δή, ὦ ἄνδρες, καὶ ἄλλοτε κατενόησα ὅτι ἄρχων ἀγαθὸς οὐδὲν
διαφέρει πατρὸς ἀγαθοῦ· οἵ τε γὰρ πατέρες προνοοῦσι
τῶν παίδων ὅπως μήποτε αὐτοὺς τἀγαθὰ ἐπιλείψει,
Κῦρός τέ μοι δοκεῖ νῦν συμβουλεύειν ἡμῖν ἀφ' ὧν μά-

cibis vescetur, et sitiens suavissimo potu fruetur, et requie-
tis egens, suavissime quiescet. Quapropter equidem censeo
debere jam nos contentis viribus bonorum virorum officio
fungi, ut bonis quam optime suavissimeque fruamur, et
quod omnium est gravissimum non experiamur. Nec enim
tam grave ac molestum est, bona non adipisci, quam acerbum, quæ sis adeptus, amittere. Quin hoc etiam consideretis velim, quam adferre causam possimus, cur nunc
potius vitam ignaviorem sectemur, quam antehac. An,
propterea quod cum imperio simus? At certe non convenit,
eum, qui cum imperio sit, subjectis sibi pejorem esse. An
quod esse jam feliciores videamur, quam prius? Et fortunæ prosperæ dicet aliquis ignaviam decere? An quia servos
adepti nunc habemus, in eos animadvertemus, si fuerint
improbi? At quo pacto convenit, eum, qui sit ipsemet improbus, alios improbitatis aut socordiæ causa plectere? Præterea cogitetis velim, instituisse nos multos alere tam æ-
dium nostrarum, quam corporum custodes : at quomodo
turpe non fuerit, nos alios salutis nostræ satellites parandos nobis existimare, ipsos autem nos minime nobis esse
satellites? Atqui certo sciendum est, non esse ullam aliam
talem custodiam, qualis est ista, si quis probum est et honestum præbeat : hoc enim una comitari necesse est : ei
vero, qui virtute destituitur, nec aliud quidquam recte succedere convenit. Quid igitur esse faciendum aio, et ubi
virtutem exercendam, ubi curam operamque adhibendam?
Nihil, viri, novi proferam : sed sicut illi, qui ὁμότιμοι appellantur, in Persia degunt ad curias, sic aio nobis qui imperii honore fruimur universi, hic iisdem studiis operam
dandam, quibus et illic occupati fuimus; ac vos quidem me
præsentes intueri debetis et animadvertere, num in iis curandis adsidus sim, quæ curari a me necesse est ; atque
ego vicissim animum advertens vos contemplabor, et quos
quidem videro præclaris et honestis rebus operam dare, hos
honoribus et præmiis ornabo. Quinetiam liberi, si quibus
nostrum nascentur, liberaliter hic nobis erunt instituendi :
nam et ipsi meliores erimus, si liberis nostris nos ipsos tanquam exempla longe optima exhibere volemus ; et liberi ipsi,
etiamsi velint, non facile improbi evadent, quando nihil, quod
turpe sit, vel conspecturi vel audituri sunt, sed in virtutis
et honesti studio dies totos consument. »

LIBER VIII.

CAPUT I.

Hujusmodi Cyrus oratione usus est; post quem surrexit
Chrysantas, atque hoc modo loquutus est : « Equidem aliis
etiam in rebus, viri, animadverti sæpius, nihil inter principem et patrem bonum interesse. Nam et patres liberis
prospiciunt, ne unquam eos bona deficiant; et Cyrus jam
mihi videtur ea nobis consulere, de quibus felicitatem per-

λιστ' ἂν εὐδαιμονοῦντες διατελοῖμεν· ὃ δέ μοι δοκεῖ ἐνδεέστερον ἢ ὡς ἐχρῆν δηλῶσαι, τοῦτο ἐγὼ πειράσομαι τοὺς μὴ εἰδότας διδάξαι. (2) Ἐννοήσατε γὰρ δὴ τίς ἂν πόλις πολεμία ὑπὸ μὴ πειθομένων ἁλοίη; τίς δ' ἂν φιλία ὑπὸ μὴ πειθομένων διαφυλαχθείη; ποῖον δ' ἂν ἀπειθούντων στράτευμα νίκης τύχοι; πῶς δ' ἂν μᾶλλον ἐν μάχαις ἡττηθεῖεν ἄνθρωποι ἢ ἐπειδὰν ἄρξωνται ἰδίᾳ ἕκαστος περὶ τῆς αὐτοῦ σωτηρίας βουλεύεσθαι; τί δ' ἂν ἄλλο ἀγαθὸν τελεσθείη ὑπὸ μὴ πειθομένων τοῖς κρείττοσι; ποῖαι δὲ πόλεις νομίμως ἂν οἰκήσειαν; ἢ ποῖοι οἶκοι σωθείησαν; πῶς δ' ἂν νῆες ὅποι δεῖ ἀφίκοιντο; (3) Ἡμεῖς δὲ ἃ νῦν ἀγαθὰ ἔχομεν διὰ τί ἄλλο μᾶλλον κατεπράξαμεν ἢ διὰ τὸ πείθεσθαι τῷ ἄρχοντι; διὰ τοῦτο γὰρ καὶ νυκτὸς καὶ ἡμέρας ταχὺ μὲν ὅποι ἔδει παρεγιγνόμεθα, ἁθρόοι τε τῷ ἄρχοντι ἑπόμενοι ἀνυπόστατοι ἦμεν, τῶν δ' ἐπιταχθέντων οὐδὲν ἡμιτελὲς κατελείπομεν. Εἰ τοίνυν μέγιστον ἀγαθὸν τὸ πειθαρχεῖν φαίνεται εἰς τὸ καταπράττειν τὰ ἀγαθά, οὕτως εὖ ἴστε ὅτι αὐτὸ τοῦτο καὶ εἰς τὸ διασῴζειν ἃ δεῖ μέγιστον ἀγαθόν ἐστι. (4) Καὶ πρόσθεν μὲν δὴ πολλοὶ ἡμῶν ἦρχον μὲν οὐδενός, ἤρχοντο δέ· νῦν δὲ κατεσκεύασθε οὕτω πάντες οἱ παρόντες ὥστε ἄρχετε οἱ μὲν πλειόνων, οἱ δὲ μειόνων. Ὥσπερ τοίνυν αὐτοὶ ἀξιώσετε ἄρχειν τῶν ὑφ' ὑμῶν, οὕτως καὶ αὐτοὶ πειθόμεθα οἷς ἂν ἡμᾶς καθήκῃ. Τοσοῦτον δὲ διαφέρειν ἡμᾶς δεῖ τῶν δούλων ὅσον οἱ μὲν δοῦλοι ἄκοντες τοῖς δεσπόταις ὑπηρετοῦσιν, ἡμᾶς δέ, εἴπερ ἀξιοῦμεν ἐλεύθεροι εἶναι, ἑκόντας δεῖ ποιεῖν ὃ πλείστου ἄξιον φαίνεται εἶναι. Εὑρήσετε δέ, ἔφη, καὶ ἔνθα ἄνευ μοναρχίας πόλις οἰκεῖται, τὴν μάλιστα τοῖς ἄρχουσιν ἐθέλουσαν πείθεσθαι ταύτην ἥκιστα τῶν πολεμίων ἀναγκαζομένην ὑπακούειν. (5) Παρῶμεν δὲ οὖν ὥσπερ Κῦρος κελεύει ἐπὶ τόδε τὸ ἀρχεῖον, ἀσκῶμέν τε δι' ὧν μάλιστα δυνησόμεθα κατέχειν ἃ δεῖ, παρέχωμέν τε ἡμᾶς αὐτοὺς χρῆσθαι Κύρῳ ὅ,τι ἂν δέῃ· καὶ τοῦτο γὰρ εὖ εἰδέναι χρὴ ὅτι οὐ μὴ δυνήσεται Κῦρος εὑρεῖν ὅ,τι αὐτῷ μὲν ἐπ' ἀγαθῷ χρήσεται, ἡμῖν δὲ οὔ, ἐπείπερ τά γε αὐτὰ ἡμῖν ξυμφέρει καὶ οἱ αὐτοί εἰσιν ἡμῖν πολέμιοι.

6. Ἐπεὶ δὲ ταῦτα εἶπε Χρυσάντας, οὕτω δὴ καὶ ἄλλοι ἀνίσταντο πολλοὶ καὶ Περσῶν καὶ τῶν συμμάχων συνεροῦντες· καὶ ἔδοξε τοὺς ἐντίμους ἀεὶ παρεῖναι ἐπὶ θύρας καὶ παρέχειν αὑτοὺς χρῆσθαι ὅ,τι ἂν βούληται, ἕως ἂν ἀφῇ Κῦρος. Ὡς δὲ τότε ἔδοξεν, οὕτω καὶ νῦν ἔτι ποιοῦσιν οἱ κατὰ τὴν Ἀσίαν ὑπὸ βασιλεῖ ὄντες, θεραπεύουσι τὰς τῶν ἀρχόντων θύρας. (7) Ὡς δ' ἐν τῷ λόγῳ δεδήλωται Κῦρος καταστησάμενος εἰς τὸ διαφυλάττειν ἑαυτῷ τε καὶ Πέρσαις τὴν ἀρχήν, ταῦτα καὶ οἱ μετ' ἐκεῖνον βασιλεῖς νόμιμα ἔτι καὶ νῦν διατελοῦσι ποιοῦντες. (8) Οὕτω δ' ἔχει καὶ ταῦτα ὥσπερ καὶ τἆλλα· ὅταν μὲν ὁ ἐπιστατῶν βελτίων γένηται, καθαρώτερον τὰ νόμιμα πράττεται, ὅταν δὲ χείρων, φαυλότερον. Ἐφοίτων μὲν οὖν ἐπὶ τὰς θύρας Κύρου οἱ ἔντιμοι σὺν τοῖς ἵπποις καὶ ταῖς αἰχμαῖς, συνδόξαν πᾶσι τοῖς ἀρίστοις τῶν συγκαταστρεψαμένων τὴν ἀρχήν.

petuam maxime consequuturi simus. Quod autem minus mihi, quam oporteret, declarasse videtur, id equidem ignaros edocere conabor. Cogitate enim, quaenam urbs hostium ab iis capi possit, qui nolint imperio parere? quae amicorum urbs conservari possit ab iis, qui nolint imperio parere? qui militum contumacium exercitus victoria potiri possit? quonam modo facilius possint in praeliis homines vinci, quam ubi coeperint seorsum singuli salutis propriae consilia capere? quid aliud rei praeclarae perfici possit ab iis, qui se potioribus haud parent? quae urbes legitime administrentur? quaeve domus servari queant? quo pacto naves eo pervenient, quo tendunt? Nos ipsi ea commoda, quae modo nobis adsunt, quanam alia re magis comparavimus, quam principi parendo? Nam ita factum est, ut celeriter et noctu et interdiu, quo erat necesse, perveniremus; et dum totis copiis principem sequeremur, nemo vim et impetum nostrum sustinere potuerit, eorum denique nihil semiperfectum reliquerimus, quae nobis erant imperata. Ergo si parere principi maximum esse bonum manifeste patet, ad comparandum bona cetera, certo sciendum vobis est, etiam idem hoc bonum esse maximum ad conservandum ea, quae conservari necesse est. Et antea quidem multi nobis imperabant, cum nemini nos imperaremus : nunc res omnium, quotquot adestis, sic comparatae sunt, ut imperetis alii pluribus, alii paucioribus. Quemadmodum igitur aequum existimatis esse, vos potestati vestrae subjectis imperare, sic et ipsi pareamus eis, quibus officii ratio parere nos jubet. Tantum autem inter nos et servos interesse oportet, quod servi quidem inviti suas heris operas exhibent; nos vero, si quidem liberi esse volumus, sponte nostra facere convenit, quod maxime dignum laude videatur. Invenietis autem, inquit, etiam civitatem, quae unius imperio non administratur, si magistratibus maxime parere velit, minime per vim eo posse adigi, ut hostium imperium accipiat. Quare ad hanc, uti Cyrus praecipit, curiam praesto simus, nosque in iis exerceamus, quibus retinere potissimum queamus ea, quae conservari oportet; et operam Cyro nostram offeramus, ut ea, quamcunque ad rem opus hac fuerit ipsi, utatur. Nam id quoque scire debemus, non posse Cyrum quidquam reperire, cujus usus ad sua tantum, non etiam ad nostra, commoda pertineat : quandoquidem eadem sane nobis conducunt, et iidem nobis hostes sunt. »

Quae ubi Chrysantas dixisset, alii tum Persae tum socii complures surgebant, qui haec oratione sua quoque comprobarent : estque decretum, ut honorati semper ad portas praesto essent, et Cyro suam operam offerrent, quamcunque ad rem illi visum esset, donec eos dimitteret. Quod quidem ita, ut tunc decretum fuit, etiam hodieque faciunt ii, qui regis imperio in Asia parent : dum portas principum officiose frequentant. Atque ut in hoc libro declaratum est, Cyrum sic constituisse imperium ut illud et sibi et Persis conservaret, ita reges cum sequuti tunc quoque constanter iisdem institutis inhaerent. Accidit autem in his, quod etiam in aliis : cum is, qui praeest rerum summae, vir aliquando melior est, etiam sincerius puriusque instituta majorum observantur; cum deterior aliquis, segnius. Frequentabant igitur illi honorati cum equis et lastis Cyri portas, quando ita decretum erat a praestantissimis virtute et auctoritate viris, qui una cum ipso imperium illud everterunt.

ΚΥΡΟΥ ΠΑΙΔΕΙΑΣ ΒΙΒΛ. ΙΙ. ΚΕΦ. Α.

9. Κῦρος δ' ἐπὶ μὲν τἆλλα καθίστη ἄλλους ἐπιμελητάς, καὶ ἦσαν αὐτῷ καὶ προσόδων ἀποδεκτῆρες καὶ δαπανημάτων δοτῆρες καὶ ἔργων ἐπιστάται καὶ κτημάτων φύλακες καὶ τῶν εἰς τὴν δίαιταν ἐπιτηδείων ἐπιμεληταί· καὶ ἵππων δὲ καὶ κυνῶν ἐπιμελητὰς καθίστη οὓς ἐνόμιζε καὶ ταῦτα τὰ βοσκήματα βέλτιστ' ἂν παρέχειν αὑτῷ χρῆσθαι. (10) Οὓς δὲ συμφύλακας τῆς εὐδαιμονίας οἱ ᾤετο χρῆναι ἔχειν, τούτους ὅπως ὡς βέλτιστοι ἔσοιντο [αὐτὸς ἐσκόπει καὶ] οὐκέτι τούτου τὴν ἐπιμέλειαν ἄλλοις προσέταττεν, ἀλλ' αὐτοῦ ἐνόμιζε τοῦτο ἔργον εἶναι. Ἤιδει γὰρ ὅτι εἴ τι μάχης ποτὲ δεήσοι, ἐκ τούτων αὐτῷ καὶ παραστάτας καὶ ἐπιστάτας ληπτέον εἴη, σὺν οἷσπερ οἱ μέγιστοι κίνδυνοι· καὶ ταξιάρχους δὲ καὶ πεζῶν καὶ ἱππέων ἐγίγνωσκεν ἐκ τούτων καταστατέον εἶναι. (11) Εἰ δέοι δὲ καὶ στρατηγῶν που ἄνευ αὑτοῦ, ᾔδει ὅτι ἐκ τούτων πεμπτέον εἴη· καὶ πόλεων δὲ καὶ ὅλων ἐθνῶν φύλαξι καὶ σατράπαις ᾔδει ὅτι τούτοισί τισιν εἴη χρηστέον, καὶ πρέσβεις γε τούτων τινὰς πεμπτέον, ὅπερ ἐν τοῖς μεγίστοις ἡγεῖτο εἶναι εἰς τὸ ἄνευ πολέμου τυγχάνειν ὧν δέοιτο. (12) Μὴ ὄντων μὲν οὖν οἵων δεῖ δι' ὧν αἱ μέγισται καὶ πλεῖσται πράξεις ἔμελλον εἶναι, κακῶς ἡγεῖτο τὰ αὑτοῦ ἕξειν· εἰ δ' οὗτοι εἶεν οἵους δέοι, πάντα ἐνόμιζε καλῶς ἔσεσθαι. Ἐνέδυ μὲν οὖν οὕτω γνοὺς εἰς ταύτην τὴν ἐπιμέλειαν, ἐνόμιζε δὲ τὴν αὐτὴν καὶ αὑτῷ ἄσκησιν εἶναι τῆς ἀρετῆς. Οὐ γὰρ ᾤετο οἷόν τε εἶναι μὴ αὐτόν τινα ὄντα οἷον δεῖ ἄλλους παρορμᾶν ἐπὶ τὰ καλὰ καὶ ἀγαθὰ ἔργα. (13) Ὡς δὲ ταῦτα διενοήθη, ἡγήσατο σχολῆς πρῶτον δεῖν, εἰ μέλλοι δυνήσεσθαι τῶν κρατίστων ἐπιμελεῖσθαι. Τὸ μὲν οὖν προσόδων ἀμελεῖν οὐχ οἷόν τε ἐνόμιζεν εἶναι, προνοῶν ὅτι πολλὰ καὶ τελεῖν ἀνάγκη ἔσοιτο εἰς μεγάλην ἀρχήν· τὸ δ' αὖ πολλῶν κτημάτων ὄντων ἀμφὶ ταῦτα αὐτὸν ἀεὶ ἔχειν ᾔδει ὅτι ἀσχολίαν παρέξοι τῆς τῶν ὅλων σωτηρίας ἐπιμελεῖσθαι. (14) Οὕτω δὴ σκοπῶν, ὅπως ἂν τά τε οἰκονομικὰ καλῶς ἔχοι καὶ ἡ σχολὴ γένοιτο, κατενόησέ πως τὴν στρατιωτικὴν σύνταξιν. Ὡς γὰρ τὰ πολλὰ δεκάδαρχοι μὲν δεκαδέων ἐπιμελοῦνται, λοχαγοὶ δὲ δεκαδάρχων, χιλίαρχοι δὲ λοχαγῶν, μυρίαρχοι δὲ χιλιάρχων, καὶ οὕτως οὐδεὶς ἀτημελήτως γίγνεται, οὐδ' ἢν πάνυ πολλαὶ μυριάδες ἀνθρώπων ὦσι, καὶ ὅταν ὁ στρατηγὸς βούληται χρήσασθαί τι τῇ στρατιᾷ, ἀρκεῖ ἢν τοῖς μυριάρχοις παραγγείλῃ· (15) ὥσπερ οὖν ταῦτα ἔχει, οὕτω καὶ ὁ Κῦρος συνεκεφαλαιώσατο τὰς οἰκονομικὰς πράξεις· ὥστε καὶ τῷ Κύρῳ ἐγένετο ὀλίγοις διαλεγομένῳ μηδὲν τῶν οἰκείων ἀτημελήτως ἔχειν· καὶ ἐκ τούτου ἤδη σχολὴν ἦγε πλείω ἢ ἄλλος μιᾶς οἰκίας καὶ μιᾶς νεὼς ἐπιμελούμενος. Οὕτω δὴ καταστησάμενος τὰ αὑτοῦ ἐδίδαξε καὶ τοὺς περὶ αὑτὸν ταύτῃ τῇ καταστάσει χρῆσθαι.

16. Τὴν μὲν δὴ σχολὴν οὕτω κατεσκευάσατο ἑαυτῷ τε καὶ τοῖς περὶ αὐτόν, ἤρχετο δ' ἐπιστατεῖν τοῦ εἶναι οἵους δεῖ τοὺς κοινῶνας. Πρῶτον μὲν ὁπόσοι ὄντες ἱκανοὶ ἄλλων ἐργαζομένων τρέφεσθαι μὴ παρεῖεν ἐπὶ τὰς θύρας, τούτους ἐπεζήτει, νομίζων τοὺς μὲν παρόντας

Ceterum alios curatores constituit Cyrus, qui rebus quidem aliis administrandis præcessent, cum et eos haberet qui vectigalia reciperent, et qui sumptuum impensas facerent, et præsides operum, et facultatum custodes, et rerum ad victum necessariarum procuratores: equorum etiam et canum curatores constituit, quos existimabat effecturos hæc animalia suum ad usum accommodatissima. Ut autem illi, quos secum habere vellet, in societatem conservandæ felicitatis admittendos, longe optimi evaderent, hanc vero curam illis nequaquam mandabat, sed esse munus hoc suum arbitrabatur. Norat enim, si pugnandum aliquando esset, ex illorum numero sibi et parastatas et epistatas sumendos esse, cum quibus pericula maxima essent adeunda: itidemque præfectos cohortium tam pedestrium quam equestrium ex iisdem constituendos esse intelligebat. Quod si etiam aliis exercitus ducibus, præter se, opus esset, ex his ipsis mittendos esse sciebat: atque etiam norat, quorundam et his opera utendum esse, ut urbium et totarum nationum tum custodes essent tum satrapæ: ex iisdem quoque nonnullis legatorum mandandum esse officium: quod quidem inter res maximi momenti ad ea, quæ cuperet, absque bello impetranda ducebat. Quod si quidem tales ii non essent, quales esse conveniret, quorum opera maxima plurimaque negotia essent conficienda, male rebus suis prospectum fore arbitrabatur. sin ii tales essent, quales oporteret, omnia præclare successura putabat. Qua in sententia cum esset, totus in hanc curam incubuit: quin et eandem ipsi virtutis exercitationem utendam existimabat. Nec enim fieri posse putabat, ut, qui talis ipse non esset, qualem esse oporteret, is alios ad præclaras et laudabiles actiones incitaret. Quæ cum apud animum expendisset, otio primum esse sibi opus statuit, si quidem efficere vellet, uti res eximias cura complecti posset. Fieri quidem certe haud posse judicabat, ut proventuum curam negligeret, quod prospiceret, necesse fore magnos magno in imperio sumptus facere: rursus autem, cum magnam opum copiam possideret, harum cura semper ipsum occupari, id vero evocaturos se sciebat a cura summæ rerum conservandæ. Quare considerans quo pacto et res familiares recte administrari, et ipse frui otio posset, rei militaris ordinem intuitus est. Nam plerumque decuriones curam decuriarum gerunt, ductores manipularii, decurionum; tribuni, manipulariorum ducum, decem millium præfecti, tribunorum: atque ita fit, ut sit nemo cujus cura non geratur, tametsi valde multæ sint hominum myriades: cumque vult imperator exercitus opera uti, satis est, decem millium præfectis mandata dedisse. Quæ igitur horum est ratio, eadem Cyrus etiam res domesticas summatim complexus est: quo factum, ut ipso cum paucis colloquente, nihil domesticorum negligeretur: atque deinceps ei plus erat otii quam alii, qui unius domus vel navis unius curam gereret. Atque ita rebus suis constitutis, suos etiam docuit eadem ratione uti.

Et hoc quidem modo tam sibi quam suis otium paravit. Cœpit deinde pro præfecti auctoritate curare, ut participes rerum tales essent, quales oporteret. Primum requirebat illos, quotquot aliis opus facientibus victum habere possent, si ad portas præsto non essent: quod existimaret eos,

οὐκ ἂν ἐθέλειν οὔτε κακὸν οὔτε αἰσχρὸν οὐδὲν ἂν πράττειν καὶ διὰ τὸ παρὰ τῷ ἄρχοντι εἶναι καὶ διὰ τὸ εἰδέναι ὅτι ὁρῷντ' ἂν ᾗ,τι πράττοιεν ὑπὸ τῶν βελτίστων· οἳ δὲ μὴ παρεῖεν, τούτους ἡγεῖτο ἢ ἀκρατείᾳ τινὶ ἢ ἀδικίᾳ ἢ ἀμελείᾳ ἀπεῖναι. (17) Τοῦτο οὖν πρῶτον διηγησόμεθα ὡς προσηνάγκαζε τοὺς τοιούτους παρεῖναι. Τῶν παρ' ἑαυτῷ μάλιστα φίλων ἐκέλευσεν ἄν τινα λαβεῖν τὰ τοῦ μὴ φοιτῶντος, φάσκοντα λαμβάνειν τὰ ἑαυτοῦ. Ἐπεὶ οὖν τοῦτο γένοιτο, ἧκον ἂν εὐθὺς οἱ στερόμενοι ὡς ἠδικημένοι. (18) Ὁ δὲ Κῦρος πολὺν μὲν χρόνον οὐκ ἐσχόλαζε τοῖς τοιούτοις ὑπακούειν· ἐπεὶ δὲ ἀκούσειεν αὐτῶν, πολὺν χρόνον ἀνεβάλλετο τὴν διαδικασίαν. Ταῦτα δὲ ποιῶν ἡγεῖτο προσεθίζειν αὐτοὺς θεραπεύειν, ἧττον δὲ ἐχθρῶς ἢ εἰ αὐτὸς κολάζων ἠνάγκαζε παρεῖναι. (19) Εἷς μὲν τρόπος διδασκαλίας ἦν αὐτῷ οὗτος τοῦ παρεῖναι, ἄλλος δὲ τὸ τὰ ῥᾷστα καὶ κερδαλεώτατα τοῖς παροῦσι προστάττειν, ἄλλος δὲ τὸ μηδὲν ποτε τοῖς ἀποῦσι νέμειν. (20) ὃ δὲ δὴ μέγιστος τρόπος τῆς ἀνάγκης ἦν, εἴ τις τούτων μηδενὸς ὑπακούοι, ἀφελόμενος ἂν τούτων ἃ ἔχοι ἄλλῳ ἐδίδου ὃν ᾤετο δύνασθαι ἂν ἐν τῷ δέοντι παρεῖναι· καὶ οὕτως ἐγίγνετο αὐτῷ φίλος χρήσιμος ἀντὶ ἀχρήστου. Ἐπιζητεῖ δὲ καὶ ὁ νῦν βασιλεύς, ἤν τις ἀπῇ οἷς παρεῖναι καθήκει.

21. Τοῖς μὲν δὴ μὴ παροῦσιν οὕτω προςεφέρετο. Τοὺς δὲ παρέχοντας ἑαυτοὺς ἐνόμιζε μάλιστα ἂν ἐπὶ τὰ καλὰ καὶ ἀγαθὰ ἐπαίρειν, ἐπείπερ ἄρχων αὐτῶν ἐνόμιζε δικαίως εἶναι, εἰ αὐτὸς ἑαυτὸν ἐπιδεικνύειν πειρῷτο τοῖς ἀρχομένοις πάντων μάλιστα κεκοσμημένον τῇ ἀρετῇ. (22) Αἰσθάνεσθαι μὲν γὰρ ἐδόκει καὶ διὰ τοὺς γραφομένους νόμους βελτίους γιγνομένους ἀνθρώπους· τὸν δὲ ἀγαθὸν ἄρχοντα βλέποντα νόμον ἀνθρώποις ἐνόμισεν, ὅτι καὶ τάττειν ἱκανός ἐστι καὶ ὁρᾶν τὸν ἀτακτοῦντα καὶ κολάζειν. (22) Οὕτω δὴ γιγνώσκων πρῶτον μὲν τὰ περὶ τοὺς θεοὺς μᾶλλον ἐκπονοῦντα ἐπεδείκνυεν ἑαυτὸν ἐν τούτῳ τῷ χρόνῳ, ἐπεὶ εὐδαιμονέστερος ἦν. Καὶ τότε πρῶτον κατεστάθησαν οἱ μάγοι, ὕμνει τε ἀεὶ ἅμα τῇ ἡμέρᾳ τοὺς θεοὺς καὶ ἔθυεν ἂν ἑκάστην ἡμέραν οἷς οἱ μάγοι θεοῖς εἴποιεν. (24) Οὕτω δὴ τὰ τότε καταστάθέντα ἔτι καὶ νῦν διαμένει παρὰ τῷ ἀεὶ ὄντι βασιλεῖ. Ταῦτα οὖν πρῶτον ἐμιμοῦντο αὐτὸν καὶ οἱ ἄλλοι Πέρσαι, νομίζοντες καὶ αὐτοὶ εὐδαιμονέστεροι ἔσεσθαι, ἢν θεραπεύωσι τοὺς θεούς, ὥσπερ ὁ εὐδαιμονέστατός τε ὢν καὶ ἄρχων· καὶ Κύρῳ δ' ἂν ἡγοῦντο ταῦτα ποιοῦντες ἀρέσκειν. (25) Ὁ δὲ Κῦρος τὴν τῶν μεθ' αὑτοῦ εὐσέβειαν καὶ ἑαυτῷ ἀγαθὸν ἐνόμιζε, λογιζόμενος ὥσπερ οἱ πλεῖν αἱρούμενοι μετὰ τῶν εὐσεβῶν μᾶλλον ἢ μετὰ τῶν ἠσεβηκέναι τι δοκούντων. Πρὸς δὲ τούτοις ἐλογίζετο ὡς εἰ πάντες οἱ κοινῶνες θεοσεβεῖς εἶεν, ἧττον ἂν αὐτοὺς ἐθέλειν περί τε ἀλλήλους ἀνόσιόν τι ποιεῖν καὶ περὶ ἑαυτόν, εὐεργέτης νομίζων εἶναι τῶν κοινωνῶν. (26) Ἐμφανίζων δὲ καὶ τοῦτο ὅτι περὶ πολλοῦ ἐποιεῖτο μηδένα μήτε φίλον ἀδικεῖν μήτε σύμμαχον, ἀλλὰ τὸ δίκαιον ἰσχυρῶς ὁρῶν, μᾶλλον καὶ τοὺς ἄλλους ᾤετ' ἂν τῶν μὲν αἰσχρῶν κερδῶν ἀπέχεσθαι, διὰ τοῦ δικαίου

qui adessent, nihil neque sceleris neque rei turpis admissuros, partim quod ipsi principi adessent, partim quod intelligerent omnes actiones suas a viris praestantissimis conspici; qui vero non adessent, eos vel intemperantiae, vel injustitiae, vel negligentiae causa putabat abesse. Quamobrem hoc primum exponemus, quomodo coegerit tales ut adessent: nam aliquem illorum quos maxime caros habebat, bona ejus, qui portas non frequentaret, occupare jubebat ac dicere, suas se res occupare. Hoc quando fiebat, statim spoliati veniebant, quasi quibus illata esset injuria. Cyro autem longo tempore non vacabat, ut hujusmodi homines audiret : et posteaquam audierat, diu controversiae dijudicationem differebat. Quae cum faceret, arbitrabatur eos se ad observandum colendumque adsuefacere; sed minus odiose quam si ipse poenas irrogando eos adesse cogeret. Haec una docendi ratio erat, ut adessent : alia, quod facillimi et maxime fructuosa praesentibus imperaret; item alia, quod nihil unquam absentibus tribueret. Praecipuus vero cogendi modus erat, si, si nihil horum aliquem moveret, ei facultates adimeret, ac donaret alteri, quem existimaret posse sibi opportune praesto esse : atque hoc modo amicum utilem pro inutili consequebatur. Inquirit autem etiam is rex, qui nunc rerum potitur, in eos, qui, cum adesse ex officio debeant, absunt.

Ad hunc sane modum Cyrus in absentes se gerebat. Illos autem qui se offerrent exhiberentque, maxime se putabat ad praeclaras et laudabiles actiones excitaturum, quandoquidem jure princeps eorum erat, si ipse subjectis imperio declarare se niteretur virtute in primis ornatum. Videbatur enim animadvertere, meliores quidem effici homines etiam legibus scriptis; sed principem bonum arbitrabatur hominibus esse legem oculis praeditam : quippe qui et ordinando jubere, et ordinis negligentem cernere ac punire posset. Ita cum sentiret, primum se cultus divini magis hoc tempore studiosum declarabat, postquam felicior evaserat. Atque tunc primum magi constituti sunt ; et ipse semper cum prima luce deos hymnis celebrabat, et quotidie sacrificabat diis illis, quibus ipsi sacrificandum dicerent. Ita quidem id temporis constituta nunc permanent apud eum regem, qui quovis tempore rerum potitur. Imitabantur igitur in his primum Persae ceteri, quod et ipsi beatiores se fore arbitrarentur, si deos ita colerent, ut is qui et felicissimus esset et imperaret : praeterea futurum putabant ut, si haec facerent, Cyro placerent. Cyrus ipse suorum pietatem sibi quoque utilem ducebat esse, cum rationem eandem sequeretur, quam illi, qui cum religiosis potius, quam cum iis, qui commisisse aliquid impie viderentur, navigare malunt. Praeterea secum reputabat futurum ut, si omnes illi rerum participes religiosi essent, minus aliquod nefarium facinus tum contra se invicem, tum contra Cyrum ipsum designare vellent : qui bene se de iis, quos rerum participes habebat, promeritum esse arbitrabatur. Itidem cum declararet, id maximi se facere, si nec amicus nec socius laederetur, et cum acriter id quod justum esset intueretur, futurum putabat, ut alii quoque se turpibus a lucris magis

δ' ἐθέλειν παρέξεσθαι. (27) Καὶ αἰδοῦς δ' ἂν ἡγεῖτο μᾶλλον πάντας ἐμπιπλάναι, εἰ αὐτὸς φανερὸς εἴη πάντας οὕτως αἰδούμενος ὡς μήτ' εἰπεῖν ἂν μήτε ποιῆσαι μηδὲν αἰσχρόν. (28) Ἐτεκμαίρετο δὲ τοῦτο οὕτως ἕξειν ἐκ τοῦδε· μὴ γὰρ ὅτι ἄρχοντα, ἀλλὰ καὶ οὓς οὐ φοβοῦνται, μᾶλλον τοὺς αἰδουμένους αἰδοῦνται τῶν ἀναιδῶν οἱ ἄνθρωποι· καὶ γυναῖκας δὲ ἃς ἂν αἰδουμένας αἰσθάνωνται, ἀνταιδεῖσθαι μᾶλλον ἐθέλουσιν ὁρῶντες. (29) Τὸ δ' αὖ πείθεσθαι οὕτω μάλιστ' ἂν ᾤετο ἔμμονον εἶναι τοῖς περὶ αὑτόν, εἰ τοὺς ἀπροφασίστως πειθομένους φανερὸς εἴη μᾶλλον τιμῶν τῶν γε μεγίστας ἀρετὰς καὶ ἐπιπονωτάτας δοκούντων παρέχεσθαι. (30) Γιγνώσκων δ' οὕτω καὶ ποιῶν διετέλει. Καὶ σωφροσύνην δ' αὑτοῦ ἐπιδεικνὺς μᾶλλον ἐποίει καὶ ταύτην πάντας ἀσκεῖν. Ὅταν γὰρ ὁρῶσιν, ᾧ μάλιστα ἔξεστιν ὑβρίζειν, τοῦτον σωφρονοῦντα, οὕτω μᾶλλον οἵ γε ἀσθενέστεροι ἐθέλουσιν οὐδὲν ὑβριστικὸν ποιοῦντες φανεροὶ εἶναι. (31) Διῄρει δὲ αἰδῶ καὶ σωφροσύνην τῇδε, ὡς τοὺς μὲν αἰδουμένους τὰ ἐν τῷ φανερῷ αἰσχρὰ φεύγοντας, τοὺς δὲ σώφρονας καὶ τὰ ἐν τῷ ἀφανεῖ. (32) Καὶ ἐγκράτειαν δὲ οὕτω μάλιστ' ἂν ᾤετο ἀσκεῖσθαι, εἰ αὐτὸς ἐπιδεικνύοι ἑαυτὸν μὴ ὑπὸ τῶν παραυτίκα ἡδονῶν ἑλκόμενον ἀπὸ τῶν ἀγαθῶν, ἀλλὰ προπονεῖν ἐθέλοντα πρῶτον σὺν τῷ καλῷ τῶν εὐφροσυνῶν. (33) Τοιγαροῦν τοιοῦτος ὢν ἐποίησεν ἐπὶ ταῖς θύραις πολλὴν μὲν τῶν χειρόνων εὐταξίαν, ὑπεικόντων τοῖς ἀμείνοσι, πολλὴν δ' αἰδῶ καὶ εὐκοσμίαν πρὸς ἀλλήλους. Ἐπέγνως δ' ἂν ἐκεῖ οὐδένα οὔτε ὀργιζόμενον κραυγῇ οὔτε χαίροντα ὑβριστικῶς γέλωτι, ἀλλὰ ἰδὼν ἂν αὐτοὺς ἡγήσω τῷ ὄντι εἰς κάλλος ζῆν.

34. Τοιαῦτα μὲν δὴ ποιοῦντες καὶ ὁρῶντες ἐπὶ θύραις διῆγον. Τῆς πολεμικῆς δ' ἕνεκα ἀσκήσεως ἐπὶ θήραν ἐξῆγεν οὕσπερ ἀσκεῖν ταῦτα ᾤετο χρῆναι ταύτην ἡγούμενος καὶ ὅλως ἀρίστην ἄσκησιν πολεμικῶν εἶναι, καὶ ἱππικῆς δὲ ἀληθεστάτην. (35) Καὶ γὰρ ἐπόχους ἐν παντοδαποῖς χωρίοις αὕτη μάλιστα ἀποδείκνυσι διὰ τὸ θηρίοις φεύγουσιν ἐφέπεσθαι, καὶ ἀπὸ τῶν ἵππων ἐνεργοὺς αὕτη μάλιστα ἀπεργάζεται διὰ τὴν τοῦ λαμβάνειν φιλοτιμίαν καὶ ἐπιθυμίαν. (36) Καὶ τὴν ἐγκράτειαν δὲ καὶ πόνους καὶ ψύχη καὶ θάλπη καὶ λιμοὺς καὶ δίψος δύνασθαι φέρειν ἐνταῦθα μάλιστα προσεθίζε τοὺς κοινῶνας. Καὶ νῦν δ' ἔτι βασιλεύς τε καὶ οἱ ἄλλοι οἱ περὶ βασιλέα ταῦτα ποιοῦντες διατελοῦσιν. (37) Ὅτι μὲν οὖν οὐκ ᾤετο προσήκειν οὐδενὶ ἀρχῆς ὅστις μὴ βελτίων εἴη τῶν ἀρχομένων καὶ τοῖς προειρημένοις πᾶσι δῆλον, καὶ ὅτι οὕτως ἀσκῶν τοὺς περὶ αὑτὸν πολὺ μάλιστα ἐπόνει ἐξεπόνει καὶ τὴν ἐγκράτειαν καὶ τὰς πολεμικὰς τέχνας καὶ τὰς μελέτας. (38) Καὶ γὰρ ἐπὶ θήραν τοὺς μὲν ἄλλους ἐξῆγεν, ὁπότε μὴ μένειν ἀνάγκη τις εἴη, αὐτὸς δὲ καὶ ὁπότε ἀνάγκη εἴη, οἴκοι ἐθήρα τὰ ἐν τοῖς παραδείσοις θηρία τρεφόμενα, καὶ οὔτε αὐτός ποτε πρὶν ἱδρῶσαι δεῖπνον ᾑρεῖτο οὔτε ἵπποις ἀγυμνάστοις σῖτον ἐνέβαλλε· συμπαρεκάλει δὲ καὶ εἰς ταύτην τὴν θήραν τοὺς περὶ αὑτὸν σκηπτούχους. (39) Τοιγαροῦν πολὺ μὲν αὐτὸς

abstinerent, ac ratione justa rem facere mallent. Etiam pudore ac verecundia putabat omnes magis impletum iri, si palam ipse declararet, ita se omnes revereri, ut nihil turpe nec diceret nec faceret. Atque hoc ita futurum isto argumento colligebat: nimirum homines, non dicam principem, sed illos etiam, quos alioqui non metuunt, magis reverentur, si verecundi sint, quam si inverecundi: et mulieres, quas esse verecundas animadvertunt, homines intuentes vicissim revereri magis volunt. Jam vero parendi studium suis ita maxime constanter mansurum putabat, si eos, qui sine recusatione parerent, in oculis omnium magis ornaret, quam illos, qui vel maximas laboriosissimasque virtutes exhibere viderentur. Cumque sic sentiret, sic etiam facere perseverabat. Praeterea moderationem suam ostendendo efficiebat, ut hanc etiam alii magis exercerent. Nam cum vident homines eum, cui maxima facultas est insolenter agendi, modeste se gerere; minime volunt imbecilliores alii quidquam insolentius palam agere. Sic autem verecundiam ac moderationem cernebat, ut diceret, verecundos palam turpia fugere; moderatos, etiam illa quae occulte fiant. Continentiam etiam sic exercitatum iri a suis maxime putabat, si ipse declararet, se per occasiones oblatarum voluptatum ab iis quae honesta et bona essent non abstrahi; sed velle potius ante laetitias laborem cum honestate conjunctum suscipere. Itaque talis cum esset, perfecit ut ad portas magna inferiorum esset modestia, praestantioribus cedentium, magnus erga se invicem pudor et composita morum gravitas. Neminem ibi animadvertisses vel irascentem cum vociferatione, vel insolente risu gaudentem : sed eos adspiciens existimasses reapse ad honesti decorique normam vivere.

Et his fere quidem agendis conspiciendisque occupati ad portas vitam degunt. Ceterum exercitationis bellicae causa venatum eos educebat, quos in his exercendis arbitrabatur; quod venationem duceret tum bellicae rei totius optimam exercitationem esse, tum equestris longe verissimam. Nam ad insidendum equis in locis quibuslibet haec maxime reddit aptos, quod fugientes feras sequi necesse sit: haec item strenuos efficit maxime quovis ex equis perficiendo opere, propter contentionem studiumque capiendi. Hic etiam maxime suos illos participes adsuefaciebat ad continentiam, et ad labores, et frigora, et calores, et famem, et sitim tolerandam. Ac nunc quoque tum rex tum qui cum rege vivunt in his faciendis perseverant. Quod igitur arbitraretur nemini convenire imperium, qui non esset subjectis sibi melior, etiam iis, quae antehac exposuimus, omnibus perspicuum est: sicut illud quoque, quod suos in hunc modum exercendo, multo maxime tum ad continentiam tum bellicas artes et exercitationes ipse laborando se consuefaceret. Nam venatum quidem alios educebat, ubi nulla necessitas domi manere cogebat: ipse vero etiam cum necesse esset manere, domi feras venari solebat, quae in septis hortorum alerentur: nec vel ipse prius unquam, quam sudasset, sumebat coenam; nec equis prius, quam essent exerciti, pabulum objiciebat: ad hanc venationem sceptrigeros etiam suos invitabat. Itaque multum in omnibus praeclaris actionibus

διέφερεν ἐν πᾶσι τοῖς καλοῖς ἔργοις, πολὺ δὲ οἱ περὶ ἐκεῖνον, διὰ τὴν ἀεὶ μελέτην. Παράδειγμα μὲν δὴ τοιόνδε ἑαυτὸν παρείχετο. Πρὸς δὲ τούτῳ καὶ τῶν ἄλλων οὕστινας μάλιστα ὁρῴη τὰ καλὰ διώκοντας, τούτους καὶ δώροις καὶ ἀρχαῖς καὶ ἕδραις καὶ πάσαις τιμαῖς ἐγέραιρεν· ὥστε πολλὴν πᾶσι φιλοτιμίαν ἐνέβαλλεν ὅπως ἕκαστος ἄριστος φανείη Κύρῳ.

40. Καταμαθεῖν δὲ τοῦ Κύρου δοκοῦμεν ὡς οὐ τούτῳ μόνῳ ἐνόμιζε χρῆναι τοὺς ἄρχοντας τῶν ἀρχομένων διαφέρειν, τῷ βελτίονας αὐτῶν εἶναι, ἀλλὰ καὶ καταγοητεύειν ᾤετο χρῆναι αὐτούς. Στολήν τε γοῦν εἵλετο τὴν Μηδικὴν αὐτός τε φορεῖν καὶ τοὺς κοινῶνας ταύτην ἔπεισεν ἐνδύεσθαι· αὕτη γὰρ αὐτῷ συγκρύπτειν ἐδόκει εἴ τίς τι ἐν τῷ σώματι ἐνδεὲς ἔχοι, καὶ καλλίστους καὶ μεγίστους ἐπιδεικνύναι τοὺς φοροῦντας· (41) καὶ γὰρ τὰ ὑποδήματα τοιαῦτα ἔχουσιν ἐν οἷς μάλιστα λαθεῖν ἔστι καὶ ὑποτιθεμένους τι ὥστε δοκεῖν μείζους εἶναι ἢ εἰσί· καὶ ὑπογράιεσθαι δὲ τοὺς ὀφθαλμοὺς προσίετο, ὡς εὐοφθαλμότεροι φαίνοιντο ἢ εἰσί, καὶ ἐντρίβεσθαι, ὡς εὐχρούστεροι ὁρῷντο ἢ πεφύκασιν. (42) Ἐμελέτησε δὲ καὶ ὡς μηδὲ πτύοντες μηδὲ ἀπομυττόμενοι φανεροὶ εἶεν μηδὲ μεταστρεφόμενοι ἐπὶ θέαν μηδενός, ὡς οὐδὲν θαυμάζοντες. Πάντα δὲ ταῦτα ᾤετο φέρειν τι εἰς τὸ δυσκαταφρονητοτέρους φαίνεσθαι τοῖς ἀρχομένοις.

43. Οὓς μὲν δὴ ἄρχειν ᾤετο χρῆναι, δι' ἑαυτοῦ οὕτω κατεσκεύαζε καὶ μελέτῃ καὶ τῷ σεμνῶς προεστάναι αὐτῶν· οὓς δ' αὖ κατεσκεύαζεν εἰς τὸ δουλεύειν, τούτους οὔτε μελετᾶν τῶν ἐλευθερίων πόνων οὐδένα παρώρμα οὔτε ὅπλα κεκτῆσθαι ἐπέτρεπεν. Ἐπεμελεῖτο δὲ ὅπως μήτε ἄσιτοι μήτε ἄποτοί ποτε ἔσονται ἐλευθερίων ἕνεκα μελετημάτων. (44) Καὶ γὰρ ὁπότε ἐλαύνοιεν τὰ θηρία τοῖς ἱππεῦσιν εἰς τὰ πεδία, φέρεσθαι σῖτον εἰς θήραν τούτοις ἐπέτρεπε, τῶν δὲ ἐλευθέρων οὐδενί· καὶ ὁπότε πορεία εἴη, ἦγεν αὐτοὺς εἰς τὰ ὕδατα ὥσπερ τὰ ὑποζύγια. Καὶ ὁπότε δὲ ὥρα εἴη ἀρίστου, ἀνέμενεν αὐτοὺς ἔστε ἐμφάγοιέν τι, ὡς μὴ βουλιμιῷεν· ὥστε καὶ οὗτοι αὐτὸν ὥσπερ οἱ ἄριστοι πατέρα ἐκάλουν, ὅτι ἐπεμελεῖτο αὐτῶν ὅπως ἀναμφιλόγως ἀεὶ ἀνδράποδα διατελοῖεν.

45. Τῇ μὲν δὴ ὅλῃ Περσῶν ἀρχῇ οὕτω τὴν ἀσφάλειαν κατεσκεύαζεν. Ἑαυτῷ δὲ ὅτι μὲν οὐχ ὑπὸ τῶν καταστραφέντων κίνδυνος εἴη παθεῖν τι ἰσχυρῶς ἐθάρρει· καὶ γὰρ ἀνάλκιδας ἡγεῖτο εἶναι αὐτοὺς καὶ ἀσυντάκτους ὄντας ἑώρα, καὶ πρὸς τούτοις οὐδὲ ἐπλησίαζε τούτων οὐδεὶς αὐτῷ οὔτε νυκτὸς οὔτε ἡμέρας. (46) Οὓς δὲ κρατίστους τε ἡγεῖτο καὶ ὡπλισμένους καὶ ἀθρόους ὄντας ἑώρα, καὶ τοὺς μὲν αὐτῶν ᾔδει ἱππέων ἡγεμόνας ὄντας, τοὺς δὲ πεζῶν· πολλοὺς δὲ αὐτῶν καὶ φρονήματα ἔχοντας ᾐσθάνετο ὡς ἱκανοὺς ὄντας ἄρχειν· καὶ τοῖς φύλαξι δὲ αὐτοῦ οὗτοι μάλιστα ἐπλησίαζον, καὶ αὐτῷ δὲ τῷ Κύρῳ τούτων πολλοὶ πολλάκις συνεμίγνυσαν· ἀνάγκη γὰρ ἦν, εἴ τι καὶ χρήσθαι ἔμελλεν αὐτοῖς· ὑπὸ τούτων οὖν καὶ κίνδυνος ἦν αὐτῷ μάλιστα παθεῖν τι κατὰ πολλοὺς τρόπους. (47) Σκοπῶν οὖν ὅπως ἂν αὐτῷ καὶ τὰ ἀπὸ τούτων ἀκίνδυνα γένοιτο,

et studiis ipse praestabat, multum qui cum eo versabantur, ob exercitationem illam perpetuam. Atque hujusmodi sane exemplum ipse se praebuit. Praeterea, si quos alios videret maxime rerum honestarum sectatores, eos et donis, et imperiis, et sedendi loco, et omnibus honoribus ornabat: adeo ut omnibus ingens studium injiceret, quo quisque Cyro praestantissimus videretur.

Animadvertisse vero nos in Cyro id quoque putamus, quod non eo duntaxat principes existimarit praestare subjectis sibi debere, ut iis meliores essent; verum etiam illecebris quibusdam hos illis deliniendos arbitraretur. Itaque tum sibi vestem Medicam gestandam esse certo judicio statuit, tum illi suo participum collegio persuasit, ut eandem induerent: nam si quid in alicujus corpore vitii esset, id vestitus is occultare Cyro videbatur, et illos, qui eum gestarent, quam pulcherrimos et maximos exhibere. Habent enim hujusmodi calceos, in quibus maxime subjici clam aliquid potest, ut grandiores, quam sint, esse videantur. Hoc etiam admittebat, ut oculis pigmenta quaedam sublinerentur, quo viderentur oculos habere pulchriores, quam essent, et ut fucus infricaretur, quo praediti colore meliori cernerentur, quam natura concessisset. Ad haec eos exercuit, ut palam nec exspuerent nec emungerent se; nec ad ullam rem spectandam se converterent, quasi nihil admirarentur. Haec adeo universa putabat aliquid adferre momenti ad hoc, ut subjectorum imperio suo contemptu minime digni viderentur.

Et ad hunc sane modum eos, qui magistratus gerere debebant, suo ipsius exemplo instruxit, tum exercendo, tum illo ipso, quod eis cum majestate praeesset: quos autem ad serviendum instruebat, eos nec ad se in laboribus ullis liberalibus exercendos excitabat, nec habere arma sinebat: studioseque dabat operam, ne uuquam liberalium exercitationum causa vel cibo vel potu carerent. Etenim his permittebat, quoties equitibus feras in campos adigerent, ut cibum ad venationem secum sumerent, ingenuorum vero nemini: quando item faciendum erat iter, ad aquas eos, perinde ac jumenta, ducebat. Et cum prandii tempus erat, exspectabat eos donec aliquid comedissent, ne fames ingens eos invaderet: quo fiebat ut etiam hi, non aliter ac optimates, eum patrem adpellarent; quod curam ipsorum gereret, ut semper sine dubio mancipia manerent.

Ac totum quidem imperium Persicum hoc modo firmum ut esset ac stabile, Cyrus effecit. At sibi ne quid ab iis, quos in potestatem redegisset, accideret, nihil periculi futurum valde animo confidebat : nam et imbelles eos existimabat, et nullo inter se conjunctos ordine videbat, ac praeterea nemo illorum propius ad ipsum neque noctu neque interdiu accedebat. Quos vero praestantissimos ducebat, et armis instructos, et confertos conspiciebat, ac partim sciebat equitum duces esse, partim peditum; eorumque complures animadvertebat esse animis elatis, quasi qui ad imperandum essent idonei; quique propius ad custodes ipsius accedere solebant, quorumque multi Cyrum ipsum saepenumero convenirent (quod fieri necesse erat, siquidem opera ipsorum uti vellet) : ab his igitur maxime ne quid ei mali accideret, periculum erat, idque multis modis. Quamobrem dispiciens quo pacto ab iis quoque tutus esset, arma

τὸ μὲν περιελέσθαι αὐτῶν τὰ ὅπλα καὶ ἀπολέμους ποιῆσαι ἀπεδοκίμασε, καὶ ἄδικον ἡγούμενος καὶ καταλύσειν τῆς ἀρχῆς ταύτην νομίζων· τὸ δ' αὖ μὴ προσίεσθαι αὐτοὺς καὶ τὸ ἀπιστοῦντα φανερὸν εἶναι ἀρχὴν ἡγήσατο πολέμου. (18) ἓν δὲ ἀντὶ πάντων τούτων ἔγνω καὶ κράτιστον εἶναι πρὸς τὴν ἑαυτοῦ ἀσφάλειαν καὶ κάλλιστον, εἰ δύναιτο ποιῆσαι τοὺς κρατίστους ἑαυτῷ μᾶλλον φίλους ἢ ἀλλήλοις. Ὡς οὖν ἐπὶ τὸ φιλεῖσθαι δοκεῖ ἡμῖν ἐλθεῖν, τοῦτο πειρασόμεθα διηγήσασθαι.

ΚΕΦΑΛΑΙΟΝ Β.

Πρῶτον μὲν γὰρ διὰ παντὸς ἀεὶ τοῦ χρόνου φιλανθρωπίαν τῆς ψυχῆς ὡς ἠδύνατο μάλιστα ἐνεφάνιζεν, ἡγούμενος, ὥσπερ οὐ ῥᾴδιόν ἐστι φιλεῖν τοὺς μισεῖν δοκοῦντας οὐδ' εὐνοεῖν τοῖς κακόνοις, οὕτω καὶ τοὺς γιγνωσκομένους ὡς φιλοῦσι καὶ εὐνοοῦσιν, οὐκ ἂν δύνασθαι μισεῖσθαι ὑπὸ τῶν φιλεῖσθαι ἡγουμένων. (2) Ἕως μὲν οὖν χρήμασιν ἀδυνατώτερος ἦν εὐεργετεῖν, τῷ τε προνοεῖν τῶν συνόντων καὶ τῷ προπονεῖν καὶ τῷ συνηδόμενος μὲν ἐπὶ τοῖς ἀγαθοῖς φανερὸς εἶναι, συναχθόμενος δὲ ἐπὶ τοῖς κακοῖς, τούτοις ἐπειρᾶτο τὴν φιλίαν θηρεύειν· ἐπειδὴ δὲ ἐγένετο αὐτῷ τοῖς χρήμασιν εὐεργετεῖν, δοκεῖ ἡμῖν γνῶναι πρῶτον μὲν ὡς εὐεργέτημα ἀνθρώποις πρὸς ἀλλήλους οὐδέν ἐστιν ἀπὸ τῆς αὐτῆς δαπάνης ἐπιχαριτώτερον ἢ σίτων καὶ ποτῶν μετάδοσις. (3) Τοῦτο δ' οὕτω νομίσας πρῶτον μὲν ἐπὶ τὴν αὑτοῦ τράπεζαν συνέταξεν ὅπως οἷς αὐτὸς σίτοις τούτοις ὅμοια ἀεὶ παρατίθοιτο αὐτῷ ἱκανὰ παμπόλλοις ἀνθρώποις· ὅσα δὲ παρατεθείη, ταῦτα πάντα, πλὴν οἷς αὐτὸς καὶ οἱ σύνδειπνοι χρήσαιντο, διεδίδου οἷς ἀεὶ βούλοιτο τῶν φίλων μνήμην ἐνδεικνύσθαι ἢ φιλοφροσύνην. Διέπεμπε δὲ καὶ τούτοις οἷς ἀγασθείη ἢ ἐν φυλακαῖς ἢ ἐν θεραπείαις ἢ ἐν αἰχμιοπόλοις πράξεσιν, ἐνσημαινόμενος τοῦτο ὅτι οὐκ ἂν λανθάνοιεν χαρίζεσθαι βουλόμενοι. (4) Ἐτίμα δὲ καὶ τῶν οἰκετῶν ἀπὸ τῆς τραπέζης ὁπότε τινὰ ἐπαινέσειε· καὶ τὸν πάντα δὲ σῖτον τῶν οἰκετῶν ἐπὶ τὴν αὑτοῦ τράπεζαν ἐπετίθετο, οἰόμενος ὥσπερ καὶ τοῖς κυσὶν ἐμποιεῖν τινα καὶ τοῦτο εὔνοιαν. Εἰ δὲ καὶ θεραπεύεσθαί τινα βούλοιτο τῶν φίλων ὑπὸ πολλῶν, καὶ τούτοις ἔπεμπεν ἀπὸ τραπέζης· καὶ νῦν γὰρ ἔτι οἷς ἂν ὁρῶσι πεμπόμενα ἀπὸ τῆς βασιλέως τραπέζης, τούτους πάντες μᾶλλον θεραπεύουσι, νομίζοντες αὐτοὺς ἐντίμους εἶναι καὶ ἱκανοὺς διαπράττειν, ἤν τι δέωνται. Ἔτι δὲ καὶ οὐ τούτων μόνον ἕνεκα τῶν εἰρημένων εὐφραίνει τὰ πεμπόμενα παρὰ βασιλέως, ἀλλὰ τῷ ὄντι καὶ ἡδονῇ πολὺ διαφέρει τὰ ἀπὸ τῆς βασιλέως τραπέζης. (5) Καὶ τοῦτο μέντοι οὕτως ἔχειν οὐδέν τι θαυμαστόν· ὥσπερ γὰρ καὶ αἱ ἄλλαι τέχναι διαφερόντως ἐν ταῖς μεγάλαις πόλεσιν ἐξειργασμέναι εἰσί, κατὰ τὸν αὐτὸν τρόπον καὶ τὰ παρὰ βασιλεῖ σῖτα πολὺ διαφερόντως ἐκπεπόνηται. Ἐν μὲν

quidem illis adimi et reddi ad bellum ineptos, minime probavit; quod esse illud et cum injuria et cum imperii eversione conjunctum duceret : rursus eos non admittere, ac palam declarare quod fidem eis non haberet, id belli initium esse arbitraretur : itaque hoc unum istorum omnium loco judicabat et optimum esse ad securitatem suam et honestissimum, si praestantissimos illos sibi redderet amiciores quam inter se ipsos essent. Quo igitur modo pervenisse nobis eo videatur, ut amaretur, exponere conabimur.

CAPUT II.

Primum quovis tempore quam poterat, maxime humanitatem animi declarabat ; cum existimaret, quemadmodum facile non sit eos diligere, qui odisse videantur, aut male erga nos adfectos benevolentia complecti, sic fieri non posse ut illi, quorum cognitus sit amor et benevolentia, iis odio sint, qui se diligi arbitrentur. Quamdiu certe quidem minus valeret opibus ad beneficia conferenda, tum illis prospiciendo qui cum ipso versarentur, tum pro iis laborando, et palam declarando se prosperis ipsorum rebus laetari, adversas graviter ferre, venari amorem eorum nitebatur : verum posteaquam hoc adeptus est, ut beneficus esse largiendis opibus posset, animadvertisse nobis videtur, primo quidem beneficiendo hominibus inter se ex eadem impensa nullum esse gratius, quam si quis cibum ac potum impertiatur. Id cum ita se habere statuisset, primum de mensa sua mandatum dedit, ut quibus ipse cibis vesceretur, iis similes semper sibi adponerentur, permultis hominibus suffecturi : quaecunque vero adponebantur, ea semper omnia, extra illa, quibus ipse ipse convivae vescerentur, distribuebat iis ex amicis, quibus volebat ostendere se eorum meminisse, aut se iis bene velle. Praeterea mittebat cibos iis, quos vel ob diligentiam in excubiis admiraretur, vel in praestandis obsequiis, vel quibuscunque in actionibus : eo significans, non esse ignotam voluntatem ejus, qui sibi gratificari cuperet. Eodem etiam honore ciborum e mensa sua missorum domesticos suos adficiebat, quando aliquem laudare vellet : atque etiam cibos omnes horum domesticorum in mensa sua adponi curabat, quod putaret hoc eis benevolentiam quandam inditurum, sicut et canibus usu venire solet. Quod si amicos aliquos a multis coli vellet, his etiam aliquid de mensa sua mittebat; hodieque adeo etiam si quibus de mensa regis mitti aliqua vident, cos universi magis colunt; quod illos et honoratos esse arbitrentur, et auctoritate valere ad impetrandum, si quid ipsis sit opus. Nec his solum de causis, quas indicavimus, laetitiam adferunt quae a rege mittuntur, sed reapse multum praestant suavitate, quae de mensa regis veniunt. Atque hoc sane ita esse non est mirandum : nam ut aliorum quoque artificiorum opera magnis in urbibus egregie perficiuntur, sic etiam cibi regii longe praestantius elaborantur. Nam parvis in urbibus iidem

γὰρ ταῖς μικραῖς πόλεσιν οἱ αὐτοὶ ποιοῦσι κλίνην, θύραν, ἄροτρον, τράπεζαν, πολλάκις δ' ὁ αὐτὸς οὗτος καὶ οἰκοδομεῖ, καὶ ἀγαπᾷ ἢν καὶ οὕτως ἱκανοὺς αὐτὸν τρέφειν ἐργοδότας λαμβάνῃ· ἀδύνατον οὖν πολλὰ τεχνώμενον ἄνθρωπον πάντα καλῶς ποιεῖν. Ἐν δὲ ταῖς μεγάλαις πόλεσι διὰ τὸ πολλοὺς ἑκάστου δεῖσθαι ἀρκεῖ καὶ μία ἑκάστῳ τέχνη, εἰς τὸ τρέφεσθαι, πολλάκις δὲ οὐδ' ὅλη μία, ἀλλ' ὑποδήματα ποιεῖ ὁ μὲν ἀνδρεῖα, ὁ δὲ γυναικεῖα, ἔστι δὲ ἔνθα καὶ ὑποδήματα ὁ μὲν νευρορραφῶν μόνον τρέφεται, ὁ δὲ σχίζων, ὁ δὲ χιτῶνας μόνον συντέμνων, ὁ δέ γε τούτων οὐδὲν ποιῶν, ἀλλὰ συντιθεὶς ταῦτα. Ἀνάγκη οὖν τὸν ἐν βραχυτάτῳ διατρίβοντα ἔργῳ τοῦτον καὶ ἄριστα δηναγκάσθαι τοῦτο ποιεῖν. (6) Τὸ αὐτὸ δὲ τοῦτο πέπονθε καὶ τὰ ἀμφὶ τὴν δίαιταν. Ὧ μὲν γὰρ ὁ αὐτὸς κλίνην στρώννυσι, τράπεζαν κοσμεῖ, μάττει, ὄψα ἄλλοτε ἀλλοῖα ποιεῖ, ἀνάγκη, οἶμαι, τούτῳ, ὡς ἂν ἕκαστον προχωρῇ, οὕτως ἔχειν· ὅπου δὲ ἱκανὸν ἔργον ἑνὶ ἕψειν κρέα, ἄλλῳ ὀπτᾶν, ἄλλῳ δὲ ἰχθὺν ἕψειν, ἄλλῳ ὀπτᾶν, ἄλλῳ ἄρτους ποιεῖν, καὶ μηδὲ τούτους παντοδαπούς, ἀλλὰ ἀρκεῖ ἂν ἓν εἶδος εὐδοκιμοῦν παράσχῃ, ἀνάγκη, οἶμαι, ταῦτα οὕτω ποιούμενα πολὺ διαφερόντως ἐξειργάσθαι ἕκαστον.

7. Τῇ μὲν δὴ τῶν σίτων θεραπείᾳ τοιαῦτα ποιῶν πολὺ ὑπερεβάλλετο πάντας. Ὡς δὲ καὶ τοῖς ἄλλοις πᾶσι θεραπεύων πολὺ ἐκράτει, τοῦτο νῦν διηγήσομαι· πολὺ γὰρ διενεγκὼν ἀνθρώπων τῷ πλείστας προσόδους λαμβάνειν πολὺ ἔτι πλέον διήνεγκε τῷ πλεῖστα ἀνθρώπων δωρεῖσθαι. Κατῆρξε μὲν οὖν τούτου Κῦρος, διαμένει δὲ ἔτι καὶ νῦν τοῖς βασιλεῦσιν ἡ πολυδωρία. (8) Τίνι μὲν γὰρ φίλοι πλουσιώτεροι ὄντες φανεροὶ ἢ Περσῶν βασιλεῖ; τίς δὲ κοσμῶν κάλλιον φαίνεται στολαῖς τοὺς περὶ αὐτὸν ἢ βασιλεύς; τίνος δὲ δῶρα γιγνώσκεται ὥσπερ ἔνια τῶν βασιλέως, ψέλια καὶ στρεπτοὶ καὶ ἵπποι χρυσοχάλινοι; οὐ γὰρ δὴ ἔξεστιν ἐκεῖ ταῦτα ἔχειν ᾧ ἂν μὴ βασιλεὺς δῷ. (9) Τίς δ' ἄλλος λέγεται δώρων μεγέθει ποιεῖν αἱρεῖσθαι αὑτὸν καὶ ἀντ' ἀδελφῶν καὶ ἀντὶ πατέρων καὶ ἀντὶ παίδων; τίς δ' ἄλλος ἐδυνάσθη ἐχθροὺς ἀπέχοντας πολλῶν μηνῶν ὁδὸν τιμωρεῖσθαι ὡς Περσῶν βασιλεύς; τίς δ' ἄλλος καταστρεψάμενος ἀρχὴν ὑπὸ τῶν ἀρχομένων πατὴρ καλούμενος ἀπέθανεν ἢ Κῦρος; τοῦτο δὲ τοὔνομα δῆλον ὅτι εὐεργετοῦντός ἐστι μᾶλλον ἢ ἀφαιρουμένου. (10) Κατεμάθομεν δὲ ὡς καὶ τοὺς βασιλέως καλουμένους ὀφθαλμοὺς καὶ τὰ βασιλέως ὦτα οὐκ ἄλλως ἐκτήσατο ἢ τῷ δωρεῖσθαί τε καὶ τιμᾶν· τοὺς γὰρ ἀπαγγείλαντας ὅσα καιροὺς αὐτῷ εἴη πεπύσθαι μεγάλως εὐεργετῶν πολλοὺς ἐποίησεν ἀνθρώπους καὶ ὠτακουστεῖν καὶ διοπτεύειν τί ἂν ἀγγείλαντες ὠφελήσειαν βασιλέα. (11) Ἐκ τούτου δὴ καὶ πολλοὶ ἐνομίσθησαν βασιλέως ὀφθαλμοὶ καὶ πολλὰ ὦτα. Εἰ δέ τις οἴεται ἕνα αἱρετὸν εἶναι ὀφθαλμὸν βασιλεῖ, οὐκ ὀρθῶς οἴεται· ὀλίγα γὰρ εἷς γ' ἂν ἴδοι καὶ εἷς ἀκούσειε· καὶ τοῖς ἄλλοις ὥσπερ ἀμελεῖν ἂν παραγγελλόμενον εἴη, εἰ ἑνὶ τοῦτο προστεταγμένον εἴη· πρὸς δὲ καὶ ὅντινα γιγνώσκοιεν ὀφθαλμὸν ὄντα, τοῦτον ἂν εἰδεῖεν ὅτι φυλάττεσθαι δεῖ. Ἀλλ' οὐχ οὕ-

spondam, januam, aratrum, mensam fabricantur: atque saepenumero idem etiam domum exstruit, et bene secum agi putat, si etiam hoc modo locatores inveniat operis, qui ipsum sumptibus suis alant: fieri certe nequit ut is, qui multis artificiis occupatur, omnia recte faciat: at magnis in urbibus, quia multi singulis egent, vel unum cuique sufficit artificium, ut eo se alat; saepenumero ne unum quidem totum, sed calceos alius viriles, alius muliebres facit: est ubi alius calceos duntaxat nervis consuendo se alit, scindendo alius; itidem alius sublaminas tantummodo concinnando, alius nihil horum faciendo, sed ista componendo. Quamobrem necesse est eum, qui occupatur opere minime longe, etiam id quam optime cogi perficere. Hoc ipsum et in victu accidit. Nam cui unus et idem lectum sternit, mensam instruit, farinam subigit, alias alia obsonia parat, eum necesse est, opinor, sic habere singula, uti cesserunt: verum ubi negotii uni satis est, ut elixas carnes coquendas, alii ut assandas; alii ut elixes coquendos pisces, alii ut assandos, curet; alii ut panes faciendos curet, ac ne hos quidem omnis generis, sed unam ab eo panis speciem probatam effici satis est: tum vero haec in hunc modum facta, necesse est, opinione mea, egregie admodum esse singillatim perfecta.

Cibis igitur suos demerendo Cyrus longe omnes superabat. Ut autem aliis etiam rebus omnibus demerendo homines longe praestiterit, id jam sum narraturus: nam tametsi mortales ceteros eo ipso excelleret, quod proventus plurimos perciperet; multo tamen etiam in hoc magis excelluit, quod unus inter homines plurima largiretur. Atque hoc quidem ita a Cyro coeptum fuit; ac permanet etiam nunc apud illos reges multa donandi consuetudo. Quis enim palam opulentiores habet amicos, quam habeat rex Persarum? quis illo rege suos elegantius ornare vestitu videtur? cujus munera ejusmodi esse cognoscuntur, qualia sunt regis illius nonnulla, armillae, torques, equi frenis aureis insignes? non enim illic haec habere cuiquam licet, cui rex ea non donarit. Quis alius magnitudine munerum efficere dicitur, ut fratribus ipse anteferatur, et parentibus, et liberis? quis alius hostes suos, multorum mensium itineris intervallo distantes, sic ulcisci potuit, ut rex Persarum? Quis alius, cum imperium aliorum evertisset, sic diem extremum obiit, ut a subjectis sibi pater adpellaretur, praeter Cyrum? at nomen illud magis ei tribui qui beneficia confert quam qui rapit aliena, constat. Accepimus etiam, Cyrum illos, qui et oculi et aures regis adpellantur, non alia ratione sibi conciliasse, quam munera largiendo et honoribus ornando: quippe dum in eos, qui nuntiabant quaecunque ipsius interesset in tempore cognita habere, magna beneficia conferret, efficiebat ut homines multi et auribus id captarent et notarent oculis, quo nuntiato regi aliquid utilitatis adferrent. Hinc multos esse regis oculos, et aures multas, existimatum fuit. Quod si quis arbitratur unum solum regi electum esse oculum, is rem non recte aestimat: nam unus aliquis cernere pauca, pauca unus audire posset; et quaedam quasi negligentia ceteris esset indicta, si uni tantum id mandatum esset officii: praeterea, quemcunque regis oculum esse animadverterent, ab eo caven-

τως ἔχει, ἀλλὰ τοῦ φάσκοντος ἀκοῦσαί τι ἢ ἰδεῖν ἄξιον ἐπιμελείας παντὸς βασιλεὺς ἀκούει. (12) Οὕτω δὴ πολλὰ μὲν βασιλέως ὦτα, πολλοὶ δὲ ὀφθαλμοὶ νομίζονται· καὶ φοβοῦνται πανταχοῦ λέγειν τὰ μὴ σύμφορα βασιλεῖ, ὥσπερ αὐτοῦ ἀκούοντος, καὶ ποιεῖν ἃ μὴ σύμφορα, ὥσπερ αὐτοῦ παρόντος. Οὔκουν ὅπως μνησθῆναι ἄν τις ἐτόλμησε πρός τινα περὶ Κύρου φλαῦρόν τι, ἀλλ᾽ ὡς ἐν ὀφθαλμοῖς πᾶσι καὶ ὠσὶ βασιλέως τοῖς ἀεὶ παροῦσιν οὕτως ἕκαστος διέκειτο. Τοῦ δὲ οὕτω διακεῖσθαι τοὺς ἀνθρώπους πρὸς αὐτὸν ἐγὼ μὲν οὐκ οἶδα ὅ,τι ἄν τις αἰτιάσαιτο μᾶλλον ἢ ὅτι μεγάλα ἤθελεν ἀντὶ μικρῶν εὐεργετεῖν.

13. Καὶ τὸ μὲν δὴ μεγέθει δώρων ὑπερβάλλειν πλουσιώτατον ὄντα οὐ θαυμαστόν· τὸ δὲ τῇ θεραπείᾳ καὶ τῇ ἐπιμελείᾳ τῶν φίλων βασιλεύοντα περιγίγνεσθαι, τοῦτο ἀξιολογώτερον. Ἐκεῖνος τοίνυν λέγεται κατάδηλος εἶναι μηδενὶ ἂν οὕτως αἰσχυνθεὶς ἡττώμενος ὡς φίλων θεραπείᾳ· (14) καὶ λόγος δὲ αὐτοῦ ἀπομνημονεύεται ὡς λέγοι παραπλήσια ἔργα εἶναι νομέως ἀγαθοῦ καὶ βασιλέως ἀγαθοῦ· τόν τε γὰρ νομέα χρῆναι ἔφη εὐδαίμονα τὰ κτήνη ποιοῦντα χρῆσθαι αὐτοῖς, ἡ δὴ προβάτων εὐδαιμονία, τόν τε βασιλέα ὡσαύτως εὐδαίμονας πόλεις καὶ ἀνθρώπους ποιοῦντα χρῆσθαι αὐτοῖς. Οὐδὲν οὖν θαυμαστόν, εἴπερ ταύτην εἶχε τὴν γνώμην, τὸ φιλονείκως ἔχειν πάντων ἀνθρώπων θεραπείᾳ περιγίγνεσθαι. (15) Καλὸν δὲ ἐπίδειγμα καὶ τοῦτο λέγεται Κύρῳ ἐπιδεῖξαι Κροίσῳ, ὅτε ἐνουθέτει αὐτὸν ὡς διὰ τὸ πολλὰ διδόναι πένης ἔσοιτο, ἐξὸν αὐτῷ θησαυροὺς χρυσοῦ πλείστους ἑνί γε ἀνδρὶ ἐν τῷ οἴκῳ καταθέσθαι· καὶ τὸν Κῦρον λέγεται ἐρέσθαι, Καὶ πόσα ἄν ἤδη οἴει μοι χρήματα εἶναι, εἰ συνέλεγον χρυσίον ὥσπερ σὺ κελεύεις ἐξ ὅτου ἐν τῇ ἀρχῇ εἰμι; καὶ τὸν Κροῖσον εἰπεῖν πολύν τινα ἀριθμόν. (16) Καὶ τὸν Κῦρον πρὸς ταῦτα, Ἄγε δή, φάναι, ὦ Κροῖσε, σύμπεμψον ἄνδρα σὺν Ὑστάσπῃ τούτῳ ὅτῳ σὺ πιστεύεις μάλιστα. Σὺ δέ, ὦ Ὑστάσπα, ἔφη, περιελθὼν πρὸς τοὺς φίλους λέγε αὐτοῖς ὅτι δέομαι χρυσίου πρὸς πρᾶξίν τινα· καὶ γὰρ τῷ ὄντι προσδέομαι· καὶ κέλευε αὐτοὺς ὁπόσα ἂν ἕκαστος δύνηται πορίσαι μοι χρήματα· γράψαντας δὲ καὶ κατασημηναμένους δοῦναι τὴν ἐπιστολὴν τῷ Κροίσου θεράποντι φέρειν. (17) Ταῦτα δὲ ὅσα ἔλεγε καὶ γράψας καὶ σημηνάμενος ἐδίδου τῷ Ὑστάσπῃ φέρειν πρὸς τοὺς φίλους, ἐνέγραψε δὲ πρὸς πάντας καὶ Ὑστάσπην ὡς φίλον αὐτοῦ δέχεσθαι. Ἐπεὶ δὲ περιῆλθε καὶ ἤνεγκεν ὁ Κροίσου θεράπων τὰς ἐπιστολάς, ὁ μὲν δὴ Ὑστάσπης εἶπεν, Ὦ Κῦρε βασιλεῦ, καὶ ἐμοὶ ἤδη χρὴ ὡς πλουσίῳ χρῆσθαι· πάμπολλα γὰρ ἔχων πάρειμι δῶρα διὰ τὰ σὰ γράμματα. (18) Καὶ ὁ Κῦρος εἶπεν, Εἷς μὲν τοίνυν καὶ οὗτος ἤδη θησαυρὸς ἡμῖν, ὦ Κροῖσε, τῶν δ᾽ ἄλλους κατάθου καὶ λόγισαι πόσα ἐστὶν ἕτοιμα χρήματα, ἤν τι δέωμαι χρῆσθαι. Λέγεται δὴ λογιζόμενος ὁ Κροῖσος πολλαπλάσια εὑρεῖν ἢ ἔφη Κύρῳ ἂν εἶναι ἐν τοῖς θησαυροῖς ἤδη, εἰ συνέλεγεν. (19) Ἐπεὶ δὲ τοῦτο φανερὸν ἐγένετο, εἰπεῖν λέγεται ὁ Κῦρος, Ὁρᾷς, φάναι,

dum scirent. Verum ita se res non habet, sed audit rex quemlibet, qui se vel audivisse vel vidisse quidpiam dignum quod curæ habeatur adfirmat. Atque ita multæ regis aures, multi esse oculi existimantur; et ubique proferre metuunt ea, quæ regi non conducant, tanquam si audiret ipse; et facere quæ non conducant ei reformidant, tanquam si præsens ipse adesset. Itaque non modo non ausus est ad quempiam aliquis sinistram Cyri mentionem facere, sed etiam ita quilibet adfectus erat, quasi omnes, quibuscum quovis tempore versaretur, et oculi regis et aures essent. Quod vero sic in eum adfecti essent homines, ejus rei causam equidem ignoro nisi quam potiorem quis putet, quam quod exiguis ipse meritis beneficia rependere magna vellet.

Ac munerum quidem magnitudine eum superasse alios, mirum non est, cum opulentissimus esset; at vero eum, qui esset regia cum dignitate, amicos officiose studioseque colendo vicisse, id sane magis prædicari meretur. Enimvero traditum est, eum in nulla re adeo manifesta pudoris signa dedisse, posteaquam superatus esset, atque in amicorum cultu et obsequio. Ac dictum quoddam ejus memoratur, quo similia perhibuerit esse boni pastoris et boni regis opera: debere pastorem aiebat in jumentis regendis ita versari ut felicitatem ipsis conciliaret (quæ ovibus pecudum esset felicitas), itemque regem in civitatibus et hominibus ita, ut felicitatem conciliaret illis. Nihil mirum igitur, cum hac esset in sententia, singulari contentione conatum esse homines universos officiose demerendo vincere. Præclarum certe et illud documentum Cyri dedisse Crœso perhibetur, cum is futurum admoneret, ut multa largiendo pauper fieret; cui tamen liceret, uni quidem homini, plurimos auri domi suæ thesauros recondere. Quæsivisse tum Cyrus dicitur, Et quantam pecuniæ summam habiturum me jam fuisse arbitraris, si, quemadmodum tu jubes, aurum colligessem ab eo tempore quo cum imperio sum? Ibi Crœsum dixisse aiunt, Ingentem quandam summam. Et subjecisse Cyrum, Age vero, Crœse, mitte quendam cum hoc Hystaspa, inquit Hystaspas, Etiam mecum, rex Cyre, tibi agendum erit ne sit dives: nam permultis tibi cum muneribus adsum, propter literas tuas. Et Cyrus, Ergo jam, ait, hic quoque thesaurus unus nobis est, Crœse: ceteros autem considera, ac subductis rationibus collige, quantæ nobis pecuniæ paratæ sint, si ad usum aliquem eis mihi sit opus. Crœsus initis rationibus multo plures reperisse fertur, suam habiturum jam in thesauris fuisse Cyrum dixerat, si eas collegisset. Quod ubi patuit, dixisse Cyrum traditur, Videsne,

ὦ Κροῖσε, ὡς εἰσὶ καὶ ἐμοὶ θησαυροί· ἀλλὰ σὺ μὲν κελεύεις με παρ' ἐμοὶ αὐτοὺς συλλέγοντα φθονεῖσθαί τε δι' αὐτοὺς καὶ μισεῖσθαι καὶ φύλακας αὐτοῖς ἐφιστάντα μισθοφόρους τούτοις πιστεύειν· ἐγὼ δὲ τοὺς φίλους πλουσίους ποιῶν τούτους μοι νομίζω θησαυροὺς καὶ φύλακας ἅμα ἐμοῦ τε καὶ τῶν ἡμετέρων ἀγαθῶν πιστοτέρους εἶναι ἢ εἰ φρουροὺς μισθοφόρους ἐπεστησάμην. (20) Καὶ ἄλλο δέ σοι ἐρῶ· ἐγὼ γάρ, ὦ Κροῖσε, ὃ μὲν οἱ θεοὶ δόντες εἰς τὰς ψυχὰς τοῖς ἀνθρώποις ἐποίησαν ὁμοίως πάντας πένητας, τούτου μὲν οὐδ' αὐτὸς δύναμαι περιγενέσθαι, ἀλλ' εἰμὶ ἀπλήστος κἀγὼ ὥσπερ οἱ ἄλλοι χρημάτων. (21) τῇδέ γε μέντοι διαφέρειν μοι δοκῶ τῶν πλείστων ὅτι οἱ μὲν ἐπειδὰν τῶν ἀρκούντων περιττὰ κτήσωνται, τὰ μὲν αὖ κατορύττουσι, τὰ δὲ κατασήπουσι, τὰ δὲ ἀριθμοῦντες καὶ μετροῦντες καὶ ἱστάντες καὶ διαψύχοντες καὶ φυλάττοντες πράγματα ἔχουσι, καὶ ὅμως ἔνδον ἔχοντες τοσαῦτα οὔτε ἐσθίουσι πλείω ἢ δύνανται φέρειν, διαρραγεῖεν γὰρ ἄν, οὔτ' ἀμφιέννυνται πλείω ἢ δύνανται φέρειν, ἀποπνιγεῖεν γὰρ ἄν, ἀλλὰ τὰ περιττὰ χρήματα πράγματα ἔχουσιν. (22) Ἐγὼ δὲ ὑπηρετῶ μὲν τοῖς θεοῖς καὶ ὀρέγομαι ἀεὶ πλειόνων· ἐπειδὰν δὲ κτήσωμαι, ἃ ἂν ἴδω περιττὰ ὄντα τῶν ἐμοὶ ἀρκούντων, τούτοις τάς τ' ἐνδείας τῶν ἐμῶν ἐξακοῦμαι καὶ πλουτίζων καὶ εὐεργετῶν ἀνθρώπους εὔνοιαν ἐξ αὐτῶν κτῶμαι καὶ φιλίαν, καὶ ἐκ τούτων καρποῦμαι ἀσφάλειαν καὶ εὔκλειαν· ἃ οὔτε κατασήπεται οὔτε ὑπερπληροῦντα λυμαίνεται, ἀλλὰ ἡ εὔκλεια ὅσῳ ἂν πλείων ᾖ, τοσούτῳ καὶ μεῖζον καὶ κάλλιον καὶ κουφότερα φέρειν γίγνεται, πολλάκις δὲ καὶ τοὺς φέροντας αὐτὴν κουφοτέρους παρέχεται. (23) Ὅπως δὲ καὶ τοῦτο εἰδῇς, ἔφη, ὦ Κροῖσε, ἐγὼ οὐ τοὺς πλεῖστα ἔχοντας καὶ φυλάττοντας πλεῖστα εὐδαιμονεστάτους ἡγοῦμαι· οἱ γὰρ τὰ τείχη φυλάττοντες οὕτως ἂν εὐδαιμονέστατοι εἴησαν· πάντα γὰρ ἂν ἐν ταῖς πόλεσι φυλάττουσιν· ἀλλ' ὃς ἂν κτᾶσθαί τε πλεῖστα δύνηται σὺν τῷ δικαίῳ, χρῆσθαί τε πλείστοις σὺν τῷ καλῷ, τοῦτον ἐγὼ εὐδαιμονέστατον νομίζω [καὶ τὰ χρήματα]. Καὶ ταῦτα μὲν δὴ φανερὸς ἦν ὥσπερ καὶ ἔλεγε πράττων.

24. Πρὸς δὲ τούτοις κατανοήσας τοὺς πολλοὺς τῶν ἀνθρώπων ὅτι ἢν μὲν ὑγιαίνοντες διατελῶσι, παρασκευάζονται ὅπως ἕξουσι τὰ ἐπιτήδεια καὶ κατατίθενται τὰ χρήσιμα εἰς τὸν τῶν ὑγιαινόντων δίαιταν, ὅπως δέ, ἢν ἀσθενήσωσι, τὰ σύμφορα παρέσται, τούτου οὐ πάνυ ἐπιμελομένους ἑώρα· ἔδοξεν οὖν καὶ ταῦτα ἐκπονῆσαι αὐτῷ, τούς τε ἰατροὺς τοὺς ἀρίστους συνεκομίσατο πρὸς αὑτὸν τῷ τελεῖν ἐθέλειν, καὶ ὁπόσα ἢ ὄργανα χρήσιμα ἔφη τις ἂν αὐτῶν γενέσθαι ἢ φάρμακα ἢ σῖτα ἢ ποτά, οὐδὲν τούτων ὅ,τι οὐχὶ παρασκευάσας ἐθησαυρίζετο παρ' αὑτῷ. (25) Καὶ ὁπότε δέ τις ἀσθενήσειε τῶν θεραπεύεσθαι ἐπικαιρίων, ἐπεσκόπει καὶ παρεῖχε πάντα ὅτου ἔδει. Καὶ τοῖς ἰατροῖς δὲ χάριν ᾔδει, ὁπότε τις ἰάσαιτό τινα τοῖς παρ' ἐκείνου λαμβάνων.

26. Ταῦτα μὲν δὴ καὶ τοιαῦτα πολλὰ ἐμηχανᾶτο πρὸς τὸ πρωτεύειν παρ' οἷς ἐβούλετο ἑαυτὸν φιλεῖσθαι.

XENOPHON.

Croese, mihi quoque thesauros esse? Tu vero me jubes, collectos eos apud me retinendo, invidiae me atque odio per eos exponere, ac mercenariis custodibus praefectis fidem habere : sed ego amicos a me locupletatos arbitror mihi thesauros esse, custodesque tum mei ipsius tum bonorum nostrorum fideliores, quam si praesidiarios mercede conductos eis praeficerem. Etiam aliud quiddam tibi dicam : ego nempe id, Croese, quod cum dii indiderint in hominum animos, pariter omnes fecere pauperes, ne ipse quidem vincere possum; sed expleri pecuniis nequeo, perinde atque ceteri : verum hoc discrimen inter me et alios plurimos esse puto, quod illi, cum pecuniae copia sufficientem superante potiti fuerint, partim eam defodiunt, partim putrescere sinunt, partim eam numerando, metiendo, ponderando, et quasi ventilando, custodiendo denique sibi negotium facessunt : neque tamen dum eam domi habent, plus comedunt quam ferre possint (dirumperentur enim), neque plures induunt vestes quam gestare possint (quod alioqui suffocarentur), sed opes illae supervacaneae negotium ipsis exhibent. Ego quidem diis inservio, et plures semper opes adpeto : verum ubi eas comparavi, quas usum mihi sufficientem excedere video, his ipsis amicorum penuriae medeor, et homines ditando ac beneficiis afficiendo benevolentiam ex eis amoremque mihi paro; de quibus et securitatis et gloriae fructum capio; quae quidem neque putrescunt, neque nimium excrescendo laedunt; sed gloria quo auctior est, eo fit major et pulchrior et portatu levior, ac saepenumero etiam illos, qui eam gestant, expeditiores reddit. Atque ut hoc quoque scias, Croese, inquit, non eos ego, qui pecunias plurimas possident et servant plurimas, felicissimos duco (hoc enim pacto qui muros custodiant, felicissimi essent cum omnia, quae sunt in urbibus, custodiant), sed qui parare plurimas juste potest, et plurimis honeste uti, hunc ego felicissimum existimo, etiam opum respectu. Et haec quidem Cyrus uti verbis proferebat, ita etiam in oculis omnium faciebat.

Praeterea, cum animadvertisset hominum plerosque, dum bona valetudine perpetuo fruuntur, operam dare ut a rebus necessariis instructi sint, et quae victui recte valentium usui sint, reponere; verum ut, in morbum si inciderint, utilia suppetant, id quia non admodum eis esse curae cernebat : visum est ei, in his quoque parandis operam esse ponendam; atque adeo medicos praestantissimos undique collect os ad se adliciebat, quod sumptus facere vellet; ac quaecunque instrumenta quis utilia esse ipsi diceret, vel medicamenta, vel cibos, vel potum, eorum nihil erat, quod non paratum apud se reconderet. Ac si aliquando quispiam ex iis aeger esset, quos curari conveniret, invisebat eum et suppeditabat omnia quibus esset opus : etiam medicis gratiam habebat, cum quis sanasset quempiam, sumens ex iis, quae apud ipsum erant recondita.

Haec quidem et alia hujusmodi multa machinatus est, ut apud eos principatum obtineret, a quibus diligi se volebat.

Ὧν δὲ προηγόρευέ τε ἀγῶνας καὶ ἆθλα προυτίθει, φιλονεικίας ἐμποιεῖν βουλόμενος περὶ τῶν καλῶν καὶ ἀγαθῶν ἔργων, ταῦτα τῷ μὲν Κύρῳ ἔπαινον παρεῖχεν ὅτι ἐπεμέλετο ὅπως ἀσκοῖτο ἡ ἀρετή· τοῖς μέντοι ἀρίστοις οἱ ἀγῶνες οὗτοι πρὸς ἀλλήλους καὶ ἔριδας καὶ φιλονεικίας ἐνέβαλλον. (27) Πρὸς δὲ τούτοις ὥσπερ νόμον κατεστήσατο ὁ Κῦρος, ὅσα διακρίσεως δέοιτο εἴτε δίκῃ εἴτε ἀγωνίσματι, τοὺς δεομένους διακρίσεως συντρέχειν τοῖς κριταῖς. Δῆλον οὖν ὅτι ἐστοχάζοντο μὲν οἱ ἀνταγωνιζόμενοι τι ἀμφότεροι τῶν κρατίστων καὶ τῶν μάλιστα φίλων κριτῶν· ὁ δὲ μὴ νικῶν τοῖς μὲν νικῶσιν ἐφθόνει, τοὺς δὲ μὴ ἑαυτὸν κρίνοντας ἐμίσει· ὁ δ' αὖ νικῶν τῷ δικαίῳ προσεποιεῖτο νικᾶν, ὥστε χάριν οὐδενὶ ἡγεῖτο ὀφείλειν. (28) Καὶ οἱ πρωτεύειν δὲ βουλόμενοι φιλίᾳ παρὰ Κύρῳ, ὥσπερ ἄλλοι ἐν πόλεσι, καὶ οὗτοι ἐπιφθόνως πρὸς ἀλλήλους εἶχον, ὥσθ' οἱ πλέονες ἐκποδὼν ἐβούλοντο ὁ ἕτερος τὸν ἕτερον γενέσθαι μᾶλλον ἢ συνέπραξαν ἄν τι ἀλλήλοις ἀγαθόν. Καὶ ταῦτα μὲν δεδήλωται ὡς ἐμηχανᾶτο τοὺς κρατίστους αὑτὸν μᾶλλον πάντας φιλεῖν ἢ ἀλλήλους.

ΚΕΦΑΛΑΙΟΝ Γ.

Νῦν δὲ ἤδη διηγησόμεθα ὡς τὸ πρῶτον ἐξήλασε Κῦρος ἐκ τῶν βασιλείων· καὶ γὰρ αὐτῆς τῆς ἐξελάσεως ἡ σεμνότης ἡμῖν δοκεῖ μία τῶν τεχνῶν εἶναι τῶν μεμηχανημένων τὴν ἀρχὴν μὴ εὐκαταφρόνητον εἶναι. Πρῶτον μὲν οὖν πρὸ τῆς ἐξελάσεως εἰσκαλέσας πρὸς αὑτὸν τοὺς τὰς ἀρχὰς ἔχοντας Περσῶν τε καὶ τῶν ἄλλων συμμάχων διέδωκεν αὐτοῖς τὰς Μηδικὰς στολάς· καὶ τότε πρῶτον Πέρσαι Μηδικὴν στολὴν ἐνέδυσαν· διαδιδοὺς δὲ ἅμα τάδε ἔλεγεν αὐτοῖς ὅτι ἐλάσαι βούλοιτο εἰς τὰ τεμένη τὰ τοῖς θεοῖς ἐξῃρημένα καὶ θῦσαι μετ' ἐκείνων. (2) Πάρεστε οὖν, ἔφη, [αὔριον] ἐπὶ τὰς θύρας κοσμηθέντες ταῖς στολαῖς ταύταις πρὶν ἥλιον ἀνατέλλειν, καὶ καθίστασθε ὡς ἂν ὑμῖν Φεραύλας ὁ Πέρσης ἐξαγγέλλῃ παρ' ἐμοῦ· καὶ ἐπειδὰν, ἔφη, ἐγὼ ἡγῶμαι, ἕπεσθε ἐν τῇ ῥηθείσῃ χώρᾳ. Ἢν δ' ἄρα τινὶ δοκῇ ὑμῶν ἄλλῃ κάλλιον εἶναι ἢ ὡς ἂν νῦν ἐλαύνωμεν, ἐπειδὰν πάλιν ἔλθωμεν, διδασκέτω με· ὅπῃ γὰρ ἂν κάλλιστον καὶ ἄριστον ὑμῖν δοκῇ εἶναι, ταύτῃ ἕκαστα δεῖ καταστήσασθαι. (3) Ἐπεὶ δὲ τοῖς κρατίστοις διέδωκε τὰς καλλίστας στολάς, ἐξέφερε δὴ καὶ ἄλλας Μηδικὰς στολάς, παμπόλλας γὰρ παρεσκευάσατο, οὐδὲν φειδόμενος οὔτε πορφυρίδων οὔτε ὀρφνίνων οὔτε φοινικίδων οὔτε καρυκίνων ἱματίων· νείμας δὲ τούτων τὸ μέρος ἑκάστῳ τῶν ἡγεμόνων ἐκέλευσεν αὐτοὺς τούτους κοσμεῖν τοὺς αὑτῶν φίλους, ὥσπερ, ἔφη, ἐγὼ ὑμᾶς κοσμῶ. (4) Καί τις τῶν παρόντων ἐπήρετο αὐτόν, Σὺ δὲ, ὦ Κῦρε, ἔφη, πότε κοσμήσῃ; Ὁ δ' ἀπεκρίνατο, Οὐ γὰρ νῦν, ἔφη, δοκῶ ὑμῖν αὐτὸς κοσμεῖσθαι ὑμᾶς κοσμῶν; Ἀμέλει, ἔφη, ἢν δύνωμαι ὑμᾶς τοὺς φίλους εὖ ποιεῖν, ὁποίαν ἂν ἔχων τυγχάνω στολήν, ἐν ταύτῃ καλὸς φανοῦμαι.

Quarum autem rerum et certamina Cyrus indicebat et proponebat præmia, cum contentiones inter suos excitare de studiis præclaris et honestis vellet, *ea* res Cyro laudem adferebant, quod curæ ipsi esset, ut virtus coleretur; ac præstantissimis quibusque certamina hæc, inter ipsos suscepta, tum contentiones tum altercationes injiciebant. Præterea Cyrus quasi legem constituit, ut quæcunque dijudicari necesse esset, sive aliqua in lite, seu certamine, in eligendis judicibus consentirent illi quibus dijudicatione opus esset. Itaque manifestum est, adversarios utrosque conjectando respicere solitos ad judices optimos et sibi amicissimos : victus autem victoribus invidebat, et eos, qui sententiam secundum se non tulissent, odio prosequebatur : victor contra, jure se vicisse præferebat, adeoque nemini se gratiam debere putabat. Itidem qui primas inter amicos Cyri tenere volebant, perinde sibi mutuo invidebant, atque alii solent in rebuspublicis : adeo ut plerique vellent alius alium e medio sublatum, potius quam ut invicem adjuvando commodum aliquod sibi procurarent. Et hæc quidem indicata sunt, quo pateat, quibus artibus Cyrus efficere conatus est, ut præstantissimi quique magis ipsum amarent, quam se mutuo.

CAPUT III.

Jam vero narrabimus, quo pacto Cyrus primum e regia provectus sit : nam hujus ipsius egressus majestas una nobis videtur ex iis esse artibus, quæ perfecerunt ut imperium ipsius facile contemni non posset. Primum igitur, antequam prodiret, accessitis ad se tam Persarum quam sociorum ducibus et magistris, vestes iis Medicas distribuit (et amictum Medicum Persæ tunc primum induerunt); simul, inter distribuendum, dicebat, velle se provehi ad fana diis selecta, et una cum ipsis rem sacram facere. Quamobrem ad portas adeste, inquit, ornati vestibus istis, prius quam sol oriatur, et sic consistite, quemadmodum Pheraulas Persa vobis ex me denuntiabit : cumque ego, inquit, præcessero, loco vobis indicato sequimini. Quod si cui vestrum alia quæpiam ratio videbitur elegantior, quam ea qua modo prodimus, is illam mihi, cum redierimus, ostendat : nam uti vobis pulcherrimum optimumque visum fuerit, ita singula constitui debent. Posteaquam præstantissimis vestes elegantissimas distribuerat, etiam alias vestes Medicas protulit : permultas enim parari curaverat, nullis parcens, sive purpurei, seu fusci, seu punicei, seu carycini coloris vestes essent : has autem singulos inter duces dispertitos, jussit eos amicos suos istis ornare; sicut et ego, inquit, vos orno. Et quidam ex iis qui aderant, eum interrogans, Tu vero, Cyre, ait, quando ornaberis? Cui Cyrus respondens, An non modo, inquit, ipse vobis ornari videor, dum vos orno? Nimirum, ait, si possim in vos amicos meos esse beneficus, quamcunque tandem habeam vestem, in ea videbor elegans.

(5) Οὕτω δὴ οἱ μὲν ἀπελθόντες μεταπεμπόμενοι τοὺς φίλους ἐκόσμουν ταῖς στολαῖς. Ὁ δὲ Κῦρος νομίζων Φεραύλαν τὸν ἐκ τῶν δημοτῶν καὶ συνετὸν εἶναι καὶ φιλόκαλον καὶ εὔτακτον καὶ τοῦ χαρίζεσθαι αὐτῷ οὐκ ἀμελεῖν, ὅς ποτε καὶ περὶ τοῦ τιμᾶσθαι ἕκαστον κατὰ τὴν ἀξίαν συνεῖπε, τοῦτον δὴ καλέσας συνεβουλεύετο αὐτῷ πῶς ἂν τοῖς μὲν εὔνοις κάλλιστα ἰδεῖν ποιοῖτο τὴν ἐξέλασιν, τοῖς δὲ δυσμενέσι φοβερώτατα. (6) Ἐπεὶ δὲ σκοποῦντοιν αὐτοῖν τὰ αὐτὰ συνεδόκει, ἐκέλευε τὸν Φεραύλαν ἐπιμεληθῆναι ὅπως ἂν οὕτω γένηται αὔριον ἡ ἐξέλασις ὥσπερ ἔδοξε καλῶς ἔχειν. Εἴρηκα δὲ ἐγώ, ἔφη, πάντας πείθεσθαί σοι περὶ τῆς ἐν τῇ ἐξελάσει τάξεως· ὅπως δ' ἂν ἥδιον παραγγέλλοντός σου ἀκούωσι, φέρε λαβών, ἔφη, χιτῶνας μὲν τουτουσὶ τοῖς τῶν δορυφόρων ἡγεμόσι, κασᾶς δὲ τούσδε τοῖς ἐφιππίους τοῖς τῶν ἱππέων ἡγεμόσι δός, καὶ τῶν ἁρμάτων τοῖς ἡγεμόσιν ἄλλους τούσδε χιτῶνας. (7) Ὁ μὲν δὴ ἔφερε λαβών· οἱ δὲ ἡγεμόνες ἐπεὶ ἴδοιεν αὐτόν, ἔλεγον, Μέγας δὴ σύ γε, ὦ Φεραύλα, ὁπότε γε καὶ ἡμῖν τάξεις ἃ ἂν δέῃ ποιεῖν. Οὐ μὰ Δί', ἔφη ὁ Φεραύλας, οὐ μόνον γε, ὡς ἔοικεν, ἀλλὰ καὶ σκευοφορήσω· νῦν γοῦν φέρω τώδε δύο κασᾶ, τὸν μὲν σοί, τὸν δὲ ἄλλῳ· σὺ μέντοι τούτων λάβε ὁπότερον βούλει. (8) Ἐκ τούτου δὴ ὁ μὲν λαμβάνων τὸν κασᾶν τοῦ μὲν φθόνου ἐπελέληστο, εὐθὺς δὲ συνεβουλεύετο αὐτῷ ὁπότερον λαμβάνοι· ὁ δὲ συμβουλεύσας ἂν ὁπότερος βελτίων εἴη εἶπεν, Ἤν μου κατηγορήσῃς ὅτι αἵρεσίν σοι δέδωκα, εἰσαῦθις ὅταν διακονῶ, ἑτέρῳ χρήσῃ μοι διακόνῳ· ὁ μὲν δὴ Φεραύλας οὕτω διαδοὺς ἃ ἐτάχθη εὐθὺς ἐπεμελεῖτο τῶν εἰς τὴν ἐξέλασιν ὅπως ὡς κάλλιστα ἕκαστα ἕξοι.

9. Ἡνίκα δὲ ἡ ὑστεραία ἧκε, καθαρὰ μὲν ἦν πάντα πρὸ ἡμέρας, στίχοι δὲ ἑστήκεσαν ἔνθεν καὶ ἔνθεν τῆς ὁδοῦ, ὥσπερ καὶ νῦν ἔτι ἵστανται ᾗ ἂν βασιλεὺς μέλλῃ ἐλαύνειν· ὧν ἐντὸς οὐδενὶ ἔστιν εἰσιέναι τῶν μὴ τετιμημένων· μαστιγοφόροι δὲ καθέστασαν, οἳ ἔπαιον εἴ τις ἐνοχλοίη. Ἕστασαν δὲ πρῶτον μὲν τῶν δορυφόρων εἰς τετρακισχιλίους ἔμπροσθεν τῶν πυλῶν τέτταρας, δισχίλιοι δὲ ἑκατέρωθεν τῶν πυλῶν. (10) Καὶ οἱ ἱππεῖς δὲ πάντες παρῆσαν καταβεβηκότες ἀπὸ τῶν ἵππων, καὶ διειρκότες τὰς χεῖρας διὰ τῶν κανδύων, ὥσπερ καὶ νῦν ἔτι διείρουσιν, ὅταν ὁρᾷ βασιλεύς. Ἕστασαν δὲ Πέρσαι μὲν ἐκ δεξιᾶς, οἱ δὲ ἄλλοι σύμμαχοι ἐξ ἀριστερᾶς τῆς ὁδοῦ, καὶ τὰ ἅρματα ὡσαύτως τὰ ἡμίσεα ἑκατέρωθεν. (11) Ἐπεὶ δὲ ἀνεπετάννυντο αἱ τοῦ βασιλείου πύλαι, πρῶτον μὲν ἤγοντο τῷ Διὶ ταῦροι πάγκαλοι εἰς τέτταρας καὶ οἷς τῶν ἄλλων θεῶν οἱ μάγοι ἐξηγοῦντο· πολὺ γὰρ οἴονται Πέρσαι χρῆναι τοῖς περὶ τοὺς θεοὺς μᾶλλον τεχνίταις χρῆσθαι ἢ περὶ τἆλλα. (12) Μετὰ δὲ τοὺς βοῦς ἵπποι ἤγοντο θῦμα τῷ Ἡλίῳ· μετὰ δὲ τούτους ἐξήγετο ἅρμα λευκὸν χρυσόζυγον ἐστεμμένον Διὸς ἱερόν, μετὰ δὲ τοῦτο Ἡλίου ἅρμα λευκόν, καὶ τοῦτο ἐστεμμένον ὥσπερ τὸ πρόσθεν· μετὰ δὲ τοῦτο ἄλλο τρίτον ἅρμα ἐξήγετο, φοινικίσι καταπεπταμένοι οἱ ἵπποι, καὶ πῦρ ὄπισθεν αὐτοῦ ἐπ' ἐσχάρας μεγάλης ἄνδρες εἵποντο φέροντες.

Atque ita quidem illi digressi amicos arcessebant ac vestibus istis ornabant. Cyrus autem, quod existimaret Pheraulam, hominem ceteroqui plebeium, et ingenio valere, et elegantiæ atque ordinis esse studiosum, minimeque negligentem in iis quæ Cyro grata facere posset, et illum ipsum qui aliquando sententiam de singulis pro dignitate ornandis orationem sua comprobaverat : hunc arcessit ac cum eo deliberat, quo pacto effecturus esset, ut prodeundi ratio spectatu benevolis pulcherrima, infestis maxime formidabilis esset. Cumque dispicientibus ipsis eadem visa fuissent, Pheraulam diligenter operam dare jubebat, ut in crastinum ita fieret egredientium equitatio, quemadmodum ipsis pulchre fieri posse visum esset. Equidem, ait, quod ad ordinem in egressu servandum attinet, omnes tibi parere jussi : verum ut libentius imperanti tibi obtemperent, sumptas, inquit, tunicas has adfer satellitum hastatorum ducibus ; atque etiam saga ista equestria ducibus equitum dato, et curruum ducibus alias hasce tunicas. Ac Pheraulas quidem has acceptas proferebat : cum vero duces ubi conspexissent, aiebant, Magnus tu sane quidem es, cum nobis etiam sis indicaturus quæ facienda sint. Non profecto, inquit Pheraulas, non id solum, uti quidem videtur, sed una sarcinas etiam portabo : nunc certe quidem duo ista saga adfero, alterum tibi, et huic alterum ; tu vero horum utrum volueris accipe. Tum deinde is, qui sagum accipiebat, invidiæ obliviscebatur, statimque ipsum in consilium adhibebat, utrum sumeret. Pheraulas, ubi de meliore sago consilium dedisset, Si me indicaveris, ait, quod optionem tibi dederim, posthac ubi aliquid administrabo, dissimilem me ministrum invenies. Atque in hunc modum Pheraulas his distributis, ut jussus erat, statim curabat ea quæ ad egressum pertinent, ut singula quam elegantissime instructa essent.

Postera cum advenisset dies, liquida prius erant omnia et integra, quam illuxisset, et ordines ex utraque via parte stabant, quemadmodum jam quoque subsistunt, qua rex equitaturus est ; atque intra hos ordines nemini licet ingredi, qui non sit honoratorum in numero : adstabant et flagellis instructi quidam, qui molestias quemvis auctorem cæderent. Ac primum quidem satellites hastati ad quater mille stabant, ante portas in quaternos explicati : ex utraque vero portarum parte millia duo. Aderant item equites omnes, et ex equis descenderant, insertis per candyas manibus, quemadmodum hac etiam tempestate eas inserunt, quoties ipsos rex adspicit. Stabant vero ad dextram Persæ, socii ceteri ad lævam viæ partem, eodemque modo curruum pars utrinque dimidia. Posteaquam regiæ fores aperirentur, primum Jovi quaterni pulcherrimi tauri ducebantur, et diis ceteris quibus magi ducendos suis e ritibus indicarant : nam Persæ multo magis existimant divinis in rebus artificum opera utendum esse, quam in aliis. Secundum boves equi ducebantur, ad sacrificium Soli faciendum : post eos producebatur currus albus, cum aureo jugo, coronatus, Jovi sacer ; pone hunc, Solis currus albus, et is, uti prior ille, coronatus : post illum, currus alius tertius producebatur, cujus equi puniceis stragulis contecti erant, et post eum viri quidam sequebantur, qui magno in foco ignem gestabant.

(13) Ἐπὶ δὲ τούτοις ἤδη αὐτὸς ἐκ τῶν πυλῶν προὐφαίνετο ὁ Κῦρος ἐφ' ἅρματος ὀρθὴν ἔχων τὴν τιάραν καὶ χιτῶνα πορφυροῦν μεσόλευκον, ἄλλῳ δ' οὐκ ἔξεστι μεσόλευκον ἔχειν, καὶ περὶ τοῖς σκέλεσιν ἀναξυρίδας ὑσγινοβαφεῖς καὶ κάνδυν ὁλοπόρφυρον. Εἶχε δὲ καὶ διάδημα περὶ τῇ τιάρᾳ· καὶ οἱ συγγενεῖς δὲ αὐτοῦ τὸ αὐτὸ δὴ τοῦτο σημεῖον εἶχον, καὶ νῦν τὸ αὐτὸ τοῦτο ἔχουσι. Τὰς δὲ χεῖρας ἔξω τῶν χειρίδων εἶχε. (14) Παρωχεῖτο δὲ αὐτῷ ἡνίοχος μέγας μέν, μείων δ' ἐκείνου· εἴτε καὶ τῷ ὄντι εἴτε καὶ ὁπωσοῦν· μείζων δὲ ἐφάνη πολὺ Κῦρος. Ἰδόντες δὲ πάντες προσεκύνησαν, εἴτε καὶ ἄρξαι τινὲς κεκελευσμένοι εἴτε καὶ ἐκπλαγέντες τῇ παρασκευῇ καὶ τῷ δόξαι μέγαν τε καὶ καλὸν φανῆναι τὸν Κῦρον. Πρόσθεν δὲ Περσῶν οὐδεὶς Κῦρον προσεκύνει. (15) Ἐπὶ δὲ προῇει τὸ τοῦ Κύρου ἅρμα, προηγοῦντο μὲν οἱ τετρακισχίλιοι δορυφόροι, παρείποντο δὲ οἱ δισχίλιοι ἑκατέρωθεν τοῦ ἅρματος· ἐφείποντο δὲ οἱ περὶ αὐτὸν σκηπτοῦχοι ἐφ' ἵππων κεκοσμημένοι σὺν τοῖς παλτοῖς ἀμφὶ τοὺς τριακοσίους. (16) Οἱ δὲ αὖ τῷ Κύρῳ τρεφόμενοι ἵπποι παρήγοντο χρυσοχάλινοι, ῥαβδωτοῖς ἱματίοις καταπεπταμένοι, ἀμφὶ τοὺς διακοσίους, ἐπὶ δὲ τούτοις δισχίλιοι ξυστοφόροι, ἐπὶ δὲ τούτοις ἱππεῖς οἱ πρῶτοι γενόμενοι μύριοι, εἰς ἑκατὸν πανταχῇ τεταγμένοι· ἡγεῖτο δὲ αὐτῶν Χρυσάντας. (17) ἐπὶ δὲ τούτοις μύριοι ἄλλοι Περσῶν ἱππεῖς τεταγμένοι ὡσαύτως, ἡγεῖτο δὲ αὐτῶν Ὑστάσπης, ἐπὶ δὲ τούτοις ἄλλοι μύριοι ὡσαύτως [τεταγμένοι]· ἡγεῖτο δὲ αὐτῶν Δατάμας· (18) ἐπὶ δὲ τούτοις ἄλλοι· ἡγεῖτο δ' αὐτῶν Γαδάτας· ἐπὶ δὲ τούτοις Μῆδοι ἱππεῖς, ἐπὶ δὲ τούτοις Ἀρμένιοι, μετὰ δὲ τούτους Ὑρκάνιοι, μετὰ δὲ τούτους Καδούσιοι, ἐπὶ δὲ τούτοις Σάκαι. Μετὰ δὲ τοὺς ἱππέας ἅρματα ἐπὶ τεττάρων τεταγμένα· ἡγεῖτο δὲ αὐτῶν Ἀρταβάτης Πέρσης.

19. Πορευομένου δὲ αὐτοῦ παρείποντο πάμπολλοι ἄνθρωποι ἔξω τῶν σημείων, δεόμενοι Κύρου ἄλλος ἄλλης πράξεως. Πέμψας οὖν πρὸς αὐτοὺς τῶν σκηπτούχων τινάς, οἳ παρείποντο αὐτῷ τρεῖς ἑκατέρωθεν τοῦ ἅρματος αὐτοῦ τούτου ἕνεκα τοῦ διαγγέλλειν, ἐκέλευσεν εἰπεῖν αὐτοῖς, εἴ τίς τι αὐτοῦ δέοιτο, διδάσκειν τῶν ὑπαρχῶν τινὰ ὅ,τι τις βούλοιτο, ἐκείνους δὲ ἔφη πρὸς αὐτὸν ἐρεῖν. Οἱ μὲν δὴ ἀπιόντες εὐθὺς κατὰ τοὺς ἱππέας ἐπορεύοντο καὶ ἐβουλεύοντο τίνι ἕκαστος προσίοι. (20) Ὁ δὲ Κῦρος οὓς ἐβούλετο μάλιστα θεραπεύεσθαι τῶν φίλων ὑπὸ τῶν ἀνθρώπων, τούτους πέμπων τινὰ πρὸς αὐτὸν ἐκάλει καθ' ἕνα ἕκαστον καὶ ἔλεγεν αὐτοῖς, Ἤν τις ὑμᾶς διδάσκῃ τι τούτων τῶν παρεπομένων, ὃς μὲν ἂν μηδὲν δοκῇ ὑμῖν λέγειν, μὴ προσέχετε αὐτῷ τὸν νοῦν· ὃς δ' ἂν δικαίων δεῖσθαι δοκῇ, εἰσαγγέλλετε πρὸς ἐμέ, ἵνα κοινῇ βουλευόμενοι διαπράττωμεν αὐτοῖς. (21) Οἱ μὲν δὴ ἄλλοι, ἐπεὶ καλέσειεν, ἀνὰ κράτος ἐλαύνοντες ὑπήκουον, συναυξύοντες τὴν ἀρχὴν τῷ Κύρῳ καὶ ἐνδεικνύμενοι ὅτι σφόδρα πείθοιντο, Δαϊφάρνης δέ τις ἦν σολοικότερος ἄνθρωπος τῷ τρόπῳ, ὃς ᾤετο, εἰ μὴ ταχὺ ὑπακούοι, ἐλευθερώτερος ἂν φαίνεσθαι. (22) Αἰσθόμενος οὖν ὁ Κῦρος τοῦτο,

Post hos jam Cyrus ipse prodibat in conspectum e portis in curru, cum tiara recta, et tunica purpurea albo distincta (alii vero talem gestare non licet), et subligaculis circum crura colore hysgino tinctis, et toto purpureo candye. Habebat et circum tiaram diadema; idemque insigne cognatis ipsius erat; sicut et hoc tempore illud ipsum retinent. Manus extra manicas tenebat. Praeterea ipsum curru vehebatur auriga, procerus quidem ille, sed Cyro tamen minor, sive hoc reapse sic esset, seu quocunque modo : multo quidem certe procerior visus est Cyrus. Eum ubi conspexere, omnes submisse venerati sunt, sive quia fuisset imperatum aliquibus ut venerationis hujus initium facerent, seu quod adparatu fuissent obstupefacti, quodque procerus et pulcher Cyrus ipse visus esset. Ante id certe tempus Persarum nemo Cyrum ita veneratus fuerat. Cum autem *currus Cyri* progrederetur, praeibant illi, quater mille satellites, bis mille autem ad currus utrumque latus comitabantur: subsequebantur denique familiares ejus sceptrigeri in equis, ornati, palta gestantes, numero fere trecenti. Praeterea ducebantur equi illi, qui Cyro nutriebantur, frenis aureis, virgatis vestibus instrati, ad ducentos : secundum hos speculatores bis mille : post eos primi facti equites, decies mille, ubique per centenos ordinati, quorum dux erat Chrysantas : post hos alii decies mille Persici equites, eodem modo instructi, quorum dux erat Hystaspas : post eos itidem alii decies mille, quos Datamas ducebat : post hos alii, duce Gadata : post eos erant equites Medi, ac post Armenii, post illos Hyrcanii, post quos Cadusii, ac post Cadusios Sacae. Post equites currus erant in quaternos ordinati; quos Artabates Persa ducebat.

Cumque jam pergeret, homines permulti extra signa adsectabantur, quorum alius aliud quiddam a Cyro petebat. Itaque missis ad eos quibusdam ex sceptrigeris, qui terni ab utroque currus latere, nuntiorum perferendorum causa, comitabantur eum, dici eis jussit, si quid aliquis ab se posceret, is praefectis inferioribus, quodcunque vellet, indicaret, eos autem aiebat rem ad se delaturos. Atque illi quidem discedentes, mox ad equites se convertebant, et quem quisque potissimum adiret, deliberabant. Cyrus autem, quos ex amicis coli maxime ab hominibus vellet, eos, misso quodam, ad se singillatim accessebat, et his verbis compellabat ; Si quis istorum, qui adsectantur, vobis aliquid indicarit ; qui quidem nihil dicere videbitur, ei ne attendite : qui vero justa postulare visus fuerit, de hoc ad me referte, ut communi consultatione res eis conficiamus. Et ceteri quidem, vocante Cyro, totis viribus adequitantes obtemperabant, suoque studio imperium Cyri augebant, et se promptissimos ad parendum demonstrabant : at Daipharnes quidam erat, horridior vir indole, qui se, si minus celeriter pareret, visum iri magis liberum existimabat. Id cum animadverteret Cyrus, priusquam accederet, secumque col-

πρὶν προςελθεῖν αὐτὸν καὶ διαλεχθῆναι αὐτῷ ὑποπέμψας τινὰ τῶν σκηπτούχων εἰπεῖν ἐκέλευσε πρὸς αὐτὸν ὅτι οὐδὲν ἔτι δέοιτο, καὶ τὸ λοιπὸν οὐκ ἐκάλει. (23) Ὡς δ᾽ ὁ ὕστερον κληθεὶς αὐτῷ πρότερος αὐτῷ προςήλασεν, ὁ Κῦρος καὶ ἵππον αὐτῷ ἔδωκε τῶν παρεπομένων καὶ ἐκέλευσε τῶν σκηπτούχων τινὰ συναπαγαγεῖν αὐτῷ ὅπου κελεύσειε. Τοῖς δὲ ἰδοῦσιν ἔντιμόν τι ἔδοξεν εἶναι, καὶ πολὺ πλείονες ἐκ τούτου αὐτὸν ἐθεράπευον ἀνθρώπων.

24. Ἐπεὶ δὲ ἀφίκοντο πρὸς τὰ τεμένη, ἔθυσαν τῷ Διὶ καὶ ὡλοκαύτωσαν τοὺς ταύρους, ἔπειτα τῷ Ἡλίῳ καὶ ὡλοκαύτωσαν τοὺς ἵππους· ἔπειτα Γῇ σφάξαντες ὡς ἐξηγήσαντο οἱ μάγοι ἐποίησαν, ἔπειτα δὲ ἥρωσι τοῖς Συρίαν ἔχουσι. (25) Μετὰ δὲ ταῦτα καλοῦ ὄντος τοῦ χωρίου ἔδειξε τέρμα ὡς ἐπὶ πέντε σταδίων χωρίου, καὶ εἶπε κατὰ φῦλα ἀνὰ κράτος ἐνταῦθα ἀφιέναι τοὺς ἵππους. Σὺν μὲν οὖν τοῖς Πέρσαις αὐτὸς ἤλασε καὶ ἐνίκα πολύ· μάλιστα γὰρ ἐμεμελήκει αὐτῷ ἱππικῆς. Μήδων δὲ Ἀρτάβαζος ἐνίκα· Κῦρος γὰρ αὐτῷ τὸν ἵππον ἐδεδώκει· Σύρων δὲ ὁ προστατῶν, Ἀρμενίων δὲ Τιγράνης, Ὑρκανίων δὲ ὁ υἱὸς τοῦ ἱππάρχου, Σακῶν δὲ ἰδιώτης ἀνὴρ ἀπέλιπεν ἄρα τῷ ἵππῳ τοὺς ἄλλους ἵππους ἐγγὺς τῷ ἡμίσει τοῦ δρόμου. (26) Ἔνθα δὴ λέγεται ὁ Κῦρος ἐρέσθαι τὸν νεανίσκον εἰ δέξαιτ᾽ ἂν βασιλείαν ἀντὶ τοῦ ἵππου. Τὸν δ᾽ ἀποκρίνασθαι ὅτι βασιλείαν μὲν οὐκ ἂν δεξαίμην, χάριν δὲ ἀνδρὶ ἀγαθῷ καταθέσθαι δεξαίμην ἄν. (27) Καὶ ὁ Κῦρος εἶπε, Καὶ μὴν ἐγὼ δεῖξαί σοι θέλω ἔνθα κἂν μύων βάλῃς, οὐκ ἂν ἁμάρτοις ἀνδρὸς ἀγαθοῦ. Πάντως τοίνυν, ἔφη ὁ Σάκας, δεῖξόν μοι· ὡς βαλῶ γε ταύτῃ τῇ βώλῳ, ἔφη ἀνελόμενος. (28) Καὶ ὁ μὲν Κῦρος δείκνυσιν αὐτῷ ὅπου ἦσαν πλεῖστοι τῶν φίλων· ὁ δὲ καταμύων ἵησι τῇ βώλῳ καὶ παρελαύνοντος Φεραύλα τυγχάνει· ἔτυχε γὰρ ὁ Φεραύλας παραγγέλλων τι τακτὸς παρὰ τοῦ Κύρου· βληθεὶς δὲ οὐδὲ μετεστράφη, ἀλλ᾽ ᾤχετο ἐφ᾽ ὅπερ ἐτάχθη. (29) Ἀναβλέψας δὲ ὁ Σάκας ἐρωτᾷ τίνος ἔτυχεν. Οὐ μὰ τὸν Δί᾽, ἔφη, οὐδενὸς τῶν παρόντων. Ἀλλ᾽ οὐ μέντοι, ἔφη ὁ νεανίσκος, τῶν γε ἀπόντων. Ναὶ μὰ Δί᾽, ἔφη ὁ Κῦρος, σύ γε ἐκείνου τοῦ παρὰ τὰ ἅρματα ταχὺ ἐλαύνοντος τὸν ἵππον. Καὶ πῶς, ἔφη, οὐ μεταστρέφεται; (30) Καὶ ὁ Κῦρος ἔφη, Μαινόμενος γάρ τις ἔστιν, ὡς ἔοικεν. Ἀκούσας ὁ νεανίσκος ᾤχετο σκεψόμενος τίς εἴη· καὶ εὑρίσκει τὸν Φεραύλαν τήν τε κατάπλεων τοῦ γένειον καὶ αἵματος ἐρρύη γὰρ αὐτῷ ἐκ τῆς ῥινὸς βληθέντι. (31) Ἐπεὶ δὲ προςῆλθεν, ἤρετο αὐτὸν εἰ βληθείη. Ὁ δέ, Ὡς ὁρᾷς. Δίδωμι τοίνυν σοι, ἔφη, τοῦτον τὸν ἵππον. Ὁ δ᾽ ἐπύθετο, Ἀντὶ τοῦ; Ἐκ τούτου δὴ διηγεῖτο ὁ Σάκας τὸ πρᾶγμα, καὶ τέλος εἶπε, Καὶ οἶμαί γε οὐχ ἡμαρτηκέναι ἀνδρὸς ἀγαθοῦ. (32) Καὶ ὁ Φεραύλας εἶπεν, Ἀλλὰ πλουσιωτέρῳ μὲν ἄν, εἰ ἐσωφρόνεις, ἢ ἐμοὶ ἐδίδους· νῦν δὲ κἀγὼ δέξομαι. Ἐπεύχομαι δέ, ἔφη, τοῖς θεοῖς, οἵπερ με ἐποίησαν βληθῆναι ὑπὸ σοῦ, δοῦναί μοι ποιῆσαι μὴ μεταμέλειν σοι τῆς ἐμῆς δωρεᾶς. Καὶ νῦν μέν, ἔφη, ἄπελα, ἀναβὰς ἐπὶ

CYRI INSTITUT. LIB. VIII. CAP. III.

loqueretur, quendam e sceptrigeris submisit, ac dicere homini jussit, nihil amplius eo sibi opus esse : nec deinceps eum accersebat. Ut autem is, qui posterior illo vocatus fuerat, prior præ parendi studio Cyro obviam advectus est, Cyrus ei et equum donavit, ex illorum numero, qui una sequebantur, et ex sceptrigeris quendam jussit deducere quo ille mandasset. Hoc vero qui cernerent, esse putabant honorificum quiddam, ac multo plures deinceps eum colebant.

Cum ad delubra pervenissent, sacrum Jovi fecere, tauris integris combustis; deinde Soli, combustis hic equis integris : deinde Telluri mactatis hostiis, id fecere, quod magi docuerant; postea, iis heroibus, qui terram Syriam tenerent. His peractis, quia locus amœnus erat, metam designavit ad stadiorum quinque spatium ; edixitque ut tributim hic equos totis viribus ad cursum emitterent. Et ipse quidem cum Persis provectus vicit ; quippe cui multo maxime res equestris curæ fuerat. Inter Medos Artabazus victoriam adeptus est ; huic enim Cyrus equum donaverat : inter Syros is, qui Syris præerat : inter Armenios, Tigranes : inter Hyrcanios, equitum præfecti filius ; inter Sacas autem, privatus quidam equo suo hic utique ceteros a tergo reliquit, prope dimidio spatio curriculi. Atque hic Cyrus interrogasse juvenem dicitur, an hunc equum commutare cum regno vellet. Illum respondisse, Nollem equidem eum cum regno commutare, verum gratiam apud virum bonum pro equo dono dato collocatam inire non recusarem. Et Cyrus, Equidem, ait, ostendere tibi locum volo, quo si vel conniventibus oculis aliquid conjicias, a viro bono non sis aberraturus. Omnino, dixit Sacas ille, ostendito mihi ; ut gleba hac conjiciam, inquit ea sublata. Tum Cyrus ei demonstrat locum, ubi amici ipsius plurimi erant : is vero conniventibus oculis ictu glebæ locum petit, et Pheraulam attingit, qui prætervehebatur ; nam is forte quiddam a Cyro imperatore renuntiabat : cumque ictu percussus esset, ne se quidem convertit, sed id acturus perrexit, quod imperatus erat. Sacas, apertis oculis, quem attigisset, interrogat. Neminem profecto, ait Cyrus, ex iis qui adsunt. At neque eorum, inquit adolescens ille, quenquam qui absunt. Imo vero, inquit Cyrus, attigisti profecto illum, qui præter istos currus celeriter equum agitat. Qui fit igitur, ait, ut se non convertat? Nimirum furiosus quispiam est, ait Cyrus, uti quidem adparet. His adolescens auditis, quinam is esset, inspecturus abibat ; ac Pheraulam reperit, qui mentum cum barba terra et sanguine plenum haberet : is enim percusso e naribus fluebat. Cumque accessisset, an ictu percussus fuisset, interrogavit. Ut vides, respondit ille. Hunc ergo tibi, ait, equum dono. Cujus rei gratia? quærebat Pheraulas. Hic jam Sacas rem narrabat, ac tandem aiebat, Arbitror equidem me a viro bono non aberrasse. Et Pheraulas, Opulentiori, quam ego sum, ait, si quidem saperes, eum dedisses ; sed tamen eum accipiam : deos autem precor, quorum voluntate factum est ut me ferires, facultatem mihi dent perficiendi, ut hujus te mihi dati muneris haud pœniteat. Et nunc quidem, ait, hoc equo meo conscenso

τόνδε τὸν ἐμὸν ἵππον· αὖθις δὲ ἐγὼ παρέσομαι πρὸς σέ. Οἱ μὲν δὴ οὕτω διηλλάξαντο. Καδουσίων δὲ ἐνίκα Ῥαθίνης. (33) Ἀφίει δὲ καὶ τὰ ἅρματα καθ' ἕκαστον· τοῖς δὲ νικῶσι πᾶσιν ἐδίδου βοῦς τε, ὅπως ἂν θύσαντες ἑστιῷντο, καὶ ἐκπώματα. Τὸν μὲν οὖν βοῦν ἔλαβε καὶ αὐτὸς τὸ νικητήριον· τῶν δὲ ἐκπωμάτων τὸ αὑτοῦ μέρος Φεραύλᾳ ἔδωκεν, ὅτι καλῶς ἔδοξεν αὐτῷ τὴν ἐκ τοῦ βασιλείου ἔλασιν διατάξαι. (34) Οὕτω δὴ ἡ τότε ὑπὸ Κύρου κατασταθεῖσα ἔλασις οὕτως ἔτι καὶ νῦν διαμένει ἡ βασιλέως ἔλασις, πλὴν τὰ ἱερὰ ἄπεστιν, ὅταν μὴ θύῃ. Ὡς δὲ ταῦτα τέλος εἶχεν, ἀφικνοῦνται πάλιν εἰς τὴν πόλιν, καὶ ἐσκήνησαν, οἷς μὲν ἐδόθησαν οἰκίαι, κατ' οἰκίας, οἷς δὲ μή, ἐν τάξει.

35. Καλέσας δὲ καὶ ὁ Φεραύλας τὸν Σάκαν τὸν δόντα τὸν ἵππον ἐξένιζε, καὶ τἆλλα τε παρεῖχεν ἔκπλεω καὶ ἐπεὶ ἐδεδειπνήκεσαν, τὰ ἐκπώματα αὐτῷ ἃ ἔλαβε παρὰ Κύρου ἐμπιπλὰς προὔπινε καὶ ἐδωρεῖτο. (36) Καὶ ὁ Σάκας ὁρῶν πολλὴν μὲν καὶ καλὴν στρωμνήν, πολλὴν δὲ καὶ καλὴν κατασκευήν, πολλοὺς δὲ οἰκέτας· Εἰπέ μοι, ἔφη, ὦ Φεραύλα, ἦ καὶ οἴκοι τῶν πλουσίων ἦσθα; Καὶ ὁ Φεραύλας εἶπε, Ποίων πλουσίων; τῶν μὲν οὖν σαφῶς ἀποχειροβιώτων. (37) Ἐμὲ γάρ τοι ὁ πατὴρ τὴν μὲν τῶν παίδων παιδείαν γλίσχρως αὐτὸς ἐργαζόμενος καὶ τρέφων ἐπαίδευεν· ἐπεὶ δὲ μειράκιον ἐγενόμην, οὐ δυνάμενος τρέφειν ἀργόν, εἰς ἀγρὸν ἀπαγαγὼν ἐκέλευσέ με ἐργάζεσθαι. (38) Ἔνθα δὴ ἐγὼ ἀντέτρεφον ἐκεῖνον, ἕως ἔζη, αὐτὸς σκάπτων καὶ σπείρων καὶ μάλα μικρὸν γῄδιον, οὐ μέντοι πονηρόν γε, ἀλλὰ πάντων δικαιότατον· ὅ, τι γὰρ [ἂν] λάβοι σπέρμα, καλῶς καὶ δικαίως ἀπεδίδου αὐτό τε καὶ τόκον οὐδέν τι πολὺν ἤδη δέ ποτε ὑπὸ γενναιότητος καὶ διπλάσια ἀπέδωκεν ὧν ἔλαβεν. Οἴκοι μὲν οὖν οὕτως ἔγωγε ἔζων· νῦν δὲ ταῦτα πάντα ἃ ὁρᾷς Κῦρός μοι ἔδωκε. (39) Καὶ ὁ Σάκας εἶπεν, Ὦ μακάριε σὺ τά τε ἄλλα καὶ αὐτὸ τοῦτο ὅτι ἐκ πένητος πλούσιος γεγένησαι· πολὺ γὰρ οἶμαί σε καὶ διὰ τοῦτο ἥδιον πλουτεῖν ὅτι πεινήσας χρημάτων πεπλούτηκας. (40) Καὶ ὁ Φεραύλας εἶπεν, Ἦ γὰρ οὕτως, ὦ Σάκα, ὑπολαμβάνεις ὡς ἐγὼ νῦν τοσούτῳ ἥδιον ζῶ ὅσῳ πλείω κέκτημαι; οὐκ οἶσθα, ἔφη, ὅτι ἐσθίω μὲν καὶ πίνω καὶ καθεύδω οὐδ' ὁτιοῦν νῦν ἥδιον ἢ τότε ὅτε πένης ἦν. Ὅτι δὲ ταῦτα πολλά ἐστι, τοσοῦτον κερδαίνω, πλείω μὲν φυλάττειν δεῖ, πλείω δὲ ἄλλοις διανέμειν, πλείονα δὲ ἐπιμελούμενον πράγματα ἔχειν. (41) Νῦν γὰρ δὴ ἐμὲ πολλοὶ μὲν οἰκέται σῖτον αἰτοῦσι, πολλοὶ δὲ πιεῖν, πολλοὶ δὲ ἱμάτια, οἱ δὲ ἰατρῶν δέονται, ἥκει δέ τις ἢ τῶν προβάτων λελυκωμένα φέρων ἢ τῶν βοῶν κατακεκρημνισμένα ἢ νόσον φάσκων ἐμπεπτωκέναι τοῖς κτήνεσιν· ὥστε μοι δοκῶ, ἔφη ὁ Φεραύλας, νῦν διὰ τὸ πολλὰ ἔχειν πλείω λυπεῖσθαι ἢ πρόσθεν διὰ τὸ ὀλίγα ἔχειν. (42) Καὶ ὁ Σάκας, Ἀλλὰ ναὶ μὰ Δία, ἔφη, ὅταν σῶα ᾖ, πολλὰ ὁρῶν πολλαπλάσια ἐμοῦ εὐφραίνει. Καὶ ὁ Φεραύλας εἶπεν, Οὔτοι, ὦ Σάκα, ἡδύ ἐστι τὸ ἔχειν χρήματα οὕτως ὡς ἀνιαρὸν τὸ ἀποβάλλειν. Γνώσῃ δ' ὅτι ἐγὼ ἀληθῆ λέγω· τῶν μὲν γὰρ πλουτούντων οὐδεὶς ἀναγ-

discede : ego vero ad te mox redibo. Atque ita quidem inter se illi permutatione utebantur. Ex Cadusiis autem Rathines vicit. Currus etiam singulos Cyrus ad cursum emisit: omnibus autem victoribus et boves donabat, ut eis mactatis epularentur, et pocula. Etiam ipse quidem certe victor bovem, victoriæ præmium, accepit; poculorum partem suam Pheraulæ donavit, quia visus esset ipsi processionem e regia pulchre ordinasse. Atque ut ista tunc a Cyro instituta fuit processio, sic etiam hoc tempore processio regis permanet : extra quam quod absunt victimæ, quoties rem sacram non facit. Posteaquam his esset impositus finis, ad urbem redibant , et quibus ædes erant datæ, suas in ædes devertebantur; quibus datæ non erant, in castra.

Pheraulas autem accessitum Sacam, qui equum ei donaverat, hospitio excepit ; et cum alia præbuit adfatim, tum ubi cœnati essent, quæ a Cyro acceperat, impleta propinabat et donabatque pocula. Sacas vero iste cum copiosam et elegantem vestem stragulam videret, copiosumque et elegantem adparatum, et multos quoque famulos, Dic mihi, Pheraula, inquit, an etiam domi uunus ex opulentis eras? Quibus opulentis? ait Pheraulas : ex iis quidem certe qui manibus suis victum quærunt. Etenim pater meus sais me laboribus tenuiter alens, in disciplina puerili educavit : posteaquam vero adolescens factus sum, quia me in otio non poterat alere , rus abduxit, et opus illic facere jussit. Ibi ego sane vicissim eum, dum viveret, alui tum ipse pastinando tum conserendo agellum perexiguum, non improbum tamen , sed omnium justissimum : nam quidquid seminis accepisset, id ipsum recte ac juste reddebat, ac fœnus non valde copiosum : atque adeo nonnunquam singulari quadam naturæ bonitate etiam duplum reddidit ejus quod acceperat. Hoc equidem certe pacto domi vivebam : jam vero hæc universa, quæ vides, Cyrus mihi dedit. Et Sacas ille, O te felicem cum alias ob res, inquit, tum ob id ipsum, quod ex paupere divites factus sis : tam arbitror tibi propterea multo jucundiores esse divitias, quod cum pecuniis vehementer expeteres, divitias adeptus sis. Et Pheraulas, Itane vero, inquit, existimas, Saca, eo me nunc jucundius vivere, quo plura possideam? Nescis, ait, me et edere, et bibere, et dormire ne tantillo quidem nunc suavius , quam eo tempore, quo pauper eram. Hoc istorum copia facio, quod plura mihi custodienda sunt, plura inter alios distribuenda, plurium habenda cura cum negotiorum molestiis. Nam multi a me jam famuli cibum petunt, multi potum, multi vestem : egent medicis alii : quidam vel oves a lupis laniatas adfert, vel boves in præcipitium actos, vel morbum pecudes invasisse, narrat : adeo ut existimem, ait Pheraulas, plus me jam doloris ex eo percipere, quod multa possideam, quam prius, quod haberem pauca. Profecto, inquit ille Sacas, cum salva sunt , plura cernens, longe majori , quam ego, voluptate adficeris. Et Pheraulas : Nequaquam, Saca, ait, tam jucundum est, opes possidere, quam molestum, amittere. Verum autem dicere me intelliges: nam illorum, qui opulenti

κάζεται ὑφ᾽ ἡδονῆς ἀγρυπνεῖν, τῶν δὲ ἀποβαλλόντων τι ὄψει οὐδένα δυνάμενον καθεύδειν ὑπὸ λύπης. (43) Μὰ Δί᾽, ἔφη ὁ Σάκας, οὐδέ γε τῶν λαμβανόντων τι νυστάζοντα οὐδένα ἂν ἴδοις ὑφ᾽ ἡδονῆς. (44) Ἀληθῆ, ἔφη, λέγεις· εἰ γάρ τοι τὸ ἔχειν οὕτως ὥσπερ τὸ λαμβάνειν ἡδὺ ἦν, πολὺ ἂν διέφερον εὐδαιμονίᾳ οἱ πλούσιοι τῶν πενήτων. Καὶ ἀνάγκη δέ τοί ἐστιν, ἔφη, ὦ Σάκα, τὸν πολλὰ ἔχοντα πολλὰ καὶ δαπανᾶν καὶ εἰς θεοὺς καὶ εἰς φίλους καὶ εἰς ξένους· ὅστις οὖν ἰσχυρῶς χρήμασιν ἥδεται, εὖ ἴσθι τοῦτον καὶ δαπανῶντα ἰσχυρῶς ἀνιᾶσθαι. (45) Μὰ Δί᾽, ἔφη ὁ Σάκας· ἀλλ᾽ οὐκ ἐγὼ τούτων εἰμί, ἀλλὰ καὶ εὐδαιμονίαν τοῦτο νομίζω τὸ πολλὰ ἔχοντα πολλὰ καὶ δαπανᾶν. (46) Τί οὖν, ἔφη, πρὸς τῶν θεῶν, ὁ Φεραύλας, οὐχὶ σύ γε αὐτίκα μάλα εὐδαίμων ἐγένου καὶ ἐμὲ εὐδαίμονα ἐποίησας; λαβὼν γάρ, ἔφη, ταῦτα πάντα κέκτησο, καὶ χρῶ ὅπως βούλει αὐτοῖς· ἐμὲ δὲ μηδὲν ἄλλο ἢ ὥσπερ ξένον τρέφε καὶ ἔτι εὐτελέστερον ἢ ξένον· ἀρκέσει γάρ μοι ὅ, τι ἂν καὶ σὺ ἔχῃς τούτων μετέχειν. (47) Παίζεις, ἔφη ὁ Σάκας. Καὶ ὁ Φεραύλας ὀμόσας εἶπεν ἦ μὴν σπουδῇ λέγειν. Καὶ ἄλλα γέ σοι, ὦ Σάκα, προςδιαπράξομαι παρὰ Κύρου, μήτε θύρας τὰς Κύρου θεραπεύειν μήτε στρατεύεσθαι· ἀλλὰ σὺ μὲν πλουτῶν οἴκοι μένε· ἐγὼ δὲ ταῦτα ποιήσω καὶ ὑπὲρ σοῦ καὶ ὑπὲρ ἐμοῦ· καὶ ἐάν τι ἀγαθὸν προςλαμβάνω διὰ τὴν Κύρου θεραπείαν ἢ καὶ ἀπὸ στρατείας τινός, οἴσω πρός σε, ἵνα ἔτι πλειόνων ἄρχῃς· μόνον, ἔφη, ἐμὲ ἀπόλυσον ταύτης τῆς ἐπιμελείας· ἢν γὰρ ἐγὼ σχολὴν ἄγω ἀπὸ τούτων, ἐμοί τέ σε οἶομαι πολλὰ καὶ Κύρῳ χρήσιμον ἔσεσθαι. (48) Τούτων οὕτω ῥηθέντων ταῦτα συνέθεντο καὶ ταῦτα ἐποίουν. Καὶ ὁ μὲν ἡγεῖτο εὐδαίμων γεγενῆσθαι, ὅτι πολλῶν ἦρχε χρημάτων· ὁ δ᾽ αὖ ἐνόμιζε μακαριώτατος εἶναι, ὅτι ἐπίτροπον ἕξοι σχολὴν παρέχοντα πράττειν ὅ, τι [ἂν] αὐτῷ ἡδὺ εἴη.

49. Ἦν δὲ τοῦ Φεραύλα ὁ τρόπος φιλέταιρός τε καὶ θεραπεύειν οὐδὲν ἡδὺ αὐτῷ οὕτως ἐδόκει εἶναι οὐδ᾽ ὠφέλιμον ὡς ἀνθρώπους. Καὶ γὰρ βέλτιστον πάντων τῶν ζῴων ἡγεῖτο ἄνθρωπον εἶναι καὶ εὐχαριστότατον, ὅτι ἑώρα τούς τε ἐπαινουμένους ὑπό τινος ἀντεπαινοῦντας τούτους προθύμως τοῖς τε χαριζομένοις πειρωμένους ἀντιχαρίζεσθαι, καὶ οὓς γνοῖεν εὐνοϊκῶς ἔχοντας, τούτοις ἀντευνοοῦντας, καὶ οὓς εἰδεῖεν φιλοῦντας αὑτούς, τούτους μισεῖν οὐ δυναμένους, καὶ γονέας δὲ πολὺ μᾶλλον ἀντιθεραπεύειν πάντων τῶν ζῴων ἐθέλοντας καὶ ζῶντας καὶ τελευτήσαντας· τὰ δ᾽ ἄλλα πάντα ζῷα καὶ ἀχαριστότερα καὶ ἀγνωμονέστερα ἀνθρώπων ἐγίγνωσκεν εἶναι. (50) Οὕτω δὴ ὅ τε Φεραύλας ὑπερήδετο ὅτι ἐξέσοιτο αὐτῷ ἀπαλλαγέντι τῆς τῶν ἄλλων κτημάτων ἐπιμελείας ἀμφὶ τοὺς φίλους ἔχειν, ὅ τε Σάκας ὅτι ἔμελλε πολλὰ ἔχων πολλοῖς χρήσεσθαι. Ἔφιλει δὲ ὁ μὲν Σάκας τὸν Φεραύλαν, ὅτι προςέφερε· ὁ δὲ ὁ Σάκαν, ὅτι παραλαμβάνειν πάντα ἤθελε καὶ ἀεὶ πλειόνων ἐπιμελούμενος οὐδὲν μᾶλλον αὐτῷ ἀσχολίαν παρεῖχε. Καὶ οὗτοι μὲν δὴ οὕτω διῆγον.

sunt, nemo præ voluptate vigilare cogitat, at eorum, qui aliquid amittunt, neminem videas, qui præ mœrore dormire possit. Minime eorum etiam quenquam, ait Sacas, qui aliquid accipiunt, præ voluptate dormitantem vides. Vera inquit, narras: nam si tam jucundum esset aliquid habere, quam accipere, longe divites pauperibus felicitate præstarent. Enimvero necesse est eum, Saca, qui multa possidet, etiam multa tum in deos, tum in amicos, tum in hospites impendere: quisquis ergo pecuniis vehementer delectatur, eum certo scias, etiam sumptum cum facit, vehementer angi. At ego non sum profecto, inquit Sacas, ex eorum numero, sed etiam felicitatem quandam hanc esse arbitror, ut qui multa possidet, multa etiam expendat. Quid igitur, per deos immortales, ait Pheraulas, non tu jam statim admodum felix factus es, et me beasti? accepta enim hæc, inquit, universa possideto, et utitor iis ex animi sententia; me non aliter atque hospitem pascito, vel etiam vilius quam hospitem; quippe mihi sufficiet illorum esse participem, quæcunque tu habeas. Ludis vero, inquit Sacas. Et Pheraulas juratus ait se ista serio dicere. Quin et alia tibi, Saca, insuper a Cyro impetrabo, ut nempe neque per obsequium frequentare portas Cyri necesse sit, neque militare: sed domi tu mane opulentus; ego hæc et tua et mea causa faciam: quod si etiam aliquid boni vel Cyro studiose operam navando præterea consequar, vel ex militia quadam, id ad te perferam, quo plura in potestate habeas; tantum, ait, hac tu me cura liberato: nam si ab his rebus esse mihi otioso liceat, arbitror te et mihi et Cyro magno usui futurum. His dictis, paciscebantur hæc inter se, atque hæc fecerunt. Ac alter quidem eorum se jam felicem factum existimabat, quod multarum opum dominus esset: alter etiam se felicissimum putabat, quod procuratorem esset habiturus, qui otium ei suppeditaret ad agendum quidquid animo suo collibuisset.

Erat autem ea Pheraulæ indoles, ut sodalitiis delectaretur; nec arbitrabatur ex ullius rei cultu tantum voluptatis commodive percipi, quantum ex hominis cultu et observantia. Nam existimabat hominem inter omnes animantes optimum esse ac gratissimum; quia videret, eos qui ab aliquo laudarentur, vicissim hos studiose laudare, operamque dare, ut gratificantibus vicissim gratificentur; et quos benevolo erga se animo cognoscerent, eos vicissim benevolentia complecti; quos amare se perspicerent, eos odisse nequaquam posse: parentes denique multo magis obsequiis et cultu demereri velle, quam cetera animalia, sive iis vivorum essent in numero, seu mortem obiissent: ceteras vero animantes universas et minus beneficii memores et magis ingratas esse, quam homines, sentiebat. Sic igitur et Pheraulas mirifice gaudebat, quod ipsi, aliarum rerum suarum cura liberato, amicis operam dandi futura esset facultas; itidemque Sacas, quod multa possidens, multis fruiturus esset. Ac Sacas quidem hic Pheraulam diligebat, quod semper aliquid afferret: Pheraulas Sacam, quod accipere omnia vellet; ac tametsi plura semper ei curanda venirent, non tamen propterea plus sibi negotii exhiberet. Et hi quidem hoc pacto degebant.

ΚΕΦΑΛΑΙΟΝ Δ.

Θύσας δὲ [καὶ] ὁ Κῦρος καὶ νικητήρια ἐστιῶν ἐκάλεσε τῶν φίλων οἳ μάλιστ' αὐτὸν αὔξειν τε βουλόμενοι φανεροὶ ἦσαν καὶ τιμῶντες εὐνοϊκώτατα. Συνεκάλεσε δὲ αὐτοῖς καὶ Ἀρτάβαζον τὸν Μῆδον καὶ Τιγράνην τὸν Ἀρμένιον καὶ τὸ Ὑρκάνιον ἵππαρχον καὶ Γωβρύαν. (2) Γαδάτας δὲ τῶν σκηπτούχων ἦρχεν αὐτῷ, καὶ ἡ ἐκείνου διεκόσμησεν ἡ πᾶσα ἔνδον δίαιτα καθειστήκει· καὶ ὁπότε μὲν συνδειπνοῖέν τινες, οὐδ' ἐκάθιζε Γαδάτας, ἀλλ' ἐπεμελεῖτο· ὁπότε δὲ αὐτοὶ εἶεν, καὶ συνεδείπνει· ἥδετο γὰρ αὐτῷ ξυνών· ἀντὶ δὲ τούτων πολλοῖς καὶ μεγάλοις ἐτιμᾶτο ὑπὸ τοῦ Κύρου, διὰ δὲ Κῦρον καὶ ὑπ' ἄλλων. (3) Ὡς δ' ἦλθον οἱ κληθέντες ἐπὶ τὸ δεῖπνον, οὐχ ὅποι ἔτυχεν ἕκαστον ἐκάθιζεν, ἀλλ' ὃν μὲν μάλιστα ἐτίμα, παρὰ τὴν ἀριστερὰν χεῖρα, ὡς εὐεπιβουλευτοτέρας ταύτης οὔσης ἢ τῆς δεξιᾶς, τὸν δὲ δεύτερον παρὰ τὴν δεξιάν, τὸν δὲ τρίτον πάλιν παρὰ τὴν ἀριστεράν, τὸν δὲ τέταρτον παρὰ τὴν δεξιάν, καὶ ἢν πλέονες ὦσιν, ὡσαύτως. (4) Σαφηνίζεσθαι δὲ ὡς ἕκαστον ἐτίμα τοῦτο ἐδόκει αὐτῷ ἀγαθὸν εἶναι, ὅτι ὅπου μὲν οἴονται οἱ ἄνθρωποι τὸν κρατιστεύοντα μήτε κηρυχθήσεσθαι μήτε ἆθλα λήψεσθαι, δῆλοί εἰσιν ἐνταῦθα οὐ φιλονείκως πρὸς ἀλλήλους ἔχοντες· ὅπου δὲ μάλιστα πλεονεκτῶν ὁ κράτιστος φαίνεται, ἐνταῦθα προθυμότατα φανεροί εἰσιν ἀγωνιζόμενοι πάντες. (5) Καὶ ὁ Κῦρος δὲ οὕτως ἐσαφήνιζε μὲν τοὺς κρατιστεύοντας παρ' ἑαυτῷ, εὐθὺς ἐξ ἀρχῆς ἐξ ἕδρας καὶ παραστάσεως. Οὐ μέντοι ἀθάνατόν γε ἐπὶ ταχθεῖσαν ἕδραν κατεστήσατο, ἀλλὰ νόμιμον ἐποιήσατο καὶ ἀγαθοῖς ἔργοις προβῆναι εἰς τὴν τιμιωτέραν ἕδραν καὶ εἴ τις ῥᾳδιουργοίη, ἀναχωρῆσαι εἰς τὴν ἀτιμοτέραν. Τὸν δὲ πρωτεύοντα ἐν ἕδρᾳ ᾐσχύνετο μὴ πλεῖστα καὶ ἀγαθὰ ἔχοντα παρ' αὑτοῦ φαίνεσθαι. Καὶ ταῦτα δὲ ἐπὶ Κύρου γενόμενα οὕτως ἔτι καὶ νῦν διαμένοντα αἰσθανόμεθα.

6. Ἐπεὶ δὲ ἐδείπνουν, ἐδόκει τῷ Γωβρύᾳ τὸ μὲν πολλὰ ἕκαστα εἶναι οὐδέν τι θαυμαστὸν παρ' ἀνδρὶ πολλῶν ἄρχοντι, τὸ δὲ τὸν Κῦρον οὕτω μεγάλα πράττοντα, εἴ τι ἡδὺ δόξειε λαβεῖν, μηδὲν τούτων μόνον καταδαπανᾶν, ἀλλὰ ἔργον ἔχειν δεομένου τούτου κοινωνεῖν τοὺς παρόντας. (7) Πολλάκις δὲ καὶ τῶν ἀπόντων φίλων ἔστιν οἷς ἑώρα πέμποντα ταῦτα αὐτὸν οἷς ἡσθείη τύχοι· ὥστε ἐπεὶ ἐδεδειπνήκεσαν καὶ τὰ πάντα πολλὰ ὄντα διαπεπόμφει ὁ Κῦρος ἀπὸ τῆς τραπέζης, εἶπεν ἄρα ὁ Γωβρύας, Ἀλλ' ἐγώ, ὦ Κῦρε, πρόσθεν μὲν ἡγούμην τούτῳ σε πλεῖστον διαφέρειν ἀνθρώπων τῷ στρατηγικώτατον εἶναι· νῦν δὲ θεοὺς ὄμνυμι ἦ μὴν ἐμοὶ δοκεῖν πλέον σε διαφέρειν φιλανθρωπίᾳ ἢ στρατηγίᾳ. (8) Νὴ Δί', ἔφη ὁ Κῦρος· καὶ μὲν δὴ καὶ ἐπιδείκνυμαί τὰ ἔργα πολὺ ἥδιον φιλανθρωπίας ἢ στρατηγίας. Πῶς δή; ἔφη ὁ Γωβρύας. Ὅτι, ἔφη, τὰ μὲν κακῶς ποιοῦντα ἀνθρώπους δεῖ ἐπιδείκνυσθαι, τὰ δὲ εὖ. (9) Ἐκ τούτων δὴ ἐπεὶ ὑπέπινον, ἤρετο ὁ Ὑστάσπης τὸν Κῦρον, Ἆρ' ἄν, ἔφη, ὦ Κῦρε, ἀχθεσθείης μοι εἴ σε ἐροί-

CAPUT IV.

At Cyrus etiam cum, facta re sacra, victoriam epulo celebraret, illos amicos invitavit, quos aperte constaret et auctum eum maxime velle et animis ei summe benevolis honorem habere. Cum his invitavit et Medum illum Artabazum, et Tigranem Armenium, et equitum præfectum Hyrcanium, et Gobryam. Gadatas autem sceptrigeris ejus præerat, totaque victus ratio domestica sic erat instituta, quemadmodum ille ordinaverat: et quoties cœnabant apud Cyrum aliqui, ne sedebat quidem Gadatas, sed convivii curam gerebat: at quoties soli essent, et ipse una cum Cyro cœnabat: delectabatur enim Cyrus consuetudine Gadatæ: propter hæc autem a Cyro multis et magnis honoribus adficiebatur, ac propter Cyrum, etiam ab aliis. Ad cœnam invitati cum venissent, non fortuito unumquemque collocabat, sed quem honore maximo dignabatur, ad lævam, quod hæc insidiis obnoxia magis sit quam dextra; secundum ab hoc ad dextram, tertium rursus ad lævam, quartum ad dextram: ac si plures etiam sunt, eadem ratione conviviæ collocantur. Arbitrabatur autem utile esse, quo honore singulos ornaret, planum fieri: quippe quia ubi existimant homines, eum qui præstet aliis neque præconia neque præmia accepturum, liquido patet, inter eos æmulationem ibi nullam existere : ubi vero præstantissimi cujusque conditio cernitur esse optima, ibi summa cum alacritate universi certamina se suscipere declarant. Et Cyrus quidem hoc modo quinam apud se maxima essent auctoritate planum faciebat, exorsus statim a sessionis et adsistendi loco. Neque tamen esse cuique perpetuum locum volebat eum, quo sedere jussus fuisset; sed lege cavit, ut præclaris facinoribus progressio fieret ad locum honoratissimum; ac, si quis ignave molliterque se gereret, ad minus honorificum retrocederet. Putabat autem sibi pudendum Cyrus, eum hominem qui locum in consessu principem obtineret, non etiam conspici plurimis ab se bonis ornatum. Atque hæc ut Cyri tempore fuerunt constituta, ita nunc quoque servari animadvertimus.

Cum cœnarent, minime visum est Gobryæ mirum, magna copia res singulas esse apud hominem multis imperantem : sed id potius, quod Cyrus in tanta rerum magnitudine, si quid suave visus esset consequutus, id non solus absumeret; sed etiam negotium sibi exhibere rogando, ut amici præsentes ejus essent participes. Quinetiam sæpenumero videbat eum nonnullis amicis absentibus ea mittere, quibus forte delectatus esset : quo fiebat, ut posteaquam cœnati essent, et omnia, quæ a Cyri mensa erant, permulta quidem illa, Cyrus ex mensa huc illuc misisset, Gobryas diceret, Existimabam antehac equidem, Cyre, plurimum eo præstare te ceteris hominibus, quod imperatoriæ artis peritissimus esses : at nunc deos juratus testor, videri mihi plus te humanitate quam imperatoria laude excellere. Sic est profecto, ait Cyrus; et quidem humanitatis, quam artis imperatoriæ, opera exhibere multo est gratius. Quinam istuc ? ait Gobryas. Quod, inquit, hæc hominibus malefaciendo exhibere necesse est, illa benefaciendo. Deinde, cum largius biberent, Cyrum Hystaspas interrogans, Num mihi succensurus sis, ait, Cyre, si te interrogem, quod rescire

μὴν ἃ βούλομαί σου πυθέσθαι; Ἀλλὰ ναὶ μὰ τοὺς θεούς, ἔφη, τοὐναντίον τούτου ἀχθοίμην ἄν σοι, εἰ αἰσθοίμην σιωπῶντα ἃ βούλοιο ἐρέσθαι. Λέγε δή μοι, ἔφη, ἤδη πώποτε καλέσαντός σου οὐκ ἦλθον; Εὐφήμει, ἔφη ὁ Κῦρος. Ἀλλ' ὑπακούων σχολῇ ὑπήκουσα; Οὐδὲ τοῦτο. Προσταχθὲν δέ τι ἤδη σοι οὐκ ἔπραξα; Οὐκ αἰτιῶμαι, ἔφη. Ὃ δὲ πράττοιμι, ἔστιν ὅ,τι πώποτε οὐ προθύμως ἢ οὐχ ἡδομένως πράττοντά με κατέγνως; Τοῦτο δὴ πάντων ἥκιστα, ἔφη ὁ Κῦρος. (10) Τίνος μὴν ἕνεκα, ἔφη, πρὸς τῶν θεῶν, ὦ Κῦρε, Χρυσάνταν ἔγραψας ὥστε εἰς τὴν τιμιωτέραν ἐμοῦ χώραν ἱδρυθῆναι; Ἣ λέγω; ἔφη ὁ Κῦρος. Πάντως, ἔφη ὁ Ὑστάσπης. Καὶ σὺ αὖ οὐκ ἀχθεσθήσῃ μοι ἀκούων τἀληθῆ; (11) Ἡσθήσομαι μὲν οὖν, ἔφη, ἢν εἰδῶ ὅτι οὐκ ἀδικοῦμαι. Χρυσάντας τοίνυν, ἔφη, οὑτοσὶ πρῶτον μὲν οὐ κλῆσιν ἀνέμενεν, ἀλλὰ πρὶν καλεῖσθαι παρῆν τῶν ἡμετέρων ἕνεκα· ἔπειτα δὲ οὐ τὸ κελευόμενον μόνον, ἀλλὰ καὶ ὅ,τι αὐτὸς γνοίη ἄμεινον εἶναι πεπραγμένον ἡμῖν τοῦτο ἔπραττεν. Ὁπότε δ' εἰπεῖν τι δέοι εἰς τοὺς συμμάχους, ἃ μὲν ἐμὲ ᾤετο πρέπειν λέγειν ἐμοὶ συνεβούλευεν, ἃ δέ με αἰσθοιτο βουλόμενον μὲν εἰδέναι τοὺς συμμάχους, αὐτὸν δέ με αἰσχυνόμενον περὶ ἐμαυτοῦ λέγειν, ταῦτα οὗτος λέγων ὡς ἑαυτοῦ γνώμῃ ἀπεφαίνετο· ὥστ' ἔν γε τούτοις τί κωλύει αὐτὸν καὶ ἐμοῦ ἐμοὶ κρείττονα εἶναι; καὶ ἑαυτῷ μὲν ἀεί φησι πάντα τὰ παρόντα ἀρκεῖν, ἐμοὶ δὲ ἀεὶ φανερός ἐστι σκοπῶν τί ἂν προσγενόμενον ὀνήσειεν, ἐπί τε τοῖς ἐμοῖς καλοῖς μᾶλλον ἐμοῦ ἀγάλλεται καὶ ἥδεται. (12) Πρὸς ταῦτα ὁ Ὑστάσπης εἶπε, Νὴ τὴν Ἥραν, ὦ Κῦρε, ἥδομαί γε ταῦτά σε ἐρωτήσας. Τί μάλιστα; ἔφη ὁ Κῦρος. Ὅτι κἀγὼ πειράσομαι ταῦτα ποιεῖν· ἓν μόνον, ἔφη, ἀγνοῶ, πῶς ἂν εἴην δῆλος χαίρων ἐπὶ τοῖς σοῖς ἀγαθοῖς· πότερον κροτεῖν δεῖ τὼ χεῖρε ἢ γελᾶν ἢ τί ποιεῖν. Καὶ ὁ Ἀρτάβαζος εἶπεν, Ὀρχεῖσθαι δεῖ τὸ Περσικόν. Ἐπὶ τούτοις μὲν δὴ γέλως ἐγένετο.

13. Προϊόντος δὲ τοῦ συμποσίου ὁ Κῦρος τὸν Γωβρύαν ἐπήρετο, Εἰπέ μοι, ἔφη, ὦ Γωβρύα, νῦν ἂν δοκοίης ἥδιον τῷδέ τῳ τὴν θυγατέρα δοῦναι ἢ ὅτε τὸ πρῶτον ἡμῖν συνεγένου; Οὐκοῦν, ἔφη ὁ Γωβρύας, κἀγὼ τἀληθῆ λέγω; Νὴ Δί', ἔφη ὁ Κῦρος, ὡς ψεύδους γε οὐδεμία ἐρώτησις δεῖται. Εὖ τοίνυν, ἔφη, ἴσθι ὅτι νῦν ἂν πολὺ ἥδιον. Ἦ καὶ ἔχοις ἄν, ἔφη ὁ Κῦρος, εἰπεῖν διότι; Ἔγωγε. (14) Λέγε δή. Ὅτι τότε μὲν ἑώρων τοὺς πόνους καὶ τοὺς κινδύνους εὐθύμως αὐτοὺς φέροντας, νῦν δὲ ὁρῶ αὐτοὺς τἀγαθὰ σωφρόνως φέροντας. Δοκεῖ δέ μοι, ὦ Κῦρε, χαλεπώτερον εἶναι εὑρεῖν ἄνδρα τἀγαθὰ καλῶς φέροντα ἢ τὰ κακά· τὰ μὲν γὰρ ὕβριν τοῖς πολλοῖς, τὰ δὲ σωφροσύνην τοῖς πᾶσιν ἐμποιεῖ. (15) Καὶ ὁ Κῦρος εἶπεν, Ἤκουσας, ὦ Ὑστάσπα, Γωβρύου τὸ ῥῆμα; Ναὶ μὰ Δί', ἔφη· καὶ ἐὰν πολλὰ τοιαῦτά γε λέγῃ, πολὺ μᾶλλόν με τῆς θυγατρὸς μνηστῆρα λήψεται ἢ ἐὰν ἐκπώματα πολλά μοι ἐπιδεικνύῃ. (16) Ἦ μήν, ἔφη ὁ Γωβρύας, πολλά γέ μοί ἐστι τοιαῦτα συγγεγραμμένα, ὧν ἐγώ σοι οὐ φθονήσω, ἢν τὴν θυγατέρα μου γυ-

cupio? Imo vero per deos immortales, ait, contra succenserem tibi, si te reticere animadverterem, de quibus interrogare velles. Dic mihi igitur, inquit, an unquam accersitus abs te, non accessi? Bona verba, subjecit Cyrus. Num vero lente tibi parui? Ne id quidem. Num aliquid mihi abs te imperatum, non effectum dedi? Nihil habeo quod querar, ait. Quidquid autem facerem, eorum omnium an aliquid est, quod unquam non alacriter, neque cum voluptate facere me animadverteris? Id vero minime omnium, ait Cyrus. Quid igitur est, per deos immortales, quo Chrysantas te movit ut sede honoratiori, quam ego, collocaretur? Dicamne? inquit Cyrus. Omnino, subjecit Hystaspas. Et tu mihi rursum non succensebis, ubi quod verum est audies? Imo vero voluptatem capiam, inquit, si me nulla injuria adfici sciam. Hic ergo Chrysantas, primum, ait, non exspectabat donec accesseretur, sed rerum nostrarum causa prius etiam, quem accesseretur, aderat : deinde non id solum faciebat, quod imperaretur; sed quidquid animadverteret ipse, quod effectum nobis conduceret, agebat. Quoties autem ad socios aliquid dicendum erat, quae ejus judicio me dicere decebat, de iis consilium mihi dabat suum; quae vero praesentisceret me quidem scire socios cupere, sed pudore praepediri, quo minus ipse de me dicerem, ea sic proferebat, quasi suam ipsius sententiam exponeret : proinde quid vetat, quo minus in his mihi meipso potior fuerit? Praeterea sibi semper ea, quae adsunt, sufficere ait; mihi vero prospicere semper cum palam est, ecquid accedere possit amplius, quod utilitatem adferat : denique de meis commodis plus laetitiae ac voluptatis ille capit, quam egomet capiam. Ad haec Hystaspas, Laetor, ita me Juno amet, inquit, me de his te interrogasse. Cur id potissimum? ait Cyrus. Quippe quia et ipse haec facere enitar : unum modo, inquit, ignoro, quo scilicet pacto efficere possim, ut manifestum sit me tuis commodis gaudere; utrum manibus mihi plaudendum, an ridendum, vel quid agendum sit. Et Artabazus, Saltandum tibi est, ait, more Persico. Et haec quidem verba risus consequutus est.

Cum autem compotatio produceretur, Gobryam Cyrus interrogans, Dic mihi, inquit, Gobrya, inquit, modone tibi videre libentius horum alicui filiam daturus, quam id temporis quo primum nobis consuetudine congressus es? Num et ego, subjecit Gobryas, verum dicam? Ita profecto, ait Cyrus; quippe nulla interrogatio mendacium desiderat. Itaque certo scias, inquit, multo me jam libentius id facturum. Possisne mihi dicere, ait Cyrus, quamobrem? Ego vero possim. Dic igitur. Quia cernebam eos id temporis tum labores, tum pericula, praesentibus et aequis animis tolerare; nunc etiam res secundas moderate ferre video. Arbitror autem, Cyre, difficilius esse reperire hominem qui res secundas quam qui adversas, recte ferat : nam illae in plerisque insolentiam, hae modestiam in omnibus excitant. Et Cyrus, Audivistine, inquit, hoc Gobryae verbum, Hystaspa? Audivi profecto, ait : ac si quidem ejusmodi plura dixerit, multo me magis filiae procum habiturus est, quam si multa mihi pocula ostentet. Profecto, inquit Gobryas, multa mihi sunt hujusmodi literis consignata quae tibi ego non invidebo, si filiam meam uxo-

ναίκα λαμβάνῃς· τὰ δὲ ἐκπώματα, ἔφη, ἐπειδὴ οὐκ ἀνέχεσθαί μοι φαίνῃ, οὐκ οἶδ' εἰ Χρυσάντᾳ τούτῳ δῶ, ἐπεὶ καὶ τὴν ἕδραν σου ὑφήρπασε. (17) Καὶ μὲν δή, ἔφη ὁ Κῦρος, ὦ Ὑστάσπα, καὶ οἱ ἄλλοι οἱ παρόντες, ἤν ἐμοὶ λέγητε, ὅταν τις ὑμῶν γαμεῖν ἐπιχειρήσῃ, γνώσεσθε ὁποῖός τις κἀγὼ συνεργὸς ὑμῖν ἔσομαι. (18) Καὶ ὁ Γωβρύας εἶπεν, Ἤν δέ τις ἐκδοῦναι βούληται θυγατέρα, πρὸς τίνα δεῖ λέγειν; Πρὸς ἐμέ, ἔφη ὁ Κῦρος, καὶ τοῦτο· πάνυ γάρ, ἔφη, δεινός εἰμι ταύτην τὴν τέχνην. Ποίαν; ἔφη ὁ Χρυσάντας. (19) Τὸ γνῶναι ὁποῖος ἂν γάμος ἑκάστῳ συναρμόσειε. Καὶ ὁ Χρυσάντας ἔφη, Λέγε δὴ πρὸς τῶν θεῶν ποίαν τινά μοι γυναῖκα οἴει συναρμόσειν κάλλιστα. (20) Πρῶτον μέν, ἔφη, μικράν· μικρὸς γὰρ καὶ αὐτὸς εἶ· εἰ δὲ μεγάλην γαμεῖς, ἤν ποτε βούλῃ αὐτὴν ὀρθὴν φιλῆσαι, προσἀλλεσθαί σε δεήσει ὡς τὰ κυνάρια. Τοῦτο μὲν δή, ἔφη, ὀρθῶς προνοεῖς καὶ γὰρ οὐδ' ὁπωστιοῦν ἁλτικός εἰμι. (21) Ἔπειτα δ', ἔφη, σιμὴ ἄν σοι ἰσχυρῶς συμφέροι. Πρὸς τί δὴ αὖ τοῦτο; Ὅτι, ἔφη, σὺ γρυπὸς εἶ· πρὸς οὖν τὴν σιμότητα σάφ' ἴσθι ὅτι ἡ γρυπότης ἄριστ' ἂν προσαρμόσειε. Λέγεις σύ, ἔφη, ὡς καὶ τῷ εὖ δεδειπνηκότι ὥσπερ καὶ ἐγὼ νῦν ἄδειπνος ἂν συναρμόζοι. Ναὶ μὰ Δί', ἔφη ὁ Κῦρος· τῶν μὲν γὰρ μεστῶν γρυπὴ ἡ γαστὴρ γίγνεται, τῶν δὲ ἀδείπνων σιμή. (22) Καὶ ὁ Χρυσάντας ἔφη, Ψυχρῷ δ' ἄν βασιλεῖ πρὸς τῶν θεῶν ἔχοις ἂν εἰπεῖν ποία τις συνοίσει; Ἐνταῦθα μὲν δὴ ὅ τε Κῦρος ἐξεγέλασε καὶ οἱ ἄλλοι ὁμοίως. (23) Γελώντων δὲ ἅμα εἶπεν ὁ Ὑστάσπης, Πολύ γε, ἔφη, μάλιστα τούτου σε, ὦ Κῦρε, ζηλῶ ἐν τῇ βασιλείᾳ. Τίνος; ἔφη ὁ Κῦρος. Ὅτι δύνασαι καὶ ψυχρὸς ὢν γέλωτα παρέχειν. Καὶ ὁ Κῦρος εἶπεν, Ἔπειτα οὐκ ἂν πρίαιό γε πάμπολλου ὥστε σοὶ ταῦτ' εἰρῆσθαι, καὶ ἀπαγγελθῆναι παρ' ᾗ εὐδοκιμεῖν βούλει ὅτι ἀστεῖος εἶ; Καὶ ταῦτα μὲν δὴ οὕτω διεσκώπτετο.

24. Μετὰ δὲ ταῦτα Τιγράνῃ μὲν ἐξήνεγκε γυναικεῖον κόσμον, καὶ ἐκέλευσε τῇ γυναικὶ δοῦναι, ὅτι ἀνδρείως συνεστρατεύετο τῷ ἀνδρί, Ἀρταβάζῳ δὲ χρυσοῦν ἔκπωμα· τῷ δὲ Ὑρκανίῳ ἵππον καὶ ἄλλα πολλὰ καὶ καλὰ ἐδωρήσατο. Σοὶ δέ, ἔφη, ὦ Γωβρύα, δώσω ἄνδρα τῇ θυγατρί. (25) Οὐκοῦν ἐμέ, ἔφη ὁ Ὑστάσπας, δώσεις, ἵνα καὶ σὺ συγγράμματα λάβω; Ἦ καὶ ἔστι σοι, ἔφη ὁ Κῦρος, οὐσία ἀξία τῶν τῆς παιδός; Νὴ Δί', ἔφη, πολλαπλασίων μὲν οὖν χρημάτων. Καὶ ποῦ, ἔφη ὁ Κῦρος, ἔστι σοι αὕτη ἡ οὐσία; Ἐνταῦθα, ἔφη, ὁπουπερ καὶ σὺ κάθησαι φίλος ὢν ἐμοί. Ἀρκεῖ μοι, ἔφη ὁ Γωβρύας, καὶ εὐθὺς ἐκτείνας τὴν δεξιάν, Δίδου, ἔφη, ὦ Κῦρε· δέχομαί γάρ. (26) Καὶ ὁ Κῦρος λαβὼν τὴν τοῦ Ὑστάσπου δεξιὰν ἔδωκε τῷ Γωβρύᾳ, ὁ δ' ἐδέξατο. Ἐκ δὲ τούτου πολλὰ καὶ καλὰ ἔδωκε δῶρα τῷ Ὑστάσπῃ, ὅπως τῇ παιδὶ πέμψειε· Χρυσάνταν δ' ἐφίλησε προσαγαγόμενος. (27) Καὶ ὁ Ἀρτάβαζος εἶπε, Μὰ Δί', ἔφη, ὦ Κῦρε, οὐ χρυσοῦ γε χρυσοῦ ἐμοί τε τὸ ἔκπωμα δέδωκας καὶ Χρυσάντᾳ τὸ δῶρον. Ἀλλὰ καὶ σοί, ἔφη, δώσω. Ἐπήρετο ἐκεῖνος, Πότε; Εἰς

rem duxeris: pocula vero, ait, quia mihi non videris admittere, nescio annon Chrysantæ huic dem, quando is sedem etiam tibi surripuit. Enimvero, ait Cyrus, Hystaspa, et ceteri qui adestis, si mihi rem indicaveritis, quando quis vestrum uxorem ducere conabitur, qualis et ipse vobis in ea re futurus sim adjutor, cognoscetis. Et Gobryas, Cui vero indicandum erit, inquit, si quis filiam nuptum dare velit? Etiam illud mihi significate, ait Cyrus: nam hanc artem mirifice calleo. Quam? ait Chrysantas. Cognoscendi, inquit, quod conjugium cuique congruat. Et Chrysantas, Dic ergo, per deos immortales, ait, cujusmodi uxorem mihi pulcherrime congruentem fore arbitreris. Primum, inquit, parvam: nam et tu parvus es: quod si grandem ducas, adsilire te necesse fuerit, catellorum more, si forte rectam osculari velis. Id vero, inquit, recte abs te providetur; namne tantillum quidem ad saltandum habilis sum. Deinde, ait, sima admodum tibi accommoda esset. Cur illud? Quia tu, inquit, nasum aduncum habes: optime igitur, certo scias, simæ nasi formæ congruerit adunca. Hoc dicis, inquit, bene cœnato, quemadmodum jam ego sum, incœnatam fore congruentem. Ita profecto, ait Cyrus; nam eorum, qui pleni sunt, venter aduncus est; incœnatorum, simus. Et Chrysantas, Possisne, obsecro te, inquit, dicere, cujusmodi uxor regi frigido commoda foret? Hic risum et Cyrus edidit, et alii itidem. Quibus simul ridentibus, Hystaspas dixit, Equidem te, Cyre, multo maxime felicem ob hoc in isto regno tuo dico. Quid illud est? ait Cyrus. Quod cum frigidus sis, risum movere possis. Et Cyrus, Tu vero non magno redimeres, inquit, ut hæc abs te dicta essent, atque ut illi renuntiarentur, apud quam existimari te velis, quod sis urbanus? Et hæc ita quidem ultro citroque jactabantur scommata.

Secundum hæc Cyrus mundum muliebrem Tigrani protulit, quem ut uxori daret, præcepit, quod ea virili animo militiæ mariti comes fuisset; et Artabazo poculum aureum, Hyrcanio equum, cum aliis multis ac pulchris rebus, donavit. Tibi vero, Gobrya, inquit, virum dabo, cui filiam colloces. Me igitur dabis, ait Hystaspas, ut etiam illa Gobryæ scripta consequar. Num tibi sunt, inquit Cyrus, facultates, quæ sint puellæ fortunis dignæ? Sunt profecto, ait, et multo quidem majoribus opibus. Et ubinam, inquit Cyrus, has habes facultates? Hic, ait, ubi tu consedisti, qui mihi amicus es. Id vero sufficit mihi, subjecit Gobryas; statimque porrecta dextra, Da, Cyre, ait: nam accipio. Et prehensam Cyrus Hystaspæ dexteram Gobryæ dedit; et is accepit. Multa deinde et elegantia dedit Hystaspæ munera, quæ puellæ mitteret: Chrysantam vero admotum sibi osculatus est. Et Artabazus, Profecto, Cyre, inquit, non ex eodem auro mihi poculum, et Chrysantæ munus hoc dedisti. At enim, ait Cyrus, etiam tibi daturus sum. Quando? quærebat ille.

τριακοστόν, ἔφη, ἔτος. Ὡς ἀναμενοῦντος, ἔφη, καὶ οὐκ ἀποθανουμένου οὕτω παρασκευάζου. Καὶ τότε μὲν δὴ οὕτως ἔληξεν ἡ σκηνή· ἐξανισταμένων δ' αὐτῶν ἐξανέστη καὶ ὁ Κῦρος καὶ ξυμπροὔπεμψεν αὐτοὺς ἐπὶ τὰς θύρας.

28. Τῇ δ' ὑστεραίᾳ τοὺς ἐθελουσίους συμμάχους γενομένους ἀπέπεμπεν οἴκαδε ἑκάστους, πλὴν ὅσοι αὐτῶν οἰκεῖν ἐβούλοντο παρ' αὐτῷ· τούτοις δὲ χώραν καὶ οἴκους ἔδωκε, καὶ νῦν ἔτι ἔχουσιν οἱ τῶν καταμεινάντων τούτων τότε ἀπόγονοι· πλεῖστοι δ' εἰσὶ Μήδων καὶ Ὑρκανίων· τοῖς δ' ἀπιοῦσι διωρησάμενος πολλὰ καὶ ἀμέμπτους ποιησάμενος καὶ ἄρχοντας καὶ στρατιώτας ἀπεπέμψατο. (29) Ἐκ τούτου δὲ διέδωκε καὶ τοῖς περὶ ἑαυτὸν στρατιώταις τὰ χρήματα ὅσα ἐκ Σάρδεων ἔλαβε· καὶ τοῖς μὲν μυριάρχοις καὶ τοῖς περὶ ἑαυτοῦ ὑπηρέταις ἐξαίρετα ἐδίδου πρὸς τὴν ἀξίαν ἑκάστῳ, τὰ δ' ἄλλα διένειμε· καὶ τὸ μέρος ἑκάστῳ δοὺς τῶν μυριάρχων ἐπέτρεψεν αὐτοῖς διανέμειν ὥσπερ αὐτὸς ἐκείνοις διένειμεν. (30) Ἔδοσαν δὲ τὰ μὲν ἄλλα χρήματα ἄρχων ἄρχοντας τοὺς ὑφ' ἑαυτῷ δοκιμάζων· τὰ δὲ τελευταῖα οἱ ἐξάδαρχοι τοὺς ὑφ' ἑαυτοῖς ἰδιώτας δοκιμάσαντες πρὸς τὴν ἀξίαν ἑκάστῳ ἔδοσαν· καὶ οὕτω πάντες εἰλήφεσαν τὸ δίκαιον μέρος. (31) Ἐπεὶ δὲ εἰλήφεσαν τὰ τότε δοθέντα, οἱ μέν τινες ἔλεγον περὶ τοῦ Κύρου τοιάδε, Ἦ πού ποὺ αὐτός γε πολλὰ ἔχει, ὅπου γε καὶ ἡμῶν ἑκάστῳ τοσαῦτα δέδωκεν. Οἱ δέ τινες αὐτῶν ἔλεγον, Ποῖα πολλὰ ἔχει; οὐχ ὁ Κύρου τρόπος τοιοῦτος οἷος χρηματίζεσθαι, ἀλλὰ διδοὺς μᾶλλον ἢ κτώμενος ἥδεται.

32. Αἰσθανόμενος δὲ ὁ Κῦρος τούτους τοὺς λόγους καὶ τὰς δόξας τὰς περὶ αὑτοῦ συνέλεξε τοὺς φίλους τε καὶ τοὺς ἐπικαιρίους ἅπαντας καὶ ἔλεξεν ὧδε.

Ἄνδρες φίλοι, ἑώρακα μὲν ἤδη ἀνθρώπους οἳ βούλονται δοκεῖν πλείω κεκτῆσθαι ἢ ἔχουσιν, ἐλευθεριώτεροι ἂν οἰόμενοι οὕτω φαίνεσθαι· ἐμοὶ δὲ δοκοῦσιν, ἔφη, οὗτοι τοὔμπαλιν οὗ βούλονται ἐφέλκεσθαι· τὸ γὰρ πολλὰ δοκοῦντα ἔχειν μὴ κατ' ἀξίαν τῆς οὐσίας φαίνεσθαι ὠφελοῦντα τοὺς φίλους ἀνελευθερίαν ἔμοιγε δοκεῖ περιάπτειν. (33) Εἰσὶ δ' αὖ, ἔφη, οἳ λεληθέναι βούλονται ὅσα ἂν ἔχωσι· πονηροὶ οὖν καὶ οὗτοι τοῖς φίλοις ἔμοιγε δοκοῦσιν εἶναι· διὰ γὰρ τὸ μὴ εἰδέναι τὰ ὄντα πολλάκις δεόμενοι οὐκ ἐπαγγέλλουσιν οἱ φίλοι τοῖς ἑταίροις, ἀλλ' ἀπατῶνται. (34) Ἁπλουστάτου δέ μοι, ἔφη, δοκεῖ εἶναι τὸ τὴν δύναμιν φανερὰν ποιήσαντα ἐκ ταύτης ἀγωνίζεσθαι περὶ καλοκἀγαθίας. Κἀγὼ οὖν, ἔφη, βούλομαι ὑμῖν ὅσα μὲν οἷόν τ' ἐστὶν ἰδεῖν τῶν ἐμῶν δεῖξαι, ὅσα δὲ μὴ οἷόν τε ἰδεῖν, διηγήσασθαι. (35) Ταῦτα εἰπὼν τὰ μὲν ἐδείκνυε πολλὰ καὶ καλὰ κτήματα· τὰ δὲ κείμενα ὡς μὴ ῥᾴδιον εἶναι ἰδεῖν διηγεῖτο· τέλος δὲ εἶπεν ὧδε. (36) Ταῦτα, ἔφη, ὦ ἄνδρες, ἅπαντα δεῖ ὑμᾶς οὐδὲν μᾶλλον ἐμὰ ἡγεῖσθαι ἢ καὶ ὑμέτερα· ἐγὼ γάρ, ἔφη, ταῦτα ἀθροίζω οὔθ' ὅπως αὐτὸς καταδαπανήσω οὔθ' ὅπως αὐτὸς καταφρύψω· οὐ γὰρ ἂν δυναίμην· ἀλλ' ὅπως ἔχω τῷ τε ἀεὶ καλόν τι ὑμῶν ποιοῦντι διδόναι καὶ ὅπως ἤν τις ὑμῶν τινος ἐνδεῖσθαι νομίζῃ,

Ad annum, inquit, trigesimum. Tu vero sic te parato, ait Artabazus, quasi illud ipse tempus exspectaturus sim, nec mortem prius obiturus. Et hoc quidem modo tum illi contubernalium convivio finis est impositus : cum autem ipsi surgerent, etiam Cyrus surrexit, et eos ad fores usque prosequutus est.

Postridie socios qui sponte se conjunxerant, singulos domum remisit, exceptis iis, qui apud ipsum habere domicilia vellent : his agros et ædes dedit, quas etiam nunc posteri eorum, qui tunc remansere, possident ; sunt autem plurimi ex Medis et Hyrcaniis : cum discedentibus multa donasset, et perfecisset ut nihil illi, sive præfecti essent sive milites, quererentur, sic eos dimisit. Deinde militibus etiam suis pecunias, quascunque ex Sardibus ceperat, distribuit ; ac decem quidem millium præfectis et ministris suis eximia quædam pro dignitate cujusque largiebatur, cetera hinc inde dividebat : et data parte certa cuique decem millium præfecto, demandavit is curam aliis distribuendi, quemadmodum illis distribuisset. Ac pecuniæ quidem ceteræ sic distributæ sunt, ut præfectus quisque in præfectos inferiores, sibi parentes, explorando inquireret ; sex item militibus præfecti, gregariis quibus præerant militibus exploratis, pecunias ultimas cuique pro merito dederunt : atque hoc modo justam universi portionem consequuti sunt. Acceptis autem pecuniis hisce tunc distributis, aliqui de Cyro aiebant, Ipse multa certe possidet, cum tam multa cuique nostrum dederit. Alii dicebant, Quæ sunt illa multa quæ possidet ? non eo est ingenio Cyrus, ut pecunias velit construere, sed majorem voluptatem dando quam accipiendo percipit.

Hos sermones hominumque de se sententias cum Cyrus animadvertisset, convocatis amicis et omnibus iis, quos interesset accersiri, in hanc sententiam loquutus est :

« Vidi equidem nonnullos, amici, qui existimari vellent plura possidere, quam haberent reipsa ; quod hoc modo futurum arbitrarentur, ut magis liberales viderentur : verum illi vergere mihi videntur in partem instituto suo contrariam : nam eum, qui multa possidere credatur, non pro ratione facultatum amicis palam commodare, id vero mihi notam illiberalitatis ei imprimere videtur. Rursus alii quantum possideant, ceteros ignorare volunt ; qui et ipsi mihi sane videntur male de amicis mereri : nam quia facultates eorum ignorantur, sæpe amici egentes sodalibus quid sibi opus sit non significant, sed decipiuntur. Id mihi simplicissimi videtur hominis esse, ut ostensis facultatibus suis, pro earum ratione benignitatis laudem sibi parare contendat. Quamobrem et ipse vobis monstrare volo, quascunque facultates meas videre licet ; et quas videre non licet, eas oratione vobis exponam. » Hæc loquutus, alias quidem opes, et multas et pulchras, eis commonstrabat ; alias vero sic positas, ut facile conspici non possent, commemorabat : tandemque dixit, « Hæc omnia vos nihilo magis mea quam vestra ducere convenit ; nam equidem ea colligo, non ut ipse absumam, nec ut ipse conteram (quod a me quidem fieri non posset) ; sed partim ut habeam, quod alicui vestrum quovis tempore præclarum aliquod facinus edenti largiar, partim ut si quis vestrum egere se aliqua

πρὸς ἐμὲ ἐλθὼν λάβῃ οὗ ἂν ἐνδεὴς τυγχάνῃ ὤν. Καὶ ταῦτα μὲν οὕτως ἐλέχθη.

re arbitretur, ad me veniat, et quidquid forte desiderat, accipiat. » Haec in hunc modum dicta fuerunt.

ΚΕΦΑΛΑΙΟΝ Ε.

Ἡνίκα δὲ ἤδη αὐτῷ ἐδόκει καλῶς ἔχειν τὰ ἐν Βαβυλῶνι ὡς καὶ ἀποδημεῖν, συνεσκευάζετο τὴν εἰς Πέρσας πορείαν καὶ τοῖς ἄλλοις παρήγγειλεν· ἐπεὶ δ' ἐνόμισεν ἱκανὰ ἔχειν ὧν ᾤετο δεήσεσθαι, οὕτω δὴ ἀνεζεύγνυε. (2) Διηγησόμεθα δὲ καὶ ταῦτα ὡς πολὺς στόλος ὢν εὐτάκτως μὲν κατεσκευάζετο καὶ πάλιν ἀνεσκευάζετο, κατεχωρίζετο δὲ ταχὺ ὅπου δέοι. Ὅπου γὰρ ἂν στρατοπεδεύηται βασιλεύς, σκηνὰς μὲν δὴ ἔχοντες πάντες οἱ ἀμφὶ βασιλέα στρατεύονται καὶ θέρους καὶ χειμῶνος. (3) Εὐθὺς δὲ τοῦτο ἐνόμιζε Κῦρος πρὸς ἕω βλέπουσαν ἵστασθαι τὴν σκηνήν· ἔπειτα ἔταξε πρῶτον μὲν πόσον δεῖ ἀπολιπόντας σκηνοῦν τοὺς δορυφόρους τῆς βασιλικῆς σκηνῆς· ἔπειτα σιτοποιοῖς μὲν χώραν ἀπέδειξε τὴν δεξιάν, ὀψοποιοῖς δὲ τὴν ἀριστεράν, ἵπποις δὲ τὴν δεξιάν, ὑποζυγίοις δὲ τοῖς ἄλλοις τὴν ἀριστεράν· καὶ τἆλλα δὲ διετέτακτο ὥστε εἰδέναι ἕκαστον τὴν ἑαυτοῦ χώραν καὶ μέτρῳ καὶ τόπῳ. (4) Ὅταν δὲ ἀνασκευάζωνται, συντίθησι μὲν ἕκαστος σκεύη οἷσπερ τέτακται χρῆσθαι, ἀνατίθενται δ' αὖ ἄλλοι ἐπὶ τὰ ὑποζύγια· ὥσθ' ἅμα μὲν πάντες ἔρχονται οἱ σκευαγωγοὶ ἐπὶ τὰ τεταγμένα ἄγειν, ἅμα δὲ ἕκαστοι ἀνατιθέασιν ἐπὶ τὰ ἑαυτοῦ ἕκαστος. Οὕτω δὴ ὁ αὐτὸς χρόνος ἀρκεῖ μιᾷ τε σκηνῇ καὶ πάσαις ἀνῃρῆσθαι. (5) Ὡσαύτως οὕτως ἔχει καὶ περὶ κατασκευῆς. Καὶ περὶ τοῦ πεποιῆσθαι δὲ τὰ ἐπιτήδεια πάντα ἐν καιρῷ ὡσαύτως διατέτακται ἑκάστοις τὰ ποιητέα· καὶ διὰ τοῦτο ὁ αὐτὸς χρόνος ἀρκεῖ ἑνί τε μέρει καὶ πᾶσι πεποιῆσθαι. (6) Ὥσπερ δὲ οἱ περὶ τὰ ἐπιτήδεια θεράποντες χώραν εἶχον τὴν προσήκουσαν ἑκάστοι, οὕτω καὶ οἱ ὁπλοφόροι αὐτῷ ἐν τῇ στρατοπεδεύσει χώραν τε εἶχον τὴν τῇ ὁπλίσει ἑκάστῃ ἐπιτηδείαν, καὶ ᾔδεσαν ταύτην ὁποία ἦν, καὶ ἐπ' ἀναμφισβήτητον πάντες κατεχωρίζοντο. (7) Καλὸν μὲν γὰρ ἡγεῖτο ὁ Κῦρος καὶ ἐν οἰκίᾳ εἶναι ἐπιτήδευμα τὴν εὐθημοσύνην· ὅταν γάρ τίς του δέηται, δῆλόν ἐστιν ὅπου δεῖ ἐλθόντα λαβεῖν· πολὺ δὲ ἔτι κάλλιον ἐνόμιζε τὴν τῶν στρατιωτικῶν φυλῶν εὐθημοσύνην εἶναι, ὅσῳ τε ὀξύτεροι οἱ καιροὶ τῶν εἰς τὰ πολεμικὰ χρήσεων καὶ μείζω τὰ σφάλματα ἀπὸ τῶν ὑστεριζόντων ἐν αὐτοῖς· ἀπὸ δὲ τῶν ἐν καιρῷ παραγιγνομένων πλεῖστα ἄξια τὰ κτήματα ἑώρα γιγνόμενα ἐν τοῖς πολεμικοῖς· διὰ ταῦτα οὖν καὶ ἐπεμέλετο ταύτης τῆς εὐθημοσύνης μάλιστα. (8) Καὶ αὐτὸς μὲν δὴ πρῶτον ἑαυτὸν ἐν μέσῳ κατετίθετο τοῦ στρατοπέδου, ὡς ταύτης τῆς χώρας ἐχυρωτάτης οὔσης· ἔπειτα δὲ τοὺς μὲν πιστοτάτους ὥσπερ εἰώθει περὶ ἑαυτὸν εἶχε, τούτων δὲ ἐν κύκλῳ ἐχομένους ἱππέας τ' εἶχε καὶ ἁρματηλάτας. (9) Καὶ γὰρ τούτους ἐχυρὰς ἐνόμιζε χώρας δεῖσθαι, ὅτι οἷς μάχονται ὅπλοις οὐδὲν πρόχειρον ἔχοντες τούτων στρατοπεδεύονται, ἀλλὰ

CAPUT V.

Cum autem res ita Babylone constitutas existimaret, ut etiam inde abesse posset, iter in Persiam parabat, ceterisque idem faciendum denuntiabat: ac postquam satis eorum habere se putaret, quibus opus sibi fore existimabat, Babylone movit. Nos autem et haec commemoraturi sumus, quam scilicet, numerosus cum esset exercitus, ordinate tum depositis impedimentis castra metaretur, tum vasis rursum collectis castra moveret, celeriterque se quo oporteret loco disponeret. Nam ubicunque castra rex habet, ibi quidem omnes qui circa regem esse solent, tentoris sibi collocatis tam aestate, quam hieme militant. Statim autem Cyrus hoc instituit, tentoriorum nempe ita figi ut orientem spectaret: deinde primum quanto intervallo a tabernaculo regio abesse satellitum tentoria deberent, constituit; tum locum dextrum iis, quibus esset mandata panis conficiendi cura, adsignavit, iis, qui obsoniis adparandis operam dabant, sinistrum; equis item dextrum, sinistrum jumentis ceteris: erant sic etiam descripta cetera, ut quisque stationem suam tum mensura tum loco nosset. Cum vero vasa colligunt, quisque vasa illa componit, quorum ipsi adsignatus est usus; ac rursum alii jumentis ea imponunt: quo fit, ut simul omnes impedimentorum vectores ad ea jumenta veniant, quae suis vehendis sunt destinata; et simul quisque suis jumentis ea imponat. Ita tempus idem uni tabernaculo et omnibus tollendis sufficit. Eadem est vasa deponendi ratio. Praeterea singulis est imperatum quid facere debeant, ut omnia necessaria simul parentur opportune: idcirco tempus idem et uni parti et omnibus parandis sufficit. Atque uti erat locus ministris singulis haec necessaria curantibus conveniens, sic et armati milites in metatione castrorum locum illum habebant, qui armaturae cuivis aptus esset, et quis is esset, norant, atque adeo universi eum sic occupabant, ut minime de eo ambigerent. Nimirum Cyrus arbitrabatur etiam in familia praeclarum esse studium collocationis aptae: nam hoc modo si aliqua re quis indiget, planum est quo ire debeat, ut eam sumat: sed multo pulchrius existimabat esse, militares tribus apte atque ordine disponi, cum in usu rerum bellicarum quanto magis subitae sunt temporis opportunitates, tanto graviores ab iis oriuntur offensiones, qui negligentia sua et tarditate eas sibi praeripi sinunt: per illos vero, qui mature adsunt, ea fieri videbat, quae bellicis in rebus quantivis pretii sunt: his igitur de causis aptae hujus collocationis erat perstudiosus. Ac primus quidem ipse castrorum in medio se collocabat, quod is locus esset quam munitissimus: deinde circum se fidissimos quosque, sicut et alias consueverat, habebat; atque hos orbe facto proximi erant tum equites tum curruum ductores. Etenim arbitrabatur his loco tuto esse opus, quod ita in castris agant, ut armis illis, quibus in hostem pugnant, expedite uti non possint;

πολλοῦ χρόνου δέονται εἰς τὴν ἐξόπλισιν, εἰ μέλλουσι χρησίμως ἕξειν. (10) Ἐν δεξιᾷ δὲ καὶ ἐν ἀριστερᾷ αὐτοῦ τε καὶ τῶν ἱππέων πελταστιῶν χώρα ἦν· τοξοτῶν δ᾽ αὖ χώρα ἡ πρόσθεν ἦν καὶ ὄπισθεν αὐτοῦ τε καὶ τῶν ἱππέων. (11) Ὁπλίτας δὲ καὶ τοὺς τὰ μεγάλα γέρρα ἔχοντας κύκλῳ πάντων εἶχεν ὥσπερ τεῖχος, ὅπως καὶ εἰ δέοι τι ἐνσκευάζεσθαι τοὺς ἱππέας, οἱ μονιμώτατοι πρόσθεν ὄντες παρέχοιεν αὐτοῖς ἀσφαλῆ τὴν καθόπλισιν. (12) Ἐκάθευδον δὲ αὐτῷ ἐν τάξει ὥσπερ οἱ ὁπλῖται, οὕτω δὲ καὶ οἱ πελτασταὶ καὶ οἱ τοξόται, ὅπως καὶ ἐκ νυκτῶν εἰ δέοι τι, ὥσπερ καὶ οἱ ὁπλῖται παρεσκευασμένοι εἰσὶ παίειν τὸν εἰς χεῖρας ἰόντα, οὕτω καὶ οἱ τοξόται καὶ οἱ ἀκοντισταί, εἴ τινες προσίοιεν, ἐξ ἑτοίμου ἀκοντίζοιεν καὶ τοξεύοιεν ὑπὲρ τῶν ὁπλιτῶν. (13) Εἶχον δὲ καὶ σημεῖα πάντες οἱ ἄρχοντες ἐπὶ ταῖς σκηναῖς· οἱ δ᾽ ὑπηρέται, ὥσπερ καὶ ἐν ταῖς πόλεσιν οἱ σώφρονες ἴσασι μὲν καὶ τῶν πλείστων τὰς οἰκήσεις, μάλιστα δὲ τῶν ἐπικαιρίων, οὕτω καὶ τῶν ἐν τοῖς στρατοπέδοις τάς τε χώρας τὰς τῶν ἡγεμόνων ἠπίσταντο οἱ Κύρου ὑπηρέται καὶ τὰ σημεῖα ἐγίγνωσκον ἃ ἑκάστοις ἦν· ὥστε ὅτου δέοιτο Κῦρος, οὐκ ἐξήτουν, ἀλλὰ τὴν συντομωτάτην ἐφ᾽ ἕκαστον ἔθεον. (14) Καὶ διὰ τὸ εἰλικρινῆ ἕκαστα εἶναι τὰ φῦλα πολὺ μᾶλλον ἦν δῆλα καὶ ὁπότε τις εὐτακτοίη καὶ εἴ τις μὴ πράττοι τὸ προσταττόμενον. Οὕτω δὴ ἐχόντων ἡγεῖτο, εἴ τις καὶ ἐπίθοιτο νυκτὸς ἢ ἡμέρας, ὥσπερ ἂν εἰς ἐνέδραν εἰς τὸ στρατόπεδον τοὺς ἐπιτιθεμένους ἐμπίπτειν. (15) Καὶ τὸ τακτικὸν δὲ εἶναι οὐ τοῦτο μόνον ἡγεῖτο εἴ τις ἐκτεῖναι φάλαγγα εὐπόρως δύναιτο ἢ βαθῦναι ἢ ἐκ κέρατος εἰς φάλαγγα καταστῆσαι ἢ ἐκ δεξιᾶς ἢ ἀριστερᾶς ἢ ὄπισθεν ἐπιφανέντων πολεμίων ὀρθῶς ἐξελίξαι, ἀλλὰ καὶ τὸ διασπᾶν ὁπότε δέοι τακτικὸν ἡγεῖτο, καὶ τὸ τιθέναι γε τὸ μέρος ἕκαστον ὅπου μάλιστα ἐν ὠφελείᾳ ἂν εἴη, καὶ τὸ ταχύνειν δὲ ὅπου φθάσαι δέοι, πάντα ταῦτα καὶ τὰ τοιαῦτα τακτικοῦ ἀνδρὸς ἐνόμιζεν εἶναι καὶ ἐπεμελεῖτο τούτων πάντων ὁμοίως. (16) Καὶ ἐν μὲν ταῖς πορείαις πρὸς τὸ συμπίπτον ἀεὶ διατάττων ἐπορεύετο, ἐν δὲ τῇ στρατοπεδεύσει ὡς τὰ πολλὰ ὥσπερ εἴρηται κατεχώριζεν.

17. Ἐπεὶ δὲ πορευόμενοι γίγνονται κατὰ τὴν Μηδικήν, τρέπεται ὁ Κῦρος πρὸς Κυαξάρην. Ἐπεὶ δὲ ἠσπάσαντο ἀλλήλους, πρῶτον μὲν δὴ ὁ Κῦρος εἶπε τῷ Κυαξάρῃ ὅτι οἶκος αὐτῷ ἐξῃρημένος εἴη ἐν Βαβυλῶνι καὶ ἀρχεῖα, ὅπως ἔχῃ καὶ ὅταν ἐκεῖσε ἔλθῃ, εἰς οἰκεῖα κατάγεσθαι· ἔπειτα δὲ καὶ ἄλλα δῶρα ἔδωκεν αὐτῷ πολλὰ καὶ καλά. (18) Ὁ δὲ Κυαξάρης ταῦτα μὲν ἐδέχετο, προσέπεμψε δὲ αὐτῷ τὴν θυγατέρα στέφανόν τε χρυσοῦν καὶ ψέλια φέρουσαν καὶ στρεπτὸν καὶ στολὴν Μηδικὴν ὡς δυνατὸν καλλίστην. (19) Καὶ ἡ μὲν δὴ παῖς ἐστεφάνου τὸν Κῦρον, ὁ δὲ Κυαξάρης εἶπε, Δίδωμι δέ σοι, ἔφη, ὦ Κῦρε, καὶ αὐτὴν ταύτην γυναῖκα, ἐμὴν οὖσαν θυγατέρα· καὶ ὁ σὸς δὲ πατὴρ ἔγημε τὴν τοῦ ἐμοῦ πατρὸς θυγατέρα, ἐξ ἧς σὺ ἐγένου· αὕτη δέ ἐστιν ἣν σὺ πολλάκις παῖς ὢν ὅτε παρ᾽ ἡμῖν ἦσθα ἐτιθηνήσω· καὶ ὁπότε τις ἐρωτῴη αὐτὴν τίνι γαμοῖτο, ἔλεγεν ὅτι Κύρῳ·

sed longo tempore ad egressionem indigeant, si quidem utiliter illa tractare velint. Parte vero cum ipsius tam equitum dextra et lævâ peltastarum locus erat; sagittariorum tam ante quam post ipsum, et post equites. Gravis armaturæ milites et qui scuta majora gestabant suis omnibus circumdabat, velut murum: ut si necesse esset equites armari et instrui, maxime statarii milites ante ipsos essent, tutumque spatium eis ad arma capienda præberent. Et quemadmodum gravis armaturæ milites, sic et peltastæ et sagittarii somnum instructi capiebant; ut etiam noctu, si quid usus posceret, perinde ac gravis armaturæ milites parati sunt ad feriendos eos qui cominus invadunt, sic et sagittarii et jaculatores pro gravis armaturæ militibus, si qui hostes accederent, prompte sagittis et jaculis suis uterentur. Præterea certa quædam signa præfecti omnes ad tabernacula habebant: ministri autem, non aliter ac in urbibus illi, qui frugi sunt et prudentes, plurimorum domos norunt, et eorum præsertim, quos interest nosse; sic, inquam, et Cyri ministri loca ducum in castris, et singulorum signa norunt: adeo ut si alicujus opera Cyrus egeret, hunc illi non quærebant, sed via quam maxime compendiaria ad unumquemque currebant. Et quia singulæ nationes secretæ, minimeque inter se confusæ erant, multo etiam magis patebat, sive quis ordinis observans esset, sive qui, quod esset imperatum, non faceret: atque hoc modo cum essent comparati, futurum arbitrabatur, sive qui noctu vel interdiu suos adoriretur, in castra sua tanquam in insidias aggrediendo incideret. Ac tacticum esse non id solum arbitrabatur, si quis extendere phalanges facile possit vel densare, vel de cornu in phalangem redigere, vel prout hostes conspecti fuerint dextrorsum, sinistrorsum, a tergo, recte eam explicare; sed etiam posse distrahere, cum necessitas postulat, pertinere ad aciei instruendæ rationem putabat, ac partem quamlibet eo loco collocare, quo plurimum sit profutura; et accelerare cum opus est antevertere: hæc omnia et his similia putabat ejus esse viri qui struendæ aciei peritus esset, atque hæc pariter omnia curæ habebat: ac in itineribus quidem semper ad id quod accideret aliter atque aliter ordinatis copiis pergebat; sed in metatione castrorum plerumque illa, quam diximus, dispositione utebatur.

Cum autem progrediendo Medorum in regionem pervenissent, Cyrus ad Cyaxarem divertit. Cumque se mutuo complexi salutassent, primum Cyrus Cyaxari dixit, domum et curiam ei Babylone selectam esse; ut, cum eo etiam veniret, tanquam in sua divertere posset: deinde munera quoque alia permulta et insignia ei donavit. His Cyaxares acceptis filiam ad ipsum mittit, quæ ei coronam auream, et armillas, et torquem, et Medicam vestem quam fieri potuit pulcherrimam adferebat. Et puella Cyrum coronabat: Cyaxares vero ait, Hanc ipsam tibi, Cyre, uxorem trado, quæ mea est filia: pater quoque tuus patris mei filiam uxorem duxit, qua tu natus es: atque hæc illa est, cui tu puer sæpenumero, cum apud nos esses, more nutricis blandiebare: cumque interrogabatur ab aliquo, cuinam esset nuptura, Cyro se nupturam respondebat: addo nomine dotis

ἐπιδίδωμι δὲ αὐτῇ ἐγὼ καὶ φερνὴν Μηδίαν τὴν πᾶσαν· οὐδὲ γάρ ἐστί μοι ἄῤῥην παῖς γνήσιος. (20) Ὁ μὲν οὕτως εἶπεν· ὁ δὲ Κῦρος ἀπεκρίνατο, Ἀλλ' ὦ Κυαξάρη, τό τε γένος ἐπαινῶ καὶ τὴν παῖδα καὶ τὰ δῶρα· βούλομαι δέ, ἔφη, σὺν τῇ τοῦ πατρὸς γνώμῃ, καὶ τῇ τῆς μητρὸς ταῦτά σοι συναινέσαι. Εἶπε μὲν οὖν οὕτως ὁ Κῦρος, ὅμως δὲ τῇ παιδὶ πάντα ἐδωρήσατο ὁπόσα ᾤετο καὶ τῷ Κυαξάρῃ χαριεῖσθαι. Ταῦτα δὲ ποιήσας εἰς Πέρσας ἐπορεύετο.

21. Ἐπεὶ δ' ἐπὶ τοῖς Περσῶν ὁρίοις ἐγένετο πορευόμενος, τὸ μὲν ἄλλο στράτευμα αὐτοῦ κατέλιπεν, αὐτὸς δὲ σὺν τοῖς φίλοις εἰς τὴν πόλιν ἐπορεύετο, ἱερεῖα μὲν ἄγων ὡς πᾶσι Πέρσαις ἱκανὰ θύειν τε καὶ ἑστιᾶσθαι· δῶρα δὲ ἦγεν οἷα μὲν ἔπρεπε τῷ πατρὶ καὶ τῇ μητρὶ καὶ τοῖς ἄλλοις φίλοις, οἷα δ' ἔπρεπεν ἀρχαῖς καὶ γεραιτέροις καὶ τοῖς ὁμοτίμοις πᾶσιν· ἔδωκε δὲ καὶ πᾶσι Πέρσαις καὶ Περσίσιν ὅσαπερ καὶ νῦν ἔτι δίδωσιν ὅσαπερ ἀφίκηται βασιλεὺς εἰς Πέρσας. (22) Ἐκ δὲ τούτου συνέλεξε Καμβύσης τοὺς γεραιτέρους Περσῶν καὶ τὰς ἀρχάς, ᾧπερ τῶν μεγίστων κύριοί εἰσι· παρεκάλεσε δὲ καὶ Κῦρον, καὶ ἔλεξε τοιάδε.

Ἄνδρες Πέρσαι καὶ σύ, ὦ Κῦρε, ἐγὼ ἀμφοτέροις ὑμῖν εἰκότως εὔνους εἰμί· ὑμῶν γὰρ βασιλεύω, σὺ δέ, ὦ Κῦρε, παῖς ἐμός εἶ. Δίκαιος οὖν εἰμι ὅσα γιγνώσκειν δοκῶ ἀγαθὰ ἀμφοτέροις, ταῦτα εἰς τὸ μέσον λέγειν. (23) Τὰ μὲν γὰρ παρελθόντα ὑμεῖς μὲν Κῦρον ηὐξήσατε στράτευμά τε δόντες καὶ ἄρχοντα τούτου αὐτὸν καταστήσαντες, Κῦρος δὲ ἡγούμενος τούτου σὺν θεοῖς εὐκλεεῖς μὲν ὑμᾶς, ὦ Πέρσαι, ἐν πᾶσιν ἀνθρώποις ἐποίησεν, ἐντίμους δ' ἐν τῇ Ἀσίᾳ πάσῃ· τῶν δὲ συστρατευσαμένων τοὺς μὲν ἀρίστους καὶ πεπλούτικε, τοῖς δὲ πολλοῖς μισθόν καὶ τροφὴν παρεσκεύακεν· ἱππικὸν δὲ καταστήσας Περσῶν πεποίηκε Πέρσαις καὶ πεδίων εἶναι μετουσίαν. (24) Ἢν μὲν οὖν καὶ τὸ λοιπὸν οὕτω γιγνώσκητε, πολλῶν καὶ ἀγαθῶν αἴτιοι ἀλλήλοις ἔσεσθε· εἰ δὲ ἢ σύ, ὦ Κῦρε, ἐπαρθεὶς ταῖς παρούσαις τύχαις ἐπιχειρήσεις καὶ Περσῶν ἄρχειν ἐπὶ πλεονεξίᾳ ὥσπερ τῶν ἄλλων, ἢ ὑμεῖς, ὦ πολῖται, φθονήσαντες τούτῳ τῆς δυνάμεως καταλύειν πειράσεσθε τοῦτον τῆς ἀρχῆς, εὖ ἴστε ὅτι ἐμποδὼν ἀλλήλοις πολλῶν καὶ ἀγαθῶν ἔσεσθε. (25) Ὡς οὖν μὴ ταῦτα γίγνηται, ἀλλὰ τἀγαθά, ἐμοὶ δοκεῖ, ἔφη, θύσαντας ὑμᾶς κοινῇ καὶ θεοὺς ἐπιμαρτυραμένους συνθέσθαι, σὲ μέν, ὦ Κῦρε, ἤν τις ἐπιστρατεύηται χώρᾳ Περσίδι ἢ Περσῶν νόμους διασπᾶν πειρᾶται, βοηθήσειν παντὶ σθένει, ὑμᾶς δέ, ὦ Πέρσαι, ἤν τις ἢ ἀρχῆς Κῦρον ἐπιχειρῇ καταπαύειν ἢ ἀφίστασθαί τε τῶν ὑποχειρίων, βοηθήσειν καὶ ὑμῖν αὐτοῖς καὶ Κύρῳ καθ' ὅ,τι ἂν ἐπαγγέλλῃ. (26) Καὶ ἕως μὲν ἂν ἐγὼ ζῶ, ἐμὴ γίγνεται ἡ ἐν Πέρσαις βασιλεία, ὅταν δ' ἐγὼ τελευτήσω, δῆλον ὅτι Κύρου, ἐὰν ζῇ. Καὶ ὅταν μὲν οὗτος ἀφίκηται εἰς Πέρσας, ὁσίως ἂν ὑμῖν ἔχοι τοῦτον θύειν τὰ ἱερὰ ὑπὲρ ὑμῶν ἅπερ νῦν ἐγὼ θύω· ὅταν δ' οὗτος ἔκδημος ᾖ, καλῶς ἂν οἶμαι ὑμῖν ἔχειν εἰ ἐκ τοῦ γένους ὃς ἂν δοκῇ ὑμῖν ἄριστος εἶναι, οὗτος τὰ τῶν θεῶν ἀποτελοίη. (27) Ταῦτα εἰπόντος Καμβύσου συνέδοξε

Mediam universam, nec enim mihi soboles sexus virilis ulla est legitima. Hæc erant Cyaxaris verba : cui sic respondit Cyrus : Equidem, Cyaxares, et genus laudo et puellam, et munera : sed in his, inquit, tibi de sententia patris ac matris adsentiri volo. Et quanquam hæc ita Cyrus diceret, puellæ tamen omnia donabat, quæcunque grata Cyaxari futura putabat. Atque his peractis, in Persiam iter faciebat.

Cumque pergendo Persarum ad fines pervenisset, copias ibidem ceteras reliquit ; ipse cum amicis ad urbem contendit, animantes secum ducens, quæ Persis universis tam ad sacrificia quam ad epulas sufficerent : munera ferebat etiam qualia patri, matri, amicis ceteris dari deceret ; et qualia magistratibus, senioribus, iisque omnibus, qui ὁμότιμοι adpellantur, convenirent : præterea cunctis in Persia viris ac feminis ea largiebatur, quæcunque solet hac etiam tempestate largiri rex, cum in Persiam venit. Deinde convocatis Cambyses Persarum senioribus, et illis magistratibus, penes quos illic rerum maximarum potestas est, Cyrum etiam accessivit, et in hanc sententiam dixit :

« Merito ego, Persæ, tuque itidem Cyre, benevolentia vos complector utrosque : nam ut rex vobis sum, ita tu, Cyre, mihi filius es. Quamobrem æquum est, me, quæcunque animadvertere mihi videor in rem utrisque futura, in medium ea proferre. Quod enim attinet præterita, vos Cyrum auxistis, cum exercitu tradito illum etiam et imperatorem constitueritis : Cyrus ducis munere fungens, diis juvantibus, vobis quidem, Persæ, apud omnes homines celebritatem nominis, et honorem per Asiam universam conciliavit : præstantissimos autem eorum, qui cum eo militarunt, opulentos etiam reddidit ; vulgo militum stipendia et victum paravit : quin et Persarum equitatu instituto perfecit, ut etiam loca plana et campestria Persæ sibi vindicare possint. Itaque si deinceps etiam in hac sententia perstiteritis, multarum bonarumque rerum auctores invicem vobis eritis : sin autem vel tu, Cyre, præsenti felicique adeo rerum statu elatus, perinde Persis imperare tui cum captatione commodi conabere, ut ceteris ; vel vos, cives, potestatis hujus invidi, imperium ipsi abrogare tentabitis, certo scitote vosmetipsos mutuo vobis in multis et præclaris rebus futuros impedimento. Quapropter ut hæc non accidant, sed bona potius, visum est mihi, postea quam rem sacram communiter feceritis, deosque fueritis testati, sic vobis paciscendum esse, ut tu quidem, Cyre si quis vel in terram Persidem copias hostiles ducat, vel leges Persarum convellere conetur, omnibus viribus opem feras ; vos vero, Persæ, si quis vel Cyrum imperio spoliare, vel eorum aliquis, qui ejus in potestatem redacti sunt, deficere conetur, tum vobis ipsis tum Cyro, prout denuntiarit, subveniatis. Atque dum equidem vixero, meum esto in Persas imperium ; verum ubi vivendi finem fecero, planum est, illud Cyri fore, si vivet. Et is quidem cum in Persiam veniet, pie feceritis si pro vobis hostias cædet, quas ipse nunc credo : ubi vero peregre aberit, recte vestra se res habebit, at arbitror, si is ex familia nostra, qui vobis optimus esse videbitur, rem divinam perfecerit. » Quæ Cambyses cum

Κύρῳ τε καὶ τοῖς Περσῶν τέλεσι· καὶ συνθέμενοι ταῦτα καὶ θεοὺς ἐπιμαρτυράμενοι οὕτω καὶ νῦν ἔτι διαμένουσι, ποιοῦντες πρὸς ἀλλήλους Πέρσαι τε καὶ βασιλεύς. Τούτων δὲ πραχθέντων ἀπῄει ὁ Κῦρος.

28. Ὡς δ' ἀπιὼν ἐγένετο ἐν Μήδοις, συνέδοξαν τῷ πατρὶ καὶ τῇ μητρὶ γαμεῖ τὴν Κυαξάρου θυγατέρα, ἧς ἔτι καὶ νῦν λόγος ὡς παγκάλου γενομένης. [Ἔνιοι δὲ τῶν λογοποιῶν λέγουσιν ὡς τὴν τῆς μητρὸς ἀδελφὴν ἔγημεν· ἀλλὰ γραῦς ἂν καὶ παντάπασιν ἦν ἡ παῖς.] Γήμας δ' εὐθὺς ἔχων ἀνεζεύγνυεν.

ΚΕΦΑΛΑΙΟΝ ϛ.

Ἐπεὶ δ' ἐν Βαβυλῶνι ἦν, ἐδόκει αὐτῷ σατράπας ἤδη πέμπειν ἐπὶ τὰ κατεστραμμένα ἔθνη. Τοὺς μέντοι ἐν ταῖς ἄκραις φρουράρχους καὶ τοὺς χιλιάρχους τῶν κατὰ τὴν χώραν φυλακῶν οὐκ ἄλλου ἢ ἑαυτοῦ ἐβούλετο ἀκούειν· ταῦτα δὲ προεωρᾶτο ἐννοῶν ὅπως εἴ τις τῶν σατραπῶν ὑπὸ πλούτου καὶ πλήθους ἀνθρώπων ἐξυβρίσειε καὶ ἐπιχειρήσειε μὴ πείθεσθαι, εὐθὺς ἀντιπάλους ἔχοι ἐν τῇ χώρᾳ. (2) Ταῦτ' οὖν βουλόμενος πρᾶξαι ἔγνω συγκαλέσαι πρῶτον τοὺς ἐπικαιρίους καὶ προειπεῖν, ὅπως εἰδεῖεν ἐφ' οἷς ἴασιν οἱ ἰόντες· ἐνόμιζε γὰρ οὕτω ῥᾷον φέρειν ἂν αὐτούς· ἐπεὶ δὲ κατασταίη τις ἄρχων καὶ αἰσθάνοιτο ταῦτα, χαλεπῶς ἂν ἐδόκουν αὐτῷ φέρειν, νομίζοντες δι' ἑαυτῶν ἀπιστίαν ταῦτα γενέσθαι. (3) Οὕτω δὴ συλλέξας λέγει αὐτοῖς τοιάδε.

Ἄνδρες φίλοι, εἰσὶν ἡμῖν ἐν ταῖς κατεστραμμέναις πόλεσι φρουροὶ καὶ φρούραρχοι, οὓς τότε κατελίπομεν· καὶ τούτοις ἐγὼ προσέταξα ἀπῆλθον ἄλλο μὲν μηδὲν πολυπραγμονεῖν, τὰ δὲ τείχη διασῴζειν. Τούτους μὲν οὖν οὐ παύσω τῆς ἀρχῆς, ἐπεὶ καλῶς διαπεφυλάχασι τὰ προσταχθέντα· ἄλλους δὲ σατράπας πέμψαι μοι δοκεῖ, οἵτινες ἄρξουσι τῶν ἐνοικούντων καὶ τὸν δασμὸν λαμβάνοντες τοῖς τε φρουροῖς δώσουσι μισθὸν καὶ ἄλλο τελέσουσιν ὅ,τι ἂν δέῃ. (4) Δοκεῖ δέ μοι καὶ τῶν ἐνθάδε μενόντων ὑμῶν, οἷς ἂν ἐγὼ πράγματα παρέχω πέμπων πράξοντάς τι ἐπὶ ταῦτα τὰ ἔθνη, χώρας γενέσθαι καὶ οἴκους ἐκεῖ ὅπως δασμοφορῇταί τε αὐτοῖς δεῦρο, ὅταν τε ἴωσιν ἐκεῖσε, εἰς οἰκεῖα ἔχωσι κατάγεσθαι. (5) Ταῦτα εἶπε καὶ ἔδωκε πολλοῖς τῶν φίλων κατὰ πάσας τὰς κατεστραφείσας πόλεις οἴκους καὶ ὑπηκόους· καὶ νῦν εἰσιν ἔτι τοῖς ἀπογόνοις τῶν τότε λαβόντων αἱ χῶραι καταμένουσαι ἄλλαι ἐν ἄλλῃ γῇ, αὐτοὶ δὲ οἰκοῦσι παρὰ βασιλεῖ. (6) Δεῖ δέ, ἔφη, τοὺς ἰόντας σατράπας ἐπὶ ταύτας τὰς χώρας τοιούτους ἡμᾶς σκοπεῖν οἵτινες ὅ,τι ἂν ἐν τῇ γῇ ἑκάστῃ καλὸν ἢ ἀγαθὸν ᾖ, μεμνήσονται καὶ δεῦρο ἀποπέμπειν, ὡς μετέχωμεν καὶ οἱ ἐνθάδε ὄντες τῶν πανταχοῦ γιγνομένων ἀγαθῶν· καὶ γὰρ ἤν τί που δεινὸν γίγνηται, ἡμῖν ἔσται ἀμυντέον. (7) Ταῦτ' εἰπὼν τότε μὲν ἔπαυσε τὸν λόγον, ἔπειτα δὲ οὓς ἐγίγνωσκε τῶν φίλων ἐπὶ τοῖς εἰρημένοις ἐπιθυμοῦντας ἰέναι, ἐκλεξάμενος αὐτῶν τοὺς δοκοῦντας ἐπιτηδειοτάτους εἶναι ἔπεμπε σατρά-

protulisset, eadem tum a Cyro, tum a Persarum magistratibus, decreto communi facto, sunt adprobata : et quemadmodum id temporis hæc pacti sunt deosque contestati, sic et Persæ et rex inter se constanter eadem hoc etiam tempore observant. Atque his rebus peractis, Cyrus discessit.

Cumque in Mediam pervenisset, de patris matrisque sententia Cyaxaris filiam uxorem ducit : quam etiam nunc perhibent fuisse perpulchram. (Nonnulli autem scriptores historiarum aiunt, matris cum eo sororem fuisse nuptam : verum ea virgo fuisset omnino tunc anus.) Nuptiis celebratis, mox cum ea discessit.

CAPUT VI.

Cumque esset Babylone, visum est ei satrapas jam mittendos esse ad nationes in ditionem redactas. Præsidiorum vero magistros in arcibus, et tribunos eorum militum, qui per regionem in excubiis erant, alteri, quam sibi, parere nolebat : atque hæc ita prospiciebat : cum cogitaret eo pacto futurum ut, si quis satraparum opibus et hominum multitudine fretus insolenter se gereret, imperiumque detrectare niteretur, mox adversarios in ipsa regione haberet. Hæc igitur facere cum vellet, primum convocandos judicabat principes quos commodum esset, remque his prius exponendam, ut quas ob causas mitterentur ii, qui mittendi essent, scirent : nam hac ratione laturos æquioribus animis arbitrabatur. Sin præfectus aliquis jam constitutus esset, atque hæc deinde animadverteret, graviter laturos arbitrabatur, velut existimantes hæc ideo fieri, quod fides sibi non haberetur. Itaque convocatis iis, hujusmodi quædam loquutus est :

« Sunt nobis, amici, subactis in urbibus et præsidiarii milites et eorum præfecti, quos tunc reliquimus ; atque his ego discedens præcepi nihil ut aliud curiose instituerent agere, sed munitiones et castella tuerentur. His equidem magistratum non adimam, cum præclare quæ ipsis erant mandata conservarint : verum alii mihi satrapæ mittendi videntur, qui regionum incolis præsint, acceptoque tributo, tum præsidiariis militibus stipendium persolvant, tum quidquid præterea necesse fuerit, perficiant. Etiam mihi videtur, iis, qui e vobis hic degunt, et quibus ego negotia impono, quum ad obeunda quædam munera ad istas nationes eos mitto, istic et agros et ædes adsignandas esse, ut et tributum hoc illis adferatur, et cum eo venerint, suas in ædes possint divertere. » Hæc cum dixisset, multis ex amicis in omnibus subactis urbibus donabat ædes et suos parentes haberent : atque hæc etiam tempestate posteri eorum, qui tunc illa consequuti sunt, in agrorum, quorum alii alia in regione siti sunt, possessione permanent ; ipsi vero apud regem habitant.

« De satrapis autem, inquit, ad regiones illas mittendis, ut ejusmodi sint vobis videndum est, qui meminerint huc etiam mittendum esse quidquid in quovis solo pulchri bonive fuerit ; ut etiam nos qui hic manemus omnium bonorum, quæ ubique proveniunt, participes simus : nam si quid uspiam rei terribilis existat, id nobis propulsandum erit. » Hæc loquutus, finem tunc dicendi fecit : ac deinde, quos ex amicis animadverteret eundi cupidos, secundum conditiones propositas, habito delectu, eos qui maxime viderentur idonei,

πᾶς εἰς Ἀραβίαν μὲν Μεγάβυζον, εἰς Καππαδοκίαν δὲ Ἀρταβάταν, εἰς Φρυγίαν δὲ τὴν μεγάλην Ἀρτακάμαν, εἰς Λυδίαν δὲ καὶ Ἰωνίαν Χρυσάνταν, εἰς Καρίαν δὲ Ἀδούσιον, ὅνπερ καὶ ᾐτοῦντο, εἰς Φρυγίαν δὲ τὴν παρ' Ἑλλήσποντον καὶ Αἰολίδα Φαρνοῦχον. (8) Κιλικίας δὲ καὶ Κύπρου καὶ Παφλαγόνων οὐκ ἔπεμψε σατράπας, ὅτι ἑκόντες ἐδόκουν συστρατεύεσθαι ἐπὶ Βαβυλῶνα· δασμοὺς μέντοι συνέταξεν ἀποφέρειν καὶ τούτους. (9) Ὡς δὲ τότε Κῦρος κατεστήσατο, οὕτως ἔτι καὶ νῦν βασιλέως εἰσὶν αἵ ἐν ταῖς ἄκραις φυλακαὶ καὶ οἱ χιλίαρχοι τῶν φυλακῶν ἐκ βασιλέως εἰσὶ καθεστηκότες καὶ παρὰ βασιλεῖ ἀπογεγραμμένοι. (10) Προεῖπε δὲ πᾶσι τοῖς ἐκπεμπομένοις σατράπαις, ὅσα αὐτὸν ἑώρων ποιοῦντα, πάντα μιμεῖσθαι· πρῶτον μὲν ἱππέας καθιστάναι ἐκ τῶν συμπεμπομένων Περσῶν καὶ συμμάχων καὶ ἁρματηλάτας, ὁπόσοι δ' ἂν γῆν καὶ ἀρχεῖα λάβωσιν, ἀναγκάζειν τούτους ἐπὶ θύρας ἰέναι καὶ σωφροσύνης ἐπιμελουμένους παρέχειν ἑαυτοὺς τῷ σατράπῃ χρῆσθαι, ἤν τι δέηται· παιδεύειν δὲ καὶ τοὺς γιγνομένους παῖδας ἐπὶ θύραις, ὥσπερ παρ' αὑτῷ· ἐξάγειν δὲ καὶ τὴν θύραν τὸν σατράπην τοὺς ἀπὸ θυρῶν καὶ ἀσκεῖν αὐτούς τε καὶ τοὺς σὺν ἑαυτῷ τὰ πολεμικά. (11) Ὃς δ' ἂν ἄριστος, ἔφη, κατὰ λόγον τῆς δυνάμεως πλεῖστα μὲν ἅρματα, πλείστους δὲ καὶ ἀρίστους ἱππέας ἀποδεικνύῃ, τούτων ὡς ἀγαθῶν ξυμμάχων καὶ ὡς ἀγαθῶν συμφυλάκων Πέρσαις τε καὶ ἐμοὶ τῆς ἀρχῆς τιμήσω. Ἔστωσαν δὲ παρ' ὑμῖν καὶ ἕδραι ὥσπερ παρ' ἐμοὶ οἱ ἄριστοι προτετιμημένοι, καὶ τράπεζα, ὥσπερ ἡ ἐμή, τρέφουσα μὲν πρῶτον τοὺς οἰκέτας, ἔπειτα δὲ καὶ ὡς φίλοις μεταδιδόναι ἱκανῶς κεκοσμημένη καὶ ὡς τὸν καλόν τι ποιοῦντα καθ' ἡμέραν ἐπιγεραίρειν. (12) Κτᾶσθε δὲ καὶ παραδείσους καὶ θηρία τρέφετε, καὶ μήτε αὐτοί ποτε ἄνευ πόνου σιτοῦ παραθῆσθε μήτε ἵπποις ἀγυμνάστοις χόρτον ἐμβάλλετε· οὐ γὰρ ἂν δυναίμην ἐγὼ εἷς ὢν ἀνθρωπίνῃ ἀρετῇ τὰ πάντων ὑμῶν ἀγαθὰ διασῴζειν, ἀλλὰ δεῖ ἐμὲ μὲν ἀγαθὸν ὄντα σὺν ἀγαθοῖς τοῖς παρ' ἐμοὶ ὑμῖν ἐπίκουρον εἶναι, ὑμᾶς δὲ ὁμοίως αὐτούς τε ἀγαθοὺς ὄντας σὺν ἀγαθοῖς τοῖς μεθ' ὑμῶν ἐμοὶ συμμάχους εἶναι. (13) Βουλοίμην δ' ἂν ὑμᾶς καὶ τοῦτο κατανοῆσαι ὅτι τούτων ὧν νῦν ὑμῖν παρακελεύομαι οὐδὲν τοῖς δούλοις προστάττω· ἃ δ' ὑμᾶς φημὶ χρῆναι ποιεῖν, ταῦτα καὶ αὐτὸς πειράσομαι πάντα πράττειν. Ὥσπερ δ' ἐγὼ ὑμᾶς κελεύω ἐμὲ μιμεῖσθαι, οὕτω καὶ ὑμεῖς τοὺς ὑφ' ὑμῶν ἀρχὰς ἔχοντας μιμεῖσθαι ὑμᾶς διδάσκετε.

14. Ταῦτα δὲ Κύρου οὕτω τότε τάξαντος ἔτι καὶ νῦν τῷ αὐτῷ τρόπῳ πᾶσαι μὲν αἱ ὑπὸ βασιλεῖ φυλακαὶ ὁμοίως φυλάττονται, πᾶσαι δὲ αἱ τῶν ἀρχόντων θύραι ὁμοίως θεραπεύονται, πάντες δὲ οἱ οἶκοι καὶ μεγάλοι καὶ σμικροὶ ὁμοίως οἰκοῦνται, πᾶσι δὲ οἱ ἄριστοι τῶν παρόντων ἕδραις προτετίμηνται, πᾶσαι δὲ αἱ πορεῖαι συντεταγμέναι κατὰ τὸν αὐτὸν τρόπον εἰσί, πᾶσι δὲ αἱ συγκεφαλαιοῦνται πολλαὶ πράξεις ὀλίγοις ἐπιστάταις. (15) Ταῦτα δ' εἰπὼν ὡς χρὴ ποιεῖν ἑκάστους καὶ δύναμιν ἑκάστῳ προσθεὶς ἐξέπεμπε καὶ προσεῖπεν ἅπασι πα-

satrapas misit, in Arabiam, Megabyzum : in Cappadociam, Artabatam : in Phrygiam magnam, Artacanam : in Lydiam atque Ioniam, Chrysantam : in Cariam, Adusium, quem ipsi petierant : in Phrygiam, quæ propter Hellespontum sita est, et Æolidem, Pharnuchum. Ciliciæ vero, et Cypro, et Paphlagonibus satrapas Persicos nullos misit, quod ultro visi essent adversus Babylonem ejus signa sequuti : sed tamen his etiam tributa indixit adferenda. Ut autem Cyrus tum temporis constituit, sic etiam nunc arcium præsidia regis in potestate sunt, et præsidiariorum tribuni a rege constituuntur, et apud regem descripti census eorum exstant. Præterea satrapis omnibus, quos emittebat, edixit, ut omnia, quæcumque se facere viderent, ea ipsi imitarentur : primum equites et currum agitatores ex illis Persis ac sociis qui comitarentur ipsos, instituerent : quicumque vero agros et palatia consequuti essent, eos ad frequentandam portam cogerent, utque temperantiæ studiosi, satrapæ semet utendos exhiberent, si quid usus posceret : etiam liberos, qui eis nascerentur, ad portam educarent et instituerent, quemadmodum apud ipsum fieret : itidem satrapam, quos haberet ad portam, venatum educere debere, ac tum se tum suos ad res bellicas exercere. « Qui autem mihi, ait, pro ratione potestatis suæ currus plurimos, plurimos etiam præstantissimosque equites effecerit, hunc ego, tanquam egregium belli socium, et tanquam præclarum custodiæ imperii tum Persici tum mei adjutorem, honoribus ornabo. Sint apud vos etiam sessionibus, perinde atque apud me, viri præstantissimi præ ceteris honorati : sit et mensa, quæ sicut et mea, primum domesticos alat ; deinde sat bene instructa tum ad impertiendum amicis, tum ad honorem illi exhibendum, qui singulos in dies aliquid præclare geret. Etiam septa vobis hortorum sunto, ac feras alite, nec ipsi unquam labore nullo præcedente cibum vobis adponite, neque pabulum equis non exercitis objicite : non enim fieri poterit, ut unus ego virtute humana vestrum omnia bona tuear ; sed necesse est ut ipse, strenuum me præbendo, cum viris fortibus a me mittendis, vobis auxilio sim ; ac vos itidem viros esse fortes oportet, et cum vestris, qui et ipsi fortes sint, belli mihi socios et adjutores esse. Velim hoc etiam consideretis, nihil me horum, ad quæ jam vos cohortor, servis imperare : et quæ vobis facienda esse aio, hæc ipsemet exsequi omnia studeo. Denique ut vos ego me imitari jubeo, sic etiam vos illos, qui vestro sub imperio magistratus habent, ad vos imitandos instituite. »

Atque hæc uti tum Cyrus instituit, sic etiam hodie cuncta regis imperio subjecta præsidia custodiuntur, et omnes magistratuum portæ officiose pari ratione frequentantur, omnesque tum amplæ tum exiguæ domus simili modo administrantur : omnes ex iis, qui adsunt, præstantissimi sessionibus honoris ergo supra ceteros ornantur ; omnia itinera eodem modo instituuntur, perque paucos præfectos res multæ brevi compendio curantur. His indicatis, quemadmodum se gerere singuli deberent, ac manu militum cuique data, sic eos dimisit, ut prædiceret universis, pararent

ρασκευάζεσθαι ὡς εἰς νέωτα στρατείας ἐσομένης καὶ ἐπιδείξεως ἀνδρῶν καὶ ὅπλων καὶ ἵππων καὶ ἁρμάτων.

16. Κατενοήσαμεν δὲ καὶ τοῦτο ὅτι Κύρου κατάρξαντος, ὅς φασι, καὶ νῦν ἔτι διαμένει· ἐφοδεύει γὰρ ἀνὴρ κατ' ἐνιαυτὸν ἀεὶ στράτευμα ἔχων, ὡς ἂν μέν τις τῶν σατραπῶν ἐπικουρίας δέηται, ἐπικουρῇ, ἢν δέ τις ὑβρίζῃ, σωφρονίζῃ, ἢν δέ τις ἢ δασμῶν φορᾶς ἀμελῇ ἢ τῶν ἐνοίκων φυλακῆς ἢ ὅπως ἡ χώρα ἐνεργὸς ᾖ ἢ ἄλλο τι τῶν τεταγμένων παραλίπῃ, ταῦτα πάντα κατευτρεπίζῃ, ἢν δὲ μὴ δύνηται, βασιλεῖ ἀπαγγέλλῃ· ὁ δὲ ἀκούων βουλεύεται περὶ τοῦ ἀτακτοῦντος. Καὶ οἱ πολλάκις λεγόμενοι ὅτι βασιλέως υἱὸς καταβαίνει, βασιλέως ἀδελφός, βασιλέως ὀφθαλμός, καὶ ἐνίοτε οὐκ ἐκφαινόμενοι, οὗτοι τῶν ἐφόδων εἰσίν· ἀποτρέπεται γὰρ ἕκαστος αὐτῶν ὁπόθεν ἂν βασιλεὺς κελεύῃ.

17. Κατεμάθομεν δὲ αὐτοῦ καὶ ἄλλο μηχάνημα πρὸς τὸ μέγεθος τῆς ἀρχῆς, ἐξ οὗ ταχέως ᾐσθάνετο καὶ τὰ πάμπολυ ἀπέχοντα ὅπως ἔχοι. Σκεψάμενος γὰρ πόσην ἂν ὁδὸν ἵππος κατανύτοι τῆς ἡμέρας ἐλαυνόμενος ὥστε διαρκεῖν, ἐποιήσατο ἱππῶνας τοσούτου διαλείποντας καὶ ἵππους ἐν αὐτοῖς κατέστησε καὶ τοὺς ἐπιμελομένους τούτων, καὶ ἄνδρα ἐφ' ἑκάστῳ τῶν τόπων ἔταξε τὸν ἐπιτήδειον παραδέχεσθαι τὰ φερόμενα γράμματα καὶ παραδιδόναι καὶ παραλαμβάνειν τοὺς ἀπειρηκότας ἵππους [καὶ ἀνθρώπους] καὶ ἄλλους πέμπειν νεαλεῖς.

(18) Ἔστι δ' ὅτε οὐδὲ τὰς νύκτας φασὶν ἵστασθαι ταύτην τὴν πορείαν, ἀλλὰ τῷ ἡμερινῷ ἀγγέλῳ τὸν νυκτερινὸν διαδέχεσθαι. Τούτων δὲ οὕτω γιγνομένων φασί τινες θᾶττον τῶν γεράνων ταύτην τὴν πορείαν ἀνύτειν· εἰ δὲ τοῦτο ψεύδονται, ἀλλ' ὅτι γε τῶν ἀνθρωπίνων πεζῇ πορειῶν αὕτη ταχίστη, τοῦτο εὔδηλον. Ἀγαθὸν δὲ ὡς τάχιστα ἕκαστον αἰσθανόμενον ὡς τάχιστα ἐπιμελεῖσθαι.

19. Ἐπεὶ δὲ περιῆλθεν ὁ ἐνιαυτός, συνήγειρε στρατιὰν εἰς Βαβυλῶνα, καὶ λέγεται αὐτῷ γενέσθαι εἰς δώδεκα μὲν ἵππων μυριάδας, εἰς δισχίλια δὲ ἅρματα δρεπανηφόρα, πεζῶν δὲ εἰς μεσημβρίαν ἑξήκοντα. (20) Ἐπεὶ δὲ ταῦτα συνεσκεύαστο αὐτῷ, ὥρμα δὴ ταύτην τὴν στρατείαν ἐν ᾗ λέγεται καταστρέψασθαι πάντα τὰ ἔθνη ὅσα Συρίαν ἐκβάντι οἰκεῖ μέχρι Ἐρυθρᾶς θαλάττης. Μετὰ δὲ ταῦτα ἡ εἰς Αἴγυπτον στρατεία λέγεται γενέσθαι, καὶ καταστρέψασθαι Αἴγυπτον. (21) Καὶ ἐκ τούτου τὴν ἀρχὴν ὥριζεν αὐτῷ πρὸς ἕω μὲν ἡ Ἐρυθρὰ θάλαττα, πρὸς ἄρκτον δὲ ὁ Εὔξεινος πόντος, πρὸς ἑσπέραν δὲ Κύπρος καὶ Αἴγυπτος, πρὸς μεσημβρίαν δὲ Αἰθιοπία. Τούτων δὲ τὰ πέρατα τὰ μὲν διὰ θάλπος, τὰ δὲ διὰ ψῦχος, τὰ δὲ διὰ ὕδωρ, τὰ δὲ δι' ἀνυδρίαν δυσοίκητα. (22) Αὐτὸς δ' ἐν μέσῳ τούτων τὴν δίαιταν ποιησάμενος τὸν μὲν ἀμφὶ τὸν χειμῶνα χρόνον διῆγεν ἐν Βαβυλῶνι ἑπτὰ μῆνας· αὕτη γὰρ ἀλεεινὴ ἡ χώρα· τὸν δὲ ἀμφὶ τὸ ἔαρ τρεῖς μῆνας ἐν Σούσοις, τὴν δὲ ἀκμὴν τοῦ θέρους δύο μῆνας ἐν Ἐκβατάνοις· οὕτω δὲ ποιοῦντα αὐτόν λέγουσιν ἐν ἐαρινῇ θάλπει καὶ ψύχει διά-

sese, quod suscipienda in annum proximum esset expeditio, et lustrandi milites, arma, equi, currus.

Hoc etiam ab auctore Cyro profectum, ut aiunt, nunc quoque servari animadvertimus: obit quispiam satrapias ditionis Persicae cum exercitu singulis annis: qui, si satraparum aliquis indiget auxilio, ferat ei auxilium; si quis insolenter se gerit, eum sanam ad mentem revocet: quod si quis vel tributa conferenda, vel incolas custodiendos, vel agrum colendum minus diligenter curet, vel aliquid aliud ex iis quae sunt imperata praetermittat, haec ille corrigat omnia: si vero nequeat, regi denuntiet: is ubi rem audit, de eo, qui spreto Imperio se petulanter gerit, deliberat; ac ii saepenumero, de quibus dicitur, regis filius descendit, regis frater, regis oculus, circitores illi sunt, licet aliquando non conspiciantur: nam unusquisque horum a cœpta via deflectit undecunque rex jubet.

Etiam aliud quiddam excogitasse Cyrum cognovimus, quod ad magnitudinem imperii pertinet, unde celeriter intelligeret, qui etiam rerum longe remotarum status esset. Cum enim considerasset, quantum itineris equus agitatione diurna conficere viribus integris posset, equorum stabula parari curavit, quae tantundem distarent, et in his equos constituit, cum illis qui eorum curam gererent: ordinavit et quolibet loco quendam, qui tum ad recipiendum literas idoneus, tum ad tradendum eas aliis idoneus esset; quique defatigatos equos et homines exciperet, ac alios mitteret recentes. Atque hoc in itinere ne noctu quidem interdum cessare eos dicitur, sed nuntio diurno succedere nocturnum. Quae cum ita fiunt, aiunt nonnulli gruum volatu celerius iter istos hujusmodi conficere: quod si vere non dicitur, saltem hoc manifestum est, omnium pedestrium itinerum, quae homines conficiant, hoc velocissimum esse. Bonum est autem, ut quamprimum aliquid animadvertitur, etiam cura quam celerrime adhibeatur.

Postquam annus praeteriisset, Cyrus exercitum Babylonem coegit, habuisseque fertur ad centum viginti equitum millia, currus falcatos bis mille, peditum millia sexcenta. Quo adparatu facto, expeditionem illam suscepit, qua nationes universas sibi subjecisse dicitur, quae ab ingressu Syriae ad Mare rubrum usque sedes suas habent. Postea suscepta in Ægyptum fertur expeditio, qua Ægyptum subegerit. Atque adeo deinceps imperium Cyri terminabat ad orientem, Mare rubrum; ad septentriones, pontus Euxinus; occidentem versus, Cyprus et Ægyptus; ad meridiem, Æthiopia. Harum autem regionum extremi fines, partim ob calorem, partim propter frigus, partim propter aquam, partim ob aquae inopiam sunt propemodum inhabitabiles. Ipse cum in harum medio viveret, hiberno tempore septem menses Babylone degebat; ista quippe regio tepida est: verno, tres menses Susis; ipsa aestate vigente, menses duos Ecbatanis; quod quia faceret, semper in calore frigoreque

γειν δεῖ. (22) Οὕτω δὲ διέκειντο πρὸς αὐτὸν οἱ ἄνθρωποι ὡς πᾶν μὲν ἔθνος μειονεκτεῖν ἐδόκει, εἰ μὴ Κύρῳ πέμψειεν ὅ,τι καλὸν αὑτοῖς ἐν τῇ χώρᾳ ἢ φύοιτο ἢ τρέφοιτο ἢ τεχνῷτο, πᾶσα δὲ πόλις ὡσαύτως, πᾶς δὲ ἰδιώτης πλούσιος ἂν ᾤετο γενέσθαι, εἴ τι Κύρῳ χαρίσαιτο· καὶ γὰρ ὁ Κῦρος λαμβάνων παρ' ἑκάστων ὧν ἀφθονίαν εἶχον οἱ διδόντες ἀντεδίδου ὧν σπανίζοντας αὐτοὺς αἰσθάνοιτο.

ΚΕΦΑΛΑΙΟΝ Ζ.

Οὕτω δὲ τοῦ αἰῶνος προκεχωρηκότος, μάλα δὴ πρεσβύτης ὢν ὁ Κῦρος ἀφικνεῖται εἰς Πέρσας τὸ ἕβδομον ἐπὶ τῆς αὐτοῦ ἀρχῆς. Καὶ ὁ μὲν πατὴρ καὶ ἡ μήτηρ πάλαι δὴ ὥσπερ εἰκὸς ἐτετελευτήκεσαν αὐτῷ· ὁ δὲ Κῦρος ἔθυσε τὰ νομιζόμενα ἱερὰ καὶ τοῦ χοροῦ ἡγήσατο Πέρσαις κατὰ τὰ πάτρια καὶ τὰ δῶρα πᾶσι διέδωκεν ὥσπερ εἰώθει. (2) Κοιμηθεὶς δ' ἐν τῷ βασιλείῳ ὄναρ εἶδε τοιόνδε. Ἔδοξεν αὐτῷ προσελθὼν κρείττων τις ἢ κατὰ ἄνθρωπον εἰπεῖν, Συσκευάζου, ὦ Κῦρε· ἤδη γὰρ εἰς θεοὺς ἄπει. Τοῦτο δὲ ἰδὼν τὸ ὄναρ ἐξηγέρθη καὶ σχεδὸν ἐδόκει εἰδέναι ὅτι τοῦ βίου ἡ τελευτὴ παρείη. (3) Εὐθὺς οὖν λαβὼν ἱερεῖα ἔθυε Διΐ τε πατρῴῳ καὶ Ἡλίῳ καὶ τοῖς ἄλλοις θεοῖς ἐπὶ τῶν ἄκρων, ὡς Πέρσαι θύουσιν, ὧδε ἐπευχόμενος, Ζεῦ πατρῷε καὶ Ἥλιε καὶ πάντες θεοί, δέχεσθε τάδε καὶ τελεστήρια πολλῶν καὶ καλῶν πράξεων καὶ χαριστήρια ὅτι ἐσημαίνετέ μοι καὶ ἐν ἱεροῖς καὶ ἐν οὐρανίοις σημείοις καὶ ἐν οἰωνοῖς καὶ ἐν φήμαις ἅ τ' ἐχρῆν ποιεῖν καὶ ἃ οὐκ ἐχρῆν. Πολλὴ δ' ὑμῖν χάρις ὅτι κἀγὼ ἐγίγνωσκον τὴν ὑμετέραν ἐπιμέλειαν καὶ οὐδεπώποτε ἐπὶ ταῖς εὐτυχίαις ὑπὲρ ἄνθρωπον ἐφρόνησα. Αἰτοῦμαι δ' ὑμᾶς δοῦναι καὶ νῦν παισὶ μὲν καὶ γυναικὶ καὶ φίλοις καὶ πατρίδι εὐδαιμονίαν, ἐμοὶ δὲ οἷόνπερ αἰῶνα δεδώκατε τοιαύτην καὶ τελευτὴν δοῦναι. (4) Ὁ μὲν δὴ τοιαῦτα ποιήσας καὶ οἴκαδε ἐλθὼν ἔδοξεν ἀναπαύσεσθαι καὶ κατεκλίθη. Ἐπεὶ δὲ ὥρα ἦν, οἱ τεταγμένοι προσιόντες λούσασθαι αὐτὸν ἐκέλευον. Ὁ δ' ἔλεγεν ὅτι ἡδέως ἀναπαύοιτο. Οἱ δ' αὖ τεταγμένοι, ἐπεὶ ὥρα ἦν, δεῖπνον παρετίθεσαν· τῷ δὲ ἡ ψυχὴ σῖτον μὲν οὐ προσίετο, διψῆν δ' ἐδόκει, καὶ ἔπιεν ἡδέως. (5) Ὡς δὲ καὶ τῇ ὑστεραίᾳ συνέβαινεν αὐτῷ ταῦτα καὶ τῇ τρίτῃ, ἐκάλεσε τοὺς παῖδας· οἱ δὲ ἔτυχον συνηκολουθηκότες αὐτῷ καὶ ὄντες ἐν Πέρσαις· ἐκάλεσε δὲ καὶ τοὺς φίλους καὶ τὰς Περσῶν ἀρχάς· παρόντων δὲ πάντων ἤρχετο τοιοῦδε λόγου.

6. Παῖδες ἐμοὶ καὶ πάντες οἱ παρόντες φίλοι, ἐμοὶ μὲν τοῦ βίου τὸ τέλος ἤδη πάρεστιν· ἐκ πολλῶν τοῦτο σαφῶς γιγνώσκω· ὑμᾶς δὲ χρή, ὅταν τελευτήσω, ὡς περὶ εὐδαίμονος ἐμοῦ καὶ λέγειν καὶ ποιεῖν πάντα. Ἐγὼ γὰρ παῖς τε ὢν τὰ ἐν παισὶ νομιζόμενα καλὰ δοκῶ κεκαρπῶσθαι, ἐπεί τε ἥβησα, τὰ ἐν νεανίσκοις, τέλειός τε ἀνὴρ γενόμενος τὰ ἐν ἀνδράσι· σὺν τῷ χρόνῳ τε προϊόντι ἀεὶ συναυξανομένην ἐπιγιγνώσκειν ἐδόκουν

verno vitam egisse dicitur. Erat autem ea hominum erga ipsum adfectio, ut natio quaevis deteriore videretur esse conditione, si non Cyro mitteret quidquid ipsis egregium in regione sua vel nasceretur, vel aleretur, vel arte perficeretur: itidem quaevis urbs; et quivis homo privatus opulentum se arbitrabatur, si quid Cyro gratificaretur: nam Cyrus a singulis accipiens ea, quorum copiam illi, qui dabant, haberent, vicissim eis largiebatur ea, quorum ipsos inopes esse animadverteret.

CAPUT VII.

Posteaquam hoc modo aetate provectiori Cyrus esse coepisset, admodum senex vice jam septima, ex quo imperium adeptus erat, in Persiam venit. Quo tempore tum pater tum mater ipsius jamdudum, ceu credi par est, e vivis excesserant: hic Cyrus sacrificia statuta fecit, ex instituto patrio chorum Persarum duxit, et pro more munera in omnes distribuit. Consopitus autem in regia, somnium hujusmodi vidit: accedere quispiam ad ipsum visus est, humana specie augustior, qui diceret, Para te, Cyre: nam ad deos jam ituras es. Hoc somnio viso, excitatus est, propeque scire videbatur, vitae sibi finem adesse. Quamobrem sumptis mox hostiis, Jovi patrio, et Soli, et diis ceteris in summis montium jugis, qui Persis sacrificandi mos est, rem divinam fecit, et hujusmodi usus est precatione: « Jupiter patrie, tuque Sol, ac vos dii universi, accipite haec sacra, quibus et multis praeclarisque actionibus finem impono, et gratias vobis ago, quod mihi tum in sacrificiis tum signis coelestibus, tum auguriis, tum omnibus ea significastis, quae vel facienda vel omittenda erant. Magnas etiam vobis gratias ago, quod et ipse curam de me vestram agnoverim, et nunquam me rebus prosperis supra conditionem humanam extulerim. Rogo autem vos, ut nunc quoque liberis, uxori, amicis, patriae felicitatem largiamini; mihi vero peto, ut quale concessistis aevum, talem etiam exitum detis. » His peractis cum domum revertisset, quieti se dare decrevit, et decubuit. Posteaquam tempus ita posceret, accedunt ii, quibus hoc erat negotii datum, atque ut lavet, hortantur. Suaviter ille se quiescere dicebat. Itidem illi quibus id erat negotii datum, cum tempus esset, coenam ipsi adponunt: at Cyri animus non illo quidem cibum admittebat, sed sitire videbatur, atque adeo cum voluptate bibit. Eadem illi cum altero atque item tertio die accidissent, filios accessivit; qui ferte tunc eum sequuti, in Persia degabant. Accessivit et amicos et Persarum magistratus; qui jam universi cum adessent, hujusmodi orationem exorsus est:

« Instat modo, mei filii, ac vos amici omnes qui adestis, vitae meae finis: ex multis id quidem indiciis certo cognosco: vos vero ubi vitam cum morte commutavero, de me tanquam beato, et dicere omnia et facere oportet. Nam et cum puer essem, eorum, quae in aetate puerili praeclara existimantur, fructum mihi consequutus esse videor: et adolescens, eorum quae habet adolescentia: et virilem prorsus ad aetatem ubi perveni, eorum quae virilis aetas habet. Quin et progressu temporis vires meas una auctas animad-

καὶ τὴν ἐμὴν δύναμιν, ὥςτε καὶ τοὐμὸν γῆρας οὐδεπώποτε ἠσθόμην τῆς ἐμῆς νεότητος ἀσθενέστερον γιγνόμενον, καὶ οὔτ' ἐπιχειρήσας οὔτ' ἐπιθυμήσας οἶδα ὅτου
ἠτύχησα. (7) Καὶ τοὺς μὲν φίλους ἐπεῖδον δι' ἐμοῦ εὐδαίμονας γενομένους, τοὺς δὲ πολεμίους ὑπ' ἐμοῦ δου-
λωθέντας· καὶ τὴν πατρίδα πρόσθεν ἰδιωτεύουσαν ἐν
τῇ Ἀσίᾳ νῦν προτετιμημένην καταλείπω· ὧν τ' ἐκτησάμην οὐδὲν οἶδα ὅτι οὐ διεσωσάμην. Καὶ τὸν μὲν
παρελθόντα χρόνον ἔπραττον ὥςπερ εὐχόμην, φόβος δέ μοι συμπαρωμάρτει μή τι ἐν τῷ ἐπιόντι χρόνῳ ἢ
ἴδοιμι ἢ ἀκούσαιμι ἢ πάθοιμι χαλεπόν, οὐκ εἴα τελέως με
μέγα φρονεῖν οὐδ' εὐφραίνεσθαι ἐκπεπταμένως. (8) Νῦν
δ' ἢν τελευτήσω, καταλείπω μὲν ὑμᾶς, ὦ παῖδες, ζῶντας οὕςπερ ἔδοσάν μοι οἱ θεοὶ γενέσθαι, καταλείπω δὲ
πατρίδα καὶ φίλους εὐδαιμονοῦντας· ὥςτε πῶς οὐκ ἂν
ἐγὼ δικαίως μακαριζόμενος τὸν ἀεὶ χρόνον μνήμης
τυγχάνοιμι; (9) Δεῖ δὲ καὶ τὴν βασιλείαν με ἤδη
σαφηνίσαντα καταλιπεῖν, ὡς ἂν μὴ ἀμφίλογος γενομένη
πράγματα ὑμῖν παράσχῃ. Ἐγὼ φιλῶ μὲν ἀμφοτέρους ὑμᾶς ὁμοίως, ὦ παῖδες· τὸ δὲ προβουλεύειν καὶ τὸ
ἡγεῖσθαι ἐφ' ὅ,τι ἂν καιρὸς δοκῇ εἶναι, τοῦτο προςτάττω
τῷ προτέρῳ γενομένῳ καὶ πλείονων κατὰ τὸ εἰκὸς ἐμ-
πείρῳ. (10) Ἐπαιδεύθην δὲ καὶ αὐτὸς οὕτως ὑπὸ τῆςδε
τῆς ἐμῆς τε καὶ ὑμετέρας πατρίδος, τοῖς πρεσβυτέροις
οὐ μόνον ἀδελφοῖς ἀλλὰ καὶ πολίταις καὶ ὁδῶν καὶ θάκων καὶ λόγων ὑπείκειν, καὶ ὑμᾶς δέ, ὦ παῖδες, οὕτως
ἐξ ἀρχῆς ἐπαίδευον, τοὺς μὲν γεραιτέρους προτιμᾶν,
τῶν δὲ νεωτέρων προτετιμῆσθαι· ὡς οὖν παλαιὰ καὶ
εἰθισμένα καὶ ἔννομα λέγοντος ἐμοῦ οὕτως ἀποδέχεσθε·
(11) Καὶ σὺ μέν, ὦ Καμβύση, τὴν βασιλείαν ἔχε, θεῶν
τε διδόντων καὶ ἐμοῦ ὅσον ἐν ἐμοί· σοὶ δέ, ὦ Τανσοξάρη,
σατράπην εἶναι δίδωμι Μήδων τε καὶ Ἀρμενίων καὶ τρί-
των Καδουσίων· ταῦτα δέ σοι διδοὺς νομίζω ἀρχὴν μὲν
μείζω καὶ τοὔνομα τῆς βασιλείας τῷ πρεσβυτέρῳ καταλιπεῖν, εὐδαιμονίαν δὲ σοὶ ἀλυποτέραν. (12) Ὁποίας
μὲν γὰρ ἀνθρωπίνης εὐφροσύνης ἐπιδεὴς ἔσει οὐχ ὁρῶ,
ἀλλὰ πάντα σοι τὰ δοκοῦντα ἀνθρώπους εὐφραίνειν
παρέσται. Τὸ δὲ δυςκαταπρακτοτέρων τε ἐρᾶν καὶ τὸ
πολλὰ μεριμνᾶν καὶ τὸ μὴ δύνασθαι ἡσυχίαν ἔχειν
κεντριζόμενον ὑπὸ τῆς πρὸς τἀμὰ ἔργα φιλονεικίας
καὶ τὸ ἐπιβουλεύειν καὶ τὸ ἐπιβουλεύεσθαι, ταῦτα τῷ
βασιλεύοντι ἀνάγκη σοῦ μᾶλλον συμπαρομαρτεῖν, ἅ,
σάφ' ἴσθι, τῷ εὐφραίνεσθαι πολλὰς ἀςχολίας παρέχει.
(13) Οἶσθα μὲν οὖν καὶ σύ, ὦ Καμβύση, ὅτι οὐ τόδε τὸ
χρυσοῦν σκῆπτρον τὸ τὴν βασιλείαν διασῷζόν ἐστιν,
ἀλλ' οἱ πιστοὶ φίλοι σκῆπτρον βασιλεῦσιν ἀληθέστατον
καὶ ἀσφαλέστατον. Πιστοὺς δὲ μὴ νόμιζε φύσει φύεσθαι ἀνθρώποις· πᾶσι γὰρ ἂν οἱ αὐτοὶ πιστοὶ φαίνοιντο,
ὥςπερ καὶ τἄλλα τὰ πεφυκότα πᾶσι τὰ αὐτὰ φαίνεται·
ἀλλὰ τοὺς πιστοὺς τίθεσθαι δεῖ ἕκαστον ἑαυτῷ· ἡ δὲ
κτῆσις αὐτῶν ἔστιν οὐδαμῶς σὺν τῇ βίᾳ, ἀλλὰ μᾶλλον
σὺν τῇ εὐεργεσίᾳ. (14) Εἰ οὖν καὶ ἄλλους τινὰς πειράσῃ συμφύλακας τῆς βασιλείας ποιεῖσθαι, μηδαμόθεν
πρότερον ἄρχου ἢ ἀπὸ τοῦ ὁμόθεν γενομένου. Καὶ

vertere videbar : adeo ut senectutem meam adolescentia nunquam imbecilliorem factam senserim neque quidquam vel
aggressum me vel expetisse, quod non adsequutus sim.
Amicos quidem felices per me factos vidi, hostes in servitutem a me redactos ; patriam antehac nullo in Asia claram
imperio, nunc dignitate principem relinquo : quæ denique
sum consequutus, eorum nihil non conservasse me scio.
Et quanquam præterito tempore nihil non ex voto mihi succederet, tamen quia comes mihi metus erat, ne quid in futurum vel viderem, vel audirem, vel paterer rei gravis, non is
mihi concessit, ut prorsus elato animo essem, vel effuse
lætarer. Nunc si moriar, vos quidem, filii, quos mihi dii
nasci voluere, superstites relinquo : et patriam et amicos
itidem relinquo fortunatos : qui possit itaque fieri, ut ego
non merito sempiterna hominum beatum me prædicantium
memoria celebrer? Est autem mihi jam hoc quoque declarandum, cui regnum relinquam; ne id in ambiguo relictum negotia vobis facessat. Complector equidem, filii, pari utramque
vestrum benevolentia : verum et consilio providere ac ducis
officio fungi quacunque in re tempus et usus postulet, eum
jubeo, qui natu major est et usum rerum plurium, prout consentaneum est, habet. Quin et ipse uti ab hac mea vestraque
patria sum institutus, natu majoribus non modo fratribus, sed
civibus etiam de via, sedibus, dicendi loco cedendum esse,
sic vos quoque, filii, ab initio institui, ut natu majoribus
honorem principem deferatis, et vicissim minoribus honore
anteeatis : quamobrem ita, quæ a me dicuntur, accipite,
ut qui tum prisca tum moribus recepta atque etiam legibus
consentanea proferam. Ac tuum quidem, Cambyses, regnum esto, diis illud ab me tibi largientibus, quantum quidem in me est : tibi vero, Tanaoxares, hoc tribuo, ut
Medorum, et Armeniorum, et tertio loco Cadusiorum satrapa
sis : quæ tibi cum largior, majus quidem imperium et regni
nomen natu majori me relinquere arbitror, tibi vero felicitatem magis omnis expertem molestiæ. Nam qua delectatione humana cariturus sis equidem non video ; certe omnia
quæ hominibus adferre voluptatem videntur, tibi sunt
adfutura. Amorem vero illorum, quæ confectu difficilia
sunt, et multarum rerum sollicitam occupationem, et vitæ
alienam a quiete rationem, pungente animum æmulatione
rerum a me gestarum, et insidiarum molitionem, earundem-
que structurarum ab aliis metum ; hæc, inquam, necesse est
illum, qui regno potietur, magis quam te comitari : quæ,
sat scito, multa objicientia impedimenta, quo minus animo
læto quis esse possit. Et tu quidem certe nosti, Cambyses,
non aureum hoc sceptrum esse, quod regnum tibi conservet,
sed amici fidi regibus et verissimum et tutissimum sceptrum. Fidos vero ne putes homines nasci ; quod ita
iidem omnibus fidi conspicerentur, sicut et cetera, quæ natura insita sunt, conspiciuntur esse omnibus eadem : sed fidi
qui sint, eos sibi quemque efficere oportet : parantur autem
non vi, sed beneficentia. Quamobrem si voles et alios
quosdam tibi regni custodiendi socios adjungere, nequaquam
prius aliunde initium facito, quam ab eo, qui loco tecum
eodem ortus est. Nam et cives magis quam exteri nobis

12.

πολῖταί τοι ἄνθρωποι ἀλλοδαπῶν οἰκειότεροι καὶ σύσ-
σιτοι ἀποσκήνων· οἱ δὲ ἀπὸ τοῦ αὐτοῦ σπέρματος φύν-
τες καὶ ὑπὸ τῆς αὐτῆς μητρὸς τραφέντες καὶ ἐν τῇ
αὐτῇ οἰκίᾳ αὐξηθέντες καὶ ὑπὸ τῶν αὐτῶν γονέων ἀγαπώμενοι καὶ τὴν αὐτὴν μητέρα καὶ τὸν αὐτὸν πατέρα
προσαγορεύοντες, πῶς οὐ πάντων οὗτοι οἰκειότατοι;
(15) Μὴ οὖν ἃ οἱ θεοὶ ὑφήγηνται ἀγαθὰ εἰς οἰκειότητα
ἀδελφοῖς μάταιά ποτε ποιήσητε, ἀλλ᾽ ἐπὶ ταῦτα εὐθὺς
οἰκοδομεῖτε ἄλλα φιλικὰ ἔργα· καὶ οὕτως ἀεὶ ἀνυπέρ-
βλητος [ἀλλήλοις] ἔσται ἡ ὑμετέρα φιλία. Ἑαυτοῦ
τοι κήδεται ὁ προνοῶν ἀδελφοῦ· τίνι γὰρ ἄλλῳ ἀδελφὸς
μέγας ὢν οὕτω καλὸν ὡς ἀδελφῷ; τίς δ᾽ ἄλλος τιμήσεται δι᾽ ἄνδρα μέγα δυνάμενον οὕτως ὡς ἀδελφός; τίνα
δὲ φοβήσεταί τις ἀδικεῖν ἀδελφοῦ μεγάλου ὄντος οὕτως ὡς
τὸν ἀδελφόν; (16) Μήτε οὖν θᾶττον μηδεὶς σοῦ τούτῳ ὑπακουέτω μήτε προθυμότερον παρέστω· οὐδενὶ γὰρ
οἰκειότερα τὰ τούτου οὔτε ἀγαθὰ οὔτε δεινὰ ἢ σοί. Ἐννόει δὲ καὶ τάδε· τίνι χαρισάμενος ἐλπίσαις ἂν μειζόνων
τυχεῖν ἢ τούτῳ; τίνι δ᾽ ἂν βοηθήσας ἰσχυρότερον σύμμαχον ἀντιλάβοις; τίνα δ᾽ αἴσχιον μὴ φιλεῖν ἢ τὸν ἀδελφόν;
τίνα δὲ ἀπάντων κάλλιον προτιμᾶν ἢ τὸν ἀδελφόν; μόνου τοι, ὦ Καμβύση, πρωτεύοντος ἀδελφοῦ παρ᾽ ἀδελφῷ
οὐδὲ φθόνος παρὰ τῶν ἄλλων ἐφικνεῖται. (17) Ἀλλὰ
πρὸς θεῶν πατρῴων, ὦ παῖδες, τιμᾶτε ἀλλήλους, εἴ τι
καὶ τοῦ ἐμοὶ χαρίζεσθαι μέλει ὑμῖν· οὐ γὰρ δήπου
τοῦτό γε σαφῶς δοκεῖτε εἰδέναι ὡς οὐδὲν εἰμι ἐγὼ ἔτι,
ἐπειδὰν τοῦ ἀνθρωπίνου βίου τελευτήσω· οὐδὲ γὰρ νῦν
τοι τήν γ᾽ ἐμὴν ψυχὴν ἑωρᾶτε, ἀλλ᾽ οἷς διεπράττετο
τούτοις αὐτὴν ὡς οὖσαν κατεφωρᾶτε. (18) Τὰς δὲ τῶν
ἄδικα παθόντων ψυχὰς οὔπω κατενοήσατε οἵους μὲν
φόβους τοῖς μιαιφόνοις ἐμβάλλουσιν, οἵους δὲ παλα-
μναίους τοῖς ἀνοσίοις ἐπιπέμπουσι; τοῖς δὲ φθιμένοις τὰς
τιμὰς διαμένειν ἔτι ἂν δοκεῖτε, εἰ μηδενὸς αὐτῶν αἱ
ψυχαὶ κύριαι ἦσαν; (19) Οὔτοι ἔγωγε, ὦ παῖδες,
οὐδὲ τοῦτο πώποτε ἐπείσθην ὡς ἡ ψυχὴ ἕως μὲν ἂν ἐν
θνητῷ σώματι ᾖ, ζῇ, ὅταν δὲ τούτου ἀπαλλαγῇ, τέθνηκεν. Ὁρῶ γὰρ ὅτι καὶ τὰ θνητὰ σώματα ὅσον ἂν ἐν
αὐτοῖς χρόνον ᾖ ἡ ψυχή, ζῶντα παρέχεται. (20) Οὐδέ
γε ὅπως ἄφρων ἔσται ἡ ψυχή, ἐπειδὰν τοῦ ἄφρονος σώματος δίχα γένηται, οὐδὲ τοῦτο πέπεισμαι· ἀλλ᾽ ὅταν
ἄκρατος καὶ καθαρὸς ὁ νοῦς ἐκκριθῇ, τότε καὶ φρονιμώτατον εἰκὸς αὐτὸν εἶναι. Διαλυομένου δὲ ἀνθρώπου
δῆλά ἐστιν ἕκαστα ἀπιόντα πρὸς τὸ ὁμόφυλον πλὴν τῆς
ψυχῆς· αὕτη δὲ μόνη οὔτε παροῦσα οὔτε ἀπιοῦσα ὁρᾶται.
(21) Ἐννοήσατε δέ, ἔφη, ὅτι ἐγγύτερον μὲν τῷ ἀνθρωπίνῳ θανάτῳ οὐδέν ἐστιν ὕπνου· ἡ δὲ τοῦ ἀνθρώπου ψυχὴ
τότε δήπου θειοτάτη καταφαίνεται, καὶ τότε τι τῶν μελλόντων προορᾷ· τότε γάρ, ὡς ἔοικε, μάλιστα ἐλευθεροῦ-
ται. (22) Εἰ μὲν οὖν οὕτως ἔχει ταῦτα ὥσπερ ἐγὼ οἴομαι
καὶ ἡ ψυχὴ καταλείπει τὸ σῶμα, καὶ τὴν ἐμὴν ψυχὴν
καταιδούμενοι ποιεῖτε ἃ ἐγὼ δέομαι· εἰ δὲ μὴ οὕτως,
ἀλλὰ μένουσα ἡ ψυχὴ ἐν τῷ σώματι συναποθνῄσκει,
ἀλλὰ θεούς γε τοὺς ἀεὶ ὄντας καὶ πάντ᾽ ἐφορῶντας καὶ

sunt conjuncti, et contubernales quam ii, qui nobiscum eodem in contubernio non vivunt : at vero qui eodem semine prognati, ad eadem nutriti matre, in eadem domo creverunt, et ab iisdem parentibus diliguntur, eandemque matrem et eundem patrem adpellant, qui fieri possit ut non sint omnium conjunctissimi? Ne igitur ea bona, per quae dii fratres ad conjunctionem deducunt, frustra vobis esse concessa patiamini; sed super haec ipsa statim studia quaedam alia benevolentiae et amoris exstruite; quo fiet, ut amicitia vestra semper invicta sit. Nimirum sui ipsius curam gerit, qui fratri prospicit : nam cui frater magnus adeo est ornamento, ut fratri? quis alius ob hominem praepotentem ita coletur, ut ejus frater? quemnam aliquis adeo, ut fratrem, si frater sit magnus, injuria adficere formidet? Quamobrem nemo te celerius huic obediat, nemo alacrius ad ipsum veniat : quippe nec secundae nec adversae tristesque res hujus ad quenquam magis proprie pertinent, quam ad te. Haec etiam consideres velim, cuinam gratificando majora te consequuturum sperare debeas, quam si gratificeris fratri? cui opem ferendo, belli socium firmiorem tibi adjunges : quem turpius est non amare, quam fratrem? quemnam omnium laudabilius est observare honorando, quam fratrem? Solus est frater, Cambyses, qui si apud fratrem locum principem obtineat, nequit ad eum pertingere aliorum invidia. Quare vos, filii, obtestor per deos patrios, prosequimini vosmet mutuo honore, si quidem vos mihi gratificandi estis studiosi : non enim liquido scire vos arbitrari debetis, me, posteaquam vivendi finem fecero, nihil futurum; nam ne modo quidem animum meum cernebatis, sed esse eum deprehendebatis ex iis quae agebat. An necdum animadvertistis quos terrores illorum animi, qui vim et injuriam passi sunt, homicidis incutiant? quos scelerum vindices nefariis immittant? Anne permansuros fuisse putatis defunctorum honores, si nihil eorum animis juris ac potestatis reliquum esset? Equidem, filii, nequaquam persuaderi mihi unquam passus sum, animum, quamdiu in mortali sit corpore, vivere; cum ex eo exeat, mori. Nam animum video his morti obnoxiis corporibus, quamdiu in iis degat, vitam impertiri. Ne id quidem mihi persuaderi potuit, animum esse insipientem, posteaquam ab hoc insipiente corpore separatur : sed cum a corpore secreta est pura mens et integra, tum eam sapientissimam esse, vero maxime consentaneum fuerit. Cum dissolvitur homo, non est obscurum ad res sui generis singula commigrare, extra unum animum ; qui solus neque dum adest, neque dum discedit, cernitur. Veniat vobis in mentem, nihil esse morti hominis similius somno : at per somnum maxime hominis animus divinitatem suam declarat, atque etiam multa futura prospicit : quippe qui tunc, uti quidem adparet, maxime fit liber. Quare si haec ita sunt, quemadmodum ego existimo, et si animus hoc corpus relinquit, reveriti animum meum, quae vos rogo, praestate : sin haec ita non sunt, sed animus et manet in corpore, et cum eo interit, vos tamen deos, qui immortales

πάντα δυναμένους, οἳ καὶ τήνδε τὴν τῶν ὅλων τάξιν συνέχουσιν ἀτριβῆ καὶ ἀγήρατον καὶ ἀναμάρτητον καὶ ὑπὸ κάλλους καὶ μεγέθους ἀδιήγητον, τούτους φοβούμενοι μήποτε ἀσεβὲς μηδὲν μηδὲ ἀνόσιον μήτε ποιήσητε μήτε βουλεύσητε. (23) Μετὰ μέντοι θεοὺς καὶ ἀνθρώπων τὸ πᾶν γένος τὸ ἀεὶ ἐπιγιγνόμενον αἰδεῖσθε· οὐ γὰρ ἐν σκότῳ ὑμᾶς οἱ θεοὶ ἀποκρύπτονται, ἀλλ' ἐμφανῆ πᾶσιν ἀνάγκη ἀεὶ ζῆν τὰ ὑμέτερα ἔργα· ἃ ἢν μὲν καθαρὰ καὶ ἔξω τῶν ἀδίκων φαίνηται, δυνατοὺς ὑμᾶς ἐν πᾶσιν ἀνθρώποις ἀναδείξει· εἰ δὲ εἰς ἀλλήλους ἀδικόν τι φρονήσετε, ἐκ πάντων ἀνθρώπων τὸ ἀξιόπιστοι εἶναι ἀποβαλεῖτε. Οὐδεὶς γὰρ ἂν ἔτι πιστεῦσαι δύναιτο ὑμῖν, οὐδ' εἰ πάνυ προθυμοῖτο, ἰδὼν ἀδικούμενον τὸν μάλιστα φιλίᾳ προσήκοντα. (24) Εἰ μὲν οὖν ἐγὼ ὑμᾶς ἱκανῶς διδάσκω οἵους χρὴ πρὸς ἀλλήλους εἶναι, εἰ δὲ μή, καὶ παρὰ τῶν προγεγενημένων μανθάνετε· αὕτη γὰρ ἀρίστη διδασκαλία. Οἱ μὲν γὰρ πολλοὶ διαγεγένηνται φίλοι μὲν γονεῦσι παισί, φίλοι δὲ ἀδελφοὶ ἀδελφοῖς· ἤδη δέ τινες τούτων καὶ ἐναντία ἀλλήλοιν ἔπραξαν· ὁποτέρους ἂν οὖν αἰσθάνησθε τὰ πραχθέντα συνενεγκόντα, ταῦτα δὴ αἱρούμενοι ὀρθῶς ἂν βουλεύοισθε. (25) Καὶ τούτων μὲν ἴσως ἤδη ἅλις. Τὸ δ' ἐμὸν σῶμα, ὦ παῖδες, ὅταν τελευτήσω, μήτε ἐν χρυσῷ θῆτε μήτε ἐν ἀργύρῳ μήτε ἐν ἄλλῳ μηδενί, ἀλλὰ τῇ γῇ ὡς τάχιστα ἀπόδοτε. Τί γὰρ τούτου μακαριώτερον τοῦ γῇ μιχθῆναι, ἣ πάντα μὲν τὰ καλά, πάντα δὲ τἀγαθὰ φύει τε καὶ τρέφει; ἐγὼ δὲ καὶ ἄλλως φιλάνθρωπος ἐγενόμην καὶ νῦν ἡδέως ἄν μοι δοκῶ κοινωνῆσαι τοῦ εὐεργετοῦντος ἀνθρώπους. (26) Ἀλλὰ γὰρ ἤδη, ἔφη, ἐκλείπειν μοι φαίνεται ἡ ψυχὴ ὅθενπερ, ὡς ἔοικε, πᾶσιν ἄρχεται ἀπολείπουσα. Εἴ τις οὖν ὑμῶν ἢ δεξιᾶς βούλεται τῆς ἐμῆς ἅψασθαι ἢ ὄμμα τοὐμὸν ζῶντος ἔτι προσιδεῖν ἐθέλει, προσίτω· ὅταν δ' ἐγὼ ἐγκαλύψωμαι, αἰτοῦμαι ὑμᾶς, ὦ παῖδες, μηδεὶς ἔτ' ἀνθρώπων τοὐμὸν σῶμα ἰδέτω, μηδ' αὐτοὶ ὑμεῖς. (27) Πέρσας μέντοι πάντας καὶ τοὺς συμμάχους ἐπὶ τὸ μνῆμα τοὐμὸν παρακαλεῖτε συνησθησομένους ἐμοὶ ὅτι ἐν τῷ ἀσφαλεῖ ἤδη ἔσομαι, ὡς μηδὲν ἂν ἔτι κακὸν παθεῖν, μήτε ἢν μετὰ τοῦ θείου γένωμαι μήτε ἢν μηδὲν ἔτι ὦ· ὁπόσοι δ' ἂν ἔλθωσι, τούτους εὖ ποιήσαντες ὁπόσα ἐπ' ἀνδρὶ εὐδαίμονι νομίζεται ἀποπέμπετε. (28) Καὶ τοῦτο, ἔφη, μέμνησθέ μου τελευταῖον, τοὺς φίλους εὐεργετοῦντες καὶ τοὺς ἐχθροὺς δυνήσεσθε κολάζειν. Καὶ χαίρετε, ὦ φίλοι παῖδες, καὶ τῇ μητρὶ ἀπαγγέλλετε ὡς παρ' ἐμοῦ· καὶ πάντες δὲ οἱ παρόντες καὶ οἱ ἀπόντες φίλοι χαίρετε. Ταῦτ' εἰπὼν καὶ πάντας δεξιωσάμενος συνεκαλύψατο καὶ οὕτως ἐτελεύτησεν.

sunt, et intuentur et possunt omnia, quique ordinem universitatis hunc expertem detrimenti et senectæ et extra omnem errorem positum, præ pulchritudine atque etiam magnitudine inexplicabilem conservant; hos inquam veriti nihil usquam imple, nihil nefarie vel facito vel deliberate. Post deos universam etiam hominum nationem, quæ perpetua successione continuatur, reveremini : nam dii vos caligine quadam non tegunt, sed actiones vestras semper omnibus ante oculos versari necesse est; quæ si pura secretaque ab injustitia adparuerint, potentes vos inter homines universos reddent : sin aliquid alter in alterum injuriæ cogitaveritis, apud omnes homines fidem amittetis. Nam nemo poterit amplius vobis credere, tametsi magnopere cupiat, si videat addici illum injuria, qui sit amicitiæ jure conjunctissimus. Itaque si satis ego vos doceo, quales vosmet erga vos præbere debeatis, recte est : sin autem, ab iis etiam discite, qui ante nos extitere; hæc enim optima est doctrinæ ratio. Nam multi parentes erga liberos, multi erga fratres in amore constantes mansere : nonnulli etiam his contraria inter se mutuo designarunt : utris igitur animadverteritis ea, quæ fecerunt, profuisse, illorum si facta prætuleritis alteris, recte vobis consulueritis. Ac de his quidem jam fortasse satis. Ceterum corpus meum, filii, cum diem supremum obiero, nec in auro condite, nec in argento, nec ulla in re alia, sed terræ quamprimum reddite. Quid enim beatius quam terra commisceri, quæ omnia præclara, bona omnia profert ac nutrit? Ego cum alias hominum studiosus fui, tum hoc tempore libenter mihi videor ejus rei particeps futurus, quæ in homines est benefica. Enimvero deficere mihi videtur animus ea parte, qua, uti consentaneum est, omnibus deficere incipit. Quamobrem si quis vestrum vel dextram meam vult contingere, vel in oculos viventis adhuc intueri, accedat : ubi vero velatus fuero, ne quis hominum, filii, vos oro, corpus meum videat, ac ne vos quidem ipsi. Persas quidem omnes ac socios meum ad monumentum evocate; quo mihi gratulentur, cui jam in tuto agenti nihil accidere mali possit, sive adeo cum numine divino fuero, sive in nihilum redigar : quotquot autem venerint, hos beneficiis illis adfectos, quæcunque in hominis fortunati funere solemne est exhiberi, dimittite. Atque hoc ex me postremum memineritis, Si benefici in amicos fueritis, etiam hostes punire poteritis. Valete, filii cari; atque idem matri verbis meis renuntiate : itidem omnes amici, qui adestis, et abestis, valete. » Hæc cum loquutus esset, et omnibus dextram porrexisset, velavit se vitamque cum morte commutavit.

ΚΕΦΑΛΑΙΟΝ Η.

Ὅτι μὲν δὴ καλλίστη καὶ μεγίστη τῶν ἐν τῇ Ἀσίᾳ ἡ Κύρου βασιλεία ἐγένετο αὐτὴ ἑαυτῇ μαρτυρεῖ. Ὡρίσθη μὲν πρὸς ἕω μὲν τῇ Ἐρυθρᾷ θαλάττῃ, πρὸς ἄρκτον δὲ τῷ Εὐξείνῳ πόντῳ, πρὸς ἑσπέραν δὲ Κύπρῳ καὶ Αἰγύπτῳ, πρὸς μεσημβρίαν δὲ Αἰθιοπίᾳ. Τοσαύτη δὲ γενομένη μιᾷ γνώμῃ τῇ Κύρου ἐκυβερνᾶτο, καὶ ἐκείνός τε τοὺς ὑφ' ἑαυτῷ ὥσπερ ἑαυτοῦ παῖδας ἐτίμα τε καὶ ἐθεράπευεν, οἵ τε ἀρχόμενοι Κῦρον ὡς πατέρα ἐσέβοντο. (2) Ἐπεὶ μέντοι Κῦρος ἐτελεύτησεν, εὐθὺς μὲν αὐτοῦ οἱ παῖδες ἐστασίαζον, εὐθὺς δὲ πόλεις καὶ ἔθνη ἀφίσταντο, πάντα δ' ἐπὶ τὸ χεῖρον ἐτρέπετο. Ὡς δ' ἀληθῆ λέγω ἄρξομαι διδάσκειν ἐκ τῶν θείων. Οἶδα γὰρ ὅτι πρότερον μὲν βασιλεὺς καὶ οἱ ὑπ' αὐτῷ καὶ τοῖς τὰ ἔσχατα πεποιηκόσιν εἴτε ὅρκους ὀμόσαιεν, ἠμπέδουν, εἴτε δεξιὰς δοῖεν, ἐβεβαίουν. (3) Εἰ δὲ μὴ τοιοῦτοι ἦσαν καὶ τοιαύτην δόξαν εἶχον, ὥσπερ οὐδὲ νῦν πιστεύει οὐδὲ εἷς ἔτι, ἐπεὶ ἔγνωσται ἡ ἀσέβεια αὐτῶν, οὕτως οὐδὲ τότε ἐπίστευσαν ἂν οἱ τῶν σὺν Κύρῳ ἀναβάντων στρατηγοί· νῦν δὲ δὴ τῇ πρόσθεν αὐτῶν δόξῃ πιστεύσαντες ἐνεχείρισαν ἑαυτούς, καὶ ἀναχθέντες πρὸς βασιλέα ἀπετμήθησαν τὰς κεφαλάς. Πολλοὶ δὲ καὶ τῶν συστρατευσάντων βαρβάρων ἄλλοι ἄλλαις πίστεσιν ἐξαπατηθέντες ἀπώλοντο. (4) Πολὺ δὲ καὶ τάδε χείρονες νῦν εἰσι. Πρόσθεν μὲν γὰρ εἴ τις ἢ διακινδυνεύσειε πρὸ βασιλέως ἢ πόλιν ἢ ἔθνος ὑποχείριον ποιήσειεν ἢ ἄλλο τι καλὸν ἢ ἀγαθὸν αὐτῷ διαπράξειεν, οὗτοι ἦσαν οἱ τιμώμενοι· νῦν δὲ καὶ ἤν τις ὥσπερ Μιθριδάτης τὸν πατέρα Ἀριοβαρζάνην προδούς, καὶ ἤν τις ὥσπερ Ῥεομίθρης τὴν γυναῖκα καὶ τὰ τέκνα καὶ τοὺς τῶν φίλων παῖδας ὁμήρους παρὰ τῷ Αἰγυπτίῳ ἐγκαταλιπὼν καὶ τοὺς μεγίστους ὅρκους παραβὰς βασιλεῖ δόξῃ τι σύμφορον ποιῆσαι, οὗτοί εἰσιν οἱ ταῖς μεγίσταις τιμαῖς γεραιρόμενοι. (5) Ταῦτα οὖν ὁρῶντες οἱ ἐν τῇ Ἀσίᾳ πάντες ἐπὶ τὸ ἀσεβὲς καὶ τὸ ἄδικον τετραμμένοι εἰσίν· ὁποῖοί τινες γὰρ ἂν οἱ προστάται ὦσι, τοιοῦτοι καὶ οἱ ὑπ' αὐτοὺς ἐπὶ τὸ πολὺ γίγνονται. Ἀθεμιστότεροι δὴ νῦν ἢ πρόσθεν ταύτῃ γεγένηνται.

6. Εἴς γε μὴν χρήματα τῇδε ἀδικώτεροι· οὐ γὰρ μόνον τοὺς πολλὰ ἡμαρτηκότας, ἀλλὰ ἤδη τοὺς οὐδὲν ἠδικηκότας συλλαμβάνοντες ἀναγκάζουσι πρὸς οὐδὲν δίκαιον χρήματα ἀποτίνειν· ὥστε οὐδὲν ἧττον οἱ πολλὰ ἔχειν δοκοῦντες τῶν πολλὰ ἠδικηκότων φοβοῦνται· καὶ εἰς χεῖρας οὐδ' οὗτοι ἐθέλουσι τοῖς κρείττοσιν ἰέναι, οὐδέ γε ἀθροίζεσθαι εἰς βασιλικὴν στρατείαν θαῤῥοῦσι. (7) Τοιγαροῦν ὅστις ἂν πολεμῇ αὐτοῖς, πᾶσιν ἔξεστιν ἐν τῇ χώρᾳ αὐτῶν ἀναστρέφεσθαι ἄνευ μάχης ὅπως ἂν βούλωνται διὰ τὴν ἐκείνων περὶ μὲν θεοὺς ἀσέβειαν, περὶ δὲ ἀνθρώπους ἀδικίαν. Αἱ μὲν δὴ γνῶμαι ταύτῃ τῷ παντὶ χείρους νῦν ἢ τὸ παλαιὸν αὐτῶν.

8. Ὡς δὲ οὐδὲ τῶν σωμάτων ἐπιμέλονται ὥσπερ πρόσθεν, νῦν αὖ τοῦτο διηγήσομαι. Νόμιμον γὰρ δὴ

CAPUT VIII.

Fuisse quidem regnum Cyri omnium in Asia præclarissimum ac maximum, vel ipsum de se testatur. Terminos habuit, ab oriente, Mare rubrum; a septentrione, pontum Euxinum; ab occidente, Cyprum et Ægyptum; a meridie, Æthiopiam. Tantum vero cum esset, uno tamen Cyri arbitrio gubernabatur, qui subjectos sibi liberûm instar et honore prosequebatur et obsequiis sibi devinciebat; cum subjecti Cyrum vicissim tanquam patrem venerarentur. Verum ubi Cyrus diem suum obiit, mox inter ipsos filios coortum est dissidium, mox urbes et nationes defecerunt, atque omnia in pejorem partem versa sunt. Vera autem me dicere, a rebus divinis docere incipiam. Equidem scio, prius regem ac regi subjectos etiam iis, qui vel extrema facinora designassent, sive jusjurandum dedissent, id ipsum servasse, sive junxissent dextras, firmiter promissis stetisse. Quod si tales non fuissent et ejusmodi de se opinionem excitassent, sicut hodieque ne unus quidem fidem eis habet, postquam eorum perspecta est impietas, ita neque tunc illorum militum duces, qui expeditionem cum Cyro susceperant, fidem eis habuissent : jam vero cum priscæ de illis opinioni credidissent, seipsos eis tradiderunt, et ad regem deductis capita fuerunt abscissa. Multi etiam barbari, qui hanc expeditionem una susceperant, alii alia fidei pollicitatione decepti perierunt. Sunt etiam, quod ad hanc attinet, multo nunc deteriores. Nam antehac si quis pro rege periculum adiret, vel urbem aut nationem in ejus ditionem redegisset, vel aliquid aliud præclare fortiterque pro eo perfecisset, hi scilicet erant, qui honoribus cumularentur : nunc si quis etiam, quemadmodum Mithridates, patre suo Ariobarzane prodito, et si quis, quemadmodum Reomithres, uxore, liberis, et amicorum quoque liberis apud Ægyptium obsidibus relictis, et sanctissimo jurejurando violato, regi quod expediat, fecisse videatur, hi sunt, qui maximis honoribus ornantur. Quæ cum omnes Asiatici videant, etiam ipsi ad impietatem et injustitiam deflexerunt. Nam quales sunt ii, qui præsunt, tales et illi plerumque solent esse, qui eorum imperio subjecti sunt. Hinc factum, ut magis jam sint nefarii, quam olim fuerint.

Pecunias vero jam quod attinet, hoc modo nunc magis injusti sunt : non enim duntaxat eos qui multa commiserunt delicta, sed jam illos quoque, qui nihil injusti admisere, comprehendunt, ac præter jus et æquum pecunias solvere cogunt : quo fit, ut nihilo minus ii, quorum res ampla videtur esse, sibi metuant, atque alii, qui multa injuste fecerunt; iidem cum potioribus congredi recusant, neque ad copias regiam in expeditionem conflatas adjungere se audent. Quapropter omnibus licet, qui bellum ipsis faciunt, in eorum regione citra pugnam ut libitum fuerit versari, tum propter ipsorum erga deos impietatem, tum propter injurias, quas hominibus inferunt. Atque hoc modo sunt ipsorum animi prorsus jam deteriores, quam olim.

Ne corporum quidem eos illa ratione, qua prius, curam habere jam narrabo. Nam erat in eorum institutis, ut nec

ἦν αὐτοῖς μήτε πτύειν μήτε ἀπομύττεσθαι. Δῆλον δὲ ὅτι ταῦτα οὐ τοῦ ἐν τῷ σώματι ὑγροῦ φειδόμενοι ἐνόμισαν, ἀλλὰ βουλόμενοι διὰ πόνων καὶ ἱδρώτων τὰ σώματα στερεοῦσθαι. Νῦν δὲ τὸ μὲν μὴ πτύειν μηδὲ ἀπομύττεσθαι ἔτι διαμένει, τὸ δὲ πονεῖν οὐδαμοῦ ἐπιτηδεύεται. (9) Καὶ μὴν πρόσθεν μὲν ἦν αὐτοῖς μονοσιτεῖν νόμιμον, ὅπως ὅλῃ τῇ ἡμέρᾳ χρῷντο εἰς τὰς πράξεις καὶ εἰς τὸ διαπονεῖσθαι· νῦν γε μὴν τὸ μὲν μονοσιτεῖν ἔτι διαμένει, ἀρχόμενοι δὲ τοῦ σίτου ἡνίκαπερ οἱ πρωιαίτατα ἀριστῶντες μέχρι τούτου ἐσθίοντες καὶ πίνοντες διάγουσιν ἔστεπερ οἱ ὀψιαίτατα κοιμώμενοι.

10. Ἦν δὲ αὐτοῖς νόμιμον μηδὲ προχοίδας εἰσφέρεσθαι εἰς τὰ συμπόσια, δῆλον ὅτι νομίζοντες τῷ μὴ ὑπερπίνειν ἧττον ἂν καὶ σώματα καὶ γνώμας σφάλλειν· νῦν δὲ τὸ μὲν μὴ εἰσφέρεσθαι ἔτι αὖ διαμένει, τοσοῦτον δὲ πίνουσιν ὥστε ἀντὶ τοῦ εἰσφέρειν αὐτοὶ ἐκφέρονται, ἐπειδὰν μηκέτι δύνωνται ὀρθούμενοι ἐξιέναι.

11. Ἀλλὰ μὴν κἀκεῖνο ἦν αὐτοῖς ἐπιχώριον τὸ μεταξὺ πορευομένους μήτε ἐσθίειν μήτε πίνειν μήτε τῶν διὰ ταῦτα ἀναγκαίων μηδὲν ποιοῦντας φανεροὺς εἶναι· νῦν δ' αὖ τὸ μὲν τούτων ἀπέχεσθαι ἔτι διαμένει, τὰς μέντοι πορείας οὕτω βραχείας ποιοῦνται ὡς μηδὲν ἂν ἔτι θαυμάσαι τὸ ἀπέχεσθαι τῶν ἀναγκαίων.

12. Ἀλλὰ μὴν καὶ ἐπὶ θήραν πρόσθεν μὲν τοσαυτάκις ἐξῇσαν ὥστε ἀρκεῖν αὐτοῖς τε καὶ ἵπποις γυμνάσια τὰς θήρας· ἐπεὶ δὲ Ἀρτοξέρξης ὁ βασιλεὺς καὶ οἱ σὺν αὐτῷ ἥττους τοῦ οἴνου ἐγένοντο, οὐκέτι ὁμοίως οὔτε αὐτοὶ ἐξῇσαν οὔτε τοὺς ἄλλους ἐξῆγον ἐπὶ τὰς θήρας, ἀλλὰ καὶ εἴ τινες φιλόπονοι γενόμενοι σὺν τοῖς περὶ αὑτοὺς ἱππεῦσιν ἅμα θηρῷεν, φθονοῦντες αὐτοῖς δῆλοι ἦσαν καὶ ὡς βελτίονας αὑτῶν ἐμίσουν.

13. Ἀλλά τοι καὶ τοὺς παῖδας τὸ μὲν παιδεύεσθαι ἐπὶ ταῖς θύραις ἔτι διαμένει· τὸ μέντοι τὰ ἱππικὰ μανθάνειν καὶ μελετᾶν ἀπέσβηκε διὰ τὸ μὴ εἶναι ὅπου ἂν ἀποφαινόμενοι εὐδοκιμοῖεν. Καὶ ὅτι γε οἱ παῖδες ἀκούοντες ἐκεῖ πρόσθεν τὰς δίκας δικαίως δικαζομένας ἐδόκουν μανθάνειν δικαιότητα, καὶ τοῦτο παντάπασιν ἀνέστραπται· σαφῶς γὰρ ὁρῶσι νικῶντας ὁπότεροι ἂν πλεῖον διδῶσιν. (14) Ἀλλὰ καὶ τῶν φυομένων ἐκ τῆς γῆς τὰς δυνάμεις οἱ παῖδες πρόσθεν μὲν ἐμάνθανον ὅπως τοῖς μὲν ὠφελίμοις χρῷντο, τῶν δὲ βλαβερῶν ἀπέχοιντο· νῦν δὲ ἐοίκασι ταῦτα διδασκομένοις ὅπως ὅτι πλεῖστα κακοποιῶσιν· οὐδαμοῦ γοῦν πλείους ἢ ἐκεῖ οὔτε ἀποθνῄσκουσιν οὔτε διαφθείρονται ὑπὸ φαρμάκων.

15. Ἀλλὰ μὴν καὶ θρυπτικώτεροι πολὺ νῦν ἢ ἐπὶ Κύρου εἰσί. Τότε μὲν γὰρ ἔτι τῇ ἐκ Περσῶν παιδείᾳ καὶ ἐγκρατείᾳ ἐχρῶντο, τῇ δὲ Μήδων στολῇ καὶ ἁβρότητι· νῦν δὲ τὴν μὲν ἐκ Περσῶν καρτερίαν περιορῶσιν ἀποσβεννυμένην, τὴν δὲ τῶν Μήδων μαλακίαν διασῴζονται. (16) Σαφηνίσαι δὲ βούλομαι καὶ τὴν θρύψιν αὐτῶν. Ἐκείνοις γὰρ πρῶτον μὲν τὰς εὐνὰς οὐ μόνον ἀρκεῖ μαλακῶς ὑποστόρνυσθαι, ἀλλ' ἤδη καὶ τῶν κλινῶν τοὺς πόδας ἐπὶ δαπίδων τιθέασιν, ὅπως μὴ ἀντερείδῃ τὸ δάπεδον, ἀλλ' ὑπείκωσιν αἱ δάπιδες. Καὶ

exspuerent, nec emungerentur. Perspicuum est autem, hæc ipsos non ea de causa sanxisse, quod corporis humori parcendum existimarent, sed quod laboribus ac sudore corpora firmari vellent : jam vero manet id quidem adhuc, ne vel exspuant, vel emungant se, sed ut laboribus se exerceant, nusquam curæ est. Enimvero erat etiam apud illos olim hoc institutum, ut semel tantum singulis diebus cibum sumerent; quo tam ad expedienda negotia quam ad se in laboribus exercendos die toto uterentur : jam vero restat id quidem, ut semel duntaxat cibum capiant; sed cum eo tempore vesci incipiant, quo solent qui maxime matutino prandent, tam diu comedere ac bibere perseverant, quamdiu solent qui serissime cubitum eant.

Erat item in eorum institutis, ne ad convivia importarentur obbæ; quod nimirum existimarent minus tum corpora tum animos debilitari, si quis non nimium hauriat : nunc has non importari, restat id quidem, tantum vero bibunt, ut, si non importent, ipsi exportentur; cum nempe recto corpore non amplius exire possint.

Erat illud unum ex institutis patriis, quod itinera facientes neque comedebant, neque bibebant, neque quidquam eorum palam faciebant, quæ de his necessario consequuntur : nunc autem id quidem manet adhuc, ut ab his se rebus abstineant; sed itinera tam brevia faciunt, ut miretur nemo, a rebus illis necessariis eos abstinere.

At vero toties etiam olim venatum exibant, ut solæ venationes ad exercendum tam ipsos quam equos sufficerent : posteaquam vero rex Artaxerxes et ipsius familiares a vino vinci cœperunt, nec jam amplius ipsi perinde ac prius exibant, nec alios ad venationes educebant ; quin et illis palam invidebant, quasique se potiores oderant, quicunque labores amarent, et cum equitibus suis venarentur.

Est hodieque in usu, pueros ad portas institui ; verum ut artem equestrem discant et exerceant, id scilicet extinctum est, quod eo non eant, ubi specimen edendo gloriam consequi possint. Et quod quidem pueri audientes prius illic judicia ex æquo judicari, justitiam discere videbantur, hoc vero etiam penitus perversum est : nam manifesto vident eos superiores discedere, qui largius dederint. Etiam illorum, quæ e terra nascuntur, vires prius antehac discebant, quo utilibus uterentur, a noxiis abstinerent; nunc ea sic edoceri videntur, uti quamplurimum noceant : certe enim nusquam plures, quam illic, vel extinguuntur venenis, vel perniciose læduntur.

Enimvero etiam multo nunc sunt, quam Cyri tempore, delicatiores. Nam ea tempestate Persica quidem institutione et continentia adhuc utebantur, vestitu vero et elegantia Medorum : nunc a Persis profectam laborum tolerantiam extingui patiuntur, et Medorum mollitiem retinent. Libet autem ipsorum etiam delicias et voluptatem explanare. Nam primum eis non satis est, cubilia molliter sterni, sed jam spondarum pedes tapetibus imponunt, ut ne pavimentum obnitatur, sed tapetes nonnihil cedant. Et sane quæ ad men-

μὴν τὰ πεττόμενα ἐπὶ τράπεζαν ὅσα τε πρόσθεν εὕ-
ρητα, οὐδὲν αὐτῶν ἀφήρηται, ἀλλὰ τε δεῖ καινὰ ἐπι-
μηχανῶνται, καὶ ὄψα γε ὡσαύτως· καὶ γὰρ καινοποι-
ητὰς ἀμφοτέρων τούτων κέκτηται. (17) Ἀλλὰ μὴν
καὶ ἐν τῷ χειμῶνι οὐ μόνον κεφαλὴν καὶ σῶμα καὶ
πόδας ἀρκεῖ αὐτοῖς ἐσκεπάσθαι, ἀλλὰ καὶ περὶ ἄκραις
ταῖς χερσὶ χειρίδας δασείας καὶ δακτυλήθρας ἔχουσιν.
Ἔν γε μὴν τῷ θέρει οὐκ ἀρκοῦσιν αὐτοῖς οὔθ᾽ αἱ τῶν
δένδρων οὔθ᾽ αἱ τῶν πετρῶν σκιαί, ἀλλ᾽ ἐν ταύταις
ἑτέρας σκιὰς ἄνθρωποι μηχανώμενοι αὐτοῖς παρεστᾶσι.
(18) Καὶ μὴν ἐκπώματα ἣν μὲν ὡς πλεῖστα ἔχωσι,
τούτῳ καλλωπίζονται· ἢν δ᾽ ἐξ ἀδίκου φανερῶς ᾖ με-
μηχανημένα, οὐδὲν τοῦτο αἰσχύνονται· πολὺ γὰρ ηὔξη-
ται ἐν αὐτοῖς ἡ ἀδικία τε καὶ αἰσχροκερδία.

19. Ἀλλὰ καὶ πρόσθεν μὲν ἦν ἐπιχώριον αὐτοῖς μὴ
ὁρᾶσθαι πεζῇ πορευομένοις, οὐκ ἄλλου τινὸς ἕνεκα ἢ
τοῦ ὡς ἱππικωτάτους γίγνεσθαι· νῦν δὲ στρώματα πλείω
ἔχουσιν ἐπὶ τῶν ἵππων ἢ ἐπὶ τῶν εὐνῶν· οὐ γὰρ τῆς
ἱππείας οὕτως ὥσπερ τοῦ μαλακῶς καθῆσθαι ἐπιμέλονται. (20) Τά γε μὴν πολεμικὰ πῶς οὐκ εἰκότως νῦν
τῷ παντὶ χείρους ἢ πρόσθεν εἰσίν; οἷς ἐν μὲν τῷ πα-
ρεληλυθότι χρόνῳ ἐπιχώριον εἶναι ὑπῆρχε τοὺς μὲν τὴν γῆν
ἔχοντας ἀπὸ ταύτης ἱππότας παρέχεσθαι, οἳ δὴ καὶ
ἐστρατεύοντο, τοὺς δὲ φρουροῦντας, εἰ δέοι στρατεύεσθαι πρὸ τῆς χώρας, μισθοφόρους εἶναι· νῦν δὲ τοὺς τε
θυρωροὺς καὶ τοὺς σιτοποιοὺς καὶ τοὺς ὀψοποιοὺς καὶ
οἰνοχόους καὶ λουτροχόους καὶ παρατιθέντας καὶ ἀναι-
ροῦντας καὶ κατακοιμίζοντας καὶ ἀνιστάντας καὶ τοὺς
κοσμητάς, οἱ ὑπογρίουσί τε καὶ ἐντρίβουσιν αὐτοὺς καὶ
τἆλλα ῥυθμίζουσι, τούτους πάντας ἱππέας οἱ δυνατώ-
τατοι πεποιήκασιν, ὅπως μισθοφορῶσιν αὐτοῖς. (21) Πλῆθος μὲν οὖν καὶ ἐκ τούτων φαίνεται, οὐ μέντοι ὄφελός
γε οὐδὲν αὐτῶν εἰς πόλεμον· δηλοῖ δὲ καὶ αὐτὰ τὰ γι-
γνόμενα· κατὰ τὴν χώραν γὰρ αὐτῶν ῥᾷον οἱ πολέμιοι ἢ οἱ φίλοι ἀναστρέφονται. (22) Καὶ γὰρ δὴ ὁ
Κῦρος τοῦ μὲν ἀκροβολίζεσθαι ἀποπαύσας, θωρακίσας
δὲ καὶ αὐτοὺς καὶ ἵππους καὶ ἓν παλτὸν ἑκάστῳ δοὺς
εἰς χεῖρα ὁμόθεν τὴν μάχην ἐποιεῖτο· νῦν δὲ οὔτε
ἀκροβολίζονται ἔτι οὔτ᾽ εἰς χεῖρας συνιόντες μάχονται.
(23) Καὶ οἱ πεζοὶ ἔχουσι μὲν γέρρα καὶ κοπίδας καὶ
σαγάρεις ὥσπερ ἐπὶ Κύρου τὴν μάχην ποιησόμενοι· εἰς
χεῖρας δὲ ἰέναι οὐδ᾽ οὗτοι ἐθέλουσιν. (24) Οὐδὲ γε τοῖς
δρεπανηφόροις ἅρμασιν ἔτι χρῶνται ἐφ᾽ ᾧ Κῦρος αὐτὰ
ἐποιήσατο. Ὁ μὲν γὰρ τιμαῖς αὐξήσας τοὺς ἡνιόχους
καὶ ἀγαστοὺς ποιήσας εἶχε τοὺς εἰς τὰ ὅπλα ἐμβαλοῦν-
τας· οἱ δὲ νῦν οὐδὲ γιγνώσκοντες τοὺς ἐπὶ τοῖς ἅρμασιν
οἴονταί σφισιν ὁμοίους τοὺς ἀνασκήτους τοῖς ἠσκηκόσιν
ἔσεσθαι. (25) Οἱ δὲ ὁρμῶσι μέν, πρὶν δ᾽ ἐν τοῖς πολεμίοις εἶναι, οἱ μὲν ἄκοντες ἐκπίπτουσιν, οἱ δ᾽ ἐξάλλον-
ται· ὥστε ἄνευ ἡνιόχων γιγνόμενα τὰ ζεύγη πολλάκις
πλείω κακὰ τοὺς φίλους ἢ τοὺς πολεμίους ποιεῖ.
(26) Ἐπεὶ μέντοι καὶ αὐτοὶ γιγνώσκουσιν οἵα σφίσι τὰ
πολεμιστήρια ὑπάρχει, ὑφίενται, καὶ οὐδεὶς ἔτι ἄνευ
τῶν Ἑλλήνων εἰς πόλεμον καθίσταται, οὔτε ὅταν ἀλ-

sam coquuntur, eorum quidquid prius inventum fuit, nihil est detractum ; et alia quædam artificia nova semper excogitant : idem in obsoniis fit : nam in utroque habent, qui
semper aliquid novi conficiant. Quin etiam hiberno tempore non caput solum, non corpus, non pedes ipsis satis est
tegi ; sed etiam ad extremas manus habent tegumenta quædam hirsuta et digitalia. Æstate vero nec arborum nec ru-
pium ipsis umbræ sufficiunt, sed in his adstant iis homines,
qui et alia excogitant umbracula. Jam si pocula maximo
numero habeant, eo ipso tanquam ornamento semet ostentant ; at ea si palam sit comparata improbis esse artibus,
nullum iis pudorem incutit : nam et injustitia et lucri turpis
cupiditas apud eos valde creverunt.

Etiam illud prius erat eis in more patrio positum, ut pedites in itineribus obeundis non conspicerentur ; idque alia
nulla de causa, quam ut rei equestris peritissimi evaderent :
jam vero plus stragulorum in equis quam in cubilibus habent ; non enim tam equestris res ipsis est curæ, quam ut
molliter sedeant. Bellica sane studia quod attinet, qui non
in illis consentaneum fuerit nunc prorsus eos deteriores
esse, quam olim fuerant? quibus superiori quidem tempore
mos patrius erat, ut quotquot agros possiderent, equites
inde suppeditarent, qui militatum irent : qui vero in præsidiis degerent, si quidem aliquando suscipienda esset pro defensione regionis expeditio, stipendiis militarent ; at nunc
et ostiarios, et panis et obsoniorum opifices, et pocillatores,
et balneatores, et qui cibos in mensas adponunt, et qui eos
tollunt, et qui cubitum deducunt, et qui de somno excitant,
et exornatores, qui pigmenta eis illinunt infricantque, et cæ-
tera concinne componunt ; hos omnes in equites dynastæ retulerunt, ut stipendia sibi mereant. Et hominum quidem
ex his conflata apparet multitudo, non tamen ullus eorum
in bello est usus : quod quidem ex iis ipsis, quæ usu veniunt, manifestum est ; nam illorum in agro facilius hostes
quam amici versantur. Enimvero cum ferentariorum ordine Cyrus eos eximeret, ac tum ipsos tum equos armaret,
et cuique daret in manum paltum unum, cominus pugnam
faciebat : nunc neque amplius missilibus pugnant, neque
cominus congressi rem gerunt. Itidem pedites habent
illi quidem, pugnam initari, scuta, et copidas, et secures, perinde ac Cyri tempore ; verum ne illi quidem manum conserere volunt. Nec falcatos quidem currus ad eos
amplius usus, quibus a Cyro destinati fuerant, adhibent.
Nam is aurigas honoribus auctos, et ad fortitudinem institutos habuit, qui gravem in armaturam impetum facerent ;
hi vero Persæ recentiores, cum eos qui sunt in curribus ne
norint quidem, inexercitatos arbitrantur pares futuros exercitatis. Faciunt vero illi quidem impetum, sed prius quam
intra hostes penetrent, partim inviti decidunt, partim de-
siliunt ; adeo ut ab aurigis destituti currus et jugales sæpenumero plus amicis detrimenti adferant quam hostibus. Cum
vero et ipsi intelligant, quales sint ipsorum adparatus bel-
lici, cedunt aliis, neque quisquam amplius absque Græcis
ad bellum se comparat, sive adeo ipsi bellum inter se gerant.

λήλοις πολεμῶσιν οὔτε ὅταν οἱ Ἕλληνας αὐτοῖς ἀντιστρατεύωνται, ἀλλὰ καὶ πρὸς τούτους ἐγνώκασι μεθ᾽ Ἑλλήνων τοὺς πολέμους ποιεῖσθαι.

27. Ἐγὼ μὲν δὴ οἶμαι ἅπερ ὑπεθέμην ἀπειργάσθαι μοι. Φημὶ γὰρ Πέρσας καὶ τοὺς σὺν αὐτοῖς καὶ ἀσεβεστέρους περὶ θεοὺς καὶ ἀνοσιωτέρους περὶ συγγενεῖς καὶ ἀδικωτέρους περὶ τοὺς ἄλλους καὶ ἀνανδροτέρους τὰ εἰς τὸν πόλεμον νῦν ἢ πρόσθεν ἀποδεδεῖχθαι. Εἰ δέ τις τἀναντία ἐμοὶ γιγνώσκοι, τὰ ἔργα αὐτῶν ἐπισκοπῶν εὑρήσει αὐτὰ μαρτυροῦντα τοῖς ἐμοῖς λόγοις.

seu contra eos Græci copias educant; sed etiam adversus Græcos non nisi cum Græcorum auxiliis bella sibi suscipienda esse statuerunt.

Arbitror equidem me jam perfecisse, quod institueram. Quippe demonstratum aio, Persas et alios Persis conjunctos minus erga deos esse religiosos, et erga cognatos magis impios, et injustiores erga ceteros, et bellicis in rebus jam magis instrenuos, quam prius : quod si quis contraria sententiæ meæ statuit, is facta modo eorum consideret, atque ea dictis a me testimonium dare comperiet.

ΞΕΝΟΦΩΝΤΟΣ
ΚΥΡΟΥ ΑΝΑΒΑΣΙΣ.

ΒΙΒΛΙΟΝ Α.

ΚΕΦΑΛΑΙΟΝ Α.

Δαρείου καὶ Παρυσάτιδος γίγνονται παῖδες δύο, πρεσβύτερος μὲν Ἀρταξέρξης, νεώτερος δὲ Κῦρος. Ἐπεὶ δὲ ἠσθένει Δαρεῖος καὶ ὑπώπτευε τελευτὴν τοῦ βίου, ἐβούλετο τὼ παῖδε ἀμφοτέρω παρεῖναι. (2) Ὁ μὲν οὖν πρεσβύτερος παρὼν ἐτύγχανε· Κῦρον δὲ μεταπέμπεται ἀπὸ τῆς ἀρχῆς ἧς αὐτὸν σατράπην ἐποίησε, καὶ στρατηγὸν δὲ αὐτὸν ἀπέδειξε πάντων ὅσοι εἰς Καστωλοῦ πεδίον ἁθροίζονται. Ἀναβαίνει οὖν ὁ Κῦρος λαβὼν Τισσαφέρνην ὡς φίλον, καὶ τῶν Ἑλλήνων δὲ ἔχων ὁπλίτας ἀνέβη τριακοσίους, ἄρχοντα δὲ αὐτῶν Ξενίαν Παρράσιον. (3) Ἐπεὶ δὲ ἐτελεύτησε Δαρεῖος, καὶ κατέστη εἰς τὴν βασιλείαν Ἀρταξέρξης, Τισσαφέρνης διαβάλλει τὸν Κῦρον πρὸς τὸν ἀδελφὸν ὡς ἐπιβουλεύοι αὐτῷ. Ὁ δὲ πείθεταί τε καὶ συλλαμβάνει Κῦρον ὡς ἀποκτενῶν· ἡ δὲ μήτηρ ἐξαιτησαμένη αὐτὸν ἀποπέμπει πάλιν ἐπὶ τὴν ἀρχήν. (4) Ὁ δ' ὡς ἀπῆλθε κινδυνεύσας καὶ ἀτιμασθείς, βουλεύεται ὅπως μήποτε ἔτι ἔσται ἐπὶ τῷ ἀδελφῷ, ἀλλ', ἢν δύνηται, βασιλεύσει ἀντ' ἐκείνου. Παρύσατις μὲν δὴ ἡ μήτηρ ὑπῆρχε τῷ Κύρῳ, φιλοῦσα αὐτὸν μᾶλλον ἢ τὸν βασιλεύοντα Ἀρταξέρξην. (5) Ὅστις δ' ἀφικνεῖτο τῶν παρὰ βασιλέως πρὸς αὐτόν, πάντας οὕτω διατιθεὶς ἀπεπέμπετο ὥστε αὐτῷ μᾶλλον φίλους εἶναι ἢ βασιλεῖ. Καὶ τῶν παρ' ἑαυτῷ δὲ βαρβάρων ἐπεμελεῖτο ὡς πολεμεῖν τε ἱκανοὶ εἴησαν καὶ εὐνοϊκῶς ἔχοιεν αὐτῷ. (6) Τὴν δὲ Ἑλληνικὴν δύναμιν ἥθροιζεν ὡς μάλιστα ἐδύνατο ἐπικρυπτόμενος, ὅπως ὅτι ἀπαρασκευότατον λάβοι βασιλέα. Ὧδε οὖν ἐποιεῖτο τὴν συλλογήν. Ὁπόσας εἶχε φυλακὰς ἐν ταῖς πόλεσι, παρήγγειλε τοῖς φρουράρχοις ἑκάστοις λαμβάνειν ἄνδρας Πελοποννησίους ὅτι πλείστους καὶ βελτίστους, ὡς ἐπιβουλεύοντος Τισσαφέρνους ταῖς πόλεσι. Καὶ γὰρ ἦσαν αἱ Ἰωνικαὶ πόλεις Τισσαφέρνους τὸ ἀρχαῖον, ἐκ βασιλέως δεδομέναι, τότε δ' ἀφειστήκεσαν πρὸς Κῦρον πᾶσαι πλὴν Μιλήτου· (7) ἐν Μιλήτῳ δὲ Τισσαφέρνης προαισθόμενος τὰ αὐτὰ ταῦτα βουλευομένους, ἀποστῆναι πρὸς Κῦρον, τοὺς μὲν αὐτῶν ἀπέκτεινε, τοὺς δ' ἐξέβαλεν. Ὁ δὲ Κῦρος ὑπολαβὼν τοὺς φεύγοντας, συλλέξας στράτευμα ἐπολιόρκει Μίλητον καὶ κατὰ γῆν καὶ κατὰ θάλατταν, καὶ ἐπειρᾶτο κατάγειν τοὺς ἐκπεπτωκότας. Καὶ αὕτη αὖ ἄλλη πρόφασις ἦν αὐτῷ τοῦ ἁθροίζειν στράτευμα. (8) Πρὸς δὲ βασιλέα πέμπων ἠξίου

XENOPHONTIS
EXPEDITIO CYRI.

LIBER I.

CAPUT I.

Darii et Parysatidis duo fuere filii; quorum natu major Artaxerxes, minor Cyrus erat. Cum autem ægrotaret Darius, et vitæ finem instare suspicaretur, filium utrumque sibi adesse voluit. Ac major quidem natu forte tunc aderat; sed Cyrum arcessit a principatu, cujus eum satrapam fecerat; sed et præfectum eum designaverat omnium, quicunque ad Castoli planitiem congregari solent. Itaque Cyrus adscendit, Tissapherne tanquam amico sibi adjuncto, cum trecentis etiam gravis armaturæ militibus Græcis, quibus Xenias Parrhasius præerat. Postquam Darius vivendi finem fecit, et Artaxerxes regno potitus est, Tissaphernes Cyrum apud fratrem criminatur, quasi is illi insidiaretur. Credit ille, et Cyrum interficiendi consilio comprehendit: sed mater eum, precibus suis condonatum, ad principatum remittit. Is ubi periculo objectus et affectus ignominia discessit, consilia init quo pacto in potestate fratris esse desineret, atque etiam, si fieri posset, ejus loco regno potiretur. Et Parysatis quidem mater a Cyri partibus stetit, quippe quæ magis hunc, quam Artaxerxem regem, diligeret. Ipse autem, si quis ad se a rege veniret, eos omnes sic affectos remittebat, ut sibi magis, quam regi, essent amici. Præterea curabat ut barbari, quos habebat secum, et ad gerendum bellum idonei et benevolo essent erga ipsum animo. Græcas vero copias, quam poterat occultissime, cogebat, ut regem imparatissimum offenderet. Hoc igitur modo eorum delectum confecit. Quotquot militum præsidiariorum custodias in urbibus habebat, earum præfectis singulis mandabat, ut Peloponnesios quam plurimos optimosque compararent, quasi Tissaphernes urbibus insidiaretur. Nam urbes Ionicæ fuerant illæ quidem prius Tissaphernis, a rege traditæ; sed hoc tempore omnes, præter Miletum, ad Cyrum defecerant. Cum enim Tissaphernes Mileti præsensisset, Milesios eadem ad Cyrum deficiendi consilia agitare, partim eos occiderat, partim ejecerat. Cyrus autem in exilium actos cum excepisset, exercitu comparato, terra marique Miletum obsidebat, et exules reducere conabatur. Hoc utique erat ei alterum militis cogendi prætextum. Mittebat et ad regem, atque orabat, ut ipsi potius, qui frater ejus

ἀδελφὸς ὢν αὐτοῦ δοθῆναι οἳ ταύτας τὰς πόλεις μᾶλλον ἢ Τισσαφέρνην ἄρχειν αὐτῶν, καὶ ἡ μήτηρ συνέπραττεν αὐτῷ ταῦτα· ὥστε βασιλεὺς τῆς μὲν πρὸς ἑαυτὸν ἐπιβουλῆς οὐκ ᾐσθάνετο, Τισσαφέρνει δὲ ἐνόμιζε πολεμοῦντα αὐτὸν ἀμφὶ τὰ στρατεύματα δαπανᾶν· ὥστε οὐδὲν ἤχθετο αὐτῶν πολεμοῦντων. Καὶ γὰρ ὁ Κῦρος ἀπέπεμπε τοὺς γιγνομένους δασμοὺς βασιλεῖ ἐκ τῶν πόλεων ὧν Τισσαφέρνης ἐτύγχανεν ἔχων. (9) Ἄλλο δὲ στράτευμα αὐτῷ συνελέγετο ἐν Χερρονήσῳ τῇ καταντιπέρας Ἀβύδου τόνδε τὸν τρόπον. Κλέαρχος Λακεδαιμόνιος φυγὰς ἦν· τούτῳ συγγενόμενος ὁ Κῦρος ἠγάσθη τε αὐτὸν καὶ δίδωσιν αὐτῷ μυρίους δαρεικούς. Ὁ δὲ λαβὼν τὸ χρυσίον στράτευμα συνέλεξεν ἀπὸ τούτων τῶν χρημάτων, καὶ ἐπολέμει ἐκ Χερρονήσου ὁρμώμενος τοῖς Θρᾳξὶ τοῖς ὑπὲρ Ἑλλήσποντον οἰκοῦσι, καὶ ὠφέλει τοὺς Ἕλληνας· ὥστε καὶ χρήματα συνεβάλλοντο αὐτῷ εἰς τὴν τροφὴν τῶν στρατιωτῶν αἱ Ἑλλησποντιακαὶ πόλεις ἑκοῦσαι. Τοῦτο δ' αὖ οὕτω τρεφόμενον ἐλάνθανεν αὐτῷ τὸ στράτευμα. (10) Ἀρίστιππος δὲ ὁ Θετταλὸς ξένος ὢν ἐτύγχανεν αὐτῷ, καὶ πιεζόμενος ὑπὸ τῶν οἴκοι ἀντιστασιωτῶν ἔρχεται πρὸς τὸν Κῦρον, καὶ αἰτεῖ αὐτὸν εἰς δισχιλίους ξένους καὶ τριῶν μηνῶν μισθόν, ὡς οὕτω περιγενόμενος ἂν τῶν ἀντιστασιωτῶν. Ὁ δὲ Κῦρος δίδωσιν αὐτῷ εἰς τετρακισχιλίους καὶ ἓξ μηνῶν μισθόν, καὶ δεῖται αὐτοῦ μὴ πρόσθεν καταλῦσαι πρὸς τοὺς ἀντιστασιώτας πρὶν ἂν αὐτῷ συμβουλεύσηται. Οὕτω δὲ αὖ τὸ ἐν Θετταλίᾳ ἐλάνθανεν αὐτῷ τρεφόμενον στράτευμα. (11) Πρόξενον δὲ τὸν Βοιώτιον ξένον ὄντα αὐτῷ ἐκέλευσε λαβόντα ἄνδρας ὅτι πλείστους παραγενέσθαι, ὡς εἰς Πισίδας βουλόμενος στρατεύεσθαι, ὡς πράγματα παρεχόντων τῶν Πισιδῶν τῇ ἑαυτοῦ χώρᾳ. Σοφαίνετον δὲ τὸν Στυμφάλιον καὶ Σωκράτην τὸν Ἀχαιόν, ξένους ὄντας καὶ τούτους, ἐκέλευσεν ἄνδρας λαβόντας ἐλθεῖν ὅτι πλείστους, ὡς πολεμήσων Τισσαφέρνει σὺν τοῖς φυγάσι τῶν Μιλησίων. Καὶ ἐποίουν οὕτως οὗτοι.

ΚΕΦΑΛΑΙΟΝ Βʹ.

Ἐπεὶ δ' ἐδόκει ἤδη πορεύεσθαι αὐτῷ ἄνω, τὴν μὲν πρόφασιν ἐποιεῖτο ὡς Πισίδας βουλόμενος ἐκβαλεῖν παντάπασιν ἐκ τῆς χώρας· καὶ ἁθροίζει ὡς ἐπὶ τούτους τό τε βαρβαρικὸν καὶ τὸ Ἑλληνικὸν ἐντεῦθα στράτευμα· καὶ παραγγέλλει τῷ τε Κλεάρχῳ λαβόντι ἥκειν ὅσον ἦν αὐτῷ στράτευμα, καὶ τῷ Ἀριστίππῳ συναλλαγέντι πρὸς τοὺς οἴκοι ἀποπέμψαι πρὸς ἑαυτὸν ὃ εἶχε στράτευμα, καὶ Ξενίᾳ τῷ Ἀρκάδι, ὃς αὐτῷ προεστήκει τοῦ ἐν ταῖς πόλεσι ξενικοῦ, ἥκειν παραγγέλλει λαβόντα τοὺς ἄνδρας πλὴν ὁπόσοι ἱκανοὶ ἦσαν τὰς ἀκροπόλεις φυλάττειν. (2) Ἐκάλεσε δὲ καὶ τοὺς Μίλητον πολιορκοῦντας, καὶ τοὺς φυγάδας ἐκέλευσε σὺν αὐτῷ στρατεύεσθαι, ὑποσχόμενος αὐτοῖς, εἰ καλῶς καταπράξειεν ἐφ' ἃ ἐστρατεύετο, μὴ πρόσθεν παύσασθαι πρὶν αὐτοὺς καταγάγοι οἴκαδε. Οἱ δὲ ἡδέως ἐπείθοντο

---

esset, quam Tissapherni, tradere in eas urbes imperium vellet : qua in re mater etiam eum adjuvabat ; itaque accidit, ut rex insidias sibi strui non animadverteret, sed existimaret Cyrum idcirco in exercitus sumptus facere, quia Tissapherni bellum pararet ; adeoque moleste non ferret, bellum inter ipsos geri : nam et Cyrus mittebat tributum regi debitum iis ex urbibus, quas Tissaphernes proprias habebat. Cogebantur et aliae copiae Cyro in Chersoneso, e regione Abydi, in hunc modum. Clearchus erat Lacedaemonius exul, quocum congressus Cyrus admiratus est eum, ac decem millia daricorum ei donavit. Quod ille aurum cum accepisset, exercitum his pecuniis collegit, et e Chersoneso prodiens, Thracibus iis qui supra Hellespontum habitant, bellum intulit, commodisque Graecos adfecit ; adeo ut etiam sponte sua civitates Hellespontiacae pecunias ad alendum hunc militem conferrent. Quapropter et hae copiae Cyro clam alebantur. Aristippus autem Thessalus, hospes ejus, cum domi factione adversaria premeretur, ad Cyrum venit, externosque milites ab eo circiter bis mille, cum trium mensium stipendio petit, quod se hoc pacto superiorem contrariis partibus fore confideret. Cyrus ei ad quatuor millia concedit, et in sex menses stipendium ; simul eum rogat, ne prius cum adversariae factionis hominibus transigeret, quam secum consilia communicasset. Atque hoc modo clam in Thessalia quoque exercitus ei alebatur. Etiam Proxenum Baeotium, ei hospitem, cum quanto posset maximo militum numero venire jussit, quasi vellet adversus Pisidas, ut qui agrum ipsius infestarent, exercitum ducere. Sophaenetum quoque Stymphalium, et Socratem Achaeum, ejus itidem qui fuerant hospites, cum quanta maxima possent manu venire jussit, quasi cum Milesiis exulibus Tissaphernem oppugnare vellet. Ac hi quidem ita faciebant.

CAPUT II.

Cum autem in superiorem Asiam ei movere visum esset, causam belli eam prae se ferebat, quasi Pisidas vellet omnino ex regione sua ejicere : atque tanquam adversus hos pugnaturos tum barbaricas tum Graecas huc copias cogit : Clearchoque denuntiat, ut cum exercitu, quem haberet, ad se veniret ; et Aristippo ut, compositione cum civibus inita, copias, quas habebat, mitteret : Xeniae item Arcadi, qui praeerat copiis exteris, quas in civitatibus alebat, imperat ut ad se cum suis veniret, relictis tantum iis, qui tuendis arcibus satis erant. Accessivit et illos, qui Miletum obsidebant, ipsosque exules Milesios secum in aciem exire jussit ; pollicitus se, si bellum, quod tunc suscipiebat, ex sententia conficeret, non prius conquieturum, quam eos domum reduxisset. Parebant illi perlibenter ; quippe qui Cyro fi-

ἐπίστευον γὰρ αὐτῷ· καὶ λαβόντες τὰ ὅπλα παρῆσαν εἰς Σάρδεις. (3) Ξενίας μὲν δὴ τοὺς ἐκ τῶν πόλεων λαβὼν παρεγένετο εἰς Σάρδεις, ὁπλίτας εἰς τετρακισχιλίους· Πρόξενος δὲ παρῆν ἔχων ὁπλίτας μὲν εἰς πεντακοσίους καὶ χιλίους, γυμνῆτας δὲ πεντακοσίους, Σοφαίνετος δὲ ὁ Στυμφάλιος ὁπλίτας ἔχων χιλίους, Σωκράτης δὲ ὁ Ἀχαιὸς ὁπλίτας ἔχων ὡς πεντακοσίους, Πασίων δὲ ὁ Μεγαρεὺς εἰς τριακοσίους μὲν ὁπλίτας, τριακοσίους δὲ πελταστὰς ἔχων παρεγένετο· ἦν δὲ καὶ οὗτος καὶ ὁ Σωκράτης τῶν ἀμφὶ Μίλητον στρατευομένων. Οὗτοι μὲν εἰς Σάρδεις αὐτῷ ἀφίκοντο. (4) Τισσαφέρνης δὲ κατανοήσας ταῦτα, καὶ μείζονα ἡγησάμενος εἶναι ἢ ὡς ἐπὶ Πισίδας τὴν παρασκευήν, πορεύεται ὡς βασιλέα ᾗ ἐδύνατο τάχιστα, ἱππέας ἔχων ὡς πεντακοσίους. (5) Καὶ βασιλεὺς μὲν δή, ἐπεὶ ἤκουσε παρὰ Τισσαφέρνους τὸν Κύρου στόλον, ἀντιπαρεσκευάζετο.

Κῦρος δὲ ἔχων οὓς εἴρηκα ὡρμᾶτο ἀπὸ Σάρδεων· καὶ ἐξελαύνει διὰ τῆς Λυδίας σταθμοὺς τρεῖς παρασάγγας εἴκοσι καὶ δύο ἐπὶ τὸν Μαίανδρον ποταμόν. Τούτου τὸ εὖρος δύο πλέθρα· γέφυρα δὲ ἐπῆν ἐζευγμένη πλοίοις ἑπτά. (6) Τοῦτον διαβὰς ἐξελαύνει διὰ Φρυγίας σταθμὸν ἕνα παρασάγγας ὀκτὼ εἰς Κολοσσάς, πόλιν οἰκουμένην, εὐδαίμονα καὶ μεγάλην. Ἐνταῦθα ἔμεινεν ἡμέρας ἑπτά· καὶ ἧκε Μένων ὁ Θετταλός, ὁπλίτας ἔχων χιλίους καὶ πελταστὰς πεντακοσίους, Δόλοπας καὶ Αἰνιᾶνας καὶ Ὀλυνθίους. (7) Ἐντεῦθεν ἐξελαύνει σταθμοὺς τρεῖς παρασάγγας εἴκοσιν εἰς Κελαινάς, τῆς Φρυγίας πόλιν οἰκουμένην, μεγάλην καὶ εὐδαίμονα. Ἐνταῦθα Κύρῳ βασίλεια ἦν καὶ παράδεισος μέγας, ἀγρίων θηρίων πλήρης, ἃ ἐκεῖνος ἐθήρευεν ἀπὸ ἵππου, ὁπότε γυμνάσαι βούλοιτο ἑαυτόν τε καὶ τοὺς ἵππους. Διὰ μέσου δὲ τοῦ παραδείσου ῥεῖ ὁ Μαίανδρος ποταμός· αἱ δὲ πηγαὶ αὐτοῦ εἰσιν ἐκ τῶν βασιλείων· ῥεῖ δὲ καὶ διὰ τῆς Κελαινῶν πόλεως. (8) Ἔστι δὲ καὶ μεγάλου βασιλέως βασίλεια ἐν Κελαιναῖς ἐρυμνὰ ἐπὶ ταῖς πηγαῖς τοῦ Μαρσύου ποταμοῦ ὑπὸ τῇ ἀκροπόλει· ῥεῖ δὲ καὶ οὗτος διὰ τῆς πόλεως καὶ ἐμβάλλει εἰς τὸν Μαίανδρον· τοῦ δὲ Μαρσύου τὸ εὖρός ἐστιν εἴκοσι καὶ πέντε ποδῶν. Ἐνταῦθα λέγεται Ἀπόλλων ἐκδεῖραι Μαρσύαν, νικήσας ἐρίζοντά οἱ περὶ σοφίας, καὶ τὸ δέρμα κρεμάσαι ἐν τῷ ἄντρῳ ὅθεν αἱ πηγαί· διὰ δὲ τοῦτο ὁ ποταμὸς καλεῖται Μαρσύας. (9) Ἐνταῦθα Ξέρξης, ὅτε ἐκ τῆς Ἑλλάδος ἡττηθεὶς τῇ μάχῃ ἀπεχώρει, λέγεται οἰκοδομῆσαι ταῦτά τε τὰ βασίλεια καὶ τὴν Κελαινῶν ἀκρόπολιν. Ἐνταῦθα ἔμεινε Κῦρος ἡμέρας τριάκοντα· καὶ ἧκε Κλέαρχος ὁ Λακεδαιμόνιος φυγὰς ἔχων ὁπλίτας χιλίους καὶ πελταστὰς Θρᾷκας ὀκτακοσίους καὶ τοξότας Κρῆτας διακοσίους. Ἅμα δὲ καὶ Σῶσις παρῆν ὁ Συρακόσιος ἔχων ὁπλίτας τριακοσίους καὶ Σοφαίνετος ὁ Ἀρκὰς ἔχων ὁπλίτας χιλίους. Καὶ ἐνταῦθα Κῦρος ἐξέτασιν καὶ ἀριθμὸν τῶν Ἑλλήνων ἐποίησεν ἐν τῷ παραδείσῳ, καὶ ἐγένοντο οἱ σύμπαντες ὁπλῖται μὲν μύριοι καὶ χίλιοι, πελτασταὶ δὲ ἀμφὶ τοὺς δισχιλίους. (10) Ἐντεῦθεν ἐξελαύνει σταθμοὺς δύο παρασάγγας δέκα εἰς Πέλτας, πό-

dem haberent : ac sumptis armis Sardes accesserunt. Ac Xenias quidem cum iis qui ex urbibus colligebantur, quatuor fere peditum gravis armaturæ millibus, Sardes venit : Proxenus cum gravis armaturæ militibus mille quingentis, et quingentis levis armaturæ aderat : Sophænetus Stymphalius, cum gravis armaturæ mille ; Socrates Achæus, cum gravis armaturæ circiter quingentis ; Pasion Megarensis cum trecentis fere gravis armaturæ militibus totidemque peltastis advenit : erat autem hic cum Socrate de illorum numero, qui Miletum oppugnabant. Hi quidem Sardes ad eum veniebant. Hæc Tissaphernes cum animadvertisset, adparatumque majorem arbitratus esset, quam qui adversus Pisidas instrueretur, quam celerrime poterat, cum quingentis equitibus, ad regem contendit. Ac rex quidem ubi de exercitu Cyri a Tissapherne certior factus fuit, et ipse ad bellum sese parabat.

Cyrus autem cum iis quas dixi copiis, Sardibus movit ; et per Lydiam tertiis castris, parasangas viginti duas ad Mæandrum fluvium progreditur. Hujus latitudo duum erat plethrorum ; et in eo pons erat septem navigiis constructus. Hunc cum trajecisset, per Phrygiam castris unis, parasangis octo confectis, Colossas venit, urbem incolis frequentem, opulentam et magnam. Hic dies septem cum substitisset, Menon Thessalus cum mille gravis armaturæ peditibus venit, peltastis item quingentis, Dolopibus et Ænianensibus, et Olynthiis. Inde castris tertiis, parasangas viginti pergit Celænas, urbem Phrygiæ, frequentem incolis, magnam et opulentam. Erat hic Cyro prætorium, et ingens hortus, refertus feris bellluis, quas ipse vectus equo venabatur, quoties seipsum et equos exercere vellet. Per medium hortum Mæander fluvius labitur ; cujus fontes ex ipso prætorio oriuntur ; ac fluit etiam per Celænas urbem. Est et magni regis munita Celænis regia, ad Marsyæ fluminis fontes, sub arce : labitur hic quoque per urbem, et in Mæandrum influit : Marsyæ autem latitudo est quinque ac viginti pedum. Hic Apollo dicitur pellem detraxisse Marsyæ, cum eum vicisset secum de arte certantem, ac in antro pellem suspendisse, unde fluminis sunt fontes : eaque de causa flumen Marsyas adpellatur. Hoc loco Xerxes, cum pugna victus e Græcia discederet, regiam hanc et Celænarum arcem condidisse dicitur. Cyrus hic triginta dies mansit ; intra quos Clearchus, Lacedæmonius exul, cum peditibus mille gravis armaturæ, et octingentis peltastis Thracibus, ducentisque sagittariis Cretensibus ad eum venit. Eodem etiam tempore Sosis aderat Syracusanus cum trecentis gravis armaturæ militibus ; et Sophænetus Areas, cum militibus mille ejusdem armaturæ. Hic Cyrus Græcos in horto milites recensuit eorumque numerum iniit, atque in universum armaturæ gravis militum undecim millia, peltastarum duo fere millia fuerunt. Inde castris alteris, parasangas decem progreditur,

λιν οἰκουμένην. Ἐνταῦθ᾽ ἔμεινεν ἡμέρας τρεῖς· ἐν αἷς Ξενίας ὁ Ἀρκὰς τὰ Λύκαια ἔθυσε καὶ ἀγῶνα ἔθηκε· τὰ δὲ ἆθλα ἦσαν στλεγγίδες χρυσαῖ· ἐθεώρει δὲ τὸν ἀγῶνα καὶ Κῦρος. Ἐντεῦθεν ἐξελαύνει σταθμοὺς δύο παρασάγγας δώδεκα εἰς Κεραμῶν ἀγοράν, πόλιν οἰκουμένην, ἐσχάτην πρὸς τῇ Μυσίᾳ χώρᾳ. (11) Ἐντεῦθεν ἐξελαύνει σταθμοὺς τρεῖς παρασάγγας τριάκοντα εἰς Καΰστρου πεδίον, πόλιν οἰκουμένην. Ἐνταῦθ᾽ ἔμεινεν ἡμέρας πέντε· καὶ τοῖς στρατιώταις ὠφείλετο μισθὸς πλέον ἢ τριῶν μηνῶν, καὶ πολλάκις ἰόντες ἐπὶ τὰς θύρας ἀπῄτουν. Ὁ δὲ ἐλπίδας λέγων διῆγε καὶ δῆλος ἦν ἀνιώμενος· οὐ γὰρ ἦν πρὸς τοῦ Κύρου τρόπου ἔχοντα μὴ ἀποδιδόναι. (12) Ἐνταῦθα ἀφικνεῖται Ἐπύαξα ἡ Συεννέσιος γυνὴ τοῦ Κιλίκων βασιλέως παρὰ Κῦρον· καὶ ἐλέγετο Κύρῳ δοῦναι χρήματα πολλά. Τῇ δ᾽ οὖν στρατιᾷ τότε ἀπέδωκε Κῦρος μισθὸν τεττάρων μηνῶν. Εἶχε δὲ ἡ Κίλισσα καὶ φύλακας περὶ αὑτὴν Κίλικας καὶ Ἀσπενδίους· ἐλέγετο δὲ καὶ συγγενέσθαι Κῦρον τῇ Κιλίσσῃ. (13) Ἐντεῦθεν δὲ ἐξελαύνει σταθμοὺς δύο παρασάγγας δέκα εἰς Θύμβριον, πόλιν οἰκουμένην. Ἐνταῦθα ἦν παρὰ τὴν ὁδὸν κρήνη ἡ Μίδου καλουμένη τοῦ Φρυγῶν βασιλέως, ἐφ᾽ ᾗ λέγεται Μίδας τὸν Σάτυρον θηρεῦσαι οἴνῳ κεράσας αὐτήν. (14) Ἐντεῦθεν ἐξελαύνει σταθμοὺς δύο παρασάγγας δέκα εἰς Τυριαῖον, πόλιν οἰκουμένην. Ἐνταῦθα ἔμεινεν ἡμέρας τρεῖς. Καὶ λέγεται δεηθῆναι ἡ Κίλισσα Κύρου ἐπιδεῖξαι τὸ στράτευμα αὐτῇ. Βουλόμενος οὖν ἐπιδεῖξαι ἐξέτασιν ποιεῖται ἐν τῷ πεδίῳ τῶν Ἑλλήνων καὶ τῶν βαρβάρων. (15) Ἐκέλευσε δὲ τοὺς Ἕλληνας ὡς νόμος αὐτοῖς εἰς μάχην, οὕτω ταχθῆναι καὶ στῆναι, συντάξαι δὲ ἕκαστον τοὺς ἑαυτοῦ. Ἐτάχθησαν οὖν ἐπὶ τεττάρων. Εἶχε δὲ τὸ μὲν δεξιὸν Μένων καὶ οἱ σὺν αὐτῷ, τὸ δὲ εὐώνυμον Κλέαρχος καὶ οἱ ἐκείνου, τὸ δὲ μέσον οἱ ἄλλοι στρατηγοί. (16) Ἐθεώρει οὖν ὁ Κῦρος πρῶτον μὲν τοὺς βαρβάρους· οἱ δὲ παρήλαυνον τεταγμένοι κατὰ ἴλας καὶ κατὰ τάξεις· εἶτα δὲ τοὺς Ἕλληνας, παρελαύνων ἐφ᾽ ἅρματος καὶ ἡ Κίλισσα ἐφ᾽ ἁρμαμάξης. Εἶχον δὲ πάντες κράνη χαλκᾶ καὶ χιτῶνας φοινικοῦς καὶ κνημῖδας καὶ τὰς ἀσπίδας ἐκκεκαθαρμένας. (17) Ἐπειδὴ δὲ πάντας παρήλασε, στήσας τὸ ἅρμα πρὸ τῆς φάλαγγος, πέμψας Πίγρητα τὸν ἑρμηνέα παρὰ τοὺς στρατηγοὺς τῶν Ἑλλήνων ἐκέλευσε προβαλέσθαι τὰ ὅπλα καὶ ἐπιχωρῆσαι ὅλην τὴν φάλαγγα. Οἱ δὲ ταῦτα προεῖπον τοῖς στρατιώταις· καὶ ἐπεὶ ἐσάλπιγξε, προβαλλόμενοι τὰ ὅπλα ἐπῇεσαν. Ἐκ δὲ τούτου θᾶττον προϊόντων σὺν κραυγῇ ἀπὸ τοῦ αὐτομάτου δρόμος ἐγένετο τοῖς στρατιώταις ἐπὶ τὰς σκηνάς, (18) τῶν δὲ βαρβάρων φόβος πολὺς καὶ ἄλλοις καὶ ἥ τε Κίλισσα ἔφυγεν ἐκ τῆς ἁρμαμάξης καὶ οἱ ἐκ τῆς ἀγορᾶς καταλιπόντες τὰ ὤνια ἔφυγον· οἱ δὲ Ἕλληνες σὺν γέλωτι ἐπὶ τὰς σκηνὰς ἦλθον. Ἡ δὲ Κίλισσα ἰδοῦσα τὴν λαμπρότητα καὶ τὴν τάξιν τοῦ στρατεύματος ἐθαύμασε. Κῦρος δὲ ἥσθη τὸν ἐκ τῶν Ἑλλήνων εἰς τοὺς βαρβάρους φόβον ἰδών. (19) Ἐντεῦθεν ἐξελαύνει σταθμοὺς τρεῖς παρασάγγας εἴ-

ad Peltas, oppidum incolis frequens. Ibi dies tres commoratus est ; quibus Arcas ille Xenias Lycaei Jovis sacra cum sacrificiis et ludis celebravit; victoribus praemia erant aureae strigiles : ludos etiam Cyrus ipse spectabat. Hinc pergit alteris castris, parasangas duodecim, ad Forum Ceramorum, urbem incolis frequentem, ultimam in finibus terrae Mysiae. Inde castris tribus, triginta parasangas, ad Caystri campum, urbem incolis frequentem, progreditur. Hic dies quinque commoratus est ; atque ibi tum militibus trimestre stipendium, et eo majus, debitum erat ; iique adeo ad portas saepe venientes, id exigebant. Is autem non nisi spem usque proposuit, atque palam erat eum dolore adfici : nec enim erat ex Cyri moribus, cum habebat pecuniam, non dare. Ibi tum Epyaxa, Syennesis Cilicum regis uxor, ad Cyrum venit ; et magnam huic pecuniam dedisse ferebatur. Itaque tunc exercitui Cyrus mercedem quatuor mensium persolvit. Habebat Cilicensis haec ei circa se satellites Cilices et Aspendios : ac cum ea Cyrus etiam consuesse dicebatur. Inde castris alteris, parasangas decem progreditur, ad Thymbrium, urbem incolis frequentem. Hic propter viam fons erat, qui Midae Phrygum regis fons dicebatur ; ad quem Midas Satyrum illum venatus esse fertur, cum fontem vino miscuisset. Hinc castris alteris, parasangas decem pergit ad frequens oppidum Tyriaeum ; quo loco triduum mansit. Ac regina Cilicensis Cyrum rogasse dicitur, ut sibi exercitum ostenderet : cum itaque vellet ostendere, tam Graecorum quam barbarorum in campo recensum agebat. Graecis autem mandabat, ut, sicut iis mos erat, ad pugnam instructi starent, ac suos quisque disponeret. Itaque in quaternis dispositi sunt : et dextrum quidem Menon cum suis obtinebat ; laevum, cum suis Clearchus ; in medio ceteri duces erant. Cyrus primum barbaros spectabat, qui in turmas et cohortes instructi progrediebantur ; deinde Graecos ipse curru praetervehens, Cilissa vero harmamaxa. Habebant autem omnes aereas galeas, et tunicas puniceas, et ocreas, et scuta detersa. Cum omnes praetervectus esset, currum ante phalangem mediam sistit, ac Pigrete interprete ad Graecorum duces misso mandat, ut arma objicerent, totaque phalanx ut procederet. Illi militibus haec denuntiabant ; atque ubi classicum cecinisset, armis objectis procedebant. Deinde celerius iis cum clamore progredientibus, ultro milites ad tabernacula cursu se conferebant. Barbaris autem cum multis aliis metus injectus erat, tum Cilissa ex harmamaxa fugiebat : et turba forensis, relictis rebus venalibus, fugam itidem capiebat ; at Graeci cum risu ad tabernacula se recepere. Cilissa splendorem atque ordinem, quem viderat, exercitus admirabatur. Cyrus vero laetatus est, cum barbaris metum a Graecis injectum cerneret. Inde castris

κοσιν εἰς Ἰκόνιον, τῆς Φρυγίας πόλιν ἐσχάτην. Ἐνταῦθα ἔμεινε τρεῖς ἡμέρας. Ἐντεῦθεν ἐξελαύνει διὰ τῆς Λυκαονίας σταθμοὺς πέντε παρασάγγας τριάκοντα. Ταύτην τὴν χώραν ἐπέτρεψε διαρπάσαι τοῖς Ἕλλησιν ὡς πολεμίαν οὖσαν. (20) Ἐντεῦθεν Κῦρος τὴν Κίλισσαν εἰς τὴν Κιλικίαν ἀποπέμπει τὴν ταχίστην ὁδόν, καὶ συνέπεμψεν αὐτῇ στρατιώτας οὓς Μένων εἶχε καὶ αὐτόν. Κῦρος δὲ μετὰ τῶν ἄλλων ἐξελαύνει διὰ Καππαδοκίας σταθμοὺς τέτταρας παρασάγγας εἴκοσι καὶ πέντε πρὸς Δάνα, πόλιν οἰκουμένην, μεγάλην καὶ εὐδαίμονα. Ἐνταῦθα ἔμειναν ἡμέρας τρεῖς· ἐν ᾧ Κῦρος ἀπέκτεινεν ἄνδρα Πέρσην Μεγαφέρνην, φοινικιστὴν βασίλειον, καὶ ἕτερόν τινα τῶν ὑπάρχων δυνάστην, αἰτιασάμενος ἐπιβουλεύειν αὐτῷ. (21) Ἐντεῦθεν ἐπειρῶντο εἰσβάλλειν εἰς τὴν Κιλικίαν· ἡ δὲ εἰσβολὴ ἦν ὁδὸς ἁμαξιτὸς ὀρθία ἰσχυρῶς καὶ ἀμήχανος εἰσελθεῖν στρατεύματι, εἴ τις ἐκώλυεν. Ἐλέγετο δὲ καὶ Συέννεσις εἶναι ἐπὶ τῶν ἄκρων φυλάττων τὴν εἰσβολήν· δι' ὃ ἔμεινεν ἡμέραν ἐν τῷ πεδίῳ. Τῇ δ' ὑστεραίᾳ ἧκεν ἄγγελος λέγων ὅτι λελοιπὼς εἴη Συέννεσις τὰ ἄκρα, ἐπεὶ ᾔσθετο τό τε Μένωνος στράτευμα, ὅτι ἤδη ἐν Κιλικίᾳ ἦν εἴσω τῶν ὀρέων, καὶ ὅτι τριήρεις ἤκουε περιπλεούσας ἀπ' Ἰωνίας εἰς Κιλικίαν Ταμὼν ἔχοντα τὰς Λακεδαιμονίων καὶ αὐτοῦ Κύρου. (22) Κῦρος δ' οὖν ἀνέβη ἐπὶ τὰ ὄρη οὐδενὸς κωλύοντος, καὶ εἶδε τὰς σκηνὰς οὗ οἱ Κίλικες ἐφύλαττον. Ἐντεῦθεν δὲ κατέβαινεν εἰς πεδίον μέγα καὶ καλόν, ἐπίρρυτον, καὶ δένδρων παντοδαπῶν ἔμπλεων καὶ ἀμπέλων· πολὺ δὲ καὶ σήσαμον καὶ μελίνην καὶ κέγχρον καὶ πυροὺς καὶ κριθὰς φέρει. Ὄρος δ' αὐτὸ περιέχει ὀχυρὸν καὶ ὑψηλὸν πάντῃ ἐκ θαλάττης εἰς θάλατταν. (23) Καταβὰς δὲ διὰ τούτου τοῦ πεδίου ἤλασε σταθμοὺς τέτταρας παρασάγγας πέντε καὶ εἴκοσιν εἰς Ταρσούς, τῆς Κιλικίας πόλιν μεγάλην καὶ εὐδαίμονα. Ἐνταῦθα ἦσαν τὰ Συεννέσιος βασίλεια τοῦ Κιλίκων βασιλέως· διὰ μέσης δὲ τῆς πόλεως ῥεῖ ποταμὸς Κύδνος ὄνομα, εὖρος δύο πλέθρων. (24) Ταύτην τὴν πόλιν ἐξέλιπον οἱ ἐνοικοῦντες μετὰ Συεννέσιος εἰς χωρίον ὀχυρὸν ἐπὶ τὰ ὄρη πλὴν οἱ τὰ καπηλεῖα ἔχοντες· ἔμειναν δὲ καὶ οἱ παρὰ τὴν θάλατταν οἰκοῦντες ἐν Σόλοις καὶ ἐν Ἰσσοῖς. (25) Ἐπύαξα δὲ ἡ Συεννέσιος γυνὴ προτέρα Κύρου πέντε ἡμέραις εἰς Ταρσοὺς ἀφίκετο. Ἐν δὲ τῇ ὑπερβολῇ τῶν ὀρῶν τῶν εἰς τὸ πεδίον δύο λόχοι τοῦ Μένωνος στρατεύματος ἀπώλοντο· οἱ μὲν ἔφασαν ἁρπάζοντάς τι κατακοπῆναι ὑπὸ τῶν Κιλίκων, οἱ δὲ ὑπολειφθέντας, καὶ οὐ δυναμένους εὑρεῖν τὸ ἄλλο στράτευμα οὐδὲ τὰς ὁδούς, εἶτα πλανημένους ἀπολέσθαι· ἦσαν δ' οὖν οὗτοι ἑκατὸν ὁπλῖται. (26) Οἱ δ' ἄλλοι ἐπεὶ ἧκον, τήν τε πόλιν τοὺς Ταρσοὺς διήρπασαν, διὰ τὸν ὄλεθρον τῶν συστρατιωτῶν ὀργιζόμενοι, καὶ τὰ βασίλεια τὰ ἐν αὐτῇ. Κῦρος δὲ ἐπεὶ εἰσήλασεν εἰς τὴν πόλιν, μετεπέμπετο τὸν Συέννεσιν πρὸς ἑαυτόν· ὁ δ' οὔτε πρότερον οὐδενί πω κρείττονι ἑαυτοῦ εἰς χεῖρας ἐλθεῖν ἔφη οὔτε τότε Κύρῳ ἰέναι ἤθελε, πρὶν ἡ γυνὴ αὐτὸν ἔπεισε καὶ πίστεις ἔλαβε. (27) Μετὰ δὲ ταῦτα ἐπεὶ συνεγένοντο ἀλλήλοις, Συέννεσις μὲν ἔδωκε

tribus, viginti parasangas, ad Iconium, ultimam Phrygiæ urbem, progreditur. Hic triduum commoratus est. Inde per Lycaoniam castris quinque, triginta parasangas progreditur. Hanc regionem Græcis diripiendam concessit, quod hostilis esset. Hinc Cyrus in Ciliciam via brevissima Cilissam dimittit; et milites, quos Menon habuit, ipsumque una cum ea misit. Cum ceteris per Cappadociam castris quatuor, viginti et quinque parasangas Cyrus progreditur ad Dana, urbem incolis frequentem, amplam et opulentam. Hic tres mansit dies; in quo tempore hominem Persam, Megaphernem, regium purpuratum, et alium quendam qui principem inter præfectos locum tenebat, causatus eos sibi insidiari, interfecit. Hinc in Ciliciam irrumpere conabantur: verum qua irrumpendum erat, via plaustro tantum capiendo fuit apta, præceps admodum, et quam exercitus intrare non posset, si quis prohiberet. Quin a Syennesi aditum summis in jugis custodire ferebatur: quare in planitie diem unum substitit. Postridie nuntius venit, qui reliquisse juga Syennesim dicebat, posteaquam animadvertisset Menonis copias intra montes in Cilicia esse, ac audisset Tamon cum Lacedæmoniorum et ipsius Cyri triremibus in Ciliciam ex Ionia navigare. Cyrus igitur, nemine prohibente, in montes adscendit, viditque tabernacula, ubi Cilices custodiam aditus egerant. Inde magnum in planitiem descendit, eamque amœnam et irriguam, omnis generis arboribus ac vitibus plenam: sesami etiam et panici et milii et tritici et hordei feracem. Hanc mons undique munitus et arduus a mari ad mare amplectitur. Cum descendisset per istam planitiem, quatuor castris, parasangas quinque et viginti progressus est ad Tarsum, amplam Ciliciæ opulentamque urbem. Hic regia Syennesis Cilicum regis erat: ac per urbem mediam labitur fluvius, cui nomen Cydnus, duum plethrorum latitudine. Hac incolæ una cum Syennesi deserta, munitum ad locum in montes fugerunt, exceptis iis, qui cauponas tenebant: manserunt illi quoque qui propter mare in Solis et Isis habitabant. At Epyaxa, Syennesis uxor, quinque ante Cyrum diebus Tarsum venerat: in transeundis autem montibus ad planitiem tendentibus, duo de Menonis exercitu manipuli periere: quos aiebant alii quadam in direptione a Cilicibus fuisse cæsos; alii, relictos a tergo, cum neque copias ceteras, neque vias reperire possent, sic deinde palantes periisse: erant hi gravis armaturæ milites centum. Reliqui posteaquam eo venere, Tarsum urbem diripuerunt, ira propter commilitonum cladem accensi, ac ipsam, quæ in ea erat, regiam. Cyrus, ubi in urbem invectus est, Syennesim ad se accessebat; at ille nec ullius antehac se potentioris in manus venisse dixit, nec ad Cyrum tunc ire voluit, prius quam ei persuasisset uxor, et fidem ab Cyro accepisset. Post hæc congressi cum essent, Syennesis Cyro

Κύρῳ χρήματα πολλὰ εἰς τὴν στρατείαν, Κῦρος δὲ ἐκείνῳ δῶρα ἃ νομίζεται παρὰ βασιλεῖ τίμια, ἵππον χρυσοχάλινον καὶ στρεπτὸν χρυσοῦν καὶ ψέλια καὶ ἀκινάκην χρυσοῦν καὶ στολὴν Περσικήν, καὶ τὴν χώραν μηκέτι διαρπάζεσθαι, τὰ δὲ ἡρπασμένα ἀνδράποδα, ἤν που ἐντυγχάνωσιν, ἀπολαμβάνειν.

ΚΕΦΑΛΑΙΟΝ Γ.

Ἐνταῦθα ἔμεινε Κῦρος καὶ ἡ στρατιὰ ἡμέρας εἴκοσιν· οἱ γὰρ στρατιῶται οὐκ ἔφασαν ἰέναι τοῦ πρόσω· ὑπώπτευον γὰρ ἤδη ἐπὶ βασιλέα ἰέναι· μισθωθῆναι δὲ οὐκ ἐπὶ τούτῳ ἔφασαν. Πρῶτος δὲ Κλέαρχος τοὺς αὑτοῦ στρατιώτας ἐβιάζετο ἰέναι· οἱ δὲ αὐτόν τε ἔβαλλον καὶ τὰ ὑποζύγια τὰ ἐκείνου, ἐπεὶ ἤρξατο προϊέναι. (2) Κλέαρχος δὲ τότε μὲν μικρὸν ἐξέφυγε τὸ μὴ καταπετρωθῆναι, ὕστερον δ' ἐπεὶ ἔγνω ὅτι οὐ δυνήσεται βιάσασθαι, συνήγαγεν ἐκκλησίαν τῶν αὑτοῦ στρατιωτῶν· καὶ πρῶτον μὲν ἐδάκρυε πολὺν χρόνον ἑστώς· οἱ δὲ ὁρῶντες ἐθαύμαζον καὶ ἐσιώπων· εἶτα δὲ ἔλεξε τοιάδε. (3) Ἄνδρες στρατιῶται, μὴ θαυμάζετε ὅτι χαλεπῶς φέρω τοῖς παροῦσι πράγμασιν. Ἐμοὶ γὰρ Κῦρος ξένος ἐγένετο, καί με φεύγοντα ἐκ τῆς πατρίδος τά τε ἄλλα ἐτίμησε καὶ μυρίους ἔδωκε δαρεικούς· οὓς ἐγὼ λαβὼν οὐκ εἰς τὸ ἴδιον κατεθέμην ἐμοὶ ἀλλ' οὐδὲ καθηδυπάθησα, ἀλλ' εἰς ὑμᾶς ἐδαπάνων. (4) Καὶ πρῶτον μὲν πρὸς τοὺς Θρᾷκας ἐπολέμησα καὶ ὑπὲρ τῆς Ἑλλάδος ἐτιμωρούμην μεθ' ὑμῶν, ἐκ τῆς Χερρονήσου αὐτοὺς ἐξελαύνων βουλομένους ἀφαιρεῖσθαι τοὺς ἐνοικοῦντας Ἕλληνας τὴν γῆν. (5) Ἐπειδὴ δὲ Κῦρος ἐκάλει, λαβὼν ὑμᾶς ἐπορευόμην, ἵνα, εἴ τι δέοιτο, ὠφελοίην αὐτὸν ἀνθ' ὧν εὖ ἔπαθον ὑπ' ἐκείνου. Ἐπεὶ δὲ ὑμεῖς οὐ βούλεσθε συμπορεύεσθαι, ἀνάγκη δή μοι ἢ ὑμᾶς προδόντα τῇ Κύρου φιλίᾳ χρῆσθαι ἢ πρὸς ἐκεῖνον ψευσάμενον μεθ' ὑμῶν ἰέναι, εἰ μὲν δὴ δίκαια ποιήσω οὐκ οἶδα, αἱρήσομαι δ' οὖν ὑμᾶς, καὶ σὺν ὑμῖν ὅ,τι ἂν δέῃ πείσομαι. Καὶ οὔποτε ἐρεῖ οὐδεὶς ὡς ἐγὼ Ἕλληνας ἀγαγὼν εἰς τοὺς βαρβάρους, προδοὺς τοὺς Ἕλληνας τὴν τῶν βαρβάρων φιλίαν εἱλόμην, (6) ἀλλ' ἐπεὶ ὑμεῖς ἐμοὶ οὐ θέλετε πείθεσθαι οὐδὲ ἕπεσθαι, ἐγὼ σὺν ὑμῖν ἕψομαι καὶ ὅ,τι ἂν δέῃ πείσομαι. Νομίζω γὰρ ὑμᾶς ἐμοὶ εἶναι καὶ πατρίδα καὶ φίλους καὶ συμμάχους, καὶ σὺν ὑμῖν μὲν ἂν οἶμαι εἶναι τίμιος ὅπου ἂν ὦ, ὑμῶν δὲ ἔρημος ὢν οὐκ ἂν ἱκανὸς εἶναι οἶμαι οὔτ' ἂν φίλον ὠφελῆσαι οὔτ' ἂν ἐχθρὸν ἀλέξασθαι. Ὡς ἐμοῦ οὖν ἰόντος ὅπῃ ἂν καὶ ὑμεῖς, οὕτω τὴν γνώμην ἔχετε. (7) Ταῦτα εἶπεν· οἱ δὲ στρατιῶται, οἵ τε αὐτοῦ ἐκείνου καὶ οἱ ἄλλοι, ταῦτα ἀκούσαντες, ὅτι οὐ φαίη παρὰ βασιλέα πορεύεσθαι, ἐπῄνεσαν· παρὰ δὲ Ξενίου καὶ Πασίωνος πλείους ἢ δισχίλιοι λαβόντες τὰ ὅπλα καὶ τὰ σκευοφόρα ἐστρατοπεδεύσαντο παρὰ Κλεάρχῳ. (8) Κῦρος δὲ τούτοις ἀπορῶν τε καὶ λυπούμενος μετεπέμπετο τὸν Κλέαρχον· ὁ δὲ ἰέναι μὲν οὐκ ἤθελε, λάθρα δὲ τῶν

CAPUT III.

Hic Cyrus cum exercitu dies viginti substitit; propterea quod milites ulterius se perrecturos negarent: jam enim suspicabantur contra regem iter agi; in hoc vero stipendio se conductos negabant. Clearchus primus suos ad pergendum vi cogere volebat: ut illi tum in ipsum, cum jam procedere inciperet, tum in ipsius jumenta, lapides conjecerunt. Et tunc quidem parum abfuit, quin lapidibus obrueretur Clearchus: tandem, cum vi se nihil perfecturum animadverteret, milites suos ad concionem vocat; ac primum diu lacrimis et manantibus stetit; quod illi cum cernerent, taciti mirabantur; deinde in hunc modum est loquutus:

« Ne vobis mirum sit, milites, me ex præsenti rerum statu molestia adfici. Cyrus enim hospitii jus mecum iniit, meque exulantem a patria cum aliis ornavit honoribus, tum daricorum decem millibus donavit: quos posteaquam accepi, non in commodum meum verti, imo etiam nec per voluptatem et luxum absumpsi, sed in vos expendi. Ac primum quidem Thracibus bellum intuli, et vobiscum eos, Græciæ causa suscepta, sum ultus, e Chersoneso eos expellens, eum Græcis colonis agrum istum eripere vellent. Posteaquam autem Cyrus me accersivit, adsumptis vobis ad eum profectus sum; ut pro ipsius in me beneficiis ei, si usus ita posceret, commodarem. Jam vero cum vos hoc mecum iter suscipere non velitis, ac me necesse sit vel vobis desertis amicitia Cyri uti, vel ad illum mentitum vobiscum ire; tametsi haud scio, an juste facturus sim, necne, vos tandem tamen præferam, et vobiscum, quidquid opus erit, feram. Nec unquam dicturus est quisquam, me, posteaquam Græcos ad barbaros duxerim, proditis Græcis barbarorum amicitiam amplexum esse. Sed quoniam vos neque mihi parere, neque me sequi vultis, sequar ego vos, ac quidquid opus erit, feram. Quippe vos ego mihi patriam, vos amicos, vos socios esse arbitror, vobiscum etiam, ubicunque fuero, honoratum me fore : a vobis si destitutus sim, nec ad commodi quidquam amico adferendum, nec ad hostem propulsandum idoneum me fore puto. Quamobrem ea vos esse in sententia debetis, ituri m me, quocunque vos perrexeritis. » Hæc ille dixit: quæ cum et ipsius et ceteri milites audivissent, laudarunt id quod diceret, adversus regem se non profecisci: et a Xenia quidem Pasioneque plures duobus millibus, sumptis armis ac impedimentis, in Clearchi castra transierunt. Cyrus ob hæc inops consilii et mœstus, Clearchum accersebat: is iturum se quidem negabat, sed clam tamen mili-

στρατιωτῶν πέμπων αὐτῷ ἄγγελον ἔλεγε θαρρεῖν, ὡς καταστησομένων τούτων εἰς τὸ δέον· μεταπέμπεσθαι δ' ἐκέλευεν αὐτόν· αὐτὸς δ' οὐκ ἔφη ἰέναι. (9) Μετὰ δὲ ταῦτα συναγαγὼν τούς θ' ἑαυτοῦ στρατιώτας καὶ τοὺς προσελθόντας αὐτῷ καὶ τῶν ἄλλων τὸν βουλόμενον ἔλεξε τοιάδε. Ἄνδρες στρατιῶται, τὰ μὲν δὴ Κύρου δῆλον ὅτι οὕτως ἔχει πρὸς ἡμᾶς ὥσπερ τὰ ἡμέτερα πρὸς ἐκεῖνον· οὔτε γὰρ ἡμεῖς ἐκείνου ἔτι στρατιῶται, ἐπεί γε οὐ συνεπόμεθα αὐτῷ, οὔτε ἐκεῖνος ἔτι ἡμῖν μισθοδότης. (10) Ὅτι μέντοι ἀδικεῖσθαι νομίζει ὑφ' ἡμῶν οἶδα, ὥστε καὶ μεταπεμπομένου αὐτοῦ οὐκ ἐθέλω ἐλθεῖν, τὸ μὲν μέγιστον, αἰσχυνόμενος, ὅτι σύνοιδα ἐμαυτῷ πάντα ἐψευσμένος αὐτόν, ἔπειτα δὲ καὶ δεδιὼς μὴ λαβών με δίκην ἐπιθῇ ὧν νομίζει ὑπ' ἐμοῦ ἠδικῆσθαι. (11) Ἐμοὶ οὖν δοκεῖ οὐχ ὥρα εἶναι ἡμῖν καθεύδειν οὐδ' ἀμελεῖν ἡμῶν αὐτῶν, ἀλλὰ βουλεύεσθαι ὅ,τι χρὴ ποιεῖν ἐκ τούτων. Καὶ ἕως γε μένομεν αὐτοῦ, σκεπτέον μοι δοκεῖ εἶναι ὅπως ἀσφαλέστατα μενοῦμεν, εἴ τε ἤδη δοκεῖ ἀπιέναι, ὅπως ἀσφαλέστατα ἄπιμεν, καὶ ὅπως τὰ ἐπιτήδεια ἕξομεν· ἄνευ γὰρ τούτων οὔτε στρατηγοῦ οὔτε ἰδιώτου ὄφελος οὐδέν. (12) Ὁ δ' ἀνὴρ πολλοῦ μὲν ἄξιος φίλος ᾧ ἂν φίλος ᾖ, χαλεπώτατος δ' ἐχθρὸς ᾧ ἂν πολέμιος ᾖ. Ἔχει δὲ δύναμιν καὶ πεζὴν καὶ ἱππικὴν καὶ ναυτικὴν ἣν πάντες ὁμοίως ὁρῶμέν τε καὶ ἐπιστάμεθα· καὶ γὰρ οὐδὲ πόρρω δοκοῦμέν μοι αὐτοῦ καθῆσθαι· ὥστε ὥρα λέγειν ὅ,τι τις γιγνώσκει ἄριστον εἶναι. Ταῦτα εἰπὼν ἐπαύσατο. (13) Ἐκ δὲ τούτου ἀνίσταντο οἱ μὲν ἐκ τοῦ αὐτομάτου λέξοντες ἃ ἐγίγνωσκον, οἱ δὲ καὶ ὑπ' ἐκείνου ἐγκέλευστοι, ἐπιδεικνύντες οἵα εἴη ἡ ἀπορία ἄνευ τῆς Κύρου γνώμης καὶ μένειν καὶ ἀπιέναι. (14) Εἷς δὲ δὴ εἶπε, προσποιούμενος σπεύδειν ὡς τάχιστα πορεύεσθαι εἰς τὴν Ἑλλάδα, στρατηγοὺς μὲν ἑλέσθαι ἄλλους ὡς τάχιστα, εἰ μὴ βούλεται Κλέαρχος ἀπάγειν· τὰ δ' ἐπιτήδεια ἀγοράζεσθαι, ἡ δ' ἀγορὰ ἦν ἐν τῷ βαρβαρικῷ στρατεύματι, καὶ συσκευάζεσθαι· ἐλθόντας δὲ Κῦρον αἰτεῖν πλοῖα, ὡς ἀποπλέοιεν· ἐὰν δὲ μὴ διδῷ ταῦτα, ἡγεμόνα αἰτεῖν Κῦρον, ὅστις διὰ φιλίας τῆς χώρας ἀπάξει· ἐὰν δὲ μηδὲ ἡγεμόνα διδῷ, συντάττεσθαι τὴν ταχίστην, πέμψαι δὲ καὶ προκαταληψομένους τὰ ἄκρα, ὅπως μὴ φθάσωσι μήτε Κῦρος μήτε οἱ Κίλικες καταλαβόντες, ὧν πολλοὺς καὶ πολλὰ χρήματα ἔχομεν ἀνηρπακότες. Οὗτος μὲν δὴ τοιαῦτα εἶπε· μετὰ δὲ τοῦτον Κλέαρχος εἶπε τοσοῦτον. (15) Ὡς μὲν στρατηγήσοντα ἐμὲ ταύτην τὴν στρατηγίαν μηδεὶς ὑμῶν λεγέτω· πολλὰ γὰρ ἐνορῶ δι' ἃ ἐμοὶ τοῦτο οὐ ποιητέον· ὡς δὲ τῷ ἀνδρὶ ὃν ἂν ἕλησθε πείσομαι ᾗ δυνατὸν μάλιστα, ἵνα εἰδῆτε ὅτι καὶ ἄρχεσθαι ἐπίσταμαι ὥς τις καὶ ἄλλος μάλιστα ἀνθρώπων. (16) Μετὰ τοῦτον ἄλλος ἀνέστη, ἐπιδεικνὺς μὲν τὴν εὐήθειαν τοῦ τὰ πλοῖα αἰτεῖν κελεύοντος, ὥσπερ πάλιν τὸν στόλον Κύρου μὴ ποιουμένου, ἐπιδεικνὺς δὲ ὡς εὔηθες εἴη ἡγεμόνα αἰτεῖν παρὰ τούτου ᾧ λυμαινόμεθα τὴν πρᾶξιν. Εἰ δὲ καὶ τῷ ἡγεμόνι πιστεύσομεν ᾧ ἂν Κῦρος διδῷ, τί κωλύει καὶ τὰ ἄκρα ἡμῖν κελεύειν Κῦρον προκαταλαμβάνειν; (17) ἐγὼ

tibus misso ad ipsum nuntio, bono ut esset animo, hortabatur; nam fore ut haec ita, uti expediat, componantur : se vero iterum arcessere jussit; quo facto, ipse venturum se iterum negat. Post haec contractis ad concionem militibus tam suis, quam qui ad ipsum se contulerant, atque etiam ex aliis, cuicunque liberet, hujusmodi orationem habuit : « Eodem omnino, milites, se modo erga nos Cyri res habent, quo nostrae erga illum, nam neque nos amplius ejus sumus milites, cum ipsum non sequamur, neque nobis ille stipendium numerat. Scio equidem illum existimare, a nobis se injuria affici; adeo ut, tametsi me arcessat, ire tamen ad eum nolim; maxime, quia pudet me mihimet esse conscium, illum a me omnino deceptum esse : deinde metuo, ne si me comprehenderit, ob ea poenam mihi irroget, quae a me per injuriam existimat in se commissa. Quamobrem nobis minime dormiendi tempus esse arbitror, neque nos ipsos negligendi, sed deliberandi quid deinceps nobis sit agendum. Ac sive tandem manebimus, considerandum existimo, quo pacto tutissime mansuri simus; sive discedendum videtur, quo pacto minimo cum periculo discesserimus, quoque pacto nobis commeatus suppetant : nam absque his sit, nec imperatoris nec gregarii militis usus fuerit ullus. Et Cyrus quidem amicus est magni faciendus cui, cui sit amicus : gravissimus autem ei inimicus, cui sit hostis. Praeterea copias et pedestres et equestres et navales habet, quas nos omnes pariter et videmus et novimus : unde haud longe ab ipso videmur considere : quapropter tempus est indicandi, quod quisque factu optimum esse statuit. » Haec loquutus, finem dicendi fecit. Deinceps surgebant alii quidem, sua sponte quae sentirent exposituri; alii vero illius etiam jussu, quam foret difficile, praeter Cyri voluntatem, vel manere vel abire, demonstrabant. Unus porro, se properare simulans in Graeciam quamprimum proficisci, dixit, alios quamprimum deligendos esse duces, si Clearchus ipsos abducere nollet : commeatum emendum esse (erat autem barbarorum in exercitu rerum venalium forum), ac vasa colligenda : eundum etiam nonnullis a Cyro qui peterent navigia, quibus aveherentur : quod si ea non daret, petendum a Cyro ducem esse, qui per pacatam utique regionem eos abduceret : quod si ne ducem quidem daret, quamprimum instruendam esse aciem, ac mittendos qui montium vertices antecaperent, ut nec Cyrus his occupandis nec Cilices nos antevertant, quorum multos et multa bona praedati possidemus. Hujusmodi ille verba fecit; post quem Clearchus tantum dixit : Nemo vestrum dicat fore, ut ipse munus hoc imperatorium susicipiam; nam multa video, quamobrem id per me fieri non debeat : sed ut ei, quemcunque delegeritis, pro viribus obtemperem : quo sciatis me alterius etiam imperio parendi esse peritum, ut quis maxime mortalium alius. Post hunc surrexit alius, qui partim ejus stoliditatem commonstrabat, qui ad naves petendas hortatus fuerat, quasi vero Cyrus expeditionem posthac non esset susceptorus : partim commonstrabat quam stultum esset, ducem ab eo petere, cujus institutum labefactamus. Quod si quam duci, quem nobis Cyrus dederit, fidem habebimus, quid vetat quo minus vertices Cyrum etiam nobis occupare jubeamus? Equi-

γὰρ ὀκνοίην μὲν ἂν εἰς τὰ πλοῖα ἐμβαίνειν ἃ ἡμῖν δοίη, μὴ ἡμᾶς αὐταῖς ταῖς τριήρεσι καταδύσῃ, φοβοίμην δ᾽ ἂν τῷ ἡγεμόνι ᾧ δοίη ἕπεσθαι, μὴ ἡμᾶς ἀγάγῃ ὅθεν οὐχ οἷόν τε ἔσται ἐξελθεῖν, βουλοίμην δ᾽ ἂν ἄκοντος ἀπιὼν Κύρου λαθεῖν αὐτὸν ἀπελθών· ὃ οὐ δυνατόν ἐστιν. (18) Ἀλλ᾽ ἐγώ φημι ταῦτα μὲν φλυαρίας εἶναι· δοκεῖ δέ μοι ἄνδρας ἐλθόντας πρὸς Κῦρον οἵτινες ἐπιτήδειοι σὺν Κλεάρχῳ ἐρωτᾶν ἐκεῖνον τί βούλεται ἡμῖν χρῆσθαι· καὶ ἐὰν μὲν ἡ πρᾶξις ᾖ παραπλησία οἵαπερ καὶ πρόσθεν ἐχρῆτο τοῖς ξένοις, ἕπεσθαι καὶ ἡμᾶς, καὶ μὴ κακίους εἶναι τῶν πρόσθεν τούτῳ συναναβάντων· (19) ἐὰν δὲ μείζων ἡ πρᾶξις τῆς πρόσθεν φαίνηται καὶ ἐπιπονωτέρα καὶ ἐπικινδυνοτέρα, ἀξιοῦν ἢ πείσαντα ἡμᾶς ἄγειν ἢ πεισθέντα πρὸς φιλίαν ἀφιέναι· οὕτω γὰρ καὶ ἑπόμενοι ἂν φίλοι αὐτῷ καὶ πρόθυμοι ἑποίμεθα καὶ ἀπιόντες ἀσφαλῶς ἂν ἀπίοιμεν· ὅ,τι δ᾽ ἂν πρὸς ταῦτα λέγῃ, ἀναγγεῖλαι δεῦρο· ἡμᾶς δ᾽ ἀκούσαντας πρὸς ταῦτα βουλεύεσθαι. (20) Ἔδοξε ταῦτα, καὶ ἄνδρας ἑλόμενοι σὺν Κλεάρχῳ πέμπουσιν, οἳ ἠρώτων Κῦρον τὰ δόξαντα τῇ στρατιᾷ. Ὁ δ᾽ ἀπεκρίνατο ὅτι ἀκούει Ἀβροκόμαν, ἐχθρὸν ἄνδρα, ἐπὶ τῷ Εὐφράτῃ ποταμῷ εἶναι, ἀπέχοντα δώδεκα σταθμούς· πρὸς τοῦτον οὖν ἔφη βούλεσθαι ἐλθεῖν· κἂν μὲν ᾖ ἐκεῖ, τὴν δίκην ἔφη χρῄζειν ἐπιθεῖναι αὐτῷ, ἢν δὲ φεύγῃ, ἡμεῖς ἐκεῖ πρὸς ταῦτα βουλευσόμεθα. (21) Ἀκούσαντες δὲ ταῦτα οἱ αἱρετοὶ ἀναγγέλλουσι τοῖς στρατιώταις· τοῖς δὲ ὑποψία μὲν ἦν ὅτι ἄγει πρὸς βασιλέα, ὅμως δὲ ἐδόκει ἕπεσθαι. Προσαιτοῦσι δὲ μισθόν· ὁ δὲ Κῦρος ὑπισχνεῖται ἡμιόλιον πᾶσι δώσειν οὗ πρότερον ἔφερον, ἀντὶ δαρεικοῦ τρία ἡμιδαρεικὰ τοῦ μηνὸς τῷ στρατιώτῃ· ὅτι δὲ ἐπὶ βασιλέα ἄγοι οὐδὲ ἐνταῦθα ἤκουσεν οὐδεὶς ἔν γε τῷ φανερῷ.

dem naves conscendere, quas ille nobis dederit, formidaverim, ne cum ipsis nos triremibus demergat: ducem quoque, quem ille dederit, sequi metuerim, ne nos eo ducat, unde non sit exeundi facultas: velim autem, invito Cyro abiens, clam eum discedere; quod fieri nequit. Sed has equidem nugas esse censeo: quin potius arbitror, debere homines idoneos una cum Clearcho Cyrum convenire, qui de ipso quaerant, quam ad rem nostra uti velit opera: ac si res ejusmodi fere sit, ad quam militum conductitiorum antehac usus est opera, sequi nos etiam debere existimo, nec iis ignavitores esse, qui prius iter hoc cum ipso susceperunt: sin res major quam prior illa, graviorisque tum laboris tum periculi videatur, petant oportet isti, ut vel nos suam in sententiam pertractos secum ducat, vel ipse nostram in sententiam adductus in regionem pacatam nos dimittat; sic enim fiet ut sive sequamur ipsum, amicis et alacribus animis sequuturi simus, sive discedamus, tuto simus discessuri: quidquid ad haec dixerit, huc renuntient legati; nos vero ubi audiverimus, nostra ad id consilia accommodemus. Haec comprobata est sententia. Atque lectos adeo homines cum Clearcho mittunt, qui Cyrum de iis, quae decreverat exercitus, interrogabant. Respondebat ille, audire se, hostem suum, Abrocomam ad fluvium Euphratem esse, et duodecim castrorum spatio abesse: adversus hunc utique velle se proficisci aiebat; ac si quidem fuerit illic, poenas ei imponere se cupere: sin fugam ceperit, nos illic his de rebus consultabimus. Haec cum audissent delecti illi, militibus renuntiant: his vero inerat suspicio, Cyrum adversus regem ducere, illum sequendum tamen decernebant. Cumque mercedem poscerent ampliorem, Cyrus se stipendii, quod prius ferebant, sesquiplum omnibus daturum pollicetur, nimirum pro darico tres dimidiatos daricos singulis in mensem militibus: quod autem ipsos adversus regem duceret, ne ibi quidem, propalam saltem, audivit quisquam.

ΚΕΦΑΛΑΙΟΝ Δ.

Ἐντεῦθεν ἐξελαύνει σταθμοὺς δύο παρασάγγας δέκα ἐπὶ τὸν Ψάρον ποταμόν, οὗ ἦν τὸ εὖρος τρία πλέθρα. Ἐντεῦθεν ἐξελαύνει σταθμὸν ἕνα παρασάγγας πέντε ἐπὶ τὸν Πύραμον ποταμόν, οὗ τὸ εὖρος στάδιον. Ἐντεῦθεν ἐξελαύνει σταθμοὺς δύο παρασάγγας πεντεκαίδεκα εἰς Ἰσσούς, τῆς Κιλικίας ἐσχάτην πόλιν, ἐπὶ τῇ θαλάττῃ οἰκουμένην, μεγάλην καὶ εὐδαίμονα. (2) Ἐνταῦθα ἔμειναν ἡμέρας τρεῖς· καὶ Κύρῳ παρῆσαν αἱ ἐκ Πελοποννήσου νῆες τριάκοντα καὶ πέντε καὶ ἐπ᾽ αὐταῖς ναύαρχος Πυθαγόρας Λακεδαιμόνιος. Ἡγεῖτο δ᾽ αὐτῶν Ταμὼς Αἰγύπτιος ἐξ Ἐφέσου, ἔχων ναῦς ἑτέρας Κύρου πέντε καὶ εἴκοσιν, αἷς ἐπολιόρκει Μίλητον, ὅτε Τισσαφέρνει φίλη ἦν, καὶ συνεπολέμει Κύρῳ πρὸς αὐτόν. (3) Παρῆν δὲ καὶ Χειρίσοφος Λακεδαιμόνιος ἐπὶ τῶν νεῶν, μετάπεμπτος ὑπὸ Κύρου, ἑπτακοσίους ἔχων ὁπλίτας, ὧν ἐστρατήγει παρὰ Κύρῳ. Αἱ δὲ νῆες ὅρμουν παρὰ τὴν Κύρου σκηνήν. Ἐνταῦθα καὶ οἱ παρ᾽ Ἀβροκόμα μισθοφόροι Ἕλληνες ἀποστάντες ἦλθον παρὰ

CAPUT IV.

Hinc castris alteris, decem parasangas, ad Psarum flumen pergit, cujus est trium plethrorum latitudo. Inde castris unis, parasangas quinque progreditur, ad Pyramum fluvium, cujus aequat latitudo stadium. Inde castris secundis, parasangas quindecim progreditur, ad Issos, urbem Ciliciae extremam, ad mare sitam, frequentem incolis, amplam et opulentam. Hic dies tres mansit; quibus ad Cyrum ex Peloponneso triginta quinque venere naves, quarum erat navarchus Pythagoras, Lacedaemonius. Dux earum inde usque ab Epheso Tamos erat Aegyptius, qui naves etiam alias Cyri viginti quinque habebat; quibus ille Miletum obsederat, quando urbs ea Tissapherni favebat, et adversus hunc cum Cyro bellum gesserat. Aderat item iis in navibus Chirisophus Lacedaemonius, a Cyro accersitus, cum septingentis gravis armaturae militibus, quorum apud Cyrum dux erat. Ac naves quidem propter Cyri tentorium adpulerunt. Hoc loco etiam stipendiarii Graeci, quadringenti gravis armaturae, qui apud Abroco-

Κῦρον, τετρακόσιοι ὁπλῖται, καὶ συνεστρατεύοντο ἐπὶ βασιλέα. (4) Ἐντεῦθεν ἐξελαύνει σταθμὸν ἕνα παρασάγγας πέντε ἐπὶ πύλας τῆς Κιλικίας καὶ τῆς Συρίας. Ἦσαν δὲ ταῦτα δύο τείχη· καὶ τὸ μὲν ἔσωθεν τὸ πρὸ τῆς Κιλικίας Συέννεσις εἶχε καὶ Κιλίκων φυλακή· τὸ δὲ ἔξω τὸ πρὸ τῆς Συρίας βασιλέως ἐλέγετο φυλακὴ φυλάττειν. Διὰ μέσου δὲ ῥεῖ τούτων ποταμὸς Κάρσος ὄνομα, εὖρος πλέθρου. Ἅπαν δὲ τὸ μέσον τῶν τειχῶν ἦσαν στάδιοι τρεῖς· καὶ παρελθεῖν οὐκ ἦν βίᾳ· ἦν γὰρ ἡ πάροδος στενὴ καὶ τὰ τείχη εἰς τὴν θάλατταν καθήκοντα, ὕπερθεν δ' ἦσαν πέτραι ἠλίβατοι· ἐπὶ δὲ τοῖς τείχεσιν ἀμφοτέροις ἐφειστήκεσαν πύλαι. (5) Ταύτης ἕνεκα τῆς παρόδου Κῦρος τὰς ναῦς μετεπέμψατο, ὅπως ὁπλίτας ἀποβιβάσειεν εἴσω καὶ ἔξω τῶν πυλῶν, καὶ βιασάμενοι τοὺς πολεμίους παρέλθοιεν, εἰ φυλάττοιεν ἐπὶ ταῖς Συρίαις πύλαις, ὅπερ ᾤετο ποιήσειν ὁ Κῦρος τὸν Ἀβροκόμαν, ἔχοντα πολὺ στράτευμα. Ἀβροκόμας δὲ οὐ τοῦτ' ἐποίησεν, ἀλλ' ἐπεὶ ἤκουσε Κῦρον ἐν Κιλικίᾳ ὄντα, ἀναστρέψας ἐκ Φοινίκης παρὰ βασιλέα ἀπήλαυνεν, ἔχων, ὡς ἐλέγετο, τριάκοντα μυριάδας στρατιᾶς. (6) Ἐντεῦθεν ἐξελαύνει διὰ Συρίας σταθμὸν ἕνα παρασάγγας πέντε εἰς Μυρίανδρον, πόλιν οἰκουμένην ὑπὸ Φοινίκων ἐπὶ τῇ θαλάττῃ· ἐμπόριον δ' ἦν τὸ χωρίον καὶ ὥρμουν αὐτόθι ὁλκάδες πολλαί. (7) Ἐνταῦθ' ἔμειναν ἡμέρας ἑπτά· καὶ Ξενίας ὁ Ἀρκὰς στρατηγὸς καὶ Πασίων ὁ Μεγαρεὺς ἐμβάντες εἰς πλοῖον καὶ τὰ πλείστου ἄξια ἐνθέμενοι ἀπέπλευσαν, ὡς μὲν τοῖς πλείστοις ἐδόκουν φιλοτιμηθέντες ὅτι τοὺς στρατιώτας αὐτῶν τοὺς παρὰ Κλέαρχον ἀπελθόντας, ὡς ἀπιόντας εἰς τὴν Ἑλλάδα πάλιν καὶ οὐ πρὸς βασιλέα, εἴα Κῦρος τὸν Κλέαρχον ἔχειν. Ἐπεὶ δ' ἦσαν ἀφανεῖς, διῆλθε λόγος ὅτι διώκοι αὐτοὺς Κῦρος τριήρεσι· καὶ οἱ μὲν εὔχοντο ὡς δολίους ὄντας αὐτοὺς ληφθῆναι, οἱ δ' ᾤκτειρον εἰ ἁλώσοιντο. (8) Κῦρος δὲ συγκαλέσας τοὺς στρατηγοὺς εἶπεν, Ἀπολελοίπασιν ἡμᾶς Ξενίας καὶ Πασίων. Ἀλλ' εὖ γε μέντοι ἐπιστάσθωσαν ὅτι οὔτε ἀποδεδράκασιν· οἶδα γὰρ ὅπῃ οἴχονται· οὔτε ἀποπεφεύγασιν· ἔχω γὰρ τριήρεις ὥστε ἑλεῖν τὸ ἐκείνων πλοῖον. Ἀλλὰ μὰ τοὺς θεοὺς οὐκ ἔγωγε αὐτοὺς διώξω, οὐδ' ἐρεῖ οὐδεὶς ὡς ἐγὼ ἕως μὲν ἂν παρῇ τις χρῶμαι, ἐπειδὰν δὲ ἀπιέναι βούληται, συλλαβὼν καὶ αὐτοὺς κακῶς ποιῶ καὶ τὰ χρήματα ἀποσυλῶ. Ἀλλὰ ἰόντων, εἰδότες ὅτι κακίους εἰσὶ περὶ ἡμᾶς ἢ ἡμεῖς περὶ ἐκείνους. Καίτοι ἔχω γε αὐτῶν καὶ τέκνα καὶ γυναῖκας ἐν Τράλλεσι φρουρούμενα· ἀλλ' οὐδὲ τούτων στερήσονται, ἀλλ' ἀπολήψονται τῆς πρόσθεν ἕνεκα περὶ ἐμὲ ἀρετῆς. (9) Καὶ ὁ μὲν ταῦτα εἶπεν· οἱ δὲ Ἕλληνες, εἴ τις καὶ ἀθυμότερος ἦν πρὸς τὴν ἀνάβασιν, ἀκούοντες τὴν Κύρου ἀρετὴν ἥδιον καὶ προθυμότερον συνεπορεύοντο.

Μετὰ ταῦτα Κῦρος ἐξελαύνει σταθμοὺς τέτταρας παρασάγγας εἴκοσιν ἐπὶ τὸν Χάλον ποταμόν, ὄντα τὸ εὖρος πλέθρου, πλήρη δ' ἰχθύων μεγάλων καὶ πραέων, οὓς οἱ Σύροι θεοὺς ἐνόμιζον καὶ ἀδικεῖν οὐκ εἴων, οὐδὲ τὰς περιστεράς. Αἱ δὲ κῶμαι ἐν αἷς ἐσκήνουν Παρυ-

mam militarant, ad Cyrum transierunt, et una cum eo in expeditionem adversus regem profecti sunt. Hinc castris unis, parasangas quinque progreditur, ad portas Ciliciæ Syriæque. Erant hæc duo castella; ac horum quidem citerius, in Ciliciam obversum, Syennesis et Cilicum præsidium tenebat; ulterius, in Syriam obversum, dicebatur regis præsidium custodire. Medio inter hoc loco fluit amnis, cui nomen Carsus, latitudine plethri. Totum vero spatium inter castella medium, trium erat stadiorum; nec id vi transire licebat: nam transitus angustus erat, ac muri ad mare pertinebant, saxaque desuper erant inaccessa: juxta vero castellum utrumque portæ adstiterunt illæ. Hujusce causa transitus naves Cyrus accersivit, quo gravis armaturæ milites citra portas ultraque trajiceret, atque ii, hostibus vi submotis, transire possent, si qui forte ad portas Syriacas præsidium agitarent; quod quidem Abrocomam, qui magnas haberet copias, facturum existimabat Cyrus. At hoc non fecit Abrocomas, sed quod Cyrum in Cilicia esse audierat, relicta Phœnicia ad regem cum trecentis, uti ferebatur, hominum millibus perrexit. Inde per Syriam unis castris, parasangas quinque progreditur, ad Myriandrum, urbem a Phœnicibus habitatam, prope mare sitam: locus autem emporium erat, atque illic multæ naves onerariæ stationem habebant. Hic dies septem mansit: et Xenias dux ille Arcadicus cum Pasione Megarensi, conscensa navi, et in eam maximi pretii rebus impositis, solverunt; æmulatione ducti, quemadmodum plerisque videbatur, quod milites suos, qui ad Clearchum se contulerant, quasi qui jam essent in Græciam redituri, ac non adversus regem perrecturi, Clearchum habere sinebat Cyrus. Itaque cum ex conspectu se subduxissent, incessit rumor, Cyrum eos triremibus persequuturum: et nonnulli quidem optabant ut, quia fraude mala egissent, caperentur; alii miserabantur sortem eorum, si forte caperentur. Cyrus autem, convocatis ducibus, ait, « Deseruere nos Xenias et Pasion: verum certo sciant, nec clam se aufugisse (novi enim quo abierunt); nec effugisse; nam triremes habeo, quibus ipsorum capere possim navigium. Sed ipsos ego profecto non persequar; neque quisquam dicturus est, me aliquorum uti, dum adsint, opera; postæquam abire voluerint, comprehensos et et lædere, et fortunas eorum spoliando adimere. Abeant vero, ac se sciant iniquiores in nos, quam nos in ipsos. Atqui ipsorum equidem et liberos et uxores Trallibus præsidio septos habeo: verum ne his quidem erunt orbati; sed propter virtutem erga me pristinam recipient. » Et hæc ille quidem dixit: at Græci, si quis eorum erat animo minus etiam ad expeditionem alacri, perspecta ex iis quæ audiverant virtute Cyri, libentius et alacrius cum eo proficiscebantur.

Post hæc Cyrus castris quartis, parasangas viginti progreditur, ad Chalum fluvium, plethrum latitudine æquantem, magnis mansuetisque piscibus refertum, quos Syri deos existimabant, neque ut quisquam læderet eos sinebant, neque columbas. Vici autem, in quibus castra me-

σάτιδος ἦσαν, εἰς ζώνην δεδομέναι. (10) Ἐντεῦθεν ἐξελαύνει σταθμοὺς πέντε παρασάγγας τριάκοντα ἐπὶ τὰς πηγὰς τοῦ Δάρδητος ποταμοῦ, οὗ ἦν εὖρος πλέθρου. Ἐνταῦθα ἦσαν τὰ Βελέσυος βασίλεια τοῦ Συρίας ἄρξαντος, καὶ παράδεισος πάνυ μέγας καὶ καλὸς, ἔχων πάντα ὅσα ὧραι φύουσι. Κῦρος δ' αὐτὸν ἐξέκοψε καὶ τὰ βασίλεια κατέκαυσεν. (11) Ἐντεῦθεν ἐξελαύνει σταθμοὺς τρεῖς παρασάγγας πεντεκαίδεκα ἐπὶ τὸν Εὐφράτην ποταμόν, ὄντα τὸ εὖρος τεττάρων σταδίων· καὶ πόλις αὐτόθι ᾠκεῖτο μεγάλη καὶ εὐδαίμων Θάψακος ὀνόματι. Ἐνταῦθα ἔμειναν ἡμέρας πέντε· καὶ Κῦρος μεταπεμψάμενος τοὺς στρατηγοὺς τῶν Ἑλλήνων ἔλεγεν ὅτι ἡ ὁδὸς ἔσοιτο πρὸς βασιλέα μέγαν εἰς Βαβυλῶνα· καὶ κελεύει αὐτοὺς λέγειν ταῦτα τοῖς στρατιώταις καὶ ἀναπείθειν ἕπεσθαι. (12) Οἱ δὲ ποιήσαντες ἐκκλησίαν ἀπήγγελλον ταῦτα· οἱ δὲ στρατιῶται ἐχαλέπαινον τοῖς στρατηγοῖς, καὶ ἔφασαν αὐτοὺς πάλαι ταῦτ' εἰδότας κρύπτειν, καὶ οὐκ ἔφασαν ἰέναι, ἐὰν μή τις αὐτοῖς χρήματα διδῷ, ὥσπερ καὶ τοῖς προτέροις μετὰ Κύρου ἀναβᾶσι παρὰ τὸν πατέρα τοῦ Κύρου, καὶ ταῦτα οὐκ ἐπὶ μάχην ἰόντων, ἀλλὰ καλοῦντος τοῦ πατρὸς Κῦρον. (13) Ταῦτα οἱ στρατηγοὶ Κύρῳ ἀπήγγελλον· ὁ δ' ὑπέσχετο ἀνδρὶ ἑκάστῳ δώσειν πέντε ἀργυρίου μνᾶς, ἐπὰν εἰς Βαβυλῶνα ἥκωσι, καὶ τὸν μισθὸν ἐντελῆ μέχρι ἂν καταστήσῃ τοὺς Ἕλληνας εἰς Ἰωνίαν πάλιν. Τὸ μὲν δὴ πολὺ τοῦ Ἑλληνικοῦ οὕτως ἐπείσθη. Μένων δὲ πρὶν δῆλον εἶναι τί ποιήσουσιν οἱ ἄλλοι στρατιῶται, πότερον ἕψονται Κύρῳ ἢ οὔ, συνέλεξε τὸ αὐτοῦ στράτευμα χωρὶς τῶν ἄλλων καὶ ἔλεξε τάδε. (14) Ἄνδρες, ἐάν μοι πεισθῆτε, οὔτε κινδυνεύσαντες οὔτε πονήσαντες τῶν ἄλλων πλέον προτιμήσεσθε στρατιωτῶν ὑπὸ Κύρου. Τί οὖν κελεύω ποιῆσαι; νῦν δεῖται Κῦρος ἕπεσθαι τοὺς Ἕλληνας ἐπὶ βασιλέα· ἐγὼ οὖν φημι ὑμᾶς χρῆναι διαβῆναι τὸν Εὐφράτην ποταμὸν πρὶν δῆλον εἶναι ὅ, τι οἱ ἄλλοι Ἕλληνες ἀποκρινοῦνται Κύρῳ. (15) Ἢν μὲν γὰρ ψηφίσωνται ἕπεσθαι, ὑμεῖς δόξετε αἴτιοι εἶναι ἄρξαντες τοῦ διαβαίνειν, καὶ ὡς προθυμοτάτοις οὖσιν ὑμῖν χάριν εἴσεται Κῦρος καὶ ἀποδώσει· ἐπίσταται δ' εἴ τις καὶ ἄλλος· ἢν δ' ἀποψηφίσωνται οἱ ἄλλοι, ἄπιμεν μὲν ἅπαντες εἰς τοὔμπαλιν, ὑμῖν δὲ ὡς μόνοις πειθομένοις πιστοτάτοις χρήσεται καὶ εἰς φρούρια καὶ εἰς λοχαγίας, καὶ ἄλλου οὗτινος ἂν δέησθε οἶδα ὅτι ὡς φίλοι τεύξεσθε Κύρου. (16) Ἀκούσαντες ταῦτα ἐπείθοντο καὶ διέβησαν πρὶν τοὺς ἄλλους ἀποκρίνασθαι. Κῦρος δ' ἐπεὶ ᾔσθετο διαβεβηκότας, ἥσθη τε καὶ τῷ στρατεύματι πέμψας Γλοῦν εἶπεν, Ἐγὼ μὲν, ὦ ἄνδρες, ἤδη ὑμᾶς ἐπαινῶ· ὅπως δὲ καὶ ὑμεῖς ἐμὲ ἐπαινέσετε ἐμοὶ μελήσει, ἢ μηκέτι με Κῦρον νομίζετε. (17) Οἱ μὲν δὴ στρατιῶται ἐν ἐλπίσι μεγάλαις ὄντες ηὔχοντο αὐτὸν εὐτυχῆσαι· Μένωνι δὲ καὶ δῶρα ἐλέγετο πέμψαι μεγαλοπρεπῶς. Ταῦτα δὲ ποιήσας διέβαινε· συνείπετο δὲ καὶ τὸ ἄλλο στράτευμα αὐτῷ ἅπαν· καὶ τῶν διαβαινόντων τὸν ποταμὸν οὐδεὶς ἐβρέχθη ἀνωτέρω τῶν μαστῶν ὑπὸ τοῦ ποταμοῦ. (18) Οἱ δὲ Θαψακηνοὶ ἔλεγον ὅτι οὐπώποθ' οὗτος ὁ ποταμὸς διαβατὸς

tabantur, Parysatidis erant, in cingulum donati. Hinc castris quintis, parasangas triginta, ad Dardetis fluvii fontes pergit, cujus erat unius plethri latitudo. Hic Belesis erat regia, qui Syriæ cum imperio præfuerat, et magnus admodum elegansque hortus, omnia qui continebat, quæcunque anni tempora proferunt : hunc Cyrus excidit, et regiam concremavit. Inde castris tertiis, parasangas quindecim, ad Euphratem fluvium, cujus erat quatuor stadiorum latitudo, procedit : atque ibi urbs culta erat, locuples et ampla, nomine Thapsacus. Hic dies quinque morati sunt : et Cyrus arcessitis Græcorum ducibus, iter ipsis fore adversum magnum regem, ad Babylonem, aiebat ; eosque militibus hæc dicere, atque uti sequerentur, persuadere jubet. Illi, concione advocata, hæc renuntiabant : ac milites ducibus succensebant, et aiebant hæc ipsos dudum perspecta habuisse atque occultasse ; negabantque adeo progressuros se, nisi quis ipsis pecuniam dederit, quemadmodum Græcis data fuisset illis, qui cum Cyro prius ad patrem ejus iter fecerant : præsertim, cum ad pugnam illi non exissent, sed patre Cyrum arcessente. Hæc Cyro renuntiant duces : atque ille cuique se militi daturum minas argenti quinque pollicitus est, ubi primum Babylonem venissent, et stipendium integrum tantidiu, donec Græcos rursus in Ioniam reduxisset. Et hac quidem ratione bona exercitus Græci pars, ut sequeretur, est adducta. At Menon, priusquam constaret quid milites ceteri facturi essent, sequaturine Cyrum, an non, copias suas seorsum a ceteris coegit, et hanc orationem habuit : « Si mihi parueritis, milites, sine periculo, sine labore vestro majorem, quam ceteri milites, honorem a Cyro consequemini. Quid ergo faciendum censeo? Rogat nunc Cyrus, ut adversus regem se Græci sequantur : ego vero debere nos aio Euphratem fluvium trajicere, priusquam quid reliqui Græci Cyro responsuri sint, constet. Nam si sequendum esse decreverint, vos totius rei auctores extitisse videbimini, a quibus trajiciendi factum fuerit initium ; atque adeo gratiam vobis, ut gratificandi sibi studiosissimis, habebit Cyrus, ac referet (quod quidem si quisquam alius, ipse certe facere novit) : sin ceteri secus statuerint, universi quidem domum revertemur ; at vobis, ut qui soli dicto sitis audientes, tanquam fidissimis utetur et ad præsidia et ad præfecturas cohortium ; ac quidquid aliud fuerit, quod requiretis, scio vos ab Cyro, ut vobis amico, impetraturos. » Hæc cum illi audissent, obtemperabant, ac prius quam alii responderent, trajiciebant. Cyrus autem ubi hos trajecisse animadverteret, lætatus est, ac statim ad eas copias Glun misit, qui hæc diceret : « Equidem, viri, vos jam laudo : verum ut vos etiam me laudetis, mihi curæ erit ; aut Cyrum me non amplius existimate. » Et milites quidem, magna spe concepta, felices ei cœptorum exitus precabantur : Menoni etiam magnifica munera misisse ferebatur. His peractis, et ipse transmittebat ; et reliquæ simul eum sequebantur copiæ omnes ; ac nemo ex iis, qui amnem trajiciebant, supra mamillas eo madefactus fuit. Thapsaceni vero aiebant, nunquam id flumen pedibus transmitti potuisse, præter-

13.

βατὸς γένοιτο πεζῇ, εἰ μὴ τότε, ἀλλὰ πλοίοις ἃ τότε Ἀβροκόμας προϊὼν κατέκαυσεν, ἵνα μὴ Κῦρος διαβῇ. Ἐδόκει δὴ θεῖον εἶναι καὶ σαφῶς ὑποχωρῆσαι τὸν ποταμὸν Κύρῳ ὡς βασιλεύσοντι. (10) Ἐντεῦθεν ἐξελαύνει διὰ τῆς Συρίας σταθμοὺς ἐννέα παρασάγγας πεντήκοντα, καὶ ἀφικνοῦνται πρὸς τὸν Ἀράξην ποταμόν. Ἐνταῦθα ἦσαν κῶμαι πολλαὶ μεσταὶ σίτου καὶ οἴνου. Ἐνταῦθα ἔμειναν ἡμέρας τρεῖς καὶ ἐπεσιτίσαντο.

ΚΕΦΑΛΑΙΟΝ Ε.

Ἐντεῦθεν ἐξελαύνει διὰ τῆς Ἀραβίας τὸν Εὐφράτην ποταμὸν ἐν δεξιᾷ ἔχων σταθμοὺς ἐρήμους πέντε παρασάγγας τριάκοντα καὶ πέντε. Ἐν τούτῳ δὲ τῷ τόπῳ ἦν μὲν ἡ γῆ πεδίον ἅπαν ὁμαλόν, ὥσπερ θάλαττα, ἀψινθίου δὲ πλῆρες· εἰ δέ τι καὶ ἄλλο ἐνῆν ὕλης ἢ καλάμου, ἅπαντα ἦσαν εὐώδη, ὥσπερ ἀρώματα· δένδρον δ' οὐδὲν ἐνῆν. (2) Θηρία δὲ παντοῖα, πλεῖστοι μὲν ὄνοι ἄγριοι, πολλοὶ δὲ στρουθοὶ οἱ μεγάλοι· ἐνῆσαν δὲ καὶ ὠτίδες καὶ δορκάδες. Ταῦτα δὲ τὰ θηρία οἱ ἱππεῖς ἐνίοτε ἐδίωκον. Καὶ οἱ μὲν ὄνοι, ἐπεί τις διώκοι, προδραμόντες ἕστασαν· πολὺ γὰρ τῶν ἵππων ἔτρεχον θᾶττον· καὶ πάλιν ἐπεὶ πλησιάζοιεν οἱ ἵπποι ταὐτὸν ἐποίουν, καὶ οὐκ ἦν λαβεῖν, εἰ μὴ διαστάντες οἱ ἱππεῖς θηρῷεν διαδεχόμενοι τοῖς ἵπποις. Τὰ δὲ κρέα τῶν ἁλισκομένων ἦν παραπλήσια τοῖς ἐλαφείοις, ἁπαλώτερα δέ. (3) Στρουθὸν δὲ οὐδεὶς ἔλαβεν· οἱ δὲ διώξαντες τῶν ἱππέων ταχὺ ἐπαύοντο· πολὺ γὰρ ἀπεσπᾶτο φεύγουσα, τοῖς μὲν ποσὶ δρόμῳ, ταῖς δὲ πτέρυξιν, αἴρουσα, ὥσπερ ἱστίῳ χρωμένη. Τὰς δὲ ὠτίδας ἄν τις ταχὺ ἀνιστῇ, ἔστι λαμβάνειν· πέτονται γὰρ βραχύ, ὥσπερ πέρδικες, καὶ ταχὺ ἀπαγορεύουσι. Τὰ δὲ κρέα αὐτῶν ἥδιστα ἦν. (4) Πορευόμενοι δὲ διὰ ταύτης τῆς χώρας ἀφικνοῦνται ἐπὶ τὸν Μάσκαν ποταμόν, τὸ εὖρος πλεθριαῖον. Ἐνταῦθα ἦν πόλις ἐρήμη, μεγάλη, ὄνομα δ' αὐτῇ Κορσωτή· περιερρεῖτο δ' αὕτη, ὑπὸ τοῦ Μάσκα κύκλῳ. Ἐνταῦθ' ἔμειναν ἡμέρας τρεῖς καὶ ἐπεσιτίσαντο. (5) Ἐντεῦθεν ἐξελαύνει σταθμοὺς ἐρήμους τρεῖς καὶ δέκα παρασάγγας ἐνενήκοντα τὸν Εὐφράτην ποταμὸν ἐν δεξιᾷ ἔχων, καὶ ἀφικνεῖται ἐπὶ Πύλας. Ἐν τούτοις τοῖς σταθμοῖς πολλὰ τῶν ὑποζυγίων ἀπώλετο ὑπὸ λιμοῦ· οὐ γὰρ ἦν χόρτος οὐδὲ ἄλλο οὐδὲν δένδρον, ἀλλὰ ψιλὴ ἦν ἅπασα ἡ χώρα· οἱ δὲ ἐνοικοῦντες ὄνους ἀλέτας παρὰ τὸν ποταμὸν ὀρύττοντες καὶ ποιοῦντες εἰς Βαβυλῶνα ἦγον καὶ ἐπώλουν καὶ ἀνταγοράζοντες σῖτον ἔζων. (6) Τὸ δὲ στράτευμα ὁ σῖτος ἐπέλιπε, καὶ πρίασθαι οὐκ ἦν εἰ μὴ ἐν τῇ Λυδίᾳ ἀγορᾷ ἐν τῷ Κύρου βαρβαρικῷ, τὴν καπίθην ἀλεύρων ἢ ἀλφίτων τεττάρων σίγλων. Ὁ δὲ σίγλος δύναται ἑπτὰ ὀβολοὺς καὶ ἡμιωβόλιον Ἀττικούς· ἡ δὲ καπίθη δύο χοίνικας Ἀττικὰς ἐχώρει. Κρέα οὖν ἐσθίοντες οἱ στρατιῶται διεγίγνοντο. (7) Ἦν δὲ τούτων τῶν σταθμῶν οὓς πάνυ μακροὺς ἤλαυνεν, ὁπότε ἢ πρὸς ὕδωρ βούλοιτο διατελέσαι ἢ πρὸς χιλόν. Καὶ δή ποτε στενοχωρίας καὶ πηλοῦ φανέντος ταῖς

Inde per Arabiam, cum Euphratem haberet ad dextram, castris quinque in solitudine positis, parasangas triginta quinque progreditur. Hoc loco regio campestris erat, tota maris instar æquabilis, absinthio plena : si quid aliud in ea inerat vel fruticis vel arundinis, ea vero universa instar aromatum erant fragrantia: arbor certe in ea inerat nulla. Feræ autem variæ inerant, silvestres quidem asini quamplurimi, ac struthiocameli non pauci: inerant etiam otides et dorcades : atque has feras equites nonnunquam insequebantur. Et asini quidem isti, cum quis eos insequeretur, procurrere et deinde restitare solebant; quippe multo velocius equo currebant; ac rursus ubi adpropinquaret equus, idem factitabant : adeo ut nulla esset eos capiendi ratio, nisi per intervalla collocati equites venarentur, alii alios recentibus equis excipientes. Erant autem eorum, qui capiebantur, carnes cervinis quidem similes, sed aliquanto teneriores. At struthiocamelum nemo cepit; eamque avem ex equitibus qui insequebantur, cito desierunt : nam fugiendo se longe subducebat, pedibus quidem cursu, alis vero, cum eas tolleret, tanquam velo usa. Otidas autem, si quis celeriter suscitet, licet capere : nam breve ad intervallum volant, tanquam perdices, et cito fatiscunt. Carnes harum erant suavissimæ. Facto per hanc regionem itinere, ad Mascam fluvium perveniunt, cujus erat unius plethri latitudo. Hic urbs erat deserta, ampla, cui nomen Corsote; quæque a Masca undique circumfluebatur. Manserunt hoc loco triduum, et cibaria parabant. Hinc castris decimis tertiis apud loca deserta positis, parasangas nonaginta progreditur, Euphratem fluvium ad dextram habens, et ad Pylas Babylonias pervenit. In his stationibus multa jumenta fame peribant : nam neque pabulum hic erat, neque ulla praeterea arbor, sed regio universa nuda erat : incolae vero lapides molares propter fluvium effodere solebant et formare, quos deinde Babylonem vectos vendebant, atque emto vicissim frumento vitam sustinebant. Jam vero frumentum milites defecerat, neque coemendi ejus facultas erat reliqua, nisi in foro Lydio, illorum in agmine barbarorum, qui Cyrum sequebantur, farinae nimirum triticeæ vel hordeaceæ capitham, siglis quatuor. Siglus autem septem Atticos obolos et dimidium alterius valet : ac duos chœnices Atticos capitha continebat. Quamobrem carnes comedendo vitam sustentabant milites. Et ex his quidem stationibus erant, in quas per longa admodum intervalla movebat spatia, quoties vel ad aquam vel ad pabulum iter peragere volebat. Quin et aliquando itineris angustiis lutoque objectis, plaustris

ἁμάξαις δυσπορεύτου ἐπέστη ὁ Κῦρος σὺν τοῖς περὶ αὑτὸν ἀρίστοις καὶ εὐδαιμονεστάτοις, καὶ ἔταξε Γλοῦν καὶ Πίγρητα λαβόντας τοῦ βαρβαρικοῦ στρατοῦ συνεκβιβάζειν τὰς ἁμάξας. (8) Ἐπεὶ δ' ἐδόκουν αὐτῷ σχολαίως ποιεῖν, ὥσπερ ὀργῇ ἐκέλευσε τοὺς περὶ αὐτὸν Πέρσας τοὺς κρατίστους συνεπισπεῦσαι τὰς ἁμάξας. Ἔνθα δὴ μέρος τι τῆς εὐταξίας ἦν θεάσασθαι. Ῥίψαντες γὰρ τοὺς πορφυροῦς κάνδυς ὅπου ἔτυχεν ἕκαστος ἑστηκώς, ἵεντο ὥσπερ ἂν δράμοι τις περὶ νίκης καὶ μάλα κατὰ πρανοῦς γηλόφου, ἔχοντες τούτους τε τοὺς πολυτελεῖς χιτῶνας καὶ τὰς ποικίλας ἀναξυρίδας, ἔνιοι δὲ καὶ στρεπτοὺς περὶ τοῖς τραχήλοις καὶ ψέλια περὶ ταῖς χερσίν· εὐθὺς δὲ σὺν τούτοις εἰσπηδήσαντες εἰς τὸν πηλὸν θᾶττον ἢ ὥς τις ἂν ᾤετο μετεώρους ἐξεκόμισαν τὰς ἁμάξας. (9) Τὸ δὲ σύμπαν δῆλος δ' ἦν Κῦρος ὡς σπεύδων πᾶσαν τὴν ὁδὸν καὶ οὐ διατρίβων ὅπου μὴ ἐπισιτισμοῦ ἕνεκα ἤ τινος ἄλλου ἀναγκαίου ἐκαθέζετο , νομίζων, ὅσῳ μὲν [ἂν] θᾶττον ἔλθοι, τοσούτῳ ἀπαρασκευαστοτέρῳ βασιλεῖ μαχεῖσθαι, ὅσῳ δὲ σχολαιότερον, τοσούτῳ πλέον συναγείρεσθαι βασιλεῖ στράτευμα. Καὶ συνιδεῖν δ' ἦν τῷ προσέχοντι τὸν νοῦν ἡ βασιλέως ἀρχὴ πλήθει μὲν χώρας καὶ ἀνθρώπων ἰσχυρὰ οὖσα, τοῖς δὲ μήκεσι τῶν ὁδῶν καὶ τῷ διεσπάσθαι τὰς δυνάμεις ἀσθενής, εἴ τις διὰ ταχέων τὸν πόλεμον ἐποιεῖτο. (10) Πέραν δὲ τοῦ Εὐφράτου ποταμοῦ κατὰ τοὺς ἐρήμους σταθμοὺς ἦν πόλις εὐδαίμων καὶ μεγάλη, ὄνομα δὲ Χαρμάνδη. Ἐκ ταύτης οἱ στρατιῶται ἠγόραζον τὰ ἐπιτήδεια, σχεδίαις διαβαίνοντες ὧδε. Διφθέρας ἃς εἶχον σκεπάσματα ἐπίμπλασαν χόρτου κούφου, εἶτα συνῆγον καὶ συνέσπων, ὡς μὴ ἅπτεσθαι τῆς κάρφης τὸ ὕδωρ· ἐπὶ τούτων διέβαινον καὶ ἐλάμβανον τὰ ἐπιτήδεια, οἶνόν τε ἐκ τῆς βαλάνου πεποιημένον τῆς ἀπὸ τοῦ φοίνικος καὶ σῖτον μελίνης· τοῦτο γὰρ ἦν ἐν τῇ χώρᾳ πλεῖστον. (11) Ἀμφιλεξάντων δέ τι ἐνταῦθα τῶν τε τοῦ Μένωνος στρατιωτῶν καὶ τῶν τοῦ Κλεάρχου ὁ Κλέαρχος κρίνας ἀδικεῖν τὸν τοῦ Μένωνος πληγὰς ἐνέβαλεν. Ὁ δὲ ἐλθὼν πρὸς τὸ ἑαυτοῦ στράτευμα ἔλεγεν· ἀκούσαντες δ' οἱ στρατιῶται ἐχαλέπαινον καὶ ὠργίζοντο ἰσχυρῶς τῷ Κλεάρχῳ. (12) Τῇ δὲ αὐτῇ ἡμέρᾳ Κλέαρχος ἐλθὼν ἐπὶ τὴν διάβασιν τοῦ ποταμοῦ καὶ ἐκεῖ κατασκεψάμενος τὴν ἀγορὰν ἀφιππεύει ἐπὶ τὴν ἑαυτοῦ σκηνὴν διὰ τοῦ Μένωνος στρατεύματος σὺν ὀλίγοις τοῖς περὶ αὐτόν· Κῦρος δὲ οὔπω ἧκεν, ἀλλ' ἔτι προσήλαυνε· τῶν δὲ Μένωνος στρατιωτῶν ξύλα σχίζων τις ὡς εἶδε τὸν Κλέαρχον διελαύνοντα, ἵησι τῇ ἀξίνῃ· καὶ οὗτος μὲν αὐτοῦ ἥμαρτεν· ἄλλος δὲ λίθῳ καὶ ἄλλος, εἶτα πολλοί, κραυγῆς γενομένης. (13) Ὁ δὲ καταφεύγει εἰς τὸ ἑαυτοῦ στράτευμα, καὶ εὐθὺς παραγγέλλει εἰς τὰ ὅπλα· καὶ τοὺς μὲν ὁπλίτας ἐκέλευσε μεῖναι τὰς ἀσπίδας πρὸς τὰ γόνατα θέντας, αὐτὸς δὲ λαβὼν τοὺς Θρᾷκας καὶ τοὺς ἱππέας, οἳ ἦσαν αὐτῷ ἐν τῷ στρατεύματι πλείους ἢ τετταράκοντα, τούτων δὲ οἱ πλεῖστοι Θρᾷκες, ἤλαυνεν ἐπὶ τοὺς Μένωνος, ὥστ' ἐκείνους ἐκπεπλῆχθαι καὶ αὐτὸν Μένωνα, καὶ τρέχειν ἐπὶ τὰ ὅπλα· οἱ δὲ καὶ ἕστασαν ἀποροῦντες τῷ πράγματι. (14) Ὁ δὲ Πρόξενος ἔτυχε γὰρ ὕστερος προσιὼν καὶ τάξις αὐτῷ ἑπομένη τῶν

haud sine difficultate pervils, Cyrus cum præstantissimis et fortunatissimis iis, quos circa se habebat, substitit; ac Glun Pigretemque, adsumptis barbarorum copiis, conjunctis viribus plaustra ex locis difficilibus educere jussit. Cum autem illi hoc tarde ei facere viderentur, quasi indignabundus præstantissimos, qui circa ipsum erant, Persas operis una positis plaustra celeriter expedire jussit. Hic vero studii ordinis conservandi specimen quoddam videre erat. Nam purpureis abjectis candyis eo quo quisque loco forte stabat, quemadmodum de victoria quispiam curreret, per collem admodum etiam præcipitem impetu ferebantur; cum magni pretii tunicas haberent, et subligacula variis distincta coloribus; nonnulli etiam torques circa colla, et circum manus armillas: attamen cum his statim ubi in lutum insiliissent, citius opinione cujusquam, plaustra in sublime sublata exportarunt. Ad summam, plane constitit Cyrum iter totum accelerare, neque usquam cunctari, nisi frumentationis vel alterius necessariæ rei causa alicubi consideret : quippe existimabat, tanto se imparatiore cum rege dimicaturum, quanto celerius ipse accesserit; quanto autem tardius, tanto majores regi copias coactum iri. Et intelligere sane potuit quicunque rem attentius consideraret, regis imperium regionis quidem amplitudine hominumque multitudine firmum esse, verum ob itinerum longitudinem, et quia copiæ hinc inde distractæ sint, idem imbecillum esse, si quis celeriter bellum gerat. Ultra Euphratem, exadversus stationes illas desertas, erat urbs opulenta magnaque, cui nomen Charmanda: ex hac milites commeatum pretio comparabant, dum ratibus opera tumultuaria confectis in hunc modum trajiciebant: pelles eas, quas pro tegumentis habebant, levi fœno implebant; deinde coarctabant constringebantque suturis, ne festucas aqua tangeret: his trajiciebant, commeatumque comportabant, videlicet vinum ex palmarum glandibus factum, et panici frumentum: nam hujus in ea regione maxima erat copia. Ceterum orta inter Menonis et Clearchi milites aliqua hoc loco controversia, Clearchus postquam Menonis militem injuriæ illatæ reum statuisset, plagas ei injecit; is ad exercitum suum reversus, rem exponit; qua milites audita moleste ferebant, et Clearcho graviter irascebantur. Eodem die Clearchus cum ad trajectum fluminis accessisset, atque rerum venalium forum ibidem inspexisset, ad tabernaculum suum per Menonis castra cum paucis circa se equo revehitur: Cyrus autem nondum venerat, sed adhuc erat in itinere: quidam inde e Menonis militibus, ligna qui scindebat, ut Clearchum exercitum peroquitantem vidit, securi jacta petit eum; et ab eo quidem hic aberrat; verum alius lapido, itemque alius : deinde multi, clamore excitato. At ille ad suas copias fuga pervenit, iisque ut statim ad arma concurrant, edixit ; et gravis quidem armaturæ milites istic manere jussit, scutis ad genua positis: ipse, adsumptis Thracibus et equitibus, ex quibus in exercitu erant ei plures quadraginta (horum autem plurimi Thraces erant), sic adversus Menonis milites provectus est, ut illi et Menon ipse tenore perculsi essent, et ad arma concurrerent. Stabant vero nonnulli, incerti prorsus quid agerent. Proxenus autem (nam forte tandem accessit, gravisque eum armaturam

ὁπλιτῶν, εὐθὺς οὖν εἰς τὸ μέσον ἀμφοτέρων ἄγων ἔθετο τὰ ὅπλα καὶ ἐδεῖτο τοῦ Κλεάρχου μὴ ποιεῖν ταῦτα. Ὁ δ' ἐχαλέπαινεν ὅτι αὐτοῦ ὀλίγου δεήσαντος καταλευσθῆναι πράως λέγοι τὸ αὑτοῦ πάθος, ἐκέλευέ τε αὐτὸν ἐκ τοῦ μέσου ἐξίστασθαι. (15) Ἐν τούτῳ δὲ ἐπῄει καὶ Κῦρος καὶ ἐπύθετο τὸ πρᾶγμα· εὐθὺς δ' ἔλαβε τὰ παλτὰ εἰς τὰς χεῖρας καὶ σὺν τοῖς παροῦσι τῶν πιστῶν ἧκεν ἐλαύνων εἰς τὸ μέσον, καὶ λέγει τάδε. (16) Κλέαρχε καὶ Πρόξενε καὶ οἱ ἄλλοι οἱ παρόντες Ἕλληνες, οὐκ ἴστε ὅ,τι ποιεῖτε. Εἰ γάρ τινα ἀλλήλοις μάχην συνάψετε, νομίζετε ἐν τῇδε τῇ ἡμέρᾳ ἐμέ τε κατακεκόψεσθαι καὶ ὑμᾶς οὐ πολὺ ἐμοῦ ὕστερον· κακῶς γὰρ τῶν ἡμετέρων ἐχόντων πάντες οὗτοι οὓς ὁρᾶτε βάρβαροι πολεμιώτεροι ἡμῖν ἔσονται τῶν παρὰ βασιλεῖ ὄντων. (17) Ἀκούσας ταῦτα ὁ Κλέαρχος ἐν ἑαυτῷ ἐγένετο· καὶ παυσάμενοι ἀμφότεροι κατὰ χώραν ἔθεντο τὰ ὅπλα.

ΚΕΦΑΛΑΙΟΝ ϛ.

Ἐντεῦθεν προϊόντων ἐφαίνετο ἴχνια ἵππων καὶ κόπρος· εἰκάζετο δ' εἶναι ὁ στίβος ὡς δισχιλίων ἵππων. Οὗτοι προϊόντες ἔκαιον καὶ χιλὸν καὶ εἴ τι ἄλλο χρήσιμον ἦν. Ὀρόντης δὲ Πέρσης ἀνὴρ γένει τε προσήκων βασιλεῖ καὶ τὰ πολέμια λεγόμενος ἐν τοῖς ἀρίστοις Περσῶν ἐπιβουλεύει Κύρῳ, καὶ πρόσθεν πολεμήσας, καταλλαγεὶς δέ. (2) Οὗτος Κύρῳ εἶπεν, εἰ αὐτῷ δοίη ἱππέας χιλίους ὅτι τοὺς προκατακαίοντας ἱππέας ἢ κατακάνοι ἂν ἐνεδρεύσας ἢ ζῶντας πολλοὺς αὐτῶν ἕλοι καὶ κωλύσειε τοῦ καίειν ἐπιόντας, καὶ ποιήσειεν ὥστε μήποτε δύνασθαι αὐτοὺς ἰδόντας τὸ Κύρου στράτευμα βασιλεῖ διαγγεῖλαι. Τῷ δὲ Κύρῳ ἀκούσαντι ταῦτα ἐδόκει ὠφέλιμα εἶναι, καὶ ἐκέλευσεν αὐτὸν λαμβάνειν μέρος παρ' ἑκάστου τῶν ἡγεμόνων. (3) Ὁ δ' Ὀρόντης νομίσας ἑτοίμους εἶναι αὑτῷ τοὺς ἱππέας γράφει ἐπιστολὴν παρὰ βασιλέα ὅτι ἥξοι ἔχων ἱππέας ὡς ἂν δύνηται πλείστους· ἀλλὰ φράσαι τοῖς ἑαυτοῦ ἱππεῦσιν ἐκέλευεν ὡς φίλον αὐτὸν ὑποδέχεσθαι. Ἐνῆν δὲ ἐν τῇ ἐπιστολῇ καὶ τῆς πρόσθεν φιλίας ὑπομνήματα καὶ πίστεις. Ταύτην τὴν ἐπιστολὴν δίδωσι πιστῷ ἀνδρί, ὡς ᾤετο· ὁ δὲ λαβὼν Κύρῳ δίδωσιν. (4) Ἀναγνοὺς δὲ αὐτὴν ὁ Κῦρος συλλαμβάνει Ὀρόντην, καὶ συγκαλεῖ εἰς τὴν ἑαυτοῦ σκηνὴν Περσῶν τοὺς ἀρίστους τῶν περὶ αὐτὸν ἑπτά, καὶ τοὺς τῶν Ἑλλήνων στρατηγοὺς ἐκέλευεν ὁπλίτας ἀγαγεῖν, τούτους δὲ θέσθαι τὰ ὅπλα περὶ τὴν αὑτοῦ σκηνήν. Οἱ δὲ ταῦτα ἐποίησαν, ἀγαγόντες ὡς τρισχιλίους ὁπλίτας. (5) Κλέαρχον δὲ καὶ εἴσω παρεκάλεσε σύμβουλον, ὅς γε καὶ αὐτῷ καὶ τοῖς ἄλλοις ἐδόκει προτιμηθῆναι μάλιστα τῶν Ἑλλήνων. Ἐπεὶ δ' ἐξῆλθεν, ἐξήγγειλε τοῖς φίλοις τὴν κρίσιν τοῦ Ὀρόντου ὡς ἐγένετο· οὐ γὰρ ἀπόρρητον ἦν. (6) Ἔφη δὲ Κῦρον ἄρχειν τοῦ λόγου ὧδε. Παρεκάλεσα ὑμᾶς, ἄνδρες φίλοι, ὅπως σὺν ὑμῖν βουλευόμενος ὅ,τι δίκαιόν ἐστι καὶ πρὸς θεῶν καὶ πρὸς ἀνθρώπων, τοῦτο πράξω περὶ Ὀρόντου τουτουί. Τοῦτον

CAPUT VI.

Inde cum procederet, equorum vestigia stercusque comparebant : ex quibus conjecturam facientibus iter equorum circiter bis mille pedibus tritum esse visum est. Hi dum præibant, et pabulum, et si quid aliud erat, usui quod foret, exurebant. Orontas autem Persa, qui genere regem attingebat, et ad res bellicas quod attinet in principibus Persarum ferebatur, Cyro parat insidias, ille etiam antea bellum molitus, sed reconciliatus. Is igitur Cyro aiebat, si mille sibi traderet equites, aut structis insidiis equites illos incendiis præoccupata omnia pervastantes se interempturum , aut multos ex iis vivos capturum, ac prohibiturum ne invadendo reliqua incenderent, facturumque adeo ne ii unquam, Cyri ubi exercitum conspexissent, regi id renuntiare possent. Hæc cum audisset Cyrus, visa ei sunt e re sua futura : atque adeo jussit eum a singulis ducibus copiarum partem accipere. Orontas autem, ratus equites sibi paratos esse, ad regem scribit epistolam, venturum se cum equitibus quam posset plurimis : at suis dici curaret equitibus hortatus est, ut se tanquam amicum exciperent. Eadem in epistola quædam inerant, quæ pristinæ amicitiæ fideique memoriam renovarent. Hanc homini, quemadmodum ipse existimabat, fideli tradit epistolam : quam ut acceperat is, Cyro ostendit. Cyrus autem eam cum legisset, comprehendit Orontam, et ad tabernaculum suum Persarum circa se principes septem convocat; jussitque Græcorum duces gravis armaturæ milites adducere, qui suum circa tabernaculum armati consisterent. Hæc illi faciebant, adductis tribus circiter militum gravis armaturæ millibus. Clearchus etiam intro vocatum in consilium adhibebat, quippe qui tum ipsi tum ceteris Græcis longe dignitate videretur antecellere. Cumque ille de tabernaculo exiisset, quo pacto de Oronta judicium factum fuisset, amicis narrabat; neque enim referre non licebat. Aiebat autem Cyrum in huuc modum dicere orsum esse : « Advocavi huc vos, amici, ut consilia vobiscum conferendo, quod et apud deos et apud homines est æquum, id de hoc Oronta faciam. Hunc primum pater

γὰρ πρῶτον μὲν ὁ ἐμὸς πατὴρ ἔδωκεν ὑπήκοον εἶναι ἐμοί· ἐπεὶ δὲ ταχθείς, ὡς ἔφη αὐτός, ὑπὸ τοῦ ἐμοῦ ἀδελφοῦ οὗτος ἐπολέμησεν ἐμοὶ ἔχων τὴν ἐν Σάρδεσιν ἀκρόπολιν, καὶ ἐγὼ αὐτὸν προσπολεμῶν ἐποίησα ὥςτε δόξαι τούτῳ τοῦ πρὸς ἐμὲ πολέμου παύσασθαι καὶ δεξιὰν ἔλαβον καὶ ἔδωκα, (7) μετὰ ταῦτα, ἔφη, ὦ Ὀρόντα, ἔστιν ὅ, τι σε ἠδίκησα; Ἀπεκρίνατο ὅτι οὔ. Πάλιν δὲ ὁ Κῦρος ἠρώτα, Οὐκοῦν ὕστερον, ὡς αὐτὸς σὺ ὁμολογεῖς, οὐδὲν ὑπ' ἐμοῦ ἀδικούμενος ἀποστὰς εἰς Μυσοὺς κακῶς ἐποίεις τὴν ἐμὴν χώραν ὅ,τι ἐδύνω; Ἔφη ὁ Ὀρόντης. Οὐκοῦν, ἔφη ὁ Κῦρος, ὁπότ' αὖ ἔγνως τὴν σαυτοῦ δύναμιν, ἐλθὼν ἐπὶ τὸν τῆς Ἀρτέμιδος βωμὸν μεταμέλειν τέ σοι ἔφησθα καὶ πείσας ἐμὲ πιστὰ πάλιν ἔδωκές μοι καὶ ἔλαβες παρ' ἐμοῦ; Καὶ ταῦθ' ὁμολόγει ὁ Ὀρόντης. (8) Τί οὖν, ἔφη ὁ Κῦρος, ἀδικηθεὶς ὑπ' ἐμοῦ νῦν τὸ τρίτον ἐπιβουλεύων μοι φανερὸς γέγονας; Εἰπόντος δὲ τοῦ Ὀρόντου ὅτι οὐδὲν ἀδικηθεὶς ἠρώτησεν ὁ Κῦρος αὐτόν, Ὁμολογεῖς οὖν περὶ ἐμὲ ἄδικος γεγενῆσθαι; Ἦ γὰρ ἀνάγκη, ἔφη ὁ Ὀρόντης. Ἐκ τούτου πάλιν ἠρώτησεν ὁ Κῦρος, Ἔτι οὖν ἂν γένοιο τῷ ἐμῷ ἀδελφῷ πολέμιος, ἐμοὶ δὲ φίλος καὶ πιστός; Ὁ δὲ ἀπεκρίνατο ὅτι οὐδ' εἰ γενοίμην, ὦ Κῦρε, σοί γ' ἄν ποτε ἔτι δόξαιμι. (9) Πρὸς ταῦτα Κῦρος εἶπε τοῖς παροῦσιν, Ὁ μὲν ἀνὴρ τοιαῦτα μὲν πεποίηκε, τοιαῦτα δὲ λέγει· ὑμῶν δὲ σὺ πρῶτος, ὦ Κλέαρχε, ἀπόφηναι γνώμην ὅ, τι σοι δοκεῖ. Κλέαρχος δὲ εἶπε τάδε. Συμβουλεύω ἐγὼ τὸν ἄνδρα τοῦτον ἐκποδὼν ποιεῖσθαι ὡς τάχιστα, ὡς μηκέτι δέῃ τοῦτον φυλάττεσθαι, ἀλλὰ σχολὴ ᾖ ἡμῖν τὸ κατὰ τοῦτον εἶναι τοὺς ἐθελοντὰς φίλους τούτους εὖ ποιεῖν. (10) Ταύτῃ δὲ τῇ γνώμῃ ἔφη καὶ τοὺς ἄλλους προσθέσθαι. Μετὰ ταῦτα κελεύοντος Κύρου ἔλαβον τῆς ζώνης τὸν Ὀρόντην ἐπὶ θανάτῳ ἅπαντες ἀναστάντες καὶ οἱ συγγενεῖς· εἶτα δὲ ἐξῆγον αὐτὸν οἷς προςετάχθη. Ἐπεὶ δὲ εἶδον αὐτὸν οἵπερ πρόσθεν προςεκύνουν, καὶ τότε προςεκύνησαν, καίπερ εἰδότες ὅτι ἐπὶ θανάτῳ ἄγοιτο. (11) Ἐπεὶ δὲ εἰς τὴν Ἀρταπάτου σκηνὴν εἰςήχθη τοῦ πιστοτάτου τῶν Κύρου σκηπτούχων, μετὰ ταῦτα οὔτε ζῶντα Ὀρόντην οὔτε τεθνηκότα οὐδεὶς εἶδε πώποτε, οὐδὲ ὅπως ἀπέθανεν οὐδεὶς εἰδὼς ἔλεγεν· εἴκαζον δὲ ἄλλοι ἄλλως· τάφος δὲ οὐδεὶς πώποτε αὐτοῦ ἐφάνη.

ΚΕΦΑΛΑΙΟΝ Ζ.

Ἐντεῦθεν ἐξελαύνει διὰ τῆς Βαβυλωνίας σταθμοὺς τρεῖς παρασάγγας δώδεκα. Ἐν δὲ τῷ τρίτῳ σταθμῷ Κῦρος ἐξέτασιν ποιεῖται τῶν Ἑλλήνων καὶ τῶν βαρβάρων ἐν τῷ πεδίῳ περὶ μέσας νύκτας· ἐδόκει γὰρ εἰς τὴν ἐπιοῦσαν ἕω ἥξειν βασιλέα σὺν τῷ στρατεύματι μαχούμενον· καὶ ἐκέλευε Κλέαρχον μὲν τοῦ δεξιοῦ κέρως ἡγεῖσθαι, Μένωνα δὲ τὸν Θετταλὸν τοῦ εὐωνύμου, αὐτὸς δὲ τοὺς ἑαυτοῦ διέταξε. (2) Μετὰ δὲ τὴν ἐξέτασιν ἅμα τῇ ἐπιούσῃ ἡμέρᾳ ἥκοντες αὐτόμολοι παρὰ μεγάλου βασιλέως ἀπήγγελλον Κύρῳ περὶ τῆς βασι-

meus meo sub imperio esse voluit: posteaquam vero fratris mei jussu, quemadmodum ipse ait, bellum hic mihi fecerat, apud Sardes cum teneret arcem, atque ego bello eum persequendo effeceram, ut sibi a bello in me intento desistendum putaret, tum deinde dextram et dedi et accepi: post hæc, ait, Num quid est, inique quod in te, Oronta, feci?» Non est, respondit is. Rursus interrogabat Cyrus: Ergo deinceps, uti tute ipse fateris, nec a me læsus, nonne facta ad Mysos defectione, agrum meum, quacunque ratione poteras, infestasti? Aiebat Orontas. Ergo, Cyrus inquit, cum rursus vires tuas agnosceres, nonne ad Dianæ aram profectus, tui te facinoris pœnituisse dixisti, mihique ut crederem adducto fidem, quam et a me accepisti, dedisti rursus? Hæc quoque fassus est Orontas. Quanam igitur, ait Cyrus, a me adfectus injuria, tertium modo insidias mihi struere manifesto deprehensus es? Cum nulla se adfectum injuria diceret Orontas, Cyrus eum interrogabat, Ergone te fateris in me injurium esse? Id quidem certe necesse est, ait Orontas. Deinde Cyrus rursum interrogavit, Etiamne ergo fratri meo fueris hostis, mihi vero amicus et fidus? Tametsi maxime fuerim, respondit is, tibi tamen, Cyre, non amplius unquam videbor fidus. Ad hæc verba Cyrus iis, qui aderant, dicit, Iste talia fecit, talia profert: vestrum vero tu primus, Clearche, tuam sententiam, tibi quidquid videtur, exponito. Et Clearchus hæc dixit: Equidem auctor sum, ut vir hic quamprimum e medio tollatur, ne posthac necesse sit ab eo nobis cavere; sed otium nobis sit, quod ad hunc attinet, ei eos qui amici nobis esse volunt, beneficia conferendi. Huic autem sententiæ Clearchus aiebat et ceteros calculum adjecisse. Post hæc surgentes universi, in his etiam istius propinqui, Cyro jubente, zona Orontam, in necis ei mox inferendæ indicium, prehenderunt: deinde quibus id negotii datum erat, eum educebant. Quem cum viderent ii, qui prius eum venerabantur, etiam tunc venerati sunt, tametsi eum ad mortem duci intelligerent. Cum autem introductus in Artapatæ, de Cyri sceptuchis fidelissimi, tabernaculum fuisset, post hæc nemo Orontam neque vivum neque mortuum vidit, nec quisquam qui id cognorat, quo pacto interiisset, referebat; alii aliter suspicabantur: et sepulcrum ejus nullum unquam adparuit.

CAPUT VII.

Inde per Babyloniam castris tribus, parasangas duodecim progreditur. Cumque tertia metatus esset castra, Græcorum et barbarorum in planitie recensum agit, sub noctem mediam (existimabat enim regem mane insequente prælii ineundi causa cum copiis adfuturum), et Clearchum quidem cornu dextrum ducere jubebat; Menonem Thessalum, sinistrum: suos struebat ipse. Recensu peracto, ut primum dies insequens illuxit, aderant magno a rege transfugæ qui de exercitu regis Cyro nuntium adferebant. Cyrus convocatis Græ-

λέως στρατιᾶς. Κῦρος δὲ συγκαλέσας τοὺς στρατηγοὺς καὶ λοχαγοὺς τῶν Ἑλλήνων συνεβουλεύετό τε πῶς ἂν τὴν μάχην ποιοῖτο καὶ αὐτὸς παρῄνει θαρρύνων τοιάδε. (2) Ὦ ἄνδρες Ἕλληνες, οὐκ ἀνθρώπων ἀπορῶν βαρβάρων συμμάχους ὑμᾶς ἄγω, ἀλλὰ νομίζων ἀμείνονας καὶ κρείττους πολλῶν βαρβάρων ὑμᾶς εἶναι, διὰ τοῦτο προσέλαβον. Ὅπως οὖν ἔσεσθε ἄνδρες ἄξιοι τῆς ἐλευθερίας ἧς κέκτησθε καὶ ὑπὲρ ἧς ὑμᾶς ἐγὼ εὐδαιμονίζω. Εὖ γὰρ ἴστε ὅτι τὴν ἐλευθερίαν ἑλοίμην ἂν ἀντὶ ὧν ἔχω πάντων καὶ ἄλλων πολλαπλασίων. (4) Ὅπως δὲ καὶ εἰδῆτε εἰς οἷον ἔρχεσθε ἀγῶνα, ἐγὼ ὑμᾶς εἰδὼς διδάξω. Τὸ μὲν γὰρ πλῆθος πολὺ καὶ κραυγῇ πολλῇ ἐπίασιν· ἂν δὲ ταῦτα ἀνάσχησθε, τὰ ἄλλα καὶ αἰσχύνεσθαί μοι δοκῶ οἵους ἡμῖν γνώσεσθε τοὺς ἐν τῇ χώρᾳ ὄντας ἀνθρώπους. Ὑμῶν δὲ ἀνδρῶν ὄντων καὶ εὐτόλμων γενομένων ἐγὼ ὑμῶν τὸν μὲν οἴκαδε βουλόμενον ἀπιέναι τοῖς οἴκοι ζηλωτὸν ποιήσω ἀπελθεῖν, πολλοὺς δὲ οἶμαι ποιήσειν τὰ παρ᾽ ἐμοὶ ἑλέσθαι ἀντὶ τῶν οἴκοι. (5) Ἐνταῦθα Γαυλίτης παρὼν φυγὰς Σάμιος, πιστὸς δὲ Κύρῳ, εἶπε, Καὶ μὴν, ὦ Κῦρε, λέγουσί τινες ὅτι πολλὰ ὑπισχνῇ νῦν διὰ τὸ ἐν τοιούτῳ εἶναι τοῦ κινδύνου προσιόντος· ἂν δὲ εὖ γένηταί τι, οὐ μεμνῆσθαί σέ φασιν· ἔνιοι δὲ οὐδ᾽ εἰ μεμνῷό τε καὶ βούλοιο δύνασθαι ἂν ἀποδοῦναι ὅσα ὑπισχνῇ. (6) Ἀκούσας ταῦτα ἔλεξεν ὁ Κῦρος, Ἀλλ᾽ ἔστι μὲν ἡμῖν, ὦ ἄνδρες, ἡ ἀρχὴ ἡ πατρῴα πρὸς μὲν μεσημβρίαν μέχρι οὗ διὰ καῦμα οὐ δύνανται οἰκεῖν ἄνθρωποι, πρὸς δὲ ἄρκτον μέχρι οὗ διὰ χειμῶνα· τὰ δ᾽ ἐν μέσῳ τούτων πάντα σατραπεύουσιν οἱ τοῦ ἐμοῦ ἀδελφοῦ φίλοι. (7) Ἢν δ᾽ ἡμεῖς νικήσωμεν, ἡμᾶς δεῖ τοὺς ἡμετέρους φίλους τούτων ἐγκρατεῖς ποιῆσαι. Ὥστε οὐ τοῦτο δέδοικα μὴ οὐκ ἔχω ὅ,τι δῶ ἑκάστῳ τῶν φίλων, ἂν εὖ γένηται, ἀλλὰ μὴ οὐκ ἔχω ἱκανοὺς οἷς δῶ. Ὑμῶν δὲ τῶν Ἑλλήνων καὶ στέφανον ἑκάστῳ χρυσοῦν δώσω. (8) Οἱ δὲ ταῦτα ἀκούσαντες αὐτοί τε ἦσαν πολὺ προθυμότεροι καὶ τοῖς ἄλλοις ἐξήγγελλον. Εἰσῄεσαν δὲ παρ᾽ αὐτὸν οἵ τε στρατηγοὶ καὶ τῶν ἄλλων Ἑλλήνων τινὲς ἀξιοῦντες εἰδέναι τί σφίσιν ἔσται, ἐὰν κρατήσωσιν. Ὁ δὲ ἐμπιπλὰς ἁπάντων τὴν γνώμην ἀπέπεμπε. (9) Παρεκελεύοντο δὲ αὐτῷ πάντες ὅσοιπερ διελέγοντο μὴ μάχεσθαι, ἀλλ᾽ ὄπισθεν ἑαυτῶν τάττεσθαι. Ἐν δὲ τῷ καιρῷ τούτῳ Κλέαρχος ὧδέ πως ἤρετο τὸν Κῦρον. Οἴει γάρ σοι μαχεῖσθαι, ὦ Κῦρε, τὸν ἀδελφόν; Νὴ Δί᾽, ἔφη ὁ Κῦρος, εἴπερ γε Δαρείου καὶ Παρυσάτιδός ἐστι παῖς, ἐμὸς δὲ ἀδελφός, οὐκ ἀμαχεὶ ταῦτ᾽ ἐγὼ λήψομαι. (10) Ἐνταῦθα δὴ ἐν τῇ ἐξοπλισίᾳ ἀριθμὸς ἐγένετο τῶν μὲν Ἑλλήνων ἀσπὶς μυρία καὶ τετρακοσία, πελτασταὶ δὲ δισχίλιοι καὶ πεντακόσιοι, τῶν δὲ μετὰ Κύρου βαρβάρων δέκα μυριάδες καὶ ἅρματα δρεπανηφόρα ἀμφὶ τὰ εἴκοσι. (11) Τῶν δὲ πολεμίων ἐλέγοντο εἶναι ἑκατὸν καὶ εἴκοσι μυριάδες καὶ ἅρματα δρεπανηφόρα διακόσια. Ἄλλοι δὲ ἦσαν ἑξακισχίλιοι ἱππεῖς, ὧν Ἀρταγέρσης ἦρχεν· οὗτοι δ᾽ αὖ πρὸ αὐτοῦ βασιλέως τεταγμένοι ἦσαν. (12) Τοῦ δὲ βασι-

corum ducibus cohortiumque præfectis, quo pacto pugnam faceret, ibi tum consultabat: atque ipse, quo eorum confirmaret animos, hujusmodi adhortatione usus est : « Ego vos, Græci, non quod barbarorum mihi deesset copia, socios belli duco, sed quod potiores præstantioresque multis vos barbaris existimarem, idcirco adsumpsi. Quamobrem date, quæso, operam, ut vos eos præstetis, qui libertate, quam obtinetis, et cujus gratia vos equidem beatos arbitror, digni sitis. Certo enim sciatis velim, me libertatem rebus, quas possideo, universis multoque etiam pluribus aliis anteferre. Verum ut intelligatis quale in certamen veniatis, ea de re ego, qui scio, vos docebo. Multitudo quidem hostium magna est, magnoque cum clamore adversarios invadunt : ea si sustinueritis, quod ad cetera me pudet etiam dicere, quales nostros hac in terra homines cognituri sitis. Vos vero qui viri estis, si animosos etiam vosmet præbueritis, faciam ego ut vestrum quicumque domum abire voluerit, iis qui domi sint suspiciendus discedat; ut vero multi rebus domesticis apud me capienda antepositi sint, effecturum me arbitror. » Hic cum adesset Gaulites, Samius exul, Cyro fidus, Atqui, Cyre, ait, quidam te multa dicunt hoc tempore polliceri, quod tali sis in tempore periculi jam imminentis : sed si res feliciter evenerit, promissorum te non fore memorem. Nonnulli etiam aiunt, nec si et nemineris et velis, posse te tribuere quæ pollicearis. Hæc Cyrus cum audisset, At certe nobis est, inquit, paternum regnum, viri, in meridiem qua spectat, ad ea pertinens loca, in quibus propter calorem homines habitare nequeunt , qua in septentriones, ad ea, in quibus propter hiemem nemo habitat : quæ in medio horum jacent omnia fratris mei amici satraparum cum titulo et potestate obtinent. Quod si nos vicerimus, ut amici nostri his potiantur, efficiamus æquum est. Itaque non id metuo, ne non quod singulis dem amicis, si quidem res bene gesta fuerit, habeam, sed ne non satis multos habiturus sim, quibus dem. Vobis certe Græcis coronam etiam singulis auream dabo. Hoc cum audissent præfecti, et ipsi multo alacriores erant, et aliis eadem renuntiabant. Porro ingressi sunt ad ipsum tam duces quam de Græcis ceteris quidam qui scire cuperent quid habituri essent, si vincerent. Hos ille, expletis omnium animis, dimittebat. Hortabantur autem eum omnes, quicumque cum ipso colloquerentur, ne prœliaretur ipse, sed a tergo suorum subsisteret. Atque hoc ipso tempore Clearchus ita fere Cyrum interrogabat : Existimasne, Cyre, fratrem tuum prœlio tecum decertaturum? Ita profecto, inquit Cyrus, siquidem Darii et Parysatidis filius est, et frater meus, non sine pugna hæc ego consequar. Ibi vero cum armati egrederentur, censebantur Græcorum, qui scutati erant, decem millia quadringenti ; peltastæ bis mille quingenti : barbarorum qui Cyro aderant centum millia, atque currus falcati circiter viginti. Hostium ferebantur esse duodecies centena millia, et currus falcati ducenti. Erant præterea equitum millia sex, quibus Artagerses præerat : hi vero ante regem ipsum erant dispositi. Regii exercitus imperatores et præfecti et

λέως στρατεύματος ἦσαν ἄρχοντες καὶ στρατηγοὶ καὶ ἡγεμόνες τέτταρες, τριάκοντα μυριάδων ἕκαστος, Ἀβροκόμας, Τισσαφέρνης, Γωβρύας, Ἀρβάκης. Τούτων δὲ παρεγένοντο ἐν τῇ μάχῃ ἐνενήκοντα μυριάδες καὶ ἅρματα δρεπανηφόρα ἑκατὸν καὶ πεντήκοντα· Ἀβροκόμας δὲ ὑστέρησε τῆς μάχης ἡμέρας πέντε, ἐκ Φοινίκης ἐλαύνων. (13) Ταῦτα δὲ ἤγγελλον πρὸς Κῦρον οἱ αὐτομολήσαντες ἐκ τῶν πολεμίων παρὰ μεγάλου βασιλέως πρὸ τῆς μάχης, καὶ μετὰ τὴν μάχην οἱ ὕστερον ἐλήφθησαν τῶν πολεμίων ταὐτὰ ἤγγελλον. (14) Ἐντεῦθεν δὲ Κῦρος ἐξελαύνει σταθμὸν ἕνα παρασάγγας τρεῖς συντεταγμένῳ τῷ στρατεύματι παντὶ καὶ τῷ Ἑλληνικῷ καὶ τῷ βαρβαρικῷ· ᾤετο γὰρ ταύτῃ τῇ ἡμέρᾳ μαχεῖσθαι βασιλέα· κατὰ γὰρ μέσον τὸν σταθμὸν τοῦτον τάφρος ἦν ὀρυκτὴ βαθεῖα, τὸ μὲν εὖρος ὀργυιαὶ πέντε, τὸ δὲ βάθος ὀργυιαὶ τρεῖς. (15) Παρετέτατο δὲ ἡ τάφρος ἄνω διὰ τοῦ πεδίου ἐπὶ δώδεκα παρασάγγας μέχρι τοῦ Μηδίας τείχους. Ἔνθα δή εἰσιν αἱ διώρυχες, ἀπὸ τοῦ Τίγρητος ποταμοῦ ῥέουσαι· εἰσὶ δὲ τέτταρες, τὸ μὲν εὖρος πλεθριαῖαι, βαθεῖαι δὲ ἰσχυρῶς, καὶ πλοῖα πλεῖ ἐν αὐταῖς σιταγωγά· εἰσβάλλουσι δὲ εἰς τὸν Εὐφράτην, διαλείπουσι δ' ἑκάστη παρασάγγην, γέφυραι δ' ἔπεισιν. Ἦν δὲ παρὰ τὸν Εὐφράτην πάροδος στενὴ μεταξὺ τοῦ ποταμοῦ καὶ τῆς τάφρου ὡς εἴκοσι ποδῶν τὸ εὖρος· (16) ταύτην δὲ τὴν τάφρον βασιλεὺς μέγας ποιεῖ ἀντὶ ἐρύματος, ἐπειδὴ πυνθάνεται Κῦρον προσελαύνοντα. Ταύτην δὴ τὴν πάροδον Κῦρός τε καὶ ἡ στρατιὰ παρῆλθε καὶ ἐγένοντο εἴσω τῆς τάφρου. (17) Ταύτῃ μὲν οὖν τῇ ἡμέρᾳ οὐκ ἐμαχέσατο βασιλεύς, ἀλλ' ὑποχωρούντων φανερὰ ἦσαν καὶ ἵππων καὶ ἀνθρώπων ἴχνη πολλά. (18) Ἐνταῦθα Κῦρος Σιλανὸν καλέσας τὸν Ἀμπρακιώτην μάντιν ἔδωκεν αὐτῷ δαρεικοὺς τρισχιλίους, ὅτι τῇ ἑνδεκάτῃ ἀπ' ἐκείνης τῆς ἡμέρας πρότερον θυόμενος εἶπεν αὐτῷ ὅτι βασιλεὺς οὐ μαχεῖται δέκα ἡμερῶν, Κῦρος δ' εἶπεν, Οὐκ ἄρα ἔτι μαχεῖται, εἰ ἐν ταύταις οὐ μαχεῖται ταῖς ἡμέραις· ἐὰν δ' ἀληθεύσῃς, ὑπισχνοῦμαί σοι δέκα τάλαντα. Τοῦτο τὸ χρυσίον τότε ἀπέδωκεν, ἐπεὶ παρῆλθον αἱ δέκα ἡμέραι. (19) Ἐπεὶ δ' ἐπὶ τῇ τάφρῳ οὐκ ἐκώλυε βασιλεὺς τὸ Κύρου στράτευμα διαβαίνειν, ἔδοξε καὶ Κύρῳ καὶ τοῖς ἄλλοις ἀπεγνωκέναι τοῦ μάχεσθαι· ὥστε τῇ ὑστεραίᾳ Κῦρος ἐπορεύετο ἠμελημένως μᾶλλον. (20) Τῇ δὲ τρίτῃ ἐπί τε τοῦ ἅρματος καθήμενος τὴν πορείαν ἐποιεῖτο καὶ ὀλίγους ἐν τάξει ἔχων πρὸ αὐτοῦ, τὸ δὲ πολὺ αὐτῷ ἀνατεταραγμένον ἐπορεύετο καὶ τῶν ὅπλων τοῖς στρατιώταις πολλὰ ἐπὶ ἁμαξῶν ἤγοντο καὶ ὑποζυγίων.

ΚΕΦΑΛΑΙΟΝ Η.

Καὶ ἤδη τε ἦν ἀμφὶ ἀγορὰν πλήθουσαν καὶ πλησίον ἦν ὁ σταθμὸς ἔνθα ἔμελλε καταλύειν, ἡνίκα Πατηγύας ἀνὴρ Πέρσης τῶν ἀμφὶ Κῦρον πιστῶν προφαίνεται ἐλαύνων ἀνὰ κράτος ἱδροῦντι τῷ ἵππῳ, καὶ εὐθὺς πᾶ-

duces quatuor erant, quorum unusquisque trecenta millia ducebat, Abrocomas, Tissaphernes, Gobryas, Arbaces. Verum ex his tantum noningenta millia, et currus falcati centum quinquaginta, prælio interfuerunt: nam Abrocomas post quintum diem quam pugna commissa fuerat, ex Phœnicia demum venit. Hæc Cyro nuntiabant ex hostibus ii, qui a rege magno ante prælium transfugerant: et post prælium qui de hostium numero deinceps capti fuerant, eadem nuntiabant. Hinc Cyrus castris unis, parasangas tres progreditur, copiis universis, tum Græcis tum barbaris, instructis: nam hoc die regem prælium commissurum existimabat; medio enim hoc die itinere fossa ducta erat alta, latitudine quinque orgyarum, altitudine trium. Hæc autem per planitiem sursum versus ad parasangas duodecim, usque ad Mediæ murum, fossa erat porrecta. Hoc loco sunt alvei a Tigri fluvio fluentes; sunt autem numero quatuor, latitudine plethri, profundi admodum, atque navigia in eis frumentaria ferri solent: iidem in Euphratem influunt, et inter se parasangæ intervallo distant, pontesque sunt iis inditi. Propter ipsum autem Euphratem transitus erat angustus inter fluvium ac fossam, latitudine fere viginti pedum. Hanc fossam rex magnus pro munimento facit, posteaquam adventare Cyrum inaudisset. Hunc vero transitum Cyrus cum exercitu superavit, atque intra fossam venerunt. Ac rex quidem eo die prælium non commisit, sed tum equorum tum hominum retrocedentium multa manifesto adparebant vestigia. Ibic Cyrus, accersito Silano vate Ambraciota, daricos ei ter mille donavit, quod die ante diem illum undecimo, consultis prius extis, dixisset ipsi, regem diebus decem proximis prælium non commissurum: cui responderat Cyrus, Non certe postbac prælium commissurus est, istis si diebus non præliabitur: quod si verum dixeris, decem tibi talenta polliceor. Aurum hoc ei tunc tradidit, cum dies illi decem præteriissent. Ubi vero juxta fossam rex Cyri copias transitu non prohiberet, visum est Cyro ceterisque eum pugnandi consilium abjecisse: itaque postero die Cyrus negligentius proficiscebatur. Die tertio et in curru sedens iter faciebat, et paucos tantum ante se instructos habebat; major vero pars exercitus ejus acie perturbata procedebat, ac militum arma plurima in plaustris et jumentis vehebantur.

CAPUT VIII.

Jamque adeo id temporis erat, quo frequens hominibus forum esse solet, et in propinquo erat mansio, ubi castris metatis subsistere volebat, cum Pategyas Persa, unus ex fidis Cyri familiaribus, advehi totis viribus equo sudante

ΚΥΡΟΥ ΑΝΑΒΑΣΕΩΣ ΒΙΒΛ. Α. ΚΕΦ. Η.

σιν οἷς ἐνετύγχανεν ἐδόκει καὶ βαρβαρικῶς καὶ ἑλληνικῶς ὅτι βασιλεὺς σὺν στρατεύματι πολλῷ προσέρχεται ὡς εἰς μάχην παρεσκευασμένος. (2) Ἔνθα δὴ πολὺς τάραχος ἐγένετο· αὐτίκα γὰρ ἐδόκουν οἱ Ἕλληνες καὶ πάντες δὲ ἀτάκτοις σφίσιν ἐπιπεσεῖσθαι· (3) Κῦρός τε καταπηδήσας ἀπὸ τοῦ ἅρματος τὸν θώρακα ἐνέδυ καὶ ἀναβὰς ἐπὶ τὸν ἵππον τὰ παλτὰ εἰς τὰς χεῖρας ἔλαβε, τοῖς τε ἄλλοις πᾶσι παρήγγελλεν ἐξοπλίζεσθαι καὶ καθίστασθαι εἰς τὴν ἑαυτοῦ τάξιν ἕκαστον. (4) Ἔνθα δὴ σὺν πολλῇ σπουδῇ καθίσταντο, Κλέαρχος μὲν τὰ δεξιὰ τοῦ κέρατος ἔχων πρὸς τῷ Εὐφράτῃ ποταμῷ, Πρόξενος δὲ ἐχόμενος, οἱ δ' ἄλλοι μετὰ τοῦτον, Μένων δὲ καὶ τὸ στράτευμα τὸ εὐώνυμον κέρας ἔσχε τοῦ Ἑλληνικοῦ. (5) Τοῦ δὲ βαρβαρικοῦ ἱππεῖς μὲν Παφλαγόνες εἰς χιλίους παρὰ Κλεάρχῳ ἔστησαν ἐν τῷ δεξιῷ καὶ τὸ Ἑλληνικὸν πελταστικόν, ἐν δὲ τῷ εὐωνύμῳ Ἀριαῖός τε ὁ Κύρου ὕπαρχος καὶ τὸ ἄλλο βαρβαρικόν. (6) Κῦρος δὲ καὶ οἱ ἱππεῖς τούτου ὅσον ἑξακόσιοι ὡπλισμένοι θώραξι μὲν αὐτοὶ καὶ παραμηριδίοις καὶ κράνεσι πάντες πλὴν Κύρου· Κῦρος δὲ ψιλὴν ἔχων τὴν κεφαλὴν εἰς τὴν μάχην καθίστατο [λέγεται δὲ καὶ τοὺς ἄλλους Πέρσας ψιλαῖς ταῖς κεφαλαῖς ἐν τῷ πολέμῳ διακινδυνεύειν]. (7) Οἱ δ' ἵπποι πάντες οἱ μετὰ Κύρου εἶχον καὶ προμετωπίδια καὶ προστερνίδια· εἶχον δὲ καὶ μαχαίρας οἱ ἱππεῖς Ἑλληνικάς. (8) Καὶ ἤδη τε ἦν μέσον ἡμέρας καὶ οὔπω καταφανεῖς ἦσαν οἱ πολέμιοι· ἡνίκα δὲ δείλη ἐγίγνετο, ἐφάνη κονιορτὸς ὥσπερ νεφέλη λευκή, χρόνῳ δὲ οὐ συχνῷ ὕστερον ὥσπερ μελανία τις ἐν τῷ πεδίῳ ἐπὶ πολύ. Ὅτε δὲ ἐγγύτερον ἐγίγνοντο, τάχα δὴ καὶ χαλκός τις ἤστραπτε καὶ λόγχαι καὶ αἱ τάξεις καταφανεῖς ἐγίγνοντο. (9) Καὶ ἦσαν ἱππεῖς μὲν λευκοθώρακες ἐπὶ τοῦ εὐωνύμου τῶν πολεμίων Τισσαφέρνης ἐλέγετο τούτων ἄρχειν· ἐχόμενοι δὲ τούτων γερροφόροι, ἐχόμενοι δὲ ὁπλῖται σὺν ποδήρεσι ξυλίναις ἀσπίσιν, Αἰγύπτιοι δ' οὗτοι ἐλέγοντο εἶναι· ἄλλοι δ' ἱππεῖς, ἄλλοι τοξόται. Πάντες δ' οὗτοι κατὰ ἔθνη ἐν πλαισίῳ πλήρει ἀνθρώπων ἕκαστον τὸ ἔθνος ἐπορεύετο. (10) Πρὸ δὲ αὐτῶν ἅρματα διαλείποντα συχνὸν ἀπ' ἀλλήλων τὰ δὴ δρεπανηφόρα καλούμενα· εἶχον δὲ τὰ δρέπανα ἐκ τῶν ἀξόνων εἰς πλάγιον ἀποτεταμένα καὶ ὑπὸ τοῖς δίφροις εἰς γῆν βλέποντα, ὡς διακόπτειν ὅτῳ ἐντυγχάνοιεν. Ἡ δὲ γνώμη ἦν ὡς εἰς τὰς τάξεις τῶν Ἑλλήνων ἐλῶντα καὶ διακόψοντα. (11) Ὃ μέντοι Κῦρος εἶπεν ὅτε καλέσας παρεκελεύετο τοῖς Ἕλλησι τὴν κραυγὴν τῶν βαρβάρων ἀνέχεσθαι, ἐψεύσθη τοῦτο· οὐ γὰρ κραυγῇ ἀλλὰ σιγῇ ὡς ἀνυστὸν καὶ ἡσυχῇ ἐν ἴσῳ καὶ βραδέως προσῇσαν. (12) Καὶ ἐν τούτῳ Κῦρος παρελαύνων αὐτὸς σὺν Πίγρητι τῷ ἑρμηνεῖ καὶ ἄλλοις τρισὶν ἢ τέτταρσι τῷ Κλεάρχῳ ἐβόα ἄγειν τὸ στράτευμα κατὰ μέσον τὸ τῶν πολεμίων, ὅτι ἐκεῖ βασιλεὺς εἴη· κἂν τοῦτ', ἔφη, νικῶμεν, πάνθ' ἡμῖν πεποίηται. (13) Ὁρῶν δὲ ὁ Κλέαρχος τὸ μέσον στῖφος καὶ ἀκούων Κύρου ἔξω ὄντα τοῦ Ἑλληνικοῦ εὐωνύμου βασιλέα· τοσούτῳ γὰρ πλήθει περιῆν βασιλεὺς ὥστε μέσον τὸ ἑαυτοῦ ἔχων τοῦ

prospicitur; statimque omnibus, in quos incideret, clamabat tum barbaricis tum Græcis vocibus, regem magno cum exercitu adventare, tanquam ad prælium committendum paratum. Ibi tum magnus factus est tumultus: existimabant enim Græci, ceterique adeo omnes, fore statim, ut in ipsos inordinatos irruerent. Atque Cyrus etiam e curru cum desiliisset, loricam induit, equoque conscenso in manus palta sumpsit, ceterisque denuntiabat omnibus, ut armati egrederentur, et suo quisque in acie loco consisteret. Ibi tum magno studio constiterunt, Clearcho quidem cornu dextrum obtinente, propter Euphratem fluvium; proximus ei erat Proxenus; ac post hunc stabant ceteri: Menon, suo cum agmine, lævum Græcarum copiarum cornu tenebat. De barbaricis, equites ad mille Paphlagones juxta Clearchum in cornu dextro steterunt, et Græci qui peltis uti consueverunt: in cornu sinistro tum Ariæus Cyri præfectus, tum reliquæ barbarorum copiæ. Cyrus ac sexcenti fere cum eo equites medium tenebant, magnis muniti loricis, et femorum tegumentis, et galeis omnes, præter Cyrum: at Cyrus nudo capite pugnam exspectans constitit. [Fertur etiam alios Persas capitibus nudis aleam prælii subire.] Habebant autem equi omnes, Cyro qui aderant, frontium pectorumque munimenta; gladios etiam Græcos habebant equites. Et jam meridies erat, nec hostes adhuc conspiciebantur: verum ubi postmeridianum tempus adpetiisset, pulvis visus est, tanquam nubes albicans, et haud longo post tempore, tanquam nigror quidam per campum late diffusus. Cum vero propius accessissent, statim et æreum quiddam fulgebat, et hastæ et ordines jam conspiciebantur. Et equites quidem albo in hostium cornu loricis erant albis induti (quibus Tissaphernes præesse dicebatur): his proximi erant scuta qui gestabant Persica: quos proxime sequuti sunt gravis armaturæ milites cum scutis ligneis ad pedes usque pertinentibus; hi ferebantur esse Ægyptii: deinceps alii equites, alii sagittarii. Atque hi omnes cum per gentes dispositi essent, agmine quadrato, eoque viris pleno, gens quæque incedebat. Ante hos agebantur currus, longo inter se spatio distantes, qui falcati adpellabantur: falces hi habebant ab axibus in obliquum porrectas, et sub sellis in terram spectantes, ut in quamcumque rem incidissent, eam discinderent. Erat autem hoc ipsius consilii, ut currus istos in ordines Græcorum agerent essetque dirimerent. Verum in eo Cyrus quod dixerat, cum Græcos advocatos adhortaretur, ut barbarorum clamorem sustinerent, falsus est: non enim cum clamore, sed quanto maxime silentio poterant, et sedate, æquabiliter et lente ad prælium accedebant. Atque ibi tum Cyrus ipse cum Pigrete interprete, aliisque tribus aut quatuor, prætervectus equo, Clearcho clamore significabat, ut adversus mediam barbarorum aciem copias suas duceret, quod istic rex esset: et, Hanc si vicerimus, inquit, omnia nobis confecta fuerint. Clearchus tametsi medium illum videret globum, ac de Cyro audiret, regem ultra Græcorum cornu lævum esse (nam tanta rex hominum multitudine abundabat, ut suorum quamvis mediam obtineret aciem, Cyri

Κύρου εὐωνύμου ἔξω ἦν· ἀλλ' ὅμως ὁ Κλέαρχος οὐκ ἤθελεν ἀποσπάσαι ἀπὸ τοῦ ποταμοῦ τὸ δεξιὸν κέρας, φοβούμενος μὴ κυκλωθείη ἑκατέρωθεν, τῷ δὲ Κύρῳ ἀπεκρίνατο ὅτι αὐτῷ μέλοι ὅπως καλῶς ἔχοι. (14) Καὶ ἐν τούτῳ τῷ καιρῷ τὸ μὲν βαρβαρικὸν στράτευμα ὁμαλῶς προῄει, τὸ δὲ Ἑλληνικὸν ἔτι ἐν τῷ αὐτῷ μένον συνετάττετο ἐκ τῶν ἔτι προσιόντων. Καὶ ὁ Κῦρος παρελαύνων οὐ πάνυ πρὸς αὐτῷ τῷ στρατεύματι κατεθεᾶτο ἑκατέρωσε ἀποβλέπων εἴς τε τοὺς πολεμίους καὶ τοὺς φίλους. (15) Ἰδὼν δὲ αὐτὸν ἀπὸ τοῦ Ἑλληνικοῦ Ξενοφῶν Ἀθηναῖος, ὑπελάσας ὡς συναντῆσαι ἤρετο εἴ τι παραγγέλλοι· ὁ δ' ἐπιστήσας εἶπε καὶ λέγειν ἐκέλευε πᾶσιν ὅτι καὶ τὰ ἱερὰ καλὰ καὶ τὰ σφάγια καλά. (16) Ταῦτα δὲ λέγων θορύβου ἤκουσε διὰ τῶν τάξεων ἰόντος, καὶ ἤρετο τίς ὁ θόρυβος εἴη. Ὁ δὲ Κλέαρχος εἶπεν ὅτι τὸ σύνθημα παρέρχεται δεύτερον ἤδη. Καὶ ὃς ἐθαύμασε τίς παραγγέλλει καὶ ἤρετο ὅ, τι εἴη τὸ σύνθημα. Ὁ δ' ἀπεκρίνατο ὅτι Ζεὺς σωτὴρ καὶ νίκη. (17) Ὁ δὲ Κῦρος ἀκούσας, Ἀλλὰ δέχομαί τε, ἔφη, καὶ τοῦτο ἔστω. Ταῦτα δ' εἰπὼν εἰς τὴν ἑαυτοῦ χώραν ἀπήλαυνε· καὶ οὐκέτι τρία ἢ τέτταρα στάδια διειχέτην τὼ φάλαγγε ἀπ' ἀλλήλοιν ἡνίκα ἐπαιάνιζόν τε οἱ Ἕλληνες καὶ προηγοντο ἀντίοι ἰέναι τοῖς πολεμίοις. (18) Ὡς δὲ πορευομένων ἐξεκύμαινέ τι τῆς φάλαγγος, τὸ ἐπιλειπόμενον ἤρξατο δρόμῳ θεῖν· καὶ ἅμα ἐφθέγξαντο πάντες οἷόνπερ τῷ Ἐνυαλίῳ ἐλελίζουσι, καὶ πάντες δὲ ἔθεον. Λέγουσι δέ τινες ὡς καὶ ταῖς ἀσπίσι πρὸς τὰ δόρατα ἐδούπησαν φόβον ποιοῦντες τοῖς ἵπποις. (19) Πρὶν δὲ τόξευμα ἐξικνεῖσθαι ἐκκλίνουσιν οἱ βάρβαροι καὶ φεύγουσι. Καὶ ἐνταῦθα δὴ ἐδίωκον μὲν κατὰ κράτος οἱ Ἕλληνες, ἐβόων δὲ ἀλλήλοις μὴ θεῖν δρόμῳ, ἀλλ' ἐν τάξει ἕπεσθαι. (20) Τὰ δ' ἅρματα ἐφέρετο τὰ μὲν δι' αὐτῶν τῶν πολεμίων, τὰ δὲ καὶ διὰ τῶν Ἑλλήνων κενὰ ἡνιόχων. Οἱ δ' ἐπεὶ προΐδοιεν, διίσταντο· ἔστι δ' ὅστις καὶ κατελήφθη ὥσπερ ἐν ἱπποδρόμῳ ἐκπλαγείς· καὶ οὐδὲν μέντοι οὐδὲ τοῦτον παθεῖν ἔφασαν, οὐδ' ἄλλος δὲ τῶν Ἑλλήνων ἐν ταύτῃ τῇ μάχῃ ἔπαθεν οὐδεὶς οὐδέν, πλὴν ἐπὶ τῷ εὐωνύμῳ τοξευθῆναί τις ἐλέγετο. (21) Κῦρος δ' ὁρῶν τοὺς Ἕλληνας νικῶντας τὸ καθ' αὑτοὺς καὶ διώκοντας, ἡδόμενος καὶ προσκυνούμενος ἤδη ὡς βασιλεὺς ὑπὸ τῶν ἀμφ' αὐτόν, οὐδ' ὣς ἐξήχθη διώκειν, ἀλλὰ συνεσπειραμένην ἔχων τὴν τῶν σὺν ἑαυτῷ ἑξακοσίων ἱππέων τάξιν ἐπεμελεῖτο ὅ, τι ποιήσει βασιλεύς. Καὶ γὰρ ᾔδει αὐτὸν ὅτι μέσον ἔχοι τοῦ Περσικοῦ στρατεύματος. (22) Καὶ πάντες δ' οἱ τῶν βαρβάρων ἄρχοντες μέσον ἔχοντες τὸ αὑτῶν ἡγοῦνται, νομίζοντες οὕτω καὶ ἐν ἀσφαλεστάτῳ εἶναι, ἢν ᾖ ἡ ἰσχὺς αὐτῶν ἑκατέρωθεν, καὶ εἴ τι παραγγεῖλαι χρῄζοιεν, ἡμίσει ἂν χρόνῳ αἰσθάνεσθαι τὸ στράτευμα. (23) Καὶ βασιλεὺς δὴ τότε μέσον ἔχων τῆς αὑτοῦ στρατιᾶς ὅμως ἔξω ἐγένετο τοῦ Κύρου εὐωνύμου κέρατος. Ἐπεὶ δὲ οὐδεὶς αὐτῷ ἐμάχετο ἐκ τοῦ ἀντίου οὐδὲ τοῖς αὐτοῦ τεταγμένοις ἔμπροσθεν, ἐπέκαμπτεν ὡς εἰς κύκλωσιν. (24) Ἔνθα δὴ Κῦρος δείσας μὴ ὄπισθεν γενόμενος κατακόψῃ τὸ Ἑλ-

tamen ultra cornu lævum esset), non tamen volebat Clearchus cornu dextrum a flumine abstrahere, quippe qui metueret ne utraque ex parte circumdaretur : Cyro vero respondebat, curæ sibi futurum, ut res præclare gereretur. Atque eo tempore exercitus barbaricus æquabiliter procedebat : Græcus, utpote qui in eodem adhuc loco stetit, ex iis qui subinde accedebant, instruebatur. Et Cyrus equo provectus non prorsus ipsum juxta exercitum, utrosque eminus spectabat, conversis tum in hostiles tum in copias sociales oculis. Eum vero de Græcorum exercitu Xenophon Atheniensis ubi vidisset, equo nonnihil incitato ut ei occurreret, num aliquid imperaret, quærebat : qui cum substitisset, dixit, et omnibus nuntiari jussit, exta et hostias pulchra ostentare. Hæc proferens, tumultum ordines pervagari audit, et quis esset ille tumultus, quæsivit. Aiebat Clearchus tesseram vice jam altera per aciem ire. Et miratus est is, quis eam dari jusserit, interrogavitque adeo quænam sit tessera. Respondit ille, Jupiter Servator et Victoria. Quod ubi Cyrus audisset, Accipio, inquit, atque hæc esto. Hæc loquutus, suum in locum revectus est, nec jam tria quatuorve stadia phalanges ab se invicem distabant, cum Græci pæana cantabant, et adversus hostes ire incipiebant. Cumque, progredientibus iis, pars quædam phalangis fluctuum instar sese proflueret, ea a tergo quæ relicta erat, citato cursu ad illam tendere cœpit; simulque, quemadmodum Enyalio ἐλελεῦ canere solent, omnes conclamarunt, cucurrerunt omnes. Nonnulli aiunt, eos etiam scutis ad hastas adlisis sonitum excivisse, quo terrorem equis incuterent. Priusquam vero ultro sibi adsequeretur, barbari inclinatis equis fugiunt. Atque ibi tum Græci totis viribus insequebantur, aliique alliis clamabant, ne cursu in hostes citato tenderent, sed ordine servato sequerentur. Currus autem partim per hostes ipsos, partim per Græcos, aurigis vacui ferebantur. Quos cum ex his quidam prævidebant, ordines laxabant; fuit etiam qui deprehenderetur tanquam in equestri curriculo, loco decussus; et ne hunc quidem quidquam mali passum esse prodidere nonnulli : nec alius quisquam Græcorum hac in pugna quidquam passus est, nisi quod ad latus lævum sagitta quidam percussus dicebatur. Cyrus autem, cum Græcos hostium agmen sibi objectum vincere et insequi cerneret, lætitia adfectus et veneratione licet jam ab iis, qui circa ipsum erant, tanquam rex exceptus esset, tamen ne sic quidem ad insequendum concitatus erat; sed cum sexcentorum, quos secum habebat, equitum turma conglobata quid rex facturus esset studiose observabat. Norat enim eum mediam exercitus Persici aciem obtinere. Quin etiam omnes barbarorum principes medium suos inter ordines locum tenentes, ducis exsequuntur officia, quod existimant, ita se in tutissimo esse, si vires ipsorum utrinque collocatæ sint, et si quid imperatum velint, exercitum id tempore dimidio breviori animadversurum. Et rex quidem eo tempore quanquam aciem exercitus sui mediam obtineret, tamen ultra Cyri cornu lævum erat. Cum autem nemo in ipsum ex adverso pugnaret, nec in eos qui ante ipsum dispositi fuerant, inflexione tanquam ad hostes circumveniendos uti cœpit. Ibi vero Cyrus veritus, ne, posteaquam a tergo foret, Græco-

ληνικὸν ἐλαύνει ἀντίος· καὶ ἐμβαλὼν σὺν τοῖς ἑξακοσίοις, νικᾷ τοὺς πρὸ βασιλέως τεταγμένους καὶ εἰς φυγὴν ἔτρεψε τοὺς ἑξακισχιλίους, καὶ ἀποκτεῖναι λέγεται αὐτὸς τῇ ἑαυτοῦ χειρὶ Ἀρταγέρσην τὸν ἄρχοντα αὐτῶν. (25) Ὡς δ᾽ ἡ τροπὴ ἐγένετο, διασπείρονται καὶ οἱ Κύρου ἑξακόσιοι εἰς τὸ διώκειν ὁρμήσαντες, πλὴν πάνυ ὀλίγοι ἀμφ᾽ αὐτὸν κατελείφθησαν, σχεδὸν οἱ ὁμοτράπεζοι καλούμενοι. (26) Σὺν τούτοις δὲ ὢν καθορᾷ βασιλέα καὶ τὸ ἀμφ᾽ ἐκεῖνον στῖφος· καὶ εὐθὺς οὐκ ἠνέσχετο, ἀλλ᾽ εἰπών, Τὸν ἄνδρα ὁρῶ, ἵετο ἐπ᾽ αὐτὸν καὶ παίει κατὰ τὸ στέρνον καὶ τιτρώσκει διὰ τοῦ θώρακος, ὥς φησι Κτησίας ὁ ἰατρὸς καὶ ἰᾶσθαι αὐτὸς τὸ τραῦμά φησι. (27) Παίοντα δ᾽ αὐτὸν ἀκοντίζει τις παλτῷ ὑπὸ τὸν ὀφθαλμὸν βιαίως· καὶ ἐνταῦθα μαχόμενοι καὶ βασιλεὺς καὶ Κῦρος καὶ οἱ ἀμφ᾽ αὐτοὺς ὑπὲρ ἑκατέρου, ὁπόσοι μὲν τῶν ἀμφὶ βασιλέα ἀπέθνησκον Κτησίας λέγει· παρ᾽ ἐκείνῳ γὰρ ἦν· Κῦρος δὲ αὐτός τε ἀπέθανε καὶ ὀκτὼ οἱ ἄριστοι τῶν περὶ αὐτὸν ἔκειντο ἐπ᾽ αὐτῷ. (28) Ἀρταπάτης δ᾽ ὁ πιστότατος αὐτῷ τῶν σκηπτούχων θεράπων λέγεται, ἐπειδὴ πεπτωκότα εἶδε Κῦρον, καταπηδήσας ἀπὸ τοῦ ἵππου περιπεσεῖν αὐτῷ. (29) Καὶ οἱ μέν φασι βασιλέα κελεῦσαί τινα ἐπισφάξαι αὐτὸν Κύρῳ, οἱ δ᾽ ἑαυτὸν ἐπισφάξασθαι σπασάμενον τὸν ἀκινάκην· εἶχε γὰρ χρυσοῦν, καὶ στρεπτὸν δὲ ἐφόρει καὶ ψέλια καὶ τἄλλα ὥσπερ οἱ ἄριστοι Περσῶν· ἐτετίμητο γὰρ ὑπὸ Κύρου δι᾽ εὔνοιάν τε καὶ πιστότητα.

ΚΕΦΑΛΑΙΟΝ Θ.

Κῦρος μὲν οὖν οὕτως ἐτελεύτησεν, ἀνὴρ ὢν Περσῶν τῶν μετὰ Κῦρον τὸν ἀρχαῖον γενομένων βασιλικώτατός τε καὶ ἄρχειν ἀξιώτατος, ὡς παρὰ πάντων ὁμολογεῖται τῶν Κύρου δοκούντων ἐν πείρᾳ γενέσθαι. (2) Πρῶτον μὲν γὰρ ἔτι παῖς ὤν, ὅτ᾽ ἐπαιδεύετο καὶ σὺν τῷ ἀδελφῷ καὶ σὺν τοῖς ἄλλοις παισί, πάντων πάντα κράτιστος ἐνομίζετο. (3) Πάντες γὰρ οἱ τῶν ἀρίστων Περσῶν παῖδες ἐπὶ ταῖς βασιλέως θύραις παιδεύονται· ἔνθα πολλὴν μὲν σωφροσύνην καταμάθοι ἄν τις, αἰσχρὸν δ᾽ οὐδὲν οὔτ᾽ ἀκοῦσαι οὔτ᾽ ἰδεῖν ἔστι. (4) Θεῶνται δ᾽ οἱ παῖδες καὶ τοὺς τιμωμένους ὑπὸ βασιλέως καὶ ἀκούουσι, καὶ ἄλλους ἀτιμαζομένους· ὥστε εὐθὺς παῖδες ὄντες μανθάνουσιν ἄρχειν τε καὶ ἄρχεσθαι. (5) Ἔνθα Κῦρος αἰδημονέστατος μὲν πρῶτον τῶν ἡλικιωτῶν ἐδόκει εἶναι, τοῖς τε πρεσβυτέροις καὶ τῶν ἑαυτοῦ ὑποδεεστέρων μᾶλλον πείθεσθαι, ἔπειτα δὲ φιλιππότατος καὶ τοῖς ἵπποις ἄριστα χρῆσθαι· ἔκρινον δ᾽ αὐτὸν καὶ τῶν εἰς τὸν πόλεμον ἔργων, τοξικῆς τε καὶ ἀκοντίσεως, φιλομαθέστατον εἶναι καὶ μελετηρότατον. (6) Ἐπεὶ δὲ τῇ ἡλικίᾳ ἔπρεπε, καὶ φιλοθηρότατος ἦν καὶ πρὸς τὰ θηρία μέντοι φιλοκινδυνότατος. Καὶ ἄρκτον ποτὲ ἐπιφερομένην οὐκ ἔτρεσεν, ἀλλὰ συμπεσὼν κατεσπάσθη ἀπὸ τοῦ ἵππου, καὶ τὰ μὲν ἔπαθεν, ὧν καὶ τὰς ὠτειλὰς φανερὰς εἶχε, τέλος δὲ κατέκανε· καὶ τὸν πρῶτον μέντοι

rum concideret exercitum, adversus provehitur; atque facto cum sexcentis illis impetu, vincit eos qui ante regem erant dispositi et illos sex mille equites in fugam vertit: quin et ipse manu sua Artagersen eorum praefectum interfecisse dicitur. Ut autem fuga facta est, Cyri etiam illi equites sexcenti ad insequendum impetu invecti, dissipantur: verumtamen pauci admodum circa ipsum reliqui fuere, fere qui mensae participes dicebantur. Hos cum apud se haberet, regem equitumque circa illum globum conspicit, statimque se non continuit, quin cum dixisset, Video hominem, in ipsum impetu rueret; atque adeo pectus ei ferit, et per loricam vulnus inflixit, uti Ctesias tradit medicus, qui et vulnus illud curasse narrat. Cyrum vero, cum dum ferit, palto quidam acriter vibrato sub oculum percutit: atque ibi tum et rege et Cyro inter se dimicantibus, et utriusque pro utroque stipatoribus, quot ex iis qui circa regem erant perierint, refert Ctesias (nam apud illum tunc temporis erat): Cyrus et ipse morte occubuit, et super ipsum octo ex stipatoribus ejus jacuere praestantissimi. Artapates autem, fidelissimus ei inter sceptuchos minister, postea-quam Cyrum cecidisse vidit, ab equo cum desiliisset, super eum procubuisse fertur. Et nonnulli tradunt regem cuidam praecepisse, hunc uti super Cyrum jugularet; alii, seipsum enm jugulasse, stricto acinace; acinacem enim aureum habebat: quin et torquem gestabat, et armillas, et alia, quemadmodum Persarum praestantissimi solent: honore enim a Cyro ornatus erat, tum propter benevolentiam tum fidem.

CAPUT IX.

Et sic quidem Cyrus finivit, qui vir inter Persas, ex consensu omnium ejus qui consuetudine usi fuissent, post Cyrum illum priscum ortos, maxime regia fuit indole, et imperio dignissimus. Primum enim cum puer adhuc esset, unaque cum fratre ceterisque pueris institueretur, omnium in omnibus praestantissimus habebatur. Nam omnes primorum Persarum filii regis ad portas educantur; ubi multam animadvertere possit aliquis modestiam, turpe vero quidquam nec audire est nec videre. Spectant autem pueri tum eos, qui honore a rege ornantur, et audiunt, tum alios qui ignominia notantur: adeo ut statim a pueris et imperare discant et parere. Hic Cyrus primum visus est ex aequalibus maxime verecundus, et senibus obedientior quam vel ii, qui ordine fortunaque quam ipse erant inferiores: deinde equorum studiosissimus, equisque uti quam optime visus est. Iidem eum etiam res ad bellum spectantes, sagittas emittendi artem jaculaque intorquendi, cupidissimum esse discendi, et exercitationum istiusmodi tolerantissimum judicabant. Cum vero ejus id aetati conveniret, et venandi studiosissimus erat, et promptissimus ad subeunda in feris invadendis pericula. Etiam ursam aliquando irruentem non extimuit, sed cum ea congressus ab equo detractus est; et ea quidem passus est vulnera, quorum cicatrices habebat manifestas, tandem vero feram occidebat: atque illum, qui tum ei pri-

βοηθήσαντα πολλοῖς μακαριστὸν ἐποίησεν. (7) Ἐπεὶ δὲ κατεπέμφθη ὑπὸ τοῦ πατρὸς σατράπης Λυδίας τε καὶ Φρυγίας τῆς μεγάλης καὶ Καππαδοκίας, στρατηγὸς δὲ καὶ πάντων ἀπεδείχθη οἷς καθήκει εἰς Καστωλοῦ πεδίον ἀθροίζεσθαι, πρῶτον μὲν ἐπεδείξατο αὑτὸν ὅτι περὶ πλείστου ποιοῖτο, εἴ τῳ σπείσαιτο καὶ εἴ τῳ συνθοῖτο καὶ εἴ τῳ ὑπόσχοιτό τι, μηδὲν ψεύδεσθαι. (8) Καὶ γὰρ οὖν ἐπίστευον μὲν αὐτῷ αἱ πόλεις ἐπιτρεπόμεναι, ἐπίστευον δ' οἱ ἄνδρες· καὶ εἴ τις πολέμιος ἐγένετο, σπεισαμένου Κύρου ἐπίστευε μηδὲν ἂν παρὰ τὰς σπονδὰς παθεῖν. (9) Τοιγαροῦν ἐπεὶ Τισσαφέρνει ἐπολέμησε, πᾶσαι αἱ πόλεις ἑκοῦσαι Κῦρον εἵλοντο ἀντὶ Τισσαφέρνους πλὴν Μιλησίων· οὗτοι δὲ, ὅτι οὐκ ἤθελε τοὺς φεύγοντας προέσθαι, ἐφοβοῦντο αὐτόν. (10) Καὶ γὰρ ἔργῳ ἐπεδείκνυτο καὶ ἔλεγεν ὅτι οὐκ ἄν ποτε προοῖτο, ἐπεὶ ἅπαξ φίλος αὐτοῖς ἐγένετο, οὐδ' εἰ ἔτι μὲν μείους γένοιντο, ἔτι δὲ κάκιον πράξειαν. (11) Φανερὸς δ' ἦν καὶ εἴ τίς τι ἀγαθὸν ἢ κακὸν ποιήσειεν αὐτὸν, νικᾶν πειρώμενος· καὶ εὐχὴν δέ τινες αὐτοῦ ἐξέφερον ὡς εὔχοιτο τοσοῦτον χρόνον ζῆν ἔστε νικῴη καὶ τοὺς εὖ καὶ τοὺς κακῶς ποιοῦντας ἀλεξόμενος. (12) Καὶ γὰρ οὖν πλεῖστοι δὴ αὐτῷ ἑνί γε ἀνδρὶ τῶν ἐφ' ἡμῶν ἐπεθύμησαν καὶ χρήματα καὶ πόλεις καὶ τὰ ἑαυτῶν σώματα προέσθαι. (13) Οὐ μὲν δὴ οὐδὲ τοῦτ' ἄν τις εἴποι ὡς τοὺς κακούργους καὶ ἀδίκους εἴα καταγελᾶν, ἀλλ' ἀφειδέστατα πάντων ἐτιμωρεῖτο. Πολλάκις δ' ἦν ἰδεῖν παρὰ τὰς στιβομένας ὁδοὺς καὶ ποδῶν καὶ χειρῶν καὶ ὀφθαλμῶν στερουμένους ἀνθρώπους· ὥστ' ἐν τῇ Κύρου ἀρχῇ ἐγένετο καὶ Ἕλληνι καὶ βαρβάρῳ μηδὲν ἀδικοῦντι ἀδεῶς πορεύεσθαι ὅποι τις ἤθελεν, ἔχοντι ὅ,τι προχωροίη. (14) Τούς γε μέντοι ἀγαθοὺς εἰς πόλεμον ὡμολόγητο διαφερόντως τιμᾶν. Καὶ πρῶτον μὲν ἦν αὐτῷ πόλεμος πρὸς Πισίδας καὶ Μυσούς· στρατευόμενος οὖν καὶ αὐτὸς εἰς ταύτας τὰς χώρας οὓς ἑώρα ἐθέλοντας κινδυνεύειν, τούτους καὶ ἄρχοντας ἐποίει ἧς κατεστρέφετο χώρας, ἔπειτα δὲ καὶ ἄλλῃ δώροις ἐτίμα· (15) ὥστε φαίνεσθαι τοὺς μὲν ἀγαθοὺς εὐδαιμονεστάτους, τοὺς δὲ κακοὺς δούλους τούτων ἀξίους εἶναι. Τοιγαροῦν πολλὴ ἦν ἀφθονία αὐτῷ τῶν θελόντων κινδυνεύειν, ὅπου τις οἴοιτο Κῦρον αἰσθήσεσθαι. (16) Εἴς γε μὴν δικαιοσύνην, εἴ τις αὐτῷ φανερὸς γένοιτο ἐπιδείκνυσθαι βουλόμενος, περὶ παντὸς ἐποιεῖτο τούτους πλουσιωτέρους ποιεῖν τῶν ἐκ τοῦ ἀδίκου φιλοκερδούντων. (17) Καὶ γὰρ οὖν ἄλλα τε πολλὰ δικαίως αὐτῷ διεχειρίζετο καὶ στρατεύματι ἀληθινῷ ἐχρήσατο. Καὶ γὰρ στρατηγοὶ καὶ λοχαγοὶ οὐ χρημάτων ἕνεκα πρὸς ἐκεῖνον ἔπλευσαν, ἀλλ' ἐπεὶ ἔγνωσαν κερδαλεώτερον εἶναι Κύρῳ καλῶς πειθαρχεῖν ἢ τὸ κατὰ μῆνα κέρδος. (18) Ἀλλὰ μὴν εἴ τίς γέ τι αὐτῷ προστάξαντι καλῶς ὑπηρετήσειεν, οὐδενὶ πώποτε ἀχάριστον εἴασε τὴν προθυμίαν. Τοιγαροῦν κράτιστοι δὴ ὑπηρέται παντὸς ἔργου Κύρῳ ἐλέχθησαν γενέσθαι. (19) Εἰ δέ τινα ὁρῴη δεινὸν ὄντα οἰκονόμον ἐκ τοῦ δικαίου καὶ κατασκευάζοντά τε ἧς ἄρχοι χώρας καὶ προσόδους ποιοῦντα, οὐδένα ἂν πώποτε

mus opem tulit, coram multis beatissimum certe fecit. Posteaquam autem a patre Lydiæ, Phrygiæ magnæ et Cappadociæ satrapa constitutus, ac eo deductus est, et eorum etiam omnium, quorum ad officium pertinebat in Castoli planitiem convenire, designatus est præfectus, primum demonstravit, plurimi se facere, si quis esset forte quocum fœdus iniisset, si quid cum aliquo constituisset, si cui aliquid pollicitus esset, fraude mala nihil agere. Itaque ergo civitates ipsi commissæ, fidem ipsi habebant, habebant et ipsi viri fidem : et si quis extitisset hostis, fœdus ubi Cyrus cum eo pactus esset, nihil præter pacta passurum se confidit. Quapropter posteaquam bellum adversus Tissaphernem movisset, civitates omnes, præter Milesios, ultro Tissapherni Cyrum prætulerunt ; hi vero, quod exules dedere nollet, eum metuebant. Etenim tum reapse, tum verbis declaravit, nunquam se eos dediturum, posteaquam amicus iis extitisset, ne si pauciores quidem forent, et vero etiam fortuna magis adversa uterentur. Præterea palam ad superandos eos adnitebatur, quicunque ipsum vel beneficiis adfecissent vel injuriis : nonnulli etiam votum ejus extulerunt, optare se ut tamdiu viveret, donec et eos qui bene, et eos qui male de ipso meriti essent, vicem cujusque meritis rependendo vinceret. Itaque ergo uni huic ex omnibus ætatis nostræ hominibus plurimi et opes, et urbes, et corpora sua in fidem tradere cupiebant. Neque hoc quidem dixerit quisquam, quod improbos ac sceleratos sibi illudere sineret, sed in eos severissime animadvertit. Ac sæpenumero tritis in viis cernere erat homines pedibus, manibus, oculis privatos : adeo ut iis in locis, Cyrus ubi imperaret, cuivis tam Græco quam barbaro iniqui nihil patranti secure liceret iter facere, quocunque vellet eorum aliquis, quidquid tandem ipsi commodum esset habens. Bellica quidem certe virtute præditos eximiis omnium consensu honoribus ornabat. Ac primum contra Pisidas et Mysos bellum gessit : et cum ipse quidem exercitum in expeditionem adversus regiones istas educeret, quos ultro se in belli officere discrimina videbat, eos cum agri, quem suam in ditionem redegerat, præfectos constituebat, tum aliis ornabat præmiis : adeo ut viri fortes palam essent beatissimi, ignavi vero digni, qui illis servirent, haberentur. Quapropter magna erat illorum copia, qui discrimina adire vellent, ubi quis animadversurum id Cyrum arbitraretur. Quod vero ad justitiam attinet, si quem suæ factis probandæ palam cupidum animadverteret, ipsi antiquissimum erat illos locupletiores reddere iis, qui ex injustitia lucrum avide captarent. Itaque cum alia multa juste ab ipso administrabantur, tum exercitum habebat verum. Etenim duces et cohortium præfecti non pecuniæ causa ad illum navigabant, sed quod esse fructuosius existimarent, Cyri dicto recte audientes esse, quam menstruum lucrum. At si quis certe quidem ipsi, cum quid imperasset, pulchre navasset operam, nullius unquam animi alacritatem munere carere patiebatur. Quapropter in rebus omnibus Cyro qui aderant admiuistri, præstantissimi sane fuisse perhibentur. Quod si quem justa ratione rem familiarem administrandi peritum esse, ac eam cui præesset regionem instruere ac reditus facere videret,

ἀφείλετο, ἀλλ' ἀεὶ πλείω προςεδίδου· ὥςτε καὶ ἡδέως ἐπόνουν καὶ θαῤῥαλέως ἐκτῶντο καὶ ὃ ἐπέπατο αὖ τις ἥκιστα Κῦρον ἔκρυπτεν· οὐ γὰρ φθονῶν τοῖς φανερῶς πλουτοῦσιν ἐφαίνετο, ἀλλὰ πειρώμενος χρῆσθαι τοῖς τῶν ἀποκρυπτομένων χρήμασι. (20) Φίλους γε μὴν ὅσους ποιήσαιτο καὶ εὔνους γνοίη ὄντας καὶ ἱκανοὺς κρίνειε συνεργοὺς εἶναι ὅ,τι τυγχάνοι βουλόμενος κατεργάζεσθαι, ὁμολογεῖται πρὸς πάντων κράτιστος δὴ γενέσθαι θεραπεύειν. (21) Καὶ γὰρ αὐτὸ τοῦτο οὗπερ αὐτὸς ἕνεκα φίλων ᾤετο δεῖσθαι, ὡς συνεργοὺς ἔχοι, καὶ αὐτὸς ἐπειρᾶτο συνεργὸς τοῖς φίλοις κράτιστος εἶναι τούτου ὅτου ἕκαστον αἰσθάνοιτο ἐπιθυμοῦντα. (22) Δῶρα δὲ πλεῖστα μὲν οἶμαι εἷς γε ὢν ἀνὴρ ἐλάμβανε διὰ πολλά· ταῦτα δὲ πάντων δὴ μάλιστα τοῖς φίλοις διεδίδου, πρὸς τοὺς τρόπους ἑκάστου σκοπῶν καὶ ὅτου μάλιστα ὁρῴη ἕκαστον δεόμενον. (23) Καὶ ὅσα τῷ σώματι αὐτοῦ κόσμον πέμποι τις ἢ ὡς εἰς πόλεμον ἢ ὡς εἰς καλλωπισμόν, καὶ περὶ τούτων λέγειν αὐτὸν ἔφασαν ὅτι τὸ μὲν ἑαυτοῦ σῶμα οὐκ ἂν δύναιτο τούτοις πᾶσι κοσμηθῆναι, φίλους δὲ καλῶς κεκοσμημένους μέγιστον κόσμον ἀνδρὶ νομίζει. (24) Καὶ τὸ μὲν τὰ μεγάλα νικᾶν τοὺς φίλους εὖ ποιοῦντα οὐδὲν θαυμαστόν, ἐπειδή γε καὶ δυνατώτερος ἦν· τὸ δὲ τῇ ἐπιμελείᾳ περιεῖναι τῶν φίλων καὶ τῷ προθυμεῖσθαι χαρίζεσθαι, ταῦτα ἔμοιγε μᾶλλον δοκεῖ ἀγαστὰ εἶναι. (25) Κῦρος γὰρ ἔπεμπε βίκους οἴνου ἡμιδεεῖς πολλάκις, ὁπότε πάνυ ἡδὺν λάβοι, λέγων ὅτι οὔπω δὴ πολλοῦ χρόνου τούτου ἡδίονι οἴνῳ ἐπιτύχοι· τοῦτον οὖν σοὶ ἔπεμψε καὶ δεῖταί σου τήμερον τοῦτον ἐκπιεῖν σὺν οἷς μάλιστα φιλεῖς. (26) Πολλάκις δὲ χῆνας ἡμιβρώτους ἔπεμπε καὶ ἄρτους ἡμίσεας καὶ ἄλλα τοιαῦτα, ἐπιλέγειν κελεύων τὸν φέροντα, Τούτοις ἥσθη Κῦρος· βούλεται οὖν καὶ σὲ τούτων γεύσασθαι. (27) Ὅπου δὲ χιλὸς σπάνιος πάνυ εἴη, αὐτὸς δ' ἐδύνατο παρασκευάσασθαι διὰ τὸ πολλοὺς ἔχειν ὑπηρέτας καὶ διὰ τὴν ἐπιμέλειαν, διαπέμπων ἐκέλευε τοὺς φίλους τοῖς τὰ ἑαυτῶν σώματα ἄγουσιν ἵπποις ἐμβάλλειν τοῦτον τὸν χιλόν, ὡς μὴ πεινῶντες τοὺς ἑαυτοῦ φίλους ἄγωσιν. (28) Εἰ δὲ δή ποτε πορεύοιτο καὶ πλεῖστοι μέλλοιεν ὄψεσθαι, προςκαλῶν τοὺς φίλους ἐσπουδαιολογεῖτο, ὡς δηλοίη οὓς τιμᾷ. Ὥστε ἔγωγε ἐξ ὧν ἀκούω οὐδένα κρίνω ὑπὸ πλειόνων πεφιλῆσθαι οὔτε Ἑλλήνων οὔτε βαρβάρων. (29) Τεκμήριον δὲ τούτου καὶ τόδε. Παρὰ μὲν Κύρου δούλου ὄντος οὐδεὶς ἀπῄει πρὸς βασιλέα, πλὴν Ὀρόντας ἐπεχείρησεν· καὶ οὗτος δὴ ὃν ᾤετο πιστόν οἱ εἶναι ταχὺ αὐτὸν εὗρε Κύρῳ φιλαίτερον ἢ ἑαυτῷ· παρὰ δὲ βασιλέως πολλοὶ πρὸς Κῦρον ἀπῆλθον, ἐπειδὴ πολέμιοι ἀλλήλοις ἐγένοντο, καὶ οὗτοι μέντοι οἱ μάλιστα ὑπ' αὐτοῦ ἀγαπώμενοι, νομίζοντες παρὰ Κύρῳ ὄντες ἀγαθοὶ ἀξιωτέρας ἂν τιμῆς τυγχάνειν ἢ παρὰ βασιλεῖ. (30) Μέγα δὲ τεκμήριον καὶ τὸ ἐν τῇ τελευτῇ τοῦ βίου αὐτῷ γενόμενον ὅτι καὶ αὐτὸς ἦν ἀγαθὸς καὶ κρίνειν ὀρθῶς ἐδύνατο τοὺς πιστοὺς καὶ εὔνους καὶ βεβαίους. (31) Ἀποθνήσκοντος γὰρ αὐτοῦ πάντες οἱ περὶ αὐτὸν φίλοι καὶ συντράπεζοι ἀπέθανον

fortunas huic neutiquam adimere voluit, sed etiam plura tribuebat; adeo ut illi et libenter labores perferrent, et fidenter bona compararent, et quae quispiam possideret, ea Cyrum minime celaret: nec enim iis, qui palam opulenti erant, invidere videbatur, sed illorum uti pecuniis conari, qui eas occultarent. Amicos quidem certe quoscunque sibi adjungeret, ac benevolos esse animadverteret, judicaretque idoneos esse ad id, quidquid tandem esset, quod confici vellet, adjutores, obsequiis omnes consentiunt eum demerendi fuisse peritissimum. Etenim quod ad hoc ipsum attinet, cujus gratia ipse amicis sibi opus esse existimabat, nimirum ut ad res gerendas adjutores haberet, etiam ipse conabatur amicis egregius esse ad id omne adjutor, quidquid tandem cupere quemque persentiret. Muneribus plurimis, opinor equidem, unus ipse multas ob causas cumulatus est : ea vero omnium potissimum amicis, considerato cujusque ingenio, et quo quemque maxime videret egere, largiebatur. Ac de iis etiam, quaecunque ei ad ornatum corporis ipsius mitteret aliquis, vel ad bellum idonea, vel ad cultum splendidiorem, dicere solitum tradunt, non posse suum corpus omnibus his ornari, sed amicos praeclare ornatos se maximo homini ornamento ducere. Et magnis quidem beneficiis quod amicos vinceret, nihil mirum erat, cum esset sane potentior : at quod cura gratificandique ipsis studio superabat amicos, haec vero mihi quidem juditio multo admiranda videntur. Nam ad eos saepe Cyrus doliola vini semiplena mittebat, quoties suave admodum nactus esset, dicens se jam a longo tempore nimium suavius non adeptum esse : quamobrem illud tibi Cyrus misit, teque rogat ut illud hodie cum iis quos maxime diligis ebibas. Saepenumero semesos etiam anseres mittebat, et partes panum dimidias, et hujus generis alia, cum addere juberet eum, haec qui ferret, Cyrus his delectatus est ; quapropter te quoque vult haec gustare. Ubi pabuli admodum exiguum esset, quod ipse tamen comparare posset, utpote qui multos habebat ministros, cuique id curae erat, dimittebat qui hortarentur amicos , ut equis, ipsorum qui vehebant corpora , hoc pabulum objicerent, ne illi amicos suos fame confecti veherent. Quod si aliquando iter faceret, ac plurimi se spectaturi essent, accersitis amicis gravibus de rebus sermonem habebat, ut quos honore dignaretur significaret: adeo ut neminem equidem, sive Graecorum sive barbarorum, de quibus fando accepi, a pluribus amatum fuisse judicem. Hujus rei hoc quoque argumentum est: quod a Cyro, alieno qui imperio subjectus erat, ad regem nemo defecerit, unum extra Orontam id qui facere conatus est; sed et ipse rex, quem sibi fidelem esse existimabat, eum protinus Cyro, quam sibi, amiciorem reperit : a rege vero multi ad Cyrum transierunt, posteaquam hostili alter in alterum animo esse coepit; et quidem ii, qui maxime illi in amore erant, futurum existimantes ut apud Cyrum, si strenuos sese praeberent, honorem virtutis suae dignioreun, quam apud regem, consequerentur. Magnum et illud argumentum, quod in fine vitae ipsi accidit, tum ipsum fuisse bonum, tum recte seligere potuisse fideles, benevolos, constantes. Nam cum vitam amitteret, omnes apud eum amici

μαχόμενοι ὑπὲρ Κύρου πλὴν Ἀριαίου· οὗτος δέ τεταγμένος ἐτύγχανεν ἐπὶ τῷ εὐωνύμῳ τοῦ ἱππικοῦ ἄρχων· ὡς δ' ᾔσθετο Κῦρον πεπτωκότα, ἔφυγεν ἔχων καὶ τὸ στράτευμα πᾶν οὗ ἡγεῖτο.

ΚΕΦΑΛΑΙΟΝ Ι.

Ἐνταῦθα δὴ Κύρου ἀποτέμνεται ἡ κεφαλὴ καὶ χεὶρ ἡ δεξιά. Βασιλεὺς δὲ καὶ οἱ σὺν αὐτῷ διώκων εἰσπίπτει εἰς τὸ Κύρειον στρατόπεδον· καὶ οἱ μὲν μετὰ Ἀριαίου οὐκέτι ἵστανται ἀλλὰ φεύγουσι διὰ τοῦ αὑτῶν στρατοπέδου εἰς τὸν σταθμὸν ἔνθεν ὡρμῶντο· τέτταρες δ' ἐλέγοντο παρασάγγαι εἶναι τῆς ὁδοῦ. (2) Βασιλεὺς δὲ καὶ οἱ σὺν αὐτῷ τά τε ἄλλα πολλὰ διαρπάζουσι καὶ τὴν Φωκαΐδα τὴν Κύρου παλλακίδα τὴν σοφὴν καὶ καλὴν λεγομένην εἶναι λαμβάνει. (3) Ἡ δὲ Μιλησία ἡ νεωτέρα ληφθεῖσα ὑπὸ τῶν ἀμφὶ βασιλέα ἐκφεύγει γυμνὴ πρὸς τῶν Ἑλλήνων, οἳ ἔτυχον ἐν τοῖς σκευοφόροις ὅπλα ἔχοντες καὶ ἀντιταχθέντες πολλοὺς μὲν τῶν ἁρπαζόντων ἀπέκτειναν, οἱ δὲ καὶ αὐτῶν ἀπέθανον· οὐ μὴν ἔφυγόν γε, ἀλλὰ καὶ ταύτην ἔσωσαν καὶ ἄλλα ὁπόσα ἐντὸς αὐτῶν καὶ χρήματα καὶ ἄνθρωποι ἐγένοντο πάντα ἔσωσαν. (4) Ἐνταῦθα διέσχον ἀλλήλων βασιλεύς τε καὶ οἱ Ἕλληνες [ὡς πάντας νικῶντες], οἱ μὲν διώκοντες τοὺς καθ' αὑτοὺς ὡς πάντας νικῶντες, οἱ δ' ἁρπάζοντες ὡς ἤδη πάντες νικῶντες. (5) Ἐπεὶ δ' ᾔσθοντο οἱ μὲν Ἕλληνες ὅτι βασιλεὺς σὺν τῷ στρατεύματι ἐν τοῖς σκευοφόροις εἴη, βασιλεὺς δ' αὖ ἤκουσε Τισσαφέρνους ὅτι οἱ Ἕλληνες νικῷεν τὸ καθ' αὑτοὺς καὶ εἰς τὸ πρόσθεν οἴχονται διώκοντες, ἐνταῦθα δὴ βασιλεὺς μὲν ἀθροίζει τε τοὺς ἑαυτοῦ καὶ συντάττεται, ὁ δὲ Κλέαρχος ἐβουλεύετο Πρόξενον καλέσας, πλησιαίτατος γὰρ ἦν, εἰ πέμποιεν τινας ἢ πάντες ἴοιεν ἐπὶ τὸ στρατόπεδον ἀρήξοντες. (6) Ἐν τούτῳ καὶ βασιλεὺς δῆλος ἦν προσιὼν πάλιν ὡς ἐδόκει ὄπισθεν. Καὶ οἱ μὲν Ἕλληνες στραφέντες παρεσκευάζοντο ὡς ταύτῃ προσιόντος καὶ δεξόμενοι, ὁ δὲ βασιλεὺς ταύτῃ μὲν οὐκ ἦγεν, ᾗ δὲ παρῆλθεν ἔξω τοῦ εὐωνύμου κέρατος ταύτῃ καὶ ἀπήγαγεν, ἀναλαβὼν καὶ τοὺς ἐν τῇ μάχῃ κατὰ τοὺς Ἕλληνας αὐτομολήσαντας καὶ Τισσαφέρνην καὶ τοὺς σὺν αὐτῷ. (7) Ὁ γὰρ Τισσαφέρνης ἐν τῇ πρώτῃ συνόδῳ οὐκ ἔφυγεν, ἀλλὰ διήλασε παρὰ τὸν ποταμὸν κατὰ τοὺς Ἕλληνας πελταστάς· διελαύνων δὲ κατέκανε μὲν οὐδένα, διαστάντες δ' οἱ Ἕλληνες ἔπαιον καὶ ἠκόντιζον αὐτούς· Ἐπισθένης δὲ Ἀμφιπολίτης ἦρχε τῶν πελταστῶν καὶ ἐλέγετο φρόνιμος γενέσθαι. (8) Ὁ δ' οὖν Τισσαφέρνης ὡς μεῖον ἔχων ἀπηλλάγη, πάλιν μὲν οὐκ ἀναστρέφει, εἰς δὲ τὸ στρατόπεδον ἀφικόμενος τὸ τῶν Ἑλλήνων ἐκεῖ συντυγχάνει βασιλεῖ, καὶ ὁμοῦ δὴ πάλιν συνταξάμενοι ἐπορεύοντο. (9) Ἐπεὶ δ' ἦσαν κατὰ τὸ εὐώνυμον τῶν Ἑλλήνων κέρας, ἔδεισαν οἱ Ἕλληνες μὴ προσάγοιεν πρὸς τὸ κέρας καὶ περιπτύξαντες ἀμφοτέρωθεν αὐτοὺς κατακόψειαν· καὶ ἐδόκει αὐτοῖς ἀναπτύσσειν τὸ κέρας καὶ ποιήσασθαι

et mensæ participes pro Cyro pugnantes mortem oppetierunt, unum extra Ariæum: is in lævo forte aciei cornu constitutus erat copiarum equestrium præfectus; ut autem cecidisse Cyrum intellexerat, fugam cum exercitu, cui præerat, toto capessebat.

CAPUT X.

Ibi tum Cyri caput manusque dextra abscissa est. Rex cum suis hostes dum persequitur, in castra incidit Cyriana: nec jam quidem amplius Ariæi subsistunt copiæ, sed per castra sua stationem ad illam, unde paulo ante discesserant, fugiunt; quatuor autem itineris spatium parasangas longum esse ferebantur. Rex, et cum eo qui erant, tum alia multa diripiunt, tum etiam Cyri concubinam patria Phocæensem, quæ docta et elegans esse dicebatur, ille capit. At Milesia natu minor altera, ab iis qui circa regem erant capta, nuda effugit ope Græcorum, qui armati apud impedimenta forte steterant: quique cum acie instructa restitissent, multos interfecerunt ex iis qui castra diripiebant, atque de ipsorum etiam numero nonnulli interiere: neque tamen fugæ se dederunt, sed et mulierem istam salvam præstabant, ac alia quæcunque intus habebant, tum facultates tum homines, omnia conservabant. Ibi rex atque Græci inter se stadia circiter triginta distabant, cum hi oppositos sibi hostes insequerentur, quasi qui universos vicissent; illi obvia quæque raperent, quasi jam universi victoriam essent adepti. Verum ubi Græci regem cum exercitu esse apud impedimenta cognorunt, et rex de Tissapherne audierat, Græcos aciem sibi oppositam vicisse, ac eam insequendi causa ulterius progredi, tum vero suos colligit instruitque: Clearchus autem, vocato ad se Proxeno (nam ei proximus erat), utrum quosdam mitterent, deliberabat, an omnes potius ad castra defendenda pergerent. Interea rex palam iterum accedebat, uti videbatur, a tergo. Ac Græci quidem conversi, ut hac parte, qua facturus impetum videbatur, ipsum adirent exciperentque, sese comparant: at rex suos ea non ducebat, sed qua lævum ultra cornu processerat, ea etiam abduxit, receptis ad se iis, qui ad Græcos in prælio transfugerant, et cum suis etiam Tissapherne. Nam Tissaphernes primo in congressu non fugerat, sed flumen propter cum equitatu penetrarat adversus Græcos peltastas: eo dum perequitabat, neminem quidem interfecit, verum Græci data hinc illinc via consistentes ejus cædebant copias et jaculis feriebant. Peltastarum præfectus erat Episthenes Amphipolitanus, vir, uti ferebatur, prudens. Itaque Tissaphernes, cum inferior discessisset, rursum non reversus est; cumque Græcorum ad castra pervenisset, in regem ibi forte incidit, atque adeo simul utrinsque instructa rursus acie illinc proficiscebantur. Ac ubi ad lævum Græcorum cornu advenissent, verebantur Græci ne cornu invaderent, atque ipsos utrinque circumveniendo hinc inde cæderent: quare visum est ipsis ita cornu

ὄπισθεν τὸν ποταμόν. (10) Ἐν ᾧ δὲ ταῦτα ἐβουλεύοντο καὶ δὴ βασιλεὺς παραμειψάμενος εἰς τὸ αὐτὸ σχῆμα κατέστησεν ἀντίαν τὴν φάλαγγα ὥσπερ τὸ πρῶτον μαχούμενος συνῄει. Ὡς δὲ εἶδον οἱ Ἕλληνες ἐγγύς τε ὄντας καὶ παρατεταγμένους, αὖθις παιανίσαντες ἐπῇσαν πολὺ ἔτι προθυμότερον ἢ τὸ πρόσθεν. (11) Οἱ δ᾿ αὖ βάρβαροι οὐκ ἐδέχοντο, ἀλλ᾿ ἐκ πλέονος ἢ τὸ πρόσθεν ἔφευγον· οἱ δ᾿ ἐπεδίωκον μέχρι κώμης τινός· ἐνταῦθα δ᾿ ἔστησαν οἱ Ἕλληνες (12) ὑπὲρ γὰρ τῆς κώμης γήλοφος ἦν, ἐφ᾿ οὗ ἀνεστράφησαν οἱ ἀμφὶ βασιλέα, πεζοὶ μὲν οὐκέτι, τῶν δὲ ἱππέων ὁ λόφος ἐνεπλήσθη, ὥστε τὸ ποιούμενον μὴ γιγνώσκειν. Καὶ τὸ βασίλειον σημεῖον ὁρᾶν ἔφασαν, ἀετόν τινα χρυσοῦν ἐπὶ πέλτης ἐπὶ ξύλου ἀνατεταμένον. (13) Ἐπεὶ δὲ καὶ ἐνταῦθ᾿ ἐχώρουν οἱ Ἕλληνες, λείπουσι δὴ καὶ τὸν λόφον οἱ ἱππεῖς· οὐ μὴν ἔτι ἀθρόοι ἀλλ᾿ ἄλλοι ἄλλοθεν· ἐψιλοῦτο δ᾿ ὁ λόφος τῶν ἱππέων· τέλος δὲ καὶ πάντες ἀπεχώρησαν. (14) Ὁ οὖν Κλέαρχος οὐκ ἀνεβίβαζεν ἐπὶ τὸν λόφον, ἀλλ᾿ ὑπ᾿ αὐτὸν στήσας τὸ στράτευμα πέμπει Λύκιον τὸν Συρακόσιον καὶ ἄλλον ἐπὶ τὸν λόφον καὶ κελεύει κατιδόντας τὰ ὑπὲρ τοῦ λόφου τί ἐστιν ἀπαγγεῖλαι. (15) Καὶ ὁ Λύκιος ἤλασέ τε καὶ ἰδὼν ἀπαγγέλλει ὅτι φεύγουσιν ἀνὰ κράτος. Σχεδὸν δ᾿ ὅτε ταῦτα ἦν καὶ ἥλιος ἐδύετο. (16) Ἐνταῦθα δ᾿ ἔστησαν οἱ Ἕλληνες καὶ θέμενοι τὰ ὅπλα ἀνεπαύοντο· καὶ ἅμα μὲν ἐθαύμαζον ὅτι οὐδαμοῦ Κῦρος φαίνοιτο οὐδ᾿ ἄλλος ἀπ᾿ αὐτοῦ οὐδεὶς παρείη· οὐ γὰρ ᾔδεσαν αὐτὸν τεθνηκότα, ἀλλ᾿ εἴκαζον ἢ διώκοντα οἴχεσθαι ἢ καταληψόμενόν τι προεληλακέναι· (17) καὶ αὐτοὶ ἐβουλεύοντο εἰ αὐτοῦ μείναντες τὰ σκευοφόρα ἐνταῦθα ἄγοιντο ἢ ἀπίοιεν ἐπὶ τὸ στρατόπεδον. Ἔδοξεν οὖν αὐτοῖς ἀπιέναι· καὶ ἀφικνοῦνται ἀμφὶ δόρπηστον ἐπὶ τὰς σκηνάς. (18) Ταύτης μὲν τῆς ἡμέρας τοῦτο τὸ τέλος ἐγένετο. Καταλαμβάνουσι δὲ τῶν τε ἄλλων χρημάτων τὰ πλεῖστα διηρπασμένα καὶ εἴ τι σιτίον ἢ ποτὸν ἦν, καὶ τὰς ἁμάξας, μεστὰς ἀλεύρων καὶ οἴνου, ἃς παρεσκευάσατο Κῦρος, ἵνα εἴ ποτε σφοδρὰ τὸ στράτευμα λάβοι ἔνδεια, διαδοίη τοῖς Ἕλλησιν· ἦσαν δ᾿ αὗται τετρακόσιαι ὡς ἐλέγοντο ἅμαξαι· καὶ ταύτας τότε οἱ σὺν βασιλεῖ διήρπασαν. (19) Ὥστε ἄδειπνοι ἦσαν οἱ πλεῖστοι τῶν Ἑλλήνων· ἦσαν δὲ καὶ ἀνάριστοι· πρὶν γὰρ δὴ καταλῦσαι τὸ στράτευμα πρὸς ἄριστον βασιλεὺς ἐφάνη. Ταύτην μὲν οὖν τὴν νύκτα οὕτω διεγένοντο.

replicare, uta tergo flumen haberent. Hoc dum illi capiunt consilii, rex continuo phalangis forma in eandem, quam prius habuit, permutata, eam, uti primum ad pugnam conserendam accesserat, exadversum hostem constituit. Cum autem Graeci eos et in propinquo et instructos esse cernerent, rursum paeana ubi cecinerant, multo etiam alacrius, quam antea, eos invadebant. Horum barbari non excipiebant impetum, sed ex majore intervallo quam antea, fugam capiebant: quos Graeci ad vicum quendam persequuntur; ubi demum subsistunt : nam supra vicum collis erat, in quo se converterant ii, qui circa regem erant; in quibus pedites quidem non erant, sed equitibus impletus erat collis ; adeo ut quid ageretur sciri non posset. Signum etiam regium videre se dicebant, auream quandam aquilam in hastae cuspide extensam. Cum autem Graeci huc etiam tenderent, deserunt quoque collem equites, non sane copiis jam confertis, sed alii ex alia parte : nudabaturque adeo equitatu collis: tandem etiam omnes discessere. Clearchus quidem non continuo copias in collem promovit, sed iis sub ipso collocatis, Lycium Syracusanum cum alio quodam mittit, et imperat, ut speculati quae essent in colle, quomodo se habeant, ipsi renuntiarent. Itaque Lycius in eum adequitavit, et cum omnia vidisset, fugere hostes totis viribus renuntiat. Jamque adeo, cum haec gererentur, sol propemodum occidebat. Atque hic Graeci substiterunt, et sub armis conquiescebant : simul mirabantur, Cyrum nusquam adparuisse, nec alium ab ipso quenquam adfuisse; neque enim mortuum eum esse norant, sed vel insequendis hostibus intentum abiisse, vel ad occupandum aliquid provectum esse conjiciebant : ipsique adeo consultabant, num illic commorati impediments eo adducerent, an ad castra discederent. Ipsis tandem visum est discedere ; atque adeo sub coenae tempus ad tentoria perveniunt. Et hic quidem hujus fuit diei finis. Offendunt autem cum alias fortunas maxima ex parte direptas, tum quidquid potulentum esculentumve fuerat; et plaustra farina vinoque referta, quae Cyrus sibi paraverat, ut si quando gravis exercitum incesseret inopia, Graecis ea distribueret ; plaustra autem ipsa numero fuisse dicuntur quadringenta : haec vero etiam tunc a regis turn diripuerant copiae : adeo ut maxima Graecorum pars coena careret, cum ne pransi quidem fuissent : nam priusquam ad prandium in castra diverteret exercitus, rex adparuit. Atque hanc quidem noctem sic exegerunt.

ΒΙΒΛΙΟΝ Β.

ΚΕΦΑΛΑΙΟΝ Α.

Ὡς μὲν οὖν ἠθροίσθη Κύρῳ τὸ Ἑλληνικὸν, ὅτε ἐπὶ τὸν ἀδελφὸν Ἀρταξέρξην ἐστρατεύετο, καὶ ὅσα ἐν τῇ ἀνόδῳ ἐπράχθη καὶ ὡς ἡ μάχη ἐγένετο καὶ ὡς Κῦρος ἐτελεύτησε καὶ ὡς ἐπὶ τὸ στρατόπεδον ἐλθόντες οἱ Ἕλ-

LIBER II.

CAPUT I.

Et quemadmodum quidem Graecae Cyro copiae coactae fuere, quo tempore adversus fratrem Artaxerxem expeditionem suscepit, et quaecunque inter adscensum gesta fuerunt, quo pacto pugna fuit commissa, qua ratione Cyrus occubuit,

ληνες ἐκοιμήθησαν οἰόμενοι τὰ πάντα νικᾶν καὶ Κῦρον ζῆν, ἐν τῷ ἔμπροσθεν λόγῳ δεδήλωται. (2) Ἅμα δὲ τῇ ἡμέρᾳ συνελθόντες οἱ στρατηγοὶ ἐθαύμαζον ὅτι Κῦρος οὔτε ἄλλον πέμποι σημανοῦντα ὅ,τι χρὴ ποιεῖν οὔτε αὐτὸς φαίνοιτο. Ἔδοξεν οὖν αὐτοῖς συσκευασαμένοις ἃ εἶχον καὶ ἐξοπλισαμένοις προϊέναι εἰς τὸ πρόσθεν, ἕως Κύρῳ συμμίξειαν. (3) Ἤδη δὲ ἐν ὁρμῇ ὄντων ἅμα ἡλίῳ ἀνίσχοντι ἦλθε Προκλῆς ὁ Τευθρανίας ἄρχων, γεγονὼς ἀπὸ Δημαράτου τοῦ Λάκωνος, καὶ Γλοῦς ὁ Ταμώ. Οὗτοι ἔλεγον ὅτι Κῦρος μὲν τέθνηκεν, Ἀριαῖος δὲ πεφευγὼς ἐν τῷ σταθμῷ εἴη μετὰ τῶν ἄλλων βαρβάρων ὅθεν τῇ προτεραίᾳ ὡρμῶντο, καὶ λέγοι ὅτι ταύτην μὲν τὴν ἡμέραν περιμείνειεν ἂν αὐτούς, εἰ μέλλοιεν ἥκειν, τῇ δὲ ἄλλῃ ἀπιέναι φαίη ἐπὶ Ἰωνίας, ὅθενπερ ἦλθε. (4) Ταῦτα ἀκούσαντες οἱ στρατηγοὶ καὶ οἱ ἄλλοι Ἕλληνες πυνθανόμενοι βαρέως ἔφερον. Κλέαρχος δὲ τάδε εἶπεν. Ἀλλ' ὤφελε μὲν Κῦρος ζῆν· ἐπεὶ δὲ τετελεύτηκεν, ἀπαγγέλλετε Ἀριαίῳ ὅτι ἡμεῖς νικῶμέν τε βασιλέα καὶ ὡς ὁρᾶτε οὐδεὶς ἔτι ἡμῖν μάχεται, καὶ εἰ μὴ ὑμεῖς ἤλθετε, ἐπορευόμεθα ἂν ἐπὶ βασιλέα. Ἐπαγγελλόμεθα δὲ Ἀριαίῳ, ἐὰν ἐνθάδε ἔλθῃ, εἰς τὸν θρόνον τὸν βασίλειον καθιεῖν αὐτόν· τῶν γὰρ μάχῃ νικώντων καὶ τὸ ἄρχειν ἐστί. (5) Ταῦτ' εἰπὼν ἀποστέλλει τοὺς ἀγγέλους καὶ σὺν αὐτοῖς Χειρίσοφον τὸν Λάκωνα καὶ Μένωνα τὸν Θετταλόν· καὶ γὰρ αὐτὸς Μένων ἐβούλετο· ἦν γὰρ φίλος καὶ ξένος Ἀριαίου. (6) Οἱ μὲν ᾤχοντο, Κλέαρχος δὲ περιέμενε. Τὸ δὲ στράτευμα ἐπορίζετο σῖτον ὅπως ἐδύνατο ἐκ τῶν ὑποζυγίων κόπτοντες τοὺς βοῦς καὶ ὄνους· ξύλοις δ' ἐχρῶντο μικρὸν προϊόντες ἀπὸ τῆς φάλαγγος οὗ ἡ μάχη ἐγένετο τοῖς τε οἰστοῖς πολλοῖς οὖσιν, οὓς ἠνάγκαζον οἱ Ἕλληνες ἐκβάλλειν τοὺς αὐτομολοῦντας παρὰ βασιλέως, καὶ τοῖς γέρροις καὶ ταῖς ἀσπίσι ταῖς ξυλίναις ταῖς Αἰγυπτίαις· πολλαὶ δὲ καὶ πέλται καὶ ἅμαξαι ἦσαν φέρεσθαι ἔρημοι· οἷς πᾶσι χρώμενοι κρέα ἕψοντες ἤσθιον ἐκείνην τὴν ἡμέραν. (7) Καὶ ἤδη τε ἦν περὶ πλήθουσαν ἀγορὰν καὶ ἔρχονται παρὰ βασιλέως καὶ Τισσαφέρνους κήρυκες οἱ μὲν ἄλλοι βάρβαροι· ἦν δ' αὐτῶν Φαλῖνος εἷς Ἕλλην, ὃς ἐτύγχανε παρὰ Τισσαφέρνει ὢν καὶ ἐντίμως ἔχων· καὶ γὰρ προσεποιεῖτο ἐπιστήμων εἶναι τῶν ἀμφὶ τάξεις τε καὶ ὁπλομαχίαν. (8) Οὗτοι δὲ προσελθόντες καὶ καλέσαντες τοὺς τῶν Ἑλλήνων ἄρχοντας λέγουσιν ὅτι βασιλεὺς κελεύει τοὺς Ἕλληνας, ἐπεὶ νικῶν τυγχάνει, καὶ Κῦρον ἀπέκτονε, παραδόντας τὰ ὅπλα ἰόντας ἐπὶ τὰς βασιλέως θύρας εὑρίσκεσθαι ἄν τι δύνωνται ἀγαθόν. (9) Ταῦτα μὲν εἶπον οἱ βασιλέως κήρυκες· οἱ δὲ Ἕλληνες βαρέως μὲν ἤκουσαν, ὅμως δὲ Κλέαρχος τοσοῦτον εἶπεν ὅτι οὐ τῶν νικώντων εἴη τὰ ὅπλα παραδιδόναι· ἀλλ', ἔφη, ὑμεῖς μέν, ὦ ἄνδρες στρατηγοί, τούτοις ἀποκρίνασθε ὅ,τι κάλλιστόν τε καὶ ἄριστον ἔχετε· ἐγὼ δὲ αὐτίκα ἥξω. Ἐκάλεσε γάρ τις αὐτὸν τῶν ὑπηρετῶν, ὅπως ἴδοι τὰ ἱερὰ ἐξῃρημένα· ἔτυχε γὰρ θυόμενος. (10) Ἔνθα δὴ ἀπεκρίνατο Κλεάνωρ μὲν ὁ Ἀρκὰς πρεσβύτατος ὢν ὅτι πρόσθεν ἂν ἀποθάνοιεν ἢ τὰ ὅπλα παραδοίησαν· Πρόξενος δὲ ὁ Θηβαῖος, Ἀλλ' ἐγώ, ἔφη,

quomodo Græci ad castra sua profecti quieti sederunt, quod vicisse se omni ex parte existimarent, Cyrumque adeo superstitem esse, superiore libro expositum est. Cum vero prima luce convenissent duces, mirabantur quod Cyrus nec allum quenquam mitteret, qui quid agendum esset significaret, nec ipse adpareret. Iis itaque tandem visum est, vasis quæ ipsis reliqua erant collectis, armisque sumptis, ulterius procedere, usquedum Cyro sese conjungerent. Et cum jam in ipso essent egressu, sub ipsum solis ortum venit Procles Teuthraniæ præfectus, qui a Damarato Lacedæmonio genus ducebat, et Tami filius Glus. Narrabant hi, Cyrum mortuum esse, Ariæum vero, fugæ qui se dedisset, ea esse in statione cum reliquis barbaris, unde pridie discessisent, et dicere eum, velle se diem istum eos exspectare, si venturi essent; altero in Ioniam abire, unde venisset. Hæc cum duces audissent, Græcique adeo ceteri, graviter ferebant. Clearchus autem hæc dixit: Utinam Cyrus viveret; verum quandoquidem mortem obiit, renuntiate Ariæo nos quidem vicisse regem, næminemque, uti videtis, amplius adversus nos pugnare; quod nisi vos venissetis, adversus regem perrexissemus. Ariæo vero pollicemur, huc si venerit, nos ipsum regio in solio collocaturos: eorum enim, qui prælio vincunt, etiam imperare est. Cum hæc dixisset, nuntios, unaque cum iis Chirisophum Lacedæmonium, et Menonem Thessalum misit : nam Meno ipse sic volebat; quippe qui amicus erat et hospes Ariæi. Hi quidem discessere, atque ibi Clearchus reditum eorum exspectabat. Ceterum exercitus cibum sibi, ut poterat, ex jumentis, boves ac asinos cædendo, parabat : progressique paulum ab acie, prælium ubi commissum fuerat, pro lignis utebantur sagittis, quarum magna erat copia, quas quidem transfugas a rege projicere coegerant Græci ; scutis item Persicis, et ligneis scutis Ægyptiacis : multæ erant et peltæ, et plaustra vacua ; quibus usi omnibus, elixas carnes illo die comedebant. Jamque adeo id temporis erat, quo frequens hominibus forum esse solet, cum a rege ac Tissapherne veniunt caduceatores, alii quidem barbari; unus ex iis Græcus erat Phalinus nomine, qui tunc forte apud Tissaphernem erat, et quidem in honore ; quippe qui earum rerum simulabat peritiam, ad aciem struendam quæ spectarent et ad artem armis depugnandi. Hi cum accessissent Græcorumque præfectos vocassent, jubere aiunt regem, Græcos cum ipse vicisset et Cyrum interfecisset, traditis armis, regis ad portas proficisci, et si quid commodi possint impetrare. Hæc regis aiebant caduceatores: quæ tametsi audita graviter Græci ferebant, Clearchus tamen id unum respondit, non esse illorum qui vicissent, arma tradere; verum vos duces, ait, iis respondete quidquid honestissimum optimumque responsu habetis; ego mox revertar. Nam ex ministris quidam eum accessiverat, ut exta jam exempta inspiceret; quod id forte temporis rem sacram faceret. Ibi Cleanor Arcas, natu maximus omnium, respondit prius se morituros, quam arma traderent: Proxenus vero Thebanus, Equidem miror, inquit,

ὦ Φαλῖνε, θαυμάζω πότερα ὡς κρατῶν βασιλεὺς αἰτεῖ τὰ ὅπλα ἢ ὡς διὰ φιλίαν δῶρα. Εἰ μὲν γὰρ ὡς κρατῶν, τί δεῖ αὐτὸν αἰτεῖν καὶ οὐ λαβεῖν ἐλθόντα; εἰ δὲ πείσας βούλεται λαβεῖν, λεγέτω τί ἔσται τοῖς στρατιώταις, ἐὰν αὐτῷ ταῦτα χαρίσωνται. (11) Πρὸς ταῦτα Φαλῖνος εἶπε, Βασιλεὺς νικᾶν ἡγεῖται, ἐπεὶ Κῦρον ἀπέκτονε. Τίς γὰρ αὐτῷ ἔστιν ὅστις τῆς ἀρχῆς ἀντιποιεῖται; νομίζει δὲ καὶ ὑμᾶς ἑαυτοῦ εἶναι, ἔχων ἐν μέσῃ τῇ ἑαυτοῦ χώρᾳ καὶ ποταμῶν ἐντὸς ἀδιαβάτων καὶ πλῆθος ἀνθρώπων ἐφ᾽ ὑμᾶς δυνάμενος ἀγαγεῖν ὅσον οὐδ᾽ εἰ παρέχοι ὑμῖν δύναισθε ἂν ἀποκτεῖναι. (12) Μετὰ τοῦτον Θεόπομπος Ἀθηναῖος εἶπεν, Ὦ Φαλῖνε, νῦν, ὡς σὺ ὁρᾷς, ἡμῖν οὐδέν ἐστιν ἀγαθὸν ἄλλο εἰ μὴ ὅπλα καὶ ἀρετή. Ὅπλα μὲν οὖν ἔχοντες οἰόμεθα ἂν καὶ τῇ ἀρετῇ χρῆσθαι, παραδόντες δ᾽ ἂν ταῦτα καὶ τῶν σωμάτων στερηθῆναι. Μὴ οὖν οἴου τὰ μόνα ἀγαθὰ ἡμῖν ὄντα ὑμῖν παραδώσειν, ἀλλὰ σὺν τούτοις καὶ περὶ τῶν ὑμετέρων ἀγαθῶν μαχούμεθα. (13) Ἀκούσας δὲ ταῦτα ὁ Φαλῖνος ἐγέλασε καὶ εἶπεν, Ἀλλὰ φιλοσόφῳ μὲν ἔοικας, ὦ νεανίσκε, καὶ λέγεις οὐκ ἀχάριστα· ἴσθι μέντοι ἀνόητος ὤν, εἰ οἴει τὴν ὑμετέραν ἀρετὴν περιγενέσθαι ἂν τῆς βασιλέως δυνάμεως. (14) Ἄλλους δέ τινας ἔφασαν λέγειν ὑπομαλακιζομένους ὡς καὶ Κύρῳ πιστοὶ ἐγένοντο καὶ βασιλεῖ ἂν πολλοῦ ἄξιοι γένοιντο, εἰ βούλοιτο φίλος γενέσθαι· καὶ εἴτε ἄλλο τι θέλοι χρῆσθαι εἴτ᾽ ἐπ᾽ Αἴγυπτον στρατεύειν, συγκαταστρέψαιντ᾽ ἂν αὐτῷ. (15) Ἐν τούτῳ Κλέαρχος ἧκε, καὶ ἠρώτησεν εἰ ἤδη ἀποκεκριμένοι εἶεν. Φαλῖνος δὲ ὑπολαβὼν εἶπεν, Οὗτοι μέν, ὦ Κλέαρχε, ἄλλος ἄλλα λέγει· σὺ δ᾽ ἡμῖν εἰπὲ τί λέγεις. (16) Ὁ δ᾽ εἶπεν, Ἐγώ σε, ὦ Φαλῖνε, ἁσμένως ἑώρακα, οἶμαι δὲ καὶ οἱ ἄλλοι πάντες· σύ τε γὰρ Ἕλλην εἶ καὶ ἡμεῖς τοσοῦτοι ὄντες ὅσους σὺ ὁρᾷς. Ἐν τοιούτοις δὲ ὄντες πράγμασι συμβουλευόμεθά σοι τί χρὴ ποιεῖν περὶ ὧν λέγεις. (17) Σὺ οὖν πρὸς θεῶν συμβούλευσον ἡμῖν ὅ τι σοι δοκεῖ κάλλιστον καὶ ἄριστον εἶναι, καὶ ὅ σοι τιμὴν οἴσει εἰς τὸν ἔπειτα χρόνον ἀναλεγόμενον, ὅτι Φαλῖνός ποτε πεμφθεὶς παρὰ βασιλέως κελεύσων τοὺς Ἕλληνας τὰ ὅπλα παραδοῦναι ξυμβουλευομένοις ξυνεβούλευσεν αὐτοῖς τάδε. Οἶσθα δ᾽ ὅτι ἀνάγκη λέγεσθαι ἐν τῇ Ἑλλάδι ἃ ἂν συμβουλεύσῃς. (18) Ὁ δὲ Κλέαρχος ταῦτα ὑπήγετο βουλόμενος καὶ αὐτὸν τὸν παρὰ βασιλέως πρεσβεύοντα ξυμβουλεῦσαι μὴ παραδοῦναι τὰ ὅπλα, ὅπως εὐέλπιδες μᾶλλον εἶεν οἱ Ἕλληνες. (19) Φαλῖνος δὲ ὑποστρέψας παρὰ τὴν δόξαν αὐτοῦ εἶπεν, Ἐγώ, εἰ μὲν τῶν μυρίων ἐλπίδων μία τις ὑμῖν ἐστι σωθῆναι πολεμοῦντας βασιλεῖ, συμβουλεύω μὴ παραδιδόναι τὰ ὅπλα· εἰ δέ τοι μηδεμία σωτηρίας ἐστὶν ἐλπὶς ἄκοντος βασιλέως, συμβουλεύω σώζεσθαι ὑμῖν ὅπῃ δυνατόν. (20) Κλέαρχος δὲ πρὸς ταῦτα εἶπεν, Ἀλλὰ ταῦτα μὲν δὴ σὺ λέγεις· παρ᾽ ἡμῶν δὲ ἀπάγγελλε τάδε ὅτι ἡμεῖς οἰόμεθα, εἰ μὲν δέοι βασιλεῖ φίλους εἶναι, πλείονος ἂν ἄξιοι εἶναι φίλοι ἔχοντες τὰ ὅπλα ἢ παραδόντες ἄλλῳ, εἰ δὲ δέοι πολεμεῖν, ἄμεινον ἂν πολεμεῖν ἔχοντες τὰ ὅπλα ἢ ἄλλῳ παραδόντες. (21) Ὁ δὲ Φαλῖνος εἶπε, Ταῦτα μὲν δὴ

Phaline, utrum tanquam victor arma rex postulet, an amicitiae nomine munera. Nam si ea, ut qui vicerit, postulat, quid opus est postulare, quin potius huc veniat capiatque? sin id velit ut ea persuadendo consequatur, dicat quid habituri sint milites, haec si ei gratificati fuerint. Ad haec Phalinus, Rex, inquit, vicisse se arbitratur, quia Cyrum occidit. Quis enim est imperium qui sibi vindicet? Vos etiam suos esse existimat, quippe quos in media ipsius regione, intraque flumina vix superanda tenet; et adversus vos hominum multitudinem ducere potest, quantam, ne si data quidem vobis fuerit facultas, perimere possetis. Post deinde Theopompus Atheniensis, Nobis jam, inquit, Phaline, nihil aliud boni, ut vides, nisi arma et virtus. Et arma quidem certe quamdiu habemus, virtutem nobis esse usui posse putamus : ea si tradiderimus, fore etiam uti corporibus simus privati suspicamur. Ne igitur existimato quae sola nobis reliqua sunt, ea nos bona tradituros : sed his de bonis etiam vestris pugnabimus. Haec cum audisset Phalinus, risit, Et tu quidem, ait, philosophi speciem prae te fers, adolescens, et non injucunda profers : verum te stultum esse scito, si virtutem vestram regis viribus superiorem fore arbitraris. Alios autem nonnullos fuisse ferebantur, qui animi nonnihil remissi, Cyro fidos se fuisse dicerent, atque etiam regi magno commodo futuros, si amicus ipsis esse velit : atque sive ad aliud aliquid ipsorum uti opera, sive expeditionem adversus Aegyptum suscipere vellet, ad eam una cum ipso subigendam se fore paratos. Interea venit Clearchus, et, num jam respondissent, quaesivit. Cujus cum sermonem excepisset Phalinus, Horum, inquit, alius aliud, Clearche, profert : tu vero quid jubeas, exponito. Et ille, Ego te libens, ait, Phaline, vidi, atque ut itidem opinor, omnes: nam et tu Graecus es, et nos, qui tot numero sumus, quot ipse vides : in tali autem rerum nostrarum statu te consulimus quid in iis faciendum sit, de quibus dicis. Quamobrem, per deos, id nobis consilii dato quod tibi pulcherrimum esse opinionemque videtur, et quod postero tempore commemorantum tibi honorem adferet, Phalinum scilicet a rege missum olim, ut Graecos arma tradere juberet, consulentibus ipsi hoc consilii dedisse. Scis autem necessario futurum ut ejus, tu quod dederis, consilii in Graecia mentio fiat. Clearchus autem hoc subjiciebat, quia volebat ut etiam ipse qui legatus a rege venerat, non consilii daret, ne arma traderent, ut spem Graeci meliorem conciperent. At Phalinus reversus, praeter ejus opinionem ita dixit: Ego si vel una quidem spes de mille vobis est, fore vos salvos si bellum regi faciatis, hoc consilii do, ne tradatis arma ; sin rege invito nulla vobis reliqua spes est salutis, salutem amplectendam esse, qua licet ratione, moneo. Ad ea Clearchus, Dicis tu quidem haec ; verum a nobis haec renuntiato, existimare nos, si regi amicos esse oporteat, utiliores nos ipsi fore amicos, arma cum teneamus, atque etiam quam si tradiderimus : sin bellum fuerit gerendum, melius bellaturos arma si habeamus, quam si alii tradiderimus. Et Phalinus, Haec quidem, ait, renuntiabi-

ἀπαγγελοῦμεν· ἀλλὰ καὶ τάδε ὑμῖν εἰπεῖν ἐκέλευσε βασιλεύς ὅτι μένουσι μὲν αὐτοῦ σπονδαὶ εἴησαν, προϊοῦσι δὲ καὶ ἀπιοῦσι πόλεμος. Εἴπατε οὖν καὶ περὶ τούτου πότερα μενεῖτε καὶ σπονδαί εἰσιν ἢ ὡς πολέμου ὄντος παρ' ὑμῶν ἀπαγγελῶ. (22) Κλέαρχος δ' ἔλεξεν, Ἀπάγγελλε τοίνυν καὶ περὶ τούτου ὅτι καὶ ἡμῖν ταὐτὰ δοκεῖ ἅπερ καὶ βασιλεῖ. Τί οὖν ταῦτά ἐστιν; ἔφη ὁ Φαλῖνος. Ἀπεκρίνατο Κλέαρχος, Ἢν μὲν μένωμεν, σπονδαί, ἀπιοῦσι δὲ καὶ προϊοῦσι πόλεμος. (23) Ὁ δὲ πάλιν ἠρώτησε, Σπονδὰς ἢ πόλεμον ἀπαγγελῶ; Κλέαρχος δὲ ταὐτὰ πάλιν ἀπεκρίνατο, Σπονδαὶ μὲν μένουσιν, ἀπιοῦσι δὲ ἢ προϊοῦσι πόλεμος. Ὅ,τι δὲ ποιήσοι οὐδὲ τούτοις διεσήμηνε.

mus: sed et ista vobis ut diceremus præcepit rex, manentibus hic vobis fœdus, progredientibus ac discedentibus bellum propositum esse. Igitur hoc etiam dicite: num manebitis et fœdera inter nos facienda sunt, an bellum esse a vobis renuntiavero. Et Clearchus, De his vero etiam renuntiato, inquit, nobis quoque eadem, quæ regi, videri. Quæ tandem hæc sunt? inquit Phalinus. Si manserimus, respondit Clearchus, fœdera; at discedentibus ac progredientibus bellum fore. Et ille iterum quæsivit, Fœderane an bellum renuntiabo? Clearchus rursum hæc respondit, Fœdera quidem manentibus, discedentibus autem vel progredientibus bellum esto. Quid autem ipse facturus esset, non significabat.

ΚΕΦΑΛΑΙΟΝ Β.

Φαλῖνος μὲν δὴ ᾤχετο καὶ οἱ σὺν αὐτῷ. Οἱ δὲ παρὰ Ἀριαίου ἧκον Προκλῆς καὶ Χειρίσοφος· Μένων δὲ αὐτοῦ ἔμενε παρὰ Ἀριαίῳ. Οὗτοι δὲ ἔλεγον ὅτι πολλοὺς φαίη Ἀριαῖος εἶναι Πέρσας ἑαυτοῦ βελτίους, οὓς οὐκ ἂν ἀνασχέσθαι αὐτοῦ βασιλεύοντος· ἀλλ' εἰ βούλεσθε συναπιέναι, ἥκειν ἤδη κελεύει τῆς νυκτός· εἰ δὲ μή, αὐτὸς πρωῒ ἀπιέναι φησίν. (2) Ὁ δὲ Κλέαρχος εἶπεν, Ἀλλ' οὕτω χρὴ ποιεῖν· ἐὰν μὲν ἥκωμεν, ὥσπερ λέγετε· εἰ δὲ μή, πράττετε ὁποῖον ἄν τι ὑμῖν οἴησθε μάλιστα συμφέρειν. Ὅ,τι δὲ ποιήσοι οὐδὲ τούτοις εἶπε. (3) Μετὰ δὲ ταῦτα ἤδη ἡλίου δύνοντος συγκαλέσας τοὺς στρατηγοὺς καὶ λοχαγοὺς ἔλεξε τοιάδε. Ἐμοί, ὦ ἄνδρες, θυομένῳ ἰέναι ἐπὶ βασιλέα οὐκ ἐγίγνετο τὰ ἱερά. Καὶ εἰκότως ἄρα οὐκ ἐγίγνετο· ὡς γὰρ ἐγὼ νῦν πυνθάνομαι, ἐν μέσῳ ἡμῶν καὶ βασιλέως ὁ Τίγρης ποταμός ἐστι ναυσίπορος, ὃν οὐκ ἂν δυναίμεθα ἄνευ πλοίων διαβῆναι· πλοῖα δὲ ἡμεῖς οὐκ ἔχομεν. Οὐ μὲν δὴ αὐτοῦ γε μένειν οἷόν τε· τὰ γὰρ ἐπιτήδεια οὐκ ἔστιν ἔχειν· ἰέναι δὲ παρὰ τοὺς Κύρου φίλους πάνυ καλὰ ἡμῖν τὰ ἱερὰ ἦν. (4) Ὧδε οὖν χρὴ ποιεῖν· ἀπιόντας δειπνεῖν ὅ, τι τις ἔχει· ἐπειδὰν δὲ σημήνῃ τῷ κέρατι ὡς ἀναπαύεσθαι, συσκευάζεσθε· ἐπειδὰν δὲ τὸ δεύτερον, ἀνατίθεσθε ἐπὶ τὰ ὑποζύγια· ἐπὶ δὲ τῷ τρίτῳ ἕπεσθε τῷ ἡγουμένῳ, τὰ μὲν ὑποζύγια ἔχοντες πρὸς τοῦ ποταμοῦ, τὰ δὲ ὅπλα ἔξω. (5) Ταῦτα ἀκούσαντες οἱ στρατηγοὶ καὶ λοχαγοὶ ἀπῆλθον καὶ ἐποίουν οὕτω. Καὶ τὸ λοιπὸν ὁ μὲν ἦρχεν, οἱ δὲ ἐπείθοντο, οὐχ ἑλόμενοι, ἀλλὰ ὁρῶντες ὅτι μόνος ἐφρόνει οἷα ἔδει τὸν ἄρχοντα, οἱ δ' ἄλλοι ἄπειροι ἦσαν. (6) Ἀριθμὸς δὲ τῆς ὁδοῦ ἣν ἦλθον ἐξ Ἐφέσου τῆς Ἰωνίας μέχρι τῆς μάχης σταθμοὶ τρεῖς καὶ ἐνενήκοντα, παρασάγγαι πέντε καὶ τριάκοντα καὶ πεντακόσιοι, στάδιοι πεντήκοντα καὶ ἑξακισχίλιοι καὶ μύριοι· ἀπὸ δὲ τῆς μάχης ἐλέγοντο εἶναι εἰς Βαβυλῶνα στάδιοι ἑξήκοντα καὶ τριακόσιοι. (7) Ἐντεῦθεν ἐπεὶ σκότος ἐγένετο Μιλτοκύθης μὲν ὁ Θρᾷξ ἔχων τούς τε ἱππέας τοὺς μεθ' ἑαυτοῦ εἰς τετταράκοντα καὶ τῶν πεζῶν Θρᾳκῶν ὡς τριακοσίους ηὐτομόλησε πρὸς βασιλέα. (8) Κλέαρχος δὲ τοῖς ἄλλοις ἡγεῖτο κατὰ τὰ παρηγγελ-

CAPUT II.

Et Phalinus quidem cum suis abibat. Procles vero et Chirisophus ab Ariæo redierunt: Menon autem ibi apud Ariæum mansit. Illi referebant, dixisse Ariæum multos esse Persas dignitate se præstantiores, qui laturi non sint ut rerum ipse potiatur: verum si vultis una cum eo discedere, noctu jam venire nos jubet; sin minus, postero se mane discessurum ait. Et Clearchus, Enimvero sic faciendum est, inquit, si ad ipsum venerimus, quemadmodum dicitis: sin minus, id facite, quod vobis maxime profuturum existimetis. Ipse quid facturus esset, ne his quidem indicabat. Post hæc, sole jam occidente, convocatis ducibus ac cohortium præfectis, hujusmodi quædam dixit: Sacram mihi rem facienti, viri, de expeditione adversus regem non læta fuerunt exta. Ex merito quidem læta non fuerunt. Nam ut ego jam intelligo, medio regem inter et nos loco Tigris fluvius est navigabilis, quem sine navigiis transire non poterimus : at nos navigia non habemus. Atque hic quidem fieri non potest ut maneamus; quippe desunt commeatus : ceterum de profectione ad amicos Cyri, læta admodum exta nobis erant. Quamobrem sic faciendum est: abeuntibus cœnandum, quod cuique suppetit; deinde cum solemne quiescendi signum cornu datum fuerit, vasa colligite: cum signum alterum datum fuerit, jumentis ea imponite : ad signum tertium, ducentem sic sequimini, ut secundum fluvium jumenta sint, extra armati. Quæ cum duces ac præfecti cohortium audiissent, abierunt, ac ita fecerunt : atque posthac imperium is obtinebat, parebant illi non quod eum ad hoc delegissent, sed quia viderent solum sic sapere, ut principem in exercitu virum oporteat, cum alii nullum rerum usum haberent. Itineris autem, quod ab Epheso Ioniæ oppido ad prælii locum confecerant, mensura hæc est, castra nonaginta tria, parasangæ quingentæ triginta quinque, stadia sedecies mille et quinquaginta : a pugnæ vero loco ad Babylonem usque dicebantur esse trecenta stadiorum et sexaginta. Inde, tenebræ cum obductæ essent, Miltocythes Thrax cum equitibus, ipse quibus præerat, fere quadraginta, et trecentis circiter peditibus Thraciis, ad regem perfugit. Ceteris se ducem præstabat Clearchus, quemadmodum convenerat, ac seque

14.

μένα, οἱ δ' εἴποντο. Καὶ ἀφικνοῦνται εἰς τὸν πρῶτον σταθμὸν παρὰ Ἀριαῖον καὶ τὴν ἐκείνου στρατιὰν ἀμφὶ μέσας νύκτας· καὶ ἐν τάξει θέμενοι τὰ ὅπλα ξυνῆλθον οἱ στρατηγοὶ καὶ λοχαγοὶ τῶν Ἑλλήνων παρὰ Ἀριαῖον· καὶ ὤμοσαν οἵ τε Ἕλληνες καὶ Ἀριαῖος καὶ τῶν σὺν αὐτῷ οἱ κράτιστοι μήτε προδώσειν ἀλλήλους σύμμαχοί τε ἔσεσθαι· οἱ δὲ βάρβαροι προσώμοσαν καὶ ἡγήσεσθαι ἀδόλως. (9) Ταῦτα δ' ὤμοσαν, σφάξαντες ταῦρον καὶ λύκον καὶ κάπρον καὶ κριὸν εἰς ἀσπίδα, οἱ μὲν Ἕλληνες βάπτοντες ξίφος, οἱ δὲ βάρβαροι λόγχην. (10) Ἐπεὶ δὲ τὰ πιστὰ ἐγένετο, εἶπεν ὁ Κλέαρχος, Ἄγε δή, ὦ Ἀριαῖε, ἐπείπερ ὁ αὐτὸς ὑμῖν στόλος ἐστὶ καὶ ἡμῖν, εἰπὲ τίνα γνώμην ἔχεις περὶ τῆς πορείας, πότερον ἄπιμεν ἥπερ ἤλθομεν ἢ ἄλλην τινὰ ἐννενοηκέναι δοκεῖς ὁδὸν κρείττω. (11) Ὁ δ' εἶπεν, Ἢν μὲν ἤλθομεν ἀπιόντες παντελῶς ἂν ὑπὸ λιμοῦ ἀπολοίμεθα· ὑπάρχει γὰρ νῦν ἡμῖν οὐδὲν τῶν ἐπιτηδείων. Ἑπτακαίδεκα γὰρ σταθμῶν τῶν ἐγγυτάτω οὐδὲ δεῦρο ἰόντες ἐκ τῆς χώρας οὐδὲν εἴχομεν λαμβάνειν· ἔνθα δ' εἴ τι ἦν, ἡμεῖς διαπορευόμενοι κατεδαπανήσαμεν. Νῦν δ' ἐπινοοῦμεν πορεύεσθαι μακροτέραν μέν, τῶν δ' ἐπιτηδείων οὐκ ἀπορήσομεν. (12) Πορευτέον δ' ἡμῖν τοὺς πρώτους σταθμοὺς ὡς ἂν δυνώμεθα μακροτάτους, ἵνα ὡς πλεῖστον ἀποσπασθῶμεν τοῦ βασιλικοῦ στρατεύματος· ἢν γὰρ ἅπαξ δύο ἢ τριῶν ἡμερῶν ὁδὸν ἀπόσχωμεν, οὐκέτι μὴ δυνήσεται βασιλεὺς ἡμᾶς καταλαβεῖν. Ὀλίγῳ μὲν γὰρ στρατεύματι οὐ τολμήσει ἐφέπεσθαι· πολὺν δ' ἔχων στόλον οὐ δυνήσεται ταχέως πορεύεσθαι· ἴσως δὲ καὶ τῶν ἐπιτηδείων σπανιεῖ. Ταύτην, ἔφη, τὴν γνώμην ἔχω ἔγωγε.

13. Ἦν δὲ αὕτη ἡ στρατηγία οὐδὲν ἄλλο δυναμένη ἢ ἀποδρᾶναι ἢ ἀποφυγεῖν· ἡ δὲ τύχη ἐστρατήγησε κάλλιον. Ἐπεὶ γὰρ ἡμέρα ἐγένετο ἐπορεύοντο ἐν δεξιᾷ ἔχοντες τὸν ἥλιον, λογιζόμενοι ἥξειν ἅμα ἡλίῳ δύνοντι εἰς κώμας τῆς Βαβυλωνίας χώρας· καὶ τοῦτο μὲν οὐκ ἐψεύσθησαν. (14) Ἔτι δὲ ἀμφὶ δείλην ἔδοξαν πολεμίους ὁρᾶν ἱππέας· καὶ τῶν τε Ἑλλήνων οἳ μὴ ἔτυχον ἐν ταῖς τάξεσιν ὄντες εἰς τὰς τάξεις ἔθεον, καὶ Ἀριαῖος, ἐτύγχανε γὰρ ἐφ' ἁμάξης πορευόμενος διότι ἐτέτρωτο, καταβὰς ἐθωρακίζετο καὶ οἱ σὺν αὐτῷ. (15) Ἐν ᾧ δὲ ὡπλίζοντο ἧκον λέγοντες οἱ προπεμφθέντες σκοποὶ ὅτι οὐχ ἱππεῖς εἰσιν ἀλλ' ὑποζύγια νέμοιτο. Καὶ εὐθὺς ἔγνωσαν πάντες ὅτι ἐγγύς που ἐστρατοπεδεύετο βασιλεύς· καὶ γὰρ καὶ καπνὸς ἐφαίνετο ἐν κώμαις οὐ πρόσω. (16) Κλέαρχος δὲ ἐπὶ μὲν τοὺς πολεμίους οὐκ ἦγεν· ᾔδει γὰρ καὶ ἀπειρηκότας τοὺς στρατιώτας καὶ ἀσίτους ὄντας· ἤδη δὲ καὶ ὀψὲ ἦν· οὐ μέντοι οὐδὲ ἀπέκλινε, φυλαττόμενος μὴ δοκοίη φεύγειν, ἀλλ' εὐθύωρον ἄγων ἅμα τῷ ἡλίῳ δυομένῳ εἰς τὰς ἐγγυτάτω κώμας τοὺς πρώτους ἔχων κατεσκήνωσεν, ἐξ ὧν διήρπαστο ὑπὸ τοῦ βασιλικοῦ στρατεύματος καὶ αὐτὰ τὰ ἀπὸ τῶν οἰκιῶν ξύλα. (17) Οἱ μὲν οὖν πρῶτοι ὅμως τρόπῳ τινὶ ἐστρατοπεδεύσαντο, οἱ δὲ ὕστεροι σκοταῖοι προσιόντες ὡς ἐτύγχανον ἕκαστοι ηὐλίζοντο, καὶ κραυγὴν πολλὴν ἐποίουν καλοῦντες ἀλλήλους, ὥστε καὶ τοὺς πολεμίους

bantur illi. Perveniunt inde ad prima castra prope Ariæum ejusque exercitum, media fere nocte : cumque armis ordine disposuissent, Græcorum duces et præfecti cohortium apud Ariæum convenere ; et tam Græci quam Ariæus, cum aliis apud hunc dignitate præstantissimis, jurejurando firmabant, neque proditores se mutuo, et societatem fide culturos : barbari præterea jurejurando adfirmabant sine fraude se itineris duces futuros. In hæc autem sic jurarunt, ut apro, tauro, lupo, ariete in scutum mactatis, Græci gladium, barbari hastam ibi intingerent. Posteaquam data erat utrinque fides, Clearchus ait, Age vero, Ariæe, quandoquidem nobis eadem et vobis est expeditio, dicito tua quæ sit de itinere sententia : eademne, qua venimus, nobis abeundum sit via, an aliam animadvertisse tibi potiorem videris? Et ille, Si via, qua venimus, abierimus, omnes fame peribimus : jam nobis enim nulli suppetunt commeatus. Nam denis septenis castris proximis hisce ne tum quidem, cum huc pergeremus, ex ipsa quidquam regione capere potuimus : et si quid istic fuit, nos cum per eam proficisceremur penitus absumpsimus. Nunc cogitamus via longiore quidem illa proficisci, sed in qua commeatus non indigebimus. Ac primis quidem castris quam longissime poterimus nobis proficiscendum est, ut quam maxime regiis a copiis abstrahamur : nam si bidui semel aut tridui itinere ab ipsis abfuerimus, rex non jam amplius adsequi nos poterit. Parvis enim cum copiis insequi non audebit ; et magnum si ducat exercitum, celeriter progredi non poterit : atque forsan etiam commeatuum inopia premetur. Hæc mea, inquit, sententia est.

Ceterum hoc de ducendo exercitu consilium ad nihil aliud quam ad recessum vel fugam accommodatum erat : verum fortuna melius ducis est officio functa. Nam ubi dies illuxit, sic iter faciebant, ut solem haberent ad dextram, cum existimarent sole jam occidente ad vicos agri Babylonici se perventuros : in quo sane haudquaquam falsi sunt. Verum inclinato in vesperam die, hostilem sibi videre visi sunt equitatum : quare tum Græci qui forte ordines non servarant, ad ordines currebant, tum Ariæus (quippe curru forte faciebat iter, propterea quod vulneratus esset), de eo cum descendisset, thoracem induit, quod et sui fecerunt. Interea dum armis illi se induerent, speculatores præmissi redeunt, ac non equites istos esse nuntiant, sed jumenta pastum quærentia. Itaque statim animadvertebant omnes, regem alicubi in propinquo habere castra : nam et fumus haud procul in vicis conspiciebatur. At Clearchus in hostes non duxit ; norat enim et fatigatos esse milites, et jejunio laborare ; quin et serum jam diei erat : neque tamen via declinavit, cum caveret, ne fugere videretur : sed recto ducens tramite, sole jam occidente, cum iis qui primi erant, tabernacula proximis collocavit in vicis, e quibus a regiis copiis direpta erant etiam ipsa ædium ligna. Ac primi quidem tali quodam modo castra sunt metati, posteriores quia tenebris jam terræ inductis accesserant, quo forte quilibet loco erat, cubabant ; ac mutuo se adpellando magnum excitarunt cla-

ἀκούειν· ὥστε οἱ μὲν ἐγγύτατα τῶν πολεμίων καὶ ἔφυγον ἐκ τῶν σκηνωμάτων. (18) Δῆλον δὲ τοῦτο τῇ ὑστεραίᾳ ἐγένετο· οὔτε γὰρ ὑποζύγιον ἔτ᾽ οὐδὲν ἐφάνη οὔτε στρατόπεδον οὔτε καπνὸς οὐδαμοῦ πλησίον. Ἐξεπλάγη δέ, ὡς ἔοικε, καὶ βασιλεὺς τῇ ἐφόδῳ τοῦ στρατεύματος. Ἐδήλωσε δὲ τοῦτο οἷς τῇ ὑστεραίᾳ ἔπραττε. (19) Προϊούσης μέντοι τῆς νυκτὸς ταύτης καὶ τοῖς Ἕλλησι φόβος ἐμπίπτει, καὶ θόρυβος καὶ δοῦπος ἦν οἷον εἰκὸς φόβου ἐμπεσόντος γίγνεσθαι. (20) Κλέαρχος δὲ Τολμίδην Ἠλεῖον, ὃν ἐτύγχανεν ἔχων παρ᾽ ἑαυτῷ κήρυκα ἄριστον τῶν τότε, τοῦτον ἀνειπεῖν ἐκέλευσε σιγὴν κατακηρύξαντα ὅτι προαγορεύουσιν οἱ ἄρχοντες, ὃς ἂν τὸν ἀφέντα τὸν ὄνον εἰς τὰ ὅπλα μηνύσῃ, ὅτι λήψεται μισθὸν τάλαντον ἀργυρίου. (21) Ἐπεὶ δὲ ταῦτα ἐκηρύχθη, ἔγνωσαν οἱ στρατιῶται ὅτι κενὸς ὁ φόβος εἴη καὶ οἱ ἄρχοντες σῶοι. Ἅμα δὲ ὄρθρῳ παρήγγειλεν ὁ Κλέαρχος εἰς τάξιν τὰ ὅπλα τίθεσθαι τοὺς Ἕλληνας ᾗπερ εἶχον ὅτε ἦν ἡ μάχη.

ΚΕΦΑΛΑΙΟΝ Γ.

Ὁ δὲ δὴ ἔγραψα ὅτι βασιλεὺς ἐξεπλάγη τῇ ἐφόδῳ, τῷδε δῆλον ἦν. Τῇ μὲν γὰρ πρόσθεν ἡμέρᾳ πέμπων τὰ ὅπλα παραδιδόναι ἐκέλευε, τότε δὲ ἅμα ἡλίῳ ἀνατέλλοντι κήρυκας ἔπεμψε περὶ σπονδῶν. (2) Οἱ δ᾽ ἐπεὶ ἦλθον πρὸς τοὺς προφύλακας, ἐζήτουν τοὺς ἄρχοντας. Ἐπειδὴ δὲ ἀπήγγελλον οἱ προφύλακες, Κλέαρχος τυχὼν τότε τὰς τάξεις ἐπισκοπῶν εἶπε τοῖς προφύλαξι κελεύειν τοὺς κήρυκας περιμένειν ἄχρι ἂν σχολάσῃ. (3) Ἐπεὶ δὲ κατέστησε τὸ στράτευμα ὥστε καλῶς ἔχειν ὁρᾶσθαι πάντῃ φάλαγγα πυκνήν, τῶν δὲ ἀόπλων μηδένα καταφανῆ εἶναι, ἐκάλεσε τοὺς ἀγγέλους, καὶ αὐτός τε προῆλθε τούς τε εὐοπλοτάτους ἔχων καὶ εὐειδεστάτους τῶν αὑτοῦ στρατιωτῶν καὶ τοῖς ἄλλοις στρατηγοῖς ταῦτα ἔφρασεν. (4) Ἐπεὶ δὲ ἦν πρὸς τοὺς ἀγγέλοις, ἀνηρώτα τί βούλοιντο. Οἱ δ᾽ ἔλεγον ὅτι περὶ σπονδῶν ἥκοιεν ἄνδρες οἵτινες ἱκανοὶ ἔσονται τά τε παρὰ βασιλέως τοῖς Ἕλλησιν ἀπαγγεῖλαι καὶ τὰ παρὰ τῶν Ἑλλήνων βασιλεῖ. (5) Ὁ δὲ ἀπεκρίνατο, Ἀπαγγέλλετε τοίνυν αὐτῷ ὅτι μάχης δεῖ πρῶτον· ἄριστον γὰρ οὐκ ἔστιν οὐδ᾽ ὁ τολμήσων περὶ σπονδῶν λέγειν τοῖς Ἕλλησι μὴ πορίσας ἄριστον. (6) Ταῦτα ἀκούσαντες οἱ ἄγγελοι ἀπήλαυνον, καὶ ἧκον ταχύ· ᾧ καὶ δῆλον ἦν ὅτι ἐγγύς που βασιλεὺς ἦν ἢ ἄλλος τις ᾧ ἐπετέτακτο ταῦτα πράττειν· ἔλεγον δὲ ὅτι εἰκότα δοκοῖεν λέγειν βασιλεῖ, καὶ ἥκοιεν ἡγεμόνας ἔχοντες οἳ αὐτούς, ἐὰν σπονδαὶ γένωνται, ἄξουσιν ἔνθεν ἕξουσι τὰ ἐπιτήδεια. (7) Ὁ δὲ ἠρώτα εἰ αὐτοῖς τοῖς ἀνδράσι σπένδοιτο ἰοῦσι καὶ ἀπιοῦσιν, ἢ καὶ τοῖς ἄλλοις ἔσονται σπονδαί. Οἱ δέ, Ἅπασιν, ἔφασαν, μέχρι ἂν βασιλεῖ τὰ παρ᾽ ὑμῶν διαγγελθῇ. (8) Ἐπεὶ δὲ ταῦτα εἶπον, μεταστησάμενος αὐτοὺς ὁ Κλέαρχος ἐβουλεύετο· καὶ ἐδόκει τὰς σπονδὰς ποιεῖσθαι ταχὺ καὶ καθ᾽ ἡσυχίαν ἐλθεῖν τε ἐπὶ τὰ ἐπιτήδεια καὶ λαβεῖν. (9) Ὁ δὲ Κλέαρχος εἶπε, Δοκεῖ μὲν

CAPUT III.

Ceterum quod paulo ante scripsi, regem hoc adventu nostro exterritum fuisse, id hinc quidem manifestum erat. Nam cum pridie nuntiis ad nos missis, ut arma traderemus praeceperat, tunc sub ortum solis caduceatores misit, qui de foederibus agerent. Ii cum ad primos excubitores venissent, ubi duces essent quaerebant. Quod ubi renuntiassent excubitores, Clearchus id qui forte temporis ordines inspiciebat, excubitoribus mandavit, caduceatores exspectare jubereent, donec sibi otium esset. Cum autem sic instruxisset exercitum, ut omni ex parte commode densa cerni posset phalanx, nec quisquam ex inermibus esset in conspectu, nuntios accessivit, ac tum ipse processit cum parte militum suorum armis instructissima atque pulcherrima, tum aliis hæc ducibus denuntiavit. Posteaquam prope nuntios erat, quid vellent, interrogat. Aiunt illi, ut de fœderibus agerent venisse homines, qui et ad regis mandata Græcis, et ad Græcorum regi mandata referenda forent idonei. Respondit Clearchus: Ergo renuntiate ei, primum prælio decertandum esse: prandium enim nobis non est, nec quisquam unus, qui Græcis verba de fœderibus facere audeat, nisi prandium præbuerit. Hæc cum audissent nuntii abibant, ac statim redibant: unde constabat in propinquo regem alicubi esse, vel quendam alium, cui de his agendi datum esset negotium: aiebant autem regi æqua, quæ protulissent, esse videri, atque adeo venire se cum ducibus itinerum, qui eos, si inirentur fœdera, ducturi essent, ubi commeatus essent habituri. Et quærebat ille, an fœdera iis tantum viris offerret, ad ipsum qui ituri essent ac redituri, an aliis quoque cum ipso pacta forent fœdera. Illi, Omnibus, aiunt, oblata sunt fœdera, quoad regi a vobis proposita renuntientur. Hæc cum dixissent, Clearchus, iis submotis, tota de re consultabat: visumque est ut fœdera inirent, et celeriter pacateque adeo ad commeatum tum proficiscerentur, tum caperent. Et Clearchus, Mihi quoque,

κἀμοὶ ταῦτα· οὐ μέντοι ταχύ γε ἀπαγγελῶ, ἀλλὰ διατρίψω ἔςτ' ἂν ὀκνήσωσιν οἱ ἄγγελοι μὴ ἀποδόξῃ ἡμῖν τὰς σπονδὰς ποιήσασθαι· οἶμαί γε μέντοι, ἔφη, καὶ τοῖς ἡμετέροις στρατιώταις τὸν αὐτὸν φόβον παρέσεσθαι. Ἐπεὶ δὲ ἐδόκει καιρὸς εἶναι, ἀπήγγελλεν ὅτι σπένδοιντο, καὶ εὐθὺς ἡγεῖσθαι ἐκέλευε πρὸς τἀπιτήδεια. (19) Καὶ οἱ μὲν ἡγοῦντο, Κλέαρχος μέντοι ἐπορεύετο τὰς μὲν σπονδὰς ποιησάμενος, τὸ δὲ στράτευμα ἔχων ἐν τάξει, καὶ αὐτὸς ὠπισθοφυλάκει. Καὶ ἐνετύγχανον τάφροις καὶ αὐλῶσιν ὕδατος πλήρεσιν, ὡς μὴ δύνασθαι διαβαίνειν ἄνευ γεφυρῶν· ἀλλ' ἐποιοῦντο διαβάσεις ἐκ τῶν φοινίκων οἳ ἦσαν ἐκπεπτωκότες, τοὺς δὲ καὶ ἐξέκοπτον. (11) Καὶ ἐνταῦθα ἦν Κλέαρχον καταμαθεῖν ὡς ἐπεστάτει, ἐν μὲν τῇ ἀριστερᾷ χειρὶ τὸ δόρυ ἔχων, ἐν δὲ τῇ δεξιᾷ βακτηρίαν· καὶ εἴ τις αὐτῷ δοκοίη τῶν πρὸς τοῦτο τεταγμένων βλακεύειν, ἐκλεγόμενος τὸν ἐπιτήδειον ἔπαισεν ἄν, καὶ ἅμα αὐτὸς προσελάμβανεν εἰς τὸν πηλὸν ἐμβαίνων· ὥστε πᾶσιν αἰσχύνην εἶναι μὴ οὐ συσπουδάζειν. (12) Καὶ ἐτάχθησαν μὲν πρὸς αὐτῷ οἱ τριάκοντα ἔτη γεγονότες· ἐπεὶ δὲ καὶ Κλέαρχον ἑώρων σπουδάζοντα, προσελάμβανον καὶ οἱ πρεσβύτεροι. (13) Πολὺ δὲ μᾶλλον ὁ Κλέαρχος ἔσπευδεν, ὑποπτεύων μὴ ἀεὶ οὕτω πλήρεις εἶναι τὰς τάφρους ὕδατος· οὐ γὰρ ἦν ὥρα οἵα τὸ πεδίον ἄρδειν· ἀλλ' ἵνα ἤδη πολλὰ προφαίνοιτο τοῖς Ἕλλησι δεινὰ εἰς τὴν πορείαν, τούτου ἕνεκα βασιλέα ὑπόπτευεν ἐπὶ τὸ πεδίον τὸ ὕδωρ ἀφεικέναι. (14) Πορευόμενοι δὲ ἀφίκοντο εἰς κώμας ὅθεν ἀπέδειξαν οἱ ἡγεμόνες λαμβάνειν τὰ ἐπιτήδεια. Ἐνῆν δὲ σῖτος πολὺς καὶ οἶνος φοινίκων καὶ ὄξος ἑψητὸν ἀπὸ τῶν αὐτῶν. (15) Αὐταὶ δὲ αἱ βάλανοι τῶν φοινίκων, οἵας μὲν ἐν τοῖς Ἕλλησιν ἔστιν ἰδεῖν, τοῖς οἰκέταις ἀπέκειντο, αἱ δὲ τοῖς δεσπόταις ἀποκείμεναι ἦσαν ἀπόλεκτοι, θαυμάσιαι τὸ κάλλος καὶ τὸ μέγεθος, ἡ δὲ ὄψις ἠλέκτρου οὐδὲν διέφερε· τὰς δέ τινας ξηραίνοντες τραγήματα ἀπετίθεσαν. Καὶ ἦν καὶ παρὰ πότον ἡδὺ μέν, κεφαλαλγὲς δέ. (16) Ἐνταῦθα καὶ τὸν ἐγκέφαλον τοῦ φοίνικος πρῶτον ἔφαγον οἱ στρατιῶται, καὶ οἱ πολλοὶ ἐθαύμασαν τό τε εἶδος καὶ τὴν ἰδιότητα τῆς ἡδονῆς. Ἦν δὲ σφόδρα καὶ τοῦτο κεφαλαλγές. Ὁ δὲ φοῖνιξ ὅθεν ἐξαιρεθείη ὁ ἐγκέφαλος ὅλος αὐαίνετο.

17. Ἐνταῦθα ἔμειναν ἡμέρας τρεῖς· καὶ παρὰ μεγάλου βασιλέως ἧκε Τισσαφέρνης καὶ ὁ τῆς βασιλέως γυναικὸς ἀδελφὸς καὶ ἄλλοι Πέρσαι τρεῖς· δοῦλοι δὲ πολλοὶ εἵποντο. Ἐπεὶ δὲ ἀπήντησαν αὐτοῖς οἱ τῶν Ἑλλήνων στρατηγοί, ἔλεγε πρῶτος Τισσαφέρνης δι' ἑρμηνέως τοιάδε. (18) Ἐγώ, ὦ ἄνδρες Ἕλληνες, γείτων οἰκῶ τῇ Ἑλλάδι, καὶ ἐπεὶ ὑμᾶς εἶδον εἰς πολλὰ κακὰ καὶ ἀμήχανα ἐμπεπτωκότας, εὕρημα ἐποιησάμην εἴ πως δυναίμην παρὰ βασιλέως αἰτήσασθαι δοῦναι ἐμοὶ ἀποσῶσαι ὑμᾶς εἰς τὴν Ἑλλάδα. Οἶμαι γὰρ ἂν οὐκ ἀχαρίστως μοι ἔχειν οὔτε πρὸς ὑμῶν οὔτε πρὸς τῆς πάσης Ἑλλάδος. (19) Ταῦτα δὲ γνοὺς ᾐτούμην βασιλέα, λέγων αὐτῷ ὅτι δικαίως ἄν μοι χαρίζοιτο, ὅτι αὐτῷ Κῦρόν τε ἐπιστρατεύοντα πρῶτος ἤγγειλα καὶ βοήθειαν ἔχων ἅμα τῇ ἀγγελίᾳ ἀφικόμην, καὶ μόνος

inquit, hæc placent : quod tamen ipsis non confestim significabo, sed cunctabor donec vereantur nuntii, ne nobis fœdera obviam ineamus minime videatur : verum nostris etiam, ait, militibus eundem adfuturum metum arbitror. Posteaquam visum est illi esse commodum , percussurum se fœdus significabat, statimque ut ad commeatus ipsam ducerent, præcepit. Atque illi quidem præibant : at Clearchus fœdera percussurus, copiis instructis iter faciebat, ipseque eas a tergo custodiebat. Et in fossas ac canales incidebant aqua plenos, adeo ut eos absque pontibus transire non possent : sed ex palmis, quæ deciderant, quasve ipsi excidebant, pontes faciebant. Atque ibi tum animadverti poterat, quomodo præesset Clearchus ; cum manu læva teneret hastam , baculum dextra : ac si quis ei videretur illorum, quibus hoc negotii datum erat, segniter se gerere, mox idoneum eligens, illum verberare solebat, et ipse simul in cœnam descendens cum aliis manum operi admovebat ; adeo ut omnibus pudori esset, si non et ipsi strenuam navarent operam. Ac ab ipso quidem triginta tantum annos nati constituti fuerunt : verum ubi Clearchum opus sedulo facientem viderunt, seniores etiam ei manus admoverunt. Et multo magis festinabat Clearchus, quod fossas hunc ad modum non semper aqua plenas esse suspicaretur ; quippe cum illud anni tempus non esset, quo solum rigare solebant : at quo multa Græcis ad iter faciendum impedita viderentur, idcirco regem aquam in campum emisisse suspicabatur. Ita proficiscentes ad vicos pervenerunt, unde vice duces commeatus capiendos esse demonstraverant. In his multum inerat frumentum, et vinum ex palmis , acetumque ex iisdem coctum. Istæ palmarum glandes, quales apud Græcos quidem videre est , famulis reservabantur ; quæ vero dominis reservabantur, delectæ erant, pulchritudine et magnitudine admirabiles : specie autem ab electro nihil differebant. Nonnullas exsiccatas pro bellariis reposuerant. Et inter potandum suave quidem illud erat, sed capitis tamen dolorem excitabat. Ibi primum milites etiam medullam palmæ vescebantur, atque multi cibi genus ipsum, tum propriam suavitatis ejus naturam admirabantur. Sed et hoc acrem capiti dolorem adferebat. Palma autem ipsa, unde medulla extracta esset, tota exarescebat.

Tres hic dies commorati sunt : et interea Tissaphernes a magno rege venit, regis item uxoris frater, et tres alii Persæ : quos servi multi sequebantur. Iis autem cum duces Græcorum obviam processissent, Tissaphernes primum per interpretem in huncmodum loquutus est : « Ego, Græci , loca Græciæ proxima habito : quare cum vos in multa et ineluctabilia mala incidisse viderem, in lucro mihi deputandum censui, si qua ratione petere a rege possem, ut vos in Græciam salvos reducendi mihi copiam daret. Arbitror enim gratiam mihi nec a vobis, nec ab universa Græcia defuturam. Hæc cum existimarem, id a rege petii, dicens ei, jure ipsum hac in parte mihi gratificaturum, quippe qui primus ipsi et Cyrum ei bellum parare nuntiarim , et una cum nuntio auxiliis comitantibus accesserim ; ac so-

τῶν κατὰ τοὺς Ἕλληνας τεταγμένων οὐκ ἔφυγον, ἀλλὰ διήλασα καὶ συνέμιξα βασιλεῖ ἐν τῷ ὑμετέρῳ στρατοπέδῳ, ἔνθα βασιλεὺς ἀφίκετο, ἐπεὶ Κῦρον ἀπέκτεινε, καὶ τοὺς ξὺν Κύρῳ βαρβάρους ἐδίωξα σὺν τοῖσδε τοῖς παροῦσι νῦν μετ' ἐμοῦ, οἵπερ αὐτῷ εἰσι πιστότατοι. (20) Καὶ περὶ μὲν τούτων ὑπέσχετό μοι βουλεύσασθαι· ἐρέσθαι δέ με ὑμᾶς ἐκέλευσεν ἐλθόντα τίνος ἕνεκα ἐστρατεύσατε ἐπ' αὐτόν. Καὶ συμβουλεύω ὑμῖν μετρίως ἀποκρίνασθαι, ἵνα μοι εὐπρακτότερον ᾖ, ἐάν τι δύνωμαι ἀγαθὸν ὑμῖν παρ' αὐτοῦ διαπράξασθαι. (21) Πρὸς ταῦτα μεταστάντες οἱ Ἕλληνες ἐβουλεύοντο· καὶ ἀπεκρίναντο, Κλέαρχος δ' ἔλεγεν· Ἡμεῖς οὔτε συνήλθομεν ὡς βασιλεῖ πολεμήσοντες οὔτ' ἐπορευόμεθα ἐπὶ βασιλέα, ἀλλὰ πολλὰς προφάσεις Κῦρος εὑρίσκεν, ὡς καὶ σὺ εὖ οἶσθα, ἵνα ὑμᾶς τε ἀπαρασκευάστους λάβοι καὶ ἡμᾶς ἐνθάδε ἀναγάγοι. (22) Ἐπεὶ μέντοι ἤδη αὐτὸν ἑωρῶμεν ἐν δεινῷ ὄντα, ᾐσχύνθημεν καὶ θεοὺς καὶ ἀνθρώπους προδοῦναι αὐτόν, ἐν τῷ πρόσθεν χρόνῳ παρέχοντες ἡμᾶς αὐτοὺς εὖ ποιεῖν. (23) Ἐπεὶ δὲ Κῦρος τέθνηκεν, οὔτε βασιλεῖ ἀντιποιούμεθα τῆς ἀρχῆς οὔτ' ἔστιν ὅτου ἕνεκα βουλοίμεθ' ἂν τὴν βασιλέως χώραν κακῶς ποιεῖν, οὐδ' αὐτὸν ἀποκτεῖναι ἂν ἐθέλοιμεν, πορευοίμεθα δ' ἂν οἴκαδε, εἴ τις ἡμᾶς μὴ λυποίη· ἀδικοῦντα μέντοι πειρασόμεθα σὺν τοῖς θεοῖς ἀμύνασθαι· ἐὰν μέντοι τις ἡμᾶς καὶ εὖ ποιῶν ὑπάρχῃ, καὶ τούτου εἴς γε δύναμιν οὐχ ἡττησόμεθα εὖ ποιοῦντες. Ὁ μὲν οὕτως εἶπεν. (24) Ἀκούσας δὲ ὁ Τισσαφέρνης ἔφη, Ταῦτα ἐγὼ ἀπαγγελῶ βασιλεῖ καὶ ὑμῖν πάλιν τὰ παρ' ἐκείνου· μέχρι δ' ἂν ἐγὼ ἥκω αἱ σπονδαὶ μενόντων· ἀγορὰν δὲ ἡμεῖς παρέξομεν. (25) Καὶ εἰς μὲν τὴν ὑστεραίαν οὐχ ἧκεν ὥσθ' οἱ Ἕλληνες ἐφρόντιζον· τῇ δὲ τρίτῃ ἥκων ἔλεγεν ὅτι διαπεπραγμένος ἥκοι παρὰ βασιλέως δοθῆναι αὐτῷ σῶζειν τοὺς Ἕλληνας, καίπερ πάνυ πολλῶν ἀντιλεγόντων ὡς οὐκ ἄξιον εἴη βασιλεῖ ἀφεῖναι τοὺς ἐφ' ἑαυτὸν στρατευσαμένους. (26) Τέλος δὲ εἶπε, Καὶ νῦν ἔξεστιν ὑμῖν πιστὰ λαβεῖν παρ' ἡμῶν ἦ μὴν φιλίαν παρέξειν ὑμῖν τὴν χώραν καὶ ἀδόλως ἀπάξειν εἰς τὴν Ἑλλάδα ἀγορὰν παρέχοντας· ὅπου δ' ἂν μὴ ᾖ πρίασθαι, λαμβάνειν ὑμᾶς ἐκ τῆς χώρας ἐάσομεν τὰ ἐπιτήδεια. (27) Ὑμᾶς δ' αὖ ἡμῖν δεήσει ὀμόσαι ἦ μὴν πορεύσεσθαι ὡς διὰ φιλίας ἀσινῶς σῖτα καὶ ποτὰ λαμβάνοντας, ὁπόταν μὴ ἀγορὰν παρέχωμεν, ἢν δὲ παρέχωμεν ἀγοράν, ὠνουμένους ἕξειν τὰ ἐπιτήδεια. (28) Ταῦτα ἔδοξε, καὶ ὤμοσαν καὶ δεξιὰς ἔδοσαν Τισσαφέρνης καὶ ὁ τῆς βασιλέως γυναικὸς ἀδελφὸς τοῖς τῶν Ἑλλήνων στρατηγοῖς καὶ λοχαγοῖς καὶ ἔλαβον παρὰ τῶν Ἑλλήνων. (29) Μετὰ δὲ ταῦτα Τισσαφέρνης εἶπε, Νῦν μὲν δὴ ἄπειμι ὡς βασιλέα· ἐπειδὰν δὲ διαπράξωμαι ἃ δέομαι, ἥξω συσκευασάμενος ὡς ἀπάξων ὑμᾶς εἰς τὴν Ἑλλάδα καὶ αὐτὸς ἀπιὼν ἐπὶ τὴν ἐμαυτοῦ ἀρχήν.

lus ex iis, qui oppositi Græcis fuere, non fugerim, sed aciem perruperim et cum rege vestris in castris me conjunxerim, quo rex, Cyrum ubi interfecerat, pervenerat; qui barbaros etiam Cyrum sequutos cum iis ipsis, quas nunc mecum habeo, fidissimas sane ipsi, copiis persequutus fuerim. Ac de his quidem se deliberaturum mihi pollicitus est: sed tamen huc me venire atque vos interrogare jussit, quamobrem adversus ipsum arma ceperitis. Atque adeo vobis suadeo modice respondeatis; ut facta mihi facilius sit, si quid equidem boni vobis ab ipso impetrare potero. » Ad hæc verba Græci nonnihil secedentes inter se consultabant, atque ita responderunt, Clearcho pro omnibus loquente: « Nos neque eo consilio convenimus, ut regi bellum faceremus, neque adversus regem profecti sumus : sed multos Cyrus inveniebat, uti et tu probe nosti, prætextus, ut et vos imparatos offenderet, et nos huc perduceret. Postea quam vero eum in periculo jam esse ingenti videremus, et apud deos et apud homines pudendum existimavimus, eum si desereremus, præsertim qui superioribus temporibus nosmet ipsos ejus beneficiis exhibuissemus. At ubi Cyrus occubuit, neque de regno cum rege contendimus neque causæ quidquam est, cur regis agrum infestare vellemus; nec eum occidere cupimus, sed domum profecturi sumus; si nemo nobis molestiam exhibeat : verum si quis injuriam faciat, cum cum deorum ope propulsare conabimur. Quod si quis etiam beneficiis nos prosequatur, nec ab illo pro viribus nostris beneficiendo vincemur. » Hæc ille loquutus est. Quæ cum audisset Tissaphernes, Hæc regi, inquit, renuntiabo, vicissimque ipsius mandata vobis : maneant autem, donec ego rediero, fœdera: et nos forum vobis suppeditabimus. Ac prostridie quidem non rediit; ex quo Græci solliciti erant : tertio vero cum rediisset die, venire se aiebat rege exorato, ut ipsi Græcos domum incolumes reducere liceret ; tametsi quamplurimi fuissent, qui contra dicerent, non ex regis esse dignitate, eos qui adversus ipsum arma cepissent, dimittere. Postremo, Licet itaque jam vobis, ait, fidem a nobis accipere, certo vos amicam vobis regionem præbituros, et sine dolo, data commeatus coemendi copia, in Græciam abducturos. Sicubi forum non præbuerimus, vos ex regione commeatus sumere patiemur. Vos vicissim dato nobis jurejurando polliceri oportebit, certo tanquam per regionem amicam sine ullo damno vos iter facturos, atque adeo esculenta et potulenta sumpturos, ubi forum non præbuerimus : sin forum præbuerimus, commeatus pretio redempturos. Decreta sunt hæc; et jurejurando interposito, dextras Tissaphernes et conjugis regiæ frater Græcorum ducibus et præfectis cohortium dederunt, vicissimque a Græcis acceperunt. Post hæc Tissaphernes, Jam quidem inquit, ad regem abeo : posteaquam vero quæ mihi opus sunt perfecero, redibo collectis viaticis eo consilio, ut vos in Græciam deducam, et ipse meum ad principatum discedam.

ΚΕΦΑΛΑΙΟΝ Δ.

Μετὰ ταῦτα περιέμενον Τισσαφέρνην οἵ τε Ἕλληνες καὶ Ἀριαῖος ἐγγὺς ἀλλήλων ἐστρατοπεδευμένοι ἡμέρας πλείους ἢ εἴκοσιν. Ἐν δὲ ταύταις ἀφικνοῦνται πρὸς τοὺς σὺν ἐκείνῳ Περσῶν τινες, παρεθάρρυνόν τε καὶ δεξιὰς ἔνιοι παρὰ βασιλέως ἔφερον μὴ μνησικακήσειν βασιλέα αὐτοῖς τῆς σὺν Κύρῳ ἐπιστρατείας μηδὲ ἄλλου μηδενὸς τῶν παροιχημένων. (2) Τούτων δὲ γιγνομένων ἔνδηλοι ἦσαν οἱ περὶ Ἀριαῖον ἧττον προσέχοντες τοῖς Ἕλλησι τὸν νοῦν· ὥστε καὶ διὰ τοῦτο τοῖς μὲν πολλοῖς τῶν Ἑλλήνων οὐκ ἤρεσκον, ἀλλὰ προσιόντες τῷ Κλεάρχῳ ἔλεγον καὶ τοῖς ἄλλοις στρατηγοῖς, (3) Τί μένομεν; ἢ οὐκ ἐπιστάμεθα ὅτι βασιλεὺς ἡμᾶς ἀπολέσαι ἂν περὶ παντὸς ποιήσαιτο, ἵνα καὶ τοῖς ἄλλοις Ἕλλησι φόβος ᾖ ἐπὶ βασιλέα μέγαν στρατεύειν; καὶ νῦν μὲν ἡμᾶς ὑπάγεται μένειν διὰ τὸ διεσπάρθαι αὐτῷ τὸ στράτευμα· ἐπὰν δὲ πάλιν ἁλισθῇ αὐτῷ ἡ στρατιά, οὐκ ἔστιν ὅπως οὐκ ἐπιθήσεται ἡμῖν. (4) Ἴσως δέ που ἢ ἀποσκάπτει τι ἢ ἀποτειχίζει, ὡς ἄπορος ᾖ ἡ ὁδός. Οὐ γάρ ποτε ἑκών γε βουλήσεται ἡμᾶς ἐλθόντας εἰς τὴν Ἑλλάδα ἀπαγγεῖλαι ὡς ἡμεῖς τοσοίδε ὄντες ἐνικῶμεν τὸν βασιλέα ἐπὶ ταῖς θύραις αὐτοῦ καὶ καταγελάσαντες ἀπήλθομεν. (5) Κλέαρχος δὲ ἀπεκρίνατο τοῖς ταῦτα λέγουσιν, Ἐγὼ ἐνθυμοῦμαι μὲν καὶ ταῦτα πάντα· ἐννοῶ δ᾽ ὅτι εἰ νῦν ἄπιμεν, δόξομεν ἐπὶ πολέμῳ ἀπιέναι καὶ παρὰ τὰς σπονδὰς ποιεῖν. Ἔπειτα πρῶτον μὲν ἀγορὰν οὐδεὶς παρέξει ἡμῖν οὐδὲ ὅθεν ἐπισιτιούμεθα· αὖθις δὲ ὁ ἡγησόμενος οὐδεὶς ἔσται· καὶ ἅμα ταῦτα ποιούντων ἡμῶν εὐθὺς Ἀριαῖος ἀφεστήξει· ὥστε φίλος ἡμῖν οὐδεὶς λελείψεται, ἀλλὰ καὶ οἱ πρόσθεν ὄντες πολέμιοι ἡμῖν ἔσονται. (6) Ποταμὸς δ᾽ εἰ μέν τις καὶ ἄλλος ἄρα ἡμῖν ἐστι διαβατέος οὐκ οἶδα· τὸν δ᾽ οὖν Εὐφράτην οἴδαμεν ὅτι ἀδύνατον διαβῆναι κωλυόντων πολεμίων. Οὐ μὲν δὴ ἂν μάχεσθαί γε δέῃ ἱππεῖς εἰσιν ἡμῖν ξύμμαχοι, τῶν δὲ πολεμίων ἱππεῖς εἰσιν οἱ πλεῖστοι καὶ πλείστου ἄξιοι· ὥστε νικῶντες μὲν τίνα ἂν ἀποκτείναιμεν; ἡττωμένων δὲ οὐδένα οἷόν τε σωθῆναι. (7) Ἐγὼ μὲν οὖν βασιλέα, ᾧ οὕτω πολλά ἐστι τὰ σύμμαχα, εἴπερ προθυμεῖται ἡμᾶς ἀπολέσαι, οὐκ οἶδα ὅ,τι δεῖ αὐτὸν ὀμόσαι καὶ δεξιὰν δοῦναι καὶ θεοὺς ἐπιορκῆσαι καὶ τὰ ἑαυτοῦ πιστὰ ἄπιστα ποιῆσαι Ἕλλησί τε καὶ βαρβάροις. Τοιαῦτα πολλὰ ἔλεγεν.

8. Ἐν δὲ τούτῳ ἧκε Τισσαφέρνης ἔχων τὴν ἑαυτοῦ δύναμιν ὡς εἰς οἶκον ἀπιὼν καὶ Ὀρόντας τὴν ἑαυτοῦ δύναμιν· ἦγε δὲ καὶ τὴν θυγατέρα τὴν βασιλέως ἐπὶ γάμῳ. (9) Ἐντεῦθεν δὲ ἤδη Τισσαφέρνους ἡγουμένου καὶ ἀγορὰν παρέχοντος ἐπορεύετο δὲ καὶ Ἀριαῖος τὸ Κύρου βαρβαρικὸν ἔχων στράτευμα ἅμα Τισσαφέρνει καὶ Ὀρόντᾳ καὶ ξυνεστρατοπεδεύετο σὺν ἐκείνοις. (10) Οἱ δὲ Ἕλληνες ὑφορῶντες τούτους αὐτοὶ ἐφ᾽ ἑαυτῶν ἐχώρουν ἡγεμόνας ἔχοντες. Ἐστρατοπεδεύοντο δὲ ἑκάστοτε ἀπέχοντες ἀλλήλων παρασάγγην καὶ μεῖον· ἐφυλάττοντο δὲ ἀμφότεροι ὥσπερ πολεμίους

CAPUT IV.

Post hæc et Græci et Ariæus, castris quæ hinc inde prope aberant locatis, Tissaphernem dies plus viginti opperiebantur. In his veniunt ad Ariæi exercitum et nonnulli Persæ, qui fiduciam eis addebant, nonnullis etiam fidem a rege datam adferentibus, non cum animo eis infenso regem recordaturum expeditionis adversus ipsum cum Cyro susceptæ, nec ullius rei alterius præteritæ. Quæ cum ita fierent, palam erat Ariæum cum suis minus jam Græcis attentum animum præbere : adeo ut ob hoc etiam Græcorum plerisque non placeret ; qui cum Clearchum ceterosque accessissent duces, Quid, inquiunt, manemus? an nescimus regem nos perditos in primis velle, ut sit Græci etiam quod ceteri metuant adversus regem arma capere? Et jam quidem nos ad manendum pellicit, propterea quod copiæ ejus dispersæ sint : verum ubi rursum ipsi coactæ fuerint copiæ, fieri non potest quin nos adoriatur. Fortassis etiam alicubi fossam ducit aliquam vel murum exstruit, ut iter nobis sit impervium. Neque enim valde voluerit nos ut in Græciam reversi nuntium perferamus, nos utique tantillos numero viros regis copias pro portis ejus vicisse, eoque illuso rediisse. Clearchus autem iis, qui hæc dicebant, Hæc quidem ipse, respondit, omnia mecum in animo considero : sed et illud cogito, si jam discedamus, futurum ut belli gerendi causa discedere, et contra fœdera facere videamur. Tum, primo quidem nemo forum nobis præbebit, neque unde cibaria sumpserimus ; deinde nemo erit nobis qui se ducem præbuerit ; etiam Ariæus, simul atque hæc fecerimus, a nobis statim deficiet ; equites sunt auxiliarii ; at hostium equitatus plurimus est et præstantissimus : quemnam itaque interficiemus, si maxime vicerimus? certe si vincemur, nemo salvus evadere poterit. Equidem regem, cui multa adeo sunt auxilia, siquidem nos perditos cupiat, haud scio cur jusjurandum dextramque dedisse necesse fuerit, ac per deos fallendi animo jurasse, datamque adeo ab ipso fidem Græcis barbarisque suspectam fecisse. Hujusmodi multa dicebat.

Interea suis cum copiis venit Tissaphernes, quasi domum profecturus, itemque cum copiis suis Orontas : quin et regis hic filiam, matrimonio sibi junctam, secum ducebat. Inde Tissapherne præeunte præbenteque forum proficiscebantur : comitabatur etiam Ariæus Tissaphernem et Orontam, cum copiis Cyri e barbaris quas conscripserat, et una cum illis castra metatus est. Græci autem cum eos suspectos haberent, seorsum suis cum ducibus pergebant. Et semper castra posuerunt ita, ut aliquanto minus una parasanga ab se invicem distarent : præterea sibi cavebant utrique ab alteris tanquam hostibus, et hoc statim suspicionem

ἀλλήλους, καὶ εὐθὺς τοῦτο ὑποψίαν παρεῖχεν. (11) Ἐνίοτε δὲ καὶ ξυλιζόμενοι ἐκ τοῦ αὐτοῦ καὶ χόρτον καὶ ἄλλα τοιαῦτα ξυλλέγοντες πληγὰς ἐνέτεινον ἀλλήλοις· ὥστε καὶ τοῦτο ἔχθραν παρεῖχε. (12) Διελθόντες δὲ τρεῖς σταθμοὺς ἀφίκοντο πρὸς τὸ Μηδίας καλούμενον τεῖχος, καὶ παρῆλθον εἴσω αὐτοῦ. Ἦν δὲ ᾠκοδομημένον πλίνθοις ὀπταῖς ἐν ἀσφάλτῳ κειμέναις, εὖρος εἴκοσι ποδῶν, ὕψος δὲ ἑκατόν· μῆκος δ' ἐλέγετο εἶναι εἴκοσι παρασαγγῶν· ἀπέχει δὲ Βαβυλῶνος οὐ πολύ. (13) Ἐντεῦθεν δ' ἐπορεύθησαν σταθμοὺς δύο παρασάγγας ὀκτώ· καὶ διέβησαν διώρυχας δύο, τὴν μὲν ἐπὶ γεφύρας, τὴν δ' ἐξευγμένην πλοίοις ἑπτά· αὗται δ' ἦσαν ἀπὸ τοῦ Τίγρητος ποταμοῦ· κατετέτμηντο δὲ ἐξ αὐτῶν καὶ τάφροι ἐπὶ τὴν χώραν, αἱ μὲν πρῶται μεγάλαι, ἔπειτα δ' ἐλάττους· τέλος δὲ καὶ μικροὶ ὀχετοί, ὥσπερ ἐν τῇ Ἑλλάδι ἐπὶ τὰς μελίνας· καὶ ἀφικνοῦνται ἐπὶ τὸν Τίγρητα ποταμόν· πρὸς ᾧ πόλις ἦν μεγάλη καὶ πολυάνθρωπος, ᾗ ὄνομα Σιττάκη, ἀπέχουσα τοῦ ποταμοῦ σταδίους πεντεκαίδεκα. (14) Οἱ μὲν οὖν Ἕλληνες παρ' αὐτὴν ἐσκήνησαν ἐγγὺς παραδείσου μεγάλου καὶ καλοῦ καὶ δασέος παντοίων δένδρων· οἱ δὲ βάρβαροι διαβεβηκότες τὸν Τίγρητα οὐ μέντοι καταφανεῖς ἦσαν. (15) Μετὰ δὲ τὸ δεῖπνον ἔτυχον ἐν περιπάτῳ ὄντες πρὸ τῶν ὅπλων Πρόξενος καὶ Ξενοφῶν· καὶ προσελθών τις ἄνθρωπός τις ἠρώτησε τοὺς προφύλακας ποῦ ἂν ἴδοι Πρόξενον ἢ Κλέαρχον· Μένωνα δὲ οὐκ ἐζήτει, καὶ ταῦτα παρ' Ἀριαίου ὢν τοῦ Μένωνος ξένου. (16) Ἐπεὶ δὲ Πρόξενος εἶπεν ὅτι αὐτός εἰμι ὃν ζητεῖς, εἶπεν ὁ ἄνθρωπος τάδε. Ἔπεμψέ με Ἀριαῖος καὶ Ἀρτάοζος, πιστοὶ ὄντες Κύρῳ καὶ ὑμῖν εὖνοι, καὶ κελεύουσι φυλάττεσθαι μὴ ὑμῖν ἐπιθῶνται τῆς νυκτὸς οἱ βάρβαροι· ἔστι δὲ στράτευμα πολὺ ἐν τῷ πλησίον παραδείσῳ. (17) Καὶ παρὰ τὴν γέφυραν τοῦ Τίγρητος ποταμοῦ πέμψαι κελεύουσι φυλακήν, ὡς διανοεῖται αὐτὴν λῦσαι Τισσαφέρνης τῆς νυκτός, ἐὰν δύνηται, ὡς μὴ διαβῆτε, ἀλλ' ἐν μέσῳ ἀποληφθῆτε τοῦ ποταμοῦ καὶ τῆς διώρυχος. (18) Ἀκούσαντες ταῦτα ἄγουσιν αὐτὸν παρὰ τὸν Κλέαρχον καὶ φράζουσιν ἃ λέγει. Ὁ δὲ Κλέαρχος ἀκούσας ἐταράχθη σφόδρα καὶ ἐφοβεῖτο. (19) Νεανίσκος δέ τις τῶν παρόντων ἐννοήσας εἶπεν ὡς οὐκ ἀκόλουθα εἴη τό τε ἐπιθήσεσθαι καὶ λύσειν τὴν γέφυραν. Δῆλον γὰρ ὅτι ἐπιτιθεμένους ἢ νικᾶν δεήσει ἢ ἡττᾶσθαι. Ἐὰν μὲν οὖν νικῶσι, τί δεῖ αὐτοὺς λύειν τὴν γέφυραν; οὐδὲ γὰρ ἂν πολλαὶ γέφυραι ὦσιν ἔχοιμεν ἂν ὅποι φυγόντες ἡμεῖς σωθεῖμεν. (20) Ἐὰν δὲ ἡμεῖς νικῶμεν, λελυμένης τῆς γεφύρας οὐχ ἕξουσιν ἐκεῖνοι ὅποι φύγωσιν· οὐδὲ μὴν βοηθῆσαι πολλῶν ὄντων πέραν οὐδεὶς αὐτοῖς δυνήσεται λελυμένης τῆς γεφύρας. (21) Ἀκούσας δὲ ὁ Κλέαρχος ταῦτα ἤρετο τὸν ἄγγελον πόση τις εἴη ἡ χώρα ἡ ἐν μέσῳ τοῦ Τίγρητος καὶ τῆς διώρυχος. Ὁ δὲ εἶπεν ὅτι πολλὴ καὶ κῶμαι ἔνεισι καὶ πόλεις πολλαὶ καὶ μεγάλαι. (22) Τότε δὴ καὶ ἐγνώσθη ὅτι οἱ βάρβαροι τὸν ἄνθρωπον ὑποπέμψαιεν, ὀκνοῦντες μὴ οἱ Ἕλληνες διελόντες τὴν γέφυραν μένοιεν ἐν τῇ νήσῳ

præbuit. Nonnunquam etiam loco dum ex eodem ligna petebant, dum pabulum aliaque id genus colligebant, verbera invicem ingerebant; adeo ut hoc etiam inimicitias excitaret. Confecto trium castrorum itinere ad Mediæ dictum murum pervenerunt, intraque eum ingressi sunt: erat autem exstructus lateribus coctis ir. bitumine positis, latitudine pedum viginti, centum altitudine: longitudo ferebatur esse parasangarum viginti, neque procul a Babylone aberat. Inde castris alteris, parasangas octo progressi sunt; binosque trajecerunt alveos fodiendo ductos, ponte alterum, alterum navigiis septem junctum ducti erant hi a Tigri fluvio; et ab his fossæ etiam in regionem illam. diductæ erant, primæ magnæ, deinde minores; tandem etiam exigui canales, qualiter ad panici segetem in Græcia ducuntur : et ad Tigrim fluvium perveniunt; propter quem urbs erat magna et hominibus frequens, cui nomen Sittace, a flumine stadiis quindecim distans. Et Græci quidem ad hanc castra sunt metati, prope hortum amœnum magnumque, et arboribus omnis generis densum: barbari vero cum Tigrim transiissent, conspici certe non poterant. Ceterum a cœna forte Proxenus et Xenophon pro loco, armati ubi excubarunt, ambulabant : cum quidam accedens excubitores interrogavit, ubinam Proxenum vel Clearchum reperiret. Menonem non quærebat, quanquam ab Ariæo missus esset Menonis hospite. Cum dixisset Proxenus, Ego ille sum, quem quæris; Ariæus, inquit ille, et Artaozus, fideles olim Cyro, et vobis benevoli, me miserunt; cavendumque vobis esse denuntiant, ne barbari noctu vos adoriantur : est enim magnus in vicino vobis horto exercitus. Ad pontem etiam Tigris fluminis ut præsidium mittatis, hortantur, propterea quod Tissaphernes de eo noctu solvendo cogitat, si possit, ut non transeatis, sed inter fluvium et alveum intercludamini. Hæc cum audissent, eum ad Clearchum ducunt, et quæ diceret, exponunt. Ea cum audisset Clearchus, perturbatus erat, et metu vehementi commotus. At adolescens quidam ex iis qui aderant, re considerata, non esse aiebat consentanea, Tissaphernem ipsos adgressurum et pontem soluturum. Perspicuum enim est, necesse esse eos, qui nos adoriantur, vel vincere vel vinci. Si ergo vicerint, quid iis opus est pontem ut solvant? neque enim, multi si fuerint pontes, habebimus, quo fugiendo salvi evadamus. Contra vero si nos vicerimus, soluto ponte, decrit illis, quo fugiant : ne ferre quidem quisquam ipsis auxilium poterit, ponte soluto, licet trans amnem multi sint. Quæ cum audisset Clearchus, nuntium interrogabat, quanta ea esset regio, quæ inter Tigrim jacet et alveum. Dixit is amplam esse, atque vicos in ea, multasque et magnas urbes inesse. Tum etiam cognitum est, barbaros submisisse hominem, qui vererentur ne Græci, postquam scidissent pontem, in insula manerent, in qua hinc Tigris

ἐρύματα ἔχοντες ἔνθεν μὲν τὸν Τίγρητα, ἔνθεν δὲ τὴν διώρυχα, τὰ δ' ἐπιτήδεια ἔχειεν ἐκ τῆς ἐν μέσῳ χώρας πολλῆς καὶ ἀγαθῆς οὔσης καὶ τῶν ἐργασομένων ἐνόντων, εἶτα δὲ καὶ ἀποστροφὴ γένοιτο, εἴ τις βούλοιτο βασιλέα κακῶς ποιεῖν. (22) Μετὰ ταῦτα ἀνεπαύοντο· ἐπὶ μέντοι τὴν γέφυραν ὅμως φυλακὴν ἔπεμψαν· καὶ οὔτε ἐπέθετο οὐδεὶς οὐδαμόθεν οὔτε πρὸς τὴν γέφυραν οὐδεὶς ἦλθε τῶν πολεμίων, ὡς οἱ φυλάττοντες ἀπήγγελλον. (23) Ἐπειδὴ δ' ἕως ἐγένετο, διέβαινον τὴν γέφυραν ἐζευγμένην πλοίοις τριάκοντα καὶ ἑπτὰ ὡς οἷόν τε μάλιστα πεφυλαγμένως· ἐξήγγελλον γάρ τινες τῶν παρὰ Τισσαφέρνους Ἑλλήνων ὡς διαβαινόντων μέλλοιεν ἐπιθήσεσθαι. Ἀλλὰ ταῦτα μὲν ψευδῆ ἦν· διαβαινόντων μέντοι ὁ Γλοῦς αὐτοῖς ἐπεφάνη μετ' ἄλλων σκοπῶν εἰ διαβαίνοιεν τὸν ποταμόν· ἐπειδὴ δὲ εἶδεν, ᾤχετο ἀπελαύνων.

24. Ἀπὸ δὲ τοῦ Τίγρητος ἐπορεύθησαν σταθμοὺς τέτταρας παρασάγγας εἴκοσιν ἐπὶ τὸν Φύσκον ποταμόν, τὸ εὖρος πλέθρου· ἐπὴν δὲ γέφυρα, καὶ ἐνταῦθα ᾠκεῖτο πόλις μεγάλη, ᾗ ὄνομα Ὦπις· πρὸς ἣν ἀπήντησε τοῖς Ἕλλησιν ὁ Κύρου καὶ Ἀρταξέρξου νόθος ἀδελφὸς ἀπὸ Σούσων καὶ Ἐκβατάνων στρατιὰν πολλὴν ἄγων ὡς βοηθήσων βασιλεῖ· καὶ ἐπιστήσας τὸ ἑαυτοῦ στράτευμα παρερχομένους τοὺς Ἕλληνας ἐθεώρει. (25) Ὁ δὲ Κλέαρχος ἡγεῖτο μὲν εἰς δύο, ἐπορεύετο δὲ ἄλλοτε καὶ ἄλλοτε ἐφιστάμενος. Ὅσον δὲ [ἂν] χρόνον τὸ ἡγούμενον τοῦ στρατεύματος ἐπιστήσειε, τοσοῦτον ἦν ἀνάγκη χρόνον δι' ὅλου τοῦ στρατεύματος γίγνεσθαι τὴν ἐπίστασιν· ὥστε τὸ στράτευμα καὶ αὐτοῖς τοῖς Ἕλλησι δόξαι πάμπολυ εἶναι, καὶ τὸν Πέρσην ἐκπεπλῆχθαι θεωροῦντα. (27) Ἐντεῦθεν δὲ ἐπορεύθησαν διὰ τῆς Μηδίας σταθμοὺς ἐρήμους ἓξ παρασάγγας τριάκοντα εἰς τὰς Παρυσάτιδος κώμας τῆς Κύρου καὶ βασιλέως μητρός. Ταύτας Τισσαφέρνης Κύρῳ ἐπεγγελῶν διαρπάσαι τοῖς Ἕλλησιν ἐπέτρεψε πλὴν ἀνδραπόδων. Ἐνῆν δὲ σῖτος πολὺς καὶ πρόβατα καὶ ἄλλα χρήματα. (28) Ἐντεῦθεν δ' ἐπορεύθησαν σταθμοὺς ἐρήμους τέτταρας παρασάγγας εἴκοσι τὸν Τίγρητα ποταμὸν ἐν ἀριστερᾷ ἔχοντες. Ἐν δὲ τῷ πρώτῳ σταθμῷ πέραν τοῦ ποταμοῦ πόλις ᾠκεῖτο μεγάλη καὶ εὐδαίμων ὄνομα Καιναί, ἐξ ἧς οἱ βάρβαροι διῆγον ἐπὶ σχεδίαις διφθερίναις ἄρτους, τυροὺς, οἶνον.

ΚΕΦΑΛΑΙΟΝ Ε.

Μετὰ ταῦτα ἀφικνοῦνται ἐπὶ τὸν Ζαπάταν ποταμόν, τὸ εὖρος τεττάρων πλέθρων. Καὶ ἐνταῦθα ἔμειναν ἡμέρας τρεῖς· ἐν δὲ ταύταις ὑποψίαι μὲν ἦσαν, φανερὰ δὲ οὐδεμία ἐφαίνετο ἐπιβουλή. (2) Ἔδοξεν οὖν τῷ Κλεάρχῳ ξυγγενέσθαι τῷ Τισσαφέρνει καὶ εἴ πως δύναιτο παῦσαι τὰς ὑποψίας, πρὶν ἐξ αὐτῶν πόλεμον γενέσθαι· καὶ ἔπεμψέ τινα ἐροῦντα ὅτι ξυγγενέσθαι αὐτῷ χρῄζοι. (3) Ὁ δὲ ἑτοίμως ἐκέλευεν ἥκειν. Ἐπειδὴ

fluvius, illinc alveus iis munimento foret; ac commeatum ex agro inter hos interjecto haberent, qui et amplus esset et fertilis, cum etiam qui colerent cum adessent, tum autem perfugium fieret, si quis regi injurias inferre vellet. Secundum hæc quieti se dabant; nihilominus tamen ad pontem præsidium miserunt : at nec ulla ex parte quisquam eos invasit, nec ad pontem ullas hostium venit, quemadmodum ii, qui præsidium ibi agitaverant, renuntiarunt. Prima aurora pontem triginta septem navigiis junctum, quam cautissime fieri posset, transierunt : nam quidam ex iis, qui apud Tissaphernem fuerant, Græcis enuntiarant futurum, ut ipsos inter transeundum adorirentur hostes; quod sane falsum erat : ab iis tamen in ipso transitu Glus cum quibusdam aliis, qui num amnem transirent specularetur; quod cum Græcos facere videret, avectus est.

A Tigri castris quartis, parasangas viginti progressi sunt, usque ad Physcum amnem, latitudine plethri; cui pons erat impositus. Atque ibi incolebatur urbs magna, cui nomen Opis ; ad quam Græcis obviam venit Cyri et Artaxerxis frater nothus, qui ut opem regi ferret, a Susis et Ecbatanis magnum ducebat exercitum ; et cum suas subsistere jussisset copias, Græcos prætereuntes spectabat. Ceterum Clearchus suos in binos dispositos ducebat, et sic faciebat iter, ut subinde subsisteret. Quanto autem tempore prima pars copiarum substiterit, tanto per omnem exercitum inhibitionem ab itinere fieri necesse erat ; adeo ut ipsis etiam Græcis ingentes esse copiæ viderentur, et iste Persa spectans eas obstupesceret. Inde per Mediam castris in solitudine sextis, parasangas triginta, ad Parysatidis, Cyri regisque matris, vicos progressi sunt. Hos Tissaphernes, Cyro ut illuderet, diripiendi potestatem Græcis fecit, exceptis mancipiis. Inerat autem in eis frumentum multum, et pecudes, et res aliæ. Hinc per solitudinem castris quartis, parasangas viginti progressi sunt, cum Tigrim fluvium ad lævam haberent. Ad castra prima, trans flumen, urbs magna incolebatur et opulenta, cui nomen Cænæ, ex qua barbari ratibus e pellibus factis panes, caseum, vinum transportabant.

CAPUT V.

Post hæc ad Zapatam fluvium perveniunt, qui erat plethrorum quatuor latitudine. Atque hic dies tres manserunt ; in quibus nonnullæ suspiciones ortæ sunt, nullæ tamen manifestæ adparebant insidiæ. Quamobrem Clearcho visum est convenire Tissaphernem, et si qua ratione posset, suspiciones prius amovere, quam bellum ex eis oriretur : misit itaque qui diceret, cuperese eum convenire. Hortatus est is prompte ut veniret. Cum autem convenissent,

δὲ ξυνῆλθον, λέγει ὁ Κλέαρχος τάδε. Ἐγώ, ὦ Τισσαφέρνη, οἶδα μὲν ἡμῖν ὅρκους γεγενημένους καὶ δεξιὰς δεδομένας μὴ ἀδικήσειν ἀλλήλους· φυλαττόμενον δὲ σέ τε ὁρῶ ὡς πολεμίους ἡμᾶς καὶ ἡμεῖς ὁρῶντες ταῦτα ἀντιφυλαττόμεθα. (4) Ἐπεὶ δὲ σκοπῶν οὐ δύναμαι οὔτε σὲ αἰσθέσθαι πειρώμενον ἡμᾶς κακῶς ποιεῖν ἐγώ τε σαφῶς οἶδα ὅτι ἡμεῖς γε οὐδ᾽ ἐπινοοῦμεν τοιοῦτον οὐδέν, ἔδοξέ μοι εἰς λόγους σοι ἐλθεῖν, ὅπως, εἰ δυναίμεθα, ἐξέλοιμεν ἀλλήλων τὴν ἀπιστίαν. (5) Καὶ γὰρ οἶδα ἀνθρώπους ἤδη τοὺς μὲν ἐκ διαβολῆς τοὺς δὲ καὶ ἐξ ὑποψίας οἳ φοβηθέντες ἀλλήλους, φθάσαι βουλόμενοι πρὶν παθεῖν, ἐποίησαν ἀνήκεστα κακὰ τοὺς οὔτε μέλλοντας οὔτ᾽ αὖ βουλομένους τοιοῦτον οὐδέν. (6) Τὰς οὖν τοιαύτας ἀγνωμοσύνας νομίζων συνουσίαις μάλιστα ἂν παύεσθαι, ἥκω καὶ διδάσκειν σε βούλομαι ὡς σὺ ἡμῖν οὐκ ὀρθῶς ἀπιστεῖς. (7) Πρῶτον μὲν γὰρ καὶ μέγιστον οἱ θεῶν ἡμᾶς ὅρκοι κωλύουσι πολεμίους εἶναι ἀλλήλοις· ὅστις δὲ τούτων σύνοιδεν αὑτῷ παρημεληκώς, τοῦτον ἐγὼ οὔποτ᾽ ἂν εὐδαιμονίσαιμι. Τὸν γὰρ θεῶν πόλεμον οὐκ οἶδα οὔτ᾽ ἀπὸ ποίου ἂν τάχους φεύγων τις ἀποφύγοι οὔτ᾽ εἰς ποῖον ἂν σκότος ἀποδραίη οὐθ᾽ ὅπως ἂν εἰς ἐχυρὸν χωρίον ἀποσταίη. Πάντῃ γὰρ πάντα τοῖς θεοῖς ὕποχα καὶ πανταχῇ πάντων ἴσον οἱ θεοὶ κρατοῦσι. (8) Περὶ μὲν δὴ τῶν θεῶν τε καὶ τῶν ὅρκων οὕτως γιγνώσκω, παρ᾽ οἷς ἡμεῖς τὴν φιλίαν συνθέμενοι κατεθέμεθα· τῶν δ᾽ ἀνθρωπίνων σε ἐγὼ ἐν τῷ παρόντι νομίζω μέγιστον εἶναι ἡμῖν ἀγαθόν. (9) Σὺν μὲν γὰρ σοὶ πᾶσα μὲν ὁδὸς εὔπορος, πᾶς δὲ ποταμὸς διαβατός, τῶν τε ἐπιτηδείων οὐκ ἀπορία· ἄνευ δὲ σοῦ πᾶσα μὲν διὰ σκότους ἡ ὁδός· οὐδὲν γὰρ αὐτῆς ἐπιστάμεθα· πᾶς δὲ ποταμὸς δύσπορος, πᾶς δὲ ὄχλος φοβερός, φοβερώτατον δ᾽ ἐρημία· μεστὴ γὰρ πολλῆς ἀπορίας ἐστίν. (10) Εἰ δὲ δὴ καὶ μανέντες σε κατακτείναιμεν, ἄλλο τι ἂν ἢ τὸν εὐεργέτην κατακτείναντες πρὸς βασιλέα τὸν μέγιστον ἔφεδρον ἀγωνιζοίμεθα; Ὅσων δὲ δὴ καὶ οἵων ἂν ἐλπίδων ἐμαυτὸν στερήσαιμι, εἰ σέ τι κακὸν ἐπιχειρήσαιμι ποιεῖν, ταῦτα λέξω. (11) Ἐγὼ γὰρ Κῦρον ἐπεθύμησά μοι φίλον γενέσθαι, νομίζων τῶν τότε ἱκανώτατον εἶναι εὖ ποιεῖν ὃν βούλοιτο· σὲ δὲ νῦν ὁρῶ τήν τε Κύρου δύναμιν καὶ χώραν ἔχοντα καὶ τὴν σεαυτοῦ ἀρχὴν σώζοντα, τὴν δὲ βασιλέως δύναμιν, ᾗ Κῦρος πολεμίᾳ ἐχρῆτο, σοὶ ταύτην ξύμμαχον οὖσαν. (12) Τούτων δὲ τοιούτων ὄντων τίς οὕτω μαίνεται ὅστις οὐ βούλεταί σοι φίλος εἶναι; ἀλλὰ μὴν ἐρῶ γὰρ καὶ ταῦτα ἐξ ὧν ἔχω ἐλπίδας καὶ σὲ βουλήσεσθαι φίλον ἡμῖν εἶναι· (13) οἶδα μὲν γὰρ ὑμῖν Μυσοὺς λυπηροὺς ὄντας, οὓς νομίζω ἂν σὺν τῇ παρούσῃ δυνάμει ταπεινοὺς ὑμῖν παρασχεῖν, οἶδα δὲ καὶ Πισίδας· ἀκούω δὲ καὶ ἄλλα ἔθνη πολλὰ τοιαῦτα εἶναι, ἃ οἶμαι ἂν παῦσαι ἐνοχλοῦντα ἀεὶ τῇ ὑμετέρᾳ εὐδαιμονίᾳ. Αἰγυπτίους δέ, οἷς μάλιστα ὑμᾶς νῦν γιγνώσκω τεθυμωμένους, οὐχ ὁρῶ ποίᾳ δυνάμει συμμάχῳ χρησάμενοι μᾶλλον ἂν κολάσεσθε τῆς νῦν σὺν ἐμοὶ οὔσης. (14) Ἀλλὰ μὴν ἔν γε τοῖς πέριξ οἰκοῦσι σὺ εἰ μὲν βούλοιό τῳ φίλος εἶναι, ὡς μέγιστος ἂν εἴης, εἰ δέ τί σε λυποίη, ὡς δε-

orationem hanc habuit Clearchus: « Equidem novi, Tissaphernes, nos mutuo jurejurando obstrictos esse, datasque dextras, nullam alterum alteri illaturum injuriam: sed tamen cavere te tibimet a nobis, tanquam ab hostibus, video; et nos vicissim, cum id videamus, nobis a te cavemus. Cum vero mecum cogitans nihil animadvertere possim, in quo tu nos laedere coneris, et ipse certo scio nos tale quidquam ne meditari quidem, visum est te mihi colloquendi causa conveniendum esse, ut, si qua ratione possimus, diffidentiam alterius alteri eximeremus. Jam equidem homines novi, qui cum partim propter criminationem, partim propter suspicionem mutuo sese metuerent, priusquam quid ipsis accideret, antevertendi studio gravissimis malis eos adfecerunt, qui nihil tale jam tum pararent cuperentve. Quare cum iniquos hujusmodi errores existimarem maxime colloquiis finiri posse, huc venio, teque docere cupio, non recte nobis te diffidere. Quod enim primum est et maximum, ipsum quod per deos uterque juravimus jusjurandum nos invicem infestos esse vetat: quod quicunque se contempsisse sibimet conscius est, eum ego neutiquam beatum praedicare possum. Nam haud scio, qua quis fugae celeritate aut quo a diis sibi bellum illatum effugere, quasve in tenebras aufugere, vel qua ratione locum in munitum secedere possit. Quippe omnino omnia diis subjecta sunt, et ubique dii pariter omnia sua potestate continent. Atque ita de diis ac jurejurando sentio, apud quos initam amicitiam deposuimus: inter humanas autem res equidem te nobis in praesenti maximum esse bonum existimo. Nam cum te nobis omnis via transitu facilis, omne flumen trajici possit, nulla commeatus erit inopia: sine te iter omne tenebricosum erit (quippe cujus ignari plane sumus), flumen omne transitu difficile, omnis turba terribilis; maximeque terribilis solitudo; quippe quae multis difficultatibus refecta sit. Quod si te furore impulsi occidamus, quid aliud futurum est, quam ut occiso homine de nobis bene merito, adversus regum maximum vindicem decertemus? Quas sane et quales mihi ipse spes erepturus sim, si quid tibi mali facere coner, id vero exponam. Cyrum ego mihi fieri amicum expetivi, propterea quod illum inter sui temporis homines ad conferenda in quem vellet cunque beneficia maxime idoneum arbitrarer. Nunc te video potitum et potentia et regione Cyri, cum tuum etiam imperium incolume retineas, regisque adeo potentiam, quam Cyrus infestam expertus est, tibi hanc sociam esse. Quae cum ita se habeant, quis usque adeo insanit, ut esse tibi nolit amicus? Enimvero ea etiam proferam, unde spem habeam fore, ut tu quoque nobis amicus esse velis. Quippe novi Mysos vobis esse molestos, quos me cum his quae adsunt copiis vobis subjicere posse spero: quin et Pisidas hostili in vos esse animo novi; audio et alias gentes esse multas ejusmodi, quas ut ab interpellando semper felicitatem vestram desistant, effecturam me arbitror. Porro Aegyptios, quibus nunc maxime vos iratos esse intelligo, non video quibus copiis auxiliariis usi potius, quam quae mihi jam adsunt, castigare poteritis. At vero etiam inter eos qui circumcirca habitant, si cui eorum amicus esse velis, quam maximus esses; sin quis aliquid tibi mo-

σπότης ἀναστρέφοιο ἔχων ἡμᾶς ὑπηρέτας, οἵ σοι οὐκ ἂν τοῦ μισθοῦ ἕνεκα μόνον ὑπηρετοῖμεν ἀλλὰ καὶ τῆς χάριτος ἧς σωθέντες ὑπὸ σοῦ σοὶ ἂν ἔχοιμεν δικαίως. (16) Ἐμοὶ μὲν δὴ ταῦτα πάντα ἐνθυμουμένῳ οὕτω δοκεῖ θαυμαστὸν εἶναι τὸ σὲ ἡμῖν ἀπιστεῖν ὥστε καὶ ἥδιστ' ἂν ἀκούσαιμι τίς οὕτως ἐστὶ δεινὸς λέγειν ὥστε σε πεῖσαι λέγων ὡς ἡμεῖς σοι ἐπιβουλεύομεν. Κλέαρχος μὲν οὖν τοσαῦτα εἶπε· Τισσαφέρνης δὲ ὧδε ἀπημείφθη.

16. Ἀλλ' ἥδομαι μέν, ὦ Κλέαρχε, ἀκούων σου φρονίμους λόγους· ταῦτα γὰρ γιγνώσκων εἴ τι ἐμοὶ κακὸν βουλεύοις, ἅμα ἄν μοι δοκεῖς καὶ σαυτῷ κακόνους εἶναι. Ὡς δ' ἂν μάθῃς ὅτι οὐδ' ἂν ὑμεῖς δικαίως οὔτε βασιλεῖ οὔτ' ἐμοὶ ἀπιστοίητε, ἀντάκουσον. (17) Εἰ γὰρ ὑμᾶς ἐβουλόμεθα ἀπολέσαι, πότερά σοι δοκοῦμεν ἱππέων πλήθους ἀπορεῖν ἢ πεζῶν ἢ ὁπλίσεως ἐν ᾗ ὑμᾶς μὲν βλάπτειν ἱκανοὶ ἐσήμεν ἄν, ἀντιπάσχειν δὲ οὐδεὶς κίνδυνος; (18) Ἀλλὰ χωρίων ἐπιτηδείων ὑμῖν ἐπιτίθεσθαι ἀπορεῖν ἄν σοι δοκοῦμεν; οὐ τοσαῦτα μὲν πεδία ἡμῖν φίλια ὄντα σὺν πολλῷ πόνῳ διαπορεύεσθε, τοσαῦτα δὲ ὄρη ὑμῖν ὁρᾶτε ὄντα πορευτέα, ἃ ἡμῖν ἔξεστι προκαταλαβοῦσιν ἄπορα ὑμῖν παρέχειν, τοσοῦτοι δ' εἰσὶ ποταμοὶ ἐφ' ὧν ἔξεστιν ἡμῖν ταμιεύεσθαι ὁπόσοις ἂν ὑμῶν βουλώμεθα μάχεσθαι; εἰσὶ δ' αὐτῶν οὓς οὐδ' ἂν παντάπασι διαβαίητε, εἰ μὴ ἡμεῖς ὑμᾶς διαπορεύοιμεν. (19) Εἰ δ' ἐν πᾶσι τούτοις ἡττῴμεθα, ἀλλὰ τό γέ τοι πῦρ κρεῖττον τοῦ καρποῦ ἐστιν· ὃν ἡμεῖς δυναίμεθ' ἂν κατακαύσαντες λιμὸν ὑμῖν ἀντιτάξαι, ᾧ ὑμεῖς οὐδ' εἰ πάνυ ἀγαθοὶ εἴητε μάχεσθαι ἂν δύναισθε. (20) Πῶς ἂν οὖν ἔχοντες τοσούτους πόρους πρὸς τὸ ὑμῖν πολεμεῖν, καὶ τούτων μηδένα ἡμῖν ἐπικίνδυνον, ἔπειτα ἐκ τούτων πάντων τοῦτον ἂν τὸν τρόπον ἐξελοίμεθα ὃς μόνος μὲν πρὸς θεῶν ἀσεβής, μόνος δὲ πρὸς ἀνθρώπων αἰσχρός; (21) παντάπασι δὲ ἀπόρων ἐστὶ καὶ ἀμηχάνων καὶ ἀνάγκῃ ἐχομένων, καὶ τούτων πονηρῶν, οἵτινες ἐθέλουσι δι' ἐπιορκίας τε πρὸς θεοὺς καὶ ἀπιστίας πρὸς ἀνθρώπους πράττειν τι. Οὐχ οὕτως ἡμεῖς, ὦ Κλέαρχε, οὔτε ἀλόγιστοι οὔτε ἠλίθιοί ἐσμεν. (22) Ἀλλὰ τί δὴ ὑμᾶς ἐξὸν ἀπολέσαι οὐκ ἐπὶ τοῦτο ἤλθομεν; εὖ ἴσθι ὅτι ὁ ἐμὸς ἔρως τούτου αἴτιος τὸ τοῖς Ἕλλησιν ἐμὲ πιστὸν γενέσθαι, καὶ ᾧ Κῦρος ἀνέβη ξενικῷ διὰ μισθοδοσίας πιστεύων τούτῳ ἐμὲ καταβῆναι δι' εὐεργεσίας ἰσχυράν. (23) Ὅσα δὲ μοι ὑμεῖς χρήσιμοί ἐσεσθε τὰ μὲν καὶ σὺ εἶπες, τὸ δὲ μέγιστον ἐγὼ οἶδα· τὴν μὲν γὰρ ἐπὶ τῇ κεφαλῇ τιάραν βασιλεῖ μόνῳ ἔξεστιν ὀρθὴν ἔχειν, τὴν δ' ἐπὶ τῇ καρδίᾳ ἴσως ἂν ὑμῶν παρόντων καὶ ἕτερος εὐπετῶς ἔχοι.

24. Ταῦτα εἰπὼν ἔδοξε τῷ Κλεάρχῳ ἀληθῆ λέγειν· καὶ εἶπεν. Οὐκοῦν, ἔφη, οἵτινες τοιούτων ἡμῖν εἰς φιλίαν ὑπαρχόντων πειρῶνται διαβάλλοντες ποιῆσαι πολεμίους ἡμᾶς ἄξιοί εἰσι τὰ ἔσχατα παθεῖν; (25) Καὶ ἐγὼ μὲν γε, ἔφη ὁ Τισσαφέρνης, εἰ βούλεσθέ μοι οἵ τε στρατηγοὶ καὶ οἱ λοχαγοὶ ἐλθεῖν ἐν τῷ ἐμφανεῖ, λέξω τοὺς πρὸς ἐμὲ λέγοντας ὡς σὺ ἐμοὶ ἐπιβουλεύεις καὶ τῇ σὺν ἐμοὶ στρατιᾷ. (26) Ἐγὼ δέ, ἔφη ὁ Κλέαρχος,

lestiæ crearet, eum tanquam dominus everteres, nos cum haberes ultionis ministros, qui tibi non tantum stipendii causa subserviremus, sed etiam gratiæ, quam a te incolumes servati merito tibi haberemus. Mihi quidem hæc omnia animo agitanti adeo mirum esse videtur, te fidem nobis non habere, ut libentissime etiam ejus sim auditurus nomen, qui tantum dicendo valeat, ut oratione sua persuadere possit tibi nos insidiari. » Hæc quidem dixit Clearchus : ad quæ Tissaphernes in hunc modum respondit :

« Equidem, Clearche, lætus orationem tuam prudentem audio : nam cum hæc cognoscas, si quid in me mali moliaris, mala simul contra te ipsum agitare mihi visus fueris. Verum ut intelligas non jure vos vel regi vel mihi diffidere posse, me vicissim audi. Nam si vos perdere vellemus, equitumve nobis copiam deesse arbitraris, an peditum, an armaturæ, qua sane vos lædere idonei fuerimus, cum nullum nobis sit damni vicissim ferendi periculum ? Num locorum ad invadendum vos idoneorum copiam nobis defuturam putas? nonne per tot campos nobis pacatos magno cum labore transitis; totque montes vobis in conspectu sunt, qui sunt vobis transeundi, quos si præoccupaverimus impervios vobis reddere possimus? nonne tot sunt flumina, unde nobis liceat velat e pecu promere, cum quantis vestrum copiis dimicare velimus? Sunt etiam ex illis nonnulla, quæ non transire quidem omnino poteritis, nisi vos ipsi trajiciamus. Quod si hisce omnibus inferiores evaseritis, at certe ignis fructibus est superior ; quos cum exusserimus, famem vobis tanquam in acie opponere poterimus : adversus quam vos, tametsi vel fortissimi sitis, pugnare tamen non poteritis. Qui ergo, cum tot nobis sint ad bellum adversus vos gerendum viæ, earumque nulla nobis sit periculosa, illam demum ex his omnibus eligeremus rationem, quæ una sit apud deos impia, una apud homines turpis? quæque adeo illorum sit omnino , qui ad eas, e quibus se expedire nequeunt, difficultates redacti sunt, et omnium machinarum expertes et necessitate constricti, iidemque improbi, qui perjurio erga deos, et fidei erga homines violatione aliquid perficere cupiunt ? Non adeo vecordes vel rationis expertes, Clearche, sumus. At enim , cum nostra esset in potestate vos perdere, cur id adgressi non sumus ? Certo scias, in causa fuisse meum desiderium, Græcis nimirum me fidum præstandi, at quo Cyrus milite peregrino stipendii soluti nomine fretus huc adscendit, eo me per beneficia muniente descendendi. Quas vero ad res vos mihi utiles sitis, ias et tu quidem exposuisti, et quod maximum est ipse novi : uni nimirum regi tiaram in capite rectam gestare licet, verum eam quæ est in corde, si vos illi adsitis, fortassis alius quoque facile rectam gesserit. »

Hæc loquutus visus est Clearcho vera dicere : atque adeo, Nonne igitur, inquit, cum res hujusmodi nobis ad amicitiam suppetant, extremis suppliciis digni sunt, qui criminando nos mutuo infensos reddere conantur ? Et Tissaphernes, Equidem, ait, si vos duces et cohortium præfecti palam ad me venire volueritis, indicabo eos qui ad me deferunt, te mihi exercituique meo insidiari. Ego vero, inquit Clear-

ἄξω πάντας, καὶ σοὶ αὖ δηλώσω ὅθεν ἐγὼ περὶ σοῦ ἀκούω. (27) Ἐκ τούτων δὴ τῶν λόγων ὁ Τισσαφέρνης φιλοφρονούμενος τότε μὲν μένειν τε αὐτὸν ἐκέλευσε καὶ σύνδειπνον ἐποιήσατο. Τῇ δὲ ὑστεραίᾳ ὁ Κλέαρχος ἐλθὼν ἐπὶ τὸ στρατόπεδον δῆλός τ' ἦν πάνυ φιλικῶς οἰόμενος διακεῖσθαι τῷ Τισσαφέρνει καὶ ἃ ἔλεγεν ἐκεῖνος ἀπήγγελλεν, ἔφη τε χρῆναι ἰέναι παρὰ Τισσαφέρνην οὓς ἐκέλευσε, καὶ οἳ ἂν ἐλεγχθῶσι διαβάλλοντες τῶν Ἑλλήνων, ὡς προδότας αὐτοὺς καὶ κακόνους τοῖς Ἕλλησιν ὄντας τιμωρηθῆναι. (28) Ὑπώπτευε δὲ εἶναι τὸν διαβάλλοντα Μένωνα, εἰδὼς αὐτὸν καὶ συγγεγενημένον Τισσαφέρνει μετ' Ἀριαίου καὶ στασιάζοντα αὐτῷ καὶ ἐπιβουλεύοντα, ὅπως τὸ στράτευμα ἅπαν πρὸς ἑαυτὸν λαβὼν φίλος ᾖ Τισσαφέρνει. (29) Ἐβούλετο δὲ καὶ ὁ Κλέαρχος ἅπαν τὸ στράτευμα πρὸς ἑαυτὸν ἔχειν τὴν γνώμην καὶ τοὺς παραλυποῦντας ἐκποδὼν εἶναι. Τῶν δὲ στρατιωτῶν ἀντέλεγόν τινες αὐτῷ μὴ ἰέναι πάντας τοὺς λοχαγοὺς καὶ στρατηγοὺς μηδὲ πιστεύειν Τισσαφέρνει. (30) Ὁ δὲ Κλέαρχος ἰσχυρῶς κατέτεινεν, ἔστε διεπράξατο πέντε μὲν στρατηγοὺς ἰέναι, εἴκοσι δὲ λοχαγούς· συνηκολούθησαν δὲ ὡς εἰς ἀγορὰν καὶ τῶν ἄλλων στρατιωτῶν ὡς διακόσιοι.

31. Ἐπεὶ δὲ ἦσαν ἐπὶ ταῖς θύραις ταῖς Τισσαφέρνους, οἱ μὲν στρατηγοὶ παρεκλήθησαν εἴσω, Πρόξενος Βοιώτιος, Μένων Θετταλός, Ἀγίας Ἀρκάς, Κλέαρχος Λάκων, Σωκράτης Ἀχαιός· οἱ δὲ λοχαγοὶ ἐπὶ ταῖς θύραις ἔμενον. (32) Οὐ πολλῷ δὲ ὕστερον ἀπὸ τοῦ αὐτοῦ σημείου οἵ τ' ἔνδον ξυνελαμβάνοντο καὶ οἱ ἔξω κατεκόπησαν. Μετὰ δὲ ταῦτα τῶν βαρβαρίων τινὲς ἱππέων διὰ τοῦ πεδίου ἐλαύνοντες ᾧτινι ἐντυγχάνοιεν Ἕλληνι ἢ δούλῳ ἢ ἐλευθέρῳ πάντας ἔκτεινον. (33) Οἱ δὲ Ἕλληνες τήν τε ἱππασίαν αὐτῶν ἐθαύμαζον ἐκ τοῦ στρατοπέδου ὁρῶντες καὶ ὅτι ἐποίουν ἠμφεγνόουν, πρὶν Νίκαρχος Ἀρκὰς ἧκε φεύγων τετρωμένος εἰς τὴν γαστέρα καὶ τὰ ἔντερα ἐν ταῖς χερσὶν ἔχων, καὶ εἶπε πάντα τὰ γεγενημένα. (34) Ἐκ τούτου δὴ οἱ Ἕλληνες ἔθεον ἐπὶ τὰ ὅπλα πάντες ἐκπεπληγμένοι καὶ νομίζοντες αὐτίκα ἥξειν αὐτοὺς ἐπὶ τὸ στρατόπεδον. (35) Οἱ δὲ πάντες μὲν οὐκ ἦλθον, Ἀριαῖος δὲ καὶ Ἀρτάοζος καὶ Μιθριδάτης, οἳ ἦσαν Κύρῳ πιστότατοι· ὁ δὲ τῶν Ἑλλήνων ἑρμηνεὺς ἔφη καὶ τὸν Τισσαφέρνους ἀδελφὸν σὺν αὐτοῖς ὁρᾶν καὶ γιγνώσκειν· ξυνηκολούθουν δὲ καὶ ἄλλοι Περσῶν τεθωρακισμένοι εἰς τριακοσίους. (36) Οὗτοι ἐπεὶ ἐγγὺς ἦσαν, προσελθεῖν ἐκέλευον εἴ τις εἴη τῶν Ἑλλήνων ἢ στρατηγὸς ἢ λοχαγός, ἵνα ἀπαγγείλωσι τὰ παρὰ βασιλέως. (37) Μετὰ ταῦτα ἐξῆλθον φυλαττόμενοι τῶν Ἑλλήνων στρατηγοὶ μὲν Κλεάνωρ Ὀργυομένιος καὶ Σοφαίνετος Στυμφάλιος, ξὺν αὐτοῖς δὲ Ξενοφῶν Ἀθηναῖος, ὅπως μάθοι τὰ περὶ Προξένου· Χειρίσοφος δ' ἐτύγχανεν ἀπὼν ἐν κώμῃ τινὶ ξὺν ἄλλοις ἐπισιτιζόμενος. (38) Ἐπεὶ δὲ ἔστησαν εἰς ἐπήκοον, εἶπεν Ἀριαῖος τάδε. Κλέαρχος μέν, ὦ ἄνδρες Ἕλληνες, ἐπεὶ ἐπιορκῶν τε ἐφάνη καὶ τὰς σπονδὰς λύων, ἔχει τὴν δίκην καὶ τέθνηκε, Πρόξενος δὲ καὶ Μένων, ὅτι κατήγ-

chus, omnes ad te ducam : atque ipse vicissim tibi significabo, unde ego de te audierim. Post hæc verba Tissaphernes Clearchum comiter accipiens, tunc eum apud se manere jussit, ac cœnæ participem fecit. Postridie reversus ad castra Clearchus præ se ferebat amico admodum esse so erga Tissaphernem animo, et quæ ille nuntiasset exponebat : aiebat etiam ad Tissaphernem iis eundum esse, quos ipse jussisset, et ex Græcis qui convicti fuerint criminationum, eos tanquam proditores ac Græcis malevolos puniendos esse. Suspicabatur autem Menonem esse illum, qui ceteros criminaretur ; quippe cum nosset eum in Tissaphernis congressum colloquiumque cum Ariæo venisse, eundemque a se dissidere, sibique insidiari, ut exercitu universo suas ad partes traducto, Tissapherni amicus esset. Sed et Clearchus milites universos inclinatis esse ad ipsum animis volebat, ac eos qui molestiam exhiberent, amotos esse. At ex militibus quidam ei adversabantur, dicentes, non debere omnes cohortium præfectos ducesque omnes eo ire, nec Tissapherni fidem habendam esse. Verum Clearchus vehementer contendit, usque adeo donec perfecit ut duces irent quinque, et præfecti cohortium viginti : quos una ceteris etiam ex militibus circiter ducenti, quasi ad rerum venalium forum, sequuti sunt.

Posteaquam ad portas Tissaphernis aderant, duces intro accessiti sunt, Proxenus Bœotius, Menon Thessalus, Agias Arcas, Clearchus Lacedæmonius, Socrates Achæus : præfecti cohortium ad portas manserunt. Haud multo post ad idem signum et ii, qui intus erant, comprehensi fuere, et qui extra, cæsi. Post hæc ex barbaris quidam equitibus per campum equos agitantes, in quemcunque Græcum sive servum, seu liberum incidissent, omnes trucidarunt. Græci tum equitationem, quam e castris spectabant, mirabantur, tum quid agerent ambigebant, donec Nicarchus Arcas fuga elapsus venit, cum vulnere in ventre accepto, manibus intestina teneret, et quæ gesta erant exposuit omnia. Ibi tum Græci ad arma currebant omnes re inopinata perculsi, cum illos mox ad sua castra venturos existimarent. At illi universi quidem non venerunt, sed tantum Ariæus et Artaozus et Mithridates, qui Cyro fuerant fidelissimi : et Græcorum interpres cum eis se Tissaphernis fratrem videre atque agnoscere aiebat : alii præterea Persæ, ad trecentos numero, loricati hos una sequebantur. Hi, cum propius adfuissent, accedere jubebant, quicunque Græcorum vel dux vel cohortium præfectus esset, ut illos quæ mandata haberent, exponerent. Ibi tum Græcorum, cum sibi sat cavissent, duces quidem, Cleanor Orchomenius, et Sophænetus Stymphalius processerunt, cumque eis Xenophon Atheniensis, ut Proxeno quid accidisset, cognosceret. (Charisophus forte aberat, cum aliis in vico quodam opera commeatui parando data.) Posteaquam eo constitere loco, unde exaudiri possent, hæc verba fecit Ariæus : Clearchus sane, Græci, cum jurisjurandi fœderisque violati compertus esset, pœnas meritas subiit atque adeo mortuus est : Proxenus et

γειλαν αὐτοῦ τὴν ἐπιβουλήν, ἐν μεγάλῃ τιμῇ εἰσιν. Ὑμᾶς δὲ βασιλεὺς τὰ ὅπλα ἀπαιτεῖ· αὐτοῦ γάρ εἶναί φησιν, ἐπείπερ Κύρου ἦσαν τοῦ ἐκείνου δούλου. (30) Πρὸς ταῦτα ἀπεκρίναντο οἱ Ἕλληνες, ἔλεγε δὲ Κλεάνωρ ὁ Ὀρχομένιος· Ὦ κάκιστε ἀνθρώπων Ἀριαῖε καὶ οἱ ἄλλοι ὅσοι ἦτε Κύρου φίλοι, οὐκ αἰσχύνεσθε οὔτε θεοὺς οὔτ᾽ ἀνθρώπους οἵτινες ὀμόσαντες ἡμῖν τοὺς αὐτοὺς φίλους καὶ ἐχθροὺς νομιεῖν, προδόντες ἡμᾶς σὺν Τισσαφέρνει τῷ ἀθεωτάτῳ τε καὶ πανουργοτάτῳ τούς τε ἄνδρας αὐτοὺς οἷς ὤμνυτε ὡς ἀπολωλέκατε καὶ τοὺς ἄλλους ἡμᾶς προδεδωκότες ξὺν τοῖς πολεμίοις ἐφ᾽ ἡμᾶς ἔρχεσθε. (40) Ὁ δὲ Ἀριαῖος εἶπε, Κλέαρχος γὰρ πρόσθεν ἐπιβουλεύων φανερὸς ἐγένετο Τισσαφέρνει τε καὶ Ὀρόντᾳ, καὶ πᾶσιν ἡμῖν τοῖς ξὺν τούτοις. (41) Ἐπὶ τούτοις Ξενοφῶν τάδε εἶπε. Κλέαρχος μὲν τοίνυν εἰ παρὰ τοὺς ὅρκους ἔλυε τὰς σπονδάς, τὴν δίκην ἔχει· δίκαιον γὰρ ἀπόλλυσθαι τοὺς ἐπιορκοῦντας· Πρόξενος δὲ καὶ Μένων ἐπείπερ εἰσὶν ὑμέτεροι μὲν εὐεργέται, ἡμέτεροι δὲ στρατηγοί, πέμψατε αὐτοὺς δεῦρο· δῆλον γὰρ ὅτι φίλοι γε ὄντες ἀμφοτέροις πειράσονται καὶ ὑμῖν καὶ ἡμῖν τὰ βέλτιστα ξυμβουλεύειν. (42) Πρὸς ταῦτα οἱ βάρβαροι πολὺν χρόνον διαλεχθέντες ἀλλήλοις ἀπῆλθον οὐδὲν ἀποκρινάμενοι.

ΚΕΦΑΛΑΙΟΝ ς.

Οἱ μὲν δὴ στρατηγοὶ οὕτω ληφθέντες ἀνήχθησαν ὡς βασιλέα καὶ ἀποτμηθέντες τὰς κεφαλὰς ἐτελεύτησαν, εἷς μὲν αὐτῶν Κλέαρχος ὁμολογουμένως ἐκ πάντων τῶν ἐμπείρως αὐτοῦ ἐχόντων δόξας γενέσθαι ἀνὴρ καὶ πολεμικὸς καὶ φιλοπόλεμος ἐσχάτως. (2) Καὶ γὰρ δὴ ἕως μὲν πόλεμος ἦν τοῖς Λακεδαιμονίοις πρὸς τοὺς Ἀθηναίους παρέμενεν, ἐπεὶ δὲ εἰρήνη ἐγένετο, πείσας τὴν αὑτοῦ πόλιν ὡς οἱ Θρᾷκες ἀδικοῦσι τοὺς Ἕλληνας καὶ διαπραξάμενος ὡς ἐδύνατο παρὰ τῶν ἐφόρων ἐξέπλει ὡς πολεμήσων τοῖς ὑπὲρ Χερρονήσου καὶ Περίνθου Θρᾳξίν. (3) Ἐπεὶ δὲ μεταγνόντες πως οἱ ἔφοροι ἤδη ἔξω ὄντος αὐτοῦ ἀποστρέφειν αὐτὸν ἐπειρῶντο ἐξ Ἰσθμοῦ, ἐνταῦθα οὐκέτι πείθεται, ἀλλ᾽ ᾤχετο πλέων εἰς Ἑλλήσποντον. (4) Ἐκ τούτου καὶ ἐθανατώθη ὑπὸ τῶν ἐν τῇ Σπάρτῃ τελῶν ὡς ἀπειθῶν. Ἤδη δὲ φυγὰς ὢν ἔρχεται πρὸς Κῦρον, καὶ ὁποίοις μὲν λόγοις ἔπεισε Κῦρον ἄλλῃ γέγραπται, δίδωσι δὲ αὐτῷ Κῦρος μυρίους δαρεικούς· (5) ὁ δὲ λαβὼν οὐκ ἐπὶ ῥᾳθυμίαν ἐτράπετο, ἀλλ᾽ ἀπὸ τούτων τῶν χρημάτων συλλέξας στράτευμα ἐπολέμει τοῖς Θρᾳξί, καὶ μάχῃ τε ἐνίκησε καὶ ἀπὸ τούτου δὴ ἔφερε καὶ ἦγε τούτους καὶ πολεμῶν διεγένετο μέχρι Κῦρος ἐδεήθη τοῦ στρατεύματος· τότε δὲ ἀπῆλθεν ὡς ξὺν ἐκείνῳ αὖ πολεμήσων. (6) Ταῦτα οὖν φιλοπολέμου μοι δοκεῖ ἀνδρὸς ἔργα εἶναι, ὅστις ἐξὸν μὲν εἰρήνην ἔχειν ἄνευ αἰσχύνης καὶ βλάβης αἱρεῖται πολεμεῖν, ἐξὸν δὲ ῥᾳθυμεῖν βούλεται πονεῖν ὥστε πολεμεῖν, ἐξὸν δὲ χρήματα ἔχειν ἀκινδύνως αἱρεῖται πολεμῶν μείονα

Menon, quod insidias ejus detexerint, magno sunt in honore : a vobis autem rex arma postulat; nam ea ait esse sua, quippe quæ Cyri servi sui fuerint. Ad hæc responderunt Græci, pro ceteris autem loquutus est Cleanor Orchomenius : O sceleratissime hominum Ariæe, vosque ceteri, qui Cyri fueritis amici, non reveremini deos neque homines; qui cum jurejurando firmaveritis, vos eosdem atque nos amicos et inimicos existimaturos, inito cum Tissapherne, homine maxime impio vaferrimoque, nos prodendi consilii, postquam viros ipsos, quibus dedistis jusjurandum, perdidistis, nobis etiam reliquis jam proditis, cum hostibus adversus nos tenditis. Et Ariæus, Enimvero Clearchus, inquit, antea deprehensus est Tissapherni et Orontæ et nobis omnibus, qui cum ipsis eramus, insidias moliri. Tum Xenophon his usus est verbis : Clearchus quidem certe, si præter jurisjurandi finem fœdera solvit, merito pœnas dedit; æquum est enim perjuros interire : verum ad Proxenam et Menonem quod attinet, siquidem bene de vobis promeriti ac duces nostri sunt, eos huc mittite : manifestum est etenim eos, cum utrisque sint amici, conaturos tam vobis quam nobis id dare consilii, quod optimum visum fuerit. Ad hæc barbari, cum diu inter se colloquuti essent, nullo responso dato, discesserunt.

CAPUT VI.

Et duces quidem hoc pacto comprehensi, ad regem subducti sunt, et capitibus abscissis vivendi finem fecerunt : cum ex eis unus, Clearchus scilicet, omnium consensu, quibus usus cum eo fuerat, visus sit vir et rerum bellicarum fuisse peritus et belli summe studiosus. Etenim quamdiu bellum Lacedæmoniis cum Atheniensibus fuit, apud suos constanter permansit : pace facta, cum civibus suis persuasisset, Tiracas in Græcos esse injuriosos, et rem ab Ephoris ut poterat impetrasset, classem Thracibus iis, qui supra Chersonesum et Perinthum habitant, bellum illaturus deduxit. Posteaquam vero Ephori, mutata quodammodo sententia, cum jam domo profectus esset, ex Isthmo revocare ipsum niterentur, non jam amplius obtemperavit, sed in Hellespontum navigare perrexit. Ex eo factum uti a magistratibus Spartanis capitis damnaretur, quasi qui parere noluisset. Jam vero cum in exilio esset, Cyrum accedit, ac cujusmodi rationibus eum sibi conciliaverit, alibi scriptum est : Cyrus autem ei daricorum decem millia donavit; quibus ille acceptis non se socordiæ dedit, sed collectis hac pecuniis copiis, Thracibus bellum intulit : quos et prælio vicit, et deinceps res eorum ferebat agebatque; ac adversus eos bellare perseverabat, donec Cyrus exercitu ejus egeret : tunc inde discessit, ut qui una cum eo ad bellum profecturus esset. Hæc igitur videntur esse opera viri ad bellum propensi, qui, cum absque ignominia et detrimento pace uti possit, bellare mavult; cum socordiæ se dare possit, labores suscipere cupit, ut bellum gerat; cum opes possit

ταῦτα ποιεῖν· ἐκεῖνος δὲ ὥσπερ εἰς παιδικὰ ἢ εἰς ἄλλην τινὰ ἡδονὴν ἤθελε δαπανᾶν εἰς πόλεμον. Οὕτω μὲν φιλοπόλεμος ἦν· (7) πολεμικὸς δὲ αὖ ταύτῃ ἐδόκει εἶναι ὅτι φιλοκίνδυνός τε ἦν καὶ ἡμέρας καὶ νυκτὸς ἄγων ἐπὶ τοὺς πολεμίους καὶ ἐν τοῖς δεινοῖς φρόνιμος, ὡς οἱ παρόντες πανταχοῦ πάντες ὡμολόγουν. (8) Καὶ ἀρχικὸς δ' ἐλέγετο εἶναι ὡς δυνατὸν ἐκ τοῦ τοιούτου τρόπου οἷον κἀκεῖνος εἶχεν. Ἱκανὸς μὲν γὰρ ὥς τις καὶ ἄλλος φροντίζειν ἦν ὅπως ἔχοι ἡ στρατιὰ αὐτῷ τὰ ἐπιτήδεια καὶ παρασκευάζειν ταῦτα, ἱκανὸς δὲ καὶ ἐμποιῆσαι τοῖς παροῦσιν ὡς πειστέον εἴη Κλεάρχῳ. (9) Τοῦτο δ' ἐποίει ἐκ τοῦ χαλεπὸς εἶναι· καὶ γὰρ ὁρᾶν στυγνὸς ἦν καὶ τῇ φωνῇ τραχύς, ἐκόλαζέ τε ἀεὶ ἰσχυρῶς, καὶ ὀργῇ ἐνίοτε, ὡς καὶ αὐτῷ μεταμέλειν ἔσθ' ὅτε. Καὶ γνώμῃ δ' ἐκόλαζεν· ἀκολάστου γὰρ στρατεύματος οὐδὲν ἡγεῖτο ὄφελος εἶναι. (10) Ἀλλὰ καὶ λέγειν αὐτὸν ἔφασαν ὡς δέοι τὸν στρατιώτην φοβεῖσθαι μᾶλλον τὸν ἄρχοντα ἢ τοὺς πολεμίους, εἰ μέλλοι ἢ φυλακὰς φυλάξειν ἢ φίλων ἀφέξεσθαι ἢ ἀπροφασίστως ἰέναι πρὸς τοὺς πολεμίους. (11) Ἐν μὲν οὖν τοῖς δεινοῖς ἤθελον αὐτοῦ ἀκούειν σφόδρα καὶ οὐκ ἄλλον ᾑροῦντο οἱ στρατιῶται· καὶ γὰρ τὸ στυγνὸν τότε φαιδρὸν αὐτοῦ ἐν τοῖς προσώποις ἔφασαν φαίνεσθαι καὶ τὸ χαλεπὸν ἐρρωμένον πρὸς τοὺς πολεμίους ἐδόκει εἶναι, ὥστε σωτήριον καὶ οὐκέτι χαλεπὸν ἐφαίνετο. (12) Ὅτε δ' ἔξω τοῦ δεινοῦ γένοιντο καὶ ἐξείη πρὸς ἄλλους [ἀρχομένους] ἀπιέναι, πολλοὶ αὐτὸν ἀπέλειπον· τὸ γὰρ ἐπίχαρι οὐκ εἶχεν, ἀλλ' ἀεὶ χαλεπὸς ἦν καὶ ὠμός· ὥστε διέκειντο πρὸς αὐτὸν οἱ στρατιῶται ὥσπερ παῖδες πρὸς διδάσκαλον. (13) Καὶ γὰρ οὖν φιλίᾳ μὲν καὶ εὐνοίᾳ ἑπομένους οὐδέποτε εἶχεν· οἵτινες δὲ ἢ ὑπὸ πόλεως τεταγμένοι ἢ ὑπὸ τοῦ δεῖσθαι ἢ ἄλλῃ τινὶ ἀνάγκῃ κατεχόμενοι παρείησαν αὐτῷ, σφόδρα πειθομένοις ἐχρῆτο. (14) Ἐπεὶ δὲ ἤρξαντο νικᾶν ξὺν αὐτῷ τοὺς πολεμίους, ἤδη μεγάλα ἦν τὰ χρησίμους ποιοῦντα εἶναι τοὺς ξὺν αὐτῷ στρατιώτας· τό τε γὰρ πρὸς τοὺς πολεμίους θαρραλέως ἔχειν παρῆν καὶ τὸ τὴν παρ' ἐκείνου τιμωρίαν φοβεῖσθαι αὐτοὺς εὐτάκτους ἐποίει. (15) Τοιοῦτος μὲν δὴ ἄρχων ἦν· ἄρχεσθαι δὲ ὑπὸ ἄλλων οὐ μάλα ἐθέλειν ἐλέγετο. Ἦν δὲ ὅτε ἐτελεύτα ἀμφὶ τὰ πεντήκοντα ἔτη.

16. Πρόξενος δὲ ὁ Βοιώτιος εὐθὺς μὲν μειράκιον ὢν ἐπεθύμει γενέσθαι ἀνὴρ τὰ μεγάλα πράττειν ἱκανός· καὶ διὰ ταύτην τὴν ἐπιθυμίαν ἔδωκε Γοργίᾳ ἀργύριον τῷ Λεοντίνῳ. (17) Ἐπεὶ δὲ συνεγένετο ἐκείνῳ, ἱκανὸς νομίσας ἤδη εἶναι καὶ ἄρχειν καὶ φίλος ὢν τοῖς πρώτοις μὴ ἡττᾶσθαι εὐεργετῶν, ἦλθεν εἰς ταύτας τὰς ξὺν Κύρῳ πράξεις· καὶ ᾤετο κτήσεσθαι ἐκ τούτων ὄνομα μέγα καὶ δύναμιν μεγάλην καὶ χρήματα πολλά. (18) Τοσούτων δ' ἐπιθυμῶν σφόδρα ἔνδηλον αὖ καὶ τοῦτο εἶχεν ὅτι τούτων οὐδὲν ἂν θέλοι κτᾶσθαι μετὰ ἀδικίας, ἀλλὰ σὺν τῷ δικαίῳ καὶ καλῷ ᾤετο δεῖν τούτων τυγχάνειν, ἄνευ δὲ τούτων μή. (19) Ἄρχειν δὲ καλῶν μὲν καὶ ἀγαθῶν δυνατὸς ἦν· οὐ μέντοι οὔτ' αἰδῶ τοῖς στρατιώ-

citra periculum possidere, eas bellando comminuere mavult. Is autem, ut in amores alii, vel quam aliam voluptatem, sic in bellum sumptus libenter faciebat : adeo belli studiosus erat. Bello autem idoneus ideo etiam videbatur, quod ad pericula subeunda promptus esset, et nocte dieque in hostes duceret, ac in rebus formidolosis prudens esset, quemadmodum ii, qui ipsi aderant, ubique omnes fassi sunt. Praeterea ad imperandum aptus esse dicebatur, ut potuit, pro ejusmodi, quo praeditus erat, ingenio. Nam si quis alius, rationem inire, quomodo exercitus ejus a commeatu instructus esset, ac eundem comparare poterat ; quin et eorum, ipsi qui aderant, animis hoc indere poterat, Clearchi imperium minime detrectandum esse. Atque hoc duritia sua efficiebat : nam et aspectu tetricus erat, et voce asper : semper etiam severe castigabat, et quidem ira interdum concitus, adeo ut etiam severitatis poeniteret eum nonnunquam. Sed certo etiam puniebat consilio : nam exercitus impuniti nullum esse putabat usum. Quin dicere solitum eum aiebant, militem metuere magis imperatorem debere quam hostes, si quidem vel excubias recte sit acturus, vel abstinenter erga amicos se gesturus, vel sine recusatione in hostes perrecturus. Ac in formidolosis quidem rebus eum libentissime audiebant, neque quemquam alium ei anteponebant milites. Nam acerbam illam severitatem tunc hilaritatis speciem in ejus vultu praeferre aiebant, et duritia robur animi videbatur esse adversus hostes confirmati : adeo ut salutare quiddam nec jam amplius durum videretur. Verum ubi periculo liberati essent, et ad alios duces abire liceret, multi cum relinquebant : nam urbanitas in eo nulla erat, sed durus semper ac saevus erat ; adeo ut milites in eum animati essent, quemadmodum pueri in magistrum. Atque adeo nunquam ipsum qui prae amicitia et benevolentia sequerentur, habuit ; qui autem vel a civitate designati, vel egestate adducti, vel alia quadam necessitate adstricti ipsi aderant, his admodum dicto audientibus utebatur. Posteaquam vero hostes una cum ipso vincere coeperunt, jam inde haud levia quaedam erant, quae milites ejus ad rem bellicam utiles redderent . nam et adversus hostes audacter se gerendi aderat occasio, et quod ab illo metuerent supplicia, id vero ordinis eos observantes reddebat. Hujusmodi quidem Clearchus erat imperator : verum aliorum imperio non valde libenter parere ferebatur. Annos, cum vitam finiret, circiter quinquaginta habuit.

Proxenus autem Boeotius jam ab ineunte adolescentia cum se evadere cupiebat, qui magnis rebus gerendis idoneus esset ; atque isti obsequutus cupiditati Gorgiae Leontino dedit argentum. Hujus ubi consuetudine usus esset, se jam idoneum ratus qui in alios imperium obtineret, ac, si amicus principibus esset viris, beneficiis tribuendis minime vinceretur, ad res eunas una cum Cyro gerendas accessit ; consequuturumque ex iis clarum se nomen, et potentiam magnam, et multas opes existimabat : quam licet expeteret, id tamen sedulo etiam prae se ferebat, nolle ipsum quidquam horum per injuriam adipisci, sed justis honestisque artibus, non sine his, consequenda putabat. Ceterum bonis ille quidem et egregiis viris commode imperare poterat ; at pudorem ta-

ταῖς ἑαυτοῦ οὔτε φόβον ἱκανὸς ἐμποιῆσαι, ἀλλὰ καὶ ᾐσχύνετο μᾶλλον τοὺς στρατιώτας ἢ οἱ ἀρχόμενοι ἐκεῖνον, καὶ φοβούμενος μᾶλλον ἦν φανερὸς τὸ ἀπεχθάνεσθαι τοῖς στρατιώταις ἢ οἱ στρατιῶται τὸ ἀπιστεῖν ἐκείνῳ. (20) Ὤιετο δὲ ἀρκεῖν πρὸς τὸ ἀρχικὸν εἶναι καὶ δοκεῖν τὸν μὲν καλῶς ποιοῦντα ἐπαινεῖν, τὸν δὲ ἀδικοῦντα μὴ ἐπαινεῖν. Τοιγαροῦν αὐτῷ οἱ μὲν καλοί τε κἀγαθοὶ τῶν συνόντων εὖνοι ἦσαν, οἱ δὲ ἄδικοι ἐπεβούλευον ὡς εὐμεταχειρίστῳ ὄντι. Ὅτε δὲ ἀπέθνησκεν ἦν ἐτῶν ὡς τριάκοντα.

21. Μένων δὲ ὁ Θετταλὸς δῆλος ἦν ἐπιθυμῶν μὲν πλουτεῖν ἰσχυρῶς, ἐπιθυμῶν δὲ ἄρχειν, ὅπως πλείω λαμβάνοι, ἐπιθυμῶν δὲ τιμᾶσθαι, ἵνα πλείω κερδαίνοι· φίλος τε ἐβούλετο εἶναι τοῖς μέγιστα δυναμένοις, ἵνα ἀδικῶν μὴ διδοίη δίκην. (22) Ἐπὶ δὲ τὸ κατεργάζεσθαι ὧν ἐπιθυμοίη συντομωτάτην ᾤετο ὁδὸν εἶναι διὰ τοῦ ἐπιορκεῖν τε καὶ ψεύδεσθαι καὶ ἐξαπατᾶν, τὸ δ' ἁπλοῦν καὶ τὸ ἀληθὲς τὸ αὐτὸ τῷ ἠλιθίῳ εἶναι. (23) Στέργων δὲ φανερὸς μὲν ἦν οὐδένα, ὅτῳ δὲ φαίη φίλος εἶναι, τούτῳ ἔνδηλος ἐγίγνετο ἐπιβουλεύων. Καὶ πολεμίου μὲν οὐδενὸς κατεγέλα, τῶν δὲ συνόντων πάντων ὡς καταγελῶν ἀεὶ διελέγετο. (24) Καὶ τοῖς μὲν τῶν πολεμίων κτήμασιν οὐκ ἐπεβούλευε· χαλεπὸν γὰρ ᾤετο εἶναι τὰ τῶν φυλαττομένων λαμβάνειν· τὰ δὲ τῶν φίλων μόνος ᾤετο εἰδέναι ῥᾷστον ὂν ἀφύλακτα λαμβάνειν. (25) Καὶ ὅσους μὲν αἰσθάνοιτο ἐπιόρκους καὶ ἀδίκους ὡς εὖ ὡπλισμένους ἐφοβεῖτο, τοῖς δ' ὁσίοις καὶ ἀλήθειαν ἀσκοῦσιν ὡς ἀνάνδροις ἐπειρᾶτο χρῆσθαι. (26) Ὥσπερ δέ τις ἀγάλλεται ἐπὶ θεοσεβείᾳ καὶ ἀληθείᾳ καὶ δικαιότητι, οὕτω Μένων ἠγάλλετο τῷ ἐξαπατᾶν δύνασθαι, τῷ πλάσασθαι ψευδῆ, τῷ φίλους διαγελᾶν· τὸν δὲ μὴ πανοῦργον τῶν ἀπαιδεύτων ἀεὶ ἐνόμιζεν εἶναι. Καὶ παρ' οἷς μὲν ἐπεχείρει πρωτεύειν φιλίᾳ, διαβάλλων τοὺς πρώτους τούτους ᾤετο δεῖν κτήσασθαι. (27) Τὸ δὲ πειθομένους τοὺς στρατιώτας παρέχεσθαι ἐκ τοῦ συναδικεῖν αὐτοῖς ἐμηχανᾶτο. Τιμᾶσθαι δὲ καὶ θεραπεύεσθαι ἠξίου ἐπιδεικνύμενος ὅτι πλεῖστα δύναιτο καὶ ἐθέλοι ἂν ἀδικεῖν. Εὐεργεσίαν δὲ κατέλεγεν, ὁπότε τις αὐτοῦ ἀφίσταιτο, ὅτι χρώμενος αὐτῷ οὐκ ἀπώλεσεν αὐτόν. (28) Καὶ τὰ μὲν δὴ ἀφανῆ ἔξεστι περὶ αὐτοῦ ψεύδεσθαι, ἃ δὲ πάντες ἴσασι τάδ' ἐστί. Παρὰ Ἀριστίππῳ μὲν ἔτι ὡραῖος ὢν στρατηγεῖν διεπράξατο τῶν ξένων, Ἀριαίῳ δὲ βαρβάρῳ ὄντι, ὅτι μειρακίοις καλοῖς ἥδετο, οἰκειότατος ἔτι ὡραῖος ὢν ἐγένετο, αὐτὸς δὲ παιδικὰ εἶχε Θαρύπαν ἀγένειος ὢν γενειῶντα. (29) Ἀποθνησκόντων δὲ τῶν συστρατηγῶν ὅτι ἐστράτευσαν ἐπὶ βασιλέα ξὺν Κύρῳ, ταὐτὰ πεποιηκὼς οὐκ ἀπέθανεν, μετὰ δὲ τὸν τῶν ἄλλων θάνατον στρατηγῶν τιμωρηθεὶς ὑπὸ βασιλέως ἀπέθανεν, οὐχ ὥσπερ Κλέαρχος καὶ οἱ ἄλλοι στρατηγοὶ ἀποτμηθέντες τὰς κεφαλάς, ὥσπερ τάχιστος θανάτου δοκεῖ εἶναι, ἀλλὰ ζῶν αἰκισθεὶς ἐνιαυτὸν ὡς πονηρὸς λέγεται τῆς τελευτῆς τυχεῖν.

30. Ἀγίας δὲ ὁ Ἀρκὰς καὶ Σωκράτης ὁ Ἀχαιὸς καὶ τούτω ἀπεθανέτην. Τούτων δὲ οὔθ' ὡς ἐν πολέμῳ κα-

men vel metum militibus suis incutere non poterat, sed magis etiam milites reverebatur, quam illum ipsius imperio subjecti; magisque eum metuere perspicuum erat, ne militibus esset odio, quam milites, ne parum ei dicto audientes essent. Porro existimabat ad hoc, ut nimirum ad imperandum idoneus et esset et videretur, sufficere, si honeste se gerentem laudaret, injustum non laudaret. Quapropter boni quotquot et egregii fuerunt ex iis, qui una cum ipso erant, benevolo erant erga ipsum animo; injusti, tanquam ei qui circumveniri facile posset, insidiabantur. Cum autem mortem obiret, annos fere triginta habuit.

Menon Thessalus divitiarum palam erat cupidissimus, cupidus imperii, ut plura consequeretur, cupidus honoris, ut plus lucri faceret: amicus etiam esse potentissimis quibusque volebat, ut si quam faceret injuriam, pœnas non daret. Viam maxime compendiariam esse arbitrabatur ad efficiendum ea quæ concupisceret, si pejeraret, et mentiretur, et falleret: simplicitas autem atque veritas idem putabat quod stultitia. Neminem ab eo diligi manifestum erat, ac cuicunque amicum se profiteretur, huic palam insidiabatur. Hostem nullum irridebat, verum tanquam eos omnes, quibuscum commercium habebat, deridens semper sermocinabatur. Itidem facultatibus hostium non insidiabatur; quippe difficile putabat esse facultates eorum, qui sibi caverent, consequi: sed amicorum res, utpote incustoditas, facillimum esse capere, solus sibi ipse videbatur intelligere. Et quoscunque perjuros ac injustos esse animadverteret, quasi bene munitos formidabat; at religiosis veritatisque studiosis, tanquam parum virilibus, uti conabatur. Ac quemadmodum alius quispiam se pietate erga deum, et veritate et justitia oblectat, sic Menon in eo exsultabat, quod decipere posset alios, quod mendacia fingere, quod amicos irridere: vafer qui non esset, eum rudem esse existimabat. Ac apud quos quidem principem in amicitia locum obtinere nitebatur, hos sibi conciliandos putabat illorum criminatione, qui primi apud eos essent. Milites sibi obsequentes, injuriarum cum ipsis societate inita, reddere studebat. Affici se honore atque coli propterea volebat, quod demonstraret posse se et velle plurimum injuriæ inferre. Cum quis ab se defecisset, beneficii loco censebat, quod eum ejus uteretur opera, cum non perdidisset. Atque obscura quidem de eo fingere licet; quæ vero norunt omnes, haec sunt. Apud Aristippum, cum jam florente esset ætate, ut militibus externis præesset, impetravit: Ariæo etiam barbaro, quod formosis delectabatur adolescentibus, in ætatis itidem flore fuit maxime familiaris: ipse Tharypam in deliciis habebat, imberbis barbatum. Cum autem duces Græci interirent, propterea quod adversus regem cum Cyro expeditionem susceperant, quanquam ejusdem ille incepti particeps fuisset, non tamen illico est interfectus: sed necatis jam ducibus ceteris, supplicio adfectus ab rege periit; non ille quidem ut Clearchus ceterique duces, quibus abscissa sunt capita (quæ mors esse videbatur celerrima), sed ut scelestus, anno toto excruciatus vivus, tandem vitæ finem fecisse dicitur.

Ceterum Agias ille Arcas, et Socrates Achæus etiam interfecti sunt; quos nemo vel ut ignavos in bello irrisit, vel

κῶν οὐδεὶς κατεγέλα οὔτ' εἰς φιλίαν αὐτοὺς ἐμέμφετο. Ἤστην δὲ ἄμφω ἀμφὶ τὰ πέντε καὶ τριάκοντα ἔτη ἀπὸ γενεᾶς.

in amicitia colenda reprehendit. Utorque annos fere triginta quinque vixerat.

ΒΙΒΛΙΟΝ Γ.

ΚΕΦΑΛΑΙΟΝ Α.

Ὅσα μὲν δὴ ἐν τῇ ἀναβάσει τῇ μετὰ Κύρου οἱ Ἕλληνες ἔπραξαν μέχρι τῆς μάχης, καὶ ὅσα ἐπεὶ Κῦρος ἐτελεύτησεν ἐγένετο ἀπιόντων τῶν Ἑλλήνων σὺν Τισσαφέρνει ἐν ταῖς σπονδαῖς, ἐν τῷ πρόσθεν λόγῳ δεδήλωται. (2) Ἐπεὶ δὲ οἵ τε στρατηγοὶ συνειλημμένοι ἦσαν καὶ τῶν λοχαγῶν καὶ τῶν στρατιωτῶν οἱ συνεπόμενοι ἀπολώλεσαν, ἐν πολλῇ δὴ ἀπορίᾳ ἦσαν οἱ Ἕλληνες, ἐννοούμενοι μὲν ὅτι ἐπὶ ταῖς βασιλέως θύραις ἦσαν, κύκλῳ δὲ αὐτοῖς πάντῃ πολλὰ καὶ ἔθνη καὶ πόλεις πολέμιαι ἦσαν, ἀγορὰν δὲ οὐδεὶς ἔτι παρέξειν ἔμελλεν, ἀπεῖχον δὲ τῆς Ἑλλάδος οὐ μεῖον ἢ μύρια στάδια, ἡγεμὼν δ' οὐδεὶς τῆς ὁδοῦ ἦν, ποταμοὶ δὲ διείργον ἀδιάβατοι ἐν μέσῳ τῆς οἴκαδε ὁδοῦ, προυδεδώκεσαν δὲ αὐτοὺς καὶ οἱ σὺν Κύρῳ ἀναβάντες βάρβαροι, μόνοι δὲ καταλελειμμένοι ἦσαν οὐδὲ ἱππέα οὐδένα σύμμαχον ἔχοντες, ὥστε εὔδηλον ἦν ὅτι νικῶντες μὲν οὐδένα ἂν κατακάνοιεν, ἡττηθέντων δὲ αὐτῶν οὐδεὶς ἂν λειφθείη. (3) Ταῦτα ἐννοούμενοι καὶ ἀθύμως ἔχοντες, ὀλίγοι μὲν αὐτῶν εἰς τὴν ἑσπέραν σίτου ἐγεύσαντο, ὀλίγοι δὲ πῦρ ἀνέκαυσαν, ἐπὶ δὲ τὰ ὅπλα πολλοὶ οὐκ ἦλθον ταύτην τὴν νύκτα, ἀνεπαύοντο δὲ ὅπου ἐτύγχανεν ἕκαστος, οὐ δυνάμενοι καθεύδειν ὑπὸ λύπης καὶ πόθου πατρίδων, γονέων, γυναικῶν, παίδων, οὓς οὔποτ' ἐνόμιζον ἔτι ὄψεσθαι. Οὕτω μὲν δὴ διακείμενοι πάντες ἀνεπαύοντο.

4. Ἦν δέ τις ἐν τῇ στρατιᾷ Ξενοφῶν Ἀθηναῖος, ὃς οὔτε στρατηγὸς οὔτε λοχαγὸς οὔτε στρατιώτης ὢν συνηκολούθει, ἀλλὰ Πρόξενος αὐτὸν μετεπέμψατο οἴκοθεν ξένος ὢν ἀρχαῖος· ὑπισχνεῖτο δὲ αὐτῷ, εἰ ἔλθοι, φίλον αὐτὸν Κύρῳ ποιήσειν, ὃν αὐτὸς ἔφη κρείττω ἑαυτῷ νομίζειν τῆς πατρίδος. (5) Ὁ μέντοι Ξενοφῶν ἀναγνοὺς τὴν ἐπιστολὴν ἀνακοινοῦται Σωκράτει τῷ Ἀθηναίῳ περὶ τῆς πορείας. Καὶ ὁ Σωκράτης ὑποπτεύσας μή τι πρὸς τῆς πόλεως ἐπαίτιον εἴη Κύρῳ φίλον γενέσθαι, ὅτι ἐδόκει ὁ Κῦρος προθύμως τοῖς Λακεδαιμονίοις ἐπὶ τὰς Ἀθήνας συμπολεμῆσαι, συμβουλεύει τῷ Ξενοφῶντι ἐλθόντα εἰς Δελφοὺς ἀνακοινῶσαι τῷ θεῷ περὶ τῆς πορείας. (6) Ἐλθὼν δ' ὁ Ξενοφῶν ἐπήρετο τὸν Ἀπόλλω τίνι ἂν θεῶν θύων καὶ εὐχόμενος κάλλιστα καὶ ἄριστα ἔλθοι τὴν ὁδὸν ἣν ἐπινοεῖ καὶ καλῶς πράξας σωθείη. (7) Καὶ ἀνεῖλεν αὐτῷ ὁ Ἀπόλλων θεοῖς οἷς ἔδει θύειν. Ἐπεὶ δὲ πάλιν ἦλθε, λέγει τὴν μαντείαν τῷ Σωκράτει. Ὁ δ' ἀκούσας ᾐτιᾶτο αὐτὸν ὅτι οὐ τοῦτο πρῶτον

LIBER III.

CAPUT I.

Quæ Græci itinere cum Cyro in Asiam superiorem facto ad pugnam usque gesserint, quæque, postearquam Cyrus interiisset, acciderint, Græcis cum Tissapherne per inducias discedentibus, superiore libro expositum est. Posteaquam vero duces comprehensi erant, et qui eos sequuti fuerant cohortium præfecti atque milites perierant, in magna erant anxietate Græci, cum se prope a porta regis abesse cogitarent, ac multas undique tum nationes tum civitates ipsis infestas esse; annonam neminem jam amplius suppeditaturum, se a Græcia stadiorum plus decem millia abesse, ducem itineris esse nullum, fluvios, transiri qui non possent, in medio domum itinere se hinc inde, quo minus progrederentur, inhibere; barbaros etiam, qui cum Cyro in Asiam adscenderant, ipsos prodidisse; solos jam relictos esse, nec ullum habere equitatum auxiliarem : adeo ut perspicuum esset, neque si vincerent, vel unum fugientem interfecturos, et si vincerentur, ne unum quidem vivum relictum iri. Hæc dum secum cogitarent, animoque essent anxio, ex iis pauci sub vesperam cibum cepere, pauci accenderunt ignes, ad armatos quoque ordines ea nocte multi non accessere : at illo se quisque loco quieti dedit, in quem forte fortuna incidisset, cum præ animi ægritudine, ac desiderio suæ quisque patriæ, parentum, uxorum, liberum, quos nunquam se deinceps visuros arbitrabantur, somnum capere non posset. His illi animis omnibus noctem transigebant.

Erat autem in exercitu Xenophon quidam Atheniensis, qui, cum neque dux, neque cohortis alicujus præfectus, neque miles esset, illos comitatus erat; sed e domo Proxenus ipsum evocarat, quippe qui antiquus ejus erat hospes : hic autem illi, si ad se veniret, ut Cyro amicus adscriberetur, effecturum se pollicebatur, quem ipse sibi utiliorem patria videri dicebat. Hujus epistolam cum legisset Xenophon, isto de itinere Socratem Atheniensem consulit. Et Socrates veritus ei ne criminosum suam apud civitatem foret, cum Cyro si amicitiam iniret (quia Cyrus alacriter Lacedæmonios in eo juvisse bello videretur, quod adversus Athenienses gesserant), hoc Xenophonti dat consilii, ut Delphos profectus deum illum de itinere consuleret. Eo profectus Xenophon Apollinem interrogat, cui deum rem sacram faceret precesque ferret, ut iter, quod apud animum instituerat, pulcherrime ac optime perficeret, reque præclare gesta salvus rediret. Et ei per oraculum deos significavit Apollo, quibus rem sacram facere oporteret. Cum vero Athenas reversus esset, Socrati oraculum narrat. Quod cum audisset

ἠρώτα πότερον λῷον εἴη αὐτῷ πορεύεσθαι ἢ μένειν, ἀλλ' αὐτὸς κρίνας ἰτέον εἶναι τοῦτ' ἐπυνθάνετο ὅπως ἂν κάλλιστα πορευθείη. Ἐπεὶ μέντοι οὕτως ᾕρου, ταῦτ', ἔφη, χρὴ ποιεῖν ὅσα ὁ θεὸς ἐκέλευσεν. (8) Ὁ μὲν δὴ Ξενοφῶν οὕτω θυσάμενος οἷς ἀνεῖλεν ὁ θεὸς ἐξέπλει, καὶ καταλαμβάνει ἐν Σάρδεσι Πρόξενον καὶ Κῦρον μέλλοντας ἤδη ὁρμᾶν τὴν ἄνω ὁδόν, καὶ συνεστάθη Κύρῳ. (9) Προθυμουμένου δὲ τοῦ Προξένου καὶ ὁ Κῦρος συμπρουθυμεῖτο μεῖναι αὐτὸν· εἶπε δὲ ὅτι ἐπειδὰν τάχιστα ἡ στρατεία λήξῃ, εὐθὺς ἀποπέμψειν αὐτόν. Ἐλέγετο δὲ ὁ στόλος εἶναι εἰς Πισίδας. (10) Ἐστρατεύετο μὲν δὴ οὕτως ἐξαπατηθεὶς οὐχ ὑπὸ Προξένου· οὐ γὰρ ᾔδει τὴν ἐπὶ βασιλέα ὁρμὴν οὐδὲ ἄλλος οὐδεὶς τῶν Ἑλλήνων πλὴν Κλεάρχου· ἐπεὶ μέντοι εἰς Κιλικίαν ἦλθον, σαφὲς πᾶσιν ἤδη ἐδόκει εἶναι ὅτι ὁ στόλος εἴη ἐπὶ βασιλέα. Φοβούμενοι δὲ τὴν ὁδὸν καὶ ἄκοντες ὅμως οἱ πολλοὶ δι' αἰσχύνην καὶ ἀλλήλων καὶ Κύρου συνηκολούθησαν· ὧν εἷς καὶ Ξενοφῶν ἦν. (11) Ἐπεὶ δὲ ἀπορία ἦν, ἐλυπεῖτο μὲν σὺν τοῖς ἄλλοις καὶ οὐκ ἐδύνατο καθεύδειν· μικρὸν δ' ὕπνου λαχὼν εἶδεν ὄναρ. Ἔδοξεν αὐτῷ βροντῆς γενομένης σκηπτὸς πεσεῖν εἰς τὴν πατρῴαν οἰκίαν, καὶ ἐκ τούτου λάμπεσθαι πᾶσαν. (12) Περίφοβος δ' εὐθὺς ἀνηγέρθη, καὶ τὸ ὄναρ πῇ μὲν ἔκρινεν ἀγαθόν, ὅτι ἐν πόνοις ὢν καὶ κινδύνοις φῶς μέγα ἐκ Διὸς ἰδεῖν ἔδοξε· πῇ δὲ καὶ ἐφοβεῖτο, ὅτι ἀπὸ Διὸς μὲν βασιλέως τὸ ὄναρ ἐδόκει αὐτῷ εἶναι, κύκλῳ δὲ ἐδόκει λάμπεσθαι τὸ πῦρ, μὴ οὐ δύναιτο ἐκ τῆς χώρας ἐξελθεῖν τῆς βασιλέως, ἀλλ' εἴργοιτο πάντοθεν ὑπό τινων ἀποριῶν. (13) Ὁποῖόν τι μέντοι ἐστὶ τὸ τοιοῦτον ὄναρ ἰδεῖν ἔξεστι σκοπεῖν ἐκ τῶν συμβάντων μετὰ τὸ ὄναρ. Γίγνεται γὰρ τάδε. Εὐθὺς ἐπειδὴ ἀνηγέρθη, πρῶτον μὲν ἔννοια αὐτῷ ἐμπίπτει, τί κατάκειμαι; ἡ δὲ νὺξ προβαίνει· ἅμα δὲ τῇ ἡμέρᾳ εἰκὸς τοὺς πολεμίους ἥξειν. Εἰ δὲ γενησόμεθα ἐπὶ βασιλεῖ, τί ἐμποδὼν μὴ οὐχὶ πάντα μὲν τὰ χαλεπώτατα ἐπιδόντας, πάντα δὲ τὰ δεινότατα παθόντας ὑβριζομένους ἀποθανεῖν; (14) Ὅπως δ' ἀμυνούμεθα οὐδεὶς παρασκευάζεται οὐδὲ ἐπιμελεῖται, ἀλλὰ κατακείμεθα ὥσπερ ἐξὸν ἡσυχίαν ἄγειν. Ἐγὼ οὖν τὸν ἐκ ποίας πόλεως στρατηγὸν προσδοκῶ ταῦτα πράξειν; ποίαν δ' ἡλικίαν ἐμαυτῷ ἐλθεῖν ἀναμένω; οὐ γὰρ ἔγωγ' ἔτι πρεσβύτερος ἔσομαι, ἐὰν τήμερον προδῶ ἐμαυτὸν τοῖς πολεμίοις. (15) Ἐκ τούτου ἀνίσταται καὶ συγκαλεῖ τοὺς Προξένου πρῶτον λοχαγούς. Ἐπεὶ δὲ συνῆλθον, ἔλεξεν, Ἐγώ, ὦ ἄνδρες λοχαγοί, οὔτε καθεύδειν δύναμαι, ὥσπερ οἶμαι οὐδ' ὑμεῖς, οὔτε κατακεῖσθαι ἔτι, ὁρῶν ἐν οἵοις ἐσμέν. (16) Οἱ μὲν γὰρ πολέμιοι δῆλον ὅτι οὐ πρότερον πρὸς ἡμᾶς τὸν πόλεμον ἐξέφηναν πρὶν ἐνόμισαν καλῶς τὰ ἑαυτῶν παρεσκευάσθαι, ἡμῶν δ' οὐδεὶς οὐδὲν ἀντεπιμελεῖται ὅπως ὡς κάλλιστα ἀγωνιούμεθα. (17) Καὶ μὴν εἰ ὑφησόμεθα καὶ ἐπὶ βασιλεῖ γενησόμεθα, τί οἰόμεθα πείσεσθαι; ὃς καὶ τοῦ ὁμομητρίου καὶ ὁμοπατρίου ἀδελφοῦ καὶ τεθνηκότος ἤδη ἀποτεμὼν τὴν κεφαλὴν καὶ τὴν χεῖρα ἀνεσταύρωκεν· ἡμᾶς δέ, οἷς κηδεμὼν μὲν οὐδεὶς πάρεστιν,

ille, reprehendit eum, quod non prius quaesivisset, utrum ipsi satius esset proficisci, quam domi manere; sed ipse cum jam proficisci decrevisset, quo pacto proficisci commodissime posset, id unum interrogasset. Verum quando ita quaesivisti, ea, inquit, facienda sunt, quae deus imperavit. Itaque Xenophon cum iis sacrificasset numinibus, quae per oraculum significarat deus, solvit, ac Sardibus Proxenum et Cyrum adsequitur, qui jamjam in Asiam erant adscensuri; statimque Cyro commendatus est. Proxeno autem ab eo contendente, ut secum maneret, una quoque Cyrus id contendebat; aiebatque se eum, ubi primum expeditione finis imponeretur, statim dimissurum. Expeditio autem ferebatur adversus Pisidas esse suscepta. Et Xenophon quidem in militiam profectus est, hoc modo deceptus, at non a Proxeno: nam neque is adversus regem moveri bellum, neque alius quisquam Graecorum, praeter Clearchum, norat: verum ubi in Ciliciam venissent, perspicuum omnibus esse videbatur, adversus regem expeditionem suscipi. Ac tum sane plerique, tametsi hoc formidarent iter, etiam inviti, tum prae mutua tum prae Cyri reverentia, una sequebantur: quorum unus erat Xenophon. Cum autem haec rerum esset difficultas, angebatur quidem ille cum ceteris, nec dormire poterat: attamen paulum somno sopitus, somnium vidit. Videbatur ei, tonitru moto, fulmen domum in paternam cadere, ac universam inde coruscare. Metu vehementi perculsus e somno confestim excitatus est, atque somnium illud partim faustum judicabat, quod cum in laboribus et periculis versaretur, lucem magnam a Jove ortam videre visus esset; partim, quod somnium hoc a Jove rege profectum ipsi videretur, et quid visus esset ignis undique lucere, metuebat, ne ex regione regis evadere non posset, sed undique difficultatibus quibusdam inhiberetur. Ceterum quanti fuerit hujusmodi somnium vidisse, animadvertere licet, ex iis, quae post somnium evenerunt. Nam statim haec acciderunt: posteaquam e somno palam denuntiarunt, in mentem incidit cogitatio, Quid jaceo? nox progreditur; et luce prima hostes adventuros verisimile est. Quod si regis in potestatem devenerimus, quid prohibet quo minus, molestissimaque cum adspexerimus, et gravissima quaeque fuerimus passi, contumeliis adfecti necemur? Quo pacto nosmet tueamur, ad id se nemo parat neque ulli curae est, sed ita jacemus, quasi nobis otium agere liceat. Ac ego quidem quanam ex urbe ducem haec facturum exspecto? quam aetatem mihi ipsi adfuturam opperior? ne enim maturiorem ad aetatem perveniam, hostibus si me hodie dedidero. Surgit deinde, et Proxeni primum cohortium praefectos convocat. Cum autem convenissent, « Ego, praefecti cohortium, inquit, neque dormire possum, quemadmodum nec vos opinor, potestis; neque jacere amplius, dum quibus in rebus versamur, video. Hostes certe quidem, uti constat, non prius bellum nobis palam denuntiarunt, quam res suas bene comparatas esse putarent : at nostrum nemo curam vicissim adhibet, ut quam praeclarissime certamen ineamus. Atqui animos si submittemus, et in regis potestatem veniemus, quid nos passuros existimamus? quippe ille fratris eadem matre nati, patre geniti eodem, ejusque jam mortui, et caput abscisum et manum palo suffixit : nos vero, quibus adest nemo, curam qui nos tuendi gerat, qui adversus ipsum ar-

ἐστρατεύσαμεν δὲ ἐπ' αὐτὸν ὡς δοῦλον ἀντὶ βασιλέως ποιήσοντες καὶ ἀποκτενοῦντες, εἰ δυναίμεθα, τί ἂν οἰόμεθα παθεῖν; (18) ἆρ' οὐκ ἂν ἐπὶ πᾶν ἔλθοι ὡς ἡμᾶς τὰ ἔσχατα αἰκισάμενος πᾶσιν ἀνθρώποις φόβον παράσχοι τοῦ στρατεῦσαί ποτε ἐπ' αὐτόν; ἀλλ' ὅπως τοι μὴ ἐπ' ἐκείνῳ γενησόμεθα πάντα ποιητέον. (19) Ἐγὼ μὲν οὖν ἔστε μὲν αἱ σπονδαὶ ἦσαν οὔποτε ἐπαυόμην ἡμᾶς μὲν οἰκτείρων, βασιλέα δὲ καὶ τοὺς σὺν αὐτῷ μακαρίζων, διαθεώμενος αὐτῶν ὅσην μὲν χώραν καὶ οἵαν ἔχοιεν, ὡς δὲ ἄφθονα τὰ ἐπιτήδεια, ὅσους δὲ θεράποντας, ὅσα δὲ κτήνη, χρυσὸν δὲ, ἐσθῆτα δέ· (20) τὰ δ' αὖ τῶν στρατιωτῶν ὁπότε ἐνθυμοίμην, ὅτι τῶν μὲν ἀγαθῶν πάντων οὐδενὸς ἡμῖν μετείη, εἰ μὴ πριαίμεθα, ὅτου δ' ὠνησόμεθα ᾔδειν ἔτι ὀλίγους ἔχοντας, ἄλλως δέ πως πορίζεσθαι τὰ ἐπιτήδεια ἢ ὠνουμένους ὅρκους ἤδη κατέχοντας ἡμᾶς· ταῦτ' οὖν λογιζόμενος ἐνίοτε τὰς σπονδὰς μᾶλλον ἐφοβούμην ἢ νῦν τὸν πόλεμον. (21) Ἐπεὶ μέντοι ἐκεῖνοι ἔλυσαν τὰς σπονδάς, λελύσθαι μοι δοκεῖ καὶ ἡ ἐκείνων ὕβρις καὶ ἡ ἡμετέρα ὑποψία. Ἐν μέσῳ γὰρ ἤδη κεῖται ταῦτα τὰ ἀγαθὰ ἆθλα ὁπότεροι ἂν ἡμῶν ἄνδρες ἀμείνονες ὦσιν, ἀγωνοθέται δ' οἱ θεοί εἰσιν, οἳ σὺν ἡμῖν, ὡς τὸ εἰκὸς, ἔσονται. (22) Οὗτοι μὲν γὰρ αὐτοὺς ἐπιωρκήκασιν· ἡμεῖς δὲ πολλὰ ὁρῶντες ἀγαθὰ στερρῶς αὐτῶν ἀπειχόμεθα διὰ τοὺς τῶν θεῶν ὅρκους· ὥστε ἐξεῖναί μοι δοκεῖ ἰέναι ἐπὶ τὸν ἀγῶνα πολὺ σὺν φρονήματι μείζονι ἢ τούτοις. (23) Ἔτι δ' ἔχομεν σώματα ἱκανώτερα τούτων καὶ ψύχη καὶ θάλπη καὶ πόνους φέρειν· ἔχομεν δὲ καὶ ψυχὰς σὺν τοῖς θεοῖς ἀμείνονας· οἱ δὲ ἄνδρες καὶ τρωτοὶ καὶ θνητοὶ μᾶλλον ἡμῶν, ἢν οἱ θεοὶ ὥσπερ τὸ πρόσθεν νίκην ἡμῖν διδῶσιν. (24) Ἀλλ' ἴσως γὰρ καὶ ἄλλοι ταῦτ' ἐνθυμοῦνται, πρὸς τῶν θεῶν μὴ ἀναμένωμεν ἄλλους ἐφ' ἡμᾶς ἐλθεῖν παρακαλοῦντας ἐπὶ τὰ κάλλιστα ἔργα, ἀλλ' ἡμεῖς ἄρξωμεν τοῦ ἐξορμῆσαι καὶ τοὺς ἄλλους ἐπὶ τὴν ἀρετήν. Φάνητε τῶν λοχαγῶν ἄριστοι καὶ τῶν στρατηγῶν ἀξιοστρατηγότεροι. (25) Κἀγὼ δὲ, εἰ μὲν ὑμεῖς ἐθέλετε ἐξορμᾶν ἐπὶ ταῦτα, ἕπεσθαι ὑμῖν βούλομαι, εἰ δ' ὑμεῖς τάττετέ με ἡγεῖσθαι, οὐδὲν προφασίζομαι τὴν ἡλικίαν, ἀλλὰ καὶ ἀκμάζειν ἡγοῦμαι ἐρύκειν ἀπ' ἐμαυτοῦ τὰ κακά.

26. Ὁ μὲν ταῦτ' ἔλεξεν, οἱ δὲ λοχαγοὶ ἀκούσαντες ταῦτα ἡγεῖσθαι ἐκέλευον πάντες, πλὴν Ἀπολλωνίδης τις ἦν βοιωτιάζων τῇ φωνῇ· οὗτος δ' εἶπεν ὅτι φλυαροίη ὅστις λέγοι ἄλλως πως σωτηρίας ἂν τυχεῖν ἢ βασιλέα πείσας, εἰ δύναιτο, καὶ ἅμα ἤρχετο λέγειν τὰς ἀπορίας. (27) Ὁ μέντοι Ξενοφῶν μεταξὺ ὑπολαβὼν ἔλεξεν ὧδε. Ὦ θαυμασιώτατε ἄνθρωπε, σύ γε οὐδὲ ὁρῶν γιγνώσκεις οὐδὲ ἀκούων μέμνησαι. Ἐν ταὐτῷ γε μέντοι ἦσθα τούτοις ὅτε βασιλεὺς, ἐπεὶ Κῦρος ἀπέθανε, μέγα φρονήσας ἐπὶ τούτῳ πέμπων ἐκέλευε παραδιδόναι τὰ ὅπλα. (28) Ἐπεὶ δὲ ἡμεῖς οὐ παραδόντες, ἀλλ' ἐξοπλισμένοι ἐλθόντες παρεσκηνήσαμεν αὐτῷ, τί οὐκ ἐποίησε πρέσβεις πέμπων καὶ σπονδὰς αἰτῶν καὶ παρέχων τὰ ἐπιτήδεια, ἔστε σπονδῶν ἔτυχεν; (29) ἐπεὶ δ' αὖ οἱ στρατηγοὶ καὶ λοχαγοὶ, ὥσπερ δὴ σὺ κελεύεις, εἰς λόγους

ma cepimus eo consilio, ut pro rege servum faceremus atque occideremus, si penes nos esset, quid passuros existimamus? annon omni adgredietur via, ut posteaquam nos indignissimis tractaverit modis, hominibus terrorem omnibus incutiat, ne adversus ipsum unquam arma capiant? At vero illius ne in potestatem veniamus, quidvis faciendum. Ego quidem certe, quandiu manebant foedera, nos miserari nunquam cessavi, regem vero eosque, qui cum ipso erant, felices praedicare, cum considerarem quantam et qualem ipsi regionem haberent, quam abundantes commeatus, quot famulos, quot jumenta, quantum auri, quantum vestium : at contra cum militum nostrorum conditionem animo agitarem, nullius videlicet boni copiam nobis esse, nisi emeremus, quo autem mercaremur aliquid, paucos jam amplius habere scirem; alia vero ratione quam mercando commeatum ne pararemus, foedera jam tum nos impedire : haec igitur nonnunquam mecum ipse reputans magis tum foedera, quam modo bellum, metuebam. Verum posteaquam illi foedera violarunt, et illorum insolentia et suspicio nostra mihi finem habere videtur. Nam ea jam bona, tanquam praemia isti cessura parti, utracunque tandem nostrum virtute praestiterit, in medio posita sunt : ipsi dii certaminis sunt praesides, qui cum nobis, ut par est, stabunt. Nam isti pejerarunt; nos, cum multa bona videremus, constanter ab eis abstinuimus, propterea quod per deos jurassemus : adeo ut nobis, mihi quidem uti videtur, multo majori cum spiritu, quam istis, in certamen liceat descendere. Praeterea nobis sunt corpora, quae magis, quam illorum corpora, ad frigora, calores, labores perferendos sunt idonea : nobis itidem sunt animi deorum beneficio praestantiores : viri ipsi magis quam nos vulneribus sunt et caedi obnoxii, si quidem dii victoriam nobis, ut antehac, dederint. Verum haec fortassis etiam alii secum in animis versant. Per deos, non exspectemus, donec ad nos alii veniant, qui nos ad facinora praeclarissima cohortentur; sed ipsi prius etiam alios ad virtutem excitemus. Exhibete vos cohortium praefectorum fortissimos, et imperatorum officio ipsis imperatoribus digniores. Atque ego certe, si vos ad haec erumpere velitis, libens vos sequar: ac si me ducis in munere constituatis, aetatis excusatione nequaquam utar, quin me vigere puto ad arcenda a me mala. »

Haec ille verba fecit : quae cum praefecti cohortium audissent, ducis illum munere fungi jusserunt universi. Verum Apollonides quidam erat, qui Boeotios loquendo imitabatur: aiebat hic nugari eum, qui alia quadam, quam regem sibi conciliando, id si fieri posset, ratione, diceret ipsos salutem consequi posse; simul difficultates exponere incipiebat. At vero Xenophon, ejus sermone interrupto, hunc in modum loquutus est : « Vir admiratione dignissime, tu certe neque quod vides intelligis, neque quod audis memoria tenes. In eodem vero, quo bi, loco eras, cum rex, posteaquam Cyrus mortuus esset, hanc ob causam elatus, ad nos mitteret atque arma tradere juberet : verum cum nos modo non traderemus, sed etiam armati proficisceremur ac juxta ipsum tabernacula collocaremus, quid non per legatos ad nos missos fecit, cum et foedus peteret, et suppeditaret commeatum, donec tandem foedus a nobis impetraret? Posteaquam vero duces ac praefecti cohortium, quemadmodum tu quoque

αὐτοῖς ἄνευ ὅπλων ἦλθον πιστεύσαντες ταῖς σπονδαῖς, οὓς νῦν ἐκεῖνοι παιόμενοι, κεντούμενοι, ὑβριζόμενοι, οὐδὲ ἀποθανεῖν οἱ τλήμονες δύνανται, καὶ μάλ᾽ οἶμαι ἐρῶντες τούτου; ἃ σὺ πάντα εἰδὼς τοὺς μὲν ἀμύνεσθαι κελεύοντας φλυαρεῖν φῄς, πείθειν δὲ πάλιν κελεύεις ἰόντας; (30) Ἐμοὶ δέ, ὦ ἄνδρες, δοκεῖ τὸν ἄνθρωπον τοῦτον μήτε προσίεσθαι εἰς ταὐτὸ ἡμῖν αὐτοῖς ἀφελομένους τε τὴν λοχαγίαν σκεύη ἀναθέντας ὡς τοιούτῳ χρῆσθαι. Οὗτος γὰρ καὶ τὴν πατρίδα καταισχύνει καὶ πᾶσαν τὴν Ἑλλάδα, ὅτι Ἕλλην ὢν τοιοῦτός ἐστιν. (31) Ἐντεῦθεν ὑπολαβὼν Ἀγασίας Στυμφάλιος εἶπεν, Ἀλλὰ τούτῳ γε οὔτε τῆς Βοιωτίας προσήκει οὐδὲν οὔτε τῆς Ἑλλάδος παντάπασιν, ἐπεὶ ἐγὼ αὐτὸν εἶδον ὥσπερ Λυδὸν ἀμφότερα τὰ ὦτα τετρυπημένον. (32) Καὶ εἶχεν οὕτως. Τοῦτον μὲν οὖν ἀπήλασαν· οἱ δὲ ἄλλοι παρὰ τὰς τάξεις ἰόντες, ὅπου μὲν στρατηγὸς σῶος εἴη, τὸν στρατηγὸν παρεκάλουν, ὁπόθεν δὲ οἴχοιτο, τὸν ὑποστράτηγον, ὅπου δ᾽ αὖ λοχαγὸς σῶος εἴη, τὸν λοχαγόν. (33) Ἐπεὶ δὲ πάντες συνῆλθον, εἰς τὸ πρόσθεν τῶν ὅπλων ἐκαθέζοντο· καὶ ἐγένοντο οἱ συνελθόντες στρατηγοὶ καὶ λοχαγοὶ ἀμφὶ τοὺς ἑκατόν. Ὅτε δὲ ταῦτα ἦν, σχεδὸν μέσαι ἦσαν νύκτες. (34) Ἐνταῦθα Ἱερώνυμος Ἠλεῖος πρεσβύτατος ὢν τῶν Προξένου λοχαγῶν ἤρχετο λέγειν ὧδε. Ἡμῖν, ὦ ἄνδρες στρατηγοὶ καὶ λοχαγοί, ὁρῶσι τὰ παρόντα ἔδοξε καὶ αὐτοῖς συνελθεῖν καὶ ὑμᾶς παρακαλέσαι, ὅπως βουλευσαίμεθα εἴ τι δυναίμεθα ἀγαθόν. Λέξον δ᾽, ἔφη, καὶ σύ, ὦ Ξενοφῶν, ἅπερ καὶ πρὸς ἡμᾶς. (35) Ἐκ τούτου λέγει τάδε Ξενοφῶν. Ἀλλὰ ταῦτα μὲν δὴ πάντες ἐπιστάμεθα ὅτι βασιλεὺς καὶ Τισσαφέρνης οὓς μὲν ἐδυνήθησαν συνειλήφασιν ἡμῶν, τοῖς δ᾽ ἄλλοις δῆλον ὅτι ἐπιβουλεύουσιν, ὡς, ἣν δύνωνται, ἀπολέσωσιν. Ἡμῖν δέ γε οἶμαι πάντα ποιητέα ὡς μήποτ᾽ ἐπὶ τοῖς βαρβάροις γενώμεθα, ἀλλὰ μᾶλλον ἢν δυνώμεθα ἐκεῖνοι ἐφ᾽ ἡμῖν. (36) Εὖ τοίνυν ἐπίστασθε ὅτι ὑμεῖς τοσοῦτοι ὄντες ὅσοι νῦν συνεληλύθατε μέγιστον ἔχετε καιρόν. Οἱ γὰρ στρατιῶται οὗτοι πάντες πρὸς ὑμᾶς βλέπουσι, κἂν μὲν ὑμᾶς ὁρῶσιν ἀθύμους, πάντες κακοὶ ἔσονται, ἢν δὲ ὑμεῖς αὐτοί τε παρασκευαζόμενοι φανεροὶ ἦτε ἐπὶ τοὺς πολεμίους καὶ τοὺς ἄλλους παρακαλῆτε, εὖ ἴστε ὅτι ἕψονται ὑμῖν καὶ πειράσονται μιμεῖσθαι. (37) Ἴσως δέ τοι καὶ δίκαιόν ἐστιν ὑμᾶς διαφέρειν τι τούτων. Ὑμεῖς γάρ ἐστε στρατηγοί, ὑμεῖς ταξίαρχοι καὶ λοχαγοί, καὶ ὅτε εἰρήνη ἦν ὑμεῖς καὶ χρήμασι καὶ τιμαῖς τούτων ἐπλεονεκτεῖτε· καὶ νῦν τοίνυν, ἐπεὶ πόλεμός ἐστιν, ἀξιοῦν δεῖ ὑμᾶς αὐτοὺς ἀμείνους τε τοῦ πλήθους εἶναι καὶ προβουλεύειν τούτων καὶ προπονεῖν, ἤν που δέῃ. (38) Καὶ νῦν πρῶτον μὲν οἴομαι ἂν ὑμᾶς μέγα ὀνῆσαι τὸ στράτευμα, εἰ ἐπιμεληθείητε ὅπως ἀντὶ τῶν ἀπολωλότων ὡς τάχιστα στρατηγοὶ καὶ λοχαγοὶ ἀντικατασταθῶσιν. Ἄνευ γὰρ ἀρχόντων οὐδὲν ἂν οὔτε καλὸν οὔτε ἀγαθὸν γένοιτο ὡς μὲν συνελόντι εἰπεῖν οὐδαμοῦ, ἐν δὴ τοῖς πολεμικοῖς παντάπασιν. Ἡ μὲν γὰρ εὐταξία σῴζειν δοκεῖ, ἡ δὲ ἀταξία πολλοὺς ἤδη ἀπολώλεκεν. (39) Ἐπειδὰν δὲ καταστήσησθε τοὺς ἄρχοντας ὅσους δεῖ, ἢν καὶ τοὺς ἄλλους στρα-

jam fieri jubes, fœderibus freti in colloquium eorum sine armis veuerunt, annon illi plagas, vulnera, injurias contumeliose factas modo passi, ne mortem quidem oppetere miseri possunt? id licet etiam, opinor, admodum appetunt. Quæ cum omnia tu noris, illos tamen, qui ad defensionem milites hortantur, nugari dicis, ac rursum nos ad hostes eo consilio proficisci jubes, ut regem nobis conciliemus? Ego vero, milites, existimo nos hunc hominem neque in eundem atque nosmet locum admittere debere, et adempta cohortis præfectura, vasa ubi ei imposuerimus, ut talem cum tractare. Nam et patriam dedecorat is, et universam Græciam, cum natione Græcus, ita se gerat. – Agasias deinde Stymphalius, sermone suscepto, At huic sane, inquit, nihil omnino neque cum Bœotia neque cum Græcia commune est : nam ejus ego, tanquam Lydi, utramque aurem perforatam vidi. Et sic quidem se res habebat. Hunc igitur abegerunt : ceteri per ordines incedentes, ubicumque dux salvus esset, ducem evocabant; ubi periisset, primi ordinis ducem : ubi præfectus cohortis salvus esset, cohortis præfectum. Cumque omnes convenissent, ante ordines armatos consederunt : et erant duces ac præfecti cohortium, qui convenerant, circiter centum. Cum hæc agerentur, media fere nox erat. Ibi tum Hieronymus Eleus, inter Proxeni cohortium præfectos natu maximus, in hunc modum dicere cœpit : Visum est nobis, duces ac præfecti cohortium, præsentem rerum nostrarum statum intuentibus, ut et ipsi conveniremus, et vos advocaremus, quo consilium, si quid possimus, bonum ineamus. Tu vero etiam, Xenophon, ait, ea dicito, quæ et nobis dixisti. Tum Xenophon hæc verba fecit : « Hæc certe quidem universi novimus, regem scilicet et Tissaphernem ex nobis eos, quos potuerunt, comprehendisse; ceterisque adeo haud dubie insidiantur, ut, si quidem possint, eos interimant. Nobis vero omnia facienda puto , ut nunquam barbarorum in potestatem veniamus, sed illi potius, id si efficere possimus, nostra sint in potestate. Quamobrem certo sciatis velim, vos quotquot estis, qui jam convenistis, maximum habere momentum. Nam milites isti omnes vosrespiciunt : et si vos demissis animis esse viderint, omnes erunt ignavi; sin et vos ipsi palam in hostes accingenamini, et ceteros hortemini, scitote vos sequuturos, et daturos operam ut vos imitentur. Fortasse vero et æquum est hisce vos nonnihil præstare. Vos enim duces estis, vos ordinum ac cohortium præfecti : atque vos, cum pax erat, et fortunis et honoribus potiores his fuistis: itaque nunc, bellum ubi exortum est, vos ipsos arbitrari debetis militum vulgo præstantiores, et pro iis consilia capere et labores subire, sicubi usus postulet. Et jam primum arbitror magnam vos exercitui utilitatem adlaturos, si curaveritis ut pro iis qui perierunt duces ac præfecti cohortium quamprimum substituantur. Nam absque imperantibus nihil neque præclarum neque utile geri possit, ut summatim dicam, usquam; in bellicis vero præsertim rebus. Etenim ordinis conservatio salutem dare videtur, ordinis perturbatio jam multos perdidit. Ubi vero tot constitueritis imperatores, quot

τιώτας συλλέγητε καὶ παραθαρρύνητε, οἶμαι ἂν ὑμᾶς πάνυ ἐν καιρῷ ποιῆσαι. (40) Νῦν μὲν γὰρ ἴσως καὶ ὑμεῖς αἰσθάνεσθε ὡς ἀθύμως μὲν ἦλθον ἐπὶ τὰ ὅπλα, ἀθύμως δὲ πρὸς τὰς φυλακάς· ὥστε οὕτω γ᾽ ἐχόντων οὐκ οἶδα ὅ, τι ἄν τις χρήσαιτο αὐτοῖς εἴτε νυκτὸς δέοι τι εἴτε καὶ ἡμέρας. (41) Ἢν δέ τις αὐτῶν τρέψῃ τὰς γνώμας, ὡς μὴ τοῦτο μόνον ἐννοῶνται τί πείσονται ἀλλὰ καὶ τί ποιήσουσι, πολὺ εὐθυμότεροι ἔσονται. (42) Ἐπίστασθε γὰρ δὴ ὅτι οὔτε πλῆθός ἐστιν οὔτε ἰσχὺς ἡ ἐν τῷ πολέμῳ τὰς νίκας ποιοῦσα, ἀλλ᾽ ὁπότεροι ἂν σὺν τοῖς θεοῖς ταῖς ψυχαῖς ἐρρωμενέστεροι ἴωσιν ἐπὶ τοὺς πολεμίους, τούτους ὡς ἐπὶ τὸ πολὺ οἱ ἐναντίοι οὐ δέχονται. (43) Ἐντεθύμημαι δ᾽ ἔγωγε, ὦ ἄνδρες, καὶ τοῦτο ὅτι ὁπόσοι μὲν μαστεύουσι ζῆν ἐκ παντὸς τρόπου ἐν τοῖς πολεμικοῖς, οὗτοι μὲν κακῶς τε καὶ αἰσχρῶς ὡς ἐπὶ τὸ πολὺ ἀποθνήσκουσιν, ὁπόσοι δὲ τὸν μὲν θάνατον ἐγνώκασι πᾶσι κοινὸν εἶναι καὶ ἀναγκαῖον ἀνθρώποις, περὶ δὲ τοῦ καλῶς ἀποθνήσκειν ἀγωνίζονται, τούτους ὁρῶ μᾶλλόν πως εἰς τὸ γῆρας ἀφικνουμένους, καὶ ἕως ἂν ζῶσιν εὐδαιμονέστερον διάγοντας. (44) Ἃ καὶ ἡμᾶς δεῖ νῦν καταμαθόντας, ἐν τοιούτῳ γὰρ καιρῷ ἐσμεν, αὐτούς τε ἄνδρας ἀγαθοὺς εἶναι καὶ τοὺς ἄλλους παρακαλεῖν. (45) Ὁ μὲν ταῦτ᾽ εἰπὼν ἐπαύσατο. Μετὰ δὲ τοῦτον εἶπε Χειρίσοφος, Ἀλλὰ πρόσθεν μέν, ὦ Ξενοφῶν, τοσοῦτον μόνον σε ἐγίγνωσκον ὅσον ἤκουον Ἀθηναῖον εἶναι, νῦν δὲ καὶ ἐπαινῶ σε ἐφ᾽ οἷς λέγεις τε καὶ πράττεις, καὶ βουλοίμην ἂν ὅτι πλείστους εἶναι τοιούτους· κοινὸν γὰρ ἂν εἴη τὸ ἀγαθόν. (46) Καὶ νῦν, ἔφη, μὴ μέλλωμεν, ὦ ἄνδρες, ἀλλ᾽ ἀπελθόντες ἤδη αἱρεῖσθε οἱ δεόμενοι ἄρχοντας, καὶ ἑλόμενοι ἥκετε εἰς τὸ μέσον τοῦ στρατοπέδου καὶ τοὺς αἱρεθέντας ἄγετε· ἔπειτ᾽ ἐκεῖ συγκαλοῦμεν τοὺς ἄλλους στρατιώτας. Παρέστω δ᾽ ἡμῖν, ἔφη, καὶ Τολμίδης ὁ κῆρυξ. (47) Καὶ ἅμα ταῦτ᾽ εἰπὼν ἀνέστη, ὡς μὴ μέλλοιτο ἀλλὰ περαίνοιτο τὰ δέοντα. Ἐκ τούτου ᾑρέθησαν ἄρχοντες ἀντὶ μὲν Κλεάρχου Τιμασίων Δαρδανεύς, ἀντὶ δὲ Σωκράτους Ξανθικλῆς Ἀχαιός, ἀντὶ δὲ Ἁγίου Κλεάνωρ Ἀρκάς, ἀντὶ δὲ Μένωνος Φιλήσιος Ἀχαιός, ἀντὶ δὲ Προξένου Ξενοφῶν Ἀθηναῖος.

ΚΕΦΑΛΑΙΟΝ Β.

Ἐπεὶ δὲ ᾑρῆντο, ἡμέρα τε σχεδὸν ὑπέφαινε καὶ εἰς τὸ μέσον ἧκον οἱ ἄρχοντες, καὶ ἔδοξεν αὐτοῖς προφυλακὰς καταστήσαντας συγκαλεῖν τοὺς στρατιώτας. Ἐπεὶ δὲ καὶ οἱ ἄλλοι στρατιῶται συνῆλθον, ἀνέστη πρῶτον μὲν Χειρίσοφος ὁ Λακεδαιμόνιος καὶ ἔλεξεν ὧδε. (2) Ὦ ἄνδρες στρατιῶται, χαλεπὰ μὲν τὰ παρόντα, ὁπότε ἀνδρῶν στρατηγῶν τοιούτων στερόμεθα καὶ λοχαγῶν καὶ στρατιωτῶν, πρὸς δ᾽ ἔτι καὶ οἱ ἀμφὶ Ἀριαῖον οἱ πρόσθεν σύμμαχοι ὄντες προδεδώκασιν ἡμᾶς. (3) ὅμως δὲ δεῖ ἐκ τῶν παρόντων ἄνδρας ἀγαθούς τε ἐλθεῖν καὶ μὴ ὑφίεσθαι, ἀλλὰ πειρᾶσθαι ὅπως, ἢν μὲν δυνώμεθα, [καλῶς] νικῶντες σωζώμεθα· εἰ δὲ μή, ἀλλὰ καλῶς γε ἀπο-

oportet, admodum vos opportune hoc facturos arbitror, si ceteros etiam collegeritis milites et confirmaveritis. Jam enim vos etiam haud dubie animadvertitis, quam demissis animis ad arma venerint, anxieque adeo ad excubias: adeo ut, si ita se sane habeant, haud sciam qua in re eorum uti quisquam possit opera, sive noctu quid seu die fieri oporteat. Quod si quis eorum flexerit animos, ut non solum cogitent quid passuri sint, verum etiam quid facturi, multo alacriores erunt. Scitis enim, opinor, neque multitudinem esse, neque robur quod in bello victorias parit: sed eorum, qui diis juvantibus in hostes firmioribus invadunt animis, plerumque impetum non excipiunt adversarii. Hoc equidem, viri, etiam in animo versare soleo, quicumque quovis modo in militia vivere quaerunt, eos ignave turpiterque ut plurimum mori: qui vero mortem hominibus communem omnibus ac necessariam statuunt, deque eo inprimis certant, ut praeclare mortem obeant, eos video magis ad senectutem pervenire, ac, quamdiu vivunt, majore frui felicitate. Quae nos etiam ubi animadverterimus, oportet (nam ita nobis jam tempus est, id ut exigat) cum ipsos viros esse fortes, tum alios cohortari. » Haec ille loquutus, finem fecit. Ac post eum Chirisophus, Equidem antehac, inquit, ita solum te noram, Xenophon, quod Atheniensem esse audieram: nunc et orationem et facta tua laudo, ac tales quam plurimos esse velim: nam ex bono esset publico. Nunc igitur, viri, ne cessemus, ait; sed confestim hinc digressi imperatores, quibus opus est, deligite, ac ubi delegeritis, media in castra venite, et delectos adducite; deinde milites ceteros illoc advocabimus: adsit etiam nobis Tolmides praeco. Haec ubi dixisset, surrexit ut ne qua interponeretur mora, sed quamprimum perficerentur quae fieri oportuit. Deinde lecti sunt imperatores, pro Clearcho, Timasion Dardanius; pro Socrate, Xanthicles Achaeus; pro Agia, Cleanor Arcas; pro Menone, Philesius Achaeus; pro Proxeno, Xenophon Atheniensis.

CAPUT II.

Cum autem lecti essent illi, ac dies prope jam illucesceret, imperatoresque in medium prodirent, visum est ipsis, collocatis ante castra excubiis, milites convocare. Et ubi ceteri etiam convenissent milites, surrexit primum Chirisophus Lacedaemonius, et hunc in modum verba fecit: « Difficilis est, milites, rerum praesentium status, cum ejusmodi ducibus et cohortium praefectis et militibus orbati simus: praeterea, Arkei copiae, quae nobis antea societate conjunctae erant, nos deseruerunt. Attamen e praesenti rerum statu viros fortes prodire nos oportet, nec remissis esse animis, sed eniti ut, si quidem poterimus, praeclare vincendo

ΚΥΡΟΥ ΑΝΑΒΑΣΕΩΣ ΒΙΒΛ. Γ. ΚΕΦ. Β.

θνήσκωμεν, ὑποχείριοι δὲ μηδέποτε γενώμεθα ζῶντες τοῖς πολεμίοις. Οἶμαι γὰρ ἂν ἡμᾶς τοιαῦτα παθεῖν οἷα τοὺς ἐχθροὺς οἱ θεοὶ ποιήσειαν. (4) Ἐπὶ τούτῳ Κλεάνωρ Ὀρχομένιος ἀνέστη καὶ ἔλεξεν ὧδε. Ἀλλ᾽ ὁρᾶτε μέν, ὦ ἄνδρες, τὴν βασιλέως ἐπιορκίαν καὶ ἀσέβειαν, ὁρᾶτε δὲ τὴν Τισσαφέρνους ἀπιστίαν, ὅστις λέγων ὡς γείτων τε εἴη τῆς Ἑλλάδος καὶ περὶ πλείστου ἂν ποιήσαιτο σῶσαι ἡμᾶς, καὶ ἐπὶ τούτοις αὐτὸς ὀμόσας ἡμῖν, αὐτὸς δεξιὰς δούς, αὐτὸς ἐξαπατήσας συνέλαβε τοὺς στρατηγούς, καὶ οὐδὲ Δία ξένιον ᾐδέσθη, ἀλλὰ Κλεάρχῳ καὶ ὁμοτραπέζος γενόμενος αὐτοῖς τούτοις ἐξαπατήσας τοὺς ἄνδρας ἀπολώλεκεν. (5) Ἀριαῖος δέ, ὃν ἡμεῖς ἠθέλομεν βασιλέα καθιστάναι, καὶ ἐδώκαμεν καὶ ἐλάβομεν πιστὰ μὴ προδώσειν ἀλλήλους, καὶ οὗτος οὔτε τοὺς θεοὺς δείσας οὔτε Κῦρον τεθνηκότα αἰδεσθείς, τιμώμενος μάλιστα ὑπὸ Κύρου ζῶντος, νῦν πρὸς τοὺς ἐκείνου ἐχθίστους ἀποστὰς ἡμᾶς τοὺς Κύρου φίλους κακῶς ποιεῖν πειρᾶται. (6) Ἀλλὰ τούτους μὲν οἱ θεοὶ ἀποτίσαιντο· ἡμᾶς δὲ δεῖ ταῦτα ὁρῶντας μήποτε ἐξαπατηθῆναι ἔτι ὑπὸ τούτων, ἀλλὰ μαχομένους ὡς ἂν δυνώμεθα κράτιστα τοῦτο ὅ,τι ἂν δοκῇ τοῖς θεοῖς πάσχειν.

7. Ἐκ τούτου Ξενοφῶν ἀνίσταται ἐσταλμένος ἐπὶ πόλεμον ὡς ἐδύνατο κάλλιστα, νομίζων, εἴτε νίκην διδοῖεν οἱ θεοί, τὸν κάλλιστον κόσμον τῷ νικᾶν πρέπειν, εἴτε τελευτᾶν δέοι, ὀρθῶς ἔχειν τῶν καλλίστων ἑαυτὸν ἀξιώσαντα ἐν τούτοις τῆς τελευτῆς τυγχάνειν· τοῦ λόγου δὲ ἤρχετο ὧδε. (8) Τὴν μὲν τῶν βαρβάρων ἐπιορκίαν τε καὶ ἀπιστίαν λέγει μὲν Κλεάνωρ, ἐπίστασθε δὲ καὶ ὑμεῖς, οἶμαι. Εἰ μὲν οὖν βουλώμεθα πάλιν αὐτοῖς διὰ φιλίας ἰέναι, ἀνάγκη ἡμᾶς πολλὴν ἀθυμίαν ἔχειν, ὁρῶντας καὶ τοὺς στρατηγούς, οἳ διὰ πίστεως αὐτοῖς ἑαυτοὺς ἐνεχείρισαν, οἷα πεπόνθασιν· εἰ μέντοι διανοούμεθα σὺν τοῖς ὅπλοις ὧν τε πεποιήκασι δίκην ἐπιθεῖναι αὐτοῖς καὶ τὸ λοιπὸν διὰ παντὸς πολέμου αὐτοῖς ἰέναι, σὺν τοῖς θεοῖς πολλαὶ ἡμῖν καὶ καλαὶ ἐλπίδες εἰσὶ σωτηρίας. (9) Τοῦτο δὲ λέγοντος αὐτοῦ πτάρνυταί τις· ἀκούσαντες δ᾽ οἱ στρατιῶται πάντες μιᾷ ὁρμῇ προσεκύνησαν τὸν θεόν, καὶ Ξενοφῶν εἶπε, Δοκεῖ μοι, ὦ ἄνδρες, ἐπεὶ περὶ σωτηρίας ἡμῶν λεγόντων οἰωνὸς τοῦ Διὸς τοῦ σωτῆρος ἐφάνη, εὔξασθαι τῷ θεῷ τούτῳ θύσειν σωτήρια ὅπου ἂν πρῶτον εἰς φιλίαν χώραν ἀφικώμεθα, συνεπεύξασθαι δὲ καὶ τοῖς ἄλλοις θεοῖς θύσειν κατὰ δύναμιν. Καὶ ὅτῳ δοκεῖ ταῦτ᾽, ἔφη, ἀνατεινάτω τὴν χεῖρα. Καὶ ἀνέτειναν ἅπαντες. Ἐκ τούτου εὔξαντο καὶ ἐπαιώνισαν. Ἐπεὶ δὲ τὰ τῶν θεῶν καλῶς εἶχεν, ἤρχετο πάλιν ὧδε. (10) Ἐτύγχανον λέγων ὅτι πολλαὶ καὶ καλαὶ ἐλπίδες ἡμῖν εἶεν σωτηρίας. Πρῶτον μὲν γὰρ ἡμεῖς μὲν ἐμπεδοῦμεν τοὺς τῶν θεῶν ὅρκους, οἱ δὲ πολέμιοι ἐπιωρκήκασί τε καὶ τὰς σπονδὰς καὶ τοὺς ὅρκους λελύκασιν. Οὕτω δ᾽ ἐχόντων εἰκὸς τοῖς μὲν πολεμίοις ἐναντίους εἶναι τοὺς θεούς, ἡμῖν δὲ συμμάχους, οἵπερ ἱκανοί εἰσι καὶ τοὺς μεγάλους ταχὺ μικροὺς ποιεῖν καὶ τοὺς μικρούς, κἂν ἐν δεινοῖς ὦσι, σώζειν εὐπετῶς, ὅταν βούλωνται.

salutem consequamur : sin autem, saltem præclare mortem obeamus, ac nunquam hostium in manus vivi incidamus. Etenim ea nos perpessuros arbitror, quæ in hostes dii vertant. » Post hunc Cleanor Orchomenius surrexit, atque in hunc modum verba fecit : « Videtis certe, viri, perjurium regis et impietatem; videtis etiam Tissaphernis perfidiam, qui cum se vicinum esse Græciæ diceret, in primisque adeo id velle, ut nos in Græciam incolumes deduceret, atque insuper ipse dato nobis jurejurando, ipse data dextra, ipse fraude adhibita, duces comprehendit : et ne Jovem quidem Hospitalem reveritus est, sed Clearcho etiam cum fuerit in mensa particeps, viros his ipsis artibus deceptos perdidit. Quin Ariæus, quem nos regem constituere voluimus, fidesque adeo hinc inde data erat de nobis mutuo non deserendis, etiam hic neque deos veritus, neque Cyrum mortuum reveritus, a Cyro quamvis, dum viveret, maximis fuisset honoribus ornatus, ad homines illi infestissimos jam defecit, ac nos Cyri amicos injuriis adficere conatur. Verum hos dii ulciscantur : nos autem, hæc cum videamus, cavere oportet, ne ab iis amplius decipiamur, sed ubi quam quidem poterimus fortissime dimicaverimus, quidquid diis visum fuerit, id ferre. »

Dein surgit Xenophon, ad pugnam quam potuit elegantissime ornatus : existimabat enim, sive dii victoriam darent, ornatum pulcherrimum victoriæ convenire; sive moriendum esset, par esse uti, se elegantissimo cultu dignatus, eodem indutus extremum diem morte conficeret : is in hunc modum dicere orsus est : « Cleanor barbarorum et perjuria et perfidiam exposuit, atque vos, opinor, nostis. Quod si ergo rursum amicitia eorum nobis utendum statuimus, necesse est magnam nos habere sollicitudinem, cum videamus qualia duces, qui se ipsis in manus data acceptaque fide tradiderunt, passi sunt : at vero si pœnas eorum quæ perpetrarunt, ipsis irrogare armis instructi cogitamus, et in posterum omni genere belli eos persequi, multæ, diis juvantibus, ac præclaræ nobis spes salutis oblatæ sunt. » Hoc se loquente, quidam sternuit : quo audito milites uno omnes impetu deum adorarunt : et Xenophon ait, « Quando, viri, nobis de salute loquentibus augurium Jovi Servatoris extitit, huic deo votum nuncupemus censeo, sacra nos datam ob salutem facturos, quamprimum in regionem pacatam pervenerimus ; præterea diis ceteris vota simul faciamus, sacrificaturos nos pro copia nostra. Atque hæc cuicumque placuerint, manum, inquit, tollat. » Ac sustulerunt quidem omnes. Deinde vota nuncuparunt et pæana cecinere. Peractis rite omnibus, ad deorum quæ pertinebant cultum, rursus ita cœpit dicere : « Aiebam modo multas ac præclaras spes salutis nobis oblatas esse. Primum enim fidem, quam per deos jurati dedimus, ratam fecimus, at hostes pejerarunt, et fœdera fidemque jurejurando adligatam solverunt. Quæ cum ita se habeant, consentaneum est hostibus nostris infensos, nobis auxiliares esse deos, qui quidem magnos cito parvos facere, parvosque, etiamsi eos circumstent pericula, facile, cum velint, conservare possunt. Deinde

(11) Ἔπειτα δέ, ἀναμνήσω γὰρ ὑμᾶς καὶ τοὺς τῶν προγόνων τῶν ἡμετέρων κινδύνους, ἵνα εἰδῆτε ὡς ἀγαθοῖς τε ὑμῖν προσήκει εἶναι σώζονταί τε σὺν τοῖς θεοῖς καὶ ἐκ πάνυ δεινῶν οἱ ἀγαθοί· ἐλθόντων μὲν γὰρ Περσῶν καὶ τῶν σὺν αὐτοῖς παμπληθεῖ στόλῳ ὡς ἀφανιούντων αὖθις τὰς Ἀθήνας, ὑποστῆναι αὐτοῖς Ἀθηναῖοι τολμήσαντες ἐνίκησαν αὐτούς. (12) Καὶ εὐξάμενοι τῇ Ἀρτέμιδι ὁπόσους [ἂν] κατακάνοιεν τῶν πολεμίων τοσαύτας χιμαίρας καταθύσειν τῇ θεῷ, ἐπεὶ οὐκ εἶχον ἱκανὰς εὑρεῖν, ἔδοξεν αὐτοῖς κατ᾽ ἐνιαυτὸν πεντακοσίας θύειν, καὶ ἔτι καὶ νῦν ἀποθύουσιν. (13) Ἔπειτα ὅτε Ξέρξης ὕστερον ἀγείρας τὴν ἀναρίθμητον στρατιὰν ἦλθεν ἐπὶ τὴν Ἑλλάδα, καὶ τότε ἐνίκων οἱ ἡμέτεροι πρόγονοι τοὺς τούτων προγόνους καὶ κατὰ γῆν καὶ κατὰ θάλατταν. Ὧν ἔστι μὲν τεκμήρια ὁρᾶν τὰ τρόπαια, μέγιστον δὲ μαρτύριον ἡ ἐλευθερία τῶν πόλεων ἐν αἷς ὑμεῖς ἐγένεσθε καὶ ἐτράφητε· οὐδένα γὰρ ἄνθρωπον δεσπότην ἀλλὰ τοὺς θεοὺς προσκυνεῖτε. Τοιούτων μέν ἐστε προγόνων. (14) Οὐ μὲν δὴ τοῦτό γε ἐρῶ ὡς ὑμεῖς καταισχύνετε αὐτούς· ἀλλ᾽ οὔπω πολλαὶ ἡμέραι ἀφ᾽ οὗ ἀντιταξάμενοι τούτοις τοῖς ἐκείνων ἐκγόνοις πολλαπλασίους ὑμῶν αὐτῶν ἐνικᾶτε σὺν τοῖς θεοῖς. (15) Καὶ τότε μὲν δὴ περὶ τῆς Κύρου βασιλείας ἄνδρες ἦτε ἀγαθοί· νῦν δ᾽ ὁπότε περὶ τῆς ὑμετέρας σωτηρίας ὁ ἀγών ἐστι πολὺ δήπου ὑμᾶς προσήκει καὶ ἀμείνονας καὶ προθυμοτέρους εἶναι. (16) Ἀλλὰ μὴν καὶ θαρραλεωτέρους νῦν πρέπει εἶναι πρὸς τοὺς πολεμίους. Τότε μὲν γὰρ ἄπειροι ὄντες αὐτῶν τό τε πλῆθος ἄμετρον ὁρῶντες ὅμως ἐτολμήσατε σὺν τῷ πατρῴῳ φρονήματι ἰέναι εἰς αὐτούς· νῦν δὲ ὁπότε καὶ πεῖραν ἤδη ἔχετε αὐτῶν ὅτι θέλουσι καὶ πολλαπλάσιοι ὄντες μὴ δέχεσθαι ὑμᾶς, τί ἔτι ὑμῖν προσήκει τούτους φοβεῖσθαι; (17) Μηδὲ μέντοι τοῦτο μεῖον δόξητε ἔχειν, εἰ οἱ Κυρεῖοι πρόσθεν σὺν ἡμῖν ταττόμενοι νῦν ἀφεστήκασιν. Ἔτι γὰρ οὗτοι κακίονές εἰσι τῶν ὑφ᾽ ἡμῶν ἡττημένων· ἔφευγον γοῦν πρὸς ἐκείνους καταλιπόντες ἡμᾶς. Τοὺς δὲ θέλοντας φυγῆς ἄρχειν πολὺ κρεῖττον σὺν τοῖς πολεμίοις ταττομένους ἢ ἐν τῇ ἡμετέρᾳ τάξει ὁρᾶν. (18) Εἰ δέ τις ὑμῶν ἀθυμεῖ ὅτι ἡμῖν μὲν οὐκ εἰσὶν ἱππεῖς, τοῖς δὲ πολεμίοις πολλοὶ πάρεισιν, ἐνθυμήθητε ὅτι οἱ μύριοι ἱππεῖς οὐδὲν ἄλλο ἢ μύριοί εἰσιν ἄνθρωποι· ὑπὸ μὲν γὰρ ἵππου ἐν μάχῃ οὐδεὶς πώποτε οὔτε δηχθεὶς οὔτε λακτισθεὶς ἀπέθανεν, οἱ δὲ ἄνδρες εἰσὶν οἱ ποιοῦντες ὅ,τι ἂν ἐν ταῖς μάχαις γίγνηται. (19) Οὐκοῦν τῶν γε ἱππέων πολὺ ἡμεῖς ἐπ᾽ ἀσφαλεστέρου ὀχήματός ἐσμεν· οἱ μὲν γὰρ ἐφ᾽ ἵππων κρέμανται, φοβούμενοι οὐχ ἡμᾶς μόνον ἀλλὰ καὶ τὸ καταπεσεῖν· ἡμεῖς δ᾽ ἐπὶ γῆς βεβηκότες πολὺ μὲν ἰσχυρότερον παίσομεν, ἤν τις προσίῃ, πολὺ δὲ μᾶλλον ὧν βουλώμεθα τευξόμεθα. Ἑνὶ μόνῳ προέχουσιν οἱ ἱππεῖς ἡμᾶς· φεύγειν αὐτοῖς ἀσφαλέστερόν ἐστιν ἢ ἡμῖν. (20) Εἰ δὲ δὴ τὰς μὲν μάχας θαρρεῖτε, ὅτι δὲ οὐκέτι ὑμῖν Τισσαφέρνης ἡγήσεται οὐδὲ βασιλεὺς ἀγορὰν παρέξει, τοῦτο ἄχθεσθε, σκέψασθε πότερον κρεῖττον Τισσαφέρνην ἡγεμόνα ἔχειν, ὃς ἐπιβουλεύων ἡμῖν φανερός ἐστιν, ἢ οὓς ἂν

(vobis enim majorum etiam nostrorum pericula in memoriam revocabo; ut sciatis et vestrum esse strenue vos gerere, et strenuos viros deorum ope gravissimis etiam ex periculis incolumes evadere) cum Persæ eorumque socii permagno cum exercitu eo venirent consilio, ut Athenas rursus delerent, ausi Athenienses ipsis resistere, eos vicerunt. Cumque votum Dianæ fecissent, quot hostes occiderint, tot se illi deæ capras mactaturos, quia satis multas invenire non poterant, visum est iis quotannis quingentas mactare : atque hoc etiam tempore ex voto eas immolant. Post deinde cum Xerxes coacto illo innumerabili exercitu in Græciam profectus esset, tum quoque majores nostri horum majores terra marique vicerunt. Quarum quidem victoriarum est certa videre indicia, quæ tum posita sunt tropæa; maximum vero testimonium est libertas civitatum, in quibus nati estis et educati : neque enim hominem ullam tanquam dominum, sed deos adoratis. Hujusmodi majoribus prognati estis. Nec id sane dixerim, vos eis dedecori esse : enimvero necdum multi dies abiere, cum hos illorum posteros instructa acie aggressi, deorum ope multo, quam vos essetis, plures superastis. Atque id quidem temporis inito pro Cyri regno certamine viri fortes eratis : nunc autem, cum de salute vestra certamen sit propositum, multo certe et meliores vos et alacriores esse par est; imo vero adversus hostes etiam fidentiores jam esse decet. Illo enim tempore, cum nullum virtutis eorum periculum fecissetis, ac immensam eorum multitudinem vidissetis, nihilominus patrio spiritu pergere adversus eos ausi estis : nunc cum experimento etiam deprehenditis, ipsos, tametsi numero vos longe superent, impetum vestrum sustinere nolle, cur vos deceat eos adhuc metuere? Enimvero nec ideo vos deteriore loco esse putetis, quod Cyriani, prius a vestris partibus stantes, jam defecerint : nam illi etiam his ignaviores sunt, quos ipsi vicimus : nobis igitur relictis, ad hos fugerant. At eos, qui facere fugæ initium velint, multo melius est in hostium ordinibus, quam acie nostra, videre. Quod si quis vestrûm animum demittat, propterea quod nobis non sint equites, hostibus multi adsint, cogitetis velim equites decies mille nihil esse aliud, nisi decies mille homines ; nam ab equo nemo unquam vel morsu saucius vel calce cæsus in prælio periit : at viri sunt, qui, in pugnis quod fiat, id omne gerant. Atqui nos multo, quam equites, tutiore utimur vehiculo : nam illi in equis pendent, non tantum nos metuentes, sed illud etiam, ne decidant : nos terræ innixi multo vehementius feriemus, si quis accedat, ac multo etiam magis id, quod voluerimus, attingemus. Una tantum re nobis præstant equites : ipsis tutius licet, quam nobis, fugere. Quod si ad pugnas firmis quidem animis estis, sed illud vobis grave est, quod non amplius vobis dux viæ erit Tissaphernes, neque rex forum rerum venalium præbiturus est, considerate utrum satius sit, Tissaphernem ducem habere, qui nobis palam insidiatur, an eos, quos ipsi delectos duces esse ju-

ἡμεῖς ἄνδρας λαβόντες ἡγεῖσθαι κελεύωμεν, οἳ εἴσονται ὅτι ἤν τι περὶ ἡμᾶς ἁμαρτάνωσι, περὶ τὰς ἑαυτῶν ψυχὰς καὶ σώματα ἁμαρτάνουσι. (21) Τὰ δὲ ἐπιτήδεια πότερον ὠνεῖσθαι κρεῖττον ἐκ τῆς ἀγορᾶς ἧς οὗτοι παρεῖχον μικρὰ μέτρα πολλοῦ ἀργυρίου, μηδὲ τοῦτο ἔτι ἔχοντας, ἢ αὐτοὺς λαμβάνειν, ἤνπερ κρατῶμεν, μέτρῳ χρωμένους ὁπόσῳ ἂν ἕκαστος βούληται. (22) Εἰ δὲ ταῦτα μὲν γιγνώσκετε ὅτι κρείττονα, τοὺς δὲ ποταμοὺς ἄπορον νομίζετε εἶναι καὶ μεγάλως ἡγεῖσθε ἐξαπατηθῆναι διαβάντες, σκέψασθε εἰ ἄρα τοῦτο καὶ μωρότατον πεποιήκασιν οἱ βάρβαροι. Πάντες μὲν γὰρ οἱ ποταμοί, ἢν καὶ πρόσω τῶν πηγῶν ἄποροι ὦσι, προϊοῦσι πρὸς τὰς πηγὰς διαβατοὶ γίγνονται οὐδὲ τὸ γόνυ βρέχοντες. (23) Εἰ δὲ μήθ᾽ οἱ ποταμοὶ διήσουσιν ἡγεμών τε μηδεὶς ἡμῖν φανεῖται, οὐδ᾽ ὣς ἡμῖν γε ἀθυμητέον. Ἐπιστάμεθα γὰρ Μυσούς, οὓς οὐκ ἂν ἡμῶν φαῖμεν βελτίους εἶναι, οἳ βασιλέως ἄκοντος ἐν τῇ βασιλέως χώρᾳ πολλάς τε καὶ εὐδαίμονας καὶ μεγάλας πόλεις οἰκοῦσιν, ἐπιστάμεθα δὲ Πισίδας ὡσαύτως, Λυκάονας δὲ καὶ αὐτοὶ εἴδομεν ὅτι ἐν τοῖς πεδίοις τὰ ἐρυμνὰ καταλαβόντες τὴν τούτων χώραν καρποῦνται. (24) Καὶ ἡμᾶς δ᾽ ἂν ἔφην ἔγωγε χρῆναι μήπω φανεροὺς εἶναι οἴκαδε ὡρμημένους, ἀλλὰ κατασκευάζεσθαι ὡς αὐτοῦ που οἰκήσοντας. Οἶδα γὰρ ὅτι καὶ Μυσοῖς βασιλεὺς πολλοὺς μὲν ἡγεμόνας ἂν δοίη, πολλοὺς δ᾽ ἂν ὁμήρους τοῦ ἀδόλως ἐκπέμψειν, καὶ ὁδοποιήσειέ γ᾽ ἂν αὐτοῖς καὶ εἰ σὺν τεθρίπποις βούλοιντο ἀπιέναι. Καὶ ἡμῖν γ᾽ ἂν οἶδ᾽ ὅτι τρισάσμενος ταῦτ᾽ ἐποίει, εἰ ἑώρα ἡμᾶς μένειν παρασκευαζομένους. (25) Ἀλλὰ γὰρ δέδοικα μὴ ἂν ἅπαξ μάθωμεν ἀργοὶ ζῆν καὶ ἐν ἀφθόνοις βιοτεύειν, καὶ Μήδων δὲ καὶ Περσῶν καλαῖς καὶ μεγάλαις γυναιξὶ καὶ παρθένοις ὁμιλεῖν, μὴ ὥσπερ οἱ λωτοφάγοι ἐπιλαθώμεθα τῆς οἴκαδε ὁδοῦ. (26) Δοκεῖ οὖν μοι εἰκὸς καὶ δίκαιον εἶναι πρῶτον εἰς τὴν Ἑλλάδα καὶ πρὸς τοὺς οἰκείους πειρᾶσθαι ἀφικνεῖσθαι καὶ ἐπιδεῖξαι τοῖς Ἕλλησιν ὅτι ἑκόντες πένονται, ἐξὸν αὐτοῖς τοὺς νῦν οἴκοι σκληρῶς πολιτεύοντας ἐνθάδε κομισαμένους πλουσίους ὁρᾶν. Ἀλλὰ γάρ, ὦ ἄνδρες, πάντα ταῦτα τἀγαθὰ δῆλον ὅτι τῶν κρατούντων ἐστί. (27) Τοῦτο δὴ δεῖ λέγειν, πῶς ἂν πορευοίμεθά τε ὡς ἀσφαλέστατα, καὶ εἰ μάχεσθαι δέοι, ὡς κράτιστα μαχοίμεθα. Πρῶτον μὲν τοίνυν, ἔφη, δοκεῖ μοι κατακαῦσαι τὰς ἁμάξας ἃς ἔχομεν, ἵνα μὴ τὰ ζεύγη ἡμῶν στρατηγῇ, ἀλλὰ πορευώμεθα ὅπῃ ἂν τῇ στρατιᾷ συμφέρῃ· ἔπειτα καὶ τὰς σκηνὰς συγκατακαῦσαι. Αὗται γὰρ αὖ ὄχλον μὲν παρέχουσιν ἄγειν, συνωφελοῦσι δ᾽ οὐδὲν οὔτε εἰς τὸ μάχεσθαι οὔτ᾽ εἰς τὸ τἀπιτήδεια ἔχειν. (28) Ἔτι δὲ καὶ τῶν ἄλλων σκευῶν τὰ περιττὰ ἀπαλλάξωμεν πλὴν ὅσα πολέμου ἕνεκα ἢ σίτων ἢ ποτῶν ἔχομεν, ἵνα ὡς πλεῖστοι μὲν ἡμῶν ἐν τοῖς ὅπλοις ὦσιν, ὡς ἐλάχιστοι δὲ σκευοφορῶσι. Κρατουμένων μὲν γὰρ ἐπίστασθε ὅτι πάντα ἀλλότρια· ἢν δὲ κρατῶμεν, καὶ τοὺς πολεμίους δεῖ σκευοφόρους ἡμετέρους νομίζειν. (29) Λοιπόν μοι εἰπεῖν ὅπερ καὶ μέγιστον νομίζω εἶναι. Ὁρᾶτε γὰρ καὶ τοὺς πολεμίους ὅτι

serimus : qui se intelligent, si quid in nos delinquant, in animos ipsorum ac corpora delinquere. Considerate etiam utrum commeatum emere satius sit ex foro, quod hi suppeditabant, parvas nimirum mensuras multo argento, cum præsertim hoc jam amplius non habeamus; an ipsos sumere, si vincamus, ea utentes mensura, quanta quisque velit. Quod si intelligitis hæc melius ita se habitura, verum esse flumina quiddam, trajici quod nequeat, existimatis, atque ea vos trajecisse magnæ vobis esse fraudi ducitis, considerate annon illud ipsum stultissime barbari fecerint. Omnes enim fluvii, etiamsi procul a fontibus suis transiri nequeant, tamen ab iis, qui ad fontes ipsos progrediuntur, sic transiri possunt, ut ne genu quidem madefaciant. Jam vero si neque flumina nos transmissura sunt, et dux nullus comparet, tamen ne sic quidem animum despondere debemus. Scimus enim Mysos, quos dicere nobis præstantiores non possumus, invito rege in ipsius ditione multas et amplas et opulentas urbes incolere: Pisidas itidem urbes ibidem incolere scimus: Lycaonas ipsi etiam vidimus, cum in campis loca munita occuparint, illius agri fructus percipere. Atque equidem dixerim nondum debere nos præ nobis ferre domum proficiscendi impetum, sed nos nostras componere, quasi hic alicubi domicilia collocare velimus. Scio enim regem Mysis duces multos daturum esse, multos obsides, sine fraude se eos dimissurum : imo etiam viam ipsis muniret, etiamsi vel in quadrigis discedere vellent. Nobis quoque hæc ipsa, sat scio, libentissime præstaret, si nos videret ita manere parare, quasi mansuri hic essemus. Verum enimvero metuo ne, si semel laboris expertes agere, et copiose victitare discamus, atque etiam Persarum et Medorum pulchris procerisque mulieribus ac virginibus familiariter uti, quemadmodum solent lotum edentes, suscipiendi in patriam itineris obliviscamur. Quamobrem consentaneum et æquum mihi esse videtur, primum ut in Græciam et ad propinquos redire conemur; ac Græcis ostendamus sua ipsos sponte pauperes esse, cum liceat iis, huc si deduxerint eos qui domi jam vitam agunt inopem, opulentos videre. Sed enim, viri, hæc omnia bona sunt eorum utique qui vincunt. De eo jam dicendum , quo pacto quam tutissime profecturi simus, ac, si prælio decertandum sit, quam optime prælium ineamus. Itaque primum plaustra, quæ habemus, comburenda censeo ; ne sarcinaria nobis imperent vehicula, sed quocunque exercitui conducat, pergamus : deinde etiam tabernacula una comburenda. Nam horum item vectura negotium nobis facessit, neque quidquam vel ad pugnam, vel ad commeatum comparandum adjumenti adferunt. Præterea in vasis reliquis quæ supervacanea sunt amoveamus, exceptis iis, quæ ad belli, vel cibi, vel potus usus habemus : ut quam plurimi nostrum inter armatos sint, quam paucissimi impedimenta vehant. Nostis enim omnia, victi quæ possident, aliena fieri : atque adeo si vicerimus, hostes ipsos in illorum habere loco debemus, nostra qui vehant impedimenta. Reliquum est ut de eo dicam, quod maximum esse arbitror. Videtis certe

οὐ πρόσθεν ἐξενεγκεῖν ἐτόλμησαν πρὸς ἡμᾶς πόλεμον πρὶν τοὺς στρατηγοὺς ἡμῶν συνέλαβον, νομίζοντες ὄντων μὲν τῶν ἀρχόντων καὶ ἡμῶν πειθομένων ἱκανοὺς εἶναι ἡμᾶς περιγενέσθαι τῷ πολέμῳ, λαβόντες δὲ τοὺς ἄρχοντας ἀναρχίᾳ ἂν καὶ ἀταξίᾳ ἐνόμιζον ἡμᾶς ἀπολέσθαι. (30) Δεῖ οὖν πολὺ μὲν τοὺς ἄρχοντας ἐπιμελεστέρους γενέσθαι τοὺς νῦν τῶν πρόσθεν, πολὺ δὲ τοὺς ἀρχομένους εὐτακτοτέρους καὶ πειθομένους μᾶλλον τοῖς ἄρχουσι νῦν ἢ πρόσθεν. (31) Ἢν δέ τις ἀπειθῇ, ἢν ψηφίσησθε τὸν ἀεὶ ὑμῶν ἐντυγχάνοντα σὺν τῷ ἄρχοντι κολάζειν, οὕτως οἱ πολέμιοι πλεῖστον ἐψευσμένοι ἔσονται· τῇδε γὰρ τῇ ἡμέρᾳ μυρίους ὄψονται ἀνθ᾽ ἑνὸς Κλεάρχους τοὺς οὐδ᾽ ἑνὶ ἐπιτρέψοντας κακῷ εἶναι. (32) Ἀλλὰ γὰρ καὶ περαίνειν ἤδη ὥρα· ἴσως γὰρ οἱ πολέμιοι αὐτίκα παρέσονται. Ὅτῳ οὖν ταῦτα δοκεῖ καλῶς ἔχειν, ἐπικυρωσάτω ὡς τάχιστα, ἵνα ἔργῳ περαίνηται. Εἰ δέ τι ἄλλο βέλτιον ἢ ταύτῃ, τολμάτω καὶ ὁ ἰδιώτης διδάσκειν· πάντες γὰρ κοινῆς σωτηρίας δεόμεθα.

33. Μετὰ ταῦτα Χειρίσοφος εἶπεν, Ἀλλ᾽ εἰ μέν τινος ἄλλου δεῖ πρὸς τούτοις οἷς λέγει Ξενοφῶν, καὶ αὐτίκα ἐξέσται ποιεῖν· ἃ δὲ νῦν εἴρηκα δοκεῖ μοι ὡς τάχιστα ψηφίσασθαι ἄριστον εἶναι· καὶ ὅτῳ δοκεῖ ταῦτα, ἀνατεινάτω τὴν χεῖρα. Ἀνέτειναν ἅπαντες. (34) Ἀναστὰς δὲ πάλιν εἶπε Ξενοφῶν, Ὦ ἄνδρες, ἀκούσατε ὧν προσδεῖν δοκεῖ μοι. Δῆλον ὅτι πορεύεσθαι ἡμᾶς δεῖ ὅπου ἕξομεν τὰ ἐπιτήδεια· ἀκούω δὲ κώμας εἶναι καλὰς οὐ πλεῖον εἴκοσι σταδίων ἀπεχούσας. (35) Οὐκ ἂν οὖν θαυμάζοιμι εἰ οἱ πολέμιοι, ὥσπερ οἱ δειλοὶ κύνες τοὺς μὲν παριόντας διώκουσί τε καὶ δάκνουσιν, ἢν δύνωνται, τοὺς δὲ διώκοντας φεύγουσιν, εἰ καὶ αὐτοὶ ἡμῖν ἀπιοῦσιν ἐπακολουθοῖεν. (36) Ἴσως οὖν ἀσφαλέστερον ἡμῖν πορεύεσθαι πλαίσιον ποιησαμένους τῶν ὅπλων, ἵνα τὰ σκευοφόρα καὶ ὁ πολὺς ὄχλος ἐν ἀσφαλεστέρῳ ᾖ. Εἰ οὖν νῦν ἀποδειχθείη τίνα χρὴ ἡγεῖσθαι τοῦ πλαισίου καὶ τὰ πρόσθεν κοσμεῖν καὶ τίνας ἐπὶ τῶν πλευρῶν ἑκατέρων εἶναι τίνας δ᾽ ὀπισθοφυλακεῖν, οὐκ ἂν ὁπότε οἱ πολέμιοι ἔλθοιεν βουλεύεσθαι ἡμᾶς δέοι, ἀλλὰ χρῴμεθ᾽ ἂν εὐθὺς τοῖς τεταγμένοις. (37) Εἰ μὲν οὖν ἄλλο τις βέλτιον ὁρᾷ, ἄλλως ἐχέτω· εἰ δὲ μή, Χειρίσοφος μὲν ἡγοῖτο, ἐπειδὴ καὶ Λακεδαιμόνιός ἐστι· τῶν δὲ πλευρῶν ἑκατέρων δύο τῶν πρεσβυτάτων στρατηγὼ ἐπιμελείσθων· ὀπισθοφυλακοῖμεν δ᾽ ἡμεῖς οἱ νεώτατοι ἐγώ τε καὶ Τιμασίων τὸ νῦν εἶναι. (38) Τὸ δὲ λοιπὸν πειρώμενοι ταύτης τῆς τάξεως, βουλευσόμεθα ὅ,τι ἂν ἀεὶ κράτιστον δοκῇ εἶναι. Εἰ δέ τις ἄλλο ὁρᾷ βέλτιον, λεξάτω. Ἐπεὶ δὲ οὐδεὶς ἀντέλεγεν, εἶπεν, Ὅτῳ δοκεῖ ταῦτα, ἀνατεινάτω τὴν χεῖρα. Ἔδοξε ταῦτα. (39) Νῦν τοίνυν, ἔφη, ἀπιόντας ποιεῖν δεῖ τὰ δεδογμένα. Καὶ ὅστις τε ὑμῶν τοὺς οἰκείους ἐπιθυμεῖ ἰδεῖν, μεμνήσθω ἀνὴρ ἀγαθὸς εἶναι· οὐ γὰρ ἔστιν ἄλλως τούτου τυχεῖν· ὅστις τε ζῆν ἐπιθυμεῖ, πειράσθω νικᾶν· τῶν μὲν γὰρ νικώντων τὸ κατακαίνειν, τῶν δὲ ἡττωμένων τὸ ἀποθνήσκειν ἐστί· καὶ εἴ τις δὲ χρημάτων ἐπιθυμεῖ, κρατεῖν

etiam hostes non ante bello nos ausos fuisse lacessere, quam duces nostros comprehendissent; quippe qui existimabant, quamdiu duces nobis essent, ac nos iis pareremus, fore ut hostibus bello superandis sufficeremus : verum ubi duces ceperint, nos eorum qui præessent orbitate ordinisque perturbatione perituros arbitrabantur. Quamobrem præfectos jam designatos oportet iis, quos antehac habuimus, multo esse diligentiores, et milites ordinis multo observantiores, ac præfectis magis modo, quam antehac, dicto audientes. Quod si quis dicto non fuerit audiens, decreto a vobis facto ut quivis vestrum, qui forte unquam adfuerit, de eo pœnas una cum præfecto sumat, sic demum hostes maxime frustra erunt : nam hoc ipso die Clearchos sexcentos pro uno conspicient, nemini ut ignavus sit concessuros. Sed jam tempus est, ut ad finem hæc perducamus : nam fortassis hostes mox aderunt. Et quidquid horum quidem recte se habere videtur, quamprimum ratum facite, ut re ipsa perficiatur. Quod si qua melior hac ratio est, audeat vel gregarius miles eam nos docere; omnes enim communis egemus salutis. »

Post hæc Chirisophus, Enimvero, inquit, si quid aliud necessarium sit præter ea, quæ dixit Xenophon, statim fieri possit : quæ vero jam protulit quamprimum decernamus optimum esse censeo; atque adeo cui probantur hæc, manum is tollat. Sustulerunt omnes. Et Xenophon cum iterum surrexisset, « Audite, inquit, viri, quibus mihi præterea opus esse videatur. Nimirum eundum nobis est ad ea loca, ubi commeatum habituri simus. Ego vero pulchros audio vicos esse, qui non plus viginti stadia hinc absunt. Quare nihil mirer, si hostes, quemadmodum timidi canes et insectantur prætereuntes et mordent, si possint, persequentes fugiunt; si etiam isti nos discedentes subsequantur. Itaque tutius fortassis iter fecerimus, si in quadratum agmen armatos disponamus, ut impedimenta et frequens turba loco sit tutiore. Quare si jam constitutum fuerit, quem agmini quadrato præesse, primamque aciem componere, et quos ab utroque esse latere, quosque a tergo curare oporteat, non necesse fuerit tum nos deliberare : cum hostes venerint, sed instructis statim ut militibus nobis licebit. Si quid igitur aliud quispiam rectius perspicit, aliter res instituitor ; si non, Chirisophus fronti præsit, quandoquidem Lacedæmonius est ; utriusque lateris duo e natu maximis duces curam habeant, tergum nos ætate minores custodiamus, ego scilicet et Timasion, in præsens quidem. In reliquum, hujus ubi ordinis periculum fecerimus, quidquid semper optimum factu videatur, id consilii capiemus. Quod si quis rectius aliud perspicit, exponat. » Cum nemo contradiceret, ait, Cui probantur hæc, manum tollat. Decreta hæc erant. « Jam, inquit, ubi discessum erit, præstemus oportet quæ decreta sunt : ac quicunque vestrum suos videre desiderat, meminerit virum se fortem præbere necesse esse (hoc enim aliter consequi non licet) ; quique vita frui cupit, det operam ut vincat : nam vincentium est interficere, victorum, mori. Et si quis opum cupiditate ducitur, id conetur ut superior evadat:

πειράσθων· τῶν γὰρ νικώντων ἐστὶ καὶ τὰ ἑαυτῶν σώζειν καὶ τὰ τῶν ἡττωμένων λαμβάνειν.

quippe eorum est, qui vincunt, et sua tueri, et ea, quæ victi possident, capere. »

ΚΕΦΑΛΑΙΟΝ Γ.

CAPUT III.

Τούτων λεχθέντων ἀνέστησαν καὶ ἀπελθόντες κατέκαιον τὰς ἁμάξας καὶ τὰς σκηνάς, τῶν δὲ περιττῶν ὅτου μὲν δέοιτό τις μεταδιδόσαν ἀλλήλοις, τὰ δὲ ἄλλα εἰς τὸ πῦρ ἐρρίπτουν. Ταῦτα ποιήσαντες ἠριστοποιοῦντο. Ἀριστοποιουμένων δὲ αὐτῶν ἔρχεται Μιθριδάτης σὺν ἱππεῦσιν ὡς τριάκοντα, καὶ καλεσάμενος τοὺς στρατηγοὺς εἰς ἐπήκοον λέγει ὧδε. (2) Ἐγώ, ὦ ἄνδρες Ἕλληνες, καὶ Κύρῳ πιστὸς ἦν, ὡς ὑμεῖς ἐπίστασθε, καὶ νῦν ὑμῖν εὔνους· καὶ ἐνθάδε εἰμὶ σὺν πολλῷ φόβῳ διάγων. Εἰ οὖν ὁρῴην ὑμᾶς σωτήριόν τι βουλευομένους, ἔλθοιμ' ἂν πρὸς ὑμᾶς καὶ τοὺς θεράποντας πάντας ἔχων. Λέξατε οὖν πρός με τί ἐν νῷ ἔχετε ὡς φίλον τε καὶ εὔνουν καὶ βουλόμενον κοινῇ σὺν ὑμῖν τὸν στόλον ποιεῖσθαι. (3) Βουλευομένοις τοῖς στρατηγοῖς ἔδοξεν ἀποκρίνασθαι τάδε· καὶ ἔλεγε Χειρίσοφος. Ἡμῖν δοκεῖ, ἢν μέν τις ἐᾷ ἡμᾶς ἀπιέναι οἴκαδε, διαπορεύεσθαι τὴν χώραν ὡς ἂν δυνώμεθα ἀσινέστατα· ἢν δέ τις ἡμᾶς τῆς ὁδοῦ ἀποκωλύῃ, διαπολεμεῖν τούτῳ ὡς ἂν δυνώμεθα κράτιστα. (4) Ἐκ τούτου ἐπειρᾶτο Μιθριδάτης διδάσκειν ὡς ἄπορον εἴη βασιλέως ἄκοντος σωθῆναι. Ἔνθα δὴ ἐγιγνώσκετο ὅτι ὑπόπεμπτος εἴη· καὶ γὰρ τῶν Τισσαφέρνους τις οἰκείων παρηκολούθει πίστεως ἕνεκα. (5) Καὶ ἐκ τούτου ἐδόκει τοῖς στρατηγοῖς βέλτιον εἶναι δόγμα ποιήσασθαι τὸν πόλεμον ἀκήρυκτον εἶναι ἔστ' ἂν ἐν τῇ πολεμίᾳ εἶεν· διέφθειρον γὰρ προσιόντες τοὺς στρατιώτας, καὶ ἕνα γε λοχαγὸν διέφθειραν Νίκαρχον Ἀρκάδα, καὶ ᾤχετο ἀπιὼν νυκτὸς σὺν ἀνθρώποις ὡς εἴκοσι.

6. Μετὰ ταῦτα ἀριστήσαντες καὶ διαβάντες τὸν Ζαπάταν ποταμὸν ἐπορεύοντο τεταγμένοι τὰ ὑποζύγια καὶ τὸν ὄχλον ἐν μέσῳ ἔχοντες. Οὐ πολὺ δὲ προεληλυθότων αὐτῶν ἐπιφαίνεται πάλιν ὁ Μιθριδάτης, ἱππέας ἔχων ὡς διακοσίους καὶ τοξότας καὶ σφενδονήτας ὡς τετρακοσίους μάλα ἐλαφροὺς καὶ εὐζώνους. Καὶ προσῄει μὲν ὡς φίλος ὢν πρὸς τοὺς Ἕλληνας. (7) Ἐπεὶ δ' ἐγγὺς ἐγένετο, ἐξαπίνης οἱ μὲν αὐτῶν ἐτόξευον καὶ ἱππεῖς καὶ πεζοί, οἱ δ' ἐσφενδόνων καὶ ἐτίτρωσκον. Οἱ δὲ ὀπισθοφύλακες τῶν Ἑλλήνων ἔπασχον μὲν κακῶς, ἀντεποίουν δ' οὐδέν· οἵ τε γὰρ Κρῆτες βραχύτερα τῶν Περσῶν ἐτόξευον καὶ ἅμα ψιλοὶ ὄντες εἴσω τῶν ὅπλων κατεκέκλειντο, οἵ τε ἀκοντισταὶ βραχύτερα ἠκόντιζον ἢ ὡς ἐξικνεῖσθαι τῶν σφενδονητῶν. (8) Ἐκ τούτου Ξενοφῶντι ἐδόκει διωκτέα εἶναι· καὶ ἐδίωκον τῶν τε ὁπλιτῶν καὶ τῶν πελταστῶν οἳ ἔτυχον σὺν αὐτῷ ὀπισθοφυλακοῦντες· διώκοντες δὲ οὐδένα κατελάμβανον τῶν πολεμίων. (9) Οὔτε γὰρ ἱππεῖς ἦσαν τοῖς Ἕλλησιν οὔτε οἱ πεζοὶ τοὺς πεζοὺς ἐκ πολλοῦ φεύγοντας ἐδύναντο

His dictis surrexerunt, et cum abiissent, plaustra tentoriaque combusserunt: ex supervacaneis vero vasis, quorum indigeret aliquis, ea inter se communicarunt, cetera in ignem abjiciebant. Hæc cum fecissent prandebant. Iis autem prandentibus Mithridates cum equitibus triginta circiter venit, et cum duces in locum unde posset exaudiri vocasset, in hunc modum loquutus est : Ego, Græci, et Cyro, uti nostis ipsi, fidelis eram et vobis nunc benevolus sum, adeoque hic magno cum metu versor. Itaque si quid vos consilii salutaris inire videro, ad vos cum ministris omnibus veniam. Quare, ait, vobis quid in animo sit mihi tanquam amico benevoloque, et vobiscum una itineris faciendi cupido, exponite. Ducibus de re consultantibus ita respondendum esse visum est; ac pro ceteris quidem loquutus est Chirisophus : Nobis stat per hanc regionem quam quidem poterimus innocentissime proficisci, si nemo impediat quominus domum discedamus ; sin quis nos itinere prohibeat, contra eum, quam fortissime poterimus, bello decertare. Tum vero Mithridates ostendere nitebatur haud posse fieri ut, invito rege, incolumes evaderent. Ibi tum intellectum est eum subdole missum : nam et e Tissaphernis quidam familiaribus eum fidei causa comitabatur. Quare visum est ducibus satius esse decretum fieri, ut bellum citra præcones gereretur, quamdiu sint in hostico : corrumpebant enim accedendo milites, atque unum sane cohortis præfectum corruperant, Nicarchum Arcadem ; isque adeo noctu cum viginti fere hominibus discesserat.

Post hæc cum pransi essent, atque Zapatam fluvium trajecissent, instructi pergunt, jumentis ac turba inermi in medio collocata. Cumque non longe progressi essent, in conspectum prodit iterum Mithridates, cum ducentis circiter equitibus, et sagittariis funditoribusque fere quadringentis, levibus admodum et expeditis ; et ad Græcos quidem versus, quasi amicus tendebat. Cum propius abesset, subito ipsorum tum equites tum pedites partim sagittas emittebant, partim fundis utebantur nostrosque vulnerabant. Græci autem qui in extremo erant agmine injurias accipiebant, nihil injuriæ vicissim faciebant : nam et Cretenses minus longe quam Persæ sagittas emittebant, simulque, quod leviter essent armati, intra gravis armaturæ milites se subduxerant ; et jaculatores minus longe jacula mittebant quam ut funditores attingerent. Tum vero Xenophonti visum est persequendum esse hostem ; atque adeo ex gravis armaturæ militibus et peltastis ii, qui cum ipso forte erant extremo in agmine, persequebantur ; at nullum tamen, cum persequerentur, ex hostibus ceperunt. Neque enim Græcis erant equites, neque pedites fugientem ex longo intervallo pedita-

καταλαμβάνειν ἐν ὀλίγῳ χωρίῳ· πολὺ γὰρ οὐχ οἷόν τε ἦν ἀπὸ τοῦ ἄλλου στρατεύματος διώκειν. (10) Οἱ δὲ βάρβαροι ἱππεῖς καὶ φεύγοντες ἅμα ἐτίτρωσκον εἰς τοὔπισθεν τοξεύοντες ἀπὸ τῶν ἵππων, ὁπόσον δὲ προδιώξειαν οἱ Ἕλληνες, τοσοῦτον πάλιν ἐπαναχωρεῖν μαχομένους ἔδει. (11) Ὥστε τῆς ἡμέρας ὅλης διῆλθον οὐ πλέον πέντε καὶ εἴκοσι σταδίων, ἀλλὰ δείλης ἀφίκοντο εἰς τὰς κώμας. Ἔνθα δὴ πάλιν ἀθυμία ἦν. Καὶ Χειρίσοφος καὶ οἱ πρεσβύτατοι τῶν στρατηγῶν Ξενοφῶντα ᾐτιῶντο ὅτι ἐδίωκεν ἀπὸ τῆς φάλαγγος καὶ αὐτός τε ἐκινδύνευε καὶ τοὺς πολεμίους οὐδὲν μᾶλλον ἐδύνατο βλάπτειν. (12) Ἀκούσας δὲ Ξενοφῶν ἔλεγεν ὅτι ὀρθῶς αἰτιῶντο καὶ αὐτὸ τὸ ἔργον αὐτοῖς μαρτυροίη. Ἀλλ᾽ ἐγώ, ἔφη, ἠναγκάσθην διώκειν, ἐπειδὴ ἑώρων ἡμᾶς ἐν τῷ μένειν κακῶς μὲν πάσχοντας, ἀντιποιεῖν δὲ οὐ δυναμένους. (13) Ἐπειδὴ δὲ ἐδιώκομεν, ἀληθῆ, ἔφη, ὑμεῖς λέγετε· κακῶς μὲν γὰρ ποιεῖν οὐδὲν μᾶλλον ἐδυνάμεθα τοὺς πολεμίους, ἀνεχωροῦμεν δὲ πάνυ χαλεπῶς. (14) Τοῖς οὖν θεοῖς χάρις ὅτι οὐ σὺν πολλῇ ῥώμῃ ἀλλὰ σὺν ὀλίγοις ἦλθον, ὥστε βλάψαι μὲν μὴ μεγάλα, δηλῶσαι δὲ ὧν δεόμεθα. (15) Νῦν γὰρ οἱ μὲν πολέμιοι τοξεύουσι καὶ σφενδονῶσιν ὅσον οὔτε οἱ Κρῆτες ἀντιτοξεύειν δύνανται οὔτε οἱ ἐκ χειρὸς βάλλοντες ἐξικνεῖσθαι· ὅταν δὲ αὐτοὺς διώκωμεν, πολὺ μὲν οὐχ οἷόν τε χωρίον ἀπὸ τοῦ στρατεύματος διώκειν, ἐν ὀλίγῳ δὲ οὐδ᾽ εἰ ταχὺς εἴη πεζὸς πεζὸν ἂν διώκων καταλάβοι ἐκ τόξου ῥύματος. (16) Ἡμεῖς οὖν εἰ μέλλομεν τούτους εἴργειν ὥστε μὴ δύνασθαι βλάπτειν ἡμᾶς πορευομένους, σφενδονητῶν τε τὴν ταχίστην δεῖ καὶ ἱππέων. Ἀκούω δ᾽ εἶναι ἐν τῷ στρατεύματι ἡμῶν Ῥοδίους, ὧν τοὺς πολλούς φασιν ἐπίστασθαι σφενδονᾶν, καὶ τὸ βέλος αὐτῶν καὶ διπλάσιον φέρεσθαι τῶν Περσικῶν σφενδονῶν. (17) Ἐκεῖναι γὰρ διὰ τὸ χειροπληθέσι τοῖς λίθοις σφενδονᾶν ἐπὶ βραχὺ ἐξικνοῦνται, οἱ δὲ Ῥόδιοι καὶ ταῖς μολυβδίσιν ἐπίστανται χρῆσθαι. (18) Ἢν οὖν αὐτῶν ἐπισκεψώμεθα τίνες πέπανται σφενδόνας, καὶ τούτῳ μὲν δῶμεν αὐτῶν ἀργύριον, τῷ δὲ ἄλλας πλέκειν ἐθέλοντι ἄλλο ἀργύριον τελῶμεν, καὶ τῷ σφενδονᾶν ἐντεταγμένῳ ἐθέλοντι ἄλλην τινὰ ἀτέλειαν εὑρίσκωμεν, ἴσως τινὲς φανοῦνται ἱκανοὶ ἡμᾶς ὠφελεῖν. (19) Ὁρῶ δὲ καὶ ἵππους ὄντας ἐν τῷ στρατεύματι, τοὺς μέν τινας παρ᾽ ἐμοί, τοὺς δὲ τῷ Κλεάρχῳ καταλελειμμένους, πολλοὺς δὲ καὶ ἄλλους αἰχμαλώτους σκευοφοροῦντας. Ἂν οὖν τούτους πάντας ἐκλέξαντες σκευοφόρα μὲν ἀντιδῶμεν, τοὺς δὲ ἵππους εἰς ἱππέας κατασκευάσωμεν, ἴσως καὶ οὗτοί τι τοὺς φεύγοντας ἀνιάσουσιν. (20) Ἔδοξε ταῦτα. Καὶ ταύτης τῆς νυκτὸς σφενδονῆται μὲν εἰς διακοσίους ἐγένοντο, ἵπποι δὲ καὶ ἱππεῖς ἐδοκιμάσθησαν τῇ ὑστεραίᾳ εἰς πεντήκοντα, καὶ στολάδες καὶ θώρακες αὐτοῖς ἐπορίσθησαν, καὶ ἵππαρχος δὲ ἐπεστάθη Λύκιος ὁ Πολυστράτου Ἀθηναῖος.

tum exiguo in spatio capere potuerunt: nam longe a copiis ceteris persequi non licebat. Equites vero barbari etiam cum fugerent, vulnerabant insequentes, quippe qui ab equis a tergo sagittas emitterent: quantumque spatii persequendo Græci progressi sunt, tantum eos pugnando retrocedere necesse erat. Itaque toto die non plus viginti quinque stadia confecerunt, sub vesperam autem ad vicos pervenere. Hic vero rursus orta est anxietas. Ac Chirisophus et ii qui inter duces natu maximi erant Xenophontem incusabant, quod ab acie longius hostem persequutus esset, ipseque periculum obiret, cum tamen hostes nihil magis lædere posset. Hæc cum audiret Xenophon, recte eos se incusare aiebat, remque adeo ipsam testem iis adesse. « Verum ego necessitate, inquit, adductus sum ut hostes persequerer, quippe quia videbam nos detrimentum accipere, dum subsisteremus, cum nihil ipsi vicissim hostibus detrimenti inferre possemus. At postquam insequuti sumus, compertum, ait, vera esse quæ dicitis: nam hostibus nihil plus quam antea nocere potuimus, et difficulter admodum retrocedebamus. Quare diis gratia sit, quod non cum magna suorum vi, sed cum paucis venerint: adeo ut non magnopere quidem nos læderent, quibus vero indigemus declararent. Jam enim sagittis fundisque nos tanto ex intervallo proment hostes, ut neque Cretenses vicissim eos sagittis petere possint neque eos attingere alii, qui manu tela torquebant: cumque eos insequimur, fieri non potest ut longo ab exercitu spatio insequamur; in exiguo vero ne tum quidem, si celer fuerit pedes, peditem persequendo adsequi intra teli jactum poterit. Nos itaque, si hos prohibere volumus, ne nobis iter facientibus incommodum adferant, quamprimum et funditores et equites habere necesse est. Ac nostro quidem in in exercitu Rhodios esse audio, quorum plerosque fundæ usum habere cognitum aiunt, eorumque telum duplo longius ferri, quam quod e Persicis fundis excuti soleat. Nam hæ, propterea quod lapides ejaculentur manus implent, ad breve spatium pertingunt: at Rhodii glandibus etiam plumbeis uti norunt. Quod si ergo dispexerimus quinam eorum fundas habeant atque pro his partim argentum iis dederimus, partim iis, alias qui texere velint, argentum itidem pendamus, iisque, qui funditorum in ordinem recipi velint, aliam quandam immunitatem invenerimus, fortasse nonnulli comparebunt, qui nobis usui esse poterunt. Præterea video equos esse in exercitu, partim apud me, partim a Clearcho relictos, alios item multos bello captos, qui impedimenta vehunt. Horum igitur omnium delectu habito, si pro eis jumenta substituerimus impedimentis vehendis idonea, equosque equitibus adornandos curaverimus, fortassis et illi fugientibus hostibus aliquid molestiæ exhibebunt.» Probata est hæc sententia: noctuque illa funditores circiter ducenti facti sunt, ac postridie equi equitesque ad quinquaginta probati sunt, eisque paratæ stolades et loricæ; præfectus etiam equitum creatus est Lycius Polystrati filius, Atheniensis.

ΚΕΦΑΛΑΙΟΝ Δ.

Μείναντες δὲ ταύτην τὴν ἡμέραν τῇ ἄλλῃ ἐπορεύοντο πρωιαίτερον ἀναστάντες· χαράδραν γὰρ αὐτοὺς ἔδει διαβῆναι, ἐφ' ᾗ ἐφοβοῦντο μὴ ἐπιθοῖντο αὐτοῖς διαβαίνουσιν οἱ πολέμιοι. (2) Διαβεβηκόσι δὲ αὐτοῖς πάλιν φαίνεται ὁ Μιθριδάτης, ἔχων ἱππέας χιλίους, τοξότας δὲ καὶ σφενδονήτας εἰς τετρακισχιλίους· τοσούτους γὰρ ᾔτησε Τισσαφέρνην, καὶ ἔλαβεν ὑποσχόμενος, ἂν τούτους λάβῃ, παραδώσειν αὐτῷ τοὺς Ἕλληνας, καταφρονήσας, ὅτι ἐν τῇ πρόσθεν προσβολῇ ὀλίγους ἔχων ἔπαθε μὲν οὐδέν, πολλὰ δὲ κακὰ ἐνόμιζε ποιῆσαι. (3) Ἐπεὶ δὲ οἱ Ἕλληνες διαβεβηκότες ἀπεῖχον τῆς χαράδρας ὅσον ὀκτὼ σταδίους, διέβαινε καὶ ὁ Μιθριδάτης ἔχων τὴν δύναμιν. Παρήγγελτο δὲ τῶν τε πελταστῶν οὓς ἔδει διώκειν καὶ τῶν ὁπλιτῶν, καὶ τοῖς ἱππεῦσιν εἴρητο θαρροῦσι διώκειν ὡς ἐφεψομένης ἱκανῆς δυνάμεως. (4) Ἐπεὶ δὲ ὁ Μιθριδάτης κατειλήφει καὶ ἤδη σφενδόναι καὶ τοξεύματα ἐξικνοῦντο, ἐσήμηνε τοῖς Ἕλλησι τῇ σάλπιγγι, καὶ εὐθὺς ἔθεον ὁμόσε οἷς εἴρητο καὶ οἱ ἱππεῖς ἤλαυνον· οἱ δὲ οὐκ ἐδέξαντο, ἀλλ' ἔφευγον ἐπὶ τὴν χαράδραν. (5) Ἐν ταύτῃ τῇ διώξει τοῖς βαρβάροις τῶν τε πεζῶν ἀπέθανον πολλοὶ καὶ τῶν ἱππέων ἐν τῇ χαράδρᾳ ζωοὶ ἐλήφθησαν εἰς ὀκτωκαίδεκα. Τοὺς δὲ ἀποθανόντας αὐτοκέλευστοι οἱ Ἕλληνες ᾐκίσαντο, ὡς ὅτι φοβερώτατον τοῖς πολεμίοις εἴη ὁρᾶν. (6) Καὶ οἱ μὲν πολέμιοι οὕτω πράξαντες ἀπῆλθον, οἱ δὲ Ἕλληνες ἀσφαλῶς πορευόμενοι τὸ λοιπὸν τῆς ἡμέρας ἀφίκοντο ἐπὶ τὸν Τίγρητα ποταμόν. (7) Ἐνταῦθα πόλις ἦν ἐρήμη μεγάλη, ὄνομα δ' αὐτῇ ἦν Λάρισσα· ᾤκουν δ' αὐτὴν τὸ παλαιὸν Μῆδοι. Τοῦ δὲ τείχους ἦν αὐτῆς τὸ εὖρος πέντε καὶ εἴκοσι πόδες, ὕψος δ' ἑκατόν· τοῦ δὲ κύκλου ἡ περίοδος δύο παρασάγγαι· ᾠκοδόμητο δὲ πλίνθοις κεραμέαις· κρηπὶς δ' ὑπῆν λιθίνη, τὸ ὕψος εἴκοσι ποδῶν. (8) Ταύτην βασιλεὺς ὁ Περσῶν, ὅτε παρὰ Μήδων τὴν ἀρχὴν ἐλάμβανον Πέρσαι, πολιορκῶν οὐδενὶ τρόπῳ ἐδύνατο ἑλεῖν· ἥλιον δὲ νεφέλη προκαλύψασα ἠφάνισε μέχρι ἐξέλιπον οἱ ἄνθρωποι, καὶ οὕτως ἑάλω. (9) Παρὰ ταύτην τὴν πόλιν ἦν πυραμὶς λιθίνη, τὸ μὲν εὖρος ἑνὸς πλέθρου, τὸ δὲ ὕψος δύο πλέθρων. Ἐπὶ ταύτης πολλοὶ τῶν βαρβάρων ἦσαν ἐκ τῶν πλησίον κωμῶν ἀποπεφευγότες. (10) Ἐντεῦθεν ἐπορεύθησαν σταθμὸν ἕνα παρασάγγας ἓξ πρὸς τεῖχος ἔρημον μέγα πρὸς τῇ πόλει κείμενον· ὄνομα δὲ ἦν τῇ πόλει Μέσπιλα· Μῆδοι δ' αὐτήν ποτε ᾤκουν. Ἦν δὲ ἡ μὲν κρηπὶς λίθου ξεστοῦ κογχυλιάτου, τὸ εὖρος πεντήκοντα ποδῶν καὶ τὸ ὕψος πεντήκοντα. (11) Ἐπὶ δὲ ταύτῃ ἐπῳκοδόμητο πλίνθινον τεῖχος, τὸ μὲν εὖρος πεντήκοντα ποδῶν, τὸ δὲ ὕψος ἑκατόν· τοῦ δὲ κύκλου ἡ περίοδος ἓξ παρασάγγαι. Ἐνταῦθα ἐλέγετο Μήδεια γυνὴ βασιλέως καταφυγεῖν ὅτε ἀπώλεσαν τὴν ἀρχὴν ὑπὸ Περσῶν Μῆδοι. (12) Ταύτην δὲ τὴν πόλιν πολιορκῶν ὁ Περσῶν βασιλεὺς οὐκ ἐδύνατο οὔτε χρόνῳ ἑλεῖν οὔτε βίᾳ· Ζεὺς δ' ἐμβροντήτους ποιεῖ τοὺς ἐνοικοῦντας, καὶ οὕτως ἑάλω.

CAPUT IV.

Cum autem hoc die, quo substiterant loco, mansissent, postridie cum maturius surrexissent, profecti sunt : erat enim vallis quædam iis transeunda, ad quam ne hostes adorirentur ipsos inter transitum, metuebant. Cum jam transiissent, illis se conspiciendum iterum præbet Mithridates, cum mille equitibus, sagittariis ac funditoribus ad quater mille : tot enim a Tissaphene petierat, et acceperat ; pollicitus se, istos si consequeretur, in ejus potestatem Græcos traditurum : quippe hos contempsit, quod priore incursu paucis instructus nihil detrimenti accepisset, ac graviter se læsisse Græcos arbitraretur. Itaque cum Græci transgressi a valle stadia circiter octo distarent, Mithridates etiam suis cum copiis transivit. Erat autem præceptum, ex peltastis quosnam hostem persequi oporteret, quosque ex gravis armaturæ militibus, mandatum etiam equitibus, fidentibus animis insequerentur, utpote obsequuturis satis magnis copiis. Cum vero Mithridates eos adsecutus esset, ac jam fundæ telaque huc et illuc pertingerent, tubicem signum Græcis tuba dedit, atque adeo statim in congressum cursu tendunt ii, quibus hoc mandatum erat, equitesque provecti sunt : illi vero horum non sustinebant impetum, sed ad vallem fugiebant. In hac persecutione de barbarorum peditibus multi perierunt, ex equitibus etiam in valle vivi capti sunt ad duodeviginti : cæsos autem Græci sua sponte fœde mutilarunt, ut hostibus spectaculum esset quam maxime terribile. Ac hostes quidem re ita gesta discesserunt : at Græci tuto per reliquum diei itinere facto, ad Tigrim amnem pervenerunt. Ibi urbs erat ampla, sed deserta, cui nomen erat Larissa : eam priscis temporibus habitaverant Medi : muri autem ejus latitudo erat viginti quinque pedum, altitudo centum : ambitus comprehendebat duas parasangas : lateribus fictilibus exstructus erat ; fundamentumque suberat lapideum viginti pedum altitudine. Hanc Persarum rex, quo tempore a Medis imperium adipiscebantur Persæ, cum obsideret, nullo modo capere poterat : solem vero nubes prætegendo tenebris obscuravit, donec homines urbe excederent, atque ita urbs capta fuit. Propter urbem ipsam pyramis erat lapidea, unius plethri latitudine, altitudine duorum : in hac ex barbaris erant multi, qui de vicinis eo vicis profugerant. Inde castris unis, parasangas sex, progressi sunt ad castellum quoddam magnum, sed desertum, propter urbem situm : urbi autem erat nomen Mespila ; eam Medi quondam habitarant. Hujus basis erat depolito lapide conchyliato, latitudine quinquaginta pedum, altitudineque quinquaginta. Super has exstructus erat murus lateritius, latitudine pedum quinquaginta, altitudine centum ; ambitus sex comprehendebat parasangas. Huc ferebatur Media regis uxor fugisse, quo tempore imperium a Persis occupatum amisere Medi. Ipsam hanc urbem Persarum rex cum obsideret, neque tempotis diuturnitate, neque vi capere poterat : tandem vero Jupiter habitatores ejus fulminibus attonitos reddidit, atque ita capta est.

13. Ἐντεῦθεν δ' ἐπορεύθησαν σταθμὸν ἕνα παρασάγγας τέτταρας. Εἰς τοῦτον δὲ τὸν σταθμὸν Τισσαφέρνης ἐπεφάνη, οὕς τε αὐτὸς ἱππέας ἦλθεν ἔχων καὶ τὴν Ὀρόντου δύναμιν τοῦ τὴν βασιλέως θυγατέρα ἔχοντος καὶ οὓς Κῦρος ἔχων ἀνέβη βαρβάρους καὶ οὓς ὁ βασιλέως ἀδελφὸς ἔχων βασιλεῖ ἐβοήθει, καὶ πρὸς τούτοις ὅσους βασιλεὺς ἔδωκεν αὐτῷ, ὥστε τὸ στράτευμα πάμπολυ ἐφάνη. (14) Ἐπεὶ δ' ἐγγὺς ἐγένετο, τὰς μὲν τῶν τάξεων εἶχεν ὄπισθεν καταστήσας, τὰς δὲ εἰς τὰ πλάγια παραγαγὼν ἐμβαλεῖν μὲν οὐκ ἐτόλμησεν οὐδ' ἐβούλετο διακινδυνεύειν, σφενδονᾶν δὲ παρήγγειλε καὶ τοξεύειν. (15) Ἐπεὶ δὲ διαταχθέντες οἱ Ῥόδιοι ἐσφενδόνησαν καὶ οἱ Σκύθαι τοξόται ἐτόξευσαν καὶ οὐδεὶς ἡμάρτανεν ἀνδρός, οὐδὲ γὰρ εἰ πάνυ προὐθυμεῖτο ῥᾴδιον ἦν, καὶ ὁ Τισσαφέρνης μάλα ταχέως ἔξω βελῶν ἀπεχώρει καὶ αἱ ἄλλαι τάξεις ἀπεχώρησαν. (16) Καὶ τὸ λοιπὸν τῆς ἡμέρας οἱ μὲν ἐπορεύοντο, οἱ δ' εἵποντο· καὶ οὐκέτι ἐσίνοντο οἱ βάρβαροι [τῇ τότε ἀκροβολίσει]· μακρότερον γὰρ οἵ τε Ῥόδιοι τῶν Περσῶν ἐσφενδόνων καὶ τῶν πλείστων τοξοτῶν. (17) Μεγάλα δὲ καὶ τὰ τόξα τὰ Περσικά ἐστιν· ὥστε χρήσιμα ἦν ὁπόσα ἁλίσκοιτο τῶν τοξευμάτων τοῖς Κρησί, καὶ διετέλουν χρώμενοι τοῖς τῶν πολεμίων τοξεύμασι, καὶ ἐμελέτων τοξεύειν ἄνω ἱέντες μακράν. Εὑρίσκετο δὲ καὶ νεῦρα πολλὰ ἐν ταῖς κώμαις καὶ μόλυβδος, ὥστε χρῆσθαι εἰς τὰς σφενδόνας. (18) Καὶ ταύτῃ μὲν τῇ ἡμέρᾳ, ἐπεὶ κατεστρατοπεδεύοντο οἱ Ἕλληνες κώμαις ἐπιτυχόντες, ἀπῆλθον οἱ βάρβαροι μεῖον ἔχοντες ἐν τῇ τότε ἀκροβολίσει· τὴν δ' ἐπιοῦσαν ἡμέραν ἔμειναν οἱ Ἕλληνες καὶ ἐπεσιτίσαντο· ἦν γὰρ πολὺς σῖτος ἐν ταῖς κώμαις. Τῇ δ' ὑστεραίᾳ ἐπορεύοντο διὰ τοῦ πεδίου, καὶ Τισσαφέρνης εἵπετο ἀκροβολιζόμενος. (19) Ἔνθα δὴ οἱ Ἕλληνες ἔγνωσαν ὅτι πλαίσιον ἰσόπλευρον πονηρὰ τάξις εἴη πολεμίων ἑπομένων. Ἀνάγκη γάρ ἐστιν, ἢν συγκύπτῃ τὰ κέρατα τοῦ πλαισίου ἢ ὁδοῦ στενωτέρας οὔσης ἢ ὀρέων ἀναγκαζόντων ἢ γεφύρας, ἐκθλίβεσθαι τοὺς ὁπλίτας καὶ πορεύεσθαι πονήρως ἅμα μὲν πιεζομένους ἅμα δὲ καὶ ταραττομένους· ὥστε δυσχρήστους εἶναι ἀνάγκη ἀτάκτους ὄντας. (20) Ὅταν δ' αὖ διασχῇ τὰ κέρατα, ἀνάγκη διασπᾶσθαι τοὺς τότε ἐκθλιβομένους καὶ κενὸν γίγνεσθαι τὸ μέσον τῶν κεράτων, καὶ ἀθυμεῖν τοὺς ταῦτα πάσχοντας τῶν πολεμίων ἑπομένων. Καὶ ὁπότε δέοι γέφυραν διαβαίνειν ἢ ἄλλην τινὰ διάβασιν, ἔσπευδεν ἕκαστος βουλόμενος φθάσαι πρῶτος· καὶ εὐεπίθετον ἦν ἐνταῦθα τοῖς πολεμίοις. (21) Ἐπεὶ δὲ ταῦτα ἔγνωσαν οἱ στρατηγοί, ἐποίησαν ἓξ λόχους ἀνὰ ἑκατὸν ἄνδρας, καὶ λοχαγοὺς ἐπέστησαν καὶ ἄλλους πεντηκοντῆρας καὶ ἄλλους ἐνωμοτάρχας. Οὗτοι δὲ πορευόμενοι οἱ λοχαγοί, ὁπότε μὲν συγκύπτοι τὰ κέρατα, ὑπέμενον ὕστεροι, ὥστε μὴ ἐνοχλεῖν τοῖς κέρασι, τότε δὲ παρῆγον ἔξωθεν τῶν κεράτων. (22) Ὁπότε δὲ διάσχοιεν αἱ πλευραὶ τοῦ πλαισίου, τὸ μέσον ἀνεξεπίμπλασαν, εἰ μὲν στενώτερον εἴη τὸ διέχον, κατὰ λόχους, εἰ δὲ πλατύτερον, κατὰ πεντηκοστῦς, εἰ δὲ πάνυ πλατύ, κατ' ἐνωμοτίας.

Inde castris unis, parasangas quatuor progressi sunt. Ad ea castra Tissaphernes iis in conspectum se dedit, cum equitibus, quibus ipse venerat instructus, et Orontæ copiis, qui regis filiam in matrimonio habuit, barbarisque qui Cyro in Asiam superiorem adscendenti aderant, et cum quibus regis frater opem regi tulerat, ac præter hos, cum iis etiam quoscunque rex ipsi dederat : adeo ut ingens ille videretur exercitus. Cum propius accessisset, nonnullos suorum globos a tergo constituebat, nonnullos ad latus transferebat ; neque tamen in Græcos impressionem facere audebat, neque prœlii periculum adire volebat : tantum fundis suos et sagittis uti jubebat. Ubi vero Rhodii hinc inde dispositi fundis uti cœperunt, et sagittarii Scythas imitantes sagittas mittere, nemoque ab hoste aberrabat (neque enim, si quis etiam magnopere cuperet, id facile factu erat), et Tissaphernes admodum celeriter extra jactum telorum se recepit, et ceteri militum ejus globi recesserunt. Ac reliquum diei progrediebantur illi, hi sequebantur ; nec velitationi tunc cœptæ amplius nocebant barbari : nam Rhodii longius quam Persæ, quatnque plurimi de sagittariis, tela mittebant. Sunt et Persiei arcus magni : adeo ut omnes quæ caperentur sagittæ Cretensibus usui essent ; atque deinceps sagittis hostium perpetuo utebantur, easque sursum excutiendo ad longe ejaculandum se exercebant. Quin et multi nervi plumbumque in vicis reperiebantur, quibus ad fundas uterentur. Atque hoc die, postsequamquam Græci in vicos delati castra locassent, barbari discedebant, tunc temporis facta velitatione inferiores : postridie vero Græci ibidem manserunt, ac cibaria parabant : istis enim in vicis magna erat frumenti copia. Postridie per planitiem faciebant iter, ac Tissaphernes eos missilibus eminus lacessens sequebatur. Ibi tum animadvertere Græci, agmen quadratum, in latera æqualia dispositum, incommodam hostibus sequentibus esse aciem. Necesse est enim, si agminis quadrati cornua colierint, cum vel angustior paulo via est, vel montes ita facere cogunt, vel pons aliquis, arctius armaturæ milites suo loco suo ire arctum compressi extrudantur, ægreque procedant, cum partim premantur, partim etiam perturbentur : adeo ut, ordinibus turbatis, vix ullum eorum esse usum necesse sit. Ubi vero cornua rursus diducantur, divelli eos necesse est, qui tum in arctum compressi loco suo extrudebantur, atque medium inter cornua spatium vacuum fieri, animisque angi milites hæc quibus accidat, hostibus sequentibus. Et cum pons transeundus esset, vel quid aliud superandum, unusquisque properabat, ceteris antevertendi studio abreptus : atque adeo facilius tum ab hostibus invadi possent. Hæc cum duces animadvertissent, cohortes sex instituere, quarum singulæ viros centum habebant, iisque ductores præfecerunt ; et alios quinquaginta militum præfectos, aliosque enomotarchas. Hi cohortium præfecti in itinere faciendo, cum quidem coibant cornua, postremi subsistebant, ut ne quid negotii cornibus facesserent : tum autem extra cornua promovebant. Cum vero quadrati agminis latera diducerentur, medium complebant, si quidem arctius esset quod diductum erat, per cohortes ; sin latius, per pentecostyas ; sin

ὥστε ἀεὶ ἔκπλεων εἶναι τὸ μέσον. (23) Εἰ δὲ καὶ διαβαίνειν τινὰ δέοι διάβασιν ἢ γέφυραν, οὐκ ἐταράττοντο, ἀλλ' ἐν τῷ μέρει οἱ λοχαγοὶ διέβαινον· καὶ εἴ που δέοι τι τῆς φάλαγγος, ἐπιπαρῇσαν οὗτοι. Τούτῳ τῷ τρόπῳ ἐπορεύθησαν σταθμοὺς τέτταρας. (24) Ἡνίκα δὲ τὸν πέμπτον ἐπορεύοντο εἶδον βασίλειόν τι καὶ περὶ αὐτὸ κώμας πολλάς, τὴν δὲ ὁδὸν πρὸς τὸ χωρίον τοῦτο διὰ γηλόφων ὑψηλῶν γιγνομένην, οἳ καθῆκον ἀπὸ τοῦ ὄρους ὑφ' ᾧ ἦν ἡ κώμη. Καὶ εἶδον μὲν τοὺς γηλόφους ἄσμενοι οἱ Ἕλληνες, ὡς εἰκὸς, τῶν πολεμίων ὄντων ἱππέων· (25) ἐπεὶ δὲ πορευόμενοι ἐκ τοῦ πεδίου ἀνέβησαν ἐπὶ τὸν πρῶτον γήλοφον καὶ κατέβαινον ὡς ἐπὶ τὸν ἕτερον ἀναβαῖεν, ἐνταῦθα ἐπιγίγνονται οἱ βάρβαροι καὶ ἀπὸ τοῦ ὑψηλοῦ εἰς τὸ πρανὲς ἔβαλλον, ἐσφενδόνων, ἐτόξευον ὑπὸ μαστίγων, (26) καὶ πολλοὺς κατετίτρωσκον καὶ ἐκράτησαν τῶν Ἑλλήνων γυμνήτων καὶ κατέκλεισαν αὐτοὺς εἴσω τῶν ὅπλων· ὥστε παντάπασι ταύτην τὴν ἡμέραν ἄχρηστοι ἦσαν ἐν τῷ ὄχλῳ ὄντες καὶ οἱ σφενδονῆται καὶ οἱ τοξόται. (27) Ἐπεὶ δὲ πιεζόμενοι οἱ Ἕλληνες ἐπεχείρησαν διώκειν, σχολῇ μὲν ἐπὶ τὸ ἄκρον ἀφικνοῦνται ὁπλῖται ὄντες, οἱ δὲ πολέμιοι ταχὺ ἀπεπήδων. (28) Πάλιν δὲ ὁπότε ἀπίοιεν πρὸς τὸ ἄλλο στράτευμα, ταὐτὰ ἔπασχον, καὶ ἐπὶ τοῦ δευτέρου γηλόφου ταὐτὰ ἐγίγνετο, ὥστε ἀπὸ τοῦ τρίτου γηλόφου ἔδοξεν αὐτοῖς μὴ κινεῖν τοὺς στρατιώτας πρὶν ἀπὸ τῆς δεξιᾶς πλευρᾶς τοῦ πλαισίου ἀνήγαγον πελταστὰς πρὸς τὸ ὄρος. (29) Ἐπεὶ δ' οὗτοι ἐγένοντο ὑπὲρ τῶν ἑπομένων πολεμίων, οὐκέτι ἐπετίθεντο οἱ πολέμιοι τοῖς καταβαίνουσι, δεδοικότες μὴ ἀποτμηθείησαν καὶ ἀμφοτέρωθεν αὐτῶν γένοιντο οἱ πολέμιοι. (30) Οὕτω τὸ λοιπὸν τῆς ἡμέρας πορευόμενοι, οἱ μὲν τῇ ὁδῷ κατὰ τοὺς γηλόφους, οἱ δὲ κατὰ τὸ ὄρος ἐπιπαριόντες, ἀφίκοντο εἰς τὰς κώμας καὶ ἰατροὺς κατέστησαν ὀκτώ· πολλοὶ γὰρ ἦσαν οἱ τετρωμένοι. (31) Ἐνταῦθα ἔμειναν ἡμέρας τρεῖς καὶ τῶν τετρωμένων ἕνεκα καὶ ἅμα ἐπιτήδεια πολλὰ εἶχον, ἄλευρα, οἶνον, καὶ κριθὰς ἵπποις συμβεβλημένας πολλάς. Ταῦτα δὲ συνενηνεγμένα ἦν τῷ σατραπεύοντι τῆς χώρας. Τετάρτῃ δ' ἡμέρᾳ καταβαίνουσιν εἰς τὸ πεδίον. (32) Ἐπεὶ δὲ κατέλαβεν αὐτοὺς Τισσαφέρνης σὺν τῇ δυνάμει, ἐδίδαξεν αὐτοὺς ἡ ἀνάγκη κατασκηνῆσαι οὗ πρῶτον εἶδον κώμην καὶ μὴ πορεύεσθαι ἔτι μαχομένους· πολλοὶ γὰρ ἦσαν ἀπόμαχοι οἱ τετρωμένοι καὶ οἱ ἐκείνους φέροντες καὶ οἱ τῶν φερόντων τὰ ὅπλα δεξάμενοι. (33) Ἐπεὶ δὲ κατεσκήνησαν καὶ ἐπεχείρησαν αὐτοῖς ἀκροβολίζεσθαι οἱ βάρβαροι πρὸς τὴν κώμην προσιόντες, πολὺ περιῆσαν οἱ Ἕλληνες· πολὺ γὰρ διέφερεν ἐκ χώρας ὁρμῶντες ἀλέξασθαι ἢ πορευόμενοι ἐπιοῦσι τοῖς πολεμίοις μάχεσθαι. (34) Ἡνίκα δ' ἦν ἤδη δείλη, ὥρα ἦν ἀπιέναι τοῖς πολεμίοις· οὔποτε γὰρ μεῖον ἀπεστρατοπεδεύοντο οἱ βάρβαροι τοῦ Ἑλληνικοῦ ἑξήκοντα σταδίων, φοβούμενοι μὴ τῆς νυκτὸς οἱ Ἕλληνες ἐπιθῶνται αὐτοῖς. (35) Πονηρὸν γὰρ νυκτός ἐστι στράτευμα Περσικόν. Οἵ τε γὰρ ἵπποι αὐτοῖς δέδενται καὶ ὡς ἐπὶ τὸ πολὺ πεποδισμένοι εἰσὶ τοῦ μὴ φεύγειν ἕνεκα, εἰ λυθείησαν, ἐάν τέ τις θό-

latissimum, per enormotias : adeo ut medium semper expletum esset. Ac si quid superandum esset vel pons transcundus, non erant perturbati, sed deinceps cohortium præfecti transibant : et sicubi phalange opus esset, aderant isti. Hac ratione ad quarta castra progressi sunt. Ad quinta cum progrederentur castra, regiam quandam conspexerunt, et circum eam multos vicos; viamque ad locum hunc per colles editos ducentem, qui a monte, sub quo vicus erat, eo pertinebant. Ac Græci quidem colles istos libentes videbant, uti consentaneum erat, quippe quorum hostes erant equites. Cum vero pergentes iter e planitie primum in collem adscendissent, atque rursum descenderent ut in alterum adscenderent, ibi aderant barbari, deque excelso per declivia montis jaculabantur, fundas torquebant, sagittas mittebant flagellis adacti; multosque adeo vulnerabant, et Græcos leviter armatos superarunt, intraque gravis armaturæ milites eos concluserunt : adeo ut nulli omnino usui die isto funditores essent et sagittarii, quippe qui in turba erant. Cum autem Græci prælio pressi hostes persequi adgrederentur, tarde in verticem perveniebant, ut qui gravi armatura onerarentur : at hostes celeriter resiliebant. Rursum, cum ad aliud agmen tenderent, idem ipsis accidebat : hoc etiam in altero colle ipsis usu veniebat; quare statuerunt de colle tertio milites non movere, priusquam a latere dextro quadrati agminis peltastas in montem subduxerint. Illi cum supra hostes, qui ipsos sequebantur, evasissent, non jam amplius descendentes adoriebantur hostes; propterea quod metuerent ne a suis abscinderentur, et utrinque ipsis adessent hostes. Ita cum reliquum diei pergerent, alii via quæ per colles ducebat, alii per montem progressi, ad vicos perveniebant, ibique medicos octo constituere : nam multi erant vulnerati. Hic tridium commorati sunt, tum vulneratorum causa, tum etiam quod commeatus adfatim haberent, farinam, vinum, hordeum multum equis congestum. Hæc autem omnia in usum ejus, qui regionis erat satrapa, fuerant comportata. Ceterum die quarto in planitiem descendunt. Cumque Tissaphernes suis cum copiis eos adsequutus esset, docuit Græcos ipsis castra necessitas vicum ubi primum conspexerunt esse ponenda, neque jam amplius iter faciendum simul et pugnandum : multi enim ad pugnam, vulnera quod acceperant, inutiles erant, itidemque illos qui portabant, quique horum, vulneratos qui portabant, arma acceperant. Cum jam castra metati essent, ac barbari ad ipsum usque vicum progressi velitationibus eos adgrederentur, longe superiores erant Græci : nam multum præstabat, facto ex statione impetu vim a se propulsare, quam inter proficiscendum adversus irruentes hostes dimicare. Cum jam advesperasceret, hostibus erat abeundi tempus : non enim ungquam barbari castra minus sexaginta stadiis a Græcis copiis distantia metabantur; quippe metuebant ne Græci noctu ipsos invaderent. Etenim Persarum exercitus noctu incommodus est. Nam et equi ipsorum alligantur, ac plerumque pedicis constricti sunt, ne, si soluti

ρυθος γίγνηται, δεῖ ἐπισάξαι τὸν ἵππον Πέρσῃ ἀνδρὶ καὶ χαλινῶσαι δεῖ καὶ θωρακισθέντα ἀναβῆναι ἐπὶ τὸν ἵππον. Ταῦτα δὲ πάντα χαλεπὰ νύκτωρ καὶ θορύβου ὄντος. Τούτου ἕνεκα πόρρω ἀπεσκήνουν τῶν Ἑλλήνων. (36) Ἐπεὶ δὲ ἐγίγνωσκον αὐτοὺς οἱ Ἕλληνες βουλομένους ἀπιέναι καὶ διαγγελλομένους, ἐκήρυξε τοῖς Ἕλλησι συσκευάζεσθαι ἀκουόντων τῶν πολεμίων. Καὶ χρόνον μέν τινα ἐπέσχον τῆς πορείας οἱ βάρβαροι, ἐπειδὴ δὲ ὀψὲ ἐγίγνετο, ἀπῄεσαν· οὐ γὰρ ἐδόκει λύειν αὐτοῖς νυκτὸς πορεύεσθαι καὶ κατάγεσθαι ἐπὶ τὸ στρατόπεδον. (37) Ἐπειδὴ δὲ σαφῶς ἀπιόντας ἤδη ἑώρων οἱ Ἕλληνες, ἐπορεύοντο καὶ αὐτοὶ ἀναζεύξαντες καὶ διῆλθον ὅσον ἑξήκοντα σταδίους. Καὶ γίγνεται τοσοῦτον μεταξὺ τῶν στρατευμάτων ὥστε τῇ ὑστεραίᾳ οὐκ ἐφάνησαν οἱ πολέμιοι οὐδὲ τῇ τρίτῃ, τῇ δὲ τετάρτῃ νυκτὸς προελθόντες καταλαμβάνουσι χωρίον ὑπερδέξιον οἱ βάρβαροι, ᾗ ἔμελλον οἱ Ἕλληνες παριέναι, ἀκρωνυχίαν ὄρους, ὑφ᾿ ἣν ἡ κατάβασις ἦν εἰς τὸ πεδίον. (38) Ἐπειδὴ δὲ ἑώρα Χειρίσοφος προκατειλημμένην τὴν ἀκρωνυχίαν, καλεῖ Ξενοφῶντα ἀπὸ τῆς οὐρᾶς καὶ κελεύει λαβόντα τοὺς πελταστὰς παραγενέσθαι εἰς τὸ πρόσθεν. (39) Ὁ δὲ Ξενοφῶν τοὺς μὲν πελταστὰς οὐκ ἦγεν· ἐπιφαινόμενον γὰρ ἑώρα Τισσαφέρνην καὶ τὸ στράτευμα πᾶν· αὐτὸς δὲ προσελάσας ἠρώτα, Τί καλεῖς; Ὁ δὲ λέγει αὐτῷ, Ἔξεστιν ὁρᾶν· προκατείληπται γὰρ ἡμῖν ὁ ὑπὲρ τῆς καταβάσεως λόφος, καὶ οὐκ ἔστι παρελθεῖν, εἰ μὴ τούτους ἀποκόψομεν. Ἀλλὰ τί οὐκ ἦγες τοὺς πελταστάς; (40) Ὁ δὲ λέγει, ὅτι οὐκ ἐδόκει αὐτῷ ἔρημα καταλιπεῖν τὰ ὄπισθεν πολεμίων ἐπιφαινομένων. Ἀλλὰ μὴν ὥρα γ᾿, ἔφη, βουλεύεσθαι πῶς τις τοὺς ἄνδρας ἀπελᾷ ἀπὸ τοῦ λόφου. (41) Ἐνταῦθα Ξενοφῶν ὁρᾷ τοῦ ὄρους τὴν κορυφὴν ὑπὲρ αὐτοῦ τοῦ ἑαυτῶν στρατεύματος οὖσαν, καὶ ἀπὸ ταύτης ἔφοδον ἐπὶ τὸν λόφον ἔνθα ἦσαν οἱ πολέμιοι, καὶ λέγει, Κράτιστον, ὦ Χειρίσοφε, ἡμῖν ἵεσθαι ὡς τάχιστα ἐπὶ τὸ ἄκρον· ἢν γὰρ τοῦτο λάβωμεν, οὐ δυνήσονται μένειν οἱ ὑπὲρ τῆς ὁδοῦ. Ἀλλά, εἰ βούλει, μένε ἐπὶ τῷ στρατεύματι, ἐγὼ δ᾿ ἐθέλω πορεύεσθαι· εἰ δὲ χρῄζεις, πορεύου ἐπὶ τὸ ὄρος, ἐγὼ δὲ μενῶ αὐτοῦ. (42) Ἀλλὰ δίδωμί σοι, ἔφη ὁ Χειρίσοφος, ὁπότερον βούλει ἑλέσθαι. Εἰπὼν ὁ Ξενοφῶν ὅτι νεώτερός ἐστιν αἱρεῖται πορεύεσθαι, κελεύει δέ οἱ συμπέμψαι ἀπὸ τοῦ στόματος ἄνδρας· μακρὸν γὰρ ἦν ἀπὸ τῆς οὐρᾶς λαβεῖν. (43) Καὶ ὁ Χειρίσοφος συμπέμπει τοὺς ἀπὸ τοῦ στόματος πελταστάς· ἔλαβε δὲ τοὺς κατὰ μέσον τοῦ πλαισίου. Συνέπεσθαι δ᾿ ἐκέλευσεν αὐτῷ καὶ τοὺς τριακοσίους οὓς αὐτὸς εἶχε τῶν ἐπιλέκτων ἐπὶ τῷ στόματι τοῦ πλαισίου. (44) Ἐντεῦθεν ἐπορεύοντο ὡς ἐδύναντο τάχιστα. Οἱ δ᾿ ἐπὶ τοῦ λόφου πολέμιοι ὡς ἐνόησαν αὐτῶν τὴν πορείαν ἐπὶ τὸ ἄκρον, εὐθὺς καὶ αὐτοὶ ὥρμησαν ἁμιλλᾶσθαι ἐπὶ τὸ ἄκρον. (45) Καὶ ἐνταῦθα πολλὴ μὲν κραυγὴ ἦν τοῦ Ἑλληνικοῦ στρατεύματος διακελευομένων τοῖς ἑαυτῶν, πολλὴ δὲ κραυγὴ τῶν ἀμφὶ Τισσαφέρνην τοῖς ἑαυτῶν διακελευομένων. (46) Ξενοφῶν δὲ παρελαύνων ἐπὶ τοῦ ἵππου παρεκελεύετο, Ἄνδρες, νῦν

sint, fugiant: et si quis incidat tumultus, homo Persicus equum insternat necesse est, necesse est etiam frenet, et ubi se lorica munierit, equum conscendat. Hæc autem omnia noctu facere, præsertim tumultu exorto, difficile est. Idcirco longe a Græcis castra habere remota solebant. Cum autem Græci animadverterent velle ipsos discedere, atque inter se luce denuntiare, Græcis vasa colligenda esse ita edixit præco, ut hostes audirent. Itaque barbari aliquandiu ab itinere faciendo sese cohibebant: verum ubi jam serum diei esset, abierunt: non enim ipsis conducere noctu proficisci, et in castra deduci videbatur. Eos vero Græci posteaquam jam manifesto discedentes viderent, etiam ipsi castris motis pergebant, et sexaginta circiter stadia emensi sunt : atque tantum inter exercitus spatii relictum est, ut neque die altero adparerent hostes, neque tertio : quarto vero, noctu progressi, locum superiorem occupant barbari, qua Græci transituri erant, nimirum montis verticem, sub quo descensus erat in planitiem. Chirisophus ubi verticem istum præoccupatum vidisset, Xenophontem ab agmine extremo accersit, eumque adsumptis sibi peltastis ad anteriorem aciei partem adesse jubet. At peltastas non duxit Xenophon (nam Tissaphernem, totumque ejus exercitum, se ostendere videbat); sed ipse advectus equo ad Chirisophum, Quamobrem me accersis? inquit. Huic respondet is, Videre licet : præoccupatus enim nobis est collis ille, qui supra descensum eminet, nec transire licet, nisi hos dejiciemus. Verum cur peltastas huc non duxisti? Respondet ille, sibi non visum esse, ut posterias agmen desertum relinqueret, cum hostes se in conspectum darent. Sed enim tempus est, inquit, consultandi, quo pacto quis homines a colle repellat. Ibi tum Xenophon montis verticem copiis suis imminere videt, atque ab hoc ad collem illum, ubi hostes erant, aditum quendam esse : itaque, Optimum fuerit, inquit, Chirisophe, quamprimum nos ad cacumen illud tendere : nam hoc si occupaverimus, supra viam manere non poterunt. At, si ita tibi videtur, ad exercitum maneto, ipse volo eo tendere : sin mavis, in montem pergito ; atque ego hic manebo. Tibi vero, ait Chirisophus, optionem do, utrum mavis, eligendi. Xenophon cum se natu minorem diceret, proficiscendi sibi munus eligit ; hortatur tamen ut milites quosdam ex fronte secum una mitteret ; nam longum erat, si quos ab extremo agmine sumeret. Et Chirisophus una cum ipso peltastas, qui erant primo e agmine, mittit : eos autem ipse sumit, qui in medio quadratæ erant aciei. Præterea simul Xenophontem sequi jussit trecentos illos, quos ipse de lectorum numero militum in fronte quadrati habebat agminis. Inde quam poterant celerrime profecti sunt. Hostes autem, qui erant in colle, cum iter ipsorum ad cacumen dirigi animadverterent, mox et ipsi impetum ceperunt in cacumen certatim contendendi. Atque ingens ibi tum clamor Græci erat exercitus, suos cohortantis ; ingens etiam eorum clamor, qui cum Tissapherne erant, ac suos itidem cohortabantur. Xenophon autem equo prætervectus, adhortatione hac usus est : Nunc vobis, viri,

ἐπὶ τὴν Ἑλλάδα νομίζετε ἁμιλλᾶσθαι, νῦν πρὸς τοὺς παῖδας καὶ τὰς γυναῖκας, νῦν ὀλίγον πονήσαντες ἀμαχεὶ τὴν λοιπὴν πορευσόμεθα. (47) Σωτηρίδης δὲ ὁ Σικυώνιος εἶπεν, Οὐκ ἐξ ἴσου, ὦ Ξενοφῶν, ἐσμεν· σὺ μὲν γὰρ ἐφ' ἵππου ὀχῇ, ἐγὼ δὲ χαλεπῶς κάμνω τὴν ἀσπίδα φέρων. (48) Καὶ ὃς ἀκούσας ταῦτα καταπηδήσας ἀπὸ τοῦ ἵππου ὠθεῖται αὐτὸν ἐκ τῆς τάξεως, καὶ τὴν ἀσπίδα ἀφελόμενος ὡς ἐδύνατο τάχιστα ἔχων ἐπορεύετο· ἐτύγχανε δὲ καὶ θώρακα ἔχων τὸν ἱππικόν· ὥστε ἐπιέζετο. Καὶ τοῖς μὲν ἔμπροσθεν ὑπάγειν παρεκελεύετο, τοῖς δὲ ὄπισθεν παριέναι μόλις ἑπομένοις. (49) Οἱ δ' ἄλλοι στρατιῶται παίουσι καὶ βάλλουσι καὶ λοιδοροῦσι τὸν Σωτηρίδην, ἕστε ἠνάγκασαν λαβόντα τὴν ἀσπίδα πορεύεσθαι. Ὁ δὲ ἀναβὰς, ἕως μὲν βάσιμα ἦν ἐπὶ τοῦ ἵππου ἦγεν, ἐπεὶ δὲ ἄβατα ἦν, καταλιπὼν τὸν ἵππον ἔσπευδε πεζῇ. Καὶ φθάνουσιν ἐπὶ τῷ ἄκρῳ γενόμενοι τοὺς πολεμίους.

ΚΕΦΑΛΑΙΟΝ Ε.

Ἔνθα δὴ οἱ μὲν βάρβαροι στραφέντες ἔφευγον ᾗ ἕκαστος ἐδύνατο, οἱ δ' Ἕλληνες εἶχον τὸ ἄκρον. Οἱ δὲ ἀμφὶ Τισσαφέρνην καὶ Ἀριαῖον ἀποτραπόμενοι ἄλλην ὁδὸν ᾤχοντο. Οἱ δὲ ἀμφὶ Χειρίσοφον καταβάντες ἐστρατοπεδεύσαντο ἐν κώμῃ μεστῇ πολλῶν ἀγαθῶν. Ἦσαν δὲ καὶ ἄλλαι κῶμαι πολλαὶ πλήρεις πολλῶν ἀγαθῶν ἐν τούτῳ τῷ πεδίῳ παρὰ τὸν Τίγρητα ποταμόν. (2) Ἡνίκα δ' ἦν δείλη ἐξαπίνης οἱ πολέμιοι ἐπιφαίνονται ἐν τῷ πεδίῳ, καὶ τῶν Ἑλλήνων κατέκοψάν τινας τῶν ἐσκεδασμένων ἐν τῷ πεδίῳ καθ' ἁρπαγήν· καὶ γὰρ νομαὶ πολλαὶ βοσκημάτων διαβιβαζόμεναι εἰς τὸ πέραν τοῦ ποταμοῦ κατελήφθησαν. (3) Ἐνταῦθα Τισσαφέρνης καὶ οἱ σὺν αὐτῷ καίειν ἐπεχείρησαν τὰς κώμας. Καὶ τῶν Ἑλλήνων μάλα ἠθύμησάν τινες, ἐννοούμενοι μὴ τὰ ἐπιτήδεια, εἰ καίοιεν, οὐκ ἔχοιεν ὁπόθεν λαμβάνοιεν. (4) Καὶ οἱ μὲν ἀμφὶ Χειρίσοφον ἀπῇσαν ἐκ τῆς βοηθείας· ὁ δὲ Ξενοφῶν ἐπεὶ κατέβη, παρελαύνων τὰς τάξεις, ἡνίκα ἀπὸ τῆς βοηθείας ἀπήντησαν οἱ Ἕλληνες, ἔλεγεν. (5) Ὁρᾶτε, ὦ ἄνδρες Ἕλληνες, ὑφιέντας τὴν χώραν ἤδη ἡμετέραν εἶναι; ἃ γὰρ ὅτε ἐσπένδοντο διεπράττοντο, μὴ καίειν τὴν βασιλέως χώραν, νῦν αὐτοὶ καίουσιν ὡς ἀλλοτρίαν. Ἀλλ' ἐάν που καταλείπωσί γε αὑτοῖς τὰ ἐπιτήδεια, ὄψονται καὶ ἡμᾶς ἐνταῦθα πορευομένους. (6) Ἀλλ', ὦ Χειρίσοφε, ἔφη, δοκεῖ μοι βοηθεῖν ἐπὶ τοὺς καίοντας ὡς ὑπὲρ τῆς ἡμετέρας. Ὁ δὲ Χειρίσοφος εἶπεν, Οὔκουν ἔμοιγε δοκεῖ· ἀλλὰ καὶ ἡμεῖς, ἔφη, καίωμεν, καὶ οὕτω θᾶττον παύσονται.

7. Ἐπεὶ δὲ ἐπὶ τὰς σκηνὰς ἦσαν, οἱ μὲν ἄλλοι περὶ τὰ ἐπιτήδεια ἦσαν, στρατηγοὶ δὲ καὶ λοχαγοὶ συνῆλθον. Καὶ ἐνταῦθα πολλὴ ἀπορία ἦν. Ἔνθεν μὲν γὰρ ὄρη ἦν ὑπερύψηλα, ἔνθεν δὲ ὁ ποταμὸς τοσοῦτος τὸ βάθος ὡς μηδὲ τὰ δόρατα ὑπερέχειν πειρωμένοις τοῦ βάθους. (8) Ἀπορουμένοις δ' αὐτοῖς προσελθών τις ἀνὴρ

de reditu in Græciam, nunc de reditu ad liberos et uxores propositum esse certamen existimate : nunc si exiguum ad tempus laboris tolerantes fuerimus, reliquum iter absque prælio conficiemus. Atque Soteridas Sicyonius, Non æqua, inquit, nostrum, Xenophon, est conditio : nam tu quidem equo veheris, ego scutum portans, graviter fatigor. Et is, hæc cum audisset, ex equo desiliit, e loco istum pepulit, scutoque adempto, quam celerrime poterat, perrexit. Forte tunc etiam thoracem indutus erat equestrem; adeo ut onere premeretur. Attamen priores hortabatur, ut procederent; posteriores, qui vix sequebantur, ut ad eos versus se moverent. Milites ceteri Soteridam cædunt, feriunt, conviciis proscindunt, donec eum recepto scuto pergere coegerunt. Ille, conscenso equo, quamdiu quidem loca erant equo pervia, præibat eques : cum essent invia, equo relicto, pedes festinabat. Ac citius quam hostes in cacumen perveniunt.

CAPUT V.

Tum vero conversi barbari, qua quisque poterat, fugiebant; Græci cacumen tenuerunt. Tissaphernes et Ariæus cum suis se convertentes alia abiere via : Chirisophus quique circa eum erant, in planitiem cum descendissent, castra in vico multis bonis referto locabant. Erant et alii vici plures, multis bonis pleni, ista in planitie, secundum Tigrim fluvium. Cum jam advesperasceret, hostes se in planitie subito ostendunt, et e Græcis quosdam ad prædam per planitiem sparsis conciderunt : etenim multa pecorum agmina in ulteriorem fluminis ripam trajecta hic capta sunt. Ibi tum Tissaphernes quique cum ipso erant vicos exurere conabantur. Itaque de Græcis nonnulli valde demissis erant animis, quippe qui hoc secum cogitarent solliciti, ne commeatus unde sumerent, hos si barbari incenderent, alios non haberent. Interea qui cum Chirisopho erant, auxilio palantibus Græcis lato, redibant; Xenophon autem, posteaquam descendisset, ordines obequitans, cum hi ipsi in eum incidderent, Videtis, inquit, viri, concedere barbaros regionem jam esse nostram? nam quæ a nobis impetrabant, quo tempore fœdera nobiscum sanciebant, ne scilicet regis agrum exureremus, eum nunc ipsi tanquam alienum exurunt. Quod si commeatus alicubi sibi ipsis reliquerint, videbunt nos etiam eo proficisci. Verum, inquit, Chirisophe, arbitror adversus exurentes nobis tendendum esse, tanquam regionis nostræ defendendæ causa. Mihi vero non ita videtur, ait Chirisophus : sed potius nos etiam, inquit, incendia faciamus; sic enim citius ii desinent.

Cum autem ad tabernacula discessissent, in commeatu conquirendo reliqui erant occupati; at duces cohortiumque præfecti conveniebant. Atque ibi tum multæ eos urgebant difficultates. Hinc enim montes præalti, inde flumen tantæ altitudinis, ut ne hastæ quidem, cum his altitudinem ejus explorarent, supra aquam exstarent. Ad eos in hac

Ῥόδιος εἶπεν, Ἐγὼ θέλω, ὦ ἄνδρες, διαβιβάσαι ὑμᾶς κατὰ τετρακισχιλίους ὁπλίτας, ἂν ἐμοὶ ὧν δέομαι ὑπηρετήσητε καὶ τάλαντον μισθὸν πορίσητε. (9) Ἐρωτώμενος δὲ ὅτου δέοιτο, Ἀσκῶν, ἔφη, δισχιλίων δεήσομαι· πολλὰ δ᾽ ὁρῶ ταῦτα πρόβατα καὶ αἶγας καὶ βοῦς καὶ ὄνους, ἃ ἀποδαρέντα καὶ φυσηθέντα ῥᾳδίως ἂν παρέχοι τὴν διάβασιν. (10) Δεήσομαι δὲ καὶ τῶν δεσμῶν οἷς χρῆσθε περὶ τὰ ὑποζύγια· τούτοις ζεύξας τοὺς ἀσκοὺς πρὸς ἀλλήλους, ὁρμίσας ἕκαστον ἀσκὸν λίθοις ἀρτήσας καὶ ἀφεὶς ὥσπερ ἀγκύρας εἰς τὸ ὕδωρ, διαγαγὼν καὶ ἀμφοτέρωθεν δήσας, ἐπιβαλῶ ὕλην καὶ γῆν ἐπιφορήσω· (11) ὅτι μὲν οὖν οὐ καταδύσεσθε αὐτίκα μάλα εἴσεσθε· πᾶς γὰρ ἀσκὸς δύο ἄνδρας ἕξει τοῦ μὴ καταδῦναι· ὥστε δὲ μὴ ὀλισθάνειν ἡ ὕλη καὶ ἡ γῆ σχήσει. (12) Ἀκούσασι ταῦτα τοῖς στρατηγοῖς τὸ μὲν ἐνθύμημα χάριεν ἐδόκει εἶναι, τὸ δ᾽ ἔργον ἀδύνατον· ἦσαν γὰρ οἱ κωλύσοντες πέραν πολλοὶ ἱππεῖς, οἳ εὐθὺς τοῖς πρώτοις οὐδὲν ἂν ἐπέτρεπον τούτων ποιεῖν. (13) Ἐνταῦθα τὴν μὲν ὑστεραίαν ἐπανεχώρουν εἰς τοὔμπαλιν [ἢ] πρὸς Βαβυλῶνα εἰς τὰς ἀκαύστους κώμας, κατακαύσαντες ἔνθεν ἐξῄεσαν· ὥστε οἱ πολέμιοι οὐ προσήλαυνον, ἀλλὰ ἐθεῶντο καὶ ὅμοιοι ἦσαν θαυμάζειν ὅποι ποτὲ τρέψονται οἱ Ἕλληνες καὶ τί ἐν νῷ ἔχοιεν. (14) Ἐνταῦθα οἱ μὲν ἄλλοι στρατιῶται ἀμφὶ τὰ ἐπιτήδεια ἦσαν· οἱ δὲ στρατηγοὶ καὶ οἱ λοχαγοὶ πάλιν συνῆλθον, καὶ βασιλέως οὐκ ἀκούειν, ἀλλὰ καὶ ἐμβαλεῖν ποτὲ εἰς αὐτοὺς βασιλικὴν στρατιὰν δώδεκα μυριάδας· τούτων δὲ οὐδένα ἀπονοστῆσαι διὰ τὴν δυσχωρίαν. Ὁπότε μέντοι πρὸς τὸν σατράπην τὸν ἐν τῷ πεδίῳ σπείσαιντο, καὶ ἐπιμιγνύναι σφῶν τε πρὸς ἐκείνους καὶ ἐκείνων πρὸς ἑαυτούς. (17) Ἀκούσαντες ταῦτα οἱ στρατηγοὶ ἐκάθισαν χωρὶς τοὺς ἑκασταχόσε φάσκοντας εἰδέναι, οὐδὲν δῆλον ποιήσαντες ὅποι πορεύεσθαι ἔμελλον. Ἐδόκει δὲ τοῖς στρατηγοῖς ἀναγκαῖον εἶναι διὰ τῶν ὀρέων εἰς Καρδούχους ἐμβαλεῖν· τούτους γὰρ διελθόντας ἔφασαν εἰς Ἀρμενίαν ἥξειν, ἧς Ὀρόντας ἦρχε πολλῆς καὶ εὐδαίμονος. Ἐντεῦθεν δ᾽ εὔπορον ἔφασαν εἶναι ὅποι τις ἐθέλοι πορεύεσθαι. (18) Ἐπὶ τούτοις ἐθύσαντο, ὅπως ὁπηνίκα καὶ δοκοίη, τῆς ὥρας τὴν πορείαν ποιοῖντο· τὴν γὰρ ὑπερβολὴν τῶν ὀρέων ἐδεδοίκεσαν μὴ προκαταληφθείη· καὶ παρήγγειλαν, ἐπειδὴ δειπνήσαιεν, συνεσκευασμένους πάντας ἀναπαύεσθαι, καὶ ἕπεσθαι ἡνίκ᾽ ἄν τις παραγγέλλῃ.

rerum difficultate hærentes cum Rhodius quidam accessisset, Ego vos, viri, inquit, trajicere, simul scilicet quater mille gravis armaturæ milites, volo, si mihi suppeditaveritis ea quibus mihi opus est, ac talentum pro mercede præbueritis. Interrogatus qua re egeret, Utribus, ait, bis mille mihi opus erit: video autem hic multas pecudes, et capras, et boves, et asinos, quibus si coria detrahantur et inflentur, facile nobis trajectum præstabunt. Etiam vinculis iis mihi opus erit, quibus circum jumenta utimini. His ubi utres, ait, inter se connexuero, lapidibus appensis singulos utres firmabo, iisque ancorarum ritu in aquam demissis, deinde utribus ita consertis, ut ad ulteriorem ripam pertingant, et utrinque ligatis, virgulta injiciam, et terram ingeram. Ac statim quidem intelligetis minime futurum, ut demergamini : nam utres singuli binos homines sustinebunt, quo minus demergantur; ut autem non labantur, virgulta et terra impedient. Ducibus hæc qui audiissent visum est scitum esse inventum, opus ipsum tale, quod perfici non posset : nam multi equites trans flumen erant ipsos impedituri, qui primis statim non essent concessuri, ut horum quidquam efficerent. Itaque postridie retrocedebant versa Babylonem via, ad vicos non exustos, cum eos unde exierant incendissent : quo factum ut hostes non adpropinquarent, sed spectarent, atque admirari viderentur, quo tandem iter versuri essent Græci, et quid in animo haberent. Ibi tum ceteri milites in commeatu comparando erant occupati ; duces vero et cohortium præfecti rursum conveniebant; et cum captivos coegissent, quænam esset quælibet ab omni undique parte regio, percunctabantur. Aiebant illi, a partibus ad meridiem spectantibus viam esse, quæ in Babylonem duceret et Mediam, qua ipsi venissent : ad orientem quæ spectat, in Susa et Ecbatana ferre, ubi rex æstatem et ver exigere dicitur : quæ ad fluvium qui trajecerit in occidentem versus pateret, in Lydiam et Ioniam ferre : quæ denique per montes et ad septentriones vergat, ad Carduchos ducere. Hos aiebant in montibus habitare, ac bellicosos esse, neque regis imperio parere : quin copias aliquando regias, quæ centies et vicies mille hominibus constarent, in eos invasisse, horumque neminem, propter locorum difficultatem, domum rediisse : ubi vero fœdera cum regionis campestris satrapa fecerint, et ex ipsis, quotquot voluerint, cum illis, et ex illis, quibus liberet, cum iis habere commercia. Hæc cum audiissent duces, seorsum collocarunt eos qui singulas regionis partes noscere se aiebant, nullo indicio ab ipsis aperte facto, quo profecturi essent. Ceterum ducibus inter se necesse esse videbatur, per montes in Carduchos invadere : nam posteaquam horum regionem peragrassent, perventuros dixerant captivi in Armeniam, cui Orontas præerat, regioni certe amplæ et opulentæ. Inde dixerant nullo negotio, quo quis proficisci vellet, transiri posse. Post hæc rem sacram fecerunt, ut, cum tempus videretur, iter facerent; ac (metuebant enim ne juga montium præoccuparentur) imperarunt etiam militibus, ut posteaquam cœnassent, omnes rebus suis compositis quieti se darent, et cum quis denuntiet, sequerentur.

ΒΙΒΛΙΟΝ Δ.

ΚΕΦΑΛΑΙΟΝ Α.

Ὅσα μὲν δὴ ἐν τῇ ἀναβάσει ἐγένετο μέχρι τῆς μάχης, καὶ ὅσα μετὰ τὴν μάχην ἐν ταῖς σπονδαῖς ἃς βασιλεὺς καὶ οἱ σὺν Κύρῳ ἀναβάντες Ἕλληνες ἐποιήσαντο, καὶ ὅσα παραβάντος τὰς σπονδὰς βασιλέως καὶ Τισσαφέρνους ἐπολεμήθη πρὸς τοὺς Ἕλληνας ἐπακολουθοῦντος τοῦ Περσικοῦ στρατεύματος, ἐν τῷ πρόσθεν λόγῳ δεδήλωται. (2) Ἐπεὶ δὲ ἀφίκοντο ἔνθα ὁ μὲν Τίγρης ποταμὸς παντάπασιν ἄπορος ἦν διὰ τὸ βάθος καὶ μέγεθος, πάροδος δὲ οὐκ ἦν, ἀλλὰ τὰ Καρδούχεια ὄρη ἀπότομα ὑπὲρ αὐτοῦ τοῦ ποταμοῦ ἐκρέματο, ἐδόκει δὴ τοῖς στρατηγοῖς διὰ τῶν ὀρέων πορευτέον εἶναι. (3) Ἤκουον γὰρ τῶν ἁλισκομένων ὅτι εἰ διέλθοιεν τὰ Καρδούχεια ὄρη, ἐν τῇ Ἀρμενίᾳ τὰς πηγὰς τοῦ Τίγρητος ποταμοῦ, ἢν μὲν βούλωνται, διαβήσονται, ἢν δὲ μὴ βούλωνται, περίασι. Καὶ τοῦ Εὐφράτου τε τὰς πηγὰς ἐλέγετο οὐ πρόσω τοῦ Τίγρητος εἶναι, καὶ ἔστιν οὕτω στενόν. (4) Τὴν δ' εἰς τοὺς Καρδούχους ἐμβολὴν ὧδε ποιοῦνται, ἅμα μὲν λαθεῖν πειρώμενοι, ἅμα δὲ φθάσαι πρὶν τοὺς πολεμίους καταλαβεῖν τὰ ἄκρα. (5) Ἐπειδὴ ἦν ἀμφὶ τὴν τελευταίαν φυλακὴν καὶ ἐλείπετο τῆς νυκτὸς ὅσον σκοταίους διελθεῖν τὸ πεδίον, τηνικαῦτα ἀναστάντες ἀπὸ παραγγελίσεως πορευόμενοι ἀφικνοῦνται ἅμα τῇ ἡμέρᾳ πρὸς τὸ ὄρος. (6) Ἔνθα δὴ Χειρίσοφος μὲν ἡγεῖτο τοῦ στρατεύματος λαβὼν τὸ ἀμφ' αὑτὸν καὶ τοὺς γυμνῆτας πάντας, Ξενοφῶν δὲ σὺν τοῖς ὀπισθοφύλαξιν ὁπλίταις εἵπετο οὐδένα ἔχων γυμνῆτα· οὐδεὶς γὰρ κίνδυνος ἐδόκει εἶναι μή τις ἄνω πορευομένων ἐκ τοῦ ὄπισθεν ἐπίσποιτο. (7) Καὶ ἐπὶ μὲν τὸ ἄκρον ἀναβαίνει Χειρίσοφος πρίν τινα αἰσθέσθαι τῶν πολεμίων· ἔπειτα δ' ὑφηγεῖτο· ἐφείπετο δὲ ἀεὶ τὸ ὑπερβάλλον τοῦ στρατεύματος εἰς τὰς κώμας τὰς ἐν τοῖς ἄγκεσί τε καὶ μυχοῖς τῶν ὀρέων. (8) Ἔνθα δὴ οἱ μὲν Καρδοῦχοι ἐκλιπόντες τὰς οἰκίας ἔχοντες καὶ γυναῖκας καὶ παῖδας ἔφευγον ἐπὶ τὰ ὄρη. Τὰ δὲ ἐπιτήδεια πολλὰ ἦν λαμβάνειν, ἦσαν δὲ καὶ χαλκώμασι παμπόλλοις κατεσκευασμέναι αἱ οἰκίαι, ὧν οὐδὲν ἔφερον οἱ Ἕλληνες, οὐδὲ τοὺς ἀνθρώπους ἐδίωκον, ὑποφειδόμενοι, εἴ πως ἐθελήσειαν οἱ Καρδοῦχοι διιέναι αὐτοῖς ὡς διὰ φιλίας τῆς χώρας, ἐπείπερ βασιλεῖ πολέμιοι ἦσαν. (9) Τὰ μέντοι ἐπιτήδεια, ὅτῳ τις ἐπιτυγχάνοι, ἐλάμβανον· ἀνάγκη γὰρ ἦν. Οἱ δὲ Καρδοῦχοι οὔτε καλούντων ὑπήκουον οὔτε ἄλλο φιλικὸν οὐδὲν ἐποίουν. (10) Ἐπεὶ δὲ οἱ τελευταῖοι τῶν Ἑλλήνων κατέβαινον εἰς τὰς κώμας ἀπὸ τοῦ ἄκρου ἤδη σκοταῖοι, διὰ γὰρ τὸ στενὴν εἶναι τὴν ὁδὸν ὅλην τὴν ἡμέραν ἡ ἀνάβασις αὐτοῖς ἐγένετο καὶ κατάβασις, τότε δὴ συλλεγέντες τινὲς τῶν Καρδούχων τοῖς τελευταίοις ἐπέθεντο, καὶ ἀπέκτεινάν τινας καὶ λίθοις καὶ τοξεύμασι κατέτρωσαν,

LIBER IV.

CAPUT I.

Quæcunque in itinere superiorem in Asiam facto usque ad prælii tempus gesta sint, et quæ post prælium per inducias, quas rex et qui cum Cyro adscenderant Græci inter se fecerant, quæque adversus Græcos, posteaquam rex et Tissaphernes fœdera violassent, hostiliter facta sint, insequenti ipsos Persarum exercitu, superiore libro expositum est. Cum autem eo pervenissent, ubi Tigris fluvius propter altitudinem et magnitudinem transiri omnino non potuit, neque transitus erat alius, sed montes Carduchii prærupti fluvio imminebant, videbatur ducibus per hos montes iter esse faciendum. Nam futurum audiebant de iis quos ceperant ut, si montes Carduchios peragrarent, Tigris fluvii fontes in Armenia, si vellent, transirent; id si minus vellent, eos circumirent. Etiam Euphratis fontes non longe a Tigri abesse dicebantur; * * * * *. Ad hunc vero modum iter in Carduchos ingrediuntur, partim quod iis curæ esset ut occulte proficiscerentur, partim ut priusquam ab hostibus occuparentur montium juga, eo evaderent: cum postremæ agerentur excubiæ, tantumque noctis reliquum esset, ut planitiem per tenebras peragrare possent, tunc cum surrexissent, uti denuntiatum fuerat, iter ingressi prima luce ad montem perveniunt. Ibi vero Chirisophus in fronte erat exercitus, suis sibi copiis adjunctis, omnibusque militibus expeditis: at cum postremo gravis armaturæ militum agmine sequebatur Xenophon, cui nulli aderant expediti; nam periculi nihil esse videbatur, ne quis, ipsi dum sursum tendunt, a tergo insequeretur. Ac Chirisophus in verticem prius adscendit, quam hostium quisquam animadverteret: deinde præibat, cum exercitus pars ea semper subsequeretur, quæ verticem superarat, ad vicos in convallibus et recessibus montium sitos. Tum vero Carduchi, relictis ædibus, cum uxoribus ac liberis in montes fugiebant. Magnam hic commeatus copiam capere licebat; ædes etiam vasis æneis permultis erant instructæ, quorum nullum auferebant Græci, nec homines persequebantur; quippe his eo consilio parcebant, ut experirentur Carduchi tanquam per pacatam regionem transmittere voluerint, quippe quia regi erant infesti. Verum commeatus, in quos quisquam incidisset, sumebant: necessitas enim ita poscebat. At Carduchi nec vocantibus morem gerebant, nec ullum aliud amicitiæ faciebant officium. Cum autem Græcorum ultimi tenebris jam obortis de vertice montis in vicos descenderent (nam propterea quod angusta esset via, diem totum adscendendo et in vicos descendendo contriverant), tum vero collecti quidam ex Carduchis ultimos istos invasere, et nonnullos interfecere, lapidibus

ὀλίγοι τινὲς ὄντες· ἐξ ἀπροςδοκήτου γὰρ αὐτοῖς ἐπέπεσε τὸ Ἑλληνικόν. (11) Εἰ μέντοι τότε πλείους συνελέγησαν, ἐκινδύνευσεν ἂν διαφθαρῆναι πολὺ τοῦ στρατεύματος. Καὶ ταύτην μὲν τὴν νύκτα οὕτως ἐν ταῖς κώμαις ηὐλίσθησαν· οἱ δὲ Καρδοῦχοι πυρὰ πολλὰ ἔκαιον κύκλῳ ἐπὶ τῶν ὀρέων καὶ συνεώρων ἀλλήλους. (12) Ἅμα δὲ τῇ ἡμέρᾳ συνελθοῦσι τοῖς στρατηγοῖς καὶ λοχαγοῖς τῶν Ἑλλήνων ἔδοξε τῶν τε ὑποζυγίων τὰ ἀναγκαῖα καὶ δυνατώτατα πορεύεσθαι ἔχοντας, καταλιπόντας τἆλλα, καὶ ὁπόσα ἦν νεωστὶ αἰχμάλωτα ἀνδράποδα ἐν τῇ στρατιᾷ πάντα ἀφεῖναι. (13) Σχολαίαν γὰρ ἐποίουν τὴν πορείαν πολλὰ ὄντα τὰ ὑποζύγια καὶ τὰ αἰχμάλωτα, πολλοὶ δὲ οἱ ἐπὶ τούτοις ὄντες ἀπόμαχοι ἦσαν, διπλάσιά τε τὰ ἐπιτήδεια ἔδει πορίζεσθαι καὶ φέρεσθαι πολλῶν τῶν ἀνθρώπων ὄντων. Δόξαν δὲ ταῦτα ἐκήρυξαν οὕτω ποιεῖν.

14. Ἐπεὶ δὲ ἀριστήσαντες ἐπορεύοντο, ὑποστάντες ἐν στενῷ οἱ στρατηγοί, εἴ τι εὑρίσκοιεν τῶν εἰρημένων μὴ ἀφειμένον, ἀφῃροῦντο, οἱ δ' ἐπείθοντο, πλὴν εἴ τίς τι ἔκλεψεν, οἷον ἢ παιδὸς ἐπιθυμήσας ἢ γυναικὸς τῶν εὐπρεπῶν. Καὶ ταύτην μὲν τὴν ἡμέραν οὕτως ἐπορεύθησαν, τὰ μέν τι μαχόμενοι τὰ δὲ καὶ ἀναπαυόμενοι. (15) Εἰς δὲ τὴν ὑστεραίαν γίγνεται χειμὼν πολύς, ἀναγκαῖον δ' ἦν πορεύεσθαι· οὐ γὰρ ἦν ἱκανὰ τὰ ἐπιτήδεια. Καὶ ἡγεῖτο μὲν Χειρίσοφος, ὠπισθοφυλάκει δὲ Ξενοφῶν. (16) Καὶ οἱ πολέμιοι ἰσχυρῶς ἐπετίθεντο, καὶ στενῶν ὄντων τῶν χωρίων ἐγγὺς προςιόντες ἐτόξευον καὶ ἐσφενδόνων· ὥςτε ἠναγκάζοντο οἱ Ἕλληνες ἐπιδιώκοντες καὶ πάλιν ἀναχάζοντες σχολῇ πορεύεσθαι· καὶ θαμινὰ παρήγγελλεν ὁ Ξενοφῶν ὑπομένειν, ὅτε οἱ πολέμιοι ἰσχυρῶς ἐπικέοιντο. (17) Ἔνθα δ Χειρίσοφος ἄλλοτε μὲν ὅτε παρεγγυῷτο ὑπέμενε, τότε δὲ οὐχ ὑπέμενεν, ἀλλ' ἦγε ταχέως καὶ παρηγγύα ἕπεσθαι, ὥςτε δῆλον ἦν ὅτι πρᾶγμά τι εἴη· σχολὴ δ' οὐκ ἦν ἰδεῖν παρελθόντι τὸ αἴτιον τῆς σπουδῆς· ὥςτε ἡ πορεία ὁμοία φυγῇ ἐγίγνετο τοῖς ὀπισθοφύλαξι. (18) Καὶ ἐνταῦθα ἀποθνήσκει ἀνὴρ ἀγαθὸς Λακωνικὸς Κλεώνυμος τοξευθεὶς διὰ τῆς ἀσπίδος καὶ τῆς σπολάδος εἰς τὰς πλευράς, καὶ Βασίας Ἀρκὰς διαμπερὲς εἰς τὴν κεφαλήν. (19) Ἐπεὶ δὲ ἀφίκοντο ἐπὶ σταθμόν, εὐθὺς ὥςπερ εἶχεν ὁ Ξενοφῶν ἐλθὼν πρὸς τὸν Χειρίσοφον ᾐτιᾶτο αὐτὸν ὅτι οὐχ ὑπέμενεν, ἀλλ' ἠναγκάζοντο φεύγοντες ἅμα μάχεσθαι. Καὶ νῦν δύο καλώ τε κἀγαθὼ ἄνδρε τέθνατον, καὶ οὔτε ἀνελέσθαι οὔτε θάψαι ἐδυνάμεθα. (20) Ἀποκρίνεται δ Χειρίσοφος, Βλέψον, ἔφη, πρὸς τὰ ὄρη καὶ ἰδὲ ὡς ἄβατα πάντα ἐστί· μία δὲ αὕτη ὁδὸς ἣν ὁρᾷς ὀρθία, καὶ ἐπὶ ταύτῃ ἀνθρώπων ὁρᾶν ἔξεστί σοι τοσοῦτον, οἳ κατειληφότες φυλάττουσι τὴν ἔκβασιν. (21) Ταῦτ' ἐγὼ ἔσπευδον καὶ διὰ τοῦτό σε οὐχ ὑπέμενον, εἴ πως δυναίμην φθάσαι πρὶν κατειλῆφθαι τὴν ὑπερβολήν· οἱ δ' ἡγεμόνες οὓς ἔχομεν οὔ φασιν εἶναι ἄλλην ὁδόν. (22) Ὁ δὲ Ξενοφῶν λέγει, Ἀλλ' ἐγὼ ἔχω δύο ἄνδρας. Ἐπεὶ γὰρ ἡμῖν πράγματα παρεῖχον, ἐνηδρεύσαμεν, ὅπερ ἡμᾶς καὶ ἀναπνεῦσαι ἐποίησε, καὶ ἀπεκτείναμέν τινας

etiam ac sagittis alios sauciaverunt, numero quamvis essent exigui : nam Græcorum exercitus ex improviso in eos inciderat. Quod si tum plures collecti fuissent, in periculum interitus magna pars exercitus venisset. Atque hanc quidem noctem ita in vicis commorati sunt : Carduchi undique in montibus ignes accendebant, seque mutuo adspectabant. Ubi illuxit, Græcorum ducibus et cohortium præfectis visum est, sic iter facere, ut ex jumentis necessaria tantum et robustissima secum sumerent, cetera relinquerent, atque mancipia, quæcumque recens capta erant in exercitu, omnia dimittere. Nam multa quod essent jumenta et mancipia tardam reddebant profectionem : quin etiam ex ipsis multi, his præfecti, ad pugnandum propterea inutiles erant; ac duplo major commeatus parandus erat et portandus, cum magnus esset hominum numerus. His decretis, per præconem edixerunt, ita esse faciendum.

Posteaquam pransi jam iter facere cœpissent, arcto quodam in loco cum substitissent duces, si quid reperirent ex iis quæ dicta sunt, quod non dimitteretur, auferebant : illi autem parebant, præterquam si quis furtim aliquid retineret, vel pueri cupiditate, vel formosæ mulieris, accensus. Atque ita quidem die isto iter faciebant, partim pugnantes, partim etiam requiescentes. Postero vero die magna coorta est tempestas, sed tamen necessario pergendum erat; quippe quia commeatus iis non satis magna erat copia. Ac Chirisoplus quidem erat in fronte, et agmen ultimum ducebat Xenophon. Hostes autem acriter Græcos invadebant, et quia loca erant angusta, propius accedebant e sagittis fundisque petebant; ut ideo Græci, dum hostem persequerentur et rursus retrocederent, tarde progredi cogerentur : sæpe Xenophon etiam denuntiabat subsistendum esse, quoties hostes acriter instarent. Ibi Chirisophus, qui alias quidem, cum denuntiabatur, subsistebat, tum non subsistebat, sed ducebat celeriter, suosque sequi jubebat : adeo ut perspicuum esset, aliquam rem molestam supervenisse : at etiam non erat, ut quis ad ipsum pergeret, ac quæ festinationis esset causa videret : quare fugæ simile fuit iis iter, qui in extremo erant agmine. Ibi moritur etiam vir fortis Cleonymus Lacedæmonius, confixus sagitta per scutum et stoladem in ipsas costas missa, itemque Basias Arcas, transfixa penitus per caput sagitta. Cum autem ad locum castris locandis idoneum pervenissent, Xenophon statim, ut se habebat, ad Chirisophum profectus, eum incusabat, quod non substitisset, sed ita duceret ut cogerentur in ipsa fuga dimicare. Jam quoque, ait, duo præclari fortesque viri occubuerunt, eosque nec tollere nec sepelire potuimus. Ad hæc respondet Chirisophus : Specta, ait, montes, ac vide quam difficiles aditu sint omnes. Una autem hæc via est, quam vides, ardua : et in hac tantam tibi videre licet hominum multitudinem, qui partem, qua foret alioquin evadendum, custodiunt. His de causis ego festinavi, et idcirco te non exspectavi, quia id operam dedi ut, si qua ratione possem, eo prius pervenirem, quam juga montium occuparentur : duces certe, quos habemus, aliam esse viam negant. Ego vero, inquit Xenophon, duos homines habeo. Nam cum negotia nobis facesserent hostes, insidias struximus (quod quidem nobis etiam respirandi facultatem dedit), ac nonnul-

16.

αὐτῶν, καὶ ζῶντας προὐθυμήθημεν λαβεῖν αὐτοῦ τούτου ἕνεκεν ὅπως ἡγεμόσιν εἰδόσι τὴν χώραν χρησαίμεθα. 23. Καὶ εὐθὺς ἀναγόντες τοὺς ἀνθρώπους ἤλεγχον διαλαβόντες εἴ τινα εἰδεῖεν ἄλλην ὁδὸν ἢ τὴν φανεράν. Ὁ μὲν οὖν ἕτερος οὐκ ἔφη καὶ μάλα πολλῶν φόβων προσαγομένων· ἐπεὶ δὲ οὐδὲν ὠφέλιμον ἔλεγεν, ὁρῶντος τοῦ ἑτέρου κατεσφάγη. (24) Ὁ δὲ λοιπὸς ἔλεξεν ὅτι οὗτος μὲν διὰ ταῦτα οὐ φαίη εἰδέναι ὅτι αὐτῷ τυγχάνει θυγάτηρ ἐκεῖ παρ' ἀνδρὶ ἐκδεδομένη· αὐτὸς δ' ἔφη ἡγήσεσθαι δυνατὴν καὶ ὑποζυγίοις πορεύεσθαι ὁδόν. (25) Ἐρωτώμενος δ' εἰ εἴη τι ἐν αὐτῇ δυσπάριτον χωρίον ἔφη εἶναι ἄκρον, ὃ εἰ μή τις προκαταλήψοιτο, ἀδύνατον ἔσεσθαι παρελθεῖν. (26) Ἐνταῦθα ἐδόκει συγκαλέσαντας λοχαγοὺς καὶ πελταστὰς καὶ τῶν ὁπλιτῶν λέγειν τε τὰ παρόντα καὶ ἐρωτᾶν εἴ τις αὐτῶν ἔστιν ὅστις ἀνὴρ ἀγαθὸς ἐθέλοι ἂν γενέσθαι καὶ ὑποστὰς ἐθελοντὴς πορεύεσθαι. (27) Ὑφίστατα τῶν μὲν ὁπλιτῶν Ἀριστώνυμος Μεθυδριεὺς Ἀρκὰς καὶ Ἀγασίας Στυμφάλιος Ἀρκάς, ἀντιστασιάζων δὲ αὐτοῖς Καλλίμαχος Παρράσιος Ἀρκὰς καὶ οὗτος ἔφη ἐθέλειν πορεύεσθαι προσλαβὼν ἐθελοντὰς ἐκ παντὸς τοῦ στρατεύματος· ἐγὼ γάρ, ἔφη, οἶδα ὅτι ἕψονται πολλοὶ τῶν νέων ἐμοῦ ἡγουμένου. (28) Ἐκ τούτου ἐρωτῶσιν εἴ τις καὶ τῶν γυμνήτων ταξιάρχων ἐθέλοι συμπορεύεσθαι. Ὑφίσταται Ἀριστέας Χῖος, ὃς πολλαχοῦ πολλοῦ ἄξιος τῇ στρατιᾷ εἰς τὰ τοιαῦτα ἐγένετο.

ΚΕΦΑΛΑΙΟΝ Β.

Καὶ ἦν μὲν δείλη ἤδη, οἱ δ' ἐκέλευον αὐτοὺς ἐμφαγόντας πορεύεσθαι. Καὶ τὸν ἡγεμόνα δήσαντες παραδιδόασιν αὐτοῖς, καὶ συντίθενται τὴν μὲν νύκτα, ἢν λάβωσι τὸ ἄκρον, τὸ χωρίον φυλάττειν, ἅμα δὲ τῇ ἡμέρᾳ τῇ σάλπιγγι σημαίνειν· καὶ τοὺς μὲν ἄνω ὄντας ἰέναι ἐπὶ τοὺς κατέχοντας τὴν φανερὰν ἔκβασιν, αὐτοὶ δὲ συμβοηθήσειν ἐκβαίνοντες ὡς ἂν δύνωνται τάχιστα. (2) Ταῦτα συνθέμενοι οἱ μὲν ἐπορεύοντο πλῆθος ὡς δισχίλιοι καὶ ὕδωρ πολὺ ἦν ἐξ οὐρανοῦ· Ξενοφῶν δὲ ἔχων τοὺς ὀπισθοφύλακας ἡγεῖτο πρὸς τὴν φανερὰν ἔκβασιν, ὅπως ταύτῃ τῇ ὁδῷ οἱ πολέμιοι προσέχοιεν τὸν νοῦν καὶ ὡς μάλιστα λάθοιεν οἱ περιιόντες. (3) Ἐπεὶ δὲ ἦσαν ἐπὶ χαράδρᾳ οἱ ὀπισθοφύλακες, ἣν ἔδει διαβάντας πρὸς τὸ ὄρθιον ἐκβαίνειν, τηνικαῦτα ἐκυλίνδουν οἱ βάρβαροι ὁλοιτρόχους ἁμαξιαίους καὶ μείζους καὶ ἐλάττους, οἳ φερόμενοι πρὸς τὰς πέτρας πταίοντες διεσφενδονῶντο· καὶ παντάπασιν οὐδὲ πελάσαι οἷόν τ' ἦν τῇ εἰσόδῳ. (4) Ἔνιοι δὲ τῶν λοχαγῶν, εἰ μὴ ταύτῃ δύναιντο, ἄλλῃ ἐπειρῶντο· καὶ ταῦτα ἐποίουν μέχρι σκότος ἐγένετο· ἐπεὶ δὲ ᾤοντο ἀφανεῖς εἶναι ἀπιόντες, τότε ἀπῆλθον ἐπὶ δεῖπνον· ἐτύγχανον δὲ καὶ ἀνάριστοι ὄντες αὐτῶν οἱ ὀπισθοφυλακήσαντες. Οἱ μέντοι πολέμιοι [φοβούμενοι δῆλον ὅτι] οὐδὲν ἐπαύσαντο δι' ὅλης τῆς νυκτὸς κυ-

los ex eis occidimus, nonnullos etiam vivos ut caperemus, hac ipsa de causa operam dedimus, ut itinerum ducibus, regio quibus hæc nota esset, uteremur.

Et cum homines adduci statim curassent, ex iis separatim sumptis quærebant, ecquam viam aliam nossent, præter conspicuam. Alter quidem aliam se nosse negabat, etiamsi multi terrores ipsi incuterentur : cumque nihil quod esset ex usu diceret, alterius in conspectu jugulatus est. Alter ille superstes aiebat istum propterea aliam se nosse viam negasse, quod istic filiam haberet viro collocatam ; ipse vero ducem se itineris futurum dicebat, quo etiam pergere jumenta possent. Interrogatus ecquid esset in ea via loci difficilis transitu, verticem quendam esse aiebat, quem nisi quis occupando anteverteret hostes, fieri non posse ut transiretur. Hic visum est, convocatis cohortium præfectis et peltastarum et eorum qui erant gravis armaturæ tum præsentem rerum statum exponere, tum quærere, ecquis sit ex iis, qui se virum fortem præstare velit, ac suscepto negotio sponte proficisci. Profectionem suscipiunt ex gravis armaturæ præfectis Aristonymus Methydriensis Arcas, et Agasias Stymphalius Arcas. Cum ipsis autem contendebat Callimachus Parrhasius Arcas : nam et is ire se velle aiebat, adsumptis iis qui de toto exercitu ultro se offerrent ; Sat scio enim, inquit, multos juvenes secuturos, si ego dux sim. Deinde interrogat, num quis de expeditorum militum præfectis cohortium una cum his ire vellet. Operam quam pollicetur Aristeas Chius, qui in rebus ejusmodi sæpenumero exercitui fuit maximi pretii.

CAPUT II.

Et jam advesperascebat quidem, eosque sumpto cibo proficisci jusserunt præfecti : ac ducem viæ vinculis constrictum eis tradunt ; et rem ita componunt ut, si jugum caperent, noctu locum custodirent ; et quamprimum illucesceret, signum tuba darent : ac deinde qui superiori essent loco adversus eos tenderent, qui transitum illum conspicuum tenerent ; ipsi ad opem ferendam concurrerent, in montem quam celerrime possent adscendendo. His ita compositis, proficiscebantur illi, numero circiter bis mille ; et aqua tum ex cœlo multa defluebat : et Xenophon cum agminis extremi custodibus ad transitum illum conspicuum præibat, ut hostes in hanc duntaxat viam animum intenderent, ac quam maxime laterent ii, qui circuibant. Posteaquam ad torrentis alveum quendam agminis extremi custodes aderant, quem ubi transiissent in arduum tendendum erat, tunc barbari saxa rotunda, quæ vel singula plaustrum onerassent, tam majora quam minora devolvebant ; quæ delata et ad petras adlisa tanquam e funda contorquebantur ; atque adeo viæ ne quidem adpropinquare licebat. Nonnulli ex cohortium præfectis, hac si neutiquam possent, alia via evadere tentabant ; idque ad obortas usque tenebras agebant. Cum autem se discederbus, ab hostibus conspici non posse putarent, tunc ad cœnam abeunt : ex eorum autem numero ii, qui extremi agminis custodiam egissent, ne pransi quidem fuerant. Verum hostes [timore scilicet percussi] no-

λινδοῦντες τοὺς λίθους· τεκμαίρεσθαι δ' ἦν τῷ ψόφῳ. (5) Οἱ δ' ἔχοντες τὸν ἡγεμόνα κύκλῳ περιιόντες καταλαμβάνουσι τοὺς φύλακας ἀμφὶ πῦρ καθημένους· καὶ τοὺς μὲν κατακανόντες τοὺς δὲ καταδιώξαντες αὐτοὶ ἐνταῦθ' ἔμενον ὡς τὸ ἄκρον κατέχοντες. (6) Οἱ δ' οὐ κατεῖχον, ἀλλὰ μαστὸς ἦν ὑπὲρ αὐτῶν, παρ' ὃν ἦν ἡ στενὴ αὕτη ὁδὸς ἐφ' ᾗ ἐκάθηντο οἱ φύλακες. Ἔφοδος μέντοι αὐτόθεν ἐπὶ τοὺς πολεμίους ἦν οἳ ἐπὶ τῇ φανερᾷ ὁδῷ ἐκάθηντο. (7) Καὶ τὴν μὲν νύκτα ἐνταῦθα διήγαγον· ἐπεὶ δ' ἡμέρα ὑπέφαινεν ἐπορεύοντο σιγῇ συντεταγμένοι ἐπὶ τοὺς πολεμίους· καὶ γὰρ ὁμίχλη ἐγένετο, ὥστε ἔλαθον ἐγγὺς προσελθόντες. Ἐπεὶ δὲ εἶδον ἀλλήλους, ἥ τε σάλπιγξ ἐφθέγξατο καὶ ἀλαλάξαντες ἵεντο ἐπὶ τοὺς ἀνθρώπους· οἱ δὲ οὐκ ἐδέξαντο, ἀλλὰ λιπόντες τὴν ὁδὸν φεύγοντες ὀλίγοι ἀπέθνησκον· εὔζωνοι γὰρ ἦσαν. (8) Οἱ δὲ ἀμφὶ Χειρίσοφον ἀκούσαντες τῆς σάλπιγγος εὐθὺς ἵεντο ἄνω κατὰ τὴν φανερὰν ὁδόν· ἄλλοι δὲ τῶν στρατηγῶν κατὰ ἀτριβεῖς ὁδοὺς ἐπορεύοντο ᾗ ἔτυχον ἕκαστοι ὄντες, καὶ ἀναβάντες ὡς ἐδύναντο ἀνίμων ἀλλήλους τοῖς δόρασι. (9) Καὶ οὗτοι πρῶτοι συνέμιξαν τοῖς προκαταλαβοῦσι τὸ χωρίον. Ξενοφῶν δὲ ἔχων τῶν ὀπισθοφυλάκων τοὺς ἡμίσεις ἐπορεύετο ᾗπερ οἱ τὸν ἡγεμόνα ἔχοντες· εὐοδωτάτη γὰρ ἦν τοῖς ὑποζυγίοις· τοὺς δὲ ἡμίσεις ὄπισθεν τῶν ὑποζυγίων ἔταξε. (10) Πορευόμενοι δ' ἐντυγχάνουσι λόφῳ ὑπὲρ τῆς ὁδοῦ κατειλημμένῳ ὑπὸ τῶν πολεμίων, οὓς ἢ ἀποκόψαι ἦν ἀνάγκη ἢ διεζεῦχθαι ἀπὸ τῶν ἄλλων Ἑλλήνων. Καὶ αὐτοὶ μὲν ἂν ἐπορεύθησαν ᾗπερ οἱ ἄλλοι, τὰ δὲ ὑποζύγια οὐκ ἦν ἄλλῃ ἢ ταύτῃ ἐκβῆναι. (11) Ἔνθα δὴ παρακελευσάμενοι ἀλλήλοις προσβάλλουσι πρὸς τὸν λόφον ὀρθίοις τοῖς λόχοις, οὐ κύκλῳ ἀλλὰ καταλιπόντες ἄφοδον τοῖς πολεμίοις, εἰ βούλοιντο φεύγειν. (12) Καὶ τέως μὲν αὐτοὺς ἀναβαίνοντας ὅπη ἐδύναντο ἕκαστος οἱ βάρβαροι ἐτόξευον καὶ ἔβαλλον, ἐγγὺς δ' οὐ προσίεντο, ἀλλὰ φυγῇ λείπουσι τὸ χωρίον. Καὶ τοῦτόν τε παρεληλύθεσαν οἱ Ἕλληνες καὶ ἕτερον ὁρῶσιν ἔμπροσθεν λόφον κατεχόμενον ἐπὶ τοῦτον αὖθις ἐδόκει πορεύεσθαι. (13) Ἐννοήσας δ' ὁ Ξενοφῶν μὴ εἰ ἐρῆμον καταλείποι τὸν ἡλωκότα λόφον, καὶ πάλιν λαβόντες οἱ πολέμιοι ἐπιθοῖντο τοῖς ὑποζυγίοις παριοῦσιν, ἐπὶ πολὺ δ' ἦν τὰ ὑποζύγια ἅτε διὰ στενῆς τῆς ὁδοῦ πορευόμενα, καταλείπει ἐπὶ τοῦ λόφου λοχαγοὺς Κηφισόδωρον Κηφισοφῶντος Ἀθηναῖον καὶ Ἀμφικράτην Ἀμφιδήμου Ἀθηναῖον καὶ Ἀρχαγόραν Ἀργεῖον φυγάδα, αὐτὸς δὲ σὺν τοῖς λοιποῖς ἐπορεύετο ἐπὶ τὸν δεύτερον λόφον, καὶ τῷ αὐτῷ τρόπῳ καὶ τοῦτον αἱροῦσιν. (14) Ἔτι δ' αὐτοῖς τρίτος μαστὸς λοιπὸς ἦν πολὺ ὀρθιώτατος ὁ ὑπὲρ τῆς ἐπὶ τῷ πυρὶ καταληφθείσης φυλακῆς τῆς νυκτὸς ὑπὸ τῶν ἐθελοντῶν. (15) Ἐπεὶ δ' ἐγγὺς ἐγένοντο οἱ Ἕλληνες, λείπουσιν οἱ βάρβαροι ἀμαχητὶ τὸν μαστόν, ὥστε θαυμαστὸν πᾶσι γενέσθαι καὶ ὑπώπτευον δείσαντας αὐτοὺς μὴ κυκλωθέντες πολιορκοῖντο ἀπολιπεῖν. Οἱ δ' ἄρα ἀπὸ τοῦ ἄκρου καθορῶντες τὰ ὄπισθεν γιγνόμενα πάντες ἐπὶ τοὺς ὀπισθοφύλακας ἐχώρουν. (16) Καὶ Ξε-

ctem totam lapides devolvere non cessabant ; id quod ex fragore conjectare erat. At nostri, qui itineris ducem habebant, et loca undique circumierant, præsidiarios hostium milites ad ignem sedentes offendunt : cumque alios occidissent, alios persequendo dejecissent, ibi manebant ipsi, quasi verticem tenerent : quem tamen non tenebant, sed tumulus quidam erat supra ipsos, propter quem angusta erat illa via, ad quam hostium milites præsidiarii sedebant. Aditus vero inde ad hostes erat, qui ad viam conspicuam consederant. Et noctem quidem ibi exigebant. Cum autem dies illuxisset, instructi tacite in hostes pergunt ; etenim nebula offusa erat ; adeo ut occulti essent, cum jam prope ad eos accessissent. Posteaquam se mutuo vidissent, et tuba cecinit, et Græci sublato clamore homines invadunt : at impetum hi non sustinuerant, sed cum relicta via fugæ se dedissent, pauci tantum interfecti sunt ; quippe erant expediti. Qui circa Chirisophum erant, tubam ubi audierant, mox sursum via conspicua tendebant ; ceteri duces per vias non tritas, qua quisque forte aderat, pergebant, et quid adscenderent, ut poterant, alii alios hastis sursum attrahebant : atque hi primi se cum iis, qui locum occuparant, conjunxere. Xenophon autem cum dimidia extremi agminis parte ea via faciebat iter, qua illi qui ducem habuerant (nam ea jumentis erat commodissima); alteram partem post jumenta disposuerat. Dum procedebant in collem supra viam forte incidunt, ab hostibus occupatum, quos vel dejicerent necesse erat, vel a Græcis ceteris disjungerentur. Et ipsi quidem potuissent viam ingredi eam, qua ingressi fuerant alii, sed jumenta fieri non potuit ut alia quam hac evaderent via. Ibi tum mutuo se cohortati, cohortibus se excipientibus collem invadunt, non omni tamen ex parte, sed hostibus exitu relicto, si fugere vellent. Et barbari in eos adscendentes, qua quisque poterat, sagittas et jacula mittebant ; prope autem non accedebant, sed locum fuga dilapsi relinquunt. Et ut hunc Græci præterierunt, ita sic alium quendam ante se collem ab hostibus occupatum cernentibus visum est, ad hunc quoque pergendum esse. Xenophon autem cum secum sollicitus cogitaret ne si collem, quem ceperant, incustoditum relinqueret, iterum eum hostes occuparent ac jumenta prætereuntia adorirentur (in longum utique explicata erant jumenta, quippe quæ per iter angustum incederent), Cephisodorum Cephisophontis filium, Atheniensem, et Amphicratem Amphilemi filium, Atheniensem et ipsum, et Archagoram Argivum exulem, cohortium præfectos, in colle relinquit : ipse cum reliquis in verticem alterum tendit ; atque hunc etiam eodem modo capiunt. Ipsis adhuc jugum tertium reliquum erat multo maxime arduum, quod custodiæ ab iis, qui sponte profecti fuerant, ad ignem noctu deprehensam imminebat. Cum autem prope Græci suos duxissent, barbari sine prælio jugum relinquunt : adeo ut omnibus admirationi esset, atque suspicabantur eos locum propterea deserere, quod vererentur ne circumventi obsiderentur. Verum hi de vertice despicientes ea quæ a tergo gererentur, omnes in eos, qui extremum agmen tutabantur,

νοφῶν μὲν σὺν τοῖς νεωτάτοις ἀνέβαινεν ἐπὶ τὸ ἄκρον, τοὺς δὲ ἄλλους ἐκέλευσεν ὑπάγειν, ὅπως οἱ τελευταῖοι λόχοι προσμίξειαν, καὶ προελθόντας κατὰ τὴν ὁδὸν ἐν τῷ ὁμαλῷ θέσθαι τὰ ὅπλα εἶπε. (17) Καὶ ἐν τούτῳ τῷ χρόνῳ ἦλθεν Ἀρχαγόρας ὁ Ἀργεῖος πεφευγὼς καὶ λέγει ὡς ἀπεκόπησαν ἀπὸ τοῦ πρώτου λόφου καὶ ὅτι τεθνᾶσι Κηφισόδωρος καὶ Ἀμφικράτης καὶ ἄλλοι ὅσοι μὴ ἁλλόμενοι κατὰ τῆς πέτρας πρὸς τοὺς ὀπισθοφύλακας ἀφίκοντο. (18) Ταῦτα δὲ διαπραξάμενοι οἱ βάρβαροι ἦκον ἐπ᾽ ἀντίπορον λόφον τῷ μαστῷ· καὶ Ξενοφῶν διελέγετο αὐτοῖς δι᾽ ἑρμηνέως περὶ σπονδῶν καὶ τοὺς νεκροὺς ἀπῄτει. (19) Οἱ δὲ ἔφασαν ἀποδώσειν ἐφ᾽ ᾧ μὴ καίειν τὰς κώμας. Συνωμολόγει ταῦτα Ξενοφῶν. Ἐν ᾧ δὲ τὸ μὲν ἄλλο στράτευμα παρῄει, οἱ δὲ ταῦτα διελέγοντο, πάντες οἱ ἐκ τούτου τοῦ τόπου συνερρύησαν. Ἐνταῦθα ἵσταντο οἱ πολέμιοι. (20) Καὶ ἐπεὶ ἤρξαντο καταβαίνειν ἀπὸ τοῦ μαστοῦ πρὸς τοὺς ἄλλους ἔνθα τὰ ὅπλα ἔκειντο, ἵεντο δὴ οἱ πολέμιοι πολλῷ πλήθει καὶ θορύβῳ· καὶ ἐπεὶ ἐγένοντο ἐπὶ τῆς κορυφῆς τοῦ μαστοῦ ἀφ᾽ οὗ Ξενοφῶν κατέβαινεν, ἐκυλίνδουν πέτρας· καὶ ἑνὸς μὲν κατέαξαν τὸ σκέλος, Ξενοφῶντα δὲ ὁ ὑπασπιστὴς ἔχων τὴν ἀσπίδα ἀπέλιπεν· (21) Εὐρύλοχος δὲ Λουσιεὺς Ἀρκὰς προσέδραμεν αὐτῷ ὁπλίτης, καὶ πρὸ ἀμφοῖν προβεβλημένος ἀπεχώρει, καὶ οἱ ἄλλοι πρὸς τοὺς συντεταγμένους ἀπῆλθον. (22) Ἐκ δὲ τούτου πᾶν ὁμοῦ ἐγένετο τὸ Ἑλληνικόν, καὶ ἐσκήνησαν αὐτοῦ ἐν πολλαῖς καὶ καλαῖς οἰκίαις καὶ ἐπιτηδείοις δαψιλέσι· καὶ γὰρ οἶνος πολὺς ἦν, ὃν ἐν λάκκοις κονιατοῖς εἶχον. (23) Ξενοφῶν δὲ καὶ Χειρίσοφος διεπράξαντο ὥστε λαβόντες τοὺς νεκροὺς ἀπέδοσαν τὸν ἡγεμόνα· καὶ πάντα ἐποίησαν τοῖς ἀποθανοῦσιν ἐκ τῶν δυνατῶν, ὥσπερ νομίζεται ἀνδράσιν ἀγαθοῖς. (24) Τῇ δὲ ὑστεραίᾳ ἄνευ ἡγεμόνος ἐπορεύοντο μαχόμενοι δ᾽ οἱ πολέμιοι ὅπῃ εἴη στενὸν χωρίον προκαταλαμβάνοντες ἐκώλυον τὰς παρόδους. (25) Ὁπότε μὲν οὖν τοὺς πρώτους κωλύοιεν, Ξενοφῶν ὄπισθεν ἐκβαίνων πρὸς τὰ ὄρη ἔλυε τὴν ἀπόφραξιν τῆς παρόδου τοῖς πρώτοις ἀνωτέρω πειρώμενος γίγνεσθαι τῶν κωλυόντων, (26) ὁπότε δὲ τοῖς ὄπισθεν ἐπιθοῖντο, Χειρίσοφος ἐκβαίνων καὶ πειρώμενος ἀνωτέρω γίγνεσθαι τῶν κωλυόντων ἔλυε τὴν ἀπόφραξιν τῆς παρόδου τοῖς ὄπισθεν· καὶ ἀεὶ οὕτως ἐβοήθουν ἀλλήλοις καὶ ἰσχυρῶς ἀλλήλων ἐπεμέλοντο. (27) Ἦν δὲ καὶ ὁπότε αὐτοῖς τοῖς ἀναβᾶσι πολλὰ πράγματα παρεῖχον οἱ βάρβαροι πάλιν καταβαίνουσιν· ἐλαφροὶ γὰρ ἦσαν, ὥστε καὶ ἐγγύθεν φεύγοντες ἀποφεύγειν· οὐδὲν γὰρ εἶχον ἄλλο ἢ τόξα καὶ σφενδόνας. (28) Ἄριστοι δὲ τοξόται ἦσαν· εἶχον δὲ τόξα ἐγγὺς τριπήχη, τὰ δὲ τοξεύματα πλέον ἢ διπήχη· εἵλκον δὲ τὰς νευρὰς, ὁπότε τοξεύοιεν, πρὸς τὸ κάτω τοῦ τόξου τῷ ἀριστερῷ ποδὶ προσβαίνοντες. Τὰ δὲ τοξεύματα ἐχώρει διὰ τῶν ἀσπίδων καὶ διὰ τῶν θωράκων. Ἐχρῶντο δὲ αὐτοῖς οἱ Ἕλληνες, ἐπεὶ λάβοιεν, ἀκοντίοις ἐναγκυλῶντες. Ἐν τούτοις τοῖς χωρίοις οἱ Κρῆτες χρησιμώτατοι ἐγένοντο· ἦρχε δὲ αὐτῶν Στρατοκλῆς Κρής.

tendunt. Et Xenophon quidem cum junioribus in jugum adscendit, ceterosque ita subsequi jussit, ut ultimi cohortiam praefecti cum ipsis conjungere se possent : et ubi accessissent, in via loco aequabili in armis consisterent, edixit. Atque ibi tum Archagoras Argivus elapsus fuga venit, ac se suosque de primo colle dejectos fuisse narrat, et Cephisodorum, Amphicratem aliosque peremptos, quicumque de petra non desiliissent et ad extremi agminis praesidia pervenissent. Haec cum barbari confecissent, ad collem jugo oppositum veniebant : cumque eis Xenophon per interpretem de induciis agebat, ac interfectorum corpora repetebat. Aiebant illi se reddituros ea, modo vicos non exurerent. Cum iis Xenophon de his consentiebat. Interea vero dum copiae ceterae praeteribant, atque inter se de istis conditionibus disserebant, omnes eo de loco confluxerant. Ibi tum substiterunt hostes. Cumque Graeci descendere de jugo ad alios coepissent, ubi castra erant posita, magno sane numero tumultuque inferebantur hostes ; et cum ad verticem pervenissent jugi, de quo Xenophon descenderat, saxa devolvebant : et unius quidem crus fregerunt, Xenophontem satelles scutum portans non consequutus erat ; sed Eurylochus Lusiates Arcas, gravis armaturae miles, ad ipsum accurrit, ac pro utroque hostibus objectus pedem referebat ; ceteri quoque ad illos, qui stabant instructi, discesserunt. Tum vero omnes Graecae copiae in unum convenerant, et devertebantur multis elegantibusque aedibus, commeatu largo utentes : etenim vinum multum erat, quod cisternis opere tectorio inductis continebant. Perfecerunt autem Xenophon et Chirisophus, ut tradito itineris duce interfectorum corpora reciperent ; atque omnia mortuis justa pro viribus fecerunt, quemadmodum fieri viris fortibus in more est. Postridie sine duce proficiscebantur ; hostes autem pugnando, et locus sicubi esset angustus, eum praeoccupando, transitus impediebant. Quando ergo primos impedirent, Xenophon a tergo ad montes adscendens, transitus obstructionem primis solvebat, operam dans ut altius iis, qui impediebant, evaderet : cum vero extremum agmen adorirentur, Chirisophus adscendens, et operam dans ut altius iis, qui impediebant, evaderet, transitus obstructionem iis, qui extremi erant, solvebat. Atque ita semper hi mutuo sibi auxilium ferebant, et naviter admodum alter alterius curam gerebat. Nonnumquam etiam iis, qui adscenderant, barbari rursum descendentibus multum negotii facessebant : quippe erant expediti, adeo ut vel ex propinquo fugientes effugerent : neque enim quidquam praeter arcus et fundas gestabant. Erant autem sagittarii peritissimi ; arcusque habebant ternum fere cubitorum, sagittas plus quam bicubitales : ac nervos, cum sagittas missuri erant, ita adducebant, ut imae arcus parti sinistrum pedem imponerent. Sagittae autem scuta et loricas penetrabant : eis, si quas Graeci nacti essent, tanquam jaculis utebantur, amenta cum addidissent. His in locis maximo usui fuere Cretenses ; iis autem Stratocles praeerat Cretensis.

ΚΕΦΑΛΑΙΟΝ Γ.

CAPUT III.

Ταύτην δ' αὖ τὴν ἡμέραν ηὐλίσθησαν ἐν ταῖς κώμαις ταῖς ὑπὲρ τοῦ πεδίου τοῦ παρὰ τὸν Κεντρίτην ποταμόν, εὖρος ὡς δίπλεθρον, ὃς ὁρίζει τὴν Ἀρμενίαν καὶ τὴν τῶν Καρδούχων χώραν. Καὶ οἱ Ἕλληνες ἐνταῦθα ἀνεπαύσαντο ἄσμενοι ἰδόντες πεδίον· ἀπεῖχε δὲ τῶν ὀρέων ὁ ποταμὸς ὡς ἓξ ἢ ἑπτὰ στάδια τῶν Καρδούχων. (2) Τότε μὲν οὖν ηὐλίσθησαν μάλα ἡδέως καὶ τἀπιτήδεια ἔχοντες καὶ πολλὰ τῶν παρεληλυθότων πόνων μνημονεύοντες. Ἑπτὰ γὰρ ἡμέρας, ὅσασπερ ἐπορεύθησαν διὰ τῶν Καρδούχων, πάσας μαχόμενοι διετέλεσαν, καὶ ἔπαθον κακὰ ὅσα οὐδὲ τὰ σύμπαντα ὑπὸ βασιλέως καὶ Τισσαφέρνους. Ὡς οὖν ἀπηλλαγμένοι τούτων ἡδέως ἐκοιμήθησαν.

3. Ἅμα δὲ τῇ ἡμέρᾳ ὁρῶσιν ἱππεῖς που πέραν τοῦ ποταμοῦ ἐξωπλισμένους ὡς κωλύσοντας διαβαίνειν, πεζοὺς δ' ἐπὶ ταῖς ὄχθαις παρατεταγμένους ἄνω τῶν ἱππέων ὡς κωλύσοντας εἰς τὴν Ἀρμενίαν ἐκβαίνειν. (4) Ἦσαν δ' οὗτοι Ὀρόντου καὶ Ἀρτούχου Ἀρμένιοι καὶ Μαρδόνιοι καὶ Χαλδαῖοι μισθοφόροι. Ἐλέγοντο δὲ οἱ Χαλδαῖοι ἐλεύθεροί τε καὶ ἄλκιμοι εἶναι· ὅπλα δ' εἶχον γέρρα μακρὰ καὶ λόγχας. (5) Αἱ δὲ ὄχθαι αὗται ἐφ' ὧν παρατεταγμένοι οὗτοι ἦσαν τρία ἢ τέτταρα πλέθρα ἀπὸ τοῦ ποταμοῦ ἀπεῖχον· ὁδὸς δὲ μία ἡ ὁρωμένη ἦν ἄγουσα ἄνω ὥσπερ χειροποίητος· ταύτῃ ἐπειρῶντο διαβαίνειν οἱ Ἕλληνες. (6) Ἐπεὶ δὲ πειρωμένοις τό τε ὕδωρ ὑπὲρ τῶν μαστῶν ἐφαίνετο, καὶ τραχὺς ἦν ὁ ποταμὸς μεγάλοις λίθοις καὶ ὀλισθηροῖς, καὶ οὔτ' ἐν τῷ ὕδατι τὰ ὅπλα ἦν ἔχειν· εἰ δὲ μή, ἥρπαζεν ὁ ποταμός· ἐπί τε τῆς κεφαλῆς τὰ ὅπλα εἴ τις φέροι, γυμνοὶ ἐγίγνοντο πρὸς τὰ τοξεύματα καὶ τἆλλα βέλη· ἀνεχώρησαν οὖν καὶ αὐτῷ ἐστρατοπεδεύσαντο παρὰ τὸν ποταμόν. (7) Ἔνθα δὲ αὐτοὶ τὴν πρόσθεν νύκτα ἦσαν, ἐπὶ τοῦ ὄρους ἑώρων τοὺς Καρδούχους πολλοὺς συνειλεγμένους ἐν τοῖς ὅπλοις. Ἐνταῦθα δὴ πολλὴ ἀθυμία ἦν τοῖς Ἕλλησιν, ὁρῶσι μὲν τοῦ ποταμοῦ τὴν δυσπορίαν, ὁρῶσι δὲ τοὺς διαβαίνειν κωλύσοντας, ὁρῶσι δὲ τοῖς διαβαίνουσιν ἐπικεισομένους τοὺς Καρδούχους ὄπισθεν. (8) Ταύτην μὲν οὖν τὴν ἡμέραν καὶ τὴν νύκτα ἔμειναν ἐν πολλῇ ἀπορίᾳ ὄντες. Ξενοφῶν δὲ ὄναρ εἶδεν· ἔδοξεν ἐν πέδαις δεδέσθαι, αὗται δὲ αὐτῷ αὐτόμαται περιρρυῆναι, ὥστε λυθῆναι καὶ διαβαίνειν ὁπόσον ἐβούλετο. (9) Ἐπεὶ δὲ ὄρθρος ἦν, ἔρχεται πρὸς τὸν Χειρίσοφον καὶ λέγει ὅτι ἐλπίδας ἔχει καλῶς ἔσεσθαι, καὶ διηγεῖται αὐτῷ τὸ ὄναρ. Ὁ δὲ ἥδετό τε καὶ ὡς τάχιστα ἕως ὑπέφαινεν ἐθύοντο πάντες παρόντες οἱ στρατηγοί· καὶ τὰ ἱερὰ καλὰ ἦν εὐθὺς ἐπὶ τοῦ πρώτου. Καὶ ἀπιόντες ἀπὸ τῶν ἱερῶν οἱ στρατηγοὶ καὶ λοχαγοὶ παρήγγελλον τῇ στρατιᾷ ἀριστοποιεῖσθαι. (10) Καὶ ἀριστῶντι τῷ Ξενοφῶντι προσέτρεχον δύο νεανίσκω· ᾔδεσαν γὰρ πάντες ὅτι ἐξείη αὐτῷ καὶ ἀριστῶντι καὶ δειπνοῦντι προσελθεῖν, καὶ εἰ καθεύδοι, ἐπεγείραντα εἰπεῖν, εἴ τίς τι ἔχοι

Atque isto quidem die in vicis commorati sunt, supra planitiem sitam propter Centritem fluvium, latitudine duum fere plethrum, qui Armeniam a Carduchorum agro separat: hic Græci se quieti dabant lubenter, conspecto quippe campo; ceterum a Carduchorum montibus fluvius stadia circiter sex vel septem aberat. Ibi tum quidem non sine magna jucunditate commorati sunt, cum et commeatum haberent, et præteritorum laborum multum recordarentur. Septem enim dies, quibus per Carduchos profecti erant, omnes perpetuis exegerant præliis, taliaque perpessi fuerant mala, qualia ne universa quidem illa a rege et Tissapherne illata fuere. Quamobrem quasi ab his liberati, jucunde ad somnum capiendum decubuerunt.

Dies autem ut illuxit, trans fluvium equites vident armatos, tanquam si transitum impedituri essent; supraque equites fluminis in ripis pedites instructos, tanquam si impedituri essent ne in Armeniam evaderent. Erant hi Orontis et Artuchi, Armenii et Mardonii et Chaldæi stipendio conducti. Et Chaldæi quidem liberi ac bellicosi esse ferebantur: arma iis erant gerræ longæ et hastæ. Colles autem illi, in quibus isti erant instructi, tria vel quatuor plethra ab amne distabant: via, quæ quidem cerneretur, una erat eaque sursum ducebat, quasi manu facta: hac Græci transire conabantur. Cum autem iis, id qui conabantur, aquam mamillas superare compertum esset, ac flumen propter ingentia saxa eaque lubrica esset asperum, neque arma in aqua gestari possent; quod ceteroquin flumen eos abriperet; ac si quis in capite arma gestare vellet, nudos ferri adversus sagittas aliaque oporteret tela: retrocesserunt, atque illic propter amnem castra metati sunt. Ibi autem in monte, in quo nocte superiore ipsi fuerant, videbant multos Carduchos collectos eosque armis instructos. Itaque tum Græcos magna invasit animi demissio, cum in amne trajiciendo difficultatem cernerent, cernerent hostes qui ipsos transitu prohibituri essent, cernerent denique Carduchos trajicientibus a tergo instaturos. Quamobrem hunc diem ac noctem exigebant magna difficultate impliciti. At Xenophon somnium vidit: isque adeo sibi compedibus constrictus esse visus est, eæ vero sua sponte circa eum delabi videbantur, adeo ut ipse solutus esset, ac per omnia quæ vellet incederet. Cum diluculum jam adesset, ad Chirisophum venit, ac se in spe esse dicit bene ipsis futurum : simulque somnium ei narrat. Et is delectatus est, et quam primum aurora illucere cœperat, duces qui aderant omnes rem sacram faciebant : et statim ab initio pulchre litatum est. Cumque a sacrificiis discessissent duces et cohortium præfecti, exercitui denuntiabant prandendum esse. Ad Xenophontem autem adhuc prandentem juvenes duo accurrunt : norant enim omnes licere ad ipsum, et cum pranderet et cum cœnaret, accedere cuivis; atque etiam, si dormiret, excitare dice-

τῶν πρὸς τὸν πόλεμον. (11) Καὶ τότε ἔλεγον ἔτι τυγχάνοιεν φρύγανα συλλέγοντες ὡς ἐπὶ πῦρ, κἄπειτα κατίδοιεν ἐν τῷ πέραν ἐν πέτραις καθηκούσαις ἐπ' αὐτὸν τὸν ποταμὸν γέροντά τε καὶ γυναῖκα καὶ παιδίσκας ὥσπερ μαρσίπους ἱματίων κατατιθεμένους ἐν πέτρᾳ ἀντρώδει. (12) Ἰδοῦσι δὲ σφίσι δόξαι ἀσφαλὲς εἶναι διαβῆναι· οὐδὲ γὰρ τοῖς πολεμίοις ἱππεῦσι πρόσβατον εἶναι κατὰ τοῦτο. Ἐκδύντες δ' ἔρασαν ἔχοντες τὰ ἐγχειρίδια γυμνοὶ ὡς νευσόμενοι διαβαίνειν· πορευομένων δὲ πρόσθεν διαβῆναι πρὶν βρέξαι τὰ αἰδοῖα· καὶ διαβάντες καὶ λαβόντες τὰ ἱμάτια πάλιν ἥκειν. (13) Εὐθὺς οὖν ὁ Ξενοφῶν αὐτός τε ἔσπενδε καὶ τοῖς νεανίσκοις ἐγχεῖν ἐκέλευε καὶ εὔχεσθαι τοῖς φήνασι θεοῖς τά τε ὀνείρατα καὶ τὸν πόρον καὶ τὰ λοιπὰ ἀγαθὰ ἐπιτελέσαι. Σπείσας δ' εὐθὺς ἦγε τοὺς νεανίσκους παρὰ τὸν Χειρίσοφον, καὶ διηγοῦνται ταὐτά. (14) Ἀκούσας δὲ καὶ ὁ Χειρίσοφος σπονδὰς ἐποίει. Σπείσαντες δὲ τοῖς μὲν ἄλλοις παρήγγελλον συσκευάζεσθαι, αὐτοὶ δὲ συγκαλέσαντες τοὺς στρατηγοὺς ἐβουλεύοντο ὅπως ἂν κάλλιστα διαβαῖεν καὶ τούς τε ἔμπροσθεν νικῷεν καὶ ὑπὸ τῶν ὄπισθεν μηδὲν πάσχοιεν κακόν. (15) Καὶ ἔδοξεν αὐτοῖς Χειρίσοφον μὲν ἡγεῖσθαι καὶ διαβαίνειν ἔχοντα τὸ ἥμισυ τοῦ στρατεύματος, τὸ δ' ἥμισυ ἔτι ὑπομένειν σὺν Ξενοφῶντι, τὰ δὲ ὑποζύγια καὶ τὸν ὄχλον ἐν μέσῳ τούτων διαβαίνειν. (16) Ἐπεὶ δὲ καλῶς ταῦτα εἶχεν ἐπορεύοντο· ἡγοῦντο δ' οἱ νεανίσκοι ἐν ἀριστερᾷ ἔχοντες τὸν ποταμόν· ὁδὸς δὲ ἦν ἐπὶ τὴν διάβασιν ὡς τέτταρες στάδιοι. (17) Πορευομένων δ' αὐτῶν ἀντιπαρῇσαν αἱ τάξεις τῶν ἱππέων. Ἐπειδὴ δὲ ἦσαν κατὰ τὴν διάβασιν καὶ τὰς ὄχθας τοῦ ποταμοῦ, ἔθεντο τὰ ὅπλα, καὶ αὐτὸς πρῶτος Χειρίσοφος στεφανωσάμενος καὶ ἀποδὺς ἐλάμβανε τὰ ὅπλα καὶ τοῖς ἄλλοις πᾶσι παρήγγελλε, καὶ τοὺς λοχαγοὺς ἐκέλευεν ἄγειν τοὺς λόχους ὀρθίους, τοὺς μὲν ἐν ἀριστερᾷ τοὺς δ' ἐν δεξιᾷ ἑαυτοῦ. (18) Καὶ οἱ μὲν μάντεις ἐσφαγιάζοντο εἰς τὸν ποταμόν· οἱ δὲ πολέμιοι ἐτόξευόν τε καὶ ἐσφενδόνων· ἀλλ' οὔπω ἐξικνοῦντο. (19) Ἐπεὶ δὲ καλὰ ἦν τὰ σφάγια, ἐπαιάνιζον πάντες οἱ στρατιῶται καὶ ἀνηλάλαζον, συνωλόλυζον δὲ καὶ αἱ γυναῖκες ἅπασαι· πολλαὶ γὰρ ἦσαν ἑταῖραι ἐν τῷ στρατεύματι. (20) Καὶ Χειρίσοφος μὲν ἐνέβαινε καὶ οἱ σὺν ἐκείνῳ· ὁ δὲ Ξενοφῶν τῶν ὀπισθοφυλάκων λαβὼν τοὺς εὐζωνοτάτους ἔθει ἀνὰ κράτος πάλιν ἐπὶ τὸν πόρον τὸν κατὰ τὴν ἔκβασιν τὴν εἰς τὰ τῶν Ἀρμενίων ὄρη, προσποιούμενος ταύτῃ διαβὰς ἀποκλείσειν τοὺς παρὰ τὸν ποταμὸν ἱππέας. (21) Οἱ δὲ πολέμιοι ὁρῶντες μὲν τοὺς ἀμφὶ Χειρίσοφον εὐπετῶς τὸ ὕδωρ περῶντας, ὁρῶντες δὲ τοὺς ἀμφὶ Ξενοφῶντα θέοντας εἰς τοὔμπαλιν, δείσαντες μὴ ἀποκλεισθείησαν φεύγουσιν ἀνὰ κράτος ὡς πρὸς τὴν ἀπὸ τοῦ ποταμοῦ ἔκβασιν ἄνω. Ἐπεὶ δὲ κατὰ τὴν ὁδὸν ἐγένοντο, ἔτεινον ἄνω πρὸς τὸ ὄρος. (22) Λύκιος δ' ὁ τὴν τάξιν ἔχων τῶν ἱππέων καὶ Αἰσχίνης ὁ τὴν τάξιν ἔχων τῶν πελταστῶν τῶν ἀμφὶ Χειρίσοφον ἐπεὶ ἑώρων ἀνὰ κράτος φεύ-

requo, si quid haberet de iis quæ ad bellum pertinerent: narrabantque adeo tunc illi, forte se, dum ad ignem sarmenta colligerent, in ulteriore ripa in saxis ad amnem ipsum pertinentibus vidisse senem, et feminam, et puellas quasdam, quæ in petra cavernosa quasi vestimentorum saccos deponerent. Ipsis id cum vidissent tuto se trajicere visum fuisse; nec enim fieri posse, ut hac parte hostium equitatus accederet. Itaque cum se vestibus exuissent, nudis cum pugionibus tanquam naturalis trajicere se cœpisse narrant; cum autem pergerent, prius se transiisse quam pudenda madefacerent: atque ita cum transiissent, et vestimenta illa cepissent, eodem vado reversos. Igitur Xenophon statim et ipse libationem instituit, et suos infundere adolescentibus hisce jussit, atque vota diis, qui tum somnium tum vadum monstrassent, nuncupare, ut reliqua etiam ipsis perficerent commoda. Libatione facta, adolescentes ad Chirisophum statim duxit; eique eadem narrant. Quæ cum audisset Chirisophus, et ipse libationes instituit. Ubi libassent, denuntiari ceteris ut vasa colligerent; ipsi, convocatis ducibus, quo pacto quam optime transirent, et tum eos a fronte qui stabant vincerent, tum ab iis a tergo qui erant detrimenti nihil acciperent, deliberarunt. Ipsisque adeo visum est, ut Chirisophus in fronte esset, ac cum dimidia exercitus parte transiret; et reliqua pars dimidia cum Xenophonte maneret; jumentaque ac turba imbellis medio inter hos loco trajicerent. His ita recte constitutis, pergebant: itineris autem duces erant adolescentes, quibus ad lævam erat amnis: via, quæ ad transeundi locum ducebat, stadiorum fere quatuor erat. Cum proficisci cœpissent, adversus eos ex altera parte fluminis equitum perrexere turmæ. Ad locum trajectus et fluminis ripas ubi pervenissent, aciem instituebant, ac primus ipse Chirisophus coronatus ac veste posita arma capiebat, idemque ceteris omnibus faciendum imperabat: cohortium etiam præfectos cohortes sese excipientes, tum ad dextram suam, tum ad lævam, ducere jubebat. Et vates quidem hostias in amnem mactabant: hostes sagittas mittebant fundisque utebantur; sed necdum ad Græcos pertingebant. Postesquam pulchre litatum fuisset, pæana milites omnes canebant et clamorem exultanter tollebant, mulieresque etiam omnes alta lætaque voce una clamabant: erant enim multæ in exercitu amicæ. Ac Chirisophus quidem cum suis amnem ingrediebatur: et Xenophon, secum sumptis eorum qui in extremo erant agmine expeditissimis, totis viribus ad trajectum illum recurrit, qui erat propter aditum, in Armeniorum montes ducentem; simulans hac se transiturum et interclusurum equites, qui secundum flumen erant. Hostes ubi Chirisophum cum suis aquam videbant facile transmittere, videbant etiam Xenophontem cum suis retro currere, veriti ne intercluderentur, totis viribus ad eum fugiunt aditum, qui a fluvio sursum ducebat. Eam in viam cum pervenissent, in montem sursum tendebant. Lycius autem qui equitum turmam ducebat, et Æschines cui agmen erat peltastarum de Chirisophi copiis, hos cum totis viribus fugere viderent, seque-

γοντας, εἵποντο· οἱ δὲ στρατιῶται ἐβόων μὴ ἀπολείπεσθαι ἀλλὰ συνεκβαίνειν ἐπὶ τὸ ὄρος. (23) Χειρίσοφος δ' αὖ ἐπεὶ διέβη, τοὺς μὲν ἱππέας οὐκ ἐδίωκεν, εὐθὺς δὲ κατὰ τὰς προσηκούσας ὄχθας ἐπὶ τὸν ποταμὸν ἐξέβαινεν ἐπὶ τοὺς ἄνω πολεμίους. Οἱ δὲ ἄνω, ὁρῶντες μὲν τοὺς ἑαυτῶν ἱππέας φεύγοντας, ὁρῶντες δ' ὁπλίτας σφίσιν ἐπιόντας, ἐκλείπουσι τὰ ὑπὲρ τοῦ ποταμοῦ ἄκρα. (24) Ξενοφῶν δ' ἐπεὶ τὰ πέραν ἑώρα καλῶς γιγνόμενα, ἀπεχώρει τὴν ταχίστην πρὸς τὸ διαβαῖνον στράτευμα· καὶ γὰρ οἱ Καρδοῦχοι φανεροὶ ἤδη ἦσαν εἰς τὸ πεδίον καταβαίνοντες ὡς ἐπιθησόμενοι τοῖς τελευταίοις. (25) Καὶ Χειρίσοφος μὲν τὰ ἄνω κατεῖχε, Λύκιος δὲ σὺν ὀλίγοις ἐπιχειρήσας ἐπιδιῶξαι ἔλαβε τῶν σκευοφόρων τὰ ὑπολειπόμενα καὶ μετὰ τούτων ἐσθῆτά τε καλὴν καὶ ἐκπώματα. (26) Καὶ τὰ μὲν σκευοφόρα τῶν Ἑλλήνων καὶ ὁ ὄχλος ἀκμὴν διέβαινε, Ξενοφῶν δὲ στρέψας πρὸς τοὺς Καρδούχους ἀντία τὰ ὅπλα ἔθετο, καὶ παρήγγειλε τοῖς λοχαγοῖς κατ' ἐνωμοτίας ποιήσασθαι ἕκαστον τὸν ἑαυτοῦ λόχον, παρ' ἀσπίδας παραγαγόντας τὴν ἐνωμοτίαν ἐπὶ φάλαγγος· καὶ τοὺς μὲν λοχαγοὺς καὶ τοὺς ἐνωμοτάρχας πρὸς τῶν Καρδούχων ἰέναι, οὐραγοὺς δὲ καταστήσασθαι πρὸς τοῦ ποταμοῦ. (27) Οἱ δὲ Καρδοῦχοι ὡς ἑώρων τοὺς ὀπισθοφύλακας τοῦ ὄχλου ψιλουμένους καὶ ὀλίγους ἤδη φαινομένους, θᾶττον δὴ ἐπῄεσαν ᾠδάς τινας ᾄδοντες. Ὁ δὲ Χειρίσοφος, ἐπεὶ τὰ παρ' αὑτῷ ἀσφαλῶς εἶχε, πέμπει παρὰ Ξενοφῶντα τοὺς πελταστὰς καὶ σφενδονήτας καὶ τοξότας καὶ κελεύει ποιεῖν ὅ,τι ἂν παραγγέλλῃ. (28) Ἰδὼν δὲ αὐτοὺς διαβαίνοντας ὁ Ξενοφῶν πέμψας ἄγγελον κελεύει αὐτοῦ μεῖναι ἐπὶ τοῦ ποταμοῦ μὴ διαβάντας· ὅταν δ' ἄρξωνται αὐτοὶ διαβαίνειν, ἐναντίους ἔνθεν καὶ ἔνθεν σφῶν ἐμβαίνειν ὡς διαβησομένους, διηγκυλωμένους τοὺς ἀκοντιστὰς καὶ ἐπιβεβλημένους τοὺς τοξότας· μὴ πρόσω δὲ τοῦ ποταμοῦ προβαίνειν. (29) Τοῖς δὲ παρ' ἑαυτῷ παρήγγειλεν, ἐπειδὰν σφενδόνη ἐξικνῆται καὶ ἀσπὶς ψοφῇ, παιανίσαντας θεῖν εἰς τοὺς πολεμίους· ἐπειδὰν δ' ἀναστρέψωσιν οἱ πολέμιοι καὶ ἐκ τοῦ ποταμοῦ ὁ σαλπιγκτὴς σημήνῃ τὸ πολεμικόν, ἀναστρέψαντας ἐπὶ δόρυ ἡγεῖσθαι μὲν τοὺς οὐραγούς, θεῖν δὲ πάντας καὶ διαβαίνειν ὅτι τάχιστα ᾗ ἕκαστος τὴν τάξιν εἶχεν, ὡς μὴ ἐμποδίζειν ἀλλήλους· ὅτι οὗτος ἄριστος ἔσοιτο ὃς ἂν πρῶτος ἐν τῷ πέραν γένηται. (30) Οἱ δὲ Καρδοῦχοι ὁρῶντες ὀλίγους ἤδη τοὺς λοιπούς, πολλοὶ γὰρ καὶ τῶν μένειν τεταγμένων ᾤχοντο ἐπιμελησόμενοι οἱ μὲν ὑποζυγίων, οἱ δὲ σκευῶν, οἱ δ' ἑταιρῶν, ἐνταῦθα δὴ ἐπέκειντο θρασέως καὶ ἤρχοντο σφενδονᾶν καὶ τοξεύειν. (31) Οἱ δὲ Ἕλληνες παιανίσαντες ὥρμησαν δρόμῳ ἐπ' αὐτούς· οἱ δὲ οὐκ ἐδέξαντο· καὶ γὰρ ἦσαν ὡπλισμένοι ὡς μὲν ἐν τοῖς ὄρεσιν ἱκανῶς πρὸς τὸ ἐπιδραμεῖν καὶ φεύγειν, πρὸς δὲ εἰς χεῖρας δέχεσθαι οὐχ ἱκανῶς. (32) Ἐν τούτῳ σημαίνει ὁ σαλπιγκτής· καὶ οἱ μὲν πολέμιοι ἔφευγον πολὺ ἔτι θᾶττον, οἱ δ' Ἕλληνες τἀναντία στρέψαντες ἔφευγον διὰ τοῦ ποταμοῦ ὅτι τάχιστα. (33) Τῶν δὲ πολεμίων οἱ μέν τινες αἰσθόμενοι πάλιν ἔδρα-

bantur : milites ceteri clamabant se ab illis non abfuturos, sed una cum iis in montem evasuros. At Chirisophus ubi transiisset, non ille quidem equites insequebatur, sed statim per ripas ad amnem pertinentes adversus hostes, superioribus in locis subsistentes, evasit. Illi vero qui in locis altioribus constiterant, cum equites suos fugere cernerent, cernerent gravis armaturæ milites adversus se pergere, juga fluvio imminentia deserunt. Interim Xenophon cum vidisset rem in ulteriore ripa bene successisse, quam celerrime ad copias amnem transeuntes revertitur. Nam Carduchi jam palam in planitiem descendebant, quasi qui in extremum agmen impetum facturi essent. Et Chirisophus superiora jam tenebat loca, Lyciusque cum paucis hostes insequi adgressus, impedimenta a tergo relicta cepit, et in his tum vestem pulchram tum pocula. Ac impedimenta quidem Græcorum et turba in eo erant ut transirent : at Xenophon in Carduchos conversus, adversus eos aciem instruxit ; et præfectis cohortium imperavit, ut quisque cohortem suam per enomotias disponeret, scuta versus in phalangem promota quaque enomotia : edixit etiam cohortium præfecti et enomotarchæ in Carduchos pergerent, a tergo curantibus juxta flumen constitutis. At Carduchi, ut videbant extremi agminis custodes multitudine nudatos, jamque paucos adeo videri, celerius hos invasærunt, cantilenas quasdam canentes. Chirisophus autem, constitutis in tuto suis, peltastas et funditores et sagittarios ad Xenophontem mittit, atque facere, quidquid ille imperaret, jubet. Eos Xenophon jam descendentes conspicatus, misso nuntio mandat istic ut ad amnem subsisterent : ac ubi ipsi transire cœperint, tunc ex adverso ab utroque ipsorum latere pergerent tanquam transituri, jaculatores amentis hastarum prehensis, sagittarii cum sagittis in nervos impositis ; procul tamen in fluminis transitu non progrederentur. Eis vero, qui apud ipsum erant, mandabat, uti cum fundæ pertingerent, et scuta pulsata sonarent, pœanem exorsi cursu semper in hostes ferrentur ; quando se averterent hostes, ac tubicen classicum a fluvio caneret, ipsi se in hastam converterent et a tergo curantes incederent, ac quam celerrime currerent omnes, ac eo quo quisque constitutus esset ordine transirent, ut ne alii alios impedirent : cum utique fore præstantissimum, qui primus in ulteriorem ripam evaderet. Carduchi vero, cum paucos jam esse reliquos viderent (nam multi etiam illorum, qui manere jussi fuerant, eo consilio discesserant, ut curarent alii jumenta, alii impedimenta, alii amicas), tum audacter instabant, fundisque et sagittis uti cœpere. At Græci pœanem exorsi in eos cursu feruntur ; quorum illi non sustinebant impetum : etenim armati erant, ut in montibus, satis ad incursiones faciendas fugamque capiendam, verum ad impetus hostium, manus qui consererent, sustinendos, non satis. Hic classicum canit tubicen ; hostesque multo etiam celerius in fugam se dederunt : at Græci diversam cum se in partem vertissent, quam citissime per amnem fugiebant. Quod cum ex hostibus nonnulli animadverterent, ad amnem

μον ἐπὶ τὸν ποταμὸν καὶ τοξεύοντες ὀλίγους ἔτρωσαν, οἱ δὲ πολλοὶ καὶ πέραν ὄντων τῶν Ἑλλήνων ἔτι φανεροὶ ἦσαν φεύγοντες. (34) Οἱ δὲ ὑπαντήσαντες ἀνδριζόμενοι καὶ προσωτέρω τοῦ καιροῦ προϊόντες ὕστερον τῶν μετὰ Ξενοφῶντος διέβησαν πάλιν· καὶ ἐτρώθησάν τινες καὶ τούτων.

ΚΕΦΑΛΑΙΟΝ Δ.

Ἐπεὶ δὲ διέβησαν, συνταξάμενοι ἀμφὶ μέσον ἡμέρας ἐπορεύθησαν διὰ τῆς Ἀρμενίας πεδίον ἅπαν καὶ λείους γηλόφους οὐ μεῖον ἢ πέντε παρασάγγας· οὐ γὰρ ἦσαν ἐγγὺς τοῦ ποταμοῦ κῶμαι διὰ τοὺς πολέμους τοὺς πρὸς τοὺς Καρδούχους. (2) Εἰς δὲ ἣν ἀφίκοντο κώμην μεγάλη τε ἦν καὶ βασίλειον εἶχε τῷ σατράπῃ καὶ ἐπὶ ταῖς πλείσταις οἰκίαις τύρσεις ἐπῆσαν· ἐπιτήδεια δ' ἦν δαψιλῆ. (3) Ἐντεῦθεν δ' ἐπορεύθησαν σταθμοὺς δύο παρασάγγας δέκα μέχρι ὑπερῆλθον τὰς πηγὰς τοῦ Τίγρητος ποταμοῦ. Ἐντεῦθεν δ' ἐπορεύθησαν σταθμοὺς τρεῖς παρασάγγας πεντεκαίδεκα ἐπὶ τὸν Τηλεβόαν ποταμόν. Οὗτος δ' ἦν καλὸς μέν, μέγας δ' οὔ· κῶμαι δὲ πολλαὶ περὶ τὸν ποταμὸν ἦσαν. (4) Ὁ δὲ τόπος οὗτος Ἀρμενία ἐκαλεῖτο ἡ πρὸς ἑσπέραν. Ὕπαρχος δ' ἦν αὐτῆς Τιρίβαζος, ὁ καὶ βασιλεῖ φίλος γενόμενος, καὶ ὁπότε παρείη, οὐδεὶς ἄλλος βασιλέα ἐπὶ τὸν ἵππον ἀνέβαλλεν. (5) Οὗτος προσήλασεν ἱππέας ἔχων, καὶ προπέμψας ἑρμηνέα εἶπεν ὅτι βούλοιτο διαλεχθῆναι τοῖς ἄρχουσι. Τοῖς δὲ στρατηγοῖς ἔδοξεν ἀκοῦσαι· καὶ προσελθόντες εἰς ἐπήκοον ἠρώτων τί θέλοι. (6) Ὁ δὲ εἶπεν ὅτι σπείσασθαι βούλοιτο ἐφ' ᾧ μήτε αὐτὸς τοὺς Ἕλληνας ἀδικεῖν μήτε ἐκείνους καίειν τὰς οἰκίας, λαμβάνειν τε τἀπιτήδεια ὅσων δέοιντα. Ἔδοξε ταῦτα τοῖς στρατηγοῖς καὶ ἐσπείσαντο ἐπὶ τούτοις.

7. Ἐντεῦθεν δ' ἐπορεύθησαν σταθμοὺς τρεῖς διὰ πεδίου παρασάγγας πεντεκαίδεκα· καὶ Τιρίβαζος παρηκολούθει ἔχων τὴν ἑαυτοῦ δύναμιν, ἀπέχων ὡς δέκα σταδίους· καὶ ἀφίκοντο εἰς βασίλεια καὶ κώμας πέριξ πολλὰς πολλῶν τῶν ἐπιτηδείων μεστάς. (8) Στρατοπεδευομένων δ' αὐτῶν γίγνεται τῆς νυκτὸς χιὼν πολλή· καὶ ἕωθεν ἔδοξε διασκηνῆσαι τὰς τάξεις καὶ τοὺς στρατηγοὺς κατὰ τὰς κώμας· οὐ γὰρ ἑώρων πολέμιον οὐδένα καὶ ἀσφαλὲς ἐδόκει εἶναι διὰ τὸ πλῆθος τῆς χιόνος. (9) Ἐνταῦθα εἶχον πάντα τὰ ἐπιτήδεια ὅσα ἐστὶν ἀγαθά, ἱερεῖα, σῖτον, οἴνους παλαιοὺς εὐώδεις, ἀσταφίδας, ὄσπρια παντοδαπά. Τῶν δὲ ἀποσκεδαννυμένων τινὲς ἀπὸ τοῦ στρατοπέδου ἔλεγον ὅτι κατίδοιεν στράτευμα καὶ νύκτωρ πολλὰ πυρὰ φαίνοιτο. (10) Ἐδόκει δὴ τοῖς στρατηγοῖς οὐκ ἀσφαλὲς εἶναι διασκηνοῦν, ἀλλὰ συναγαγεῖν τὸ στράτευμα πάλιν. Ἐντεῦθεν συνῆλθον· καὶ γὰρ ἐδόκει διαιθριάζειν. (11) Νυκτερευόντων δ' αὐτῶν ἐνταῦθα ἐπιπίπτει χιὼν ἄπλετος, ὥστε ἀπέκρυψε καὶ τὰ ὅπλα καὶ τοὺς ἀνθρώπους κατακειμένους καὶ τὰ ὑποζύγια συνεπόδισεν ἡ χιών· καὶ πολὺς ὄκνος ἦν ἀνίστασθαι· κατακειμένων

CAPUT IV.

Cum autem universi jam transiissent, meridiem sub instructis ordinibus per totam Armeniæ planitiem, collesque leniter surgentes, non minus quinque parasangis, iter fecerunt ; neque enim prope flumen ulli erant vici, propter ea quæ cum Carduchis gerebantur bella. Vicus autem ad quem pervenere, magnus erat et regiam habebat in usum satrapæ, plurimisque domibus superstabant turres : ac commeatus larga erat copia. Inde castris alteris, parasangas decem progressi sunt, donec supra Tigris fluvii fontes evasissent. Inde castris tertiis, parasangas quindecim progressi sunt, ad Teleboam fluvium. Pulcher is quidem erat, sed non magnus : multi vero circum amnem erant vici. Locus hic adpellabatur Armenia ad occidentem vergens. Ejus præfectus erat Tiribazus, qui et regi fuit amicus : et quoties aderat, nullus alius regem in equum tollebat. Hic cum equitibus Græcos versus advehebatur, præmissoque interprete, velle se cum iis qui imperium obtinebant colloqui significabat. Ducibus cum ut audirent visum est ; atque adeo cum ad locum accessissent, e quo audiri quidquid diceretur posset, quid vellet interrogabant. Aiebat ille hæc ea conditione cum iis fœdus inire velle, ut nec ipse Græcos læderet, nec ipsi domos exurerent ; commeatus tamen, quantis indigerent, caperent. Comprobata sunt hæc ducibus, et iis conditionibus fœdus pacti sunt.

Inde castris tertiis, parasangas quindecim, per planitiem progressi sunt : Tiribazusque eos suis cum copiis subsequebatur, ex stadiorum fere decem intervallo : atque hic ad regiam pervenerunt vicosque circa eam multos, magna commeatus copia refertos. Cum autem in castris degerent, multa nix nocte decidit : quare mane visum est ut militum cohortes ac duces hinc inde in vicos diverterent : nec enim hostem cernebant ullum, et quia magna nivis esset copia, tutum esse videbatur. Hic iis commeatus illi omnes, humanis qui usibus sunt apti, aderant, animalia, frumentum, vina vetera eaque fragrantia, uvæ passæ, omnis generis legumina. Eorum autem, a castris qui longius Palati fuerant, nonnulli dicebant exercitum se vidisse, noctuque multos ignes adparuisse. Itaque visum est ducibus tutum non esse fore inde in vicos divertere, sed potius copias rursus esse cogendas. Quare rursum inde convenerunt ; quippe quod ipsis cœlum serenum videretur. Verum iis ibi pernoctantibus, vis ingens adeo nivis incidit, ut tum arma tum homines, qui humi jacebant, tegeret : etiam jumenta nix constrinxerat, longaque adeo præ torpore erat surgendi

γὰρ ἀλεεινὸν ἦν ἡ χιὼν ἐπιπεπτωκυῖα, ὅτῳ μὴ παραρ-
ρυείη. (12) Ἐπεὶ δὲ Ξενοφῶν ἐτόλμησε γυμνὸς ἀναστὰς σχίζειν ξύλα, τάχα ἀναστάς τις καὶ ἄλλος ἐκείνου
ἀφελόμενος ἔσχιζεν. Ἐκ δὲ τούτου καὶ οἱ ἄλλοι ἀναστάντες πῦρ ἔκαιον καὶ ἐχρίοντο· (13) πολὺ γὰρ ἐνταῦθα εὑρίσκετο χρίσμα, ᾧ ἐχρῶντο ἀντ' ἐλαίου, σύειον καὶ
σησάμινον καὶ ἀμυγδάλινον ἐκ τῶν πικρῶν καὶ τερε-
βίνθινον. Ἐκ δὲ τῶν αὐτῶν τούτων καὶ μύρον εὑρίσκετο.

14. Μετὰ ταῦτα ἐδόκει πάλιν διασκηνητέον εἶναι εἰς
τὰς κώμας εἰς στέγας. Ἔνθα δὴ οἱ στρατιῶται σὺν
πολλῇ κραυγῇ καὶ ἡδονῇ ᾖσαν ἐπὶ τὰς στέγας καὶ τὰ
ἐπιτήδεια· ὅσοι δὲ ὅτε τὸ πρότερον ἀπῇεσαν τὰς οἰκίας
ἐνέπρησαν ὑπὸ τῆς ἀθρίας δίκην ἐδίδοσαν κακῶς σκη-
νοῦντες. (15) Ἐντεῦθεν ἔπεμψαν νυκτὸς Δημοκράτην
Τεμενίτην ἄνδρας δόντες ἐπὶ τὰ ὄρη ἔνθα ἔφασαν οἱ
ἀποσκεδαννύμενοι καθορᾶν τὰ πυρά· οὗτος γὰρ ἐδόκει
καὶ πρότερον πολλὰ ἤδη ἀληθεῦσαι τοιαῦτα, τὰ ὄντα
τε ὡς ὄντα καὶ τὰ μὴ ὄντα ὡς οὐκ ὄντα. (16) Πορευθεὶς δὲ τὰ μὲν πυρὰ οὐκ ἔφη ἰδεῖν, ἄνδρα δὲ συλλαβὼν
ἧκεν ἄγων ἔχοντα τόξον Περσικὸν καὶ φαρέτραν καὶ
σάγαριν οἵανπερ αἱ Ἀμαζόνες ἔχουσιν. (17) Ἐρωτώμενος δὲ ποδαπὸς εἴη Πέρσης μὲν ἔφη εἶναι, πορεύεσθαι δ' ἀπὸ τοῦ Τιριβάζου στρατεύματος, ὅπως ἐπιτήδεια λάβοι. Οἱ δ' ἠρώτων αὐτὸν τὸ στράτευμα ὁπόσον
τε εἴη καὶ ἐπὶ τίνι συνειλεγμένον. (18) Ὁ δὲ εἶπεν ὅτι
Τιρίβαζος εἴη ἔχων τήν τε ἑαυτοῦ δύναμιν καὶ μισθοφόρους Χάλυβας καὶ Ταόχους· παρεσκευάσθαι δὲ αὐτὸν
ἔφη ὡς ἐπὶ τῇ ὑπερβολῇ τοῦ ὄρους ἐν τοῖς στενοῖς, ᾗπερ
μοναχῇ εἴη πορεία, ἐνταῦθα ἐπιθησόμενον τοῖς Ἕλλησιν. (19) Ἀκούσασι τοῖς στρατηγοῖς ταῦτα ἔδοξε τὸ
στράτευμα συναγαγεῖν· καὶ εὐθὺς φύλακας καταλιπόντες καὶ στρατηγὸν ἐπὶ τοῖς μένουσι Σοφαίνετον Στυμφάλιον ἐπορεύοντο ἔχοντες ἡγεμόνα τὸν ἁλόντα ἄνθρωπον. (20) Ἐπειδὴ δὲ ὑπερέβαλλον τὰ ὄρη, οἱ πελτασταὶ
προϊόντες καὶ κατιδόντες τὸ στρατόπεδον οὐκ ἔμειναν
τοὺς ὁπλίτας, ἀλλ' ἀνακραγόντες ἔθεον ἐπὶ τὸ στρατόπεδον. (21) Οἱ δὲ βάρβαροι ἀκούσαντες τὸν θόρυβον
οὐχ ὑπέμειναν, ἀλλ' ἔφευγον· ὅμως δὲ καὶ ἀπέθανόν τινες τῶν βαρβάρων καὶ ἵπποι ἡλώθησαν εἰς εἴκοσι καὶ ἡ
σκηνὴ ἡ Τιριβάζου ἑάλω καὶ ἐν αὐτῇ κλῖναι ἀργυρόπο-
δες καὶ ἐκπώματα καὶ οἱ ἀρτοκόποι καὶ οἱ οἰνοχόοι
φάσκοντες εἶναι. (22) Ἐπειδὴ δὲ ἐπύθοντο ταῦτα οἱ
τῶν ὁπλιτῶν στρατηγοί, ἐδόκει αὐτοῖς ἀπιέναι τὴν ταχίστην ἐπὶ τὸ στρατόπεδον, μή τις ἐπίθεσις γένοιτο τοῖς
καταλελειμμένοις. Καὶ εὐθὺς ἀνακαλεσάμενοι τῇ
σάλπιγγι ἀπῇεσαν, καὶ ἀφίκοντο αὐθημερὸν ἐπὶ τὸ
στρατόπεδον.

ΚΕΦΑΛΑΙΟΝ Ε.

Τῇ δ' ὑστεραίᾳ ἐδόκει πορευτέον εἶναι ὅπῃ δύναιντο
τάχιστα πρὶν ἢ συλλεγῆναι τὸ στράτευμα πάλιν καὶ κα-

cunctatio : jacentium vero in quos quæ inciderat nix, nec
defluxerat, eos calefaciebat. Sed posteaquam Xenophon
surgens nudus ausus est ligna findere, mox et alius quispiam surgens ab illo quæ abstulerat ligna fidit. Tum vero
alii quoque surgentes ignem accendebant et semet ungebant : nam multum hic unguentum reperire quo utebatur olei loco, scilicet suillum, sesaminum, amygdalinum,
ex amygdalis amaris confectum, et terebinthinum. De his
ipsis rebus etiam unguentum fragrans inveniebatur.

Secundum hæc iterum videbatur in vicorum tecta di-
vertendum esse. Ibi tum milites magno cum clamore et
magna voluptate ad tecta et commeatus tendebant : quotquot autem, id temporis cum prius de vicis abierant, exusserant domos, pœnas hi dederunt illas, ut sub dio misere
cubarent. Inde noctu Democratem Temenitem, datis ei
militibus, in montes eos miserunt, e quibus hinc inde palati milites ignes se videre dixerant : nam is jam antea hujusmodi multa vere narrasse videbatur, quæ revera existebant, tanquam quæ revera existerent, et quæ revera non
existebant, tanquam quæ non revera existerent. Hic autem
profectus, ignes se vidisse negabat, verum hominem quem
ceperat secum ducebat, qui arcum habebat Persicum et
pharetram, et securim, qualem habent Amazones. Cumque interrogaretur, cujas esset, Persam se esse aiebat et
a Tiribazi exercitu profectum, ut commeatus pararet. Eum
interrogabant illi, quantus esset Tiribazi exercitus, et qua
de causa collectus. Respondit is, Tiribazum et suas habere copias, et mercenarios Chalybas Taochosque; eumque
se parasse aiebat, ut in cacumine montis loca ad angusta,
qua unicum pateret iter, ibi Græcos adoriretur. Ducibus,
hæc cum audissent, visum est colligendas esse copias : ac
mox adeo relictis custodibus, duceque manentibus istic
dato Sophæneto Stymphalio, pergebant cum itineris duce,
homine illo captivo. Postquam montes superassent, peltastæ progressi et conspicati castra, gravis armaturæ milites non exspectarunt, sed clamore sublato castra cursu
invadunt. At barbari tumultum ut audierunt, non substiterunt, sed in fugam se conjecere : ex barbaris tamen nonnulli interfecti erant; et equi capti circiter viginti, captum
etiam erat Tiribazi tentorium, quique in eo erant argentei
pedibus lectuli, et pocula, et nonnulli qui se pistores ac pin-
cernas esse dicerent. Hæc omnia cum gravis armaturæ
militum duces rescivissent, quam celerrime ad castra discedendum statuunt, ne quis impetus in eos fieret, qui relicti
fuerant. Itaque statim, cum tuba receptui cecinisset,
discessere, eodemque die ad castra perveniunt.

CAPUT V.

Postridie, quanta fieri celeritate posset, pergendum esse
videbatur, priusquam hostilis exercitus iterum cogeretur,

ταλαβεῖν τὰ στενά. Συσκευασάμενοι δ' εὐθὺς ἐπορεύοντο διὰ χιόνος πολλῆς ἡγεμόνας ἔχοντες πολλούς· καὶ αὐθημερὸν ὑπερβαλόντες τὸ ἄκρον ἐφ' ᾧ ἔμελλεν ἐπιτίθεσθαι Τιρίβαζος κατεστρατοπεδεύσαντο. (2) Ἐντεῦθεν ἐπορεύθησαν σταθμοὺς ἐρήμους τρεῖς παρασάγγας πεντεκαίδεκα ἐπὶ τὸν Εὐφράτην ποταμόν, καὶ διέβαινον αὐτὸν βρεχόμενοι πρὸς τὸν ὀμφαλόν. Ἐλέγοντο δὲ αὐτοῦ αἱ πηγαὶ οὐ πρόσω εἶναι. (3) Ἐντεῦθεν ἐπορεύοντο διὰ χιόνος πολλῆς καὶ πεδίου σταθμοὺς τρεῖς παρασάγγας πεντεκαίδεκα. Ὁ δὲ τρίτος ἐγένετο χαλεπὸς καὶ ἄνεμος βορρᾶς ἐναντίος ἔπνει παντάπασιν ἀποκαίων πάντα καὶ πηγνὺς τοὺς ἀνθρώπους. (4) Ἔνθα δὴ τῶν μάντεών τις εἶπε σφαγιάσασθαι τῷ ἀνέμῳ, καὶ σφαγιάζεται· καὶ πᾶσι δὴ περιφανῶς ἔδοξε λῆξαι τὸ χαλεπὸν τοῦ πνεύματος. Ἦν δὲ τῆς χιόνος τὸ βάθος ὀργυιά· ὥστε καὶ τῶν ὑποζυγίων καὶ τῶν ἀνδραπόδων πολλὰ ἀπώλετο καὶ τῶν στρατιωτῶν ὡς τριάκοντα. (5) Διεγένοντο δὲ τὴν νύκτα πῦρ καίοντες· ξύλα δ' ἦν ἐν τῷ σταθμῷ πολλά· οἱ δὲ ὀψὲ προσιόντες ξύλα οὐκ εἶχον. Οἱ οὖν πάλαι ἥκοντες καὶ πῦρ καίοντες οὐ προσίεσαν πρὸς τὸ πῦρ τοὺς ὀψίζοντας, εἰ μὴ μεταδοῖεν αὐτοῖς πυροὺς ἢ ἄλλο τι εἴ τι ἔχοιεν βρωτόν. (6) Ἔνθα δὴ μετεδίδοσαν ἀλλήλοις ὧν εἶχον ἕκαστοι. Ἔνθα δὲ τὸ πῦρ ἐκαίετο διατηκομένης τῆς χιόνος βόθροι ἐγίγνοντο μεγάλοι ἔστε ἐπὶ τὸ δάπεδον· οὗ δὴ παρῆν μετρεῖν τὸ βάθος τῆς χιόνος. (7) Ἐντεῦθεν δὲ τὴν ἐπιοῦσαν ἡμέραν ὅλην ἐπορεύοντο διὰ χιόνος, καὶ πολλοὶ τῶν ἀνθρώπων ἐβουλιμίασαν. Ξενοφῶν δ' ὀπισθοφυλακῶν καὶ καταλαμβάνων τοὺς πίπτοντας τῶν ἀνθρώπων ἠγνόει ὅ,τι τὸ πάθος εἴη. (8) Ἐπειδὴ δὲ εἶπέ τις αὐτῷ τῶν ἐμπείρων ὅτι σαφῶς βουλιμιῶσι, κἄν τι φάγωσιν, ἀναστήσονται, περιιὼν περὶ τὰ ὑποζύγια, εἴ πού τι ὁρῴη βρωτόν, διεδίδου καὶ διέπεμπε διδόντας τοὺς δυναμένους παρατρέχειν τοῖς βουλιμιῶσιν. Ἐπειδὴ δέ τι ἐμφάγοιεν, ἀνίσταντο καὶ ἐπορεύοντο. (9) Πορευομένων δὲ Χειρίσοφος μὲν ἀμφὶ κνέφας πρὸς κώμην ἀφικνεῖται, καὶ ὑδροφορούσας ἐκ τῆς κώμης πρὸς τῇ κρήνῃ γυναῖκας καὶ κόρας καταλαμβάνει ἔμπροσθεν τοῦ ἐρύματος. (10) Αὗται ἠρώτων αὐτοὺς τίνες εἶεν. Ὁ δ' ἑρμηνεὺς εἶπε περσιστὶ ὅτι παρὰ βασιλέως πορεύοιντο πρὸς τὸν σατράπην. Αἱ δὲ ἀπεκρίναντο ὅτι οὐκ ἐνταῦθα εἴη, ἀλλ' ἀπέχοι ὅσον παρασάγγην. Οἱ δ', ἐπεὶ ὀψὲ ἦν, πρὸς τὸν κωμάρχην συνεισέρχονται εἰς τὸ ἔρυμα σὺν ταῖς ὑδροφόροις. (11) Χειρίσοφος μὲν οὖν καὶ ὅσοι ἐδυνήθησαν τοῦ στρατεύματος ἐνταῦθα ἐστρατοπεδεύσαντο, τῶν δ' ἄλλων στρατιωτῶν οἱ μὴ δυνάμενοι διατελέσαι τὴν ὁδὸν ἐνυκτέρευσαν ἄσιτοι καὶ ἄνευ πυρός· καὶ ἐνταῦθά τινες ἀπώλοντο τῶν στρατιωτῶν. (12) Ἐφείποντο δὲ τῶν πολεμίων συνειλεγμένοι τινὲς καὶ τὰ μὴ δυνάμενα τῶν ὑποζυγίων ἥρπαζον καὶ ἀλλήλοις ἐμάχοντο περὶ αὐτῶν. Ἐλείποντο δὲ καὶ τῶν στρατιωτῶν οἵ τε διεφθαρμένοι ὑπὸ τῆς χιόνος τοὺς ὀφθαλμοὺς οἵ τε ὑπὸ τοῦ ψύχους τοὺς δακτύλους τῶν ποδῶν ἀποσεσηπότες. (13) Ἦν δὲ τοῖς μὲν ὀφθαλμοῖς

angustaeque illa loca occuparet. Atque adeo vasis mox collectis, per nivem multam proficiscebantur, itinerum ducibus multis instructi : eodemque die cum jugum illud superassent, in quo Tiribazus ipsos adgredi voluerat, castra metati sunt. Inde castris tertiis, in solitudine positis, parasangas quindecim, ad Euphratem amnem profecti sunt : eumque ad umbilicum usque se madefacientes transierunt. Ferebantur ab eo loco fontes ejus haud procul abesse. Inde per multam nivem et planitiem castris ternis, parasangas quindecim progressi sunt. Tertia vero mansio fuit gravis, ventusque Boreas adversus flabat, omnia omnino adurens et congelans homines. Ibi tum quidam e vatibus vento ut sacrificarent praecepit ; itaque res sacra facta est ; omnibusque manifesto visa est flatus saevitia desinere. Nivis autem altitudo aequabat orgyiam : adeo ut et jumentorum et mancipiorum magnus interiret numerus, et militum fere triginta. Noctem integram ignes accendebant, quippe castrorum in loco multa erant ligna : at qui sero processerant, ligna non habebant. Quamobrem illi, qui jamdudum huc venerant, et ignes accenderant, serius venientes ad ignem non admittebant, nisi triticum, vel quid aliud, si habuerint, esculentorum, cum iis communicarent. Ibi tum inter se quae habebant singuli communicarunt. Quibus autem in locis accendebatur ignis, nive liquefacta, scrobes efficiebantur magni ad solum usque, ubi nivis altitudinem metiri erat. Inde toto subsequente die per nivem iter faciebant, ac multi prae fame ingenti defecerunt homines. Xenophon autem, cum extremo in agmine curaret, et offenderet homines humi qui jacerent, primum quid illud morbi esset ignorabat. Posteaquam vero quidam ex usu peritis ei dixisset, istos homines plane prae ingenti fame deficere, ac, si quid ederent, surrecturos, ad jumenta pergens, si quid esculenti cerneret, partim ipse dabat, partim, qui undique discurrere possent et per famem deficientibus dare, dimittebat. Cum quid autem comedissent, surgebant et ire pergebant. Hoc modo cum proficiscerentur, Chirisophus sub crepusculum ad vicum quendam pervenit, ac de vico mulieres et puellas aquam ferentes propter fontem ante munitionem offendit. Eos interrogabant istae, quinam essent. Et interpres lingua dixit Persica a rege se ad satrapam proficisci. Responderunt istae, ipsum ibi non esse, sed abesse parasangae circiter intervallo. Illi vero, quia serum erat diei, ad vici praefectum cum mulieribus aquam gestantibus in munitionem una ingrediuntur. Hic quidem Chirisophus et de exercitu quotquot poterant castra posuerunt : ex ceteris militibus qui iter peragere non poterant, absque cibis tum et igne pernoctarunt : ibique adeo militum nonnulli perierunt. Ceterum ex hostibus quidam collecti subsequebantur, et jumenta invalida rapiebant, deque iis inter se pugnabant. Praeterea a tergo relinquebantur ex militibus quidam, tum quorum nive corrupti erant oculi, tum quorum ex frigore pedum digiti putruerant. Oculis

ἐπικούρημα τῆς χιόνος εἴ τις μέλαν τι ἔχων πρὸ τῶν ὀφθαλμῶν πορεύοιτο, τῶν δὲ ποδῶν εἴ τις κινοῖτο καὶ μηδέποτε ἡσυχίαν ἔχοι καὶ εἰ τὴν νύκτα ὑπολύοιτο· (14) ὅσοι δὲ ὑποδεδεμένοι ἐκοιμῶντο, εἰσεδύοντο εἰς τοὺς πόδας οἱ ἱμάντες καὶ τὰ ὑποδήματα περιεπήγνυντο· καὶ γὰρ ἦσαν ἐπειδὴ ἐπέλιπε τὰ ἀρχαῖα ὑποδήματα καρβάτιναι πεποιημέναι ἐκ τῶν νεοδάρτων βοῶν. (15) Διὰ τὰς τοιαύτας οὖν ἀνάγκας ὑπελείποντό τινες τῶν στρατιωτῶν· καὶ ἰδόντες μέλαν τι χωρίον διὰ τὸ ἐκλελοιπέναι αὐτόθι τὴν χιόνα εἴκαζον τετηκέναι· καὶ τετήκει διὰ κρήνην τινὰ ἣ πλησίον ἦν ἀτμίζουσα ἐν νάπῃ. Ἐνταῦθ' ἐκτραπόμενοι ἐκάθηντο καὶ οὐκ ἔφασαν πορεύεσθαι. (16) Ὁ δὲ Ξενοφῶν ἔχων ὀπισθοφύλακας ὡς ᾔσθετο, ἐδεῖτο αὐτῶν πάσῃ τέχνῃ καὶ μηχανῇ μὴ ἀπολείπεσθαι, λέγων ὅτι ἕπονται πολλοὶ πολέμιοι συνειλεγμένοι, καὶ τελευτῶν ἐχαλέπαινεν. Οἱ δὲ σφάττειν ἐκέλευον· οὐ γὰρ ἂν δύνασθαι πορευθῆναι. (17) Ἐνταῦθα ἔδοξε κράτιστον εἶναι τοὺς ἑπομένους πολεμίους φοβῆσαι, εἴ τις δύναιτο, μὴ ἐπίοιεν τοῖς κάμνουσι. Καὶ ἦν μὲν σκότος ἤδη, οἱ δὲ προσῄεσαν πολλῷ θορύβῳ ἀμφὶ ὧν εἶχον διαφερόμενοι. (18) Ἔνθα δὴ οἱ μὲν ὀπισθοφύλακες ἅτε ὑγιαίνοντες ἐξαναστάντες ἔδραμον εἰς τοὺς πολεμίους· οἱ δὲ κάμνοντες ἀνακραγόντες ὅσον ἠδύναντο μέγιστον τὰς ἀσπίδας πρὸς τὰ δόρατα ἔκρουσαν. Οἱ δὲ πολέμιοι δείσαντες ἧκαν ἑαυτοὺς κατὰ τῆς χιόνος εἰς τὴν νάπην, καὶ οὐδεὶς ἔτι οὐδαμοῦ ἐφθέγξατο. (19) Καὶ Ξενοφῶν μὲν καὶ οἱ σὺν αὐτῷ εἰπόντες τοῖς ἀσθενοῦσιν ὅτι τῇ ὑστεραίᾳ ἥξουσί τινες ἐπ' αὐτούς, πορευόμενοι πρὶν τέτταρα στάδια διελθεῖν ἐντυγχάνουσιν ἐν τῇ ὁδῷ ἀναπαυομένοις ἐπὶ τῆς χιόνος τοῖς στρατιώταις ἐγκεκαλυμμένοις, καὶ οὐδὲ φυλακὴ οὐδεμία καθειστήκει· καὶ ἀνίστασαν αὐτούς. (20) Οἱ δ' ἔλεγον ὅτι οἱ ἔμπροσθεν οὐχ ὑποχωροῖεν. Ὁ δὲ παριὼν καὶ παραπέμπων τῶν πελταστῶν τοὺς ἰσχυροτάτους ἐκέλευε σκέψασθαι τί εἴη τὸ κωλύον. Οἱ δὲ ἀπήγγελλον ὅτι ὅλον οὕτως ἀναπαύοιτο τὸ στράτευμα. (21) Ἐνταῦθα καὶ οἱ ἀμφὶ Ξενοφῶντα ηὐλίσθησαν αὐτοῦ ἄνευ πυρὸς καὶ ἀδείπνοι, φυλακάς οἵας ἐδύναντο καταστησάμενοι. Ἐπεὶ δὲ πρὸς ἡμέραν ἦν, ὁ μὲν Ξενοφῶν πέμψας πρὸς τοὺς ἀσθενοῦντας τοὺς νεωτάτους ἀναστήσαντας ἐκέλευεν ἀναγκάζειν προϊέναι. (22) Ἐν δὲ τούτῳ Χειρίσοφος πέμπει τῶν ἐκ τῆς κώμης σκεψομένους πῶς ἔχοιεν οἱ τελευταῖοι. Οἱ δὲ ἄσμενοι ἰδόντες τοὺς μὲν ἀσθενοῦντας τούτοις παρέδοσαν κομίζειν ἐπὶ τὸ στρατόπεδον, αὐτοὶ δὲ ἐπορεύοντο, καὶ πρὶν εἴκοσι στάδια διεληλυθέναι ἦσαν πρὸς τῇ κώμῃ ἔνθα Χειρίσοφος ηὐλίζετο. (23) Ἐπεὶ δὲ συνεγένοντο ἀλλήλοις, ἔδοξε κατὰ τὰς κώμας ἀσφαλὲς εἶναι τὰς τάξεις σκηνοῦν. Καὶ Χειρίσοφος μὲν αὐτοῦ ἔμενεν, οἱ δὲ ἄλλοι διαλαχόντες ἃς ἑώρων κώμας ἐπορεύοντο ἕκαστοι τοὺς ἑαυτῶν ἔχοντες. (24) Ἔνθα δὴ Πολυκράτης Ἀθηναῖος λοχαγὸς ἐκέλευσεν ἀφεῖναι ἑαυτὸν καὶ λαβὼν τοὺς εὐζώνους, θέων ἐπὶ τὴν κώμην ἣν εἰλήχει Ξενοφῶν καταλαμβάνει πάντας ἔνδον τοὺς κωμήτας καὶ τὸν κώμαρχον, καὶ πώλους

autem erat adversus nivem adjumento, si quis dum pergebat nigri aliquid ante oculos haberet; pedibus, si quis se commoveret, ac nunquam interquiesceret, si noctu etiam calceamenta solveret. Quotquot autem calceati cubabant, lora in pedes eorum descendebant, et calcei pedibus undique adfigebantur: etenim ipsis, posteaquam veteres calcei defecissent, carbatinæ erant de corio recens bobus detracto confectæ. Ob necessitates igitur hujusmodi milites quidam a tergo relicti erant; et nigrum quendam conspicati locum, quod istic nix defecisset, liquatam eam existimabant. Et erat sane liquata propter fontem quendam, qui haud procul in saltu quodam vaporabat. Huc cum divertissent, considebant, ac pervecturos se negabant. Id cum Xenophon, agminis extremi ductor, intellexisset, quavis arte machinaque obsecrabat eos, ne a tergo manerent; dicens, multos sequi hostes collectos: tandem etiam se iratum præbuit. At illi jugularet ipsos hortabantur: neque enim fieri posse aiebant, ut pergerent. Ibi tum visum est optimum esse, ut sequentes hostes terrerent, si quis id posset, ne in laborantes irruerent. Jamque obortæ erant tenebræ, et hostes magno cum tumultu accedebant, de rebus quas haberent inter se dissidentes. Tum vero extremi agminis milites exsurgunt, quippe qui bona adhuc erant valetudine, et cursu in hostes feruntur: et qui ab itinere laborabant, sublato quam possent maximo clamore, scuta hastis illidunt. Hostes timore perculsi in saltum illum per nivem se demittunt, nec jam quisquam amplius clamorem usquam edidit. Ac Xenophon quidem et qui cum eo erant, ubi significassent ægris illis postridie venturos quosdam ad ipsos, iter pergentes priusquam stadia quatuor confecissent, in milites per viam in nive requiescentes eosque obtectos incidunt, nec ullæ ipsis constitutæ aderant excubiæ: et hos quidem excitarunt. Aiebant autem hi priores ordines non procedere. At Xenophon ipse progressus, et peltastarum robustissimos quosdam præmittens, dispicere jubebat quid illud esset eos quod impediret. Renuntiabant illi totum exercitum hoc modo requiescere. Ibi tum et illi qui circa Xenophontem erant illic absque igne et incœnes pernoctabant, constitutis, quales sane poterant, excubiis. Cum autem prope dies adesset, Xenophon missis ad ægrotantes de junioribus aliquot, præcepit ut eos excitarent, et progredi cogerent. Interea Chirisophus quosdam ex vico mittit, qui quo pacto extremi agminis milites se haberent, quærerent. Hi, lætis eos oculis conspicati, ægrotos iis, ut in castra deducendos curarent, tradiderunt; ipsi iter pergebant: ac priusquam stadia viginti confecissent, erant in vico, ad quem diverterat Chirisophus. Postquam convenissent omnes, visum est tuto id fieri posse, si cohortes apud vicos conlubernia haberent. Et Chirisophus quidem eo mansit loco, ceteri, sortiti quos cernebant vicos, suos quique nacti abibant. Ibi tum Polycrates Atheniensis, cohortis ductor, ipsum ut dimitterent petivit: sumptisque adeo secum hominibus expeditis, ad vicum currit, quem sortitus fuerat Xenophon; et vicanos omnes in eo ipsumque vici præfectum deprehen-

εἰς δασμὸν βασιλεῖ τρεφομένους ἑπτακαίδεκα, καὶ τὴν θυγατέρα τοῦ κωμάρχου ἐνάτην ἡμέραν γεγαμημένην· ὁ δ' ἀνὴρ αὐτῆς λαγὼς ᾤχετο θηράσων καὶ οὐχ ἥλω ἐν ταῖς κώμαις. (25) Αἱ δ' οἰκίαι ἦσαν κατάγειοι, τὸ μὲν στόμα ὥσπερ φρέατος, κάτω δ' εὐρεῖαι· αἱ δὲ εἴσοδοι τοῖς μὲν ὑποζυγίοις ὀρυκταί, οἱ δὲ ἄνθρωποι κατέβαινον ἐπὶ κλίμακος. Ἐν δὲ ταῖς οἰκίαις ἦσαν αἶγες, οἶες, βόες, ὄρνιθες, καὶ τὰ ἔκγονα τούτων· τὰ δὲ κτήνη πάντα χιλῷ ἔνδον ἐτρέφοντο. (26) Ἦσαν δὲ καὶ πυροὶ καὶ κριθαὶ καὶ ὄσπρια καὶ οἶνος κρίθινος ἐν κρατῆρσιν· ἐνῆσαν δὲ καὶ αὐταὶ αἱ κριθαὶ ἰσοχειλεῖς, καὶ κάλαμοι ἐνέκειντο, οἱ μὲν μείζους οἱ δὲ ἐλάττους, γόνατα οὐκ ἔχοντες· (27) τούτους δ' ἔδει ὁπότε τις διψῴη λαβόντα εἰς τὸ στόμα μύζειν. Καὶ πάνυ ἄκρατος ἦν, εἰ μή τις ὕδωρ ἐπιχέοι· καὶ πάνυ ἡδὺ συμμαθόντι τὸ πόμα ἦν. (28) Ὁ δὲ Ξενοφῶν τὸν μὲν ἄρχοντα τῆς κώμης ταύτης σύνδειπνον ἐποιήσατο καὶ θαρρεῖν αὐτὸν ἐκέλευε λέγων ὅτι οὔτε τῶν τέκνων στερήσοιτο τήν τε οἰκίαν αὐτοῦ ἀντεμπλήσαντες τῶν ἐπιτηδείων ἀπίασιν, ἢν ἀγαθόν τι τῷ στρατεύματι ἐξηγησάμενος φαίνηται ἔστ' ἂν ἐν ἄλλῳ ἔθνει γένωνται. (29) Ὁ δὲ ταῦτα ὑπισχνεῖτο, καὶ φιλοφρονούμενος οἶνον ἔφρασεν ἔνθα ἦν κατορωρυγμένος. Ταύτην μὲν οὖν τὴν νύκτα διασκηνήσαντες οὕτως ἐκοιμήθησαν ἐν πᾶσιν ἀφθόνοις πάντες οἱ στρατιῶται, ἐν φυλακῇ ἔχοντες τὸν κωμάρχην καὶ τὰ τέκνα αὐτοῦ ὁμοῦ ἐν ὀφθαλμοῖς. (30) Τῇ δ' ἐπιούσῃ ἡμέρᾳ Ξενοφῶν λαβὼν τὸν κωμάρχην πρὸς Χειρίσοφον ἐπορεύετο· ὅπου δὲ παρίοι κώμην, ἐτρέπετο πρὸς τοὺς ἐν ταῖς κώμαις καὶ κατελάμβανε πανταχοῦ εὐωχουμένους καὶ εὐθυμουμένους, καὶ οὐδαμόθεν ἀφίεσαν πρὶν παραθεῖναι αὐτοῖς ἄριστον· (31) οὐκ ἦν δ' ὅπου οὐ παρετίθεσαν ἐπὶ τὴν αὐτὴν τράπεζαν κρέα ἄρνεια, ἐρίφεια, χοίρεια, μόσχεια, ὀρνίθεια, σὺν πολλοῖς ἄρτοις τοῖς μὲν πυρίνοις τοῖς δὲ κριθίνοις. (32) Ὁπότε δέ τις φιλοφρονούμενός τῳ βούλοιτο προπιεῖν, εἷλκεν ἐπὶ τὸν κρατῆρα, ἔνθεν ἐπικύψαντα ἔδει ῥοφοῦντα πίνειν ὥσπερ βοῦν. Καὶ τῷ κωμάρχῃ ἐδίδοσαν λαμβάνειν ὅ,τι βούλοιτο. Ὁ δὲ ἄλλο μὲν οὐδὲν ἐδέχετο, ὅπου δέ τινα τῶν συγγενῶν ἴδοι, πρὸς ἑαυτὸν ἀεὶ ἐλάμβανεν. (33) Ἐπεὶ δ' ἦλθον πρὸς Χειρίσοφον, κατελάμβανον κἀκείνους σκηνοῦντας ἐστεφανωμένους τοῦ ξηροῦ χιλοῦ στεφάνοις, καὶ διακονοῦντας Ἀρμενίους παῖδας σὺν ταῖς βαρβαρικαῖς στολαῖς· τοῖς δὲ παισὶν ἐδείκνυσαν ὥσπερ ἐνεοῖς ὅ,τι δέοι ποιεῖν. (34) Ἐπεὶ δ' ἀλλήλους ἐφιλοφρονήσαντο Χειρίσοφος καὶ Ξενοφῶν, κοινῇ δὴ ἀνηρώτων τὸν κωμάρχην διὰ τοῦ περσίζοντος ἑρμηνέως τίς εἴη ἡ χώρα. Ὁ δ' ἔλεγεν ὅτι Ἀρμενία. Καὶ πάλιν ἠρώτων τίνι οἱ ἵπποι τρέφοιντο. Ὁ δ' ἔλεγεν ὅτι βασιλεῖ δασμός· τὴν δὲ πλησίον χώραν ἔφη εἶναι Χάλυβας, καὶ τὴν ὁδὸν ἔφραζεν ᾗ εἴη. (35) Καὶ αὐτὸν τότε μὲν ᾤχετο ἄγων Ξενοφῶν πρὸς τοὺς ἑαυτοῦ οἰκέτας, καὶ ἵππον ὃν εἰλήφει παλαίτερον δίδωσι τῷ κωμάρχῃ, ἀναθρέψαντι καταθῦσαι, ὅτι ἤκουσεν αὐτὸν ἱερὸν εἶναι τοῦ Ἡλίου, δεδιὼς μὴ ἀποθάνῃ· ἐκεκάκωτο γὰρ ὑπὸ τῆς

dit, pullos etiam equinos septemdecim, qui regi tributi nomine alebantur, et vici præfecti filiam, quæ nona ante die nupta fuerat : vir autem ejus lepores venatum abierat, nec in vicis usquam captus fuit. Domus hic erant subterraneæ, ac ostium quidem cujusque putei instar erat ostii, cum in imo latæ essent : jumentis introitus erant effossi, homines per scalas descendebant. Ipsis in ædibus erant capræ, oves, boves, gallinæ earumque fœtus : jumenta intus omnia pabulo nutriebantur. Erat etiam triticum, et hordeum, et legumina, et vinum hordeaceum in crateribus : quin et hordeum ipsum in vasis inerat labra eorum æquans; in iisdem jacebant et calami, partim majores, partim minores, enodes. Hos cum quis sitiret, in os sumptos cum sugere oportebat : ac potus is admodum erat fortis, ni quis aquam infunderet : ac valde gratus erat bibenti potus, qui quidem esset ei adsuefactus. Xenophon autem vici istius præfectum cœnæ adhibuit, cumque bono esse jubebat animo, dicens eum nec liberis fore orbatum, et se, domum ei rebus necessariis ubi vicissim replessent, abituros, si quidem exercitai adfectos addidisset ; atque nullo sane ex loco prius dimittebant, quam prandium ei adposuissent : nec erat ubi non in eadem mensa carnes agninas, hœdinas, suillas, vitulinas, gallinaceas, multis cum panibus, partim triticeis, partim hordeaceis, adponebant. Ac cum quis benevolentiæ declarandæ studio alicui propinare vellet, ad craterem eum trahebat ; inde prono capite bovis instar sorbentem bibere oportebat. Etiam vici præfecto, quidquid vellet, sumendi potestatem faciebant. Is vero aliud quidem nihil accipiebat ; sed cognatum sicubi aliquem videret, eum semper ad se recipiebat. Cum ad Chirisophum venissent, illos etiam convivia sub tectis agentes offendunt, coronis ex arido gramine redimitos, quibus et pueri Armenii stolis barbaricis amicti ministrabant : atque pueris hisce tanquam surdis ostenderunt quid facto opus esset. Posteaquam se invicem comiter excepissent Chirisophus et Xenophon, communiter vici præfectum per interpretem Persice loquentem interrogabant, quænam hæc esset regio. Dicebat ille Armeniam esse. Et rursum quærunt, cuinam alerentur equi. Regi, respondit is, eos tributi nomine ali : addidit proximam regionem esse Chalybum ; simul viam, quæ illuc duceret, indicabat. Et tunc quidem eum Xenophon ad familiam suam reducit, equumque, quem sumpserat, seniorem vici præfecto tradit, ut enutritum mactaret (quippe quod eum Soli sacrum esse audisset), veritus ne moreretur ;

πορείας· αὐτὸς δὲ τῶν πύλων λαμβάνει, καὶ τῶν ἄλλων στρατηγῶν καὶ λοχαγῶν ἔδωκεν ἑκάστῳ πύλον. (30) Ἦσαν δ' οἱ ταύτῃ ἵπποι μείονες μὲν τῶν Περσικῶν, θυμοειδέστεροι δὲ πολύ. Ἐνταῦθα δὴ καὶ διδάσκει ὁ κωμάρχης περὶ τοὺς πόδας τῶν ἵππων καὶ τῶν ὑποζυγίων σακία περιειλεῖν, ὅταν διὰ τῆς χιόνος ἄγωσιν· ἄνευ γὰρ τῶν σακίων κατεδύοντο μέχρι τῆς γαστρός.

ΚΕΦΑΛΑΙΟΝ ϛ.

Ἐπεὶ δ' ἡμέρα ἦν ὀγδόη, τὸν μὲν ἡγεμόνα παραδίδωσι Χειρισόφῳ, τοὺς δ' οἰκέτας καταλείπει τῷ κωμάρχῃ, πλὴν τοῦ υἱοῦ τοῦ ἄρτι ἡβάσκοντος· τοῦτον δ' Ἐπισθένει Ἀμφιπολίτῃ παραδίδωσι φυλάττειν, ὅπως εἰ καλῶς ἡγήσαιτο ἔχων καὶ τοῦτον ἀπίοι. Καὶ εἰς τὴν οἰκίαν αὐτοῦ εἰσεφόρησαν ὡς ἐδύναντο πλεῖστα, καὶ ἀναζεύξαντες ἐπορεύοντο. (2) Ἡγεῖτο δ' αὐτοῖς ὁ κωμάρχης λελυμένος διὰ χιόνος· καὶ ἤδη τε ἦν ἐν τῷ τρίτῳ σταθμῷ, καὶ Χειρίσοφος αὐτῷ ἐχαλεπάνθη ὅτι οὐκ εἰς κώμας ἦγεν. Ὁ δ' ἔλεγεν ὅτι οὐκ εἶεν ἐν τῷ τόπῳ τούτῳ. Ὁ δὲ Χειρίσοφος αὐτὸν ἔπαισε μέν, ἔδησε δ' οὔ. (3) Ἐκ δὲ τούτου ἐκεῖνος τῆς νυκτὸς ἀποδρὰς ᾤχετο καταλιπὼν τὸν υἱόν. Τοῦτό γε δὴ Χειρισόφῳ καὶ Ξενοφῶντι μόνον διάφορον ἐν τῇ πορείᾳ ἐγένετο, ἡ τοῦ ἡγεμόνος κάκωσις καὶ ἀμέλεια. Ἐπισθένης δὲ ἠράσθη τε τοῦ παιδὸς καὶ οἴκαδε κομίσας πιστοτάτῳ ἐχρῆτο. (4) Μετὰ τοῦτο ἐπορεύθησαν ἑπτὰ σταθμοὺς ἀνὰ πέντε παρασάγγας τῆς ἡμέρας παρὰ τὸν Φᾶσιν ποταμόν, εὖρος πλεθριαῖον. (5) Ἐντεῦθεν ἐπορεύθησαν σταθμοὺς δύο παρασάγγας δέκα· ἐπὶ δὲ τῇ εἰς τὸ πεδίον ὑπερβολῇ ἀπήντησαν αὐτοῖς Χάλυβες καὶ Τάοχοι καὶ Φασιανοί. (6) Χειρίσοφος δ' ἐπεὶ κατεῖδε τοὺς πολεμίους ἐπὶ τῇ ὑπερβολῇ, ἐπαύσατο πορευόμενος, ἀπέχων εἰς τριάκοντα σταδίους, ἵνα μὴ κατὰ κέρας ἄγων πλησιάσῃ τοῖς πολεμίοις· παρήγγειλε δὲ καὶ τοῖς ἄλλοις παράγειν τοὺς λόχους, ὅπως ἐπὶ φάλαγγος γένοιτο τὸ στράτευμα. (7) Ἐπεὶ δὲ ἦλθον οἱ ὀπισθοφύλακες, συνεκάλεσε τοὺς στρατηγοὺς καὶ λοχαγούς, καὶ ἔλεξεν ὧδε. Οἱ μὲν πολέμιοι, ὡς ὁρᾶτε, κατέχουσι τὰς ὑπερβολὰς τοῦ ὄρους· ὥρα δὲ βουλεύεσθαι ὅπως ὡς κάλλιστα ἀγωνιούμεθα. (8) Ἐμοὶ μὲν οὖν δοκεῖ παραγγεῖλαι μὲν ἀριστοποιεῖσθαι τοῖς στρατιώταις, ἡμᾶς δὲ βουλεύεσθαι εἴτε τήμερον εἴτε αὔριον δοκεῖ ὑπερβάλλειν τὸ ὄρος. (9) Ἐμοὶ δέ γε, ἔφη ὁ Κλεάνωρ, δοκεῖ, ἐπὰν τάχιστα ἀριστήσωμεν, ἐξοπλισαμένους ὡς τάχιστα ἰέναι ἐπὶ τοὺς ἄνδρας. Εἰ γὰρ διατρίψομεν τὴν τήμερον ἡμέραν, οἵ τε νῦν ἡμᾶς ὁρῶντες πολέμιοι θαρραλεώτεροι ἔσονται καὶ ἄλλους εἰκὸς τούτων θαρρούντων πλείους προσγενέσθαι. (10) Μετὰ τοῦτον Ξενοφῶν εἶπεν, Ἐγὼ δ' οὕτω γιγνώσκω. Εἰ μὲν ἀνάγκη ἐστὶ μάχεσθαι, τοῦτο δεῖ παρασκευάσασθαι ὅπως ὡς κράτιστα μαχούμεθα· εἰ δὲ βουλόμεθα ὡς ῥᾷστα ὑπερβάλλειν, τοῦτό μοι δοκεῖ σκεπτέον εἶναι ὅπως ἐλάχιστα μὲν τραύματα λάβωμεν, ὡς ἐλάχιστα δὲ σώματα ἀνδρῶν ἀπο-

nam itinere debilitatus fuerat : ipse de equuleis istis quodam accipit, ac ceterorum ducum cohortiumque præfectorum unicuique equuleum dedit. Erant autem equi hoc loco minores quidem Persicis, sed multo animosiores. Ibi tum eos docet etiam vici præfectus pedibus equorum et jumentorum sacculos circumdare, quoties per nivem irent : nam absque sacculis ad ventrem usque in nivem demergebantur

CAPUT VI.

Cum jam dies esset octavus, itineris ducem Chirisopho tradit Xenophon, vici tamen præfecto domesticos relinquit, præter unum filium jam pubescentem. Hunc Episthæni Amphipolitano observandum tradit, ut, si recte ducis officio functus esset, cum illo etiam recepto domum rediret. In domum autem ejus quam poterant plurima invexerunt; et motis castris pergebant. Ducebat eos vici præfectus per nivem solutus; jamque tertiis erant in castris, cum Chirisophus ei succensuit, propterea quod non ad vicos duceret. Negabat ille vicos hoc esse in loco. At Chirisophus eum cecidit quidem, sed non ligavit : hinc ille noctu relicto filio aufugit. Hoc unicum sane Chirisophum inter et Xenophontem hoc toto itinere peperit dissidium, ducis nimirum iniqua castigatio et in eodem servando negligentia. Puerum autem adamavit Episthenes, et ubi domum deduxisset, fidelissime utebatur. Post hæc castris septem, parasangas singulos in dies quinque, progressi sunt ad Phasin amnem, latitudine fere pletbri. Hinc castris binis, decem parasangas progressi sunt : ac in montium jugis, per quæ in planitiem transcundum erat, Chalybes iis et Taochi et Phasiani occurrerunt. Chirisophus autem, posteaquam hostes eo in loco, quo transeundum erat, conspexit, progredi desivit, cum triginta stadiorum intervallo abesset; ut ne longo agmine ducens ad hostes propius accederet; aliis mandat cohortes ad frontem promovere, ut in phalangem coirent copiæ. Ac ubi ii, terga qui tutabantur, venissent, duces et cohortium præfectos convocavit, atque in hunc modum loquutus est : Hostes, uti videtis, montis juga tenent, tempusque est deliberandi quo pacto quam optime dimicemus. Ipse quidem arbitror militibus ut prandeant denuntiandum esse, nobis autem consultandum hodierne potius an cras mons superandus videatur. Mihi vero, inquit Cleanor, videtur, cum primum pransi fuerimus, capienda esse arma et quam celerrime adversus homines pergendum. Nam si diem hodiernum contriverimus, et qui jam nos vident hostes fidentiores erunt, et alios consentaneum est, istis fiduciam præ se ferentibus, plures accessuros. Post hunc Xenophon, « Ego vero sic statuo, inquit : si pugnare quidem necesse sit, ad hoc nos nosmet parare oportet, ut quam fortissime pugnemus; sin quam facillime montem superare volumus, hoc mihi providendum esse videtur, ut quam paucissima accipiamus vulnera, quam paucissima hominum amittamus

θάλωμεν. (11) Τὸ μὲν οὖν ὄρος ἐστὶ τὸ ὁρώμενον πλέον ἢ ἐφ' ἑξήκοντα στάδια, ἄνδρες δ' οὐδαμοῦ φυλάττοντες ἡμᾶς φανεροί εἰσιν ἀλλ' ἢ κατ' αὐτὴν τὴν ὁδόν· πολὺ οὖν κρεῖττον τοῦ ἐρήμου ὄρους καὶ κλέψαι τι πειρᾶσθαι λαθόντας καὶ ἁρπάσαι φθάσαντας, εἰ δυναίμεθα, μᾶλλον ἢ πρὸς ἰσχυρὰ χωρία καὶ ἄνδρας παρεσκευασμένους μάχεσθαι. (12) Πολὺ γὰρ ῥᾷον ὄρθιον ἀμαχεὶ ἰέναι ἢ ὁμαλὲς ἔνθεν καὶ ἔνθεν πολεμίων ὄντων, καὶ νύκτωρ ἀμαχεὶ μᾶλλον ἄν τὰ πρὸ ποδῶν ὁρῴη τις ἢ μεθ' ἡμέραν μαχόμενος, καὶ ἡ τραχεῖα τοῖς ποσὶν ἀμαχεὶ ἰοῦσιν εὐμενεστέρα ἢ ἡ ὁμαλὴ τὰς κεφαλὰς βαλλομένοις. (13) Καὶ κλέψαι οὐκ ἀδύνατόν μοι δοκεῖ εἶναι, ἐξὸν μὲν νυκτὸς ἰέναι, ὡς μὴ ὁρᾶσθαι, ἐξὸν δὲ ἀπελθεῖν τοσοῦτον ὡς μὴ αἴσθησιν παρέχειν. Δοκοῦμεν δ' ἄν μοι ταύτῃ προσποιούμενοι προσβάλλειν ἐρημοτέρῳ ἂν τῷ ἄλλῳ ὄρει χρῆσθαι· μένοιεν γὰρ αὐτοῦ μᾶλλον ἀθρόοι οἱ πολέμιοι. (14) Ἀτὰρ τί ἐγὼ περὶ κλοπῆς συμβάλλομαι; ὑμᾶς γὰρ ἔγωγε, ὦ Χειρίσοφε, ἀκούω τοὺς Λακεδαιμονίους ὅσοι ἐστὲ τῶν ὁμοίων εὐθὺς ἐκ παίδων κλέπτειν μελετᾶν, καὶ οὐκ αἰσχρὸν εἶναι ἀλλὰ καλὸν κλέπτειν ὅσα μὴ κωλύει νόμος. (15) Ὅπως δὲ ὡς κράτιστα κλέπτητε καὶ πειρᾶσθε λανθάνειν, νόμιμον ἄρα ὑμῖν ἐστιν, ἐὰν ληφθῆτε κλέπτοντες, μαστιγοῦσθαι. Νῦν οὖν μάλα σοι καιρός ἐστιν ἐπιδείξασθαι τὴν παιδείαν, καὶ φυλάξασθαι μέντοι μὴ ληφθῶμεν κλέπτοντες τοῦ ὄρους, ὡς μὴ πολλὰς πληγὰς λάβωμεν. (16) Ἀλλὰ μέντοι, ἔφη ὁ Χειρίσοφος, κἀγὼ ὑμᾶς τοὺς Ἀθηναίους ἀκούω δεινοὺς εἶναι κλέπτειν τὰ δημόσια καὶ μάλα ὄντος δεινοῦ τοῦ κινδύνου τῷ κλέπτοντι, καὶ τοὺς κρατίστους μέντοι μάλιστα, εἴπερ ὑμῖν οἱ κράτιστοι ἄρχειν ἀξιοῦνται· ὥστε ὥρα καὶ σοὶ ἐπιδείκνυσθαι τὴν παιδείαν. (17) Ἐγὼ μὲν τοίνυν, ἔφη ὁ Ξενοφῶν, ἕτοιμός εἰμι τοὺς ὀπισθοφύλακας ἔχων, ἐπειδὰν δειπνήσωμεν, ἰέναι καταληψόμενος τὸ ὄρος· ἔχω δὲ καὶ ἡγεμόνας· οἱ γὰρ γυμνῆτες τῶν ἑπομένων ἡμῖν κλωπῶν ἔλαβόν τινας ἐνεδρεύσαντες· καὶ τούτων πυνθάνομαι ὅτι οὐκ ἄβατόν ἐστι τὸ ὄρος, ἀλλὰ νέμεται αἰξὶ καὶ βουσίν· ὥστε ἐάνπερ ἅπαξ λάβωμέν τι τοῦ ὄρους, βατὰ καὶ τοῖς ὑποζυγίοις ἔσται. (18) Ἐλπίζω δὲ οὐδὲ τοὺς πολεμίους μενεῖν ἔτι, ἐπειδὰν ἴδωσιν ἡμᾶς ἐν τῷ ὁμοίῳ ἐπὶ τῶν ἄκρων· οὐδὲ γὰρ νῦν ἐθέλουσι καταβαίνειν ἡμῖν εἰς τὸ ἴσον. (19) Ὁ δὲ Χειρίσοφος εἶπε, Καὶ τί δεῖ σὲ ἰέναι καὶ λιπεῖν τὴν ὀπισθοφυλακίαν; ἀλλὰ ἄλλους πέμψον, ἂν μή τινες ἐθελούσιοι φαίνωνται. (20) Ἐκ τούτου Ἀριστώνυμος Μεθυδριεὺς ἔρχεται ὁπλίτας ἔχων καὶ Ἀριστέας Χῖος γυμνῆτας καὶ Νικόμαχος Οἰταῖος γυμνῆτας· καὶ σύνθημα ἐποιήσαντο ὁπότε ἔχοιεν τὰ ἄκρα πυρὰ καίειν πολλά. (21) Ταῦτα συνθέμενοι ἠρίστων· ἐκ δὲ τοῦ ἀρίστου προήγαγεν ὁ Χειρίσοφος τὸ στράτευμα πᾶν ὡς δέκα σταδίους πρὸς τοὺς πολεμίους, ὅπως ὡς μάλιστα δοκοίη ταύτῃ προσάξειν.

22. Ἐπειδὴ δὲ ἐδείπνησαν καὶ νὺξ ἐγένετο, οἱ μὲν ταχθέντες ᾤχοντο, καὶ καταλαμβάνουσι τὸ ὄρος, οἱ δὲ ἄλλοι αὐτοῦ ἀνεπαύοντο. Οἱ δὲ πολέμιοι ἐπεὶ ᾔσθοντο ἐχομένον τὸ ὄρος, ἐγρηγόρεσαν καὶ ἔκαιον πυρὰ πολλὰ

corpora. Ac mons quidem hic qui conspicitur, amplius quam ad stadia sexaginta porrigitur, cum nulli usquam homines, qui nos observent, adpareant, præterquam in hac via : quapropter multo potius fuerit, et in aliquam montis deserti partem furtim ut invadamus clam operam dare, et ipsis, si poterimus, præripiamus, quam adversus loca munita et homines paratos dimicare. Nam longe facilius est sine prælio via ardua ire, quam plana, si hostes omni ex parte adsint : nocte etiam quæ ante pedes sunt melius quis cernat, si absque pugna pergere liceat, quam interdiu, si pugnet : aspera quoque pedibus via, iis qui sine prælio iter faciunt facilior est, quam plana iis quorum feriuntur capita. Posse autem fieri ut furtim jam agamus mihi quidem videtur, cum noctu ita pergere liceat, ut minime conspiciamur; liceat etiam eousque discedere, ut nullum iis nostri indicium præbeamus. Censeo etiam nos, hac si parte eos invasuros sinulemus, reliquas montis partes desertiores reperturos : nam hic potius hostes conferti substiterint. Verum quid ego de furto consulto? Nam vos equidem, Chirisophe, Lacedæmonios, quotquot optimatium estis, statim a pueris furta meditari audio : nec esse turpe, sed necessarium furari, quæ lex auferre non vetat. Ut autem quam solertissime furemini detisque operam ut lateatis, legibus utique apud vos sancitum est, ut, si in furto deprehendamini, flagris cædamini. Itaque jam tibi idonea admodum opportunitas est institutionem ostendendi, et vero etiam cavendi ne deprehendamur, dum partem aliquam montis furtim invadimus, ut ne multas plagas accipiamus. At vero, inquit Chirisophus, et ego vos audio Athenienses solertia publicas opes furandi valere (quanquam gravissimum furanti periculum sit propositum), et vero optimates potissimum, siquidem apud vos optimates digni qui magistratum gerant censeantur : itaque jam tibi quoque tempus est oblatum institutionis vestræ specimen edendi. Ego vero, ait Xenophon, paratus sum ut cum extremo agmine, posteaquam cibum ceperimus, pergam ac montem occupem. Duces etiam itineris habeo : quippe milites expediti de furibus quosdam illis, qui nos sequuntur, ex insidiis ceperunt; atque ex his audio montem non esse inaccessum, sed in eo tum a capris tum a bobus pastum quæri : adeo ut, si semel aliquam montis partem ceperimus, jumentis etiam loca erunt pervia. At ne hostes quidem diutius mansuros spero, posteaquam nos pariter cum ipsis in summis verticibus viderint : neque enim hoc tempore in æquum nobiscum volunt locum descendere. Et Chirisophus, Cur te, inquit, ire oportet, ac curam agminis extremi relinquere? quin alios mitto, nisi qui quidam sponte obtulerint. Tum vero Aristonymus Methydriensis cum gravis armaturæ venit militibus, et Aristeas Chius cum expeditis, cum expeditis etiam Nicomachus Œtæus : atque id signum convenit, ut cum montis vertices occupassent, multos accenderent ignes. His ita compositis prandent ; et a prandio copias omnes Chirisophus decem fere stadia hostes versus produxit, ut quam maxime exercitum hac adducturus videretur.

Cœnati cum essent ac nox advenisset, profecti sunt ii quibus erat hoc datum negotii, montemque occupant ; ceteri ibi infra montem quiescebant. At hostes ubi montem occupatum intellexere, vigilias egerunt, totaque nocte multos

διὰ νυκτός. (22) Ἐπειδὴ δὲ ἡμέρα ἐγένετο, Χειρίσοφος μὲν θυσάμενος ἦγε κατὰ τὴν ὁδόν, οἱ δὲ τὸ ὄρος καταλαβόντες κατὰ τὰ ἄκρα ἐπῄεσαν. (23) Τῶν δ' αὖ πολεμίων τὸ μὲν πολὺ ἔμενεν ἐπὶ τῇ ὑπερβολῇ τοῦ ὄρους, μέρος δ' αὐτῶν ἀπήντα τοῖς κατὰ τὰ ἄκρα. Πρὶν δὲ ὁμοῦ εἶναι τοὺς πολλοὺς ἀλλήλων συμμιγνύασιν οἱ κατὰ τὰ ἄκρα, καὶ νικῶσιν οἱ Ἕλληνες καὶ διώκουσιν. (24) Ἐν τούτῳ δὲ καὶ οἱ ἐκ τοῦ πεδίου οἱ μὲν πελτασταὶ τῶν Ἑλλήνων δρόμῳ ἔθεον πρὸς τοὺς παρατεταγμένους, Χειρίσοφος δὲ βάδην ταχὺ ἐφείπετο σὺν τοῖς ὁπλίταις. (25) Οἱ δὲ πολέμιοι οἱ ἐπὶ τῇ ὁδῷ ἐπειδὴ τὸ ἄνω ἑώρων ἡττώμενον, φεύγουσι καὶ ἀπέθανον μὲν οὐ πολλοὶ αὐτῶν, γέρρα δὲ πάμπολλα ἐλήφθη· ἃ οἱ Ἕλληνες ταῖς μαχαίραις κόπτοντες ἀχρεῖα ἐποίουν. (27) Ὡς δ' ἀνέβησαν, θύσαντες καὶ τρόπαιον στησάμενοι κατέβησαν εἰς τὸ πεδίον, καὶ εἰς κώμας πολλῶν καὶ ἀγαθῶν γεμούσας ἦλθον.

ΚΕΦΑΛΑΙΟΝ Ζ.

Ἐκ δὲ τούτων ἐπορεύθησαν εἰς Ταόχους σταθμοὺς πέντε παρασάγγας τριάκοντα· καὶ τὰ ἐπιτήδεια ἐπέλιπε· χωρία γὰρ ᾤκουν ἰσχυρὰ οἱ Τάοχοι, ἐν οἷς καὶ τὰ ἐπιτήδεια πάντα εἶχον ἀνακεκομισμένοι. (2) Ἐπεὶ δ' ἀφίκοντο πρὸς χωρίον ὃ πόλιν μὲν οὐκ εἶχεν οὐδ' οἰκίας, συνεληλυθότες δ' ἦσαν αὐτόσε καὶ ἄνδρες καὶ γυναῖκες καὶ κτήνη πολλά, Χειρίσοφος μὲν πρὸς τοῦτο προσέβαλλεν εὐθὺς ἥκων· ἐπειδὴ δὲ ἡ πρώτη τάξις ἀπέκαμνεν, ἄλλη προσῄει καὶ αὖθις ἄλλη· οὐ γὰρ ἦν ἀθρόοις περιστῆναι, ἀλλὰ ποταμὸς ἦν κύκλῳ. (3) Ἐπειδὴ δὲ Ξενοφῶν ἦλθε σὺν τοῖς ὀπισθοφύλαξι καὶ πελτασταῖς καὶ ὁπλίταις, ἐνταῦθα δὴ λέγει Χειρίσοφος, Εἰς καλὸν ἥκετε· τὸ γὰρ χωρίον αἱρετέον· τῇ γὰρ στρατιᾷ οὐκ ἔστι τὰ ἐπιτήδεια, εἰ μὴ ληψόμεθα τὸ χωρίον. (4) Ἐνταῦθα δὴ κοινῇ ἐβουλεύοντο· καὶ τοῦ Ξενοφῶντος ἐρωτῶντος τί τὸ κωλύον εἴη, εἰσελθεῖν εἶπεν ὁ Χειρίσοφος, [Ἀλλὰ] μία αὕτη πάροδός ἐστιν ἣν ὁρᾷς· ὅταν δέ τις ταύτῃ πειρᾶται παριέναι, κυλινδοῦσι λίθους ὑπὲρ ταύτης τῆς ὑπερεχούσης πέτρας· ὃς δ' ἂν καταληφθῇ, οὕτω διατίθεται· Ἅμα δ' ἔδειξε συντετριμμένους ἀνθρώπους καὶ σκέλη καὶ πλευράς. (5) Ἢν δὲ τοὺς λίθους ἀναλώσωσιν, ἔφη ὁ Ξενοφῶν, ἄλλο τι ἢ οὐδὲν κωλύει παριέναι; οὐ γὰρ δὴ ἐκ τοῦ ἐναντίου ὁρῶμεν εἰ μὴ ὀλίγους τούτους ἀνθρώπους, καὶ τούτων δύο ἢ τρεῖς ὡπλισμένους. (6) Τὸ δὲ χωρίον, ὡς καὶ σὺ ὁρᾷς, σχεδὸν τρία ἡμίπλεθρά ἐστιν ὃ δεῖ βαλλομένους διελθεῖν. Τούτου δὲ ὅσον πλέθρον δασὺ πίτυσι διαλειπούσαις μεγάλαις, ἀνθ' ὧν ἑστηκότες ἄνδρες τί ἂν πάσχοιεν ἢ ὑπὸ τῶν φερομένων λίθων ἢ ὑπὸ τῶν κυλινδουμένων; τὸ λοιπὸν οὖν ἤδη γίγνεται ὡς ἡμίπλεθρον, ὃ δεῖ ὅταν λωφήσωσιν οἱ λίθοι παραδραμεῖν. (7) Ἀλλὰ εὐθύς, ἔφη ὁ Χειρίσοφος, ἐπειδὰν ἀρξώμεθα εἰς τὸ δασὺ προσιέναι, φέρονται οἱ λίθοι πολλοί. Αὐτὸ ἄν, ἔφη, τὸ δέον εἴη· θᾶττον γὰρ ἀναλώσουσι τοὺς λίθους. Ἀλλὰ πορευώ-

XENOPHON.

CAPUT VII.

accenderunt ignes. Cum dies advenisset, Chirisophus facta re sacra suos recta via duxit; et illi, qui montem occuparant, in jugis in hostes contenderunt. Hostium vero vicissim: pars maxima montis in superiore transitu manebat, pars eorum iis qui in jugis erant obviam ibat. Priusquam vero multae copiae utriusque gentis convenissent, manus inter se conserunt ii qui juga tenebant; vincuntque Graeci et hostes persequuntur. Interea etiam de planitie peltastae Graeci ad acie congressos cursu ferebantur : et Chirisophus gradatim quidem sed celeriter cum gravis armaturae militibus subsequebatur. At hostes qui in via substiterant, cum suorum partem in summo monte victam cernerent, fugam arripiunt : et ex iis nonnulli periere, permultaque capta sunt scuta; quae Graeci gladiis ita caedebant, ut ad usum bellicum inutilia redderent. Cum adscendissent, facta re sacra, tropaeoque constituto, in planitiem et vicos multis bonis refertos descenderunt.

Inde castris quinque, parasangas triginta ad Taochos progressi sunt; et commeatus jam deficiebat : nam Taochi munitis in locis habitabant, in quibus commeatus etiam omnes eo subvectos tenebant. Cum in locum pervenissent, ubi tametsi nec erat oppidum, nec domus, tamen illuc convenerant et viri et mulieres et jumenta multa, Chirisophus huc, ut primum eo venit, adortus est : cumque primus ordo re gerenda fatigaretur, alius accedebat, ac rursum alius : nam conferti locum, quia fluvius undique cingebat, circumsistere non poterant. Ubi vero Xenophon cum extremo agmine et peltastis gravisque armaturae militibus venit, hic Chirisophus, Opportune, inquit, ades; nam locus hic nobis capiendus est : neque enim exercitui suppetit commeatus, nisi locum ceperimus. Ibi tum consilia communiter capiebant ; cumque Xenophon interrogaret quidnam esset quod impediret, quominus ingrederentur, Unus utique, ait Chirisophus, hic aditus est, quem vides : et cum quis per hunc transire conatur, lapides de saxo illo eminente devolvunt : quisquis autem iis tactus fuerit, ita adficitur. Simul ei monstrabat homines, quibus et crura et costae confractae essent. Quod si lapides, inquit Xenophon, absumpserint, numquid aliud an nihil erit quod nos quominus transeamus impediat ? nec enim ex adverso videmus ullos, praeter paucos hosce homines ; et ex iis duos tresve armatos. Locus autem, ut ipse vides, fere sesquiplethrum patet, quod nos ictibus expositos emetiri oportet. Hujus autem loci tantum, quantum plethri mensuram aequet, pinis magnis per intervalla dispositis densum est ; ad quas si viri consistant, quid vel a jactis vel a devolutis saxis incommodi tulerint ? Jam restat igitur dimidium plethri, quod quidem spatium, ubi lapides cessaverint, cursu conficiendum est. At ubi primum, inquit Chirisophus, pergere ad locum illum densum coeperimus, multi in nos ingeruntur lapides. Hoc ipsum, inquit Xenophon, nobis utile fuerit : nam eo citius haud dubie lapides absument. Verum age jam ad eum locum per-

17

μεθα ἔνθεν ἡμῖν μικρόν τι παραδραμεῖν ἔσται, ἣν δυνώμεθα, καὶ ἀπελθεῖν ῥᾴδιον, ἢν βουλώμεθα.

8. Ἐντεῦθεν ἐπορεύοντο Χειρίσοφος καὶ Ξενοφῶν καὶ Καλλίμαχος Παρράσιος λοχαγός· τούτου γὰρ ἡ ἡγεμονία ἦν τῶν ὀπισθοφυλάκων λοχαγῶν ἐκείνῃ τῇ ἡμέρᾳ· οἱ δὲ ἄλλοι λοχαγοὶ ἔμενον ἐν τῷ ἀσφαλεῖ. Μετὰ τοῦτο οὖν ἀπῆλθον ὑπὸ τὰ δένδρα ἄνθρωποι ὡς ἑβδομήκοντα, οὐκ ἁθρόοι ἀλλὰ καθ᾽ ἕνα, ἕκαστος φυλαττόμενος ὡς ἐδύνατο. (9) Ἀγασίας δὲ ὁ Στυμφάλιος καὶ Ἀριστώνυμος Μεθυδριεὺς καὶ οὗτοι τῶν ὀπισθοφυλάκων λοχαγοὶ ὄντες, καὶ ἄλλοι δὲ, ἐφέστασαν ἔξω τῶν δένδρων· οὐ γὰρ ἦν ἀσφαλὲς ἐν τοῖς δένδροις ἑστάναι πλεῖον ἢ τὸν ἕνα λόχον. (10) Ἔνθα δὴ Καλλίμαχος μηχανᾶταί τι· προέτρεχεν ἀπὸ τοῦ δένδρου ὑφ᾽ ᾧ ἦν αὐτὸς δύο ἢ τρία βήματα· ἐπεὶ δὲ οἱ λίθοι φέροιντο, ἀνεχάζετο εὐπετῶς· ἐφ᾽ ἑκάστης δὲ προδρομῆς πλέον ἢ δέκα ἅμαξαι πετρῶν ἀνηλίσκοντο. (11) Ὁ δὲ Ἀγασίας ὡς ὁρᾷ τὸν Καλλίμαχον ἃ ἐποίει, καὶ τὸ στράτευμα πᾶν θεώμενον, δείσας μὴ οὐ πρῶτος παραδράμοι εἰς τὸ χωρίον, οὔτε τὸν Ἀριστώνυμον πλησίον ὄντα παρακαλέσας οὔτε Εὐρύλοχον τὸν Λουσιέα ἑταίρους ὄντας οὔτε ἄλλον οὐδένα χωρεῖ αὐτὸς, καὶ παρέρχεται πάντας. (12) Ὁ δὲ Καλλίμαχος ὡς ἑώρα αὐτὸν παριόντα, ἐπιλαμβάνεται αὐτοῦ τῆς ἴτυος· ἐν δὲ τούτῳ παρέθει αὐτοὺς Ἀριστώνυμος Μεθυδριεὺς, καὶ μετὰ τοῦτον Εὐρύλοχος Λουσιεύς· πάντες γὰρ οὗτοι ἀντεποιοῦντο ἀρετῆς καὶ διηγωνίζοντο πρὸς ἀλλήλους· καὶ οὕτως ἐρίζοντες αἱροῦσι τὸ χωρίον· ὡς γὰρ ἅπαξ εἰσέδραμον, οὐδεὶς πέτρος ἄνωθεν ἠνέχθη. (13) Ἐνταῦθα δὴ δεινὸν ἦν θέαμα. Αἱ γὰρ γυναῖκες ῥίπτουσαι τὰ παιδία εἶτα καὶ ἑαυτὰς ἐπικατερρίπτουν, καὶ οἱ ἄνδρες ὡσαύτως. Ἔνθα δὴ καὶ Αἰνείας Στυμφάλιος λοχαγὸς ἰδών τινα θέοντα ὡς ῥίψοντα ἑαυτὸν στολὴν ἔχοντα καλὴν ἐπιλαμβάνεται ὡς κωλύσων· (14) Ὁ δὲ αὐτὸν ἐπισπᾶται, καὶ ἀμφότεροι ᾤχοντο κατὰ τῶν πετρῶν φερόμενοι καὶ ἀπέθανον. ἐντεῦθεν ἄνθρωποι μὲν πάνυ ὀλίγοι ἐλήφθησαν, βόες δὲ καὶ ὄνοι πολλοὶ καὶ πρόβατα.

15. Ἐντεῦθεν ἐπορεύθησαν διὰ Χαλύβων σταθμοὺς ἑπτὰ παρασάγγας πεντήκοντα. Οὗτοι ἦσαν ὧν διῆλθον ἀλκιμώτατοι, καὶ εἰς χεῖρας ᾖεσαν. Εἶχον δὲ θώρακας λινοῦς μέχρι τοῦ ἤτρου, ἀντὶ δὲ τῶν πτερύγων σπάρτα πυκνὰ ἐστραμμένα. (16) Εἶχον δὲ καὶ κνημῖδας καὶ κράνη καὶ παρὰ τὴν ζώνην μαχαίριον ὅσον ξυήλην Λακωνικήν, ᾧ ἔσφαττον ὧν κρατεῖν δύναιντο, καὶ ἀποτέμνοντες ἂν τὰς κεφαλὰς ἔχοντες ἐπορεύοντο, καὶ ᾖδον καὶ ἐχόρευον ὁπότε οἱ πολέμιοι αὐτοὺς ὄψεσθαι ἔμελλον. Εἶχον δὲ καὶ δόρυ ὡς πεντεκαίδεκα πηχῶν μίαν λόγχην ἔχον. (17) Οὗτοι ἐνέμενον ἐν τοῖς πολίσμασιν· ἐπεὶ δὲ παρέλθοιεν οἱ Ἕλληνες, εἵποντο ἀεὶ μαχόμενοι. Ὤκουν δὲ ἐν τοῖς ὀχυροῖς, καὶ τὰ ἐπιτήδεια ἐν τούτοις ἀνακεκομισμένοι ἦσαν· ὥστε μηδὲν λαμβάνειν αὐτόθεν τοὺς Ἕλληνας, ἀλλὰ διετράφησαν τοῖς κτήνεσιν ἃ ἐκ τῶν Ταόχων ἔλαβον. (18) Ἐκ τούτου οἱ Ἕλληνες ἀφίκοντο ἐπὶ τὸν Ἅρπασον ποταμὸν, εὖρος τεττάρων πλέθρων.

gamus, unde paulum erit cursu transeundum, si quidem poterimus; et abire facile fuerit, si voluerimus.

Dehinc profecti sunt Chirisophus, et Xenophon, et Callimachus Parrhasius, cohortis praefectus; hic enim ducis inter agminis extremi praefectos officium eo die obtinebat ; ceteri cohortium praefecti in tuto manebant. Posthac igitur homines fere septuaginta sub arbores sese conferebant, non conferti, sed singulatim, cavente sibi ut potuit unoquoque. Agasias autem Stymphalius et Aristonymus Methydriensis, qui et ipsi postremi agminis cohortium ductores erant, atque alii etiam, remoti ab arboribus subsistebant: neque enim tuto plus quam una cohors apud arbores stare poterat. Ibi tum quiddam etiam machinatur Callimachus: ab arbore, sub qua stationem ipse nactus erat, passus duos aut tres procurrebat; cum vero lapides jacerentur, expedite se in tutum recipiebat: ad singulos autem procursus plus quam decem saxorum plaustra absumebantur. At Agasias ubi, quae faceret Callimachus, toto spectante exercitu, vidit, veritus ne primus in locum excurreret, nec Aristonymo sibi proximo advocato, nec Eurylocho Lusiata, qui sodales ejus erant, nec quoquam alio, solus eo tendit, et antevertit omnes. Callimachus autem, ut eum se praetereuntem vidit, oras clypei ipsius apprehendit : ac interea Aristonymus Methydriensis eos cursu praeterit, et post ipsum Eurylochus Lusiates : nam hi omnes virtutis gloriam sibi vindicabant, deque hac inter se certabant, atque dum hoc modo contenderent, locum capiunt. Nam cum primum illuc irruissent, nullus lapis amplius desuper volvebatur. Ibi tum horrendum objectum erat spectaculum : nam mulieres projectis parvulis liberis, super eos deinde se ipsas etiam praecipitabant; similiter viri quoque. Hic vero etiam Stymphalius, cohortis praefectus, currentem quendam ut se praecipitem daret conspicatus, elegante amictum veste, prehendit hominem ne id faceret impeditorus. Verum hic secum illum trahit, et ambo per saxa praecipites acti sunt, atque interierunt. Capti sunt proinde hoc loco perpauci homines, boves vero et asini et pecora multa.

Inde per Chalybum agros castris septem, parasangas quinquaginta progressi sunt. Hi omnium, per quorum agros Graeci fecerunt iter, fortissimi erant, atque adeo manus cum eis conserebant : loricas lineas ad imum usque ventrem pertinentes habebant; ac pro alis funes densos contortos. Erant eis et tibiarum tegumenta et galeae, ac juxta zonam sica, instar Laconici gladioli falcati, qua, quos in potestatem suam redigere potuerint, jugulabant; capitaque cum abscidissent, cum iis abihant; canebant etiam et saltabant, quoties hostes ipsos conspecturi erant. Habebant et hastam quindecim fere cubitorum, cui unus erat mucro. Manebant illi quidem in oppidis : ubi vero Graeci praeteriissent, sequebantur eos semper pugnantes : in locis autem munitis habitabant, in quae commeatus etiam comportaverant : adeo ut nihil ex eo loco Graeci caperent, sed iis jumentis alerentur, quae ex Taochorum agro ceperant. Inde ad amnem Harpasum, cujus erat quatuor plethrorum latitudo, Graeci

Ἐντεῦθεν ἐπορεύθησαν διὰ Σκυθινῶν σταθμοὺς τέτταρας παρασάγγας εἴκοσι διὰ πεδίου εἰς κώμας· ἐν αἷς ἔμειναν ἡμέρας τρεῖς καὶ ἐπεσιτίσαντο. (19) Ἐντεῦθεν δὲ ἦλθον σταθμοὺς τέτταρας παρασάγγας εἴκοσι πρὸς πόλιν μεγάλην καὶ εὐδαίμονα καὶ οἰκουμένην ἣ ἐκαλεῖτο Γυμνίας. Ἐκ ταύτης ὁ τῆς χώρας ἄρχων τοῖς Ἕλλησιν ἡγεμόνα πέμπει, ὅπως διὰ τῆς ἑαυτῶν πολεμίας χώρας ἄγοι αὐτούς. (20) Ἐλθὼν δ' ἐκεῖνος λέγει ὅτι ἄξει αὐτοὺς πέντε ἡμερῶν εἰς χωρίον ὅθεν ὄψονται θάλατταν· εἰ δὲ μή, τεθνάναι ἐπηγγέλλετο. Καὶ ἡγούμενος ἐπειδὴ ἐνέβαλεν εἰς τὴν ἑαυτοῖς πολεμίαν, παρεκελεύετο αἴθειν καὶ φθείρειν τὴν χώραν· ᾧ καὶ δῆλον ἐγένετο ὅτι τούτου ἕνεκα ἔλθοι, οὐ τῆς τῶν Ἑλλήνων εὐνοίας. (21) Καὶ ἀφικνοῦνται ἐπὶ τὸ ὄρος τῇ πέμπτῃ ἡμέρᾳ· ὄνομα δὲ τῷ ὄρει ἦν Θήχης. Ἐπειδὴ δὲ οἱ πρῶτοι ἐγένοντο ἐπὶ τοῦ ὄρους καὶ κατεῖδον τὴν θάλατταν, κραυγὴ πολλὴ ἐγένετο. (22) Ἀκούσας δὲ ὁ Ξενοφῶν καὶ οἱ ὀπισθοφύλακες ᾠήθησαν ἔμπροσθεν ἄλλους ἐπιτίθεσθαι πολεμίους· εἵποντο γὰρ καὶ ὄπισθεν οἱ ἐκ τῆς καιομένης χώρας, καὶ αὐτῶν οἱ ὀπισθοφύλακες ἀπέκτεινάν τέ τινας καὶ ἐζώγρησαν ἐνέδραν ποιησάμενοι, καὶ γέρρα ἔλαβον δασειῶν βοῶν ὠμοβόεια ἀμφὶ τὰ εἴκοσιν. (23) Ἐπειδὴ δὲ βοὴ πλείων τε ἐγίγνετο καὶ ἐγγύτερον καὶ οἱ ἀεὶ ἐπιόντες ἔθεον δρόμῳ ἐπὶ τοὺς ἀεὶ βοῶντας καὶ πολλῷ μείζων ἐγίγνετο ἡ βοὴ ὅσῳ δὴ πλείους ἐγίγνοντο, ἐδόκει δὴ μεῖζον τι εἶναι τῷ Ξενοφῶντι. (24) Καὶ ἀναβὰς ἐφ' ἵππον καὶ Λύκιον καὶ τοὺς ἱππέας ἀναλαβὼν παρεβοήθει· καὶ τάχα δὴ ἀκούουσι βοώντων τῶν στρατιωτῶν Θάλαττα θάλαττα καὶ παρεγγυώντων. Ἔνθα δὴ ἔθεον ἅπαντες καὶ οἱ ὀπισθοφύλακες, καὶ τὰ ὑποζύγια ἠλαύνετο καὶ οἱ ἵπποι. (25) Ἐπεὶ δὲ ἀφίκοντο πάντες ἐπὶ τὸ ἄκρον, ἐνταῦθα δὴ περιέβαλλον ἀλλήλους καὶ στρατηγοὺς καὶ λοχαγοὺς δακρύοντες. Καὶ ἐξαπίνης ὅτου δὴ παρεγγυήσαντος οἱ στρατιῶται φέρουσι λίθους καὶ ποιοῦσι κολωνὸν μέγαν. (26) Ἐνταῦθα ἀνετίθεσαν δερμάτων πλῆθος ὠμοβοείων καὶ βακτηρίας καὶ τὰ αἰχμάλωτα γέρρα, καὶ ὁ ἡγεμὼν αὐτὸς τε κατέτεμνε τὰ γέρρα καὶ τοῖς ἄλλοις διεκελεύετο. (27) Μετὰ ταῦτα τὸν ἡγεμόνα οἱ Ἕλληνες ἀποπέμπουσι δῶρα δόντες ἀπὸ κοινοῦ ἵππον καὶ φιάλην ἀργυρᾶν καὶ σκευὴν Περσικὴν καὶ δαρεικοὺς δέκα· ᾔτει δὲ μάλιστα τοὺς δακτυλίους, καὶ ἔλαβε πολλοὺς παρὰ τῶν στρατιωτῶν. Κώμην δὲ δείξας αὐτοῖς οὗ σκηνήσουσι καὶ τὴν ὁδὸν ἣν πορεύσονται εἰς Μάκρωνας, ἐπεὶ ἑσπέρα ἐγένετο, ᾤχετο τῆς νυκτὸς ἀπιών.

ΚΕΦΑΛΑΙΟΝ Η.

Ἐντεῦθεν δ' ἐπορεύθησαν οἱ Ἕλληνες διὰ Μακρώνων σταθμοὺς τρεῖς παρασάγγας δέκα. Τῇ πρώτῃ δὲ ἡμέρᾳ ἀφίκοντο ἐπὶ τὸν ποταμὸν ὃς ὥριζε τὴν τῶν Μακρώνων καὶ τὴν τῶν Σκυθινῶν. (2) Εἶχον δ' ὑπερδέξιον χωρίον οἷον χαλεπώτατον καὶ ἐξ ἀριστερᾶς ἄλλον ποταμόν, εἰς ὃν ἐνέβαλλεν ὁ ὁρίζων δι' οὗ ἔδει διαβῆναι. Ἦν δὲ οὗτος δασὺς δένδρεσι παχέσι μὲν οὔ, πυκνοῖς δέ.

pervenere. Hinc per Scythinos castris tribus, parasangas viginti progressi sunt, per planitiem in vicos; in quibus triduum mauserunt, ac cibaria parabant. Inde castris quatuor, parasangas viginti progressi, ad urbem magnam opulentamque, incolis frequentem, veniunt; cui nomen erat Gymnias. Ex hac regione princeps ejus itineris ducem Græcis mittit, ut eos per agrum sibi hostilem deduceret. Ipse autem cum venisset, se dierum quinque spatio ducturum eos ad locum aiebat, unde mare conspecturi essent: sin autem, se mortem perpessurum recipiebat. Atque adeo præcedens, postquam in hostile sibi solum ingressus esset, ut agrum incenderent et vastarent hortabatur: ex quo patuit eum hac de causa venisse, non propter aliquam erga Græcos benevolentiam. Ac die quinto sacrum ad montem perveniunt; monti autem nomen erat Theches. Cumque primi in montem evasissent, ac mare conspicerent, magnus eorum clamor extitit. Quem cum Xenophon et agminis extremi milites audiissent, arbitrabantur hostes restare alios qui etiam a fronte Græcos invaderent: nam et a tergo nonnulli de exusta regione sequebantur; eorumque aliquos extremi agminis custodes occiderant, aliquos etiam vivos, locatis insidiis, ceperant: scuta quoque fere viginti ex crudo boum hirsutorum corio facta ceperunt. Cum autem augesceret clamor et propius accederet, et qui semper succedebant cursu tenderent ad illos, qui continenter clamabant, de multo major efficeretur clamor, prout plures utique convenissent, res aliqua sane gravior esse Xenophonti visa est. Itaque cum conscendisset equum, et Lycium equitesque secum sumpsisset, opem suis laturus adcurrebat: ac statim quidem audiunt milites, Mare, mare, clamantes, et se mutuo cohortantes. Ibi tum currebant universi, etiam agminis extremi milites, cum quidem et jumenta cito agerentur et equi. Posteaquam universi in jugum pervenissent, tum vero se invicem, et duces et cohortium ductores, fusis interea lacrimis, amplexabantur. Ac derepente, incertum cujus jussu, lapides congerunt milites, et magnum excitant tumulum. Huc scutorum ex crudo boum corio factorum numerum magnum, et baculos, et gerra hostibus erepta, imponebant; ipse etiam itineris dux gerra concidebat, et aliis idem ut facerent suadebat. Post hæc Græci ducem itineris dimittunt, cum ei donassent ex communi thesauro equum, et pateram argenteam, et ornatum Persicum, et daricos decem: annulos autem in primis petebat, multosque adeo a militibus accepit. Cum vicum eis monstrasset, quo diversuri essent, et viam qua ac Macronas progredi possent, ubi vespera facta erat, noctu discessit.

CAPUT VIII.

Inde Græci per Macronas castris tribus, parasangas decem progressi sunt. Ac primo quidem die ad amnem perveniunt, qui Macronum et Scythinorum regionem terminabat. Erat iis ad dextram locus editus quam difficillimus, et ad sinistram alius amnis, in quem ille, qui agros utriusque nationis terminabat, influebat; qui sane trajiciendus erat. Consitus hic erat arboribus non densis quidem, sed frequenti-

Ταῦτα ἐπεὶ προςῆλθον οἱ Ἕλληνες ἔκοπτον, σπεύδοντες ἐκ τοῦ χωρίου ὡς τάχιστα ἐξελθεῖν. (3) Οἱ δὲ Μάκρωνες ἔχοντες γέῤῥα καὶ λόγχας καὶ τριχίνους χιτῶνας καταντιπέρας τῆς διαβάσεως παρατεταγμένοι ἦσαν καὶ ἀλλήλοις διεκελεύοντο καὶ λίθους εἰς τὸν ποταμὸν ἐῤῥίπτουν, ἐξικνοῦντο δὲ οὐ οὐδ' ἔβλαπτον οὐδέν.

4. Ἔνθα δὴ προςέρχεται τῷ Ξενοφῶντι τῶν πελταστῶν τις ἀνὴρ Ἀθήνησι φάσκων δεδουλευκέναι, λέγων ὅτι γιγνώσκοι τὴν φωνὴν τῶν ἀνθρώπων. Καὶ οἶμαι, ἔφη, ἐμὴν ταύτην πατρίδα εἶναι· καὶ εἰ μή τι κωλύει, ἐθέλω αὐτοῖς διαλεχθῆναι. (5) Ἀλλ' οὐδὲν κωλύει, ἔφη, ἀλλὰ διαλέγου καὶ μάθε πρῶτον τίνες εἰσίν. Οἱ δ' εἶπον ἐρωτήσαντος ὅτι Μάκρωνες. Ἐρώτα τοίνυν, ἔφη, αὐτοὺς τί ἀντιτετάχαται καὶ χρῄζουσιν ἡμῖν πολέμιοι εἶναι. (6) Οἱ δ' ἀπεκρίναντο, Ὅτι καὶ ὑμεῖς ἐπὶ τὴν ἡμετέραν χώραν ἔρχεσθε. Λέγειν ἐκέλευον οἱ στρατηγοὶ ὅτι οὐ κακῶς γε ποιήσοντες, ἀλλὰ βασιλεῖ πολεμήσαντες ἀπερχόμεθα εἰς τὴν Ἑλλάδα, καὶ ἐπὶ θάλατταν βουλόμεθα ἀφικέσθαι. (7) Ἠρώτων ἐκεῖνοι εἰ δοῖεν ἂν τούτων τὰ πιστά. Οἱ δ' ἔφασαν καὶ δοῦναι καὶ λαβεῖν ἐθέλειν. Ἐντεῦθεν διδόασιν οἱ Μάκρωνες βαρβαρικὴν λόγχην τοῖς Ἕλλησιν, οἱ δὲ Ἕλληνες ἐκείνοις Ἑλληνικήν· ταῦτα γὰρ ἔφασαν πιστὰ εἶναι· θεοὺς δὲ ἐπεμαρτύραντο ἀμφότεροι.

8. Μετὰ δὲ τὰ πιστὰ εὐθὺς οἱ Μάκρωνες τὰ δένδρα συνεξέκοπτον τήν τε ὁδὸν ὡδοποίουν ὡς διαβιβάσοντες ἐν μέσοις ἀναμεμιγμένοι τοῖς Ἕλλησι, καὶ ἀγορὰν οἵαν ἐδύναντο παρεῖχον, καὶ παρήγαγον ἐν τρισὶν ἡμέραις ἕως ἐπὶ τὰ Κόλχων ὅρια κατέστησαν τοὺς Ἕλληνας. (9) Ἐνταῦθα ἦν ὄρος μέγα, προςβατὸν δέ· καὶ ἐπὶ τούτου οἱ Κόλχοι παρατεταγμένοι ἦσαν. Καὶ τὸ μὲν πρῶτον οἱ Ἕλληνες ἀντιπαρετάξαντο κατὰ φάλαγγα ὡς οὕτως ἄξοντες πρὸς τὸ ὄρος· ἔπειτα δὲ ἔδοξε τοῖς στρατηγοῖς βουλεύσασθαι συλλεγεῖσιν ὅπως ὡς κάλλιστα ἀγωνιοῦνται. (10) Ἔλεξεν οὖν Ξενοφῶν ὅτι δοκεῖ παύσαντας τὴν φάλαγγα λόχους ὀρθίους ποιῆσαι· ἡ μὲν γὰρ φάλαγξ διασπασθήσεται εὐθύς· τῇ μὲν γὰρ ἄνοδον τῇ δὲ εὔοδον εὑρήσομεν τὸ ὄρος· καὶ εὐθὺς τοῦτο ἀθυμίαν ποιήσει ὅταν τεταγμένοι εἰς φάλαγγα ταύτην διεσπασμένην ὁρῶσιν. (11) Ἔπειτα ἢν μὲν ἐπὶ πολλοὺς τεταγμένοι προςάγωμεν, περιττεύσουσιν ἡμῶν οἱ πολέμιοι καὶ τοῖς περιττοῖς χρήσονται ὅ,τι ἂν βούλωνται· ἐὰν δὲ ἐπ' ὀλίγων τεταγμένοι ἴωμεν, οὐδὲν ἂν εἴη θαυμαστὸν εἰ διακοπείη ἡμῶν ἡ φάλαγξ ὑπὸ ἀθρόων καὶ βελῶν καὶ ἀνθρώπων πολλῶν ἐμπεσόντων· εἰ δέ πη τοῦτο ἔσται, τῇ ὅλῃ φάλαγγι κακὸν ἔσται. (12) Ἀλλά μοι δοκεῖ ὀρθίους τοὺς λόχους ποιησαμένους τοσοῦτον χωρίον κατασχεῖν διαλείποντας τοῖς λόχοις ὅσον ἔξω τοὺς ἐσχάτους λόχους γενέσθαι τῶν πολεμίων κεράτων· καὶ οὕτως ἐσόμεθα τῆς τε τῶν πολεμίων φάλαγγος ἔξω οἱ ἔσχατοι λόχοι, καὶ ὀρθίους ἄγοντες τοὺς κρατίστους ἡμῶν πρῶτον πρόςιασιν, ᾗ τε ἂν εὔοδον ᾖ ταύτῃ ἕκαστος ἄξει ὁ λόχος. (13) Καὶ εἰς τε τὸ διαλεῖπον οὐ ῥᾴδιον ἔσται τοῖς πολεμίοις εἰςελθεῖν ἔνθεν καὶ ἔνθεν λόχων ὄντων, διακόψαι τε οὐ ῥᾴδιον ἔσται λό-

bus. Has Græci, cum accessissent, cædebant, id operam sedulo dantes, ut quam celerrime de hoc loco evaderent. At Macrones, ornati gerris et hastis et tunicis quas e pilis contextis fecerant, exadversum trajiciendi locum instructi stabant, ac se mutuo cohortabantur, lapidesque in amnem jaciebant : verum ne sic quidem ad Græcos pertingebant, nec quemquam lædebant.

Ibi tum ad Xenophontem ex peltastis vir quidam accedit, qui servitutem Athenis se serviisse profiteretur, diceretque adeo linguam se illorum hominum agnoscere. Atque arbitror, inquit, meam hanc esse patriam : ac, nisi quid vetat, volo cum eis colloqui. Nihil vero, ait ille, vetat, quin colloquere cum eis, ac primum ex iis discito, quinam hominum sint. Dixerunt illi, interrogante eo, Macronas se esse. Quære igitur, inquit Xenophon, cur aciem adversus nos instruxerint, velintque nostri esse hostes. Responderunt illi, Quia vos etiam ad regionem nostram acceditis. Dicere hominem jubebant duces, id sane non eo factum ut ullo vos damno adficiamus, sed posteaquam adversus regem bellum gessimus, in Græciam redimus, et ad mare pervenire volumus. Quærebant si hoc aliqua in acie parte accideret. Velle se aiebant Græci et dare fidem et accipere. Tum Macrones hastam Græcis barbaricam dant, et illis Græci vicissim Græcam ; nam hoc pacto fidem apud se dari aiebant : deos autem utrique testes invocabant.

Posteaquam fides esset data, statim Macrones una cum Græcis arbores cædebant, et viam sternebant, velut trajecturi in alteram ripam, Græcis mediis permisti : forum etiam rerum venalium. quale quidem poterant, suppeditabant ; et triduo deducebant, usquequo Græcos in Colchorum montibus sisterent. Erat ibi mons quidem magnus, sed in quem tamen adscenda posset : atque in eo Colchi stabant instructi. Ac primum quidem Græci phalangem contra instruxerunt, quasi sic dispositam aciem ad montem ducturi : sed deinde ducibus collectis visum est deliberandum esse, quo pacto quam præclarissime dimicaturi essent. Itaque Xenophon sibi videri dixit, omissa phalange, cohortes rectas instituendas esse : « Nam phalanx statim », pergit, « divulsa erit : quippe alibi quidem montem inviam, alibi aditu facilem reperiemus, idque mox animi demissionem creabit, quod nostri in phalangem dispositi, hanc ipsam divulsam videbunt. Præterea, si sic instructi in hostes ut multis condensa sit acies tendamus, numero nos superaturi sunt hostes, et illorum opera quibus nos superaverint ad quamcumque voluerint rem usuri sunt ; sin ita instructi pergamus ut acies rarior sit, nihil mirum fuerit, si ea nostra phalanx alicubi perrupta sit a confertis tum telis tum hominibus ingruentibus : quod si hoc aliqua in acie parte acciderit, toti phalangi male erit. Verum arbitror, ubi cohortes rectas instituerimus, tantum cohortes istas per intervalla dispositas spatii occupare debere, ut extremæ cohortes extra hostium cornua porrectæ sint : atque sic demum erimus cohortes utique extremæ extra hostium phalangem et dum rectas ducemus cohortes, nostrum præstantissimi quique primi ad hostem accedent : quaque locus transitu facilis erit, hac quælibet cohors perget. Neque vero in relicta inter cohortes nostras intervalla proclive erit hostibus ingredi, cum hinc atque hinc constitutæ sint cohortes ; nec proclive erit cohortem rectam accedentem per-

χον ὄρθιον προσιόντα. Ἐάν τέ τις πιέζηται τῶν λόχων, ὁ πλησίον βοηθήσει· ἥν τε εἰς πη δυνηθῇ τῶν λόχων
ἐπὶ τὸ ἄκρον ἀναθῆναι, οὐδεὶς μηκέτι μείνῃ τῶν πολεμίων. (14) Ταῦτα ἔδοξε, καὶ ἐποίουν ὀρθίους τοὺς λόχους. Ξενοφῶν δὲ ἀπιὼν ἐπὶ τὸ εὐώνυμον ἀπὸ τοῦ
δεξιοῦ ἔλεγε τοῖς στρατιώταις, Ἄνδρες, οὗτοί εἰσιν οὓς
ὁρᾶτε μόνοι ἔτι ἡμῖν ἐμποδὼν τὸ μὴ ἤδη εἶναι ἔνθα πάλαι ἐσπεύδομεν· τούτους, ἥν πως δυνώμεθα, καὶ ὠμοὺς
δεῖ καταφαγεῖν.

15. Ἐπεὶ δ' ἐν ταῖς χώραις ἕκαστοι ἐγένοντο καὶ τοὺς
λόχους ὀρθίους ἐποιήσαντο, ἐγένοντο μὲν λόχοι τῶν
ὁπλιτῶν ἀμφὶ τοὺς ὀγδοήκοντα, ὁ δὲ λόχος ἕκαστος
σχεδὸν εἰς τοὺς ἑκατόν· τοὺς δὲ πελταστὰς καὶ τοὺς τοξότας τριχῇ ἐποιήσαντο, τοὺς μὲν τοῦ εὐωνύμου ἔξω, τοὺς
δὲ τοῦ δεξιοῦ, τοὺς δὲ κατὰ μέσον, σχεδὸν ἑξακοσίους
ἑκάστους. (16) Ἐκ τούτου παρηγγύησαν οἱ στρατηγοὶ εὔχεσθαι· εὐξάμενοι δὲ καὶ παιανίσαντες ἐπορεύοντο.
Καὶ Χειρίσοφος μὲν καὶ Ξενοφῶν καὶ οἱ σὺν αὐτοῖς πελ-
ταστκὶ τῆς τῶν πολεμίων φάλαγγος ἔξω γενόμενοι ἐπο-
ρεύοντο· (17) οἱ δὲ πολέμιοι ὡς εἶδον αὐτούς, ἀντιπα-
ραθέοντες οἱ μὲν ἐπὶ τὸ δεξιὸν οἱ δὲ ἐπὶ τὸ εὐώνυμον
διεσπάσθησαν, καὶ πολὺ τῆς αὐτῶν φάλαγγος ἐν τῷ μέσῳ κενὸν ἐποίησαν. (18) Ἰδόντες δὲ αὐτοὺς διαχάζον-
τας οἱ κατὰ τὸ Ἀρκαδικὸν πελτασταί, ὧν ἦρχεν Αἰσχίνης ὁ Ἀκαρνάν, νομίσαντες φεύγειν ἀνὰ κράτος ἔθεον·
καὶ οὗτοι πρῶτοι ἐπὶ τὸ ὄρος ἀναβαίνουσι· συνεφείπετο
δὲ αὐτοῖς καὶ τὸ Ἀρκαδικὸν ὁπλιτικόν, ὧν ἦρχε Κλεάνωρ ὁ Ὀρχομένιος. (19) Οἱ δὲ πολέμιοι, ὡς ἤρξαντο
θεῖν, οὐκέτι ἔστησαν, ἀλλὰ φυγῇ ἄλλος ἄλλῃ ἐτράπετο.
Οἱ δὲ Ἕλληνες ἀναβάντες ἐστρατοπεδεύοντο ἐν πολλαῖς
κώμαις καὶ τἀπιτήδεια πολλὰ ἐχούσαις. (20) Καὶ τὰ
μὲν ἄλλα οὐδὲν ἦν ὅτι καὶ ἐθαύμασαν· τὰ δὲ σμήνη
πολλὰ ἦν αὐτόθι, καὶ τῶν κηρίων ὅσοι ἔφαγον τῶν στρατιωτῶν πάντες ἄφρονές τε ἐγίγνοντο καὶ ἤμουν καὶ κάτω
διεχώρει αὐτοῖς καὶ ὀρθὸς οὐδεὶς ἠδύνατο ἵστασθαι,
ἀλλ' οἱ μὲν ὀλίγον ἐδηδοκότες σφόδρα μεθύουσιν ἐῴκεσαν, οἱ δὲ πολὺ μαινομένοις, οἱ δὲ καὶ ἀποθνήσκουσιν.
(21) Ἔκειντο δὲ οὕτω πολλοὶ ὥσπερ τροπῆς γεγενημένης,
καὶ πολλὴ ἦν ἀθυμία. Τῇ δ' ὑστεραίᾳ ἀπέθανε μὲν
οὐδείς, ἀμφὶ δὲ τὴν αὐτὴν πού ὥραν ἀνεφρόνουν· τρίτῃ
δὲ καὶ τετάρτῃ ἀνίσταντο ὥσπερ ἐκ φαρμακοποσίας.

22. Ἐντεῦθεν δ' ἐπορεύθησαν δύο σταθμοὺς παρασάγγας ἑπτά, καὶ ἦλθον ἐπὶ θάλατταν εἰς Τραπεζοῦντα
πόλιν Ἑλληνίδα, οἰκουμένην ἐν τῷ Εὐξείνῳ Πόντῳ,
Σινωπέων ἀποικίαν ἐν τῇ Κόλχων χώρᾳ. Ἐνταῦθα
ἔμειναν ἡμέρας ἀμφὶ τὰς τριάκοντα ἐν ταῖς τῶν Κόλχων κώμαις· κἀντεῦθεν ὁρμώμενοι ἐληΐζοντο τὴν Κολ-
χίδα. (23) Ἀγορὰν δὲ παρεῖχον τῷ στρατοπέδῳ Τραπεζούντιοι, καὶ ἐδέξαντό τε τοὺς Ἕλληνας καὶ ξένια
ἔδοσαν βοῦς καὶ ἄλφιτα καὶ οἶνον. (24) Συνδιεπράτ-
τοντο δὲ καὶ ὑπὲρ τῶν πλησίον Κόλχων τῶν ἐν τῷ πεδίῳ μάλιστα οἰκούντων, καὶ ξένια καὶ παρ' ἐκείνων ἦλθον βόες. (25) Μετὰ δὲ τοῦτο τὴν θυσίαν ἣν εὔξαντο
παρεσκευάζοντο· ἦλθον δ' αὐτοῖς ἱκανοὶ βόες ἀποθῦσαι

rumpere. Quod si ex cohortibus aliqua laboraverit, opem
feret proxima : et si una de cohortibus in verticem aliquo modo adscendere poterit, hostium nemo amplius erit
qui subsistat. » Hæc decreta sunt : atque adeo rectas cohortes instituerunt. Et Xenophon a latere dextro ad lævum
pergens, hæc habuit ad milites verba, « Hi quos cernitis, viri,
soli nobis adhuc impedimento sunt quominus jam istic simus
quo jam dudum properamus: hos, si quo modo possimus,
vel crudos devoremus oportet. »

Posteaquam suis quique locis constiterant, ac rectas sibi
instituerant cohortes, gravis armaturæ cohortes octoginta
circiter fuere, quælibet cohors centenis fere militibus constabat : peltastas vero et sagittarios trifariam disposuerunt,
alios extra sinistrum cornu, alios extra dextrum, alios acie
media ; singulis in partibus fere sexcentos. Deinde diis vota
nuncuparunt milites ediceri duces; ac vota ubi nuncupassent
et pæana cecinissent, iter pergebant. Et Chirisophus atque
Xenophon quique cum ipsis erant peltastæ ita pergebant,
ut extra hostium essent phalangem. Hostes autem, eos
ubi vidissent, contra perrexere : et partim latus dextrum,
partim sinistrum versus sunt distracti, atque adeo mediam
ipsorum aciem magna ex parte vacuam reliquerunt. Eos
cum peltastæ, qui Arcadico erant in agmine, quibusque
Æschines Acarnan præerat, intervallo relicto conspexissent,
rati homines fugere, totis viribus currebant : et hi primi
in montem adscendunt : subsequebantur hos gravis etiam
armaturæ milites Arcadici, quibus Cleanor Orchomenius
præerat. At hostes, posteaquam currere cœperunt illi, non
constiterunt amplius, sed alius alio fuga elapsi sunt. Græci
cum adscendissent, multis in vicis castra locarunt, atque
his sane commeatus copia abundantibus. Et in ceteris quidem nihil erat, quod mirati sunt : verum alvearia illic erant
multa, et de favis quotquot ex militibus comedebant, omnes
et amentes fiebant, et vomebant, et ipsis egerebatur infra,
et rectus stare nemo potuit : sed qui paulum ederant, valde
ebriis erant similes; qui multum, furentibus : nonnulli etiam
morientibus. Jacebant autem ita multi, quasi cum in fugam versi fuissent, et magna erat militum tristitia. Postridie nemo quidem mortuus erat, sed eadem fere hora
mentis rursum compotes fiebant : die tertio et quarto surgebant, velut ex medicamenti haustu.

Inde castris binis, parasangas septem progressi sunt, et ad
mare pervenerunt, in Trapezuntem, urbem Græcam incolis
frequentem, ad Pontum Euxinum, coloniam Sinopensium,
in Colchorum regione sitam. Hic dies circiter triginta commorati sunt, Colchorum in vicis, atque hinc factis incursio-
nibus prædas e Colchide agebant. Forum in exercitu rerum
venalium Trapezuntii præbebant, Græcosque tum exceperunt, tum munera iis hospitalia donarunt boves et farinam
et vinum. Cum iis etiam pro Colchis finitimis, qui maxima
ex parte habitabant in planitie, transigebant : quin et ab
illis tanquam munera hospitalia venerunt boves. Postea sacrificium, quod voverant, parabant : ac boves ad eos adlati
sunt qui sufficerent sacrificiis Jovi Servatori, et Herculi

τῷ Διὶ τῷ σωτῆρι καὶ τῷ Ἡρακλεῖ ἡγεμόσυνα καὶ τοῖς ἄλλοις θεοῖς ἃ εὔξαντο. Ἐποίησαν δὲ καὶ ἀγῶνα γυμνικὸν ἐν τῷ ὄρει ἔνθαπερ ἐσκήνουν. Εἴλοντο δὲ Δρακόντιον Σπαρτιάτην, ὃς ἔφυγε παῖς ὢν οἴκοθεν, παῖδα ἄκων κατακτανὼν ξυήλῃ πατάξας, δρόμου τ' ἐπιμεληθῆναι καὶ τοῦ ἀγῶνος προστατῆσαι. (26) Ἐπειδὴ δὲ ἡ θυσία ἐγένετο, τὰ δέρματα παρέδοσαν τῷ Δρακοντίῳ, καὶ ἡγεῖσθαι ἐκέλευον ὅπου τὸν δρόμον πεποιηκὼς εἴη. Ὁ δὲ δείξας οὗπερ ἑστηκότες ἐτύγχανον, Οὗτος ὁ λόφος, ἔφη, κάλλιστος τρέχειν ὅπου ἄν τις βούληται. Πῶς οὖν, ἔφασαν, δυνήσονται παλαίειν ἐν σκληρῷ καὶ δασεῖ οὕτως; Ὁ δ' εἶπε, Μᾶλλόν τι ἀνιάσεται ὁ καταπεσών. (27) Ἠγωνίζοντο δὲ παῖδες μὲν στάδιον τῶν αἰχμαλώτων οἱ πλεῖστοι, δόλιχον δὲ Κρῆτες πλείους ἢ ἑξήκοντα ἔθεον, πάλην δὲ καὶ πυγμὴν καὶ παγκράτιον ἕτεροι. Καὶ καλὴ θέα ἐγένετο· πολλοὶ γὰρ κατέβησαν καὶ ἅτε θεωμένων τῶν ἑταίρων πολλὴ φιλονεικία ἐγίγνετο. (28) Ἔθεον δὲ καὶ ἵπποι καὶ ἔδει αὐτοὺς κατὰ τοῦ πρανοῦς ἐλάσαντας ἐν τῇ θαλάττῃ ἀναστρέψαντας πάλιν ἄνω πρὸς τὸν βωμὸν ἄγειν. Καὶ κάτω μὲν οἱ πολλοὶ ἐκυλινδοῦντο· ἄνω δὲ πρὸς τὸ ἰσχυρῶς ὄρθιον μόλις βάδην ἐπορεύοντο οἱ ἵπποι· ἔνθα πολλὴ κραυγὴ καὶ γέλως καὶ παρακέλευσις ἐγίγνετο αὐτῶν.

ΒΙΒΛΙΟΝ Ε.

ΚΕΦΑΛΑΙΟΝ Α.

Ὅσα μὲν δὴ ἐν τῇ ἀναβάσει τῇ μετὰ Κύρου ἔπραξαν οἱ Ἕλληνες, καὶ ὅσα ἐν τῇ πορείᾳ τῇ μέχρι ἐπὶ θάλατταν τὴν ἐν τῷ Εὐξείνῳ Πόντῳ, καὶ ὡς εἰς Τραπεζοῦντα πόλιν Ἑλληνίδα ἀφίκοντο, καὶ ὡς ἀπέθυσαν ἃ εὔξαντο σωτήρια θύσειν ἔνθα πρῶτον εἰς φιλίαν γῆν ἀφίκοιντο, ἐν τῷ πρόσθεν λόγῳ δεδήλωται. (2) Ἐκ δὲ τούτου ξυνελθόντες ἐβουλεύοντο περὶ τῆς λοιπῆς πορείας· ἀνέστη δὲ πρῶτος Ἀντιλέων Θούριος καὶ ἔλεξεν ὧδε. Ἐγὼ μὲν τοίνυν, ἔφη, ὦ ἄνδρες, ἀπείρηκα ἤδη ξυσκευαζόμενος καὶ βαδίζων καὶ τρέχων καὶ τὰ ὅπλα φέρων καὶ ἐν τάξει ἰὼν καὶ φυλακὰς φυλάττων καὶ μαχόμενος, ἐπιθυμῶ δὲ ἤδη παυσάμενος τούτων τῶν πόνων, ἐπεὶ θάλατταν ἔχομεν, πλεῖν τὸ λοιπὸν καὶ ἐκταθεὶς ὥσπερ Ὀδυσσεὺς καθεύδων ἀφικέσθαι εἰς τὴν Ἑλλάδα. (3) Ταῦτα ἀκούσαντες οἱ στρατιῶται ἀνεθορύβησαν ὡς εὖ λέγοι· καὶ ἄλλος ταὐτὰ ἔλεγε, καὶ πάντες οἱ παρόντες. Ἔπειτα δὲ Χειρίσοφος ἀνέστη καὶ εἶπεν ὧδε. (4) Φίλος μοί ἐστιν, ὦ ἄνδρες, Ἀναξίβιος, ναυαρχῶν δὲ καὶ τυγχάνει. Ἢν οὖν πέμψητέ με, οἴομαι ἂν ἐλθεῖν καὶ τριήρεις ἔχων καὶ πλοῖα τὰ ἡμᾶς ἄξοντα· ὑμεῖς δὲ εἴπερ πλεῖν βούλεσθε, περιμένετε ἔστ' ἂν ἐγὼ ἔλθω· ἥξω δὲ ταχέως. Ἀκούσαντες ταῦτα οἱ στρατιῶται ἥσθησάν τε καὶ ἐψηφίσαντο πλεῖν αὐτὸν ὡς τάχιστα.

5. Μετὰ τοῦτον Ξενοφῶν ἀνέστη καὶ ἔλεξεν ὧδε. Χειρίσοφος μὲν δὴ ἐπὶ πλοῖα στέλλεται, ἡμεῖς δὲ ἀναμε-

LIBER V.

CAPUT I.

Quaecunque in expeditione cum Cyro superiorem in Asiam suscepta Graeci gesserint; quaeque in itinere ad mare usque quod in Ponto Euxino continetur, et quo pacto ad Trapezuntem urbem Graecam pervenerint, et quo modo sacrificia perpetraverint, quae pro salute facturos se voverant, ubi primum pacatam in terram venissent, superiore libro expositum est. Deinde cum convenissent, de itinere reliquo deliberabant : et Antileon Thurius surrexit primus, atque in hunc modum loquutus est. « Equidem, viri, inquit, jam defatigatus sum colligendis vasis, et eundo, et currendo, et ferendis armis, et ordine servando, et excubiis agendis, et pugnando : jamque adeo cupio, fine laboribus his imposito, quandoquidem maris nobis est copia, in posterum navigare, et, sicut Ulysses, porrectus, dormiendo in Graeciam adpellere. » Haec cum audissent milites, huic ut qui recte diceret adstrepuerunt : alius etiam eadem dicebat, omnesque adeo qui aderant. Deinde surrexit Chirisophus, et haec verba fecit : « Amicus mihi est, viri, Anaxibius, cui jam contigit navarchi munus ; quamobrem si me miseritis, arbitror me cum triremibus rediturum et navigiis, quae vos vectura sint : vos autem, quoniam navigare vultis, exspectate donec rediero : cito certe redibo. » Haec cum audissent milites, gavisi sunt et quam celerrime navigio discederet decrevere.

Post hunc surrexit Xenophon, et sic loquutus est : « Ergo Chirisophus ad navigia mittitur, et nos hic eum opperie-

νοῦμεν. "Ὅσα μοι οὖν δοκεῖ καιρὸς εἶναι ποιεῖν ἐν τῇ μονῇ, ταῦτα ἐρῶ. (6) Πρῶτον μὲν τὰ ἐπιτήδεια δεῖ πορίζεσθαι ἐκ τῆς πολεμίας· οὔτε γὰρ ἀγορά ἐστιν ἱκανὴ οὔτε ὅτου ὠνησόμεθα εὐπορία εἰ μὴ ὀλίγοις τισίν· ἡ δὲ χώρα πολεμία· κίνδυνος οὖν πολλοὺς ἀπόλλυσθαι, ἢν ἀμελῶς τε καὶ ἀφυλάκτως πορεύησθε ἐπὶ τὰ ἐπιτήδεια. (7) Ἀλλά μοι δοκεῖ σὺν προνομαῖς λαμβάνειν τὰ ἐπιτήδεια, ἄλλως δὲ μὴ πλανᾶσθαι, ὡς σώζησθε, ἡμᾶς δὲ τούτων ἐπιμελεῖσθαι. (8) Ἔδοξε ταῦτα. Ἔτι τοίνυν ἀκούσατε καὶ τάδε. Ἐπὶ λείαν γὰρ ὑμῶν ἐκπορεύσονταί τινες. Οἴομαι οὖν βέλτιον εἶναι ἡμῖν εἰπεῖν τὸν μέλλοντα ἐξιέναι, φράζειν δὲ καὶ ὅποι, ἵνα καὶ τὸ πλῆθος εἰδῶμεν τῶν ἐξιόντων καὶ τῶν μενόντων καὶ ξυμπαρασκευάζωμεν ἐάν τι δέῃ, κἂν βοηθῆσαί τισι καιρὸς ᾖ, εἰδῶμεν ὅποι δεήσει βοηθεῖν, καὶ ἐάν τις τῶν ἀπειροτέρων ἐγχειρῇ ποι, ξυμβουλεύωμεν πειρώμενοι εἰδέναι τὴν δύναμιν ἐφ' οὓς ἂν ἴωσιν. (9) Ἔδοξε καὶ ταῦτα. Ἐννοεῖτε δὲ καὶ τόδε, ἔφη. Σχολὴ τοῖς πολεμίοις λῄζεσθαι, καὶ δικαίως ἡμῖν ἐπιβουλεύουσιν· ἔχομεν γὰρ τὰ ἐκείνων· ὑπερκάθηνται δ' ἡμῶν. Φύλακας δή μοι δοκεῖ δεῖν περὶ τὸ στρατόπεδον εἶναι· ἐὰν οὖν κατὰ μέρος μερισθέντες φυλάττωμεν καὶ σκοπῶμεν, ἧττον ἂν δύναιντο ἡμᾶς θηρᾶν οἱ πολέμιοι. (10) Ἔτι τοίνυν τάδε ὁρᾶτε. Εἰ μὲν ἠπιστάμεθα σαφῶς ὅτι ἥξει πλοῖα Χειρίσοφος ἄγων ἱκανά, οὐδὲν ἂν ἔδει ὧν μέλλω λέγειν· νῦν δ' ἐπεὶ τοῦτο ἄδηλον, δοκεῖ μοι πειρᾶσθαι πλοῖα συμπαρασκευάζειν καὶ αὐτόθεν. Ἢν μὲν γὰρ ἔλθῃ, ὑπαρχόντων ἐνθάδε ἐν ἀφθονωτέροις πλευσόμεθα· ἐὰν δὲ μὴ ἄγῃ, τοῖς ἐνθάδε χρησόμεθα. (11) Ὁρῶ δὲ ἐγὼ πλοῖα πολλάκις παραπλέοντα· εἰ οὖν αἰτησάμενοι παρὰ Τραπεζουντίων μακρὰ πλοῖα κατάγοιμεν καὶ φυλάττοιμεν αὐτὰ τὰ πηδάλια παραλυόμενοι ἕως ἂν ἱκανὰ τὰ ἄξοντα γένηται, ἴσως ἂν οὐκ ἀπορήσαιμεν κομιδῆς οἵας δεόμεθα. Ἔδοξε καὶ ταῦτα. (12) Ἐννοήσατε δ', ἔφη, εἰ εἰκὸς καὶ τρέφειν ἀπὸ κοινοῦ οὓς ἂν κατάγωμεν ὅσον ἂν χρόνον ἡμῶν ἕνεκα μένωσι, καὶ ναῦλον ξυνθέσθαι, ὅπως ὠφελοῦντες καὶ ὠφελῶνται. (13) Ἔδοξε καὶ ταῦτα. Δοκεῖ τοίνυν μοι, ἔφη, ἢν ἄρα καὶ ταῦτα ἡμῖν μὴ ἐκπεραίνηται ὥστε ἀρκεῖν πλοῖα, τὰς παρὰ θάλατταν οἰκουμένας πόλεις ἐντείλασθαι ὁδοποιεῖν· πείσονται γὰρ καὶ διὰ τὸ φοβεῖσθαι καὶ διὰ τὸ βούλεσθαι ἡμῶν ἀπαλλαγῆναι.

14. Ἐνταῦθα δὲ ἀνέκραγον ὡς οὐ δέοι ὁδοιπορεῖν· ὁ δὲ ὡς ἔγνω τὴν ἀφροσύνην αὐτῶν, ἐπεψήφισε μὲν οὐδέν, τὰς δὲ πόλεις ἑκούσας ἔπεισεν ὁδοποιεῖν λέγων ὅτι θᾶττον ἀπαλλάξονται ἢν εὔποροι γένωνται αἱ ὁδοί. (15) Ἔλαβον δὲ καὶ πεντηκόντορον παρὰ τῶν Τραπεζουντίων, ᾗ ἐπέστησαν Δέξιππον Λάκωνα περίοικον. Οὗτος ἀμελήσας τοῦ ξυλλέγειν πλοῖα ἀποδρὰς ᾤχετο ἔξω τοῦ Πόντου, ἔχων τὴν ναῦν. Οὗτος μὲν οὖν δίκαια ἔπαθεν ὕστερον· ἐν Θρᾴκῃ γὰρ παρὰ Σεύθῃ πολυπραγμονῶν τι ἀπέθανεν ὑπὸ Νικάνδρου τοῦ Λάκωνος. (16) Ἔλαβον δὲ καὶ τριακόντορον, ᾗ ἐπεστάθη Πολυκράτης Ἀθηναῖος, ὃς ὁπόσα λαμβάνοι πλοῖα κα-

mur. Quamobrem quaecunque mihi tempus postulare videtur ut, dum commoramur, faciamus, haec vobis exponam. Primum commeatus ex hostico parare oportet : quippe nec forum est nobis quod sufficiat, nec adest quo mercemur aliquid, praeterquam paucis ; et regio est hostilis : quare periculum erit ne multi pereant, si negligenter et incaute ad parandos commeatus perrexeritis. Itaque arbitror parandos esse per excursiones commeatus ; aliter non evagandum, ut salvi sitis ; nosque adeo curam istorum agere debere. » Decreta sunt haec. « Jam porro audite etiam haec : ad praedam utique parandam vestrum nonnulli egressuri sunt. Quapropter arbitror rectius esse ut is, qui exiturus est, nobis hoc ipsum indicet, etiam quo pergat significet ; ut et exeuntium et manentium multitudinem sciamus, et si quid parato opus sit, una cum iis paremus : et si tempus postulet ut aliquibus opem feramus, sciamus quo suppetias eundum fuerit : ac si quis imperitiorum aliquo tendere velit cum suis, consilia conferamus, data opera ut vires cognitas habeamus eorum, in quos perrecturi sint. » Decreta sunt et ista. « Hoc etiam velim consideretis, inquit : est hostibus praedandi otium : ac jure nobis insidiantur ; quippe res ipsorum habemus : supra nos etiam consident. Quare opus esse arbitror, ut circa castra sint excubitores : si ergo divisi in excubiis et speculis vicissim fuerimus, minus nos venari poterunt hostes. Porro etiam haec videte : si certo sciremus Chirisophum cum ea navium copia, nobis quae sufficeret, venturum, nihil verbis opus foret iis, quae sum prolaturus : nunc vero, cum illud incertum sit, operam dandam esse arbitror, ut etiam ex hoc loco naves comparemus. Nam si quo tempore venerit is, nobis hic suppetent naves, pluribus certe navigabimus ; sin nullas adduxerit, iis quae hic aderunt utemur. Video autem naves saepe praetervehi : quamobrem si, cum a Trapezuntiis naves longas petierimus, illas subducamus ac, resolutis gubernaculis, custodiamus, donec is sit earum numerus qui nobis vehendis sufficiat, haud certe vectura destituemur tali, qualem ipsi requirimus. » Decreta sunt et ista. « Consideretis etiam velim, inquit, an aequum sit ut eos quos cum navigiis subducturi simus, quamdiu quidem nostri causa manserint, communi alamus impensa, et naulum iis constituamus, quo nos commodo qui adfecerint, commodo adficiantur ipsi. » Et haec decreta sunt. « Jam vero, inquit, censeo, haec utique si ita nequeant absolvi, ut quae nobis sufficiant navigia habeamus, civitatibus maritimis imperandum, ut vias quas esse audimus transitu difficiles, nobis muniant : quippe parebunt imperio tum quod nos metuant, tum quod nobis liberari velint. »

Ibi tum exclamarunt milites non esse cur viae muniantur. Ille, ubi dementiam eorum agnosceret, nihil eos sententiis rogavit, sed civitatibus ut non invitae vias munirent persuasit : quippe quod diceret ipsos citius discessuros, si viae pensitu faciles redderentur. Acceperunt etiam quinquaginta remorum navem a Trapezuntiis, cui Dexippum Laconem Spartae accolam praefecerunt. Is omissa capiendorum navigiorum cura, cum navi extra Pontum aufugit. Verum is deinceps justo adfectus fuit supplicio : nam cum apud Seuthem in Thracia multis se rebus alienis implicaret, a Nicandro Lacedaemonio interfectus est. Acceperunt et aliam triginta remorum navem, cui Polycrates Atheniensis praefe-

ᾖγεν ἐπὶ τὸ στρατόπεδον. Καὶ τὰ μὲν ἀγώγιμα εἴ τι ἦγον ἐξαιρούμενοι φύλακας καθίστασαν ὅπως σῶα εἴη, τοῖς δὲ πλοίοις ἐχρήσαντο εἰς παραγωγήν. (17) Ἐν ᾗ δὲ ταῦτα ἦν ἐπὶ λείαν ἐξῄεσαν οἱ Ἕλληνες, καὶ οἱ μὲν ἐλάμβανον οἱ δὲ καὶ οὔ. Κλεαίνετος δ' ἐξαγαγὼν καὶ τὸν ἑαυτοῦ καὶ ἄλλον λόχον πρὸς χωρίον χαλεπὸν αὐτός τε ἀπέθανε καὶ ἄλλοι πολλοὶ τῶν σὺν αὐτῷ.

ΚΕΦΑΛΑΙΟΝ Β.

Ἐπεὶ δὲ τὰ ἐπιτήδεια οὐκέτι ἦν λαμβάνειν ὥστε ἀπαυθημερίζειν ἐπὶ τὸ στρατόπεδον, ἐκ τούτου λαβὼν Ξενοφῶν ἡγεμόνας τῶν Τραπεζουντίων ἐξάγει εἰς Δρίλας τὸ ἥμισυ τοῦ στρατεύματος, τὸ δὲ ἥμισυ κατέλιπε φυλάττειν τὸ στρατόπεδον· οἱ γὰρ Κόλχοι, ἅτε ἐκπεπτωκότες τῶν οἰκιῶν, πολλοὶ ἦσαν ἀθρόοι καὶ ὑπερεκάθηντο ἐπὶ τῶν ἄκρων. (2) Οἱ δὲ Τραπεζούντιοι ὁπόθεν μὲν τὰ ἐπιτήδεια ῥᾴδιον ἦν λαβεῖν οὐκ ἦγον· φίλοι γὰρ αὐτοῖς ἦσαν· εἰς τοὺς Δρίλας δὲ προθύμως ἦγον, ὑφ' ὧν κακῶς ἔπασχον, εἰς χωρία τε ὀρεινὰ καὶ δύσβατα καὶ ἀνθρώπους πολεμικωτάτους τῶν ἐν τῷ Πόντῳ.

3. Ἐπεὶ δὲ ἦσαν ἐν τῇ ἄνω χώρᾳ οἱ Ἕλληνες, ὁποῖα τῶν χωρίων τοῖς Δρίλαις ἁλώσιμα εἶναι ἐδόκει ἐμπιπράντες ἀπῇεσαν· καὶ οὐδὲν ἦν λαμβάνειν εἰ μὴ ὗς ἢ βοῦς ἢ ἄλλο τι κτῆνος τὸ πῦρ διαπεφευγός. Ἓν δὲ ἦν χωρίον μητρόπολις αὐτῶν· εἰς τοῦτο πάντες ξυνερρυήκεσαν. Περὶ δὲ τοῦτο ἦν χαράδρα ἰσχυρῶς βαθεῖα, καὶ πρόσοδοι χαλεπαὶ πρὸς τὸ χωρίον. (4) Οἱ δὲ πελτασταὶ προδραμόντες στάδια πέντε ἢ ἓξ τῶν ὁπλιτῶν, διαβάντες τὴν χαράδραν ὁρῶντες πρόβατα πολλὰ καὶ ἄλλα χρήματα, προσέβαλλον πρὸς τὸ χωρίον· ξυνείποντο δὲ καὶ δορυφόροι πολλοὶ οἱ ἐπὶ τὰ ἐπιτήδεια ἐξωρμημένοι· ὥστε ἐγένοντο οἱ διαβάντες πλείους ἢ εἰς δισχιλίους ἀνθρώπους. (5) Ἐπεὶ δὲ μαχόμενοι οὐκ ἐδύναντο λαβεῖν τὸ χωρίον, καὶ γὰρ τάφρος ἦν περὶ αὐτὸ εὐρεῖα ἀναβεβλημένη καὶ σκόλοπες ἐπὶ τῆς ἀναβολῆς καὶ τύρσεις πυκναὶ ξύλιναι πεποιημέναι, ἀπιέναι δὴ ἐπεχείρουν· οἱ δὲ ἐπέκειντο αὐτοῖς. (6) Ὡς δὲ οὐκ ἐδύναντο ἀποτρέχειν, ἦν γὰρ ἐξ ἑνὸς ἡ κατάβασις ἐκ τοῦ χωρίου εἰς τὴν χαράδραν, πέμπουσι πρὸς Ξενοφῶντα, ὃς ἡγεῖτο τοῖς ὁπλίταις. (7) Ὁ δ' ἐλθὼν λέγει ὅτι ἔστι χωρίον χρημάτων πολλῶν μεστόν· τοῦτο οὔτε λαβεῖν δυνάμεθα· ἰσχυρὸν γάρ ἐστιν· οὔτε ἀπελθεῖν ῥᾴδιον· μάχονται γὰρ ἐπεξεληλυθότες καὶ ἡ ἄφοδος χαλεπή. (8) Ἀκούσας ταῦτα ὁ Ξενοφῶν προσαγαγὼν πρὸς τὴν χαράδραν τοὺς μὲν ὁπλίτας θέσθαι ἐκέλευσε τὰ ὅπλα, αὐτὸς δὲ διαβὰς σὺν τοῖς λοχαγοῖς ἐσκοπεῖτο πότερον εἴη κρεῖττον ἀπάγειν καὶ τοὺς διαβεβηκότας ἢ καὶ τοὺς ὁπλίτας διαβιβάζειν ὡς ἁλόντος ἂν τοῦ χωρίου. (9) Ἐδόκει γὰρ τὸ μὲν ἀπάγειν οὐκ εἶναι ἄνευ πολλῶν νεκρῶν, ἑλεῖν δ' ἂν ᾤοντο καὶ οἱ λοχαγοὶ τὸ χωρίον. Καὶ ὁ Ξενοφῶν ξυνεχώρησε τοῖς ἱεροῖς πιστεύσας· οἱ γὰρ μάντεις ἀποδεδειγμένοι ἦσαν ὅτι μάχη μὲν ἔσται, τὸ δὲ τέλος καλὸν τῆς ἐξόδου.

CAPUT II.

ctus est : qui, quotquot naves caperet, ad castra subducebat. Ac merces quidem, quas vehebant istæ, inde eximentes, custodes constituebant, ut salvæ essent : navigiis vero ad suorum deductionem utebantur. Quo tempore facta hæc erant, ad prædam exiere Græci ; et ex iis alii prædam nacti sunt, alii non. Cleænetus vero cum et cohortem suam et aliam quandam ad locum difficilem eduxisset, tum ipse periit tum alii multi de iis qui cum ipso erant.

Ubi commeatus ita parandi facultas non erat amplius, ut eodem die in castra reverterentur milites, inde Xenophon adsumptis de Trapezuntiis itineris ducibus, in Drilas dimidiam copiarum partem educit, dimidiam propter castra reliquit custodienda : nam Colchi, quod ex ædibus suis exciderant, in unum coacti erant multi, et in superioribus montium verticibus consederant. At Trapezuntii eos in illorum hominum agros non ducebant, unde commeatus facile petere licuisset ; quod ipsis essent amici ; in Drilas vero libenter ducebant, a quibus male multati fuerant, inque montuosa et accessu difficilia loca, hominesque omnium qui in Ponto habitabant bellicosissimos.

Posteaquam in altiore loco Græci jam erant, quæcunque loca capta facilia Drilis esse videbantur, ea cum incendissent inde discessere : neque quidquam capere erat nisi sues bovesque, vel quid aliud pecoris ignem quod effugerat. Unum erat oppidum, quod metropolis eorum adpellabatur : in hoc omnes confluxerant : circa hoc autem vallis alveus erat admodum profundus, atque adeo aditus ad oppidum illud difficiles erant. Cum vero peltastæ stadiis quinque vel sex gravis armaturæ milites cursu præcessissent, trajectoque alveo, vidissent pecora multa aliasque res, ad oppidum impetum convertunt. Sequebantur hos etiam hastati multi, qui commeatus parandi causa fuerant egressi : adeo ut alveum qui transierant hominum duum millium superarent numerum. Posteaquam dimicando oppidum capere non poterant (quippe fossa lata circa id erat egesta humo ducta, et in ipsa quæ egesta fuerat terra sudes erant defixæ, multæque ligneæ turres structæ), jam abire adgressi sunt : at hostes iis instabant. Cumque abscedere non possent (quippe singulis tantum descensus in alveum erat ex oppido pervius), ad Xenophontem mittunt, qui gravis armaturæ militum dux erat. Ad eum cum venisset nuntius, oppidum esse ait rebus multis refertum : hoc neque capere possumus, inquit ; quippe munitum est ; neque abscedere proclive nobis est : nam impetu egressi pugnant, et abscessus est difficilis. Hæc cum audisset Xenophon, suis ad alveum adductis, gravem armaturam in armis jussit consistere : ipse ubi cum cohortium ductoribus trajecisset, utrum consultius esset abducere eos qui transierant, an gravem etiam armaturam trajicere, si spes esset fore ut caperetur oppidum, considerabat. Eos utique ut quis abducat haud esse sine multorum cæde videbatur, et capi se cum posse cohortium quoque ductores existimabant : Xenophon etiam his accedebat, fretus hostiarum extis : nam pugnam fore quidem vates declararant, sed finem egressus,

(10) Καὶ τοὺς μὲν λοχαγοὺς ἔπεμπε διαβιβάσοντας τοὺς ὁπλίτας, αὐτὸς δ' ἔμενεν ἀναχωρίσας ἅπαντας τοὺς πελταστάς, καὶ οὐδένα εἴα ἀκροβολίζεσθαι. (11) Ἐπεὶ δ' ἧκον οἱ ὁπλῖται, ἐκέλευσε τὸν λόχον ἕκαστον ποιῆσαι τῶν λοχαγῶν ὡς ἂν κράτιστα οἴηται ἀγωνιεῖσθαι· ἦσαν γὰρ οἱ λοχαγοὶ πλησίον ἀλλήλοις οἳ πάντα τὸν χρόνον ἀλλήλοις περὶ ἀνδραγαθίας ἀντεποιοῦντο. (12) Καὶ οἱ μὲν ταῦτα ἐποίουν· ὁ δὲ τοῖς πελτασταῖς πᾶσι παρήγγελλε διηγκυλωμένους ἰέναι, ὡς ὁπόταν σημήνῃ ἀκοντίζειν δεήσον, καὶ τοὺς τοξότας ἐπιβεβλῆσθαι ἐπὶ ταῖς νευραῖς, ὡς ὁπόταν σημήνῃ τοξεύειν δεήσον, καὶ τοὺς γυμνῆτας λίθων ἔχειν μεστὰς διφθέρας· καὶ τοὺς ἐπιτηδείους ἔπεμψε τούτων ἐπιμεληθῆναι. (13) Ἐπεὶ δὲ πάντα παρεσκεύαστο καὶ λοχαγοὶ καὶ οἱ ὑπολοχαγοὶ καὶ οἱ ἀξιοῦντες τούτων μὴ χείρους εἶναι πάντες παρατεταγμένοι ἦσαν, καὶ ἀλλήλους μὲν δὴ ξυνεώρων μηνοειδὴς γὰρ διὰ τὸ χωρίον ἡ τάξις ἦν· (14) ἐπεὶ δ' ἐπαιάνισαν καὶ ἡ σάλπιγξ ἐφθέγξατο, ἅμα τε τῷ Ἐνυαλίῳ ἠλάλαξαν καὶ ἔθεον δρόμῳ οἱ ὁπλῖται, καὶ τὰ βέλη ὁμόσε ἐφέρετο, λόγχαι, τοξεύματα, σφενδόναι, πλεῖστοι δ' ἐκ τῶν χειρῶν λίθοι, ἦσαν δὲ οἳ καὶ πῦρ προσέφερον. (15) Ὑπὸ δὲ τοῦ πλήθους τῶν βελῶν ἔλιπον οἱ πολέμιοι τά τε σταυρώματα καὶ τὰς τύρσεις· ὥστε Ἀγασίας Στυμφάλιος καὶ Φιλόξενος Πελληνεὺς καταθέμενοι τὰ ὅπλα ἐν χιτῶνι μόνον ἀνέβησαν, καὶ ἄλλος ἄλλον εἷλκε, καὶ ἄλλος ἀναβεβήκει, καὶ ἥλωκει τὸ χωρίον, ὡς ἐδόκει. (16) Καὶ οἱ μὲν πελτασταὶ καὶ οἱ ψιλοὶ εἰσδραμόντες ἥρπαζον ὅ,τι ἕκαστος ἐδύνατο· ὁ δὲ Ξενοφῶν στὰς κατὰ τὰς πύλας ὁπόσους ἐδύνατο κατεκώλυε τῶν ὁπλιτῶν ἔξω· πολέμιοι γὰρ ἄλλοι ἐφαίνοντο ἐπ' ἄκροις τισὶν ἰσχυροῖς. (17) Οὐ πολλοῦ δὲ χρόνου μεταξὺ γενομένου κραυγή τε ἐγίγνετο ἔνδον καὶ ἔφευγον οἱ μὲν καὶ ἔχοντες ἃ ἔλαβον, τάχα δέ τις καὶ τετρωμένος· καὶ πολὺς ἦν ὠθισμὸς ἀμφὶ τὰ θύρετρα. Καὶ ἐρωτώμενοι οἱ ἐκπίπτοντες ἔλεγον ὅτι ἄκρα τέ ἐστιν ἔνδον καὶ οἱ πολέμιοι πολλοί, οἳ παίουσιν ἐκδεδραμηκότες τοὺς ἔνδον ἀνθρώπους. (18) Ἐνταῦθα ἀνειπεῖν ἐκέλευσε Τολμίδην τὸν κήρυκα ἰέναι εἴσω τὸν βουλόμενόν τι λαμβάνειν καὶ ἵεντο πολλοὶ εἴσω, καὶ νικῶσι τοὺς ἐκπίπτοντας οἱ εἰσωθούμενοι καὶ κατακλείουσι τοὺς πολεμίους πάλιν εἰς τὴν ἄκραν. (19) Καὶ τὰ μὲν ἔξω τῆς ἄκρας πάντα διηρπάσθη καὶ ἐξεκομίσαντο οἱ Ἕλληνες· οἱ δὲ ὁπλῖται ἔθεντο τὰ ὅπλα, οἱ μὲν περὶ τὰ σταυρώματα, οἱ δὲ κατὰ τὴν ὁδὸν τὴν ἐπὶ τὴν ἄκραν φέρουσαν. (20) Ὁ δὲ Ξενοφῶν καὶ οἱ λοχαγοὶ ἐσκόπουν εἰ οἷόν τε εἴη τὴν ἄκραν λαβεῖν· ἦν γὰρ οὕτω σωτηρία ἀσφαλής, ἄλλως δὲ πάνυ χαλεπὸν ἐδόκει εἶναι ἀπελθεῖν· σκοπουμένοις δὲ αὐτοῖς ἔδοξε παντάπασιν ἀνάλωτον εἶναι τὸ χωρίον. (21) Ἐνταῦθα παρεσκευάζοντο τὴν ἄφοδον, καὶ τοὺς μὲν σταυροὺς ἕκαστοι καθ' αὑτοὺς διῄρουν, καὶ τοὺς ἀχρείους καὶ φορτία ἔχοντας ἐξεπέμποντο καὶ τῶν ὁπλιτῶν τὸ πλῆθος· κατέλιπον δὲ οἱ λοχαγοὶ οἷς ἕκαστος ἐπίστευεν. (22) Ἐπεὶ δὲ ἤρξαντο ἀποχωρεῖν, ἐπεξέθεον ἔνδοθεν πολλοὶ γέῤῥα καὶ λόγχας ἔχοντες καὶ

præclarum. Itaque cohortium ductores mittit qui gravem armaturam trajicerent, ipse subsistebat peltastis omnibus recedere jussis, nec quemquam velitatione uti sinebat. Posteaquam gravis armaturæ milites venissent, cohortium ductorum quemque eo modo se parare jussit, quo cohortem suam optime dimicaturam existimaret : nam prope a se invicem aberant illi cohortium ductores, qui per id omne tempus inter se de fortitudinis gloria contenderant. Atque hæc quidem faciebant cohortium præfecti : is autem peltastas omnes amentis jaculorum prehensis progredi jussit, ut quibus, posteaquam signum iis dandum curaret, emittenda forent jacula ; sagittarios etiam cum sagittis in nervos impositis, ut quibus, signum ubi dedisset, forent sagittæ emittendæ : velites quoque sacculos e pellibus confectos lapidibus refertos habere : misit etiam idoneos quosdam homines, qui hæc ut fierent curarent. Posteaquam omnia comparata erant, et cohortium ductores et eorum legati, et alii qui se his nihilo deteriores haberi volebant, omnes acie instructa constiterunt, seque mutuo intuebantur) quippe acies propter loci naturam curvata erat); atque ubi pæana occinissent, et sonuisset tuba, statim et Enyalium clamarunt, et cursu in hostes tendebant gravis armaturæ milites : simul etiam tela, hastæ, sagittæ, fundæ, et plurimi e manibus missi lapides, torquebantur : erant quoque qui ignem adferrent. Hostes ob telorum multitudinem et valla et turres relinquebant ; adeo ut Agasias Stymphalius et Philoxenus Pelleneus, depositis armis, tunica solum induti adscenderent, atque alius alium attraheret, cum alius jam adscendisset, et oppidum captum esset, uti quidem videbatur. Ac peltastæ velitesque facta incursione quod quisque poterat rapiebant : at Xenophon, ad portas qui interea stetit, e gravis armaturæ militibus quoscunque poterat demoratus est extra : nam hostes alii in jugis quibusdam munitis conspiciebantur. Nec longo tempore interjecto clamor intus ortus est, fugiebantque adeo, alii cum iis quas ceperant rebus, forsan etiam vulneratus aliquis : magnusque ad portas erat sese protrudentium impetus. Qui elabebantur interrogati, aiebant arcem intus esse quandam, multosque hostes, qui excursione facta homines intus qui erant cæderent. Hic Xenophon Tolmidem præconem publice denuntiare jussit, ut, quicunque spoliorum aliquid capere vellet, ingrederetur. Itaque multi irruebant, et hi sese invicem trudendo intro tendebant erumpentes superant, ac rursus hostes in arcem concludunt. Et quæ quidem extra arcem reperiebantur, omnia erant direpta eademque Græci exportabant : gravis autem armaturæ milites in armis consistebant, partim ad oppidi vallum, partim ad viam illam, quæ in arcem ducebat. Xenophon autem et cohortium ductores considerabant, ecqua ratione arx capi posset : nam ipsorum salus ita foret certa : ceteroqui perdifficile esse videbatur abscedere : iisque ea de re deliberantibus visum' est cum capi locum omnino non posse. Ibi tum ad abscessum sese parabant, ac singuli palos sibi proximos diruebant, et ad rem gerendam inutiles et onera portantes, unaque maximam gravis armaturæ militum partem, emittebant : eos vero reliquerunt cohortium ductores, quibus quisque fidebat. Posteaquam abscedere coeperunt, in eos intus excurrebant multi, gerris et hastis

καὶ κνημῖδας καὶ κράνη Παφλαγο νικά, καὶ ἄλλοι ἐπὶ τὰς οἰκίας ἀνέβαινον τὰς ἔνθεν καὶ ἔνθεν τῆς εἰς τὴν ἄκραν φερούσης ὁδοῦ· (23) ὥστε οὐδὲ διώκειν ἀσφαλὲς ἦν κατὰ τὰς πύλας τὰς εἰς τὴν ἄκραν φερούσας. Καὶ γὰρ ξύλα μεγάλα ἐπερρίπτουν ἄνωθεν, ὥςτε χαλεπὸν ἦν καὶ μένειν καὶ ἀπιέναι, καὶ ἡ νὺξ φοβερὰ ἦν ἐπιοῦσα. (24) Μαχομένων δὲ αὐτῶν καὶ ἀπορουμένων θεῶν τις αὐτοῖς μηχανὴν σωτηρίας δίδωσιν. Ἐξαπίνης γὰρ ἀνέλαμψεν οἰκία τῶν ἐν δεξιᾷ ὅτου δὴ ἐνάψαντος. Ὡς δ' αὕτη ξυνέπιπτεν, ἔφευγον οἱ ἀπὸ τῶν ἐν δεξιᾷ οἰκιῶν. (25) Ὡς δὲ ἔμαθεν ὁ Ξενοφῶν τοῦτο παρὰ τῆς τύχης, ἐνάπτειν ἐκέλευε καὶ τὰς ἐν ἀριστερᾷ οἰκίας, αἳ ξύλιναι ἦσαν, ὥςτε καὶ ταχὺ ἐκαίοντο. Ἔφευγον οὖν καὶ οἱ ἀπὸ τούτων τῶν οἰκιῶν. (26) Οἱ δὲ κατὰ τὸ στόμα δὴ ἔτι μόνοι ἐλύπουν καὶ δῆλοι ἦσαν ὅτι ἐπικείσονται ἐν τῇ ἐξόδῳ τε καὶ καταβάσει. Ἐνταῦθα παραγγέλλει φέρειν ξύλα ὅσοι ἐτύγχανον ἔξω ὄντες τῶν βελῶν εἰς τὸ μέσον ἑαυτῶν καὶ τῶν πολεμίων. Ἐπεὶ δὲ ἱκανὰ ἤδη ἦν, ἐνῆψαν· ἐνῆπτον δὲ καὶ τὰς παρ' αὐτῷ τῷ χαράκωμα οἰκίας, ὅπως οἱ πολέμιοι ἀμφὶ ταῦτα ἔχοιεν. (27) Οὕτω μόλις ἀπῆλθον ἀπὸ τοῦ χωρίου, πῦρ ἐν μέσῳ ἑαυτῶν καὶ τῶν πολεμίων ποιησάμενοι. Καὶ κατεκαύθη πᾶσα ἡ πόλις καὶ αἱ οἰκίαι καὶ αἱ τύρσεις καὶ τὰ σταυρώματα καὶ τἆλλα πάντα πλὴν τῆς ἄκρας.

28. Τῇ δὲ ὑστεραίᾳ ἀπῇεσαν οἱ Ἕλληνες ἔχοντες τὰ ἐπιτήδεια. Ἐπεὶ δὲ τὴν κατάβασιν ἐφοβοῦντο τὴν εἰς Τραπεζοῦντα, πρανὴς γὰρ ἦν καὶ στενή, ψευδενέδραν ἐποιήσαντο· (29) καὶ ἀνὴρ Μυσὸς τὸ γένος καὶ τοὔνομα τοῦτο ἔχων τῶν Κρητῶν λαβὼν δέκα ἔμενεν ἐν λασίῳ χωρίῳ καὶ προςεποιεῖτο τοὺς πολεμίους πειρᾶσθαι λανθάνειν· αἱ δὲ πέλται αὐτῶν ἄλλοτε καὶ ἄλλοτε διεφαίνοντο χαλκαῖ οὖσαι. (30) Οἱ μὲν οὖν πολέμιοι ταῦτα διορῶντες ἐφοβοῦντο ὡς ἐνέδραν οὖσαν· ἡ δὲ στρατιὰ ἐν τούτῳ κατέβαινεν. Ἐπεὶ δὲ ἐδόκει ἤδη ἱκανὸν ὑπεληλυθέναι, τῷ Μυσῷ ἐσήμηνε φεύγειν ἀνὰ κράτος· καὶ ὃς ἐξαναστὰς φεύγει καὶ οἱ σὺν αὐτῷ. (31) Καὶ οἱ μὲν ἄλλοι Κρῆτες, ἁλίσκεσθαι γὰρ ἔφασαν τῷ δρόμῳ, ἐκπεσόντες ἐκ τῆς ὁδοῦ εἰς ὕλην κατὰ τὰς νάπας κυλινδούμενοι ἐσώθησαν, (32) ὁ Μυσὸς δὲ κατὰ τὴν ὁδὸν φεύγων ἐβόα βοηθεῖν· καὶ ἐβοήθησαν αὐτῷ, καὶ ἀνέλαβον τετρωμένον. Καὶ αὐτοὶ ἐπὶ πόδα ἀνεχώρουν βαλλόμενοι οἱ βοηθήσαντες καὶ ἀντιτοξεύοντές τινες τῶν Κρητῶν. Οὕτως ἀφίκοντο ἐπὶ τὸ στρατόπεδον πάντες σῷοι ὄντες.

ΚΕΦΑΛΑΙΟΝ Γ.

Ἐπεὶ δὲ οὔτε Χειρίσοφος ἧκεν οὔτε πλοῖα ἱκανὰ ἦν οὔτε τὰ ἐπιτήδεια ἦν λαμβάνειν ἔτι, ἐδόκει ἀπιέναι εἶναι. Καὶ εἰς μὲν τὰ πλοῖα τούς τε ἀσθενοῦντας ἐνεβίβασαν καὶ τοὺς ὑπὲρ τετταράκοντα ἔτη καὶ παῖδας καὶ γυναῖκας καὶ τῶν σκευῶν ὅσα μὴ ἀνάγκη ἦν ἔχειν· καὶ Φιλήσιον καὶ Σοφαίνετον τοὺς πρεσβυτάτους τῶν στρα-

et tibiarum tegumentis et galeis Paphlagonicis instructi: atque alii in domos adscendebant ex utraque viæ parte sitas, quæ ad arcem ducebat; adeo ut tutum non esset eos portas versus in arcem ducentes persequi: quippe magnas trabes desuper jaciebant, ut tum manere tum abire difficile esset; nox etiam, quæ instabat, erat ipsis terrori. Iis autem pugnantibus et ad angustias redactis deorum quispiam salutis apiscendæ rationem offert. Nam subito quædam ex iis, quæ ad dextram erant, domus flamma concepta fulsit, incertum quis incenderat. Cum autem ea collaberetur, qui in domibus ad dextram sitis erant, inde fugiebant. Hoc ubi Xenophon ex re fortuita didicisset, Græcos jussit ad sinistram etiam sitas domos incendere: hæ ligneæ erant; atque adeo celeriter exurebantur. Itaque illi etiam, has qui occuparant ædes, inde fuga dilabebantur. Soli jam molestia Græcos adficiebant qui a fronte erant, et satis quidem perspicuum erat eos Græcis exeuntibus ac descendentibus instaturos. Hic eis, quotquot extra telorum ictus erant, mandat, ut ligna in medium ipsos inter et hostes locum portarent. Cum satis multa jam congesta essent, ea incenderunt: incenderunt etiam ædes juxta vallum ipsum positas, ut in his occuparentur hostes. Ita vix tandem a loco hoc discesserunt, igne hostes inter et ipsos excitato. Atque tota quidem urbs et ædes et turres et septa, ceteraque omnia, præter arcem, exurebantur.

Postridie Græci discessere, commeatu instructi. Quoniam autem descensum in Trapezuntem metuebant (quippe præceps erat et angustus), fictas fecerunt insidias: atque adeo vir natione Mysus, id qui nominis etiam habebat, secum adsumptis decem Cretensibus, in loco arboribus denso subsidebat, ac dare se operam simulabat ut istic clam hostibus esset: eorum vero peltæ, quippe quæ erant æreæ, ex alia atque alia parte dilucebant. Et hostes quidem, hæc cum perspicerent, tanquam istic essent insidiæ, sibi metuebant: interea vero descendebat exercitus. Cum autem jam satis longe processisse videretur, signum Myso dedit Xenophon ut quantis posset viribus fugeret: atque adeo ipse ex insidiis istis exsurgens fugit, itemque ii qui cum ipso erant. Ac ceteri quidem Cretenses (quippe quod futurum dicerent ut cursu victi caperentur) ex via elapsi, in silvam per valles devoluti salvi venerunt: at Mysus in via ipsa fugiens, clamore suos ad opem ferendam vocabat: ac opem ei tulerunt illi, vulneratumque receperunt. Atque ii etiam opem qui tulerant telis petiti pedem referebant, et de Cretensibus nonnulli qui sagittas interea in hostes vicissim emittebant: ita demum in castra salvi omnes perveniunt.

CAPUT III.

Cum autem neque Chirisophus rediisset, neque navium satis magna esset copia, neque commeatus unde capere possent amplius erat, visum est discedendum esse. Quapropter in navigia tum ægrotos imposuerunt, tum eos qui annos quadraginta excesserant, pueros etiam et mulieres, deque vasis quæcumque habere necesse non erat: ac Philesius Sophænetusque, qui maximi natu inter duces erant eadem

τηγῶν εἰσβιβάσαντες τούτων ἐκέλευον ἐπιμελεῖσθαι· οἱ δὲ ἄλλοι ἐπορεύοντο· ἡ δὲ ὁδὸς ὡδοπεποιημένη ἦν. (2) Καὶ ἀφικνοῦνται πορευόμενοι εἰς Κερασοῦντα τριταῖοι πόλιν Ἑλληνίδα ἐπὶ θαλάττῃ Σινωπέων ἄποικον ἐν τῇ Κολχίδι χώρᾳ. (3) Ἐνταῦθα ἔμειναν ἡμέρας δέκα· καὶ ἐξέτασις ἐν τοῖς ὅπλοις ἐγίγνετο καὶ ἀριθμός, καὶ ἐγένοντο ὀκτακισχίλιοι καὶ ἑξακόσιοι. Οὗτοι ἐσώθησαν ἐκ τῶν ἀμφὶ τοὺς μυρίους· οἱ δὲ ἄλλοι ἀπώλοντο ὑπό τε τῶν πολεμίων καὶ χιόνος καὶ εἴ τις νόσῳ.

4. Ἐνταῦθα καὶ διαλαμβάνουσι τὸ ἀπὸ τῶν αἰχμαλώτων ἀργύριον γενόμενον. Καὶ τὴν δεκάτην ἣν τῷ Ἀπόλλωνι ἐξεῖλον καὶ τῇ Ἐφεσίᾳ Ἀρτέμιδι διέλαβον οἱ στρατηγοὶ τὸ μέρος ἕκαστος φυλάττειν τοῖς θεοῖς· ἀντὶ δὲ Χειρισόφου Νέων ὁ Ἀσιναῖος ἔλαβε. (5) Ξενοφῶν οὖν τὸ μὲν τοῦ Ἀπόλλωνος ἀνάθημα ποιησάμενος ἀνατίθησιν εἰς τὸν ἐν Δελφοῖς τῶν Ἀθηναίων θησαυρὸν καὶ ἐπέγραψε τό τε αὑτοῦ ὄνομα καὶ τὸ Προξένου, ὃς σὺν Κλεάρχῳ ἀπέθανε· ξένος γὰρ ἦν αὐτοῦ. (6) Τὸ δὲ τῆς Ἀρτέμιδος τῆς Ἐφεσίας ὅτε ἀπῄει σὺν Ἀγησιλάῳ ἐκ τῆς Ἀσίας τὴν εἰς Βοιωτοὺς ὁδόν, καταλείπει παρὰ Μεγαβύζῳ τῷ τῆς Ἀρτέμιδος νεωκόρῳ, ὅτι αὐτὸς κινδυνεύσων ἐδόκει ἰέναι, καὶ ἐπέστειλεν, ἢν μὲν αὐτὸς σωθῇ, αὑτῷ ἀποδοῦναι· ἢν δέ τι πάθῃ, ἀναθεῖναι ποιησάμενον τῇ Ἀρτέμιδι ὅ,τι οἴοιτο χαριεῖσθαι τῇ θεῷ. (7) Ἐπεὶ δ᾽ ἔφευγεν ὁ Ξενοφῶν, κατοικοῦντος ἤδη αὐτοῦ ἐν Σκιλλοῦντι ὑπὸ τῶν Λακεδαιμονίων οἰκισθέντος παρὰ τὴν Ὀλυμπίαν ἀφικνεῖται Μεγάβυζος εἰς Ὀλυμπίαν θεωρήσων, καὶ ἀποδίδωσι τὴν παρακαταθήκην αὐτῷ. Ξενοφῶν δὲ λαβὼν χωρίον ὠνεῖται τῇ θεῷ ὅπου ἀνεῖλεν ὁ θεός. (8) Ἔτυχε δὲ διὰ μέσου ῥέων τοῦ χωρίου ποταμὸς Σελινοῦς. Καὶ ἐν Ἐφέσῳ δὲ παρὰ τὸν τῆς Ἀρτέμιδος νεὼν Σελινοῦς ποταμὸς παραῤῥεῖ, καὶ ἰχθύες δὲ ἐν ἀμφοτέροις ἔνεισι καὶ κόγχαι· ἐν δὲ τῷ ἐν Σκιλλοῦντι χωρίῳ καὶ θῆραι πάντων ὁπόσα ἐστὶν ἀγρευόμενα θηρία. (9) Ἐποίησε δὲ καὶ βωμὸν καὶ ναὸν ἀπὸ τοῦ ἱεροῦ ἀργυρίου, καὶ τὸ λοιπὸν δὲ ἀεὶ δεκατεύων τὰ ἐκ τοῦ ἀγροῦ ὡραῖα θυσίαν ἐποίει τῇ θεῷ, καὶ πάντες οἱ πολῖται καὶ οἱ πρόσχωροι ἄνδρες καὶ γυναῖκες μετεῖχον τῆς ἑορτῆς. Παρεῖχε δὲ ἡ θεὸς τοῖς σκηνοῦσιν ἄλφιτα, ἄρτους, οἶνον, τραγήματα, καὶ τῶν θυομένων ἀπὸ τῆς ἱερᾶς νομῆς λάχος, καὶ τῶν θηρευομένων δέ. (10) Καὶ γὰρ θήραν ἐποιοῦντο εἰς τὴν ἑορτὴν οἵ τε Ξενοφῶντος παῖδες καὶ οἱ τῶν ἄλλων πολιτῶν, οἱ δὲ βουλόμενοι καὶ ἄνδρες ξυνεθήρων· καὶ ἡλίσκετο τὰ μὲν ἐξ αὐτοῦ τοῦ ἱεροῦ χώρου, τὰ δὲ καὶ ἐκ τῆς Φολόης, σύες καὶ δορκάδες καὶ ἔλαφοι. (11) Ἔστι δὲ ἡ χώρα ᾗ ἐκ Λακεδαίμονος εἰς Ὀλυμπίαν πορεύονται ὡς εἴκοσι στάδιοι ἀπὸ τοῦ ἐν Ὀλυμπίᾳ Διὸς ἱεροῦ. Ἔνι δ᾽ ἐν τῷ ἱερῷ χώρῳ καὶ ἄλση καὶ ὄρη δένδρων μεστά, ἱκανὰ καὶ σῦς καὶ αἶγας καὶ βοῦς τρέφειν καὶ ἵππους, ὥστε καὶ τὰ τῶν εἰς τὴν ἑορτὴν ἰόντων ὑποζύγια εὐωχεῖσθαι. (12) Περὶ δὲ αὐτὸν τὸν ναὸν ἄλσος ἡμέρων δένδρων ἐφυτεύθη ὅσα ἐστὶ τρωκτὰ ὡραῖα. Ὁ δὲ ναὸς ὡς μικρὸς μεγάλῳ τῷ ἐν Ἐφέσῳ εἴκασται, καὶ τὸ ξόανον ἔοικεν ὡς κυπαρίτ-

ut conscenderent navigia ubi curassent, istorum hos curam suscipere jusserunt; ceteri pedibus iter faciebant : via autem erat munita. Atque itinere facto ad Cerasuntem, urbem Graecam, ad mare sitam, Sinopensium coloniam, in Colchidis regione, die tertio perveniunt. Ibi decem manserunt dies : et recensus eorum qui in armis erant actus est numerusque initus, atque octo mille sexcenti fuerunt. Hi ex decem fere millibus salvi evaserant : ceteri tum ab hostibus tum nive perierant, atque morbo quidam.

Ibi pecuniae ex captivis redactae partes quique suas sigillatim accipiunt; et decimam, quam Apollini Ephesiaeque Dianae exemerant, sigillatim acceperunt duces, ut quilibet hisce diis partem debitam adservaret : pro Chirisopho autem Neon Asinaeus partem accepit. Xenophon utique cum donarium Apollini confecisset, in thesaurum illud Atheniensium, qui Delphis est, consecratum reponit; ac tum nomen suum tum Proxeni, qui cum Clearcho occubuerat, inscripsit : quippe ipsius erat hospes. Quod vero Dianae Ephesiae donarium animo intenderat, id quo tempore cum Agesilao ex Asia discedebat illa via quam hic in Boeotos fecit, apud Megabyzum Dianae aedituum reliquit, propterea quod ipse proficisci videbatur praelii periculum subiturus; mandavitque adeo, si salvus evaderet, ipsi ut restitueret; sin aliquid humanitus ei accideret, ut dedicaret, Dianae id cum confecisset donarii, quod deae gratissimum fore arbitraretur. Posteaquam vero exulasset Xenophon, et jam habitaret Scillunte, a Lacedaemoniis propter Olympiam condita, venit Olympiam spectandi gratia Megabyzus, ac depositum ei restituit. Quod cum recepisset Xenophon, agrum deae mercatus est, ubi deus oraculo monuit. Agrum eum Selinus perlabebatur amnis. Apud Ephesum etiam propter templum Dianae Ephesiae Selinus amnis praeterfluit; piscesque sunt atque conchae in utroque : praeterea in agro, qui ad Scilluntem est, venationes instituuntur omnium, quaecunque venando capiuntur, ferarum. Templum etiam et aram de pecunia sacra exstruxit; ac postea semper decima parte fructuum maturorum ex agro collectorum exempta, sacrum deae faciebat : et ejus festi cives omnes, et finitimi viri feminaeque participes erant. Praebebat autem iis dea, qui agebant convivia, farinas, panes, vinum, tragemata; quin partem etiam eorum, e pascuis quae mactantur sacris, itemque eorum quae venando capiuntur. Xenophontis enim et ceterorum civium filii ad festum illud venationem instituebant : et qui volebant viri venationi simul operam dederunt : atque partim ex agro sacro, partim ex Pholoe, sues et caprae et cervi capiebantur. Locus ipse, qua in Olympiam Lacedaemone proficiscuntur, stadia fere viginti a Jovis apud Olympiam fano abest. In sacro etiam loco sunt et luci et montes arboribus referti, et suibus et capris et ovibus et equis alendis apti, adeo ut eorum etiam, qui ad festum illud eunt, jumenta saturentur. Circa templum ipsum lucus est hortensibus sativis consitus omnibus, quae fructus praebent, ubi maturuerunt, edules. Templum autem, ut parvum magno, illi quod est apud Ephesum adsimiliter structum est;

τινον χρυσῷ ὄντι τῷ ἐν Ἐφέσῳ. (13) Καὶ στήλη ἕστηκε παρὰ τὸν ναὸν γράμματα ἔχουσα· ΙΕΡΟΣ Ο ΧΩΡΟΣ ΤΗΣ ΑΡΤΕΜΙΔΟΣ. ΤΟΝ ΔΕ ΕΧΟΝΤΑ ΚΑΙ ΚΑΡΠΟΥΜΕΝΟΝ ΤΗΝ ΜΕΝ ΔΕΚΑΤΗΝ ΚΑΤΑΘΥΕΙΝ ΕΚΑΣΤΟΥ ΕΤΟΥΣ. ΕΚ ΔΕ ΤΟΥ ΠΕΡΙΤΤΟΥ ΤΟΝ ΝΑΟΝ ΕΠΙΣΚΕΥΑΖΕΙΝ. ΑΝ ΔΕ ΤΙΣ ΜΗ ΠΟΙΗΙ ΤΑΥΤΑ ΤΗΙ ΘΕΩΙ ΜΕΛΗΣΕΙ.

simulacrum etiam, ut cupressinum aureo, illi quod est apud Ephesum simile est. Ac propter templum stela erecta est, has quæ continet literas : FUNDUS DIANÆ SACER. HUNC QUI POSSIDET ATQUE INDE FRUCTUS PERCIPIT, QUOTANNIS EUM DECIMAM CONSECRARE, ET DE RELIQUO TEMPLUM INSTAURARE OPORTET : QUOD SI QUIS ISTA NON FECERIT, DEÆ CURÆ ERIT.

ΚΕΦΑΛΑΙΟΝ Δ.

Ἐκ Κερασοῦντος δὲ κατὰ θάλατταν μὲν ἐκομίζοντο οἵπερ καὶ πρόσθεν, οἱ δὲ ἄλλοι κατὰ γῆν ἐπορεύοντο. (2) Ἐπεὶ δὲ ἦσαν ἐπὶ τοῖς Μοσσυνοίκων ὁρίοις, πέμπουσιν εἰς αὐτοὺς Τιμησίθεον τὸν Τραπεζούντιον πρόξενον ὄντα τῶν Μοσσυνοίκων, ἐρωτῶντες πότερον ὡς διὰ φιλίας ἢ ὡς διὰ πολεμίας πορεύσονται τῆς χώρας. Οἱ δὲ εἶπον ὅτι οὐ διήσοιεν· ἐπίστευον γὰρ τοῖς χωρίοις. (3) Ἐντεῦθεν λέγει ὁ Τιμησίθεος ὅτι πολέμιοί εἰσιν αὐτοῖς οἱ ἐκ τοῦ ἐπέκεινα. Καὶ ἐδόκει καλέσαι ἐκείνους, εἰ βούλοιντο ξυμμαχίαν ποιήσασθαι· καὶ πεμφθεὶς ὁ Τιμησίθεος ἧκεν ἄγων τοὺς ἄρχοντας. (4) Ἐπεὶ δὲ ἀφίκοντο, συνῆλθον οἵ τε τῶν Μοσσυνοίκων ἄρχοντες καὶ οἱ στρατηγοὶ τῶν Ἑλλήνων· καὶ ἔλεγε μὲν Ξενοφῶν, ἡρμήνευε δὲ Τιμησίθεος· (5) Ὦ ἄνδρες Μοσσύνοικοι, ἡμεῖς βουλόμεθα διασωθῆναι πρὸς τὴν Ἑλλάδα πεζῇ· πλοῖα γὰρ οὐκ ἔχομεν· κωλύουσι δὲ οὗτοι ἡμᾶς οὓς ἀκούομεν ὑμῖν πολεμίους εἶναι. (6) Εἰ οὖν βούλεσθε, ἔξεστιν ὑμῖν ἡμᾶς λαβεῖν ξυμμάχους καὶ τιμωρήσασθαι, εἴ τί ποτε ὑμᾶς οὗτοι ἠδικήκασι, καὶ τὸ λοιπὸν ὑμῶν ὑπηκόους εἶναι τούτους. (7) Εἰ δὲ ἡμᾶς ἀφήσετε, σκέψασθε πόθεν αὖθις ἂν τοσαύτην δύναμιν λάβοιτε ξύμμαχον. (8) Πρὸς ταῦτα ἀπεκρίνατο ὁ ἄρχων τῶν Μοσσυνοίκων ὅτι καὶ βούλοιντο ταῦτα καὶ δέχοιντο τὴν ξυμμαχίαν. (9) Ἄγετε δή, ἔφη ὁ Ξενοφῶν, τί ἡμῶν δεήσεσθε χρήσασθαι, ἂν ξύμμαχοι ὑμῶν γενώμεθα, καὶ ὑμεῖς τί οἷοί τε ἔσεσθε ἡμῖν ξυμπρᾶξαι περὶ τῆς διόδου; (10) Οἱ δὲ εἶπον ὅτι ἱκανοί ἐσμεν εἰς τὴν χώραν ἐκβάλλειν ἐκ τοῦ ἐπὶ θάτερα τὴν τῶν ὑμῖν τε καὶ ἡμῖν πολεμίων, καὶ δεῦρο ὑμῖν πέμψαι ναῦς τε καὶ ἄνδρας οἵτινες ὑμῖν ξυμμαχοῦνταί τε καὶ τὴν ὁδὸν ἡγήσονται.

11. Ἐπὶ τούτοις πιστὰ δόντες καὶ λαβόντες ᾤχοντο· καὶ ἧκον τῇ ὑστεραίᾳ ἄγοντες τριακόσια πλοῖα μονόξυλα καὶ ἐν ἑκάστῳ τρεῖς ἄνδρας, ὧν οἱ μὲν δύο ἐκβάντες εἰς τάξιν ἔθεντο τὰ ὅπλα, ὁ δὲ εἷς ἔμενε. (12) Καὶ οἱ μὲν λαβόντες τὰ πλοῖα ἀπέπλευσαν, οἱ δὲ μένοντες ἐξετάξαντο ὧδε. Ἔστησαν ἀνὰ ἑκατὸν μάλιστα οἷον χοροὶ ἀντιστοιχοῦντες ἀλλήλοις, ἔχοντες γέρρα πάντες λευκῶν βοῶν δασέα, εἰκασμένα κιττοῦ πετάλῳ, ἐν δὲ τῇ δεξιᾷ παλτὸν ὡς ἑξάπηχυ, ἔμπροσθεν μὲν λόγχην ἔχον, ὄπισθεν δὲ αὐτοῦ τοῦ ξύλου σφαιροειδές. (13) Χιτωνίσκους δὲ ἐνεδεδύκεσαν ὑπὲρ γονάτων, πάχος ὡς λινοῦ στρωματοδέσμου, ἐπὶ τῇ κεφαλῇ δὲ κράνη σκύτινα οἷάπερ τὰ Παφλαγονικά, κρωβύλον ἔχοντα κατὰ μέσον,

CAPUT IV.

Ceterum ex Cerasunte mari quidem ii, qui prius, vehebantur, ceteri terrestri pergebant itinere. Cumque ad Mossynœcorum fines adessent, Timesitheum Trapezuntium, qui Mossynœcorum erat hospes, ad eos mittunt, interrogantes utrum tanquam per pacatum an tanquam per hostilem agrum iter ipsis faciendum foret. Illi se non transmissuros aiebant; quippe qui locis munitis fidebant. Tum Timesitheus narrat esse iis hostes illos, qui ulterius habitarent : quare visum est hos ut advocarent, si vellent belli societatem inire; atque adeo missus ad eos Timesitheus, secum una ductis gentis principibus rediit. Posteaquam advenissent, tum Mossynœcorum principes tum Græcorum convenere duces : ac Xenophon quidem verba fecit, quæ Timesitheus interpretatus est : « Cupimus nos, Mossynœei, pedestri itinere in Græciam transire ; navigia quippe non habemus : verum nos impediunt ii, quos vobis hostes esse audimus. Quapropter si velitis, licet jam vobis nos belli socios adsciscere, atque adeo illos, si qua unquam vos illi adfecerunt injuria, ulcisci, inque posterum ut vestro pareant iidem imperio efficere. Quod si nos dimiseritis, circumspicite tandem unde tantum vobis qui opituletur, exercitum accepturi sitis. » Ad hæc Mossynœcorum princeps respondit velle se hæc, et societatem eorum accipere. « Agite vero, inquit Xenophon, quam ad rem nostra vobis opus erit uti opera, si vobiscum belli societatem ineamus? ac vos quid adjumenti ad expediendum nobis transitum adferre poteritis? » Nobis, inquiunt, satis virium est ad invadendum ex altera parte illorum agrum, qui et vobis et nobis hostes sunt, possumus etiam huc ad vos tum naves tum viros mittere, qui et auxilio vobis fuerint et viæ se duces præstituri.

His conditionibus cum dedissent utrinque fidem et accepissent, ad suos adiere; ac postridie cum trecentis navigiis monoxylis venerunt, tribusque in singulis viris, quorum duo de navigiis egressi, ad Græcorum aciem se adjungebant : unus in navigio manebat. Atque illi quidem, sumptis navigiis, inde enavigarunt; qui vero manebant hoc se modo in aciem disposuerunt : steterunt, centuriatim admodum, tanquam chori sibi respondentes, omnes instructi gerris densis, ex alborum boum coriis, ad hederæ folii similitudinem factis; dextra sex fere cubitum paltum tenentes, cujus anterior pars cuspidem habebat, posterior sphæralem ligni ipsius formam. Tunicis supra genua induti erant, quarum erat ea crassitudo, quæ lineæ fasciæ, qua stragula vestis constringitur : in capite coriaceas gestabant galeas, cujusmodi sunt Paphlagonicæ, quarum in medio spira erat

ἐγγύτατα τιαροειδῆ· εἶχον δὲ καὶ σαγάρεις σιδηρᾶς. (14) Ἐντεῦθεν ἐξῆρχε μὲν αὐτῶν εἷς, οἱ δὲ ἄλλοι πάντες ἐπορεύοντο ᾄδοντες ἐν ῥυθμῷ, καὶ διελθόντες διὰ τῶν τάξεων καὶ διὰ τῶν ὅπλων τῶν Ἑλλήνων· ἐπορεύοντο εὐθὺς πρὸς τοὺς πολεμίους ἐπὶ χωρίον ὃ ἐδόκει ἐπιμαχώτατον εἶναι. (15) Ὤικεῖτο δὲ τοῦτο πρὸ τῆς πόλεως τῆς μητροπόλεως καλουμένης αὐτοῖς καὶ ἐχούσης τὸ ἀκρότατον τῶν Μοσσυνοίκων. Καὶ περὶ τούτου ὁ πόλεμος ἦν· οἱ γὰρ ἀεὶ τοῦτ᾽ ἔχοντες ἐδόκουν ἐγκρατεῖς εἶναι καὶ πάντων Μοσσυνοίκων, καὶ ἔφασαν τούτους οὐ δικαίως ἔχειν τοῦτο, ἀλλὰ κοινὸν ὂν καταλαβόντας πλεονεκτεῖν. (16) Εἵποντο δ᾽ αὐτοῖς καὶ τῶν Ἑλλήνων τινές, οὐ ταχθέντες ὑπὸ τῶν στρατηγῶν ἀλλὰ ἁρπαγῆς ἕνεκεν. Οἱ δὲ πολέμιοι προσιόντων τέως μὲν ἡσύχαζον· ἐπεὶ δ᾽ ἐγγὺς ἐγένοντο τοῦ χωρίου, ἐκδραμόντες τρέπονται αὐτούς, καὶ ἀπέκτειναν συχνοὺς τῶν βαρβάρων καὶ τῶν ξυναναβάντων Ἑλλήνων τινάς, καὶ ἐδίωκον μέχρι οὗ εἶδον τοὺς Ἕλληνας βοηθοῦντας· (17) εἶτα δὲ ἀποτραπόμενοι ᾤχοντο, καὶ ἀποτεμόντες τὰς κεφαλὰς τῶν νεκρῶν ἐπεδείκνυσαν τοῖς τε Ἕλλησι καὶ τοῖς ἑαυτῶν πολεμίοις, καὶ ἅμα ἐχόρευον νόμῳ τινὶ ᾄδοντες. (18) Οἱ δὲ Ἕλληνες μάλα ἤχθοντο ὅτι τούς τε πολεμίους ἐπεποιήκεσαν θρασυτέρους καὶ ὅτι οἱ ἐξελθόντες Ἕλληνες σὺν αὐτοῖς ἐπεφεύγεσαν μάλα ὄντες συχνοί· ὃ οὔπω πρόσθεν ἐπεποιήκεσαν ἐν τῇ στρατείᾳ. (19) Ξενοφῶν δὲ συγκαλέσας τοὺς Ἕλληνας εἶπεν, Ἄνδρες στρατιῶται, μηδὲν ἀθυμήσητε ἕνεκα τῶν γεγενημένων· ἴστε γὰρ ὅτι καὶ ἀγαθὸν οὐ μεῖον τοῦ κακοῦ γεγένηται. (20) Πρῶτον μὲν γὰρ ἐπίστασθε ὅτι οἱ μέλλοντες ἡμῖν ἡγεῖσθαι τῷ ὄντι πολέμιοί εἰσιν οἷσπερ καὶ ἡμᾶς ἀνάγκη· ἔπειτα δὲ καὶ τῶν Ἑλλήνων οἱ ἀφροντιστήσαντες τῆς ξὺν ἡμῖν τάξεως καὶ ἱκανοὶ ἡγησάμενοι εἶναι ξὺν τοῖς βαρβάροις ταὐτὰ πράττειν ἅπερ ἡμῖν δίκην δεδώκασιν· ὥστε αὖθις ἧττον τῆς ἡμετέρας τάξεως ἀπολείψονται. (21) Ἀλλ᾽ ὑμᾶς δεῖ παρασκευάζεσθαι ὅπως καὶ τοῖς φίλοις οὖσι τῶν βαρβάρων δόξητε κρείττους αὐτῶν εἶναι καὶ τοῖς πολεμίοις δηλώσητε ὅτι οὐχ ὁμοίοις ἀνδράσι μαχοῦνται νῦν τε καὶ ὅτε τοῖς ἀτάκτοις ἐμάχοντο.

22. Ταύτην μὲν οὖν τὴν ἡμέραν οὕτως ἔμειναν· τῇ δ᾽ ὑστεραίᾳ θύσαντες ἐπεὶ ἐκαλλιερήσαντο, ἀριστήσαντες, ὀρθίους τοὺς λόχους ποιησάμενοι, καὶ τοὺς βαρβάρους ἐπὶ τὸ εὐώνυμον κατὰ ταὐτὰ ταξάμενοι ἐπορεύοντο τοὺς τοξότας μεταξὺ τῶν λόχων ὀρθίων ὄντων ἔχοντες, ὑπολειπομένους δὲ μικρῷ τοῦ στόματος τῶν ὁπλιτῶν. (23) Ἦσαν γὰρ τῶν πολεμίων οἱ εὔζωνοι κατατρέχοντες τοῖς λίθοις ἔβαλλον. Τούτους οὖν ἀνέστελλον οἱ τοξόται καὶ οἱ πελτασταί. Οἱ δ᾽ ἄλλοι βάδην ἐπορεύοντο πρῶτον μὲν ἐπὶ τὸ χωρίον ἀφ᾽ οὗ τῇ προτεραίᾳ οἱ βάρβαροι ἐτρέφθησαν καὶ οἱ ξὺν αὐτοῖς· ἐνταῦθα γὰρ οἱ πολέμιοι ἦσαν ἀντιτεταγμένοι. (24) Τοὺς μὲν οὖν πελταστὰς ἐδέξαντο οἱ βάρβαροι καὶ ἐμάχοντο, ἐπειδὴ δὲ ἐγγὺς ἦσαν οἱ ὁπλῖται, ἐτράποντο. Καὶ οἱ μὲν πελτασταὶ εὐθὺς εἵποντο διώκοντες ἄνω πρὸς τὴν μητρόπολιν, οἱ δὲ ὁπλῖται ἐν τάξει εἵποντο. (25) Ἐπεὶ δὲ ἄνω ἦσαν

tortilis, tiaræ formam quam proxime referens : habebant etiam secures ferreas. Tum vero ex iis unus progressum a cantu auspicatus est, ceterique omnes cum cantu incedebant in numerum, perque ordines Græcorum et armatos progressi, in hostes recta tendebant, ad castellum, quod facillimum esse expugnatu videbatur. Situm hoc erat ante urbem, quam ipsi metropolim adpellabant, quæque arcem Mossynœcorum præcipuam continebat; atque adeo de hac bellum inter ipsos gestum erat : nam quolibet tempore, eam qui tenebant, Mossynœcos ii omnes in potestate sua habere videbantur. Atque hoc aiebant illos non jure tenere, sed eo quod utrisque commune erat occupato, suas res amplificare. Sequebantur Ios e Græcis etiam nonnulli, non a ducibus designati, sed prædæ causa. Hostes autem, illis accedentibus, primum quiescebant : cum vero prope a castello abessent, excursione facta in fugam eos vertunt, ac barbarorum complures, et Græcorum, qui cum iis adscenderant, nonnullos interfecerunt : fugientes etiam persequebantur, donec Græcos suis opem ferre viderent : tum vero conversi discedebant : et cum interfectorum præcidissent capita, tum Græcis tum hostibus ea suis ostentabant; simulque tripudiabant, ad certum quendam modulum cantantes. At Græci moleste admodum ferebant, hostes a suis audentiores esse redditos, ac Græcos, qui cum istis profecti fuerant, cum valde multi fuissent, fugisse; quod nunquam antea tota in expeditione fecerant. Xenophon autem convocatis Græcis hæc verba fecit : « Nihil animis, viri, demissi sitis propter ea quæ acciderē : est enim et boni quid non minus malo quod accidit. Nam primum certo scitis, eos, qui futuri sunt itineris nostri duces, reapse hostili esse in illos animo, quos itidem nos hostium loco ducere necesse est : deinde ex Græcis ii, aciem qui nostram contempserunt, et se cum barbaris eadem gerere posse putarunt, quæ nobiscum gessere, pœnas dederunt : adeo ut posthac minus sint aciem nostram relicturi. Verum sic vos paretis vosmet oportet, ut tum iis barbaris, qui nobis sunt amici, præstantiores ipsis videamini, tum hostibus declaretis, non jam ipsos cum similibus viris pugnaturos, atque cum modo nullius ordinis observantes sunt adorti. »

Et tunc quidem diem ita permanserunt : postridie facta re sacra, ubi egregie litassent, prandio sumpto, instructis cohortibus rectis, ac barbaris eodem modo ad sinistram collocatis, pergebant, sagittariis intra cohortes rectas receptis, ita tamen ut paululum a gravis armaturæ militum fronte abessent. Nam inter hostes erant expediti, qui in nostros incursantes lapillibus eos petebant. Hos itaque sagittarii ac peltastæ reprimebant : ceteri milites gradatim procedebant, primo quidem ad eum ipsum locum, de quo pridie barbari, atque ii qui cum ipsis erant Græci, in fugam acti fuerant. Ibi enim hostes adversus instructi stabant. Et peltastarum quidem impetum sustinebant barbari, pugnamque inibant : verum ubi gravis armaturæ milites prope jam ab ipsis aberant, in fugam se convertebant. Ac peltastæ statim sequebantur, sursum eos ad metropolim persequentes; at gravis armaturæ milites ordine servato sequebantur.

πρὸς ταῖς τῆς μητροπόλεως οἰκίαις, ἐνταῦθα δὴ οἱ πολέμιοι ὁμοῦ δὴ πάντες γενόμενοι ἐμάχοντο καὶ ἐξηκόντιζον τοῖς παλτοῖς, καὶ ἄλλα δόρατα ἔχοντες παχέα μακρά, ὅσα ἀνὴρ ἂν φέροι μόλις, τούτοις ἐπειρῶντο ἀμύνεσθαι ἐκ χειρός. (26) Ἐπεὶ δὲ οὐχ ὑφίεντο οἱ Ἕλληνες, ἀλλ᾽ ὁμόσε ἐχώρουν, ἔφυγον οἱ βάρβαροι καὶ ἐντεῦθεν ἅπαντες λιπόντες τὸ χωρίον. Ὁ δὲ βασιλεὺς αὐτῶν ὁ ἐν τῷ μόσσυνι τῷ ἐπ᾽ ἄκρου ᾠκοδομημένῳ, ὃν τρέφουσι πάντες κοινῇ αὐτοῦ μένοντα καὶ φυλάττουσιν, οὐκ ἤθελεν ἐξελθεῖν, οὐδὲ οἱ ἐν τῷ πρότερον αἱρεθέντι χωρίῳ, ἀλλ᾽ αὐτοῦ σὺν τοῖς μοσσύνοις κατεκαύθησαν. (27) Οἱ δὲ Ἕλληνες διαρπάζοντες τὰ χωρία εὕρισκον θησαυροὺς ἐν ταῖς οἰκίαις ἄρτων νενημένων πατρίους, ὥς ἔφασαν οἱ Μοσσύνοικοι, τὸν δὲ νέον σῖτον σὺν τῇ καλάμῃ ἀποκείμενον· ἦσαν δὲ ζειαὶ αἱ πλεῖσται. (28) Καὶ δελφίνων τεμάχη ἐν ἀμφορεῦσιν εὑρίσκετο τεταριχευμένα καὶ στέαρ ἐν τεύχεσι τῶν δελφίνων, ᾧ ἐχρῶντο οἱ Μοσσύνοικοι καθάπερ οἱ Ἕλληνες τῷ ἐλαίῳ· κάρυα δὲ ἐπὶ τῶν ἀνωγαίων ἦν πολλὰ τὰ πλατέα οὐκ ἔχοντα διαφυὴν οὐδεμίαν. (29) Τούτῳ καὶ πλείστῳ σίτῳ ἐχρῶντο ἕψοντες καὶ ἄρτους ὀπτῶντες. Οἶνος δὲ εὑρίσκετο, ὃς ἄκρατος μὲν ὀξὺς ἐφαίνετο εἶναι ὑπὸ τῆς αὐστηρότητος, κερασθεὶς δὲ εὐώδης τε καὶ ἡδύς.

30. Οἱ μὲν δὴ Ἕλληνες ἀριστήσαντες ἐνταῦθα ἐπορεύοντο εἰς τὸ πρόσω, παραδόντες τὸ χωρίον τοῖς ξυμμαχήσασι τῶν Μοσσυνοίκων. Ὁπόσα δὲ καὶ ἄλλα παρῇεσαν χωρία τῶν ξὺν τοῖς πολεμίοις ὄντων, τὰ εὐπροσοδώτατα οἱ μὲν ἔλειπον, οἱ δὲ ἑκόντες προσεχώρουν. (31) Τὰ δὲ πλεῖστα τοιάδε ἦν τῶν χωρίων. Ἀπεῖχον αἱ πόλεις ἀπ᾽ ἀλλήλων στάδια ὀγδοήκοντα, αἱ δὲ πλείον αἱ δὲ μεῖον· ἀναβοώντων δὲ ἀλλήλων ξυνήκουον εἰς τὴν ἑτέραν ἐκ τῆς ἑτέρας πόλεως· οὕτως ὑψηλή τε καὶ κοίλη ἡ χώρα ἦν. (32) Ἐπεὶ δὲ πορευόμενοι ἐν τοῖς φίλοις ἦσαν, ἐπεδείκνυσαν αὐτοῖς παῖδας τῶν εὐδαιμόνων σιτευτούς, τεθραμμένους καρύοις ἑφθοῖς, ἁπαλοὺς καὶ λευκοὺς σφόδρα καὶ οὐ πολλοῦ δέοντας ἴσους τὸ μῆκος καὶ τὸ πλάτος εἶναι, ποικίλους δὲ τὰ νῶτα καὶ τὰ ἔμπροσθεν πάντα ἐστιγμένους ἀνθέμια. (33) Ἐζήτουν δὲ καὶ ταῖς ἑταίραις αἷς ἦγον οἱ Ἕλληνες ἐμφανῶς ξυγγίγνεσθαι· νόμος γὰρ ἦν οὗτός σφισι. Λευκοὶ δὲ πάντες οἱ ἄνδρες καὶ αἱ γυναῖκες. (34) Τούτους ἔλεγον οἱ στρατευσάμενοι βαρβαρωτάτους διελθεῖν καὶ πλεῖστον τῶν Ἑλληνικῶν νόμων κεχωρισμένους. Ἔν τε γὰρ ὄχλῳ ὄντες ἐποίουν ἅπερ ἂν ἄνθρωποι ἐν ἐρημίᾳ ποιήσειαν, ἄλλως δὲ οὐκ ἂν τολμῷεν, μόνοι τε ὄντες ὅμοια ἔπραττον ἅπερ ἂν μετ᾽ ἄλλων ὄντες, διελέγοντό τε ἑαυτοῖς καὶ ἐγέλων ἐφ᾽ ἑαυτοῖς καὶ ὠρχοῦντο ἐπιστάμενοι ὅπου τύχοιεν ὥσπερ ἄλλοις ἐπιδεικνύμενοι.

ΚΕΦΑΛΑΙΟΝ Ε.

Διὰ ταύτης τῆς χώρας οἱ Ἕλληνες, διά τε τῆς πολεμίας καὶ τῆς φιλίας, ἐπορεύθησαν ὀκτὼ σταθμούς, καὶ ἀφικνοῦνται εἰς Χάλυβας. Οὗτοι ὀλίγοι ἦσαν καὶ

Posteaquam sursum ad ipsas metropolis domos pervenissent, tum vero in unum collecti hostes universi dimicabant, paltaque ejaculabantur; et cum alias haberent hastas, crassas, longas, quantas vir unus vix gestaret, his vim hostium a se cominus propulsare conabantur. Cum vero Græci non cederent, sed ad manus cum eis consereundum pergerent, fugæ se dederunt barbari, atque hinc universi oppidum reliquerunt. At rex eorum, qui in lignea degebat turri, loco edito exstructa (quem ibi manentem communiter alunt omnes, et in custodia tenent), ex ea egredi nolebat, ac ne illi quidem qui in loco prius capto erant : sed ibi una cum ædibus ligneis exusti fuere. Græci cum oppidum diriperent, thesauros panum in ædibus invenerunt congestorum a patribus institutos, quemadmodum aiebant Mossynœci : et frumentum novum una cum ipso culmo conditum ; cujus maxima pars erat zea. Reperiebantur etiam in amphoris delphinorum frusta sale condita, ac delphinorum in vasis sevum, quo Mossynœci sic utebantur, ut Græci oleo. In tabulatis nuces erant castaneæ multæ eæque latæ, in quibus nulla erat fissura. Hoc ut plurimum cibo utebantur, et elixis et pane inde confecto. Vinum etiam reperiebatur, quod merum quidem cum esset, acidum esse præ austeritate videbatur ; dilutum vero, tum fragrans tum dulce.

Et Græci quidem cum hic pransi essent, ulterius pergebant, oppido Mossynœcis, qui pugnæ socii fuerant, tradito. Quæcunque autem oppida eorum, qui ab hostium partibus essent, alia præterirent, accessu facillima quidem alii deserebant, alii sponte se eis dediderunt. Maxima autem oppidorum pars erat hujusmodi : distabant a se invicem urbes stadiis octoginta, nonnullæ plus, nonnullæ minus : quod si magna voce inclamarent, se mutuo ab una urbe una ad alteram exaudiebant : adeo edita erat et concava regio. Posteaquam pergendo in amica venissent oppida, ostenderunt iis pueros divitum saginatos, castaneis elixis nutritos, teneros valde et candidos, et crassitie ac longitudine propemodum pari ; tergis vario colore imbutis, anterioribusque partibus omnibus pictura florida distinctis. Quærebant et cum meretricibus, quas Græci secum ducebant, palam consuescere : nam hic illis mos erat. Candidi autem omnes erant viri et mulieres. Hos qui huic expeditioni interfuere maxime barbaros dicebant, inter omnes quorum ipsi fines peragrassent, ac plurimum a moribus Græcis remotos. Nam in turba cum essent, faciebant ea quæ homines in solitudine fecerint, alioqui vero facere non auderent : et cum soli essent, similiter agebant ac si cum aliis essent : nimirum et ipsi secum sermocinabantur, et de seipsis ridebant, et tripudiabant ubicunque forte locorum essent subsistentes, quasi aliis semet ostentarent.

CAPUT V.

Per hanc regionem Græci, per hostilem utique et pacatam, castris octo progressi sunt ; atque adeo ad Chalybas perveniunt. Hi numero erant exigui, et Mossynœcorum im-

ὑπήκοοι τῶν Μοσσυνοίκων, καὶ ὁ βίος ἦν τοῖς πλείστοις αὐτῶν ἀπὸ σιδηρείας. Ἐντεῦθεν ἀφικνοῦνται εἰς Τιβαρηνούς. (2) Ἡ δὲ τῶν Τιβαρηνῶν χώρα πολὺ ἦν πεδινωτέρα καὶ χωρία εἶχεν ἐπὶ θαλάττῃ ἧττον ἐρυμνά. Καὶ οἱ στρατηγοὶ ἐχρῇζον πρὸς τὰ χωρία προςβάλλειν καὶ τὴν στρατιὰν ὀνηθῆναί τι, καὶ τὰ ξένια ἃ ἧκε παρὰ Τιβαρηνῶν οὐκ ἐδέχοντο, ἀλλ' ἐπιμεῖναι κελεύσαντες ἔςτε βουλεύσαιντο ἐθύοντο. (3) Καὶ πολλὰ καταθυσάντων τέλος ἀπεδείξαντο οἱ μάντεις πάντες γνώμην ὅτι οὐδαμῇ προςίοιντο οἱ θεοὶ τὸν πόλεμον. Ἐντεῦθεν δὴ τὰ ξένια ἐδέξαντο, καὶ ὡς διὰ φιλίας πορευόμενοι δύο ἡμέρας ἀφίκοντο εἰς Κοτύωρα πόλιν Ἑλληνίδα, Σινωπέων ἀποικίαν, ὄντας δ' ἐν τῇ Τιβαρηνῶν χώρᾳ.

4. Μέχρι ἐνταῦθα ἐπέζευσεν ἡ στρατιά. Πλῆθος τῆς καταβάσεως τῆς ὁδοῦ ἀπὸ τῆς ἐν Βαβυλῶνι μάχης ἄχρι εἰς Κοτύωρα σταθμοὶ ἑκατὸν εἴκοσι δύο, παρασάγγαι ἐξακόσιοι καὶ εἴκοσι, στάδιοι μύριοι καὶ ὀκτακιςχίλιοι καὶ ἑξακόσιοι, χρόνου πλῆθος ὀκτὼ μῆνες. (5) Ἐνταῦθα ἔμειναν ἡμέρας τετταράκοντα πέντε. Ἐν δὲ ταύταις πρῶτον μὲν τοῖς θεοῖς ἔθυσαν, καὶ πομπὰς ἐποίησαν κατὰ ἔθνος ἕκαστοι τῶν Ἑλλήνων καὶ ἀγῶνας γυμνικούς. (6) Τὰ δ' ἐπιτήδεια ἐλάμβανον τὰ μὲν ἐκ τῆς Παφλαγονίας, τὰ δ' ἐκ τῶν χωρίων τῶν Κοτυωριτῶν· οὐ γὰρ παρεῖχον ἀγορὰν οὐδ' εἰς τὸ τεῖχος τοὺς ἀσθενοῦντας ἐδέχοντο.

7. Ἐν τούτῳ ἔρχονται ἐκ Σινώπης πρέσβεις, φοβούμενοι περὶ τῶν Κοτυωριτῶν τῆς τε πόλεως, ἦν γὰρ ἐκείνων καὶ φόρον ἐκείνοις ἔφερον, καὶ περὶ τῆς χώρας, ὅτι ἤκουον δῃουμένην. Καὶ ἐλθόντες εἰς τὸ στρατόπεδον ἔλεγον· προηγόρει δὲ Ἑκατώνυμος δεινὸς νομιζόμενος εἶναι λέγειν· (8) Ἔπεμψεν ἡμᾶς, ὦ ἄνδρες στρατιῶται, ἡ τῶν Σινωπέων πόλις ἐπαινέσοντάς τε ὑμᾶς ὅτι νικᾶτε Ἕλληνες ὄντες βαρβάρους, ἔπειτα δὲ καὶ ξυνησθησομένους ὅτι διὰ πολλῶν τε καὶ δεινῶν ὡς ἡμεῖς ἀκούομεν πραγμάτων σεσωσμένοι πάρεστε. (9) Ἀξιοῦμεν δὲ Ἕλληνες ὄντες καὶ αὐτοὶ ὑφ' ὑμῶν ὄντων Ἑλλήνων ἀγαθῶν μέν τι πάσχειν, κακὸν δὲ μηδέν· οὐδὲ γὰρ ἡμεῖς ὑμᾶς οὐδὲν πώποτε ὑπήρξαμεν κακῶς ποιοῦντες. (10) Κοτυωρῖται δὲ οὗτοί εἰσι μὲν ἡμέτεροι ἄποικοι, καὶ τὴν χώραν ἡμεῖς αὐτοῖς ταύτην παραδεδώκαμεν βαρβάρους ἀφελόμενοι· διὸ καὶ δασμὸν ἡμῖν φέρουσιν οὗτοι τεταγμένον καὶ Κερασούντιοι καὶ Τραπεζούντιοι ὡςαύτως· ὥςτε ὅ,τι ἂν τούτους κακὸν ποιήσητε ἡ Σινωπέων πόλις νομίζει πάσχειν. (11) Νῦν δὲ ἀκούομεν ὑμᾶς εἴς τε τὴν πόλιν βίᾳ παρεληλυθότας ἐνίους σκηνοῦν ἐν ταῖς οἰκίαις καὶ ἐκ τῶν χωρίων λαμβάνειν ὧν ἂν δέησθε οὐ πείθοντας. (12) Ταῦτ' οὖν οὐκ ἀξιοῦμεν· εἰ δὲ ταῦτα ποιήσετε, ἀνάγκη ἡμῖν καὶ Κορύλαν καὶ Παφλαγόνας καὶ ἄλλον ὁντινα ἂν δυνώμεθα φίλον ποιεῖσθαι.

13. Πρὸς ταῦτα ἀναστὰς Ξενοφῶν ὑπὲρ τῶν στρατιωτῶν εἶπεν, Ἡμεῖς δέ, ὦ ἄνδρες Σινωπεῖς, ἥκομεν ἀγαπῶντες ὅτι τὰ σώματα διεσωσάμεθα καὶ τὰ ὅπλα· οὐ γὰρ ἦν δυνατὸν ἅμα τε χρήματα ἄγειν καὶ φέρειν καὶ τοῖς πολεμίοις μάχεσθαι. (14) Καὶ νῦν ἐπεὶ εἰς τὰς

perio subjecti : ac eorum plerisque victus erat a fabrica ferrea quæsitus. Inde ad Tibarenos pervenerunt. Tibarenorum autem ager multo magis erat campestris, et ad mare habebat oppida minus munita. Ac duces quidem oppida illa adoriri volebant, atque adeo exercitum commodo aliquo potiri ; itaque munera hospitalia, quæ a Tibarenis veniebant, non accipiebant, sed cum illos donec consultassent exspectare jussissent, rem sacram faciebant. Et cum multas mactassent hostias, tandem vates sententiam hanc suam omnes aperuerunt, nullo modo deos bellum hoc comprobare. Tum deinde dona acceperunt hospitalia : cumque biduum veluti per pacatum agrum perrexissent, ad Cotyora pervenere, civitatem Græcam, Sinopensium colonos, Tibarenorum in agro habitantes.

Huc usque exercitus pedibus iter fecit. Spatium itineris descendendo a pugna ad Babylonem commissa usque ad Cotyora confecti, castra centum et viginti duo, parasangæ sexcentæ viginti, stadia duodevicies mille sexcenta : temporis spatium, menses octo. Hic dies quadraginta quinque manserunt. In his primum sacra diis fecerunt, et pompas Græcorum quique pro more gentis exsequuti sunt, itemque ludos gymnicos. Commeatus partim e Paphlagonia, partim ex agris Cotyoritarum capiebant : nec enim illi forum rerum venalium suppeditabant, nec ægros intra mœnia recipiebant.

Hoc ipso tempore Sinope veniunt legati, metuentes de Cotyoritarum et urbe (illorum enim ea erat, vectigaliaque illis pendebant) et agro, quia populationibus vexari audierant : atque hi cum in castra venissent, hujusmodi orationem habuere (eam autem pronuntiabat Hecatonymus, qui dicendo valere existimabatur) : « Misit nos, milites, Sinopensium civitas, ut tum laude vos adficeremus, propterea quod Græci cum sitis barbaros superaveritis, tum deinde vobis ut gratularemur, quod per multa ac gravia (quemadmodum nos audimus) incommoda huc incolumes venistis. Ceterum æquum censemus, cum et ipsi simus Græci, ut a vobis Græci qui sitis commodo aliquo, nullo incommodo, adficiamur : nec enim ulla vos unquam injuria priores adfecimus. Hi vero Cotyoritæ coloni sunt a nobis huc deducti ; agrumque nos iis, quem barbaris ademimus, hunc tradidimus. Qua de causa nobis etiam vectigal illi constitutum, itidemque Cerasuntii et Trapezuntii, pendunt : adeo ut quidquid his injuriæ intuleritis, id se pati Sinopensium civitas existimet. Jam vero audimus vos in urbem vi ingressos esse, nonnullosque in ædibus habitare, et ex agris ea, quibus vobis opus sit, suasione non adhibita, capere. Hæc utique haud æqua esse censemus. Quod si hæc facere perrexeritis, nobis et Corylam et Paphlagonas, et quemcunque potuerimus alium, amicum reddamus necesse erit.

Ad ea, cum surrexisset Xenophon, pro militibus dixit : « Nos, Sinopenses, huc venimus satis bene nobiscum actum rati, quod corpora conservavimus et arma : nec enim simul opes agere ac ferre potuimus, et adversus hostes pugnare. Itaque jam, ubi Græcas ad urbes venimus, apud

Ἑλληνίδας πόλεις ἤλθομεν, ἐν Τραπεζοῦντι μὲν, παρεῖχον γὰρ ἡμῖν ἀγορὰν, ὠνούμενοι εἴχομεν τὰ ἐπιτήδεια, καὶ ἀνθ᾽ ὧν ἐτίμησαν ἡμᾶς καὶ ξένια ἔδωκαν τῇ στρατιᾷ, ἀντετιμῶμεν αὐτοὺς, καὶ εἴ τις αὐτοῖς φίλος ἦν τῶν βαρβάρων, τούτων ἀπειχόμεθα· τοὺς δὲ πολεμίους αὐτῶν ἐφ᾽ οὓς αὐτοὶ ἡγοῖντο κακῶς ἐποιοῦμεν ὅσον ἐδυνάμεθα. (15) Ἐρωτᾶτε δὲ αὐτοὺς ὁποίων τινῶν ἡμῶν ἔτυχον· πάρεισι γὰρ ἐνθάδε οὓς ἡμῖν ἡγεμόνας διὰ φιλίαν ἡ πόλις ξυνέπεμψεν. (16) Ὅποι δ᾽ ἂν ἐλθόντες ἀγορὰν μὴ ἔχωμεν, ἄν τε εἰς βάρβαρον γῆν ἄν τε εἰς Ἑλληνίδα, οὐχ ὕβρει ἀλλὰ ἀνάγκῃ λαμβάνομεν τὰ ἐπιτήδεια. (17) Καὶ Καρδούχους καὶ Ταόχους καὶ Χαλδαίους καίπερ βασιλέως οὐχ ὑπηκόους ὄντας ὅμως καὶ μάλα φοβεροὺς ὄντας πολεμίους ἐκτησάμεθα διὰ τὸ ἀνάγκην εἶναι λαμβάνειν τὰ ἐπιτήδεια, ἐπεὶ ἀγορὰν οὐ παρεῖχον. (18) Μάκρωνας δὲ καίπερ βαρβάρους ὄντας, ἐπεὶ ἀγορὰν οἵαν ἐδύναντο παρεῖχον, φίλους τε ἐνομίζομεν εἶναι καὶ βίᾳ οὐδὲν ἐλαμβάνομεν τῶν ἐκείνων. (19) Κοτυωρίτας δὲ, οὓς ὑμετέρους φατὲ εἶναι, εἴ τι αὐτῶν εἰλήφαμεν, αὐτοὶ αἴτιοί εἰσιν· οὐ γὰρ ὡς φίλοι προσεφέροντο ἡμῖν, ἀλλὰ κλαίσαντες τὰς πύλας οὔτε εἴσω ἐδέχοντο οὔτε ἔξω ἀγορὰν ἔπεμπον· ᾐτιῶντο δὲ τὸν παρ᾽ ὑμῶν ἁρμοστὴν τούτων αἴτιον εἶναι. (20) Ὃ δὲ λέγεις βίᾳ παρελθόντας σκηνοῦν, ἡμεῖς ἠξιοῦμεν τοὺς κάμνοντας εἰς τὰς στέγας δέξασθαι· ἐπεὶ δὲ οὐκ ἀνέῳγον τὰς πύλας, ᾗ ἡμᾶς ἐδέχετο αὐτὸ τὸ χωρίον ταύτῃ εἰσελθόντες ἄλλο μὲν οὐδὲν βίαιον ἐποιήσαμεν, σκηνοῦσι δ᾽ ἐν ταῖς στέγαις οἱ κάμνοντες τὰ ἑαυτῶν δαπανῶντες, τὰς δὲ πύλας φρουροῦμεν, ὅπως μὴ ἐπὶ τῷ ὑμετέρῳ ἁρμοστῇ ὦσιν οἱ κάμνοντες ἡμῶν, ἀλλ᾽ ἐφ᾽ ἡμῖν ᾖ κομίσασθαι ὅταν βουλώμεθα. (21) Οἱ δὲ ἄλλοι, ὡς ὁρᾶτε, σκηνοῦμεν ὑπαίθριοι ἐν τῇ τάξει, παρεσκευασμένοι, ἂν μέν τις εὖ ποιῇ, ἀντευποιεῖν, ἂν δὲ κακῶς, ἀλέξασθαι. (22) Ἃ δὲ ἠπείλησας ὡς ἢν ὑμῖν δοκῇ Κορύλαν καὶ Παφλαγόνας ξυμμάχους ποιήσεσθε ἐφ᾽ ἡμᾶς, ἡμεῖς δὲ ἢ μὲν ἀνάγκη ᾖ πολεμήσομεν καὶ ἀμφοτέροις· ἤδη γὰρ καὶ ἄλλοις πολλαπλασίοις ὑμῶν ἐπολεμήσαμεν· ἂν δὲ δοκῇ ἡμῖν, καὶ φίλον ποιήσομεν τὸν Παφλαγόνα. (23) Ἀκούομεν δὲ αὐτὸν καὶ ἐπιθυμεῖν τῆς ὑμετέρας πόλεως καὶ χωρίων τῶν ἐπιθαλαττίων, πειρασόμεθα οὖν συμπράττοντες αὐτῷ ὧν ἐπιθυμεῖ φίλοι γίγνεσθαι.

24. Ἐκ τούτου μάλα μὲν δῆλοι ἦσαν οἱ ξυμπρέσβεις τῷ Ἑκατωνύμῳ χαλεπαίνοντες τοῖς εἰρημένοις, παρελθὼν δ᾽ αὐτῶν ἄλλος εἶπεν ὅτι οὐ πόλεμον ποιησόμενοι ἥκοιεν ἀλλὰ ἐπιδείξοντες ὅτι φίλοι εἰσί. Καὶ ξενίοις, ἢν μὲν ἔλθητε πρὸς τὴν Σινωπέων πόλιν, ἐκεῖ δεξόμεθα, νῦν δὲ τοὺς ἐνθάδε κελεύσομεν διδόναι ἃ δύνανται· ὁρῶμεν γὰρ πάντα ἀληθῆ ὄντα ἃ λέγετε. (25) Ἐκ τούτου ξένιά τε ἔπεμπον οἱ Κοτυωρῖται καὶ οἱ στρατηγοὶ τῶν Ἑλλήνων ἐξένιζον τοὺς τῶν Σινωπέων πρέσβεις, καὶ πρὸς ἀλλήλους πολλά τε καὶ ἐπιτήδεια διελέγοντο τά τε ἄλλα καὶ περὶ τῆς λοιπῆς πορείας ἐπυνθάνοντο ὧν ἑκάτεροι ἐδέοντο.

Trapezuntem (quippe rerum venalium nobis forum praebebant incolae) commeatus illos tantum sumpsimus pretio quos sumus mercati, et quia nos honore adfecerunt, donaque hospitalia exercitui dederunt, eos vicissim honore prosequuti sumus : atque adeo si qui barbarorum ipsis erant amici, ab iis nosmet abstinuimus ; hostes vero eorum, in quos ipsi duxerint, quantis potuimus damnis adfecimus. At eos interrogatote, quales nos nacti sint : hic adsunt enim, quos per amicitiam nobiscum civitas ea duces misit itineris. In ea vero cum venerimus loca, ubi forum non obtineamus, sive adeo barbarorum in terram, sive Graecorum, non per injuriam insolentem, sed necessitate coacti commeatus sumimus. Itaque Carduchos, et Taochos, et Chaldaeos, qui quamvis regis imperio non pareant, sunt tamen admodum formidabiles, hostes nobis reddidimus, propterea quod necesse erat commeatus sumere, cum forum nobis rerum venalium non praeberent. At Macronas, quanquam barbari essent, cum forum, quale quidem poterant, subministrarent, in amicorum esse numero putabamus, nec quidquam illis vi ademimus. Quod ad Cotyoritas attinet, quos vestros esse dicitis, si quid eis ademimus, ipsi in culpa sunt : non enim erga nos se tanquam amicos gessere, sed cum portas clausissent, neque nos intromittebant, neque extra muros res venales ad nos ferebant : ac horum quidem auctorem extitisse praefectum a vobis datum conquerebantur. Quod autem dicis, de nobis quosdam vi ingressos in aedibus degere, petivimus nos ut aegros sub tecta reciperent : cum vero portas illi non aperirent, qua nos parte admittebat locus ipse, eo ingressi, nihil sane aliud violenti fecimus : ipsorum certe sub tectis agunt aegri, sua tamen in se insumentes : atque portas praesidio munitas tenemus, ut ne nostri milites aegri sint in praefecti vestri potestate, sed nobis sit eos hinc, cum volemus, exportandi potestas. Ceteri, quemadmodum videtis, sub dio suo quisque ordine degimus, parati, si quis beneficio nos adfecerit, ad beneficia reddenda : sin injuria, ad eam propulsandam. Quod ad minas tuas attinet, vos nempe, si ita vobis videatur, cum Coryla et Paphlagonibus societatem adversus nos facturos ; nos, si ne necesse sit, vel cum utrisque bellum geremus (nam cum aliis numero vos longe superantibus bellum gessimus) : quod si nobis ita videatur, etiam Paphlagonem illum nobis amicum adsciscemus. Audimus certe eum potiundi tum urbe vestra, tum locis maritimis cupidine corripi. Quare operam dabimus ut, eum in iis quae cupit consequendis adjuvando, amicitiam cum eo jungamus.

Tum vero Hecatonymi in legatione collegae palam significabant aegre se illa ferre, quae ab eo fuissent prolata. Et ex iis alius in medium progressus, dixit se non bellum excitaturos venisse, sed ostensuros se nobis esse amicos. Quod si Sinopensium urbem accesseritis, hospitalibus ibi donis vos excipiemus : jam vero nostros qui de hoc loco sunt jubebimus dare vobis, quae possunt ; nam vera esse omnia, quae dicitis, videmus. Post haec hospitalia donamittebant Cotyoritae, et Graecorum duces Sinopensium legatos hospitio excipiebant, atque inter se de multis iisque quae e re erant colloquebantur ; inter alia de itinere reliquo percontabantur, deque iis quorum utrique indigebant.

ΚΕΦΑΛΑΙΟΝ ς.

Ταύτῃ μὲν τῇ ἡμέρᾳ τοῦτο τὸ τέλος ἐγένετο. Τῇ δὲ ὑστεραίᾳ ξυνέλεξαν οἱ στρατηγοὶ τοὺς στρατιώτας, καὶ ἐδόκει αὐτοῖς περὶ τῆς λοιπῆς πορείας παρακαλέσαντας τοὺς Σινωπέας βουλεύεσθαι. Εἴτε γὰρ πεζῇ δέοι πορεύεσθαι, χρήσιμοι ἂν ἐδόκουν εἶναι οἱ Σινωπεῖς ἡγούμενοι· ἔμπειροι γὰρ ἦσαν τῆς Παφλαγονίας· εἴτε κατὰ θάλατταν, προσδεῖν ἐδόκει Σινωπέων μόνοι γὰρ ἂν ἐδόκουν ἱκανοὶ εἶναι πλοῖα παρασχεῖν ἀρκοῦντα τῇ στρατιᾷ. (2) Καλέσαντες οὖν τοὺς πρέσβεις ξυνεβουλεύοντο, καὶ ἠξίουν Ἕλληνας ὄντας Ἕλλησι τούτῳ πρῶτον καλῶς δέχεσθαι τῷ εὔνους τε εἶναι καὶ τὰ βέλτιστα ξυμβουλεύειν.

3. Ἀναστὰς δὲ Ἑκατώνυμος πρῶτον μὲν ἀπελογήσατο περὶ οὗ εἶπεν ὡς τὸν Παφλαγόνα φίλον ποιήσοιντο, ὅτι οὐχ ὡς τοῖς Ἕλλησι πολεμησάντων σφῶν εἴποι, ἀλλ᾽ ὅτι ἐξὸν τοῖς βαρβάροις φίλους εἶναι τοὺς Ἕλληνας αἱρήσονται. Ἐπεὶ δὲ ξυμβουλεύειν ἐκέλευον, ἐπευξάμενος ὧδε εἶπεν. (4) Εἰ μὲν ξυμβουλεύοιμι ἃ βέλτιστά μοι δοκεῖ εἶναι, πολλά μοι κἀγαθὰ γένοιτο· εἰ δὲ μὴ, τἀναντία. Αὕτη γὰρ ἡ ἱερὰ ξυμβουλὴ λεγομένη εἶναι δοκεῖ μοι παρεῖναι· νῦν γὰρ δὴ ἂν μὲν εὖ ξυμβουλεύσας φανῶ, πολλοὶ ἔσεσθε οἱ ἐπαινοῦντές με, ἂν δὲ κακῶς, πολλοὶ ἔσεσθε οἱ καταρώμενοι. (5) Πράγματα μὲν οὖν οἶδ᾽ ὅτι πολὺ πλείω ἕξομεν, ἐὰν κατὰ θάλατταν κομίζησθε· ἡμᾶς γὰρ δεήσει τὰ πλοῖα πορίζειν· ἢν δὲ κατὰ γῆν στέλλησθε, ὑμᾶς δεήσει τοὺς μαχομένους εἶναι. (6) Ὅμως δὲ λεκτέα ἃ γιγνώσκω· ἔμπειρος γάρ εἰμι καὶ τῆς χώρας τῶν Παφλαγόνων καὶ τῆς δυνάμεως. Ἔχει γὰρ ἀμφότερα, καὶ πεδία κάλλιστα καὶ ὄρη ὑψηλότατα. (7) Καὶ πρῶτον μὲν οἶδα εὐθὺς ᾗ τὴν εἰσβολὴν ἀνάγκη ποιεῖσθαι· οὐ γὰρ ἔστιν ἄλλῃ ἢ ᾗ τὰ κέρατα τοῦ ὄρους τῆς ὁδοῦ καθ᾽ ἑκάτερά ἐστιν ὑψηλά, ἃ κρατεῖν κατέχοντες καὶ πάνυ ὀλίγοι δύναιντ᾽ ἄν· τούτων δὲ κατεχομένων οὐδ᾽ ἂν εἰ πάντες ἄνθρωποι δύναιντ᾽ ἂν διελθεῖν. Ταῦτα δὲ καὶ δείξαιμι ἄν, εἴ μοί τινα βούλοισθε ξυμπέμψαι. (8) Ἔπειτα δὲ οἶδα καὶ πεδία ὄντα καὶ ἱππείαν ἣν αὐτοὶ οἱ βάρβαροι νομίζουσι κρείττω εἶναι ἁπάσης τῆς βασιλέως ἱππείας. Καὶ νῦν οὗτοι οὐ παρεγένοντο βασιλεῖ καλοῦντι, ἀλλὰ μεῖζον φρονεῖ ὁ ἄρχων αὐτῶν. (9) Εἰ δὲ καὶ δυνηθείτε τά τε ὄρη κλέψαι ἢ φθάσαι λαβόντες καὶ ἐν τῷ πεδίῳ κρατῆσαι μαχόμενοι τούς τε ἱππέας τούτων καὶ πεζῶν μυριάδας πλεῖον ἢ δώδεκα, ἥξετε ἐπὶ τοὺς ποταμούς, πρῶτον μὲν τὸν Θερμώδοντα, εὖρος τριῶν πλέθρων, ὃν χαλεπὸν οἶμαι διαβαίνειν ἄλλως τε καὶ πολεμίων πολλῶν μὲν ἔμπροσθεν ὄντων πολλῶν δὲ ὄπισθεν ἑπομένων· δεύτερον δ᾽ Ἶριν, τρίπλεθρον ὡσαύτως· τρίτον δ᾽ Ἅλυν, οὐ μεῖον δυοῖν σταδίοιν, ὃν οὐκ ἂν δύναισθε ἄνευ πλοίων διαβῆναι· πλοῖα δὲ τίς ἔσται ὁ παρέχων; ὡς δ᾽ αὕτως καὶ ὁ Παρθένιος ἄβατος· ἐφ᾽ ὃν ἔλθοιτε ἄν, εἰ τὸν Ἅλυν διαβαίητε. (10) Ἐγὼ μὲν οὖν οὐ χαλεπὴν ὑμῖν εἶναι νομίζω τὴν πορείαν ἀλλὰ

XENOPHON.

CAPUT VI.

Atque is quidem huic diei finis erat factus. Postridie duces collegere milites, iisque visum est de reliquo itinere, Sinopensibus arcessitis, deliberare. Nam sive pedibus iter faciendum esset, Sinopenses ipsis commodi futuri viæ duces videbantur (quippe periti erant Paphlagoniæ) ; sive mari, hæc eorum erat sententia, Sinopensium se opem desideraturos : soli enim esse videbantur idonei, qui navigia præberent ea, quæ exercitui sufficerent. Itaque legatos ubi accersiverant, in consilium eos adhibebant, petebantque ut Græci cum essent hoc primum ipsos officio recte atque ordine exciperent, ut ipsis quoque Græcis benevoli essent et consilia quam possent optima darent.

Cum autem surrexisset Hecatonymus, primum se excusavit de eo quod dixerat, se Paphlagonem ipsis amicum adjuncturos, non ita se dixisse quasi bellum adversus Græcos ipsi gesturi essent, sed quod, cum ipsis barbarorum amicitia uti liceret, Græcos tamen iis sunt antelaturi. Cum vero eum consilium suum exponere juberent Græcorum duces, precatus deos in hanc sententiam verba fecit : « Si vobis id consilii dem, quod mihi videtur optimum, multa mihi eveniant commoda; sin autem, contraria : nam hæc, sacra quæ dicitur, adesse mihi videtur consultatio : jam enim, si bonum consilium dedisse visus fuero, multi eritis, qui me laudibus adficietis ; sin malum, multi eritis, qui me exsecrabimini. Novi certe quidem nos longe plus molestiæ habituros, si per mare domum revertemini ; quippe nos navigia suppeditare oporteblt : sin autem terra proficiscemini, vos pugnetis necesse erit. Attamen dicenda sunt, quæ sentio ; nam et Paphlagonum regio et vires mihi notæ sunt : habet nimirum hæc utraque regio ista, tum campos pulcherrimos, tum altissimos montes. Ac primum novi quidem protinus qua parte in eam ingredi necesse sit ; non alia utique licet, quam qua montis cornua sunt ad utrumque latus viæ excelsa : quæ si qui occupent, vel admodum pauci tenere possint ; iisque adeo occupatis, ne universi quidem homines ceteri transire poterunt. Hæc vero etiam monstrare potero, si quem mecum una miseritis. Deinde novi plana esse, atque equitatum, quem ipsi barbari universo regis equitatu potiorem ducunt. Atque hoc adeo tempore ii ad regem eos vocantem non profecti sunt ; sed et majores spiritus eorum gerit princeps. Quod si poteritis etiam montes furtim occupare, vel eos capiendo prævertere, atque in planitie tum equites hosce tum pedites, quorum centena sunt viginti amplius millia, prælio viceritis, ad amnes venietis, primum quidem Thermodonta, cujus est trium plethrorum latitudo ; quem ad trajiciendum difficilem arbitror, præsertim cum multi sint a fronte hostes, multi a tergo sequantur : ad alterum deinde venietis Irim, trium itidem plethrorum latitudine ; ad tertium postea Halyn, non minus duo stadia latum, quem absque navibus trajicere non poteritis : naves vero quis vobis suppeditabit ? itidem et Parthenius transiri non poterit ; ad quem veniendum vobis erit, si Halyn hunc trajeceritis. Quapropter equidem censeo non difficile vobis esse

18

παντάπασιν ἀδύνατον. Ἂν δὲ πλέητε, ἔστιν ἐνθένδε μὲν εἰς Σινώπην παραπλεῦσαι, ἐκ Σινώπης δὲ εἰς Ἡράκλειαν· ἐξ Ἡρακλείας δὲ οὔτε πεζῇ οὔτε κατὰ θάλατταν ἀπορία· πολλὰ γὰρ καὶ πλοῖά ἐστιν ἐν Ἡρακλείᾳ.

11. Ἐπεὶ δὲ ταῦτα ἔλεξεν, οἱ μὲν ὑπώπτευον φιλίας ἕνεκα τῆς Κορύλα λέγειν· καὶ γὰρ ἦν πρόξενος αὐτῷ· οἱ δὲ καὶ ὡς δῶρα ληψόμενον διὰ τὴν ξυμβουλὴν ταύτην· οἱ δὲ ὑπώπτευον καὶ τούτου ἕνεκα λέγειν ὡς μὴ πεζῇ ἰόντες τὴν Σινωπέων τι χώραν κακὸν ἐργάζοιντο. Οἱ δ᾿ οὖν Ἕλληνες ἐψηφίσαντο κατὰ θάλατταν τὴν πορείαν ποιεῖσθαι. (12) Μετὰ ταῦτα Ξενοφῶν εἶπεν, Ὦ Σινωπεῖς, οἱ μὲν ἄνδρες ᾕρηνται πορείαν ἣν ὑμεῖς ξυμβουλεύετε· οὕτω δὲ ἔχει· εἰ μὲν πλοῖα ἔσεσθαι μέλλει ἱκανὰ ἀριθμῷ ὡς ἕνα μὴ καταλείπεσθαι ἐνθάδε, ἡμεῖς ἂν πλέοιμεν· εἰ δὲ μέλλοιμεν οἱ μὲν καταλείψεσθαι οἱ δὲ πλεύσεσθαι, οὐκ ἂν ἐμβαίημεν εἰς τὰ πλοῖα. (13) Γιγνώσκομεν γὰρ ὅτι ὅπου μὲν ἂν κρατῶμεν, δυναίμεθ᾿ ἂν καὶ σώζεσθαι καὶ τὰ ἐπιτήδεια ἔχειν· εἰ δέ που ἥττους τῶν πολεμίων ληφθησόμεθα, εὔδηλον δὴ ὅτι ἐν ἀνδραπόδων χώρᾳ ἐσόμεθα. (14) Ἀκούσαντες ταῦτα οἱ πρέσβεις ἐκέλευον πέμπειν πρέσβεις. Καὶ πέμπουσι Καλλίμαχον Ἀρκάδα καὶ Ἀρίστωνα Ἀθηναῖον καὶ Σαμόλαν Ἀχαιόν. Καὶ οἱ μὲν ᾤχοντο.

15. Ἐν δὲ τούτῳ τῷ χρόνῳ Ξενοφῶντι, ὁρῶντι μὲν ὁπλίτας πολλοὺς τῶν Ἑλλήνων, ὁρῶντι δὲ καὶ πελταστὰς πολλοὺς καὶ τοξότας καὶ σφενδονήτας καὶ ἱππέας δὲ καὶ μάλα ἤδη διὰ τὴν τριβὴν ἱκανούς, ὄντας δ᾿ ἐν τῷ Πόντῳ, ἔνθα οὐκ ἂν ἀπ᾿ ὀλίγων χρημάτων τοσαύτη δύναμις παρεσκευάσθη, καλὸν αὐτῷ ἐδόκει εἶναι καὶ χώραν καὶ δύναμιν τῇ Ἑλλάδι προσκτήσασθαι πόλιν κατοικίσαντας. (16) Καὶ γενέσθαι ἂν αὐτῷ ἐδόκει μεγάλη, καταλογιζομένῳ τό τε αὐτῶν πλῆθος καὶ τοὺς περιοικοῦντας τὸν Πόντον. Καὶ ἐπὶ τούτοις ἐθύετο πρίν τινι εἰπεῖν τῶν στρατιωτῶν Σιλανὸν παρακαλέσας τὸν Κύρου μάντιν γενόμενον τὸν Ἀμβρακιώτην. (17) Ὁ δὲ Σιλανὸς δεδιὼς μὴ γένηται ταῦτα καὶ καταμείνῃ που ἡ στρατιά, ἐκφέρει εἰς τὸ στράτευμα λόγον ὅτι Ξενοφῶν βούλεται καταμεῖναι τὴν στρατιὰν καὶ πόλιν οἰκίσαι καὶ ἑαυτῷ ὄνομα καὶ δύναμιν περιποιήσασθαι. (18) Αὐτὸς δ᾿ ὁ Σιλανὸς ἐβούλετο ὅτι τάχιστα εἰς τὴν Ἑλλάδα ἀφικέσθαι· οὓς γὰρ παρὰ Κύρου ἔλαβε τρισχιλίους δαρεικοὺς ὅτε τὰς δέκα ἡμέρας ἠλήθευσε θυόμενος Κύρῳ, διεσώκει. (19) Τῶν δὲ στρατιωτῶν, ἐπεὶ ἤκουσαν, τοῖς μὲν ἐδόκει βέλτιστον εἶναι καταμεῖναι, τοῖς δὲ πολλοῖς οὔ. Τιμασίων δὲ ὁ Δαρδανεὺς καὶ Θώραξ ὁ Βοιώτιος πρὸς ἐμπόρους τινὰς παρόντας τῶν Ἡρακλεωτῶν καὶ Σινωπέων λέγουσιν ὅτι εἰ μὴ ἐκποριοῦσι τῇ στρατιᾷ μισθὸν ὥστε ἔχειν τὰ ἐπιτήδεια ἐκπλέοντας, ὅτι κινδυνεύσει μεῖναι τοσαύτη δύναμις ἐν τῷ Πόντῳ· βουλεύεται γὰρ Ξενοφῶν καὶ ἡμᾶς παρακαλεῖ, ἐπειδὰν ἔλθῃ τὰ πλοῖα, τότε εἰπεῖν ἐξαίφνης τῇ στρατιᾷ, (20) Ἄνδρες, νῦν μὲν ὁρῶμεν ἡμᾶς ἀπόρους ὄντας καὶ ἐν τῷ ἀπόπλῳ ἔχειν τὰ ἐπιτήδεια καὶ ὡς

hoc iter, sed omnino non posse perfici. Jam si navigetis, licet hinc Sinopen navibus proficiscamini, ex Sinope Heracleam; ex Heraclea pergentibus nec in itinere pedestri nec per mare vobis erit difficultas : quippe multæ sunt apud Heracleam naves. »

Hæc ubi dixisset, alii suspicabantur sic dixisse cum propter amicitiam Corylæ (etenim hujus erat hospes); alii etiam, quod munera ob consilium hoc accepturus esset : alii autem suspicabantur hac quoque de causa eum hæc protulisse, ut ne pedibus iter ingressi Sinopensium agro detrimenti aliquid inferrent. Tandem Græci decreverunt iter per mare faciendum. Secundum hæc Xenophon in hanc sententiam loquutus est : « Iter illud, Sinopenses, delegere milites, cujus instituendi vos is estis auctores ; verum ita se res habet : si tanta erit navium copia, ut ne unus quidem hic relinquatur, nos navigabimus ; sin futurum ut alii relinquantur, navigemus alii, nequaquam naves conscendemus. Scimus enim, ubicunque superiores fuerimus, fore ut et salvi esse et commeatus habere possimus ; sin alicubi hostibus inferiores deprehendamur, perspicuum sane est mancipiorum nos sorte fore multatos. » Hæc ubi legati audiissent Sinopenses, Græcos ut legatos mitterent hortabantur. Itaque Callimachum mittunt Arcada, et Aristonem Atheniensem, et Samolam Achæum ; iique adeo profecti sunt.

Interea Xenophon, multos cum Græcorum gravis armaturæ milites intueretur, intueretur peltastas multos, multos etiam sagittarios et funditores, et equites, eosque jam valde propter longum usum idoneos, in Ponto (ubi exiguis pecuniis tantus exercitus comparari non potuisset) rem fore præclaram existimabat, si condita civitate, et regionem et potentiam Græciæ acquirerent. Atque ea civitas magna ipsi futura videbatur expendenti tum eorum qui ipsi aderant multitudinem, tum eorum qui Pontum circumcolebant. Et horum quidem causa mactatis hostiis exta consulebat, priusquam atimo quod cogitabat ulli militum exponeret, accersito Silano Ambraciota, quo Cyrus vate fuerat usus. Silanus autem, veritus ne hæc ita fierent, exercitusque adeo alicubi remaneret, in castra rumorem effert velle Xenophontem exercitum istic manere, et urbem exstruere, et sibi nomen ac potentiam comparare. At Silanus ipse quam celerrime in Græciam pervenire cupiebat ; nam daricos ter mille, quos a Cyro acceperat, cum de decem illis diebus Cyri nomine vera consuluens vera protulisset, conservarat. Militum autem, rem ubi audierant, nonnullis visum est optimum manere, majori parti non ita visum. Timasion autem Dardanius et Thorax Bœotius mercatoribus quibusdam Heracleotis ac Sinopensibus dicunt periculum fore, nisi stipendium exercitui subministrarent, ut navigantibus suppeteret commeatus, ne tantæ in Ponto copiæ manerent : nam Xenophon, inquiunt, hoc init consilii, et nos hortatur. ut posteaquam venerint navigia, tum subito sic adloquamur exercitum, « Videmus jam nos, milites, eas ad angustias redactos, ut neque commeatum inter enavigandum obtinere possimus, neque domum reversi, commodi quidquam iis qui

οἴκαδε ἀπελθόντας ὀνῆσαί τι τοὺς οἴκους· εἰ δὲ βούλεσθε τῆς κύκλῳ χώρας περὶ τὸν Πόντον οἰκουμένης ἐκλεξάμενοι ὅπῃ ἂν βούλησθε κατασχεῖν, καὶ τὸν μὲν ἐθέλοντα ἀπιέναι οἴκαδε, τὸν δὲ ἐθέλοντα μένειν αὐτοῦ, πλοῖα δ᾽ ὑμῖν πάρεστιν, ὥστε ὅπῃ ἂν βούλησθε ἐξαίφνης ἂν ἐπιπέσοιτε. (21) Ἀκούσαντες ταῦτα οἱ ἔμποροι ἀπήγγελλον ταῖς πόλεσι· ξυνέπεμψε δ᾽ αὐτοῖς Τιμασίων ὁ Δαρδανεὺς Εὐρύμαχόν τε ὸν Δαρδανέα καὶ Θώρακα τὸν Βοιώτιον τὰ αὐτὰ ταῦτα ἐροῦντας. Σινωπεῖς δὲ καὶ Ἡρακλεῶται ταῦτα ἀκούσαντες πέμπουσι πρὸς τὸν Τιμασίωνα καὶ κελεύουσι προστατεῦσαι λαβόντα χρήματα ὅπως ἐκπλεύσῃ ἡ στρατιά. (22) Ὁ δὲ ἄσμενος ἀκούσας ἐν ξυλλόγῳ τῶν στρατιωτῶν ὄντων λέγει τάδε· Οὐ δεῖ προσέχειν μονῇ, ὦ ἄνδρες, οὐδὲ τῆς Ἑλλάδος οὐδὲν περὶ πλείονος ποιεῖσθαι. Ἀκούω δέ τινας θύεσθαι ἐπὶ τούτῳ οὐδ᾽ ὑμῖν λέγοντας. (23) Ὑπισχνοῦμαι δὲ ὑμῖν, ἂν ἐκπλέητε, ἀπὸ νουμηνίας μισθοφορὰν παρέξειν κυζικηνὸν ἑκάστου τοῦ μηνός· καὶ ἄξω ὑμᾶς εἰς τὴν Τρῳάδα, ἔνθεν καὶ εἰμὶ φυγὰς καὶ ὑπάρξει ὑμῖν ἡ ἐμὴ πόλις· ἑκόντες γάρ με δέξονται. (24) Ἡγήσομαι δὲ αὐτὸς ἐγὼ ἔνθεν πολλὰ χρήματα λήψεσθε. Ἔμπειρος δέ εἰμι τῆς Αἰολίδος καὶ τῆς Φρυγίας καὶ τῆς Τρῳάδος καὶ τῆς Φαρναβάζου ἀρχῆς πάσης, τῆς μὲν διὰ τὸ ἐκεῖθεν εἶναι, τῆς δὲ διὰ τὸ ξυνεστρατεῦσθαι ἐν αὐτῇ σὺν Κλεάρχῳ τε καὶ Δερκυλλίδᾳ. (25) Ἀναστὰς δὲ αὖθις Θώραξ ὁ Βοιώτιος, ὃς ἀεὶ περὶ στρατηγίας Ξενοφῶντι ἐμάχετο, ἔφη, εἰ ἐξέλθοιεν ἐκ τοῦ Πόντου, ἔσεσθαι αὐτοῖς Χερρόνησον χώραν καλὴν καὶ εὐδαίμονα ὥστε τῷ βουλομένῳ ἐνοικεῖν, τῷ δὲ μὴ βουλομένῳ ἀπιέναι οἴκαδε. Γελοῖον δὲ εἶναι ἐν τῇ Ἑλλάδι οὔσης χώρας πολλῆς καὶ ἀφθόνου ἐν τῇ βαρβάρων μαστεύειν. (26) Ἔστε δ᾽ ἄν, ἔφη, ἐκεῖ γένησθε, κἀγὼ καθάπερ Τιμασίων ὑπισχνοῦμαι ὑμῖν τὴν μισθοφοράν. Ταῦτα δὲ ἔλεγεν εἰδὼς ἃ Τιμασίωνι οἱ Ἡρακλεῶται καὶ οἱ Σινωπεῖς ὑπισχνοῦντο ὥστε ἐκπλεῖν. (27) Ὁ δὲ Ξενοφῶν ἐν τούτῳ ἐσίγα. Ἀναστὰς δὲ Φιλήσιος καὶ Λύκων οἱ Ἀχαιοὶ ἔλεγον ὡς δεινὸν εἴη ἰδίᾳ μὲν Ξενοφῶντα πείθειν τε καταμένειν καὶ θύεσθαι ὑπὲρ τῆς μονῆς μὴ κοινούμενον τῇ στρατιᾷ, εἰς δὲ τὸ κοινὸν μηδὲν ἀγορεύειν περὶ τούτων· ὥστε ἠναγκάσθη ὁ Ξενοφῶν ἀναστῆναι καὶ εἰπεῖν τάδε. (28) Ἐγώ, ὦ ἄνδρες, θύομαι μὲν ὡς ὁρᾶτε ὁπόσα δύναμαι καὶ ὑπὲρ ὑμῶν καὶ ὑπὲρ ἐμαυτοῦ ὅπως ταῦτα τυγχάνω καὶ λέγων καὶ νοῶν καὶ πράττων ὁποῖα μέλλει ὑμῖν τε κάλλιστα καὶ ἄριστα ἔσεσθαι καὶ ἐμοί. Καὶ νῦν ἐθυόμην περὶ αὐτοῦ τούτου εἰ ἄμεινον εἴη ἄρχεσθαι λέγειν εἰς ὑμᾶς καὶ πράττειν περὶ τούτων ἢ παντάπασι μηδὲ ἅπτεσθαι τοῦ πράγματος. (29) Σιλανὸς δέ μοι ὁ μάντις ἀπεκρίνατο τὸ μὲν μέγιστον, τὰ ἱερὰ καλὰ εἶναι· ᾔδει γὰρ καὶ ἐμὲ οὐκ ἄπειρον ὄντα διὰ τὸ ἀεὶ παρεῖναι τοῖς ἱεροῖς· ἔλεξε δὲ ὅτι ἐν τοῖς ἱεροῖς φαίνοιτό τις δόλος καὶ ἐπιβουλὴ ἐμοί, ὡς ἄρα γιγνώσκων ὅτι αὐτὸς ἐπεβούλευε διαβάλλειν με πρὸς ὑμᾶς. Ἐξήνεγκε γὰρ τὸν λόγον ὡς ἐγὼ πράττειν

domi fuerint præstare : quod si vobis visum sit partem aliquam regionis undique versum hujus circa Pontum habitatæ, delectu facto ubicunque vobis libitum fuerit, occupare, ac deinde, eum, cui libet, domum abire, eum item, qui velit, hic manere, naves sane vobis adsunt, adeo ut in quamcunque voletis partem subito impetum facere potueritis." Hæc cum mercatores illi audiissent, suas ad civitates referebant : ac una cum iis Timasion Dardanius Eurymachum Dardanium et Thoracem Bœotium misit, qui eadem hæc exponerent. Sinopenses autem et Heracleotæ ea ubi audiissent, mittunt ad Timasionem, atque hortantur ut efficiendo, accepta pecunia, præesset, ut exercitus e Ponto navigaret. Ille vero, his libenter auditis, quo tempore militum erat conventus, hac usus est oratione : « Non oportet, milites, ad mansionem animum convertere, aut quidquam pluris quam Græciam facere. At quosdam audio de hoc exta consulere, vobis rem licet minime exposuerint. Vobis autem, si enavigaveritis, ab ipso mensis initio stipendium menstruum me in singulos Cyzicenum præbiturum polliceor ; et vos quidem in Troada ducam, unde jam exulo : ac præsto vobis erit mea civitas ; quippe me libenter excipient. Ipse porro vobis ea ad loca dux ero, unde multas consequemini pecunias. Peritus utique sum Æolidis, et Phrygiæ, et Troadis, et totius Pharnabazi præfecturæ : illius quidem, quod inde sim oriundus ; hujus vero, quod in ea cum Clearcho et Dercyllida militaverim. » Thorax autem Bœotius cum statim surrexisset, qui semper de ducis munere cum Xenophonte contendebat, ipsis cessurum aiebat Chersonesum regionem pulchram et opulentam, si e Ponto exirent : adeo ut ei, qui velit, in ea habitare, ei, qui nolit, domum abire liceat : ridiculum autem esse, cum in Grœcia esset ager amplus et copiosus, barbarorum terras inquirere quærere. Eo vero, inquit, donec perveneritis, etiam ipse, sicut Timasion, stipendium vobis polliceor. Hæc Thorax dicebat, quod nosset quæ Heracleotæ et Sinopenses Timasioni promiserant ea conditione, ut enavigarent Græci. Interea silebat Xenophon. Cum autem Philesius et Lycon Achaei surrexissent, grave quiddam aiebant esse, Xenophontem privatim et Græcos ut manerent suadere, et exta de mansione consulere, re cum exercitu non communicata ; jam vero publice de his nihil loqui : itaque coactus est Xenophon ut surgeret et hac uteretur oratione : « Equidem, milites, exta (quemadmodum videtis) quantum possum consulo, tum vestrum tum mei ipsius gratia, ut ea loquar et cogitem et agam, quæ tam vobis quam mihi futura sint maximo decori et commodo. Jamque adeo hac ipsa de causa consulebam exta, num potius esset me initium loquendi et agendi vobiscum de his rebus facere, an omnino negotium hoc me non attingere quidem. Vates certe Silanus mihi respondebat exta, quod maximum est, læta esse (norat enim me quoque maneris illius non esse imperitum, quippe qui sacris semper adfuerim) : aiebat porro in extis significari fraudem et insidias adversus me : nimirum recte, cum id sibi cons: ius esset insidiose molitus, ut me apud vos criminaretur. Nam rumorem extulit me jam hæc facere

ταῦτα διανοοίμην ἤδη οὐ πείσας ὑμᾶς. (30) Ἐγὼ δὲ εἰ μὲν ἑώρων ἀποροῦντας ὑμᾶς, τοῦτ' ἂν ἐσκόπουν ἀφ' οὗ ἂν γένοιτο ὥστε λαβόντας ὑμᾶς πόλιν τὸν μὲν βουλόμενον ἀποπλεῖν ἤδη, τὸν δὲ μὴ βουλόμενον, ἐπεὶ κτήσαιτο ἱκανὰ ὥστε καὶ τοὺς ἑαυτοῦ οἰκείους ὠφελῆσαί τι. (31) Ἐπεὶ δὲ ὁρῶ ὑμῖν καὶ τὰ πλοῖα πέμποντας Ἡρακλειώτας καὶ Σινωπεῖς ὥστε ἐκπλεῖν, καὶ μισθὸν ὑπισχνουμένους ὑμῖν ἄνδρας ἀπὸ νουμηνίας, καλόν μοι δοκεῖ εἶναι σωζομένους ἔνθα βουλόμεθα μισθὸν τῆς σωτηρίας λαμβάνειν, καὶ αὐτός τε παύομαι ἐκείνης τῆς διανοίας, καὶ ὁπόσοι πρὸς ἐμὲ προσῇεσαν λέγοντες ὡς χρὴ ταῦτα πράττειν, παύεσθαί φημι χρῆναι. (32) Οὕτω γὰρ γιγνώσκω· ὁμοῦ μὲν ὄντες πολλοὶ ὥσπερ νυνὶ δοκεῖτέ ἄν μοι καὶ ἔντιμοι εἶναι καὶ ἔχειν τὰ ἐπιτήδεια· ἐν γὰρ τῷ κρατεῖν ἐστι καὶ τὸ λαμβάνειν τὰ τῶν ἡττόνων· διασπασθέντες δ' ἂν καὶ κατὰ μικρὰ γινομένης τῆς δυνάμεως οὔτ' ἂν τροφὴν δύναισθε λαμβάνειν οὔτε χαίροντες ἂν ἀπαλλάξαιτε. (33) Δοκεῖ οὖν μοι ἅπερ ὑμῖν, ἐκπορεύεσθαι εἰς τὴν Ἑλλάδα, καὶ ἐάν τις μείνῃ ἢ ἀπολιπὼν τινα ληφθῇ πρὶν ἐν ἀσφαλεῖ εἶναι πᾶν τὸ στράτευμα, κρίνεσθαι αὐτὸν ὡς ἀδικοῦντα. Καὶ ὅτῳ δοκεῖ, ἔφη, ταῦτα, ἀράτω τὴν χεῖρα. (34) Ἀνέτειναν ἅπαντες. Ὁ δὲ Σιλανὸς ἐβόα, καὶ ὑπεχείρει λέγειν ὡς δίκαιον εἴη ἀπιέναι τὸν βουλόμενον. Οἱ δὲ στρατιῶται οὐκ ἠνείχοντο, ἀλλ' ἠπείλουν αὐτῷ ὅτι εἰ λήψονται ἀποδιδράσκοντα, τὴν δίκην ἐπιθήσουσιν. (35) Ἐντεῦθεν ἐπεὶ ἔγνωσαν οἱ Ἡρακλεῶται ὅτι ἐκπλεῖν δεδογμένον εἴη καὶ Ξενοφῶν αὐτὸς ἐπεψηφικὼς εἴη, τὰ μὲν πλοῖα πέμπουσι, τὰ δὲ χρήματα ἃ ὑπέσχοντο Τιμασίωνι καὶ Θώρακι ἐψευσμένοι ἦσαν τῆς μισθοφορᾶς. (36) Ἐνταῦθα δὲ ἐκπεπληγμένοι ἦσαν καὶ ἐδεδοίκεσαν τὴν στρατιὰν οἱ τὴν μισθοφορὰν ὑπεσχημένοι. Παραλαβόντες οὖν οὗτοι καὶ τοὺς ἄλλους στρατηγοὺς εἰς ἀνεκεκοίνωντο ἃ πρόσθεν ἔπραττον, πάντες δ' ἦσαν πλὴν Νέωνος τοῦ Ἀσιναίου, ὃς Χειρισόφῳ ὑπεστρατήγει, Χειρίσοφος δὲ οὔπω παρῆν, ἔρχονται πρὸς Ξενοφῶντα, καὶ λέγουσιν ὅτι μεταμέλοι αὐτοῖς, καὶ δοκοίη κράτιστον εἶναι πλεῖν εἰς Φᾶσιν, ἐπεὶ πλοῖά ἐστι, καὶ κατασχεῖν τὴν Φασιανῶν χώραν. (37) Αἰήτου δὲ υἱιδοῦς ἐτύγχανε βασιλεύων αὐτῶν. Ξενοφῶν δὲ ἀπεκρίνατο ὅτι οὐδὲν ἂν τούτων εἴποι εἰς τὴν στρατιάν· ὑμεῖς δὲ ξυλλέξαντες, ἔφη, εἰ βούλεσθε, λέγετε. Ἐνταῦθα ἀποδείκνυται Τιμασίων ὁ Δαρδανεὺς γνώμην οὐκ ἐκκλησιάζειν ἀλλὰ τοὺς αὑτοῦ ἕκαστον λοχαγοὺς πρῶτον πειρᾶσθαι πείθειν. Καὶ ἀπελθόντες ταῦτ' ἐποίουν.

ΚΕΦΑΛΑΙΟΝ Ζ.

Ταῦτα οὖν οἱ στρατιῶται ἀνεπύθοντο πραττόμενα. Καὶ ὁ Νέων λέγει ὡς Ξενοφῶν ἀναπεπεικὼς τοὺς ἄλλους στρατηγοὺς διανοεῖται ἄγειν τοὺς στρατιώτας ἐξαπατήσας πάλιν εἰς Φᾶσιν. (2) Ἀκούσαντες δ' οἱ στρατιῶ-

cogitare, vobis in sententiam meam suadendo non perductis. Ego vero, si vos angustiis premi viderem, id utique considerarem, unde fieri posset ut postquam urbem vos aliquam ceperitis, qui vellet, jamjam navigio discederet; qui jam nollet, ubi saltem eam rerum copiam comparaverit, ut utilitatem suis aliquam adferre possit, tandem etiam discederet. Cum autem et Heracleotas et Sinopenses navigia vobis mittere videam, et nonnullos ab ineunte statim mense stipendium vobis polliceri, commodum mihi videtur esse, ut incolumes quo volumus deducti mercedem salutis accipiamus : atque adeo tum ipse cogitatione illa desisto, tum quotquot ad me accesserunt, hæc facienda adfirmantes, iis eadem desistendum aio. Sic enim statuo : si multi quidem una sitis, uti nunc, et vos in honore futuros et commeatus habituros arbitror; nam in victoria situm est hoc etiam, ut ea potiti facultates etiam victorum capiant : sin divulsi sitis, copiæque vestræ in exiguas partes redactæ, neque alimentum capere poteritis, neque hinc læti discesseritis. Quapropter mihi quidem perinde ac vobis placet, in Græciam hinc proficiscendum esse : ac si quis manserit, vel suos prius deserere deprehensus fuerit, quam totus exercitus in tuto constiterit, eum tanquam injuriæ reum esse damnandum. Et cuicunque, inquit, hæc agi placet, manum tollat. » Sustulerunt omnes. At Silanus vociferabatur, ac dicere conabatur æquum esse ut, qui vellet, abiret. Non ferebant hoc milites, sed minabantur, se in eum animadversuros, si fugam ipsum moliri deprehenderent. Mox deinde, ubi Heracleotæ intellexissent decretum de navigatione factum esse, Xenophontemque ipsum militum exquisivisse suffragia, navigia quidem illi mittunt, sed ad pecuniam quod attinet, quam Timassioni et Thoraci promiserant, in ea quidem in stipendium militibus danda hos fefellerant. Tum vero illi, qui stipendium polliciti fuerant, perterrefacti erant, et ab exercitu sibi metuere cœperunt. Itaque adsumptis iis ceteris etiam ducibus, quibuscum ea communicata erant, quæ prius gesserant (et erant horum in numero omnes, præter Neonem Asinæum, qui vicariam Chirisopho ducis operam præstabat; Chirisophus enim nondum aderat), ad Xenophontem veniunt, ac se consilii pænitere aiunt, optimumque adeo sibi jam videri ut in Phasin navigarent, quandoquidem adsunt navigia, ac Phasianorum occuparent agrum. Eorum autem id temporis rex erat Æetæ nepos. Respondit Xenophon nihil horum ad exercitum se relaturum : at vos, inquit, si vultis, coactis militibus, hæc exponite. Ibi tum Timasion Dardanius aperte se sentire dicit concionem non esse advocandam, sed singulos adniti debere, ut suos primum cohortium ductores in hanc sententiam adducant. Itaque digressi a se invicem, id quod suaserat ille, agebant.

CAPUT VII.

Milites autem hæc agi inaudierant. Et Neon ait Xenophontem, ducibus ceteris in suam sententiam penitus adductis, de hoc cogitare, ut milites fraude deceptos in Phasin rursus ducat. Quod cum audiissent milites, graviter fere-

ται χαλεπῶς ἔφερον, καὶ ξύλλογοι ἐγίγνοντο καὶ κύκλοι ξυνίσταντο, καὶ μάλα φοβεροὶ ἦσαν μὴ ποιήσειαν οἷα καὶ τοὺς τῶν Κόλχων κήρυκας ἐποίησαν καὶ τοὺς ἀγορανόμους· ὅσοι γὰρ μὴ εἰς τὴν θάλατταν κατέφυγον κατελεύσθησαν. (2) Ἐπεὶ δὲ ᾐσθάνετο Ξενοφῶν, ἔδοξεν αὐτῷ ὡς τάχιστα ξυναγαγεῖν αὐτῶν ἀγοράν, καὶ μὴ ἐᾶσαι ξυλλεγῆναι αὐτομάτους· καὶ ἐκέλευσε τὸν κήρυκα ξυλλέγειν ἀγοράν. (4) Οἱ δ᾽ ἐπεὶ τοῦ κήρυκος ἤκουσαν, ξυνέδραμον καὶ μάλα ἑτοίμως. Ἐνταῦθα Ξενοφῶν τῶν μὲν στρατηγῶν οὐ κατηγόρει, ὅτι ἦλθον πρὸς αὐτόν, λέγει δὲ ὧδε.

5. Ἀκούω τινὰ διαβάλλειν, ὦ ἄνδρες, ἐμὲ ὡς ἐγὼ ἄρα ἐξαπατήσας ὑμᾶς μέλλω ἄγειν εἰς Φᾶσιν. Ἀκούσατε οὖν μου πρὸς θεῶν, καὶ ἐὰν μὲν ἐγὼ φαίνωμαι ἀδικεῖν, οὐ χρή με ἐνθένδε ἀπελθεῖν πρὶν ἂν δῶ δίκην· ἂν δ᾽ ὑμῖν φαίνωνται ἀδικεῖν οἱ ἐμὲ διαβάλλοντες, οὕτως αὐτοῖς χρῆσθε ὥσπερ ἄξιον. (6) Ὑμεῖς δ᾽, ἔφη, ἴστε δήπου ὅθεν ἥλιος ἀνίσχει καὶ ὅπου δύεται, καὶ ὅτι ἐὰν μέν τις εἰς τὴν Ἑλλάδα μέλλῃ ἰέναι, πρὸς ἑσπέραν δεῖ πορεύεσθαι· ἢν δέ τις βούληται εἰς τοὺς βαρβάρους, τοὔμπαλιν πρὸς ἕω. Ἔστιν οὖν ὅστις τοῦτο ἂν δύναιτο ὑμᾶς ἐξαπατῆσαι ὡς ἥλιος ἔνθα μὲν ἀνίσχει, δύεται δὲ ἐνταῦθα, ἔνθεν δὲ δύεται, ἀνίσχει δ᾽ ἐντεῦθεν; (7) Ἀλλὰ μὴν καὶ τοῦτό γε ἐπίστασθε ὅτι βορέας μὲν ἔξω τοῦ Πόντου εἰς τὴν Ἑλλάδα φέρει, νότος δὲ εἴσω εἰς Φᾶσιν, καὶ λέγεται, ὅταν βορρᾶς πνέῃ, ὡς καλοὶ πλοῖ εἰσιν εἰς τὴν Ἑλλάδα. Τοῦτο οὖν ἔστιν ὅπως τις ἂν ὑμᾶς ἐξαπατήσαι ὥστε ἐμβαίνειν ὁπόταν νότος πνέῃ; (8) Ἀλλὰ γὰρ ὁπόταν γαλήνῃ ᾖ ἐμβιβῶ. Οὐκοῦν ἐγὼ μὲν ἐν ἑνὶ πλοίῳ πλεύσομαι, ὑμεῖς δὲ τοὐλάχιστον ἐν ἑκατόν. Πῶς ἂν οὖν ἐγὼ ἢ βιασαίμην ὑμᾶς ξὺν ἐμοὶ πλεῖν μὴ βουλομένους ἢ ἐξαπατήσας ἄγοιμι; (9) Ποιῶ δ᾽ ὑμᾶς ἐξαπατηθέντας καὶ καταγοητευθέντας ὑπ᾽ ἐμοῦ ἥκειν εἰς Φᾶσιν· καὶ δὴ καὶ ἀποβαίνομεν εἰς τὴν χώραν· γνώσεσθε δήπου ὅτι οὐκ ἐν τῇ Ἑλλάδι ἐστέ· καὶ ἐγὼ μὲν ἔσομαι ὁ ἐξηπατηκὼς εἷς, ὑμεῖς δὲ οἱ ἐξηπατημένοι ἐγγὺς μυρίων ἔχοντες ὅπλα. Πῶς ἂν οὖν εἰς ἀνὴρ μᾶλλον δοίη δίκην ἢ οὕτω περὶ αὑτοῦ τε καὶ ὑμῶν βουλευόμενος; (10) Ἀλλ᾽ οὗτοί εἰσιν οἱ λόγοι ἀνδρῶν καὶ ἠλιθίων κἀμοὶ φθονούντων, ὅτι ἐγὼ ὑφ᾽ ὑμῶν τιμῶμαι. Καίτοι οὐ δικαίως γ᾽ ἄν μοι φθονοῖεν· τίνα γὰρ αὐτῶν ἐγὼ κωλύω ἢ λέγειν εἴ τίς τι ἀγαθὸν δύναται ἐν ὑμῖν, ἢ μάχεσθαι εἴ τις ἐθέλει ὑπὲρ ὑμῶν τε καὶ ἑαυτοῦ, ἢ ἐγρηγορέναι περὶ τῆς ὑμετέρας ἀσφαλείας ἐπιμελόμενον; τί γάρ, ἄρχοντας αἱρουμένων ὑμῶν ἐγώ τινι ἐμποδών εἰμι; παρίημι, ἀρχέτω· μόνον ἀγαθόν τι ποιῶν ὑμᾶς φαινέσθω. (11) Ἀλλὰ γὰρ ἐμοὶ μὲν ἀρκεῖ περὶ τούτων τὰ εἰρημένα· εἰ δέ τις ὑμῶν ἢ αὐτὸς ἐξαπατηθῆναι ἂν οἴεται ταῦτα ἢ ἄλλον ἐξαπατῆσαι ταῦτα, λέγων διδασκέτω. (12) Ὅταν δὲ τούτων ἅλις ἔχητε, μὴ ἀπέλθητε πρὶν ἂν ἀκούσητε οἷον ὁρῶ ἐν τῇ στρατιᾷ ἀρχόμενον πρᾶγμα· ὃ εἰ ἔπεισι καὶ ἔσται οἷον ὑποδείκνυσιν, ὥρα ἡμῖν βουλεύεσθαι ὑπὲρ ἡμῶν αὐτῶν μὴ κάκιστοί τε καὶ αἴσχιστοι ἄνδρες ἀποφαινώμεθα καὶ πρὸς

« Audio, milites, quendam me vobis criminari, quasi vos utique fraude deceptos ad Phasin ego ducturus sim. Quapropter me, per deos immortales, audite ; ac si quidem manifestus fuero injuriæ, nequaquam par est ut prius hinc discedam, quam pœnas dedero ; sin vobis compertam fuerit illos, qui me criminantur, injurios esse, sic eos tractetis velim, ut æquum est. Vos autem nostis, opinor, qua parte sol oriatur, et ubi occidat : nostis etiam, si quis in Græciam iter perrecturus sit, ei solem versus occidentem pergendum esse ; sin quis ad barbaros se conferre velit, contra ad solis ortum iter ei dirigendum esse. Estne ergo qui hac in re vos fallere possit, ei dicat solem istic oriri, ubi occidit ; ibi occidere, qua oritur? Quin hoc etiam novistis, Boream extra Pontum in Græciam naves agere, Notum intro in Phasin : atque adeo dicitis, flante Borea, navigationes in Græciam esse secundas. Ergone hoc fieri possit, ut quis vos ita decipiat, ut naves, Noto flante, conscendatis? At vos in naves, cum maris fuerit tranquillitas, imponam. Igitur ego navi una vehar, vos minimum centum. Qua ergo ratione vos ego vel invitos mecum navigare cogam, vel fraude deceptos ducam? Ponamus vero, deceptos et quibusdam quasi præstigiis a me delinitos ad Phasin vos venire : adeo etiam in regionem de navibus nos egredi : intelligetis certe vos in Græcia non esse; et ego quidem vos qui decepi unus ero, vos qui decepti fueritis, fere decies mille homines, armis instructi. Qui ergo possit vir unus pœnas certius dare, quam si hoc pacto tum sibi tum vobis consulat? At sermones hi stultorum sunt hominum, ac mihi invidentium, quod a vobis honore adficior. Verum non jure sane mihi invident. Nam quem eorum impedio quominus vel apud vos proferat, si quis, ex usu quod sit, quid proferre valeat ; vel pro vobis ac seipso pugnet, si quis ita velit ; vel pro incolumitate vestra sollicite vigilet ? Quid enim ? magistratus cum vos legitis, egone cuiquam sum impedimento ? Cedo, quivis imperet ; modo commodi quid vobis se parare declaret. Sed mihi satis sunt de his dicta : quod si quis vestrum vel seipsum in his decipi putat, vel alium in his decepisse, verbis id exponat. Cum vero vobis horum sit satis, ne prius discedite quam audiveritis, cujusmodi facinus in exercitu cœptum videam ; quod si ingruerit, atque evaserit ejusmodi quale futurum videtur, tempus est ut de nobis ipsis consulamus, ne flagitiosissimi omnium ac turpissimi tum apud deos tum

θεῶν καὶ πρὸς ἀνθρώπων καὶ φίλων καὶ πολεμίων καὶ καταφρονηθῶμεν. (13) Ἀκούσαντες δὲ ταῦτα οἱ στρατιῶται ἐθαύμασάν τε ὅ,τι εἴη καὶ λέγειν ἐκέλευον. Ἐκ τούτου ἄρχεται πάλιν, Ἐπίστασθέ που ὅτι χωρία ἦν ἐν τοῖς ὄρεσι βαρβαρικά, φίλια τοῖς Κερασουντίοις, ὅθεν κατιόντες τινὲς καὶ ἱερεῖα ἐπώλουν ἡμῖν καὶ ἄλλα ὧν εἶχον, δοκοῦσι δέ μοι καὶ ὑμῶν τινες εἰς τὸ ἐγγυτάτω χωρίον τούτων ἐλθόντες ἀγοράσαντές τι πάλιν ἀπῆλθον. (14) Τοῦτο καταμαθὼν Κλεάρετος ὁ λοχαγὸς ὅτι καὶ μικρόν εἴη καὶ ἀφύλακτον διὰ τὸ φίλιον νομίζειν εἶναι, ἔρχεται ἐπ' αὐτοὺς τῆς νυκτὸς ὡς πορθήσων, οὐδενὶ ἡμῶν εἰπών. (15) Διενενόητο δέ, εἰ λάβοι τόδε τὸ χωρίον, εἰς μὲν τὸ στράτευμα μηκέτι ἐλθεῖν, ἐμβὰς δὲ εἰς πλοῖον ἐν ᾧ ἐτύγχανον οἱ σύσκηνοι αὐτοῦ παραπλέοντες, καὶ ἐνθέμενος εἴ τι λάβοι, ἀποπλέων οἴχεσθαι ἔξω τοῦ Πόντου. Καὶ ταῦτα ξυνωμολόγησαν αὐτῷ οἱ ἐκ τοῦ πλοίου σύσκηνοι, ὡς ἐγὼ νῦν αἰσθάνομαι. (16) Παρακαλέσας οὖν ὁπόσους ἔπειθεν ἦγεν ἐπὶ τὸ χωρίον. Πορευόμενον δ' αὐτὸν φθάνει ἡμέρα γενομένη, καὶ ξυστάντες οἱ ἄνθρωποι ἀπὸ ἰσχυρῶν τόπων βάλλοντες καὶ παίοντες τόν τε Κλεάρετον ἀποκτείνουσι καὶ τῶν ἄλλων συχνούς, οἱ δέ τινες καὶ εἰς Κερασοῦντα αὐτῶν ἀποχωροῦσι. (17) Ταῦτα δ' ἦν ἐν τῇ ἡμέρᾳ ᾗ ἡμεῖς δεῦρο ἐξωρμῶμεν πεζῇ· τῶν δὲ πλεόντων ἔτι τινὲς ἦσαν ἐν Κερασοῦντι, οὔπω ἀνηγμένοι. Μετὰ τοῦτο, ὡς οἱ Κερασούντιοι λέγουσιν, ἀφικνοῦνται τῶν ἐκ τοῦ χωρίου τρεῖς ἄνδρες τῶν γεραιτέρων πρὸς τὸ κοινὸν τὸ ἡμέτερον χρῄζοντες ἐλθεῖν. (18) Ἐπεὶ δ' ἡμᾶς οὐ κατέλαβον, πρὸς τοὺς Κερασουντίους ἔλεγον ὅτι θαυμάζοιεν τί ἡμῖν δόξειεν ἐλθεῖν ἐπ' αὐτούς. Ἐπεὶ μέντοι σφεῖς λέγειν, ἔφασαν, ὅτι οὐκ ἀπὸ κοινοῦ γένοιτο τὸ πρᾶγμα, ἥδεσθαί τε αὐτοὺς καὶ μέλλειν ἐνθάδε πλεῖν, ὡς ἡμῖν λέξει τὰ γενόμενα καὶ τοὺς νεκροὺς κελεύειν αὐτοὺς θάπτειν λαβόντας τοὺς τούτου δεομένους. (19) Τῶν δ' ἀποφυγόντων τινὲς Ἑλλήνων ἔτυχον ἔτι ὄντες ἐν Κερασοῦντι· αἰσθόμενοι δὲ τοὺς βαρβάρους ὅποι ἴοιεν αὐτοί τε ἐτόλμησαν βάλλειν τοῖς λίθοις καὶ τοῖς ἄλλοις παρεκελεύοντο. Καὶ οἱ ἄνδρες ἀποθνήσκουσι τρεῖς ὄντες οἱ πρέσβεις καταλευσθέντες. (20) Ἐπεὶ δὲ τοῦτο ἐγένετο, ἔρχονται πρὸς ἡμᾶς οἱ Κερασούντιοι καὶ λέγουσι τὸ πρᾶγμα· καὶ ἡμεῖς οἱ στρατηγοὶ ἀκούσαντες ἠχθόμεθά τε τοῖς γεγενημένοις καὶ ἐβουλευόμεθα ξὺν τοῖς Κερασουντίοις ὅπως ἂν ταφείησαν οἱ τῶν Ἑλλήνων νεκροί. (21) Συγκαθήμενοι δ' ἔξωθεν τῶν ὅπλων ἐξαίφνης ἀκούομεν θορύβου πολλοῦ Παῖε παῖε, βάλλε βάλλε, καὶ τάχα δὴ ὁρῶμεν πολλοὺς προσθέοντας λίθους ἔχοντας ἐν ταῖς χερσί, τοὺς δὲ καὶ ἀναιρουμένους. (22) Καὶ οἱ μὲν Κερασούντιοι ὡς ἂν καὶ ἑωρακότες τὸ παρ' ἑαυτοῖς πρᾶγμα, δείσαντες ἀποχωροῦσι πρὸς τὰ πλοῖα. Ἦσαν δὲ νὴ Δία καὶ ἡμῶν οἳ ἔδεισαν. (23) Ἐγώ γε μὴν ἦλθον πρὸς αὐτοὺς καὶ ἠρώτων ὅ,τι ἐστὶ τὸ πρᾶγμα. Τῶν δὲ ἦσαν μὲν οἳ οὐδὲν ᾔδεσαν, ὅμως δὲ λίθους εἶχον ἐν ταῖς χερσίν. Ἐπεὶ δὲ εἰδότι τινὶ ἐπέτυχον, λέγει μοι ὅτι οἱ ἀγορανόμοι δεινότατα ποιοῦσι τὸ στράτευμα. (24) Ἐν

apud homines, et apud fœderatos et apud hostes reperiamur, atque etiam contemnamur. • Hæc cum audiissent milites, et quid illud esset mirati sunt, et eum ut rem exponeret hortabantur. Tum rursus initio dicendi facto, • Scitis certe, inquit Xenophon, barbarorum in montibus oppida quædam fuisse Cerasuntiis fœdere conjuncta, unde cum descendissent nonnulli nobis animalia vendebant, aliasque res, quarum ipsis erat copia : vestrum etiam nonnullos existimo in horum oppidum, quod proxime a nobis aberat, profectos emisse aliquid ac deinde in castra revertisse. Hoc vero posteaquam cohortis ductor Clearetus animadvertisset parvum esse, nulloque præsidio munitum, propterea quod nobis incolæ suum oppidum amicum esse putarent, noctu ad eos spe direptionis venit, re cum nemine nostrum communicata. Statuerat autem, oppidum si cepisset, ad exercitum posthac non redire, sed conscensa navi, qua contubernales ipsius litus tum forte legebant, inque eam impositis, si quas ceperit, rebus, extra Pontum navigando se proripere. Ac de iis cum ipso pacti fuerant in navi contubernales, uti nunc animadverto. Cum igitur evocasset quoscunque suadendo ad se adlicere poterat, ad oppidum eos duxit. Ipsum autem orta dies iter facientem antevertit, factoque concursu hominum, qui de locis munitis jaculis illos petebant feriebantque, et Clearetum ipsum occidunt et ex aliis complures; eorum nonnulli etiam in Cerasuntem se receperunt. Hæc eo gesta erant die, quo nos huc itinere pedestri pergere cœpimus. Ex iis vero, qui litus legerant, apud Cerasuntem adhuc erant nonnulli, navibus e portu nondum solutis. Secundum hoc, uti quidem Cerasuntii narrant, de senioribus viri tres ex oppido veniunt, qui ad corpus hoc nostrum accedere vellent. Cum autem nos istic non offendissent, ad Cerasuntios aiebant mirari se, quamobrem nobis visum fuerit ipsos invadere. At deinde se respondisse aiunt Cerasuntii non communi Græcorum consilio facinus admissum esse, eosque hoc audito lætatos esse, atque adeo huc navigaturos, ut quid accidisset nobis exponerent, et cadavera jubere eos qui vellent ad sepulturam recipere. Erant forte adhuc Cerasunte Græci quidam ex iis, qui eo fuga se receperant : qui cum animadvertissent quo barbari tenderent, tum ipsi lapidibus eos petere ausi sunt, tum alios idem ut facerent hortabantur. Itaque viri illi, tres numero legati, lapidibus obruti mortem occubuerunt. Posteaquam hoc patratum erat, veniunt ad vos Cerasuntii, et facinus exponunt : atque rem ubi nos duces audivimus, graviter ferebamus quod accidderat, et quo pacto Græcorum cadavera sepeliri possent, cum Cerasuntiis deliberabamus. Dum vero consedimus extra castra, subito tumultum audimus ingentem clamantium, Cominus eminusque incesse. Ac confestim sane multos adcurrentes videmus, qui partim lapides in manibus habebant, partim eos tollebant. Et Cerasuntii quidem, ut qui facinus apud se commissum etiam vidissent, territi ad naves se recipiunt. Erant, profecto, de nostris etiam, qui sibi metuerent. Verum ego ad eos accessi, et quid rei esset interrogavi. Ex his autem erant qui quid ageretur plane ignorabant, ac nihilominus lapides manibus tenebant. Tandem cum in quendam incidissem, qui rem intelligeret, narrat is mihi rerum venalium curatores gravissime exercitum adfligere.

τούτῳ τις ὁρᾷ τὸν ἀγορανόμον Ζήλαρχον πρὸς τὴν θάλατταν ἀποχωροῦντα, καὶ ἀνέκραγεν· οἱ δὲ ὡς ἤκουσαν, ὥσπερ ἢ συὸς ἀγρίου ἢ ἐλάφου φανέντος ἵενται ἐπ᾽ αὐτόν. (25) Οἱ δ᾽ αὖ Κερασούντιοι ὡς εἶδον ὁρμῶντας καθ᾽ αὑτούς, σαφῶς νομίζοντες ἐπὶ σφᾶς ἴεσθαι, φεύγουσι δρόμῳ καὶ ἐμπίπτουσιν εἰς τὴν θάλατταν. Ξυνεισέπεσον δὲ καὶ ἡμῶν αὐτῶν τινες, καὶ ἐπνίγετο ὅστις νεῖν μὴ ἐτύγχανεν ἐπιστάμενος. (26) Καὶ τούτους τί δοκεῖτε; ἠδίκουν μὲν οὐδέν, ἐδεισαν δὲ μὴ λύττα τις ὥσπερ κυσὶν ἡμῖν ἐμπεπτώκοι. Εἰ οὖν ταῦτα τοιαῦτα ἔσται, θεάσασθε οἵα ἡ κατάστασις ἡμῖν ἔσται τῆς στρατιᾶς. (27) Ὑμεῖς μὲν οἱ πάντες οὐκ ἔσεσθε κύριοι οὔτε ἀνελέσθαι πόλεμον ᾧ ἂν βούλησθε οὔτε καταλῦσαι, ἰδίᾳ δὲ ὁ βουλόμενος ἄξει στράτευμα ἐφ᾽ ὅ,τι ἂν θέλῃ. Κἄν τινες πρὸς ὑμᾶς ἴωσι πρέσβεις ἢ εἰρήνης δεόμενοι ἢ ἄλλου τινός, κατακανόντες τούτους οἱ βουλόμενοι ποιήσουσιν ὑμᾶς τῶν λόγων μὴ ἀκοῦσαι τῶν πρὸς ὑμᾶς ἰόντων. (28) Ἔπειτα δὲ οὓς μὲν ἂν ὑμεῖς ἅπαντες ἕλησθε ἄρχοντας, ἐν οὐδεμιᾷ χώρᾳ ἔσονται, ὅστις δ᾽ ἂν ἑαυτὸν ἕληται στρατηγὸν καὶ ἐθέλῃ λέγειν Βάλλε βάλλε, οὗτος ἔσται ἱκανὸς καὶ ἄρχοντα κατακανεῖν καὶ ἰδιώτην ὃν ἂν ὑμῶν ἐθέλῃ ἄκριτον, ἢν ὦσιν οἱ πεισόμενοι αὐτῷ, ὥσπερ καὶ νῦν ἐγένετο. (29) Οἷα δὲ ὑμῖν καὶ διαπεπράχασιν οἱ αὐθαίρετοι οὗτοι στρατηγοὶ σκέψασθε. Ζήλαρχος μὲν γὰρ ὁ ἀγορανόμος εἰ μὲν ἀδικεῖ ὑμᾶς, οἴχεται ἀποπλέων οὐ δοὺς ὑμῖν δίκην· εἰ δὲ μὴ ἀδικεῖ, φεύγει ἐκ τοῦ στρατεύματος δείσας μὴ ἀδίκως ἄκριτος ἀποθάνῃ. (30) Οἱ δὲ καταλεύσαντες τοὺς πρέσβεις διεπράξαντο ὑμῖν μόνοις μὲν τῶν Ἑλλήνων εἰς Κερασοῦντα μὴ ἀσφαλὲς εἶναι ἂν μὴ σὺν ἰσχύι ἀφικνεῖσθαι· τοὺς δὲ νεκροὺς οὓς πρόσθεν αὐτοὶ οἱ κατακανόντες ἐκέλευον θάπτειν, τούτους διεπράξαντο μηδὲ ξὺν κηρυκείῳ ἔτι ἀσφαλὲς εἶναι ἀνελέσθαι. Τίς γὰρ ἐθελήσει κῆρυξ ἰέναι κήρυκας ἀπεκτονώς; (31) Ἀλλ᾽ ἡμεῖς Κερασουντίων θάψαι αὐτοὺς ἐδεήθημεν. Εἰ μὲν οὖν ταῦτα καλῶς ἔχει, δοξάτω ὑμῖν, ἵνα ὡς τοιούτων ἐσομένων καὶ φυλακὴν ἰδίᾳ ποιήσῃ τις καὶ τὰ [ἐρυμνὰ] ὑπερδέξια πειρᾶται ἔχων σκηνοῦν. (32) Εἰ μέντοι ὑμῖν δοκεῖ θηρίων ἀλλὰ μὴ ἀνθρώπων εἶναι τὰ τοιαῦτα ἔργα, σκοπεῖτε παῦλάν τινα αὐτῶν· εἰ δὲ μή, πρὸς Διὸς πῶς ἢ θεοῖς θύσομεν ἡδέως ποιοῦντες ἔργα ἀσεβῆ, ἢ πολεμίοις πῶς μαχούμεθα, ἢν ἀλλήλους κατακαίνωμεν; (33) πόλις δὲ φιλία τίς ἡμᾶς δέξεται, ἥτις ἂν ὁρᾷ τοσαύτην ἀνομίαν ἐν ἡμῖν; ἀγορὰν δὲ τίς ἄξει θαρρῶν, ἢν περὶ τὰ μέγιστα τοιαῦτα ἐξαμαρτάνοντες φαινώμεθα; οὗ δὲ δὴ πάντων οἰόμεθα τεύξεσθαι ἐπαίνου, τίς ἂν ἡμᾶς τοιούτους ὄντας ἐπαινέσειεν; ἡμεῖς μὲν γὰρ οἶδ᾽ ὅτι πονηροὺς ἂν φαίημεν εἶναι τοὺς τὰ τοιαῦτα ποιοῦντας.

34. Ἐκ τούτου ἀνιστάμενοι πάντες ἔλεγον τοὺς μὲν τούτων ἄρξαντας δοῦναι δίκην, τοῦ δὲ λοιποῦ μηκέτι ἐξεῖναι ἀνομίας ἄρξαι· ἐὰν δέ τις ἄρξῃ, ἄγεσθαι αὐτοὺς ἐπὶ θανάτῳ· τοὺς δὲ στρατηγοὺς εἰς δίκας πάντας καταστῆσαι· εἶναι δὲ δίκας καὶ εἴ τι ἄλλο τις ἠδίκητο ἐξ οὗ Κῦρος ἀπέθανε. δικαστὰς δὲ τοὺς λοχαγοὺς ἐποιή-

Ac interea quidam Zelarchum rerum venalium curatorem ad mare se conferentem conspicit, et protinus clamorem sustulit: quem illi cum audivissent, tanquam si silvestris aper vel cervus conspectus fuisset, sic in eum impetum ferebantur. Cerasuntii, cum eos ad se versus ruere viderent, rati in se impetum fieri, cursu fugiunt, et in mare incidunt. Ex nostris etiam nonnulli una eodem inciderant, atque adeo suffocabatur quicunque natare nesciret. Quid autem de his existimatis? nihil profecto cum injuria fecerunt, sed metuebant ne rabies quaedam nos tanquam canes invasisset. Haec ergo si erunt hujusmodi, videte qui status sit nobis exercitus status. Non vos sane universi arbitrio vestro vel bellum illi inferre poteritis, cui volueris id inferre, vel bello finem imponere; sed privato is, cui libet, consilio copias ad rem quamcunque voluerit gerendam ducet. Quod si legati aliqui ad vos vel pacem quaerentes, vel quid aliud, venerint, eos interficiendo qui volent, impedient quominus orationes eorum, qui ad vos veniunt, audiatis. Praeterea magistratus, quos vos universi legeritis, nullo erunt loco; sed quisquis seipsum legerit ducem, et dicere voluerit, Feri, feri, huic satis erit virium tum ad magistratum tum ad privatum e vobis, quemcunque voluerit, indemnatum interimendum, si sint ei qui paruerint, quemadmodum modo accidit. Cujusmodi vero facinora nobis designarint hi suis ipsorum suffragiis lecti duces, considerate. Zelarchus quidem rerum venalium curator qua vos adfecit injuria, poenis vobis non datis, navigio evasit: sin nulla vos laesit injuria, ab exercitu fugit, veritus ne injuste indemnatus perimeretur. At qui legatos lapidibus obruerunt, hoc effecerunt ut vobis solis e Graecorum numero Cerasuntem, armata nisi cum manu, tuto venire non liceat: ad cadavera etiam quod attinet, quae prius ut sepeliremus hortabantur ipsi interfectores, ea certe ut ne cum caduceo quidem jam tollere tutum sit effecerunt. Nam quis caduceatoris fungi volet munere, qui caduceatores interfecerit? Verum nos Cerasuntios rogavimus ea sepeliret. Haec quidem an recte gerantur, vestro decreto statuatur; ut, quasi hujusmodi facinora oritura sint, et privatim quivis praesidium paret, et operam det, ut munitis superioribusque locis tabernaculum figat. Sin autem ejusmodi belluarum, non hominum, esse facta statuitis, se dationem eorum aliquam excogitate: sin minus, quonam, profecto, modo aut sacra diis alacriter faciemus, cum impia patremus facinora, aut quo cum hostibus modo pugnabimus, si nos mutuo perimamus? quaenam civitas amica nos excipiet, quae tantam inter nos iniquitatem videat? res venales quis animo fidente ad nos adducet, si maximis in rebus palam sit ejusmodi nos delicta committere? Ubi vero nos omnium laudem consequuturos esse existimamus, quis nos tales qui simus collaudaverit? nos enim sat scio eos, ejusmodi qui patrarent facinora, sceleratos adpellaremus.

Ibi tum omnes cum surrexissent, suppliciis multandos istorum auctores aiebant, et in posterum non amplius cuiquam liberum permittendum esse, ut ejusmodi sceleris existat auctor: quod si quis sceleris auctor existeret, tales ad mortem esse ducendos; praeterea ducibus in judicium omnes esse adducendos: ac judicium faciendum esse, si qua alia etiam injuria laesus fuerit aliquis ex quo Cyrus mortem occubuit: judices autem cohortium ductores constitue-

σαντο. (35) Παραινοῦντος δὲ Ξενοφῶντος καὶ τῶν μάντεων συμβουλευόντων ἔδοξε καὶ καθῆραι τὸ στράτευμα. Καὶ ἐγένετο καθαρμός.

runt. Porro Xenophonte hortatore, vatibusque idem suadentibus, visum est lustrandum esse exercitum. Itaque lustratio instituta est.

ΚΕΦΑΛΑΙΟΝ Η.

Ἔδοξε δὲ καὶ τοὺς στρατηγοὺς δίκην ὑποσχεῖν τοῦ παρεληλυθότος χρόνου. Καὶ διδόντων Φιλήσιος μὲν ὦφλε καὶ Ξανθικλῆς τῆς φυλακῆς τῶν γαυλικῶν χρημάτων τὸ μείωμα εἴκοσι μνᾶς, Σοφαίνετος δέ, ὅτι ἄρχων αἱρεθεὶς κατημέλει, δέκα μνᾶς. Ξενοφῶντος δὲ κατηγόρησάν τινες φάσκοντες παίεσθαι ὑπ᾽ αὐτοῦ καὶ ὡς ὑβρίζοντος τὴν κατηγορίαν ἐποιοῦντο. (2) Καὶ ὁ Ξενοφῶν ἀναστὰς ἐκέλευσεν εἰπεῖν τὸν πρῶτον [πρῶτον] λέξαντα ποῦ καὶ ἐπλήγη. Ὁ δὲ ἀποκρίνεται, "Ὅπου καὶ τῷ ῥίγει ἀπωλλύμεθα καὶ χιὼν πλείστη ἦν. (3) Ὁ δὲ εἶπεν, Ἀλλὰ μὴν καὶ χειμῶνός γε ὄντος οἵου λέγεις, σίτου δὲ ἐπιλελοιπότος, οἴνου δὲ μηδ᾽ ὀσφραίνεσθαι παρὸν, ὑπὸ δὲ πόνων πολλῶν ἀπαγορευόντων, πολεμίων δὲ ἑπομένων, εἰ ἐν τοιούτῳ καιρῷ ὕβριζον, ὁμολογῶ καὶ τῶν ὄνων ὑβριστότερος εἶναι, οἷς φασιν ὑπὸ τῆς ὕβρεως κόπον οὐκ ἐγγίγνεσθαι. Ὅμως δὲ καὶ λέξον, ἔφη, ἐκ τίνος ἐπλήγης. (4) Πότερον ᾔτουν σέ τι καὶ ἐπεί μοι οὐκ ἐδίδους ἔπαιον; ἀλλ᾽ ἀπῄτουν; ἀλλὰ περὶ παιδικῶν μαχόμενος, ἀλλὰ μεθύων ἐπαρῴνησα; (5) Ἐπεὶ δὲ τούτων οὐδὲν ἔφησεν, ἐπήρετο αὐτὸν εἰ ὁπλιτεύοι. Οὐκ ἔφη. Πάλιν εἰ πελτάζοι. Οὐδὲ τοῦτ᾽ ἔφη, ἀλλ᾽ ἡμίονον ἐλαύνειν ταχθεὶς ὑπὸ τῶν συσκήνων ἐλεύθερος ὤν. (6) Ἐνταῦθα δὴ ἀναγιγνώσκει αὐτὸν καὶ ἤρετο, Ἦ σὺ εἶ ὁ τὸν κάμνοντα ἀπάγων; Ναὶ μὰ Δί᾽, ἔφη· σὺ γὰρ ἠνάγκαζες, τὰ δὲ τῶν ἐμῶν συσκηνῶν σκεύη διέρριψας. (7) Ἀλλ᾽ ἡ μὲν διάρριψις, ἔφη ὁ Ξενοφῶν, τοιαύτη τις ἐγένετο. Διέδωκα ἄλλοις ἄγειν καὶ ἐκέλευσα πρὸς ἐμὲ ἀπαγαγεῖν, καὶ ἀπολαβὼν ἅπαντα σῶα ἀπέδωκά σοι, ἐπεὶ καὶ σὺ ἐμοὶ ἀπέδειξας τὸν ἄνδρα. Οἷον δὲ τὸ πρᾶγμα ἐγένετο ἀκούσατε, ἔφη· καὶ γὰρ ἄξιον. (8) Ἀνὴρ κατελείπετο διὰ τὸ μηκέτι δύνασθαι πορεύεσθαι. Καὶ ἐγὼ τὸν μὲν ἄνδρα τοσοῦτον ἐγίγνωσκον ὅτι εἷς ἡμῶν εἴη· ἠνάγκασα δὲ σὲ τοῦτον ἄγειν, ὡς μὴ ἀπόλοιτο· καὶ γὰρ, ὡς ἐγὼ οἶμαι, πολέμιοι ἡμῖν ἐφείποντο. Συνέφη τοῦτο ὁ ἄνθρωπος. (9) Οὐκοῦν, ἔφη ὁ Ξενοφῶν, ἐπεὶ προὔπεμψά σε, καταλαμβάνω αὖθις σὺν τοῖς ὀπισθοφύλαξι προσιὼν βόθρον ὀρύττοντα ὡς κατορύξοντα τὸν ἄνθρωπον, καὶ ἐπιστὰς ἐπῄνουν σε. (10) Ἐπεὶ δὲ παρεστηκότων ἡμῶν συνέκαμψε τὸ σκέλος ὁ ἀνήρ, ἀνέκραγον οἱ παρόντες ὅτι ζῇ ὁ ἀνήρ, σὺ δ᾽ εἶπας Ὁπόσα γε βούλεται· ὡς ἔγωγε αὐτὸν οὐκ ἄξω. Ἐνταῦθα ἔπαισά σε· ἀληθῆ λέγεις· ἔδοξας γάρ μοι εἰδότι ἐοικέναι ὅτι ζῇ. (11) Τί οὖν, ἔφη, ἧττόν τι ἀπέθανεν, ἐπεὶ ἐγώ σοι ἀπέδειξα αὐτόν; Καὶ γὰρ ἡμεῖς, ἔφη ὁ Ξενοφῶν, πάντες ἀποθανούμεθα· τούτου οὖν ἕνεκα ζῶντας ἡμᾶς δεῖ κατορυχθῆναι; (12) Τοῦτον μὲν ἀνέκραγον πάντες ὡς ὀλίγας παίσειεν· ἄλλους δ᾽ ἐκέλευε λέγειν διὰ τί ἕκαστος ἐπλήγη.

CAPUT VIII.

Decretum etiam erat ut duces de tempore præterito judicium subirent. Quod cum subiissent, Philesius et Xanthicles multati erant, quod pecuniam de navigiis coactam et eorum custodia traditam imminuerant, minis viginti : multata est et Sophænetus, quod præses electus id muneris prorsus neglexisset, minis decem. Nonnulli etiam Xenophontem accusabant, qui cæsos se ab eo fuisse dicerent, atque in eum tanquam petulanter injurium accusationem instruebant. Et cum surrexisset Xenophon eum, qui primus id ipsi objecerat, proferre si quid haberet jussit, ubi prius exposuerit quo loco pulsatus esset. Eo loco, respondet ille, quo frigore eramus enecti, ac plurima nix erat. Enimvero, inquit Xenophon, cum ea esset hiems quam fuisse dicis, cum cibus nos defecisset, cum ne tantum quidem vini adesset, ut odoratu id percipi posset, cum multi præ laboribus animis conciderent, cum hostes nos insequerentur, si me tali tempore insolenter gessi, asinis esse me petulantiorem fateor; quos aiunt præ petulantia lassitudinem non subire. Attamen dic qua de causa pulsatus fueras. Num quid abs te petebam, et, quia non dabas, te cædebam ? an quid reposcebam ? an tecum de amoribus pugnans, an ebrius per vinolentiam male te accepi ? Cum horum nil diceret, cum porro interrogabat, an in gravis armaturæ militum numero esset. Negabat. Rursum, an in peltastarum numero. Neque hoc concessit; sed liber cum essem, inquit, mulum agebam, quod mihi negotii a contubernalibus datum erat. Hic eum agnoscit Xenophon, et, Tune, quærebat, is es, qui hominem ægrotum avehebas ? Sum profecto, inquit, nam ad hoc tu me cogebas ac meorum contubernalium vasa disjecisti. Is vero disjectus, inquit Xenophon, in hunc fere modum accidit : Distribui vasa aliis vehenda, et ad me ut eadem postea adducerent præcepi; ac cum omnia salva recepissem, tibi reddidi, simul ac tu mihi hominem illum ostendisti. Quo vero modo se res habuerit, ait, audite; est enim operæ pretium. Relinquebatur a tergo quidam, quod præ debilitate iter pergere amplius non posset. Noram illum ego hactenus, unum ex nostris esset; te vero hunc ut veheres coegi, ne periret : hostes enim, quemadmodum arbitror, subsequebantur. Hoc ille fassus est. Atqui, ait Xenophon, ubi te præmisissem, cum extremo agmine accedens, te rursum offendi scrobem fodientem, ut hominem illum defoderes; atque adeo subsisteus te collaudavi. Verum posteaquam nobis adstantibus ille crus inflexisset, exclamarunt ii qui aderant, hominem vivere; tu vero dixisti, vivat ille quantum velet, ego sane cum non veham; ibi tum te cecidi; vera narras; nam mihi præ te ferre visus es, quasi scires eum adhuc vivere. Quid ergo ? inquit iste, an minus mortem obiit, postequam ego tibi cum ostendi ? Atqui nos, inquit Xenophon, morituri sumus omnes : num igitur propterea vivos defodi nos oportet ? Adclamarunt hic omnes hominem hunc paucis tantum a Xenophonte verberibus cæsum esse : alios deinde quosvis dicere jussit,

(13) Ἐπεὶ δὲ οὐκ ἀνίσταντο, αὐτὸς ἔλεγεν, Ἐγώ, ὦ ἄνδρες, ὁμολογῶ παῖσαι δὴ ἄνδρας ἕνεκα ἀταξίας ὅσοις σώζεσθαι μὲν ἤρκει δι' ἡμᾶς, ἐν τάξει τε ἰόντων καὶ μαχομένων ὅπου δέοι, αὐτοὶ δὲ λιπόντες τὰς τάξεις προθέοντες ἁρπάζειν ἤθελον καὶ ἡμῶν πλεονεκτεῖν. Εἰ δὲ τοῦτο πάντες ἐποιοῦμεν, ἅπαντες ἂν ἀπωλόμεθα. (14) Ἤδη δὲ καὶ μαλακιζόμενόν τινα καὶ οὐκ ἐθέλοντα ἀνίστασθαι ἀλλὰ προϊέμενον αὑτὸν τοῖς πολεμίοις καὶ ἔπαισα καὶ ἐβιασάμην πορεύεσθαι. Ἐν γὰρ τῷ ἰσχυρῷ χειμῶνι καὶ αὐτός ποτε ἀναμένων τινὰς συσκευαζομένους καθεζόμενος συχνὸν χρόνον κατέμαθον ἀναστὰς μόλις καὶ τὰ σκέλη ἐκτείνας. (15) Ἐν ἐμαυτῷ οὖν πεῖραν λαβὼν ἐκ τούτου καὶ ἄλλον ὁπότε ἴδοιμι καθήμενον καὶ βλακεύοντα, ἤλαυνον· τὸ γὰρ κινεῖσθαι καὶ ἀνδρίζεσθαι παρεῖχε θερμασίαν τινὰ καὶ ὑγρότητα, τὸ δὲ καθῆσθαι καὶ ἡσυχίαν ἔχειν ἑώρων ὑπουργὸν ὂν τῷ τε ἀποπήγνυσθαι τὸ αἷμα καὶ τῷ ἀποσήπεσθαι τοὺς τῶν ποδῶν δακτύλους, ἅπερ πολλοὺς καὶ ὑμεῖς ἴστε παθόντας. (16) Ἄλλον δέ γε ἴσως ὑπολειπόμενόν που διὰ ῥᾳστώνην καὶ κωλύοντα καὶ ὑμᾶς τοὺς πρόσθεν καὶ ἡμᾶς τοὺς ὄπισθεν πορεύεσθαι ἔπαισα πύξ, ὅπως μὴ λόγχῃ ὑπὸ τῶν πολεμίων παίοιτο. (17) Καὶ γὰρ οὖν νῦν ἔξεστιν αὐτοῖς σωθεῖσιν, εἴ τι ὑπ' ἐμοῦ ἔπαθον παρὰ τὸ δίκαιον, δίκην λαβεῖν. Εἰ δ' ἐπὶ τοῖς πολεμίοις ἐγένοντο, τί μέγα ἂν οὕτως ἔπαθον ὅτου ἀξιοῦν ἂν ἠξίουν λαμβάνειν; (18) Ἁπλοῦς μοι, ἔφη, ὁ λόγος. [Ἐγὼ γὰρ] εἰ μὲν ἐπ' ἀγαθῷ ἐκόλασά τινα, ἀξιῶ ὑπέχειν δίκην οἵαν καὶ γονεῖς υἱοῖς καὶ διδάσκαλοι παισί. (19) Εἰ δὲ ὕβρει νομίζετέ με ταῦτα πράττειν, ἐνθυμήθητε ὅτι νῦν ἐγὼ θαῤῥῶ σὺν τοῖς θεοῖς μᾶλλον ἢ τότε καὶ θρασύτερός εἰμι νῦν ἢ τότε καὶ οἶνον πλείω πίνω, ἀλλ' ὅμως οὐδένα παίω· ἐν εὐδίᾳ γὰρ ὁρῶ ὑμᾶς. (20) Ὅταν δὲ χειμὼν ᾖ καὶ θάλαττα μεγάλη ἐπιφέρηται, οὐχ ὁρᾶτε ὅτι καὶ νεύματος μόνου ἕνεκα χαλεπαίνει μὲν πρωρεὺς τοῖς ἐν πρώρᾳ, χαλεπαίνει δὲ κυβερνήτης τοῖς ἐν πρύμνῃ; ἱκανὰ γὰρ ἐν τῷ τοιούτῳ καὶ μικρὰ ἁμαρτηθέντα πάντα συνεπιτρίψαι. (21) Ὅτι δὲ δικαίως ἔπαιον αὐτοὺς καὶ ὑμεῖς κατεδικάσατε τότε· ἔχοντες ξίφη οὐ ψήφους παρέστητε, καὶ ἐξῆν ὑμῖν ἐπικουρεῖν αὐτοῖς, εἰ ἐβούλεσθε· ἀλλὰ μὰ Δία οὔτε τούτοις ἐπεκουρεῖτε οὔτε σὺν ἐμοὶ τὸν ἀτακτοῦντα ἐπαίετε. (22) Τοιγαροῦν ἐξουσίαν ἐποιήσατε τοῖς κακοῖς αὐτῶν ὑβρίζειν ἐῶντες αὐτούς. Οἶμαι γάρ, εἰ ἐθέλετε σκοπεῖν, τοὺς αὐτοὺς εὑρήσετε καὶ τότε κακίστους καὶ νῦν ὑβριστοτάτους. (23) Βοΐσκος γοῦν ὁ πύκτης ὁ Θετταλὸς τότε μὲν διεμάχετο ὡς κάμνων ἀσπίδα μὴ φέρειν, νῦν δ' ὡς ἀκούω Κοτυωριτῶν πολλοὺς ἤδη ἀποδέδυκεν. (24) Ἢν οὖν σωφρονῆτε, τοῦτον τἀναντία ποιήσετε ἢ τοὺς κύνας ποιοῦσι· τοὺς μὲν γὰρ κύνας τοὺς χαλεποὺς τὰς μὲν ἡμέρας διδέασι, τὰς δὲ νύκτας ἀφιᾶσι, τοῦτον δέ, ἢν σωφρονῆτε, τὴν νύκτα μὲν δήσετε, τὴν δὲ ἡμέραν ἀφήσετε. (25) Ἀλλὰ γάρ, ἔφη, θαυμάζω ὅτι εἰ μέν τινι ὑμῶν ἀπηχθόμην μέμνησθε καὶ οὐ σιωπᾶτε, εἰ δέ τῳ ἢ χειμῶνα ἐπεκούρησα ἢ πολέμιον ἀπήρυξα ἢ ἀσθενοῦντι ἢ ἀποροῦντι συνεξεπό-

quamobrem quisque pulsatus fuisset. Cum vero qui dicerent non surgerent, ipse haec verba fecit Xenophon: « Ego, viri, fateor multos me sane, quod ordines desererent, verberasse; qui satis quidem habuerunt nostra opera incolumes evadere, cum et ordines servaremus et, ubi opus esset, dimicaremus: at ipsi cum deseruerint ordines, praecurrentes obvia quaeque rapere volebant, et ampliorem quam nos portionem habere. Quod si omnes hoc fecissemus, periissemus universi. Jam vero unum alterumve etiam prae molli inertia desidentem, qui neque surgere volebat, et hostibus se perdendum exponebat, tum cecidi, tum vi ad iter pergendum coegi. Nam et ipse cum rigida illa hieme incumbente nonnullos aliquando expectarem qui sarcinas colligerent, posteaquam diu consedissem, difficulter me surgere animadverti, ac difficulter crura extendere. Quapropter facto in me ipso periculo, ex eo tempore etiam alium quoties sedentem ac socordiae se dedentem conspicerem, impellebam: nam motus ipse virilesque conatus calorem quendam et agilitatem suppeditabant; contra vero sessionem cessationemque id efficere videbam, ut sanguis frigore concresceret, et digiti pedum putrescerent: quae quidem multis accidisse vos etiam nostis. Alium praeterea qui forte respirandi causa subsistebat, ac tam vos qui in primore agmine versati estis, quam nos in extremo collocatos quo minus progrederemur impediebat, pugno verberavi, ut ne ab hostibus hasta percuteretur. Jamque adeo certe licet iis servatis poenas sumere, si quid a me incommodi praeter aequum acceperunt. Quod si in hostium potestatem venissent, quid tam grave passi essent, quojus poenas cogitassent expetere? Simplici ego, inquit, oratione utor: Si quem equidem sui ipsius commodi causa castigavi, poenam ejusmodi subire non recuso, quam parentes filiis et magistri discipulis reddere debeant. Etenim et medici aegrum urunt et secant bene ei consulentes. Quod si me adductum petulantia fecisse haec existimatis, cogitate quaeso cum animis vestris deorum beneficio mihi jam majorem quam tunc fiduciam, et audentiorem me modo esse quam id temporis fuerim, ac plus vini bibere; at hominem tamen neminem pulso; nam tranquillitate quadam vos jam uti video. At vero cum tempestas est coorta, et mare magnum insurgit, annon solius causa nutus prorae magistrum iis irasci videtis, qui sunt in prora, itidemque gubernatorem iis qui sunt in puppi? nam vel levia peccata tali tempore omnia simul affligere possunt. Jure autem me illos verberasse vos etiam vestro tunc judicio declarastis: instructi enim non calculis utique, sed armis, adstabatis, atque vobis opem ferre iis licuisset, si voluissetis. At profecto neque opem his ferebatis, neque mecum eum, qui ordinem non servaret, credebatis. Itaque ignavis ex eorum numero quibusque licentiam dedistis, dum eos petulanter se gerere sinebatis. Considerare vultis, eosdem, opinor, reperietis tunc ignavissimos fuisse, qui modo sunt petulantissimi. Boïscus certe quidem pugil ille Thessalus id temporis acriter contendebat, quippe quod laboraret, scutum sibi ferendum non esse : nunc autem, ut audio, de Cotyoritis multos spoliavit. Quamobrem si sapitis, huic contra facietis atque canes solent tractari: nam canes quidem feroces interdiu vinculis constringunt, dimittunt noctu; hunc, si sapitis, noctu vinctum tenebitis, interdiu solutum esse patiemini. Enimvero miror, inquit, meminisse vos, ac minime tacere, si in vestrum alicujus odium incurrerim; at si cui contra vim saevae tempestatis opem tuli, vel hostem propulsavi, vel aegrotanti vel inopia

ρισά τι, τούτων οὐδεὶς μέμνηται, οὐδ' εἴ τινα καλῶς τι ποιοῦντα ἐπῄνεσα οὐδ' εἴ τιν' ἄνδρα ὄντα ἀγαθὸν ἐτίμησα ὡς ἐδυνάμην, οὐδὲ τούτων μέμνησθε. (26) Ἀλλὰ μὴν καλόν γε καὶ δίκαιον καὶ ὅσιον καὶ ἥδιον τῶν ἀγαθῶν μᾶλλον ἢ τῶν κακῶν μεμνῆσθαι.

Ἐκ τούτου μὲν δὴ ἀνίσταντο καὶ ἀνεμίμνησκον. Καὶ περιεγίνετο ὥστε καλῶς ἔχειν.

laboranti aliquid suppeditavi, horum vero neminem recordari; neque si quem præclare aliquid agentem collaudavi, neque si quem virum fortem ut potui ornavi, neque horum, inquam, meministis. Atqui honestum certe est et æquum et pium et jucundius benefactorum potius quam injuriarum meminisse.»

Postea quidem quam hæc dicta erant, surgebant omnes et universa memoria repetebant. Atque huc res evasit, ut omnia belle se haberent.

BIBΛION ς.

LIBER VI.

ΚΕΦΑΛΑΙΟΝ Α.

CAPUT I.

Ἐκ τούτου δὲ ἐν τῇ διατριβῇ οἱ μὲν ἀπὸ τῆς ἀγορᾶς ἔζων, οἱ δὲ καὶ ληϊζόμενοι ἐκ τῆς Παφλαγονίας. Ἐκλώπευον δὲ καὶ οἱ Παφλαγόνες εὖ μάλα τοὺς ἀποσκεδαννυμένους, καὶ τῆς νυκτὸς τοὺς πρόσω σκηνοῦντας ἐπειρῶντο κακουργεῖν· καὶ πολεμικώτατα πρὸς ἀλλήλους εἶχον ἐκ τούτων. (2) Ὁ δὲ Κορύλας, ὃς ἐτύγχανε τότε Παφλαγονίας ἄρχων, πέμπει παρὰ τοὺς Ἕλληνας πρέσβεις ἔχοντας ἵππους καὶ στολὰς καλάς, λέγοντας ὅτι Κορύλας ἕτοιμος εἴη τοὺς Ἕλληνας μήτε ἀδικεῖν μήτε ἀδικεῖσθαι. (3) Οἱ δὲ στρατηγοὶ ἀπεκρίναντο, ὅτι περὶ μὲν τούτων σὺν τῇ στρατιᾷ βουλεύσοιντο, ἐπὶ ξενία δὲ ἐδέχοντο αὐτούς· παρεκάλεσαν δὲ καὶ τῶν ἄλλων ἀνδρῶν οὓς ἐδόκουν δικαιοτάτους εἶναι. (4) Θύσαντες δὲ βοῦς τῶν αἰχμαλώτων καὶ ἄλλα ἱερεῖα εὐωχίαν μὲν ἀρκοῦσαν παρεῖχον, κατακείμενοι δὲ ἐν στιβάσιν ἐδείπνουν, καὶ ἔπινον ἐκ κερατίνων ποτηρίων, οἷς ἐνετύγχανον ἐν τῇ χώρᾳ. (5) Ἐπεὶ δὲ σπονδαί τ' ἐγένοντο καὶ ἐπαιώνισαν, ἀνέστησαν πρῶτον μὲν Θρᾷκες καὶ πρὸς αὐλὸν ὠρχήσαντο σὺν τοῖς ὅπλοις καὶ ἥλοντο ὑψηλά τε καὶ κούφως καὶ ταῖς μαχαίραις ἐχρῶντο· τέλος δὲ ὁ ἕτερος τὸν ἕτερον παίει, ὡς πᾶσιν ἐδόκει πεπληγέναι τὸν ἄνδρα· ὁ δ' ἔπεσε τεχνικῶς πως. (6) Καὶ ἀνέκραγον οἱ Παφλαγόνες. Καὶ ὁ μὲν σκυλεύσας τὰ ὅπλα τοῦ ἑτέρου ἐξῄει ᾄδων τὸν Σιτάλκαν· ἄλλοι δὲ τῶν Θρᾳκῶν τὸν ἕτερον ἐξέφερον ὡς τεθνηκότα· ἦν δὲ οὐδὲν πεπονθώς. (7) Μετὰ τοῦτο Αἰνιᾶνες καὶ Μάγνητες ἀνέστησαν, οἳ ὠρχοῦντο τὴν καρπαίαν καλουμένην ἐν τοῖς ὅπλοις. (8) Ὁ δὲ τρόπος τῆς ὀρχήσεως ἦν, ὁ μὲν παραθέμενος τὰ ὅπλα σπείρει καὶ ζευγηλατεῖ πυκνὰ μεταστρεφόμενος ὡς φοβούμενος, λῃστὴς δὲ προσέρχεται· ὁ δ' ἐπειδὰν προΐδηται, ἁπαντᾷ ἁρπάσας τὰ ὅπλα καὶ μάχεται πρὸ τοῦ ζεύγους· καὶ οὗτοι ταῦτ' ἐποίουν ἐν ῥυθμῷ πρὸς τὸν αὐλόν· καὶ τέλος ὁ λῃστὴς δήσας τὸν ἄνδρα καὶ τὸ ζεῦγος ἀπάγει· ἐνίοτε δὲ καὶ ὁ ζευγηλάτης τὸν λῃστήν· εἶτα παρὰ τοὺς βοῦς ζεύξας ὀπίσω τὼ χεῖρε δεδεμένον ἐλαύνει. (9) Μετὰ τοῦτο Μυσὸς εἰσῆλθεν ἐν ἑκατέρᾳ τῇ χειρὶ ἔχων πέλτην, καὶ τοτὲ μὲν ὡς δύο ἀντιταττομένων μιμούμενος ὠρχεῖτο, τοτὲ δὲ ὡς πρὸς ἕνα ἐχρῆτο ταῖς πέλταις, τοτὲ δ' ἐδινεῖτο καὶ ἐξε-

Ex eo tempore, dum istic commorati sunt, quidam ex foro, quidam ex Paphlagonia prædam agendo victum sibi comparabant. Verum Paphlagones etiam hinc inde palatos scite admodum spoliabant, et noctu eos, qui longius a ceteris tabernacula ponebant, infestare conabantur : atque his adeo ex causis maxime hostili in se invicem erant animo. At Corylas, qui Paphlagoniæ id temporis imperabat, legatos cum equis et vestimentis elegantibus ad Græcos mittit, qui dicerent Corylam eo esse animo, ut neque Græcos injuria lædere, neque sese lædi vellet. Responderunt duces se de his apud exercitum deliberaturos, eos vero interea hospitali mensa excipiebant : ex aliis etiam viris eos, quos invitari æquissimum esse videbatur, accessebant. Cum autem boves de captivis quosdam et alia mactassent animantia, epulum satis largum præbuerunt, dum herbaceis in toris inter cœnandum discumberent, et in poculis biberent corneis, quæ illa in regione nacti fuerant. Postcoquam libationes essent peractæ et pæana cecinissent, Thraces primum surrexerunt, et armati ad tibiam saltarunt salieruntque alte et agiliter, ac gladiis utebantur : ad extremum alter alterum ferit, ut omnibus hominem percussisse videretur : at ille certo quodam artificio concidit. Et ibi tum Paphlagones clamorem tollebant. Ac is quidem, cum alterum armis spoliasset, cantans Sitalcam exibat : alii vero Thraces alterum veluti mortuum efferebant : at illi nihil mali accidebat. Deinde Æniones et Magnetes surrexerunt, qui saltationem eam, quæ sementiva vocatur, armati exhibebant. Modus autem saltationis hic erat : quidam, armis prope sibi appositis, sementem facit et boum jugum agit, frequenter se convertens, quasi sibi metueret : ad eum accedit prædo; cui ille statim præviso correptis armis occurrit, et ante jugum dimicat : (hi etiam in numerum ad tibiam hæc faciebant); atque tandem prædo, postquam ligavit hominem, jugum etiam una cum ipso abigit. Nonnunquam et jugarius prædonem superat ; dein ubi bubus adjunxit, eum manibus post tergum revinctis agit. Postea Mysus ingressus est, utraque manu peltam tenens; ac modo quidem ita saltabat, ut eum qui cum duobus pugnat adversariis imitaretur, modo peltis sic utebatur, quasi cum uno congrederetur ; modo se circumagebat et in caput præ-

κυβιστᾷ ἔχων τὰς πέλτας, ὥστε ὄψιν καλὴν φαίνεσθαι. (10) Τέλος δὲ τὸ περσικὸν ὠρχεῖτο κρούων τὰς πέλτας καὶ ὤκλαζε καὶ ἐξανίστατο· καὶ ταῦτα πάντα ἐν ῥυθμῷ ἐποίει πρὸς τὸν αὐλόν. (11) Ἐπὶ δὲ τούτῳ ἐπιόντες οἱ Μαντινεῖς καὶ ἄλλοι τινὲς τῶν Ἀρκάδων ἀναστάντες ἐξοπλισάμενοι ὡς ἐδύναντο κάλλιστα ᾖσάν τε ἐν ῥυθμῷ πρὸς τὸν ἐνόπλιον ῥυθμὸν αὐλούμενοι καὶ ἐπαιάνισαν καὶ ὠρχήσαντο ὥσπερ ἐν ταῖς πρὸς τοὺς θεοὺς προσόδοις. Ὁρῶντες δὲ οἱ Παφλαγόνες δεινὰ ἐποιοῦντο πάσας τὰς ὀρχήσεις ἐν ὅπλοις εἶναι. (12) Ἐπὶ τούτοις ὁρῶν ὁ Μυσὸς ἐκπεπληγμένους αὐτούς, πείσας τῶν Ἀρκάδων τινὰ πεπαμένον ὀρχηστρίδα εἰσάγει σκευάσας ὡς ἐδύνατο κάλλιστα καὶ ἀσπίδα δοὺς κούφην αὐτῇ. (13) Ἡ δὲ ὠρχήσατο πυρρίχην ἐλαφρῶς. Ἐνταῦθα κρότος ἦν πολύς, καὶ οἱ Παφλαγόνες ἤροντο εἰ καὶ γυναῖκες συνεμάχοντο αὐτοῖς· οἱ δ' ἔλεγον ὅτι αὗται καὶ αἱ τρεψάμεναι εἶεν βασιλέα ἐκ τοῦ στρατοπέδου. Τῇ μὲν οὖν νυκτὶ ταύτῃ τοῦτο τὸ τέλος ἐγένετο.

14. Τῇ δὲ ὑστεραίᾳ προσῆγον αὐτοὺς εἰς τὸ στράτευμα· καὶ ἔδοξε τοῖς στρατιώταις μήτε ἀδικεῖν Παφλαγόνας μήτε ἀδικεῖσθαι. Μετὰ τοῦτο οἱ μὲν πρέσβεις ᾤχοντο· οἱ δὲ Ἕλληνες, ἐπειδὴ πλοῖα ἱκανὰ ἐδόκει παρεῖναι, ἀναβάντες ἔπλεον ἡμέραν καὶ νύκτα πνεύματι καλῷ ἐν ἀριστερᾷ ἔχοντες τὴν Παφλαγονίαν. (15) Τῇ δ' ἄλλῃ ἀφικνοῦνται εἰς Σινώπην καὶ ὡρμίσαντο εἰς Ἁρμήνην τῆς Σινώπης. Σινωπεῖς δὲ οἰκοῦσι μὲν ἐν τῇ Παφλαγονικῇ, Μιλησίων δὲ ἄποικοί εἰσιν. Οὗτοι δὲ ξένια πέμπουσι τοῖς Ἕλλησιν ἀλφίτων μὲν μεδίμνους τρισχιλίους, οἴνου δὲ κεράμια χίλια καὶ πεντακόσια. Καὶ Χειρίσοφος ἐνταῦθα ἦλθε τριήρη ἔχων. (16) Καὶ οἱ μὲν στρατιῶται προσεδόκων ἄγοντά τί σφισιν ἥκειν· ὁ δ' ἦγε μὲν οὐδέν, ἀπήγγελλε δὲ ὅτι ἐπαινοίη αὐτοὺς καὶ Ἀναξίβιος ὁ ναύαρχος καὶ οἱ ἄλλοι, καὶ ὅτι ὑπισχνεῖτο Ἀναξίβιος, εἰ ἀφίκοιντο ἔξω τοῦ Πόντου, μισθοφορὰν αὐτοῖς ἔσεσθαι. (17) Καὶ ἐν ταύτῃ τῇ Ἁρμήνῃ ἔμειναν οἱ στρατιῶται ἡμέρας πέντε. Ὡς δὲ τῆς Ἑλλάδος ἐδόκουν ἐγγὺς γίγνεσθαι, ἤδη μᾶλλον ἢ πρόσθεν εἰσῄει αὐτοὺς ὅπως ἂν καὶ ἔχοντές τι οἴκαδε ἀφίκωνται. (18) Ἡγήσαντο οὖν, εἰ ἕνα ἕλοιντο ἄρχοντα, μᾶλλον ἂν ἢ πολυαρχίας οὔσης δύνασθαι τὸν ἕνα χρῆσθαι τῷ στρατεύματι καὶ νυκτὸς καὶ ἡμέρας, καὶ εἴ τι δέοι λανθάνειν, μᾶλλον ἂν κρύπτεσθαι, καὶ εἴ τι αὖ δέοι φθάνειν, ἧττον ἂν ὑστερίζειν· οὐ γὰρ ἂν λόγων δεῖν πρὸς ἀλλήλους, ἀλλὰ τὸ δόξαν τῷ ἑνὶ περαίνεσθαι ἄν· τὸν δ' ἔμπροσθεν χρόνον ἐκ τῆς νικώσης ἔπραττον πάντα οἱ στρατηγοί. (19) Ὡς δὲ ταῦτα διενοοῦντο, ἐτράποντο ἐπὶ τὸν Ξενοφῶντα· καὶ οἱ λοχαγοὶ ἔλεγον προσιόντες αὐτῷ ὅτι ἡ στρατιὰ οὕτω γιγνώσκει, καὶ εὔνοιαν ἐνδεικνύμενος ἕκαστος ἔπειθεν αὐτὸν ὑποστῆναι τὴν ἀρχήν. (20) Ὁ δὲ Ξενοφῶν τῇ μὲν ἐβούλετο ταῦτα, νομίζων καὶ τὴν τιμὴν μείζω οὕτως ἑαυτῷ γίγνεσθαι καὶ πρὸς τοὺς φίλους καὶ εἰς τὴν πόλιν τοὔνομα μεῖζον ἀφίξεσθαι αὐτοῦ, τυχὸν δὲ καὶ ἀγαθοῦ τινος ἂν αἴτιος τῇ στρατιᾷ γενέσθαι. (21) Τὰ μὲν δὴ τοιαῦτα ἐνθυμή-

cipitem se projecit, cum nihilominus peltas retineret; adeo ut pulchrum spectaculum præbere videretur. Tandem Persico saltabat ritu, collidens peltas; in genua etiam procumbebat, et surgebat: atque hæc omnia in numerum ad tibiam faciebat. Huic cum successissent Mantinenses, ac de ceteris Arcadibus etiam nonnulli surrexissent, in armis quanto potuerunt decore egressi, in numerum incedebant, cum tibia ipsis interea modum caneret armatæ saltationi convenientem, præanemque canebant, et perinde saltabant atque deorum in supplicationibus fieri consuevit. Quæ cum Paphlagones viderent, mirificum quiddam esse ducebant, saltationes hasce omnes in armis fieri. Hic Mysus qui eos videret attonitos, ubi quendam ex Arcadibus, qui saltatricem possidebat, ut id concederet, induxisset, eam quam pulcherrime poterat ornatam introducit, dato etiam ei scuto leviore. Saltabat illa pyrrhicham agiliter. Ibi tum plausus ingens excitatus erat; et Paphlagones interrogabant, an et mulieres una cum ipsis pugnam capesserent. Responderunt illi, has ipsas regem a castris ejecisse. Et nocti quidem huic finis hic erat impositus.

Postridie ad exercitum eos adducunt; atque militibus decretum erat, ut neque Paphlagonas injuria læderent, neque læderentur ipsi. Hoc facto decreto legati discessere: at Græci, quia satis magna navium adesse copia videretur, conscensis iis dieum ac noctem vento secundo navigabant, cum Paphlagoniam ad sinistram haberent. Altero die Sinopen pervenient, et naves ad Harmenen Sinopes appulerunt. Sinopenses in agro Paphlagonum habitant, sed Milesiorum sunt coloni. Mittunt hi Græcis hospitalia munera, farinæ medimnos ter mille, vini amphoras mille quingentas. Atque hic Chirisophus cum triremibus advenit. Et milites quidem id futurum sperabant, ut, cum veniret, ipsis aliquid adferret: at nihil adferebat ille, sed duntaxat renuntiabat tum Anaxibium navarchum tum ceteros collaudare eos, eundemque Anaxibium pollicitum esse, si e Ponto excederent, stipendium ipsis fore numeratum. Ac apud Harmenen quidem illam dies quinque commorati sunt milites. Cumque propius sibi a Græcia viderentur abesse, jam magis quam antea subiit animos eorum cogitatio, quonam modo fieri posset ut domum lucelli aliquid nacti pervenirent. Existimabant ergo, si unum sibi in principem eligerent, magis, quam sub multorum principatu, posse illum unum exercitus uti opera tam noctu quam die, et si quid latere oporteret, magis etiam occultare posse; ac si quid porro antevertendum esset, minus occasioni defuturum; nec enim colloquiis inter se opus fore, sed quod uni decretum esset id perfici; superiore vero tempore duces omnia ex sententia quæ vicerat gerebant. Cum hæc cogitarent, ad Xenophontem se convertebant; et cohortium præfecti, cum eum adiissent, exercitum sic statuere aiebant, ac benevolentiam unusquisque suam erga eum declarans, ei, ut principatum susciperet, persuadebat. Et Xenophon idcirco quidem hæc volebat, quod existimaret cum apud amicos majorem ita honorem sibi habitum, tum nomen ipsius suam ad civitatem amplius perventurum; forsan etiam futurum ut emolumenti aliquid ipse exercitui adferret. Hu-

ματα ἐπῆρεν αὐτὸν ἐπιθυμεῖν αὐτοκράτορα γενέσθαι ἄρχοντα. Ὁπότε δ' αὖ ἐνθυμοῖτο ὅτι ἄδηλον μὲν παντὶ ἀνθρώπῳ ὅπη τὸ μέλλον ἕξει, διὰ τοῦτο δὲ καὶ κίνδυνος εἴη, καὶ τὴν προειργασμένην δόξαν ἀποβαλεῖν, ἠπορεῖτο. (22) Διαπορουμένῳ δὲ αὐτῷ διακρῖναι ἔδοξε κράτιστον εἶναι τοῖς θεοῖς ἀνακοινῶσαι· καὶ παραστησάμενος δύο ἱερεῖα ἐθύετο τῷ Διὶ τῷ βασιλεῖ, ὅσπερ αὐτῷ μαντευτὸς ἦν ἐκ Δελφῶν· καὶ τὸ ὄναρ δὴ ἀπὸ τούτου τοῦ θεοῦ ἐνόμιζεν ἑωρακέναι ὃ εἶδεν ὅτε ἤρχετο ἐπὶ τὸ συνεπιμελεῖσθαι τῆς στρατιᾶς καθίστασθαι. (23) Καὶ ὅτε ἐξ Ἐφέσου δὲ ὡρμᾶτο Κύρῳ συσταθησόμενος ἀετὸν ἀνεμιμνήσκετο ἑαυτῷ δεξιὸν φθεγγόμενον, καθήμενον μέντοι, ὅνπερ ὁ μάντις ὁ προπέμπων αὐτὸν ἔλεγεν ὅτι μέγας μὲν οἰωνὸς εἴη καὶ οὐκ ἰδιωτικὸς καὶ ἔνδοξος, ἐπίπονος μέντοι· τὰ γὰρ ὄρνεα μάλιστα ἐπιτίθεσθαι τῷ ἀετῷ καθημένῳ· οὐ μέντοι χρηματιστικὸν εἶναι τὸν οἰωνόν· τὸν γὰρ ἀετὸν πετόμενον μᾶλλον λαμβάνειν τὰ ἐπιτήδεια. (24) Οὕτω δὴ θυομένῳ αὐτῷ διαφανῶς ὁ θεὸς σημαίνει μήτε προσδεῖσθαι τῆς ἀρχῆς μήτε εἰ αἱροῖντο ἀποδέχεσθαι. (25) Τοῦτο μὲν δὴ οὕτως ἐγένετο. Ἡ δὲ στρατιὰ συνῆλθε, καὶ πάντες ἔλεγον ἕνα αἱρεῖσθαι· καὶ ἐπεὶ τοῦτο ἔδοξε, προεβάλλοντο αὐτόν. Ἐπεὶ δὲ ἐδόκει δῆλον εἶναι ὅτι αἱρήσονται αὐτὸν εἴ τις ἐπιψηφίζοι, ἀνέστη καὶ ἔλεξε τάδε.

26. Ἐγὼ, ὦ ἄνδρες, ἥδομαι μὲν ὑπὸ ὑμῶν τιμώμενος, εἴπερ ἄνθρωπός εἰμι, καὶ χάριν ἔχω καὶ εὔχομαι δοῦναί μοι τοὺς θεοὺς αἴτιόν τινος ὑμῖν ἀγαθοῦ γενέσθαι· τὸ μέντοι ἐμὲ προκριθῆναι ὑπὸ ὑμῶν ἄρχοντα Λακεδαιμονίου ἀνδρὸς παρόντος οὔτε ὑμῖν μοι δοκεῖ συμφέρον εἶναι, ἀλλ' ἧττον ἂν διὰ τοῦτο τυγχάνειν εἴ τι δέοισθε παρ' αὐτῶν· ἐμοί τε αὖ οὐ πάνυ τι νομίζω ἀσφαλὲς εἶναι τοῦτο. (27) Ὁρῶ γὰρ ὅτι καὶ τῇ πατρίδι μου οὐ πρόσθεν ἐπαύσαντο πολεμοῦντες πρὶν ἐποίησαν πᾶσαν τὴν πόλιν ὁμολογεῖν Λακεδαιμονίους καὶ αὐτῶν ἡγεμόνας εἶναι. (28) Ἐπεὶ δὲ τοῦτο ὡμολόγησαν, εὐθὺς ἐπαύσαντο πολεμοῦντες καὶ οὐκέτι πέρα ἐπολιόρκησαν τὴν πόλιν. Εἰ οὖν ταῦτα ὁρῶν ἐγὼ δοκοίην ὅπου δυναίμην ἐντεῦθ' ἄκυρον ποιεῖν τὸ ἐκείνων ἀξίωμα, ἐκεῖνο ἐννοῶ μὴ λίαν ἂν ταχὺ σωφρονισθείην. (29) Ὃ δὲ ὑμεῖς ἐννοεῖτε ὅτι ἧττον ἂν στάσις εἴη ἑνὸς ἄρχοντος ἢ πολλῶν, εὖ ἴστε ὅτι ἄλλον μὲν ἑλόμενοι οὐχ εὑρήσετε ἐμὲ στασιάζοντα· νομίζω γὰρ, ὅστις ἐν πολέμῳ ὢν στασιάζει πρὸς ἄρχοντα, τοῦτον πρὸς τὴν ἑαυτοῦ σωτηρίαν στασιάζειν· ἐὰν δὲ ἐμὲ ἕλησθε, οὐκ ἂν θαυμάσαιμι εἴ τινα εὕροιτε καὶ ὑμῖν καὶ ἐμοὶ ἀχθόμενον.

30. Ἐπεὶ δὲ ταῦτα εἶπε, πολὺ πλείονες ἐξανίσταντο λέγοντες ὡς δέοι αὐτὸν ἄρχειν. Ἀγασίας δὲ Στυμφάλιος εἶπεν ὅτι γελοῖον εἴη, εἰ οὕτως ἔχοι, εἰ ὀργιοῦνται Λακεδαιμόνιοι καὶ ἐὰν σύνδειπνοι συνελθόντες μὴ Λακεδαιμόνιον συμποσίαρχον αἱρῶνται. Ἐπεὶ εἰ οὕτω γε τοῦτο ἔχει, ἔφη, οὐδὲ λοχαγεῖν ἡμῖν ἔξεστιν, ὡς ἔοικεν, ὅτι Ἀρκάδες ἐσμέν. Ἐνταῦθα δὴ ὡς εὖ εἰπόντος τοῦ Ἀγασίου ἀνεθορύβησαν. (31) Καὶ ὁ Ξενοφῶν ἐπεὶ ἑώρα πλείονος ἐνδέον, παρελθὼν εἶπεν, Ἀλλ',

jusmodi sane cogitationes eum ad munus imperatoris, qui suo unus arbitrio res administraret, expetendum incitabant. Contra vero cum secum perpenderet nulli non homini obscuros esse futuros eventus, ideoque periculum esse ne gloriam prius partam amitteret, hæsitabat. Cum ita quidnam eligendum esset dubitaret, visus est sibi rectissime facturus, si deos consuleret : itaque duabus victimis admotis, Jovi regi rem sacram faciebat, qui oraculo Delphis edito ipsi fuerat præsignificatus; et ab eodem sane deo somnium illud profectum vidisse se putabat, quod vidit quo tempore fuerat ad curam gerendi una cum aliis gerendam exercitus constitutus. Et cum ex Epheso egressus esset, ut Cyro commendaretur, recordabatur aquilam sibi dextram oblatam quæ clangorem edebat, sedebat tamen, quod vates, cum qui comitabatur, augurium esse dixerat magnum, minimeque privatum in hominem cadere ; idemque esse gloriosum, at laboriosum tamen : ceteræ enim aves sedentem aquilam maxime adgredi : neque vero lucri quid portendere hoc augurium ; potius enim circumvolitantem aquilam alimenta rapere solitam. Ei itaque sacrificanti aperte significavit deus, magistratum hunc neque expetere eum oportere, neque, si eum legerent, suscipere. Et hoc quidem sic accidit. Ceterum convenit exercitus, omnesque adeo unum esse deligendum aiebant : atque hoc ubi decretum fuisset, ipsum Xenophontem eligendum proponebant. Cum autem palam adpareret futurum ut ipsum deligerent, si quis suffragia illorum exquireret, surrexit, et in hanc sententiam loquutus est.

« Equidem, viri, lætitiam ex honore, quo a vobis adfectus sum, percipio, siquidem homo sum, et gratias vobis habeo, deosque precor eam mihi facultatem dent, ut vobis boni alicujus auctor existam : verum me ante alios imperatorem a vobis designari, cum Lacedæmonius nobis adsit, neque ex re vestra mihi esse videtur, sed minus vos propterea ab eis aliquid impetraturos, si quid eos rogetis ; mihi vero ipsi non admodum hoc fore tutum existimo. Video enim prius ipsos non fecisse finem gerendi adversus patriam meam belli, quam civitatem totam confiteri coegissent, Lacedæmonios ipsorum etiam duces esse. Hoc autem ubi confessi sunt, bello statim finem imposuerunt, nec amplius urbem nostram oppugnarunt. Si ergo cum hæc perspiciam nihilominus viderer, ubicumque possim, illorum ibi auctoritatem irritam facere, id utique mecum reputo sollicitus, ne celeriter admodum ad sanam mentem reducar. Quod autem vos cogitatis, minus seditionum fore in unius quam multorum imperio, certo sciatis velim, si alium deligatis, vos me seditiosum nequaquam repertoros : arbitror enim illum, qui se in bello contra imperatorem seditiose gerit, adversus suam ipsius salutem seditiosum esse : quod si me delegeritis, mirum mihi non erit, si quem tam vobis quam mihi offensum inveniatis. »

Posteaquam hæc loquutus esset, multo plures exsurgebant, qui ad munus imperatorium suscipiendum dicerent. Et Agasias Stymphalius ridiculum aiebat esse, si ita res se habeat, Lacedæmonios utique fore irritatos, etiam si conviviæ congressi aliam quam Lacedæmonium convivii magistrum deligant : nam si hoc ita se habeat, inquit, ne nobis quidem esse cohortium præfectis licebit, uti videtur, quippe qui simus Arcades. Tum vero, quasi recte loquutus esset Agasias, admurmurarunt. Et Xenophon, cum videret pluribus opus esse, progressus in medium ait, « At vero,

ὦ ἄνδρες, ἔφη, ὡς πάνυ εἰδῆτε, ὀμνύω ὑμῖν θεοὺς πάντας καὶ πάσας ἦ μὴν ἐγὼ ἐπεὶ τὴν ὑμετέραν γνώμην ᾐσθανόμην, ἐθυόμην εἰ βέλτιον εἴη ὑμῖν τε ἐμοὶ ἐπιτρέψαι ταύτην τὴν ἀρχὴν καὶ ἐμοὶ ὑποστῆναι· καί μοι οἱ θεοὶ οὕτως ἐν τοῖς ἱεροῖς ἐσήμηναν ὥστε καὶ ἰδιώτην ἂν γνῶναι ὅτι ταύτης τῆς μοναρχίας ἀπέχεσθαί με δεῖ. (32) Οὕτω δὴ Χειρίσοφον αἱροῦνται. Χειρίσοφος δ᾽ ἐπεὶ ᾑρέθη, παρελθὼν εἶπεν, Ἀλλ᾽, ὦ ἄνδρες, τοῦτο μὲν ἴστε ὅτι οὐδ᾽ ἂν ἔγωγε ἐστασίαζον, εἰ ἄλλον εἵλεσθε· Ξενοφῶντα μέντοι, ἔφη, ὠνήσατε οὐχ ἑλόμενοι· ὡς καὶ νῦν Δέξιππος ἤδη διέβαλλεν αὐτὸν πρὸς Ἀναξίβιον ὅ,τι ἐδύνατο καὶ μάλα ἐμοῦ αὐτὸν σιγάζοντος. Ὁ δ᾽ ἔφη νομίζειν αὐτὸν Τιμασίωνι μᾶλλον συνάρχειν ἐθελῆσαι Δαρδανεῖ ὄντι τοῦ Κλεάρχου στρατεύματος ἢ ἑαυτῷ Λάκωνι ὄντι. (33) Ἐπεὶ μέντοι ἐμὲ εἵλεσθε, ἔφη, καὶ ἐγὼ πειράσομαι ὅ,τι ἂν δύνωμαι ὑμᾶς ἀγαθὰ ποιεῖν. Καὶ ὑμεῖς οὕτω παρασκευάζεσθε ὡς αὔριον, ἐὰν πλοῦς ᾖ, ἀναξόμενοι· ὁ δὲ πλοῦς ἔσται εἰς Ἡράκλειαν· ἅπαντας οὖν δεῖ ἐκεῖσε πειρᾶσθαι καταχθῆν· τὰ δ᾽ ἄλλα ἐπειδὰν ἐκεῖσε ἔλθωμεν βουλευσόμεθα.

ΚΕΦΑΛΑΙΟΝ Β'.

Ἐντεῦθεν τῇ ὑστεραίᾳ ἀναγόμενοι πνεύματι ἔπλεον καλῷ ἡμέρας δύο παρὰ γῆν. Καὶ παραπλέοντες ἐθεώρουν τήν τε Ἰασονίαν ἀκτήν, ἔνθα ἡ Ἀργὼ λέγεται ὁρμίσασθαι, καὶ τῶν ποταμῶν τὰ στόματα, πρῶτον μὲν τοῦ Θερμώδοντος, ἔπειτα δὲ τοῦ Ἴριος, ἔπειτα δὲ τοῦ Ἅλυος, μετὰ δὲ τοῦτον τοῦ Παρθενίου· τοῦτον δὲ παραπλεύσαντες ἀφίκοντο εἰς Ἡράκλειαν πόλιν Ἑλληνίδα Μεγαρέων ἄποικον, οὖσαν δ᾽ ἐν τῇ Μαριανδυνῶν χώρᾳ. (2) Καὶ ὡρμίσαντο παρὰ τῇ Ἀχερουσιάδι Χερρονήσῳ, ἔνθα λέγεται ὁ Ἡρακλῆς ἐπὶ τὸν Κέρβερον κύνα καταβῆναι ᾗ νῦν τὰ σημεῖα δεικνύουσι τῆς καταβάσεως τὸ βάθος πλέον ἢ ἐπὶ δύο στάδια. (3) Ἐνταῦθα τοῖς Ἕλλησιν οἱ Ἡρακλεῶται ξένια πέμπουσιν ἀλφίτων μεδίμνους τρισχιλίους καὶ οἴνου κεράμια δισχίλια καὶ βοῦς εἴκοσι καὶ οἷς ἑκατόν. Ἐνταῦθα διὰ τοῦ πεδίου ῥεῖ ποταμὸς Λύκος ὄνομα, εὖρος ὡς δύο πλέθρων.

4. Οἱ δὲ στρατιῶται συλλεγέντες ἐβουλεύοντο τὴν λοιπὴν πορείαν πότερον κατὰ γῆν ἢ κατὰ θάλατταν χρὴ πορευθῆναι ἐκ τοῦ Πόντου. Ἀναστὰς δὲ Λύκων Ἀχαιὸς εἶπε, Θαυμάζω μέν, ὦ ἄνδρες, τῶν στρατηγῶν ὅτι οὐ πειρῶνται ἡμῖν ἐκπορίζειν σιτηρέσιον· τὰ μὲν γὰρ ξένια οὐ μὴ γένηται τῇ στρατιᾷ τριῶν ἡμερῶν σιτία· ὁπόθεν δ᾽ ἐπισιτισάμενοι πορευσόμεθα οὐκ ἔστιν, ἔφη. Ἐμοὶ οὖν δοκεῖ αἰτεῖν τοὺς Ἡρακλεώτας μὴ ἔλαττον ἢ τρισχιλίους κυζικηνούς· (5) ἄλλος δ᾽ εἶπε μὴ ἔλαττον ἢ μυρίους· καὶ ἑλομένους πρέσβεις αὐτίκα μάλα ἡμῶν καθημένων πέμπειν πρὸς τὴν πόλιν, καὶ εἰδέναι ὅ,τι ἂν ἀπαγγέλλωσι, καὶ πρὸς τοῦτο βουλεύεσθαι. (6) Ἐντεῦθεν προὐβάλλοντο πρέσβεις πρῶτον μὲν Χει-

---

milites, ut plane rem intelligatis, vobis per deos et deas omnes juro, me certe, posteaquam voluntatem vestram perspexissem, mactatis hostiis per exta quæsisse, vobisne satius esset imperium hoc mihi committere, ac mihi illud ipsum suscipere : deosque adeo sic mihi in extis rem omnem significasse, ut vel extispicii rudis intelligeret, ab hoc singulari imperio mihi abstinendum esse. » Ita demum Chirisophum deligunt. Et Chirisophus posteaquam delectus esset, in medium progressus ait, « At scitis hoc certe, milites, nullam me seditionem excitaturum fuisse, si alium delegissetis. Cum Xenophonte quidem a vobis bene actum est, quod eum non legistis : quippe eum modo Dexippus apud Anaxibium, quantum potuit, criminatus est, cum ipse maxime eum obticere juberem. Aiebat autem existimare se malle eum in munere imperatorio collegam habere Timasionem Dardanium de Clearchi exercitu, quam se natione Laconem. Cum vero me delegeritis, ait, conabor et ipse quantum in me erit vobis commodare. Et vos quidem sic vosmet comparate, ut cras, si commode navigare liceat, solvamus : Heracleam autem navigandum erit, omnibusque adeo danda est opera ut eo appellant : de ceteris, cum eo pervenerimus, consultabimus. »

CAPUT II.

Inde postero die cum solvissent, vento secundo biduum propter oram navigabant. Ac dum propter eam navigabant, litus Iasonium adspectabant, ad quod Argo fertur appulisse, itemque fluminum ostia; primum Thermodontis, deinde Iris, deinde Halyos, deinde Parthenii : hunc autem præter vecti, Heracleam perveniunt, urbem Græcam, Megarensium coloniam, in Mariandynorum agro sitam. Et portum propter Acherusiadem Chersonesum capiebant; ubi dicitur Hercules ad Cerberum canem descendisse ; quo nunc etiam loco monstrant incolæ descensus monumenta, voraginem plus quam duo stadia altam. Mittunt huc Græcia Heracleotæ hospitalia munera, farinæ ter mille medimnos, vini bis mille amphoras, viginti boves, oves centum. Labitur ibi per campum amnis, cui nomen Lycus, latitudine duorum fere plethrorum.

At milites unum in locum congregati deliberabant utrum terra potius an mari reliquum iter e Ponto conficiendum esset. Cum autem Lycon Achæus surrexisset, in hanc sententiam loquutus est : « Miror equidem, viri, duces operam non dare ut stipendium ad victum parandum nobis suppeditent : nam dona quæ accepimus hospitalia in trium dierum victum exercitui nequaquam suppetent; nec locus est ullus, inquit, unde frumentum, ejus utique si causa proficiscemur aliquo, referamus. Quapropter arbitror ab Heracleotis petendos nobis esse non minus ter mille Cyzicenos. » Alius autem aiebat, ab iis esse non minus decem millia Cyzicenorum petendum : legatos etiam deligendos nobisque hic sedentibus quamprimum ad civitatem mittendos, ut quid nobis renuntient intelligamus, et ad hoc consilia nostra adcommodemus. Ibi tum legatos designarunt, primum

ρίσοφον, ὅτι ἄρχων ᾑρητο, ἔστι δ' οἳ καὶ Ξενοφῶντα. Οἱ δὲ ἰσχυρῶς ἀπεμάχοντο· ἀμφοῖν γὰρ ταῦτα ἐδόκει μὴ ἀναγκάζειν πόλιν Ἑλληνίδα καὶ φιλίαν ὅ,τι μὴ αὐτοὶ ἐθέλοντες διδοῖεν. (7) Ἐπεὶ δ' οὗτοι ἐδόκουν ἀπρόθυμοι εἶναι, πέμπουσι Λύκωνα Ἀχαιὸν καὶ Καλλίμαχον Παρράσιον καὶ Ἀγασίαν Στυμφάλιον. Οὗτοι ἐλθόντες ἔλεγον τὰ δεδογμένα· τὸν δὲ Λύκωνα ἔφασαν καὶ ἐπαπειλεῖν, εἰ μὴ ποιήσοιεν ταῦτα. (8) Ἀκούσαντες δ' οἱ Ἡρακλεῶται βουλεύεσθαι ἔφασαν· καὶ εὐθὺς τά τε χρήματα ἐκ τῶν ἀγρῶν συνῆγον καὶ τὴν ἀγορὰν εἴσω ἀνεσκεύασαν, καὶ αἱ πύλαι ἐκέκλειντο καὶ ἐπὶ τῶν τειχῶν ὅπλα ἐφαίνετο.

9. Ἐκ τούτου οἱ ταράξαντες ταῦτα τοὺς στρατηγοὺς ᾐτιῶντο διαφθείρειν τὴν πρᾶξιν· καὶ συνίσταντο οἱ Ἀρκάδες καὶ οἱ Ἀχαιοί· προεστήκει δὲ μάλιστα αὐτῶν Καλλίμαχός τε ὁ Παρράσιος καὶ Λύκων ὁ Ἀχαιός. (10) Οἱ δὲ λόγοι ἦσαν αὐτοῖς ὡς αἰσχρὸν εἴη ἄρχειν ἕνα Ἀθηναῖον Πελοποννησίων καὶ Λακεδαιμονίων, μηδεμίαν δύναμιν παρεχόμενον εἰς τὴν στρατιάν, καὶ τοὺς μὲν πόνους σφᾶς ἔχειν, τὰ δὲ κέρδη ἄλλους, καὶ ταῦτα τὴν σωτηρίαν σφῶν κατειργασμένων· εἶναι γὰρ τοὺς κατειργασμένους Ἀρκάδας καὶ Ἀχαιούς, τὸ δ' ἄλλο στράτευμα οὐδὲν εἶναι. Καὶ ἦν δὲ τῇ ἀληθείᾳ ὑπὲρ ἥμισυ τοῦ ὅλου στρατεύματος Ἀρκάδες καὶ Ἀχαιοί. (11) Εἰ οὖν σωφρονοῖεν οὗτοι, συστάντες καὶ στρατηγοὺς ἑλόμενοι καθ' ἑαυτοὺς ἂν τὴν πορείαν ποιοῖντο καὶ πειρῷντο ἀγαθόν τι λαμβάνειν. (12) Ταῦτ' ἔδοξε· καὶ ἀπολιπόντες Χειρίσοφον εἴ τινες ἦσαν παρ' αὐτῷ Ἀρκάδες ἢ Ἀχαιοὶ καὶ Ξενοφῶντα συνέστησαν καὶ στρατηγοὺς αἱροῦνται ἑαυτῶν δέκα· τούτους δὲ ἐψηφίσαντο ἐκ τῆς νικώσης ὅ,τι δοκοίη τοῦτο ποιεῖν. Ἡ μὲν οὖν τοῦ παντὸς ἀρχὴ Χειρισόφῳ ἐνταῦθα κατελύθη ἡμέρᾳ ἕκτῃ ἢ ἑβδόμῃ ἀφ' ἧς ᾑρέθη.

13. Ξενοφῶν μέντοι ἐβούλετο κοινῇ μετ' αὐτῶν τὴν πορείαν ποιεῖσθαι, νομίζων οὕτως ἀσφαλεστέραν εἶναι ἢ ἰδίᾳ ἕκαστον στέλλεσθαι· ἀλλὰ Νέων ἔπειθεν αὐτὸν καθ' αὑτὸν πορεύεσθαι, ἀκούσας τοῦ Χειρισόφου ὅτι Κλέανδρος ὁ ἐν Βυζαντίῳ ἁρμοστὴς φαίη τριήρεις ἔχων ἥξειν εἰς Κάλπης λιμένα. (14) ὅπως οὖν μηδεὶς μετάσχοι, ἀλλ' αὐτοὶ καὶ οἱ αὐτῶν στρατιῶται ἐκπλεύσειαν ἐπὶ τῶν τριήρων, διὰ ταῦτα συνεβούλευε. Καὶ Χειρίσοφος, ἅμα μὲν ἀθυμῶν τοῖς γεγενημένοις, ἅμα δὲ μισῶν ἐκ τούτου τὸ στράτευμα, ἐπιτρέπει αὐτῷ ποιεῖν ὅ,τι βούλεται. (15) Ξενοφῶν δὲ ἔτι μὲν ἐπεχείρησεν ἀπαλλαγεὶς τῆς στρατιᾶς ἐκπλεῦσαι· θυομένῳ δὲ αὐτῷ τῷ ἡγεμόνι Ἡρακλεῖ καὶ κοινουμένῳ πότερα λῷον καὶ ἄμεινον εἴη στρατεύεσθαι ἔχοντι τοὺς παραμείναντας τῶν στρατιωτῶν ἢ ἀπαλλάττεσθαι ἐσήμανεν ὁ θεὸς τοῖς ἱεροῖς συστρατεύεσθαι. (16) Οὕτω γίγνεται τὸ στράτευμα τριχῇ, Ἀρκάδες μὲν καὶ Ἀχαιοὶ πλείους ἢ τετρακισχίλιοι καὶ πεντακόσιοι, ὁπλῖται πάντες, Χειρισόφῳ δ' ὁπλῖται μὲν εἰς τετρακοσίους καὶ χιλίους, πελτασταὶ δὲ εἰς ἑπτακοσίους, οἱ Κλεάρχου Θρᾷκες, Ξενοφῶντι δὲ ὁπλῖται μὲν εἰς ἑπτακοσίους καὶ χιλίους,

omnium Chirisophum, quod is imperator lectus esset; fuere qui Xenophontem etiam designarent : illi vero vehementer repugnabant; quippe quia statuebat eadem uterque, Græcam nimirum civitatem et amicam non cogendam esse ut quidquam det, nisi quod ipsi cives libenter donare vellent. Cum itaque viderentur hi minime alacres ad rem suscipiendam animos habere, Lyconem Achæum, et Callimachum Parrhasium, et Agasiam Stymphalium mittunt. Hi Heracleam profecti quæ fuerant ab exercitu decreta exponebant; Lyconem aiunt etiam minas addidisse, nisi hæc facerent. Heracleotæ audita eorum oratione, se ea de re deliberaturos aiebant; ac mox tum res suas ex agris comportarunt, tum annonam intro abstulerunt ; portæ quoque clausæ erant, et in muris arma conspiciebantur.

Ibi tum harum turbarum auctores, duces incusantes querebantur eos rem gerendam corrumpere : atque adeo Arcades et Achæi coibant; cum Callimachus Parrhasius et Lycon Achæus in primis se duces iis præberent. Iis autem sermones erant, indignum esse Peloponnesiis ac Lacedæmoniis unum Atheniensem imperare, qui nullas exercitui copias suppeditasset; ipsos porro labores ferre, alios emolumenta, tametsi salutem ipsi ceteris attulissent : ejus enim auctores fuisse Arcadas et Achæos; præ quibus reliquas copias nullo esse loco numerandas (et revera constabat exercitus plus parte dimidia ex Arcadibus et Achæis) : si ergo saperent hi, cum coissent, ducesque sibi proprios legissent, seorsum iter facerent, atque operam darent ut aliquod ipsi emolumentum caperent. Probata est hæc sententia : atque adeo Chirisophum, si qui cum eo erant Arcades vel Achæi, cum deseruissent omnes, et Xenophontem, coiverunt, et decem sibi duces deligunt : decreverunt etiam ut ex victrice sententia quidquid visum foret, id facerent. Itaque tum Chirisopho summum imperium die, ex quo lectus fuerat, sexto vel septimo est abrogatum.

At volebat Xenophon una cum ipsis iter facere, quod existimaret ita tutius iter fore institutum, quam si seorsum quisque pergeret : verum Neon ei persuasit ut iter per se institueret, quod is de Chirisopho audivisset Cleandrum Byzantii præfectum dixisse cum triremibus se in Calpes portum venturum : quapropter ut ne quis triremium particeps esset, sed ipsi militesque ipsorum triremibus enavigarent, ideo hoc Xenophonti dabat consilii. Et Chirisophus quidem, partim animo commotus propter ea quæ acciderant, partim odio exercitus quod ex eo conceperat, potestatem ei quod vellet agendi permittebat. Xenophon quidem id adhuc conatus est, ut ab exercitu digressus enavigaret : ei vero rem Herculi Duci sacram facienti, eumque consulenti utrum melius satiusque foret cum iis militibus, qui remanserant, expeditionem suscipere, an ab iis digredi, significavit per exta deus una cum iis expeditionem esse suscipiendam. Ita factum ut exercitus trifariam divideretur ; Arcades et Achæi, plures quam quater mille et quingenti, omnes gravis armaturæ milites : Chirisopho gravis armaturæ milites mille fere erant et quadringenti, peltastæ fere septingenti, Thraces utique qui Clearchum sequuti fuerant : Xenophonti gravis armaturæ milites mille fere et septingenti, peltastæ

πελτασταὶ δὲ εἰς τριακοσίους· ἱππικὸν δὲ μόνος οὗτος εἶχεν, ἀμφὶ τετταράκοντα ἱππέας.

17. Καὶ οἱ μὲν Ἀρκάδες διαπραξάμενοι πλοῖα παρὰ τῶν Ἡρακλεωτῶν πρῶτοι πλέουσιν, ὅπως ἐξαίφνης ἐπιπεσόντες τοῖς Βιθυνοῖς λάβοιεν ὅτι πλεῖστα· καὶ ἀποβαίνουσιν εἰς Κάλπης λιμένα κατὰ μέσον πως τῆς Θρᾴκης. (18) Χειρίσοφος δ᾽ εὐθὺς ἀπὸ τῆς πόλεως τῶν Ἡρακλεωτῶν ἀρξάμενος πεζῇ ἐπορεύετο διὰ τῆς χώρας· ἐπεὶ δὲ εἰς τὴν Θρᾴκην ἐνέβαλε, παρὰ τὴν θάλατταν ᾔει· καὶ γὰρ ἠσθένει. (19) Ξενοφῶν δὲ πλοῖα λαβὼν ἀποβαίνει ἐπὶ τὰ ὅρια τῆς Θρᾴκης καὶ τῆς Ἡρακλεώτιδος καὶ διὰ μεσογαίας ἐπορεύετο.

fere trecenti : hic autem solus equitatum habebat, equites scilicet circiter quadraginta.

Et Arcades quidem, posteaquam navigia ab Heracleotis consequuti essent, primi navigarunt, ut subito Bithynos adorti, quamplurima caperent : ac ad Calpes portum, qui media prope in Thracia est, e navibus egrediuntur. Chirisophus ab ipsa statim Heracleotarum urbe iter ingressus, pedibus per regionem proficiscebatur : et posteaquam Thraciam fuisset ingressus, propter mare pergebat; erat enim infirma valetudine. Xenophon, acceptis navigiis, ad Thraciæ et agri Heracleensis fines exscendit, ac per mediterraneum iter faciebat.

ΚΕΦΑΛΑΙΟΝ Γ.

[Ὃν μὲν οὖν τρόπον ἥ τε Χειρισόφου ἀρχὴ τοῦ παντὸς κατελύθη καὶ τῶν Ἑλλήνων τὸ στράτευμα ἐσχίσθη ἐν τοῖς ἐπάνω εἴρηται.] (2) Ἔπραξαν δ᾽ αὐτῶν ἕκαστοι τάδε. Οἱ μὲν Ἀρκάδες ὡς ἀπέβησαν νυκτὸς εἰς Κάλπης λιμένα, πορεύονται εἰς τὰς πρώτας κώμας, στάδια ἀπὸ θαλάττης ὡς τριάκοντα. Ἐπεὶ δὲ φῶς ἐγένετο ἦγε ἕκαστος στρατηγὸς τὸ αὑτοῦ λόχον ἐπὶ κώμην· ὁποία δὲ μείζων ἐδόκει εἶναι σύνδυο λόχους ἦγον οἱ στρατηγοί. (3) Συνεβάλοντο δὲ καὶ λόφον εἰς ὃν δέοι πάντας ἁλίζεσθαι· καὶ ἅτε ἐξαίφνης ἐπιπεσόντες ἀνδράποδά τε πολλὰ ἔλαβον καὶ πρόβατα πολλὰ περιεβάλοντο. (4) Οἱ δὲ Θρᾷκες ἠθροίζοντο οἱ διαφυγόντες· πολλοὶ δὲ διέφυγον πελτασταὶ ὄντες ὁπλίτας ἐξ αὐτῶν τῶν χειρῶν. Ἐπεὶ δὲ συνελέγησαν, πρῶτον μὲν τῇ Σμίκρητος λόχῳ ἑνὸς τῶν Ἀρκάδων στρατηγῶν ἀπιόντι ἤδη εἰς τὸ συγκείμενον καὶ πολλὰ χρήματα ἄγοντι ἐπιτίθενται. (5) Καὶ τέως μὲν ἐμάχοντο ἅμα πορευόμενοι οἱ Ἕλληνες, ἐπὶ δὲ διαβάσει χαράδρας τρέπονται αὐτούς, καὶ αὐτόν τε τὸν Σμίκρητα ἀποκτιννύασι καὶ τοὺς ἄλλους πάντας· ἄλλου δὲ λόχου τῶν δέκα στρατηγῶν τοῦ Ἡγησάνδρου ὀκτὼ μόνους κατέλιπον καὶ αὐτὸς Ἡγήσανδρος ἐσώθη. (6) Καὶ οἱ ἄλλοι μὲν λοχαγοὶ συνῆλθον οἱ μὲν σὺν πράγμασιν οἱ δὲ ἄνευ πραγμάτων· οἱ δὲ Θρᾷκες ἐπεὶ εὐτύχησαν τοῦτο τὸ εὐτύχημα, συνεβόων τε ἀλλήλους καὶ συνελέγοντο ἐῤῥωμένως τῆς νυκτός. Καὶ ἅμα ἡμέρᾳ κύκλῳ περὶ τὸν λόφον ἔνθα οἱ Ἕλληνες ἐστρατοπεδεύοντο ἐτάττοντο καὶ ἱππεῖς πολλοὶ καὶ πελτασταί, καὶ ἀεὶ πλείονες συνέῤῥεον· (7) καὶ προσέβαλλον πρὸς τοὺς ὁπλίτας ἀσφαλῶς· οἱ μὲν γὰρ Ἕλληνες οὔτε τοξότην εἶχον οὔτε ἀκοντιστὴν οὔτε ἱππέα· οἱ δὲ προσθέοντες καὶ προσελαύνοντες ἠκόντιζον· ὁπότε δὲ αὐτοῖς ἐπίοιεν, ῥᾳδίως ἀπέφευγον· ἄλλοι δὲ ἄλλῃ ἐπετίθεντο. (8) Καὶ τῶν μὲν πολλοὶ ἐτιτρώσκοντο, τῶν δὲ οὐδείς· ὥστε κινηθῆναι οὐκ ἐδύναντο ἐκ τοῦ χωρίου, ἀλλὰ τελευτῶντες καὶ ἀπὸ τοῦ ὕδατος εἶργον αὐτοὺς οἱ Θρᾷκες. (9) Ἐπεὶ δὲ ἀπορία πολλὴ ἦν, διελέγοντο περὶ σπονδῶν καὶ τὰ μὲν ἄλλα ὡμολόγητο αὐτοῖς, ὁμήρους δὲ οὐκ ἐδίδοσαν οἱ Θρᾷκες αἰτούντων

CAPUT III.

[In supradictis expositum quidem est, quo pacto tum summum Chirisopho imperium abrogatum, tum Græcorum exercitus divisus fuerit.] Eorum autem singuli fecerunt hæc: Arcades in portum Calpes cum noctu descendissent, ad vicos proximos pergunt, stadia circiter triginta a mari. Cumque illuxisset, unusquisque dux in vicum aliquem suam copiarum partem duxit : qui vero vicus amplior esse videbatur, in eum duas simul cohortes ducebant duces. Convenit et de tumulo quodam, in quem omnes congregari oporteret : et, quia repente irruerant, tum mancipia multa ceperunt, tum multis ovibus potiti sunt. At Thraces, qui fuga elapsi fuerant, se unum in locum congregabant; multi utique ex ipsis Græcorum manibus, proptereaque quod hi gravi armatura essent onerati, illi peltas tantum gestarent, aufugerant. Posteaquam autem erant collecti, primum Smicretis cohortem adoriebantur, qui unus e ducibus Arcadicis erat, ac jam multa cum præda ad locum constitutum se recipiebat. Ac pugnabant quidem primum Græci, iter simul pergentes; at illi, adcurrentes et citatis equis irruentes, jaculabantur : cum vero eos invaderent Græci, facile aufugiebant : atque tum Smicretem ipsum, tum ceteros omnes occidunt : alius etiam ducis, qui ex decem illis ducibus unus erat, cui nomen Hegesandri, octo tantum incolumes reliquerunt milites; ipse quoque Hegesander salvus evasit. Et reliqui tandem duces convenere, partim salva, partim amissa præda. Thraces autem, prospero hoc successu usi, se mutuo inclamabant, noctuque magno animo congregabantur. Ac prima luce ex omni parte circa collem, in quo castra Græci habebant, instructi consistebant equites multi et peltastæ : atque plures eodem usque confluebant, ac tuto gravis armaturæ milites adoriebantur. Nam Græci neque sagittarium habebant ullum, neque jaculatorem, neque equitem : at illi, adcurrentes et citatis equis irruentes, jaculabantur : cum vero eos invaderent Græci, facile aufugiebant : Porro alii aliis ex locis Græcos adoriebantur; et ex his quidem multi vulnerabantur, ex illis nemo; adeo ut ex eo se loco Græci movere non possent; imo vero Thraces tandem eos etiam ab aqua arcebant. Cum in magna res esset difficultate, de induciis inter se colloquebantur : ac de ceteris quidem inter eos consensus est, at obsides non dedere Thra-

τῶν Ἑλλήνων, ἀλλ᾿ ἐν τούτῳ ἴσχετο. Τὰ μὲν δὴ τῶν Ἀρκάδων οὕτως εἶχε.

10. Χειρίσοφος δὲ ἀσφαλῶς πορευόμενος παρὰ θάλατταν ἀφικνεῖται εἰς Κάλπης λιμένα. Ξενοφῶντι δὲ διὰ τῆς μεσογαίας πορευομένῳ οἱ ἱππεῖς προκαταθέοντες ἐντυγχάνουσι πρεσβύταις πορευομένοις ποι. Καὶ ἐπεὶ ἤχθησαν παρὰ Ξενοφῶντα, ἐρωτᾷ αὐτοὺς εἴ που ᾔσθηνται ἄλλου στρατεύματος ὄντος Ἑλληνικοῦ. (11) Οἱ δὲ ἔλεγον πάντα τὰ γεγενημένα, καὶ νῦν ὅτι πολιορκοῦνται ἐπὶ λόφου, οἱ δὲ Θρᾷκες πάντες περικεκυκλωμένοι εἶεν αὐτούς. Ἐνταῦθα τοὺς μὲν ἀνθρώπους τούτους ἐφύλαττεν ἰσχυρῶς, ὅπως ἡγεμόνες εἶεν ὅπου δέοι· σκοποὺς δὲ καταστήσας συνέλεξε τοὺς στρατιώτας καὶ ἔλεξεν, (12) Ἄνδρες στρατιῶται, τῶν Ἀρκάδων οἱ μὲν τεθνᾶσιν, οἱ δὲ λοιποὶ ἐπὶ λόφου τινὸς πολιορκοῦνται. Νομίζω δ᾿ ἔγωγε, εἰ ἐκεῖνοι ἀπολοῦνται, οὐδ᾿ ἡμῖν εἶναι οὐδεμίαν σωτηρίαν, οὕτω μὲν πολλῶν ὄντων πολεμίων, οὕτω δὲ τεθαρρηκότων. (13) Κράτιστον οὖν ἡμῖν ὡς τάχιστα βοηθεῖν τοῖς ἀνδράσιν, ὅπως εἰ ἔτι εἰσὶ σῶοι, σὺν ἐκείνοις μαχώμεθα καὶ μὴ μόνοι λειφθέντες μόνοι καὶ κινδυνεύωμεν. (14) Νῦν μὲν οὖν στρατοπεδευώμεθα προελθόντες ὅσον ἂν δοκῇ καιρὸς εἶναι εἰς τὸ δειπνοποιεῖσθαι· ἕως δ᾿ ἂν πορευώμεθα, Τιμασίων ἔχων τοὺς ἱππέας προελαυνέτω ἐφορῶν ἡμᾶς, καὶ σκοπείτω τὰ ἔμπροσθεν, ὡς μηδὲν ἡμᾶς λάθῃ. (15) Παρέπεμψε δὲ καὶ τῶν γυμνήτων ἀνθρώπους εὐζώνους εἰς τὰ πλάγια καὶ εἰς τὰ ἄκρα, ὅπως εἴ πού τι πόθεν καθορῷεν, σημαίνοιεν· ἐκέλευε δὲ καίειν ἅπαντα ὅτῳ ἐντυγχάνοιεν καυσίμῳ· (16) ἡμεῖς γὰρ ἀποδραίημεν ἂν οὐδαμοῦ ἐνθένδε· πολλὴ μὲν γὰρ, ἔφη, εἰς Ἡράκλειαν πάλιν ἀπιέναι, πολλὴ δὲ εἰς Χρυσόπολιν διελθεῖν· οἱ δὲ πολέμιοι πλησίον· εἰς Κάλπης δὲ λιμένα, ἔνθα Χειρίσοφον εἰκάζομεν εἶναι εἰ σέσωσται, ἐλαχίστη ὁδός. Ἀλλὰ δὴ ἐκεῖ μὲν οὔτε πλοῖά ἐστιν οἷς ἀποπλευσούμεθα μένουσί τε αὐτοῦ οὐδὲ μιᾶς ἡμέρας ἔστι τὰ ἐπιτήδεια. (17) Τῶν δὲ πολιορκουμένων ἀπολομένων σὺν τοῖς Χειρισόφου μόνοις κάκιόν ἐστι διακινδυνεύειν ἢ τῶνδε σωθέντων πάντας εἰς ταὐτὸν ἐλθόντας κοινῇ τῆς σωτηρίας ἔχεσθαι. Ἀλλὰ χρὴ παρασκευασαμένους τὴν γνώμην πορεύεσθαι ὡς νῦν ἢ εὐκλεῶς τελευτῆσαί ἐστιν ἢ κάλλιστον ἔργον ἐργάσασθαι Ἕλληνας τοσούτους σώσαντας. (18) Καὶ ὁ θεὸς ἴσως ἄγει οὕτως, ὃς τοὺς μεγαληγορήσαντας ὡς πλέον φρονοῦντας ταπεινῶσαι βούλεται, ἡμᾶς δὲ τοὺς ἀπὸ θεῶν ἀρχομένους ἐντιμοτέρους ἐκείνων καταστῆσαι. Ἀλλ᾿ ἕπεσθαι χρὴ καὶ προσέχειν τὸν νοῦν, ὡς ἂν τὸ παραγγελλόμενον δύνησθε ποιεῖν.

19. Ταῦτ᾿ εἰπὼν ἡγεῖτο. Οἱ δ᾿ ἱππεῖς διασπειρόμενοι ἐφ᾿ ὅσον καλῶς εἶχεν ἕκαστοι ᾗ ἐδᾴδιζον, καὶ οἱ πελτασταὶ ἐπιπαριόντες κατὰ τὰ ἄκρα ἔκαιον πάντα ὅσα καύσιμα ἑώρων, καὶ ἡ στρατιὰ δέ, εἴ τινι παραλειπομένῳ ἐντυγχάνοιεν· ὥστε πᾶσα ἡ χώρα αἴθεσθαι ἐδόκει καὶ τὸ στράτευμα πολὺ εἶναι. (20) Ἐπεὶ δὲ ὥρα ἦν κατεστρατοπεδεύσαντο ἐπὶ λόφου ἐκβάντες, καὶ τὰ

ces, quos Græci postulabant; sed hac in parte hærebatur. Et Arcadum quidem ita se res habebant.

Chirisophus autem tuto propter mare pergens, ad Calpes portum pervenit. Xenophonte per mediterraneum iter faciente, equites ipsius ante reliquas copias procurrentes in senes aliquo proficiscentes incidunt. Cumque ad Xenophontem ducti essent, interrogat ille eos an alias alicubi Græcas esse copias sensissent. Illi omnia, quæ acciderant, narrant, atque nunc jam eas in colle obsideri, Thracasque universos eas undique cinxisse. Ibi tum homines illos diligenti custodia adservabat, ut ubi opus esset itineris sibi duces essent: cumque speculatores constituisset, milites convocavit, atque orationem hanc habuit: « Arcadum alii, milites, perierunt, reliqui quodam in colle obsidentur. Et ipse quidem arbitror, si illi fuerint deleti, nullam nobis salutem fore, cum tanta sit hostium multitudo, tantaque confidentia. Quapropter optime nos facturos arbitror, si viris opem quam celerrime feremus; ut si adhuc sint incolumes, una cum ipsis dimicemus, ac non, soli relicti, soli etiam prælii aleam subeamus. Itaque jam castra metemur, tantisper progressi, dum cœnandi tempus esse visum fuerit: interea vero pergemus, Timasion cum equitibus antecedat ita ut nos observet, atque ea speculetur quæ ante nos erunt, ut nihil nos lateat. » Misit etiam ex armatura levi homines expeditos ad latera montiumque juga, ut, si quid ulla ex parte conspicerent, sibi significarent: jussit autem eos quidquid offenderent, quod exuri posset, exurere. « Nec enim fieri poterit, ait, ut usquam gentium fuga evadamus ex hoc loco: longum, ait, habituri simus iter, si Heracleam redeamus, longum etiam, si Chrysopolin contendamus; porro hostes a nobis prope absunt; ad Calpes vero portum, ubi nunc esse Chirisophum arbitramur, si quidem incolumis eo pervenit, via brevissima est. At enim istic neque sunt naves, quibus avehamur; et ibi manentibus ne unum quidem in diem suppetet commeatus. Ceterum pereuntibus iis qui nunc obsidentur, nimis expedit cum solis Chirisophi copiis belli aleam subire, quam, conservatis hisce, omnes in eundem locum congressos saluti communiter consulere. Enimvero sic comparatis animis nobis pergendum est, ut statuamus hoc tempore vel gloriose occumbendum esse, vel præclarissimum facinus obeundum, cum tot Græcos servaverimus. Atque deus forsan ipse rem huc deducit, qui magna loquutos, quasi prudentia præcellerent, deprimere vult; nos vero, qui a diis rerum agendarum initium ducimus, illis clariores reddere. Sed jam sequi vos oportet et animum attendere, ut quidquid imperatum fuerit exsequi possitis. »

Hæc loquutus, præcedebat. At equites hinc inde sparsi quousque commodum erat, incendebant omnia qua vadebant. Et peltastæ cum in ardua loca evasissent, quæcunque exuri posse viderent, incendebant omnia; quod et exercitus sane faciebat, si quid ab iis quod relictum esset offenderet: adeo ut regio tota ardere, et ingens exercitus esse videretur. Postquam tempus esset, conscenso colle quo-

τε τῶν πολεμίων πυρὰ ἑώρων, ἀπεῖχον δὲ ὡς τετταράκοντα σταδίους, καὶ αὐτοὶ ὡς ἐδύναντο πλεῖστα πυρὰ ἔκαιον. (21) Ἐπεὶ δὲ ἐδείπνησαν τάχιστα, παρηγγέλθη τὰ πυρὰ κατασβεννύναι πάντα. Καὶ τὴν μὲν νύκτα φυλακὰς ποιησάμενοι ἐκάθευδον· ἅμα δὲ τῇ ἡμέρᾳ προσευξάμενοι τοῖς θεοῖς καὶ συνταξάμενοι ὡς εἰς μάχην ἐπορεύοντο ᾗ ἐδύναντο τάχιστα. (22) Τιμασίων δὲ καὶ οἱ ἱππεῖς ἔχοντες τοὺς ἡγεμόνας καὶ προελαύνοντες ἐλάνθανον αὑτοὺς ἐπὶ τῷ λόφῳ γενόμενοι ἔνθα ἐπολιορκοῦντο οἱ Ἕλληνες. Καὶ οὐχ ὁρῶσιν οὔτε φίλιον στράτευμα οὔτε πολέμιον, καὶ ταῦτα ἀπαγγέλλουσι πρὸς τὸν Ξενοφῶντα καὶ τὸ στράτευμα, γρᾴδια δὲ καὶ γερόντια καὶ πρόβατα ὀλίγα καὶ βοῦς καταλελειμμένους. (23) Καὶ τὸ μὲν πρῶτον θαῦμα ἦν τί εἴη τὸ γεγενημένον, ἔπειτα δὲ καὶ τῶν καταλελειμμένων ἐπυνθάνοντο ὅτι οἱ μὲν Θρᾷκες εὐθὺς ἀφ' ἑσπέρας ᾤχοντο ἀπιόντες, ἕωθεν δὲ καὶ τοὺς Ἕλληνας ἔφασαν οἴχεσθαι· ὅπου δὲ οὐκ εἰδέναι.

24. Ταῦτα ἀκούσαντες οἱ ἀμφὶ Ξενοφῶντα, ἐπεὶ ἠρίστησαν, συσκευασάμενοι ἐπορεύοντο, βουλόμενοι ὡς τάχιστα συμμῖξαι τοῖς ἄλλοις εἰς Κάλπης λιμένα. Καὶ πορευόμενοι ἑώρων τὸν στίβον τῶν Ἀρκάδων καὶ Ἀχαιῶν κατὰ τὴν ἐπὶ Κάλπης ὁδόν. Ἐπεὶ δὲ ἀφίκοντο εἰς τὸ αὐτό, ἄσμενοί τε εἶδον ἀλλήλους καὶ ἠσπάζοντο ὥσπερ ἀδελφούς. (25) Καὶ ἐπυνθάνοντο οἱ Ἀρκάδες τῶν περὶ Ξενοφῶντα τί τὰ πυρὰ κατασβέσειαν· ἡμεῖς μὲν γάρ, ἔφασαν, ᾠόμεθα ὑμᾶς τὸ μὲν πρῶτον, ἐπειδὴ τὰ πυρὰ οὐχ ἑωρῶμεν, τῆς νυκτὸς ἥξειν ἐπὶ τοὺς πολεμίους· καὶ οἱ πολέμιοι δέ, ὥς γε ἡμῖν ἐδόκουν, τοῦτο δείσαντες ἀπῆλθον· σχεδὸν γὰρ ἀμφὶ τοῦτον τὸν χρόνον ἀπῇεσαν. (26) Ἐπεὶ δὲ οὐκ ἀφίκεσθε, ὁ δὲ χρόνος ἐξῆκεν, ᾠόμεθα ὑμᾶς πυθομένους τὰ παρ' ἡμῖν φοβηθέντας οἴχεσθαι ἀποδράντας ἐπὶ θάλατταν· καὶ ἐδόκει ἡμῖν μὴ ἀπολιπέσθαι ὑμῶν. Οὕτως οὖν καὶ ἡμεῖς δεῦρο ἐπορεύθημεν.

ΚΕΦΑΛΑΙΟΝ Δ.

Ταύτην μὲν οὖν τὴν ἡμέραν αὐτοῦ ηὐλίζοντο ἐπὶ τοῦ αἰγιαλοῦ πρὸς τῷ λιμένι. Τὸ δὲ χωρίον τοῦτο ὃ καλεῖται Κάλπης λιμήν ἐστι μὲν ἐν τῇ Θρᾴκῃ τῇ ἐν τῇ Ἀσίᾳ· ἀρξαμένη δὴ ἡ Θρᾴκη αὕτη ἐστὶν ἀπὸ τοῦ στόματος τοῦ Πόντου μέχρι Ἡρακλείας ἐπὶ δεξιὰ εἰς τὸν Πόντον εἰσπλέοντι. (2) Καὶ τριήρει μέν ἐστιν εἰς Ἡράκλειαν ἐκ Βυζαντίου κώπαις ἡμέρας μάλα μακρᾶς πλοῦς· ἐν δὲ τῷ μέσῳ ἄλλη μὲν πόλις οὐδεμία οὔτε φιλία οὔτε Ἑλληνίς, ἀλλὰ Θρᾷκες Βιθυνοί· καὶ οὓς ἂν λάβωσι τῶν Ἑλλήνων ἐκπίπτοντας ἢ ἄλλως πως δεινὰ ὑβρίζειν λέγονται τοὺς Ἕλληνας. (3) Ὁ δὲ Κάλπης λιμὴν ἐν μέσῳ μὲν κεῖται ἑκατέρωθεν πλεόντων ἐξ Ἡρακλείας καὶ Βυζαντίου, ἔστι δ' ἐν τῇ θαλάττῃ προκείμενον χωρίον, τὸ μὲν εἰς τὴν θάλατταν καθῆκον αὐτοῦ πέτρα ἀπόρρωξ, ὕψος ὅπῃ ἐλάχιστον οὐ μεῖον εἴκοσιν ὀργυιῶν, ὁ δὲ αὐχὴν ὁ εἰς τὴν γῆν ἀνήκων τοῦ χωρίου μάλιστα

CAPUT IV.

Et hoc quidem die ibi in litore propter portum commorati sunt. Ceterum is locus, qui Calpes portus dicitur, situs est in Thracia Asiatica: haec autem Thracia ducto ab ostio Ponti initio ad Heracleam usque pertinet, in Pontum naviganti ad dextram sita. Et e Byzantio quidem in Heracleam tantum est itineris, quantum confici trireme, quae remis agatur, die potest longissimo: in medio nulla neque socia, neque Graeca civitas est, sed soli Thraces Bithyni: et quoscunque Graecos ceperint sive in litus ejectos, sive quo alio casu eo delatos, crudelem in modum eos tractare dicuntur. Calpes vero portus, si qui Heraclea et Byzantio navigant, utrinque in medio situs est: locus ipse in mare porrigitur, cujusque adeo pars ea quae ad mare pertinet, petra praerupta, altitudine, qua minima est, non minori viginti orgyis: cervix loci quae ad terram pertingit, est qua-

τεττάρων πλέθρων τὸ εὖρος· τὸ δ' ἐντὸς τοῦ αὐχένος χωρίον ἱκανὸν μυρίοις ἀνθρώποις οἰκῆσαι. (4) Λιμὴν δ' ὑπ' αὐτῇ τῇ πέτρᾳ τὸ πρὸς ἑσπέραν αἰγιαλὸν ἔχων. Κρήνη δὲ ἡδέος ὕδατος καὶ ἄφθονος ῥέουσα ἐπ' αὐτῇ τῇ θαλάττῃ ὑπὸ τῇ ἐπικρατείᾳ τοῦ χωρίου. Ξύλα δὲ πολλὰ μὲν καὶ ἄλλα, πάνυ δὲ πολλὰ καὶ καλὰ ναυπηγήσιμα ἐπ' αὐτῇ τῇ θαλάττῃ. (5) Τὸ δὲ ὄρος τὸ ἐν τῷ λιμένι εἰς μεσόγαιαν μὲν ἀνήκει ὅσον ἐπὶ εἴκοσι σταδίους, καὶ τοῦτο γεῶδες καὶ ἄλιθον· τὸ δὲ παρὰ θάλατταν πλέον ἢ ἐπὶ εἴκοσι σταδίους δασὺ πολλοῖς καὶ παντοδαποῖς καὶ μεγάλοις ξύλοις. (6) Ἡ δὲ ἄλλη χώρα καλὴ καὶ πολλή, καὶ κῶμαι ἐν αὐτῇ εἰσι πολλαὶ καὶ οἰκούμεναι· φέρει γὰρ ἡ γῆ καὶ κριθὰς καὶ πυροὺς καὶ ὄσπρια πάντα καὶ μελίνας καὶ σήσαμα καὶ σῦκα ἀρκοῦντα καὶ ἀμπέλους πολλὰς καὶ ἡδυοίνους καὶ τἆλλα πάντα πλὴν ἐλαιῶν. (7) Ἡ μὲν χώρα ἦν τοιαύτη. Ἐσκήνουν δὲ ἐν τῷ αἰγιαλῷ πρὸς τῇ θαλάττῃ· εἰς δὲ τὸ πόλισμα ἂν γενόμενον οὐκ ἐβούλοντο στρατοπεδεύεσθαι, ἀλλὰ ἐδόκει καὶ τὸ ἐλθεῖν ἐνταῦθα ἐξ ἐπιβουλῆς εἶναι, βουλομένων τινῶν κατοικίσαι πόλιν. (8) Τῶν γὰρ στρατιωτῶν οἱ πλεῖστοι ἦσαν οὐ σπάνει βίου ἐκπεπλευκότες ἐπὶ ταύτην τὴν μισθοφοράν, ἀλλὰ τὴν Κύρου ἀρετὴν ἀκούοντες, οἱ μὲν καὶ ἄνδρας ἄγοντες, οἱ δὲ καὶ προσανηλωκότες χρήματα, καὶ τούτων ἕτεροι ἀποδεδρακότες πατέρας καὶ μητέρας, οἱ δὲ καὶ τέκνα καταλιπόντες ὡς χρήματ' αὐτοῖς κτησάμενοι ἥξοντες πάλιν, ἀκούοντες καὶ τοὺς ἄλλους τοὺς παρὰ Κύρῳ πολλὰ καὶ ἀγαθὰ πράττειν. Τοιοῦτοι οὖν ὄντες ἐπόθουν εἰς τὴν Ἑλλάδα σώζεσθαι.

9. Ἐπειδὴ δὲ ὑστέρα ἡμέρα ἐγένετο τῆς εἰς ταὐτὸν συνόδου, ἐπ' ἐξόδῳ ἐθύετο Ξενοφῶν· ἀνάγκη γὰρ ἦν ἐπὶ τὰ ἐπιτήδεια ἐξάγειν· ἐπενόει δὲ καὶ τοὺς νεκροὺς θάπτειν. Ἐπεὶ δὲ τὰ ἱερὰ καλὰ ἐγένετο, εἵποντο καὶ οἱ Ἀρκάδες, καὶ τοὺς μὲν νεκροὺς τοὺς πλείστους ἔνθαπερ ἔπεσον ἑκάστους ἔθαψαν (ἤδη γὰρ ἦσαν πεμπταῖοι καὶ οὐχ οἷόν τε ἀναιρεῖν ἔτι ἦν)· ἐνίους δὲ τοὺς ἐκ τῶν ὁδῶν συνενεγκόντες ἔθαψαν ἐκ τῶν ὑπαρχόντων ὡς ἐδύναντο κάλλιστα· οὓς δὲ μὴ εὕρισκον κενοτάφιον αὐτοῖς ἐποίησαν μέγα, καὶ στεφάνους ἐπέθεσαν. (10) Ταῦτα δὲ ποιήσαντες ἀνεχώρησαν ἐπὶ τὸ στρατόπεδον. Καὶ τότε μὲν δειπνήσαντες ἐκοιμήθησαν. Τῇ δὲ ὑστεραίᾳ συνῆλθον οἱ στρατιῶται πάντες· συνῆγε δὲ μάλιστα Ἀγασίας τε Στυμφάλιος λοχαγὸς καὶ Ἱερώνυμος Ἠλεῖος λοχαγὸς καὶ οἱ ἄλλοι οἱ πρεσβύτατοι τῶν Ἀρκάδων. (11) Καὶ δόγμα ἐποιήσαντο, ἐάν τις τοῦ λοιποῦ μνησθῇ δίχα τὸ στράτευμα ποιεῖν, θανάτῳ αὐτὸν ζημιοῦσθαι, καὶ κατὰ χώραν ἀπιέναι ᾗπερ πρόσθεν εἶχε τὸ στράτευμα καὶ ἄρχειν τοὺς πρόσθεν στρατηγούς. Καὶ Χειρίσοφος μὲν ἤδη τετελευτήκει φάρμακον πιὼν πυρέττων· τὰ δ' ἐκείνου Νέων Ἀσιναῖος παρέλαβε.

12. Μετὰ δὲ ταῦτα ἀναστὰς εἶπε Ξενοφῶν, Ὦ ἄνδρες στρατιῶται, τὴν μὲν πορείαν, ὡς ἔοικε, δῆλον ὅτι πεζῇ ποιητέον· οὐ γάρ ἐστι πλοῖα· ἀνάγκη δὲ πορεύεσθαι ἤδη· οὐ γάρ ἐστι μένουσι τὰ ἐπιτήδεια. Ἡμεῖς μὲν οὖν, ἔφη, θυσόμεθα· ὑμᾶς δὲ δεῖ παρασκευάζεσθαι

tuor admodum plethrorum latitudine : tractus autem intra cervicem tantus est, ut hominibus decies mille habitacula præbere possit. Portus sub ipsa petra situs est, cujus litus ad occasum vergit. Est ibidem et dulcis ac uberis aquæ fons, qui propter ipsum mare sic labitur, ut sub hujus tamen loci potestate sit. Sunt et ligna, cum multa quidem alia, tum vero plurima pulcherrimaque, juxta ipsum mare, quæ sunt navibus fabricandis idonea. Mons, qui est in portu, in mediterranea se porrigit, ad viginti circiter stadia, estque adeo terrenus idem et lapidum expers ; qua vero mare respicit, amplius viginti stadia, multis et omnis generis arboribus iisdemque magnis densus est. Reliqua regio amœna est et ampla : atque vici sunt in ea multi frequentesque incolis : fert enim terra et hordeum, et triticum, et omnia legumina, et panicum, et sesamum, et ficus satis multas, multas etiam vites vini suavis feraces, ceterasque plantas omnes, extra unas oleas. Hujusmodi ea regio erat. Milites autem in litore propter mare tabernacula collocabant : in ea parte vero, quæ facile locum daturo esset urbi condendæ, castra locare nolebant ; quin ipsis vel hoc insidiose factum videbatur, quod eo loci venissent, quasi civitatem condere aliqui ibi vellent. Nam maxima pars militum non adducta rerum ad vitam necessariarum inopia, ad hæc capienda e Græcia navigaverant, sed quod Cyri virtutem auditione acceperant, alii viros etiam secum duxerant, alii etiam facultates consumpserant, ex his alii a patribus et matribus aufugerant, liberos etiam alii deseruerant, utpote qui, opes ubi ipsis comparassent, redituros se sperabant ; cum audissent alios quoque qui cum Cyro essent multa sibi bona adquirere. Cum eo essent animo milites, in Græciam incolumes redire cupiebant.

Ubi altera dies illuxit, ex quo eundem in locum convenerant, de educendis copiis Xenophon exta consulebat (necesse enim erat ad commeatus eas educere) ; de mortuis etiam sepeliendis cogitabat. Cumque pulchre litatum esset, Arcades quoque sequuti sunt, et mortuos, plerosque iis quidem quibus ceciderant locis, singulos sepelierunt (jam enim dies ibi quinque jacuerant, neque adeo fieri poterat ut eos tollerent) ; at nonnullos quos e viis congesserant, pro suis facultatibus quam poterant honestissime sepelierunt : iis autem, quos non reperiebant, cenotaphium magnum struxere coronasque imposuere. His factis, ad castra reverterunt. Et ibi tum cœna sumpta quieti se dederunt : postridie autem milites universi convenerunt (eos autem in primis Agasias Stymphalius cohortis ductor, cohortis ductor etiam Hieronymus Eleus, aliique ex Arcadibus natu maximi coegerant), et decretum fecerunt, ut si quis deinceps distrahendi exercitus mentionem faceret, morte is multaretur ; ut item in eum redirent ordinem, quem antea tenuerat exercitus, et cum imperio essent illi, qui prius duces extitissent. Obierat jam diem supremum Chirisophus, poto medicamento, cum febri laboraret ; atque ejus partes obtinebat Neon Asinæus.

Post hæc cum exsurrexisset Xenophon, « Iter nobis, milites, inquit, pedibus nimirum, uti videtur, faciendum est : neque enim ulla nobis sunt navigia. Jam vero iter facere necesse est ; neque enim hic manentibus suppetit commeatus. Quamobrem nos quidem hostias mactabimus, vos

ὡς μαχουμένους εἴ ποτε καὶ ἄλλοτε· οἱ γὰρ πολέμιοι ἀνατεθαρρήκασιν. (13) Ἐκ τούτου ἐθύοντο οἱ στρατηγοί, μάντις δὲ παρῆν Ἀρηξίων Ἀρκὰς ὁ δὲ Σιλανὸς ὁ Ἀμβρακιώτης ἤδη ἀποδεδράκει πλοῖον μισθωσάμενος ἐξ Ἡρακλείας. Θυομένοις δὲ ἐπὶ τῇ ἀφόδῳ οὐκ ἐγίγνετο τὰ ἱερά. (14) Ταύτην μὲν οὖν τὴν ἡμέραν ἐπαύσαντο. Καί τινες ἐτόλμων λέγειν ὡς ὁ Ξενοφῶν βουλόμενος τὸ χωρίον οἰκίσαι πέπεικε τὸν μάντιν λέγειν ὡς τὰ ἱερὰ οὐ γίγνεται ἐπὶ ἀφόδῳ. (15) Ἐντεῦθεν κηρύξας τῇ αὔριον παρεῖναι ἐπὶ τὴν θυσίαν τὸν βουλόμενον, καὶ μάντις εἴ τις εἴη, παραγγείλας παρεῖναι ὡς συνθεασόμενον τὰ ἱερά, ἔθυε· καὶ ἐνταῦθα παρῆσαν πολλοί. (16) Θυομένων δὲ πάλιν εἰς τρὶς ἐπὶ τῇ ἀφόδῳ οὐκ ἐγίγνετο τὰ ἱερά. Ἐκ τούτου χαλεπῶς εἶχον οἱ στρατιῶται· καὶ γὰρ τὰ ἐπιτήδεια ἐπέλιπεν ἃ ἔχοντες ἦλθον, καὶ ἀγορὰ οὐδεμία παρῆν.

17. Ἐκ τούτου ξυνελθόντων εἶπε πάλιν Ξενοφῶν, Ὦ ἄνδρες, ἐπὶ μὲν τῇ πορείᾳ, ὡς ὁρᾶτε, τὰ ἱερὰ οὔπω γίγνεται· τῶν δ' ἐπιτηδείων ὁρῶ ὑμᾶς δεομένους· ἀνάγκη οὖν μοι δοκεῖ εἶναι θύεσθαι περὶ αὐτοῦ τούτου. (18) Ἀναστὰς δέ τις εἶπε, Καὶ εἰκότως ἄρα ἡμῖν οὐ γίγνεται τὰ ἱερά· ὡς γὰρ ἐγὼ ἀπὸ τοῦ αὐτομάτου χθὲς ἥκοντος πλοίου ἤκουσά τινος ὅτι Κλέανδρος ὁ ἐκ Βυζαντίου ἁρμοστὴς μέλλει ἥξειν πλοῖα καὶ τριήρεις ἔχων. (19) Ἐκ τούτου δὲ ἀναμένειν μὲν πᾶσιν ἐδόκει· ἐπὶ δὲ τὰ ἐπιτήδεια ἀνάγκη ἦν ἐξιέναι. Καὶ ἐπὶ τούτῳ πάλιν ἐθύετο εἰς τρίς, καὶ οὐκ ἐγίγνετο τὰ ἱερά. Καὶ ἤδη καὶ ἐπὶ σκηνὴν ἰόντες τὴν Ξενοφῶντος ἔλεγον ὅτι οὐκ ἔχοιεν τὰ ἐπιτήδεια. Ὁ δ' οὐκ ἂν ἔφη ἐξαγαγεῖν μὴ γιγνομένων τῶν ἱερῶν.

20. Καὶ πάλιν τῇ ὑστεραίᾳ ἐθύετο, καὶ σχεδόν τι πᾶσα ἡ στρατιὰ διὰ τὸ μέλειν ἅπασιν ἐκυκλοῦντο περὶ τὰ ἱερά· τὰ δὲ θύματα ἐπελείπετο. Οἱ δὲ στρατηγοὶ ἐξῆγον μὲν οὔ, συνεκάλεσαν δέ. (21) Εἶπεν οὖν Ξενοφῶν, Ἴσως οἱ πολέμιοι συνειλεγμένοι εἰσὶ καὶ ἀνάγκη μάχεσθαι· εἰ οὖν καταλιπόντες τὰ σκεύη ἐν τῷ ἐρυμνῷ χωρίῳ ὡς εἰς μάχην παρεσκευασμένοι ἴοιμεν, ἴσως ἂν τὰ ἱερὰ μᾶλλον προχωροίη ἡμῖν. (22) Ἀκούσαντες δ' οἱ στρατιῶται ἀνέκραγον ὡς οὐδὲν δέον εἰς τὸ χωρίον ἄγειν, ἀλλὰ θύεσθαι ὡς τάχιστα. Καὶ πρόβατα μὲν οὐκέτ' ἦν, βοῦς δὲ ὑπὸ ἁμάξης πριάμενοι ἐθύοντο· καὶ Ξενοφῶν Κλεάνορος ἐδεήθη τοῦ Ἀρκάδος προθυμεῖσθαι εἴ τι ἐν τούτῳ εἴη. Ἀλλ' οὐδ' ὣς ἐγένετο.

23. Νέων δὲ ἦν μὲν στρατηγὸς κατὰ τὸ Χειρισόφου μέρος, ἐπεὶ δὲ ἑώρα τοὺς ἀνθρώπους ὡς εἶχον δεινῶς τῇ ἐνδείᾳ, βουλόμενος αὐτοῖς χαρίζεσθαι, εὑρών τινα ἄνθρωπον Ἡρακλεώτην, ὃς ἔφη κώμας ἐγγὺς εἰδέναι ἀφ' ὧν εἴη λαβεῖν τὰ ἐπιτήδεια, ἐκήρυξε τὸν βουλόμενον ἰέναι ἐπὶ τὰ ἐπιτήδεια ὡς ἡγεμόνος ἐσομένου. Ἐξέρχονται δὴ σὺν δορατίοις καὶ ἀσκοῖς καὶ θυλάκοις καὶ ἄλλοις ἀγγείοις εἰς δισχιλίους ἀνθρώπους. (24) Ἐπειδὴ δὲ ἦσαν ἐν ταῖς κώμαις καὶ διεσπείροντο ὡς ἐπὶ τὸ λαμβάνειν ἐπιπίπτουσιν αὐτοῖς οἱ Φαρναβάζου ἱππεῖς πρῶτοι· βεβοηθηκότες γὰρ ἦσαν τοῖς Βιθυνοῖς, βουλόμενοι

autem, si unquam alias, sic vosmet comparetis opertet, ut quibus pugnandum sit : nam animos receperunt hostes. » Ibi tum hostias mactabant duces, quibus vates aderat Arexion Arcas : nam Silanus Ambraciotes jam navigio conducto ex Heraclea aufugerat. Ipsis autem de discessu hostias consulentibus exta non erant læta. Quapropter hoc die quieverunt. Ac quidam audebant dicere Xenophontem, præ studio coloniam eo in loco collocandi, vati persuasisse, ut de discessu exta non fuisse læta diceret. Mox deinde Xenophon cum præconis voce edixisset, ut crastino die sacrificio, quicunque vellet, interesset, et, si qui esset in exercitu vates, ut adesset, exta quo simul inspiceret, denuntiasset, hostias cædebat; atque ibi aderant multi. Cumque rursus ter hostias de discessu consulerent, exta non erant læta. Ibi tum milites molestia afficiebantur ; nam commeatus ille, quem secum huc profecti attulerant, eos defecit, neque forum ullum rerum venalium præsto erat.

Hic cum convenissent, ita rursus loquutus est Xenophon: Necdum felicia, milites, ad iter, uti videtis ipsi, sunt exta : at commeatu vos egere video : quapropter necesse est, mea quidem sententia, hac ipsa de re deos consulere. Et surgens quidam, Consentaneum utique est, inquit, nos non posse litare : nam ut ego de quodam audivi, qui casu navigium huc heri adpulerat, Cleander, qui est Byzantii præfectus, cum navigiis ac triremibus venturus est. Ibi tum visum quidem est omnibus exspectandum esse; necessario tamen ad commeatus parandos exeundum erat : atque hac de re rursum ter mactatæ erant hostiæ, neque tamen læta fuerunt exta : et jam milites, cum ad Xenophontis tabernaculum accessissent, commeatus se non habere aiebant. At ille se educturum eos negabat, nisi perlitatum esset.

Ac postridie rursus mactatæ erant hostiæ, atque totus fere exercitus, propterea quod omnibus res curæ erat, spisso orbe sacra circumsteterunt : jamque eos defecerant hostiæ. At duces eos non eduxerunt quidem, sed tamen convocarunt : quare Xenophon, Fortassis, ait, collecti sunt hostes, et pugnare necesse est : si ergo relictis sarcinis in loco hoc munito, tanquam ad pugnam instructi progrediamur, fortasse magis exta feliciter nobis cesserint. Hoc cum milites audiissent, exclamabant nihil esse, quamobrem eum in locum duceret, sed quam celerrime sacrificandum esse. Ac oves sane non jam amplius erant ullæ, atque adeo boves quos de plaustro emerant mactabant : et Xenophon Cleanorem Arcadem orabat ut alacri esset ad omnia paranda animo, si quid hoc in sacrificio boni extaret. Verum ne sic quidem perlitatum est.

Ceterum Neon dux erat in Chirisophi locum suffectus : is autem ubi misere premi homines inopia videbat, quod iis gratificari volebat, cum Heracleotam quendam reperlisset, qui se diceret vicos nosse prope ab ipsis, unde commeatus petere liceret, per præconem pronuntiavit ut, quicunque vellet, ad commeatus parandos exiret secum, ut qui se ducem ipsis præbiturus esset. Ibi sane homines fere bis mille cum spiculis, et utribus, et saccis, aliisque vasis excurrunt. Cumque in vicos pervenissent, ac jam hinc inde capiendi commeatus causa se spargerent, primi eos Pharnabazi equites invadunt : nam hi Bithynis opem laturi venerant;

19.

σὺν τοῖς Βιθυνοῖς, εἰ δύναιντο, ἀποκωλῦσαι τοὺς Ἕλληνας μὴ ἐλθεῖν εἰς τὴν Φρυγίαν· οὗτοι οἱ ἱππεῖς ἀποκτείνουσι τῶν ἀνδρῶν οὐ μεῖον πεντακοσίους· οἱ δὲ λοιποὶ ἐπὶ τὸ ὄρος ἀνέφυγον. (25) Ἐκ τούτου ἀπαγγέλλει τις ταῦτα τῶν ἀποπεφευγότων εἰς τὸ στρατόπεδον. Καὶ Ξενοφῶν, ἐπειδὴ οὐκ ἐγεγένητο τὰ ἱερὰ ταύτῃ τῇ ἡμέρᾳ, λαβὼν βοῦν ὑπὸ ἁμάξης, οὐ γὰρ ἦν ἄλλα ἱερεῖα, σφαγιασάμενος ἐβοήθει καὶ οἱ ἄλλοι οἱ μέχρι τριάκοντα ἐτῶν ἅπαντες. (26) Καὶ ἀναλαβόντες τοὺς λοιποὺς ἄνδρας εἰς τὸ στρατόπεδον ἀφικνοῦντο. Καὶ ἤδη μὲν ἀμφὶ ἡλίου δυσμὰς ἦν καὶ οἱ Ἕλληνες μάλ' ἀθύμως ἔχοντες ἐδειπνοποιοῦντο, καὶ ἐξαπίνης διὰ τῶν λασίων τῶν Βιθυνῶν τινες ἐπιγενόμενοι τοῖς προφύλαξι τοὺς μὲν κατέκανον τοὺς δὲ ἐδίωξαν μέχρι εἰς τὸ στρατόπεδον. (27) Καὶ κραυγῆς γενομένης εἰς τὰ ὅπλα πάντες ἔδραμον οἱ Ἕλληνες· καὶ διώκειν μὲν καὶ κινεῖν τὸ στρατόπεδον νυκτὸς οὐκ ἀσφαλὲς ἐδόκει εἶναι· δασέα γὰρ ἦν τὰ χωρία· ἐν δὲ τοῖς ὅπλοις ἐνυκτέρευον φυλαττόμενοι ἱκανοῖς φύλαξι.

ΚΕΦΑΛΑΙΟΝ Ε.

Τὴν μὲν νύκτα οὕτω διήγαγον· ἅμα δὲ τῇ ἡμέρᾳ οἱ στρατηγοὶ εἰς τὸ ἐρυμνὸν χωρίον ἡγοῦντο· οἱ δὲ εἵποντο ἀναλαβόντες τὰ ὅπλα καὶ τὰ σκεύη. Πρὶν δὲ ἀρίστου ὥραν εἶναι ἀπετάφρευσαν ᾗ ἡ εἴσοδος ἦν εἰς τὸ χωρίον, καὶ ἀπεσταύρωσαν ἅπαν, καταλιπόντες τρεῖς πύλας. Καὶ πλοῖον ἐξ Ἡρακλείας ἧκεν ἄλφιτα ἄγον καὶ ἱερεῖα καὶ οἶνον. (2) Πρωῒ δ' ἀναστὰς Ξενοφῶν ἐθύετο ἐπεξόδια, καὶ γίγνεται τὰ ἱερὰ ἐπὶ τοῦ πρώτου ἱερείου. Καὶ ἤδη τέλος ἐχόντων τῶν ἱερῶν ὁρᾷ ἀετὸν αἴσιον ὁ μάντις Ἀρηξίων Παρράσιος, καὶ ἡγεῖσθαι κελεύει τὸν Ξενοφῶντα. (3) Καὶ διαβάντες τὴν τάφρον τὰ ὅπλα τίθενται, καὶ ἐκήρυξαν ἀριστήσαντας ἐξιέναι τοὺς στρατιώτας σὺν τοῖς ὅπλοις, τὸν δὲ ὄχλον καὶ τὰ ἀνδράποδα αὐτοῦ καταλιπεῖν. (4) Οἱ μὲν δὴ ἄλλοι πάντες ἐξῄεσαν, Νέων δὲ οὔ· ἐδόκει γὰρ κάλλιστον εἶναι τοῦτον φύλακα καταλιπεῖν τῶν ἐπὶ τοῦ στρατοπέδου. Ἐπεὶ δ' οἱ λοχαγοὶ καὶ οἱ στρατιῶται ἀπέλειπον αὐτούς, αἰσχυνόμενοι μὴ ἐφέπεσθαι τῶν ἄλλων ἐξιόντων, κατέλιπον αὐτοῦ τοὺς ὑπὲρ πέντε καὶ τετταράκοντα ἔτη. Καὶ οὗτοι μὲν ἔμενον, οἱ δ' ἄλλοι ἐπορεύοντο. (5) Πρὶν δὲ πεντεκαίδεκα στάδια διεληλυθέναι ἐνέτυχον ἤδη νεκροῖς· καὶ τὴν οὐρὰν τοῦ κέρατος ποιησάμενοι κατὰ τοὺς πρώτους φανέντας νεκροὺς ἔθαπτον πάντας ὁπόσους ἐπελάμβανε τὸ κέρας. (6) Ἐπεὶ δὲ τοὺς πρώτους ἔθαψαν, προαγαγόντες καὶ τὴν οὐρὰν αὖθις ποιησάμενοι κατὰ τοὺς πρώτους τῶν ἀθάπτων ἔθαπτον τὸν αὐτὸν τρόπον ὁπόσους ἐπελάμβανεν ἡ στρατιά. Ἐπεὶ δὲ εἰς τὴν ὁδὸν ἧκον τὴν ἐκ τῶν κωμῶν, ἔνθα ἔκειντο ἀθρόοι, συνενεγκόντες αὐτοὺς ἔθαψαν.

7. Ἤδη δὲ πέρα μεσούσης τῆς ἡμέρας προαγαγόντες τὸ στράτευμα ἔξω τῶν κωμῶν ἐλάμβανον τὰ ἐπιτήδεια

---

quippe qui cum Bithynis conjuncti, si possent, Græcos avertere volebant', ne Phrygiam ingrederentur. Equites illi ex Græcis non pauciores quingentis trucidant; atque reliqui in montem se fuga recipiebant. Mox deinde eorum, qui fuga evaserant, aliquis hæc in castra renuntiat. Et Xenophon, quoniam eo die perlitatum non fuerat, sumptum de plaustro bovem (nam alia non supererant animantia) cum mactasset, ad opem suis ferendam properabat, ceterique adeo cum sequuti sunt omnes, qui triginta annos non essent egressi. Cumque viros illos reliquos recepissent, in castra revertuntur. Ac jam quidem solis occasus instabat, cum Græci animis admodum defecti cœnam sumebant. Et Bithynorum nonnulli cum repente per loca silvis densa primas in excubias irruissent, alios occiderunt, alios ad ipsa usque castra persequuti sunt. Ac clamore excitato, ad arma Græci adcurrerunt omnes : et hostem quidem persequi noctuque castra movere, tutum non esse videbatur : erant enim loca ea densa silvis : at in armis pernoctarunt, constitutis excubiis idoneis.

CAPUT V.

Ita noctem exegerunt : cumque illuxisset, duces in locum munitum ducebant; ac milites, sumptis armis vasisque, sequebantur. Antequam autem prandii tempus esset, qua in locum aditus erat fossam duxerunt, omniaque, tribus tantum portis relictis, vallo præcludebant. Atque ibi tum ex Heraclea venit navigium, quod farinam, et animalia, et vinum vehebat. Xenophon autem mane surgens de discedendo exta consulebat, ac prima statim hostia perlitatum est. Cumque sacra jam peracta essent, Arexion Parrhasius vates aquilam faustam conspicit, et Xenophontem ducem agere jubet. Atque adeo ubi fossam transiissent, in armis consistunt, et per præcones edixerunt, milititibus exeundum esse armatis, ut primum pransi essent, turbam vero imbellem cum mancipiis ibidem esse relinquendam. Ac ceteri quidem exibant omnes, præter Neonem : nam rectissime se facturos existimabant, si hunc eorum qui in castris manebant custoden relinquerent. Cum autem eos cohortium ductores militesque relinquerent, sibi dedecori fore putantes, si, ceteris exeuntibus, ipsi non sequerentur, eos tantum in castris reliquerunt, qui quadraginta et quinque annos egressi essent. Et li quidem manebant; ceteri iter ingressi sunt. Priusquam quindecim stadia processerant, in cæsorum jam inciderunt cadavera ; itaque cum postremam cornu partem juxta cadavera primum conspecta constituissent, quæcumque cornu amplectebatur, sepeliebant omnia. Posteaquam prima illa sepelissent, progressi, rursumque parte cornu postrema juxta prima eorum quæ necdum sepulta erat constituta, eodem modo, quæcumque comprehendere potuit exercitus, sepeliebant. Cumque ad viam venissent, qua ex vicis iter erat, ubi jacebant frequentia, in unum comportarunt ea et sepelierunt.

Ubi jam præterierat meridies, promotis copiis extra vicos, commeatum quemcumque quis cerneret intra phalangem

ὅ,τι τις ὁρμὴ ἐντὸς τῆς φάλαγγος, καὶ ἐξαίφνης ὁρῶσι τοὺς πολεμίους ὑπερβάλλοντας κατὰ λόφους τινὰς ἐκ τοῦ ἐναντίου, τεταγμένους ἐπὶ φάλαγγος ἱππέας τε πολλοὺς καὶ πεζούς· καὶ γὰρ Σπιθριδάτης καὶ Ῥαθίνης ἧκον παρὰ Φαρναβάζου ἔχοντες τὴν δύναμιν. (8) Ἐπεὶ δὲ κατεῖδον τοὺς Ἕλληνας οἱ πολέμιοι, ἔστησαν ἀπέχοντες αὐτῶν ὅσον πεντεκαίδεκα σταδίους. Ἐκ τούτου εὐθὺς Ἀρηξίων ὁ μάντις τῶν Ἑλλήνων σφαγιάζεται, καὶ ἐγένετο ἐπὶ τοῦ πρώτου καλὰ τὰ σφάγια. (9) Ἔνθα δὴ Ξενοφῶν λέγει, Δοκεῖ μοι, ὦ ἄνδρες στρατηγοί, ἐπιτάξασθαι τῇ φάλαγγι λόχους φύλακας, ἵνα ἄν που δέῃ, ὦσιν οἱ ἐπιβοηθήσοντες τῇ φάλαγγι καὶ οἱ πολέμιοι τεταραγμένοι ἐμπίπτωσιν εἰς τεταγμένους καὶ ἀκεραίους. (10) Συνεδόκει ταῦτα πᾶσιν. Ὑμεῖς μὲν τοίνυν, ἔφη, προηγεῖσθε τὴν πρὸς τοὺς ἐναντίους, ὡς μὴ ἑστήκωμεν, ἐπεὶ ὤφθημεν καὶ εἴδομεν τοὺς πολεμίους· ἐγὼ δὲ ἥξω τοὺς τελευταίους λόχους καταχωρίσας ᾗπερ ὑμῖν δοκεῖ. (11) Ἐκ τούτου οἱ μὲν ἥσυχοι προῆγον, ὁ δὲ τρεῖς ἀφελὼν τὰς τελευταίας τάξεις ἀνὰ διακοσίους ἄνδρας τὴν μὲν ἐπὶ τὸ δεξιὸν ἐπέτρεψεν ἐφέπεσθαι ἀπολιπόντας ὡς πλέθρον· Σαμόλας Ἀχαιὸς ταύτης ἦρχε τῆς τάξεως· τὴν δ' ἐπὶ τῷ μέσῳ ἐχώρισεν ἕπεσθαι· Πυρρίας Ἀρκὰς ταύτης ἦρχε· τὴν δὲ μίαν ἐπὶ τῷ εὐωνύμῳ· Φρασίας Ἀθηναῖος ταύτῃ ἐφειστήκει. (12) Προϊόντες δὲ, ἐπεὶ ἐγένοντο οἱ ἡγούμενοι ἐπὶ νάπει μεγάλῳ καὶ δυσπόρῳ, ἔστησαν ἀγνοοῦντες εἰ διαβατέον εἴη τὸ νάπος. Καὶ παρεγγυῶσι στρατηγοὺς καὶ λοχαγοὺς παριέναι ἐπὶ τὸ ἡγούμενον. (13) Καὶ ὁ Ξενοφῶν θαυμάσας ὅ,τι τὸ ἴσχον εἴη τὴν πορείαν καὶ ταχὺ ἀκούων τὴν παρεγγύην, ἐλαύνει ᾗ ἐδύνατο τάχιστα. Ἐπεὶ δὲ συνῆλθον, λέγει Σοφαίνετος πρεσβύτατος ὢν τῶν στρατηγῶν ὅτι βουλῆς οὐκ ἄξιόν ἐστι εἰ διαβατέον ἐστὶ τοιοῦτον ὂν τὸ νάπος. (14) Καὶ ὁ Ξενοφῶν σπουδῇ ὑπολαβὼν ἔλεξεν, Ἀλλ' ἴστε μέν με, ὦ ἄνδρες, οὐδένα πω κίνδυνον προξενήσαντα ὑμῖν ἐθελούσιον· οὐ γὰρ δόξης ὁρῶ δεομένους ὑμᾶς εἰς ἀνδρειότητα, ἀλλὰ σωτηρίας. (15) Νῦν δὲ οὕτως ἔχει· ἀμαχεὶ μὲν ἐνθένδε οὐκ ἔστιν ἀπελθεῖν· ἢν γὰρ μὴ ἡμεῖς ἴωμεν ἐπὶ τοὺς πολεμίους, οὗτοι ἡμῖν ὁπόταν ἀπίωμεν ἕψονται καὶ ἐπιπεσοῦνται. (16) Ὁρᾶτε δὴ πότερον κρεῖττον ἰέναι ἐπὶ τοὺς ἄνδρας προβαλλομένους τὰ ὅπλα ἢ μεταβαλλομένους ὄπισθεν ἡμῶν ἐπιόντας τοὺς πολεμίους θεᾶσθαι. (17) Ἴστε γε μέντοι ὅτι τὸ μὲν ἀπιέναι ἀπὸ πολεμίων οὐδενὶ καλῷ ἔοικε, τὸ δὲ ἐφέπεσθαι καὶ τοῖς κακίοσι θάρρος ἐμποιεῖ. Ἐγὼ γοῦν ἥδιον ἂν σὺν ἡμίσεσιν ἐποίμην ἢ σὺν διπλασίοις ἀποχωροίην. Καὶ τούτους οἶδ' ὅτι ἐπιόντων μὲν ἡμῶν οὐδ' ὑμεῖς ἐλπίζετε αὐτοὺς δέξασθαι ἡμᾶς, ἀπιόντων δὲ πάντες ἐπιστάμεθα ὅτι τολμήσουσιν ἐφέπεσθαι. (18) Τὸ δὲ διαβάντας ὄπισθεν νάπος χαλεπὸν ποιήσασθαι μέλλοντας μάχεσθαι ἆρ' οὐχὶ καὶ ἁρπάσαι ἄξιον; τοῖς μὲν γὰρ πολεμίοις ἐγὼ βουλοίμην ἂν εὔπορα πάντα φαίνεσθαι ὥστε ἀποχωρεῖν· ἡμᾶς δὲ καὶ ἀπὸ τοῦ χωρίου δεῖ διδάσκεσθαι ὅτι οὐκ ἔστι μὴ νικῶσι σωτηρία. (19) Θαυμάζω

capiebant. Et subito vident hostes per colles quosdam exadversum iter facientes, in phalangem dispositos, tum equites multos, tum pedites : etenim Spithridates et Rhathines cum copiis a Pharnabazo missis adventabant. At posteaquam Græcos conspexissent hostes, intervallo stadiorum fere quindecim ab iis distantes substiterunt. Tum vero statim Græcorum vates Arexion hostias mactat, ac prima hostia perlitatum est. Hic Xenophon, « Censeo, duces, inquit, cohortes subsidiarias a tergo phalangis esse collocandas, ut, sicubi poscat usus, sint qui phalangi auxilium ferre possint, et hostes ordinibus turbatis in aciem instructam et integram incidant. » Hæc omnium adsensu erant adprobata. « Vos igitur, ait, ea præcedite via quæ in hostes ducit, ut ne, posteaquam conspecti sumus et hostes vidimus, subsistamus : ego cohortibus extremis, prout vobis videtur, constitutis mox adero. » Post hæc illi placide progressi sunt; et Xenophon cum tres postremos ordines, qui viris singuli ducentis constabant, a reliquis abduxisset, eorum alterum ad dextram, plethri fere intervallo, subsequi jussit; huic ordini præerat Samolas Achæus : alterum ita disposuit ut loco medio sequeretur; huic Pyrrhias Arcas præerat : tertium ad sinistram collocavit; Phrasias huic Atheniensis erat præfectus. Procedentibus autem copiis, cum ad ingentem transitu difficilem vallem qui præcesserant pervenissent, constiterunt, propterea quod ignorabant an transiri deberet vallis; atque adeo duces et cohortium præfectos hortantur ut ad frontem agminis transirent. Et Xenophon, admiratus quid illud esset quod iter impediret, ac celeriter eorum cohortationem audiens, quam potuit citissime ad ipsos progreditur. Cum convenissent, Sophænetus, inter duces natu maximus, consultatione esse opus negat, an vallis, quæ sit hujuscemodi, transiri debeat; sed non esse trajiciendam. Et sermone festinanter suscepto Xenophon inquit, « Nostis certe, viri, me voluntate mea nullius unquam vobis periculi auctorem extitisse : nec enim ad fortitudinem gloria vobis opus esse video, sed incolumitate. Jam vero sic se res habet : sine prælio sane hinc discedere non licet; nam nisi nos in hostes pergamus, sequentur illi nos et invadent, cum hinc abierimus. Considerate vero utrum satius sit in vires pergere obversis in eos armis, an ab eis aversis, hostes pone nos invadentes spectare. Hoc certe quidem nostis ab hostibus utique discedere nihil honesti præ se ferre; at eosdem insequi, etiam ignavioribus animos addere. Ego quidem certe libentius hostes dimidiis cum copiis sequerer, quam cum duplo majoribus ab iis secederem. Novi etiam me vos quidem sperare fore ut, nobis in eos invadentibus, illi nos sustineant; at vero si recedamus, scimus omnes fore ut persequi nos audeant. Ut autem, locum ubi transierint, vallem impeditam a tergo sibi relinquant ii qui pugnaturi sunt, annon dignum id est quod etiam avide arripiant? Velim equidem hostibus, quo discedant, omnia peragrato facilia videri : nos ab ipso loco doceri oportet salutem nobis, nisi vincamus, minime sperandam esse. At ego sane miror, si

δ' ἔγωγε καὶ τὸ νάπος τοῦτο εἴ τις μᾶλλον φοβερὸν νομίζει εἶναι τῶν ἄλλων ὧν διαπεπορεύμεθα χωρίων. Πῶς μὲν γὰρ διαβατὸν τὸ πεδίον, εἰ μὴ νικήσομεν τοὺς ἱππέας; πῶς δὲ ἃ διεληλύθαμεν ὄρη, ἢν πελτασταί τοσοίδε ἐφέπωνται; (20) Ἢν δὲ δὴ καὶ σωθῶμεν ἐπὶ θάλατταν, πόσον τι νάπος ὁ Πόντος; ἔνθα οὔτε πλοῖά ἐστι τὰ ἀπάξοντα οὔτε σῖτος ᾧ θρεψόμεθα μένοντες, δεήσει δὲ, ἢν θᾶττον ἐκεῖ γενώμεθα, θᾶττον πάλιν ἐξιέναι ἐπὶ τὰ ἐπιτήδεια. (21) Οὐκοῦν νῦν κρεῖττον ἠριστηκότας μάχεσθαι ἢ αὔριον ἀναρίστους. Ἄνδρες, τά τε ἱερὰ ἡμῖν καλὰ οἵ τε οἰωνοὶ αἴσιοι τά τε σφάγια κάλλιστα· ἴωμεν ἐπὶ τοὺς ἄνδρας. Οὐ δεῖ ἔτι τούτους, ἐπεὶ ἡμᾶς πάντως εἶδον, ἡδέως δειπνῆσαι οὐδ' ὅπου ἂν θέλωσι σκηνῆσαι.

22. Ἐντεῦθεν οἱ λοχαγοὶ ἡγεῖσθαι ἐκέλευον, καὶ οὐδεὶς ἀντέλεγε. Καὶ ὃς ἡγεῖτο, παραγγείλας διαβαίνειν ᾗ ἕκαστος ἐτύγχανε τοῦ νάπους ὤν· θᾶττον γὰρ ἁθρόον ἐδόκει ἂν οὕτω πέραν γενέσθαι τὸ στράτευμα ἢ, εἰ κατὰ τὴν γέφυραν ἢ ἐπὶ τῷ νάπει ἦν ἐξεμηρύοντο. (23) Ἐπεὶ δὲ διέβησαν, παριὼν παρὰ τὴν φάλαγγα ἔλεγεν, Ἄνδρες, ἀναμιμνήσκεσθε ὅσας δὴ μάχας σὺν τοῖς θεοῖς ὁμόσε ἰόντες νενικήκατε καὶ οἷα πάσχουσιν οἱ πολεμίους φεύγοντες, καὶ τοῦτο ἐννοήσατε ὅτι ἐπὶ ταῖς θύραις τῆς Ἑλλάδος ἐσμέν. (24) Ἀλλ' ἕπεσθε ἡγεμόνι τῷ Ἡρακλεῖ καὶ ἀλλήλους παρακαλεῖτε ὀνομαστί. Ἡδύ τοι ἀνδρεῖόν τι καὶ καλὸν νῦν εἰπόντα καὶ ποιήσαντα μνήμην ἐν οἷς ἐθέλει παρέχειν ἑαυτοῦ. (25) Ταῦτα παρελαύνων ἔλεγε καὶ ἅμα ὑφηγεῖτο ἐπὶ φάλαγγος, καὶ τοὺς πελταστὰς ἑκατέρωθεν ποιησάμενοι ἐπορεύοντο ἐπὶ τοὺς πολεμίους. Παρηγγέλλετο δὲ τὰ μὲν δόρατα ἐπὶ τὸν δεξιὸν ὦμον ἔχειν, ἕως σημαίνοι τῇ σάλπιγγι· ἔπειτα δὲ εἰς προβολὴν καθέντας ἕπεσθαι βάδην καὶ μηδένα δρόμῳ διώκειν. Ἐκ τούτου σύνθημα παρῄει Ζεὺς σωτήρ, Ἡρακλῆς ἡγεμών. Οἱ δὲ πολέμιοι ὑπέμενον, νομίζοντες καλὸν ἔχειν τὸ χωρίον. (26) Ἐπεὶ δ' ἐπλησίαζον, ἀλαλάξαντες οἱ Ἕλληνες πελτασταὶ ἔθεον ἐπὶ τοὺς πολεμίους πρίν τινα κελεύειν· οἱ δὲ πολέμιοι ἀντίοι ὥρμησαν, οἵ θ' ἱππεῖς καὶ τὸ στῖφος τῶν Βιθυνῶν· καὶ τρέπονται τοὺς πελταστάς. (27) Ἀλλ' ἐπεὶ ὑπηντίαζεν ἡ φάλαγξ τῶν ὁπλιτῶν ταχὺ πορευομένη καὶ ἅμα ἡ σάλπιγξ ἐφθέγξατο καὶ ἐπαιώνιζον καὶ μετὰ ταῦτα ἠλάλαζον καὶ ἅμα τὰ δόρατα καθίεσαν, ἐνταῦθα οὐκέτι ἐδέξαντο οἱ πολέμιοι, ἀλλὰ ἔφευγον. (28) Καὶ Τιμασίων μὲν ἔχων τοὺς ἱππέας ἐφείπετο, καὶ ἀπεκτείννυσαν ὅσουσπερ ἐδύναντο ὡς ὀλίγοι ὄντες. Τῶν δὲ πολεμίων τὸ μὲν εὐώνυμον εὐθὺς διεσπάρη, καθ' ὃ οἱ Ἕλληνες ἱππεῖς ἦσαν, τὸ δὲ δεξιὸν ἅτε οὐ σφόδρα διωκόμενον ἐπὶ λόφου συνέστη. (29) Ἐπεὶ δὲ εἶδον οἱ Ἕλληνες ὑπομένοντας αὐτούς, ἐδόκει ῥᾷστόν τε καὶ ἀκινδυνότατον εἶναι ἰέναι ἐπ' αὐτούς. Παιανίσαντες οὖν εὐθὺς ἐπέκειντο· οἱ δ' οὐχ ὑπέμενον. Καὶ ἐνταῦθα οἱ πελτασταὶ ἐδίωκον μέχρι τὸ δεξιὸν αὖ διεσπάρη· ἀπέθανον δὲ ὀλίγοι· τὸ γὰρ ἱππικὸν φόβον παρεῖχε τὸ τῶν πολεμίων πολὺ ὄν. (30) Ἐπεὶ δὲ εἶδον

quis vallem hanc formidolosiorem esse putat aliis, quæ peragravimus, locis. Nam qui fieri poterit, ut campus hic ab nobis transeatur, si equites non vicerimus? qui fieri poterit, ut transeantur montes, quos jam ex parte superavimus, si tot peltastæ nos insequantur? Quod si quidem salvi etiam ad mare perveniamus, quanta tandem vallis ipse Pontus est? ubi neque sunt navigia quæ nos avehant, neque frumentum quo alamur, istic si manserimus: et, si protinus eo pervenerimus, illico rursum ad parandum commeatum exeundum erit. Quamobrem melius est nos modo pransos dimicare, quam cras impransos. Sunt, viri, nobis exta læta, et auguria felicia, et hostiæ pulcherrimæ. Pergamus adversus homines. Non jam par est eos, postesquam semel nos conspexerunt, jucunde cœnare, vel quo velint loco habere tabernacula. »

Mox deinde cohortium præfecti ut ipsos in hostes duceret hortati sunt, neque contradicebat quisquam. Itaque ducebat eos ille, cum denuntiasset ut quam ad vallis partem forte esset quilibet, illac transiret. Nam celerius ei videbantur ultra vallem hoc pacto confertæ evasuræ copiæ, quam, si ad pontem, qui erat super valle, explicarentur. Cum jam transiissent, juxta phalangem progressus, « Revocate vobis, viri, in memoriam, inquit, quot utique prœliis hostes ope deorum, cum manus consereretis, viceritis, et cujusmodi subeant mala illi qui hostes fugiunt: hoc etiam cogitate, nos utique ad Græciæ jam esse portas. Verum age ducem Herculem sequimini, ac vos mutuo nominatim cohortamini. Jucundum sane est nane aliquem virile ac præclarum aliquid loquutum et exsequutum apud quos velit memoriam sui excitare. » Hæc copias prætervehens loquutus est, simulque constituta phalange duxit; et peltastis utrinque dispositis in hostes pergebant. Mandatum etiam erat, ut hastas humero dextro gestarent, donec tuba signum dederit tubicen: deinde vero, cum eas ad tutandum corpus demiserint, pedetentim sequerentur, ac nemo eos cursu insequeretur. Post hæc tessera per aciem ibat, JUPITER SERVATOR, HERCULES DUX. Hostes autem, quod locum se commodum tenere putarent, subsistebant. At cum propius ad eos accederent, Græci peltastæ clamore sublato in hostes cursu tendebant, priusquam eos quisquam juberet: at hostes ex adverso irruerunt, tum equites et Bithynorum globus; peltastasque in fugam vertunt. Verum ubi gravis armaturæ militum phalanx celeriter pergens occurrebat, simulque tuba sonuit, et pæana canebant, et secundum hæc clamorem lætum tollebant, simulque hastas demiserunt; tum sane non amplius impetum sustinuerunt hostes, sed fugæ se dabant. Et Timasion quidem eos cum equitibus insequebatur, ac quotcunque poterant, pauci utique qui essent, occiderunt. Et sinistrum quidem hostium cornu, cui Græci equites oppositi fuerant, statim est dissipatum : at dextrum, utpote quod non valde persequentibus premebatur, in colle quodam constitit. Cum vero Græci eos subsistere viderent, tum facillimum videbatur esse tum periculo maxime vacuum in eos jam ire. Itaque cum pæana cecinissent, continuo pergebant, at illi non substiterunt. Atque ibi tum peltastæ eos persequebantur, donec dextrum etiam cornu dissiparetur : interfecti autem erant pauci tantum; nam equestres hostium copiæ, ut quæ multæ essent,

οἱ Ἕλληνες τό τε Φαρναβάζου ἱππικὸν ἔτι συνεστηκὸς καὶ τοὺς Βιθυνοὺς ἱππέας πρὸς τοῦτο συναθροιζομένους καὶ ἀπὸ λόφου τινὸς καταθεωμένους τὰ γιγνόμενα, ἀπειρήκεσαν μέν, ὅμως δὲ ἐδόκει καὶ ἐπὶ τούτους ἰτέον εἶναι οὕτως ὅπως δύναιντο, ὡς μὴ τεθαῤῥηκότες ἀναπαύσαιντο. Συνταξάμενοι δὴ πορεύονται. (31) Ἐνταῦθεν οἱ πολέμιοι ἱππεῖς φεύγουσι κατὰ τοῦ πρανοῦς ὁμοίως ὥσπερ ὑπὸ ἱππέων διωκόμενοι· νάπος γὰρ αὐτοὺς ὑπεδέχετο, ὃ οὐκ ᾔδεσαν οἱ Ἕλληνες, ἀλλὰ προαπετράποντο διώκοντες· ὀψὲ γὰρ ἦν. (32) Ἐπανελθόντες δὲ ἔνθα ἡ πρώτη συμβολὴ ἐγένετο στησάμενοι τρόπαιον ἀπῇεσαν ἐπὶ θάλατταν· περὶ ἡλίου δυσμὰς στάδιοι δ' ἦσαν ὡς ἑξήκοντα ἐπὶ τὸ στρατόπεδον.

ΚΕΦΑΛΑΙΟΝ ϛ.

Ἐντεῦθεν οἱ μὲν πολέμιοι εἶχον ἀμφὶ τὰ ἑαυτῶν καὶ ἀπήγοντο καὶ τοὺς οἰκέτας καὶ τὰ χρήματα ὅποι ἐδύναντο προσωτάτω· οἱ δὲ Ἕλληνες προσέμενον μὲν Κλέανδρον καὶ τὰς τριήρεις καὶ τὰ πλοῖα ὡς ἥξοντα, ἐξιόντες δ' ἑκάστης ἡμέρας σὺν τοῖς ὑποζυγίοις καὶ τοῖς ἀνδραπόδοις ἔφερον ἀδεῶς πυρούς, κριθάς, οἶνον, ὄσπρια, μελίνας, σῦκα· ἅπαντα γὰρ ἀγαθὰ εἶχεν ἡ χώρα πλὴν ἐλαίου. (2) Καὶ ὁπότε μὲν καταμένοι τὸ στράτευμα ἀναπαυόμενον, ἐξῆν ἐπὶ λείαν ἰέναι, καὶ ἐλάμβανον οἱ ἐξιόντες· ὁπότε δὲ ἐξίοι πᾶν τὸ στράτευμα, εἴ τις χωρὶς ἀπελθὼν λάβοι τι, δημόσιον ἔδοξεν εἶναι. (3) Ἤδη δὲ ἦν πολλὴ πάντων ἀφθονία· καὶ γὰρ ἀγοραὶ πάντοθεν ἀφικνοῦντο ἐκ τῶν Ἑλληνίδων πόλεων καὶ οἱ παραπλέοντες ἄσμενοι κατῆγον, ἀκούοντες ὡς οἰκίζοιτο πόλις καὶ λιμὴν εἴη. (4) Ἔπεμπον δὲ καὶ οἱ πολέμιοι ἤδη οἱ πλησίον ᾤκουν πρὸς Ξενοφῶντα, ἀκούοντες ὅτι οὗτος πολίζει τὸ χωρίον, ἐρωτῶντες ὅ,τι δέοι ποιοῦντας φίλους εἶναι. Ὁ δ' ἐπεδείκνυεν αὐτοὺς τοῖς στρατιώταις. (5) Καὶ ἐν τούτῳ Κλέανδρος ἀφικνεῖται δύο τριήρεις ἔχων, πλοῖον δ' οὐδέν. Ἐτύγχανε δὲ τὸ στράτευμα ἔξω ὃν ὅτε ἀφίκετο καὶ ἐπὶ λείαν τινὲς οἰχόμενοι ἄλλοι ἄλλῃ εἰς τὸ ὄρος, καὶ εἰλήφεσαν πρόβατα πολλά· ὀκνοῦντες δὲ μὴ ἀφαιρεθεῖεν τῷ Δεξίππῳ λέγουσιν, ὃς ἀπέδρα τὴν πεντηκόντορον ἔχων ἐκ Τραπεζοῦντος, καὶ κελεύουσι διασώσαντα αὐτοῖς τὰ πρόβατα τὰ μὲν αὐτὸν λαβεῖν, τὰ δὲ σφίσιν ἀποδοῦναι. (6) Εὐθὺς δ' ἐκεῖνος ἀπελαύνει τοὺς περιεστῶτας τῶν στρατιωτῶν καὶ λέγοντας ὅτι δημόσια εἴη, καὶ τῷ Κλεάνδρῳ ἐλθὼν λέγει ὅτι ἁρπάζειν ἐπιχειροῦσιν. Ὁ δὲ κελεύει τὸν ἁρπάζοντα ἄγειν πρὸς αὑτόν. (7) Καὶ ὁ μὲν λαβὼν ἦγέ τινα· περιτυχὼν δ' Ἀγασίας ἀφαιρεῖται· καὶ γὰρ ἦν αὐτῷ ὁ ἀγόμενος λοχίτης. Οἱ δ' ἄλλοι οἱ παρόντες τῶν στρατιωτῶν ἐπιχειροῦσι βάλλειν τὸν Δέξιππον, ἀνακαλοῦντες τὸν προδότην. Ἔδεισαν δὲ καὶ τῶν τριηριτῶν πολλοὶ καὶ ἔφευγον εἰς τὴν θάλατταν, καὶ Κλέανδρος δ' ἔφευγε. (8) Ξενοφῶν δὲ καὶ οἱ ἄλλοι στρατηγοὶ κατεκώλυόν τε καὶ τῷ Κλεάνδρῳ ἔλεγον ὅτι οὐδὲν

CAPUT VI.

Extra hostes in rebus suis curandis erant occupati, ac domesticos et facultates suas quo poterant longissime abducebant: at Græci Cleandrum, et triremes, et navigia exspectabant, tanquam mox ventura: quotidie autem cum jumentis et mancipiis exeuntes, absque metu jam triticum, hordeum, vinum, legumina, panicum, ficos reportabant: nam regio hæc omnium ferax erat, præterquam olei. Et quo quidem tempore exercitus in castris quiescendi causa remanebat, licebat aliquibus ad prædam ire; et qui exierant prædam capiebant: cum vero universæ copiæ exibant, si quis seorsum a ceteris aliquo ingressus quid caperet, id publicum esse iis videbatur. Jam vero magna rerum omnium ipsis erat copia: nam commeatus undique de Græcis urbibus veniebant, et qui loca illa prætervehebantur, libenter illuc naves adpellabant, quod audierant urbem ibi statui, et ei portum adesse. Quin etiam hostes jam, qui prope locum habitabant, ad Xenophontem mittebant, quod audierant eum oppidum eo loco condere, qui interrogarent quid ipsis faciendum esset ut in amicitiam reciperentur. Eos ille militibus ostendebat. Interea Cleander cum duabus quidem triremibus venit, sed navigio nullo. Forte vero eo, quo venit, tempore exercitus e castris fuerat egressus, et ad prædam exierant nonnulli, alii aliis itineribus, in montem : ac multa illi pecora ceperant; quæ cum veriti essent ne ipsis adimerentur, Dexippo rem exponunt (qui e Trapezunte cum quinquaginta remorum navi aufugerat), atque eum hortantur ut, pecora ipsis tutatus, eorum ipse partem sumeret, partem sibi restitueret. Mox ille milites, qui circumstabant, et pecora hæc publica dicebant, abigit : cumque ad Cleandrum statim accessisset, ait milites hosce rapere ea adgredi. Ille raptorem ad se ducat adhortatur. Isque adeo, quem ceperat, quendam ducit; quem ei, cum supervenisset, Agasias eripit: etenim is, qui ducebatur unus erat ex ipsius cohorte. At ceteri qui aderant milites Dexippum petere lapidibus adgrediuntur, proditorem cum alta voce adpellantes. Quin ex iis etiam multi, qui huc triremibus fuerant advecti, metu fuere correpti, et ad mare fugerunt. Cleander ipse quoque fugiebat. Xenophon autem ceterique duces eos remorabantur, Cleandroque dicebant nihil esse periculi, sed decre-

εἴη πρᾶγμα, ἀλλὰ τὸ δόγμα αἴτιον εἴη τὸ τοῦ στρατεύματος ταῦτα γενέσθαι. (9) Ὁ δὲ Κλέανδρος ὑπὸ τοῦ Δεξίππου τε ἀνερεθιζόμενος καὶ αὐτὸς ἀχθεσθεὶς ὅτι ἐφοβήθη, ἀποπλευσεῖσθαι ἔφη καὶ κηρύξειν μηδεμίαν πόλιν δέχεσθαι αὐτοὺς, ὡς πολεμίους. Ἦρχον δὲ τότε πάντων τῶν Ἑλλήνων οἱ Λακεδαιμόνιοι. (10) Ἐνταῦθα πονηρὸν τὸ πρᾶγμα ἐδόκει εἶναι τοῖς Ἕλλησι, καὶ ἐδέοντο μὴ ποιεῖν ταῦτα. Ὁ δ᾽ οὐκ ἂν ἄλλως ἔφη γενέσθαι, εἰ μή τις ἐκδώσει τὸν ἄρξαντα βάλλειν καὶ τὸν ἀφελόμενον. (11) Ἦν δὲ ὃν ἐξῄτει Ἀγασίας, διὰ τέλους φίλος τῷ Ξενοφῶντι· ἐξ οὗ καὶ διέβαλεν αὐτὸν ὁ Δέξιππος. Καὶ ἐντεῦθεν ἐπειδὴ ἀπορία ἦν, συνήγαγον τὸ στράτευμα οἱ ἄρχοντες· καὶ ἔνιοι μὲν αὐτῶν παρ᾽ ὀλίγον ἐποιοῦντο τὸν Κλέανδρον, τῷ δὲ Ξενοφῶντι οὐκ ἐδόκει φαῦλον εἶναι τὸ πρᾶγμα, ἀλλ᾽ ἀναστὰς ἔλεξεν, (12) Ὦ ἄνδρες στρατιῶται, ἐμοὶ δὲ οὐ φαῦλον δοκεῖ εἶναι τὸ πρᾶγμα, εἰ ἡμῖν οὕτως ἔχων τὴν γνώμην Κλέανδρος ἄπεισιν ὥσπερ λέγει. Εἰσὶ μὲν γὰρ ἐγγὺς αἱ Ἑλληνίδες πόλεις· τῆς δὲ Ἑλλάδος Λακεδαιμόνιοι προεστήκασιν· ἱκανοὶ δέ εἰσι καὶ εἷς ἕκαστος Λακεδαιμονίων ἐν ταῖς πόλεσιν ὅ,τι βούλονται διαπράττεσθαι. (13) Εἰ οὖν οὗτος πρῶτον μὲν ἡμᾶς Βυζαντίου ἀποκλείσει, ἔπειτα δὲ τοῖς ἄλλοις ἁρμοσταῖς παραγγελεῖ εἰς τὰς πόλεις μὴ δέχεσθαι ὡς ἀπιστοῦντας Λακεδαιμονίοις καὶ ἀνόμους ὄντας, ἔτι δὲ πρὸς Ἀναξίβιον τὸν ναύαρχον οὗτος ὁ λόγος περὶ ἡμῶν ἥξει, χαλεπὸν ἔσται καὶ μένειν καὶ ἀποπλεῖν· καὶ γὰρ ἐν τῇ γῇ ἄρχουσι Λακεδαιμόνιοι καὶ ἐν τῇ θαλάττῃ τὸν νῦν χρόνον. (14) Οὔκουν δεῖ οὔτε ἑνὸς ἀνδρὸς ἕνεκα οὔτε δυοῖν ἡμᾶς τοὺς ἄλλους τῆς Ἑλλάδος ἀπέχεσθαι, ἀλλὰ πειστέον ὅ,τι ἂν κελεύωσι· καὶ γὰρ αἱ πόλεις ἡμῶν ὅθεν ἐσμὲν πείθονται αὐτοῖς. (15) Ἐγὼ μὲν οὖν, καὶ γὰρ ἀκούω Δέξιππον λέγειν πρὸς Κλέανδρον ὡς οὐκ ἂν ἐποίησεν Ἀγασίας ταῦτα, εἰ μὴ ἐγὼ αὐτὸν ἐκέλευσα, ἐγὼ μὲν οὖν ἀπολύω καὶ ὑμᾶς τῆς αἰτίας καὶ Ἀγασίαν, ἂν αὐτὸς Ἀγασίας φήσῃ ἐμέ τι τούτων αἴτιον εἶναι, καὶ καταδικάζω ἐμαυτοῦ, εἰ ἐγὼ πετροβολίας ἢ ἄλλου τινὸς βιαίου ἐξάρχω, τῆς ἐσχάτης δίκης ἄξιος εἶναι, καὶ ὑφέξω τὴν δίκην. (16) Φημὶ δὲ καὶ εἴ τινα ἄλλον αἰτιᾶται, χρῆναι ἑαυτὸν παρασχεῖν Κλεάνδρῳ κρῖναι· οὕτω γὰρ ἂν ὑμεῖς ἐμοῦ λελυμένοι τῆς αἰτίας εἴητε. Ὡς δὲ νῦν ἔχει, χαλεπὸν εἰ οἰόμενοι ἐν τῇ Ἑλλάδι καὶ ἔπαινου καὶ τιμῆς τεύξεσθαι ἀντὶ δὲ τούτων οὐδ᾽ ὅμοιοι τοῖς ἄλλοις ἐσόμεθα, ἀλλ᾽ εἰρξόμεθα ἐκ τῶν Ἑλληνίδων πόλεων.

17. Μετὰ ταῦτα ἀναστὰς εἶπεν Ἀγασίας, Ἐγώ, ὦ ἄνδρες, ὄμνυμι θεοὺς καὶ θεὰς ἦ μὴν μήτε με Ξενοφῶντα κελεῦσαι ἀφελέσθαι τὸν ἄνδρα μήτε ἄλλον ὑμῶν μηδένα· ἐμοὶ δὲ ἄνδρα ἀγαθὸν ἀγόμενον τῶν ἐμῶν λοχιτῶν ὑπὸ Δεξίππου, ὃν ὑμεῖς ἐπίστασθε ὑμᾶς προδόντα, δεινὸν ἔδοξεν εἶναι· καὶ ἀφειλόμην, ὁμολογῶ. (18) Καὶ ὑμεῖς μὲν μὴ ἐκδῶτέ με· ἐγὼ δὲ ἐμαυτόν, ὥσπερ Ξενοφῶν λέγει, παρασχήσω κρίναντι Κλεάνδρῳ ὅ,τι ἂν βούληται ποιῆσαι· τούτου ἕνεκα μήτε πολεμεῖτε Λακεδαιμονίοις σώζοισθέ τε ἀσφαλῶς ὅποι θέλει ἕκαστος.

tum exercitus causam esse, cur hæc accidissent. At Cleander partim a Dexippo irritatus, partim gravatus quod trepidasset, inde se navigaturum aiebat, ac per præcones denuntiaturum, ne qua civitas eos, ut qui hostes essent, exciperet. Eo autem tempore Lacedæmonii Græcis omnibus imperabant. Hic vero res ea Græcis videbatur esse perniciosa eumque adeo rogabant hæc ne faceret. At is nequaquam aliter futurum aiebat, nisi quis eum qui primus lapides jecisset, eumque qui captum eripuisset, dederet. Erat is, quem quærebat, Agasias Xenophonti semper amicus; qua de causa Dexippus illum criminatus est. Mox deinde, cum tam difficilis esset rerum status, viri principes exercitum congregabant : ac eorum nonnulli Cleandrum parvi faciebant; at Xenophonti res minime contemnenda videbatur; isque adeo, cum surrexisset, orationem habuit in hunc modum : « Res mihi, milites, non nullius esse momenti videtur, si Cleander erga nos ita, uti narrat, animatus discedat. Sunt enim a nobis jam prope Græcæ urbes ; et Lacedæmonii Græciæ præsunt : e Lacedæmoniis autem quivis unus, quidquid vult, in Græci nominis urbibus efficere possit. Quare si nos primum ille Byzantio excludet, ac deinde præfectis ceteris denuntiabit ne nos in urbes admittant, quasi qui Lacedæmoniis minus obsequentes et iniqui simus; etiam ad Anaxibium navarchum hic de nobis veniet rumor : difficile adeo futurum erit et manere et navigiis hinc discedere; etenim terra Lacedæmonii et mari hoc tempore Græcis imperant. Quapropter nec unius nec alterius hominis causa nos reliquos Græcia nosmet prohibere par est, sed parendum ipsis erit quidquid tandem jusserint : nam et urbes illæ, unde sumus oriundi, iis dicto sunt audientes. Ego certe quidem (etenim Cleandro Dexippum dicere audio non facturum hæc fuisse Agasiam, nisi ipse sic eum facere jussissem), ego inquam et vos culpa libero, et Agasiam, si me Agasias ipse dixerit ad horum aliquid faciendum auctorem esse, atque adeo adversus me ipsum sententiam hanc fero, si ego lapidationis vel alius cujusdam violenti princeps sum, me utique extremo supplicio dignum esse, ac sane pœnam subibo. Porro sentio, si quem etiam alium accusat, eum debere se Cleandri judicio exhibere : nam ea ratione vos culpa liberabimini. Ut vero nunc se res habet, grave profecto si, cum putemus in Græcia nos et laudem et honorem consequuturos, horum loco præmiorum ne pares quidem reliquis erimus, verum a civitatibus Græcis arcebimur. »

Secundum hæc Agasias cum surrexisset, « Per deos, inquit, deasque, viri, juro neque sane Xenophontem mihi præcepisse ut hominem illum eriperem, neque quenquam e vobis alium ; sed cum ipse virum fortem ex cohorte mea duci a Dexippo viderem (quem vos prodidisse scitis ipsi), grave id mihi visum est : atque adeo hominem eripui, fateor. Nec tamen vos Cleandro me dedatis necesse est : ego vero me ipsum, ut Xenophon faciendum censet, Cleandri judicio exhibebo ; et quidquid voluerit agat : nec hac de causa opus est ut bellum cum Lacedæmoniis geratis, et incolumes

Συμπέμψατε μέντοι μοι ὑμῶν αὐτῶν ἑλόμενοι πρὸς Κλέανδρον οἵτινες, ἄν τι ἐγὼ παραλείπω, καὶ λέξουσιν ὑπὲρ ἐμοῦ καὶ πράξουσιν. (19) Ἐκ τούτου ἔδωκεν ἡ στρατιὰ οὕστινας βούλοιτο προελόμενον ἰέναι. Ὁ δὲ προείλετο τοὺς στρατηγούς. Μετὰ ταῦτα ἐπορεύοντο πρὸς Κλέανδρον Ἀγασίας καὶ οἱ στρατηγοὶ καὶ ὁ ἀφαιρεθεὶς ἀνὴρ ὑπὸ Ἀγασίου. (20) Καὶ ἔλεγον οἱ στρατηγοί, "Ἔπεμψεν ἡμᾶς ἡ στρατιὰ πρός σε, ὦ Κλέανδρε, καὶ ἐκέλευσέ σε, εἴτε πάντας αἰτιᾷ, κρίναντα σεαυτὸν χρῆσθαι ὅ,τι ἂν βούλῃ, εἴτε ἕνα τινὰ ἢ δύο ἢ καὶ πλείους αἰτιᾷ, τούτους ἀξιοῦσι παρασχεῖν σοι ἑαυτοὺς εἰς κρίσιν. Εἴτε οὖν ἡμῶν τινα αἰτιᾷ, πάρεσμέν σοι ἡμεῖς· εἴτε καὶ ἄλλον τινά, φράσον· οὐδεὶς γάρ σοι ἀπέσται ὅστις ἂν ἡμῖν ἐθέλῃ πείθεσθαι. (21) Μετὰ ταῦτα παρελθὼν ὁ Ἀγασίας εἶπεν, Ἐγώ εἰμι, ὦ Κλέανδρε, ὁ ἀφελόμενος Δεξίππου ἄγοντος τοῦτον τὸν ἄνδρα καὶ παίειν κελεύσας Δέξιππον. (22) Τοῦτον μὲν γὰρ οἶδα ἄνδρα ἀγαθὸν ὄντα, Δέξιππον δὲ οἶδα αἱρεθέντα ὑπὸ τῆς στρατιᾶς ἄρχειν τῆς πεντηκοντόρου ἧς ᾐτησάμεθα παρὰ Τραπεζουντίων ἐφ᾿ ᾧτε πλοῖα συλλέγειν ὡς σωζόμεθα, καὶ ἀποδράντα Δέξιππον καὶ προδόντα τοὺς στρατιώτας μεθ᾿ ὧν ἐσώθη. (23) Καὶ τούς τε Τραπεζουντίους ἀπεστερήκαμεν τὴν πεντηκόντορον καὶ κακοὶ δοκοῦμεν εἶναι διὰ τοῦτον, αὐτοί τε τὸ ἐπὶ τούτῳ ἀπολώλαμεν. Ἤκουε γάρ, ὥσπερ ἡμεῖς, ὡς ἄπορον εἴη πεζῇ ἀπιόντας τοὺς ποταμούς τε διαβῆναι καὶ σωθῆναι εἰς τὴν Ἑλλάδα. Τοῦτον οὖν τοιοῦτον ὄντα ἀφειλόμην. (24) Εἰ δὲ σὺ ἦγες ἢ ἄλλος τις τῶν παρὰ σοῦ, καὶ μὴ τῶν παρ᾿ ἡμῶν ἀποδράντων, εὖ ἴσθι ὅτι οὐδὲν ἂν τούτων ἐποίησα. Νόμιζε δ᾿, ἐὰν ἐμὲ νῦν ἀποκτείνῃς, δι᾿ ἄνδρα δειλόν τε καὶ πονηρὸν ἄνδρα ἀγαθὸν ἀποκτείνων.

25. Ἀκούσας ταῦτα ὁ Κλέανδρος εἶπεν ὅτι Δέξιππον μὲν οὐκ ἐπαινοίη, εἰ ταῦτα πεποιηκὼς εἴη· οὐ μέντοι ἔφη νομίζειν οὐδ᾿ εἰ παμπόνηρος ἦν Δέξιππος βίαν χρῆναι πάσχειν αὐτόν, ἀλλὰ κριθέντα, ὥσπερ καὶ ὑμεῖς νῦν ἀξιοῦτε, τῆς δίκης τυχεῖν. (26) Νῦν μὲν οὖν ἄπιτε καταλιπόντες τόνδε τὸν ἄνδρα· ὅταν δ᾿ ἐγὼ κελεύσω, πάρεστε πρὸς τὴν κρίσιν. Αἰτιῶμαι δὲ οὔτε τὴν στρατιὰν οὔτε ἄλλον οὐδένα ἔτι, ἐπεὶ γε οὗτος αὐτὸς ὁμολογεῖ ἀφελέσθαι τὸν ἄνδρα. (27) Ὁ δὲ ἀφαιρεθεὶς εἶπεν, Ἐγώ, ὦ Κλέανδρε, εἰ καὶ οἴει με ἀδικοῦντά τι ἄγεσθαι, οὔτε ἔπαιον οὐδένα οὔτε ἔβαλλον, ἀλλ᾿ εἶπον ὅτι δημόσια εἴη τὰ πρόβατα· ἦν γὰρ τῶν στρατιωτῶν δόγμα, εἴ τις ὁπότε ἡ στρατιὰ ἐξίοι ἰδίᾳ ληίζοιτο, δημόσια εἶναι τὰ ληφθέντα. (28) Ταῦτ᾿ εἰπόν· ἐκ τούτου με λαβὼν οὗτος ἦγεν, ἵνα μὴ φθέγγοιτο μηδείς, ἀλλ᾿ αὐτὸς λαβὼν τὸ μέρος διασώσειε τοῖς λῃσταῖς παρὰ τὴν ῥήτραν τὰ χρήματα. Πρὸς ταῦτα ὁ Κλέανδρος εἶπεν, Ἐπεὶ τοίνυν τοιοῦτος εἶ, κατάμενε, ἵνα καὶ περὶ σοῦ βουλευσώμεθα.

29. Ἐκ τούτου οἱ μὲν ἀμφὶ Κλέανδρον ἠρίστων· τὴν δὲ στρατιὰν συνήγαγε Ξενοφῶν καὶ συνεβούλευε πέμψαι ἄνδρας πρὸς Κλέανδρον παραιτησομένους περὶ τῶν ἀνδρῶν. (30) Ἐκ τούτου ἔδοξεν αὐτοῖς πέμψαντας στρατηγοὺς καὶ λοχαγοὺς καὶ Δρακόντιον τὸν Σπαρτιάτην

omnino quo quisque vult evadatis. Verum e vobis tamen ipsis deligite quos mecum una ad Cleandrum mittatis, quique, si quid ego prætermisero, pro me tum dicant tum agant. » Ibi tum ei concessit exercitus ut iis quos vellet delectis ad illum proficisceretur. Is autem duces delegit. Secundum hæc ad Cleandrum Agasias ducesque, et vir ille quem Dexippo eripuerat Agasias, pergebant; ad quem ubi pervenissent, duces verba fecerunt hæc : « Exercitus, Cleander, nos ad te misit; teque hortatur, sive in omnes culpam conjicis, ut cum judicio de iis ipse feceris, pro arbitrio tuo eos tractares; sive unum aliquem, vel duos, vel plures accusas, æquum consent ut hi se ipsos tuo exhibeant judicio. Quare si quid est in quo nostrûm quenquam accuses, tibi nos adsumus; sive alium quenquam, exponito : quippe nemo non sese tibi sistet, qui nobis parere voluerit. » Secundum hæc progressus in medium Agasias ait, « Ego sum, Cleander, qui virum hunc abducenti Dexippo eripui, et qui nostros ferire Dexippum jussi. Etenim hunc sane virum fortem esse noram; Dexippum vero noram ab exercitu lectum fuisse, qui quinquaginta remorum navi, quam a Trapezuntiis petieramus, præesset, quo navigia colligeret, ut incolumes evaderemus; eundemque Dexippum aufugisse sciebam, atque milites prodidisse, quibuscum incolumis eo pervenerat. Atque ita tum Trapezuntios quinquaginta remorum navi privavimus, et improbi propter hunc esse videmur ; tum ipsi, quod ad hunc attinet, periéramus omnes. Nam, æque ac nos, audierat, fieri non posse ut, si pedibus illinc proficisceremur, fluvios trajiceremus et in Græciam incolumes perveniremus. Huic ergo tali homini illum eripui. Quod si tu eum abduxisses, vel ex tuis quispiam alius, non autem ex iis qui a nobis aufugerunt, certo scias me nihil horum facturum fuisse. Si vero me jam interficies, velim existimes te virum fortem, ignavi et improbi causa interficere. »

Hæc cum Cleander audiisset, non laudare se Dexippum aiebat, si hæc fecisset: neque tamen existimare se aiebat, tametsi nequissumus esset Dexippus, vim ei inferendam esse, sed judicio de eo facto (quemadmodum jam vos etiam fieri postulatis) pœnam eidem irrogandam. Vos quidem jam discedite, hoc homine relicto; et cum ego denuntiavero, ad judicium adestote. Neque vero vel exercitum, vel alium quenquam accuso, quando hic ipse quidem fatetur se hominem eripuisse. Is autem, qui ereptus fuerat, inquit, Ego, Cleander, etsi me quid inique patrantem abductum fuisse putas, neque percussi quenquam, neque lapidibus petii; at pecora tantum esse publica dixi : nam decretum militum sic conceptum fuerat ut, si quis, cum exercitus exiret, seorsum a ceteris prædaretur, publica essent quæ caperentur. Hæc dixi; atque ibi tum me prehensum duxit ille, ut ne quis de ipso quid enuntiaret, verum ipse partem nactus, contra edictum bona prædatoribus conservaret. Ad hæc Cleander, Quando vero talis es, inquit, hic maneto, ut de te quoque deliberemus.

Secundum hæc Cleander cum suis prandium sumebat: Xenophon autem exercitum congregabat, atque id consilii dedit, ut ad Cleandrum quosdam mitterent, qui pro viris deditis deprecarentur. Tum visum est ipsis ut, missis ducibus et cohortium præfectis et Dracontio Spartiate,

καὶ τῶν ἄλλων οἳ ἐδόκουν ἐπιτήδειοι εἶναι δεῖσθαι Κλεάνδρου κατὰ πάντα τρόπον ἀφεῖναι τὼ ἄνδρε. (31) Ἐλθὼν οὖν ὁ Ξενοφῶν λέγει, Ἔχεις μὲν, ὦ Κλέανδρε, τοὺς ἄνδρας, καὶ ἡ στρατιά σοι ἀφεῖτο ὅ,τι ἐβούλου ποιῆσαι καὶ περὶ τούτων καὶ περὶ ἑαυτῶν ἁπάντων· νῦν δέ σε αἰτοῦνται καὶ δέονται δοῦναί σφισι τὼ ἄνδρε καὶ μὴ κατακαίνειν· πολλὰ γὰρ ἐν τῷ ἔμπροσθεν χρόνῳ περὶ τὴν στρατιὰν ἐμοχθησάτην. (32) Ταῦτα δέ σου τυχόντες ὑπισχνοῦνταί σοι ἀντὶ τούτων, ἢν βούλῃ ἡγεῖσθαι αὐτῶν καὶ ἢν οἱ θεοὶ ἵλεῳ ὦσιν, ἐπιδείξειν σοι καὶ ὡς κόσμιοί εἰσι καὶ ὡς ἱκανοὶ τῷ ἄρχοντι πειθόμενοι τοὺς πολεμίους σὺν τοῖς θεοῖς μὴ φοβεῖσθαι. (33) Δέονται δέ σου καὶ τοῦτο, παραγενόμενον καὶ ἄρξαντα ἑαυτῶν πεῖραν λαβεῖν καὶ Δεξίππου καὶ σφῶν τῶν ἄλλων οἷος ἕκαστός ἐστι, καὶ τὴν ἀξίαν ἑκάστοις νεῖμαι. (34) Ἀκούσας ταῦτα ὁ Κλέανδρος, Ἀλλὰ ναὶ τὼ σιώ, ἔφη, ταχύ τοι ὑμῖν ἀποκρινοῦμαι. Καὶ τώ τε ἄνδρε ὑμῖν δίδωμι καὶ αὐτὸς παρέσομαι· καὶ ἢν οἱ θεοὶ παραδιδῶσιν, ἐξηγήσομαι εἰς τὴν Ἑλλάδα. Καὶ πολὺ οἱ λόγοι οὗτοι ἀντίοι εἰσὶν ἢ οὓς ἐγὼ περὶ ὑμῶν ἐνίων ἤκουον ὡς τὸ στράτευμα ἀφίστατε ἀπὸ Λακεδαιμονίων.

35. Ἐκ τούτου οἱ μὲν ἐπαινοῦντες ἀπῆλθον, ἔχοντες τὼ ἄνδρε· Κλέανδρος δὲ ἐθύετο ἐπὶ τῇ πορείᾳ καὶ ξυνῆν Ξενοφῶντι φιλικῶς καὶ ξενίαν ξυνεβάλοντο. Ἐπεὶ δὲ καὶ ἑώρα αὐτοὺς τὸ παραγγελλόμενον εὐτάκτως ποιοῦντας, καὶ μᾶλλον ἔτι ἐπεθύμει ἡγεμὼν γενέσθαι αὐτῶν. (36) Ἐπεὶ μέντοι θυομένῳ αὐτῷ ἐπὶ τρεῖς ἡμέρας οὐκ ἐγίγνετο τὰ ἱερά, συγκαλέσας τοὺς στρατηγοὺς εἶπεν, Ἐμοὶ μὲν οὐκ ἐτελέσθη τὰ ἱερὰ ἐξάγειν· ὑμεῖς μέντοι μὴ ἀθυμεῖτε τούτου ἕνεκα· ὑμῖν γὰρ, ὡς ἔοικε, δέδοται ἐκκομίσαι τοὺς ἄνδρας· ἀλλὰ πορεύεσθε. Ἡμεῖς δὲ ὑμᾶς, ἐπειδὰν ἐκεῖσε ἥκητε, δεξόμεθα ὡς ἂν δυνώμεθα κάλλιστα.

37. Ἐκ τούτου ἔδοξε τοῖς στρατιώταις δοῦναι αὐτῷ τὰ δημόσια πρόβατα· ὁ δὲ δεξάμενος πάλιν αὐτοῖς ἀπέδωκε. Καὶ οὗτος μὲν ἀπέπλει. Οἱ δὲ στρατιῶται διαθέμενοι τὸν σῖτον ὃν ἦσαν συγκεκομισμένοι καὶ τἆλλα ἃ εἰλήφεσαν ἐξεπορεύοντο διὰ τῶν Βιθυνῶν. (38) Ἐπεὶ δὲ οὐδενὶ ἐνέτυχον πορευόμενοι τὴν ὀρθὴν ὁδὸν, ὥστε ἔχοντές τι εἰς τὴν φιλίαν ἐλθεῖν, ἔδοξεν αὐτοῖς τοὐμπαλιν ὑποστρέψαντες ἐλθεῖν μίαν ἡμέραν καὶ νύκτα. Τοῦτο δὲ ποιήσαντες ἔλαβον πολλὰ καὶ ἀνδράποδα καὶ πρόβατα· καὶ ἀφίκοντο ἑκταῖοι εἰς Χρυσόπολιν τῆς Καλχηδονίας, καὶ ἐκεῖ ἔμειναν ἡμέρας ἑπτὰ λαφυροπωλοῦντες.

ΒΙΒΛΙΟΝ Ζ.

ΚΕΦΑΛΑΙΟΝ Α.

Ὅσα μὲν δὴ ἐν τῇ ἀναβάσει τῇ μετὰ Κύρου ἔπραξαν οἱ Ἕλληνες μέχρι τῆς μάχης, καὶ ὅσα ἐπεὶ Κῦρος ἐτελεύτησεν ἐν τῇ πορείᾳ μέχρι εἰς τὸν Πόντον ἀφί-

ex aliis quibusdam, qui viderentur esse idonei, Cleandrum omni ratione rogarent, ut viros illos dimitteret. Ad eum igitur cum venisset Xenophon, orationem hanc habuit : « Habes, Cleander, viros quos volebas ; exercitusque adeo tibi permisit, ut quidquid tibi visum fuerit, tum de his, tum de ipsis universis statueres. Nunc abs te petunt rogantque ut ipsis viros dones, neve eos interficias : nam superiori tempore multos pro exercitu labores exantlarunt. Hæc autem si abs te impetrent, pro his tibi pollicentur, si dux ipsorum esse velis, ac dii fuerint propitii, se tibi declaraturos esse et quam modesti sint, et quam idonei qui, suo cum imperatori pareant, hostes diis juvantibus non metuant. Hoc etiam te rogant, ut, eo profectus atque in ipsos imperio potitus, tam de Dexippo quam de ipsis aliisque periculum facias, qualis quisque sit, atque justam singulis mercedem tribuas. » Hæc cum audisset Cleander, « At per Dioscuros, inquit, sine mora vobis respondebo ; atque adeo tum viros hosce vobis dono, tum ipse adero ; et si quid dii concesserint, dux vobis in Græciam ero. Ac longe sane sermones hi contrarii sunt illis quos ex quibusdam de vobis audivi, vos exercitum scilicet ad defectionem a Lacedæmoniis impellere. »

Hic illi qui ad Cleandrum missi fuerant, collaudato eo, cum viris illis discesserunt : at Cleander exta de itinere consulebat, et Xenophonte amanter utebatur, atque inter se amicitiam hospitalem instituebant. Cum vero ea etiam videret composite imperatum facere, magis etiam dux eorum esse cupiebat. Verum ubi, eo triduum rem sacram faciente, læta non erant exta, convocatis ducibus hæc verba fecit : « Mihi læta non fuerunt exta de copiis educendis ea consulenti : vos vero ne sitis idcirco demissis animis ; nam vobis, uti videtur, concessum est ut viros hos exportetis : quin igitur pergite. Nos autem, posteaquam eo veneritis, quam potuerimus honestissime vos excipiemus. »

Tum militibus visum est ut pecora ei publica donarent. Ille, cum ea accepisset, rursus iis reddidit, ac ipse quidem inde solvit. Et milites, distributo frumento, quod comportarant, aliisque rebus, quas ceperant, per Bithynos proficisci cœperunt. Cum autem recta incedentes via nihil offenderent, ut aliqua cum præda in regionem amicam transirent, visum et ipsis ut versis retro pedibus diem unam ac noctem iter facerent. Hoc cum fecissent, multa tum mancipia tum pecora ceperunt : atque die sexto Chrysopolin Chalcedoniæ oppidum pervenerunt, ibique dies septem manserunt, cum spolia interea venderent.

LIBER VII.

CAPUT I.

Quæcumque in expeditione cum Cyro superiorem in Asiam suscepta ad pugnam usque gesserint Græci, et quæ, posteaquam occubuisset Cyrus, in itinere donec in Pontum per-

κοντο, καὶ ὅσα ἐκ τοῦ Πόντου πεζῇ ἐξιόντες καὶ ἐκπλέοντες ἐποίουν μέχρι ἔξω τοῦ στόματος ἐγένοντο ἐν
Χρυσοπόλει τῆς Ἀσίας, ἐν τῷ πρόσθεν λόγῳ διεδήλω-
ται. (2) Ἐκ τούτου δὲ Φαρνάβαζος φοβούμενος τὸ
στράτευμα μὴ ἐπὶ τὴν αὐτοῦ ἀρχὴν στρατεύηται,
πέμψας πρὸς Ἀναξίβιον τὸν ναύαρχον, ὁ δ᾽ ἔτυχεν ἐν Βυζαντίῳ ὤν, ἐδεῖτο διαβιβάσαι τὸ στράτευμα ἐκ τῆς
Ἀσίας, καὶ ὑπισχνεῖτο πάντα ποιήσειν αὐτῷ ὅσα δέοι.
(3) Καὶ Ἀναξίβιος μεταπεμψάμενος τοὺς στρατηγοὺς καὶ
λοχαγοὺς τῶν στρατιωτῶν εἰς Βυζάντιον, καὶ ὑπισχνεῖτο, εἰ διαβαῖεν, μισθοφορὰν ἔσεσθαι τοῖς στρατιώταις.
(4) Οἱ μὲν δὴ ἄλλοι ἔφασαν βουλευσάμενοι ἀπαγγελεῖν,
Ξενοφῶν δὲ εἶπεν αὐτῷ ὅτι ἀπαλλάξοιτο ἤδη ἀπὸ τῆς
στρατιᾶς καὶ βούλοιτο ἀποπλεῖν. Ὁ δὲ Ἀναξίβιος
ἐκέλευσεν αὐτὸν συνδιαβάντα ἔπειτα οὕτως ἀπαλλάττεσθαι. Ἔφη οὖν ταῦτα ποιήσειν.

5. Σεύθης δὲ ὁ Θρᾲξ πέμπει Μηδοσάδην καὶ κελεύει
Ξενοφῶντα συμπροθυμεῖσθαι ὅπως διαβῇ τὸ στράτευμα, καὶ ἔφη αὐτῷ ταῦτα συμπροθυμηθέντι ὅτι οὐ μεταμελήσει. (6) Ὁ δ᾽ εἶπεν, Ἀλλὰ τὸ μὲν στράτευμα
διαβήσεται· τούτου ἕνεκα μηδὲν τελείτω μήτε ἐμοὶ
μήτε ἄλλῳ μηδενί· ἐπειδὰν δὲ διαβῇ, ἐγὼ μὲν ἀπαλ-
λάξομαι, πρὸς δὲ τοὺς διαμένοντας καὶ ἐπικαιρίους
ὄντας προσφερέσθω ὡς ἂν αὐτῷ δοκῇ ἀσφαλές.

7. Ἐκ τούτου διαβαίνουσι πάντες εἰς τὸ Βυζάντιον οἱ
στρατιῶται. Καὶ μισθὸν μὲν οὐκ ἐδίδου ὁ Ἀναξίβιος,
ἐκήρυξε δὲ λαβόντας τὰ ὅπλα καὶ τὰ σκεύη τοὺς στρατιώτας ἐξιέναι, ὡς ἀποπέμψων τε ἅμα καὶ ἀριθμὸν
ποιήσων. Ἐνταῦθα οἱ στρατιῶται ἤχθοντο, ὅτι οὐκ
εἶχον ἀργύριον ἐπισιτίζεσθαι εἰς τὴν πορείαν, καὶ ὀκνη-
ρῶς συνεσκευάζοντο. (8) Καὶ ὁ Ξενοφῶν Κλεάνδρῳ
τῷ ἁρμοστῇ ξένος γεγενημένος προσελθὼν ἠσπάζετο αὐτὸν ὡς ἀποπλευσούμενος ἤδη. Ὁ δὲ αὐτῷ λέγει, Μὴ
ποιήσῃς ταῦτα· εἰ δὲ μή, ἔφη, αἰτίαν ἕξεις, ἐπεὶ καὶ
νῦν τινες ἤδη σε αἰτιῶνται ὅτι οὐ ταχὺ ἐξέρπει τὸ στράτευμα. (9) Ὁ δ᾽ εἶπεν, Ἀλλ᾽ αἴτιος μὲν ἔγωγε οὐκ
εἰμὶ τούτου, οἱ δὲ στρατιῶται αὐτοὶ ἐπισιτισμοῦ δεόμενοι διὰ τοῦτο ἀθυμοῦσι πρὸς τὴν ἔξοδον. (10) Ἀλλ᾽
ὅμως, ἔφη, ἐγώ σοι συμβουλεύω ἐξελθεῖν μὲν ὡς πορευσόμενος, ἐπειδὰν δ᾽ ἔξω γένωνται οἱ στρατιῶται, τότε
ἀπαλλάττεσθαι. Ταῦτα τοίνυν, ἔφη ὁ Ξενοφῶν, ἐλθόντες πρὸς Ἀναξίβιον διαπραξώμεθα. (11) Οὕτως
ἐλθόντες ἔλεγον ταῦτα. Ὁ δὲ ἐκέλευσεν οὕτω ποιεῖν
καὶ ἐξιέναι τὴν ταχίστην συνεσκευασμένους, καὶ προσ-
ανειπεῖν, ὃς ἂν μὴ παρῇ εἰς τὴν ἐξέτασιν καὶ εἰς τὸν
ἀριθμὸν ὅτι αὐτὸς αὑτὸν αἰτιάσεται. Ἐντεῦθεν ἐξῄεσαν οἵ τε στρατηγοὶ πρῶτοι καὶ οἱ ἄλλοι. (12) Καὶ
ἄρδην πάντες πλὴν ὀλίγων ἔξω ἦσαν, καὶ Ἐτεόνικος
εἱστήκει παρὰ τὰς πύλας ὡς ὁπότε ἔξω γένοιντο πάντες
συγκλείσων τὰς πύλας καὶ τὸν μοχλὸν ἐμβαλῶν.
(13) Ὁ δὲ Ἀναξίβιος συγκαλέσας τοὺς στρατηγοὺς καὶ
τοὺς λοχαγοὺς ἔλεξε, Τὰ μὲν ἐπιτήδεια, ἔφη, λαμβάνετε ἐκ τῶν Θρᾳκίων κωμῶν· εἰσὶ δὲ αὐτόθι πολλαὶ
κριθαὶ καὶ πυροὶ καὶ τἆλλα τὰ ἐπιτήδεια· λαβόντες δὲ

venirent, quæque e Ponto pedibus egressi et navigatione usi
fecerint, donec extra Ponti ostium in oppidum Asiæ Chrysopolin venerint, ea quidem superiore commentario exposita
sunt omnia. Post hæc Pharnabazus, cum metueret ne Græcorum exercitus in ditionem suam bellum inferret, missis ad
Anaxibium navarchum (is autem Byzantii tum forte erat)
legatis, rogabat ut exercitum ex Asia trajiceret atque adeo
pollicebatur ei se facturum omnia, quæcunque fieri oporteret.
Et Anaxibius duces militumque in cohortes distributorum
præfectos ad se Byzantium accessivit; ac pollicitus est, si
trajicerent, militibus datum fore stipendium. Et alii quidem se deliberatione de ea re habita quid tandem statuerint
ei renuntiaturos aiebant; at Xenophon ei dixit ab exercitu
se jam discessurum velleque adeo inde solvere. Anaxibius
autem eum hortatus est ut quando una cum exercitu trajecerit, sic deinde demum ab eo discederet. Itaque se facturum hæc aiebat.

Ceterum interea Seuthes Thrax Medosadem mittit, Xenophontemque per eum hortatur ut operam studiose una cum
ipso daret, ut exercitus trajiceret; aiebatque minime futurum ut eum facti pœniteat, in id si alacri animo una cum
ipso incubuerit. Exercitus utique, aiebat Xenophon, traji-
ciet : nec hujus rei causa quidquam vel mihi, vel alii cuiquam pendat necesse est. Verum quamprimum trajecerit,
equidem discedam : erga eos autem, qui apud exercitum
manebunt et rebus conficiendis erunt idonei, sic se gerat,
ut ipsi visum fuerit esse tutum.

Exin milites universi in Byzantium trajiciunt; et stipendium quidem iis non dabat Anaxibius : at præconis voce
edixit, ut sumptis armis vasisque milites oppido excederent,
quasi eos dimittere simul et numerum inire vellet. Hic
graviter ferebant milites se non habere pecuniam, qua commeatum ad iter coemerent, atque adeo segniter vasa colligebant. Ac Xenophon Cleandro Byzantii præfecto hospitio
junctus, adiit eum et salutavit, quasi qui jam inde soluturus esset. At ille dicit ei, Ne feceris hoc : sin aliter, inquit,
culpa tenebiris; cum nunc etiam tibi jam culpæ dent nonnulli, quod non celeriter egreditur exercitus. Et Xenophon,
At ego certe quidem, ait, ejus rei non sum auctor; verum
milites ipsi quod commeatu egeant, idcirco segnibus sunt
ad exeundum animis. At ego tamen, inquit Cleander, id
tibi consilii do ut, quasi proficisci velis, exeas : cumque
foris exercitus fuerit, tum demum discedas. Hæc ergo, ait
Xenophon, ad Anaxibium profecti conficiamus. Ad quem
ita cum venissent, exponebant ea. Hortatus autem est ille
ut ita facerent, ac quamprimum collectis vasis exirent copiæ; atque insuper denuntiandum curarent futurum, ut is
qui recensui agendo numeroque ineundo non interfuerit,
seipsum culpa oneret. Mox deinde duces primum exierunt,
ac postea ceteri. Jamque adeo omnes, præter paucos,
extra oppidum erant, et Eteonicus ad portas stabat, ut, cum
egressi essent omnes, portas occluderet, ac pessulum ob-
deret. Anaxibius autem, convocatis ducibus et cohortium
præfectis, Commeatus, inquit, e vicis Thraciis sumite (est
ibi utique multum hordei triticique, et aliæ res necessariæ);

πορεύεσθε εἰς Χερρόνησον, ἐκεῖ δὲ Κυνίσκος ὑμῖν μισθοδοτήσει. (14) Ἐπακούσαντες δέ τινες τῶν στρατιωτῶν ταῦτα, ἢ καὶ τῶν λοχαγῶν τις διαγγέλλει εἰς τὸ στράτευμα. Καὶ οἱ μὲν στρατηγοὶ ἐπυνθάνοντο περὶ τοῦ Σεύθου πότερα πολέμιος εἴη ἢ φίλος, καὶ πότερα διὰ τοῦ ἱεροῦ ὄρους δέοι πορεύεσθαι ἢ κύκλῳ διὰ μέσης τῆς Θρᾴκης. (15) Ἐν ᾧ δὲ ταῦτα διελέγοντο οἱ στρατιῶται ἀναρπάσαντες τὰ ὅπλα θέουσι δρόμῳ πρὸς τὰς πύλας ὡς πάλιν εἰς τὸ τεῖχος εἰσιόντες. Ὁ δὲ Ἐτεόνικος καὶ οἱ σὺν αὐτῷ ὡς εἶδον προσθέοντας τοὺς ὁπλίτας, συγκλείουσι τὰς πύλας καὶ τὸν μοχλὸν ἐμβάλλουσιν. (16) Οἱ δὲ στρατιῶται ἔκοπτόν τε τὰς πύλας καὶ ἔλεγον ὅτι ἀδικώτατα πάσχοιεν ἐκβαλλόμενοι εἰς τοὺς πολεμίους· καὶ κατασχίσειν τὰς πύλας ἔφασαν, εἰ μὴ ἑκόντες ἀνοίξουσιν. (17) Ἄλλοι δὲ ἔθεον ἐπὶ θάλατταν καὶ παρὰ τὴν χηλὴν τοῦ τείχους ὑπερβαίνουσιν εἰς τὴν πόλιν, ἄλλοι δὲ οἳ ἐτύγχανον ἔνδον ὄντες τῶν στρατιωτῶν, ὡς ὁρῶσι τὰ ἐπὶ ταῖς πύλαις πράγματα, διακόπτοντες ταῖς ἀξίναις τὰ κλεῖθρα ἀναπεταννύουσι τὰς πύλας, οἱ δ' εἰσπίπτουσιν.

18. Ὁ δὲ Ξενοφῶν ὡς εἶδε τὰ γιγνόμενα, δείσας μὴ ἐφ' ἁρπαγὴν τράποιτο τὸ στράτευμα καὶ ἀνήκεστα κακὰ γένοιτο τῇ πόλει καὶ ἑαυτῷ καὶ τοῖς στρατιώταις, ἔθει καὶ συνεισπίπτει εἴσω τῶν πυλῶν σὺν τῷ ὄχλῳ. (19) Οἱ δὲ Βυζάντιοι ὡς εἶδον τὸ στράτευμα βίᾳ εἰσπίπτον, φεύγουσιν ἐκ τῆς ἀγορᾶς, οἱ μὲν εἰς τὰ πλοῖα, οἱ δὲ οἴκαδε, ὅσοι δὲ ἔνδον ἐτύγχανον ὄντες ἔξω ἔθεον, οἱ δὲ καθεῖλκον τὰς τριήρεις, ὡς ἐν ταῖς τριήρεσι σώζοιντο, πάντες δὲ ᾤοντο ἀπολωλέναι ὡς ἑαλωκυίας τῆς πόλεως. (20) Ὁ δὲ Ἐτεόνικος εἰς τὴν ἄκραν ἀποφεύγει. Ὁ δὲ Ἀναξίβιος καταδραμὼν ἐπὶ θάλατταν ἐν ἁλιευτικῷ πλοίῳ περιπλεῖ εἰς τὴν ἀκρόπολιν, καὶ εὐθὺς μεταπέμπεται ἐκ Καλχηδόνος φρουρούς· οὐ γὰρ ἱκανοὶ ἐδόκουν εἶναι οἱ ἐν τῇ ἀκροπόλει σχεῖν τοὺς ἄνδρας. (21) Οἱ δὲ στρατιῶται ὡς εἶδον τὸν Ξενοφῶντα, προσπίπτουσιν αὐτῷ πολλοὶ καὶ λέγουσι, Νῦν σοι ἔξεστιν, ὦ Ξενοφῶν, ἀνδρὶ γενέσθαι. Ἔχεις πόλιν, ἔχεις τριήρεις, ἔχεις χρήματα, ἔχεις ἄνδρας τοσούτους. Νῦν ἄν, εἰ βούλοιο, σύ τε ἡμᾶς ὀνήσαις καὶ ἡμεῖς σὲ μέγα ποιήσαιμεν. (22) Ὁ δ' ἀπεκρίνατο, Ἀλλ' εὖ τε λέγετε καὶ ποιήσω ταῦτα· εἰ δὲ τούτων ἐπιθυμεῖτε, θέσθε τὰ ὅπλα ἐν τάξει ὡς τάχιστα· βουλόμενος αὐτοὺς κατηρεμίσαι· καὶ αὐτός τε παρηγγύα ταῦτα καὶ τοὺς ἄλλους ἐκέλευε παρεγγυᾶν καὶ τίθεσθαι τὰ ὅπλα. (23) Οἱ δὲ αὐτοὶ ὑφ' ἑαυτῶν ταττόμενοι οἵ τε ὁπλῖται ἐν ὀλίγῳ χρόνῳ εἰς ὀκτὼ ἐγένοντο καὶ οἱ πελτασταὶ ἐπὶ τὸ κέρας ἑκάτερον παραδεδραμήκεσαν. (24) Τὸ δὲ χωρίον οἷον κάλλιστον ἐκτάξασθαί ἐστι τὸ Θρᾴκιον καλούμενον, ἔρημον οἰκιῶν καὶ πεδινόν. Ἐπεὶ δὲ ἔκειτο τὰ ὅπλα καὶ κατηρεμίσθησαν, συγκαλεῖ Ξενοφῶν τὴν στρατιὰν καὶ λέγει τάδε. (25) Ὅτι μὲν ὀργίζεσθε, ὦ ἄνδρες στρατιῶται, καὶ νομίζετε δεινὰ πάσχειν ἐξαπατώμενοι οὐ θαυμάζω. Ἢν δὲ τῷ θυμῷ χαριζώμεθα καὶ Λακεδαιμονίους τε τοὺς παρόντας τῆς ἐξαπάτης τιμωρησώμεθα

quos cum sumpseritis, in Chersonesum pergite, atque illic Cyniscus stipendium vobis numerabit. Hæc cum forte audissent militum nonnulli, hi vel e cohortium etiam præfectis aliquis ad exercitum effert. Et duces quidem de Seuthe percontabantur, utrum hostis esset an amicus, ac utrum iter per montem sacrum sit faciendum, an circulatim per mediam Thraciam. Dum illi de his inter se colloquebantur, milites correptis armis cursu ad oppidi portas tendunt, quasi rursus intra muros ingredi vellent. At Eteonicus et qui cum eo erant, ut adcurrentes viderunt gravis armaturæ milites, portas occludunt, ac pessulum obdunt. Milites autem portas pulsabant, seque gravissima aiebant injuria adfici, qui hostibus objicerentur; ac diffissuros se portas aiebant, nisi eas sponte sua aperirent. Ex iis vero alii ad mare currebant, et juxta muri chelen in urbem evadunt: alii de militibus qui intus forte erant, ut quid ad portas ageretur viderunt, asciis ubi claustra perscidissent, portas patefaciunt: illique adeo irrumpunt.

Xenophon, cum quid accideret videret, veritus ne ad urbis direptionem se convertere exercitus, atque inde mala gravissima in urbem, et sese, et milites ipsos redundarent, currebat ipse, et cum turba intra portas una irruit. At Byzantii, ut vi exercitum in urbem irruere viderunt, de foro in naves alii, alii domum fugiunt; ac quotquot intus erant, foras exeunt: alii triremes deducebant, ut in triremibus incolumes evaderent: omnes perilisse se putabant, tanquam si urbs capta esset. Ad promontorium autem fugit Eteonicus. Et Anaxibius ad mare cum decurrisset, navigio piscatorio in urbis arcem circumvehebatur, ac statim e Chalcedone præsidiarios milites arcessit: neque enim ii, qui erant in arce, virorum istorum impetum sustinere posse videbantur. At milites ubi Xenophontem viderant, frequentes ad eum adcurrunt, atque ita adloquuntur, Nunc tibi licet, Xenophon, virum te præbere. Urbem habes, habes triremes, habes pecuniam, tot viros habes. Nunc, si volueris, et tu nobis utilitatem adferre poteris, et nos te magnum efficere. Respondit ille, « Enimvero recte loquimini, atque hæc faciam. Verum si hæc expetitis, quamprimum in ordine armati consistite : » quod volebat utique eos pacare, ideo tum ipse cohortatione hac utebatur, tum alios ducebat eadem cohortatione uti, atque ut milites sui armati consisterent curare, jussit. Illi sponte sua sese instruentes, brevi tempore gravis armaturæ milites in octonos erant dispositi, et peltastæ ad utrumque cornu cursu se receperant. Locus vero is, qui Thracium adpellatur, ad struendam aciem quam pulcherrimus est, ab ædibus vacuus et campestris. Postquam arma rite disposita, militesque pacati erant, Xenophon convocat exercitum, et hac oratione usus est: « Vos quidem, milites, irasci, et existimare gravi vos, quippe fraude deceptos, injuria adfici, non miror. At iræ si obsequamur, et de Lacedæmoniis qui adsunt ob fraudem pœnas sumamus, urbemque nihil culpandam diripiamus,

καὶ τὴν πόλιν τὴν οὐδὲν αἰτίαν διαρπάσωμεν, ἐνθυμεῖσθε ἃ ἔσται ἐντεῦθεν. (26) Πολέμιοι μὲν ἐσόμεθα ἀποδεδειγμένοι Λακεδαιμονίοις καὶ τοῖς συμμάχοις. Οἷος δ' ὁ πόλεμος ἂν γένοιτο εἰκάζειν δὴ πάρεστιν, ἑωρακότας καὶ ἀναμνησθέντας τὰ νῦν δὴ γεγενημένα. (27) Ἡμεῖς γὰρ οἱ Ἀθηναῖοι ἤλθομεν εἰς τὸν πόλεμον τὸν πρὸς Λακεδαιμονίους καὶ τοὺς συμμάχους ἔχοντες τριήρεις τὰς μὲν ἐν θαλάττῃ τὰς δ' ἐν τοῖς νεωρίοις οὐκ ἐλάττους τριακοσίων, ὑπαρχόντων δὲ πολλῶν χρημάτων ἐν τῇ πόλει καὶ προσόδου οὔσης κατ' ἐνιαυτὸν ἀπό τε τῶν ἐνδήμων καὶ ἐκ τῆς ὑπερορίας οὐ μεῖον χιλίων ταλάντων· ἄρχοντες δὲ τῶν νήσων ἁπασῶν καὶ ἔν τε τῇ Ἀσίᾳ πολλὰς ἔχοντες πόλεις καὶ ἐν τῇ Εὐρώπῃ ἄλλας τε πολλὰς καὶ αὐτὸ τοῦτο τὸ Βυζάντιον ὅπου νῦν ἐσμεν ἔχοντες, κατεπολεμήθημεν οὕτως ὡς πάντες ὑμεῖς ἐπίστασθε. (28) Νῦν δὲ δὴ τί ἂν οἰόμεθα παθεῖν Λακεδαιμονίων μὲν καὶ τῶν Ἀχαιῶν συμμάχων ὑπαρχόντων, Ἀθηναίων δὲ καὶ ὅσοι ἐκείνοις τότε ἦσαν σύμμαχοι πάντων προσγεγενημένων, Τισσαφέρνους δὲ καὶ τῶν ἐπὶ θαλάττῃ ἄλλων βαρβάρων πάντων πολεμίων ἡμῖν ὄντων, πολεμιωτάτου δὲ αὐτοῦ τοῦ ἄνω βασιλέως· ὃν ἤλθομεν ἀφαιρησόμενοί τε τὴν ἀρχὴν καὶ ἀποκτενοῦντες, εἰ δυναίμεθα. Τούτων δὴ πάντων ὁμοῦ ὄντων ἔστι τις οὕτως ἄφρων ὅστις οἴεται ἂν ἡμᾶς παραγενέσθαι; (29) Μὴ πρὸς θεῶν μαινώμεθα μηδ' αἰσχρῶς ἀπολώμεθα πολέμιοι ὄντες καὶ ταῖς πατρίσι καὶ τοῖς ἡμετέροις αὐτῶν φίλοις τε καὶ οἰκείοις. Ἐν γὰρ ταῖς πόλεσίν εἰσι πάντες ταῖς ἐφ' ἡμᾶς στρατευσομέναις, καὶ δικαίως, εἰ βάρβαρον μὲν πόλιν οὐδεμίαν ἠθελήσαμεν κατασχεῖν, καὶ ταῦτα κρατοῦντες, Ἑλληνίδα δὲ εἰς ἣν πρώτην πόλιν ἤλθομεν, ταύτην ἐξαλαπάξομεν. (30) Ἐγὼ μὲν τοίνυν εὔχομαι πρὶν ταῦτα ἐπιδεῖν ὑφ' ὑμῶν γενόμενα μυρίας ἔμεγε κατὰ γῆς ὀργυιὰς γενέσθαι. Καὶ ὑμῖν δὲ συμβουλεύω Ἕλληνας ὄντας τοῖς τῶν Ἑλλήνων προεστηκόσι πειθομένους πειρᾶσθαι τῶν δικαίων τυγχάνειν. Ἐὰν δὲ μὴ δύνησθε ταῦτα, ἡμᾶς δεῖ ἀδικουμένους τῆς γοῦν Ἑλλάδος μὴ στέρεσθαι. (31) Καὶ νῦν μοι δοκεῖ πέμψαντας Ἀναξιβίῳ εἰπεῖν ὅτι ἡμεῖς οὐδὲν βίαιον ποιήσοντες παρεληλύθαμεν εἰς τὴν πόλιν, ἀλλ' ἢν μὲν δυνώμεθα παρ' ὑμῶν ἀγαθόν τι εὑρίσκεσθαι, εἰ δὲ μή, ἀλλὰ δηλώσοντες ὅτι οὐκ ἐξαπατώμενοι ἀλλὰ πειθόμενοι ἐξερχόμεθα.

32. Ταῦτα ἔδοξε, καὶ πέμπουσιν Ἱερώνυμόν τε Ἠλεῖον ἐροῦντα ταῦτα καὶ Εὐρύλοχον Ἀρκάδα καὶ Φιλήσιον Ἀχαιόν. Οἱ μὲν ταῦτα ᾤχοντο ἐροῦντες.

33. Ἔτι δὲ καθημένων τῶν στρατιωτῶν προσέρχεται Κοιρατάδης Θηβαῖος, ὃς οὐ φεύγων τὴν Ἑλλάδα περιήει ἀλλὰ στρατηγιῶν καὶ ἐπαγγελλόμενος εἴ τις ἢ πόλις ἢ ἔθνος στρατηγοῦ δέοιτο· καὶ τότε προσελθὼν ἔλεγεν ὅτι ἕτοιμος εἴη ἡγεῖσθαι αὐτοῖς εἰς τὸ Δέλτα καλούμενον τῆς Θρᾴκης, ἔνθα πολλὰ καὶ ἀγαθὰ λήψοιντο· ἔστε δ' ἂν μόλωσιν, εἰς ἀφθονίαν παρέξειν ἔφη καὶ σιτία καὶ ποτά. (34) Ἀκούουσι ταῦτα οἱ στρατιῶται καὶ τὰ παρὰ Ἀναξιβίου ἅμα ἀπαγγελλόμενα· ἀπεκρίνατο γὰρ ὅτι

quæ deinde sequutura sint apud animos vestros expendite. Hostes sane tum Lacedæmoniis tum sociis eorum palam facti erimus: ac bellum quale futurum sit, jam iis licet conjicere, qui et viderunt et memoria repetunt ea, quæ non ita pridem acciderunt. Nos utique Athenienses bellum adversus Lacedæmonios corumque socios suscepimus, cum in mari alias, alias in navalibus triremes, non pauciores trecentis haberemus; cumque magna esset in arce nostra pecuniæ copia, esset etiam reditus quotannis tam ex urbe quam de locis exteris, non minus mille talentorum; iidemque insulis omnibus imperaremus, et urbes multas in Asia teneremus, in Europa multas etiam alias, atque hoc ipsum adeo Byzantium, ubi nunc sumus, teneremus : ita tamen debellati sumus, uti nostis omnes. Jam vero quid nos subituros existimamus, cum Lacedæmonii et Achæi societate juncti sint, cum ad hos Athenienses etiam, et quotquot illis tum erant societate conjuncti, accesserint omnes ? cum Tissaphernes, ceterique barbari omnes maris adcolæ nobis hostes sint, cum maxime hostili sit in nos animo rex ipse superioris Asiæ? quem imperio spoliatum et, si potuissemus, etiam interfectum venimus. His utique omnibus conjunctis, ecquis tam demens est, qui nos superiores evasuros existimet ? Ne, per deos, insaniamus, neve turpiter pereamus, et patriæ quisque suæ, et amicis nostris propinquisque hostes redditi. Nam in illis hi sunt omnes civitatibus, quæ bellum nobis illaturæ sunt, ac jure sane, si nullam quidem urbem barbaram, idque victoria potiti, voluerimus occupare, Græcam vero, in quam primum venimus urbem, eam vastaverimus. Equidem opto, priusquam hæc a vobis facta videam, me sane decies mille orgyias infra terram esse detrusum. Vobis etiam id consilii dabo ut, cum Græci sitis, salvo erga eos qui sunt Græcorum principes obsequio, jus obtinere conemini. Quod si id obtinere non poteritis, hoc tamen nobis, injuria licet adficiamur, curæ esse oportet, ut ne Græcia saltem exulemus. Atque hoc tempore censeo missis nuntiis Anaxibio significandum, non ut vi uteremur ulla in urbem, huc nos rediisse; sed ut poterimus commodi aliquid a vobis consequi, bene habet; sin minus, ut saltem vobis ostenderemus nos non dolo deceptos, sed parendi studio excessisse. »

Hæc omnibus fieri placuit : atque adeo mittunt Hieronymum Eleum, qui hæc exponeret, et Eurylochum Arcadem, et Philesium Achæum. Hi quidem hæc ut exponerent abiere.

Dum milites eodem adhuc loco manebant, Cœratades Thebanus ad eos accedit, qui non Græciæ exul huc illuc vagabatur, sed muneris imperatorii cupidus, et ultro se offerens, si qua vel civitas vel natio ducis egeret : isque adeo ad eos cum id temporis accessisset, paratum se esse aiebat ad deducendum eos in locum Thraciæ, qui Delta adpellatur, ubi multa bona essent nacturi : ac dum iter facerent, ipsis se tum esculenta tum potulenta copiose suppeditaturum. Audiunt hæc milites, simulque ea quæ ab Anaxibio renuntia-

πειθομένοις αὐτοῖς οὐ μεταμελήσει, ἀλλὰ τοῖς τε οἴκοι τέλεσι ταῦτα ἀπαγγελεῖ καὶ αὐτὸς βουλεύσοιτο περὶ αὐτῶν ὅ,τι δύναιτο ἀγαθόν. (35) Ἐκ τούτου οἱ στρατιῶται τόν τε Κοιρατάδην δέχονται στρατηγὸν καὶ ἔξω τοῦ τείχους ἀπῆλθον. Ὁ δὲ Κοιρατάδης συντίθεται αὐτοῖς εἰς τὴν ὑστεραίαν παρέσεσθαι ἐπὶ τὸ στράτευμα ἔχων καὶ ἱερεῖα καὶ μάντιν καὶ σιτία καὶ ποτὰ τῇ στρατιᾷ. (36) Ἐπεὶ δὲ ἐξῆλθον, ὁ Ἀναξίβιος ἔκλεισε τὰς πύλας καὶ ἐκήρυξεν ὅστις ἂν ἁλῷ ἔνδον ὢν τῶν στρατιωτῶν ὅτι πεπράσεται. (37) Τῇ δ' ὑστεραίᾳ ὁ Κοιρατάδης μὲν ἔχων τὰ ἱερεῖα καὶ τὸν μάντιν ἧκε καὶ ἄλφιτα φέροντες εἴποντο αὐτῷ εἴκοσιν ἄνδρες καὶ οἶνον ἄλλοι εἴκοσι καὶ ἐλαίου τρεῖς καὶ σκορόδων ἀνὴρ ὅσον ἐδύνατο μέγιστον φορτίον καὶ ἄλλος κρομμύων. Ταῦτα δὲ καταθέμενος ὡς ἐπὶ δάσμευσιν ἐθύετο. (38) Ξενοφῶν δὲ μεταπεμψάμενος Κλέανδρον ἐκέλευε διαπρᾶξαι ὅπως εἰς τὸ τεῖχός τε εἰσέλθοι καὶ ἀποπλεύσαι ἐκ Βυζαντίου. (39) Ἐλθὼν δ' ὁ Κλέανδρος, Μόλις μόλις, ἔφη, διαπραξάμενος ἥκω· λέγειν γὰρ Ἀναξίβιον ὅτι οὐκ ἐπιτήδειον εἴη τοὺς μὲν στρατιώτας πλησίον εἶναι τοῦ τείχους, Ξενοφῶντα δὲ ἔνδον· τοὺς Βυζαντίους δὲ στασιάζειν καὶ πονηροὺς εἶναι πρὸς ἀλλήλους· ὅμως δὲ εἰσιέναι, ἔφη, ἐκέλευεν, εἰ μέλλοι σὺν αὐτῷ ἐκπλεῖν. (40) Ὁ μὲν δὴ Ξενοφῶν ἀσπασάμενος τοὺς στρατιώτας εἴσω τοῦ τείχους ἀπῄει σὺν Κλεάνδρῳ. Ὁ δὲ Κοιρατάδης τῇ μὲν πρώτῃ ἡμέρᾳ οὐκ ἐκαλλιέρει οὐδὲ διεμέτρησεν οὐδὲν τοῖς στρατιώταις· τῇ δ' ὑστεραίᾳ τὰ μὲν ἱερεῖα εἱστήκει παρὰ τὸν βωμὸν καὶ Κοιρατάδης ἐστεφανωμένος ὡς θύσων· προσελθὼν δὲ Τιμασίων ὁ Δαρδανεὺς καὶ Νέων ὁ Ἀσιναῖος καὶ Κλεάνωρ ὁ Ὀρχομένιος ἔλεγον Κοιρατάδῃ μὴ θύειν, ὡς οὐχ ἡγησόμενον τῇ στρατιᾷ, εἰ μὴ δώσει τὰ ἐπιτήδεια. Ὁ δὲ κελεύει διαμετρεῖσθαι. (41) Ἐπεὶ δὲ πολλῶν ἐνέδει αὐτῷ ὥστε ἡμέρας σῖτον ἑκάστῳ γενέσθαι τῶν στρατιωτῶν, ἀναλαβὼν τὰ ἱερεῖα ἀπῄει καὶ τὴν στρατηγίαν ἀπειπών.

ΚΕΦΑΛΑΙΟΝ Β.

Νέων δὲ ὁ Ἀσιναῖος καὶ Φρυνίσκος ὁ Ἀχαιὸς καὶ Φιλήσιος ὁ Ἀχαιὸς καὶ Ξανθικλῆς ὁ Ἀχαιὸς καὶ Τιμασίων ὁ Δαρδανεὺς ἐπέμενον ἐπὶ τῇ στρατιᾷ, καὶ εἰς κώμας τῶν Θρᾳκῶν προελθόντες τὰς κατὰ Βυζάντιον ἐστρατοπεδεύοντο. (2) Καὶ οἱ στρατηγοὶ ἐστασίαζον, Κλεάνωρ μὲν καὶ Φρυνίσκος πρὸς Σεύθην βουλόμενοι ἄγειν· ἔπειθε γὰρ αὐτούς, καὶ ἔδωκε τῷ μὲν ἵππον, τῷ δὲ γυναῖκα· Νέων δὲ εἰς Χερρόνησον, οἰόμενος, εἰ ὑπὸ Λακεδαιμονίοις γένοιντο, παντὸς ἂν προεστάναι τοῦ στρατεύματος· Τιμασίων δὲ προθυμεῖτο πέραν εἰς τὴν Ἀσίαν πάλιν διαβῆναι, οἰόμενος ἂν οἴκαδε κατελθεῖν. (3) Καὶ οἱ στρατιῶται ταῦτα ἐβούλοντο. Διατριβομένου δὲ τοῦ χρόνου πολλοὶ τῶν στρατιωτῶν, οἱ μὲν τὰ ὅπλα ἀποδιδόμενοι κατὰ τοὺς χώρους ἀπέπλεον ὡς ἐδύναντο, οἱ δὲ καὶ [διδόντες τὰ ὅπλα κατὰ τοὺς χώρους]

CAPUT II.

bantur : is enim futurum respondit, ut ipsos obedientiæ nequaquam pœniteret, sed hæc se patriæ magistratibus renuntiaturum, ipsumque eorum commodo quam posset optime consulturum. Tum Cœratadem milites ducem accipiunt, et extra muros abierunt. Et Cœratades iis constituit postridie se ad exercitum cum animantibus et vate, cum potulentis et esculentis in usum exercitus, adfuturum. Postquam vero excessissent urbe, portas clausit Anaxibius, et per præconem prædicavit fore ut, si quis militum deprehenderetur intus, venderetur. Postridie Cœratades cum animantibus et vate venit : atque eum viri sequebantur vigiati, qui farinam, et viginti alii qui vinum, tres item qui olearum sarcinam quam potuere maximam gestabant, ac unus alliorum sarcinam, ceparum item alius, quam maximam potuit, portabat. Hæc ubi tanquam in singulos dividenda deponi jussisset, sacra facere instituit. At Xenophon cum ad se Cleandrum accessisset, hortatur id sibi impetraret ut intra muros ingrederetur, et e Byzantio solveret. Cleander ubi rediisset, Ægre admodum, inquit, re impetrata venio : dicere enim aiebat Anaxibium minime commodum esse, milites haud procul a muris esse, Xenophontem intus ; Byzantios autem seditiose se gerere sibique invicem infestos esse : sed tamen, inquit, introire jussit, si quidem secum inde enavigare vellet. Quare Xenophon, militibus salutatis, cum Cleandro intra muros ingressus est. At Cœratades primo quidem die hostiis cæsis non litavit, neque adeo quidquam militibus distribuit : postridie ad aram stabant victimæ, Cœratadesque corona redimitus, ut qui sacra facturus esset : at eum cum adiisset Timasion Dardanius, Neon etiam Asinæus, et Cleanor Orchomenius, Cœratadi interdicebant ne sacrificaret, quippe qui exercitui præfuturus non esset, nisi commeatus dederit. Tum ille omnia certa mensura distribui jubet. Cum autem ei multa abessent, ut militum cuique unius duntaxat diei victus suppeteret, receptis animantibus abivit, abdicato etiam munere imperatorio.

CAPUT II.

Neon autem Asinæus, et Phryniscus Achæus, et Philæsius Achæus, et Xanthicles Achæus, et Timasion Dardanius apud exercitum permansere, progressique Thracum in vicos ad Byzantium versos sitos, castra sunt metati. Atque ibi tum duces inter se dissidebant, volentibus Cleanore ac Phrynisco ad Seuthen copias ducere (nam hos ille ut ita vellent adduxerat, cum uni equum utique dedisset, feminam alteri) ; Neone vero in Chersonesum ; quod futurum putaret ut, si in ditionem Lacedæmoniorum venissent, copiis universis ipsi præesset : at Timasion ulterius in Asiam rursus trajicere vehementer cupiebat, ratus hac se ratione in patriam redire posse. Milites etiam id fieri volebant. Dum autem terebatur tempus, ex militibus multi, armis per agros distractis, inde, uti sane poterant, partim navigabant ; partim [armis etiam per agros traditis] in oppida incolis immi-

εἰς τὰς πόλεις κατεμιγνύοντο. (5) Ἀναξίβιος δ' ἔχαιρε ταῦτα ἀκούων, διαφθειρόμενον τὸ στράτευμα· τούτων γὰρ γιγνομένων ᾤετο μάλιστα χαριζεσθαι Φαρναβάζῳ.

6. Ἀποπλέοντι δὲ Ἀναξιβίῳ ἐκ Βυζαντίου συναντᾷ Ἀρίσταρχος ἐν Κυζίκῳ διάδοχος Κλεάνδρῳ Βυζαντίου ἁρμοστής· ἐλέγετο δὲ ὅτι καὶ ναύαρχος διάδοχος Πῶλος ὅσον οὐ παρείη ἤδη εἰς Ἑλλήσποντον. (6) Καὶ Ἀναξίβιος τῷ μὲν Ἀριστάρχῳ ἐπιστέλλει ὁπόσους ἂν εὕρῃ ἐν Βυζαντίῳ τῶν Κύρου στρατιωτῶν ὑπολελειμμένους ἀποδόσθαι· ὁ δὲ Κλέανδρος οὐδένα ἐπεπράκει, ἀλλὰ καὶ τοὺς κάμνοντας ἐθεράπευεν οἰκτείρων καὶ ἀναγκάζων οἰκίᾳ δέχεσθαι· Ἀρίσταρχος δ' ἐπεὶ ἦλθε τάχιστα, οὐκ ἐλάττους τετρακοσίων ἀπέδοτο. (7) Ἀναξίβιος δὲ παραπλεύσας εἰς Πάριον πέμπει παρὰ Φαρνάβαζον κατὰ τὰ συγκείμενα. Ὁ δ' ἐπεὶ ᾔσθετο Ἀρίσταρχόν τε ἥκοντα εἰς Βυζάντιον ἁρμοστὴν καὶ Ἀναξίβιον οὐκέτι ναυαρχοῦντα, Ἀναξιβίου μὲν ἠμέλησε, πρὸς Ἀρίσταρχον δὲ διεπράττετο τὰ αὐτὰ περὶ τοῦ Κυρείου στρατεύματος ἅπερ καὶ πρὸς Ἀναξίβιον.

8. Ἐκ τούτου ὁ Ἀναξίβιος καλέσας Ξενοφῶντα κελεύει πάσῃ τέχνῃ καὶ μηχανῇ πλεῦσαι ἐπὶ τὸ στράτευμα ὡς τάχιστα, καὶ συνέχειν τε αὐτὸ καὶ συναθροίζειν τῶν διεσπαρμένων ὡς ἂν πλείστους δύνηται, καὶ παραγαγόντα εἰς τὴν Πέρινθον διαβιβάζειν εἰς τὴν Ἀσίαν ὅτι τάχιστα· καὶ δίδωσιν αὐτῷ τριακόντορον καὶ ἐπιστολὴν καὶ ἄνδρα συμπέμπει κελεύσοντα τοὺς Περινθίους ὡς τάχιστα Ξενοφῶντα προπέμψαι τοῖς ἵπποις ἐπὶ τὸ στράτευμα. (9) Καὶ ὁ μὲν Ξενοφῶν διαπλεύσας ἀφικνεῖται ἐπὶ τὸ στράτευμα· οἱ δὲ στρατιῶται ἐδέξαντο ἡδέως καὶ εὐθὺς εἵποντο ἄσμενοι ὡς διαβησόμενοι ἐκ τῆς Θρᾴκης εἰς τὴν Ἀσίαν.

10. Ὁ δὲ Σεύθης ἀκούσας ἥκοντα πάλιν πέμψας πρὸς αὐτὸν κατὰ θάλατταν Μηδοσάδην ἐδεῖτο τὴν στρατιὰν ἄγειν πρὸς ἑαυτόν, ὑπισχνούμενος αὐτῷ ὅ,τι ᾤετο λέγων πείσειν. Ὁ δ' ἀπεκρίνατο αὐτῷ ὅτι οὐδὲν οἷόν τε εἴη τούτων γενέσθαι. (11) Καὶ ὁ μὲν ταῦτα ἀκούσας ᾤχετο. Οἱ δὲ Ἕλληνες ἐπεὶ ἀφίκοντο εἰς Πέρινθον, Νέων μὲν ἀποσπάσας ἐστρατοπεδεύσατο χωρὶς ἔχων ὡς ὀκτακοσίους ἀνθρώπους· τὸ δ' ἄλλο στράτευμα πᾶν ἐν τῷ αὐτῷ παρὰ τὸ τεῖχος τὸ Περινθίων ἦν.

12. Μετὰ ταῦτα Ξενοφῶν μὲν ἔπραττε περὶ πλοίων, ὅπως ὅτι τάχιστα διαβαῖεν. Ἐν δὲ τούτῳ ἀφικνούμενος Ἀρίσταρχος ὁ ἐκ Βυζαντίου ἁρμοστής, ἔχων δύο τριήρεις, πεπεισμένος ὑπὸ Φαρναβάζου τοῖς τε ναυκλήροις ἀπεῖπε μὴ διάγειν ἐλθών τε ἐπὶ τὸ στράτευμα τοῖς στρατιώταις εἶπε μὴ περαιοῦσθαι εἰς τὴν Ἀσίαν. (13) Ὁ δὲ Ξενοφῶν ἔλεγεν ὅτι Ἀναξίβιος ἐκέλευσε καὶ ἐμὲ πρὸς τοῦτο ἔπεμψεν ἐνθάδε. Πάλιν δ' Ἀρίσταρχος ἔλεξεν, Ἀναξίβιος μὲν τοίνυν οὐκέτι ναύαρχος, ἐγὼ δὲ τῇδε ἁρμοστής· εἰ δέ τινα ὑμῶν λήψομαι ἐν τῇ θαλάττῃ, καταδύσω. (14) Ταῦτ' εἰπὼν ᾤχετο εἰς τὸ τεῖχος. Τῇ δ' ὑστεραίᾳ μεταπέμπεται τοὺς στρατηγοὺς καὶ λοχαγοὺς τοῦ στρατεύματος. Ἤδη δὲ ὄντων πρὸς

sti se recipiebant. Gaudebat autem Anaxibius, cum hæc audiret, nimirum copias dissipari : nam hæc cum ita fierent, Pharnabazo se maxime gratificari putabat.

At Anaxibio, quum e Byzantio navigasset, obviam venit apud Cyzicum Aristarchus, Cleandro successor constitutus ac Byzantii præfectus : aiebat autem Polum, qui in navarchi munus etiam successerat, tantum non ad Hellespontum jam adesse. Et Anaxibius Aristarchum jubet eos vendere Cyri milites, quotcunque in Byzantio relictos reperiret : Cleander certe neminem eorum vendiderat ; imo etiam ægros curaverat, cum miseraretur eos, et cives domo excipere cogeret : at Aristarchus quamprimum Byzantium venit, non pauciores quadringentis vendidit. Anaxibius autem in Parium cum navigasset, ad Pharnabazum mittit secundum pacta. Is vero ubi animadvertit Aristarchum præfectura auctum Byzantium venire, nec Anaxibium amplius navarchi fungi munere, Anaxibium sane neglexit, et cum Aristarcho de Cyri copiis ea ipsa transegit, quæ prius cum Anaxibio transegerat.

Ibi tum Anaxibius accessito Xenophonte, hortatur eum ut omni artificio quam celerrime ad exercitum naviget, copiasque contineat, et ex iis qui hinc inde sparsi erant quam possit plurimos colligat, eosque cum Perinthum deduxerit, in Asiam quam citissime transportet : ei dat etiam triginta remorum navem et epistolam, unaque virum cum eo mittit qui Perinthiis præciperet, ut Xenophontem equis quamprimum ad exercitum deducerent. Atque Xenophon navi transvectus venit ad exercitum ; militesque eum cum voluptate exceperunt, ac statim libenter sequebantur, utpote e Thracia in Asiam trajecturi.

At Seuthes posteaquam Xenophontem rursus venisse audiisset, misso ad eum per mare Medosade, rogabat ut ad se copias duceret ; cum simul ei promissa faceret, quibus factis se id persuasurum putabat. Ei respondit Xenophon eorum nihil fieri posse. Et is quidem his auditis abiit. Græci autem cum Perinthum pervenissent, Neon suis ab exercitu abstractis, castra seorsum habebat, cum octingentis fere hominibus : reliquæ copiæ omnes loco eodem propter Perinthiorum mœnia erant constitutæ.

Secundum hæc de navigiis agebat Xenophon, uti quam celerrime trajicerent. Interea vero cum Aristarchus præfectus e Byzantio venisset, duabus cum triremibus, a Pharnabazo persuasus, naucleris ne quemquam transportarent interdixit ; et ad exercitum profectus, militibus edixit, ne quis in Asiam trajiceret. At Xenophon aiebat Anaxibium id sibi mandasse, meque adeo, inquit idem, hac de causa huc misit. Retulit autem ad hæc Aristarchus: Anaxibius non est navarclius, ego vero hoc in loco munere fungor præfecti : quod si quem vestrûm cepero in mari, eum demergam. His dictis, in oppidum discessit. Postridie duces idem et cohortium in exercitu præfectos ad se accersivit. Cumque jam prope ab oppido abessent, exponit quidam Xenophonti

τῷ τείχει ἐξαγγέλλει τις τῷ Ξενοφῶντι ὅτι εἰ εἴσεισι, συλληφθήσεται καὶ ἢ αὐτοῦ τι πείσεται ἢ καὶ Φαρναβάζῳ παραδοθήσεται. Ὁ δὲ ἀκούσας ταῦτα τοὺς μὲν προπέμπεται, αὐτὸς δὲ εἶπεν ὅτι θῦσαί τι βούλοιτο. (15) Καὶ ἀπελθὼν ἐθύετο εἰ παρεῖεν αὐτῷ οἱ θεοὶ πειρᾶσθαι πρὸς Σεύθην ἄγειν τὸ στράτευμα. Ἑώρα γὰρ οὔτε διαβαίνειν ἀσφαλὲς ὂν τριήρεις ἔχοντος τοῦ κωλύσοντος, οὔτ' ἐπὶ Χερρόνησον ἐλθὼν κατακλεισθῆναι ἐβούλετο καὶ τὸ στράτευμα ἐν πολλῇ σπάνει πάντων γενέσθαι ἔνθα πείθεσθαι μὲν ἀνάγκη τῷ ἐκεῖ ἁρμοστῇ, τῶν δὲ ἐπιτηδείων οὐδὲν ἐμελλεν ἔξειν τὸ στράτευμα.

16. Καὶ ὁ μὲν ἀμφὶ ταῦτ' εἶχεν· οἱ δὲ στρατηγοὶ καὶ λοχαγοὶ ἥκοντες παρὰ τοῦ Ἀριστάρχου ἀπήγγελλον ὅτι νῦν μὲν ἀπιέναι σφᾶς κελεύει, τῆς δείλης δὲ ἥκειν· ἔνθα καὶ δήλη μᾶλλον ἐδόκει ἡ ἐπιβουλή. (17) Ὁ οὖν Ξενοφῶν, ἐπεὶ ἐδόκει τὰ ἱερὰ καλὰ εἶναι, αὐτῷ καὶ τῷ στρατεύματι ἀσφαλῶς πρὸς Σεύθην ἰέναι, παραλαβὼν Πολυκράτην τὸν Ἀθηναῖον λοχαγὸν καὶ παρὰ τῶν στρατηγῶν ἑκάστου ἄνδρα πλὴν παρὰ Νέωνος ᾧ ἕκαστος ἐπίστευεν ᾤχετο τῆς νυκτὸς ἐπὶ τὸ Σεύθου στράτευμα ἑξήκοντα στάδια. (18) Ἐπεὶ δ' ἐγγὺς ἦσαν αὐτοῦ, ἐπιτυγχάνει πυροῖς ἐρήμοις. Καὶ τὸ μὲν πρῶτον ᾤετο μετακεχωρηκέναι ποι τὸν Σεύθην· ἐπεὶ δὲ θορύβου τε ᾔσθετο καὶ σημαινόντων ἀλλήλοις τῶν περὶ Σεύθην, κατέμαθεν ὅτι τούτου ἕνεκα τὰ πυρὰ κεκαυμένα εἴη τῷ Σεύθῃ πρὸ τῶν νυκτοφυλάκων ὅπως οἱ μὲν φύλακες μὴ ὁρῷντο ἐν τῷ σκότει ὄντες μήτε ὁπόσοι μήτε ὅπου εἶεν, οἱ δὲ προσιόντες μὴ λανθάνοιεν ἀλλὰ διὰ τὸ φῶς καταφανεῖς εἶεν. (19) Ἐπεὶ δὲ ᾔσθετο, προπέμπει τὸν ἑρμηνέα ὃν ἐτύγχανεν ἔχων, καὶ εἰπεῖν κελεύει Σεύθῃ ὅτι Ξενοφῶν πάρεστι βουλόμενος συγγενέσθαι αὐτῷ. Οἱ δὲ ἤροντο εἰ ὁ Ἀθηναῖος ὁ ἀπὸ τοῦ στρατεύματος. (20) Ἐπειδὴ δὲ ἔφη οὗτος εἶναι, ἀναπηδήσαντες ἐδίωκον· καὶ ὀλίγον ὕστερον παρῆσαν πελτασταὶ ὅσον διακόσιοι, καὶ παραλαβόντες Ξενοφῶντα καὶ τοὺς σὺν αὐτῷ ἦγον πρὸς Σεύθην. (21) Ὁ δ' ἦν ἐν τύρσει μάλα φυλαττόμενος, καὶ ἵπποι περὶ αὐτὴν κύκλῳ ἐγκεχαλινωμένοι· διὰ γὰρ τὸν φόβον τὰς μὲν ἡμέρας ἐχίλου τοὺς ἵππους, τὰς δὲ νύκτας ἐγκεχαλινωμένας ἐφυλάττετο. (22) Ἐλέγετο γὰρ καὶ πρόσθεν Τήρης ὁ τούτου πρόγονος ἐν ταύτῃ τῇ χώρᾳ πολὺ ἔχων στράτευμα ὑπὸ τούτων τῶν ἀνδρῶν πολλοὺς ἀπολέσαι καὶ τὰ σκευοφόρα ἀφαιρεθῆναι· ἦσαν δ' οὗτοι Θυνοί, πάντων λεγόμενοι εἶναι μάλιστα νυκτὸς πολεμικώτατοι.

23. Ἐπεὶ δ' ἐγγὺς ἦσαν, ἐκέλευσεν εἰσελθεῖν Ξενοφῶντα ἔχοντα δύο οὓς βούλοιτο. Ἐπειδὴ δὲ ἔνδον ἦσαν, ἠσπάζοντο μὲν πρῶτον ἀλλήλους καὶ κατὰ τὸν Θρᾴκιον νόμον κέρατα οἴνου προύπινον· παρῆν δὲ καὶ Μηδοσάδης τῷ Σεύθῃ, ὅσπερ ἐπρέσβευεν αὐτῷ πάντοσε. (24) Ἔπειτα δὲ Ξενοφῶν ἤρχετο λέγειν, Ἔπεμψας πρὸς ἐμέ, ὦ Σεύθη, εἰς Καλχηδόνα πρῶτον Μηδοσάδην τουτονί, δεόμενός μου συμπροθυμηθῆναι διαβῆναι τὸ στράτευμα ἐκ τῆς Ἀσίας, καὶ ὑπισχνούμενός μοι, εἰ ταῦτα πράξαιμι, εὖ ποιήσειν, ὡς ἔφη Μηδοσάδης οὗτος.

futurum ut, si introiret, comprehenderetur, et vel istic aliquid supplicii perferret, vel etiam Pharnabazo traderetur. Ille, hæc ubi audiisset, eos quidem præcedere jubet, sese vero aiebat velle sacrum aliquod facere. Atque adeo cum discessisset, per exta quærebat permitterentne sibi dii, id operam daret, ut ad Seuthen exercitum duceret: videbat enim neque tutum esse trajicere, cum is, qui prohibiturus esset, triremes haberet; neque in Chersonesum profectus istic concludi volebat, et in magna rerum omnium penuria exercitum versari illic, ubi sane loci istius præfecto parere necesse foret, neque tamen magis commeatum quicquam habiturus esset exercitus.

Atque his quidem de rebus occupatus erat Xenophon: duces autem et cohortium præfecti, ab Aristarcho reversi, renuntiabant jussisse eum, nunc quidem ipsos abire, redire vero sub vesperam: ibi tum insidiæ magis etiam manifestæ esse videbantur. Itaque Xenophon, ubi exta felicia esse videbantur, atque adeo tum sibi tum exercitui tutam ad Seuthen profectionem polliceri, adsumpto Polycrate Atheniensi cohortis præfecto, et abs quovis duce (præterquam abs Neone) viro, cui quisque fidebat, noctu ad Seuthæ exercitum contendit, sexaginta qui stadia aberat. Cumque ab iis prope abessent, ignes quosdam desertos offendit: atque adeo primum Seuthen aliquo secessisse arbitrabatur. Verum ubi tumultum sentiebat, militesque Seuthæ sibi invicem omnia significantes, intellexit ea de causa Seuthen ignes ante nocturnos excubitores accendisse, ut ne conspicerentur excubitores tenebris utique tecti, nec quanto numero nec quo loco essent; at illi contra, qui accederent, ut minime laterent, sed per ignium lucem essent conspicui: id ubi animadvertit, quem forte tunc habebat interpretem, præmittit, ac dicere Seuthæ jubet, adesse Xenophontem, qui cupiat ipsum convenire. Interrogabant illi, num is sit Atheniensis ille, de Græcorum exercitu. Illum ipsum esse cum dixisset, exultantes ad Seuthen properabant: atque paulo post peltastæ circiter ducenti aderant, adsumptumque Xenophontem cum suis ad Seuthen ducebant. Erat is in turri quadam, ubi sibi valde cavebat, equique eam frenati undique circumstabant: nam præ metu equos interdiu pascebat, noctu frenatis ad custodiam utebatur: etenim ferebatur antehac etiam Teres, hujus progenitor, magnas in hac ipsa regione copias habens, earum complures ab his ipsis viris cæsas amisisse, impedimentisque fuisse exutus: hi autem erant Thyni, qui noctu maxime omnium esse bellicosissimi dicebantur.

Cum jam propius accessissent, jussit Seuthes Xenophontem cum duobus, quos vellet, ingredi. Postquam ingressi essent, primum se mutuo salutabant, ac more Thracio vini cornua sibi propinabant: aderat autem Seuthæ Medosades quoque, qui ab eo legatus quoquoversus mitti solebat. Deinde Xenophon his uti verbis cœpit: Medosadem hunc, Seuthe, primum Chalcedonem ad me misisti, me rogans id operam studiose una tecum darem, ut exercitus noster ex Asia trajiceret; addita etiam hac pollicitatione, te, si id facerem, gratiam relaturum, uti quidem Medosades hic aiebat.

(25) Ταῦτα εἰπὼν ἐπήρετο τὸν Μηδοσάδην εἰ ἀληθῆ ταῦτ' εἴη. Ὁ δ' ἔφη. Αὖθις ἤλθε Μηδοσάδης οὗτος ἐπεὶ ἐγὼ διέβην πάλιν ἐπὶ τὸ στράτευμα ἐκ Παρίου, ὑπισχνούμενος, εἰ ἄγοιμι τὸ στράτευμα πρὸς σὲ, τἄλλα εἴ σε φίλῳ μοι χρήσεσθαι καὶ ἀδελφῷ καὶ τὰ ἐπὶ θαλάττῃ μοι χωρία ὧν σὺ κρατεῖς ἔσεσθαι παρὰ σοῦ. (26) Ἐπὶ τούτοις πάλιν ἐπήρετο τὸν Μηδοσάδην εἰ ἔλεγε ταῦτα. Ὁ δὲ συνέφη καὶ ταῦτα. Ἴθι νῦν, ἔφη, ἀφήγησαι τούτῳ τί σοι ἀπεκρινάμην ἐν Καλχηδόνι πρῶτον. (27) Ἀπεκρίνω ὅτι τὸ στράτευμα διαβήσοιτο εἰς Βυζάντιον καὶ οὐδὲν τούτου ἕνεκα δέοι τελεῖν οὔτε σοὶ οὔτε ἄλλῳ· αὐτὸς δὲ ἐπεὶ διαβαίης, ἀπιέναι ἔφησθα· καὶ ἐγένετο οὕτως ὥσπερ σὺ ἔλεγες. (28) Τί γὰρ ἔλεγον, ἔφη, ὅτε κατὰ Σηλυβρίαν ἀφίκου; Οὐκ ἔφησθα οἷόν τε εἶναι, ἀλλ' εἰς Πέρινθον ἐλθόντας διαβαίνειν εἰς τὴν Ἀσίαν. (29) Νῦν τοίνυν, ἔφη ὁ Ξενοφῶν, πάρειμι καὶ ἐγὼ καὶ οὗτος Φρυνίσκος εἷς τῶν στρατηγῶν καὶ Πολυκράτης οὗτος εἷς τῶν λοχαγῶν, καὶ ἔξω εἰσὶν ἀπὸ τῶν στρατηγῶν ὁ πιστότατος ἑκάστῳ πλὴν Νέωνος τοῦ Λακωνικοῦ. (30) Εἰ οὖν βούλει πιστοτέραν εἶναι τὴν πρᾶξιν, καὶ ἐκείνους κάλεσαι. Τὰ δὲ ὅπλα σὺ ἐλθὼν εἰπὲ, ὦ Πολύκρατες, ὅτι ἐγὼ κελεύω καταλιπεῖν, καὶ αὐτός ἐκεῖ καταλιπὼν τὴν μάχαιραν εἰσιθι.

31. Ἀκούσας ταῦτα ὁ Σεύθης εἶπεν ὅτι οὐδενὶ ἂν ἀπιστήσειεν Ἀθηναίων· καὶ γὰρ ὅτι συγγενεῖς εἶεν εἰδέναι καὶ φίλους εὔνους ἔφη νομίζειν. Μετὰ ταῦτα δ' ἐπεὶ εἰσῆλθον οὓς ἔδει, πρῶτον Ξενοφῶν ἐπήρετο Σεύθην ὅ, τι δέοιτο χρῆσθαι τῇ στρατιᾷ. Ὁ δὲ εἶπεν ὧδε. (32) Μαισάδης ἦν πατήρ μοι, ἐκείνου δὲ ἦν ἀρχὴ Μελανδῖται καὶ Θυνοὶ καὶ Τρανίψαι. Ἐκ ταύτης οὖν τῆς χώρας, ἐπεὶ τὰ Ὀδρυσῶν πράγματα ἐνόσησεν, ἐκπεσὼν ὁ πατὴρ αὐτὸς μὲν ἀποθνήσκει νόσῳ, ἐγὼ δ' ἐξετράφην ὀρφανὸς παρὰ Μηδόκῳ τῷ νῦν βασιλεῖ. (33) Ἐπεὶ δὲ νεανίσκος ἐγενόμην, οὐκ ἐδυνάμην ζῆν εἰς ἀλλοτρίαν τράπεζαν ἀποβλέπων· καὶ ἐκαθεζόμην ἐνδίφριος αὐτῷ ἱκέτης δοῦναί μοι ὁπόσους δυνατὸς εἴη ἄνδρας, ὅπως καὶ τοὺς ἐκβαλόντας ἡμᾶς εἴ τι δυναίμην κακὸν ποιοίην καὶ ζῴην μὴ εἰς τὴν ἐκείνου τράπεζαν ἀποβλέπων ὥσπερ κύων. (34) Ἐκ τούτου μοι δίδωσι τούς ἄνδρας καὶ τοὺς ἵππους οὓς ὑμεῖς ὄψεσθε ἐπειδὰν ἡμέρα γένηται. Καὶ νῦν ἐγὼ ζῶ τούτους ἔχων, ληιζόμενος τὴν ἐμαυτοῦ πατρῴαν χώραν. Εἰ δέ μοι ὑμεῖς παραγένοισθε, οἶμαι ἂν σὺν τοῖς θεοῖς ῥᾳδίως ἀπολαβεῖν τὴν ἀρχήν. Ταῦτ' ἐστὶν ἃ ἐγὼ ὑμῶν δέομαι.

35. Τί ἂν οὖν, ἔφη ὁ Ξενοφῶν, σὺ δύναιο, εἰ ἔλθοιμεν, τῇ τε στρατιᾷ διδόναι καὶ τοῖς λοχαγοῖς καὶ τοῖς στρατηγοῖς; λέξον, ἵνα οὗτοι ἀπαγγέλλωσιν. (36) Ὁ δ' ὑπέσχετο τῷ μὲν στρατιώτῃ κυζικηνόν, τῷ δὲ λοχαγῷ διμοιρίαν, τῷ δὲ στρατηγῷ τετραμοιρίαν, καὶ γῆν ὁπόσην ἂν βούλωνται καὶ ζεύγη καὶ χωρίον ἐπὶ θαλάττῃ τετειχισμένον. (37) Ἐὰν δὲ, ἔφη ὁ Ξενοφῶν, ταῦτα πειρώμενοι μὴ διαπράξωμεν, ἀλλά τις φόβος ἀπὸ Λακεδαιμονίων ᾖ, δέξῃ εἰς τὴν σεαυτοῦ ἐάν τις ἀπιέναι βούληται παρὰ σέ; (38) Ὁ δ' εἶπε, Καὶ ἀδελφούς γε ποιή-

Hæc fatus, Medosadem interrogabat num ex veritate hæc proferret. Ille vera esse dixit. Rursus, inquit Xenophon, Medosades hic ad me venit, posteaquam e Pario ad exercitum iterum trajeci, simulque pollicitus est, si copias Græcas ad te ducerem, cum aliis in rebus te pro amico et fratre me habiturum, tum ad mare sita oppida, quæ tua sunt in potestate, mihi a te data fore. Tum rursus Medosadem interrogabat num hæc dixisset. Ille vero et hæc ita esse concedebat. Age jam, inquit Xenophon, huic narrato, quid apud Chalcedonem tibi responderim. Primum, ait, respondisti in Byzantium trajecturas copias, nec opus esse vel tibi vel cuivis alii quidquam hujus rei causa penderet aliquis; teque ipsum, quamprimum trajecisses, ab exercitu discessurum aiebas : atque ita sane, uti tu dicebas, evenit. At enim, aiebat Xenophon, quid dicebam, cum Selybriam ad me pervenicbas? Negabas fieri posse, sed ad Perinthium profectos in Asiam trajicere debere. Enimvero, inquit Xenophon, jam et ipse adsum et mecum una Phryniscus hic, ducum unus, et Polycrates hic cohortium præfectorum unus : sunt foris etiam a ducibus missi eorum cuique fidelissimi, præterquam a Neone Laconico. Quare si rem majori fide vis agi, fac ut et illi accessantur. Tu vero, Polycrates, ad eos proficiscere dicitoque me hortari, ut arma foris relinquant; ac ipse gladio illic relicto ingredere.

Hæc cum Seuthes audiisset, nulli se dixit Atheniensi diffidere : etenim scire se aiebat eos esse sibi cognatos, atque adeo amicos eos benevolos esse existimare. Secundum hæc ubi ii, quos oportebat, ingressi fuerant, primum Seuthen interrogabat Xenophon, quam ad rem exercitus uti opera cuperet. In hunc autem ille modum loquutus est : Mæsades mihi pater fuit, ac sub illius imperio erant Melanditæ, et Thyni, et Tranipsæ. Ex hac tandem regione, cum res Odrysarum laborarent, exactus pater, morbo illo quidem interiit : atque ego parente orbus apud Medocum, qui nunc rerum potitur, educatus sum. Posteaquam adolevi, non potui sic vivere, ut alienam ad mensam usque respicerem : atque adeo in sella sedebam ei supplex ut mihi daret quot posset viros, quo et eis, qui nos ejecerant, si quod possem, incommodum ferrem, neque ita viverem ut, tanquam canis, ad ipsius mensam semper respicerem. Tum ille mihi et viros dedit et equos, quos, ubi dies illuxerit, vos videbitis. Atque adeo jam cum his ita vivo, ut e regione mea patria mihi prædæ sint agendæ. Quod si ad me accesseritis, facile me diis juvantibus imperium recuperaturum arbitror. Hæc sunt, quæ a vobis ego peto.

Quid ergo tu, inquit Xenophon, exercitui et præfectis cohortium et ducibus dare possis, si ad te veniamus? exponito, ut il hi ceteris renuntient. Et ille militi Cyzicenum pollicebatur, cohortis præfecto duplum, duci quadruplum; et agri quantum vellent, et boum juga, et oppidum munitum ad mare situm. Quod si, ait Xenophon, hæc ita molientes non perficiamus, sed metus quidam nobis a Lacedæmoniis sit injectus, tuamne in regionem nostram aliquem admittes, qui ad te conferre se velit? Aiebat is, Et fratres

ΚΥΡΟΥ ΑΝΑΒΑΣΕΩΣ ΒΙΒΛ. Ζ. ΚΕΦ. Γ.

σομαι καὶ ἐνδιφρίους καὶ κοινωνοὺς ἁπάντων ὧν ἂν δυνώμεθα κτᾶσθαι. Σοὶ δὲ, ὦ Ξενοφῶν, καὶ θυγατέρα δώσω καὶ εἴ τις σοί ἐστι θυγάτηρ, ὠνήσομαι Θρακίῳ νόμῳ, καὶ Βισάνθην οἴκησιν δώσω, ὅπερ ἐμοὶ κάλλιστον χωρίον ἐστὶ τῶν ἐπὶ θαλάττῃ.

ΚΕΦΑΛΑΙΟΝ Γ.

Ἀκούσαντες ταῦτα καὶ δεξιὰς δόντες καὶ λαβόντες ἀπήλαυνον· καὶ πρὸ ἡμέρας ἐγένοντο ἐπὶ τῷ στρατοπέδῳ καὶ ἀπήγγειλαν ἕκαστοι τοῖς πέμψασιν. (α) Ἐπεὶ δὲ ἡμέρα ἐγένετο, ὁ μὲν Ἀρίσταρχος πάλιν ἐκάλει τοὺς στρατηγοὺς καὶ λοχαγούς· τοῖς δ᾽ ἔδοξε τὴν μὲν πρὸς Ἀρίσταρχον ὁδὸν ἐᾶσαι, τὸ δὲ στράτευμα συγκαλέσαι. Καὶ συνῆλθον πάντες πλὴν οἱ Νέωνος· οὗτοι δὲ ἀπεῖχον ὡς δέκα στάδια. (2) Ἐπεὶ δὲ συνῆλθον, ἀναστὰς Ξενοφῶν εἶπε τάδε. Ἄνδρες, διαπλεῖν μὲν ἔνθα βουλόμεθα Ἀρίσταρχος τριήρεις ἔχων κωλύει, ὥστε εἰς πλοῖα οὐκ ἀσφαλὲς ἐμβαίνειν· οὗτος δὲ ὁ αὐτὸς κελεύει εἰς Χερρόνησον βίᾳ διὰ τοῦ ἱεροῦ ὄρους πορεύεσθαι· ἢν δὲ κρατήσαντες τούτου ἐκεῖσε ἔλθωμεν, οὔτε πωλήσειν ἔτι ὑμᾶς φησιν ὥσπερ ἐν Βυζαντίῳ, οὔτε ἐξαπατήσεσθαι ἔτι ὑμᾶς, ἀλλὰ λήψεσθαι μισθὸν, οὔτε περιόψεσθαι ἔτι ὥσπερ νυνὶ δεομένους τῶν ἐπιτηδείων. (4) Οὗτος μὲν ταῦτα λέγει· Σεύθης δέ φησιν, ἂν πρὸς ἐκεῖνον ἴητε, εὖ ποιήσειν ὑμᾶς. Νῦν οὖν σκέψασθε πότερον ἐνθάδε μένοντες τοῦτο βουλεύσεσθε ἢ εἰς τὰ ἐπιτήδεια ἐπανελθόντες. (5) Ἐμοὶ μὲν οὖν δοκεῖ, ἐπεὶ ἐνθάδε οὔτε ἀργύριον ἔχομεν ὥστε ἀγοράζειν οὔτε ἄνευ ἀργυρίου ἐῶσι λαμβάνειν τὰ ἐπιτήδεια, ἐπανελθόντας εἰς τὰς κώμας ὅθεν οἱ ἥττους ἐῶσι λαμβάνειν, ἐκεῖ ἔχοντας τὰ ἐπιτήδεια ἀκούοντάς ὅ,τι τις ὑμῶν δεῖται αἱρεῖσθαι ὅ,τι ἂν ὑμῖν δοκῇ κράτιστον εἶναι. (6) Καὶ ὅτῳ, ἔφη, ταῦτα δοκεῖ, ἀράτω τὴν χεῖρα. Ἀνέτειναν ἅπαντες. Ἀπιόντες τοίνυν, ἔφη, συσκευάζεσθε, καὶ ἐπειδὰν παραγγέλλῃ τις, ἕπεσθε τῷ ἡγουμένῳ.

7. Μετὰ ταῦτα Ξενοφῶν μὲν ἡγεῖτο, οἱ δ᾽ εἵποντο. Νέων δὲ καὶ παρ᾽ Ἀριστάρχου ἄλλοι ἔπειθον ἀποτρέπεσθαι· οἱ δ᾽ οὐχ ὑπήκουον. Ἐπεὶ δ᾽ ὅσον τριάκοντα σταδίους προεληλύθεσαν, ἀπαντᾷ Σεύθης. Καὶ ὁ Ξενοφῶν ἰδὼν αὐτὸν προσελάσαι ἐκέλευσεν, ὅπως ὅτι πλείστων ἀκουόντων εἴποι αὐτῷ ἃ ἐδόκει συμφέρειν. (8) Ἐπεὶ δὲ προσῆλθεν, εἶπε Ξενοφῶν, Ἡμεῖς πορευόμεθα ὅπου μέλλει ἕξειν τὸ στράτευμα τροφήν· ἐκεῖ δ᾽ ἀκούοντες καὶ σοῦ καὶ τῶν τοῦ Λακωνικοῦ αἱρησόμεθα ἃ ἂν κράτιστα δοκῇ εἶναι. Ἢν οὖν ἡμῖν ἡγήσῃ ὅπου πλεῖστά ἐστιν ἐπιτήδεια, ὑπὸ σοῦ νομιούμεν ξενίσθαι. (9) Καὶ ὁ Σεύθης ἔφη, Ἀλλὰ οἶδα κώμας πολλὰς ἀθρόας καὶ πάντα ἐχούσας τὰ ἐπιτήδεια ἀπεχούσας ἡμῶν ὅσον διελθόντες ἂν ἡδέως ἀριστῴητε. (10) Ἡγοῦ τοίνυν, ἔφη ὁ Ξενοφῶν. Ἐπεὶ δ᾽ ἀφίκοντο εἰς αὐτὰς τῆς δείλης, συνῆλθον οἱ στρατιῶται, καὶ εἶπε Σεύθης τοιάδε. Ἐγώ, ὦ ἄνδρες, δέομαι ὑμῶν στρατεύεσθαι

CAPUT III.

sane eos faciam, et sellarum compotes, et participes omnium, quæ parare potuerimus. Tibi vero, Xenophon, etiam filiam dabo, ac, si tibi filia est, eam more Thracio emam; atque Bisanthen dabo ubi habitet, quod mihi oppidum eorum omnium quæ ad mare sita sunt pulcherrimum est.

CAPUT III.

Hæc cum audiissent, dextrasque dedissent et vicissim accepissent, discesserunt, et ante diem exortum ad castra venerunt, et rem singuli, uti gesta erat, iis narrabant, a quibus missi fuerant. Ubi vero illuxit dies, Aristarchus iterum duces et cohortium præfectos ad se vocabat: his visum est ad Aristarchum non esse eundum, sed exercitum esse convocandum. Atque adeo convenerunt omnes, præterquam Neonis copiæ; hæ autem decem fere stadia ab illis aberant. Posteaquam convenissent, Xenophon surgens hac oratione usus est : « Quominus, viri, eo navigemus quo volumus, Aristarchus hic, a triremibus instructus, vetat : adeo ut tutum non sit navigia conscendere : is vero ipse nos per montem sacrum in Chersonesum vi penetrare jubet : quod si hoc superato illuc veniamus, ne jam se vos amplius venditurum ait, uti apud Byzantium fecerat, nec vos amplius circumventurum, sed stipendium potius acceptures vos : nec amplius se vos neglecturum, uti nunc, dum commeatu egetis. Hæc ille dicit ; at Seuthes, si ad ipsum vos confertis, se vobis commodaturum ait. Nunc igitur considerate utrum hic manere ac de hoc deliberare velitis, an ad loca ubi commeatus haberi poterit reversi. Ipse certe quidem censeo, cum hic neque pecuniam habeamus, qua quid emamus, neque sine pecunia commeatum sumere nos sinant, ut in vicos regressi, unde cum victi sumere nos sinant, et ibi commeatum parantes, atque audientes quam ad rem vestra uterque indigeat opera, deligamus quod vobis optimum esse videbitur. Et cui vestrum hæc probatur, is manum tollat. » Sustulerunt omnes. « Abite igitur, inquit, et sarcinis collectis ad iter vosmet parate; cumque denuntiaverit aliquis, ducem sequimini. »

Postea Xenophon ducem se præbuit, cumque sequebantur illi. At Neon aliique ab Aristarcho missi regressum suadebant; quibus illi non auscultabant. Cumque ad triginta stadia processissent, Seuthes eis occurrit. Et Xenophon eum conspicatus, ad se adequitaret hortatus est, ut ipsi quamplurimis audientibus ea diceret, quæ ex re fore viderentur. Cum accessisset, Xenophon ita loquutus est: Nos eo pergimus, ubi exercitus nacturus est alimenta : ibi et te et Laconici nuntiis auditis, quæ optima videbuntur esse deligemus. Quare si nos eo duces, ubi plurimus est commeatus, hospitio nos abs te arbitrabimur excipi. Et Seuthes, Novi vero, inquit, multos vicos confertos, copiaque rerum omnium abundantes, qui tanto a nobis spatio distant, quanto confecto jucunde pransuri sitis. Ducito igitur, inquit Xenophon. Cumque tempore pomeridiano ad eos pervenissent, convenere milites et hujusmodi orationem habuit Seuthes : Ego, viri, a vobis peto ut mecum expedi-

σὺν ἐμοί, καὶ ὑπισχνοῦμαι ὑμῖν δώσειν τοῖς στρατιώταις κυζικηνὸν, λοχαγοῖς δὲ καὶ στρατηγοῖς τὰ νομιζόμενα· ἔξω δὲ τούτων τὸν ἄξιον τιμήσω. Σῖτα δὲ καὶ ποτὰ ὥσπερ καὶ νῦν ἐκ τῆς χώρας λαμβάνοντες ἐξετεόπόσα δ᾽ ἂν ἁλίσκηται ἀξιώσω αὐτὸς ἔχειν, ἵνα ταῦτα διατιθέμενος ὑμῖν τὸν μισθὸν πορίζω. (11) Καὶ τὰ μὲν φεύγοντα καὶ ἀποδιδράσκοντα ἡμεῖς ἱκανοὶ ἐσόμεθα διώκειν καὶ μαστεύειν· ἂν δέ τις ἀνθιστῆται, σὺν ὑμῖν πειρασόμεθα χειροῦσθαι. (12) Ἐπήρετο ὁ Ξενοφῶν, Πόσον δὲ ἀπὸ θαλάττης ἀξιώσεις συνέπεσθαί σοι τὸ στράτευμα; Ὁ δ᾽ ἀπεκρίνατο, Οὐδαμῇ πλεῖον ἑπτὰ ἡμερῶν, μεῖον δὲ πολλαχῇ.

13. Μετὰ ταῦτα ἐδίδοτο λέγειν τῷ βουλομένῳ· καὶ ἔλεγον πολλοὶ κατὰ ταὐτὰ ὅτι παντὸς ἄξια λέγοι Σεύθης· χειμὼν γὰρ εἴη καὶ οὔτε οἴκαδε ἀποπλεῖν τῷ τούτο βουλομένῳ δυνατὸν εἴη, διαγενέσθαι τε ἐν φιλίᾳ οὐχ οἷόν τ᾽ εἴη, εἰ δέοι ὠνουμένους ζῆν, ἐν δὲ τῇ πολεμίᾳ διατρίβειν καὶ τρέφεσθαι ἀσφαλέστερον μετὰ Σεύθου ἢ μόνους ὄντας ἀγαθῶν τοσούτων· εἰ δὲ μισθὸν προσλήψοιντο, εὕρημα ἐδόκει εἶναι. (14) Ἐπὶ τούτοις εἶπε Ξενοφῶν, Εἴ τις ἀντιλέγει, λεγέτω· εἰ δὲ μὴ, ἐπιψηφιζέτω ταῦτα. Ἐπεὶ δὲ οὐδεὶς ἀντέλεγεν, ἐπεψήφισε, καὶ ἔδοξε ταῦτα. Εὐθὺς δὲ Σεύθῃ εἶπε ταῦτα, ὅτι συστρατεύσοιντο αὐτῷ.

15. Μετὰ τοῦτο οἱ μὲν ἄλλοι κατὰ τάξεις ἐσκήνησαν, στρατηγοὺς δὲ καὶ λοχαγοὺς ἐπὶ δεῖπνον Σεύθης ἐκάλεσε, πλησίον κώμην ἔχων. (16) Ἐπεὶ δ᾽ ἐπὶ θύραις ἦσαν ὡς ἐπὶ δεῖπνον παριόντες, ἦν τις Ἡρακλείδης Μαρωνείτης· οὗτος προσιὼν ἑνὶ ἑκάστῳ οὕστινας ᾤετο ἔχειν τι δοῦναι Σεύθῃ, πρῶτον μὲν πρὸς Παριανούς τινας, οἳ παρῆσαν φιλίαν διαπραξόμενοι πρὸς Μήδοκον τὸν Ὀδρυσῶν βασιλέα καὶ δῶρα ἄγοντες αὐτῷ τε καὶ τῇ γυναικί, ἔλεγεν ὅτι Μήδοκος μὲν ἄνω εἴη δώδεκα ἡμερῶν ἀπὸ θαλάττης ὁδὸν, Σεύθης δ᾽ ἐπεὶ τὸ στράτευμα τοῦτο εἴληφεν, ἄρχων ἔσοιτο ἐπὶ θαλάττῃ. (17) Γείτων οὖν ὢν ἱκανώτατος ἔσται ὑμᾶς καὶ εὖ καὶ κακῶς ποιεῖν. Ἢν οὖν σωφρονῆτε, τούτῳ δώσετε ὅ,τι ἂν ἄγητε· καὶ ἄμεινον ὑμῖν διακείσεται ἢ ἐὰν Μηδόκῳ τῷ πρόσω οἰκοῦντι δῶτε. (18) Τούτους μὲν οὕτως ἔπειθεν. Αὖθις δὲ Τιμασίωνι τῷ Δαρδανεῖ προσελθὼν, ἐπεὶ ἤκουσεν αὐτῷ εἶναι καὶ ἐκπώματα καὶ τάπιδας βαρβαρικὰς, ἔλεγεν ὅτι νομίζοιτο ὁπότε ἐπὶ δεῖπνον καλέσαιτο Σεύθης δωρεῖσθαι αὐτῷ τοὺς κληθέντας. Οὗτος δ᾽ ἢν μέγας ἐνθάδε γένηται, ἱκανὸς ἔσται σε καὶ οἴκαδε καταγαγεῖν καὶ ἐνθάδε πλούσιον ποιῆσαι. (19) Τοιαῦτα προῦμνᾶτο ἑκάστῳ προσιών. Προσελθὼν δὲ καὶ Ξενοφῶντι ἔλεγε, Σὺ καὶ πόλεως μεγίστης εἶ καὶ παρὰ Σεύθῃ τὸ σὸν ὄνομα μέγιστόν ἐστι, καὶ ἐν τῇδε τῇ χώρᾳ ἴσως ἀξιώσεις καὶ τείχη λαμβάνειν, ὥσπερ καὶ ἄλλοι τῶν ὑμετέρων ἔλαβον, καὶ χώραν· ἄξιον οὖν σοι καὶ μεγαλοπρεπέστατα τιμῆσαι Σεύθην. (20) Εὔνους δέ σοι ὢν παραινῶ· εὖ οἶδα γὰρ ὅτι ὅσῳ ἂν μείζω τούτῳ δωρήσῃ, τοσούτῳ μείζω ὑπὸ τούτου ἀγαθὰ πείσῃ. Ἀκούων

tionem suscipiatis; atque adeo menstruum stipendium vobis Cyzicenum me daturum polliceor, cohortiumque præfectis et ducibus quæ his dari consueverant: præter hæc, dignum præmiis ornabo: esculenta vero et potulenta de hoc agro, uti modo, sumpta vobis suppetent: quæ autem capta fuerint, ea ut ipse obtineam æquum censebo, quo iis venditis stipendium vobis suppeditem. Ac nos quidem terga dantes et aufugientes persequi poterimus et investigare; quod si quis resistat, cum vestra ope nostram in potestatem redigere conabimur. Ibi tum Xenophon interrogabat, Quam longe a mari ut te sequatur exercitus æquum censebis? Respondit ille, Nusquam longius septem dierum itinere, ac sæpe minus.

Secundum hæc cuique facta, qui quidem vellet, dicendi potestas. Atque multi pariter dixerunt, Seuthen quantivis æstimanda proponere: hiemem enim adesse, neque domum navigare, qui vellet, posse: neque fieri posse ut in amicorum regione permanerent, iis si vivendum sit quæ emerent: at in hostili agro commorari eos et ali posse tutius cum Seuthe, quam si soli sint, iisdem se offerentibus commodis: si insuper stipendium acciperent, lucri id loco fore videbatur. Post hæc Xenophon, Si quis, ait, quidquam velit contradicere, proferat: sin autem, in suffragia aliquis vos de hoc mittat. Cum nemo contradiceret, in suffragia misit, atque decretum de his factum est. Statimque Seuthæ hæc narrat Xenophon, velle eos una cum ipso expeditionem suscipere.

Post hæc alii quidem secundum ordines suos tabernacula posuerunt: duces vero et præfectos cohortium ad cœnam invitavit Seuthes, qui tum vicum, qui prope aberat, tenebat. Et cum jam ad portas adessent, tanquam ad cœnam ingressuri, Heraclides quidam ibi erat Maronites: is singulos adgressus, quos habere arbitraretur, Seuthæ quod donarent, primum quidem Parianos quosdam, qui amicitiæ cum Odrysarum rege Medoco ineundæ causa venerant, ac tum ipsi tum uxori ejus munera adferebant, dicebat Medocum esse in regione superiori, quæ duodecim dierum itinere a mari abesset; Seuthen, postquam copias has accepit, regioni ad mare pertinenti imperaturum: finitimus igitur cum fuerit, vobis et prodesse et obesse plurimum poterit: quapropter si sapitis, huic dabitis quidquid adfertis: atque aptius certe in rem vestram collocabitur, quam si Medoco procul hinc habitanti donetis. Atque iis hoc ita persuasit. Deinde ad Timasionem Dardanum cum accessisset, quod audierat eum habere tum pocula tum tapetes barbaricos, in more esse aiebat, ut si quando ad cœnam aliquos vocet Seuthes, vocati munera quædam ipsi donent: is autem si magnus hic fuerit, vel restituere te in patriam, vel hic locupletem facere poterit. Hujusmodi eos adfatu ambiebat, singulos adgressus. Ad Xenophontem quoque cum accessisset, Tu et maxima, inquit, ex urbe ortus es, et nomen tuum apud Seuthen maximum est: fortassis etiam hac in regione tum oppida voles tum agrum obtinere, quemadmodum et alii vestrum obtinuerunt: quamobrem te dignum fuerit, magnificentissimis muneribus Seuthen ornare. Hoc certe tibi consilii do, ut qui sim erga te benevolus: novi enim futurum ut quanto ampliora tu huic munera donaveris, tanto ampliorum ipse ab hoc beneficiis adficiare. Hæc cum audivisset Xenophon, hæsitabat: nec enim,

ΚΥΡΟΥ ΑΝΑΒΑΣΕΩΣ ΒΙΒΛ. Ζ. ΚΕΦ. Γ.

ταῦτα Ξενοφῶν ἠπόρει· οὐ γὰρ διαβεβήκει ἔχων ἐκ Παρίου εἰ μὴ παῖδα καὶ ὅσον ἐφόδιον.

21. Ἐπεὶ δὲ εἰσῆλθον ἐπὶ τὸ δεῖπνον τῶν τε Θρακῶν οἱ κράτιστοι τῶν παρόντων καὶ οἱ στρατηγοὶ καὶ οἱ λοχαγοὶ τῶν Ἑλλήνων καὶ εἴ τις πρεσβεία παρῆν ἀπὸ πόλεως, τὸ δεῖπνον μὲν ἦν καθημένοις κύκλῳ· ἔπειτα δὲ τρίποδες εἰσηνέχθησαν πᾶσιν· οὗτοι δ' ἦσαν κρεῶν μεστοὶ νενεμημένων, καὶ ἄρτοι ζυμῖται μεγάλοι προσπεπαρονημένοι ἦσαν πρὸς τοῖς κρέασι. (22) Μάλιστα δ' αἱ τράπεζαι κατὰ τοὺς ξένους ἀεὶ ἐτίθεντο· νόμος γὰρ ἦν. Καὶ πρῶτος τοῦτο ἐποίει Σεύθης· ἀνελόμενος τοὺς ἑαυτῷ παρακειμένους ἄρτους διέκλα κατὰ μικρὸν καὶ διερρίπτει οἷς αὐτῷ ἐδόκει, καὶ τὰ κρέα ὡσαύτως, ὅσον μόνον γεύσασθαι ἑαυτῷ καταλιπών. (23) Καὶ οἱ ἄλλοι δὲ κατὰ ταὐτὰ ἐποίουν καθ' οὓς αἱ τράπεζαι ἔκειντο. Ἀρκὰς δέ τις Ἀρύστας ὄνομα, φαγεῖν δεινός, τὸ μὲν διαρριπτεῖν εἴα χαίρειν, λαβὼν δὲ εἰς τὴν χεῖρα ὅσον τριχοίνικον ἄρτον καὶ κρέα θέμενος ἐπὶ τὰ γόνατα ἐδείπνει. (24) Κέρατα δὲ οἴνου περιέφερον, καὶ πάντες ἐδέχοντο· ὁ δ' Ἀρύστας, ἐπεὶ παρ' αὐτῷ φέρων τὸ κέρας ὁ οἰνοχόος ἧκεν, εἶπεν ἰδὼν τὸν Ξενοφῶντα οὐκέτι δειπνοῦντα, Ἐκείνῳ, ἔφη, δός· σχολάζει γὰρ ἤδη, ἐγὼ δὲ οὐδέπω. (25) Ἀκούσας Σεύθης τὴν φωνὴν ἤρετο τὸν οἰνοχόον τί λέγει. Ὁ δὲ οἰνοχόος εἶπεν· Ἑλληνίζειν γὰρ ἠπίστατο. Ἐνταῦθα μὲν δὴ γέλως ἐγένετο.

26. Ἐπεὶ δὲ προὐχώρει ὁ πότος, εἰσῆλθεν ἀνὴρ Θρᾲξ ἵππον ἔχων λευκόν, καὶ λαβὼν κέρας μεστὸν εἶπε, Προπίνω σοι, ὦ Σεύθη, καὶ τὸν ἵππον τοῦτον δωροῦμαι. Ἐφ' οὗ καὶ διώκων ὃν ἂν θέλῃς αἱρήσεις καὶ ἀποχωρῶν οὐ μὴ δείσῃς τὸν πολέμιον. (27) Ἄλλος παῖδα εἰσαγαγὼν οὕτως ἐδωρήσατο προπίνων, καὶ ἄλλος ἱμάτια τῇ γυναικί. Καὶ Τιμασίων προπίνων ἐδωρήσατο φιάλην τε ἀργυρᾶν καὶ τάπιδα ἀξίαν δέκα μνῶν. (28) Γνήσιππος δέ τις Ἀθηναῖος ἀναστὰς εἶπεν ὅτι ἀρχαῖος εἴη νόμος κάλλιστος τοὺς μὲν ἔχοντας διδόναι τῷ βασιλεῖ τιμῆς ἕνεκα, τοῖς δὲ μὴ ἔχουσι διδόναι τὸν βασιλέα, ἵνα καὶ ἐγώ, ἔφη, ἔχω σοι δωρεῖσθαι καὶ τιμᾶν. (29) Ὁ δὲ Ξενοφῶν ἠπορεῖτο ὅ,τι ποιήσοι· καὶ γὰρ ἐτύγχανεν ὡς τιμώμενος ἐν τῷ πλησιαιτάτῳ δίφρῳ Σεύθῃ καθήμενος. Ὁ δὲ Ἡρακλείδης ἐκέλευεν αὐτῷ τὸ κέρας ὀρέξαι τὸν οἰνοχόον. Ὁ δὲ Ξενοφῶν, ἤδη γὰρ ὑποπεπωκὼς ἐτύγχανεν, ἀνέστη θαρραλέως δεξάμενος τὸ κέρας καὶ εἶπεν, (30) Ἐγὼ δέ σοι, ὦ Σεύθη, δίδωμι ἐμαυτὸν καὶ τοὺς ἐμοὺς τούτους ἑταίρους φίλους εἶναι πιστούς, καὶ οὐδένα ἄκοντα, ἀλλὰ πάντας μᾶλλον ἔτι ἐμοῦ σοι βουλομένους φίλους εἶναι. (31) Καὶ νῦν πάρεισιν οὐδέν σε προσαιτοῦντες, ἀλλὰ καὶ προϊέμενοι καὶ πονεῖν ὑπὲρ σοῦ καὶ προκινδυνεύειν ἐθέλοντες· μεθ' ὧν, ἂν οἱ θεοὶ θέλωσι, πολλὴν χώραν τὴν μὲν ἀπολήψει πατρῴαν οὖσαν, τὴν δὲ κτήσῃ, πολλοὺς δὲ ἵππους, πολλοὺς δὲ ἄνδρας καὶ γυναῖκας καταστήσῃ, οὓς οὐ λῄζεσθαί σε δεήσει, ἀλλ' αὐτοὶ φέροντες παρέσονται πρός σε δῶρα. (32) Ἀναστὰς δὲ Σεύθης συνέξιπε καὶ κατεσκεδάσατο μετὰ τοῦτο τὸ

cum e Pario trajecerat, quidquam habebat, nisi puerum et ad viaticum quantum pecuniæ satis esset.

Ubi ad cœnam ingressi fuissent, et Thracum qui tum aderant præstantissimi, et Græcorum duces cohortiumque præfecti, et si qui ab urbe aliqua legati aderant, cœna iis in orbem sedentibus erat parata : deinde tripodes omnibus adlati sunt; hi numero erant fere viginti, carnibus divisis pleni, panesque fermentati magni carnibus adfixi erant. In primis autem fercula semper juxta hospites ponebantur : nam is genti huic mos erat. Ac Seuthes hoc primus faciebat; cum panes juxta se sitos sumpsisset, eos minutim frangebat, et hinc inde jaciendo dividebat quibus ipsi visum erat; itidemque carnes dividebat, ea tantum portione sibi relicta, quæ ad gustandum satis esset. Alii etiam, juxta quos fercula sita essent, his similia faciebant. Arcas vero quidam, cui nomen Arystas, admodum vorax, cibaria disjiciendi ritum præternittebat, sumptoque in manum pane trium chœnicum, et carnibus in genua impositis, cœnabat. Vini etiam cornua circumferebant, omnesque accipiebant : sed Arystas ille, ubi ad eum pincerna cornu ferens venisset, dixit, intuitus Xenophontem non amplius cœnantem, Illi tradito : nam illi jam otium est, at mihi nondum. Eam vocem cum audiisset Seuthes, pincernam interrogabat quid ille diceret. Et rem narrabat pincerna : quippe Græce loqui callebat. Ibi jam risus factus est.

Cum autem potatio procederet, Thrax quidam ingressus est, equum album ducens : et sumpto cornu pleno, Propino, inquit, tibi, Seuthe, et equum hunc dono, quo vectus et persequens quemcunque voles, capies, et retrocedens hostem nequaquam metuas. Alius puerum, quem adduxerat, ita Seuthe donabat propinans, et alius vestimenta in usum uxoris. Et Timasion ei propinans argenteam phialam, ac tapete minis decem æstimandum, donabat. Et Atheniensis quidam Gnesippus surgens priscum esse morem aiebat pulcherrimumque, ut ii, qui quid habeant, regi aliquid honoris causa dent; iis vero, qui nihil habeant, rex ipse aliquid det : ut ego quoque, inquit, habeam quod tibi donem et quo tibi honorem reddam: At Xenophon quid faceret dubitabat : etenim, ut vir honoratus, in sella Seuthæ proxima sedebat. Jamque Heraclides pincernæ mandarat, ut ei cornu porrigeret. Et Xenophon (quippe qui jam paulo largius hibisset) accepto cornu confidenter surrexit, atque hæc verba fecit : Ego vero, Seuthe, meipsum tibi do meosque hos socios, ut tibi simus amici : neque horum quenquam invitum tibi do, sed omnes eo animo, et magis etiam, quam ipse sim, tibi esse amici velint. Ac jam adsunt, non ita sane ut a te quidquam petant, sed etiam cupidi tum labores tum pericula tua causa subeundi; quorum opera, diis volentibus, regionem amplam partim recuperabis, quippe quæ patria sit, aliam acquires : multos præterea equos, viros multos mulieresque pulchras acquires, quos prædari non necesse erit, sed ipsimet ad te dona ferentes aderunt. Tum surgens Seuthes simul cum eo bibit,

κέρας. Μετὰ ταῦτα εἰςῆλθον κέρασί τε οἷοις σημαίνουσιν αὐλοῦντες καὶ σάλπιγξιν ὠμοβοΐναις ῥυθμούς τε καὶ οἷον μαγάδι σαλπίζοντες. (33) Καὶ αὐτὸς Σεύθης ἀναστὰς ἀνέκραγέ τε πολεμικὸν καὶ ἐξήλατο ὥσπερ βέλος φυλαττόμενος μάλα ἐλαφρῶς. Εἰςῄεσαν δὲ καὶ γελωτοποιοί.

34. Ὡς δ' ἦν ἥλιος ἐπὶ δυσμαῖς, ἀνέστησαν οἱ Ἕλληνες καὶ εἶπον ὅτι ὥρα νυκτοφύλακας καθιστάναι καὶ σύνθημα παραδιδόναι. Καὶ Σεύθην ἐκέλευον παραγγεῖλαι ὅπως εἰς τὰ Ἑλληνικὰ στρατόπεδα μηδεὶς τῶν Θρακῶν εἴςεισι νυκτός· οἵ τε γὰρ πολέμιοι Θρᾷκες ὑμῖν καὶ ἡμῖν οἱ φίλοι. Ὡς δ' ἐξῄεσαν, συνανέστη ὁ Σεύθης οὐδὲν τι μεθύων ἐοικώς. (35) Ἐξελθὼν δ' εἶπεν αὐτοὺς τοὺς στρατηγοὺς ἀποκαλέσας, Ὦ ἄνδρες, οἱ πολέμιοι ἡμῶν οὐκ ἴσασί πω τὴν ἡμετέραν συμμαχίαν· ἢν οὖν ἔλθωμεν ἐπ' αὐτοὺς πρὶν φυλάξασθαι ὥςτε μὴ ληφθῆναι ἢ παρασκευάσασθαι ὥςτε ἀμύνασθαι, μάλιστα ἂν λάβοιμεν καὶ ἀνθρώπους καὶ χρήματα. (36) Συνεπῄνουν ταῦτα οἱ στρατηγοὶ καὶ ἡγεῖσθαι ἐκέλευον. Ὁ δ' εἶπε, Παρασκευασάμενοι ἀναμένετε· ἐγὼ δὲ ὁπόταν καιρὸς ᾖ ἥξω πρὸς ὑμᾶς, καὶ τοὺς πελταστὰς καὶ ὑμᾶς ἀναλαβὼν ἡγήσομαι σὺν τοῖς θεοῖς. (37) Καὶ ὁ Ξενοφῶν εἶπε, Σκέψαι τοίνυν, εἴπερ νυκτὸς πορευσόμεθα, εἰ ὁ Ἑλληνικὸς νόμος κάλλιον ἔχει· μεθ' ἡμέραν μὲν γὰρ ἐν ταῖς πορείαις ἡγεῖται τοῦ στρατεύματος ὁποῖον ἂν ἀεὶ πρὸς τὴν χώραν συμφέρῃ, ἐάν τε ὁπλιτικὸν ἐάν τε πελταστικὸν ἐάν τε ἱππικόν· νύκτωρ δὲ νόμος τοῖς Ἕλλησιν ἡγεῖσθαί ἐστι τὸ βραδύτατον· (38) οὕτω γὰρ ἥκιστα διασπᾶται τὰ στρατεύματα καὶ ἥκιστα λανθάνουσιν ἀποδιδράσκοντες ἀλλήλους· οἱ δὲ διασπασθέντες πολλάκις καὶ περιπίπτουσιν ἀλλήλοις καὶ ἀγνοοῦντες κακῶς ποιοῦσι καὶ πάσχουσι. (39) Εἶπεν οὖν Σεύθης, Ὀρθῶς τε λέγετε καὶ ἐγὼ τῷ νόμῳ τῷ ὑμετέρῳ πείσομαι. Καὶ ὑμῖν μὲν ἡγεμόνας δώσω τῶν πρεσβυτάτων τοὺς ἐμπειροτάτους τῆς χώρας, αὐτὸς δ' ἐφέψομαι τελευταῖος τοὺς ἵππους ἔχων· ταχὺ γὰρ πρῶτος ἂν δέῃ παρέσομαι. Σύνθημα δ' εἶπον Ἀθηναίαν κατὰ τὴν συγγένειαν. Ταῦτ' εἰπόντες ἀνεπαύοντο.

40. Ἡνίκα δ' ἦν ἀμφὶ μέσας νύκτας, παρῆν Σεύθης ἔχων τοὺς ἱππέας τεθωρακισμένους καὶ τοὺς πελταστὰς σὺν τοῖς ὅπλοις. Καὶ ἐπεὶ παρέδωκε τοὺς ἡγεμόνας, οἱ μὲν ὁπλῖται ἡγοῦντο, οἱ δὲ πελτασταὶ εἵποντο, οἱ δ' ἱππεῖς ὠπισθοφυλάκουν. (41) Ἐπεὶ δ' ἡμέρα ἦν, ὁ Σεύθης παρήλαυνεν εἰς τὸ πρόσθεν καὶ ἐπῄνεσε τὸν Ἑλληνικὸν νόμον· πολλάκις γὰρ ἔφη νύκτωρ αὐτὸς καὶ σὺν ὀλίγοις πορευόμενος ἀποσπασθῆναι σὺν τοῖς ἵπποις ἀπὸ τῶν πεζῶν· νῦν δ' ὥςπερ δεῖ ἁθρόοι πάντες ἅμα τῇ ἡμέρᾳ φαινόμεθα. Ἀλλὰ ὑμεῖς μὲν περιμένετε αὐτοῦ καὶ ἀναπαύεσθε, ἐγὼ δὲ σκεψάμενός τι ἥξω. (42) Ταῦτ' εἰπὼν ἤλαυνε δι' ὄρους ὁδόν τινα λαβών. Ἐπεὶ δ' ἀφίκετο εἰς χιόνα πολλήν, ἐσκέψατο εἰ εἴη ἴχνη ἀνθρώπων ἢ πρόσω ἡγούμενα ἢ ἐναντία. (43) Ἐπεὶ δὲ ἀτριβῆ ἑώρα τὴν ὁδόν, ἧκε ταχὺ πάλιν καὶ ἔλεγεν, Ἄνδρες, καλῶς ἔσται, ἢν θεὸς θέλῃ· τοὺς γὰρ ἀνθρώπους

et postea, quod reliquum erat in cornu, profudit. Post hæc ingressi sunt cornua, qualibus classicum canere solent, inflantes ac tubis e crudo bovis corio factis, in numerum et tanquam magadæ, canentes. Ac Seuthes ipse surgens, et bellicum vociferabatur, et, quasi telum vitaret, agiliter admodum exsiliebat. Ingressi sunt et joculatores.

Jam vero sole se inclinante, surrexerunt Græci, ac tempus esse aiebant nocturnos excubitores constituendi, et tesseram dandi. Hortabantur etiam Seuthen ut suis denuntiaret ne quis Thracum noctu Græcorum castra ingrederetur; sunt enim, aiebant, et vobis inimici Thraces, et nobis Thraces amici. Postquam egrederentur, etiam Seuthes una cum ipsis surgebat, ebrio re nulla similis. Et cum exiisset, sevocatis ad se ducibus solis, Necdum, viri, inquit, hostes nostri de societate inter nos inita quidquam sciunt : quare si in eos invaserimus, priusquam sibi ne capiantur caverint, vel ad nos propulsandos se paraverint, sic maxime capiemus opes atque homines. Hæc duces sua sententia comprobabant, atque ut in hostem duceret hortabantur. Et ille, Ubi vos, inquit, ad iter faciendum paraveritis, exspectate; atque ego, cum opportunum fuerit, ad vos veniam : peltastisque et vobis adsumptis itineris, diis juvantibus, dux ero. Et Xenophon, At consideres velim, inquit, si quidem noctu iter nobis faciendum erit, an mos Græcus sit melior quam vester : nam interdiu exercitum in itineribus faciendis, ea semper pergendi ratione instituta quæ loco convenit, antecedere solet vel gravis armatura vel peltastæ vel equitatus; noctu vero moris Græcorum est ut pars exercitus tardissima præcedat : nam ita copiæ minime distrahuntur, minimeque fieri potest ut alii ab aliis clam secedant : at partes exercitus distractæ sæpe in se invicem incurrunt, et per ignorantiam lædunt et læduntur. Recte dicitis, ait tandem Seuthes, atque vestro huic instituto parebo. Et vobis quidem duces dabo eos, qui inter natu maximos regionis sunt hujus peritissimi; ipse autem loco ultimo subsequar cum equitatu : quippe statim, si res poscat, in prima acie adero. Tesseram autem dabant Minervam propter cognationem. His dictis quievere.

Cum jam nox media adpetiisset, Seuthes aderat, cum equitibus loricatis, et cum peltastis armis instructis. Cumque duces itineris dedisset, gravis armaturæ milites præcedebant, peltastæ sequebantur, a tergo agmen tutabantur equites. Cum illuxisset dies, Seuthes in frontem provectus est, Græcorumque adeo collaudavit institutum; sæpe enim accidisse aiebat ut ipse noctu, cum vel exiguis cum copiis iter faceret, cum equitatu a peditibus divelleretur : nunc, uti fieri oportet, simul atque illuxerit dies conferti omnes conspicimur. At vos hic me exspectate, ac requiescite; ego aliquid speculatus veniam. Hæc cum dixisset, per montem equo vectus est, viam quandam nactus. Cumque ad nivem multam venisset, in via, exstaretne hominum vel anteriora vel contra se spectantia vestigia, exploravit. Et ubi viam non tritam esse videbat, celeriter redit et, Præclare, inquit, viri, res nobis succedet, deo volente :

λήσομεν ἐπιπεσόντες. Ἀλλ' ἐγὼ μὲν ἡγήσομαι τοῖς ἵπποις, ὅπως ἂν τινα ἴδωμεν, μὴ διαφυγὼν σημήνῃ τοῖς πολεμίοις· ὑμεῖς δ' ἕπεσθε· κἂν λειφθῆτε, τῷ στίβῳ τῶν ἵππων ἕπεσθε. Ὑπερβάντες δὲ τὰ ὄρη ἤξομεν εἰς κώμας πολλάς τε καὶ εὐδαίμονας.

44. Ἡνίκα δ' ἦν μέσον ἡμέρας, ἤδη τε ἦν ἐπὶ τοῖς ἄκροις καὶ κατιδὼν τὰς κώμας ἧκεν ἐλαύνων πρὸς τοὺς ὁπλίτας καὶ ἔλεγεν, Ἀφήσω ἤδη καταθεῖν τοὺς μὲν ἱππέας εἰς τὸ πεδίον, τοὺς δὲ πελταστὰς ἐπὶ τὰς κώμας. Ἀλλ' ἕπεσθε ὡς ἂν δύνησθε τάχιστα, ὅπως ἐάν τις ὑφιστῆται, ἀλέξησθε. (45) Ἀκούσας ταῦτα ὁ Ξενοφῶν κατέβη ἀπὸ τοῦ ἵππου. Καὶ ὃς ἤρετο, Τί καταβαίνεις ἐπεὶ σπεύδειν δεῖ; Οἶδα, ἔφη, ὅτι οὐκ ἐμοῦ μόνου δῇ· οἱ δ' ὁπλῖται θᾶττον δραμοῦνται καὶ ἥδιον, ἐὰν καὶ ἐγὼ πεζὸς ἡγῶμαι. (46) Μετὰ ταῦτα ᾤχετο, καὶ Τιμασίων μετ' αὐτοῦ ἔχων ἱππέας ὡς τετταράκοντα τῶν Ἑλλήνων. Ξενοφῶν δὲ παρηγγύησε τοὺς εἰς τριάκοντα ἔτη παριέναι ἀπὸ τῶν λόχων εὐζώνους. Καὶ αὐτὸς μὲν ἐτρόχαζε τούτους ἔχων, Κλεάνωρ δ' ἡγεῖτο τῶν ἄλλων Ἑλλήνων. (47) Ἐπεὶ δ' ἐν ταῖς κώμαις ἦσαν, Σεύθης ἔχων ὅσον τριάκοντα ἱππέας προσελάσας εἶπε, Τάδε δή, ὦ Ξενοφῶν, ἃ σὺ ἔλεγες· ἔχονταί οἱ ἄνθρωποι· ἀλλὰ γὰρ ἔρημοί οἱ ἱππεῖς οἴχονταί μοι ἄλλος ἄλλῃ διώκων· καὶ δέδοικα μὴ συστάντες ἀθρόοι που κακόν τι ἐργάσωνται οἱ πολέμιοι. Δεῖ δὲ καὶ ἐν ταῖς κώμαις καταμένειν τινὰς ἡμῶν· μεσταὶ γάρ εἰσιν ἀνθρώπων. (48) Ἀλλ' ἐγὼ μέν, ἔφη ὁ Ξενοφῶν, σὺν οἷς ἔχω τὰ ἄκρα καταλήψομαι· σὺ δὲ Κλεάνορα κέλευε διὰ τοῦ πεδίου παρατεῖναι τὴν φάλαγγα παρὰ τὰς κώμας. Ἐπεὶ δὲ ταῦτα ἐποίησαν, συνηλίσθησαν ἀνδράποδα μὲν ὡς χίλια, βόες δὲ διςχίλιοι, πρόβατα ἄλλα μύρια. Τότε μὲν δὴ αὐτοῦ ηὐλίσθησαν.

ΚΕΦΑΛΑΙΟΝ Δ.

Τῇ δ' ὑστεραίᾳ κατακαύσας ὁ Σεύθης τὰς κώμας παντελῶς καὶ οἰκίαν οὐδεμίαν λιπών, ὅπως φόβον ἐνθείη καὶ τοῖς ἄλλοις οἷα πείσονται, ἂν μὴ πείθωνται, ἀπῄει πάλιν. (2) Καὶ τὴν μὲν λείαν ἀπέπεμψε διατίθεσθαι Ἡρακλείδην εἰς Πέρινθον, ὅπως ἂν μισθὸς γένοιτο τοῖς στρατιώταις· αὐτὸς δὲ καὶ οἱ Ἕλληνες ἐστρατοπεδεύοντο ἀνὰ τὸ Θυνῶν πεδίον. Οἱ δ' ἐκλιπόντες ἔφευγον εἰς τὰ ὄρη. (3) Ἦν δὲ χιὼν πολλὴ καὶ ψῦχος οὕτως ὥστε τὸ ὕδωρ ὃ ἐφέροντο ἐπὶ δεῖπνον ἐπήγνυτο καὶ ὁ οἶνος ὁ ἐν τοῖς ἀγγείοις, καὶ τῶν Ἑλλήνων πολλῶν καὶ ῥῖνες ἀπεκαίοντο καὶ ὦτα. (4) Καὶ τότε δῆλον ἐγένετο οὗ ἕνεκα οἱ Θρᾷκες τὰς ἀλωπεκίδας ἐπὶ ταῖς κεφαλαῖς φοροῦσι καὶ τοῖς ὠσί, καὶ χιτῶνας οὐ μόνον περὶ τοῖς στέρνοις ἀλλὰ καὶ περὶ τοῖς μηροῖς, καὶ ζειρὰς μέχρι τῶν ποδῶν ἐπὶ τῶν ἵππων ἔχουσιν, ἀλλ' οὐ χλαμύδας. (5) Ἀφεὶς δὲ τῶν αἰχμαλώτων ὁ Σεύθης εἰς τὰ ὄρη ἔλεγεν ὅτι εἰ μὴ καταβήσονται οἰκήσοντες καὶ πείσονται, ὅτι κατακαύσει καὶ τούτων τὰς κώ-

---

nam homines clam adoriemur. At ego cum equitatu praecedam, ut ne, si quem videamus, elapsus is hostibus adventum nostrum significet : vos vero sequimini; ac si a tergo relicti fueritis, equorum vestigia sequimini : ubi autem montes superavimus, ad vicos multos opulentosque veniemus.

Cum meridies adpetiisset, in vertices jam evaserat, et cum in vicos despexisset, ad gravis armaturae milites equo incitato venit et, Dimittam, inquit, jam equites ad incursiones in planitiem faciendas, et peltastas in vicos. At sequimini quam potestis celerrime, ut, si quis nobis restiterit, opem feratis. Hæc cum audiisset Xenophon, de equo descendit. Et quærebat illo, Cur descendis, cum festinatione sit opus? Novi, inquit, non me solo tibi opus esse; et hi gravis armaturae milites celerius current ac libentius, si et ipse pedes agmen duxero. Post hæc abiit, et Timasion simul, cum Græcorum equitibus fere quadraginta. Xenophon autem milites triginta circiter annos natos, qui expediti essent, a cohortibus ad se procedere jussit. Atque ipse cum his citato gradu currebat; et Cleanor Græcos ceteros ducebat. Posteaquam vero in vicos venissent, Seuthes, cum equitibus fere triginta, equo advectus, Hæc sane, Xenophon, inquit, evenerunt, quæ tu dicebas; capti sunt homines; verum equites a me ipsi discesserunt, alio alibi hostes persequente: atque adeo metuo ne hostes, densum in globum alicubi collecti, malo eos aliquo adficiant. Ceterum in his etiam vicis remanere quosdam nostrum oportet; sunt enim hominibus referti. Ego vero, inquit Xenophon, cum his qui mihi adsunt, vertices occupabo: tu Cleanori præcipe ut per planitiem phalangem propter vicos extendat. Hæc cum fecissent, mancipia circiter mille collecta sunt, boves autem bis mille, et pecorum aliorum decem millia. Ac tum quidem ibi commorati sunt.

CAPUT IV.

Postridie Seuthes, cum vicos prorsus exussisset, ac ne unam quidem domum reliquisset, quo aliis etiam metum incuteret de iis quæ ipsi perpessuri essent, nisi parerent; rursus abivit. Et ad prædam quidem vendendam Heracliden Perinthum misit, ut ex ea stipendium militibus conficeretur : ipse autem et Græci in Thynorum planitie castra metati sunt. At illi sedibus suis relictis in montes se fuga recipiebant. Erat autem nix multa, et frigus acerbum adeo, ut aqua, quam ad cænam ferebant ministri, eo concresceret, et vinum ipsum in vasis, Græcorumque multorum et nares deurerentur et aures. Atque ibi tum perspicuum erat, quamobrem pelles vulpinas circum capita et aures gestant Thraces, itemque tunicas non modo circa pectora, sed ipsa etiam femora ; sagula etiam ad pedes usque demissa in equis sedentes habeant, non chlamydas. Et Seuthes, ex captivis quibusdam in montes dimissis, per eos denuntiavit, ni descenderent ad sedes suas incolendas, et ipsi parerent, ipsorum etiam se vicos exusturum

μας καὶ τὸν σῖτον, καὶ ἀπολοῦνται τῷ λιμῷ. Ἐκ τούτου κατέβαινον καὶ γυναῖκες καὶ παῖδες καὶ οἱ πρεσβύτεροι· οἱ δὲ νεώτεροι ἐν ταῖς ὑπὸ τὸ ὄρος κώμαις ηὐλίζοντο. (6) Καὶ ὁ Σεύθης καταμαθὼν ἐκέλευσε τὸν Ξενοφῶντα τῶν ὁπλιτῶν τοὺς νεωτάτους λαβόντα συνεπισπέσθαι. Καὶ ἀναστάντες τῆς νυκτὸς ἅμα τῇ ἡμέρᾳ παρῆσαν εἰς τὰς κώμας. Καὶ οἱ μὲν πλεῖστοι ἐξέφυγον πλησίον γὰρ ἦν τὸ ὄρος· ὅσους δὲ ἔλαβε κατηκόντισεν ἀφειδῶς Σεύθης.

7. Ἐπισθένης δ᾽ ἦν τις Ὀλύνθιος παιδεραστής, ὃς ἰδὼν παῖδα καλὸν ἡβάσκοντα ἄρτι πέλτην ἔχοντα μέλλοντα ἀποθνήσκειν, προσδραμὼν Ξενοφῶντα ἱκέτευσε βοηθῆσαι παιδὶ καλῷ. (8) Καὶ ὃς προσελθὼν τῷ Σεύθῃ δεῖται μὴ ἀποκτεῖναι τὸν παῖδα, καὶ τοῦ Ἐπισθένους διηγεῖται τὸν τρόπον, καὶ ὅτι λόχον ποτὲ συνελέξατο σκοπῶν οὐδὲν ἄλλο ἢ εἴ τινες εἶεν καλοί, καὶ μετὰ τούτων ἦν ἀνὴρ ἀγαθός. (9) Ὁ δὲ Σεύθης ἤρετο, Ἦ καὶ θέλοις ἄν, ὦ Ἐπίσθενες, ὑπὲρ τούτου ἀποθανεῖν; Ὁ δ᾽ εἶπεν ἀνατείνας τὸν τράχηλον, Παῖε, ἔφη, εἰ κελεύει ὁ παῖς καὶ μέλλει χάριν εἰδέναι. (10) Ἐπήρετο ὁ Σεύθης τὸν παῖδα εἰ παίσειεν αὐτὸν ἀντ᾽ ἐκείνου. Οὐκ εἴα ὁ παῖς, ἀλλ᾽ ἱκέτευε μηδέτερον κατακαίνειν. Ἐνταῦθα δὴ ὁ Ἐπισθένης περιλαβὼν τὸν παῖδα εἶπεν, Ὥρα σοι, ὦ Σεύθη, περὶ τοῦδέ μοι διαμάχεσθαι· οὐ γὰρ μεθήσω τὸν παῖδα. (11) Ὁ δὲ Σεύθης γελῶν ταῦτα μὲν εἴα· ἔδοξε δὲ αὐτῷ αὐτοῦ αὐλισθῆναι, ἵνα μὴ ἐκ τούτων τῶν κωμῶν οἱ ἐπὶ τοῦ ὄρους τρέφοιντο. Καὶ αὐτὸς μὲν ἐν τῷ πεδίῳ ὑποκαταβὰς ἐσκήνου, ὁ δὲ Ξενοφῶν ἔχων τοὺς ἐπιλέκτους ἐν τῇ ὑπὸ τὸ ὄρος ἀνωτάτω κώμῃ, καὶ οἱ ἄλλοι Ἕλληνες ἐν τοῖς ὀρεινοῖς καλουμένοις Θρᾳξὶ πλησίον κατεσκήνησαν.

12. Ἐκ τούτου ἡμέραι οὐ πολλαὶ διετρίβοντο, καὶ οἱ ἐκ τοῦ ὄρους Θρᾷκες καταβαίνοντες πρὸς τὸν Σεύθην περὶ σπονδῶν καὶ ὁμήρων διεπράττοντο. Καὶ Ξενοφῶν ἐλθὼν ἔλεγε τῷ Σεύθῃ ὅτι ἐν πονηροῖς τόποις σκηνῷεν καὶ πλησίον εἶεν οἱ πολέμιοι· ἥδιόν τ᾽ ἂν ἔξω αὐλίζεσθαι ἔφη ἐν ἐχυροῖς χωρίοις μᾶλλον ἢ ἐν τοῖς στεγνοῖς, ὥστε ἀπολέσθαι. (12) Ὁ δὲ θαῤῥεῖν ἐκέλευε καὶ ἐδείκνυε ὁμήρους παρόντας αὐτῷ. Ἐδέοντο δὲ καὶ τοῦ Ξενοφῶντος καταβαίνοντες τινὲς τῶν ἐκ τοῦ ὄρους συμπρᾶξαί σφισι τὰς σπονδάς. Ὁ δ᾽ ὡμολόγει καὶ θαῤῥεῖν ἐκέλευε καὶ ἠγγυᾶτο μηδὲν αὐτοὺς κακὸν πείσεσθαι πειθομένους Σεύθῃ. Οἱ δ᾽ ἄρα ταῦτ᾽ ἔλεγον κατασκοπῆς ἕνεκα.

14. Ταῦτα μὲν τῆς ἡμέρας ἐγένετο· εἰς δὲ τὴν ἐπιοῦσαν νύκτα ἐπιτίθενται ἐλθόντες ἐκ τοῦ ὄρους οἱ Θυνοί. Καὶ ἡγεμὼν μὲν ἦν ὁ δεσπότης ἑκάστης τῆς οἰκίας· χαλεπὸν γὰρ ἦν ἄλλως τὰς οἰκίας σκότους ὄντος ἀνευρίσκειν ἐν ταῖς κώμαις· καὶ γὰρ αἱ οἰκίαι κύκλῳ περιεσταύρωντο μεγάλοις σταυροῖς τῶν προβάτων ἕνεκα. (15) Ἐπεὶ δ᾽ ἐγένοντο κατὰ τὰς θύρας ἑκάστου τοῦ οἰκήματος, οἱ μὲν εἰσηκόντιζον, οἱ δὲ τοῖς σκυτάλοις ἔβαλλον, ἃ ἔχειν ἔφασαν ὡς ἀποκόψοντες τῶν δοράτων τὰς λόγχας, οἱ δ᾽ ἐνεπίμπρασαν, καὶ Ξενοφῶντα ὀνομαστὶ

et frumentum, ipsosque adeo fame perituros. Ibi tum et mulieres et pueri et seniores descenderunt : at juniores in vicis sub monte sitis commorati sunt. Et Seuthes id ubi intellexisset, Xenophontem hortatus est, ut adsumptis ex gravi armatura maxime juvenibus ipsum sequeretur. Atque adeo cum noctu surrexissent, prima luce ad vicos venerunt: ac hostium maxima pars inde fuga abivit ; nam mons erat in vicino : quoscunque vero ceperunt, eos nulli parcens jaculis confixit Seuthes.

Erat autem Olynthius quidam puerorum amator Episthenes, qui cum puerum pulchrum jam pubescentem, peltam tenentem, mox moriturum conspiceret, ad Xenophontem adcurrit suppliciterque eum oravit, ut opem puero formoso ferret. Et is ad Seuthen progressus rogabat ne puerum interficeret ; simulque Episthenis ingenium narrat, eumque adeo cohortem aliquando collegisse, cum nihil aliud spectaret, quam si qui formosi essent ; et cum his strenuum se virum præbere consuevisse. Quærebat Seuthes, Vellesne, Episthenes, pro hoc mori? At ille cervice extensa, Ferito, inquit, si puer sic jubet, ac gratiam habiturus est. Puerum interrogabat Seuthes, num eum pro ipso feriret. Id fieri non sinebat puer, sed supplex orabat ut neutrum interficeret. Ibi tum Episthenes puerum complexus, Tempus est, inquit, Seuthe, ut de hoc mecum depugnes ; non enim puerum dimittam. Seuthes ridens, hæc omittebat : visum autem est ei hoc loco commorandum esse, ut ne his ex vicis ii, qui in monte erant, alerentur. Atque ipse cum paulum descendisset in planitie tabernacula collocavit : at Xenophon cum delectis in vico sub monte supremo, ceterique Græci apud Thracas qui montani dicuntur, prope ab iis tentoria posuerunt.

Postea dies haud multi consumebantur, cum Thraces ex monte ad Seuthen descendentes de obsidibus et induciis agebant. Ac Xenophon Seuthæ, cum ad eum venisset, iniquis in locis se tabernacula collocasse dicebat, hostesque ab ipsis prope abesse : libentius autem se extra commoraturum aiebat in locis potius munitis quam sub tectis, adeo ut periculum sit ne ibi pereant. At ille bono eum esse animo jussit, simulque monstravit obsides ipsi qui aderant. Nonnulli etiam ex iis, qui in monte erant, descendentes Xenophontem rogabant ut inducias ipsis impetraret. Ille facturum se recipiebat, bonoque ut essent animo hortabatur ; spondebat etiam nihil ipsos mali habituros, Seuthæ si parerent. At hæc illi speculandi causa proponebant.

Hæc die quidem agebantur : nocte vero insequente Thyni monte degressi Græcos invadunt. Et domus cujusque dominus dux erat : nam ceteroquin difficile erat domos, dum tenebræ inductæ erant, in vicis invenire ; etenim domus vallis magnis undique muniebantur, pecorum causa. Posteaquam ad ædificii cujusque fores venissent, alii in eas jacula intorquebant, eas alii clavis percutiebant, quas habere se aiebant, ut hastarum cuspides decuterent ; alii incendio faciendo operam dederunt ; Xenophontemque nomi-

καλοῦντες ἐξιόντα ἐκέλευον ἀποθνῄσκειν, ἢ αὐτοῦ ἔφασαν κατακαυθήσεσθαι αὐτόν. (16) Καὶ ἤδη τε διὰ τοῦ ὀρόφου ἐφαίνετο πῦρ, καὶ ἐντεθωρακισμένοι οἱ περὶ Ξενοφῶντα ἔνδον ἦσαν ἀσπίδας καὶ μαχαίρας καὶ κράνη ἔχοντες, καὶ Σιλανὸς Μακέστιος ἐτῶν ἤδη ὡς ὀκτωκαίδεκα ὢν σημαίνει τῇ σάλπιγγι· καὶ εὐθὺς ἐκπηδῶσιν ἐσπασμένοι τὰ ξίφη καὶ οἱ ἐκ τῶν ἄλλων σκηνωμάτων. (17) Οἱ δὲ Θρᾷκες φεύγουσιν, ὥσπερ δὴ τρόπος ἦν αὐτοῖς, ὄπισθεν περιβαλλόμενοι τὰς πέλτας· καὶ αὐτῶν ὑπεραλλομένων τοὺς σταυροὺς ἐλήφθησάν τινες κρεμασθέντες ἐνεχομένων τῶν πελτῶν τοῖς σταυροῖς· οἱ δὲ καὶ ἀπέθανον διαμαρτόντες τῶν ἐξόδων· οἱ δὲ Ἕλληνες ἐδίωκον ἔξω τῆς κώμης. (18) Τῶν δὲ Θυνῶν ὑποστραφέντες τινὲς ἐν τῷ σκότει τοὺς παρατρέχοντας παρ' οἰκίαν καιομένην ἠκόντιζον εἰς τὸ φῶς ἐκ τοῦ σκότους· καὶ ἔτρωσαν Ἱερώνυμόν τε Εὐοδέα λοχαγὸν καὶ Θεογένην Λοκρὸν λοχαγόν· ἀπέθανε δὲ οὐδείς· κατεκαύθη μέντοι καὶ ἐσθῆς τινων καὶ σκεύη. (19) Σεύθης δὲ ἧκε βοηθήσων σὺν ἑπτὰ ἱππεῦσι τοῖς πρώτοις καὶ τὸν σαλπιγκτὴν ἔχων τὸν Θρᾴκιον. Καὶ ἐπείπερ ᾔσθετο, ὅσονπερ χρόνον ἐβοήθει, τοσοῦτον καὶ τὸ κέρας ἐφθέγγετο αὐτῷ· ὥστε καὶ τοῦτο φόβον συμπαρεῖχε τοῖς πολεμίοις. Ἐπεὶ δ' ἦλθεν, ἐδεξιοῦτό τε καὶ ἔλεγεν ὅτι οἴοιτο τεθνεῶτας πολλοὺς εὑρήσειν.

20. Ἐκ τούτου δ' Ξενοφῶν δεῖται τοὺς ὁμήρους τε αὐτῷ παραδοῦναι καὶ ἐπὶ τὸ ὄρος, εἰ βούλεται, συστρατεύεσθαι· εἰ δὲ μή, αὐτὸν ἐᾶσαι. (21) Τῇ οὖν ὑστεραίᾳ παραδίδωσιν ὁ Σεύθης τοὺς ὁμήρους, πρεσβυτέρους ἄνδρας ἤδη, τοὺς κρατίστους, ὡς ἔφασαν, τῶν ὀρεινῶν, καὶ αὐτὸς ἔρχεται σὺν τῇ δυνάμει. Ἤδη δὲ εἶχε καὶ τριπλασίαν δύναμιν ὁ Σεύθης· ἐκ γὰρ τῶν Ὀδρυσῶν ἀκούοντες ἃ πράττοι ὁ Σεύθης πολλοὶ κατέβαινον συστρατευσόμενοι. (22) Οἱ δὲ Θυνοὶ ἐπεὶ εἶδον ἀπὸ τοῦ ὄρους πολλοὺς μὲν ὁπλίτας, πολλοὺς δὲ πελταστὰς, πολλοὺς δὲ ἱππεῖς, καταβάντες ἱκέτευον σπείσασθαι, καὶ πάντα ὁμολογοῦν ποιήσειν καὶ τὰ πιστὰ λαμβάνειν ἐκέλευον. (23) Ὁ δὲ Σεύθης καλέσας τὸν Ξενοφῶντα ἐπεδείκνυεν ἃ λέγοιεν, καὶ οὐκ ἂν ἔφη σπείσασθαι, εἰ Ξενοφῶν βούλοιτο τιμωρήσασθαι αὐτοὺς τῆς ἐπιθέσεως. (24) Ὁ δ' εἶπεν, Ἀλλ' ἔγωγε ἱκανὴν νομίζω καὶ νῦν δίκην ἔχειν, εἰ οὗτοι δοῦλοι ἔσονται ἀντ' ἐλευθέρων. Συμβουλεύειν μέντοι ἔφη αὐτῷ τὸ λοιπὸν ὁμήρους λαμβάνειν τοὺς δυνατωτάτους κακόν τι ποιεῖν, τοὺς δὲ γέροντας οἴκοι ἐᾶν. Οἱ μὲν οὖν ταύτῃ πάντες δὴ προσωμολόγουν.

ΚΕΦΑΛΑΙΟΝ Ε.

Ὑπερβάλλουσι δὲ πρὸς τοὺς ὑπὲρ Βυζαντίου Θρᾷκας εἰς τὸ Δέλτα καλούμενον· αὕτη δ' ἦν οὐκέτι ἀρχὴ Μαισάδου, ἀλλὰ Τήρους τοῦ Ὀδρύσου, ἀρχαίου τινός. (2) Καὶ ὁ Ἡρακλείδης ἐνταῦθα ἔχων τὴν τιμὴν τῆς λείας παρῆν. Καὶ Σεύθης ἐξαγαγὼν ζεύγη ἡμιονικὰ τρία,

natim adpellantes, exire jubebant ac mortem occumbere; alioqui se istic ipsum combusturos aiebant. Jamque adeo per tectum ignis conspiciebatur, et Xenophon, quique circa ipsum, loricati intus erant, scutis et gladiis et galeis armati. Ac Silanus quidem Macestius, annos duodeviginti natus, tuba signum dat: statimque ii etiam, qui in aliis erant domiciliis, inde cum ensibus districtis exsilierunt. Ac Thraces in fugam sese dant, prout ipsis sane mos erat, peltis in terga rejectis: cumque hi valla transilire conabantur, nonnulli eis suspensi capti sunt, peltis in vallis impeditis, nonnulli etiam interierunt, quod ab exeundi locis aberravissent: Græci extra vicum eos insequebantur. Et ex Thynis nonnulli reversi per tenebras, eos, qui præter domum ardentem transcurrebant, missis e tenebris in lucem jaculis petebant; et tum Hieronymum Euodeum, cohortis præfectum, vulneraverunt, et tum Theogenem Locrensem cohortis præfectum: nemo tamen mortuus est: verum vestis nonnullorum et impedimenta exurebantur. Venit autem Seuthes cum septem equitibus primis, opem laturus, tubicinem etiam secum ducens Thracium. Et posteaquam rem animadvertit, quamdiu ad opem ferendam currebat, tamdiu etiam ei cornu sonabat: adeo ut hoc quoque metum hostibus simul adferret. Cum venisset, benigne Græcos salutabat ac existimasse se dicebat futurum ut multos mortuos offenderet.

Ibi tum rogat Xenophon ut ipsi traderet obsides, unaque cum eo in montem, si velit, milites educeret: sin autem, sibi hoc permitteret. Itaque postridie Seuthes ei tradit obsides, viros ætate longius provectos, maxima, uti aiebant, apud montanos dignitate; atque ipse cum suis copiis venit. Habebat autem jam Seuthes copias triplo majores: nam ex Odrysis multi, cum quas res gereret Seuthes audiissent, ut ipsum in eo bello juvarent, descenderant. Thyni, cum de monte multos gravis armaturæ milites, peltastas multos, multos equites vidissent, descenderunt et suppliciter rogabant ut fœdus secum iniret; ac spondebant omnia se facturos, atque fidei ut acciperet pignora petebant. Seuthes vocato ad se Xenophonte, quæ illi dicerent demonstrabat: negabatque fœdus se cum iis initurum, si vellet Xenophon, propterea quod ipsum adorti fuissent, de iis pœnas sumere. At ego certe, inquit Xenophon, gravi satis pœna multatos eos arbitror, si pro liberis servi fiant isti: verum hoc ei se consilii dare aiebat, ut in posterum obsides acciperet illos, qui ad incommodi quid ferendum maxime valerent, senes domi relinqueret. Et omnes quidem eo loco his adsentiebantur.

CAPUT V.

Ceterum ad Thracas transeunt supra Byzantium sitos, in locum qui Delta adpellatur: regio hæc non jam erat sub Mæsadis imperio, sed Teris Odrysi cujusdam prisci. Et Heraclides huc venit cum prædæ pretio. At Seuthes cum mulorum juga tria produxisset (nec enim ipsi plura erant),

οὐ γὰρ ἦν πλείω, τὰ δὲ ἄλλα βοεικά, καλέσας Ξενοφῶντα ἐκέλευε λαβεῖν, τὰ δὲ ἄλλα διανεῖμαι τοῖς στρατηγοῖς καὶ λοχαγοῖς. (3) Ξενοφῶν δὲ εἶπεν, Ἐμοὶ μὲν τοίνυν ἀρκεῖ καὶ αὖθις λαβεῖν· τούτοις δὲ τοῖς στρατηγοῖς δώρου, οἳ σὺν ἐμοὶ ἠκολούθησαν, καὶ λοχαγοῖς. (4) Καὶ τῶν ζευγῶν λαμβάνει ἓν μὲν Τιμασίων ὁ Δαρδανεύς, ἓν δὲ Κλεάνωρ ὁ Ὀρχομένιος, ἓν δὲ Φρυνίσκος ὁ Ἀχαιός· τὰ δὲ βοεικὰ ζεύγη τοῖς λοχαγοῖς κατεμερίσθη. Τὸν δὲ μισθὸν ἀποδίδωσιν ἐξεληλυθότος ἤδη τοῦ μηνὸς εἴκοσι μόνον ἡμερῶν· ὁ γὰρ Ἡρακλείδης ἔλεγεν ὅτι οὐ πλεῖον ἐμπολήσαι. (5) Ὁ οὖν Ξενοφῶν ἀχθεσθεὶς εἶπεν ἐπομόσας, Δοκεῖς μοι, ὦ Ἡρακλείδη, οὐχ ὡς δεῖ κήδεσθαι Σεύθου· εἰ γὰρ ἐκήδου, ἧκες ἂν φέρων πλήρη τὸν μισθὸν καὶ προσδανεισάμενος, εἰ μὴ ἄλλως ἐδύνω, καὶ ἀποδυόμενος τὰ σαυτοῦ ἱμάτια.

6. Ἐντεῦθεν δ᾽ Ἡρακλείδης ἠχθέσθη τε καὶ ἔδεισε μὴ ἐκ τῆς Σεύθου φιλίας ἐκβληθείη, καὶ ὅ,τι ἐδύνατο ἀπὸ ταύτης τῆς ἡμέρας Ξενοφῶντα διέβαλλε πρὸς Σεύθην. (7) Οἱ μὲν δὴ στρατιῶται Ξενοφῶντι ἐνεκάλουν ὅτι οὐκ εἶχον τὸν μισθόν· Σεύθης δὲ ἤχθετο αὐτῷ ὅτι ἐντόνως τοῖς στρατιώταις ἀπῄτει τὸν μισθόν. (8) Καὶ τέως μὲν ἀεὶ ἐμέμνητο ὡς ἐπειδὰν ἐπὶ θάλατταν ἀπέλθοι, παραδώσει αὐτῷ Βισάνθην καὶ Γάνον καὶ Νέον τεῖχος· ἀπὸ δὲ τούτου τοῦ χρόνου οὐδενὸς ἔτι τούτων ἐμέμνητο. Ὁ γὰρ Ἡρακλείδης καὶ τοῦτο διεβεβλήκει ὡς οὐκ ἀσφαλὲς εἴη τείχη παραδιδόναι ἀνδρὶ δύναμιν ἔχοντι.

9. Ἐκ τούτου δ μὲν Ξενοφῶν ἐβουλεύετο τί χρὴ ποιεῖν περὶ τοῦ ἔτι ἄνω στρατεύεσθαι· ὁ δ᾽ Ἡρακλείδης εἰσαγαγὼν τοὺς ἄλλους στρατηγοὺς πρὸς Σεύθην λέγειν τε ἐκέλευεν αὐτοὺς ὅτι οὐδὲν ἂν ἧττον σφεῖς ἀγάγοιεν τὴν στρατιὰν ἢ Ξενοφῶν, τόν τε μισθὸν ὑπισχνεῖτο αὐτοῖς ἐντὸς ὀλίγων ἡμερῶν ἔκπλεων παρέσεσθαι δυοῖν μηνοῖν, καὶ συστρατεύεσθαι ἐκέλευε. (10) Καὶ ὁ Τιμασίων εἶπεν, Ἐγὼ μὲν τοίνυν οὐδ᾽ ἂν πέντε μηνῶν μισθὸν μέλλῃ εἶναι στρατευσαίμην ἂν ἄνευ Ξενοφῶντος. Καὶ ὁ Φρυνίσκος καὶ ὁ Κλεάνωρ συνωμολόγουν τῷ Τιμασίωνι. (11) Ἐντεῦθεν ὁ Σεύθης ἐλοιδόρει τὸν Ἡρακλείδην ὅτι οὐ παρεκάλει καὶ Ξενοφῶντα. Ἐκ δὲ τούτου παρακαλοῦσιν αὐτὸν μόνον. Ὁ δὲ γνοὺς τοῦ Ἡρακλείδου τὴν πανουργίαν ὅτι βούλοιτο αὐτὸν διαβάλλειν πρὸς τοὺς ἄλλους στρατηγούς, παρέρχεται λαβὼν τούς τε στρατηγοὺς πάντας καὶ τοὺς λοχαγούς. (12) Καὶ ἐπεὶ πάντες ἐπείσθησαν, συνεστρατεύοντο, καὶ ἀφικνοῦνται ἐν δεξιᾷ ἔχοντες τὸν Πόντον διὰ τῶν μελινοφάγων καλουμένων Θρᾳκῶν εἰς τὸν Σαλμυδησσόν. Ἔνθα τῶν εἰς τὸν Πόντον πλεουσῶν νεῶν πολλαὶ ὀκέλλουσι καὶ ἐκπίπτουσι· τέναγος γάρ ἐστιν ἐπὶ πάμπολυ τῆς θαλάττης. (13) Καὶ οἱ Θρᾷκες οἱ κατὰ ταῦτα οἰκοῦντες στήλας ὁρισάμενοι τὰ καθ᾽ αὑτοὺς ἐκπίπτοντα ἕκαστοι λῄζονται· τέως δὲ ἔλεγον πρὶν ὁρίσασθαι ἁρπάζοντας πολλοὺς ὑπ᾽ ἀλλήλων ἀποθνῄσκειν. (14) Ἐνταῦθα εὑρίσκοντο πολλαὶ μὲν κλῖναι, πολλὰ δὲ κιβώτια, πολλαὶ δὲ βίβλοι γεγραμμέναι, καὶ τἆλλα πολλὰ ὅσα ἐν ξυλίνοις τεύχεσι ναύκληροι ἄγουσιν. Ἐντεῦθεν

reliqua boum, Xenophontem ad se vocavit eaque ut acciperet hortatur, cetera ducibus et cohortium præfectis distribueret. Xenophon autem his verbis usus est : Mihi vero satis est ut posthac aliquid accipiam : at his ea ducibus, qui me sequuti sunt, et cohortium præfectis largire. Itaque Timasion Dardanius ex jugis unum accipit, Cleanor Orchomenius unum, unum Phryniscus Achæus : boum juga inter cohortium præfectos partitus est. At stipendium militibus, tametsi jam mensis exiisset, viginti tantum dierum persolvit : aiebat enim Heraclides, pluris se prædam vendere non potuisse. Itaque Xenophon gravatus, Mihi videris, inquit cum jurejurando, Heraclides, non ita uti oportet Seuthæ prospicere : nam si rationibus ejus prospexisses, stipendium integrum reversus attulisses, vel fœnore accepta præter hanc pecuniam, aliter quidem si non potuisses, tuis adeo vestibus divenditis.

Hic graviter commotus est Heraclides, ac ne ab amicitia Seuthæ excluderetur metuebat : atque adeo ab illo die quacunque ratione poterat Xenophontem apud Seuthen criminabatur. At vero milites in Xenophontem culpam conjiciebant, quod stipendium non accepissent : Seuthes etiam ei succensebat, quod enixe stipendium pro militibus ab eo exigeret. Atque antea quidem semper memoraverat, se simulac ad mare pervenisset, Bisanthen, et Ganum, et Novum castellum ei traditurum : ex eo vero tempore nullius jam amplius horum mentionem faciebat. Nam ne calumniis usus dixerat Heraclides, tutum utique non esse, castella viro tradere qui exercitum haberet.

Dehinc Xenophon deliberabat, quid de expeditione in superiorem regionem porro statuendum esset : et Heraclides, introductis ad Seuthen ducibus ceteris, tum hortabatur eos ut dicerent nihilo se minus posse copias ducere quam posset Xenophon, tum stipendium eis duum mensium integrum paucos intra dies adfuturum pollicebatur ; tum hortabatur ut se socios expeditionis præberent. Et Timasion, Equidem, ait, non ne vel quinque mensium stipendium numeratum fuerit, absque Xenophonte ad bellum proficiscar. Phryniscus etiam et Cleanor cum Timasione consentiebant. Ibi tum Seuthes Heracliden objurgabat, quod Xenophontem quoque non advocasset. Dein ipsum solum advocant. Verum ille, cognita Heraclidæ vanitate, quod vellet ipsum ceteros apud duces invidiosum reddere, ad Seuthen progreditur ducibus omnibus et cohortium præfectis secum sumptis : ac ubi omnes in Seuthæ sententiam erant adducti, una cum eo milites in expeditionem educebant, et, itinere sic facto ut ad dextram Pontum haberent, per Thracas, qui Melinophagi adpellantur, Salmydessum perveniunt. Ibi de navibus, quæ in Pontum feruntur, multæ in brevia impinguntur et ejiciuntur in litus : nam palustre vadum istic est maris in longum spatium porrectum. Ac Thraces iis in locis habitantes, stelis per intervalla statutis, ea prædantur singuli, quæ in litora sibi adjacentia ejiciuntur : prius autem quam istas statuissent, de iis traditum est multos prædæ intentos se invicem interfecisse. Ibi multi inveniebantur lecti, arculæ multæ, multi libri, aliæque res multæ, quas navicularores in vasis ligneis vehere solent. Dehinc, locis his in pote

ταῦτα καταστρεψάμενοι ἀπῄεσαν πάλιν. (15) Ἔνθα δὴ Σεύθης εἶχε στράτευμα ἤδη πλέον τοῦ Ἑλληνικοῦ· ἔκ τε γὰρ Ὀδρυσῶν πολὺ ἔτι πλείους καταβεβήκεσαν καὶ οἱ ἀεὶ πειθόμενοι συνεστρατεύοντο. Κατηυλίσθησαν δ' ἐν τῷ πεδίῳ ὑπὲρ Σηλυβρίας ὅσον τριάκοντα σταδίους ἀπέχοντες τῆς θαλάττης. (16) Καὶ μισθὸς μὲν οὐδεὶς πω ἐφαίνετο· πρὸς δὲ τὸν Ξενοφῶντα οἵ τε στρατιῶται παγχαλέπως εἶχον ὅ τε Σεύθης οὐκέτι οἰκείως διέκειτο, ἀλλ' ὁπότε συγγενέσθαι αὐτῷ βουλόμενος ἔλθοι, πολλαὶ ἤδη ἀσχολίαι ἐφαίνοντο.

ΚΕΦΑΛΑΙΟΝ ς.

Ἐν τούτῳ τῷ χρόνῳ σχεδὸν ἤδη δύο μηνῶν ὄντων ἀφικνεῖται Χαρμῖνός τε ὁ Λάκων καὶ Πολύνικος παρὰ Θίβρωνος, καὶ λέγουσιν ὅτι Λακεδαιμονίοις δοκεῖ στρατεύεσθαι ἐπὶ Τισσαφέρνην, καὶ Θίβρων ἐκπέπλευκεν ὡς πολεμήσων, καὶ δεῖται ταύτης τῆς στρατιᾶς καὶ λέγει ὅτι δαρεικὸς ἑκάστῳ ἔσται μισθὸς τοῦ μηνός, τοῖς δὲ λοχαγοῖς διμοιρία, τοῖς δὲ στρατηγοῖς τετραμοιρία. (2) Ἐπεὶ δ' ἦλθον οἱ Λακεδαιμόνιοι, εὐθὺς ὁ Ἡρακλείδης πυθόμενος ὅτι ἐπὶ τὸ στράτευμα ἥκουσι λέγει τῷ Σεύθῃ ὅτι κάλλιστον γεγένηται· οἱ μὲν γὰρ Λακεδαιμόνιοι δέονται τοῦ στρατεύματος, σὺ δὲ οὐκέτι δέῃ· ἀποδιδοὺς δὲ τὸ στράτευμα χαριεῖ αὐτοῖς, σὲ δὲ οὐκέτι ἀπαιτήσουσι τὸν μισθόν, ἀλλ' ἀπαλλάξονται ἐκ τῆς χώρας. (3) Ἀκούσας ταῦτα ὁ Σεύθης κελεύει παράγειν· καὶ ἐπεὶ εἶπον ὅτι ἐπὶ τὸ στράτευμα ἥκουσιν, ἔλεγεν ὅτι τὸ στράτευμα ἀποδίδωσι, φίλος τε καὶ σύμμαχος εἶναι βούλεται. Καλεῖ τε αὐτοὺς ἐπὶ ξένια· καὶ ἐξένιζε μεγαλοπρεπῶς. (4) Ξενοφῶντα δὲ οὐκ ἐκάλει, οὐδὲ τῶν ἄλλων στρατηγῶν οὐδένα. Ἐρωτώντων δὲ τῶν Λακεδαιμονίων τίς ἀνὴρ εἴη Ξενοφῶν, ἀπεκρίνατο ὅτι τὰ μὲν ἄλλα εἴη οὐ κακός, φιλοστρατιώτης δέ· καὶ διὰ τοῦτο χεῖρόν ἐστιν αὐτῷ. Καὶ οἳ εἶπον, Ἀλλ' ἦ δημαγωγεῖ ὁ ἀνὴρ τοὺς ἄνδρας; Καὶ ὁ Ἡρακλείδης, Πάνυ μὲν οὖν, ἔφη. (5) Ἆρ' οὖν, ἔφασαν, μὴ καὶ ἡμῖν ἐναντιώσεται τῆς ἀπαγωγῆς; Ἀλλ' ἢν ὑμεῖς, ἔφη ὁ Ἡρακλείδης, συλλέξαντες αὐτοὺς ὑπόσχησθε τὸν μισθόν, ὀλίγον ἐκείνῳ προσχόντες ἀποδραμοῦνται σὺν ὑμῖν. (6) Πῶς οὖν ἂν, ἔφασαν, ἡμῖν συλλεγεῖεν; Αὔριον ὑμᾶς, ἔφη ὁ Ἡρακλείδης, πρωῒ ἄξομεν πρὸς αὐτούς· καὶ οἶδα, ἔφη, ὅτι ἐπειδὰν ὑμᾶς ἴδωσιν, ἄσμενοι συνδραμοῦνται. Αὕτη μὲν ἡ ἡμέρα οὕτως ἔληξε.

7. Τῇ δ' ὑστεραίᾳ ἄγουσιν ἐπὶ τὸ στράτευμα τοὺς Λάκωνας Σεύθης τε καὶ Ἡρακλείδης, καὶ συλλέγεται ἡ στρατιά. Τὼ δὲ Λάκωνε ἐλεγέτην ὅτι Λακεδαιμονίοις δοκεῖ πολεμεῖν Τισσαφέρνει· ὑμᾶς ἀδικήσαντι· ἢν οὖν ἴητε σὺν ἡμῖν, τόν τε ἐχθρὸν τιμωρήσεσθε καὶ δαρεικὸν ἕκαστος οἴσει τοῦ μηνὸς ὑμῶν, λοχαγὸς δὲ τὸ διπλοῦν, στρατηγὸς δὲ τὸ τετραπλοῦν. (8) Καὶ οἱ στρατιῶται ἄσμενοί τε ἤκουσαν καὶ εὐθὺς ἀνίσταταί τις τῶν Ἀρκάδων τοῦ Ξενοφῶντος κατηγορήσων. Παρῆν δὲ

CAPUT VI.

statem Seuthæ redactis, rursus abierunt. Ibi tum Seuthes jam plures, quam Græcæ essent, copias habebat: nam et ex Odrysis multo plures etiam descenderant, et omnes prout usque imperio parebant belli se socios addebant. Consederunt autem in campo supra Selybriam, cum a mari triginta circiter stadia abessent. Ac stipendium quidem nullum usquam adparebat; verum et milites Xenophonti valde succensebant, nec Seuthes amplius eo familiariter utebatur, sed quoties ipsum conveniendi cupidus adibat, multæ jam tum occupationes, quæ impedirent, quominus Xenophontem conveniret, erant simulatæ.

Hoc vero tempore, cum jam duo prope menses elapsi fuerant, Charminus Lacon et Polynicus a Thimbrone veniunt; nuntiantque Græcis, decrevisse Lacedæmonios bellum Tissapherni facere; Thimbronemque eo cum classe profectum esse consilio ut bellum illud gereret; atque exercitu hoc egere, et dicere cuivis militi daricum in menstruum stipendium fore numeratum, præfectis cohortium duplum, ducibus quadruplum. Posteaquam Lacedæmonii venissent, mox Heraclides, cum eos ad exercitum venisse audisset, optime rem succedere Seuthæ narrat: Lacedæmonii enim, inquit, exercitu egent, tu vero eo non jam amplius eges; at si exercitum ipsis tradideris, gratiam apud eos inibis, et milites stipendium a te non exigent amplius, sed terra hac excedent. Hæc cum audiisset Seuthes, suis præcipit ut Lacedæmonios ad se deducerent, et ubi dixissent ad exercitum se venisse accessuros, tradere se ipsis exercitum ait, ac cum iis amicitiam et societatem jungere se velle: eos item ad mensam hospitalem vocat; atque magnifice excepit. Xenophontem autem non vocat, neque e ducibus alium quemquam. Et Lacedæmoniis interrogantibus qui vir esset Xenophon, cetera non malum esse respondit, at militum amantem; et propterea rem ipsi pejus cedere. Qui illi, Num milites is, inquiunt, blanditiis ad se pellicit? Et Heraclides, Omnino, inquit. Nonne igitur, aiunt illi, nobis etiam adversabitur quo minus exercitum abducamus? Atqui si vos, ait Heraclides, iis collectis stipendium promiseritis, levi illius ratione habita, vobiscum cursu abscedent. Qui ergo fieri poterit, aiunt Lacedæmonii, ut causa nostra colligantur? Cras mane, inquit Heraclides, vos ad eos ducemus; ac novi, ait, fore ut quamprimum vos viderint, libenter concurrant. In hunc modum is dies exactus est.

Postridie Seuthes et Heraclides Laconas ad exercitum ducunt, ac copiæ in unum colliguntur. Lacones dicebant decrevisse Lacedæmonios Tissapherni bellum facere, qui vos, inquiunt, injuria adfecit: quare si cum nobis proficiscamini, tum hostem ulciscemini, tum daricum unusquisque vestrum in menstruum stipendium feret; cohortis præfectus, duplum; dux, quadruplum. Ac milites quidem libenter hæc audierunt, statimque ex Arcadibus quidam surgit eo consilio ut Xenophontem accusaret. Aderat etiam

καὶ Σεύθης, βουλόμενος εἰδέναι τί πραχθήσεται, καὶ ἐν ἐπηκόῳ εἰστήκει ἔχων ἑρμηνέα· ξυνίει δὲ καὶ αὐτὸς ἑλληνιστὶ τὰ πλεῖστα. (9) Ἔνθα δὴ λέγει ὁ Ἀρκάς, Ἀλλ' ἡμεῖς μέν, ὦ Λακεδαιμόνιοι, καὶ πάλαι ἂν ἦμεν παρ' ὑμῖν, εἰ μὴ Ξενοφῶν ἡμᾶς δεῦρο πείσας ἀπήγαγεν, ἔνθα δὴ ἡμεῖς μὲν τὸν δεινὸν χειμῶνα στρατευόμενοι καὶ νύκτα καὶ ἡμέραν οὐδὲν πεπαύμεθα· ὁ δὲ τοὺς ἡμετέρους πόνους ἔχει· καὶ Σεύθης ἐκεῖνον μὲν ἰδίᾳ πεπλούτικεν, ἡμᾶς δὲ ἀποστερεῖ τὸν μισθόν· (10) ὥστε δ' γε πρῶτος λέγων ἐγὼ μὲν εἰ τοῦτον ἴδοιμι καταλευσθέντα καὶ δόντα δίκην ὧν ἡμᾶς περιεῖλκε, καὶ τὸν μισθὸν ἄν μοι δοκῶ ἔχειν καὶ οὐδὲν ἐπὶ τοῖς πεπονημένοις ἄχθεσθαι. Μετὰ τοῦτον ἄλλος ἀνέστη ὁμοίως καὶ ἄλλος. Ἐκ δὲ τούτου Ξενοφῶν ἔλεξεν ὧδε.

11. Ἀλλὰ πάντα μὲν ἄρα ἀνθρώπων ὄντα προσδοκᾶν δεῖ, ὁπότε γε καὶ ἐγὼ νῦν ὑφ' ὑμῶν αἰτίας ἔχω ἐν ᾧ πλείστην προθυμίαν ἐμαυτῷ γε δοκῶ συνειδέναι περὶ ὑμᾶς παρεχημένος. Ἀπετραπόμην μέν γε ἤδη οἴκαδε ὡρμημένος, οὐ μὰ τὸν Δία οὔτοι πυνθανόμενος ὑμᾶς εὖ πράττειν, ἀλλὰ μᾶλλον ἀκούων ἐν ἀπόροις εἶναι, ὡς ὠφελήσων εἴ τι δυναίμην. (12) Ἐπεὶ δὲ ἦλθον, Σεύθου τουτουὶ πολλοὺς ἀγγέλους πρὸς ἐμὲ πέμποντος καὶ πολλὰ ὑπισχνουμένου μοι, εἰ πείσαιμι ὑμᾶς πρὸς αὐτὸν ἐλθεῖν, τοῦτο μὲν οὐκ ἐπεχείρησα ποιεῖν, ὡς αὐτοὶ ὑμεῖς ἐπίστασθε, ἦγον δὲ ὅθεν ᾠόμην τάχιστ' ἂν ὑμᾶς εἰς τὴν Ἀσίαν διαβῆναι. Ταῦτα γὰρ καὶ βέλτιστα ἐνόμιζον ὑμῖν εἶναι καὶ ὑμᾶς ᾔδειν βουλομένους. (13) Ἐπεὶ δ' Ἀρίσταρχος ἐλθὼν σὺν τριήρεσιν ἐκώλυε διαπλεῖν ἡμᾶς, ἐκ τούτου, ὅπερ εἰκὸς δήπου ἦν, συνέλεξα ὑμᾶς, ὅπως βουλευσαίμεθα ὅ,τι χρὴ ποιεῖν. (14) Οὐκοῦν ὑμεῖς ἀκούοντες μὲν Ἀριστάρχου ἐπιτάττοντος ὑμῖν εἰς Χερῥόνησον πορεύεσθαι, ἀκούοντες δὲ Σεύθου πείθοντος ἑαυτῷ συστρατεύεσθαι, πάντες μὲν ἐλέγετε σὺν Σεύθῃ ἰέναι, πάντες δ' ἐψηφίσασθε ταῦτα. Τί οὖν ἐγὼ ἐνταῦθα ἠδίκησα ἀγαγὼν ὑμᾶς ἔνθα πᾶσιν ὑμῖν ἐδόκει; (15) Ἐπεί γε μὴν ψεύδεσθαι ἤρξατο Σεύθης περὶ τοῦ μισθοῦ, εἰ μὲν ἐπαινῶ αὐτόν, δικαίως ἄν με καὶ αἰτιῷσθε καὶ μισοῖτε· εἰ δὲ πρόσθεν αὐτῷ πάντων μάλιστα φίλος ὢν νῦν πάντων διαφορώτατός εἰμι, πῶς ἂν ἔτι δικαίως ὑμᾶς αἱρούμενος ἀντὶ Σεύθου ὑφ' ὑμῶν αἰτίαν ἔχοιμι περὶ ὧν πρὸς τοῦτον διαφέρομαι; (16) Ἀλλ' εἴποιτε ἂν ὅτι ἔξεστι καὶ τὰ ὑμέτερα ἔχοντα παρὰ Σεύθου τεχνάζειν. Οὐκοῦν τοῦτό γε ὅτι εἴπερ ἐμοὶ ἐτέλει τι Σεύθης, οὐχ οὕτως ἐτέλει δήπου ὥς τε ἐμοὶ δοίη στέροιτο καὶ ἄλλα ὑμῖν ἀποτίσειεν, ἀλλ' οἶμαι εἰ ἐδίδου, ἐπὶ τούτῳ ἂν ἐδίδου ὅπως ἐμοὶ δοὺς μεῖον μὴ ἀποδοίη ὑμῖν τὸ πλεῖον. (17) Εἰ τοίνυν οὕτως ἔχειν οἴεσθε, ἔξεστιν ὑμῖν αὐτίκα μάλα ματαίαν ταύτην τὴν πρᾶξιν ἀμφοτέροις ἡμῖν ποιῆσαι, ἐὰν πράττητε αὐτὸν τὰ χρήματα. Δῆλον γὰρ ὅτι Σεύθης, εἰ ἔχω τι παρ' αὐτοῦ, ἀπαιτήσει με, καὶ ἀπαιτήσει μέντοι δικαίως, ἐὰν μὴ βεβαιῶ τὴν πρᾶξιν αὐτῷ ἐφ' ᾗ ἐδωροδόκουν. (18) Ἀλλὰ πολλοῦ μοι δοκῶ δεῖν τὰ ὑμέτερα ἔχειν· ὀμνύω γὰρ ὑμῖν θεοὺς ἅπαντας καὶ πά-

Seuthes, qui rei eventum scire cuperet ; et in loco stabat, ex quo omnia audire posset, adhibito interprete; sed et ipse pleraque Græce dicta intelligebat. Ibi tum hanc orationem habuit Arcas ille : Nos certe, Lacedæmonii, jam pridem apud vos fuissemus, si Xenophon huc nos in suam adductos sententiam non abduxisset; ubi sævæ hiemis tempore et noctu et interdiu sine intermissione ulla obivimus munia militaria, ut ipse nostro labore partis fruitur : quin et Seuthes illum privatim ditavit, at nos stipendio defraudat : itaque, inquit, ego sane, qui primus verba de his facio, si lapidibus hunc obrutum videam, et pœnas dantem pro eo quod nos huc illuc traxit, et stipendium me accepisse arbitrabor et nihil amplius laboribus exanclatis fore cruciatum. Post hunc surrexit alius, itidemque alius. Secundum hæc Xenophon in hanc sententiam verba fecit :

« Homini certe quidem omnia sunt exspectanda, cum et ipse a vobis in eo accuser, in quo mihi sane ipsi conscius esse videor, plurimum me vestri studium præstitisse. Cum jam domum profecto iter instituerem, inde me sane huc averti, non quod prospera vos uti fortuna intelligerem, sed potius quod vos summas in angustiis adductos esse audirem, ut vos si quo possem adjumento sublevarem. Posteaquam veni, Seuthes hic licet multos ad me nuntios mitteret, et mihi multa polliceretur, si vobis persuaderem ut ad ipsum veniretis, hoc non aggressus sum, uti nostis ipsi ; sed eo vos duxi unde putabam in Asiam vos celerrime trajicere posse. Id enim et vobis esse utilissimum arbitrabar, et vos id velle noveram. Verum ubi Aristarchus cum triremibus venit ac nos in Asiam velis transmittere vetuit, tunc (quod utique consentaneum erat) vocavi vos ad concionem, ut quid esset agendum deliberaremus. Igitur cum audiretis Aristarchum vobis præcipientem ut in Chersonesum proficisceremini, audiretis etiam Seuthen id vobis suadentem ut cum eo expeditionem susciperetis, omnes cum Seuthe proficiscendum esse dixistis, omnes id vestris suffragiis comprobastis. Hac ergo in re quamnam ego injuriam feci, qui vos eo duxerim quo vobis omnibus duci placuit? Posteaquam vero Seuthes de stipendio fidem fallere cœpit, eum si laudo, jure me accuseritis, atque odio habeatis : sin autem antehac ei cum essem amicissimus, nunc ab eo maxime omnium dissideo, qui fieri adhuc possit ut, cum vos Seuthæ prætulerim, jure a vobis accuser iis de rebus de quibus cum hoc homine dissideo? At dicetis forsan fieri posse ut acceptis a Seuthe stipendiis vestris, artificiosa dissimulatione utar. Hoc tamen manifestum est, si quid mihi pendit Seuthes, id eum non sic utique pependisse, ut tum illis quæ mihi daret privaretur, tum vobis alia persolveret. Enimvero arbitror, si quid ille mihi dedisset, ea causa daturum fuisse, ut mihi data minore summa, vobis majorem non redderet. Quod si rem sic se habere existimatis, vobis statim licet rem dolose ex pacto conficiendam irritam utrique nostrum reddere, si pecuniam ab ipso exegeritis. Nam satis constat Seuthen, si quid ab eo accepi, repetiturum, idque jure sane, si rem dolose ex pacto conficiendam, cujus conficiendæ causa muneribus fueram corruptus, ratam non fecero. Enimvero multum abest ut stipendia vestra acceperim : nam per omnes deos deasque juro, me ne illa qui-

σας μηδ' ἃ ἐμοὶ ἰδίᾳ ὑπέσχετο Σεύθης ἔχειν· πάρεστι δὲ καὶ αὐτὸς καὶ ἀκούων σύνοιδέ μοι εἰ ἐπιορκῶ. (19) Ἵνα δὲ μᾶλλον θαυμάσητε, συνεπόμνυμι μηδὲ ἃ οἱ ἄλλοι στρατηγοὶ ἔλαβον εἰληφέναι, μὴ τοίνυν μηδὲ ὅσα τῶν λοχαγῶν ἔνιοι. (20) Καὶ τί δὴ ταῦτ' ἐποίουν; ᾤμην, ὦ ἄνδρες, ὅσῳ μᾶλλον συμφέροιμι τούτῳ τὴν τότε πενίαν, τοσούτῳ μᾶλλον αὐτὸν φίλον ποιήσεσθαι ὁπότε δυνασθείη. Ἐγὼ δὲ ἅμα τε αὐτὸν ὁρῶ εὖ πράττοντα, καὶ γιγνώσκω δὴ αὐτοῦ τὴν γνώμην. (21) Εἴποι δή τις ἄν, οὔκουν αἰσχύνῃ οὕτω μωρῶς ἐξαπατώμενος; ναὶ μὰ Δία ᾐσχυνόμην μέντοι, εἰ ὑπὸ πολεμίου γε ὄντος ἐξηπατήθην· φίλῳ δὲ ὄντι ἐξαπατᾶν αἴσχιόν μοι δοκεῖ εἶναι ἢ ἐξαπατᾶσθαι. (22) Ἐπεὶ εἴ γε πρὸς φίλους ἐστὶ φυλακή, πᾶσαν οἶδα ἡμᾶς φυλαξαμένους ὡς μὴ παρασχεῖν τούτῳ πρόφασιν δικαίαν μὴ ἀποδιδόναι ἡμῖν ἃ ὑπέσχετο· οὔτε γὰρ ἠδικήσαμεν τοῦτον οὐδὲν οὔτε κατεβλακεύσαμεν τὰ τούτου οὐδὲ μὴν κατεδειλιάσαμεν οὐδὲν ἐφ' ὅτι ἡμᾶς οὗτος παρεκάλεσεν. (23) Ἀλλά, φαίητε ἄν, ἔδει τὰ ἐνέχυρα τότε λαβεῖν, ὡς μηδ' εἰ ἐβούλετο ἐδύνατο ἐξαπατᾶν. Πρὸς ταῦτα δὲ ἀκούσατε ἃ ἐγὼ οὐκ ἄν ποτε εἶπον τούτου ἐναντίον, εἰ μή μοι παντάπασιν ἀγνώμονες ἐδόκειτε εἶναι ἢ λίαν εἰς ἐμὲ ἀχάριστοι. (24) Ἀναμνήσθητε γὰρ ἐν ποίοις τισὶ πράγμασιν ὄντες ἐτυγχάνετε, ἐξ ὧν ὑμᾶς ἐγὼ ἀνήγαγον πρὸς Σεύθην. Οὐκ εἰς μὲν Πέρινθον, εἰ προσῄειτε τῇ πόλει, Ἀρίσταρχος ὑμᾶς ὁ Λακεδαιμόνιος οὐκ εἴα εἰσιέναι ἀποκλείσας τὰς πύλας, ὑπαίθριοι δ' ἔξω ἐστρατοπεδεύετε, μέσος δὲ χειμὼν ἦν, ἀγορᾷ δὲ ἐχρῆσθε σπάνια μὲν ὁρῶντες τὰ ὤνια, σπάνια δ' ἔχοντες ὅτων ὠνήσεσθε. (25) Ἀνάγκη δὲ ἦν μένειν ἐπὶ Θρᾴκης· τριήρεις γὰρ ἐφορμοῦσαι ἐκώλυον διαπλεῖν· εἰ δὲ μένοι τις, ἐν πολεμίᾳ εἶναι, ἔνθα πολλοὶ μὲν ἱππεῖς ἦσαν ἐναντίοι, πολλοὶ δὲ πελτασταί. (26) Ἡμῖν δὲ ὁπλιτικὸν μὲν ἦν ᾧ ἀθρόοι μὲν ἰόντες ἐπὶ τὰς κώμας ἴσως ἂν ἐδυνάμεθα σῖτον λαμβάνειν οὐδέν τι ἄφθονον, ὅτῳ δὲ διώκοντες ἂν ἢ ἀνδράποδα ἢ πρόβατα κατελαμβάνομεν οὐκ ἦν ἡμῖν· οὔτε γὰρ ἱππικὸν οὔτε πελταστικὸν ἔτι ἐγὼ συνεστηκὸς κατέλαβον παρ' ὑμῖν. (27) Εἰ οὖν ἐν τοιαύτῃ ἀνάγκῃ ὄντων ὑμῶν μηδ' ὁντινοῦν μισθὸν προσαιτήσας Σεύθην σύμμαχον ὑμῖν προσέλαβον, ἔχοντα καὶ ἱππέας καὶ πελταστὰς ὧν ὑμεῖς προσεδεῖσθε, ἦ κακῶς ἂν ἐδόκουν ὑμῖν βεβουλεῦσθαι πρὸ ὑμῶν; (28) Τούτων γὰρ δήπου κοινωνήσαντες καὶ σῖτον ἀφθονώτερον ἐν ταῖς κώμαις εὑρίσκετε διὰ τὸ ἀναγκάζεσθαι τοὺς Θρᾷκας κατὰ σπουδὴν μᾶλλον φεύγειν, καὶ προβάτων καὶ ἀνδραπόδων μετέσχετε. (29) Καὶ πολέμιον οὐκέτι οὐδένα ἑωρῶμεν ἐπειδὴ τὸ ἱππικὸν ἡμῖν προσεγένετο· τέως δὲ θαρραλέως ἡμῖν ἐφείποντο οἱ πολέμιοι καὶ ἱππικῷ καὶ πελταστικῷ κωλύοντες μηδαμῇ κατ' ὀλίγους ἀποσκεδαννυμένους τὰ ἐπιτήδεια ἀφθονώτερα ἡμᾶς πορίζεσθαι. (30) Εἰ δὲ δὴ ὁ συμπαρέχων ὑμῖν ταύτην τὴν ἀσφάλειαν μὴ πάνυ πολὺν μισθὸν προσετέλει τῆς ἀσφαλείας, τοῦτο δὴ τὸ σχέτλιον πάθημα καὶ διὰ τοῦτο οὐδαμῇ οἴεσθε χρῆναι ζῶντα ἐμὲ ἐᾶν εἶναι; (31) Νῦν

dem habere, quæ mihi privatim promittebat Seuthes : adest ipse, et cum hæc audiat novit an pejerem. Ut vero magis etiam admiremini, hoc quoque jurejurando confirmo me non ea, quæ duces acceperunt alii, accepisse, imo verone ea quidem, quæ de cohortium præfectis nonnulli acceperunt. Et quamobrem tandem hæc feci? Existimabam, milites, quanto æquiore animo paupertatem, quâ tum premebatur, una cum hoc perferrent, tanto eum mihi amiciorem futurum, quando talem se præbere valeret. Ego vero jam simul eum prospera uti fortuna video, et animum ejus cognosco. Jam dixerit forsan aliquis, Annon igitur erubescis adeo te stulte decipi? Profecto erubescerem, si ab hoste in hunc modum deceptus essem : at homini amico turpius esse duco, si amicum ipse decipiat, quam si decipiatur. Si qua porro erga amicos est cautio, nos sedulo cavisse novi, ne huic occasionem justam præberemus, quo minus ea nobis redderet quæ pollicitus est : neque enim ulla inque injuria adfecimus, neque per inertiam rebus ipsius detrimenti quidquam attulimus, neque sane quidquam, ad quod nos ille adhortatus est, præ formidine refugimus. Verum dixeritis forsitan, pignora tunc fuisse capienda, ut ne, etiamsi vellet, decipere posset. Ad ea velim audiatis, quæ contra ipsum nunquam ego proferrem, nisi mihi vel omnino iniqui homines, vel admodum erga me ingrati esse videremini. Recordamini utique qualibus in molestiis fuistis, e quibus ego vos ad Seuthen deduxi. In Perintho, si ad urbem quidem accederetis, Aristarchus Lacedæmonius, portis occlusis, ingredi vetabat : castra sub dio foris habebatis : media erat hiems : foro utebamini, cum in eo et rerum venalium penuriam videretis, et ipsis vobis suppeteret, quo commeatus coemeretis. Necesse vero erat in Thracia manere : nam triremes in statione manentes, quo minus trajiceretis, impediebant : si quis tamen ibi maneret, necesse erat in agro hostili versari, ubi multi nobis equites oppositi erant, peltastæ multi. Nobis autem gravis sane aderat armatura, ut si in vicos conferti invasissemus, frumenti non magnam profecto copiam capere forsan potuissemus ; verum quo vel mancipia vel pecora persequendo comprehenderemus, nobis non aderat : nec enim adhuc ego vel equitum vel peltastarum copias apud vos coactas reperi. Si ergo, tali cum necessitate premeremini, nullo prorsus stipendio postulato, Seuthen vobis socium conciliarem, qui et equites habebat et peltastas, quibus vos egebatis, malene commodis vestris consuluisse videbar? Nimirum his certe sociis usi, et frumentum copiosius in vicis reperistis, propterea quod Thracas magis festinanter fugere cogerentur ; pecorum etiam et mancipiorum participes fuistis. Ac nullum amplius hostem vidimus, postea quam nobis equestres accesserant copiæ : prius autem audacter hostes cum equitum et peltastarum agmine nos insequebantur, impedientes quominus exiguo numero effusi commeatus largiores nobismet pararemus. Quod si is sane qui ad hanc vobis securitatem conciliandam operam contulit, ne admodum amplum insuper pro securitate stipendium pependerit, hæccine calamitas illa gravis est? ac propter hanc nequaquam ut vivam permittere vos debere putatis? Nunc autem quomodo

δὲ δὴ πῶς ἀπέρχεσθε; οὐ διαχειμάσαντες μὲν ἐν ἀφθόνοις τοῖς ἐπιτηδείοις, περιττὸν δ᾽ ἔχοντες τοῦτο εἴ τι ἐλάβετε παρὰ Σεύθου; τὰ γὰρ τῶν πολεμίων ἐδαπανᾶτε· καὶ ταῦτα πράττοντες οὔτε ἄνδρας ἐπίδετε ὑμῶν αὐτῶν ἀποθανόντας οὔτε ζῶντας ἀπεβάλετε. (32) Εἰ δέ τι καλὸν πρὸς τοὺς ἐν τῇ Ἀσίᾳ βαρβάρους ἐπέπρακτο ὑμῖν, οὐ καὶ ἐκεῖνο σῶν ἔχετε καὶ πρὸς ἐκείνοις νῦν ἄλλην εὔκλειαν προσειλήφατε καὶ τοὺς ἐν τῇ Εὐρώπῃ Θρᾷκας, ἐφ᾽ οὓς ἐστρατεύσασθε, κρατήσαντες; ἐγὼ μὲν ὑμᾶς φημι δικαίως ἂν ὧν ἐμοὶ χαλεπαίνετε τούτων τοῖς θεοῖς χάριν εἰδέναι ὡς ἀγαθῶν. (33) Καὶ τὰ μὲν δὴ ὑμέτερα τοιαῦτα. Ἄγετε δὲ πρὸς θεῶν καὶ τὰ ἐμὰ σκέψασθε ὡς ἔχει. Ἐγὼ γὰρ ὅτε μὲν πρότερον ἀπῆρα οἴκαδε, ἔχων μὲν ἔπαινον πολὺν πρὸς ὑμῶν ἀπεπορευόμην, ἔχων δὲ δι᾽ ὑμᾶς καὶ ὑπὸ τῶν ἄλλων Ἑλλήνων εὔκλειαν. Ἐπιστευόμην δὲ ὑπὸ Λακεδαιμονίων· οὐ γὰρ ἄν με ἔπεμπον πάλιν πρὸς ὑμᾶς. (34) Νῦν δὲ ἀπέρχομαι πρὸς μὲν Λακεδαιμονίους ὑφ᾽ ὑμῶν διαβεβλημένος, Σεύθῃ δὲ ἀπηχθημένος ὑπὲρ ὑμῶν, ὃν ἤλπιζον εὖ ποιήσας μεθ᾽ ὑμῶν ἀποστροφὴν καὶ ἐμοὶ καλὴν καὶ παισίν, εἰ γένοιντο, καταθήσεσθαι. (35) Ὑμεῖς δ᾽, ὑπὲρ ὧν ἐγὼ ἀπήχθημαί τε πλεῖστα καὶ ταῦτα πολὺ κρείττοσιν ἐμαυτοῦ, πραγματευόμενος οὐδὲ νῦν πω πέπαυμαι ὅ,τι δύναμαι ἀγαθὸν ὑμῖν, τοιαύτην ἔχετε γνώμην περὶ ἐμοῦ. (36) Ἀλλ᾽ ἔχετε μὲν με οὔτε φεύγοντα λαβόντες οὔτε ἀποδιδράσκοντα· ἢν δὲ ποιήσητε ἃ λέγετε, ἴστε ὅτι ἄνδρα κατακανόντε ἔσεσθε πολλὰ μὲν δὴ πρὸ ὑμῶν ἀγρυπνήσαντα, πολλὰ δὲ σὺν ὑμῖν πονήσαντα καὶ κινδυνεύσαντα καὶ ἐν τῷ μέρει καὶ παρὰ τὸ μέρος, θεῶν δ᾽ ἵλεων ὄντων καὶ τρόπαια βαρβάρων πολλὰ δὴ σὺν ὑμῖν στησάμενον, ὅπως δέ γε μηδενὶ τῶν Ἑλλήνων πολέμιοι γένοισθε, πᾶν ὅσον ἐγὼ ἐδυνάμην πρὸς ὑμᾶς διατεινάμενον. (37) Καὶ γὰρ οὖν νῦν ὑμῖν ἔξεστιν ἀνεπιλήπτως πορεύεσθαι ὅπῃ ἂν ἔλησθε καὶ κατὰ γῆν καὶ κατὰ θάλατταν. Ὑμεῖς δέ, ὅτε πολλὴ ὑμῖν εὐπορία φαίνεται, καὶ πλεῖτε ἔνθα δὴ ἐπεθυμεῖτε πάλαι, δέονταί τε ὑμῶν οἱ μέγιστον δυνάμενοι, μισθὸς δὲ φαίνεται, ἡγεμόνες δὲ ἥκουσι Λακεδαιμόνιοι οἱ κράτιστοι νομιζόμενοι εἶναι, νῦν δὴ καιρὸς ὑμῖν δοκεῖ εἶναι ὡς τάχιστα ἐμὲ κατακανεῖν; (38) Οὐ μὴν ὅτε γε ἐν τοῖς ἀπόροις ἦμεν, ὦ πάντων μνημονικώτατοι, ἀλλὰ καὶ πατέρα ἐμὲ ἐκαλεῖτε καὶ ἀεὶ ὡς εὐεργέτου μεμνήσθαι ὑπισχνεῖσθε. Οὐ μέντοι ἀγνώμονες οὐδ᾽ οὗτοί εἰσιν οἱ νῦν ἥκοντες ἐφ᾽ ὑμᾶς· ὥστε, ὡς ἐγὼ οἶμαι, οὐδὲ τούτοις δοκεῖτε βελτίονες εἶναι τοιοῦτοι ὄντες περὶ ἐμέ. Ταῦτ᾽ εἰπὼν ἐπαύσατο.

39. Χαρμῖνος δὲ ὁ Λακεδαιμόνιος ἀναστὰς εἶπεν. Ἀλλ᾽ οὐ τὼ σιώ, ἐμοὶ μέντοι, [ὦ ἄνδρες,] οὐ δικαίως δοκεῖτε τῷ ἀνδρὶ τούτῳ χαλεπαίνειν· ἔχω γὰρ καὶ αὐτὸς αὐτῷ μαρτυρῆσαι. Σεύθης γὰρ ἐρωτῶντος ἐμοῦ καὶ Πολυνίκου περὶ Ξενοφῶντος τίς ἀνὴρ εἴη, ἄλλο μὲν οὐδὲν εἶχε μέμψασθαι, ἄγαν δὲ φιλοστρατιώτην ἔφη αὐτὸν εἶναι· διὸ καὶ χεῖρον αὐτῷ εἶναι πρὸς ἡμῶν τε τῶν Λακεδαιμονίων καὶ πρὸς αὐτοῦ. (40) Ἀναστὰς ἐπὶ

abitis? annon hieme in magna copia commeatus acta, et hoc ex abundanti habentes si quid a Seuthe accepistis? nam quæ hostium erant consumpsistis: ac dum ita agebatis, neque viros vestrum de numero peremptos ullos vidistis, neque vivos amisistis. Quod si quid a vobis adversus barbaros in Asia præclare gestum erat, nonne id incolume habetis, et ad ea nunc aliam adjunxistis gloriam, victis etiam Thracibus in Europa sitis, contra quos bellum gessistis? Equidem aio diis merito gratiam a vobis habendam pro iis ipsis, tanquam pro beneficiis, quorum causa mihi succensetis. Atque hæc rerum vestrarum est conditio. Agite jam per deos, meas quoque quomodo se habeant, considerate. Ego utique cum domum navigaturus primum solverem, discedebam multa apud vos laude ornatus, gloriam etiam ceteris a Græcis per vos consequutus: quin et Lacedæmonii mihi fidem habebant; alioqui enim me ad vos non remisissent: at nunc ita discedo ut apud Lacedæmonios a vobis in crimen adductus sim, et Seuthæ vestra causa invisus, de quo cum vobis adjuvantibus bene meritus essem, fore speraram ut apud ipsum tum mihi tum liberis, si qui forent, perfugium honestum compararem. Vos autem, quorum ego causa maxima sum in odio, idque apud multo me potentiores, et quibus ne nunc quidem quodcunque possum commodi moliri desino, talem de me opinionem habetis. Enimvero habetis jam me, quem neque fugientem comprehendistis, neque se subducere cupientem: quod si ea, quæ dicitis, feceritis, scitote vos virum illum peremptures, qui pro vobis certe sæpe vigilaverit, multos vobiscum labores alierit et pericula, tum partibus suis tum aliorum functus; atque, diis faventibus, multa victos ob barbaros tropæa vobiscum statuerit; cum denique, qui omni studio, quantum vires suppetebant, ut ne cum Græcorum ullo inimicitias susciperetis, apud vos contenderit. Ac jam certe vobis licet citra reprehensionem, quocunque volueritis, terra marique proficisci. Vos vero, quando magna rerum omnium adparet copia, et quo jam dudum cupitis navigandi potestatem nacti estis; opera vestra potentissimi egent homines; stipendium ostentatur; duces adsunt Lacedæmonii, qui præstantissimi habentur: idcirco tempus jam opportunum esse censetis, ut me quamprimum occidatis? Non ita tamen de me statuistis, cum in summis angustiis versaremur, o maxime omnium memores! sed patrem me adpellabatis, sempergue vos mei tanquam de vobis præclare meriti recordaturos pollicebamini. Verum ne hi quidem, qui ad vos modo venerunt, iniqui sunt judices; adeo ut, ego quidem uti arbitror, neque his meliores esse videamini, quod hoc modo vosmet erga me geratis. » Hæc loquutus finem dicendi fecit.

Et Charminus Lacedæmonius surgens hæc verba fecit: At per deos, mihi sane, viri, non jure viro huic succensere videmini; nam et ipse possum pro eo testimonium dicere; Seuthes enim, cum ego et Polynicus de Xenophonte interrogabamus, qui vir esset, nihil aliud quod in eo reprehenderet habebat, quam quod eum valde esse militum studiosum diceret: eaque de causa pejore eum esse tum apud nos Lacedæmonios tum apud ipsum loco. Post hunc surgens

τούτῳ Εὐρύλοχος Λουσιάτης Ἀρκὰς εἶπε, Καὶ δοκεῖ γέ μοι, ἄνδρες Λακεδαιμόνιοι, τοῦτο ὑμᾶς πρῶτον ἡμῶν στρατηγῆσαι, παρὰ Σεύθου ἡμῖν τὸν μισθὸν ἀναπρᾶξαι ἢ ἑκόντος ἢ ἄκοντος, καὶ μὴ πρότερον ἡμᾶς ἀπαγαγεῖν. (11) Πολυκράτης δὲ Ἀθηναῖος εἶπεν ἐνιστὸς ὑπὸ Ξενοφῶντος, Ὁρῶ γε μὴν, ἔφη, ὦ ἄνδρες, καὶ Ἡρακλείδην ἐνταῦθα παρόντα, ὃς παραλαβὼν τὰ χρήματα ἃ ἡμεῖς ἐπονήσαμεν, ταῦτα ἀποδόμενος οὔτε Σεύθῃ ἀπέδωκεν οὔτε ἡμῖν τὰ γιγνόμενα, ἀλλ᾽ αὐτὸς κλέψας πέπαται. Ἢν οὖν σωφρονῶμεν, ἑξόμεθα αὐτοῦ· οὐ γὰρ δὴ οὗτός γε, ἔφη, Θρᾷξ ἐστιν, ἀλλ᾽ Ἕλλην ὢν Ἕλληνας ἀδικεῖ.

12. Ταῦτα ἀκούσας ὁ Ἡρακλείδης μάλα ἐξεπλάγη· καὶ προσελθὼν τῷ Σεύθῃ λέγει, Ἡμεῖς ἢν σωφρονῶμεν, ἄπιμεν ἐντεῦθεν ἐκ τῆς τούτων ἐπικρατείας. Καὶ ἀναβάντες ἐπὶ τοὺς ἵππους ᾤχοντο ἀπελαύνοντες εἰς τὸ ἑαυτῶν στρατόπεδον. (13) Καὶ ἐντεῦθεν Σεύθης πέμπει Ἀβροζέλμην τὸν ἑαυτοῦ ἑρμηνέα πρὸς Ξενοφῶντα καὶ κελεύει αὐτὸν καταμεῖναι παρ᾽ ἑαυτῷ ἔχοντα χιλίους ὁπλίτας, καὶ ὑπισχνεῖται αὐτῷ ἀποδώσειν τά τε χωρία τὰ ἐπὶ θαλάττῃ καὶ τἆλλα ἃ ὑπέσχετο. Καὶ ἐν ἀπορρήτῳ ποιησάμενος λέγει ὅτι ἀκήκοε Πολυνίκου ὡς εἰ ὑποχείριος ἔσται Λακεδαιμονίοις, σαφῶς ἀποθανεῖτο ὑπὸ Θίβρωνος. (14) Ἐπέστελλον δὲ ταῦτα καὶ ἄλλοι πολλοὶ τῷ Ξενοφῶντι ὡς διαβεβλημένος εἴη καὶ φυλάττεσθαι δέοι. Ὁ δὲ ἀκούων ταῦτα δύο ἱερεῖα λαβὼν ἐθύετο τῷ Διὶ τῷ βασιλεῖ πότερά οἱ λῷον καὶ ἄμεινον εἴη, μένειν παρὰ Σεύθῃ ἐφ᾽ οἷς Σεύθης λέγει ἢ ἀπιέναι σὺν τῷ στρατεύματι. Ἀναιρεῖ δὲ αὐτῷ ἀπιέναι.

ΚΕΦΑΛΑΙΟΝ Ζ.

Ἐντεῦθεν Σεύθης μὲν ἀπεστρατοπεδεύσατο προσωτέρω· οἱ δὲ Ἕλληνες ἐσκήνησαν εἰς κώμας ὅθεν ἔμελλον πλεῖστα ἐπισιτισάμενοι ἐπὶ θάλατταν ἥξειν. Αἱ δὲ κῶμαι αὗται ἦσαν δεδομέναι ὑπὸ Σεύθου Μηδοσάδῃ. (2) Ὁρῶν οὖν ὁ Μηδοσάδης δαπανώμενα τὰ ἑαυτοῦ ἐν ταῖς κώμαις ὑπὸ τῶν Ἑλλήνων χαλεπῶς ἔφερε· καὶ λαβὼν ἄνδρα Ὀδρύσην δυνατώτατον τῶν ἄνωθεν καταβεβηκότων καὶ ἱππέας ὅσον τριάκοντα ἔρχεται καὶ προσκαλεῖται Ξενοφῶντα ἐκ τοῦ Ἑλληνικοῦ στρατεύματος. Καὶ ὃς λαβὼν τινὰς τῶν λοχαγῶν καὶ ἄλλους τῶν ἐπιτηδείων προσέρχεται. (3) Ἔνθα δὴ λέγει Μηδοσάδης, Ἀδικεῖτε, ὦ Ξενοφῶν, τὰς ἡμετέρας κώμας πορθοῦντες. Προλέγομεν οὖν ὑμῖν, ἐγώ τε ὑπὲρ Σεύθου καὶ ὅδε ὁ ἀνὴρ παρὰ Μηδόκου ἥκων τοῦ ἄνω βασιλέως, ἀπιέναι ἐκ τῆς χώρας· εἰ δὲ μή, οὐκ ἐπιτρέψομεν ὑμῖν, ἀλλ᾽ ἐὰν ποιῆτε κακῶς τὴν ἡμετέραν χώραν, ὡς πολεμίους ἀλεξόμεθα.

4. Ὁ δὲ Ξενοφῶν ἀκούσας ταῦτα εἶπεν, Ἀλλὰ σοὶ μὲν τοιαῦτα λέγοντι καὶ ἀποκρίνασθαι χαλεπόν· τοῦδε δ᾽ ἕνεκα τοῦ νεανίσκου λέξω, ἵν᾽ εἰδῇ οἷοί τε ὑμεῖς ἐστε καὶ οἷοι ἡμεῖς. (5) Ἡμεῖς μὲν γὰρ, ἔφη, πρὶν ὑμῖν φίλοι γενέσθαι ἐπορευόμεθα διὰ ταύτης τῆς χώρας ὅποι

Eurylochus Lusiates Arcas, Censeo equidem, ait, Lacedaemonii, ut in hac re primum fungamini imperatorum erga nos officio, nimirum ut a Seuthe vel volente vel invito stipendium nobis impetretis, neque prius, quam id effeceritis, nos hinc abducatis. Polycrates autem Atheniensis instigatus a Xenophonte verba fecit: Video sane, viri, inquit, Heracliden etiam hic adesse; qui sumptis rebus nostro labore partis, iisque venditis, neque Seuthae neque nobis coactas ex iis pecuniam tradidit, sed ipse eam interversam possidet. Quare si sapimus, eum prehendemus : non enim hic sane, inquit, Thrax est, sed Graecus Graecos injuria adficit.

Haec cum audiisset Heraclides, admodum erat exterritus; et ad Seuthen cum accessisset, Nos, ait, si sapimus, hinc ex horum potestate discedemus. Itaque conscensis equis citatisque in sua castra reversi sunt. Et confestim Seuthes Abrozelmen interpretem suum ad Xenophontem mittit, eumque hortatur ut apud se cum mille gravis armaturae militibus maneat; pollicetur etiam ei se daturum tum castella ad mare sita, tum alia, quae fuerat pollicitus. Et re in secretis posita, narrat audiisse se de Polynico futurum ut, si Lacedaemoniorum in manus venerit, a Thimbrone certo interitura. Hoc etiam alii multi Xenophonti per epistolas significabant, eum nimirum calumniis esse oppressum, atque adeo cavere sibi debere. Haec ille cum audiret, duobus sumptis animantibus, iisque Jovi regi immolatis eum consulebat utrum melius ipsi satiusque foret apud Seuthen conditionibus iis quas proposuerat Seuthes manere, an cum exercitu discedere. Significat ei Jupiter discedendum esse.

CAPUT VII.

Dehinc Seuthes longius a Graecis castris motis abscessit; Graeci vero in vicis tabernacula posuerunt, unde commeatum nacti plurimum ad mare erant profecturi. Ipsi autem hi vici Medosadae fuerant a Seuthe donati. Itaque cum Medosades absumi a Graecis ea, quae in vicis essent, videret, graviter id ferebat; atque adeo cum secum sumpsisset virum Odrysam, eorum potentissimum, qui e superiore Thracia descenderant, equitesque fere triginta, Graecorum ad castra venit, ac de exercitu Graeco Xenophontem ad se arcessit. Et ille, adjunctis sibi nonnullis cohortium praefectis aliisque idoneis, ad eum accedit. Ibi tum Medosades, Injuriosi in nos estis, inquit, Xenophon, qui vicos nostros vastetis. Quare vobis, ego Seuthae nomine, atque hic, qui a Medoco superioris Thraciae rege venit, praedicimus, ut hac de regione discedatis : sin autem, vobis istas injurias facere non permittemus, sed si agrum nostrum infestetis, tanquam hostes vos ulciscemur.

Cum haec audiisset Xenophon, « At tibi quidem, ait, talia dicenti vel respondere grave est : hujus tamen adolescentis causa dicam aliquid, ut quales vos sitis, et quales nos, cognoscat. Nos quidem prius, inquit, quam vobis amici facti sumus, per hanc regionem quacumque nobis libitum est,

ἐβουλόμεθα, ἣν μὲν ἐθέλοιμεν πορθοῦντες, ἣν δ' ἐθέλοιμεν καίοντες, (6) καὶ σὺ ὁπότε πρὸς ἡμᾶς ἔλθοις πρεσβεύων, ηὐλίζου τότε παρ' ἡμῖν οὐδένα φοβούμενος τῶν πολεμίων· ὑμεῖς δὲ οὐκ ᾔτε εἰς τήνδε τὴν χώραν, ἢ εἴ ποτε ἔλθοιτε, ὡς ἐν κρειττόνων χώρᾳ ηὐλίζεσθε ἐγκεχαλινωμένοις τοῖς ἵπποις. (7) Ἐπεὶ δὲ ἡμῖν φίλοι ἐγένεσθε καὶ δι' ἡμᾶς σὺν θεοῖς ἔχετε τήνδε τὴν χώραν, νῦν δὴ ἐξελαύνετε ἡμᾶς ἐκ τῆσδε τῆς χώρας, ἣν παρ' ἡμῶν ἐχόντων κατὰ κράτος παρελάβετε· ὡς γὰρ αὐτὸς οἶσθα, οἱ πολέμιοι οὐχ ἱκανοὶ ἦσαν ἡμᾶς ἐξελαύνειν. (8) Καὶ οὐχ ὅπως δῶρα δοὺς καὶ εὖ ποιήσας ἀνθ' ὧν εὖ ἔπαθες ἀξιοῖς ἡμᾶς ἀποπέμψασθαι, ἀλλ' ἀποπορευομένους ἡμᾶς οὐδ' ἐναυλισθῆναι ὅσον δύνασαι ἐπιτρέπεις. (9) Καὶ ταῦτα λέγων οὔτε θεοὺς αἰσχύνῃ οὔτε τόνδε τὸν ἄνδρα, ὃς νῦν μέν σε ὁρᾷ πλουτοῦντα, πρὶν δὲ ἡμῖν φίλον γενέσθαι ἀπὸ λῃστείας τὸν βίον ἔχοντα, ὡς αὐτὸς ἔφησθα. (10) Ἀτὰρ τί καὶ πρὸς ἐμὲ λέγεις ταῦτα; ἔφη· οὐ γὰρ ἔγωγ' ἔτι ἄρχω, ἀλλὰ Λακεδαιμόνιοι, οἷς ὑμεῖς παρεδώκατε τὸ στράτευμα ἀπαγαγεῖν οὐδὲν ἐμὲ παρακαλέσαντες, ὦ θαυμασιώτατοι, ὅπως ὥσπερ ἀπηχθανόμην αὐτοῖς ὅτε πρὸς ὑμᾶς ἦγον, οὕτω καὶ χαρισαίμην νῦν ἀποδιδούς.

11. Ἐπεὶ δὲ ταῦτα ἤκουσεν ὁ Ὀδρύσης, εἶπεν, Ἐγὼ μὲν, ὦ Μηδόσαδες, κατὰ τῆς γῆς καταδύομαι ὑπὸ τῆς αἰσχύνης ἀκούων ταῦτα. Καὶ εἰ μὲν πρόσθεν ἠπιστάμην, οὐδ' ἂν συνηκολούθησά σοι· καὶ νῦν ἄπειμι. Οὐδὲ γὰρ ἂν Μήδοκός με ὁ βασιλεὺς ἐπαινοίη, εἰ ἐξελαύνοιμι τοὺς εὐεργέτας. (12) Ταῦτ' εἰπὼν ἀναβὰς ἐπὶ τὸν ἵππον ἀπήλαυνε καὶ σὺν αὐτῷ οἱ ἄλλοι ἱππεῖς πλὴν τεττάρων ἢ πέντε. Ὁ δὲ Μηδοσάδης, ἐλύπει γὰρ αὐτὸν ἡ χώρα πορθουμένη, ἐκέλευε τὸν Ξενοφῶντα καλέσαι τὼ Λακεδαιμονίω. (13) Καὶ ὃς λαβὼν τοὺς ἐπιτηδειοτάτους προσῆλθε τῷ Χαρμίνῳ καὶ Πολυνίκῳ καὶ ἔλεξεν ὅτι καλεῖ αὐτοὺς Μηδοσάδης προερῶν ἅπερ αὐτῷ, ἀπιέναι ἐκ τῆς χώρας. (14) Οἶμαι ἂν οὖν, ἔφη, ὑμᾶς ἀπολαβεῖν τῇ στρατιᾷ τὸν ὀφειλόμενον μισθόν, εἰ εἴποιτε ὅτι δεδέηται ὑμῶν ἡ στρατιὰ συναναπρᾶξαι τὸν μισθὸν ἢ παρ' ἑκόντος ἢ παρ' ἄκοντος Σεύθου. Καὶ ὅτι τούτων τυχόντες προθύμως ἂν συνέπεσθαι ὑμῖν φασι, καὶ ὅτι δίκαια ὑμῖν δοκοῦσι λέγειν, καὶ ὅτι ὑπέσχεσθε αὐτοῖς τότε ἀπιέναι ὅταν τὰ δίκαια ἔχωσιν οἱ στρατιῶται. (15) Ἀκούσαντες οἱ Λάκωνες ταῦτα ἔφασαν ἐρεῖν καὶ ἄλλα ὁποῖα ἂν δύνωνται κράτιστα· καὶ εὐθὺς ἐπορεύοντο ἔχοντες πάντας τοὺς ἐπικαιρίους. Ἐλθὼν δὲ ἔλεξε Χαρμῖνος, Εἰ μὲν σύ τι ἔχεις, ὦ Μηδόσαδες, πρὸς ἡμᾶς λέγειν· εἰ δὲ μή, ἡμεῖς πρὸς σὲ ἔχομεν. (16) Ὁ δὲ Μηδοσάδης μάλα δὴ ὑφειμένως, Ἀλλ' ἐγὼ μὲν λέγω, ἔφη, καὶ Σεύθης τὰ αὐτά, ὅτι ἀξιοῦμεν τοὺς φίλους ἡμῖν γεγενημένους μὴ κακῶς πάσχειν ὑφ' ὑμῶν. Ὅ,τι γὰρ ἂν τούτους κακῶς ποιῆτε ἡμᾶς ἤδη ποιεῖτε· ἡμέτεροι γάρ εἰσιν. (17) Ἡμεῖς τοίνυν, ἔφασαν οἱ Λάκωνες, ἀπίοιμεν ἂν ὁπότε τὸν μισθὸν ἔχοιεν οἱ ταῦτα ὑμῖν καταπράξαντες· εἰ δὲ μή, ἐρχόμεθα μὲν καὶ νῦν βοηθήσοντες τούτοις καὶ τιμωρησόμενοι ἄνδρας οἳ τού-

iter faciebamus, quam voluimus vastantes, quam voluimus exurentes. Atque tu, quoties ad nos legatus veniebas, apud nos commoratus es, hostium neminem metuens. Vos vero hanc in regionem non veniebatis, aut si aliquando veniretis, tanquam in viribus præstantiorum agro frenatis equis commorati estis. Postea vero quam nobis amici facti estis, et opera nostra cum diis regionem hanc tenetis, ea ex jam nos expellitis, quam a nobis volentibus vi captam accepistis: ut enim ipse nosti, hostes nos hinc pellere non potuerunt. Ac non modo non munera largitus et beneficia pro iis quæ accepisti beneficiis, nos ablegare vis, sed nobis proficiscentibus ne castra quidem metandi potestatem, quantum in te est, facis. Atque hæc dum profers, neque deos revereris neque hunc hominem, qui te modo ditatum videt; cum priusquam nobis amicus factus fuisses, ex latrocinio, quemadmodum aiebas ipse, victitares. At enim cur hæc mihi dicis? ait: non enim imperium amplius habeo, sed Lacedæmonii, quibus vos exercitum abducendum tradidistis, me neque ad vos advocato, o maxime admirabiles; ut quemadmodum in illorum odium incurri, quo tempore ad vos exercitum duxi, ita jam eundem iis tradendo gratiam etiam apud ipsos inirem. »

Hæc cum Odryses ille audivisset, Equidem, ait, Medosades, dum hæc audio, præ pudore in terram demergor. Et si quidem ea prius scivissem, non te fuissem iṅ,. secutus; atque adeo nunc abeo : ne enim me Medocus rex laudaverit, si viros bene de nobis meritos expulerim. Hæc cum dixisset, equo conscenso discessit, unaque cum eo abiere ceteri equites, extra quatuor aut quinque. At Medosades (quippe cui dolebat, quod regio vastabatur) Xenophontem hortabatur ut duos illos Lacedæmonios ad se vocaret. Et ille sumptis secum hominibus maxime idoneis, ad Charminum ac Polynicum accessit, Medosadenque eos vocare dixit, qui eadem utique illis, quæ ipsi, significare velit, e regione nimirum ut excedant. Quare arbitror, inquit, vos consequuturos stipendium exercitui debitum, si dixeritis id a vobis petere milites ut ipsos in impetrando a Seuthe, vel volente vel invito, stipendio adjuvetis; eosque fore dicere, si hæc obtinuerint, ut libenter vos sequantur : eademque vobis videri jure hæc proferre; vosque adeo ipsis esse pollicitos tum demum abituros vos, cum jus suum obtinuerint milites. Quæ cum audiissent Lacones, hæc sese dicturos aiebant, et alia quæcunque possent adpositissima : statimque cum omnibus idoneis pergebant. Cum ad Medosaden venissent, Charminus, Dicito, inquit, si quid habes quod nobis dicas, Medosades; sin autem, nos quod dicamus tibi habemus. Medosades autem perquam demisse, Ego vero, ait, et Seuthes dicimus eadem, nos utique rogare ne amici qui nobis facti sunt a vobis lædantur; nam quidquid his detrimenti infertis, nobis id continuo infertis; quippe nostri sunt. At nos certe, aiebant Lacones, discedamus, cum stipendium acceperint ii, qui vobis hæc effecerunt; sin est autem ut non accipiant, venimus jam eis opem laturi, et

τους παρὰ τοὺς ὅρκους ἠδίκησαν. Ἦν δὲ δὴ καὶ ὑμεῖς τοιοῦτοι ἦτε, ἐνθένδε ἀρξόμεθα τὰ δίκαια λαμβάνειν. (18) Ὁ δὲ Ξενοφῶν εἶπεν, Ἐθέλοντε δ᾽ ἂν τούτοις, ὦ Μηδόσαδες, ἐπιτρέψαι, ἐπειδὴ φίλους ἔφατε εἶναι ὑμῖν, ἐν ὧν τῇ χώρᾳ ἐσμὲν, ὁπότερα ἂν ψηφίσωνται, εἴθ᾽ ὑμᾶς προσήκει ἐκ τῆς χώρας ἀπιέναι εἴτε ἡμᾶς; (19) Ὁ δὲ ταῦτα μὲν οὐκ ἔφη· ἐκέλευε δὲ μάλιστα μὲν αὐτῷ τῷ Λάκωνε ἐλθεῖν παρὰ Σεύθην περὶ τοῦ μισθοῦ, καὶ οἴεσθαι ἂν Σεύθην πεῖσαι· εἰ δὲ μὴ, Ξενοφῶντα σὺν αὐτῷ πέμπειν, καὶ συμπράξειν ὑπισχνεῖτο. Ἐδεῖτο δὲ τὰς κώμας μὴ καίειν.

20. Ἐντεῦθεν πέμπουσι Ξενοφῶντα καὶ σὺν αὐτῷ οἳ ἐδόκουν ἐπιτηδειότατοι εἶναι. Ὁ δὲ ἐλθὼν λέγει πρὸς Σεύθην, (21) Οὐδὲν ἀπαιτήσων, ὦ Σεύθη, πάρειμι, ἀλλὰ διδάξων, ἢν δύνωμαι, ὡς οὐ δικαίως μοι ἠχθέσθης ὅτι ὑπὲρ τῶν στρατιωτῶν ἀπῄτουν σε προθύμως ἃ ὑπέσχου αὐτοῖς· σοὶ γὰρ ἔγωγε οὐχ ἧττον ἐνόμιζον συμφέρον εἶναι ἀποδοῦναι ἢ ἐκείνοις ἀπολαβεῖν. (22) Πρῶτον μὲν γὰρ οἶδα μετὰ τοὺς θεοὺς εἰς τὸ φανερόν σε τούτους καταστήσαντας, ἐπεί γε βασιλέα σε ἐποίησαν πολλῆς χώρας καὶ πολλῶν ἀνθρώπων· ὥστε οὐχ οἷόν τέ σοι λανθάνειν οὔτε ἤν τι καλὸν οὔτε ἤν τι αἰσχρὸν ποιήσῃς. (23) Τοιούτῳ δὲ ὄντι ἀνδρὶ μέγα μέν μοι ἐδόκει εἶναι μὴ δοκεῖν ἀχαρίστως ἀποπέμψασθαι ἄνδρας εὐεργέτας, μέγα δὲ εὖ ἀκούειν ὑπὸ ἑξακισχιλίων ἀνθρώπων, τὸ δὲ μέγιστον μηδαμῶς ἄπιστον σαυτὸν καταστῆσαι ὅ,τι λέγοις. (24) Ὁρῶ γὰρ τῶν μὲν ἀπίστων ματαίους καὶ ἀδυνάτους καὶ ἀτίμους τοὺς λόγους πλανωμένους· οἳ δ᾽ ἂν φανεροὶ ὦσιν ἀλήθειαν ἀσκοῦντες, τούτων οἱ λόγοι, ἤν τι δέωνται, οὐδὲν μεῖον δύνανται ἀνύσασθαι ἢ ἄλλων ἡ βία· ἤν τέ τινας σωφρονίζειν βούλωνται, γιγνώσκω τὰς τούτων ἀπειλὰς οὐχ ἧττον σωφρονιζούσας ἢ ἄλλων τὸ ἤδη κολάζειν· ἤν τέ τῳ τι ὑπισχνῶνται οἱ τοιοῦτοι ἄνδρες, οὐδὲν μεῖον διαπράττονται ἢ ἄλλοι παραχρῆμα διδόντες. (25) Ἀναμνήσθητι δὲ καὶ σὺ τί προτελέσας ἡμῖν συμμάχους ἡμᾶς ἔλαβες. Οἶσθ᾽ ὅτι οὐδέν· ἀλλὰ πιστευθεὶς ἀληθεύσειν ἃ ἔλεγες ἐπῆρας τοσούτους ἀνθρώπους συστρατεύεσθαί τε καὶ καταργάσασθαί σοι ἀρχὴν οὐ τριάκοντα μόνον ἀξίαν ταλάντων, ὅσα οἴονταί δεῖν οὗτοι νῦν ἀπολαβεῖν, ἀλλὰ πολλαπλασίων. (26) Οὐκοῦν τοῦτο μὲν πρῶτον τὸ πιστεύεσθαί σε τὸ καὶ τὴν βασιλείαν σοι κατεργασάμενον τούτων τῶν χρημάτων ὑπὸ σοῦ πιπράσκεται. (27) Ἴθι δὴ ἀναμνήσθητι πῶς μέγα ἡγοῦ τότε καταπράξασθαι ἃ νῦν καταστρεψάμενος ἔχεις. Ἐγὼ μὲν εὖ οἶδ᾽ ὅτι εὔξω ἂν τὰ νῦν πεπραγμένα μᾶλλόν σοι καταπραχθῆναι ἢ πολλαπλάσια τούτων τῶν χρημάτων γενέσθαι. (28) Ἐμοὶ τοίνυν μεῖζον βλάβος καὶ αἴσχιον δοκεῖ εἶναι τὸ ταῦτα νῦν μὴ κατασχεῖν ἢ τότε μὴ λαβεῖν, ὅσῳπερ χαλεπώτερον ἐκ πλουσίου πένητα γενέσθαι ἢ ἀρχὴν μὴ πλουτῆσαι, καὶ ὅσῳ λυπηρότερον ἐκ βασιλέως ἰδιώτην φανῆναι ἢ ἀρχὴν μὴ βασιλεῦσαι. (29) Οὐκοῦν ἐπίστασαι μὲν ὅτι οἱ νῦν σοι ὑπήκοοι γενόμενοι οὐ φιλίᾳ τῇ σῇ ἐπείσθησαν ὑπὸ σοῦ ἄρχεσθαι ἀλλ᾽ ἀνάγκῃ, καὶ ὅτι ἐπιχειροῖεν ἂν πάλιν ἐλεύθεροι

homines ulturi illos, qui in eos contra jurisjurandi religionem injurii fuerunt : quod si vos ejusmodi estis homines, hinc incipiemus jus obtinere. Et Xenophon, Velitisne, inquit, Medosades, his ipsis permittere (quandoquidem amicos esse vestros dicitis), quorum in regione sumus, ut utrumlibet decernant, vosne regione hac æquum sit excedere, an vero nos? At ille lucė se permisisurum negavit ; sed hortabatur ipsos potissimum Laconas ad Seuthen de stipendio actum venirent ; seque existimare aiebat futurum ut Seuthes illis auscultaret ; sin minus, Xenophontem ut secum mitterent, et se✦ in hoc negotio operam navaturum pollicebatur : ceterum rogabat ne vicos exurerent.

Ibi tum Xenophontem mittunt, eosque una cum illo qui maxime idonei esse viderentur. Is ad Seuthen cum venisset, hanc orationem habuit : « Adsum, Seuthe, non abs te quidquam petiturus, sed demonstraturus, si potero, non jure te mihi succensuisse, quod abs te pro militibus peterem quæ libenter iis pollicitus fueras : nam ego sane non minus existimabam tibi fore commodum reddere, quam illis accipere. Primum enim hos scio post deos illustri te loco constituisse, quippe qui te regionis amplæ multorumque hominum regem fecerint : adeo ut latere nequeas, sive honestum aliquod seu turpe quid feceris. Magnum autem ego in hujusmodi esse viro arbitror, non videri homines de ipso bene meritos nulla relata gratia ablegasse, magnum etiam a sex millibus hominum laudari : maximam omnium, nequaquam committere ut in iis quæ dixeris parum fidei mereraris. Video enim infidorum hominum sermones vanos esse et vis expertes et honoris hinc inde vagari : at qui palam veritatem exercent, eorum verba, si quid ab aliis petant, non minus consequi possunt, quam vis aliorum : et si quos ad modestiam revocare velint, non minus horum minas ad sanitatem animi reducendam valere animadverto, quam pœnas quas alii continuo sumunt : et cui etiam quid pollicentur ejusmodi viri, nihilo minus aliquid eos perficere, quam alios statim dando. Quin tu in memoriam redito, quid prius nobis pependeris quam socios tibi nos adjunxeris. Certe nihil : sed creditus fore verax in iis quæ dicebas, tot homines ad militandum tecum excitasti, et ad comparandum tibi imperium non solum triginta talentis (quæ hi jam a te capere se debere putant), sed multo pluribus æstimandum. Ergo primum eos tibi habebatur, quæ regnum etiam tibi acquisivit, abs te his ipsis pecuniis venditur. Agedum, memoria repete quam magni æstimaris id te impetrare potuisse, quod jam tuam in potestatem redactum possides. Novi ego te optaturum potius fuisse ut tibi efficerentur quæ jam facta sunt, quam ut pecunias multo majores iis, quæ nobis debentur, consequereris. Atqui mihi tanto majus damnum atque turpius esse videtur, non jam ea retinere, quam tum non occupasse, quanto ex divite pauperem fieri gravius est, quam ab initio divitias non habuisse ; quantoque acerbius est ex rege privatum palam evadere, quam ab initio non regnasse. Enimvero nosti eos, qui tuo nunc subjecti sunt imperio, non amicitia tua adductos fuisse ut tibi parerent, sed necessitate : eosque libertatis recuperationem adgres-

γίγνεσθαι, εἰ μή τις αὐτοὺς φόβος κατέχοι. (30) Πότερως οὖν οἴει μᾶλλον ἂν φοβεῖσθαί τε αὐτοὺς καὶ σωφρονεῖν τὰ πρὸς σέ, εἰ ὁρῷέν σοι τοὺς στρατιώτας οὕτω διακειμένους ὡς νῦν τε μένοντας ἄν, εἰ σὺ κελεύοις, αὖθίς τ' ἂν ταχὺ ἐλθόντας, εἰ δέοι, ἄλλους τε τούτων περὶ σοῦ ἀκούοντας πολλὰ ἀγαθὰ ταχὺ ἄν σοι ὁπότε βούλοιο παραγενέσθαι, ἢ εἰ καταδοξάσειαν μήτ' ἂν ἄλλους σοι ἐλθεῖν δι' ἀπιστίαν ἐκ τῶν νῦν γεγενημένων τούτους τε αὐτοῖς εὐνουστέρους εἶναι ἢ σοί; (31) Ἀλλὰ μὴν οὐδὲν πλήθει γε ἡμῶν λειφθέντες ὑπεῖξάν σοι, ἀλλὰ προστατῶν ἀπορίᾳ. Οὐκοῦν νῦν καὶ τοῦτο κίνδυνος μὴ λάβωσι προστάτας αὑτῶν τινας τούτων οἳ νομίζουσιν ὑπὸ σοῦ ἀδικεῖσθαι, ἢ καὶ τούτων κρείττονας τοὺς Λακεδαιμονίους, ἐὰν οἱ μὲν στρατιῶται ὑπισχνῶνται προθυμότερον αὐτοῖς συστρατεύεσθαι, ἂν τὰ παρὰ σοῦ νῦν ἀναπράξωσιν, οἱ δὲ Λακεδαιμόνιοι διὰ τὸ δεῖσθαι τῆς στρατιᾶς συναινέσωσιν αὐτοῖς ταῦτα. (32) Ὅτι γε μὴν οἱ νῦν ὑπὸ σοὶ Θρᾷκες γενόμενοι πολὺ ἂν προθυμότερον ἴοιεν ἐπὶ σὲ ἢ σὺν σοὶ οὐκ ἄδηλον· σοῦ μὲν γὰρ κρατοῦντος δουλεία ὑπάρχει αὐτοῖς, κρατουμένου δέ σου ἐλευθερία. (33) Εἰ δὲ καὶ τῆς χώρας προνοεῖσθαι ἤδη τι δεῖ ὡς σῆς οὔσης, ποτέρως ἂν οἴει ἀπαθῆ κακῶν μᾶλλον αὐτὴν εἶναι, εἰ οὗτοι οἱ στρατιῶται ἀπολαβόντες ἃ ἐγκαλοῦσιν εἰρήνην καταλιπόντες οἴχοιντο, ἢ εἰ οὗτοί τε μένοιεν ὡς ἐν πολεμίᾳ σύ τε ἄλλους πειρῷο πλείονας τούτων ἔχων ἀντιστρατοπεδεύεσθαι δεομένους τῶν ἐπιτηδείων; (34) ἀργύριον δὲ ποτέρως ἂν πλέον ἀναλωθείη, εἰ τούτοις τὸ ὀφειλόμενον ἀποδοθείη, ἢ εἰ ταῦτά τε ὀφείλοιτο ἄλλους τε κρείττονας τούτων δέοι σε μισθοῦσθαι; (35) Ἀλλὰ γὰρ Ἡρακλείδῃ, ὡς πρὸς ἐμὲ ἐδήλου, πάμπολυ δοκεῖ τοῦτο τὸ ἀργύριον εἶναι. Ἦ μὴν πολύ γέ ἐστιν ἔλαττον νῦν σοι καὶ λαβεῖν τοῦτο καὶ ἀποδοῦναι ἢ πρὶν ἡμᾶς ἐλθεῖν πρός σε τὸ δέκατον τούτου μέρος. (36) Οὐ γὰρ ἀριθμός ἐστιν ὁ ὁρίζων τὸ πολὺ καὶ τὸ ὀλίγον, ἀλλ' ἡ δύναμις τοῦ τε ἀποδιδόντος καὶ τοῦ λαμβάνοντος· σοὶ δὲ νῦν ἡ κατ' ἐνιαυτὸν πρόσοδος πλείων ἔσται ἢ ἔμπροσθεν τὰ παρόντα πάντα ἃ ἐκέκτησο. (37) Ἐγὼ μὲν ὦ Σεύθη, ταῦτα ὡς φίλου ὄντος σου προενοούμην, ὅπως σύ τε ἄξιος δοκοίης εἶναι ὧν οἱ θεοί σοι ἔδωκαν ἀγαθῶν ἐγώ τε μὴ διαφθαρείην ἐν τῇ στρατιᾷ. (38) Εὖ γὰρ ἴσθι ὅτι νῦν ἐγὼ οὔτ' ἂν ἐχθρὸν βουλόμενος κακῶς ποιῆσαι δυνηθείην σὺν ταύτῃ τῇ στρατιᾷ οὔτ' ἄν εἴ σοι πάλιν βουλοίμην βοηθῆσαι, ἱκανὸς ἂν γενοίμην· οὕτω γὰρ πρός με ἡ στρατιὰ διάκειται. (39) Καίτοι αὐτόν σε μάρτυρα σὺν θεοῖς εἰδόσι ποιοῦμαι ὅτι οὔτε ἔχω παρὰ σοῦ ἐπὶ τοῖς στρατιώταις οὐδὲν οὔτε ᾔτησα πώποτε εἰς τὸ ἴδιον τὰ ἐκείνων οὔτε ἃ ὑπέσχου μοι ἀπῄτησα· (40) ὄμνυμι δέ σοι μηδὲ ἀποδιδόντος δέξασθαι ἄν, εἰ μὴ καὶ οἱ στρατιῶται ἔμελλον τὰ ἑαυτῶν συναπολαμβάνειν. Αἰσχρὸν γὰρ ἦν τὰ μὲν ἐμὰ διαπεπρᾶχθαι, τὰ δ' ἐκείνων περιιδεῖν ἐμὲ κακῶς ἔχοντα ἄλλως τε καὶ τιμώμενον ὑπ' ἐκείνων. (41) Καίτοι Ἡρακλείδῃ γε λῆρος πάντα δοκεῖ εἶναι πρὸς τὸ ἀργύριον ἔχειν ἐκ παντὸς τρόπου· ἐγὼ

suros, nisi quis metus eos retineret. Utrum igitur magis eos arbitraris in metu futuros, et in partibus tuis perstaturos, si milites se erga te animo esse viderint, ut et jam, si tu jubeas, maneant, et celeriter, si sit opus, revertantur; atque alios, præclara de te multa ex his audientes, accessuros ad te, quandocunque eorum uti velis opera, accessuros; an si opinionem conceperint neque venturos ad te alios, ob diffidentiam ex iis ortam quæ modo facta sunt, et hos amiciore in ipsos esse animo quam in te? Enimvero nequaquam multitudine certe a nobis superati tibi cessere, sed præ inopia præsidum. Quapropter hac etiam in parte periculum est, ne de iis quosdam sibi sumant præsides, qui se injuria a te adfici putant, vel etiam his præstantiores Lacedæmonios, si milites quidem alacrius se cum iis expeditionem susceptūros polliceantur, hi utique si pecunias a te debitas exigendo consequantur, Lacedæmonii vero iis, propterea quod exercitu indigeant, de his adsentiantur. Obscurum certe quidem non est, eos Thracas, qui tuo jam imperio subjecti sunt, multo alacrius adversus te quam tecum perrecturos: nam te imperium obtinente, servitus iis adest; te superato, libertas. Quod si etiam regioni jam nonnihil prospiciendum est, quippe quæ tua sit, utro modo eam malis fore magis immunem existimas, si milites hi receptis iis, quæ debita abs te poscunt, pace relicta discedant; an si et hi maneant tanquam in hostico, et tu des operam ut cum pluribus, quam ii sint, militibus, commeatu quibus erit opus, adversus eos castra constituas? Utro præterea modo plus expendetur pecuniæ, si his debitum stipendium persolvatur, an si et illud debeatur, et alii his potentiores sint mercede conducendi? At enim Heraclidæ, uti mihi declarabas, hæc pecunia esse permagna videtur. Atqui certe pecunia hæc, sive eam accipias sive persolvas, multo minor est tibi nunc, quam pars ejus esset decima, priusquam ad te venimus: non enim numerus est qui multum ac parvum definit, sed facultas tam ejus qui dat tum ejus qui accipit: tibi vero jam major erit singulos in annos proventus, quam prius facultates, quas possidebas, omnes. Equidem, Seuthe, ita tibi, tanquam amico, prospiciebam, ut et tu dignus iis bonis videreris, quæ dii tibi dederunt, et ego in exercitu non opprimerer. Nam certe te scire volo me exercitus hujus ope neque hostem, si ita vellem, damno adficere posse, neque posse, si rursus vellem opem tibi ferre, idoneum ei ferendæ me præstare. Eo scilicet erga me animo est exercitus. Atqui teipsum cum diis qui omnia norunt testem adhibeo, me neque militum causa quidquam abs te habere, neque unquam proprium in usum ea petiisse, quæ illorum erant, neque ea, quæ mihi pollicitus es postulasse. Imo jurejurando tibi adfirmo me nec accepturum ea fuisse, si obtulisses, nisi etiam milites debita ipsis stipendia simul essent accepturi. Nam turpe fuisset res meas quidem esse confectas, res vero illorum, male quæ se haberent, me negligere, præsertim cum ab illis honore fuerim ornatus. At enim Heraclidæ omnia nugæ videntur esse præ argento quavis ratione comparando: ego vero, Seuthe, nul-

δὲ, ὦ Σεύθη, οὐδὲν νομίζω ἀνδρὶ ἄλλως τε καὶ ἄρχοντι κάλλιον εἶναι κτῆμα οὐδὲ λαμπρότερον ἀρετῆς καὶ δικαιοσύνης καὶ γενναιότητος. (42) Ὁ γὰρ ταῦτα ἔχων πλουτεῖ μὲν ὄντων φίλων πολλῶν, πλουτεῖ δὲ καὶ ἄλλων βουλομένων γενέσθαι, καὶ εὖ μὲν πράττων ἔχει τοὺς συνησθησομένους, ἐὰν δέ τι σφαλῇ, οὐ σπανίζει τῶν βοηθησόντων. (43) Ἀλλὰ γὰρ εἰ μήτε ἐκ τῶν ἐμῶν ἔργων κατέμαθες ὅτι σοι ἐκ τῆς ψυχῆς φίλος ἦν, μήτε ἐκ τῶν ἐμῶν λόγων δύνασαι τοῦτο γνῶναι, ἀλλὰ τοὺς τῶν στρατιωτῶν λόγους πάντως κατανόησον· παρῆσθα γὰρ καὶ ἤκουες ἃ ἔλεγον οἱ ψέγειν ἐμὲ βουλόμενοι. (44) Κατηγόρουν μὲν γάρ μου πρὸς Λακεδαιμονίους ὡς σὲ περὶ πλείονος ποιοίμην ἢ Λακεδαιμονίους, αὐτοὶ δ' ἐνεκάλουν ἐμοὶ ὡς μᾶλλον μέλοι μοι ὅπως τὰ σὰ καλῶς ἔχοι ἢ ὅπως τὰ ἑαυτῶν· ἔφασαν δέ με καὶ δῶρα ἔχειν παρὰ σοῦ. (45) Καίτοι τὰ δῶρα ταῦτα πότερον οἴει αὐτοὺς κακόνοιάν τινα ἐνιδόντας μοι πρὸς σὲ αἰτιᾶσθαί με ἔχειν παρὰ σοῦ ἢ προθυμίαν πολλὴν περὶ σὲ κατανοήσαντας; (46) ἐγὼ μὲν οἶμαι πάντας ἀνθρώπους νομίζειν εὔνοιαν δεῖν ἀποδείκνυσθαι τούτῳ παρ' οὗ ἂν δῶρά τις λαμβάνῃ. Σὺ δὲ πρὶν μὲν ὑπηρετῆσαί τί σοι ἐμὲ ἐδέξω ἡδέως καὶ ὄμμασι καὶ φωνῇ καὶ ξενίοις καὶ ὅσα ἔσοιτο ὑπισχνούμενος οὐκ ἐνεπίμπλασο· ἐπεὶ δὲ κατέπραξας ἃ ἐβούλου καὶ γεγένησαι ὅσον ἐγὼ ἐδυνάμην μέγιστος, νῦν οὕτω με ἄτιμον ὄντα ἐν τοῖς στρατιώταις τολμᾷς περιορᾶν; (47) Ἀλλὰ μὴν ὅτι σοι δόξει ἀποδοῦναι πιστεύω καὶ τὸν χρόνον διδάξειν σε καὶ αὐτόν γέ σε οὐχὶ ἀνέξεσθαι τοὺς σοὶ προεμένους εὐεργεσίαν ὁρῶντά σοι ἐγκαλοῦντας. Δέομαι οὖν σου, ὅταν ἀποδιδῷς, προθυμεῖσθαί με παρὰ τοῖς στρατιώταις τοιοῦτον ποιῆσαι οἷόνπερ καὶ παρέλαβες.

48. Ἀκούσας ταῦτα ὁ Σεύθης κατηράσατο τῷ αἰτίῳ τοῦ μὴ πάλαι ἀποδεδόσθαι τὸν μισθόν· καὶ πάντες Ἡρακλείδην τοῦτον ὑπώπτευσαν εἶναι· ἐγὼ γάρ, ἔφη, οὔτε διενοήθην πώποτε ἀποστερῆσαι ἀποδώσω τε. (49) Ἐντεῦθεν πάλιν εἶπεν ὁ Ξενοφῶν, Ἐπεὶ τοίνυν διανοῇ ἀποδιδόναι, νῦν ἐγώ σου δέομαι διὰ ἐμοῦ ἀποδιδόναι, καὶ μὴ περιιδεῖν με διὰ σὲ ἀνομοίως ἔχοντα ἐν τῇ στρατιᾷ νῦν τε καὶ ὅτε πρὸς σὲ ἀφικόμεθα. (50) Ὁ δ' εἶπεν, Ἀλλ' οὔτ' ἐν τοῖς στρατιώταις ἔσῃ δι' ἐμὲ ἀτιμότερος, ἄν τε μένῃς παρ' ἐμοὶ χιλίους μόνους ὁπλίτας ἔχων, ἐγώ σοι τά τε χωρία ἀποδώσω καὶ τἆλλα ἃ ὑπεσχόμην. (51) Ὁ δὲ πάλιν εἶπε, Ταῦτα μὲν ἔχειν οὕτως οὐχ οἷόν τε· ἀλλ' ἀπόπεμπε δὲ ἡμᾶς. Καὶ μήν, ἔφη ὁ Σεύθης, καὶ ἀσφαλέστερόν γέ σοι οἶδα ὂν παρ' ἐμοὶ μένειν ἢ ἀπιέναι. (52) Ὁ δὲ πάλιν εἶπεν, Ἀλλὰ τὴν μὲν σὴν πρόνοιαν ἐπαινῶ· ἐμοὶ δὲ μένειν οὐχ οἷόν τε· ὅπου δ' ἂν ἐγὼ ἐντιμότερος ὦ, νόμιζε καὶ σοὶ τοῦτο ἀγαθὸν ἔσεσθαι. (53) Ἐντεῦθεν λέγει Σεύθης, Ἀργύριον μὲν οὐκ ἔχω ἀλλ' ἢ μικρόν τι, καὶ τοῦτό σοι δίδωμι, τάλαντον· βοῦς δὲ ἑξακοσίους καὶ πρόβατα εἰς τετρακισχίλια καὶ ἀνδράποδα εἰς εἴκοσι καὶ ἑκατόν. Ταῦτα λαβὼν καὶ τοὺς τῶν ἀδικησάντων σε ὁμήρους προσλαβὼν ἄπιθι. (54) Γελάσας ὁ Ξενοφῶν εἶ-

Iam certe arbitror esse homini, ac præsertim ei qui cum imperio sit, possessionem pulchriorem vel splendidiorem virtute et justitia et generositate : nam qui his præditus est, dives est propterea quod ipsi multi adsint amici, dives etiam quod alii ipsi adesse velint; et cum fortuna utitur prospera, habet qui una gaudeant; sin qua res ipsi minus succedat, eorum non est inops qui opitulentur. Enimvero si neque de factis meis perspexisti me amicum tibi ex animo fuisse, neque ex verbis meis id cognoscere potes, saltem militum verba considerato : aderas enim, et quæ illi dicerent, qui vituperare me volebant, audiebas. Nimirum in eo me coram Lacedæmoniis accusabant, quasi te pluris quam Lacedæmonios facerem ; iidem mihi objiciebant, malle me tuis quam ipsorum rebus consultum; etiam munera me alebant abs te accepisse. At vero munerum horum abs te acceptorum utrum eos, quod malevolentiam in me quandam erga te animadverterent, me insimulasse existimas, an quod studium erga te summum perspicerent? Equidem arbitror neminem non putare benevolentiam erga eum declarandam esse, a quo munera acceperit. Tu vero me, priusquam ulla in re operam tibi navassem, suaviter et vultu et voce et donis hospitalibus excepisti, nec quae futura essent pollicendo satiatus fuisti : at posteaquam perfecisti quae volebas, et mea quantam ego dare potui opera maximus evasisti, nunc ita me apud milites honore spoliari, hoc audes negligere? At enim confido tempus ipsum te docturum ut quod debes persolvendum esse statuas; teque adeo ipsum non amplius laturum ut eos, qui sua in te profuderunt beneficia, tecum de stipendiis expostulare videas. Itaque te oro ut, cum debita persolvis, talem me apud milites, qualem accepisti, reddere studeas. »

Hæc cum Seuthes audiisset, exsecrabatur eum per quem stetisset, quo minus stipendium jam dudum persolutum fuisset; atque omnes Heraclidem esse suspicati sunt : Ego enim, inquit, neque in animo unquam habui vos illo fraudare, et persolvam. Tum rursus Xenophon, Quandoquidem igitur persolvere statuis, jam ego te rogo ut per me persolvas, neque me alio propter te nunc apud exercitum loco neglectum relinquas, atque quo fueris id temporis cum ad te venimus. Et ille, Per me vero, ait, neque apud milites eris inhonoratior; et si cum solis mille gravis armaturae militibus apud me manseris, ego tibi et castella dabo et cetera quae promisi. Rursus Xenophon, Fieri non potest, inquit, ut hæc ita se haberent : quin nos dimittito. Atqui, ait Seuthes, novi certe tutius futurum tibi si apud me maneas, quam si discedas. Ille rursus, Laudo sane, inquit, curam tuam : at mihi nequaquam integrum est manere : verum ubicunque ego honoratior fuero, id velim existimes e re tua etiam futurum. Ibi tum Seuthes, Argenti nihil, ait, nisi paulum aliquid, habeo, atque hoc, unum scilicet talentum, tibi do : boves mihi sunt sexcenti, oviumque circiter quatuor millia, et mancipia fere centum et viginti. His acceptis, obsidibusque eorum qui te læserunt adsumptis, abito. Subridens

πεν, Ἢν οὖν μὴ ἐξικνῆται ταῦτα εἰς τὸν μισθὸν, τίνος τάλαντον φήσω ἔχειν; ἆρ' οὐκ, ἐπειδὴ καὶ ἐπικίνδυνόν μοί ἐστιν, ἀπιόντα γε ἄμεινον φυλάττεσθαι πέτρους; ἤκουες δὲ τὰς ἀπειλάς. Τότε μὲν δὴ αὐτοῦ ἔμεινε.

55. Τῇ δ' ὑστεραίᾳ ἀπέδωκέ τε αὐτοῖς ἃ ὑπέσχετο καὶ τοὺς ταῦτα ἐλάσοντας συνέπεμψεν. Οἱ δὲ στρατιῶται τέως μὲν ἔλεγον ὡς Ξενοφῶν οἴχοιτο ὡς Σεύθην οἰκήσων καὶ ἃ ὑπέσχετο αὐτῷ ἀποληψόμενος· ἐπεὶ δὲ αὐτὸν ἥκοντα εἶδον, ἥσθησάν τε καὶ προσέθεον. (56) Ξενοφῶν δ' ἐπεὶ εἶδε Χαρμῖνόν τε καὶ Πολύνικον, Ταῦτα, ἔφη, καὶ σέσωσται δι' ὑμᾶς τῇ στρατιᾷ καὶ παραδίδωμι αὐτὰ ἐγὼ ὑμῖν· ὑμεῖς δὲ διαθέμενοι διάδοτε τῇ στρατιᾷ. Οἱ μὲν οὖν παραλαβόντες καὶ λαφυροπώλας καταστήσαντες ἐπώλουν, καὶ πολλὴν εἶχον αἰτίαν. (57) Ξενοφῶν δὲ οὐ προσῄει, ἀλλὰ φανερὸς ἦν οἴκαδε παρασκευαζόμενος· οὐ γάρ πω ψῆφος αὐτῷ ἐπῆκτο Ἀθήνησι περὶ φυγῆς. Προσελθόντες δὲ αὐτῷ οἱ ἐπιτήδειοι ἐν τῷ στρατοπέδῳ ἐδέοντο μὴ ἀπελθεῖν πρὶν ἀπαγάγοι τὸ στράτευμα καὶ Θίβρωνι παραδοίη.

ΚΕΦΑΛΑΙΟΝ Η.

Ἐντεῦθεν διέπλευσαν εἰς Λάμψακον, καὶ ἀπαντᾷ τῷ Ξενοφῶντι Εὐκλείδης μάντις Φλιάσιος ὁ Κλεαγόρου υἱὸς τοῦ τὰ ἐνύπνια ἐν Λυκείῳ γεγραφότος. Οὗτος συνήδετο τῷ Ξενοφῶντι ὅτι ἐσέσωστο, καὶ ἠρώτα αὐτὸν πόσον χρυσίον ἔχοι. (2) Ὁ δ' αὐτῷ ἐπομόσας εἶπεν ἦ μὴν ἔσεσθαι μηδὲ ἐφόδιον ἱκανὸν οἴκαδε ἀπιόντι, εἰ μὴ ἀπόδοιτο τὸν ἵππον καὶ ἃ ἀμφ' αὑτὸν εἶχεν. Ὁ δ' αὐτῷ οὐκ ἐπίστευεν. (3) Ἐπεὶ δ' ἔπεμψαν Λαμψακηνοὶ ξένια τῷ Ξενοφῶντι καὶ ἔθυε τῷ Ἀπόλλωνι, παρεστήσατο τὸν Εὐκλείδην· ἰδὼν δὲ τὰ ἱερεῖα ὁ Εὐκλείδης εἶπεν ὅτι πείθοιτο αὐτῷ μὴ εἶναι χρήματα. Ἀλλ' οἶδα, ἔφη, ὅτι κἂν μέλλῃ ποτὲ ἔσεσθαι, φαίνεταί τι ἐμπόδιον, ἐὰν μηδὲν ἄλλο, οὗ σαυτῷ. Συνωμολόγει ταῦτα ὁ Ξενοφῶν. (4) Ὁ δὲ εἶπεν, Ἐμπόδιος γάρ σοι ὁ Ζεὺς ὁ μειλίχιός ἐστι, καὶ ἐπήρετο εἰ ἤδη ποτὲ θύσειεν, ὥσπερ οἴκοι, ἔφη, εἰώθειν ἐγὼ ὑμῖν θύεσθαι καὶ ὁλοκαυτεῖν. Ὁ δ' οὐκ ἔφη ἐξ ὅτου ἀπεδήμησε τεθυκέναι τούτῳ τῷ θεῷ. Συνεβούλευσεν οὖν αὐτῷ θύεσθαι καθὰ εἰώθει, καὶ ἔφη συνοίσειν ἐπὶ τὸ βέλτιον. (5) Τῇ δὲ ὑστεραίᾳ ὁ Ξενοφῶν προελθὼν εἰς Ὀφρύνιον ἐθύετο καὶ ὡλοκαύτει χοίρους τῷ πατρίῳ νόμῳ, καὶ ἐκαλλιέρει. (6) Καὶ ταύτῃ τῇ ἡμέρᾳ ἀφικνεῖται Βίων καὶ ἅμα Εὐκλείδης χρήματα δώσοντες τῷ στρατεύματι, καὶ ξενοῦνταί τε τῷ Ξενοφῶντι καὶ ἵππον ὃν ἐν Λαμψάκῳ ἀπέδοτο πεντήκοντα δαρεικῶν, ὑποπτεύοντες αὐτὸν δι' ἔνδειαν πεπρακέναι, ὅτι ἤκουον αὐτὸν ἥδεσθαι τῷ ἵππῳ, λυσάμενοι ἀπέδοσαν καὶ τὴν τιμὴν οὐκ ἤθελον ἀπολαβεῖν.

7. Ἐντεῦθεν ἐπορεύοντο διὰ τῆς Τρῳάδος, καὶ ὑπερβάντες τὴν Ἴδην εἰς Ἄντανδρον ἀφικνοῦνται πρῶτον, εἶτα παρὰ θάλατταν πορευόμενοι τῆς Λυδίας εἰς Θή-

---

Xenophon, Si tandem, ait, hæc ad stipendia persolvenda que misit qui ea abigerent. Milites autem interea aiebant non suffecerint, cujus talentum me habere dicam? Atnon porro, quippe et hoc mihi periculum imminet, abeuntem certe a lapidibus cavere mihi satius fuerit? Audisti vero minas. Ac tum quidem istic mansit.

Postridie Seuthes quæ pollicitus iis fuerat tradidit : simulque misit qui ea abigerent. Milites autem interea aiebant Xenophontem ad Seuthen profectam esse ut apud eum habitaret, eaque reciperet quæ ipsi Seuthes promiserat : verum ubi redeuntem eum viderunt, lætati sunt et ad eum adcurrebant. Xenophon autem, posteaquam Charminum et Polynicum vidit, Hæc, inquit, per vos exercitui conservata sunt, eademque vobis ego trado : vos his divenditis exercitu pecuniam inde coactam distribuite. Et illi quidem, his acceptis et manubiarum venditoribus constitutis, ea vendebant, et magnopere accusabantur. At Xenophon ad eos non accedebat, sed palam se ad iter in patriam comparabat : necdum enim Athenis suffragium de eo in exilium mittendo latum erat. Cum vero qui in exercitu auctoritate pollebant, ad eum accessissent, orabant ne prius discederet quam copias abduxisset, et Thimbroni tradidisset.

CAPUT VIII.

Hinc in Lampsacum velis transmiserunt; ac Xenophonti Euclides vates Phliasius, ejus Cleagoræ filius, qui somnia in Lyceo pinxerat, fit obvius. Is Xenophonti, quod salvus rediisset, gratulabatur ; eumque interrogabat quantum auri haberet. Hic ei jurejurando interposito dixit, haud certe parum redeunti viatici satis fore, nisi equum venderet et quæ circa se haberet. Ei fidem non habebat Euclides. At posteaquam Xenophonti hospitalia dona misissent Lampsaceni, atque ille Apollini sacra faciens Euclidem juxta se constituisset, intuitus exta Euclides credere se jam aiebat ipsi non esse pecuniam. At certe video, ait, etiamsi olim adfutura sit, impedimentum quoddam adparere, si nullum aliud, tu tibi eris impedimento. Confitebatur hæc Xenophon. Et ille, Impedimento nimirum, ait, tibi est Jupiter Milichius : simulque interrogabat anne jam aliquando rem sacram fecisset, quemadmodum domi, inquit, ego pro vobis sacrificare totasque victimas exurere solebam. Negabat Xenophon se ex quo patria abfuisset deo huic sacrificasse. Quare suadebat Euclides ut ei rem sacram faceret, idque ipsi profuturum aiebat. Postero autem die Xenophon ad Ophrynium progressus rem sacram faciebat, et porcos ritu patrio totos cremabat ; estque tum perlitatum. Atque eodem die venit Biton unaque cum eo Euclides, qui pecuniam exercitui daturi essent : et hi cum Xenophonte hospitium contrahunt, equumque quem Lampsaci quinquaginta daricis vendiderat, quod suspicarentur Xenophontem eum propter inopiam vendidisse, quoniam illum hoc equo delectari audierant, cum redemissent, Xenophonti reddiderunt, pretiumque ejus redempti a Xenophonte recipere noluerunt.

Hinc per Troadem profecti sunt, et superata Ida primo ad Antandrum perveniunt ; deinde propter mare itinere facto,

21.

θης πεδίον. (8) Ἐνταῦθεν δὲ Ἀτραμυττίου καὶ Κερτωνοῦ παρ' Ἀταρνέα εἰς Καΐκου πεδίον ἐλθόντες Πέργαμον καταλαμβάνουσι τῆς Μυσίας.

Ἐνταῦθα δὴ ξενοῦται Ξενοφῶν [παρ'] Ἑλλάδι τῇ Γογγύλου τοῦ Ἐρετριέως γυναικὶ καὶ Γοργίωνος καὶ Γογγύλου μητρί. (9) Αὕτη δ' αὐτῷ φράζει ὅτι Ἀσιδάτης ἐστὶν ἐν τῷ πεδίῳ ἀνὴρ Πέρσης· τοῦτον ἔφη αὐτόν, εἰ ἔλθοι τῆς νυκτὸς σὺν τριακοσίοις ἀνδράσι, λαβεῖν ἂν καὶ αὐτὸν καὶ γυναῖκα καὶ παῖδας καὶ τὰ χρήματα· εἶναι δὲ πολλά. (10) Ταῦτα δὲ καθηγησομένους ἔπεμψε τόν τε αὑτῆς ἀνεψιὸν καὶ Δαφναγόραν, ὃν περὶ πλείστου ἐποιεῖτο. Ἔχων οὖν ὁ Ξενοφῶν τούτους παρ' ἑαυτῷ ἐθύετο. (11) Καὶ Βασίας ὁ Ἠλεῖος μάντις παρὼν εἶπεν ὅτι κάλλιστα εἴη τὰ ἱερὰ αὐτῷ καὶ ὁ ἀνὴρ ἁλώσιμος εἴη. Δειπνήσας οὖν ἐπορεύετο τούς τε λοχαγοὺς τοὺς μάλιστα φίλους λαβὼν καὶ πιστοὺς γεγενημένους διὰ παντός, ὅπως εὖ ποιήσαι αὐτούς· συνεξέρχονται δὲ αὐτῷ καὶ ἄλλοι βιασάμενοι εἰς ἑξακοσίους· οἱ δὲ λοχαγοὶ ἀπήλαυνον, ἵνα μὴ μεταδοῖεν τὸ μέρος, ὡς ἑτοίμων δὴ χρημάτων.

12. Ἐπεὶ δὲ ἀφίκοντο περὶ μέσας νύκτας, τὰ μὲν πέριξ ὄντα ἀνδράποδα τῆς τύρσιος καὶ χρήματα τὰ πλεῖστα ἀπέδρα αὐτοὺς παραμελοῦντας, ὡς τὸν Ἀσιδάτην αὐτὸν λάβοιεν καὶ τὰ ἐκείνου. (13) Πυργομαχοῦντες δὲ ἐπεὶ οὐκ ἐδύναντο λαβεῖν τὴν τύρσιν, ὑψηλὴ γὰρ ἦν καὶ μεγάλη καὶ προμαχεῶνας καὶ ἄνδρας πολλοὺς καὶ μαχίμους ἔχουσα, διορύττειν ἐπεχείρησαν τὸν πύργον. (14) Ὁ δὲ τοῖχος ἦν ἐπ' ὀκτὼ πλίνθων γηΐνων τὸ εὖρος. Ἅμα δὲ τῇ ἡμέρᾳ διωρώρυκτο καὶ ὡς τὸ πρῶτον διεφάνη, ἐπάταξεν ἔνδοθεν βουπόρῳ τις ὀβελίσκῳ διαμπερὲς τὸν μηρὸν τοῦ ἐγγυτάτω· τὸ δὲ λοιπὸν ἐκτοξεύοντες ἐποίουν μηδὲ παριέναι ἔτι ἀσφαλὲς εἶναι. (15) Κεκραγότων δὲ αὐτῶν καὶ πυρσευόντων ἐκβοηθοῦσιν Ἰταβέλιος μὲν ἔχων τὴν ἑαυτοῦ δύναμιν, ἐκ Κομανίας δὲ ὁπλῖται Ἀσσύριοι καὶ Ὑρκάνιοι ἱππεῖς καὶ οὗτοι βασιλέως μισθοφόροι ὡς ὀγδοήκοντα, καὶ ἄλλοι πελτασταὶ εἰς ὀκτακοσίους, ἄλλοι δ' ἐκ Παρθενίου, ἄλλοι δ' ἐξ Ἀπολλωνίας καὶ ἐκ τῶν πλησίον χωρίων καὶ ἱππεῖς.

16. Ἐνταῦθα δὴ ὥρα ἦν σκοπεῖν πῶς ἔσται ἡ ἄφοδος· καὶ λαβόντες ὅσαι ἦσαν βόες καὶ πρόβατα ἤλαυνον καὶ [τὰ] ἀνδράποδα ἐντὸς πλαισίου ποιησάμενοι, οὐ τοῖς χρήμασιν οὕτω προσέχοντες τὸν νοῦν, ἀλλὰ μὴ φυγῇ εἴη ἡ ἄφοδος, εἰ καταλιπόντες τὰ χρήματα ἀπίοιεν, καὶ οἵ τε πολέμιοι θρασύτεροι εἶεν καὶ οἱ στρατιῶται ἀθυμότεροι· νῦν δὲ ἀπῇεσαν ὡς περὶ τῶν χρημάτων μαχούμενοι. (17) Ἐπεὶ δὲ ἑώρα Γογγύλος ὀλίγους μὲν τοὺς Ἕλληνας, πολλοὺς δὲ τοὺς ἐπικειμένους, ἐξέρχεται καὶ αὐτὸς βίᾳ τῆς μητρὸς ἔχων τὴν ἑαυτοῦ δύναμιν, βουλόμενος μετασχεῖν τοῦ ἔργου· συνεβοήθει δὲ καὶ Προκλῆς ἐξ Ἁλισάρνης καὶ Τευθρανίας ὁ ἀπὸ Δαμαράτου. (18) Οἱ δὲ περὶ Ξενοφῶντα ἐπεὶ πάνυ ἤδη ἐπιέζοντο ὑπὸ τῶν τοξευμάτων καὶ σφενδονῶν, πορευόμενοι κύκλῳ, ὅπως τὰ ὅπλα ἔχοιεν πρὸ τῶν τοξευμάτων, μό-

in Lydia ad Thebes campum. Illinc per Atramyttium et Certonum juxta Atarnem ad Caici campum profecti, Pergamum Mysiæ urbem perveniunt.

Hic Xenophon hospitium junxit cum Hellade Gongyli Eretriensis uxore, et Gorgionis Gongylique matre. Significat autem hæc ipsi Asidaten esse in planitie, hominem natione Persam: hunc aiebat, si noctu cum trecentis viris pergeret, posse Xenophontem et ipsum, et uxorem, et liberos, et opes capere; easque adeo magnas esse. Misit etiam qui ad hæc perficienda duces ipsi foret, tum consobrinum suum, tum Daphnagoram, quem maximi faciebat. Itaque Xenophon cum hos apud se haberet, hostiam mactabat. Et Basias Eleus vates, qui tum aderat, exta ei perpulchra esse, hominemque ab eo posse capi aiebat. Quare cum cœnasset, iter ingressus est, sumptis secum cohortium præfectis sibi amicissimis, iisque qui fideles se semper præbuerant, ut aliquo eos beneficio adficeret. Cum eo egrediuntur etiam alii, ed ceteris invitis conati, fere sexcenti: verum cohortium præfecti citatis equis ab iis discesserunt, ut ne prædæ partem acciperent, quasi opes utique istæ paratæ essent.

Cum ad locum nocte fere media pervenissent, mancipia quæ circum turrim erant resque aliæ plurimæ aufugerunt ab iis, dum cetera negligebant, ut ipsum cum suis Asidaten caperent. Cumque turrim oppugnando capere non possent (nam alta erat, et magna, habebatque propugnacula virosque et multos et ad pugnandum idoneos), eam perfodere conati sunt. Murus autem erat octo laterum terreorum latitudine. Die vero illucescente perfossus erat; et ubi primum pervia adparebat, eorum quidam, qui erant intus, veru transfigendis bobus facto femur ejus, qui ad turrim proxime accesserat, transfodit: deinde sagittis excutiendo efficiebant ut amplius ne progredi quidem illam versus tutum esset. Clamantibus autem iis et faces accensas tollentibus, Itabelius cum copiis suis, itemque ex Comania gravis armaturæ milites Assyrii, equitesque Hyrcanii, iique regis stipendiarii, fere octoginta, et alii peltastæ circiter octingenti, ad opem ferendam excurrunt: alii item, iidemque equites, ex Parthenio, alii ex Apollonia, et locis vicinis.

Ibi jam tempus erat ut quomodo fieret discessus considerarent: atque adeo bobus, quotquot istic erant, et ovibus sumptis, itemque mancipiis intra quadratum agmen receptis, progrediebantur; non tam de opibus cogitantes, sed ne discessus fugæ similis esset, si relictis rebus jam partis abirent, atque tum hostes audaciores, tum milites animis essent demissioribus: jam vero ita discesserant, ut pro rebus his pugnaturi viderentur. Cum autem Gongylus Græcos esse paucos videret, multosque esse qui eos urgerent, ipse quoque invita cum suis copiis egreditur, quippe qui vellet una cum aliis facti particeps esse: opem simul ferebat etiam Procles ex Halisarne ac Teuthrania, qui a Damarato genus ducebat. Ii autem qui circa Xenophontem erant, cum jam sagittis et fundis valde premerentur, sic iter facientes ut in orbem agmen converterent, quo haberent arma sa-

λις διαβαίνουσι τὸν Κάϊκον ποταμόν, τετρωμένοι ἐγγὺς οἱ ἡμίσεις. (19) Ἐνταῦθα καὶ Ἀγασίας Στυμφάλιος λοχαγὸς τιτρώσκεται, τὸν πάντα χρόνον μαχόμενος πρὸς τοὺς πολεμίους. Καὶ διασώζονται ἀνδράποδα ὡς διακόσια ἔχοντες καὶ πρόβατα ὅσον θύματα.

20. Τῇ δὲ ὑστεραίᾳ θυσάμενος ὁ Ξενοφῶν ἐξάγει νύκτωρ πᾶν τὸ στράτευμα, ὅπως ὅτι μακροτάτην ἔλθοι τῆς Λυδίας, ὥστε μὴ διὰ τὸ ἐγγὺς εἶναι φοβεῖσθαι, ἀλλ' ἀφυλακτεῖν. (21) Ὁ δὲ Ἀσιδάτης ἀκούσας ὅτι πάλιν ἐπ' αὐτὸν τεθυμένος εἴη Ξενοφῶν καὶ παντὶ τῷ στρατεύματι ἥξοι, ἐξαυλίζεται εἰς κώμας ὑπὸ τὸ Παρθένιον πόλισμα ἐχούσας. (22) Ἐνταῦθα οἱ περὶ Ξενοφῶντα συντυγχάνουσιν αὐτῷ καὶ λαμβάνουσιν αὐτὸν καὶ γυναῖκα καὶ παῖδας καὶ τοὺς ἵππους καὶ πάντα τὰ ὄντα. Καὶ οὕτω τὰ πρότερα ἱερὰ ἀπέβη. (23) Ἔπειτα πάλιν ἀφικνοῦνται εἰς Πέργαμον. Ἐνταῦθα τὸν θεὸν οὐκ ἠτιάσατο ὁ Ξενοφῶν· συνέπραττον γὰρ καὶ οἱ Λάκωνες καὶ οἱ λοχαγοὶ καὶ οἱ ἄλλοι στρατηγοὶ καὶ οἱ στρατιῶται ὥστ' ἐξαίρετα λαμβάνειν καὶ ἵππους καὶ ζεύγη καὶ ἄλλα· ὥστε ἱκανὸν εἶναι καὶ ἄλλον ἤδη εὖ ποιεῖν.

24. Ἐκ τούτου Θίβρων παραγενόμενος παρέλαβε τὸ στράτευμα καὶ συμμίξας τῷ ἄλλῳ Ἑλληνικῷ ἐπολέμει πρὸς Τισσαφέρνην καὶ Φαρνάβαζον.

25. Ἄρχοντες δὲ οἵδε τῆς βασιλέως χώρας ὅσην ἐπήλθομεν. Λυδίας Ἀρτίμας, Φρυγίας Ἀρτακάμας, Λυκαονίας καὶ Καππαδοκίας Μιθριδάτης, Κιλικίας Συέννεσις, Φοινίκης καὶ Ἀραβίας Δέρνης, Συρίας καὶ Ἀσσυρίας Βέλεσυς, Βαβυλῶνος Ῥωπάρας, Μηδίας Ἀρβάκας, Φασιανῶν καὶ Ἑσπεριτῶν Τιρίβαζος· Καρδοῦχοι δὲ καὶ Χάλυβες καὶ Χαλδαῖοι καὶ Μάκρωνες καὶ Κόλχοι καὶ Μοσσύνοικοι καὶ Κοῖται καὶ Τιβαρηνοὶ αὐτόνομοι· Παφλαγονίας Κορύλας, Βιθυνῶν Φαρνάβαζος, τῶν ἐν Εὐρώπῃ Θρᾳκῶν Σεύθης. (26) Ἀριθμὸς δὲ συμπάσης τῆς ὁδοῦ τῆς ἀναβάσεως καὶ καταβάσεως σταθμοὶ διακόσιοι δεκαπέντε, παρασάγγαι χίλιοι ἑκατὸν πεντήκοντα πέντε, στάδια τρισμύρια τετρακισχίλια ἑξακόσια πεντήκοντα. Χρόνου πλῆθος τῆς ἀναβάσεως καὶ καταβάσεως ἐνιαυτὸς καὶ τρεῖς μῆνες.

gittis opposita, difficulter Caïcum amnem transeunt, cum dimidia prope pars saucia esset. Ibi tum Agasias etiam Stymphalius cohortis præfectus vulneratus est, qui perpetuo adversus hostes dimicasset. Atque ita salvi tandem evadunt, cum mancipia haberent fere ducenta, et pecora quæ ad sacrificia satis essent.

Postero die Xenophon facta re sacra copias omnes noctu educit, ut quam longissime progrederetur in Lydiam, adeo ut hostes, propterea quod ipse prope esset, metum non haberent, sed incaute se gererent. At Asidates, cum audiisset Xenophontem iterum de copiis adversus ipsum ducendis exta consuluisse, totoque cum exercitu venturum, turre relicta in vicos castra movet sub oppidum Parthenium pertingentes. Ille Xenophon ipsiusque milites in eum incidunt, et ipsum capiunt, et uxorem, et liberos, et equos et bona omnia : atque ita priora quæ portenderant exta evenerunt. Pergamum deinde rursus pervenient. Ibi tum deo Xenophon contentus fuit : nam conjuncta opera efficere Lacones, et cohortium præfecti, et ceteri duces, et milites, ut eximia acciperet, et equos, et juga, et alia quædam : adeo ut jam alii etiam benefacere posset.

Secundum hæc cum venisset Thimbron, exercitum accepit, et cum eum reliquis copiis Græcis conjunxisset, bellum Tissapherni et Pharnabazo intulit.

Præsides autem totius tractus regis imperio subjecti, quem peragravimus, hi erant : Lydiæ, Artimas; Phrygiæ, Artacamas; Lycaoniæ et Cappadociæ, Mithridates; Ciliciæ, Syennesis; Phœniciæ et Arabiæ, Dernes; Syriæ et Assyriæ, Bolesys; Babylonis, Rhoparas; Mediæ, Arbacas; Phasianorum, et Hesperitarum, Tiribazus; Carduchi vero, et Chalybes, et Chaldæi, et Macrones, Colchi et Mossynœci, et Cœtæ, et Tibareni sui juris erant : Paphlagoniæ, Corylas; Bithynorum, Pharnabazus; Thracum in Europa sitorum, Seuthes. Itineris autem totius adscendendo et descendendo confecti mensura hæc est, castra ducena quindena, parasangæ mille centum quinquaginta quinque, stadiorum triginta quatuor millia, sexcenta quinquaginta. Temporis spatium adscendendo et descendendo consumpti, annus et tres menses.

ΞΕΝΟΦΩΝΤΟΣ ΕΛΛΗΝΙΚΑ.

ΒΙΒΛΙΟΝ Α.

ΚΕΦΑΛΑΙΟΝ Α.

Μετὰ δὲ ταῦτα οὐ πολλαῖς ἡμέραις ὕστερον ἦλθεν ἐξ Ἀθηνῶν Θυμοχάρης ναῦς ἔχων ὀλίγας· καὶ εὐθὺς ἐναυμάχησαν αὖθις Λακεδαιμόνιοι καὶ Ἀθηναῖοι, ἐνίκησαν δὲ Λακεδαιμόνιοι ἡγουμένου Ἡγησανδρίδου. (2) Μετ' ὀλίγον δὲ τούτων Δωριεὺς ὁ Διαγόρου ἐκ Ῥόδου εἰς Ἑλλήσποντον εἰσέπλει ἀρχομένου χειμῶνος τέτταρσι καὶ δέκα ναυσὶν ἅμα ἡμέρᾳ. Κατιδὼν δὲ ὁ τῶν Ἀθηναίων ἡμεροσκόπος ἐσήμηνε τοῖς στρατηγοῖς. Οἱ δὲ ἀνηγάγοντο ἐπ' αὐτὸν εἴκοσι ναυσίν, ἃς ὁ Δωριεὺς φυγὼν πρὸς τὴν γῆν ἀνεβίβαζε τὰς αὑτοῦ τριήρεις, ὡς ἤνοιγε, περὶ τὸ Ῥοίτειον. (3) Ἐγγὺς δὲ γενομένων τῶν Ἀθηναίων ἐμάχοντο ἀπό τε τῶν νεῶν καὶ τῆς γῆς μέχρι οἱ Ἀθηναῖοι ἀπέπλευσαν εἰς Μάδυτον πρὸς τὸ ἄλλο στρατόπεδον οὐδὲν πράξαντες. (4) Μίνδαρος δὲ κατιδὼν τὴν μάχην ἐν Ἰλίῳ θύων τῇ Ἀθηνᾷ, ἐβοήθει ἐπὶ τὴν θάλατταν, καὶ καθελκύσας τὰς ἑαυτοῦ τριήρεις ἀπέπλει, ὅπως ἀναλάβοι τὰς μετὰ Δωριέως. (5) Οἱ δὲ Ἀθηναῖοι ἀντανηγάγοντο ἐναυμάχησαν περὶ Ἄβυδον κατὰ τὴν ᾐόνα μέχρι δείλης ἐξ ἑωθινοῦ. Καὶ τὰ μὲν νικώντων, τὰ δὲ νικωμένων, Ἀλκιβιάδης ἐπεισπλεῖ δυοῖν δεούσαις εἴκοσι ναυσίν. (6) Ἐντεῦθεν δὲ φυγὴ τῶν Πελοποννησίων ἐγένετο πρὸς τὴν Ἄβυδον· καὶ ὁ Φαρνάβαζος παρεβοήθει, καὶ ἐπεισβαίνων τῷ ἵππῳ εἰς τὴν θάλατταν μέχρι δυνατὸν ἦν ἐμάχετο, καὶ τοῖς ἄλλοις τοῖς αὑτοῦ ἱππεῦσι καὶ πεζοῖς παρεκελεύετο. (7) Ξυμφράξαντες δὲ τὰς ναῦς οἱ Πελοποννήσιοι καὶ παραταξάμενοι πρὸς τῇ γῇ ἐμάχοντο. Ἀθηναῖοι δὲ ἀπέπλευσαν, τριάκοντα ναῦς τῶν πολεμίων λαβόντες κενὰς καὶ ἃς αὐτοὶ ἀπώλεσαν κομισάμενοι, εἰς Σηστόν. (8) Ἐντεῦθεν πλὴν τετταράκοντα νεῶν ἄλλαι ἄλλῃ ᾤχοντο ἐπ' ἀργυρολογίαν ἔξω τοῦ Ἑλλησπόντου· καὶ ὁ Θράσυλος, εἷς ὢν τῶν στρατηγῶν, εἰς Ἀθήνας ἔπλευσε ταῦτα ἐξαγγελῶν καὶ στρατιὰν καὶ ναῦς αἰτήσων. (9) Μετὰ δὲ ταῦτα Τισσαφέρνης ἦλθεν εἰς Ἑλλήσποντον· ἀφικόμενον δὲ παρ' αὐτὸν μιᾷ τριήρει Ἀλκιβιάδην ξένιά τε καὶ δῶρα ἄγοντα ξυλλαβὼν εἶρξεν ἐν Σάρδεσι, φάσκων κελεύειν βασιλέα πολεμεῖν Ἀθηναίοις. (10) Ἡμέραις δὲ τριάκοντα ὕστερον Ἀλκιβιάδης ἐκ Σάρδεων μετὰ Μαντιθέου τοῦ ἁλόντος ἐν Καρίᾳ ἵππων εὐπορήσαντες νυκτὸς ἀπέδρασαν εἰς Κλαζομενάς. (11) Οἱ δ' ἐν Σηστῷ Ἀθηναῖοι αἰσθόμενοι

XENOPHONTIS HISTORIA GRÆCA.

LIBER I.

CAPUT I.

Post hæc, non multis diebus interjectis, Thymochares Athenis cum paucis navibus venit; ac statim Lacedæmonii et Athenienses prœlio navali rursum congressi sunt, in quo Lacedæmonii ducta Hegesandridæ victores evaserunt. Paulo post Dorieus, Diagoræ filius, hiemis initio cum quatuordecim navibus Rhodo profectus, prima luce Hellespontum ingressus est. Eum posteaquam speculator Atheniensium diurnus conspexerat, prætoribus signum dedit: atque ita illis adversus eum provectis cum viginti navibus, arrepta fuga Dorieus, quum viam sibi per loci angustias aperuisset circa Rhœteum, ad terram triremes suas subduxit. Ubi vero propius ad eum delati erant Athenienses, de navibus simul ac terra pugnatum est eo usque, donec ad reliquas copias suas Athenienses Madytum discederent, nulla re gesta. Interim Mindarus, conspecta ea pugna, quum apud Ilium Minervæ sacrificaret, subsidium mari suis ferre decrevit; ac deductis triremibus suis, e portu solvit, quo Dorici naves reciperet. Tum Athenienses adversus eos provecti, propter littus ad Abydum prœlio navali decernunt, a matutino tempore ad vesperam usque: ac dum partim vincerent, partim vincerentur, cum navibus duodeviginti Alcibiades supervenit. Ex eo Peloponnesii Abydum versus fugere; Pharnabazus e proximo illis opem ferre: qui quidem ingressus equo mare, quousque fieri poterat, dimicabat; idemque ut facerent, equites peditesque suos hortabatur. Peloponnesii navibus constipatis, et opposita hostibus acie, non procul a litore pugnabant. Tandem Athenienses cum triginta vacuis hostium navibus, quas ceperant, recuperatis etiam illis, quas ipsi antea amiserant, Sestum discesserunt. Inde naves aliæ alio, exceptis quadraginta, pecuniæ cogendæ causa extra Hellespontum proficiscebantur: unus autem e ducibus Thrasylus Athenas navigavit, ut hæc suis renunciaret, aliasque copias et naves peteret. Post illa venit in Hellespontum Tissaphernes, et Alcibiadem una triremi ad se profectum, hospitaliaque et alia munera ferentem comprehendit, ac Sardibus in vincula conjecit, dicens, mandasse regem ut Athenienses hostium loco haberentur. Verum triginta diebus elapsis nacti equos Alcibiades et Mantitheus, qui captus in Caria fuerat, Sardibus noctu Clazomenas aufugerunt. Interea qui apud Sestum erant Athenienses, quum animad-

Μίνδαρον πλεῖν ἐπ' αὐτοὺς μέλλοντα ναυσὶν ἑξήκοντα, νυκτὸς ἀπέδρασαν εἰς Καρδίαν. Ἐνταῦθα καὶ Ἀλκιβιάδης ἧκεν ἐκ τῶν Κλαζομενῶν σὺν πέντε τριήρεσι καὶ ἐπακτρίδι. Πυθόμενος δὲ ὅτι αἱ τῶν Πελοποννησίων νῆες ἐξ Ἀβύδου ἀνηγμέναι εἶεν εἰς Κύζικον, αὐτὸς μὲν πεζῇ ἦλθεν εἰς Σηστόν, τὰς δὲ ναῦς περιπλεῖν ἐκεῖσε ἐκέλευσεν. (12) Ἐπεὶ δ' ἦλθον, ἀνάγεσθαι ἤδη αὐτοῦ μέλλοντος ὡς ἐπὶ ναυμαχίαν ἐπεισπλεῖ Θηραμένης εἴκοσι ναυσὶν ἀπὸ Μακεδονίας, ἅμα δὲ καὶ Θρασύβουλος εἴκοσιν ἑτέραις ἐκ Θάσου, ἀμφότεροι ἠργυρολογηκότες. (13) Ἀλκιβιάδης δὲ εἰπὼν καὶ τούτοις διώκειν αὐτὸν ἐξελομένοις τὰ μεγάλα ἱστία αὐτὸς ἔπλευσεν εἰς Πάριον. ἀθρόοι δὲ γενόμεναι αἱ νῆες ἅπασαι ἐν Παρίῳ ἐξ καὶ ὀγδοήκοντα τῆς ἐπιούσης νυκτὸς ἀνηγάγοντο, καὶ τῇ ἄλλῃ ἡμέρᾳ περὶ ἀρίστου ὥραν ἧκον εἰς Προικόννησον. (14) Ἐκεῖ δ' ἐπύθοντο ὅτι Μίνδαρος ἐν Κυζίκῳ εἴη καὶ Φαρνάβαζος μετὰ τοῦ πεζοῦ. Ταύτην μὲν οὖν τὴν ἡμέραν αὐτοῦ ἔμειναν, τῇ δὲ ὑστεραίᾳ Ἀλκιβιάδης ἐκκλησίαν ποιήσας παρεκελεύετο αὐτοῖς ὅτι ἀνάγκη εἴη καὶ ναυμαχεῖν καὶ πεζομαχεῖν καὶ τειχομαχεῖν· Οὐ γάρ ἐστιν, ἔφη, χρήματα ἡμῖν, τοῖς δὲ πολεμίοις ἄφθονα παρὰ βασιλέως. (15) Τῇ δὲ προτεραίᾳ, ἐπειδὴ ὡρμίσαντο, τὰ πλοῖα πάντα καὶ τὰ μικρὰ συνήθροισε παρ' ἑαυτόν, ὅπως μηδεὶς ἐξαγγείλαι τοῖς πολεμίοις τὸ πλῆθος τῶν νεῶν, ἐπεκήρυξέ τε, ὃς ἂν ἁλίσκηται εἰς τὸ πέραν διαπλέων, θάνατον τὴν ζημίαν. (16) Μετὰ δὲ τὴν ἐκκλησίαν παρασκευασάμενος ὡς ἐπὶ ναυμαχίαν ἀνηγάγετο ἐπὶ τὴν Κύζικον ὕοντος πολλοῦ. Ἐπειδὴ δ' ἐγγὺς τῆς Κυζίκου ἦν, αἰθρίας γενομένης καὶ τοῦ ἡλίου ἐκλάμψαντος καθορᾷ τὰς τοῦ Μινδάρου ναῦς γυμναζομένας πόρρω ἀπὸ τοῦ λιμένος καὶ ἀπειλημμένας ἀπ' αὐτοῦ, ἑξήκοντα οὔσας. (17) Οἱ δὲ Πελοποννήσιοι ἰδόντες τὰς τῶν Ἀθηναίων τριήρεις οὔσας πλείους τε πολλῷ ἢ πρότερον καὶ πρὸς τῷ λιμένι, ἔφυγον πρὸς τὴν γῆν· καὶ συνορμίσαντες τὰς ναῦς ἐμάχοντο ἐπιπλέουσι τοῖς ἐναντίοις. (18) Ἀλκιβιάδης δὲ ταῖς εἴκοσι τῶν νεῶν περιπλεύσας ἀπέβη εἰς τὴν γῆν. Ἰδὼν δὲ ὁ Μίνδαρος, καὶ αὐτὸς ἀποβὰς ἐν τῇ γῇ μαχόμενος ἀπέθανεν· οἱ δὲ μετ' αὐτοῦ ὄντες ἔφυγον. Τὰς δὲ ναῦς οἱ Ἀθηναῖοι ᾤχοντο ἄγοντες ἁπάσας εἰς Προικόννησον πλὴν τῶν Συρακοσίων· ἐκείνας δὲ αὐτοὶ κατέκαυσαν οἱ Συρακόσιοι. (19) Ἐκεῖθεν δὲ τῇ ὑστεραίᾳ ἔπλεον οἱ Ἀθηναῖοι ἐπὶ Κύζικον. Οἱ δὲ Κυζικηνοὶ τῶν Πελοποννησίων καὶ Φαρναβάζου ἐκλιπόντων αὐτὴν ἐδέχοντο τοὺς Ἀθηναίους. (20) Ἀλκιβιάδης δὲ μείνας αὐτοῦ εἴκοσιν ἡμέρας καὶ χρήματα πολλὰ λαβὼν παρὰ τῶν Κυζικηνῶν οὐδὲν ἄλλο κακὸν ἐργασάμενος ἐν τῇ πόλει ἀπέπλευσεν εἰς Προικόννησον. (21) Ἐκεῖθεν δ' ἔπλευσεν εἰς Πέρινθον καὶ Σηλυβρίαν. Καὶ Περίνθιοι μὲν εἰσεδέξαντο εἰς ἄστυ τὸ στρατόπεδον· Σηλυβριανοὶ δὲ ἐδέξαντο μὲν οὔ, χρήματα δὲ ἔδοσαν. (22) Ἐντεῦθεν δ' ἀφικόμενοι τῆς Καλχηδονίας εἰς Χρυσόπολιν ἐτείχισαν αὐτήν, καὶ δεκατευτήριον κατεσκεύασαν ἐν αὐτῇ, καὶ τὴν δεκάτην ἐξελέγοντο

vertereut adversus se Mindarum cum sexaginta navibus ducturum, noctu Cardiam profugerunt. Eodem et Alcibiades Clazomenis cum quinque triremibus et una navi actuaria venit. Quumque Peloponnesiorum naves Abydo deductas Cyzicum audisset, ipse quidem pedestri itinere Sestum accessit, naves vero ambitu facto mari eodem tendere jussit. Eæ posteaquam venerant, et ipse jamjam soluturus fuit ac navali prœlio cum hoste congressurus, supervenit e Macedonia cum navibus viginti Theramenes, et Thrasybulus e Thaso cum aliis viginti, quorum uterque pecuniam coegerat. Alcibiades hos etiam se subsequi jussit, detractis velis majoribus, ipse Parium navigavit. Ubi quum naves universæ in unum convenissent, octoginta sex numero nocte sequenti solverunt, ac die post eam proximo sub prandii tempus ad Prœconnesum appulerunt. Ibi Mindarum, itemque Pharnabazum cum pedestribus copiis apud Cyzicum esse intellexere. Quapropter istic eo die subsistebant; sed postridie vocato ad concionem milite, Alcibiades sic eos cohortabatur, ut simul et navali et pedestri prœlio decertandum, et muros oppugnandos diceret. Desunt enim, ait, nobis pecuniæ, quarum hosti copiam rex abunde suppeditat. Die ante illum diem proximo, quum portum ingressi essent, naves universas, et cœlum esse sudum, sole jam fulgente, cœpisset: naves Mindari quæ se procul a portu exercerent, jam a se interclusas conspicit, sexaginta numero. Peloponnesii quum triremes Atheniensium et multo plures viderent esse, quam prius, et portui proximas, ad terram fuga se receperunt, et navibus simul ad stationem appulsis, in hostes adversus se tendentes dimicavere. Interim Alcibiades navibus viginti circumvectus, in terram copias exposuit. Hoc viso Mindarus et ipse in terram descendit, ac pugnans interfectus est; milites autem ipsius fugere. Naves inde universas Athenienses ad Prœconnesum abduxerunt, solis Syracusanis exceptis, quas ipsi Syracusani exusserant. Inde Athenienses postridie Cyzicum navigarunt. Ac Cyziceni, a Peloponnesiis et Pharnabazo urbe deserta, Athenienses admiserunt. Hic quum dies viginti commoratus fuisset Alcibiades, grandi a Cyzicenis accepta pecunia, nullo prætera damno eis illato, in Prœconnesum navibus revertitur. Inde Perinthum ac Selymbriam navigat: ac Perinthii quidem exercitum in urbem admittunt: Selymbrienses autem non admisere quidem, pecuniam tamen numerarunt. Inde Chrysopolim Chalcedoniæ delati, oppido illo muris cincto, locum in eo ad colligendas decumas constituerunt; ac statim decumam de venientibus e Ponto navibus

τῶν ἐκ τοῦ Πόντου πλοίων, [καὶ] φυλακὴν ἐγκαταλιπόντες ναῦς τριάκοντα καὶ στρατηγὼ δύο, Θηραμένην καὶ Εὔβουλον, τοῦ τε χωρίου ἐπιμελεῖσθαι καὶ τῶν ἐκπλεόντων πλοίων καὶ εἴ τι ἄλλο δύναιντο βλάπτειν τοὺς πολεμίους. Οἱ δ' ἄλλοι στρατηγοὶ εἰς τὸν Ἑλλήσποντον ᾤχοντο. (23) Παρὰ δὲ Ἱπποκράτους τοῦ Μινδάρου ἐπιστολέως εἰς Λακεδαίμονα γράμματα πεμφθέντα ἑάλωσαν εἰς Ἀθήνας λέγοντα τάδε· Ἔρρει τὰ καλά· Μίνδαρος δ' ἀπεσσούα. Πεινῶντι τὤνδρες. Ἀπορίομες τί χρὴ δρῆν. (24) Φαρνάβαζος δὲ παντὶ τῷ τῶν Πελοποννησίων στρατεύματι καὶ τοῖς συμμάχοις παρακελευσάμενος μὴ ἀθυμεῖν ἕνεκα ξύλων, ὡς ὄντων πολλῶν ἐν τῇ βασιλέως, ἕως ἂν τὰ σώματα σῶα ᾖ, ἱμάτιόν τ' ἔδωκεν ἑκάστῳ καὶ ἐφόδιον δυοῖν μηνοῖν, καὶ ὁπλίσας τοὺς ναύτας φύλακας κατέστησε τῆς ἑαυτοῦ παραθαλασσίας γῆς. (25) Καὶ ξυγκαλέσας τούς τε ἀπὸ τῶν πόλεων στρατηγοὺς καὶ τριηράρχους ἐκέλευε ναυπηγεῖσθαι τριήρεις ἐν Ἀντάνδρῳ ὅσας ἕκαστοι ἀπώλεσαν, χρήματά τε διδοὺς καὶ ὕλην ἐκ τῆς Ἴδης κομίζεσθαι φράζων. (26) Ναυπηγουμένων δὲ οἱ Συρακόσιοι ἅμα τοῖς Ἀντανδρίοις τοῦ τείχους τι ἐπετέλεσαν, καὶ ἐν τῇ φρουρᾷ ἦρεσαν πάντων μάλιστα. Διὰ ταῦτα δὲ εὐεργεσία τε καὶ πολιτεία Συρακοσίοις ἐν Ἀντάνδρῳ ἐστί. Φαρνάβαζος μὲν οὖν ταῦτα διατάξας εὐθὺς εἰς Καλχηδόνα ἐβοήθει.

27. Ἐν δὲ τῷ χρόνῳ τούτῳ ἠγγέλθη τοῖς τῶν Συρακοσίων στρατηγοῖς ὅτι φεύγοιεν οἴκοθεν ὑπὸ τοῦ δήμου. Συγκαλέσαντες οὖν τοὺς ἑαυτῶν στρατιώτας Ἑρμοκράτους προηγουμένου ἀπωλοφύροντο τὴν ἑαυτῶν ξυμφοράν, ὡς ἀδίκως φεύγοιεν ἅπαντες παρὰ τὸν νόμον· παρῄνεσάν τε προθύμους εἶναι καὶ τὰ λοιπά, ὥσπερ τὰ πρότερα, καὶ ἄνδρας ἀγαθοὺς πρὸς τὰ δὴ παραγγελλόμενα, ἑλέσθαι δὲ ἐκέλευον ἄρχοντας, μέχρι ἂν ἀφίκωνται οἱ ᾑρημένοι ἀντ' ἐκείνων. (28) Οἱ δ' ἀναβοήσαντες ἐκέλευον ἐκείνους ἄρχειν, καὶ μάλιστα οἱ τριήραρχοι καὶ οἱ ἐπιβάται καὶ οἱ κυβερνῆται. Οἱ δ' οὐκ ἔφασαν δεῖν στασιάζειν πρὸς τὴν ἑαυτῶν πόλιν· εἰ δέ τις ἐπικαλοίη τι αὐτοῖς, λόγον ἔφασαν χρῆναι διδόναι, μεμνημένους ὅσας τε ναυμαχίας αὐτοὶ καθ' αὑτοὺς νενικήκατε καὶ ναῦς εἰλήφατε, ὅσα τε μετὰ τῶν ἄλλων ἀήττητοι γεγόνατε ἡμῶν ἡγουμένων, τάξιν ἔχοντες τὴν κρατίστην διά τε τὴν ὑμετέραν ἀρετὴν καὶ τὴν ἡμετέραν προθυμίαν καὶ κατὰ γῆν καὶ κατὰ θάλατταν ὑπάρχουσαν. (29) Οὐδενὸς δὲ οὐδὲν ἐπαιτιωμένου, δεομένων ἔμειναν ἕως ἀφίκοντο οἱ ἀντ' ἐκείνων στρατηγοί, Δήμαρχός τε Ἐπιδόκου καὶ Μύσκων Μενεκράτους καὶ Πόταμις Γνωσίου. Τῶν δὲ τριηράρχων ὀμόσαντες οἱ πλεῖστοι κατάξειν αὐτούς, ἐπὰν εἰς Συρακούσας ἀφίκωνται, ἀπεπέμψαντο ὅποι ἠβούλοντο πάντας ἐπαινοῦντες. (30) Ἰδίᾳ δὲ οἱ πρὸς Ἑρμοκράτην προσομιλοῦντες μάλιστα ἐπόθησαν τὴν τε ἐπιμέλειαν καὶ προθυμίαν καὶ κοινότητα. Ὧν γὰρ ἐγίγνωσκε τοὺς ἐπιεικεστάτους τῶν τριηράρχων καὶ κυβερνητῶν καὶ ἐπιβατῶν, ἑκάστης ἡμέρας τὸ πρωῒ καὶ πρὸς ἑσπέραν συναλίζων

exigebant, relicto ibi triginta navium præsidio cum duobus ducibus, Theramene et Eubulo, qui et oppidum et naves e Ponto venientes observarent, aliisque damnis hostes, quibuscunque possent, afficerent. Reliqui duces in Hellespontum discesserunt. Interceptæ sunt et litteræ, atque Athenas perlatæ, quæ ab Hippocrate Mindari legato Lacedæmonem missæ fuerant, his verbis scriptæ : *Actum de præclaris : obiit Mindarus : esuriunt milites : nescimus quid sit agendum.* At Pharnabazus universas Peloponnesiorum copias et socios cohortatus, ut salvis adhuc corporibus, lignorum causa minime dejectis animis essent, quorum vim magnam ditio regis haberet; vestem singulis cum viatico duum mensium donavit; praeterea nautis armatis, regionem suam maritimam praesidiis munivit. Convocatis etiam praetoribus urbium, et triremium praefectis, quod Antandrum triremes tot aedificare jussit, quot ipsorum quisque amisisset, quibus simul pecunia sublevatis materiam ex Ida sumendam indicari jusit. Dum haec classis aedificatur, Antandrii Syracusanorum ope muri partem quandam absolverunt, et in praesidio eorundem opera mirifice probata fuit. Eas ob causas factum, ut Syracusani et bene de Antandro promeriti dicantur, et ejus civitatis jus etiam nunc habeant. His ita constitutis, Pharnabazus mox Chalcedonem ad opem ferendam contendit.

Accepere nuntium hoc tempore Syracusanorum duces exilii sui, quod eis plebiscito fuerat irrogatum. Quapropter convocatis militibus, Hermocrate ceterorum nomine verba faciente, calamitatem suam deplorabant; qui per injuriam, et praeter leges universi exulare juberentur; hortabantur inde, ut etiam deinceps ad imperata facienda prompte fortiterque se gererent, quemadmodum fecissent hactenus : et magistratus legerent, donec adessent ii, qui jam suo essent loco designati. Milites clamore sublato, ipsi ut cum imperio essent, jubebant, imprimisque volebant hoc triremium praefecti, et milites classiarii, et gubernatores. Duces contra monebant, adversus rempublicam seditionem movendam non esse ; si vero accusationes in se ab aliquo instituerentur, suam ut causam agerent, hortabantur; in memoriam revocantes, quot navalibus praeliis victores ipsi nullis adjutoribus fuissent, quot cepissent naves, quoties cum aliis invicti ductu suo exstitissent, etiam locum (inquiunt) honestissimum in acie tuentes, quum propter virtutem vestram tum alacritatem nostram, sive quid terra, sive mari gereretur. Quum neque quisquam in eos quidquam culpae conferret, et ab omnibus rogarentur, mansere, donec qui eis succederent, duces advenirent, Demarchus Epidoci, Musco Menecratis, Potamis Gnosiæ filii. Quumque maxima pars triremibus praefectorum jurejurando confirmasset, se illos, postquam Syracusas rediissent, in patriam reducturos; etiam laudibus prosequentes ita dimiserunt omnes, ut quo visum esset, concederent. Inprimis vero qui Hermocrate privatim utebantur, diligentiam ejus, et alacritatem, et popularitatem vehementer desiderabant. Nam de triremium praefectis, et gubernatoribus, et militibus classiariis, optimum quemque sibi cognitum singulis diebus ad contubernium in ta-

πρὸς τὴν σκηνὴν τὴν ἑαυτοῦ ἀνεξυνοῦτο ὅ,τι ἔμελλεν ἢ λέγειν ἢ πράττειν, κἀκείνους ἐδίδασκε κελεύων λέγειν τὰ μὲν ἀπὸ τοῦ παραχρῆμα, τὰ δὲ βουλευσαμένους. (31) Ἐκ τούτων Ἑρμοκράτης τὰ πολλὰ ἐν τῷ συνεδρίῳ εὐδόξει, λέγειν τε δοκῶν καὶ βουλεύειν τὰ κράτιστα. Κατηγορήσας δὲ Τισσαφέρνους ἐν Λακεδαίμονι Ἑρμοκράτης, μαρτυροῦντος καὶ Ἀστυόχου, καὶ δόξας τὰ ὄντα λέγειν, ἀφικόμενος παρὰ Φαρνάβαζον, πρὶν αἰτῆσαι χρήματα λαβών, παρεσκευάζετο πρὸς τὴν εἰς Συρακούσας κάθοδον ξένους τε καὶ τριήρεις. Ἐν τούτῳ δὲ ἧκον οἱ διάδοχοι τῶν Συρακοσίων ἐς Μίλητον καὶ παρέλαβον τὰς ναῦς καὶ τὸ στράτευμα.

32. Ἐν Θάσῳ δὲ κατὰ τὸν καιρὸν τούτων στάσεως γενομένης ἐκπίπτουσιν οἱ λακωνισταὶ καὶ ὁ Λάκων ἁρμοστὴς Ἐτεόνικος. Καταιτιαθεὶς δὲ ταῦτα πρᾶξαι σὺν Τισσαφέρνει Πασιππίδας ὁ Λάκων ἔφυγεν ἐκ Σπάρτης· ἐπὶ δὲ τὸ ναυτικόν, ὃ ἐκεῖνος ἠθροίκει ἀπὸ τῶν συμμάχων, ἐξεπέμφθη Κρατησιππίδας, καὶ παρέλαβεν ἐν Χίῳ. (33) Περὶ δὲ τούτους τοὺς χρόνους Θρασύλου ἐν Ἀθήναις ὄντος Ἆγις ἐκ τῆς Δεκελείας προνομὴν ποιούμενος πρὸς αὐτὰ τὰ τείχη ἦλθε τῶν Ἀθηναίων· Θράσυλος δὲ ἐξαγαγὼν Ἀθηναίους καὶ τοὺς ἄλλους τοὺς ἐν τῇ πόλει ὄντας ἅπαντας παρέταξε παρὰ τὸ Λύκειον γυμνάσιον, ὡς μαχούμενος, ἂν προσίωσιν. (34) Ἰδὼν δὲ ταῦτα Ἆγις ἀπήγαγε ταχέως, καί τινες αὐτῶν ὀλίγοι τῶν ἐπὶ πᾶσιν ὑπὸ τῶν ψιλῶν ἀπέθανον. Οἱ οὖν Ἀθηναῖοι τῷ Θρασύλῳ διὰ ταῦτα ἔτι προθυμότεροι ἦσαν ἐφ᾽ ἃ ἧκε, καὶ ἐψηφίσαντο ὁπλίτας τε αὐτῶν καταλέξασθαι χιλίους, ἱππέας δὲ ἑκατόν, τριήρεις δὲ πεντήκοντα. (35) Ἆγις δὲ ἐκ τῆς Δεκελείας ἰδὼν πλοῖα πολλὰ σίτου εἰς Πειραιᾶ καταθέοντα, οὐδὲν ὄφελος ἔφη εἶναι τοὺς μετ᾽ αὐτοῦ πολὺν ἤδη χρόνον Ἀθηναίους εἴργειν τῆς γῆς, εἰ μή τις σχήσοι καὶ ὅθεν ὁ κατὰ θάλατταν σῖτος φοιτᾷ· κράτιστόν τε εἶναι Κλέαρχον τὸν Ῥαμφίου, πρόξενον ὄντα Βυζαντίων, πέμψαι εἰς Καλχηδόνα τε καὶ Βυζάντιον. (36) Δόξαντος δὲ τούτου, πληρωθεισῶν νεῶν ἔκ τε Μεγάρων καὶ παρὰ τῶν ἄλλων ξυμμάχων πεντεκαίδεκα στρατιωτίδων μᾶλλον ἢ ταχειῶν ᾤχετο. Καὶ αὐτοῦ τῶν νεῶν τρεῖς ἀπόλλυνται ἐν τῷ Ἑλλησπόντῳ ὑπὸ τῶν Ἀττικῶν ἐννέα νεῶν, αἳ ἀεὶ ἐνταῦθα τὰ πλοῖα διεφύλαττον, αἱ δ᾽ ἄλλαι ἔφυγον εἰς Σηστόν, ἐκεῖθεν δὲ εἰς Βυζάντιον ἐσώθησαν. (37) Καὶ ὁ ἐνιαυτὸς ἔληγεν, ἐν ᾧ Καρχηδόνιοι Ἀννίβα ἡγουμένου στρατεύσαντες ἐπὶ Σικελίαν δέκα μυριάσι στρατιᾶς αἱροῦσιν ἐν τρισὶ μησὶ δύο πόλεις Ἑλληνίδας, Σελινοῦντα καὶ Ἱμέραν.

ΚΕΦΑΛΑΙΟΝ Β.

Τῷ δὲ ἄλλῳ ἔτει, ᾧ ἦν Ὀλυμπιὰς τρίτη καὶ ἐνενηκοστή, ᾗ προστεθείσα ξυνωρὶς ἐνίκα Εὐαγόρου Ἠλείου, τὸ δὲ στάδιον Εὐβώτας Κυρηναῖος, ἐπὶ ἐφόρου μὲν ὄντος ἐν Σπάρτῃ Εὐαρχίππου, ἄρχοντος δ᾽ ἐν Ἀθήναις Εὐκτήμονος, Ἀθηναῖοι μὲν Θορικὸν ἐτείχισαν Θρασύ-

bernaculum suum mane ac vespere invitabat, et cum eis quidquid vel dicturus, vel facturus esset, communicabat; docebat etiam eos, et quædam non meditata extemplo proferre jubebat, quædam re deliberata. Ob has res magna erat Hermocratis in consessu publico fama quod optima quæque tum dicere tum consulere existimaretur. Idem quum Tissaphernem Lacedæmone accusasset, ac non solum Astyochi testimonio juvaretur, sed etiam ipse verum dicere visus esset; ad Pharnabazum se conferens, pecuniam prius, quam peteret, impetrabat; eaque stipendiariorum militum et triremium copiam sibi ad reditum in patriam comparabat. Interea Syracusanorum ducum successores Miletum venerunt, eisque copiæ cum navibus traditæ sunt.

Eodem tempore coorta in Thaso seditione, omnes qui a Lacedæmoniorum partibus stabant, una cum Lacedæmonio præfecto Eteonico pulsi sunt. Id quia Tissapherne juvante Pasippidas Lacedæmonius perfecisse insimularetur, Sparta exulare jussus est. Ejus loco ad navales copias, quas ipse de sociis coegerat, Cratesippidas missus, in Chio suam eas in potestatem accepit. Accidit hoc etiam tempore, dum Athenis Thrasylus ageret, ut Agis Decelea prædatum egressus, ad ipsos usque muros Atheniensium accederet. Ibi Thrasylus, et Athenienses et alios omnes qui erant in urbe, eduxit; propterque gymnasium Lyceum aciem opposuit hostibus, manum consertus, si accederent. Quod quum vidisset Agis, celeriter abduxit suos, amissis paucis extremo in agmine, quos velites interemere. Ob hæc Athenienses alacrius etiam concessere Thrasylo ea quorum causa venerat, et decrevere, ut delectu habito, mille gravis armaturæ pedites, equites centum, triremes quinquaginta sumeret. Agis autem, quum e Decelea frumento onusta complura navigia ferri cursu in Piræeum cerneret, frustra suos aiebat longo jam temporis spatio Athenienses agro prohibere Athenienses, nisi quis eos ab illis etiam locis excluderet, unde mari frumentum veheretur: adeoque optimum fore, si Clearelus Ramphii filius, qui publicus esset Byzantiorum hospes, Chalcedonem Byzantiumque mitteretur. Hac sententia comprobata, discessit is, explentibus quindecim navium numerum Megarensibus ac reliquis sociis, quæ ipsæ magis essent militi vehendo idoneæ, quam celeres. Harum tres in Hellesponto ab novem Atticis demersæ sunt navibus, quæ perpetuo in iis locis naves observabant : ceteræ Sestum fuga se receperunt, ac salvæ Byzantium inde pervenere. Atque hic ejus anni finis fuit, quo Carthaginienses Hannibale duce cum centum millibus hominum in Siciliam profecti, trium mensium spatio Græci nominis oppida duo, Selinuntem et Himeram ceperunt.

CAPUT II.

Anno sequente, in quem Olympias nonagesima tertia incidit, qua Eiei Evagoræ adjuncta biga victoriam consequuta est atque in stadio Eubotas Cyrenensis, Euarchippo apud Spartanos Ephoro, Athenis Euctemone Archonte, Athenienses Thoricum munieverunt, et Thrasylus sumptis navibus si-

λος δὲ τά τε ψηφισθέντα πλοῖα λαβὼν καὶ πεντακισχιλίους τῶν ναυτῶν πελταστὰς ποιησάμενος, ὡς ἅμα καὶ
πελτασταῖς ἐσομένοις, ἐξέπλευσεν ἀρχομένου τοῦ θέρους
εἰς Σάμον. (2) Ἐκεῖ δὲ μείνας τρεῖς ἡμέρας ἔπλευσεν
εἰς Πύγελα· καὶ ἐνταῦθα τήν τε χώραν ἐδῄου καὶ προσ-
έβαλλε τῷ τείχει. Ἐκ δὲ τῆς Μιλήτου βοηθήσαντές
τινες τοῖς Πυγελεῦσι διεσπαρμένους ὄντας τῶν Ἀθηναίων τοὺς ψιλοὺς ἐδίωκον. (3) Οἱ δὲ πελτασταὶ καὶ
τῶν ὁπλιτῶν δύο λόχοι βοηθήσαντες πρὸς τοὺς αὐτῶν
ψιλοὺς ἀπέκτεινεν ἅπαντας τοὺς ἐκ Μιλήτου ἐκτὸς ὀλίγων, καὶ ἀσπίδας ἔλαβον ὡς διακοσίας, καὶ τρόπαιον
ἔστησαν. (4) Τῇ δ' ὑστεραίᾳ ἔπλευσαν εἰς Νότιον, καὶ
ἐντεῦθεν παρασκευασάμενοι ἐπορεύοντο εἰς Κολοφῶνα.
Κολοφώνιοι δὲ προσεχώρησαν. Καὶ τῆς ἐπιούσης νυκτὸς ἐνέβαλον εἰς τὴν Λυδίαν ἀκμάζοντος τοῦ σίτου, καὶ
κώμας τε πολλὰς ἐνέπρησαν καὶ χρήματα ἔλαβον καὶ
ἀνδράποδα καὶ ἄλλην λείαν πολλήν. (5) Στάγης δὲ ὁ
Πέρσης περὶ ταῦτα τὰ χωρία ὤν, ἐπεὶ οἱ Ἀθηναῖοι ἐκ
τοῦ στρατοπέδου διεσκεδασμένοι ἦσαν κατὰ τὰς ἰδίας
λείας, βοηθησάντων τῶν ἱππέων ἕνα μὲν ζωὸν ἔλαβεν,
ἑπτὰ δὲ ἀπέκτεινε. (6) Θράσυλος δὲ μετὰ ταῦτα ἀπήγαγεν ἐπὶ θάλατταν τὴν στρατιάν, ὡς εἰς Ἔφεσον
πλευσούμενος. Τισσαφέρνης δὲ αἰσθόμενος τοῦτο τὸ
ἐπιχείρημα, στρατιάν τε συνέλεγε πολλὴν καὶ ἱππέας
ἀπέστελλε παραγγέλλων πᾶσιν εἰς Ἔφεσον βοηθεῖν τῇ
Ἀρτέμιδι. (7) Θράσυλος δὲ ἑβδόμῃ καὶ δεκάτῃ ἡμέρᾳ
μετὰ τὴν εἰσβολὴν εἰς Ἔφεσον ἔπλευσε, καὶ τοὺς μὲν
ὁπλίτας πρὸς τὸν Κορησσὸν ἀποβιβάσας, τοὺς δὲ ἱππέας
καὶ πελταστὰς καὶ ἐπιβάτας καὶ τοὺς ἄλλους πάντας
πρὸς τὸ ἕλος ἐπὶ τὰ ἕτερα τῆς πόλεως, ἅμα τῇ ἡμέρᾳ
προσῆγε δύο στρατόπεδα. (8) Οἱ δ' ἐκ τῆς πόλεως
ἐβοήθησαν σφίσιν, οἵ τε σύμμαχοι οὓς Τισσαφέρνης
ἤγαγε, καὶ Συρακόσιοι οἵ τ' ἀπὸ τῶν προτέρων εἴκοσι
νεῶν καὶ ἀπὸ ἑτέρων πέντε, αἳ ἔτυχον τότε παραγενό-
μεναι, νεωστὶ ἥκουσαι μετὰ Εὐκλέους τε τοῦ Ἵππωνος
καὶ Ἡρακλείδου τοῦ Ἀριστογένους στρατηγῶν, καὶ
Σελινούσιαι δύο. (9) Οὗτοι δὲ πάντες πρῶτον μὲν πρὸς
τοὺς ὁπλίτας τοὺς ἐν Κορησσῷ ἐβοήθησαν· τούτους δὲ
τρεψάμενοι καὶ ἀποκτείναντες ἐξ αὐτῶν ὡς εἰ ἑκατὸν καὶ
εἰς τὴν θάλατταν καταδιώξαντες πρὸς τοὺς παρὰ τὸ ἕλος
ἐτράποντο. Ἔφυγον δὲ κἀκεῖ οἱ Ἀθηναῖοι, καὶ ἀπώλοντο αὐτῶν ὡς τριακόσιοι. (10) Οἱ δὲ Ἐφέσιοι τρόπαιον ἐνταῦθα ἔστησαν καὶ ἕτερον πρὸς τῷ Κορησσῷ.
Τοῖς δὲ Συρακοσίοις καὶ Σελινουσίοις κρατίστοις γενομένοις ἀριστεῖα ἔδωκαν καὶ κοινῇ καὶ ἰδίᾳ πολλοῖς, καὶ
οἰκεῖν ἀτελέσιν ἔδοσαν τῷ βουλομένῳ ἀεί· Σελινουσίοις
δέ, ἐπεὶ ἡ πόλις ἀπωλώλει, καὶ πολιτείαν ἔδοσαν.
(11) Οἱ δ' Ἀθηναῖοι τοὺς νεκροὺς ὑποσπόνδους ἀπολαβόντες ἀπέπλευσαν εἰς Νότιον, κἀκεῖ θάψαντες αὐτοὺς ἔπλεον
ἐπὶ Λέσβου καὶ Ἑλλησπόντου. (12) Ὁρμοῦντες δὲ ἐν
Μηθύμνῃ τῆς Λέσβου εἶδον παραπλεούσας ἐξ Ἐφέσου
τὰς Συρακοσίας ναῦς πέντε καὶ εἴκοσιν· καὶ ἐπ' αὐτὰς
ἀναχθέντες τέτταρας μὲν ἔλαβον αὐτοῖς ἀνδράσι, τὰς
δ' ἄλλας κατεδίωξαν εἰς Ἔφεσον. (13) Καὶ τοὺς μὲν

bi decretis, et nautis quinquies mille cetratorum instar armatis, ut iis simul tanquam cetratis uteretur, æstate ineunte
ad insulam Samum navigavit. Ubi quum triduum mansis-
set, Pygela discedit. Hic agros populatus, ad oppidi murum copias admovet. Tum Milesii quidam Pygelensibus
opem ferentes, palatos hinc inde velites Atheniensium persequuntur. At vero cetrati, et gravis armaturæ peditum
cohortes duæ, velitibus suis ope lata, illos omnes, qui Mileto venerant, præter paucos quosdam, occidunt et scutis
plus minus ducentis potiti tropæum statuunt. Postridie
Notium navigant. Inde, posteaquam ad iter se paravere,
Colophonem pergunt. Transeunt in eorum partes Colophonii.
Atque nocte proxima Lydiam ingressi, matura jam segete,
multos vicos exurunt, pecuniam, mancipia, prædam aliam
ingentem rapiunt. Tum Persa quidam Stages, qui ea præsidio obtinebat loca, quo tempore Athenienses hinc inde sparsi ac prædæ separatim intenti erant, equitum subsidio
vivum unum capit, et septem interficit. Post hæc ad mare
Thrasylus copias ducit, quasi Ephesum navigaturus. Tissaphernes autem, hoc conata hominis animadverso, magnas
cogit copias, equitesque dimittit, imperans omnibus ut Dianæ latum opem Ephesum accurrerent. Thrasylus, die
postquam invasit Lydiam, septimo decimo, Ephesum navigat, ac gravem armaturam ad Coressum, equites vero, cetratos, epibatas, et ceteros omnes propter paludem, ex oppidi parte altera exponit, quumque jam illuxisset, bipertitum
exercitum admovet. Cui oppidani auxilio venerant, necnon
socii quos Tissaphernes adduxerat, Syracusani tam illi, qui
in prioribus viginti navibus venerant, quam qui in navibus
quinque aliis, quæ recens cum Eucleo Hipponis, et Hera-
clide Aristogenis filiis, prætoribus, appulerant, itemque Se-
linuntiæ duæ naves. Omnes hi primum gravis armaturæ
pedites, qui erant Coressi, aggrediuntur. Eos posteaquam
in fugam verterunt, et, interfectis plus minus centum, reliquos usque ad mare persequuti fuere, ad eos, qui propter paludem erant, se convertunt. Conjecere et illic in Athenienses
in fugam, trecentis fere eorum interfectis. Ephesii vero tropæum statuerunt hoc loco et alterum apud Coressum. Syracusanis autem et Selinuntiis permultis, qui præclarissime se
gesserant, præmia fortissimo cuique debita publice privatim-
que sunt data, et immunitas perpetua est concessa, si quis esse
civis cuperet; Selinuntiis etiam, quando patriam illi amisis-
sent, Ephesi jus civitatis donaverunt. Athenienses receptis
per inducias mortuis, Notium discedunt; hic quum illos
humassent, Lesbum versus et Hellespontum navigant. Ingressi Methymnensem in Lesbo portum, naves illas viginti
quinque Syracusanas ex Epheso prætervehi conspiciunt; itaque adversus eas in altum provecti, quatuor una cum ipsis
vectoribus ceperunt, reliquas Ephesum usque persequuti

ἄλλους αἰχμαλώτους Θράσυλος εἰς Ἀθήνας ἀπέπεμψε πάντας, Ἀλκιβιάδην δὲ Ἀθηναῖοι, Ἀλκιβιάδου ὄντα ἀνεψιὸν καὶ ξυμφυγάδα, κατηλέησαν. Ἐντεῦθεν δὲ ἔπλευσεν εἰς τὴν Σηστὸν πρὸς τὸ ἄλλο στράτευμα· (14) ἐκεῖθεν δὲ ἅπασα ἡ στρατιὰ διέβη εἰς Λάμψακον. Καὶ χειμὼν ἐπῄει, ἐν ᾧ οἱ αἰχμάλωτοι Συρακόσιοι, εἰργμένοι τοῦ Πειραιῶς ἐν λιθοτομίαις, διορύξαντες τὴν πέτραν, ἀποδράντες νυκτὸς ᾤχοντο εἰς Δεκέλειαν, οἱ δ' εἰς Μέγαρα. (15) Ἐν δὲ τῇ Λαμψάκῳ συντάττοντος Ἀλκιβιάδου τὸ στράτευμα πᾶν οἱ πρότεροι στρατιῶται οὐκ ἠθούλοντο τοῖς μετὰ Θρασύλου συντάττεσθαι, ὡς αὐτοὶ μὲν ὄντες ἀήττητοι, ἐκεῖνοι δὲ ἡττημένοι ἥκοιεν. Ἐνταῦθα δὴ ἐχείμαζον ἅπαντες Λάμψακον τειχίζοντες. Καὶ ἐστράτευσαν πρὸς Ἄβυδον. (16) Φαρνάβαζος δ' ἐβοήθησεν ἵπποις πολλοῖς, καὶ μάχῃ ἡττηθεὶς ἔφυγεν. Ἀλκιβιάδης δὲ ἐδίωκεν ἔχων τούς τε ἱππέας καὶ τῶν ὁπλιτῶν εἴκοσι καὶ ἑκατόν, ὧν ἦρχε Μένανδρος, μέχρι σκότος ἀφείλετο. (17) Ἐκ δὲ τῆς μάχης ταύτης συνέβησαν οἱ στρατιῶται αὐτοὶ αὑτοῖς καὶ ἠσπάζοντο τοὺς μετὰ Θρασύλου. Ἐξῆλθον δὲ τινας καὶ ἄλλας ἐξόδους τοῦ χειμῶνος εἰς τὴν ἤπειρον καὶ ἐπόρθουν τὴν βασιλέως χώραν. (18) Τῷ δ' αὐτῷ χρόνῳ καὶ Λακεδαιμόνιοι τοὺς εἰς τὸ Κορυφάσιον τῶν Εἱλώτων ἀφεστῶτας ἐκ Μαλέας ὑποσπόνδους ἀφῆκαν. Κατὰ δὲ τὸν αὐτὸν καιρὸν καὶ ἐν Ἡρακλείᾳ τῇ Τραχινίᾳ Ἀχαιοὶ τοὺς ἐποίκους, ἀντιτεταγμένων πάντων πρὸς τοὺς Οἰταίους πολεμίους ὄντας, προέδοσαν, ὥστε ἀπολέσθαι αὐτῶν πρὸς ἑπτακοσίοις σὺν τῷ Λακεδαιμόνος ἁρμοστῇ Λαβώτῃ. (19) Καὶ ὁ ἐνιαυτὸς ἔληγεν οὗτος, ἐν ᾧ καὶ Μῆδοι ἀπὸ Δαρείου τοῦ Περσῶν βασιλέως ἀποστάντες πάλιν προσεχώρησαν αὐτῷ.

ΚΕΦΑΛΑΙΟΝ Γ.

Τοῦ δ' ἐπιόντος ἔτους ὁ ἐν Φωκαίᾳ νεὼς τῆς Ἀθηνᾶς ἐνεπρήσθη πρηστῆρος ἐμπεσόντος. Ἐπεὶ δ', ὁ χειμὼν ἔληγε, Πανταχλέους μὲν ἐφορεύοντος, ἄρχοντος δ' Ἀντιγένους, ἔαρος ἀρχομένου, δυοῖν καὶ εἴκοσιν ἐτῶν τῷ πολέμῳ παραληλυθότων, οἱ Ἀθηναῖοι ἔπλευσαν εἰς Προικόννησον παντὶ τῷ στρατοπέδῳ. (2) Ἐκεῖθεν δ' ἐπὶ Καλχηδόνα καὶ Βυζάντιον ὁρμήσαντες ἐστρατοπεδεύσαντο πρὸς Καλχηδόνι. Οἱ δὲ Καλχηδόνιοι προσιόντας αἰσθόμενοι τοὺς Ἀθηναίους, τὴν λείαν ἅπασαν κατέθεντο εἰς τοὺς Βιθυνοὺς Θρᾷκας ἀστυγείτονας ὄντας. (3) Ἀλκιβιάδης δὲ λαβὼν τῶν τε ὁπλιτῶν ὀλίγους καὶ τοὺς ἱππέας, καὶ τὰς ναῦς παραπλεῖν κελεύσας, ἐλθὼν εἰς τοὺς Βιθυνοὺς ἀπῄτει τὰ τῶν Καλχηδονίων χρήματα· εἰ δὲ μή, πολεμήσειν ἔφη αὐτοῖς. Οἱ δὲ ἀπέδοσαν. (4) Ἀλκιβιάδης δὲ ἐπεὶ ἧκεν εἰς τὸ στρατόπεδον τὴν λείαν ἔχων καὶ πίστεις πεποιημένος, ἀπετείχιζε τὴν Καλχηδόνα παντὶ τῷ στρατοπέδῳ ἀπὸ θαλάττης εἰς θάλατταν καὶ τοῦ ποταμοῦ ὅσον οἷόν τ' ἦν ξυλίνῳ τείχει. (5) Ἐνταῦθα Ἱπποκράτης μὲν ὁ Λακεδαιμόνιος ἁρμοστὴς ἐκ τῆς πόλεως ἐξῆγαγε

sunt. Captivos ceteros Athenas Thrasylus omnes misit, unum Alcibiadem Atheniensem, consobrinum Alcibiadis, exiliique socium, miserans dimisit. Hinc Sestum ad reliquum exercitum navigavit, unde copiæ universæ Lampsacum trajecerunt. Aderat jam hiems, qua captivi Syracusani, qui in Piræeo lapicidinis inclusi erant, saxo perfosso, noctu partim fuga Decelaeam, partim Megara dilapsi sunt. Ceterum Lampsaci quum Alcibiades universas copias in eosdem ordines redigere vellet, nolebant veterani milites in eosdem cum Thrasyli militibus ordines collocari : quod se invictos esse dicerent, illi victi venirent. Omnes tamen ibi in hibernis habiti sunt, et Lampsaco munito, expeditionem adversus Abydum susceperе. Ferebat his opem magna cum equitum manu Pharnabazus, sed prœlio superatus terga dedit. Hunc cum equitatu suo, et centum viginti gravis armaturæ peditibus, quibus Menander præerat, persequutus est Alcibiades, donec tenebræ ipsum hostium manibus eriperent. Post hanc pugnam milites inter se sponte sua permisti, amice complectebantur eos, qui cum Thrasylo fuerant. Eadem hieme diversis aliis vicibus egressi, ditionem regis populationibus vexabant. Hoc etiam tempore Lacedæmonii quosdam Helotas, qui e Malea in Coryphasium secesserant, fide data dimiserunt. Et Heracleæ Trachiniæ advenas Achæi, quum omnes adversus Œtæos hostes publicos in acie starent, deseruere : quo factum, ut eorum ad septingentos una cum Labota, Lacedæmonio præfecto, interficerentur. Hic ejus anni fuit exitus, quo etiam Medi, qui a Dario Persarum rege defecerant, rursus ei se reddiderunt.

CAPUT III.

Anno sequente Minervæ fanum apud Phocæenses, delapso in id prestere, succensum fuit. Hieme jam exacta, quum, Pantacle Ephoro, Antigene Archonte, essent elapsi anni ab initio belli duo et viginti, primo vere cum universis copiis Athenienses in Proconnesum navigarunt. Inde Chalcedonem versus ac Byzantium profecti, castra Chalcedoni admoverunt. At Chalcedonenses, posteaquam de Atheniensium adventu cognovere; fortunas suas omnes apud Thraces, qui Bithyni erant, oppidoque ipsorum finitimi, deposuere. Tum Alcibiades, sumptis secum, præter equites, gravis armaturæ peditibus non multis, ac mandans, ut oram maris naves legerent : in Bithynorum fines pergit, et Chalcedonensium fortunas repetit : ni pareant, bello se ipsos aggressurum minatur. At illi eas tradidere. Posteaquam in castra reversus Alcibiades esset, jam spoliis auctus, et constituta cum Bithynis pace, Chalcedonem cum copiis universis ab una maris parte ad alteram ligneo muro cinxit, intercluso etiam flumine, quantum ejus fieri poterat. Inde præfectus Lacedæmonius, Hippocrates, oppido mili-

τοὺς στρατιώτας, ὡς μαχούμενος· οἱ δ' Ἀθηναῖοι ἀντιπαρετάξαντο αὐτῷ, Φαρνάβαζος δὲ ἔξω τῶν περιτειχισμάτων προσεβοήθει στρατιᾷ τε καὶ ἵπποις πολλοῖς. (6) Ἱπποκράτης μὲν οὖν καὶ Θράσυλος ἐμάχοντο ἑκάτερος τοῖς ὁπλίταις χρόνον πολύν, μέχρι Ἀλκιβιάδης ἔχων ὁπλίτας τέ τινας καὶ τοὺς ἱππέας ἐβοήθησε. Καὶ Ἱπποκράτης μὲν ἀπέθανεν, οἱ δὲ μετ' αὐτοῦ ὄντες ἔφυγον εἰς τὴν πόλιν. (7) Ἅμα δὲ καὶ Φαρνάβαζος, οὐ δυνάμενος συμμῖξαι πρὸς τὸν Ἱπποκράτην διὰ τὴν στενοπορίαν, τοῦ ποταμοῦ καὶ τῶν ἀποτειχισμάτων ἐγγὺς ὄντων, ἀπεχώρησεν εἰς τὸ Ἡράκλειον τὸ τῶν Καλχηδονίων, οὗ ἦν αὐτῷ τὸ στρατόπεδον. (8) Ἐκ τούτου δὲ Ἀλκιβιάδης μὲν ᾤχετο εἰς τὸν Ἑλλήσποντον καὶ εἰς Χερρόνησον χρήματα πράξων· οἱ δὲ λοιποὶ στρατηγοὶ συνεχώρησαν πρὸς Φαρνάβαζον ὑπὲρ Καλχηδόνος εἴκοσι τάλαντα δοῦναι Ἀθηναίοις Φαρνάβαζον καὶ ὡς βασιλέα πρέσβεις Ἀθηναίων ἀναγαγεῖν, (9) καὶ ὅρκους ἔδοσαν καὶ ἔλαβον παρὰ Φαρναβάζου ὑποτελεῖν τὸν φόρον Καλχηδονίους Ἀθηναίοις ὅσονπερ εἰώθεσαν καὶ τὰ ὀφειλόμενα χρήματα ἀποδοῦναι, Ἀθηναίους δὲ μὴ πολεμεῖν Καλχηδονίοις, ἕως ἂν οἱ παρὰ βασιλέως πρέσβεις ἔλθωσιν. (10) Ἀλκιβιάδης δὲ τοῖς ὅρκοις οὐκ ἐτύγχανε παρών, ἀλλὰ περὶ Σηλυβρίαν ἦν· ἐκείνην δ' ἑλὼν πρὸς τὸ Βυζάντιον ἧκεν, ἔχων Χερρονησίτας τε πανδημεὶ καὶ ἀπὸ Θρᾴκης στρατιώτας καὶ ἱππέας πλείους τριακοσίων. (11) Φαρνάβαζος δὲ ἀξιῶν δεῖν κἀκεῖνον ὀμνύναι, περιέμενεν ἐν Καλχηδόνι, μέχρι ἔλθοι ἐκ τοῦ Βυζαντίου· ἐπεὶ δ' ἦλθεν, οὐκ ἔφη ὁμεῖσθαι, εἰ μὴ κἀκεῖνος αὐτῷ ὀμεῖται. (12) Μετὰ ταῦτα ὤμοσεν ὁ μὲν ἐν Χρυσοπόλει οἷς Φαρνάβαζος ἔπεμψε Μιτροβάτει καὶ Ἀρνάπει, ὁ δ' ἐν Καλχηδόνι τοῖς παρ' Ἀλκιβιάδου Εὐρυπτολέμῳ καὶ Διοτίμῳ τόν τε κοινὸν ὅρκον καὶ ἰδίᾳ ἀλλήλοις πίστεις ἐποιήσαντο. (13) Φαρνάβαζος μὲν οὖν εὐθὺς ἀπῄει, καὶ τοὺς παρὰ βασιλέα πορευομένους πρέσβεις ἀπαντᾶν ἐκέλευσεν εἰς Κύζικον. (14) Ἐπέμφθησαν δὲ Ἀθηναίων μὲν Δωρόθεος, Φιλοδίκης, Θεογένης, Εὐρυπτόλεμος, Μαντίθεος, σὺν δὲ τούτοις Ἀργεῖοι Κλεόστρατος, Πυρρόλοχος· ἐπορεύοντο δὲ καὶ Λακεδαιμονίων πρέσβεις Πασιππίδας καὶ ἕτεροι, μετὰ δὲ τούτων καὶ Ἑρμοκράτης, ἤδη φεύγων ἐκ Συρακουσῶν, καὶ ὁ ἀδελφὸς αὐτοῦ Πρόξενος. (14) Καὶ Φαρνάβαζος μὲν τούτους ἦγεν· οἱ δὲ Ἀθηναῖοι τὸ Βυζάντιον ἐπολιόρκουν περιτειχίσαντες, καὶ πρὸς τὸ τεῖχος ἀκροβολισμοὺς καὶ προσβολὰς ἐποιοῦντο. (15) Ἐν δὲ τῷ Βυζαντίῳ ἦν Κλέαρχος Λακεδαιμόνιος ἁρμοστὴς καὶ σὺν αὐτῷ τῶν περιοίκων τινὲς καὶ τῶν νεοδαμωδῶν οὐ πολλοὶ καὶ Μεγαρεῖς καὶ ἄρχων αὐτῶν Ἕλιξος Μεγαρεὺς καὶ Βοιωτοὶ καὶ τούτων ἄρχων Κοιρατάδας. (16) Οἱ δ' Ἀθηναῖοι ὡς οὐδὲν ἠδύναντο διαπράξασθαι κατ' ἰσχύν, ἐπεισάν τινας τῶν Βυζαντίων προδοῦναι τὴν πόλιν. (17) Κλέαρχος δὲ ὁ ἁρμοστὴς οἰόμενος οὐδένα ἂν τοῦτο ποιῆσαι, καταστήσας δὲ ἅπαντα ὡς ἠδύνατο κάλλιστα καὶ ἐπιτρέψας τὰ ἐν τῇ πόλει Κοιρατάδᾳ καὶ Ἕλιξῳ, διέβη παρὰ τὸν

tem suum, prœlio cum hoste congressurus, eduxit. Athenienses vero adversus eum aciem instruxerunt. Interea Pharnabazus extra murum, quo urbs cingebatur, cum copiis suis et magno equitatu opem obsessis ferebat. Itaque Hippocrates et Thrasylus, uterque gravis armaturæ peditibus instructus, inter se diu dimicarunt : donec cum nonnullis armaturæ gravis peditibus, et equitatu, suis Alcibiades opem ferret. Tunc interfectus est Hippocrates, milites vero ipsius fuga se in oppidum receperunt. Pharnabazus etiam, quum ob locorum angustiam, quia flumen et munitiones istæ propinquæ erant, conjungere se cum Hippocrate non posset; suos ad fanum Herculis, quod est in agro Chalcedonensium, et quo loco castra habebat, abduxit. Post hæc Alcibiades pecuniæ cogendæ causa in Hellespontum et Chersonesum profectus est : ceteri duces in has conditiones de Chalcedone cum Pharnabazo pacti sunt : Daret Atheniensibus Pharnabazus talenta viginti, et ad regem legatos Atheniensium deduceret. Tum jusjurandum ultro citroque præstitum, ut Chalcedonenses solverent Atheniensibus tantum tributi quantum antehac consueuissent, redderent item pecuniam debitam : at Athenienses non facerent bellum Chalcedonensibus, donec legati a rege rediissent. Quum hoc jusjurandum præstaretur, non aderat Alcibiades : quippe qui tunc ad Selymbriam esset. Ea capta, Byzantium cum Chersonesiis universis, militibus item e Thracia, et equitibus supra trecentum accessit. Pharnabazus vero qui æquum esse censuit, Alcibiadem quoque præstare jusjurandum illud, exspectabat Chalcedone, dum ille Byzantio veniret. Quum is venisset, juraturum se negabat, ni et ille sibi juramentum præstitisset. Ita deinde Chrysopoli Alcibiades Mitrobati et Arnapi, Pharnabazi legatis, juravit ; Pharnabazus autem Chalcedone legatis Alcibiadis, Euryptolemo et Diotimo; ac non solum jusjurandum publicum præstiterunt, sed privatim etiam ipsi fœderibus se devinxerunt. Quo facto, recta Pharnabazus discedit, ac legatos ad regem proficiscentes occurrere sibi apud Cyzicum jassit. Missi fuere Atheniensium nomine Dorotheus, Philodices, Theogenes, Euryptolemus, Mantitheus; et cum his Argivi, Cleostratus et Pyrrholochus. Etiam Lacedæmoniorum legati, Pasippidas, cum ceteris, ad regem perrexere : quibus se conjunxit Hermocrates, qui jam Syracusis exulabat, ejusque frater Proxenus. Quos omnes Pharnabazus deducebat. Interea Athenienses Byzantium vallo cinctum obsident, et velitando atque excurrendo ad ipsos usque muros procedebant. Erat in urbe Clearchus Lacedæmonius præfectus, et cum eo nonnulli ex vicinis, itemque novi populares pauci, et Megarenses cum Helixo Megarense duce, et Bœoti cum Cœratada duce. Athenienses quum nihil efficere vi possent, Byzantiis quibusdam persuaserunt, ut urbem proderent. At Clearchus præfectus, qui neminem hoc moliri putaret, rebus omnibus quantum poterat egregie constitutis, atque oppido Cœratadæ et Helixi fidei commisso, ad Pharnabazum

Φαρνάβαζον εἰς τὸ πέραν, μισθόν τε τοῖς στρατιώταις παρ' αὑτοῦ ληψόμενος καὶ ναῦς ξυλλέξων, αἳ ἦσαν ἐν τῷ Ἑλλησπόντῳ ἄλλαι ἄλλαι καταλελειμμέναι φρουρίδες ὑπὸ Πασιππίδου καὶ ἐν Ἀντάνδρῳ καὶ ἃς Ἡγησανδρίδας εἶχεν ἐπὶ Θρᾴκης, ἐπιβάτης ὢν Μινδάρου, καὶ ὅπως ἄλλαι ναυπηγηθείησαν, ἀθρόαι δὲ γενόμεναι πᾶσαι κακῶς τοὺς ξυμμάχους τῶν Ἀθηναίων ποιοῦσαι ἀποσπάσειαν τὸ στρατόπεδον ἀπὸ τοῦ Βυζαντίου. (18) Ἐπεὶ δ' ἐξέπλευσεν ὁ Κλέαρχος, οἱ προδιδόντες τὴν πόλιν τῶν Βυζαντίων Κύδων καὶ Ἀρίστων καὶ Ἀναξικράτης καὶ Λυκοῦργος καὶ Ἀναξίλαος, (19) ὃς ὑπαγόμενος θανάτου ὕστερον ἐν Λακεδαίμονι διὰ τὴν προδοσίαν ἀπέφυγεν, ὅτι οὐ προδοίη τὴν πόλιν, ἀλλὰ σώσαι, παῖδας ὁρῶν καὶ γυναῖκας λιμῷ ἀπολλυμένας, Βυζάντιος ὢν καὶ οὐ Λακεδαιμόνιος· τὸν γὰρ ἐνόντα σῖτον Κλέαρχον τοῖς Λακεδαιμονίων στρατιώταις διδόναι· διὰ ταῦτ' οὖν τοὺς πολεμίους ἔφη εἰσέσθαι, οὐκ ἀργυρίου ἕνεκα οὐδὲ διὰ τὸ μισεῖν Λακεδαιμονίους· (20) ἐπεὶ δὲ αὐτοῖς παρεσκεύαστο, νυκτὸς ἀνοίξαντες τὰς πύλας τὰς ἐπὶ τὸ Θρᾴκιον καλουμένας εἰσήγαγον τὸ στράτευμα καὶ τὸν Ἀλκιβιάδην. (21) Ὁ δὲ Ἕλιξος καὶ ὁ Κοιρατάδας οὐδὲν τούτων εἰδότες ἐβοήθουν μετὰ πάντων εἰς τὴν ἀγοράν· ἐπεὶ δὲ πάντῃ οἱ πολέμιοι κατεῖχον, οὐδὲν ἔχοντες ὅ,τι ποιήσαιεν, παρέδοσαν σφᾶς αὑτούς. (22) Καὶ οὗτοι μὲν ἀπεπέμφθησαν εἰς Ἀθήνας, καὶ ὁ Κοιρατάδας ἐν τῷ ὄχλῳ ἀποβαινόντων ἐν Πειραιεῖ ἔλαθεν ἀποδρὰς καὶ ἀπεσώθη εἰς Δεκέλειαν.

ΚΕΦΑΛΑΙΟΝ Δ.

Φαρνάβαζος δὲ καὶ οἱ πρέσβεις τῆς Φρυγίας ἐν Γορδίῳ ὄντες τὸν χειμῶνα τὰ περὶ τὸ Βυζάντιον πεπραγμένα ἤκουσαν. (2) Ἀρχομένου δὲ τοῦ ἔαρος πορευομένοις αὐτοῖς παρὰ βασιλέα ἀπήντησαν καταβαίνοντες οἵ τε Λακεδαιμονίων πρέσβεις, Βοιώτιος ὄνομα καὶ οἱ μετ' αὐτοῦ καὶ οἱ ἄλλοι ἄγγελοι, καὶ ἔλεγον ὅτι Λακεδαιμόνιοι πάντων ὧν δέονται πεπραγότες εἶεν παρὰ βασιλέως, (3) καὶ Κῦρος, ἄρξων πάντων τῶν ἐπὶ θαλάττῃ καὶ ξυμπολεμήσων Λακεδαιμονίοις, ἐπιστολήν τε ἔφερε τοῖς κάτω πᾶσι τὸ βασίλειον σφράγισμα ἔχουσαν, ἐν ᾗ ἐνῆν καὶ τάδε, Κατακέμπω Κῦρον κάρανον τῶν εἰς Καστωλὸν ἁθροιζομένων. Τὸ δὲ κάρανόν ἐστι κύριον. (4) Ταῦτ' οὖν ἀκούοντες οἱ τῶν Ἀθηναίων πρέσβεις, καὶ ἐπειδὴ Κῦρον εἶδον, ἐβούλοντο μὲν μάλιστα παρὰ βασιλέα ἀναβῆναι, εἰ δὲ μή, οἴκαδε ἀπελθεῖν. (5) Κῦρος δὲ Φαρναβάζῳ εἶπεν ἢ παραδοῦναι τοὺς πρέσβεις ἑαυτῷ ἢ μὴ οἴκαδέ πω ἀποπέμψαι, βουλόμενος τοὺς Ἀθηναίους μὴ εἰδέναι τὰ πραττόμενα. (6) Φαρνάβαζος δὲ τέως μὲν κατεῖχε τοὺς πρέσβεις, φάσκων τοτὲ μὲν ἀνάξειν αὐτοὺς παρὰ βασιλέα, τοτὲ δὲ οἴκαδε ἀποπέμψειν, ὡς μηδὲν μέμφοιντο· (7) ἐπειδὴ δὲ ἐνιαυτοὶ τρεῖς ἦσαν, ἐδεήθη τοῦ Κύρου ἀφεῖναι αὐτούς, φάσκων ὀμωμοκέναι ἀπάξειν ἐπὶ θάλατταν,

HISTORIÆ GRÆCÆ LIB. I. CAP. IV.

in litus oppositum trajecit, et ut ab eo stipendium pro milite sumeret, et ut naves cogeret, quæ in Hellesponto erant aliæ alibi a Pasippida ad excubias relictæ, et apud Antandrum; quasque in Thracia Hegesandridas habebat, Mindari classiarius, ut etiam aliæ novæ construerentur, et universæ in unum coactæ socios Atheniensium affligerent, eaque ratione a Byzantii obsidione copias ipsorum abstraherent. Postea-quam Clearchus discessit, hi, qui Byzantium prodiderunt, Cydo, Aristo, Anaxicrates, Lycurgus, Anaxilaus, qui deinceps, ob hanc proditionem Lacedæmone capitis reus, absolutus fuit quod urbem ab se non proditam, sed conservatam diceret, quum pueros ac mulieres fame pereuntes videret, præsertim ipse non Lacedæmonius, sed Byzantius; nam quod in urbe frumentum erat, Clearchus Lacedæmoniorum militibus dederat; hanc enim ob causam se hostes intromisisse aiebat, neque pecunia corruptum, neque Lacedæmoniorum odio: hi igitur, postquam cum hoste rem composuerunt, noctu portis iis apertis, quæ ad Thracium appellantur, cum exercitu Alcibiadem introduxerunt. Tum Helixus et Cœratadas, qui horum nihil intellexerant, cum universis ad forum opis ferendæ causa concurrunt. Verum quum tenerent ubique hostes omnia, nec aliquid aliud facere possent, hosti se dedunt. Atque illi missi sunt Athenas, ubi Cœratadas in hominum turba de navibus descendentium in Piræeo, clam aufugit, ac salvus Deceleam pervenit.

CAPUT IV.

Interea Pharnabazus et legati, quum apud Phrygiæ Gordium hiemarent, quid esset actum de Byzantio, cognoverunt. Vere ineunte pergentibus ad regem Lacedæmoniorum legati occurrunt, Bœotius nomine cum ceteris, itidemque reliqui nuntii, qui ex Asia descendebant. Narrabant hi, Lacedæmonios ab rege, omnia quæ peterent, impetrasse. Cyrum quoque obviam habuere, maritimis omnibus cum imperio præfuturum, et in gerendo bello Lacedæmoniis socium, qui ad omnes Asiæ inferioris homines litteras sigillo regio munitas secum afferebat, quibus hæc etiam inter alia continebantur: « Mitto ad inferiores illas partes Cyrum, caranum eorum qui ad Castolum conveniunt. » Vox autem caranus significat dominum et imperatorem. Quæ quum legati Atheniensium audiissent, et Cyrum ipsum jam vidissent, summopere cupiebant ad regem ascendere; sin id non liceret, domum reverti. At Cyrus Pharnabazo mandat, ut hos legatos vel sibi traderet, vel nondum domum dimitteret; volebat enim Athenienses ignorare quid rerum gereretur. Ac Pharnabazus quidem id temporis eos secum retinebat, quum nonnunquam diceret, velle se ipsos ad regem deducere; nonnunquam domum eos se remissurum, ne ullam haberent reprehendendi causam. Verum posteaquam anni tres elapsi fuerant, Cyrum obsecrare cœpit, ut illos dimitteret; aiebat enim, se jusjurandum præstitisse de redu-

ἐπειδὴ οὐ παρὰ βασιλέα. Πέμψαντες δὲ Ἀριοβαρζάνει παρακομίσαι αὐτοὺς ἐκέλευον· ὁ δὲ ἀπήγαγεν εἰς Κίον τῆς Μυσίας, ὅθεν πρὸς τὸ ἄλλο στρατόπεδον ἀπέπλευσαν.

8. Ἀλκιβιάδης δὲ βουλόμενος μετὰ τῶν στρατιωτῶν ἀποπλεῖν οἴκαδε, ἀνήχθη εὐθὺς ἐπὶ Σάμου· ἐκεῖθεν δὲ λαβὼν τῶν νεῶν εἴκοσιν ἔπλευσε τῆς Καρίας εἰς τὸν Κεραμικὸν κόλπον. (9) Ἐκεῖθεν δὲ συλλέξας ἑκατὸν τάλαντα ἧκεν εἰς τὴν Σάμον. Θρασύβουλος δὲ σὺν τριάκοντα ναυσὶν ἐπὶ Θρᾴκης ᾤχετο, ἐκεῖθεν δὲ τά τε ἄλλα χωρία τὰ πρὸς Λακεδαιμονίους μεθεστηκότα κατεστρέψατο καὶ Θάσον, ἔχουσαν κακῶς ὑπό τε τῶν πολέμων καὶ στάσεων καὶ λιμοῦ. (10) Θράσυλος δὲ σὺν τῇ ἄλλῃ στρατιᾷ εἰς Ἀθήνας κατέπλευσε· πρὶν δὲ ἥκειν αὐτὸν οἱ Ἀθηναῖοι στρατηγοὺς εἵλοντο Ἀλκιβιάδην μὲν φεύγοντα καὶ Θρασύβουλον ἀπόντα, Κόνωνα δὲ τρίτον ἐκ τῶν οἴκοθεν. (11) Ἀλκιβιάδης δ᾽ ἐκ τῆς Σάμου ἔχων τὰ χρήματα κατέπλευσεν εἰς Πάρον ναυσὶν εἴκοσιν, ἐκεῖθεν δ᾽ ἀνήχθη εὐθὺ Γυθείου ἐπὶ κατασκοπὴν τῶν τριήρων, ἃς ἐπυνθάνετο Λακεδαιμονίους αὐτόθι παρασκευάζειν τριάκοντα, καὶ τοῦ οἴκαδε κατάπλου ὅπως ἡ πόλις πρὸς αὐτὸν ἔχει. (12) Ἐπεὶ δ᾽ ἑώρα ἑαυτῷ εὔνουν οὖσαν καὶ στρατηγὸν αὐτὸν ᾑρημένους καὶ ἰδίᾳ μεταπεμπομένους τοὺς ἐπιτηδείους, κατέπλευσεν εἰς τὸν Πειραιᾶ ἡμέρᾳ ᾗ Πλυντήρια ἦγεν ἡ πόλις, τοῦ ἕδους κατακεκαλυμμένου τῆς Ἀθηνᾶς, ὅ τινες οἰωνίζοντο ἀνεπιτήδειον εἶναι καὶ αὐτῷ καὶ τῇ πόλει· Ἀθηναίων γὰρ οὐδεὶς ἐν ταύτῃ τῇ ἡμέρᾳ οὐδενὸς σπουδαίου ἔργου τολμήσαι ἂν ἅψασθαι. (13) Καταπλέοντος δ᾽ αὐτοῦ ὅ τε ἐκ τοῦ Πειραιῶς καὶ ὁ ἐκ τοῦ ἄστεος ὄχλος ἡθροίσθη πρὸς τὰς ναῦς, θαυμάζοντες καὶ ἰδεῖν βουλόμενοι τὸν Ἀλκιβιάδην, λέγοντες οἱ μὲν ὡς κράτιστος εἴη τῶν πολιτῶν καὶ μόνος ἀπολογηθείη ὡς οὐ δικαίως φύγοι, ἐπιβουλευθεὶς δὲ ὑπὸ τῶν ἔλαττον ἐκείνου δυναμένων μοχθηρότερόν τε λεγόντων καὶ πρὸς τὸ αὑτῶν ἴδιον κέρδος πολιτευόντων, ἐκείνου δεὶ τὸ κοινὸν αὔξοντος καὶ ἀπὸ τῶν αὑτοῦ καὶ ἀπὸ τοῦ τῆς πόλεως δυνατοῦ· (14) ἐθέλοντος δὲ τότε κρίνεσθαι παραχρῆμα τῆς αἰτίας ἄρτι γεγενημένης ὡς ἠσεβηκότος εἰς τὰ μυστήρια, ὑπερβαλομένοι οἱ ἐχθροὶ τὰ δοκοῦντα δίκαια εἶναι ἀπόντα αὐτὸν ἐστέρησαν τῆς πατρίδος· (15) ἐν ᾧ χρόνῳ ὑπὸ ἀμηχανίας δουλεύων ἠναγκάσθη μὲν θεραπεύειν τοὺς ἐχθίστους, κινδυνεύων δεὶ παρ᾽ ἑκάστην ἡμέραν ἀπολέσθαι· τοὺς δὲ οἰκειοτάτους πολίτας τε καὶ ξυγγενεῖς καὶ τὴν πόλιν ἅπασαν ὁρῶν ἐξαμαρτάνουσαν, οὐκ εἶχεν ὅπως ὠφελοίη φυγῇ ἀπειργόμενος· (16) οὐκ ἔφασαν δὲ τῶν οἱονπερ αὐτὸς ὄντων εἶναι καινῶν δεῖσθαι πραγμάτων οὐδὲ μεταστάσεως· ὑπάρχειν γὰρ ἐκ τοῦ δήμου αὐτῷ μὲν τῶν τε ἡλικιωτῶν πλέον ἔχειν τῶν τε πρεσβυτέρων μὴ ἐλαττοῦσθαι, τοῖς δ᾽ αὐτοῦ ἐχθροῖς τοιούτοις δοκεῖν εἶναι οἱοίσπερ πρότερον, ὕστερον δὲ δυνασθεῖσιν ἀπολλύναι τοὺς βελτίστους, αὐτοὺς δὲ μόνους λειφθέντας δι᾽ αὐτὸ τοῦτο ἀγαπᾶσθαι ὑπὸ τῶν πολιτῶν ὅτι ἑτέροις βελτίοσιν οὐκ εἶχον χρῆσθαι· (17) οἱ

cendis ipsis ad mare, siquidem ad regem non deduxisset. Quamobrem ad Ariobarzanem ipsos miserunt, ac mandarunt ut suis eos restitueret. Is vero eos Cium usque deduxit, quod est Mysiae oppidum; inde ab suorum castra navigio vecti sunt.

Ceterum quum vellet Alcibiades una cum militibus in patriam navigare, statim Samum versus solvit. Hinc sumptis secum viginti navibus, in Ceramicum sinum Cariae navigavit; unde quum talenta centum coegisset, Samum reversus est. At Thrasybulus cum triginta navibus Thraciam petiit; atque inde quum alia, quae ad Lacedaemonios defecerant, oppida suam in potestatem redegit: tum vero Thasum, quae et bellis, et seditionibus, et fame afflicta miserabiliter erat. Cum reliquis copiis Thrasylus Athenas navigavit. Is priusquam appulerat, Athenienses jam duces legerant, Alcibiadem exulem, Thrasybulum absentem, Cononemque tertium ex iis qui domi degebant. Interea cum viginti navibus et pecunia Alcibiades e Samo in Parum navigavit. Inde vero recta Gytheum versus vehebatur, ut triremes speculatetur, quas istic triginta numero instruere Lacedaemonios audierat, atque etiam ut exploraret de suo in patriam reditu, quo civitas in ipsum esset animo. Quam ubi bene sibi velle animadvertit, ita ut ducem se legissent et privatim necessarii se sui accesserent, in Piraeeum illo die navigavit, quo Plynteria civitas celebrabat, delubro Minervae obvelato, quod nonnulli tam ipsi quam patriae infaustum esse ominabantur. Nemo usque auxisse rempublicam cum de facultatibus privatim suis, tum etiam publicis patriae. Voluisse eum illo tempore causam suam, paulo ante tanquam mysteriorum violator delatus, sine dilatione cognosci: verum adversariis ejus postulationem, quae aequissima videbatur, in aliud tempus rejicientibus, absentem patria multatum fuisse. Interim necessitate coactum, serviliae hominibus infestissimis, et quotidie de vita periclitatum esse. Non potuisse quidquam civibus sibi conjunctissimis, propinquis, patriae denique toti prodesse, quantumvis illius errata animadverteret : idque propterea, quod exilio impediretur. Negabant ejusmodi hominem, qualis esset ipse, quidquam egere novis rebus, vel publici status immutatione; posse hoc illum populi beneficio, ut et ipse sit aequalibus superior, grandioribus natu non inferior, et adversarii ipsius tales esse omnibus ostenderentur, quales fuerint antehac, quum tamen posterius, facti potentes, optimos quosque e medio sustulissent; denique istis jam solis in republica relictis, hanc unam ob causam cives fuisse contentos, quod meliores homines, quorum opera uti possent, non haberent. Alii contra dice-

δὲ, ὅτι τῶν παροιχομένων αὐτοῖς κακῶν μόνος αἴτιος εἴη, τῶν τε φοβερῶν ὄντων τῇ πόλει γενέσθαι μόνος κινδυνεῦσαι ἡγεμὼν καταστῆναι. (18) Ἀλκιβιάδης δὲ πρὸς τὴν γῆν ὁρμισθεὶς ἀπέβαινε μὲν οὐκ εὐθέως, φοβούμενος τοὺς ἐχθρούς· ἐπαναστὰς δὲ ἐπὶ τοῦ καταστρώματος ἐσκόπει τοὺς αὐτοῦ ἐπιτηδείους, εἰ παρείησαν. (19) Κατιδὼν δὲ Εὐρυπτόλεμον τὸν Πεισιάνακτος, αὐτοῦ δὲ ἀνεψιόν, καὶ τοὺς ἄλλους οἰκείους καὶ τοὺς φίλους μετ' αὐτῶν, τότε ἀποδὰς ἀναβαίνει εἰς τὴν πόλιν μετὰ τῶν παρεσκευασμένων, εἴ τις ἅπτοιτο, μὴ ἐπιτρέπειν. (20) Ἐν δὲ τῇ βουλῇ καὶ τῇ ἐκκλησίᾳ ἀπολογησάμενος ὡς οὐκ ἠσεβήκει, εἰπὼν δὲ ὡς ἠδίκηται, λεχθέντων δὲ καὶ ἄλλων τοιούτων καὶ οὐδενὸς ἀντειπόντος διὰ τὸ μὴ ἀνασχέσθαι ἂν τὴν ἐκκλησίαν, ἀναρρηθεὶς ἁπάντων ἡγεμὼν αὐτοκράτωρ, ὡς οἷός τε ὢν σῶσαι τὴν προτέραν τῆς πόλεως δύναμιν, πρότερον μὲν τὰ μυστήρια τῶν Ἀθηναίων κατὰ θάλατταν ἀγόντων διὰ τὸν πόλεμον, κατὰ γῆν ἐποίησεν ἐξαγαγὼν τοὺς στρατιώτας ἅπαντας· (21) μετὰ δὲ ταῦτα κατελέξατο στρατιάν, ὁπλίτας μὲν πεντακοσίους καὶ χιλίους, ἱππεῖς δὲ πεντήκοντα καὶ ἑκατόν, ναῦς δ' ἑκατόν. Καὶ μετὰ τὸν κατάπλουν τρίτῳ μηνὶ ἀνήχθη ἐπ' Ἄνδρον ἀφεστηκυῖαν τῶν Ἀθηναίων, καὶ μετ' αὐτοῦ Ἀριστοκράτης καὶ Ἀδείμαντος ὁ Λευκολοφίδου συνεπέμφθησαν οἱ ᾑρημένοι κατὰ γῆν στρατηγοί. (22) Ἀλκιβιάδης δὲ ἀπεβίβασε τὸ στράτευμα τῆς Ἀνδρίας χώρας εἰς Γαύριον· ἐκβοηθήσαντας δὲ τοὺς Ἀνδρίους ἔτρεψαν καὶ κατέκλεισαν εἰς τὴν πόλιν καί τινας ἀπέκτειναν οὐ πολλούς, καὶ τοὺς Λάκωνας οἳ αὐτόθι ἦσαν. (23) Ἀλκιβιάδης δὲ τρόπαιόν τε ἔστησε, καὶ μείνας αὐτοῦ ὀλίγας ἡμέρας ἔπλευσεν εἰς Σάμον, κἀκεῖθεν ὁρμώμενος ἐπολέμει.

ΚΕΦΑΛΑΙΟΝ Ε.

Οἱ δὲ Λακεδαιμόνιοι πρότερον τούτων οὐ πολλῷ χρόνῳ Κρατησιππίδα τῆς ναυαρχίας παρεληλυθυίας Λύσανδρον ἐξέπεμψαν ναύαρχον. Ὁ δὲ ἀφικόμενος εἰς Ῥόδον καὶ ναῦς ἐκεῖθεν λαβών, εἰς Κῶ καὶ Μίλητον ἔπλευσεν, ἐκεῖθεν δ' εἰς Ἔφεσον, καὶ ἐκεῖ ἔμεινε ναῦς ἔχων ἑβδομήκοντα μέχρι οὗ Κῦρος εἰς Σάρδεις ἀφίκετο. (2) Ἐπεὶ δ' ἧκεν, ἀνέβη πρὸς αὐτὸν σὺν τοῖς ἐκ Λακεδαίμονος πρέσβεσιν. Ἐνταῦθα δὴ κατά τε τοῦ Τισσαφέρνους ἔλεγον ἃ πεποιηκὼς εἴη, αὐτοῦ τε Κύρου ἐδέοντο ὡς προθυμοτάτου πρὸς τὸν πόλεμον γενέσθαι. (3) Κῦρος δὲ τόν τε πατέρα ἔφη ταῦτα ἐπεσταλκέναι καὶ αὐτὸς οὐκ ἄλλ' ἐγνωκέναι, ἀλλὰ πάντα ποιήσειν· ἔχων δὲ ἥκειν τάλαντα πεντακόσια· ἐὰν δὲ ταῦτα ἐκλίπῃ, τοῖς ἰδίοις χρήσεσθαι ἔφη, ἃ ὁ πατὴρ αὐτῷ ἔδωκεν· ἐὰν δὲ καὶ ταῦτα, καὶ τὸν θρόνον κατακόψειν ἐφ' οὗ ἐκάθητο, ὄντα ἀργυροῦν καὶ χρυσοῦν. (4) Οἱ δὲ ταῦτ' ἐπῄνουν καὶ ἐκέλευον αὐτὸν τάξαι τῷ ναύτῃ δραχμὴν Ἀττικήν, διδάσκοντες ὅτι ἂν οὗτος ὁ

---

bant unum hunc esse omnium calamitatum, quas antehac perpessi fuissent, auctorem, et eorum, quae metuenda essent ne posthac reipublicae acciderent, illum solum videri constitutum esse inceptorem. Ceterum ad terram quum appulisset Alcibiades, non statim de navi descendit, quod inimicos suos metueret; sed stans in navigii tabulato, num adessent necessarii sui, circumspiciebat. Posteaquam Euryptolemum Pisianactis filium, consobrinum suum, ceterosque propinquos et eorum amicos vidit, tum relicta nave in urbem cum iis ascendit, qui parati erant prohibere, ne quis eum attingeret. Post in senatu, et pro concione, quum defensionem sui pronuntiasset, qua se minime sacra violasse, sed injuriam sibi factam ostendebat; prolatis in hanc sententiam et aliis, ac nemine contradicente, quod id minime latura fuisset concio, dux omnium cum potestate amplissima declaratus, ut qui pristinam reipublicae potentiam recuperare posset, primum mysteria, quae tum mari propter bellum deducebantur, terra celebravit eductis universis militum copiis. Deinde conscripsit exercitum, mille quingentorum gravis armaturae peditum, centum quinquaginta equitum, navium centum. Ita mense post reditum tertio Andrum versus navigavit, quae ab Atheniensibus defecerat. Adjuncti sunt ei Aristocrates, et Adimantus Leucolophidae filius, qui lecti erant terrestrium copiarum duces. Itaque Alcibiades in terram exposuit copias ad Gaurium, quod est in Andro insula; Andrios vero, qui suis opem laturi exierant, in fugam versos, intra muros oppidi conclusuerunt, intertecis, praeter alios paucos, Lacedaemoniis, qui istic erant. Statuit hic tropaeum Alcibiades, neque multos dies commoratus, Samum navigavit: inde facto initio bellum gerebat.

CAPUT V.

At Lacedaemonii, quum non multo ante Cratesippidae navarcho magistratus sui tempus exiisset, Lysandrum ejus loco miserunt. Is cum ad insulam Rhodum appulisset, coactis navibus, in Con insulam Miletumque navigavit: hinc Ephesum, ubi cum septuaginta navibus substitit, dum Sardes Cyrus accederet. Posteaquam is illuc venisset, ascendit ad ipsum una cum legatis, qui Lacedaemone aderant. Hic et Tissaphernis facta quaedam accusant, et Cyrum rogant, uti alacriter in id bellum incumbat. Respondet Cyrus, et habere se id in mandatis a patre, nec aliam esse animi sui sententiam, sed haec omnia se praestiturum esse; venire se cum quingentis talentis; quae si deficiant, usurum se facultatibus privatim suis, quibus eum pater donasset: quod si et illae erogentur, id quoque solium se in frusta se concisurum, in quo sedere soleret, quodque totum ex argento et auro constaret. His illi collaudatis, hortabantur, ut in nautas singulos Atticam drachmam unam constitueret: quod futurum

μισθὸς γένηται, οἱ τῶν Ἀθηναίων ναῦται ἀπολείψουσι τὰς ναῦς, καὶ μείω χρήματα ἀναλώσει. (5) Ὁ δὲ καλῶς μὲν ἔφη αὐτοὺς λέγειν, οὐ δυνατὸν δ᾽ εἶναι παρ᾽ ἃ βασιλεὺς ἐπέστειλεν αὐτῷ ἄλλα ποιεῖν. Εἶναι δὲ καὶ τὰς συνθήκας οὕτως ἐχούσας, τριάκοντα μνᾶς ἑκάστη νηὶ τοῦ μηνὸς διδόναι, ὁπόσας ἂν βούλωνται τρέφειν Λακεδαιμόνιοι. (6) Ὁ δὲ Λύσανδρος τότε μὲν ἐσιώπησε· μετὰ δὲ τὸ δεῖπνον, ἐπεὶ αὐτῷ προπιὼν ὁ Κῦρος ἤρετο τί ἂν μάλιστα χαρίζοιτο ποιῶν, εἶπεν ὅτι Εἰ πρὸς τὸν μισθὸν ἑκάστῳ ναύτῃ ὀβολὸν προσθείης. (7) Ἐκ δὲ τούτου τέτταρες ὀβολοὶ ἦν ὁ μισθός, πρότερον δὲ τριώβολον. Καὶ τόν τε προσοφειλόμενον ἀπέδωκε καὶ ἔτι μηνὸς προέδωκεν, ὥστε τὸ στράτευμα πολὺ προθυμότερον εἶναι. (8) Οἱ δὲ Ἀθηναῖοι ἀκούοντες ταῦτα ἀθύμως μὲν εἶχον, ἔπεμπον δὲ πρὸς τὸν Κῦρον πρέσβεις διὰ Τισσαφέρνους. (9) Ὁ δὲ οὐ προσεδέχετο, δεομένου Τισσαφέρνους καὶ λέγοντος, ἅπερ αὐτὸς ἐποίει πεισθεὶς ὑπ᾽ Ἀλκιβιάδου, σκοπεῖν ὅπως τῶν Ἑλλήνων μηδὲ οἵτινες ἰσχυροὶ ὦσιν, ἀλλὰ πάντες ἀσθενεῖς, αὐτοὶ ἐν ἑαυτοῖς στασιάζοντες. (10) Καὶ ὁ μὲν Λύσανδρος, ἐπεὶ αὐτῷ τὸ ναυτικὸν συνετέτακτο, ἀνελκύσας τὰς ἐν τῇ Ἐφέσῳ οὔσας ναῦς ἐνενήκοντα ἡσυχίαν ἦγεν, ἐπισκευάζων καὶ ἀναψύχων αὐτάς. (11) Ἀλκιβιάδης δὲ ἀκούσας Θρασύβουλον ἔξω Ἑλλησπόντου ἥκοντα τειχίζειν Φώκαιαν διέπλευσε πρὸς αὐτόν, καταλιπὼν ἐπὶ ταῖς ναυσὶν Ἀντίοχον τὸν αὑτοῦ κυβερνήτην, ἐπιστείλας μὴ ἐπιπλεῖν ἐπὶ τὰς Λυσάνδρου ναῦς. (12) Ὁ δὲ Ἀντίοχος τῇ τε αὑτοῦ νηὶ καὶ ἄλλῃ ἐκ Νοτίου εἰς τὸν λιμένα τῶν Ἐφεσίων εἰσπλεύσας παρ᾽ αὐτὰς τὰς πρῴρας τῶν Λυσάνδρου νεῶν παρέπλει. (13) Ὁ δὲ Λύσανδρος τὸ μὲν πρῶτον ὀλίγας τῶν νεῶν καθελκύσας ἐδίωκεν αὐτόν, ἐπεὶ δὲ οἱ Ἀθηναῖοι τῷ Ἀντιόχῳ ἐβοήθουν πλείοσι ναυσί, τότε δὴ καὶ πάσας ξυντάξας ἐπέπλει. Μετὰ δὲ ταῦτα καὶ οἱ Ἀθηναῖοι ἐκ τοῦ Νοτίου καθελκύσαντες τὰς λοιπὰς τριήρεις ἀνήχθησαν, ὡς ἕκαστος ἠνοίξεν. (14) Ἐκ τούτου δ᾽ ἐναυμάχησαν οἱ μὲν ἐν τάξει, οἱ δὲ Ἀθηναῖοι διεσπαρμέναις ταῖς ναυσί, μέχρι οὗ ἔφυγον ἀπολέσαντες πεντεκαίδεκα τριήρεις. Τῶν δὲ ἀνδρῶν οἱ μὲν πλεῖστοι ἐξέφυγον, οἱ δ᾽ ἐζωγρήθησαν. Λύσανδρος δὲ τάς τε ναῦς ἀναλαβὼν καὶ τρόπαιον στήσας ἐπὶ τοῦ Νοτίου διέπλευσεν εἰς Ἔφεσον, οἱ δ᾽ Ἀθηναῖοι εἰς Σάμον. (15) Μετὰ δὲ ταῦτα Ἀλκιβιάδης ἐλθὼν εἰς Σάμον ἀνήχθη ταῖς ναυσὶν ἁπάσαις ἐπὶ τὸν λιμένα τῶν Ἐφεσίων, καὶ πρὸ τοῦ στόματος παρέταξεν, εἴ τις βούλοιτο ναυμαχεῖν. Ἐπεὶ δὲ Λύσανδρος οὐκ ἀντανήγαγε διὰ τὸ πολλαῖς ναυσὶν ἐλαττοῦσθαι, ἀπέπλευσεν εἰς Σάμον. Λακεδαιμόνιοι δ᾽ ὀλίγῳ ὕστερον αἱροῦσι Δελφίνιον καὶ Ἠιόνα. (16) Οἱ δὲ ἐν οἴκῳ Ἀθηναῖοι, ἐπειδὴ ἠγγέλθη ἡ ναυμαχία, χαλεπῶς εἶχον τῷ Ἀλκιβιάδῃ, οἰόμενοι δι᾽ ἀμέλειάν τε καὶ ἀκράτειαν ἀπολωλεκέναι τὰς ναῦς, καὶ στρατηγοὺς εἴλοντο ἄλλους δέκα, Κόνωνα, Διομέδοντα, Λέοντα, Περικλέα, Ἐρασινίδην, Ἀριστοκράτην, Ἀρχέστρατον, Πρωτόμαχον, Θράσυλον, Ἀριστογένην. (17) Ἀλκιβιάδης μὲν οὖν πονηρῶς καὶ ἐν τῇ

dicerent, ut, si hoc stipendium daretur, Atheniensium nautæ relinquerent naves suas, ac minorem ipse sumptum faceret. Ille recte quidem aiebat eos dixisse, verum sibi fas non esse, ut aliter quid faciat, quam rex imperasset. Præterea sic esse in fœderum formula, ut in singulas naves, quotquot tandem alere Lacedæmoniis libeat, ninæ tringinta stipendii menstrui nomine numerentur. Subticuit tum Lysander. Verum a cœna, quum propinans ei Cyrus interrogaret, quam rem gratissimam ipsi facere posset : Si ad stipendium, inquit, singulorum nautarum obolum adjeceris. Ex eo tempore stipendium fuit obolorum quatuor, cum antehac trium fuisset. Præterea et stipendium prius illis debitum persolvit, et menstruum aliud ante tempus numeravit, quo factum, ut longe jam alacriores essent milites. Hæc quum Athenienses magno cum animi mœrore audiissent, Tissaphernis opera legatos ad Cyrum mittunt. Eos ille non admittebat, quamvis rogaret Cyrum Tissaphernes, ac diceret quæ Alcibiadis consilio ipse faceret : hoc enim unum se spectare, ne ulli Græcorum potentes essent, sed imbecilli potius omnes, suis ipsi dissidiis attriti. At Lysander, instructa classe, subductisque navibus, quæ Ephesi numero nonaginta erant, quiescendo eas reficiebat. Interea quum accepisset Alcibiades, Thrasybulum extra Hellespontum progressum munire Phocæam, ad eum navigavit, relicto apud classem gubernatore suo Antiocho, cum mandatis, ne adversus Lysandri classem proveheretur. Antiochus vero cum navi sua, et alia Notiana, in portum Ephesiorum invectus, ad ipsas Lysandri navium proras prætervehebatur. Tum Lysander, primo paucis navibus deductis, hominem insequutus est. At cum Athenienses Antiocho pluribus cum navibus opem ferrent, universa classe instructa, in eos perrexit. Itaque et Athenienses, reliquis triremibus e Notio deductis, in hostes provecti sunt, uti quisque sibi viam in altum aperuisset. Secundum hæc prœlium navale committitur, quum Lacedæmonii quidem servarent ordines, Atheniensium vero naves sparsæ vagarentur, donec amissis quindecim triremibus, terga dederunt. Ex iis maxima pars hominum fuga dilapsa est, reliqui vero hostis in potestatem vivi pervenerunt. Tum Lysander his navibus secum sumptis, et erecto ad Notium tropæo, Ephesum navigando trajecit ; Samum, Athenienses. Eo paulo post Alcibiades reversus, universa cum classe ad Ephesiorum portum provectus est, et aciem ante ostium ejus instruxit, si quis forte prœlio congredi vellet. At quum Lysander classem suam non educeret, quod navium numero longe inferior esset, Samum reversus est. Paulo post Delphinium et Eionem Lacedæmonii occupant. Interim Athenienses qui domi erant, perlata ad se de prœlio navali fama, Alcibiadi indignabantur, quem ab socordia et intemperantia naves has amisisse existimabant, aliosque decem elegere duces : Cononem, Diomedontem, Leontem, Periclem, Erasinidem, Aristocratem, Archestratum, Protomachum, Thrasylum, Aristogenem. Quamobrem Alcibiades, cujus

στρατιᾷ φερόμενος, λαβὼν τριήρη μίαν ἀπέπλευσεν εἰς Χερρόνησον εἰς τὰ ἑαυτοῦ τείχη. (18) Μετὰ δὲ ταῦτα Κόνων ἐκ τῆς Ἄνδρου ξὺν αἷς εἶχε ναυσὶν εἴκοσι ψηφισαμένων Ἀθηναίων εἰς Σάμον ἔπλευσεν ἐπὶ τὸ ναυτικόν. Ἀντὶ δὲ Κόνωνος εἰς Ἄνδρον ἔπεμψαν Φανοσθένην τέτταρας ναῦς ἔχοντα. (19) Οὗτος περιτυχὼν δυοῖν τριήροιν Θουρίαιν ἔλαβεν αὐτοῖς ἀνδράσι· καὶ τοὺς μὲν αἰχμαλώτους ἅπαντας ἔδησαν Ἀθηναῖοι, τὸν δὲ ἄρχοντα αὐτῶν Δωριέα, ὄντα μὲν Ῥόδιον, πάλαι δὲ φυγάδα ἐξ Ἀθηνῶν καὶ Ῥόδου ὑπὸ Ἀθηναίων κατεψηφισμένων αὐτοῦ θάνατον καὶ τῶν ἐκείνου συγγενῶν, πολιτεύοντα παρ' αὐτοῖς, ἐλεήσαντες ἀφεῖσαν οὐδὲ χρήματα πραξάμενοι. (20) Κόνων δ' ἐπεὶ εἰς τὴν Σάμον ἀφίκετο καὶ τὸ ναυτικὸν κατέλαβεν ἀθύμως ἔχον, ξυμπληρώσας τριήρεις ἑβδομήκοντα ἀντὶ τῶν προτέρων, οὐσῶν πλέον ἢ ἑκατόν, καὶ ταύταις ἀναγαγόμενος μετὰ τῶν ἄλλων στρατηγῶν, ἄλλοτε ἄλλῃ ἀποβαίνων τῆς τῶν πολεμίων χώρας ἐλῄζετο. (21) Καὶ ὁ ἐνιαυτὸς ἔληγεν, ἐν ᾧ Καρχηδόνιοι εἰς Σικελίαν στρατεύσαντες εἴκοσι καὶ ἑκατὸν τριήρεσι καὶ πεζῆς στρατιᾶς δώδεκα μυριάσιν εἷλον Ἀκράγαντα λιμῷ, μάχῃ μὲν ἡττηθέντες, προσκαθεζόμενοι δὲ ἑπτὰ μῆνας.

ΚΕΦΑΛΑΙΟΝ ϛ.

Τῷ δ' ἐπιόντι ἔτει, ᾧ ἥ τε σελήνη ἐξέλιπεν ἑσπέρας καὶ ὁ παλαιὸς τῆς Ἀθηνᾶς νεὼς ἐν Ἀθήναις ἐνεπρήσθη, Πιτύα μὲν ἐφορεύοντος, ἄρχοντος δὲ Καλλίου Ἀθήνησιν, οἱ Λακεδαιμόνιοι τῷ Λυσάνδρῳ παρεληλυθότος ἤδη τοῦ χρόνου καὶ τῷ πολέμῳ τεττάρων καὶ εἴκοσιν ἐτῶν ἔπεμψαν ἐπὶ τὰς ναῦς Καλλικρατίδαν. (2) Ὅτε δὲ παρεδίδου ὁ Λύσανδρος τὰς ναῦς, ἔλεγε τῷ Καλλικρατίδᾳ ὅτι θαλαττοκράτωρ τε παραδοίη καὶ ναυμαχίᾳ νενικηκώς. Ὁ δὲ αὐτὸν ἐκέλευσεν ἐξ Ἐφέσου ἐν ἀριστερᾷ Σάμου παραπλεύσαντα, οὗ ἦσαν αἱ τῶν Ἀθηναίων νῆες, ἐν Μιλήτῳ παραδοῦναι τὰς ναῦς, καὶ ὁμολογήσειν θαλαττοκρατεῖν. (3) Οὐ φαμένου δὲ τοῦ Λυσάνδρου πολυπραγμονεῖν ἄλλου ἄρχοντος, αὐτὸς ὁ Καλλικρατίδας πρὸς αἷς παρὰ Λυσάνδρου ἔλαβε ναυσὶ προσεπλήρωσεν ἐκ Χίου καὶ Ῥόδου καὶ ἄλλοθεν ἀπὸ τῶν ξυμμάχων πεντήκοντα ναῦς. Ταύτας δὲ πάσας ἀθροίσας, οὔσας τετταράκοντα καὶ ἑκατόν, παρεσκευάζετο ὡς ἀπαντησόμενος τοῖς πολεμίοις. (4) Καταμαθὼν δὲ ὑπὸ τῶν Λυσάνδρου φίλων καταστασιαζόμενος, οὐ μόνον ἀπροθύμως ὑπηρετούντων, ἀλλὰ καὶ διαθροούντων ἐν ταῖς πόλεσιν ὅτι Λακεδαιμόνιοι μέγιστα παραπίπτοιεν ἐν τῷ διαλλάττειν τοὺς ναυάρχους, πολλάκις ἀντ' ἐπιτηδείων γενομένων καὶ ἄρτι ξυνιέντων τὰ ναυτικὰ καὶ ἀνθρώποις ὡς χρηστέον γιγνωσκόντων ἀπείρους δὴ θαλάττης πέμποντες καὶ ἀγνῶτας τοῖς ἐκεῖ, κινδυνεύοιέν τέ τι παθεῖν διὰ τοῦτο, ἐκ τούτου δὲ ὁ Καλλικρατίδας, ξυγκαλέσας τοὺς Λακεδαιμονίων ἐκεῖ παρόντας ἔλεγεν αὐτοῖς τοιάδε.

res etiam apud exercitum laborabant, in Chersonesum una triremi ad castella sua discessit. Secundum haec Conon cum viginti navibus, quas habebat, ex decreto Atheniensium, ab Andro Samum ad imperium classis navigavit. Ejus loco in Andrum Phanosthenes cum quatuor navibus missus est. Is quum in Thurias triremes duas incidisset, utramque cum ipsis vectoribus cepit. Tum Athenienses omnes hos captivos in vincula conjecerunt, praeter unum ipsorum ducem Dorieum, qui, quum patria Rhodius esset, ac jamdudum Athenis et Rhodo exularet propter Athenienses, qui et ipsum et propinquos ipsius capitis damnaverant, apud Thurios, jus civitatis adeptus, vivebat : hunc misericordia moti, ne pretio quidem postulato, dimisere. Conon posteaquam ad insulam Samum pervenit, copiasque navales misere affectas reperit, expleto tantum septuaginta triremium numero, priorum loco, quae plures quam centum fuerant, et provectus his in altum cum ceteris ducibus, alias alibi escendens in hostium ditionem, praedas agebat. Hic ejus anni finis fuit, quo Carthaginienses cum centum et viginti triremibus, et cum centum viginti millibus terrestris exercitus, in Siciliam profecti, Agrigentum ad deditionem fame compulerunt; quum ipsi, praelio licet superati, totos tamen septem menses oppidum obsiderent.

CAPUT VI.

Anno sequenti, quo luna vespere defecit, et priscum Minervae fanum Athenis deflagravit, Pitya magistratum Ephori gerente, Archontis autem apud Athenienses Callia, Lacedaemonii Lysandro, cujus jam annus exierat, qui erat annus belli vicesimus quartus, successorem Callicratidam ad classem misere. Quum autem naves Lysander traderet, aiebat Callicratidae, ita se illas ei tradere ut qui maris imperium obtineret, ac praelio navali victor extitisset. At ille jussit, Epheso discedentem, ac Samum eum ad sinistram praetervectum, quo loco naves Atheniensium erant, Mileti classem ipsi tradere : ita se fassurum, quod maris imperium obtineat. Negante Lysandro, se alio imperium obtinente, curiosum esse velle, Callicratidas ipse classem a Lysandro acceptam, coactis e Chio, Rhodo, atque ab aliis sociis quinquaginta navibus, adauxit; quibus omnibus collectis, quae numero erant centum et quadraginta, ad occurrendum hosti se paravit. Verum ubi se intellexit a Lysandri amicorum factione oppugnari, non solum segniter ipsi morem gerentium, sed etiam spargentium per urbes, maxime in eo peccare Lacedaemonios, quod toties navarchos mutarent, ac saepius pro iis qui periti evasissent et rei navalis usum jam percepissent, nossent denique quo pacto cum hominibus agendum esset, mitterent successores et maris imperitos et ignotos maritimis; adeoque periculum non omnino nullum esse, ne sic detrimenti quid capiant : quapropter Callicratidas, omnibus, quotquot aderant, Lacedaemoniis convocatis, in hanc eum eis sententiam agit :

5. Ἐμοὶ μὲν ἀρκεῖ οἴκοι μένειν, καὶ εἴτε Λύσανδρος εἴτε ἄλλος τις ἐμπειρότερος περὶ τὰ ναυτικὰ βούλεται εἶναι, οὐ κωλύω τὰ κατ' ἐμέ· ἐγὼ δ' ὑπὸ τῆς πόλεως ἐπὶ τὰς ναῦς πεμφθεὶς οὐκ ἔχω τί ἄλλο ποιῶ ἢ τὰ κελευόμενα ὡς ἂν δύνωμαι κράτιστα. Ὑμεῖς δὲ πρὸς ἃ ἐγώ τε φιλοτιμοῦμαι καὶ ἡ πόλις ἡμῶν αἰτιάζεται, ἴστε γὰρ αὐτὰ ὥσπερ καὶ ἐγώ, ξυμβουλεύετε τὰ ἄριστα ὑμῖν δοκοῦντα εἶναι περὶ τοῦ ἐμὲ ἐνθάδε μένειν ἢ οἴκαδε ἀποπλεῖν ἐροῦντα τὰ καθεστῶτα ἐνθάδε.

6. Οὐδενὸς δὲ τολμήσαντος ἄλλο τι εἰπεῖν ἢ τοῖς οἴκοι πείθεσθαι ποιεῖν τε ἐφ' ἃ ἥκει, ἐλθὼν παρὰ Κῦρον ᾔτει μισθὸν τοῖς ναύταις. (7) Ὁ δὲ αὐτῷ εἶπε δύο ἡμέρας ἐπισχεῖν. Καλλικρατίδας δὲ ἀχθεσθεὶς τῇ ἀναβολῇ καὶ ταῖς ἐπὶ τὰς θύρας φοιτήσεσιν ὀργισθεὶς καὶ εἰπὼν ἀθλιωτάτους εἶναι τοὺς Ἕλληνας, ὅτι βαρβάρους κολακεύουσιν ἕνεκα ἀργυρίου, φάσκων τε, ἢν σωθῇ οἴκαδε, κατά γε τὸ αὐτῷ δυνατὸν διαλλάξειν Ἀθηναίους καὶ Λακεδαιμονίους, ἀπέπλευσεν εἰς Μίλητον· (8) κἀκεῖθεν πέμψας τριήρεις εἰς Λακεδαίμονα ἐπὶ χρήματα, ἐκκλησίαν ἀθροίσας τῶν Μιλησίων τάδε εἶπεν.

Ἐμοὶ μὲν, ὦ Μιλήσιοι, ἀνάγκη τοῖς οἴκοι ἄρχουσι πείθεσθαι· ὑμᾶς δὲ ἐγὼ ἀξιῶ προθυμοτάτους εἶναι ὡς τὸν πόλεμον διὰ τὸ οἰκοῦντας ἐν βαρβάροις πλεῖστα κακὰ ἤδη ὑπ' αὐτῶν πεπονθέναι. (9) Δεῖ δ' ὑμᾶς ἐξηγεῖσθαι τοῖς ἄλλοις ξυμμάχοις ὅπως ἂν τάχιστά τε καὶ μάλιστα βλάπτωμεν τοὺς πολεμίους, ἕως ἂν οἱ ἐκ Λακεδαίμονος ἥκωσιν, οὓς ἐγὼ ἔπεμψα χρήματα ἄξοντας, (10) ἐπεὶ τὰ ἐνθάδε ὑπάρχοντα Λύσανδρος Κύρῳ ἀποδοὺς ὡς περιττὰ ὄντα οἴχεται· Κῦρος δὲ ἐλθόντος ἐμοῦ ἐπ' αὐτὸν ἀεὶ ἀνεβάλλετό μοι διαλεχθῆναι, ἐγὼ δὲ ἐπὶ τὰς ἐκείνου θύρας φοιτᾶν οὐκ ἠδυνάμην ἐμαυτὸν πεῖσαι. (11) Ὑπισχνοῦμαι δ' ὑμῖν ἀντὶ τῶν ξυμβάντων ἡμῖν ἀγαθῶν ἐν τῷ χρόνῳ ᾧ ἂν ἐκεῖνα προσδεχώμεθα χάριν ἀξίαν ἀποδώσειν. Ἀλλὰ ξὺν τοῖς θεοῖς δείξωμεν τοῖς βαρβάροις ὅτι καὶ ἄνευ τοῦ ἐκείνους θαυμάζειν δυνάμεθα τοὺς ἐχθροὺς τιμωρεῖσθαι.

12. Ἐπεὶ δὲ ταῦτ' εἶπεν, ἀνιστάμενοι πολλοὶ καὶ μάλιστα οἱ αἰτιαζόμενοι ἐναντιοῦσθαι δεδιότες εἰσηγοῦντο πόρον χρημάτων καὶ αὐτοὶ ἐπαγγελλόμενοι ἰδίᾳ. Λαβὼν δὲ ταῦτα ἐκεῖνος καὶ ἐκ Χίου πεντεδραχμίαν ἑκάστῳ τῶν ναυτῶν ἐφοδιασάμενος ἔπλευσε τῆς Λέσβου ἐπὶ Μήθυμναν πολεμίαν οὖσαν. (13) Οὐ βουλομένων δὲ τῶν Μηθυμναίων προσχωρεῖν, ἀλλ' ἐμφρούρων ὄντων Ἀθηναίων καὶ τῶν τὰ πράγματα ἐχόντων ἀττικιζόντων, προσβαλὼν αἱρεῖ τὴν πόλιν κατὰ κράτος. (14) Τὰ μὲν οὖν χρήματα πάντα διήρπαζον οἱ στρατιῶται, τὰ δὲ ἀνδράποδα πάντα ξυνήθροισεν ὁ Καλλικρατίδας εἰς τὴν ἀγοράν, καὶ κελευόντων τῶν ξυμμάχων ἀποδόσθαι καὶ τοὺς Μηθυμναίους οὐκ ἔφη ἑαυτοῦ γε ἄρχοντος οὐδένα Ἑλλήνων εἰς τὸ ἐκείνου δυνατὸν ἀνδραποδισθῆναι. (15) Τῇ δ' ὑστεραίᾳ τοὺς μὲν ἐλευθέρους ἀφῆκε, τοὺς δὲ τῶν Ἀθηναίων φρουροὺς καὶ τὰ ἀνδράποδα τὰ δοῦλα πάντα ἀπέδοτο· Κόνωνι δὲ εἶπεν ὅτι παύσει αὐτὸν μοιχῶντα τὴν θάλατταν. Κατιδὼν δὲ αὐτὸν ἀναγόμενον

« Satis est mihi, domi manere ; nec, quod in me est, prohibeo, quominus vel Lysander, vel alius quisquam peritior rerum nauticarum velit haberi. Ego vero jussu patriæ missus ad classem, aliud quod agam non habeo, nisi ut quæ mihi mandata sunt, præclarissime pro mea virili exsequar. Vos autem, habita ratione eorum, in quibus equidem magno studio versor et civitas nostra incusatur (sunt enim illa perinde vobis nota ac mihi), in medium proferatis velim ea, quæ maxime vobis ex usu videntur, manendumne mihi sit hic, an domum navigandum, ut qui rerum hic status sit, exponam. »

Quum dicere aliquid auderet nemo, quam patriæ magistratibus parendum esse, eaque facienda, quorum causa adesset : ad Cyrum profectus, nautis stipendium poscebat. Is vero biduum exspectare illum jussit. Graviter eam dilationem pertæsus Callicratidas, et frequentibus illis ad portas cursitationibus iratus, quum Græcos mortalium miserrimos esse diceret, qui pecuniæ causa barbaris adularentur, atque etiam adderet, se, si domum salvus rediret, pro virili Athenienses ac Lacedæmonios reconciliaturum : Miletum discessit. Inde missis Lacedæmonem triremibus ad poscendam pecuniam, et convocatis ad concionem Milesiis, hanc orationem habuit :

« Me quidem, Milesii, patriæ magistratibus obtemperare necesse est : a vobis autem peto, ut imprimis strenue bello huic incumbatis; nam quia medios inter barbaros habitatis jampridem ab eis mala plurima perpessi estis. Æquum vero est, vos sociis reliquis in eo præire, ut interea summa celeritate hostes detrimento maximo afficiamus, donec Lacedæmone ii, quos afferendæ pecuniæ causa misi, reversi fuerint. Etenim quod hic erat pecuniæ, id discedens Lysander, tanquam superfluum, Cyro restituit. Cyrus autem, quum ad ipsum venissem, moram semper interponebat, quo me minus ad colloquium admitteret ; ego vero persuadere mihi non poteram, ut frequenter ad ipsius portas accederem. Polliceor autem vobis, pro his illis commodis, quæ interea nobis evenerint, dum pecuniam domo exspectamus, dignam vobis gratiam relaturum. Ostendamus barbaris tandem, diis bene juvantibus, posse nos ulcisci hostes nostros, licet ipsos non veneremur. »

Hæc quum dixisset, surrexere multi, maximeque illi, qui quod Callicratidæ adversarentur, insimulabantur, præque metu rationem pecuniæ conficiundæ ostendebant, et privatim etiam de suo pollicebantur. Hac ille accepta pecunia, et e Chio præterea quinque drachmarum viatico in nautas singulos coacto, Methymnam, Lesbi oppidum, quod ab hostium partibus stabat, profectus est. Quum Methymnæi transire ad ipsum nollent, quod Athenienses præsidiarios haberent, atque illi, qui opulentissimi erant, Atheniensium partes sequerentur, admotis copiis, oppidum vi capit. Tum fortunas eorum omnes diripuerunt milites, mancipia vero cuncta in forum Callicratidas coegit ; quumque socii Methymnæos etiam vendi vellent, respondit, se imperatore Græcorum neminem in servitutem redactum iri, quantum quidem in ipso esset. Postridie liberos illos dimisit, sed præsidiarios Atheniensium, ac servilis conditionis captivos omnes vendidit. Cononi etiam denuntiavit, effecturum se, ne deinceps maris dominium sibi alienum usurparet. Quumque

ἅμα τῇ ἡμέρᾳ, ἐδίωκεν ὑποτεμνόμενος τὸν εἰς Σάμον πλοῦν, ὅπως μὴ ἐκεῖσε φύγῃ. (16) Κόνων δ' ἔφευγε ταῖς ναυσὶν εὖ πλεούσαις διὰ τὸ ἐκ πολλῶν πληρωμάτων εἰς ὀλίγας ἐκλελέχθαι τοὺς ἀρίστους ἐρέτας, καὶ καταφεύγει εἰς Μυτιλήνην τῆς Λέσβου καὶ ξὺν αὐτῷ τῶν δέκα στρατηγῶν Λέων καὶ Ἐρασινίδης. Καλλικρατίδας δὲ ξυνεισέπλευσεν εἰς τὸν λιμένα, διώκων ναυσὶν ἑκατὸν καὶ ἑβδομήκοντα. (17) Κόνων δὲ ὡς ἔφθη ὑπὸ τῶν πολεμίων κατακολυθείς, ἠναγκάσθη ναυμαχῆσαι πρὸς τῷ λιμένι, καὶ ἀπώλεσε ναῦς τριάκοντα· οἱ δ' ἄνδρες εἰς τὴν γῆν ἀπέφυγον· τὰς δὲ λοιπὰς τῶν νεῶν, τετταράκοντα οὔσας, ὑπὸ τῷ τείχει ἀνείλκυσε. (18) Καλλικρατίδας δὲ ἐν τῷ λιμένι ὁρμισάμενος ἐπολιόρκει ἐνταῦθα, τὸν ἔκπλουν ἔχων. Καὶ κατὰ γῆν μεταπεμψάμενος τοὺς Μηθυμναίους πανδημεὶ καὶ ἐκ τῆς Χίου τὸ στράτευμα διεβίβασε· χρήματά τε παρὰ Κύρου αὐτῷ ἦλθεν. (19) Ὁ δὲ Κόνων ἐπεὶ ἐπολιορκεῖτο καὶ κατὰ γῆν καὶ κατὰ θάλατταν, καὶ σίτου οὐδαμόθεν ἦν εὐπορῆσαι, οἱ δὲ ἄνθρωποι πολλοὶ ἐν τῇ πόλει ἦσαν, καὶ οἱ Ἀθηναῖοι οὐκ ἐβοήθουν διὰ τὸ μὴ πυνθάνεσθαι ταῦτα, καθελκύσας τῶν νεῶν τὰς ἄριστα πλεούσας δύο ἐπλήρωσε πρὸ ἡμέρας, ἐξ ἁπασῶν τῶν νεῶν τοὺς ἀρίστους ἐρέτας ἐκλέξας καὶ τοὺς ἐπιβάτας εἰς κοίλην ναῦν μεταβιβάσας καὶ τὰ παραρρύμματα παραβαλών. (20) Τὴν μὲν οὖν ἡμέραν οὕτως ἀνεῖχεν, εἰς δὲ τὴν ἑσπέραν, ἐπεὶ σκότος εἴη, ἐξεβίβαζεν, ὡς μὴ καταδήλους εἶναι τοῖς πολεμίοις ταῦτα ποιοῦντας. Πέμπτῃ δὲ ἡμέρᾳ εἰσθέμενοι σῖτα μέτρια, ἐπειδὴ ἤδη μέσον ἡμέρας ἦν καὶ οἱ ἐφορμοῦντες ὀλιγώρεος εἶχον καὶ ἔνιοι ἀνεπαύοντο, ἐξέπλευσαν ἔξω τοῦ λιμένος, καὶ ἡ μὲν ἐπὶ Ἑλλησπόντου ὥρμησεν, ἡ δὲ εἰς τὸ πέλαγος. (21) Τῶν δ' ἐφορμουόντων, ὡς ἕκαστοι ἤνοιγον, τάς τε ἀγκύρας ἀπακόπτοντες καὶ ἐγειρόμενοι ἐβοήθουν τεταραγμένοι, τυχόντες ἐν τῇ γῇ ἀριστοποιούμενοι· εἰσβάντες δὲ ἐδίωκον τὴν εἰς τὸ πέλαγος ἀφορμήσασαν, καὶ ἅμα τῷ ἡλίῳ δύνοντι κατέλαβον, καὶ κρατήσαντες μάχῃ, ἀναδησάμενοι ἀπῆγον εἰς τὸ στρατόπεδον αὐτοῖς ἀνδράσιν. (22) Ἡ δ' ἐπὶ τοῦ Ἑλλησπόντου φυγοῦσα ναῦς διέφυγε, καὶ ἀφικομένη εἰς τὰς Ἀθήνας ἐξαγγέλλει τὴν πολιορκίαν. Διομέδων δὲ βοηθῶν Κόνωνι πολιορκουμένῳ δώδεκα ναυσὶν ὡρμίσατο εἰς τὸν εὔριπον τῶν Μυτιληναίων. (23) Ὁ δὲ Καλλικρατίδας ἐπιπλεύσας αὐτῷ ἐξαίφνης δέκα μὲν τῶν νεῶν ἔλαβε, Διομέδων δ' ἔφυγε τῇ τε αὐτοῦ καὶ ἄλλῃ. (24) Οἱ δὲ Ἀθηναῖοι τὰ γεγενημένα καὶ τὴν πολιορκίαν ἐπεὶ ἤκουσαν, ἐψηφίσαντο βοηθεῖν ναυσὶν ἑκατὸν καὶ δέκα, εἰσβιβάζοντες τοὺς ἐν ἡλικίᾳ ὄντας ἅπαντας καὶ δούλους καὶ ἐλευθέρους· καὶ πληρώσαντες τὰς δέκα καὶ ἑκατὸν ἐν τριάκοντα ἡμέραις ἀπῆραν. (25) Εἰσέβησαν δὲ καὶ τῶν ἱππέων πολλοί. Μετὰ ταῦτα ἀνήχθησαν εἰς Σάμον, κἀκεῖθεν Σαμίας ναῦς ἔλαβον δέκα· ἤθροισαν δὲ καὶ ἄλλας πλείους ἢ τριάκοντα παρὰ τῶν ἄλλων ξυμμάχων, εἰσβαίνειν ἀναγκάσαντες ἅπαντας, ὁμοίως δὲ καὶ εἴ τινες αὐτοῖς ἔτυχον ἔξω οὖσαι. Ἐγένοντο δὲ αἱ πᾶσαι πλείους ἢ πεντήκοντα καὶ ἑκατόν. (26) Ὁ δὲ

illum prima luce proveli videret in altum, intercepto itinere, ne Samum se fuga recipere posset, insequutus est. At Conon fugam cum navibus expeditis faciebat, quod de multis navalibus peritissimos remiges in paucas naves elegerat; seque cum duobus e decem ducibus, Leonte et Erasinide, Mitylenen oppidum Lesbi recepit. Eum cum centum et septuaginta navibus Callicratidas persequens, in eundem portum navigavit. Tum Conon, quem hostes antevertendo interclusissent, ad portum navali pugna decernere coactus fuit, et triginta naves amisit, hominibus ad terram fugiendo elapsis; reliquas quadraginta naves sub ipsum muram subduxit. At Callicratidas portum ingressus Cononem illic obsidebat, ostium portus obtinens; atque etiam terra Methymnæorum plebe omni arcessita, de Chio quoque copias traduxit; allata fuit tunc ipsi et a Cyro pecunia. Conon, quum terra marique obsideretur, neque commeatus parare copiam alicunde posset, quum et magna esset hominum in oppido multitudo, et Athenienses opem non ferrent, quod horum nihil adhuc comperissent : naves duas ex omni numero expeditissimas in mare deduxit, et ante diem instruxit, deque navibus universis remiges optimos delegit, in navem concavam milites classiarios imposuit, pluteos injecit. Ac die quidem illo ita. Sub vesperam, ubi primum tenebræ oborirentur, in terram eos exponebat, ne id ipsos agere hostibus innotesceret. Die quinto, cibariis, quantum satis esset, instructi, ipso meridie, quum speculatores partim negligenter hæc observarent, partim etiam quieti se dedissent, e portu navigarunt, provecta in altum navi una, versus Hellespontum tendente altera. Tum illi, qui agebant in excubiis, uti quisque sibi viam aperiebat, ancoras abrumpere, excitari, cum tumultu accurrere : nam forte tunc in litore prandebant. Quumque conscendissent naves, illam, quæ in altum se proripuerat, insequuti sunt, ac sole jam occidente ad eam pervenerunt; tum, prœlio commisso, vi ea potiti sunt, ac religatam cum ipsis vectoribus ad castra suam deduxere. At altera navis, quæ versus Hellespontum se contulerat, effugit, Athenasque delata, classem obsideri nuntiat. Tum ferens opem Cononi obsesso Diomedon, cum duodecim navibus in Mitylenæorum fretum se contulit. Verum Callicratidas qui, re improvisa, adversus hunc navigavit, decem naves cepit; Diomedon autem cum sua, et quadam alia, dilapsus est. Hoc quum accidisse, atque adhuc obsideri suos Athenienses accepere, centum ac decem navibus sibi succurrendum esse decreverunt, in quas universi qui adolevissent, servi ac liberi, imponerentur. Qua classe centum et decem navium intra diem trigesimum instructa, solverunt, magna etiam equitum parte ingressa. Inde Samum pervenere; ubi quum naves Samias decem sibi adjunxerunt, etiam alias a sociis aliis collegerunt, plures quam triginta, coactis omnibus, ut eas conscenderent; idem de navibus illis factum, quas forte tunc foris habebant. Universæ plures fuere quam centum et quinquaginta. Postea-

22.

Καλλικρατίδας ἀκούων τὴν βοήθειαν ἤδη ἐν Σάμῳ οὖσαν, αὐτοῦ μὲν κατέλιπε πεντήκοντα ναῦς καὶ ἄρχοντα Ἐτεόνικον, ταῖς δὲ εἴκοσι καὶ ἑκατὸν ἀναχθεὶς ἐδειπνοποιεῖτο τῆς Λέσβου ἐπὶ τῇ Μαλέᾳ ἄκρᾳ ἀντίον τῆς Μυτιλήνης. (27) Τῇ δ' αὐτῇ ἡμέρᾳ ἔτυχον καὶ οἱ Ἀθηναῖοι δειπνοποιούμενοι ἐν ταῖς Ἀργινούσαις· αὗται δ' εἰσὶν ἀντίον τῆς Λέσβου. (28) Τῆς δὲ νυκτὸς ἰδὼν τὰ πυρά, καί τινων αὐτῷ ἐξαγγειλάντων ὅτι οἱ Ἀθηναῖοι εἶεν, ἀνήγετο περὶ μέσας νύκτας, ὡς ἐξαπιναίως προσπέσοι· ὕδωρ δ' ἐπιγενόμενον πολὺ καὶ βρονταὶ διεκώλυσαν τὴν ἀναγωγήν. Ἐπεὶ δὲ ἀνέσχεν, ἅμα τῇ ἡμέρᾳ ἔπλει ἐπὶ τὰς Ἀργινούσας. (29) Οἱ δ' Ἀθηναῖοι ἀντανήγοντο εἰς τὸ πέλαγος τῷ εὐωνύμῳ, παρατεταγμένοι ὧδε. Ἀριστοκράτης μὲν τὸ εὐώνυμον ἔχων ἡγεῖτο πεντεκαίδεκα ναυσί, μετὰ δὲ ταῦτα Διομέδων ἑτέραις πεντεκαίδεκα· ἐπετέτακτο δὲ Ἀριστοκράτει μὲν Περικλῆς, Διομέδοντι δὲ Ἐρασινίδης· παρὰ δὲ Διομέδοντα οἱ Σάμιοι δέκα ναυσὶν ἐπὶ μιᾶς τεταγμένοι· ἐστρατήγει δὲ αὐτῶν Σάμιος ὀνόματι Ἱππεύς· ἐχόμεναι δὲ αἱ τῶν ταξιάρχων δέκα, καὶ αὗται ἐπὶ μιᾶς· ἐπὶ δὲ ταύταις αἱ τῶν ναυάρχων τρεῖς, καὶ εἴ τινες ἄλλαι ἦσαν ξυμμαχίδες. (30) Τὸ δὲ δεξιὸν κέρας Πρωτόμαχος εἶχε πεντεκαίδεκα ναυσί· παρὰ δ' αὐτῶν Θράσυλος ἑτέραις πεντεκαίδεκα· ἐπετέτακτο δὲ Πρωτομάχῳ μὲν Λυσίας, ἔχων τὰς ἴσας ναῦς· Θρασύλῳ δὲ Ἀριστογένης. (31) Οὕτω δ' ἐτάχθησαν, ἵνα μὴ διέκπλουν διδοῖεν· χεῖρον γὰρ ἔπλεον. Αἱ δὲ τῶν Λακεδαιμονίων ἀντιτεταγμέναι ἦσαν ἅπασαι ἐπὶ μιᾶς ὡς πρὸς διέκπλουν καὶ περίπλουν παρεσκευασμέναι, διὰ τὸ βέλτιον πλεῖν. Εἶχε δὲ τὸ δεξιὸν κέρας Καλλικρατίδας. (32) Ἕρμων δὲ Μεγαρεύς ὁ τῷ Καλλικρατίδᾳ κυβερνῶν εἶπε πρὸς αὐτὸν ὅτι εἴη καλῶς ἔχον ἀποπλεῦσαι· αἱ γὰρ τριήρεις τῶν Ἀθηναίων πολλῷ πλέονες ἦσαν. Καλλικρατίδας δὲ εἶπεν ὅτι ἡ Σπάρτη, οὐδὲν [μὴ] κάκιον οἰκεῖται αὐτοῦ ἀποθανόντος, φεύγειν δὲ αἰσχρὸν εἶναι ἔφη. (33) Μετὰ δὲ ταῦτα ἐναυμάχησαν χρόνον πολύν, πρῶτον μὲν ἁθρόαι, ἔπειτα δὲ διεσκεδασμέναι. Ἐπεὶ δὲ Καλλικρατίδας τε ἐμβαλούσης τῆς νεὼς ἀποπεσὼν εἰς τὴν θάλατταν ἠφανίσθη Πρωτόμαχός τε καὶ οἱ μετ' αὐτοῦ τῷ δεξιῷ τὸ εὐώνυμον ἐνίκησαν, ἐντεῦθεν φυγὴ τῶν Πελοποννησίων ἐγένετο εἰς Χίον, πλείστων δὲ καὶ εἰς Φώκαιαν· οἱ δὲ Ἀθηναῖοι πάλιν εἰς τὰς Ἀργινούσας κατέπλευσαν. (34) Ἀπώλοντο δὲ τῶν μὲν Ἀθηναίων νῆες πέντε καὶ εἴκοσι αὐτοῖς ἀνδράσιν ἐκτὸς ὀλίγων τῶν πρὸς τὴν γῆν προσενεχθέντων· τῶν δὲ Πελοποννησίων Λακωνικαὶ μὲν ἐννέα, πασῶν οὐσῶν δέκα, τῶν δ' ἄλλων ξυμμάχων πλείους ἢ ἑξήκοντα. (35) Ἔδοξε δὲ [καὶ] τοῖς τῶν Ἀθηναίων στρατηγοῖς ἑπτὰ μὲν καὶ τετταράκοντα ναυσὶ Θηραμένην τε καὶ Θρασύβουλον τριηράρχους ὄντας καὶ τῶν ταξιάρχων τινὰς πλεῖν ἐπὶ τὰς καταδεδυκυίας ναῦς καὶ τοὺς ἐπ' αὐτῶν ἀνθρώπους, ταῖς δ' ἄλλαις ἐπὶ τὰς μετ' Ἐτεονίκου τῇ Μυτιλήνῃ ἐφορμούσας. Ταῦτα δὲ βουλομένους ποιεῖν ἄνεμος καὶ χειμὼν αὐτοὺς διεκώλυσε μέγας γενόμενος· τρόπαιον δὲ

quam accepit Callicratidas, jam apud Samum Atheniensium classem esse, quæ suis opem ferret, naves ad obsidionem quinquaginta reliquit, eisque præfecit Eteonicum; cum ceteris centum viginti navibus provectus in altum ad Maleam Lesbi promontorium, e regione Mitylenæ, cœna suorum corpora curavit. Eodem die forte fortuna etiam Athenienses ad Arginusas cœnabant, quæ et ipsæ e regione Lesbi sunt. Noctu Callicratidas conspectis hostium ignibus, ac nonnullis renuntiantibus esse hos Athenienses, circiter noctem mediam solvit, ut eos subito nec opinantes invaderet. Verum imbribus copiosis ac tonitruis impeditus, progredi non potuit. Ut primum tempestas cessavit, prima luce navigat versus Arginusas. Ei læva parte occurrere in alto Athenienses, in hunc modum acie instructa: prima in fronte ad lævam cum quindecim navibus Aristocrates erat, deinde cum aliis quindecim Diomedon. Post Aristocratum, Pericles, post Diomedontem, Erasinides, collocati erant. Propter Diomedontem Samii cum decem navibus singillatim instructi erant; quorum dux erat Samius, nomine Hippeas. His proximæ tribunorum decem naves erant, et ipsæ singillatim instructæ. Secundum has, tres classi præfectorum, et si quæ aliæ sociorum naves erant. Dextrum cornu cum navibus quindecim Protomachus tenebat, et juxta eum Thrasylus cum aliis quindecim navibus. Post Protomachum Lysias cum navibus totidem, post Thrasylum Aristogenes collocatus erat. Atque hoc modo aciem instruxerant, ne perrumpendi classem suam hosti facultatem concederent. Erant enim ipsorum naves minus ad navigandum expeditæ. At Lacedæmoniorum naves universæ singillatim instructæ, et ad perruptionem classis hostilis, et circumventionem comparatæ erant, propterea quod expeditius veherentur. Cornu dextrum Callicratidas ipse tenebat. Atque hic Hermon Megarensis, Callicratidæ gubernator, cum monet, recte sibi consulturum, si discederet. Nam triremium numero longe superiores erant Athenienses. Ei respondit Callicratidas : Spartam, se moriente, nihilo pejus habituram; sibi vero fugam esse turpissimam. Post hæc diu certatum est, primo confertis navibus, deinde sparsim. Verum postea quam et Callicratidas, irruptione cum navi sua in hostium classem facta, in mare delapsus nusquam apparuit, et Protomachus atque illi, qui aderant ei, cornu dextro lævum hostile vicerunt : tunc Peloponnesii fuga se in Chium, maximaque ex parte Phocæam recepere. Athenienses vero ad Arginusas redierunt. Amiserunt hi naves quinque et viginti una cum vectoribus, paucis exceptis qui ad litus evasere. Peloponnesii, ex navibus Lacedæmoniorum novem (quum harum numerus universarum esset decem), ex reliquorum sociorum navibus supra sexaginta desideraruni. Secundum hæc statuunt Atheniensium duces, ut cum quadraginta septem navibus triremium præfecti Theramenes et Thrasybulus, ac tribuni quidam, ad demersas naves ac naufragos pergerent, ceteræ adversus illas, quæ cum Eteonico apud Mitylenæn stationem haberent, navigarent. Quæ quum facere vellent, a vento et tempestate, quæ tunc ingens cooriebatur, sunt impediti. Quamobrem eo loci manebant

στήσαντες αὐτοῦ ηὐλίζοντο. (30) Τῷ δ' Ἐτεονίκῳ ὁ ὑπηρετικὸς κέλης πάντα ἐξήγγειλε τὰ περὶ τὴν ναυμαχίαν. Ὁ δὲ αὖτὸν πάλιν ἐξέπεμψεν εἰπὼν τοῖς ἐνοῦσι σιωπῇ ἐκπλεῖν καὶ μηδενὶ διαλέγεσθαι, παραχρῆμα δὲ αὖθις πλεῖν εἰς τὸ ἑαυτῶν στρατόπεδον ἐστεφανωμένους καὶ βοῶντας ὅτι Καλλικρατίδας νενίκηκε ναυμαχῶν καὶ ὅτι αἱ τῶν Ἀθηναίων νῆες ἀπολώλασιν ἅπασαι. (31) Καὶ οἱ μὲν ταῦτ᾽ ἐποίουν· αὐτὸς δ᾽, ἐπειδὴ ἐκεῖνοι κατέπλεον, ἔθυε τὰ εὐαγγέλια, καὶ τοῖς στρατιώταις παρήγγειλε δειπνοποιεῖσθαι, καὶ τοῖς ἐμπόροις τὰ χρήματα σιωπῇ ἐνθεμένους εἰς τὰ πλοῖα ἀποπλεῖν εἰς Χίον, ἦν δὲ τὸ πνεῦμα οὔριον, καὶ τὰς τριήρεις τὴν ταχίστην. Αὐτὸς δὲ τὸ πεζὸν ἀπῆγεν εἰς τὴν Μήθυμναν, τὸ στρατόπεδον ἐμπρήσας. (28) Κόνων δὲ καθελκύσας τὰς ναῦς, ἐπεί οἵ τε πολέμιοι ἀποδεδράκεσαν καὶ ὁ ἄνεμος εὐδιαίτερος ἦν, ἀπαντήσας τοῖς Ἀθηναίοις ἤδη ἀνηγμένοις ἐκ τῶν Ἀργινουσῶν ἔφρασε τὰ περὶ τοῦ Ἐτεονίκου. Οἱ δὲ Ἀθηναῖοι κατέπλευσαν εἰς τὴν Μυτιλήνην, ἐκεῖθεν δ᾽ ἐπανήχθησαν εἰς τὴν Χίον, καὶ οὐδὲν διαπραξάμενοι ἀπέπλευσαν ἐπὶ Σάμου.

tropæo erecto. Interea celox actuaria rem omnem Eteonico de navali prœlio exposuit. Ille rursus ablegavit eam, quum vectoribus edixisset, ut taciti, nemine compellato, discederent, statimque in hæc castra sua coronati reverterentur, simul Callicratidam prœlio navali vicisse clamarent, universamque classem Atheniensium esse deletam. Ea ille fecerunt, atque dum abeunt, ipse sacrum fecit ob rei feliciter gestæ nuntium, ac mandavit militibus, ut cœnarent, nec non mercatoribus, ut merces suas sine tumultu ac tacite navigiis imponerent, et una cum triremibus quam celerrime, quod esset ventus secundus, in Chium discederent. Ipse castris succensis, pedestres copias Methymnam duxit. Tum Conon deductis navibus suis, postcaquam et hostes propere discesserunt, et ventus spirabat lenior, Atheniensibus occurrens, qui jam ab Arginusis solverant, quid de Eteonico accidisset, exponit. Illi Mitylenen navigarunt, inde profecti in Chium, re infecta Samum discesserunt.

ΚΕΦΑΛΑΙΟΝ Ζ.

Οἱ δ᾽ ἐν οἴκῳ τούτους μὲν τοὺς στρατηγοὺς ἔπαυσαν πλὴν Κόνωνος· πρὸς δὲ τούτῳ εἵλοντο Ἀδείμαντον καὶ τρίτον Φιλοκλέα. Τῶν δὲ ναυμαχησάντων στρατηγῶν Πρωτόμαχος μὲν καὶ Ἀριστογένης οὐκ ἀπῆλθον εἰς Ἀθήνας. (2) τῶν δὲ ἓξ καταπλευσάντων, Περικλέους καὶ Διομέδοντος καὶ Λυσίου καὶ Ἀριστοκράτους καὶ Θρασύλου καὶ Ἐρασινίδου, Ἀρχέδημος ὁ τοῦ δήμου τότε προεστηκὼς ἐν Ἀθήναις καὶ τῆς διωβελίας ἐπιμελόμενος Ἐρασινίδῃ ἐπιβολὴν ἐπιβαλὼν κατηγόρει ἐν δικαστηρίῳ, φάσκων ἐξ Ἑλλησπόντου αὐτὸν ἔχειν χρήματα ὄντα τοῦ δήμου· κατηγόρει δὲ καὶ περὶ τῆς στρατηγίας. Καὶ ἔδοξε τῷ δικαστηρίῳ δῆσαι τὸν Ἐρασινίδην. (3) Μετὰ δὲ ταῦτα ἐν τῇ βουλῇ διηγοῦντο οἱ στρατηγοὶ περί τε τῆς ναυμαχίας καὶ τοῦ μεγέθους τοῦ χειμῶνος. Τιμοκράτους δ᾽ εἰπόντος ὅτι καὶ τοὺς ἄλλους χρὴ δεθέντας εἰς τὸν δῆμον παραδοθῆναι, ἡ βουλὴ ἔδησε. (4) Μετὰ δὲ ταῦτα ἐκκλησία ἐγένετο, ἐν ᾗ τῶν στρατηγῶν κατηγόρουν ἄλλοι τε καὶ Θηραμένης μάλιστα, δικαίους εἶναι λόγον ὑποσχεῖν διότι οὐκ ἀνείλοντο τοὺς ναυαγούς. Ὅτι μὲν γὰρ οὐδενὸς ἄλλου καθήπτοντο ἐπιστολὴν ἐπεδείκνυε μαρτύριον ἣν ἔπεμψαν οἱ στρατηγοὶ εἰς τὴν βουλὴν καὶ εἰς τὸν δῆμον, ἄλλο οὐδὲν αἰτιώμενοι ἢ τὸν χειμῶνα. (5) Μετὰ δὲ ταῦτα οἱ στρατηγοὶ βραχέα ἕκαστος ἀπελογήσατο, οὐ γὰρ προυτέθη σφίσι λόγος κατὰ τὸν νόμον, καὶ τὰ πεπραγμένα διηγοῦντο ὅτι αὐτοὶ μὲν ἐπὶ τοὺς πολεμίους πλέοιεν, τὴν δὲ ἀναίρεσιν τῶν ναυαγῶν προστάξαιεν τῶν τριηράρχων ἀνδράσιν ἱκανοῖς καὶ ἐστρατηγηκόσιν ἤδη, Θηραμένει καὶ Θρασυβούλῳ καὶ ἄλλοις τοιούτοις· καὶ εἴπερ γέ τινας δέοι, περὶ τῆς ἀναιρέσεως

CAPUT VII.

Interim qui domi erant Athenienses hisce ducibus imperium abrogarunt, excepto Conone; cui Adimantus et Philocles tertius adjunguntur. Ex ducibus autem, qui pugnam hanc navalem pugnarant, Protomaelius et Aristogenes Athenas non sunt reversi; ceteri sex, Pericles, Diomedon, Lysias, Aristocrates, Thrasylus, Erasinides, quum domum navigassent, Archedemus, qui tunc populi princeps Atheniis erat, et cui theorici cura mandata fuerat, Erasinidem multa constituta apud tribunal sic accusabat, ut eum pecunias publicas ex Hellesponto sibi servasse diceret, atque etiam munus imperatorium male administrasse. Judices Erasinidem in vincula ducendum esse decreverunt. Post hæc duces in senatu de prœlio navali et magnitudine tempestatis rem omnem commemorabant. Verum referente Timocrate, ceteros etiam duces vinctos populo tradendos esse, senatus eos vinciri jussit. Secundum hæc concio coacta est, in qua duces inter alios etiam Theramenes imprimis accusabat, jure ab ipsis exigendam rationem dicens, quamobrem naufragos non sustulissent. Nam quod alium neminem incusassent, epistolæ productæ testimonio docebat, quam duces ipsi ad senatum et ad populum misissent, in qua causam aliam nullam afferrent, nisi tempestatem. Post hæc duces singuli brevibus, quod eis secundum legem dicere non liceret, sese purgaverunt, et reru, uti erat gesta, commemorarunt: se adversus hostes profectos fuisse, naufragos autem ut tollerent, triremium præfectis, hominibus ad res gerendas idoneis et imperatorio munere functis, imperasse, Theramcni, Thrasybulo, et aliis talibus. Quod si qui sint hac in parte accusandi, alios non esse accusandos,

οὐδένα ἄλλον ἔχειν αὐτοὺς αἰτιάσασθαι ἢ τούτους οἷς προσετάχθη. (6) Καὶ οὐχ ὅτι γε κατηγοροῦσιν ἡμῶν, ἔφασαν, ψευσόμεθα φάσκοντες αὐτοὺς αἰτίους εἶναι, ἀλλὰ τὸ μέγεθος τοῦ χειμῶνός εἶναι τὸ κωλῦσαν τὴν ἀναίρεσιν. Τούτων δὲ μάρτυρας παρείχοντο τοὺς κυβερνήτας καὶ ἄλλους τῶν ξυμπλεόντων πολλούς. (7) Τοιαῦτα λέγοντες ἔπειθον τὸν δῆμον· ἐβούλοντο δὲ πολλοὶ τῶν ἰδιωτῶν ἐγγυᾶσθαι ἀνιστάμενοι· ἔδοξε δὲ ἀναβαλέσθαι εἰς ἑτέραν ἐκκλησίαν· τότε γὰρ ὀψὲ ἦν καὶ τὰς χεῖρας οὐκ ἂν καθεώρων· τὴν δὲ βουλὴν προβουλεύσασαν εἰσενεγκεῖν ὅτῳ τρόπῳ οἱ ἄνδρες κρίνοιντο. (8) Μετὰ δὲ ταῦτα ἐγένετο Ἀπατούρια, ἐν οἷς οἵ τε πατέρες καὶ οἱ ξυγγενεῖς ξύνεισι σφίσιν αὐτοῖς. Οἱ οὖν περὶ τὸν Θηραμένην παρεσκεύασαν ἀνθρώπους μέλανα ἱμάτια ἔχοντας καὶ ἐν χρῷ κεκαρμένους πολλοὺς ἐν ταύτῃ τῇ ἑορτῇ, ἵνα πρὸς τὴν ἐκκλησίαν ἥκοιεν, ὡς δὴ ξυγγενεῖς ὄντες τῶν ἀπολωλότων, καὶ Καλλίξενον ἔπεισαν ἐν τῇ βουλῇ κατηγορεῖν τῶν στρατηγῶν. (9) Ἐντεῦθεν ἐκκλησίαν ἐποίουν, εἰς ἣν ἡ βουλὴ εἰσήνεγκε τὴν ἑαυτῆς γνώμην Καλλιξένου εἰπόντος τήνδε· Ἐπειδὴ τῶν τε κατηγορούντων κατὰ τῶν στρατηγῶν καὶ ἐκείνων ἀπολογουμένων ἐν τῇ προτεραίᾳ ἐκκλησίᾳ ἀκηκόασι, διαψηφίσασθαι Ἀθηναίους πάντας κατὰ φυλάς· θεῖναι δὲ εἰς τὴν φυλὴν ἑκάστην δύο ὑδρίας· ἐφ᾽ ἑκάστῃ δὲ τῇ φυλῇ κήρυκα κηρύττειν, ὅτῳ δοκοῦσιν ἀδικεῖν οἱ στρατηγοὶ οὐκ ἀνελόμενοι τοὺς νικήσαντας ἐν τῇ ναυμαχίᾳ, εἰς τὴν προτέραν ψηφίσασθαι, ὅτῳ δὲ μή, εἰς τὴν ὑστέραν· (10) ἂν δὲ δόξωσιν ἀδικεῖν, θανάτῳ ζημιῶσαι καὶ τοῖς ἕνδεκα παραδοῦναι καὶ τὰ χρήματα δημοσιεῦσαι, τὸ δ᾽ ἐπιδέκατον τῆς θεοῦ εἶναι. (11) Παρῆλθε δέ τις εἰς τὴν ἐκκλησίαν φάσκων ἐπὶ τεύχους ἀλφίτων σωθῆναι· ἐπιστέλλειν δ᾽ αὐτῷ τοὺς ἀπολλυμένους, ἐὰν σωθῇ, ἀπαγγεῖλαι τῷ δήμῳ ὅτι οἱ στρατηγοὶ οὐκ ἀνείλοντο τοὺς ἀρίστους ὑπὲρ τῆς πατρίδος γενομένους. (12) Τὸν δὲ Καλλίξενον προσεκαλέσαντο παράνομα φάσκοντες ξυγγεγραφέναι Εὐρυπτόλεμός τε ὁ Πεισιάνακτος καὶ ἄλλοι τινές. Τοῦ δὲ δήμου ἔνιοι ταῦτα ἐπῄνουν, τὸ δὲ πλῆθος ἐβόα δεινὸν εἶναι εἰ μή τις ἐάσει τὸν δῆμον πράττειν ἃ ἂν βούληται. (13) Καὶ ἐπὶ τούτοις εἰπόντος Λυκίσκου καὶ τούτους τῇ αὐτῇ ψήφῳ κρίνεσθαι ᾗπερ καὶ τοὺς στρατηγούς, ἐὰν μὴ ἀφῶσι τὴν ἐκκλησίαν, ἐπεθορύβησε πάλιν ὁ ὄχλος, καὶ ἠναγκάσθησαν ἀφιέναι τὰς κλήσεις. (14) Τῶν δὲ πρυτάνεών τινων οὐ φασκόντων προθήσειν τὴν διαψήφισιν παρὰ τοὺς νόμους, αὖθις Καλλίξενος ἀναβὰς κατηγόρει αὐτῶν τὰ αὐτά. Οἱ δὲ ἐβόων καλεῖν τοὺς οὐ φάσκοντας. (15) Οἱ δὲ πρυτάνεις φοβηθέντες ὡμολόγουν πάντες προθήσειν πλὴν Σωκράτους τοῦ Σωφρονίσκου· οὗτος δ᾽ οὐκ ἔφη ἀλλ᾽ ἢ κατὰ νόμον πάντα ποιήσειν. (16) Μετὰ δὲ ταῦτα ἀναβὰς Εὐρυπτόλεμος ἔλεξεν ὑπὲρ τῶν στρατηγῶν τάδε.

Τὰ μὲν κατηγορήσων, ὦ ἄνδρες Ἀθηναῖοι, ἀνέβην ἐνθάδε Περικλέους ἀναγκαίου μοι ὄντος καὶ ἐπιτηδείου καὶ Διομέδοντος φίλου, τὰ δ᾽ ὑπεραπολογησόμενος, τὰ δὲ ξυμβουλεύσων ἅ μοι δοκεῖ ἄριστα εἶναι ἁπάσῃ τῇ

quam illos, quibus ea res mandata fuerit. Neque tamen aiebant, propterea mentiemur, quod hi modo nos accusant, atque in hos culpam conferemus, sed tempestatis magnitudinem, quominus naufragi tolli potuerint, prohibuisse. Atque harum rerum et gubernatores et multos alios, qui expeditionis socii fuerant, testes producebant. Hæc quum dicerent, populo satisfaciebant, ac multi homines privati surrexere, et satisdare ipsorum nomine voluerunt. Verum ad proximæ concionis tempus rem extrahendam esse visum fuit, quod paulo jam serius esset, ac manus sublatas haud cernerent : senatumque, re prius deliberata, ad populum referre, quo pacto de horum causa in judicio cognoscendum esset. Sequuta sunt Apaturia, quo festo inter se parentes et cognati conveniunt: hisce igitur feriis amici Theramenis homines complures nigris indutos vestibus et ad cutem usque rasos submiserunt : ut ii tanquam eorum, qui periissent, propinqui, ad populi conventum accederent. Callixenum quoque permovebant, ut duces in senatu accusaret. Hinc ad concionem populum advocant, in qua senatus ad populum, recitante Callixeno, decretum hujusmodi retulit : Quia concione proxima tam illorum qui duces accusarunt, quam ipsorum ducum se purgantium auditæ sunt orationes, Athenienses universi tributim suffragia ferunto : in tribu qualibet urnæ binæ collocantor : itidem qualibet in tribu caduceator proclamato, ut cuicumque videantur injuste duces fecisse, qui cives navali prælio victores non sustulerint, is priorem in urnam calculum conjiciat : cui contra, in posteriorem. Quod si eos injuste fecisse visum fuerit, morte multantor, undecim viris traduntor, bona publicantor : eorum decumæ Minervæ sunto. Prodiit et alius quidam in conventum, qui se in vase farinario diceret incolumem evasisse : mandasse autem sibi eos, qui periissent, ut, si quidem salvus evaderet, exponeret populo, non sustulisse duces eos cives, qui pro patria fortissime se gessissent. Sed Callixenum postulabat Euryptolemus Pisianactis filius, et quidam alii, dicentes illum contra leges sententiam conscripsisse. Plebs nonnulli e populo se sentire profitebantur. At plebs indignum esse clamitat, non concedi populo, ut quod ipse velit, agat. Quumque Lyciscus diceret, eodem modo de his ipsis etiam cognoscendum esse, quo jam de ducibus cognoseretur, ni concioni jus suum permitterent : rursus a plebe tumultuatum est, atque illi finem postulandi Callixenum facere coacti sunt. Quum vero Prytanes aliquot se permissuros negarent, ut præter legem in suffragia iretur, rursus ascendens Callixenus, eandem ob causam eos accusabat. Tum clamare populus, ut accesserentur quotquot assentiri nollent. Itic Prytanes omnes metu perculsi, permissuros se dicebant, ut suffragia ferrentur, extra unum Socratem Sophronisci filium; is aliud quidquam facturum se negabat, quam quod esset legi consentaneum. Secundum hæc, suggestu conscenso, hanc Euryptolemus pro ducibus orationem habuit :

« Equidem in hunc locum, Athenienses, partim Periclem necessarium et propinquum meum, et Diomedontem amicum accusaturus ascendi, partim eosdem defensurus, partim consulturus vobis ea, quæ conductura patriæ toti arbi-

πόλει. (17) Κατηγορῶ μὲν οὖν αὐτῶν ὅτι ἔπεισαν τοὺς ξυνάρχοντας βουλομένους πέμπειν γράμματα τῇ τε βουλῇ καὶ ὑμῖν ὅτι ἐπέταξαν τῷ Θηραμένει καὶ Θρασυβούλῳ τετταράκοντα καὶ ἑπτὰ τριήρεσιν ἀνελέσθαι τοὺς ναυαγούς, οἱ δὲ οὐκ ἀνείλοντο. (18) Εἶτα νῦν τὴν αἰτίαν κοινὴν ἔχουσιν ἐκείνων ἰδίᾳ ἁμαρτόντων, καὶ ἀντὶ τῆς τότε φιλανθρωπίας νῦν ὑπ' ἐκείνων τε καί τινων ἄλλων ἐπιβουλευόμενοι κινδυνεύουσιν ἀπολέσθαι. (19) Οὔκ, ἂν ὑμεῖς γέ μοι πίθησθε τὰ δίκαια καὶ ὅσια ποιοῦντες, καὶ ὅθεν μάλιστα τἀληθῆ πεύσεσθε καὶ οὐ μετανοήσαντες ὕστερον εὑρήσετε σφᾶς αὐτοὺς ἡμαρτηκότας τὰ μέγιστα εἰς θεούς τε καὶ ὑμᾶς αὐτούς. Συμβουλεύω δ' ὑμῖν, ἐν οἷς οὔθ' ὑπ' ἐμοῦ οὔθ' ὑπ' ἄλλου οὐδενὸς ἔστιν ἐξαπατηθῆναι ὑμᾶς, καὶ τοὺς ἀδικοῦντας εἰδότες κολάσεσθε ᾗ ἂν βούλησθε δίκῃ, καὶ ἅμα πάντας καὶ καθ' ἕνα ἕκαστον, εἰ μὴ πλέον, ἀλλὰ μίαν ἡμέραν δόντες αὐτοῖς ὑπὲρ αὑτῶν ἀπολογήσασθαι, μηδ' ἄλλοις μᾶλλον πιστεύοντες ἢ ὑμῖν αὐτοῖς. (20) Ἴστε δέ, ὦ ἄνδρες Ἀθηναῖοι, πάντες ὅτι τὸ Καννώνου ψήφισμά ἐστιν ἰσχυρότατον, ὃ κελεύει, ἐάν τις τὸν τῶν Ἀθηναίων δῆμον ἀδικῇ, δεδεμένον ἀποδικεῖν ἐν τῷ δήμῳ, καὶ ἐὰν καταγνωσθῇ ἀδικεῖν, ἀποθανόντα εἰς τὸ βάραθρον ἐμβληθῆναι, τὰ δὲ χρήματα αὐτοῦ δημευθῆναι καὶ τῆς θεοῦ τὸ ἐπιδέκατον εἶναι. (21) Κατὰ τοῦτο τὸ ψήφισμα κελεύω κρίνεσθαι τοὺς στρατηγοὺς καὶ νὴ Δία, ἂν ὑμῖν γε δοκῇ, πρῶτον Περικλέα τὸν ἐμοὶ προσήκοντα· αἰσχρὸν γάρ ἐστιν ἐκείνου περὶ πλείονος ποιεῖσθαι ἢ τὴν πόλιν. (22) Τοῦτο δ' εἰ βούλεσθε, κατὰ τόνδε τὸν νόμον κρίνατε, ὅς ἐστιν ἐπὶ τοῖς ἱεροσύλοις καὶ προδόταις, ἐάν τις ἢ τὴν πόλιν προδιδῷ ἢ τὰ ἱερὰ κλέπτῃ, κριθέντα ἐν δικαστηρίῳ, ἂν καταγνωσθῇ, μὴ ταφῆναι ἐν τῇ Ἀττικῇ, τὰ δὲ χρήματα αὐτοῦ δημόσια εἶναι. (23) Τούτων ὁποτέρῳ βούλεσθε, ὦ ἄνδρες Ἀθηναῖοι, τῷ νόμῳ κρινέσθωσαν οἱ ἄνδρες κατὰ ἕνα ἕκαστον διῃρημένων τῆς ἡμέρας τριῶν μερῶν, ἑνὸς μὲν ἐν ᾧ συλλέγεσθαι ὑμᾶς δεῖ καὶ διαψηφίζεσθαι, ἐάν τε ἀδικεῖν δοκῶσιν ἐάν τε μή, ἑτέρου δ' ἐν ᾧ κατηγορῆσαι, ἑτέρου δ' ἐν ᾧ ἀπολογήσασθαι. (24) Τούτων δὲ γιγνομένων οἱ μὲν ἀδικοῦντες τεύξονται τῆς μεγίστης τιμωρίας, οἱ δ' ἀναίτιοι ἐλευθερωθήσονται ὑφ' ὑμῶν, ὦ Ἀθηναῖοι, καὶ οὐκ ἀδικοῦντες ἀπολοῦνται. (25) Ὑμεῖς δὲ κατὰ τὸν νόμον εὐσεβοῦντες καὶ εὐορκοῦντες κρινεῖτε καὶ οὐ ξυμπολεμήσετε Λακεδαιμονίοις τοὺς ἐκείνους ἑβδομήκοντα ναῦς ἀφελομένους καὶ νενικηκότας, τούτους ἀπολλύντες ἀκρίτους παρὰ τὸν νόμον. (26) Τί δὲ καὶ δεδιότες σφόδρα οὕτως ἐπείγεσθε; ἢ μὴ οὐχ ὑμεῖς ἂν ἂν βούλησθε ἀποκτείνητε καὶ ἐλευθερώσητε, ἂν κατὰ τὸν νόμον κρίνητε, ἀλλ' οὐκ ἂν παρὰ τὸν νόμον, ὥσπερ Καλλίξενος τὴν βουλὴν ἔπεισεν εἰς τὸν δῆμον εἰσενεγκεῖν μιᾷ ψήφῳ; (27) Ἀλλ' ἴσως ἄν τινα καὶ οὐκ αἴτιον ὄντα ἀποκτείναιτε, μεταμελήσει δὲ ὕστερον. Ἀναμνήσθητε ὡς ἀλγεινὸν καὶ ἀνωφελές ἤδη ἐστί, πρὸς δ' ἔτι καὶ περὶ θανάτου ἀνθρώπων ἡμαρτηκότες. (28) Δεινὰ δ' ἂν ποιήσαιτε, εἰ Ἀριστάρχῳ μὲν πρότερον τὸν δῆμον καταλύοντι, εἶτα

tror. In hoc igitur eos accuso, quod collegis suis, litteras ad senatum populumque missuris: se Theramenî ac Thrasybulo negotium tollendi naufragos cum septem et quadraginta triremibus dedisse, quod illi imperatum sibi non fecerunt; has ut ne mitterent, persuaserint. Itaque jam omnes prætores communem culpam sustinent quæ privatim ex illorum delicto provenit; et sua tum in eos usurpata humanitate seipsos in discrimen mortis conjecerunt, horum ipsorum, et aliorum quorundam insidiis petiti: quod tamen periculum vereri non debeat, si quidem mihi vos parebitis, et juste sancteque vosmet geretis; hinc etiam vel maxime rei veritatem intelligetis, neque postliac pœnitentia ducti, vos omnium maxima et in deos et in vosmetipsos deliquisse deprehendetis. Consulo autem vobis illa, in quibus nec a me, nec ab alio quoquam alio decretum dolo poteritis, et in eos, quos deliquisse cognoveritis, non solum universos, sed etiam singulos, quacumque voletis pœna, animadvertetis; tantum uno eis die concesso, si quidem amplius impetrari non potest, quo sese defendant: ne plus aliis fidei, quam vobis ipsis habeatis. Vestrûm vero, Athenienses, nemo non novit, Cannoni decretum gravissimum esse; quod mandat, ut si quis populum Atheniensem læserit, in vinculis apud populum causam dicat: et si damnatus illatæ injuriæ fuerit, necatus in barathrum abjiciatur, bonis publicatis, et eorum decuma Minervæ consecrata. Ex hujus decreti formula cum ducibus agi volo, ac profecto, si quidem ita vobis videbitur, maximum mihi cum Pericle necessario meo. Nam maximo mihi dedecori fuerit, pluris hunc a me, quam rempublicam, fieri. Sin hoc maletis, ex ea lege de his cognoscite, quæ de sacrilegis ac proditoribus lata est: ut si quis vel civitatem prodiderit, vel res sacras furto subtraxerit, causa pro tribunali cognita si sit damnatus, in Attica ne sepeliatur: fisco bona ipsius addicantur. Harum legum utram maletis, Athenienses, secundum eam de his hominibus singulis judicate, divisis diei tribus partibus: quarum una vos convenîatis, perque calculos indagetis, sintne sontes hi viri, necne; altera vero accusentur; tertia sese defendant. Id si fiat, qui sunt ex iis injurii supplicium gravissimum incurrent: at qui extra culpam positi, a vobis, Athenienses, liberabuntur, neque peribunt tamquam malefici. Vos etiam ex legis sententia religiose ac salva fide judicabitis, neque cum Lacedæmoniis patriam oppugnabitis: quod fieret, si hos duces, qui eis proelio victis septuaginta naves ademerunt, indemnatos contra legem de medio tolleretis. Quid vero timentes, tantopere festinatis? an hoc ne vobis non liceat, quemcumque volueritis, vel interficere, vel liberare, si secundum legem, ac non præter legem judicaveritis, quemadmodum Callixenus senatui persuasit ut ad populum de judicandis omnibus eodem suffragio referretur? At enim aliquem forte innocentem interfeceritis, cujus deinde facti vos pœnitebit. Cogitate, quæso, quam id jam per se triste sit et nullum, præsertim, si capitis sententia in hominem lata, recto a judicio aberraveritis. Indignum vero fuerit', si Aristarcho,

δὲ Οἰνόην προδιδόντι Θηβαίοις πολεμίοις οὖσιν, ἔδοτε ἡμέραν ἀπολογήσασθαι ᾗ ἐβούλετο καὶ τἄλλα κατὰ τὸν νόμον προὔθετε, τοὺς δὲ στρατηγοὺς τοὺς πάντα ὑμῖν κατὰ γνώμην πράξαντας, νικήσαντας δὲ τοὺς πολεμίους, τῶν αὐτῶν τούτων ἀποστερήσετε. (20) Μὴ ὑμεῖς γε, ὦ Ἀθηναῖοι, ἀλλ' ἑαυτῶν ὄντας τοὺς νόμους, δι' οὓς μάλιστα μέγιστοί ἐστε, φυλάττοντες, ἄνευ τούτων μηδὲν πράττειν πειρᾶσθε. Ἐπανέλθετε δὲ καὶ ἐπ' αὐτὰ τὰ πράγματα καθ' ἃ καὶ αἱ ἁμαρτίαι δοκοῦσι γεγενῆσθαι τοῖς στρατηγοῖς. Ἐπεὶ γὰρ κρατήσαντες τῇ ναυμαχίᾳ εἰς τὴν γῆν κατέπλευσαν, Διομέδων μὲν ἐκέλευεν ἀναχθέντας ἐπὶ κέρως ἅπαντας ἀναιρεῖσθαι τὰ ναυάγια καὶ τοὺς ναυαγούς, Ἐρασινίδης δὲ ἐπὶ τοὺς πρὸς Μυτιλήνην πολεμίους τὴν ταχίστην πλεῖν ἅπαντας· Θράσυλος δ' ἀμφότερα ἔφη γενέσθαι, ἂν τὰς μὲν αὐτοῦ καταλίπωσι, ταῖς δὲ ἐπὶ τοὺς πολεμίους πλέωσι· (20) καὶ δοξάντων τούτων καταλιπεῖν τρεῖς ναῦς ἑκάστου ἐκ τῆς αὑτοῦ ξυμμορίας, τῶν στρατηγῶν ὀκτὼ ὄντων, καὶ τὰς τῶν ταξιάρχων δέκα καὶ τὰς τῶν Σαμίων δέκα καὶ τὰς τῶν ναυάρχων τρεῖς· αὗται ἅπασαι γίγνονται ἑπτὰ καὶ τετταράκοντα, τέτταρες περὶ ἑκάστην ναῦν τῶν ἀπολωλυιῶν δώδεκα οὐσῶν. (31) Τῶν δὲ καταλειφθέντων ταξιάρχων ἦσαν καὶ Θρασύβουλος καὶ Θηραμένης, ὃς ἐν τῇ προτέρᾳ ἐκκλησίᾳ κατηγόρει τῶν στρατηγῶν. Ταῖς δὲ ἄλλαις ναυσὶν ἔπλεον ἐπὶ τὰς πολεμίας. Τί τούτων οὐχ ἱκανῶς καὶ καλῶς ἔπραξαν; οὐκοῦν δίκαιον τὰ μὲν πρὸς τοὺς πολεμίους μὴ καλῶς πραχθέντα τοὺς πρὸς τούτους ταχθέντας ὑπέχειν λόγον, τοὺς δὲ πρὸς τὴν ἀναίρεσιν, μὴ ποιήσαντας ἃ οἱ στρατηγοὶ ἐκέλευσαν, διότι οὐκ ἀνείλοντο κρίνεσθαι. (22) Τοσοῦτον δ' ἔχω εἰπεῖν ὑπὲρ ἀμφοτέρων ὅτι ὁ χειμὼν διεκώλυσε μηδὲν πρᾶξαι ὧν οἱ στρατηγοὶ παρεκελεύσαντο. Τούτων δὲ μάρτυρες οἱ σωθέντες ἀπὸ τοῦ αὐτομάτου, ὧν εἷς τῶν ἡμετέρων στρατηγῶν ἐπὶ καταδύσης νεὼς σωθείς, ὃν κελεύουσι τῇ αὐτῇ ψήφῳ κρίνεσθαι, καὶ αὐτὸν τότε δεόμενον ἀναιρέσεως, ᾗπερ τοὺς οὐ πράξαντας τὰ προσταχθέντα. (23) Μὴ τοίνυν, ὦ ἄνδρες Ἀθηναῖοι, ἀντὶ μὲν τῆς νίκης καὶ τῆς εὐτυχίας ὁμοῖα ποιήσητε τοῖς ἡττημένοις τε καὶ ἀτυχοῦσιν, ἀντὶ δὲ τῶν ἐκ θεοῦ ἀναγκαίων ἀγνωμονεῖν δόξητε, προδοσίαν καταγνόντες ἀντὶ τῆς ἀδυναμίας, οὐχ ἱκανοὺς γενομένους διὰ τὸν χειμῶνα πρᾶξαι τὰ προσταχθέντα· ἀλλὰ πολὺ δικαιότερον στεφάνοις γεραίρειν τοὺς νικῶντας ἢ θανάτῳ ζημιοῦν πονηροῖς ἀνθρώποις πειθομένους.

24. Ταῦτ' εἰπὼν Εὐρυπτόλεμος ἔγραψε γνώμην κατὰ τὸ Καννώνου ψήφισμα κρίνεσθαι τοὺς ἄνδρας δίχα ἕκαστον· ἡ δὲ τῆς βουλῆς ἦν μιᾷ ψήφῳ ἅπαντας κρίνειν. Τούτων δὲ διαχειροτονουμένων τὸ μὲν πρῶτον ἔκριναν τὴν Εὐρυπτολέμου· ὑπομοσαμένου δὲ Μενεκλέους καὶ πάλιν διαχειροτονίας γενομένης ἔκριναν τὴν τῆς βουλῆς. Καὶ μετὰ ταῦτα κατεψηφίσαντο τῶν ναυμαχησάντων στρατηγῶν ὀκτὼ ὄντων· ἀπέθανον δ' οἱ παρόντες ἕξ. (25) Καὶ οὐ πολλῷ χρόνῳ ὕστερον μετέμελε τοῖς Ἀθηναίοις, καὶ ἐψηφίσαντο, οἵτινες τὸν δῆμον ἐξηπά-

qui antehac statum popularem evertere voluit, ac deinde Thebanis hostibus nostris Œnoen prodidit, diem ad defendendum arbitratu suo concesseritis, atque alia secundum legem permissa : nunc ducibus illis, qui omnia ex sententia vestra gessere, victoria de hoste potitis, eadem ipsa denegaveritis. Ne vos hoc feceritis, o Athenienses ; sed observate leges a vobismet ipsis latas, per quas imprimis ad maximam hanc potentiam pervenistis ; neu quicquam absque his facere conamini. Ad res ipsas vos convertite, in quibus deliquisse duces videantur. Posteaquam navali prœlio victores ad littus classem subduxere, censuit Diomedon, ut universis copiis in cornu ductis navium fragmina cum naufragis tollerentur ; Erasinides autem, ut universa cum classe quam celerrime adversus illos hostes, qui erant apud Mitylenen, navigarent ; tertius Thrasylus aiebat, utrumque fieri posse, si naves partim istic relinquerent, partim in hostem ducerent. Hac sententia comprobata visum, ut quoniam octo essent duces, quisque de classe sua naves tres relinqueret, una cum decem tribunorum navibus, decem Samiorum, tribus navarchorum ; hæ omnes quadraginta septem navium numerum explent, ita ut quaternæ naves circa unam ex iis quæ naufragium fecerant, quæque universæ duodecim erant, occuparentur. Ex iis autem praefectis, qui relicti fuere, Thrasybulus et Theramenes erant, is qui concione proxima duces accusavit. Cum reliquis navibus duces adversus classem hostilem perrexere. Quid horum non recte atque ordine gesserunt ? Quamobrem æquum est, ut eorum, quæ adversus hostem non satis bene gesta sunt, ii rationem reddant, qui hostibus oppositi fuerunt, itidemque de illis, qui imperata ducum de tollendis naufragis non fecerunt, judicium institui, cur id facere neglexerint. Equidem pro utrisque tantum dicere possum, impedivisse tempestatem, quominus ea facerent, quæ duces mandarent. Atque hujus rei testes sunt illi, qui fortuito salvi evaserunt : quorum e numero est unus ex ducibus nostris, in navi demersa conservatus, de quo nunc eosdem calculos ferri volunt, quos de iis, qui imperata non fecerunt : quum tamen id temporis etiam ipse tollentium ope indiguerit. Quamobrem nolite, cives, in victoria secundoque rerum successu ita vosmet gerere, quemadmodum victi et adversa usi fortuna solent ; nolite etiam in necessitate a deo immissa committere, ut iniqui rerum æstimatores videamini, et, quæ potius fuerit quamdam facultatis inopia, tanquam proditionem damnetis in iis qui per tempestatem imperata facere non potuerunt. Multo agetis æquius, si hos victoria potitos coronis ornabitis quam si quorundam improborum in gratiam eos morte multaveritis. »

Hac oratione habita, Euryptolemus rogationem tulit, ut ex Cannoni decreto seorsum de quolibet ducum cognosceretur : senatus autem sententia erat, ut uno suffragio de omnibus judicaretur. Quum de his rationibus calculi ferrentur, primum in Euryptolemi sententiam itum est. Verum petente dilationem Menecle, quum iterum suffragia colligerentur, senatus est probata sententia. Secundum hæc duces, qui navalem pugnam fecerant, damnati sunt, numero octo ; ex quibus sex qui aderant capitis pœnam subierunt. Neque multo post Athenienses facti pœnituit : quapropter decretum

τησαν, προβολὰς αὐτῶν εἶναι, καὶ ἐγγυητὰς καταστῆσαι, ἕως ἂν κριθῶσιν, εἶναι δὲ καὶ Καλλίξενον τούτων.
Προὔδλήθησαν δὲ καὶ ἄλλοι τέτταρες, καὶ ἐδέθησαν
ὑπὸ τῶν ἐγγυησαμένων. Ὕστερον δὲ στάσεώς τινος
γενομένης, ἐν ᾗ Κλεοφῶν ἀπέθανεν, ἀπέδρασαν οὗτοι,
πρὶν κριθῆναι· Καλλίξενος δὲ κατελθὼν ὅτε καὶ οἱ ἐκ
Πειραιῶς εἰς τὸ ἄστυ, μισούμενος ὑπὸ πάντων λιμῷ
ἀπέθανεν.

est promulgatum, ut eos liceret accusare, qui populum de-
cepissent : atque ut iidem in jus vocati, dum cognitio facta
esset, vadimonium præstarent. Ex his unum esse Callixenum Delati sunt et alii quatuor, atque a vadibus in vincula
conjecti sunt. Sed quum deinceps seditio quædam coorta
esset, in qua Cleophon est interfectus, ii quatuor aufugere
prius quam judicium de ipsis factum esset. At Callixenus
quum id temporis in urbem rediisset, quo et alii de Piræeo,
exosus universis, fame periit.

ΒΙΒΛΙΟΝ Β.

ΚΕΦΑΛΑΙΟΝ Α.

Οἱ δ᾽ ἐν τῇ Χίῳ μετὰ τοῦ Ἐτεονίκου, στρατιῶται ὄντες, ἕως μὲν θέρος ἦν, ἀπό τε τῆς ὥρας ἐτρέφοντο καὶ ἐργαζόμενοι μισθοῦ κατὰ τὴν χώραν· ἐπεὶ δὲ
χειμὼν ἐγένετο καὶ τροφὴν οὐκ εἶχον γυμνοί τε ἦσαν
καὶ ἀνυπόδητοι, ξυνίσταντο ἀλλήλοις καὶ ξυνετίθεντο
ὡς τῇ Χίῳ ἐπιθησόμενοι· οἷς δὲ ταῦτα ἀρέσκοι κάλαμον φέρειν ἐδόκει, ἵνα ἀλλήλους μάθοιεν ὁπόσοι εἴησαν.
(2) Πυθόμενος δὲ τὸ ξύνθημα ὁ Ἐτεόνικος, ἀπόρως μὲν
εἶχε τί χρῶτο τῷ πράγματι διὰ τὸ πλῆθος τῶν καλα-
μηφόρων· τό τε γὰρ ἐκ τοῦ ἐμφανοῦς ἐπιχειρῆσαι σφα-
λερὸν ἐδόκει εἶναι, μὴ εἰς τὰ ὅπλα ὁρμήσωσι καὶ τὴν
πόλιν κατασχόντες καὶ πολέμιοι γενόμενοι ἀπολέσωσι
πάντα τὰ πράγματα, ἂν κρατήσωσιν, τό τ᾽ αὖ ἀπολύ-
ναι ἀνθρώπους ξυμμάχους πολλοὺς δεινὸν ἐφαίνετο
εἶναι, μή τινα καὶ εἰς τοὺς ἄλλους Ἕλληνας διαβολὴν
σχοῖεν καὶ οἱ στρατιῶται δύςνοι πρὸς τὰ πράγματα
ὦσιν· (3) ἀναλαβὼν δὲ μεθ᾽ ἑαυτοῦ ἄνδρας πεντεκαίδεκα
ἐγχειρίδια ἔχοντας ἐπορεύετο κατὰ τὴν πόλιν, καὶ ἐν-
τυχών τινι ὀφθαλμιῶντι ἀνθρώπῳ ἀπιόντι ἐξ ἰατρείου,
κάλαμον ἔχοντι, ἀπέκτεινε. (4) Θορύβου δὲ γενομένου
καὶ ἐρωτώντων τινῶν διὰ τί ἀπέθανεν ὁ ἄνθρωπος,
παραγγέλλειν ἐκέλευεν ὁ Ἐτεόνικος, ὅτι τὸν κάλαμον
εἶχε. Κατὰ δὲ τὴν παραγγελίαν ἐῤῥίπτουν πάντες
ὅσοι εἶχον τοὺς καλάμους, ἀεὶ ὁ ἀκούων δεδιὼς μὴ
ὀφθῇ ἔχων. (5) Μετὰ δὲ ταῦτα ὁ Ἐτεόνικος συγκαλέσας τοὺς Χίους χρήματα ἐκέλευσε ξυνεισενεγκεῖν, ὅπως
οἱ ναῦται λάβωσι μισθὸν καὶ μὴ νεωτερίσωσί τι· οἱ δὲ
εἰσήνεγκαν· ἅμα δὲ εἰς τὰς ναῦς ἐσήμηνεν εἰσβαίνειν·
προςιὼν δὲ ἐν μέρει παρ᾽ ἑκάστην ναῦν παρεθάῤῥυνέ τε
καὶ παρῄνει πολλὰ, ὡς τοῦ γεγενημένου οὐδὲν εἰδὼς,
καὶ μισθὸν ἑκάστῳ μηνὸς διέδωκε. (6) Μετὰ δὲ ταῦτα
οἱ Χῖοι καὶ οἱ ἄλλοι ξύμμαχοι συλλεγέντες εἰς Ἔφεσον
ἐβουλεύσαντο περὶ τῶν ἐνεστηκότων πραγμάτων πέμπειν εἰς Λακεδαίμονα πρέσβεις ταῦτά τε ἐροῦντας καὶ
Λύσανδρον αἰτήσοντας ἐπὶ τὰς ναῦς, εὖ φερόμενον παρὰ
τοῖς ξυμμάχοις κατὰ τὴν προτέραν ναυαρχίαν, ὅτε καὶ
τὴν ἐν Νοτίῳ ἐνίκησε ναυμαχίαν. (7) Καὶ ἀπεπέμφθησαν πρέσβεις, ξὺν αὐτοῖς δὲ καὶ παρὰ Κύρου ταὐτὰ

LIBER II.

CAPUT I.

Milites autem, qui cum Eteonico in Chio degebant, quam
diu erat æstas, partim maturis fructibus vitam sustentabant, partim per agros insulæ mercenarias operas faciendo victum parabant. Verum posteaquam advenit
hiems, nec unde se alerent, restaret quidquam ; atque
etiam nudi essent, ac discalceati ; coiverunt inter se, deque
occupanda Chio conspirarunt ; id consilii quibus placuisset,
ii ut calamum gestarent, visum fuit : quo se mutuo, quot
essent ipsorum, nossent. Hanc ubi tesseram comperit Eteonicus, quo pacto se in hujusmodi negotio gereret, anceps
animi erat, quum tanta esset calamiferorum copia. Nam
aperta vi obviam illis ire, periculosum esse videbatur, ne
correptis armis, civitate occupata hostes facti, si victoria
potirentur, cuncta everterent ; ab altera parte dirum putabat esse facinus, si tot interimerentur socii ; ne forte sui
ceterorum Græcorum odiis exponerentur, ac militum animi ad res gerendas hebetes redderentur. Quamobrem quindecim alios adjunxit sibi, pugionibus instructos, per oppidum obambulavit, quumque in hominem ex lippitudine
laborantem, qui de medici officina exibat, et calamum gestabat, incidisset, eum interfecit. Oborto tumultu, et quærentibus nonnullis, cur is interemptus esset, nuntiari Eteonicus jussit, eo factum, quod calamum habuisset. Id ubi
fuit denuntiatum, calamos universi abjecere semperque metuebat is, qui hæc audiebat, ne et ipse calamum gestare
animadverteretur. Deinde convocatis Chiis Eteonicus,
pecunias uti conferrent, edixit ; ut accepto stipendio, res
novas nautæ non molirentur. Illi quum eas contulissent, imperavit suis Eteonicus, uti naves conscenderent : ac vicissim
modo hanc, modo illam navem singillatim adiens, animum
eis addebat, et quasi nihil ejus sciret, quod accidisset, multis eos verbis cohortabatur, menstruo singulis stipendio
numerato. Secundum hæc Chii, reliquique socii, quum
Ephesi convenissent, de rebus præsentibus consultabant, et
legatos Lacedæmonem mitti placuit, qui eas illis exponerent,
Lysandrumque navibus præfectum poscerent, quod is in
præfectura superiore magna fuisset usus sociorum gratia,
quo etiam tempore in commisso ad Notium navali prælio
victor extitit. Itaque missi sunt legati, et eis adjuncti a
Cyro nuntii, qui eadem dicerent. Lacedæmonii Lysan-

λέγοντες ἄγγελοι. Οἱ δὲ Λακεδαιμόνιοι ἔδοσαν τὸν Λύσανδρον ὡς ἐπιστολέα, ναύαρχον δὲ Ἄρακον· οὐ γὰρ νόμος αὐτοῖς δὶς τὸν αὐτὸν ναυαρχεῖν· τὰς μέντοι ναῦς παρέδοσαν Λυσάνδρῳ, ἐτῶν ἤδη τῷ πολέμῳ πέντε καὶ εἴκοσι παρεληλυθότων.

8. Τούτῳ δὲ τῷ ἐνιαυτῷ καὶ Κῦρος ἀπέκτεινεν Αὐτοβοισάκην καὶ Μιτραῖον, υἱεῖς ὄντας τῆς Δαρειαίου ἀδελφῆς τοῦ Ξέρξου τοῦ Δαρείου πατρός, ὅτι αὐτῷ ἀπαντῶντες οὐ διέωσαν διὰ τῆς κόρης τὰς χεῖρας, ὃ ποιοῦσι βασιλεῖ μόνῳ· ἡ δὲ κόρη ἐστὶ μακρότερον ἢ χειρίς, ἐν ᾗ τὴν χεῖρα ἔχων οὐδὲν ἂν δύναιτο ποιῆσαι. (9) Ἱεραμένης μὲν οὖν καὶ ἡ γυνὴ ἔλεγον πρὸς Δαρεαῖον δεινὸν εἶναι εἰ περιόψεται τὴν λίαν ὕβριν τούτου· ὁ δὲ αὐτὸν μεταπέμπεται ὡς ἀῤῥωστῶν, πέμψας ἀγγέλους.

10. Τῷ δ' ἐπιόντι ἔτει, ἐπὶ Ἀρχύτα μὲν ἐφορεύοντος, ἄρχοντος δ' ἐν Ἀθήναις Ἀλεξίου, Λύσανδρος ἀφικόμενος εἰς Ἔφεσον μετεπέμψατο Ἐτεόνικον ἐκ Χίου ξὺν ταῖς ναυσί, καὶ τὰς ἄλλας πάσας ξυνήθροισεν, εἴ πού τις ἦν, καὶ ταύτας τε ἐπεσκεύαζε καὶ ἄλλας ἐν Ἀντάνδρῳ ἐναυπηγεῖτο. (11) Ἐλθὼν δὲ παρὰ Κῦρον χρήματα ᾔτει· ὁ δ' αὐτῷ εἶπεν ὅτι τὰ μὲν παρὰ βασιλέως ἀνηλωμένα εἴη, καὶ ἔτι πλείω πολλῷ, δεικνύων ὅσα ἕκαστος τῶν ναυάρχων ἔχοι, ὅμως δ' ἔδωκε. (12) Λαβὼν δὲ ὁ Λύσανδρος τἀργύριον, ἐπὶ τὰς τριήρεις τριηράρχους ἐπέστησε καὶ τοῖς ναύταις τὸν ὀφειλόμενον μισθὸν ἀπέδωκε. Παρεσκευάζοντο δὲ καὶ οἱ τῶν Ἀθηναίων στρατηγοὶ πρὸς τὸ ναυτικὸν ἐν τῇ Σάμῳ.

13. Κῦρος δ' ἐπὶ τούτοις μετεπέμψατο Λύσανδρον, ἐπεὶ αὐτῷ παρὰ τοῦ πατρὸς ἧκεν ἄγγελος λέγων ὅτι ἀῤῥωστῶν ἐκεῖνον καλοίη, ὢν ἐν Θαμνηρίοις τῆς Μηδείας ἐγγὺς Καδουσίων, ἐφ' οὓς ἐστράτευσεν ἀφεστῶτας. (14) Ἥκοντα δὲ Λύσανδρον οὐκ εἴα ναυμαχεῖν πρὸς Ἀθηναίους, ἐὰν μὴ πολλῷ πλείους ναῦς ἔχῃ· εἶναι γὰρ χρήματα πολλὰ καὶ βασιλεῖ καὶ ἑαυτῷ, ὥστε τούτου ἕνεκεν πολλὰς πληροῦν. Παρέδειξε δ' αὐτῷ πάντας τοὺς φόρους τοὺς ἐκ τῶν πόλεων, οἳ αὐτῷ ἴδιοι ἦσαν, καὶ τὰ περιττὰ χρήματα ἔδωκε· καὶ ἀναμνήσας ὡς εἴχε φιλίως πρός τε τὴν τῶν Λακεδαιμονίων πόλιν καὶ πρὸς Λύσανδρον ἰδίᾳ, ἀνέβαινε παρὰ τὸν πατέρα.

15. Λύσανδρος δ', ἐπεὶ αὐτῷ Κῦρος πάντα παραδοὺς τὰ αὑτοῦ πρὸς τὸν πατέρα ἀῤῥωστοῦντα μετάπεμπτος ἀνέβαινε, μισθὸν διαδοὺς τῇ στρατιᾷ ἀνήχθη τῆς Καρίας εἰς τὸν Κεράμειον κόλπον. Καὶ προσβαλὼν πόλει τῶν Ἀθηναίων ξυμμάχῳ ὄνομα Κεδρείαις τῇ ὑστεραίᾳ προσβολῇ κατὰ κράτος αἱρεῖ καὶ ἐξηνδραπόδισεν. Ἦσαν δὲ μιξοβάρβαροι οἱ ἐνοικοῦντες. Ἐκεῖθεν δ' ἀπέπλευσεν εἰς Ῥόδον. (16) Οἱ δ' Ἀθηναῖοι ἐκ τῆς Σάμου ὁρμώμενοι τὴν βασιλέως κακῶς ἐποίουν, καὶ ἐπὶ τὴν Χίον καὶ τὴν Ἔφεσον ἐπέπλεον, καὶ παρεσκευάζοντο πρὸς ναυμαχίαν, καὶ στρατηγοὺς πρὸς τοῖς ὑπάρχουσιν εἵλοντο Μένανδρον, Τυδέα, Κηφισόδοτον. (17) Λύσανδρος δ' ἐκ τῆς Ῥόδου παρὰ τὴν Ἰωνίαν ἐκπλεῖ πρὸς τὸν Ἑλλήσποντον πρός τε τῶν πλοίων τὸν ἔκπλουν καὶ ἐπὶ τὰς ἀφεστηκυίας αὐτῶν πόλεις. Ἀνήγοντο δὲ οἱ

drum eis concesserunt, sed ut legatum, Araco classi præfecto : nec enim apud ipsos in more est, ut idem classis præfecturam bis obtineat. Sunt autem Lysandro naves traditæ, quum jam viginti quinque anni hujus belli elapsi essent.

Eodem anno Cyrus Autoboesacem ac Mitræum interfecit, sororis Darii filios, quæ itidem, ut Darius, Artaxerxe patre nata fuerat; cujus cædis causa fuit, quod quum occurrissent ei, manus per coren non involvissent, id quod coram rege solum Persæ deferunt. Est autem core manica longior, intra quam si manum quis contineat, nihil omnino facere possit. Monuere tunc Hieramenes et ipsius uxor Darium, indignum esse, ad tantam Cyri petulantiam ipsum connivere. Quapropter eum Darius, ægritudinem prætexens, missis nuntiis ad se accessit.

Anno sequente, Archyta Ephoro, et Archonte Athenis Alexio, Lysander Ephesum venit, et e Chio cum navibus Eteonicum accessit; coactis etiam aliunde navibus universis, ubicunque essent, ac non solum has reficiebat, sed etiam alias apud Antandrum ædificabat. Deinde profectus ad Cyrum, pecuniam ab eo petebat. Is vero tametsi jam expensas esse pecunias a rege sibi datas diceret, ac præter has etiam longe plures, indicatis iis, quas singuli classis præfecti acceperant : nihilo tamen minus ei, quod petebat, largiebatur. Hoc argentum Lysander quum accepisset, triremium præfectos constituit, ac nautis stipendium debitum persolvit. Itidem et duces Atheniensium classem apud Samum instruebant.

Secundum hæc Lysandrum ad se Cyrus accessit, posteaquam nuntius ad ipsum a patre venit, qui narrabat, eum ab ægro patre vocari, qui apud Thamneria Medorum ageret, haud procul a Cadusiis, adversus quos defectionem molitos bellum susceperat. Quum venisset Lysander, ne cum Atheniensibus prælio navali decerneret, vetuit, nisi multo majorem navium numerum haberet. Satis esse tum regi, tum sibi pecuniarum; ut, si res per hoc staret, expleri magnus navium numerus posset. Deinde tributa de urbibus ostendit omnia, quæ ipsi peculiariter pendebantur, et pecuniam eam, qua ipsi non erat opus, ei donat. Quumque commemorasset, quo et Lacedæmoniorum rempublicam, et privatim Lysandrum ipsum amore complecteretur, ad patrem ascendit.

At Lysander, quum Cyrus traditis ipsi suis omnibus ad patrem adversa valetudine laborantem profectus esset, qui eum accessiverat, diviso in militem stipendio, in Cerameum Cariæ sinum cum classe perrexit : et admotis ad Cedreas, urbem quandam Atheniensium sociam, castris, postridie expugnando captas diripuit. Et erant ii, qui oppidum inhabitabant, semibarbari. Hinc Rhodum navigavit. Athenienses autem, quum e Samo solvissent, regis fines depopulati, Chium et Ephesum versus navigabant, ibique ad navale prælium sese parabant, ducesque præter eos quos jam habebant, legerunt tres, Menandrum, Tydeum, Cephisodotum. Lysander e Rhodo propter Ioniam versus Hellespontum navigavit, partim ad observandum naviam per Hellespontum iter, partim ad oppida Hellespontica, quæ ab ipsis defecerant, recuperanda. Itidem Athe-

Ἀθηναῖοι ἐκ τῆς Χίου πελάγιοι· ἡ γὰρ Ἀσία πολεμία αὐτοῖς ἦν. (18) Λύσανδρος δ᾽ ἐξ Ἀβύδου παρέπλει εἰς Λάμψακον ξύμμαχον οὖσαν Ἀθηναίων· καὶ οἱ Ἀβυδηνοὶ καὶ οἱ ἄλλοι παρῆσαν πεζῇ· ἡγεῖτο δὲ Θώραξ Λακεδαιμόνιος. (19) Προσβαλόντες δὲ τῇ πόλει αἱροῦσι κατὰ κράτος, καὶ διήρπασαν οἱ στρατιῶται οὖσαν πλουσίαν καὶ οἴνου καὶ σίτου καὶ τῶν ἄλλων ἐπιτηδείων πλήρη· τὰ δὲ ἐλεύθερα σώματα πάντα ἀφῆκε Λύσανδρος. (20) Οἱ δ᾽ Ἀθηναῖοι κατὰ πόδας πλέοντες ὡρμίσαντο τῆς Χερρονήσου ἐν Ἐλαιοῦντι ναυσὶν ὀγδοήκοντα καὶ ἑκατόν. Ἐνταῦθα δὴ ἀριστοποιουμένοις αὐτοῖς ἀγγέλλεται τὰ περὶ Λάμψακον, καὶ εὐθὺς ἀνήχθησαν εἰς Σηστόν. (21) Ἐκεῖθεν δ᾽ εὐθὺς ἐπισιτισάμενοι ἔπλευσαν εἰς Αἰγὸς ποταμοὺς ἀντίον τῆς Λαμψάκου· διεῖχε δ᾽ ὁ Ἑλλήσποντος ταύτῃ σταδίους ὡς πεντεκαίδεκα. Ἐνταῦθα δὲ ἐδειπνοποιοῦντο. (22) Λύσανδρος δὲ τῇ ἐπιούσῃ νυκτί, ἐπεὶ ὄρθρος ἦν, ἐσήμηνεν εἰς τὰς ναῦς ἀριστοποιησαμένους εἰσβαίνειν, πάντα δὲ παρασκευασάμενος ὡς εἰς ναυμαχίαν καὶ τὰ παραβλήματα παραβαλών, προεῖπεν ὡς μηδεὶς κινήσοιτο ἐκ τῆς τάξεως μηδὲ ἀνάξοιτο. (23) Οἱ δὲ Ἀθηναῖοι ἅμα τῷ ἡλίῳ ἀνίσχοντι ἐπὶ τῷ λιμένι παρετάξαντο ἐν μετώπῳ ὡς εἰς ναυμαχίαν. Ἐπεὶ δ᾽ οὐκ ἀντανήγαγε Λύσανδρος, καὶ τῆς ἡμέρας ὀψὲ ἦν, ἀπέπλευσαν πάλιν εἰς τοὺς Αἰγὸς ποταμούς. (24) Λύσανδρος δὲ τὰς ταχίστας τῶν νεῶν ἐκέλευσεν ἕπεσθαι τοῖς Ἀθηναίοις, ἐπειδὰν δὲ ἐκδῶσι, κατιδόντας ὅ,τι ποιοῦσιν ἀποπλεῖν καὶ αὑτῷ ἐξαγγεῖλαι. Καὶ οὐ πρότερον ἐξεβίβασεν ἐκ τῶν νεῶν πρὶν αὗται ἧκον. Ταῦτα δ᾽ ἐποίει τέτταρας ἡμέρας· καὶ οἱ Ἀθηναῖοι ἐπανήγοντο. (25) Ἀλκιβιάδης δὲ κατιδὼν ἐκ τῶν τειχῶν τοὺς μὲν Ἀθηναίους ἐν αἰγιαλῷ ὁρμοῦντας καὶ πρὸς οὐδεμιᾷ πόλει, τὰ δ᾽ ἐπιτήδεια ἐκ Σηστοῦ μετιόντας πεντεκαίδεκα σταδίους ἀπὸ τῶν νεῶν, τοὺς δὲ πολεμίους ἐν λιμένι καὶ πρὸς πόλει ἔχοντας πάντα, οὐκ ἐν καλῷ ἔφη αὐτοὺς ὁρμεῖν, ἀλλὰ μεθορμίσαι εἰς Σηστὸν παρῄνει πρός τε λιμένα καὶ πρὸς πόλιν· οὗ ὄντες ναυμαχήσετε, ἔφη, ὅταν βούλησθε. (26) Οἱ δὲ στρατηγοί, μάλιστα δὲ Τυδεὺς καὶ Μένανδρος, ἀπιέναι αὐτὸν ἐκέλευσαν· αὐτοὶ γὰρ νῦν στρατηγεῖν, οὐκ ἐκεῖνον. Καὶ ὁ μὲν ᾤχετο. (27) Λύσανδρος δ᾽, ἐπεὶ ἦν ἡμέρα πέμπτη ἐπιπλέουσι τοῖς Ἀθηναίοις, εἶπε τοῖς παρ᾽ αὑτοῦ ἑπομένοις, ἐπὰν κατίδωσιν αὐτοὺς ἐκβεβηκότας καὶ ἐσκεδασμένους κατὰ τὴν Χερρόνησον, ὅπερ ἐποίουν πολὺ μᾶλλον καθ᾽ ἑκάστην ἡμέραν, τά τε σιτία πόρρωθεν ὠνούμενοι καὶ καταφρονοῦντες δὴ τοῦ Λυσάνδρου, ὅτι οὐκ ἀντανῆγεν, ἀποπλέοντας τοὔμπαλιν παρ᾽ αὑτὸν ἆραι ἀσπίδα κατὰ μέσον τὸν πλοῦν. Οἱ δὲ ταῦτα ἐποίησαν ὡς ἐκέλευσε. (28) Λύσανδρος δ᾽ εὐθὺς ἐσήμηνε τὴν ταχίστην πλεῖν· ξυμπαρῄει δὲ καὶ Θώραξ τὸ πεζὸν ἔχων. Κόνων δὲ ἰδὼν τὸν ἐπίπλουν, ἐσήμηνεν εἰς τὰς ναῦς βοηθεῖν κατὰ κράτος. Διεσκεδασμένων δὲ τῶν ἀνθρώπων, αἱ μὲν τῶν νεῶν δίκροτοι ἦσαν, αἱ δὲ μονόκροτοι, αἱ δὲ παντελῶς κεναί· ἡ δὲ Κόνωνος καὶ ἄλλαι περὶ αὐτὸν ἑπτὰ πλήρεις ἀνήχθη-

HISTORIAE GRAECAE LIB. II. CAP. I. 347

nienses ex Chio in altum provecti sunt. Etenim Asiam infestam sibi habebant. Lysander Abydo relicta Lampsacum contendit, quod erat Atheniensium in societate oppidum. Aderant ei cum aliis Abydeni, terrestri eo profecti itinere; quorum dux erat Thorax Lacedaemonius. Adorti civitatem, vi eam capiunt, captamque diripiunt milites, quum quidem et opulenta esset, et vino, frumento, commeatu reliquo referta. Ingenuorum hominum corpora Lysander omnia libera dimisit. Sequuti Athenienses ejus vestigia, apud Elaeuntem in Chersoneso portum cum centum octoginta navibus ingressi sunt. Hic eis, quum pranderent, quid accidisset Lampsaco, narratur. Itaque statim Sestum perrexere. Inde commeatu secum sumpto recta navigarunt ad Aegospotamos, qui locus est e regione Lampsaci. Distat hic Hellespontus stadiorum quindecim intervallo. Atque hic illi tum cœnabant. Lysander noctu proxima, quamprimum illuxit, imperavit suis, ut pransi naves conscenderent. Simul ad pugnam navalem instructis rebus omnibus, et adhibitis ad naves pluteis, ne quis suo e loco moveret, neve in altum proveheretur, edixit. Athenienses ut primum sol exortus fuit, ad portum acici suae frontem in hostem direxerunt, quasi qui proelio congredi vellent. Verum ubi classem suam Lysander adversus eos non duxit, jamque advesperasceret, ad Aegospotamos redierunt. Tum Lysander naves omnium expeditissimas subsequi eos jussit, ac posteaquam speculatae essent, quid rerum hostes in littus egressi agerent, recta discedere, ut id sibi renuntiarent. Nec prius quam hae advenissent, militem suum e navibus egredi patiebatur. Atque haec per dies quatuor agebat, quum interim Athenienses adversus eum in altum provelierentur. Alcibiades autem, qui de castellis suis conspexisset, Athenienses in littore stationem habere, non apud oppidum aliquod, et commeatum Sesto petere, quae stadiis quindecim a navibus abesset, hostes vero in portu et apud urbem rerum omnium abundare copia : loco ipsos haudquaquam opportuno stationem habere aiebat; itaque monebat, Sestum uti repeterent, ubi et portum et oppidum habituri ad manum essent. Istic, inquit, si fueritis, decernere praelio cum hoste, ubi vobis libuerit, licebit. At duces, imprimis Tydeus et Menander, abire eum jusserunt : se jam imperatorio munere fungi, non ipsum. Itaque tunc ille discessit. Verum Lysander, die quinto, ex quo quotidie classis Atheniensium adversus eum provecta fuerat, mandavit illis qui jussu suo sequi eos solebant, ut , posteaquam ipsos de navibus egressos ac per Chersonesum palatos vidissent (id quod faciebant de die in diem usque magis, quum et cibaria procul emerent, et Lysandrum prae se contemnerent, qui classem adversus ipsos non educeret) , ad se conversis navibus scutum inter navigandum in altum tollerent. Faciunt illi, quod imperatum erat. Itaque Lysander suis dat signum, uti quam celerrime navigent. Hos Thorax in terra cum peditatu comitabatur. Posteaquam hos cum classe irruentes Conon vidit, signa dedit suis, ut totis viribus ad naves opis ferendae causa concurrerent. Verum quia vectores hinc inde palati vagabantur, naves aliae binos habebant remiges, aliae unum, nonnullis omnino vacuis; sola Cononis navis,

σαν ἀθρόαι καὶ ἡ Πάραλος, τὰς δ' ἄλλας πάσας Λύσανδρος ἔλαβε πρὸς τῇ γῇ. Τοὺς δὲ πλείστους ἄνδρας ἐν τῇ γῇ ξυνέλεξεν· οἱ δὲ καὶ ἔφυγον εἰς τειχύδρια. (29) Κόνων δὲ ταῖς ἐννέα ναυσὶ φεύγων, ἐπεὶ ἔγνω τῶν Ἀθηναίων τὰ πράγματα διεφθαρμένα, κατασχὼν ἐπὶ τὴν Ἀβαρνίδα τὴν Λαμψάκου ἄκραν ἔλαβεν αὐτόθεν τὰ μεγάλα τῶν Λυσάνδρου νεῶν ἱστία, καὶ αὐτὸς μὲν ὀκτὼ ναυσὶν ἀπέπλευσε παρ' Εὐαγόραν εἰς Κύπρον, ἡ δὲ Πάραλος εἰς τὰς Ἀθήνας ἀπαγγελοῦσα τὰ γεγονότα. (30) Λύσανδρος δὲ τάς τε ναῦς καὶ τοὺς αἰχμαλώτους καὶ τἆλλα πάντα εἰς Λάμψακον ἀπήγαγεν, ἔλαβε δὲ καὶ τῶν στρατηγῶν ἄλλους τε καὶ Φιλοκλέα καὶ Ἀδείμαντον. Ἧ δ' ἡμέρᾳ ταῦτα κατειργάσατο, ἔπεμψε Θεόπομπον τὸν Μιλήσιον λῃστὴν εἰς Λακεδαίμονα, ἀπαγγελοῦντα τὰ γεγονότα, ὃς ἀφικόμενος τριταῖος ἀπήγγειλε. (31) Μετὰ δὲ ταῦτα Λύσανδρος ἀθροίσας τοὺς ξυμμάχους ἐκέλευσε βουλεύεσθαι περὶ τῶν αἰχμαλώτων. Ἐνταῦθα δὴ κατηγορίαι ἐγίγνοντο πολλαὶ τῶν Ἀθηναίων, ἅ τε ἤδη παρανενομήκεσαν καὶ ἃ ἐψηφισμένοι ἦσαν ποιεῖν, εἰ κρατήσειαν τῇ ναυμαχίᾳ, τὴν δεξιὰν χεῖρα ἀποκόπτειν τῶν ζωγρηθέντων πάντων, καὶ ὅτι λαβόντες δύο τριήρεις, Κορινθίαν καὶ Ἀνδρίαν, τοὺς ἄνδρας ἐξ αὐτῶν πάντας κατεκρημνίεσαν· Φιλοκλῆς δ' ἦν στρατηγὸς τῶν Ἀθηναίων, ὃς τούτους διέφθειρεν. (32) Ἐλέγετο δὲ καὶ ἄλλα πολλά, καὶ ἔδοξεν ἀποκτεῖναι τῶν αἰχμαλώτων ὅσοι ἦσαν Ἀθηναῖοι πλὴν Ἀδειμάντου, ὅτι μόνος ἐπελάβετο ἐν τῇ ἐκκλησίᾳ τοῦ περὶ τῆς ἀποτομῆς τῶν χειρῶν ψηφίσματος· ᾐτιάθη μέντοι ὑπό τινων προδοῦναι τὰς ναῦς. Λύσανδρος δὲ Φιλοκλέα πρῶτον ἐρωτήσας, ὃς τοὺς Ἀνδρίους καὶ Κορινθίους κατεκρήμνισεν, τί εἴη ἄξιος παθεῖν ἀρξάμενος εἰς Ἕλληνας παρανομεῖν, ἀπέσφαξεν.

ΚΕΦΑΛΑΙΟΝ Β.

Ἐπεὶ δὲ τὰ ἐν τῇ Λαμψάκῳ κατεστήσατο, ἔπλει ἐπὶ τὸ Βυζάντιον καὶ Καλχηδόνα. Οἱ δ' αὐτὸν ὑπεδέχοντο, τοὺς τῶν Ἀθηναίων φρουροὺς ὑποσπόνδους ἀφέντες. Οἱ δὲ προδόντες Ἀλκιβιάδῃ τὸ Βυζάντιον τότε μὲν ἔφυγον εἰς τὸν Πόντον, ὕστερον δ' εἰς Ἀθήνας καὶ ἐγένοντο Ἀθηναῖοι. (2) Λύσανδρος δὲ τούς τε φρουροὺς τῶν Ἀθηναίων καὶ εἴ τινά που ἄλλον ἴδοι Ἀθηναίων, ἀπέπεμπεν εἰς τὰς Ἀθήνας, διδοὺς ἐκεῖσε μόνον πλέουσιν ἀσφάλειαν, ἄλλοθι δ' οὔ, εἰδὼς ὅτι ὅσῳ ἂν πλείους συλλεγῶσιν εἰς τὸ ἄστυ καὶ τὸν Πειραιᾶ, θᾶττον τῶν ἐπιτηδείων ἔνδειαν ἔσεσθαι. Καταλιπὼν δὲ Βυζαντίου καὶ Καλχηδόνος Σθενέλαον ἁρμοστὴν Λάκωνα, αὐτὸς ἀποπλεύσας εἰς Λάμψακον τὰς ναῦς ἐπεσκεύαζεν.

3. Ἐν δὲ ταῖς Ἀθήναις τῆς Παράλου ἀφικομένης νυκτὸς ἐλέγετο ἡ ξυμφορά, καὶ ἡ οἰμωγὴ ἐκ τοῦ Πειραιῶς διὰ τῶν μακρῶν τειχῶν εἰς ἄστυ διῆκεν, ὁ ἕτερος τῷ ἑτέρῳ παραγγέλλων· ὥστ' ἐκείνης τῆς νυκτὸς οὐδεὶς

CAPUT II.

et aliæ circum ipsum septem, cum Paralo, vectoribus instructæ, simul in altum provectæ, discesserunt; reliquas autem Lysander universas in littore cepit. Hominum copiam maximam in terra collegit; nonnulli intra oppidula se fuga recipiunt. Conon cum navibus illis novem fugiens, postea quam esse perditas Atheniensium res animadvertit, ad Abarnidem Lampsaci promontorium appulit, et magna inde navium Lysandri vela sustulit, et cum navibus octo ad Evagoram in Cyprum navigavit; Paralus autem navis Athenas contendit, ut ea, quæ accidissent, renuntiaret. At Lysander naves, captivos, cetera Lampsacum abduxit. Præter alios, duces etiam Philoclem et Adimantum cepit. Quo die gesta fuere, Theopompum Milesium prædonem ablegavit Lacedæmonem, qui rerum eventum exponeret. Id ab hoc factum, quum iter illud triduo confecisset. Secundum hæc sociis Lysander convocatis, uti de captivis consultent, hortatur. Ibi tum multæ sunt Atheniensium accusationes institutæ de iis quæ jam ante contra jus et fas improbe commississent, et de aliis quæ patrare decrevissent, nimirum ut, si navali pugna superiores evaderent, omnibus illis dextra manus amputaretur, qui eorum in potestatem vivi pervenissent; præterea quod captis duabus triremibus, quarum una fuisset Corinthia, altera ex Andro, vectores omnes de rupe præcipites egissent. Erat autem dux Atheniensium Philocles, qui hoc modo animos eorum depravarat. Posteaquam et alia multa in medium allata fuerunt, visum est, ut captivi omnes, quotquot Athenienses essent, uno Adimanto excepto, interficerentur; quia is solus decreto concionis de amputandis manibus intercesserat, atque etiam a nonnullis insimulatus fuit, quasi naves hostibus prodidisset. Atque Lysander Philoclem, qui Andrios et Corinthios præcipitio interemerat, prius interrogatum, quid supplicii meritus esset, qui primus auctor violatarum adversus Græcos æquitatis legum extitisset, morte multavit.

Rebus deinde Lampsaci constitutis, Byzantium et Chalcedonem navigavit. Ab iis admissus est, impetrato, ut Atheniensium præsidiarii fide data dimitterentur. Tum illi, qui Byzantium Alcibiadi prodiderant, in Pontum se fuga recepere, postea vero Athenas, ubi cives facti sunt. Lysander autem præsidiarios Atheniensium, atque alios, quoscunque alicubi reperiret Athenienses, Athenas ablegabat, illuc tantum navigandi securitate concessa, non usquam alio; norat enim, tanto citius commeatu carituros, quanto plures et in urbem et in Piræeum confluerent. Byzantii et Chalcedone relicto Sthenelao Lacedæmonio præfecto, Lampsacum ipse navigavit, ibique classem refecit.

Interea quum navis Paralus noctu Athenas appulisset, accepta clades atque calamitas ab ea nuntiata est; inde ululatus hominum de Piræeo per muros longos in urbem ipsam penetravit, uno rem gestam alteri nuntiante. Atque adeo

ἐκινήθη, οὐ μόνον τοὺς ἀπολωλότας πενθοῦντες, ἀλλὰ πολὺ μᾶλλον ἔτι αὐτοὶ ἑαυτούς, πείσεσθαι νομίζοντες οἷα ἐποίησαν Μηλίους τε Λακεδαιμονίων ἀποίκους ὄντας, κρατήσαντες πολιορκίᾳ, καὶ Ἱστιαίας καὶ Σκιωναίους καὶ Τορωναίους καὶ Αἰγινήτας καὶ ἄλλους πολλοὺς τῶν Ἑλλήνων. (4) Τῇ δ᾽ ὑστεραίᾳ ἐκκλησίαν ἐποίησαν, ἐν ᾗ ἔδοξε τούς τε λιμένας ἀποχῶσαι πλὴν ἑνὸς καὶ τὰ τείχη εὐτρεπίζειν καὶ φυλακὰς ἐφιστάναι καὶ τἄλλα πάντα ὡς εἰς πολιορκίαν παρασκευάζειν τὴν πόλιν. Καὶ οὗτοι μὲν περὶ ταῦτα ἦσαν.

5. Λύσανδρος δ᾽ ἐκ τοῦ Ἑλλησπόντου ναυσὶ διακοσίαις ἀφικόμενος εἰς Λέσβον κατεσκευάσατο τάς τε ἄλλας πόλεις ἐν αὐτῇ καὶ Μυτιλήνην· εἰς δὲ τὰ ἐπὶ Θρᾴκης χωρία ἔπεμψε δέκα τριήρεις ἔχοντα Ἐτεόνικον, ὃς τὰ ἐκεῖ πάντα πρὸς Λακεδαιμονίους μετέστησεν. (6) Εὐθὺς δὲ καὶ ἡ ἄλλη Ἑλλὰς ἀφειστήκει Ἀθηναίων μετὰ τὴν ναυμαχίαν πλὴν Σαμίων· οὗτοι δὲ σφαγὰς τῶν γνωρίμων ποιήσαντες κατεῖχον τὴν πόλιν. (7) Λύσανδρος δὲ μετὰ ταῦτα ἔπεμψε πρὸς Ἆγίν τε εἰς Δεκέλειαν καὶ εἰς Λακεδαίμονα ὅτι προσπλεῖ σὺν διακοσίαις ναυσί. Λακεδαιμόνιοι δὲ ἐξῇεσαν πανδημεὶ καὶ οἱ ἄλλοι Πελοποννήσιοι πλὴν Ἀργείων, παραγγείλαντος τοῦ ἑτέρου Λακεδαιμονίων βασιλέως Παυσανίου. (8) Ἐπεὶ δ᾽ ἅπαντες ἡθροίσθησαν, ἀναλαβὼν αὐτοὺς πρὸς τὴν πόλιν ἐστρατοπέδευσεν ἐν τῇ Ἀκαδημίᾳ τῷ καλουμένῳ γυμνασίῳ. (9) Λύσανδρος δὲ ἀφικόμενος εἰς Αἴγιναν ἀπέδωκε τὴν πόλιν Αἰγινήταις, ὅσους ἐδύνατο πλείστους ἀθροίσας αὐτῶν, ὡς δ᾽ αὔτως καὶ Μηλίοις καὶ τοῖς ἄλλοις ὅσοι τῆς αὑτῶν ἐστέροντο. Μετὰ δὲ τοῦτο δῃώσας Σαλαμῖνα ὡρμίσατο πρὸς τὸν Πειραιᾶ ναυσὶ πεντήκοντα καὶ ἑκατόν, καὶ τὰ πλοῖα εἶργε τοῦ εἴσπλου.

10. Οἱ δ᾽ Ἀθηναῖοι πολιορκούμενοι κατὰ γῆν καὶ κατὰ θάλατταν ἠπόρουν τί χρὴ ποιεῖν, οὔτε νεῶν οὔτε συμμάχων αὐτοῖς ὄντων οὔτε σίτου· ἐνόμιζον δ᾽ οὐδεμίαν εἶναι σωτηρίαν εἰ μὴ παθεῖν ἃ οὐ τιμωρούμενοι ἐποίησαν, ἀλλὰ διὰ τὴν ὕβριν ἠδίκουν ἀνθρώπους μικροπολίτας οὐδ᾽ ἐπὶ μιᾷ αἰτίᾳ ἑτέρᾳ ἢ ὅτι ἐκείνοις συνεμάχουν. (11) Διὰ ταῦτα τοὺς ἀτίμους ἐπιτίμους ποιήσαντες ἐκαρτέρουν, καὶ ἀποθνησκόντων ἐν τῇ πόλει λιμῷ πολλῶν οὐ διελέγοντο περὶ διαλλαγῆς. Ἐπεὶ δὲ παντελῶς ἤδη ὁ σῖτος ἐπιλελοίπει, ἔπεμψαν πρέσβεις παρ᾽ Ἆγιν, βουλόμενοι σύμμαχοι εἶναι Λακεδαιμονίοις ἔχοντες τὰ τείχη καὶ τὸν Πειραιᾶ, καὶ ἐπὶ τούτοις ξυνθήκας ποιεῖσθαι. (12) Ὁ δὲ αὐτοὺς εἰς Λακεδαίμονα ἐκέλευεν ἰέναι· οὐ γὰρ εἶναι κύριος αὐτός. Ἐπεὶ δ᾽ ἀπήγγειλαν οἱ πρέσβεις ταῦτα τοῖς Ἀθηναίοις, ἔπεμψαν αὐτοὺς εἰς Λακεδαίμονα. (13) Οἱ δ᾽ ἐπεὶ ἦσαν ἐν Σελλασίᾳ πλησίον τῆς Λακωνικῆς καὶ ἐπύθοντο οἱ ἔφοροι αὐτῶν ἃ ἔλεγον, ὄντα ἅπερ καὶ πρὸς Ἆγιν, αὐτόθεν αὐτοὺς ἐκέλευον ἀπιέναι, καὶ εἴ τι δέονται εἰρήνης, κάλλιον ἥκειν βουλευσαμένους. (14) Οἱ δὲ πρέσβεις ἐπεὶ ἧκον οἴκαδε καὶ ἀπήγγειλαν ταῦτα εἰς τὴν πόλιν, ἀθυμία ἐνέπεσε πᾶσιν· ᾤοντο γὰρ ἀνδραποδισθήσεσθαι, καὶ ἕως ἂν πέμπωσιν ἑτέρους πρέσβεις, πολλοὺς τῷ λιμῷ

nocte illa somnum cepit nemo, quum non solum eos, qui perierant, lugerent, sed multo magis ipsi se, passuros se existimantes ea quae prius in Melios, Lacedaemoniorum coloniam, quam obsessam vi ceperant, et in Histiaeenses, Scionaeos, Toronaeos, Aegineatas, aliosque Graeci nominis permultos perpetraverant. Postridie concionem coegerunt, in qua decretum, ut, excepto uno, portus omnes aggesta terra occluderentur, muri repararentur, constituerentur excubiae, omnia denique ad sustinendam obsidionem in urbe compararentur. Illi igitur his incumbebant.

At Lysander ex Hellesponto ducentis navibus in Lesbum vectus, cum alia in ea oppida, tum Mitylenen in decemviralem civitatis formam redegit. Ad Thraciae oppida cum decem triremibus Eteonicum misit, qui locis illis omnia Lacedaemoniorum partes sequi coegit. Neque multo post pugnam reliqua etiam Graecia, Samo excepta, ab Atheniensibus defecit. Nam Samii caesis hominibus apud se nobilioribus civitatem ipsi tenebant. Secundum haec Lysander tam ad Agin Deceleam, quam Lacedaemonem, misit qui nuntiarent, adventare se cum ducentarum navium classe. Tum Lacedaemonii, reliquique Peloponnesii, cum copiis universis prodierunt, exceptis Argivis : denuntiante, ad conveniendum, Pausania, Lacedaemoniorum rege altero. Postequam universi confluxerunt, eis secum sumptis, ad urbem Atheniensem in gymnasio, quod Academiam vocant, castra metatus est. Lysander autem profectus Aeginam, Aeginetis quoscunque colligere potuit, oppidum restituit : itemque Meliis, et aliis quibuscunque oppida patria fuerant adempta. Secundum haec Salamine vastata, ad Piraeeum cum centum quinquaginta navibus stationes occupavit ; et aditum, ne qua navis accederet, interclusit.

Athenienses terra marique obsessi, quum neque classem, neque socios, neque frumentum haberent, quid facerent ambigebant. Nullam sibi reliquam esse salutem arbitrabantur, nisi vicissim perpetienda, quae ipsi non illatas injurias puniendi studio, sed mera petulantia adversus humilium oppidorum incolas, alia nulla de causa, designassent, quam quod Lacedaemoniorum societate continerentur. Quapropter, in pristinum honoris statum repositis iis qui notati ignominia fuerant, obsidionem tolerabant ; quumque multi in urbe fame perirent, nulla tamen de compositione facta mentio. Postequam vero frumentum omne prorsus jam defecit, ad Agin legatos miserunt, ac velle se Lacedaemoniorum socios esse significarunt, solosque muros urbis cum Piraeeo retinere, atque his conditionibus foedus inire. Ille vero legatos Lacedaemonem pergere jussit ; nam esse sua rem in potestate negabat. Ea verba quum Atheniensibus legati renuntiassent, Lacedaemonem eos misere. Sellasiam quum pervenissent, laud procul a Laconica, auditaque ab Ephoris ipsorum esset oratio, illi consentanea, qua prius apud Agin usi fuerant, abire eos jusserunt, ac si quidem pacis egerent, re melius deliberata reverti. Legati domum profecti, quum haec suis exposuissent, omnes tristitia magna invasit : putant futurum, ut in servitutem redigerentur ; ac dum legatos alios mitterent, multos cives interea

ἀπολεῖσθαι. (15) Περὶ δὲ τῶν τειχῶν τῆς καθαιρέσεως οὐδεὶς ἐβούλετο ξυμβουλεύειν· Ἀρχέστρατος γὰρ εἰπὼν ἐν τῇ βουλῇ Λακεδαιμονίοις κράτιστον εἶναι ἐφ᾽ οἷς προὐκαλοῦντο εἰρήνην ποιεῖσθαι, ἐδέθη· προὐκαλοῦντο δὲ τῶν μακρῶν τειχῶν ἐπὶ δέκα σταδίους καθελεῖν ἑκατέρου· ἐγένετο δὲ ψήφισμα μὴ ἐξεῖναι περὶ τούτων ξυμβουλεύειν. (16) Τοιούτων δὲ ὄντων Θηραμένης ἐν ἐκκλησίᾳ εἶπεν ὅτι εἰ βούλονται αὐτὸν πέμψαι παρὰ Λύσανδρον, εἰδὼς ἥξει Λακεδαιμονίους πότερον ἐξανδραποδίσασθαι τὴν πόλιν βουλόμενοι ἀντέχουσι περὶ τῶν τειχῶν ἢ πίστεως ἕνεκα. Πεμφθεὶς δὲ διέτριβε παρὰ Λυσάνδρῳ τρεῖς μῆνας καὶ πλείω, ἐπιτηρῶν ὁπότε Ἀθηναῖοι ἔμελλον διὰ τὸ ἐπιλελοιπέναι τὸν σῖτον ἅπαντα ὅ,τι τις λέγοι ὁμολογήσειν. (17) Ἐπεὶ δὲ ἧκε τετάρτῳ μηνί, ἀπήγγειλεν ἐν ἐκκλησίᾳ ὅτι αὐτὸν Λύσανδρος τέως μὲν κατέχοι, εἶτα κελεύοι εἰς Λακεδαίμονα ἰέναι· οὐ γὰρ εἶναι κύριος ὧν ἐρωτῷτο ὑπ᾽ αὐτοῦ, ἀλλὰ τοὺς ἐφόρους. Μετὰ ταῦτα ᾑρέθη πρεσβευτὴς εἰς Λακεδαίμονα αὐτοκράτωρ δέκατος αὐτός, (18) Λύσανδρος δὲ τοῖς ἐφόροις ἔπεμψεν ἀγγελοῦντα μετ᾽ ἄλλων Λακεδαιμονίων Ἀριστοτέλην, φυγάδα Ἀθηναῖον ὄντα, ὅτι ἀποκρίναιτο Θηραμένει ἐκείνους κυρίους εἶναι εἰρήνης καὶ πολέμου. (19) Θηραμένης δὲ καὶ οἱ ἄλλοι πρέσβεις ἐπεὶ ἦσαν ἐν Σελλασίᾳ, ἐρωτώμενοι δὲ ἐπὶ τίνι λόγῳ ἥκοιεν εἶπον ὅτι αὐτοκράτορες περὶ εἰρήνης, μετὰ ταῦτα οἱ ἔφοροι καλεῖν ἐκέλευον αὐτούς. Ἐπεὶ δ᾽ ἧκον, ἐκκλησίαν ἐποίησαν, ἐν ᾗ ἀντέλεγον Κορίνθιοι καὶ Θηβαῖοι μάλιστα, πολλοὶ δὲ καὶ ἄλλοι τῶν Ἑλλήνων, μὴ σπένδεσθαι Ἀθηναίοις, ἀλλ᾽ ἐξαιρεῖν. (20) Λακεδαιμόνιοι δὲ οὐκ ἔφασαν πόλιν Ἑλληνίδα ἀνδραποδιεῖν μέγα ἀγαθὸν εἰργασμένην ἐν τοῖς μεγίστοις κινδύνοις γενομένοις τῇ Ἑλλάδι, ἀλλ᾽ ἐποιοῦντο εἰρήνην ἐφ᾽ ᾧ τά τε μακρὰ τείχη καὶ τὸν Πειραιᾶ καθελόντας καὶ τὰς ναῦς πλὴν δώδεκα παραδόντας καὶ τοὺς φυγάδας καθέντας τὸν αὐτὸν ἐχθρὸν καὶ φίλον νομίζοντας Λακεδαιμονίοις ἕπεσθαι καὶ κατὰ γῆν καὶ κατὰ θάλατταν ὅποι ἂν ἡγῶνται. (21) Θηραμένης δὲ καὶ οἱ σὺν αὐτῷ πρέσβεις ἐπανέφερον ταῦτα εἰς τὰς Ἀθήνας. Εἰσιόντας δ᾽ αὐτοὺς ὄχλος περιεχεῖτο πολύς, φοβούμενοι μὴ ἄπρακτοι ἥκοιεν· οὐ γὰρ ἔτι ἐνεχώρει μέλλειν διὰ τὸ πλῆθος τῶν ἀπολλυμένων τῷ λιμῷ. (22) Τῇ δ᾽ ὑστεραίᾳ ἀπήγγελλον οἱ πρέσβεις ἐφ᾽ οἷς οἱ Λακεδαιμόνιοι ποιοῖντο τὴν εἰρήνην· προηγόρει δὲ αὐτῶν Θηραμένης, λέγων ὡς χρὴ πείθεσθαι Λακεδαιμονίοις καὶ τὰ τείχη περιαιρεῖν. Ἀντειπόντων δέ τινων αὐτῷ, πολὺ δὲ πλειόνων ξυνεπαινεσάντων, ἔδοξε δέχεσθαι τὴν εἰρήνην. (23) Μετὰ δὲ ταῦτα Λύσανδρός τε κατέπλει εἰς τὸν Πειραιᾶ καὶ οἱ φυγάδες κατῇσαν καὶ τὰ τείχη κατέσκαπτον ὑπ᾽ αὐλητρίδων πολλῇ προθυμίᾳ, νομίζοντες ἐκείνην τὴν ἡμέραν τῇ Ἑλλάδι ἄρχειν τῆς ἐλευθερίας.

24. Καὶ ὁ ἐνιαυτὸς ἔληγεν, ἐν ᾧ μεσοῦντι Διονύσιος ὁ Ἑρμοκράτους Συρακόσιος ἐτυράννησε, μάχῃ μὲν πρότερον ἡττηθέντων ὑπὸ Συρακοσίων Καρχηδονίων.

fame perituros. Qui ferendum suaderet, ut ab hoste muri diruentur, erat nemo. Nam Archestratus, quum dixisset in senatu, e reipublicæ commodo maxime futurum, si cum Lacedæmoniis pacem facerent iis conditionibus, quas ipsi obtulissent, conjectus in vincula fuerat. Volebant autem illi muros longos ad stadia decem utrinque dirui. De quo ne cui deinceps in medium suadendi causa quidquam afferre liceret, decreto sancitum erat. Hic quum rerum status esset, dixit in concione Theramenes, si ablegare se ad Lysandrum vellint, expiscaturum ex illo, num idcirco Lacedæmonii in sententia de murorum demolitione perstent, quod velint urbem in prædam dari, an vero fidei causa. Missus a suis, ultra menses tres apud Lysandrum est commoratus, id tempus observans, quo Athenienses ob frumenti defectum iis quæcumque quis diceret, assensuri essent. Mense quarto quum rediisset, in concione renuntiat, hactenus ab Lysandro detentum se fuisse: jam vero mandari sibi, ut Lacedæmonem proficisceretur; non enim id, quod peteretur, in sua, sed Ephororum esse potestate. Post hæc ipse, cum novem aliis, ut Lacedæmonem plena cum potestate legatus iret, delectus est. At Lysander ad Ephoros inter ceteros Lacedæmonios Aristotelem Atheniensem exulem misit, qui eos certiores faceret, se respondisse Therameni, Ephoros pacis ac belli arbitros esse. Posteaquam Theramenes ac legati reliqui Sellasiam venerunt, interrogati, quibus cum mandatis adessent, plena se cum potestate missos aiunt, ut de pace agant. Tum accersi eos Ephori jussere. Quum accessissent, concione coacta, præcipue Corinthii ac Thebani, ac præter hos alii Græci non pauci, fœdus cum Atheniensibus ineundum negabant, sed funditus evertendos esse. Lacedæmonii respondebant, minime se Græci nominis urbem eversuros, quæ in maximis Græciæ periculis operam inprimis utilem navasset; sed pacem faciebant iis conditionibus, ut muri longi, et Piræeus, diruerentur; naves, exceptis duodecim, omnes traderent; exules reducerent; eundem cum Lacedæmoniis amicum vel hostem existimarent; eosdem mari ac terra sequerentur, quocunque tandem ducerent. Has conditiones Theramenes et ii, qui ipsi adjuncti in legatione fuerant, Athenas pertulerunt. Urbem quum ingrederentur, magna eos hominum turba circumfundebat, metuentium, ne re infecta reverterentur; nec enim dilationem res patiebatur, propter eorum multitudinem, qui fame extinguebantur. Postridie legati exposuerunt, quibus conditionibus pax a Lacedæmoniis esset impetrata. Simul suadebat primus inter eos Theramenes, parendum Lacedæmoniis esse, murosque diruendos. Quum autem nonnulli quidem adversarentur, sed multo plures sententiam ipsius comprobarent, decreto sancitum est, pacem hanc accipiendam esse. Secundum hæc in Piræeum Lysander navigavit, et exules reducti, muriique ad tibicinarum cantum magno cum hominum studio diruti sunt, quum hunc diem libertati Græciæ initium dedisse putarent.

Hic fuit ejus anni exitus, cujus in medio Dionysius, Hermocratis filius, Syracusanus, regnum arripuit: quum prius Carthaginienses prœlio quidem ab Syracusanis victi essent,

σπάνει δὲ σίτου ἐλθόντων Ἀκράγαντα, ἐκλιπόντων τῶν Σικελιωτῶν τὴν πόλιν.

sed Agrigentum tamen, annonæ inopia desertam a Siculis, cepissent.

ΚΕΦΑΛΑΙΟΝ Γ.

Τῷ δ' ἐπιόντι ἔτει, ᾧ ἦν Ὀλυμπιὰς, ᾗ τὸ στάδιον ἐνίκα Κροκίνας Θετταλός, Εὐδίκου ἐν Σπάρτῃ ἐφορεύοντος, Πυθοδώρου δ' ἐν Ἀθήναις ἄρχοντος, ὃν Ἀθηναῖοι, ὅτι ἐν ὀλιγαρχίᾳ ᾑρέθη, οὐκ ὀνομάζουσιν, ἀλλ' ἀναρχίαν τὸν ἐνιαυτὸν καλοῦσιν. (2) Ἐγένετο δὲ αὕτη ἡ ὀλιγαρχία ὧδε. Ἔδοξε τῷ δήμῳ τριάκοντα ἄνδρας ἑλέσθαι, οἳ τοὺς πατρίους νόμους ξυγγράψουσι, καθ' οὓς πολιτεύσουσι. Καὶ ᾑρέθησαν οἵδε, Πολυχάρης, Κριτίας, Μηλόβιος, Ἱππόλοχος, Εὐκλείδης, Ἱέρων, Μνησίλοχος, Χρέμων, Θηραμένης, Ἀρεσίας, Διοκλῆς, Φαιδρίας, Χαιρέλεως, Ἀναίτιος, Πείσων, Σοφοκλῆς, Ἐρατοσθένης, Χαρικλῆς, Ὀνομακλῆς, Θέογνις, Αἰσχίνης, Θεογένης, Κλεομήδης, Ἐρασίστρατος, Φείδων, Δρακοντίδης, Εὐμάθης, Ἀριστοτέλης, Ἱππόμαχος, Μνησιθείδης. (3) Τούτων δὲ πραχθέντων ἀπέπλει Λύσανδρος πρὸς Σάμον, Ἆγις δ' ἐκ τῆς Δεκελείας ἀπαγαγὼν τὸ πεζὸν στράτευμα διέλυσε κατὰ πόλεις ἑκάστους.

4. Κατὰ δὲ τοῦτον τὸν καιρὸν περὶ ἡλίου ἔκλειψιν Λυκόφρων ὁ Φεραῖος, βουλόμενος ἄρξαι ὅλης τῆς Θετταλίας, τοὺς ἐναντιουμένους αὐτῷ τῶν Θετταλῶν, Λαρισαίους τε καὶ ἄλλους, μάχῃ ἐνίκησε καὶ πολλοὺς ἀπέκτεινεν.

5. Ἐν δὲ τῷ αὐτῷ χρόνῳ καὶ Διονύσιος ὁ Συρακόσιος τύραννος μάχῃ ἡττηθεὶς ὑπὸ Καρχηδονίων Γέλαν καὶ Καμάριναν ἀπώλεσεν. Μετ' ὀλίγον δὲ καὶ Λεοντῖνοι Συρακοσίοις ξυνοικοῦντες ἀπέστησαν εἰς τὴν αὑτῶν πόλιν ἀπὸ Διονυσίου καὶ Συρακοσίων. Παραχρῆμα δὲ καὶ οἱ Συρακόσιοι ἱππεῖς ὑπὸ Διονυσίου εἰς Κατάνην ἀπεστάλησαν.

6. Οἱ δὲ Σάμιοι πολιορκούμενοι ὑπὸ Λυσάνδρου πάντῃ, ἐπεὶ οὐ βουλομένων αὐτῶν τὸ πρῶτον ὁμολογεῖν προσέβαλλεν ἤδη ἔμελλεν ὁ Λύσανδρος, ὡμολόγησαν ἐν ἱματίῳ ἔχων ἕκαστος ἀπιέναι τῶν ἐλευθέρων, τὰ δ' ἄλλα παραδοῦναι· καὶ οὕτως ἐξῆλθον. (7) Λύσανδρος δὲ τοῖς ἀρχαίοις πολίταις παραδοὺς τὴν πόλιν καὶ τὰ ἐνόντα πάντα καὶ δέκα ἄρχοντας καταστήσας φρουρεῖν ἀφῆκε τὸ τῶν ξυμμάχων ναυτικὸν κατὰ πόλεις, (8) ταῖς δὲ Λακωνικαῖς ναυσὶν ἀπέπλευσεν εἰς Λακεδαίμονα, ἀπάγων τά τε τῶν αἰχμαλώτων νεῶν ἀκρωτήρια καὶ τὰς ἐκ τοῦ Πειραιῶς τριήρεις πλὴν δώδεκα καὶ στεφάνους, οὓς παρὰ τῶν πόλεων ἐλάμβανε δῶρα ἰδίᾳ, καὶ ἀργυρίου τετρακόσια καὶ ἑβδομήκοντα τάλαντα, ἃ περιεγένοντο τῶν φόρων, οὓς αὐτῷ Κῦρος παρέδειξεν εἰς τὸν πόλεμον, καὶ εἴ τι ἄλλο προσεκτήσατο ἐν τῷ πολέμῳ. (9) Ταῦτα δὲ πάντα Λακεδαιμονίοις ἀπέδωκε, τελευτῶντος τοῦ θέρους, εἰς ὃ ἑξάμηνος καὶ ὀκτὼ καὶ εἴκοσιν ἔτη τῷ πολέμῳ ἐτελεύτα, ἐν οἷς ἐφο-

CAPUT III.

Anno sequente, in quem incidit Olympias, ea qua Crocinas Thessalus in stadio victoriam adeptus est, Eudico Spartæ Ephoro, Archonte Athenis Pythodoro, quem Athenienses, quod lectus tempore dominatus paucorum fuerit, Archontem plane non recensent, sed annum illum Anarchiam vocant. Ceterum paucorum ille dominatus hunc ortum habuit : visum fuit populo, deligendos esse viros triginta, qui leges patrias conscriberent, secundum quas respublica regenda deinceps esset. Delecti fuere Polychares, Critias, Melobius, Hippolochus, Euclides, Hiero, Mnesilochus, Chremo, Theramenes, Aresias, Diocles, Phædria, Chærelaus, Anætius, Piso, Sophocles, Eratosthenes, Charicles, Onomacles, Theognis, Æschines, Theogenes, Cleomedes, Erasistratus, Phido, Dracontides, Eumathes, Aristoteles, Hippomachus, Mnesithides. Hæc quum acta fuissent, Samum Lysander cum classe discedit : Agis autem pedestres copias abductas Decelea dimisit, facta potestate singulis in suas urbes revertendi.

Eodem tempore circa defectum solis Lycophro Pheræus, quum Thessaliæ totius affectaret imperium, adversantes conatui suo Thessalos quosdam, in quibus et Larissæi et alii nonnulli erant, multis interfectis prœlio vicit.

Præterea Dionysius tyrannus Syracusanus a Carthaginiensibus pugna victus, Gelam et Camarinam amisit. Neque multo post Leontini, qui Syracusis habitabant, defectione a Dionysio et Syracusanis facta, suum in oppidum recesserunt; statimque Syracusani equites Catanam a Dionysio missi sunt.

Samii vero, undique a Lysandro obsessi, quum initio se ei dedere nollent, tandem, illo jam copias admoturo muris, ita se dederunt, ut liberis hominibus singulis cum una veste discedendi facultas esset, reliqua ipsi traderent; atque ita illi tunc oppido excesserunt. Lysander autem, civibus pristinis oppido et universis in eo rebus traditis, ac decem præfectis custodiæ causa constitutis, sociorum navales copias singulas ad suos remisit; Laconica vero cum classe Lacedæmonem navigavit, quum et detracta captis navibus spolia secum aveheret, et abductas e Piræeo triremes, exceptis duodecim, et coronas, quibus ipse peculiariter a civitatibus donatus fuerat, et argenti quadringenta ac septuaginta talenta quæ superabant e tributis, quæ ad bellum hoc ei Cyrus assignaverat, et si quid aliud bello acquisiverat. Hæc universa Lacedæmoniis tradidit sub æstatis finem qua post vigesimum octavum annum sextumque mensem, bello finis est impositus. His annis Ephori, qui quidem numerantur, hi

ΕΛΛΗΝΙΚΩΝ ΒΙΒΛ. Β. ΚΕΦ. Γ.

ροι οἱ ἀριθμούμενοι οἵδε ἐγένοντο, Αἰνησίας πρῶτος, ἐφ' οὗ ἤρξατο ὁ πόλεμος, πέμπτῳ καὶ δεκάτῳ ἔτει τῶν μετ' Εὐβοίας ἅλωσιν τριακοντaετίδων σπονδῶν· (10) μετὰ δὲ τοῦτον οἵδε, Βρασίδας, Ἰσάνωρ, Σωστρατίδας, Ἔξαρχος, Ἀγησίστρατος, Ἀγγενίδας, Ὀνομακλῆς, Ζεύξιππος, Πιτύας, Πλειστόλας, Κλεινόμαχος, Ἴλαρχος, Λέων, Χαιρίλας, Πατησιάδας, Κλεοσθένης, Λυκάριος, Ἐπήρατος, Ὀνομάντιος, Ἀλεξιππίδας, Μισγολαΐδας, Ἰσίας, Ἄρακος, Εὐάρχιππος, Παντακλῆς, Πιτύας, Ἀρχύτας, Εὔδικος, ἐφ' οὗ Λύσανδρος πράξας τὰ εἰρημένα οἴκαδε κατέπλευσεν.

11. Οἱ δὲ τριάκοντα ᾑρέθησαν μὲν ἐπεὶ τάχιστα τὰ μακρὰ τείχη καὶ τὰ περὶ τὸν Πειραιᾶ καθῃρέθη· αἱρεθέντες δὲ ἐφ' ᾧτε ξυγγράψαι νόμους, καθ' οὕστινας πολιτεύσοιντο, τούτους μὲν ἀεὶ ἔμελλον ξυγγράφειν τε καὶ ἀποδεικνύναι, βουλὴν δὲ καὶ τὰς ἄλλας ἀρχὰς κατέστησαν ὡς ἐδόκει αὐτοῖς. (12) Ἔπειτα πρῶτον μὲν οὓς πάντες ᾔδεσαν ἐν τῇ δημοκρατίᾳ ἀπὸ συκοφαντίας ζῶντας καὶ τοῖς καλοῖς καὶ ἀγαθοῖς βαρεῖς ὄντας, συλλαμβάνοντες ὑπῆγον θανάτου· καὶ ἥ τε βουλὴ ἡδέως αὐτῶν κατεψηφίζετο οἵ τε ἄλλοι ὅσοι ξυνῄδεσαν ἑαυτοῖς μὴ ὄντες τοιοῦτοι οὐδὲν ἤχθοντο. (13) Ἐπεὶ δὲ ἤρξαντο βουλεύεσθαι ὅπως ἂν ἐξείη αὐτοῖς τῇ πόλει χρῆσθαι ὅπως βούλοιντο, ἐκ τούτου πρῶτον μὲν πέμψαντες εἰς Λακεδαίμονα Αἰσχίνην τε καὶ Ἀριστοτέλην ἔπεισαν Λύσανδρον φρουροὺς σφίσι ξυμπρᾶξαι ἐλθεῖν, ἕως δὴ τοὺς πονηροὺς ἐκποδὼν ποιησάμενοι καταστήσαιντο τὴν πολιτείαν· θρέψειν δ' αὐτοὶ ὑπισχνοῦντο. Ὁ δὲ πεισθεὶς τούς τε φρουροὺς καὶ Καλλίβιον ἁρμοστὴν ξυνέπραξεν αὐτοῖς πεμφθῆναι. (14) Οἱ δ' ἐπεὶ τὴν φρουρὰν ἔλαβον, τὸν μὲν Καλλίβιον ἐθεράπευον πάσῃ θεραπείᾳ, ὡς πάντα ἐπαινοίη ἃ πράττοιεν, τῶν δὲ φρουρῶν τούτου ξυμπεμπόντων αὐτοῖς οὓς ἐβούλοντο ξυνελάμβανον οὐκέτι τοὺς πονηρούς τε καὶ ὀλίγου ἀξίους, ἀλλ' ἤδη οὓς ἐνόμιζον ἥκιστα μὲν παρωθουμένους ἀνέχεσθαι, ἀντιπράττειν δέ τι ἐπιχειροῦντας πλείστους ἂν τοὺς ξυνεθέλοντας λαμβάνειν. (15) Τῷ μὲν οὖν πρώτῳ χρόνῳ ὁ Κριτίας τῷ Θηραμένει ὁμογνώμων τε καὶ φίλος ἦν· ἐπεὶ δὲ αὐτὸς μὲν προπετὴς ἦν ἐπὶ τὸ πολλοὺς ἀποκτείνειν, ἅτε καὶ φυγὼν ὑπὸ τοῦ δήμου, ὁ δὲ Θηραμένης ἀντέκοπτε, λέγων ὅτι οὐκ εἰκὸς εἴη θανατοῦν, εἴ τις ἐτιμᾶτο ὑπὸ τοῦ δήμου, τοὺς δὲ καλοὺς καὶ ἀγαθοὺς μηδὲν κακὸν εἰργάζετο, ἐπεὶ καὶ ἐγώ, ἔφη, καὶ σὺ πολλὰ δὴ τοῦ ἀρέσκειν ἕνεκα τῇ πόλει καὶ εἴπομεν καὶ ἐπράξαμεν· (16) ὁ δέ, ἔτι γὰρ οἰκείως ἐχρῆτο τῷ Θηραμένει, ἀντέλεγεν ὅτι οὐκ ἐγχωροίη τοῖς πλεονεκτεῖν βουλομένοις μὴ οὐκ ἐκποδὼν ποιεῖσθαι τοὺς ἱκανωτάτους διακωλύειν· εἰ δέ, ὅτι τριάκοντά ἐσμεν καὶ οὐχ εἷς, ἧττόν τι οἴει ὥσπερ τυραννίδος ταύτης τῆς ἀρχῆς χρῆναι ἐπιμελεῖσθαι, εὐήθης εἶ. (17) Ἐπεὶ δὲ ἀποθνῃσκόντων πολλῶν καὶ ἀδίκως πολλοὶ δῆλοι ἦσαν ξυνιστάμενοί τε καὶ θαυμάζοντες τί ἔσοιτο ἡ πολιτεία, πάλιν ἔλεγεν ὁ Θηραμένης ὅτι εἰ μή τις κοινωνοὺς ἱκανοὺς λήψοιτο τῶν πραγμάτων, ἀδύνατον ἔσοιτο τὴν

fuere : primus Ænesias, quo magistratum gerente bellum cœpit, anno decimo quinto post pactas annorum triginta inducias, quum Eubœa capta fuisset. Eum hi sequuti sunt : Brasidas, Isanor, Sostratidas, Exarchus, Agesistratus, Angenidas, Onomacles, Zeuxippus, Pityas, Plistolas, Clinomachus, Ilarchus, Leon, Chærilas, Patesiadas, Cleosthenes, Lycarius, Eperatus, Onomantius, Alexippidas, Misgolaïdas, Isias, Aracus, Evarchippus, Pantacles, Pityas, Archytas, Eudicus : quo munus hoc gerente Lysander, rebus iis, quas diximus gestis, in patriam cum classe rediit.

Ceterum Athenis triginta viri lecti fuere, quum primum muri longi et Piræei mœnia fuerunt diruta. Verum ad hoc delecti, ut leges conscriberent, secundum quas administraretur respublica, differebant semper in aliud tempus earum promulgationem, senatum vero magistratusque ceteros arbitratu suo constituebant. Deinde ante omnia quos in statu reipublicæ populari ex injustis aliorum accusationibus se aluisse constabat apud omnes, et qui optimo ac honestissimo cuique graves erant, eos comprehensos capitis arcessebant. Atque hos tum senatus magna cum voluptate damnabat, tum alii, qui minime sibi flagitiorum ejusmodi conscii essent, id haudquaquam moleste ferebant. Verum posteaquam consultare cœperunt, quo pacto pro sua libidine gerere rempublicam possent, primum Æschine et Aristotele Lacedæmonem missis, Lysandro persuaserunt, daret ipsis operam ut præsidiarii mitterentur, donec improbis e republica sublatis civibus, eam recte constituere possent. Pollicentur etiam, se hos alere sumptu suo velle. Lysander ab iis persuasus perfecit, ut Callibius præfectus cum præsidiariis ad eos mitteretur. Tum illi accepto præsidio Callibium omni cultu demulcebant, quo laudaret universa, quæ ipsi agerent; præterea mittente Callibio cum ipsis præsidiariis, quoscunque vellent comprehendebant, non jam tantum improbos et nullius existimationis homines, sed illos etiam, quos minime laturos ipsorum violentas contra se actiones, eisque obviam ituros, et hominum secum facientium copias maximas habituros existimarent. Erat initio Critias in eadem cum Theramene sententia, et amicitiam inter se colebant. Sed posteaquam præceps ad complurium e populo cædes esse cœpit, quippe qui aliquando a populo multatus exilio fuisset, opposuit ei se Theramenes, quum diceret, haudquaquam par esse illos interimi, qui apud populum in honore essent, et optimos quosque nulla re læderent : Nam et ego, ait, et tu multa tum diximus, tum fecimus, ut gratiam apud populum iniremus. At ille, dum adhuc Theramene familiariter uteretur, sic ei respondebat, ut fieri non posse diceret, quin illi, qui esse loco supra ceteros meliore velint, maxime tollant eos e medio, quotquot ad impediendam ipsorum potestatem plurimum virium haberent. Quod si propterea, ait, quia non unus, sed triginta numero simus, minus debere nos ac de hoc imperio, tanquam de tyrannide, sollicitos esse arbitraris, stultus es. Denique quum multis, et iis injuste pereuntibus, multi palam se conjungerent, et quid de republica futurum esset, mirarentur, rursus aiebat Theramenes, fieri non posse nt hic paucorum dominatus perduraret, nisi tot in societatem administrationis rerum adscisce-

ὀλιγαρχίαν διαμένειν. (18) Ἐκ τούτου μέντοι Κριτίας καὶ οἱ ἄλλοι τριάκοντα, ἤδη φοβούμενοι καὶ οὐχ ἥκιστα τὸν Θηραμένην μὴ συῤῥεήσων πρὸς αὐτὸν οἱ πολῖται, καταλέγουσι τρισχιλίους τοὺς μεθέξοντας δὴ τῶν πραγμάτων. (19) Ὁ δ᾽ αὖ Θηραμένης καὶ πρὸς ταῦτα ἔλεγεν ὅτι ἄτοπον δοκοίη ἑαυτῷ γε εἶναι τὸ πρῶτον μὲν βουλομένους τοὺς βελτίστους τῶν πολιτῶν κοινωνοὺς ποιήσασθαι τρισχιλίους, ὥσπερ τὸν ἀριθμὸν τοῦτον ἔχοντά τινα ἀνάγκην καλοὺς καὶ ἀγαθοὺς εἶναι, καὶ οὔτ᾽ ἔξω τούτων σπουδαίους οὔτ᾽ ἐντὸς τούτων πονηροὺς οἷόν τε εἴη γενέσθαι· ἔπειτα δ᾽, ἔφη, ὁρῶ ἔγωγε δύο ἡμᾶς τὰ ἐναντιώτατα πράττοντας, βιαίαν τε τὴν ἀρχὴν καὶ ἥττονα τῶν ἀρχομένων κατασκευαζομένους. (20) Ὁ μὲν ταῦτ᾽ ἔλεγεν. Οἱ δ᾽ ἐξέτασιν ποιήσαντες τῶν μὲν τρισχιλίων ἐν τῇ ἀγορᾷ, τῶν δ᾽ ἔξω τοῦ καταλόγου ἄλλων ἀλλαχοῦ, ἔπειτα κελεύσαντες ἐπὶ τὰ ὅπλα, ἐν ᾧ ἐκεῖνοι ἀπεληλύθεσαν πέμψαντες τοὺς φρουροὺς καὶ τῶν πολιτῶν τοὺς ὁμογνώμονας αὑτοῖς τὰ ὅπλα πάντων πλὴν τῶν τρισχιλίων παρείλοντο, καὶ ἀνακομίσαντες ταῦτα εἰς τὴν ἀκρόπολιν συνέθηκαν ἐν τῷ ναῷ. (21) Τούτων δὲ γενομένων, ὡς ἐξὸν ἤδη ποιεῖν αὐτοῖς ὅ,τι βούλοιντο, πολλοὺς μὲν ἔχθρας ἕνεκα ἀπέκτεινον, πολλοὺς δὲ χρημάτων. Ἔδοξε δ᾽ αὐτοῖς, ὅπως ἔχοιεν καὶ τοῖς φρουροῖς χρήματα διδόναι, καὶ τῶν μετοίκων ἕνα ἕκαστον λαβεῖν, καὶ αὐτοὺς μὲν ἀποκτεῖναι, τὰ δὲ χρήματα αὐτῶν ἀποσημήνασθαι. (22) Ἐκέλευον δὲ καὶ τὸν Θηραμένην λαβεῖν ὅντινα βούλοιτο. Ὁ δ᾽ ἀπεκρίνατο, Ἀλλ᾽ οὐ δοκεῖ μοι, ἔφη, καλὸν εἶναι φάσκοντας βελτίστους εἶναι ἀδικώτερα τῶν συκοφαντῶν ποιεῖν. Ἐκεῖνοι μὲν γὰρ παρ᾽ ὧν χρήματα λαμβάνοιεν ζῆν εἴων, ἡμεῖς δὲ ἀποκτενοῦμεν μηδὲν ἀδικοῦντας, ἵνα χρήματα λαμβάνωμεν; πῶς οὐ ταῦτα τῷ παντὶ ἐκείνων ἀδικώτερα; (23) Οἱ δ᾽ ἐμποδὼν νομίζοντες αὐτὸν εἶναι τῷ ποιεῖν ὅ,τι βούλοιντο, ἐπιβουλεύουσιν αὐτῷ, καὶ ἰδίᾳ πρὸς τοὺς βουλευτὰς ἄλλος ἄλλον διέβαλλον ὡς λυμαινόμενον τὴν πολιτείαν. Καὶ παραγγείλαντες νεανίσκοις οἳ ἐδόκουν αὐτοῖς θρασύτατοι εἶναι, ξιφίδια ὑπὸ μάλης ἔχοντας παραγενέσθαι, ξυνέλεξαν τὴν βουλήν. (24) Ἐπεὶ δὲ ὁ Θηραμένης παρῆν, ἀναστὰς ὁ Κριτίας, ἔλεξεν ὧδε.

Ὦ ἄνδρες βουλευταί, εἰ μέν τις ὑμῶν νομίζει πλείονας τοῦ καιροῦ ἀποθνήσκειν, ἐννοησάτω ὅτι ὅπου πολιτεῖαι μεθίστανται πανταχοῦ ταῦτα γίγνεται· πλείστους δ᾽ ἀνάγκη ἐνθάδε πολεμίους εἶναι τοῖς εἰς ὀλιγαρχίαν μεθιστᾶσι διά τε τὸ πολυανθρωποτάτην τῶν Ἑλληνίδων τὴν πόλιν εἶναι καὶ διὰ τὸ πλεῖστον χρόνον ἐν ἐλευθερίᾳ τὸν δῆμον τεθράφθαι. (25) Ἡμεῖς δὲ γνόντες μὲν τοῖς οἵοις ἡμῖν τε καὶ ὑμῖν χαλεπὴν πολιτείαν εἶναι δημοκρατίαν, γνόντες δὲ ὅτι Λακεδαιμονίοις τοῖς περισώσασιν ἡμᾶς ὁ μὲν δῆμος οὔποτ᾽ ἂν φίλος γένοιτο, οἱ δὲ βέλτιστοι ἀεὶ ἂν πιστοὶ διατελοῖεν, διὰ ταῦτα σὺν τῇ Λακεδαιμονίων γνώμῃ τήνδε τὴν πολιτείαν καθίσταμεν. (26) Καὶ ἐάν τινα αἰσθανώμεθα ἐναντίον τῇ ὀλιγαρχίᾳ, ὅσον δυνάμεθα ἐκποδὼν ποιούμεθα· πολὺ δὲ

XENOPHON.

rentur, quot satis esset. Tum vero Critias, et ceteri triginta, ab ipso etiam Theramene non parum sibi metuentes, ne cives ad eum confluerent, tria millia civium delegerunt, qui gerendæ reipublicæ participes essent. Hic rursus aiebat Theramenes, absurdum sibi videri, quod quum ab initio voluerint optimos quosque civium in societatem rerum adsciscere, nunc tria millia legerint: quasi numerus hic necessitatem quandam habeat, ut hi viri boni et honesti sint: neque fieri possit, ut vel extra illos sint ulli virtute præditi, vel in eorum numero improbi. Deinde, ait, duo nos facere video maxime sibi invicem adversantia, et violentum imperium constituentes, et subjectorum viribus impar. Atque hæc quidem tum a Theramene dicebantur. At illi quum tria, de quibus diximus, civium millia in foro, ceteros extra hunc numerum alibi recensuissent, ac deinde ut arma caperent, imperassent: abeuntibus illis, miserunt præsidiarios cum civibus, qui ab ipsorum partibus stabant, et universis ademerunt arma, exceptis illis tribus millibus; quumque in arcem ea deportassent, in fano deposuere. His gestis, quasi jam ipsis omnia pro libidine faciundi potestas esset, complures inimicitiarum causa interemerunt, nonnullos propter opes. Decreverunt etiam, ut haberent, unde præsidiariis stipendium solverent, singulos ex ipsis comprehendere singulos cives advenas debere, atque illis interemptis, pecunias ipsorum indicandas esse. Theramenem etiam hortantur, ut quemcunque vellet, caperet. At ille, Non satis honestum, inquit, esse mihi videtur, eos, qui se optimates profiteantur, injustiora designare, quam lactenus sycophantæ consueverint. Nam illi vitam iis relinquebant, quibus extorquebant pecuniam: nos nihil committentes occidemus, ut opes eorum consequamur? quo pacto non hæc ipsorum facinoribus omnino improbiora sunt? Tum illi, qui esse Theramenem ipsis impedimento arbitrarentur, quominus id, quod luberet, facerent, insidias homini struxerunt, ac privatim alius apud alium senatorem illum criminabantur, quasi rempublicæ statum convelleret. Quumque nonnullis adolescentibus, qui præstare ipsis audacia viderentur, ut adessent cum sicis sub ala tectis, imperassent, senatum coegerunt. Ubi jam Theramenes accessisset, consurgens Critias, hujusmodi orationem habuit:

« Si quis vestrum, Senatores, interfici plures, quam expediat, arbitratur, is cogitet velim, ubicunque respublicæ mutentur, hujusmodi accidere. Præterea hic quamplurimos esse infestos iis necesse est, qui ad paucorum dominatum mutatione facta transierunt: partim quod hæc urbs una omnium, quæ Græci nominis sunt, populosissima existat; partim quod diutissime populus hic libertatis alumnus fuerit. Nos autem quum non ignoremus, gravem nobis ac vobis esse civilis administrationis formam popularem, atque etiam populum Lacedæmoniis, qui nos conservarunt, nunquam amicum fore, solos vero optimates in perpetua fide persistere: idcirco de Lacedæmoniorum consilio rempublicam hanc constituimus; et si quem animadvertimus paucorum dominatui adversantem, hunc, quantum possumus, e medio tol-

23

ΕΛΛΗΝΙΚΩΝ ΒΙΒΛ. Β. ΚΕΦ. Γ.

μάλιστα ἡμῖν δοκεῖ δίκαιον εἶναι, εἴ τις ἡμῶν αὐτῶν λυμαίνεται ταύτῃ τῇ καταστάσει, δίκην αὐτὸν διδόναι. (27) Νῦν οὖν αἰσθανόμεθα Θηραμένην τουτονὶ οἷς δύναται ἀπολλύντα ἡμᾶς τε καὶ ὑμᾶς. Ὡς δὲ ταῦτα ἀληθῆ, ἢν κατανοῆτε, εὑρήσετε οὔτε ψέγοντα οὐδένα μᾶλλον Θηραμένους τουτουὶ τὰ παρόντα οὔτε ἐναντιούμενον, ὅταν τινὰ ἐκποδὼν βουλώμεθα ποιήσασθαι τῶν δημαγωγῶν. Εἰ μὲν τοίνυν ἐξ ἀρχῆς ταῦτα ἐγίγνωσκε, πολέμιος μὲν ἦν, οὐ μέντοι πονηρὸς γ᾽ ἂν δικαίως ἐνομίζετο· (28) νῦν δὲ αὐτὸς μὲν ἄρξας τῆς πρὸς Λακεδαιμονίους πίστεως καὶ φιλίας, αὐτὸς δὲ τῆς τοῦ δήμου καταλύσεως, μάλιστα δὲ ἐξορμήσας ἡμᾶς τοῖς πρώτοις ὑπαγομένοις εἰς ἡμᾶς δίκην ἐπιτιθέναι, νῦν ἐπεὶ καὶ ὑμεῖς καὶ ἡμεῖς φανερῶς ἐχθροὶ τῷ δήμῳ γεγενήμεθα, οὐκέτ᾽ αὐτῷ τὰ γιγνόμενα ἀρέσκει, ὅπως αὐτὸς μὲν αὖ ἐν τῷ ἀσφαλεῖ καταστῇ, ἡμεῖς δὲ δίκην δῶμεν τῶν πεπραγμένων. (29) Ὥστε οὐ μόνον ὡς ἐχθρῷ αὐτῷ προσήκει, ἀλλὰ καὶ ὡς προδότῃ ὑμῶν τε καὶ ἡμῶν διδόναι τὴν δίκην. Καίτοι τοσούτῳ μὲν δεινότερον προδοσία πολέμου, ὅσῳ χαλεπώτερον φυλάξασθαι τὸ ἀφανὲς τοῦ φανεροῦ, τοσούτῳ δ᾽ ἔχθιον, ὅσῳ πολεμίοις μὲν ἄνθρωποι καὶ σπένδονται αὖθις καὶ πιστοὶ γίγνονται, ὃν δ᾽ ἂν προδιδόντα λαμβάνωσι, τούτῳ οὔτε ἐσπείσατο πώποτε οὐδεὶς οὔτ᾽ ἐπίστευσε τοῦ λοιποῦ. (30) Ἵνα δὲ εἰδῆτε ὅτι οὐ καινὰ ταῦτα οὗτος ποιεῖ, ἀλλὰ φύσει προδότης ἐστίν, ἀναμνήσω ὑμᾶς τὰ τούτῳ πεπραγμένα. Οὗτος γὰρ ἐξ ἀρχῆς μὲν τιμώμενος ὑπὸ τοῦ δήμου κατὰ τὸν πατέρα Ἅγνωνα, προπετέστατος ἐγένετο τὴν δημοκρατίαν μεταστῆσαι εἰς τοὺς τετρακοσίους, καὶ ἐπρώτευεν ἐν ἐκείνοις. Ἐπεὶ δ᾽ ᾔσθετο ἀντίπαλόν τι τῇ ὀλιγαρχίᾳ ξυνιστάμενον, πρῶτος αὖ ἡγεμὼν τῷ δήμῳ ἐπ᾽ ἐκείνους ἐγένετο· (31) ὅθεν δήπου [γὰρ] καὶ κόθορνος ἐπικαλεῖται· καὶ γὰρ ὁ κόθορνος ἁρμόττειν μὲν τοῖς ποσὶν ἀμφοτέροις δοκεῖ, ἀποβλέπει δ᾽ ἐπ᾽ ἀμφότερον. Δεῖ δέ, ὦ Θηράμενες, ἄνδρα τὸν ἄξιον ζῆν οὐ προάγειν μὲν δεινὸν εἶναι εἰς πράγματα τοὺς ξυνόντας, ἢν δέ τι ἀντικόπτῃ, εὐθὺς μεταβάλλεσθαι, ἀλλ᾽ ὥσπερ ἐν νηὶ διαπονεῖσθαι, ἕως ἂν εἰς οὖρον καταστῶσιν· εἰ δὲ μή, πῶς ἂν ἀφίκοιντό ποτε ἔνθα δεῖ, εἰ ἐπειδάν τι ἀντικόψῃ, εὐθὺς εἰς τἀναντία πλέοιεν; (32) Καὶ εἰσὶ μὲν δήπου πᾶσαι μεταβολαὶ πολιτειῶν θανατηφόροι, σὺ δὲ διὰ τὸ εὐμετάβολος εἶναι πλείστοις μὲν μεταίτιος εἶ ἐξ ὀλιγαρχίας ὑπὸ τοῦ δήμου ἀπολωλέναι, πλείστοις δ᾽ ἐκ δημοκρατίας ὑπὸ τῶν βελτιόνων. Οὗτος δέ τοί ἐστιν ὁ ἐς ταχθεὶς ἀνελέσθαι ὑπὸ τῶν στρατηγῶν τοὺς καταδύντας Ἀθηναίων ἐν τῇ περὶ Λέσβον ναυμαχίᾳ αὐτὸς οὐκ ἀνελόμενος ὅμως τῶν στρατηγῶν κατηγορῶν ἀπέκτεινεν αὐτούς, ἵνα αὐτὸς περισωθείη. (33) Ὅστις γε μὴν φανερός ἐστι τοῦ μὲν πλεονεκτεῖν ἀεὶ ἐπιμελόμενος, τοῦ δὲ καλοῦ καὶ τῶν φίλων μηδὲν ἐντρεπόμενος, πῶς τούτου χρή ποτε φείσασθαι; πῶς δ᾽ οὐ φυλάξασθαι, εἰδότας αὐτοῦ τὰς μεταβολάς, ὡς μὴ καὶ ἡμᾶς ταὐτὸ δυνασθῇ ποιῆσαι; Ἡμεῖς οὖν τοῦτον ὑπάγομεν καὶ ὡς ἐπιβουλεύοντα καὶ ὡς προδιδόντα ἡμᾶς τε

timus : longe vero æquissimum arbitramur, eum pœnas dare, qui de nobis ipsis statum hunc labefactare conetur. Nunc igitur Theramenem hunc persentiscimus, quacunque ratione possit, et nos et vos perditum ire. Atque hoc ut verum esse intelligatis, reperietis neminem, si quidem animum libebit advertere, neque reprehendere acrius præsentem rerum statum, quam hic ipse Theramenes faciat; neque adversari magis, quum aliquem factionis popularis principem tollere de medio volumus. Jam si ab initio hæc in sententia fuisset, hostis quidem ille fuisset, sed improbus jure putari nequaquam potuisset : at princeps ipse fidei Lacedæmoniis datæ, et initæ amicitiæ, princeps status popularis eversor extitit; atque etiam imprimis nos impulit, ut eos, qui primi delati ad nos fuere, supplicio afficeremus, nunc tamen, posteaquam et vos et nos palam populi hostes esse cœpimus, non amplius ei, quæ geruntur, placent : nimirum ut ipse in tuto constituatur, nos vero pœnas eorum, quæ fecimus, luamus. Quamobrem eum non solum ut hostem, sed etiam ut proditorem vestrūm ac nostrūm omnium, supplicio multari æquum fuerit. Atqui tanto gravius malum est proditio quam bellum, quanto difficilius occulta caveri possunt, quam aperta; itidem eo majus odium meretur, quod cum hostibus homines fœdera rursus ineunt, fidemque datam servant; qui vero prodidisse aliquem deprehenditur, cum eo nemo unquam pacis percussit fœdera, aut ei deinceps fidem habuit. Enimvero ut videatis, non hæc recens ab ipso fieri cœpta, sed esse hunc hominem a natura proditorem, ea, quæ fecit olim, vobis in memoriam redigam. Nam quum esset initio, ut Hagnon pater, magno apud populum in honore, admodum tamen in transferenda rerum summa a populo ad quadringentos inceps fuit, atque inter eos princeps evasit. Sed ubi animadvertit, quosdam adversus horum dominatum coeuntes agitare consilia, vicissim primus populo ducem se adversus quadringentos præbuit; unde haud ab re Cothurnus dicitur; cothurnus enim utrique pedi congruere videtur, et ad utrumque spectat. At vero, Theramenes, virum vita dignum non in hoc ingeniosum oportet esse, ut eos, quibuscum versatur, ad res capessendas impellat, ac si quid deinde sit impedimenti, statim mutetur; sed tanquam in navi laborando se exercere donec ventus secundus aspiret : id nisi fiat, quo pacto pervenire homines eo possint, quo volunt, si ubi quid impediat, diversam in partem navigent? Nimirum omnes rerum publicarum mutationes cædes secum ferunt. At tu quod admodum mutabilis esses, in causa fuisti, quamobrem plurimi paucorum dominatu adhærentes, a populo; rursum plurimi status popularis studiosi, ab optimatibus interimerentur. Hic ille scilicet est, qui quum id negotii dedisset ei imperatores, ut Athenienses prope Lesbum navali prœlio demersos tolleret, quanquam eos ipse non sustulisset, duces tamen accusatos morte multavit, ut ipse incolumis evaderet. Enimvero si quis palam commodi sui rationem semper habet, ac neque honesti decus, neque amicos revereatur, quamobrem illi parcendum sit? quamobrem ab isto non cavebimus, cujus inconstantiam non ignoramus, ne idem in nos perpetrandi facultatem consequatur? Itaque hunc deferimus, ut insidiatorem, et proditorem nostri ac vestri. Facere au-

καὶ ὑμᾶς. (34) Ὧς δ᾽ εἰκότα ποιοῦμεν, καὶ τάδ᾽ ἐννοήσατε. Καλλίστη μὲν γὰρ δήπου δοκεῖ πολιτεία εἶναι ἡ Λακεδαιμονίων· εἰ δὲ ἐκείνη ἐπιχειρήσειέ τις τῶν ἐφόρων ἀντὶ τοῦ τοῖς πλείοσι πείθεσθαι ψέγειν τε τὴν ἀρχὴν καὶ ἐναντιοῦσθαι τοῖς πραττομένοις, οὐκ ἂν οἴεσθε αὐτόν καὶ ὑπ᾽ αὐτῶν τῶν ἐφόρων καὶ ὑπὸ τῆς ἄλλης ἁπάσης πόλεως τῆς μεγίστης ζημιωρίας ἀξιωθῆναι; καὶ ὑμεῖς οὖν, ἐὰν σωφρονῆτε, οὐ τούτου ἀλλ᾽ ὑμῶν αὐτῶν φείσεσθε, ὡς οὗτος σωθεὶς μὲν πολλοὺς ἂν μέγα φρονεῖν ποιήσειε τῶν ἐναντία γιγνωσκόντων ὑμῖν, ἀπολόμενος δὲ πάντων καὶ τῶν ἐν τῇ πόλει καὶ τῶν ἔξω ὑποτέμοι ἂν τὰς ἐλπίδας.

35. Ὁ μὲν ταῦτ᾽ εἰπὼν ἐκαθέζετο· Θηραμένης δὲ ἀναστὰς ἔλεξεν, Ἀλλὰ πρῶτον μὲν μνησθήσομαι, ὦ ἄνδρες, ὃ τελευταῖον κατ᾽ ἐμοῦ εἶπε. Φησὶ γάρ με τοὺς στρατηγοὺς ἀποκτεῖναι κατηγοροῦντα. Ἐγὼ δὲ οὐκ ἦρχον δήπου κατ᾽ ἐκείνων λόγου, ἀλλ᾽ ἐκεῖνοι ἔφασαν προσταχθέν μοι ὑπ᾽ ἑαυτῶν οὐκ ἀνελέσθαι τοὺς δυστυχοῦντας ἐν τῇ περὶ Λέσβον ναυμαχίᾳ. Ἐγὼ δὲ ἀπολογούμενος ὡς διὰ τὸν χειμῶνα οὐδὲ πλεῖν, μὴ ὅτι ἀναιρεῖσθαι τοὺς ἄνδρας δυνατὸν ἦν, ἔδοξα τῇ πόλει εἰκότα λέγειν, ἐκεῖνοι δὲ ἑαυτῶν κατηγορεῖν ἐφαίνοντο. Φάσκοντες γὰρ οἷόν τε εἶναι σῶσαι τοὺς ἄνδρας, προέμενοι αὐτοὺς ἀπολέσθαι ἀποπλέοντες ᾤχοντο. (36) Οὐ μέντοι θαυμάζω γε τὸ Κριτίαν παρανενομηκέναι· ὅτε γὰρ ταῦτα ἦν, οὐ παρὼν ἐτύγχανεν, ἀλλ᾽ ἐν Θετταλίᾳ μετὰ Προμηθέως δημοκρατίαν κατεσκεύαζε καὶ τοὺς πενέστας ὥπλιζεν ἐπὶ τοὺς δεσπότας. (37) Ὧν μὲν οὖν οὗτος ἐκεῖ ἔπραττε μηδὲν ἐνθάδε γένοιτο· τάδε γε μέντοι ὁμολογῶ ἐγὼ τούτῳ, εἴ τις ὑμᾶς μὲν τῆς ἀρχῆς βούλεται παῦσαι, τοὺς δ᾽ ἐπιβουλεύοντας ὑμῖν ἰσχυροὺς ποιεῖ, δίκαιον εἶναι τῆς μεγίστης αὐτὸν τιμωρίας τυγχάνειν· ὅστις μέντοι ὁ ταῦτα πράττων ἐστὶν οἴομαι ἂν ὑμᾶς κάλλιστα κρίνειν, τά τε πεπραγμένα καὶ ἃ νῦν πράττει ἕκαστος ἡμῶν εἰ κατανοήσετε. (38) Οὐκοῦν μέχρι μὲν τοῦ ὑμᾶς τε καταστῆναι εἰς τὴν βουλὴν καὶ ἀρχὰς ἀποδειχθῆναι καὶ τοὺς ὁμολογουμένως συκοφάντας ὑπάγεσθαι πάντες ταὐτὰ ἐγιγνώσκομεν· ἐπεὶ δέ γε οὗτοι ἤρξαντο ἄνδρας καλούς τε καὶ ἀγαθοὺς ξυλλαμβάνειν, ἐκ τούτου κἀγὼ ἠρξάμην τἀναντία τούτοις γιγνώσκειν. (39) ᾜδειν γὰρ ὅτι ἀποθνήσκοντος μὲν Λέοντος τοῦ Σαλαμινίου, ἀνδρὸς καὶ ὄντος καὶ δοκοῦντος ἱκανοῦ εἶναι, ἀδικοῦντος δ᾽ οὐδὲ ἕν, οἱ ὅμοιοι τούτῳ φοβήσοιντο, φοβούμενοι δὲ ἐναντίοι τῇδε τῇ πολιτείᾳ ἔσοιντο· ἐγίγνωσκον δὲ ὅτι ξυλλαμβανομένου Νικηράτου τοῦ Νικίου, καὶ πλουσίου καὶ οὐδὲν πώποτε δημοτικὸν οὔτε αὐτοῦ οὔτε τοῦ πατρὸς πράξαντος, οἱ τούτῳ ὅμοιοι δυσμενεῖς ἡμῖν γενήσοιντο. (40) Ἀλλὰ μὴν καὶ Ἀντιφῶντος ὑφ᾽ ὑμῶν ἀπολλυμένου, ὃς ἐν τῷ πολέμῳ δύο τριήρεις εὖ πλεούσας παρείχετο, ἠπιστάμην ὅτι καὶ οἱ πρόθυμοι τῇ πόλει γεγενημένοι πάντες ὑπόπτως ἡμῖν ἕξοιεν. Ἀντεῖπον δὲ καὶ ὅτι τῶν μετοίκων ἕνα ἕκαστον λαβεῖν ἔφασαν χρῆναι· εὔδηλον γὰρ ἦν ὅτι τούτων ἀπολομένων καὶ οἱ μέτοικοι ἅπαντες πολέμιοι τῇ πολι-

tem nos ab aequitate non abhorrentia, ut intelligatis, hoc etiam cogitetis velim. Longe nimirum pulcherrimus esse videtur Lacedaemoniorum reipublicae status; at in eo si quis Ephororum hauduaquam pluribus obtemperare nitatur, sed imperii rationem carpere, atque iis, quae agerentur, adversari : an non illum existimatis reliquos Ephoros cum universa urbe dignum judicaturos gravissimo supplicio? Et vos igitur, si quidem sapitis, non huic, sed vobismetipsis parcetis; nimirum si hic incolumis evaserit, multis eorum animos addet, qui sententiis a vobis dissident; sin peribit, spes omnium, et qui in urbe, et qui extra urbem sunt, procidet.

His dictis Critias consedit. Tum surgens Theramenes, « Ego vero, inquit, primum ejus mentionem faciam, quod est in accusatione Critiae postremum. Ait me duces accusatos necasse. At ego primus eos accusare non cœpi, sed commemorabant illi, me licet ab se jussum, tamen eos, qui naufragium in prœlio juxta Lesbum navali fecerant, non sustulisse. Tum equidem me defendens, ostendebam, per vim tempestatis ne navigari quidem, nedum naufragos tolli, potuisse. Qua in re me consentanea dicere Atheniensibus visus sum; illi vero se ipsos accusare videbantur. Nam quum servari eos potuisse dicerent, nihilominus ipsi cum classe discesserant, atque illos exstingui passi fuerant. Neque tamen miror, haec Critiam injuste mihi objecisse; nam quo haec tempore gerebantur, ipse non aderat : sed in Thessalia cum Prometheo statum popularem instituebat, ac penestas adversus dominos suos armabat. Enimvero quae Critias istic egit, dii, ne hic fiant, avertant. In hoc tamen ei adsentio, aequum esse, ut is, qui vos imperio dejicere velit, et illorum, qui vobis insidiantur, vires adaugeat, gravissimo supplicio multetur. Quis sit autem is, qui hoc faciat, existimaturos vos pulcherrime arbitror, si et ea quae facta sunt hactenus, et quae abs quovis nostrum nunc fiunt, vobiscum consideraveritis. Igitur quam quidem diu vos in senatum legeremini, et magistratus creabantur, ac sycophantae notorii deferebantur, omnes eadem eramus in sententia; verum posteaquam hi bonos et honestos homines comprehendere cœperunt, ex eo tempore cœpi et ipse diversa ab eis sentire. Noram enim futurum, ut si Leon Salaminius interficeretur, qui et esse videbatur et erat vir egregius, neque quidquam deliquerat, cives ejus similes sibi metuerent, ac metu perculsi, huic reipublicae administrationi adversarentur. Animadvertebam quoque futurum, ut si Niceratus Niciae filius comprehenderetur, qui et dives esset, et nihil unquam in populi gratiam fecisset, sicut nec ipsius pater, cives ipsius similes infesti nobis redderentur. Itidem si Antiphontem nos interficeremus, qui belli tempore triremes duas reipublicae suppeditasset expeditas admodum : sciebam etiam illos omnes, qui cupide rempublicam juvissent, vos suspectos habituros. Praeterea tum quoque sum adversatus, quum dicerent, debere unumquemque civem advenam unum comprehendere; cuivis enim perspicuum erat, his interemptis, reliquos advenas omnes huic

τεία ἔσοιντο. (41) Ἀντεῖπον δὲ καὶ ὅτε τὰ ὅπλα τοῦ πλήθους παρηροῦντο, οὐ νομίζων χρῆναι ἀσθενῆ τὴν πόλιν ποιεῖν· οὐδὲ γὰρ τοὺς Λακεδαιμονίους ἑώρων τούτου ἕνεκα βουλομένους περισῶσαι ἡμᾶς, ὅπως ὀλίγοι γενόμενοι μηδὲν δυναίμεθ' αὐτοὺς ὠφελεῖν· ἐξῆν γὰρ αὐτοῖς, εἰ τούτου γε δέοιντο, καὶ μηδένα λιπεῖν ὀλίγον ἔτι χρόνον τῷ λιμῷ πιέσαντας. (42) Οὐδέ γε τὸ φρουροὺς μισθοῦσθαι ξυνήρεσκέ μοι, ἐξὸν αὐτῶν τῶν πολιτῶν τοσούτους προσλαμβάνειν, ἕως ῥᾳδίως οἱ ἄρχοντες ἐμέλλομεν τῶν ἀρχομένων κρατήσειν. Ἐπεί γε μὴν πολλοὺς ἑώρων ἐν τῇ πόλει τῇ ἀρχῇ τῇδε δυσμενεῖς, πολλοὺς δὲ φυγάδας γιγνομένους, οὐκ αὖ ἐδόκει μοι οὔτε Θρασύβουλον οὔτε Ἄνυτον οὔτε Ἀλκιβιάδην φυγαδεύειν· ᾔδειν γὰρ ὅτι οὕτω γε τὸ ἀντίπαλον ἰσχυρὸν ἔσοιτο, εἰ τῷ μὲν πλήθει ἡγεμόνες ἱκανοὶ προσγενήσοιντο, τοῖς δ' ἡγεῖσθαι βουλομένοις ξύμμαχοι πολλοὶ φανήσοιντο. (43) Ὁ ταῦτα οὖν νουθετῶν ἐν τῷ φανερῷ πότερα εὐμενὴς ἂν δικαίως ἢ προδότης νομίζοιτο; οὐχ οἱ ἐχθρούς, ὦ Κριτία, κωλύοντες πολλοὺς ποιεῖσθαι, οὐδ' οἱ ξυμμάχους πλείστους διδάσκοντες κτᾶσθαι, οὗτοι τοὺς πολεμίους ἰσχυροὺς ποιοῦσιν, ἀλλὰ πολὺ μᾶλλον οἱ ἀδίκως τε χρήματα ἀφαιρούμενοι καὶ τοὺς οὐδὲν ἀδικοῦντας ἀποκτείνοντες, οὗτοί εἰσιν οἱ καὶ πολλοὺς τοὺς ἐναντίους ποιοῦντες καὶ προδιδόντες οὐ μόνον τοὺς φίλους ἀλλὰ καὶ ἑαυτοὺς δι' αἰσχροκέρδειαν. (44) Εἰ δὲ μὴ ἄλλως γνωστὸν ὅτι ἀληθῆ λέγω, ὧδε ἐπισκέψασθε. Πότερον οἴεσθε Θρασύβουλον καὶ Ἄνυτον καὶ τοὺς ἄλλους φυγάδας ἃ ἐγὼ λέγω μᾶλλον ἂν ἐνθάδε βούλεσθαι γίγνεσθαι ἢ ἃ οὗτοι πράττουσιν; ἐγὼ μὲν γὰρ οἶμαι νῦν μὲν αὐτοὺς νομίζειν ξυμμάχων πάντα μεστὰ εἶναι· εἰ δὲ τὸ κράτιστον τῆς πόλεως προσφιλῶς ἡμῖν εἶχε, χαλεπὸν ἂν ἡγεῖσθαι εἶναι καὶ τὸ ἐπιβαίνειν που τῆς χώρας. (45) Ἃ δ' αὖ ἔλεξεν ὡς ἐγώ εἰμι οἷος ἀεί ποτε μεταβάλλεσθαι, κατανοήσατε καὶ ταῦτα. Τὴν μὲν γὰρ ἐπὶ τῶν τετρακοσίων πολιτείαν καὶ αὐτὸς δήπου ὁ δῆμος ἐψηφίσατο, διδασκόμενος ὡς οἱ Λακεδαιμόνιοι πάσῃ πολιτείᾳ μᾶλλον ἂν ἢ δημοκρατίᾳ πιστεύσειαν. (46) Ἐπεὶ δέ γε ἐκεῖνοι μὲν οὐδὲν ἀνίεσαν, οἱ δὲ ἀμφὶ Ἀριστοτέλην καὶ Μελάνθιον καὶ Ἀρίσταρχον στρατηγοῦντες φανεροὶ ἐγένοντο ἐπὶ τῷ χώματι ἔρυμα τειχίζοντες, εἰς ὃ ἐδούλοντο τοὺς πολεμίους δεξάμενοι ὑφ' αὑτοῖς καὶ τοῖς ἑταίροις τὴν πόλιν ποιήσασθαι, εἰ ταῦτ' αἰσθόμενος ἐγὼ διεκώλυσα, τοῦτ' ἐστὶ προδότην εἶναι τῶν φίλων; (47) Ἀποκαλεῖ δὲ κόθορνόν με, ὡς ἀμφοτέροις πειρώμενον ἁρμόττειν. Ὅστις δὲ μηδετέροις ἀρέσκει, τοῦτον ὦ πρὸς τῶν θεῶν τί ποτε καὶ καλέσαι χρή; σὺ γὰρ δὴ ἐν μὲν τῇ δημοκρατίᾳ πάντων μισοδημότατος ἐνομίζου, ἐν δὲ τῇ ἀριστοκρατίᾳ πάντων μισοχρηστότατος γεγένησαι. (48) Ἐγὼ δ', ὦ Κριτία, ἐκείνοις μὲν ἀεί ποτε πολεμῶ τοῖς οὐ πρόσθεν οἰομένοις καλὴν ἂν δημοκρατίαν εἶναι, πρὶν [ἂν] καὶ οἱ δοῦλοι καὶ οἱ δι' ἀπορίαν δραχμῆς ἂν ἀποδόμενοι τὴν πόλιν δραχμῆς μετέχοιεν, καὶ τοῖς δέ γ' αὖ ἀεὶ ἐναντίος εἰμί εἴ οὐκ οἴονται καλὴν ἂν ἐγγενέσθαι ὀλιγαρχίαν, πρὶν

gubernationi infestos fore. Sum adversatus etiam id temporis, quum arma multitudini adimerent, quod existimarem, civitatem minime debilitandam esse. Nec enim Lacedæmonios idcirco nos servare voluisse perspiciebam, ut ad paucos redacti, nihil ipsis commodare possemus. Nam hoc si spectassent, licuisset eis neminem nostrum relinquere, si nos ad exiguum adhuc tempus sic fame pressissent. Nec mihi placuit præsidiarios conducere : quum tot cives nobis adjungere potuissemus, donec facile subditis superiores evaderemus. Enimvero quum multos in urbe viderem imperio nostro infestos, multos in exilium ejici, nequaquam arbitrabar vel Thrasybulum, vel Anytum, vel Alcibiadem proscribendum esse. Noram enim, hoc pacto vires adversariis nostris accedere, si multitudo duces idoneos nacta esset, ac ducum munere fungi volentibus magnæ se copiæ sociorum offerrent. Hæc qui aperte monebat, eumne pro benevolo duci æquius est, an proditore? Non illi, Critia, qui ne multos nobis hostes reddamus prohibent, nec qui nos docent, quomodo socios nobis multos adjungamus, hostium vires adaugent; sed multo magis, qui pecunias per injuriam civibus auferunt, ac nihil delinquentes occidunt : hi inquam multo magis illi sunt, qui et adversariorum numerum majorem efficiunt, et non solum amicos turpis lucri causa, sed etiam seipsos produnt. Quod si non aliunde verum me dicere animadvertitis, sic rem considerate : utrum existimatis Thrasybulum, Anytum, exules ceteros malle hic ea fieri, quæ ego dico, quam quæ hi perpetrant? Equidem arbitror, illos hoc sibi tempore sociorum omnia plena esse putare. Verum si pars optima reipublicæ animi benevolentia conjuncta nobis esset, difficulter se vel agrum nostrum alicubi ingressuros existimarent. Quod vero talem me dixit esse, qui semper mutetur, de eo velim hoc animadvertatis : quadringentorum administrationem populus ipse aliquando decrevit, quum edoctus esset, cuivis potius reipublicæ formæ Lacedæmonios fidere, quam populari. Quum autem illi nihil remitterent, et Aristoteles, Melanthius, Aristarchus, duces, palam ad aggerem munitionem exstruerent, in quam receptis hostibus, sibi atque sociis urbem subjicere volebant : id si ego sentiens prohibui, hoccine amicorum est proditorem esse? Appellat etiam me Cothurnum, ut qui utrisque congruere nitar. At qui neutris placet, cum per deos immortales quo tandem nomine appellabimus ? Tu nimirum in populari statu, acerrimus populi hostis habitus es ; et in optimatum dominatu optimates omnium maxime prosequebaris. Ego vero, Critia, quemadmodum illis semper adversor, qui prius popularem statum recte se habere posse negant, quam et servi, et alii, qui ob inopiam drachma civitatem venderent, ob unam drachmam participes ejus fiant: ita me semper eis etiam oppono, qui prius recte constitui posse dominatum paucorum haud putant, quam eo res deducta sit, ut

[ἂν] εἰς τὸ ὑπ' ὀλίγων τυραννεῖσθαι τὴν πόλιν καταστήσειαν. Τὸ μέντοι σὺν τοῖς δυναμένοις καὶ μεθ' ἵππων καὶ μετ' ἀσπίδων ὠφελεῖν διὰ τούτων τὴν πολιτείαν πρόσθεν ἄριστον ἡγούμενον εἶναι καὶ νῦν οὗ μεταβάλλομαι. (49) Εἰ δ' ἔχεις εἰπεῖν, ὦ Κριτία, ὅπου ἐγὼ ξὺν τοῖς δημοτικοῖς ἢ τυραννικοῖς τοὺς καλούς τε κἀγαθοὺς ἀποστερεῖν πολιτείας ἐπεχείρησα, λέγε· ἐὰν γὰρ ἐλεγχθῶ ἢ νῦν ταῦτα πράττων ἢ πρότερον πώποτε πεποιηκώς, ὁμολογῶ τὰ πάντων ἐσχατώτατα παθὼν ἂν δικαίως ἀποθνήσκειν.

50. Ὡς δ' εἰπὼν ταῦτα ἐπαύσατο, καὶ ἡ βουλὴ δήλη ἐγένετο εὐμενῶς ἐπιθορυβήσασα, γνοὺς ὁ Κριτίας ὅτι εἰ ἐπιτρέψοι τῇ βουλῇ διαψηφίζεσθαι περὶ αὐτοῦ, ἀναφεύξοιτο, καὶ τοῦτο οὐ βιωτὸν ἡγησάμενος, προσελθὼν καὶ διαλεχθείς τι τοῖς τριάκοντα ἐξῆλθε, καὶ ἐπιστῆναι ἐκέλευσε τοὺς τὰ ἐγχειρίδια ἔχοντας φανερῶς τῇ βουλῇ ἐπὶ τοῖς δρυφάκτοις. (51) Πάλιν δ' εἰσελθὼν εἶπεν, Ἐγώ, ὦ βουλή, νομίζω προστάτου ἔργον εἶναι οἵου δεῖ, ὃς ἂν ὁρῶν τοὺς φίλους ἐξαπατωμένους μὴ ἐπιτρέπῃ. Καὶ ἐγὼ οὖν τοῦτο ποιήσω. Καὶ γὰρ οἵδε οἱ ἐφεστηκότες οὔ φασιν ἡμῖν ἐπιτρέψειν, εἰ ἀνήσομεν ἄνδρα τὸν φανερῶς τὴν ὀλιγαρχίαν λυμαινόμενον. Ἔστι δὲ ἐν τοῖς καινοῖς νόμοις τῶν μὲν ἐν τοῖς τρισχιλίοις ὄντων μηδένα ἀποθνήσκειν ἄνευ τῆς ὑμετέρας ψήφου, τῶν δ' ἔξω τοῦ καταλόγου κυρίους εἶναι τοὺς τριάκοντα θανατοῦν. Ἐγὼ οὖν, ἔφη, Θηραμένην τουτονὶ ἐξαλείφω ἐκ τοῦ καταλόγου, ξυνδοκοῦν ἅπασιν ἡμῖν. Καὶ τοῦτον, ἔφη, ἡμεῖς θανατοῦμεν. (52) Ἀκούσας ταῦτα ὁ Θηραμένης, ἀνεπήδησεν ἐπὶ τὴν Ἑστίαν καὶ εἶπεν, Ἐγὼ δ', ἔφη, ὦ ἄνδρες, ἱκετεύω τὰ πάντων ἐννομώτατα, μὴ ἐπὶ Κριτίᾳ εἶναι ἐξαλείφειν μήτε ἐμὲ μήτε ὑμῶν ὃν ἂν βούληται, ἀλλ' ὅνπερ νόμον οὗτοι ἔγραψαν περὶ τῶν ἐν τῷ καταλόγῳ, κατὰ τοῦτον καὶ ὑμῖν καὶ ἐμοὶ τὴν κρίσιν εἶναι. (53) Καὶ τοῦτο μέν, ἔφη, μὰ τοὺς θεοὺς οὐκ ἀγνοῶ, ὅτι οὐδέν μοι ἀρκέσει ὅδε ὁ βωμός, ἀλλὰ βούλομαι καὶ τοῦτο ἐπιδεῖξαι, ὅτι οὗτοι οὐ μόνον εἰσὶ περὶ ἀνθρώπους ἀδικώτατοι, ἀλλὰ καὶ περὶ θεοὺς ἀσεβέστατοι. Ὑμῶν μέντοι, ἔφη, ὦ ἄνδρες καλοὶ κἀγαθοί, θαυμάζω, εἰ μὴ βοηθήσετε ὑμῖν αὐτοῖς, καὶ ταῦτα γιγνώσκοντες ὅτι οὐδὲν τὸ ἐμὸν ὄνομα εὐεξαλειπτότερον ἢ τὸ ὑμῶν ἑκάστου. (54) Ἐκ δὲ τούτου ἐκέλευσε μὲν ὁ τῶν τριάκοντα κῆρυξ τοὺς ἕνδεκα ἐπὶ τὸν Θηραμένην· ἐκεῖνοι δὲ εἰσελθόντες σὺν τοῖς ὑπηρέταις, ἡγουμένου αὐτῶν Σατύρου τοῦ θρασυτάτου αὐτῶν καὶ ἀναιδεστάτου, εἶπε μὲν ὁ Κριτίας, Παραδίδομεν ὑμῖν, ἔφη, Θηραμένην τουτονὶ κατακεκριμένον κατὰ τὸν νόμον· ὑμεῖς δὲ λαβόντες καὶ ἀπαγαγόντες οὗ δεῖ τὰ ἐκ τούτων πράσσετε. (55) Ὡς δὲ ταῦτα εἶπεν, εἷλκε μὲν ἀπὸ τοῦ βωμοῦ ὁ Σάτυρος, εἷλκον δὲ οἱ ὑπηρέται. Ὁ δὲ Θηραμένης ὥσπερ εἰκὸς καὶ θεοὺς ἐπεκαλεῖτο καὶ ἀνθρώπους καθορᾶν τὰ γιγνόμενα. Ἡ δὲ βουλὴ ἡσυχίαν εἶχεν, ὁρῶσα καὶ τοὺς ἐπὶ τοῖς δρυφάκτοις ὁμοίους Σατύρῳ καὶ τὸ ἔμπροσθεν τοῦ βουλευτηρίου πλῆρες τῶν φρουρῶν, καὶ οὐκ ἀγνοοῦντες ὅτι ἐγχειρίδια ἔχοντες πα-

a paucis republica per tyrannidem opprimatur. Quod sane statum reipublicæ prius optimum idcirco fuisse putaverim, quod essent, qui et cum equis, et cum scutis eam juvare possent, in hoc ego sententiam meam minime muto. Tu si dicere potes, Critia, ubinam vel popularibus, vel tyrannicis factionibus homines probos et honestos a republica depellere conatus fuerim, idipsum profer. Nam si convictus fuero vel nunc illud moliri, vel unquam antea fecisse, fatebor, me extrema perferentem merito interfici. »

Hoc modo quum perorasset, ac senatus quadam cum indicatione benevolentiæ admurmurasset: intelligens Critias, hominem evasurum, si senatui de ipso judicandi potestatem concederet (quod quidem si eveniret, vitam sibi acerbam fore ducebat), accessit, et cum Trigintaviris nonnihil colloquutus exivit, ac palam adsistere senatui ad cancellos jussit eos qui pugiones gestabant. Deinde rursus ingressus, ait: « Equidem, Senatores, eum præsidis optimi munere fungi arbitror, qui quum circumveniri amicos videt, non patitur. Quamobrem et ipse hoc munere fungar. Nam qui hic nobis adstant, permissuros se nobis negant, ut hominem palam hanc nostram paucorum potestatem evertentem dimittamus. Est autem perscriptum novis in legibus, ne quis ex trium millium numero sine decreto vestro interficiatur; eos vero, qui hoc numero non contineantur, morte multandi potestatem Trigintaviris summam esse. Quapropter hunc ego Theramenem cum nostrum omnium consensu ex hoc catalogo deleo: et eum nos morte multabimus. » His auditis, ad Vestæ aram Theramenes accurrens, « Ego, vero, ait, rem omnium æquissimam suppliciter postulo, ne sit in potestate Critiæ, ut vel me, vel aliquem vestrûm, quem quidem ipse velit, deleat : sed et secundum eam legem, quæ lex ab his Trigintaviris lata de illis est, qui in catalogo continentur, tam de vobis, quam de me cognoscatur. Nec profecto equidem ignoro, nihil admodum aram hanc mihi profuturam; nihilominus ostendere volo, non hos tantum erga homines injustissimos esse, sed etiam erga deos, maxime impios. De vobis quidem certe, viri optimi, non potest non mirum mihi videri, nolle vos opem vobismet ipsis ferre, præsertim quum intelligatis, nihilo magis esse meum delebile, quam uniuscujusque vestrûm nomen. » Secundum hæc Trigintavirûm præco Undecimviros accedere ad Theramenem corripiendum jussit. Qui postesquam ingressi cum apparitoribus duce Satyro fuissent, homine inter ipsos longe tum audacissimo, tum impudentissimo : « Tradimus vobis, ait Critias, Theramenem hunc, secundum legem damnatum. Eum vos Undecimviri arreptum, quo oportet, abducite ac porro cum illo quod agendum erit, facite. » Hæc quum dixisset, non solum Satyrus, sed lictores etiam reliqui ab ara ipsum avellebant. At Theramenes, uti par erat, deos et homines implorabat, ut quæ secum agerentur, adspicerent. Quiescebat vero senatus, qui stantes ad cancellos homines Satyri similes, et ante curiam præsidiariis omnia plena conspiceret, nec ignoraret eos sicis instructos adesse. At illi per forum

ῥῆσαν. (26) Οἱ δ' ἀπήγαγον τὸν ἄνδρα διὰ τῆς ἀγορᾶς μάλα μεγάλῃ τῇ φωνῇ δηλοῦντα οἷα ἔπασχε. Λέγεται δ' ἓν ῥῆμα καὶ τοῦτο αὐτοῦ. Ὡς εἶπεν ὁ Σάτυρος ὅτι οἰμώξοιτο, εἰ μὴ σιωπήσειεν, ἐπήρετο, Ἂν δὲ σιωπῶ, οὐκ ἄρ', ἔφη, οἰμώξομαι; Καὶ ἐπεί γε ἀποθνήσκειν ἀναγκαζόμενος τὸ κώνειον ἔπιε, τὸ λειπόμενον ἔφασαν ἀποκοτταβίσαντα εἰπεῖν αὐτόν, Κριτίᾳ τοῦτ' ἔστω τῷ καλῷ. Καὶ τοῦτο μὲν οὐκ ἀγνοῶ, ὅτι ταῦτα ἀποφθέγματα οὐκ ἀξιόλογα, ἐκεῖνο δὲ κρίνω τοῦ ἀνδρὸς ἀγαστόν, τὸ τοῦ θανάτου παρεστηκότος μήτε τὸ φρόνιμον μήτε τὸ παιγνιῶδες ἀπολιπεῖν ἐκ τῆς ψυχῆς.

ΚΕΦΑΛΑΙΟΝ Δ.

Θηραμένης μὲν δὴ οὕτως ἀπέθανεν· οἱ δὲ τριάκοντα, ὡς ἐξὸν ἤδη αὐτοῖς τυραννεῖν ἀδεῶς, προεῖπον μὲν τοῖς ἔξω τοῦ καταλόγου μὴ εἰσιέναι εἰς τὸ ἄστυ, ἦγον δὲ ἐκ τῶν χωρίων, ἵν' αὐτοὶ καὶ οἱ φίλοι τοὺς τούτων ἀγροὺς ἔχοιεν. Φευγόντων δὲ εἰς τὸν Πειραιᾶ καὶ ἐντεῦθεν πολλοὺς ἄγοντες ἐνέπλησαν καὶ τὰ Μέγαρα καὶ τὰς Θήβας τῶν ὑπαχωρούντων.

2. Ἐκ δὲ τούτου Θρασύβουλος ὁρμηθεὶς ἐκ Θηβῶν ὡς σὺν ἑβδομήκοντα Φυλὴν χωρίον καταλαμβάνει ἰσχυρόν. Οἱ δὲ τριάκοντα ἐβοήθουν ἐκ τοῦ ἄστεως σύν τε τοῖς τρισχιλίοις καὶ σὺν τοῖς ἱππεῦσι καὶ μάλ' εὐημερίας οὔσης. Ἐπεὶ δὲ ἀφίκοντο, εὐθὺς μὲν θρασυνόμενοί τινες τῶν νέων προσέβαλον πρὸς τὸ χωρίον, καὶ ἐποίησαν μὲν οὐδέν, τραύματα δὲ λαβόντες ἀπῆλθον. (3) Βουλομένων δὲ τῶν τριάκοντα ἀποτειχίζειν, ὅπως ἐκπολιορκήσειαν αὐτοὺς ἀποκλείσαντες τὰς ἐφόδους τῶν ἐπιτηδείων, ἐπιγίγνεται τῆς νυκτὸς χιὼν παμπληθὴς καὶ τῇ ὑστεραίᾳ. Οἱ δὲ νιφόμενοι ἀπῆλθον εἰς τὸ ἄστυ, μάλα συχνοὺς τῶν σκευοφόρων ὑπὸ τῶν ἐκ Φυλῆς ἀποβαλόντες. (4) Γιγνώσκοντες δὲ ὅτι καὶ ἐκ τῶν ἀγρῶν λεηλατήσοιεν, εἰ μή τις φυλακὴ ἔσοιτο, διαπέμπουσιν εἰς τὰς ἐσχατιὰς ὅσον πεντεκαίδεκα στάδια ἀπὸ Φυλῆς τούς τε Λακωνικοὺς πλὴν ὀλίγων φρουροὺς καὶ τῶν ἱππέων δύο φυλάς. Οὗτοι δὲ στρατοπεδευσάμενοι ἐν χωρίῳ λασίῳ ἐφύλαττον. (5) Ὁ δὲ Θρασύβουλος, ἤδη συνειλεγμένων εἰς τὴν Φυλὴν περὶ ἑπτακοσίους, λαβὼν αὐτοὺς καταβαίνει τῆς νυκτός· θέμενος δὲ τὰ ὅπλα ὅσον τρία ἢ τέτταρα στάδια ἀπὸ τῶν φρουρῶν ἡσυχίαν εἶχεν. (6) Ἐπεὶ δὲ πρὸς ἡμέραν ἐγίγνετο, καὶ ἤδη ἀνίσταντο ὅποι ἐδεῖτο ἕκαστος ἀπὸ τῶν ὅπλων, καὶ οἱ ἱπποκόμοι ψήχοντες τοὺς ἵππους ἐποίουν, ἐν τούτῳ ἀναλαβόντες οἱ περὶ Θρασύβουλον τὰ ὅπλα δρόμῳ προσέπιπτον· καὶ ἔστι μὲν οὓς αὐτῶν κατέβαλον, πάντας δὲ τρεψάμενοι ἐδίωξαν ἓξ ἢ ἑπτὰ στάδια, καὶ ἀπέκτειναν τῶν μὲν ὁπλιτῶν πλείω ἢ εἴκοσι καὶ ἑκατόν, τῶν δὲ ἱππέων Νικόστρατόν τε τὸν καλὸν ἐπικαλούμενον, καὶ ἄλλους δὲ δύο, ἔτι καταλαβόντες ἐν ταῖς εὐναῖς. (7) Ἐπαναχωρήσαντες δὲ καὶ τρόπαιον στησάμενοι καὶ συσκευασάμενοι ὅπλα τε ὅσα ἔλαβον καὶ σκεύη

CAPUT IV.

Hic vitæ Theramenis exitus fuit. Ceterum Trigintaviri, quasi jam metu soluti facultatem exercendæ tyrannidis haberent, partim iis, qui catalogo non continebantur, denuntiabant, ne urbem ingrederentur; partim eos e fundis suis abducebant, ut ipsi cum amicis agros illorum possiderent. Hi quum fuga se in Piræeum recepissent, atque etiam inde magno numero a Trigintaviris abducerentur : tum Megara, tum Thebæ cedentium turba repletæ sunt.

Secundum hæc quum Thrasybulus Thebis, cum aliis plus minus septuaginta, movisset, Phylam occupat, locum munitum. Adversus hos Trigintaviri ex urbe cum suis illis tribus millibus, et cum equitatu die perquam sereno perrexerunt. Phylam ubi ventum est, mox audaculi quidam juvenes locum adorti sunt, et re infecta vulnerati discesserunt. Quum autem Trigintaviri muro eos cingere vellent, ut occlusis itineribus, per quæ commeatus deportaretur, tandem eos expugnarent, accidit, ut ea ipsa nocte ac die insequenti vis ingens nivis decideret. Quamobrem nivibus obruti ad urbem redierunt, magna calonum parte ab iis, qui Phyla cruperant, nudati. Quumque futurum intelligerent ut illi de agris quoque prædas agerent, si nulli excubitores constituerentur, ad extremos limites, plus minus quindecim stadiis a Phyla distantes, concessos a Lacedæmoniis præsidiarios paucis exceptis omnes, et duas equitum turmas mittunt. Hi castris loco arboribus denso metatis, excubias agebant. At Thrasybulus collectis jam ad oppidum Phylam plus minus septingentis, eisque secum sumptis, noctu descendit. Quumque trium vel quatuor fere stadiorum intervallo a præsidiariis subsisteret suos in armis jussisset, quiescebat. Posteaquam propius jam dies adesse cœpit, et hostium quilibet a castris, quo forte cuique opus erat, discessit, equisones etiam tergendis equis strepitum excitarunt : tum vero Thrasybuli milites sumptis armis cursu in hostes feruntur; ex quibus nonnullos interfecerunt, universis autem in fugam conjectis a tergo ad stadia sex aut septem inhærebant. E gravis quidem armaturæ peditum numero supra centum viginti occiderunt; ex equitibus Nicostratum cognomento Pulchrum, et alios duos, quos adhuc in cubilibus deprehenderant. Postea recedentes, constituto tropæo, et armis ac sarcinis, quibus potiti erant, collectis, Phylam redie-

ἀπῆλθον ἐπὶ Φυλῆς. Οἱ δὲ ἐξ ἄστεος ἱππεῖς βοηθήσαντες τῶν μὲν πολεμίων οὐδένα ἔτι εἶδον, προςμείναντες δὲ ἕως τοὺς νεκροὺς ἀνείλοντο οἱ προςήκοντες ἀνεχώρησαν εἰς ἄστυ. (8) Ἐκ δὲ τούτου οἱ τριάκοντα, οὐκέτι νομίζοντες ἀσφαλῆ σφίσι τὰ πράγματα, ἐβουλήθησαν Ἐλευσῖνα ἐξιδιώσασθαι, ὥςτε εἶναι σφίσι καταφυγήν, εἰ δεήσειε. Καὶ παραγγείλαντες τοῖς ἱππεῦσιν ἦλθον εἰς Ἐλευσῖνα Κριτίας τε καὶ οἱ ἄλλοι τῶν τριάκοντα· ἐξέτασίν τε ποιήσαντες ἐν τοῖς ἱππεῦσι, φάσκοντες εἰδέναι βούλεσθαι πόσοι εἶεν καὶ πόσης φυλακῆς προςδεήσοιντο, ἐκέλευον ἀπογράφεσθαι πάντας· τὸν δ' ἀπογραφόμενον ἀεὶ διὰ τῆς πυλίδος ἐπὶ τὴν θάλατταν ἐξιέναι. Ἐπὶ δὲ τῷ αἰγιαλῷ τοὺς μὲν ἱππέας ἔνθεν καὶ ἔνθεν κατέστησαν, τὸν δ' ἐξιόντα ἀεὶ οἱ ὑπηρέται ξυνέδουν. Ἐπεὶ δὲ πάντες ξυνειλημμένοι ἦσαν, Λυσίμαχον τὸν ἵππαρχον ἐκέλευον ἀναγαγόντα παραδοῦναι αὐτοὺς τοῖς ἕνδεκα. (9) Τῇ δ' ὑστεραίᾳ εἰς τὸ Ὠιδεῖον παρεκάλεσαν τοὺς ἐν τῷ καταλόγῳ ὁπλίτας καὶ τοὺς ἄλλους ἱππέας. Ἀναστὰς δὲ Κριτίας ἔλεξεν, Ἡμεῖς, ἔφη, ὦ ἄνδρες, οὐδὲν ἧττον ὑμῖν κατασκευάζομεν τὴν πολιτείαν ἢ ἡμῖν αὐτοῖς. Δεῖ οὖν ὑμᾶς, ὥςπερ καὶ τιμῶν μεθέξετε, οὕτω καὶ τῶν κινδύνων μετέχειν. Τῶν οὖν ξυνειλημμένων Ἐλευσινίων καταψηφιστέον ἐστίν, ἵνα ταὐτὰ ἡμῖν καὶ θαῤῥῆτε καὶ φοβῆσθε. Δείξας δέ τι χωρίον, εἰς τοῦτο ἐκέλευσε φανερὰς φέρειν τὴν ψῆφον. (10) Οἱ δὲ Λακωνικοὶ φρουροὶ ἐν τῷ ἡμίσει τοῦ Ὠιδείου ἐξωπλισμένοι ἦσαν· ἦν δὲ ταῦτα ἀρεστὰ καὶ τῶν πολιτῶν ὅσοις τὸ πλεονεκτεῖν μόνον ἔμελε.

Ἐκ δὲ τούτου λαβὼν ὁ Θρασύβουλος τοὺς ἀπὸ Φυλῆς περὶ χιλίους ἤδη ξυνειλεγμένους, ἀφικνεῖται τῆς νυκτὸς εἰς τὸν Πειραιᾶ. Οἱ δὲ τριάκοντα ἐπεὶ ᾔσθοντο ταῦτα, ἐβοήθουν εὐθὺς ξύν τε τοῖς Λακωνικοῖς καὶ ξὺν τοῖς ἱππεῦσι καὶ τοῖς ὁπλίταις· ἔπειτα ἐχώρουν κατὰ τὴν εἰς τὸν Πειραιᾶ ἁμαξιτὸν ἀναφέρουσαν. (11) Οἱ δὲ ἀπὸ Φυλῆς ἔτι μὲν ἐπεχείρησαν μὴ ἀνιέναι αὐτούς, ἐπεὶ δὲ μέγας ὁ κύκλος ὢν πολλῆς φυλακῆς ἐδόκει δεῖσθαι οὔπω πολλοῖς οὖσι, ξυνεσπειράθησαν ἐπὶ τὴν Μουνυχίαν. Οἱ δ' ἐκ τοῦ ἄστεως εἰς τὴν Ἱπποδάμειον ἀγορὰν ἐλθόντες πρῶτον μὲν ξυνετάξαντο, ὥςτε ἐμπλῆσαι τὴν ὁδὸν ἣ φέρει πρός τε τὸ ἱερὸν τῆς Μουνυχίας Ἀρτέμιδος καὶ τὸ Βενδίδειον· καὶ ἐγένοντο βάθος οὐκ ἔλαττον ἢ ἐπὶ πεντήκοντα ἀσπίδων. Οὕτω δὲ ξυντεταγμένοι ἐχώρουν ἄνω. (12) Οἱ δὲ ἀπὸ Φυλῆς ἀντενέπλησαν μὲν τὴν ὁδόν, βάθος δὲ οὐ πλέον ἢ εἰς δέκα ὁπλίτας ἐγένοντο. Ἐτάχθησαν μέντοι ἐπ' αὐτοῖς πελτοφόροι τε καὶ ψιλοὶ ἀκοντισταί, ἐπὶ δὲ τούτοις οἱ πετροβόλοι. Οὗτοι μέντοι συχνοὶ ἦσαν· καὶ γὰρ αὐτόθεν προςεγένοντο. Ἐν ᾧ δὲ προςῇσαν οἱ ἐναντίοι, Θρασύβουλος τοὺς μετ' αὐτοῦ θέσθαι κελεύσας τὰς ἀσπίδας καὶ αὐτὸς θέμενος, τὰ δ' ἄλλα ὅπλα ἔχων, κατὰ μέσον στὰς ἔλεξεν, (13) Ἄνδρες πολῖται, τοὺς μὲν διδάξαι, τοὺς δὲ ἀναμνῆσαι ὑμῶν βούλομαι ὅτι εἰσὶ τῶν προςιόντων οἱ μὲν τὸ δεξιὸν ἔχοντες οὓς ὑμεῖς ἡμέραν πέμπτην τρεψάμενοι ἐδιώξατε, οἱ δ' ἐπὶ τοῦ εὐωνύμου ἔσχατοι, οὗτοι

runt. Interim qui in urbe erant equites, quum opis ferendae causa excurrissent, nemine hostium conspecto, tantisper manebant donec interfecti a propinquis tollerentur, ac deinde in urbem se receperunt. Post haec Trigintaviri, qui rerum suarum statum non amplius in tuto esse arbitrarentur, Eleusinem, suam privatim in potestatem redigere constituerunt, ut illam refugii loco haberent, si quidem ita necessitas posceret. Quamobrem et Critias et ceteri Trigintaviri, jussis equitibus secum ire, Eleusinem profecti sunt. Quumque lustrationem inter equites instituissent, quod scire se velle dicerent, quantus esset Eleusiniorum numerus, et quanto eis praesidio foret opus, universos nomina sua profiteri jussere, et eum qui professus esset, per ostiolum ad mare egredi. At in littore collocati ex utraque parte equites erant, et lictores quemlibet exeuntem vinculis constringebant. Posteaquam omnes comprehensi fuerant, dederunt hoc Lysimacho equitum praefecto negotii, ut abductos Undecim viris traderet. Postridie quotquot erant in catalogo gravis armaturae milites, et equestres item copias, in Odeum convocarunt. Tum Critias surgens : « Nos, inquit, non minus vobis quam nobis ipsis hac republica constituenda consulimus. Quamobrem aequum est vos itidem, ut honorum participes eritis, sic etiam in periculorum societatem venire. Ut igitur eadem utamini fiducia, qua nos, et eadem metuatis, damnandi erunt Eleusinii, quos comprehensos habemus. » Quumque locum quendam demonstrasset, in eo jussit ut palam calculi ferrentur. Interea praesidiarii Laconici dimidiam Odei partem armati occupaverant. Atque haec erant grata nonnullis etiam civibus, quotquot commodorum privatim solorum duntaxat rationem habebant.

Secundum haec Thrasybulus sumptis secum illis, qui apud Phylam prope jam mille numero convenerant, noctu in Piraeeum venit. Id posteaquam Trigintaviri animadvertissent, statim cum praesidiariis Laconicis, et equitum peditumque gravis armaturae copiis, ad ferendum suis opem concurrerunt. Deinde via, qua Piraeeum versus agi plaustra possunt, progressi sunt. At qui Phyla venerant, aliquamdiu eos impedire conabantur, quominus eo adscenderent; sed quum ingens esset ambitus, magnaque praesidiariorum copia requiri videretur, ipsi nondum multi, in Munychiam per cohortes se conferti receperunt. Urbani vero quum in forum Hippodameum venissent, primum sic instruxerunt aciem, ut viam omnem complerent, quae ad Munychiae Dianae templum, et ad Beudideum ducit. Aciei densitas non pauciores quinquaginta scutatis continebat. Ita illi acie sua instructa, sursum pergebant. At qui Phyla eruperant, et ipsi viam complebant; ita tamen, ut aciei densitas ultra pedites armaturae gravis decem non haberet. Post eos et cetrati, et jaculatores inermes collocati erant, quibus illi succedebant, qui saxa in hostem contorquerent, et eorum sane magna erat copia : nam horum numerus per cives ex illo ipso loco ad eos accedentes augebatur. Interea dum ad hos progrediuntur adversarii, Thrasybulus suis imperavit, ut scuta ponerent, atque ipse etiam scuto suo posito, cum armis ceteris stans in agmine medio, hanc orationem habuit : « Volo ego, cives, partim vos docere, partim commonefacere, ex hostibus adversum nos contendentibus illos, qui cornu dextrum obtinent, eosdem esse, quos die ab hoc quinto in fugam actos persequuti sitis : eos vero, qui ad laevam ultimi sunt,

δὴ οἱ τριάκοντα, οἳ ἡμᾶς καὶ πόλεως ἀπεστέρουν οὐδὲν
ἀδικοῦντας· καὶ οἰκιῶν ἐξήλαυνον καὶ τοὺς φιλτάτους
τῶν ἡμετέρων ἀπεσημαίνοντο. Ἀλλὰ νῦν τοι παραγε-
γένηνται οὗ οὗτοι μὲν οὔποτε ᾤοντο, ἡμεῖς δὲ ἀεὶ εὐχόμεθα. (14) Ἔχοντες γὰρ ὅπλα μὲν ἐναντίοι αὐτοῖς
καθέσταμεν· οἱ δὲ θεοί, ὅτι ποτὲ καὶ δειπνοῦντες ξυνε-
λαμβανόμεθα καὶ καθεύδοντες καὶ ἀγοράζοντες, οἱ δὲ
καὶ οὐχ ὅπως ἀδικοῦντες, ἀλλ' οὐδ' ἐπιδημοῦντες ἐφυ-
γαδευόμεθα, νῦν φανερῶς ἡμῖν ξυμμαχοῦσι. Καὶ γὰρ
ἐν εὐδίᾳ χειμῶνα ποιοῦσιν, ὅταν ἡμῖν ξυμφέρῃ, καὶ
ὅταν ἐγχειρῶμεν, πολλῶν ὄντων ἐναντίων ὀλίγοις οὖσι
τρόπαια ἵστασθαι διδόασι. (15) καὶ νῦν δὲ κεκομίκασιν
ἡμᾶς εἰς χωρίον ἐν ᾧ οὗτοι μὲν οὔτε βάλλειν οὔτε ἀκοντίζειν ὑπὲρ τῶν προτεταγμένων διὰ τὸ πρὸς ὄρθιον ἰέναι
δύναιντ' ἄν, ἡμεῖς δὲ εἰς τὸ κάταντες καὶ δόρατα ἀφιέν-
τες καὶ ἀκόντια καὶ πέτρους ἐξιξόμεθά τε αὐτῶν καὶ πολλοὺς κατατρώσομεν. (16) Καὶ ᾤετο μὲν ἄν τις δεήσειν
τοῖς γε πρωτοστάταις ἐκ τοῦ ἴσου μάχεσθαι· νῦν δέ, ἂν
ὑμεῖς, ὥσπερ προσήκει, προθύμως ἀφιῆτε τὰ βέλη,
ἁμαρτήσεται μὲν οὐδεὶς ὧν γε μεστὴ ἡ ὁδός, φυλαττόμενοι δὲ δραπετεύσουσιν ἀεὶ ὑπὸ ταῖς ἀσπίσιν· ὥστε
ἐξέσται ὥσπερ τυφλοὺς καὶ τύπτειν ὅπου ἂν βουλώμεθα
καὶ ἐναλλομένους ἀνατρέπειν. (17) Ἀλλ', ὦ ἄνδρες,
οὕτω χρὴ ποιεῖν ὅπως ἕκαστός τις ἑαυτῷ ξυνείσεται τῆς
νίκης αἰτιώτατος ὤν. Αὕτη γὰρ ἡμῖν, ἢν θεὸς θέλῃ,
νῦν ἀποδώσει καὶ πατρίδα καὶ οἴκους καὶ ἐλευθερίαν καὶ
τιμὰς καὶ παῖδας, οἷς εἰσί, καὶ γυναῖκας. Ὦ μακάριοι δῆτα, οἳ ἂν ἡμῶν νικήσαντες ἐπίδωσι τὴν πασῶν
ἡδίστην ἡμέραν. Εὐδαίμων δὲ καὶ ἄν τις ἀποθάνῃ·
μνημείου γὰρ οὐδεὶς οὕτω πλούσιος ὢν καλοῦ τεύξεται.
Ἐξάρξω μὲν οὖν ἐγὼ ἡνίκ' ἂν καιρὸς ᾖ παιᾶνα· ὅταν
δὲ τὸν Ἐνυάλιον παρακαλέσωμεν, τότε πάντες ὁμοθυμαδὸν ἀνθ' ὧν ὑβρίσθημεν τιμωρώμεθα τοὺς ἄνδρας.

18. Ταῦτα δ' εἰπὼν καὶ μεταστραφεὶς πρὸς τοὺς ἐναντίους, ἡσυχίαν εἶχε· καὶ γὰρ ὁ μάντις παρήγγειλεν αὐτοῖς μὴ πρότερον ἐπιτίθεσθαι, πρὶν [ἂν] τῶν σφετέρων
ἢ πέσοι τις ἢ τρωθείη· ἐπειδὰν μέντοι τοῦτο γένηται,
ἡγησόμεθα μέν, ἔφη, ἡμεῖς, νίκη δ' ὑμῖν ἔσται ἑπομένοις, ἐμοὶ μέντοι θάνατος, ὥς γέ μοι δοκεῖ. (19) Καὶ
οὐκ ἐψεύσατο, ἀλλ' ἐπεὶ ἀνέλαβον τὰ ὅπλα, αὐτὸς μὲν
ὥσπερ ὑπὸ μοίρας τινὸς ἀγόμενος ἐκπηδήσας πρῶτος,
ἐμπεσὼν τοῖς πολεμίοις ἀποθνήσκει, καὶ τέθαπται ἐν
τῇ διαβάσει τοῦ Κηφισοῦ· οἱ δ' ἄλλοι ἐνίκων καὶ κατεδίωξαν μέχρι τοῦ ὁμαλοῦ. Ἀπέθανον δ' ἐνταῦθα τῶν
μὲν τριάκοντα Κριτίας τε καὶ Ἱππόμαχος, τῶν δ' ἐν
Πειραιεῖ δέκα ἀρχόντων Χαρμίδης ὁ Γλαύκωνος, τῶν
δ' ἄλλων περὶ ἑβδομήκοντα. Καὶ τὰ μὲν ὅπλα ἔλαβον, τοὺς δὲ χιτῶνας οὐδενὸς τῶν πολιτῶν ἐσκύλευσαν.
Ἐπεὶ δὲ τοῦτο ἐγένετο καὶ τοὺς νεκροὺς ὑποσπόνδους
ἀπεδίδοσαν, προσιόντες ἀλλήλοις πολλοὶ διελέγοντο.

(20) Κλεόκριτος δὲ τῶν μυστῶν κῆρυξ, μάλ' εὔφωνος
ὤν, κατασιωπησάμενος ἔλεξεν, Ἄνδρες πολῖται, τί
ἡμᾶς ἐξελαύνετε; τί ἀποκτεῖναι βούλεσθε; ἡμεῖς γὰρ
ὑμᾶς κακὸν μὲν οὐδὲν πώποτε ἐποιήσαμεν, μετεσχή-

ipsos Trigintaviros esse, qui nos patria spoliarunt, innoxios ædibus nostris ejecerunt, amicissimos nobis eorum in numerum retulerunt, quorum bona publicarentur. Enimvero nunc eo loci pervenere, quo illi nunquam se perventuros existimabant ; nos autem semper, ut devenirent, optabamus. Nam et adversus eos hic armati consistimus ; et dii modo nobis palam opitulantur, quoniam insidiose et inter coenandum aliquando comprehendebamur, et inter dormiendum, ac mercandum : immo nonnulli nostrum non dicam nihil delinquentes, sed etiam peregre domo profecti, exilio multabamur. Nimirum dii cœlo sereno tempestatem nuper concitabant, quum ita nobis expediret; et quum hostes aggrederemur, tametsi adversus nos magnis illi cum copiis consisterent, nihilo minus nobis numero paucis hoc tribuerunt, ut tropæa constitueremus. Nunc quoque nos in eum locum deduxerunt , in quo illi neque telis neque jaculis supra suos ante se collocatos emissis petere nos possunt, quod necesse sit, ut locum acclivem subeant: nos contra dejectis per declivia saxis, jaculis, hastis, et pertingemus ad ipsos, et multos vulnerabimus. Etiam existimasset aliquis, nobis præsertim primipilis pugnandum fore ex æquo loco. Nunc vero, si quidem vos, uti convenit, alacriter in hostem tela conjeceritis, nemo ab iis aberrabit, quibus via tota referta est; et si cavere sibi voluerint, perpetuo sub clypeis latitabunt : quo quidem fiet, ut facultatem habituri simus feriendi eos tanquam cæcos, ubi libitum fuerit, et irruentes adversum nos in fugam vertendi. Nimirum sic gerenda res est, cives, ut unusquisque nostrum non aliter sibi conscius sit, ac si auctor inprimis ipse victoriæ partæ foret. Ea enim nobis, deo propitio, nunc et patriam, et domos, et libertatem, et honores, et liberos, quibus quidem liberi sunt, et uxores restituet. Felices igitur illos , qui e nobis victoria parta diem hunc unum omnium jucundissimum adspicient. Nec minus beatus erit, quicunque hoc in prælio cadet : nemo enim , quamtumvis opulentus , tam præclarum monumentum consequetur. Equidem ubi opportunum fuerit, pæanem exordiar; quumque Martem imploraverimus, tum omnes uno animo injurias ab hostibus acceptas vindicemus. »

Hæc ubi dixisset , in hostem conversus, se tamen a prælio continebat : edixerat enim hariolus, ne prius hostem invaderent, quam aliquis ex ipsorum acie vel caderet, vel vulneraretur. Id ubi evenerit, inquit, nos præibimus : vobis, qui insequemini, victoria erit : mihi quidem mors, ut arbitror. Neque falsum hoc vaticinium fuit, sed, quum primum arma cepissent, ipse tanquam fato quodam ductus, primus in adversos insiliit, et medios inter hostes cecidit, ac sepultus est eo loci, ubi Cephissus amnis vado transitur. Ceteri victoria potiebantur, et hostem in planitiem usque persequebantur. Occisi sunt hoc in prælio de Trigintavirûm numero Critias et Hippomachus, ex decem in Piræeo primoribus Charmides Glauconis filius : ceterorum plus minus septuaginta. Interfecti cives, non vestibus, sed armis spoliati sunt. Quo facto, per inducias, mortuorum cadavera reddita : multi quoque congressi inter se colloquebantur. Et Cleocritus mystarum præco, cui vox erat admodum clara, indicto silentio in hanc sententiam locutus est : « Quamobrem nos expellitis, cives? quamobrem nos interficere vultis? Nihil nos damni vobis unquam intulimus, sed eorundem vobiscum

κάμεν δὲ ὑμῖν καὶ ἱερῶν τῶν σεμνοτάτων καὶ θυσιῶν καὶ ἑορτῶν τῶν καλλίστων, καὶ ξυγχορευταὶ καὶ ξυμφοιτηταὶ γεγενήμεθα καὶ ξυστρατιῶται, καὶ πολλὰ μεθ' ὑμῶν κεκινδυνεύκαμεν καὶ κατὰ γῆν καὶ κατὰ θάλατταν ὑπὲρ τῆς κοινῆς ἀμφοτέρων ἡμῶν σωτηρίας τε καὶ ἐλευθερίας. (21) Πρὸς θεῶν πατρῴων καὶ μητρῴων καὶ ξυγγενείας καὶ κηδεστίας καὶ ἑταιρίας, πάντων γὰρ τούτων πολλοὶ κοινωνοῦμεν ἀλλήλοις, αἰδούμενοι καὶ θεοὺς καὶ ἀνθρώπους παύσασθε ἁμαρτάνοντες εἰς τὴν πατρίδα, καὶ μὴ πείθεσθε τοῖς ἀνοσιωτάτοις τριάκοντα, οἳ ἰδίων κερδέων ἕνεκα ὀλίγου δεῖν πλείους ἀπεκτόνασιν Ἀθηναίων ἐν ὀκτὼ μησὶν ἢ πάντες Πελοποννήσιοι δέκα ἔτη πολεμοῦντες. (22) Ἐξὸν δ' ἡμῖν ἐν εἰρήνῃ πολιτεύεσθαι, οὗτοι τὸν πάντων αἴσχιστόν τε καὶ χαλεπώτατον καὶ δυσιώτατον καὶ ἔχθιστον καὶ θεοῖς καὶ ἀνθρώποις πόλεμον ἡμῖν πρὸς ἀλλήλους παρέχουσιν. Ἀλλ' εὖ γε μέντοι ἐπίστασθε ὅτι καὶ τῶν νῦν ὑφ' ἡμῶν ἀποθανόντων οὐ μόνον ὑμεῖς ἀλλὰ καὶ ἡμεῖς ἔστιν οὓς πολλὰ κατεδακρύσαμεν.

Ὁ μὲν τοιαῦτα ἔλεγεν· οἱ δὲ λοιποὶ ἄρχοντες καὶ διὰ τὸ τοιαῦτα προσακούειν τοὺς μεθ' ἑαυτῶν ἀπήγαγον εἰς τὸ ἄστυ. (23) Τῇ δ' ὑστεραίᾳ οἱ μὲν τριάκοντα πάνυ δὴ ταπεινοὶ καὶ ἔρημοι ξυνεκάθηντο ἐν τῷ ξυνεδρίῳ· τῶν δὲ τρισχιλίων ὅπου ἕκαστοι τεταγμένοι ἦσαν, πανταχοῦ διεφέροντο πρὸς ἀλλήλους. Ὅσοι μὲν γὰρ ἐπεποιήκεσάν τι βιαιότερον καὶ ἐφοβοῦντο, ἐντόνως ἔλεγον ὡς οὐ χρὴ καθυφίεσθαι τοῖς ἐν Πειραιεῖ· ὅσοι δὲ ἐπίστευον μηδὲν ἠδικηκέναι, αὐτοί τε ἀνελογίζοντο καὶ τοὺς ἄλλους ἐδίδασκον ὡς οὐδὲν δέοντο τούτων τῶν κακῶν, καὶ τοῖς τριάκοντα οὐκ ἔφασαν χρῆναι πείθεσθαι οὐδ' ἐπιτρέπειν ἀπολλύναι τὴν πόλιν. Καὶ τὸ τελευταῖον ἐψηφίσαντο ἐκείνους μὲν καταπαῦσαι, ἄλλους δὲ ἑλέσθαι. (24) Καὶ εἵλοντο δέκα, ἕνα ἀπὸ φυλῆς.

Καὶ οἱ μὲν τριάκοντα Ἐλευσῖνάδε ἀπῆλθον· οἱ δὲ δέκα τῶν ἐν ἄστει καὶ μάλα τεταραγμένων καὶ ἀπιστούντων ἀλλήλοις ξὺν τοῖς ἱππάρχοις ἐπεμέλοντο. Ἐξεκάθευδον δὲ καὶ οἱ ἱππεῖς ἐν τῷ Ὠδείῳ, τούς τε ἵππους καὶ τὰς ἀσπίδας ἔχοντες, καὶ δι' ἀπιστίαν ἐφώδευον τὸ μὲν ἀφ' ἑσπέρας ξὺν ταῖς ἀσπίσι κατὰ τὰ τείχη, τὸ δὲ πρὸς ὄρθρον ξὺν τοῖς ἵπποις, ἀεὶ φοβούμενοι μὴ ἐπισπέσοιέν τινες αὐτοῖς τῶν ἐκ τοῦ Πειραιῶς. (25) Οἱ δὲ πολλοί τε ἤδη ὄντες καὶ παντοδαποί, ὅπλα ἐποιοῦντο, οἱ μὲν ξύλινα, οἱ δὲ οἰσύινα, καὶ ταῦτα ἐλευκοῦντο. Πρὶν δὲ ἡμέρας δέκα γενέσθαι, πιστὰ δόντες, οἵτινες ξυμπολεμήσειαν, καὶ εἰ ξένοι εἶεν, ἰσοτέλειαν ἔσεσθαι, ἐξῄεσαν πολλοὶ μὲν ὁπλῖται, πολλοὶ δὲ γυμνῆτες· ἐγένοντο δὲ αὐτοῖς καὶ ἱππεῖς ὡσπερεὶ ἑβδομήκοντα· προνομὰς δὲ ποιούμενοι, καὶ λαμβάνοντες ξύλα καὶ ὀπώραν, ἐκάθευδον πάλιν ἐν Πειραιεῖ. (26) Τῶν δ' ἐκ τοῦ ἄστεος ἄλλος μὲν οὐδεὶς ξὺν ὅπλοις ἐξῄει, οἱ δὲ ἱππεῖς ἔστιν ὅτε καὶ λῃστὰς ἐχειροῦντο τῶν ἐκ τοῦ Πειραιῶς, καὶ τὴν φάλαγγα αὐτῶν ἐκακούργουν. Περιέτυχον δὲ καὶ τῶν Αἰξωνέων τισὶν εἰς τοὺς αὐτῶν ἀγροὺς ἐπὶ τὰ ἐπιτήδεια πορευομένοις· καὶ τούτους Λυσίμαχος ὁ ἵππαρχος ἀπέ-

longe augustissimorum sacrorum, victimarum, feriarum pulcherrimarum participes fuimus; easdem choreas celebravimus, condiscipuli fuimus, et commilitones, et multa vobiscum terra marique pro communi utrorumque salute ac libertate, pericula adivimus. Per deos patrios ac maternos, per cognationem, affinitatem, sodalitatem, quae quidem universa inter nos plerosque communia sunt, deos et homines reverti, tandem in ipsam patriam delinquendi finem facite, neu scelestissimis Trigintaviris obtemperate, qui sui privati lucri gratia, prope plures Athenienses sustulerunt octo mensium spatio quam universi Peloponnesii, totos decem annos bellum adversus nos gerentes, interfecerunt. Quumque liceret nobis in republica pacate vivere, bellum hi longe omnium foedissimum, gravissimum, maxime nefarium, denique diis et hominibus plane detestandum inter nos excitarunt. Scire quidem certe debetis, nonnullos eorum, qui modo interfecti a nobis sunt, non tam a vobis, quam a nobis ipsis multum deploratos esse.

Haec ille quum dixisset, magistratus ceteri etiam hanc ipsam ob causam, quod verba hujusmodi post cladem acceptam audirent, suos in urbem abduxerunt. Postridie Trigintaviri dejectis admodum animis ac deserti in consilio sedebant, et cives isti numero ter mille, ubicunque collocati fuerant, inter se ubique dissentiebant. Nam qui violentius aliquid designaverant, ac propterea sibi metuebant, enixe negabant, quidquam iis cedendum esse, qui essent in Piraeeo. Quotquot autem nihil se injuste perpetrasse confidebant, non solum sanam ad mentem redibant, sed alios etiam docebant, nihil esse, quamobrem his malis premerentur, atque negabant etiam Trigintaviris parendum esse, minimeve committendum aiebant, ut patria periret. Tandem decretum est, ut Trigintaviris imperium abrogaretur, et alii eorum loco legerentur. Itaque decem lecti, unus ex quavis tribu.

Tunc et Trigintaviri Eleusinem se recipiebant, et Decemviri civium curam, omnibus maxime perturbatis, ac sibi invicem diffidentibus, una cum equitum praefectis gerebant. Equites ipsi cum equis et scutis in Odeo pernoctabant : et quia nemini fidebant, a vespera cum scutis propter muros vigilias obibant; matutino autem tempore conscendebant equos, semper solliciti, ne qui Piraeeo ipsos invaderent. Illi contra, quod et multos, et omnis generis homines secum haberent, arma partim lignea, partim viminea fabricabant, eaque dealbabant. Prius vero quam dies decem praeteriissent, fide omnibus data, qui hoc ipsis in bello se vellent adjungere, promissaque rerum omnium aequalitate iis etiam qui peregrini essent : multi tum gravis armaturae, tum expediti milites exibant. Accedebant praeterea plus minus septuaginta equites. Quoties pabulatum ibant, lignis ac fructibus oneratis, rursum in Piraeeo pernoctabant. At eorum, qui erant in urbe, armatus prodibat nemo : tantum urbani equites interdum praedatum egressos e Piraeeo capiebant, et phalangem ipsorum infestabant. Accidit autem aliquando, ut in quosdam Aexonenses tribules qui commeatus causa suos in agros exierant, inciderent ; quos Lysimachus equitum praefectus multum deprecantes,

σφαξε, πολλὰ λιτανεύοντας καὶ πολλῶν χαλεπῶς φερόντων ἱππέων. (27) Ἀντοπέκτειναν δὲ καὶ οἱ ἐν Πειραιεῖ τῶν ἱππέων ἐπ' ἀγροῦ λαβόντες Καλλίστρατον φυλῆς Λεοντίδος. Καὶ γὰρ ἤδη μέγα ἐφρόνουν, ὥστε καὶ πρὸς τὸ τεῖχος τοῦ ἄστεος προσέβαλον. Εἰ δὲ καὶ τοῦτο δεῖ εἰπεῖν τοῦ μηχανοποιοῦ τοῦ ἐν τῷ ἄστει, ὃς ἐπεὶ ἔγνω ὅτι κατὰ τὸν Λυκείου δρόμον μέλλοιεν τὰς μηχανὰς προσάγειν, τὰ ζεύγη ἐκέλευσε πάντα ἁμαξιαίους λίθους ἄγειν καὶ καταβάλλειν ὅπου ἕκαστος βούλοιτο τοῦ δρόμου. Ὡς δὲ τοῦτο ἐγένετο, πολλὰ εἰς ἕκαστος τῶν λίθων πράγματα παρεῖχε. (28) Πεμπόντων δὲ πρέσβεις εἰς Λακεδαίμονα τῶν μὲν τριάκοντα ἐξ Ἐλευσῖνος, τῶν δ' ἐν τῷ καταλόγῳ ἐξ ἄστεος, καὶ βοηθεῖν κελευόντων, ὡς ἀφεστηκότος τοῦ δήμου ἀπὸ Λακεδαιμονίων, Λύσανδρος λογισάμενος ὅτι οἷόν τε εἴη ταχὺ ἐκπολιορκῆσαι τοὺς ἐν τῷ Πειραιεῖ κατά τε γῆν καὶ κατὰ θάλατταν, εἰ τῶν ἐπιτηδείων ἀποκλεισθείησαν, ξυνέπραξεν ἑκατόν τε τάλαντα αὐτοῖς δανεισθῆναι, καὶ αὐτὸν μὲν κατὰ γῆν ἁρμοστήν, Λίβυν δὲ τὸν ἀδελφὸν ναυαρχοῦντα ἐκπεμφθῆναι. (29) Καὶ ἐξελθὼν αὐτὸς μὲν Ἐλευσῖνάδε ξυνελέγετο ὁπλίτας πολλοὺς Πελοποννησίων· ὁ δὲ ναύαρχος κατὰ θάλατταν ἐφύλαττεν ὅπως μηδὲν εἰσπλέοι αὐτοῖς τῶν ἐπιτηδείων· ὥστε ταχὺ πάλιν ἐν ἀπορίᾳ ἦσαν οἱ ἐν Πειραιεῖ, οἱ δ' ἐν τῷ ἄστει πάλιν αὖ μέγα ἐφρόνουν ἐπὶ τῷ Λυσάνδρῳ. Οὕτω δὲ προχωρούντων Παυσανίας ὁ βασιλεὺς φθονήσας Λυσάνδρῳ, εἰ κατειργασμένος ταῦτα ἅμα μὲν εὐδοκιμήσει, ἅμα δὲ ἰδίας ποιήσοιτο τὰς Ἀθήνας, πείσας τῶν ἐφόρων τρεῖς ἐξάγει φρουράν. (30) Ξυνείποντο δὲ καὶ οἱ ξύμμαχοι πάντες πλὴν Βοιωτῶν καὶ Κορινθίων· οὗτοι δὲ ἔλεγον μὲν ὅτι οὐ νομίζοιεν εὐορκεῖν ἂν στρατευόμενοι ἐπ' Ἀθηναίους μηδὲν παρασπόνδον ποιοῦντας· ἔπραττον δὲ ταῦτα, ὅτι ἐγίγνωσκον Λακεδαιμονίους βουλομένους τὴν τῶν Ἀθηναίων χώραν οἰκείαν καὶ πιστὴν ποιήσασθαι. Ὁ δὲ Παυσανίας ἐστρατοπεδεύσατο μὲν ἐν τῷ Ἁλιπέδῳ καλουμένῳ πρὸς τῷ Πειραιεῖ δεξιὸν ἔχων κέρας, Λύσανδρος δὲ ξὺν τοῖς μισθοφόροις τὸ εὐώνυμον. (31) Πέμπων δὲ πρέσβεις ὁ Παυσανίας πρὸς τοὺς ἐν Πειραιεῖ ἐκέλευεν ἀπιέναι ἐπὶ τὰ ἑαυτῶν· ἐπεὶ δ' οὐκ ἐπείθοντο, προσέβαλλεν ὅσον ἀπὸ βοῆς ἕνεκεν, ὅπως μὴ δῆλος εἴη εὐμενὴς αὐτοῖς ὤν. Ἐπεὶ δ' οὐδὲν ἀπὸ τῆς προσβολῆς πράξας ἀπῆλθε, τῇ ὑστεραίᾳ λαβὼν τῶν μὲν Λακεδαιμονίων δύο μόρας, τῶν δὲ Ἀθηναίων ἱππέων φυλάς, παρῆλθεν ἐπὶ τὸν κωφὸν λιμένα, σκοπῶν πῇ εὐαποτειχιστότατος εἴη ὁ Πειραιεύς. (32) Ἐπεὶ δὲ ἀπιόντος αὐτοῦ προσέθεόν τινες καὶ πράγματα αὐτῷ παρεῖχον, ἀχθεσθεὶς παρήγγειλε τοὺς μὲν ἱππέας ἐλᾶν εἰς αὐτοὺς ἐνάντας, καὶ τὰ δέκα ἀφ' ἥβης ξυνεπίσπεσθαι· ξὺν δὲ τοῖς ἄλλοις αὐτὸς ἐπηκολούθει. Καὶ ἀπέκτειναν μὲν ἐγγὺς τριάκοντα τῶν ψιλῶν, τοὺς δ' ἄλλους κατεδίωξαν πρὸς τὸ Πειραιοῖ θέατρον. (33) Ἔπει δὲ ἔτυχον ἐξοπλιζόμενοι ἐν τῷ πελτασταὶ πάντες καὶ οἱ ὁπλῖται τῶν ἐκ Πειραιῶς. Καὶ οἱ μὲν ψιλοὶ εὐθὺς ἐκδραμόντες ἠκόντιζον, ἔβαλλον, ἐτόξευον, ἐσφενδόνων· οἱ δὲ Λακε-

atque etiam non paucis equitibus moleste ferentibus, jugulavit. Contra, qui erant in Piræeo, quum ex equitum numero Callistratum de Leontide tribu in agro cepissent, vicissim occiderunt. Nam ita magnos jam gerebant animos, ut ipsum quoque murum urbis aggrederentur. Quod si hoc quoque narrandum, erat in urbe quidam machinarum artifex, qui ubi futurum intellexisset, ut hostes juxta curriculi locum, qui se porrigit e Lyceo, machinas admoverent, jussit omnibus jumentorum jugis saxa, quæ vel singula plaustris onerandis sufficerent, comportari atque in curriculo, ubicunque visum alicui esset, abjici. Id quum fieret, saxum quodlibet multum negotii exhibebat. Quum autem legati Lacedæmonem mitterentur a Trigintaviris Eleusine, ab aliis, qui erant in catalogo, ex urbe, qui Lacedæmonios ad ferendum suppetias hortarentur, quasi jam populus a Lacedæmoniis defecisset : Lysander secum ipse cogitans, fieri posse, ut qui erant in Piræeo, terra et mari celeriter expugnarentur, si commeatu prohibiti fuissent, impetravit a suis, ut talenta centum illis mutuo darentur, et ut ipse copiarum pedestrium prætor, Libys frater præfectus classis ad hoc bellum ablegaretur. Ipse profectus Eleusinem versus, Peloponnesios multos milites cogebat; classis vero præfectus in mari observabat, ne quid commeatus ad hostes navigiis importaretur. Quo factum, ut rursus brevi momento magna rerum esset apud illos difficultas, qui erant in Piræeo, urbani contra ob Lysandrum animos erigerent. Quum hic rerum successus esset, rex Pausanias, qui Lysandro invideret, quod partim re bene gesta gloriam consequuturus esset, partim Athenas suas effecturus, ubi Triginta Ephoris in sententiam suam traductis, præsidiarios eduxit. Eum socii universi sequebantur, Bœotis et Corinthiis exceptis. Nam illi se aiebant existimare, contra jurisjurandi religionem futurum, si adversus Athenienses bellum susciperent, qui contra formulam fœderis nihil admisissent. Atque Pausanias, legatis ad obsessos in Piræeo missis, eos ad sua discedere jussit ; quumque illi non parerent, militem manibus admovit rumoris causa, ne palam fieret, ipsum obsessis favere. Posteaquam ab hac oppugnatione nulla re effecta discessisset, postridie sumptis secum duabus Lacedæmoniorum cohortibus, et turmis equitum Atheniensium tribus, ad portum Mutum se contulit, ut quo loco Piræeus munitione obvallari commode posset, consideraret. Hinc eo discedente, quia nonnulli accurrerent, et negotium ipsi facessebant, commotus imperavit, ut equites pleno cursu in eos impetum facerent, quibus se illi adjungerent, quotquot annis decem pubertatem excessissent; cum reliquis ipse subsequebatur. Ab his prope triginta velites sunt occisi, reliquos Pausaniæ milites ad Theatrum usque, quod est in Piræeo, persequuti sunt. Ibi se tum forte cetrati omnes, ac gravis armaturæ pedites eorum, qui erant in Piræeo, armarunt; statimque velites facta excursione jacula vibrabant, feriebant, sagittis et fundis utebantur :

HISTORIÆ GRÆCÆ LIB. II. CAP. IV. 363

δαιμόνιοι, ἐπεὶ αὐτῶν πολλοὶ ἐτιτρώσκοντο, μάλα πιεζόμενοι ἀνεχώρουν ἐπὶ πόδα· οἱ δ' ἐν τούτῳ πολὺ μᾶλλον ἐπέκειντο. Ἐνταῦθα δὲ ἀποθνήσκει Χαίρων τε καὶ Θίβραχος, ἄμφω πολεμάρχω, καὶ Λακράτης ὁ ὀλυμπιονίκης καὶ ἄλλοι οἱ τεθαμμένοι Λακεδαιμονίων πρὸ τῶν πυλῶν ἐν Κεραμεικῷ. (34) Ὁρῶν δὲ ταῦτα ὁ Θρασύβουλος καὶ οἱ ἄλλοι ὁπλῖται, ἐβοήθουν, καὶ ταχὺ παρετάξαντο πρὸ τῶν ἄλλων ἐπ' ὀκτώ. Ὁ δὲ Παυσανίας μάλα πιεσθεὶς καὶ ἀναχωρήσας ὅσον στάδια τέτταρα ἢ πέντε πρὸς λόφον τινὰ, παρήγγειλε τοῖς Λακεδαιμονίοις καὶ τοῖς ἄλλοις ξυμμάχοις ἐπιχωρεῖν πρὸς ἑαυτόν. Ἐκεῖ δὲ ξυνταξάμενος παντελῶς βαθεῖαν τὴν φάλαγγα ἦγεν ἐπὶ τοὺς Ἀθηναίους. Οἱ δ' εἰς χεῖρας μὲν ἐδέξαντο, ἔπειτα δὲ οἱ μὲν ἐξεώθησαν εἰς τὸν ἐν ταῖς Ἁλαῖς πηλόν, οἱ δὲ ἐνέκλιναν· καὶ ἀποθνήσκουσιν αὐτῶν ὡς πεντήκοντα καὶ ἑκατόν. (35) Ὁ δὲ Παυσανίας τρόπαιον στησάμενος ἀνεχώρησε· καὶ οὐδ' ὣς ὠργίζετο αὐτοῖς, ἀλλὰ λάθρᾳ πέμπων ἐδίδασκε τοὺς ἐν Πειραιεῖ οἷά χρὴ λέγοντας πρέσβεις πέμπειν πρὸς ἑαυτὸν καὶ τοὺς παρόντας ἐφόρους. Οἱ δ' ἐπείθοντο. Διίστη δὲ καὶ τοὺς ἐν τῷ ἄστει, καὶ ἐκέλευε πρὸς σφᾶς προσιέναι ὡς πλείστους ξυλλεγομένους, λέγοντας ὅτι οὐδὲν δέονται τοῖς ἐν τῷ Πειραιεῖ πολεμεῖν, ἀλλὰ διαλυθέντες κοινῇ ἀμφότεροι Λακεδαιμονίοις φίλοι εἶναι. (36) Ἡδέως δὲ ταῦτα καὶ Ναυκλείδας ἔφορος ὢν ξυνήκουεν· ὥσπερ γὰρ νομίζεται ξὺν βασιλεῖ δύο τῶν ἐφόρων ξυστρατεύεσθαι, καὶ τότε παρῆν οὗτός τε καὶ ἄλλος, ἀμφότεροι τῆς μετὰ Παυσανίου γνώμης ὄντες μᾶλλον ἢ τῆς μετὰ Λυσάνδρου. Διὰ ταῦτα οὖν καὶ εἰς τὴν Λακεδαίμονα προθύμως ἔπεμπον τούς τ' ἐκ τοῦ Πειραιῶς ἔχοντας τὰς πρὸς Λακεδαιμονίους σπονδὰς καὶ τοὺς ἀπὸ τῶν ἐν τῷ ἄστει ἰδιώτας, Κηφισοφῶντά τε καὶ Μέλητον. (37) Ἐπεὶ μέντοι αὗτοι ᾤχοντο εἰς Λακεδαίμονα, ἔπεμπον δὴ καὶ οἱ ἀπὸ τοῦ κοινοῦ ἐκ τοῦ ἄστεως λέγοντας ὅτι αὐτοὶ μὲν παραδιδόασι καὶ τὰ τείχη ἃ ἔχουσι καὶ σφᾶς αὐτοὺς Λακεδαιμονίοις χρῆσθαι ὅ,τι βούλονται· ἀξιοῦν δ' ἔφασαν καὶ τοὺς ἐν Πειραιεῖ, εἰ φίλοι φασὶν εἶναι Λακεδαιμονίοις, παραδιδόναι τόν τε Πειραιᾶ καὶ τὴν Μουνυχίαν. (38) Ἀκούσαντες δὲ πάντων αὐτῶν οἱ ἔφοροι καὶ οἱ ἔκκλητοι, ἐξέπεμψαν πεντεκαίδεκα ἄνδρας εἰς τὰς Ἀθήνας, καὶ ἐπέταξαν ξὺν Παυσανίᾳ διαλλάξαι ὅπῃ δύναιντο κάλλιστα. Οἱ δὲ διήλλαξαν ἐφ' ᾧτε εἰρήνην μὲν ἔχειν ὡς πρὸς ἀλλήλους, ἀπιέναι δὲ ἐπὶ τὰ ἑαυτῶν ἕκαστον πλὴν τῶν τριάκοντα καὶ τῶν ἕνδεκα καὶ τῶν ἐν τῷ Πειραιεῖ ἀρξάντων δέκα. Εἰ δέ τινες φοβοῖντο τῶν ἐξ ἄστεος, ἔδοξεν αὐτοῖς Ἐλευσῖνα κατοικεῖν. (39) Τούτων δὲ περαινομένων Παυσανίας μὲν διῆκε τὸ στράτευμα, οἱ δ' ἐκ τοῦ Πειραιῶς ἀνελθόντες ξὺν τοῖς ὅπλοις εἰς τὴν ἀκρόπολιν ἔθυσαν τῇ Ἀθηνᾷ. Ἐπεὶ δὲ κατέβησαν οἱ στρατηγοί, ἔνθα δὴ ὁ Θρασύβουλος ἔλεξεν, (40) Ὑμῖν, ἔφη, ὦ ἐκ τοῦ ἄστεος ἄνδρες, ξυμβουλεύω ἐγὼ γνῶναι ὑμᾶς αὐτούς. Μάλιστα δ' ἂν γνοίητε, εἰ ἀναλογίσαισθε ἐπὶ τίνι ὑμῖν μέγα φρονητέον ἐστίν, ὥστε ἡμῶν ἄρχειν ἐπιχειρεῖν. Πότερον δικαιό-

Lacedæmonii, quorum permulti vulnerabantur, graviter pressi pedem paullatim referebant. Tum illi multo magis eos urgebant: quo quidem factum, ut istic occumberent Chæron et Thibrachus, ambo Polemarchi, cum Lacrate certaminis Olympici victore, atque aliis Lacedæmoniis, qui ante portas in Ceramico sepulti sunt. Hæc quum Thrasybulus aliique gravis armaturæ milites cernerent, suis opem ferebant, et celeriter ante alios aciem in octonos instruebant. Pausanias quum admodum urgeretur, ac stadia quatuor aut quinque versus tumulum quendam cessisset, Lacedæmoniis reliquisque sociis mandavit, ut ad se concederent. Atque hic phalange instructa, eaque perquam densa, adversus Athenienses duxit. Exceperunt illi primo Lacedæmonios cominus, deinde partim in lutum, quod est propter Halas, protrusi sunt, partim fugam arripuerunt. Interfecti ex eis plus minus centum quinquaginta. Pausanias excitato tropæo discessit, ac ne tum quidem offensus, clam ad ipsos misit, qui Piræenses docerent, quibus cum mandatis ad se, atque ad Ephoros præsentes, mittere legatos deberent. Paruerunt illi Pausaniæ, qui quidem et urbanos a se invicem diremit, eisque mandavit, ut collecti quamplurimi se atque Ephoros adirent, ac nihil esse causæ dicerent, quamobrem Piræenses oppugnarent: malle se, ut pace facta, pariter utrique Lacedæmoniis amici sint. Erant hæc etiam Nauclidæ Ephoro perquam auditu jucunda. Nam uti positum est in more atque instituto Lacedæmoniorum, Ephoros regi duos in expeditionibus adjungi: ita tum quoque Nauclidas et alius quidam aderant, quorum uterque magis Pausaniæ, quam Lysandro assentiebatur. Quapropter cupide Lacedæmonem non solum nissos e Piræeo nuntios, qui secum fœderis ineundi cum Lacedæmoniis formulam ferrent, verum etiam nonnullos ex urbe privatos homines, Cephisophontem ac Melitum, ablegarunt. Hi postea quam Lacedæmonem pervenerant, etiam publico nomine missi sunt ex urbe legati, qui dicerent: se et muros suos, et seipsos Lacedæmoniorum pleno arbitrio permisisse: ac propterea æquum censere, ut etiam illi, qui se in Piræeo continerent, si quidem Lacedæmoniis amicos se profiterentur, Piræei ac Munychiæ deditionem facerent. Quum audiit ab Ephoris et evocatis omnes essent, missi sunt Athenas viri quindecim; eisque mandatum, ut una cum Pausania, quam possent optime, rem componerent. Facta conditionibus hujusmodi transactio, ut pacem inter se mutuo colerent, et singuli ad sua se conferrent, exceptis Trigintaviris, et Undecimviris, et Decemviris, qui imperium in Piræeo obtinuissent. Quod si qui cives urbani sibi metuerent, iis esse migrandum Eleusinem statuerunt. His ita transactis, Pausanias ad suos exercitum dimisit. At vero qui erant in Piræeo, cum armis in arcem ascendentes, Minervæ sacrum faciunt. Ibi quum duces descendissent, Thrasybulus hac oratione usus est: « Equidem vobis, cives in urbe qui mansistis, hoc do consilii ut vosmetipsos noscatis. Egregie vero vosmet noscetis, si vobiscum ipsis perpendere volueritis quamobrem tanti vobis animi gerendi sint, ut in nos imperium ipsi usur-

τεροί ἐστε; ἀλλ' ὁ μὲν δῆμος πενέστερος ὑμῶν ὢν οὐδὲν πώποτε ἕνεκα χρημάτων ὑμᾶς ἠδίκηκεν· ὑμεῖς δὲ πλουσιώτεροι πάντων ὄντες πολλὰ καὶ αἰσχρὰ ἕνεκα κερδέων πεποιήκατε. Ἐπεὶ δὲ δικαιοσύνης οὐδὲν ὑμῖν προσήκει, σκέψασθε εἰ ἄρα ἐπ' ἀνδρείᾳ ὑμῖν μέγα φρονητέον. (41) Καὶ τίς ἂν καλλίων κρίσις τούτου γένοιτο ἢ ὡς ἐπολεμήσαμεν πρὸς ἀλλήλους; Ἀλλὰ γνώμῃ φαίητ' ἂν προέχειν, οἳ ἔχοντες καὶ τεῖχος καὶ ὅπλα καὶ χρήματα καὶ ξυμμάχους Πελοποννησίους ὑπὸ τῶν οὐδὲν τούτων ἐχόντων παρελήφθητε· Ἀλλ' ἐπὶ Λακεδαιμονίοις δὴ οἴεσθε μέγα φρονητέον εἶναι; πῶς, οἵγε ὥσπερ τοὺς δάκνοντας κύνας κλοιῷ δήσαντες παραδιδόασιν, οὕτω κἀκεῖνοι ὑμᾶς παραδόντες τῷ ἠδικημένῳ τούτῳ δήμῳ οἴχονται ἀπιόντες; (42) Οὐ μέντοι γε ὑμᾶς, ὦ ἄνδρες, ἀξιῶ ἐγὼ ὧν ὁμωμόκατε παραβῆναι οὐδέν, ἀλλὰ καὶ τοῦτο πρὸς τοῖς ἄλλοις καλοῖς ἐπιδεῖξαι, ὅτι καὶ εὔορκοι καὶ ὅσιοί ἐστε. Εἰπὼν δὲ ταῦτα καὶ ἄλλα τοιαῦτα, καὶ ὅτι οὐδὲν δέοι ταράττεσθαι, ἀλλὰ τοῖς νόμοις τοῖς ἀρχαίοις χρῆσθαι, ἀνέστησε τὴν ἐκκλησίαν. (43) Καὶ τότε μὲν ἀρχὰς καταστησάμενοι ἐπολιτεύοντο· ὑστέρῳ δὲ χρόνῳ ἀκούσαντες ξένους μισθοῦσθαι τοὺς Ἐλευσῖνι, στρατευσάμενοι πανδημεὶ ἐπ' αὐτοὺς τοὺς μὲν στρατηγοὺς αὐτῶν εἰς λόγους ἐλθόντας ἀπέκτειναν, τοῖς δὲ ἄλλοις εἰσπέμψαντες τοὺς φίλους καὶ ἀναγκαίους ἔπεισαν ξυναλλαγῆναι· καὶ ὀμόσαντες ὅρκους ἦ μὴν μὴ μνησικακήσειν, ἔτι καὶ νῦν ὁμοῦ τε πολιτεύονται καὶ τοῖς ὅρκοις ἐμμένει ὁ δῆμος.

ΒΙΒΛΙΟΝ Γ.

ΚΕΦΑΛΑΙΟΝ Α.

Ἡ μὲν δὴ Ἀθήνησι στάσις οὕτως ἐτελεύτησεν. Ἐκ δὲ τούτου πέμψας Κῦρος ἀγγέλους εἰς Λακεδαίμονα ἠξίου, οἷόσπερ αὐτὸς Λακεδαιμονίοις ἦν ἐν τῷ πρὸς Ἀθηναίους πολέμῳ, τοιούτους καὶ Λακεδαιμονίους αὐτῷ γίγνεσθαι. Οἱ δ' ἔφοροι δίκαια νομίσαντες λέγειν αὐτόν, Σάμιῳ τῷ τότε ναυάρχῳ ἐπέστειλαν ὑπηρετεῖν Κύρῳ, εἴ τι δέοιτο. Κἀκεῖνος μέντοι προθύμως οὗπερ ἐδεήθη ὁ Κῦρος ἔπραξεν· ἔχων γὰρ τὸ ἑαυτοῦ ναυτικὸν σὺν τῷ Κύρου περιέπλευσεν εἰς Κιλικίαν, καὶ ἐποίησε τὸν τῆς Κιλικίας ἄρχοντα Συέννεσιν μὴ δύνασθαι κατὰ γῆν ἐναντιοῦσθαι Κύρῳ πορευομένῳ ἐπὶ βασιλέα. (2) Ὡς μὲν οὖν Κῦρος στράτευμά τε συνέλεξε καὶ τοῦτ' ἔχων ἀνέβη ἐπὶ τὸν ἀδελφόν, καὶ ὡς ἡ μάχη ἐγένετο, καὶ ὡς ἀπέθανε, καὶ ὡς ἐκ τούτου ἀπεσώθησαν οἱ Ἕλληνες ἐπὶ θάλατταν, Θεμιστογένει τῷ Συρακοσίῳ γέγραπται.

3. Ἐπεὶ μέντοι Τισσαφέρνης, πολλοῦ ἄξιος βασιλεῖ δόξας γεγενῆσθαι ἐν τῷ πρὸς τὸν ἀδελφὸν πολέμῳ, σατράπης κατεπέμφθη ὧν τε αὐτὸς πρόσθεν ἦρχε καὶ ὧν Κῦρος, εὐθὺς ἠξίου τὰς Ἰωνικὰς πόλεις ἁπάσας ἑαυτῷ ὑπηκόους εἶναι. Αἱ δὲ ἅμα μὲν ἐλεύθεραι βουλόμεναι

---

petis. An justiores nobis estis? Atqui populus longe, quam vos, pauperior, opum causa nihil in vos unquam iniqui designavit; quum vos ditissimi omnium, multa, eaque fœda, lucri causa perpetraveritis. Jam quum nomine justitiæ, quamobrem vosmet efferatis, causa nulla sit, consideretis velim, sintne propter fortitudinem vobis sumendi animi. Ac quînam de hoc fieri judicium rectius posset, quam ex eo, quod inter nos gestum est, bello? Num consilio præstare vos dicetis, quum instructi maris, armis, opibus, Peloponnesiorum societate, nihilominus per eos soluti estis, qui ab his omnibus imparati erant? Ceterum de Lacedæmoniis forsitan vobis gloriandum esse putatis? At quomodo? quum vos illi, quemadmodum solent qui canes mordaces numella constrictos admorsis tradunt, huic populo tradiderint, quem vos injuriis affecistis, ac deinde discedentes nusquam appareant. Enimvero nolim vos, cives, quidquam eorum violare, quæ sacramento sunt confirmata; sed auctor sum, ut præter reliqua decora vestra demonstretis, etiam præstiti jurisjurandi ac pietatis laudem vobis deberi. » His atque aliis talibus in medium prolatis, et hoc, non esse cur perturbentur, sed priscis tantum legibus vivendum esse, concionem dimisit. Ac tum quidem creatis magistratibus, rempublicam administrabant. Ceterum aliquanto post, quum ab iis, qui Eleusine agebant, externum militem stipendio conduci accepissent, suscepta totius concursu populi adversus eos expeditione, duces ipsorum in colloquium venientes interfecerunt; missisque amicis ac necessariis ad reliquos, uti secum in gratiam redirent, persuaserunt. Quumque sacramenta sancte præstitissent, injuriarum se nequaquam fore memores, etiam adhuc populo iis inhærente, quæ tunc jurejurando sancita sunt, in eadem conjuncti republica vivunt.

LIBER III.

CAPUT I.

Hic seditionis Atheniensis exitus fuit. Secundum ea missis Cyrus Lacedæmonem nuntiis, petebat ut Lacedæmonii non aliter se erga ipsum gererent, atque ipse erga eos in bello Atheniensi se gessisset. Hæc postulata quod æqua censerent Ephori, Samio classis præfecto denuntiant, ut ubicunque requireretur ipsius opera, Cyro eam deesse ne pateretur. Atque is perlubenter, quidquid Cyrus peteret, faciebat. Nam cum suis Cyrique navalibus copiis in Ciliciam circumvectus, perfecit ut Syennesis, qui cum imperio Ciliciam obtinebat, impedire Cyrum terra non posset, quum adversus regem is pergeret. Ceterum quo pacto copias Cyrus collegerit, et cum eis adversus fratrem ascenderit, tum qui pugna commissa fuerit, perierit ipse, Græci deinde salvi ad mare pervenerint, Themistogenes Syracusanus memoriæ prodidit.

Post ubi Tissaphernes, qui visus est regi plurimum in gerendo adversus fratrem bello profuisse, non solum ejus, quam ipse prius obtinuerat, verum etiam Cyri ditionis satrapa factus est, mox civitates Ionicæ omnes imperio suo parere volebat. Illæ vero, quod partim in libertatem se

εἶναι, ἅμα δὲ φοβούμεναι τὸν Τισσαφέρνην, ὅτι Κῦρον, ὅτ' ἔζη, ἀντ' ἐκείνου ᾑρημέναι ἦσαν, εἰς μὲν τὰς πόλεις οὐκ ἐδέχοντο αὐτόν, εἰς Λακεδαίμονα δὲ ἔπεμπον πρέσβεις, καὶ ἠξίουν, ἐπεὶ πάσης τῆς Ἑλλάδος προστάται εἰσίν, ἐπιμεληθῆναι καὶ σφῶν τῶν ἐν τῇ Ἀσίᾳ Ἑλλήνων, ὅπως ἥ τε χώρα μὴ δῃοῖτο αὐτῶν καὶ αὐτοὶ ἐλεύθεροι εἶεν. (4) Οἱ οὖν Λακεδαιμόνιοι πέμπουσιν αὐτοῖς Θίβρωνα ἁρμοστήν, δόντες στρατιώτας τῶν μὲν νεοδαμωδῶν εἰς χιλίους, τῶν δὲ ἄλλων Πελοποννησίων εἰς τετρακισχιλίους. Ἡτήσατο δ' ὁ Θίβρων καὶ παρ' Ἀθηναίων τριακοσίους ἱππέας, εἰπὼν ὅτι αὐτὸς μισθὸν παρέξει. Οἱ δ' ἔπεμψαν τῶν ἐπὶ τῶν τριάκοντα ἱππευσάντων, νομίζοντες κέρδος τῷ δήμῳ, εἰ ἀποδημοῖεν καὶ ἐναπόλοιντο. (5) Ἐπεὶ δ' εἰς τὴν Ἀσίαν ἀφίκοντο, συνήγαγε μὲν στρατιώτας καὶ ἐκ τῶν ἐν τῇ ἠπείρῳ Ἑλληνίδων πόλεων· πᾶσαι γὰρ τότε αἱ πόλεις ἐπείθοντο ὅ,τι Λακεδαιμόνιος ἀνὴρ ἐπιτάττοι. Καὶ σὺν μὲν ταύτῃ τῇ στρατιᾷ ὁρῶν Θίβρων τὸ ἱππικὸν εἰς τὸ πεδίον οὐ κατέβαινεν, ἠγάπα δὲ εἰ ὅπου τυγχάνοι ὤν, δύναιτο ταύτην τὴν χώραν ἀδῄωτον διαφυλάττειν. (6) Ἐπεὶ δὲ σωθέντες οἱ ἀναβάντες μετὰ Κύρου συνέμιξαν αὐτῷ, ἐκ τούτου ἤδη καὶ ἐν τοῖς πεδίοις ἀντετάττετο τῷ Τισσαφέρνει, καὶ πόλεις Πέργαμον μὲν ἑκοῦσαν προσέλαβε καὶ Τευθρανίαν καὶ Ἁλίσαρναν, ὧν Εὐρυσθένης τε καὶ Προκλῆς ἦρχον οἱ ἀπὸ Δημαράτου τοῦ Λακεδαιμονίου· ἐκείνῳ δ' αὕτη ἡ χώρα δῶρον ἐκ βασιλέως ἐδόθη ἀντὶ τῆς ἐπὶ τὴν Ἑλλάδα συστρατείας· προσεχώρησαν δ' αὐτῷ καὶ Γοργίων καὶ Γογγύλος, ἀδελφοὶ ὄντες, ἔχοντες ὁ μὲν Γάμβριον καὶ Παλαιγάμβριον, ὁ δὲ Μύριναν καὶ Γρύνειον· δῶρον δὲ καὶ αὗται αἱ πόλεις ἦσαν παρὰ βασιλέως Γογγύλῳ, ὅτι μόνος Ἐρετριέων μηδίσας ἔφυγεν. (7) Ἦν δὲ ἃς ἀσθενεῖς οὔσας καὶ κατὰ κράτος ὁ Θίβρων ἐλάμβανε· Λάρισαν γε μὴν τὴν Αἰγυπτίαν καλουμένην, ἐπεὶ οὐκ ἐπείθετο, περιστρατοπεδευσάμενος ἐπολιόρκει. Ἐπεὶ δὲ ἄλλως οὐκ ἐδύνατο ἑλεῖν, φρεατίαν τεμόμενος ὑπόνομον ὤρυττεν, ὡς ἀφαιρησόμενος τὸ ὕδωρ αὐτῶν. Ὡς δ' ἐκ τοῦ τείχους ἐκθέοντες πολλάκις ἐνέβαλον εἰς τὸ ὄρυγμα καὶ ξύλα καὶ λίθους, ποιησάμενος αὖ χελώνην ξυλίνην ἐπέστησεν ἐπὶ τῇ φρεατίᾳ. Καὶ ταύτην μέντοι ἐκδραμόντες οἱ Λαρισαῖοι νύκτωρ κατέκαυσαν. Δοκοῦντος δ' αὐτοῦ οὐδὲν ποιεῖν, πέμπουσιν οἱ ἔφοροι ἀπολιπόντα Λάρισαν στρατεύεσθαι ἐπὶ Καρίαν.

8. Ἐν Ἐφέσῳ δὲ ἤδη ὄντος αὐτοῦ, ὡς ἐπὶ Καρίαν πορευσομένου, Δερκυλλίδας ἄρξων ἀφίκετο ἐπὶ τὸ στράτευμα, ἀνὴρ δοκῶν εἶναι μάλα μηχανητικός· καὶ ἐπεκαλεῖτο δὲ Σίσυφος. Ὁ μὲν οὖν Θίβρων ἀπῆλθεν οἴκαδε καὶ ζημιωθεὶς ἔφυγε· κατηγόρουν γὰρ αὐτοῦ οἱ σύμμαχοι ὡς ἐφείη ἁρπάζειν τῷ στρατεύματι τοὺς φίλους. (9) Ὁ δὲ Δερκυλλίδας ἐπεὶ παρέλαβε τὸ στράτευμα, γνοὺς ὑπόπτους ὄντας ἀλλήλοις τὸν Τισσαφέρνην καὶ τὸν Φαρνάβαζον, κοινολογησάμενος τῷ Τισσαφέρνει ἀπήγαγεν εἰς τὴν Φαρναβάζου χώραν τὸ στράτευμα, ἑλόμενος θατέρῳ μᾶλλον ἢ ἅμα ἀμφοτέροις πολεμεῖν.

vindicare cuperent, partim Tissaphenem metuerent, quia Cyrum, dum is adhuc esset in vivis, Tissapherni praetulerant, nequaquam eum in urbes suas admittebant, sed missis Lacedaemonem legatis petebant, ut quando totius ipsi Graeciae praesides ac duces essent, se, natione Graecos, habitantes in Asia, non negligerent; sed darent operam, ut ipsorum ager a populationibus immunis esset, atque ipsi libertate fruerentur. Lacedaemonii Thimbronem praefectum ad eos cum copiis mittunt, nimirum ex novorum popularium numero mille, ex reliquis Peloponnesiis plus minus quater mille. Praeterhos ab Atheniensibus Thimbro trecentos equites postulavit, quibus ipse stipendium se numeraturum aiebat. Mittunt illi ex equitatu, quo Trigintaviri usi fuerant. Arbitrabantur enim populo expedire, si peregre illi profecti perirent. Posteaquam perventum in Asiam est, militem alium quoque de iis Graeci nominis urbibus collegebat, quae erant in Asiae continente terra sitae. Nam parebant tunc urbes universae iis, quae Lacedaemonius vir aliquis imperasset. Cum his copiis Thimbro in planitiem non descendebat, quod suum equitatum tenuem videret; satis esse sibi ducens, si populationes iis in regionibus prohibere posset, in quibus ipse degeret. Verum posteaquam eae copiae, quae cum Cyro militaverant, reversae ad suos incolumes, cum Thimbronis se copiis conjunxerant, tum demum adversus Tissaphernem etiam in planitie struebat aciem, oppidaque, partim sponte dedita, suam in potestatem accepit, nimirum Pergamum, itemque Teuthraniam et Halisarnam, quibus Eurysthenes ac Procles, orti a Demarato Lacedaemonio, cum potestate praeerant; hic vero a rege dono datam sibi regionem hanc acceperat, quod signa regis adversus Graeciam sequutus fuisset. Etiam Gorgio et Gongylus, fratres, ad ipsius partes transivere, quorum alter Gambrium cum Palaegambrio, Myrinam et Grynium alter possidebat. Haec quoque oppida Gongylo a rege donata fuerant, quod is ex Eretriensibus exularet, quum solus Medorum partes sequeretur. Nonnulla oppida Thimbro non satis munita vi cepit. Larissam quidem certe, quam vocant Aegyptiam, imperata facere detrectantem, castris circum eam locatis obsedit. Quumque eam capere alia ratione non posset, lacu facto, cuniculum agebat, aquam oppidanis adempturus. At vero quum illi extra muros eruptione facta, saepenumero ligna et lapides in fossam conjecissent, testudinem ligneam supra fossam statuit. Hanc quoque Larissaei noctu excurrentes incenderunt. Itaque quum nihil agere videretur, mittunt ad eum Ephori, qui denuntiarent, ut relicta Larissa in Cariam militem transferret.

Erat jam Ephesi, profecturus in Cariam, quum Dercyllidas ad exercitum venit, qui Thimbroni in imperio succederet. Existimabatur is vir esse ingenio maxime solerti, eaque de causa Sisyphi cognomentum habebat. Quamobrem domum Thimbro reversus est, ac damnatus exulatum abiit. Nam a sociis accusabatur, quod exercitui licentiam spoliandi foederatos concessisset. Dercyllidas, acceptis copiis, quum Tissaphernem ac Pharnabazum invicem sibi suspectos esse non ignoraret, habito cum Tissapherne colloquio, militem in Pharnabazi ditionem abduxit, quod bellum cum alterutro, quam simul cum ambobus, gerere mallet. Praeterea

ΕΛΛΗΝΙΚΩΝ ΒΙΒΛ. Γ. ΚΕΦ. Α.

Ἦν δὲ καὶ πρόσθεν ὁ Δερκυλλίδας πολέμιος τῷ Φαρναβάζῳ· ἁρμοστὴς γὰρ γενόμενος ἐν Ἀβύδῳ ἐπὶ Λυσάνδρου ναυαρχοῦντος, διαβληθεὶς ὑπὸ Φαρναβάζου, ἐστάθη τὴν ἀσπίδα ἔχων, ὃ δοκεῖ κηλὶς εἶναι τοῖς σπουδαίοις Λακεδαιμονίων· ἀταξίας γὰρ ζημίωμά ἐστι. Καὶ διὰ ταῦτα δὴ πολὺ ἥδιον ἐπὶ τὸν Φαρνάβαζον ᾔει. (10) Καὶ εὐθὺς μὲν τοσούτῳ διέφερεν εἰς τὸ ἄρχειν τοῦ Θίβρωνος ὥστε παρήγαγε τὸ στράτευμα διὰ τῆς φιλίας χώρας μέχρι τῆς Φαρναβάζου Αἰολίδος οὐδὲν βλάψας τοὺς ξυμμάχους.

Ἡ δὲ Αἰολὶς αὕτη ἦν μὲν Φαρναβάζου, ἐσατράπευε δὲ αὐτῷ τῆς χώρας, ἕως μὲν ἔζη, Ζῆνις Δαρδανεύς· ἐπεὶ δὲ ἐκεῖνος νόσῳ ἀπέθανε, παρασκευαζομένου τοῦ Φαρναβάζου ἄλλῳ δοῦναι τὴν σατραπείαν, Μανία ἡ τοῦ Ζήνιος γυνή, Δαρδανὶς καὶ αὕτη, ἀναζεύξασα στόλον καὶ δῶρα λαβοῦσα ὥστε καὶ αὐτῷ Φαρναβάζῳ δοῦναι καὶ παλλακίσιν αὐτοῦ χαρίσασθαι καὶ τοῖς δυναμένοις μάλιστα παρὰ Φαρναβάζῳ, ἐπορεύετο. (11) Ἐλθοῦσα δ' εἰς λόγους εἶπεν, Ὦ Φαρνάβαζε, ὁ ἀνήρ σοι ὁ ἐμὸς καὶ τἆλλα φίλος ἦν καὶ τοὺς φόρους ἀπεδίδου, ὥστε σὺ ἐπαινῶν αὐτὸν ἐτίμας. Ἢν οὖν ἐγώ σοι μηδὲν χεῖρον ἐκείνου ὑπηρετῶ, τί σε δεῖ ἄλλον σατράπην καθιστάναι; ἢν δέ τί σοι μὴ ἀρέσκω, ἐπὶ σοὶ δήπου ἔσται ἀφελομένῳ ἐμὲ ἄλλῳ δοῦναι τὴν ἀρχήν. (12) Ἀκούσας ταῦτα ὁ Φαρνάβαζος ἔγνω δεῖν τὴν γυναῖκα σατραπεύειν. Ἡ δ' ἐπεὶ κυρία τῆς χώρας ἐγένετο, τούς τε φόρους οὐδὲν ἧττον τἀνδρὸς ἀπεδίδου, καὶ πρὸς τούτοις, ὁπότε ἀφικνοῖτο πρὸς Φαρνάβαζον, ἀεὶ ἦγε δῶρα αὐτῷ, καὶ ὁπότε ἐκεῖνος εἰς τὴν χώραν καταβαίνοι, πολὺ πάντων τῶν ὑπαρχόντων κάλλιστα καὶ ἥδιστα ἐδέχετο αὐτόν, (13) καὶ ἅς τε παρέλαβε πόλεις διεφύλαττεν αὐτῷ καὶ τῶν οὐχ ὑπηκόων προσέλαβεν ἐπιθαλαττιδίας Λάρισάν τε καὶ Ἀμαξιτὸν καὶ Κολωνάς, ξενικῷ μὲν Ἑλληνικῷ προσβαλοῦσα τοῖς τείχεσιν, αὐτὴ δ' ἐφ' ἁρμαμάξης θεωμένη· ὃν δ' ἐπαινέσειε, τούτῳ δῶρα ἀμέμπτως ἐδίδου, ὥστε λαμπρότατον τὸ ξενικὸν κατεσκευάσατο. Συνεστρατεύετο δὲ τῷ Φαρναβάζῳ καὶ ὁπότε εἰς Μυσοὺς ἢ Πισίδας ἐμβάλλοι, ὅτι τὴν βασιλέως χώραν κακουργοῦσιν. Ὥστε καὶ ἀντετίμα αὐτὴν μεγαλοπρεπῶς ὁ Φαρνάβαζος καὶ ξύμβουλον ἔστιν ὅτε παρεκάλει. (14) Ἤδη δ' οὔσης αὐτῆς ἐτῶν πλέον ἢ τετταράκοντα, Μειδίας, θυγατρὸς ἀνὴρ αὐτῆς ὤν, ἀναπτερωθεὶς ὑπό τινων ὡς αἰσχρὸν εἴη γυναῖκα μὲν ἄρχειν, αὐτὸν δ' ἰδιώτης εἶναι, τοὺς μὲν ἄλλους μάλα φυλαττομένης αὐτῆς, ὥσπερ ἐν τυραννίδι προσῆκεν, ἐκείνῳ δὲ πιστευούσης καὶ ἀσπαζομένης ὥσπερ ἂν γυνὴ γαμβρὸν ἀσπάζοιτο, εἰσελθὼν ἀποπνῖξαι αὐτὴν λέγεται. Ἀπέκτεινε δὲ καὶ τὸν υἱὸν αὐτῆς, τό τε εἶδος ὄντα πάγκαλον καὶ ἐτῶν ὄντα ὡς ἑπτακαίδεκα. (15) Ταῦτα δὲ ποιήσας Σκῆψιν καὶ Γέργιθα ἐχυρὰς πόλεις κατέσχεν, ἔνθα καὶ τὰ χρήματα μάλιστα ἦν τῇ Μανίᾳ. Αἱ δὲ ἄλλαι πόλεις οὐκ ἐδέχοντο αὐτόν, ἀλλὰ Φαρναβάζῳ ἔσῳζον αὐτὰς οἱ ἐνόντες φρουροί. Ἐκ δὲ τούτου ὁ Μειδίας πέμψας δῶρα τῷ Φαρναβάζῳ ἠξίου ἔχειν τὴν χώραν ὥσπερ ἡ Μανία.

veteres etiam inimicitiae inter Dercyllidam ac Pharnabazum intercedebant. Nam quo tempore Dercyllidas Abydi praetor erat, tenente classis imperium Lysandro, criminationibus Pharnabazi gravatus, cum scuto stare jussus fuerat. Ducunt autem hoc Lacedaemonii virtutis studiosi pro quadam ignominiae macula, quod ordinis non servati poena sit. Quamobrem hac quoque de causa multo lubentius adversus Pharnabazum copias ducebat. Tantum vero vel primo belli initio Thimbroni praestabat imperandi scientia, ut copias per amicorum fines usque in Aeolidem Pharnabazo subjectam, sociis nullo detrimento affectis, duceret.

Ceterum haec Aeolum regio parebat illa quidem Pharnabazo, sed obtinuerat eam cum titulo satrapae ab ipso Zenis Dardanius, quamdiu viveret. Is postea quam morbo exstinctus fuit, et Pharnabazus jam alii praefecturam tradere pararet, Mania, Zenis uxor, et ipsa Dardania, cum comitatu copiarum profecta, sumptisque secum donis, quibus et ipsum Pharnabazum donaret, et concubinis ejus, atque aliis, qui plurimum apud eum possent, gratificaretur, ad Pharnabazum iter faciebat. Hinc ad colloquium admissa, sic eum compellat : « Maritus meus, Pharnabaze, et amicus erat tuus, et tributa sic pendebat, ut tu illum collaudares, atque etiam honore prosequereris. Quapropter si nihilo minorem ego tibi operam navabo, quam ille, praestiterit, quid causae fuerit, cur alium satrapam constituas? Quod si tibi non placuero, tua erit in potestate, ut ademptum mihi imperium alii tribuas. » Auditis his Pharnabazus, mandandam feminae praefecturam statuit. Illa postquam rerum in ea dicione potita fuit, non solum tributa pendebat, itidem ut maritus fecerat, sed etiam praeterea, quoties ad Pharnabazum iret, munera secum afferebat. Quod si ad ipsius ditionem Pharnabazus descenderet, prae aliis subsatrapis longe ipsum elegantissime ac lautissime accipiebat. Neque tantum eas urbes Pharnabazo custodiebat, quas acceperat, verum etiam maritimas quasdam dicto non audientes adjiciebat imperio suo, nimirum Larissam, et Hamaxitum, et Colonas, quum copias Graecas stipendio conductas muris admoveret, atque ipsa militem pugnantem de carpento spectaret. Quod si quem praedicaret, eum muneribus donabat largiter. Quo factum ut conductitias copias longe omnium splendidissimas redderet. Etiam Pharnabazi signa sequebatur, quoties ille vel in Mysorum vel Pisidarum fines irrueret, qui tum regis ditionem infestabant. Itaque Pharnabazus eam vicissim magnifice colebat, et nonnumquam in consilium vocabat. Quum autem annos jam quadraginta excessisset, gener ipsius Midias, partim excitatus quorundam sermonibus, qui turpe dicerent esse, quod imperio femina potiretur, ipso privati hominis vitam agente ; partim quod haberi sibi fidem ab ea videret, quae ut ab aliis, perinde ac in tyrannide fieri oportet, sibi cavebat, ita ipsum non aliter complectebatur, ac generum complecti socrus solet : ingressus ad eam, suffocando mortem attulisse mulieri proditur. Praeterea filium ipsius, adolescentem longe formosissimum, ac plus minus septendecim natum annos, interemit. His perpetratis, Scepsim et Gergithem occupat, munita oppida, in quibus imprimis opes suas Mania reconditas habebat. Oppida vero reliqua eum intra moenia non receperant, praesidiariis militibus ea Pharnabazo integra servantibus. Secundum haec missis ille muneribus ad Pharnabazum, ut agrum legibus illis, quibus habuerat Mania, sibi obtinere liceret, postu-

HISTORIÆ GRÆCÆ LIB. III. CAP. I.

Ὁ δ' ἀπεκρίνατο φυλάττειν αὐτά, ἔςτ' ἂν αὐτὸς ἐλθὼν σὺν αὐτῇ ἐκείνῳ λάβῃ τὰ δῶρα· οὐ γὰρ ἂν ἔφη ζῆν βούλεσθαι μὴ τιμωρήσας Μανίᾳ. (16) Ὁ δὲ Δερκυλλίδας ἐν τούτῳ τῷ καιρῷ ἀφικνεῖται, καὶ εὐθὺς μὲν ἐν μιᾷ ἡμέρᾳ Λάρισαν καὶ Ἁμαξιτὸν καὶ Κολωνὰς τὰς ἐπιθαλαττίους πόλεις ἑκούσας παρέλαβε· πέμπων δὲ καὶ πρὸς τὰς Αἰολίδας πόλεις ἠξίου ἐλευθεροῦσθαί τε αὐτὰς καὶ πρὸς τὰ τείχη δέχεσθαι καὶ ξυμμάχους γίγνεσθαι. Οἱ μὲν οὖν Νεανδρεῖς καὶ Ἰλιεῖς καὶ Κοκυλῖται ἐπείθοντο· καὶ γὰρ οἱ φρουροῦντες Ἕλληνες ἐν αὐταῖς, ἐπεὶ ἡ Μανία ἀπέθανεν, οὐ πάνυ τι καλῶς περιείποντο· (17) ὁ δ' ἐν Κέβρηνι, μάλα ἰσχυρῷ χωρίῳ, τὴν φυλακὴν ἔχων, νομίσας, εἰ διαφυλάξειε Φαρναβάζῳ τὴν πόλιν, τιμηθῆναι ἂν ὑπ' ἐκείνου, οὐκ ἐδέχετο τὸν Δερκυλλίδαν. Ὁ δὲ ὀργιζόμενος, παρεσκευάζετο προσβάλλειν. Ἐπεὶ δὲ θυομένῳ αὐτῷ οὐκ ἐγίγνετο τὰ ἱερὰ τῇ πρώτῃ, τῇ ὑστεραίᾳ πάλιν ἐθύετο. Ὡς δὲ οὐδὲ ταῦτα ἐκαλλιερεῖτο, πάλιν τῇ τρίτῃ· καὶ μέχρι τεττάρων ἡμερῶν ἐκαρτέρει θυόμενος, μάλα χαλεπῶς φέρων· ἔσπευδε γὰρ πρὶν Φαρνάβαζον βοηθῆσαι ἐγκρατὴς γενέσθαι πάσης τῆς Αἰολίδος. (18) Ἀθηνάδας δέ τις Σικυώνιος λοχαγός, νομίσας τὸν μὲν Δερκυλλίδαν φλυαρεῖν διατρίβοντα, αὐτὸς δ' ἱκανὸς εἶναι τὸ ὕδωρ ἀφελέσθαι τοὺς Κεβρηνίους, προσδραμὼν σὺν τῇ ἑαυτοῦ τάξει ἐπειρᾶτο τὴν κρήνην συγχοῦν. Οἱ δὲ ἔνδοθεν ἐπεξελθόντες αὐτόν τε συνετίτρωσαν καὶ δύο ἀπέκτειναν καὶ τοὺς ἄλλους παίοντες καὶ βάλλοντες ἀπήλασαν. Ἀχθομένου δὲ τοῦ Δερκυλλίδου, καὶ νομίζοντος ἀθυμοτέραν καὶ τὴν προσβολὴν ἔσεσθαι, ἔρχονται ἐκ τοῦ τείχους παρὰ τῶν Ἑλλήνων κήρυκες, καὶ εἶπον ὅτι ἃ μὲν ὁ ἄρχων ποιοίη, οὐκ ἀρέσκοι σφίσιν, αὐτοὶ δὲ βούλοιντο σὺν τοῖς Ἕλλησι μᾶλλον ἢ σὺν τῷ βαρβάρῳ εἶναι. (19) Ἔτι δὲ διαλεγομένων αὐτῶν ταῦτα, παρὰ τοῦ ἄρχοντος αὐτῶν ἧκε λέγων ὅτι ὅσα λέγοιεν οἱ πρόσθεν καὶ αὐτῷ δοκοῦντα λέγοιεν. Ὁ οὖν Δερκυλλίδας εὐθὺς ὥσπερ ἔτυχε κεκαλλιερηκὼς ταύτῃ τῇ ἡμέρᾳ, ἀναλαβὼν τὰ ὅπλα ἡγεῖτο πρὸς τὰς πύλας· οἱ δ' ἀναπετάσαντες ἐδέξαντο. Καταστήσας δὲ καὶ ἐνταῦθα φρουροὺς εὐθὺς ᾔει ἐπὶ τὴν Σκῆψιν καὶ τὴν Γέργιθα. (20) Ὁ δὲ Μειδίας προσδοκῶν μὲν τὸν Φαρνάβαζον, δεδιὼς δ' ἤδη τοὺς πολίτας, πέμψας πρὸς τὸν Δερκυλλίδαν εἶπεν ὅτι ἔλθοι ἂν εἰς λόγους, εἰ ὁμήρους λάβοι. Ὁ δὲ πέμψας αὐτῷ ἀπὸ πόλεως ἑκάστης τῶν ξυμμάχων ἕνα ἐκέλευσε λαβεῖν τούτων ὁπόσους τε καὶ ὁποίους βούλοιτο. Ὁ δὲ λαβὼν δέκα ἐξῆλθε, καὶ ξυμμίξας τῷ Δερκυλλίδᾳ ἠρώτα ἐπὶ τίσιν ἂν ξύμμαχος γένοιτο. Ὁ δ' ἀπεκρίνατο ἐφ' ᾧ τε τοὺς πολίτας ἐλευθέρους τε καὶ αὐτονόμους ἐᾶν. (21) Καὶ ἅμα ταῦτα λέγων ᾔει πρὸς τὴν Σκῆψιν. Γνοὺς δὲ ὁ Μειδίας ὅτι οὐκ ἂν δύναιτο κωλύειν βίᾳ τῶν πολιτῶν, εἴασεν αὐτὸν εἰσιέναι. Ὁ δὲ Δερκυλλίδας θύσας τῇ Ἀθηνᾷ ἐν τῇ τῶν Σκηψίων ἀκροπόλει τοὺς μὲν Μειδίου φρουροὺς ἐξήγαγε, παραδοὺς τοῖς πολίταις τὴν πόλιν, καὶ παρακελευσάμενος, ὥσπερ Ἕλληνας καὶ ἐλευθέρους χρή, οὕτω πολιτεύειν, ἐξελθὼν ἡγεῖτο ἐπὶ τὴν

iavit. Respondet is, servare Midiam hæc munera debere, donec ipse veniret, cumque una cum muneribus caperet. Etenim vitam sibi acerbam fore, non vindicata Maniæ morte. Eo tempore advenit Dercyllidas, ac statim uno die Larissam, Hamaxitum, Colonas, oppida maritima, per deditionem spontaneam cepit. Deinde missis ad urbes Æolicas nuntiis, ut libertatem recuperarent, seque intra muros admitterent, et societatem quoque coirent, postulabat. Erant dicto audientes Neandrenses, et Ilienses, et Cocylitæ, quia post mortem Maniæ præsidiarii Græci non admodum erga eos recte se gesserant. At qui Cebrenem, munitissimum oppidum, cum præsidio tenebat, quia se præmiis ornatum iri a Pharnabazo putabat, si oppidum in ejus fide servasset, Dercyllidam non admittebat. Tum ille excandescens, ad oppugnationem se parabat. Sed quum primo die facta re sacra, perlitatum non esset, postridie iterum sacrificabat: quum exta ne tum quidem addicerent, idem die tertio faciebat; adeoque totos quatuor dies exta consulere non cessabat, graviter eam rem ferens; propterea quod totam Æolidem in potestatem suam redigere maturaret, priusquam Pharnabazus opem laturus adventaret. Tum Athenadas quidam Sicyonius, cohortis ductor, quod inepte Dercyllidam istic desidere, ac se Cebreniis aquam adimere posse existimaret, accurrens cum cohorte sua fontem obstruere conabatur. At oppidani in eos irruentes Athenadam vulnerant, milites duos occidunt, ceteros partim comminus partim eminus adorti repellunt. Ea res quum molesta Dercyllidæ accidisset, jamque suos minus alacriter oppugnaturos oppidum existimaret, caduceatores a Græcis ex oppido missi veniunt, ac minime sibi probari aiunt, quæ a præfecto gererentur: malle sea Græcorum quam barbari partibus stare. Dum inter se hujusmodi colloquium habent, advenit etiam a præfecto quidam, qui diceret, omnia primis a caduceatoribus exposita, sibi quoque probari. Quamobrem Dercyllidas statim, uti forte eodem die perlitaverat, sumptis armis ad portas exercitum ducebat: quibus apertis oppidani eum admiserunt. Quumque præsidium ibi imposuisset, recta Scepsim ac Gergithem versus contendit. Tum Midias, qui Pharnabazum aliquando venturum vereretur, et cives metueret, missis ad Dercyllidam nuntiis, cupere se cum ipso colloqui significavit, si obsides accepisset. Ille missis ad ipsum ex quavis urbe socia singulis, jussit ut ex his quam multos, et quos vellet, retineret. Midias quum decem ex sis retinuisset, oppido est egressus, quumque in castra Dercyllidæ venisset, quibus conditionibus ineunda societas esset, interrogabat. Respondebat is, unam esse conditionem, ut cives liberos suis uti legibus permitteret. Simul hæc loquutus, Scepsim pergebat. Midias vero, qui intelligeret, invitis civibus se prohibere non posse, ut oppidum ingrederetur, permittebat. Tum Dercyllidas facto Minervæ sacro in arce Scepsiorum, Midiæ præsidiarios eduxit, et oppido civibus restituto, hortatus est eos, ut tanquam Græci ac liberi homines rempublicam administrarent. Post

Γέργιθα· ξυμπροὔπεμπον δὲ πολλοὶ αὐτὸν καὶ τῶν Σκηψίων, τιμῶντές τε καὶ ἡδόμενοι τοῖς πεπραγμένοις. (22) Ὁ δὲ Μειδίας παρεπόμενος αὐτῷ ἠξίου τὴν τῶν Γεργιθίων πόλιν παραδοῦναι αὐτῷ. Καὶ ὁ Δερκυλλίδας μέντοι ἔλεγεν ὡς τῶν δικαίων οὐδενὸς ἀτυχήσοι. ἅμα δὲ ταῦτα λέγων ᾔει πρὸς τὰς πύλας σὺν τῷ Μειδίᾳ, καὶ τὸ στράτευμα ἠκολούθει αὐτῷ εἰς δύο εἰρηνικῶς. Οἱ δ' ἀπὸ τῶν πύργων καὶ μάλα ὑψηλῶν ὄντων ὁρῶντες τὸν Μειδίαν σὺν αὐτῷ οὐκ ἔβαλλον· εἰπόντος δὲ τοῦ Δερκυλλίδου, Κέλευσον, ὦ Μειδία, ἀνοῖξαι τὰς πύλας, ἵνα ἡγῇ μὲν σύ, ἐγὼ δὲ σὺν σοὶ εἰς τὸ ἱερὸν ἔλθω κἀνταῦθα θύσω τῇ Ἀθηνᾷ, ὁ Μειδίας ὤκνει μὲν ἀνοίγειν τὰς πύλας, φοβούμενος δὲ μὴ παραχρῆμα συλληφθῇ, ἐκέλευσεν ἀνοῖξαι. (23) Ὁ δ' ἐπεὶ εἰσῆλθεν, ἔχων αὖ τὸν Μειδίαν ἐπορεύετο πρὸς τὴν ἀκρόπολιν· καὶ τοὺς μὲν ἄλλους στρατιώτας ἐκέλευε θέασθαι περὶ τὰ τείχη τὰ ὅπλα, αὐτὸς δὲ σὺν τοῖς περὶ αὐτὸν ἔθυε τῇ Ἀθηνᾷ. Ἐπεὶ δ' ἐτέθυτο, ἀνεῖπε καὶ τοὺς Μειδίου δορυφόρους θέσθαι τὰ ὅπλα ἐπὶ τῷ στόματι τοῦ ἑαυτοῦ στρατεύματος, ὡς μισθοφορήσοντας· Μειδίᾳ γὰρ οὐδὲν ἔτι δεινὸν εἶναι. (24) Ὁ μέντοι Μειδίας ἀπορῶν ὅτι ποιοίη, εἶπεν, Ἐγὼ μέντοι νῦν ἄπειμι, ἔφη, ξένιά σοι παρασκευάσων. Ὁ δέ, Οὐ μὰ Δί', ἔφη, ἐπεὶ αἰσχρὸν ἐμὲ τεθυκότα ξενίζεσθαι ὑπὸ σοῦ, ἀλλὰ μὴ ξενίζειν σέ. Μένε οὖν παρ' ἡμῖν· ἐν ᾧ δ' ἂν τὸ δεῖπνον παρασκευάζηται, ἐγώ τε καὶ σὺ τὰ δίκαια πρὸς ἀλλήλους διασκεψώμεθα καὶ ποιήσομεν. (25) Ἐπεὶ δ' ἐκαθέζοντο, ἠρώτα ὁ Δερκυλλίδας, Εἰπέ μοι, ὦ Μειδία, ἔφη, ὁ πατήρ σε ἄρχοντα τοῦ οἴκου κατέλιπε; Μάλιστα, ἔφη. Καὶ πόσαι σοι οἰκίαι ἦσαν; πόσαι δὲ χῶραι; πόσαι δὲ νομαί; Ἀπογράφοντος δ' αὐτοῦ οἱ παρόντες τῶν Σκηψίων εἶπον, Ψεύδεταί σε οὗτος, ὦ Δερκυλλίδα. (26) Ὑμεῖς δέ γ', ἔφη, μὴ λίαν μικρολογεῖσθε. Ἐπειδὴ δὲ ἀπεγέγραπτο τὰ πατρῷα, Εἰπέ μοι, ἔφη, Μανίᾳ δὲ τίνος ἦν; Οἱ δὲ πάντες εἶπον ὅτι Φαρναβάζου. Οὐκοῦν καὶ τὰ ἐκείνης, ἔφη, Φαρναβάζου; Μάλιστα, ἔφασαν. Ἡμέτερ' ἂν εἴη, ἔφη, ἐπεὶ κρατοῦμεν· πολέμιος γὰρ ἡμῖν Φαρνάβαζος. Ἀλλ' ἡγείσθω τις, ἔφη, ὅπου κεῖται τὰ Μανίας καὶ τὰ Φαρναβάζου. (27) Ἡγουμένων δὲ τῶν ἄλλων ἐπὶ τὴν Μανίας οἰκίαν, ἣν παρειλήφει ὁ Μειδίας, ἠκολούθει κἀκεῖνος. Ἐπεὶ δ' εἰσῆλθεν ὁ Δερκυλλίδας, ἐκάλει τοὺς ταμίας, φράσας δὲ τοῖς ὑπηρέταις λαβεῖν αὐτοὺς προεῖπεν αὐτοῖς ὡς εἴ τι κλέπτοντες ἁλώσοιντο τῶν Μανίας, παραχρῆμα ἀποσφαγήσοιντο. Οἱ δ' ἐδείκνυσαν. Ὁ δ' ἐπεὶ εἶδε πάντα, κατέκλεισεν αὐτὰ καὶ κατεσημήνατο καὶ φύλακας κατέστησεν. (28) Ἐξιὼν δὲ οὓς εὗρεν ἐπὶ ταῖς θύραις τῶν ταξιάρχων καὶ λοχαγῶν, εἶπεν αὐτοῖς, Μισθὸς μὲν ἡμῖν, ὦ ἄνδρες, εἴργασται τῇ στρατιᾷ ἐγγὺς ἐνιαυτοῦ ὀκτακισχιλίοις ἀνδράσιν· ἢν δέ τι προσεργασώμεθα, καὶ ταῦτα προσέσται. Ταῦτα δ' εἶπε γιγνώσκων ὅτι ἀκούσαντες πολὺ ἔτι εὐτακτότεροι καὶ θεραπευτικώτεροι ἔσοιντο. Ἐρομένου δὲ τοῦ Μειδίου, Ἐμὲ δὲ ποῦ χρὴ οἰκεῖν, ὦ Δερκυλλίδα;

egressus, Gergithem versus pergebat, multis eum Scepsiis deducentibus, partim honoris causa, partim ob lætitiam, quam ex iis rebus, quæ tum gestæ erant, percipiebant. Etiam Midias ipsum comitatus, ut sibi Gergithiorum oppidum traderetur, rogabat. Cui respondebat Dercyllidas, nihil eum non impetraturum esse, quod æquum foret. Atque his dictis, una cum Midia ad portas accedebat, universis copiis in binos instructis, pacateque subsequentibus. At qui erant in turribus, eisque admodum excelsis, quum Midiam ipsi adesse viderent, tela nulla emittebant. Quumque Dercyllidas his eum verbis compellaret : « Jube portas aperiri, Midia, ut te præcunte fanum una ingrediar, ac Minervæ sacrificem : » cunctabatur is quidem, sed quia metuebat, ne confestim comprehenderetur, aperiri eas mandabat. Itaque Dercyllidas ingressus una cum Midia, pergebat in arcem : ac milites quidem alios propter mœnia subsistere in armis jubebat, ipse cum suis Minervæ sacrificabat. Facta re sacra mandabat, ut etiam Midiæ satellites in agminis sui frontem se cum armis conferrent, ut qui stipendia facturi apud se deinceps essent : nec enim quidquam Midiæ periculi amplius imminere. Tum Midias inops consilii : « Ego vero abeo nunc, ait, ut hospitalia tibi præstem. » Cui Dercyllidas : « Non profecto, inquit. Nam turpe fuerit, epulum abs te mihi hospitale præberi, qui rem sacram ipse feci, ac non me potius te velut hospitem excipere : igitur nobiscum maneto, ut interea, dum cœna parabitur, inter nos, quod fieri æquum erit, tum considerenius, tum reipsa exsequamur. » Post ubi consederunt, interrogans Dercyllidas Midiam : « Dic mihi, Midia, inquit, an pater tuus te principem domus reliquit? » Maxime, subjecit Midias. « Et quotnam erant domus tibi? quot agri? quot pascua? » Hic quum Midias omnia referret in tabulas, Scepsii, qui aderant : « Imponit, inquiunt, hic tibi mendacio, Dercyllida. » Verum ille : « Non nimis, ait, sordide rationes vestras ineundæ sunt. » Tandem quum patria Midiæ bona tabulis consignata fuissent : « Dic mihi, subjecit, cujusnam Mania fuerit? » Responsum ab omnibus, fuisse hanc Pharnabazi. « Ergo, inquit, etiam Maniæ bona Pharnabazi sunt? » Maxime, aiunt. « Nimirum jam nostra sunt, inquit, quando victoria nos potiti sumus. Nam Pharnabazus hostis noster est. Quamobrem eo nos aliquis ducat, ubi Maniæ ac Pharnabazi opes sitæ sunt. » Hic quum alii ad ædes Maniæ Dercyllidam ducerent, quas Midias occuparat, etiam ipse sequebatur. Ingressus Dercyllidas quæstores accessit, jussisque apparitoribus hos comprehendere, futurum prædixit, ut si quid de Maniæ bonis furto surripere deprehenderentur, statim jugularentur. At hi omnia protulerunt; et ille quum inspexisset universa, rursus obsignata occluit, additis etiam custodibus. Post egressus, ad tribunos et cohortium præfectos, quoscunque pro foribus reperiebat, « Stipendium, inquit, prope in annum unum exercitui octo millium virorum nobis partum est; quod si quid præterea consequuti fuerimus, id etiam habituri sumus. » Atque hæc idcirco proferebat, quod futurum non ignorabat, his auditis, longe ordinis etiam observantiores, et in officio paratiores essent. Tum vero quærente Midia : Ubinam mihi habitandum erit, Dercyllida? « Istic,

ἀπεκρίνατο, "Ἔνθαπερ καὶ δικαιότατον, ὦ Μειδία, ἐν τῇ πατρίδι τῇ σαυτοῦ Σκήψει καὶ ἐν τῇ πατρῴᾳ οἰκίᾳ.

inquit, ubi te habitare est æquissimum : nimirum Scepsi in patria tua, et quidem in domo paterna. »

ΚΕΦΑΛΑΙΟΝ Β.

Ὁ μὲν δὴ Δερκυλλίδας ταῦτα διαπραξάμενος καὶ λαβὼν ἐν ὀκτὼ ἡμέραις ἐννέα πόλεις, ἐβουλεύετο ὅπως ἂν μὴ ἐν τῇ φιλίᾳ χειμάζων βαρὺς εἴη τοῖς ξυμμάχοις, ὥσπερ Θίβρων, μηδ' αὖ Φαρνάβαζος καταφρονῶν τῇ ἵππῳ κακουργῇ τὰς Ἑλληνίδας πόλεις. Πέμπει οὖν πρὸς αὐτὸν καὶ ἐρωτᾷ πότερον βούλεται εἰρήνην ἢ πόλεμον ἔχειν. Ὁ μέντοι Φαρνάβαζος νομίσας τὴν Αἰολίδα ἐπιτετειχίσθαι τῇ ἑαυτοῦ οἰκήσει Φρυγίᾳ, σπονδὰς εἵλετο.

2. Ὡς δὲ ταῦτα ἐγένετο, ἐλθὼν ὁ Δερκυλλίδας εἰς τὴν Βιθυνίδα Θρᾴκην ἐκεῖ διεχείμαζεν, οὐδὲν τοῦ Φαρναβάζου πάνυ τι ἀχθομένου· πολλάκις γὰρ οἱ Βιθυνοὶ αὐτῷ ἐπολέμουν. Καὶ τὰ μὲν ἄλλα ὁ Δερκυλλίδας ἀσφαλῶς φέρων καὶ ἄγων τὴν Βιθυνίδα καὶ ἄφθονα ἔχων τὰ ἐπιτήδεια διετέλει· ἐπεὶ δὲ ἦλθον αὐτῷ παρὰ τοῦ Σεύθου πέρχθεν ξύμμαχοι τῶν Ὀδρυσῶν ἱππεῖς τε ὡς διακόσιοι καὶ πελτασταὶ ὡς τριακόσιοι, οὗτοι στρατοπεδευσάμενοι καὶ περισταυρωσάμενοι ἀπὸ τοῦ Ἑλληνικοῦ ὡς εἴκοσι στάδια, αἰτοῦντες φύλακας τοῦ στρατοπέδου τὸν Δερκυλλίδαν τῶν ὁπλιτῶν, ἐξῄεσαν ἐπὶ λείαν, καὶ πολλὰ ἐλάμβανον ἀνδράποδά τε καὶ χρήματα.

(3) Ἤδη δ' ὄντος μεστοῦ τοῦ στρατοπέδου αὐτοῖς πολλῶν αἰχμαλώτων, καταμαθόντες οἱ Βιθυνοὶ ὅσοι τ' ἐξῇεσαν καὶ ὅσους κατέλιπον Ἕλληνας φύλακας, ξυλλεγέντες καὶ συμπληθεῖς πελτασταὶ καὶ ἱππεῖς ἅμ' ἡμέρᾳ προσπίπτουσι τοῖς ὁπλίταις ὡς διακοσίοις οὖσιν. Ἐπειδὴ δ' ἐγγὺς ἐγένοντο, οἱ μὲν ἔβαλλον, οἱ δ' ἠκόντιζον εἰς αὐτούς. Οἱ δ' ἐπεὶ ἐτιτρώσκοντο μὲν καὶ ἀπέθνησκον, ἐποίουν δ' οὐδὲν καθειργμένοι ἐν τῷ σταυρώματι ὡς ἀνδρομήκει ὄντι, διασπάσαντες τὸ αὑτῶν ὀχύρωμα ἐφέροντο εἰς αὐτούς.

(4) Οἱ δὲ ᾗ μὲν ἐκθέοιεν ὑπεχώρουν, καὶ ῥᾳδίως ἀπέφευγον πελτασταὶ ὁπλίτας, ἔνθεν δὲ καὶ ἔνθεν ἠκόντιζον, καὶ πολλοὺς αὐτῶν ἐφ' ἑκάστῃ ἐκδρομῇ κατέβαλλον. Τέλος δὲ ὥσπερ ἐν αὐλίῳ σηκακασθέντες κατηκοντίσθησαν. Ἐσώθησαν μέντοι αὐτῶν ἀμφὶ τοὺς πεντεκαίδεκα εἰς τὸ Ἑλληνικόν, καὶ οὗτοι, ἐπεὶ εὐθέως ᾔσθοντο τὸ πρᾶγμα, ἀπεχώρησαν ἐν οἷς μάχῃ διαπεσόντες ἀμελησάντων τῶν Βιθυνῶν.

(5) Ταχὺ δὲ ταῦτα διαπραξάμενοι οἱ Βιθυνοὶ καὶ τοὺς σκηνοφύλακας τῶν Ὀδρυσῶν Θρᾳκῶν ἀποκτείναντες, ἀπολαβόντες πάντα τὰ αἰχμάλωτα ἀπῆλθον· ὥστε οἱ Ἕλληνες ἐπεὶ ᾔσθοντο, βοηθοῦντες οὐδὲν ἄλλο εὗρον ἢ νεκροὺς γυμνοὺς ἐν τῷ στρατοπέδῳ. Ἐπεὶ μέντοι ἐπανῆλθον οἱ Ὀδρύσαι, θάψαντες τοὺς ἑαυτῶν καὶ πολὺν οἶνον ἐκπιόντες ἐπ' αὐτοῖς καὶ ἱπποδρομίαν ποιήσαντες, ὁμοῦ δὴ τὸ λοιπὸν τοῖς Ἕλλησι στρατοπεδευσάμενοι ἦγον καὶ ἔκαιον τὴν Βιθυνίδα.

XENOPHON.

CAPUT II.

His rebus confectis Dercyllidas, ac diebus octo, novem oppidis captis , secum ipse deliberabat, quo pacto fieri posset , ut neque fœderatorum in finibus hibernaret, ac sociis Thimbronis exemplo molestus esset; neque Pharnabazus, se spreto, cum copiis equestribus oppida Græci nominis infestaret. Quare mittit ad eum, qui interrogaret, pacem an bellum mallet. Pharnabazus, qui existimaret Æoliam munitionis instar oppositam esse Phrygiæ, quæ ipsius domicilium esset, inducias fieri maluit.

Quibus actis Dercyllidas Bithynicam in Thraciam profectus ibidem hibernavit, non admodum hoc graviter ferente Pharnabazo : quod Bithyni sæpius illi bellum fecerunt. Ceteroqui Dercyllidas sine ullo periculo res Bithynorum rapiebat, ferebat, et nunquam non ampla commeatus copia abundabat ; deinde ubi ex littore adverso a Seuthe socii quidam ad eum venerunt, nimirum equites Odrysæ plus minus ducenti, et cetrati plus minus trecenti, castris illi positis, valloque munitis, intervallo fere viginti stadiorum ab agmine Græco, et a Dercyllida gravis armaturæ peditibus quibusdam postulatis, qui corum in castris excubias agerent, prædatum exierunt, magnamque mancipiorum et pecuniæ copiam nacti sunt. Jam plurimis captivis castra referta erant, quum Bithyni, intellecto quot exissent, et quot Græcos milites in excubiis reliquissent, magno numero cetratorum equitumque collecto, sub primam auroram in gravis armaturæ pedites, qui ducenti erant, irruunt. Quum propius accessissent, alii telis, jaculis alii adversus eos utebantur. Illi quia vulneribus confecti peribant, atque interim nihil efficiebant, quippe qui intra vallum, quod altitudinem viri æquaret, conclusi essent ; perrupta sua munitione, adversus hostes ferebantur. Ii vero, quacunque excurrebatur, cedebant : ac facile, cetrati quum essent, gravis armaturæ pedites eludebant ; simul hinc et inde jaculando, multos in excursionibus singulis sternebant. Tandem velut in caula conclusi, jaculis confecti sunt, exceptis plus minus quindecim, qui Græcorum in castra salvi pervenerunt. Nam ut primum hi rem intellexerunt, discesserant, mediœque in prœlio, Bithynis haud animadvertentibus, elapsi fuerant. Hac re subito confecta, et Odrysarum e Thracia custodibus interemptis, Bithyni capta omnia receperunt, atque ita discesserunt, ut Græcorum in castra subvenientes, re animadversa suis opem ferentes, aliud nihil in castris, quam nuda cadavera reperirent. Odrysæ quum rediissent, suis humatis , magnaque vini copia super iis exhausta, et equestri certamine instituto, castra deinceps sua cum Græcorum castris conjungebant, atque Bithynorum agros populationibus ac flammis vastabant.

24

c. Ἅμα δὲ τῷ ἦρι πορευόμενος ὁ Δερκυλλίδας ἐκ τῶν Βιθυνῶν ἀφικνεῖται εἰς Λάμψακον. Ἐνταῦθα δ᾽ ὄντος αὐτοῦ ἔρχονται ἀπὸ τῶν οἴκοι τελῶν Ἄρακός τε καὶ Ναυάτης καὶ Ἀντισθένης. Οὗτοι δ᾽ ἦλθον ἐπισκεψόμενοί τά τε ἄλλα ὅπως ἔχοι τὰ ἐν τῇ Ἀσίᾳ, καὶ Δερκυλλίδᾳ ἐροῦντες μένοντι ἄρχειν καὶ τὸν ἐπιόντα ἐνιαυτόν· ἐπιστεῖλαι δὲ σφίσιν αὐτοῖς τοὺς ἐφόρους καὶ ξυγκαλέσαντας τοὺς στρατιώτας εἰπεῖν ὡς ὧν μὲν πρόσθεν ἐποίουν μέμφοιντο αὐτοῖς, ὅτι δὲ νῦν οὐδὲν ἠδίκουν, ἐπαινοῖεν· καὶ περὶ τοῦ λοιποῦ χρόνου εἰπεῖν ὅτι ἢν μὲν ἀδικῶσιν, οὐκ ἐπιτρέψουσιν· ἢν δὲ δίκαια περὶ τοὺς ξυμμάχους ποιῶσιν, ἐπαινέσονται αὐτούς. (7) Ἐπεὶ μέντοι ξυγκαλέσαντες τοὺς στρατιώτας ταῦτ᾽ ἔλεγον, ὁ τῶν Κυρείων προεστηκὼς ἀπεκρίνατο, Ἀλλ᾽, ὦ ἄνδρες Λακεδαιμόνιοι, ἡμεῖς μέν ἐσμεν οἱ αὐτοὶ νῦν τε καὶ πέρυσιν· ἄρχων δὲ ἄλλος μὲν νῦν, ἄλλος δὲ τὸ παρελθόν. Τὸ οὖν αἴτιον τοῦ νῦν μὴ μὴ ἐξαμαρτάνειν, τότε δέ, αὐτοὶ ἤδη ἱκανοί ἐστε γιγνώσκειν. (8) Ξυσκηνούντων δὲ τῶν τε οἴκοθεν πρέσβεων καὶ τοῦ Δερκυλλίδα, ἐπεμνήσθη τις τῶν περὶ τὸν Ἄρακον ὅτι καταλελοίποιεν πρέσβεις τῶν Χερρονησιτῶν ἐν Λακεδαίμονι. Τούτους δὲ λέγειν ἔφασαν ὡς νῦν μὲν οὐ δύναιντο τὴν Χερρόνησον ἐργάζεσθαι· φέρεσθαι γὰρ καὶ ἄγεσθαι ὑπὸ τῶν Θρακῶν· εἰ δ᾽ ἀποτειχισθείη ἐκ θαλάττης εἰς θάλατταν, καὶ σφίσιν ἂν γῆν πολλὴν καὶ ἀγαθὴν εἶναι ἐργάζεσθαι καὶ ἄλλοις ὁπόσοι βούλοιντο Λακεδαιμονίων· ὥστ᾽ ἔφασαν οὐκ ἂν θαυμάζειν, εἰ καὶ πεμφθείη τις Λακεδαιμονίων ἀπὸ τῆς πόλεως σὺν δυνάμει ταῦτα πράξων. (9) Ὁ οὖν Δερκυλλίδας πρὸς μὲν ἐκείνους οὐκ εἶπεν ἣν εἶχε γνώμην ταῦτ᾽ ἀκούσας, ἀλλ᾽ ἔπεμψεν αὐτοὺς ἀπ᾽ Ἐφέσου διὰ τῶν Ἑλληνίδων πόλεων, ἡδόμενος ὅτι ἔμελλον ὄψεσθαι τὰς πόλεις ἐν εἰρήνῃ εὐδαιμονικῶς διαγούσας. Οἱ μὲν δὴ ἐπορεύοντο. Ὁ δὲ Δερκυλλίδας ἐπειδὴ ἔγνω μενετέον ὄν, πάλιν πέμψας πρὸς τὸν Φαρνάβαζον ἐπηρώτα πότερα βούλοιτο σπονδὰς ἔχειν καθάπερ διὰ τοῦ χειμῶνος ἢ πόλεμον. Ἑλομένου δὲ τοῦ Φαρναβάζου καὶ τότε σπονδάς, οὕτω καταλιπὼν καὶ τὰς περὶ ἐκείνου πόλεις φιλίας ἐν εἰρήνῃ διαβαίνει τὸν Ἑλλήσποντον σὺν τῷ στρατεύματι εἰς τὴν Εὐρώπην, καὶ διὰ φιλίας τῆς Θρᾴκης πορευθεὶς καὶ ξενισθεὶς ὑπὸ Σεύθου ἀφικνεῖται εἰς Χερρόνησον. (10) Ἣν καταμαθὼν πόλεις μὲν ἕνδεκα ἢ δώδεκα ἔχουσαν, χώραν δὲ παμφορωτάτην καὶ ἀρίστην οὖσαν, κεκακωμένην δέ, ὥσπερ ἐλέγετο, ὑπὸ τῶν Θρᾳκῶν, ἐπεὶ μετρῶν εὗρε τοῦ ἰσθμοῦ ἑπτὰ καὶ τριάκοντα στάδια, οὐκ ἐμέλλησεν, ἀλλὰ θυσάμενος ἐτείχιζε, κατὰ μέρη διελὼν τοῖς στρατιώταις τὸ χωρίον καὶ ἆθλα αὐτοῖς ὑποσχόμενος δώσειν τοῖς πρώτοις ἐκτετειχόσι, καὶ τοῖς ἄλλοις ὡς ἕκαστοι εἶεν ἄξιοι, ἀπετέλεσε τὸ τεῖχος ἀρξάμενος ἀπὸ ἐαρινοῦ χρόνου πρὸ ὀπώρας. Καὶ ἐποίησεν ἐντὸς τοῦ τείχους ἕνδεκα μὲν πόλεις, πολλοὺς δὲ λιμένας, πολλὴν δὲ κἀγαθὴν γῆν σπόριμον, πολλὴν δὲ πεφυτευμένην, παμπλήθεις δὲ καὶ παγκάλους νομὰς παντοδαποῖς κτήνεσι. (11) Ταῦτα δὲ πράξας διέβαινε πάλιν εἰς τὴν Ἀσίαν.

Ineunte vere Dercyllidas e Bithynorum finibus excedens, Lampsacum venit. Ibi quum esset, Aracus et Navates, et Antisthenes a magistratibus patriæ missi ad eum accessere. Hi autem advenerant partim ut inspicerent, quo pacto se res Asiaticæ haberent, partim Dercyllidæ significaturi, prorogatum esse ipsi etiam in sequentem annum imperium. Præterea mandatum esse sibi aiebant ab Ephoris, ut convocatis militibus dicerent, non probare se quæ antehac de signassent : quod vero in hoc tempore neminem læsissent, in hoc eos se collaudare : de cetero significarunt, non passuros se, ut injuria quenquam afficiant ; sin erga socios juste se gererent, se eos laudaturos. Hæc quum militibus ad concionem advocatis dicta fuissent, præfectus copiarum, quibus Cyrus usus fuerat, in hunc modum respondit : « Nos quidem, Lacedæmonii, nunc iidem sumus, qui anno superiore fuimus ; sed alius nunc imperator nobis obtigit, alius prius fuit. Quapropter ipsi jam satis perspicere potestis quamobrem id temporis deliquerimus, nunc omnis expertes culpæ simus. » Quum autem legati, qui Lacedæmone venerant, a Dercyllida contubernio exciperentur, quidam ex Araci comitibus memorat, reliquisse se Lacedæmone Chersonesiorum legatos. Eos aiebant dicere, coli Chersonesum hoc tempore non posse, quod a Thracibus omnia raperentur, ferrentur: verum si muro a parte maris una usque ad alteram clauderetur, non solum ipsos terram amplam et fertilem, quam colerent, habituros, sed reliquos etiam Lacedæmonios, qui quidem vellent. Itaque non mirum sibi fore dicebant, si quis Lacedæmoniorum domo cum copiis eo mitteretur, qui hanc rem perficeret. His auditis, Dercyllidas quæ sui esset animi sententia tum ad illos dissimulabat, sed ipsos Epheso per Græci nominis civitates dimittebat, lætus interim, quod oppida Græca tranquillo beatoque in statu visuri essent. Atque hi quidem ita profecti sunt. Ceterum Dercyllidas posteaquam sibi manendum ad exercitum intellexit, rursum unissis ad Pharnabazum nuntiis, interrogabat, induciasne, quæ per hiemem fuissent, an bellum mallet. Quumque Pharnabazus etiam id temporis inducias bello prætulisset, ille, pace oppidis ipsius sociis concessa, cum copiis Hellespontum in Europam trajicit ; ac per Thraciam pacatam itinere facto, hospitioque exceptus a Senthe, Chersonesum ingreditur. Quam ubi oppida undecim vel duodecim habere accepit, ac terram omnis quidem illam generis rerum fertilem et optimam, sed quæ a Thracibus vastata esse dicebatur, dimensus eam, porrigi isthmum ad triginta septem stadia comperit, nihil cunctatus, facto prius sacrificio ducere murum cœpit, et locum universum militibus per partes distribuit ; atque præmiis non iis solum propositis qui priori suam muri partem absolvissent, sed etiam aliis, prout quisque mereretur, murum ante autumnum absolvit, quum verno tempore orsus esset. Intra murum ipsum Dercyllidas undecim oppida, portus plures, agrum partim frumentarium amplum ac fertilem, partim consitum, permulta denique pulcherrimaque pascua, in usum omnis generis jumentorum, complexus est. His ita confectis, rursus in Asiam trajecit.

Ἐπισκοπῶν δὲ τὰς πόλεις ἑώρα τὰ μὲν ἄλλα καλῶς ἐχούσας, Χίων δὲ φυγάδας εὗρεν Ἀταρνέα ἔχοντας χωρίον ἰσχυρόν, καὶ ἐκ τούτου ὁρμωμένους φέροντας καὶ ἄγοντας τὴν Ἰωνίαν, καὶ ζῶντας ἐκ τούτου. Πυθόμενος δὲ ὅτι πολὺς σῖτος ἐνῆν αὐτοῖς, περιστρατοπεδευσάμενος ἐπολιόρκει· καὶ ἐν ὀκτὼ μησὶ παραστησάμενος αὐτοὺς, καταστήσας ἐν αὐτῷ Δράκοντα Πελληνέα ἐπιμελητήν, καὶ κατασκευάσας ἐν τῷ χωρίῳ ἔκπλεω πάντα τὰ ἐπιτήδεια, ἵνα εἴη αὐτῷ καταγωγή, ὁπότε ἀφικνοῖτο, ἀπῆλθεν εἰς Ἔφεσον, ἣ ἀπέχει ἀπὸ Σάρδεων τριῶν ἡμερῶν ὁδόν.

12. Καὶ μέχρι τούτου τοῦ χρόνου ἐν εἰρήνῃ διῆγον Τισσαφέρνης τε καὶ Δερκυλλίδας καὶ οἱ ταύτῃ Ἕλληνες καὶ οἱ βάρβαροι. Ἐπεὶ δὲ ἀφικνούμενοι πρέσβεις εἰς Λακεδαίμονα ἀπὸ τῶν Ἰωνίδων πόλεων ἐδίδασκον ὅτι εἴη ἐπὶ Τισσαφέρνει, εἰ βούλοιτο, ἀφιέναι αὐτονόμους τὰς Ἑλληνίδας πόλεις· εἰ οὖν κακῶς πάσχοι Καρία, ἔνθαπερ ὁ Τισσαφέρνους οἶκος, οὕτως ἂν ἔφασαν τάχιστα νομίζειν αὐτὸν συγχωρῆσαι αὐτονόμους σφᾶς ἀφιέναι· ἀκούσαντες ταῦτα οἱ ἔφοροι ἔπεμψαν πρὸς Δερκυλλίδαν, καὶ ἐκέλευον αὐτὸν διαβαίνειν σὺν τῷ στρατεύματι ἐπὶ Καρίαν καὶ Φάρακα τὸν ναύαρχον σὺν ταῖς ναυσὶ παραπλεῖν. (13) Οἱ μὲν δὴ ταῦτ' ἐποίουν. Ἐτύγχανε δὲ κατὰ τοῦτον τὸν χρόνον καὶ Φαρνάβαζος πρὸς Τισσαφέρνην ἀφιγμένος, ἅμα μὲν ὅτι στρατηγὸς τῶν πάντων ἀπεδέδεικτο Τισσαφέρνης, ἅμα δὲ διαμαρτυράμενος ὅτι ἕτοιμος εἴη κοινῇ πολεμεῖν καὶ ξυμμάχεσθαι καὶ συνεκβάλλειν τοὺς Ἕλληνας ἐκ τῆς βασιλέως· ἄλλως τε γὰρ ὑπεφθόνει τῆς στρατηγίας τῷ Τισσαφέρνει καὶ τῆς Αἰολίδος χαλεπῶς ἔφερεν ἀπεστερημένος. Ὁ δ' ἀκούων, Πρῶτον μὲν τοίνυν, ἔφη, διάβηθι σὺν ἐμοὶ ἐπὶ Καρίαν, ἔπειτα δὲ καὶ περὶ τούτων βουλευσόμεθα. (14) Ἐπεὶ δ' ἐκεῖ ἦσαν, ἔδοξεν αὐτοῖς ἱκανὰς φυλακὰς ἐπὶ τὰ ἐρύματα καταστήσαντας διαβαίνειν πάλιν ἐπὶ τὴν Ἰωνίαν. Ὡς δ' ἤκουσεν ὁ Δερκυλλίδας ὅτι πάλιν πεπερακότες εἰσὶ τὸν Μαίανδρον, εἰπὼν τῷ Φάρακι ὡς ὅτι ἀκνοίη μὴ ὁ Τισσαφέρνης καὶ ὁ Φαρνάβαζος ἐρήμην οὖσαν καταθέοντες φέρωσι καὶ ἄγωσι τὴν χώραν, διέβαινε καὶ αὐτός. Πορευόμενοι δὲ [καὶ] οὗτοι οὐδέν τι συντεταγμένῳ τῷ στρατεύματι, ὡς προεληλυθότων τῶν πολεμίων εἰς τὴν Ἐφεσίαν, ἐξαίφνης ὁρῶσιν ἐκ τοῦ ἀντιπέρας σκοποὺς ἐπὶ τῶν μνημάτων· (15) καὶ ἀντανακβιβάσαντες εἰς τὰ παρ' ἑαυτοῖς μνημεῖα καὶ τύρσεις τινὰς καθορῶσι παρατεταγμένους ᾗ αὐτοῖς ἦν ἡ ὁδὸς Κᾶρᾶς τε λευκάσπιδας καὶ τὸ Περσικὸν ὅσον ἐτύγχανε παρὸν στράτευμα καὶ τὸ Ἑλληνικὸν ὅσον εἶχεν ἑκάτερος αὐτῶν καὶ τὸ ἱππικὸν μάλα πολύ, τὸ μὲν Τισσαφέρνους ἐπὶ τῷ δεξιῷ κέρατι, τὸ δὲ Φαρναβάζου ἐπὶ τῷ εὐωνύμῳ. (16) Ὡς δὲ ταῦτα ᾔσθετο ὁ Δερκυλλίδας, τοῖς μὲν ταξιάρχοις καὶ τοῖς λοχαγοῖς εἶπε παρατάττεσθαι τὴν ταχίστην ἐπὶ ὀκτώ, τοὺς δὲ πελταστὰς ἐπὶ τὰ κράσπεδα ἑκατέρωθεν [μὲν] καθίστασθαι καὶ τοὺς ἱππέας, ὅσους γε δὴ καὶ οἵους ἐτύγχανεν ἔχων· αὐτὸς δὲ ἐθύετο. (17) Ὅσον μὲν δὴ ἦν ἐκ Πελοποννή-

Quumque inspiceret oppida, cetera quidem recte se habere videbat, tantum Chiorum exules Atarneum occupasse comperit, oppidum munitum, unde factis excursionibus Ioniam populando se alerent. Et quum magnam frumenti copiam penes ipsos in urbe esse intelligeret, castris circumdatam obsedit; et octavo mense compulsis ad deditionem faciendam obsessis, loci curam Draconti Pellenensi commisit : ipse largissima commeatus copia in eum convecta, ut illuc veniens diversorium haberet, Ephesum contendit, itinere tridui sitam a Sardibus.

Coluerant inter se pacem hactenus Tissaphernes et Dercyllidas, itidemque Græci habitantes in iis finibus, ac barbari. Verum postea quam legati Græcorum oppidorum Lacedæmonem profecti significarunt posse Tissaphernem, si velit, Græci nominis oppida sui juris efficere, atque addiderant, existimare se, statim ipsum permissurum eis, ut arbitratu suo rempublicam administrarent, si Caria, domicilium Tissaphernis, infestaretur : auditis his Ephori ad Dercyllidam miserunt, et cum copiis eum in Cariam trajicere jussere; Pharaci autem præfecto classis imperarunt, uti cum navibus oram Cariæ legeret. Atque hæc quidem ab illis gerebantur. Forte tunc Pharnabazus etiam ad Tissaphernem venerat, partim quod is imperator omnium designatus erat; partim ut testaretur, se paratum esse ad gerendum communi nomine bellum, ineundamque societatem, quo Græci finibus regis ejicerentur; ceteroqui vero summum imperium Tissapherni Pharnabazus invidebat, et Æolide se spoliatum esse graviter ferebat. Tissaphernes, quum hæc e Pharnabazo audiret, « Primum, inquit, mecum in Cariam transito, deinde de his consultabimus. » Quo quum pervenissent, impositis in munitiones præsidiis, quæ sufficerent, rursus eis in Ioniam transire visum est. Dercyllidas autem, ubi rursus eos Mæandrum transmisisse accepit, habito cum Pharace colloquio, quo vereri se ostendebat, ne Tissaphernes ac Pharnabazus Ioniam a præsidiis nudam percurrendo prædam inde agerent et ferrent, et ipse Mæandrum transiit. Quum igitur hi cum copiis absque ullo ordine incederent quod hostes ante se agrum Ephesiorum ingressos scirent, subito ex adverso speculatores in monumentis conspiciunt; quumque in ea, quæ penes se erant, monumenta ac turres ascendissent, in via qua ipsis erat pergendum, aciem instructam vident, nimirum Cares cum scutis albis, Persicas item copias, quotquot aderant, et Græcas, quas habebat uterque, et ingentem equitatum, cujus pars ea, quæ Tissaphernis erat, cornu dextrum obtinebat, altera Pharnabazi, sinistrum. Id quum Dercyllidas sensisset, tribunis et cohortium præfectis imperavit, ut quam celerrime in octonos aciem instruerent, cetrati et equites, quot quidem et quales id temporis habebat, ad margines utrinque collocarentur; ipse interim exta consulebat. Tum quotquot erant

24.

σου στράτευμα, ἡσυχίαν εἶχε καὶ παρεσκευάζετο ὡς μαχούμενον· ὅσοι δὲ ἦσαν ἀπὸ Πριήνης τε καὶ Ἀχιλλείου καὶ ἀπὸ νήσων καὶ τῶν Ἰωνικῶν πόλεων, οἱ μὲν τινες καταλιπόντες ἐν τῷ σίτῳ τὰ ὅπλα ἀπεδίδρασκον· καὶ γὰρ ἦν βαθὺς ὁ σῖτος ἐν τῷ Μαιάνδρου πεδίῳ· ὅσοι δὲ καὶ ἔμενον, δῆλοι ἦσαν οὐ μενοῦντες. (18) Τὸν μὲν οὖν Φαρνάβαζον ἐξήγγελλετο μάχεσθαι κελεύειν· ὁ μέντοι Τισσαφέρνης τό τε Κύρειον στράτευμα καταλογιζόμενος ὡς ἐπολέμησεν αὐτοῖς καὶ τούτῳ πάντας νομίζων ὁμοίους εἶναι τοὺς Ἕλληνας, οὐκ ἐβούλετο μάχεσθαι, ἀλλὰ πέμψας πρὸς Δερκυλλίδαν εἶπεν ὅτι εἰς λόγους βούλοιτο αὐτῷ ἀφικέσθαι. Καὶ ὁ Δερκυλλίδας λαβὼν τοὺς κρατίστους τά τε εἴδη τῶν περὶ αὐτὸν ἱππέων καὶ πεζῶν προῆλθε πρὸς τοὺς ἀγγέλους, καὶ εἶπεν, Ἀλλὰ παρεσκευασάμην μὲν ἔγωγε μάχεσθαι, ὡς ὁρᾶτε· ἐπεὶ μέντοι ἐκεῖνος βούλεται εἰς λόγους ἀφικέσθαι, οὐδ' ἐγὼ ἀντιλέγω. Ἂν μέντοι ταῦτα δέῃ ποιεῖν, πιστὰ ὁμήρους δοτέον καὶ ληπτέον. (19) Δόξαντα δὲ ταῦτα καὶ περανθέντα, τὰ μὲν στρατεύματα ἀπῆλθε, τὸ μὲν βαρβαρικὸν εἰς Τράλλεις τῆς Καρίας, τὸ δ' Ἑλληνικὸν εἰς Λεύκοφρυν, ἔνθα ἦν Ἀρτέμιδος ἱερὸν μάλα ἅγιον, καὶ λίμνη πλέον ἢ σταδίου ὑπόψαμμος ἀέναος ποτίμου καὶ θερμοῦ ὕδατος. Καὶ τότε μὲν ταῦτα ἐπράχθη· τῇ δ' ὑστεραίᾳ εἰς τὸ ξυγκείμενον χωρίον ἦλθον, καὶ ἔδοξεν αὐτοῖς πυθέσθαι ἀλλήλων ἐπὶ τίσιν ἂν τὴν εἰρήνην ποιήσαιντο. (20) Ὁ μὲν δὴ Δερκυλλίδας εἶπεν, εἰ αὐτονόμους ἐφῄη βασιλεὺς τὰς Ἑλληνίδας πόλεις, ὁ δὲ Τισσαφέρνης καὶ Φαρνάβαζος εἶπον ὅτι εἰ ἐξέλθοι τὸ Ἑλληνικὸν στράτευμα ἐκ τῆς [βασιλέως] χώρας καὶ οἱ Λακεδαιμονίων ἁρμοσταὶ ἐκ τῶν πόλεων. Ταῦτα δ' εἰπόντες ἀλλήλοις σπονδὰς ἐποιήσαντο, ἕως ἀπαγγελθείη τὰ λεχθέντα Δερκυλλίδᾳ μὲν εἰς Λακεδαίμονα, Τισσαφέρνει δὲ ἐπὶ βασιλέα.

21. Τούτων δὲ πραττομένων ἐν τῇ Ἀσίᾳ ὑπὸ Δερκυλλίδα, Λακεδαιμόνιοι κατὰ τὸν αὐτὸν χρόνον, πάλαι ὀργιζόμενοι τοῖς Ἠλείοις καὶ ὅτι ἐποιήσαντο ξυμμαχίαν πρὸς Ἀθηναίους καὶ Ἀργείους καὶ Μαντινέας, καὶ ὅτι δίκην φάσκοντες καταδεδικάσθαι αὐτῶν ἐκώλυον τοῦ ἱππικοῦ καὶ τοῦ γυμνικοῦ ἀγῶνος, καὶ οὐ μόνον ταῦτ' ἤρκει, ἀλλὰ καὶ Λίχα παραδόντος Θηβαίοις τὸ ἅρμα, ἐπεὶ ἐκηρύττοντο νικῶντες, ὅτε εἰσῆλθε Λίχας στεφανώσων τὸν ἡνίοχον, μαστιγοῦντες αὐτόν, ἄνδρα γέροντα, ἐξήλασαν. (22) Τούτων δ' ὕστερον καὶ Ἄγιδος πεμφθέντος θῦσαι τῷ Διῒ κατὰ μαντείαν τινὰ ἐκώλυον οἱ Ἠλεῖοι μὴ προσεύχεσθαι νίκην πολέμου, λέγοντες ὡς καὶ τὸ ἀρχαῖον εἴη οὕτω νόμιμον, μὴ χρηστηριάζεσθαι Ἕλληνας ἐφ' Ἑλλήνων πολέμῳ· ὥστε ἄθυτος ἀπῆλθεν. (23) Ἐκ τούτων οὖν πάντων ὀργιζομένοις ἔδοξε τοῖς ἐφόροις καὶ τῇ ἐκκλησίᾳ σωφρονίσαι αὐτούς. Πέμψαντες οὖν πρέσβεις εἰς Ἦλιν εἶπον ὅτι τοῖς τέλεσι τῶν Λακεδαιμονίων δίκαιον εἴη αὐτοὺς ἀφιέναι αὐτοὺς τὰς περιοικίδας πόλεις αὐτονόμους. Ἀποκριναμένων δὲ τῶν Ἠλείων ὅτι οὐ ποιήσαιεν ταῦτα, ἐπειλήδας γὰρ ἔχοιεν τὰς πόλεις, φρουρὰν ἔφηναν οἱ ἔφοροι.

e Peloponneso milites, tranquilli subsistebant, et ad prœlium se parabant. At quotquot Prienenses et Achillienses aderant, itemque de insulis et oppidis Ionicis, eorum nonnulli, relictis in segete armis, fuga sibi consulebant ; et erat tunc densa in Mæandri planitie seges; de aliis vero, qui subsistebant, animadverti poterat, minime ipsos in acie mansuros. Nuntiabatur, Pharnabazum prœlii committendi hortatorem fuisse, verum Tissaphernes, qui secum ipse cogitaret, quo pacto Cyri milites adversus ipsos pugnassent, eisque Græcos omnes similes esse arbitraretur, ut prœlium iniret, adduci non poterat; sed missis ad Dercyllidam suis, cupere se cum ipso in colloquium venire significabat. Tum Dercyllidas ex suis equitibus ac peditibus præstantissimos adspectu quosque secum sumens, ad nuntios prodit, et his eos verbis compellat : « Ego vero paratus eram, inquit, prœlio decernere, quemadmodum videtis. Quia tamen mecum colloqui Tissaphernes cupit, equidem non detrecto. Verum si colloquium instituendum erit, pignora fidei et obsides ultro citroque dandi sunt. » His et approbatis, et executioni mandatis, uterque discessit exercitus, barbarorum, Tralles, oppidum Cariæ ; Græcorum, Leucophryn, quo loco Dianæ fanum erat imprimis sacrosanctum, et stagnum majus stadii amplitudine, nonnihil arenosum, aqua perenni, potabili et calida. Hæc tum fuere gesta. Postridie loco constituto convenerunt, et visum est utrinque audiendum, quibus conditionibus pax iniri possit. Hic Dercyllidas aiebat, pacem fore, si rex populo Græci nominis legibus et institutis suis uti sineret; contra Tissaphernes et Pharnabazus, si Græcæ copiæ regis e finibus, et Lacedæmoniorum præfecti oppidis excederent. Hæc inter se loquuti quum essent, induciæ pacti sunt, donec de iis, quæ acta inter ipsos fuissent, Dercyllidas quidem Lacedæmonem, Tissaphernes vero ad regem retulisset.

Eodem hoc tempore, quo hæc a Dercyllida in Asia gerebantur, Lacedæmonii, qui Eleis jamdudum succensebant, quod et societatem cum Atheniensibus, Argivis, Mantineis coiverant, et Lacedæmonios equestri gymnicoque certamine arcebant, quos judiciam lata sententia multam sibi debere dicebant ; neque Elei hoc solo contenti erant, sed etiam, quum Lichas currum Thebanis tradidisset, dum victores a præconibus proclamabantur, ingressum Licham ad coronandum aurigam suum, flagris cædentes, hominem ætate jam provecta, expulerant. Ac præter hæc, interjecto aliquo temporis spatio, quum missus esset Agis, ut ex oraculi cujusdam præscripto Jovi sacrificaret, prohibuerant Elei, ne vota de prospero belli eventu ab eo fierent, quod esse dicerent in more majorum, ne qui Græci bellum adversus Græcos moturi oracula consulerent ; quo factum erat, ut Agis re sacra non peracta discederet. His igitur de causis Ephoris iratis et conventui publico statuere placuit, esse coercendam Eleorum insolentiam. Quapropter missis Elidem legatis denuntiant, æquum videri Lacedæmoniorum magistratibus, ut Elei vicina oppida legibus et institutis suis uti permitterent. Ad quæ quum illi respondissent, nequaquam id se facturos, qui hæc oppida jure belli acquisivissent, copias adversus eos col-

Ἄγων δὲ τὸ στράτευμα Ἆγις ἐνέβαλε διὰ τῆς Ἀχαΐας εἰς τὴν Ἠλείαν κατὰ Λάρισον. (21) Ἄρτι δὲ τοῦ στρατεύματος ὄντος ἐν τῇ πολεμίᾳ καὶ κοπτομένης τῆς χώρας, σεισμὸς ἐπιγίγνεται· ὁ δ᾽ Ἆγις θεῖον ἡγησάμενος ἐξελθὼν πάλιν ἐκ τῆς χώρας διαφῆκε τὸ στράτευμα. Ἐκ δὲ τούτου οἱ Ἠλεῖοι πολὺ θρασύτεροι ἦσαν, καὶ διεπρεσβεύοντο εἰς τὰς πόλεις, ὅσας ᾔδεσαν δυσμενεῖς οὔσας τοῖς Λακεδαιμονίοις. (22) Περιιόντι δὲ τῷ ἐνιαυτῷ φαίνουσι πάλιν οἱ ἔφοροι φρουρὰν ἐπὶ τὴν Ἦλιν, καὶ ξυνεστρατεύοντο τῷ Ἄγιδι πλὴν Βοιωτῶν καὶ Κορινθίων οἵ τε ἄλλοι ξύμμαχοι καὶ οἱ Ἀθηναῖοι. Ἐμβαλόντος δὲ τοῦ Ἄγιδος δι᾽ Αὐλῶνος, εὐθὺς μὲν Λεπρεᾶται ἀποστάντες τῶν Ἠλείων προσεχώρησαν αὐτῷ, εὐθὺς δὲ Μακίστιοι, ἐχόμενοι δ᾽ Ἐπιταλιεῖς. Διαβαίνοντι δὲ τὸν ποταμὸν προσεχώρουν Λετρῖνοί καὶ Ἀμφίδολοι καὶ Μαργανεῖς. (23) Ἐκ δὲ τούτου ἐλθὼν εἰς Ὀλυμπίαν ἔθυε τῷ Διὶ τῷ Ὀλυμπίῳ· κωλύειν δὲ οὐδεὶς ἔτι ἐπειρᾶτο. Θύσας δὲ πρὸς τὸ ἄστυ ἐπορεύετο, κόπτων καὶ κάων τὴν χώραν, καὶ ὑπέρπολλα μὲν κτήνη, ὑπέρπολλα δὲ ἀνδράποδα ἡλίσκετο ἐκ τῆς χώρας· ὥστε ἀκούοντες καὶ ἄλλοι πολλοὶ τῶν Ἀρκάδων καὶ Ἀχαιῶν ἑκόντες ᾖσαν ξυστρατευσόμενοι καὶ μετεῖχον τῆς ἁρπαγῆς. Καὶ ἐγένετο αὕτη ἡ στρατεία ὥσπερ ἐπισιτισμὸς τῇ Πελοποννήσῳ. (27) Ἐπεὶ δὲ ἀφίκετο πρὸς τὴν πόλιν, τὰ μὲν προάστεια καὶ τὰ γυμνάσια καλὰ ὄντα ἐλυμαίνετο, τὴν δὲ πόλιν, ἀτείχιστος γὰρ ἦν, ἐνόμισαν αὐτὸν μὴ βούλεσθαι μᾶλλον ἢ μὴ δύνασθαι ἑλεῖν. Δῃουμένης δὲ τῆς χώρας, καὶ οὔσης τῆς στρατιᾶς περὶ Κυλλήνην, βουλόμενοι οἱ περὶ Ξενίαν τὸν λεγόμενον μεδίμνῳ ἀπομετρήσασθαι τὸ παρὰ τοῦ πατρὸς ἀργύριον δι᾽ αὑτῶν προσχωρῆσαι τοῖς Λακεδαιμονίοις, ἐκπεσόντες ἐξ οἰκίας ξίφη ἔχοντες σφαγὰς ποιοῦσι, καὶ ἄλλους τέ τινας ἀποκτείνουσι καὶ ὁμοῖόν τινα Θρασυδαίῳ ἀποκτείναντες τῷ τοῦ δήμου προστάτῃ ᾤοντο Θρασυδαῖον ἀπεκτονέναι, ὥστε ὁ μὲν δῆμος παντελῶς κατηθύμησε καὶ ἡσύχιαν εἶχεν. (28) οἱ δὲ σφαγεῖς πάντ᾽ ᾤοντο πεπραγμένα εἶναι, καὶ οἱ ὁμογνώμονες αὐτοῖς ἐξεφέροντο τὰ ὅπλα εἰς τὴν ἀγοράν. Ὁ δὲ Θρασυδαῖος ἔτι καθεύδων ἐτύγχανεν οὗπερ ἐμεθύσθη. Ὡς δὲ ᾔσθετο ὁ δῆμος ὅτι οὐ τέθνηκεν ὁ Θρασυδαῖος, περιεπλήσθη ἡ οἰκία ἔνθεν καὶ ἔνθεν, ὥσπερ ὑπὸ ἐσμοῦ μελιττῶν ὁ ἡγεμών. (29) Ἐπειδὴ δὲ ἡγεῖτο ὁ Θρασυδαῖος ἀναλαβὼν τὸν δῆμον, γενομένης μάχης ἐκράτησεν ὁ δῆμος, ἐξέπεσον δὲ πρὸς τοὺς Λακεδαιμονίους οἱ ἐγχειρήσαντες ταῖς σφαγαῖς. Ἐπεὶ δ᾽ αὖ ὁ Ἆγις ἀπιὼν διέβη πάλιν τὸν Ἀλφειόν, φρουροὺς καταλιπὼν ἐν Ἐπιταλίῳ πλησίον τοῦ Ἀλφειοῦ καὶ Λύσιππον ἁρμοστὴν καὶ τοὺς ἐξ Ἤλιδος φυγάδας, τὸ μὲν στράτευμα διῆκεν, αὐτὸς δὲ οἴκαδε ἀπῆλθε. (30) Καὶ τὸ μὲν λοιπὸν θέρος καὶ τὸν ἐπιόντα χειμῶνα ὑπὸ τοῦ Λυσίππου καὶ τῶν περὶ αὐτὸν ἐφέρετο καὶ ἤγετο ἡ τῶν Ἠλείων χώρα. Τοῦ δ᾽ ἐπιόντος θέρους πέμψας Θρασυδαῖος εἰς Λακεδαίμονα ξυνεχώρησε Φέας τε τὸ τεῖχος περιελεῖν καὶ Κυλλήνην καὶ τὰς Τριφυλίδας πόλεις ἀφεῖναι Φρίξαν καὶ Ἐπιτάλιον καὶ Λετρίνους καὶ Ἀμφιδόλους καὶ Μαργανεῖς·

ligendas Ephori decreverunt. Eum exercitum Agis ducens, per Achaiam non procul a Larisso Eleorum agrum est ingressus. Quumque jam in hostico esset exercitus, ac regio vastaretur, terrae motus factus est. Tum Agis, qui divinitus hoc accidisse prodigium duceret, relicto Eleorum agro, dimisit exercitum. Ex eo longe facti audaciores Elei, legatos ad eas urbes mittebant, quotquot infestas esse Lacedaemoniis sciebant. Atque hoc anno elapso, rursus Ephori copias adversus Elidem decernunt, sequentibus Agidis signa tum aliis sociis, tum Atheniensibus, exceptis Boeotis, et Corinthiis. Quumque per Aulonem Agis copias in hosticum duceret, mox Lepreatae ab Eleis defectione facta, ad ipsius se partes adjungebant. Idem statim et Macistii, et his proximi Epitalienses fecere. Post ubi transiisset amnem Alpheum, dederunt ei se Letrini, Amphidoli, Morganenses. Deinde profectus Olympiam, nemine amplius prohibente, Jovi Olympio rem sacram fecit. Peracto sacrificio, versus urbem pergebat, agrum ferro et igni vastans, atque ex eo permulta tum jumenta tum mancipia secum auferens. Adeoque complures et Arcades et Achaei, quum haec audirent, sponte sua se ad exercitum Agidis conferebant, et in praedae partem aliquam admittebantur. Quo factum, ut haec expeditio quasi quaedam in Peloponneso frumentatio fuerit. Ad urbem ventum quum esset, suburbana et gymnasia, sane pulchra, vastabat Agis, urbem vero, quae quidem munita non erat, non tam ipsum existimabant haud potuisse, quam non voluisse occupare. Interim dum vastatur Eleorum ager, ac propter Cyllenen agit exercitus, complices Xeniae, qui argentum paternum medimno mensus esse dicitur, Eleos ad Lacedaemonios accedere sua volentes opera, cum gladiis ex aedibus eruptione facta, caedes edunt; quumque nonnullos interfecissent, et inter eos quendam, qui Thrasydaeum populi ducem facie referret, ipsum Thrasydaeum se peremisse opinabantur. Quo fiebat, ut populus quidem animis protinus dejectis, se tranquille contineret; percussores autem omnia sibi confecta putarunt, eorumque complices in forum arma transtulere. At enim Thrasydaeus forte tunc ibidem adhuc dormiebat, ubi ad ebrietatem potaverat. Quamobrem ut intellectum fuit a populo, Thrasydaeum necdum interfectum esse, hinc inde domum illam circumfudere, quemadmodum examen apum ducem suum circumdare consuevit. Ille populo collecto se ducem praebens, pugnam commisit, in qua populus victoria potitus est. Tum pulsi urbe ad Lacedaemonios illi se contulerunt, qui caedium auctores extiterant. Agis Alpheo trajecto discedens, quum Epitalio, propter Alpheum amnem, praesidiarios, et Lysippum praetorem, una cum Eleis exulibus imposuisset, dimisit exercitum; ipse autem domum profectus est. Reliqua autem aestate, itenique subsequenti hieme a Lysippo et militibus ejus Eleorum agri diripiebantur. Verum proxima aestate Thrasydaeus, missis Lacedaemonem suis, de muro Pheae dejiciendo adsensus est, et de dimittenda Cyllene, atque aliis oppidis Triphyliae, nimirum Phrixa, Epitalio, Letrinis,

πρὸς δὲ ταύταις καὶ Ἀκρωρείους καὶ Λασίωνα τὸν ὑπ᾽ Ἀρκάδων ἀντιλεγόμενον. Ἤπειον μέντοι τὴν μεταξὺ πόλιν Ἡραίας καὶ Μακίστου ἠξίουν οἱ Ἠλεῖοι ἔχειν· πρίασθαι γὰρ ἔφασαν τὴν χώραν ἅπασαν παρὰ τῶν τότε ἐχόντων τὴν πόλιν τριάκοντα ταλάντων, καὶ τὸ ἀργύριον δεδωκέναι. (31) Οἱ δὲ Λακεδαιμόνιοι γνόντες μηδὲν δικαιότερον εἶναι βίᾳ πριαμένους ἢ βίᾳ ἀφελομένους παρὰ, τῶν ἡττόνων λαμβάνειν, ἀφιέναι καὶ ταύτην ἠνάγκασαν· τοῦ μέντοι προεστάναι τοῦ Διὸς τοῦ Ὀλυμπίου ἱεροῦ, καίπερ οὐκ ἀρχαίου Ἠλείοις ὄντος, οὐκ ἀπήλασαν αὐτούς, νομίζοντες τοὺς ἀντιποιουμένους χωρίτας εἶναι καὶ οὐχ ἱκανοὺς προεστάναι. Τούτων δὲ ξυγχωρηθέντων εἰρήνη τε γίγνεται καὶ ξυμμαχία Ἠλείων πρὸς Λακεδαιμονίους. Καὶ οὕτω μὲν δὴ ὁ Λακεδαιμονίων καὶ Ἠλείων πόλεμος ἔληξε.

Amphidolis, Marganensibus : item Acroriis et Lasione, de qua Arcades disceptabant. Epeum tamen, situm inter Macistum et Heræam oppidum, Elei sibi relinqui postulabant. Nam agrum illum omnem se triginta talentis emisse ab iis aiebant, qui prius oppidum possedissent, eamque pecuniam persolutam esse. Lacedæmonii vero, qui judicarent nihilo æquius, vi aliquid ementem, ac vi auferentem inferioribus extorquere, cogebant eos hanc quoque liberam dimittere. Neque tamen vetabant quominus Elei Jovis Olympii fano præessent, quanquam id antiquitus non obtinuerant. Existimabant enim, illos qui deposcere id sibi vellent, rusticos ejus agri esse nec satis ad hoc idoneos, ut sacris Olympici Jovis et ludis præessent. De his quum convenisset, inita pax est et societas inter Lacedæmonios et Eleos. Atque hic fuit ejus inter Eleos et Lacedæmonios belli exitus.

ΚΕΦΑΛΑΙΟΝ Γ.

CAPUT III.

Μετὰ δὲ τοῦτο Ἆγις ἀφικόμενος εἰς Δελφοὺς καὶ τὴν δεκάτην ἀποθύσας, πάλιν ἀπιὼν ἔκαμεν ἐν Ἡραίᾳ, γέρων ἤδη ὤν, καὶ ἀπηνέχθη μὲν εἰς Λακεδαίμονα ἔτι ζῶν, ἐκεῖ δὲ ταχὺ ἐτελεύτησε· καὶ ἔτυχε συμνοτέρας ἢ κατ᾽ ἄνθρωπον ταφῆς. Ἐπεὶ δὲ ὡσιώθησαν αἱ ἡμέραι, καὶ ἔδει βασιλέα καθίστασθαι, ἀντέλεγον περὶ βασιλείας Λεωτυχίδης, υἱὸς φάσκων Ἄγιδος εἶναι, Ἀγησίλαος δὲ ἀδελφός. (2) Εἰπόντος δὲ τοῦ Λεωτυχίδου, Ἀλλ᾽ ὁ νόμος, ὦ Ἀγησίλαε, οὐκ ἀδελφὸν ἀλλ᾽ υἱὸν βασιλέως βασιλεύειν κελεύει· εἰ δὲ υἱὸς ὢν μὴ τυγχάνοι, ὁ ἀδελφὸς κα ὣς βασιλεύοι. Ἐμὲ ἂν δέοι βασιλεύειν. Πῶς, ἐμοῦ γε ὄντος; Ὅτι τὸν νῦν καλεῖς πατέρα, οὐκ ἔφη σε εἶναι ἑαυτοῦ. Ἀλλ᾽ ἡ πολὺ κάλλιον ἐκείνου εἰδυῖα μήτηρ καὶ νῦν ἔτι φησίν. Ἀλλ᾽ ὁ Ποτειδᾶν ὡς μάλα σευ ψευδομένῃ κατεμάνυσεν ἐκ τοῦ θαλάμου ἐξελάσας σεισμῷ εἰς τὸ φανερὸν τὸν σὸν πατέρα. Συνεμαρτύρησε ταῦτ᾽ αὐτῷ καὶ ὁ ἀληθέστατος λεγόμενος χρόνος εἶναι· ἀφ᾽ οὗ γὰρ τοι ἔφυγε καὶ οὐκ ἐφάνη ἐν τῷ θαλάμῳ, δεκάτῳ μηνὶ ἐγένου. (3) Οἱ μὲν τοιαῦτ᾽ ἔλεγον. Διοπείθης δέ, μάλα χρησμολόγος ἀνήρ, Λεωτυχίδῃ ξυναγορεύων εἶπεν ὡς καὶ Ἀπόλλωνος χρησμὸς εἴη φυλάξασθαι τὴν χωλὴν βασιλείαν. Λύσανδρος δὲ πρὸς αὐτὸν ὑπὲρ Ἀγησιλάου ἀντεῖπεν ὡς οὐκ οἴοιτο τὸν θεὸν τοῦτο κελεύειν φυλάξασθαι, μὴ προσπταίσας τις χωλεύσαι, ἀλλὰ μᾶλλον μὴ οὐκ ὢν τοῦ γένους βασιλεύσειε. Παντάπασι γὰρ ἂν χωλὴν εἶναι τὴν βασιλείαν ὁπότε μὴ οἱ ἀφ᾽ Ἡρακλέους τῆς πόλεως ἡγοῖντο. (4) Τοιαῦτα δ᾽ ἀκούσασα ἡ πόλις ἀμφοτέρων Ἀγησίλαον εἵλοντο βασιλέα.

Οὔπω δ᾽ ἐνιαυτὸν ὄντος ἐν τῇ βασιλείᾳ Ἀγησιλάου, θύοντος αὐτοῦ τῶν τεταγμένων τινὰ θυσιῶν ὑπὲρ τῆς πόλεως εἶπεν ὁ μάντις ὅτι ἐπιβουλήν τινα τῶν δεινοτάτων φαίνοιεν οἱ θεοί. Ἐπεὶ δὲ πάλιν ἔθυεν, ἔτι δεινότερα ἔφη τὰ ἱερὰ φαίνεσθαι. Τὸ τρίτον ἤδη θύοντος, εἶπεν, Ὦ Ἀγησίλαε, ὥσπερ εἰ ἐν αὐτοῖς εἴημεν

Secundum hæc Delphos profectus Agis, quum decumam deo obtulisset, in reditu jam senex apud Heræam ægrotare cœpit, ac vivus Lacedæmonem deportatus, statim mortem obiit ac sepulturam augustiorem, quam quæ homini conveniret, nactus est. Postquam de more dies luctus publici celebrati fuerunt, ac jam regem designari oportuit, contendebant inter se de regno Leotychides, qui se Agidis filium perhiberet, atque Agesilaus, Agidis frater. Quumque Leotychides diceret: Lex, Agesilae, jubet non fratrem regis, sed filium regno potiri; at si forte filius nullus exstat, frater in regno succedito. Me igitur regem esse oportet, subjecit Agesilaus. At qui illud, me superstite? Quod is, quem tu patrem appellas, suum te esse negavit. Atque id etiam modo profitetur mater, quæ rem longe certius ipso tenet. Quin et Neptunus admodum mentiri te significavit, quod patrem tuum terræ motu e cubiculo in hominum conspectum expulerit. Est itidem testimonio tempus ipsum, quod esse veracissimum perhibetur. Nam post illud tempus, quo fugit, et amplius in cubiculo conspectus non fuit, tu mense natus es decimo. Hujusmodi ab eis res in medium proferebantur; Diopithes vero, insigniter oraculorum gnarus, Leotychidæ causam adjuvans, aiebat profectum ab ipso Apolline oraculum esse, quo significaretur, regnum claudum vitari debere. Cui Lysander pro Agesilao respondebat, existimare se, non hoc ab Apolline præcipi, ut caveatur, ne quis offendens ad aliquid, claudicet; sed id potius, ne quis alienus a regia familia regno potiatur. Omnino enim regnum fore claudum, quum non orti ab Hercule reipublicæ sint præfuturi. Hæc ut ex ambobus intellexit civitas, Agesilaum regem designat.

Is quum needum anni unius spatio regnum obtinuisset, atque majorum ex instituto sollemne quoddam sacrum pro patria faceret, monuit vates, indicari divinitus in extis occultam conjurationem gravissimam. Quum rursus exta consulerentur, dixit etiam graviora significari. Quum tertio sacrificium iteraretur : « Mi Agesilae, inquit, ejusmodi mihi

τοῖς πολεμίοις, οὕτω μοι σημαίνεται. Ἐκ δὲ τούτου θύσαντες τοῖς ἀποτροπαίοις καὶ τοῖς σωτῆρσι, καὶ μόλις καλλιερήσαντες, ἐπαύσαντο. Λήγούσης δὲ τῆς θυσίας ἐντὸς πένθ' ἡμερῶν καταγορεύει τις πρὸς τοὺς ἐφόρους ἐπιβουλὴν καὶ τὸν ἀρχηγὸν τοῦ πράγματος Κινάδωνα. (5) Οὗτος δ' ἦν καὶ τὸ εἶδος νεανίσκος καὶ τὴν ψυχὴν εὔρωστος, οὐ μέντοι τῶν ὁμοίων. Ἐρομένων δὲ τῶν ἐφόρων πῶς φαίη τὴν πρᾶξιν ἔσεσθαι, εἶπεν ὁ εἰσαγγείλας ὅτι ὁ Κινάδων ἀγαγὼν αὐτὸν ἐπὶ τὸ ἔσχατον τῆς ἀγορᾶς ἀριθμῆσαι κελεύοι ὁπόσοι εἶεν Σπαρτιᾶται ἐν τῇ ἀγορᾷ. Κἀγώ, ἔφη, ἀριθμήσας βασιλέα τε καὶ ἐφόρους καὶ γέροντας καὶ ἄλλους ὡς τετταράκοντα, ἠρόμην, Τί δή με τούτους, ὦ Κινάδων, ἐκέλευσας ἀριθμῆσαι; ὁ δὲ εἶπε, Τούτους, ἔφη, νόμιζέ σοι πολεμίους εἶναι, τοὺς δ' ἄλλους πάντας ξυμμάχους πλέον ἢ τετρακισχιλίους ὄντας τοὺς ἐν τῇ ἀγορᾷ. Ἐπιδεικνύναι δ' αὐτὸν ἔφη ἐν ταῖς ὁδοῖς ἔνθα μὲν ἕνα, ἔνθα δὲ δύο πολεμίους ἀπαντῶντας, τοὺς δ' ἄλλους ἅπαντας ξυμμάχους· καὶ ὅσοι δὲ ἐν τοῖς χωρίοις Σπαρτιατῶν τύχοιεν ὄντες, ἕνα μὲν πολέμιον τὸν δεσπότην, ξυμμάχους δ' ἐν ἑκάστῳ πολλούς. (6) Ἐρωτώντων δὲ τῶν ἐφόρων πόσους φαίη καὶ τοὺς ξυνειδότας τὴν πρᾶξιν εἶναι, λέγειν καὶ περὶ τούτων ἔφη αὐτὸν ὡς σφίσι μὲν τοῖς προστατεύουσιν οὐ πάνυ πολλοί, ἀξιόπιστοι δὲ συνειδεῖεν· αὐτοὶ μέντοι πᾶσιν ἔφασαν συνειδέναι καὶ εἵλωσι καὶ νεοδαμώδεσι καὶ τοῖς ὑπομείοσι καὶ τοῖς περιοίκοις· ὅπου γὰρ ἐν τούτοις τις λόγος γένοιτο περὶ Σπαρτιατῶν, οὐδένα δύνασθαι κρύπτειν τὸ μὴ οὐχ ἡδέως ἂν καὶ ὠμῶν ἐσθίειν αὐτῶν. (7) Πάλιν οὖν ἐρωτώντων, Ὅπλα δὲ πόθεν ἔφασαν λήψεσθαι; εἰπεῖν ὅτι οἱ μὲν δήπου συντεταγμένοι ἡμῶν αὐτοί, ἔφασάν γε, ὅπλα κεκτήμεθα, τῷ δ' ὄχλῳ, ἀγαγόντα εἰς τὸν σίδηρον ἐπιδεῖξαι αὐτὸν ἔφη πολλὰς μὲν μαχαίρας, πολλὰ δὲ ξίφη, πολλοὺς δὲ ὀβελίσκους, πολλοὺς δὲ πελέκεις καὶ ἀξίνας καὶ πολλὰ δρέπανα. Λέγειν δ' αὐτὸν ἔφη ὅτι καὶ ταῦτα ὅπλα πάντ' εἴη ὁπόσοις ἄνθρωποι καὶ γῆν καὶ ξύλα καὶ λίθους ἐργάζονται, καὶ τῶν ἄλλων δὲ τεχνῶν τὰς πλείστας τὰ ὄργανα ὅπλα ἔχειν ἀρκοῦντα, ἄλλως τε καὶ πρὸς ἀόπλους. Πάλιν οὖν ἐρωτώμενοι ἐν τίνι χρόνῳ ταῦτα μέλλοι πράττεσθαι, εἶπεν ὅτι ἐπιδημεῖν οἱ παρηγγελμένον εἴη. (8) Ἀκούσαντες ταῦτα οἱ ἔφοροι ἐσκεμμένα τε λέγειν ἡγήσαντο αὐτὸν καὶ ἐξεπλάγησαν, καὶ οὐδὲ τὴν μικρὰν καλουμένην ἐκκλησίαν ξυλλέξαντες, ἀλλὰ ξυλλεγόμενοι τῶν γερόντων ἄλλος ἄλλοθι ἐβουλεύσαντο πέμψαι τὸν Κινάδωνα εἰς Αὐλῶνα σὺν ἄλλοις τῶν νεωτέρων καὶ κελεῦσαι ἥκειν ἄγοντα τῶν Αὐλωνιτῶν τέ τινας καὶ τῶν εἱλώτων τοὺς ἐν τῇ σκυτάλῃ γεγραμμένους. Ἄγαγειν δ' ἐκέλευον καὶ τὴν γυναῖκα, ἣ καλλίστη μὲν ἐλέγετο αὐτόθι εἶναι, λυμαίνεσθαι δ' ἐῴκει τοὺς ἀφικνουμένους Λακεδαιμονίων καὶ πρεσβυτέρους καὶ νεωτέρους. (9) Ὑπηρετήκει δὲ καὶ ἄλλ' ἤδη ὁ Κινάδων τοῖς ἐφόροις τοιαῦτα. Καὶ τότε δὴ ἔδοσαν τὴν σκυτάλην αὐτῷ, ἐν ᾗ γεγραμμένοι ἦσαν οὓς ἔδει ξυλληφθῆναι. Ἐρομένου δὲ τίνας ἄγοι μεθ' ἑαυτοῦ τῶν

sunt extorum significationes, quasi si jam ipsos inter hostes versaremur. » Tum vero facta re sacra diis et averruncis et servatoribus, quum vix perlitatum esset, sacrificare desierunt. Quinto post sacrificia die quidam ad Ephoros conjurationem occultam, et principem ejus auctorem Cinadonem defert. Erat is et forma juvenis pulcher, et animo firmus ac valens, non tamen ex optimatium numero. Quumque interrogarent illum Ephori, qui rem deferebat, quo pacto negotium hoc suscepturi essent, respondit, abductum se in forum extremum a Cinadone fuisse, jussumque numerare, quot in foro Spartani essent. Tum ego, inquit, numerato rege, Ephoris, senioribus et ceteris plus minus quadraginta : Quamobrem, inquam, hos me numerare jussisti, Cinado? Existimato, inquit, illos hostes esse, reliquos omnes socios, qui numerum quatuor millium excedant in foro. Præterea se inquit in viis hic unum, illic duos ostenturum hostes occurrentes, reliquos omnes socios : quinetiam quotquot essent Spartanorum in prædiis, ex iis unum dominum hostem esse, socios vero in singulis plurimos. Interrogantibus hinc Ephoris, quot homines hujus instituti conscios esse perhiberet, respondebat, Cinadonem dicere, conjurationis principes non multos habere conscios, sed fide tamen dignos. Ipsos autem re consentire cum universis et helotibus, et novis popularibus, et gradu Spartanis inferioribus, et periœcis. Nam ubicumque Spartanorum apud hos aliqua mentio fiat, neminem celare posse, quam cupide vel crudos sint devoraturi. Rursus igitur quum quærerent, unde se arma sumpturos perhiberent, respondit, dixisse Cinadonem, ipsos quidem, qui conjuncti essent, habere arma : turbæ vero promiscuæ in forum ferramentorum deductæ se multas sicas, multos enses, multa verua, multas bipennes et ascias, multas falces demonstrasse. Præterea dicere hominem, etiam illa universa arma esse, quibus terram homines colant, ligna lapidesque cædant; itemque artes ceteras quamplurimas habere sua quædam instrumenta, quæ armorum loco sufficiant, præsertim adversus inermes. Rursum interrogatus, quando hæc essent inchoanda; dixit, imperatum esse sibi, ut domi maneret. His auditis Ephori, hominem explorata dicere arbitrabantur, metuque perculsi, ne id quidem concilium, quod parvum vocant, coegerant, sed seniores alius aliunde convenientes, hoc consilii ceperunt, ut Cinadonem cum nonnullis aliis ex juventute Aulonem ablegarent, jussum istinc Aulonitas quosdam et helotas abducere, quorum essent in scytala descripta nomina. Imperabant eidem, ut et mulierem quamdam illinc abduceret, fama quidem illam formosissimam, sed quæ commeantes ad se Lacedæmonios tum provectioris ætatis, tum juvenes, corrumpere videretur. Et Cinadonis opera ceteroquin etiam ad hujusmodi negotia usi fuerant Ephori. Quamobrem id quoque temporis ei scytalam tradiderunt, in qua perscripti erant, quos capi vellent. Quumque interrogaret, quosnam ex juventute sibi adjungere deberet itineris comites : « Abito,

νέων, Ἴθι, εἶπον, καὶ τὸν πρεσβύτατον τῶν ἱππαγρετῶν κέλευέ σοι ξυμπέμψαι ἐξ ἢ ἑπτὰ οἳ ἂν τύχωσι παρόντες. Ἐμεμελήκει δὲ αὐτοῖς ὅπως ὁ ἱππαγρέτης εἰδείη οὓς δέοι πέμπειν, καὶ οἱ πεμπόμενοι εἰδεῖεν ὅτι Κινάδωνα δέοι συλλαβεῖν. Εἶπον δὲ καὶ τοῦτο τῷ Κινάδωνι, ὅτι πέμψοιεν τρεῖς ἁμάξας, ἵνα μὴ πεζοὺς ἄγωσι τοὺς ληφθέντας, ἀφανίζοντες ὡς ἐδύναντο μάλιστα ὅτι ἐφ᾽ ἕνα ἐκεῖνον ἔπεμπον. (10) Ἐν δὲ τῇ πόλει οὐ ξυνελάμβανον αὐτόν, ὅτι τὸ πρᾶγμα οὐκ ᾔδεσαν ὁπόσον τὸ μέγεθος εἴη, καὶ ἀκοῦσαι πρῶτον ἐβούλοντο τοῦ Κινάδωνος οἵτινες εἶεν οἱ συμπράττοντες, πρὶν αἰσθέσθαι αὐτοὺς ὅτι μεμήνυνται, ἵνα μὴ ἀποδρῶσιν. Ἔμελλον δὲ οἱ συλλαβόντες αὐτὸν μὲν κατέχειν, τοὺς δὲ ξυνειδότας πυθόμενοι αὐτοῦ γράψαντες ἀποπέμπειν τὴν ταχίστην τοῖς ἐφόροις. Οὕτω δ᾽ ἔσχον οἱ ἔφοροι πρὸς τὸ πρᾶγμα, ὥστε καὶ μόραν ἱππέων ἔπεμψαν τοῖς ἐπ᾽ Αὐλῶνος. (11) Ἐπεὶ δ᾽ εἰλημμένου τοῦ ἀνδρὸς ἧκεν ἱππεὺς φέρων τὰ ὀνόματα ὧν ὁ Κινάδων ἀπέγραψε, παραχρῆμα τόν τε μάντιν Τισαμενὸν καὶ τοὺς ἄλλους τοὺς ἐπικαιριωτάτους ξυνελάμβανον. Ὡς δ᾽ ἀνήχθη ὁ Κινάδων καὶ ἠλέγχετο, καὶ ὡμολόγει πάντα καὶ τοὺς ξυνειδότας ἔλεγε, τέλος αὐτὸν ἤροντο τί καὶ βουλόμενος ταῦτα πράττοι. Ὁ δ᾽ ἀπεκρίνατο μηδενὸς ἥττων εἶναι ἐν Λακεδαίμονι. Ἐκ τούτου μέντοι ἤδη δεδεμένος καὶ τὼ χεῖρε καὶ τὸν τράχηλον ἐν κλοιῷ μαστιγούμενος καὶ κεντούμενος αὐτός τε καὶ οἱ μετ᾽ αὐτοῦ κατὰ τὴν πόλιν περιῆγοντο. Καὶ οὗτοι μὲν δὴ τῆς δίκης ἔτυχον.

ΚΕΦΑΛΑΙΟΝ Δ.

Μετὰ δὲ ταῦτα Ἡρώδας τις Συρακόσιος ἐν Φοινίκῃ ὢν μετὰ ναυκλήρου τινός, καὶ ἰδὼν τριήρεις Φοινίσσας, τὰς μὲν καταπλεούσας ἄλλοθεν, τὰς δὲ καὶ αὐτοῦ πεπληρωμένας, τὰς δὲ καὶ ἔτι κατασκευαζομένας, προςακούσας δὲ καὶ τοῦτο, ὅτι τριακοσίας αὐτὰς δέοι γενέσθαι, ἐπιβὰς ἐπὶ τὸ πρῶτον ἀναγόμενον πλοῖον εἰς τὴν Ἑλλάδα ἐξήγγειλε τοῖς Λακεδαιμονίοις ὡς βασιλέως καὶ Τισσαφέρνους τὸν στόλον τοῦτον παρασκευαζόμενον· ὅποι δὲ οὐδὲν ἔφη εἰδέναι. (2) Ἀνεπτερωμένων δὲ τῶν Λακεδαιμονίων καὶ τοὺς ξυμμάχους ξυναγόντων καὶ βουλευομένων τί χρὴ ποιεῖν, Λύσανδρος νομίζων καὶ τῷ ναυτικῷ πολὺ περιέσεσθαι τοὺς Ἕλληνας καὶ τὸ πεζὸν λογιζόμενος ὡς ἐσώθη τὸ μετὰ Κύρου ἀναβάν, πείθει τὸν Ἀγησίλαον ὑποστῆναι, ἢν αὐτῷ δῶσι τριάκοντα μὲν Σπαρτιατῶν, εἰς δισχιλίους δὲ τῶν νεοδαμώδων, εἰς ἑξακισχιλίους δὲ τὸ ξύνταγμα τῶν συμμάχων, στρατεύεσθαι εἰς τὴν Ἀσίαν. Πρὸς δὲ τούτῳ τῷ λογισμῷ καὶ αὐτὸς ξυνεξελθεῖν αὐτῷ ἐβούλετο, ὅπως τὰς δεκαρχίας τὰς κατασταθείσας ὑπ᾽ ἐκείνου ἐν ταῖς πόλεσιν, ἐκπεπτωκυίας δὲ διὰ τοὺς ἐφόρους, οἳ τὰς πατρίους πολιτείας παρήγγειλαν, πάλιν καταστήσειε μετ᾽ Ἀγησιλάου. (3) Ἐπαγγειλαμένου δὲ τοῦ Ἀγησιλάου

τὴν στρατείαν, διδόασί τε. οἱ Λακεδαιμόνιοι ὅσαπερ ᾔτησε καὶ ἑξαμήνου σῖτον. Ἐπεὶ δὲ θυσάμενος καὶ τἆλλα ὅσα ἔδει καὶ τὰ διαβατήρια ἐξῆλθε, ταῖς μὲν πόλεσι διαπέμψας ἀγγέλους προεῖπεν ὅσους τε δέοι ἑκασταχόθεν πέμπεσθαι καὶ ὅποι παρεῖναι, αὐτὸς δ' ἐβουλήθη ἐλθὼν θῦσαι ἐν Αὐλίδι, ἔνθαπερ ὁ Ἀγαμέμνων ὅτ' εἰς Τροίαν ἔπλει ἐθύετο. (4) Ὡς δ' ἐκεῖ ἐγένετο, πυθόμενοι οἱ βοιώταρχοι ὅτι θύοι, πέμψαντες ἱππέας τοῦ τε λοιποῦ εἶπον μὴ θύειν καὶ οἷς ἐνέτυχον ἱεροῖς τεθυμένοις διέρρῑψαν ἀπὸ τοῦ βωμοῦ. Ὁ δ' ἐπιμαρτυράμενος τοὺς θεοὺς καὶ ὀργιζόμενος, ἀναβὰς ἐπὶ τὴν τριήρη ἀπέπλει. Ἀφικόμενος δ' ἐπὶ Γεραιστὸν, καὶ συλλέξας ἐκεῖ ὅσον ἐδύνατο τοῦ στρατεύματος πλεῖστον εἰς Ἔφεσον τὸν στόλον ἐποιεῖτο.

5. Ἐπεὶ δὲ ἐκεῖσε ἀφίκετο, πρῶτον μὲν Τισσαφέρνης πέμψας ἤρετο αὐτὸν τίνος δεόμενος ἥκοι. Ὁ δ' εἶπεν ὅτι αὐτονόμους καὶ τὰς ἐν τῇ Ἀσίᾳ πόλεις εἶναι, ὥσπερ καὶ τὰς ἐν τῇ παρ' ἡμῖν Ἑλλάδι. Πρὸς ταῦτ' εἶπεν ὁ Τισσαφέρνης, Εἰ τοίνυν θέλεις σπείσασθαι ἕως ἂν ἐγὼ πρὸς βασιλέα πέμψω, οἶμαι ἄν σε ταῦτα διαπραξάμενον ἀποπλεῖν, εἰ βούλοιο. Ἀλλὰ βουλοίμην ἄν, ἔφη, εἰ μὴ οἰοίμην γε ὑπὸ σοῦ ἐξαπατᾶσθαι. Ἀλλ' ἔξεστιν, ἔφη, σοι τούτων πίστιν [δόνα καὶ παρ' ἐμοῦ πίστιν] λαβεῖν ἢ μὴν ἀδόλως σοῦ πράττοντος ταῦτα ἡμᾶς μηδὲν τῆς σῆς ἀρχῆς ἀδικήσειν ἐν ταῖς σπονδαῖς. (6) Ἐπὶ τούτοις ῥηθεῖσι Τισσαφέρνης μὲν ὤμοσε τοῖς πεμφθεῖσι πρὸς αὐτὸν Ἡριππίδᾳ καὶ Δερκυλλίδᾳ καὶ Μεγίλλῳ ἦ μὴν πράξειν ἀδόλως τὴν εἰρήνην, ἐκεῖνοι δὲ ἀντώμοσαν ὑπὲρ Ἀγησιλάου Τισσαφέρνει ἦ μὴν ταῦτα πράττοντος αὐτοῦ ἐμπεδώσειν τὰς σπονδάς. Ὁ μὲν δὴ Τισσαφέρνης δ' ὤμοσεν εὐθὺς ἐψεύσατο· ἀντὶ γὰρ τοῦ εἰρήνην ἔχειν στράτευμα πολὺ παρὰ βασιλέως πρὸς ᾧ εἶχε πρόσθεν μετεπέμπετο. Ἀγησίλαος δὲ, καίπερ αἰσθανόμενος ταῦτα, ὅμως ἐπέμενε ταῖς σπονδαῖς.

7. Ὡς δὲ ἡσυχίαν τε καὶ σχολὴν ἔχων ὁ Ἀγησίλαος διέτριβεν ἐν τῇ Ἐφέσῳ, ἅτε συντεταραγμένων ἐν ταῖς πόλεσι τῶν πολιτειῶν, καὶ οὔτε δημοκρατίας ἔτι οὔσης, ὥσπερ ἐπ' Ἀθηναίων, οὔτε δεκαρχίας, ὥσπερ ἐπὶ Λυσάνδρου, ἅτε γιγνώσκοντες πάντες τὸν Λύσανδρον, προσέκειντο αὐτῷ ἀξιοῦντες διαπράττεσθαι αὐτὸν παρ' Ἀγησιλάου ὧν ἐδέοντο· καὶ διὰ ταῦτα ἀεὶ παμπληθὴς ὄχλος θεραπεύων αὐτὸν ἠκολούθει, ὥστε ὁ μὲν Ἀγησίλαος ἰδιώτης ἐφαίνετο, ὁ δὲ Λύσανδρος βασιλεύς. (8) Ὅτι μὲν οὖν ἔκνιζε καὶ τὸν Ἀγησίλαον ταῦτα ἐδήλωσεν ὕστερον· οἱ γε μὴν ἄλλοι τριάκοντα ὑπὸ τοῦ φθόνου οὐκ ἐσίγων, ἀλλ' ἔλεγον πρὸς τὸν Ἀγησίλαον ὡς παράνομα ποιοίη Λύσανδρος τῆς βασιλείας ὀγκηρότερον διάγων. Ἐπεὶ δὲ καὶ ἤρξατο προσάγειν τινὰς τῷ Ἀγησιλάῳ ὁ Λύσανδρος, πάντας οἷς γνοίη αὐτὸν συμπράττοντά τι ἡττωμένους ἀπέπεμπεν. Ὡς δ' ἀεὶ τὰ ἐναντία ὧν ἐβούλετο ἀπέβαινε τῷ Λυσάνδρῳ, ἔγνω δὴ τὸ γιγνόμενον· καὶ οὔτε ἐπέσθαι ἑαυτῷ ἔτι εἴα ὄχλον τοῖς τε συμπρᾶξαί τι δεομένοις σαφῶς ἔλεγεν ὅτι ἐλαττον ἕξοιεν, εἰ αὐτὸς παρείη. (9) Βαρέως δὲ φέρων τῇ

HISTORIÆ GRÆCÆ LIB. III. CAP. IV.

quæ postulabat, concesserunt ei Lacedæmonii, tum annonæ tantum quantum in sex menses sufficeret. Hinc ubi tum alia sacrificia, tum pro felici egressu ex finibus fecisset, profectus est, missisque nuntiis ad oppida, quot milites a singulis mitti, ac ubi præsto esse vellet, denuntiabat; ipsi animus erat Aulidem proficisci, atque istic rem sacram facere : quo loco etiam Agamemno, quum Trojam navigaret, sacrificaverat. Eo quum venisset Agesilaus, Bœotorum principes, accepto de ipsius sacrificiis nuntio, missis equitibus imperarunt, uti de ceteris sacrificiis abstineret ; et quas illi forte mactatas hostias invenere, de ara hinc inde dejecerunt. At Agesilaus deos testatus, triremem iratus conscendit et avectus est. Geræstum quum venisset, ibique copias amplissimas coegisset, Ephesum cum classe petit.

Eo delatus ut erat, Tissaphernes missis ad ipsum suis, cujus rei gratia venisset, quærebat. Agesilaus autem : « Ut Asiæ civitates, inquit, perinde legibus suis utantur, atque aliæ quotquot apud nos in Græcia sitæ sunt. » Tissaphernes ad illa vicissim : « Ergo si voles, inquit, inducias paciscì tantisper, dum ad regem misero, futurum arbitror, ut his impetratis ad tuos, si velis, redire possis. » Equidem hoc non nollem, subjecit Agesilaus, ni me deceptum iri abs te existimarem. « At tibi licet, ait, ut fidem des et a me fidem de eo accipias, omnino sine fraude futurum, ut siquidem hæc ipse præstes, nos durantibus induciis, quæ tui sunt imperii, minime damno afficiamus. » His ita conventis, Tissaphernes Herippidæ, Dercyllidæ, Megillo, missis ad se, sacramentum præstitit, omnino sine dolo malo se pacem procuraturum : contra illi jurarunt Agesilai nomine, si hoc Tissaphernes faceret, se sancte ratas habituros inducias. Enimvero Tissaphernes jusjurandum mox violavit. Nam pace omissa, quam promiserat, ad priores, quas habebat, copias, magnam nihilum manum a rege accessebat. Et quanquam hæc Agesilaus persentisceret, nihilo tamen minus inducias servabat.

Quumque in hoc otio apud Ephesum commoraretur Agesilaus, quod rerumpublicarum status in oppidis perturbati essent, neque populariter amplius illæ administrarentur, quod Atheniensium dominatu factum fuerat, neque decemviratus in eis essent, ut Lysandro rerum potito instituti erant : urgebant Lysandrum omnes, hominem scilicet notum sibi, et obsecrabant, uti quæ cuperent ipsi, ab Agesilao impetraret. Eam ob causam factum est, ut magna hominum turba semper cum et coleret et sectaretur : adeoque privatus quidam Agesilaus, Lysander rex esse videbatur. Et hæc quidem etiam Agesilao irascendi causam præbuisse, deinceps intellectum ex ipso fuit : interim ceteri Trigintaviri præ invidia non tacebant, sed monebant Agesilaum, contra leges Lysandrum committere, qui regium fastum longe superaret. Post ubi Lysander adducere quosdam ad Agesilaum cœpit, omnes illi, quibus operam dare Lysandrum intelligeret, infecta re dimittebat. Quumque semper contra Lysandri sententiam cuncta fierent, animadvertit is rem omnem, neque deinceps sectari se turbam hominum patiebatur, et non dissimulanter ad eos aiebat, qui se juvari cuperent ipsius opera, futurum ut se præsente minus impetrarent. Quumque graviter ignominiam hanc ferret, accedens ad

ἀτιμίᾳ, προσελθὼν εἶπεν, Ὦ Ἀγησίλαε, μειοῦν μὲν ἄρα σύγε τοὺς φίλους ἠπίστω. Ναὶ μὰ Δί', ἔφη, τούς γε βουλομένους ἐμοῦ μείζους φαίνεσθαι· τοὺς δέ γε αὔξοντας εἰ μὴ ἐπισταίμην ἀντιτιμᾶν, αἰσχυνοίμην ἄν. Καὶ ὁ Λύσανδρος εἶπεν, Ἴσως σὺ καὶ μᾶλλον εἰκότα ποιεῖς ἢ ἐγὼ ἔπραττον. Τάδε οὖν μοι ἐκ τοῦ λοιποῦ χάρισαι, ὅπως ἂν μήτ' αἰσχύνωμαι ἀδυνατῶν παρὰ σοὶ μήτ' ἐμποδὼν σοι ὦ, ἀποπεμψόν ποί με. Ὅπου γὰρ ἂν ὦ, πειράσομαι ἐν καιρῷ σοι εἶναι. (10) Εἰπόντος δὲ ταῦτα ἔδοξε καὶ τῷ Ἀγησιλάῳ οὕτω ποιῆσαι, καὶ πέμπει αὐτὸν ἐφ' Ἑλλήσποντον. Ἐκεῖ δὲ ὁ Λύσανδρος αἰσθόμενος Σπιθριδάτην τὸν Πέρσην ἐλαττούμενόν τι ὑπὸ Φαρναβάζου, διαλέγεται αὐτῷ καὶ πείθει ἀποστῆναι ἔχοντα τούς τε παῖδας καὶ τὰ περὶ αὐτὸν χρήματα καὶ ἱππέας ὡς διακοσίους. Καὶ τὰ μὲν ἄλλα κατέλιπεν ἐν Κυζίκῳ, αὐτὸν δὲ καὶ τὸν υἱὸν ἀναβιβασάμενος ἧκεν ἄγων πρὸς Ἀγησίλαον. Ἰδὼν δὲ ὁ Ἀγησίλαος ἥσθη τε τῇ πράξει καὶ εὐθὺς ἀνεπυνθάνετο περὶ τῆς Φαρναβάζου χώρας τε καὶ ἀρχῆς.

II. Ἐπεὶ δὲ μέγα φρονήσας ὁ Τισσαφέρνης ἐπὶ τῷ καταβάντι στρατεύματι παρὰ βασιλέως προσεῖπεν Ἀγησιλάῳ πόλεμον, εἰ μὴ ἀπίοι ἐκ τῆς Ἀσίας, οἱ μὲν ἄλλοι σύμμαχοι καὶ Λακεδαιμονίων οἱ παρόντες μάλα ἀχθεσθέντες φανεροὶ ἐγένοντο, νομίζοντες ἐλάττω τὴν παροῦσαν δύναμιν εἶναι· Ἀγησιλάῳ τῇ βασιλέως παρασκευῇ, Ἀγησίλαος δὲ μάλα φαιδρῷ τῷ προσώπῳ ἀπαγγεῖλαι Τισσαφέρνει τοὺς πρέσβεις ἐκέλευσεν ὡς πολλὴν χάριν αὐτῷ ἔχοι, ὅτι ἐπιορκήσας αὐτὸς μὲν πολεμίους τοὺς θεοὺς ἐκτήσατο, τοῖς δ' Ἕλλησι συμμάχους ἐποίησεν. Ἐκ δὲ τούτου εὐθὺς τοῖς μὲν στρατιώταις παρήγγειλε συσκευάζεσθαι ὡς εἰς στρατείαν, ταῖς δὲ πόλεσιν εἰς ἃς ἀνάγκη ἦν ἀφικνεῖσθαι στρατευομένῳ ἐπὶ Καρίαν προεῖπεν ἀγορὰν παρασκευάζειν. Ἐπέστειλε καὶ Ἴωσι καὶ Αἰολεῦσι καὶ Ἑλλησποντίοις πέμπειν πρὸς ἑαυτὸν εἰς Ἔφεσον τοὺς συστρατευσομένους. (12) Ὁ δὲ Τισσαφέρνης, καὶ ὅτι ἱππικὸν οὐκ εἶχεν ὁ Ἀγησίλαος, ἡ δὲ Καρία ἄφιππος ἦν, καὶ ὅτι ἡγεῖτο αὐτὸν ὀργίζεσθαι αὐτῷ διὰ τὴν ἀπάτην, τῷ ὄντι νομίσας ἐπὶ τὸν αὐτοῦ οἶκον εἰς Καρίαν αὐτὸν ὁρμήσειν, τὸ μὲν πεζὸν ἅπαν διεβίβασεν ἐκεῖσε, τὸ δ' ἱππικὸν εἰς τὸ Μαιάνδρου περιήγαγε πεδίον, νομίζων ἱκανὸς εἶναι καταπατῆσαι τῇ ἵππῳ τοὺς Ἕλληνας, πρὶν εἰς τὰ δύσιππα ἀφικέσθαι. Ὁ δ' Ἀγησίλαος ἀντὶ τοῦ ἐπὶ Καρίαν ἰέναι εὐθὺς τἀναντία ἀποστρέψας ἐπὶ Φρυγίας ἐπορεύετο, καὶ τάς τε ἐν τῇ πορείᾳ ἀπαντώσας δυνάμεις ἀναλαμβάνων ἦγε καὶ τὰς πόλεις κατεστρέφετο καὶ ἐμβαλὼν ἀπροσδοκήτως παμπληθῆ χρήματα ἐλάμβανε. (13) Καὶ τὸν μὲν ἄλλον χρόνον ἀσφαλῶς διεπορεύετο· οὐ πόρρω δ' ὄντος Δασκυλίου, προϊόντες αὐτῷ οἱ ἱππεῖς ἤλαυνον ἐπὶ λόφον τινά, ὡς προΐδοιεν τί τἄμπροσθεν εἴη. Κατὰ τύχην δέ τινα καὶ οἱ τοῦ Φαρναβάζου ἱππεῖς οἱ περὶ Ῥαθίνην καὶ Βαγαῖον τὸν νόθον ἀδελφὸν, ὄντες παρόμοιοι τοῖς Ἕλλησι τὸν ἀριθμόν, πεμφθέντες ὑπὸ Φαρναβάζου ἤλαυνον καὶ οὗτοι ἐπὶ τὸν αὐτὸν τοῦ-

Agesilaum : « Tu sane, inquit, Agesilae, amicorum auctoritatem imminuere noras. « Illorum profecto, ait ille, quotquot me majores videri velint : at idem existimo probrosum esse, non me vicissim eos honore prosequi nosse, qui me auctum cupiant. » Et Lysander : « Fortasse tu, inquit, magis decoro consentanea facis, quam ego faciebam. De reliquo tamen hanc mihi gratiam facito, ut aliquo me ablèges ; ne vel ipse pudore suffundar ob amissam apud te auctoritatem, vel tibi sim impedimento. Nam ubicumque tandem fuero, commodis tuis subservire conabor. » Hæc quum Lysander dixisset, visum est etiam Agesilao sic agendum esse : adeoque in Hellespontum eum ablegavit. Ibi quum Spithridatem Persam a Pharnabazo nonnihil opprimi comperisset, ad colloquium invitato persuadet, ut cum liberis, pecuniis, quas penes se haberet, et ducentis equitibus deficeret. Ac fortunas quidem hujus alias apud Cyzicum reliquit, ipsum una cum filio ad Agesilaum subvehendo perduxit. Is re perspecta, mirifice delectatus, vicissim et ipse mox de Pharnabazi regione ac imperio percunctabatur.

Ceterum posteaquam elatus animo Tissaphernes ob missas sibi a rege copias, bellum Agesilao denuntiavit, ni Asia excederet : reliqui socii, et omnes qui aderant Lacedæmonii graviter admodum id accidisse sibi præ se ferebant, quod impares apparatui regio copias esse ducerent, quas Agesilaus tunc secum habebat. Agesilaus autem vultu perquam hilari legatos renuntiare Tissapherni jussit, magnam se ipsi gratiam habere, quod pejerando deos sibi quidem infestos, Græcis vero socios et auxiliares reddidisset. Secundum hæc statim militibus edixit, ut ad expeditionem suscipiendam res suas colligerent ; oppidis vero, ad quæ moturo cum copiis in Cariam accedere necesse erat, denuntiavit, uti venalium rerum forum instruerent. Ionibus quoque, et Æolensibus, et Hellespontiis per litteras significavit, ut copias secum hac expeditione militaturas Ephesum ad se mitterent. Tissaphernes partim quod a copiis equestribus non instructus esset Agesilaus, quibus etiam Caria non satis esset apta, partim quod eum sibi succensere putaret ob fraudem, reapse ratus, ipsum in Cariam, hoc est, domicilium suum, impetum facturum : peditatum omnem eo traduxit, equitatu in Mæandri planitiem circumducto. Arbitrabatur enim, se copiis equestribus Græcos proterere prius posse, quam ad loca equitatui non apta pervenissent. Agesilaus autem, omisso in Cariam itinere, statim copiis in contrarium aversis, Phrygiam petiit, copias in itinere obvias secum abduxit, oppida subegit, et necopinata irruptione magnam opum copiam cepit. Fuit hoc toto tempore tutum iter Agesilai, donec haud procul Dascylio abesset. Ibi quum equites ipsum procedentes in collem quendam proveherentur, ut quid ulterius ipsis esset a fronte, prospicerent : forte fortuna Pharnabazi equites, ducibus Rathine ac notho illius fratre Bagnо, numero Græcis pares, a Pharnabazo missi, eundem et

τὸν λόφον. Ἰδόντες δὲ ἀλλήλους οὐδὲ τέτταρα πλέθρα ἀπέχοντας, τὸ μὲν πρῶτον ἔστησαν ἀμφότεροι, οἱ μὲν Ἕλληνες ἱππεῖς ὥσπερ φάλαγξ ἐπὶ τεττάρων παρατεταγμένοι, οἱ δὲ βάρβαροι τοὺς πρώτους οὐ πλέον ἢ εἰς δώδεκα ποιήσαντες, τὸ βάθος δ' ἐπὶ πολλῶν. Ἔπειτα μέντοι πρόσθεν ὥρμησαν οἱ βάρβαροι. (14) Ὡς δ' εἰς χεῖρας ἦλθον, ὅσοι μὲν τῶν Ἑλλήνων ἔπαισάν τινας, πάντες ξυνέτριψαν τὰ δόρατα, οἱ δὲ Πέρσαι κρανέϊνα παλτὰ ἔχοντες ταχὺ δώδεκα μὲν ἱππεῖς, δύο δ' ἵππους ἀπέκτειναν. Ἐκ δὲ τούτου ἐτρέφθησαν οἱ Ἕλληνες ἱππεῖς. Βοηθήσαντος δὲ Ἀγησιλάου σὺν τοῖς ὁπλίταις, πάλιν ἀπεχώρουν οἱ βάρβαροι, καὶ [Περσῶν] εἷς αὐτῶν ἀποθνήσκει. (15) Γενομένης δὲ ταύτης τῆς ἱππομαχίας, θυομένῳ τῷ Ἀγησιλάῳ τῇ ὑστεραίᾳ ἐπὶ προόδῳ ἄλοβα γίγνεται τὰ ἱερά. Τούτου μέντοι φανέντος στρέψας ἐπορεύετο ἐπὶ θάλατταν. Γιγνώσκων δὲ ὅτι εἰ μὴ ἱππικὸν ἱκανὸν κτήσαιτο, οὐ δυνήσοιτο κατὰ τὰ πεδία στρατεύεσθαι, ἔγνω τοῦτο κατασκευαστέον εἶναι, ὡς μὴ δραπετεύοντα πολεμεῖν δέοι. Καὶ τοὺς μὲν πλουσιωτάτους ἐκ πασῶν τῶν ἐκεῖ πόλεων ἱπποτροφεῖν κατέλεξε· προεῖπων δὲ, ὅστις παρέχοιτο ἵππον καὶ ὅπλα καὶ ἄνδρα δόκιμον, ὅτι ἐξέσται αὐτῷ μὴ στρατεύεσθαι, ἐποίησεν οὕτω ταῦτα ξυντομέως πράτεσθαι ὥσπερ ἄν τις τὸν ὑπὲρ αὑτοῦ ἀποθανούμενον προθύμως ζητοίη.

16. Ἐκ δὲ τούτου ἐπειδὴ ἔαρ ὑπέφαινε, ξυνήγαγε μὲν ἅπαν τὸ στράτευμα εἰς Ἔφεσον· ἀσκῆσαι δ' αὐτὸ βουλόμενος, ἆθλα προὔθηκε ταῖς τε ὁπλιτικαῖς τάξεσιν, ἥτις ἄριστα σωμάτων ἔχοι, καὶ ταῖς ἱππικαῖς, ἥτις κράτιστα ἱππεύοι· καὶ πελτασταῖς δὲ καὶ τοξόταις ἆθλα προὔθηκεν, ὅσοι κράτιστοι πρὸς τὰ προσήκοντα ἔργα φανεῖεν. Ἐκ τούτου δὲ παρῆν ὁρᾶν τὰ μὲν γυμνάσια πάντα μεστὰ ἀνδρῶν τῶν γυμναζομένων, τὸν δ' ἱππόδρομον τῶν ἱππαζομένων, τοὺς δ' ἀκοντιστὰς καὶ τοὺς τοξότας μελετῶντας. (17) Ἀξίαν δὲ καὶ ὅλην τὴν πόλιν ἐν ᾗ ἦν θέας ἐποίησεν· ἥ τε γὰρ ἀγορὰ ἦν μεστὴ παντοδαπῶν καὶ ἵππων καὶ ὅπλων ὠνίων, οἵ τε χαλκοτύποι καὶ οἱ τέκτονες καὶ οἱ χαλκεῖς καὶ οἱ σκυτοτόμοι καὶ οἱ ζωγράφοι πάντες πολεμικὰ ὅπλα κατεσκεύαζον, ὥστε τὴν πόλιν ὄντως οἴεσθαι πολέμου ἐργαστήριον εἶναι. (18) Ἐπερρώσθη δ' ἄν τις καὶ ἐκεῖνο ἰδών, Ἀγησίλαον μὲν πρῶτον, ἔπειτα δὲ καὶ τοὺς ἄλλους στρατιώτας ἐστεφανωμένους ἀπὸ τῶν γυμνασίων ἀπιόντας καὶ ἀνατιθέντας τοὺς στεφάνους τῇ Ἀρτέμιδι. Ὅπου γὰρ ἄνδρες θεούς μὲν σέβοιντο, τὰ δὲ πολεμικὰ ἀσκοῖεν, πειθαρχεῖν δὲ μελετῷεν, πῶς οὐκ εἰκὸς ἐνταῦθα πάντα μεστὰ ἐλπίδων ἀγαθῶν εἶναι; (19) Ἡγούμενος δὲ καὶ τὸ καταφρονεῖν τῶν πολεμίων ῥώμην τινὰ ἐμβάλλειν πρὸς τὸ μάχεσθαι, προεῖπε τοῖς κήρυξι τοὺς ὑπὸ τῶν λῃστῶν ἁλισκομένους βαρβάρους γυμνοὺς πωλεῖν. Ὁρῶντες οὖν οἱ στρατιῶται λευκοὺς μὲν διὰ τὸ μηδέποτε ἐκδύεσθαι, μαλακοὺς δὲ καὶ ἀπόνους διὰ τὸ ἀεὶ ἐπ' ὀχημάτων εἶναι, ἐνόμισαν οὐδὲν διοίσειν τὸν πόλεμον ἢ εἰ γυναιξὶ δέοι μάχεσθαι.

20. Ἐν δὲ τούτῳ τῷ χρόνῳ καὶ ὁ ἐνιαυτὸς ἤδη ἀφ'

ipsi petebant collem. Conspicati se mutuo, quum ne quatuor quidem plethrorum intervallo ab se invicem abessent, primum utrique constitere, Græci quidem equites phalangis instar in quaternos dispositi, barbari vero, in fronte non pluribus quam duodecim collocatis, in altitudine autem multos habentes. Hinc impetum primi barbari fecerunt; quumque ventum ad manus esset, quotquot hostem feriebant Græci, hastas suas universi contrivere; Persæ tragulis corneis instructi, mox equites duodecim, et equos duos interfecere. Tum equitibus Græcis terga dantibus, et opem gravi cum armatura ferente Agesilao, vicissim barbari uno ex suis amisso cessere. Secundum hoc certamen equestre, Agesilao postridie exta consulente, num progrediendum esset, exta lobis caruerunt. Id quum apparuisset, itinere converso ad mare pergebat. Quumque animadverteret, bellum se planis in locis gerere non posse, nisi satis magnas equitum copias pararet, statuit sibi has instruendas esse, ne fugiens in hostem pugnare cogeretur. Itaque delectis ex omnibus istic sitis oppidis, opulentioribus, ut equos alerent, edixit. Quumque futurum denuntiasset, ut quicunque daret equum, et arma, et hominem idoneum, immunis esset a militia: perfecit, ut hæc non aliter quasi compendio quodam facerent, ac si quis alacriter aliquem suo loco moriturum quæreret.

Secundum hoc, ineunte vere, copias universas Ephesum coegit: quumque vellet eas exercere, tum gravis armaturæ cohortibus præmia proposuit, qui scilicet corporibus optime comparatis essent; tum equestribus, qui equitandi essent peritissimi. Quin et cetratis, et sagittariis omnibus, quotquot egregie præstare viderentur ea, quæ ipsorum officii ratio posceret, munera constituit. Tum vero gymnasia cuncta viris exercentibus se referta videre erat, refertumque hippodromum iis qui equitabant; jaculatores etiam sagittariosque se exercentes. Itaque factum, ut totum oppidum, in quo forte versabatur, spectatu dignum esset. Nam et forum omnigenis refertum erat equis armisque venalibus, et fabri lignarii, et ærarii, et sutores, et pictores, universi arma bellica parabant: ut reapse belli officinam esse urbem ipsam existimares. Confirmabat hoc quoque alicujus animum, quod primum Agesilaum ipsum, deinde milites ceteros corollis redimitos e gymnasiis abire cerneret, ipsasque corollas Dianæ suspenderc. Nam ubi homines religiose deos venerantur, et bellicis in rebus exercentur, et se, ut dicto sint audientes, condocefaciunt: qui non istic consentaneum sit optima spe cuncta plena esse? Quum item existimaret, contemptum hostium robur quoddam in animis ad pugnandum excitare, per præcones edixit, ut capti a prædonibus barbari nudi venderentur. Itaque milites, qui albos quidem eos esse cernerent, quod nunquam exuere se consuevissent, et molles, nullisque laboribus exercitos, quod semper vehiculis uterentur; bellum hoc non aliud fore putabant, ac si prœlio cum feminis decernendum esset.

Appetierat jam id tempus, quo anni spatium exactum erat

οὗ ἐξέπλευσεν ὁ Ἀγησίλαος διεληλύθει, ὥστε οἱ μὲν περὶ Λύσανδρον τριάκοντα οἴκαδε ἀπέπλεον, διάδοχοι δ' αὐτοῖς οἱ περὶ Ἡριππίδαν παρῆσαν. Τούτων Ξενοκλέα μὲν καὶ ἄλλον ἔταξεν ἐπὶ τοὺς ἱππεῖς, Σκύθην δὲ ἐπὶ τοὺς νεοδαμώδεις ὁπλίτας, Ἡριππίδαν δ' ἐπὶ τοὺς Κυρείους, Μίγδωνα δὲ ἐπὶ τοὺς ἀπὸ τῶν πόλεων στρατιώτας, καὶ προσεῖπεν αὐτοῖς ὡς εὐθὺς ἡγήσοιτο τὴν συντομωτάτην ἐπὶ τὰ κράτιστα τῆς χώρας, ὅπως αὐτόθεν οὕτω τὰ σώματα καὶ τὴν γνώμην παρασκευάζοιντο ὡς ἀγωνιούμενοι. (21) Ὁ μέντοι Τισσαφέρνης ταῦτα μὲν ἐνόμισε λέγειν αὐτὸν πάλιν βουλόμενον ἐξαπατῆσαι, εἰς Καρίαν δὲ νῦν τῷ ὄντι ἐμβαλεῖν, καὶ τό τε πεζὸν καθάπερ τὸ πρόσθεν εἰς Καρίαν διεβίβασε καὶ τὸ ἱππικὸν εἰς τὸ Μαιάνδρου πεδίον κατέστησεν. Ὁ δ' Ἀγησίλαος οὐκ ἐψεύσατο, ἀλλ' ὥσπερ προεῖπεν εὐθὺς εἰς τὸν Σαρδιανὸν τόπον ἐνέβαλε. Καὶ τρεῖς μὲν ἡμέρας δι' ἐρημίας πολεμίων πορευόμενος πολλὰ τὰ ἐπιτήδεια τῇ στρατιᾷ εἶχε, τῇ δὲ τετάρτῃ ἧκον οἱ τῶν πολεμίων ἱππεῖς. (22) Καὶ τῷ μὲν ἄρχοντι τῶν σκευοφόρων εἶπεν ὁ ἡγεμὼν διαβάντι τὸν Πακτωλὸν ποταμὸν στρατοπεδεύεσθαι, αὐτοὶ δὲ κατιδόντες τοὺς τῶν Ἑλλήνων ἀκολούθους ἐσπαρμένους εἰς ἁρπαγὴν πολλοὺς αὐτῶν ἀπέκτειναν. Αἰσθόμενος δὲ ὁ Ἀγησίλαος, βοηθεῖν ἐκέλευσε τοὺς ἱππέας. Οἱ δ' αὖ Πέρσαι ὡς εἶδον τὴν βοήθειαν, ἠθροίσθησαν καὶ ἀντιπαρετάξαντο παμπληθέσι τῶν ἱππέων τάξεσιν. (23) Ἔνθα δὴ Ἀγησίλαος γιγνώσκων ὅτι τοῖς μὲν πολεμίοις οὔπω παρείη τὸ πεζόν, αὐτῷ δὲ οὐδὲν ἀπείη τῶν παρεσκευασμένων, καιρὸν ἡγήσατο μάχην ξυνάψαι, εἰ δύναιτο. Σφαγιασάμενος οὖν τὴν μὲν φάλαγγα εὐθὺς ἦγεν ἐπὶ τοὺς παρατεταγμένους ἱππέας, ἐκ δὲ τῶν ὁπλιτῶν ἐκέλευσε τὰ δέκα ἀφ' ἥβης θεῖν ὁμόσε αὐτοῖς, τοῖς δὲ πελτασταῖς εἶπε δρόμῳ ὑφηγεῖσθαι. Παρήγγειλε δὲ καὶ τοῖς ἱππεῦσιν ἐμβαλλεῖν, ὡς αὐτοῦ τε καὶ παντὸς τοῦ στρατεύματος ἑπομένου. (24) Τοὺς μὲν δὴ ἱππέας ἐδέξαντο οἱ Πέρσαι· ἐπεὶ δ' ἅμα πάντα τὰ δεινὰ παρῆν, ἐνέκλιναν, καὶ οἱ μὲν αὐτῶν εὐθὺς ἐν τῷ ποταμῷ ἔπεσον, οἱ δ' ἄλλοι ἔφευγον. Οἱ δὲ Ἕλληνες ἐπακολουθοῦντες αἱροῦσι καὶ τὸ στρατόπεδον αὐτῶν. Καὶ οἱ μὲν πελτασταί, ὥσπερ εἰκός, εἰς ἁρπαγὴν ἐτράποντο· ὁ δ' Ἀγησίλαος κύκλῳ πάντα καὶ φίλια καὶ πολέμια περιεστρατοπεδεύσατο. Καὶ ἄλλα τε πολλὰ χρήματα ἐλήφθη, ἃ ηὗρε πλέον ἢ ἑβδομήκοντα τάλαντα, καὶ αἱ κάμηλοι δὲ τότε ἐλήφθησαν, ἃς Ἀγησίλαος εἰς τὴν Ἑλλάδα ἀπήγαγεν.

26. Ὅτε δ' αὕτη ἡ μάχη ἐγένετο, Τισσαφέρνης ἐν Σάρδεσιν ἐτύγχεν ὤν· ὥστε ᾐτιοῦντο οἱ Πέρσαι προδεδόσθαι ἐπ' αὐτοῦ. Γνοὺς δὲ καὶ αὐτὸς ὁ Περσῶν βασιλεὺς Τισσαφέρνην αἴτιον εἶναι τοῦ κακῶς φέρεσθαι τὰ αὑτοῦ, Τιθραύστην καταπέμψας ἀποτέμνει αὐτοῦ τὴν κεφαλήν. Τοῦτο δὲ ποιήσας ὁ Τιθραύστης πέμπει πρέσβεις πρὸς τὸν Ἀγησίλαον ἄγοντας, Ὦ Ἀγησίλαε, ὁ μὲν αἴτιος τῶν πραγμάτων καὶ ὑμῖν καὶ ἡμῖν ἔχει τὴν δίκην· βασιλεὺς δὲ ἀξιοῖ σὲ μὲν ἀποπλεῖν οἴκαδε, τὰς δ' ἐν τῇ Ἀσίᾳ πόλεις αὐτονόμους οὔσας τὸν ἀρχαῖον

a discessu Agesilai e patria. Ea re factum, ut Triginta viri, quorum princeps erat Lysander, patriam repeterent, eorumque successores, Herippida principe, adessent. Ex his Xenoclem Agesilaus, una cum quodam alio, copiis equestribus praefecit; libertinis, qui armatura gravi utebantur, Scythen; Cyri militibus Herippidam; Migdonem missis ab oppidis militibus. Denuntiavit etiam militibus ducturum se statim eos via maxime compendiaria versus hostilis agri partem uberrimam, ut ex ea re tum corpora tum animi ad pugnam praepararentur. Enimvero Tissaphernes haec Agesilaum dicere putabat, volentem rursus dolo se circumvenire, nimirum jam revera facturum in Cariam impetum. Itaque peditatum, uti prius quoque factum erat, in Cariam traduxit, equitatu in Maeandri planitie subsistere jusso. At vero Agesilaus, quod praedixerat, praestitit; ac recta Sardianam in regionem impetum fecit. Quumque triduum hoste nullo conspecto, progrederetur, magnam rerum necessariarum copiam pro exercitu habebat. Die quarto equites hostium aderant. Tunc Agesilaus impedimentorum praefecto imperavit, ut amne Pactolo trajecto, castra metaretur; hostes autem conspicati eos, qui Graecorum agmen sequebantur, tunc inde in palatos praedam agere, complures ex eis trucidarunt. Quod quum animadvertisset Agesilaus, equites suis opem ferre jussit. Persae quum his auxiliares copias summitti viderent, collegerunt sese, ac universas equestres turmas in aciem explicatas Graecis opposuere. Ibi vero Agesilaus secum ipse cogitans, necdum hostibus peditatum adesse, sibi vero nihil eorum, quae ad bellum paraverat, deesse: opportune se facturum arbitrabatur, si decernere praelio cum hoste posset. Itaque caesis victimis, recta phalangem adversus instructos equites ducebat, mandans ut ex peditibus gravis armaturae quotquot annis decem pubertatem excessisent, secum in hostem cursu ferrentur, jussis itidem cetratis cursu subsequi. Equitatui quoque denuntiat, ut in aciem adversam impetum facerent, se cum copiis universis subsequuturum pollicitus. Excepere impressionem Persae. At ubi simul imminere omnia terribilia vident, acie inclinata, pars statim in flumine cadunt, partim fuga sibi consulunt. Eos subsequuti Graeci, etiam castris hostium potiuntur. Tum vero cetrati, ut fit, ad praedas se converterunt. Agesilaus undique copiis universa tum sua tum hostilia complexus, inter alias opes captas, ex quibus venditis septuaginta talenta excedentem summam coegit, etiam camelis tunc potitus est, quas ipse in Graeciam abduxit.

Dum haec pugna committeretur, forte Sardibus Tissaphernes erat. Quare factum, ut ipsum Persae insimularent, quasi ab eo deserti proditique fuissent. Itaque quum rex ipse Persarum intellexisset, unius culpa Tissaphernis fieri, quod essent res suae male comparatae, misso Tithrauste, caput homini praecidi jussit. Ea re confecta, legatos ad Agesilaum Tithraustes mittit, qui eum in hanc sententiam compellarent: Belli hujus, Agesilae, tum vobis tum nobis auctor merito supplicio multatus est. Aequum autem rex arbitratur esse, ut tu domum naviges, et Asiae civitates, suis

δασμὸν αὐτῷ ἀποφέρειν. (26) Ἀποκριναμένου δὲ τοῦ Ἀγησιλάου ὅτι οὐκ ἂν ποιήσειε ταῦτα ἄνευ τῶν οἴκοι τελῶν, Σὺ δ' ἀλλά, ἕως ἂν πύθῃ τὰ παρὰ τῆς πόλεως, μεταχώρησον, ἔφη, εἰς τὴν Φαρναβάζου, ἐπειδὴ καὶ ἐγὼ τὸν σὸν ἐχθρὸν τετιμώρημαι. Ἕως ἂν τοίνυν, ἔφη ὁ Ἀγησίλαος, ἐκεῖσε πορεύωμαι, δίδου τῇ στρατιᾷ τὰ ἐπιτήδεια. Ἐκείνῳ μὲν δὴ ὁ Τιθραύστης δίδωσι τριάκοντα τάλαντα· ὁ δὲ λαβὼν ᾔει ἐπὶ τὴν Φαρναβάζου Φρυγίαν. (27) Ὄντι δ' αὐτῷ ἐν τῷ πεδίῳ τῷ ὑπὲρ Κύμης ἔρχεται ἀπὸ τῶν οἴκοι τελῶν ἄρχειν καὶ τοῦ ναυτικοῦ ὅπως γιγνώσκοι καὶ καταστήσασθαι ναύαρχον ὅντινα αὐτὸς βούλοιτο. Τοῦτο δ' ἐποίησαν οἱ Λακεδαιμόνιοι τοιῷδε λογισμῷ, ὡς εἰ ὁ αὐτὸς ἀμφοτέρων ἄρχοι, τό τε πεζὸν πολὺ ἂν ἰσχυρότερον εἶναι, καθ' ἓν οὔσης τῆς ἰσχύος ἀμφοτέροις, τό τε ναυτικόν, ἐπιφαινομένου τοῦ πεζοῦ ἔνθα δέοι. (28) Ἀκούσας δὲ ταῦτα ὁ Ἀγησίλαος, πρῶτον μὲν ταῖς πόλεσι παρήγγειλε ταῖς ἐν ταῖς νήσοις καὶ ταῖς ἐπιθαλαττιδίοις τριήρεις ποιεῖσθαι ὁπόσας ἑκάστη βούλοιτο τῶν πόλεων. Καὶ ἐγένοντο καιναί, ἐξ ὧν αἵ τε πόλεις ἐπηγγείλαντο καὶ οἱ ἰδιῶται ἐποιοῦντο χαρίζεσθαι βουλόμενοι, εἰς εἴκοσι καὶ ἑκατόν. (29) Πείσανδρον δὲ τὸν τῆς γυναικὸς ἀδελφὸν ναύαρχον κατέστησε, φιλότιμον μὲν καὶ ἐρρωμένον τὴν ψυχήν, ἀπειρότερον δὲ τοῦ παρασκευάζεσθαι ὡς δεῖ. Καὶ Πείσανδρος μὲν ἀπελθὼν τὰ ναυτικὰ ἔπραττεν· ὁ δ' Ἀγησίλαος, ὥσπερ ὥρμησεν, ἐπὶ τὴν Φρυγίαν ἐπορεύετο.

ΚΕΦΑΛΑΙΟΝ Ε.

Ὁ μέντοι Τιθραύστης, καταμαθεῖν δοκῶν τὸν Ἀγησίλαον καταφρονοῦντα τῶν βασιλέως πραγμάτων καὶ οὐδαμῇ διανοούμενον ἀπιέναι ἐκ τῆς Ἀσίας, ἀλλὰ μᾶλλον ἐλπίδας ἔχοντα μεγάλας αἱρήσειν βασιλέα, ἀπορῶν τί χρῷτο τοῖς πράγμασι, πέμπει Τιμοκράτην τὸν Ῥόδιον εἰς Ἑλλάδα, δοὺς χρυσίον εἰς πεντήκοντα τάλαντα ἀργυρίου, καὶ κελεύει πειρᾶσθαι πιστὰ τὰ μέγιστα λαμβάνοντα διδόναι τοῖς προεστηκόσιν ἐν ταῖς πόλεσιν ἐφ' ᾧτε πόλεμον ἐξοίσειν πρὸς Λακεδαιμονίους. Ἐκεῖνος δ' ἐλθὼν δίδωσιν ἐν Θήβαις μὲν Ἀνδροκλείδᾳ τε καὶ Ἰσμηνίᾳ καὶ Γαλαξιδώρῳ, ἐν Κορίνθῳ δὲ Τιμολάῳ τε καὶ Πολυάνθει, ἐν Ἄργει δὲ Κύλωνί τε καὶ τοῖς μετ' αὐτοῦ. (2) Ἀθηναῖοι δὲ καὶ οὐ μεταλαβόντες τούτου τοῦ χρυσίου ὅμως πρόθυμοι ἦσαν εἰς τὸν πόλεμον, νομίζοντες γ' ἑαυτῶν ἄρχεσθαι. Οἱ μὲν δὴ δεξάμενοι τὰ χρήματα εἰς τὰς οἰκείας πόλεις διέβαλον τοὺς Λακεδαιμονίους· ἐπεὶ δὲ ταύτας εἰς μῖσος αὐτῶν προήγαγον, συνίστασαν καὶ τὰς μεγίστας πόλεις πρὸς ἀλλήλας.

3. Γιγνώσκοντες δὲ οἱ ἐν ταῖς Θήβαις προεστῶτες ὅτι εἰ μή τις ἄρξει πολέμου, οὐκ ἐθελήσουσιν οἱ Λακεδαιμόνιοι λύειν τὰς σπονδὰς πρὸς τοὺς συμμάχους, πείθουσι Λοκροὺς τοὺς Ὀπουντίους ἐκ τῆς ἀμφισβητησίμου χώρας Φωκεῦσί τε καὶ ἑαυτοῖς χρήματα τελέσαι, νομί-

utendi legibus impetrata facultate, pristinum regi tributum pendant. Ad ea respondente Agesilao, nunquam se id absque magistratuum in patria consensu facturum : Ergo tu, inquit Tithraustes, donec, quid patria tibi denuntiet, intelligas, in Pharnabazi ditionem recedito, quando tuum hostem ego supplicio affeci. Et Agesilaus : Da igitur, inquit, commeatum exercitui meo, donec eo perveniamus. Itaque Tithraustes triginta persolvit talenta : quibus acceptis Agesilaus Phrygiam versus, quæ Pharnabazo parebat, perrexit. Quumque in campo esset supra Cumam sito, a magistratibus e patria quidam missus aderat, qui ferebat, ut etiam classis imperium arbitratu suo caperet ac præfectum classis constitueret, quem ipse vellet. Id ex hujusmodi causa quadam ac ratione Lacedæmonii faciebant : arbitrabantur fore, ut si utrinque idem imperaret, conjunctis ambabus copiis, tum terrestris exercitus longe firmior esset, tum classis, succurrente huic terrestri, ubi res ita posceret. Ea quum accepisset Agesilaus, primum insulanis et maritimis oppidis denuntiavit, ut triremes, quot quidem cuique oppido visum esset, ædificaret. Factæ triremes novæ, partim eæ, quas oppida pollicebantur, partim quas homines privati studio gratificandi Agesilao exstruxere, circiter centum viginti. Classi Pisandrum, uxoris suæ fratrem, præfecit, hominem quidem illum laudis cupidum, et præsentis animi, sed imperitiorem tamen instruendi omnia, prout usus postularet. Pisander igitur, digressus a castris, rem classiariam tractare cœpit ; Agesilaus ita, ut instituerat, in Phrygiam contendit.

CAPUT V.

Interim Tithraustes, qui animadvertere sibi videretur, Agesilao regis Persici res spernenti nequaquam esse in animo, Asia excedere, sed potius magnas ipsum, de rege superando, spes concepisse : suspensus aliquantisper animo, quid potissimum ageret, tandem in Græciam Timocratem Rhodium mittit ; datoque huic auro, quod argenti talenta quinquaginta æquaret, operam daret, imperat, ut maximis fidei pignoribus acceptis, id in præsides civitatum distribueret, quo bellum illi Lacedæmoniis facerent. Profectus hic in Græciam, Thebis quidem Androclidæ, et Ismeniæ, et Galaxidoro aurum numerat ; Corinthi vero, Timolao et Polyanthi ; Argis, Cyloni et ipsius complicibus. Athenienses quamvis participes auri hujus facti non essent, nihilo tamen minus ad bellum propensi erant, quod crederent Lacedæmonios sibi imperare. Itaque quotquot has pecunias acceperant, apud suas civitates Lacedæmonios calumniabantur. Quumque apud has odium illorum excitassent, perfecerunt, ut urbes amplissimæ inter se conspirarent.

Et quia Thebanæ civitatis principes intelligebant, hauddquaquam futurum, ut fœdera cum sociis inita Lacedæmonii vellent solvere, nisi quis initium belli faceret : Locris Opuntiis persuadent, ut ex agro inter Phocenses et Thebanos controverso pecunias sibi cogerent ; quod existimarent, si id

ζοντες τοὺς Φωκέας τούτου γενομένου ἐμβαλεῖν εἰς τὴν Λοκρίδα. Καὶ οὐκ ἐψεύσθησαν, ἀλλ᾽ εὐθὺς οἱ Φωκεῖς ἐμβαλόντες εἰς τὴν Λοκρίδα πολλαπλάσια χρήματα ἔλαβον. (4) Οἱ οὖν περὶ τὸν Ἀνδροκλείδαν ταχὺ ἔπεισαν τοὺς Θηβαίους βοηθεῖν τοῖς Λοκροῖς, ὡς οὐκ εἰς τὴν ἀμφισβητήσιμον, ἀλλ᾽ εἰς τὴν ὁμολογουμένην φίλην τε καὶ σύμμαχον εἶναι Λοκρίδα ἐμβεβληκότων αὐτῶν. Ἐπεὶ δὲ οἱ Θηβαῖοι ἀντεμβαλόντες εἰς τὴν Φωκίδα ἐδῄουν τὴν χώραν, εὐθὺς οἱ Φωκεῖς πέμπουσι πρέσβεις εἰς Λακεδαίμονα καὶ ἠξίουν βοηθεῖν αὐτοῖς, διδάσκοντες ὡς οὐκ ἦρξαντο πολέμου, ἀλλ᾽ ἀμυνόμενοι ἦλθον ἐπὶ τοὺς Λοκρούς. (5) Οἱ μέντοι Λακεδαιμόνιοι ἄσμενοι ἔλαβον πρόφασιν στρατεύειν ἐπὶ τοὺς Θηβαίους, πάλαι ὀργιζόμενοι αὐτοῖς τῆς τε ἀντιλήψεως τῆς τοῦ Ἀπόλλωνος δεκάτης ἐν Δεκελείᾳ καὶ τοῦ ἐπὶ τὸν Πειραιᾶ μὴ ἐθελῆσαι ἀκολουθῆσαι. Ἠτιῶντο δ᾽ αὐτοὺς καὶ Κορινθίους πεῖσαι μὴ συστρατεύειν. Ἀνεμιμνήσκοντο δὲ καὶ ὡς θύειν τ᾽ ἐν Αὐλίδι τὸν Ἀγησίλαον οὐκ εἴων καὶ τὰ τεθυμένα ἱερὰ ὡς ἔρριψαν ἀπὸ τοῦ βωμοῦ καὶ ὅτι οὐδ᾽ εἰς τὴν Ἀσίαν ξυνεστράτευον Ἀγησιλάῳ. Ἐλογίζοντο δὲ καὶ καλὸν καιρὸν εἶναι τοῦ ἐξάγειν στρατιὰν ἐπ᾽ αὐτοὺς καὶ παῦσαι τῆς εἰς αὐτοὺς ὕβρεως· τά τε γὰρ ἐν τῇ Ἀσίᾳ καλῶς σφίσιν ἔχειν, κρατοῦντος Ἀγησιλάου, καὶ ἐν τῇ Ἑλλάδι οὐδένα ἄλλον πόλεμον ἐμποδὼν σφίσιν εἶναι. (6) Οὕτω δὴ γιγνωσκούσης τῆς πόλεως τῶν Λακεδαιμονίων φρουρὰν μὲν οἱ ἔφοροι ἔφαινον, Λύσανδρον δ᾽ ἐξέπεμψαν εἰς Φωκέας καὶ ἐκέλευσαν αὐτόν τε τοὺς Φωκέας ἔχοντα παρεῖναι καὶ Οἰταίους καὶ Ἡρακλεώτας καὶ Μηλιέας καὶ Αἰνιᾶνας εἰς Ἁλίαρτον. Ἐκεῖσε δὲ καὶ Παυσανίας, ὅσπερ ἔμελλεν ἡγεῖσθαι, ξυνετίθετο παρέσεσθαι εἰς ῥητὴν ἡμέραν, ἔχων Λακεδαιμονίους τε καὶ τοὺς ἄλλους ξυμμάχους τῶν Πελοποννησίων. Καὶ ὁ μὲν Λύσανδρος τά τε ἄλλα τὰ κελευόμενα ἔπραττε καὶ προσέτι Ὀρχομενίους ἀπέστησε Θηβαίων. (7) Ὁ δὲ Παυσανίας, ἐπεὶ τὰ διαβατήρια ἐγένετο αὐτῷ, καθεζόμενος ἐν τῇ Τεγέᾳ τούς τε ξεναγοὺς διέπεμπε καὶ τοὺς ἐκ τῶν περιοικίδων πόλεων στρατιώτας περιέμενεν. Ἐπεὶ γε μὴν δῆλον τοῖς Θηβαίοις ἐγένετο ὅτι ἐμβαλοῖεν οἱ Λακεδαιμόνιοι εἰς τὴν χώραν αὐτῶν, πρέσβεις ἔπεμψαν Ἀθήναζε λέγοντας τάδε.

8. Ὦ ἄνδρες Ἀθηναῖοι, ἃ μὲν μέμφεσθε ἡμῖν ὡς ψηφισαμένων χαλεπὰ περὶ ὑμῶν ἐν τῇ καταλύσει τοῦ πολέμου, οὐκ ὀρθῶς μέμφεσθε· οὐ γὰρ ἡ πόλις ἐκείνα ἐψηφίσατο, ἀλλ᾽ εἷς ἀνὴρ εἶπεν, ὃς ἔτυχε τότε ἐν τοῖς συμμάχοις καθήμενος. Ὅτε δὲ παρεκάλουν ἡμᾶς οἱ Λακεδαιμόνιοι ἐπὶ τὸν Πειραιᾶ, τότε ἅπασα ἡ πόλις ἀπεψηφίσατο μὴ συστρατεύειν αὐτοῖς. Δι᾽ ὑμᾶς οὖν οὐχ ἥκιστα ὀργιζομένων ἡμῖν τῶν Λακεδαιμονίων, δίκαιον εἶναι νομίζομεν βοηθεῖν ὑμᾶς τῇ πόλει ἡμῶν. (9) Πολὺ δ᾽ ἔτι μᾶλλον ἀξιοῦμεν, ὅσοι τῶν ἐν ἄστει ἐγένεσθε, προθύμως ἐπὶ τοὺς Λακεδαιμονίους ἰέναι. Ἐκεῖνοι γὰρ καταστήσαντες ὑμᾶς εἰς ὀλιγαρχίαν καὶ εἰς ἔχθραν τῷ δήμῳ, ἀφικόμενοι πολλῇ δυνάμει ὡς ὑμῖν σύμμαχοι παρέδοσαν ὑμᾶς τῷ πλήθει· ὥστε τὸ μὲν ἐπ᾽ ἐκείνοις

fieret, Phocenses Locridem invasuros. Neque spes eos sua fefellit. Nam mox Phocenses in Locridem irruentes, pecuniam multo majorem eis ademerunt. Tum Androclidæ adhærentes celeriter Thebanis persuaserunt, opem Locris esse ferendam; non jam illos in regionem controversam, sed in eam Locridem, quæ se Thebanis amicam fœderatamque profiteretur, impetum fecisse. Thebanis igitur e contrario Phocidem invadentibus, et eorum populantibus agrum, mox Phocenses Lacedæmonem legatos mittunt, opem exposcunt, non belli se auctores esse docent, qui sui defendendi causa profecti adversus Locros essent. Enimvero Lacedæmonii perlubentes occasionem movendi adversus Thebanos belli arripuerunt, jam olim eis infensi, quod apud Deceleam Apollinis decumam sibi vindicassent, et quod adversus Piræeum sequi Lacedæmonios noluissent. Hanc quoque culpam in eos conferebant, quod Corinthiis auctores extitissent, ne in eadem expeditione se Lacedæmoniis adjungerent. Succurrebat itidem animis, quod non solum in Aulide rem divinam Agesilaum facere prohibuissent, verum etiam mactatas hostias de ara dejecissent: eosdem Agesilai in Asiam ducentis signa sequi neutiquam voluisse. Tempus ipsum peropportunum se nactos arbitrabantur ducendi adversus eos copias, et reprimendæ ipsorum contra se insolentiæ: quippe res in Asia secundas esse, Agesilao rerum potiente, nec ullum sibi aliud in Græcia bellum esse impedimento. Hæc quum esset civitatis Lacedæmoniorum sententia, copias decreverunt Ephori, et Lysandrum Phocensibus miserunt, jussum Phocenses ipsos, et Œteos, et Heracleotas, et Melienses, et Æniianes adducere, eumque his apud Haliartum præsto esse. Nam istic etiam Pausanias, hujus belli dux, se ad diem constitutum una cum Lacedæmoniis, ceterisque Peloponnesiorum sociis adfuturum condixerat. Lysander quum alia sibi imperata faciebat, tum etiam Orchomenios a fide Thebanorum avertit. At Pausanias, posteaquam de educendis copiis facta ei sacra perlitavit, apud Tegeam subsistebat, ac partim conductitii militis duces hinc inde mittebat, partim finitimorum oppidorum milites operiebatur. Interea facti certiores Thebani, Lacedæmonios ipsorum fines invadere, legatos Athenas mittunt, qui hæc dicerent :

« Quod de nobis querimini, Athenienses, quasi dura quædam sub belli finem adversus vos decreverimus, haud recte facitis. Nam id decretum non a republica nostra factum, sed ab uno prolatum homine fuit, qui tunc fœderatorum in consessu erat. Quo vero tempore Lacedæmonii nobis adversus Piræeum invitabant, tum universa respublica, decreto promulgato, esse juvandos eo bello Lacedæmonios negavit. Quare quum non minima ex parte vestri causa nobis illi succenseant, æquum censemus esse, vos civitati nostræ opem non denegare. Quin et longe ducimus æquius, ex vobis eos potissimum, quotquot eratis in urbe, cupidis animis Lacedæmonios invadere. Nam illi statu reipublicæ vestræ paucorum in dominationem converso, et odio populi contra vos concitato, deinde magnis cum copiis, velut socii vestri, venientes, multitudini plebeiæ vos objecerunt. Itaque quod ad ipsos attinet, jamdudum periissetis : quod

HISTORIÆ GRÆCÆ LIB. III. CAP. V.

εἶναι ἀπωλώλατε, ὁ δὲ δῆμος οὑτοσὶ ὑμᾶς ἔσωσε. (10) Καὶ μὴν ὅτι μὲν, ὦ ἄνδρες Ἀθηναῖοι, βούλοισθ᾽ ἂν τὴν ἀρχὴν ἣν πρότερον ἐκέκτησθε ἀναλαβεῖν πάντες ἐπιστάμεθα· τοῦτο δὲ πῶς μᾶλλον εἰκὸς γενέσθαι ἢ εἰ αὐτοὶ τοῖς ὑπ᾽ ἐκείνων ἀδικουμένοις βοηθοῖτε; Ὅτι δὲ πολλῶν ἄρχουσι, μὴ φοβηθῆτε, ἀλλὰ πολὺ μᾶλλον διὰ τοῦτο θαρρεῖτε, ἐνθυμούμενοι ὅτι καὶ ὑμεῖς ὅτε πλείστων ἤρχετε, τότε πλείστους ἐχθροὺς ἐκέκτησθε. Ἀλλ᾽ ἕως μὲν οὐκ εἶχον ὅποι ἀποσταῖεν, ἔκρυπτον τὴν πρὸς ὑμᾶς ἔχθραν· ἐπεὶ δέ γε Λακεδαιμόνιοι προέστησαν, τότε ἔφηναν οἷα περὶ ὑμῶν ἐγίγνωσκον. (11) Καὶ νῦν γε, ἂν φανεροὶ γενώμεθα ἡμεῖς τε καὶ ὑμεῖς ξυνασπιδοῦντες ἐναντία τοῖς Λακεδαιμονίοις, εὖ ἴστε, ἀναφανήσονται πολλοὶ οἱ μισοῦντες αὐτούς. Ὡς δ᾽ ἀληθῆ λέγομεν, ἐὰν ἀναλογίσησθε, αὐτίκα γνώσεσθε. Τίς γὰρ ἤδη καταλείπεται αὐτοῖς εὐμενής; οὐκ Ἀργεῖοι μὲν ἀεί ποτε δυσμενεῖς αὐτοῖς ὑπάρχουσιν; (12) Ἠλεῖοί γε μὴν νῦν ἐστερημένοι καὶ χώρας πολλῆς καὶ πόλεων ἐχθροὶ αὐτοῖς προσγεγένηνται. Κορινθίους δὲ καὶ Ἀρκάδας καὶ Ἀχαιοὺς τί φῶμεν, οἳ ἐν μὲν τῷ πρὸς ὑμᾶς πολέμῳ μάλα λιπαρούμενοι ὑπ᾽ ἐκείνων πάντων καὶ πόνων καὶ κινδύνων καὶ τῶν δαπανημάτων μετεῖχον, ἐπεὶ δ᾽ ἔπραξαν ἃ ἐβούλοντο οἱ Λακεδαιμόνιοι, ποίας ἢ ἀρχῆς ἢ τιμῆς ἢ ποίων χρημάτων μεταδεδώκασιν αὐτοῖς; ἀλλὰ τοὺς μὲν εἵλωτας ἁρμοστὰς ἀξιοῦσι καθιστάναι, τῶν δὲ ξυμμάχων ἐλευθέρων ὄντων, ἐπεὶ εὐτύχησαν, δεσπόται ἀναπεφήνασιν. (13) Ἀλλὰ μὴν καὶ οὓς ὑμῶν ἀπέστησαν φανεροί εἰσιν ἐξηπατηκότες· ἀντὶ γὰρ ἐλευθερίας διπλῆν αὐτοῖς δουλείαν παρεσχήκασιν· ὑπὸ τε γὰρ τῶν ἁρμοστῶν τυραννοῦνται καὶ ὑπὸ δέκα ἀνδρῶν, οὓς Λύσανδρος κατέστησεν ἐν ἑκάστῃ πόλει. Ὅ γε μὴν τῆς Ἀσίας βασιλεὺς καὶ τὰ μέγιστα αὐτοῖς συμβαλόμενος εἰς τὸ ὑμῶν κρατῆσαι νῦν τί διάφορον πάσχει ἢ εἰ μεθ᾽ ὑμῶν κατεπολέμησεν αὐτούς; (14) Πῶς οὖν οὐκ εἰκὸς, ἐὰν ὑμεῖς αὖ προστῆτε τῶν οὕτω φανερῶς ἀδικουμένων, νῦν ὑμᾶς πολὺ ἤδη μεγίστους τῶν πώποτε γενέσθαι; ὅτε μὲν γὰρ ἤρχετε, τῶν κατὰ θάλατταν μόνον δήπου ἡγεῖσθε· νῦν δὲ πάντων καὶ ἡμῶν καὶ Πελοποννησίων καὶ ὧν πρόσθεν ἤρχετε καὶ αὐτοῦ βασιλέως τοῦ μεγίστην δύναμιν ἔχοντος ἡγεμόνες ἂν γένοισθε. Καίτοι ἦμεν πολλοῦ ἄξιοι καὶ ἐκείνοις σύμμαχοι, ὡς ὑμεῖς ἐπίστασθε· νῦν δέ γε εἰκὸς τῷ παντὶ ἐρρωμενεστέρως ὑμῖν συμμαχεῖν ἢ τότε Λακεδαιμονίοις· οὐδὲ γὰρ ὑπὲρ νησιωτῶν ἡμᾶς ἢ Συρακοσίων οὐδ᾽ ὑπὲρ ἀλλοτρίων, ὥσπερ τότε, ἀλλ᾽ ὑπὲρ ἡμῶν αὐτῶν ἀδικουμένων βοηθήσομεν. (15) Καὶ τοῦτό μέντοι χρὴ εὖ εἰδέναι, ὅτι ἡ Λακεδαιμονίων πλεονεξία πολὺ εὐκαταλυτωτέρα ἐστὶ τῆς ὑμετέρας γενομένης ἀρχῆς. Ὑμεῖς μὲν γὰρ ἔχοντες ναυτικὸν οὐκ ἐχόντων ἤρχετε, οὗτοι δὲ ὀλίγοι ὄντες πολλαπλασίων ὄντων καὶ οὐδὲν χεῖρον ὡπλισμένων πλεονεκτοῦσι. Ταῦτ᾽ οὖν λέγομεν ἡμεῖς· εὖ γε μέντοι ἐπίστασθε, ὦ ἄνδρες Ἀθηναῖοι, ὅτι νομίζομεν ἐπὶ πολὺ μείζω ἀγαθὰ παρακαλεῖν ὑμᾶς τῇ ὑμετέρᾳ πόλει ἢ τῇ ἡμετέρᾳ.

autem conservati estis, id huic plebi vestræ debetur. Enimvero cupere vos, Athenienses, imperium pristinum recuperare, nemo nostrûm nescit. At qui fieri possit hoc commodius quam si per injurias læsis a Lacedæmoniis auxilio fueritis? Neque vobis idcirco metuendum est, quod illi multis imperent, sed potius eam ab causam animis fidentibus estote. Nam cogitare debetis, vos quoque tum temporis, quum in plurimos vobis imperium esset, plurimos itidem hostes habuisse. Nimirum quousque non erant ad quos deficerent, hostilem erga vos animum occultabant : sed ubi se Lacedæmonii duces præbuere, tum scilicet, quæ esset ipsorum de vobis sententia, declararunt. Nunc quoque si palam et vos et nos ostenderimus, adversus Lacedæmonios socia nos arma conjungere : sat scitote, multos apparituros, qui eos oderint. Vera nos dicere, statim intelligetis si rem cum animis vestris expendetis. Nam quis jam reliquus est, qui benevolo sit in eos animo? An non Argivi semper eis infesti sunt? Accesserunt hostes recentes Elei, magna et agri et oppidorum parte multati. Quid de Corinthiis, Arcadibus, Achæis dicendum erit? qui quidem in eo, quod gestum adversus vos est, bello vehementer ab iis universis rogati laborum, periculorum, sumptuum in partem venerunt : posteaquam Lacedæmonii, quæ voluerant, perfecere, quodnam quæso vel imperium, vel honorem, vel opes cum iis communicarunt? Nimirum helotes dignos arbitrantur, quos urbium prætores constituant; sociorum vero, ingenuorum scilicet hominum, posteaquam fortuna sunt usi prospera, dominos se declarant. Quin illos etiam, quos ab amicitia vestra dijunxerunt, deceptos ab iis esse constat. Etenim pro libertate, duplicem iis servitutem imposuerunt : nam et ab oppidorum prætoribus, et a decemviris, quos Lysander qualibet in urbe constituit, indigna tyrannide premuntur. Asiæ quidem regi, qui plurimum eis adjumento fuit, ut suo vos imperio subjicerent, quid aliud accidit modo, quam si et ipse bello vobiscum eos oppressisset? Nonne ergo fore consentaneum est ut si vos jam duces iis præbueritis, qui adeo manifestis injuriis affecti sunt, longe modo potentissimi omnium, qui unquam exstiterunt, evadatis? Nam quo tempore vos rerum potiebamini, maritimorum fere solummodo principatum habebatis : at nunc et omnium nostrûm, et Peloponnesiorum, et eorum, quibus olim præeratis, et ipsius deinique regis, cujus amplissima est potentia, duces constituemini. Atqui nos Lacedæmoniis fœderati maximo eis eramus usui, quod vos non ignoratis. Nunc tamen vero est simile, nos omnino firmioribus animis vos sequuturos, quam tunc sequuti Lacedæmonios simus. Nec enim vel insularum gratia, vel Syracusanorum, vel omnino in aliena causa, quod tunc factum fuit, sed in nostra, injuste qui læsi simus, opem ferenus. Hoc quoque sciendum est, statum hunc Lacedæmoniorum, potiorem conditione reliquorum, everti posse multo facilius quam imperium illud, quod vos obtinuistis. Nam vos a navalibus copiis instructi, in non instructos imperium habebatis : at hi perpauci numero supra ceteros, longe ipsis plures, nec quidquam deterius armis instructos, semet efferunt. Atque hæc quidem dicimus nos. Illud quidem certe scire debetis, Athenienses, existimare nos, ad ea vos invitari a nobis, quæ reipublicæ vestræ plus allatura sint boni, quam nostræ. »

16. Ὁ μὲν ταῦτ' εἰπὼν ἐπαύσατο. Τῶν δ' Ἀθηναίων πάμπολλοι μὲν ξυνηγόρευον, πάντες δ' ἐψηφίσαντο βοηθεῖν αὐτοῖς. Θρασύβουλος δὲ ἀποκρινάμενος τὸ ψήφισμα καὶ τοῦτο ἐνεδείκνυτο, ὅτι ἀτειχίστου τοῦ Πειραιῶς ὄντος ὅμως παρακινδυνεύσοιεν χάριτα αὐτοῖς ἀποδοῦναι μείζονα ἢ ἔλαβον. Ὑμεῖς μὲν γὰρ, ἔφη, οὐ ξυνεστρατεύσατε ἐφ' ἡμᾶς, ἡμεῖς δέ γε μεθ' ὑμῶν μαχούμεθα ἐκείνοις, ἂν ἴωσιν ἐφ' ὑμᾶς. (17) Οἱ μὲν δὴ Θηβαῖοι ἀπελθόντες παρεσκευάζοντο ὡς ἀμυνούμενοι, οἱ δ' Ἀθηναῖοι ὡς βοηθήσοντες. Καὶ μὴν οἱ Λακεδαιμόνιοι οὐκέτι ἔμελλον, ἀλλὰ Παυσανίας μὲν ὁ βασιλεὺς ἐπορεύετο εἰς τὴν Βοιωτίαν τό τε οἴκοθεν ἔχων στράτευμα καὶ τὸ ἐκ Πελοποννήσου, πλὴν Κορίνθιοι οὐκ ἠκολούθουν αὐτοῖς. Ὁ δὲ Λύσανδρος, ἄγων τὸ ἀπὸ Φωκέων καὶ Ὀρχομενοῦ καὶ τῶν κατ' ἐκεῖνα χωρίων στράτευμα, ἔφθη τὸν Παυσανίαν ἐν τῇ Ἁλιάρτῳ γενόμενος. (18) Ἥκων δὲ οὐκέτι ἡσυχίαν ἔχων ἀνέμενε τὸ ἀπὸ Λακεδαίμονος στράτευμα, ἀλλὰ σὺν οἷς εἶχεν ᾔει πρὸς τὸ τεῖχος τῶν Ἁλιαρτίων. Καὶ τὸ μὲν πρῶτον ἔπειθεν αὐτοὺς ἀφίστασθαι καὶ αὐτονόμους γίγνεσθαι· ἐπεὶ δὲ τῶν Θηβαίων τινὲς ὄντες ἐν τῷ τείχει διεκώλυον, προσέβαλε πρὸς τὸ τεῖχος. (19) Ἀκούσαντες δὲ ταῦτα οἱ Θηβαῖοι, δρόμῳ ἐβοήθουν οἵ τε ὁπλῖται καὶ οἱ ἱππεῖς. Ὁπότεροι μὲν οὖν, εἴτε λαθόντες τὸν Λύσανδρον ἐπέπεσον αὐτῷ εἴτε καὶ αἰσθόμενος προσιόντας ὡς κρατήσων ὑπέμενεν, ἄδηλον· τοῦτο δ' οὖν σαφὲς, ὅτι παρὰ τὸ τεῖχος ἡ μάχη ἐγένετο· καὶ τρόπαιον ἕστηκε πρὸς τὰς πύλας τῶν Ἁλιαρτίων. Ἐπεὶ δ' ἀποθανόντος Λυσάνδρου ἔφευγον οἱ ἄλλοι πρὸς τὸ ὄρος, ἐδίωκον ἐρρωμένως οἱ Θηβαῖοι. (20) Ὡς δὲ ἄνω ἤδη ἦσαν διώκοντες καὶ δυσχωρία τε καὶ στενοπορία ὑπελάμβανεν αὐτοὺς, ὑποστρέψαντες οἱ ὁπλῖται ἠκόντιζόν τε καὶ ἔβαλλον. Ὡς δὲ ἔπεσον αὐτῶν δύο ἢ τρεῖς οἱ πρῶτοι καὶ ἐπὶ τοὺς λοιποὺς ἐπεκυλίνδουν πέτρους εἰς τὸ κάταντες καὶ πολλῇ προθυμίᾳ ἐνέκειντο, ἐτρέφθησαν οἱ Θηβαῖοι ἀπὸ τοῦ κατάντους καὶ ἀποθνῄσκουσιν αὐτῶν πλείους ἢ διακόσιοι. (21) Ταύτῃ μὲν οὖν τῇ ἡμέρᾳ οἱ Θηβαῖοι ἠθύμουν, νομίζοντες οὐκ ἐλάττω κακὰ πεπονθέναι ἢ πεποιηκέναι· τῇ δ' ὑστεραίᾳ, ἐπεὶ ᾔσθοντο ἀπεληλυθότας ἐν νυκτὶ τούς τε Φωκέας καὶ τοὺς ἄλλους ἅπαντας οἴκαδε ἑκάστους, ἐκ τούτου δὴ μεῖζον ἐφρόνουν ἐπὶ τῷ γεγενημένῳ. Ἐπεὶ δ' αὖ ὁ Παυσανίας ἀνεφαίνετο ἔχων τὸ ἐκ Λακεδαίμονος στράτευμα, πάλιν αὖ ἐν μεγάλῳ κινδύνῳ ἡγοῦντο εἶναι, καὶ πολλὴν ἔφασαν σιωπήν τε καὶ ταπεινότητα ἐν τῷ στρατεύματί εἶναι αὐτῶν. (22) Ὡς δὲ τῇ ὑστεραίᾳ οἵ τε Ἀθηναῖοι ἐλθόντες ξυμπαρετάξαντο ὅ τε Παυσανίας οὐ προσῆγεν οὐδ' ἐμάχετο, ἐκ τούτου τὸ μὲν Θηβαίων πολὺ μεῖζον φρόνημα ἐγίγνετο· ὁ δὲ Παυσανίας συγκαλέσας πολεμάρχους καὶ πεντηκοστῆρας ἐβουλεύετο πότερον μάχην ξυνάπτοι ἢ ὑποσπόνδους τόν τε Λύσανδρον ἀναιροῖτο καὶ τοὺς μετ' αὐτοῦ πεσόντας. (23) Λογιζόμενος δ' ὁ Παυσανίας καὶ οἱ ἄλλοι οἱ ἐν τέλει Λακεδαιμονίων ὡς Λύσανδρος τετελευτηκὼς εἴη καὶ τὸ μετ' αὐτοῦ στράτευμα ἡττημένον

His expositis, legatus Thebanus dicendi finem fecit. Ea vero complures ex Atheniensibus probata suadebant, omnes ferendam Thebanis opem decernebant. Quumque plebiscitum hoc Thrasybulus responsi loco eis exposuisset, id etiam significabat : populum Atheniensem, tametsi Piraeeus nec dum muris cinctus esset, nihilominus suo periculo majorem Thebanis gratiam referre conaturum, quam ipse beneficium accepisset. Nam vos Thebani, ait, expeditioni adversus nos haud interfuistis : at nos vobiscum adversus Lacedaemonios pugnabimus, si quidem vos bello petiverint. Itaque Thebani domum profecti, ad defensionem se comparabant ; Athenienses, ad opem eis ferendam. Nec Lacedaemonii quidem amplius cunctabantur, sed rex Pausanias cum Laconicis domo productis, ac Peloponnesi copiis in Boeotiam pergebat. Soli Corinthii eos non sequebantur. Interea Lysander, qui Phocensium, Orchomeniorum, hisque vicinorum oppidorum ducebat copias, prius ad Haliartum, quam Pausanias, praesto fuit. Quumque jam eo venisset, quiescere non poterat, neque missum a Lacedaemoniis exercitum exspectabat : sed cum iis, quos habebat, militibus ad Haliartiorum moenia pergens illis primum suadebat, a Thebanis uti deficerent, seque in libertatem assererent. Id vero quum Thebani quidam in oppido fieri prohibuissent, muro copias admovit. Ea re Thebani audita, cursu, ad ferendas suppetias, cum gravis armaturae peditibus et equitum copiis Haliartum contendunt. Utrum vero in Lysandrum clam ipso incidérint, an potius animadvertens ille Thebanos adventare, substiterit, quasi qui sibi victoriam polliceretur, incertum est. Hoc constat, ad ipsa moenia pugnatum, et tropaeum ad portas Haliartiorum constitutum fuisse. Lysandro interfecto quum ad montem reliqui fugerent, acriter Thebani eos persequebantur. Quam vero in montis cacumen evasissent persequendo, tum in delatos ad angusta transituque difficilia loca gravis armaturae pedites se convertunt, et jaculis ac telis eos feriunt. Ubi autem duo vel tres, qui erant in fronte, ceciderunt et in reliquos per loca declivia Lacedaemonii saxa devolverunt, magnaque cum alacritate animorum eos urserunt, Thebani ab adverso monte in fugam versi ac plus ducenti occisi sunt. Itaque eo die moesti fuerunt, quod non minus se detrimenti accepisse quam intulisse ducerent. Postridie quum Phocenses et ceteros omnes noctu domum quosque suam profugisse comperissent, majores ob rem gestam animos sumebant. At ubi Pausaniam cum Laconicis copiis conspexere, ingenti se rursus in periculo esse arbitrabantur, adeoque magnum in ipsorum exercitu silentium, animorumque dejectionem fuisse, commemorabant. Sed quum postridie non solum Athenienses ad eos venissent, seque cum ipsis in acie conjunxissent, verum etiam Pausanias exercitum non adduceret, neque praelii copiam faceret : tum vero crevere plurimum Thebanis animi. Pausanias autem ubi polemarchos et militum quinquagenorum praefectos convocavit, manumne consereret, an per inducias Lysandrum et alios cum ipso caesos tolleret, deliberabat. Quumque tam Pausanias ipse, quam ceteri Lacedaemoniorum magistratus secum reputarent, Lysandrum occubuisse, milites, quos habuerat,

ἀποκεχωρήκοι, καὶ Κορίνθιοι μὲν παντάπασιν οὐκ ἠκολούθουν αὐτοῖς, οἱ δὲ παρόντες οὐ προθύμως στρατεύοιντο· ἐλογίζοντο δὲ καὶ τὸ ἱππικὸν ὡς τὸ μὲν ἀντίπαλον πολὺ, τὸ δὲ αὑτῶν ὀλίγον εἴη, τὸ δὲ μέγιστον, ὅτι οἱ νεκροὶ ὑπὸ τῷ τείχει ἔκειντο, ὥστε οὐδὲ κρείττοσιν οὖσι διὰ τοὺς ἀπὸ τῶν πύργων βάθιον εἴη ἀνελέσθαι· διὰ οὖν πάντα ταῦτα ἔδοξεν αὐτοῖς τοὺς νεκροὺς ὑποσπόνδους ἀναιρεῖσθαι. (24) Οἱ μέντοι Θηβαῖοι εἶπαν ὅτι οὐκ ἂν ἀποδοῖεν τοὺς νεκρούς, εἰ μὴ ἐφ᾿ ᾧτε ἀπιέναι ἐκ τῆς χώρας. Οἱ δὲ ἀσμένοι τε ταῦτα ἤκουσαν καὶ ἀνελόμενοι τοὺς νεκροὺς ἀπῄεσαν ἐκ τῆς Βοιωτίας. Τούτων δὲ πραχθέντων οἱ μὲν Λακεδαιμόνιοι ἀθύμως ἀπῄεσαν, οἱ δὲ Θηβαῖοι μάλα ὑβριστικῶς, εἰ καὶ μικρόν τις τῶν χωρίων τοῦ ἐπιβαίη, παίοντες ἐδίωκον εἰς τὰς ὁδούς. Αὕτη μὲν δὴ οὕτως ἡ στρατιὰ τῶν Λακεδαιμονίων διελύθη. (25) Ὁ μέντοι Παυσανίας ἐπεὶ ἀφίκετο οἴκαδε, ἐκρίνετο περὶ θανάτου. Κατηγορουμένου δ᾿ αὐτοῦ καὶ ὅτι ὑστερήσειεν εἰς τὸν Ἁλίαρτον τοῦ Λυσάνδρου, ξυνθέμενος εἰς τὴν αὐτὴν ἡμέραν παρέσεσθαι, καὶ ὅτι ὑποσπόνδους ἀλλ᾿ οὐ μάχῃ ἐπειρᾶτο τοὺς νεκροὺς ἀναιρεῖσθαι, καὶ ὅτι τὸν δῆμον τῶν Ἀθηναίων λαβὼν ἐν τῷ Πειραιεῖ ἀνῆκε, καὶ πρὸς τούτοις οὐ παρόντος ἐν τῇ δίκῃ, θανάτου αὐτοῦ κατεγνώσθη· καὶ ἔφυγεν εἰς Τεγέαν, καὶ ἐτελεύτησε μέντοι ἐκεῖ νόσῳ. Κατὰ μὲν οὖν τὴν Ἑλλάδα ταῦτ᾿ ἐπράχθη.

victos profugisse, Corinthios prorsus sequi noluisse, ceteros, qui aderant, non satis alacres esse hac in militia ; præterea et quod maximum esset, hostium equitatum magnum esse, suum exiguum; occisorum cadavera sub ipsis jacere mœnibus, ut jam ne victoribus quidem, propter vim hostium de turribus, ea tollere sit proclive : de hisce causis omnibus decreverunt, interfectorum corpora per inducias esse tollenda. At Thebani negaverunt ea se reddituros alia conditione, quam ut finibus suis Lacedæmonii excederent. Ea res perlubenter audita, sublatisque cadaveribus, e Bœotia discessum. Atque his ita gestis, abiere mœsti Lacedæmonii. Thebani autem petulanter admodum, si quis vel parumper in villas divertisset, cædendo ad vias usque persequebantur. Hic ejus expeditionis Lacedæmoniorum exitus fuit. Enimvero Pausanias, posteaquam domum rediit, capitis judicium subiit. Quumque accusaretur, quod serius Lysandro apud Haliartum præsto fuisset, quamvis conventum inter ipsos esset, ut ad eundem diem eo venirent; quod per inducias, non commissa pugna conatus fuisset tollere mortuorum cadavera; quod Atheniensium populum captum in Piræeo dimisisset; quod denique judicio se non stitisset, capitis damnatus fuit. Ipse Tegeam fuga se recepit, atque istic morbo exstinctus est. Hæc tum in Græcia gesta sunt.

ΒΙΒΛΙΟΝ Δ.

ΚΕΦΑΛΑΙΟΝ Α.

Ὁ δὲ Ἀγησίλαος, ἐπεὶ ἀφίκετο ἅμα μετοπώρῳ εἰς τὴν τοῦ Φαρναβάζου Φρυγίαν, τὴν μὲν χώραν ἔκαε καὶ ἐπόρθει, πόλεις δὲ τὰς μὲν βίᾳ, τὰς δ᾿ ἑκούσας προσελάμβανε. (2) Λέγοντος δὲ τοῦ Σπιθριδάτου ὡς εἰ ἔλθοι πρὸς τὴν Παφλαγονίαν σὺν αὐτῷ, τὸν τῶν Παφλαγόνων βασιλέα καὶ εἰς λόγους ἄξοι καὶ ξύμμαχον ποιήσοι, προθύμως ἐπορεύετο, πάλαι τούτου ἐπιθυμῶν, τοῦ ἀριστᾶναί τι ἔθνος ἀπὸ βασιλέως.

3. Ἐπεὶ δὲ ἀφίκετο εἰς τὴν Παφλαγονίαν, ἦλθεν Ὄτυς καὶ ξυμμαχίαν ἐποιήσατο· καὶ γὰρ καλούμενος ὑπὸ βασιλέως οὐκ ἀνεβεβήκει. Πείσαντος δὲ τοῦ Σπιθριδάτου κατέλιπε τῷ Ἀγησιλάῳ χιλίους μὲν ἱππέας, δισχιλίους δὲ πελταστάς. (4) Χάριν δὲ τούτων εἰδὼς Ἀγησίλαος τῷ Σπιθριδάτῃ, Εἰπέ μοι, ἔφη, ὦ Σπιθριδάτη, οὐκ ἂν δοίης Ὄτυϊ τὴν θυγατέρα; Πολύ γε, ἔφη, μᾶλλον ἢ ἐκεῖνος ἂν λάβοι φυγάδος ἀνδρὸς βασιλέων πολλῶν καὶ χώρας καὶ δυνάμεως. Τότε μὲν οὖν ταῦτα μόνον ἐρρήθη περὶ τοῦ γάμου. (5) Ἐπεὶ δ᾿ Ὄτυς ἔμελλεν ἀπιέναι, ἦλθε πρὸς τὸν Ἀγησίλαον ἀσπασόμενος. Λόγου δὲ ἤρξατο ὁ Ἀγησίλαος παρόντων τῶν τριάκοντα, μεταστησάμενος τὸν Σπιθριδάτην,

LIBER IV.

CAPUT I.

Agesilaus autem, posteaquam sub autumnum Pharnabazi Phrygiam ingressus esset, agrum incendiis ac populationibus infestabat, urbes partim vi partim deditione spontanea sibi adjungebat. Quumque diceret Spithridates, se, si ad Paphlagoniam secum accederet, perfecturum, ut Paphlagonum rex in colloquium societatemque veniret : lubens hanc profectionem suscepit, jamdudum cupiens aliquam nationem a fide regis avertere.

Quum ventum in Paphlagoniam esset, aderat Otys, et fœdus inibat. Etenim a rege Persico accersitus, ad eum profectus non fuerat. Deinde suasu Spithridatæ Agesilao mille quidem equites reliquit Otys, cetratos autem bis mille. Ob eam rem quia gratias habebat Spithridatæ Agesilaus : Dic mihi, ait, mi Spithridata, num Otyi filiam uxorem dares? Multo quidem lubentius, subjecit ille, quam Otys, amplæ ditionis et copiarum imperio præpotens, filiam exulis duceret. Hæc tum de nuptiis hisce tantum facta est mentio. Quum autem discessurus Otys esset, Agesilaum salutaturus adiit. Ibi sermonem hunc in præsentia Trigintavirum, Spithridata remoto, Agesilaus occepit : Dic mihi, ait, mi Oty, quo genere

(6) Λέξον μοι, ἔφη, ὦ Ὄτυ, ποίου τινὸς γένους ἐστὶν ὁ Σπιθριδάτης· Ὁ δ' εἶπεν ὅτι Περσῶν οὐδενὸς ἐνδεέστερος. Τὸν δ' υἱὸν, ἔφη, ἑώρακας αὐτοῦ ὡς καλός ἐστι; Τί δ' οὐ μέλλω; καὶ γὰρ ἑσπέρας ξυνεδείπνουν αὐτῷ. Τούτου μέν φασι τὴν θυγατέρα αὐτῷ καλλίονα εἶναι. Νὴ Δί', ἔφη ὁ Ὄτυς, καλὴ γάρ ἐστι. (7) Καὶ ἐγὼ μὲν, ἔφη, ἐπεὶ φίλος ἡμῖν γεγένησαι, συμβουλεύσαιμ' ἄν σοι τὴν παῖδα γενέσθαι γυναῖκα, καλλίστην μὲν οὖσαν, οὗ τί ἀνδρὶ ἥδιον· πατρὸς δ' εὐγενεστάτου, δύναμιν δ' ἔχοντος τοσαύτην, ὃς ὑπὸ Φαρναβάζου ἀδικηθεὶς οὕτω τιμωρεῖται αὐτὸν ὥστε φυγάδα πάσης τῆς χώρας, ὡς ὁρᾷς, πεποίηκεν. (8) Εὖ ἴσθι μέντοι, ἔφη, ὅτι ὥσπερ ἐκεῖνον ἐχθρὸν ὄντα δύναται τιμωρεῖσθαι, οὕτω καὶ φίλον ἄνδρα εὐεργετεῖν ἂν δύναιτο. Νόμιζε δὲ τούτων πραχθέντων μὴ 'κεῖνον ἄν σοι μόνον κηδεστὴν εἶναι, ἀλλὰ καὶ ἐμὲ καὶ τοὺς ἄλλους Λακεδαιμονίους, ἡμῶν δ' ἡγουμένων τῆς Ἑλλάδος καὶ τὴν ἄλλην Ἑλλάδα. (9) Καὶ μὴν μεγαλοπρεπέστερόν γε σοῦ, εἰ ταῦτα πράττοις, τίς ἂν ποτὲ γήμειε; ποίαν γὰρ νύμφην πώποτε τοσοῦτοι ἱππεῖς καὶ πελτασταὶ καὶ ὁπλῖται προύπεμψαν ὅσοι τὴν σὴν γυναῖκα εἰς τὸν σὸν οἶκον προπέμψειαν ἄν; (10) Καὶ ὁ Ὄτυς ἐπήρετο, Δοκοῦντα δ', ἔφη, ὦ Ἀγησίλαε, καὶ Σπιθριδάτῃ ταῦτα λέγεις; Μὰ τοὺς θεούς, ἔφη ὁ Ἀγησίλαος, ἐκεῖνος μὲν ἐμὲ γε οὐκ ἐκέλευσε ταῦτα λέγειν· ἐγὼ μέντοι, καίπερ ὑπερχαίρων, ὅταν ἐχθρὸν τιμωρῶμαι, πολὺ μᾶλλόν μοι δοκῶ ἥδεσθαι, ὅταν τι τοῖς φίλοις ἀγαθὸν ἐξευρίσκω. (11) Τί οὖν, ἔφη, οὐ πυνθάνει εἰ καὶ ἐκείνῳ βουλομένῳ ταῦτ' ἐστί; Καὶ ὁ Ἀγησίλαος, Ἴτ', ἔφη, ὑμεῖς, ὦ Ἡριππίδα, καὶ διδάσκετε αὐτὸν βουληθῆναι ἅπερ ἡμεῖς. (12) Οἱ μὲν δὴ ἀναστάντες ἐδίδασκον. Ἐπεὶ δὲ διέτριβον, Βούλει, ἔφη ὁ Ὄτυς, καὶ ἡμεῖς δεῦρο καλέσωμεν αὐτόν; Πολύ γ' ἂν οἶμαι μᾶλλον ὑπὸ σοῦ πεισθῆναι αὐτὸν ἢ ὑπὸ τῶν ἄλλων ἁπάντων. Ἐκ τούτου δὴ ἐκάλει ὁ Ἀγησίλαος τὸν Σπιθριδάτην τε καὶ τοὺς ἄλλους. (13) Προσιόντων δὲ εὐθὺς εἶπεν ὁ Ἡριππίδας, Τὰ μὲν ἄλλα, ὦ Ἀγησίλαε, ἴσως ῥηθέντα εἴ ἄν τις μακρολογοίη· τέλος δὲ λέγει Σπιθριδάτης πᾶν ποιεῖν ἂν ἡδέως ὅ, τι σοι δοκοίη. (14) Ἐμοὶ μὲν τοίνυν, ὁ Ἀγησίλαος ἔφη, δοκεῖ σὲ μὲν ὦ Σπιθριδάτα, τύχῃ ἀγαθῇ διδόναι· Ὄτυϊ τὴν θυγατέρα, σὲ δὲ λαμβάνειν. Τὴν μέντοι παῖδα πρὸ ἦρος οὐκ ἂν δυναίμεθα πεζῇ ἀγαγεῖν. Ἀλλὰ ναὶ μὰ Δί', ἔφη ὁ Ὄτυς, κατὰ θάλατταν ἤδη ἂν πέμποιτο, εἰ σὺ βούλοιο. (15) Ἐκ τούτου δεξιὰς δόντες καὶ λαβόντες ἐπὶ τούτοις ἀπέπεμπον τὸν Ὄτυν.

Καὶ εὐθὺς ὁ Ἀγησίλαος, ἐπεὶ ἔγνω αὐτὸν σπεύδοντα, τριήρη πληρώσας καὶ Καλλίαν Λακεδαιμόνιον κελεύσας ἀπαγαγεῖν τὴν παῖδα, αὐτὸς ἐπὶ Δασκυλείου ἐπορεύετο, ἔνθα καὶ τὰ βασίλεια ἦν Φαρναβάζῳ, καὶ κῶμαι περὶ αὐτὰ πολλαὶ καὶ μεγάλαι καὶ ἄφθονα ἔχουσαι τὰ ἐπιτήδεια, καὶ θῆραι αἱ μὲν ἐν περιειργμένοις παραδείσοις, αἱ δὲ καὶ ἀναπεπταμένοις τόποις, πάγκαλαι. (16) Περιέρρει δὲ καὶ ποταμὸς παντοδαπῶν ἰχθύων πλήρης· ἦν δὲ καὶ τὰ πτηνὰ ἄφθονα τοῖς ὀρνιθεῦσαι δυναμένοις.

natus est Spithridates? Et ille : Natus est, inquit, genere apud Persas nulli secundo. At filium ipsius, quam sit elegans, vidisti? Quid ni? ait. Heri enim cum eo coenatus sum. At perhibent ei filiam hoc ipso formosiorem esse. Profecto admodum pulchra est, respondet Otys. Hanc ego, subjecit Agesilaus, quando nobis amicus esse coepisti, auctor essem, ut puellam uxorem duceres : primum longe formosissimam, quo quid esse marito jucundius possit? deinde natam patre apprime nobili, tantaque potentia praedito, ut injuriis Pharnabazi laesus, eas de ipso poenas sumat, ut eum, ceu vides, universa ditione sua fugitivum expulerit. Itaque sat scito, inquit, eum, perinde ac hostem illum ulcisci potuit, etiam hominem amicum afficere beneficiis posse. Planeque velim existimes, si haec fiant, non illum modo tibi socerum fore, sed et me, et Lacedaemonios ceteros; quumque nos Graecia principatum obtineamus, omnem praeterea Graeciam. At enim si haec facias, quis unquam te magnificentius uxorem duxerit? quam enim sponsam tot equites, cetrati, gravis armaturae pedites unquam deduxerunt, quot hanc uxorem tuam nunc domum tuam sunt deducturi? Tum Otys Agesilaum interrogans : Haeccine, inquit, etiam Spithridatae probantur, quae dicis? Et ille : Profecto, inquit, mi Oty, non ille me jussit haec dicere : sed ego, tametsi mirifice gaudeam, quoties de hoste poenas sumo, longe tamen majore mihi voluptate frui videor, quoties quid amicis boni reperio. Cur igitur, inquit Otys, non sciscitaris, an haec ille velit? Et Agesilaus : Abite vos, ait, Herippida, et hominem edocete, ut eadem, quae nos, velit. Tum illi surgentes Spithridatae rem exponebant; quumque nonnihil intercederet morae : Visne, inquit Agesilaus, mi Oty, nos etiam huc ipsum arcessamus? Nimirum multo facilius, ait, a te illum persuasum iri arbitror, quam a ceteris omnibus. Tum deinde Spithridatem Agesilaus cum reliquis accersit. Quumque illi accederent, Herippidas : Cetera quidem, ait, mi Agesilae, quae dicta sunt, quid prolixe commemorari necesse fuerit? hoc Spithridatae verbum extremum fuit, perlubenter se facturum, quidquid tibi videatur. Igitur mihi videtur, inquit Agesilaus, ut tu quidem, Spithridata, quod felix faustumque, sit, Otyi filiam des uxorem : tu vero eam, Oty, ducas. Puella tamen iter vernum tempus itinere terrestri a nobis ad te deduci non poterit. At enim, subjecit Otys, mari ad me profecto mitti poterit, si quidem ita tu velis. Secundum haec datis acceptisque dextris, Otys dimissus fuit.

Quumque properare hominem Agesilaus intellexisset, statim instructa trireme, dataque Calliae Lacedaemonio avehendae puellae negotio, Dascylium ipse profectus est, quo in loco regia Pharnabazi erat, et circum eam vici frequentes, ampli, copia commeatus abundantes. Erant et peramoena venationes partim in hortis undique septis, partim patentibus in locis. Circumfluebat etiam amnis plenus omnigenis piscibus. Nec deerat ingens volatilium copia, iis qui uti aucupio poterant. Hic igitur in hibernis mansit, et partim

HISTORIÆ GRÆCÆ LIB. IV. CAP. I.

Ἐνταῦθα μὲν δὴ διεχείμαζε, καὶ αὐτόθεν καὶ σὺν προνομαῖς τὰ ἐπιτήδεια τῇ στρατιᾷ λαμβάνων. (17) Καταφρονητικῶς δέ ποτε καὶ ἀφυλάκτως διὰ τὸ μηδὲν πρότερον ἐσφάλθαι λαμβανόντων τῶν στρατιωτῶν τὰ ἐπιτήδεια, ἐπέτυχεν αὐτοῖς ὁ Φαρνάβαζος κατὰ τὸ πεδίον ἐσπαρμένοις, ἅρματα μὲν ἔχων δύο δρεπανηφόρα, ἱππεῖς δὲ ὡς τετρακοσίους. (18) Οἱ δ' Ἕλληνες ὡς εἶδον αὐτὸν προσελαύνοντα, ξυνέδραμον ὡς εἰς ἑπτακοσίους· ὁ δ' οὐκ ἐμέλλησεν, ἀλλὰ προστησάμενος τὰ ἅρματα, αὐτὸς δὲ σὺν τοῖς ἱππεῦσιν ὄπισθεν γενόμενος, ἐκέλευσεν ἐλαύνειν εἰς αὐτούς. (19) Ὡς δὲ τὰ ἅρματα ἐμβαλόντα διεσκέδασε τὸ ἀθρόον, ταχὺ οἱ ἱππεῖς κατέβαλον ὡς εἰς ἑκατὸν ἀνθρώπους, οἱ δ' ἄλλοι κατέφυγον πρὸς Ἀγησίλαον· ἐγγὺς γὰρ ἔτυχε σὺν τοῖς ὁπλίταις ὤν. (20) Ἐκ δὲ τούτου τρίτῃ ἢ τετάρτῃ ἡμέρᾳ αἰσθάνεται ὁ Σπιθριδάτης τὸν Φαρνάβαζον ἐν Καυῇ κώμῃ μεγάλῃ στρατοπεδευόμενον, ἀπέχοντα στάδια ὡς ἑξήκοντα καὶ ἑκατόν, καὶ εὐθὺς λέγει πρὸς τὸν Ἡριππίδαν. (21) Καὶ ὁ Ἡριππίδας ἐπιθυμῶν λαμπρόν τι ἐργάσασθαι, αἰτεῖ τὸν Ἀγησίλαον ὁπλίτας τε εἰς δισχιλίους καὶ πελταστὰς ἄλλους τοσούτους καὶ ἱππέας τούς τε Σπιθριδάτου καὶ τοὺς Παφλαγόνας καὶ τῶν Ἑλλήνων ὁπόσους πείσειεν. (22) Ἐπεὶ δὲ ὑπέσχετο αὐτῷ, ἐθύετο· καὶ ἅμα δείλῃ καλλιερησάμενος κατέλυσε τὴν θυσίαν. Ἐκ δὲ τούτου δειπνήσαντας παρήγγειλε παρεῖναι πρόσθεν τοῦ στρατοπέδου. Σκότους δὲ γενομένου οὐδ' οἱ ἡμίσεις ἑκάστων ἐξῆλθον. (23) Ὅπως δὲ μὴ, εἰ ἀποτράποιτο, καταγελῷεν αὐτοῦ οἱ ἄλλοι τριάκοντα, ἐπορεύετο σὺν ᾗ εἶχε δυνάμει. (24) Ἅμα δὲ τῇ ἡμέρᾳ ἐπιπεσὼν τῇ Φαρναβάζου στρατοπεδείᾳ, τῆς μὲν προφυλακῆς αὐτοῦ Μυσῶν ὄντων πολλοὶ ἔπεσον, αὐτοὶ δὲ διαπεφεύγασι, τὸ δὲ στρατόπεδον ἁλίσκεται, καὶ πολλὰ μὲν ἐκπώματα καὶ ἄλλα δὴ οἷα Φαρναβάζου κτήματα, πρὸς δὲ τούτοις σκεύη πολλὰ καὶ ὑποζύγια σκευοφόρα. (25) Διὰ γὰρ τὸ φοβεῖσθαι μή εἴ που κατασταίη, κυκλωθεὶς πολιορκοῖτο, ἄλλοτε ἄλλῃ τῆς χώρας ἐπῄει, ὥσπερ οἱ νομάδες, καὶ μάλα ἀφανίζων τὰς στρατοπεδεύσεις. (26) Ἐπεὶ δὲ τὰ ληφθέντα χρήματα ἀπήγαγον οἵ τε Παφλαγόνες καὶ ὁ Σπιθριδάτης, ὑποστήσας Ἡριππίδαν ταξιάρχους καὶ λοχαγοὺς ἀφείλετο ἅπαντα τόν τε Σπιθριδάτην καὶ τοὺς Παφλαγόνας, ἵνα δὴ πολλὰ ἀπαγάγοι τὰ αἰχμάλωτα τοῖς λαφυροπώλαις. (27) Ἐκεῖνοι μέντοι ταῦτα παθόντες οὐκ ἤνεγκαν, ἀλλ' ὡς ἀδικηθέντες καὶ ἀτιμασθέντες νυκτὸς συσκευασάμενοι ᾤχοντο ἀπιόντες εἰς Σάρδεις πρὸς Ἀριαῖον, πιστεύσαντες, ὅτι καὶ ὁ Ἀριαῖος ἀποστὰς βασιλέως ἐπολέμησεν αὐτῷ. (28) Ἀγησιλάῳ μὲν δὴ τῆς ἀπολείψεως τοῦ Σπιθριδάτου καὶ τοῦ Μεγαβάτου καὶ τῶν Παφλαγόνων οὐδὲν ἐγένετο βαρύτερον ἐν τῇ στρατείᾳ.

29. Ἦν δέ τις Ἀπολλοφάνης Κυζικηνός, ὃς καὶ Φαρναβάζῳ ἐτύγχανεν ἐκ παλαιοῦ ξένος ὢν καὶ Ἀγησιλάῳ κατ' ἐκεῖνον τὸν χρόνον ἐξενώθη. Οὗτος οὖν εἶπε πρὸς τὸν Ἀγησίλαον ὡς οἴοιτο συναγαγεῖν αὐτῷ ἂν εἰς λόγους περὶ φιλίας Φαρνάβαζον. Ὡς δ' ἤκουσεν αὐτοῦ, σπονδὰς λαβὼν καὶ δεξιὰν παρῆν ἄγων τὸν Φαρνάβα-

indidem, partim praedas actum suos educendo, commeatum exercitui parabat. Quumque milites aliquando contemptis hostibus, et incaute commeatum quaererent, quod ante id temporis adversi nihil eis accidisset; forte Pharnabazus in eos per planitiem sparsos, cum duobus falcatis curribus, et quadragintis equitibus incidit. Eum Græci adequitantem conspicati, ad septingentos celeriter unum in globum coivérunt. Ille nihil cunctatus, constitutis in fronte curribus, quos ipse a tergo cum equitatu subsequebatur, agi eos in hostem jussit. Posteaquam immissi currus globum Græcorum disjecerunt, mox equites ad centum homines prosternebant; ceteri fuga se ad Agesilaum recepere, qui cum gravi armatura non procul aberat. Secundum haec tertio vel quarto die Spithridates castra Pharnabazum habentem amplo in vico, cui nomen Cave, plus minus centum sexaginta stadiis abesse comperit, ac mox ea de re certiorem Herippidam facit. Qui quidem patrandi præclari facinoris cupidus, gravis armaturae pedites ad bis mille, totidemque cetratos, et Spithridatae Paphlagonumque equites ab Agesilao postulat, denique Græcorum, quoscunque permovere suadendo posset. Hos quum Agesilaus promisisset, exta consulit. Quumque sub vesperam perlitasset, sacrificii finem fecit. Post illa milites coenatos adesse pro castris jussit. Tenebris ingruentibus, ne dimidia quidem singulorum pars egressa est. Ne tamen, si reverteretur in castra, ludibrio reliquis Trigintaviris esset, cum ea, quam habebat, militum manu profectus est. Ubi prima luce castra Pharnabazi aggressus fuit, collocati ante ea custodes Mysi magna ex parte trucidati sunt; fugiunt Persae; castra multis cum poculis, et aliis rebus, supellectile præsertim Pharnabazi, magna impedimentorum copia, jumentis impedimenta vehentibus capiuntur. Etenim quod sibi metueret, ne sicubi subsisteret, circumdatus obsideretur, nomadum instar alias aliam regionis partem adibat, et castrorum metationes, quantum poterat, occultabat. Quum deinde res captas Paphlagones et Spithridates aveherent, collocatis Herippidas alicubi cohortium manipulorumque ductoribus, omnia Spithridatae ac Paphlagonibus ademit, ut magnam mancipiorum copiam manubiarum venditoribus afferret. At illi, posteaquam hoc eis accidit, non tulerunt: sed ut injuria contumeliaque affecti, rebus suis noctu collectis, Sardes ad Ariæum se contulerunt, habita ei fide propterea, quod etiam ipse aliquando defecerat, ac bellum cum rege gesserat. Agesilao quidem ista Spithridatae, Megabati, Paphlagonum desertione nihil hac in expeditione gravius accidit.

Ceterum Cyzicenus quidam erat Apollophanes, cui jam olim cum Pharnabazo hospitii necessitudo erat, et hoc fere tempore in hospitii necessitudinem admissus ab Agesilao fuerat. Is Agesilao significavit, existimare se, posse opera sua Pharnabazum in colloquium de ineunda amicitia adduci. Ea re audita, induciis ac fide ab Agesilao acceptis, Pharna-

25.

ζον εἰς συγκείμενον χωρίον. (30) Ἔνθα δὴ Ἀγησίλαος καὶ οἱ περὶ αὐτὸν τριάκοντα χαμαὶ ἔν πόᾳ τινὶ κατακείμενοι ἀνέμενον· ὁ δὲ Φαρνάβαζος ἧκεν ἔχων στολὴν πολλοῦ χρυσοῦ ἀξίαν. Ὑποτιθέντων δὲ αὐτῷ τῶν θεραπόντων ῥαπτὰ, ἐφ' ὧν καθίζουσιν οἱ Πέρσαι μαλακῶς, ᾐσχύνθη ἐντρυφῆσαι, ὁρῶν τοῦ Ἀγησιλάου τὴν φαυλότητα· κατεκλίθη οὖν καὶ αὐτὸς ὥσπερ εἶχε χαμαί. (31) Καὶ πρῶτα μὲν ἀλλήλοις χαίρειν προσεῖπαν, ἔπειτα τὴν δεξιὰν προτείναντος τοῦ Φαρναβάζου ἀντιπροὔτεινε καὶ ὁ Ἀγησίλαος. Μετὰ δὲ τοῦτο ἤρξατο λόγου ὁ Φαρνάβαζος· καὶ γὰρ ἦν πρεσβύτερος· (32) Ὦ Ἀγησίλαε καὶ πάντες οἱ παρόντες Λακεδαιμόνιοι, ἐγὼ ὑμῖν, ὅτε τοῖς Ἀθηναίοις ἐπολεμεῖτε, φίλος καὶ ξύμμαχος ἐγενόμην, καὶ τὸ μὲν ναυτικὸν τὸ ὑμέτερον χρήματα παρέχων ἰσχυρὸν ἐποίουν, ἐν δὲ τῇ γῇ αὐτὸς ἀπὸ τοῦ ἵππου μαχόμενος μεθ' ὑμῶν εἰς τὴν θάλατταν κατεδίωκον τοὺς πολεμίους. Καὶ διπλοῦν ὥσπερ Τισσαφέρνους οὐδὲν πώποτέ μου οὔτε ποιήσαντος οὔτ' εἰπόντος πρὸς ὑμᾶς ἔχοιτ' ἂν κατηγορῆσαι. (33) Τοιοῦτος δὲ γενόμενος νῦν οὕτω διάκειμαι ὑφ' ὑμῶν ὡς οὐδὲ δεῖπνον ἔχω ἐν τῇ ἐμαυτοῦ χώρᾳ, εἰ μή τι ἂν ἂν ὑμεῖς λίπητε συλλέξομαι, ὥσπερ τὰ θηρία. Ἂ δὲ μοι ὁ πατὴρ καὶ οἰκήματα καλὰ καὶ παραδείσους καὶ δένδρων καὶ θηρίων μεστοὺς κατέλιπεν ἐφ' οἷς εὐφραινόμην, ταῦτα πάντα ὁρῶ τὰ μὲν κατακεκομμένα, τὰ δὲ κατακεκαυμένα. Εἰ οὖν ἐγὼ μὴ γιγνώσκω μήτε τὰ ὅσια μήτε τὰ δίκαια, ὑμεῖς δὲ διδάξατέ με ὅπως ταῦτ' ἐστὶν ἀνδρῶν ἐπισταμένων χάριτας ἀποδιδόναι. (34) Ὁ μὲν ταῦτ' εἶπεν. Οἱ δὲ τριάκοντα πάντες μὲν ἐπῃσχύνθησαν αὐτὸν καὶ ἐσιώπησαν· ὁ δὲ Ἀγησίλαος χρόνῳ ποτὲ εἶπεν, Ἀλλ' οἶμαι μέν σε, ὦ Φαρνάβαζε, εἰδέναι ὅτι καὶ ἐν ταῖς Ἑλληνικαῖς πόλεσι ξένοι ἀλλήλοις γίγνονται ἄνθρωποι. Οὗτοι δὲ, ὅταν αἱ πόλεις πολέμιαι γένωνται, σὺν ταῖς πατρίσι καὶ τοῖς ἐξενωμένοις πολεμοῦσι, καὶ ἂν οὕτω τύχωσιν, ἔστιν ὅτε καὶ ἀπέκτειναν ἀλλήλους. Καὶ ἡμεῖς οὖν νῦν βασιλεῖ τῷ ὑμετέρῳ πολεμοῦντες πάντα ἠναγκάσμεθα τὰ ἐκείνου πολέμια νομίζειν· σοί γε μέντοι φίλοι γενέσθαι περὶ παντὸς ἂν ποιησαίμεθα. (35) Καὶ εἰ μὲν ἀλλάξασθαί σε ἔδει ἀντὶ δεσπότου βασιλέως ἡμᾶς δεσπότας, οὐκ ἂν ἔγωγέ σοι ξυνεβούλευον· νῦν δὲ ἔξεστί σοι μεθ' ἡμῶν γενομένῳ μηδένα προσκυνοῦντα μηδὲ δεσπότην ἔχοντα ζῆν καρπούμενον τὰ ἑαυτοῦ. (36) Καίτοι ἐλεύθερον εἶναι ἐγὼ μὲν οἶμαι ἀντάξιον εἶναι τῶν πάντων χρημάτων. Οὐδὲ μέντοι τοῦτό σε κελεύομεν, πένητα μὲν ἐλεύθερον δ' εἶναι, ἀλλ' ἡμῖν ξυμμάχοις χρώμενον αὔξειν τὴν σαυτοῦ βασιλείαν, ἀλλὰ τὴν σαυτοῦ ἀρχήν, τοὺς νῦν ὁμοδούλους σοι καταστρεφόμενον, ὥστε σοὺς ὑπηκόους εἶναι. Καίτοι εἰ ἅμα ἐλεύθερός τ' εἴης καὶ πλούσιος γένοιο, τίνος ἂν δέοιο μὴ οὐχὶ πάμπαν εὐδαίμων εἶναι; (37) Οὐκοῦν, ἔφη ὁ Φαρνάβαζος, ἁπλῶς ὑμῖν ἀποκρίνωμαι ἅπερ ποιήσω; Πρέπει γοῦν σοι. Ἐγὼ τοίνυν, ἔφη, ἐὰν βασιλεὺς ἄλλον μὲν στρατηγὸν πέμπῃ, ἐμὲ δὲ ὑπήκοον ἐκείνου τάττῃ, βουλήσομαι ὑμῖν καὶ φίλος καὶ σύμμαχος εἶναι· ἐὰν

bazum ad locum constitutum adduxit. In eo jam Agesilaus, et adjuncti ei Trigintaviri, in gramine humi decumbentes, Pharnabazum opperiebantur. At is veniebat amictu maximi pretii ornatus: quumque ministri pulvinos subtiles substernerent, in quos se molliter Persae collocant; conspecto vili cultu Agesilai, deliciis illis uti prae verecundia noluit. Quapropter et ipse ita, uti vestitus erat, humi se reclinavit. Deinde dicta primum utrinque salute, mox dextram Pharnabazo porrigente, suam vicissim ei porrexit Agesilaus. Eo peracto, Pharnabazus, qui natu grandior esset, ita loqui coepit: « Ego vobis, Agesilae, vosque Lacedaemonii omnes, qui adestis, amicus et foederatus fui, quo tempore bellum adversus Athenienses gerebatis; neque tantum classem vestram suppeditatis pecuniis corroboravi, verum etiam ipse in terra ex equo vobiscum pugnans, hostes usque in ipsum mare persequebar. Neque vero accusare me potestis, quasi unquam Tissaphernis more duplici erga vos animo vel in sermone vel factis fuerim. Talem quum me gesserim, eo nunc a vobis redactus sum, ut ne coena quidem mihi mea in ditione sit reliqua, nisi forte bestiarum instar id colligam, quod a vobis sit relictum. Omnia quae relicta mihi a patre acceperam, aedificia pulchra, horti arboribus ac feris referti, quibus animum oblectabam, nunc partim excisa, partim exusta video. Proinde si, quid aequum sanctumque sit, ego non intelligo; vos me velim doceatis, quo pacto existimari debeat, haec ab hominibus referendae gratiae non ignaris proficisci. » His dictis, Trigintaviri omnes verecundia ducti silebant. Agesilaus vero, quum et ipse aliquantulum silentium tenuisset, in hanc sententiam respondit: « Atenim, Pharnabaze, non ignorare te arbitror, etiam Graecis in urbibus hospitiorum necessitudines inter homines contrahi; qui tamen, ubi bellum inter urbes ipsas geri coeptum est, una cum sua quisque patria hospitibus bellum faciunt: ac si res ita ferat, nonnunquam mutuo se hospites occidunt. Eadem ratione nos quoque bellum adversus regem vestrum gerentes, necesse fuit omnia, quae ipsius essent, hostilia ducere: licet tecum amicitiam colere summopere cuperemus. Quod si tibi pro rege domino commutandi nos essemus, quos dominorum deinde loco haberes, equidem tibi nequaquam hac in parte quidquam consulerem. Nunc tibi licet, si quidem nobiscum te velis conjungere, neminem summisse venerenti, neminem agnoscenti dominum, ita vivere, tuis ut rebus nihilominus fruare. Atqui liberum esse opibus ego universis anteferendum arbitror. Nec interim id nos volumus, ut liber quidem, at pauper sis, sed ut societate nostra fretus, non regis, sed tuum imperium propages, ac redactis in potestatem tuam hoc tempore conservis, loco subditorum eis utare. Quod si pariter et liber sis, et opulentius fias: quid tibi defuerit, quo minus plane sis beatus? » Num ergo vobis, inquit Pharnabazus, simpliciter, quid facturus sim, respondeam? Id vero te decet, subjecit Agesilaus. Quod si rex, ait, praetorem alium miserit, cui me jubeat dicto audientem esse, vobis et amicus et socius esse volam. Sin me praeesse cum imperio jusserit, quandoqui-

μέντοι μοι τὴν ἀρχὴν προστάττῃ, τοιοῦτόν τι, ὡς ἔοικε, φιλοτιμία ἐστί, εὖ χρὴ εἰδέναι ὅτι πολεμήσω ὑμῖν ὡς ἂν δύνωμαι ἄριστα. (38) Ἀκούσας ταῦτα ὁ Ἀγησίλαος ἐλάβετο τῆς χειρὸς αὐτοῦ καὶ εἶπεν, Εἴθ᾽, ὦ λῷστε, σὺ τοιοῦτος ὢν φίλος ἡμῖν γένοιο. Ἓν δ᾽ οὖν, ἔφη, ἐπίστω, ὅτι νῦν τε ἄπειμι ὡς ἂν δύνωμαι τάχιστα ἐκ τῆς χώρας τῆς σῆς, τοῦ τε λοιποῦ, κἂν πόλεμος ᾖ, ἕως ἂν ἐπ᾽ ἄλλον ἔχωμεν στρατεύεσθαι, σοῦ τε καὶ τῶν σῶν ἀφεξόμεθα.

39. Τούτων δὲ λεχθέντων διέλυσε τὴν σύνοδον. Καὶ ὁ μὲν Φαρνάβαζος ἀναβὰς ἐπὶ τὸν ἵππον ἀπῄει, ὁ δὲ ἐκ τῆς Παραπίτας υἱὸς αὐτοῦ, καλὸς ἔτι ὤν, ὑπολειφθεὶς καὶ προσδραμών, Ξένον σε, ἔφη, ὦ Ἀγησίλαε, ποιοῦμαι. Ἐγὼ δέ γε δέχομαι· Μέμνησό νυν, ἔφη. Καὶ εὐθὺς τὸ παλτόν, εἶχε δὲ καλόν, ἔδωκε τῷ Ἀγησιλάῳ. Ὁ δὲ δεξάμενος, φάλαρα ἔχοντος περὶ τῷ ἵππῳ Ἰδαίου τοῦ γραφέως πάγκαλα, περιελὼν ἀντέδωκεν αὐτῷ. Τότε μὲν οὖν ὁ παῖς ἀναπηδήσας ἐπὶ τὸν ἵππον μετεδίωκε τὸν πατέρα. (40) Ὡς δ᾽ ἐν τῇ τοῦ Φαρναβάζου ἀποδημίᾳ ἀποστερῶν ὁ ἀδελφὸς τὴν ἀρχὴν φυγάδα ἐποίησε τὸν τῆς Παραπίτας υἱόν, τά τ᾽ ἄλλα ὁ Ἀγησίλαος ἐπεμελεῖτο αὐτοῦ, καὶ ἐρασθέντος αὐτοῦ τοῦ Εὐάλκους υἱέος Ἀθηναίου, πάντ᾽ ἐποίησεν ὅπως ἂν δι᾽ ἐκεῖνον ἐγκριθείη τὸ στάδιον ἐν Ὀλυμπίᾳ, μέγιστος ὢν τῶν παίδων.

41. Καὶ τότε δή, ὥσπερ εἶπε πρὸς τὸν Φαρνάβαζον, εὐθὺς ἀπεπορεύετο ἐκ τῆς χώρας· σχεδὸν δὲ καὶ ἔαρ ἤδη ὑπέφαινεν. Ἀφικόμενος δὲ εἰς Θήβης πεδίον κατεστρατοπεδεύσατο περὶ τὸ τῆς Ἀστυρηνῆς Ἀρτέμιδος ἱερόν, καὶ ἐκεῖ πρὸς ᾧ εἶχε ξυνέλεγε πανταχόθεν παμπληθὲς στράτευμα. Παρεσκευάζετο γὰρ πορευσόμενος ὡς δύναιτο ἀνωτάτω, νομίζων ὁπόσα ὄπισθεν ποιήσαιτο ἔθνη, πάντα ἀποστήσειν βασιλέως.

ΚΕΦΑΛΑΙΟΝ Β΄.

Ἀγησίλαος μὲν δὴ ἐν τούτοις ἦν. Οἱ δὲ Λακεδαιμόνιοι ἐπεὶ σαφῶς ᾔσθοντο τά τε χρήματα ἐληλυθότα εἰς τὴν Ἑλλάδα καὶ τὰς μεγίστας πόλεις ξυνεστηκυίας ἐπὶ πολέμῳ πρὸς ἑαυτούς, ἐν κινδύνῳ τε τὴν πόλιν ἐνόμισαν καὶ στρατεύειν ἀναγκαῖον ἡγήσαντο εἶναι. (2) Καὶ αὐτοὶ μὲν ταῦτα παρεσκευάζοντο, εὐθὺς δὲ καὶ ἐπὶ τὸν Ἀγησίλαον πέμπουσιν Ἐπικυδίδαν. Ὁ δ᾽ ἐπεὶ ἀφίκετο, τά τε ἄλλα διηγεῖτο ὡς ἔχοι καὶ ὅτι ἡ πόλις ἐπιστέλλοι αὐτῷ βοηθεῖν ὡς τάχιστα τῇ πατρίδι. (3) Ὁ δ᾽ Ἀγησίλαος ἐπεὶ ἤκουσε, χαλεπῶς μὲν ἤνεγκεν, ἐνθυμούμενος οἵων τιμῶν καὶ οἵων ἐλπίδων ἀποστεροῖτο, ὅμως δὲ ξυγκαλέσας τοὺς ξυμμάχους ἐδήλωσε τὰ ὑπὸ τῆς πόλεως παραγγελλόμενα, καὶ εἶπεν ὅτι ἀναγκαῖον εἴη βοηθεῖν τῇ πατρίδι· ἐὰν μέντοι ἐκεῖνα καλῶς γένηται, εὖ ἐπίστασθε, ἔφη, ὦ ἄνδρες ξύμμαχοι, ὅτι οὐ μὴ ἐπιλάθωμαι ὑμῶν, ἀλλὰ πάλιν παρέσομαι πράξων ὧν ὑμεῖς δεῖσθε. (4) Ἀκούσαντες δὲ ταῦτα πολλοὶ μὲν

---

dem hujusmodi quiddam est, uti videtur, gloriæ cupiditas, omnino scitote, me pro mea virili bellum adversus vos fortissime gesturum. Ea verba quum audiisset Agesilaus, Pharnabazi manu prehensa : « Utinam, inquit, vir optime, quum talis sis, amico te utamur. Unum quidem hoc scito, me jam quanta celeritate potero, tuis e finibus excessurum; ac deinceps, tametsi bellum inter nos geretur, fore tamen, ut quam diu supererit alius, quem bello petamus, abs te rebusque tuis abstineamus. »

His dictis, finem is congressus habuit. Et jam equo conscenso Pharnabazus abibat, quum ejus ex Parapita filius, etiamnum amabilis, nonnihil remanens et ad Agesilaum adcurrens : Jus, ait, hospitii tecum, Agesilae, jungo. Tum ille : Accipio vero, inquit. At memineris, ait alter : statimque spiculum, quod sane pulchrum erat, Agesilao dedit. Id quum accepisset Agesilaus, quia phaleris ornatum equum pulcherrimis Idæus pictor habebat, eas detractas vicissim puero donavit. Qui tum quidem in equum insiliens, patrem est insequutus. Ceterum deinceps, quum per absentiam Pharnabazi erepto frater imperio filium hunc Parapitæ in exilium egisset, non solum Agesilaus ceteris in rebus eum fovit, sed etiam amante ipso quendam Atheniensis Eualcis filium, nihil non fecit ut is ipsius causa Olympicum in stadium admitteretur, quanquam inter pueros maximus esset.

Agesilaus, uti Pharnabazo facturum se dixerat, statim ex ipsius finibus discessit. Neque jam procul ver aberat. Ubi Thebes in campum pervenit, propter Astyrenæ Dianæ fanum castra posuit : atque istic præter eum, quem habebat, exercitum, ampliores ex omnibus locis copias cogebat. Nam ita se parabat, ut quam posset longissime sursum progrederetur, existimans se effecturum, ut nationes omnes, quotquot a tergo relinqueret, desciscerent ab rege.

CAPUT II.

Hic tum conatus Agesilai erat, quum Lacedæmonii, plane cognito, missas esse pecunias in Græciam, urbesque maximas ad oppriměndum ipsos bello conspirasse, versari rempublicam suam in periculo arbitrabantur, et expeditionem necessariam suscipiendam esse. Ad eam se comparabant, simulque ad Agesilaum Epicydidam mittunt. Is posteaquam ad eum venit, quum aliarum rerum statum exponebat, tum hoc etiam, mandare ipsi reipublicam, ut quamprimum patriæ laturus suppetias adesset. Ea re Agesilaus audita, graviter quidem ille ferre, quum secum ipse quantis honoribus, quantaque spe dejiceretur, expenderet; sed advocatis ad concionem sociis, quid respublica mandaret, illis indicavit et ostendit necessarium omnino esse, ut auxilium patriæ feratur. Quod si res, inquit, eæ gerentur ex animi sententia, certo scitote, socii, nequaquam futurum ut vestri obliviscar, sed iterum ad vos revertar, perfecturus ea quæ vos cupitis. » Hæc audientes, multi lacrimabantur,

ἐδάκρυσαν, πάντες δ' ἐψηφίσαντο βοηθεῖν μετ' Ἀγησιλάου τῇ Λακεδαίμονι· εἰ δὲ καλῶς τἀκεῖ γένοιτο, λαβόντες αὐτὸν πάλιν ἥκειν εἰς τὴν Ἀσίαν. (5) Καὶ οἱ μὲν δὴ ξυνεσκευάζοντο ὡς ἀκολουθήσοντες. Ὁ δ' Ἀγησίλαος ἐν μὲν τῇ Ἀσίᾳ κατέλιπεν Εὔξενον ἁρμοστὴν καὶ φρουροὺς παρ' αὐτῷ οὐκ ἔλαττον τετρακισχιλίων, ἵνα δύναιτο διασώζειν τὰς πόλεις· αὐτὸς δὲ ὁρῶν ὅτι οἱ πολλοὶ τῶν στρατιωτῶν μένειν ἐπεθύμουν μᾶλλον ἢ ἐφ' Ἕλληνας στρατεύεσθαι, βουλόμενος ὡς βελτίστους καὶ πλείστους ἄγειν μεθ' ἑαυτοῦ, ἆθλα προύθηκε ταῖς πόλεσιν, ἥτις ἄριστον στράτευμα πέμποι, καὶ τῶν μισθοφόρων τοῖς λοχαγοῖς, ὅστις εὐοπλότατον λόχον ἔχων συστρατεύοιτο καὶ ὁπλιτῶν καὶ τοξοτῶν καὶ πελταστῶν. Προεῖπε δὲ καὶ τοῖς ἱππάρχοις, ὅστις εὐιπποτάτην καὶ εὐοπλοτάτην τάξιν παρέχοιτο, ὡς καὶ τούτοις νικητήριον δώσων. (6) Τὴν δὲ κρίσιν ἔφη ποιήσειν, ἐπεὶ διαβαίησαν ἐκ τῆς Ἀσίας εἰς τὴν Εὐρώπην, ἐν Χερρονήσῳ, ὅπως εὖ εἰδείησαν ὅτι τοὺς στρατευσομένους δεῖ εὐρινεῖν. (7) Ἦν δὲ τὰ ἆθλα τὰ μὲν πλεῖστα ὅπλα ἐκπεπονημένα εἰς κόσμον καὶ ὁπλιτικὰ καὶ ἱππικά· ἦσαν δὲ καὶ στέφανοι χρυσοῖ· τὰ δὲ πάντα ἆθλα οὐκ ἔλαττον ἐγένοντο ἢ ἀπὸ τεττάρων ταλάντων. Τοσούτων μέντοι ἀναλωθέντων, παμπόλλων χρημάτων ὅπλα εἰς τὴν στρατιὰν κατεσκευάσθη. (8) Ἐπεὶ δὲ διέβη τὸν Ἑλλήσποντον, κριταὶ κατέστησαν Λακεδαιμονίων μὲν Μένασκος καὶ Ἡριππίδας καὶ Ὄρσιππος, τῶν δὲ ξυμμάχων εἷς ἀπὸ πόλεως. Καὶ Ἀγησίλαος μέν, ἐπεὶ τὴν κρίσιν ἐποίησε, ἔχων τὸ στράτευμα ἐπορεύετο τὴν αὐτὴν ὁδὸν ἥνπερ βασιλεὺς ὅτε ἐπὶ τὴν Ἑλλάδα ἐστράτευεν.

9. Ἐν δὲ τούτῳ οἱ μὲν ἔφοροι φρουρὰν ἔφηναν· ἡ δὲ πόλις, ἐπεὶ Ἀγησίπολις παῖς ἔτι ἦν, Ἀριστόδημον τοῦ γένους ὄντα καὶ πρόδικον τοῦ παιδός, ἡγεῖσθαι τῇ στρατιᾷ ἐκέλευον. (10) Ἐπεὶ δ' ἐξῇσαν μὲν οἱ Λακεδαιμόνιοι, ξυνειλεγμένοι δ' ἦσαν οἱ ἐναντίοι, ξυνελθόντες ἐβουλεύοντο πῶς ἂν τὴν μάχην ξυμφορώτατα σφίσιν αὐτοῖς ποιήσαιντο. (11) Τιμόλαος μὲν δὴ Κορίνθιος ἔλεξεν, Ἀλλ' ἐμοὶ δοκεῖ, ἔφη, ὦ ἄνδρες ξύμμαχοι, ὅμοιον εἶναι τὸ τῶν Λακεδαιμονίων πρᾶγμα οἷόνπερ τὸ τῶν ποταμῶν. Οἵ τε γὰρ ποταμοὶ πρὸς μὲν ταῖς πηγαῖς οὐ μεγάλοι εἰσὶν ἀλλ' εὐδιάβατοι, ὅσῳ δ' ἂν πορρωτέρω γένωνται, ἐπεμβάλλοντες ἕτεροι ποταμοὶ ἰσχυρότερον αὐτῶν τὸ ῥεῦμα ποιοῦσι. (12) Καὶ οἱ Λακεδαιμόνιοι ὡσαύτως, ἔνθεν μὲν ἐξέρχονται, αὐτοὶ μόνοι εἰσί, προϊόντες δὲ καὶ παραλαμβάνοντες τὰς πόλεις πλείονές τε καὶ δυσμαχώτεροι γίγνονται. Ὁρῶ δ' ἔγωγ', ἔφη, καὶ ὁπόσοι σφῆκας ἐξαιρεῖν βούλονται, ἐὰν μὲν ἐκθέοντας τοὺς σφῆκας πειρῶνται θηρᾶν, ὑπὸ πολλῶν τυπτομένους· ἐὰν δ' ἔτι ἔνδον ὄντων τὸ πῦρ προσφέρωσι, πάσχοντας μὲν οὐδέν, χειρουμένους δὲ τοὺς σφῆκας. Ταῦτ' οὖν ἐνθυμούμενος ἡγοῦμαι κράτιστον εἶναι μάλιστα μὲν ἐν αὐτῇ, εἰ δὲ μή, ὅτι ἐγγύτατα τῆς Λακεδαίμονος τὴν μάχην ποιεῖσθαι. (13) Δόξαντος δ' αὖ λέγειν αὐτοῦ ἐψηφίσαντο ταῦτα. Ἐν ᾧ δὲ περὶ ἡγεμονίας

universi ferendam esse cum Agesilao Lacedaemoni opem statuerunt, ac si res istic feliciter gererentur, cum eodem in Asiam redeundum esse. Illi Agesilaum sequuturi sua collegerunt. Ipse autem Euxenum praefectum in Asia cum praesidiariis non paucioribus quam quater mille reliquit, ut eorum auxilio tueri ac retinere oppida in fide posset. Et vero quia magnam militum partem istic manere malle videbat, quam adversus Graecos arma ferre : quo fortissimos et plurimos secum abduceret, praemia civitatibus constituit, quae copias lectissimas mitterent; itemque conductitiorum ductoribus, si qui cum instructissima vel gravis armaturae peditum, vel sagittariorum, vel cetratorum cohorte huic expeditioni se adjungerent. Quin et praefectis equitum denuntiavit, ei se victoriae praemium largiturum, qui turmam longe peritissimam equitandi et instructissimam ex hiberet. Eaque de re se cogniturum ait instituto judicio in Chersoneso, posteaquam ex Asia in Europam trajecerint : ut certo scirent, eos qui essent expeditioni huic interfuturi, accurate se parare debere. Praemiorum loco magna ex parte proposita erant arma elaborata quam elegantissime, tam militum gravis armaturae, quam equestria. Nec aureae coronae deerant. Omnia quidem praemia talentis non minus quatuor constitere. Tantis sumptibus factis, etiam pro exercitu maximis pecuniis arma comparata sunt. Posteaquam Hellespontum trajecit, judices lecti sunt, ex Lacedaemoniis, Menascas, Herippidas, Orsippus; ex sociis, unus ex oppido quolibet. Peracto judicio, cum copiis Agesilaus eadem via progrediebatur, qua rex profectus fuerat id temporis, quum Graeciae bellum faceret.

Interea contrahebant Ephori copias et praesidia ; cives autem, quod Agesipolis adhuc puer esset, Aristodemum adgnatum, ac tutorem pueri, ducem exercitus esse jusserant. Posteaquam Lacedaemonii copias eduxerunt, hostes eorum collecti, quo pacto cum ipsis maximo suo commodo manum consererent, in conventu deliberabant. Ibi Timolaus Corinthius hac oratione usus est : « Res Lacedaemoniorum, socii, fluminum instar habere se mihi videntur. Quippe flumina juxta fontes suos non magna sunt, trajicique non difficulter possunt ; verum quo profluunt longius, eo magis ab aliis adaucta fluviis, vehementiori cum impetu promuntur. Itidem Lacedaemonii soli sunt, ubi primum egrediuntur : ac progrediendo, et oppida sibi adjungendo, tum copias augent, tum illud efficiunt, ut expugnari difficilius possint. Equidem eos quoque video, qui vespas exstinguere volunt, si egressas venari conentur, a multis pungi ; at si tum ignem admoveant, quum adhuc inclusae sunt, nullo suo cum incommodo eas opprimere. Quapropter ego quidem haec cum animo meo expendens rectissime nos facturos arbitror, si ad ipsam in primis Lacedaemonem, vel si hoc fieri nequeat, proxime ad eam manus conseramus. » Haec quum recte dici ab eo statuerentur, decretum in eandem sententiam factum est. Interea vero, dum illi transigunt inter se de belli

τε διεπράττοντο καὶ διωμολογοῦντο εἰς ὁπόσους δέοι τάττεσθαι πᾶν τὸ στράτευμα, ὅπως μὴ λίαν βαθείας τὰς φάλαγγας ποιούμεναι αἱ πόλεις κυκλωσιν τοῖς πολεμίοις παρέχοιεν, ἐν τούτῳ οἱ Λακεδαιμόνιοι καὶ δὴ Τεγεάτας παρειληφότες καὶ Μαντινέας ἐξῄεσαν τὴν ἀμφίαλον. (14) Καὶ πορευόμενοι, σχεδόν τι ἅμα οἱ μὲν περὶ τοὺς Κορινθίους ἐν τῇ Νεμέᾳ ἦσαν, οἱ δὲ Λακεδαιμόνιοι καὶ οἱ ξύμμαχοι ἐν τῷ Σικυῶνι. Ἐμβαλόντων δὲ αὐτῶν κατὰ τὴν Ἐπιεικίαν, τὸ μὲν πρῶτον ἐκ τῶν ὑπερδεξίων βάλλοντες αὐτοὺς καὶ τοξεύοντες μάλα κακῶς ἐποίουν οἱ γυμνῆτες τῶν ἀντιπάλων· (15) ὡς δὲ κατέβησαν ἐπὶ θάλατταν, ταύτῃ προῄεσαν διὰ τοῦ πεδίου, τέμνοντες καὶ κάοντες τὴν χώραν· καὶ οἱ ἕτεροι μέντοι ἐπελθόντες κατεστρατοπεδεύσαντο, ἔμπροσθεν ποιησάμενοι τὴν χαράδραν· ἐπεὶ δὲ προϊόντες οἱ Λακεδαιμόνιοι οὐκέτι δέκα στάδια ἀπεῖχον τῶν πολεμίων, κἀκεῖνοι αὐτοῦ στρατοπεδευσάμενοι ἡσυχίαν εἶχον.

16. Φράσω δὲ καὶ τὸ πλῆθος ἑκατέρων. Συνελέγησαν γὰρ ὁπλῖται Λακεδαιμονίων μὲν εἰς ἑξακισχιλίους, Ἠλείων δὲ καὶ Τριφυλίων καὶ Ἀκρωρείων καὶ Λασιωνίων ἐγγὺς τρισχίλιοι καὶ Σικυωνίων πεντακόσιοι καὶ χίλιοι, Ἐπιδαυρίων δὲ καὶ Τροιζηνίων καὶ Ἑρμιονέων καὶ Ἁλιέων ἐγένοντο οὐκ ἐλάττους τρισχιλίων. Πρὸς δὲ τούτοις ἱππεῖς μὲν Λακεδαιμονίων περὶ ἑξακοσίους, Κρῆτες δὲ τοξόται ἠκολούθουν ὡς τριακόσιοι, καὶ μὴν σφενδονῆται Μαργανέων καὶ Λετρίνων καὶ Ἀμφιδόλων οὐκ ἐλάττους τετρακοσίων. Φλιάσιοι μέντοι οὐκ ἠκολούθουν· ἐκεχειρίαν γὰρ ἔφασαν ἔχειν. Αὕτη μὲν δὴ ἡ μετὰ Λακεδαιμονίων δύναμις ἦν. (17) Ἡ γε μὴν τῶν πολεμίων ἠθροίσθη Ἀθηναίων μὲν εἰς ἑξακισχιλίους ὁπλίτας, Ἀργείων δ' ἐλέγοντο περὶ ἑπτακισχιλίους, Βοιωτῶν δέ, ἐπεὶ Ὀρχομένιοι οὐ παρῆσαν, περὶ πεντακισχιλίους, Κορινθίων γε μὴν εἰς τρισχιλίους, καὶ μὴν ἐξ Εὐβοίας ἁπάσης οὐκ ἐλάττους τρισχιλίων. Ὁπλιτικὸν μὲν δὴ τοσοῦτον· ἱππεῖς δὲ Βοιωτῶν μέν, ἐπεὶ Ὀρχομένιοι οὐ παρῆσαν, εἰς ὀκτακοσίους, Ἀθηναίων δ' εἰς ἑξακοσίους, καὶ Χαλκιδέων τῶν Εὐβοίας εἰς ἑκατόν, Λοκρῶν δὲ τῶν Ὀπουντίων εἰς πεντήκοντα. Καὶ ψιλοὶ δὲ ξὺν τοῖς τῶν Κορινθίων πλέον ἦν· καὶ γὰρ Λοκροὶ οἱ Ὀζόλαι καὶ Μηλιεῖς καὶ Ἀκαρνᾶνες παρῆσαν αὐτοῖς.

18. Αὕτη μὲν δὴ ἑκατέρων ἡ δύναμις ἐγένετο. Οἱ δὲ Βοιωτοὶ ἕως μὲν τὸ εὐώνυμον εἶχον, οὐδέν τι κατήπειγον τὴν μάχην ξυνάπτειν, ἐπεὶ δὲ οἱ μὲν Ἀθηναῖοι κατὰ Λακεδαιμονίους ἐγένοντο, αὐτοὶ δὲ τὸ δεξιὸν ἔσχον καὶ κατ' Ἀχαιοὺς ἀντετάχθησαν, εὐθὺς τά τε ἱερὰ καλὰ ἔφασαν εἶναι καὶ παρήγγειλαν παρασκευάζεσθαι ὡς μάχης ἐσομένης. Καὶ πρῶτον μὲν ἀμελήσαντες τοῦ εἰς ἑκκαίδεκα βαθείαν παντελῶς ἐποιήσαντο τὴν φάλαγγα, ἔτι δὲ καὶ ἦγον ἐπὶ τὰ δεξιά, ὅπως ὑπερέχοιεν τῷ κέρατι τῶν πολεμίων· οἱ δὲ Ἀθηναῖοι, ἵνα μὴ διασπασθείησαν, ἐπηκολούθουν, καίπερ γιγνώσκοντες ὅτι κίνδυνος εἴη κυκλωθῆναι. (19) Τέως μὲν οὖν οἱ Λακεδαιμόνιοι οὐκ ᾐσθάνοντο προσιόντων τῶν πολεμίων· καὶ γὰρ ἦν λάσιον

hujus principatu, et constituunt, in quot homines instrui aciem totius exercitus oporteat, ne si densas admodum phalanges efficerent urbes Lacedaemoniis infestae, circumdandi se potestatem hosti facerent : Lacedaemonii, adjunctis sibi Tegeatis ac Mantinensibus, via maritima egressi sunt. Quumque pergerent, eodem fere tempore Corinthii quidem cum suis erant in Nemea, Lacedaemonii vero cum sociis, Sicyone. Hinc propter Epieciam facta impressione, primum velites adversariorum de superioribus locis tela sagittasque jacientes, vehementer Lacedaemonios premebant. Verum ubi ad mare descendissent, per campum progrediebantur, ferroque ac flamma agrum omnem vastabant. Tum hostes propius accedentes ita castra sunt metati, ut ante se torrentis alveum haberent. Et Lacedaemonii progressi, quum non amplius decem stadiis ab hostibus abessent, ipsi quoque locatis castris ibidem se continebant.

Exponam et copias amborum. Lacedaemonii gravis armaturae pedites plus minus sexies mille collecti erant : ex Eleis, Triphyliis, Acroriis, Lasionensibus, ter mille propemodum : ex Sicyoniis, mille quingenti : ex Epidauriis, Troezeniis, Hermionensibus, Haliensibus, non pauciores quam tria millia adfuere. Praeter hos, sequebantur equites Lacedaemonii fere sexcenti, et sagittarii Cretenses ad trecentos ; et funditores Marganenses, Letrini, Amphidoli non pauciores quadringenti. Phliasii, quod inducias esse sibi dicerent, sequuti non sunt. Et hae quidem erant Lacedaemoniorum copiae. Apud hostes autem, ad sexies mille collecti gravis armaturae pedites Athenienses erant ; Argivi, quemadmodum ferebatur, plus minus septies mille ; Boeoti, quod Orchomenii non adessent, circiter quinquies mille ; Corinthii ad tria millia : ex universa Euboea non pauciores tribus millibus. Et haec quidem gravis erat eorum armatura. Iidem habebant equites Boeotos, quanquam Orchomenii non aderant, ad octingentos : Atheniensium fere sexcentos : Chalcidensium ex Euboea, fere centum : Locros Opuntios, ad quinquaginta. Levis armaturae peditum multitudo major erat cum Corinthiis : etenim Locri, qui cognominantur Ozolae, et Melienses, et Acarnanes eis aderant.

Tantae igitur erant partis utriusque copiae. Ceterum Boeoti, quam quidem diu latus sinistrum tenebant, non admodum ad conserendam manus properabant. Verum ubi contra Lacedaemonios Athenienses constiterunt, et ipsi dextro in latere Achaeos adversos habuere, mox et exta peroptata sibi offerri confirmabant, et suos ad pugnam ineundam parare se jubebant. Protinus, omissa ratione struendi aciem in denos ac senos, densam plane phalangem instituerunt, atque dextram versus ducebant, ut altero cornu hostem excederent : Athenienses vero, ne acies divelleretur, sequebantur eos ; quanquam esse periculum intelligebant, ne ab hostibus circumdarentur. Hactenus hostem accedere Lacedaemonii non animadverterant, quod locus arboribus

τὸ χωρίον· ἐπεὶ δ᾽ ἐπαιάνισαν, τότε δὴ ἔγνωσαν, καὶ εὐθὺς ἀντιπαρήγγειλαν ἅπαντας διασκευάζεσθαι ὡς εἰς μάχην. Ἐπεὶ δὲ ξυνετάχθησαν ὡς ἑκάστους οἱ ξεναγοὶ ἔταξαν, παρηγγύησαν μὲν ἀκολουθεῖν τῷ ἡγουμένῳ, ἦγον δὲ καὶ οἱ Λακεδαιμόνιοι ἐπὶ τὰ δεξιά, καὶ οὕτω πολὺ ὑπερέτεινον τὸ κέρας, ὥστε τῶν Ἀθηναίων αἱ μὲν ἓξ φυλαὶ κατὰ τοὺς Λακεδαιμονίους ἐγένοντο, αἱ δὲ τέτταρες κατὰ Τεγεάτας. (20) Οὐκέτι δὲ στάδιον ἀπεχόντων, σφαγιασάμενοι οἱ Λακεδαιμόνιοι τῇ Ἀγροτέρᾳ, ὥσπερ νομίζεται, τὴν χίμαιραν, ἡγοῦντο ἐπὶ τοὺς ἐναντίους, τὸ ὑπερέχον ἐπικάμψαντες εἰς κύκλωσιν. Ἐπεὶ δὲ ξυνέμιξαν, οἱ μὲν ἄλλοι ξύμμαχοι πάντες οἱ τῶν Λακεδαιμονίων ἐκρατήθησαν ὑπὸ τῶν ἐναντίων, Πελληνεῖς δὲ κατὰ Θεσπιέας γενόμενοι ἐμάχοντό τε καὶ ἐν χώρᾳ ἔπιπτον ἑκατέρων. (21) Αὐτοὶ δὲ οἱ Λακεδαιμόνιοι ὅσον τε κατέσχον τῶν Ἀθηναίων ἐκράτησαν, καὶ κυκλωσάμενοι τῷ ὑπερέχοντι πολλοὺς ἀπέκτειναν αὐτῶν, καὶ ἅτε δὴ ἀπαθεῖς ὄντες, ξυντεταγμένοι ἐπορεύοντο· καὶ τὰς μὲν τέτταρας φυλὰς τῶν Ἀθηναίων πρὶν ἐκ τῆς διώξεως ἐπαναχωρῆσαι παρῆλθον, ὥστε οὐκ ἀπέθανον αὐτῶν πλὴν εἴ τις ἐν τῇ ξυμβολῇ ὑπὸ Τεγεατῶν. (22) τοῖς δὲ Ἀργείοις ἐπιτυγχάνουσιν οἱ Λακεδαιμόνιοι ἀναγορεῦσι, καὶ μέλλοντος τοῦ πρώτου πολεμάρχου ἐκ τοῦ ἐναντίου ξυμβάλλειν αὐτοῖς, λέγεται ἄρα τις ἀναβοῆσαι παρεῖναι τοὺς πρώτους. Ὡς δὲ τοῦτ᾽ ἐγένετο, παραθέοντας δὴ παίοντες εἰς τὰ γυμνὰ πολλοὺς ἀπέκτειναν αὐτῶν. Ἐπελάβοντο δὲ καὶ ἐπαναχωρήσαντες Ἔτι δ᾽ ἐπέτυχον οἱ Λακεδαιμόνιοι καὶ τῶν Θηβαίων τισὶν ἀναχωροῦσιν ἐκ τῆς διώξεως, καὶ ἀπέκτειναν συχνοὺς αὐτῶν. (23) Τούτων δὲ γενομένων, οἱ ἡττώμενοι τὸ μὲν πρῶτον ἔφευγον πρὸς τὰ τείχη· ἔπειτα δ᾽ εἰρξάντων Κορινθίων πάλιν κατεσκήνωσαν εἰς τὸ ἀρχαῖον στρατόπεδον. Λακεδαιμόνιοι δ᾽ αὖ ἐπαναχωρήσαντες, ἔνθα τὸ πρῶτον τοῖς πολεμίοις ξυνέμιξαν, ἐστήσαντο τρόπαιον. Καὶ αὕτη μὲν δὴ ἡ μάχη οὕτως ἐγένετο.

ΚΕΦΑΛΑΙΟΝ Γ.

Ὁ δ᾽ Ἀγησίλαος σπεύδων μὲν ἐκ τῆς Ἀσίας ἐβοήθει· ὄντι δ᾽ αὐτῷ ἐν Ἀμφιπόλει ἀγγέλλει Δερκυλλίδας ὅτι νικῶέν τε αὖ Λακεδαιμόνιοι, καὶ αὐτῶν μὲν τεθνάναι ὀκτώ, τῶν δὲ πολεμίων παμπληθεῖς· ἐδήλου δὲ ὅτι καὶ τῶν ξυμμάχων οὐκ ὀλίγοι πεπτωκότες εἶεν. (2) Ἐρομένου δὲ τοῦ Ἀγησιλάου, Ἆρ᾽ ἄν, ὦ Δερκυλλίδα, ἐν καιρῷ γένοιτο, εἰ αἱ ξυμπέμπουσαι πόλεις ἡμῖν τοὺς στρατιώτας τὴν νίκην ὡς τάχιστα πύθοιντο; ἀπεκρίνατο δὴ ὁ Δερκυλλίδας, Εὐθυμοτέρους γοῦν εἰκὸς ταῦτ᾽ ἀκούσαντας εἶναι. Οὐκοῦν σύ, ἐπεὶ παρεγένου, κάλλιστ᾽ ἂν ἀπαγγείλαις; ὁ δὲ ἄσμενος ἀκούσας, καὶ γὰρ ἀεὶ φιλαπόδημος ἦν, εἶπεν, Εἰ σὺ τάττοις. Ἀλλὰ τάττω, ἔφη, καὶ προσαπαγγέλλειν κελεύω ὅτι ἐὰν καὶ τάδε εὖ γένηται, πάλιν παρεσόμεθα, ὥσπερ καὶ ἔφαμεν. (3) Ὁ μὲν δὴ Δερκυλλίδας ἐφ᾽ Ἑλλησπόντου πρῶτον

---

spissus erat. At ubi pæan inchoatus fuit, mox re intellecta, et ipsi suis universis imperant, ad prœlium uti se parent. Quumque jam ita dispositi starent in acie, quemadmodum eam conductitiorum militum duces struxerant, edicunt Lacedæmonii, ut quisque ducem sequeretur; simul et ipsi dextram versus duxerunt, ac hostium cornu, semet extendendo, usque adeo superant, ut sex Atheniensium tribus Lacedæmoniis, quatuor reliquæ oppositæ Tegeatis essent. Jam non amplius unius intervallo stadii ab se invicem aberant, quum Lacedæmonii de more capram Dianæ mactant, primique in adversos pergunt, et partem copiarum, qua hostilem aciem excedebant, circumdaturi hostem, in orbem flectunt. Ad manus quum ventum esset, reliqui socii Lacedæmoniorum omnes ab hostibus superati fuere : soli Pellenenses, Thespiensibus oppositi, sic pugnabant, ut ibi utrinque nonnulli caderent. Lacedæmonii, quotquot Athenienses sibi oppositos nacti sunt, vicerunt : parteque copiarum, qua ipsorum aciem excedebant, multos circumdatos interfecerunt; simul, quod damni nihil accepissent, integra prorsus acie procedebant; et quatuor illas Atheniensium cohortes, priusquam a persequendo reverterentur, prætererunt. Ea re factum, ut ex illis nulli occiderentur extra eos, nisi qui in conflictu a Tegeatis interfecti sunt. At in Argivos recedentes incidant Lacedæmonii, quumque primus Polemarchus eos adversos invasurus esset, exclamasse quidam fertur, ut primos transmitterent. Id quum fieret, prætercurrentes, qui nudi erant, feriunt, ac multos interficiunt. Itidem Corinthios redeuntes adorti sunt. Præterea Lacedæmonii quosdam in Thebanos etiam inciderunt, ex persequutione recedentes, ac plurimos eorum peremerunt. Quod quum fieret, victi primum ad oppida fugiebant; deinde prohibentibus eos Corinthiis, ad priora se castra recipiebant. Lacedæmonii vero inde redeuntes ad eum locum, quo primum cum hoste manus conseruerant, tropæum constituere. Atque hæc quidem pugna in hunc modum pugnata fuit.

CAPUT III.

Interim Agesilaus ad ferendam opem suis ex Asia properabat; quumque jam apud Amphipolim esset, Dercyllidas ad eum rei gestæ nuntium perfert; vicisse scilicet Lacedæmonios, eorumque tantum octo cecidisse, ingenti hostium multitudine interempta. Significavit etiam non paucos ex sociis periisse. Tum quærente Agesilao : Fueritne opportunum, Dercyllida, victoriam hanc celeritate quanta fieri maxima poterit iis civitatibus nuntiari, quæ copias hasce nobiscum miserunt? respondit Dercyllidas, non abs re videri futurum ut eo nuntio accepto, majorem animis fiduciam conciperent. ' Ergo tu, subjecit Agesilaus, quando huc venisti, nuntius in primis idoneus fueris? Iis verbis perlubenter auditis Dercyllidas, homo ceteroqui peregre degendi semper cupidus : Si quidem tu mandas, inquit. Mando vero, subjecit Agesilaus, ac præterea volo significes : nos ita, uti polliciti sumus, ad ipsos reversuros, si ea quoque, quæ jam acturi sumus, nobis ex sententia cesserint. Se-

ἐπορεύετο· ὁ δ' Ἀγησίλαος διαλλάξας Μακεδονίαν εἰς Θετταλίαν ἀφίκετο. Λαρισαῖοι μὲν οὖν καὶ Κραννώνιοι καὶ Σκοτουσσαῖοι καὶ Φαρσάλιοι, ξύμμαχοι ὄντες Βοιωτοῖς, καὶ πάντες δὲ Θετταλοί, πλὴν ὅσοι αὐτῶν φυγάδες τότ' ἐτύγχανον, ἐκακούργουν αὐτὸν ἐπακολουθοῦντες. (4) Ὁ δὲ τέως μὲν ἦγεν ἐν πλαισίῳ τὸ στράτευμα, τοὺς ἡμίσεις μὲν ἔμπροσθεν, τοὺς ἡμίσεις δ' ἐπ' οὐρᾷ ἔχων τῶν ἱππέων· ἐπεὶ δ' ἐκώλυον τῆς πορείας οἱ Θετταλοὶ ἐπελαύνοντες τοῖς ὄπισθεν, παραπέμπει ἐπ' οὐρὰν καὶ τὸ ἀπὸ τοῦ στόματος ἱππικὸν πλὴν τῶν περὶ αὑτόν. (5) Ὡς δὲ παρατάξαντο ἀλλήλοις, οἱ μὲν Θετταλοὶ νομίσαντες οὐκ ἐν καλῷ εἶναι πρὸς τοὺς ὁπλίτας ἱππομαχεῖν, στρέψαντες βάδην ἀπεχώρουν. (6) Οἱ δὲ μάλα σωφρόνως ἐπηκολούθουν. Γνοὺς δὲ ὁ Ἀγησίλαος ἃ ἑκάτεροι ἡμάρτανον, πέμπει τοὺς περὶ αὑτὸν μάλα εὐρώστους ἱππέας, καὶ κελεύει τοῖς τε ἄλλοις παραγγέλλειν καὶ αὐτοὺς διώκειν ὡς τάχιστα καὶ μηκέτι δοῦναι αὐτοῖς ἀναστροφήν. (7) Οἱ δὲ Θετταλοὶ ὡς εἶδον παρὰ δόξαν ἐλαύνοντας, οἱ μὲν αὐτῶν οὐδ' ἀνέστρεψαν, οἱ δὲ πειρώμενοι τοῦτο ποιεῖν, πλαγίους ἔχοντες τοὺς ἵππους ἡλίσκοντο. (8) Πολύχαρμος μέντοι ὁ Φαρσάλιος ἱππαρχῶν ἀνέστρεψέ τε καὶ μαχόμενος ξὺν τοῖς περὶ αὐτὸν ἀποθνήσκει. Ὡς δὲ τοῦτ' ἐγένετο, φυγὴ τῶν Θετταλῶν ἐξαισία γίγνεται· ὥστε οἱ μὲν ἀπέθνησκον αὐτῶν, οἱ δὲ καὶ ἡλίσκοντο. Ἔστησαν δ' οὖν οὐ πρόσθεν, πρὶν ἐν τῷ ὄρει τῷ Ναρθακίῳ ἐγένοντο. (9) Καὶ τότε μὲν δὴ ὁ Ἀγησίλαος τρόπαιόν τ' ἐστήσατο μεταξὺ Πραντὸς καὶ Ναρθακίου, καὶ αὐτοῦ ἔμεινε, μάλα ἡδόμενος τῷ ἔργῳ, ὅτι τοὺς μέγιστον φρονοῦντας ἐπὶ ἱππικῇ ἐνενικήκει ξὺν ᾧ αὐτὸς ξυνελεξεν ἱππικῷ. Τῇ δ' ὑστεραίᾳ ὑπερβάλλων τὰ Ἀχαϊκὰ τῆς Φθίας ὄρη τὴν λοιπὴν πᾶσαν διὰ φιλίας ἐπορεύετο μέχρι πρὸς τὰ Βοιωτῶν ὅρια.

10. Ὄντος δ' αὐτοῦ ἐπὶ τῇ ἐμβολῇ ὁ ἥλιος μηνοειδὴς ἔδοξε φανῆναι, καὶ ἠγγέλθη ὅτι ἡττημένοι εἶεν Λακεδαιμόνιοι τῇ ναυμαχίᾳ καὶ ὁ ναύαρχος Πείσανδρος τεθναίη. Ἐλέγετο δὲ καὶ ᾧ τρόπῳ ἡ ναυμαχία ἐγένετο. (11) Εἶναι μὲν γὰρ περὶ Κνίδον τὸν ἐπίπλουν ἀλλήλοις, Φαρνάβαζον δὲ ναύαρχον ὄντα ξὺν ταῖς Φοινίσσαις εἶναι, Κόνωνα δὲ τὸ Ἑλληνικὸν ἔχοντα τετάχθαι ἔμπροσθεν αὐτοῦ. (12) Ἀντιπαραταξαμένου δὲ τοῦ Πεισάνδρου, καὶ πολὺ ἐλαττόνων αὐτῷ τῶν νεῶν φανεισῶν τῶν αὐτοῦ τοῦ μετὰ Κόνωνος Ἑλληνικοῦ, τοὺς μὲν ἀπὸ τοῦ εὐωνύμου ξυμμάχους εὐθὺς φεύγειν, αὐτὸν δὲ ξυμμίξαντα τοῖς πολεμίοις ἐμβολὰς ἐχούσῃ τῇ τριήρει πρὸς τὴν γῆν ἐξωσθῆναι· καὶ τοὺς μὲν ἄλλους ὅσοι εἰς τὴν γῆν ἐξεώσθησαν ἀπολιπόντας τὰς ναῦς σώζεσθαι ὅπῃ δύναιντο εἰς τὴν Κνίδον, αὐτὸν δὲ ἐπὶ τῇ νηῒ μαχόμενον ἀποθανεῖν. (13) Ὁ μὲν οὖν Ἀγησίλαος πυθόμενος ταῦτα τὸ μὲν πρῶτον χαλεπῶς ἤνεγκεν· ἐπεὶ μέντοι ἐνεθυμήθη ὅτι τοῦ στρατεύματος τὸ πλεῖστον εἴη αὐτῷ οἷον ἀγαθῶν μὲν γιγνομένων ἡδέως μετέχειν, εἰ δέ τι χαλεπὸν ὁρῷεν, οὐκ ἀνάγκη εἶναι κοινωνεῖν αὐτοῖς, ἐκ τούτου μεταβαλὼν ἔλεγεν ὡς ἀγγέλλοιτο ὁ μὲν Πείσαν-

cundum hæc in Hellespontum Dercyllidas jam discessit: Agesilaus autem, Macedonia peragrata, in Thessaliam venit. Hic et Larissæi, et Cranonii, et Scotusæi, et Pharsalii, Bœotis confœderati, adeoque Thessali omnes, exceptis tantum iis, qui tunc in exilio degebant, carpendo extremum agmen infestabant. Duxerat autem hactenus copias Agesilaus agmine quadrato, equitum parte dimidia translata in frontem, alteraque dimidia relicta a tergo. Verum posteaquam Thessali ultimum agmen adorti, quo minus in itinere pergeret, impedivere: tunc et illos equites, qui erant a fronte, postremum ad agmen traducit, exceptis tantum iis quos penes se habebat. Quumque acies utrinque structæ essent, Thessali, qui existimarent, non satis commode se adversus armaturam gravem equestribus cum copiis dimicaturos, con verso agmine, pedetentim abscedebant. Eos Agesilai equites prudenter admodum sequebantur. Quare Agesilaus, animadverso utrosque peccare, summissis equitibus, quos circum se habebat robustissimis, imperat ut et ipsi quam celerrime hostem persequerentur, idemque ceteris etiam denuntiarent, ne convertendi se facultas amplius hosti concederetur. Hos ubi præter opinionem suam adequitare Thessali conspexerunt, alii ne convertebantur quidem, alii, qui id facere nitebantur, dum equos in obliquum flectereat, capiebantur. Polycharmus quidem Pharsalius equites ducens et se convertit, et pugnans una cum iis, quos circa se habebat, occubuit. Quo facto, fuga Thessalorum ingens sequuta est, in qua nonnulli ex eis perierunt, nonnulli hostium in manus venerunt. Prius quidem non substitere, quam in montem Narthacium pervenissent. Agesilaus tropæo inter Prantem et Narthacium excitato, ibidem mansit, mirifice delectatus hoc facto, quod homines ob equestris rei peritiam confidentissimos, usus equitatu eo, quem ipse coegerat, vicisset. Postridie superatis Achaicis Phthiæ montibus, reliquum iter omne per regionem pacatam faciebat, usque ad Bœotorum fines.

In eos quum irrumperet, et sol instar lunæ falcatus conspici visus est, et allatus est nuntius, quo significaretur; victos esse navali prœlio Lacedæmonios, classique præfectum Pisandrum occubuisse. Narratum etiam, quo pacto prœlium illud navale commissum fuisset: nimirum haud procul a Cnido classes utrinque concurrisse: cum navibus Phœnissis Pharnabazum classis præfectum adfuisse, Cononem cum classe Græca, prima fuisse in acie. Quumque Pisander et ipse struxisset aciem, ac longe pauciores ipsi esse naves appareret, quam esset in Græca Cononis classe: statim sociis, qui lævum obtinuissent cornu, fugisse; ipsum cum hostibus congressum triremi jam incuram passæ, compulsum ad terram fuisse: ceteros, quanti eodem compulsi essent, relictis navibus, qua quisque potuisset, in Cnidum se incolumes recepisse: Pisandrum vero in navi pugnantem occubuisse. Atque hæc Agesilaus audiens, primum permoleste ferebat. Verum ubi ad animum ei accidit, ejusmodi maximam esse suorum militum partem, ut qui perlubenter rerum ipsius prosperarum participes esse cuperent; contraque, necessarium haudquaquam esse, ut si quid ipse adversi cerneret, cum eis communicaret: re mutata, nuntiatum esse sibi dixit, Pisandrum quidem vitam

δρος τετελευτηκὼς, νικώη δὲ τῇ ναυμαχίᾳ. (14) Ἅμα δὲ ταῦτα λέγων καὶ ἐβουθύτει ὡς εὐαγγέλια καὶ πολλοῖς διέπεμπε τῶν τεθυμένων· ὥςτε ἀκροβολισμῷ ὄντος πρὸς τοὺς πολεμίους ἐκράτησαν οἱ τοῦ Ἀγησιλάου τῷ λόγῳ ὡς Λακεδαιμονίων νικώντων τῇ ναυμαχίᾳ.

15. Ἦσαν δὲ οἱ μὲν ἀντιτεταγμένοι τῷ Ἀγησιλάῳ Βοιωτοί, Ἀθηναῖοι, Ἀργεῖοι, Κορίνθιοι, Αἰνιᾶνες, Εὐβοεῖς, Λοκροὶ ἀμφότεροι· σὺν Ἀγησιλάῳ δὲ Λακεδαιμονίων μὲν μόρα ἡ ἐκ Κορίνθου διαβᾶσα, ἡμίσυ δὲ μόρας τῆς ἐξ Ὀρχομενοῦ, ἔτι δὲ οἱ ἐκ Λακεδαίμονος νεοδαμώδεις συστρατευσάμενοι αὐτῷ, πρὸς δὲ τούτοις οὗ Ἡριππίδας ἐξενάγει ξενικοῦ, ἔτι δὲ οἱ ἀπὸ τῶν ἐν τῇ Ἀσίᾳ πόλεων Ἑλληνίδων, καὶ ἀπὸ τῶν ἐν τῇ Εὐρώπῃ ὅσας διιὼν παρέλαβεν· αὐτόθεν δὲ προςεγένοντο ὁπλῖται Ὀρχομένιοι καὶ Φωκεῖς. Πελτασταί γε μὴν πολὺ πλέονες οἱ μετ' Ἀγησιλάου· ἱππεῖς δ' αὖ παραπλήσιοι ἀμφοτέροις τὸ πλῆθος. (16) Ἡ μὲν δὴ δύναμις αὕτη ἀμφοτέρων· διηγήσομαι δὲ καὶ τὴν μάχην· καὶ γὰρ ἐγένετο οἵα οὐκ ἄλλη τῶν γ' ἐφ' ἡμῶν. Συνῄεσαν μὲν γὰρ εἰς τὸ κατὰ Κορώνειαν πεδίον οἱ μὲν σὺν Ἀγησιλάῳ ἀπὸ τοῦ Κηφισοῦ, οἱ δὲ σὺν Θηβαίοις ἀπὸ τοῦ Ἑλικῶνος. Εἶχε δ' Ἀγησίλαος μὲν δεξιὸν τὸ μετ' αὐτοῦ, Ὀρχομένιοι δ' αὐτῷ ἔσχατοι ἦσαν τοῦ εὐωνύμου. Οἱ δ' αὖ Θηβαῖοι αὐτοὶ μὲν δεξιοὶ ἦσαν, Ἀργεῖοι δ' αὐτοῖς τὸ εὐώνυμον εἶχον. (17) Συνιόντων δὲ τέως μὲν σιγὴ πολλὴ ἀπ' ἀμφοτέρων ἦν· ἡνίκα δ' ἀπεῖχον ἀλλήλων ὅσον στάδιον, ἀλαλάξαντες οἱ Θηβαῖοι δρόμῳ ὁμόσε ἐφέροντο. Ὡς δὲ τριῶν ἔτι πλέθρων ἐν μέσῳ ὄντων ἀντεξέδραμον ἀπὸ τῆς Ἀγησιλάου φάλαγγος ὃν Ἡριππίδας ἐξενάγει καὶ σὺν αὐτοῖς Ἴωνες καὶ Αἰολεῖς καὶ Ἑλληςπόντιοι, καὶ πάντες οὗτοι τῶν συνεκδραμόντων τε ἐγένοντο καὶ εἰς δόρυ ἀφικόμενοι ἔτρεψαν τὸ καθ' αὑτούς. Ἀργεῖοι μέντοι οὐκ ἐδέξαντο τοὺς περὶ Ἀγησίλαον, ἀλλ' ἔφυγον ἐπὶ τὸν Ἑλικῶνα. (18) Κἀνταῦθα οἱ μέν τινες τῶν ξένων ἐστεφάνουν ἤδη τὸν Ἀγησίλαον, ἀγγέλλει δέ τις αὐτῷ ὅτι οἱ Θηβαῖοι τοὺς Ὀρχομενίους διακόψαντες ἐν τοῖς σκευοφόροις εἴησαν. Καὶ ὁ μὲν εὐθὺς ἐξελίξας τὴν φάλαγγα ἦγεν ἐπ' αὐτούς· οἱ δ' αὖ Θηβαῖοι ὡς εἶδον τοὺς ξυμμάχους πρὸς Ἑλικῶνι πεφευγότας, διαπεσεῖν βουλόμενοι πρὸς τοὺς ἑαυτῶν, συςπειραθέντες ἐχώρουν ἐῤῥωμένως. (19) Ἐνταῦθα δὴ Ἀγησίλαον ἀνδρεῖον μὲν ἔξεστιν εἰπεῖν ἀναμφισβητήτως· οὐ μέντοι εἵλετό γε τὰ ἀσφαλέστατα. Ἐξὸν γὰρ αὐτῷ παρέντι τοὺς διαπίπτοντας ἀκολουθοῦντι χειροῦσθαι τοὺς ὄπισθεν, οὐκ ἐποίησε τοῦτο, ἀλλ' ἀντιμέτωπος συνέῤῥαξε τοῖς Θηβαίοις· καὶ συμβαλόντες τὰς ἀσπίδας ἐωθοῦντο, ἐμάχοντο, ἀπέκτεινον, ἀπέθνησκον. Τέλος δὲ τῶν Θηβαίων οἱ μὲν διαπίπτουσι πρὸς τὸν Ἑλικῶνα, πολλοὶ δὲ ἀποχωροῦντες ἀπέθανον. (20) Ἐπεὶ δὲ ἡ μὲν νίκη Ἀγησιλάου ἐγεγένητο, τετρωμένος δ' αὐτὸς προςενήνεκτο πρὸς τὴν φάλαγγα, προςελάσαντές τινες τῶν ἱππέων λέγουσιν αὐτῷ ὅτι τῶν πολεμίων ὡς ὀγδοήκοντα σὺν ὅπλοις ὑπὸ τῷ νεῷ εἰσι, καὶ ἠρώτων τί χρὴ ποιεῖν. Ὁ δὲ, καίπερ πολλὰ τραύματα ἔχων, ὅμως οὐκ ἐπελά-

cum morte commutasse, sed nihilominus navali prœlio victorem exstitisse. Atque hæc dicens, etiam boves mactabat, quasi boni nuntii sacra faciens, partemque victimarum ad multos hinc inde mittebat. Quo factum est, ut in quadam adversus hostes velitatione Agesilai milites, hac fama excitati, victoria potirentur, quasi navali prœlio Lacedæmonii vicissent.

Erant in acie adversus Agesilaum Bœoti, Athenienses, Argivi, Corinthii, Ænianes, Euboici, utrique Locri; ab Agesilai vero partibus, una Lacedæmoniorum cohors, quæ Corintho advenerat, et cohors ex Orchomeno dimidia : præterea libertini Lacedæmone missi, quorum in expeditione priori opera fuerat usus : tum copiæ conductitiæ, quibus Herippidas præerat : item missi a Græci nominis tum in Asia tum Europa civitatibus, quotquot earum peragrando, in fidem acceperat : denique de iis locis, in quibus tum erat, accessere gravis armaturæ pedites Orchemonii ac Phocenses. Cetratorum numero Agesilaus superior erat, equitatus utrinque fere par. Atque has tunc utrique copias habebant. Etiam prœlium commemorabo, et quo pacto commissum fuerit : tale quidem illud, quale non est aliud ex iis quæ nostra memoria commissa fuere. Nam convenerunt in campum propter Coroneam situm, Agesilai quidem copiæ a Cephisso, Thebanorum vero ab Helicone. Agesilaus in exercitu suo dextrum cornu tenebat, in sinistro postremi erant Orchomenii. Ex adverso dextrum Thebani latus habebant, Argivi sinistrum. Cum congrederentur, altum erat tantisper apud utrosque silentium ; donec intervallo unius stadii ab se invicem abessent. Tum sublato Thebani ululatu, in adversum hostem cursu feruntur. Jam trium fere plethrorum spatium inter utrosque intererat, quum de phalange Agesilai vicissim excurrunt illi conductitii milites, quos Herippidas ducebat ; itemque cum his Iones, Æoles, Hellespontii. Hi omnes eorum in numero erant, qui simul in adversos hostes cursu ferebantur, et quum intra hastæ ictum venissent, in fugam oppositos sibi vertebant. Enimvero nec Argivi eorum qui apud Agesilaum erant impetum sustinuere ; sed in Heliconem fuga se receperunt. Hic quum nonnulli hospites Agesilaum jam coronarent, quidam ei nuntiat, Thebanos, Orchomeniis cæsis, ad impedimenta pervasisse. Tum Agesilaus mox evoluta phalange, adversus eos duxit. Thebani vero, ubi socios ad Heliconem fugisse vident, ut ad suos evaderent, per cohortes conglobati magno cum impetu procedebant. Hic Agesilaum, extra omnem controversiam virum fortem dicamus licet : at enim non quod tutissimum erat elegit. Nam quum posset, omissis iis qui elabi conabantur, a tergo subsequi agmenque postremum cædere, non hoc fecit ; sed a fronte in adversos Thebanos irruit. Itaque collisis utrinque clypeis urgebantur, pugnabant, occidebant, occidebantur. Tandem Thebani, partim ad Heliconem evadunt, partim, dum abscedunt, interficiuntur. Quum Agesilaus victoria potitus esset, atque ipse vulneratus ad phalangem delatus fuisset, nonnulli equis advecti significant, plus minus octoginta ex hostibus armatos templo se continere : quid de his faciundum sit, rogant. Ille quanquam multis affectus vulneribus erat, numinis ta-

θετο τοῦ θείου, ἀλλ᾽ ἐᾶν τ᾽ ἀπιέναι ᾗ βούλοιντο ἐκέλευε καὶ ἀδικεῖν οὐκ εἴα. Τότε μὲν οὖν, καὶ γὰρ ἦν ἤδη ὀψὲ, δειπνοποιησάμενοι ἐκοιμήθησαν. (21) Πρωὶ δὲ Γύλιν τὸν πολέμαρχον παρατάξαι τε ἐκέλευε τὸ στράτευμα καὶ τρόπαιον ἵστασθαι, καὶ στεφανοῦσθαι πάντας τῷ θεῷ καὶ τοὺς αὐλητὰς πάντας αὐλεῖν. Καὶ οἱ μὲν ταῦτ᾽ ἐποίουν. Οἱ δὲ Θηβαῖοι ἔπεμψαν κήρυκας, ὑποσπόνδους τοὺς νεκροὺς αἰτοῦντες θάψαι. Καὶ οὕτω δὴ αἵ τε σπονδαὶ γίγνονται καὶ Ἀγησίλαος μὲν εἰς Δελφοὺς ἀφικόμενος δεκάτην τῶν ἐκ τῆς λείας τῷ θεῷ ἀπέθυσεν οὐκ ἐλάττω ἑκατὸν ταλάντων· Γύλις δὲ ὁ πολέμαρχος ἔχων τὸ στράτευμα ἀπεχώρησεν εἰς Φωκέας, ἐκεῖθεν δ᾽ εἰς τὴν Λοκρίδα ἐμβάλλει. (22) Καὶ τὴν μὲν ἄλλην ἡμέραν οἱ στρατιῶται καὶ σκεύη ἐκ τῶν κωμῶν καὶ σῖτον ἥρπαζον· ἐπεὶ δὲ πρὸς ἑσπέραν ἦν, τελευταῖον ἀποχωρούντων τῶν Λακεδαιμονίων ἐπηκολούθουν αὐτοῖς οἱ Λοκροὶ βάλλοντες καὶ ἀκοντίζοντες. Ὡς δ᾽ αὐτῶν οἱ Λακεδαιμόνιοι ὑποστρέψαντες καὶ διώξαντες κατέβαλον τινάς, ἐκ τούτου ὄπισθεν μὲν οὐκέτι ἐπηκολούθουν, ἐκ δὲ τῶν ὑπερδεξίων ἔβαλλον. (23) Οἱ δ᾽ ἐπεχείρησαν μὲν καὶ πρὸς τὸ σιμὸν διώκειν· ἐπεὶ δὲ σκότος τε ἐγένετο καὶ ἀποχωροῦντες οἱ μὲν διὰ τὴν δυσχωρίαν ἔπιπτον, οἱ δὲ καὶ διὰ τὸ μὴ προορᾶν τὰ ἔμπροσθεν, οἱ δὲ καὶ ὑπὸ τῶν βελῶν, ἐνταῦθα ἀποθνῄσκουσι Γύλις τε ὁ πολέμαρχος καὶ τῶν παραστατῶν πολλοί, καὶ οἱ πάντες ὡς ὀκτωκαίδεκα τῶν στρατιωτῶν, οἱ μὲν καταλευσθέντες, οἱ δὲ καὶ τραυματισθέντες. Εἰ δὲ μὴ ἐβοήθησαν αὐτοῖς οἱ ἐκ τοῦ στρατοπέδου δειπνοῦντες ἐκινδύνευσαν ἂν ἅπαντες ἀπολέσθαι.

ΚΕΦΑΛΑΙΟΝ Δ.

Μετὰ τοῦτό γε μὴν ἀφείθη μὲν κατὰ πόλεις τὸ ἄλλο στράτευμα, ἀπέπλευσε δὲ καὶ ὁ Ἀγησίλαος ἐπ᾽ οἴκου. Ἐκ δὲ τούτου ἐπολέμουν Ἀθηναῖοι μὲν καὶ Βοιωτοὶ καὶ Ἀργεῖοι καὶ οἱ σύμμαχοι αὐτῶν ἐκ Κορίνθου ὁρμώμενοι, Λακεδαιμόνιοι δὲ καὶ οἱ σύμμαχοι ἐκ Σικυῶνος. Ὁρῶντες δ᾽ οἱ Κορίνθιοι ἑαυτῶν μὲν καὶ τὴν χώραν δῃουμένην καὶ ἀποθνῄσκοντας διὰ τὸ ἀεὶ τῶν πολεμίων ἐγγὺς εἶναι, τοὺς δ᾽ ἄλλους συμμάχους καὶ αὐτοὺς ἐν εἰρήνῃ ὄντας καὶ τὰς χώρας αὐτῶν ἐνεργοὺς οὔσας, οἱ πλεῖστοι καὶ βέλτιστοι αὐτῶν εἰρήνης ἐπεθύμησαν, καὶ συνιστάμενοι ἐδίδασκον ταῦτα ἀλλήλους. (2) Γνόντες δὲ οἱ Ἀργεῖοι καὶ Ἀθηναῖοι καὶ Βοιωτοὶ καὶ Κορινθίων οἵ τε τῶν παρὰ βασιλέως χρημάτων μετεσχηκότες καὶ οἱ τοῦ πολέμου αἰτιώτατοι γεγενημένοι ὡς εἰ μὴ ἐκποδὼν ποιήσοιντο τοὺς ἐπὶ τὴν εἰρήνην τετραμμένους, πάλιν κινδυνεύσει ἡ πόλις λακωνίσαι, οὕτω δὴ σφαγὰς ἐπιχειροῦν ποιεῖσθαι. Καὶ πρῶτον μὲν οἱ πάντων ἀνοσιώτατον ἐβουλεύσαντο· οἱ μὲν γὰρ ἄλλοι, κἂν νόμῳ τις καταγνωσθῇ, οὐκ ἀποκτιννύουσιν ἐν ἑορτῇ· ἐκεῖνοι δ᾽ Εὐκλείαν τὴν τελευταίαν προείλοντο, ὅτι πλείονας ἂν ᾤοντο λαβεῖν ἐν τῇ ἀγορᾷ, ὥστε ἀποκτεῖναι. (3) Ὡς δ᾽ ἐση-

men haudquaquam oblitus, ut abeundi quo vellent potestatem eis facerent, edixit; neque lædi eos passus est. Ac tum quidem, quod advenisset vespera, cœna sumpta, quieti se dederunt. Mane vero Gylim polemarchum copias instruere jussit, ac tropæum excitare; simul universos in honorem dei coronis se redimire, omnesque tibicines tibia canere. Interim dum hoc illi faciunt, Thebani, caduceatoribus missis, per inducias ad sepulturam mortuorum cadavera repetunt. Ita tum factis induciis, Delphos profectus Agesilaus, decumam de manubiis deo consecravit, talentis centum non minorem. Gylis autem polemarchus cum copiis in agrum Phocæensem abiit, atque ex eo in Locridem irrupit. Die secundum hæc alio milites omnis generis supellectilem, cum frumento, ex vicis rapuerunt. Verum quum jam advesperasceret, Lacedæmoniis tum demum pedem referentibus, sequuti sunt eos a tergo Locri, telisque ac jaculis petiverunt. Quum autem conversi Lacedæmonii vicissim eos persequerentur, ac nonnullos prostravissent, non jam Locri amplius a tergo sequebantur, sed de superioribus eos locis petebant. Tum Lacedæmonii conabantur ipsos etiam per acclivia loca persequi : sed quia tenebræ ingruebant, pedem referentes, partim ob locorum difficultatem ceciderunt, partim quod nihil a fronte prospicerent, partim denique telis confossi. Perierunt hoc loco Gylis polemarchus, et adstitum e numero complures, et milites omnino duodeviginti partim lapidibus obruti, partim confecti vulneribus. Quod si e castris milites jam cœnantes opem eis non tulissent, periclitati de vita fuissent omnes.

CAPUT IV.

Secundum hæc dimissæ sunt ad civitates singulas reliquæ copiæ, ac domum Agesilaus quoque navigio vectus est. Tum e Corintho factis eruptionibus Athenienses, Bœoti, Argivi, eorumque socii bellum gerebant; Lacedæmonii vero, cum fœderatis suis, e Sicyone. Quum autem Corinthii viderent, agrum suum populationibus infestari, ac suos interfici, quod semper ab hostibus prope abessent, reliquis interim fœderatis pace fruentibus agrosque suos colentibus: plurimi eorum atque optimi quique pacem expetebant, communicatisque consiliis, mutuo se hac in parte monebant. Ea re cognita Argivi, Athenienses, Bœoti, Corinthii quotquot vel missæ ab rege pecuniæ participes facti fuerant, vel imprimis auctores belli exstiterant, quod periculum esse viderent, ne rursum Corinthus Lacedæmoniorum partes sequeretur, si non e medio tollerentur ii qui ad pacem inclinabant, cædes moliri sunt aggressi, ac primum id, quod maxime impium erat, consilium cepere. Nam ceteri homines neminem, ne legitime quidem damnatum, feriis perimunt : at hi diem sibi Eucleorum postremum præstituere, quod eo se plures in foro, quos occiderent, deprehensuros existimarent. Quumque

μάνθη, οἷς εἴρητο οὓς ἔδει ἀποκτεῖναι, σπασάμενοι τὰ ξίφη ἔπαιον τὸν μέν τινα συνεστηκότα ἐν κύκλῳ, τὸν δὲ καθήμενον, τὸν δέ τινα ἐν θεάτρῳ, ἔστι δ᾽ ὃν καὶ κριτὴν καθήμενον. Ὡς δ᾽ ἐγνώσθη τὸ πρᾶγμα, εὐθὺς ἔφευγον οἱ βέλτιστοι, οἱ μὲν πρὸς τὰ ἀγάλματα τῶν ἐν τῇ ἀγορᾷ θεῶν, οἱ δ᾽ ἐπὶ τοὺς βωμούς· ἔνθα δὴ οἱ ἀνοσιώτατοι καὶ παντάπασιν οὐδὲν νόμιμον φρονοῦντες, οἵ τε κελεύοντες καὶ οἱ πειθόμενοι, ἔσφαττον καὶ πρὸς τοῖς ἱεροῖς· ὥστ᾽ ἐνίους καὶ τῶν οὐ τυπτομένων, νομίμων δ᾽ ἀνθρώπων, ἀθυμῆσαι τὰς ψυχὰς ἰδόντας τὴν ἀσέβειαν. (4) Ἀποθνῄσκουσι δ᾽ οὕτω τῶν μὲν πρεσβυτέρων πολλοί· μᾶλλον γὰρ ἔτυχον ἐν τῇ ἀγορᾷ ὄντες· οἱ δὲ νεώτεροι, ὑποπτεύσαντος Πασιμήλου τὸ μέλλον ἔσεσθαι, ἡσυχίαν ἔσχον ἐν τῷ Κρανίῳ. Ὡς δὲ τῆς κραυγῆς ᾔσθοντο, καὶ φεύγοντές τινες ἐκ τοῦ πράγματος ἀφίκοντο πρὸς αὐτούς, ἐκ τούτου ἀναδραμόντες κατὰ τὸν Ἀκροκόρινθον, προσβαλόντας μὲν Ἀργείους καὶ τοὺς ἄλλους ἀπεκρούσαντο· (5) βουλευομένων δὲ τί χρὴ ποιεῖν, πίπτει τὸ κιόκρανον ἀπό του κίονος οὔτε σεισμοῦ οὔτε ἀνέμου γενομένου. Καὶ θυομένοις δὲ τοιαῦτα ἦν τὰ ἱερὰ ὥστε οἱ μάντεις ἔφασαν ἄμεινον εἶναι καταβαίνειν ἐκ τοῦ χωρίου. Καὶ οἱ μὲν πρῶτον ὡς φευξόμενοι ἔξω τῆς Κορινθίας ἀπεχώρησαν· ἐπεὶ δὲ καὶ οἱ φίλοι αὐτοὺς ἐπεισθον καὶ μητέρες ἰοῦσαι καὶ ἀδελφοί, καὶ αὐτῶν δὲ τῶν ἐν δυνάμει ὄντων ἦσαν οἳ ὀμνύοντες ὑπισχνοῦντο μηδὲν χαλεπὸν αὐτοὺς πείσεσθαι, οὕτω δὴ ἀπῆλθόν τινες οἴκαδε αὐτῶν. (6) Ὁρῶντες δὲ τοὺς τυραννεύοντας, αἰσθανόμενοι δὲ ἀφανιζομένην τὴν πόλιν διὰ τὸ καὶ ὅρους ἀνασπᾶσθαι καὶ Ἄργος ἀντὶ Κορίνθου τὴν πατρίδα αὐτῶν ὀνομάζεσθαι, καὶ πολιτείας μὲν ἀναγκαζόμενοι τῆς ἐν Ἄργει μετέχειν, ἧς οὐδὲν ἐδέοντο, ἐν δὲ τῇ πόλει μετοίκων ἔλαττον δυνάμενοι, ἐγένοντό τινες αὐτῶν οἳ ἐνόμισαν οὕτω μὲν ἀβίωτον εἶναι· πειρωμένους δὲ τὴν πατρίδα, ὥσπερ ἦν καὶ ἐξ ἀρχῆς, Κόρινθον ποιῆσαι καὶ ἐλευθέραν ἀποδεῖξαι καὶ τῶν μὲν μιαιφόνων καθαράν, εὐνομίᾳ δὲ χρωμένην, ἄξιον εἶναι, εἰ μὲν δύναιντο καταπρᾶξαι ταῦτα, σωτῆρας γενέσθαι τῆς πατρίδος, εἰ δὲ μὴ δύναιντο, τῶν γε καλλίστων καὶ μεγίστων ἀγαθῶν ὀρεγομένους ἀξιεπαινοτάτης τελευτῆς τυχεῖν. (7) Οὕτω δὴ ἐπιχειρεῖτον ἄνδρε δύο, Πασίμηλός τε καὶ Ἀλκιμένης διαδύντε διὰ χειμάρρου συγγενέσθαι Πραξίτᾳ τῷ Λακεδαιμονίων πολεμάρχῳ, ὃς ἐτύγχανε μετὰ τῆς ἑαυτοῦ μόρας φρουρῶν ἐν Σικυῶνι, καὶ εἶπον ὅτι δύναιντ᾽ ἂν παρασχεῖν αὐτῷ εἴσοδον εἰς τὰ κατατείνοντα ἐπὶ Λέχαιον τείχη. Ὁ δὲ καὶ πρόσθεν γιγνώσκων τὼ ἄνδρε ἀξιοπίστω ὄντε, ἐπίστευσε, καὶ διαπραξάμενος ὥστε καὶ τὴν ἀπιέναι μέλλουσαν ἐκ Σικυῶνος μόραν καταμεῖναι, ἔπραττε τὴν ἔξοδον. (8) Ἐπεὶ δὲ τὼ ἄνδρε καὶ κατὰ τύχην καὶ κατ᾽ ἐπιμέλειαν ἐγενέσθην φύλακε κατὰ τὰς πύλας ταύτας ἔνθαπερ τὸ τροπαῖον ἕστηκεν, οὕτω δὴ ἔχων ὁ Πραξίτας ἔρχεται τὴν τε μόραν καὶ Σικυωνίους καὶ Κορινθίων ὅσοι φυγάδες ἐτύγχανον ὄντες. Ἐπεὶ δ᾽ ἦν πρὸς ταῖς πύλαις, φοβούμενος τὴν εἴσοδον, ἠβουλήθη τῶν πιστῶν

significatum iis esset, quibuscum res erat communicata, quosnam interfici oporteret, strictis illi gladiis alium consistentem in circulo feriunt, alium sedentem, alium in theatro, unum etiam ludorum judicem sedentem. Re patefacta, mox optimates partim ad signa deorum, quae in foro erant, partim ad aras confugiunt. Tum vero et illi, qui jubebant, et qui parebant, longe omnium sceleratissimi homines, quorum in animis nihil recti et aequi reliquum esset, ad ipsa deum fana mactabant eos : ut jam nonnulli, tametsi non caederentur, homines tamen justi ac legum observantes, gravissime animis, conspecta impietate hujusmodi, angerentur. Ita complures ex senioribus occisi fuere : hos enim potissimum in foro tunc adesse contigit. Juniores vero, suspicante Pasimelo futurum hujusmodi quiddam, in Cranio se continebant. At ubi clamor auditus fuit, et quidam ex ipsa caede fugientes ad eos pervenerant, tum ad Acrocorinthum cursu ascendunt, objectosque Argivos et alios loco pellunt. Quumque secum ipsi deliberarent, quid faciundum esset, capitellum de columna decidit, nullo neque terrae motu, neque vento decussum. Eam ob rem quum sacrificium facerent, ejusmodi fuerunt exta, ut vates dicerent, rectius facturos, si de loco descenderent. Itaque primo tanquam in exilium abituri, agro Corinthio excedebant : at ubi suaserunt amici, matres, fratres, atque etiam nonnulli e magistratu sub jurisjurandi religione futurum pollicti sunt ut nihil eis incommodi accideret, ita nonnulli domum se receperunt. Quumque conspicerent eos, qui tyrannidem exercebant, et civitatem deleri animadverterent, quod et limites agri Corinthii revellerentur, et Argus pro Corintho appellaretur ipsorum patria, cogerentur autem civitatis Argivae jus obtinere, quo nimine indigebant, ipsa denique in urbe minus etiam, quam cives inquilini, possent: exitere nonnulli ex ipsis, qui sic nequaquam sibi vivendum existimarent : at si darent operam, ut pristinum in statum ac libertatem Corinthus vindicaretur et ab homicidis expurgata, legibus optimis administraretur, dignum ipsis esse, ut conservatores patriae fierent, si quidem id perficere possent; sin minus, ut pulcherrimorum maximorumque bonorum cupiditate ducti, exitu vitae cum primis laudabili potirentur. Ita viri duo, Pasimelus et Alcimenes, per torrentem quendam egressi, Praxitam Polemarchum Lacedaemoniorum convenire instituunt, qui sua cum cohorte tum Sicyonem praesidio tenebat. Exposuerunt huic, intra muros ei se aditum posse patefacere, qui Lechaeum versus pertinerent. Ille jampridem cognito, utrumque fide dignum esse, assensus est ipsis; impetrateque, ut illa quoque cohors, quae discessura Sicyone fuerat, ibidem maneret, de ingressu in urbem cum illis agebat. Inde quum illi duo tum fortuna quadam, tum industria sua custodes essent earum portarum, ad quas tropaeum stabat, Praxitas secum et cohortem illam, et Sicyonios, et exules Corinthios omnes ducens advenit. Ad portas quum accessisset propius, ab ingressu sibi metuens, quendam ho-

ἄνδρα εἰσπέμψαι σκεψόμενον τὰ ἔνδον. Τὸ δὲ εἰσηγαγέτην καὶ οὕτως ἁπλῶς ἀπεδειξάτην ὥστε ὁ εἰσελθὼν ἐξήγγειλε πάντα εἶναι ἀδόλως οἷάπερ ἐλεγέτην. (9) Ἐκ τούτου δ' εἰσέρχεται. Ὡς δὲ πολὺ διεχόντων τῶν τειχῶν ἀπ' ἀλλήλων παρατεταγμένοι ὀλίγοι ἑαυτοῖς ἔδοξαν εἶναι, σταυρώματά τ' ἐποιήσαντο καὶ τάφρον οἷαν ἐδύναντο πρὸ αὐτῶν, ἕως δὴ οἱ σύμμαχοι αὐτοῖς βοηθήσοιεν. Ἦν δὲ καὶ ὄπισθεν αὐτῶν ἐν τῷ λιμένι Βοιωτῶν φυλακή. Τὴν μὲν οὖν ἐπὶ τῇ νυκτὶ ᾗ εἰσῆλθον ἡμέραν ἄμαχοι διήγαγον· τῇ δ' ὑστεραίᾳ ἧκον οἱ Ἀργεῖοι πασσυδίᾳ βοηθοῦντες· καὶ εὑρόντες τεταγμένους Λακεδαιμονίους μὲν ἐπὶ τῷ δεξιῷ ἑαυτῶν, Σικυωνίους δὲ ἐχομένους, Κορινθίων δὲ τοὺς φυγάδας ὡς εἰς πεντήκοντα καὶ ἑκατὸν πρὸς τῷ ἑῴῳ τείχει, ἀντιτάττονται ἐχόμενοι [δὲ] τοῦ ἑῴου τείχους οἱ περὶ Ἰφικράτην μισθοφόροι, πρὸς δὲ τούτοις Ἀργεῖοι εὐώνυμον δ' εἶχον αὐτοῖς Κορίνθιοι οἱ ἐκ τῆς πόλεως. (10) Καταφρονήσαντες δὲ τῷ πλήθει εὐθὺς ἐχώρουν· καὶ τοὺς μὲν Σικυωνίους ἐκράτησαν καὶ διασπάσαντες τὸ σταύρωμα ἐδίωκον ἐπὶ θάλατταν, καὶ ἐκεῖ πολλοὺς αὐτῶν ἀπέκτειναν. Πασίμαχος δὲ ὁ ἱππαρμοστής, ἔχων ἱππέας οὐ πολλούς, ὡς ἑώρα τοὺς Σικυωνίους πιεζομένους, καταδήσας ἀπὸ δένδρων τοὺς ἵππους, καὶ ἀφελόμενος τὰς ἀσπίδας αὐτῶν, μετὰ τῶν ἐθελόντων ᾔει ἐναντίον τοῖς Ἀργείοις. Οἱ δὲ Ἀργεῖοι ὁρῶντες τὰ σίγμα τὰ ἐπὶ τῶν ἀσπίδων, ὡς Σικυωνίων οὐδὲν ἐφοβοῦντο. Ἔνθα δή, λέγεται εἰπὼν ὁ Πασίμαχος Ναὶ τὼ σιώ, Ἀργεῖοι, ψεύσει ὕμμε τὰ σίγμα ταῦτα, χωρεῖν ὁμόσε· καὶ οὕτω μαχόμενος μετ' ὀλίγων πολλοὺς ἀποθνήσκει καὶ ἄλλοι τῶν περὶ αὐτόν. (11) Οἱ μέντοι φυγάδες τῶν Κορινθίων νικῶντες τοὺς καθ' αὑτοὺς διέδυσαν ἄνω, καὶ ἐγένοντο ἐγγὺς τοῦ περὶ τὸ ἄστυ κύκλου· οἱ δ' αὖ Λακεδαιμόνιοι ὡς ᾔσθοντο κρατούμενα τὰ κατὰ τοὺς Σικυωνίους, βοηθοῦσιν ἐξελθόντες, ἐν ἀριστερᾷ ἔχοντες τὸ σταύρωμα. Οἱ γε μὴν Ἀργεῖοι ἐπεὶ ἤκουσαν ὄπισθεν ὄντας τοὺς Λακεδαιμονίους, στραφέντες δρόμῳ πάλιν ἐκ τοῦ σταυρώματος ἐξέπιπτον. Καὶ οἱ μὲν ἐν δεξιᾷ ἔσχατοι αὐτῶν παιόμενοι εἰς τὰ γυμνὰ ὑπὸ τῶν Λακεδαιμονίων ἀπέθνησκον, οἱ δὲ πρὸς τῷ τείχει ἀθρόοι σὺν πολλῷ ὄχλῳ πρὸς τὴν πόλιν ἀπεχώρουν. Ὡς δ' ἐνέτυχον τοῖς φυγάσι τῶν Κορινθίων, καὶ ἔγνωσαν πολεμίους ὄντας, ἀπέκλιναν πάλιν. Ἐνταῦθα μέντοι οἱ μὲν κατὰ τὰς κλίμακας ἀναβαίνοντες ἥλλοντο κατὰ τοῦ τείχους καὶ διεφθείροντο, οἱ δὲ περὶ τὰς κλίμακας ὠθούμενοι καὶ παιόμενοι ἀπέθνησκον, οἱ δὲ καὶ καταπατούμενοι ὑπ' ἀλλήλων ἀπεπνίγοντο. (12) Οἱ δὲ Λακεδαιμόνιοι οὐκ ἠπόρουν τίνα ἀποκτείνοιεν· ἔδωκε γὰρ τότε γε ὁ θεὸς αὐτοῖς ἔργον οἷον οὐδ' εὔξαντό ποτ' ἄν. Τὸ γὰρ ἐγχειρισθῆναι αὐτοῖς πολεμίων πλῆθος πεφοβημένον, ἐκπεπληγμένον, τὰ γυμνὰ παρέχον, ἐπὶ τὸ μάχεσθαι οὐδένα τρεπόμενον, εἰς δὲ τὸ ἀπολλύσθαι πάντας πάντα ὑπηρετοῦντας, πῶς οὐκ ἄν τις θεῖον ἡγήσατο; τότε γοῦν οὕτως ἐν ὀλίγῳ πολλοὶ ἔπεσον ὥστε εἰθισμένοι ὁρᾶν οἱ ἄνθρωποι σωροὺς σίτου, ξύλων, λίθων, τότε ἐθεάσαντο

HISTORIÆ GRÆCÆ LIB. IV. CAP. IV.   397

minem fidum in urbem mittere cogitabat, qui omnia prius exploraret. Hunc illi duo introduxerant, ac simpliciter commonstrarunt omnia: quo factum, ut is renuntiaret, omnia sine fraude geri, quemadmodum uterque dixisset. Secundum hæc Praxitas Corinthum ingreditur. Quum autem acie instructa, muris admodum a se invicem distantibus, pauci esse sibi viderentur, vallo se munierunt, itemque fossa tali, quali quidem poterant, donec eis opem socii ferrent. Ipso in portu Bœoticum præsidium a tergo habebant. Ac die quidem illo, qui ab ea nocte proximus erat, qua fuerant ingressi, prœlium nullum cum eis committebatur. Verum die ab hoc altero Argivi omnes exciti, suppetias laturi advenere. Quumque Lacedæmonios adversus cornu dextrum sibi oppositos in acie offendissent, proximos his Sicyonios, et exules plus minus centum et quinquaginta Corinthios ad murum, qui solem orientem spectat: aciem et ipsi suam instruunt; atque huic quidem, versus orientem spectanti muro, Iphicratis conducticii milites erant proximi; secundum hos, Argivi; lævum cornu Corinthii, quotquot ex urbe aderant, obtinebant. Hostibus ob copiarum suarum amplitudinem contemptis, recta in eos perrexerunt. Mox Sicyonios superatos, vallo diruto, ad mare usque persequuti sunt magnamque partem eorum ibi occiderunt. Eos ut premi vidit equitum præfectus Pasimachus, qui tamen equites secum non multos habebat: religatis ad arbores equis, et clypeos illis ademit, et cum iis, qui se sponte adjungerent, adversus Argivos properavit. Illi conspectis litteris S in clypeis, plane nihil ab eis sibi metuebant, ut qui Sicyonii essent. Ibi Pasimachus dixisse perhibetur, Per geminos deos, Argivi, hæ S litteræ vos fallent: itaque pedem cum eis contulisse. Quumque adversus multos cum paucis dimicaret, non ipse solum, sed etiam alii milites, eum sequuti, occubuerunt. Exules autem Corinthii, victis hostibus oppositis sibi, sursum penetrabant; adeoque propius ad munitionem, urbem ambientem, accedebant. Interea Lacedæmonii, cognito victos esse Sicyonios, opem laturi egressi sunt, ac vallum ad sinistram retinuerant. Argivi, quum audiissent Lacedæmonios a tergo esse, conversi extra vallum se cursu proripuere. Tum quotquot eorum ad dextram postremi fugiebant, a Lacedæmoniis cæsi, qua inermes erant, occubuerunt; qui autem muro erant proximi, magno cum tumultu urbem versus se conferti recipiebant. Quumque Corinthios in exules incidissent, eosque hostes esse intellexissent, rursus declinabant. Atque hic nonnulli scalas ascendentes, de muro desilibant, ac peribant; alii dum juxta scalas urgentur et cæduntur, interficiebantur; alii ab suis conculcati, suffocabantur. Nec Lacedæmoniis deerant, quos occiderent. Nam deus hoc eis tempore patrandi facinoris ejusmodi potestatem fecit, quale ne unquam quidem optassent: quippe cur non divinitus hoc quis existimet, ut ingens hostium copia in eorum potestatem veniret, perterrita, metu perturbata, partes corporis inermes eis cædendas præbens, neminem ad pugnandum se convertente, sed potius universis in perniciem suam omnia suggerentibus? Tum quidem exiguo tempore tam multi ceciderunt, ut homines, qui frumenti, lignorum, lapidum acervos intueri consuessent, hoc

ΕΛΛΗΝΙΚΩΝ ΒΙΒΛ. Δ. ΚΕΦ. Δ.

σωρούς νεκρῶν. Ἀπέθανον δὲ καὶ οἱ ἐν τῷ λιμένι τῶν Βοιωτῶν φύλακες, οἱ μὲν ἐπὶ τῶν τειχῶν, οἱ δὲ ἐπὶ τὰ τέγη τῶν νεωσοίκων ἀναβάντες. (13) Μετὰ μὲν τοίνυν τοῦτο οἱ μὲν Κορίνθιοι καὶ Ἀργεῖοι τοὺς νεκροὺς ὑποσπόνδους ἀπήγοντο, οἱ δὲ ξύμμαχοι τῶν Λακεδαιμονίων ἐβοήθουν. Ἐπεὶ δὲ ἠθροίσθησαν, ἔγνω Πραξίτας πρῶτον μὲν τῶν τειχῶν καθελεῖν ὥστε δίοδον στρατοπέδῳ ἱκανὴν εἶναι, ἔπειτα ἀναλαβὼν τὸ στράτευμα ἦγε τὴν ἐπὶ Μέγαρα, καὶ αἱρεῖ προσβαλὼν πρῶτον μὲν Σιδοῦντα, ἔπειτα δὲ Κρομμυῶνα. Καὶ ἐν τούτοις τοῖς τείχεσι καταστήσας φρουροὺς τοὐμπαλιν ἐπορεύετο καὶ τειχίσας Ἐπιείκιαν, ἵνα φρούριον εἴη πρὸ τῆς φιλίας τοῖς ξυμμάχοις, οὕτω διαφῆκε τὸ στράτευμα, καὶ αὐτὸς τὴν ἐπὶ Λακεδαίμονα ἀπεχώρει.

14. Ἐκ δὲ τούτου στρατιαὶ μὲν μεγάλαι ἑκατέρων διεπέπαυντο, φρουροὺς δὲ πέμπουσαι αἱ πόλεις, αἱ μὲν εἰς Κόρινθον, αἱ δὲ εἰς Σικυῶνα, ἐφύλαττον τὰ τείχη· μισθοφόρους γε μὴν ἑκάτεροι ἔχοντες διὰ τούτων ἐρρωμένως ἐπολέμουν.

15. Ἔνθα δὴ καὶ Ἰφικράτης εἰς Φλιοῦντα ἐμβαλὼν καὶ ἐνεδρευσάμενος, ὀλίγοις δὲ λεηλατῶν, βοηθησάντων τῶν ἐκ τῆς πόλεως ἀφυλάκτως, ἀπέκτεινε τοσούτους ὥστε καὶ τοὺς Λακεδαιμονίους πρόσθεν οὐ δεχόμενοι εἰς τὸ τεῖχος οἱ Φλιάσιοι, φοβούμενοι μὴ τοὺς φάσκοντας ἐπὶ λακωνισμῷ φεύγειν κατάγωσι, τότε οὕτω κατεπλάγησαν τοὺς ἐκ Κορίνθου ὥστε μεταπεμψάντό τε τοὺς Λακεδαιμονίους, καὶ τὴν πόλιν καὶ τὴν ἄκραν φυλάττειν αὐτοῖς παρέδωκαν. Οἱ μέντοι Λακεδαιμόνιοι, καίπερ εὐνοϊκῶς ἔχοντες τοῖς φυγάσιν, ὅσον χρόνον εἶχον αὐτῶν τὴν πόλιν, οὐδ᾽ ἐμνήσθησαν παντάπασι περὶ καθόδου φυγάδων, ἀλλ᾽ ἐπεὶ ἀναθαρρῆσαι ἐδόκει ἡ πόλις, ἐξῆλθον καὶ τὴν πόλιν καὶ τοὺς νόμους παραδόντες οἵανπερ καὶ παρέλαβον. (16) Οἱ δ᾽ αὖ περὶ τὸν Ἰφικράτην πολλαχόσε καὶ τῆς Ἀρκαδίας ἐμβαλόντες ἐληλάτουν τε καὶ προσέβαλλον πρὸς τὰ τείχη· ἔξω γὰρ οἱ τῶν Ἀρκάδων ὁπλῖται παντάπασιν οὐκ ἀντεξῄεσαν· οὕτω τοὺς πελταστὰς ἐπεφόβηντο. Τοὺς μέντοι Λακεδαιμονίους οὕτως αὖ οἱ πελτασταὶ ἐδεδίεσαν ὡς ἐντὸς ἀκοντίσματος οὐ προσῄεσαν τοῖς ὁπλίταις· ἤδη γάρ ποτε καὶ ἐκ τοσούτου διώξαντες οἱ νεώτεροι τῶν Λακεδαιμονίων ἑλόντες ἀπέκτειναν τινὰς αὐτῶν. (17) Καταφρονοῦντες δὲ οἱ Λακεδαιμόνιοι τῶν πελταστῶν, ἔτι μᾶλλον τῶν ἑαυτῶν συμμάχων κατεφρόνουν· καὶ γὰρ οἱ Μαντινεῖς βοηθήσαντές ποτε ἐπεκδραμόντες πελτασταῖς ἐκ τοῦ ἐπὶ Λέχαιον τείνοντος τείχους, ἀκοντιζόμενοι ἐνέκλιναν τε καὶ ἀπέθανόν τινες αὐτῶν φεύγοντες· ὥστε οἱ μὲν Λακεδαιμόνιοι καὶ ἐπισκώπτειν ἐτόλμων ὡς οἱ σύμμαχοι φοβοῖντο τοὺς πελταστὰς ὥσπερ μορμόνας παιδάρια. Αὐτοὶ δ᾽ ἐκ τοῦ Λεχαίου ὁρμώμενοι σὺν μόρᾳ καὶ τοῖς τῶν Κορινθίων φυγάσι κύκλῳ περὶ τὸ ἄστυ τῶν Κορινθίων ἐστρατεύοντο (18) οἱ δ᾽ αὖ Ἀθηναῖοι φοβούμενοι τὴν ῥώμην τῶν Λακεδαιμονίων, μὴ ἐπεὶ τὰ μακρὰ τείχη τῶν Κορινθίων διήρητο, ἔλθοιεν ἐπὶ σφᾶς, ἡγήσαντο κράτιστον εἶναι ἀνατειχίσαι τὰ διηρη-

tempore, cadaverum acervos adspicerent. Etiam Bœoticum in porta præsidium interemptum fuit partim in muris, partim in ipsis navalium tectis quæ conscenderant. Secundum hæc Corinthii et Argivi per inducias interfectos auferebant, et jam Lacedæmoniorum socii suis opem laturi aderant. Eis collectis, Praxitas primum demoliendam murorum partem censuit, ut ingredi copiæ possent. Deinde cum exercitu via qua Megarensem ad urbem itur, profectus est; ac primo copiis admotis Siduntem capit, deinde Crommyonem; quibus in oppidis relicto præsidio, via, qua venerat, reverti cœpit; munitaque Epiecia, ut ea socii propugnaculi loco, non procul ab amicorum regione dissiti, uterentur, dimisit exercitum, ac Lacedæmonem se recepit.

His ita gestis, exercitus quidem utrorumque magni quiescebant: tantum urbes missis partim Corinthum, partim Sicyonem præsidiariis, mœnia tutabantur. Mercenario tamen milite, quem utrinque conduxerant, summis viribus inter eos confligebatur.

Tunc et Iphicrates Phliuntem cum copiis invadens, locatis insidiis, prædas cum paucis agebat; quumque cives ex urbe non satis caute suis opem ferrent, tot ex eis occidit, ut Phliasii, qui antehac Lacedæmonios intra mœnia non admiserant, quod vererentur, ne illi exules reducerent, qui se profiterentur ejectos idcirco, quia Lacedæmoniorum sequuti partes essent, sic tum ab iis sibi metuerint, qui Corinthi venerant, ut accessitis Lacedæmoniis, urbem et arcem tuendam traderent. Illi vero, quanquam benevolis essent in exules animis, tamen quamdiu Phliasiorum oppidum habebant in potestate sua, nullam prorsus de reducendis exulibus mentionem faciebant; immo quum jam illa civitas confirmata videretur, urbem ac leges civibus itidem, ut ipsi acceperant, restituerunt, atque egressi sunt. Ceterum Iphicratis milites sæpenumero factis etiam in Arcadiam irruptionibus, prædas abigebant, et ipsos oppidorum muros aggrediebantur. Nam extra hæc Arcadum gravis armaturæ pedites eis omnino non occurrebant; adeo sibi a cetratis metuebant. Itidem cetrati adeo metuebant Lacedæmonios, ut intra jactum teli ad gravem ipsorum armaturam non accederent. Nam quum hos quoque juniores quidam ex Lacedæmoniis aliquando persequuti essent, nonnullos et ceperant, et occiderant. Quumque jam cetratos Lacedæmonii præ se contemnerent, multo etiam magis socios suos contemnebant. Nam quum Mantinenses aliquando latum opem e muro, qui Lechæum versus pertinet, erumpentes invasissent cetratos, conjectis in ipsos jaculis, terga dedere, nonnullis in fuga perennibus. Itaque illos etiam salsæ Lacedæmonii perstringere sunt ausi, quum dicerent, sociis suis cetratos perinde terrori esse, ac larvas puelli metuant. Ceterum profecti e Lechæo Lacedæmonii cum cohorte sua, et cum exulibus Corinthiis, undique Corinthiorum urbem castris cingebant. Tum Athenienses, qui robur Lacedæmoniorum metuerent, ne, quum longos Corinthiorum muros dejecissent, in se irruerent: nihil se facturos rectius exi-

μένα ὑπὸ Πραξίτα τείχη. Καὶ ἐλθόντες πανδημεὶ μετὰ λιθολόγων καὶ τεκτόνων τὸ μὲν πρὸς Σικυῶνος καὶ πρὸς ἑσπέρας ἐν ὀλίγαις ἡμέραις πάνυ καλὸν ἐξετείχισαν, τὸ δὲ ἑῷον μᾶλλον κατὰ ἡσυχίαν ἐτείχιζον.

19. Οἱ δ' αὖ Λακεδαιμόνιοι ἐνθυμηθέντες τοὺς Ἀργείους τὰ μὲν οἴκοι καρπουμένους, ἡδομένους δὲ τῷ πολέμῳ, στρατεύουσιν ἐπ' αὐτούς. Ἀγησίλαος δὲ ἡγεῖτο, καὶ δῃώσας πᾶσαν αὐτῶν τὴν χώραν, εὐθὺς ἐκεῖθεν ὑπερβαλὼν κατὰ Τενέαν εἰς Κόρινθον αἱρεῖ τὰ ἀνοικοδομηθέντα ὑπὸ τῶν Ἀθηναίων τείχη. Παρεγένετο δὲ αὐτῷ καὶ ὁ ἀδελφὸς Τελευτίας κατὰ θάλατταν, ἔχων τριήρεις περὶ δώδεκα· ὥστε μακαρίζεσθαι αὐτῶν τὴν μητέρα, ὅτι τῇ αὐτῇ ἡμέρᾳ ὧν ἔτεκεν ὁ μὲν κατὰ γῆν τὰ τείχη τῶν πολεμίων, ὁ δὲ κατὰ θάλατταν τὰς ναῦς καὶ τὰ νεώρια ᾕρηκε. Καὶ τότε μὲν ταῦτα πράξας ὁ Ἀγησίλαος τό τε τῶν συμμάχων στράτευμα διῆκε καὶ τὸ πολιτικὸν οἴκαδε ἀπήγαγεν.

ΚΕΦΑΛΑΙΟΝ Ε.

Ἐκ δὲ τούτου Λακεδαιμόνιοι ἀκούσαντες τῶν φευγόντων ὅτι οἱ ἐν τῇ πόλει πάντα μὲν τὰ βοσκήματα ἔχοιεν καὶ σώζοιντο ἐν τῷ Πειραίῳ, πολλοὶ δὲ τρέφοιντο αὐτόθι, στρατεύουσι πάλιν εἰς τὴν Κόρινθον, Ἀγησιλάου καὶ τότε ἡγουμένου. Καὶ πρῶτον μὲν ἦλθεν εἰς Ἰσθμόν· καὶ γὰρ ἦν ὁ μὴν ἐν ᾧ Ἴσθμια γίγνεται, καὶ οἱ Ἀργεῖοι αὐτοῦ ἐτύγχανον τότε ποιοῦντες τὴν θυσίαν τῷ Ποσειδῶνι, ὡς Ἄργους τῆς Κορίνθου ὄντος. Ὡς δ' ᾔσθοντο προσιόντα τὸν Ἀγησίλαον, καταλιπόντες καὶ τὰ τεθυμένα καὶ τὰ ἀριστοποιούμενα μάλα σὺν πολλῷ φόβῳ ἀπεχώρουν εἰς τὸ ἄστυ κατὰ τὴν ἐπὶ Κεγχρείας ὁδόν. (2) Ὁ μέντοι Ἀγησίλαος ἐκείνους μὲν καίπερ ὁρῶν οὐκ ἐδίωκε, κατασκηνήσας δὲ ἐν τῷ ἱερῷ αὐτός τε τῷ θεῷ ἔθυε καὶ περιέμενεν, ἕως οἱ φυγάδες τῶν Κορινθίων ἐποίησαν τῷ Ποσειδῶνι τὴν θυσίαν καὶ τὸν ἀγῶνα. Ἐποίησαν δὲ καὶ οἱ Ἀργεῖοι ἀπελθόντος Ἀγησιλάου ἐξ ἀρχῆς πάλιν Ἴσθμια. Καὶ ἐκείνῳ τῷ ἔτει ἔστι μὲν ἃ τῶν ἄθλων δὶς ἕκαστος ἐνικήθη, ἔστι δὲ ἃ δὶς οἱ αὐτοὶ ἐκηρύχθησαν. (3) Τῇ δὲ τετάρτῃ ἡμέρᾳ ὁ Ἀγησίλαος ἦγε πρὸς τὸ Πείραιον τὸ στράτευμα. Ἰδὼν δὲ ὑπὸ πολλῶν φυλαττόμενον, ἀπεχώρησε μετ' ἄριστον πρὸς τὸ ἄστυ, ὡς προδιδομένης τῆς πόλεως· ὥστε οἱ Κορίνθιοι δείσαντες μὴ ἡ πόλις προδιδοῖτο ὑπό τινων, μετεπέμψαντο τὸν Ἰφικράτην σὺν τοῖς πλείστοις τῶν πελταστῶν. Αἰσθόμενος δὲ Ἀγησίλαος τῆς νυκτὸς παρεληλυθότας αὐτούς, ὑποστρέψας ἅμα τῇ ἡμέρᾳ εἰς τὸ Πείραιον ἦγε. Καὶ αὐτὸς μὲν κατὰ τὰ θερμὰ προῄει, μόραν δὲ κατὰ τὸ ἀκρότατον ἀνεβίβασε. Καὶ ταύτην μὲν τὴν νύκτα ὁ μὲν πρὸς τοῖς θερμοῖς ἐστρατοπεδεύετο, ἡ δὲ μόρα τὰ ἄκρα κατέχουσα ἐνυκτέρευεν. (4) Ἔνθα δὴ καὶ ὁ Ἀγησίλαος μικρῷ μὲν καιρῷ δ' ἐνθυμήματι εὐδοκίμησε. Τῶν γὰρ τῇ μόρᾳ φερόντων τὰ σιτία οὐδενὸς πῦρ εἰσενεγκόντος, ψύχους δὲ ὄντος διὰ

---

stimabant, quam si dirutos a Praxita muros instaurarent. Itaque magna totius cum populi manu veniunt, fabros cæmentarios et tignarios secum adducunt, partemque muri, quæ Sicyonem et occasum spectabat, paucis omnino diebus egregie perfieiunt; quæ vero spectabat orientem solem, eam magis per otium ædificabant.

Interim Lacedæmonii, qui secum ipsi cogitarent, Argivos domi copia rerum augeri, ac bello delectari, expeditionem adversus eos suscipiunt. In ea dux erat Agesilaus, qui quidem agrum omnem Argivorum populatus, mox inde Tenea superata Corinthum transiit et muros ab Atheniensibus instauratos dejecit. Venit ad ipsum etiam Teleutias frater, mari, cum duodecim fere triremibus; ut jam mater ipsorum beata prædicaretur, quod eodem die alter ex iis, quos ipsa genuisset, hostium muros terra, mari alter naves ac navalia cepisset. Atque his tum rebus gestis, sociorum Agesilaus dimisit exercitum, et patriæ copias domum reduxit.

CAPUT V.

Postea vero quam Lacedæmonii de indiciis exulum acceperunt, Corinthios illos, qui urbem obtinerent, habere suas in portu Piræo pecudes, et ibidem adservare, atque illic etiam se complures alere: rursum adversus Corinthum expeditionem, Agesilao duce, suscipiunt. Is primum accessit ad Isthmum. Nam is mensis erat, quo Isthmia celebrantur: et Argivi tum istic forte Neptuno sacrificabant, quasi Corinthius esset Argos. Quum autem adventare Argivi Agesilaum animadvertissent, tam iis, quæ immolata erant, quam aliis ad prandium paratis rebus relictis, via Cenchreas ducente magno cum metu in urbem se receperunt. Eos quanquam conspexit Agesilaus, non tamen est insequutus: sed in templum divertens, sacrum Deo fecit, ac dum exules Corinthii Neptuno sacrificarent, ludosque celebrarent, ibidem mansit. Post Agesilao digresso, Argivi de integro Isthmia peregerunt. Itaque hoc anno fuere, qui bis in certaminibus victi sint, et alii, qui bis victores sint pronuntiati. Ceterum Agesilaus die quarto ad Piræum copias duxit. Quumque magno id teneri præsidio videret, prandio peracto, ad urbem ipsam abscessit, quasi ea sibi proderetur. Qua re factum, ut veriti Corinthii, ne essent qui urbem proderent, Iphicratem cum maxima parte cetratorum arcesserent. Hos quum noctu transiisse animadvertisset Agesilaus, prima luce converso itinere Piræum copias duxit: ac ipse quidem secundum aquas calidas proficiscebatur, cohorti vero uni, ut ad supremum montis verticem ascenderet, imperabat. Ea nocte castra non procul ab aquis calidis Agesilaus habebat, cohors autem illa in vertice, quem occuparat, pernoctabat. Hic Agesilaus excogitata re non magna quidem illa, sed tamen peropportuna, claruit. Nam quum eorum, qui cohorti cibum ferebant, ignem attulisset nemo, et frigus

τε τὸ πάνυ ἐφ' ὑψηλοῦ εἶναι καὶ διὰ τὸ γενέσθαι ὕδωρ καὶ χάλαζαν πρὸς τὴν ἑσπέραν, καὶ ἀναβεβήκεσαν δὲ ἔχοντες οἷα δὴ θέρους σπειρία, ῥιγούντων δ' αὐτῶν καὶ ἐν σκότῳ ἀθύμως πρὸς τὸ δεῖπνον ἐχόντων, πέμπει ὁ Ἀγησίλαος οὐκ ἔλαττον δέκα φέροντας πῦρ ἐν χύτραις. Ἐπεὶ δὲ ἀνέβησαν ἄλλος ἄλλῃ, καὶ πολλὰ καὶ μεγάλα πυρὰ ἐγένετο, ἅτε πολλῆς ὕλης παρούσης, πάντες μὲν ἠλείφοντο, πολλοὶ δὲ καὶ ἐδείπνησαν ἐξ ἀρχῆς. Φανερὸς δὲ ἐγένετο καὶ ὁ νεὼς τοῦ Ποσειδῶνος ταύτῃ τῇ νυκτὶ καιόμενος· ὑφ' ὅτου δὲ ἐνεπρήσθη οὐδεὶς οἶδεν. (6) Ἐπεὶ δὲ ᾔσθοντο οἱ ἐν τῷ Πειραίῳ τὰ ἄκρα ἐχόμενα, ἐπὶ μὲν τὸ ἀμύνασθαι οὐκέτι ἐτράποντο, εἰς δὲ τὸ Ἥραιον κατέφυγον καὶ ἄνδρες καὶ γυναῖκες καὶ δοῦλοι καὶ ἐλεύθεροι καὶ τῶν βοσκημάτων τὰ πλεῖστα. Καὶ Ἀγησίλαος μὲν δὴ σὺν τῷ στρατεύματι παρὰ θάλατταν ἐπορεύετο· ἡ δὲ μόρα ἅμα καταβαίνουσα ἀπὸ τῶν ἄκρων Οἰνόην τὸ ἐντετειχισμένον τεῖχος αἱρεῖ, καὶ τὰ ἐνόντα ἔλαβε, καὶ πάντες δὲ οἱ στρατιῶται ἐν ταύτῃ τῇ ἡμέρᾳ πολλὰ τὰ ἐπιτήδεια ἐκ τῶν χωρίων ἐλάμβανον. Οἱ δ' ἐν τῷ Ἡραίῳ καταπεφευγότες ἐξῄεσαν, ἐπιτρέψαντες Ἀγησιλάῳ γνῶναι ὅ,τι βούλοιτο περὶ σφῶν. Ὁ δ' ἔγνω, ὅσοι μὲν τῶν σφαγέων ἦσαν, παραδοῦναι αὐτοὺς τοῖς φυγάσι, τὰ δ' ἄλλα πάντα πραθῆναι. (6) Ἐκ τούτου δὲ ἐξῄει μὲν ἐκ τοῦ Ἡραίου πάμπολλα τὰ αἰχμάλωτα· πρεσβεῖαι δὲ ἄλλοθέν τε πολλαὶ παρῆσαν καὶ ἐκ Βοιωτῶν ἧκον ἐρησόμενοι τί ἂν ποιοῦντες εἰρήνης τύχοιεν. Ὁ δὲ Ἀγησίλαος μάλα μεγαλοφρόνως τούτους μὲν οὐδ' ὁρᾶν ἐδόκει, καίπερ Φάρακος τοῦ προξένου παρεστηκότος αὐτοῖς, ὅπως προσαγάγοι· καθήμενος δ' ἐπὶ τοῦ περὶ τὴν λίμνην κυκλοτεροῦς οἰκοδομήματος ἐθεώρει πολλὰ τὰ ἐξαγόμενα. Τῶν δὲ Λακεδαιμονίων ἀπὸ τῶν ὅπλων σὺν τοῖς δόρασι παρηκολούθουν φύλακες τῶν αἰχμαλώτων, μάλα ὑπὸ τῶν παρόντων θεωρούμενοι· οἱ γὰρ εὐτυχοῦντες καὶ κρατοῦντες ἀεί πως ἀξιοθέατοι δοκοῦσιν εἶναι. (7) Ἔτι δὲ καθημένου Ἀγησιλάου καὶ ἐοικότος ἀγαλλομένῳ τοῖς πεπραγμένοις, ἱππεύς τις προσήλαυνε καὶ μάλα ἰσχυρῶς ἱδροῦντι τῷ ἵππῳ. Ὑπὸ πολλῶν δὲ ἐρωτώμενος ὅ,τι ἀγγέλλοι, οὐδενὶ ἀπεκρίνατο, ἀλλ' ἐπειδὴ ἐγγὺς ἦν τοῦ Ἀγησιλάου, καταλλάμενος ἀπὸ τοῦ ἵππου καὶ προσδραμὼν αὐτῷ μάλα σκυθρωπὸς ὢν λέγει τὸ τῆς ἐν Λεχαίῳ μόρας πάθος. Ὁ δ' ὡς ἤκουσεν, εὐθύς τε ἐκ τῆς ἕδρας ἀνεπήδησε καὶ τὸ δόρυ ἔλαβε καὶ παλεμιάρχους καὶ πεντηκοντῆρας καὶ ξεναγοὺς καλεῖν τὸν κήρυκα ἐκέλευεν. (8) Ὡς δὲ συνέδραμον οὗτοι, τοῖς μὲν ἄλλοις εἶπεν, οὐ γάρ πω ἠριστοποίηντο, ἐμφαγοῦσιν ὅ,τι δύναιντο ἥκειν τὴν ταχίστην, αὐτὸς δὲ σὺν τοῖς περὶ δαμοσίαν ὑφηγεῖτο ἀνάριστος. Καὶ οἱ δορυφόροι τὰ ὅπλα ἔχοντες παρηκολούθουν σπουδῇ, τοῦ μὲν ὑφηγουμένου, τῶν δὲ μετιόντων. Ἤδη δ' ἐκπεπερακότος αὐτοῦ τὰ θερμὰ εἰς τὸ πλάτος τοῦ Λεχαίου, προσελάσαντες ἱππεῖς τρεῖς ἀγγέλλουσιν ὅτι οἱ νεκροὶ ἀνῃρημένοι εἴησαν. Ὁ δ' ἐπεὶ τοῦτο ἤκουσε, θέσθαι κελεύσας τὰ ὅπλα καὶ ὀλίγον χρόνον ἀναπαύσας, ἀπῆ-

tamen eis esset, partim quod locum obsiderent perarduum, partim quod sub vesperam pluvias cum grandine habuisset, partim denique quod, ut aestivo tempore, tenuibus induti pannis ascendissent: rigentibus igitur frigore militibus, et mediis in tenebris non admodum coenae cupidis, Agesilaus non pauciores quam decem mittit, qui ad eos ignem in ollis ferrent. Hi quum in verticem, alius alia via, evasissent, ac jam frequentes, iique non parvi ignes, ut in magna lignorum copia, excitarentur: omnes ungebant se, nonnulli etiam denuo coenam sumebant. Eadem nocte Neptuni fanum ardere conspectum fuit: a quo vero succensum sit, nemo est qui norit. Posteaquam ii qui erant in Piraeo, vertices ipsos captos animadverterunt, non jam amplius ad defensionem se comparabant, sed viri, mulieres, ingenui, servi, cum maxima pecorum parte, Junonis ad fanum confugiebant. Pergebat secundum mare suis cum copiis Agesilaus. Interim de vertice Lacedaemoniorum cohors descendens, Œnoam castellum muris cinctum cum omnibus, quae erant in eo, cepit. Eodem die milites universi ex his locis magnam commeatus copiam acquisivere. Tandem et illi, qui ad Junonis templum confugerant, egressi permiserunt Agesilai arbitrio, ut de ipsis ex animi sui sententia statueret. Agesilaus exulibus tradi omnes, quotquot e numero illorum erant, qui caedes perpetraverant; cetera vendi universa jussit. Post haec de Junonis fano mancipia permulta sunt egressa. Aderant itidem quum aliis ex locis legati, tum e Boeotia, quaesituri, quid faciundum esset, ut pacem impetrarent. Eos Agesilaus elato admodum animo ne adspicere quidem visus fuit, quanquam ipsis adstitit Pharax, hospes eorum publicus, ut ad Agesilaum eos adduceret. Sedebat ipse rotundo in aedificio, quod est propter paludem, ac multa, quae de fano educebantur, spectabat. Comitabantur captivos cum hastis Lacedaemonii milites ex castris qui eos custodirent. In hos illorum, qui aderant, mirifice conjecti erant oculi: nam fieri plerumque consuevit, ut ii, quibus res secundae sunt, et qui victoria potiuntur, spectatu quodam modo digni videantur. Dum Agesilaus istic sedet, ac laetitiam capere se de iis, quae gesta erant, prae se fert, quidam totis viribus equo sudante advehitur. Quumque a compluribus, quid rei novae afferret, interrogaretur, nulli cuiquam responso dato, propius ad Agesilaum adequitat, equo desilit, vultu tristi accedit cohortis ejus, quae erat in Lechaeo, cladem exponit. Ille re cognita, statim e sella se proripit, hastam capit, polemarchos, quinquagenum militum praefectos, conductitiorum ductores per praeconem advocari jubet. Hi quum primum concurrissent, reliquis (necdum enim pransi erant), ut quod possent cibi sumerent, seque celerrime sequerentur, edixit: ipse cum militibus convictoribus impransus praecedebat. Comitabantur Agesilaum magno studio satellites armati, quum ipse ceu dux anteiret, illi una sequerentur. Jam calidas aquas praeterierat, et in latam Lechaei planitiem pervenerat, quum tres adequitantes recepta jam esse interfectorum cadavera nuntiant. Quod quum accepisset, jussis subsistere militi-

γε πάλιν τὸ στράτευμα ἐπὶ τὸ Ἥραιον· τῇ δ' ὑστεραίᾳ τὰ αἰχμάλωτα διετίθετο.

9. Οἱ δὲ πρέσβεις τῶν Βοιωτῶν προκληθέντες καὶ ἐρωτώμενοι ὅ,τι ἥκοιεν, περὶ μὲν τῆς εἰρήνης οὐκέτι ἐμέμνηντο, εἶπον δὲ ὅτι εἰ μή τι κωλύοι, βούλοιντο εἰς τὸ ἄστυ πρὸς τοὺς σφετέρους στρατιώτας παρελθεῖν. Ὁ δ' ἐπιγελάσας, Ἀλλ' οἶδα μέν, ἔφη, ὅτι οὐ τοὺς στρατιώτας ἰδεῖν βούλεσθε, ἀλλὰ τὸ εὐτύχημα τῶν φίλων ὑμῶν θεάσασθαι πόσον τι γεγένηται. Περιμείνατε οὖν, ἔφη· ἐγὼ γὰρ ὑμᾶς αὐτὸς ἄξω, καὶ μᾶλλον μετ' ἐμοῦ ὄντες γνώσεσθε ποῖόν τι τὸ γεγενημένον ἐστί. (10) Καὶ οὐκ ἐψεύσατο, ἀλλὰ τῇ ὑστεραίᾳ θυσάμενος ἦγε πρὸς τὴν πόλιν τὸ στράτευμα. Καὶ τὸ μὲν τρόπαιον οὐ κατέβαλεν, εἰ δέ τι ἦν λοιπὸν δένδρον, κόπτων καὶ κάων ἐπεδείκνυεν ὡς οὐδεὶς ἀντεξῄει. Ταῦτα δὲ ποιήσας ἐστρατοπεδεύσατο περὶ τὸ Λέχαιον· καὶ τοὺς Θηβαίων μέντοι πρέσβεις εἰς μὲν τὸ ἄστυ οὐκ ἀνῆγε, κατὰ θάλατταν δὲ εἰς Κρευσῖν ἀπέπεμψεν. Ἅτε δὲ ἀήθους τοῖς Λακεδαιμονίοις γεγενημένης τῆς τοιαύτης συμφορᾶς, πολὺ πένθος ἦν κατὰ τὸ Λακωνικὸν στράτευμα, πλὴν ὅσων ἐτέθνασαν ἐν χώρᾳ ἢ υἱοὶ ἢ πατέρες ἢ ἀδελφοί· οὗτοι δ' ὥσπερ νικηφόροι λαμπροὶ καὶ ἀγαλλόμενοι τῷ οἰκείῳ πάθει περιῇεσαν. (11) Ἐγένετο δὲ τὸ τῆς μόρας πάθος τοιῷδε τρόπῳ. Οἱ Ἀμυκλαῖοι ἀεί ποτε ἀπέρχονται εἰς τὰ Ὑακίνθια ἐπὶ τὸν παιᾶνα, ἐάν τε στρατοπεδευόμενοι τυγχάνωσιν, ἐάν τε ἄλλως πως ἀποδημῶντες. Καὶ τότε δὴ τοὺς ἐκ πάσης τῆς στρατιᾶς Ἀμυκλαίους κατέλιπεν Ἀγησίλαος ἐν Λεχαίῳ. Ὁ δ' ἐκεῖ φρουρῶν πολέμαρχος τοὺς μὲν ἀπὸ τῶν συμμάχων φρουροὺς παρέταξε φυλάττειν τὸ τεῖχος, αὐτὸς δὲ σὺν τῇ τῶν ὁπλιτῶν καὶ τῇ τῶν ἱππέων μόρᾳ παρὰ τὴν πόλιν τῶν Κορινθίων τοὺς Ἀμυκλαιεῖς παρῆγεν. (12) Ἐπεὶ δὲ ἀπεῖχον ὅσον εἴκοσιν ἢ τριάκοντα στάδια τοῦ Σικυῶνος, ὁ μὲν πολέμαρχος σὺν τοῖς ὁπλίταις οὖσιν ὡς ἑξακοσίοις ἀπῄει πάλιν ἐπὶ τὸ Λέχαιον, τὸν δ' ἱππαρμοστὴν ἐκέλευσε σὺν τῇ τῶν ἱππέων μόρᾳ, ἐπεὶ προπέμψειαν τοὺς Ἀμυκλαιεῖς μέχρι ὁπόσου αὐτοὶ κελεύοιεν, μεταδιώκειν. Καὶ ὅτι μὲν πολλοὶ ἦσαν ἐν τῇ Κορίνθῳ καὶ πελτασταὶ καὶ ὁπλῖται οὐδὲν ἠγνόουν· κατεφρόνουν δὲ διὰ τὰς ἔμπροσθεν τύχας μηδένα ἂν ἐπιχειρῆσαι σφίσιν. (13) Οἱ δ' ἐκ τῶν Κορινθίων τοῦ ἄστεος, Καλλίας τε ὁ Ἱππονίκου, τῶν Ἀθηναίων ὁπλιτῶν στρατηγῶν, καὶ Ἰφικράτης, τῶν πελταστῶν ἀρχῶν, καθορῶντες αὐτοὺς καὶ οὐ πολλοὺς ὄντας καὶ ἐρήμους καὶ πελταστῶν καὶ ἱππέων, ἐνόμισαν ἀσφαλὲς εἶναι ἐπιθέσθαι αὐτοῖς τῇ πελταστικῇ. Εἰ μὲν γὰρ πορεύοιντο τῇ ὁδῷ, ἀκοντιζομένους ἂν αὐτοὺς εἰς τὰ γυμνὰ ἀπόλλυσθαι· εἰ δ' ἐπιχειροῖεν διώκειν, ῥᾳδίως ἂν ἀποφυγεῖν πελταστὰς τοῖς ἐλαφροτάτοις τοὺς ὁπλίτας. (14) Γνόντες δὲ ταῦτα ἐξάγουσι. Καὶ ὁ μὲν Καλλίας παρέταξε τοὺς ὁπλίτας οὐ πόρρω τῆς πόλεως, ὁ δὲ Ἰφικράτης λαβὼν τοὺς πελταστὰς ἐπέθετο τῇ μόρᾳ. Οἱ δὲ Λακεδαιμόνιοι ἐπεὶ ἠκοντίζοντο καὶ ὁ μέν τις ἐτέ-

bus, ac paullsper quiete recreatis, ad fanum Junonis copias reduxit. Postridie mancipia sunt vendita.

Legati Bœotorum arcessiti, et interrogati, quamobrem venissent, nullam pacis amplius mentionem facientes, cupere se dixerunt suos in urbe milites, si nihil esset impedimenti, convenire. Subridens Agesilaus, « Ego vero non ignoro, inquit, cupere vos non milites videre vestros : sed quantus ille successus sit, quo amici vestri sint usi, spectare. Quamobrem opperimini : nam ego ipse vos deducam ; atque accuratius tum, si mecum fueritis, quid acciderit, cognoscetis. " Neque fefellit eos, sed postridie facta re sacra, copias ad urbem duxit : ac tropæum quidem non dejecit ; si qua tamen arbor erat reliqua, succidens atque urens neminem egredi audere demonstrabat. Hæc quum fecisset, propter Lechæum castra metatus est, ac Thebanorum legatos in urbem quidem non deduxit, sed maritimo itinere mari Creusim ablegavit. Quia vero talis clades inusitata Lacedæmoniis accidisset, magnus in exercitu Laconico plerorumque luctus erat, exceptis iis, quorum ipso in pugna loco vel filii, vel parentes, vel fratres occubuerant. Nam illi, tanquam si victoria potiti essent, magno cum splendore, suamet ipsi calamitate velut exultantes, obambulabant. Ceterum ei cohorti casus hic adversus in hunc modum accidit : consueverant Hyacinthiis ad pæana semper Amyclæi ventitare, sive in castris essent, seu alioqui peregre abessent domo. Et quoniam tum Agesilaus omnes Amyclæos, quotquot erant in exercitu, apud Lechæum reliquerat, polemarchus is, qui præsidiariis eo loco præerat, commendata militibus ceteris, quos reliqui socii miserant, tuendorum mœnium cura, ipse cum gravis armaturæ peditum et alia equitum cohorte, secundum ipsam Corinthum Amyclæos deducebat. Aberant jam plus minus viginti vel triginta stadiis ab Sicyone, quum polemarchus una cum gravis armaturæ peditibus, quorum erant prope sexcenti, Lechæum revertitur, jusso equitum præfecto, cum equestri cohorte, celeriter se subsequi. Non ignorabat autem, multos in urbe Corinthia tum cetratos tum gravis armaturæ pedites esse : sed eos per se contemnere existimabant, ob superiores rerum successus, neminem se adoriri audere. Verum plerique Corinthii, de iis qui erant in urbe, itemque Callias Hipponici filius, dux Atheniensium gravis armaturæ peditum, et cetratorum præfectus Iphicrates, quum ex alto conspexissent eos et paucos esse numero et nudos a cetratorum equitumque præsidio, tuto se cum cetratis eos aggredi posse arbitrabantur. Nam sive pergere suo vellent in itinere, futurum existimabant, ut qua nudi essent, jaculis petiti occumberent ; seu progressi hostem conarentur, facile cetratos, qui milites essent imprimis agiles, e gravis armaturæ manibus elapsuros. Hæc quum illis ita fuissent visa, copias educunt. Et Callias quidem suam armaturæ gravis aciem non procul ab urbe instituit ; Iphicrates autem, sumptis secum cetratis, hostium cohortem adoriebatur. Hic Lacedæmonii,

τρωτο, ὁ δὲ καὶ ἐπεπτώκει, τούτους μὲν ἐκέλευσε τοὺς ὑπασπιστὰς δραμόντας ἀποφέρειν εἰς Λέχαιον· καὶ οὗτοι μόνοι τῆς μόρας τῇ ἀληθείᾳ ἐσώθησαν· ὁ δὲ πολέμαρχος ἐκέλευσε τὰ δέκα ἀφ᾽ ἥβης ἀποδιῶξαι τοὺς προειρημένους. (16) Ὡς δὲ ἐδίωκον, ᾕρουν τε οὐδένα ἐξ ἀκοντίου βολῆς ὁπλῖται ὄντες πελταστάς· καὶ γὰρ ἀναχωρεῖν αὐτοὺς ἐκέλευε, πρὶν τοὺς ὁπλίτας ὁμοῦ γίγνεσθαι· ἐπεὶ δὲ ἀνεχώρουν ἐσπαρμένοι, ἅτε διώξαντες ὡς τάχους ἕκαστος εἶχεν, ἀναστρέφοντες οἱ περὶ τὸν Ἰφικράτην, οἵ τε ἐκ τοῦ ἐναντίου πάλιν ἠκόντιζον καὶ ἄλλοι ἐκ πλαγίου παραθέοντες εἰς τὰ γυμνά. Καὶ εὐθὺς μὲν ἐπὶ τῇ πρώτῃ διώξει κατηκόντισαν ἐννέα ἢ δέκα αὐτῶν. Ὡς δὲ τοῦτ᾽ ἐγένετο, πολὺ ἤδη θρασύτερον ἐπέκειντο. (16) Ἐπεὶ δὲ κακῶς ἔπασχον, πάλιν ἐκέλευσεν ὁ πολέμαρχος διώκειν τὰ πεντεκαίδεκα ἀφ᾽ ἥβης. Ἀναχωροῦντες δὲ ἔτι πλείονες αὐτῶν ἢ τὸ πρότον ἔπεσον. Ἤδη δὲ τῶν βελτίστων ἀπολωλότων, οἱ ἱππεῖς αὐτοῖς παραγίγνονται καὶ σὺν τούτοις αὖθις δίωξιν ἐποιήσαντο. Ὡς δ᾽ ἐνέκλιναν οἱ πελτασταί, ἐν τούτῳ κακῶς οἱ ἱππεῖς ἐπέθεντο· οὐ γὰρ ἕως ἀπέκτειναν τινας αὐτῶν, ἐδίωξαν, ἀλλὰ ξὺν τοῖς ἐκδρόμοις ἰσοτραπῶς καὶ ἐδίωκον καὶ ἐπέστρεφον. Ποιοῦντες δὲ καὶ πάσχοντες τὰ ὅμοια τούτοις καὶ αὖθις, αὐτοὶ μὲν ἀεὶ ἐλάττους τε καὶ μαλακώτεροι ἐγίγνοντο, οἱ δὲ πολέμιοι θρασύτεροί τε καὶ ἀεὶ πλείους οἱ ἐγχειροῦντες. (17) Ἀπορούντες δὴ συνίστανται ἐπὶ βραχύν τινα γήλοφον, ἀπέχοντα τῆς μὲν θαλάττης ὡς δύο στάδια, τοῦ δὲ Λεχαίου ὡς ἓξ ἢ ἑπτακαίδεκα. Αἰσθόμενοι δ᾽ οἱ ἀπὸ τοῦ Λεχαίου, εἰσβάντες εἰς πλοιάρια παρέπλεον, ἕως ἐγένοντο κατὰ τὸν γήλοφον. Οἱ δ᾽ ἀποροῦντες ἤδη, ὅτι ἔπασχον μὲν κακῶς καὶ ἀπέθνῃσκον, ποιεῖν δὲ οὐδὲν ἐδύναντο, πρὸς δὲ τούτοις ὁρῶντες καὶ τοὺς ὁπλίτας ἐπιόντας, ἐγκλίνουσι. Καὶ οἱ μὲν ἐμπίπτουσιν αὐτῶν εἰς τὴν θάλατταν, ὀλίγοι δέ τινες μετὰ τῶν ἱππέων εἰς Λέχαιον ἐσώθησαν. Ἐν πάσαις δὲ ταῖς μάχαις καὶ τῇ φυγῇ ἀπέθανον περὶ πεντήκοντα καὶ διακοσίους. (18) Καὶ ταῦτα μὲν οὕτως ἐπέπρακτο.

Ἐκ δὲ τούτου ὁ Ἀγησίλαος τὴν μὲν σφαλεῖσαν μόραν ἔχων ἀπῄει, ἄλλην δὲ κατέλιπεν ἐν τῷ Λεχαίῳ. Ἀπιὼν δὲ ἐπ᾽ οἴκου ὡς μὲν ἐδύνατο ὀψιαίτατα κατήγετο εἰς τὰς πόλεις, ὡς δ᾽ ἐδύνατο πρωϊαίτατα ἐξωρμᾶτο. Παρὰ δὲ Μαντίνειαν ἐξ Ὀρχομενοῦ ὄρθρου ἀναστὰς ὅτι σκοταῖος παρῆλθεν. Οὕτω χαλεπῶς ἂν ἐδόκουν οἱ στρατιῶται τοὺς Μαντινέας ἐφηδομένους τῷ δυστυχήματι θεάσασθαι· (19) Ἐκ τούτου δὲ μάλα καὶ τἆλλα ἐπετύγχανεν Ἰφικράτης. Καθεστηκότων γὰρ φρουρῶν ἐν Σιδοῦντι μὲν καὶ Κρομμύωνι ὑπὸ Πραξίτου, ὅτε ἐκεῖνος εἷλε ταῦτα τὰ τείχη, ἐν Οἰνόῃ δὲ ὑπὸ Ἀγησιλάου, ὅτεπερ τὸ Πείραιον ἔαλω, πάνθ᾽ εἷλε ταῦτα τὰ χωρία. Τὸ μέντοι Λέχαιον ἐφρούρουν οἱ Λακεδαιμόνιοι καὶ οἱ ξύμμαχοι. Οἱ φυγάδες δὲ τῶν Κορινθίων, οὐκέτι πεζῇ παριόντες ἐκ Σικυῶνος διὰ τῆς μόρας δυστυχίαν, ἀλλὰ παραπλέοντες καὶ ἐντεῦθεν ὁρμώμενοι, πράγματα εἶχόν τε καὶ παρεῖχον τοῖς ἐν τῷ ἄστει.

quum jaculis ferirentur, eorumque nonnulli vulnerarentur, nonnulli caderent, satellitibus imperarunt, ut hos sublatos Lechaeum deferrent, qui quidem soli ex tota cohorte revera salvi evaserunt. Inde polemarchus mandavit, uti quotquot annis decem pubertatem excessissent, cetratos, quos diximus, persequendo abigerent. Hi quum eos persequerentur, neminem ictu teli assequi poterant, quippe qui gravis armaturae pedites essent. Nam prius ut pedem referrent, quam gravis hostium armatura prope adesset, polemarchus edixerat. Post ubi sparsim pedem referrent, ut qui in hoste persequendo pro suis quisque viribus usi celeritate maxime fuissent, conversi milites Iphicratis et qui ex opposita iis parte trans hostes erant, jacula rursus vibrabant, pars eos a latere currendo, qua erant nudi, feriebant. Ita statim primo incursu novem, aut decem, jaculis confixos interemerunt. Quod ubi accidisset, longe jam audacius Lacedaemonios urgebant: qui quum graviter premerentur, rursum polemarchus eos, qui annis quindecim pubertatem excessissent, persequi hostem jussit. Hi quoque quum pedem referrent, longe plures quam prius, cecidere. Jam ex fortissimis quisque perierat, quum equites eis advenere; cum quibus rursum persequi hostem inceperunt. Quum autem cetrati declinarent, imprudenter eos adorti sunt equites. Quippe non, quoad aliquos occidissent, persequebantur: sed cum ipsis excursoribus aequatis frontibus tum persequebantur, tum sese convertebant. Atque his similia quum iterum iterumque facerent ac perpeterentur, semper ipsi pauciores ac languidiores, hostes vero audaciores evadebant, eorumque plures Lacedaemoniorum negotium facessebant. Tandem inopes consilii, non magnum quendam in tumulum sese colligunt, qui duobus fere a mari stadiis, a Lechaeo sex vel septemdecim aberat. At qui erant Lechaei, quum id animadvertissent, conscensis naviculis, propter litus navigarunt, donec ad eum collem pervenirent. Interim Lacedaemonii rerum suarum anxii, quod nullo cum hostium detrimento affligerentur misere, atque interirent, nihil autem facere possent adversus se tendere vident, terga dant hosti; atque alii eorum se in mare abjiciunt, alii quorum non multi erant, una cum equitibus Lechaeum salvi perveniunt. In omnibus quidem lisce conflictibus ipsaque fuga plus minus ducenti quinquaginta sunt interempti. Atque haec sic gesta fuerunt.

Agesilaus autem secundum ea cum cohorte, quae succubuerat, discessit, relicta apud Lechaeum alia. Quumque domum ita pergeret, quam maxime sero poterat, ingrediebatur urbes; rursumque summo mane initium proficiscendi faciebat. Mantineam quidem ipsis in tenebris praeterit, quum Orchomeno diluculo movisset. Adeo graviter conspectum Mantinensium laturi milites videbantur, qui ex hac ipsorum calamitate voluptatem caperent. Post haec Iphicrati alia quoque perfeliciter cessere. Quamvis enim Siduntem et Crommyonem, oppida ab se capta, Praxitas, Oenoen Agesilaus, occupato Piraeo, praesidiis munivissent, ea tamen Iphicrates omnia recepit; excepto Lechaeo, quod a Lacedaemoniorum sociorumque praesidio defendebatur. Exules autem Corinthii, propter adversum cohortis illius casum non jam pedestri amplius itinere Sicyone progredientes, sed navigiis proficiscentes, excursionibus inde factis eos qui erant in urbe vexabant, et ab ipsis vicissim vexabantur.

ΚΕΦΑΛΑΙΟΝ ς.

Μετὰ δὲ τοῦτο οἱ Ἀχαιοὶ ἔχοντες Καλυδῶνα, ἢ τὸ παλαιὸν Αἰτωλία ἦν, καὶ πολίτας πεποιημένοι τοὺς Καλυδωνίους, φρουρεῖν ἠναγκάζοντο ἐν αὐτῇ. Οἱ γὰρ Ἀκαρνᾶνες ἐπεστράτευον, καὶ τῶν Ἀθηναίων δὲ καὶ Βοιωτῶν συμπαρῆσάν τινες αὐτοῖς διὰ τὸ συμμάχους εἶναι. Πιεζόμενοι οὖν ὑπ᾽ αὐτῶν οἱ Ἀχαιοὶ πρέσβεις πέμπουσιν εἰς τὴν Λακεδαίμονα. Οἱ δ᾽ ἐλθόντες ἔλεγον ὅτι οὐ δίκαια πάσχοιεν ὑπὸ τῶν Λακεδαιμονίων. (2) Ἡμεῖς μὲν γὰρ, ἔφασαν, ὑμῖν, ὦ ἄνδρες, ὅπως ἂν ὑμεῖς παραγγέλλητε συστρατευόμεθα καὶ ἑπόμεθα ὅποι ἂν ἡγῆσθε· ὑμεῖς δὲ πολιορκουμένων ἡμῶν ὑπὸ Ἀκαρνάνων καὶ τῶν ξυμμάχων αὐτοῖς Ἀθηναίων καὶ Βοιωτῶν οὐδεμίαν ἐπιμέλειαν ποιεῖσθε. Οὐκ ἂν οὖν δυναίμεθα ἡμεῖς τούτων οὕτω γιγνομένων ἀντέχειν, ἀλλ᾽ ἢ ἐάσαντες τὸν ἐν Πελοποννήσῳ πόλεμον διαβάντες πάντες πολεμήσομεν Ἀκαρνᾶσί τε καὶ τοῖς ξυμμάχοις αὐτῶν, ἢ εἰρήνην ποιησόμεθα ὁποίαν ἄν τινα δυνώμεθα. (3) Ταῦτα δ᾽ ἔλεγον ὑπαπειλοῦντες τοῖς Λακεδαιμονίοις ἀπαλλαγήσεσθαι τῆς ξυμμαχίας, εἰ μὴ αὐτοῖς ἀντεπικουρήσουσι. Τούτων δὲ λεγομένων ἔδοξε τοῖς τ᾽ ἐφόροις καὶ τῇ ἐκκλησίᾳ ἀναγκαῖον εἶναι στρατεύεσθαι μετὰ τῶν Ἀχαιῶν ἐπὶ τοὺς Ἀκαρνᾶνας. Καὶ ἐκπέμπουσι τὸν Ἀγησίλαον, δύο μόρας ἔχοντα καὶ τῶν ξυμμάχων τὸ μέρος. (4) Οἱ μέντοι Ἀχαιοὶ πανδημεὶ ξυνεστρατεύοντο. Ἐπεὶ δὲ διέβη ὁ Ἀγησίλαος, πάντες μὲν οἱ ἐκ τῶν ἀγρῶν Ἀκαρνᾶνες ἔφυγον εἰς τὰ ἄστη, πάντα δὲ τὰ βοσκήματα ἀπεχώρησε πόρρω, ὅπως μὴ ἁλίσκηται ὑπὸ τοῦ στρατεύματος. Ὁ δ᾽ Ἀγησίλαος ἐπειδὴ ἐγένετο ἐν τοῖς ὁρίοις τῆς πολεμίας, πέμψας εἰς Στράτον πρὸς τὸ κοινὸν τῶν Ἀκαρνάνων εἶπεν ὡς εἰ μὴ παυσάμενοι τῆς πρὸς Βοιωτοὺς καὶ Ἀθηναίους ξυμμαχίας ἑαυτούς τε καὶ τοὺς ξυμμάχους αἱρήσονται, δηώσει πᾶσαν τὴν γῆν αὐτῶν ἐφεξῆς καὶ παραλείψει οὐδέν. (5) Ἐπεὶ δὲ οὐκ ἐπείθοντο, οὕτως ἐποίει, καὶ κόπτων ξυνεχῶς τὴν χώραν οὐ προῄει πλέον τῆς ἡμέρας ἢ δέκα ἢ δώδεκα σταδίους. Οἱ μὲν οὖν Ἀκαρνᾶνες, ἡγησάμενοι ἀσφαλὲς εἶναι διὰ τὴν βραδυτῆτα τοῦ στρατεύματος, τά τε βοσκήματα κατεβίβαζον ἐκ τῶν ὀρῶν καὶ τῆς χώρας τὰ πλεῖστα εἰργάζοντο. (6) Ἐπεὶ δὲ ἐδόκουν τῷ Ἀγησιλάῳ πάνυ ἤδη θαρρεῖν, ἡμέρᾳ πέμπτῃ ἢ ἕκτῃ καὶ δεκάτῃ ἀφ᾽ ἧς εἰσέβαλε, θυσάμενος πρωὶ διεπορεύθη πρὸ δείλης ἑξήκοντα καὶ ἑκατὸν στάδια ἐπὶ τὴν λίμνην περὶ ἣν τὰ βοσκήματα τῶν Ἀκαρνάνων σχεδὸν πάντα ἦν, καὶ ἔλαβε παμπληθῆ καὶ βουκόλια καὶ ἱπποφόρβια καὶ ἄλλα παντοδαπὰ βοσκήματα καὶ ἀνδράποδα πολλά. Λαβὼν δὲ καὶ μείνας αὐτοῦ τὴν ἐπιοῦσαν ἡμέραν διεπώλει τὰ αἰχμάλωτα. (7) Τῶν μέντοι Ἀκαρνάνων πολλοὶ πελτασταὶ ἦλθον, καὶ πρὸς τῷ ὄρει σκηνοῦντος τοῦ Ἀγησιλάου βάλλοντες καὶ σφενδονῶντες ἔπασχον μὲν οὐδέν, κατεβίβασαν δὲ εἰς τὸ ὁμαλὲς τὸ στρατόπεδον ἀπὸ τῆς ἀκρωνυχίας τοῦ ὄρους, καίπερ ἤδη περὶ δεῖπνον παρασκευαζόμενον. Εἰς δὲ τὴν νύκτα οἱ μὲν Ἀκαρνᾶνες ἀπῆλθον,

CAPUT VI.

Secundum hæc Achæi, qui Calydoniis in civitatem suam adscitis, Calydonem obtinebant, quæ olim urbs Ætoliæ erat, imposito illam præsidio tueri cogebantur. Nam bello ab Acarnanibus infestabantur, quibus se nonnulli Athenienses ac Bœoti adjungebant, quod eorum societate continerentur. Quapropter Achæi, quum ab hoste premerentur, legatos Lacedæmonem mittunt. Ii quum Spartam venissent, injuste secum agere Lacedæmonios aiunt : « Quippe nos, inquiunt, vobiscum arma sumimus, Lacedæmonii, prout ipsi denuntiatis, et quocunque ducitis, sequimur. Vos contra, quum ab Acarnanibus, eorumque sociis, Atheniensibus et Bœotis, bello premamur, nulla nostri cura tangimini. Quod si porro fieri hoc debet, minime vim hanc sustinere poterimus, omninoque vel omittendum nobis bellum hoc in Peloponneso vestrum erit, ac in hostilem agrum transeundum, ut universi in Acarnanes eorumque socios bellum geramus ; vel ineunda cum eis pax, qualis quidem iniri poterit. » Hæc tum ab eis dicebantur, obscure minantibus, se a Lacedæmoniorum societate discessuros, ni vicissim suppetias sibi ferrent. Ephori autem, hac oratione audita, una cum publico concilio statuerunt, necessarium esse, ut adversus Acarnanes cum Achæis arma caperentur. Itaque duabus cum cohortibus et parte sociorum Agesilaus huic expeditioni præficitur ; cui se cum copiis suis universis Achæi adjungunt. Quum versus hostes exercitum traduceret, Acarnanes omnes, quotquot degebant in agris, in oppida fugiebant, pecoribus etiam omnibus, ne a milite interciperentur, procul abactis. Jam soli hostilis fines attigerat Agesilaus, quum misso Stratum ad communitatem Acarnanum quodam, ni ab societate Bœotorum et Atheniensium discederent, eorumque loco se Lacedæmoniis ipsorumque sociis adjungerent, vastaturum se continenter omnem ipsorum agrum, nihilque reliqui facturum, denuntiavit. Illis non obtemperantibus, fecit quod minatus erat. Nam et agrum eorum continuo vastabat, et quotidie ultra decem vel duodecim stadia non progrediebatur. Itaque pecora de montibus Acarnanes deducebant, magnamque partem agri sui colebant ; quod tuto id sibi licere propterea ducerent, quia copiæ Agesilai lente progrederentur. Tandem die decimo quinto vel decimo sexto, ex quo fines eorum ingressus erat, quum jam eos fiduciæ plenos nihil metuere sibi Agesilaus existimaret : mane facta re sacra, prius quam appeteret vespera, centum sexaginta stadiis emensis ad eam paludem pervenit, propter quam Acarnanum pecora fere universa erant. Itaque permulta boum et equorum armenta, aliaque diversi generis pecora, atque etiam mancipia capta sunt. Quo facto, ibidem postridie substitit et quæ ceperat, vendidit. Interim multi Acarnanum cetrati aderant, quumque castra ad montem Agesilaus haberet, telis et fundis ea petentes detrimenti quidem nihil ipsi accipiebant ; Agesilai vero milites in planitiem de cacumine montis descendere coacti sunt, licet jam cœnæ parandæ intenti essent. Postequam nox ingruit,

26.

οἱ δὲ στρατιῶται φυλακὰς καταστησάμενοι ἐκάθευδον. (8) Τῇ δ' ὑστεραίᾳ ἀπῆγεν ὁ Ἀγησίλαος τὸ στράτευμα. Καὶ ἦν μὲν ἡ ἔξοδος ἐκ τοῦ περὶ τὴν λίμνην λειμῶνός τε καὶ πεδίου στενὴ διὰ τὰ κύκλῳ παρέχοντα ὄρη· καταλαβόντες δὲ οἱ Ἀκαρνᾶνες ἐκ τῶν ὑπερδεξίων ἔβαλλόν τε καὶ ἠκόντιζον, καὶ ὑποκαταβαίνοντες εἰς τὰ κράσπεδα τῶν ὀρῶν προσέκειντο καὶ πράγματα παρεῖχον, ὥστε οὐκέτι ἐδύνατο τὸ στράτευμα πορεύεσθαι. (9) Ἐπιδιώκοντες δὲ ἀπὸ τῆς φάλαγγος οἵ τε ὁπλῖται καὶ οἱ ἱππεῖς τοὺς ἐπιτιθεμένους οὐδὲν ἔβλαπτον· ταχὺ γὰρ ἦσαν, ὁπότε ἀποχωροῖεν, πρὸς τοῖς ἰσχυροῖς οἱ Ἀκαρνᾶνες. Χαλεπὸν δ' ἡγησάμενος ὁ Ἀγησίλαος διὰ τοῦ στενοπόρου ἐξελθεῖν ταῦτα πάσχοντας, ἔγνω διώκειν τοὺς ἐκ τῶν εὐωνύμων προσκειμένους, μάλα πολλοὺς ὄντας· εὐβατώτερον γὰρ ἦν τοῦτο τὸ ὄρος καὶ ὁπλίταις καὶ ἵπποις. (10) Καὶ ἐν ᾧ μὲν ἐσφαγιάζετο, μάλα κατεῖχον βάλλοντες καὶ ἀκοντίζοντες οἱ Ἀκαρνᾶνες, καὶ ἐγγὺς προσιόντες πολλοὺς ἐτίτρωσκον. Ἐπεὶ δὲ παρήγγειλεν, ᾔει μὲν ἐκ τῶν ὁπλιτῶν τὰ πεντεκαίδεκα ἀφ' ἥβης, ἤλαυνον δὲ οἱ ἱππεῖς, αὐτὸς δὲ ξὺν τοῖς ἄλλοις ἠκολούθει. (11) Οἱ μὲν οὖν ὑπακαταβεβηκότες τῶν Ἀκαρνάνων καὶ ἀκροβολιζόμενοι ταχὺ ἐνέκλιναν καὶ ἀπέθνησκον φεύγοντες πρὸς τὸ ἄναντες· ἐπὶ μέντοι τοῦ ἀκροτάτου ῥ' ὁπλῖται ἦσαν τῶν Ἀκαρνάνων παρατεταγμένοι καὶ τῶν πελταστῶν τὸ πολύ, καὶ ἐνταῦθα ἐπέμενον, καὶ τά τε ἄλλα βέλη ἠφίεσαν καὶ τοῖς δόρασιν ἐξακοντίζοντες ἱππέας τε κατέτρωσαν καὶ ἵππους τινὰς ἀπέκτειναν. Ἐπεὶ μέντοι μικροῦ ἔδεον ἤδη ἐν χερσὶ τῶν Λακεδαιμονίων ὁπλιτῶν εἶναι, ἐνέκλιναν, καὶ ἀπέθανον αὐτῶν ἐν ἐκείνῃ τῇ ἡμέρᾳ περὶ τριακοσίους. (12) Τούτων δὲ γενομένων ὁ Ἀγησίλαος τρόπαιον ἐστήσατο. Καὶ τὸ ἀπὸ τούτου περιιὼν κατὰ τὴν χώραν ἔκοπτε καὶ ἔκαιε· πρὸς ἐνίας δὲ τῶν πόλεων καὶ προσέβαλεν, ὑπὸ τῶν Ἀχαιῶν ἀναγκαζόμενος, οὐ μὴν εἷλέ γε οὐδεμίαν. Ἡνίκα δὲ ἤδη ἐπηγγέλετο τὸ μετόπωρον, ἀπῄει ἐκ τῆς χώρας. (13) Οἱ δὲ Ἀχαιοὶ πεποιηκέναι τε οὐδὲν ἐνόμιζον αὐτόν, ὅτι πόλιν οὐδεμίαν προσειλήφει οὔτε ἑκοῦσαν οὔτε ἄκουσαν, ἐδέοντό τε, εἰ μή τι ἄλλο, ἀλλὰ τοσοῦτόν γε χρόνον καταμεῖναι αὐτόν, ἕως ἂν τὸν σπορητὸν διακωλύσῃ τοῖς Ἀκαρνᾶσιν. Ὁ δὲ ἀπεκρίνατο ὅτι τὰ ἐναντία λέγοιεν τοῦ ξυμφέροντος. Ἐγὼ μὲν γάρ, ἔφη, στρατεύσομαι πάλιν δεῦρο εἰς τὸ ἐπιὸν θέρος· οὗτοι δὲ ὅσῳ ἂν πλείω σπείρωσι, τοσούτῳ μᾶλλον τῆς εἰρήνης ἐπιθυμήσουσι. (14) Ταῦτα δὲ εἰπὼν ἀπῄει πεζῇ δι' Αἰτωλίας τοιαύτας ὁδοὺς ἃς οὔτε πολλοὶ οὔτε ὀλίγοι δύναιντ' ἂν ἀκόντων Αἰτωλῶν πορεύεσθαι· ἐκεῖνον μέντοι εἴασαν διελθεῖν· ἤλπιζον γὰρ Ναύπακτον αὐτοῖς ξυμπράξειν ὥστ' ἀπολαβεῖν. Ἐπειδὴ δ' ἐγένετο κατὰ τὸ Ῥίον, ταύτῃ διαβὰς οἴκαδε ἀπῆλθεν· καὶ γὰρ τὸν ἐκ Καλυδῶνος ἔκπλουν εἰς Πελοπόννησον οἱ Ἀθηναῖοι ἐκώλυον τριήρεσιν ὁρμώμενοι ἐξ Οἰνιαδῶν.

et Acarnanes discesserunt, et milites, constitutis excubiis, quieti se dedere. Postridie copias Agesilaus abduxit. Erat autem exitus e prato et planitie, stagnum illud ambiente, propter montes undique circumjectos angustus; et occupatis iis, Acarnanes de superioribus locis telis ac jaculis hostes petebant, atque etiam descendentes ad montium crepidines, urgebant eos, tantumque negotii exhibebant, ut copiae progredi amplius non possent. Quod si maxime gravis armaturae pedites et equites hostem invadentem persequerentur, nullo tamen eum damno afficiebant : nam quoties pedem referebant Acarnanes, celeriter ad munita se loca recipiebant. Itaque ratus Agesilaus, militem suum hae incommoda perpetientem per arctam illam viam difficulter evasurum, statuit, eos, qui magna cum manu ad laevam suos urgebant, persequendos esse. Nam is mons tum gravis armaturae peditibus, tum equitibus accessu facilior erat. Dum hac de causa sacrum facit, interim Acarnanes telis ac jaculis graviter premebant militem; atque etiam propius accedentes, multos vulnerabant. At ubi persequi suos jussit, tum vero quotquot inter gravis armaturae milites annis quindecim pubertatem excesserant, cursu in hostem ferebantur, equitibus in eundem equos agentibus, et cum ceteris Agesilao subsequente. Statim Acarnanes qui descenderant, ac levibus hostem proeliis tentabant, terga verterunt, atque inter fugiendum per acclivia trucidati sunt. At gravis eorum armatura, magnaque cetratorum manus, supremo in monte instructa, subsistebat; ac praeter alia tela, quae jaciebant, emissis etiam hastis tum equites vulnerabant, tum quosdam equos interficiebant. Verum ubi jamjam Lacedaemoniorum gravis armatura manus cum eis conserturae esset, in fugam versi, plus minus tercentum eo die occubuerunt. Quibus ita gestis, tropaeum Agesilaus excitavit; ac deinceps agrum hostilem cum exercitu peragrans, passim omnia ferro ac flamma vastabat. Etiam oppidis quibusdam copias admovebat, Achaeis ita cogentibus; quorum tamen nullam omnino cepit. Tandem quum autumnus appetiisset, hostium finibus excessit. Tum Achaei nihil ab eo gestum existimare, quod oppidum nullum vel deditione, vel vi cepisset : simul obsecrare, saltem tantisper maneret, si quidem aliud impetrare non posset, donec impediisset, quominus Acarnanes sementem facerent. Respondebat Agesilaus, proferri ab ipsis ejusmodi, quae minime fieri expediret. Nam aestate, inquit, proxima rursum adversus hos expeditionem suscipiam : qui sane quanto majorem sementem fecerint, tanto avidius pacem expetent. His dictis, terrestre per Aetoliam iter ejusmodi fecit, cujusmodi neque magnae neque parvae hominum copiae possint invitis Aetolis facere. Sed illi tunc facultatem ei transeundi faciebant, quod futurum sperarent, ut ipsius opera Naupactum reciperent. Tandem quum propter Rhium venisset, ibi freto trajecto in patriam reversus est. Nam quominus Calydone in Peloponnesum navigaretur, Athenienses, ex Oeniadis profecti cum triremibus, prohibebant.

ΚΕΦΑΛΑΙΟΝ Ζ.

Παρελθόντος δὲ τοῦ χειμῶνος, ὥσπερ ὑπέσχετο τοῖς Ἀχαιοῖς, εὐθὺς ἀρχομένου τοῦ ἦρος πάλιν φρουρὰν ἔφαινεν ἐπὶ τοὺς Ἀκαρνᾶνας. Οἱ δὲ αἰσθόμενοι, καὶ νομίσαντες διὰ τὸ ἐν μεσογείᾳ σφίσι τὰς πόλεις εἶναι ὁμοίως ἂν πολιορκεῖσθαι ὑπὸ τῶν τὸν σῖτον φθειρόντων ὥσπερ εἰ περιεστρατοπεδευμένοι πολιορκοῖντο, ἔπεμψαν πρέσβεις εἰς τὴν Λακεδαίμονα, καὶ εἰρήνην μὲν πρὸς τοὺς Ἀχαιοὺς, συμμαχίαν δὲ πρὸς τοὺς Λακεδαιμονίους ἐποιήσαντο. Καὶ τὰ μὲν περὶ Ἀκαρνᾶνας οὕτω διεπέπρακτο.

2. Ἐκ δὲ τούτου τοῖς Λακεδαιμονίοις τὸ μὲν ἐπ' Ἀθηναίους ἢ ἐπὶ Βοιωτοὺς στρατεύειν οὐκ ἐδόκει ἀσφαλὲς εἶναι ὄπισθεν καταλιπόντας ὅμορον τῇ Λακεδαίμονι πολεμίαν καὶ οὕτω μεγάλην τὴν τῶν Ἀργείων πόλιν, εἰς δὲ τὸ Ἄργος φρουρὰν φαίνουσιν. Ὁ δὲ Ἀγησίπολις ἐπεὶ ἔγνω ὅτι εἴη αὐτῷ ἡγητέον τῆς φρουρᾶς καὶ τὰ διαβατήρια θυομένῳ ἐγένετο, ἐλθὼν εἰς Ὀλυμπίαν καὶ χρηστηριαζόμενος ἐπηρώτα τὸν θεὸν εἰ ὁσίως ἂν ἔχοι αὐτῷ μὴ δεχομένῳ τὰς σπονδὰς τῶν Ἀργείων, ὅτι οὐχ ὁπότε καθήκοι ὁ χρόνος, ἀλλ' ὁπότε ἐμβάλλειν μέλλοιεν Λακεδαιμόνιοι, τότε ὑπέφερον τοὺς μῆνας. Ὁ δὲ θεὸς ἐπεσήμαινεν αὐτῷ ὅσιον εἶναι μὴ δεχομένῳ σπονδὰς ἀδίκως ὑποφερομένας. Ἐκεῖθεν δ' εὐθὺς πορευθεὶς εἰς Δελφοὺς ἐπήρετο αὖ τὸν Ἀπόλλω εἰ κἀκείνῳ δοκοίη περὶ τῶν σπονδῶν καθάπερ τῷ πατρί. Ὁ δὲ ἀπεκρίνατο καὶ μάλα κατὰ ταὐτά. (3) Καὶ οὕτω δὴ Ἀγησίπολις ἀναλαβὼν ἐκ Φλιοῦντος τὸ στράτευμα, ἐκεῖσε γὰρ αὐτῷ συνελέγετο, ἕως πρὸς τὰ ἱερὰ ἀπεδήμει, ἐνέβαλε διὰ Νεμέας. Οἱ δ' Ἀργεῖοι ἐπεὶ ἔγνωσαν οὐ δυνησόμενοι κωλύειν, ἔπεμψαν, ὥσπερ εἰώθεσαν, ἐστεφανωμένους δύο κήρυκας ὑποφέροντας σπονδάς. Ὁ δὲ Ἀγησίπολις ἀποκρινάμενος ὅτι οὐ δοκοῖεν τοῖς θεοῖς δικαίως ὑποφέρειν, οὐκ ἐδέχετο τὰς σπονδὰς, ἀλλ' ἐνέβαλε καὶ πολλὴν ἀπορίαν καὶ ἔκπληξιν κατά τε τοὺς ἀγροὺς καὶ ἐν τῇ πόλει ἐποίησε. (4) Δειπνοποιουμένου δ' αὐτοῦ ἐν τῇ Ἀργείᾳ τῇ πρώτῃ ἑσπέρᾳ, καὶ σπονδῶν τῶν μετὰ τὸ δεῖπνον ἤδη γενομένων, ἔσεισεν ὁ θεός. Καὶ οἱ μὲν Λακεδαιμόνιοι ἀρξάμενοι ἀπὸ δαμοσίας πάντες ὕμνησαν τὸν περὶ τὸν Ποσειδῶ παιῶνα· οἱ δ' ἄλλοι στρατιῶται ᾤοντο ἀπιέναι, ὅτι καὶ Ἆγις σεισμοῦ ποτε γενομένου ἀπήγαγεν ἐξ Ἤλιδος. Ὁ δὲ Ἀγησίπολις εἶπων ὅτι εἰ μὲν μέλλοντος αὐτοῦ ἐμβάλλειν σείσειε, κωλύειν ἂν αὐτὸν ἡγεῖτο· ἐπεὶ δὲ ἐμβεβληκότος, ἐπικελεύειν νομίζει. (5) Καὶ οὕτω τῇ ὑστεραίᾳ θυσάμενος τῷ Ποσειδῶνι ἡγεῖτο αὖ πόρρω εἰς τὴν χώραν. Ἅτε δὲ νεωστὶ τοῦ Ἀγησιλάου ἐστρατευμένου εἰς τὸ Ἄργος, πυνθανόμενος δ' Ἀγησίπολις τῶν στρατιωτῶν μέχρι μὲν ποῖ πρὸς τὸ τεῖχος ἤγαγεν ὁ Ἀγησίλαος, μέχρι δὲ ποῖ τὴν χώραν ἐδῄωσεν, ὥσπερ πένταθλος πάντῃ ἐπὶ τὸ πλέον ὑπερβάλλειν ἐπειρᾶτο. (6) Καὶ ἤδη μέν ποτε βαλλόμενος ἀπὸ τῶν τύρσεων τὰς περὶ τὸ τεῖχος τάφρους πάλιν διέβη· ἦν δ' ὅτε οἰχομένων τῶν πλείστων Ἀργείων εἰς τὴν

CAPUT VII.

Posteaquam hiems praeteriit, Agesilaus, quemadmodum facturum se receperat, statim ineunte vere copias adversus Acarnanes colligebat. Quod quum illi comperissent, atque existimarent, se, qui sita media in regione haberent oppida, perinde ab illis obsideri, qui segetem corrumperent, atque si qui castris circum urbes positis eos oppugnarent : Lacedaemonem legatos miserunt, et pacem cum Achaeis, societatem cum Lacedaemoniis inierunt. Hic rerum adversus Acarnanes gestarum fuit exitus.

Secundum haec Lacedaemonii non satis tutum fore arbitrabantur, si arma Boeotis et Atheniensibus inferrent, a tergo relicta urbe Argiva, Lacedaemoni finitima, quae tam ampla, et ipsis infesta esset : quapropter adversus Argos decretae copiae. Quas ut sibi ducendas esse intellexit Agesipolis, posteaquam exta de felici copiarum traductione consulens perlitavit, Olympiam oraculi sciscitandi causa profectus, Jovem interrogavit, fasne esset ipsi, oblatas ab Argivis inducias non admittere, quando illi non ubi tempus ipsum postularet, sed Lacedaemoniis eos jamjam invasuris, tum demum menses sacros praetexerent. Ei significabat Jupiter, fas esse inique oblatas inducias aspernari. Mox inde Delphos recta profectus, Apollinem etiam interrogabat : an et ipsi de induciis idem, quod patri, videretur. Is vero prorsus in eandem sententiam respondit. Quapropter Agesipolis, sumptis secum Pliiuntie copiis, quae coactae erant istic, interea dum ipse ad utrumque fanum proficisceretur, per Nemeam fines hostium ingressus est. Argivi quum resistere se non posse animadverterent, more suo caduceatores duos sertis redimitos, qui inducias offerrent, miserunt. Eis respondens Agesipolis, non videri diis has inducias recte offerri, rejectis illis, fines hostium invasit, magnamque rerum difficultatem ac perturbationem tum in agris tum in urbe excitavit. Quumque vespera prima Argivo in solo coenaret, jamque libationes, quae fieri a coena solent, haberentur, terram Neptunus succussit. Tum Lacedaemonii, suum comites regis exorsi essent, omnes paeanem, qui Neptuno solet accini, cecinere hymni loco : ceteri milites discedendum arbitrabantur, propterea quod et Agis olim, quum mota esset terra, Elide copias abduxisset. Agesipolis autem arbitrari se dixit, deum impediturum fuisse conatum suum, si prius movisset terram, quam in hostium fines irruisset : nunc quia traducto in hos exercitu id accidisset, ultro deum etiam ipsum exhortari. Quamobrem postridie factis Neptuno sacris, copias itinere non magno in agrum Argivum duxit. Et quia recens adversus Argivum urbem Agesilaus expeditionem susceperat, Agesipolis, interrogatis militibus, quam prope ad muros Agesilaus suos duxisset, ac quousque ditionem hostilem vastasset ipse, veluti quinquertio, longe in omnibus Agesilaum superare nitebatur. Aliquando de propugnaculis moenium telis petitus, fossas, quae muros ambiunt, iterum transiit. Quodam etiam tempore, quum

Λακωνικὴν οὕτως ἐγγὺς πυλῶν προςῆλθον ὥςτε οἱ πρὸς ταῖς πύλαις ὄντες τῶν Ἀργείων ἀπέκλεισαν τοὺς τῶν Βοιωτῶν ἱππέας εἰςελθεῖν βουλομένους, δείσαντες μὴ συνεισπέσοιεν κατὰ τὰς πύλας οἱ Λακεδαιμόνιοι· ὥςτ᾽ ἠναγκάσθησαν οἱ ἱππεῖς ὥςπερ νυκτερίδες πρὸς τοῖς τείχεσιν ὑπὸ ταῖς ἐπάλξεσι προςαρτῆναι. Καὶ εἰ μὴ ἔτυχον τότε οἱ Κρῆτες εἰς Ναυπλίαν καταδεδραμηκότες, πολλοὶ ἂν καὶ ἄνδρες καὶ ἵπποι κατετοξεύθησαν. (7) Ἐκ δὲ τούτου περὶ τὰς εἱρκτὰς στρατοπεδευομένου αὐτοῦ πίπτει κεραυνὸς εἰς τὸ στρατόπεδον· καὶ οἱ μέν τινες πληγέντες, οἱ δὲ καὶ ἐμβροντηθέντες ἀπέθανον. Ἐκ δὲ τούτου βουλόμενος τειχίσαι φρούριόν τι ἐπὶ ταῖς παρὰ Κηλοῦσαν ἐμβολαῖς, ἐθύετο· καὶ ἐφάνη αὐτῷ τὰ ἱερὰ ἄλοβα. Ὡς δὲ τοῦτο ἐγένετο, ἀπήγαγε τὸ στράτευμα καὶ διέλυσε, μάλα πολλὰ βλάψας τοὺς Ἀργείους, ἅτε ἀπροςδοκήτως αὐτοῖς ἐμβαλών.

ΚΕΦΑΛΑΙΟΝ Η.

Καὶ ὁ μὲν δὴ κατὰ γῆν πόλεμος οὕτως ἐπολεμεῖτο. Ἐν ᾧ δὲ πάντα ταῦτα ἐπράττετο, τὰ κατὰ θάλατταν αὖ καὶ τὰς πρὸς θαλάττῃ πόλεις γενόμενα διηγήσομαι, καὶ τῶν πράξεων τὰς μὲν ἀξιομνημονεύτους γράφω, τὰς δὲ μὴ ἀξίας λόγου παρήσω. Πρῶτον μὲν τοίνυν Φαρνάβαζος καὶ Κόνων, ἐπεὶ ἐνίκησαν τοὺς Λακεδαιμονίους τῇ ναυμαχίᾳ, περιπλέοντες καὶ τὰς νήσους καὶ πρὸς τὰς ἐπιθαλαττιδίας πόλεις τούς τε Λακωνικοὺς ἁρμοστὰς ἐξήλαυνον καὶ παρεμυθοῦντο τὰς πόλεις ὡς οὔτε ἀκροπόλεις ἐντειχίσοιεν ἐάσοιέν τε αὐτονόμους. (2) Οἱ δ᾽ ἀκούοντες ταῦτα ἥδοντό τε καὶ ἐπῄνουν καὶ ξένια προθύμως ἔπεμπον τῷ Φαρναβάζῳ. Καὶ γὰρ ὁ Κόνων τὸν Φαρνάβαζον ἐδίδασκεν ὡς οὕτω μὲν ποιοῦντι πᾶσαι αὐτῷ αἱ πόλεις φίλιαι ἔσοιντο, εἰ δὲ δουλοῦσασθαι βουλόμενος φανερὸς ἔσοιτο, ἔλεγεν ὡς μία ἑκάστη πολλὰ πράγματα ἱκανὴ εἴη παρέχειν καὶ κίνδυνος εἴη μὴ καὶ οἱ Ἕλληνες, εἰ ταῦτα αἴσθοιντο, συσταῖεν. (3) Ταῦτα μὲν οὖν ἐπείθετο ὁ Φαρνάβαζος. Ἀποβὰς δ᾽ εἰς Ἔφεσον τῷ μὲν Κόνωνι δοὺς τετταράκοντα τριήρεις καὶ Σηστὸν εἰπὼν ἀπαντᾶν, αὐτὸς δὲ πεζῇ παρῄει ἐπὶ τὴν αὑτοῦ ἀρχήν. Καὶ γὰρ ὁ Δερκυλλίδας, ὅςπερ καὶ πάλαι πολέμιος ἦν αὐτῷ, ἔτυχεν ἐν Ἀβύδῳ ὤν, ὅτε ἡ ναυμαχία ἐγένετο, καὶ οὐχ ὥςπερ οἱ ἄλλοι ἁρμοσταὶ ἐξέλιπεν, ἀλλὰ κατέσχε τὴν Ἄβυδον καὶ διέςωζε φίλην τοῖς Λακεδαιμονίοις. Καὶ γὰρ συγκαλέσας τοὺς Ἀβυδηνοὺς ἔλεξε τοιάδε. (4) Ὦ ἄνδρες, νῦν ἔξεστιν ὑμῖν καὶ πρόσθεν φίλοις οὖσι τῇ πόλει ἡμῶν εὐεργέτας φανῆναι τῶν Λακεδαιμονίων. Καὶ γὰρ τὸ μὲν ἐν ταῖς εὐπραξίαις πιστοὺς φαίνεσθαι οὐδὲν θαυμαστόν· ὅταν δέ τινες ἐν συμφοραῖς γενομένων φίλων βέβαιοι φανῶσι, τοῦτ᾽ εἰς τὸν ἅπαντα χρόνον μνημονεύεται. Ἔστι δὲ οὐχ οὕτως ἔχον ὡς εἰ τῇ ναυμαχίᾳ ἐκρατήθημεν, οὐδὲν ἄρα ἔτι ἐσμέν· ἀλλὰ καὶ τὸ πρόσθεν δήπου, Ἀθηναίων ἀρχόντων τῆς θαλάττης, ἱκανὴ ἦν ἡ ἡμετέρα πόλις καὶ φίλους

CAPUT VIII.

Ac bellum quidem hoc modo terra gerebatur. Nunc ea quæ et mari et maritimis in oppidis interim acciderunt, dum hæc omnia gererentur, exponam, omissisque non magni momenti rebus, ea, quæ memoria digna sunt, scribendo complectar. Primum Pharnabazus et Conon, posteaquam navali prælio Lacedæmonios vicerunt, classe tum insulas circumvecti, tum ad oppida maritima, præfectos Lacedæmonios ejiciebant, et spem populis faciebant, nullas se in eis arces exstructuros, atque etiam permissuros ut sui juris essent. Hæc qui audiebant, non solum delectati ea laudabant, verum etiam hospitalia Pharnabazo munera cupide mittebant. Nam monebat hunc Conon futurum, ut, id si faceret, civitates universæ ad ipsius sese amicitiam adjungerent : sin eas se in servitutem redacturum præ se ferret, aiebat, civitatibus singulis ad exhibendum ipsi negotium satis virium fore : atque etiam periculum esse, ne Græci hoc instituto animadverso, sese conjungerent. Itaque parebat in his Cononi Pharnabazus. Quumque descendisset Ephesum, triremibus ei quadraginta traditis, ut ad Sestum sibi occurreret, mandavit ; ipse terra suam ad ditionem profectus est. Nam Dercyllidas, jam olim infestus ipsi, forte tunc apud Abydum fuerat, quum prælio navali decerneretur, neque ceterorum præfectorum exemplo civitate excesserat, sed sua eam in potestate ac Lacedæmoniorum fide continuerat. Quippe convocatis prius Abydenis, oratione hujusmodi eos compellarat : « Est quod modo, Abydeni, qui jam ante reipublicæ nostræ amici estis, bene de Lacedæmoniis mereamini. Nam secundis rebus fidelem se declarare, magnum quiddam videri non debet ; sed demonstrare constantiam quando afflictis amicorum rebus, id scilicet memorium meretur sempiternam. Neque vero is rerum nostrarum status est, ut, quia navali prælio victi sumus, nihil jam simus amplius. Immo superiori etiam tempore, quum maris esset imperium penes Athenienses, satis respublica nostra virium habebat et ad bene de amicis

καὶ κακῶς ἐχθροὺς ποιεῖν. Ὅσῳ δὲ μᾶλλον αἱ ἄλλαι πόλεις σὺν τῇ τύχῃ ἀπεστράφησαν ἡμῶν, τοσούτῳ ὄντως ἡ ὑμετέρα πιστότης μεῖζον φανείη ἄν. Εἰ δέ τις τοῦτο φοβεῖται, μὴ καὶ κατὰ γῆν καὶ κατὰ θάλατταν ἐνθάδε πολιορκώμεθα, ἐννοείτω ὅτι Ἑλληνικὸν μὲν οὔπω ναυτικόν ἐστιν ἐν τῇ θαλάττῃ, οἱ δὲ βάρβαροι εἰ ἐπιχειρήσουσι τῆς θαλάττης ἄρχειν, οὐκ ἀνέξεται ταῦτα ἡ Ἑλλάς· ὥςθ' ἑαυτῇ ἐπικουροῦσα καὶ ὑμῖν ξύμμαχος γενήσεται. (6) Οἱ μὲν δὴ ταῦτα ἀκούοντες οὐκ ἀκόντως ἀλλὰ προθύμως ἐπείσθησαν· καὶ τοὺς μὲν ἰόντας ἁρμοστὰς φίλως ἐδέχοντο, τοὺς δὲ ἀπόντας μετεπέμποντο. Ὁ δὲ Δερκυλλίδας, ὡς ξυνελέγησαν πολλοὶ καὶ χρήσιμοι ἄνδρες εἰς τὴν πόλιν, διαβὰς καὶ εἰς Σηστόν, καταντικρὺ ὄντα Ἀβύδου καὶ ἀπέχοντα οὐ πλεῖον ὀκτὼ σταδίων, ὅσοι τε διὰ Λακεδαιμονίους γῆν ἔσχον ἐν Χερρονήσῳ, ἤθροιζε, καὶ ὅσοι αὖ ἐκ τῶν ἐν τῇ Εὐρώπῃ πόλεων ἁρμοσταὶ ἐξέπιπτον, καὶ τούτους ἐδέχετο, λέγων ὅτι οὐδ' ἐκείνους ἀθυμεῖν δεῖ, ἐννοουμένους ὅτι καὶ ἐν τῇ Ἀσίᾳ, ἣ ἐξ ἀρχῆς βασιλέως ἐστί, καὶ Τῆμνος, οὐ μεγάλη πόλις, καὶ Αἰγαί εἰσι καὶ ἄλλα γε χωρία, ἃ δύνανται οἰκεῖν οὐχ ὑπήκοοι ὄντες βασιλέως. Καίτοι, ἔφη, ποῖον μὲν ἂν ἰσχυρότερον Σηστοῦ λάβοιτε χωρίον, ποῖον δὲ δυςπολιορκητότερον; ᾧ καὶ νεῶν καὶ πεζῶν δεῖται, εἰ μέλλοι πολιορκηθήσεσθαι. Τούτους αὖ τοιαῦτα λέγων ἔσχε τοῦ μὴ ἐκπεπλῆχθαι. (5) Ὁ δὲ Φαρνάβαζος ἐπεὶ εὗρε τήν τε Ἄβυδον καὶ τὸν Σηστὸν οὕτως ἔχοντα, προηγόρευεν αὐτοῖς ὡς εἰ μὴ ἐκπέμψοιεν τοὺς Λακεδαιμονίους, πόλεμον ἐξοίσει πρὸς αὐτούς. Ἐπεὶ δὲ οὐκ ἐπείθοντο, Κόνωνι μὲν προςέταξε κωλύειν αὐτοὺς τὴν θάλατταν πλεῖν, αὐτὸς δὲ ἐδῄου τὴν τῶν Ἀβυδηνῶν χώραν. Ἐπεὶ δὲ οὐδὲν ἐπέραινε πρὸς τὸ καταστρέφεσθαι, αὐτὸς μὲν ἐπ' οἴκου ἀπῆλθε. Τὸν δὲ Κόνωνα ἐκέλευεν εὐτρεπίζεσθαι τὰς καθ' Ἑλλήσποντον πόλεις, ὅπως εἰς τὸ ἔαρ ὅτι πλεῖστον ναυτικὸν ἀθροισθείη. Ὀργιζόμενος γὰρ τοῖς Λακεδαιμονίοις ἀνθ' ὧν ἐπεπόνθει περὶ παντὸς ἐποιεῖτο ἐλθεῖν τε εἰς τὴν χώραν αὐτῶν καὶ τιμωρήσασθαι ὅ,τι δύναιτο. (7) Καὶ τὸν μὲν χειμῶνα ἐν τούτοις ὄντες διῆγον· ἅμα δὲ τῷ ἔαρι ναῦς τε πολλὰς συμπληρώσας καὶ ξενικὸν προςμισθωσάμενος ἔπλευσεν ὅ τε Φαρνάβαζος καὶ ὁ Κόνων μετ' αὐτοῦ διὰ νήσων εἰς Μῆλον, ἐκεῖθεν δὲ ὁρμώμενοι εἰς τὴν Λακεδαίμονα. Καταπλεύσας δὲ πρῶτον εἰς Φερὰς ἐδῄωσε ταύτην τὴν χώραν· ἔπειτα καὶ ἄλλοσε ἀποβαίνων τῆς παραθαλαττίας ἐκακούργει ὅ,τι ἐδύνατο. Φοβούμενος δὲ τὴν τε ἀλιμενότητα τῆς χώρας καὶ τὰ τῆς βοηθείας καὶ τὴν σπανοσιτίαν, ταχύ τε ἀνέστρεψε καὶ ἀποπλέων ὡρμίσθη τῆς Κυθηρίας εἰς Φοινικοῦντα. (8) Ἐπεὶ δὲ οἱ ἔχοντες τὴν πόλιν τῶν Κυθηρίων φοβηθέντες μὴ κατὰ κράτος ἁλόντες ἐξέλιπον τὰ τείχη, ἐκείνους μὲν ὑποσπόνδους ἀφῆκεν εἰς τὴν Λακωνικήν, αὐτὸς δὲ ἐπισκευάσας τὸ τῶν Κυθηρίων τεῖχος φρουρούς τε καὶ Νικόφημον Ἀθηναῖον ἁρμοστὴν ἐν τοῖς Κυθηρίοις κατέλιπε. Ταῦτα δὲ ποιήσας καὶ εἰς Ἰσθμὸν τῆς Κορινθίας καταπλεύσας, καὶ παρακελευσάμενος τοῖς συμμάχοις προθύμως τε

merendum, et ad lædendum hostes. Quanto certe magis oppida cetera cum fortuna se a nobis dijunxerunt, tanto apparebit vestra fides illustrior. Quod si quis est, qui vereatur ne hic terra marique obsideamur, is mihi consideret velim, modo classem in mari Græcam nullam esse, neque laturam Græciam, si forte barbari maris imperium affectabunt. Quo fiet, ut si quidem sibi opitulabitur, vobis etiam præsidio futura sit. » Hac oratione Abydeni audita, non invite sed percupide paruerunt; simul venientes ad se præfectos amanter in oppidum admittebant, et accessebant absentes. Quum jam multi et utiles reipublicæ homines Abydum confluxissent, Dercyllidas Sestum trajecit, oppidum e regione Abydi non amplius quam octo stadiorum intervallo situm, et quotquot agros in Chersoneso Lacedæmoniorum beneficio possidebant, ad se collegit, itemque suscepit quotquot præfecti ex Europæ oppidis ejecti fuerant; non nimium dejectis eos animis esse debere, dicens : cogitandum potius, ipsa in Asia, quæ ab initio regis fuerit, et Temnum, oppidum sane haud amplum, et Ægas, et alia quædam oppida rempublicam suam administrare posse, regis imperio minime parentes. Atqui, ait, quodnam Sesto magis munitum occupare possitis oppidum? quodnam oppugnatu difficilius? tum naves, tum pedestres copiæ necesse est adsint, si quidem obsideri debeat. Ita tum illis hac oratione terrorem eximebat. Pharnabazus autem, posteaquam in hoc statu Sestum et Abydum reperit, denuntiavit eis, ni Lacedæmonios ejicerent, se bellum adversus ipsos moturum. Illis non obtemperantibus, Cononi mandavit, ut ab usu maris eos arceret : ipse Abydenorum agrum vastabat. Ea re quum nihil efficere se in subjiciendis eis videret, domum profectus est, dato Cononi negotio permovendi oppida propter Hellespontum sita, uti ad ver proximum quam maxima classis cogeretur. Nam quia Lacedæmoniis, ob ea quæ perpessus fuerat, infensus Pharnabazus erat, nihil malebat quam uti fines ipsorum invaderet, seque totis viribus ulcisceretur. Ac hiems quidem hoc in conatu exacta fuit. Ineunte vere, magno navium numero instructo, præterque conducto externo milite, Pharnabazus una cum Conone per medias insulas cum classe Melum petiit, atque inde solventes Lacedæmonem versus navigarunt. Primum Pheras delatus, agrum istic omnem vastabat; deinde in alia quoque maritima loca descendens, quantum poterat, damni dabat. Quum autem partim oram hanc, ut importuosam, partim hostium ad ferendam opem concursiones, partim commeatus penuriam metueret, mox converso cursu discessit, seque in portum Cytheræ Phœnicantem recepit. Hic quum Cytherii cives, veriti ne vi adhibita caperentur, mœnia deseruissent, illos quidem per inducias in Laconicam dimisit, ipse Cytheriorum muro refecto, Nicophemum Atheniensem præfectum, cum præsidiariis, ibidem reliquit. Quibus rebus gestis ad Isthmum Corinthium navigavit; socios, ut alacriter bellum gererent, seque regi fidos decla-

ΕΛΛΗΝΙΚΩΝ ΒΙΒΛ. Δ. ΚΕΦ. Η.

πολεμεῖν καὶ ἄνδρας πιστοὺς φαίνεσθαι βασιλεῖ, καταλιπὼν αὐτοῖς χρήματα ὅσα εἶχεν, ᾤχετο ἐπ᾽ οἴκου ἀποπλέων. (9) Λέγοντος δὲ τοῦ Κόνωνος ὡς εἰ ἐῴη αὐτὸν ἔχειν τὸ ναυτικὸν, θρέψοι μὲν ἀπὸ τῶν νήσων, καταπλεύσας δ᾽ εἰς τὴν πατρίδα συναναστήσοι τά τε μακρὰ τείχη τοῖς Ἀθηναίοις καὶ τὸ περὶ τὸν Πειραιᾶ τεῖχος, οὗ εἰδέναι ἔφη ὅτι Λακεδαιμονίοις οὐδὲν ἂν βαρύτερον γένοιτο, καὶ τοῦτο οὖν, ἔφη, σὺ τοῖς μὲν Ἀθηναίοις κεχαρισμένος ἔσῃ, τοὺς δὲ Λακεδαιμονίους τετιμωρημένος ἔσῃ᾽ ᾧ γὰρ πλεῖστα ἐπόνησαν, ἀτελὲς αὐτοῖς ποιήσεις. Ὁ δὲ Φαρνάβαζος ἀκούσας ταῦτα ἀπέστειλεν αὐτὸν προθύμως εἰς τὰς Ἀθήνας, καὶ χρήματα προσέθηκεν αὐτῷ εἰς τὸν ἀνατειχισμόν. (10) Ὁ δὲ ἀφικόμενος πολὺ τοῦ τείχους ὤρθωσε, τά τε αὑτοῦ πληρώματα παρέχων καὶ τέκτοσι καὶ λιθολόγοις μισθὸν διδοὺς, καὶ ἄλλο εἴ τι ἀναγκαῖον ἦν, δαπανῶν. Ἦν μέντοι τοῦ τείχους ἃ καὶ αὐτοὶ Ἀθηναῖοι καὶ Βοιωτοὶ καὶ ἄλλαι πόλεις ἐθελούσιαι συνετείχισαν. Οἱ μέντοι Κορίνθιοι ἀφ᾽ ὧν ὁ Φαρνάβαζος κατέλιπε χρημάτων ναῦς πληρώσαντες καὶ Ἀγαθῖνον ναύαρχον ἐπιστήσαντες ἐθαλαττοκράτουν ἐν τῷ περὶ Ἀχαΐαν καὶ Λέχαιον κόλπῳ. (11) Ἀντεπλήρωσαν δὲ καὶ οἱ Λακεδαιμόνιοι ναῦς, ὧν ἦρχε Ποδάνεμος. Ἐπεὶ δὲ οὗτος ἐν προσβολῇ τινι γενόμενος ἀπέθανε, καὶ Πόλλις αὖ ἐπιστολεὺς ὢν τρωθεὶς ἀπῆλθεν, Ἡριππίδας ταύτας ἀναλαμβάνει τὰς ναῦς. Πρώτανος μέντοι Κορίνθιος τὰς παρ᾽ Ἀγαθίνου παραλαβὼν ναῦς ἐξέλιπε τὸ Ῥίον· Λακεδαιμόνιοι δ᾽ αὐτὸ παρέλαβον. Μετὰ δὲ τοῦτο Τελευτίας ἐπὶ τὰς Ἡριππίδου ναῦς ἦλθε, καὶ οὗτος αὖ τοῦ κόλπου πάλιν ἐκράτει.

12. Οἱ δὲ Λακεδαιμόνιοι ἀκούοντες ὅτι Κόνων καὶ τὸ τεῖχος τοῖς Ἀθηναίοις ἐκ τῶν βασιλέως χρημάτων ἀνορθοίη, καὶ τὸ ναυτικὸν ἀπὸ τῶν ἐκείνου τρέφων τάς τε νήσους καὶ τὰς ἐν τῇ ἠπείρῳ παρὰ θάλατταν πόλεις Ἀθηναίοις εὐτρεπίζοι, ἐνόμιζον, εἰ ταῦτα διδάσκοιεν Τιρίβαζον βασιλέως ὄντα στρατηγὸν, ἢ καὶ ἀποστῆσαι ἂν πρὸς ἑαυτοὺς τὸν Τιρίβαζον ἢ παῦσαί γ᾽ ἂν ἐκ τῶν Κόνωνος ναυτικὸν τρέφοντα. Γνόντες δὲ οὕτω, πέμπουσιν Ἀνταλκίδαν πρὸς τὸν Τιρίβαζον, προστάξαντες αὐτὸν ταῦτα διδάσκειν καὶ πειρᾶσθαι εἰρήνην τῇ πόλει ποιεῖσθαι πρὸς βασιλέα. (13) Αἰσθόμενοι δὲ ταῦτα οἱ Ἀθηναῖοι ἀντιπέμπουσιν πρέσβεις μετὰ Κόνωνος Ἑρμογένη καὶ Δίωνα καὶ Καλλισθένη καὶ Καλλιμέδοντα. Συμπαρεκάλεσαν δὲ καὶ ἀπὸ τῶν συμμάχων πρέσβεις· καὶ παρεγένοντο ἀπό τε Βοιωτῶν καὶ Κορίνθου καὶ Ἄργους. (14) Ἐπεὶ δ᾽ ἐκεῖ ἦσαν, ὁ μὲν Ἀνταλκίδας ἔλεγε πρὸς τὸν Τιρίβαζον ὅτι εἰρήνης δεόμενος ἥκοι τῇ πόλει πρὸς βασιλέα, καὶ ταύτης οἵασπερ βασιλεὺς ἐπεθύμει. Τῶν τε γὰρ ἐν τῇ Ἀσίᾳ Ἑλληνίδων πόλεων Λακεδαιμονίοις βασιλεῖ οὐκ ἀντιποιεῖσθαι, τάς τε νήσους ἁπάσας καὶ τὰς ἄλλας πόλεις ἀρκεῖν σφίσιν αὐτονόμους εἶναι. Καίτοι, ἔφη, τοιαῦτα ἐθελόντων ἡμῶν, τίνος ἂν ἕνεκα πρὸς ἡμᾶς οἱ Ἕλληνες ἢ βασιλεὺς πολεμοῖεν ἢ χρήματα δαπανῴη; καὶ γὰρ οὐδ᾽ ἐπὶ βασιλέα στρατεύεσθαι δύναιντ᾽ οὔτε Ἀθηναῖοι μὴ ἡγουμένων

rarent, hortatus est; pecuniis, quas habebat, iisdem relictis, domum navigavit. Quumque diceret Conon, si classis utendæ potestatem sibi faceret, velle se navales copias ex insulis alere, domumque proficisci, ac longos muros, adlaborantibus secum Atheniensibus, una cum Piræei mœnibus, instaurare; quo sciret accidere Lacedæmoniis gravius nihil posse; adderet etiam, eadem opera Pharnabazum gratificaturum Atheniensibus, et Lacedæmonios ulturum, illa re facta irrita, in qua plurimum hi laborassent: Pharnabazus, is auditis, perlibenter hominem Athenas misit, eique pecunias ad murorum instaurationem elargitus est. Itaque Conon profectus Athenas, partimque retuigum suorum usus opera, partim fabris tiguariis et cæmentariis stipendio numerato, aliisque necessariis sumptibus subministratis, magnam muri partem restituit. Etiam partem aliquam Athenienses ipsi, et Bœoti, et urbes ceteræ sua sponte absolverunt. Corinthii navibus de pecunia, quam Pharnabazus ipsis reliquerat, instructis, præfectoque classi Agathino, in sinu, propter Achaiam et Lechæum sito, maris imperium occupavere. Contra Lacedæmonii quoque classem compararunt, eique Podanemum præfecerunt: qui posteaquam in conflictu quodam interiit, ac Pollis, ipsius legatus, acceptis vulneribus discessit, Herippidas naves hasce suara in potestatem accepit. Itidem Prœnus Corinthius, acceptis ab Agathino navibus, excessit Rhio, quod deinde Lacedæmonii occuparunt. Post ad Herippidæ classem Teleutias profectus, sinus imperium recuperavit.

Interim comperto Lacedæmonii, Cononem sumptu regis et muros Atheniensibus instaurare, et classem alere, qua tum insulas, tum maritima in continente sita oppida rursum Atheniensibus adjungeret, existimabant, si ea de re Tiribazum ducem regis monuissent, vel suas hunc in partes transiturum, vel certe effecturum, ut Cononis classis amplius haud aleretur. Itaque decreto in hanc sententiam facto, Antalcidam ad Tiribazum mittunt; qui et hæc doceret hominem, et operam daret, ut pacem inter rempublicam ipsorum ac regem faceret. Id quum Athenienses persentiscerent, et ipsi legatos una cum Conone mittunt, Hermogenem, Dionem, Callisthenem, Callimedontem: quibus ut socii suos adjungerent, petierunt. Itaque missi sunt etiam a Bœotis, et Corinthiis, et Argivis, legati. Posteaquam ad Tiribazum perventum est, Antalcidas adesse se dixit, ut a rege pacem reipublicæ suæ peteret, eamque talem, cujusmodi rex cuperet. Nam Lacedæmonius nec de sitis in Asia Græci nominis oppidis adversus regem contendere, et satis esse ducere, si omnes insulæ, ac reliquæ urbes, libertate legibusque suis fruantur. Quare quum ejusmodi, ait, voluntas nostra sit, quid causæ quamobrem posthac adversus nos vel Græci, vel rex bellum gerat, sumptumque faciat? Nec enim fieri poterit, ut vel Athenienses, si nos eis duces non fuerimus; vel nos, liber-

ἡμῶν οὔτε ἡμῖν αὐτονόμων οὐσῶν τῶν πόλεων. (15) Τῷ μὲν δὴ Τιριβάζῳ ἀκούοντι ἰσχυρῶς ἤρεσκον οἱ τοῦ Ἀνταλκίδου λόγοι· τοῖς δ' ἐναντίοις λόγος ταῦτ' ἦν. Οἵ τε γὰρ Ἀθηναῖοι ἐφοβοῦντο συνθέσθαι αὐτονόμους τὰς πόλεις καὶ τὰς νήσους εἶναι, μὴ Λήμνου καὶ Ἴμβρου καὶ Σκύρου στερηθεῖεν, οἵ τε Θηβαῖοι, μὴ ἀναγκασθείησαν ἀφεῖναι τὰς Βοιωτίδας πόλεις αὐτονόμους, οἵ τ' Ἀργεῖοι, οὗ ἐπεθύμουν, οὐκ ἐνόμιζον ἂν τὴν Κόρινθον δύνασθαι ὡς Ἄργος ἔχειν τοιούτων συνθηκῶν καὶ σπονδῶν γενομένων. Αὕτη μὲν ἡ εἰρήνη οὕτως ἐγένετο ἀτελής, καὶ ἀπῆλθον οἴκαδε ἕκαστος.

16. Ὁ μέντοι Τιρίβαζος τὸ μὲν ἄνευ βασιλέως μετὰ Λακεδαιμονίων γενέσθαι οὐκ ἀσφαλὲς αὑτῷ ἡγεῖτο εἶναι· λάθρᾳ γε μέντοι ἔδωκε χρήματα Ἀνταλκίδᾳ, ὅπως ἂν πληρωθέντος ναυτικοῦ ὑπὸ Λακεδαιμονίων οἵ τ' Ἀθηναῖοι καὶ οἱ σύμμαχοι αὐτῶν μᾶλλον τῆς εἰρήνης προσδέοιντο, καὶ τὸν Κόνωνα ὡς ἀδικοῦντά τε βασιλέα καὶ ἀληθῆ λεγόντων Λακεδαιμονίων εἶρξε. Ταῦτα δὲ ποιήσας ἀνέβαινε πρὸς βασιλέα, φράσων ἅ τε λέγοιεν οἱ Λακεδαιμόνιοι καὶ ὅτι Κόνωνα συνειληφὼς εἴη ὡς ἀδικοῦντα, καὶ ἐρωτήσων τί χρὴ ποιεῖν περὶ τούτων ἁπάντων. (17) Καὶ βασιλεὺς μὲν, ὡς Τιρίβαζος ἄνω παρ' αὐτῷ ἦν, Στρούθαν καταπέμπει ἐπιμελησόμενον τῶν κατὰ θάλατταν. Ὁ μέντοι Στρούθας ἰσχυρῶς τοῖς Ἀθηναίοις καὶ τοῖς συμμάχοις τὴν γνώμην προσεῖχε, μεμνημένος ὁπόσα κακὰ ἐπεπόνθει ἡ βασιλέως χώρα ὑπ' Ἀγησιλάου. Οἱ δὲ Λακεδαιμόνιοι ἐπεὶ ἑώρων τὸν Στρούθαν πρὸς ἑαυτοὺς μὲν πολεμικῶς ἔχοντα, πρὸς δὲ τοὺς Ἀθηναίους φιλικῶς, Θίβρωνα πέμπουσιν ἐπὶ πολέμῳ πρὸς αὐτόν. Ὁ δὲ διαβάς τε καὶ ὁρμώμενος ἐξ Ἐφέσου τε καὶ τῶν ἐν Μαιάνδρου πεδίῳ πόλεων Πριήνης τε καὶ Λευκόφρυος καὶ Ἀχιλλείου, ἔφερε καὶ ἦγε τὴν βασιλέως. (18) Προϊόντος δὲ τοῦ χρόνου κατανοήσας ὁ Στρούθας ὅτι Θίβρων βοηθοίη ἑκάστοτε ἀτάκτως καὶ καταφρονητικῶς, ἔπεμψεν ἱππέας εἰς τὸ πεδίον καὶ καταδραμόντας ἐκέλευσε περιβαλλομένους ἐλαύνειν ὅ,τι δύναιντο. Ὁ δὲ Θίβρων ἐτύγχανεν ἐξ ἀρίστου διασκηνῶν μετὰ Θερσάνδρου τοῦ αὐλητοῦ. Ἦν γὰρ ὁ Θέρσανδρος οὐ μόνον αὐλητὴς ἀγαθός, ἀλλὰ καὶ ἀλκῆς [ἰσχύος], ἅτε λακωνίζων, ἀντεποιεῖτο. (19) Ὁ δὲ Στρούθας, ἰδὼν ἀτάκτως τε βοηθοῦντας καὶ ὀλίγους τοὺς πρώτους, ἐπιφαίνεται πολλοὺς τε ἔχων καὶ συντεταγμένους ἱππέας. Καὶ Θίβρωνα μὲν καὶ Θέρσανδρον πρώτους ἀπέκτειναν· ἐπεὶ δ' οὗτοι ἔπεσον, ἐτρέψαντο καὶ τὸ ἄλλο στράτευμα, καὶ διώκοντες παμπληθεῖς κατέβαλον, ἦσαν δὲ οἳ καὶ ἐσώθησαν αὐτῶν εἰς τὰς φιλίας πόλεις. Καὶ πλέονες διὰ τὸ ὀψὲ αἰσθέσθαι τῆς βοηθείας*** Πολλάκις γὰρ, καὶ τότε, οὐδὲ παραγγελίας τὴν βοήθειαν ἐποιήσατο. Καὶ ταῦτα μὲν οὕτως ἐγεγένητο.

20. Ἐπεὶ δ' ἦλθον εἰς Λακεδαίμονα οἱ ἐκπεπτωκότες Ῥοδίων ὑπὸ τοῦ δήμου, ἐδίδασκον ὡς οὐκ ἄξιον εἴη περιιδεῖν Ἀθηναίοις Ῥόδον καταστρεψαμένους καὶ τοσαύτην δύναμιν συνθεμένους. Γνόντες οὖν οἱ Λακε-

tate civitatibus restituta, regi arma inferamus. Hanc Antalcidæ orationem quum Tiribazus audiisset, mirifice probabat : adversariis autem hæc nihil aliud erant, quam verba. Verebantur enim Athenienses in civitatum insularumque libertatem consentire, ne Lemnum, Imbrum, Scyrum amitterent : itidemque Thebani, ne oppida Bœotica dimittere cogerentur, ut libera suique juris ea fierent : Argivi denique, si pactiones hujusmodi fœderaque fierent, Corinthum se perinde, atque Argos, retinere sua in potestate non posse arbitrabantur, quod tamen magnopere cupiebant. Quamobrem pace non admissa, domum singuli rediere.

Tiribazus autem, quanquam absque regis auctoritate se Lacedæmoniis adjungere non tutum existimabat, nihilominus clam pecunias Antalcidæ dabat, ut classe a Lacedæmoniis instaurata, tum Athenienses, tum eorum socii propensiores ad pacem essent ; Cononem vero, quasi adversus regem injurius esset, ac verum Lacedæmonii dicerent, in vincula conjecit. Atque hæc ubi fecit, profectus est ad regem, indicaturus Lacedæmoniorum postulata, et quod Cononem improbe agentem comprehendisset ; simul etiam sciscitaturus, quid de his omnibus esset statuendum. Rex, posteaquam sursum Tiribazus ad ipsum venit, Strutham in Asiam inferiorem ablegavit, qui res maritimas curaret. Is vehementer Atheniensibus eorumque sociis addictus erat, quum memoria teneret, quantum ab Agesilao detrimenti ditio regis accepisset. Lacedæmonii, animadverso Strutham infesto erga se esse animo, in Athenienses autem amico, Thimbronem mittunt, qui bellum ei faceret. Is quum in Asiam trajecisset, cum copiis, Epheso ac sitis in planitie Mæandri oppidis, Priene, Leucophrye, Achilleo movens, regis agrum populando vexabat. Post aliquod tempus, quum animadvertisset Struthas, Thimbronem incondite contemptimque suos solere educere, misit in planitiem equites, quos excursione facta, quidquid facere prædæ possent, abigere jussit. Forte Thimbro id temporis jam pransus e tentorio discesserat cum Thersandro tibicine : qui non modo tibicen insignis erat, verum etiam strenuitatem ac robur quoddam, ut qui Laconicis institutis gauderet, sibi vindicabat. Struthas ubi primos nec multos numero, et incondite suis opem ferentes vidit, cum magnis equitum instructisque copiis in eos irruit. Ac primos omnium Thimbronem et Thersandrum interfecere ; qui posteaquam ceciderunt, etiam reliquos terga dare cogebant, atque inter persequendum magnam eorum multitudinem interimebant. Nonnulli amica in oppida salvi pervenerunt ; pars major quia sero, suppetias esse ferendas, animadverterat, [ne interfuit quidem conflictui]. Nam sæpenumero, atque etiam tunc, ne monitis quidem militibus, opem suis latum excurrebat. Atque hæc tum sic accidere.

Venerunt id temporis Lacedæmonem Rhodii quidam, a populo in exilium acti, qui monebant indignum esse negligi ab iis, quod Rhodum Athenienses occuparent, tantamque sibi potentiam adjungerent. Quamobrem Lacedæmonii,

δαιμόνιοι ὡς εἰ μὲν ὁ δῆμος κρατήσαι, Ἀθηναίων ἔσται Ῥόδος ἅπασα, εἰ δὲ οἱ πλουσιώτεροι, ἑαυτῶν, ἐπλήρωσαν αὐτοῖς ναῦς ὀκτώ, ναύαρχον δὲ Ἔκδικον ἐπέστησαν. (21) Ξυνεξέπεμψαν δ' ἐπὶ τούτων τῶν νεῶν καὶ Διφρίδαν. Ἐκέλευσαν δ' αὐτὸν διαβάντα εἰς τὴν Ἀσίαν τάς τε Θίβρωνα ὑποδεξαμένας πόλεις διασώζειν, καὶ στράτευμα τὸ περισωθὲν ἀναλαβόντα καὶ ἄλλο, εἴ ποθεν δύναιτο, συλλέξαντα, πολεμεῖν πρὸς τὸν Στρούθαν. Ὁ μὲν δὴ Διφρίδας ταῦτ' ἐποίει, καὶ τά τ' ἄλλα ἐπετύγχανε καὶ Τιγράνην τὸν τὴν Στρούθα ἔχοντα θυγατέρα πορευόμενον εἰς Σάρδεις λαμβάνει σὺν αὐτῇ τῇ γυναικὶ, καὶ χρημάτων πολλῶν ἀπέλυσεν· ὥστ' εὐθὺς ἐντεῦθεν εἶχε μισθοδοτεῖν. (22) Ἦν δὲ οὗτος ὁ ἀνὴρ εὐχαρίς τε οὐχ ἧττον τοῦ Θίβρωνος, μᾶλλόν τε συντεταγμένος καὶ ἐγχειρητικώτερος στρατηγός. Οὐδὲ γὰρ ἐκράτουν αὐτοῦ αἱ τοῦ σώματος ἡδοναί, ἀλλ' ἀεὶ πρὸς ᾧ εἴη ἔργῳ, τοῦτο ἔπραττεν. Ὁ δ' Ἔκδικος ἐπεὶ εἰς τὴν Κνίδον ἔπλευσε καὶ ἐπύθετο τὸν ἐν τῇ Ῥόδῳ δῆμον πάντα κατέχοντα, καὶ κρατοῦντα καὶ κατὰ γῆν καὶ κατὰ θάλατταν, καὶ δὴ ἔπλεον διπλασίαις τριήρεσιν ἢ αὐτὸς εἶχεν, ἡσυχίαν ἦγεν ἐν τῇ Κνίδῳ. (23) Οἱ δ' αὖ Λακεδαιμόνιοι ἐπεὶ ᾔσθοντο αὐτὸν ἐλάττω ἔχοντα δύναμιν ἢ ὥστε τοὺς φίλους ὠφελεῖν, ἐκέλευσαν τὸν Τελευτίαν σὺν ταῖς δώδεκα ναυσὶν αἷς εἶχεν ἐν τῷ περὶ Ἀχαίαν καὶ Λέχαιον κόλπῳ παριπλεῖν πρὸς τὸν Ἔκδικον, κἀκεῖνον μὲν ἀποπέμψαι, αὐτὸν δὲ τῶν τε βουλομένων φίλων εἶναι ἐπιμελεῖσθαι καὶ τοὺς πολεμίους ὅ,τι δύναιτο κακὸν ποιεῖν. Ὁ δὲ Τελευτίας ἐπεὶ ἀφίκετο εἰς τὴν Σάμον, προσλαβὼν ἐκεῖθεν ναῦς ἔπλευσεν εἰς Κνίδον, ὁ δὲ Ἔκδικος οἴκαδε. (24) Ὁ δὲ Τελευτίας ἔπλει εἰς τὴν Ῥόδον, ἤδη ἔχων ναῦς ἑπτὰ καὶ εἴκοσι πλέων δὲ περιτυγχάνει Φιλοκράτει τῷ Ἐφιάλτου πλέοντι μετὰ δέκα τριήρων Ἀθήνηθεν εἰς Κύπρον ἐπὶ ξυμμαχίᾳ τοῦ Εὐαγόρου, καὶ λαμβάνει πάσας, ὑπεναντιώτατα δὴ ταῦτα ἀμφότεροι ἑαυτοῖς πράττοντες· οἵ τε γὰρ Ἀθηναῖοι φίλῳ χρώμενοι βασιλεῖ ξυμμαχίαν ἔπεμπον Εὐαγόρᾳ τῷ πολεμοῦντι πρὸς βασιλέα, ὅ τε Τελευτίας Λακεδαιμονίων πολεμούντων βασιλεῖ τοὺς πλέοντας ἐπὶ τῷ ἐκείνου πολέμῳ διέφθειρεν. Ἐπαναπλεύσας δ' εἰς Κνίδον καὶ διαθέμενος ἃ ἔλαβεν, εἰς Ῥόδον αὖ ἀφικόμενος ἐβοήθει τοῖς τὰ αὐτῶν φρονοῦσιν.

25. Οἱ δ' Ἀθηναῖοι νομίσαντες τοὺς Λακεδαιμονίους πάλιν δύναμιν κατασκευάζεσθαι ἐν τῇ θαλάττῃ, ἀντιπέμπουσι Θρασύβουλον τὸν Στειριέα σὺν τετταράκοντα ναυσίν. Ὁ δ' ἐκπλεύσας τῆς μὲν εἰς Ῥόδον βοηθείας ἐπέσχε, νομίζων οὔτ' ἂν αὐτὸς ῥᾳδίως τιμωρήσασθαι τοὺς φίλους τῶν Λακεδαιμονίων τεῖχος ἔχοντας καὶ Τελευτίου σὺν ναυσὶ παρόντος συμμάχου αὐτοῖς, οὔτ' ἂν τοὺς σφετέρους φίλους ὑπὸ τοῖς πολεμίοις γενέσθαι, τάς τε πόλεις ἔχοντας καὶ πολὺ πλείονας ὄντας καὶ μάχῃ γε κεκρατηκότας· (26) ἐς δὲ τὸν Ἑλλήσποντον πλεύσας καὶ οὐδενὸς ἀντιπάλου παρόντος ἐνόμισε καταπράξαι ἄν τι τῇ πόλει ἀγαθόν. Καὶ οὕτως δὴ καταμαθὼν πρώτων μὲν στασιάζοντας Μήδοκόν τε τὸν

qui intelligeret, Rhodum universam Atheniensium fore, si summa rerum penes populum esset ; sin vero penes opulentiores, suam : octo naves instruxerunt, eisque navarchum Eedicum præfecerunt. Iisdem in navibus miserunt et Diphridam, jussum in Asiam trajicere, eaque oppida in fide continere, quæ Thimbronem admiserant, atque etiam collectis tum illis copiis, quæ incolumes evaserant e clade, tum aliis, undecunque posset, bellum adversus Struthum gerere. Hæc ita fecit Diphridas, ac inter alia, quæ prospere gessit, etiam Tigranem, quocum erat Struthæ nupta filia, Sardes proficiscentem, una cum uxore cepit, magnaque pecuniæ vi accepta dimisit. Quamobrem statim hac occasione nactus est unde militi stipendium numeraret. Erat autem vir hic, quam Thimbro, non minus acceptus suis, et imperator longe ordinis observantior ac sollertior. Nec enim vinci se corporis voluptatibus patiebatur, sed perpetuo id operis agebat, ad quod se accinxerat. Eedicus autem, postaquam cum classe Cnidum appulit, populumque Rhodiensem summa rerum terra marique potitum accepit, atque adeo duplo majori classe, quam esset ea, cui ipse præerat, mare redire : Cnidi se continebat. Inde quum intellexissent Lacedæmonii, non satis cum habere virium ad commodandum amicorum rebus, Teleutiæ mandarunt, ut cum duodecim illis navibus, quas in sito ad Achaiam Lechæumque sinu habuerat, ad Eedicum se conferret, ac illo dimisso, is operam daret, qui uti Lacedæmoniorum amicitia vellent; hostes vero quacunque ratione posset, damnis afficeret. Posteaquam in Samum Teleutias venit, adjunctis indidem sibi navibus aliquot, Cnidum petiit. Inde domum Eedicus, Teleutias in Rhodum navigavit, septem ac viginti jam navibus instructus. Inter navigandum forte in Philocratem Ephialtæ filium incidit, qui Athenis cum navibus decem in Cyprum, ad ferendum Evagoræ subsidium, proficiscebatur. Has omnes intercepit Teleutias : et in hoc sane quiddam accidit, quod rebus utriusque partis maxime adversaretur. Nam Athenienses, qui cum rege colebant amicitiam, subsidia mittebant Evagoræ, bellum adversus regem gerenti ; Teleutias autem, tametsi bellum regi Lacedæmonii facerent, eos tamen, qui ad inferendum arma regi navigabant, e medio sustulit. Quumque Cnidum inde repetivisset, manubiis divenditis, in Rhodum profectus, suppetias illis ferebat, qui Lacedæmoniorum partes sequebantur.

Hic Athenienses, qui Lacedæmonios iterum quandam in mari potentiam sibi parare putarent, mittunt adversus eos Thrasybulum Stiriensem cum quadraginta navibus. Is posteaquam Athenis solvit, a Rhodiensi navigatione abstinuit, quod partim judicaret, se non facile de amicis Lacedæmoniorum pœnas sumpturum, qui munitione se defenderent, ac Teleutiam cum auxiliaribus copiis præsentem haberent : partim ne suarum quidem partium homines in hostium potestatem venturos, qui et oppida tenerent, et multitudine superiores essent, et prœlio adversarios vicissent. Itaque in Hellespontum quum navigasset, ac neminem istic hostem reperisset, effecturum se quiddam, quod ex usu reipublicæ foret, arbitratus est. Primum ubi comperit, Medocum

Ὀδρυσῶν βασιλέα καὶ Σεύθην τὸν ἐπὶ θαλάττῃ ἄρχοντα ἀλλήλοις μὲν διήλλαξεν αὐτοὺς, Ἀθηναίοις δὲ φίλους καὶ συμμάχους ἐποίησε, νομίζων καὶ τὰς ὑπὸ τῇ Θρᾴκῃ οἰκούσας πόλεις Ἑλληνίδας φίλων ὄντων τούτων μᾶλλον προσέχειν ἂν τοῖς Ἀθηναίοις τὸν νοῦν. (27) Ἐχόντων δὲ τούτων τε καλῶς καὶ τῶν ἐν τῇ Ἀσίᾳ πόλεων διὰ τὸ βασιλέα φίλον τοῖς Ἀθηναίοις εἶναι, πλεύσας εἰς Βυζάντιον ἀπέδοτο τὴν δεκάτην τῶν ἐκ τοῦ Πόντου πλεόντων. Μετέστησε δὲ ἐξ ὀλιγαρχίας εἰς τὸ δημοκρατεῖσθαι τοὺς Βυζαντίους· ὥστε οὐκ ἀηδινῶς ἑώρα ὁ τῶν Βυζαντίων δῆμος Ἀθηναίους ὅτι πλείστους παρόντας ἐν τῇ πόλει. (28) Ταῦτα δὲ πράξας καὶ Καλχηδονίους φίλους προσποιησάμενος ἀπέπλει ἔξω τοῦ Ἑλλησπόντου. Ἐπιτυχὼν δ' ἐν τῇ Λέσβῳ ταῖς πόλεσι πάσαις πλὴν Μυτιληναίων λακωνιζούσαις, ἐπ' οὐδεμίαν αὐτῶν ᾔει, πρὶν ἐν Μυτιλήνῃ συντάξας τούς τε ἀπὸ τῶν αὐτοῦ νεῶν τετρακοσίους ὁπλίτας καὶ τοὺς ἐκ τῶν πόλεων φυγάδας, ὅσοι εἰς Μυτιλήνην καταπεφεύγεσαν, καὶ αὐτῶν δὲ Μυτιληναίων τοὺς ἐρρωμενεστάτους προσλαβὼν, καὶ ἐλπίδας ὑποθεὶς τοῖς μὲν Μυτιληναίοις ὡς ἐὰν λάβῃ τὰς πόλεις, προστάτει πάσης Λέσβου ἔσονται, τοῖς δὲ φυγάσιν ὡς ἐὰν ὁμοῦ ὄντες ἐπὶ μίαν ἑκάστην τῶν πόλεων ἴωσιν, ἱκανοὶ ἔσονται ἅπαντες εἰς τὰς πατρίδας ἀνασωθῆναι, τοῖς δ' αὖ ἐπιβάταις ὡς φίλην Λέσβον προσποιήσαντες τῇ πόλει πολλὴν εὐπορίαν χρημάτων διαπεπραγμένοι ἔσονται, ταῦτα δὲ παραμυθησάμενος καὶ συντάξας ἦγεν αὐτοὺς ἐπὶ Μήθυμναν. (29) Θηρίμαχος μέντοι, ὃς ἁρμοστὴς ἐτύγχανεν ὢν τῶν Λακεδαιμονίων, ὡς ἤκουσε τὸν Θρασύβουλον προσιέναι, τούς τ' ἀπὸ τῶν αὐτοῦ νεῶν λαβὼν ἐπιβάτας καὶ αὐτοὺς τοὺς Μηθυμναίους καὶ ὅσοι Μυτιληναίων φυγάδες ἐτύγχανον αὐτόθι, ἀπήντα ἐπὶ τὰ ὅρια. Μάχης δὲ γενομένης ὁ μὲν Θηρίμαχος αὐτοῦ ἀποθνήσκει, τῶν δ' ἄλλων φευγόντων πολλοὶ ἀπέθανον. (30) Ἐκ δὲ τούτου τὰς μὲν προσηγάγετο τῶν πόλεων, ἐκ δὲ τῶν οὐ προσχωρουσῶν λῃλατῶν χρήμασι τοῖς στρατιώταις παρέχων, ἔσπευδεν εἰς τὴν Ῥόδον ἀφικέσθαι. Ὅπως δ' ἂν καὶ ἐκεῖ ἐρρωμενέστατον τὸ στράτευμα ποιήσαιτο, ἐξ ἄλλων τε πόλεων ἠργυρολόγει καὶ εἰς Ἄσπενδον ἀφικόμενος ὡρμίσατο εἰς τὸν Εὐρυμέδοντα ποταμόν. Ἤδη δ' ἔχοντος αὐτοῦ χρήματα παρὰ τῶν Ἀσπενδίων, ἀδικησάντων τι ἐκ τῶν ἀγρῶν τῶν στρατιωτῶν, ὀργισθέντες οἱ Ἀσπένδιοι τῆς νυκτὸς ἐπιπεσόντες κατακόπτουσιν ἐν τῇ σκηνῇ αὐτόν.

31. Καὶ Θρασύβουλος μὲν δὴ μάλα δοκῶν ἀνὴρ ἀγαθὸς εἶναι οὕτως ἐτελεύτησεν. Οἱ μέντοι Ἀθηναῖοι ἑλόμενοι ἀντ' αὐτοῦ Ἀγύρριον ἐπὶ τὰς ναῦς ἐξέπεμψαν. Αἰσθόμενοι δ' οἱ Λακεδαιμόνιοι ὅτι ἡ δεκάτη τε τῶν ἐκ τοῦ Πόντου πεπραμένη εἴη ἐν Βυζαντίῳ ὑπ' Ἀθηναίων καὶ Καλχηδόνα ἔχουσι καὶ αἱ ἄλλαι Ἑλλησπόντιαι πόλεις φίλαι ὄντως αὐτοῖς Φαρναβάζου εὖ ἔχοιεν, ἐγνωσαν ἐπιμελητέον εἶναι. (32) Τῷ μὲν οὖν Δερκυλλίδᾳ οὐδὲν ἐμέμφοντο· Ἀναξίβιος μέντοι φίλων αὐτῷ γενομένων τῶν ἐφόρων διεπράξατο ὥστε αὐτὸς ἐκπλεῦσαι ἁρμοστὴς

regem Odrysarum, et Seuthen, qui maritimam oram Thraciæ cum imperio tenebat, bellum inter se gerere: mutuo eos inter se reconciliavit, et utrumque fœdere societateque Atheniensibus adjunxit; existimabat enim, illa quoque Græci nominis oppida, quæ sub ipsa Thracia respublicas suas administrarent, magis Atheniensibus adhæsura, si amicitia inter hos reges et Athenienses intercederet. His ita præclare compositis, quum Asiaticis etiam urbibus amicis uteretur, ob eam, qua rex et Athenienses conjuncti erant, amicitiam; Byzantium navigat, ac decumam e Ponto navigantibus impositam, publicanis vendidit. Simul rempublicam Byzantiorum, paucorum dominatu liberatam, populo administrandam tradidit. Quæ res effecit, ut populus Byzantinus haud gravate maximam Atheniensium multitudinem in urbe sua cerneret. His rebus confectis, atque etiam pellectis in amicitiam Chalcedonensibus, extra Hellespontum discessit. Quumque oppida in Lesbo universa, solis Mitylenæis exceptis, Lacedæmoniorum partibus addicta reperisset, nullum aggressus est, priusquam Mitylenæ de navibus suis quadringentos gravis armaturæ, et exules, qui ex oppidis eo se receperant, in ordines descripsisset, eisque robustissimum quemque Mitylenæorum adjunxisset, facta omnibus spe, Mitylenæis quidem, futurum ut, si oppida reliqua caperet, ipsi Lesbo universæ præessent; exulibus autem, si conjuncti secum oppida singula adorirentur, facultatem recuperandæ patriæ consequuturos omnes; classiariis denique militibus, si Lesbum amicam patriæ reddidissent, magnam ipsis facultatum copiam paratam fore. Hac igitur iis spe recreatis, instructisque copiis, omnes Methymnam duxit. Adventu Thrasybuli cognito, Therimachus, quem forte tunc Lacedæmonii præfectum in urbe habebant, una cum suo milite classiario, et Methymnensibus, et Mitylenæorum quotquot aderant exulibus, ad Methymnensis agri fines occurrit. Collata manu, Therimachus istic interimitur; ex ceteris, fuga sibi consulentibus, multi cecideruut. Secundum id partim oppida deditione cepit, partim ex illorum agris, quæ se non dedebant, abacta præda, de qua militi stipendium suppeditabatur, Rhodum inde se conferre properavit. Atque ut istic etiam militis animos maxime confirmaret, cum ab aliis oppidis pecunias exegit, tum etiam Aspendum profectus, Eurymedontem amnem navibus subiit. Jam pecuniis ab Aspendiis acceperat, quum militibus per injuriam aliquid ex agris abigentibus, irati Aspendii noctu irruunt, eumque suo in tentorio obtruncant.

Hic Thrasybuli, maxima virtute viri, exitus fuit. Ejus in locum Athenienses Agyrrium surrogatum ad classem miserunt. Interea Lacedæmonii, cognito venditam ab Atheniensibus esse rerum e Ponto vectarum decumam Byzantii, et Chalcedonem ab iis teneri, ceterorumque oppidorum Hellesponticorum statum non incommodum esse, quod amico Pharnabazo uterentur; minime illa sibi negligenda censebant. Quanquam vero Dercyllidæ cur succenserent, causa nulla esset, Anaxibius tamen, Ephororum amicitia sibi conciliata, perfecit ut ipse Abydum navigaret, et ejus

εἰς Ἄβυδον. Εἰ δὲ λάθοι ἀφορμὴν καὶ ναῦς, καὶ πολεμήσειν ὑπισχνεῖτο τοῖς Ἀθηναίοις, ὥστε μὴ ἔχειν ἐκείνοις καλῶς τὰ ἐν Ἑλλησπόντῳ. (33) Οἱ μὲν δὴ δόντες καὶ τρεῖς τριήρεις καὶ ἀφορμὴν εἰς ξένους χιλίους ἐξέπεμψαν τὸν Ἀναξίβιον. Ὁ δὲ ἐπειδὴ ἀφίκετο, κατὰ γῆν μὲν αἱρεύσας ξενικὸν τῶν τ' Αἰολίδων πόλεων παρεσπᾶτό τινας τοῦ Φαρναβάζου καὶ ἐπιστρατευσάσαις ταῖς πόλεσιν ἐπὶ τὴν Ἄβυδον ἀντεπεστράτευε καὶ ἐπεπορεύετο καὶ ἐδῄου τὴν χώραν αὐτῶν· καὶ ναῦς δὲ πρὸς αἷς εἶχε ξυμπληρώσας ἐξ Ἀβύδου τρεῖς ἄλλας κατῆγεν, εἴ τί που λαμβάνοι Ἀθηναίων πλοῖον ἢ τῶν ἐκείνων ξυμμάχων. (34) Αἰσθόμενοι δὲ ταῦτα οἱ Ἀθηναῖοι καὶ δεδιότες μὴ διαφθαρείη σφίσιν ἃ κατεσκεύασεν ἐν τῷ Ἑλλησπόντῳ Θρασύβουλος, ἀντεκπέμπουσιν Ἰφικράτην ναῦς ὀκτὼ ἔχοντα καὶ πελταστὰς εἰς διακοσίους καὶ χιλίους. Οἱ δὲ πλεῖστοι αὐτῶν ἦσαν ὧν ἐν Κορίνθῳ ἦρξεν. Ἐπεὶ γὰρ οἱ Ἀργεῖοι τὴν Κόρινθον Ἄργος ἐπεποίηντο, οὐδὲν ἔφασαν αὐτῶν δεῖσθαι· καὶ γὰρ ἀπεκτόνει τινὰς τῶν ἀργολιζόντων· καὶ οὗτος ἀπελθὼν Ἀθήναζε οἴκοι ἔτυχεν ὤν. (35) Ἐπεὶ δὲ ἀφίκετο εἰς Χερρόνησον, τὸ μὲν πρῶτον Ἀναξίβιός καὶ Ἰφικράτης λῃστὰς διαπέμποντες ἐπολέμουν ἀλλήλοις· προϊόντος δὲ τοῦ χρόνου ὁ Ἰφικράτης αἰσθόμενος καὶ Ἀναξίβιον οἰχόμενον εἰς Ἄντανδρον σύν τε τοῖς μισθοφόροις καὶ σὺν τοῖς περὶ αὐτὸν Λακωνικοῖς καὶ σὺν Ἀβυδηνοῖς διακοσίοις ὁπλίταις, καὶ ἀκούσας ὅτι τὴν Ἄντανδρον φιλίαν προσειληφὼς εἴη, ὑπονοῶν ὅτι καταστήσας αὖ τὴν ἐκεῖ φρουρὰν ἀποπορεύσοιτο πάλιν καὶ ἀπάξοι τοὺς Ἀβυδηνοὺς οἴκαδε, διαβὰς τῆς νυκτὸς ᾗ ἐρημότατον ἦν τῆς Ἀβυδηνῆς καὶ ἐπανελθὼν εἰς τὰ ὄρη ἐνέδραν ἐποιήσατο. Τὰς δὲ τριήρεις αἳ διήγαγον αὐτὸν ἐκέλευε παραπλεῖν ἅμα τῇ ἡμέρᾳ παρὰ τὴν Χερρόνησον τὴν ἄνω, ὅπως δοκοίη, ὥσπερ εἰώθει, ἐπ' ἀργυρολογίαν ἐπαναπεπλευκέναι. (36) Ταῦτα δὲ ποιήσας οὐκ ἐψεύσθη, ἀλλ' ὁ Ἀναξίβιος ἀπεπορεύετο, ὥς μὲν ἐλέγετο, οὐδὲ τῶν ἱερῶν γεγενημένων αὐτῷ ἐκείνῃ τῇ ἡμέρᾳ, ἀλλὰ καταφρονήσας, ὅτι διὰ φιλίας τε ἐπορεύετο καὶ εἰς πόλιν φιλίαν καὶ ὅτι ἤκουε τῶν ἀπαντώντων τὸν Ἰφικράτην ἀποπεπλευκέναι τὴν ἐπὶ Προικοννήσου, ἀμελέστερον ἐπορεύετο. (37) Ὅμως δὲ ὁ Ἰφικράτης, ἕως μὲν ἐν τῷ ἰσοπέδῳ τὸ στράτευμα τοῦ Ἀναξιβίου ἦν, οὐκ ἐξανίστατο· ἐπειδὴ δὲ οἱ μὲν Ἀβυδηνοὶ ἀφηγούμενοι ἤδη ἐν τῷ παρὰ Κρεμαστὴν ἦσαν πεδίῳ, ἔνθα ἐστὶ τὰ χρύσεια αὐτοῖς, τὸ δ' ἄλλο στράτευμα ἐπόμενον ἐν τῷ κατάντει ἦν, ὁ δὲ Ἀναξίβιος ἄρτι κατέβαινε ξὺν τοῖς Λακωνικοῖς, ἐν τούτῳ ὁ Ἰφικράτης ἐξανίστησι τὴν ἐνέδραν καὶ δρόμῳ ἐφέρετο πρὸς αὐτόν. (38) Καὶ ὁ Ἀναξίβιος γνοὺς μὴ εἶναι ἐλπίδα σωτηρίας, ὁρῶν ἐπὶ πολύ τε καὶ στενὸν ἐκτεταμένον τὸ ἑαυτοῦ στράτευμα, καὶ νομίζων πρὸς τὸ ἀναντες οὐκ ἂν δύνασθαι σαφῶς βοηθῆσαι αὐτῷ τοὺς παρεληλυθότας, ὁρῶν δὲ καὶ ἐκπεπληγμένους ἅπαντας, ὡς εἶδον τὴν ἐνέδραν, εἶπε πρὸς τοὺς παρόντας, Ἄνδρες, ἐμοὶ μὲν ἐνθάδε καλῶν ἀποθανεῖν· ὑμεῖς δὲ πρὶν συμμίξαι τοῖς πολεμίοις σπεύδετε εἰς τὴν σω-

oppidi præfectus esset. Quod si præterea sumptus navesque darent, etiam ita se bello Athenienses oppugnaturum pollicetur, ut omnino res ipsorum in Hellesponto turbari sit necesse. Quamobrem Lacedæmonii tribus ei triremibus, et pro mille conductitiis militibus stipendio dato, hominem ablegarunt. Anaxibius posteaquam Abydum venit, primum terra coactis conductitiis copiis, quædam ex Æolicis oppidis a Pharnabazi fide avellebat, urbibus quæ cum Abydo bellarant, vicissim bellum inferebat, et cum suis progressus agrum ipsorum vastabat. Deinde præter eas naves, quas habebat, ex Abydo tres alias instructas in mare deduxit, si quod vel Atheniensium, vel eisdem societate conjunctorum navigium caperet. Quibus rebus Athenienses cognitis, veriti ne ipsorum opera dixerant : quosdam enim rebus Argivorum faventes Iphicrates e medio sustulerat. Ita factum erat, ut domum reversus, ibi se contineret. Quamprimum in Chersonesum venit, dimissis hinc inde prædonibus, per eos bellum inter se Anaxibius et Iphicrates gerebant. Post aliquod deinde temporis intervallum, quum animadvertisset, Iphicrates, Anaxibium cum copiis conductitiis, Laconicis, suis et ducentis Abydenis gravis armaturæ peditibus Antandrum profectum esse, audissetque Antandrum ejus se amicitiæ adjunxisse : suspicatus, ipsum, imposito istic præsidio, reversurum, Abydenosque domum reducturum, noctu ea parte transiens, quæ Abydenorum in agro solitudines inprimis habebat, conscensis montibus insidias posuit. Triremes vero, quæ ipsum transvexerant, diluculo secundum Chersonesum litus sursum versus legere jussit, ut pro more suo pecuniæ colligendæ causa videretur eo navigasse. Quum hæc ita instituisset, minime spe sua falsus est. Nam quum Anaxibius illo die non perlitasset, uti quidem ferebatur, nihilominus ea re spreta discessit Antandro ; ac partim quod per agrum pacatum ad urbem sociam pergeret, partim quod audiisset ex iis, quos habebat obvios, Iphicratem Proconnesum versus navigasse, negligentius iter faciebat. Neque tamen Iphicrates, quam diu in loco æquo erant Anaxibii copiæ de insidiis se proripuit; sed quum Abydeni, qui erant prima in fronte, ad eum campum pervenissent, qui est juxta Cremasten, ubi et fodinas auri habent, reliquæ vero copiæ per declivia subsequerentur, ac jam Anaxibius ipse cum Laconicis militibus descenderet : tum prorumpere suos ex insidiis jubet Iphicrates, et cursu in Anaxibium fertur. Is quum animadvertisset, nullam salutis spem reliquam esse, quod suos in longum extensos et arcto loco conclusos esse cerneret, ac fieri non posse duceret, ut qui jam transierant, sibi per acclivia suppetias ferrent, perterritos denique videret universos, conspectis insidiis : eos, qui aderant ipsi, compellans, Me quidem, inquit, hic decet occumbere, milites : vos priusquam manum cum hoste con-

τηρίαν. (29) Καὶ ταῦτ' ἔλεγε καὶ παρὰ τοῦ ὑπασπιστοῦ λαβὼν τὴν ἀσπίδα ἐν χώρᾳ αὐτοῦ μαχόμενος ἀποθνήσκει. Καὶ τὰ παιδικὰ μέντοι αὐτῷ παρέμεινε, καὶ τῶν Λακεδαιμονίων δὲ τῶν συνεκλυθότων ἐκ τῶν πόλεων ἁρμοστήρων ὡς δώδεκα μαχόμενοι συναπέθανον· οἱ δ' ἄλλοι φεύγοντες ἔπιπτον. Οἱ δ' ἐδίωκον μέχρι τοῦ ἄστεως. Καὶ τῶν τε ἄλλων ὡς διακόσιοι ἀπέθανον καὶ τῶν Ἀβυδηνῶν ὁπλιτῶν περὶ πεντήκοντα. Ταῦτα δὲ πράξας ὁ Ἰφικράτης ἀνεχώρησε πάλιν εἰς Χερρόνησον.

ΒΙΒΛΙΟΝ Ε.

ΚΕΦΑΛΑΙΟΝ Α.

Καὶ τὰ μὲν δὴ περὶ Ἑλλήσποντον Ἀθηναίοις τε καὶ Λακεδαιμονίοις τοιαῦτα ἦν. Ὢν δὲ πάλιν ὁ Ἐτεόνικος ἐν τῇ Αἰγίνῃ, καὶ ἐπιμιξίᾳ χρωμένων τὸν πρόσθεν χρόνον τῶν Αἰγινητῶν πρὸς τοὺς Ἀθηναίους, ἐπεὶ φανερῶς κατὰ θάλατταν ὁ πόλεμος ἐπολεμεῖτο, ξυνέδοξεν καὶ τοῖς ἐφόροις ἐφῆσαι λῄζεσθαι τὸν βουλόμενον ἐκ τῆς Ἀττικῆς. (2) Οἱ δ' Ἀθηναῖοι πολιορκούμενοι ὑπ' αὐτῶν, πέμψαντες εἰς Αἴγιναν καὶ ὁπλίτας καὶ στρατηγὸν αὐτῶν Πάμφιλον ἐπετείχισαν Αἰγινήταις καὶ ἀπολιόρκουν αὐτοὺς καὶ κατὰ γῆν καὶ κατὰ θάλατταν δέκα τριήρεσιν. Ὁ μέντοι Τελευτίας τυγχὼν ἐπὶ τῶν νήσων ποι ἀφιγμένος κατὰ χρημάτων πόρον, ἀκούσας ταῦτα περὶ τοῦ ἐπιτειχισμοῦ, ἐβοήθει τοῖς Αἰγινήταις· καὶ τὸ μὲν ναυτικὸν ἀπήλασε, τὸ δ' ἐπιτείχισμα διεφύλαττεν ὁ Πάμφιλος.

3. Ἐκ δὲ τούτου ἀπὸ Λακεδαιμονίων Ἱέραξ ναύαρχος ἀφικνεῖται. Κἀκεῖνος μὲν παραλαμβάνει τὸ ναυτικόν, ὁ δὲ Τελευτίας μακαριώτατα δὴ ἀπέπλευσεν οἴκαδε. Ἡνίκα γὰρ ἐπὶ θάλατταν κατέβαινεν ἐπ' οἴκου ὁρμώμενος, οὐδεὶς ἐκεῖνον τῶν στρατιωτῶν ὃς οὐκ ἐδεξιώσατο, καὶ ὁ μὲν ἐστεφάνωσεν, ὁ δὲ ἐταινίωσεν, οἱ δ' ὑστερήσαντες ὅμως καὶ ἀναγομένου ἔρριπτον εἰς τὴν θάλατταν στεφάνους καὶ εὔχοντο αὐτῷ πολλὰ καὶ ἀγαθά. (4) Γιγνώσκω μὲν οὖν ὅτι ἐν τούτοις οὔτε δαπάνημα οὔτε κίνδυνον οὔτε μηχάνημα ἀξιόλογον οὐδὲν διηγοῦμαι· ἀλλὰ ναὶ μὰ Δία τόδε ἄξιόν μοι δοκεῖ εἶναι ἀνδρὶ ἐννοεῖν, τί ποτε ποιῶν ὁ Τελευτίας οὕτω διέθηκε τοὺς ἀρχομένους. Τοῦτο γὰρ ἤδη πολλῶν καὶ χρημάτων καὶ κινδύνων ἀξιολογώτατον ἀνδρὸς ἔργον ἐστίν.

5. Ὁ δ' αὖ Ἱέραξ τὰς μὲν ἄλλας ναῦς λαβὼν πάλιν ἔπλει εἰς Ῥόδον, ἐν Αἰγίνῃ δὲ τριήρεις δώδεκα κατέλιπε καὶ Γοργώπαν τὸν αὑτοῦ ἐπιστολέα ἁρμοστήν. Καὶ ἐκ τούτου ἐπολιορκοῦντο μᾶλλον οἱ ἐν τῷ ἐπιτειχίσματι τῶν Ἀθηναίων ἢ οἱ ἐν τῇ πόλει· ὥστε ὑπὸ ψηφίσματος Ἀθηναῖοι πληρώσαντες ναῦς πολλὰς ἀπεκομίσαντο ἐξ Αἰγίνης πέμπτῳ μηνὶ τοὺς ἐκ τοῦ φρουρίου.

LIBER V.

CAPUT I.

Hoc tum in statu res Atheniensium ac Lacedaemoniorum apud Hellespontum erant. Interim Eteonicus agens iterum in Aegina, quum superioribus temporibus inter Aeginetas et Athenienses commercia intercessissent, coorto palam maritimo bello, potestatem eis facit, Ephoris etiam consentientibus, ut pro lubitu quisque praedas ageret ex Attica. Quamobrem oppugnati ab Aeginetis Athenienses, armatura gravi duce Pamphilo in Aeginam missa, muro Aeginetas cingunt, eosque terra et mari decem triremibus obsident. Hac obsidionis fama Teleutias ad se delata, qui tum forte quasdam ad insulas pecuniae cogendae causa navigarat, opem Aeginetis laturus properat, et classem quidem hostium abigit, sed factum ad obsidionem opus a Pamphilo defenditur.

Postea missus a Lacedaemoniis praefectus classis Hierax advenit, et classem accipit, Teleutia felicissime in patriam redeunte. Nam quum domum tendens ad mare descenderet, nemo militum erat, qui dextram ejus non prehenderet: alius eum serto redimibat, alius vitta; quod si qui tardius accessissent, nihilominus etiam tunc, quum in altum proveheretur, in mare corollas abjiciebant, ac simul ei multa, eaque fausta, precabantur. Nec ignoro equidem, in his a me neque memorabiles sumptus factos, neque suscepta pericula, neque molitionem alicujus rei memoratu dignam exponi: sed profecto id homini consideratu dignum esse arbitror, qua re Teleutias effecerit, ut tales in ipsum essent illorum animi, quibus cum imperio praeerat. Nam hoc tale est viri opus, quod multis et opibus et periculis anteferri commemorando longissime debet.

Ceterum Hierax naves alias secum sumens in Rhodum navigabat, duodecim tantum triremes in Aegina, praefecto eis Gorgopa legato suo, reliquit. Jam vero magis obsidebantur Athenienses, qui opere se munito continebant, quam hostes ipsorum in oppido. Quo factum, ut Athenienses, ex decreto publico multis navibus instructis, mense quinto milites oppidum obsidentes domum abducerent. Quod ubi

Τούτων δὲ γενομένων οἱ Ἀθηναῖοι πάλιν αὖ πράγματα εἶχον ὑπό τε τῶν λῃστῶν καὶ τοῦ Γοργώπα· καὶ ἀντιπληροῦσι ναῦς τρεισκαίδεκα, καὶ αἱροῦνται Εὔνομον ναύαρχον ἐπ' αὐτάς. (6) Ὄντος δὲ τοῦ Ἱέρακος ἐν τῇ Ῥόδῳ οἱ Λακεδαιμόνιοι Ἀνταλκίδαν ναύαρχον ἐκπέμπουσι, νομίζοντες καὶ Τιριβάζῳ τοῦτο ποιοῦντες μάλιστ' ἂν χαρίζεσθαι. Ὁ δὲ Ἀνταλκίδας ἐπεὶ ἀφίκετο εἰς Αἴγιναν, ξυμπαραλαβὼν τὰς τοῦ Γοργώπα ναῦς ἔπλευσεν εἰς Ἔφεσον, καὶ τὸν μὲν Γοργώπαν πάλιν ἀποπέμπει εἰς Αἴγιναν ξὺν ταῖς δώδεκα ναυσίν, ἐπὶ δὲ ταῖς ἄλλαις Νικόλοχον ἐπέστησε τὸν ἐπιστολέα. Καὶ ὁ μὲν Νικόλαγος βοηθῶν Ἀβυδηνοῖς ἔπλει ἐκεῖσε· παρατρεπόμενος δὲ εἰς Τένεδον ἐδῄου τὴν χώραν, καὶ χρήματα λαβὼν ἀπέπλευσεν εἰς Ἄβυδον. (7) Οἱ δὲ τῶν Ἀθηναίων στρατηγοὶ ἀθροισθέντες ἀπὸ Σαμοθρᾴκης τε καὶ Θάσου καὶ τῶν κατ' ἐκεῖνα χωρίων ἐβοήθουν τοῖς Τενεδίοις. Ὡς δ' ᾔσθοντο εἰς Ἄβυδον καταπεπλευκότα τὸν Νικόλογον, ὁρμώμενοι ἐκ Χερρονήσου ἀπολιόρκουν αὐτὸν ἔχοντα ναῦς πέντε καὶ εἴκοσι δύο καὶ τριάκοντα ταῖς μεθ' ἑαυτῶν. Ὁ μέντοι Γοργώπας ἀποπλέων ἐξ Ἐφέσου περιτυγχάνει Εὐνόμῳ· καὶ τότε μὲν κατέφυγεν εἰς Αἴγιναν μικρὸν πρὸ ἡλίου δυσμῶν· ἐκβιβάσας δ' εὐθὺς ἐδείπνιζε τοὺς στρατιώτας. (8) Ὁ δ' Εὔνομος ὀλίγον χρόνον ὑπομείνας ἀπέπλει. Νυκτὸς δ' ἐπιγενομένης, φῶς ἔχων, ὥσπερ νομίζεται, ἀφηγεῖτο, ὅπως μὴ πλανῶνται αἱ ἑπόμεναι. Ὁ δὲ Γοργώπας ἐμβιβάσας εὐθὺς ἐπηκολούθει κατὰ τὸν λαμπτῆρα, ὑπολειπόμενος, ὅπως μὴ φανεροὶ εἴη μηδ' αἴσθησιν παρέχοι, λίθων τε ψόφῳ τῶν κελευστῶν ἀντὶ φωνῆς χρωμένων καὶ παραγωγῇ τῶν κοπῶν. (9) Ἐπεὶ δὲ ἦσαν αἱ τοῦ Εὐνόμου πρὸς τῇ γῇ περὶ Ζωστῆρα τῆς Ἀττικῆς, ἐκέλευε τῇ σάλπιγγι ἐπιπλεῖν. Τῷ δ' Εὐνόμῳ ἐξ ἐνίων μὲν τῶν νεῶν ἄρτι ἐξέβαινον, οἱ δὲ καὶ ἔτι ὡρμίζοντο, οἱ δὲ καὶ ἔτι κατέπλεον. Ναυμαχίας δὲ πρὸς τὴν σελήνην γενομένης, τέτταρας τριήρεις λαμβάνει ὁ Γοργώπας, καὶ ἀναδησάμενος ᾤχετο ἄγων εἰς Αἴγιναν· αἱ δ' ἄλλαι νῆες αἱ τῶν Ἀθηναίων εἰς τὸν Πειραιᾶ κατέφυγον.

10. Μετὰ δὲ ταῦτα Χαβρίας ἐξέπλει εἰς Κύπρον βοηθῶν Εὐαγόρᾳ, πελταστάς τ' ἔχων ὀκτακοσίους καὶ δέκα τριήρεις. Προσλαβὼν δὲ καὶ Ἀθήνηθεν ἄλλας τε ναῦς καὶ ὁπλίτας, αὐτὸς δὲ τῆς νυκτὸς ἀπέβαινε εἰς τὴν Αἴγιναν πορρωτέρω τοῦ Ἡρακλείου ἐν κοίλῳ χωρίῳ ἐνήδρευεν, ἔχων τοὺς πελταστάς. Ἅμα δὲ τῇ ἡμέρᾳ, ὥσπερ ξυνέκειτο, ἧκον οἱ τῶν Ἀθηναίων ὁπλῖται, Δημαινέτου αὐτῶν ἡγουμένου, καὶ ἀνέβαινον τοῦ Ἡρακλείου ἐπέκεινα ὡς ἑκκαίδεκα σταδίους, ἔνθα ἡ Τριπυργία καλεῖται. (11) Ἀκούσας δὲ ταῦτα ὁ Γοργώπας, ἐβοήθει μετά τε τῶν Αἰγινητῶν καὶ ξὺν τοῖς τῶν νεῶν ἐπιβάταις καὶ Σπαρτιατῶν οἳ ἔτυχον αὐτόθι παρόντες ὀκτώ. Καὶ ἀπὸ τῶν πληρωμάτων δὲ τῶν ἐκ τῶν νεῶν ἐκήρυξε βοηθεῖν ὅσοι ἐλεύθεροι εἶεν· ὥστ' ἐβοήθησαν καὶ τούτων πολλοί, ὅ,τι ἐδύνατο ἕκαστος ὅπλον ἔχων. (12) Ἐπεὶ δὲ παρήλλαξαν οἱ πρῶτοι τὴν ἐνέδραν, ἐξανίστανται οἱ περὶ τὸν Χαβρίαν, καὶ εὐθὺς ἠκόντιζον καὶ

acciderat, rursum Athenienses, a prædonibus et Gorgopa vexabantur. Itaque naves adversus illos tredecim navalibus copiis complent, eisque cum imperio præficiunt Eunomum. Interea dum in Rhodo esset Hierax, Antalcidam præfectum classis Lacedæmonii domo proficisci jubent, quod in eo se rem Tiribazo maxime gratam facturos existimarent. Antalcidas posteaquam in Æginam venisset, sumptis secum Gorgopæ navibus, Ephesum contendit : mox Gorgopam cum illis duodecim navibus in Æginam remittit, ceteris legatum suum Nicolochum præficit. Is Abydenis latum suppetias, Abydum se contulit. In itinere deflectens ad Tenedum, vastato Tenediorum agro, et accepta pecunia, inde Abydum navigat. Interim duces Atheniensium collecti e Samothrace, Thaso et vicinis locis opem Tenediis ferebant. Verum ubi certiores facti essent, Nicolochum se Abydum recepisse, profecti ex Chersoneso cum triginta duabus navibus, ipsum viginti quinque naves habentem obsident. Gorgopas interea, dum Ephesо in Æginam navigaret, forte in Eunomum incidit ; ac tum quidem in Æginam se paullum ante solis occasum fuga recepit, eductisque mox suis, cœnare militem jubet. Eunomus parumper ibi quum substitisset, discessit. Ubi vero nox ingruisset, lumen ipse accensum habens pro more præcedebat, ne sequentes eum naves aberrarent. Tum Gorgopas suis naves ingredi jussis, mox aliquo ex intervallo, ne conspici posset, vel hostibus ullum indicium sui præberet, qua fax lucebat, subsequebatur : simul et lapidum strepitu vocis loco nautarum incitatores, et remorum impulsu leni utebantur. Posteaquam Eunomi naves haud procul abessent a terra propter Zosterem Atticæ, Gorgopas suos cum tubæ clangore jubet hostem adoriri. Jam Eunomi copiæ partim navibus egressæ fuerant, partim in portum se conferebant, partim denique adhuc ad terram navigabant. Commisso navali ad lunæ proelio, quatuor triremes Gorgopas capit ; iisque religatis ad suas, in Æginam revertitur : ceteræ naves Atheniensium fuga se in Piræeum receperunt.

Secundum hæc in Cyprum Chabrias Evagoræ laturus opem cum octingentis cetratis, ac decem triremibus navigat. Quamque secum Athenis et naves alias, et gravis armaturæ pedites sumpsisset, ac noctu in Æginam descendisset, una cum cetratis loco concavo ultra fanum Herculis in insidiis se abdidit. Prima luce, quemadmodum convenerat, gravis Atheniensium armatura duce Demæneto aderat, ultraque fanum Herculis ad stadia sedecim ascendit, ubi locus situs est Tripyrgia vocatus. Ea de re Gorgopas certior factus, una cum Æginetis, et milite classiario, et Spartanis octo, qui forte tum istic aderant, ad coercendos hostes properat. Præterea per præconem denuntiari jubet, ut e copiis navalibus, quotquot essent ingenui, suppetias ferrent. Quo factum, ut multi ex his quoque adcurrerent, instructi armorum genere, quodcumque ad manum esset. Posteaquam primi locum insidiarum præteriissent, surrexere Chabriæ milites, statimque jacula in hostem, ac tela vibra-

ἔβαλλον. Ἐπέπεσαν δὲ καὶ οἱ ἐκ τῶν νεῶν ἀποβεβηκότες ὁπλῖται. Καὶ οἱ μὲν πρῶτοι, ἅτε οὐδενὸς ἀθρόου ὄντος, ταχὺ ἀπέθανον, ὧν ἦν Γοργώπας τε καὶ οἱ Λακεδαιμόνιοι· ἐπεὶ δὲ οὗτοι ἔπεσον, ἐτράπησαν δὴ καὶ οἱ ἄλλοι. Καὶ ἀπέθανον Αἰγινητῶν μὲν ὡς πεντήκοντα καὶ ἑκατόν, ξένοι δὲ καὶ μέτοικοι καὶ ναῦται καταδεδραμηκότες οὐκ ἐλάττους διακοσίων. (13) Ἐκ δὲ τούτου οἱ μὲν Ἀθηναῖοι, ὥσπερ ἐν εἰρήνῃ, ἔπλεον τὴν θάλατταν· οὐδὲ γὰρ τῷ Ἐτεονίκῳ ἤθελον οἱ ναῦται καίπερ ἀναγκάζοντι ἐμβάλλειν, ἐπεὶ μισθὸν οὐκ ἐδίδου.

Ἐκ δὲ τούτου οἱ Λακεδαιμόνιοι Τελευτίαν αὖ ἐπὶ ταύτῃ ἐκπέμπουσιν ἐπὶ ταύτας τὰς ναῦς ναύαρχον. Ὡς δὲ εἶδον αὐτὸν ἥκοντα οἱ ναῦται, ὑπερήσθησαν. Ὁ δ' αὐτοὺς ξυγκαλέσας εἶπε τοιάδε. (14) Ὦ ἄνδρες στρατιῶται, ἐγὼ χρήματα μὲν οὐκ ἔχων ἥκω· ἐὰν μέντοι θεὸς ἐθέλῃ καὶ ὑμεῖς συμπροθυμῆσθε, πειράσομαι τὰ ἐπιτήδεια ὑμῖν ὡς πλεῖστα πορίζειν. Εὖ δ' ἴστε, ὅταν ὑμῶν ἐγὼ ἄρχω, εὔχομαί τε οὐδὲν ἧττον ζῆν ὑμᾶς ἢ καὶ ἐμαυτόν, τά τε ἐπιτήδεια θαυμάσαιτε μὲν ἂν ἴσως, εἰ φαίην βούλεσθαι ὑμᾶς μᾶλλον ἢ ἐμὲ ἔχειν· ἐγὼ δὲ νὴ τοὺς θεοὺς καὶ δεξαίμην ἂν αὐτὸς μᾶλλον δύο ἡμέρας ἄσιτος ἢ ὑμᾶς μίαν γενέσθαι· ἧ γε μὴν θύρα ἡ ἐμὴ ἀνέῳκτο μὲν δήπου καὶ πρόσθεν εἰσιέναι τῷ δεομένῳ τι ἐμοῦ, ἀνεῴξεται δὲ καὶ νῦν. (15) Ὥστε ὅταν ὑμεῖς πλήρη ἔχητε τὰ ἐπιτήδεια, τότε καὶ ἐμὲ ὄψεσθε ἁβρονώτερον διαιτώμενον· ἢν δὲ ἀνεχόμενόν με ὁρᾶτε καὶ ψύχη καὶ θάλπη καὶ ἀγρυπνίαν, οἴεσθε καὶ ὑμεῖς ταῦτα πάντα καρτερεῖν. Οὐδὲν γὰρ ἐγὼ τούτων κελεύω ὑμᾶς ποιεῖν ἵνα ἀνιᾶσθε, ἀλλ' ἵνα ἐκ τούτων ἀγαθόν τι λαμβάνητε. (16) Καὶ ἡ πόλις δέ τοι, ἔφη, ὦ ἄνδρες στρατιῶται, ἡ ἡμετέρα, ἣ δοκεῖ εὐδαίμων εἶναι, εὖ ἴστε ὅτι τἀγαθὰ καὶ τὰ καλὰ ἐκτήσατο οὐ ῥᾳθυμοῦσα, ἀλλ' ἐθέλουσα καὶ πονεῖν καὶ κινδυνεύειν, ὁπότε δέοι. Καὶ ὑμεῖς οὖν ἦτε μὲν καὶ πρότερον, ὡς ἐγὼ οἶδα, ἄνδρες ἀγαθοί· νῦν δὲ πειρᾶσθαι χρὴ ἔτι ἀμείνονας γίγνεσθαι, ἵν' ἡδέως μὲν ξυμπονῶμεν, ἡδέως δὲ ξυνευδαιμονῶμεν. (17) Τί γὰρ ἥδιον ἢ μηδένα ἀνθρώπων κολακεύειν μήτε Ἕλληνα μήτε βάρβαρον ἕνεκα μισθοῦ, ἀλλ' ἑαυτοῖς ἱκανοὺς εἶναι τὰ ἐπιτήδεια πορίζεσθαι, καὶ ταῦτα ὅθενπερ κάλλιστον; ἢ γάρ τοι ἐν πολέμῳ ἀπὸ τῶν πολεμίων ἀφθονία εὖ ἴστε ὅτι ἅμα τροφήν τε καὶ εὔκλειαν ἐν πᾶσιν ἀνθρώποις παρέχεται.

18. Ὁ μὲν ταῦτ' εἶπεν· οἱ δὲ πάντες ἀνεβόησαν παραγγέλλειν ὅ,τι ἂν δέῃ, ὡς σφῶν ὑπηρετησόντων. Ὁ δὲ τεθυμένος ἐτύγχανεν· εἶπε δή, Ἄγετε, ὦ ἄνδρες, δειπνήσατε μέν, ὥσπερ καὶ ἐμβλετε· προσπαράγεσθε δέ μοι μιᾶς ἡμέρας σῖτον. Ἔπειτα δὲ ἥκετε ἐπὶ τὰς ναῦς αὐτίκα μάλα, ὅπως πλεύσωμεν ἔνθα θεὸς ἐθέλει, ἐν καιρῷ ἀφιξόμενοι. (19) Ἐπειδὴ δὲ ἦλθον, ἐμβιβασάμενος αὐτοὺς εἰς τὰς ναῦς νυκτὸς εἰς τὸν λιμένα τῶν Ἀθηναίων, τοτὲ μὲν ἀναπαύων καὶ παραγγέλλων ἀποκοιμᾶσθαι, τοτὲ δὲ κώπαις προσκομιζόμενος. Εἰ δέ τις ὑπολαμβάνει ὡς ἀφρόνως ἔπλει δώδεκα τριήρεις ἔχων ἐπὶ πολλὰς ναῦς κεκτημένους, ἐννοησάτω τὸν ἀνα-

bant. Jam et gravis armaturæ pedites irruebant, qui e navibus in terram descenderant. Itaque primi celeriter interempti sunt, quod conferti non prodirent. In iis et Gorgopas et Lacedæmonii periere. Posteaquam hi occubuissent, ceteri fugam arripiunt. Interfecti ex Æginetis fere centum quinquaginta : conductitii milites, inquilini, nautæ qui de navibus adcurrerant, non pauciores ducentis. Ex eo tempore non aliter ac si pax esset, mari Athenienses utebantur. Nam parere nolebant Eteonico nautæ, quantumvis eos urgeret, ut remigarent, quia stipendium non numerabat.

Secundum hæc rursus eo Lacedæmonii Teleutiam mittunt, ut classis illius præfectus esset. Quem ubi venientem videre milites, mirifice sunt exhilarati. Ipse, convocatis omnibus, hujusmodi orationem habuit : « Equidem, milites, nullas mecum pecunias affero : verum si deo visum erit, ac vos alacriter operam mihi dabitis, enitar maximam vobis parare necessariorum copiam. Hoc quidem scitote, optare me, ut, quam diu vobis præero, non minus me ipso victum habeatis. Ac mirabimini fortasse, si dicam etiam me malle, ut a necessariis vos potius instructi sitis quam ego. Atqui deos testor, lubentius me passurum, ut biduum ipse cibo caream, quam vos diem unum. Patuit antehac janua mea cuivis a me quiddam petenti, ac nunc quoque patebit. Quapropter ubi vobis abunde necessaria suppetent, tum me quoque videbitis vietitantem largius : at si me frigora, calores, vigilias perferentem adspicitis, etiam vobis hæc omnia toleranda putate. Nam nihil horum idcirco vos facere jubeo, ut cum molestiis conflictemini, sed ut ex iis aliquid emolumenti capiatis. Etenim patriam quoque nostram, milites, quamquam esse beata videtur, scitote non per socordiam hæc bona atque hæc decora consequutam esse, sed perferendi labores obeundique pericula studio, quoties necessitas posceret. Vos quoque viros antehac fortes fuisse scio, sed nunc opera danda erit, ut pristinam virtutem etiam superetis : quo fiet, ut et jucunde labores una obituri simus, et communi felicitate fruituri. Quid enim jucundius esse possit, quam si hominum nemini, neque Græco, neque barbaro stipendii nomine adulemur, sed ad paranda necessaria satis ipsi virium habeamus, et quidem inde, unde hæc peti honestum inprimis est? Nam belli tempore hostibus adempta rerum copia, mihi credite, non solum alimenta, sed insignem quoque famam inter omnes homines suppeditat. »

Hæc quum Teleutias dixisset, clamare universi, quidquid vellet, mandaret, se paratos esse ad faciundum imperata. Forte jam rem sacram fecerat, quum eos compellans, « Agite, inquit, cœnam sumite, milites, quam ceteroqui sumpturi eratis : atque etiam cibi tantum comparate, quantum in diem unum sufficiat. Deinde mox ad naves præsto sitis, ut quo deo visum fuerit, navigemus, atque in tempore veniamus. » Ubi jam adessent, naves eos conscendere jubet, ac noctu portum Atheniensium petit : nonnunquam interquiescens, suis somno se recreare jussis, nonnunquam remigio propius accedens. Quod si quis eum fecisse putat imprudenter, qui duodecim triremibus illos adortus sit, qui magnam navium copiam possidebant : is

ΕΛΛΗΝΙΚΩΝ ΒΙΒΛ. Ε. ΚΕΦ. Α.

λογισμὸν αὑτοῦ. (20) Ἐκεῖνος γὰρ ἐνόμισεν ἀμελέστερον μὲν ἔχειν τοὺς Ἀθηναίους περὶ τὸ ἐν τῷ λιμένι ναυτικὸν Γοργώπα ἀπολωλότος· εἰ δὲ καὶ εἶεν τριήρεις ὁρμοῦσαι, ἀσφαλέστερον ἡγήσατο ἐπ' εἴκοσι ναῦς Ἀθήνησιν οὔσας πλαῦσαι ἢ ἄλλοθι δέκα. Τῶν μὲν γὰρ ἔξω ᾔδει ὅτι κατὰ ναῦν ἔμελλον οἱ ναῦται σκηνήσειν, τῶν δὲ Ἀθήνησιν ἐγίγνωσκεν ὅτι οἱ μὲν τριήραρχοι οἴκοι καθευδήσοιεν, οἱ δὲ ναῦται ἄλλος ἄλλῃ σκηνήσοιεν. (21) Ἔπλει μὲν δὴ ταῦτα διανοηθείς· ἐπεὶ δὲ ἀπεῖχε πέντε ἢ ἓξ στάδια τοῦ λιμένος, ἡσυχίαν εἶχε καὶ ἀνέπαυεν. Ὡς δὲ ἡμέρα ὑπέφαινεν, ἡγεῖτο· οἱ δὲ ἐπηκολούθουν. Καὶ καταδύειν μὲν οὐκ εἴα στρογγύλον πλοῖον οὐδὲ λυμαίνεσθαι ταῖς ἑαυτῶν ναυσίν· εἰ δέ που τριήρη ἴδοιεν ὁρμοῦσαν, ταύτην πειρᾶσθαι ἄπλουν ποιεῖν, τὰ δὲ φορτηγικὰ πλοῖα καὶ γέμοντα ἀναδουμένους ἄγειν ἔξω, ἐκ δὲ τῶν μειζόνων ἐμβαίνοντας ὅπου δύναιντο τοὺς ἀνθρώπους λαμβάνειν. Ἦσαν δέ τινες οἳ καὶ ἐκπηδήσαντες εἰς τὸ Δεῖγμα ἐμπόρους τέ τινας καὶ ναυκλήρους ξυναρπάσαντες εἰς τὰς ναῦς εἰσήνεγκαν. (22) Ὁ μὲν δὴ ταῦτα ἐπεποιήκει. Τῶν δὲ Ἀθηναίων οἱ μὲν αἰσθόμενοι ἔνδοθεν ἔθεον ἔξω, σκεψόμενοι τίς ἡ κραυγή, οἱ δὲ ἔξωθεν οἴκαδε ἐπὶ τὰ ὅπλα, οἱ δὲ καὶ εἰς ἄστυ ἀγγελοῦντες. Πάντες δ' Ἀθηναῖοι τότε ἐβοήθησαν καὶ ὁπλῖται καὶ ἱππεῖς, ὡς τοῦ Πειραιῶς ἑαλωκότος. (23) Ὁ δὲ τὰ μὲν πλοῖα ἀπέστειλεν εἰς Αἴγιναν, καὶ τῶν τριήρων τρεῖς ἢ τέτταρας ξυναπαγαγεῖν ἐκέλευσε, ταῖς δὲ ἄλλαις παραπλέων παρὰ τὴν Ἀττικήν, ὅτι ἐκ τοῦ λιμένος πλέων, πολλὰ καὶ ἁλιευτικὰ πλοῖα ἔλαβε καὶ πορθμεῖα ἀνθρώπων μεστά, καταπλέοντα ἀπὸ νήσων. Ἐπὶ δὲ Σούνιον ἐλθὼν καὶ ὁλκάδας γεμούσας τὰς μέν τινας σίτου, τὰς δὲ καὶ ἐμπολῆς, ἔλαβε. (24) Ταῦτα δὲ ποιήσας ἀπέπλευσεν εἰς Αἴγιναν. Καὶ ἀποδόμενος τὰ λάφυρα μηνὸς μισθὸν προέδωκε τοῖς στρατιώταις. Καὶ τὸ λοιπὸν δὲ περιπλέων ἐλάμβανεν ὅ,τι ἠδύνατο. Καὶ ταῦτα ποιῶν πλήρεις τε τὰς ναῦς ἔτρεφε καὶ τοὺς στρατιώτας εἶχεν ἡδέως καὶ ταχέως ὑπηρετοῦντας.

25. Ὁ δὲ Ἀνταλκίδας κατέβη μὲν μετὰ Τιριβάζου διαπεπραγμένος ξυμμαχεῖν βασιλέα, εἰ μὴ ἐθέλοιεν Ἀθηναῖοι καὶ οἱ ξύμμαχοι χρῆσθαι τῇ εἰρήνῃ ᾗ αὐτὸς ἔλεγεν. Ὡς δ' ἤκουσε Νικόλοχον σὺν ταῖς ναυσὶ πολιορκεῖσθαι ἐν Ἀβύδῳ ὑπὸ Ἰφικράτους καὶ Διοτίμου, πεζῇ ᾤχετο εἰς Ἄβυδον. Ἐκεῖθεν δὲ λαβὼν τὸ ναυτικὸν νυκτὸς ἀνήγετο, διασπείρας λόγον ὡς μεταπεμπομένων τῶν Καλχηδονίων· ὁρμισάμενος δὲ ἐν Περκώτῃ ἡσυχίαν εἶχεν. (26) Αἰσθόμενοι δὲ οἱ περὶ Δημαίνετον καὶ Διονύσιον καὶ Λεόντυχον καὶ Φανίαν ἐδίωκον αὐτὸν τὴν ἐπὶ Προικοννήσου· ὁ δ', ἐπεὶ ἐκεῖνοι παρέπλευσαν, ὑποστρέψας εἰς Ἄβυδον ἀφίκετο, ἀκούσας γὰρ ὅτι προσπλέοι Πολύξενος ἄγων τὰς ἀπὸ Συρακουσῶν καὶ Ἰταλίας ναῦς εἴκοσιν, ὅπως ἀναλάβοι καὶ ταύτας. Ἐκ δὲ τούτου Θρασύβουλος ὁ Κολλυτεὺς ἔχων ναῦς ὀκτὼ ἔπλει ἀπὸ Θρᾴκης, βουλόμενος ταῖς ἄλλαις Ἀττικαῖς ναυσὶ ξυμμῖξαι. (27) Ὁ δὲ Ἀνταλκίδας, ἐπεὶ αὐτῷ οἱ σκο-

velim ratiocinationem ipsius consideret. Existimabat, Athenienses, interempto Gorgopa, classem in portu suam negligentius custodire : quod si etiam maxime triremes quædam in statione dispositæ essent, arbitrabatur pergi tutius adversus naves viginti, quæ Athenis essent, quam adversus decem alibi. Nam in navibus singulis, quæ abessent domo, sciebat cubaturos nautas; de iis vero, quæ Atheni essent, statuebat, præfectos earum domi suæ somnum capturos, nautas alios alibi hospitium habituros. Hæc ratiocinatus secum Teleutias, navigationem eam instituit. Ceterum ubi jam quinque vel sex stadiis aberat a portu, inhibito cursu nonnihil interquievit. Prima luce recta in portum, subsequentibus suis, ducit. Ac navim quidem rotundam ullam a suis demergi non sinebat, neque corrumpi : at sicubi triremem in statione viderent, eam ad navigandum ineptam reddi volebat. Oneraria mercibusque referta navigia religari ad naves suas, et abduci jubebat : itidem in majora suos invadere, ac ubicunque possent, homines comprehendere. Nonnulli exstitere, qui in Digma desilirent, et mercatores ac navicularios quosdam correptos suas in naves comportarent. Jam perfecerat hæc Teleutias, quum Athenienses alii tumultu in urbe audito, extra urbem currebant, ut quinam is clamor esset, viderent : qui extra urbem erant, partim domum ad arma properabant, partim in urbem, ut rem suis nuntiarent. Tandem universi tum gravis armaturæ pedites, tum equites ad ferendum suppetias concurrebant, quasi captus esset Piræeus. Interim navigia Teleutias in Æginam mittit, ex eum eis tres vel quatuor abduci triremes jubet : ceteris suis cum navibus Atticæ litus legens, quia navigabat ex ipso portu, multa cepit navigia piscatoria, multa quibus homines ex insulis trajiciebant, eaque vectoribus plena. Posteaquam Sunium quoque venisset, onerarias partim frumento partim mercibus refertas intercepit. Quibus jam rebus gestis, Æginam versus navigat; distractisque manubiis, stipendium menstruum militibus necdum debitum numerat. Itidem ex eo tempore circumvectus, quidquid poterat, diripiebat. Ea ratione tum naves milite plenas alebat, tum milites ipsos ad faciundum imperata lubenter ac celeriter, paratos habebat.

Interim cum Tiribazo ex Asia rediit Antalcidas, impetrata regis societate, si quidem Athenienses eorumque socii pacem, quam ipse proposuisset, aspernarentur. Quum autem obsideri Nicolochum una cum navibus ab Iphicrate ac Diotimo Abydi accepisset, itinere terrestri se Abydum contulit. Inde accepta classe, noctu in altum provehitur, rumore didito, quasi Chalcedonenses eum accerserent; Percotes autem portum ingressus, quiescebat. Hac de re Demænetus, Dionysius, Leontichus, Phanias certiores facti, qua in Præconnesum navigatur, eum persequi statuunt. Eis jam prætervectis, Antalcidas itinere converso Abydum rediit. Inaudierat enim, Polyxenum advenire, secum Syracusanas et Italicas naves viginti adducentem, quas conjungere cum illis cogitabat. Secundum hæc Thrasybulus Collyttensis cum navibus octo, relicta Thracia, ceteris se navibus Atticis conjungere volebat. Eas ubi propius accedere, de speculatoribus Antalcidas accepisset, nautis qui-

ποῖ ἐσήμηναν ὅτι προσπλέοιεν τριήρεις ὀκτώ, ἐμβιβάσας τοὺς ναύτας εἰς δώδεκα ναῦς τὰς ἄριστα πλευούσας, καὶ προσπληρώσασθαι κελεύσας, εἴ τις ἐνεδεῖτο, ἐκ τῶν καταλειπομένων, ἐνέδρευεν ὡς ἐδύνατο ἀφανέστατα. Ἐπεὶ δὲ παρέπλεον, ἐδίωκεν· οἱ δὲ ἰδόντες ἔφευγον. Τὰς μὲν οὖν βραδύτατα πλευούσας ταῖς ἄριστα πλευούσαις ταχὺ κατειλήφει· παραγγείλας δὲ τοῖς πρωτόπλοις τῶν μεθ᾽ ἑαυτοῦ μὴ ἐμβαλεῖν ταῖς ὑστάταις, ἐδίωκε τὰς προεχούσας. Ἐπεὶ δὲ ταύτας ἔλαβεν, ἰδόντες οἱ ὕστεροι ἁλισκομένους σφῶν αὐτῶν τοὺς πρωτόπλους ὑπ᾽ ἀθυμίας καὶ τῶν βραδυτέρων ἡλίσκοντο· οὕθ᾽ ἥλωσαν ἅπασαι. (28) Ἐπεὶ δὲ ἦλθον αὐτῷ αἵ τε ἐκ Συρακουσῶν νῆες εἴκοσιν, ἦλθον δὲ καὶ ἀπὸ Ἰωνίας, ὅσης ἐγκρατὴς ἦν Τιρίβαζος, ξυνεπληρώθησαν δὲ καὶ ἐκ τῆς Ἀριοβαρζάνους, καὶ γὰρ ἦν ξένος ἐκ παλαιοῦ τῷ Ἀριοβαρζάνει, ὁ δὲ Φαρνάβαζος ἤδη ἀνακεκλημένος ᾤχετο ἄνω, ὅτε δὴ καὶ ἔγημε τὴν βασιλέως θυγατέρα· ὁ δὲ Ἀνταλκίδας γενομέναις ταῖς πάσαις ναυσὶ πλείοσιν ἢ ὀγδοήκοντα ἐκράτει τῆς θαλάττης· ὥστε καὶ τὰς ἐκ τοῦ Πόντου ναῦς Ἀθήναζε μὲν ἐκώλυε καταπλεῖν, εἰς δὲ τοὺς ἑαυτῶν ξυμμάχους κατῆγεν. (29) Οἱ μὲν οὖν Ἀθηναῖοι, ὁρῶντες μὲν πολλὰς τὰς πολεμίας ναῦς, φοβούμενοι δὲ μὴ ὡς πρότερον καταπολεμηθείησαν, ξυμμάχου Λακεδαιμονίοις βασιλέως γεγενημένου, πολιορκούμενοι δὲ ἐκ τῆς Αἰγίνης ὑπὸ τῶν λῃστῶν, διὰ ταῦτα μὲν ἰσχυρῶς ἐπεθύμουν τῆς εἰρήνης. Οἱ δ᾽ αὖ Λακεδαιμόνιοι, φρουροῦντες μόρᾳ μὲν ἐν Λεχαίῳ, μόρᾳ δ᾽ ἐν Ὀρχομενῷ, φυλάττοντες δὲ τὰς πόλεις, αἷς μὲν ἐπίστευον, μὴ ἀπόλοιντο, αἷς δὲ ἠπίστουν, μὴ ἀποσταῖεν, πράγματα δ᾽ ἔχοντες καὶ παρέχοντες περὶ τὴν Κόρινθον, χαλεπῶς ἔφερον τῷ πολέμῳ. Οἵ γε μὴν Ἀργεῖοι, εἰδότες φρουρὰν τε παρεσμένην ἐφ᾽ ἑαυτοὺς καὶ γιγνώσκοντες ὅτι ἡ τῶν μηνῶν ὑποφορὰ οὐδὲν ἔτι σφᾶς ὠφελήσει, καὶ οὗτοι εἰς τὴν εἰρήνην πρόθυμοι ἦσαν. (30) Ὥστ᾽ ἐπεὶ παρήγγειλεν ὁ Τιρίβαζος παρεῖναι τοὺς βουλομένους ὑπακοῦσαι ἣν βασιλεὺς εἰρήνην καταπέμποι, ταχέως πάντες παρεγένοντο. Ἐπεὶ δὲ ξυνῆλθον, ἐπιδείξας ὁ Τιρίβαζος τὰ βασιλέως σημεῖα ἀνεγίγνωσκε τὰ γεγραμμένα. Εἶχε δὲ ὧδε.

21. "Ἀρταξέρξης βασιλεὺς νομίζει δίκαιον τὰς μὲν ἐν τῇ Ἀσίᾳ πόλεις ἑαυτοῦ εἶναι καὶ τῶν νήσων Κλαζομενάς καὶ Κύπρον, τὰς δὲ ἄλλας Ἑλληνίδας πόλεις καὶ μικρὰς καὶ μεγάλας αὐτονόμους ἀφεῖναι πλὴν Λήμνου καὶ Ἴμβρου καὶ Σκύρου· ταύτας δὲ ὥσπερ τὸ ἀρχαῖον εἶναι Ἀθηναίων. Ὁπότεροι δὲ ταύτην τὴν εἰρήνην μὴ δέχονται, τούτοις ἐγὼ πολεμήσω μετὰ τῶν ταῦτα βουλομένων καὶ πεζῇ καὶ κατὰ θάλατταν καὶ ναυσὶ καὶ χρήμασιν.

22. Ἀκούοντες οὖν ταῦτα οἱ ἀπὸ τῶν πόλεων πρέσβεις, ἀπήγγελλον ἐπὶ τὰς ἑαυτῶν ἕκαστοι πόλεις. Καὶ οἱ μὲν ἄλλοι πάντες ὤμνυσαν ἐμπεδώσειν ταῦτα, οἱ δὲ Θηβαῖοι ἠξίουν ὑπὲρ πάντων Βοιωτῶν ὀμνύναι. Ὁ δὲ Ἀγησίλαος οὐκ ἔφη δέξασθαι τοὺς ὅρκους, ἐὰν μὴ ὀμνύωσιν, ὥσπερ τὰ βασιλέως γράμματα ἔλεγεν, αὐτο-

XENOPHON.

buslam in naves duodecim expeditissimas impositis, ac si qui desiderarentur, eorum numero expleri jusso de navibus quæ istic relinquebantur, quam occultissime poterat, insidias locat. Quum jam præterveherentur, persequi incipit. Illi vero, conspectis hisce, fugam arripiunt. Jam tardissime navigantes suis navibus expeditissimis celeriter admodum assequutus erat; quum suis in prima fronte denuntiat, ne in postremas irruerent, simul ipse præcedentes persequitur. Quas ubi cepisset, ac jam postremi etiam primos ex suis captos viderent, præ dejectione animi etiam a tardioribus occupabantur. Ita factum, ut universæ hostium in potestatem venirent. Ceterum posteaquam ad Antalcidam naves Syracusanæ viginti venere, et aliæ ab ea Ioniæ parte quæ Tiribazo parebat, aliæ ab ea, cui Ariobarzanes præerat (et erat jam olim Antalcidas Ariobarzanis hospes: Pharnabazus quidem accessitus ad regem in Asiam perrexerat, ubi hoc ipso tempore filiam regis uxorem duxit): tum igitur Antalcidas, classe navium octoginta numerum excedente, maris imperium obtinebat. Atque adeo prohibebat jam, quoninus naves e Ponto Athenas proficiscerentur, easque suos ad socios subducebat. Quapropter Athenienses, qui magnam esse classem hostium viderent, ac ne nunc quoque perinde, ut prius, bello frangerentur, metuerent, posteaquam rex Lacedæmoniis belli socius factus esset, atque etiam ex Ægina tantum non a prædonibus obsiderentur: ob hasce causas omnes pacem vehementer expetebant. Itidem Lacedæmonii, quibus esset necesse cohortis unius præsidio Lechæum tenere, alterius Orchomenum; itemque copiis urbes munire, ne vel ipsis perirent eæ, quibus fidebant, vel deficerent aliæ, quibus diffidebant; qui denique apud Corinthum ab aliis vexarentur, ac vicissim alios infestarent: et ipsi bellum geri permoleste ferebant. Argivi autem, qui copias adversus se decretas viderent, et animadverterent sacros menses, quos prætexere consuevissent, nihil eis amplius profuturos, et ipsi pacis cupidierant. Quo factum, ut ubi adesse Tiribazus eos jussisset, qui pacis ex Asia superiori missæ a rege formulæ obedire vellent, mox universi convenirent. Itaque præsentibus ipsis Tiribazus regiis signis commonstratis, quæ a rege perscripta essent, legit. Eorum hæc erat sententia.

« Rex Artaxerxes æquum esse censet, ut urbes in Asia sitæ, una cum insulis Clazomenis et Cypro, sibi pareant; cetera Græci nominis oppida, parva, magna, sui juris juris, exceptis Lemno, Imbro, Scyro, quas, ut olim, ita nunc etiam Athenienses obtineto. Hanc pacem quicunque rejecerint, iis equidem bellum, una cum adprobantibus eam, mari, terra, classe et pecuniarum in subsidia largitione inferam. »

Hæc quum urbium legati audirent, singuli de iis ad suas respublicas referebant. Tandem jusjurandum præstiterunt omnes, rata se hæc habituros: tantum Thebani Bœotorum omnium nomine præstare jusjurandum volebant. Id vero negabat se accepturum Agesilaus, nisi jurarent ex sententia regiarum litterarum, oppida, parva, magna, sui juris fore.

27

νόμους εἶναι καὶ μικρὰν καὶ μεγάλην πόλιν. Οἱ δὲ τῶν Θηβαίων πρέσβεις ἔλεγον ὅτι οὐκ ἐπεσταλμένα σφίσι ταῦτα εἴη. Ἴτε νυν, ἔφη ὁ Ἀγησίλαος, καὶ ἐρωτᾶτε· ἀπαγγέλλετε δ' αὐτοῖς καὶ ταῦτα, ὅτι εἰ μὴ ταῦτα ποιήσουσιν, ἔκσπονδοι ἔσονται. (32) Οἱ μὲν δὴ ᾤχοντο. Ὁ δὲ Ἀγησίλαος διὰ τὴν πρὸς Θηβαίους ἔχθραν οὐκ ἔμελλεν, ἀλλὰ πείσας τοὺς ἐφόρους εὐθὺς ἐθύετο. Ἐπεὶ δὲ ἐγένετο τὰ διαβατήρια, ἀφικόμενος εἰς τὴν Τεγέαν διέπεμπε τῶν μὲν ἱππέων κατὰ τοὺς περιοίκους ἐπισπεύσοντας, διέπεμπε δὲ καὶ ξεναγοὺς εἰς τὰς πόλεις. Πρὶν δὲ αὐτὸν ὁρμηθῆναι ἐκ Τεγέας, παρῆσαν οἱ Θηβαῖοι λέγοντες ὅτι ἀφιᾶσι τὰς πόλεις αὐτονόμους. Καὶ οὕτω Λακεδαιμόνιοι μὲν οἴκαδε ἀπῆλθον, Θηβαῖοι δ' εἰς τὰς σπονδὰς εἰσελθεῖν ἠναγκάσθησαν, αὐτονόμους ἀφέντες τὰς Βοιωτίας πόλεις. (33) Οἱ δ' αὖ Κορίνθιοι οὐκ ἐξέπεμπον τὴν τῶν Ἀργείων φρουράν. Ἀλλ' ὁ Ἀγησίλαος καὶ τούτοις προεῖπε, τοῖς μέν, εἰ μὴ ἐκπέμψοιεν τοὺς Ἀργείους, τοῖς δέ, εἰ μὴ ἀπίοιεν ἐκ τῆς Κορίνθου, ὅτι πόλεμον ἐξοίσει ἐπ' αὐτούς. Ἐπεὶ δὲ φοβηθέντων ἀμφοτέρων ἐξῆλθον οἱ Ἀργεῖοι καὶ αὐτὴ ἐφ' ἑαυτῆς ἡ τῶν Κορινθίων πόλις ἐγένετο, οἱ μὲν σφαγεῖς καὶ οἱ μεταίτιοι τοῦ ἔργου αὐτοὶ γνόντες ἀπῆλθον ἐκ τῆς Κορίνθου· οἱ δ' ἄλλοι πολῖται ἑκόντες κατεδέχοντο τοὺς πρόσθεν φεύγοντας.

35. Ἐπεὶ δὲ ταῦτ' ἐπράχθη καὶ ὁμωμόκεσαν αἱ πόλεις ἐμμενεῖν τῇ εἰρήνῃ ἣν κατέπεμψε βασιλεύς, ἐκ τούτου διελύθη μὲν τὰ πεζικά, διελύθη δὲ καὶ τὰ ναυτικὰ στρατεύματα. Λακεδαιμονίοις μὲν δὴ καὶ Ἀθηναίοις καὶ τοῖς ξυμμάχοις οὕτω μετὰ τὸν ὕστερον πόλεμον τῆς καθαιρέσεως τῶν Ἀθήνησι τειχῶν αὕτη πρώτη εἰρήνη ἐγένετο. (36) Ἐν δὲ τῷ πολέμῳ μᾶλλον ἀντίρροπως τοῖς ἐναντίοις πράττοντες οἱ Λακεδαιμόνιοι πολὺ ἐπικυδέστεροι ἐγένοντο ἐκ τῆς ἐπ' Ἀνταλκίδου εἰρήνης καλουμένης. Προστάται γὰρ γενόμενοι τῆς ὑπὸ βασιλέως καταπεμφθείσης εἰρήνης καὶ τὴν αὐτονομίαν ταῖς πόλεσι πράττοντες, προσέλαβον μὲν ξύμμαχον Κόρινθον, αὐτονόμους δὲ ἀπὸ τῶν Θηβαίων τὰς Βοιωτίδας πόλεις ἐποίησαν, οὗπερ πάλαι ἐπεθύμουν, ἔπαυσαν δὲ καὶ Ἀργείους Κόρινθον σφετεριζομένους, φρουρὰν φήναντες ἐπ' αὐτούς, εἰ μὴ ἐξίοιεν ἐκ Κορίνθου.

ΚΕΦΑΛΑΙΟΝ Β.

Τούτων δὲ προκεχωρηκότων ὡς ἐβούλοντο, ἔδοξεν αὐτοῖς, ὅσοι ἐν τῷ πολέμῳ τῶν ξυμμάχων ἐνέκειντο καὶ τοῖς πολεμίοις εὐμενέστεροι ἦσαν ἢ τῇ Λακεδαίμονι, τούτους κολάσαι καὶ κατασκευάσαι ὡς μὴ δύναιντο ἀπιστεῖν. Πρῶτον μὲν οὖν πέμψαντες ὡς τοὺς Μαντινέας ἐκέλευσαν αὐτοὺς τὸ τεῖχος περιαιρεῖν, λέγοντες ὅτι οὐκ ἂν πιστεύσειαν ἄλλως αὐτοῖς μὴ ξὺν τοῖς πολεμίοις γενέσθαι. (2) Αἰσθάνεσθαι γὰρ ἔφασαν καὶ ὡς σῖτον ἐξέπεμπον τοῖς Ἀργείοις σφῶν αὐτοῖς πολεμούντων, καὶ ὡς ἔστι μὲν ὅτε οὐδὲ συστρατεύοιεν ἀνεχειρίαν προγρα-

Ad ea Thebanorum legati respondebant, sibi nihil ejusmodi mandatum esse. Abite igitur, subjecit Agesilaus, ac de hoc vestros consulite : simul eis hoc quoque renuntiate, ni hæc facient, fœderis in societate nequaquam futuros. Discedentibus illis, Agesilaus, ob eas quas cum Thebanis exercebat inimicitias, non cunctabatur; sed suam in sententiam adductis Ephoris, statim exta consulebat. Ea quum de traducendis copiis ei fausta contigissent, Tegeam profectus, partim equites hinc inde mittebat ad finitimos, qui eos properare juberent; partim externarum copiarum ductores suas ad urbes ablegabat. Priusquam Tegea moveret, Thebani aderant, oppidaque se libertati suæ restituere significabant. Ita Lacedæmonii quidem domum rediere, Thebani vero tum fœderis conditiones accipere, tum oppida Bœotica relinquere libera coacti sunt. Restabant Corinthii, qui præsidium Argivum non dimittebant. His quoque denuntiat Agesilaus, bellum se moturum adversus Corinthios, ni Argivos dimitterent : adversus Argivos, ni Corintho excederent. Posteaquam, utrisque metu perterritis, exivissent Argivi, jamque Corinthiorum urbs suo jure libertatique frueretur, cædis auctores, et quotquot ultimas culpæ fuerant, sponte sua Corintho excedunt, et cives ceteri non invite in urbem eos, qui antehac exulabant, admittunt.

His rebus confectis, præstitoque ab urbibus jurejurando, ratam se pacem habituras, cujus esset a rege missa formula, tum deinde non solum terrestres, verum etiam navales copiæ dimissæ sunt. Ita tunc inter Lacedæmonios et Athenienses eorumque socios post ultimum bellum ab eversione murorum Atheniensium gestum hæc prima pax constituta fuit. Quumque Lacedæmonii præsertim bello durante non inferiores adversariis fuissent, multo ampliorem ex pace, quam Antalcideam vocant, gloriam sunt consecuti. Nam quia pacis a rege missæ præsides facti erant, urbesque in libertatem vindicabant, simul Corinthum societate sibi devinxerant, et oppida Bœotica Thebanorum potestati erepta, quod jam olim expetiverant, libertati suæ restituerunt. Præterea copiarum delectu adversus Argivos, ni Corintho excederent, decreto, perfecerunt ut illi Corinthum sibi vindicare desinerent.

CAPUT II.

Hæc quum ipsis ex animi sententia cessissent, ex sociis suis eos qui hoc ipsis bello molesti fuerant et amiciore se erga hostes animo, quam in ipsos, gesserant, multare decreverunt, eoque redigere, ut deinceps inobedientes esse non possent. Primum ergo missis ad Mantineos legatis, murum uti diruerent, edixerunt. Aiebant enim, ceteroqui se minime credituros, cum hostibus eos suis non conspirasse. Nam comperisse se, frumentum Argivis missum ab ipsis esse id temporis, quum Lacedæmonii bellum eis facerent; præterea nonnunquam ipsos per causam induciarum adesse

σεζόμενοι, ὁπότε δὲ καὶ ἀκολουθοῖεν, ὡς κακῶς συστρατεύοιεν. Ἔτι δὲ γιγνώσκειν ἔφασαν φθονοῦντας μὲν αὐτοῖς, εἴ τι σφίσιν ἀγαθὸν γίγνοιτο, ἐφηδομένους δ', εἴ τις συμφορὰ προσπίπτοι. Ἐλέγοντο δὲ καὶ αἱ σπονδαὶ ἐξεληλυθέναι τοῖς Μαντινεῦσι τούτῳ τῷ ἔτει αἱ μετὰ τὴν ἐν Μαντινείᾳ μάχην τριακονταέτεις γενόμεναι. (3) Ἐπεὶ δ' οὐκ ἤθελον καθαιρεῖν τὰ τείχη, φρουρὰν φαίνουσιν ἐπ' αὐτούς. Ἀγησίλαος μὲν οὖν ἐδεήθη τῆς πόλεως ἀφεῖναι αὐτὸν ταύτης τῆς στρατηγίας, λέγων ὅτι τῷ πατρὶ αὐτοῦ ἡ τῶν Μαντινέων πόλις πολλὰ ὑπηρετήκοι ἐν τοῖς πρὸς Μεσσήνην πολέμοις· Ἀγησίπολις δὲ ἐξῆγαγε τὴν φρουρὰν καὶ μάλα Παυσανίου τοῦ πατρὸς αὐτοῦ φιλικῶς ἔχοντος πρὸς τοὺς ἐν Μαντινείᾳ τοῦ δήμου προστάτας. (4) Ὡς δὲ ἐνέβαλε, πρῶτον μὲν τὴν γῆν ἐδῄου. Ἐπεὶ δὲ οὐδ' οὕτω καθήρουν τὰ τείχη, τάφρον ὤρυττε κύκλῳ περὶ τὴν πόλιν, τοῖς μὲν ἡμίσεσι τῶν στρατιωτῶν προκαθημένοις σὺν τοῖς ὅπλοις τῶν ταφρευόντων, τοῖς δ' ἡμίσεσιν ἐργαζομένοις. Ἐπεὶ δὲ ἐξείργαστο ἡ τάφρος, ἀσφαλῶς ἤδη, κύκλῳ τεῖχος περὶ τὴν πόλιν ᾠκοδόμησεν. Αἰσθόμενος δὲ ὅτι ἐν τῇ πόλει πολὺς ἐνείη, εὐετηρίας γενομένης τῷ πρόσθεν ἔτει, καὶ νομίζων χαλεπὸν ἔσεσθαι, εἰ δεήσοι πολὺν χρόνον τρύχειν στρατείαις τήν τε πόλιν καὶ τοὺς ξυμμάχους, ἀπέχωσε τὸν ῥέοντα ποταμὸν διὰ τῆς πόλεως μάλ' ὄντα εὐμεγέθη. (5) Ἐμφραχθείσης δὲ τῆς ἀπορροίας ᾔρετο τὸ ὕδωρ ὑπέρ τε τῶν ὑπὸ ταῖς οἰκίαις καὶ ὑπὲρ τῶν ὑπὸ τῷ τείχει θεμελίων. Βρεχομένων δὲ τῶν κάτω πλίνθων καὶ προδιδουσῶν τὰς ἄνω, τὸ μὲν πρῶτον ἐρρήγνυτο τὸ τεῖχος, ἔπειτα δὲ καὶ ἐκλίνετο. Οἱ δὲ χρόνον μέν τινα ξύλα ἀντήρειδον καὶ ἐμηχανῶντο ὡς μὴ πίπτοι ὁ πύργος· ἐπεὶ δὲ ἡττῶντο τοῦ ὕδατος, δείσαντες μὴ πεσόντος πῃ τοῦ κύκλου τείχους δοριάλωτοι γένοιντο, ὁμολόγουν περιαιρήσειν. Οἱ δὲ Λακεδαιμόνιοι οὐκ ἔφασαν σπείσεσθαι, εἰ μὴ καὶ διοικοῦντο κατὰ κώμας. Οἱ δ' αὖ νομίσαντες ἀνάγκη εἶναι, ξυνέφασαν καὶ ταῦτα ποιήσειν. (6) Οἰομένων δὲ ἀποθανεῖσθαι τῶν ἀργολιζόντων καὶ τῶν τοῦ δήμου προστατῶν, διεπράξατο ὁ πατὴρ παρὰ τοῦ Ἀγησιπόλιδος ἀσφάλειαν αὐτοῖς γενέσθαι ἀπαλλαττομένοις ἐκ τῆς πόλεως, ἑξήκοντα οὖσι. Καὶ ἀμφοτέρωθεν μὲν τῆς ὁδοῦ ἀρξάμενοι ἀπὸ τῶν πυλῶν εἶχον τὰ δόρατα οἱ Λακεδαιμόνιοι ἕστασαν, θεώμενοι τοὺς ἐξιόντας· καὶ μισοῦντες αὐτοὺς ὅμως ἀπείχοντο αὐτῶν ῥᾷον ἢ οἱ βέλτιστοι τῶν Μαντινέων. Καὶ τοῦτο μὲν εἰρήσθω μέγα τεκμήριον πειθαρχίας. (7) Ἐκ δὲ τούτου καθῃρέθη μὲν τὸ τεῖχος, διῳκίσθη δ' ἡ Μαντίνεια τετραχῇ, καθάπερ τὸ ἀρχαῖον ᾤκουν. Καὶ τὸ μὲν πρῶτον ἤχθοντο, ὅτι τὰς μὲν ὑπαρχούσας οἰκίας ἔδει καθαιρεῖν, ἄλλας δὲ οἰκοδομεῖν· ἐπεὶ δὲ οἱ ἔχοντες τὰς οὐσίας ἐγγύτερον μὲν ᾤκουν τῶν γεωρίων, ὄντων αὐτοῖς περὶ τὰς κώμας, ἀριστοκρατίᾳ δ' ἐχρῶντο, ἀπηλλαγμένοι δ' ἦσαν τῶν βαρέων δημαγωγῶν, ἥδοντο τοῖς πεπραγμένοις. Καὶ ἔπεμπον μὲν αὐτοῖς οἱ Λακεδαιμόνιοι οὐ καθ' ἕνα, ἀλλὰ κατὰ κώμην ἑκάστην ξεναγόν. Ξυνεστρατεύοντο δ' ἐκ τῶν κωμῶν πολὺ προθυμότερον ἢ ὅτε ἐδημοκρατοῦντο.

sibi in bello gerendo noluisse, ac, si maxime sequuti essent, ignaviter rem gessisse. Nec non animadvertere se commemorabant, Lacedaemoniis eos invidere, si quid ipsis prospere cessisset; contraque laetari, si qua calamitas accidisset. Etiam addebatur, hoc anno finem earum induciarum esse, quas in annos triginta cum Lacedaemoniis Mantinei a commisso ad Mantineam proelio pepigerant. Posteaquam moenia diruere Mantinei recusassent, Lacedaemonii delectum adversus eos habendum statuunt. Hac in expeditione Agesilaus, ne imperatorio munere fungi cogeretur, a republica petebat, quum iis in bellis, quae cum Messeniis essent gesta, patri suo Mantineorum rempublicam multis in rebus obsequutam diceret. Itaque copias eas Agesipolis duxit, quanquam hujus quoque pater Pausanias erga Mantineos populi principes animo perbenevolo fuisset. Posteaquam fines eorum ingressus esset, primum agros vastabat. Ubi ne tunc quidem muros diruerent, urbem fossa circumdedit, dimidia militum parte cum armis ad tuendos fodientes persistente, reliquis opere perficiundo occupatis. Ducta jam fossa, nullo cum periculo urbem muro cingebat. Quia vero animadverteret, magnam in urbe frumenti copiam esse, quod anni superioris fertilitas insignis fuerat, et idcirco molestum fore suis duceret, diuturnis expeditionibus rempublicam ac socios exhauriri : amnem sane amplum, qui urbem mediam perlabitur, aggere objecto avertit. Quapropter obstructo alveo, quo decurrebat, aqua se supra aedium ac murorum fundamenta attollebat. Quumque lateres inferiores humectarentur, jamque superiores amplius haud sustinerent, primum rimas agere murus, deinde ruinam minari. Mantinei tignis aliquantisper eum fulcire, neve turris collaberetur, opere facto prohibere. Verum ubi ab aqua vinci se conspexere, veriti, ne muro undiique corruente, vi caperentur, eum se diruturos adsensi sunt. Tum vero Lacedaemonii sibi satisfactum fore negabant, nisi per vicos sparsim habitarent. Mantinei necessario sibi sic faciundum rati, hac etiam in parte adsentiebantur. Quumque metuerent sibi, qui Argivis favebant, ac populo praeerant, ne interficerentur, Pausanias pater impetrat ab Agesipolide, ut eis, qui omnino erant sexaginta, ex urbe tuto discedere liceret. Itaque inde usque ab ipsis portis Lacedaemonii cum hastis ex utraque viae parte stabant, et exeuntes intuebantur. Ac tametsi eos odissent, facilius tamen manus ab eis abstinebant, quam Mantineorum optimates fecissent : quod a nobis ut ingens erga magistratus obedientiae argumentum, commemoratum esto. Secundum haec murus est dirutus, et quatuor in partes Mantinea sparsa, quemadmodum olim habitari consuevere. Erat autem initio molestum ipsis, quod aedes jam exstructas diruere, ac pro eis alias exstruere cogerentur. Verum quia propius a praediis suis, quae juxta vicos habebant, opulentiores aberant, et optimates summae rerum praeerant, liberata republica popularis a factionis principibus, quos graves experti fuerant, etiam ex iis quae acciderant, voluptatem capiebant. Praeterea Lacedaemonii non unum, sed vicatim mittebant qui copias cogerent. Itaque longe promptius e vicis signa Lacedaemoniorum sequebantur, quam in statu populari fecerant.

27.

Καὶ τὰ μὲν δὴ περὶ Μαντινείας οὕτω διεπέπρακτο, σοφωτέρων γενομένων ταύτῃ γε τῶν ἀνθρώπων τὸ μὴ διὰ τειχῶν ποταμὸν ποιεῖσθαι.

8. Οἱ δ᾽ ἐκ Φλιοῦντος φεύγοντες αἰσθανόμενοι τοὺς Λακεδαιμονίους ἐπισκοποῦντας τῶν συμμάχων ὁποῖοί τινες ἕκαστοι ἐν τῷ πολέμῳ αὐτοῖς ἐγεγένηντο, καιρὸν ἡγησάμενοι, ἐπορεύθησαν εἰς Λακεδαίμονα καὶ ἐδίδασκον ὡς ἕως μὲν σφεῖς οἴκοι ἦσαν, ἐδέχετό τε ἡ πόλις τοὺς Λακεδαιμονίους εἰς τὸ τεῖχος καὶ συνεστρατεύοντο ὅποι ἡγοῖντο· ἐπεὶ δὲ σφᾶς αὐτοὺς ἐξέβαλον, ὡς ἐπεσθαι μὲν οὐδαμοῖ ἐθέλοιεν, μόνους δὲ πάντων ἀνθρώπων Λακεδαιμονίους οὐ δέχοιντο εἴσω τῶν πυλῶν. (9) Ἀκούσασιν οὖν ταῦτα τοῖς ἐφόροις ἄξιον ἔδοξεν ἐπιστροφῆς εἶναι. Καὶ πέμψαντες πρὸς τὴν τῶν Φλιασίων πόλιν ἔλεγον ὡς φίλοι μὲν οἱ φυγάδες τῇ Λακεδαιμονίων πόλει εἶεν, ἀδικοῦντες δ᾽ οὐδὲν φεύγοιεν. Ἀξιοῦν δ᾽ ἔφασαν μὴ ὑπ᾽ ἀνάγκης, ἀλλὰ παρ᾽ ἑκόντων διαπράξασθαι κατελθεῖν αὐτούς. Ἃ δὴ ἀκούσαντες οἱ Φλιάσιοι ἔδεισαν μὴ εἰ στρατεύσαιντο ἐπ᾽ αὐτούς, τῶν ἔνδοθεν παρείησάν τινες αὐτοὺς εἰς τὴν πόλιν. Καὶ γὰρ συγγενεῖς πολλοὶ ἔνδον ἦσαν τῶν φευγόντων καὶ ἄλλοι εὐμενεῖς, καὶ οἷα δὴ ἐν ταῖς πλείσταις πόλεσι νεωτέρων τινὲς ἐπιθυμοῦντες πραγμάτων κατάγειν ἐβούλοντο τὴν φυγήν. (10) Τοιαῦτα μὲν δὴ φοβηθέντες, ἐψηφίσαντο καταδέχεσθαι τοὺς φυγάδας, καὶ ἐκείνοις μὲν ἀποδοῦναι τὰ ἐμφανῆ κτήματα, τοὺς δὲ τὰ ἐκείνων πριαμένους ἐκ δημοσίου τὴν τιμὴν ἀπολαβεῖν· εἰ δέ τι ἀμφίλογον πρὸς ἀλλήλους γίγνοιτο, δίκῃ διακριθῆναι. Καὶ ταῦτα μὲν αὖ περὶ τῶν Φλιασίων φυγάδων ἐν ἐκείνῳ τῷ χρόνῳ ἐπέπρακτο.

11. Ἐξ Ἀκάνθου δὲ καὶ Ἀπολλωνίας, αἵπερ μέγισται τῶν περὶ Ὄλυνθον πόλεων, πρέσβεις ἀφίκοντο εἰς Λακεδαίμονα. Ἀκούσαντες δὲ οἱ ἔφοροι ὧν ἕνεκα ἧκον, προσήγαγον αὐτοὺς πρός τε τὴν ἐκκλησίαν καὶ τοὺς συμμάχους. (12) Ἔνθα δὴ Κλειγένης Ἀκάνθιος ἔλεξεν, Ὦ ἄνδρες Λακεδαιμόνιοί τε καὶ ξύμμαχοι, οἰόμεθα λανθάνειν ὑμᾶς πρᾶγμα φυόμενον ἐν τῇ Ἑλλάδι. Ὅτι μὲν γὰρ τῶν ἐπὶ Θρᾴκης μεγίστη πόλις Ὄλυνθος σχεδὸν πάντες ἐπίστασθε. Οὗτοι τῶν πόλεων προσηγάγοντο ἔστιν ἃς ἐφ᾽ ᾧτε νόμοις τοῖς αὐτοῖς χρῆσθαι καὶ συμπολιτεύειν· ἔπειτα δὲ καὶ τῶν μειζόνων προσελάβοντό τινας. Ἐκ δὲ τούτου ἐπεχείρησαν καὶ τὰς τῆς Μακεδονίας πόλεις ἐλευθεροῦν ἀπὸ Ἀμύντου τοῦ Μακεδόνων βασιλέως. (13) Ἐπεὶ δὲ εἰσήκουσαν αἱ ἐγγύτατα αὐτῶν, ταχὺ καὶ ἐπὶ τὰς πόρρω καὶ μείζους ἐπορεύοντο· καὶ κατελίπομεν ἡμεῖς ἤδη ἄλλας τε πολλὰς καὶ Πέλλαν, ἥπερ μεγίστη τῶν ἐν Μακεδονίᾳ πόλεων· καὶ Ἀμύνταν δὲ ᾐσθανόμεθα ἀποχωροῦντά τε ἐκ τῶν πόλεων καὶ ὅσον οὐκ ἐκπεπτωκότα ἤδη ἐκ πάσης Μακεδονίας. Πέμψαντες δὲ καὶ πρὸς ἡμᾶς καὶ πρὸς Ἀπολλωνιάτας οἱ Ὀλύνθιοι προεῖπον ἡμῖν ὅτι εἰ μὴ παρεσόμεθα συστρατευσόμενοι, ἐκείνοι ἐφ᾽ ἡμᾶς ἴοιεν. (14) Ἡμεῖς δέ, ὦ ἄνδρες Λακεδαιμόνιοι, βουλόμεθα μὲν τοῖς πατρίοις νόμοις χρῆσθαι καὶ αὐτοπολῖται εἶναι· εἰ

Hic rerum apud Mantineam gestarum fuit exitus : qui esse hominibus documento potest, ne per muros amnem in urbem ducant.

Ceterum ii qui exulabant Phliunte, quum animadverterent, considerare Lacedæmonios, quo pacto socii singuli tempore belli erga eos se gessissent, idoneam se nactos occasionem rati, Lacedæmonem proficiscuntur, ac commemorant, civitatem suam, quamdiu in ea vixissent ipsi, Lacedæmonios in urbem admisisse, signaque illorum sequi consuevisse, quocunque duxissent ; nunc posteaquam ipsi ejecti essent, nolle suos cives Lacedæmoniorum militiam sequi, ac solos omnium mortalium intra portas eos non admittere. Quæ quum audissent Ephori, visa sunt animadversione digna esse. Quapropter missis ad Phliasiorum civitatem legatis, exules hos reipublicæ Lacedæmoniorum amicos esse, ob nullamque injuriam in exilium actos significabant. Proinde se petere, ne tam vi quam bona cum ipsorum voluntate reduci eos paterentur. Iis auditis metuebant Phliasii, ne qui ex iis civibus, in urbe qui erant, Lacedæmonios intromitterent, si cum exercitu advenissent. Nam exules ipsi multos in urbe propinquos habebant, multos erga se benevolos : denique nonnulli erant, qui, ut plurimis in rebuspublicis fieri consuevit, novarum rerum cupidi, exules reducere vellent. Quapropter hujusmodi quædam veriti Phliasii, de recipiendis in patriam exulibus decretum promulgant : et addunt, possessiones, de quibus palam constaret, eisdem restituendas esse, pretiumque persolvendum illis a fisco qui exulum bona emerissent : quod si esset aliquid inter eos utrinque controversiæ, de hoc jure disceptandum. Atque hæc tum temporis in Phliasiorum exulum causa gesta fuerunt.

Inde missi Acantho et Apollonia, quæ urbes inter alias propter Olynthum sitas maximæ sunt, legati Lacedæmonem veniunt : quumque accepissent Ephori, quamobrem adessent, eos ad concilium publicum et socios deducunt. Ibi tum Cligenes Acanthius hanc orationem habuit : « Existinamus, viri Lacedæmonii, vosque socii, needum vos comperisse quidquam de re, quæ in Græcia nunc primum quasi pullulat. Id quidem prope vos universos scire necesse est, Olynthum inter urbes Thraciæ maximam esse. Atque hi quamdam urbium pepulit sibi adjunxerunt, ea conditione, ut legibus iisdem, tanquam in eadem republica, vivant. Mox quædam etiam de majoribus oppidis ad se pertraxere. Secundum ea porro ad liberandum urbes Macedoniæ ab Amynta, Macedonum regis, imperio animum adjecere. Parentibus iis, quæ ipsis erant proximæ, confestim etiam ad remotiores ampliorescque perrexerunt. Nos quidem domo proficiscentes iis reliquimus eos, ut jam præter alias complures urbes, Pellam quoque tenerent, Macedoniæ reliqua longe maximam. Amyntam ipsum intelligimus oppidis suis excedere, tantumque non Macedonia tota jam excidisse. Denique iidem Olynthii missis ad nos et Apolloniatas suis, denuntiarunt nobis, ni nostras ad ipsos copias mitteremus, quæ se cum ipsis conjungerent, recta se nos invasuros. Cupimus autem nos, Lacedæmonii, legibus uti patriis, et nostram ipsi rempublicam administrare : ve-

μέντοι μὴ βοηθήσει τις, ἀνάγκη καὶ ἡμῖν μετ' ἐκείνων γίγνεσθαι. Καίτοι νῦν γ' ἤδη αὐτοῖς εἰσὶν ὁπλῖται μὲν οὐκ ἐλάττους ὀκτακισχιλίων, πελτασταὶ δὲ πολὺ πλείους ἢ τοσοῦτοι· ἱππεῖς γε μέντοι, ἐὰν καὶ ἡμεῖς μετ' αὐτῶν γενώμεθα, ἔσονται πλείους ἢ χίλιοι. (15) Κατελίπομεν δὲ καὶ Ἀθηναίων καὶ Βοιωτῶν πρέσβεις ἤδη αὐτόθι. Ἠκούομεν δὲ ὡς καὶ αὐτοῖς Ὀλυνθίοις ἐψηφισμένον εἴη συμπέμπειν πρέσβεις εἰς ταύτας τὰς πόλεις περὶ συμμαχίας. Καίτοι εἰ τοσαύτη δύναμις προσγενήσεται τῇ τε Ἀθηναίων καὶ Θηβαίων ἰσχύι, ὁρᾶτε, ἔφη, ὅπως μὴ οὐκέτι εὐμεταχείριστα ἔσται ἐκεῖνα ὑμῖν. Ἐπεὶ δὲ καὶ Ποτίδαιαν ἔχουσιν ἐπὶ τῷ ἰσθμῷ τῆς Παλλήνης οὖσαν, νομίζετε καὶ τὰς ἐντὸς ταύτης πόλεις ὑπηκόους ἔσεσθαι αὐτῶν. Τεκμήριον δέ τι ἔστω ὑμῖν καὶ τοῦτο ὅτι ἰσχυρῶς αὐταὶ αἱ πόλεις πεφόβηνται· μάλιστα γὰρ μισοῦσαι τοὺς Ὀλυνθίους ὅμως οὐκ ἐτόλμησαν μεθ' ἡμῶν πρεσβείας πέμπειν διδαξούσας ταῦτα. (16) Ἐννοήσατε δὲ καὶ τόδε, πῶς εἰκὸς ὑμᾶς τῆς μὲν Βοιωτίας ἐπιμεληθῆναι ὅπως μὴ καθ' ἓν εἴη, πολὺ δὲ μείζονος ἀθροιζομένης δυνάμεως ἀμελῆσαι, καὶ ταύτης οὐ κατὰ γῆν μόνον, ἀλλὰ καὶ κατὰ θάλατταν ἰσχυρᾶς γιγνομένης. Τί γὰρ δὴ καὶ ἐμποδών, ὅπου ξύλα μὲν ναυπηγήσιμα ἐν αὐτῇ τῇ χώρᾳ ἐστί, χρημάτων δὲ πρόσοδοι ἐκ πολλῶν μὲν λιμένων, ἐκ πολλῶν δὲ ἐμπορίων, πολυανθρωπία γε διὰ τὴν πολυσιτίαν ὑπάρχει; (17) Ἀλλὰ μὴν καὶ γείτονές γ' εἰσὶν αὐτοῖς Θρᾷκες οἱ ἀβασίλευτοι, οἳ θεραπεύουσι μὲν καὶ νῦν ἤδη τοὺς Ὀλυνθίους· εἰ δὲ ὑπ' ἐκείνοις ἔσονται, πολλὴ καὶ αὕτη δύναμις προσγένοιτ' ἂν αὐτοῖς. Τούτων μὴν ἀκολουθούντων καὶ τὰ ἐν τῷ Παγγαίῳ χρύσεια χεῖρα ἂν αὐτοῖς ἤδη ὀρέγοι. Καὶ τούτων ἡμεῖς οὐδὲν λέγομεν ὅ, τι οὐ καὶ ἐν τῷ τῶν Ὀλυνθίων δήμῳ μυριόλεκτόν ἐστι. (18) Τό γε μὴν φρόνημα αὐτῶν τί ἄν τις λέγοι; καὶ γὰρ ὁ θεὸς ἴσως ἐποίησεν ἅμα τῷ δύνασθαι καὶ τὰ φρονήματα αὐξεσθαι τῶν ἀνθρώπων. Ἡμεῖς μὲν οὖν, ὦ ἄνδρες Λακεδαιμόνιοί τε καὶ ξύμμαχοι, ἐξαγγέλλομεν ὅτι οὕτως τάχει ἔχει· ὑμεῖς δὲ βουλεύεσθε, εἰ δοκεῖ ἄξια ἐπιμελείας εἶναι. Δεῖ γε μὴν ὑμᾶς καὶ τόδε εἰδέναι, ὡς ἣν εἰρήκαμεν δύναμιν μεγάλην οὖσαν, οὔπω δυσπαλαιστός ἐστιν· αἱ γὰρ ἄκουσαι τῶν πόλεων τῆς πολιτείας κοινωνοῦσαι, αὗται, ἄν τι ἴδωσιν ἀντίπαλον, ταχὺ ἀποστήσονται· (19) εἰ μέντοι συγκλεισθήσονται ταῖς τε ἐπιγαμίαις καὶ ἐγκτήσεσι παρ' ἀλλήλοις, ἃς ἐψηφισμένοι εἰσί, καὶ γνώσονται ὅτι μετὰ τῶν κρατούντων ἕπεσθαι κερδαλέον ἐστίν, ὥσπερ Ἀρκάδες, ὅταν μεθ' ὑμῶν ἴωσι, τά τε αὑτῶν σῴζουσι καὶ τὰ ἀλλότρια ἁρπάζουσιν, ἴσως οὐκέθ' ὁμοίως εὔλυτα ἔσται.

20. Λεχθέντων δὲ τούτων ἐδίδοσαν οἱ Λακεδαιμόνιοι τοῖς συμμάχοις λόγον καὶ ἐκέλευον συμβουλεύειν ὅ,τι γιγνώσκει τις ἄριστον τῇ Πελοποννήσῳ καὶ τοῖς συμμάχοις. Ἐκ τούτου μέντοι πολλοὶ μὲν ξυνηγόρευον στρατιὰν ποιεῖν, μάλιστα δὲ οἱ βουλόμενοι χαρίζεσθαι τοῖς Λακεδαιμονίοις, καὶ ἔδοξε πέμπειν τὸ εἰς τοὺς μυρίους ξύνταγμα ἑκάστην πόλιν. (21) Λόγοι δὲ ἐγένοντο

rum si nemo suppetias nobis tulerit, adjungere nos ipsis cogemur. Enimvero jam gravis armaturæ pedites habent non pauciores octo millibus, cetratos his longe plures : si nos etiam cum ipsis conjungamur, equites plures habituri sunt, quam mille. Præterea legatos Atheniensium ac Bœotorum istic reliquimus. Ipsos quoque Olynthios decrevisse suos ad easdem urbes legatos mittere, qui cum eis de ineunda societate agant, audiebamus. Atqui si ad vires Atheniensium Thebanorumque tanta potentiæ fiat accessio, videte, Lacedæmonii, ne deinceps illis haud facile obviam ituri sitis. Et vero quia Potidæam tenent, ad Pallenes isthmum sitam, etiam existimare debetis eo mox oppida, quæ intra illam sita sunt, ipsorum in potestatem ventura. Sit autem hoc vobis argumento, quantopere sibi civitates illæ metuant : nam quum Olynthios maximo prosequantur odio, non tamen ausæ fuerunt legatos nobiscum mittere, qui hæc vobis exponerent. Quin et illud vobiscum expendite, qui par sit vos operam dare, ne se Bœotia conjungat, ac multo majorem potentiam coeuntem negligere, quæ quidem non terra modo, sed etiam mari crescat. Nam quid illis impedimento fuerit, quum ipsorum in finibus ad classem ædificandam materies suppetat, neque desint partim multis ex portubus, partim emporiis, vectigalia, multitudine denique hominum, ob fertilitatem soli, abundent? Accedit ad hæc, quod Thraces, nullius regis imperio subjectos, vicinos habeant : qui quidem nunc etiam Olynthios obsequiis demulcent. Quod si etiam ab ipsis subligentur, aucti erunt Olynthii potentia non exigua. Jam si hæc omnia sequantur, manum eis etiam aurifodinæ in Pangæo porrigent. Atque horum nihil a nobis dicitur, quod non millies in ipsa Olynthiorum plebe prolatum sit. Animos autem, quos gerunt, quamobrem quis commemoret? fortasse divinitus ita comparati sumus homines, ut una cum potentia ipsis animi quoque crescant. Quapropter nos quidem, Lacedæmonii, vosque socii, rerum istic statum hunc esse vobis nuntiamus : vos, an operæ pretium sit, ea non negligi, deliberate. Omnino tamen hoc quoque vos scire volumus, potentiam illam, quam esse diximus amplam, necdum inexpugnabilem putari debere : nam quotquot oppida nunc præter voluntatem suam reipublicæ ipsorum societate continentur, si quam potentiam adversariam conspexerint, mox ab eis deficient. At si connubiis mutuis et bonorum in alterius ditionibus possessione concessa, quod facere decreverunt, inter se coalescent, ac esse fructuosum animadvertent, sequi eos qui rerum potiuntur (quemadmodum Arcades, quum vobiscum in hostem pergunt, simul et sua conservant, et aliena depopulantur), fortasse non tam facile dissipari vires ipsorum poterunt. »

Hæc ubi fuissent dicta, Lacedæmonii sociis dicendi potestatem faciunt, et in medium consulere jubent, quidnam Peloponneso reliquisque sociis maxime ex usu fore quisque censeret. Ibi tum complures expeditionem instituendam uno suadebant ore, ac inprimis ii, qui gratificari Lacedæmoniis volebant. Itaque decretum ut mitteretur ad civitates singulas jubendas eum militem conferre qui universorum

ἀργύριόν τε ἀντ' ἀνδρῶν ἐξεῖναι διδόναι τῇ βουλομένῃ τῶν πόλεων, τριώβολον Αἰγιναῖον κατ' ἄνδρα, ἱππέας τε εἴ τις παρέχοι, [ἀντὶ] τεττάρων ὁπλιτῶν τὸν μισθὸν τῷ ἱππεῖ δίδοσθαι· (22) εἰ δέ τις τῶν πόλεων ἐκλίποι τὴν στρατιάν, ἐξεῖναι τοῖς Λακεδαιμονίοις ἐπιζημιοῦν στατῆρι κατὰ τὸν ἄνδρα τῆς ἡμέρας. (23) Ἐπεὶ δὲ ταῦτα ἔδοξεν, ἀναστάντες οἱ Ἀκάνθιοι πάλιν ἐδίδασκον ὡς ταῦτα καλὰ μὲν εἴη τὰ ψηφίσματα, οὐ μέντοι δυνατὰ ταχὺ περανθῆναι. Βέλτιον οὖν ἔφασαν εἶναι, ἐν ᾧ αὕτη ἡ παρασκευὴ ἀθροίζοιτο, ὡς τάχιστα ἄνδρα ἐξελθεῖν ἄρχοντα καὶ δύναμιν ἐκ Λακεδαίμονός τε, ὅσην ἂν ταχὺ ἐξέλθοι, καὶ ἐκ τῶν ἄλλων πόλεων· τούτου γὰρ γενομένου τάς τε οὔπω προσκεχωρηκυίας πόλεις στῆναι ἂν καὶ τὰς βεβιασμένας ἧττον ἂν συμμαχεῖν. (24) Δοξάντων δὲ καὶ τούτων ἐκπέμπουσιν οἱ Λακεδαιμόνιοι Εὐδαμίδαν, καὶ σὺν αὐτῷ νεοδαμώδεις τε καὶ τῶν περιοίκων καὶ τῶν Σκιριτῶν ἄνδρας ὡς δισχιλίους. Ὁ μέντοι Εὐδαμίδας ἐξιὼν Φοιβίδαν τὸν ἀδελφὸν ἐδεῖθη τῶν ἐφόρων τοὺς ὑπολειπομένους τῶν ἑαυτῷ προστεταγμένων ἁθροίσαντα μετιέναι· αὐτὸς δὲ ἐπεὶ ἀφίκετο εἰς τὰ ἐπὶ Θρᾴκης χωρία, ταῖς μὲν δεομέναις τῶν πόλεων φρουροὺς ἔπεμπε, Ποτίδαιαν δὲ καὶ προσέλαβεν ἑκοῦσαν, σύμμαχον ἤδη ἐκείνων οὖσαν, καὶ ἐντεῦθεν ὁρμώμενος ἐπολέμει ὥσπερ εἰκὸς τὸν ἐλάττω ἔχοντα δύναμιν.

25. Ὁ δὲ Φοιβίδας, ἐπεὶ ἠθροίσθησαν αὐτῷ οἱ ὑπολειφθέντες τοῦ Εὐδαμίδου, λαβὼν αὐτοὺς ἐπορεύετο. Ὡς δ' ἐγένοντο ἐν Θήβαις, ἐστρατοπεδεύσαντο μὲν ἔξω τῆς πόλεως περὶ τὸ γυμνάσιον· στασιαζόντων δὲ τῶν Θηβαίων, πολεμαρχοῦντες μὲν ἐτύγχανον Ἰσμηνίας τε καὶ Λεοντιάδης, διάφοροι δὲ ὄντες ἀλλήλοις καὶ ἀρχηγὸς ἑκάτερος τῶν ἑταιριῶν, ὁ μὲν Ἰσμηνίας διὰ τὸ μῖσος τῶν Λακεδαιμονίων οὐδ' ἐπλησίαζε τῷ Φοιβίδᾳ· ὁ μέντοι Λεοντιάδης ἄλλα τε ἐθεράπευεν αὐτόν, καὶ ἐπεὶ εἰσῳκειώθη, ἔλεγε τάδε. (26) Ἔξεστί σοι, ὦ Φοιβίδα, τῇδε τῇ ἡμέρᾳ μέγιστα ἀγαθὰ τῇ ἑαυτοῦ πατρίδι ὑπουργῆσαι· ἐὰν γὰρ ἀκολουθήσῃς ἐμοὶ σὺν τοῖς ὁπλίταις, εἰσάξω σε ἐγὼ εἰς τὴν ἀκρόπολιν. Τούτου δὲ γενομένου νόμιζε τὰς Θήβας παντάπασιν ὑπὸ τοῖς Λακεδαιμονίοις καὶ ἡμῖν τοῖς ὑμετέροις φίλοις ἔσεσθαι. (27) Καίτοι νῦν μέν, ὡς ὁρᾷς, ἀποκεκήρυκται μηδένα μετὰ σοῦ στρατεύειν Θηβαίων ἐπ' Ὀλυνθίους· ἐὰν δέ γε σὺ ταῦτα μεθ' ἡμῶν πράξῃς, εὐθύς σοι ἡμεῖς πολλοὺς μὲν ὁπλίτας, πολλοὺς δὲ ἱππέας συμπέμψομεν· ὥστε πολλῇ δυνάμει βοηθήσεις τῷ ἀδελφῷ, καὶ ἐν ᾧ μέλλει ἐκεῖνος Ὄλυνθον καταστρέφεσθαι, σὺ κατεστραμμένος ἔσῃ Θήβας, πολὺ μείζω πόλιν Ὀλύνθου. (28) Ἀκούσας δὲ ταῦτα ὁ Φοιβίδας, ἀνεκουφίσθη· καὶ γὰρ ἦν τοῦ λαμπρόν τι ποιῆσαι πολὺ μᾶλλον ἢ τοῦ ζῆν ἐραστής, οὐ μέντοι λογιστικός γε οὐδὲ πάνυ φρόνιμος ἐδόκει εἶναι. Ἐπεὶ δὲ ὡμολόγησε ταῦτα, προορμῆσαι μὲν αὐτὸν ἐκέλευσεν, ὥσπερ ξυνεσκευασμένος ἦν εἰς τὸ ἀπιέναι· ἡνίκα δ' ἂν ᾖ καιρός, πρὸς σὲ ἥξω ἐγώ, ἔφη ὁ Λεοντιάδης, καὶ αὐτός σοι ἡγήσομαι. (29) Ἐν ᾧ δὲ ἡ μὲν βουλὴ ἐκάθητο ἐν τῇ ἐν ἀγορᾷ στοᾷ διὰ τὸ τὰς γυναῖκας ἐν τῇ

summam decem millium conficeret. Facta ejus quoque rei mentio, liberum esse cuivis civitati, ut pro arbitratu suo pecuniam militum loco mitteret, nimirum ternos obolos Æginetïcos in singulos milites. Quod si quis equites suppeditaret, numerandum singulis esse stipendium, quod peditum quatuor stipendium æquaret. Si qua vero civitas expeditionem hanc subterfugeret, jus esse Lacedæmoniis, multæ nomine staterem in singulos pro die quovis exigere. Posteaquam hæc statuissent, rursus Acanthii surgere, ac præclara quidem hæc esse decreta dicere : fieri tamen non posse, ut brevi perficerentur. Quapropter esse consultius, ut interea dum hæ copiæ cogerentur, quamprimum et dux et exercitus a Lacedæmoniis ceterisque sociis civitatibus mitteretur, quantus quidem celeriter discedere posset. Nam id si fieret, perstituras sua civitates eas quæ necdum ad Olynthios accessissent, et vi ab eis coactas minus ad bellum auxilii præstaturas. Quibus ita comprobatis, Eudamidam Lacedæmonii mittunt, et cum eo novos populares, circum urbem habitantes, Sciritas, plus minus bis mille. Quum autem discederet Eudamidas, rogabat Ephoros ut frater ipsius Phœbidas cum iis militibus, quos sibi decretos a tergo relinquerent collectis, se subsequeretur. Ipse posteaquam ad oppida Thraciæ pervenisset, præsidia civitatibus iis mittit, quotquot ea postularent, ac Potidæam societate jam Olynthiis conjunctam deditionem sponte sua facientem occupat. Atque hinc hostem invadens, bellum ita gerebat, ut eum par erat facere, qui a copiis minus esset instructus.

Phœbidas interim, collectis iis qui Eudamidam sequuturi erant, iter ingreditur. Posteaquam Thebas copiæ venissent, extra urbem haud procul a gymnasio castra locant. Dissidebant autem inter se Thebani, et forte tunc prætores militares erant Ismenias ac Leontiades. Inimicitias illi mutuas exercebant, et quia suarum factionum uterque dux erat, Ismenias propter odium, quo Lacedæmonios prosequebatur, ad Phœbidam non accedebat : Leontiades contra, ut officiis eum ceteroqui demulcebat, ita posteaquam familiarior ei factus est, hujusmodi verbis eum compellat : « Offertur tibi, Phœbida, facultas hodierno die præclarissime de patria tua merendi. Nam si me cum armatura gravi sequaris, in arcem ego te introducam. Qua re confecta, velim existimes, omnino Thebas in Lacedæmoniorum, ac nostra, qui amico sumus erga vos animo, potestate futuras. Jam quidem certe proclamatum edicto publico est, quod ipse vides, ne quis Thebanorum adversus Olynthios tecum militatum eat. At si tu hæc nobis adjuvantibus perficias, mox tibi nos et gravem armaturam non exiguam, et equites multos adjungemus. Quo fiet ut magnis cum copiis fratri suppetias sis laturus ; adæoque interim, dum is Olynthum occupabit, ut Thebas in potestatem redigas, urbem Olyntho longe ampliorem. » His auditis Phœbidas efferri animo cœpit. Inerat enim splendidi alicujus facinoris edendi desiderio, quam vitæ, ardebat : quanquam nec ingenii acrimonia, nec prudentia valere admodum videbatur. Posteaquam de re convenisset, præcepit Leontiades eum jubet, ita ut tunc ad iter paratus erat. Ubi vero tempus erit, inquit, ad te veniam, et viæ dux ero. Itaque dum Senatus in fori porticu sederet, mulieribus in Cadmea Cerealia per-

Καδμεία θεσμοφοριάζειν, θέρους δὲ ὄντος καὶ μεσημβρίας πλείστη ἦν ἐρημία ἐν ταῖς ὁδοῖς, ἐν τούτῳ προςελάσας ἐφ' ἵππου ὁ Λεοντιάδης ἀποστρέφει τὸν Φοιβίδαν καὶ ἡγεῖται εὐθὺς εἰς τὴν ἀκρόπολιν. Καταστήσας δ' ἐκεῖ τὸν Φοιβίδαν καὶ τοὺς μετ' αὐτοῦ καὶ παραδοὺς αὐτῷ τὴν βαλαναγραν τῶν πυλῶν, καὶ εἰπὼν μηδένα παριέναι εἰς τὴν ἀκρόπολιν ὅντινα μὴ αὐτὸς κελεύοι, εὐθὺς ἐπορεύετο πρὸς τὴν βουλήν. Ἐλθὼν δὲ εἶπε τάδε. (30) Ὅτι μὲν δή, ὦ ἄνδρες, Λακεδαιμόνιοι κατέχουσι τὴν ἀκρόπολιν, μηδὲν ἀθυμεῖτε· οὐδενὶ γάρ φασι πολέμιοι ἥκειν, ὅστις μὴ πολέμου ἐρᾷ. ἐγὼ δὲ τοῦ νόμου κελεύοντος ἐξεῖναι πολεμάρχῳ λαβεῖν, εἴ τις δοκεῖ ἄξια θανάτου ποιεῖν, λαμβάνω τουτονὶ Ἰσμηνίαν, ὡς πολεμοποιοῦντα. Καὶ ὑμεῖς δὲ οἱ λοχαγοί τε καὶ οἱ μετὰ τούτων τεταγμένοι, ἀνίστασθε, καὶ λαβόντες ἀπαγάγετε τοῦτον ἔνθα εἴρηται. (31) Οἱ μὲν δὴ εἰδότες τὸ πρᾶγμα παρῆσάν τε καὶ ἐπείθοντο καὶ ξυνελάμβανον· τῶν δὲ μὴ εἰδότων, ἐναντίων δὲ ὄντων τοῖς περὶ Λεοντιάδην, οἱ μὲν ἔφυγον εὐθὺς ἔξω τῆς πόλεως, δείσαντες μὴ ἀποθάνοιεν· οἱ δὲ καὶ οἴκαδε πρῶτον ἀπεχώρησαν· ἐπεὶ δὲ εἰργομένων τὸν Ἰσμηνίαν ᾔσθοντο ἐν τῇ Καδμείᾳ, τότε δὴ ἀπεχώρησαν εἰς τὰς Ἀθήνας οἱ ταὐτὰ γιγνώσκοντες Ἀνδροκλείδᾳ τε καὶ Ἰσμηνίᾳ μάλιστα τριακόσιοι. (32) Ὡς δὲ ταῦτ' ἐπέπρακτο, πολέμαρχον μὲν ἀντὶ Ἰσμηνίου ἄλλον εἵλοντο· ὁ δὲ Λεοντιάδης εὐθὺς εἰς Λακεδαίμονα ἐπορεύετο. Εὗρε δ' ἐκεῖ τοὺς μὲν ἐφόρους καὶ τῆς πόλεως τὸ πλῆθος χαλεπῶς ἔχοντας τῷ Φοιβίδᾳ, ὅτι οὐ προσταχθέντα ὑπὸ τῆς πόλεως ταῦτα ἐπεπράχει· ὁ μέντοι Ἀγησίλαος ἔλεγεν ὅτι εἰ μὲν βλαβερὰ τῇ Λακεδαίμονι πεπραχὼς εἴη, δίκαιος εἴη ζημιοῦσθαι· εἰ δὲ ἀγαθά, ἀρχαῖον εἶναι νόμιμον ἐξεῖναι τὰ τοιαῦτα αὐτοσχεδιάζειν. Αὐτὸ οὖν τοῦτ', ἔφη, προσήκει σκοπεῖν, πότερον ἀγαθὰ ἢ κακά ἐστι τὰ πεπραγμένα. (33) Ἔπειτα μέντοι ὁ Λεοντιάδης ἐλθὼν εἰς τοὺς ἐκκλήτους ἔλεγε τοιάδε. Ἄνδρες Λακεδαιμόνιοι, ὡς μὲν πολεμικῶς ὑμῖν εἶχον οἱ Θηβαῖοι, πρὶν τὰ νῦν πεπραγμένα γενέσθαι, καὶ ὑμεῖς ἐλέγετε· ἑωρᾶτε γὰρ ἀεὶ τούτους τοῖς μὲν ὑμετέροις δυσμενέσι φιλικῶς ἔχοντας, τοῖς δ' ὑμετέροις φίλοις ἐχθροὺς ὄντας. Οὐκ ἐπὶ μὲν τὸν ἐν Πειραιεῖ δῆμον, πολεμιώτατον ὄντα ὑμῖν, οὐκ ἠθέλησαν συστρατεύειν; Φωκεῦσι δὲ ὅτι ὑμᾶς εὐμενεῖς ὄντας ἑώρων, ἐπεστράτευον; (34) ἀλλὰ μὴν καὶ πρὸς Ὀλυνθίους εἰδότες ὑμᾶς πόλεμον ἐκφέροντας συμμαχίαν ἐποιοῦντο, καὶ ὑμεῖς γε τότε μὲν ἀεὶ προσείχετε τὸν νοῦν πότε ἀκούσεσθε βιαζομένους αὐτοὺς τὴν Βοιωτίαν ὑφ' αὑτοῖς εἶναι· νῦν δ' ἐπεὶ τάδε πέπρακται, οὐδὲν ὑμᾶς δεῖ Θηβαίους φοβεῖσθαι· ἀλλ' ἀρκέσει ὑμῖν μικρὰ σκυτάλη, ὥστε ἐκεῖθεν πάντα ὑπηρετεῖσθαι ὅσων ἂν δέησθε, ἐὰν ὥσπερ ἡμεῖς ὑμῶν, καὶ ὑμεῖς ἡμῶν ἐπιμελῆσθε. (35) Ἀκούσασι ταῦτα τοῖς Λακεδαιμονίοις ἔδοξε τήν τε ἀκρόπολιν ὥσπερ κατελήπτο φυλάττειν καὶ Ἰσμηνίᾳ κρίσιν ποιῆσαι. Ἐκ δὲ τούτου πέμπουσι δικαστὰς Λακεδαιμονίων μὲν τρεῖς, ἀπὸ δὲ τῶν συμμαχίδων ἕνα ἀφ' ἑκάστης καὶ μικρᾶς καὶ μεγάλης πόλεως.

agentibus, jamque maxima esset in viis hominum solitudo (erat enim æstas, et meridies appetierat), equo advectus Leontiades, ex itinere Phœbidam revocat, eumque recta in arcem ducit. Eam quum Phœbidæ et militum, qui cum ipso venerant, præsidio munivisset, ac portarum obicis clavem ei tradidisset, ac ut neminem, nisi se jubente, in arcem admitteret, edixisset, in Senatum deinde se confert, et hac oratione utitur : « Non est cur terrori vobis sit, viri, arcem teneri a Lacedæmoniis; quippe non hostili in quenquam animo se venisse aiunt, qui quidem non ipse belli cupidus sit. Ego vero, quum lex prætori militari potestatem faciat comprehendendi ejus qui mortis supplicio digna committere videtur, Ismeniam hunc, bellum molientem, capio : vosque adeo, cohortium ductores, et quotquot eis adjuncti estis, surgite, comprehensumque Ismeniam constitutum ad locum abducite. » Tum illi, quotquot erant rei conscii, accedere, dicto audientes esse, Ismeniam capere : ceteri, qui nihil horum scirent, ac Leontiadis factioni adversarentur, partim mox urbem fuga deserere, veriti ne interficerentur; partim prius se domum conferre. Verum posteaquam Ismeniam in Cadmea teneri captum ii sensere, qui Androclidæ Ismeniæque partes sequebantur, Athenas se fuga recipiunt, maxime ad trecentos. Quæ ubi accidissent, Ismeniæ loco prætor militaris alius deligitur, et Leontiades mox Lacedæmonem proficiscitur. Eo quum venisset, offendit et Ephoros et plebem urbanam graviter Phœbidæ succensentes, quod injussu reipublicæ illa fecisset. Agesilaus tamen aiebat, æquum esse, ut supplicio multaretur, si quidem aliquid perpetrasset, quod Lacedæmoniorum detrimenti foret : sin egisset ex usu patriæ, priscum institutum esse, ut aliquid ejusmodi sine mandatis ex tempore facere liceat. Quapropter hoc ipsum, inquit, considerandum est, utiliane sint, an cum detrimento conjuncta quæ fuere gesta. Deinde Leontiades in consilii publici cœtum progressus, hujusmodi oratione usus est : « Fuisse Thebanos, Lacedæmonii, hostili erga vos animo priusquam ea, quæ nunc gesta sunt, accidissent, vos ipsi fateri solebatis. Nam erga vestros hostes peramanter se gerebant, idque vobis ipsis erat videre, et infesti erant iis qui vobis essent amici. An non adversus populum in Piræeo se continentem, infestissimum vobis, arma ferre recusarunt? an non Phocensibus, quod eos vobis benevolos esse cernerent, bellum intulere? Quin etiam cum Olynthiis societatem coiere, quibus vos bellum facturos sciebant. Vos ipsi tum semper intentis animis observabatis, quando essetis audituri, Thebanos vi Bœotiam in potestatem suam adigere : nunc, rebus hisce confectis, non est quod Thebanos metuatis : exigua scytala sufficiet ad hoc, ut omnia, quibus fuerit vobis opus, illinc subministrentur; modo nos cura vestra perinde complectamini, ac de vobis nos solliciti sumus. » Quæ ubi audissent Lacedæmonii, decrevere arcem ita, uti occupata erat, cum præsidio tenere, ac in judicio de Ismeniæ causa cognoscere. Missi deinde judices ex Lacedæmoniis tres, ex sociorum quolibet parvo magnove oppido, singuli. Posteaquam hoc tribunal consedisset, accu

Ἐπεὶ δὲ ξυνεκαθίζετο τὸ δικαστήριον, τότε δὴ κατηγορεῖτο τοῦ Ἰσμηνίου καὶ ὡς βαρβαρίζει καὶ ὡς ξένος τῷ Πέρσῃ ἐπ᾽ οὐδενὶ ἀγαθῷ τῆς Ἑλλάδος γεγενημένος εἴη καὶ ὡς τῶν παρὰ βασιλέως χρημάτων μετειληφὼς εἴη καὶ ὅτι τῆς ἐν τῇ Ἑλλάδι ταραχῆς πάσης ἐκεῖνός τε καὶ Ἀνδροκλείδας αἰτιώτατοι εἶεν. (36) Ὁ δὲ ἀπελογεῖτο μὲν πρὸς πάντα ταῦτα, οὐ μέντοι ἔπειθέ γε τὸ μὴ οὐ μεγαλοπράγμων τε καὶ κακοπράγμων εἶναι. Καὶ ἐκεῖνος μὲν κατεψηφίσθη καὶ ἀπoθνήσκει· οἱ δὲ περὶ Λεοντιάδην εἶχον τε τὴν πόλιν καὶ τοῖς Λακεδαιμονίοις ἔτι πλείω ὑπηρέτουν ἢ προσετάττετο αὐτοῖς. (37) Τούτων δὴ πεπραγμένων οἱ Λακεδαιμόνιοι πολὺ δὴ προθυμότερον τὴν εἰς τὴν Ὄλυνθον στρατιὰν ξυναπέστελλον. Καὶ ἐκπέμπουσι Τελευτίαν μὲν ἁρμοστήν, τὴν δ᾽ εἰς τοὺς μυρίους ξύνταξιν αὐτοί τε ἅπαντες ξυνεξέπεμπον, καὶ εἰς τὰς συμμαχίδας πόλεις σκυτάλας διέπεμπον, κελεύοντες ἀκολουθεῖν Τελευτίᾳ κατὰ τὸ δόγμα τῶν συμμάχων. Καὶ οἵ τε ἄλλοι προθύμως τῷ Τελευτίᾳ ὑπηρέτουν, καὶ γὰρ οὐκ ἀχάριστος ἐδόκει εἶναι τοῖς ὑπουργοῦσί τι αὐτῷ, καὶ ἡ τῶν Θηβαίων δὲ πόλις, ἅτε καὶ Ἀγησιλάου ὄντος αὐτῷ ἀδελφοῦ, προθύμως ξυνέπεμπε καὶ ὁπλίτας καὶ ἱππέας. (38) Ὁ δὲ σπεύδων μὲν οὐ μάλα ἐπορεύετο, ἐπιμελόμενος δὲ τοῦ τε μὴ ἀδικῶν τοὺς φίλους πορεύεσθαι καὶ τοῦ ὡς πλείστην δύναμιν ἁθροίζειν. Προέπεμπε δὲ καὶ πρὸς Ἀμύνταν, καὶ ἠξίου αὐτὸν καὶ ξένους μισθοῦσθαι καὶ τοῖς πλησίον βασιλεῦσι χρήματα διδόναι, ὡς συμμάχους εἶναι, εἴπερ βούλοιτο τὴν ἀρχὴν ἀναλαβεῖν. Ἔπεμπε δὲ καὶ πρὸς Δέρδαν τὸν Ἐλιμίας ἄρχοντα, διδάσκων ὅτι οἱ Ὀλύνθιοι κατεστραμμένοι τὴν μείζω δύναμιν Μακεδονίας εἶεν, καὶ οὐκ ἀνήσουσι τὴν ἐλάττω, ἂν μή τις αὐτοὺς παύσει τῆς ὕβρεως. (39) Ταῦτα δὲ ποιῶν, μάλα πολλὴν ἔχων στρατιὰν ἀφίκετο εἰς τὴν ἑαυτῶν συμμαχίδα. Ἐπεὶ δ᾽ ἦλθεν εἰς τὴν Ποτίδαιαν, ἐκεῖθεν ξυντεταγμένος ἐπορεύετο εἰς τὴν πολεμίαν. Καὶ πρὸς μὲν τὴν πόλιν ἰὼν οὔτ᾽ ἔκαιεν οὔτ᾽ ἔκοπτε, νομίζων, εἴ τι ποιήσειε τούτων, ἐμποδὼν ἂν αὑτῷ πάντα γίγνεσθαι καὶ προσιόντι καὶ ἀπιόντι· ὁπότε δὲ ἀναχωροίη ἀπὸ τῆς πόλεως, τότε ὀρθῶς ἔχειν κόπτοντα τὰ δένδρα ἐμποδὼν καταβάλλειν, εἴ τις ὄπισθεν ἐπίοι. (40) Ὡς δὲ ἀπεῖχεν ἀπὸ τῆς πόλεως οὐδὲ δέκα στάδια, ἔθετο τὰ ὅπλα, εὐώνυμον μὲν αὐτὸς ἔχων, οὕτω γὰρ ξυνέβαινεν αὐτῷ κατὰ τὰς πύλας ἰέναι ἐξ ᾗ ἐξῄεσαν οἱ πολέμιοι, ἡ δὲ ἄλλη φάλαγξ τῶν συμμάχων ἀπετέτατο πρὸς τὸ δεξιόν. Καὶ τῶν ἱππέων δὲ τοὺς μὲν Λάκωνας καὶ τοὺς Θηβαίους καὶ ὅσοι τῶν Μακεδόνων παρῆσαν ἐπὶ τῷ δεξιῷ ἐτάξατο· παρὰ δὲ αὑτῷ εἶχε Δέρδαν τε καὶ τοὺς ἐκείνου ἱππέας ὡς εἰς τετρακοσίους διά τε τὸ ἄγασθαι τοῦτο τὸ ἱππικὸν καὶ διὰ τὸ θεραπεύειν τὸν Δέρδαν, ὡς ἡδόμενος παρείη. (41) Ἐπεὶ δὲ καὶ οἱ πολέμιοι ἐλθόντες ἀντιπαρετάξαντο ὑπὸ τῷ τείχει, συσπειραθέντες αὐτῶν οἱ ἱππεῖς ἐμβάλλουσι κατὰ τοὺς Λάκωνας καὶ Βοιωτούς. Καὶ Πολύχαρμόν τε τὸν Λακεδαιμόνιον ἵππαρχον καταβάλλουσιν ἀπὸ τοῦ ἵππου καὶ κείμενον πολλὰ κατέτρωσαν, καὶ

satus fuit Ismenias, quod faveret barbaris, quod cum rege Persico, magno cum malo Græciæ, necessitudinem hospitii contraxisset, quod missæ ab rege pecuniæ particeps factus esset, quod Androclidas et ipse turbarum auctores in Græcia principes extitissent. Purgabat ille quidem se de his omnibus, verum persuadere non poterat, ut non res arduas et perniciosas tentasse existimaretur. Itaque judicum suffragiis damnatus, mortem oppetiit. Hinc jam Leontiadis factio sua in potestate Thebas habebat: qui Lacedæmoniorum in gratiam plura adeo faciebant, quam jussi essent. Atque his rebus gestis Lacedæmonii multo alacrius exercitum adversus Olynthios decretum mittebant. Quumque Teleutiam, ut illic præesset, ablegarent, simul et suos ad complendum decem millium agmen universi mittebant, et ad fœderatas urbes hinc inde missis scytalis, ut Teleutiam sequerentur, prout a sociis decreto sancitum esset, imperabant. Quamobrem quum alii Teleutiæ perlubenter obsequebantur, quod videretur haudquaquam ingratus erga illos esse, qui operam aliquam ei navarent; tum respublica Thebana gravem armaturam et equitatum suum alacriter ipsi adjungebat, quem Agesilai fratrem esse sciret. Ceterum inter proficiscendum non admodum properabat, et operam imprimis dabat, ut in itinere nullis injuriis amici afficerentur, et maximas ipse copias colligeret. Præmittebat etiam nonnullos ad Amyntam, utque militem conduceret, ac pecunia vicinos reges ad belli societatem permoveret, ab eo petebat, si quidem de recuperando regno cogitaret. Præterea mittebat ad Derdam Elimiæ principem, eumque monebat, majorem jam Macedoniæ potentiam subactam ab Olynthiis esse, neque minorem missam facturos, nisi quis ipsorum insolentiam reprimeret. Interim dum hæc ageret, cum magno admodum exercitu fœderatorum in fines pervenit. Quumque Potidæam ingressus esset, instructis inde copiis hostilem in agrum pergit. Inter cundum Olynthum versus neque flamma neque ferro quidquam vastabat; quod existimaret, si quid ejusmodi faceret, sibimet ipsi tum advenienti, tum abscedenti hæc impedimentum adlatura. Nimirum recte facturum, si tum cæsas arbores iis objiceret impedimenti loco, qui forte a tergo se invadere vellent, ubi pedem ab urbe relaturus esset. Quum jam vix stadiis decem abesset ab urbe, subsistere suos in armis jussit: et erat ipse lævo in latere, quandoquidem ita conveneat, ut versus portas ipse pergeret, qua exibant hostes: reliqua sociorum phalanx ad dextrum latus erat protensa. Itidem Laconicos, Thebanos, Macedonum equites, quotquot aderant, dextro in latere collocarat; Derdam cum equitibus ejus, fere quadringentis apud se retinebat; partim quod equitatum hunc admirando suspiceret, partim quod Derdam coleret, ut expeditioni lubens interesset. Posteaquam hostes etiam egressi urbe sub ipsis mœnibus aciem instruxissent, conglobati equites ipsorum in Lacedæmonios ac Bœotos inpetum faciunt. Polycharmum Lacedæmonium, præfectum equitum, equo suo dejiciunt, humi jacentem valde vulnerant,

ἄλλους ἀπέκτειναν, καὶ τέλος τρέπονται ἐπὶ τῷ δεξιῷ κέρατι τὸ ἱππικόν. Φευγόντων δὲ τῶν ἱππέων ἐνέκλινε καὶ τὸ ἐχόμενον πεζὸν αὐτῶν, καὶ ὅλον ἂν ἐκινδύνευσεν ἡττηθῆναι τὸ στράτευμα, εἰ μὴ Δέρδας ἔχων τὸ ἑαυτοῦ ἱππικὸν εὐθὺς πρὸς τὰς πύλας τῶν Ὀλυνθίων ἤλασεν. Ἐπῄει δὲ καὶ ὁ Τελευτίας σὺν τοῖς περὶ αὐτὸν ἐν τάξει. (42) Ὡς δὲ ταῦτα ᾔσθοντο οἱ Ὀλύνθιοι ἱππεῖς, δείσαντες μὴ ἀποκλεισθεῖεν τῶν πυλῶν, ἀναστρέψαντες ἀπεχώρουν πολλῇ σπουδῇ. Ἔνθα δὴ ὁ Δέρδας παρελαύνοντας παμπόλλους ἱππέας αὐτῶν ἀπέκτεινεν. Ἀπεχώρησαν δὲ καὶ οἱ πεζοὶ τῶν Ὀλυνθίων εἰς τὴν πόλιν· οὐ μέντοι πολλοὶ αὐτῶν ἀπέθανον, ἅτε ἐγγὺς τοῦ τείχους ὄντες. (43) Ἐπεὶ δὲ τρόπαιόν τε ἐστάθη καὶ ἡ νίκη αὕτη τῷ Τελευτίᾳ ἐγεγένητο, ἀπιὼν δὴ ἔκοπτε τὰ δένδρα. Καὶ τοῦτο μὲν δὴ στρατευσάμενος τὸ θέρος διῆκε καὶ τὸ Μακεδονικὸν στράτευμα καὶ τὸ τοῦ Δέρδα· πολλάκις μέντοι καὶ οἱ Ὀλύνθιοι καταθέοντες εἰς τὰς τῶν Λακεδαιμονίων συμμαχίδας πόλεις ἐληλάτουν καὶ ἄνδρας ἀπεκτίννυον.

ΚΕΦΑΛΑΙΟΝ Γ.

Ἅμα δὲ τῷ ἦρι ὑποφαινομένῳ οἱ μὲν Ὀλύνθιοι ἱππεῖς ὄντες ὡς ἑξακόσιοι καταδεδραμήκεσαν εἰς τὴν Ἀπολλωνίαν ἅμα μεσημβρίᾳ καὶ διεσπαρμένοι ἐληλάτουν· ὁ δὲ Δέρδας ἐτύγχανε ταύτῃ τῇ ἡμέρᾳ ἀφιγμένος μετὰ τῶν ἱππέων τῶν ἑαυτοῦ καὶ ἀριστοποιούμενος ἐν τῇ Ἀπολλωνίᾳ. Ὡς δ' εἶδε τὴν καταδρομήν, ἡσυχίαν [τε] εἶχε, τούς θ' ἵππους ἐπεσκευασμένους καὶ τοὺς ἀναβάτας ἐξωπλισμένους ἔχων. Ἐπειδὴ δὲ καταφρονητικῶς οἱ Ὀλύνθιοι καὶ εἰς τὸ προάστειον καὶ εἰς αὐτὰς τὰς πύλας ἤλαυνον, τότε δὴ συντεταγμένους ἔχων ἐξελαύνει. (2) Οἱ δὲ ὡς εἶδον, εἰς φυγὴν ὥρμησαν. Ὁ δ' ὡς ἅπαξ ἐτρέψατο, οὐκ ἀνῆκεν ἐνενήκοντα στάδια διώκων καὶ ἀποκτιννύς, ἕως πρὸς αὐτὸ κατεδίωξε τῶν Ὀλυνθίων τὸ τεῖχος. Καὶ ἐλέγετο ὁ Δέρδας ἀποκτεῖναι ἐν τούτῳ τῷ ἔργῳ περὶ ὀγδοήκοντα ἱππέας. Καὶ ἀπὸ τούτου τειχήρεις τε μᾶλλον ἦσαν οἱ πολέμιοι καὶ τῆς χώρας ὀλίγην παντελῶς εἰργάζοντο. (3) Προϊόντος δὲ τοῦ χρόνου, καὶ τοῦ Τελευτίου ἐστρατευμένου πρὸς τὴν τῶν Ὀλυνθίων πόλιν, ὡς εἴ τι δένδρον ὑπόλοιπον εἴη ἢ τι εἰργασμένον τοῖς πολεμίοις, φθείροι, ἐξελθόντες οἱ Ὀλύνθιοι ἱππεῖς ἡσύχοι πορευόμενοι διέβησαν τὸν παρὰ τὴν πόλιν ῥέοντα ποταμόν, καὶ ἐπορεύοντο ἡσυχῇ πρὸς τὸ τῶν ἐναντίων στράτευμα. Ὡς δ' εἶδεν ὁ Τελευτίας, ἀγανακτήσας τῇ τόλμῃ αὐτῶν εὐθὺς Τλημονίδαν τὸν τῶν πελταστῶν ἄρχοντα δρόμῳ φέρεσθαι ἐπ' αὐτοὺς ἐκέλευσεν. (4) Οἱ δὲ Ὀλύνθιοι ὡς εἶδον προθέοντας τοὺς πελταστάς, ἀναστρέψαντες ἀπεχώρουν ἥσυχοι, καὶ διέβησαν πάλιν τὸν ποταμόν. Οἱ δ' ἠκολούθουν μάλα θρασέως, καὶ ὡς φεύγουσι διώξαντες ἐπιδιέβαινον. Ἔνθα δὴ οἱ Ὀλύνθιοι ἱππεῖς, ἡνίκα ἔτι εὐχείρωτοι αὐτοῖς ἐδόκουν εἶναι οἱ διαβεβηκότες, ἀνα-

CAPUT III.

Jam ver appetierat, quum equites Olynthii numero fere sexcenti sub meridiem Apolloniensium in agrum infusi, passim omnia depopulabantur. Forte Derdas eo die suo cum equitatu Apolloniam venerat, et in urbe prandebat. Is quum incursionem hanc conspiceret, continebat sese, instructis jam equis suis, et armatis equitibus. Posteaquam Olynthii contemptis hostibus in suburbium, et ad ipsas usque portas equos agebant, tum vero cum suis instructis erumpit. Quod ubi videre hostes, in fugam se conjiciunt. Derdas vero quia semel eos terga dare coegerat, ad stadia nonaginta eos persequi et occidere non desiit; donec ad ipsos Olynthiorum muros fugientes compulisset. Ferebatur hoc facinore Derdas equites circiter octoginta trucidasse. Ab eo tempore moenibus se magis hostes continebant, et omnino perparum agri suis in finibus colebant. Succedente tempore, quum Teleutias etiam denuo copias ad Olynthiorum urbem adduxisset, ut si qua vel arbor, vel terra ab hostibus culta reliqua esset, eam prorsus vastaret: egressi Olynthiorum equites sensim procedebant, et amne secundum urbem labente trajecto, placide in adversas hostium copias pergebant. Eos quum Teleutias conspexisset, indignatus ob ipsorum audaciam, mox Tlemonidam cetratorum ducem cursu in eos irrumpere jubet. Olynthii vero, ut cetratos ante reliquas copias procurrere vident, converso agmine placide pedem referunt, amnemque rursus transeunt. Sequuntur hos illi audacter admodum, et tanquam fugientibus terga urgentes, amnem et ipsi transeunt. Tum vero equites Olynthii, eos, qui adhuc transgressi fuerant, opprimi ab se

στρέψαντες ἐμβάλλουσιν αὐτοῖς, καὶ αὐτόν τε ἀπέκτειναν τὸν Τλημονίδαν καὶ τῶν ἄλλων πλείους ἢ ἑκατόν. (6) Ὁ δὲ Τελευτίας, ὡς εἶδε τὸ γιγνόμενον, ὀργισθεὶς, ἀναλαβὼν τὰ ὅπλα ἦγε μὲν ταχὺ τοὺς ὁπλίτας, διώκειν δὲ ἐκέλευε καὶ τοὺς πελταστὰς καὶ τοὺς ἱππέας καὶ μὴ ἀνιέναι. Πολλοὶ μὲν οὖν δὴ καὶ ἄλλοι τοῦ καιροῦ ἐγγυτέρω τοῦ τείχους διώξαντες κακῶς ἀπεχώρησαν, καὶ ἐκεῖνοι δ' ἐπεὶ ἀπὸ τῶν πύργων ἐβάλλοντο ἀποχωρεῖν τε ἠναγκάζοντο τεθορυβημένως καὶ προφυλάττεσθαι τὰ βέλη. (6) Ἐν τούτῳ δὴ οἱ Ὀλύνθιοι ἐπεξελαύνουσι μὲν τοὺς ἱππέας, ἐβοήθουν δὲ καὶ οἱ πελτασταί· τέλος δὲ καὶ οἱ ὁπλῖται ἐπεξέθεον, καὶ τεταραγμένῃ τῇ φάλαγγι προσπίπτουσι. Καὶ ὁ μὲν Τελευτίας ἐνταῦθα μαχόμενος ἀποθνῄσκει. Τούτου δὲ γενομένου εὐθὺς καὶ οἱ ἀμφ' αὐτὸν ἐνέκλιναν, καὶ οὐδεὶς ἔτι ἵστατο, ἀλλὰ πάντες ἔφευγον, οἱ μὲν ἐπὶ Σπαρτωλου, οἱ δὲ ἐπ' Ἀκάνθου, οἱ δὲ εἰς Ἀπολλωνίαν, οἱ πλεῖστοι δὲ εἰς Ποτίδαιαν. Ὡς δ' ἄλλος ἄλλῃ ἔφευγον, οὕτω καὶ οἱ πολέμιοι ἄλλος ἄλλοσε διώκοντες παμπληθεῖς ἀπέκτειναν ἀνθρώπους καὶ ὅ,τιπερ ὄφελος ἦν τοῦ στρατεύματος.

7. Ἐκ μέντοι γε τῶν τοιούτων παθῶν ἐγώ φημι ἀνθρώπους παιδεύεσθαι μάλιστα μὲν οὖν ὡς οὐδ' οἰκέτας χρὴ ὀργῇ κολάζειν· πολλάκις γὰρ καὶ δεσπόται ὀργιζόμενοι μείζω κακὰ ἔπαθον ἢ ἐποίησαν· ἀτὰρ ἀντιπάλοις τὸ μετ' ὀργῆς ἀλλὰ μὴ γνώμῃ προσφέρεσθαι ὅλον ἁμάρτημα· ἡ μὲν γὰρ ὀργὴ ἀπρονόητον, ἡ δὲ γνώμη σκοπεῖ οὐδὲν ἧττον μή τι πάθῃ ἢ ὅπως βλάψῃ τι τοὺς πολεμίους.

8. Τοῖς δ' οὖν Λακεδαιμονίοις, ἐπεὶ ἤκουσαν τὸ πρᾶγμα, βουλευομένοις ἐδόκει οὐ φαύλην πεμπτέον δύναμιν εἶναι, ὅπως τό τε φρόνημα τῶν νενικηκότων κατασβεσθείη καὶ μὴ μάτην τὰ πεποιημένα γένοιτο. Οὕτω δὲ γνόντες ἡγεμόνα μὲν Ἀγησίπολιν τὸν βασιλέα ἐκπέμπουσι, μετ' αὐτοῦ δὲ ὥσπερ Ἀγησιλάου εἰς τὴν Ἀσίαν τριάκοντα Σπαρτιατῶν. (9) Πολλοὶ δὲ αὐτῷ καὶ τῶν περιοίκων ἐθελονταὶ καλοὶ κἀγαθοὶ ἠκολούθουν, καὶ ξένοι τῶν τροφίμων καλουμένων, καὶ νόθοι τῶν Σπαρτιατῶν, μάλα εὐειδεῖς τε καὶ τῶν ἐν τῇ πόλει καλῶν οὐκ ἄπειροι. Συνεστρατεύοντο δὲ καὶ ἐκ τῶν συμμαχίδων πόλεων ἐθελονταί, καὶ Θετταλῶν γε ἱππεῖς, γνωσθῆναι τῷ Ἀγησιπόλιδι βουλόμενοι, καὶ Ἀμύντας δὲ καὶ Δέρδας ἔτι προθυμότερον ἢ πρόσθεν. Ἀγησίπολις μὲν δὴ ταῦτα πράττων ἐπορεύετο ἐπὶ τὴν Ὄλυνθον.

10. Ἡ δὲ τῶν Φλιασίων πόλις, ἐπαινεθεῖσα μὲν ὑπὸ τοῦ Ἀγησιπόλιδος ὅτι πολλὰ καὶ ταχέως αὐτῷ χρήματα εἰς τὴν στρατιὰν ἔδοσαν, νομίζουσα δ' ἔξω ὄντος Ἀγησιπόλιδος οὐκ ἂν ἐξελθεῖν ἐπ' αὐτοὺς Ἀγησίλαον, οὐδ' ἂν γενέσθαι ὥστε ἅμα ἀμφοτέρους τοὺς βασιλέας ἔξω Σπάρτης εἶναι, θρασέως οὐδὲν τῶν δικαίων ἐποίουν τοῖς κατεληλυθόσιν. Οἱ μὲν γὰρ δὴ φυγάδες ἠξίουν τὰ ἀμφίλογα ἐν ἴσῳ δικαστηρίῳ κρίνεσθαι· οἱ δὲ ἠνάγκαζον ἐν αὐτῇ τῇ πόλει διαδικάζεσθαι. Λεγόντων δὲ

posse rati, convertunt sese, ac in eos irruunt, ipsumque Tlemonidam cum aliis pluribus quam centum occidunt. Id ubi Teleutias fieri vidit, excanduit: ac sumptis armis, celeriter gravem armaturam ducit, simul ut cetrati et equites hostem persequerentur, ac nihil ei spatii relinquerent, imperat. Itaque factum, ut, quemadmodum et alii complures hostem propius quam oportebat ad mœnia persequuti, perincommode pedem retulere. sic illi quoque de turribus telis petiti, simul et retrocedere perturbato agmine cogerentur, et a telis sibi cavere. Tum vero equites in eos emittunt Olynthii, quibus opem laturi etiam cetrati excurrunt : denique gravis armatura consequitur, et turbatam phalangem invadit. Atque hic Teleutias pugnans interficitur : quod quum accidisset, statim et illi pedem referre cœperunt, qui erant et proximi; neque jam quisquam amplius subsistebat, sed omnes fuga se partim Spartolum, partim Acanthum recipiebant, nonnulli Apolloniam, pars maxima Potidæam. Atque ut alius alio fugiebat, ita et hostes diversis eos itineribus subsequuti, homines maximo numero cædunt, ipsumque adeo florem tanti exercitus delent.

Equidem cladibus hujusmodi homines erudiri censeo, maxime ut sciant, ne in servos quidem animadvertendum esse, commoto ad iram animo. Quippe domini quum irati sunt, sæpenumero plus detrimenti accipiunt, quam aliis inferant. Hostes autem non consulto sed iracunde adoriri, quantum quantum est, insigne delictum putari debet. Est enim ira quiddam temerarium, quum ratio non minus consideret, ne quid sibi accidat adversi, quam ut hostes damno afficiat.

De hac clade posteaquam certiores facti essent Lacedæmonii, re deliberata statuerunt, haud tenues mittendas esse copias; ut et victorum elatos animos reprimerent, et frustra esse gesta, quæ acciderant, non paterentur. Quo decreto facto, regem Agesipolim bello præficiunt; eique sicut et Agesilao proficiscenti in Asiam, triginta Spartanos adjungunt. Sequebantur eundem sponte sua multi circum Spartam habitantes, homines virtute singulari, multi exterorum, qui Trophimi (mothaces) appellantur, itemque Spartanorum spurii egregia indole, nec præclaræ civitatis disciplinæ ignari. Præter hos intercurrent expeditioni huic sponte sua tum sociis ex oppidis quidam, tum Thessali equites, Agesipolidi ut innotescerent cupidi; Amyntas etiam Derdasque longe, quam antehac, alacrius aderant. His tum rebus occupatus erat Agesipolis, ac simul Olynthum proficiscebatur.

Interim Phliasiorum civitas ab Agesipolide collaudata, quod et magnum ipsi pecuniam, et celeriter ad exercitum sustentandum dedisset; quia putabat, dum Agesipolis abesset peregre, copias adversus se non ducturum Agesilaum, minimeque adeo futurum ut ambo reges Sparta simul abessent: audacter admodum cum eis, qui ab exilio redierant, præter juris et æqui rationem agebant. Etenim petebant exules, ut de rebus controversis apud æquum tribunal cognosceretur: Phliasii vero cogebant eos, ut sua in urbe causam dis-

τῶν κατεληλυθότων καὶ τίς αὕτη δίκη εἴη ὅπου αὐτοὶ οἱ ἀδικοῦντες δικάζοιεν, οὐδένες ἤκουον. (11) Ἐκ τούτου μέντοι ἔρχονται εἰς Λακεδαίμονα οἱ κατελθόντες κατηγορήσοντες τῆς πόλεως, καὶ ἄλλοι δὲ τῶν οἴκοθεν ξυνηκολούθουν, λέγοντες ὅτι πολλοῖς καὶ τῶν πολιτῶν οὐ δοκοῖεν δίκαια πάσχειν. Ἀγανακτήσασα δὲ τούτοις τῶν Φλιασίων ἡ πόλις ἐζημίωσε πάντας ὅσοι μὴ περιπούσης τῆς πόλεως ἦλθον εἰς Λακεδαίμονα. (12) Οἱ δὲ ζημιωθέντες οἴκαδε μὲν ὤκνουν ἀπιέναι, μένοντες δ᾽ ἐδίδασκον ὡς οὗτοι μὲν εἴησαν οἱ βιαζόμενοι ταῦτα, οἵπερ σφᾶς τε ἐξέβαλον καὶ Λακεδαιμονίους ἀπέκλεισαν, οὗτοι δὲ οἱ πριάμενοί τε τὰ σφέτερα καὶ βιαζόμενοι μὴ ἀποδιδόναι, οὗτοι δὲ καὶ νῦν διαπεπραγμένοι εἰσὶ ζημιωθῆναι σφᾶς αὐτοὺς εἰς Λακεδαίμονα ἐλθόντας, ὅπως τοῦ λοιποῦ μηδεὶς τολμήσῃ ἰέναι δηλώσων τὰ ἐν τῇ πόλει γιγνόμενα. (13) Τῷ δ᾽ ὄντι ὑβρίζειν δοκούντων τῶν Φλιασίων φρουρὰν φαίνουσιν ἐπ᾽ αὐτοὺς οἱ ἔφοροι. Ἦν δὲ οὐ τῷ Ἀγησιλάῳ ἀχθομένῳ ταῦτα· καὶ γὰρ τῷ μὲν πατρὶ αὐτοῦ Ἀρχιδάμῳ ξένοι ἦσαν οἱ περὶ Ποδάνεμον, οἳ καὶ τότε τῶν κατεληλυθότων ἦσαν ἑαυτῷ δὲ οἱ ἀμφὶ Προκλέα τὸν Ἱππονίκου. (14) Ὡς δὲ τῶν διαβατηρίων γενομένων οὐκ ἐμέλλεν, ἀλλ᾽ ἐπορεύετο, πολλαὶ πρεσβεῖαι ἀπήντησαν καὶ χρήματα ἐδίδοσαν, ὥστε μὴ ἐμβάλλειν. Ὁ δὲ ἀπεκρίνατο ὅτι οὐχ ἵνα ἀδικοίη, στρατεύοιτο, ἀλλ᾽ ὅπως τοῖς ἀδικουμένοις βοηθήσειεν. (15) Οἱ δὲ τελευτῶντες πάντα ἔφασκον ποιήσειν, ἐδέοντό τε μὴ ἐμβάλλειν. Ὁ δὲ πάλιν ἔλεγεν ὡς οὐκ ἂν πιστεύσαιε λόγοις, καὶ γὰρ τὸ πρότερον ψεύσασθαι αὐτοὺς, ἀλλ᾽ ἔργου τινὸς πιστοῦ δεῖν ἔφη. Ἐρωτώμενος δὲ καὶ τί τοῦτ᾽ ἂν εἴη· πάλιν ἀπεκρίνατο, "Ὅπερ καὶ πρόσθεν," ἔφη, "ποιήσαντες οὐδὲν ὑφ᾽ ἡμῶν ἠδικήθητε. Τοῦτο δὲ ἦν τὴν ἀκρόπολιν παραδοῦναι. (16) Οὐκ ἐθελόντων δὲ αὐτῶν τοῦτο ποιεῖν, ἐνέβαλέ τε εἰς τὴν χώραν καὶ ταχὺ περιτειχίσας ἀπολιόρκει αὐτούς. Πολλῶν δὲ λεγόντων Λακεδαιμονίων ὡς ὀλίγων ἕνεκεν ἀνθρώπων πόλει ἀπηχθάνοντο πλέον πεντακισχιλίων ἀνδρῶν· καὶ γὰρ δὴ ὅπως τοῦτ᾽ εὔδηλον εἴη, οἱ Φλιάσιοι ἐν τῷ φανερῷ τοῖς ἔξω ἐξεκλησίαζον· ὁ μέντοι Ἀγησίλαος πρὸς τοῦτο ἀντεμηχανήσατο. (17) Ὁπότε γὰρ ἐξίοιεν ἢ διὰ φιλίαν ἢ διὰ συγγένειαν τῶν φυγάδων, ἐδίδασκε ξυσσιτιά τε αὐτῶν κατασκευάζειν καὶ εἰς τὰ ἐπιτήδεια ἱκανὸν διδόναι, ὁπόσοι γυμνάζεσθαι ἐθέλοιεν· καὶ ὅπλα δὲ ἐκπορίζειν ἅπασι τούτοις διεκελεύετο, καὶ μὴ ὀκνεῖν εἰς ταῦτα χρήματα δανείζεσθαι. Οἱ δὲ ταῦτα ὑπηρετοῦντες ἀπέδειξαν πλείους χιλίων ἀνδρῶν ἀρίστα μὲν τὰ σώματα ἔχοντας, εὐτάκτους δὲ καὶ εὐοπλοτάτους· ὥστε τελευτῶντες οἱ Λακεδαιμόνιοι ἔλεγον ὡς τοιούτων δέοιντο συστρατιωτῶν.

18. Καὶ Ἀγησίλαος μὲν δὴ περὶ ταῦτα ἦν. Ὁ δὲ Ἀγησίπολις εὐθὺς ἐκ τῆς Μακεδονίας προσιὼν ἔθετο πρὸς τῇ πόλει τῶν Ὀλυνθίων τὰ ὅπλα. Ἐπεὶ δὲ οὐδεὶς ἀντεξῄει αὐτῷ, τότε τῆς Ὀλυνθίας εἴ τι ὑπόλοιπον ἦν ἐδῄου καὶ εἰς τὰς συμμαχίδας ἰὼν αὐτῶν ἔφθειρε τὸν σῖτον· Τορώνην δὲ καὶ προσβαλὼν εἷλε κατὰ κρά-

HISTORIÆ GRÆCÆ LIB. V. CAP. III.

ceptarent. Quibus quum revocati ab exilio cives responderent : Et quodnam hoc jus fuerit, eos, qui auctores injuriæ sunt, judicum partes sibi sumere? nemo ipsos audiebat. Ita deinde exules reducti Lacedæmonem proficiscuntur, civitatem suam accusaturi; deducentibus eos etiam aliis quibusdam civibus, qui magnæ civium suorum parti videri dicerent, non æqua ratione cum illis agi. Commoti ob eam rem Phliasii multarunt omnes quotquot non a republica missi Lacedæmonem profecti fuerant. At illi posteaquam multati erant, domum redire præ metu non ausi, Spartæ manebant, ibique significabant, ab iis hæc violenter agi, qui et ipsos ejecissent, et Phliunte Lacedæmonios exclusissent : hos illos esse, qui res exulum coemerint, vique perficere cogitarent, quominus eas restituerent : hos esse denique qui nunc quoque dederint operam ut ipsi, qui Lacedæmonem ivissent, mulctarentur, ne quis deinceps eo se conferre audeat, quid Phliunte rerum geratur, indicaturus. Ephori, quod reapse viderentur insolentes esse Phliasii, delectum adversus eos habendum statuunt : quod quidem Agesilaus haud moleste tulit. Nam patris ipsius Archidami hospes fuerat Podanemus cum suis, qui quidem nunc eorum erant in numero, quibus ab exilio Phliuntem reditus concessus fuerat; atque etiam ipsi cum Proclia, Hipponici filii, familia hospitii jus intercedebat. Posteaquam de traducendis in agrum hostilem copiis exta consulens perlitasset, neque jam amplius expeditionem suscipere, sed expeditionem suscipere, complures ei legationes occurrebant, ac pecunias offerebant ne ipsorum fines invaderet. Respondebat, non idcirco se hanc expeditionem suscepisse, ut aliquos injuria afficeret, sed jam affectis ut opitularetur. Tandem legati omnia se imperata facturos aiunt, simulque ne cum exercitu Phliasiorum fines ingrederetur, obsecrant. Rursum Agesilaus, verbis se non posse fidem habere, quod antehac quoque promissis non stetissent; facto fidem sibi faciendam esse dicebat. Rogatus, quodnam illud esset : Nimirum, inquit, hoc ipsum si feceritis, quod quum antehac feceritis, affecti a nobis nulla estis injuria. Erat autem hoc, ut arcem traderent. Quod quum recusarent facere, copias in agrum ipsorum traduxebat, castrisque munitis cinctam urbem obsidebat. Quia vero multi ex Lacedæmoniis aiebant, paucorum hominum causa offendi civitatem, in qua essent plus quinque millia virorum (hoc enim ut omnibus esset innotesceret, Phliasii palam ad exules apud hostem concionari solebant) : Agesilaus huic etiam rei ratione quadam occurrere instituit. Quoties enim aliqui ex urbe vel quod cognati, vel quod amici exulibus essent profugerant, monebat suos, ut ipsis convivia sodalitia pararent, Lacedæmoniorum more, quantumque satis esset ad res necessarias, iis suppeditarent, quicunque exerceri vellent. Mandabat item, ut arma quoque subministrarent omnibus, neque in hoc pecunias mutuas sumere cunctarentur. Hæc quum illi facerent, plures quam mille viros exhibuerunt, qui et corporibus essent probe exercitis, et militaris disciplinæ gnari, et armis instructissimi. Quo factum, ut tandem Lacedæmonii dicerent, hujusmodi commilitonum opera sibi opus esse.

Dum his rebus Agesilaus occupatur, Agesipolis e Macedonia recta pergens, ad Olynthiorum urbem suos in armis subsistere jubet. Quum eorum nemo contra prodiret, quidquid erat Olynthiorum in agro, vastabat, et ad civitates, quæ in ipsorum erant societate, cum copiis profectus, segetem corrumpebat. Etiam copiis ad Toronen admotis, op-

τος. (10) Ἐν δὲ τούτοις ὄντα κατὰ θέρους ἀκμὴν καῦμα πυριφλεγὲς λαμβάνει αὐτόν. Ὡς δὲ πρώην ἑωρακότα τὸ ἐν Ἀφύτει τοῦ Διονύσου ἱερόν, ἔρως αὐτὸν τότ' ἔσχε τῶν τε σκιερῶν σκηνημάτων καὶ τῶν λαμπρῶν καὶ ψυχρῶν ὑδάτων. Ἐκομίσθη μὲν οὖν ἐκεῖσε ἔτι ζῶν, ὅμως μέντοι ἑβδομαῖος ἀφ' οὗ ἔκαμεν ἔξω τοῦ ἱεροῦ ἐτελεύτησε. Καὶ ἐκεῖνος μὲν ἐν μέλιτι τεθεὶς καὶ κομισθεὶς οἴκαδε ἔτυχε τῆς βασιλικῆς ταφῆς.

20. Ἀγησίλαος δὲ τοῦτο ἀκούσας οὐχ ᾗ τις ἂν ᾤετο ἐφήσθη ὡς ἀντιπάλῳ, ἀλλὰ καὶ ἐδάκρυσε καὶ ἐπόθησε τὴν συνουσίαν. Συσκηνοῦσι μὲν γὰρ δὴ βασιλεῖς ἐν τῷ αὐτῷ, ὅταν οἴκοι ὦσιν· ὁ δὲ Ἀγησίπολις τῷ Ἀγησιλάῳ ἱκανὸς μὲν ἦν καὶ ἠδυτικῶν καὶ θηρευτικῶν καὶ ἱππικῶν καὶ παιδικῶν λόγων μετέχειν· πρὸς δὲ τούτοις καὶ ὑπῃδεῖτο αὐτὸν ἐν τῇ συσκηνίᾳ, ὥσπερ εἰκὸς πρεσβύτερον. Καὶ οἱ μὲν Λακεδαιμόνιοι ἀντ' ἐκείνου Πολυβιάδην ἁρμοστὴν ἐπὶ τὴν Ὄλυνθον ἐκπέμπουσιν.

21. Ὁ δὲ Ἀγησίλαος ἤδη μὲν ὑπερέβαλε τὸν χρόνον, ὅσου ἐλέγετο ἐν τῷ Φλιοῦντι σῖτος εἶναι· τοσοῦτον γὰρ ἐγκράτεια γαστρὸς διαφέρει ὥστε οἱ Φλιάσιοι τὸν ἥμισυν ψηφισάμενοι σῖτον τελεῖν ἢ πρόσθεν, καὶ ποιοῦντες τοῦτο, τὸν διπλάσιον τοῦ εἰκότος χρόνον πολιορκούμενοι διήρκεσαν. (22) Καὶ τόλμα δὲ ἀτολμίας ἔσθ' ὅτε τοσοῦτον διαφέρει ὥστε Δελφίων τις, λαμπρὸς δοκῶν εἶναι, λαβὼν πρὸς αὐτὸν τριακοσίους ἄνδρας Φλιασίων ἱκανὸς μὲν ἦν κωλύειν τοὺς βουλομένους εἰρήνην ποιεῖσθαι, ἱκανὸς δὲ οἷς ἠπίστει εἴρξας φυλάττειν, ἐδύνατο δὲ εἴς τε τὰς φυλακὰς ἀναγκάζειν τὸ πλῆθος ἰέναι καὶ τούτους ἐφοδεύων πιστοὺς παρέχεσθαι. Πολλάκις δὲ μεθ' ὧν εἶχε περὶ αὐτὸν καὶ ἐκδιώξας ἀπέκρουε φυλακὰς ἄλλοτ' ἄλλῃ τοῦ περιτετειχισμένου κύκλου. (23) Ἐπεὶ μέντοι οἱ ἐπίλεκτοι οὗτοι πάντα τρόπον ἐπιζητοῦντες οὐχ εὕρισκον σῖτον ἐν τῇ πόλει, ἐκ τούτου δὴ πέμψαντες πρὸς τὸν Ἀγησίλαον ἐδέοντο σπείσασθαι πρεσβείᾳ εἰς Λακεδαίμονα ἰούσῃ· δεδόχθαι γάρ σφισιν ἔφασαν ἐπιτρέψαι τοῖς τέλεσι τῶν Λακεδαιμονίων χρήσασθαι τῇ πόλει ὅ,τι βούλοιντο. (24) Ὁ δὲ ὀργισθεὶς ὅτι ἄκυρον αὐτὸν ἐποίουν, πέμψας μὲν πρὸς τοὺς οἴκοι φίλους διεπράξατο ἑαυτῷ ἐπιτραπῆναι τὰ περὶ Φλιοῦντος, ἐσπείσατο δὲ τῇ πρεσβείᾳ. Φυλακὴ δὲ ἔτι ἰσχυροτέρα ἢ πρότερον ἐφύλαττεν, ἵνα μηδεὶς τῶν ἐκ τῆς πόλεως ἐξίοι. Ὅμως μέντοι ὅ γε Δελφίων καὶ στιγματίας τις μετ' αὐτοῦ, ὃς πολλὰ ὑφείλετο ὅπλα τῶν πολιορκούντων, ἀπέδρασαν νύκτωρ. (25) Ἐπεὶ δὲ ἧκον ἐκ τῆς Λακεδαίμονος ἀπαγγέλλοντες ὅτι ἡ πόλις ἐπιτρέπει Ἀγησιλάῳ διαγνῶναι τὰ ἐν Φλιοῦντι ὅπως αὐτῷ δοκοίη, Ἀγησίλαος δὴ οὕτως ἔγνω, πεντήκοντα μὲν ἄνδρας τῶν κατεληλυθότων, πεντήκοντα δὲ τῶν οἴκοθεν πρῶτον μὲν ἀνακρῖναι ὄντινά τε ζῆν ἐν τῇ πόλει καὶ ὄντινα ἀποθανεῖν δίκαιον εἴη· ἔπειτα δὲ νόμους θεῖναι, καθ' οὓς πολιτεύσοιντο· ἕως δ' ἂν ταῦτα διαπράξωνται, φυλακὴν καὶ μισθὸν τοῖς φρουροῖς ἓξ μηνῶν κατέλιπε. Ταῦτα δὲ ποιήσας τοὺς μὲν συμμάχους ἀφῆκε, τὸ δὲ πολιτικὸν

pidum illud vi cepit. His in rebus dum adulta jam aestate versaretur, ardore quodam ignis instar urente corripitur. Et quia non ita pridem Bacchi fanum apud Aphytem viderat, mirifice opacorum illorum tentoriorum limpidarumque ac frigidarum aquarum desiderio teneri coepit. Quamobrem vivus quidem eo delatus est, sed die, a quo coepisset aegrotare, septimo, extra fanum vivendi finem fecit. Melle oblitus domum deportatur, ac regiam sepulturam consequitur.

Quod ubi Agesilaus audisset, non quasi adversario sublato, quod existimare quis posset, laetatus est, sed ejus morte deplorata lacrimis, etiam consuetudinem ipsius desiderabat. Nam reges eodem utuntur contubernio, quum domi sunt. Et poterat Agesipolis cum Agesilao convenientes adolescentiae, itemque de venationibus, de re equestri, de amoribus sermones communicare: ac praeter haec, quoties eodem uterentur contubernio, Agesilaum natu majorem, ut par erat, reverebatur. Ejus loco Lacedaemonii Polybiadem praefectum ad oppugnandam Olynthum mittunt.

Ceterum ubi Agesilaus jam plus temporis obsidenda Phliunto contriverat, quam quo suffecturum obsessis frumentum diceretur. Tantum inter gulam et abstinentiam interest, ut quum Phliasii communi decreto statuissent, dimidio minus in usum quotidianum impendere, quam prius, idque deinde fecissent, tempore duplo majori, quam esset credibile, sustinendae obsidioni suffecerint. Itidem audacia nonnunquam usque adeo praestat vecordiae, ut Delphio quidam, vir illustri apud suos loco, trecentis Phliasiorum adjunctis sibi, partim prohibere potuerit, quominus ab iis, qui in hoc propendebant, pax conficeretur: partim eos in vincula conjectos custodire, quibus diffidebat. Idem ad obeundas excubias cogere plebem poterat, eamque more circitorum invisendo fidam reddere. Saepenumero cum iis, quos habebat apud se, facta eruptione, hostium excubitores alias alibi de ambitu, quo circumvallatum erat oppidum, deturbabat. Tandem quum hi delecti omnibus rationibus excogitatis frumentum in urbe nullum amplius reperirent, missis ad Agesilaum suis, petebant ut illis induciae concederentur, qui legati Lacedaemonem profecturi essent. Aiebant enim, se decrevisse Lacedaemoniorum magistratibus agendi secum ex ipsorum arbitratu potestatem facere. Tum indignatus Agesilaus, quod auctoritatem agendi cum ipsis sibi detraxissent, ad amicos in patriam mittit, ut per eos impetrat, ut sibi Phliuntis causa permitteretur, simulque legatis inducias concedit. Interim majores etiam excubiae quam prius habebantur, ut oppidanorum nemo egrederetur. Delphio tamen, et signatus servus quidam, qui multa obsidentibus arma eripuerat, nocturna fuga sunt elapsi. Posteaquam Lacedaemone rediissent, qui renuntiarent Agesilao, rempublicam ipsi potestatem statuendi de Phliasiorum rebus pro lubitu suo fecisse, decrevit, ex iis qui ab exilio revocati essent, debere legi quinquaginta, itidem quinquaginta cives alios urbis, qui primum cognoscerent cuinam oppidanorum vita concedenda, quemve capitali supplicio plecti aequum esset; deinde ferendas ab his esse leges, secundum quas administraretur respublica: verum interea dum haec perficerentur, praesidium in urbe reliquit, decreto praesidiariis ex menses stipendio. Posteaquam haec gessisset, sociorum copias ab se dimittit, et milites ex civibus domum reducit. His rerum

οἴκαδε ἀπήγαγε. Καὶ τὰ μὲν περὶ Φλιοῦντα οὕτως αὖ ἐπετετέλεστο ἐν ὀκτὼ μησὶ καὶ ἐνιαυτῷ.

26. Καὶ ὁ Πολυβιάδης δὲ παντάπασι κακῶς ἔχοντας λιμῷ τοὺς Ὀλυνθίους διὰ τὸ μήτε ἐκ τῆς γῆς λαμβάνειν μήτε κατὰ θάλατταν εἰσάγεσθαι σῖτον αὐτοῖς, ἠνάγκασε πέμψαι εἰς Λακεδαίμονα περὶ εἰρήνης. Οἱ δ᾽ ἐλθόντες πρέσβεις αὐτοκράτορες συνθήκας ἐποιήσαντο τὸν αὐτὸν μὲν ἐχθρὸν καὶ φίλον Λακεδαιμονίοις νομίζειν, ἀκολουθεῖν δὲ ὅποι ἂν ἡγῶνται καὶ σύμμαχοι εἶναι. Καὶ ὁμόσαντες ταύταις ἐμμένειν οὕτως ἀπῆλθον οἴκαδε.

27. Προκεχωρηκότων δὲ τοῖς Λακεδαιμονίοις ὥστε Θηβαίους μὲν καὶ τοὺς ἄλλους Βοιωτοὺς παντάπασιν ἐπ᾽ ἐκείνοις εἶναι, Κορινθίους δὲ πιστοτάτους γεγενῆσθαι, Ἀργείους δὲ τεταπεινῶσθαι διὰ τὸ μηδὲν ἔτι ὠφελεῖν αὐτοὺς τῶν μηνῶν τὴν ὑποφοράν, Ἀθηναίους δὲ ἠρημῶσθαι, τῶν δ᾽ αὖ συμμάχων κεκολασμένων οἳ δυσμενῶς εἶχον αὐτοῖς, παντάπασιν ἤδη καλῶς καὶ ἀσφαλῶς ἡ ἀρχὴ ἐδόκει αὐτοῖς κατεσκευάσθαι.

ΚΕΦΑΛΑΙΟΝ Δ.

Πολλὰ μὲν οὖν ἄν τις ἔχοι καὶ ἄλλα λέγειν καὶ Ἑλληνικὰ καὶ βαρβαρικά, ὡς θεοὶ οὔτε τῶν ἀσεβούντων οὔτε τῶν ἀνόσια ποιούντων ἀμελοῦσι. Νῦν γε μὴν λέξω τὰ προκείμενα. Λακεδαιμόνιοί τε γὰρ οἱ ὁμόσαντες αὐτονόμους ἐάσειν τὰς πόλεις τὴν ἐν Θήβαις ἀκρόπολιν κατασχόντες ὑπ᾽ αὐτῶν μόνον τῶν ἀδικηθέντων ἐκολάσθησαν, πρῶτον οὐδ᾽ ὑφ᾽ ἑνὸς τῶν πώποτε ἀνθρώπων κρατηθέντες, τούς τε τῶν πολιτῶν εἰσαγαγόντας εἰς τὴν ἀκρόπολιν αὐτοὺς καὶ βουληθέντας Λακεδαιμονίοις τὴν πόλιν δουλεύειν, ὥστε αὐτοὶ τυραννεῖν, τὴν τούτων ἀρχὴν ἑπτὰ μόνον τῶν φυγόντων ἤρκεσαν καταλῦσαι. Ὡς δὲ τοῦτ᾽ ἐγένετο διηγήσομαι.

2. Ἦν τις Φυλλίδας, ὃς ἐγραμμάτευε τοῖς περὶ Ἀρχίαν πολεμάρχοις, καὶ τἆλλα ὑπηρετήκει, ὡς ἐδόκει, ἄριστα. Τούτῳ δ᾽ ἀφιγμένῳ Ἀθήναζε κατὰ πρᾶξίν τινα καὶ πρόσθεν γνώριμος ὢν Μέλλων τῶν Ἀθηναζε πεφευγότων Θηβαίων συγγίγνεται, καὶ διαπυθόμενος μέν τις περὶ Ἀρχίαν τε τὸν πολεμαρχοῦντα καὶ τὴν περὶ Φίλιππον τυραννίδα, γνοὺς δὲ ἔτι μᾶλλον μισοῦντα αὐτὸν τὰ οἴκοι αὐτοῦ, πιστὰ δοὺς καὶ λαβὼν συνέθετο ὡς δεῖ ἕκαστα γίγνεσθαι. (3) Ἐκ δὲ τούτου προσλαβὼν ὁ Μέλλων ἓξ τοὺς ἐπιτηδειοτάτους τῶν φευγόντων ξιφίδια ἔχοντας καὶ ἄλλο ὅπλον οὐδέν, ἔρχεται πρῶτον μὲν εἰς τὴν χώραν νυκτός· ἔπειτα δὲ ἡμερεύσαντες ἔν τινι τόπῳ ἐρήμῳ πρὸς τὰς πύλας ἦλθον, ὡς δὴ ἐξ ἀγροῦ ἀπιόντες, ἡνίκαπερ οἱ ἀπὸ τῶν ἔργων ὀψιαίτατοι. Ἐπεὶ δ᾽ εἰσῆλθον εἰς τὴν πόλιν, διενυκτέρευσαν μὲν ἐκείνην τὴν νύκτα παρὰ Χάρωνί τινι, καὶ τὴν ἐπιοῦσαν δ᾽ ἡμέραν διημέρευσαν. (4) Ὁ μὲν οὖν Φυλλίδας τά τε ἄλλα ἐπεμελεῖτο τοῖς πολεμάρχοις, ὡς Ἀφροδίσια ἄγουσιν ἐπ᾽ ἐξόδῳ τῆς ἀρχῆς, καὶ δὴ καὶ γυναῖκας πάλαι ὑπι-

apud Phliuntem, anno integro et octo mensibus gestarum, fuit exitus.

Ceterum Polybiades Olynthios ad extremam famem redactos, quod jam neque terra frumentum acciperent, neque mari quidquam importaretur, Lacedæmonem legatos de pace mittere compulit. Illi plena cum potestate Spartam profecti, ejusmodi conditionibus fœdus ineunt, ut eosdem cum Lacedæmoniis et hostes et amicos haberent; quocunque Lacedæmonii ducerent, sequerentur; socii denique ipsorum essent. Hæc ubi se præstituros jurejurando confirmassent, domum rediere.

Quum autem Lacedæmoniis hæc prospere cessissent, ut jam Thebani ac Bœoti reliqui omnino ipsorum essent in potestate, Corinthios fidelissimos experirentur, Argivi demissis essent animis, quod nihil illis sacrorum mensium causis proficerent, quas prætexere consueverant; Athenienses ab aliis deserti essent; socios denique suos Lacedæmonii quum multassent, quotquot animis in eos non satis amicis fuerant: omnino imperium ipsorum præclare comparatum satisque munitum esse videbatur.

CAPUT IV.

Quanquam vero multa tum de Græcis tum barbaris commemorari possint, quibus declaretur eos, qui se impie gerant, ac nefaria designent a diis haud negligi; tamen nunc exponere malo, quæ modo nobis proposita sunt. Nam Lacedæmonii, quum de libertatem civitatibus concessuros juraverant, ac nihilominus arcem Thebanam in potestate sua retinebant, ab iis solis puniti sunt, adversus quos injurii fuerant, quum ante id temporis a nemine mortalium unquam in potestatem redacti fuissent; et ad dominatum eorum opprimendum, quotquot ex Thebanis civibus Lacedæmoniis in arcem introduxerant, ac Thebas servire Lacedæmoniis voluerant, ut imperio ipsi potirentur, soli septem exules suffecere. Quonam autem pacto id ipsum acciderit, exponam.

Phyllidas quidam erat, polemarchorum Archiæ collegarum scriba, suo in munere, quemadmodum existimabatur, perindustrius. Hunc negotii cujusdam causa venientem Athenas, unus e Thebanis exulibus Mello convenit, cui jam ante notus erat: quumque de tyrannide, quam Archias polemarchus ac Philippus exercerent, Phyllidam percunctatus esset, eique statum illum patriæ magis etiam displicere, quam sibi, animadvertisset: fide data et accepta, quo pacto singula gerenda essent, cum eo transigit. Secundum ea Mello, adjunctis sibi ex omni exulum numero sex huic rei perficiendæ inprimis idoneis, qui cetera inermes, tantum sicas secum sumerent, primo Thebanum agrum noctu ingreditur. Deinde proximo die in loco quodam solo exacto, ad portas accedunt, quasi qui ex agro reverterentur, id temporis quo solent qui a rusticis operis tardissime in urbem redeunt. Posteaquam ingressi essent, noctem illam, diemque proximum se Claronis cujusdam in ædibus continent. Interim Phyllidas quum res alias polemarchis procurabat, qui magistratu decessuri Veneralia celebrabant; tum eas se feminas id temporis ad-

συνούμενος ἄξειν αὐτοῖς τὰς σεμνοτάτας καὶ καλλίστας τῶν ἐν Θήβαις, τότ᾽ ἔφη ἄξειν. Οἱ δὲ, ἦσαν γὰρ τοιοῦτοι, μάλα ἡδέως προςεδέχοντο νυκτερεύσειν. (5) Ἐπεὶ δὲ ἐδείπνησάν τε καὶ συμπροθυμουμένου ἐκείνου ταχὺ ἐμεθύσθησαν, πάλαι κελευόντων ἄγειν τὰς ἑταίρας, ἐξελθὼν ἤγαγε τοὺς περὶ Μέλλωνα, τρεῖς μὲν στείλας ὡς δεσποίνας, τοὺς δ᾽ ἄλλους ὡς θεραπαίνας. (6) Κἀκείνους μὲν εἰςήγαγεν εἰς τὸ ταμιεῖον τοῦ πολεμαρχείου, αὐτὸς δ᾽ εἰςελθὼν εἶπε τοῖς περὶ Ἀρχίαν ὅτι οὐκ ἄν φασιν εἰςελθεῖν αἱ γυναῖκες, εἴ τις τῶν διακόνων ἔνδον ἔσοιτο. Ἔνθεν οἱ μὲν ταχὺ ἐκέλευον πάντας ἐξιέναι, ὁ δὲ Φυλλίδας δοὺς οἶνον εἰς ἑνὸς τῶν διακόνων ἐξέπεμψεν αὐτούς. Ἐκ δὲ τούτου εἰςήγαγε τὰς ἑταιρίδας δὴ, καὶ ἐκάθιζε παρ᾽ ἑκάστῳ. Ἦν γὰρ σύνθημα, ἐπεὶ καθίζοιντο, παίειν εὐθὺς ἀνακαλυψαμένους. (7) Οἱ μὲν δὴ οὕτω λέγουσιν αὐτοὺς ἀποθανεῖν, οἱ δὲ καὶ ὡς κωμαστὰς εἰςελθόντας τοὺς ἀμφὶ Μέλλωνα ἀποκτεῖναι τοὺς πολεμάρχους. Λαβὼν δὲ ὁ Φυλλίδας τρεῖς αὐτῶν ἐπορεύετο ἐπὶ τὴν τοῦ Λεοντιάδου οἰκίαν· κόψας δὲ τὴν θύραν εἶπεν ὅτι παρὰ τῶν πολεμάρχων ἀπαγγεῖλαί τι βούλοιτο. Ὁ δὲ ἐτύγχανε μὲν χωρὶς κατακείμενος ἔτι μετὰ δεῖπνον, καὶ ἡ γυνὴ ἐριουργοῦσα παρεκάθητο. Ἐκέλευσε δὲ τὸν Φυλλίδαν πιστὸν νομίζων εἰσιέναι. Οἱ δ᾽ ἐπεὶ εἰςῆλθον, τὸν μὲν ἀποκτείναντες, τὴν δὲ γυναῖκα φοβήσαντες κατεσιώπησαν. Ἐξιόντες δὲ εἶπον τὴν θύραν κεκλεῖσθαι· εἰ δὲ λήψοιντο ἀνεῳγμένην, ἠπείλησαν ἀποκτεῖναι ἅπαντας τοὺς ἐν τῇ οἰκίᾳ. (8) Ἐπεὶ δὲ ταῦτα ἐπέπρακτο, λαβὼν δύο ὁ Φυλλίδας τῶν ἀνδρῶν ἧλθε πρὸς τὸ ἀναγκαῖον, καὶ εἶπε τῷ εἰργμοφύλακι ὅτι ἄνδρα ἄγοι παρὰ πολεμάρχων ἐν εἱρξαί δέοι. Ὡς δὲ ἀνέῳξε, τοῦτον μὲν εὐθὺς ἀπέκτειναν, τοὺς δὲ δεσμώτας ἔλυσαν. Καὶ τούτους μὲν ταχὺ τῶν ἐκ τῆς στοᾶς ὅπλων καθελόντες ὥπλισαν, καὶ ἀγαγόντες ἐπὶ τὸ Ἀμφεῖον θέσθαι ἐκέλευον τὰ ὅπλα. (9) Ἐκ δὲ τούτου εὐθὺς ἐκήρυττον ἐξιέναι πάντας Θηβαίους, ἱππέας τε καὶ ὁπλίτας, ὡς τῶν τυράννων τεθνεώτων. Οἱ μὲν πολῖται, ἕως μὲν νὺξ ἦν, ἀπιστοῦντες ἡσυχίαν εἶχον· ἐπεὶ δ᾽ ἡμέρα τ᾽ ἦν καὶ φανερὸν ἦν τὸ γεγενημένον, ταχὺ δὴ καὶ οἱ ὁπλῖται καὶ οἱ ἱππεῖς σὺν τοῖς ὅπλοις ἐξεβοήθουν. Ἔπεμψαν δ᾽ ἱππέας οἱ κατεληλυθότες καὶ ἐπὶ τοὺς πρὸς τοῖς ὁρίοις Ἀθηναίων [τοὺς] δύο τῶν στρατηγῶν. Οἱ δ᾽ εἰδότες τὸ πρᾶγμα ἐφ᾽ ᾧ ἀπεστάλκεσαν***. (10) Ὁ μέντοι ἐν τῇ ἀκροπόλει ἁρμοστὴς ἐπεὶ ᾔσθετο τὸ νυκτερινὸν κήρυγμα, εὐθὺς ἔπεμψεν εἰς Πλαταιὰς καὶ Θεσπιὰς ἐπὶ βοήθειαν. Καὶ τοὺς μὲν Πλαταιέας αἰσθόμενοι προςιόντας οἱ τῶν Θηβαίων ἱππεῖς, ἀπαντήσαντες ἀπέκτειναν αὐτῶν πλέον ἢ εἴκοσιν· ἐπεὶ δὲ εἰςῆλθον ταῦτα πράξαντες καὶ οἱ Ἀθηναῖοι ἀπὸ τῶν ὁρίων ἤδη παρῆσαν, προςέβαλον πρὸς τὴν ἀκρόπολιν. (11) Ὡς δὲ ἔγνωσαν οἱ ἐν τῇ ἀκροπόλει ὀλίγοι ὄντες, τήν τε προθυμίαν τῶν προςιόντων ἁπάντων ἑώρων, καὶ τῶν κηρυγμάτων μεγάλων γιγνομένων τοῖς πρώτοις ἀναβᾶσιν, ἐκ τούτου φοβηθέντες εἶπον ὅτι ἀπίοιεν ἄν, εἴ σφισιν ἀσφάλειαν μετὰ τῶν ὅπλων ἀπιοῦσι διδοῖεν. Οἱ δὲ ἄσμενοι

ducturum ad ipsos aiebat, quas ex omni Thebanarum numero longe splendidissimas ac pulcherrimas adducturum se jamdudum pollicitus fuerat. Illi vero, quod homines ejusmodi essent, perjucunde noctem illam ut agerent, exspectabant. Posteaquam cœnati fuissent, ac vino jam incaluissent, dante opera Phyllida, ut id fieret : dudum hortantibus ipsis, ut mulierculas adduceret, egressus ab eis Mellonem cum suis adducit, quorum tres ornatu dominarum inducrat, ceteros ancillarum. Inde in penitius eos polemarchei conclave deducit. Hinc ad polemarchos ingressus, tum Archiæ, tum sociis ipsius significat, negare feminas se ingressuras, si ministrorum aliquis adsit. Tum illi mox omnes egredi jubent, ac Phyllidas dato ipsis vino, in ædes cujusdam ex ministris publicis eos ablegat. Deinde meretriculas scilicet introducit, easque apud singulos collocat. Et antea convenerat, ut quamprimum assidere jussi essent, velis rejectis polemarchos cæderent. Hoc modo illos occubuisse nonnulli commemorant. Alii narrant, Mellonem cum suis, ut comessatores, ingressos, occidisse polemarchos. Inde Phyllidas sumptis secum tribus ipsorum, ad Leontiadis ædes pergit. Quumque pulsasset fores, indicare se quiddam ipsi velle polemarchorum jussu dixit. Forte tunc Leontiades a cœna seorsum recubabat, assidente ipsi uxore, quæ lanificium exercebat. Et quia Phyllidam hominem fidum esse arbitrabatur, ingredi eum ad se jubet. Mox illi ingressi Leontiadem trucidant, et uxorem ipsius injecto metu silere cogunt. Quum egrederentur, occludi fores jubent, additis minis, si apertas offenderent, omnes se, qui in ædibus essent, interfecturos. His rebus gestis, duos secum Phyllidas sumit, et ad carcerem accedit : narrat custodi carceris, quemdam a polemarchis se adducere, quem vinculis constringi oporteat. Is ubi carcerem aperuisset, mox interficitur, ac vincti deinde liberantur : quos quum armis de porticu detractis instruxissent, et ad Amphium deduxissent, ut istic in armis subsisterent, imperant. Secundum ea Thebanos omnes, et equites, et gravis armaturæ pedites, egredi suis ædibus per præconem jubent ; quod jam tyranni perempti essent. At cives, quamdiu nox erat, nulla his fide habita, se domi continebant : posteaquam illuxisset, jamque palam, quid accidisset, conspiceretur, mox et gravis armatura et equestres copiæ suppetias latum adcurrunt. Miserunt etiam exules, qui jam redierant, equites duos illos prætores Atheniensium, qui in finibus erant. Illi quum nossent, quamobrem isti se misissent, [abiere]. Præfectus arcis, posteaquam de eo quod noctu proclamatum fuerat, certior factus esset, mox Plataeas ac Thespias, qui evocarent subsidia, mittit. Thebani equites, cognito, Plataeenses adventare, obviam eis pergunt, ac plures ex eis quam viginti occidunt. Qua re patrata, quum Thebas ingressi essent, jamque a finibus etiam Athenienses advenissent, copias oppugnandae arci admovent. Ibi quum illi, qui arcem obtinebant, se paucos esse intelligerent, ac omnium accedentium alacritatem intuerentur, magnis per præcones etiam præmiis, propositis, si qui primi ascendissent : metu inde perterriti, cessuros se arce significant, si tuto sibi cum armis abeundi facultas

HISTORIÆ GRÆCÆ LIB. V. CAP. IV.

τε ἔδοσαν ἃ ᾔτουν, καὶ σπεισάμενοι καὶ ὅρκους ὀμόσαντες ἐπὶ τούτοις ἐξέπεμπον. (12) Ἐξιόντων μέντοι, ὅσους ἐπέγνωσαν τῶν ἐχθρῶν ὄντας, συλλαμβάνοντες ἀπέκτειναν. Ἦσαν δέ τινες οἳ καὶ ὑπὸ Ἀθηναίων τῶν ἀπὸ τῶν ὁρίων ἐπιβοηθησάντων ἐξεκλάπησαν καὶ διεσώθησαν. Οἱ μέντοι Θηβαῖοι καὶ τοὺς παῖδας τῶν ἀποθανόντων, ὅσοις ἦσαν, λαβόντες ἀπέσφαξαν.

13. Ἐπεὶ δὲ ταῦτα ἐπύθοντο οἱ Λακεδαιμόνιοι, τὸν μὲν ἁρμοστὴν τὸν ἐγκαταλιπόντα τὴν ἀκρόπολιν καὶ οὐκ ἀναμείναντα τὴν βοήθειαν ἀπέκτειναν, φρουρὰν δὲ φαίνουσιν ἐπὶ τοὺς Θηβαίους. Καὶ Ἀγησίλαος μὲν λέγων ὅτι ὑπὲρ τεττεράκοντα ἀφ' ἥβης εἴη, καὶ ὥσπερ τοῖς ἄλλοις τοῖς τηλικούτοις οὐκέτι ἀνάγκη εἴη τῆς ἑαυτῶν ἔξω στρατεύεσθαι, οὕτω δὴ καὶ βασιλεῖ σὺν αὐτὸν νόμον ὄντα ἀπεδείκνυε. Κἀκεῖνος μὲν δὴ λέγων ταῦτα οὐκ ἐστρατεύετο. Οὐ μέντοι τούτου γε ἕνεκεν κατέμεινεν, ἀλλ' εὖ εἰδὼς ὅτι εἰ στρατηγοίη, λέξοιεν οἱ πολῖται ὡς Ἀγησίλαος, ὅπως βοηθήσειε τοῖς τυράννοις, πράγματα τῇ πόλει παρέχοι. Εἴα οὖν αὐτοὺς βουλεύεσθαι ὁποῖόν τι βούλοιντο περὶ τούτων. (14) Οἱ δ' ἔφοροι διδασκόμενοι ὑπὸ τῶν μετὰ τὰς ἐν Θήβαις σφαγὰς ἐκπεπτωκότων, Κλεόμβροτον ἐκπέμπουσι, πρῶτον τότε ἡγούμενον, μάλα χειμῶνος ὄντος. Καὶ τὴν μὲν δι' Ἐλευθερῶν ὁδὸν Χαβρίας ἔχων Ἀθηναίων πελταστὰς ἐφύλαττεν· ὁ δὲ Κλεόμβροτος ἀνέβαινε κατὰ τὴν εἰς Πλαταιὰς φέρουσαν. Προϊόντες δὲ οἱ πελτασταὶ περιτυγχάνουσιν ἐπὶ τῷ ἄκρῳ φυλάττουσι τοῖς ἐκ τοῦ ἀναγκαίου λελυμένοις, ὡς περὶ ἑκατὸν καὶ πεντήκοντα οὖσι. Καὶ τούτους μὲν ἅπαντας, εἰ μή τις ἐξέφυγεν, οἱ πελτασταὶ ἀπέκτειναν· αὐτὸς δὲ κατέβαινε πρὸς τὰς Πλαταιάς, ἔτι φιλίας οὔσας. (15) Ἐπεὶ δὲ εἰς Θεσπιὰς ἀφίκετο, ἐκεῖθεν ὁρμηθεὶς εἰς Κυνὸς κεφαλὰς οὔσας Θηβαίων ἐστρατοπεδεύσατο. Μείνας δὲ ἐκεῖ περὶ ἑκαίδεκα ἡμέρας ἀπεχώρησε πάλιν εἰς Θεσπιάς. Κἀκεῖ μὲν κατέλιπεν ἁρμοστὴν Σφοδρίαν καὶ ἀπὸ τῶν συμμάχων τὸ τρίτον μέρος ἑκάστων παρέδωκε δὲ αὐτῷ καὶ χρήματα ὅσα ἐτύγχανεν οἴκοθεν ἔχων, καὶ ἐκέλευσε ξενικὸν προσμισθοῦσθαι. (16) Καὶ ὁ μὲν Σφοδρίας ταῦτ' ἔπραττεν. Ὁ δὲ Κλεόμβροτος ἀπῄει ἐπ' οἴκου τὴν διὰ Κρεύσιος τοὺς μεθ' ἑαυτοῦ στρατιώτας καὶ μάλα ἀποροῦντας πότερον ποτε πόλεμος πρὸς Θηβαίους ἦ εἰρήνη εἴη· ἤγαγε μὲν γὰρ εἰς τὴν τῶν Θηβαίων τὸ στράτευμα, ἀπῆλθε δὲ ὡς ἐδύνατο ἐλάχιστα κακουργήσας. (17) Ἀπιόντι γε μὴν ἄνεμος αὐτῷ ἐξαίσιος ἐπεγένετο, ὃν καὶ οἰωνίζοντό τινες σημαίνειν πρὸ τῶν μελλόντων. Πολλὰ μὲν γὰρ καὶ ἄλλα γενναῖα ἐποίησεν, ἀτὰρ καὶ ὑπερβάλλοντος αὐτοῦ μετὰ τῆς στρατιᾶς ἐκ τῆς Κρεύσιος τὸ καθῆκον ἐπὶ θάλατταν ὄρος πολλοὺς μὲν ὄνους κατεκρήμνισεν αὐτοῖς σκεύεσι, πάμπολλα δὲ ὅπλα ἀρπασθέντα ἐξέπνευσεν εἰς τὴν θάλατταν. (18) Τέλος δὲ πολλοὶ οὐ δυνάμενοι σὺν τοῖς ὅπλοις πορεύεσθαι, ἔνθεν καὶ ἔνθεν τοῦ ἄκρου κατέλιπον λίθων ἐμπλήσαντες ὑπτίας τὰς ἀσπίδας. Καὶ τότε μὲν τῆς Μεγαρικῆς ἐν Αἰγοσθένοις ἐδείπνησαν ὡς ἐδύναντο· τῇ δ' ὑστεραίᾳ

fiat. Concedunt eis Thebani perlubenter, quod postulabant; et pactis induciis, sacramentoque confirmatis, eos dimittunt. Quum illi exirent, quoscunque hostium e numero agnoscunt, comprehensos necant. Nonnulli ab Atheniensibus, qui ab ipsis finibus opem Thebanis latum accesserant, clam surrepti, incolumes evasere : quum Thebani etiam interfectorum liberas, quibus quidem erant liberi, comprebensos trucidarent.

De his rebus Lacedæmonii certiores facti, præfectum illum, qui arcem reliquerat, et subsidia non exspectaverat, interficiunt : simul adversus Thebanos delectus habent. Agesilaus, quum se diceret ante annos jam quadraginta pubertatem excessisse, ac demonstraret, itidem ut alios tam grandi ætate necesse non sit extra patriæ limites militatum ire, sic et reges eodem jure uti : hæc, inquam, quum diceret, ab ea se expeditione liberavit. Neque tamen hæc erat causa, quamobrem domi maneret: sed quod futurum non ignoraret, ut si munus imperatoris acciperet, dicerent cives, Agesilaum reipublicæ negotium facessere, ut tyrannis opem ferret. Itaque permittebat eis, ut de hoc ex animi sui arbitratu statuerent. Tandem Ephori admoniti ab iis qui post factas Thebis cædes exulatum abierant, hieme aspera Cleombrotum cum copiis mittunt, qui tunc primum ducis officio fungi cœpit. Et quia quod per Eleutheras erat iter, a Chabria cetratisque Atheniensium custodiebatur, Cleombrotus via Plataeas versum ducente ascendit. Præcedentes reliquos cetrati montis in jugo in eorum incidunt præsidium, qui de carcere liberati fuerant, homines plus minus centum quinquaginta. Eos universos extra quam si fuga sibi quispiam consuluisset, cetrati occidunt. Interim Cleombrotus ad oppidum Plataeas descendit, quod adhuc Lacedæmoniorum erat in fide. Thespias quum venisset, cum copiis progressus ad Cynoscephalas, Thebanorum oppidum, castra locat. Istic dies fere sedecim quum substitisset, Thespias revertit : ubi Sphodriam præfectum, cum tertia quorumlibet sociorum parte, relinquit. Eidem et pecuniam tradit, quas quidem domo secum allatas tunc habebat; utque stipendiarium militem conduceret, imperat. Id quum faceret Sphodrias, interim Cleombrotus, via qua per oppidum Creusiam itur, domum abducit milites suos, dubios admodum, paxne cum Thebanis, an bellum esset. Nam Cleombrotus copias quidem Thebanorum in agrum duxit, sed ita tamen discessit, ut quam minimum detrimenti eis inferret. Quumque digrederetur, ventus immanis quidam exortus est; quem ipsum nonnulli de futuris aliquid significare augurabantur. Nam is ut alia non pauca valido cum impetu fecit, ita etiam tum temporis, quum e Creusi Cleombrotus cum copiis montem, qui ad mare pertinet, superaret, multos asinos una cum ipsis sarcinis præcipites egit, armaque plurima abrepta in mare dejecit. Tandem quum multi cum armis progredi non possent, ex utraque verticis parte scuta supina lapidibus oppleta relinquebant. Cœnati sunt eo die, uti quidem poterant, Ægosthenis, quod agri Megarensis est oppidum. Postridie reversi, arma sua tol-

ἐλθόντες ἐκομίσαντο τὰ ὅπλα. Καὶ ἐκ τούτου οἴκαδε ἤδη ἕκαστοι ἀπῇεσαν· ἀφῆκε γὰρ αὐτοὺς ὁ Κλεόμβροτος.

19. Οἱ μὲν οὖν Ἀθηναῖοι ὁρῶντες τὴν τῶν Λακεδαιμονίων ῥώμην καὶ ὅτι πόλεμος ἐν Κορίνθῳ οὐκέτι ἦν, ἀλλ' ἤδη παριόντες τὴν Ἀττικὴν οἱ Λακεδαιμόνιοι εἰς τὰς Θήβας ἐνέβαλλον, οὕτως ἐφοβοῦντο ὥστε καὶ τὼ δύο στρατηγώ, ὣ συνηπιστάσθην τὴν τοῦ Μέλλωνος ἐπὶ τοὺς περὶ Λεοντιάδην ἐπανάστασιν, κρίναντες τὸν μὲν ἀπέκτειναν, τὸν δὲ, ἐπεὶ οὐχ ὑπέμεινεν, ἐφυγάδευσαν.

20. Οἱ δ' αὖ Θηβαῖοι καὶ αὐτοὶ φοβούμενοι, εἰ μηδένες ἄλλοι ἢ αὐτοὶ πολεμήσοιεν τοῖς Λακεδαιμονίοις, τοιόνδε εὑρίσκουσι μηχάνημα. Πείθουσι τὸν ἐν ταῖς Θεσπιαῖς ἁρμοστὴν Σφοδρίαν, χρήματα δόντες, ὡς ὑπωπτεύετο, ἐμβαλεῖν εἰς τὴν Ἀττικήν, ἵν' ἐκπολεμήσειε τοὺς Ἀθηναίους πρὸς τοὺς Λακεδαιμονίους. Κἀκεῖνος πειθόμενος αὐτοῖς, προσποιησάμενος τὸν Πειραιᾶ καταλήψεσθαι, ὅτι δὴ ἀπύλωτος ἦν, ἦγεν ἐκ τῶν Θεσπιῶν πρωὶ δειπνήσαντας τοὺς στρατιώτας, φάσκων πρὸ ἡμέρας κατανύσειν εἰς τὸν Πειραιᾶ. (21) Θρᾶξι δ' αὐτῷ ἡμέρα ἐπεγένετο, καὶ οὐδὲ ταῦτ' ἐποίησεν ὥστε λαθεῖν, ἀλλ' ἐπεὶ ἀπετράπετο, βοσκήματα διήρπασε καὶ οἰκίας ἐπόρθησε. Τῶν δὲ ἐντυχόντων τινὲς τῆς νυκτὸς φεύγοντες εἰς τὸ ἄστυ ἀπήγγελλον τοῖς Ἀθηναίοις ὅτι στράτευμα πάμπολυ προσίοι. Οἱ μὲν δὴ ταχὺ ὁπλισάμενοι καὶ ἱππεῖς καὶ ὁπλῖται ἐν φυλακῇ τῆς πόλεως ἦσαν. (22) Τῶν δὲ Λακεδαιμονίων καὶ πρέσβεις Ἀθήνησιν ἐτύγχανον ὄντες παρὰ Καλλίᾳ τῷ προξένῳ Ἐτυμοκλῆς τε καὶ Ἀριστόλοχος καὶ Ὤκυλλος· οὓς οἱ Ἀθηναῖοι, ἐπεὶ τὸ πρᾶγμα ἠγγέλθη, συλλαβόντες ἐφύλαττον, ὡς καὶ τούτων συνεπιβουλευόντας. Οἱ δὲ ἐκπεπληγμένοι τε ἦσαν τῷ πράγματι καὶ ἀπελογοῦντο ὡς οὐκ ἄν ποτε οὕτω μωροὶ ἦσαν ὡς εἰ ᾔδεσαν καταλαμβανόμενον τὸν Πειραιᾶ, ἐν τῷ ἄστει ἂν ὑπαγχειρίους αὑτοὺς παρεῖχον, καὶ ταῦτα παρὰ τῷ προξένῳ, οὗ τάχιστ' εὑρέθησαν. (23) Ἔτι δ' ἔλεγον ὡς εὔδηλον καὶ τοῖς Ἀθηναίοις ἔσοιτο ὅτι οὐδ' ἡ πόλις τῶν Λακεδαιμονίων ταῦτα συνῄδει. Σφοδρίαν γὰρ εὖ εἰδέναι ἔφασαν ὅτι ἀπολωλότα πεύσοιντο ὑπὸ τῆς πόλεως. Κἀκεῖνοι μὲν κριθέντες μηδὲν συνειδέναι ἀφείθησαν. (24) Οἱ δ' ἔφοροι ἀνεκαλέσαντό τε τὸν Σφοδρίαν καὶ ὑπῆγον θανάτου. Ἐκεῖνος μέντοι φοβούμενος οὐχ ὑπήκουσεν· ὅμως δὲ καίπερ οὐχ ὑπακούσαντι τὴν κρίσιν ἀπέφυγε. Καὶ πολλοῖς ἔδοξεν αὕτη δὴ ἐν Λακεδαίμονι ἀδικώτατα ἡ δίκη κριθῆναι. Ἐγένετο δὲ τοῦτο τὸ αἴτιον.

25. Ἦν υἱὸς τῷ Σφοδρίᾳ ἡλικίαν τε ἔχων τὴν ἄρτι ἐκ παίδων, Κλεώνυμος ὄνομα, καὶ ἅμα κάλλιστός τε καὶ εὐδοκιμώτατος τῶν ἡλίκων. Τούτου δὴ ἐρῶν ἐτύγχανεν Ἀρχίδαμος ὁ Ἀγησιλάου. Οἱ μὲν οὖν τοῦ Κλεομβρότου φίλοι, ἅτε ἑταῖροι ὄντες τῷ Σφοδρίᾳ, ἀπολυτικῶς αὐτοῦ εἶχον, τὸν δὲ Ἀγησίλαον καὶ τοὺς ἐκείνου φίλους ἐφοβοῦντο, καὶ τοὺς διὰ μέσου δέ· δεινὰ γὰρ ἐδόκει πεποιηκέναι. (26) Ἐκ τούτου δὲ ὁ μὲν Σφοδρίας εἶπε πρὸς τὸν Κλεώνυμον, Ἔξεστί σοι, ὦ υἱέ, σῶσαι

lunt : ac deinde singuli domum se conferunt ; nam dimiserat eos Cleombrotus.

Athenienses, qui Lacedæmoniorum vires perspicerent, jamque non amplius apud Corinthum bellum geri viderent, sed Lacedæmonios Atticam prætergressos, Thebas invasisse, tanto metu exanimati sunt, ut duos illos prætores suos, qui conspirationis a Mellone adversus Leontiadem initæ conscii fuerant, in judicium accesserent, et alterum quidem morte multarent, alterum vero, quia judicium exspectare noluerat, in exilium agerent.

Thebani autem, quum et ipsi metuerent, si extra se alii nulli bellum Lacedæmoniis facerent, hujusmodi quendam dolum reperiunt : Sphodriæ Thespiis præfecto largitionibus persuadent, uti quidem erat suspicio, ut Atticam cum copiis invaderet, ac Athenienses ad bellum adversus Lacedæmonios suscipiendum proritaret. Is quum obtemperaret eis, ac Piræeum se capere velle simularet, nullis adhuc portis occlusum, milites summo mane cibo sumpto Thespiis educebat, ac se ante diem in Piræeum itinere confecto perventurum aiebat. Verum ad Thria quum accessisset, dies exortus est ; neque jam ita se gessit, ut ejus consilium ignoraretur ; sed ubi reverti cœpisset, pecora diripuit, et domos spoliavit. Nonnulli ex eis qui in ipsum inciderant, noctu in urbem fugientes, nuntiabant Atheniensibus, magnas accedere copias. Quamobrem celeriter correptis armis tum equites tum gravis armaturæ pedites urbem custodiebant. Forte tunc et Lacedæmoniorum legati Athenis apud Calliam, hospitem publicum civitatis suæ, aderant, Etymocles, Aristolochus, Ocellus. Eos Athenienses, hac re nuntiata, comprehensos custodiebant, quasi qui et ipsi cum aliis insidiati essent. At illi perturbati ex re nova, purgabant se : nunquam ita se fatuos futuros fuisse, ut si præscivissent, captum iri Piræeum, se ipsos in urbe Atheniensium potestati traderent, præsertim apud hospitem civitatis suæ publicum, ubi quamprimum inventi fuissent. Addebant præterea, plane cognitosus ipsos etiam Athenienses , ne Lacedæmoniorum quidem rempublicam harum rerum consciam esse. Nam scire se, futurum omnino, ut Sphodriam a republica sua morte multatum aliquando audiant. Itaque judicati minime conscii facinoris hujus esse, dimissi sunt. Ephori autem Sphodria revocato, capitis in cum judicium constituerunt. Itaque metu consternatus, non paruit : et quanquam ad judicium haud compareret, nihilominus est absolutus. Quæ res multis visa est iniquissime apud Lacedæmonios esse judicata. Fuit autem hæc omnino ejus rei causa :

Erat Sphodriæ filius Cleonymus, qui et recens e pueris excesserat , et inter æquales suos omnium erat tum formosissimus, tum probatissimis moribus. Hunc Archidamus Agesilai filius amabat. Propendebant autem in hoc amici Cleombroti, sodales quippe Sphodriæ, ut absolveretur ; verum et Agesilaum cum suis amicis metuebant, et qui inter utrosque quasi medii erant : existimabatur enim atrociter deliquisse. Quamobrem Sphodrias ad Cleonymum, Potes, in

τὸν πατέρα, δεηθέντι Ἀρχιδάμου εὐμενῆ Ἀγησίλαον ἐμοὶ εἰς τὴν κρίσιν παρασχεῖν. Ὁ δὲ ἀκούσας ἐτόλμησεν ἐλθεῖν πρὸς τὸν Ἀρχίδαμον, καὶ ἐδεῖτο συντῆρα αὐτῷ τοῦ πατρὸς γενέσθαι. (27) Ὁ μέντοι Ἀρχίδαμος ἰδὼν μὲν τὸν Κλεώνυμον κλαίοντα συνεδάκρυε παρεστώς· ἀκούσας δὲ δεομένου, ἀπεκρίνατο, Ἀλλ', ὦ Κλεώνυμε, ἴσθι μὲν ὅτι ἐγὼ τῷ ἐμῷ πατρὶ οὐδ' ἀντιβλέπειν δύναμαι, ἀλλὰ κἄν τι βούλωμαι διαπράξασθαι ἐν τῇ πόλει, πάντων μᾶλλον ἢ τοῦ πατρὸς δέομαι· ὅμως δ', ἐπεὶ σὺ κελεύεις, νόμιζε πᾶσάν με προθυμίαν ἕξειν ταῦτά σοι πραχθῆναι. (28) Καὶ τότε μὲν δὴ ἐκ τοῦ φιλιτίου εἰς τὸν οἶκον ἐλθὼν ἀνεπαύετο· τοῦ δ' ὄρθρου ἀναστὰς ἐφύλαττε μὴ λάθῃ αὐτὸν ὁ πατὴρ ἐξελθών. Ἐπεὶ δὲ εἶδεν αὐτὸν ἐξιόντα, πρῶτον μέν, εἴ τις τῶν πολιτῶν παρῆν, παρίει τούτους διαλέγεσθαι αὐτῷ, ἔπειτα δ', εἴ τις ξένος, ἔπειτα δὲ καὶ τῶν θεραπόντων τῷ δεομένῳ παρεχώρει. Τέλος δ', ἐπεὶ ἀπὸ τοῦ Εὐρώτα ἀπιὼν ὁ Ἀγησίλαος εἰσῆλθεν οἴκαδε, ἀπιὼν ᾤχετο οὐδὲ προσελθών. (29) Καὶ τῇ ὑστεραίᾳ δὲ ταὐτὰ ταῦτα ἐποίησεν. Ὁ δ' Ἀγησίλαος ὑπώπτευε μὲν ὧν ἕνεκεν ἐφοίτα, οὐ μέντοι ἠρώτα, ἀλλ' εἴα αὐτόν. Ὁ δ' αὖ Ἀρχίδαμος ἐπεθύμει μέν, ὥσπερ εἰκός, ὁρᾶν τὸν Κλεώνυμον· ὅπως μέντοι ἔλθοι πρὸς αὐτὸν μὴ διειλεγμένος τῷ πατρὶ περὶ ὧν ἐκεῖνος ἐδεήθη οὐκ εἶχεν. Οἱ δὲ ἀμφὶ τὸν Σφοδρίαν οὐχ ὁρῶντές τε τὸν Ἀρχίδαμον ἰόντα, πρόσθεν δὲ θαμίζοντα, ἐν παντὶ ἦσαν μὴ λελοιδορημένος εἴη ὑπ' Ἀγησιλάου. (30) Τέλος μέντοι ὁ Ἀρχίδαμος ἐτόλμησε προσελθεῖν καὶ εἰπεῖν, Ὦ πάτερ, Κλεώνυμός με κελεύει σου δεηθῆναι σῶσαί οἱ τὸν πατέρα· καὶ ἐγὼ ταῦτά σου δέομαι, εἰ δυνατόν. Ὁ δ' ἀπεκρίνατο, Ἀλλά σοι μὲν ἔγωγε συγγνώμην ἔχω· αὐτὸς μέντοι ὅπως ἂν συγγνώμης τύχοιμι παρὰ τῆς πόλεως ἀνδρὰ μὴ καταγιγνώσκων ἀδικεῖν οἷς ἐχρηματίσατο ἐπὶ κακῷ τῆς πόλεως οὐχ ὁρῶ. (31) Ὁ δὲ τότε μὲν δὴ πρὸς ταῦτα οὐδὲν εἶπεν, ἀλλ' ἡττηθεὶς τοῦ δικαίου ἀπῆλθεν. Ὕστερον δὲ ἢ αὐτὸς νοήσας ἢ διδάξαντός τινος εἶπεν ἐλθών, Ἀλλ' ὅτι μέν, ὦ πάτερ, εἰ μηδὲν ἠδίκηκει Σφοδρίας, ἀπέλυσας ἂν αὐτὸν οἶδα· νῦν δέ, εἰ ἠδίκηκέ τι, ἡμῶν ἕνεκα συγγνώμης παρὰ σοῦ τυγέτω. Ὁ δὲ εἶπεν, Ἂν μέλλῃ καλὰ ταῦθ' ἡμῖν εἶναι, οὕτως ἔσται. Ὁ μὲν δὴ ταῦτα ἀκούσας μάλα δύσελπις ὢν ἀπῄει. (32) Τῶν δὲ τοῦ Σφοδρίου φίλων τις διαλεγόμενος Ἐτυμοκλεῖ εἶπεν, Ὑμεῖς μέν, οἶμαι, ἔφη, πάντες οἱ Ἀγησιλάου φίλοι ἀποκτενεῖτε τὸν Σφοδρίαν. Καὶ ὁ Ἐτυμοκλῆς, Μὰ Δία οὐκ ἄρα ταῦτα, ἔφη, ποιήσομεν Ἀγησιλάῳ, ἐπεὶ ἐκεῖνός γε πρὸς πάντας ὅσοις διείλεκται ταὐτὰ λέγει, μὴ ἀδικεῖν μὲν Σφοδρίαν ἀδύνατον εἶναι· ὅστις μέντοι παῖς τε ὢν καὶ παιδίσκος καὶ ἡβῶν πάντα τὰ καλὰ ποιῶν διετέλεσε, χαλεπὸν εἶναι τοιοῦτον ἄνδρα, ἀποκτιννύναι· τὴν γὰρ Σπάρτην τοιούτων δεῖσθαι στρατιωτῶν. (33) Ὁ δ' ἀκούσας ταῦτα ἀπήγγειλα τῷ Κλεωνύμῳ. Ὁ δ' ἡσθείς, εὐθὺς ἐλθὼν πρὸς τὸν Ἀρχίδαμον εἶπεν, Ὅτι μὲν ἡμῶν ἐπιμελῇ ἤδη ἴσμεν· εὖ δ' ἐπίστω, Ἀρχίδαμε, ὅτι καὶ ἡμεῖς πειρασόμεθα ἐπιμελεῖσθαι ὡς

XENOPHON.

quit, patrem servare, fili, si Archidamum rogaveris, ut Agesilaum mihi propitium hoc in judicio reddat. Quibus ille auditis, tantum audaciæ sibi sumpsit, ut Archidamum accederet, eumque rogaret, patrem uti sibi servare incolumem vellet. Archidamus ubi Cleonymum flentem vidit, adstabat et ipse lacrimans. Postea quam autem obsecrantem audiisset, Enimvero, inquit, scito, mi Cleonyme, non posse me patrem meum vel adspicere: sed si quid in republica impetrare cupio, quosvis potius quam patrem appello. Nihilominus, quia tu jubes, existimato me omne studium adhibiturum, ut hujus voti compos fias. Ac tum quidem ex philitio domum reversus, quieti se dabat. Mane posteaquam surrexisset, observabat, ne clam ipso pater exiret. Ubi jam exeuntem videbat, primum si qui cives aderant, eis colloquendi cum ipso facultatem concedebat, deinde si qui hospites, ac si qui denique ministri essent, qui ipsum convenire cuperent, cedebat omnibus. Tandem quum discedens Agesilaus ab Eurota domum suam ingrederetur, Archidamus etiam patre non convento abibat. Eadem faciebat et postridie. Suspicabatur autem Agesilaus, quamobrem ita se sectaretur: non tamen eum interrogabat, sed abire patiebatur. Interim Archidamus tenebatur quidem ille, ut par est credere, videndi Cleonymi desiderio: verum enim quomodo eum accederet, needum expositis patri iis quæ Cleonymus postulaverat, minime habebat. At amici Sphodriæ quum Archidamum non amplius Cleonymum, cui ante id temporis frequens adfuerat, accedere viderent, ne esset objurgatus ab Agesilao, sollicite verebantur. Tandem Archidamus convenire patrem ausus est, cumque sic compellare: Jubet, mi pater, Cleonymus, uti te rogem, patris sui salutem tuearis. Id ut fiat, ego quoque abs te peto, si fieri potest. Cui Agesilaus, Equidem, ait, ignosco tibi: verum quo pacto a republica sim impetraturus, ut ignoscat mihi, si non ob injustum quæstum hominem condemnavero, quem is cum detrimento reipublicæ fecit, non video. Ad ea tum quidem nihil dixit Archidamus, sed æquitate responsi victus, discessit: verum deinceps, sive per seipsum animadversa, seu edoctus ab alio quodam, Equidem, inquit, scio, mi pater, liberaturum te fuisse culpa Sphodriam: verum grave esse, quin Sphodrias egerit injuste: verum grave esse, virum ejusmodi interfici, qui et puer, et adolescens, et juvenis semper honestissime se gesserit. Spartam enim hujusmodi militibus indigere. Quæ ille audita Cleonymo refert. Is mirifice delectatus, mox ad Archidamum adcurrens, Esse nos, inquit, tibi curæ, jam intelligimus. Te quidem certe scire volumus, mi Archidame, nos quoque

28

μήποτε σὺ ἐπὶ τῇ ἡμετέρᾳ φιλίᾳ αἰσχυνθῇς. Καὶ οὐκ ἐψεύσατο, ἀλλὰ καὶ ζῶν ἅπαντ' ἐποίει ὅσα καλὰ ἐν τῇ Σπάρτῃ, καὶ ἐν Λεύκτροις πρὸ τοῦ βασιλέως μαχόμενος σὺν Δείνωνι τῷ πολεμάρχῳ τρὶς πεσὼν πρῶτος τῶν πολιτῶν ἐν μέσοις τοῖς πολεμίοις ἀπέθανε. Καὶ ἠνίασε μὲν εἰς τὰ ἔσχατα Ἀρχίδαμον, ὡς δ' ὑπέσχετο, οὐ κατῄσχυνεν, ἀλλὰ μᾶλλον ἐκόσμησε. Τοιούτῳ μὲν δὴ τρόπῳ Σφοδρίας ἀπέφυγε.

34. Τῶν μέντοι Ἀθηναίων οἱ βοιωτιάζοντες ἐδίδασκον τὸν δῆμον ὡς οἱ Λακεδαιμόνιοι οὐχ ὅπως τιμωρήσαιντο, ἀλλὰ καὶ ἐπαινέσαιεν τὸν Σφοδρίαν, ὅτι ἐπεβούλευσε ταῖς Ἀθήναις. Καὶ ἐκ τούτου οἱ Ἀθηναῖοι ἐπύλωσάν τε τὸν Πειραιᾶ, ναῦς τε ἐναυπηγοῦντο, τοῖς τε Βοιωτοῖς ἐβοήθουν πάσῃ προθυμίᾳ. (35) Οἱ δ' αὖ Λακεδαιμόνιοι φρουρὰν τε ἔφηναν ἐπὶ τοὺς Θηβαίους, καὶ τὸν Ἀγησίλαον νομίσαντες φρονιμώτερον ἂν σφίσι τοῦ Κλεομβρότου ἡγεῖσθαι, ἐδέοντο αὐτοῦ ἄγειν τὴν στρατιάν. Ὁ δὲ εἰπὼν ὅτι οὐδὲν ἂν ὅ τι τῇ πόλει δοκοίη ἀντειπεῖν παρεσκευάζετο εἰς τὴν ἔξοδον. (36) Γιγνώσκων δ' ὅτι εἰ μή τις προκαταλήφοιτο τὸν Κιθαιρῶνα, οὐ ῥᾴδιον ἔσται εἰς τὰς Θήβας ἐμβαλεῖν, μαθὼν πολεμοῦντας τοὺς Κλειτορίους τοῖς Ὀρχομενίοις καὶ ξενικὸν τρέφοντας, ἐκοινολογήσατο αὐτοῖς, ὅπως γένοιτο τὸ ξενικὸν αὑτῷ, εἴ τι δεηθείη. (37) Ἐπεὶ δὲ τὰ διαβατήρια ἐγένετο, πέμψας, πρὶν ἐν Τεγέᾳ αὐτὸς εἶναι, πρὸς τὸν ἄρχοντα τῶν παρὰ τοῖς Κλειτορίοις ξένων, καὶ μισθὸν δοὺς μηνὸς αὐτοῖς, ἐκέλευσε προκαταλαβεῖν αὐτοὺς τὸν Κιθαιρῶνα. Τοῖς δ' Ὀρχομενίοις εἶπεν, ἕως στρατεία εἴη, παύεσθαι τοῦ πολέμου· εἰ δέ τις πόλις στρατιᾶς οὔσης ἔξω ἐπὶ πόλιν στρατεύσοι, ἐπὶ ταύτην ἔφη πρῶτον ἰέναι κατὰ τὸ δόγμα τῶν συμμάχων. (38) Ἐπεὶ δὲ ὑπερέβαλε τὸν Κιθαιρῶνα, ἐλθὼν εἰς Θεσπιὰς ἐκεῖθεν ὁρμηθεὶς ᾔει ἐπὶ τὴν τῶν Θηβαίων χώραν. Εὑρὼν δὲ ἀποτεταφρευμένον τε καὶ ἀπεσταυρωμένον κύκλῳ τὸ πεδίον καὶ τὰ πλείστου ἄξια τῆς χώρας, στρατοπεδευόμενος ἄλλοτε ἄλλῃ καὶ μετ' ἄριστον ἐξάγων ἐδῄου τῆς χώρας τὰ πρὸς ἕω τῶν σταυρωμάτων καὶ τῆς τάφρου. Οἱ γὰρ πολέμιοι, ὅπου ἐπιφαίνοιτο ὁ Ἀγησίλαος, ἀντιπαρῆσαν ἔνδον τοῦ χαρακώματος ὡς ἀμυνούμενοι. (39) Καί ποτε ἀποχωροῦντος αὐτοῦ ἤδη τὴν ἐπὶ τὸ στρατόπεδον, οἱ τῶν Θηβαίων ἱππεῖς τέως ἀφανεῖς ὄντες ἐξαίφνης διὰ τῶν ὁδοποιημένων τοῦ χαρακώματος ἐξόδων ἐξελαύνουσι, καὶ οἷα δὴ ἀπιόντων πρὸς δεῖπνον καὶ συσκευαζομένων τῶν πελταστῶν, τῶν δὲ ἱππέων τῶν μὲν ἔτι καταδεδηκότων, τῶν δ' ἀναβαινόντων, ἐπελαύνουσι· καὶ τῶν τε πελταστῶν συχνοὺς κατέβαλον καὶ τῶν ἱππέων Κλέωνα καὶ Ἐπίλυτίδαν Σπαρτιάτας, καὶ τῶν περιοίκων ἕνα, Εὔδικον, καὶ τῶν Ἀθηναίων τινὰς φυγάδων, οὔπω ἀναβεβηκότας ἐπὶ τοὺς ἵππους. (40) Ὡς δὲ ἀναστρέψας σὺν τοῖς ὁπλίταις ἐβοήθησεν ὁ Ἀγησίλαος, οἵ τε ἱππεῖς ἤλαυνον ἐναντίοι τοῖς ἱππεῦσι καὶ τὰ δέκα ἀφ' ἥβης ἐκ τῶν ὁπλιτῶν ἔθει σὺν αὐτοῖς. Οἱ μέντοι τῶν Θηβαίων ἱππεῖς ἐῴκεσαν ὑποπεπωκόσι που ἐν μεσημβρίᾳ· ὑπέμενον μὲν γὰρ τοῖς

daturos enixe operam, ut nunquam tibi amicitia nostra sit dehonestamento. Qua quidem in re non eum fefellit. Nam et quamdiu viveret, omnia quæ Spartæ præclara ducuntur, præstitit; et apud Leuctra dimicans ante regem una cum Dinone polemarcho, quum ter cecidisset et resurrexisset, primus e civibus medios inter hostes occubuit. Qua re attulit quidem ille mœrorem Archidamo extremum, non tamen ei dedecus fuit, sed potius ornamento, uti pollicitus erat. Hoc igitur modo Sphodrias fuit absolutus.

Tum vero quotquot apud Athenienses Bœotis favebant, significare populo, tantum abesse, ut in Sphodriam Lacedæmonii animadvertant, ut eundem etiam collaudent, quod Athenis insidiatus sit. Itaque secundum ea Piræeum portis occludunt, naves ædificant, animorum alacritate summa Bœotis opem ferunt. Lacedæmonii vero novos adversus Thebanos delectus habendos esse decernunt: et quia prudentius Agesilaum copias ducturum existimarent, quam fecisset Cleombrotus, hunc ipsum erant, exercitum uti duceret. Ille quum diceret, nulla se in re, quæ reipublicæ placeret, adversaturum, ad profectionem se comparabat. Quia vero animadverteret, non facile quemquam Thebanum in agrum irrupturum, qui non Cithæronem ante cepisset, certior autem factus esset, Clitorios adversus Orchomenios bellum gerere militemque conductitium alere, cum eis egit, ut copias illas conductitias sibi concederent, si eis opus esset. Quamprimum exta de traducendis copiis ei fausta obtigissent, antequam Tegeam ipse pervenisset, ad conductitii militis apud Clitorios ducem mittit, datoque ipsis stipendio menstruo, Cithæronem eos occupare jubet. Simul Orchomeniis denuntiat ut hujus expeditionis tempore ipsi a bello abstinerent. Quod si qua civitas interim, dum peregre abessent copiæ, adversus civitatem arma caperet, eam se primum, ait, de sententia decreti a sociis facti aggressurum. Posteaquam Cithæronem superasset, ac Thespias venisset, inde productis copiis, Thebanorum in agrum pergebat. Quumque planitiem et eximia quæque regionis loca undique fossa valloque munita reperiret, alias alibi locatis castris, et eductis a prandio copiis, ea loca populando vastabat, quæ auroram versus a vallo fossaque sita erant. Nam hostes, ubicumque se Agesilaus ostenderet, intra vallum ei occurrebant, vim propulsaturi. Et accidit aliquando, ut ipso ad castra revertente, Thebani equites, ab hostibus nondum conspecti, subito per exitus in vallo factos erumperent; eoque tempore, quo cetrati ad cœnam discedebant ac jam vasa colligebant, equites autem partim ab equis descenderant, partim eos conscendebant, impetum in hostes facerent, ac plurimos e cetratis prosternerent, Cleonemque et Epilytidam, Spartanos equites, cum Eudico, qui ex urbi Spartanæ finitimis erat, cumque nonnullis Atheniensibus in exilio degentibus, qui nondum equos ascenderant, interimerent. Quum autem Agesilaus cum gravi armatura conversus, opem suis ferret, et equites in adversum hostium equitatum irruerunt, et eosdem ex gravi armatura cursu subsequebantur quotquot ab annis decem jam ex ephebis excesserant : tum vero Thebanorum equites similes erant iis qui in meridie paulo subbiberint : quippe tamdiu exspectabant eos, qui

ἐπελαύνουσιν ὥστ' ἐξακοντίζειν τὰ δόρατα, ἐξικνοῦντο δ' οὔ. Ἀναστρέφοντες δὲ ἐκ τοσούτου ἀπέθανον αὐτῶν δώδεκα. (41) Ὡς δὲ κατέγνω ὁ Ἀγησίλαος ὅτι ἀεὶ μετ' ἄριστον οἱ πολέμιοι ἐφαίνοντο, θυσάμενος ἅμα τῇ ἡμέρᾳ ἦγεν ὡς οἷόν τε τάχιστα, καὶ παρῆλθε δι' ἐρημίας εἴσω τῶν χαρακωμάτων. Ἐκ τούτου τὰ ἐντὸς ἔτεμνε καὶ ἔκαε μέχρι τοῦ ἄστεος. Ταῦτα δὲ ποιήσας καὶ πάλιν ἀποχωρήσας εἰς Θεσπιάς, ἐτείχιζε τὸ ἄστυ αὐτοῖς· καὶ ἐκεῖ μὲν Φοιβίδαν κατέλιπεν ἁρμοστήν, αὐτὸς δ' ὑπερβαλὼν πάλιν εἰς τὰ Μέγαρα τοὺς μὲν ξυμμάχους διῆκε, τὸ δὲ πολιτικὸν στράτευμα ἐπ' οἴκου ἀπήγγειεν.

42. Ἐκ δὲ τούτου ὁ Φοιβίδας ἐκπέμπων μὲν λῃστήρια ἔφερε καὶ ἦγε τοὺς Θηβαίους, καταδρομὰς δὲ ποιούμενος ἐκακούργει τὴν χώραν. Οἱ δ' αὖ Θηβαῖοι ἀντιτιμωρεῖσθαι βουλόμενοι στρατεύουσι πανδημεὶ ἐπὶ τὴν τῶν Θεσπιῶν χώραν. Ἐπεὶ δ' ἦσαν ἐν τῇ χώρᾳ, ὁ Φοιβίδας σὺν τοῖς πελτασταῖς προσκείμενος οὐδαμοῦ εἴα αὐτοὺς ἀποσκεδάννυσθαι τῆς φάλαγγος· ὥστε οἱ Θηβαῖοι μάλα ἀχθόμενοι τῇ ἐμβολῇ θάττονα τὴν ἀποχώρησιν ἐποιοῦντο, καὶ οἱ ὀρεοκόμοι δὲ ἀποῤῥίπτοῦντες ἃν εἰλήφεσαν καρπὸν ἀπήλαυνον οἴκαδε· οὕτω δεινὸς φόβος τῷ στρατεύματι ἐνέπεσεν. (43) Ὁ δὲ ἐν τούτῳ Θρασίως ἐπέκειτο, περὶ αὑτὸν μὲν ἔχων τὸ πελταστικόν, τὸ δ' ὁπλιτικὸν ἐν τάξει ἕπεσθαι κελεύσας. Καὶ ἐγένετο ἐν ἐλπίδι τροπὴν τῶν ἀνδρῶν ποιήσασθαι· αὐτός τε γὰρ ἐῤῥωμένως ἡγεῖτο, καὶ τοῖς ἄλλοις ἅπτεσθαι τῶν ἀνδρῶν παρεκελεύετο, καὶ τοὺς τῶν Θεσπιῶν ὁπλίτας ἀκολουθεῖν ἐκέλευεν. (44) Ὡς δὲ ἀποχωροῦντες οἱ τῶν Θηβαίων ἱππεῖς ἐπὶ νάπει ἀδιαβάτῳ ἐγίγνοντο, πρῶτον μὲν ἠθροίσθησαν, ἔπειτα δὲ ἀνέστρεφον διὰ τὸ ἀπορεῖν ὅπη διαβαῖεν. Οἱ μὲν οὖν πελτασταὶ ὀλίγοι ὄντες οἱ πρῶτοι φοβηθέντες αὐτοὺς ἔφυγον· οἱ δὲ ἱππεῖς ὡς ὡς τοῦτο εἶδον, ἐδιδάχθησαν ὑπὸ τῶν φευγόντων ἐπιθέσθαι αὐτοῖς. (45) Καὶ ὁ μὲν δὴ Φοιβίδας καὶ δύο ἢ τρεῖς μετ' αὐτοῦ μαχόμενοι ἀπέθανον, οἱ δὲ μισθοφόροι τούτου γενομένου πάντες ἔφυγον. Ἐπεὶ δὲ φεύγοντες ἀφίκοντο πρὸς τοὺς ὁπλίτας τῶν Θεσπιῶν, κἀκεῖνοι, μάλα πρόσθεν μέγα φρονοῦντες μὴ ὑπείξειν τοῖς Θηβαίοις, ἔφυγον, οὐδέν τι πάνυ διωκόμενοι· καὶ γὰρ ἦν ἤδη ὀψέ. Καὶ ἀπέθνησκον μὲν οὐ πολλοί, ὅμως δὲ οὐ πρόσθεν ἔστησαν οἱ Θεσπιεῖς, πρὶν ἐν τῷ τείχει ἐγένοντο. (46) Ἐκ δὲ τούτου πάλιν αὖ τὰ τῶν Θηβαίων ἀνεζωπυρεῖτο, καὶ ἐστρατεύοντο εἰς Θεσπιὰς καὶ τὰς ἄλλας τὰς περιοικίδας πόλεις. Ὁ μέντοι δῆμος ἐξ αὐτῶν εἰς τὰς Θήβας ἀπεχώρει· ἐν πάσαις γὰρ ταῖς πόλεσι δυναστεῖαι καθειστήκεσαν, ὥσπερ ἐν Θήβαις· ὥστε καὶ οἱ ἐν ταύταις ταῖς πόλεσι φίλοι τῶν Λακεδαιμονίων βοηθείας ἐδέοντο. Μετὰ δὲ τὸν Φοιβίδα θάνατον πολέμαρχον μὲν καὶ μόραν οἱ Λακεδαιμόνιοι κατὰ θάλατταν πέμψαντες τὰς Θεσπιὰς ἐφύλαττον.

47. Ἐπεὶ δὲ τὸ ἔαρ ἐπέστη, πάλιν ἔφαινον φρουρὰν οἱ ἔφοροι εἰς τὰς Θήβας, καὶ τοῦ Ἀγησιλάου, ᾗπερ τὸ πρόσθεν, ἐδέοντο ἡγεῖσθαι. Ὁ δ' ὑπὲρ τῆς ἐμβολῆς ταὐτὰ γιγνώσκων, πρὶν καὶ τὰ διαβατήρια θύεσθαι,

HISTORIÆ GRÆCÆ LIB. V. CAP. IV.   435

adequitabant, donec hastas ejacularentur, non tamen eos contingerent. Et in convertendo ex tali spatio perierunt corum duodecim. Posteaquam Agesilaus animadvertit, semper a prandio se hostes ostentare, prima luce facta re sacra, quam poterat celerrime suos ducit ac per locum desertum intra vallum penetrat. Deinde omnia quæ vallo continebantur, ad ipsas usque Thebas ferro et igni vastat. Qua re patrata Thespias reversus, mœnibus oppidum illud munit; relictoque ibidem Phœbida præfecto, Megara traductis copiis, socios dimittit, civium exercitum ipse domum abducit.

Ex eo tempore Phœbidas prædonum manipulos emittens, Thebanorum res ferebat, agebat, et excursionibus agrum ipsorum vexabat. Ejus injurias Thebani quum vindicare vellent, universis cum copiis in agrum Thespiensium expeditionem suscipiunt. Ingressi jam ditionem ipsorum erant, quum Phœbidas eis una cum cetratis incumbens, quominus a phalange usquam dispergerentur, impediebat. Quo factum, ut Thebani graviter se hostilem agrum invasisse ferrent, citiusque, quam vellent, recederent. Quin et muliones, abjectis, quas collegerant, frugibus, domum mulos agebant: tantus exercitum metus invaserat. Urgebat tum hostem audacter Phœbidas, quum cetratorum copias secum haberet, gravem autem armaturam sequi agmine instructo juberet. Nam in spem venerat, posse se Thebanos in fugam vertere: quod et ipse totis viribus præcederet, et alios hortaretur ad invadendum eos, gravemque Thespiensium armaturam subsequi juberet. Equites Thebani, quum pedem referentes ad invium quendam saltum pervenissent, primum se colligebant, deinde se in hostem convertebant, quod transeundi et evadendi nulla esset copia. Tum primi ex cetratis, qui pauci essent numero, metu perterriti, in fugam se conjiciunt: quod ubi viderunt equites, ab illis terga dantibus edocti sunt, fieri in ipsos impetum. Interfectus est Phœbidas cum duobus aut tribus, qui una cum ipso dimicabant. Id quum accidisset, conductitii milites universi fugam arripiebant. Quum inter fugiendum ad Thespiensium gravem armaturam venissent, illi quoque terga dabant, quanquam nec admodum eos quisquam persequeretur (quod jam esset serius) et prius elatis animis se minime Thebanis cessuros existimassent. Occubuere pauci, non tamen prius fugere destiterunt Thespienses, quam intra muros se recepissent. Inde rursum Thebanorum res quasi reviviscere, atque ipsi jam adversus Thespienses reliquaque finitima oppida bellum movere. Quamobrem populus ex eis Thebas migrabat: nam omnibus in oppidis ejusmodi constituta optimatium erant imperia, quale Thebis. Quo factum, ut in illis quoque oppidis Lacedæmoniorum amici subsidio et ope indigerent. Post Phœbidæ interitum Lacedæmonii polemarcho quodam et cohorte mari missis, Thespias præsidio tenebant.

Vere autem ineunte, rursum Ephori copias adversus Thebanos decernunt; et Agesilaum, ut antea quoque, rogant imperatoris uti munere fungeretur. Ille quod idem cum eis de hac expeditione statueret, priusquam exta de tra-

28.

πέμψας πρὸς τὸν ἐν Θεσπιαῖς πολέμαρχον ἐκέλευε προκαταλαβεῖν τὸ ὑπὲρ τῆς κατὰ τὸν Κιθαιρῶνα ὁδοῦ ἄκρον καὶ φυλάττειν, ἕως [ἂν] αὐτὸς ἔλθοι. (48) Ἐπεὶ δὲ τοῦτο ὑπερβαλὼν ἐν ταῖς Πλαταιαῖς ἐγένετο, πάλιν προσεποιήσατο εἰς τὰς Θεσπιὰς ἰέναι πρῶτον, καὶ πέμπων ἀγορὰν τε ἐκέλευε παρασκευάζειν καὶ τὰς πρεσβείας ἐκεῖ περιμένειν· ὥστε οἱ Θηβαῖοι ἰσχυρῶς τὴν πρὸς Θεσπιῶν ἐμβολὴν ἐφύλαττον. (49) Ὁ δὲ Ἀγησίλαος ἅμα τῇ ἡμέρᾳ θυσάμενος ἐπορεύετο τὴν ἐπ' Ἐρυθρὰς· καὶ ὡς στρατεύματι δυοῖν ἡμέραιν ὁδὸν ἐν μιᾷ κατανύσας, ἔφθασεν ὑπερβὰς τὸ κατὰ Σκῶλον σταύρωμα, πρὶν ἐλθεῖν τοὺς Θηβαίους ἀπὸ τῆς φυλακῆς, καθ' ἣν τὸ πρόσθεν εἰσῆλθε. Τοῦτο δὲ ποιήσας τὰ πρὸς ἕω τῆς τῶν Θηβαίων πόλεως ἐδῄου μέχρι τῆς Ταναγραίων· ἔτι γὰρ τότε καὶ τὴν Τάναγραν οἱ περὶ Ὑπατόδωρον, φίλοι ὄντες τῶν Λακεδαιμονίων, εἶχον· καὶ ἐκ τούτου δὴ ἀπῄει ἐν ἀριστερᾷ ἔχων τὸ τεῖχος. (50) Οἱ δὲ Θηβαῖοι ἐπελθόντες ἀντετάξαντο ἐπὶ Γραὸς στήθει, ὄπισθεν ἔχοντες τήν τε τάφρον καὶ τὸ σταύρωμα, νομίζοντες καλὸν εἶναι ἐνταῦθα διακινδυνεύειν· καὶ γὰρ ἦν στενὸν ταύτῃ ἐπιεικῶς καὶ δύσβατον τὸ χωρίον. Ὁ δ' Ἀγησίλαος ἰδὼν ταῦτα πρὸς ἐκείνους μὲν οὐκ ᾖγεν, ἐπιστημώσας δὲ πρὸς τὴν πόλιν ᾖει. (51) Οἱ δ' αὖ Θηβαῖοι δείσαντες περὶ τῆς πόλεως, ὅτι ἐρήμη ἦν, ἀπολιπόντες ἔνθα παρατεταγμένοι ἦσαν δρόμῳ ἔθεον πρὸς τὴν πόλιν τὴν ἐπὶ Ποτνιὰς ὁδόν· ἦν γὰρ αὕτη ἀσφαλεστέρα. Καὶ μέντοι ἐδόκει καλῶς γενέσθαι τὸ ἐνθύμημα τοῦ Ἀγησιλάου, ὅτι πόρρω ἀπαγαγὼν ἀπὸ τῶν πολεμίων παραχωρεῖν δρόμῳ αὐτοὺς ἐποίησεν· ὅμως μέντοι ἐπὶ παραθέοντας αὐτοὺς τῶν πολεμάρχων τινὲς ἐπέδραμον σὺν ταῖς μόραις. (52) Οἱ μέντοι Θηβαῖοι ἀπὸ τῶν λόφων τὰ δόρατα ἐξηκόντιζον, ὥστε καὶ ἀπέθανεν Ἀλύπητος, εἷς τῶν πολεμάρχων ἀκοντισθεὶς δόρατι· ὅμως δὲ καὶ ἀπὸ τούτου τοῦ λόφου ἐτράπησαν οἱ Θηβαῖοι· ὥστε ἀναβάντες οἱ Σκιρῖται καὶ τῶν ἱππέων τινὲς ἔπαιον τοὺς τελευταίους τῶν Θηβαίων παρελαύνοντας εἰς τὴν πόλιν. (53) Ὡς μέντοι ἐγγὺς τοῦ τείχους ἐγένοντο, ὑποστρέφουσιν οἱ Θηβαῖοι. Οἱ δὲ Σκιρῖται ἰδόντες αὐτοὺς θᾶττον ἢ βάδην ἀπῆλθον. Καὶ ἀπέθανε μὲν οὐδεὶς αὐτῶν· ὅμως δὲ οἱ Θηβαῖοι τρόπαιον ἐστήσαντο, ὅτι ἀπεχώρησαν οἱ ἀναβάντες. (54) Ὁ μέντοι Ἀγησίλαος, ἐπεὶ ὥρα ἦν, ἀπελθὼν ἐστρατοπεδεύσατο ἔνθαπερ τοὺς πολεμίους εἶδε παρατεταγμένους· τῇ δ' ὑστεραίᾳ ἀπήγαγε τὴν ἐπὶ Θεσπιάς. Θρασαίως δὲ παρακολουθούντων τῶν πελταστῶν, οἳ ἦσαν μισθοφόροι τοῖς Θηβαίοις, καὶ τὸν Χαβρίαν ἀνακαλούντων, ὅτι οὐκ ἠκολούθει, ὑποστραφέντες οἱ τῶν Ὀλυνθίων ἱππεῖς, ἤδη γὰρ κατὰ τοὺς ὅρκους συνεστρατεύοντο, ἐδίωξάν τε αὐτοὺς πρὸς ὄρθιον, καθάπερ ἠκολούθουν, καὶ ἀπέκτειναν αὐτῶν μάλα πολλούς· ταχὺ γὰρ πρὸς ἄναντες εὐήλατον ἁλίσκονται πεζοὶ ὑπὸ ἱππέων. (55) Ἐπεὶ δ' ἐγένετο ὁ Ἀγησίλαος ἐν ταῖς Θεσπιαῖς, εὑρὼν στασιάζοντας τοὺς πολίτας, καὶ βουλομένους τῶν φασκόντων λακωνίζειν ἀποκτεῖναι τοὺς ἐναντίους, ὧν καὶ Μένων ἦν, τοῦτο μὲν οὐκ ἐπέτρεψε· διαλλάξας δὲ αὐτοὺς

ducendo exercitu consuleret, misso ad polemarchum, qui Thespiis erat, nuntio, verticem uti praeoccuparet, qui viae per Cithaeronem ducenti imminet, eumque cum praesidio teneret, donec adveniret ipse, mandat. Postesquam hoc superato, Plataeas accessit, rursum Thespias primum se pergere simulabat : mittebat etiam, qui rerum venalium forum parari, ac legatos ibidem se exspectare juberent. Quo factum, ut Thebani magnis viribus eum, qui versus Thespias est, aditum custodirent. Verum Agesilaus postridie cum prima luce, facta re sacra, versus Erythram profectus est : quumque uno die iter quod copiis esset bidui, confecisset, prius id vallum quod ad Scolum est, superavit, quam ab eo excubiarum loco, quo antehac ingressus fuerat, Thebani advenissent. Hoc facto, Thebanorum agrum versus solem orientem situm depopulatur, ad ipsos usque Tanagraeorum fines : adhuc enim Tanagram Hypatodorus cum suis, Lacedaemoniis addictus, tenebat : ac deinde pedem refert, dum moenia urbis ad laevam haberet. Thebani autem ut supervenere, in loco, qui Vetulae pectus dicitur, aciem adversam instruebant, ubi et fossam et vallum habebant a tergo, atque idcirco recte facturos se arbitrabantur, si aleam istic praelii subirent. Erat enim locus is satis angustus, accessuque difficilis. Quod quum Agesilaus videret, adversus ipsos non ducebat ; sed deflexo exercitu, ad urbem pergebat. Thebani vero metuentes urbi, quod esset a praesidiis nuda, relicto loco, quo instructi stabant, via Potniis ducente, quae tutior erat, ad urbem cursu se conferebant. Enimvero praeclarum hoc Agesilai videbatur inventum esse, quod ab hostibus longe abductis copiis, perfecerit ut illi cursu discederent. At nihilominus eos praetercurrentes polemarchi quidam una cum cohortibus invadebant. Thebani contra de collibus hastas ejaculabantur ; quo factum, ut unus ex polemarchis, Alypetus, hasta trajectus occumberet. Hoc tamen etiam de tumulo Thebani dejecti fugiebant. Itaque illo conscenso Sciritae et equites quidam caedebant extremos in agmine Thebanorum, qui ad urbem praetervehebantur. Ubi propius ad muros perventum esset, Thebani se convertunt. Iis conspectis, Sciritae celerius aliquanto quam gradatim regrediuntur. Quumquam autem ex iis interemptus esset nemo, Thebani tamen et tropaeum excitabant, quod hostes inde, quo conscenderant, discessissent. Agesilaus ita tunc poscente tempore, digressus illinc, castra metabatur eo loco ubi hostes prius instructos conspexerat. Postridie via qua Thespias itur, exercitum abducebat. Quumque cetrati, qui apud Thebanos stipendia faciebant, audacter eum insequerentur, et Chabriam non subsequentem indicarent : conversi Olynthiorum equites, quod illi jam ex foedere socii expeditionis hujus erant, acclivem ad locum eos compellebant, ita uti sequebantur, ac permagnum eorum numerum interficiebant : nam facile pedites ab equitibus loco acclivi et his accessu non difficili capiuntur. Postesquam Thespias Agesilaus venisset, cives inter se dissidentes reperit : quumque vellent ii, qui Laconicis se favere partibus profitebantur, adversarios interficere, quorum erat in numero etiam Meno, nequaquam hoc fieri permisit ; sed re-

HISTORIÆ GRÆCÆ LIB. V. CAP. IV.

καὶ ὅρκους ὀμόσαι ἀλλήλοις ἀναγκάσας, οὕτως ἀπῆλθε πάλιν διὰ τοῦ Κιθαιρῶνος τὴν ἐπὶ Μέγαρα. Καὶ ἐκεῖθεν τοὺς μὲν συμμάχους ἀφῆκε, τὸ δὲ πολιτικὸν στράτευμα οἴκαδε ἀπήγαγε.

56. Μάλα δὲ πιεζόμενοι οἱ Θηβαῖοι σπάνει σίτου διὰ τὸ δυοῖν ἐτοῖν μὴ εἰληφέναι καρπὸν ἐκ τῆς γῆς, πέμπουσιν ἐπὶ δυοῖν τριήροιν ἄνδρας εἰς Παγασὰς ἐπὶ σῖτον δέκα τάλαντα δόντες. Ἀλκέτας δὲ ὁ Λακεδαιμόνιος φυλάττων Ὠρεὸν, ἐν ᾧ ἐκεῖνοι συνεωνοῦντο τὸν σῖτον, ἐπληρώσατο τρεῖς τριήρεις, ἐπιμεληθεὶς ὅπως μὴ ἐξαγγελθείη. Ἐπεὶ δὲ ἀπήγετο ὁ σῖτος, λαμβάνει ὁ Ἀλκέτας τόν τε σῖτον καὶ τὰς τριήρεις, καὶ τοὺς ἄνδρας ἐζώγρησεν οὐκ ἐλάττους ὄντας ἢ τριακοσίους. Τούτους δὲ εἶρξεν ἐν τῇ ἀκροπόλει, οὗπερ αὐτὸς ἐσκήνου. (57) Ἀκολουθοῦντος δέ τινος Ὠρειτῶν παιδός, ὡς ἔφασαν, μάλα καλοῦ τε κἀγαθοῦ, καταβαίνων ἐκ τῆς ἀκροπόλεως περὶ τοῦτον ἦν. Καταγνόντες δὲ οἱ αἰχμάλωτοι τὴν ἀμέλειαν, καταλαμβάνουσι τὴν ἀκρόπολιν, καὶ ἡ πόλις ἀφίσταται· ὥστ' εὐπόρως ἤδη οἱ Θηβαῖοι σῖτον παρεκομίζοντο.

58. Ὑποφαίνοντος δὲ πάλιν τοῦ ἦρος ὁ μὲν Ἀγησίλαος κλινοπετὴς ἦν. Ὅτε γὰρ ἀπῆγε τὸ στράτευμα ἐκ τῶν Θηβῶν, ἐν τοῖς Μεγάροις ἀναβαίνοντος αὐτοῦ ἀπὸ τοῦ Ἀφροδισίου εἰς τὸ ἀρχεῖον ῥήγνυταί ὁποία δὴ φλέψ, καὶ ἐῤῥύη τὸ ἐκ τοῦ σώματος αἷμα εἰς τὸ ὑγιὲς σκέλος. Γενομένης δὲ τῆς κνήμης ὑπερόγκου καὶ ὀδυνῶν ἀφρήτων, Συρακόσιός τις ἰατρὸς σχάζει τὴν παρὰ τῷ σφυρῷ φλέβα αὐτοῦ. Ὡς δὲ ἅπαξ ἤρξατο, ἔῤῥει αὐτῷ νύκτα τε καὶ ἡμέραν τὸ αἷμα, καὶ πάντα ποιοῦντες οὐκ ἐδύναντο σχεῖν τὸ ῥεῦμα πρὶν ἐλιποψύχησε· τότε μέντοι γε ἐπαύσατο. Καὶ οὕτως ἐκεῖνος μὲν ἀποκομισθεὶς εἰς Λακεδαίμονα ἠῤῥώστει τό τε λοιπὸν θέρος καὶ διὰ χειμῶνος.

59. Οἱ δὲ Λακεδαιμόνιοι, ἐπεὶ ἔαρ ὑπέφαινε, πάλιν φρουράν τε ἔφαινον καὶ Κλεόμβροτον ἡγεῖσθαι ἐκέλευον. Ἐπεὶ δ' ἔχων τὸ στράτευμα πρὸς τῷ Κιθαιρῶνι ἐγένετο, προῄεσαν αὐτῷ οἱ πελτασταὶ ὡς προκαταληψόμενοι τὰ ὑπὲρ τῆς ὁδοῦ. Θηβαίων δὲ καὶ Ἀθηναίων προκατειληφότες τινὲς τὸ ἄκρον τέως μὲν εἴων αὐτοὺς ἀναβαίνειν· ἐπεὶ δ' ἐπ' αὐτοῖς ἦσαν, ἐξαναστάντες ἐδίωκον καὶ ἀπέκτειναν περὶ τετταράκοντα. Τούτου δὲ γενομένου ὁ Κλεόμβροτος ἀδύνατον νομίσας ἔτι ὑπερβῆναι εἰς τὴν τῶν Θηβαίων, ἀπῆγέ τε καὶ διῆκε τὸ στράτευμα.

60. Συλλεγέντων δὲ τῶν συμμάχων εἰς Λακεδαίμονα, λόγοι ἐγίγνοντο ἀπὸ τῶν συμμάχων ὅτι διὰ μαλακίαν κατατριβήσοιντο ὑπὸ τοῦ πολέμου. Ἐξεῖναι γάρ σφισι ναῦς πληρώσαντας πολὺ πλείονας τῶν Ἀθηναίων Πειλιμῷ τὴν πόλιν αὐτῶν ἐξεῖναι δὲ ἐν ταύταις ταῖς ναυσὶ καὶ εἰς Θήβας στράτευμα διαβιβάζειν, εἰ μὲν βούλοιντο, διὰ Φωκέων, εἰ δὲ βούλοιντο, διὰ Κρεύσιος. (61) Ταῦτα δὲ λογισάμενοι ἑξήκοντα μὲν τριήρεις ἐπλήρωσαν, Πόλλις δ' αὐτῶν ναύαρχος ἐγένετο. Καὶ μέντοι οὐκ ἐψεύσθησαν οἱ ταῦτα γνόντες, ἀλλ' οἱ Ἀθηναῖοι ἐπολιορκοῦντο· τὰ γὰρ σιταγωγὰ αὐτοῖς πλοῖα

conciliatis ipsis inter se, coactisque sacramentum sibi invicem præstare, ita demum rursus per Cithæronem, via quæ Megara ducit, discedit. Inde socios dimittit, et urbanas copias domum abducit.

Quia vero Thebani admodum annonæ inopia premebantur, quod jam duobus ab annis ex agro suo fruges nullas habuissent, quosdam suorum duabus triremibus Pagasas ad comparandum frumentum mittunt, datis eis decem talentis. Alcetas autem Lacedæmonius, qui Oreum cum præsidio tenebat, dum frumentum illi coemerent, triremes tres instruit, cavens singulari studio, ne quid enuntiaretur. Ubi jam frumentum avehebatur, Alcetas et frumentum et triremes et homines ipsos, non pauciores trecentis, vivos capit. Eos in arce carceribus mandat, in qua ipse habitabat. Quum autem puer quidam sane quam elegans, ut fertur, et egregius, qui esset Oreitæ cujusdam filius, eum comitari soleret, de arce descendens apud hunc versabatur. Hac hominis negligentia captivi animadversa, arcem capiunt, moxque urbs ipsa a Lacedæmoniis deficit. Ita factum, ut magna copia Thebani frumentum in urbem adveherent.

Vere rursum ineunte, Agesilaus in lecto decumbebat. Nam quo tempore copias Thebanorum e finibus deduxerat, Megaris inter ascendendum e fano Veneris magistratuum in curiam, incertum qua vena rupta sanguis e corpore sanum in crus defluxerat. Quumque sura nimium quantum intumesceret, ac dolores intolerandi accederent, medicus quidam Syracusanus ei propter malleolum venam aperit; atque ubi semel cœpisset, noctu dieque sanguis profluebat: quidquid tentarent, fluxionem hanc inhibere non poterant, donec Agesilaus tandem animo defecisset : tunc enim fluere desiit. Hoc modo ille Lacedæmonem deportatus, quod æstatis reliquum erat totamque hiemem ægrotavit.

Lacedæmonii, vere se ostendente, rursum copias [adversus Thebanos] decernunt, eisque ducem Cleombrotum præficiunt. Is ubi cum exercitu jam ad Cithæronem accessisset, cetratos præmittit, ut imminentia viæ loca præoccuparent. At quum Thebani et Athenienses quidam verticem hunc jam ante tenerent, aliquantulum illi quidem ascendendi facultatem hostibus concedunt : verum ut jam prope ad ipsos accesserant, consurgunt, et in fugam eos agunt, fereque ad quadraginta interficiunt. Quod quum accidisset, Cleombrotus minime fieri posse ratus, ut Thebanorum in agrum transcenderet, copias inde abductas dimisit.

Quumque socii Lacedæmonem convenissent, commemorabant fieri quandam ignavia, quod bello attererentur. Nam posse se naves longe plures, quam Athenienses habeant, instruere, atque urbem ipsorum ad deditionem fame compellere. Posse item se hisce navibus etiam adversus Thebanos exercitum deportare, vel Phocensium in fines, si ita videatur, vel etiam Creusim. Hoc inito consilio, triremes sexaginta complent, eique classi Pollis præficitur. Neque fefellit eos hæc sententia, qui consilii auctores fuerant: quippe hoc modo Athenienses obsidebantur. Etenim naves ipso

ἐπὶ μὲν τὸν Γεραιστὸν ἀφίκετο, ἐκεῖθεν δ' οὐκέτι ἤθελε παραπλεῖν, τοῦ ναυτικοῦ ὄντος τῶν Λακεδαιμονίων περί τε Αἴγιναν καὶ Κέων καὶ Ἄνδρον. Γνόντες δὲ οἱ Ἀθηναῖοι τὴν ἀνάγκην, ἐνέβησαν αὐτοὶ εἰς τὰς ναῦς, καὶ ναυμαχήσαντες πρὸς τὸν Πόλλιν Χαβρίου ἡγουμένου νικῶσι τῇ ναυμαχίᾳ. Καὶ ὁ μὲν σῖτος τοῖς Ἀθηναίοις οὕτω παρεκομίσθη. (62) Παρασκευαζομένων δὲ τῶν Λακεδαιμονίων στράτευμα διαβιβάζειν ἐπὶ τοὺς Βοιωτοὺς, ἐδεήθησαν οἱ Θηβαῖοι τῶν Ἀθηναίων περὶ Πελοπόννησον στράτευμα πέμψαι, νομίσαντες ὅτι εἰ τοῦτο γένοιτο, οὐ δυνατὸν ἔσοιτο τοῖς Λακεδαιμονίοις ἅμα μὲν τὴν ἑαυτῶν χώραν φυλάττειν, ἅμα δὲ τὰς περὶ ἐκεῖνα τὰ χωρία συμμαχίδας πόλεις, ἅμα δὲ στράτευμα διαβιβάζειν ἱκανὸν πρὸς ἑαυτούς. (03) Καὶ οἱ Ἀθηναῖοι μέντοι ὀργιζόμενοι τοῖς Λακεδαιμονίοις διὰ τὸ Σφοδρία ἔργον, προθύμως ἐξέπεμψαν περὶ τὴν Πελοπόννησον ναῦς ἑξήκοντα πληρώσαντες καὶ στρατηγὸν αὐτῶν Τιμόθεον ἑλόμενοι. Ἅτε δὲ εἰς τὰς Θήβας οὐκ ἐμβεβληκότων τῶν πολεμίων οὔτ' ἐν ᾧ Κλεόμβροτος ἦγε τὴν στρατιὰν ἔτι οὔτ' ἐν ᾧ Τιμόθεος περιέπλευσε, θρασέως δὴ ἐστρατεύοντο οἱ Θηβαῖοι ἐπὶ τὰς περιοικίδας πόλεις καὶ πάλιν αὐτὰς ἀνελάμβανον. (64) Ὁ μέντοι Τιμόθεος περιπλεύσας Κέρκυραν μὲν εὐθὺς ὑφ' ἑαυτῷ ἐποιήσατο· οὐ μέντοι ἠνδραποδίσατο οὐδὲ ἄνδρας ἐφυγάδευσεν οὐδὲ νόμους μετέστησεν· ἐξ ὧν τὰς περὶ ἐκεῖνα πόλεις ἁπάσας εὐμενεστέρας ἔσχεν. (65) Ἀντεπλήρωσαν δὲ καὶ οἱ Λακεδαιμόνιοι ναυτικὸν, καὶ Νικόλοχον ναύαρχον, μαλαθρασύν ἄνδρα, ἐξέπεμψαν· ὃς ἐπειδὴ εἶδε τὰς μετὰ Τιμοθέου ναῦς, οὐκ ἐμέλλησε, καίπερ ἐξ νεῶν ἀπουσῶν αὐτῷ τῶν Ἀμβρακιωτίδων, ἀλλὰ πέντε καὶ πεντήκοντα ἔχων ναῦς ἑξήκοντα οὔσαις ταῖς μετὰ Τιμοθέου ἐναυμάχησε. Καὶ τότε μὲν ἡττήθη, καὶ τρόπαιον ὁ Τιμόθεος ἔστησεν ἐν Ἀλυζίᾳ. (66) Ὁ δὲ ἀνειλκυσμένων τῶν Τιμοθέου νεῶν καὶ ἐπισκευαζομένων, ἐπεὶ παρεγένοντο αὐτῷ αἱ Ἀμβρακιωτίδες ἓξ τριήρεις, ἐπὶ τὴν Ἀλυζίαν ἔπλευσεν, ἔνθα ἦν ὁ Τιμόθεος. Ὡς δ' οὐκ ἀντανῆγε, τρόπαιον αὖ κἀκεῖνος ἐστήσατο ἐν ταῖς ἐγγυτάτω νήσοις. Ὁ δὲ Τιμόθεος ἐπεὶ ἅς τε εἶχες ἐπεσκεύασε καὶ ἐκ Κερκύρας ἄλλας προσεπληρώσατο, γενομένων αὐτῷ τῶν πασῶν πλέον ἑβδομήκοντα, πολὺ δὴ ὑπερεῖχε ναυτικῷ· χρήματα μέντοι μετεπέμπετο Ἀθήνηθεν· πολλῶν γὰρ ἐδεῖτο, ἅτε πολλὰς ναῦς ἔχων.

ΒΙΒΛΙΟΝ ϛ.

ΚΕΦΑΛΑΙΟΝ Α.

Οἱ μὲν οὖν Ἀθηναῖοι καὶ Λακεδαιμόνιοι περὶ ταῦτα ἦσαν. Οἱ δὲ Θηβαῖοι ἐπεὶ κατεστρέψαντο τὰς ἐν τῇ Βοιωτίᾳ πόλεις, ἐστράτευον καὶ εἰς τὴν Φωκίδα. Ὡς δ' αὖ καὶ οἱ Φωκεῖς ἐπρέσβευον εἰς τὴν Λακεδαίμονα

rum annonariae Geræstum illæ quidem appulerant, verum inde non jam amplius discedere volebant, quod Lacedæmoniorum classis propter Æginam, et Ceum, et Andrum stationes haberet. Hac necessitate compulsi Athenienses, ipsi conscendunt naves, Chabriaque duce navali cum Polle congressi prœlio, victoria potiuntur. Ita factum, ut Atheniensibus deinde frumentum subveheretur. Quum autem Lacedæmonii se pararent ad mittendas adversus Bœotos copias, Thebani Athenienses rogabant, ut et ipsi exercitum in Peloponnesum mitterent. Existimabant enim, si hoc fieret, haudquaquam satis virium Lacedæmoniis habituros ad defendendum eodem tempore tum fines suos, tum sociarum in iis locis urbium, et ad traducendum in agrum Thebanum satis magnas copias. Athenienses autem, quod ob Sphodriæ facinus Lacedæmoniis succenserent, instructas sexaginta naves ad Peloponnesi litora perlubenter misere, dato his prætore Timotheo. Atque hoc tempore, quod hostes Thebanorum in agrum non irrupissent, neque dum copias Cleombrotus duceret, neque dum Peloponnesum Timotheus cum classe circumveheretur: perandacter oppida finitima Thebani adoriebantur, eaque recipiebant. Timotheus quidem circumvectus, statim Corcyram occupavit : neque tamen eam in servitutem redegit, neque quenquam multavit exilio, ac ne leges quidem immutavit. Quo factum, ut civitatum iis locis finitimarum omnium majora essent erga Timotheum studia. Contra Lacedæmonii et ipsi classem instruunt, et præfectum ei Nicolochum, hominem admodum audacem, adversus hostes mittunt : qui quum naves, quas secum Timotheus habebat, conspexisset, ipsi quanquam adhuc sex Ambracioticæ abessent, nihil tamen cunctatus, cum quinquaginta quinque navibus adversus sexaginta naves, quibus Timothei classis constabat, prœlio navali dimicat. In eo quum victus esset, apud Alyziam tropæum Timotheus statuit. Postea Nicolochus, quum Timothei naves in portum subductæ essent, ac reficerentur, advectis ad se jam sex illis Ambracioticis triremibus, Alyziam navigat, ubi tum Timotheus erat. Posteaquam is obviam sua cum classe non pergeret, ipse quoque tropæum proximis in insulis statuit. Timotheus autem, refectis navibus iis quas habebat, et Corcyra paratis et instructis aliis, ut jam plures ipsi essent universæ quam septuaginta, longe classe superior erat. Et quia magna pecuniarum vi ob classis magnitudinem indigebat, Athenis eas adferri curabat.

LIBER VI.

CAPUT I.

His tum rebus Athenienses et Lacedæmonii occupati erant. Thebani vero, posteaquam oppida Bœotiæ suam in potestatem redegerant, etiam Phocensium in fines expeditionem suscipiebant. Ibi quum legatos Lacedæmonem

καὶ ἔλεγον ὅτι εἰ μὴ βοηθήσοιεν, οὐ δυνήσοιντο μὴ πείθεσθαι τοῖς Θηβαίοις, ἐκ τούτου οἱ Λακεδαιμόνιοι διαβιβάζουσι κατὰ θάλατταν εἰς Φωκέας Κλεόμβροτόν τε τὸν βασιλέα, καὶ μετ' αὐτοῦ τέτταρας μόρας καὶ τῶν συμμάχων τὸ μέρος.

2. Σχεδὸν δὲ περὶ τοῦτον τὸν χρόνον καὶ ἐκ Θετταλίας ἀφικνεῖται πρὸς τὸ κοινὸν τῶν Λακεδαιμονίων Πολυδάμας Φαρσάλιος. Οὗτος δὲ καὶ ἐν τῇ ἄλλῃ Θετταλίᾳ μάλα εὐδοκίμει, καὶ ἐν αὐτῇ δὲ τῇ πόλει οὕτως ἐδόκει καλός τε κἀγαθὸς εἶναι ὥστε καὶ στασιάσαντες οἱ Φαρσάλιοι παρακατέθεντο αὐτῷ τὴν ἀκρόπολιν, καὶ τὰς προσόδους ἐπέτρεψαν λαμβάνοντα, ὅσα ἐγέγραπτο ἐν τοῖς νόμοις, εἴς τε τὰ ἱερὰ ἀναλίσκειν καὶ εἰς τὴν ἄλλην διοίκησιν. (3) Κἀκεῖνος μέντοι ἀπὸ τούτων τῶν χρημάτων τήν τε ἄκραν φυλάττων διέσωζεν αὐτοῖς καὶ τἆλλα διοικῶν ἀπελογίζετο κατ' ἐνιαυτόν. Καὶ ὁπότε μὲν ἐνδεὴς εἴη, παρ' ἑαυτοῦ προσετίθει, ὁπότε δὲ περιγίνοιτο τῆς προσόδου, ἀπελάμβανεν. Ἦν δὲ καὶ ἄλλως φιλόξενός τε καὶ μεγαλοπρεπὴς τὸν Θετταλικὸν τρόπον. Οὗτος οὖν ἐπεὶ ἀφίκετο εἰς τὴν Λακεδαίμονα, εἶπε τοιάδε.

4. Ἐγώ, ὦ ἄνδρες Λακεδαιμόνιοι, πρόξενος ὑμῶν ὢν καὶ εὐεργέτης ἐκ πάντων ὧν μεμνήμεθα προγόνων, ἀξιῶ, ἐάν τέ τι ἀπορῶ, πρὸς ὑμᾶς ἰέναι, ἐάν τέ τι χαλεπὸν ὑμῖν ἐν τῇ Θετταλίᾳ ξυνιστῆται, σημαίνειν. Ἀκούετε μὲν οὖν εὖ οἶδ' ὅτι καὶ ὑμεῖς Ἰάσονος ὄνομα· ὁ γὰρ ἀνὴρ καὶ δύναμιν ἔχει μεγάλην καὶ ὀνομαστός ἐστιν. Οὗτος δὲ σπονδὰς ποιησάμενος συνεγένετό μοι, καὶ εἶπε τάδε. (5) Ὅτι μέν, ὦ Πολυδάμα, καὶ ἄκουσαν τὴν ὑμετέραν πόλιν Φάρσαλον δυναίμην ἂν παραστήσασθαι ἔξεστί σοι ἐκ τῶνδε λογίζεσθαι. Ἐγὼ γάρ, ἔφη, ἔχω μὲν Θετταλίας τὰς πλείστας καὶ μεγίστας πόλεις συμμάχους· κατεστρεψάμην δ' αὐτὰς ὑμῶν σὺν αὐταῖς τὰ ἐναντία ἐμοὶ στρατευομένων. Καὶ μὴν οἶσθά γε ὅτι ξένους ἔχω μισθοφόρους εἰς ἑξακισχιλίους, οἷς, ὡς ἐγὼ οἶμαι, οὐδεμία πόλις δύναιτ' ἂν ῥᾳδίως μάχεσθαι. Ἀριθμὸς μὲν γάρ, ἔφη, καὶ ἄλλοθεν οὐκ ἂν ἐλάττων ἐξέλθοι· ἀλλὰ τὰ μὲν ἐκ τῶν πόλεων στρατεύματα τοὺς μὲν προεληλυθότας ἤδη ταῖς ἡλικίαις ἔχει, τοὺς δ' οὔπω ἀκμάζοντας· σωμασκοῦσί γε μὴν μάλα ὀλίγοι τινὲς ἐν ἑκάστῃ πόλει· παρ' ἐμοὶ δὲ οὐδεὶς μισθοφορεῖ, ὅστις μὴ ἱκανός ἐστιν ἴσα πονεῖν ἐμοί. (6) Αὐτὸς δ' ἐστί, λέγειν γὰρ πρὸς ὑμᾶς χρὴ τἀληθῆ, καὶ τὸ σῶμα μάλα εὔρωστος καὶ ἄλλως φιλόπονος. Καὶ τοίνυν τῶν παρ' αὑτῷ πεῖραν λαμβάνει καθ' ἑκάστην ἡμέραν· ἡγεῖται γὰρ σὺν τοῖς ὅπλοις καὶ ἐν τοῖς γυμνασίοις καὶ ὅταν ποι στρατεύηται. Καὶ οὓς μὲν ἂν μαλακοὺς τῶν ξένων αἰσθάνηται, ἐκβάλλει, οὓς δ' ἂν ὁρᾷ φιλοπόνως καὶ φιλοκινδύνως ἔχοντας πρὸς τοὺς πολέμους, τιμᾷ τοὺς μὲν διμοιρίαις, τοὺς δὲ τριμοιρίαις, τοὺς δὲ καὶ τετραμοιρίαις, καὶ ἄλλοις δώροις, καὶ νόσων γε θεραπείαις καὶ περὶ ταφὰς κόσμῳ· ὥστε πάντες ἴσασιν οἱ παρ' ἐκείνῳ ξένοι ὅτι ἡ πολεμικὴ αὐτοῖς ἀρετὴ ἐντιμότατόν τε βίον καὶ ἀφθονώτατον παρέχεται. (7)

Phocenses misisissent, ac significassent, se, nisi suppetias ipsi ferrent, non posse non Thebanorum imperio parere, jam Lacedaemonii mari Cleombrotum regem, cum quatuor cohortibus, et sociorum parte, Phocensium in agrum trajicere jubent.

Eodem prope tempore Polydamas Pharsalius Lacedaemoniorum ad communitatem e Thessalia venit. Ejus viri ut reliqua in Thessalia nomen erat perillustre, ita sua in republica tanta virtute praeditus existimabatur, ut quum Pharsalii domesticis seditionibus ac dissidiis laborarent, arcem ipsi traderent, annuosque proventus ad se recipere permitterent, deque iis tum ad sacrificia, tum reliquam administrationem impensas facere, quae praescriptae legibus essent. Ac ipse quidem ex hisce pecuniis et arcem ipsis praesidio tuebatur, et cetera quoque administrans, quotannis rationes reddebat. Quod si quando a pecuniis publicis destitueretur, de suo nonnihil ad eas adjiciebat; idque, ubi quid proventuum superaret, recipiebat. Et erat ceteroqui Thessalorum more magnificus ac hospitalis. Hic ubi Lacedaemonem pervenisset, hac usus est oratione:

« Equidem, Lacedaemonii, quum hospes sim vestrae civitatis publicus, nostraque in vos exstent beneficia inde usque ab omnibus majoribus, quorum meminisse possumus, aequum esse censeo, ut si quid me ipse difficultate premar, ad vos me conferam; itemque si quid adversum vos rei molestae in Thessalia oriatur, id uti vobis significem. Non dubito autem, vos quoque Iasonis nomen audisse. Nam is vir et copias ingentes habet, et percelebris est. Hic quum mecum congressus esset, factis inter nos induciis, in hunc modum me compellavit: Posse me, mi Polydama, civitatem vestram Pharsalum vel invitam imperio meo subjicere, vel ex his tecum existimare potes. Nam et plurimas et maximas Thessaliae urbes equidem mihi societate devinctas habeo, quas ipsas in potestatem meam redegi, dum vos una cum ipsis conjuncti bellum adversus me gereretis. Non ignoras autem, habere me conducticios milites exteros non pauciores sex millibus, quibus meo judicio resistere nulla civitas possit. Quippe numerus quidem hic militum, ait, etiam aliunde egredi possit : sed oppidani exercitus partim quosdam natu grandiores habent, partim qui necdum aetatem vegetam attigerint. Praeterea per sane pauci quidam unaquaque in urbe corpora sua exercent : apud me vero nemo stipendia facit, qui non eosdem, quos ego, labores tolerare possit. Iason ipse (dicendum est enim apud vos, quod verum est) perrobustus est corpore, ac laboris ceteroqui amantissimus. Quin etiam quotidie virtutis suorum periculum facit. Nam et in gymnasiis, et in expeditionibus, quascunque suscipit, in armis dux est ; ac si quos e conducticiis militibus esse molles animadvertit, eos exauctorat; qui vero et laborum tolerantes sunt, et ad subeundum pericula in re adversus hostem gerenda prompti, eos stipendio partim duplo, partim triplo, partim adeo quadruplo, ac praeterea muneribus aliis ornat : eosdem et in morbis curat, et mortuos funeribus magnificentia cohonestat. Quo fit, ut omnes ipsius conducticii milites sciant, virtute bellica vitam se honoratissimam ac rebus omnibus

Ἐπεδείκνυε δέ μοι εἰδότι ὅτι καὶ ὑπήκοοι ἤδη αὐτῷ εἶεν Μαρακοὶ καὶ Δόλοπες καὶ Ἀλκέτας ὁ ἐν τῇ Ἠπείρῳ ὕπαρχος· ὥστε, ἔφη, τί ἂν ἐγὼ φοβούμενος οὐ ῥᾳδίως ἂν ὑμᾶς οἰοίμην καταστρέψασθαι; Τάχα οὖν ὑπολάβοι ἄν τις ἐμοῦ ἄπειρος, Τί οὖν μέλλεις καὶ οὐκ ἤδη στρατεύεις ἐπὶ τοὺς Φαρσαλίους; ὅτι νὴ Δία τῷ παντὶ κρεῖττόν μοι δοκεῖ εἶναι ἑκόντας ὑμᾶς μᾶλλον ἢ ἄκοντας προσαγαγέσθαι. Βιασθέντες μὲν γὰρ ὑμεῖς τ' ἂν βουλεύοισθε ὅ,τι δύναισθε κακὸν ἐμοί, ἐγώ τ' ἂν ὑμᾶς ὡς ἀσθενεστάτους βουλοίμην εἶναι· εἰ δὲ πεισθέντες μετ' ἐμοῦ γένοισθε, δῆλον ὅτι αὔξοιμεν ἂν ὅ,τι δυναίμεθα ἀλλήλους. (8) Γιγνώσκω μὲν οὖν, ὦ Πολυδάμα, ὅτι ἡ σὴ πατρὶς εἰς σὲ ἀποβλέπει· ἐὰν δέ μοι φιλικῶς αὐτὴν ἔχειν παρασκευάσῃς, ὑπισχνοῦμαί σοι, ἔφη, ἐγὼ μέγιστόν σε τῶν ἐν τῇ Ἑλλάδι μετ' ἐμὲ καταστήσειν. Οἵων δὲ πραγμάτων τὰ δεύτερά σοι δίδωμι ἄκουε, καὶ μηδὲν πίστευέ μοι ὅ,τι ἂν μὴ λογιζομένῳ σοι ἀληθὲς φαίνηται. Οὐκοῦν τοῦτο μὲν εὔδηλον ἡμῖν, ὅτι Φαρσάλου προσγενομένης καὶ τῶν ἐξ ὑμῶν ἠρτημένων πόλεων εὐπετῶς ἂν ἐγὼ ταγὸς Θετταλῶν ἁπάντων καταταίην, ὥς γε μήν, ὅταν ταγεύηται Θετταλία, εἰς ἑξακισχιλίους μὲν οἱ ἱππεύοντες γίγνονται, ὁπλῖται δὲ πλείους ἢ μύριοι καθίστανται. (9) Ὧν ἐγὼ καὶ τὰ σώματα καὶ τὴν μεγαλοψυχίαν ὁρῶν οἶμαι ἂν αὐτῶν εἰ καλῶς τις ἐπιμελοῖτο, οὐκ εἶναι ἔθνος ὁποῖον ἂν ἀξιώσαιεν ὑπήκοοι εἶναι Θετταλοί. Πλατυτάτης γε μὴν γῆς οὔσης Θετταλίας, πάντα τὰ κύκλῳ ἔθνη ὑπήκοα μέν ἐστιν, ὅταν ταγὸς ἐνθάδε καταστῇ· σχεδὸν δὲ πάντες οἱ ταύτῃ ἀκοντισταί εἰσιν· ὥστε καὶ πελταστικῇ εἰκὸς ὑπερέχειν τὴν ἡμετέραν δύναμιν. (10) Καὶ μὴν Βοιωτοί γε καὶ οἱ ἄλλοι πάντες ὅσοι Λακεδαιμονίοις πολεμοῦντες ὑπάρχουσί μοι σύμμαχοι καὶ ἀκολουθεῖν τούτων ἀξιοῦσιν ἐμοί, ἂν μόνον ἀπὸ Λακεδαιμονίων ἐλευθερῶ αὐτούς. Καὶ Ἀθηναῖοι δὲ εὖ οἶδ' ὅτι πάντα ποιήσαιεν ἂν ὥστε σύμμαχοι ἡμῖν γενέσθαι· ἀλλ' ἐγὼ οὐκ ἄν μοι δοκῶ πρὸς αὐτοὺς φιλίαν ποιήσασθαι. Νομίζω γὰρ ἔτι ῥᾷον τὴν κατὰ θάλατταν ἢ τὴν κατὰ γῆν ἀρχὴν παραλαβεῖν ἄν. (11) Εἰ δὲ εἰκότα λογίζομαι, σκόπει, ἔφη, καὶ ταῦτα. Ἔχοντες μέν γε Μακεδονίαν, ἔνθεν καὶ Ἀθηναῖοι τὰ ξύλα ἄγονται, πολὺ δήπου πλέονα ἐκείνων ἱκανοὶ ἐσόμεθα ναῦς ποιήσασθαι. Ἀνδρῶν γε μὴν ταύτας πληροῦν πότερον Ἀθηναίους ἢ ἡμᾶς εἰκὸς μᾶλλον δύνασθαι, τοσούτους [καὶ τοιούτους] ἔχοντας πενέστας; τούς γε μὴν ναύτας τρέφειν πότερον ἡμᾶς ἱκανωτέρους εἰκὸς εἶναι τοὺς δι' ἀφθονίαν καὶ ἄλλοσε σῖτον ἐκπέμποντας ἢ Ἀθηναίους τοὺς μηδ' αὑτοῖς ἱκανὸν ἔχοντας, ἂν μὴ πρίωνται; (12) καὶ χρήμασί γε δήπου εἰκὸς ἡμᾶς ἀφθονωτέροις χρῆσθαι μὴ εἰς νησύδρια ἀποβλέποντας, ἀλλ' ἠπειρωτικὰ ἔθνη καρπουμένους. Πάντα γὰρ δήπου τὰ κύκλῳ φόρον φέρει, ὅταν ταγεύηται τὰ κατὰ Θετταλίαν. Οἶσθα δὲ δήπου ὅτι καὶ βασιλεὺς ὁ Περσῶν οὐ νήσους ἀλλ' ἤπειρον καρπούμενος πλουσιώτατος ἀνθρώπων ἐστίν· ὃν ἐγὼ ὑπήκοον ποιήσασθαι ἔτι εὐκατεργαστότερον ἡγοῦμαι εἶναι ἢ τὴν Ἑλλάδα. Οἶδα

affluentem consequi. Idem mihi non ignoranti demonstrabat, parere jam ipsius imperio Maracos, et Dolopes, et Alcetam, qui Epiro præest. Quidnam igitur, ait, mihi metuendum sit, quominus existimare debeam, me facile vos imperio meo subjecturum? Fortassis hic secum aliquis cogitet, mearum rerum ignarus : Quamobrem igitur cunctaris? cur non jam bellum adversus Pharsalios suscipis? Quia profecto mihi præstare omnino videtur, ut vos mihi potius sponte vestra, quam invitos adjungam. Nam si coacti a me, fueritis, et ipsi de me, quacunque ratione fieri poterit, lædendo consilia agitabitis : etiam vos ego vicissim quam maxime fractos volam. Sin persuadendo meas in partes vos adduxero, facile intelligi potest, futurum ut pro virili vires mutuo nostras adaugeamus. Non autem nescius sum, mi Polydama, cum oculos patriæ tuæ conjectos esse. Ejus si benevolentiam mihi conciliaveris, pollicer tibi equidem, inquit, facturum me, ut omnium in Græcia sis hominum secundum me maximus. Quarum autem rerum tibi secundas deferam, audi ; neque mihi fidei quidquam in ullo habueris, quod tibi ratiocinanti non vero consentaneum visum fuerit. Primum hoc manifestum est, futurum ut, si Pharsalus iis cum oppidis quæ a vobis pendent ad nos accesserit, facile Thessalorum omnium imperator ego constituar. Jam si uni pareat imperatori Thessalia, cogi equitum sex millia poterunt, ac peditum supra decem millia : quorum et corpora et animi magnitudinem dum intueor, nullam fore gentem arbitror, si recte quis eorum curam gerat, cujus Thessali sint obedituri imperio. Et quanquam ipsa per se latissime pateat Thessalia, tamen imperatore creato, etiam finitimæ nationes omnes ei parent. Sunt item in his locis universi prope jaculandi periti : quo fiet, ut copias nostras etiam cetratorum numero abundaturas sit verisimile. Præterea mihi cum Bœotis ac reliquis omnibus, quicunque contra Lacedæmonios bellum gerunt, societas est : quos si tantum a Lacedæmoniorum dominatu liberaro, perlibenter me ducem sequentur. Neque dubito, quidvis facturos Athenienses, nobiscum uti societate conjuncti sint : quanquam eorum mihi amicitiam minime expetendam arbitror. Sic enim statuo, facilius nos maris quam terræ consequuturos imperium. An vero probabiles sint meæ ratiocinationes ut videas, etiam hæc, ait, necnon velim considerare. Nimirum si Macedoniam habebimus, e qua Athenienses ligna petunt, multo plures ipsis naves ædificare poterimus. Jam quod ad homines attinet, num iis Athenienses facilius posse complere naves credibile est, quam nos, quibus tanta mancipiorum est copia? num item magis est consentaneum, nobis ad alendos nautas omnia suffectura, qui præ copia frumentum etiam alio vehimus ; an Atheniensibus, quibus ne tantum quidem frumenti suppetit, quantum ipsis satis sit, nisi alicunde pretio comparent? Etiam pecuniæ nos vim majorem habere verisimile est, qui ad parvas quasdam insulas minime respicimus, sed mediterraneis a nationibus tributa nostros ad usus exigimus. Quoties enim uni paret imperatori Thessalia, finitima omnia tributum pendunt. Nec ignoras certe, Persicum etiam regem, fruentem non insularum sed terræ continentis fructibus, omnium hominum esse opulentissimum : quem quidem ego minori negotio redigi posse in potestatem arbitror, quam Græciam. Scio enim homines

γὰρ πάντας τοὺς ἐκεῖ ἀνθρώπους πλὴν ἑνὸς μᾶλλον δουλείαν ἢ ἀλκὴν μεμελετηκότας, οἶδα δὲ ὑφ' οἵας δυνάμεως καὶ τῆς μετὰ Κύρου ἀναβάσης καὶ τῆς μετ' Ἀγησιλάου εἰς πᾶν ἀφίκετο βασιλεύς. (13) Ἐπεὶ δὲ ταῦτ'
εἰπόντος αὐτοῦ ἐγὼ ἀπεκρινάμην ὅτι τὰ μὲν ἄλλα ἀξιό-
σκεπτα λέγει, τὸ δὲ Λακεδαιμονίοις ὄντας φίλους ἀποστῆναι πρὸς τοὺς ἐναντίους, μηδὲν ἔχοντας ἐγκαλεῖν,
τοῦτ', ἔφην, ἄπορόν μοι δοκεῖ εἶναι· ὃ δ' ἐπαινέσας με
καὶ εἰπὼν ὅτι μᾶλλον ἐκτέον μου εἴη, ὅτι τοιοῦτος εἴην,
ἀφῆκέ μοι ἐλθόντι πρὸς ὑμᾶς λέγειν τἀληθῆ, ὅτι δια-
νοοῖτο στρατεύειν ἐπὶ Φαρσαλίους, εἰ μὴ πεισοίμεθα.
Αἰτεῖν οὖν ἐκέλευε βοήθειαν παρ' ὑμῶν. Καὶ ἐὰν μέν
σοι, ἔφη, διδῶσιν ὥστε σε πείθειν ἱκανὴν πέμπειν συμμαχίαν ὡς ἐμοὶ πολεμεῖν, ἄγ', ἔφη, καὶ τούτῳ χρώμεθα ὅ,τι ἂν ἀποβαίνῃ ἐκ τοῦ πολέμου· ἐὰν δέ σοι μὴ
δοκῶσιν ἱκανῶς βοηθεῖν, οὐκ ἤδη ἀνέγκλητος ἂν δικαίως
εἴης ἐν τῇ πατρίδι, ἥ σε τιμᾷ καὶ σὺ πράττεις τὰ κράτιστα. (14) Περὶ τούτων δὴ ἐγὼ ἥκω πρὸς ὑμᾶς καὶ
λέγω πάντα ὅσα ἐκεῖ αὐτός τε ὁρῶ καὶ ἐκείνου ἀκήκοα.
Καὶ νομίζω οὕτως ἔχειν, ὦ ἄνδρες Λακεδαιμόνιοι, ὡς
εἰ μὲν πέμψετε ἐκεῖσε δύναμιν μὴ ἐμοὶ μόνον ἀλλὰ καὶ
τοῖς ἄλλοις Θετταλοῖς ἱκανὴν δοκοῦσαν εἶναι πρὸς Ἰάσονα πολεμεῖν, ἀποστήσονται αὐτοῦ αἱ πόλεις· πᾶσαι
γὰρ φοβοῦνται ὅποι ποτὲ προβήσεται ἡ τοῦ ἀνδρὸς δύ-
ναμις· εἰ δὲ νεοδαμώδεις καὶ ἄνδρα ἰδιώτην οἴεσθε ἀρκέσειν, συμβουλεύω ἡσυχίαν ἔχειν. (15) Εὖ γὰρ ἴστε
ὅτι πρός τε μεγάλην ἔσται ῥώμην ὁ πόλεμος, καὶ πρὸς
ἄνδρα ὃς φρόνιμος μὲν οὕτω στρατηγός ἐστιν ὡς ὅσα
τε λανθάνειν καὶ ὅσα φθάνειν καὶ ὅσα βιάζεσθαι ἐπιχειρεῖ οὐ μάλα ἀφαμαρτάνει. Ἱκανὸς γάρ ἐστι καὶ
νυκτὶ ὅσαπερ ἡμέρᾳ χρῆσθαι, καὶ ὅταν σπεύδῃ, ἄριστον καὶ δεῖπνον ποιησάμενος ἅμα πονεῖσθαι. Οἴεται
δὲ καὶ ἀναπαύεσθαι χρῆναι, ὅταν ἀφίκηται ἔνθ' ἂν ὡρμημένος ᾖ καὶ διαπράξηται ἃ δεῖ· καὶ τοὺς μετ' αὐτοῦ
δὲ ταῦτα εἴθικεν. Ἐπίσταται δὲ καὶ ὅταν ἐπιπονήσαν-
τες ἀγαθόν τι πράξωσιν οἱ στρατιῶται, ἐκπλῆσαι τὰς
γνώμας αὐτῶν· ὥστε καὶ τοῦτο μεμαθήκασι πάντες οἱ
μετ' αὐτοῦ, ὅτι ἐκ τῶν πόνων καὶ τὰ μαλακὰ γίγνεται.
(16) Καὶ μὴν ἐγκρατέστατός γέ ἐστιν ὧν ἐγὼ οἶδα τῶν
περὶ τὸ σῶμα ἡδονῶν· ὥστε οὐδὲ διὰ ταῦτα ἀσχολίαν
ἔχει εἰς τὸ μὴ πράττειν ἀεὶ τὸ δέον. Ὑμεῖς οὖν σκεψάμενοι εἴπατε πρὸς ἐμέ, ὥσπερ ὑμῖν προσήκει, ὁποῖα
δυνήσεσθέ τε καὶ μέλλετε ποιήσειν.

17. Ὁ μὲν ταῦτα εἶπεν. Οἱ δὲ Λακεδαιμόνιοι τότε
μὲν ἀνεβάλλοντο τὴν ἀπόκρισιν· τῇ δ' ὑστεραίᾳ καὶ τῇ
τρίτῃ λογισάμενοι τάς τε ἔξω μόρας ὅσαι αὐτοῖς εἶεν
καὶ τὰς περὶ Λακεδαίμονα πρὸς τὰς ἔξω τῶν Ἀθηναίων
τριήρεις καὶ τὸν πρὸς τοὺς ὁμόρους πόλεμον, ἀπεκρίναντο ὅτι ἐν τῷ παρόντι οὐκ ἂν δύναιντο ἱκανὴν αὐτῷ
ἐκπέμψαι ἐπικουρίαν, ἀλλ' ἀπιόντα συντίθεσθαι αὐτῷ
ἐκέλευον ὅπῃ δύναιτο ἄριστα τά τε ἑαυτοῦ καὶ τὰ τῆς
πόλεως. (18) Κἀκεῖνος μέντοι ἐπαινέσας τὴν ἁπλότητα
τῆς πόλεως ἀπῆλθε. Καὶ τὴν μὲν ἀκρόπολιν τῶν Φαρ-
σαλίων ἐδεῖτο τοῦ Ἰάσονος μὴ ἀναγκάσαι αὐτὸν παρα-

istic omnes, uno excepto, magis servituti quam fortitudini
addictos esse. Scio præterea, quali ab exercitu discrimen
in extremum adductus rex fuerit, sive illum respicias, qui
in Asiam cum Cyro, sive qui cum Agesilao ascendit. Hæc
quum apud me disseruisset, respondebam ego, cetera quidem digna consideratu ab ipso dici, sed videri mihi multum
in hoc difficultatis, ut nos Lacedæmoniis amici, quum nihil
habeamus quod de ipsis queramur, ad hostes ab eis deficiamus. Tum ille me collaudato addebat, magis jam me
amplectendum sibi videri, quia talis essem : simul potestatem fecit proficiscendi ad vos, ac rem ipsam exponendi :
cogitare nimirum ipsum de bello Pharsaliis inferendo, si
non sponte nostra ipsi assentiremur. Jussit igitur me a
vobis suppetias postulare : ac si quidem, inquit, persuadendo
impetraveris, ut copias tibi auxiliares mittant, quæ ad op-
pugnandum me satis amplæ sint, consulamus id sane boni,
quod belli sors tulerit. At si tibi non satis magna subsidia
mittere visi fuerint, merito culpa non carebis in patria, quæ
te amat, et in qua tu præstantissima geris cum dignitate.
Has ob res veni equidem ad vos, Lacedæmonii, vobisque
omnia, quæ istic vidi et ex Iasone audivi, expono. Esse
autem ejusmodi rerum statum arbitror, ut si copias illuc
miseritis, quæ non mihi solum, sed reliquis etiam Thessalis ad resistendum Iasoni satis amplæ videantur, civitates
ab eo sint defecturæ. Metuunt enim omnes quo tandem
erasura sit hominis potentia. Sin novos populares, cum
aliquo ejusmodi rerum gerendarum imperito, suffecturos hoc in negotio putatis, ab hoc ut bello abstineatis, equidem vobis
consulo. Nam certo scitote, bellum adversus vires magnas
vobis gerendum esse, ac talem adversus hominem, qui
tam prudens dux est, ut quæcunque tandem vel clam, vel
alios antevertendo, vel vi perficere conatur, non facile sine
suo frustretur. Etenim et nocte uti perinde ac die potest,
et celeritate quum opus est, prandium cœnamque sumens
simul labores perferre. Præterea tum demum sibi quiescendum arbitratur, postquam eo pervenerit, quo contendebat, remque ex animi sententia confecerit. Ad hoc eos
etiam, quos secum habet, adsuefecit. Novit etiam militum
animos explere, quoties laborando præclarum aliquid effecerunt. Ut omnes qui cum eo sunt, didicerint, ex
laboribus etiam voluptates oriri : quanquam ipse omnium,
quos equidem novi, corporis a voluptatibus abstinentissi-
mus est : adeo ut neque propter has ullo modo occupetur,
quin id semper faciat, quod ex usu sit. Vos igitur re deliberata significate mihi, quemadmodum vos decet, quid hac
in re præstare tum possitis, tum velitis. »

Hæc Polydamantis fuit oratio. Lacedæmonii vero, dila-
ta eo die responsione, alteroque ac tertio quoque die secum
ipsi expendentes, quot cohortes foris, quot circa Lacedæmonem triremibus Atheniensium oppositas haberent, quodque bellum etiam adversus finitimos gererent ; respondent,
in hoc quidem tempore non posse satis se magna mittere
ad eum subsidia : quamobrem domum rediret, ac tum suis
tum patriæ rebus quam posset optime consuleret. Itaque
Polydamas, collaudata reipublicæ Laconicæ simplicitate,
discessit : et arcem quidem Pharsaliorum ne dedere cogeretur, Iasonem orabat, ut hanc illis, qui fidei suæ commi-

δοῦναι, ὅπως τοῖς παρακαταθεμένοις διασώζῃ· τοὺς δὲ ἑαυτοῦ παῖδας ἔδωκεν ὁμήρους, ὑποσχόμενος αὐτῷ τὴν τε πόλιν πείσας ἑκοῦσαν σύμμαχον ποιήσειν καὶ ταγὸν συγκαταστήσειν αὐτόν. Ὡς δὲ τὰ πιστὰ ἔδοσαν ἀλλήλοις, εὐθὺς μὲν οἱ Φαρσάλιοι εἰρήνην ἦγον, ταχὺ δὲ ὁ Ἰάσων ὁμολογουμένος ταγὸς τῶν Θετταλῶν καθειστήκει. (19) Ἐπεί γε μὴν ἐτάχθη, διέταξεν ἱππικόν τε ὅσον ἑκάστη πόλις δυνατὴ ἦν παρέχειν καὶ ὁπλιτικόν· καὶ ἐγένοντο αὐτῷ ἱππεῖς μὲν σὺν τοῖς συμμάχοις πλείους ἢ ὀκτακισχίλιοι, ὁπλῖται δὲ ἐλογίσθησαν οὐκ ἐλάττους δισμυρίων, πελταστικὸν γε μὴν ἱκανὸν πρὸς πάντας ἀνθρώπους ἀντιταχθῆναι· ἔργον γὰρ ἐκείνων γε καὶ τὰς πόλεις ἀριθμῆσαι. Προεῖπε δὲ καὶ τοῖς περιοίκοις πᾶσι τὸν φόρον ὥσπερ ἐπὶ Σκόπα τεταγμένος ἦν φέρειν. Καὶ ταῦτα μὲν οὕτως ἐπεραίνετο· ἐγὼ δὲ πάλιν ἐπάνειμι, ὅθεν εἰς τὰς περὶ Ἰάσονος πράξεις ἐξέβην.

ΚΕΦΑΛΑΙΟΝ Β.

Οἱ μὲν γὰρ Λακεδαιμόνιοι καὶ οἱ σύμμαχοι συνελέγοντο εἰς τοὺς Φωκέας, οἱ δὲ Θηβαῖοι ἀναχωρήσαντες εἰς τὴν αὑτῶν ἐφύλαττον τὰς εἰσβολάς. Οἱ δ᾽ Ἀθηναῖοι, αὐξανομένους μὲν ὁρῶντες διὰ σφᾶς τοὺς Θηβαίους, χρήματά τε οὐ συμβαλλομένους εἰς τὸ ναυτικόν, αὐτοὶ δὲ ἀποκναιόμενοι καὶ χρημάτων εἰσφοραῖς καὶ λῃστείαις ἐξ Αἰγίνης καὶ φυλακαῖς τῆς χώρας, ἐπεθύμησαν παύσασθαι τοῦ πολέμου, καὶ πέμψαντες πρέσβεις εἰς Λακεδαίμονα εἰρήνην ἐποιήσαντο.

2. Εὐθὺς δ᾽ ἐκεῖθεν δύο τῶν πρέσβεων πλεύσαντες κατὰ δόγμα τῆς πόλεως εἶπον τῷ Τιμοθέῳ ἀποπλεῖν οἴκαδε ὡς εἰρήνης οὔσης· ὁ δ᾽ ἅμα ἀποπλέων τοὺς τῶν Ζακυνθίων φυγάδας ἀπεβίβασεν εἰς τὴν χώραν αὐτῶν. (3) Ἐπεὶ δὲ οἱ ἐκ τῆς πόλεως Ζακύνθιοι πέμψαντες πρὸς τοὺς Λακεδαιμονίους ἔλεγον οἷα πεπονθότες εἶεν ὑπὸ τοῦ Τιμοθέου, εὐθὺς οἱ Λακεδαιμόνιοι ἀδικεῖν τε ἡγοῦντο τοὺς Ἀθηναίους καὶ ναυτικὸν πάλιν παρεσκεύαζον, καὶ συνετάττοντο εἰς ἑξήκοντα ναῦς ἀπ᾽ αὐτῆς τε τῆς Λακεδαίμονος καὶ Κορίνθου καὶ Λευκάδος καὶ Ἀμβρακίας καὶ Ἤλιδος καὶ Ζακύνθου καὶ Ἀχαΐας καὶ Ἐπιδαύρου καὶ Τροιζῆνος καὶ Ἑρμιόνος καὶ Ἁλιέων. (4) Ἐπιστήσαντες δὲ ναύαρχον Μνάσιππον ἐκέλευον τῶν τε ἄλλων ἐπιμελεῖσθαι τῶν κατ᾽ ἐκείνην τὴν θάλατταν καὶ στρατεύειν ἐπὶ Κέρκυραν. Ἔπεμψαν δὲ καὶ πρὸς Διονύσιον διδάσκοντες ὡς καὶ ἐκείνῳ χρήσιμον εἴη τὴν Κέρκυραν μὴ ὑπ᾽ Ἀθηναίοις εἶναι. (5) Καὶ ὁ μὲν δὴ Μνάσιππος, ἐπεὶ συνελέγη αὐτῷ τὸ ναυτικόν, ἔπλευσεν εἰς τὴν Κέρκυραν· εἶχε δὲ καὶ μισθοφόρους σὺν τοῖς ἐκ Λακεδαίμονος μετ᾽ αὐτοῦ στρατευομένοις οὐκ ἐλάττους χιλίων καὶ πεντακοσίων. (6) Ἐπεὶ δὲ ἀπέβη, ἐκράτει τε τῆς γῆς καὶ ἐδῄου ἐξειργασμένην μὲν παγκάλως καὶ πεφυτευμένην τὴν χώραν, μεγαλοπρεπεῖς δὲ οἰκήσεις καὶ οἰνῶνας κατεσκευασμένους ἔχουσαν ἐπὶ τῶν ἀγρῶν·

---

sissent eam, conservaret : liberos autem suos obsides dabat, simulque pollicebatur, persuadendo se patriam adducturum, uti sponte se societati ipsius adjungeret ; atque etiam cum aliis daturum operam, ut Thessalorum imperator Iason constitueretur. Quapropter quum ultro citroque data fides esset, statim et inter Pharsalios pax conciliata est, et Iasoni munus imperatoris Thessalorum sine controversia delatum. Quod ubi accepisset, equitum gravisque armaturæ peditum numerum civitatibus singulis, pro cujusque facultatibus, imperabat. Ita factum ut equites haberet Thessalos, ac de sociis coactos, plures quam octo millia ; gravis vero armaturæ pedites recenserentur non pauciores viginti millibus : denique cetratorum eas habebat copias, quæ quibusvis in acie opponi possent : civitates quidem certe eorum patrias vel enumerare fuerit operosum. Denuntiabat etiam finitimis omnibus, uti tributum penderent, quod Scopæ temporibus impositum fuisset. Atque hæc quidem hoc modo peragebantur. Ego unde Iasonis ad res gestas deflexeram, revertor.

CAPUT II.

Cogebantur et Lacedæmonii, et eorum socii, Phocensium in agrum ; et Thebani pedem referentes intra fines suos, viarum aditus præsidiis tenebant. Athenienses autem, quod opera sua Thebanos crevisse cernerent, nihil tamen eos pecuniæ ad alendam classem conferre, quum interim de ipsorum facultatibus et ob pecuniarum conferendarum exactiones, et per prædationes ex Ægina, et ob Atticæ præsidia decederet, finem imponere bello cupiebant. Itaque missis Lacedæmonem legatis, pacem faciunt.

Mox Lacedæmone duo ex legatorum numero, quemadmodum reipublicæ decreto jussi fuerant, ad Timotheum navigant, eique significant, domum uti classem reduceret, quod pax esset inita. Timotheus inter redeundum exules Zacynthios in patriam exponit. Quamobrem quum cives Zacynthii legatis Lacedæmonem missis, quid ipsis a Timotheo illatum esset injuriæ, commemorassent, mox Lacedæmonii læsos se ab Atheniensibus existimare, rursumque classem instruere, ac naves ipsius mox sexaginta Lacedæmone, Corintho, Leucade, Ambracia, Elide, Zacyntho, Achaia, Epidauro, Trœzene, Hermione, Haliensibus, cogere. Mnasippum ei classi præficiunt : quem præter alia, quæ in illa maris ora curaret, Corcyram quoque bello reducere, eique jubent. Legatos etiam ad Dionysium mittunt, qui docerent, non minus ex ipsius esse re, quam sua, Corcyram Atheniensium imperio non parere. Mnasippus itaque collecta jam classe sua, Corcyram cum ea petit. Habebat præter eos, quos Lacedæmone secum adduxerat, conductitios milites non pauciores mille et quingentis. Posteaquam de navibus copias exposuisset, insulam mox occupat, eamque pulcherrime excultam et consitam, ac magnificis ædificiis, collisque vinariis passim ruri exstructis ornatam, vastat ; estque adeo

ὥςτ' ἔφασαν τοὺς στρατιώτας εἰς τοῦτο τρυφῆς ἐλθεῖν ὥςτ' οὐκ ἐθέλειν πίνειν, εἰ μὴ ἀνθοσμίας εἴη. Καὶ ἀνδράποδα δὲ καὶ βοσκήματα πάμπολλα ἡλίσκετο ἐκ τῶν ἀγρῶν. (7) Ἔπειτα δὲ κατεστρατοπεδεύσατο τῷ μὲν πεζῷ ἐπὶ λόφῳ ἀπέχοντι τῆς πόλεως ὡς πέντε στάδια, πρὸ τῆς χώρας ὄντι, ὅπως ἀποτέμνοιτο ἐντεῦθεν, εἴ τις ἐπὶ τὴν χώραν τῶν Κερκυραίων ἐξίοι· τὸ δὲ ναυτικὸν εἰς τἀπὶ θάτερα τῆς πόλεως κατεστρατοπέδευσεν, ἔνθεν ᾤετ' ἂν τὰ προσπλέοντα καὶ προαισθάνεσθαι καὶ διακωλύειν. Πρὸς δὲ τούτοις καὶ ἐπὶ τῷ λιμένι, ὁπότε μὴ χειμὼν κωλύοι, ἐφώρμει. Ἐπολιόρκει μὲν δὴ οὕτω τὴν πόλιν. (8) Ἐπεὶ δὲ οἱ Κερκυραῖοι ἐκ μὲν τῆς γῆς οὐδὲν ἐλάμβανον διὰ τὸ κρατεῖσθαι κατὰ γῆν, κατὰ θάλατταν δὲ οὐδὲν εἰςήγετο αὐτοῖς διὰ τὸ ναυκρατεῖσθαι, ἐν πολλῇ ἀπορίᾳ ἦσαν· (9) καὶ πέμποντες πρὸς τοὺς Ἀθηναίους βοηθεῖν τε ἐδέοντο καὶ ἐδίδασκον ὡς μέγα μὲν ἀγαθὸν ἀποβάλοιεν ἄν, εἰ Κερκύρας στερηθεῖεν, τοῖς δὲ πολεμίοις μεγάλην ἂν ἰσχὺν προςβάλοιεν· ἐξ οὐδεμιᾶς γὰρ πόλεως πλήν γε Ἀθηναίων οὔτε ναῦς οὔτε χρήματα πλείονα ἂν γενέσθαι. Ἔτι δὲ κεῖσθαι τὴν Κέρκυραν ἐν καλῷ μὲν τοῦ Κορινθιακοῦ κόλπου καὶ τῶν πόλεων αἳ ἐπὶ τοῦτον καθήκουσιν, ἐν καλῷ δὲ τοῦ τὴν Λακωνικὴν χώραν βλάπτειν, ἐν καλλίστῳ δὲ τῆς τε ἀντιπέραν Ἠπείρου καὶ τοῦ εἰς Πελοπόννησον ἀπὸ Σικελίας παράπλου. (10) Ἀκούσαντες δὲ ταῦτα οἱ Ἀθηναῖοι ἐνόμισαν ἰσχυρῶς ἐπιμελητέον εἶναι, καὶ ταχὺν πέμπουσι Στησικλέα εἰς ἑξακοσίους ἔχοντα πελταστάς, Ἀλκέτου δὲ ἐδεήθησαν συνδιαβιβάσαι τούτους. (11) Καὶ οὗτοι μὲν νυκτὸς διακομισθέντες που τῆς χώρας εἰςῆλθον εἰς τὴν πόλιν. Ἐψηφίσαντο δὲ καὶ ἑξήκοντα ναῦς πληροῦν, Τιμόθεόν δ' αὐτῶν στρατηγὸν ἐχειροτόνησαν. (12) Ὁ δ' οὐ δυνάμενος αὐτόθεν τὰς ναῦς πληρῶσαι, ἐπὶ νήσων πλεύσας ἐκεῖθεν ἐπειρᾶτο συμπληροῦν, οὐ φαῦλον ἡγούμενος εἶναι ἐπὶ συγκεκροτημένας ναῦς εἰκῇ περιπλεῦσαι. (13) Οἱ δ' Ἀθηναῖοι νομίζοντες αὐτὸν ἀναλοῦν τὸν τῆς ὥρας εἰς τὸν περίπλουν χρόνον, συγγνώμην οὐκ ἔσχον αὐτῷ, ἀλλὰ παύσαντες αὐτὸν τῆς στρατηγίας Ἰφικράτην ἀνθαιροῦνται. (14) Ὁ δ' ἐπεὶ κατέστη στρατηγός, μάλα ὀξέως τὰς ναῦς ἐπληροῦτο καὶ τοὺς τριηράρχους ἠνάγκαζε. Προςέλαβε δὲ παρὰ τῶν Ἀθηναίων καὶ εἴ πού τις ναῦς περὶ τὴν Ἀττικὴν ἔπλει καὶ τὴν Πάραλον καὶ τὴν Σαλαμινίαν, λέγων ὡς ἐὰν τἀκεῖ καλῶς γένηται, πολλὰς αὐτοῖς ναῦς ἀποπέμψει. Καὶ ἐγένοντο αὐτῷ αἱ ἅπασαι περὶ ἑβδομήκοντα. (15) Ἐν δὲ τούτῳ τῷ χρόνῳ οἱ Κερκυραῖοι οὕτω σφόδρα ἐπείνων ὥςτε διὰ τὸ πλῆθος τῶν αὐτομολούντων ἐκήρυξεν ὁ Μνάσιππος πεπρᾶσθαι ὅςτις αὐτομολοίη. Ἐπεὶ δὲ οὐδὲν ἧττον ηὐτομόλουν, τελευτῶν καὶ μαστιγῶν ἀπέπεμψεν. Οἱ μέντοι ἔνδοθεν τούς γε δούλους οὐκ ἐδέχοντο πάλιν εἰς τὸ τεῖχος, ἀλλὰ πολλοὶ ἔξω ἀπέθνησκον. (16) Ὁ δ' αὖ Μνάσιππος ὁρῶν ταῦτα, ἐνόμιζέ τε ὅσον οὐκ ἤδη ἔχειν τὴν πόλιν καὶ περὶ τοὺς μισθοφόρους ἐκαινούργει, καὶ τοὺς μέν τινας αὐτῶν ἀπομίσθους ἐπεποιήκει, τοῖς δ' οὖσι καὶ δυοῖν ἤδη μη-

proditum, milites eo progressos esse luxus, ut vinum bibere, nisi fragrans esset, haudquaquam vellent. Capta ex agris etiam ingens mancipiorum pecorumque copia. Deinde pedestribus quidem copiis Mnasippus castrorum locum capit in tumulo, qui anteriore situs in parte insulae stadiis ab oppido quinque aberat, ut aditum inde omnibus intercluderet, si quis Corcyraeorum in agrum egredi posset: classem vero ab utraque parte oppidi in statione collocat, unde tum prospicere adventum eorum, qui navigiis accederent, tum impedire posset. Praeterea quoties a tempestate non prohiberetur, etiam in portu stationes habebat. Atque oppidum hoc modo obsidebat. Corcyraei autem, posteaquam nec suo quidquam ex agro accipiebant, quod is ab hostibus occupatus esset; nec mari quidquam inveheretur, quod hostilis classis amplitudine superarentur : magna rerum inopia laborabant, ac suos Athenas mittebant, qui opem ab eis poscerent, simulque docerent, magnam facturos jacturam Athenienses, si Corcyram amitterent; contraque, magnam hostibus robur accessurum, si ea potirentur : nec enim ipsos ullo ex oppido, Athenis exceptis, vel naves, vel pecunias majores consequi. Praeterea sitam esse Corcyram loco peropportuno, sive quis Corinthiacum sinum spectet, sive urbes ad eum pertinentes, sive adeo agrum Laconicum infestare vellent: multo denique maxime opportunam esse ratione Epiri oppositae, ac trajectus e Sicilia in Peloponnesum. Quibus auditis Athenienses summopere sibi hac in parte laborandum existimabant. Itaque Stesiclem ducem cum cetratis plus minus sexcentis mittunt, et Alcetam rogant, adderet operam suam, ut in Corcyram exponerentur. Qui noctu quendam in insulae locum transportati, oppidum Corcyraeorum sunt ingressi. Praeterea decretum ab Atheniensibus factum, ut sexaginta naves instruerentur, quibus omnium suffragiis Timotheus imperator praeficitur. Is quum Athenis numerum illum explere non posset, ad insulas navigans operam dabat, ut inde classem compararet, rem minime levem esse ratus, si adversum naves jam collectas temere pergeret. Verum Athenienses, quod existimarent hominem tempus ad navigandum idoneum frustra conterere, nequaquam ei parcentes, summam rerum Iphicrati mandant, abrogato illi imperio. Iphicrates ubi factus imperator esset, celeriter admodum naves complebat, ac trierarchos quae oporteret praebere cogebat. Praeterea ab Atheniensibus accepit naves omnes, quaecunque oram Atticae legebant, Paralum adeo et Salaminiam, dicens, si res in Corcyra prospere cederent, multas se naves ipsis remissurum. Hoc modo septuaginta navium numerum omnino explevit. Interim Corcyraei ad tantam famem redigebantur, ut ob transfugarum multitudinem Mnasippus proclamari per praecones juberet, omnes se venditurum pretio, quicunque transfugerent. Quum autem nihilominus transfugerent, tandem eos etiam flagris caesos dimittebat. Contra, qui erant in urbe, servos suos amplius in urbem non recipiebant, sed eorum plerique foris peribant. Quae quum Mnasippus videret, tantum non oppidum habere se jam existimabat, novaque ratione cum militibus conductitiis agebat. Quippe nonnullis eorum adi-

ναῦν ὤφειλε τὸν μισθὸν, οὐκ ἀπορῶν, ὡς ἐλέγετο, χρημάτων· καὶ γὰρ τῶν πόλεων αἱ πολλαὶ ἀργύριον ἀντὶ τῶν ἀνδρῶν αὐτῷ ἔπεμπον, ἅτε καὶ διαποντίου τῆς στρατείας οὔσης. (17) Κατιδόντες δὲ ἀπὸ τῶν πύργων οἱ ἐκ τῆς πόλεως τάς τε φυλακὰς χεῖρον ἢ πρόσθεν φυλαττομένας ἐσπαρμένους τε κατὰ τὴν χώραν τοὺς ἀνθρώπους, ἐπεκδραμόντες τοὺς μέν τινας αὐτῶν ἔλαβον, τοὺς δὲ κατέκοψαν. (18) Αἰσθόμενος δὲ ὁ Μνάσιππος, αὐτός τε ἐξωπλίζετο καὶ ὅσους εἶχεν ὁπλίτας ἅπασιν ἐβοήθει, καὶ τοὺς λοχαγοὺς καὶ τοὺς ταξιάρχους ἐξάγειν ἐκέλευε τοὺς μισθοφόρους. (19) Ἀποκριναμένων δέ τινων λοχαγῶν ὅτι οὐ ῥᾴδιον εἴη μὴ διδόντας τὰ ἐπιτήδεια πειθομένους παρέχειν, τὸν μέν τινα βακτηρίᾳ, τὸν δὲ τῷ στύρακι ἐπάταξεν· οὕτω μὲν δὴ ἀθύμως ἔχοντες καὶ μισοῦντες αὐτὸν συνεξῆλθον ἅπαντες· ὅπερ ἥκιστα εἰς μάχην συμφέρει. (20) Ὁ δ᾽ ἐπεὶ παρετάξατο, αὐτὸς μὲν τοὺς κατὰ τὰς πύλας τῶν πολεμίων τρεψάμενος ἐπεδίωκεν· οἱ δ᾽ ἐπεὶ ἐγγὺς τοῦ τείχους ἐγένοντο, ἀνεστρέφοντό τε καὶ ἀπὸ τῶν μνημάτων ἔβαλλον καὶ ἠκόντιζον· ἄλλοι δ᾽ ἐκδραμόντες καθ᾽ ἑτέρας πύλας ἐπιτίθενται ἀθρόοι τοῖς ἐσχάτοις· (21) οἱ δ᾽ ἐπ᾽ ὀκτὼ τεταγμένοι, ἀσθενὲς νομίσαντες τὸ ἄκρον τῆς φάλαγγος ἔχειν, ἀναστρέφειν ἐπειρῶντο. Ὡς δ᾽ ἤρξαντο ἐπαναχωρεῖν, οἱ μὲν πολέμιοι ὡς φεύγουσιν ἐπέθεντο, οἱ δ᾽ οὐκέτι ἐπανέστρεψαν· καὶ οἱ ἐχόμενοι δ᾽ αὐτῶν εἰς φυγὴν ὥρμων. (22) Ὁ δὲ Μνάσιππος τοῖς μὲν πιεζομένοις οὐκ ἐδύνατο βοηθεῖν διὰ τοὺς ἐκ τοῦ κατ᾽ ἀντικρὺ προσκειμένους, ἀεὶ δ᾽ ἐλείπετο σὺν ἐλάττοσι. Τέλος δὲ οἱ πολέμιοι ἀθρόοι γενόμενοι πάντες ἐπεχείρησαν τοῖς περὶ τὸν Μνάσιππον, ἤδη μάλα ὀλίγοις οὖσι. Καὶ οἱ πολῖται ὁρῶντες τὸ γιγνόμενον ἐπεξῇεσαν. (23) Ἐπεὶ δ᾽ ἐκεῖνον ἀπέκτειναν, ἐδίωκον ἤδη ἅπαντες. Ἐκινδύνευσαν δ᾽ ἂν καὶ τὸ στρατόπεδον ἑλεῖν σὺν τῷ χαρακώματι, εἰ μὴ οἱ διώκοντες τὸν ἀγοραῖον ὄχλον ἰδόντες καὶ τὸν τῶν θεραπόντων καὶ τὸν τῶν ἀνδραπόδων, οἰηθέντες ὄφελός τι αὐτῶν εἶναι, ἀπεστρέφοντο. (24) Καὶ τότε μὲν τρόπαιόν τε ἑστησαν οἱ Κερκυραῖοι καὶ τοὺς νεκροὺς ὑποσπόνδους ἀπέδοσαν. Ἐκ δὲ τούτου οἱ μὲν ἐν τῇ πόλει ἐρρωμενέστεροι ἐγεγένηντο, οἱ δ᾽ ἔξω ἐν πάσῃ δὴ ἀθυμίᾳ ἦσαν. Καὶ γὰρ ἐλέγετο ὅτι Ἰφικράτης τε ὅσον οὐκ ἤδη παρείη, καὶ οἱ Κερκυραῖοι δὲ τῷ ὄντι ναῦς ἐπλήρουν. (25) Ὑπερμένης δὲ, ὃς ἐτύγχανεν ἐπιστολιαφόρος τῷ Μνασίππῳ ὢν, τό τε ναυτικὸν πᾶν ὅσον ἦν ἐκεῖ συνεπλήρωσε, καὶ περιπλεύσας πρὸς τὸ χαράκωμα, τὰ πλοῖα πάντα γεμίσας τῶν τε ἀνδραπόδων καὶ τῶν χρημάτων, ἀπέστειλεν· αὐτὸς δὲ σύν τε τοῖς ἐπιβάταις καὶ τοῖς περισωθεῖσι τῶν στρατιωτῶν διεφύλαττε τὸ χαράκωμα. (26) Τέλος δὲ καὶ οὗτοι μάλα δὴ τεταραγμένοι ἀναβάντες ἐπὶ τὰς τριήρεις ἀπέπλεον, πολὺν μὲν σῖτον, πολὺν δὲ οἶνον, πολλὰ δὲ ἀνδράποδα καὶ ἀσθενοῦντας στρατιώτας καταλιπόντες· δεινῶς γὰρ ἐπεφόβηντο μὴ καταληφθεῖεν ὑπὸ τῶν Ἀθηναίων ἐν τῇ νήσῳ. Καὶ ἐκεῖνοι μὲν εἰς Λευκάδα ἀπεσώθησαν.

27. Ὁ δὲ Ἰφικράτης ἐπεὶ ἤρξατο τοῦ περίπλου, ἅμα

mebat stipendia; aliis, quos secum retinebat, duum mensium stipendium debebat : nec id propterea, quemadmodum ferebatur, quod pecuniarum inopia laboraret. Urbes enim pleræque militum loco pecuniam miserant, quippe quod esset hæc expeditio trajectitia. Interim oppidani conspecto de turribus, excubias negligentius agi, quam prius, et milites per insulam passim palatos obvagari : facto in eos ex oppido impetu, nonnullos capiunt, nonnullos occidunt. Qua re Mnasippus animadversa, non ipse solum arma corripiebat ; sed etiam tota cum gravi armatura suis ferebat subsidium, et cohortium præfectis ac tribunis, uti conductitios milites educerent, imperabat. Hic quum ductores quidam cohortium respondissent, non facile contineri posse in officio militem ab iis qui necessaria non subministrarent : Mnasippus hunc baculo, cuspide alium verberabat. Itaque tunc omnes, animis exasperatis odioque plenis adversus Mnasippum, egrediuntur : quod sane ad pugnam minime conducit. Acie instructa Mnasippus hostes, qui ad oppidi portas erant, in fugam versos persequebatur. At hi posteaquam propius ad muros accessissent, conversi de monumentis tela jaculaque conjiciebant. Præterea alii oppidani per alias portas excurrentes, confertim in extremos irruebant. Illi, quod in octonos disposita esset ipsorum acies, rati hanc phalangis extremitatem imbecillam esse, convertere se conabantur. Quamprimum autem referre pedem cœpissent, hostes quidem in eos irruebant, quasi fugæ se darent : ipsi vero non jam amplius aciem convertebant. Quare his proximi terga dabant. Non poterat tum suppetias iis ferre Mnasippus, qui ab hoste premebantur, propter illorum impetum, quos adversos habebat : et semper eorum numerus, qui cum ipso erant, imminuebatur. Tandem hostes conferti Mnasippum cum iis, quos penes se perpaucos habebat, adoriuntur. Id quum oppidani fieri conspexissent, ipsi quoque adversus hostem egrediuntur. Quumque Mnasippum interemissent, universi inde cum copiis hostem persequebantur : adeoque parum aberat, quin ipsa castra cum vallo caperent : quod quidem accidisset, nisi persequentes , hominum circumforaneorum, et calonum, et mancipiorum turba conspecta, quoddam in his robur esse arbitrati, pedem retulissent. Ac tum quidem erecto tropæo Corcyræi mortuorum cadavera per inducias reddebant. Ceterum ab eo tempore firmioribus oppidani animis erant, contraque illi, qui foris eos obsidebant, omnino dejecti. Nam et fama ferebatur, tantum non adesse Iphicratem; et Corcyræi reipsa naves suas instruebant. Itaque Mnasippi legatus Hypermenes classem omnem, quæ istic erat, complet; ac circumnavigans ad vallum, naves universas mancipiis et opibus oneratas dimittit. Ipse cum classiariis, reliquisque militibus, qui e prælio supererant, vallum custodit. Tandem hi quoque perturbati admodum conscensis triremibus discedunt, magna istic frumenti, vini, mancipiorum copia cum militibus ægris relicta. Vehementer enim metuebant, ne ab Atheniensibus in insula deprehenderentur. Ac hi quidem salvi Leucadem pervenerunt.

Ceterum Iphicrates ut primum cum classe proficisci cœ-

μὲν ἔπλει, ἅμα δὲ πάντα ὅσα εἰς ναυμαχίαν παρεσκευάζετο· εὐθὺς μὲν γὰρ τὰ μεγάλα ἱστία αὐτοῦ κατέλιπεν, ὡς ἐπὶ ναυμαχίαν πλέων· καὶ τοῖς ἀκατίοις δὲ, καὶ εἰ εὔφορον πνεῦμα εἴη, ὀλίγα ἐχρῆτο· τῇ δὲ κώπῃ τὸν πλοῦν ποιούμενος ἀμεινόν τε τὰ σώματα ἔχειν τοὺς ἄνδρας καὶ ἄμεινον τὰς ναῦς πλεῖν ἐποίει. (28) Πολλάκις δὲ καὶ ὅπου μέλλοι ἀριστοποιεῖσθαι τὸ στράτευμα ἢ δειπνοποιεῖσθαι, ἐπανήγαγεν ἂν τὸ κέρας ἀπὸ τῆς γῆς κατὰ ταῦτα τὰ χωρία. Ἐπεὶ δ' ἐπιστρέψας ἂν καὶ ἀντιπρώρους καταστήσας τὰς τριήρεις ἀπὸ σημείου ἀφίει ἀνθαμιλλᾶσθαι εἰς τὴν γῆν, μέγα δὴ νικητήριον ἦν τὸ πρώτους καὶ ὕδωρ λαβεῖν καὶ εἴ του ἄλλου ἐδέοντο, καὶ πρώτους ἀριστῆσαι· τοῖς δ' ὑστάτοις ἀφικνουμένοις μεγάλη ζημία ἦν τό τε ἐλαττοῦσθαι πᾶσι τούτοις καὶ ὅτι ἀνάγεσθαι ἅμα ἔδει, ἐπεὶ σημήνειεν· συνέβαινε γὰρ τοῖς μὲν πρώτοις ἀφικνουμένοις καθ' ἡσυχίαν ἅπαντα ποιεῖν, τοῖς δὲ τελευταίοις διὰ σπουδῆς. (29) Φυλακὰς γε μήν, εἰ τύχοι ἐν τῇ πολεμίᾳ ἀριστοποιούμενος, τὰς μὲν ἐν τῇ γῇ, ὥσπερ προσήκει, καθίστη, ἐν δὲ ταῖς ναυσὶν αἰρόμενος αὖ τοὺς ἱστοὺς ἀπὸ τούτων ἐσκοπεῖτο. Πολὺ οὖν ἐπὶ πλέον οὗτοι καθεώρων ἢ οἱ ἐκ τοῦ ὁμαλοῦ, ἀφ' ὑψηλοτέρου καθορῶντες. Ὅπου δὲ δειπνοποιοῖτο καὶ καθεύδοι, ἐν μὲν τῷ στρατοπέδῳ πῦρ νύκτωρ οὐκ ἔκαιε, πρὸ δὲ τοῦ στρατεύματος φῶς ἐποίει, ἵνα μηδεὶς λάθῃ προσιών. Πολλάκις δὲ, εἰ εὐδία εἴη, εὐθὺς δειπνήσας ἀνήγετο· εἰ δὲ μὲν αὔρᾳ φέροι, θέοντες ἅμα ἀνεπαύοντο· εἰ δὲ ἐλαύνειν δέοι, κατὰ μέρος τοὺς ναύτας ἀνέπαυεν. (30) Ἐν δὲ τοῖς μεθ' ἡμέραν πλοῖς ἀπὸ σημείων τοτὲ μὲν ἐπὶ κέρως ἦγε, τοτὲ δ' ἐπὶ φάλαγγος· ὥστε ἅμα μὲν ἔπλεον, ἅμα δὲ πάντα ὅσα εἰς ναυμαχίαν καὶ ἠσκηκότες καὶ ἐπιστάμενοι εἰς τὴν ὑπὸ τῶν πολεμίων, ὡς ᾤοντο, κατεχομένην θάλατταν ἀφικνοῦντο. Καὶ τὰ μὲν πολλὰ ἐν τῇ πολεμίᾳ καὶ ἠρίστων καὶ ἐδείπνουν· διὰ δὲ τὸ τἀναγκαῖα μόνον πράττειν καὶ τὰς βοηθείας ἔφθανεν ἀναγόμενος καὶ ταχὺ ἐπέραινε. (31) Περὶ δὲ τὸν Μνασίππου θάνατον ἐτύγχανεν ὢν τῆς Λακωνικῆς περὶ τὰς Σφαγίας. Εἰς τὴν Ἠλείαν δὲ ἀφικόμενος καὶ παραπλεύσας τὸ τοῦ Ἀλφειοῦ στόμα ὑπὸ τὸν Ἰχθῦν καλούμενον ὡρμίσατο. Τῇ δ' ὑστεραίᾳ ἐντεῦθεν ἀνήγετο ἐπὶ τῆς Κεφαλληνίας, οὕτω καὶ τεταγμένος καὶ τὸν πλοῦν ποιούμενος ὡς, εἰ δέοι, πάντα ὅσα χρὴ παρεσκευασμένος ναυμαχοίη. Καὶ γὰρ τὰ περὶ τοῦ Μνασίππου αὐτόπτου μὲν οὐδενὸς ἠκηκόει, ὑπώπτευε δὲ μὴ ἀπάτης ἕνεκεν λέγοιτο, καὶ ἐφυλάττετο· ἐπεὶ μέντοι ἀφίκετο εἰς τὴν Κεφαλληνίαν, ἐνταῦθα δὴ σαφῶς ἐπύθετο, καὶ ἀνέπαυε τὸ στράτευμα.

32. Οἶδα μὲν οὖν ὅτι ταῦτα πάντα, ὅταν οἴωνται ναυμαχήσειν ἄνθρωποι, καὶ ἀσκεῖται καὶ μελετᾶται· ἀλλὰ τοῦτο ἐπαινῶ, ὅτι ἐπεὶ ἀφικέσθαι ταχὺ ἔδει ἔνθα τοῖς πολεμίοις ναυμαχήσειν ᾤετο, εὕρετο ὅπως μήτε διὰ τὸν πλοῦν ἀνεπιστήμονας εἶναι τῆς ναυμαχίας μήτε διὰ τὸ ταῦτα μελετᾶν βραδύτερόν τι ἀφικέσθαι.

33. Καταστρεψάμενος δὲ τὰς ἐν τῇ Κεφαλληνίᾳ πόλεις ἔπλευσεν εἰς Κέρκυραν. Ἐκεῖ δὲ πρῶτον μὲν

pit, eadem opera tum navigabat, tum navalem ad pugnam omnino se comparabat. Nam statim vela magna domi relinquebat, uti qui ad proelium navale pergeret: atque etiam acatiis, tametsi ventus secundus esset, raro utebatur. Nimirum remigio classem agens, efficiebat ut et classiariorum corpora melius exercita, et agiliores naves essent. Sæpius etiam iis locis, ubi vel prandendum vel coenandum erat exercitui, a terra classem, navibus ita instructis, ut singulæ veherentur una post alteram, in altum abducebat. Quum autem conversa deinde classe, ac triremibus terram adversis proris spectantibus, ipse signo dato dimissas certatim terram petere juberet: tum vero pro magno victoriæ præmio habebatur, primos et aquam aliasque res necessarias sumere, et prandere posse: contra, satis erat magna mulcta postremum venientibus, quod et harum rerum tantam copiam non consequerentur, et naves rursum conscendere statim, ubi signum ipse dedisset, cogerentur. Ita enim fiebat, ut primi omnia per otium agerent, postremi magna cum festinatione. Quod si forte in hostico pranderet, excubias in terra, ut par erat, constituebat: in navibus autem malos attolleiat, ac de iis omnia speculabatur. Multo igitur longius his prospectus patebat, quam iis qui plana in terra de loco sublimiori speculabantur. Quod si alicubi vel coenaret, vel quieti se daret, ignem in castris noctu non accendebat, sed ante castra lumen excitabat, ne quis accedere clam posset. Sæpenumero si tranquillitas esset, mox coena sumpta in altum provehebatur; ac si quidem aura spiraret, inter navigandum classiarii quietem capiebant: sin utendum esset remigio, vicissim modo hos modo illos quiescere jubebat. Interdiu navigans, signis datis, nonnunquam in cornua, nonnunquam et in phalangem aciem explicabat: quo fiebat, ut simul et navigarent et in omnibus ad proelium navale necessariis exerciti atque instructi, mare illud ingrederentur; quod, uti quidem ipsi arbitrabantur, ab hostibus teneretur. Prandebant autem plerumque et coenabant in hostili solo. Et quia tantum agebat hoc Iphicrates, quod factu esset opus, solvebat prius, quam succurri ab hoste posset, et celeriter omnem rem conficiebat. Quo quidem tempore Mnasippus occubuit, forte ad Laconicæ Sphagias erat. Inde profectus Eleorum in fines, et Alphei ostium prætervectus, ad locum qui Piscis dicitur, portum ingressus est. Hinc postridie solvens Cephalleniam versus, ita classis aciem ordinarat, et ita navigabat, ut, si opus esset, instructus a necessariis rebus omnibus navali prœlio decerneret. Nam quæ Mnasippo accidisse ferebantur, a nemine audierat, qui ipse interfuisset: ideoque fallendi causa spargi suspicabatur, et sibi eo cautius prospiciebat. Postquam vero ad Cephalleniam appulit, certo, quod gestum erat, intellexit, ideoque suos istic aliquantisper recreabat.

Enimvero non ignoro equidem hujusmodi hominum exercitationes institui, quoties existimatur futurum ut pugna navali decernatur: sed hoc laudo, quod, quando celeriter eo contendendum esset, ubi se prœlio navali cum hoste congressurum arbitrabatur, rationem eam repererit, ut ipsius copiæ propter navigationem rudes earum rerum non essent, quæ res ad navale prœlium requiruntur, et propter has ipsas exercitationes tardius iter non facerent.

Postquam oppida Cephalleniæ suam in potestatem redegisset, Corcyram petit. Hic quum primum audisset, ad-

ἀκούσας ὅτι προσπλέοιεν δέκα τριήρεις παρὰ Διονυσίου, βοηθήσουσαι τοῖς Λακεδαιμονίοις, αὐτὸς ἐλθὼν καὶ σκεψάμενος τῆς χώρας ὅθεν τούς τε προσπλέοντας δυνατὸν ἦν ὁρᾶν καὶ τοὺς σημαίνοντας εἰς τὴν πόλιν καταφανεῖς εἶναι, ἐνταῦθα κατέστησε τοὺς σκοπούς. (34) Κἀκείνοις μὲν συνέθετο προσπλεόντων τε καὶ ὁρμούντων ὡς δέοι σημαίνειν· αὐτὸς δὲ τῶν τριηράρχων προσέταξεν εἴκοσιν, οὓς δεήσοι, ἐπεὶ κηρύξειεν, ἀκολουθεῖν· εἰ δέ τις μὴ ἀκολουθήσοι, προεῖπε μὴ μέμφεσθαι τὴν δίκην. Ἐπεὶ δ' ἐσημάνθησαν προσπλέουσαι καὶ ἐκηρύχθη, ἀξία ἐγένετο θέας ἡ σπουδή· οὐδεὶς γὰρ ὅστις οὐ δρόμῳ τῶν μελλόντων πλεῖν εἰσέβη εἰς τὰς ναῦς. (35) Πλεύσας δὲ ἔνθα ἦσαν αἱ πολέμιαι τριήρεις, καταλαμβάνει ἀπὸ μὲν τῶν ἄλλων τριήρων εἰς τὴν γῆν τοὺς ἄνδρας ἐκβεβηκότας, Μελάνιππος μέντοι ὁ Ῥόδιος τοῖς τε ἄλλοις συνεβούλευε μὴ μένειν ἐνταῦθα καὶ αὐτὸς πληρωσάμενος τὴν ναῦν ἐξέπλει. Ἐκεῖνος μὲν οὖν καίπερ ἀπαντῶν ταῖς Ἰφικράτους ναυσὶν ὅμως ἀπέφυγεν· αἱ δὲ ἀπὸ Συρακουσῶν νῆες ἅπασαι ἑάλωσαν αὐτοῖς ἀνδράσιν. (36) Ὁ μέντοι Ἰφικράτης τὰς μὲν τριήρεις ἀκρωτηριασάμενος ἕλκων κατηγάγετο εἰς τὸν Κερκυραίων λιμένα, τῶν δὲ ἀνδρῶν συνέθη ἑκάστῳ τακτὸν ἀργύριον ἀποτῖσαι, πλὴν Κρινίππου τοῦ ἄρχοντος· τοῦτον δ' ἐφύλαττεν, ὡς ἢ πραξόμενος πάμπολλα χρήματα ἢ ὡς πωλήσων. Κἀκεῖνος μὲν ὑπὸ λύπης θανάτῳ αὐθαιρέτῳ ἀποθνήσκει, τοὺς δ' ἄλλους ὁ Ἰφικράτης ἀφῆκε, Κερκυραίους ἐγγυητὰς δεξάμενος τῶν χρημάτων. (37) Καὶ τοὺς μὲν ναύτας γεωργοῦντας τοῖς Κερκυραίοις τὸ πλεῖστον διέτρεψε, τοὺς δὲ πελταστὰς καὶ τοὺς ἀπὸ τῶν νεῶν ὁπλίτας ἔχων διέβαινεν εἰς τὴν Ἀκαρνανίαν· καὶ ἐκεῖ ταῖς μὲν φιλίαις πόλεσιν ἐπεκούρει, εἴ τίς τι δέοιτο, Θυρειεῦσι δὲ, μάλα καὶ ἀνδράσιν ἀλκίμοις καὶ χωρίον καρτερὸν ἔχουσιν, ἐπολέμει. (38) Καὶ τὸ ἀπὸ Κερκύρας ναυτικὸν προσλαβὼν, σχεδὸν περὶ ἐννενήκοντα ναῦς, πρῶτον μὲν εἰς Κεφαλληνίαν πλεύσας χρήματα ἐπράξατο, τὰ μὲν παρ' ἑκόντων, τὰ δὲ παρ' ἀκόντων· ἔπειτα δὲ παρεσκευάζετο τήν τε τῶν Λακεδαιμονίων χώραν κακῶς ποιεῖν καὶ τῶν ἄλλων τῶν κατ' ἐκεῖνα πόλεων πολεμίων οὐσῶν τάς μὲν ἐθελούσας προσλαμβάνειν, τοῖς δὲ μὴ πειθομένοις πολεμεῖν.

39. Ἐγὼ μὲν δὴ ταύτην τὴν στρατηγίαν τῶν Ἰφικράτους οὐχ ἥκιστα ἐπαινῶ, ἔπειτα καὶ τὸ προσελέσθαι κελεῦσαι ἑαυτῷ Καλλίστρατόν τε τὸν δημηγόρον, οὐ μάλα ἐπιτήδειον ὄντα, καὶ Χαβρίαν, μάλα στρατηγικὸν νομιζόμενον. Εἴτε γὰρ φρονίμους αὐτοὺς ἡγούμενος εἶναι συμβούλους λαβεῖν ἐβούλετο, σώφρόν μοι δοκεῖ διαπράξασθαι, εἴτε ἀντιπάλους νομίζων, οὕτω θρασέως μήτε καταρραθυμῶν μήτε καταμελῶν φαίνεσθαι μηδὲν, μεγαλοφρονοῦντος ἐφ' ἑαυτῷ τοῦτό μοι δοκεῖ ἀνδρὸς εἶναι. Κἀκεῖνος μὲν δὴ ταῦτ' ἔπραττεν.

ventare triremes decem, a Dionysio Lacedæmoniis in subsidium missas : insulam ingressus ipse , consideratoque loco, unde tum illi, qui adventabant eum classe, conspici possent, tum sui, qui daturi signum erant , in oppido cerni ; speculatores ibidem constituit , eisque significat, quo pacto , adventantibus ac portum occupantibus hostium navibus , signum dandum esset. Interim ipse præfectis triremium viginti, mandata dat, quos , ubi opus esset, ad præconis vocem sequi se vellet : eisdem denuntiat, non esse, quod de pœna quererentur, si non sequerentur. Posteaquam de classis hostilis adventu signum datum fuisset , auditaque præconis vox ; tum vero festinatio digna spectatu sequi. Etenim nemo erat eorum qui naves conscendere jussi fuerant , qui non cursu ad eas contenderet. Itaque quum navigasset ad eum locum Iphicrates , ubi triremes hostium erant , e ceteris quidem navibus homines in terram egressos deprehendit : solus Melanippus Rhodius et aliis consulebat, ut istic non subsisterent, et ipse suis in navem coactis discedebat. Quamobrem, is, tametsi navibus Iphicratis occurreret, nihilominus evasit. Syracusanæ vero naves universæ una cum ipsis vectoribus captæ sunt. Eas Iphicrates quum ornamentis rostrorum et aliis spoliasset, Corcyræorum in portum perduxit : hominibus autem certam pecuniam , quam persolverent, Crinippo duce excepto, constituit : illum enim custodiebat, ut vel ab eo ingentem auri summam exigeret, vel hominem venderet. Verum is præ mœrore animi sponte sua sibi manus attulit : ceteros Iphicrates dimisit, quum Corcyræi pro pecunia sponsores se obtulissent. Alebat autem nautas suos ea ratione potissimum, ut Corcyræis in colendis agris operam suam locarent : cum cetratis vero gravisque armaturæ militibus classiariis in Acarnaniam trajiciebat. Ibi et amicis oppidis ferebat opem, si quod aliqua in re auxilio egeret, et bellum Thyrieusibus, fortissimis viris, oppidumque sane munitum tenentibus, faciebat. Secundum hæc Corcyræorum classe secum sumpta, ut jam naves haberet prope nonaginta, primum in Cephalleniam quum navigasset, pecunias partim a volentibus , partim invitis, exigebat. Deinde se parabat ut Lacedæmoniorum fines infestaret, aliasque urbes hostiles iis in partibus sitas aut volentes sibi adjungeret, aut dicto non audientes bello cogeret.

Ego quidem certe Iphicratis expeditionem hanc inter alias, quas imperatorio munere fungens suscepit, non minima laude dignam statuo : deinde hoc etiam probo, quod jusserit attribui sibi Callistratum oratorem , hominem ipsi non admodum amicum, una cum Chabria, qui summus tunc imperator habitus fuit. Nam sive putabat hos esse prudentes, ac propterea uti eis tanquam consiliariis volebat, sapienter fecisse mihi videtur : sive adversariorum eos loco habebat, hoc ipsum fuisse viri audacter magno sibi animo confidentis arbitror, nequaquam futurum, ut vel per ignaviam, vel negligentiam quidquam committere deprehenderetur. Atque hæc fuere tunc ab eo gesta.

ΚΕΦΑΛΑΙΟΝ Γ.

Οἱ δὲ Ἀθηναῖοι, ἐκπεπτωκότας μὲν ὁρῶντες ἐκ τῆς Βοιωτίας Πλαταιάς, φίλους ὄντας, καὶ καταπεφευγότας πρὸς αὐτοὺς, ἱκετεύοντας δὲ Θεσπιέας μὴ σφᾶς περιιδεῖν ἀπόλιδας γενομένους, οὐκέτι ἐπῄνουν τοὺς Θηβαίους, ἀλλὰ πολεμεῖν μὲν αὐτοῖς τὰ μὲν ᾐσχύνοντο, τὰ δὲ ἀσυμφόρως ἔχειν ἐλογίζοντο· κοινωνεῖν γε μὴν αὐτοῖς ὦν ἔπραττον οὐκέτι ἤθελον, ἐπεὶ ἑώρων στρατεύοντάς τε αὐτοὺς ἐπὶ φίλους ἀρχαίους τῇ πόλει Φωκέας, καὶ πόλεις πιστὰς τ' ἐν τῷ πρὸς τὸν βάρβαρον πολέμῳ καὶ φίλας ἑαυτοῖς ἀφανίζοντας. (2) Ἐκ τούτου δὲ ψηφισαμένου ὁ δῆμος εἰρήνην ποιήσασθαι, πρῶτον μὲν εἰς Θήβας πρέσβεις ἔπεμψεν παρακαλοῦντες ἀκολουθεῖν, εἰ βούλοιντο, εἰς Λακεδαίμονα περὶ εἰρήνης· ἔπειτα δὲ ἐξέπεμψαν καὶ αὐτοὶ πρέσβεις. Ἦν δὲ τῶν αἱρεθέντων Καλλίας Ἱππονίκου, Αὐτοκλῆς Στρομβιχίδου, Δημόστρατος Ἀριστοφῶντος, Ἀριστοκλῆς, Κηφισόδοτος, Μελάνωπος, Λύκαιθος. (3) Ἐπεὶ δὲ προσῆλθον ἐπὶ τοὺς ἐκκλήτους τε τῶν Λακεδαιμονίων καὶ τοὺς συμμάχους· καὶ Καλλίστρατος δὲ ὁ δημηγόρος παρῆν· ὑποσχόμενος γὰρ Ἰφικράτει, εἰ αὐτὸν ἀφείη, ἢ χρήματα πέμψειν τῷ ναυτικῷ ἢ εἰρήνην ποιήσειν, οὕτως Ἀθήνησί τε ἦν καὶ ἔπραττε περὶ εἰρήνης· ἐπεὶ δὲ κατέστησαν ἐπὶ τοὺς ἐκκλήτους τε τῶν Λακεδαιμονίων καὶ τοὺς συμμάχους, πρῶτος ἔλεξεν αὐτῶν Καλλίας ὁ δᾳδοῦχος. Ἦν δὲ οὗτος οἷος μηδὲν ἧττον ἥδεσθαι ὑφ' αὑτοῦ ἢ ὑπ' ἄλλων ἐπαινούμενος· καὶ τότε δὴ ἤρξατο ὧδέ πως.

4. Ὦ ἄνδρες Λακεδαιμόνιοι, τὴν μὲν προξενίαν ὑμῶν οὐκ ἐγὼ μόνος, ἀλλὰ καὶ πατρὸς πατὴρ πατρῴαν ἔχων παρεδίδου τῷ γένει. Βούλομαι δὲ καὶ τοῦτο δηλῶσαι ὑμῖν, ὡς ἔχουσα ἡ πόλις διατελεῖ πρὸς ἡμᾶς. Ἐκείνη μὲν γὰρ, ὅταν πόλεμος ᾖ, στρατηγοὺς ἡμᾶς αἱρεῖται, ὅταν δὲ ἡσυχίας ἐπιθυμήσῃ, εἰρηνοποιοὺς ἡμᾶς ἐκπέμπει. Κἀγὼ πρόσθεν δὶς ἤδη ἦλθον περὶ πολέμου καταλύσεως, καὶ ἐν ἀμφοτέραις ταῖς πρεσβείαις διεπραξάμην καὶ ἡμῖν καὶ ὑμῖν εἰρήνην· νῦν δὲ τρίτον ἥκω, καὶ ἡγοῦμαι πολὺ δικαιότατα νῦν ἂν διαλλαγῆς τυχεῖν. (5) Ὁρῶ γὰρ οὐκ ἄλλα μὲν ὑμῖν, ἄλλα δὲ ἡμῖν δοκοῦντα, ἀλλ' ὑμᾶς τε ἀχθομένους καὶ ἡμᾶς τῇ Πλαταιέων τε καὶ Θεσπιέων ἀναιρέσει. Πῶς οὖν οὐκ εἰκὸς τὰ αὐτὰ γιγνώσκοντας φίλους μᾶλλον ἀλλήλοις ἢ πολεμίους εἶναι; καὶ σωφρόνων μὲν δήπου ἐστὶ μηδὲ εἰ μικρὰ τὰ διαφέροντα εἴη πόλεμον ἀναιρεῖσθαι· εἰ δὲ δὴ καὶ ὁμογνωμονοῖμεν, οὐκ ἂν πάνυ τῶν θαυμαστῶν εἴη μὴ εἰρήνην ποιεῖσθαι; (6) Δίκαιον μὲν οὖν ἦν μηδὲ ὅπλα ἐπιφέρειν ἀλλήλοις ἡμᾶς, ἐπεὶ λέγεται μὲν Τριπτόλεμος ὁ ἡμέτερος πρόγονος τὰ Δήμητρος καὶ Κόρης ἄρρητα ἱερὰ πρώτοις ξένοις δεῖξαι Ἡρακλεῖ τε τῷ ὑμετέρῳ ἀρχηγέτῃ καὶ Διοσκούροιν τοῖν ὑμετέροιν πολίταιν, καὶ τοῦ Δήμητρος δὲ καρποῦ εἰς πρώτην τὴν Πελοπόννησον σπέρμα δωρήσασθαι. Πῶς οὖν δίκαιον ἢ ὑμᾶς, παρ' ὧν ἐλάβετε σπέρματα, τὸν τούτων καρπόν ποτε ἐλθεῖν

CAPUT III.

Ceterum Athenienses, ut ejectos Bœotia Platæenses, reipublicæ suæ amicos, ad se confugere, præctereaque Thespienses suppliciter orare videbant, ne se patria carere paterentur, non jam illi quidem Thebanos laudabant, bellum tamen eis ne facerent, partim verecundia præpediebantur, partim rebus id suis haud conducere statuebant. Verum postea quam eos cernebant bello Phocenses persequi, amicos reipublicæ suæ veteres; itemque urbes evertere, quæ et fidem in bello adversus barbarum regem gesto summam sibi declarassent, et ipsorum amicitia tenerentur; non amplius horum facinorum esse participes volebant. Quapropter ex eo tempore plebiscito de pace ineunda facto, primum Thebas legatos mittunt, qui Thebanos hortarentur, ut, si quidem ita videretur ipsis, ineundæ pacis causa se Lacedæmonem sequerentur: deinde suos legatos Lacedæmonem ire jubent, in quibus lecti fuere Callias Hipponici filius, Autocles Strombichidæ, Demostratus Aristophontis, Aristocles, Cephisodotus, Melanopus, Lycæthus. Postea quam hi ad concilium Spartanorum, cui et socii intererant, accessissent, præsente etiam Callistrato oratore (nam quum is Iphicrati pollicitus fuisset, se, si ab ipso dimitteretur, vel pecuniam pro navalibus copiis missurum, vel confecturum pacem; ita tunc ex eo tempore versabatur Athenis, deque pace agebat): ad concilium inquam Laconicum et ad socios horum posteaquam venissent; primus ex eis Callias Daduchus verba fecit, qui vir ejusmodi erat, ut non minus ab se quam ab aliis laudari se gauderet. Atque is in hanc sententiam verba facere cœpit:

« Jus hospitii publicum, Lacedæmonii, quod mihi vobiscum est, non ego primus sum consequutus: sed avus meus a patre quum accepisset, familiæ nostræ tradidit. Quo autem animo semper erga nos patria nostra sit, itidem significare vobis volo. Nam ea belli temporibus imperatores nos creat. Rursus ubi quietem desiderat, nos pacis conciliatores ad alios mittit. Ego ipse bis antehac ad vos belli componendi causa veni, ac utraque in legatione perinde nobis ac vobis pacem confeci. Nunc tertium ad vos venio, meque arbitror optimo jure mutuam reconciliationem nunc impetrare debere. Video enim non jam alia vobis, nobis itidem alia videri: sed vos æque, ac nos, eversionem Platæensium et Thespiensium graviter molesteque ferre. Qui igitur non æquum sit, eos qui eadem sunt in sententia, potius amicos inter se quam hostes esse? Hominum quidem certe sapientum est, si parvæ sint controversiæ, bellum minime suscipere. Jam si prorsus etiam consentimus, an non mirum omnino videri debeat, nolle nos pacem facere? Quin æquum erat, nos ne arma quidem alteros alteris inferre. Nam memoriæ proditum est, ex majoribus nostris Triptolemum Cereris ac Proserpinæ areana sacra primum exteris ostendisse, nimirum Herculi suromo præsidi vestro, et civibus vestris, ambobus Dioscuris. Idem frugum Cereris semina primæ omnium Peloponneso donasse fertur. Qui ergo fuerit æquum, vel vos ad eorum fruges vastandas pergere, a quibus semina ipsi ac-

δηώσαντας, ἡμᾶς τε, οἷς ἐδώκαμεν, μὴ οὐχὶ βούλεσθαι ὡς πλείστην τούτοις ἀφθονίαν τροφῆς γενέσθαι; εἰ δὲ ἄρα ἐκ θεῶν πεπρωμένον ἐστὶ πολέμους ἐν ἀνθρώποις γίγνεσθαι, ἡμᾶς δὴ χρὴ ἄρχεσθαι μὲν αὐτοῦ ὡς σχολαίτατα, ὅταν δὲ γένηται, καταλύεσθαι ᾗ δυνατὸν τάχιστα.

7. Μετὰ τοῦτον Αὐτοκλῆς, μάλα δοκῶν ἐπιστρεφὴς εἶναι ῥήτωρ, ὧδε ἠγόρευεν. Ἄνδρες Λακεδαιμόνιοι, ὅτι μὲν ἃ μέλλω λέγειν οὐ πρὸς χάριν ὑμῖν ῥηθήσεται οὐκ ἀγνοῶ· ἀλλὰ δοκεῖ μοι, οἵτινες βούλονται, ἣν ἂν ποιήσωνται φιλίαν, ταύτην ὡς πλεῖστον χρόνον διαμένειν, διδακτέον εἶναι ἀλλήλους τὰ αἴτια τῶν πολέμων. Ὑμεῖς δὲ ἀεὶ μέν φατε ὡς αὐτονόμους τὰς πόλεις χρὴ εἶναι, αὐτοὶ δέ ἐστε μάλιστα ἐμποδὼν τῇ αὐτονομίᾳ. Συντίθεσθε μὲν γὰρ πρὸς τὰς συμμαχίδας πόλεις τοῦτο πρῶτον, ἀκολουθεῖν ὅποι ἂν ὑμεῖς ἡγῆσθε. Καίτοι τί τοῦτο αὐτονομίᾳ προσήκει; (8) Ποιεῖσθε δὲ πολεμίους οὐκ ἀνακοινούμενοι τοῖς συμμάχοις, καὶ ἐπὶ τούτους ἡγεῖσθε· ὥστε πολλάκις ἐπὶ τοὺς εὐμενεστάτους ἀναγκάζονται στρατεύειν οἱ λεγόμενοι αὐτόνομοι εἶναι. Ἔτι δὲ τὸ πάντων ἐναντιώτατον αὐτονομίᾳ, καθίστατε ἔνθα μὲν δεκαρχίας, ἔνθα δὲ τριακονταρχίας· καὶ τούτων τῶν ἀρχόντων ἐπιμελεῖσθε οὐχ ὅπως νομίμως ἄρχωσιν, ἀλλ' ὅπως δύνωνται βίᾳ κατέχειν τὰς πόλεις. Ὥστ' ἐοίκατε τυραννίσι μᾶλλον ἢ πολιτείαις ἡδόμενοι. (9) Καὶ ὅτε μὲν βασιλεὺς προσέταττεν αὐτονόμους τὰς πόλεις εἶναι, μάλα γιγνώσκοντες ἐφαίνεσθε ὅτι εἰ μὴ ἐάσοιεν οἱ Θηβαῖοι ἑκάστην τῶν πόλεων ἄρχειν τε ἑαυτῆς καὶ οἷς ἂν βούληται νόμοις χρῆσθαι, οὐ ποιήσουσι κατὰ τὰ βασιλέως γράμματα· ἐπεὶ δὲ παρελάβετε τὴν Καδμείαν, οὐδ' αὐτοῖς Θηβαίοις ἐπετρέπετε αὐτονόμους εἶναι. Δεῖ δὲ τοὺς μέλλοντας φίλους ἔσεσθαι οὐ παρὰ τῶν ἄλλων μὲν ἀξιοῦν τῶν δικαίων τυγχάνειν, αὐτοὺς δὲ ὅπως ἂν πλεῖστα δύνωνται πλεονεκτοῦντας φαίνεσθαι.

10. Ταῦτα εἰπὼν σιωπὴν μὲν παρὰ πάντων ἐποίησεν, ἡδομένους δὲ τοὺς ἀχθομένους τοῖς Λακεδαιμονίοις ἐποίησε. Μετὰ τοῦτον δὲ Καλλίστρατος ἔλεξεν, Ἀλλ' ὅπως μὲν, ὦ ἄνδρες Λακεδαιμόνιοι, οὐκ ἐγγεγένηται ἁμαρτήματα καὶ ἀφ' ἡμῶν καὶ ἀφ' ὑμῶν ἐγὼ μὲν οὐκ ἂν ἔχειν μοι δοκῶ εἰπεῖν· οὐ μέντοι οὕτω γιγνώσκω ὡς τοῖς ἁμαρτάνουσιν οὐδέποτε ἔτι χρηστέον· ὁρῶ γὰρ τῶν ἀνθρώπων οὐδένα ἀναμάρτητον διατελοῦντα· δοκοῦσι δέ μοι καὶ εὐποριώτεροι ἐνίοτε γίγνεσθαι ἄνθρωποι ἁμαρτάνοντες, ἄλλως τε καὶ ἐὰν κολασθῶσιν ὑπὸ τῶν ἁμαρτημάτων, ὡς ἡμεῖς. (11) Καὶ ὑμῖν δὲ ἔγωγε ὁρῶ διὰ τὰ ἀγνωμόνως πραχθέντα ἔστιν ὅτε καὶ πολλὰ ἀντίτυπα γιγνόμενα· ὧν ἦν καὶ ἡ καταληφθεῖσα ἐν Θήβαις Καδμεία· νῦν γοῦν, ὡς ἐσπουδάσατε αὐτονόμους τὰς πόλεις γενέσθαι, πᾶσαι πάλιν, ἐπεὶ ἠδικήθησαν οἱ Θηβαῖοι, ἐπ' ἐκείνοις γεγένηνται. Ὥστε πεπαιδευμένους ὑμᾶς ὡς τὸ πλεονεκτεῖν ἀκερδές ἐστι νῦν ἐλπίζω πάλιν μετρίους ἐν τῇ πρὸς ἀλλήλους φιλίᾳ ἔσεσθαι. (12) Ἃ δὲ βουλόμενοί τινες ἀποτρέπειν τὴν εἰρήνην διαβάλλουσιν, ὡς ἡμεῖς οὐ φιλίας δεόμενοι, ἀλλὰ φοβούμενοι μὴ Ἀν-

ceperitis: vel nos nolle maximam illos alimenti copiam habere, quibus hoc antea donaverimus? Quod si divinitus ita decretum est, ut bella inter homines existant : eam nos quam tardissime initium belli facere convenit, atque exortum, quam fieri potest celerrime componere. »

Post hunc Autocles, qui orator esse solers et acris existimabatur, hujusmodi quaedam protulit : « Quanquam non ignorem, Lacedaemonii, minime jucunda vobis auditu fore, quae dicam: tamen statuo debere illos, qui amicitias, quam ineunt, diutissime solidam esse cupiunt, belli causas invicem sibi commonstrare. Vos autem semper liberas esse debere civitates dicitis, quum libertati earum maxime sitis impedimento. Hanc enim in primis conditionem foederatis urbibus fertis, ut vos, quocumque tandem duxeritis, sequantur. At vero quid hoc ad libertatem? Iidem hostes declaratis, re prius cum foederatis non communicata : deinde adversus eos ducitis. Quo fit, ut saepe cogantur ii quos liberos dicitis, adversus homines amicissimos arma ferre. Praeter haec multo maxime libertati adversatur, quod hic Decemviratus, illic Trigintaviratus instituitis. Atque hi magistratus non uti legitime cum imperio praesint, operam datis : sed ut oppida vi retinere possint. Quo fit ut potius vos tyrannides quam respublicae delectare videantur. Jam quum rex Persicus ediceret, debere Graecas urbes esse liberas, plane prae vobis ferebatis, quasi Thebanos contra litteras regias facturos censeretis, si non civitatibus singulis potestatem administratione legibusque suis utendi facerent: post ubi Cadmeam occupassetis, ne ipsos quidem Thebanos frui libertate sua passi estis. At enim eos, qui esse amici cupiunt, ab aliis exigere non oportet ut ex aequo et bono secum agatur, atque interim ipsos declarare, se nihil non injuste concupiscere, modo potentiam maximam consequantur. »

Haec ubi proloquutus fuisset, non silentium modo sequutum est, sed illi etiam de oratione ipsius voluptatem uti caperent fecit, qui Lacedaemoniis infensi erant. Post eum Callistratus hanc orationem habuit : « Equidem, Lacedaemonii, dicere non possum, nulla vel a nobis, vel a vobis errata profecta esse : neque tamen ea sum in sententia, ut iis amplius utendum esse negem, qui deliquere. Video enim, neminem hominum perpetuo immunem a peccatis esse. Quin et hoc perspicio, nonnumquam homines majorem prudentiae copiam peccando parare, praesertim si per ipsa peccata puniantur : id quod nobis usu venit. Itidem vobis nonnumquam video propter insipienter acta multa accidisse adversa; quorum in numero est et Cadmea Thebis a vobis occupata. Nam quum modo summo in id studio incumberetis, ut civitates in libertatem assereretis; jam ubi primum injuria Thebani a vobis affecti fuerunt, rursus universae illorum partes sequutae sunt. Quapropter equidem bona in spe sum, futurum ut, edocti libidinem habendi nimiam minime fructuosam esse, deinceps in amicitia mutua colenda aequiores sitis. Nam quod aliqui, pacem hanc impedire volentes, falso criminantur, venisse nos huc non expetitum amicitiam vestram, sed quod vereamur ne cum pecuniis An-

ταλκίδας ἔλθῃ ἄγων παρὰ βασιλέως χρήματα, διὰ τοῦθ' ἥκομεν, ἐνθυμήθητε ὡς φλυαροῦσι. Βασιλεὺς μὲν γὰρ δήπου ἔγραψε πάσας τὰς ἐν τῇ Ἑλλάδι πόλεις αὐτονόμους εἶναι· ἡμεῖς δὲ ταῦτα ἐκείνῳ λέγοντές τε καὶ πράττοντες τί ἂν φοβοίμεθα βασιλέα; ἢ τοῦτο οἴεταί τις, ὡς ἐκεῖνος βούλεται χρήματα ἀναλώσας ἄλλους μεγάλους ποιῆσαι μᾶλλον ἢ ἄνευ δαπάνης ἃ ἔγνω ἄριστα εἶναι, ταῦτα ἑαυτῷ πεπρᾶχθαι; (13) Εἶεν. Τί μὴν ἥκομεν; ὅτι μὲν οὖν οὐκ ἀποροῦντες γνοίητε ἄν, εἰ μὲν βούλεσθε, πρὸς τὰ κατὰ θάλατταν ἰδόντες, εἰ δὲ βούλεσθε, πρὸς τὰ κατὰ γῆν ἐν τῷ παρόντι. Τί μήν ἐστιν; εὔδηλον ὅτι τῶν συμμάχων τινὲς οὐκ ἀρεστὰ πράττουσιν ἡμῖν ἢ ὑμῖν ἀρεστά. Ἴσως δὲ καὶ βουλοίμεθ' ἂν ὧν ἕνεκα περιεσώσατε ἡμᾶς ἃ ὀρθῶς ἔγνωμεν ὑμῖν ἐπιδεῖξαι. (14) Ἵνα δὲ καὶ τοῦ συμφόρου ἔτι ἐπιμνησθῶ, εἰσὶ μὲν δήπου πασῶν τῶν πόλεων αἱ μὲν τὰ ὑμέτερα, αἱ δὲ τὰ ἡμέτερα φρονοῦσαι, καὶ ἐν ἑκάστῃ πόλει οἱ μὲν λακωνίζουσιν, οἱ δὲ ἀττικίζουσιν. Εἰ οὖν ἡμεῖς φίλοι γενοίμεθα, πόθεν ἂν εἰκότως χαλεπόν τι προσδοκήσαιμεν; καὶ γὰρ δὴ κατὰ γῆν μὲν τίς ἂν ὑμῶν φίλων ὄντων ἱκανὸς γένοιτο ἡμᾶς λυπῆσαι; κατὰ θάλατταν γε μὴν τίς ἂν ὑμᾶς βλάψαι τι ἡμῶν ὑμῖν ἐπιτηδείων ὄντων; (15) Ἀλλὰ μέντοι ὅτι μὲν πόλεμοι ἀεί ποτε γίγνονται καὶ ὅτι καταλύονται πάντες ἐπιστάμεθα, καὶ ὅτι ἡμεῖς, ἂν μὴ νῦν, ἀλλ' αὖθίς ποτε εἰρήνης ἐπιθυμήσομεν. Τί οὖν δεῖ ἐκεῖνον τὸν χρόνον ἀναμένειν, ἕως ἂν ὑπὸ πλήθους κακῶν ἀπείπωμεν, μᾶλλον ἢ οὐχ ὡς τάχιστα πρίν τι ἀνήκεστον γενέσθαι τὴν εἰρήνην ποιήσασθαι; (16) Ἀλλὰ μὴν οὐδ' ἐκείνους ἔγωγε ἐπαινῶ οἵτινες ἀγωνισταὶ γενόμενοι καὶ νενικηκότες ἤδη πολλάκις καὶ δόξαν ἔχοντες οὕτω φιλονεικοῦσιν ὥστε οὐ πρότερον παύονται, πρὶν ἂν ἡττηθέντες τὴν ἄσκησιν καταλύσωσιν, οὐδέ γε τῶν κυβευτῶν οἵτινες ἂν ἕν τι ἐπιτύχωσι, περὶ διπλασίων κυβεύουσιν· ὁρῶ γὰρ καὶ τῶν τοιούτων τοὺς πλείους ἀπόρους παντάπασι γιγνομένους. (17) Ἃ χρὴ καὶ ἡμᾶς ὁρῶντας εἰς μὲν τοιοῦτον ἀγῶνα μηδέποτε καταστῆναι, ὥστε πάντα λαβεῖν ἢ πάντ' ἀποβαλεῖν, ἕως δὲ καὶ ἐῤῥώμεθα καὶ εὐτυχοῦμεν, φίλους ἀλλήλοις γενέσθαι. Οὕτω γὰρ ἡμεῖς τ' ἂν δι' ὑμᾶς καὶ ὑμεῖς δι' ἡμᾶς ἔτι μείζους ἢ τὸν παρελθόντα χρόνον ἐν τῇ Ἑλλάδι ἀναστρεφοίμεθα.

18. Δοξάντων δὲ τούτων καλῶς εἰπεῖν, ἐψηφίσαντο καὶ οἱ Λακεδαιμόνιοι δέχεσθαι τὴν εἰρήνην, ἐφ' ᾧ τούς τε ἁρμοστὰς ἐκ τῶν πόλεων ἐξάγειν, τά τε στρατόπεδα διαλύειν καὶ τὰ ναυτικὰ καὶ τὰ πεζικά, τάς τε πόλεις αὐτονόμους ἐᾶν. Εἰ δέ τις παρὰ ταῦτα ποιοίη, τὸν μὲν βουλόμενον βοηθεῖν ταῖς ἀδικουμέναις πόλεσι, τῷ δὲ μὴ βουλομένῳ μὴ εἶναι ἔνορκον συμμαχεῖν τοῖς ἀδικουμένοις. (19) Ἐπὶ τούτοις ὤμοσαν Λακεδαιμόνιοι μὲν ὑπὲρ αὑτῶν καὶ τῶν συμμάχων, Ἀθηναῖοι δὲ καὶ οἱ σύμμαχοι κατὰ πόλεις ἕκαστοι. Ἀπογραψάμενοι δ' ἐν ταῖς ὀμωμοκυίαις πόλεσι καὶ οἱ Θηβαῖοι, προσελθόντες πάλιν τῇ ὑστεραίᾳ οἱ πρέσβεις αὐτῶν ἐκέλευον μεταγράφειν ἀντὶ Θηβαίων Βοιωτοὺς ὀμωμοκότας. Ὁ

talcidas a rege redeat : hi homines quas nugas agant, velim cum animis vestris expendatis. Rex enim perscripsit, universas in Græcia civitates esse debere liberas. Hac in parte quum nos idem et dicamus et faciamus, quid causæ fuerit quamobrem a rege nobis metuamus? regemne quis arbitratur magnis pecuniarum impensis aliorum opes amplificare velle potius, quam sine sumptu suo ea quæ esse ex re sua maxime statuat, sibi ipsi effecta dare? Verum esto: quamobrem tandem huc venimus? Ob inopiam quidem certe non venisse nos, intelligetis facile, si, quæ in hoc tempore sit potentia nostra mari, quæve terra, respexeritis. Quid igitur est causæ? Nimirum liquido patet, plerosque sociorum ea designare, quæ nobis non sint grata (magis) quam vobis placeant. Præterea lubenter vobis ea, quæ recte a nobis animadversa sunt, indicaverimus; idque quia et ipsi nos conservaveritis. Jam ex utilitatis etiam facienda mentio est, urbes universæ partim nobis partim vobis addictæ sunt; et in singulis alii Lacedæmoniorum, Atheniensium alii partibus favent. Itaque si nos ipsi amicitiam ineamus, unde tandem quidquam nobis exspectandum merito sit rei molestæ? Nam si vos amici nobis sitis, quis terra nos possit lædere? quis item mari detrimentum rebus vestris attulerit, si nos amicos habeatis? Enimvero semper et oriri, et rursum componi bella, nemo est qui nesciat : nos ipsi si non modo, tamen aliquando pacem expetemus. Cur igitur id tempus exspectemus, quo victi malorum multitudine deficiamus, ac non potius quam maturiorem pacem faciamus priusquam res immedicabiles evadant? Equidem nec illos laudo, qui, athleticis in certaminibus potiti victoria sæpius, quorum etiam gloriam retulere, adeo tamen contentiosi sunt, ut prius non desistant, quam victi, professionem athletæ abjiciant : nec item aleatores, quibus si unum aliquid ex animi sententia successerit, de duplo tales jaciunt : nam plerosque horum video extremam ad inopiam redigi. Quæ quum et ipsi perspiciamus, in ejusmodi certamen haudquaquam descendere oportet, ut omnia vel consequi vel amittere velimus : quin potius, dum vires integræ sunt fortunaque utimur prospera, amicitiam inter nos contrahamus. Ita enim et nos vestra opera, et vos nostra longe ampliores, quam superioribus temporibus, in Græcia erimus. »

Posteaquam hi præclare disseruisse visi fuissent, etiam Lacedæmonii decreto sanciunt, pacem accipiendam esse conditionibus hujusmodi : Ut præfectos suos ex urbibus educerent; exercitus tam maritimos quam terrestres dimitterent; urbes libertate frui sinerent. Si quis aliquid adversus hæc designaret, posse quemvis urbibus oppressis opem ferre, qui quidem velit: si quis autem nolit, eum sacramento ad ferendum oppressis opemve minime teneri. Secundum hæc Lacedæmonii tum suo tum sociorum nomine jusjurandum præstiterunt : Athenienses autem et socii „singuli suarum rerumpublicarum nomine. Quumque Thebani etiam inter urbes alias, quæ sacramentum præstiterant, nomen suum professi fuissent, postridie reversi eorum legati petebant, uti mutata scriptura, pro Thebanis substitueretur jurasse

δὲ Ἀγησίλαος ἀπεκρίνατο ὅτι μεταγράψει μὲν οὐδὲν ὧν τὸ πρῶτον ὤμοσάν τε καὶ ἀπεγράψαντο· εἰ μέντοι μὴ βούλοιντο ἐν ταῖς σπονδαῖς εἶναι, ἐξαλείψειν ἂν ἔφη, εἰ κελεύοιεν. (20) Οὕτω δὴ εἰρήνην τῶν ἄλλων πεποιημένων, πρὸς δὲ Θηβαίους μόνους ἀντιλογίας οὔσης, οἱ μὲν Ἀθηναῖοι οὕτως εἶχον τὴν γνώμην ὡς νῦν Θηβαίους τὸ λεγόμενον δὴ δεκατευθῆναι ἐλπὶς εἴη, αὐτοὶ δὲ οἱ Θηβαῖοι παντελῶς ἀθύμως ἔχοντες ἀπῆλθον.

ΚΕΦΑΛΑΙΟΝ Δ.

Ἐκ δὲ τούτου οἱ μὲν Ἀθηναῖοι τάς τε φρουρὰς ἐκ τῶν πόλεων ἀπῆγον καὶ Ἰφικράτην καὶ τὰς ναῦς μετεπέμποντο, καὶ ὅσα ὕστερον ἔλαβε μετὰ τοὺς ὅρκους τοὺς ἐν Λακεδαίμονι γενομένους, πάντα ἠνάγκασαν ἀποδοῦναι. (2) Λακεδαιμόνιοι μέντοι ἐκ μὲν τῶν ἄλλων πόλεων τούς τε ἁρμοστὰς καὶ τοὺς φρουροὺς ἀπῆγον, Κλεόμβροτον δὲ ἔχοντα τὸ ἐν Φωκεῦσι στράτευμα καὶ ἐπερωτῶντα τὰ οἴκοι τέλη τί χρὴ ποιεῖν, Προθόου λέξαντος ὅτι αὐτῷ δοκοίη διαλύσαντας τὸ στράτευμα κατὰ τοὺς ὅρκους καὶ περιαγγείλαντας ταῖς πόλεσι συμβαλέσθαι εἰς τὸν ναὸν τοῦ Ἀπόλλωνος ὁπόσον βούλοιτο ἑκάστη πόλις, ἔπειτα εἰ μή τις ἐῴη αὐτονόμους τὰς πόλεις εἶναι, τότε πάλιν παρακαλέσαντας [τοὺς συμμάχους,] ὅσοι τῇ αὐτονομίᾳ βούλοιντο βοηθεῖν, ἄγειν ἐπὶ τοὺς ἐναντιουμένους· οὕτω γὰρ ἂν ἔφη οἴεσθαι τούς τε θεοὺς εὐμενεστάτους εἶναι καὶ τὰς πόλεις ἥκιστ᾽ ἂν ἄχθεσθαι· (3) ἡ δ᾽ ἐκκλησία ἀκούσασα ταῦτα ἐκεῖνον μὲν φλυαρεῖν ἡγήσατο· ἤδη γὰρ, ὡς ἔοικε, τὸ δαιμόνιον ἦγεν· ἐπέστειλαν δὲ τῷ Κλεομβρότῳ μὴ διαλύειν τὸ στράτευμα, ἀλλ᾽ εὐθὺς ἄγειν ἐπὶ τοὺς Θηβαίους, εἰ μὴ αὐτονόμους ἀφίοιεν τὰς πόλεις. [Ὁ δὲ Κλεόμβροτος, ἐπειδὴ ἐπύθετο τὴν εἰρήνην γεγενημένην, πέμψας πρὸς τοὺς ἐφόρους ἠρώτα τί χρὴ ποιεῖν· οἱ δ᾽ ἐκέλευσαν αὐτὸν στρατεύειν ἐπὶ τοὺς Θηβαίους, εἰ μὴ ἀφίοιεν τὰς Βοιωτίας πόλεις αὐτονόμους.] Ἐπεὶ οὖν ᾔσθετο οὐχ ὅπως τὰς πόλεις ἀφιέντας, ἀλλ᾽ οὐδὲ τὸ στράτευμα διαλύοντας, ὡς ἀντιτάττοιντο πρὸς αὐτοὺς, οὕτω δὴ ἄγει τὴν στρατιὰν εἰς τὴν Βοιωτίαν. Καὶ ᾗ μὲν οἱ Θηβαῖοι ἐμβαλεῖν αὐτὸν ἐκ τῶν Φωκέων προσεδόκων καὶ ἐπὶ στενῷ τινι ἐφύλαττον, οὐκ ἐμβάλλει· διὰ Θισβῶν δὲ ὀρεινὴν καὶ ἀπροσδόκητον πορευθεὶς ἀφικνεῖται εἰς Κρεῦσιν, καὶ τὸ τεῖχος αἱρεῖ, καὶ τριήρεις τῶν Θηβαίων δώδεκα λαμβάνει. (4) Ταῦτα δὲ ποιήσας καὶ ἀναβὰς ἀπὸ τῆς θαλάττης, ἐστρατοπεδεύσατο ἐν Λεύκτροις τῆς Θεσπικῆς· οἱ δὲ Θηβαῖοι ἐστρατοπεδεύσαντο ἐπὶ τῷ ἀπαντικρὺ λόφῳ οὐ πολὺ διαλείποντες, οὐδένας ἔχοντες συμμάχους ἀλλ᾽ ἢ τοὺς Βοιωτούς. Ἔνθα δὴ τῷ Κλεομβρότῳ οἱ μὲν φίλοι προσιόντες ἔλεγον, (5) Ὦ Κλεόμβροτε, εἰ ἀφήσεις τοὺς Θηβαίους ἄνευ μάχης, κινδυνεύσεις ὑπὸ τῆς πόλεως τὰ ἔσχατα παθεῖν. Ἀναμνησθήσονται γάρ σου καὶ ὅτε εἰς Κυνὸς κεφαλὰς ἀφικόμενος οὐδὲν τῆς χώρας τῶν Θηβαίων ἐδῄωσας, καὶ ὅτε ὕστερον στρατεύων ἀπεκρούσθης τῆς ἐμ-

CAPUT IV.

Post hæc deducunt præsidia ex urbibus Athenienses, et Iphicratem una cum classe revocant, cumque cogunt omnia restituere quæcunque post sacramento confirmatum Lacedæmone fœdus cepisset. Itidem Lacedæmonii ceteris ex urbibus præfectos cum præsidiis educebant : at Cleombrotus, qui Phocensium in finibus copiis præerat, quid faciundum sibi esset, a magistratibus Spartanis quærebat. Hic quum sententiam dixisset Prothous, videri sibi dimittendas esse secundum jurisjurandi formulam copias, ac significandum passim civitatibus, ut singulæ tantum conferrent in fanum Apollinis, quantum quæque vellet : ac si deinde quis urbium libertati officeret, rursum excitandos esse socios, quicunque libertatem defendere suis auxiliis cuperent, atque ita ducendum adversus hostes exercitum; quod existimaret hoc modo tum deos maxime propitios futuros, tum urbes ipsas haud gravatim ista laturas : auditis iis, concilium publicum nugas hominem agere censuit, quod jam a numine agitabantur, ut credi par est : simul Cleombroto denuntiant, minime copias dimitteret, sed quampridem adversus Thebanos duceret, ni civitatibus libertatem restituerent. [Cleombrotus postquam pacem esse factam audierat, misit ad Ephoros interrogatum quid sibi faciundum esset. Mandant illi, ut Thebanis bellum faceret, nisi civitates Bœoticas libertate frui sinerent.] Itaque quum animadvertisset, tantum abesse, ut liberas illi civitates esse permitterent, ut non dimissis copiis etiam contra Lacedæmonios in aciem suos educerent : ita demum in Bœotiam cum exercitu pergit. Et qua quidem eum irrupturum e finibus Phocensium in suos Thebani putabant, atque adeo in arcto loco venturum præstolabantur, non irrupit : sed itinere montano, eoque improviso per Thisbas profectus, Creusim pervenit, ac una cum oppido triremes Thebanorum duodecim cepit. Quibus rebus gestis, a mari ascendens ad Leuctra, Thespiensium in finibus, castra locat. Et castra sua Thebani adverso in tumulo, non magno ex intervallo, opponunt, quum sociorum copias, extra Bœoticas, omnino nullas haberent. Hic quum ad Cleombrotum amici accessissent, inquiunt : « Si Thebanos hinc, non commisso prœlio, Cleombrote, discedere passus fueris, periculum erit, ne te extremo patria supplicio mulcet. Repetent enim hoc quoque memoria, non vastatos abs te Thebanorum fuisse fines id temporis, quum ad Cynoscephalas venisses, et quod deinceps suscepta adversus eos expeditione, prohibitus aditu

βολῆς, Ἀγησιλάου ἀεὶ ἐμβάλλοντος διὰ τοῦ Κιθαιρῶνος. Εἴπερ οὖν ἦ σαυτοῦ κήδῃ ἢ τῆς πατρίδος ἐπιθυμεῖς, ἀκτέον ἐπὶ τοὺς ἄνδρας. Οἱ μὲν φίλοι τοιαῦτα ἔλεγον· οἱ δ᾽ ἐναντίοι, Νῦν δή, ἔφασαν, δηλώσει ὁ ἀνὴρ εἰ τῷ ὄντι κήδεται τῶν Θηβαίων, ὥσπερ λέγεται. (6) Ὁ μὲν δὴ Κλεόμβροτος ταῦτα ἀκούων παρωξύνετο πρὸς τὸ μάχην συνάπτειν. Τῶν δ᾽ αὖ Θηβαίων οἱ προεστῶτες ἐλογίζοντο ὡς εἰ μὴ μάχοιντο, ἀποστήσοιντο μὲν αἱ περιοικίδες αὐτῶν πόλεις, αὐτοὶ δὲ πολιορκήσοιντο· εἰ δὲ μὴ ἕξοι ὁ δῆμος ὁ Θηβαίων τἀπιτήδεια, ὅτι κινδυνεύσοι καὶ ἡ πόλις αὐτοῖς ἐναντία γενέσθαι. Ἅτε δὲ καὶ πεφευγότες πρόσθεν πολλοὶ αὐτῶν ἐλογίζοντο κρεῖττον εἶναι μαχομένους ἀποθνήσκειν ἢ πάλιν φεύγειν. (7) Πρὸς δὲ τούτοις παρεθάρρυνε μέν τι αὐτοὺς καὶ χρησμὸς ὁ λεγόμενος ὡς δέοι ἐνταῦθα Λακεδαιμονίους ἡττηθῆναι ἔνθα τὸ τῶν παρθένων ἦν μνῆμα, αἳ λέγονται διὰ τὸ βιασθῆναι ὑπὸ Λακεδαιμονίων τινῶν ἀποκτεῖναι ἑαυτάς. Καὶ ἐκόσμησαν δὴ τοῦτο τὸ μνῆμα οἱ Θηβαῖοι πρὸ τῆς μάχης. Ἀπηγγέλλετο δὲ καὶ ἐκ τῆς πόλεως αὐτοῖς ὡς οἵ τε νεῲ πάντες αὐτόματοι ἀνεῴγοντο, αἵ τε ἱέρειαι λέγοιεν ὡς νίκην οἱ θεοὶ φαίνοιεν. Ἐκ δὲ τοῦ Ἡρακλείου καὶ τὰ ὅπλα ἔφασαν ἀφανῆ εἶναι, ὡς τοῦ Ἡρακλέους εἰς τὴν μάχην ἐξωρμημένου. Οἱ μὲν δή τινες λέγουσιν ὡς ταῦτα πάντα τεχνάσματα ἦν τῶν προεστηκότων. (8) Εἰς οὖν τὴν μάχην τοῖς μὲν Λακεδαιμονίοις πάντα τἀναντία ἐγίγνετο, τοῖς δὲ πάντα καὶ ὑπὸ τῆς τύχης κατωρθοῦτο. Ἦν μὲν γὰρ μετ᾽ ἄριστον τῷ Κλεομβρότῳ ἡ τελευταία βουλὴ περὶ τῆς μάχης· ἐν δὲ τῇ μεσημβρίᾳ ὑποπινόντων καὶ τὸν οἶνον παροξῦναί τι αὐτοὺς ἔλεγον. (9) Ἐπεὶ δὲ ὡπλίζοντο ἑκάτεροι καὶ πρόδηλον ἤδη ἦν ὅτι ἡ μάχη ἔσοιτο, πρῶτον μὲν ἀπιέναι ὡρμημένων ἐκ τοῦ Βοιωτίου στρατεύματος τῶν τὴν ἀγορὰν παρεσκευακότων καὶ σκευοφόρων τινῶν καὶ τῶν οὐ βουλομένων μάχεσθαι, περιιόντες κύκλῳ οἵ τε μετὰ τοῦ Ἱέρωνος μισθοφόροι καὶ τῶν Φωκέων πελτασταὶ καὶ τῶν ἱππέων Ἡρακλεῶται καὶ Φλιάσιοι ἐπιθέμενοι τοῖς ἀπιοῦσιν ἐπέστρεψάν τε αὐτοὺς καὶ κατεδίωξαν ἐπὶ τὸ στρατόπεδον τὸ τῶν Βοιωτῶν· ὥστε πολὺ μὲν ἐποίησαν μεῖζόν τε καὶ ἁθροώτερον ἢ πρόσθεν τὸ τῶν Βοιωτῶν στράτευμα. (10) Ἔπειτα δέ, ἅτε καὶ πεδίου ὄντος τοῦ μεταξύ, παρετάξαντο μὲν τῆς ἑαυτῶν φάλαγγος οἱ Λακεδαιμόνιοι τοὺς ἱππέας, ἀντετάξαντο δ᾽ αὐτοῖς καὶ οἱ Θηβαῖοι τοὺς ἑαυτῶν. Ἦν δὲ τὸ μὲν τῶν Θηβαίων ἱππικὸν μεμελετηκὸς διά τε τὸν πρὸς Ὀρχομενίους πόλεμον καὶ διὰ τὸν πρὸς Θεσπιάς, τοῖς δὲ Λακεδαιμονίοις κατ᾽ ἐκεῖνον τὸν χρόνον πονηρότατον ἦν τὸ ἱππικόν. (11) Ἔτρεφον μὲν γὰρ τοὺς ἵππους οἱ πλουσιώτατοι· ἐπεὶ δὲ φρουρὰ φανθείη, τότε ἧκεν ὁ συντεταγμένος· λαβὼν δ᾽ ἂν τὸν ἵππον καὶ ὅπλα ὁποῖα δοίη αὐτῷ, ἐκ τοῦ παραχρῆμα ἂν ἐστρατεύετο· τῶν δ᾽ αὖ στρατιωτῶν οἱ τοῖς σώμασιν ἀδυνατώτατοι καὶ ἥκιστα φιλότιμοι ἐπὶ τῶν ἵππων ἦσαν. (12) Τοιοῦτον μὲν οὖν τὸ ἱππικὸν ἑκατέρων ἦν. Τῆς δὲ φάλαγγος τοὺς μὲν Λακεδαιμονίους ἔφασαν εἰς τρεῖς τὴν ἐνωμοτίαν ἄγειν· τοῦτο δὲ συμβαίνειν αὐτοῖς οὐ πλέον

fueris, Agesilao semper in eorum fines per Cithæronem irrumpente. Quapropter si tua tibi curæ est incolumitas, si patriæ videndæ desiderio tangeris, in hostem modo tibi pergendum erit, » Hujusmodi amicorum erat oratio. Qui autem a Cleombroto dissidebant, « Nunc ostendet, aiebant, Thebanisne revera faveat, uti perhibetur. » Hæc quum Cleombrotus audiret, ad committendam pugnam irritabatur. Contra Thebani quoque proceres ratiocinabantur, si prœlio non decernerent, ab ipsorum fide discessura finitima oppida, sequuturamque Thebarum obsidionem. Jam si commeatum populus Thebanus nullum habiturus esset, periculum fore, ne ipsa sit eis urbs etiam adversaria. Quamobrem colligebant secum, ut qui plerique antehac exulassent, satius esse, pugnando mortem oppetere, quam rursus in exilium ejici. Præterea nonnullis eis addebat animi quoddam oraculum, quo ferebatur, eo loci Lacedæmonios cladem perpessuros, quo virginum illarum monumentum esset, quæ ob illatum sibi vi stuprum a Lacedæmoniis quibusdam, se ipsas interemisse perhibentur. Atque hoc ipsum monumentum ante pugnam Thebani ornabant. Et nuntiabatur iisdem e civitate, fana universa sponte sua se aperuisse; ipsasque sacerdotes dicere, portendi victoriam divinitus. Ferebatur etiam, de Herculis fano arma evanuisse; quasi ad prœlium Hercules profectus esset. A nonnullis tamen proditor, reipublicæ præfectorum hæc omnia fuisse commenta. Lacedæmoniis igitur adversa ad hoc prœlium accidisse omnia constat, quum quæ a Thebanis fierent, præclare fortuna verteret omnia. Nam Cleombrotus a prandio de pugna postremum deliberabat. Et quia largius in meridie biberant, ferebatur etiam ipsos a vino fuisse nonnihil incitatos. Postquam utrique armis se munirent, jamque cuivis pateret, committendam esse pugnam, primum excedere de Bœotorum exercitu incipiunt ii qui forum rerum venalium paraverant, itemque nonnulli calones et alii, qui pugnare nolebant : tum vero itinere flexo circumeuntes Hieronis stipendiarii cum Phocensium cetratis ac quibusdam Heracleoticis Phliasiisque equitibus, discedentes adoriuntur, et ad suos reverti cogunt, fugientes ad ipsa Bœotorum usque castra persequuti. Quapropter Bœotorum exercitus ab ipsis hostibus longe redditus est tum amplior, tum numerosior, quam erat prius. Deinde Lacedæmonii, quod locus inter utrasque copias interjectus campestris esset, equites prima in acie ante phalangem collocabant, quibus equites itidem suos Thebani opponebant. Erant autem equestres Thebanorum copiæ partim propter gestum adversus Orchomenios, partim adversus Thespienses bellum exercitatæ : quum id temporis Lacedæmoniorum equitatus ignavissimus esset. Nam equos opulentissimus quisque alebat ; quotiesque delectus haberentur, veniebat is quem ordo requirebat ; acceptoque tum equo, armis, qualiacunque tandem suppeditarentur, in expeditionem subito properabat. Præterea milites equis erant impositi, qui et corporibus essent maxime imbecilles, et gloriæ cupiditate non admodum ducerentur. Atque hujusmodi tunc erat utriusque partis equitatus. Ceterum perhibebantur Lacedæmonii phalangem manipulis in ternos explicatis duxisse : quo factum, ut ipsorum acies duodecim modo milites esset

29.

ἢ εἰς δώδεκα τὸ βάθος. Οἱ δὲ Θηβαῖοι οὐκ ἔλαττον ἢ ἐπὶ πεντήκοντα ἀσπίδων συνεστραμμένοι ἦσαν, λογιζόμενοι ὡς εἰ νικήσειαν τὸ περὶ τὸν βασιλέα, τὸ ἄλλο πᾶν εὐχείρωτον ἔσοιτο. (13) Ἐπεὶ δὲ ἤρξατο ἄγειν ὁ Κλεόμβροτος πρὸς τοὺς πολεμίους, πρῶτον μὲν πρὶν καὶ αἰσθέσθαι τὸ μετ' αὐτοῦ στράτευμα ὅτι ἡγοῖτο, καὶ δὴ καὶ οἱ ἱππεῖς συνεββεβλήκεσαν καὶ ταχὺ ἥττηντο οἱ τῶν Λακεδαιμονίων· φεύγοντες δὲ ἐνεπεπτώκεσαν τοῖς ἑαυτῶν ὁπλίταις, ἔτι δὲ ἐνέβαλλον οἱ τῶν Θηβαίων λόχοι. Ὅμως δὲ ὡς οἱ μὲν περὶ τὸν Κλεόμβροτον τὸ πρῶτον ἐκράτουν τῇ μάχῃ σαφεῖ τούτῳ τεκμηρίῳ γνοίη τις ἄν· οὐ γὰρ ἂν ἠδύναντο αὐτὸν ἀνελέσθαι καὶ ζῶντα ἀπενεγκεῖν, εἰ μὴ οἱ πρὸ αὐτοῦ μαχόμενοι ἐπεκράτουν ἐν ἐκείνῳ τῷ χρόνῳ. (14) Ἐπεὶ μέντοι ἀπέθανε Δείνων τε ὁ πολέμαρχος καὶ Σφοδρίας τῶν περὶ δαμοσίαν καὶ Κλεώνυμος ὁ υἱὸς αὐτοῦ, καὶ οἱ μὲν ἵπποι καὶ οἱ συμφορεῖς τοῦ πολεμάρχου καλούμενοι οἵ τε ἄλλοι ὑπὸ τοῦ ὄχλου ὠθούμενοι ἀνεχώρουν, οἱ δὲ τοῦ εὐωνύμου ὄντες τῶν Λακεδαιμονίων ὡς ἑώρων τὸ δεξιὸν ὠθούμενον, ἐνέκλιναν· ὅμως δὲ πολλῶν τεθνεώτων καὶ ἡττημένοι ἐπεὶ διέβησαν τὴν τάφρον ἣ πρὸ τοῦ στρατοπέδου ἐτύγχανε οὖσα αὐτοῖς, ἔθεντο τὰ ὅπλα κατὰ χώραν ἔνθεν ὥρμηντο. Ἦν μέντοι οὐ πάνυ ἐν ἐπιπέδῳ, ἀλλὰ πρὸς ὀρθίῳ μᾶλλόν τι τὸ στρατόπεδον. Ἐκ δὲ τούτου ἦσαν μέν τινες τῶν Λακεδαιμονίων οἱ ἀφόρητον τὴν συμφορὰν ἡγούμενοι τό τε τρόπαιον ἔφασαν χρῆναι κωλύειν ἱστάναι τοὺς πολεμίους, τούς τε νεκροὺς μὴ ὑποσπόνδους, ἀλλὰ διὰ μάχης πειρᾶσθαι ἀναιρεῖσθαι. (15) Οἱ δὲ πολέμαρχοι, ὁρῶντες μὲν τῶν συμπάντων Λακεδαιμονίων τεθνεῶτας ἐγγὺς χιλίους, ὁρῶντες δ' αὐτῶν Σπαρτιατῶν, ὄντων τῶν ἐκεῖ ὡς ἑπτακοσίων, τεθνηκότας περὶ τετρακοσίους, αἰσθανόμενοι δὲ τοὺς συμμάχους πάντας μὲν ἀθύμως ἔχοντας πρὸς τὸ μάχεσθαι, ἔστι δὲ οὓς αὐτῶν οὐδὲ ἀχθομένους τῷ γεγενημένῳ, συλλέξαντες τοὺς ἐπικαιριωτάτους ἐβουλεύοντο τί χρὴ ποιεῖν. Ἐπεὶ δὲ πᾶσιν ἐδόκει ὑποσπόνδους τοὺς νεκροὺς ἀναιρεῖσθαι, οὕτω δὴ ἔπεμψαν κήρυκα περὶ σπονδῶν. Οἱ μέντοι Θηβαῖοι μετὰ ταῦτα καὶ τρόπαιον ἐστήσαντο καὶ τοὺς νεκροὺς ὑποσπόνδους ἀπέδοσαν.

16. Γενομένων δὲ τούτων, ὁ μὲν εἰς τὴν Λακεδαίμονα ἄγγελος τὸ πάθος ἀφικνεῖται γυμνοπαιδιῶν τε οὐσῶν τῆς τελευταίας καὶ τοῦ ἀνδρικοῦ χοροῦ ἔνδον ὄντος· οἱ δὲ ἔφοροι ἐπεὶ ἤκουσαν τὸ πάθος, ἐλυποῦντο μέν, ὥσπερ, οἶμαι, ἀνάγκη· τὸν μέντοι χορὸν οὐκ ἐξήγαγον, ἀλλὰ διαγωνίσασθαι εἴων. Καὶ τὰ μὲν ὀνόματα πρὸς τοὺς οἰκείους ἑκάστου τῶν τεθνεώτων ἀπέδοσαν· προεῖπον δὲ ταῖς γυναιξὶ μὴ ποιεῖν κραυγήν, ἀλλὰ σιγῇ τὸ πάθος φέρειν. Τῇ δ' ὑστεραίᾳ ἦν ὁρᾶν, ὧν μὲν ἐτέθνασαν οἱ προσήκοντες, λιπαρούς καὶ φαιδροὺς ἐν τῷ φανερῷ ἀναστρεφομένους, ὧν δὲ ζῶντες ἠγγελμένοι ἦσαν, ὀλίγους ἂν εἶδες, τούτους δὲ σκυθρωποὺς καὶ ταπεινοὺς περιιόντας.

17. Ἐκ δὲ τούτου φρουρὰν μὲν ἔφαινον οἱ ἔφοροι ταῖν ὑπολοίποιν μόραιν μέχρι τῶν τετταράκοντα ἀφ'

densa. Thebani vero sic aciem suam densaverant, ut in latitudine non pauciores quinquaginta scutatis essent. Nam ratiocinabantur, futurum ut, illa hostilis aciei parte victa, quæ circum regem esset, reliqui facile superarentur. Posteaquam movere Cleombrotus in hostem cœpisset, primum etiam antequam ipsius copiæ sensissent, eum adversus hostem ducere, jam conflixerant equites; inque hoc conflictu Lacedæmoniorum equitatus cito succubuerat. Itaque is fugiens, in suos gravis armaturæ pedites irruerat. Præterea Thebanæ cohortes in eosdem impressionem faciebant. Nihilominus copias Cleombroti ab initio superiores in pugna fuisse, vel de hoc aliquis argumento certo animadvertere possit. Non enim tollere Cleombrotum vivumque deportare extra aciem potuissent, si non id temporis ii qui ante ipsum dimicabant, superiores extitissent. At posteaquam et ipse, et Dino polemarchus, et Sphodrias, unus ex illis qui publico tabernaculo utebantur, ejusque filius Cleonymus cecidissent, et equites cum iis qui polemarchi comites appellantur, itidemque ceteri ab hominum turba impulsi pedem retulissent; tum alii Lacedæmonii, qui lævo erant in latere, premi dextrum conspicati, et ipsi loco cederent, multis denique pereuntibus, quum victi, fossa, quæ ante ipsorum castra erat, superata, in armis eo loco constitissent, unde progressi fuerant (et habebant loco non admodum plano castra, sed potius nonnihil aclivi) : tum vero nonnulli ex Lacedæmoniis erant, qui non ferendam hanc cladem arbitrarentur, ideoque dicerent haudquaquam permittendum hosti ut tropæum statueret, tollendaque mortuorum cadavera non per inducias, sed commisso cum hostibus prœlio. Verum polemarchi, quod ex universis Lacedæmoniis prope mille occubuisse cernerent, atque etiam de septingentis Spartanis (tot enim istic fuerant) quadringentos periisse ; præterea socios omnes animadverterent minime ad pugnandum alacres esse, ac nonnullos ex eis id quod accidisset, haud gravatim ferre: collectis hominibus maxime idoneis, quid agendum esset deliberabant. Posteaquam omnes censuissent, interfectorum cadavera per inducias esse tollenda, caduceatorem mittunt, qui de induciis ageret. Secundum hæc Thebani tropæum excitant, ac per inducias mortuos reddunt.

His actis, venit Lacedæmonem cladis nuntius, idque die ultimo ludorum, qui a nudis exhibebantur, quum jam chorus virilis ingressus esset. Ephori de clade certiores redditi, erant illi quidem in mœrore, idque necessario, mea sane sententia : non tamen chorum exire jubebant, sed peragendi muneris copiam faciebant. Deinde nomina interfectorum propinquis tradunt, simulque mulieribus edicunt, ne clamorem tollerent, sed tacite calamitatem hanc ferrent. Postridie cernere erat, illos quorum propinqui occubuerant, nitidos ac lætos in publico versari : quorum autem cognati superstites esse nuntiati fuerant, perpaucos vidisses, eosque vultu tristi ac dejecto obambulantes.

Secundum ea delectus Ephori reliquarum cohortium habebant, usque ad illos, qui annum a pubertate quadragesimum

ἥβης· ἐξέπεμπον δὲ καὶ ἀπὸ τῶν ἔξω μορῶν μέχρι τῆς αὐτῆς ἡλικίας· τὸ γὰρ πρόσθεν εἰς τοὺς Φωκέας μέχρι τῶν πέντε καὶ τριάκοντα ἀφ' ἥβης ἐστράτευντο· καὶ τοὺς ἐπ' ἀρχαῖς δὲ τότε καταλειφθέντας ἀκολουθεῖν ἐκέλευον. (18) Ὁ μὲν οὖν Ἀγησίλαος ἐκ τῆς ἀσθενείας οὔπω ἰσχυενήθ δὲ πόλις Ἀρχίδαμον τὸν υἱὸν αὐτοῦ ἐκέλευεν ἡγεῖσθαι. Προθύμως δ' αὐτῷ συνεστρατεύοντο Τεγεᾶται· ἔτι γὰρ ἔζων οἱ περὶ Στάσιππον, λακωνίζοντες καὶ οὐκ ἐλάχιστον δυνάμενοι ἐν τῇ πόλει. Ἐρρωμένως δὲ καὶ οἱ Μαντινεῖς ἐκ τῶν κωμῶν συνεστρατεύοντο· ἀριστοκρατούμενοι γὰρ ἐτύγχανον. Καὶ Κορίνθιοι δὲ καὶ Σικυώνιοι καὶ Φλιάσιοι καὶ Ἀχαιοὶ μάλα προθύμως ἠκολούθουν, καὶ ἄλλαι δὲ πόλεις ἐξέπεμπον στρατιώτας. Ἐπλήρουν δὲ καὶ τριήρεις αὐτοί τε οἱ Λακεδαιμόνιοι καὶ οἱ Κορίνθιοι, καὶ ἐδέοντο καὶ τῶν Σικυωνίων συμπληροῦν, ἐφ' ὧν διενοοῦντο τὸ στράτευμα διαβιβάζειν. (19) Καὶ ὁ μὲν δὴ Ἀρχίδαμος ἐθύετο ἐπὶ τῇ διαβάσει.

Οἱ δὲ Θηβαῖοι εὐθὺς μετὰ τὴν μάχην ἔπεμψαν εἰς Ἀθήνας ἄγγελον ἐστεφανωμένον, καὶ ἅμα μὲν τῆς νίκης τὸ μέγεθος ἔφραζον, ἅμα δὲ βοηθεῖν ἐκέλευον, λέγοντες ὡς νῦν ἐξείη Λακεδαιμονίους πάντων ὧν ἐπεποιήκεσαν αὐτοὺς τιμωρήσασθαι. (20) Τῶν δὲ Ἀθηναίων ἡ βουλὴ ἐτύγχανεν ἐν ἀκροπόλει καθημένη. Ἐπεὶ δ' ἤκουσαν τὸ γεγενημένον, ὅτι μὲν σφόδρα ἠνιάθησαν πᾶσι δῆλον ἐγένετο· οὔτε γὰρ ἐπὶ ξενία τὸν κήρυκα ἐκάλεσαν, περί τε τῆς βοηθείας οὐδὲν ἀπεκρίναντο. Καὶ Ἀθήνηθεν μὲν οὕτως ἀπῆλθεν ὁ κῆρυξ. Πρὸς μέντοι Ἰάσονα, σύμμαχον ὄντα, ἔπεμπον σπουδῇ οἱ Θηβαῖοι, κελεύοντες βοηθεῖν, διαλογιζόμενοι πῇ τὸ μέλλον ἀποβήσοιτο. (21) Ὁ δ' εὐθὺς τριήρεις μὲν ἐπλήρου, ὡς βοηθήσων κατὰ θάλατταν, συλλαβὼν δὲ τό τε ξενικὸν καὶ τοὺς περὶ αὐτὸν ἱππέας, καίπερ ἀκηρύκτῳ πολέμῳ τῶν Φωκέων χρωμένων, πεζῇ διεπορεύθη εἰς τὴν Βοιωτίαν, ἐν πολλαῖς τῶν πόλεων πρότερον ὀφθεὶς ἢ ἀγγελθεὶς ὅπῃ πορεύοιτο. Πρὶν οὖν συλλέγεσθαί τι πανταχόθεν ἔφθανε πόρρω γιγνόμενος, δῆλον ποιῶν ὅτι πολλαχοῦ τὸ τάχος μᾶλλον τῆς βίας διαπράττεται τὰ δέοντα. (22) Ἐπεὶ δὲ ἀφίκετο εἰς τὴν Βοιωτίαν, λεγόντων τῶν Θηβαίων ὡς καιρὸς εἴη ἐπιτίθεσθαι τοῖς Λακεδαιμονίοις, ἄνωθεν μὲν ἐκείνων σὺν τῷ ξενικῷ, σφεῖς δὲ ἀντιπροσώπους, ἀπέτρεπεν αὐτοὺς ὁ Ἰάσων, διδάσκων ὡς καλοῦ ἔργου γεγενημένου οὐκ ἄξιον αὐτοῖς εἴη διακινδυνεῦσαι, ὥστε ἢ ἔτι μείζω καταπρᾶξαι ἢ στερηθῆναι καὶ τῆς γεγενημένης νίκης. (23) Οὐχ ὁρᾶτε, ἔφη, ὅτι καὶ ὑμεῖς, ἐπεὶ ἐν ἀνάγκῃ ἐγένεσθε, ἐκρατήσατε; οἴεσθαι οὖν χρὴ καὶ Λακεδαιμονίους ἄν, εἰ ἀναγκάζοιντο ἐκγενέσθαι τοῦ ζῆν, ἀπονοηθέντας διαμάχεσθαι. Καὶ ὁ θεὸς δέ, ὡς ἔοικε, πολλάκις χαίρει τοὺς μὲν μικροὺς μεγάλους ποιῶν, τοὺς δὲ μεγάλους μικρούς. (24) Τοὺς μὲν οὖν Θηβαίους τοιαῦτα λέγων ἀπέτρεπε τοῦ διακινδυνεύειν, τοὺς δ' αὖ Λακεδαιμονίους ἐδίδασκεν οἷον μὲν εἴη ἡττημένον στράτευμα, οἷον δὲ νενικηκός. Εἰ δ' ἐπιλαθέσθαι, ἔφη, βούλεσθε τὸ γεγενημένον πάθος, συμβουλεύω ἀναπνεύσαντας καὶ ἀναπαυσαμένους καὶ μείζους γεγενημένους

HISTORIÆ GRÆCÆ LIB. VI. CAP. IV. 453

excesserant. Præterea quosdam mittebant ejusdem ætatis ex iis etiam cohortibus quas domi non habebant. Nam ante prælium hoc suos adversus Phocenses militatum miserant omnes, quotquot annos triginta quinque a pubertate exegerant. Jussi denique sunt et illi militatum ire, qui ut magistratus quosdam obirent, tum fuerant domi relicti. Necdum adhuc Agesilaus convaluerat. Quapropter Archidamum ejus filium respublica illis copiis præfecit. Ei se perlubenter hac in expeditione Tegeatæ adjungebant, quod adhuc ii, qui Stasippo duce Lacedæmoniis favebant, superstites essent, neque parum in republica sua possent. Itidem Mantinei validis cum copiis, de vicis ipsorum collectis, hac in expeditione sequebantur; quod ab optimatibus regerentur. Præterea Corinthii, Sicyonii, Phliasii, Achæi alacriter admodum sequebantur, aliis etiam civitatibus milites suos mittentibus. Triremes quoque tum a Lacedæmoniis ipsis, tum Corinthiis, instruebantur; simulque Sicyonii rogabantur, ut et ipsi quasdam instruerent, quibus Lacedæmonii copias suas transportare cogitabant. Hinc Archidamus exta de trajiciendo exercitu consulebat.

Thebani vero statim a pugna nuntium coronatum Athenas mittunt, perque hunc tum victoriæ magnitudinem exponunt, tum ad ferendum opem Athenienses hortabantur. Aiebant enim, posse modo a Lacedæmoniis exigi pœnas eorum omnium, quæ adversus ipsos designassent. Forte tum Senatus Atheniensis in arce sedebat. Is quum de re tota certior factus esset, perquam graviter casum hunc ferre omnibus aperte visus est: quippe nec ut hospitem excipiebant hunc nuntium, et de auxiliis respondebant omnino nihil. Ita nuntius Athenis rediit. Præterea autem magna cum festinatione Thebani ad Iasonem quoque, quem habebant socium, mittunt, rogantque cohortantur uti opem ipsis ferret. Nam quo res evasura esset, dispiciebant. Is confestim expediri triremes jubet, quasi mari laturus eis esset suppetias. Interim ipse sumptis secum mercenariis copiis, et equestribus, quas alebat, tametsi Phocenses bellum implacabile adversus ipsum gererent, terrestri tamen itinere in Bœotiam profectus est, citius quibusdam in urbibus visus, quam quo pergeret nuntiatum esset. Idem priusquam colligi copiæ undecunque possent, procul evaserat : qua quidem re declarabat, sæpenumero ea quæ geri debeant, celeritate magis quam vi perfici. Posteaquam in Bœotiam venisset, ac Thebani tempus oblatum esse dicerent idoneum, quo Iason a tergo, mercenario cum milite, ipsi autem ex adverso Lacedæmonios invaderent : ab hoc eos ille instituto avertit, quum moneret, re præclare gesta non operæ pretium esse ut in id periculum se rursus conjicerent, quo vel majora perpetrarent, vel victoriam, quam adepti essent, amitterent : « Non videtis, inquit, vos etiam eo tempore victoria potitos esse, quo maxima necessitate urgebamini? Quapropter putandum est, Lacedæmonios quoque, si eo redigantur, ut vitæ spem abjiciant, salute desperata pugnaturos. Præterea deo, uti quidem videtur, sæpenumero volupe est, eos qui parvi sunt, magnos; qui magni sunt, parvos facere. » Hujusmodi verbis Thebanos, quominus de summa rerum periclitarentur, avertebat. Ex altera parte Lacedæmonios docebat, cujusmodi sit victus, cujusmodi victor exercitus. « Quod si, ait, oblivisci cladis ejus, quæ vobis accidit, vultis, equidem hoc vobis consilii do, ut posteaquam nonnihil refecti eritis quiete majoremque potentiam nacti; sic deinde

τοῖς ἀηττήτοις οὕτως εἰς μάχην ἰέναι. Νῦν δὲ, ἔφη, εὖ ἴστε ὅτι καὶ τῶν συμμάχων ὑμῖν εἰσὶν οἳ διαλέγονται περὶ φιλίας τοῖς πολεμίοις· ἀλλὰ ἐκ παντὸς τρόπου πειρᾶσθε σπονδὰς λαβεῖν. Ταῦτα δ', ἔφη, ἐγὼ προθυμοῦμαι, σῶσαι ὑμᾶς βουλόμενος διά τε τὴν τοῦ πατρὸς φιλίαν πρὸς ὑμᾶς καὶ διὰ τὸ προξενεῖν ὑμῶν. (25) Ἔλεγε μὲν οὖν τοιαῦτα, ἔπραττε δ' ἴσως ὅπως διάφοροι καὶ οὗτοι ἀλλήλοις ὄντες ἀμφότεροι ἐκείνου δέοιντο. Οἱ μέντοι Λακεδαιμόνιοι, ἀκούσαντες αὐτοῦ, πράττειν περὶ τῶν σπονδῶν ἐκέλευον· ἐπεὶ δ' ἀπηγγέλθη ὅτι εἴησαν αἱ σπονδαί, παρήγγειλαν οἱ πολέμαρχοι δειπνήσαντας συνεσκευάσθαι πάντας, ὡς τῆς νυκτὸς πορευσομένους, ὅπως ἅμα τῇ ἡμέρᾳ πρὸς τὸν Κιθαιρῶνα ἀναβαίνοιεν. Ἐπεὶ δ' ἐδείπνησαν, πρὶν καθεύδειν παραγγείλαντες ἀκολουθεῖν, ἡγοῦντο εὐθὺς ἀφ' ἑσπέρας τὴν διὰ Κρεύσιος, τῷ λαθεῖν πιστεύοντες μᾶλλον ἢ ταῖς σπονδαῖς. (26) Μάλα δὲ χαλεπῶς πορευόμενοι, οἷα δὴ ἐν νυκτί τε καὶ ἐν φόβῳ ἀπιόντες καὶ χαλεπὴν ὁδὸν, εἰς Αἰγόσθενα τῆς Μεγαρικῆς ἀφικνοῦνται. Ἐκεῖ δὲ περιτυγχάνουσι τῷ μετὰ Ἀρχιδάμου στρατεύματι. Ἔνθα δὴ ἀναμείνας, ἕως καὶ οἱ σύμμαχοι πάντες παρεγένοντο, ἀπῆγε πᾶν ὁμοῦ τὸ στράτευμα μέχρι Κορίνθου· ἐκεῖθεν δὲ τοὺς μὲν συμμάχους ἀφῆκε, τοὺς δὲ πολίτας οἴκαδε ἀπήγαγεν.

27. Ὁ μέντοι Ἰάσων ἀπιὼν διὰ τῆς Φωκίδος Ὑαμπολιτῶν μὲν ὅ τε προάστειον εἷλε καὶ τὴν χώραν ἐπόρθησε καὶ ἀπέκτεινε πολλούς· τὴν δ' ἄλλην Φωκίδα διῆλθεν ἀπραγμόνως. Ἀφικόμενος δὲ εἰς Ἡράκλειαν κατέβαλε τὸ Ἡρακλεωτῶν τεῖχος, δῆλον ὅτι οὐ τοῦτο φοβούμενος, μή τινες ἀναπεπταμένης ταύτης τῆς παρόδου πορεύσοιντο ἐπὶ τὴν ἐκείνου δύναμιν, ἀλλὰ μᾶλλον ἐνθυμούμενος μή τινες τὴν Ἡράκλειαν ἐπὶ στενοῦ οὖσαν καταλαβόντες εἴργοιεν αὐτόν, εἴ ποι βούλοιτο τῆς Ἑλλάδος πορεύεσθαι. (28) Ἐπεὶ δ' ἀπῆλθε πάλιν εἰς τὴν Θετταλίαν, μέγας μὲν ἦν καὶ διὰ τὸ τῷ νόμῳ Θετταλῶν ταγὸς καθεστάναι καὶ διὰ τὸ μισθοφόρους πολλοὺς τρέφειν περὶ αὑτὸν καὶ πεζοὺς καὶ ἱππέας, καὶ τούτους ἐκπεπονημένους ὡς ἂν κράτιστοι εἶεν· ἔτι δὲ μείζων καὶ διὰ τὸ συμμάχους πολλοὺς τοὺς μὲν ἤδη εἶναι αὐτῷ, τοὺς δὲ καὶ ἔτι βούλεσθαι γίγνεσθαι. Μέγιστος δ' ἦν τῶν καθ' αὑτὸν τῷ μηδ' ὑφ' ἑνὸς εὐκαταφρόνητος εἶναι. (29) Ἐπιόντων δὲ Πυθίων παρήγγειλε μὲν ταῖς πόλεσι βοῦς καὶ οἷς καὶ αἶγας καὶ ὗς παρασκευάζεσθαι ὡς εἰς τὴν θυσίαν· καὶ ἔφασαν πάνυ μετρίως ἑκάστῃ πόλει ἐπαγγελλομένων γενέσθαι βοῦς μὲν οὐκ ἐλάττους χιλίων, τὰ δὲ ἄλλα βοσκήματα πλείω ἢ μύρια. Ἐκήρυξε δὲ καὶ νικητήριον χρυσοῦν στέφανον ἔσεσθαι, ἥτις τῶν πόλεων βοῦν ἡγεμόνα κάλλιστον τῷ θεῷ θρέψειε. (30) Παρήγγειλε δὲ καὶ ὡς στρατευσομένοις εἰς τὸν περὶ τὰ Πύθια χρόνον Θετταλοῖς παρασκευάζεσθαι· διενοεῖτο γὰρ, ὡς ἔφασαν, καὶ τὴν πανήγυριν τῷ θεῷ καὶ τοὺς ἀγῶνας αὐτὸς διατιθέναι. Περὶ μέντοι τῶν ἱερῶν χρημάτων ὅπως μὲν διενοεῖτο ἔτι καὶ νῦν ἄδηλον· λέγεται δὲ ἐπερομένων τῶν Δελφῶν τί χρὴ

Thebanos, jam invictos, adoriamini. Nam hoc tempore scire vos volo, quosdam e sociis vestris esse, qui de amicitia ineunda cum hostibus colloquantur. Quamobrem vobis omnino danda est opera, ut inducias impetretis. Atque hæc, inquit, ago tanto studio, quod vestræ saluti consulere cupiam, partim propter eam amicitiam, quæ patri meo vobiscum intercessit, partim quod hospes vester publicus sim. " Hujusmodi quædam ab Iasone dicebantur: quanquam hæc fortassis idcirco faceret, ut utrique infer se dissidentes ipsius opera indigerent. Ceterum Lacedæmonii, postæquam ipsum audiissent, uti de induciis ageret, hortabantur. Postæquam vero renuntiatum esset, inducias jam esse confectas : mandant polemarchi suis, ut omnes sumpta cœna sese ad iter pararent, quod noctu faciundum esset, ut cum prima luce Cithæronem ascenderent. Ubi cœnassent, militibus ante somnum sequi jussis, statim a vespera ducebant eos itinere, quo per Creusim pergitur ; quod clandestinæ profectioni potius quam induciis vellent fidere. Confecto difficili itinere discederent) ad oppidum Megaricæ ditionis Ægosthena perveniunt, ubi copias Archidami obvias habebant. Is vero quum istic exspectasset, donec omnes socii convenissent, exercitum universum Corinthum usque abducit, inde socios dimittit, et cives ipse domum ducit.

Iason per Phocidem discedens, Hyampolitarum suburbium cepit, agrum populatus est, multos occidit; reliqua Phocide sic peragrata, ut nihil amplius moliretur. Heracleam ubi venisset, Heracleotarum mœnia dejecit, non hoc veritus, ne si transitus is pateret ditionem ipsius aliqui invaderent ; sed secum potius ipse cogitans, ne qui capta Heraclea, loco sita angusto, prohiberent quominus in Græciam pergere posset, quocunque ipsi liberet. In Thessaliam ubi rediisset, vir magnus habebatur, partim quod lege Thessalorum dux constitutus esset, partim quod magnas stipendiariorum militum copias, pedestres et equestres, aleret, easque sic laboribus assuetas, ut longe milites præstantissimi essent. Præterea major erat eam ob causam, quod et multos socios jam haberet, et plures ei se vellent adjungere. Denique hominum sæculi sui maximus erat in eo quod nemini esset contemptui. Postæquam appetiisset Pythia, denuntiabat oppidis, ut boves, oves, capras, sues compararent ad sacrificium. Ferebatur vero, tametsi moderate admodum oppidis singulis conferenda imperasset, tamen consecuutus esse boves non pauciores quam mille, reliqui pecoris supra decem millia. Præterea per præconem significari jussit, futurum victoriæ præmium coronam auream, si qua civitas bovem pulcherrimum deo pavisset. Etiam hoc Thessalis denuntiabat, ut ad expeditionem se pararent, quam id temporis, quo Pythia celebrantur, suscepturi essent. Nam cogitabat, ut aiunt, celebritatis ejus ac ludorum ipse esse moderator. Quid autem de sacris ipse pecuniis cogitarit, etiam nunc obscurum est. Fertur enim quærentibus Delphis, quid faciendum esset, si consecratas Apol-

ποιεῖν, ἐὰν λαμβάνῃ τῶν τοῦ θεοῦ χρημάτων, ἀποκρίνασθαι τὸν θεὸν ὅτι αὐτῷ μελήσει. (31) Ὁ δ' οὖν ἀνὴρ τηλικοῦτος ὢν καὶ τοσαῦτα καὶ τοιαῦτα διανοούμενος, ἐξέτασιν πεποιηκὼς καὶ δοκιμασίαν τοῦ Φεραίων ἱππικοῦ, καὶ ἤδη καθήμενος καὶ ἀποκρινόμενος, εἴ τις δεόμενός του προσίοι, ὑπὸ νεανίσκων ἑπτὰ προσελθόντων ὡς διαφερομένων τι ἀλλήλοις ἀποσφάττεται καὶ κατακόπτεται. (32) Βοηθησάντων δὲ ἐῤῥωμένως τῶν παραγενομένων δορυφόρων εἷς μὲν ἔτι τύπτων τὸν Ἰάσονα λόγχῃ πληγεὶς ἀποθνῄσκει· ἕτερος δὲ ἀναβαίνων ἐφ' ἵππον ἐγκαταληφθεὶς καὶ πολλὰ τραύματα λαβὼν ἀπέθανεν· οἱ δ' ἄλλοι ἀναπηδήσαντες ἐπὶ τοὺς παρεσκευασμένους ἵππους ἀπέφυγον· ὅποι δὲ ἀφίκοιντο τῶν Ἑλληνίδων πόλεων, ἐν ταῖς πλείοσαις ἐτιμῶντο. Ὧι καὶ δῆλον ἐγένετο ὅτι ἰσχυρῶς ἔδεισαν οἱ Ἕλληνες αὐτὸν μὴ τύραννος γένοιτο.

33. Ἀποθανόντος μέντοι ἐκείνου Πολύδωρός ἀδελφὸς αὐτοῦ καὶ Πολύφρων ταγοὶ κατέστησαν. Καὶ ὁ μὲν Πολύδωρος, πορευομένων ἀμφοτέρων εἰς Λάρισαν, νύκτωρ καθεύδων ἀποθνῄσκει ὑπὸ Πολύφρονος τοῦ ἀδελφοῦ, ὡς ἐδόκει· ὁ γὰρ θάνατος αὐτοῦ ἐξαπιναῖός τε καὶ οὐκ ἔχων φανερὰν πρόφασιν ἐγένετο. (34) Ὁ δ' αὖ Πολύφρων ἦρξε μὲν ἐνιαυτόν, κατεσκευάσατο δὲ τὴν ταγείαν τυραννίδι ὁμοίαν. Ἔν τε γὰρ Φαρσάλῳ τὸν Πολυδάμαντα καὶ ἄλλους τῶν πολιτῶν ὀκτὼ τοὺς κρατίστους ἀπέκτεινεν, ἔκ τε Λαρίσης πολλοὺς φυγάδας ἐποίησε. Ταῦτα δὲ ποιῶν οὗτος ἀποθνῄσκει ὑπ' Ἀλεξάνδρου, ὡς τιμωροῦντος τῷ Πολυδώρῳ καὶ τὴν τυραννίδα καταλύοντος. (35) Ἐπεὶ δ' αὐτὸς παρέλαβε τὴν ἀρχήν, χαλεπὸς μὲν Θετταλοῖς ταγὸς ἐγένετο, χαλεπὸς δὲ Θηβαίοις καὶ Ἀθηναίοις πολέμιος, ἄδικος δὲ λῃστὴς καὶ κατὰ γῆν καὶ κατὰ θάλατταν. Τοιοῦτος δ' ὢν καὶ αὐτὸς αὖ ἀποθνῄσκει, αὐτοχειρίᾳ μὲν ὑπὸ τῶν τῆς γυναικὸς ἀδελφῶν, βουλῇ δὲ ὑπ' αὐτῆς ἐκείνης. (36) Τοῖς τε γὰρ ἀδελφοῖς ἐξήγγειλεν ὡς Ἀλέξανδρος ἐπιβουλεύοι αὐτοῖς καὶ ἔκρυψεν αὐτοὺς ἔνδον ὄντας ὅλην τὴν ἡμέραν, καὶ δεξαμένη μεθύοντα τὸν Ἀλέξανδρον, ἐπεὶ κατεκοίμισεν, ὁ μὲν λύχνος ἐκάετο, τὸ δὲ ξίφος αὐτοῦ ἐξήνεγκεν. Ὡς δ' ᾔσθετο ὀκνοῦντας εἰσιέναι ἐπὶ τὸν Ἀλέξανδρον τοὺς ἀδελφούς, εἶπεν ὡς εἰ μὴ ἤδη πράξοιεν, ἐξεγερεῖ αὐτόν. Ὡς δ' εἰσῆλθον, ἐπισπάσασα τὴν θύραν εἴχετο τοῦ ῥόπτρου, ἕως ἀπέθανεν ὁ ἀνήρ. (37) Ἡ δὲ ἔχθρα λέγεται αὐτῇ πρὸς τὸν ἄνδρα γενέσθαι ὑπὸ μέν τινων ὡς ἐπεὶ Θῆβας τὰ ἑαυτοῦ παιδικὰ ὁ Ἀλέξανδρος, νεανίσκον ὄντα καλόν, δεηθείσης αὐτῆς λῦσαι ἐξαγαγὼν αὐτὸν ἀπέσφαξεν· οἱ δέ τινες ὡς ἐπεὶ παῖδες αὐτῷ οὐκ ἐγίγνοντο ἐκ ταύτης, ὅτι πέμπων εἰς Θήβας ἐμνηστεύετο τὴν Ἰάσονος γυναῖκα ἀναλαβεῖν. Τὰ μὲν οὖν αἴτια τῆς ἐπιβουλῆς τῆς γυναικὸς οὕτω λέγεται· τῶν δὲ ταῦτα πραξάντων ἄχρι οὗ ὅδε ὁ λόγος ἐγράφετο Τισίφονος πρεσβύτατος ὢν τῶν ἀδελφῶν τὴν ἀρχὴν εἶχε.

lini pecunias Iason attrectaret; deum illum respondisse, sibi eam rem curae futuram. Tantus vir, et qui talia tantaque haberet in animo, quum lustrationem equitatus Pheraeorum instituerct, et periculum ejus facere vellet, jamque consedisset, ac responsurus illis, quibus aliqua in re opera ipsius opus foret : a septem adolescentibus ad ipsum accedentibus, quasi quadam in causa dissiderent, jugulatur et conciditur. Quumque viriliter satellites ii qui aderant, ad opem ei ferendam accurrissent, unus adhuc Iasonem feriens, hasta percussus interficitur; alius, quum equum conscenderet, comprehensus, multis acceptis vulneribus et ipse moritur. Ceteri paratos in equos insilientes, effugere; qui sane quascunque in urbes Graeciae venirent, maxima ex parte summis excepti sunt honoribus. Qua ex re patebat, Graecos ab eo vehementer sibi metuisse, ne tyrannidem arriperet.

Mortuo Iasone, fratres ipsius, Polydorus et Polyphro, duces creati sunt. Quumque Larissam ambo proficiscerentur, noctu dormiens Polydorus a Polyphrone fratre interemptus est, uti quidem videbatur : etenim morte subita, et cujus esset obscura causa, exstinctus est. Polyphro imperium anno uno tenuit, et administrationem instituti tyrannidi similem. Nam Pharsali Polydamantem, aliosque civium octo praestantissimos interfecit, et Larissa multos in exilium ejecit. Verum et is quum talia patraret, interfectus est ab Alexandro, sub specie vindicandi mortem Polydori et ipsius tyrannidem evertendi. Alexander quum imperium accepisset, non Thessalis modo dux gravis erat, verum etiam gravis Thebanis, et Atheniensibus infestus, injustusque terra et mari praedo. Talis autem quum esset, opera quidem fratrum uxoris, sed consilio tamen ejusdem est interfectus. Nam ea fratribus enuntiarat, insidiari Alexandrum ipsis; ideoque diem totum domi conclusos occultarat. Post, ubi Alexandrum ebrium ad se recepisset, quamprimum is obdormivisset, ardente lucerna gladium ejus extulit. Quumque cunctari fratres animadverteret, quominus ad Alexandrum ingrederentur, excitaturam se dixit hominem, ni mox rem perpetrarent. Itaque illis ingressis, attracta janua, tam diu maeculum tenebat, donec maritus interfectus esset. Ceterum orta inter ipsam et Alexandrum haec inimicitia fertur esse, secundum quosdam, ex eo quod quum amores suos, adolescentem venustum, vinculis Alexander constrinxisset, ipsa rogante ut eum liberaret, eductum jugulasset. Alii quidem referunt, quod quum ex hac uxore liberos nullos susciperet, missis Thebas suis, uxorem Iasonis sibi jungendam nuptiis iteratis desponsaret. Hae fuisse perhibentur causae quamobrem uxor ei fuerit insidiata. Ceterum natu maximus ex iis fratribus, qui illa perpetrarant, Tisiphonus imperium ad hoc usque tempus, quo historiae liber hic scribebatur, obtinebat.

ΚΕΦΑΛΑΙΟΝ Ε.

Καὶ τὰ μὲν Θετταλικὰ, ὅσα περὶ Ἰάσονα ἐπράχθη καὶ μετὰ τὸν ἐκείνου θάνατον μέχρι τῆς τοῦ Τισιφόνου ἀρχῆς δεδήλωται· νῦν δ' ἐπάνειμι ἔνθεν ἐπὶ ταῦτα ἐξέβην. Ἐπεὶ γὰρ Ἀρχίδαμος ἐκ τῆς ἐπὶ Λεῦκτρα βοηθείας ἀπήγαγε τὸ στράτευμα, ἐνθυμηθέντες οἱ Ἀθηναῖοι ὅτι οἱ Πελοποννήσιοι ἔτι οἴονται χρῆναι ἀκολουθεῖν καὶ οὔπω διακέοιντο οἱ Λακεδαιμόνιοι ὥσπερ τοὺς Ἀθηναίους διέθεσαν, μετεπέμψαντο τὰς πόλεις ὅσαι βούλοιντο τῆς εἰρήνης μετέχειν ἣν βασιλεὺς κατέπεμψεν. (2) Ἐπεὶ δὲ συνῆλθον, δόγμα ἐποιήσαντο μετὰ τῶν κοινωνεῖν βουλομένων ὀμόσαι τόνδε τὸν ὅρκον. Ἐμμενῶ ταῖς σπονδαῖς ἃς βασιλεὺς κατέπεμψε καὶ τοῖς ψηφίσμασι τοῖς Ἀθηναίων καὶ τῶν συμμάχων. Ἐὰν δέ τις στρατεύῃ ἐπί τινα πόλιν τῶν ὁμοσασῶν τόνδε τὸν ὅρκον, βοηθήσω παντὶ σθένει. Οἱ μὲν οὖν ἄλλοι πάντες ἔχαιρον τῷ ὅρκῳ· Ἠλεῖοι δὲ ἀντέλεγον ὡς οὐ δέοι αὐτονόμους ποιεῖν οὔτε Μαργανέας οὔτε Σκιλλουντίους οὔτε Τριφυλίους· σφετέρας γὰρ εἶναι ταύτας τὰς πόλεις. (3) Οἱ δ' Ἀθηναῖοι καὶ οἱ ἄλλοι ψηφισάμενοι, ὥσπερ βασιλεὺς ἔγραψεν, αὐτονόμους εἶναι ὁμοίως καὶ μικρὰς καὶ μεγάλας πόλεις, ἐξέπεμψαν τοὺς ὁρκωτὰς, καὶ ἐκέλευσαν τὰ μέγιστα τέλη ἐν ἑκάστῃ πόλει ὁρκῶσαι. Καὶ ὤμοσαν πάντες πλὴν Ἠλείων.

Ἐξ ὧν δὴ καὶ οἱ Μαντινεῖς, ὡς ἤδη αὐτόνομοι παντάπασιν ὄντες, συνῆλθόν τε πάντες καὶ ἐψηφίσαντο μίαν πόλιν τὴν Μαντίνειαν ποιεῖν καὶ τειχίζειν τὴν πόλιν. (4) Οἱ δ' αὖ Λακεδαιμόνιοι ἡγοῦντο, εἰ τοῦτο ἄνευ τῆς σφετέρας γνώμης ἔσοιτο, χαλεπὸν ἔσεσθαι. Πέμπουσιν οὖν Ἀγησίλαον πρεσβευτὴν πρὸς τοὺς Μαντινέας, ὅτι ἐδόκει πατρικὸς φίλος αὐτοῖς εἶναι. Ἐπεὶ δὲ ἀφίκετο πρὸς αὐτοὺς, τὸν μὲν δῆμον τῶν Μαντινέων οἱ ἄρχοντες οὐκ ἤθελον συλλέξαι αὐτῷ, πρὸς δὲ σφᾶς ἐκέλευον λέγειν ὅτου δέοιτο. Ὁ δὲ ὑπισχνεῖτο αὐτοῖς, ἐὰν νῦν ἐπίσχωσι τῆς τειχίσεως, ποιήσειν ὥστε μετὰ τῆς Λακεδαίμονος γνώμης καὶ μὴ δαπανηρῶς τειχισθῆναι τὸ τεῖχος. (5) Ἐπεὶ δὲ ἀπεκρίναντο ὅτι ἀδύνατον εἴη ἐπισχεῖν, δόγματος γεγενημένου πάσῃ τῇ πόλει ἤδη τειχίζειν, ἐκ τούτου ὁ μὲν Ἀγησίλαος ἀπῄει ὀργιζόμενος· στρατεύειν γε μέντοι ἐπ' αὐτοὺς οὐ δυνατὸν ἐδόκει εἶναι, ἐπ' αὐτονομίᾳ τῆς εἰρήνης γεγενημένης. Τοῖς δὲ Μαντινεῦσιν ἔπεμπον μὲν καὶ τῶν Ἀρκαδικῶν πόλεών τινες συντειχιοῦντας, οἱ δὲ Ἠλεῖοι καὶ ἀργυρίου τρία τάλαντα συνεβάλοντο αὐτοῖς εἰς τὴν περὶ τὸ τεῖχος δαπάνην. Καὶ οἱ μὲν Μαντινεῖς περὶ ταῦτ' ἦσαν.

6. Τῶν δὲ Τεγεατῶν οἱ μὲν περὶ τὸν Καλλίβιον καὶ Πρόξενον συνῆγον ἐπί τὸ συνιέναι τε πᾶν τὸ Ἀρκαδικὸν, καὶ ὅ,τι νικῴη ἐν τῷ κοινῷ, τοῦτο κύριον εἶναι καὶ τῶν πόλεων· οἱ δὲ περὶ τὸν Στάσιππον ἔπραττον ἐᾶν τε κατὰ χώραν τὴν πόλιν καὶ τοῖς πατρίοις νόμοις χρῆσθαι. (7) Ἡττώμενοι δὲ οἱ περὶ τὸν Πρόξενον καὶ Καλλίβιον ἐν τοῖς θεαροῖς, νομίσαντες, εἰ συνέλθοι ὁ

CAPUT V.

Atque hactenus res Thessalicas, quæcunque Iasoni obtigere, quæque post mortem illius usque ad Tisiphoni imperium gesta sunt, exposuimus. Nunc eo redeo, unde ad hæc sum digressus. Etenim postequam Archidamus ab expeditione, qua suis ad Leuctra ferre suppetias volebat, domum copias reduxisset, secum ipsi cogitantes Athenienses, adhuc existimare Peloponnesios, debere se alios duces sequi, et Lacedæmoniorum res eo loco constitutas necdum esse, quo Athenienses aliquando redegissent : arcessunt ad se urbes omnes, quotquot esse participes pacis ejus vellent, quam rex præscriptam ad ipsos misisset. Ubi convenissent, decretum faciunt una cum iis, qui venire in societatem vellent, ut in hæc verba jurarent : « Persistam in fœderibus, quæ rex ad nos misit, ac in Atheniensium sociorumque decretis. Quod si quis bellum fecerit ulli civitatum, quæ jusjurandum hoc præstiterint, totis viribus opem feram. » Atque hoc jusjurandum ceteris placebat omnibus; soli Elei adversabantur : non esse enim cur aut juris et liberi sint vel Marganenses, vel Scilluntii, vel Triphylii : nam sua esse hæc oppida. Verum Athenienses, cum ceteris decreto facto ex regis litterarum sententia, ut pariter et exigua et magna oppida libera essent, mittunt quosdam sacramenti exactores, eosque singulis in urbibus magistratus quosque amplissimos jurejurando adstringere jubent. Itaque juratum ab omnibus, extraquam ab Eleis.

Quæ res fecit ut etiam Mantinei, quasi qui jam prorsus essent juris sui, omnes convenirent, decretumque facerent unum ex oppido Mantinea condendo ac muniendo. Contra vero Lacedæmonii arbitrabantur, si hoc absque ipsorum consensu fieret, molestum sibi futurum. Quapropter Agesilaum ad Mantineos legatum mittunt, quod is videretur paternus eis amicus esse. Hic quum ad ipsos venisset, nolebant Mantineorum magistratus populum ei cogere : jubebantque, ut apud se, quæ vellet, diceret. At Agesilaus eis pollicebatur, perfecturum se ut, si in hoc tempore ab oppidi communitione abstinerent, deinceps cum Spartæ consensu, neque magno sumptu, mœnia exstruerentur. Quum autem respondissent, fieri non posse, ut ab hoc abstineretur, quoniam tota respublica nunc urbem munire decrevisset; iratus Agesilaus discedit, quanquam adversus eos id temporis bellum suscipi minime posse statueret; quod ea conditione pax esset constituta, ut civitates sui juris essent. Ceterum etiam Arcadicæ quædam urbes Mantineis aliquos mittebant, qui mœnium juvarent exstructionem, et Elei tria auri talenta conferebant ad sumptus, qui muro conficiundo requirerentur. Atque his tum rebus Mantinei occupabantur.

Ex Tegeatis vero quotquot Callibii Proxenique partibus favebant, hoc agebant, ut tota Arcadica natio in unum locum coiret, ac quæcunque ipsorum in communitate sententia vinceret, ea etiam in oppidis ut vim maximam obtineret. Contra Stasippi factio in hoc erat ut respublica eodem in loco maneret, patriæque leges vigerent. Quum autem apud magistratus ii qui Proxeno et Callibio adhærebant, inferiores

δῆμος, πολὺ ἂν τῷ πλήθει κρατῆσαι, ἐκφέρονται τὰ ὅπλα. Ἰδόντες δὲ τοῦτο οἱ περὶ τὸν Στάσιππον, καὶ αὐτοὶ ἀνθωπλίσαντο, καὶ ἀριθμῷ μὲν [οὐκ] ἐλάττους ἐγένοντο· ἐπεὶ μέντοι εἰς μάχην ὥρμησαν, τὸν μὲν Πρόξενον καὶ ἄλλους ὀλίγους μετ᾿ αὐτοῦ ἀποκτείνουσι, τοὺς δ᾿ ἄλλους τρεψάμενοι οὐκ ἐδίωκον· καὶ γὰρ τοιοῦτος ὁ Στάσιππος ἦν οἷος μὴ βούλεσθαι πολλοὺς ἀποκτιννύναι τῶν πολιτῶν. (8) Οἱ δὲ περὶ τὸν Καλλίβιον ἀνακεχωρηκότες ὑπὸ τὸ πρὸς Μαντινείας τεῖχος καὶ τὰς πύλας, ἐπεὶ οὐκέτι αὐτοῖς οἱ ἐναντίοι ἐπεχείρουν, ἡσυχίαν εἶχον ἠθροισμένοι. Καὶ πάλαι μὲν ἐπεπόμφεσαν ἐπὶ τοὺς Μαντινέας βοηθεῖν κελεύοντες· πρὸς δὲ τοὺς περὶ Στάσιππον διελέγοντο περὶ συναλλαγῶν. Ἐπεὶ δὲ καταφανεῖς ἦσαν οἱ Μαντινεῖς προσιόντες, οἱ μὲν αὐτῶν ἀναπηδῶντες ἐπὶ τὸ τεῖχος ἐκέλευον βοηθεῖν τὴν ταχίστην, καὶ βοῶντες σπεύδειν διεκελεύοντο· ἄλλοι δὲ ἀνοίγουσι τὰς πύλας αὐτοῖς. (9) Οἱ δὲ περὶ τὸν Στάσιππον ὡς ᾔσθοντο τὸ γιγνόμενον, ἐκπίπτουσι κατὰ τὰς ἐπὶ τὸ Παλάντιον φερούσας πύλας, καὶ φθάνουσι πρὶν καταληφθῆναι ὑπὸ τῶν διωκόντων εἰς τὸν τῆς Ἀρτέμιδος νεὼν καταφεύγοντες, καὶ ἐγκλεισάμενοι ἡσυχίαν εἶχον. Οἱ δὲ μεταδιώξαντες ἐχθροὶ αὐτῶν ἀναβάντες ἐπὶ τὸν νεὼν καὶ τὴν ὀροφὴν διελόντες ἔπαιον ταῖς κεραμίσιν. Οἱ δ᾿ ἐπεὶ ἔγνωσαν τὴν ἀνάγκην, παύεσθαί τε ἐκέλευον καὶ ἐξιέναι ἔφασαν. Οἱ δ᾿ ἐναντίοι ὡς ὑποχειρίους ἔλαβον αὐτούς, δήσαντες καὶ ἀναλαβόντες ἐπὶ τὴν ἁρμάμαξαν ἀπήγαγον εἰς Τεγέαν. Ἐκεῖ δὲ μετὰ τῶν Μαντινέων καταγνόντες ἀπέκτειναν.

10. Τούτων δὲ γιγνομένων ἔφυγον εἰς Λακεδαίμονα τῶν περὶ Στάσιππον Τεγεατῶν περὶ ὀκτακοσίους. Μετὰ δὲ ταῦτα τοῖς Λακεδαιμονίοις ἐδόκει βοηθητέον εἶναι τὴν ταχίστην κατὰ τοὺς ὅρκους τοῖς τεθνεῶσι τῶν Τεγεατῶν καὶ ἐκπεπτωκόσι· καὶ οὕτω στρατεύουσιν ἐπὶ τοὺς Μαντινέας, ὡς παρὰ τοὺς ὅρκους σὺν ὅπλοις ἐληλυθότων αὐτῶν ἐπὶ τοὺς Τεγεάτας. Καὶ φρουρὰν μὲν οἱ ἔφοροι ἔφαινον, Ἀγησίλαον δ᾿ ἐκέλευεν ἡ πόλις ἡγεῖσθαι. (11) Οἱ μὲν οὖν ἄλλοι Ἀρκάδες εἰς Ἀσέαν συνελέγοντο· Ὀρχομενίων δὲ οὐκ ἐθελόντων κοινωνεῖν τοῦ Ἀρκαδικοῦ διὰ τὴν πρὸς Μαντινέας ἔχθραν, ἀλλὰ καὶ δεδεγμένων εἰς τὴν πόλιν τὸ ἐν Κορίνθῳ συνειλεγμένον ξενικόν, οὗ Πολύτροπος ἦρχεν, ἔμενον οἴκοι οἱ Μαντινεῖς τούτων ἐπιμελόμενοι. Ἡραιεῖς δὲ καὶ Λεπρεᾶται συνεστρατεύοντο τοῖς Λακεδαιμονίοις ἐπὶ τοὺς Μαντινέας. (12) Ὁ δὲ Ἀγησίλαος, ἐπεὶ ἐγένετο αὐτῷ τὰ διαβατήρια, εὐθὺς ἐχώρει ἐπὶ τὴν Ἀρκαδίαν. Καὶ καταλαβὼν πόλιν ὅμορον οὖσαν Εὐταίαν, καὶ εὑρὼν ἐκεῖ τοὺς μὲν πρεσβυτέρους καὶ τὰς γυναῖκας καὶ τοὺς παῖδας οἰκοῦντας ἐν ταῖς οἰκίαις, τοὺς δ᾿ ἐν τῇ στρατευσίμῳ ἡλικίᾳ οἰχομένους εἰς τὸ Ἀρκαδικόν, ὅμως οὐκ ἠδίκησε τὴν πόλιν, ἀλλ᾿ εἴα τε αὐτοὺς οἰκεῖν, καὶ ὠνούμενοι ἐλάμβανον ὅσων δέοιντο· εἰ δέ τι καὶ ἡρπάσθη, ὅτε εἰσῄει εἰς τὴν πόλιν, ἐξευρὼν ἀπέδωκε. Καὶ ἐπισκοδόμει δὲ τὸ τεῖχος αὐτῶν ὅσα ἐδεῖτο, ᾥσπερ αὐτοῦ

discessissent : rati, si populus conveniret, longe se numero superaturos, arma efferunt. Id quum Stasippi videret factio, armis et ipsi se muniunt, ac numero quidem inferiores erant : ad manus tamen ubi ventum esset, Proxenum una cum paucis aliis occidunt, ceteros in fugam actos non persequuntur. Nam vir ejusmodi Stasippus erat, qui multos ex civibus interfici nollet. At socii Callibii quum sub castellum Mantinea: vicinum portasque retrocessissent, posteaquam nihil amplius adversarii contra eos molirentur, ita uti collecti erant, quiescebant; jamdudum ad Mantineos missis quibusdam, qui eos ad ferendum suppetias hortarentur : interim tamen cum Stasippi factione de reconciliatione mutua colloquebantur. Posteaquam autem adventare Mantineos videbant, nonnulli ex eis in murum insilientes hortabantur, uti quamprimum opem latum accurrerent, simulque ut properarent, clamabant : alii portas eis aperiebant. Stasippi factio, intellecto quid ageretur, per portas, quae Palantium ducunt, elapsi, prius in Dianae se fanum recipiunt, quam persequentes adversarii eos assequerentur. In eo quum se clausissent, quiescebant. At ipsorum hostes, qui persequebantur eos, posteaquam in fanum ascendissent, tecto divulso, tegulis eos feriebant. Illi, animadverso qua necessitate urgerentur, uti ab hoc abstinerent, hortabantur, pollicti se exituros. Posteaquam in manus hostium venissent, illi vinculis constrictos, et in carpentum sublatos Tegeam avehunt : ubi una cum Mantineis capitis damnatos morte multant.

His actis, ex illis Tegeatis, qui Stasippo favebant, Lacedaemonem fugiunt plus minus octingenti. Secundum ea Lacedaemonii quamprimum succurrendum ex jurisjurandi formula statuunt illis qui ex Tegeatis vel occubuissent, vel in exilium acti essent. Itaque bellum adversus Mantineos movent, ut qui praeter jurisjurandi religionem armati Tegeatas invasissent. Posteaquam delectus habendos Ephori decrevissent, Agesilaum civitas exercitum ducere jubet. Conveniebant jam Arcades ceteri Aseam : sed quum Orchomenii non solum contineri societate Arcadica, propter odium quo Mantineos persequebantur, nollent, verum etiam collectas Corinthi copias stipendiarias, quibus Polytropus praeerat, suam in urbem recepissent : domi Mantinei manebant, ut hos observarent. Heraeenses et Lepreatae cum Lacedaemoniis adversus Mantineos hac in expeditione conjuncti erant. Agesilaus posteaquam facta de traducendis copiis re sacra perlitasset, recta in Arcadiam tendebat. Quumque situm in finibus oppidum Eutaeam occupasset, ac ibidem senes, feminas, pueros in aedibus degentes reperisset, reliquis, quotquot erant aetate militari, ad Arcadum commune profectis, nihilominus id oppidum re nulla laedebat, sed sinebat eos incolere : ac si quo egerent ipsius milites, id empto pretio accipiebant. Quod si quid eis ereptum erat, quum urbem ingrederetur, id repertum eis reddebat. Quin et ipsorum moenia, quantum opus erat, re-

διέτριβεν ἀναμένων τοὺς μετὰ Πολυτρόπου μισθοφόρους.

13. Ἐν δὲ τούτῳ οἱ Μαντινεῖς στρατεύουσιν ἐπὶ τοὺς Ὀρχομενίους· καὶ ἀπὸ μὲν τοῦ τείχους μάλα χαλεπῶς ἀπῆλθον, καὶ ἀπέθανόν τινες αὐτῶν· ἐπεὶ δὲ ἀποχωροῦντες ἐν τῇ Ἐλυμίᾳ ἐγένοντο, καὶ οἱ μὲν Ὀρχομένιοι ὁπλῖται οὐκέτι ἠκολούθουν, οἱ δὲ περὶ τὸν Πολύτροπον ἐπέκειντο καὶ μάλα θρασέως, ἐνταῦθα γνόντες οἱ Μαντινεῖς ὡς εἰ μὴ ἀποκρούσονται αὐτοὺς, ὅτι πολλοὶ σφῶν κατακοντισθήσονται, ὑποστρέψαντες ὁμόσε ἐχώρησαν τοῖς ἐπικειμένοις. (14) Καὶ ὁ μὲν Πολύτροπος μαχόμενος αὐτοῦ ἀποθνῄσκει· τῶν δ᾽ ἄλλων φευγόντων πάμπολλοι ἂν ἀπέθανον, εἰ μὴ οἱ Φλιάσιοι ἱππεῖς παραγενόμενοι καὶ εἰς τὸ ὄπισθεν περιελάσαντες τῶν Μαντινέων ἐπέσχον αὐτοὺς τῆς διώξεως. Καὶ οἱ μὲν Μαντινεῖς ταῦτα πράξαντες οἴκαδε ἀπῆλθον.

15. Ὁ δὲ Ἀγησίλαος ἀκούσας ταῦτα, καὶ νομίσας οὐκ ἂν ἔτι συμμῖξαι αὐτῷ τοὺς ἐκ τοῦ Ὀρχομενοῦ μισθοφόρους, οὕτω προῄει. Καὶ τῇ μὲν πρώτῃ ἐν τῇ Τεγεάτιδι χώρᾳ ἐδειπνοποιήσατο, τῇ δὲ ὑστεραίᾳ διαβαίνει εἰς τὴν Μαντινικὴν, καὶ ἐστρατοπεδεύσατο ὑπὸ τοῖς πρὸς ἑσπέραν ὄρεσι τῆς Μαντινείας· καὶ ἐκεῖ ἅμα ἐδῄου τὴν χώραν καὶ ἐπόρθει τοὺς ἀγρούς. Τῶν δὲ Ἀρκάδων οἱ συλλεγέντες ἐν τῇ Ἀσέᾳ νυκτὸς παρῆλθον εἰς τὴν Τέγεαν. (16) Τῇ δ᾽ ὑστεραίᾳ ὁ μὲν Ἀγησίλαος ἀπέχων Μαντινείας ὅσον εἴκοσι σταδίους ἐστρατοπεδεύσατο· οἱ δ᾽ ἐκ τῆς Τεγέας Ἀρκάδες, ἐχόμενοι τῶν μεταξὺ Μαντινείας καὶ Τεγέας ὀρῶν, παρῆσαν πολλοὶ ὁπλῖται, συμμῖξαι μάλα βουλόμενοι τοῖς Μαντινεῦσι· καὶ γὰρ οἱ Ἀργεῖοι οὐ πανδημεὶ ἠκολούθουν αὐτοῖς· καὶ ἦσαν μέν τινες οἳ τὸν Ἀγησίλαον ἔπειθον χωρὶς τούτοις ἐπιθέσθαι· ὁ δὲ φοβούμενος μὴ ἐν ὅσῳ πρὸς ἐκείνους πορεύοιτο, ἐκ τῆς πόλεως οἱ Μαντινεῖς ἐξελθόντες κατὰ κέρας τε καὶ ἐκ τοῦ ὄπισθεν ἐπιπέσοιεν αὐτῷ, ἔγνω κράτιστον εἶναι ἐᾶσαι συνελθεῖν αὐτοὺς, καὶ εἰ βούλοιντο μάχεσθαι, ἐκ τοῦ δικαίου καὶ φανεροῦ τὴν μάχην ποιεῖσθαι. Καὶ οἱ μὲν δὴ Ἀρκάδες ὁμοῦ ἤδη ἐγεγένηντο. (17) Οἱ δ᾽ ἐκ τοῦ Ὀρχομενοῦ πελτασταὶ καὶ οἱ τῶν Φλιασίων ἱππεῖς μετ᾽ αὐτῶν τῆς νυκτὸς διεξελθόντες παρὰ τὴν Μαντινείαν θυομένῳ τῷ Ἀγησιλάῳ πρὸ τοῦ στρατοπέδου ἐπιφαίνονται ἅμα τῇ ἡμέρᾳ, καὶ ἐποίησαν τοὺς μὲν ἄλλους εἰς τὰς τάξεις δραμεῖν, Ἀγησίλαον δ᾽ ἐπαναχωρῆσαι πρὸς τὰ ὅπλα. Ἐπεὶ δ᾽ ἐκεῖνοι μὲν ἐγνώσθησαν φίλοι ὄντες, Ἀγησίλαος δὲ ἐκεκαλλιέρητο, ἐξ ἀρίστου προῆγε τὸ στράτευμα. Ἑσπέρας δ᾽ ἐπιγενομένης ἔλαθε στρατοπεδευσάμενος εἰς τὸν ὄπισθεν κόλπον τῆς Μαντινικῆς, μάλα σύνεγγυς καὶ κύκλῳ ὄρη ἔχοντα. (18) Τῇ δ᾽ ὑστεραίᾳ ἅμα τῇ ἡμέρᾳ ἐθύετο μὲν πρὸ τοῦ στρατεύματος· ἰδὼν δὲ συλλεγομένους ἐκ τῆς τῶν Μαντινέων πόλεως ἐπὶ τοῖς ὄρεσι τοῖς ὑπὲρ τῆς οὐρᾶς τοῦ ἑαυτοῦ στρατεύματος, ἔγνω ἐξακτέον εἶναι τὴν ταχίστην ἐκ τοῦ κόλπου. Εἰ μὲν οὖν αὐτὸς ἀφηγοῖτο, ἐφοβεῖτο μὴ τῇ οὐρᾷ ἐπίθοιντο οἱ πολέμιοι· ἡσυχίαν δὲ ἔχων καὶ τὰ ὅπλα πρὸς τοὺς πολεμίους φαίνων,

ficiebat, dum istic subsisteret, ac Polytropi stipendiarios expectaret.

Interim Mantinei adversus Orchomenios bellum gerebant, et a muris quidem difficulter admodum recedebant, nonnullis ipsorum interfectis : verum ubi pedem referentes Elymiam pervenissent, ac gravis quidem armaturæ pedites Orchomenii non amplius sequerentur, Polytropi autem milites auducter admodum ipsos urgerent, tum scilicet Mantinei, animadverso futurum ut ipsorum multi jaculis configerentur, ni adversarios vi repellerent, conversi manum cum persequentibus conserunt. Ac periit in eo prœlio Polytropus : ex reliquis fugientium interfecti plurimi fuissent, nisi equites Phliasii advenissent, et equis circumactis a tergo Mantineos aggressi, a persequendo eos inhibuissent. Hac re Mantinei gesta, domum abierunt.

Agesilaus certior de his factus, quod minime deinceps futurum arbitraretur ut se mercenarii Orchomeniorum milites cum ipso conjungerent, progrediebatur : ac die quidem primo in Tegeatarum agro cœnabat, postridie vero Mantineorum fines ingreditur, ac sub montibus Mantineæ versus occidentem solem sitis castra munit. Istic eadem opera vastabat hostilem agrum, ac prædia populabatur. Interim Arcades illi, qui apud Aseam convenerant, noctu Tegeam ingressi sunt. Postridie quum abesset Agesilaus a Mantinea fere viginti stadiis, ibidem castra locavit. Arcades autem illi Tegea magno cum armaturæ gravis numero digressi, posteaquam ad montes inter Mantineam ac Tegeam sitos propius accessissent, conjungere se cum Mantineis cupiebant : nec enim Argivi universis cum copiis suis eos sequebantur. Erant tum nonnulli auctores Agesilao, ut seorsum hos adoriretur. Verum ille veritus, ne interea dum in hos pergeret, urbe sua Mantinei egressi, a cornu ac tergo simul in ipsum irruerent; optime facturum se statuit, si convenire ipsos pateretur; ac si quidem prœlio secum vellent congredi, ex æquo et aperto potestatem eis pugnandi faceret. Jam coiverant Arcades; et qui Orchomeno venerant cetrati, una cum Phliasiorum equitibus, noctu propter Mantineam itinere facto, in conspectum Agesilai pro castris rem sacram facientis prima luce veniebant : ea re factum, ut alii quidem ad ordines suos accurrerent, Agesilaus autem ad exercitum se reciperet. Verum ubi cognitum fuit, hos amicos esse, ac jam perlitarat Agesilaus, prandio sumpto copias promovit, ac sub vesperam clam hoste castra in sinu, a tergo Mantinici agri non magno intervallo sito, ac montibus undique septo, locat. Postridie, cum prima luce, rem sacram ante castra faciebat ; quumque videret, quosdam colligi quosdam in montibus, qui agmini novissimo imminebant, intellexit, quamprimum suos ex illo sinu educendos esse. Jam ni præcederet ipse, metuebat, ne hostes extremum agmen invaderent. Itaque ipse quiescens, et arma

ἀναστρέψαντας ἐκέλευε τοὺς ἀπ' οὐρᾶς εἰς δόρυ ὄπισθεν τῆς φάλαγγος ἡγεῖσθαι πρὸς αὐτόν· καὶ οὕτως ἅμα ἔκ τε τοῦ στενοῦ ἐξῆγε καὶ ἰσχυροτέραν ἀεὶ τὴν φάλαγγα ἐποιεῖτο. (19) Ἐπειδὴ δὲ ἐδεδίπλωτο ἡ φάλαγξ, οὕτως ἔχοντι τῷ ὁπλιτικῷ προελθὼν εἰς τὸ πεδίον ἐξέτεινε πάλιν ἐπ' ἐννέα ἢ δέκα τὸ στράτευμα ἀσπίδων. Οἱ μέντοι Μαντινεῖς οὐκέτι ἐξῄεσαν. Καὶ γὰρ Ἠλεῖοι συστρατευόμενοι αὐτοῖς ἔπειθον μὴ ποιεῖσθαι μάχην, πρὶν οἱ Θηβαῖοι παραγένοιντο· εὖ δὲ εἰδέναι ἔφασαν ὅτι παρέσοιντο· καὶ γὰρ δέκα τάλαντα δεδανεῖσθαι αὐτοὺς παρὰ σφῶν εἰς τὴν βοήθειαν. (20) Οἱ μὲν δὴ Ἀρκάδες ταῦτα ἀκούσαντες ἡσυχίαν εἶχον ἐν τῇ Μαντινείᾳ· ὁ δ' Ἀγησίλαος καὶ μάλα βουλόμενος ἀπάγειν τὸ στράτευμα, καὶ γὰρ ἦν μέσος χειμών, ὅμως ἐκεῖ κατέμεινε τρεῖς ἡμέρας, οὐ πολὺ ἀπέχων τῆς τῶν Μαντινέων πόλεως, ὅπως μὴ δοκοίη φοβούμενος σπεύδειν τὴν ἄφοδον. Τῇ δὲ τετάρτῃ πρωὶ ἀριστοποιησάμενος ἀπῆγεν ὡς στρατοπεδευσόμενος ἔνθαπερ τὸ πρῶτον ἀπὸ τῆς Εὐταίας ἐξωρμήσατο. (21) Ἐπεὶ δὲ οὐδεὶς ἐφαίνετο τῶν Ἀρκάδων, ἦγε τὴν ταχίστην εἰς τὴν Εὐταίαν, καίπερ μάλα ὀψίζων, βουλόμενος ἀπαγαγεῖν τοὺς ὁπλίτας πρὶν καὶ τὰ πυρὰ τῶν πολεμίων ἰδεῖν, ἵνα μή τις εἴπη ὡς φεύγων ἀπαγάγοι. Ἐκ γὰρ τῆς πρόσθεν ἀθυμίας ἐδόκει τι ἀνειληφέναι τὴν πόλιν, ὅτι καὶ ἐμβεβλήκει εἰς τὴν Ἀρκαδίαν καὶ δῃοῦντι τὴν χώραν οὐδεὶς ἠθελήκει μάχεσθαι. Ἐπεὶ δ' ἐν τῇ Λακωνικῇ ἐγένετο, τοὺς μὲν Σπαρτιάτας ἀπέλυσεν οἴκαδε, τοὺς δὲ περιοίκους ἀφῆκεν ἐπὶ τὰς ἑαυτῶν πόλεις.

22. Οἱ δὲ Ἀρκάδες, ἐπεὶ ὁ Ἀγησίλαος ἀπεληλύθει καὶ ᾔσθοντο διαλελυμένον αὐτῷ τὸ στράτευμα, αὐτοὶ δὲ ἠθροισμένοι ἐτύγχανον, ἐστρατεύοντο ἐπὶ τοὺς Ἡραιέας, ὅτι τε οὐκ ἤθελον τοῦ Ἀρκαδικοῦ μετέχειν καὶ ὅτι συνεισεβεβλήκεσαν εἰς τὴν Ἀρκαδίαν μετὰ τῶν Λακεδαιμονίων. Ἐμβαλόντες δὲ ἐνεπίμπρων τε τὰς οἰκίας καὶ ἔκοπτον τὰ δένδρα.

Ἐπεὶ δὲ οἱ Θηβαῖοι βεβοηθηκότες παρεῖναι ἐλέγοντο εἰς τὴν Μαντίνειαν, οὕτως ἀπαλλάττονται ἐκ τῆς Ἡραίας καὶ συμμιγνύουσι τοῖς Θηβαίοις. (23) Ὡς δ' ὁμοῦ ἐγένοντο, οἱ μὲν Θηβαῖοι καλῶς σφίσιν ἔχοντα φρονεῖν ἔχειν, ἐπεὶ ἐβεβοηθήκεσαν μέν, πολέμιον δὲ οὐδένα ἔτι ἑώρων ἐν τῇ χώρᾳ, καὶ ἀπιέναι παρεσκευάζοντο· οἱ δὲ Ἀρκάδες καὶ Ἀργεῖοι καὶ Ἠλεῖοι ἔπειθον αὐτοὺς ἡγεῖσθαι ὡς τάχιστα εἰς τὴν Λακωνικήν, ἐπιδεικνύντες μὲν τὸ ἑαυτῶν πλῆθος, ὑπερεπαινοῦντες δὲ τὸ τῶν Θηβαίων στράτευμα. Καὶ γὰρ οἱ μὲν Βοιωτοὶ ἐγυμνάζοντο πάντες περὶ τὰ ὅπλα, ἀγαλλόμενοι τῇ ἐν Λεύκτροις νίκῃ· ἠκολούθουν δ' αὐτοῖς καὶ Φωκεῖς ὑπήκοοι γεγενημένοι καὶ Εὐβοεῖς ἀπὸ πασῶν τῶν πόλεων καὶ Λοκροὶ ἀμφότεροι καὶ Ἀκαρνᾶνες καὶ Ἡρακλεῶται καὶ Μαλιεῖς· ἠκολούθουν δ' αὐτοῖς καὶ ἐκ Θετταλίας ἱππεῖς τε καὶ πελτασταί. Ταῦτα δὴ συνειδόμενοι καὶ τὴν ἐν Λακεδαίμονι ἐρημίαν λέγοντες ἱκέτευον μηδαμῶς ἀποτρέπεσθαι, πρὶν ἐμβαλεῖν εἰς τὴν τῶν Λακεδαιμονίων χώραν. (24) Οἱ δὲ Θηβαῖοι ἤκουον μὲν ταῦτα, ἀντε-

obvertens hostibus, mandat ut sui, quotquot erant extremo in agmine, conversi a tergo phalangis hastam versus ad ipsum pergerent. Sic eadem opera de arcto loco suos educebat, et paullatim phalangem firmiorem efficiebat. Posteaquam ea jam duplicata esset, instructa hoc modo gravi armatura progressus in planitiem, rursum copias in scutatos novenos vel denos explicabat. Ac Mantinei non jam amplius prodibant. Nam qui conjuncti cum eis erant hac in expeditione Elei, ne pugna prius consereretur, auctores erant, quam Thebani advenissent. Scire autem certo se aiebant, eos adventuros. Nam talenta decem illos ad expeditionem hanc ab se mutuo cepisse. Quibus auditis, Arcades intra Mantineam se continebant. Agesilaus autem, quum copias percuperet abducere, quod hiems esset media, tamen triduum ibidem mansit haud procul ab urbe Mantinea, ne discessum præ formidine maturare videretur. Die quarto cum prima luce pransus exercitum abducit, quasi ibi muniturus esset castra, ubi ea primum habuerat, quum Eutæa moveret. Quum Arcadum nemo se ostendisset, quam celerrime suos Eutæam ducit, quanquam multum ad vesperam vergente die, dum armaturam gravem abducere prius cuperet, quam hostium ignes conspicerentur: ne quis diceret, ejus discessum fugæ similem esse. Nam videbatur ex superiori mæstitia nonnihil recreasse patriam, quod et Arcadiam invasisset, et nemo cum ea, vastante agrum, conserere manum, voluisset. Posteaquam Laconicos fines ingressus fuisset, Spartanis domum redeundi potestatem facit, ac finitimos ad oppida sua remittit.

Arcades, Agesilao digresso, quum copias ejus dimissas esse accepissent, ipsi adhuc collecti, adversus Heræenses cum copiis proficiscuntur, quod ii societatem Arcadum respuissent, et cum Lacedæmoniis in Arcadiam irruissent. Itaque fines horum ingressi, ædificia concremabant, et succidebant arbores.

Quum autem adventasse Mantineam, suppetias latum, Thebani dicerentur; relicto Heræensium agro, cum iis se conjungunt. Posteaquam utrinque convenissent, satis esse factum Thebani arbitrabantur, quod et opem amicis tulissent, et nullum amplius hostem intra fines eorum conspicerent, jamque adeo se ad discessum comparabant. Verum auctores eis erant Arcades, Argivi, Elei, uti quamprimum in Laconicam ducerent, indicata suorum multitudine, ac Thebanorum exercitu nimiopere collaudato. Nam Bœoti omnes in armis exercebantur, victoria, quam ad Leuctra consequuti fuerant, elati. Et sequebantur eos Phocenses, redacti jam ipsorum in potestatem, et Euboici ex omnibus oppidis, et utrique Locri, et Acarnanes, et Heracleotæ, et Malienses. Præterea sequebantur eos e Thessalia tum equites, tum cetrati. Hæc quum gratulabundi proferrent, ac præterea, quæ solitudo esset Lacedæmone, obsecrabant, ne prius inde ullo modo discederent, quam Lacedæmoniorum fines invasissent. Audiebant ea quidem Thebani, sed

λογίζοντο δὲ ὅτι δυςεμβολωτάτη μὲν ἡ Λακωνικὴ ἐλέγετο εἶναι, φρουρὰς δὲ καθεστάναι ἐνόμιζον ἐπὶ τοῖς εὐπροςοδωτάτοις. Καὶ γὰρ ἦν Ἰσχόλαος μὲν ἐν Οἰῷ τῆς Σκιρίτιδος, ἔχων νεοδαμώδεις τε φρουροὺς καὶ τῶν Τεγεατῶν φυγάδων τοὺς νεωτάτους περὶ τετρακοσίους· ἦν δὲ καὶ ἐπὶ Λεύκτρῳ ὑπὲρ τῆς Μαλεάτιδος ἄλλη φρουρά. Ἐλογίζοντο δὲ καὶ τοῦτο οἱ Θηβαῖοι, ὡς καὶ συνελθοῦσαν ἂν ταχέως τὴν τῶν Λακεδαιμονίων δύναμιν, καὶ μάχεσθαι ἂν αὐτοὺς οὐδαμοῦ ἄμεινον ἢ ἐν τῇ ἑαυτῶν. Ἃ δὴ πάντα λογιζόμενοι οὐ πάνυ προπετεῖς ἦσαν εἰς τὸ ἰέναι εἰς τὴν Λακεδαίμονα. (25) Ἐπεὶ μέντοι ἧκον ἔκ τε Καρυῶν λέγοντες τὴν ἐρημίαν καὶ ὑπισχνούμενοι αὐτοὶ ἡγήσεσθαι, καὶ κελεύοντες, ἄν τι ἐξαπατῶντες φαίνωνται, ἀποσφάττειν σφᾶς, παρῆσαν δὲ τινες καὶ τῶν περιοίκων ἐπικαλούμενοι καὶ φάσκοντες ἀποστήσεσθαι, εἰ μόνον φανείησαν εἰς τὴν χώραν, ἔλεγον δὲ ὡς καὶ νῦν καλούμενοι οἱ περίοικοι ὑπὸ τῶν Σπαρτιατῶν οὐκ ἐθέλοιεν βοηθεῖν· πάντα οὖν ταῦτα ἀκούοντες καὶ παρὰ πάντων οἱ Θηβαῖοι ἐπείσθησαν, καὶ αὐτοὶ μὲν κατὰ Καρύας ἐνέβαλον, οἱ δὲ Ἀρκάδες κατὰ Οἰὸν τῆς Σκιρίτιδος. (26) Καὶ εἰ μὲν ἐπὶ τὰ δύσβατα προελθὼν ὁ Ἰσχόλαος ὑφίστατο, οὐδέν᾽ ἂν ταύτῃ γε ἔφασαν ἀναβῆναι· νῦν δὲ βουλόμενος τοῖς Οἰάταις συμμάχοις χρῆσθαι, ἔμεινεν ἐν τῇ κώμῃ· οἱ δὲ ἀνέβησαν παμπληθεῖς Ἀρκάδες. Ἐνταῦθα δὴ ἀντιπρόςωποι μὲν μαχόμενοι οἱ περὶ τὸν Ἰσχόλαον ἐπεκράτουν· ἐπεὶ δὲ καὶ ὄπισθεν καὶ ἐκ πλαγίου καὶ ἀπὸ τῶν οἰκιῶν ἀναβαίνοντες ἔπαιον καὶ ἔβαλλον αὐτοὺς, ἐνταῦθα δ᾽ τε Ἰσχόλαος ἀποθνήσκει καὶ οἱ ἄλλοι πάντες, εἰ μή τις ἀμφιγνοηθεὶς διέφυγε. (27) Διαπραξάμενοι δὲ ταῦτα οἱ Ἀρκάδες ἐπορεύοντο πρὸς τοὺς Θηβαίους ἐπὶ τὰς Καρύας, Οἱ δὲ Θηβαῖοι ἐπεὶ ᾔσθοντο τὰ πεπραγμένα ὑπὸ τῶν Ἀρκάδων, πολὺ δὴ θρασύτερον κατέβαινον. Καὶ τὴν μὲν Σελλασίαν εὐθὺς ἔκαιον καὶ ἐπόρθουν· ἐπεὶ δὲ ἐν τῷ πεδίῳ ἐγένοντο ἐν τῷ τεμένει τοῦ Ἀπόλλωνος, ἐνταῦθα ἐστρατοπεδεύσαντο· τῇ δ᾽ ὑστεραίᾳ ἐπορεύοντο. Καὶ διὰ μὲν τῆς γεφύρας οὐδ᾽ ἐπεχείρουν διαβαίνειν ἐπὶ τὴν πόλιν· καὶ γὰρ ἐν τῷ τῆς Ἀλέας ἱερῷ ἐφαίνοντο ἐναντίοι οἱ ὁπλῖται· ἐν δεξιᾷ δ᾽ ἔχοντες τὸν Εὐρώταν παρῇσαν κάοντες καὶ πορθοῦντες πολλῶν κἀγαθῶν μεστὰς οἰκίας. (28) Τῶν δ᾽ ἐκ τῆς πόλεως αἱ μὲν γυναῖκες οὐδὲ τὸν καπνὸν ὁρῶσαι ἠνείχοντο, ἅτε οὐδέποτε ἰδοῦσαι πολεμίους· οἱ δὲ Σπαρτιᾶται ἀτείχιστον ἔχοντες τὴν πόλιν, ἄλλος ἄλλῃ διαταχθείς, μάλα ὀλίγοι καὶ ὄντες καὶ φαινόμενοι ἐφύλαττον. Ἔδοξε δὲ τοῖς τέλεσι καὶ προειπεῖν τοῖς Εἵλωσιν, εἴ τις βούλοιτο ὅπλα λαμβάνειν καὶ εἰς τάξιν τίθεσθαι, τὰ πιστὰ λαμβάνειν ὡς ἐλευθέρους ἐσομένους ὅσοι συμπολεμήσαιεν. (29) Καὶ τὸ μὲν πρῶτον ἔφασαν ἀπογράψασθαι πλέον ἢ ἑξακιςχιλίους, ὥςτε φόβον αὖ οὗτοι παρεῖχον συντεταγμένοι καὶ λίαν ἐδόκουν πολλοὶ εἶναι· ἐπεὶ μέντοι ἔμενον δὲ καὶ ἐξ Ὀρχομενοῦ μισθοφόροι, ἐβοήθησαν δὲ τοῖς Λακεδαιμονίοις Φλιάσιοί τε καὶ Κορίνθιοι καὶ Ἐπιδαύριοι καὶ Πελληνεῖς καὶ ἄλλαι δή τινες τῶν

vicissim perpendebant, quod Laconica longe difficillima ingressu esse perhiberetur; et arbitrabantur, iis locis quæ aditus haberent faciles, disposita esse præsidia. Etenim Ischolaus ad Œum agri Sciritici erat, cum libertinorum præsidio et Tegeatarum exulum fere quadringentorum, qui erant ætate maxime vegeta. Præterea præsidium aliud erat ad Leuctrum super Maleatidem. Expendebant secum hoc quoque Thebani, coituras nimirum celeriter Lacedæmoniorum vires; et nusquam promptius, quam suis in finibus, ipsos dimicaturos. Quæ omnia secum reputantes, non modum in hoc propensi erant, ut Lacedæmonem peterent. Verum posteaquam Caryis venissent qui solitudinem istic esse dicerent, se duces itineris fore polliceentur, si fallere voluisse viderentur, interfici se juberent; adessent item quidam finitimi, qui eos advocarent, ac se discessuros a Lacedæmoniorum fide profiterentur, si modo ipsorum in agro Thebani se ostendissent, adderentque, eos vicinos qui accesserentur a Spartanis, opem tunc eis nullam laturos: his inquam universis auditis, et quidem ab omnibus, Thebani adsensi sunt. Deinde ipsi quidem propter Caryas in hostium fines irrumpunt, Arcades autem juxta Œum Sciritidis oppidum. Ac si quidem Ischolaus progressus ad loca transitu difficilia substitisset, neminem eo quidem loco fuisse ascensurum ferunt: jam vero, quum auxiliis Œensium uti vellet, eo in vico exspectabat, Arcadibus interim magno numero conscendentibus. Atque hoc loco milites Ischolai, dum adversi in hostes dimicant, superiores erant: verum posteaquam et a tergo, et a lateribus, et ab iis qui domos conscenderant, ferirentur ac telis peterentur, tum deinde non solum Ischolaus, sed et alii perierunt omnes, extraquam si quis incognitus aufugisset. His rebus gestis, Arcades ad Thebanos Caryas versus pergunt. Illi vero quum quæ ab Arcadibus essent acta, rescivissent, longe majori cum audacia descendebant: ac primo quidem Sellasiam igne succendunt et depopulantur, deinde quum in planitiem venissent, ad lucum Apollinis castra metati, postridie rursus inde discedunt. Hinc per pontem ne conabantur quidem Spartam versus transire: nam in Minervæ fano, quæ Alea dicitur, oppositi gravis armaturæ pedites conspiciebantur. Quapropter ita faciebant iter, ut Eurotam amnem ad dextram haberent; ac ædificia, magna bonorum copia referta, cremabant et populabantur. Ceterum ex iis qui erant in urbe, mulieres quidem nec fumum adspicere poterant, quippe quæ hostes nunquam vidissent: at viri Spartani, alius alibi collocatus, quod urbs ipsorum mœnibus careret, quanquam perpauci numero et essent et viderentur, tamen custodiebant. Visum fuit etiam magistratibus, indicare iis quos Helotas sive servos vocant, ut si quis eorum arma capere vellet, ac inter ordines locum suum occupare, ei fides daretur, futurum ut quotquot hoc in bello suam navarent operam, libertate donarentur. Ac initio quidem ferebantur in tabulas relata plurium fuisse nomina quam sexcentorum: quo factum, ut illi metum in acie dispositi incuterent, ac valde multi esse viderentur. Verum posteaquam apud ipsos manebant conductitii milites, qui Orchomeno venerant, et Lacedæmoniis præterea suppetias ferrent Phliasii, Corinthii, Epidaurii, Pellenenses, oppida quædam alia: tum deinde

πόλεων, ἤδη καὶ τοὺς ἀπογεγραμμένους ἧττον ὠρρώ- δουν. (30) Ὡς δὲ προϊὸν τὸ στράτευμα ἐγένετο κατ' Ἀμύκλας, ταύτῃ διέβαινον τὸν Εὐρώταν. Καὶ οἱ μὲν Θηβαῖοι, ὅπου στρατοπεδεύοιντο, εὐθὺς ὧν ἔκοπτον δένδρων κατέβαλλον πρὸ τῶν τάξεων ὡς ἐδύναντο πλεῖ- στα, καὶ οὕτως ἐφυλάττοντο· οἱ δὲ Ἀρκάδες τούτων τε οὐδὲν ἐποίουν, καταλιπόντες δὲ τὰ ὅπλα εἰς ἁρπαγὴν ἐπὶ τὰς οἰκίας ἐτρέποντο. Ἐκ τούτου δὴ ἡμέρᾳ τρίτῃ ἢ τετάρτῃ προῆλθον οἱ ἱππεῖς εἰς τὸν Ἱππόδρομον εἰς Γαιαόχου κατὰ τάξεις, οἵ τε Θηβαῖοι πάντες καὶ οἱ Ἠλεῖοι καὶ ὅσοι Φωκέων ἢ Θετταλῶν ἢ Λοκρῶν ἱππεῖς παρῆσαν. (31) Οἱ δὲ τῶν Λακεδαιμονίων ἱππεῖς, μάλα ὀλίγοι φαινόμενοι, ἀντιτεταγμένοι αὐτοῖς ἦσαν. Ἐνέ- δραν δὲ ποιήσαντες ὁπλιτῶν τῶν νεωτέρων ὅσον τρια- κοσίων ἐν τῇ τῶν Τυνδαριδῶν, ἅμα οὗτοι μὲν ἐξέθεον, οἱ δ' ἱππεῖς ἤλαυνον· οἱ δὲ πολέμιοι οὐκ ἐδέξαντο, ἀλλ' ἐνέκλιναν. Ἰδόντες δὲ ταῦτα πολλοὶ καὶ τῶν πεζῶν εἰς φυγὴν ὥρμησαν. Ἐπεὶ μέντοι οἵ τε διώκοντες ἐπαύσαντο καὶ τὸ τῶν Θηβαίων στράτευμα ἔμενε, πάλιν δὴ κατεστρατοπεδεύσαντο. (32) Καὶ τὸ μὲν μὴ πρὸς τὴν πόλιν προσβαλεῖν ἂν ἔτι αὐτοὺς ἤδη τι ἐδό- κει θαρραλεώτερον εἶναι· ἐκεῖθεν μέντοι ἀπάραν τὸ στράτευμα ἐπορεύετο τὴν ἐφ' Ἕλος τε καὶ Γύθειον. Καὶ τὰς μὲν ἀτειχίστους τῶν πόλεων ἐνεπίμπρασαν, Γύθειον δέ, ἔνθα τὰ νεώρια τοῖς Λακεδαιμονίοις ἦν, καὶ προσέβαλον τρεῖς ἡμέρας. Ἦσαν δέ τινες τῶν περιοίκων οἳ καὶ ἐπέθεντο καὶ συνεστρατεύοντο τοῖς μετὰ Θηβαίων.

33. Ἀκούοντες δὲ ταῦτα οἱ Ἀθηναῖοι ἐν φροντίδι ἦσαν ὅ,τι χρὴ ποιεῖν περὶ Λακεδαιμονίων, καὶ ἐκκλησίαν ἐποίησαν κατὰ δόγμα βουλῆς. Ἔτυχον δὲ παρόντες πρέσβεις Λακεδαιμονίων τε καὶ τῶν ἔτι ὑπολοίπων αὐ- τοῖς συμμάχων. Ὅθεν δὴ οἱ Λακεδαιμόνιοι Ἄρατος καὶ Ὤκυλλος καὶ Φάραξ καὶ Ἐτυμοκλῆς καὶ Ὀλονθεὺς σχεδὸν πάντες παραπλήσια ἔλεγον. Ἀνεμίμνησκον τε γὰρ τοὺς Ἀθηναίους ὡς ἀεί ποτε ἀλλήλοις ἐν τοῖς με- γίστοις καιροῖς παρίσταντο ἐπ' ἀγαθοῖς· αὐτοί τε γὰρ ἔφασαν τοὺς τυράννους συνεκβαλεῖν Ἀθήνηθεν, καὶ Ἀθη- ναίους, ὅτε αὐτοὶ ἐπολιορκοῦντο ὑπὸ Μεσσηνίων, προ- θύμως βοηθεῖν. (34) Ἔλεγον δὲ καὶ ὅσ' ἀγαθὰ εἴη, ὅτε κοινῇ ἀμφότεροι ἔπραττον, ὑπομιμνήσκοντες μὲν ὡς τὸν βάρβαρον κοινῇ ἀπεμαχέσαντο, ἀναμιμνήσκοντες δὲ ὡς Ἀθηναῖοί τε ὑπὸ τῶν Ἑλλήνων ᾑρέθησαν ἡγεμόνες τοῦ ναυτικοῦ καὶ τῶν κοινῶν χρημάτων φύλακες, αὐτῶν τῶν Λακεδαιμονίων ταῦτα συμβουλομένων, αὐτοί τε κατὰ γῆν ὁμολογουμένως ὑφ' ἁπάντων τῶν Ἑλλήνων ἡγεμό- νες προκριθείησαν, συμβουλομένων αὖ ταῦτα τῶν Ἀθη- ναίων. (35) Εἷς δὲ αὐτῶν καὶ ὧδέ πως εἶπεν. Ἐὰν δὲ ὑμεῖς καὶ ἡμεῖς, ὦ ἄνδρες, ὁμονοήσωμεν, νῦν ἐλπὶς τὸ πάλαι λεγόμενον δεκατευθῆναι Θηβαίους. Οἱ μέν- τοι Ἀθηναῖοι οὐ πάνυ ἐδέξαντο, ἀλλὰ θροῦς τις τοιοῦ- τος διῆλθεν, ὡς νῦν ταῦτα λέγοιεν, ὅτε δὲ εὖ ἔπραττον, ἐπέκειντο ἡμῖν. Μέγιστον δὲ τῶν λεχθέντων παρὰ Λακεδαιμονίων ἐδόκει εἶναι ὅτι ἡνίκα κατεπολέμησαν

minus eos qui nomina professi fuerant, formidabant. Exer- citus hostilis progressus, Amyclas ubi venisset, ibidem Eurotam transiit : ac Thebani quidem iis in locis, ubi castra locabant, statim ante ordines eas arbores abjiciebant numero quam fieri poterat maximo, quas succiderant, eoque pacto sibi cavebant : verum nihil hujusmodi faciebant Arcades, sed relictis castris ad direptiones ædium se convertebant. Secundum hæc die tertio vel quarto equites Thebani omnes et Elei, cum Phocensium, Thessalorum, Locrorum equi- tatu quantus aderat, ad Hippodromum ad Neptuni Gæao- chi fanum usque servatis ordinibus procedunt. Eis in acie Lacedæmoniorum equites, qui perpauci videbantur, oppo- siti erant. Quumque illi juniores quosdam gravis armatu- ræ pedites, plus minus trecentos, ad Tyndaridarum in insi- diis locassent, eodem momento procurrebant hi, et equites adigebant equos. Verum hostes non ferebant eorum im- petum, sed terga vertebant. Quod quum multi peditum vidissent, et ipsi se in fugam conjiciebant. Post, ubi per- sequendi finem Lacedæmonii fecissent, ac Thebanorum copiæ consisterent, rursus in castra est itum. Ac jam eos non amplius urbem invasuros, videbatur aliquanto major spes esse : moverunt certe inde cum copiis, ac versus Helos et Gythium profecti sunt. Quod si quæ in oppida muris non munita incidissent, ea concremabant; Gythium vero, quo loco navalia Lacedæmoniorum erant, triduum oppugnabant. Erant etiam finitimi quidam, qui et invadebant Lacedæmo- nios, et Thebanorum sociorumque signa sequebantur.

Quæ quum Athenienses audiissent, quid Lacedæmonio- rum in causa faciundum esset, sollicite dispiciebant : de- que senatusconsulto concionem advocabant. Forte tunc legati Lacedæmoniorum, eorumque sociorum, quos needum amiserant, Athenis aderant. Quo fiebat, ut hi Lacedæmo- nii, nimirum Aratus, Ocyllus, Pharax, Etymocles, Olen- theus, prope omnes similia dicerent. Nam revocabant in memoriam Atheniensibus, semper utrosque sibi invicem maximis in rerum momentis ad utilitatem communem sup- petias tulisse. Lacedæmonios enim adjuvisse dicebant ejectionem tyrannorum ; et vicissim Athenienses, quo tem- pore a Messeniis Lacedæmonii obsiderentur, alacriter eis opem tulisse. Præterea commemorabant emolumenta, quæ utrinque percepissent, quoties aliquid conjunctis viri- bus gessissent ; revocantes eis in memoriam, quod et bar- barum communi opera repulsissent, et Athenienses Lacedæ- moniis auctoribus a Græcis duces classis, publicarumque pecuniarum custodes lecti fuissent ; suadentibus vicissim Atheniensibus, ut Lacedæmonii extra controversiam terra Græcorum omnium duces legerentur. Inter alios quidam in hanc sententiam verba faciebat : Quod si vos et nos, Athenienses, consenserimus, spes est hoc tempore futurum, quod jam dudum fertur, ut decumentur Thebani. Non admodum hæc ab Atheniensibus accipiebantur, sed mussi- tabatur hinc inde, nunc ea dici : quo vero tempore secundæ res ipsorum essent, tum nos premebant. Unum hoc gra- vissimum esse videbatur, quod a Lacedæmoniis proferebatur,

αὐτοὺς, Θηβαίων βουλομένων ἀναστάτους ποιῆσαι τὰς Ἀθήνας, σφίσιν ἐμποδὼν γένοιντα. (36) Ὁ δὲ πλεῖστος ἦν λόγος ὡς κατὰ τοὺς ὅρκους βοηθεῖν δέοι· οὐ γὰρ ἀδικησάντων σφῶν ἐπιστρατεύοιεν οἱ Ἀρκάδες καὶ οἱ μετ' αὐτῶν τοῖς Λακεδαιμονίοις, ἀλλὰ βοηθησάντων τοῖς Τεγεάταις, ὅτι οἱ Μαντινεῖς παρὰ τοὺς ὅρκους ἐπεστράτευσαν αὐτοῖς. Διῄει οὖν καὶ κατὰ τούτους τοὺς λόγους θόρυβος ἐν τῇ ἐκκλησίᾳ· οἱ μὲν γὰρ δικαίως τοὺς Μαντινέας ἔφασαν βοηθῆσαι τοῖς περὶ Πρόξενον ἀποθανοῦσιν ὑπὸ τῶν περὶ τὸν Στάσιππον, οἱ δὲ ἀδικεῖν, ὅτι ὅπλα ἐπήνεγκαν Τεγεάταις.

37. Τούτων δὲ διοριζομένων ὑπ' αὐτῆς τῆς ἐκκλησίας, ἀνέστη Κλειτέλης Κορίνθιος καὶ εἶπε τάδε. Ἀλλὰ ταῦτα μὲν, ὦ ἄνδρες Ἀθηναῖοι, ἴσως ἀντιλέγεται, τίνες ἦσαν οἱ ἄρξαντες ἀδικεῖν· ἡμῶν δὲ, ἐπεὶ εἰρήνη ἐγένετο, ἔχει τις κατηγορῆσαι ἢ ὡς ἐπὶ πόλιν τινὰ ἐστρατεύσαμεν ἢ ὡς χρήματά τινων ἐλάβομεν ἢ ὡς γῆν ἀλλοτρίαν ἐδῃώσαμεν; ἀλλ' ὅμως οἱ Θηβαῖοι εἰς τὴν χώραν ἡμῶν ἐλθόντες καὶ δένδρα ἐκκεκόφασι καὶ οἰκίας κατακεκαύκασι καὶ χρήματα καὶ πρόβατα διηρπάκασι. Πῶς οὖν, ἐὰν μὴ βοηθῆτε οὕτω περιφανῶς ἡμῖν ἀδικουμένοις, οὐ παρὰ τοὺς ὅρκους ποιήσετε; καὶ ταῦτα ὧν αὐτοὶ ἐπεμελήθητε ὅρκων ὅπως πᾶσιν ὑμῖν πάντες ἡμεῖς ὀμόσαιμεν; Ἐνταῦθα μέντοι οἱ Ἀθηναῖοι ἐπεθορύβησαν ὡς ὀρθῶς τε καὶ δίκαια εἰρηκότος τοῦ Κλειτέλους. (38) Ἐπὶ δὲ τούτῳ ἀνέστη Προκλῆς Φλιάσιος καὶ εἶπεν. Ὅτι μὲν, ὦ ἄνδρες Ἀθηναῖοι, εἰ ἐκποδὼν γένοιντο Λακεδαιμόνιοι, ἐπὶ πρώτους ἂν ὑμᾶς στρατεύσαιεν οἱ Θηβαῖοι, πᾶσιν οἶμαι τοῦτο δῆλον εἶναι· τῶν γὰρ ἄλλων μόνους ἂν ὑμᾶς οἴονται ἐμποδὼν γενέσθαι τοῦ ἄρξαι αὐτοὺς τῶν Ἑλλήνων. (39) Εἰ δὲ οὕτως ἔχει, ἐγὼ μὲν οὐδὲν μᾶλλον Λακεδαιμονίοις ἂν ὑμᾶς ἡγοῦμαι στρατεύσαντας βοηθῆσαι ἢ ὑμῖν αὐτοῖς. Τὸ γὰρ δυσμενεῖς ὄντας ὑμῖν Θηβαίους καὶ ὁμόρους οἰκοῦντας ἡγεμόνας γενέσθαι τῶν Ἑλλήνων πολὺ οἶμαι χαλεπώτερον ἂν ὑμῖν φανῆναι ἢ ὁπότε πόρρω τοὺς ἀντιπάλους ἔχετε. Συμφορώτερόν γε μεντἂν ὑμῖν αὐτοῖς βοηθήσαιτε ἐν ᾧ ἔτι εἰσίν οἱ συμμαχοῦεν ἂν ἢ εἰ ἀπολομένων αὐτῶν μόνοι ἀναγκάζοισθε διαμάχεσθαι πρὸς τοὺς Θηβαίους. (40) Εἰ δέ τινες φοβοῦνται μὴ ἐὰν νῦν ἀναφύγωσιν οἱ Λακεδαιμόνιοι, ἔτι ποτὲ πράγματα παρέχωσιν ὑμῖν, ἐνθυμήθητε ὅτι οὐχ οὓς ἂν εὖ ἀλλ' οὓς ἂν κακῶς τις ποιῇ φοβεῖσθαι δεῖ μή ποτε μέγα δυνασθῶσιν. Ἐνθυμεῖσθαι δὲ καὶ τάδε χρή, ὅτι κτᾶσθαι μέν τι ἀγαθὸν ἰδιώταις καὶ πόλεσι προσήκει, ὅταν ἐρρωμενέστατοι ὦσιν, ἵνα ἔχωσιν, ἐάν ποτ' ἀδύνατοι γένωνται, ἐπικουρίαν τῶν προπεπονημένων. (41) Ὑμῖν δὲ νῦν ἐκ θεῶν τινος καιρὸς παραγεγένηται, ἐὰν δεομένοις βοηθήσητε Λακεδαιμονίοις, κτήσασθαι τούτους εἰς τὸν ἅπαντα χρόνον φίλους ἀπροφασίστους. Καὶ γὰρ δὴ οὐκ ἐπ' ὀλίγων μοι δοκοῦσι μαρτύρων ἂν εὖ παθεῖν ὑφ' ὑμῶν· ἀλλ' εἴσονται μὲν ταῦτα θεοὶ οἱ πάντα ὁρῶντες καὶ νῦν καὶ εἰς ἀεί, συνεπίστανται δὲ τά γιγνόμενα οἵ τε σύμμαχοι καὶ οἱ πολέμιοι, πρὸς δὲ τούτοις

impeditos a Lacedæmoniis id temporis fuisse Thebanos, quum debellatis Atheniensibus evertendas Athenas illi censuissent. Maxime tamen hoc urgebatur, ferendas esse suppetias ratione præstiti sacramenti. Non enim Arcades, et ipsorum socios, Lacedæmoniis ob illatam aliquam injuriam bellum facere; sed eam ob causam, quod Tegeatis opem tulerint, qui a Mantineis contra datum jusjurandum bello vexabantur. Hæc quoque quum dicerentur, tumultus quidam concionem pervagabatur : quippe nonnulli aiebant, Mantineos jure suppetias iis tulisse, qui quum Proxeni essent assecla, a Stasippi factione fuerant interempti; alii factum injuste dicebant, quod arma Tegeatis intulissent.

De his quum ipsa concio disceptaret, Cliteles Corinthius surgens, hanc orationem habuit : « Atqui de hoc, Athenienses, controversia esse videtur, a quibus injuriæ factum sit initium. Verum nos, posteaquam pax facta fuit, an quis accusare potest, quod vel bello urbem aliquam aggressi simus, vel pecunias quorundam abstulerimus, vel agrum alienum vastaverimus? Nihilominus Thebani fines nostros ingressi succiderunt arbores, domos exusserunt, pecunias ac pecora diripuerunt. Qui poterit ergo fieri, ut, si nobis auxilium non tuleritis, qui adeo manifestis injuriis afficimur, non contra jurisjurandi religionem facturi sitis, præsertim quum vestra cura factum sit, ut vobis omnibus hæc sacramenta nos omnes præstaremus? » Hic vero plausus excitatus est ab Atheniensibus, quasi recte, et quidem æquissima Cliteles dixisset. Post hunc Procles Phliasius surgens, hoc modo loquutus est : « Futurum, Athenienses, ut Lacedæmoniis e medio sublatis Thebani vos primos bello petant, nemini non esse perspicuum arbitror. Nam inter alios esse vos solos arbitrantur impedimento, quominus ipsi Græcia imperent. Quod si ita est, arbitror equidem nihilo magis vos Lacedæmoniis hac expeditione suscepta opem, quam vobis ipsis, laturos. Nam Thebanos vobis infestos, eosdemque finitimos, principe apud Græcos loco potiri, id vero longe vobis esse molestius puto, quam si procul adversarios haberetis. Commodius quidem certe vos ipsos tuebimini, quam diu superessent socii, quam si sublatis iis, soli adversus Thebanos dimicare cogamini. Quod si qui verentur, ne, si nunc effugerint Lacedæmonii, negotia vobis aliquando facessant : cogitetis velim, non metuendum esse, ne illi, qui beneficiis, sed qui damnis afficiuntur, aliquando potentiam quandam nanciscantur. Quin hoc quoque cogitandum est, non solum homines privatos, sed etiam respublicas decere, ut, quum potentissimi sunt, aliquid sibi comparent, quod ex usu sit : nimirum ut habeant, si quando vires amiserint, aliquid ex iis, quæ antea labore suo pepererunt, præsidii. Vobis quidem certe deûm alicujus occasionem offert, qua Lacedæmonios in perpetuum vobis amicos adjungere sinceros possitis, si quidem iis ope vestra egentibus succurretis. Nam mea sane sententia non paucos estis habituri testes eorum beneficiorum, quibus ipsos afficietis : sed scient hæc primum dii, qui cuncta et nunc et in æternum vident; norunt, quæ agantur, non solum socii, sed etiam

καὶ ἅπαντες Ἕλληνές τε καὶ βάρβαροι· οὐδὲνὶ γὰρ τούτων ἀμελές. (42) Ὥστε εἰ κακοὶ φανείησαν περὶ ὑμᾶς, τίς ἄν ποτε ἔτι προθυμηθείη εἰς αὐτοὺς γένοιτο; ἐλπίζειν δὲ χρὴ ὡς ἄνδρας ἀγαθοὺς μᾶλλον ἢ κακοὺς αὐτοὺς γενήσεσθαι· εἰ γάρ τινες ἄλλοι, καὶ οὗτοι δοκοῦσι διατετελεκέναι ἐπαίνου μὲν ὀρεγόμενοι, αἰσχρῶν δὲ ἔργων ἀπεχόμενοι. (43) Πρὸς δὲ τούτοις ἐνθυμήθητε καὶ τάδε. Εἴ ποτε πάλιν ἔλθοι τῇ Ἑλλάδι κίνδυνος ὑπὸ βαρβάρων, τίσιν ἂν μᾶλλον πιστεύσαιτε ἢ Λακεδαιμονίοις; τίνας δ' ἂν παραστάτας ἥδιον τούτων ποιήσαισθε, ὧν γε καὶ οἱ ταχθέντες ἐν Θερμοπύλαις ἅπαντες εἵλοντο μαχόμενοι ἀποθανεῖν μᾶλλον ἢ ζῶντες ἐπεισφέρεσθαι τὸν βάρβαρον τῇ Ἑλλάδι; πῶς οὖν οὐ δίκαιον ὧν τε ἕνεκα ἐγένοντο ἄνδρες ἀγαθοὶ μεθ' ὑμῶν καὶ ὧν ἐλπὶς καὶ αὖθις γενέσθαι πᾶσαν προθυμίαν εἰς αὐτοὺς καὶ ὑμᾶς καὶ ἡμᾶς παρέχεσθαι; (44) Ἄξιον δὲ καὶ τῶν παρόντων συμμάχων ἕνεκα αὐτοῖς προθυμίαν ἐνδείξασθαι. Εὖ γὰρ ἴστε ὅτι οἵπερ τούτοις πιστοὶ διαμένουσιν ἐν ταῖς συμφοραῖς, οὗτοι καὶ ὑμῖν αἰσχύνοιντ' ἂν μὴ ἀποδιδόντες χάριτας. Εἰ δὲ μικραὶ δοκοῦμεν πόλεις εἶναι αἱ τοῦ κινδύνου μετέχειν αὐτοῖς ἐθέλουσαι, ἐνθυμήθητε ὅτι ἐὰν ἡ ὑμετέρα πόλις προσγένηται, οὐκέτι μικραὶ πόλεις ἐσόμεθα αἱ βοηθοῦσαι αὐτοῖς. (45) Ἐγὼ δὲ, ὦ ἄνδρες Ἀθηναῖοι, πρόσθεν μὲν ἀκούων ἐζήλουν τήνδε τὴν πόλιν ὅτι πάντας καὶ τοὺς ἀδικουμένους καὶ τοὺς φοβουμένους ἐνθάδε καταφεύγοντας ἐπικουρίας ἤκουον τυγχάνειν· νῦν δ' οὐκέτ' ἀκούω, ἀλλ' αὐτὸς ἤδη παρὼν ὁρῶ Λακεδαιμονίους τε τοὺς ὀνομαστοτάτους καὶ μετ' αὐτῶν τοὺς πιστοτάτους φίλους αὐτῶν πρὸς ὑμᾶς τε ἥκοντας καὶ δεομένους αὖ ὑμῶν ἐπικουρῆσαι. (46) Ὁρῶ δὲ καὶ Θηβαίους, οἳ τότε οὐκ ἔπεισαν Λακεδαιμονίους ἐξανδραποδίσασθαι ὑμᾶς, νῦν δεομένους ὑμῶν περιιδεῖν ἀπολομένους τοὺς σώσαντας ὑμᾶς. Τῶν μὲν οὖν ὑμετέρων προγόνων καλὸν λέγεται, ὅτε τοὺς Ἀργείους τελευτήσαντας ἐπὶ τῇ Καδμείᾳ οὐκ εἴασαν ἀτάφους γενέσθαι· ὑμῖν δὲ πολὺ κάλλιον ἂν γένοιτο, εἰ τοὺς ἔτι ζῶντας Λακεδαιμονίων μήτε ὑβρισθῆναι μήτε ἀπολέσθαι ἐάσαιτε. (47) Καλοῦ γε μὴν κἀκείνου ὄντος, ὅτε σχόντες τὴν Εὐρυσθέως ὕβριν διεσώσατε τοὺς Ἡρακλέους παῖδας, πῶς οὐκ ἐκείνου τόδε κάλλιον, εἰ μὴ μόνον τοὺς ἀρχηγέτας, ἀλλὰ καὶ ὅλην τὴν πόλιν περισώσαιτε; πάντων δὲ κάλλιστον, εἰ ψήφῳ ἀκινδύνῳ σωσάντων ὑμᾶς τότε τῶν Λακεδαιμονίων, νῦν ὑμεῖς σὺν ὅπλοις τε καὶ διὰ κινδύνων ἐπικουρήσετε αὐτοῖς. (48) Ὁπότε δὲ καὶ ἡμεῖς ἀγαλλόμεθα οἱ συναγορεύοντες βοηθῆσαι ἀνδράσιν ἀγαθοῖς, ἦπου ὑμῖν γε τοῖς ἔργῳ δυναμένοις βοηθῆσαι γενναῖα ἂν ταῦτα φανείη, εἰ πολλάκις καὶ φίλοι καὶ πολέμιοι γεγενημένοι Λακεδαιμονίοις μὴ ἂν ἐνθλάβητε μᾶλλον ἢ ὧν εὖ ἐπάθετε μνησθέντες καὶ χάριν ἀποδοίητε αὐτοῖς μὴ ὑπὲρ ὑμῶν αὐτῶν μόνων, ἀλλὰ καὶ ὑπὲρ πάσης τῆς Ἑλλάδος, ὅτι ἄνδρες ἀγαθοὶ ὑπὲρ αὐτῆς ἐγένοντο.

49. Μετὰ ταῦτα ἐβουλεύοντο οἱ Ἀθηναῖοι, καὶ τῶν μὲν ἀντιλεγόντων οὐκ ἠνείχοντο ἀκούοντες, ἐψηφίσαντο

hostes; denique præter hos, Græci ac barbari universi: nam ab horum nemine ea negligentur: adeo si se improbe adversus vos gerere deprehendantur, quis deinceps unquam animo in ipsos propenso fuerit? Enimvero sperandum est, eos potius se viros bonos, quam improbos, declaraturos. Nam si ulli alii, hi certe perpetuo laudis fuisse cupidi videntur, et a turpibus facinoribus abstinuisse. Præter hæc velim et illud cogitetis: si quando rursum Græciæ periculum immineat a barbaris, quibusnam fidem potius habituri sitis quam Lacedæmoniis? quosnam lubentius paraturi sitis adstites, quam ipsos, quorum qui ad Thermopylas in acie collocati, maluerunt omnes pugnando potius occumbere, quam vivi barbaro ad Græciam aditum patefacere? qui non igitur æquum sit, ut quum vobiscum viros se fortes declararint, ac spes sit, idem deinceps quoque facturos, omnem tum vos tum nos benevolentiam eis exhibeamus? Est etiam operæ pretium, ut eorum sociorum causa, qui nunc quoque ipsis adsunt, vestrum erga eos studium declaretis. Nam certo scitote, illos qui Lacedæmoniorum in fide manent hisce in calamitatibus, præ verecundia nunquam commissuros ut nullas vobis gratias referant. Quod si oppida esse videmur exigua, quæ cum ipsis hujusce periculi participes esse volumus, cogitate futurum ut, si accedat urbs vestra, non jam parva simus amplius oppida, quæ Lacedæmoniis opem feramus. Equidem, Athenienses, antehac rempublicam vestram admirabar, quod omnes, qui vel injuriis afficerentur, vel sibi metuerent, huc confugientes audiebam auxilium impetrare. Jam non amplius audio, sed ipse coram video, Lacedæmonios longe celeberrimos, et cum eis amicos ipsorum fidelissimos, ad vos venire, vestramque opem implorare. Præterea Thebanos video, qui tum Lacedæmoniis persuadere non poterant, ut vos funditus perderent, nunc vos obsecrare, ut perire patiamini eos qui vos conservarunt. Præclare de vestris hoc majoribus commemoratur, nimirum eos non fuisse passos, ut Argivi ad Cadmeam interfecti jacerent insepulti: vobis autem longe fuerit honestius, si Lacedæmoniis, quotquot adhuc vivunt, nec atrociubs affici injuriis, nec deleri patiamini. Quum itidem hoc quoque præclarum fuerit, quod aliquando, repressa Eurysthei petulantia, liberorum Herculis saluti consulueritis: qui non longe sit hoc etiam præclarius, si non modo duces eorum principes, sed universam rempublicam servaveritis? Denique omnium erit præclarissimum, si quum Lacedæmonii suffragio suo periculi omnis experte vos id temporis conservarint, vos jam et cum armis, nec sine periculis, opem eis feretis. Enimvero quum nos exsultemus lætitia, qui verbis suadendo ferri opem fortibus viris petimus: profecto in vobis, qui eo succurrere potestis, generosum hoc ducetur, si, quum sæpenumero et amici, et hostes Lacedæmoniorum fueritis, non tam injuriarum quam beneficiorum memores eritis; gratiamque referetis non vestro solum nomine, sed totius Græciæ, quod in ea tuenda viros se fortes præstiterint. »

Secundum hæc Athenienses de re consultabant, ac illis quidem, qui adversabantur, explosis, universis cum reipu-

δὲ βοηθεῖν πανδημεί, καὶ Ἰφικράτην στρατηγὸν εἴλοντο. Ἐπεὶ δὲ τὰ ἱερὰ ἐγένετο καὶ παρήγγειλεν ἐν Ἀκαδημίᾳ δειπνοποιεῖσθαι, πολλοὺς ἔφασαν προτέρους αὐτοῦ Ἰφικράτους ἐξελθεῖν. Ἐκ δὲ τούτου ἡγεῖτο μὲν ὁ Ἰφικράτης, οἱ δ' ἠκολούθουν, νομίζοντες ἐπὶ καλόν τι ἔργον ἡγήσεσθαι. Ἐπεὶ δὲ ἀφικόμενος εἰς Κόρινθον διέτριβέ τινας ἡμέρας, εὐθὺς μὲν ἐπὶ ταύτῃ τῇ διατριβῇ πρῶτον ἔψεγον αὐτόν· ὡς δ' ἐξήγαγέ ποτε, προθύμως μὲν ἠκολούθουν ὅποι ἡγοῖτο, προθύμως δ', εἰ πρὸς τεῖχος προσάγοι, προσέβαλλον. (30) Τῶν δ' ἐν τῇ Λακεδαίμονι πολεμίων Ἀρκάδες μὲν καὶ Ἀργεῖοι καὶ Ἠλεῖοι πολλοὶ ἀπεληλύθεσαν, ἅτε ὅμοροι οἰκοῦντες, οἱ μὲν ἄγοντες οἱ δὲ φέροντες ὅ,τι ἡρπάκεσαν. Οἱ δὲ Θηβαῖοι καὶ οἱ ἄλλοι τὰ μὲν καὶ διὰ τοῦτο ἀπιέναι ἐβούλοντο ἐκ τῆς χώρας, ὅτι ἑώρων ἐλάττονα τὴν στρατιὰν καθ' ἡμέραν γιγνομένην, τὰ δὲ, ὅτι σπανιώτερα τὰ ἐπιτήδεια ἦν· τὰ μὲν γὰρ ἀνήλωτο, τὰ δὲ διήρπαστο, τὰ δὲ ἐξεκέχυτο, τὰ δὲ κατεκέκαυτο· πρὸς δ' ἔτι καὶ χειμὼν ἦν, ὥστ' ἤδη πάντες ἀπιέναι ἐβούλοντο. (31) Ὡς δ' ἐκεῖνοι ἀπεχώρουν ἐκ τῆς Λακεδαίμονος, οὕτω δὴ καὶ ὁ Ἰφικράτης τοὺς Ἀθηναίους ἀπῆγεν ἐκ τῆς Ἀρκαδίας εἰς Κόρινθον. Εἰ μὲν οὖν ἄλλο τι καλῶς ἐστρατήγησεν, οὐ ψέγω· ἐκεῖνα μέντοι ἃ ἐν τῷ χρόνῳ ἐκείνῳ ἔπραξε, πάντα εὑρίσκω τὰ μὲν μάτην, τὰ δὲ καὶ ἀσυμφόρως πεπραγμένα αὐτῷ. Ἐπιχειρήσας μὲν γὰρ φυλάττειν ἐπὶ τῷ Ὀνείῳ, ὅπως μὴ δύναιντο οἱ Βοιωτοὶ ἀπελθεῖν οἴκαδε, παρέλιπεν ἀφύλακτον τὴν καλλίστην παρὰ Κεγχρειὰς πάροδον. (32) Μαθεῖν δὲ βουλόμενος εἰ παρεληλυθότες εἶεν οἱ Θηβαῖοι τὸ Ὄνειον ἔπεμψε σκοποὺς τούς τε Ἀθηναίων ἱππέας καὶ τοὺς Κορινθίων ἅπαντας. Καίτοι ἰδεῖν μὲν οὐδὲν ἧττον ὀλίγοι τῶν πολλῶν ἱκανοί· εἰ δὲ δέοι ἀποχωρεῖν, πολὺ ῥᾷον τοῖς ὀλίγοις ἢ τοῖς πολλοῖς καὶ ὁδοῦ εὐπόρου τυχεῖν καὶ καθ' ἡσυχίαν ἀποχωρῆσαι· τὸ δὲ πολλοὺς τε προσάγειν καὶ ἥττονας τῶν ἐναντίων πῶς οὐ πολλὴ ἀφροσύνη; καὶ γὰρ δὴ ἅτε ἐπὶ πολὺ παραταξάμενοι χωρίον οἱ ἱππεῖς διὰ τὸ πολλοὶ εἶναι, ἐπεὶ ἔδει ἀποχωρεῖν, πολλῶν καὶ χαλεπῶν χωρίων ἐπελαμβάνοντο· ὥστε οὐκ ἐλάττους ἀπώλοντο εἴκοσιν ἱππέων. Καὶ τότε μὲν οἱ Θηβαῖοι ὅπως ἐβούλοντο ἀπῆλθον.

ΒΙΒΛΙΟΝ Ζ.

ΚΕΦΑΛΑΙΟΝ Α.

Τῷ δὲ ὑστέρῳ ἔτει Λακεδαιμονίων καὶ τῶν συμμάχων πρέσβεις ἦλθον αὐτοκράτορες Ἀθήναζε, βουλευσόμενοι καθ' ὅ,τι ἡ συμμαχία Λακεδαιμονίοις καὶ Ἀθηναίοις ἔσοιτο. Λεγόντων δὲ πολλῶν μὲν ξένων, πολλῶν δὲ Ἀθηναίων, ὡς δέοι ἐπὶ τοῖς ἴσοις καὶ ὁμοίοις τὴν συμμαχίαν εἶναι, Προκλῆς Φλιάσιος εἶπε τὸν λόγον τόνδε.

blicæ copiis opem Lacedæmoniis ferendam statuunt. Ducem sibi Iphicratem eligunt : qui quum litasset, ac in Academia cœnam suos sumere jussisset, multos proditum est ipsum Iphicratem in exeundo præcessisse. Tandem Iphicrates educebat copias, sequente ipsum milite, qui existimaret illum præclarum ad facinus quoddam edendum ipsos ducturum. Quumque Corinthum veniens, dies istic aliquot tereret, confestim hanc ipsam ob moram cum reprehendebant. Ubi tandem educeret, non solum alacriter ducem sequebantur, verum etiam eadem alacritate, si mœnibus admoverentur, oppugnabant. Interim ex iis hostibus, qui erant in Laconica, Arcades, et Argivi, et Elei complures discesserant, quod essent finitimi, ac partim agebant, partim ferebant, quidquid rapere potuissent. Thebani vero cum ceteris, vel hanc ipsam ob causam excedere finibus iis cupiebant, quod imminui quotidie viderent copias; vel quod jam commeatus defecisset, absumptus, direptus, effusus, crematus. Præterea hiems erat : quo fiebat ut omnes discedere vellent. Posteaquam illi Laconica excessissent, etiam Iphicrates ex Arcadia Corinthum Athenienses reducebat. Enimvero non est quod equidem vituperem, si alias præclare se imperatorio in munere gessit : ea quidem certe, quæ in hoc tempore fecit, omnia partim temere, partim nullo cum fructu ab eo gesta fuisse reperio. Nam dum in Oneo cum præsidio impedire conaretur quominus Bœoti rediro domum possent, transitum longe commodissimum juxta Cenchreas incustoditum reliquit. Idem quum certior fieri cuperet, an Thebani Oneum transiissent, equites universos tum Atheniensium, tum Corinthiorum, speculatum misit. Atqui pauci æque aliquid, ac multi, videre possunt : ac si pedem referre necesse sit, multo facilius pauci, quam plures, tum viam idoneam reperire, tum quiete discedere possunt. At multos adducere, neque tamen hostibus pares, qui non ingens dementia sit? Nam quum equites illi amplum spatium acie sua occuparent, quia multi erant, ubi referre pedem cogerentur, ad multa eaque difficilia loca se recipiebant: ita factum, ut non pauciores viginti equitibus interirent. Ac tum quidem Thebani ex animi sententia discessere.

LIBER VII.

CAPUT I.

Anno insequenti, Lacedæmoniorum sociorumque legati amplissima cum potestate Athenas venere; deliberaturi, in quas leges societas inter Lacedæmonios et Athenienses esset futura. Quumque multi tum exteri tum Athenienses, oportere conditiones societatis æquas ac pares esse, dicerent, Procles Phliasius hanc orationem habuit :

HISTORIÆ GRÆCÆ LIB. VII. CAP. I.

2. Ἐπείπερ, ὦ ἄνδρες Ἀθηναῖοι, ἀγαθὸν ὑμῖν ἔδοξε Λακεδαιμονίους φίλους ποιεῖσθαι, δοκεῖ μοι χρῆναι τοῦτο σκοπεῖν, ὅπως ἡ φιλία ὅτι πλεῖστον χρόνον συμμενεῖ. Ἐὰν οὖν ᾗ ἑκατέροις μάλιστα συνοίσει, ταύτῃ καὶ τὰς συνθήκας ποιησώμεθα, οὕτω κατά γε τὸ εἰκὸς μάλιστα συμμένοιμεν ἄν. Τὰ μὲν οὖν ἄλλα σχεδόν τι συνωμολόγηται, περὶ δὲ τῆς ἡγεμονίας νῦν ἡ σκέψις. Τῇ μὲν οὖν βουλῇ προβεβούλευται ὑμετέραν μὲν εἶναι τὴν κατὰ θάλατταν, Λακεδαιμονίων δὲ τὴν κατὰ γῆν· ἐμοὶ δὲ καὶ αὐτῷ δοκεῖ ταῦτα οὐκ ἀνθρωπίνῃ μᾶλλον ἢ θείᾳ φύσει τε καὶ τύχῃ διωρίσθαι. (3) Πρῶτον μὲν γὰρ τόπον ἔχετε κάλλιστα πεφυκότα πρὸς τοῦτο· πλεῖσται γὰρ πόλεις τῶν δεομένων τῆς θαλάττης περὶ τὴν ὑμετέραν πόλιν οἰκοῦσι, καὶ αὗται πᾶσαι ἀσθενέστεραι τῆς ὑμετέρας. Πρὸς τούτοις δὲ λιμένας ἔχετε, ὧν ἄνευ οὐχ οἷόν τε ναυτικῇ δυνάμει χρῆσθαι. Ἔτι δὲ τριήρεις κέκτησθε πολλάς, καὶ πάτριον ὑμῖν ἐστι ναυτικῶν ἐπικτᾶσθαι. (4) Ἀλλὰ μὴν τάς γε τέχνας τὰς περὶ ταῦτα πάσας οἰκείας ἔχετε. Καὶ μὴν ἐμπειρίᾳ γε πολὺ προέχετε τῶν ἄλλων περὶ τὰ ναυτικά· ὁ γὰρ βίος τοῖς πλείστοις ὑμῶν ἀπὸ τῆς θαλάττης· ὥστε τῶν ἰδίων ἐπιμελόμενοι ἅμα καὶ τῶν κατὰ θάλατταν ἀγώνων ἔμπειροι γίγνεσθε. Ἔτι δὲ καὶ τόδε· οὐδαμόθεν ἂν τριήρεις πλείους ἀθρόαι ἐκπλεύσαιεν ἢ παρ' ὑμῶν. Ἔστι δὲ τοῦτο οὐκ ἐλάχιστον πρὸς ἡγεμονίαν· πρὸς γὰρ τὸ πρῶτον ἰσχυρὸν γενόμενον ἥδιστα πάντες συλλέγονται. (5) Ἔτι δὲ καὶ ἀπὸ τῶν θεῶν δέδοται ὑμῖν εὐτυχεῖν ἐν τούτῳ· πλείστους γὰρ καὶ μεγίστους ἀγῶνας ἠγωνισμένοι κατὰ θάλατταν ἐλάχιστα μὲν ἀποτετυχήκατε, πλεῖστα δὲ κατωρθώκατε. Εἰκὸς οὖν καὶ τοὺς συμμάχους μεθ' ὑμῶν ἂν ἥδιστα τούτου τοῦ κινδύνου μετέχειν. Ὡς δὲ δὴ καὶ ἀναγκαία καὶ προσήκουσα ὑμῖν αὕτη ἡ ἐπιμέλεια ἐκ τῶνδε ἐνθυμήθητε. (6) Λακεδαιμόνιοι ὑμῖν ἐπολέμουν ποτὲ πολλὰ ἔτη, καὶ κρατοῦντες τῆς χώρας οὐδὲν προὔκοπτον εἰς τὸ ἀπολέσαι ὑμᾶς. Ἐπεὶ δ' ὁ θεὸς ἔδωκέ ποτε αὐτοῖς κατὰ θάλατταν ἐπικρατῆσαι, εὐθὺς ὑπ' ἐκείνοις παντελῶς ἐγένεσθε. Οὐκοῦν εὔδηλον ἐν τούτοις ἐστὶν ὅτι ἐκ τῆς θαλάττης ἅπασα ὑμῖν ἤρτηται ἡ σωτηρία. (7) Οὕτως οὖν περιπυκότων πῶς ἂν ἔχοι καλῶς ὑμῖν Λακεδαιμονίοις ἐπιτρέψαι κατὰ θάλατταν ἡγεῖσθαι; οἳ πρῶτα μὲν καὶ αὐτοὶ ὁμολογοῦσιν ἀπειρότεροι ὑμῶν τούτου τοῦ ἔργου εἶναι, ἔπειτα δ' οὐ περὶ τῶν ἴσων ὁ κίνδυνός ἐστιν ἐν τοῖς κατὰ θάλατταν ἀγῶσιν, ἀλλ' ἐκείνοις μὲν περὶ τῶν ἐν ταῖς τριήρεσι μόνων ἀνθρώπων, ὑμῖν δὲ καὶ περὶ παίδων καὶ γυναικῶν καὶ ὅλης τῆς πόλεως. (8) Καὶ τὰ μὲν δὴ ὑμέτερα οὕτως ἔχει· τὰ δὲ τῶν Λακεδαιμονίων ἐπισκέψασθε. Πρῶτον μὲν γὰρ οἰκοῦσιν ἐν μεσογαίᾳ· ὥστε τῆς γῆς κρατοῦντες καὶ εἰ θαλάττης εἴργοιντο, δύναιντ' ἂν καλῶς διαζῆν. Ἐγνωκότες οὖν καὶ αὐτοὶ ταῦτα εὐθὺς ἐκ παίδων πρὸς τὸν κατὰ γῆν πόλεμον τὴν ἄσκησιν ποιοῦνται. Καὶ τὸ πλεῖστον δ' ἄξιον, τὸ πείθεσθαι τοῖς ἄρχουσιν, οὗτοι μὲν κράτιστοι κατὰ γῆν, ὑμεῖς δὲ κατὰ θάλατταν. (9) Ἔπειτα δὲ ὥσπερ ὑμεῖς ναυτικῷ, οὕτως

« Quando vobis, Athenienses, ex usu esse visum fuit, Lacedæmonios in amicitiam recipi, considerandum mihi videtur, quo pacto quam diutissime sit hæc amicitia duratura. Quamobrem si ea ratione, quæ parti utrique plurimum expediet, fœdus inibimus, consentaneum est, nos maxime in eo perstituros. Enimvero ceteris in rebus prope consentimus, tantum de principatu restat quod consideremus. At vero senatus jam ante censuit autoritate sua, maris imperium vobis deberi, terræ vero Lacedæmoniis. Quæ mihi etiam ipsi non tam ab humana quam divina natura fortunaque distincta videntur. Primum enim, locum habetis a natura comparatum ad hoc longe pulcherrime. Nam civitates plurimæ, quæ mari carere nequeunt, urbi vestræ vicinæ sunt; eæque universæ sunt vestra imbecilliores. Præterea portus vobis sunt, absque quibus navalium copiarum nullus est usus. Multæ item vobis triremes sunt, ac patria vobis est comparandæ classis cura. Jam artes id hæc necessariæ proprie vestræ sunt : et usu atque experientia maritimarum rerum longe ceteros excellitis. Nam maxima pars vestrum ex iis victitat. Quo fit, uti, dum res privatas curatis, simul etiam maritimorum certaminum usum consequamini. Adde, quod nusquam major triremium copia, quam a vobis, prodeat : quæ res non parum ad principatum momenti affert. Nam ad eum, qui jam potens est, lubenter omnes se conferunt. Denique divinitus hæc in parte quadam vobis est concessa felicitas. Nam quum plurimis, eisque maximis certaminibus in mari defuncti sitis, tamen in paucis admodum successu caruistis, in plurimis re prospere gesta. Quamobrem consentaneum est, etiam socios lubentissime vobiscum hæc pericula subire. Jam maritimæ rei curam inprimis ad vos, et necessario quidem pertinere, velim ex hoc perpendatis : gesserunt adversus vos aliquando bellum multis annis Lacedæmonii, et quanquam agro vestro potirentur, nihilo tamen magis idcirco vos perdere funditus potuerunt. Verum ubi tandem aliquando deus hoc eis concessit, ut etiam mari rerum potirentur, confestim in eorum potestatem penitus venistis. De quo jam perspicue patet, totam salutem vestram a mari pendere. Quum igitur ita comparatæ res vestræ sint, quinam vobis expediat, permittere Lacedæmoniis, ut mari rerum potiantur? Illi nimirum primum ipsi fatentur, se rei nauticæ imperitiores vobis esse : deinde non par utrisque periculum maritimis in certaminibus est propositum; sed illis quidem agitur de iis hominibus tantum, quibus triremes complentur, vobis vero de liberis, uxoribus, civitate universa. Atque hæc vestrarum est rerum conditio; Lacedæmoniorum vero quo pacto sit, etiam videte. Primum mediterraneam regionem incolunt : quo fit, ut tametsi mari arceantur, nihilominus vitam agere percommode possint, idcirco quod terra potiantur. Quæ quum et ipsi intelligant, statim a pueris ad ea se bella consuefaciunt, quæ terra geruntur ; et quæ quidem res maximi est momenti, nimirum ut magistratibus pareatur, in hoc ipsi præcipue terra præstant, vos mari. Deinde quemadmodum vos maritimas

αὖ ἐκεῖνοι κατὰ γῆν καὶ πλεῖστοι καὶ τάχιστ' ἂν ἐξέλθοιεν· ὥστε πρὸς τούτους αὖ εἰκὸς τοὺς συμμάχους εὐθαρσεστάτους προσιέναι. Ἔτι δὲ καὶ ὁ θεὸς αὐτοῖς δέδωκεν, ὥσπερ ὑμῖν κατὰ θάλατταν εὐτυχεῖν, οὕτως ἐκείνοις κατὰ γῆν· πλείστους γὰρ αὖ οὗτοι ἀγῶνας ἐν τῇ γῇ ἠγωνισμένοι ἐλάχιστα μὲν ἐσφαλμένοι εἰσί, πλεῖστα δὲ κατωρθωκότες. (10) Ὡς δὲ καὶ ἀναγκαία οὐδὲν ἧττον αὐτοῖς ἡ κατὰ γῆν ἐπιμέλεια ἢ ὑμῖν ἡ κατὰ θάλατταν ἐκ τῶν ἔργων ἔξεστι γιγνώσκειν. Ὑμεῖς γὰρ τούτοις πολλὰ ἔτη πολεμοῦντες καὶ πολλάκις καταναυμαχοῦντες οὐδὲν προύργου ἐποιεῖτε πρὸς τὸ τούτους καταπολεμῆσαι· ἐπεὶ δ' ἅπαξ ἡττήθησαν ἐν τῇ γῇ, εὐθὺς καὶ περὶ παίδων καὶ περὶ γυναικῶν καὶ περὶ ὅλης τῆς πόλεως ὁ κίνδυνος αὐτοῖς ἐγένετο. (11) Πῶς οὖν οὐ τούτοις αὖ δεινὸν ἄλλοις μὲν ἐπιτρέπειν κατὰ γῆν ἡγεῖσθαι, αὐτοὺς δὲ ἄριστα τῶν κατὰ γῆν ἐπιμελεῖσθαι; Ἐγὼ μὲν οὖν, ὥσπερ τῇ βουλῇ προδεδόκλωται, ταῦτα εἴρηκά τε καὶ συμφορώτατα ἡγοῦμαι ἀμφοῖν εἶναι· ὑμεῖς δὲ εὐτυχοῖτε τὰ κράτιστα πᾶσιν ἡμῖν βουλευσάμενοι.

12. Ὁ μὲν ταῦτ' εἶπεν. Οἱ δ' Ἀθηναῖοι καὶ οἱ τῶν Λακεδαιμονίων παρόντες ἐπῄνεσαν ἀμφότεροι ἰσχυρῶς τὸν λόγον αὐτοῦ. Κηφισόδοτος δὲ παρελθών, Ἄνδρες Ἀθηναῖοι, ἔφη, οὐκ αἰσθάνεσθε ἐξαπατώμενοι; ἀλλ' ἐὰν ἀκούσητέ μου, ἐγὼ ὑμῖν αὐτίκα μάλα ἐπιδείξω. Ἤδη γὰρ ἡγεῖσθε κατὰ θάλατταν· Λακεδαιμόνιοι δὲ ὑμῖν ἐὰν συμμαχῶσι, δῆλον ὅτι πέμψουσι τοὺς μὲν τριηράρχους Λακεδαιμονίους καὶ ἴσως τοὺς ἐπιβάτας, οἱ δὲ ναῦται δῆλον ὅτι ἔσονται ἢ Εἵλωτες ἢ μισθοφόροι. Οὐκοῦν ὑμεῖς μὲν τούτων ἡγήσεσθε. (13) Οἱ δὲ Λακεδαιμόνιοι ὅταν παραγγείλωσιν ὑμῖν κατὰ γῆν στρατείαν, δῆλον ὅτι πέμψετε τοὺς ὁπλίτας καὶ τοὺς ἱππέας. Οὐκοῦν οὕτως ἐκεῖνοι μὲν ὑμῶν αὐτῶν γίγνονται ἡγεμόνες, ὑμεῖς δὲ τῶν ἐκείνων δούλων καὶ ἐλαχίστου ἀξίων. Ἀπόκριναι δέ μοι, ἔφη, ὦ Λακεδαιμόνιε Τιμόκρατες, οὐκ ἄρτι ἔλεγες ὡς ἐπὶ τοῖς ἴσοις καὶ ὁμοίοις ἥκεις τὴν συμμαχίαν ποιούμενος; Εἶπον ταῦτα. (14) Ἔστιν οὖν, ἔφη ὁ Κηφισόδοτος, ἰσαίτερον ἢ ἐν μέρει μὲν ἑκατέρους ἡγεῖσθαι τοῦ ναυτικοῦ, ἐν μέρει δὲ τοῦ πεζοῦ, καὶ ὑμᾶς τε, εἴ τι ἀγαθόν ἐστιν ἐν τῇ κατὰ θάλατταν ἀρχῇ, τούτου μετέχειν, καὶ ἡμᾶς ἂν τῆς κατὰ γῆν; Ἀκούσαντες ταῦτα οἱ Ἀθηναῖοι μετεπείσθησαν, καὶ ἐψηφίσαντο κατὰ πενθήμερον ἑκατέρους ἡγεῖσθαι.

15. Στρατευομένων δ' ἀμφοτέρων αὐτῶν καὶ τῶν συμμάχων εἰς Κόρινθον ἔδοξε κοινῇ φυλάττειν τὸ Ὄνειον. Καὶ ἐπεὶ ἐπορεύοντο οἱ Θηβαῖοι καὶ οἱ σύμμαχοι, παραταξάμενοι ἐφύλαττον ἄλλος ἄλλοθι τοῦ Ὀνείου, Λακεδαιμόνιοι δὲ καὶ Πελληνεῖς κατὰ τὸ ἐπιμαχώτατον. Οἱ δὲ Θηβαῖοι καὶ οἱ σύμμαχοι ἐπεὶ ἀπεῖχον τῶν φυλαττόντων τριάκοντα στάδια, κατεστρατοπεδεύσαντο ἐν τῷ πεδίῳ. Συντεκμηράμενοι δὲ ἡνίκ' ἂν ᾤοντο ὁρμηθέντες καταλαβεῖν, ἅμα κνέφᾳ πρὸς τὴν τῶν Λακεδαιμονίων φυλακὴν ἐπορεύοντο. (16) Καὶ μέντοι οὐκ ἐψεύσθησαν τῆς ὥρας, ἀλλ' ἐπιπίπτουσι τοῖς Λακεδαιμονίοις καὶ τοῖς Πελληνεῦσιν ἡνίκα αἱ μὲν νυκτεριναὶ

sic illi terrestres copias amplissimas quam celerrime possunt educere : quo fit, ut itidem ad ipsos accredere socios magna cum fiducia consentaneum sit. Præterea deus ipsis hoc concessit, ut quemadmodum vos mari, sic illi terra felices sint. Nam et ipsi quum pugnas terra plurimas pugnaverint, quam minimum tamen fine suo frustrati sunt, plurimis interim rebus præclare gestis. Jam non minus terrestrium rerum procurationem ad ipsos necessario spectare, quam maritimarum ad vos pertineat, id ex ipsis rebus gestis animadvertere licet. Nam quum vos multis annis adversus hos bellum gereretis ac sæpenumero navalibus præliis cum eis congrederemini : nihil tamen efficiebatis in debellandis his, quod operæ pretium foret. Verum posteaquam semel terra victi fuerunt, confestim et de liberis, et uxoribus, et tota republica sunt periclitati. Nonne ergo grave fuerit his, permittere aliis, ut terra rerum potiantur, quum ipsi præclarissime res terra gerendas procurare possint ? Equidem, ut ante senatus auctor consuit, ita hæc exposui, maximeque rebus utrinque vestris expedire arbitror. Vobis autem prospera precor omnia, statuentibus id, quod omnibus nobis ex usu maxime fuerit. "

Hæc ejus fuit oratio. Quæ non solum Atheniensibus, sed etiam Lacedæmoniis, qui aderant, mirifice probata fuit. Inde Cephisodotus, progressus in medium : " Non animadvertitis, inquit, circumveniri vos, Athenienses. Quod si me audieritis, mox fraudem vobis indicabo. Nimirum jam mari vos duces eritis. Quod si Lacedæmonii vobis auxilia suppeditabunt, sine dubio Lacedæmonios trierarchos præfectos mittent, ac fortassis etiam classiarios milites ; nautæ vero vel helotes erunt vel mercenarii. Quapropter vos quidem his imperabitis. Contra, quam vos ad expeditionem aliquam terrestrem Lacedæmonii evocabunt, nimirum equites vestros, ac gravis armaturæ pedites mittetis. Ea ratione vestri duces fiunt illi, vos eorum, qui servitutem illis serviunt, hominesque sunt nullius pretii. Tu vero, inquit, Lacedæmonie Timocrates, responde mihi : Non aiebas modo, venire te, ut conditionibus æquis ac paribus societatem hanc nobiscum ineas ? » Equidem, ait ille, hoc dixi. Et Cephisodotus : « Ao igitur, inquit , esse quidquam possit æquius, quam ut vicissim utrique classis duces simus, itemque vicissim pedestrium copiarum? ac ut vos, si quid est commodi maris in imperio, ejus æque participes essetis, nos item illius, quod terrestri est in imperio? " Posteaquam hæc Athenienses audierant, aliam in sententiam adducti sunt; ac decreverunt, alternis quinis diebus utrosque ducum officio fungi debere.

Quum autem utrique conjunctis suis et sociorum viribus Corinthum venissent, visum est Oneum communi præsidio teneri debere. Itaque ubi jam Thebani cum sociis adventarunt, instructa suorum acie custodiebant alii aliam Onei partem, Lacedæmonii vero cum Pellenensibus ea loca quæ oppugnationi maxime paterent. Thebani eorumque socii, quum triginta stadiorum intervallo ab excubiis agentium abessent, castra in planitie muniebant. Deinde tempori inita ratione, quo progrediendo confecturos se reliquum viæ spatium existimabant, primo diluculo versus Lacedæmoniorum excubias perrexerunt. Non fefellit eos tempus, sed illo momento Lacedæmonios ac Pellenenses invadunt, quo

φυλακαὶ ἤδη ἔληγον, ἐκ δὲ τῶν στιβάδων ἀνίσταντο ὅποι ἐδεῖτο ἕκαστος. Ἐνταῦθα οἱ Θηβαῖοι προσπεσόντες ἔπαιον παρεσκευασμένοι ἀπαρασκευάστους καὶ συντεταγμένοι ἀσυντάκτους. (17) Ὡς δὲ οἱ σωθέντες ἐκ τοῦ πράγματος ἀπέφυγον ἐπὶ τὸν ἐγγύτατα λόφον, ἐξὸν τῷ Λακεδαιμονίων πολεμάρχῳ λαβόντι ὁπόσους μὲν ἐβούλετο τῶν συμμάχων ὁπλίτας, ὁπόσους δὲ πελταστὰς, κατέχειν τὸ χωρίον, καὶ γὰρ τὰ ἐπιτήδεια ἐξῆν ἀσφαλῶς ἐκ Κεγχρειῶν κομίζεσθαι, οὐκ ἐποίησε ταῦτα, ἀλλὰ μάλα ἀπορούντων τῶν Θηβαίων πῶς χρὴ ἐκ τοῦ πρὸς Σικυῶνα βλέποντος καταβῆναι ἢ πάλιν ἀπελθεῖν, σπονδὰς ποιησάμενος, ὡς τοῖς πλείστοις ἐδόκει, πρὸς Θηβαίων μᾶλλον ἢ πρὸς ἑαυτῶν, οὕτως ἀπῆλθε καὶ τοὺς μεθ' αὑτοῦ ἀπήγαγεν.

18. Οἱ δὲ Θηβαῖοι ἀσφαλῶς καταβάντες καὶ συμμίξαντες τοῖς ἑαυτῶν συμμάχοις, Ἀρκάσι τε καὶ Ἀργείοις καὶ Ἠλείοις, εὐθὺς μὲν προσέβαλον πρὸς Σικυῶνα καὶ Πελλήνην· στρατευσάμενοι δὲ εἰς Ἐπίδαυρον ἐδῄωσαν αὐτῶν πᾶσαν τὴν χώραν. Ἀναχωροῦντες δὲ ἐκεῖθεν μάλα πάντων ὑπεροπτικῶς τῶν ἐναντίων, ὡς ἐγένοντο ἐγγὺς τοῦ τῶν Κορινθίων ἄστεος, δρόμῳ ἐφέροντο πρὸς τὰς πύλας τὰς ἐπὶ Φλιοῦντα ἰόντι, ὡς εἰ ἀνεῳγμέναι τύχοιεν, εἰσπεσούμενοι. (19) Ἐκβοηθήσαντες δέ τινες ψιλοὶ ἐκ τῆς πόλεως ἀπαντῶσι τῶν Θηβαίων τοῖς ἐπιλέκτοις οὐδὲ τέτταρα πλέθρα ἀπέχουσι τοῦ τείχους· καὶ ἀναβάντες ἐπὶ τὰ μνήματα καὶ τὰ ὑπερέχοντα χωρία, βάλλοντες καὶ ἀκοντίζοντες ἀποκτείνουσι τῶν πρώτων καὶ μάλα συχνούς, καὶ τρεψάμενοι ἐδίωκον ὡς τρία ἢ τέτταρα στάδια. Τούτου δὲ γενομένου οἱ Κορίνθιοι τοὺς νεκροὺς πρὸς τὸ τεῖχος ἑλκύσαντες καὶ ὑποσπόνδους ἀποδόντες τρόπαιον ἔστησαν. Καὶ ταύτῃ μὲν δὴ ἀνεψύχησαν οἱ τῶν Λακεδαιμονίων σύμμαχοι.

20. Ἅμα τε δὴ πεπραγμένων τούτων καταπλεῖ Λακεδαιμονίοις ἡ παρὰ Διονυσίου βοήθεια, τριήρεις πλέον ἢ εἴκοσιν. Ἦγον δὲ Κελτούς τε καὶ Ἴβηρας καὶ ἱππεῖς ὡς πεντήκοντα. Τῇ δ' ὑστεραίᾳ οἱ Θηβαῖοί τε καὶ οἱ ἄλλοι αὐτῶν σύμμαχοι διαταξάμενοι καὶ ἐμπλήσαντες τὸ πεδίον μέχρι τῆς θαλάττης καὶ μέχρι τῶν ἐχομένων τῆς πόλεως γηλόφων ἔφθειρον ἐξ ὅ τι χρήσιμον ἦν ἐν τῷ πεδίῳ. Καὶ οἱ μὲν τῶν Ἀθηναίων καὶ οἱ τῶν Κορινθίων ἱππεῖς οὐ μάλα ἐπλησίαζον τῷ στρατεύματι, ὁρῶντες ἰσχυρὰ καὶ πολλὰ τἀντίπαλα· (21) οἱ δὲ παρὰ τοῦ Διονυσίου ἱππεῖς, ὅσοιπερ ἦσαν, οὗτοι διεσκεδασμένοι ἄλλος ἄλλῃ παραθέοντες ἠκόντιζόν τε προσελαύνοντες, καὶ ἐπεὶ ὁρμῷεν ἐπ' αὐτούς, ἀνεχώρουν, καὶ πάλιν ἀναστρέφοντες ἠκόντιζον. Καὶ ταῦτα ἅμα ποιοῦντες κατέβαινον ἀπὸ τῶν ἵππων καὶ ἀνεπαύοντο. Εἰ δὲ καταβεβηκόσιν ἐπελαύνοιέν τινες, εὐπετῶς ἀναπηδῶντες ἀνεχώρουν. Εἰ δ' αὖ τινες διώξειαν αὐτοὺς πολὺ ἀπὸ τοῦ στρατεύματος, τούτοις, ὁπότε ἀποχωροῖεν, ἐπικείμενοι καὶ ἀκοντίζοντες δεινὰ εἰργάζοντο, καὶ πᾶν τὸ στράτευμα ἠνάγκαζον ἑαυτῶν ἕνεκα καὶ προϊέναι καὶ ἀναχωρεῖν. (22) Μετὰ ταῦτα μέντοι οἱ Θηβαῖοι

HISTORIÆ GRÆCÆ LIB. VII. CAP. I.

nocturnarum excubiarum finis erat, ac de stramentis illi surgebant, et ad sua quique negotia ibant. Tum vero aggressi eos Thebani, cædebant imparatos parati, incompositos ordinati. Posteaquam ii, qui salvi ex tumultu evaserant, proximum in collem se receperunt, poterat Lacedæmoniorum polemarchus, sumptis secum sociorum gravis armaturæ peditibus, quot quidem vellet, quotque vellet cetratis, locum eum tenere, quod etiam commeatus eo deportari tuto e Cenchreis potuisset, nec tamen id fecit; sed quum vehementer anxii Thebani essent, quo pacto vel de loco Sicyonem versus spectante descenderent, vel rursus discederent, induciis ipse pactus, quæ plurimorum judicio potius ex Thebanorum quam ipsius erant commodo, ita deinde discessit, ac suos abduxit.

Thebani tuto descendentes, posteaquam se cum sociis suis, Arcadibus, Argivis, Eleis, conjunxerunt, confestim ad oppugnandas Sicyonem ac Pellenen perrexerunt. Quumque Epidaurum cum exercitu petiissent, omnem Epidauriorum agrum populati sunt. Inde pedem referentes summo cum omnium hostium contemptu, quum prope jam ab urbe Corinthiorum abessent, cursu petebant portas, quæ Phliuntem ducunt, irrupturi in eas, si forte apertas offenderent. Verum ubi quidam velites ex urbe procurrissent ad ferendam opem suis, delectis illi Thebanis fiunt obvii, qui jam ne quatuor quidem plethris a mœnibus abessent. Itaque monumenta editaque loca quum conscendissent, feriendo jaculandoque bene multos ex primis occidunt, ac in fugam versos fere ad tria quatuorve stadia persequuntur. Id quum accidisset, mortuorum cadavera Corinthii propius ad murum tracta per inducias reddiderunt, ac tropæum statuere; recreatis hoc pacto nonnihil Lacedæmoniorum sociis.

Simul atque gesta hæc fuerunt, auxilia Lacedæmoniis a Dionysio missa, nimirum plures quam viginti triremes, appellebant. Eæ Celtas et Hispanos cum quinquaginta ferme equitibus advehebant. Postridie Thebani, ceterique horum socii, acie instructa, quum planitiem usque ad mare contiguosque urbis tumulos complevissent, quidquid erat in ea, quod usui posset esse, vastabant. Atheniensium quidem ac Corinthiorum equites non admodum prope ad hostium accedebant castra, quod illorum roburae multitudinem conspicerent. Verum missi a Dionysio equites, tametsi pauci numero, hinc inde palati, atque alius alibi irruentes, adactis equis emittebant in hostem jacula : quo ipsos invadente, pedem referebant, rursumque conversi hastas jaciebant. Atque interim, dum hæc facerent, etiam de equis descendentes, quiescendo se recreabant. Quod si quidam in eos quiescentes adactis equis pergerent, agiliter illis vicissim conscensis, discedebant. At si qui rursus eos, longe ab exercitu suo progressi, persequerentur, illos pedem relaturos adorti jaculis graviter vulnerabant, adeoque copias universas sua causa movere se, ac vicissim pedem referre cogebant.

Secundum hæc Thebani quum istic dies non mul-

μείναντες οὐ πολλὰς ἡμέρας ἀπῆλθον οἴκαδε, καὶ οἱ ἄλλοι δὲ ἕκαστος οἴκαδε. Ἐκ δὲ τούτου ἐμβάλλουσιν οἱ παρὰ Διονυσίου εἰς Σικυῶνα, καὶ μάχῃ μὲν νικῶσι τοὺς Σικυωνίους ἐν τῷ πεδίῳ, καὶ ἀπέκτειναν περὶ ἑβδομήκοντα· Δαίρας δὲ τεῖχος κατὰ κράτος αἱροῦσι. Καὶ ἡ μὲν παρὰ Διονυσίου πρώτη βοήθεια τοιαῦτα πράξασα ἀπέπλευσεν εἰς Συρακούσας. Θηβαῖοι δὲ καὶ πάντες οἱ ἀποστάντες ἀπὸ Λακεδαιμονίων μέχρι μὲν τούτου τοῦ χρόνου ὁμοθυμαδὸν καὶ ἔπραττον καὶ ἐστρατεύοντο ἡγουμένων τῶν Θηβαίων. (23) Ἐγγενόμενος δέ τις Λυκομήδης Μαντινεύς, γένος τε οὐδενὸς ἐνδεὴς χρήμασί τε προήκων καὶ ἄλλως φιλότιμος, οὗτος ἐνέπλησε φρονήματος τοὺς Ἀρκάδας, λέγων ὡς μόνοις μὲν αὐτοῖς πατρὶς Πελοπόννησος εἴη, μόνοι γὰρ αὐτόχθονες ἐν αὐτῇ οἰκοῖεν, πλεῖστον δὲ τῶν Ἑλληνικῶν φύλων τὸ Ἀρκαδικὸν εἴη καὶ σώματα ἐγκρατέστατα ἔχοι. Καὶ ἀλκιμωτάτους δὲ αὐτοὺς ἀπεδείκνυε, τεκμήρια παρεχόμενος ὡς ἐπικούρων ὁπότε δεηθεῖέν τινες, οὐδένας ᾑροῦντο ἀντ' Ἀρκάδων. Ἔτι δὲ οὔτε Λακεδαιμονίους πώποτε ἄνευ σφῶν ἐμβαλεῖν εἰς τὰς Ἀθήνας οὔτε νῦν Θηβαίους ἐλθεῖν ἄνευ Ἀρκάδων εἰς Λακεδαίμονα. (24) Ἐὰν οὖν σωφρονῆτε, τοῦ ἀκολουθεῖν ὅποι ἄν τις παρακαλῇ φείσεσθε· ὡς πρότερον Λακεδαιμονίοις ἀκολουθοῦντες ἐκείνους ηὐξήσατε, νῦν δὲ, ἂν Θηβαίοις εἰκῇ ἀκολουθῆτε καὶ μὴ κατὰ μέρος ἡγεῖσθαι ἀξιῶτε, ἴσως τάχα τούτους ἄλλους Λακεδαιμονίους εὑρήσετε. Οἱ μὲν δὴ Ἀρκάδες ταῦτα ἀκούοντες ἀνεφυσῶντό τε καὶ ὑπερεφίλουν τὸν Λυκομήδην καὶ μόνον ἄνδρα ἡγοῦντο· ὥστε ἄρχοντας ἔταττον οὕστινας κἀκεῖνος κελεύοι. Καὶ ἐκ τῶν συμβαινόντων δὲ ἔργων ἐμεγαλύνοντο οἱ Ἀρκάδες· (25) ἐμβαλόντων μὲν γὰρ εἰς Ἐπίδαυρον τῶν Ἀργείων, καὶ ἀποκλεισθέντων τῆς ἐξόδου ὑπό τε τῶν μετὰ Χαβρίου ξένων καὶ Ἀθηναίων καὶ Κορινθίων, βοηθήσαντες μάλα πολιορκουμένους ἐξελύσαντο τοὺς Ἀργείους, οὐ μόνον τοῖς ἀνδράσιν, ἀλλὰ καὶ τοῖς χωρίοις πολεμίοις χρώμενοι. Στρατευσάμενοι δὲ καὶ εἰς Ἀσίνην τῆς Λακαινῆς ἐνίκησάν τε τὴν τῶν Λακεδαιμονίων φρουρὰν καὶ τὸν Γερανόρα τὸν πολέμαρχον Σπαρτιάτην γεγενημένον ἀπέκτειναν καὶ τὸ προάστειον τῶν Ἀσιναίων ἐπόρθησαν. Ὅπου δὲ βουληθεῖεν ἐξελθεῖν, οὐ νὺξ, οὐ χειμών, οὐ μῆκος ὁδοῦ, οὐκ ὄρη δύσβατα ἀπεκώλυεν αὐτούς· ὥστε ἔν γε ἐκείνῳ τῷ χρόνῳ πολὺ ῥῶντο κράτιστοι εἶναι. (26) Οἱ μὲν δὴ Θηβαῖοι διὰ ταῦτα ὑποφθόνως καὶ οὐκέτι φιλικῶς εἶχον πρὸς τοὺς Ἀρκάδας. Οἱ γε μὴν Ἠλεῖοι ἐπεὶ ἀπαιτοῦντες τὰς πόλεις τοὺς Ἀρκάδας ἃς ὑπὸ Λακεδαιμονίων ἀφῃρέθησαν ἔγνωσαν αὐτοὺς τοὺς μὲν ἑαυτῶν λόγους ἐν οὐδενὶ λόγῳ ποιουμένους, τοὺς δὲ Τριφυλίους καὶ τοὺς ἄλλους τοὺς ἀπὸ σφῶν ἀποστάντας περὶ παντὸς ποιουμένους, ὅτι Ἀρκάδες ἔφασαν εἶναι, ἐκ τούτων αὖ καὶ οἱ Ἠλεῖοι δυσμενῶς εἶχον πρὸς αὐτούς.

27. Οὕτω δ' ἑκάστων ἐφ' ἑαυτοῖς μέγα φρονούντων τῶν συμμάχων, ἔρχεται Φίλισκος Ἀβυδηνὸς παρὰ Ἀριοβαρζάνους χρήματα ἔχων πολλά. Καὶ πρῶτα

tos mansissent, domum redierunt, idem ceteris quoque facientibus. Tum vero missi a Dionysio milites Sicyonem invadunt, ac Sicyonios in campo commissa pugna vincunt, eorumque prope septuaginta occidunt. Quin et Dæras oppidum vi capiunt. Atque his quidem rebus gestis, primæ illæ auxiliares a Dionysio missæ copiæ Syracusas navigarunt. Ceterum Thebani, omnesque alii, qui a Lacedæmoniorum fide discesserant, ad hoc usque tempus magno animorum consensu tum gerebant omnia tum expeditiones suscipiebant, in quibus Thebani duces erant. Verum exortus est Lycomedes quidam, Mantineus, genere nulli secundus, opibus pollens, atque etiam ceteroquin ambitiosus : hic Arcadum animos erexit, quum solis ipsis patriam esse Peloponnesum diceret, quippe qui soli essent indigenæ ; Arcadumque nationem inter alias Græcas amplissimam esse, ac habere corpora laborum patientissima. Eosdem viros fortissimos esse demonstrabat, iis argumentis, quod quum copiis auxiliaribus alicui opus sit, nullos Arcadibus præferat. Præterea neque Lacedæmonios absque ipsis unquam Athenas invasisse, neque jam Thebanos sine Arcadum copiis Lacedæmonem petere. Quamobrem si sapitis, inquit, desinetis alios, evocantes vos aliquo, sequi. Vos antehac Lacedæmonios sequuti, eosdem amplificastis; nunc quoque Thebanos si sequamini temere, ac non alternatim et ipsi ducum numere fungi postulabitis, fortassis eos paulo post experimini alios quosdam Lacedæmonios esse. Hæc quum audirent Arcades, inflari, Lycomedem mirifice amplecti, solum hunc virum esse dicere; adeoque duces deligere, quos ipse juberet. Præterea rerum ex eventu sumebant animos Arcades. Nam quo tempore Argivi Epidauriorum fines ingressi sunt, atque exitu a mercenario Chabriæ milite, Atheniensibus et Corinthiis prohibiti, pressis admodum suppetias ferentes, obsidione Argivos liberabant, quanquam non homines tantum sed etiam loca adversa experirentur. Itidem cum copiis Asinen Laconicæ oppidum profecti, præsidium Lacedæmoniorum fuderunt ; et Geranore, qui Spartanus erat, polemarcho interfecto, suburbium quoque Asinæorum diripuere. Quocunque item pergere cum exercitu vellent, non eos nox, non hiems, non viæ longitudo, non montes aditu difficiles ab instituto revocabant; quo fiebat, uti se illo tempore præstare ceteris arbitrarentur. Ob has causas Thebani subinvidebant eis nec amicis amplius erant in Arcades animis. Elei vero, quum repetentes ab Arcadibus eas civitates, quæ ipsis a Lacedæmoniis ademptæ fuerant, animadverterent eos non solum quæ ab ipsis dicerentur, flocci pendere, sed Triphylios etiam una cum aliis, qui ab ipsorum fide defecerant, quod ii se Arcades esse profiterentur, magni facere : cœperunt et ipsi infestis esse erga Arcades animis.

Ita quum socii singuli suis rebus magnopere confiderent, Philiscus Abydenus magnis cum pecuniis ab Ariobarzane venit; ac primum Delphos pacis componendæ causa Theba-

μὲν εἰς Δελφοὺς συνήγαγε περὶ εἰρήνης Θηβαίους καὶ τοὺς συμμάχους καὶ τοὺς Λακεδαιμονίους. Ἐκεῖ δὲ ἐλθόντες τῷ μὲν θεῷ οὐδὲν ἐκοινώσαντο ὅπως ἂν ἡ εἰρήνη γένοιτο, αὐτοὶ δὲ ἐβουλεύοντο. Ἐπεὶ δὲ οὐ συνεχώρουν οἱ Θηβαῖοι Μεσσήνην ὑπὸ Λακεδαιμονίοις εἶναι, ξενικὸν πολὺ συνέλεγεν ὁ Φιλίσκος, ὅπως πολεμοίη μετὰ Λακεδαιμονίων.

28. Τούτων δὲ πραττομένων ἀφικνεῖται καὶ ἡ παρὰ Διονυσίου δευτέρα βοήθεια. Λεγόντων δὲ Ἀθηναίων μὲν ὡς χρεὼν εἴη αὐτοὺς εἰς Θετταλίαν τἀναντία Θηβαίοις**, Λακεδαιμονίων δὲ ὡς εἰς τὴν Λακωνικήν, ταῦτα ἐν τοῖς συμμάχοις ἐνίκησεν. Ἐπεὶ δὲ περιέπλευσαν οἱ παρὰ Διονυσίου εἰς Λακεδαίμονα, λαβὼν αὐτοὺς ὁ Ἀρχίδαμος μετὰ τῶν πολιτικῶν ἐστρατεύετο. Καὶ Καρύας μὲν ἐξαιρεῖ κατὰ κράτος, καὶ ὅσους ζῶντας ἔλαβεν, ἀπέσφαξεν· ἐκεῖθεν δὲ εὐθὺς στρατευσάμενος εἰς Παρρασίους τῆς Ἀρκαδίας μετ' αὐτῶν ἐδῄου τὴν χώραν. Ἐπεὶ δ' ἐβοήθησαν οἱ Ἀρκάδες καὶ οἱ Ἀργεῖοι, ἐπαναχωρήσας ἐστρατοπεδεύσατο ἐν τοῖς ἐπὶ Μιδέας γηλόφοις. Ἐνταῦθα δ' ὄντος αὐτοῦ Κισσίδας ὁ ἄρχων τῆς παρὰ Διονυσίου βοηθείας ἔλεγεν ὅτι ἐξήκοι αὐτῷ ὁ χρόνος ὃς εἰρημένος ἦν παραμένειν. Καὶ ἅμα ταῦτ' ἔλεγε καὶ ἀπῄει τὴν ἐπὶ Σπάρτης. (29) Ἐπεὶ δὲ ἀποπορευόμενον ὑπετέμνοντο αὐτὸν οἱ Μεσσήνιοι ἐπὶ στενόν τῆς ὁδοῦ, ἐνταῦθα δὴ ἔπεμπεν ἐπὶ τὸν Ἀρχίδαμον καὶ βοηθεῖν ἐκέλευε· κἀκεῖνος μέντοι ἐβοήθει. Ὡς δ' ἐγένοντο ἐν τῇ ἐπ' Εὐτρησίους ἐκτροπῇ, οἱ μὲν Ἀρκάδες καὶ οἱ Ἀργεῖοι προσέβαινον εἰς τὴν Λάκαιναν, καὶ οὗτοι ὡς ἀποκλείσοντες αὐτῶν τῆς ἐπ' οἶκον ὁδοῦ. Ὁ δ' οὗπέρ ἐστι χωρίον ἐπίπεδον ἐν ταῖς συμβολαῖς τῆς τε ἐπ' Εὐτρησίων καὶ τῆς ἐπὶ Μιδέας ὁδοῦ, ἐνταῦθα ἐκβὰς παρετάξατο ὡς μαχούμενος. (30) Ἔφασαν δ' αὐτὸν καὶ πρὸ τῶν λόχων παριόντα τοιάδε παρακελεύσασθαι. Ἄνδρες πολῖται, νῦν ἀγαθοὶ γενόμενοι ἀναβλέψωμεν ὀρθοῖς ὄμμασιν· ἀποδῶμεν τοῖς ἐπιγιγνομένοις τὴν πατρίδα οἵανπερ παρὰ τῶν πατέρων παρελάβομεν· παυσώμεθα αἰσχυνόμενοι καὶ παῖδας καὶ γυναῖκας καὶ πρεσβυτέρους καὶ ξένους, ἐν οἷς πρόσθεν γε πάντων τῶν Ἑλλήνων περιβλεπτότατοι ἦμεν. (31) Τούτων δὲ ῥηθέντων ἐξ αἰθρίας ἀστραπαί τε καὶ βρονταὶ λέγουσιν αἴσιοι αὐτῷ φανῆναι· συνέβη δὲ καὶ πρὸς τῷ δεξιῷ κέρατι τέμενός τε καὶ ἄγαλμα Ἡρακλέους, οὗ δὴ καὶ ἀπόγονος λέγεται, εἶναι. Τοιγαροῦν ἐκ τούτων πάντων οὕτω πολὺ μένος καὶ θάρρος τοῖς στρατιώταις φασὶν ἐμπεσεῖν ὥστε ἔργον εἶναι τοῖς ἡγεμόσιν ἀνείργειν τοὺς στρατιώτας ὠθουμένους εἰς τὸ πρόσθεν. Ἐπεὶ μέντοι ἡγεῖτο ὁ Ἀρχίδαμος, ὀλίγοι μὲν τῶν πολεμίων δεξάμενοι εἰς δόρυ αὐτοὺς ἀπέθανον· οἱ δ' ἄλλοι φεύγοντες ἔπιπτον, πολλοὶ μὲν ὑπὸ ἱππέων, πολλοὶ δὲ ὑπὸ τῶν Κελτῶν. (32) Ὡς δὲ λήξασης τῆς μάχης τρόπαιον ἐστήσατο, εὐθὺς ἔπεμψεν οἴκαδε ἀγγελοῦντα Δημοτέλην τὸν κήρυκα τῆς τε νίκης τὸ μέγεθος καὶ ὅτι Λακεδαιμονίων μὲν οὐδὲ εἷς τεθναίη, τῶν δὲ πολεμίων παμπληθεῖς. Τοὺς μέντοι ἐν Σπάρτῃ ἔφασαν ἀκού-

nos eorumque socios et Lacedæmonios convocavit. Eo quum ventum esset, non illi quidem cum Apolline rem communicabant, quo pacto pax esset ineunda; sed ipsi inter se consultabant. Verum quum Thebani non permitterent, ut Messene Lacedæmoniorum esset in potestate, magnas mercenariorum militum copias Philiscus cogebat, uti bello Lacedæmonios juvaret.

Dum hæc aguntur, aderant et alteræ summissæ a Dionysio Lacedæmoniis auxiliares copiæ. Quumque dicerent Athenienses oportere ipsos in Thessaliam adversus Thebanos [mitti]; Lacedæmonii vero, in Laconicam : vicit hæc in cœtu sociorum sententia. Ut hi a Dionysio missi Lacedæmonem versus navigarunt, sumens eos secum Archidamus, itemque patriæ copias, ad bellum gerendum profectus Caryas vi cepit, et quotquot vivos nactus est, interfecit. Inde recta deductis copiis ad Parrhasiorum oppidum in Arcadia, agrum illorum vastabat. Quumque Arcades et Argivi suppetias ferrent, pedem retulit, ac in tumulis Mideæ imminentibus castra metatus est. Hic quum subsisteret, Cissidas, auxiliarium copiarum a Dionysio missarum dux, aiebat præterisse jam sibi tempus, quo adesse Lacedæmoniis jussus fuisset. Simul his dictis, via qua Spartam itur, discessit. Quum autem discedentem Messenii arcta quadam in via intercluderent, misit ad Archidamum, utque suppetias sibi ferret, hortatus est. Illo auxilii causa advolante, postequam ad diverticulum, quod Eutresios versus ducit, ventum fuit, Arcades et Argivi Laconicam ingressi sunt, ut et ipsum itinere, quo in patriam eundum erat, intercluderent. Verum Archidamus, loco plano, ubi concurrunt viæ, quæ versus Eutresios et Mideam ducunt, egressus aciem instruxit, ut manus cum hoste consertura. Proditum est etiam, ipsum ante cohortes progressum, hujusmodi verbis eos inflammasse : « Modo, cives, strenuos nosmet declarantes, erectis oculis suspiciamus, posterisque patriam talem tradamus, qualem a majoribus accepimus. Desinamus tandem liberis, uxoribus, senioribus, hospitibus esse pudori, apud quos antehac Græcorum omnium eramus spectatissimi. » His dictis, cœlo sereno perhibent ei fulgura tonitruaque extra contigisse. Præterea accidit, ut ad cornu dextrum delubrum et simulacrum Herculis esset : cujus ex posteris Archidamus esse ferebatur. Enimvero rebus hisce omnibus tantum ardoris audaciæque militibus injectum fuisse perhibent, ut ducibus esset difficile cohibere milites qui in hostem proruebant. Mox ducente Archidamo in hostes, pauci eorum ad hastæ usque ictum ipsos excipientes, interempti sunt : ceteri quum fugerent, magna ex parte vel ab equitibus, vel a Celtis sunt occisi. Finita pugna, quum tropæum statuisset, mox Demotelem præconem domum misit, qui hujus victoriæ magnitudinem nuntiaret, ac Lacedæmoniorum ne unum quidem, permagnam vero hostium multitudinem occubuisse. Proditum est autem, Spartanos, quum

σαντας ἀρξαμένους ἀπὸ Ἀγησιλάου καὶ τῶν γερόντων καὶ τῶν ἐφόρων πάντας κλαίειν· οὕτω κοινόν τι ἄρα χαρᾷ καὶ λύπῃ δάκρυά ἐστιν. Ἐπὶ μέντοι τῇ τῶν Ἀρκάδων τύχῃ οὐ πολύ τι ἧττον Λακεδαιμονίων ᾔσθησαν Θηβαῖοί τε καὶ Ἠλεῖοι· οὕτως ἤδη ἤχθοντο ἐπὶ τῷ φρονήματι αὐτῶν.

33. Συνεχῶς δὲ βουλευόμενοι οἱ Θηβαῖοι ὅπως ἂν τὴν ἡγεμονίαν λάβοιεν τῆς Ἑλλάδος, ἐνόμισαν, εἰ πέμψειαν πρὸς τὸν Περσῶν βασιλέα, πλεονεκτῆσαι ἄν τι ἐν ἐκείνῳ. Καὶ ἐκ τούτου παρακαλέσαντες ἤδη τοὺς συμμάχους ἐπὶ προφάσει ὅτι καὶ Εὐθυκλῆς ὁ Λακεδαιμόνιος εἴη παρὰ βασιλεῖ, ἀναβαίνουσι Θηβαίων μὲν Πελοπίδας, Ἀρκάδων δὲ Ἀντίοχος ὁ παγκρατιαστής, Ἠλείων δὲ Ἀρχίδαμος· ἀκολούθει δὲ καὶ Ἀργεῖος. Καὶ οἱ Ἀθηναῖοι δὲ ἀκούσαντες ταῦτα ἀνέπεμψαν Τιμαγόραν τε καὶ Λέοντα. (34) Ἐπεὶ δ᾽ ἐκεῖ ἐγένοντο, πολὺ ἐπλεονέκτει ὁ Πελοπίδας παρὰ τῷ Πέρσῃ. Εἶχε γὰρ λέγειν καὶ ὅτι μόνοι τῶν Ἑλλήνων βασιλεῖ συνεμάχοντο ἐν Πλαταιαῖς, καὶ ὅτι ὕστερον οὐδεπώποτε στρατεύσαιντο ἐπὶ βασιλέα, καὶ ὡς Λακεδαιμόνιοι διὰ τοῦτο πολεμήσειαν αὐτοῖς, ὅτι οὐκ ἐθιλήσαιεν μετ᾽ Ἀγησιλάου ἐλθεῖν ἐπ᾽ αὐτὸν οὐδὲ θῦσαι ἐάσαιεν αὐτὸν ἐν Αὐλίδι τῇ Ἀρτέμιδι, ἔνθαπερ ὅτι Ἀγαμέμνων εἰς τὴν Ἀσίαν ἐξέπλει θύσας εἷλε τὴν Τροίαν. (35) Μέγα δὲ συνεβάλλετο τῷ Πελοπίδᾳ εἰς τὸ τιμᾶσθαι καὶ ὅτι ἐνενικήκεσαν οἱ Θηβαῖοι μάχῃ ἐν Λεύκτροις καὶ ὅτι πεπορθηκότες τὴν χώραν τῶν Λακεδαιμονίων ἐφαίνοντο. Ἔλεγε δὲ ὁ Πελοπίδας ὅτι Ἀργεῖοι καὶ Ἀρκάδες μάχῃ ἡττημένοι εἶεν ὑπὸ Λακεδαιμονίων, ἐπεὶ αὐτοὶ οὐ παρεγένοντο. Συνεμαρτύρει δ᾽ αὐτῷ ταῦτα πάντα ὡς ἀληθῆ λέγει ὁ Ἀθηναῖος Τιμαγόρας, καὶ ἐτιμᾶτο δεύτερα μετὰ τὸν Πελοπίδαν. (36) Ἐκ δὲ τούτου ἐρωτώμενος ὑπὸ βασιλέως ὁ Πελοπίδας τί βούλοιτο ἑαυτῷ γραφῆναι εἶπεν ὅτι Μεσσήνην τε αὐτόνομον εἶναι ἀπὸ Λακεδαιμονίων καὶ Ἀθηναίους ἀνέλκειν τὰς ναῦς· εἰ δὲ ταῦτα μὴ πείθοιντο, στρατεύεσθαι ἐπ᾽ αὐτούς· εἰ τίς δὲ πόλις μὴ ἐθέλοι ἀκολουθεῖν, ἐπὶ ταύτην πρῶτον ἰέναι. (37) Γραφέντων δὲ τούτων καὶ ἀναγνωσθέντων τοῖς πρέσβεσιν, εἶπεν ὁ Λέων ἀκούοντος βασιλέως, Νὴ Δία, ὦ Ἀθηναῖοι, ὥρα γε ὑμῖν, ὡς ἔοικεν, ἄλλον τινὰ φίλον ἀντὶ βασιλέως ζητεῖν. Ἐπεὶ δὲ ἀπήγγειλεν ὁ γραμματεὺς ἃ εἴποι ὁ Ἀθηναῖος, πάλιν ἐξήνεγκε προσγεγραμμένα· εἰ δέ τι δικαιότερον τούτων γιγνώσκουσιν οἱ Ἀθηναῖοι, ἰόντας πρὸς βασιλέα διδάσκειν. (38) Ἐπεὶ δὲ ἀφίκοντο οἱ πρέσβεις ἕκαστοι οἴκαδε, τὸν μὲν Τιμαγόραν ἀπέκτειναν οἱ Ἀθηναῖοι, κατηγοροῦντος τοῦ Λέοντος ὡς οὔτε συσκηνοῦν ἐθέλοι ἑαυτῷ μετά τε Πελοπίδου πάντα βουλεύοιτο. Τῶν δὲ ἄλλων πρέσβεων ὁ μὲν Ἠλεῖος Ἀρχίδαμος, ὅτι προὐτίμησε τὴν Ἦλιν πρὸ τῶν Ἀρκάδων, ἐπῄνει τὰ βασιλέως, ὁ δὲ Ἀντίοχος, ὅτι ἠλαττοῦτο τὸ Ἀρκαδικόν, οὔτε τὰ δῶρα ἐδέξατο ἀπήγγειλέ τε πρὸς τοὺς μυρίους, ὅτι βασιλεὺς ἀρτοκόπους μὲν καὶ ὀψοποιοὺς καὶ οἰνοχόους καὶ θυρωροὺς παμπληθεῖς ἔχοι, ἄνδρας δὲ οἳ μάχοιντ᾽ ἂν Ἕλλησι πάνυ ζητῶν οὐκ ἔφη δύνασθαι

hæc audiissent, initio ab Agesilao, senioribus, Ephoris facto, collacrimasse universos : usque adeo lacrimæ tum lætitiæ tum dolori sunt communes. Neque multo minorem Thebani ac Elei voluptatem ex Arcadum adversa fortuna, quam Lacedæmonii, capiebant. Adeo jam fastum eorum ægre ferebant.

Quum autem assidue consultarent Thebani, qua ratione imperio Græciæ potirentur, arbitrabantur, se, si Persarum ad regem aliquos mitterent, posse per hunc reliquis superiores evadere. Quamobrem convocatis sociis sub specie, quasi etiam Euthycles Lacedæmonius apud regem esset, ad eundem ascendunt ex Thebanis Pelopidas, ex Arcadibus Antiochus ille pancratii victor, ex Eleis Archidamus, quem Argeus etiam comitabatur. Præterea his auditis, Athenienses quoque Timagoram et Leontem miserunt. Posteaquam ventum ad regem est, longe plus ceteris Pelopidas apud eum valebat. Nam dicere poterat, solos ex Græcis Thebanos regi adfuisse in ea quæ ad Plataeas commissa fuisset pugna, eosdem neque deinceps unquam bellum regi fecisse, ac propterea bello vexatos a Lacedæmoniis fuisse, quod cum Agesilao militare adversus regem noluissent, ac præterea non permisisse se huic, ut Dianæ apud Aulidem sacrum faceret; quo loco Agamemno facta re sacra in Asiam trajecisset ac Trojam deinde cepisset. Magnum id quoque Pelopidæ momentum afferebat ad eum, ut honore afficeretur, quod apud Leuctra Thebani victores extitissent, et quod palam esset, eos agrum Lacedæmoniorum depopulatos. Addebat, prælio victos a Lacedæmoniis esse Argivos et Arcades, propterea quod Thebani eis non adfuissent. Atque hæc omnia vere ab eo dici, Timagoras Atheniensis testimonio suo confirmabat; idemque secundum honoris a Pelopida locum obtinebat. Postea interrogatus a rege Pelopidas, quid perscribi vellet, respondit, ut a Lacedæmoniorum potestate Messene immunis esset, ac ut Athenienses navigia sua subducerent : ni parerent, bellum eis indicendum esse. Quod si qua civitas sequi recusaret, eam primam esse debere, quæ cum exercitu peteretur. Hæc perscripta quam essent, ac legatis lecta, Leon, audiente rege, Profecto, inquit, jam tempus est, Athenienses, uti quidem videtur, ut alium vobis amicum regis loco quæratis. Quum autem regi scriba interpretatus esset quid legatus Atheniensis dixisset, rursum exposuit hæc quæ fuissent adscripta : Quod si quid æquius Athenienses scirent, id euntes ad regem significent. Posteaquam hi legati singuli domum rediierunt, Timagoram Athenienses capite multarunt, accusante ipsum Leonte, quod neque uti secum eodem contubernio voluisset, et omnia consilia cum Pelopida communicasset. Ex reliquis oratoribus Archidamus Eleus regem prædicabat, propterea quod Eleos Arcadibus prætulisset. Antiochus vero, quod Arcadum nationis exstimationem fuisset exigua, neque munera recipiebat a rege, et renuntiabat Deciesmillibus, regem et panum et obsoniorum artifices, et pocillatores, et ostiarios plurimos habere : sed viros, ait, qui adversus Græcos di-

HISTORIÆ GRÆCÆ LIB. VII. CAP. I. 471

ἰδεῖν. Πρὸς δὲ τούτοις καὶ τὸ τῶν χρημάτων πλῆθος ἀλαζονείαν οἵ γε δοκεῖν ἔφη εἶναι, ἐπεὶ καὶ τὴν ὁμνουμένην ἂν χρυσῆν πλάτανον οὐχ ἱκανὴν ἔφη εἶναι τέττιγι σκιὰν παρέχειν.

39. Ὡς δὲ οἱ Θηβαῖοι συνεκάλεσαν ἀπὸ τῶν πόλεων ἁπασῶν ἀκουσομένους τῆς παρὰ βασιλέως ἐπιστολῆς, καὶ ὁ Πέρσης ὁ φέρων τὰ γράμματα δείξας τὴν βασιλέως σφραγῖδα ἀνέγνω τὰ γεγραμμένα, οἱ μὲν Θηβαῖοι ὀμνύναι ταῦτα ἐκέλευον βασιλεῖ καὶ ἑαυτοῖς τοὺς βουλομένους φίλους εἶναι, οἱ δὲ ἀπὸ τῶν πόλεων ἀπεκρίναντο ὅτι οὐχ ὀμούμενοι ἀλλ᾽ ἀκουσόμενοι πεμφθεῖησαν· εἰ δέ τι ὅρκων δέοιντο, πρὸς τὰς πόλεις πέμπειν ἐκέλευον. Ὁ μέντοι Ἀρκὰς Λυκομήδης καὶ τοῦτο ἔλεγεν, ὅτι οὐδὲ τὸν σύλλογον ἐν Θήβαις δέοι εἶναι, ἀλλ᾽ ἔνθα ἂν ᾖ ὁ πόλεμος. Χαλεπαινόντων δ᾽ αὐτῷ τῶν Θηβαίων καὶ λεγόντων ὡς διαφθείροι τὸ συμμαχικόν, οὐδ᾽ εἰς τὸ συνέδριον ἤθελε καθίζειν, ἀλλ᾽ ἀπιὼν ᾤχετο, καὶ μετ᾽ αὐτοῦ πάντες οἱ ἐξ Ἀρκαδίας πρέσβεις. (40) Ὡς δ᾽ ἐν Θήβαις οὐκ ἠθέλησαν οἱ συνεληλυθότες ὀμόσαι, ἔπεμπον οἱ Θηβαῖοι πρέσβεις ἐπὶ τὰς πόλεις, ὀμνύναι κελεύοντες ποιήσειν κατὰ τὰ βασιλέως γράμματα, νομίζοντες ὀκνήσειν μίαν ἑκάστην τῶν πόλεων ἀπεχθάνεσθαι ἅμα ἑαυτοῖς τε καὶ βασιλεῖ. Ἐπεὶ μέντοι εἰς Κόρινθον πρῶτον αὐτῶν ἀφικομένων ὑπέστησαν οἱ Κορίνθιοι, καὶ ἀπεκρίναντο ὅτι οὐδὲν δέοιντο πρὸς βασιλέα κοινῶν ὅρκων, ἐπηκολούθησαν καὶ ἄλλαι πολλαὶ πόλεις κατὰ ταὐτὰ ἀποκρινόμεναι. Καὶ αὕτη μὲν ἡ Πελοπίδου καὶ τῶν Θηβαίων τῆς ἀρχῆς περιβολὴ οὕτω διελύθη.

41. Αὖθις δ᾽ Ἐπαμεινώνδας, βουληθεὶς τοὺς Ἀχαιοὺς προςαγαγέσθαι, ὅπως μᾶλλόν σφισι καὶ οἱ Ἀρκάδες καὶ οἱ ἄλλοι σύμμαχοι προςέχοιεν τὸν νοῦν, ἔγνωσε στρατευτέον εἶναι ἐπὶ τὴν Ἀχαΐαν. Πείσαιον οὖν τὸν Ἀργεῖον στρατηγοῦντα ἐν τῷ Ἄργει πείθει προκαταλαβεῖν τὸ Ὄνειον. Καὶ ὁ Πείσαιος μέντοι καταμαθὼν ἀμελουμένην τὴν τοῦ Ὀνείου φυλακὴν ὑπό τε Ναυκλέους, ὃς ἦρχε τοῦ ξενικοῦ τῶν Λακεδαιμονίων, καὶ ὑπὸ Τιμομάχου τοῦ Ἀθηναίου, καταλαμβάνει νύκτωρ μετὰ δισχιλίων ὁπλιτῶν τὸν ὑπὲρ Κεγχρειῶν λόφον, ἔχων ἑπτὰ ἡμερῶν τὰ ἐπιτήδεια. (42) Ἐν δὴ ταύταις ταῖς ἡμέραις ἐλθόντες οἱ Θηβαῖοι ὑπερβαίνουσι τὸ Ὄνειον, καὶ στρατεύουσι πάντες οἱ σύμμαχοι ἐπ᾽ Ἀχαΐαν, ἡγουμένου Ἐπαμεινώνδου. Προςπεσόντων δ᾽ αὐτῷ τῶν βελτίστων ἐκ τῆς Ἀχαΐας, ἐνδυναστεύει ὁ Ἐπαμεινώνδας ὥστε μὴ φυγαδεῦσαι τοὺς κρατίστους μηδὲ πολιτείαν μεταστῆσαι, ἀλλὰ πιστὰ λαβὼν παρὰ τῶν Ἀχαιῶν ἦ μὴν συμμάχους ἔσεσθαι καὶ ἀκολουθήσειν ὅποι ἂν Θηβαῖοι ἡγῶνται, οὕτως ἀπῆλθεν οἴκαδε. (43) Κατηγορούντων δὲ αὐτοῦ τῶν τε Ἀρκάδων καὶ τῶν ἀντιστασιωτῶν ὡς Λακεδαιμονίοις κατεσκευακὼς τὴν Ἀχαΐαν ἀπέλθοι, ἔδοξε Θηβαίοις πέμψαι ἁρμοστὰς εἰς τὰς Ἀχαΐδας πόλεις. Οἱ δ᾽ ἐλθόντες τοὺς μὲν βελτίστους σὺν τῷ πλήθει ἐξέβαλον, δημοκρατίας δ᾽ ἐν τῇ Ἀχαΐᾳ κατέστησαν. Οἱ μέντοι ἐκπεσόντες συστάντες

micare possent, quanquam admodum quæsivisset, se videre non potuisse. Præterea sibi quidem videri pecuniarum illam copiam ad inanem ostentationem comparatam esse: nam et nobilem illam platanum auream ne cicadæ quidem umbram præbere posse.

Thebani, quum urbes universas ad audiendas regis literas convocassent, easque Persa is a quo allatæ fuerant, monstrato regis sigillo, perlegisset, jubebant, omnes, quotquot amici esse vellent, in hanc sententiam regi ac ipsis jusjurandum præstare. Verum legati urbium respondebant, se missos esse, non juratum, sed auditum: quod si sacramentum præstandum esset, ut ad urbes ipsas mitterent, hortabantur. Addebat Lycomèdes Arcas, ne conveniri quidem Thebis debere, sed istic, ubi bellum gereretur. Ei quum Thebani succenserent, ac socios ab ipso corrumpi dicerent, ne in concilio quidem sedere voluit, sed discessit, sequentibus eum universis Arcadum legatis. Posteaquam ii, qui convenerant Thebis, jurare recusarunt, ad urbes ipsas Thebani legatos mittebant, et hortabantur, ut ex decreto regiarum literarum jusjurandum præstarent; existimantes, unamquamque civitatem verituram, ne simul in regis et ipsorum odium incurreret. Verum quum primo Corinthum venissent, et obstitissent Corinthii, neque se juramenti cum rege communis egere respondissent, tum deinde sequutæ sunt hos et aliæ complures urbes, inque sententiam eandem responderunt. Hoc pacto instituta imperii affectatio a Pelopida et Thebanis ad nihilum recidit.

Quum autem rursus Epaminondas primum Achæos ad suas partes traducere cogitaret, ut eo magis tum Arcades tum reliqui socii dicto audientes essent, suscipiendam esse in Achaiam expeditionem cognovit. Itaque Pisæum Argivum, qui Argivorum imperator erat, permovet, ut Oneum præoccuparet. Ille quum certior factus esset, Oneum a Naucleo, qui conductitio Lacedæmoniorum militi præerat, et Atheniensi Timomacho negligenter custodiri, cum bis mille gravis armaturæ peditibus collem, Cenchreis imminentem, noctu occupat, commeatu dierum septem instructus. Interea Thebani domo profecti Oneum superant, et universis cum sociorum copiis Achaiam, Epaminonda duce, invadunt. Quumque optimates Achaiæ eum supplices rogarent, Epaminondas auctoritate sua perfecit, ut optimates in exilium non ejicerentur, neque republicæ status immutaretur: sed tantum fide ab Achæis accepta, qua sancte pollicerentur, se socios futuros, et sequuturos quocunque Thebani ducerent, ita deinde domum discessit. Quum autem Arcades, et ii qui adversæ factionis erant, Epaminondam accusarent, quod constituta ex usu Lacedæmoniorum Achaia discessisset, visum est Thebanis præfectos ad urbes Achaicas mittere. Illi quum advenissent, optimatibus cum multitudine ejectis, statum popularem in Achaiam introducebant. Verum exules celeriter collecti, quum non pauci

ταχὺ, ἐπὶ μίαν ἑκάστην τῶν πόλεων πορευόμενοι, ὄντες οὐκ ὀλίγοι, κατῆλθόν τε καὶ κατέσχον τὰς πόλεις. Ἐπεὶ δὲ κατελθόντες οὐκέτι ἐμέσευον, ἀλλὰ προθύμως συνεμάχουν τοῖς Λακεδαιμονίοις, ἐπιέζοντο οἱ Ἀρκάδες ἔνθεν μὲν ὑπὸ Λακεδαιμονίων, ἔνθεν δὲ ὑπὸ Ἀχαιῶν. (44) Ἐν δὲ τῷ Σικυῶνι τὸ μὲν μέχρι τούτου κατὰ τοὺς ἀρχαίους νόμους ἡ πολιτεία ἦν. Ἐκ δὲ τούτου βουλόμενος ὁ Εὔφρων, ὥσπερ παρὰ τοῖς Λακεδαιμονίοις ἦν μέγιστος τῶν πολιτῶν, οὕτω καὶ παρὰ τοῖς ἐναντίοις αὐτῶν πρωτεύειν, λέγει πρὸς τοὺς Ἀργείους καὶ τοὺς Ἀρκάδας ὡς εἰ μὲν οἱ πλουσιώτατοι ἐγκρατεῖς ἔσοιντο τοῦ Σικυῶνος, σαφῶς, ὅταν τύχῃ, πάλιν λακωνιεῖ ἡ πόλις· ἐὰν δὲ δημοκρατία γένηται, εὖ ἴστε, ἔφη, ὅτι διαμενεῖ ὑμῖν ἡ πόλις. Ἐὰν οὖν μοι παραγένησθε, ἐγὼ ἔσομαι ὁ συγκαλῶν τὸν δῆμον, καὶ ἅμα ἐγώ θ' ὑμῖν ταύτην πίστιν ἐμαυτοῦ δώσω καὶ τὴν πόλιν βέβαιον ἐν τῇ συμμαχίᾳ παρέξω. Ταῦτα δ', ἔφη, ἐγὼ πράττω εὖ ἴστε ὅτι πάλαι μὲν χαλεπῶς φέρων, ὥσπερ ὑμεῖς, τὸ φρόνημα τῶν Λακεδαιμονίων, ἀσμένως δ' ἂν τὴν δουλείαν ἀποφύγων. (45) Οἱ οὖν Ἀρκάδες καὶ οἱ Ἀργεῖοι ἡδέως ταῦτ' ἀκούσαντες παρεγένοντο αὐτῷ. Ὁ δ' εὐθὺς ἐν τῇ ἀγορᾷ παρόντων τῶν Ἀργείων καὶ τῶν Ἀρκάδων συνεκάλει τὸν δῆμον, ὡς τῆς πολιτείας ἐσομένης ἐν τοῖς ἴσοις καὶ ὁμοίοις. Ἐπεὶ δὲ συνῆλθον, στρατηγοὺς ἐκέλευσεν ἑλέσθαι οὕστινας αὐτοῖς δοκοίη· οἱ δ' αἱροῦνται αὐτόν τε τὸν Εὔφρονα καὶ Ἱππόδαμον καὶ Κλέανδρον καὶ Ἀκρίσιον καὶ Λύσανδρον. Ὡς δὲ ταῦτα ἐπέπρακτο, καὶ ἐπὶ τὸ ξενικὸν καθίστησιν Ἀδέαν τὸν αὐτοῦ υἱόν, Λυσιμένην τὸν πρόσθεν ἄρχοντα ἀποστήσας. (46) Καὶ εὐθὺς μὲν τούτων τῶν ξένων ὁ Εὔφρων πιστούς τινας εὖ ποιῶν ἐποιήσατο, καὶ ἄλλους προσελάμβανεν, οὔτε τῶν δημοσίων οὔτε τῶν ἱερῶν χρημάτων φειδόμενος. Καὶ ὅσους δ' ἐξέβαλεν ἐπὶ λακωνισμῷ, καὶ τοῖς τούτων χρήμασιν ἐχρῆτο. Καὶ τῶν συναρχόντων δὲ τοὺς μὲν δόλῳ ἀπέκτεινε, τοὺς δὲ ἐξέβαλεν· ὥστε πάντα ὑφ' ἑαυτῷ ἐποιήσατο καὶ σαφῶς τύραννος ἦν. Ὅπως δὲ ταῦτα ἐπιτρέποιεν αὐτῷ οἱ ξύμμαχοι, τὰ μέν τι καὶ χρήμασι διεπράττετο, τὰ δὲ καὶ, εἴ ποι στρατεύοιντο, προθύμως ἔχων τὸ ξενικὸν συνηκολούθει.

ΚΕΦΑΛΑΙΟΝ Β.

Οὕτω δὲ τούτων προκεχωρηκότων, καὶ τῶν τε Ἀργείων ἐπιτετειχικότων τῷ Φλιοῦντι τὸ ὑπὲρ τοῦ Ἡραίου Τρίκρανον, καὶ τῶν Σικυωνίων ἐπὶ τοῖς ὁρίοις αὐτῶν τειχιζόντων τὴν Θυαμίαν, μάλα ἐπιέζοντο οἱ Φλιάσιοι καὶ ἐσπάνιζον τῶν ἐπιτηδείων· ὅμως δὲ διεκαρτέρουν ἐν τῇ συμμαχίᾳ. Ἀλλὰ γὰρ τῶν μὲν μεγάλων πόλεων, εἴ τι καλὸν ἔπραξαν, ἅπαντες οἱ συγγραφεῖς μέμνηνται· ἐμοὶ δὲ δοκεῖ, καὶ εἴ τις μικρὰ πόλις οὖσα πολλὰ καὶ καλὰ ἔργα διαπέπρακται, ἔτι μᾶλλον ἄξιον εἶναι ἀποφαίνειν. (2) Φλιάσιοι τοίνυν φίλοι μὲν ἐγένοντο Λα-

essent, ad civitates singulas reversi, eas recuperatas occupabant : quumque jam ab exilio rediissent, nec amplius se medios gererent, sed alacriter opem Lacedæmoniis ferrent, Arcades ex una parte a Lacedæmoniis, ex altera ab Achæis premebantur. Ceterum Sicyone, ad hoc usque tempus, respublica secundum vetustas leges administrabatur : verum quum Euphro cuperet itidem, ut apud Lacedæmonios auctoritate supra cives ceteros summa erat, etiam apud ipsorum adversarios primas obtinere, Argivis et Arcadibus significat, si plane summa potestas Sicyone penes opulentissimos esset, procul dubio rempublicam eam, oblata saltem occasione, rursus Lacedæmoniorum partes sequuturam; sin popularis status introduceretur, Certo, inquit, scitote, mansuram in fide. Quapropter si mihi adfueritis, equidem vobis populum convocabo; simulque tum meo nomine fidem vobis dabo, tum ut civitas ipsa constanter hac in societate persistat, efficiam. Atque hæc, inquit, facio, quod jamdudum itidem, ut vos, Lacedæmoniorum arrogantiam iniquo animo feram, ac servitute me lubens liberare cupiam. Ea quum Arcadibus et Argivis audita jucunda essent, præsto ei erant. Euphro statim in foro, præsentibus Argivis et Arcadibus, populum convocavit, administrandam rempublicam dictans æquo ac pari jure. Posteaquam convenit populus, jussit uti prætores legerent, quos ipsis visum esset. Illi Euphronem ipsum, cum Hippodamo, Cleandro, Acrisio, Lysandro, deligunt. Quibus ita confectis, Adeam filium suum mercenariis copiis præficit, abrogato Lysimeni, qui antea præfuerat iisdem, imperio. Mox Euphro de quibusdam horum exterorum militum bene merendo, ipsi ut fidi essent, efficiebat ; et alios præterea conducebat, nullis neque publicis neque sacris pecuniis parcens. Quotquot etiam in exilium ageret, propterea quod Lacedæmoniorum partes sequerentur, eorum quoque facultates sibi usurpabat. Præterea collegas partim fraude necabat, partim ejiciebat in exilium. Quo factum, ut suam in potestatem redigeret omnia, palamque tyrannidem exerceret. Atque ad hæc ut socii conniverent, vel largitionibus impetrabat, vel eo, quod impigre cum mercenariis copiis eos sequeretur, si quo illi expeditionem susciperent.

CAPUT II.

Quum hæc ita successissent, et Argivi quidem Tricaranum, supra fanum Junonis situm, contra Phliuntem sibi munivissent, Sicyonii vero in finibus eorum Thyamiam munirent, vehementer Phliasii premebantur, et commeatus inopia laborabant. Nihilominus constanter Lacedæmoniorum in societate persistebant. Enimvero quum eorum, quæ præclare magnis a rebuspublicis geruntur, omnes historici meminerint, equidem arbitror multo magis esse operæ pretium, indicari ea quæ exiguum aliquod oppidum, et insignia, neque pauca numero gesserit. Inierant cum Lacedæmoniis amicitiam id temporis Phliasii, quum am-

κεδαιμονίοις, ὅτ' ἐκεῖνοι μέγιστοι ἦσαν· σφαλέντων δ' αὐτῶν ἐν τῇ ἐν Λεύκτροις μάχῃ, καὶ ἀποστάντων μὲν πολλῶν περιοίκων, ἀποστάντων δὲ πάντων τῶν Εἱλώτων, ἔτι δὲ τῶν συμμάχων πλὴν πάνυ ὀλίγων, ἐπιστρατευόντων δ' αὐτοῖς ὡς εἰπεῖν πάντων τῶν Ἑλλήνων, πιστοὶ διέμειναν, καὶ ἔχοντες πολεμίους τοὺς δυνατωτάτους τῶν ἐν Πελοποννήσῳ Ἀρκάδας καὶ Ἀργείους ὅμως ἐβοήθησαν αὐτοῖς, καὶ διαβαίνειν τελευταῖοι λαχόντες εἰς Πρασιὰς τῶν συμβοηθησάντων, ἦσαν δ' οὗτοι Κορίνθιοι, Ἐπιδαύριοι, Τροιζήνιοι, Ἑρμιονεῖς, Ἁλιεῖς, Σικυώνιοι καὶ Πελληνεῖς, (3) οὐ γὰρ πώποτε ἀφέστασαν, ἀλλ' οὐδ' ἐπεὶ δὲ ξεναγὸς τοὺς προδιαβεβῶτας λαβὼν ἀπολιπὼν αὐτοὺς ᾤχετο, οὐδ' ὡς ἀπεστράφησαν, ἀλλ' ἡγεμόνα μισθωσάμενοι ἐκ Πρασιῶν, ὄντων τῶν πολεμίων περὶ Ἀμύκλας, ὅπως ἐδύναντο διαδύντες εἰς Σπάρτην ἀφίκοντο. Καὶ μὴν οἱ Λακεδαιμόνιοι ἄλλως τε ἐτίμων αὐτοὺς καὶ βοῦν ξένια ἔπεμψαν. (4) Ἐπεὶ δ' ἀναχωρησάντων τῶν πολεμίων ἐκ τῆς Λακεδαίμονος οἱ Ἀργεῖοι ὀργιζόμενοι τῇ τῶν Φλιασίων περὶ τοὺς Λακεδαιμονίους προθυμίᾳ ἐνέβαλον πανδημεὶ εἰς τὴν Φλιοῦντα καὶ τὴν χώραν αὐτῶν ἐδῄουν, οὐδ' ὡς ὑφεῖντο, ἀλλὰ καὶ ἐπεὶ ἀπετχώρουν φθείραντες ὅσα ἐδύναντο, ἐπεξελθόντες οἱ τῶν Φλιασίων ἱππεῖς ἐπηκολούθουν αὐτοῖς, καὶ ὀπισθοφυλακούντων τοῖς Ἀργείοις τῶν ἱππέων ἁπάντων καὶ λόχων τῶν μετ' αὐτοὺς τεταγμένων, ἐπιθέμενοι τούτοις ἑξήκοντα ὄντες ἐτρέψαντο πάντας τοὺς ὀπισθοφύλακας· καὶ ἀπέκτειναν μὲν ὀλίγους αὐτῶν, τρόπαιον μέντοι ἐστήσαντο ὁρώντων τῶν Ἀργείων οὐδὲν διαφέρον ἢ εἰ πάντας ἀπεκτόνεσαν αὐτούς.

5. Αὖθις δὲ Λακεδαιμόνιοι μὲν καὶ οἱ σύμμαχοι ἐφρούρουν τὸ Ὄνειον, Θηβαῖοι δὲ προσῇεσαν ὡς ὑπερβησόμενοι. Πορευομένων δὲ διὰ Νεμέας τῶν Ἀρκάδων καὶ Ἠλείων, ὅπως συμμίξαιεν τοῖς Θηβαίοις, προσήνεγκαν μὲν λόγον τῶν Φλιασίων φυγάδες ὡς εἰ ἐθελήσειαν ἐπιφανῆναι μόνον σφίσι, λάβοιεν ἂν Φλιοῦντα· ἐπεὶ δὲ ταῦτα συνωμολογήθη, τῆς νυκτὸς ὑπεκαθίζοντο ὑπ' αὐτῷ τῷ τείχει κλίμακας ἔχοντες οἵ τε φυγάδες καὶ ἄλλοι μετ' αὐτῶν ὡς ἑξακόσιοι. Ἐπεὶ δὲ οἱ μὲν σκοποὶ ἐσήμαινον ἀπὸ τοῦ Τρικαράνου ὡς πολεμίων ἐπιόντων, ἡ δὲ πόλις πρὸς τούτοις τὸν νοῦν εἶχε, ἐν δὴ τούτῳ οἱ προδιδόντες ἐσήμαινον τοῖς ὑποκαθημένοις ἀναβαίνειν. (6) Οἱ δ' ἀναβάντες καὶ λαβόντες τοὺς φρουρῶν τὰ ὅπλα ἔρημα, ἐδίωκον τοὺς ἡμεροφύλακας ὄντας δέκα· ἀφ' ἑκάστης δὲ τῆς πεμπάδος εἷς ἡμεροφύλαξ κατελείπετο· καὶ ἕνα μὲν ἔτι καθεύδοντα ἀπέκτειναν, ἄλλον δὲ καταφυγόντα πρὸς τὸ Ἡραῖον. Φυγῇ δ' ἐξαλλομένων κατὰ τοῦ τείχους τοῦ εἰς τὸ ἄστυ δρώντων τῶν ἡμεροφυλάκων, ἀναμφισβητήτως εἶχον οἱ ἀναβάντες τὴν ἀκρόπολιν. (7) Ἐπεὶ δὲ κραυγῆς εἰς τὴν πόλιν ἀφικομένης ἐβοήθουν οἱ πολῖται, τὸ μὲν πρῶτον ἐπεξελθόντες ἐκ τῆς ἀκροπόλεως οἱ πολέμιοι ἐμάχοντο ἐν τῷ πρόσθεν τῶν εἰς τὴν πόλιν φερουσῶν πυλῶν· ἔπειτα πολιορκούμενοι ὑπὸ τῶν προσβοηθούντων ἐχώρουν πάλιν πρὸς τὴν ἀκρόπολιν· οἱ δὲ πολῖται συνεισπίπτουσιν

plissima ipsorum esset potestas. Iidem attritis Lacedæmoniorum in prœlio ad Leuctra viribus, quum plerique finitimi deficerent ab ipsorum fide, facerent idem servi omnes, qui Helotes dicuntur, omnesque socii, perpaucis exceptis, et bellum adversus eos moverent, ut ita dicam, Græci universi : in fide tamen perstiterunt ; quanquam etiam infestos sibi habebant Argivos et Arcades, omnium in Peloponneso potentissimos, nihilominus opem eis tulerunt, et quum sorte hoc illis obtigisset, ut postremi omnium eorum qui Lacedæmoniis conjunctim suppetias ferebant, Prasias se conferrent (inter quos fuere Corinthii, Epidaurii, Trœzenii, Hermionenses, Halienses, Sicyonii, et Pellenenses), minime unquam a Lacedæmoniis defecerint ; vel ne tunc quidem, quum relictis ipsis, mercenariorum militum ductor abiret cum iis qui antecesserant, sese in itinere averterunt ; sed mercede conducto Prasiis viæ duce, quum hostes juxta Amyclas essent, uti quidem poterant, penetrantes, Spartam venerunt. Lacedæmonii sane quum aliis eos honoribus ornarunt, tum bovem etiam ipsis hospitalis doni loco miserunt. Post ubi hostibus Lacedæmone discedentibus, Argivi, ob singularem erga Lacedæmonios benevolentiam Pliliasiis succensentes, universis cum reipublicæ copiis Phliuntis agrum ingressi sunt, eumque populando vastarunt, tamen ne sic quidem illi quidquam remisere. Quin etiam id temporis, quum Argivi finibus ipsorum excederent, vastatis rebus, quas quidem poterant, omnibus, egressi adversus eos Phliasiorum equites, vestigiis ipsorum inhærebant. Quumque universus Argivorum equitatus, una cum cohortibus quæ collocatæ post equites fuerant, agmen extremum tutarentur, tamen hos aggressi sexaginta omnino Phliasiorum equites, totum illud agminis extremi præsidium in fugam verterunt. Et quamvis paucos ex eis occiderent, tamen in Argivorum conspectu tropæum excitarunt : quod erat perinde ac si eos omnes interfecissent.

Rursus quum Lacedæmonii eorumque socii præsidio tenerent Oneum, ac Thebani adventarent, quasi qui superare Oneum vellent, pergentibus interim per Nemeam Arcadibus et Eleis, ut se cum Thebanis conjungerent : significabant eis Phliasiorum exules, posse Phliuntem capi, si tantum se ostendissent. Posteaquam illi adsensi fuerunt, noctu sub ipsa arce exules et alii sexcenti cum scalis delitescebant. Inde significantibus speculatoribus a Tricarano hostes adventare, quum in hos cives intenti essent, interea proditores delitescentibus signum dabant, ut ascenderent. Quapropter illi conscensis muris, occupatisque custodum armis desertis, diurnos excubitores numero decem persequebantur : nam de singulis quinionibus custos diurnus unus relictus fuerat. Ex his unum illi adhuc dormientem, alterum ad Junonis fanum se recipientem interfecere. Quum autem fugæ studio de muro urbem versus posito desiliretur a diurnis excubitoribus, absque controversia tenebant jam arcem ii qui ascenderant. Verum excitato clamore, quum cives suis suppetias latum accurrerent, primum hostes ex arce prodeuntes ante portas, quæ in urbem ducunt, dimicabant. Deinde obsessi ab iis qui opem suis latum affluebant, rursus ad arcem pedem referebant. Hic oppidani una cum ipsis in arcem irrumpunt. Itaque area

αὐτοῖς. Τὸ μὲν οὖν μέσον τῆς ἀκροπόλεως εὐθὺς ἔρημον ἐγένετο· ἐπὶ δὲ τὸ τεῖχος καὶ τοὺς πύργους ἀναβάντες οἱ πολέμιοι ἔπαιον καὶ ἔβαλλον τοὺς ἔνδον· οἱ δὲ χαμόθεν ἠμύνοντο καὶ κατὰ τὰς ἐπὶ τὸ τεῖχος φερούσας κλίμακας προσεμάχοντο. (8) Ἐπεὶ δὲ τῶν ἔνδον καὶ ἔνδον πύργων ἐκράτησάν τινων οἱ πολῖται, ὁμόσε δὴ ἐχώρουν ἀπονενοημένως τοῖς ἀναβεβηκόσιν. Οἱ δὲ ὠθούμενοι ὑπ' αὐτῶν τῇ τόλμῃ τε καὶ τῇ μάχῃ, εἰς ἔλαττον συνειλοῦντο. Ἐν δὲ τούτῳ τῷ καιρῷ οἱ μὲν Ἀρκάδες καὶ οἱ Ἀργεῖοι περὶ τὴν πόλιν ἐκυκλοῦντο, καὶ κατὰ κεφαλὴν τὸ τεῖχος τῆς ἀκροπόλεως διώρυττον· τῶν δὲ ἔνδοθεν οἱ μὲν τοὺς ἐπὶ τοῦ τείχους, οἱ δὲ καὶ ἔξωθεν ἔτι ἐπαναβαίνοντας, ἐπὶ ταῖς κλίμαξιν ὄντας, ἔπαιον, οἱ δὲ πρὸς τοὺς ἐπαναβεβηκότας αὐτῶν ἐπὶ τοὺς πύργους ἐμάχοντο, καὶ πῦρ εὑρόντες ἐν ταῖς σκηναῖς ὑφῆπτον αὐτούς, προσφοροῦντες τῶν δραγμάτων ἃ ἔτυχον ἐξ αὐτῆς τῆς ἀκροπόλεως τεθερισμένα. Ἐνταῦθα δὴ οἱ μὲν ἀπὸ τῶν πύργων τὴν φλόγα φοβούμενοι ἐξήλλοντο, οἱ δὲ ἐπὶ τῶν τειχῶν ὑπὸ τῶν ἀνδρῶν παιόμενοι ἐξέπιπτον. (9) Ἐπεὶ δ' ἅπαξ ἤρξαντο ὑπείκειν, ταχὺ δὴ πᾶσα ἡ ἀκρόπολις ἔρημος τῶν πολεμίων ἐγεγένητο. Εὐθὺς δὲ καὶ οἱ ἱππεῖς ἐξήλαυνον· οἱ δὲ πολέμιοι ἰδόντες αὐτοὺς ἀπεχώρουν, καταλιπόντες τάς τε κλίμακας καὶ τοὺς νεκρούς, ἐνίους δὲ καὶ ζῶντας ἀποκεχωλευμένους. Ἀπέθανον δὲ τῶν πολεμίων οἵ τε ἔνδον μαχόμενοι καὶ οἱ ἐξαλλόμενοι οὐκ ἐλάττους τῶν ὀγδοήκοντα. Ἔνθα δὴ θεάσασθαι παρῆν ἐπὶ τῆς σωτηρίας τοὺς μὲν ἄνδρας δεξιουμένους ἀλλήλους, τὰς δὲ γυναῖκας πιεῖν τε φερούσας καὶ ἅμα χαρᾷ δακρυούσας· πάντας δὲ τοὺς παρόντας τότε γε τῷ ὄντι κλαυσίγελως εἶχεν.

10. Ἐνέβαλον δὲ καὶ τῷ ὑστέρῳ ἔτει εἰς τὴν Φλιοῦντα οἵ τε Ἀργεῖοι καὶ οἱ Ἀρκάδες ἅπαντες. Αἴτιον δ' ἦν τοῦ ἐπικεῖσθαι αὐτοὺς ἀεὶ τοῖς Φλιασίοις ὅτι ἅμα μὲν ὠργίζοντο αὐτοῖς, ἅμα δὲ ἐν μέσῳ εἶχον, καὶ ἐν ἐλπίδι ἦσαν ἀεὶ διὰ τὴν ἀπορίαν τῶν ἐπιτηδείων παραστήσεσθαι αὐτούς. Οἱ δ' ἱππεῖς καὶ οἱ ἐπίλεκτοι τῶν Φλιασίων καὶ ἐν ταύτῃ τῇ ἐμβολῇ ἐπὶ τῇ διαβάσει τοῦ ποταμοῦ ἐπιτίθενται σὺν τοῖς παροῦσιν τῶν Ἀθηναίων ἱππεῦσι· καὶ κρατήσαντες ἐποίησαν τοὺς πολεμίους τὸ λοιπὸν τῆς ἡμέρας ἐπὶ τὰς ἀκρωρείας ὑποχωρεῖν, ὥσπερ ἀπὸ φιλίου καρποῦ τοῦ ἐν τῷ πεδίῳ φυλαττομένοις μὴ καταπατήσειαν.

11. Αὖθις δέ ποτε ἐστράτευσεν εἰς τὸν Φλιοῦντα ὅ ἐν τῷ Σικυῶνι ἄρχων Θηβαῖος, ἄγων οὕς τε αὐτὸς εἶχε φρουροὺς καὶ Σικυωνίους καὶ Πελληνέας· ἤδη γὰρ τότε ἠκολούθουν τοῖς Θηβαίοις· καὶ Εὔφρων δὲ τοὺς αὐτοῦ ἔχων μισθοφόρους περὶ δισχιλίους συνεστρατεύετο. Οἱ μὲν οὖν ἄλλοι αὐτῶν διὰ τοῦ Τρικαράνου κατέβαινον ἐπὶ τὸ Ἥραιον, ὡς τὸ πεδίον φθεροῦντες· κατὰ δὲ τὰς εἰς Κόρινθον φερούσας πύλας ἐπὶ τοῦ ἄκρου κατέλιπε Σικυωνίους τε καὶ Πελληνέας, ὅπως μὴ ταύτῃ περιελθόντες οἱ Φλιάσιοι κατὰ κεφαλὴν αὐτῶν γένοιντο ὑπὲρ τοῦ Ἡραίου. (12) Ὡς δ' ἔγνωσαν οἱ ἐκ τῆς πόλεως τοὺς πολεμίους ἐπὶ τὸ πεδίον ὡρμημένους, ἀντεξελ-

arcis mox deserta relinquebatur; et hostes muris ac turribus conscensis, ingressos telis ac jaculis feriebant. Illi vero de inferiore loco se defendebant, et ad scalas in murum ducentes dimicabant. Posteaquam cives nonnullas hinc et inde turres occuparant, insano more cum iis qui ascenderant, congrediebantur. Illi quum civium audacia et dimicatione urgerentur, in angustum cogebantur. Interim Arcades et Argivi urbem cingebant, et imminentis ei murum arcis perfodiebant. Cives, qui erant in arce, alii hostes in muro, alii extrinsecus ascendentes in ipsis scalis feriebant; alii adversus eos, qui jam turres conscenderant, dimicabant: quumque reperissent in tabernaculis ignem, turres ipsas incendebant allatis manipulis, qui forte ipsa ab arce demessi fuerant. Tum vero qui in turribus erant, flammam veriti desilierant; qui autem in muris, a civibus cæsi expellebantur. Posteaquam semel cœperunt cedere, confestim arx tota deserta est ab hostibus. Tum et equites urbe illico sunt egressi; hostes vero qui illos conspexissent, scalis et cadaveribus interfectorum, atque etiam nonnullis adhuc vivis, qui crura fregerant, relictis discedebant. Perierunt ex hostibus, qui vel intus pugnaverant, vel ex arce desilierant, non pauciores quam octoginta. Atque hic spectare erat viros salute parta se invicem complectentes, mulieres vero potum afferentes, simulque præ gaudio lacrimantes : denique cunctos, qui aderant, mistus lacrimis risus occupabat.

Etiam sequenti anno Argivi et Arcades cuncti Phliasiorum fines invaserant. Erat autem causa, quamobrem semper Phliasios premerent, partim quod eis succenserent, partim quod essent loco inter utrosque medio, atque perpetuo bona erant in spe, futurum ut ob rerum necessariarum inopiam eos ad deditionem compellerent. Verum hac quoque in expeditione Phliasiorum equites ac delecti milites hostem in trajectu amnis una cum Atheniensibus, qui aderant, equitibus sunt adorti. Quumque victoria potiti essent, perfecerunt ut hostis reliquo diei spatio in cacumina montium se reciperet, quasi caveret ne fœderatorum quorundam fruges in planitie conculcaret.

Rursus et Sicyonis præfectus Thebanus adversus Phliasios bellum movit, ducens secum præsidiarios quos habebat, et Sicyonios, et Pellenenses, qui jam id temporis Thebanos duces sequi solebant. Atque huic expeditioni aderat etiam Euphro, qui secum habebat stipendiarios milites plus minus bis mille. Ac tum alii quidem per Tricaranum ad Junonis fanum descendebant, quasi vastare vellent ea quæ erant in campo. Verum juxta portas, quæ Corinthum ducunt, in cacumine Sicyonii ac Pellenenses relicti erant, ne hac Phliasii circumeuntes, supra fanum Junonis altiorem locum occuparent. Posteaquam oppidani hostes planitiem ingressos animadverterunt, equites et delecti ex omni numero

θόντες οἵ τε ἱππεῖς καὶ οἱ ἐπίλεκτοι τῶν Φλιασίων ἐμάχοντο καὶ οὐκ ἀνίεσαν εἰς τὸ πεδίον αὐτούς. Καὶ τὸ μὲν πλεῖστον τῆς ἡμέρας ἐνταῦθα ἀκροβολιζόμενοι διῆγον, οἱ μὲν περὶ τὸν Εὔφρονα ἐπιδιώκοντες μέχρι τοῦ ἱππασίμου, οἱ δὲ ἔνδοθεν μέχρι τοῦ Ἡραίου. (13) Ἐπεὶ δὲ καιρὸς ἐδόκει ἰέναι, ἀπῇεσαν οἱ πολέμιοι κύκλῳ τοῦ Τριχαράνου· ὥστε γὰρ τὴν σύντομον πρὸς τοὺς Πελληνέας ἀφικέσθαι ἡ πρὸ τοῦ τείχους φάραγξ εἶργε. Μικρὸν δ' αὐτοὺς πρὸς τὸ ὄρθιον προπέμψαντες οἱ Φλιάσιοι ἀποτρεπόμενοι ᾖσαν τὴν παρὰ τὸ τεῖχος ἐπὶ τοὺς Πελληνέας καὶ τοὺς μετ' αὐτῶν. (14) Καὶ οἱ περὶ τὸν Θηβαῖον δὲ αἰσθόμενοι τὴν σπουδὴν τῶν Φλιασίων ἡμιλλῶντο ὅπως φθάσειαν τοῖς Πελληνεῦσι βοηθήσαντες. Ἀφικόμενοι δὲ πρότεροι οἱ ἱππεῖς ἐμβάλλουσι τοῖς Πελληνεῦσι. Δεξαμένων δὲ τὸ πρῶτον, ἐπαναχωρήσαντες πάλιν σὺν τοῖς παραγεγενημένοις τῶν πεζῶν ἐνέβαλον καὶ ἐκ χειρὸς ἐμάχοντο. Καὶ ἐκ τούτου δὴ ἐγκλίνουσιν οἱ πολέμιοι, καὶ ἀποθνῄσκουσι τῶν τε Σικυωνίων τινὲς καὶ τῶν Πελληνέων μάλα πολλοὶ καὶ ἄνδρες ἀγαθοί. (15) Τούτων δὲ γενομένων οἱ μὲν Φλιάσιοι τρόπαιον ἵσταντο λαμπρόν, παιανίζοντες, ὥσπερ εἰκός· οἱ δὲ περὶ τὸν Θηβαῖον καὶ τὸν Εὔφρονα περιεώρων ταῦτα, ὥσπερ ἐπὶ θέαν περιδεδραμηκότες. Τούτων δὲ πραχθέντων, οἱ μὲν ἐπὶ Σικυῶνος ἀπῆλθον, οἱ δ' εἰς τὸ ἄστυ ἀπεχώρησαν.

16. Καλὸν δὲ καὶ τοῦτο διεπράξαντο οἱ Φλιάσιοι. Τὸν γὰρ Πελληνέα Πρόξενον ζῶντα λαβόντες, καίπερ πάντων σπανιζόμενοι, ἀφῆκαν ἄνευ λύτρων. Γενναίους μὲν δὴ καὶ ἀλκίμους πῶς οὐκ ἄν τις φαίη εἶναι τοὺς τὰ τοιαῦτα διαπραττομένους;

17. Ὥς γε μὴν καὶ διὰ καρτερίας τοῖς φίλοις τὴν πίστιν διέσωζον περιφανές· οἳ ἐπεὶ εἴργοντο τῶν ἐκ τῆς γῆς καρπῶν, ἔζων τὰ μὲν ἐκ τῆς πολεμίας λαμβάνοντες, τὰ δὲ ἐκ Κορίνθου ὠνούμενοι, διὰ πολλῶν κινδύνων ἐπὶ τὴν ἀγορὰν ἰόντες, χαλεπῶς μὲν τιμὴν πορίζοντες, χαλεπῶς δὲ τοὺς πορίζοντας διαπραττόμενοι, γλίσχρως δ' ἐγγυητὰς καθιστάντες τῶν ἀξόντων ὑποζυγίων. (18) Ἤδη δὲ παντάπασιν ἀποροῦντες Χάρητα διεπράξαντό σφισι παραπέμψαι τὴν παραπομπήν. Ἐπεὶ δ' ἐν Φλιοῦντι ἐγένοντο, ἐδεήθησαν αὐτοῦ καὶ τοὺς ἀχρείους συνεκπέμψαι εἰς τὴν Πελλήνην. Κἀκείνους μὲν ἐκεῖ κατέλιπον, ἀγοράσαντες δὲ καὶ ἐπισκευασάμενοι ὁπόσα ἐδύναντο ὑποζύγια νυκτὸς ἀπῇεσαν, οὐκ ἀγνοοῦντες ὅτι ἐνεδρεύσοιντο ὑπὸ τῶν πολεμίων, ἀλλὰ νομίζοντες χαλεπώτερον εἶναι τοῦ μάχεσθαι τὸ μὴ ἔχειν τὰ ἐπιτήδεια. (19) Καὶ προῇεσαν μὲν οἱ Φλιάσιοι μετὰ Χάρητος· ἐπεὶ δὲ ἐνέτυχον τοῖς πολεμίοις, εὐθὺς ἔργου τε εἴχοντο καὶ παρακελευσάμενοι ἀλλήλοις ἐνέκειντο, καὶ ἅμα Χάρητι ἐπιβοηθεῖν ἐβόων. Νίκης δὲ γενομένης καὶ ἐκβληθέντων ἐκ τῆς ὁδοῦ τῶν πολεμίων, οὕτω δὴ οἴκαδε καὶ ἑαυτούς καὶ ἃ ἦγον ἀπέσωσαν. Ὡς δὲ τὴν νύκτα ἠγρυπνήκεσαν, ἐκάθευδον μέχρι πόῤῥω τῆς ἡμέρας. (20) Ἐπεὶ δὲ ἀνέστη ὁ Χάρης, προσελθόντες οἵ τε ἱππεῖς καὶ οἱ χρησιμώτατοι

Phliasiorum adversus eos prodierunt, ac pugnando prohibuere quominus in planitiem descenderent. Maxima diei pars velitationibus est consumpta, quum Euphronis milites hostem ad ea usque loca persequerentur, quæ equitibus erant idonea; oppidani contra, usque ad Junonis fanum. Posteaquam tempus abeundi esse putarunt, abierunt hostes ita, ut Tricaranum circumirent. Nam quominus via breviori contenderent ad Pellenenses, vallis ea quæ ante castellum hoc erat, impediebat. Quumque Phliasii parumper eos usque ad acclivia sequuti essent, converso itinere, juxta castellum adversus Pellenenses et alios qui cum illis erant, perrexerunt. Ea Phliasiorum festinatione cognita, præfectus Thebanus cum suis contendebat, ut mature Pellenensibus opem ferret. Sed quia Phliasiorum equites horum conatum antecesserant, Pellenenses adorti sunt. Illis hostem initio excipientibus, pedem Phliasii retulere, sumptisque secum peditibus, qui advenerant, rursus in hostes perrexerunt, manumque conseruerunt. Tum vero terga dare hostes, ac Sicyonii quidam interfici, et Pellenenses, multi sane fortesque viri. His actis, Phliasii tropæum statuunt illustre, quum pæana, uti par erat, canerent. Interim Thebani ducis et Euphronis milites hæc adspectabant undique, quasi ad spectaculum circumcursitassent. Hinc Sicyonem hostes se contulerunt, oppidani vero in urbem.

Etiam hoc præclare factum a Phliasiis, quod quum Pellenensem Proxenum vivum cepissent, tametsi rerum omnium inopia premerentur, nihilominus eum sine pretio dimiserint. Quis eos qui talia perpetrant, non viros magnanimos et fortes dixerit?

Eosdem magna constantia fidem amicis datam non violasse, cuivis est perspicuum. Nam quum prohiberentur, quominus agri sui fructus perciperent, partim victum ex hostium agro petebant, partim cum Corinthi emebant, quum quidem non sine multis periculis ad forum illud irent, ac difficulter pretium sibi pararent, difficulter invenirent qui victum procurarent; immo vix fidejussores pro jumentis dare poterant, quæ commeatum adveherent. Denique summam ad rerum inopiam redacti, a Charete impetrant, ut ab ipso deducerentur. Phliuntem ubi venerunt, eundem rogarunt, uti turbam inutilem secum Pellenea educeret; quam quidem istic reliquerunt, et coemptis necessariis, oneratisque jumentis, quot quidem poterant, noctu discessere; non illi quidem ignorantes futurum, ut ab hoste ipsis insidiæ struerentur; sed arbitrati gravius esse rebus necessariis carere, quam dimicare. Itaque una cum Charete progrediebantur. Quumque incidissent in hostes, mox eos adoriri cœperunt; ac semet cohortati invicem, tum hostes urgebant ipsi, tum clamoribus Charetis opem implorabant. Victoria potiti, et hoste de via rejecto, cum omnibus, quæ secum vehebant, salvi domum pervenere. Quia vero ea nocte vigilaverant, multam in lucem usque dormiebant. Posteaquam deinde surrexit Chares, accesserunt ad eum equites et gravis armaturæ milites maxime idonei, cum his verbis:

τῶν ὁπλιτῶν ἔλεγον, Ὦ Χάρης, ἔξεστί σοι τήμερον κάλλιστον ἔργον διαπράξασθαι. Χωρίον γὰρ ἐπὶ τοῖς ὅροις ἡμῖν οἱ Σικυώνιοι τειχίζουσιν, οἰκοδόμους μὲν πολλοὺς ἔχοντες, ὁπλίτας δὲ οὐ πάνυ πολλούς. Ἡγησόμεθα μὲν οὖν ἡμεῖς οἱ ἱππεῖς καὶ τῶν ὁπλιτῶν οἱ ἐῤῥωμενέστατοι· σὺ δὲ τὸ ξενικὸν ἔχων ἐὰν ἀκολουθῇς, ἴσως μὲν διαπεπραγμένα σοι καταλήψῃ, ἴσως δὲ ἐπιφανεὶς σὺ τροπήν, ὥσπερ ἐν Πελλήνῃ, ποιήσεις. Εἰ δέ τι δυσχερές σοί ἐστιν ὧν λέγομεν, ἀνακοίνωσαι τοῖς θεοῖς θυόμενος· οἰόμεθα γὰρ ὅτι σε μᾶλλον ἡμῶν τοὺς θεοὺς ταῦτα πράττειν κελεύσειν. Τοῦτο δὲ χρή, ὦ Χάρης, εὖ εἰδέναι, ὅτι ἐὰν ταῦτα πράξῃς, τοῖς μὲν πολεμίοις ἐπιτετειχικὼς ἔσῃ, φιλίαν δὲ πόλιν διασεσωκώς, εὐκλεέστατος δὲ ἐν τῇ πατρίδι ἔσῃ, ὀνομαστότατος δὲ καὶ ἐν τοῖς συμμάχοις καὶ πολεμίοις. (21) Ὁ μὲν δὴ Χάρης πεισθεὶς ἐθύετο· τῶν δὲ Φλιασίων εὐθὺς οἱ μὲν ἱππεῖς τοὺς θώρακας ἐνεδύοντο καὶ τοὺς ἵππους ἐχαλίνουν, οἱ δὲ ὁπλῖται ὅσα εἰς πεζὸν παρεσκευάζοντο. Ἐπεὶ δὲ ἀναλαβόντες τὰ ὅπλα ἐπορεύοντο ἔνθα ἐθύετο, ἀπήντα αὐτοῖς ὁ Χάρης καὶ ὁ μάντις, καὶ ἔλεγον ὅτι καλὰ τὰ ἱερά. Ἀλλὰ περιμένετε, ἔφασαν· ἤδη γὰρ καὶ ἡμεῖς ἔξιμεν. Ὡς δὲ τάχιστα ἐκηρύχθη, θείᾳ τινὶ προθυμίᾳ καὶ οἱ μισθοφόροι ταχὺ ἐξέδραμον. (22) Ἐπεὶ δὲ Χάρης ἤρξατο πορεύεσθαι, προῆσαν αὐτῷ οἱ τῶν Φλιασίων ἱππεῖς καὶ πεζοί· καὶ τὸ μὲν πρῶτον ταχέως ἡγοῦντο, ἔπειτα δὲ ἐτρόχαζον· τέλος δὲ οἱ μὲν ἱππεῖς κατὰ κράτος ἤλαυνον, οἱ δὲ πεζοὶ ᾔεσαν ὡς δυνατὸν ἐν τάξει, οἷς καὶ ὁ Χάρης σπουδῇ ἐπηκολούθει. Ἦν μὲν οὖν τῆς ὥρας μικρὸν πρὸ δύντος ἡλίου· κατελάμβανον δὲ τοὺς ἐν τῷ τείχει πολεμίους τοὺς μὲν λουομένους, τοὺς δ᾽ ὀψοποιουμένους, τοὺς δὲ φύροντας, τοὺς δὲ στιβάδας ποιουμένους. (23) Ὡς δ᾽ εἶδον τὴν σφοδρότητα τῆς ἐφόδου, εὐθὺς ἐκπλαγέντες ἔφυγον, καταλιπόντες τοῖς ἀγαθοῖς ἀνδράσι πάντα τἀπιτήδεια. Κἀκεῖνοι μὲν ταῦτα δειπνήσαντες καὶ οἴκοθεν ἄλλα ἐλθόντα, ὡς ἐπ᾽ εὐτυχίᾳ σπείσαντες καὶ παιανίσαντες καὶ φυλακὰς κατασκευασάμενοι, κατέδαρθον. Οἱ δὲ Κορίνθιοι, ἀφικομένου τῆς νυκτὸς ἀγγέλου περὶ τῆς Θυαμίας, μάλα φιλικῶς κηρύξαντες τὰ ζεύγη καὶ τὰ ὑποζύγια πάντα καὶ σίτου γεμίσαντες εἰς τὸν Φλιοῦντα παρήγαγον· καὶ ἕωσπερ ἐτειχίζετο τὸ τεῖχος, ἑκάστης ἡμέρας παραπομπαὶ ἐγίγνοντο.

ΚΕΦΑΛΑΙΟΝ Γ.

Περὶ μὲν δὴ Φλιασίων, ὡς καὶ πιστοὶ τοῖς φίλοις ἐγένοντο καὶ ἄλκιμοι ἐν τῷ πολέμῳ διετέλεσαν, καὶ ὡς πάντων σπανίζοντες διέμενον ἐν τῇ συμμαχίᾳ, εἴρηται. Σχεδὸν δὲ περὶ τοῦτον τὸν χρόνον Αἰνέας Στυμφάλιος, στρατηγὸς τῶν Ἀρκάδων γεγενημένος, νομίσας οὐκ ἀνεκτῶς ἔχειν τὰ ἐν τῇ Σικυῶνι, ἀναβὰς σὺν τῷ ἑαυτοῦ στρατεύματι εἰς τὴν ἀκρόπολιν συγκαλεῖ τῶν Σικυωνίων τῶν τε ἔνδον ὄντων τοὺς κρατίστους καὶ τοὺς ἄνευ δό-

« Hodie tibi, Chares, pulcherrimum facinus patrandi offertur occasio. Nam Sicyonii castellum nostris in finibus exstruunt, et ad eam rem multorum quidem opificum utuntur opera, paucorum vero militum. Quapropter nos quidem equites, et robustissimi gravis armaturæ milites, duces itineris erimus : tu vero si cum milite mercenario sequeris, fortassis rem confectam invenies ; fortassis nostris, si quidem te ostenderis, terga dare coges, uti factum apud Pellenen. Quod si quid esse difficultatis hac in re putas, quam proponimus, deos per exta consulito. Arbitramur enim, deos magis etiam jussuros hæc te facere, quam nos. Hoc quidem certe, Chares, scire te volumus, futurum ut hac re patrata non solum munitionem hostibus ipse objeceris ; sed etiam oppidum amicitia conjunctum incolume serves. Præterea clarissimum in patria nomen consequeris, et tam apud hostes quam socios eris celeberrimus. » Hac oratione permotus Chares, rem sacram faciebat. Interim Phliasiorum equites confestim loricas induebant, et frænabant equos ; gravi armatura parante omnia, quæ peditibus essent necessaria. Postquam sumptis armis eum ad locum perrexerunt, ubi Chares exta consulebat, occurrit eis cum hariolo Chares, et uterque perlitatum aiebat. Ac vos quidem, inquiunt, exspectate parumper, dum nos quoque vobiscum exeamus. Re celerrime denuntiata, divina quadam alacritate animorum etiam stipendiarii milites excurrebant. Quum proficiscendi Chares initium fecisset, præcedebant equites peditesque Phliasiorum : qui primo quidem celeriter eos ducebant, deinde cursitabant ; tandem equites totis viribus provehebantur, ac pedites currebant, uti quidem poterant, non perturbatis ordinibus. Sequebatur hos Chares properanter. Et fiebant hæc paullo ante solem occidentem. Itaque hostes in castello repererunt partim se lavantes, partim parantes obsonia, partim subigentes farinam, nonnullis etiam lectos sternentibus. Hi quum Phliasios vehementi cum impetu irruere viderent, mox perterriti fugerunt, ac viris fortibus commeatum omnem reliquere. Quapropter illi tum iis vescebantur, tum aliis quæ allata domo fuerant, factaque ob rem prospere gestam libatione, ac pæane absoluto, constitutis excubiis, quieti se dederunt. Corinthii noctu de Thyamia per nuntium certiores facti, perhumaniter jussis per præconem colligi vehiculis ac jumentis omnibus, iisque frumento onerantis, Phliuntem ea deduxerunt : et quam quidem diu castellum exstruebatur, quotidie commeatum eo mittebant.

CAPUT III.

Atque hactenus de Phliasiis, quod fœderatorum in fide perstiterint, toto illo bello fortiter se gesserint, denique rerum omnium inopia pressi nihilominus in societate permanserint, diximus. Ceterum hoc fere tempore Æneas Stymphalius, Arcadum prætor, quum quæ Sicyone fierent, minime toleranda duceret, cum copiis suis in arcem ascendens, convocabat præstantissimos quosque Sicyoniorum, qui in urbe erant, itemque sine decreto publico proscriptos

γματος ἐκπεπτωκότας μετεπέμπετο. (2) Φοβηθεὶς δὲ ταῦτα ὁ Εὔφρων καταφεύγει εἰς τὸν λιμένα τῶν Σικυωνίων, καὶ μεταπεμψάμενος Πασίμηλον ἐκ Κορίνθου, διὰ τούτου παραδίδωσι τὸν λιμένα τοῖς Λακεδαιμονίοις καὶ ἐν ταύτῃ αὖ τῇ συμμαχίᾳ ἀνεστρέφετο, λέγων ὡς Λακεδαιμονίοις διατελοίη πιστὸς ὤν· ὅτε γὰρ ψῆφος ἐδίδοτο ἐν τῇ πόλει, εἰ δοκοίη ἀφίστασθαι, μετ᾽ ὀλίγων ἀποψηφίσασθαι ἔφη· (3) ἔπειτα δὲ τοὺς προδόντας ἑαυτὸν βουλόμενος τιμωρήσασθαι δῆμον καταστῆσαι. Καὶ νῦν, ἔφη, φεύγουσιν ὑπ᾽ ἐμοῦ πάντες οἱ ὑμᾶς προδιδόντες. Εἰ μὲν οὖν ἐδυνάσθην ἐγώ, ὅλην ἂν ἔχων τὴν πόλιν πρὸς ὑμᾶς ἀπέστην· νῦν δ᾽ οὗ ἐγκρατὴς ἐγενόμην τὸν λιμένα παραδέδωκα ὑμῖν. Ἠκροῶντο μὲν δὴ πολλοὶ αὐτοῦ ταῦτα· ὁπόσοι δὲ ἐπείθοντο οὐ πάνυ κατάδηλον.

4. Ἀλλὰ γὰρ ἐπείπερ ἠρξάμην, διατελέσαι βούλομαι τὰ περὶ τοῦ Εὔφρονος. Στασιασάντων γὰρ ἐν τῇ Σικυῶνι τῶν τε βελτίστων καὶ τοῦ δήμου, λαβὼν ὁ Εὔφρων Ἀθήνηθεν ξενικὸν πάλιν κατέρχεται. Καὶ τοῦ μὲν ἄστεος ἐκράτει σὺν τῷ δήμῳ· Θηβαίου δὲ ἁρμοστοῦ τὴν ἀκρόπολιν ἔχοντος, ἐπεὶ ἔγνω οὐκ ἂν δυνάμενος τῶν Θηβαίων ἐχόντων τὴν ἀκρόπολιν τῆς πόλεως κρατεῖν, συσκευασάμενος χρήματα ᾤχετο, ὡς τούτοις πείσων Θηβαίους ἐκβάλλειν μὲν τοὺς κρατίστους, παραδοῦναι δ᾽ αὐτῷ πάλιν τὴν πόλιν. (5) Αἰσθόμενοι δὲ οἱ πρόσθεν φυγάδες τὴν ὁδὸν αὐτοῦ καὶ τὴν παρασκευήν, ἀντεπορεύοντο εἰς τὰς Θήβας. Ὡς δ᾽ ἑώρων αὐτὸν οἰκείως τοῖς ἄρχουσι συνόντα, φοβηθέντες μὴ διαπράξαιτο ἃ βούλεται, παρεκινδύνευσάν τινες καὶ ἀποσφάττουσιν ἐν τῇ ἀκροπόλει τὸν Εὔφρονα, τῶν τε ἀρχόντων καὶ τῆς βουλῆς συγκαθημένων. Οἱ μέντοι ἄρχοντες τοὺς ποιήσαντας εἰσήγαγον εἰς τὴν βουλήν, καὶ ἔλεγον τάδε.

6. Ὦ ἄνδρες πολῖται, ἡμεῖς τουτουσὶ τοὺς Εὔφρονα ἀποκτείναντας διώκομεν περὶ θανάτου, ὁρῶντες ὅτι οἱ μὲν σώφρονες οὐδὲν ἄδικον οὐδὲ ἀνόσιον ποιοῦσιν, οἱ δὲ πονηροὶ ποιοῦσι μέν, λανθάνειν δὲ πειρῶνται, οὗτοι δὲ τοσοῦτον πάντας ἀνθρώπους ὑπερβεβλήκασι τόλμῃ τε καὶ μιαρίᾳ ὥστε παρ᾽ αὐτάς τε τὰς ἀρχὰς καὶ παρ᾽ αὐτοὺς ὑμᾶς τοὺς κυρίους οὕστινας δεῖ ἀποθνήσκειν καὶ οὕστινας μὴ αὐτογνωμονήσαντες ἀπεκτείναν τὸν ἄνδρα. Εἰ οὖν οὗτοι μὴ δώσουσι τὴν ἐσχάτην δίκην, τίς ποτε πρὸς τὴν πόλιν θαρρῶν πορεύσεται; τί δὲ πείσεται ἡ πόλις, εἰ ἐξέσται τῷ βουλομένῳ ἀποκτεῖναι πρὶν δηλῶσαι ὅτου ἕνεκα ἥκει ἕκαστος; Ἡμεῖς μὲν δὴ τούτους διώκομεν ὡς ἀνοσιωτάτους καὶ ἀδικωτάτους καὶ πλεῖστον δὴ καταφρονήσαντας τῆς πόλεως· ὑμεῖς δὲ ἀκηκοότες, ὁποίας τινὸς ὑμῖν δοκοῦσιν ἄξιοι εἶναι δίκης, ταύτην αὐτοῖς ἐπίθετε.

7. Οἱ μὲν ἄρχοντες τοιαῦτα εἶπον· τῶν δὲ ἀποκτεινάντων οἱ μὲν ἄλλοι ἠρνοῦντο μὴ αὐτόχειρες γεγενῆσθαι· εἷς δὲ ὡμολόγηκει, καὶ τῆς ἀπολογίας ὧδέ πως ἤρχετο. Ἀλλ᾽ ὑπερορᾶν μέν, ὦ Θηβαῖοι, οὐ δυνατὸν ὑμῶν ἀνδρὶ ὃς εἰδείη κυρίους μὲν ὄντας ὅ,τι βούλεσθε αὐτῷ χρή-

arcessebat. Ea re perterritus Euphro, in portum Sicyoniorum confugiebat, ac Pasimelum Corintho ad se evocans, per eum Lacedæmoniis portum tradebat, et jam in horum societate cum maxime versabatur, dicens se Lacedæmoniorum in fide usque perstitisse. Nam quo tempore per suffragia quæsitum Sicyone fuisset, num ab eorum fide discedendum esset, cum paucis se id minime faciendum censuisse aiebat. Postea quum in eos, a quibus proditus fuerat, animadvertere voluisset, popularem se statum constituisse dicebat. Adeoque nunc, inquit, omnes illi, qui vos Lacedæmonios deseruere, per me adhuc exulant. Quapropter si mea id fuisset in potestate, universa cum urbe ad vos defecissem : nunc quem occupavi portum, vobis tradidi. Audiebant hæc ex eo complures, sed quam multi fidem ei haberent, non admodum patebat.

Quia vero eorum, quæ Euphro designavit, mentionem facere cœpi, absolvere lubet. Quum Sicyone dissiderent inter se optimates ac populus, Euphro secum Athenis ducto mercenario milite, in patriam rediit. Itaque urbem una cum populo sua in potestate habebat. At quum præfectus Thebanus arcem obtineret, et ille intelligeret, non posse se, quamdiu a Thebanis arx teneretur, urbem sua in potestate retinere : coactis pecuniis, Thebas profectus est, per eas Thebanis persuasurus, ut optimatibus ejectis, urbem sibi restituerent. Verum ii, qui prius acti ab eo fuerant in exilium, cognito ipsius itinere ac instituto, et ipsi Thebas versus eum profecti sunt. Quumque familiariter eum cum magistratibus versari viderent, veriti ne, quæ vellet, impetraret : audito quidam ex eis periculo, in arce hominem jugulant, quo tempore istic Thebani magistratus et senatus considebant. Mox illi, qui erant in magistratu, ad senatum cædis auctores introduxerunt, eumque verbis hisce compellarunt :

« Viros hosce, cives, qui Euphronem interemere, capitis accessimus. Videmus enim, modestos homines nihil nec injustæ nec impiæ rei designare; quum improbi flagitiose quidem illi agere soleant, verum id nihilominus clam esse cupiant. At hi tantum omnes homines audacia scelereque superarunt, ut haud procul a magistratibus, et vobis ipsis, penes quos morte multandi, vel absolvendi potestas summa est, arbitratu proprio hunc occiderint. Quamobrem hi extremo si supplicio non afficientur, quis in urbem venire audebit? quid fiet de civitate, si cuivis licebit occidere, priusquam significarit, quamobrem huc quisque veniat? At nos istos reos agimus, ut sceleratissimos atque improbissimos homines, quique insigniter rempublicam hanc contempserint. Vos re cognita, quo digni esse supplicio videbuntur, hoc eos afficite. »

Hujusmodi magistratuum erat oratio. Ceterum reliqui percussores se patrasse cædem hanc negabant, uno excepto, qui rem ingenue fatebatur, seque hoc quodam modo purgare incipiebat : « Vos vero, Thebani, non potest is contemnere, qui non ignorat, posse vos secum arbitratu vestro agere.

σθαι· τίνι μέντοι πιστεύων [ἐνθάδε] ἀπέκτεινα τὸν ἄνδρα; εὖ ἴστε ὅτι πρῶτον μὲν τῷ νομίζειν δίκαια ποιεῖν, ἔπειτα δὲ τῷ ὑμᾶς ὀρθῶς γνώσεσθαι. Ἤιδειν γὰρ ὅτι καὶ ὑμεῖς τοὺς περὶ Ἀργίαν καὶ Ὑπάτην, οὓς ἐλάβετε Εὔφρονι ὅμοια πεποιηκότας, οὐ ψῆφον ἀνεμείνατε, ἀλλὰ ὁπότε πρῶτον ἐδυνάσθητε ἐτιμωρήσασθε, νομίζοντες τῶν τε περιφανῶς ἀνοσίων καὶ τῶν φανερῶς προδοτῶν καὶ τυραννεῖν ἐπιχειρούντων ὑπὸ πάντων ἀνθρώπων θάνατον κατεγνῶσθαι. (8) Οὐκοῦν καὶ Εὔφρων ἔνοχος πᾶσι τούτοις ἦν; παραλαβὼν μὲν γὰρ τὰ ἱερὰ μεστὰ καὶ χρυσῶν καὶ ἀργυρῶν ἀναθημάτων κενὰ πάντων τούτων ἀπέδειξε. Προδότης γε μὴν τίς ἂν περιφανέστερος Εὔφρονος εἴη, ὃς φιλαίτατος μὲν ὢν Λακεδαιμονίοις ὑμᾶς ἀντ᾽ ἐκείνων εἵλετο· πιστὰ δὲ δοὺς καὶ λαβὼν παρ᾽ ὑμῶν πόλιν προὔδωκεν ὑμᾶς καὶ παρέδωκε τοῖς ἐναντίοις τὸν λιμένα; καὶ μὴν πῶς οὐκ ἀπροφασίστως τύραννος ἦν, ὃς δούλους οὐ μόνον ἐλευθέρους ἀλλὰ καὶ πολίτας ἐποίει, ἀπεκτίννυε δὲ καὶ ἐφυγάδευε καὶ χρήματα ἀφῃρεῖτο οὐ τοὺς ἀδικοῦντας, ἀλλ᾽ οὓς αὐτῷ ἐδόκει; οὗτοι δὲ ἦσαν οἱ βέλτιστοι. (9) Αὖθις δὲ μετὰ τῶν ἐναντιωτάτων ὑμῖν Ἀθηναίων κατελθὼν εἰς τὴν πόλιν ἐναντία μὲν ἔθετο τῷ παρ᾽ ὑμῶν ἁρμοστῇ τὰ ὅπλα· ἐπεὶ δ᾽ ἐκείνον οὐκ ἐδυνάσθη ἐκ τῆς ἀκροπόλεως ἐκβαλεῖν, συσκευασάμενος χρήματα δεῦρο ἀφίκετο. Καὶ εἰ μὲν ὅπλα ἠθροικὼς ἐφάνη ἐφ᾽ ὑμᾶς, καὶ χάριν ἄν μοι εἴχετε, εἰ ἀπέκτεινα αὐτόν· ὃς δὲ χρήματα ἦλθε παρασκευασάμενος, ὡς τούτοις ὑμᾶς διαφθερῶν καὶ πείσων πάλιν κύριον αὐτὸν ποιῆσαι τῆς πόλεως, τούτῳ ἐγὼ τὴν δίκην ἐπιθεὶς πῶς ἂν δικαίως ὑφ᾽ ὑμῶν ἀποθνῄσκοιμι; καὶ γὰρ οἱ μὲν ὅπλοις βιασθέντες βλάπτονται μέν, οὐ μέντοι δοκεῖ γε ἀναφαίνονται οἱ δὲ χρήμασι παρὰ τὸ δίκαιον διαφθαρέντες ἅμα μὲν βλάπτονται, ἅμα δὲ αἰσχύνῃ περιπίπτουσιν. (10) Εἰ μὲν τοίνυν ἐμοὶ μὲν πολέμιος ἦν, ὑμῖν δὲ φίλος, κἀγὼ ὁμολογῶ μὴ καλῶς ἄν μοι ἔχειν παρ᾽ ὑμῖν τοῦτον ἀποκτεῖναι· ὁ δὲ ὑμᾶς προδιδοὺς τί ἐμοὶ πολεμιώτερος ἦν ἢ ὑμῖν; Ἀλλὰ νὴ Δία, αἴποι ἄν τις, ἑκὼν ἦλθε. Κᾆτα εἰ μὲν ἀπεχομένου τῆς ὑμετέρας πόλεως ἀπέκτεινέ τις αὐτόν, ἐπαίνου ἂν ἐτύγχανε· νῦν δὲ ὅτε πάλιν ἦλθεν ἄλλα πρὸς τοῖς πρόσθεν κακὰ ποιήσων, οὐ δικαίως φησί τις αὐτὸν τεθνάναι; ποῦ ἔχων Ἕλλησι σπονδὰς ἀποδείξαι ἢ προδόταις ἢ παλιναυτομόλοις ἢ τυράννοις; (11) Πρὸς δὲ τούτοις ἀναμνήσθητε ὅτι καὶ ἐψηφίσασθε δήπου τοὺς φυγάδας ἀγωγίμους εἶναι ἐκ πασῶν τῶν συμμαχίδων. Ὅστις δὲ ἄνευ κοινοῦ τῶν συμμάχων δόγματος κατέρχεται φυγάς, τοῦτον ἔχοι τις ἂν εἰπεῖν ὅπως οὐ δίκαιόν ἐστιν ἀποθνῄσκειν; Ἐγώ φημι, ὦ ἄνδρες, ἀποκτείναντας μὲν ὑμᾶς ἐμὲ τετιμωρηκότας ἔσεσθαι ἀνδρὶ τῷ πάντων ὑμῖν πολεμιωτάτῳ· γνόντας δὲ δίκαια πεποιηκέναι αὐτοὺς τετιμωρηκότας φανεῖσθαι ὑπέρ τε ὑμῶν αὐτῶν καὶ ὑπὲρ τῶν συμμάχων ἁπάντων.

12. Οἱ μὲν οὖν Θηβαῖοι ταῦτα ἀκούσαντες ἔγνωσαν δίκαια τὸν Εὔφρονα πεπονθέναι· οἱ μέντοι πολῖται αὐτὸν ὡς ἄνδρα ἀγαθὸν κομισάμενοι ἔθαψάν τε ἐν τῇ

Quo igitur jure fretus hunc hominem apud vos occidi? Primum eam ob causam id fecisse me scitote, quod existimarem a me fieri justissime; deinde, vos recte de hac re cognituros. Sciebam enim, vos, quum Archias et Hypates iis similia sua cum factione patrarent, quæ designavit Euphro, non expectasse judicii calculum, sed quamprimum fieri potuit, pœnas de eis sumpsisse; siquidem existimabatis eos qui palam essent impii, palam proditores, ac tyrannidis usurpatores, ab omnibus jam capitis damnatos esse. Nonne igitur Euphro quoque horum omnium reus erat? Nam quum templa reperisset ornata donariis aureis ac argenteis, omnibus his ea spoliavit. Proditor vero quis manifestior fuerit Euphrone? qui quum Lacedæmoniis amicissimus esset, vos illis prætulit; qui data et accepta a vobis fide, rursum vos deseruit, ac portum vestris adversariis tradidit. Atqui nonne citra excusationem omnem tyrannus erat, qui servos non modo libertate sed etiam civitate donabat, et idem interficiebat, in exilium agebat, facultatibus spoliabat non injustum aliquid designantes, sed quos ei collubitum erat? hi vero erant optimates. Præterea vobis infestissimorum Atheniensium ope recuperata civitate, præfecto vestro arma intulit : quum autem eum arce non posset ejicere, coactis pecuniis huc venit. Quod si palam adversus vos collegisset armatos, etiam mihi gratiam haberetis, quod eum interfecerim. Nunc quum pecunias paratas attulerit, quibus vos corrumperet, ac permoveret, ut rursus eum Sicyone rerum summæ præficeretis : quonam pacto jure a vobis interficiar, qui talem hunc supplicio affeci? Etenim qui armis coacti sunt, læduntur illi quidem, non tamen esse injusti videri possunt : at qui pecuniis præter jus et æquum sunt corrupti, simul læduntur, simul turpitudine gravantur. Jam si mihi quidem hostis, vobis autem amicus erat, fateor ipse, factum a me esse improbe, quod apud vos eum interfecerim. At qui vos deseruerat, quo pacto magis mihi quam vobis, hostis erat? Fortasse quis profecto dixerit : At sponte sua huc venit. Ergo si quis eum extra urbem vestram occidisset, laudem reperisset; nunc quum reversus esset, faciora priora cumulaturus aliis, non jure cæsus dicetur? unde potest is qui hoc ait, demonstrare, proditores, transfugas, tyrannos, publicis apud Græcos fœderibus contineri? Præterea velim vobis in mentem revocetis, decretum a vobis factum esse, quo conceditis, exules comprehensos ex omnibus sociis urbibus abduci jus esse. Jam qui, quum exul esset, sine communi sociorum decreto in patriam reversus sit, eumne quisquam injuste cæsum dicere possit? Equidem vos aio, Thebani, si me occideritis, ulturos vicem ejus, qui vobis infestissimus fuerit : sin me juste fecisse judicaveritis, ulti videbimini non vos solum, sed etiam socios vestros universos. »

His auditis Thebani juste cæsum Euphronem pronuntiarunt. Verum cives ipsius eum, ut virum bonum, Sicyonem allatum in foro sepelierunt, ac ut patronum urbis veneran

ἀγορᾷ καὶ ὡς ἀρχηγέτην τῆς πόλεως σέβονται. Οὕτως, ὡς ἔοικεν, οἱ πλεῖστοι ὁρίζονται τοὺς εὐεργέτας ἑαυτῶν ἄνδρας ἀγαθοὺς εἶναι.

ΚΕΦΑΛΑΙΟΝ Δ.

Καὶ τὰ μὲν περὶ Εὔφρονος εἴρηται· ἐγὼ δὲ ἔνθεν εἰς ταῦτα ἐξέβην ἐπάνειμι. Ἔτι γὰρ τειχιζόντων τῶν Φλιασίων τὴν Θυαμίαν καὶ τοῦ Χάρητος ἔτι παρόντος ὁ Ὠρωπὸς ὑπὸ τῶν φευγόντων κατελήφθη. Στρατευσαμένων δὲ πάντων Ἀθηναίων ἐπ' αὐτὸν καὶ τὸν Χάρητα μεταπεμψαμένων ἐκ τῆς Θυαμίας, ὁ μὲν λιμὴν αὖ ὁ τῶν Σικυωνίων πάλιν ὑπ' αὐτῶν τε τῶν πολιτῶν καὶ τῶν Ἀρκάδων ἁλίσκεται· τοῖς δ' Ἀθηναίοις οὐδεὶς τῶν συμμάχων ἐβοήθησεν, ἀλλ' ἀνεχώρησαν Θηβαίοις παρακαταθέμενοι τὸν Ὠρωπὸν μέχρι δίκης.

2. Καταμαθὼν δὲ ὁ Λυκομήδης μεμφομένους τοὺς Ἀθηναίους τοῖς συμμάχοις, ὅτι αὐτοὶ μὲν πολλὰ πράγματα εἶχον δι' ἐκείνους, ἀντεβοήθησε δ' αὐτοῖς οὐδείς, πείθει τοὺς μυρίους πράττειν περὶ συμμαχίας πρὸς αὐτούς. Τὸ μὲν οὖν πρῶτον ἐδυσχέραινόν τινες τῶν Ἀθηναίων τὸ Λακεδαιμονίοις ὄντας φίλους γενέσθαι τοῖς ἐναντίοις αὐτῶν συμμάχους· ἐπεὶ δὲ λογιζόμενοι εὕρισκον οὐδὲν μεῖον Λακεδαιμονίοις ἢ σφίσιν ἀγαθὸν τὸ Ἀρκάδας μὴ προσδεῖσθαι Θηβαίων, οὕτω δὴ προσεδέχοντο τὴν τῶν Ἀρκάδων συμμαχίαν. (a) Καὶ Λυκομήδης ταῦτα πράττων, ἀπιὼν Ἀθήνηθεν δαιμονιώτατα ἀποθνῄσκει. Ὄντων γὰρ παμπόλλων πλοίων, ἐκλεξάμενος τούτων ὃ ἐβούλετο, καὶ συνθέμενος τοίνυν ἀποβιβάσαι ὅποι αὐτὸς κελεύοι, εἵλετο ἐνταῦθα ἐκβῆναι ἔνθα οἱ φυγάδες ἐτύγχανον ὄντες. Κἀκεῖνος μὲν οὕτως ἀποθνῄσκει, ἡ μέντοι συμμαχία [οὕτως] ἐπεραίνετο.

4. Εἰπόντος δὲ Δημοτίωνος ἐν τῷ δήμῳ τῶν Ἀθηναίων ὡς ἡ μὲν πρὸς τοὺς Ἀρκάδας φιλία καλῶς αὐτῷ δοκείη πράττεσθαι, τοῖς μέντοι στρατηγοῖς προστάξαι ἔφη χρῆναι ὅπως καὶ ἡ Κόρινθος σώα ᾖ τῷ δήμῳ τῶν Ἀθηναίων· ἀκούσαντες δὲ ταῦτα οἱ Κορίνθιοι ταχὺ πέμψαντες ἱκανοὺς φρουροὺς ἑαυτῶν πάντοσε ὅπου Ἀθηναῖοι ἐφρούρουν, εἶπαν αὐτοῖς ἀπιέναι, ὡς οὐδὲν ἔτι δεόμενοι φρουρῶν. Οἱ δ' ἐπείθοντο. Ὡς δὲ συνῆλθον οἱ ἐκ τῶν φρουρίων Ἀθηναῖοι εἰς τὴν πόλιν, ἐκήρυξαν οἱ Κορίνθιοι, εἴ τις ἀδικοῖτο Ἀθηναίων, ἀπογράφεσθαι, ὡς ληψομένους τὰ δίκαια. (3) Οὕτω δὲ τούτων ἐχόντων Χάρης ἀφικνεῖται μετὰ τοῦ ναυτικοῦ πρὸς Κεγχρείας. Ἐπεὶ δ' ἔγνω τὰ πεπραγμένα, ἔλεξεν ὅτι ἀκούσας ἐπιβουλεύεσθαι τῇ πόλει βοηθῶν παρείη. Οἱ δ' ἐπαινέσαντες αὐτὸν οὐδέν τι μᾶλλον ἐδέχοντο τὰς ναῦς εἰς τὸν λιμένα, ἀλλ' ἀποπλεῖν ἐκέλευον· καὶ τοὺς ὁπλίτας δὲ τὰ δίκαια ποιήσαντες ἀπέπεμψαν. Ἐκ μὲν οὖν τῆς Κορίνθου οἱ Ἀθηναῖοι οὕτως ἀπηλλάγησαν. (a) Τοῖς μέντοι Ἀρκάσιν ἠναγκάζοντο πέμπειν τοὺς ἱππέας ἐπικούρους διὰ τὴν συμμαχίαν, εἴ τις στρατεύοιτο ἐπὶ τὴν Ἀρκαδίαν· τῆς δὲ Λακωνικῆς οὐκ ἐπέβαινον ἐπὶ πολέμῳ.

---

tur. Hoc modo magna pars hominum, uti quidem apparet, eos viros bonos esse statuit, qui bene sint de se ipsis promeriti.

CAPUT IV.

Atque hactenus de Euphrone diximus. Quapropter unde digressus sum, redeo. Nam interea, dum Thyamiam Phliasii muniunt, præsente adhuc Charete, Oropus ab exulibus occupatus est. Huc Athenienses quum copias universas deduxissent, et Charetem quoque Thyamia revocassent, rursum portus Sicyoniorum a civibus et Arcadibus capitur. Nemo sociorum suppetias Atheniensibus id temporis tulit; sed discessere, Oropo Thebanorum fidei credito, donec jure de ejus possessione disceptaretur.

Quumque Lycomedes animadverteret, Athenienses queri de sociis, quod quum ipsis illorum causa multum negotii facesseretur, nemo tamen vicissim eis opem ferret : Deciesmillibus auctor esse cœpit, ut de societate cum illis agerent. Ac primo quidem difficile factu quibusdam Atheniensibus videbatur, quod quum Lacedæmoniorum essent in fœdere, adversariis ipsorum adjungere se deberent. Verum posteaquam ratiocinando comperere, nihilo minus ex re Lacedæmoniorum esse, quam e sua, Thebanorum auxiliis Arcades non egere : tandem societatem cum Arcadibus inierunt. Ejus auctor rei Lycomedes, Athenis discedens, felicissime diem suum obit. Nam quum navigia complura essent, electo de his, quod ipsi placuisset, pactoque inito ut ubi vellet ipse, exponeretur, istic e navi maluit egredi, ubi tum forte exules erant; atque hoc modo exstinctus est, reapse tamen hæc societas inita fuit.

Quum autem ad populum Atheniensem Demotio verba fecisset, videri sibi recte cum Arcadibus contractam amicitiam, verum ducum esse operam dare, ut et Corinthus Atheniensium populo salva esset : posteaquam id inaudierunt Corinthii, celeriter missis hinc inde satis magnis præsidiis, ubicumque in excubiis Athenienses erant, eos abire jusserunt, quod jam non amplius opera præsidiariorum egerent. Parebant hoc illi, quumque de castellis in urbem confluxissent, edixere per præconem Corinthii, si quis Atheniensis de justis sibi non præbitis queri vellet, is uti nomen suum profiteretur : nec enim justa ei denegatum iri. Atque hoc rerum statu Chares cum classe Cenchreas appulit. Quumque quid actum esset, comperisset, adesse se dixit auxilii causa, quod Corintho insidias strui accepisset. Illi collaudata ipsius voluntate, non tamen in portum naves admisere, ast uti cum eis discederet, hortabantur. Itidem milites Athenienses, posteaquam satis eis factum est, dimiserunt. Hoc modo Athenienses Corintho discesserunt. Ut autem auxiliares equitum copias Arcadibus mitterent, tenebantur ex causa fœderis, si quis Arcadiæ bellum intulisset : neque tamen agrum Laconicum, inferendi belli causa, invadebant.

Τοῖς δὲ Κορινθίοις ἐνθυμουμένοις ὡς χαλεπῶς ἔχοι αὐτοὺς σωθῆναι, κεκρατημένους μὲν καὶ πρόσθεν κατὰ γῆν, προςγεγενημένων δὲ αὐτοῖς Ἀθηναίων ἀνεπιτηδείων, ἔδοξεν ἀθροίζειν καὶ πεζοὺς καὶ ἱππέας μισθοφόρους. Ἡγούμενοι δὲ τούτων, ἅμα μὲν τὴν πόλιν ἐφύλαττον, ἅμα δὲ πολλὰ τοὺς πλησίον πολεμίους κακῶς ἐποίουν· εἰς μέντοι Θήβας ἔπεμψαν ἐπερησομένους εἰ τύχοιεν ἂν ἐλθόντες εἰρήνης. (7) Ἐπεὶ δὲ οἱ Θηβαῖοι ἰέναι ἐκέλευον, ὡς ἐσομένης, ἐδεήθησαν οἱ Κορίνθιοι ἐᾶσαι σφᾶς ἐλθεῖν καὶ ἐπὶ τοὺς συμμάχους, ὡς μετὰ μὲν τῶν βουλομένων ποιησόμενοι τὴν εἰρήνην, τοὺς δὲ πόλεμον αἱρουμένους ἐάσοντες πολεμεῖν. Ἐφέντων δὲ καὶ ταῦτα πράττειν τῶν Θηβαίων, ἐλθόντες εἰς Λακεδαίμονα οἱ Κορίνθιοι εἶπον, (8) Ἡμεῖς, ὦ ἄνδρες Λακεδαιμόνιοι, πρὸς ὑμᾶς πάρεσμεν ὑμέτεροι φίλοι, καὶ ἀξιοῦμεν, εἰ μέν τινα ὁρᾶτε σωτηρίαν ἡμῖν, ἐὰν διακαρτερῶμεν πολεμοῦντες, διδάξαι καὶ ἡμᾶς· εἰ δὲ ἀπόρως γιγνώσκετε ἔχοντα τὰ ἡμέτερα, εἰ μὲν καὶ ὑμῖν συμφέρει, ποιήσασθαι μεθ' ἡμῶν τὴν εἰρήνην· ὡς οὐδὲ μετ' οὐδένων ἂν ἥδιον ἢ μεθ' ὑμῶν σωθείημεν· εἰ μέντοι ὑμεῖς λογίζεσθε συμφέρειν ὑμῖν πολεμεῖν, δεόμεθα ὑμῶν ἐᾶσαι ἡμᾶς εἰρήνην ποιήσασθαι. Σωθέντες μὲν γὰρ ἴσως ἂν αὖθις ἔτι ποτὲ ἐν καιρῷ ὑμῖν γενοίμεθα· ἐὰν δὲ νῦν ἀπολώμεθα, δῆλον ὅτι οὐδέποτε χρήσιμοι ἔτι ἐσόμεθα. (9) Ἀκούσαντες δὲ ταῦτα οἱ Λακεδαιμόνιοι τοῖς τε Κορινθίοις συνεβούλευον τὴν εἰρήνην ποιήσασθαι καὶ τῶν ἄλλων συμμάχων ἐπέτρεψαν τοῖς μὴ βουλομένοις σὺν ἑαυτοῖς πολεμεῖν ἀναπαύεσθαι· αὐτοὶ δ' ἔφασαν πολεμοῦντες πράξειν ὅ,τι ἂν τῷ θεῷ φίλον ᾖ· ὑφήσεσθαι δὲ οὐδέποτε, ἣν παρὰ τῶν πατέρων παρέλαβον Μεσσήνην, ταύτης στερηθῆναι. (10) Οἱ οὖν Κορίνθιοι ἀκούσαντες ταῦτα ἐπορεύοντο εἰς τὰς Θήβας ἐπὶ τὴν εἰρήνην. Οἱ μέντοι Θηβαῖοι ἠξίουν αὐτοὺς καὶ συμμαχίαν ὀμνύναι· οἱ δὲ ἀπεκρίναντο ὅτι ἡ μὲν συμμαχία οὐκ εἰρήνη ἀλλὰ πολέμου μεταλλαγὴ εἴη· εἰ δὲ βούλοιντο, παρεῖναι ἔφασαν τὴν δικαίαν εἰρήνην ποιησόμενοι. Ἀγασθέντες δὲ αὐτοὺς οἱ Θηβαῖοι, ὅτι καίπερ ἐν κινδύνῳ ὄντες οὐκ ἤθελον τοῖς εὐεργέταις εἰς πόλεμον καθίστασθαι, συνεχώρησαν αὐτοῖς καὶ Φλιασίοις καὶ τοῖς ἐλθοῦσι μετ' αὐτῶν εἰς Θήβας τὴν εἰρήνην ἐφ' ᾧτε ἔχειν τὴν ἑαυτῶν ἑκάστους. Καὶ ἐπὶ τούτοις ὠμόθησαν οἱ ὅρκοι. (11) Οἱ μὲν δὴ Φλιάσιοι, ἐπεὶ οὕτως ἡ ξύμβασις ἐγένετο, εὐθὺς ἀπῆλθον ἐκ τῆς Θυαμίας· οἱ δὲ Ἀργεῖοι ὀμόσαντες ἐπὶ τοῖς αὐτοῖς τούτοις εἰρήνην ποιήσασθαι, ἐπεὶ οὐκ ἐδύναντο καταπρᾶξαι ὥστε τοὺς τῶν Φλιασίων φυγάδας μένειν ἐν τῷ Τρικαράνῳ ὡς ἐν τῇ ἑαυτῶν πόλει ἔχοντας, παραλαβόντες ἐφρούρουν, φάσκοντες σφετέραν τὴν γῆν ταύτην εἶναι, ἣν ὀλίγῳ πρότερον ὡς πολεμίαν οὖσαν ἐδῄουν. Καὶ δίκας τῶν Φλιασίων προκαλουμένων οὐκ ἐδίδοσαν.

12. Σχεδὸν δὲ περὶ τοῦτον τὸν χρόνον τετελευτηκότος ἤδη τοῦ προτέρου Διονυσίου ὁ υἱὸς αὐτοῦ πέμπει βοήθειαν τοῖς Λακεδαιμονίοις δώδεκα τριήρεις καὶ ἄρχοντα αὐτῶν Τιμοκράτην. Οὗτος δ' οὖν ἀφικόμενος συνεξ-

Ceterum Corinthiis, qui secum ipsi perpenderent, difficulter se salvos esse posse, qui jam ante terra premerentur, ac jam novos adversarios Athenienses nacti essent, visum est cogere esse stipendiarias equitum peditumque copias. His quum ipsimet praeessent, eadem opera civitatem suam praesidio muniebant, simulque hostes, qui in vicinia erant, multum vexabant. Praeterea Thebas miserunt interrogatum, pacemne possent inpetrare, si eo venissent. Quumque venire Thebani eos juberent, quod impetraturi pacem essent, orabant Corinthii prius uti conveniundi socios potestatem sibi facerent : nam cupere se una cum iis pacem facere, qui eam exposcerent, permissuros ut illi bellum gererent, qui paci bellum praeferrent. Quod quum itidem eis Thebani concederent, Corinthii Lacedaemonem profecti, hac oratione sunt usi : « Venimus, Lacedaemonii, ad vos, qui amici vestri sumus; aequumque censemus esse, ut si quam in eo rationem salutis nostrae sitam perspicitis, si nos in bello perseveraverimus, eam nobis etiam commonstretis : sin ad inopiam res nostras esse redactas intelligitis, una nobiscum pacem faciatis, si quidem id ex re vestra fuerit. Nec enim ulli sunt homines, quibuscum usque adeo salvi esse cupiamus, ac vobiscum. At si vos rationem aliquam intelligitis, quamobrem vobis bellum expediat gerere, precamur vos, uti nobis pacem facere per vos liceat. Nam si hoc tempore fuerimus conservati, fortasse rursus aliquando vobis usui erimus : sin jam pereamus, certum est, non posse nos unquam vobis deinceps prodesse. » His auditis Lacedaemonii non modo dedere hoc consilii Corinthiis, ut pacem facerent, sed aliis etiam sociis liberam reliquerunt, ut, si quidem eis secum bello incumbere non placeret, quiescendo se recrearent. Se tamen perstituros aiebant in bello, atque id facturos, quod deo visum esset. Nunquam certe concessuros, ut Messene, quam a majoribus suis accepissent, sibi eriperetur. Quibus auditis, Corinthii pacis constituendae causa Thebas profecti sunt. Ab eis petebant Thebani, ut in ipsorum etiam societatem jurarent. Verum respondebant Corinthii, societatem non esse pacem, sed belli commutationem. Quod si ita placeret ipsis, adesse se aiebant, ut conditionibus aequis pacem facerent. Quorum virtutem admirati Thebani, quod tametsi essent in periculo, nollent tamen adversus bene de se meritos bellum gerere : pacem ipsis, et Phliasiis, et quotquot Thebas cum eis venerant, ea conditione concesserunt, ut singuli agro suo potirentur. Deinde sacramenta haec confirmata sunt. Ac Phliasii quidem, posteaquam haec pax constituta fuit, confestim excessere Thyamia. Verum Argivi, quanquam iisdem conditionibus pacem se facere juraverant, quia tamen impetrare non poterant, ut Phliasiorum exules in Tricarano, tanquam si essent in civitate sua, manerent : ipsos in fidem susceptos praesidio juvarunt, quod eum agrum suum esse dicerent, quem paulo ante velut hosticum vastaverant. Quumque Phliasii provocarent ad causae disceptationem, denegatum hoc eis est.

Atque hoc ferme tempore, quum jam Dionysius major e vivis excessisset, filius ejus naves duodecim, quibus Timocratem praefecerat, in subsidium Lacedaemoniis mittit. Is

HISTORIÆ GRÆCÆ LIB. VII. CAP. IV. 481

αἱρεῖ αὐτοῖς Σελλασίαν· καὶ τοῦτο πράξας ἀπέπλευσεν οἴκαδε.

Μετὰ δὲ τοῦτο οὐ πολλῷ ὕστερον καταλαμβάνουσιν οἱ Ἠλεῖοι Λασιῶνα, τὸ μὲν παλαιὸν ἑαυτῶν ὄντα, ἐν δὲ τῷ παρόντι συντελοῦντα εἰς τὸ Ἀρκαδικόν. (13) Οἱ μέντοι Ἀρκάδες οὐ παρωλιγώρησαν, ἀλλ᾽ εὐθὺς παραγγείλαντες ἐβοήθουν. Ἀντεβοήθησαν δὲ καὶ τῶν Ἠλείων οἱ τετρακόσιοι, καὶ ἔτι τριακόσιοι. Ἀντεστρατευμένων δὲ τὴν ἡμέραν ἐν ἐπιπεδεστέρῳ χωρίῳ τῶν Ἠλείων τῆς νυκτὸς οἱ Ἀρκάδες ἀναβαίνουσιν ἐπὶ τὴν τοῦ ὑπὲρ τῶν Ἠλείων ὄρους κορυφήν· ἅμα δὲ τῇ ἡμέρᾳ κατέβαινον ἐπὶ τοὺς Ἠλείους. Οἱ δὲ ἰδόντες ἅμα μὲν ἐξ ὑπερδεξίου προσιόντας, ἅμα δὲ πολλαπλασίους, ἐκ πολλοῦ μὲν ἀπελθεῖν ᾐσχύνθησαν, ὁμόσε δ᾽ ἦλθον καὶ εἰς χεῖρας δεξάμενοι ἔφυγον· καὶ πολλοὺς μὲν ἄνδρας, πολλὰ δὲ ὅπλα ἀπώλεσαν, κατὰ δυσχωρίας ἀποχωροῦντες.

14. Οἱ δὲ Ἀρκάδες διαπραξάμενοι ταῦτα ἐπορεύοντο ἐπὶ τὰς τῶν Ἀκρωρείων πόλεις. Λαβόντες δὲ ταύτας πλὴν Θραύστου ἀφικνοῦνται εἰς Ὀλυμπίαν, καὶ περισταυρώσαντες τὸν Κρόνιον ἐνταῦθα ἐφρούρουν καὶ ἐκράτουν τοῦ Ὀλυμπιακοῦ ὄρους· ἔλαβον δὲ καὶ Μαργανέας ἐνδόντων τινῶν. Οὕτω δὲ τούτων προκεχωρηκότων οἱ μὲν Ἠλεῖοι αὖ παντάπασιν ἠθύμησαν, οἱ δὲ Ἀρκάδες ἔρχονται ἐπὶ τὴν πόλιν. Καὶ μέχρι μὲν τῆς ἀγορᾶς ἦλθον· ἐκεῖ μέντοι ὑποστάντες οἵ τε ἱππεῖς καὶ οἱ ἄλλοι αὐτῶν ἐκβάλλουσί τε αὐτοὺς καὶ ἀπέκτειναν τινὰς καὶ τρόπαιον ἐστήσαντο. (15) Ἦν μὲν οὖν καὶ πρότερον διαφορὰ ἐν τῇ Ἤλιδι. Οἱ μὲν γὰρ περὶ Χάροπον τε καὶ Θρασωνίδαν καὶ Ἀργεῖον εἰς δημοκρατίαν ἦγον τὴν πόλιν, οἱ δὲ περὶ Στάλκαν τε καὶ Ἱππίαν καὶ Στρατόλαν εἰς ὀλιγαρχίαν. Ἐπεὶ δὲ οἱ Ἀρκάδες μεγάλην δύναμιν ἔχοντες σύμμαχοι ἐδόκουν εἶναι τοῖς δημοκρατεῖσθαι βουλομένοις, ἐκ τούτου δὴ θρασύτεροι οἱ περὶ τὸν Χάροπον ἦσαν, καὶ συνθέμενοι τοῖς Ἀρκάσιν ἐπιβοηθεῖν καταλαμβάνουσι τὴν ἀκρόπολιν. (16) Οἱ δ᾽ ἱππεῖς καὶ οἱ τριακόσιοι οὐκ ἐμέλλησαν, ἀλλ᾽ εὐθὺς ἐχώρουν ἄνω, καὶ ἐκκρούουσιν αὐτούς· ὥστ᾽ ἔφυγον σὺν τῷ Ἀργείῳ καὶ Χαρόπῳ τῶν πολιτῶν περὶ τετρακοσίους. Οὐ πολὺ δ᾽ ὕστερον οὗτοι παραλαβόντες τῶν Ἀρκάδων τινὰς καταλαμβάνουσι Πύλον. Καὶ πολλοὶ μέντοι πρὸς αὐτοὺς ἐκ τῆς πόλεως ἀπῄεσαν τοῦ δήμου, ἅτε χωρίον τε καλὸν καὶ μεγάλην ῥώμην τὴν τῶν Ἀρκάδων σύμμαχον ἔχοντας. Ἐνέβαλον δὲ καὶ ὕστερον εἰς τὴν χώραν τὴν τῶν Ἠλείων οἱ Ἀρκάδες, ὑπὸ τῶν φευγόντων ἀναπειθόμενοι ὡς ἡ πόλις προσχωρήσοιτο. (17) Ἀλλὰ τότε μὲν οἱ Ἀχαιοὶ φίλοι γεγενημένοι τοῖς Ἠλείοις τὴν πόλιν αὐτῶν διεφύλαξαν· ὥστε οἱ Ἀρκάδες οὐδὲν ἄλλο πράξαντες ἢ δῃώσαντες αὐτῶν τὴν χώραν ἀπῆλθον. Εὐθὺς μέντοι ἐκ τῆς Ἠλείας ἐξιόντες, αἰσθόμενοι τοὺς Πελληνεῖς ἐν Ἤλιδι ὄντας, νυκτὸς μακροτάτην ὁδὸν ἐλθόντες καταλαμβάνουσιν αὐτῶν Ὄλουρον· ἤδη γὰρ πάλιν προσκεχωρήκεσαν οἱ Πελληνεῖς εἰς τὴν τῶν Λακεδαιμονίων συμμαχίαν. (18) Ἐπεὶ δ᾽ ᾔσθοντο τὰ περὶ Ὀλούρου, περιελθόντες αὖ καὶ οὗτοι ὅπῃ ἐδύναντο

XENOPHON.

quum appulisset, in expugnanda eos Sellasia juvit; eaque re gesta, domum navigavit.

Non multo post Elei Lasioneum occupant, quod oppidum fuerat quidem olim ipsorum in potestate, sed hoc tempore juris Arcadici erat. Eam rem Arcades minime negligebant, sed mox concitatis suis opem ferebant. Contra probabant quadringenti Elei, rursumque trecenti. Quumque interdiu castra in campo nonnihil plano Elei hostibus opposuissent, noctu Arcades in verticem montis ejus ascendunt, qui Eleis imminebat, ac prima luce adversus Eleos descendunt. Illi quum simul eos et superiore de loco adventantes viderent, et multo se plures, e longinquo quominus discederent, pudore detinebantur : congressi igitur cum Arcadibus, vix conserta cum illis manu fugam arripuerunt. Quumque per difficilia loca discederent, multos et viros et arma desideraverant.

Arcades, ea re gesta, versus Acroriorum oppida perrexerunt : quumque ea cepissent, excepta Thrausto, ad Olympiam accedunt. Ubi Cronium collem vallo munivissent, præsidium ibi collocarunt, ac monte Olympiaco potiti sunt. Præterea Marganenses, nonnullis prodentibus, ceperunt. Quibus ita succedentibus, omnino dejectis Elei quidem animis erant, Arcades vero ad eorum ipsam urbem usque accessere. Quumque ad forum usque penetrassent, istic Elei equites aliique se opposuerunt; expulsisque Arcadibus, et nonnullis interemptis, tropæum statuerunt. Erat autem jam ante quoddam apud Elidem dissidium. Nam qui Charopo, Thrasonidæ, Argeo adhærebant, popularis civitatis status auctores erant : e contrario Stalceæ, Hippiæ, Stratolæ factio ad paucorum imperium rempublicam revocabat. Quum autem Arcades qui magnas habebant copias, iis opitulari viderentur, qui populi potestatem in administratione probabant : audacior ex eo Charopus cum suis erat, pactique cum Arcadibus de summittendis auxiliis, arcem capiunt. Eam rem equites cum trecentis non negligere, sed statim sursum pergere, vique adversarios ex arce propellere : quo factum, ut cum Argeo Charopoque plus minus quadringenti cives in exilium ejicerentur. Non multo post, sumptis hi secum Arcadibus quibusdam, Pylum Eleorum capiunt : quo quidem ad eos multi ex populo ab urbe confluebant, quod jam oppidum egregium, et ab Arcadibus, quorum erat magna potentia, subsidia haberent : qui sane deinceps etiam fines Eleorum ingressi sunt, persuasi ab exulibus, futurum ut urbs deditionem faceret. Verum id temporis Achæi, Eleorum facti amici, urbem eorum tutati sunt : eoque evenit, ut Arcades alia re nulla gesta, quam quod agrum vastassent, discederent. Ubi primum egressi fines Eleorum fuerunt, certiores facti, Pellenenses apud Elidem esse, noctu itinere longissimo confecto, Ohrum, Pellenensium oppidum, capiunt. Nam rursum Pellenenses ad Lacedæmoniorum societatem accesserant. Illi, re de Oluro cognita, et ipsi facto

31

εἰς τὴν αὑτῶν πόλιν Πελλήνην εἰςῆλθον. Καὶ ἐκ τούτου δὴ ἐπολέμουν τοῖς ἐν Ὀλούρῳ Ἀρκάσι τε καὶ τῷ ἑαυτῶν παντὶ δήμῳ καὶ μάλα ὀλίγοι ὄντες· ὅμως δὲ οὐ πρόσθεν ἐπαύσαντο πρὶν ἐξεπολιόρκησαν τὸν Ὄλουρον.

19. Οἱ δ' αὖ Ἀρκάδες πάλιν ποιοῦνται ἄλλην στρατείαν εἰς τὴν Ἦλιν. Μεταξὺ δὲ Κυλλήνης καὶ τῆς πόλεως στρατοπεδευομένοις αὐτοῖς ἐπιτίθενται οἱ Ἠλεῖοι, ὑποστάντες δὲ οἱ Ἀρκάδες ἐνίκησαν αὐτούς· καὶ Ἀνδρόμαχος μὲν ὁ Ἠλεῖος Ἵππαρχος, ὥσπερ αἴτιος ἐδόκει εἶναι τὴν μάχην συνάψαι, αὐτὸς αὑτὸν διέφθειρεν· οἱ δ' ἄλλοι εἰς τὴν πόλιν ἀπεχώρησαν. Ἀπέθανε δ' ἐν ταύτῃ τῇ μάχῃ παραγενόμενος καὶ Σωκλείδης ὁ Σπαρτιάτης· ἤδη γὰρ τότε οἱ Λακεδαιμόνιοι τοῖς Ἠλείοις σύμμαχοι ἦσαν. (20) Πιεζόμενοι δὲ οἱ Ἠλεῖοι ἐν τῇ ἑαυτῶν, ἠξίουν καὶ τοὺς Λακεδαιμονίους πέμποντες πρέσβεις ἐπιστρατεύειν τοῖς Ἀρκάσι, νομίζοντες οὕτως ἂν μάλιστα ἀπολαβεῖν τοὺς Ἀρκάδας, εἰ ἀμφοτέρωθεν πολεμοῖντο. Καὶ ἐκ τούτου δὴ Ἀρχίδαμος στρατεύεται μετὰ τῶν πολιτῶν, καὶ καταλαμβάνει Κρῶμνον. Καταλιπὼν δ' ἐν αὐτῷ φρουρὰν τῶν δώδεκα λόχων τρεῖς, οὕτως ἐπ' οἴκου ἀνεχώρησεν. (21) Οἱ μέντοι Ἀρκάδες, ὥσπερ ἔτυχον ἐκ τῆς εἰς Ἦλιν στρατείας συνειλεγμένοι, βοηθήσαντες περιεσταύρωσαν τὸν Κρῶμνον διπλῷ σταυρώματι, καὶ ἐν ἀσφαλεῖ ὄντες ἐπολιόρκουν τοὺς ἐν τῷ Κρώμνῳ. Χαλεπῶς δὲ ἡ τῶν Λακεδαιμονίων πόλις φέρουσα ἐπὶ τῇ πολιορκίᾳ τῶν πολιτῶν, ἐκπέμπει στρατιάν· ἡγεῖτο δὲ καὶ τότε Ἀρχίδαμος. Ἐλθὼν δὲ ἐδῄου καὶ τῆς Ἀρκαδίας ὅσα ἐδύνατο καὶ τῆς Σκιρίτιδος, καὶ πάντα ἐποίει ὅπως, εἰ δύναιτο, ἀπαγάγοι τοὺς πολιορκοῦντας. Οἱ δὲ Ἀρκάδες οὐδέν τι μᾶλλον ἐκινοῦντο, ἀλλὰ ταῦτα πάντα παρεώρων. (22) Κατιδὼν δέ τινα λόφον ὁ Ἀρχίδαμος, δι' οὗ τὸ ἔξω σταύρωμα περιεβέβληντο οἱ Ἀρκάδες, ἐνόμισεν ἑλεῖν ἂν τοῦτον, καὶ εἰ τούτου κρατήσειεν, οὐκ ἂν δύνασθαι μένειν τοὺς ὑπὸ τοῦτον πολιορκοῦντας. Κύκλῳ δὲ περιάγοντος αὐτοῦ ἐπὶ τοῦτο τὸ χωρίον, ὡς εἶδον οἱ προθέοντες τοῦ Ἀρχιδάμου πελτασταὶ τοὺς ἐπαρίτους ἔξω τοῦ σταυρώματος, ἐπιτίθενται αὐτοῖς, καὶ οἱ ἱππεῖς συνεμβάλλειν ἐπειρῶντο. Οἱ δ' οὐκ ἐνέκλιναν, ἀλλὰ συντεταγμένοι ἡσυχίαν εἶχον. Οἱ δ' αὖ πάλιν ἐνέβαλον. Ἐπεὶ δὲ οὐδὲ τότε ἐνέκλιναν, ἀλλὰ καὶ ἐπῄεσαν, ἤδη οὔσης πολλῆς κραυγῆς, ἐβοήθει δὴ καὶ αὐτὸς ὁ Ἀρχίδαμος, ἐκτραπόμενος κατὰ τὴν ἐπὶ Κρῶμνον φέρουσαν ἁμαξιτόν, εἰς δύο ἄγων, ὥσπερ ἐτύγχανεν ἔχων. (23) Ὡς δ' ἐπλησίασαν ἀλλήλοις, οἱ μὲν σὺν τῷ Ἀρχιδάμῳ κατὰ κέρας, ἅτε καθ' ὁδὸν πορευόμενοι, οἱ δ' Ἀρκάδες ἀθρόοι συνασπιδοῦντες, ἐν τούτῳ οὐκέτι ἐδύναντο οἱ Λακεδαιμόνιοι ἀντέχειν τῷ τῶν Ἀρκάδων πλήθει, ἀλλὰ ταχὺ μὲν ὁ Ἀρχίδαμος ἐτέτρωτο τὸν μηρὸν διαμπάξ, ταχὺ δὲ οἱ μαχόμενοι πρὸ αὐτοῦ ἀπέθνησκον, Πολυαινίδας τε καὶ Χίλων ὁ τὴν ἀδελφὴν τοῦ Ἀρχιδάμου ἔχων, καὶ οἱ πάντες δὲ αὐτῶν τότε ἀπέθανον οὐκ ἔλαττον τῶν τριάκοντα. (24) Ὡς δὲ κατὰ τὴν ὁδὸν ἀναχωροῦντες εἰς τὴν εὐρυχωρίαν ἐξῆλθον, ἐνταῦθα δὴ Λακεδαιμόνιοι ἀντιπαρετά-

circuitu, qua quidem poterant, Pellenen suam reversi sunt. Deinde cum Arcadibus, qui Olurum tenebant, et universo suo populo bellum fecerunt, quanquam ipsi perpauci numero essent; neque destitere prius quam Olurum expugnassent.

Rursus Arcades alia expeditione Elidem adoriuntur. Quumque inter Cyllenen ac urbem ipsam castra haberent, ab Eleis invaduntur; quorum et impetum sustinuerunt Arcades, et vicerunt. Tunc Andromachus Eleus equitum dux, qui ut praelium hoc iniretur auctor fuerat, sibi ipse manus attulit; reliqui in urbem pedem retulerunt. Interfectus est et Soclides Spartanus, qui huic pugnae intererat: nam cum Eleis hoc tempore Lacedaemoniis societas erat. Quumque in urbe sua Elei premerentur, missis legatis petebant ut Lacedaemonii bellum Arcadibus facerent; existimabant enim, hac potissimum ratione Arcades intercipi posse, si utrinque bello lacesserentur. Itaque cives suos Archidamus educit, et Cromnum capit; ibique relicto praesidio trium cohortium ex duodecim quas habebat, domum redit. Arcades ita uti tum forte adhuc erant ab expeditione, qua Elidem invaserant, collecti, suis opem tulerunt, et Cromnum duplici vallo cinxerunt, eoque muniti eos qui intus erant obsedere. Haec quum Lacedaemoniorum urbs graviter molesteque ferret, cives suos oppugnari, exercitum domo proficisci jubet: cui tum quoque Archidamus praeficiebatur. Is cum copiis profectus, Arcadiam et Sciritidem, quantum poterat, populabatur; omnique moliebatur, ut, si fieri posset, obsidionem solveret. Verum Arcades se loco non movebant, adeoque flocci pendebant haec omnia. Tum Archidamus colle quodam conspecto, per quem vallum exterius Arcades duxerant, eum se posse capere putabat: quo quidem si potitus esset, non jam amplius eos, qui oppidum isto sub colle obsidebant, subsistere posse. Quumque copias suas ad eum locum ambitu quodam circumduceret, posteaquam praecurrentes Archidami cetrati extra vallum Eparitos viderunt, in eos irruebant, simulque cum eis equites irrumpere conabantur. Illi minime fugam dabant, sed acie instructa subsistebant. Tunc alii rursus in eos impetum faciebant: sed quum tantum abesset, ut illi terga verterent, ut etiam in adversos pergerent, magno jam coorto clamore, tum vero Archidamus ipse suis succurrebat, nonnihil deflectens versus eam viam qua currus agi possunt, et quae Cromnum ducit, militibus suis in binos instructis, quemadmodum forte tum copias habebat. Ubi primum propius ad se invicem accessere, Archidami milites in longum agmen exporrecti, utpote ipsa in via incedentes, Arcades vero conferti et clypeos constipantes: tum sane Lacedaemoni Arcadum multitudini resistere non poterant, adeoque celeriter Archidamus femore trajecto vulnerabatur; interfecti sunt etiam statim illi qui ante ipsum propugnabant, nimirum Polyaenidas et Chilo, quocum soror Archidami nupta erat. Denique omnino non pauciores quam triginta interfecti sunt. Hine ubi de via cedentes Lacedaemonii latiorem in locum pervenerunt, ibi adversus hostes aciem rursus instru-

ξαντο. Καὶ μὴν οἱ Ἀρκάδες, ὥσπερ εἶχον, συντεταγμένοι ἕστασαν, καὶ πλήθει μὲν ἐλείποντο, εὐθυμότερον δὲ πολὺ εἶχον, ἐπεληλυθότες ἀποχωροῦσι καὶ ἄνδρας ἀπεκτονότες. Οἱ δὲ Λακεδαιμόνιοι μάλα ἀθύμως εἶχον, τετρωμένον μὲν ὁρῶντες τὸν Ἀρχίδαμον, ἀκηκοότες δὲ τὰ ὀνόματα τῶν τεθνηκότων, ἀνδρῶν τε ἀγαθῶν καὶ σχεδὸν τῶν ἐπιφανεστάτων. (26) Ὡς δὲ πλησίον ὄντων ἀναβαίνας τις τῶν πρεσβυτέρων εἶπε, Τί δεῖ ἡμᾶς, ὦ ἄνδρες, μάχεσθαι, ἀλλ᾽ οὐ σπεισαμένους διαλυθῆναι; ἄσμενοι δὴ ἀμφότεροι ἀκούσαντες ἐσπείσαντο. Καὶ οἱ μὲν Λακεδαιμόνιοι τοὺς νεκροὺς ἀνελόμενοι ἀπῆλθον, οἱ δ᾽ Ἀρκάδες ἐπαναχωρήσαντες ἔνθα τὸ πρῶτον ἤρξαντο ἐπιέναι τρόπαιον ἐστήσαντο.

26. Ὡς δ᾽ οἱ Ἀρκάδες περὶ τὸν Κρῶμνον ἦσαν, οἱ ἐκ τῆς πόλεως Ἠλεῖοι πρῶτον μὲν ἰόντες ἐπὶ τὴν Πύλον περιτυγχάνουσι τοῖς Πυλίοις ἀπακεκρουμένοις ἐκ τῶν Θαλαμῶν. Καὶ προσελαύνοντες οἱ ἱππεῖς τῶν Ἠλείων ὡς εἶδον αὐτούς, οὐκ ἠμέλλησαν, ἀλλ᾽ εὐθὺς ἐμβάλλουσι, καὶ τοὺς μὲν ἀποκτιννύουσιν, οἱ δέ τινες αὐτῶν καταφεύγουσιν ἐπὶ γήλοφον. Ἐπεὶ μέντοι ἦλθον οἱ πεζοί, ἐκκόπτουσι καὶ τοὺς ἐπὶ τῷ λόφῳ, καὶ τοὺς μὲν αὐτῶν ἀπέκτειναν, τοὺς δὲ καὶ ζῶντας ἔλαβον ἐγγὺς διακοσίων. Καὶ ὅσοι μὲν ξένοι ἦσαν αὐτῶν, ἀπέδοντο, ὅσοι δὲ φυγάδες, ἀπέσφαττον. Μετὰ δὲ ταῦτα τοὺς τε Πυλίους, ὡς οὐδεὶς αὐτοῖς ἐβοήθει, σὺν αὐτῷ τῷ χωρίῳ αἱροῦσι, καὶ τοὺς Μαργανέας ἀναλαμβάνουσι. (27) Καὶ μὴν οἱ Λακεδαιμόνιοι ὕστερον αὖ ἐλθόντες νυκτὸς ἐπὶ τὸν Κρῶμνον ἐπικρατοῦσι τοῦ σταυρώματος, καὶ τοὺς Ἀργείους καὶ τοὺς πολιορκουμένους τῶν Λακεδαιμονίων εὐθὺς ἐξεκάλουν. Ὅσοι μὲν οὖν ἐγγυτάτω τε ἐτύγχανον ὄντες καὶ ἐξωλίσθησαν, ἐξῆλθον· ὁπόσους δὲ ἔφθασαν πολλοὶ τῶν Ἀρκάδων συμβοηθήσαντες, ἀπεκλείσθησαν ἔνδον καὶ ληφθέντες διενεμήθησαν· καὶ οἱ μὲν μέρος Ἀργεῖοι, οἱ δὲ Θηβαῖοι, οἱ δὲ Ἀρκάδες, οἱ δὲ Μεσσήνιοι. Οἱ δὲ σύμπαντες ληφθέντες Σπαρτιατῶν τε καὶ περιοίκων πλείονες τῶν ἑκατὸν ἐγένοντο.

28. Ἐπεί γε μὴν οἱ Ἀρκάδες ἐσύλησαν ἀπὸ τοῦ Κρώμνου, πάλιν δὴ περὶ τοὺς Ἠλείους εἶχον, καὶ τήν τε Ὀλυμπίαν ἐρρωμενέστερον ἐφρούρουν, καὶ ἐπιόντος Ὀλυμπιακοῦ ἔτους παρεσκευάζοντο ποιεῖν τὰ Ὀλύμπια σὺν Πισάταις τοῖς πρώτοις φάσκουσι προστῆναι τοῦ ἱεροῦ. Ἐπεὶ δὲ ὅ τε μὴν ἧκεν ᾧ τὰ Ὀλύμπια γίγνεται καὶ αἱ ἡμέραι ἐν αἷς ἡ πανήγυρις ἀθροίζεται, ἐνταῦθα δὴ οἱ Ἠλεῖοι ἐκ τοῦ φανεροῦ συσκευασάμενοι καὶ παρακαλέσαντες τοὺς Ἀχαιοὺς ἐπορεύοντο τὴν Ὀλυμπιακὴν ὁδόν. (29) Οἱ δὲ Ἀρκάδες ἐκείνους μὲν οὐκ ἄν ποτε ᾤοντο ἐλθεῖν ἐπὶ σφᾶς, αὐτοὶ δὲ σὺν Πισάταις διετίθεσαν τὴν πανήγυριν. Καὶ τὴν μὲν ἱπποδρομίαν ἤδη ἐπεποιήκεσαν καὶ τὰ δρομικὰ τοῦ πεντάθλου· οἱ δ᾽ εἰς πάλην ἀφικόμενοι οὐκέτι ἐν τῷ δρόμῳ, ἀλλὰ μεταξὺ τοῦ δρόμου καὶ τοῦ βωμοῦ ἐπάλαιον. Οἱ γὰρ Ἠλεῖοι σὺν τοῖς ὅπλοις παρῆσαν ἤδη εἰς τὸ τέμενος. Οἱ δὲ Ἀρκάδες πορρωτέρω μὲν οὐκ ἀπήντησαν,

ebant. Nihilominus Arcades ita uti tum instructi erant, stabant : ac numero quidem vincebantur, magis tamen viriles habebant animos : quippe qui pedem referentes invasissent, atque etiam quosdam occidissent. E contrario Lacedaemonii perquam dejectis erant animis, qui vulneratum Archidamum cernerent, et interfectorum audiissent nomina, virorum fortium ac prope illustrissimorum. Tandem quum propius se ad invicem accessissent, et quidam ex senioribus exclamasset, Quamobrem pugnabimus, o viri? cur non potius induciis factis rem componimus? perlubenter ab utrisque audita ea voce, induciae factae sunt. Ita Lacedaemonii sublatis mortuorum cadaveribus discesserunt, et Arcades eo regressi unde primum in eos impetum fecerant, tropaeum excitarunt.

Interea vero, dum Cromnum Arcades obsident, primum Elei, ex urbe, dum Pylum versus pergunt, forte in Pylios incidunt, qui Thalamis repulsi fuerant. Itaque profecti ad eos equites Elei, quum primum illos conspicerent, occasionem non negligunt; sed confestim in eos irruentes, quosdam occidunt, ceteris in collem se recipientibus. Posteaquam deinde pedites Eleorum accessere, ab his etiam illi de colle dejiciuntur; partimque sunt interfecti, partim vivi hostium in potestatem venerunt, prope ducenti. Ex iis quotquot milites erant mercenarii, divenditi sunt; exules autem, jugulati. Hinc Pylios, quum nemo suppetias eis ferret, una cum oppido capiunt, et Marganenses recipiunt. Aliquanto post Lacedaemonii rursus noctu Cromnum profecti, vallo potiuntur, ac statim Argivos et Lacedaemonios obsessos evocant. Itaque quotquot ab eis haud procul abfuerant, seque mature paraverant, egressi sunt ; quotquot autem Arcades concursantes anteverterunt, rursus in urbem conclusi, et capti sunt; sic partientibus eos deinde hostibus, ut pars una cederet Argivis, alia Thebanis, Arcadibus alia, item alia Messeniis. In universum quidem, quotquot ex Spartanis eorumque finitimis capti sunt, plures fuere quam centum.

Posteaquam Arcades jam non amplius Cromni obsidione occupati fuere, rursus adversus Eleos se convertebant, ac non solum Olympiam validiori praesidio muniebant, sed etiam appetente anno Olympiaco, parabant se ad Olympia celebranda cum Pisatis, qui se primos templo praefuisse aiebant. Quum jam mensis adesset, quo peraguntur Olympia, itidemque celebris illius conventus dies appetivisset, Elei palam se parantes, accessitis etiam Achaeis, qua Olympiam itur, via pergebant. Existimabant autem Arcades, nunquam illos accessuros; ideoque celebritatem eam una cum Pisatis ipsi moderabantur. Erant jam absoluti equestres celeriquae cursus quinquertii; et qui lucta inter se decertabant, non in stadio cursui destinato, sed inter hoc et aram congrediebantur. Nam Elei armati jam ad delubrum pervenerant : quibus Arcades longius non occurrebant; sed ad

ἐπὶ δὲ τοῦ Κλαδάου ποταμοῦ παρετάξαντο, ὃς παρὰ τὴν Ἄλτιν καταρρέων εἰς τὸν Ἀλφειὸν ἐμβάλλει. Καὶ σύμμαχοι δὲ παρῆσαν αὐτοῖς, ὁπλῖται μὲν Ἀργείων εἰς δισχιλίους, Ἀθηναίων δὲ ἱππεῖς περὶ τετρακοσίους. (30) Καὶ μὴν οἱ Ἠλεῖοι τἀπὶ θάτερα τοῦ ποταμοῦ παρετάξαντο, σφαγιασάμενοι δὲ εὐθὺς ἐχώρουν. Καὶ τὸν πρόσθεν χρόνον εἰς τὰ πολεμικὰ καταφρονούμενοι μὲν ὑπ' Ἀρκάδων καὶ Ἀργείων, καταφρονούμενοι δὲ ἐπ' Ἀχαιῶν καὶ Ἀθηναίων, ὅμως ἐκείνῃ τῇ ἡμέρᾳ τῶν μὲν συμμάχων ὡς ἀλκιμώτατοι ὄντες ἡγοῦντο, τοὺς δ' Ἀρκάδας, τούτοις γὰρ πρώτοις συνέβαλον, καὶ εὐθὺς ἐτρέψαντο, καὶ ἐπιβοηθήσαντας δὲ τοὺς Ἀργείους δεξάμενοι καὶ τούτων ἐκράτησαν. (31) Ἐπεὶ μέντοι κατεδίωξαν εἰς τὸ μεταξὺ τοῦ βουλευτηρίου καὶ τοῦ τῆς Ἑστίας ἱεροῦ καὶ τοῦ πρὸς ταῦτα προσήκοντος θεάτρου, ἐμάχοντο μὲν οὐδὲν ἧττον καὶ ἐώθουν πρὸς τὸν βωμόν, ἀπὸ μέντοι τῶν στοῶν τε καὶ τοῦ βουλευτηρίου καὶ τοῦ μεγάλου ναοῦ βαλλόμενοι καὶ ἐν τῷ ἰσοπέδῳ μαχόμενοι, ἀποθνήσκουσιν ἄλλοι τε τῶν Ἠλείων καὶ αὐτὸς ὁ τῶν τριακοσίων ἄρχων Στρατόλας. Τούτων δὲ πραχθέντων ἀπεχώρησαν εἰς τὸ αὑτῶν στρατόπεδον. (32) Οἱ μέντοι Ἀρκάδες καὶ οἱ μετ' αὐτῶν οὕτως ἐπεφόβηντο τὴν ἐπιοῦσαν ἡμέραν ὥστε οὐδ' ἀνεπαύσαντο τῆς νυκτός, ἐκκόπτοντες τὰ διαπεπονημένα σκηνώματα καὶ ἀποσταυροῦντες. Οἱ δ' αὖ Ἠλεῖοι ἐπεὶ τῇ ὑστεραίᾳ προσιόντες εἶδον καρτερὸν τὸ τεῖχος καὶ ἐπὶ τῶν ναῶν πολλοὺς ἀναβεβηκότας, ἀπῆλθον εἰς τὸ ἄστυ, τοιοῦτοι γενόμενοι οἵους τὴν ἀρετὴν θεὸς μὲν ἂν ἐμπνεύσας δύναιτο καὶ ἐν ἡμέρᾳ ἀποδεῖξαι, ἄνθρωποι δ' οὐδ' ἂν ἐν πολλῷ χρόνῳ τοὺς μὴ ὄντας ἀλκίμους ποιήσειαν.

33. Χρωμένων δὲ τοῖς ἱεροῖς χρήμασι τῶν ἐν τοῖς Ἀρκάσιν ἀρχόντων, καὶ ἀπὸ τούτων τοὺς ἐπαρίτους τρεφόντων, πρῶτοι Μαντινεῖς ἀπεψηφίσαντο μὴ χρῆσθαι τοῖς ἱεροῖς χρήμασι· καὶ αὐτοὶ τὸ γιγνόμενον μέρος εἰς τοὺς ἐπαρίτους ἐκ τῆς πόλεως ἐκπορίσαντες ἀπέπεμψαν τοῖς ἄρχουσιν. Οἱ δὲ ἄρχοντες φάσκοντες αὐτοὺς λυμαίνεσθαι τὸ Ἀρκαδικόν, ἀνεκαλοῦντο εἰς τοὺς μυρίους τοὺς προστάτας αὐτῶν· καὶ ἐπεὶ οὐχ ὑπήκουον, κατεδίκασαν αὐτῶν, καὶ τοὺς ἐπαρίτους ἔπεμπον ὡς ἄξοντας τοὺς κατακεκριμένους. Οἱ μὲν οὖν Μαντινεῖς κλείσαντες τὰς πύλας οὐκ ἐδέχοντο αὐτοὺς εἴσω. (34) Ἐκ δὲ τούτου τάχα δὴ καὶ ἄλλοι τινὲς ἔλεγον ἐν τοῖς μυρίοις ὡς οὐ χρὴ τοῖς ἱεροῖς χρήμασι χρῆσθαι οὐδὲ καταλιπεῖν εἰς τὸν ἀεὶ χρόνον τοῖς παισὶν ἔγκλημα τοῦτο πρὸς τοὺς θεούς. Ὡς δὲ καὶ ἐν τῷ κοινῷ ἀπέδοξε μηκέτι χρῆσθαι τοῖς ἱεροῖς χρήμασι, ταχὺ δὴ οἱ μὲν οὐκ ἂν δυνάμενοι ἄνευ μισθοῦ τῶν ἐπαρίτων εἶναι διεχέοντο, οἱ δὲ δυνάμενοι παρακελευσάμενοι αὑτοῖς καθίσταντο εἰς τοὺς ἐπαρίτους, ὅπως μὴ αὐτοὶ ἐπ' ἐκείνοις, ἀλλ' ἐκεῖνοι ἐπὶ σφίσιν εἶεν. Γνόντες δὲ οἱ τῶν ἀρχόντων διακεχειρικότες τὰ ἱερὰ χρήματα ὅτι εἰ δώσοιεν εὐθύνας, κινδυνεύσοιεν ἀπολέσθαι, πέμπουσιν εἰς Θήβας, καὶ διδάσκουσι τοὺς Θηβαίους ὡς εἰ μὴ στρα-

Cladaum amnem adversus eos aciem struebant. Is propter Altin fluens, in Alpheum sese exonerat. Aderant autem Arcadibus auxiliares sociorum copiæ, nimirum bis mille gravis armaturæ pedites Argivi, et equites Athenienses ferme quadringenti. Nec minus Elei suam aciem ex altera parte amnis hostibus opponebant, mactataque hostia continuo pergebant. Quanquam autem ante id temporis bellicis in rebus non solum ab Arcadibus et Argivis, sed etiam ab Achæis et Atheniensibus contemnebantur, illo tamen die socios, ut omnium fortissimi, præcedebant; et Arcadibus, quibuscum primis manus conserebant, confestim in fugam actis, etiam exceptos Argivos, Arcadibus opem ferentes, superabant. Atque ubi hos persequuti fuerint ad eum usque locum, qui inter curiam, ac Vestæ templum, theatrumque, quod eodem pertinet, interjacet; pugnabant quidem illi nihilominus, ac versus aram propellebant hostes, sed a porticibus, et curia, magnoque fano telis petiti, tandemque prœlio cum eis in planitie congressi cædebantur, occiso cum aliis Eleis ipso trecentorum præfecto Stratola. Quibus peractis ad castra sua pedem retulerunt. Arcades quidem certe, atque alii, qui cum eis erant, usque adeo diem sequentem formidabant, ut ne nocte quidem cessarent jam confecta tentoria demoliri, seque vallo munire. Elei vero postridie accedentes, ubi murum satis firmum, ac multos jam fana conscendisse viderunt, suam in urbem reversi sunt, quum tales se viros præstitissent, quales quidem possit deus inspirata virtute efficere vel uno die : sed homines ne longo quidem temporis spatio potuerint illos qui fortes non sunt, fortes reddere.

Ceterum Arcadum præfectis pecuniâ sacrâ utentibus, qua Eparitos alerent, primi Mantinei facto decreto prohibuere ne pecuniis sacris uterentur. Quumque partem ratam, quæ ipsorum nomine deberetur Eparitis, ex urbe sua coëgissent, eam præfectis misere. Verum illi, quum ab eis societatem Arcadicam labefactari dicerent, Mantineorum præsides ad magistratum, qui ex decies millibus constabat, in jus vocabant. Et quia Mantinei non parebant, lata in eos damnationis sententia, Eparitos, qui damnatos adducerent, miserunt. Verum Mantinei portis suis occlusis, in urbem illos non admittebant. Secundum ea nonnulli etiam ex istis Deciesmillibus aiebant, non usurpandas esse pecunias sacras, neque etiam crimen illud violatæ religionis deûm posteris in omne deinceps ævum relinquendum esse. Posteaquam etiam publico in concilio sacrarum pecuniarum usurpatio rejecta fuit, mox Epariti, quotquot stipendio carere non poterant, dilabebantur; qui vero poterant, se mutuo cohortati, Eparitorum in locum succedebant, ne in illorum ipsi, sed illi in ipsorum essent potestate. Præfecti autem, qui pecuniam sacram tractaverant, quum se animadverterent, si rationes essent reddendæ, de vita periclitaturos, Thebas mittunt, ac Thebanos monent, ni

τεύσοιεν, κινδυνεύσοιεν οἱ Ἀρκάδες πάλιν λακωνίσαι. (35) Καὶ οἱ μὲν παρεσκευάζοντο ὡς στρατευσόμενοι· οἱ δὲ τὰ κράτιστα τῇ Πελοποννήσῳ βουλευόμενοι ἔπεισαν τὸ κοινὸν τῶν Ἀρκάδων πέμψαντας πρέσβεις εἰπεῖν τοῖς Θηβαίοις μὴ ἰέναι σὺν ὅπλοις εἰς τὴν Ἀρκαδίαν, εἰ μή τι καλοῖεν. Καὶ ἅμα μὲν ταῦτα πρὸς τοὺς Θηβαίους ἔλεγον, ἅμα δὲ ἐλογίζοντο ὅτι πολέμου οὐδὲν δέοιντο. Τοῦ τε γὰρ ἱεροῦ τοῦ Διὸς προεστάναι οὐδὲν προσδεῖσθαι ἐνόμιζον, ἀλλ᾽ ἀποδιδόντες ἂν καὶ δικαιότερα καὶ ὁσιώτερα ποιεῖν, καὶ τῷ θεῷ οἴεσθαι μᾶλλον ἂν οὕτω χαρίζεσθαι. Βουλομένων δὲ ταῦτα καὶ τῶν Ἠλείων, ἔδοξεν ἀμφοτέροις εἰρήνην ποιήσασθαι· καὶ ἐγένοντο σπονδαί.

36. Γενομένων δὲ τῶν ὅρκων, καὶ ὁμοσάντων τῶν τε ἄλλων ἁπάντων καὶ τῶν Τεγεατῶν καὶ αὐτοῦ τοῦ Θηβαίου, ὃς ἐτύγχανεν ἐν Τεγέᾳ ἔχων ὁπλίτας τριακοσίους τῶν Βοιωτῶν, οἱ μὲν ἄλλοι Ἀρκάδες ἐν τῇ Τεγέᾳ αὐτοῦ ἐπικαταμείναντες, ἐδειπνοποιοῦντό τε καὶ εὐθυμοῦντο καὶ σπονδὰς καὶ παιᾶνας ὡς εἰρήνης γεγενημένης ἐποιοῦντο, ὁ δὲ Θηβαῖος καὶ τῶν ἀρχόντων οἱ φοβούμενοι τὰς εὐθύνας σύν τε τοῖς Βοιωτοῖς καὶ τοῖς ὁμογνώμοσι τῶν ἐπαρίτων κλείσαντες τὰς πύλας τοῦ τῶν Τεγεατῶν τείχους, πέμποντες ἐπὶ τοὺς συσκηνοῦντας συνελάμβανον τοὺς βελτίστους. Ἅτε δὲ ἐκ πασῶν τῶν πόλεων παρόντων τῶν Ἀρκάδων, καὶ πάντων εἰρήνην βουλομένων ἔχειν, πολλοὺς ἔδει τοὺς συλλαμβανομένους εἶναι· ὥστε ταχὺ μὲν αὐτοῦ τὸ δεσμωτήριον μεστὸν ἦν, ταχὺ δὲ ἡ δημοσία οἰκία. (37) Ὡς δὲ πολλοὶ οἱ εἰργμένοι ἦσαν, πολλοὶ δὲ κατὰ τοῦ τείχους ἐκπεπηδήκεσαν, ἦσαν δὲ οἳ καὶ διὰ τῶν πυλῶν ἀφεῖντο· οὐδεὶς γὰρ οὐδενὶ ὠργίζετο, ὅστις μὴ ᾤετο ἀπολεῖσθαι· ἀπορῆσαι δὴ μάλιστα ἐποίησε τόν τε Θηβαῖον καὶ τοὺς μετ᾽ αὐτοῦ ταῦτα πράττοντας ὅτι Μαντινέας, οὓς μάλιστα ἐβουλεύοντο λαβεῖν, ὀλίγους τινὰς πάνυ εἶχον· διὰ γὰρ τὸ ἐγγὺς τὴν πόλιν εἶναι σχεδὸν πάντες ᾤχοντο οἴκαδε. (38) Ἐπεὶ δὲ ἡμέρα ἐγένετο καὶ τὰ πεπραγμένα ἐπύθοντο οἱ Μαντινεῖς, εὐθὺς πέμποντες εἰς τὰς ἄλλας Ἀρκαδικὰς πόλεις προηγόρευον ἐν τοῖς ὅπλοις εἶναι καὶ φυλάττειν τὰς παρόδους. Καὶ αὐτοὶ δὲ οὕτως ἐποίουν, καὶ ἅμα πέμψαντες εἰς τὴν Τεγέαν ἀπῄτουν ὅσους εἶχον ἄνδρας Μαντινέων· τῶν δὲ ἄλλων δὲ Ἀρκάδων οὐδένα ἀξιοῦν ἔφασαν οὔτε δεδέσθαι οὔτε ἀποθνήσκειν πρὸ δίκης. Εἰ δὲ καί τινες ἐπαιτιῶντο, ἔλεγον ἀπαγγέλλοντες ὅτι ἡ τῶν Μαντινέων πόλις ἐγγυῷτο ἦ μὴν παρέξειν εἰς τὸ κοινὸν τῶν Ἀρκάδων ὁπόσους τις προσκαλοῖτο. (39) Ἀκούων οὖν ὁ Θηβαῖος, ἠπόρει τε ὅ,τι χρήσαιτο τῷ πράγματι καὶ ἀφίησι πάντας τοὺς ἄνδρας. Καὶ τῇ ὑστεραίᾳ συγκαλέσας τῶν Ἀρκάδων ὁπόσοι γε δὴ συνελθεῖν ἠθέλησαν, ἀπελογεῖτο ὡς ἐξαπατηθείη. Ἀκοῦσαι γὰρ ἔφη ὡς Λακεδαιμόνιοί τε εἶεν σὺν τοῖς ὅπλοις ἐπὶ τοῖς ὁρίοις προδιδόναι τε αὐτῷ μέλλοιεν τὴν Τεγέαν τῶν Ἀρκάδων τινές. Οἱ δὲ ἀκούσαντες, ἐκεῖνον μέν, καίπερ γιγνώσκοντες ὅτι ἐψεύδετο περὶ σφῶν, ἀφίεσαν· πέμψαντες δ᾽ εἰς Θήβας πρέσβεις κατηγόρουν αὐτοῦ ὡς δεῖν ἀποθανεῖν. (40) Τὸν δ᾽ Ἐπαμεινώνδαν ἔφασαν,

expeditionem susciperent, periculum fore, ne rursus Arcades ad Lacedæmoniorum partes transirent. Itaque Thebani ad eam se militiam accingebant : contra, qui optime Peloponneso consultum vellent, Arcadum communi persuadebant, ut missis legatis, dici Thebanis juberent, ne Arcadiam armati, nisi accessiti fuissent, ingrederentur. Atque simul hæc Thebanis denuntiabant, simul etiam certis rationibus permoti statuebant, bello sibi minime opus esse. Quippe causam nullam putabant, quamobrem ipsi Jovis fano præessent : adeoque se justius ac religiosius facturos arbitrabantur, magisque gratificaturos deo, si fanum Eleis restituerent. Quod quum Eleis etiam placeret, utrisque visum est, pacem esse faciendam : eoque factum, ut inter se fœdus inirent.

Posteaquam in hoc præstitum fuit sacramentum, jamque non solum alii omnes, sed ipsi quoque Tegeatæ una cum eo Thebano, qui Tegeæ trecentis armaturæ gravis peditibus Bœotis præerat, juraverunt : Arcades alii Tegeæ cum illo manentes, conviviis ac hilaritati vacabant, libationes instituebant, pæanas decantabant, quasi jam pace constituta. Thebanus vero, præfectique Arcadum quotquot a reddendis rationibus sibi metuebant, itemque Bœoti, et Epariti quotquot eadem erant in sententia, clausis Tegeæ portis, ac missis hinc inde lictoribus ad eos, qui agitabant convivia, præcipuos quosque ceperunt. Et quoniam ex omnibus oppidis Arcades eo confluxerant, omnesque pacem exposcerent, multos capi necesse erat. Quo factum, ut illico tum carcer, tum domus urbis publica iis compleretur. Posteaquam multi jam fuere in vincula conjecti, multi de muro desiliurunt, quidam etiam per portas emissi sunt, quod quidem nemo esset qui cuiquam succenseret, extra illos qui se capite multatum iri existimabant : hoc in maximam Thebanum et alios qui hæc una cum ipso agebant sollicitudinem conjecit, quod Mantineos, quos inprimis capere volebant, perquam paucos comprehendissent. Nam plerique omnes domum se contulerant, quippe qui non procul a Tegea distarent. Quum illuxisset, et de iis quæ gesta erant Mantinei certiores facti essent, continuo missis ad ceteras urbes Arcadicas nuntiis, ut in armis essent, aditusque custodirent, denuntiabant ; quod quidem ipsi quoque faciebant. Simul Tegeam quosdam ire jubent, ac reddi sibi quoscumque Mantineos haberent, postulabant. Præterea non æquum aiebant esse, quenquam ex ceteris etiam Arcadibus aut vinciri aut morte multari, priusquam de causa cognitum esset. Quod si haberent in quo culparent aliquos, per eosdem nuntios suos indicabant, sancte Mantineorum rempublicam spondere, se exhibituram in concilio Arcadum publico, quotquot tandem in jus aliquis vocare vellet. Hæc quum Thebanus ille audiret, quid hac in re ageret, ambigebat, adeoque captivis omnibus dimissis, postridie convocabat Arcades, quotquot convenire volebant, seque purgabat, se deceptum esse dicebat. Etenim se narrabat accepisse, Lacedæmonios armatos in finibus adesse, ac nonnullos Arcades Tegeam illis prodere velle. Quæ quum illi audiissent, dimiserunt hominem, quanquam eum de Arcadibus mentiri scirent. Inde legatis Thebas missis, sic eum accusabant, ut morte multandum statuerent. Dixisse tunc Epaminondam ferunt, qui Thebanorum id temporis

καὶ γὰρ στρατηγῶν τότε ἐτύγχανε, λέγειν ὡς πολὺ ὀρθότερον ποιήσειεν, ὅτι συνελάμβανε τοὺς ἄνδρας ἢ ὅτε ἀφῆκε. Τὸ γὰρ ἡμῶν δι' ὑμᾶς εἰς πόλεμον καταστάντων ὑμᾶς ἄνευ τῆς ἡμετέρας γνώμης εἰρήνην ποιεῖσθαι πῶς οὐκ ἂν δικαίως προδοσίαν τις ὑμῶν τοῦτο κατηγοροίη; εὖ δ' ἴστε, ἔφη, ὅτι ἡμεῖς καὶ στρατευσόμεθα εἰς τὴν Ἀρκαδίαν καὶ σὺν τοῖς τὰ ἡμέτερα φρονοῦσι πολεμήσομεν.

imperator erat, rectius hominem fecisse tum quum Arcades comprehenderet, quam quum dimitteret. Nam cur nos, inquit, aliquis de proditione jure vos accuset, qui, quum nos vestri causa bellum geramus, sine consensu nostro pacem fecistis? Enimvero scitote, inquit, suscepturos nos expeditionem in Arcadiam, ac bellum gesturos una cum iis qui partes nostras sequuntur.

ΚΕΦΑΛΑΙΟΝ Ε.

Ὡς δὲ ταῦτα ἀπηγγέλθη πρός τε τὸ κοινὸν τῶν Ἀρκάδων καὶ κατὰ πόλεις, ἐκ τούτου ἀνελογίζοντο Μαντινεῖς τε καὶ τῶν ἄλλων Ἀρκάδων οἱ κηδόμενοι τῆς Πελοποννήσου, ὡσαύτως δὲ καὶ Ἠλεῖοι καὶ Ἀχαιοί, ὅτι οἱ Θηβαῖοι δῆλοι εἶεν βουλόμενοι ὡς ἀσθενεστάτην τὴν Πελοπόννησον εἶναι, ὅπως ὡς ῥᾷστα αὐτὴν καταδουλώσαιντο. (2) Τί γὰρ δὴ πολεμεῖν ἡμᾶς βούλονται ἢ ἵνα ἡμεῖς μὲν ἀλλήλους κακῶς ποιῶμεν, ἐκείνων δ' ἀμφότεροι δεώμεθα; ἢ τί λεγόντων ἡμῶν ὅτι οὐ δεόμεθα αὐτῶν ἐν τῷ παρόντι παρασκευάζονται ὡς ἐξιόντες; οὐ δῆλον ὡς ἐπὶ τῷ κακόν τι ἡμᾶς ἐργάζεσθαι στρατεύειν παρασκευάζονται; (3) Ἔπεμπον δὲ καὶ Ἀθήναζε βοηθεῖν κελεύοντες· ἐπορεύθησαν δὲ καὶ εἰς Λακεδαίμονα πρέσβεις ἀπὸ τῶν Ἐπαριτῶν, παρακαλοῦντες Λακεδαιμονίους, εἰ βούλοιντο κοινῇ διακωλύειν, ἄν τινες ἴωσι καταδουλωσόμενοι τὴν Πελοπόννησον. Περὶ μέντοι ἡγεμονίας αὐτόθεν διεπράττοντο ὅπως ἐν τῇ ἑαυτῶν ἕκαστοι ἡγοῖντο.

4. Ἐν ὅσῳ δὲ ταῦτ' ἐπράττετο, Ἐπαμεινώνδας ἐξῄει, Βοιωτοὺς ἔχων πάντας καὶ Εὐβοέας καὶ Θετταλῶν πολλοὺς παρά τε Ἀλεξάνδρου καὶ τῶν ἐναντίων αὐτῷ. Φωκεῖς μέντοι οὐκ ἠκολούθουν, λέγοντες ὅτι συνθῆκαι σφίσιν αὐτοῖς εἶεν, εἴ τις ἐπὶ Θήβας ἴοι, βοηθεῖν· ἐπ' ἄλλους δὲ στρατεύειν οὐκ εἶναι ἐν ταῖς συνθήκαις. (5) Ὁ μέντοι Ἐπαμεινώνδας ἐλογίζετο καὶ ἐν Πελοποννήσῳ σφίσιν ὑπάρχειν Ἀργείους τε καὶ Μεσσηνίους καὶ Ἀρκάδων τοὺς τὰ σφέτερα φρονοῦντας. Ἦσαν δ' οὗτοι Τεγεᾶται καὶ Μεγαλοπολῖται καὶ Ἀσεᾶται καὶ Παλαντιεῖς, καὶ εἴ τινες δὴ πόλεις διὰ τὸ σμικραί τε εἶναι καὶ ἐν μέσαις ταύταις οἰκεῖν ἠναγκάζοντο. (6) Ἐξῆλθε μὲν δὴ ὁ Ἐπαμεινώνδας διὰ ταχέων· ἐπεὶ δὲ ἐγένετο ἐν Νεμέᾳ, ἐνταῦθα διέτριβεν, ἐλπίζων τοὺς Ἀθηναίους παριόντας λήψεσθαι, καὶ λογιζόμενος μέγα ἂν εἰς τοῦτο γενέσθαι τοῖς μὲν σφετέροις συμμάχοις εἰς τὸ ἐπιρρῶσαι αὐτούς, τοῖς δὲ ἐναντίοις εἰς τὸ εἰς ἀθυμίαν ἐμπεσεῖν, ὡς δὲ συνελόντι εἰπεῖν, πᾶν ἀγαθὸν εἶναι Θηβαίοις ὅ,τι ἐλαττοῖτο Ἀθηναῖοι. (7) Ἐν δὲ τῇ διατριβῇ αὐτῷ ταύτῃ συνῄεσαν πάντες οἱ ὁμοφρονοῦντες εἰς τὴν Μαντίνειαν. Ἐπεὶ μέντοι ὁ Ἐπαμεινώνδας ἤκουσε τοὺς Ἀθηναίους τὸ μὲν κατὰ γῆν πορεύεσθαι ἀπεγνωκέναι, κατὰ θάλατταν δὲ παρασκευάζεσθαι ὡς διὰ Λακεδαίμονος βοηθήσαντας τοῖς Ἀρκάσιν, οὕτω δὴ ἀφορμήσας ἐκ τῆς

CAPUT V.

Posteaquam haec ad commune Arcadum eorumque urbes renuntiata fuerunt, tum vero secum ipsi cogitare coeperunt Mantinei, aliique Arcadum, qui de Peloponneso erant solliciti, itidemque Elei et Achaei, palam Thebanos id moliri ut Peloponnesi vires quammaxime attererent, quo eam sine ulla difficultate in servitutem redigerent. Nam cur tandem bellum nos volunt gerere? num eam ob causam, ut ipsi nosmet mutuo perdamus, et utrique ipsorum indigeamus? Cur ad expeditionem accingunt se, quum nos dicamus, in hoc tempore nobis opera ipsorum non opus esse? An non manifestum est, eos idcirco se ad hanc expeditionem parare, ut aliquo nos damno afficiant? Hinc Athenas quoque miserunt qui Athenienses ad ferendum opem cohortarentur. Praeterea legati ex Eparitis Lacedaemonem missi Lacedaemonios hortantur, ut communibus auxiliis prohibere velint, si qui Peloponnesum in servitutem redacturi advenirent. Imperatum etiam statim ab initio de principatu, nimirum ut singuli suos intra fines aliis praeessent.

Interea dum haec agebantur, domo Epaminondas proficiscebatur, ac secum Boeotos omnes, Euboenses, Thessalos multos, quos partim ab Alexandro, partim ab ejus adversariis acceperat, ducebat. Phocenses tamen non sequebantur, quum iis conditionibus initum foedus esse dicerent, ut, si quis Thebanos invaderet, opem ferrent; verum ut adversus alios cum eis militatum irent, id in foedere comprehendi negabant. Et existimabat Epaminondas, suis a partibus futuros in Peloponneso Argivos, Messenios, Arcades eos, qui rebus Thebanorum faverent. Erant ii Tegeatae, Megalopolitani, Aseatae, Palantini, et quotquot oppida, propterea quod essent exigua, et horum in medio sita, sequi eos cogebantur. Copias ergo celeriter Epaminondas eduxit: quumque Nemeam ingressus esset, nonnihil istic commorabatur, quod interceptum se transeuntes Athenienses putaret. Nam magnum hoc quiddam fore ducebat, quod suorum quidem sociorum animos confirmare posset, hostium vero, ad desperationem adigere: atque, ut breviter dicam, omnino Thebanis emolumento futurum existimabat, quidquid Athenienses detrimenti accepissent. Interim dum ille hoc loco diutius haeret, Peloponnesii omnes, quotquot consentiebant, apud Mantineam convenere. Quum autem audisset Epaminondas, Athenienses mutato consilio non jam terra facturos iter, sed mari se parare, ut per Laconicam Arcadibus

HISTORIÆ GRÆCÆ LIB. VII. CAP. V.

Νεμέας ἀφικνεῖται εἰς τὴν Τεγέαν. (8) Εὐτυχῇ μὲν οὖν οὐκ ἂν ἔγωγε φήσαιμι τὴν στρατηγίαν αὐτῷ γενέσθαι· ὅσα μέντοι προνοίας ἔργα καὶ τόλμης ἐστὶν, οὐδέν μοι δοκεῖ ὁ ἀνὴρ ἐλλιπεῖν. Πρῶτον μὲν γὰρ ἔγωγε ἐπαινῶ αὐτοῦ ὅτι τὸ στρατόπεδον ἐν τῷ τείχει τῶν Τεγεατῶν ἐποιήσατο, ἔνθ᾽ ἐν ἀσφαλεστέρῳ τε ἦν ἢ εἰ ἔξω ἐστρατοπεδεύετο καὶ τοῖς πολεμίοις ἐν ἀδηλοτέρῳ ὅ,τι πράττοιτο. Καὶ παρασκευάζεσθαι δὲ, εἴ του ἐδεῖτο, ἐν τῇ πόλει ὄντι εὐπορώτερον ἦν. Τῶν δ᾽ ἑτέρων ἔξω στρατευομένων ἐξῆν ὁρᾶν, εἴτε τι ὀρθῶς ἐπράττετο εἴτε τι ἡμάρτανον. Καὶ μέντοι οἰόμενος κρείττων τῶν ἀντιπάλων εἶναι, ὁπότε ὁρῴη χωρίοις πλεονεκτοῦντας αὐτούς, οὐκ ἐξήγετο ἐπιτίθεσθαι. (9) Ὁρῶν δὲ οὔτε πόλιν αὐτῷ προσχωροῦσαν οὐδεμίαν τόν τε χρόνον προβαίνοντα, ἐνέμισε πρακτέον τι εἶναι· εἰ δὲ μὴ, ἀντὶ τῆς πρόσθεν εὐκλείας πολλὴν ἀδοξίαν προσεδέχετο. Ἐπεὶ οὖν κατεμάνθανε περὶ μὲν τὴν Μαντίνειαν τοὺς ἀντιπάλους πεφυλαγμένους, μεταπεμπομένους δὲ Ἀγησίλαόν τε καὶ πάντας τοὺς Λακεδαιμονίους καὶ ᾔσθετο ἐξεστρατευμένον τὸν Ἀγησίλαον καὶ ὄντα ἤδη ἐν τῇ Πελλήνῃ, δειπνοποιησάμενος παραγγείλας ἡγεῖτο τῷ στρατεύματι εὐθὺς ἐπὶ Σπάρτην. (10) Καὶ εἰ μὴ Κρὴς θείᾳ τινὶ μοίρᾳ προσελθὼν ἐξήγγειλε τῷ Ἀγησιλάῳ προσιὸν τὸ στράτευμα, ἔλαβεν ἂν τὴν πόλιν ὥσπερ νεοττιὰν παντάπασιν ἔρημον τῶν ἀμυνουμένων. Ἐπεὶ δὲ προπυθόμενος ταῦτα ὁ Ἀγησίλαος ἔφθη εἰς τὴν πόλιν ἀπελθὼν, διαταξάμενοι δὲ Σπαρτιᾶται ἐφύλαττον, καὶ μάλα ὀλίγοι ὄντες· οἵ τε γὰρ ἱππεῖς αὐτοῖς πάντες ἦν ἐν Ἀρκαδίᾳ ἀπῆσαν καὶ τὸ ξενικὸν καὶ τῶν λόχων δώδεκα ὄντων οἱ τρεῖς. (11) Ἐπεὶ δὲ ἐγένετο Ἐπαμεινώνδας ἐν τῇ πόλει τῶν Σπαρτιατῶν, ὅπου μὲν ἔμελλον ἔν τε ἰσοπέδῳ μαχεῖσθαι καὶ ἀπὸ τῶν οἰκιῶν βληθήσεσθαι, οὐκ εἰσῄει ταύτῃ, οὐδ᾽ ὅπου γε μηδὲν πλέον μαχεῖσθαι τῶν ὀλίγων πολλοὶ ὄντες· ἔνθα δὲ πλεονεκτεῖν ἂν ἐνόμιζε, τοῦτο λαβὼν τὸ χωρίον κατέβαινε, καὶ οὐκ ἀνέβαινεν εἰς τὴν πόλιν. (12) Τὸ γε μὴν ἐντεῦθεν γενόμενον ἔξεστι μὲν τὸ θεῖον αἰτιᾶσθαι, ἔξεστι δὲ λέγειν ὡς τοῖς ἀπονενοημένοις οὐδεὶς ἂν ὑποσταίη. Ἐπεὶ γὰρ ἡγεῖτο Ἀρχίδαμος οὐδ᾽ ἑκατὸν ἔχων ἄνδρας, καὶ διαβὰς ὅπερ ἐδόκει τι ἔχειν κώλυμα ἐπορεύετο πρὸς ὄρθιον ἐπὶ τοὺς ἀντιπάλους, ἐνταῦθα δὴ οἱ πῦρ πνέοντες, οἱ νενικηκότες τοὺς Λακεδαιμονίους, οἱ τῷ παντὶ πλέονες καὶ προσέτι ὑπερδέξια χωρία ἔχοντες, οὐκ ἐδέξαντο τοὺς περὶ τὸν Ἀρχίδαμον, ἀλλ᾽ ἐγκλίνουσι. (13) Καὶ οἱ μὲν πρῶτοι τῶν Ἐπαμεινώνδου ἀποθνήσκουσιν· ἐπεὶ μέντοι ἀγαλλόμενοι τῇ νίκῃ ἐδίωξαν οἱ ἔνδοθεν πορρωτέρω τοῦ καιροῦ, οὗτοι αὖ ἀποθνήσκουσι· περιεγέγραπτο γὰρ, ὡς ἔοικεν, ὑπὸ τοῦ θείου μέχρι ὅσου ἡ νίκη ἐδέδοτο αὐτοῖς. Καὶ ὁ μὲν δὴ Ἀρχίδαμος τρόπαιόν τε ἵστατο ἔνθα ἐπεκράτησε καὶ τοὺς ἐνταῦθα πεσόντας τῶν πολεμίων ὑποσπόνδους ἀπεδίδου. (14) Ὁ δ᾽ Ἐπαμεινώνδας λογιζόμενος ὅτι βοηθήσοιεν οἱ Ἀρκάδες εἰς τὴν Λακεδαίμονα, ἐκείνοις τε οὐκ ἐβούλετο καὶ πᾶσι Λακεδαιμονίοις ὁμοῦ γενομένοις μάχεσθαι, ἄλλως τε καὶ εὐτυχηκόσι, τῶν δὲ ἀποτετυχηκότων· πά-

opem ferrent: motis e Nemea castris, Tegeam profectus est. Atque equidem hanc illi expeditionem feliciter cessisse, non possum dicere; quæ vero tum providentiæ, tum audaciæ facinora sunt, ea desiderari mihi in hoc viro minime posse videntur. Nam primum hoc non possum non prædicare, quod intra Tegeatarum muros castra locaverit: quo loco erant tutiora, quam si foris ea locasset, ac quid ageret, minus ab hostibus sciri poterat. Præterea si quæ ad opus esset, eam facilius in urbe parare poterat. Hostes vero quum castra extra oppida haberent, perspici poterat, sive quid recte gererent, seu perperam. Et quia superiorem se hostibus esse putabat; quoties eos locorum commoditates habere videbat, non eliciebat suos ad illos invadendum. Postquam vero nullam ad se urbem deficere vidit ac tempus præterire, gerendum aliquid esse putabat; quod quidem nisi faceret, pro hactenus parta gloria magnam infamiam exspectabat. Itaque quum factus esset certior, hostes apud Mantineam magna cum cura se munivisse, ac Agesilaum omnesque Lacedæmonios arcessere, jamque cum copiis Agesilaum domo profectum ad Pellenen Laconiæ esse animadverteret: sumpta cœna, denuntiatoque militibus itinere, recta Spartam copias duxit. Quod nisi divino quodam fato Cretensis quidam ad Agesilaum contendens, ei copias Epaminondæ adventare nuntiasset: cepisset Spartam, quasi quendam nidum, omnino a defensoribus desertam. Quum autem Agesilaus, his ante compertis, conatum hostis in adeunda urbe præcepisset, Spartani dispositis hinc inde suis, quanquam perpauci essent, urbem tamen custodiebant: nam et equites eorum jam in Arcadia erant et copiæ mercenariæ, et ex duodecim cohortibus tres. Postquam Epaminondas Spartam venit, non urbem iliac ingrediebatur, ubi pugnam hostes simul in planitie commissuri erant, simul tela de ædificiis dejecturi; neque ubi nihilo plus in pugna multi, quam pauci erant effecturi: sed loco quodam occupato, quo se superiorem fore putabat, ita in urbem descendit, non ascendit. Ceterum quod deinde accidit, partim numini potest adscribi, partim dici, desperatis neminem posse resistere. Nam quum Archidamus ne centum quidem viros duceret, ac non solum trajecisset id quod impedire potuisse quodammodo videbatur, sed etiam in locum arduum versus hostes pergeret: tum illi, qui spirabant ignem, qui Lacedæmonios devicerant, qui rebus omnibus superiores erant, ac præterea loco erant excelsiore, non excepere militum, quos Archidamus secum habebat, impetum; sed terga dedere, atque adeo primi, qui apud Epaminondam erant, occisi sunt. Quum autem exsultarent Lacedæmonii ob victoriam, ideoque persequerentur justo ulterius: rursus et ipsi quosdam amisero: nam descripti divinitus erant, ut quidem videtur, concesso ipsis victoriæ certi quidam fines. Archidamus, eo loco quo victoria potitus fuerat, tropæum excitavit; et eos, qui ex hostibus istic interempti erant, per inducias reddidit. Epaminondas autem ipse perpendens futurum ut Arcades Lacedæmonem opis ferendæ causa concurrerent; nolebat simul cum ipsis, et Lacedæmoniis universis, postquam convenerunt, pugna-

λιν δὲ πορευθεὶς ὡς ἐδύνατο τάχιστα εἰς τὴν Τεγέαν τοὺς μὲν ὁπλίτας ἀνέπαυσε, τοὺς δ' ἱππέας ἔπεμψεν εἰς τὴν Μαντίνειαν, δεηθεὶς αὐτῶν προσκαρτερῆσαι, καὶ διδάσκων ὡς πάντα μὲν εἰκὸς ἔξω εἶναι τὰ τῶν Μαντινέων βοσκήματα, πάντας δὲ τοὺς ἀνθρώπους, ἄλλως τε καὶ σίτου συγκομιδῆς οὔσης. (15) Καὶ οἱ μὲν ᾤχοντο· οἱ δὲ Ἀθηναῖοι ἱππεῖς ὁρμηθέντες ἐξ Ἐλευσῖνος ἐδειπνοποιήσαντο μὲν ἐν Ἰσθμῷ, διελθόντες δὲ τὰς Κλεωνὰς ἐτύγχανον προσιόντες εἰς τὴν Μαντίνειαν καὶ κατεστρατοπεδεύσαμενοι ἐντὸς τείχους ἐν ταῖς οἰκίαις. Ἐπεὶ δὲ δῆλοι ἦσαν προσελαύνοντες οἱ πολέμιοι, ἐδέοντο οἱ Μαντινεῖς τῶν Ἀθηναίων ἱππέων βοηθῆσαι, εἴ τι δύναιντο· ἔξω γὰρ εἶναι καὶ τὰ βοσκήματα πάντα καὶ τοὺς ἐργάτας, πολλοὺς δὲ καὶ παῖδας καὶ γεραιτέρους τῶν ἐλευθέρων· ἀκούσαντες δὲ ταῦτα οἱ Ἀθηναῖοι ἐκβοηθοῦσιν, ἔτι ὄντες ἀνάριστοι καὶ αὐτοὶ καὶ οἱ ἵπποι. (16) Ἐνταῦθα δὴ τούτων αὖ τὴν ἀρετὴν τίς οὐκ ἂν ἀγασθείη; οἳ καὶ πολὺ πλείονας ὁρῶντες τοὺς πολεμίους, καὶ ἐν Κορίνθῳ δυστυχήματος γεγενημένου τοῖς ἱππεῦσιν οὐδὲν τούτων ἐπελογίσαντο, οὐδ' ὅτι καὶ Θηβαίοις καὶ Θετταλοῖς τοῖς κρατίστοις ἱππεῦσιν εἶναι δοκοῦσιν ἔμελλον μάχεσθαι, ἀλλ' αἰσχυνόμενοι, εἰ παρόντες μηδὲν ὠφελήσειαν τοὺς συμμάχους, ὡς εἶδον τάχιστα τοὺς πολεμίους, συνέβραξαν, ἐρῶντες ἀνασώσασθαι τὴν πατρῴαν δόξαν. (17) Καὶ μαχόμενοι αἴτιοι μὲν ἐγένοντο τὰ ἔξω πάντα σωθῆναι τοῖς Μαντινεῦσιν, αὐτῶν δὲ ἀπέθανον ἄνδρες ἀγαθοί, καὶ ἀπέκτειναν δὲ δῆλον ὅτι τοιούτους· οὐδὲν γὰρ αὐτὼ βραχὺ ὅπλον ἑκάτεροι εἶχον ᾧ οὐκ ἐξικνοῦντο ἀλλήλων. Καὶ τοὺς μὲν φιλίους νεκροὺς οὐ προῆκαν, τῶν δὲ πολεμίων ἦν οὓς ὑποσπόνδους ἀπέδοσαν. (18) Ὁ δ' αὖ Ἐπαμεινώνδας, ἐνθυμούμενος ὅτι ὀλίγων ἡμερῶν ἀνάγκη ἔσοιτο ἀπιέναι διὰ τὸ ἐξήκειν τῇ στρατείᾳ τὸν χρόνον, εἰ δὲ καταλείποι ἐρήμους οἷς ἦλθε σύμμαχος, ἐκεῖνοι πολιορκήσοιντο ὑπὸ τῶν ἀντιπάλων, αὐτὸς δὲ τῇ ἑαυτοῦ δόξῃ παντάπασιν ἔσοιτο λελυμασμένος, ἡττημένος μὲν ἐν Λακεδαίμονι σὺν πολλῷ ὁπλιτικῷ ὑπ' ὀλίγων, ἡττημένος δὲ ἐν Μαντινείᾳ ἱππομαχίᾳ, αἴτιος δὲ γεγενημένος διὰ τὴν εἰς Πελοπόννησον στρατείαν τοῦ συνεστάναι Λακεδαιμονίους καὶ Ἀρκάδας καὶ Ἀχαιοὺς καὶ Ἠλείους καὶ Ἀθηναίους· ὥστε οὐκ ἐδόκει αὐτῷ δυνατὸν εἶναι ἀμαχεὶ παρελθεῖν, λογιζομένῳ ὅτι εἰ μὲν νικῴη, πάντα ταῦτα ἀναλύσοιτο· εἰ δὲ ἀποθάνοι, καλὴν τὴν τελευτὴν ἡγήσατο ἔσεσθαι πειρωμένῳ τῇ πατρίδι ἀρχὴν Πελοποννήσου καταλιπεῖν. (19) Τὸ μὲν οὖν αὐτὸν τοιαῦτα διανοεῖσθαι οὐ πάνυ μοι δοκεῖ θαυμαστὸν εἶναι· φιλοτίμων γὰρ ἀνδρῶν τὰ τοιαῦτα διανοήματα· τὸ μέντοι στράτευμα παρεσκευακέναι ὡς πόνον τε μηδένα ἀποκάμνειν μήτε νυκτὸς μήτε ἡμέρας, κινδύνου τε μηδενὸς ἀφίστασθαι, σπάνιά τε τὰ ἐπιτήδεια ἔχοντας ὅμως πείθεσθαι ἐθέλειν, ταῦτά μοι δοκεῖ θαυμαστότερα εἶναι. (20) Καὶ γὰρ ὅτε τὸ τελευταῖον παρήγγειλεν αὐτοῖς παρασκευάζεσθαι ὡς μάχης ἐσομένης, προθύμως μὲν ἐλευκοῦντο οἱ ἱππεῖς τὰ κράνη κελεύοντος ἐκείνου, ἐπα-

re; praesertim quum res ipsis feliciter cessisset, suis male. Quamobrem rursus quam celerrime Tegeam contendens, gravi armaturae quiescendi spatium concessit, equitatum Mantineam misit, rogatum, uti labores eos constanter ferret; simul monitum, consentaneum esse, pecora Mantineos universa jam extra urbem habere, itemque viros omnes, praesertim id temporis, quo frumentum in urbem conveheretur. Itaque suscipiebant iter. Interea profecti Eleusine Atheniensium equites, apud Isthmum coena sumpta, quum Cleonas transissent, forte ad Mantineam accedebant, et castra intra muros ipsis in aedificiis habebant. Quum autem pateret jam adventare hostes, Mantinei Atheniensium equitum opem implorarunt, si quid illi possent; pecora, inquiunt, universa foris esse, itemque operas, et multos tum pueros, tum provectioris aetatis homines ingenuos. Quibus Athenienses auditis, quanquam nondum vel se prandio, vel equos pabulo refecerant, tamen opem ferebant. Atque hic quis eorum virtutem non admiraretur? qui quum hostes se longe majores habere copias cernerent, et equites adversum quendam casum in urbe Corintho pertulissent, nihil horum ad animum revocarunt, ac ne id quidem, quod simul adversus Thebanos ac Thessalos, equites hominum opinione longe praestantissimos, proelio congressuri essent: sed turpe ducentes, si, postquam advenissent, nulla re sociis essent adjumento; quum primum conspexissent hostes, manus cum eis conseruerunt, quum quidem gloriam majorum tueri cuperent. Hoc modo commisso proelio, Mantineis omnia, quae foris habebant, salva praestitere. Ceciderunt ex eis quidam viri fortes, cujusmodi scilicet ipsi quoque interemerunt. Quippe nemo erat utriusque, cui tam exiguum telum esset, quo se mutuo non contingerent. Deinde cadavera suorum Athenienses non deseruerunt, hostium cadaveribus quibusdam per inducias redditis. Atque hic Epaminondas secum cogitabat, intra dies paucos sibi abeundum esse necessario, quod huic expeditioni destinatum tempus effluxisset. Jam si eos, quibus opitulaturus advenerat, desereret, futurum ut ab hostibus illi obsiderentur, ipse gloriam omnem prorsus amitteret: qui apud Lacedaemonem cum gravis armaturae multis peditibus a paucis victus esset, rursus ad Mantineam equestri proelio superatus, denique causam per susceptam hanc in Peloponnesum expeditionem praebuisset, ob quam Lacedaemonii, Arcades, Achaei, Elei, Athenienses, se consociassent. Quare fieri non posse putabat, ut sine pugna discederet: praesertim quum se potientem victoria denuo ratiocinaretur abolituram haec universa; sin mortem oppeteret, praeclarum se vitae finem consecuturum existimabat, in conatu relinquendi patriae suae Peloponnesi imperium. Atque hujusmodi quaedam ipsum animo volutasse, mirum mihi quidem non videtur: nam ejusmodi cogitationes in eos cadunt, qui honoris ac laudis cupidi sunt. Quod vero exercitum sic consuefecerit, ut laborem nullum defugeret, non interdiu, non noctu, periculum nullum formidaret, quoties commeatus adesset exiguus, nihilominus dicto audiens esset, ea mihi magis admiranda videntur. Nam quum postremum denuntiasset suis, uti se ad pugnam compararent, magna cum animorum alacritate galeas equites ipso jubente nitidas reddebant, ac Arcades

γράφοντο δὲ καὶ τῶν Ἀρκάδων ὁπλῖται ῥόπαλα, ὡς Θηβαῖοι ὄντες, πάντες δὲ ἠκονῶντο καὶ λόγχας καὶ μαχαίρας καὶ ἐλαμπρύνοντο τὰς ἀσπίδας. (21) Ἐπεὶ μέντοι οὕτω παρεσκευασμένους ἐξήγαγεν, ἄξιον αὖ κατανοῆσαι ἃ ἐποίησε. Πρῶτον μὲν γὰρ ὥσπερ εἰκὸς συνετάττετο. Τοῦτο δὲ πράττων σαφηνίζειν ἐδόκει ὅτι εἰς μάχην παρεσκευάζετο· ἐπεί γε μὴν ἐτέτακτο αὐτῷ τὸ στράτευμα ὡς ἐβούλετο, τὴν μὲν συντομωτάτην πρὸς τοὺς πολεμίους οὐκ ἦγε, πρὸς δὲ τὰ πρὸς ἑσπέραν ὄρη καὶ ἀντιπέραν τῆς Τεγέας ἡγεῖτο· ὥστε δόξαν παρεῖχε τοῖς πολεμίοις μὴ ποιήσεσθαι μάχην ἐκείνῃ τῇ ἡμέρᾳ. (22) Καὶ γὰρ δὴ ὡς πρὸς τῷ ὄρει ἐγένετο, ἐπεὶ ἐξετάθη αὐτῷ ἡ φάλαγξ, ὑπὸ τοῖς ὑψηλοῖς ἔθετο τὰ ὅπλα, ὥστε εἰκάσθη στρατοπεδευομένῳ. Τοῦτο δὲ ποιήσας ἔλυσε μὲν τῶν πλείστων πολεμίων τὴν ἐν ταῖς ψυχαῖς πρὸς μάχην παρασκευήν, ἔλυσε δὲ τὴν ἐν ταῖς συντάξεσιν. Ἐπεί γε μὴν παραγαγὼν τοὺς ἐπὶ κέρως πορευομένους λόχους εἰς μέτωπον ἰσχυρὸν ἐποιήσατο τὸ περὶ ἑαυτὸν ἔμβολον, τότε δὴ ἀναλαβεῖν παραγγείλας τὰ ὅπλα ἡγεῖτο· οἱ δ' ἠκολούθουν. Οἱ δὲ πολέμιοι ὡς εἶδον παρὰ δόξαν ἐπιόντας, οὐδεὶς αὐτῶν ἡσυχίαν ἔχειν ἠδύνατο, ἀλλ' οἱ μὲν ἔθεον εἰς τὰς τάξεις, οἱ δὲ παρετάττοντο, οἱ δὲ ἵππους ἐχαλίνουν, οἱ δὲ θώρακας ἐνεδύοντο, πάντες δὲ πεισομένοις τι μᾶλλον ἢ ποιήσουσιν ἐῴκεσαν. (23) Ὁ δὲ τὸ στράτευμα ἀντίπρωρον ὥσπερ τριήρη προσῆγε, νομίζων, ὅπῃ ἐμβαλὼν διακόψειε, διαφθερεῖν ὅλον τὸ τῶν ἐναντίων στράτευμα· καὶ γὰρ δὴ τῷ μὲν ἰσχυροτάτῳ παρεσκευάζετο ἀγωνίζεσθαι, τὸ δὲ ἀσθενέστατον πόρρω ἀπέστησεν, εἰδὼς ὅτι ἡττηθὲν ἀθυμίαν ἂν παράσχοι τοῖς μεθ' ἑαυτοῦ, ῥώμην δὲ τοῖς πολεμίοις. Καὶ μὴν τοὺς ἱππέας οἱ μὲν πολέμιοι αὐτοὶ παρετάξαντο ὥσπερ ὁπλιτῶν φάλαγγα βάθος ἐφεξῆς καὶ ἔρημον πεζῶν ἀμίππων· (24) ὁ δ' Ἐπαμεινώνδας αὖ καὶ τοῦ ἱππικοῦ ἔμβολον ἰσχυρὸν ἐποιήσατο, καὶ ἀμίππους πεζοὺς συνέταξεν αὐτοῖς, νομίζων τὸ ἱππικὸν ἐπεὶ διακόψειεν, ὅλον τὸ ἀντίπαλον νενικηκέναι· ἔσεσθαι· μάλα γὰρ χαλεπὸν εὑρεῖν τοὺς ἐθελήσοντας μένειν, ἐπειδάν τινας φεύγοντας τῶν ἑαυτῶν ὁρῶσι· καὶ ὅπως μὴ ἐπιβοηθῶσιν οἱ Ἀθηναῖοι ἀπὸ τοῦ εὐωνύμου κέρατος ἐπὶ τὸ ἐχόμενον, κατέστησεν ἐπὶ γηλόφοις τινῶν ἐναντίους αὐτοῖς καὶ ἱππέας καὶ ὁπλίτας, φόβον βουλόμενος καὶ τούτοις παρέχειν ὡς εἰ βοηθήσοιεν, ὄπισθεν οὗτοι ἐπικείσοιντο αὐτοῖς. Τὴν μὲν δὴ συμβολὴν οὕτως ἐποιήσατο, καὶ οὐκ ἐψεύσθη τῆς ἐλπίδος· κρατήσας γὰρ ᾗ προσέβαλεν ὅλον ἐποίησε φεύγειν τὸ τῶν ἐναντίων. (25) Ἐπεί γε μὴν ἐκεῖνος ἔπεσεν, οἱ λοιποὶ οὐδὲ τῇ νίκῃ ὀρθῶς ἔτι ἐδυνάσθησαν χρήσασθαι, ἀλλὰ φυγούσης μὲν αὐτοῖς τῆς ἐναντίας φάλαγγος οὐδένα ἀπέκτειναν οἱ ὁπλῖται οὐδὲ προῆλθον ἐκ τοῦ χωρίου ἔνθα ἡ συμβολὴ ἐγένετο· φυγόντων δ' αὐτοῖς καὶ τῶν ἱππέων, ἀπέκτειναν μὲν οὐδ' ἱππεῖς διώκοντες οὔτε ἱππέας οὔθ' ὁπλίτας, ὥσπερ δὲ ἡττημένοι πεφοβημένως διὰ τῶν φευγόντων πολεμίων διέπεσον. Καὶ μὴν οἱ ἄμιπποι καὶ οἱ πελτασταὶ συννενικηκότες τοῖς ἱππεῦσιν ἀφίκοντο μὲν ἐπὶ τοῦ εὐωνύμου, ὡς

etiam gravis armaturæ pedites clavas in clypeis pingebant, perinde ac si Thebani essent : universi denique tum hastas tum gladios acuebant, et clypeos detergebant, ut fulgerent. Hoc modo paratos quum abduxisset, operæ pretium est considerare, quid deinceps fecerit. Primum igitur, ut par erat, aciem struebat. Id quum faceret, indicare scilicet certo volebat, quod ad prœlium se compararet. Posteaquam copias ex animi arbitratu instruxit, non via maxime compendiaria ducebat in hostem; sed ad montes, solem occidentem spectantes et e regione Tegeæsitos, pergebat. Quo factum ut injiceretur hostibus opinio, minime ipsum eo die dimicaturum. Etenim posteaquam ad montem accessit, jamque phalanx ejus fuit explicata, subsistere militem sub locis eminentibus in armis jussit, adeoque castra munientis speciem exhibebat. Atque hac re maxima ex parte in hostibus, quem in animis pugnandi ardorem conceperant, exstinxit : itemque aciei apparatum dissolvit. Deinde quum cohortes, quæ longo progrediebantur agmine, ad frontem adduxisset, aciemque cuneatam eorum, quos circum se habebat, firmam reddidisset : tum vero suis arma sumere jussis præcedebat ipse, milites sequebantur. Eos quum præter opinionem suam adventare viderent hostes, nemini amplius otioso esse licebat. Alii se ad ordines cursu conferebant, alii se instruebant, alii frenabant equos, alii loricas induebant : omnes denique magis cladem accepturi quam illaturi videbantur. Epaminondas autem copias suas triremis instar adverso quasi rostro ductitabat, existimans, se, ubicunque tandem impressione facta perrumperet aciem hostilem, universum exercitum facile profligaturum. Nam cum parte copiarum longe robustissima prœlium committere parabat, infirma longius remota : quod sciret, hanc, si quidem vinceretur, suis trepidationem, hostibus vires addituram. Accedebat id etiam, quod hostes equitatum suum phalangis instar peditum gravis armaturæ densam in aciem deinceps instruxerant, peditibus, qui erant equitibus juncti, nullis intermistis. At Epaminondas etiam equitum cuneum firmum fecerat, et pedites equitibus junctos juxta eos collocarat. Existimabat enim fore ut, posteaquam equitatus perrupisset, hostium totus exercitus victus esset. Nam perdifficile est reperire qui subsistere velint, quum suorum nonnullos terga dare conspiciunt. Jam ne Athenienses a lævo cornu succurrerent sibi proximis, quibusdam in collibus adversus eos tum equites tum gravis armaturæ pedites constituit ; ut his etiam metum incuteret, quasi a tergo irruituri in ipsos essent, si quidem aliis vellent suppetias ferre. Atque hoc modo cum hoste confligens, spe sua minime frustratus est. Etenim illa parte qua hostes adoriebatur, victoria potitus, universum hostilem exercitum in fugam conjecit. Verum posteaquam ipse cecidit, non jam amplius ceteri victoria recte uti potuere. Nam quum adversa phalanx fugeret, gravis armaturæ pedites neminem occidebant, neque de loco, quo prœlium commissum erat, progrediebantur. Itidem quum equitatus hostilis fugam arripuisset, ne equites quidem persequendo quenquam vel equitem, vel gravis armaturæ peditem interficiebant : sed quasi fuissent ipsi victi, trepide per fugientes hostes elabebantur. Ac pedites quidem equitibus juncti, et cetrati, posteaquam una cum equitibus vicerunt; lævum ad latus se conferebant, quasi jam supe-

κρατοῦντες, ἐκεῖ δ' ὑπὸ τῶν Ἀθηναίων οἱ πλεῖστοι αὐτῶν ἀπέθανον.

26. Τούτων δὲ πραχθέντων τοὐναντίον ἐγεγένητο οὗ ἐνόμισαν πάντες ἄνθρωποι ἔσεσθαι. Συνεληλυθυίας γὰρ σχεδὸν ἁπάσης τῆς Ἑλλάδος καὶ ἀντιτεταγμένων, οὐδεὶς ἦν ὅστις οὐκ ᾤετο, εἰ μάχη ἔσοιτο, τοὺς μὲν κρατήσαντας ἄρξειν, τοὺς δὲ κρατηθέντας ὑπηκόους ἔσεσθαι· ὁ δὲ θεὸς οὕτως ἐποίησεν ὥστε ἀμφότεροι μὲν τρόπαιον ὡς νενικηκότες ἐστήσαντο, τοὺς δὲ ἱσταμένους οὐδότεροι ἐκώλυον, νεκροὺς δὲ ἀμφότεροι μὲν ὡς νενικηκότες ὑποσπόνδους ἀπέδοσαν, ἀμφότεροι δὲ ὡς ἡττημένοι ὑποσπόνδους ἀπελάμβανον, (27) νενικηκέναι δὲ φάσκοντες ἑκάτεροι οὔτε χώρᾳ οὔτε πόλει οὔτ' ἀρχῇ οὐδέτεροι οὐδὲν πλέον ἔχοντες ἐφάνησαν ἢ πρὶν τὴν μάχην γενέσθαι· ἀκρισία δὲ καὶ ταραχὴ ἔτι πλείων μετὰ τὴν μάχην ἐγένετο ἢ πρόσθεν ἐν τῇ Ἑλλάδι. Ἐμοὶ μὲν δὴ μέχρι τούτου γραφέσθω· τὰ δὲ μετὰ ταῦτα ἴσως ἄλλῳ μελήσει.

riores : verum istic maxima pars eorum ab Atheniensibus est interempta.

His ita gestis, contra quam universi homines arbitrabantur, accidit. Nam quum tota fere Græcia convenisset, castraque opposita haberet, nemo non existimabat futurum, ut, si prœlio decerneretur, victores imperarent, parerent victi. Verum deus illum eventum dedit, ut tropæum utrique statuerent, quasi qui vicissent, nec statuentes alteros impedirent alteri. Mortuos autem utrique tanquam victores per inducias reddebant, utrique tanquam victi per inducias recipiebant : quumque victoria se potitos utrique dicerent, non tamen vel obtenta regione aliqua, vel oppido, vel imperio, conditionem suam facere meliorem, quam ea fuisset ante pugnam commissam, videbantur. Confusio quidem certe, rerumque perturbatio major in Græcia post pugnam extitit, quam prius fuerat. Atque hactenus mihi quidem hæc scripta sunto. Quæ vero sequuntur, alii curæ fortassis erunt.

ΞΕΝΟΦΩΝΤΟΣ
ΑΓΗΣΙΛΑΟΣ.

ΚΕΦΑΛΑΙΟΝ Α.

Οἶδα μὲν ὅτι τῆς Ἀγησιλάου ἀρετῆς τε καὶ δόξης οὐ ῥᾴδιον ἄξιον ἔπαινον γράψαι, ὅμως δ᾽ ἐγχειρητέον. Οὐ γὰρ ἂν καλῶς ἔχοι εἰ ὅτι τελέως ἀνὴρ ἀγαθὸς ἐγένετο, διὰ τοῦτο οὐδὲ μειόνων [ἂν] τυγχάνοι ἐπαίνων. (2) Περὶ μὲν οὖν εὐγενείας αὐτοῦ τί ἄν τις μεῖζον καὶ κάλλιον εἰπεῖν ἔχοι ἢ ὅτι ἔτι καὶ νῦν τοῖς προγόνοις ὀνομαζομένοις ἀπομνημονεύεται ὁπόστος ἀφ᾽ Ἡρακλέους ἐγένετο, καὶ τούτοις οὐκ ἰδιώταις ἀλλ᾽ ἐκ βασιλέων βασιλεῦσιν; (3) Ἀλλὰ μὴν οὐδὲ ταύτῃ γ᾽ ἄν τις ἔχοι καταμέμφασθαι αὐτοὺς ὡς βασιλεύουσι μέν, πόλεως δὲ τῆς ἐπιτυχούσης· ἀλλ᾽ ὥσπερ τὸ γένος αὐτῶν τῆς πατρίδος ἐντιμότατον, οὕτω καὶ ἡ πόλις ἐν τῇ Ἑλλάδι ἐνδοξοτάτη· ὥστε οὐ δευτερίων πρωτεύουσιν, ἀλλ᾽ ἡγεμόνων ἡγεμονεύουσι. (4) Τῇδέ γε μὴν καὶ κοινῇ ἄξιον ἐπαινέσαι τήν τε πατρίδα καὶ τὸ γένος αὐτοῦ. Ἥ τε γὰρ πόλις οὐδεπώποτε φθονήσασα τοῦ προτετιμῆσθαι αὐτοὺς ἐπεχείρησε καταλῦσαι τὴν ἀρχὴν αὐτῶν, οἵ τε βασιλεῖς οὐδεπώποτε μειζόνων ὠρέχθησαν ἢ ἐφ᾽ οἷσπερ ἐξ ἀρχῆς τὴν βασιλείαν παρέλαβον. Τοιγαροῦν ἄλλη μὲν οὐδεμία ἀρχὴ φανερά ἐστι διαγεγενημένη ἀδιάσπαστος οὔτε δημοκρατία οὔτε ὀλιγαρχία οὔτε τυραννὶς οὔτε βασιλεία· αὕτη δὲ μόνη διαμένει συνεχὴς βασιλεία. (5) Ὡς γε μὴν καὶ πρὶν ἄρξαι ἄξιος τῆς βασιλείας ἐδόκει εἶναι Ἀγησίλαος τάδε τὰ σημεῖα. Ἐπεὶ γὰρ Ἆγις βασιλεὺς ὢν ἐτελεύτησεν, ἐρισάντων περὶ τῆς ἀρχῆς Λεωτυχίδα μὲν ὡς Ἄγιδος ὄντος υἱοῦ, Ἀγησιλάου δὲ ὡς Ἀρχιδάμου, κρίνασα ἡ πόλις ἀνεπικλητότερον εἶναι Ἀγησίλαον καὶ τῷ γένει καὶ τῇ ἀρετῇ, τοῦτον ἐστήσατο βασιλέα. Καίτοι τὸ ἐν τῇ κρατίστῃ πόλει ὑπὸ τῶν ἀρίστων κριθέντα τοῦ καλλίστου γέρως ἀξιωθῆναι ποίου ἔτι τεκμηρίου προσδεῖται τῆς γε πρὶν ἄρξαι αὐτοῦ ἀρετῆς;

6. Ὅσα γε μὴν ἐν τῇ βασιλείᾳ διεπράξατο νῦν ἤδη διηγήσομαι· ἀπὸ γὰρ τῶν ἔργων καὶ τοὺς τρόπους αὐτοῦ κάλλιστα νομίζω καταδήλους ἔσεσθαι. Ἀγησίλαος τοίνυν ἔτι μὲν νέος ὢν ἔτυχε τῆς βασιλείας· ἄρτι δὲ ὄντος αὐτοῦ ἐν τῇ ἀρχῇ, ἐξηγγέλθη βασιλεὺς ὁ Περσῶν ἁθροίζων καὶ ναυτικὸν καὶ πεζὸν πολὺ στράτευμα ὡς ἐπὶ τοὺς Ἕλληνας· (7) βουλευομένων δὲ περὶ τούτων Λακεδαιμονίων καὶ τῶν συμμάχων, Ἀγησίλαος ὑπέστη, ἐὰν δῶσιν αὐτῷ τριάκοντα μὲν Σπαρτιατῶν, δισχιλίους δὲ νεοδαμώδεις, εἰς ἑξακισχιλίους δὲ τὸ σύνταγμα τῶν συμμάχων, διαβήσεσθαι εἰς τὴν Ἀσίαν καὶ πειράσεσθαι εἰρήνην ποιῆσαι, ἢ ἂν πολεμεῖν βούληται ὁ βάρβαρος, ἀσχολίαν αὐτῷ παρέξειν τοῦ στρατεύειν ἐπὶ

XENOPHONTIS.
AGESILAUS.

CAPUT I.

Novi quidem non esse facile laudem Agesilai virtute ac gloriæ dignam scribere; nihilo tamen minus erit mihi hoc conandum: non enim recte se res habuerit si, quod vir perfecte bonus fuerit, idcirco ne minores quidem consequatur laudes. De ipsius certe quidem generis nobilitate quid majus et honestius dicere quisquam possit, quam quod hoc etiam tempore inter Progonos dictos commemoratur quotus ab ipso Hercule fuerit, eosque non privatos, sed reges ortos ex regibus? At vero ne hac quidem in parte eos quisquam increpare possit, quod reges sane fuerint, at urbis obscuræ: sed quemadmodum eorum genus inter alia patriæ ornatissimum est, sic et urbs ipsa in Græcia maxime est illustris: adeo ut non inter secundos primas obtinuerint, sed inter principes principe loco fuerint. Hanc porro ob causam æquum etiam est una et patriam et genus ipsius laudare: quippe nunquam civitas invidia mota quod illis honoribus anteiret, eorum imperium evertere aggressa est; et reges nunquam majora concupivere, quam ferrent conditiones, quibus initio regnum acceperant. Itaque nullum sane aliud imperium reperitur, quod sine interruptione perdurarit, neque democratia, neque oligarchia, neque tyrannis, neque regnum; hoc vero solum permanet regnum perpetuum. Agesilaum autem, antequam imperio potitus esset, dignum regno fuisse habitum, hæc sunt indicia. Nam cum Agis rex vivendi finem fecisset, contendentibus de imperio Leotychida, ut Agidis filio, Agesilao, ut Archidami, ubi civitas ipsa Agesilaum magis irreprehensum tum genere tum virtute judicasset, hunc regem constituit. Atqui potentissima in urbe præmio pulcherrimo dignum a viris optimis judicatum fuisse, qualibus amplius indiget argumentis utique ejus, quæ in eo eluxit antequam imperaret, virtutis?

Quas vero res in regno suo perfecerit, jam nunc commemorabo : nam rebus gestis etiam mores ipsius pulcherrime fore declaratos arbitror. Agesilaus itaque regnum, adhuc juvenis, consequutus est. Cumque recens imperio potitus esset, nuntiatum fuit Persarum regem multas tum navales tum pedestres copias, tanquam in Græcos invasurum, cogere. Quibus de rebus cum Lacedæmonii ac socii deliberarent, pollicitus est Agesilaus se, si triginta Spartiatas ipsi darent, bis mille Neodamodes, sociorum agmen ad sex millia, trajecturum in Asiam, operamque daturum ut pacem faceret, vel, si bellum gerere mallet barbarus, tanta ei negotia exhibiturum, ut ei exercitum contra Græcos ducere

ΑΓΗΣΙΛΑΟΥ ΚΕΦ. Α.

τοὺς Ἕλληνας. (8) Εὐθὺς μὲν οὖν πολλοὶ πάνυ ἠγάσθησαν αὐτὸ τοῦτο τὸ ἐπιθυμῆσαι, ἐπειδὴ ὁ Πέρσης πρόσθεν ἐπὶ τὴν Ἑλλάδα διέβη, ἀντιδιαβῆναι ἐπ᾿ αὐτόν, τό τε αἱρεῖσθαι ἐπιόντα μᾶλλον ἢ ὑπομένοντα μάχεσθαι αὐτῷ, καὶ τὸ τἀκείνου δαπανῶντα βούλεσθαι μᾶλλον ἢ τὰ τῶν Ἑλλήνων πολεμεῖν, κάλλιστον δὲ πάντων ἐποίετο μὴ περὶ τῆς Ἑλλάδος ἀλλὰ περὶ τῆς Ἀσίας τὸν ἀγῶνα καθιστάναι. (9) Ἐπεί γε μὴν λαβὼν τὸ στράτευμα ἐξέπλευσε, πῶς ἄν τις σαφέστερον ἐπιδείξειεν ὡς ἐστρατήγησεν ἢ εἰ αὐτὰ διηγήσαιτο ἃ ἔπραξεν ; (10) Ἐν τοίνυν τῇ Ἀσίᾳ ἥδε πρώτη πρᾶξις ἐγένετο. Τισσαφέρνης μὲν ὤμοσεν Ἀγησιλάῳ, εἰ σπείσαιτο ἕως ἔλθοιεν οὓς πέμψειε πρὸς βασιλέα ἀγγέλους διαπράξεσθαι αὐτῷ ἀφεθῆναι αὐτονόμους τὰς ἐν τῇ Ἀσίᾳ πόλεις Ἑλληνίδας, Ἀγησίλαος δὲ ἀντώμοσε σπονδὰς ἄξειν ἀδόλως, ὁρισάμενος τῆς πράξεως τρεῖς μῆνας. (11) Ὁ μὲν δὴ Τισσαφέρνης ἃ ὤμοσεν εὐθὺς ἐψεύσατο· ἀντὶ γὰρ τοῦ εἰρήνην πράσσειν στράτευμα πολὺ παρὰ βασιλέως πρὸς ᾧ πρόσθεν εἶχε μετεπέμπετο. Ἀγησίλαος δὲ καίπερ αἰσθόμενος ταῦτα ὅμως ἐνέμεινε ταῖς σπονδαῖς. (12) Ἐμοὶ οὖν τοῦτο πρῶτον καλὸν δοκεῖ διαπράξασθαι ὅτι Τισσαφέρνην μὲν ἐμφανίσας ἐπίορκον ἄπιστον πᾶσιν ἐποίησεν, ἑαυτὸν δ᾿ ἀντεπιδείξας πρῶτον μὲν ὅρκους ἐμπεδοῦντα, ἔπειτα συνθήκας μὴ ψευδόμενον, πάντας ἐποίησε καὶ Ἕλληνας καὶ βαρβάρους θαῤῥοῦντας συντίθεσθαι αὐτῷ, εἴ τι βούλοιτο. (13) Ἐπεὶ δὲ μέγα φρονήσας ὁ Τισσαφέρνης ἐπὶ τῷ καταβάντι στρατεύματι προσεῖπεν Ἀγησιλάῳ πόλεμον εἰ μὴ ἀπίοι ἐκ τῆς Ἀσίας, οἱ μὲν ἄλλοι σύμμαχοι καὶ Λακεδαιμονίων οἱ παρόντες μάλα ἀχθεσθέντες φανεροὶ ἐγένοντο, νομίζοντες μείονα τὴν παροῦσαν δύναμιν Ἀγησιλάῳ τῆς βασιλέως παρασκευῆς εἶναι· Ἀγησίλαος δὲ μάλα φαιδρῷ τῷ προσώπῳ ἀπαγγεῖλαι τῷ Τισσαφέρνει τοὺς πρέσβεις ἐκέλευσεν ὡς πολλὴν χάριν αὐτῷ ἔχοι ὅτι ἐπιορκήσας αὐτὸς μὲν πολεμίους τοὺς θεοὺς ἐκτήσατο, τοῖς δ᾿ Ἕλλησι συμμάχους ἐποίησεν. (14) Ἐκ δὲ τούτου εὐθὺς τοῖς μὲν στρατιώταις παρήγγειλε συσκευάζεσθαι ὡς εἰς στρατείαν· ταῖς δὲ πόλεσιν εἰς ἃς ἀνάγκην ἦν ἀφικνεῖσθαι στρατευομένῳ ἐπὶ Καρίαν προεῖπεν ἀγορὰν παρασκευάζειν. Ἐπέστειλε δὲ καὶ Ἴωσι καὶ Αἰολεῦσι καὶ Ἑλλησποντίοις πέμπειν πρὸς αὐτὸν εἰς Ἔφεσον τοὺς συστρατευσομένους. (15) Ὁ μὲν οὖν Τισσαφέρνης, καὶ ὅτι ἱππικὸν οὐκ εἶχες ὁ Ἀγησίλαος, ᾗ δὲ Καρία ἄφιππος ἦν, καὶ ὅτι ἡγεῖτο αὐτὸν ὀργίζεσθαι αὑτῷ διὰ τὴν ἀπάτην, τῷ ὄντι νομίσας ἐπὶ τὸν αὑτοῦ οἶκον εἰς Καρίαν ὁρμήσειν αὐτόν, τὸ μὲν πεζὸν ἅπαν διεβίβασεν ἐκεῖσε, τὸ δὲ ἱππικὸν εἰς τὸ Μαιάνδρου πεδίον περιήγαγε, νομίζων ἱκανὸς εἶναι καταπατῆσαι τῇ ἵππῳ τοὺς Ἕλληνας πρὶν εἰς τὰ δύσιππα ἀφικέσθαι. (16) Ὁ δὲ Ἀγησίλαος ἀντὶ τοῦ ἐπὶ Καρίαν ἰέναι εὐθὺς ἀντιστρέψας ἐπὶ Φρυγίας ἐπορεύετο· καὶ τάς τε ἐν τῇ πορείᾳ ἀπαντώσας δυνάμεις ἀναλαμβάνων ἦγε καὶ τὰς πόλεις κατεστρέφετο καὶ ἐμβαλὼν προσδοκήτως παμπληθῆ χρήματα ἔλαβε. (17) Στρα-

non vacaret. Confestim igitur multi vehementer admirati sunt hoc ipsum quod, cum Persa antehac in Græciam trajecisset, adversus eum vicissim trajicere concupisceret; tum quod invadendo potius quam sustinendo cum eo pugnare mallet; tum quod ita bellum gerere vellet, ut ejus potius, quam Græcorum, facultates absumeret : omnium autem pulcherrimum esse judicabatur, quod non de Græcia, sed de Asia certamen institueret. Postea quam autem sumptis copiis domo enavigasset, quonam quis modo clarius demonstrare possit, qua ratione munus imperatorium obierit, quam si res ipsas, quas gessit, enarraverit? Hoc igitur in Asia primum fuit ejus facinus. Agesilao jusjurandum dederat Tissaphernes, si inducias pangeret, donec nuntii, quos ad regem mitteret, redirent, effecturum se ipsi ut urbes Græcæ in Asia sitæ sui juris esse permitterentur : Agesilaus vicissim juraverat inducias se sine dolo servaturum, tribus mensibus ad rem conficiendam definitis. Et Tissaphernes quidem fidem jurejurando firmatam mox fefellit : nam pro facienda pace, magnum, præter eum quem prius habuit, exercitum a rege arcessebat : at Agesilaus, tametsi hæc animadverteret, nihilominus in induciis perstitit. Quamobrem mihi primum hoc præclare perfecisse videtur, quod cum Tissaphernem perjurum palam ostendisset, suspectam omnibus fidem ejus reddidit ; se ipsum contra cum primo jusjurandum constanter observare demonstrasset, deinde fœdera minime violare, effecit ut omnes tam Græci quam barbari fidentibus animis cum eo, si quid vellet, paciscerentur. Ubi vero Tissaphernes elatus animo ob exercitum qui ad se descenderat, bellum Agesilao denuntiavit, ni Asia excederet, ceteri quidem socii, et Lacedæmonii qui aderant, vehementer contristati palam adparebant, quod copias, Agesilao quæ aderant, regis adparatu minores esse putarent : at Agesilaus hilari admodum vultu legatos Tissapherni renuntiare jussit, habere se magnam ipsi gratiam, quod perjurio usus ipse quidem deos hostes sibi parasset, Græcis vero belli socios effecisset. Dein militibus mox edixit, ad expeditionem uti se accingerent ; et urbibus, ad quas ipsum in Cariam exercitum educentem accedere necesse erat, ut forum rerum venalium sibi pararet, denuntiavit. Præterea mandavit et Ionibus et Æolensibus et Hellespontiis ut Ephesum ad se mitterent eos, qui secum essent militaturi. Et Tissaphernes quidem, tum quod Agesilaus ab equitatu non esset instructus, et Caria equitatui minus esset apta, tum quod eum ob fraudem succensere sibi putaret, eum revera ratus ad ipsius domum in Cariam irrupturum, universum peditatum eo transmisit, equitatum vero in Mæandri planitiem circumduxit, cum existimaret posse se Græcos equitatu proculcare, priusquam ad loca equitatus incommoda pervenirent. Agesilaus autem, omisso in Cariam itinere, statimque in contrariam partem converso, in Phrygiam pergebat ; et occurrentes in itinere copias adsumens secum ducebat, et urbes in potestatem suam redigebat, cumque illuc præter expectationem irrupisset, perinagnas opes cepit. Itaque hoc viro dignum artis impera-

AGESILAI CAP. I.

τηγικὸν οὖν καὶ τοῦτο ἐδόκει διαπράξασθαι ὅτι ἐπεὶ πόλεμος προερρήθη καὶ τὸ ἐξαπατᾶν ὅσιόν τε καὶ δίκαιον ἐξ ἐκείνου ἐγένετο, παῖδα ἀπέδειξε τὸν Τισσαφέρνην τῇ ἀπάτῃ, φρονίμως δὲ καὶ τοὺς φίλους ἐνταῦθα ἔδοξε πλουτίσαι· (18) ἐπεὶ γὰρ διὰ τὸ πολλὰ χρήματα εἰλῆφθαι ἀντίπροικα τὰ πάντα ἐπωλεῖτο, τοῖς μὲν φίλοις προεῖπεν ὠνεῖσθαι, εἰπὼν ὅτι καταβήσοιτο ἐπὶ θάλασσαν ἐν τάχει τὸ στράτευμα κατάγων· τοὺς δὲ λαφυροπώλας ἐκέλευσε γραφομένους ὁπόσου τι πρίαιντο προέσθαι τὰ χρήματα. Ὥστ᾽ οὐδὲν προτελέσαντες οἱ φίλοι αὐτοῦ οὐδὲ τὸ δημόσιον βλάψαντες πάντες παμπληθῆ χρήματα ἔλαβον. (19) Ἔτι δὲ ὁπότε αὐτόμολοι, ὡς εἰκὸς, πρὸς βασιλέα ἰόντες χρήματα ἐθέλοιεν ὑφηγεῖσθαι, καὶ ταῦτα ἐπεμέλετο ὡς διὰ τῶν φίλων ἁλίσκοιτο, ὅπως ἅμα μὲν χρηματίζοιντο, ἅμα δὲ ἐνδοξότεροι γίγνοιντο. Διὰ μὲν δὴ ταῦτα εὐθὺς πολλοὺς ἐραστὰς τῆς αὑτοῦ φιλίας ἐποιήσατο. (20) Γιγνώσκων δ᾽ ὅτι ἡ μὲν πορθουμένη καὶ ἐρημουμένη χώρα οὐκ ἂν δύναιτο πολὺν χρόνον στράτευμα φέρειν, ἡ δ᾽ οἰκουμένη μὲν σπειρομένη δὲ δύναιτ᾽ ἂν τὴν τροφὴν παρέχοι, ἐπεμέλετο οὐ μόνον τοῦ βίᾳ χειροῦσθαι τοὺς ἐναντίους, ἀλλὰ καὶ τοῦ πρᾳότητι προσάγεσθαι. (21) Καὶ πολλάκις μὲν προηγόρευε τοῖς στρατιώταις τοὺς ἁλισκομένους μὴ ὡς ἀδίκους τιμωρεῖσθαι, ἀλλ᾽ ὡς ἀνθρώπους ὄντας φυλάσσειν, πολλάκις δὲ ὁπότε μεταστρατοπεδεύοιτο, εἰ αἴσθοιτο καταλελειμμένα παιδάρια παρὰ ἐμπόρων, ἃ πολλοὶ ἐπώλουν διὰ τὸ νομίζειν μὴ δύνασθαι ἂν φέρειν αὐτὰ καὶ τρέφειν, ἐπεμέλετο καὶ τούτων ὅπως συγκομίζοιντό ποι. Τοῖς δ᾽ αὖ διὰ γῆρας καταλειπομένοις αἰχμαλώτοις προσέταττεν ἐπιμελεῖσθαι αὐτῶν, ὡς μήτε ὑπὸ κυνῶν μήθ᾽ ὑπὸ λύκων διαφθείροιντο. Ὥστε οὐ μόνον οἱ πυνθανόμενοι ταῦτα, ἀλλὰ καὶ αὐτοὶ οἱ ἁλισκόμενοι εὐμενεῖς αὐτῷ ἐγίγνοντο. (22) Ὁπόσας δὲ πόλεις προσαγάγοιτο, ἀφαιρῶν αὐτῶν ὅσα δοῦλοι δεσπόταις ὑπηρετοῦσι προσέταττεν ὅσα ἐλεύθεροι ἄρχουσι πείθονται· καὶ τῶν κατὰ κράτος ἀναλώτων τειχέων τῇ φιλανθρωπίᾳ ὑπὸ χεῖρα ἐποιεῖτο. (23) Ἐπεὶ μέντοι ἀνὰ τὰ πεδία οὐδὲ ἐν τῇ Φρυγίᾳ ἐδύνατο στρατεύεσθαι διὰ τὴν Φαρναβάζου ἱππείαν ἔδοξεν αὐτῷ ἱππικὸν κατασκευαστέον εἶναι, ὡς μὴ δραπετεύοντα πολεμεῖν δέοι αὐτόν. Τοὺς μὲν οὖν πλουσιωτάτους ἐκ πασῶν τῶν ἐκεῖ πόλεων ἱπποτροφεῖν κατέλεξε. (24) Προεῖπε δὲ, ὅστις παρέχοιτο ἵππον καὶ ὅπλα καὶ ἄνδρα δόκιμον, ὡς ἐξέσοιτο αὐτῷ μὴ στρατεύεσθαι· καὶ ἐποίησεν οὕτως ἕκαστον προθύμως ταῦτα πράττειν ὥσπερ ἄν τις τὸν ὑπὲρ αὑτοῦ ἀποθανούμενον προθύμως μαστεύοι. Ἔταξε δὲ καὶ πόλεις ἐξ ὧν δέοι τοὺς ἱππέας παρασκευάζειν, νομίζων ἐκ τῶν ἱπποτρόφων πόλεων εὐθὺς καὶ φρονηματίας μάλιστα ἂν ἐπὶ τῇ ἱππικῇ γενέσθαι. Καὶ τοῦτ᾽ οὖν ἀγαστῶς ἔδοξε πρᾶξαι ὅτι κατεσκευάστο τὸ ἱππικὸν αὐτῷ καὶ εὐθὺς ἐρρωμένως ἦν καὶ ἐνεργόν. (25) Ἐπειδὴ δὲ ἔαρ ὑπέφαινε, συνήγαγε πᾶν τὸ στράτευμα εἰς Ἔφεσον· ἀσκῆσαι δὲ αὐτὸ βουλόμενος ἆθλα προέθηκε καὶ ταῖς ἱππικαῖς τάξεσιν, ἥτις κράτιστα ἱπ-

toriæ perito perfecisse videbatur, quod , posteaquam bellum esset denuntiatum, et ex eo dolo uti fas et jus esset, Tissaphernem puerum dolo declaravit, et amicos prudenter hac re locupletasse visus est. Nam cum omnia, propterea quod magnæ opes captæ essent, vili pretio venderentur, amicos ut emerent præmonebat, aiens se cito exercitu secum deducto ad mare descensurum : manubiarum vero venditoribus imperavit ut scriberent quanti quid emerent, et res illis traderent : adeo ut ejus amici, cum nihil prius persolvissent, neque publicæ rei detrimentum intulissent, facultates permagnas universi consequerentur. Præterea cum transfugæ, ut assolet, ad regem accedentes viam ad opes intervertendas commonstrare vellent, curam adhibebat ut etiam opes eæ ab amicis caperentur; quo simul illi locupletarentur, simul illustriores fierent. Has certe quidem ob causas multos amicitiæ suæ studiosos reddidit. Cum autem intelligeret regionem quidem vastatam et desolatam non posse diu exercitum sustinere, eam vero quæ habitaretur et sereretur, alimentum perenne suppeditare posse, curæ illi erat, ut non vi tantum adversarios in potestatem suam redigeret, sed etiam lenitate ad se adliceret. Atque adeo militibus quidem sæpe præcipiebat, ut captivos non ut reos injuriarum plecterent, sed ut homines custodirent; sæpe etiam, quoties castra mutabat, si animadverteret parvos a mercatoribus puerulos esse relictos (quos sane multi vendebant, propterea quod existimarent eos se ferre et nutrire non posse) horum quoque curam agebat, ut aliquo deportarentur : si qui porro captivi ob senectutem relinquerentur, hisce præcepit ut eorum curam agerent, ut neque a canibus neque a lupis discerperentur. Adeo ut non tantum illi qui hæc audiebant, sed ipsi etiam captivi benevolo in eum animo redderentur. Quascunque vero civitates ad se attraheret, eas liberabat a ministeriis omnibus quæ servi dominis præstant, et ea injungebat in quibus homines liberi magistratibus parent ; et mœnia quædam vi inexpugnabilia suam in potestatem humanitate redigebat. Cum vero campestribus in locis ne in Phrygia quidem militare posset, propter equitatum Pharnabazi, visum est ei copias quasdam equestres comparandas esse , ut ne fugitivi more si bellandum esset. Itaque ditissimos quosque omnibus iis in urbibus, qui equos alerent, delegit. Prædixit etiam futurum ut, quicunque suppeditaret equum et arma et spectatæ virtutis virum, immunis esset a militia : atque ita effecit ut hæc quisque libenter faceret, veluti si quem pro se moriturum libens quæreret. Urbes item designavit, e quibus equites parandi essent, quod existimaret ex illis urbibus, quæ equorum forent altrices, mox de sua re equestri maxime animosos quosdam orituros. Hoc certe etiam admirabiliter fecisse visus est, quod equitatum sibi compararverit, idemque statim et viribus valeret et rebus gerendis esset strenuus. Posteaquam ver adpetiisset, copias omnes ad Ephesum coegit; quas cum etiam exercere vellet, præmia proposuit tum equestribus turmis, quæcun-

ΑΓΗΣΙΔΑΟΥ ΚΕΦ. Α.

πεύοι, καὶ ταῖς ὁπλιτικαῖς, ἥτις ἄριστα σωμάτων ἔχοι· καὶ πελτασταῖς δὲ καὶ τοξόταις ἆθλα προύθηκεν, οἵτινες κράτιστοι τὰ προσήκοντα ἔργα φαίνοιντο. Ἐκ τούτου δὲ παρῆν ὁρᾶν τὰ μὲν γυμνάσια μεστὰ τῶν ἀνδρῶν γυμναζομένων, τὸν δὲ ἱππόδρομον ἱππέων ἱπποζομένων, τοὺς δὲ ἀκοντιστὰς καὶ τοὺς τοξότας ἐπὶ στόχον ἱέναι. (26) Ἀξίαν δὲ καὶ ὅλην τὴν πόλιν ἐν ᾗ ἦν θέας ἐποίησεν. Ἥ τε γὰρ ἀγορὰ μεστὴ ἦν παντοδαπῶν καὶ ὅπλων καὶ ἵππων ὠνίων, οἵ τε χαλκοτύποι καὶ οἱ τέκτονες καὶ οἱ σιδηρεῖς καὶ σκυτεῖς καὶ γραφεῖς πάντες πολεμικὰ ὅπλα κατεσκεύαζον· ὥστε τὴν πόλιν ὄντως ἡγήσω ἂν πολέμου ἐργαστήριον εἶναι. (27) Ἐπεῤῥώσθη δ' ἄν τις κἀκεῖνο ἰδών, Ἀγησίλαον μὲν πρῶτον, ἔπειτα δὲ καὶ τοὺς ἄλλους στρατιώτας ἐστεφανωμένους τε ὅπου ἀπὸ τῶν γυμνασίων ἴοιεν, καὶ ἀνατιθέντας τοὺς στεφάνους τῇ Ἀρτέμιδι. Ὅπου γὰρ ἄνδρες θεούς μὲν σέβοιεν, πολεμικὰ δὲ ἀσκοῖεν, πειθαρχίαν δὲ μελετῷεν, πῶς οὐκ εἰκός ἐνταῦθα πάντα μεστὰ ἐλπίδων ἀγαθῶν εἶναι; (28) Ἡγούμενος δὲ καὶ τὸ καταφρονεῖν τῶν πολεμίων ῥώμην τινὰ ἐμβαλεῖν πρὸς τὸ μάχεσθαι, προεῖπε τοῖς κήρυξι τοὺς ὑπὸ τῶν λῃστῶν ἁλισκομένους βαρβάρους γυμνοὺς πωλεῖν. Ὁρῶντες οὖν οἱ στρατιῶται λευκοὺς μὲν διὰ τὸ μηδέποτε ἐκδύεσθαι, πίονας δὲ καὶ ἀπόνους διὰ τὸ ἀεὶ ἐπ' ὀχημάτων εἶναι, ἐνόμισαν μηδὲν διοίσειν τὸν πόλεμον ἢ εἰ γυναιξὶ δέοι μάχεσθαι. Προεῖπε δὲ καὶ τοῦτο τοῖς στρατιώταις ὡς εὐθὺς ἡγήσοιτο τὴν συντομωτάτην ἐπὶ τὰ κράτιστα τῆς χώρας, ὅπως αὐτόθεν αὐτῷ τὰ σώματα καὶ τὴν γνώμην παρασκευάζοιντο ὡς ἀγωνιούμενοι. (29) Ὁ μέντοι Τισσαφέρνης ταῦτα μὲν ἐνόμισε λέγειν αὐτὸν πάλιν βουλόμενον ἐξαπατῆσαι, εἰς Καρίαν δὲ νῦν τῷ ὄντι ἐμβαλεῖν. Τό τε οὖν πεζὸν καθάπερ τὸ πρόσθεν εἰς Καρίαν διεβίβασε καὶ τὸ ἱππικὸν εἰς τὸ Μαιάνδρου πεδίον κατέστησεν. Ὁ δὲ Ἀγησίλαος οὐκ ἐψεύσατο, ἀλλ' ὥσπερ προεῖπεν εὐθὺς ἐπὶ τὸν Σαρδιανὸν τόπον ἐχώρησε, καὶ τρεῖς μὲν ἡμέρας δι' ἐρημίας πολεμίων πορευόμενος, πολλὰ τὰ ἐπιτήδεια τῇ στρατιᾷ παρεῖχε· τῇ δὲ τετάρτῃ ἡμέρᾳ ἧκον οἱ τῶν πολεμίων ἱππεῖς. (30) Καὶ τῷ μὲν ἄρχοντι τῶν σκευοφόρων εἶπεν ὁ ἡγεμὼν διαβάντι τὸν Πακτωλὸν ποταμὸν στρατοπεδεύεσθαι· αὐτοὶ δὲ κατιδόντες τοὺς τῶν Ἑλλήνων ἀκολούθους ἐσπαρμένους καθ' ἁρπαγὴν πολλοὺς αὐτῶν ἀπέκτειναν. Αἰσθόμενος δὲ ὁ Ἀγησίλαος βοηθεῖν ἐκέλευσε τοὺς ἱππέας. Οἱ δ' αὖ Πέρσαι ὡς εἶδον τὴν βοήθειαν, ἠθροίσθησαν καὶ ἀντιπαρετάξαντο παμπληθέσι τῶν ἱππέων τάξεσιν. (31) Ἔνθα δὴ ὁ Ἀγησίλαος γιγνώσκων ὅτι τοῖς μὲν πολεμίοις οὔπω παρείη τὸ πεζόν, αὐτῷ δὲ οὐδὲν ἀπείη τῶν παρεσκευασμένων, καιρὸν ἡγήσατο μάχην συνάψαι, εἰ δύναιτο. Σφαγιασάμενος οὖν τὴν μὲν φάλαγγα εὐθὺς ἦγεν ἐπὶ τοὺς ἀντιτεταγμένους ἱππέας, ἐκ δὲ τῶν ὁπλιτῶν ἐκέλευσε τὰ δέκα ἀφ' ἥβης θεῖν ὁμόσε αὐτοῖς, τοῖς δὲ πελτασταῖς εἶπε δρόμῳ ὑφηγεῖσθαι. Παρήγγειλε δὲ καὶ τοῖς ἱππεῦσιν ἐμβάλλειν, ὡς αὐτοῦ τε καὶ παντὸς τοῦ στρατεύματος ἑπομένου. (32) Τοὺς

que peritissime equitaverit, tum gravis armaturæ cohortibus, quacunque corporibus forent optime comparatis : peltastis quoque et sagittariis præmia proposuit, quicunque egregie præstare viderentur ea, quæ ad ipsorum pertinerent officium. Secundum hæc videre erat gymnasia plena viris sese exercentibus, hippodromum, equitibus equos agitantibus, jaculatores autem et sagittarios tela et sagittas in scopum mittentes. Sed et totam urbem, in qua erat, spectatu dignam effecit: nam forum omnis generis armis et equis venalibus plenum erat, et fabri ærarii et fabri lignarii, et fabri ferrarii et sutores et pictores, arma bellica parabant omnes : adeo ut urbem revera belli officinam esse putasses. Porro animo aliquis esse confirmatus potuisset illa quoque intuitus, Agesilaum utique primum, deinde milites etiam ceteros coronatos esse, cum e gymnasiis exirent, et coronas Dianæ suspendere: nam ubi viri deos venerantur, et munera exercent bellica, et ad obedientiam præfectis præstandam meditantur, qui non consentaneum est ibi cuncta spe bona esse plena? Cum item existimaret contemptum hostium robur quoddam animi ad pugnandum excitaturum, præconibus edixit ut captos a prædonibus barbaros venderent nudos. Itaque milites, cum albos et eos cernerent, propterea quod se nunquam vestibus exuerent, et pingues nullisque laboribus exercitos, propterea quod vehiculis semper uterentur, bellum hoc non aliud fore putarunt, atque si cum feminis pugnandum esset. Prædixit hoc quoque militibus, nimirum eos se via maxime compendiaria mox ducturum ad optimas regionis partes, ut jam inde sic corpora sua præpararent animumque, quasi pugnaturi. Verum Tissaphernes hæc eum ideo dicere putavit, quod rursus ipsum decipere vellet, eumque adeo jam in Cariam impetum revera facturum. Itaque peditatum, quemadmodum prius factum erat, in Cariam traduxit, et equitatum in Mæandri planitie constituit. At Agesilaus non mentitus est, sed, sicut prædixerat, Sardianum statim in tractum profectus est : cumque triduum per loca in quibus nulli erant hostes progrederetur, commeatum multum exercitui suppeditabat : die quarto venerunt hostium equites. Atque dux eorum impedimentorum præfecto præcepit, ut Pactolo amne trajecto, castra metaretur : ipsi vero Græcorum adsectatores ad prædam rapiendam dispersos conspicati, ex eis multos interfecerunt. Id cum animadvertisset Agesilaus, equites suis opem ferre jussit. At Persæ contra ubi auxilia viderunt, in unum confluxerunt locum et universas equitum turmas iis instructas opposuerunt. Ibi tum Agesilaus, cum intelligeret peditatum hostibus needum adesse, sibi vero nihil eorum quæ ad bellum parata erant deesse, opportunum pugnæ, si posset, conserendæ tempus duxit. Itaque cæsis victimis, recta phalangem in equites ex adverso instructos ducebat, jussitque eos ex gravis armaturæ militibus, qui ante annos decem pubertatem excesserant, secum una currere, atque peltastis præcepit ut cursu præcederent: equitibus etiam denuntiavit ut impetum facerent, seque adeo totumque exercitum sequuturum polli-

μὲν δὴ ἱππέας ἐδέξαντο οἱ ἀγαθοὶ τῶν Περσῶν· ἐπειδὴ δὲ ἅμα πάντα τὰ δεινὰ παρῆν ἐπ' αὐτούς, ἐνέκλιναν, καὶ οἱ μὲν αὐτῶν εὐθὺς ἐν τῷ ποταμῷ ἔπεσον, οἱ δὲ ἄλλοι ἔφευγον. Οἱ δὲ Ἕλληνες ἑπόμενοι αἱροῦσι καὶ τὸ στρατόπεδον αὐτῶν. Καὶ οἱ μὲν πελτασταί, ὥσπερ εἰκός, ἐφ' ἁρπαγὴν ἐτρέποντο· ὁ δὲ Ἀγησίλαος ἔχων κύκλῳ πάντα καὶ φίλια καὶ πολέμια περιεστρατοπεδεύσατο. (33) Ὡς δὲ ἤκουσε τοὺς πολεμίους ταράσσεσθαι διὰ τὸ αἰτιᾶσθαι ἀλλήλους τοῦ γεγενημένου, εὐθὺς ἦγεν ἐπὶ Σάρδεις. Κἀκεῖ ἅμα μὲν ἔκαε καὶ ἐπόρθει τὰ περὶ τὸ ἄστυ, ἅμα δὲ καὶ κηρύγματι ἐδήλου τοὺς μὲν ἐλευθερίας δεομένους ὡς πρὸς σύμμαχον αὐτὸν παρεῖναι· εἰ δέ τινες τὴν Ἀσίαν ἑαυτῶν ποιοῦνται, πρὸς τοὺς ἐλευθεροῦντας διακρινουμένους ἐν ὅπλοις παρεῖναι. (34) Ἐπεὶ μέντοι οὐδεὶς ἀντεξῄει, ἀδεῶς δὴ τὸ ἀπὸ τούτου ἐστρατεύετο, τοὺς μὲν πρόσθεν προσκυνεῖν Ἕλληνας ἀναγκαζομένους ὁρῶν τιμωμένους ὑφ' ὧν ὑβρίζοντο, τοὺς δ' ἀξιοῦντας καὶ τὰς τῶν θεῶν τιμὰς καρποῦσθαι, τούτους ποιήσας μηδ' ἀντιβλέπειν τοῖς Ἕλλησι δύνασθαι, καὶ τὴν μὲν τῶν φίλων χώραν ἀδήωτον παρέχων, τὴν δὲ τῶν πολεμίων οὕτω καρπούμενος ὥστε ἐν δυοῖν ἐτοῖν πλέον τῶν ἑκατὸν ταλάντων τῷ θεῷ ἐν Δελφοῖς δεκάτην ἀποθῦσαι. (35) Ὁ μέντοι Περσῶν βασιλεὺς νομίσας Τισσαφέρνην αἴτιον εἶναι τοῦ κακῶς φέρεσθαι τὰ ἑαυτοῦ Τιθραύστην καταπέμψας ἀπέτεμεν αὐτοῦ τὴν κεφαλήν. Μετὰ δὲ τοῦτο τὰ μὲν τῶν βαρβάρων ἔτι ἀθυμότερα ἐγένετο, τὰ δὲ Ἀγησιλάου πολὺ ἐρρωμενέστερα. Ἀπὸ πάντων γὰρ τῶν ἐθνῶν ἐπρεσβεύοντο περὶ φιλίας, πολλοὶ δὲ καὶ ἀφίσταντο πρὸς αὐτόν, ὀρεγόμενοι τῆς ἐλευθερίας, ὥστε οὐκέτι Ἑλλήνων μόνον ἀλλὰ καὶ βαρβάρων πολλῶν ἡγεμὼν ἦν ὁ Ἀγησίλαος. (36) Ἄξιόν γε μὴν καὶ ἐντεῦθεν ὑπερβαλλόντως ἀγάσθαι αὐτοῦ, ὅστις ἄρχων μὲν παμπόλλων ἐν τῇ ἠπείρῳ πόλεων, ἄρχων δὲ καὶ νήσων, ἐπεὶ καὶ τὸ ναυτικὸν προσῆψεν αὐτῷ ἡ πόλις, αὐξανόμενος καὶ εὐκλείᾳ καὶ δυνάμει, παρὸν δ' αὐτῷ πολλοῖς καὶ ἀγαθοῖς χρῆσθαι ὅ,τι ἐβούλετο, πρὸς δὲ τούτοις τὸ μέγιστον, ἐπινοῶν καὶ ἐλπίζων καταλύσειν τὴν ἐπὶ τὴν Ἑλλάδα στρατεύσασαν πρότερον ἀρχήν, ὅμως ὑπ' οὐδενὸς τούτων ἐκρατήθη, ἀλλ' ἐπειδὴ ἦλθεν αὐτῷ ἀπὸ τῶν οἴκοι τελῶν βοηθεῖν τῇ πατρίδι, ἐπείθετο τῇ πόλει οὐδὲν διαφερόντως ἢ εἰ ἐν τῷ ἐφορείῳ ἐτύγχανε ἑστηκὼς μόνος παρὰ τοὺς πέντε, μάλα ἔνδηλον ποιῶν ὡς οὔτε ἂν πᾶσαν τὴν γῆν δέξαιτο ἀντὶ τῆς πατρίδος οὔτε τοὺς ἐπικτήτους ἀντὶ τῶν ἀρχαίων φίλων οὔτε αἰσχρὰ καὶ ἀκίνδυνα κέρδη μᾶλλον ἢ μετὰ κινδύνων τὰ καλὰ καὶ δίκαια. (37) Ὅσον γε μὴν χρόνον ἐπὶ τῆς ἀρχῆς ἔμεινε πῶς οὐκ ἀξιεπαίνου βασιλέως καὶ τοῦτ' ἔργον ἐπεδείξατο, ὅστις παραλαβὼν πάσας πόλεις ἐφ' ἃς ἄρξων ἐξέλευσε στασιαζούσας διὰ τὸ τὰς πολιτείας κινηθῆναι ἐπεὶ οἱ Ἀθηναῖοι τῆς ἀρχῆς ἔληξαν, ἐποίησεν ὥστ' ἄνευ φυγῆς καὶ θανάτων ἕως αὐτὸς παρῆν ὁμονοοῦσι πολιτευομένας καὶ εὐδαίμονας τὰς πόλεις διατελέσαι; (38) Τοιγαροῦν οἱ ἐν τῇ Ἀσίᾳ Ἕλληνες οὐχ ὡς ἄρχοντος μόνον ἀλλὰ καὶ ὡς πατρὸς

citus. Et equitum quidem impetum exceperunt ex Persis quotquot erant fortes : at ubi simul omnia terribilia in eos invadebant, se inclinarunt, eorumque nonnulli in flumine ceciderunt, alii in fugam se converterunt : quos insequuti Græci etiam castra eorum capiunt. Ac peltastas quidem, uti fit, ad prædam se convertebant : Agesilaus autem undique omnia tenens tum amica tum hostilia, castris ea circumdedit. Cumque perturbari hostes audisset, propterea quod alii alios de eo quod acciderat accusarent, confestim Sardes exercitum duxit : atque ibi simul quæ circum urbem erant exurebat et vastabat, simul etiam edicto præconis voce promulgato declarabat, ut ii, qui libertatem desiderarent, ad se tanquam auxiliatorem accederent : quod si qui Asiam esse suam existiment, cum liberatoribus ejus ut decernerent, armatos adesse dixit. Cum vero nemo adversus eum prodiret, absque metu jam deinceps exercitum ducebat, cum Græcos quidem, qui prius venerari Persas cogerentur, ab iis ipsis honore adfici, a quibus contumeliose tractati fuerant, videret; eum effecisset ut ii, qui deorum etiam honoribus frui voluissent, ne intueri quidem Græcos possent; cumque amicorum quidem agrum a vastatione tutum præstaret, ex hostium vero agro fructus tantos perciperet, ut intra biennium decimam deo apud Delphos centum talentis ampliorem consecraret. Verum rex Persarum, arbitratus Tissaphernis culpa factum, quod res suæ male procederent, misso Tithrauste, caput ei præcidit. Secundum hoc res barbarorum magis etiam desperatæ fiebant, Agesilai multo firmiores : nam ab omnibus nationibus legati de amicitia ineunda mittebantur, multi etiam ad eum deficiebant, libertatis cupidi; adeo ut non jam Græcorum tantum, sed multorum etiam barbarorum dux esset Agesilaus. Æquum vero est hinc etiam eum eximie admirari, qui cum permultarum in continente civitatum imperium obtineret, insulis item imperaret (nam ei copias quoque navales attribuerat civitas), cum et famæ celebritate et potentia crevisset, nactusque esset potestatem multis pro arbitrio commodis utendi, ac præterea, quod maximum erat, animo meditaretur speraretque futurum ut imperium everteret illud, quod prius Græciæ bellum intulerat, nihilominus harum rerum nulla victus est; sed ubi ab iis, qui domi magistratus obtinebant, nuntius ei venisset, ut patriæ opem ferret, parebat civitati, non aliter atque si tunc forte solus in Ephororum curia propter quinque viros constitisset; ea re apertissime declarans se neque terram universam patriæ, neque posterius adquisitos amicis veteribus, nec turpia lucra nulloque cum periculo conjuncta honestis ac justis, quæ periculum habeant, anteferre. Quamdiu vero in imperio mansit, qui non etiam hoc regis laude digni facinus edidit, qui, cum civitates omnes, ad quas cum imperio domo enavigaverat, intestinis seditionibus laborantes accepisset, propterea quod rerum publicarum status mutati essent, postquam Atheniensium imperio finis impositus fuerat, perfecerit ut absque exilio et cædibus, quamdiu ipse aderat, concorditer perpetuo administrarentur et felices essent civitates? Itaque Græci in Asia siti discessum ejus non tan-

ΑΓΗΣΙΛΑΟΥ ΚΕΦ. Β.

καὶ ἑταίρου ἀπιόντος αὐτοῦ ἐλυποῦντο. Καὶ τέλος ἐδήλωσαν ὅτι οὐ πλαστὴν τὴν φιλίαν παρείχοντο. Ἐθελούσιοι γοῦν αὐτῷ συνεβοήθησαν τῇ Λακεδαίμονι, καὶ ταῦτα εἰδότες ὅτι οὐ χείροσιν ἑαυτῶν δεήσοι μάχεσθαι. Τῶν μὲν δὴ ἐν τῇ Ἀσίᾳ πράξεων τοῦτο τέλος ἐγένετο.

ΚΕΦΑΛΑΙΟΝ Β.

Διαβὰς δὲ τὸν Ἑλλήσποντον ἐπορεύετο διὰ τῶν αὐτῶν ἐθνῶν ὧνπερ ὁ Πέρσης τῷ παμπληθεῖ στόλῳ· καὶ ἣν ἐνιαυσίαν ὁδὸν ὁ βάρβαρος ἐποιήσατο, ταύτην μείων ἢ ἐν μηνὶ κατήνυσεν ὁ Ἀγησίλαος· οὐ γὰρ ὡς ὑστερήσειε τῆς πατρίδος προεθυμεῖτο. (2) Ἐπεὶ δὲ ἐξαμείψας Μακεδονίαν εἰς Θετταλίαν ἀφίκετο, Λαρισαῖοι μὲν καὶ Κρανώνιοι καὶ Σκοτουσσαῖοι καὶ Φαρσάλιοι σύμμαχοι ὄντες Βοιωτοῖς καὶ πάντες δὲ Θετταλοὶ πλὴν ὅσοι αὐτῶν φυγάδες τότε ὄντες ἐτύγχανον, ἐκακούργουν οὕτως ἐφεπόμενοι. Ὁ δὲ τέως μὲν ἦγεν ἐν πλαισίῳ τὸ στράτευμα, τοὺς ἡμίσεις μὲν ἔμπροσθεν, τοὺς ἡμίσεις δὲ ἐπ᾽ οὐρᾷ ἔχων τῶν ἱππέων· ἐπεὶ δ᾽ ἐκώλυον τῆς πορείας αὐτὸν οἱ Θετταλοὶ ἐπιτιθέμενοι τοῖς ὄπισθεν, παραπέμπει ἐπ᾽ οὐρὰν καὶ τὸ ἀπὸ τοῦ προηγουμένου στρατεύματος πλὴν τῶν περὶ αὐτόν. (3) Ὡς δὲ παρετάξαντο ἀλλήλοις, οἱ μὲν Θετταλοὶ νομίσαντες οὐκ ἐν καλῷ εἶναι πρὸς τοὺς ὁπλίτας ἱππομαχεῖν στρέψαντες βάδην ἀπεχώρουν· οἱ δὲ μάλα σωφρόνως ἐφείποντο. Γνοὺς δὲ ὁ Ἀγησίλαος ἃ ἑκάτεροι ἡμάρτανον παραπέμπει τοὺς ἀμφ᾽ αὑτὸν μάλα εὐρώστους ἱππέας, καὶ κελεύει τοῖς τε ἄλλοις παραγγέλλειν καὶ αὐτοὺς διώκειν κατὰ κράτος καὶ μηκέτι δοῦναι αὐτοῖς ἀναστροφήν. Οἱ δὲ Θετταλοὶ ὡς εἶδον παρὰ δόξαν ἐλαύνοντας, οἱ μὲν αὐτῶν οὐδ᾽ ἀνέστρεψαν, οἱ δὲ καὶ ἀναστρέφειν πειρώμενοι πλαγίους ἔχοντες τοὺς ἵππους ἡλίσκοντο. (4) Πολύχαρμος μέντοι ὁ Φαρσάλιος ἱππαρχῶν ἀνέστρεψέ τε καὶ μαχόμενος σὺν τοῖς ἀμφ᾽ αὑτὸν ἀποθνήσκει. Ὡς δὲ τοῦτο ἐγένετο, φυγὴ γίγνεται ἐξαισία· ὥς᾽ οἱ μὲν ἀπέθνησκον αὐτῶν, οἱ δὲ καὶ ζῶντες ἡλίσκοντο. Ἔστησαν δ᾽ οὖν οὐ πρόσθεν πρὶν ἢ ἐπὶ τῷ ὄρει τῷ Ναρθακίῳ ἐγένοντο. (5) Καὶ τότε μὲν δὴ ὁ Ἀγησίλαος τρόπαιόν τε ἐστήσατο μεταξὺ Πραντὸς καὶ Ναρθακίου καὶ αὐτοῦ κατέμεινε, μάλα ἡδόμενος τῷ ἔργῳ, ὅτι τοὺς μέγιστον φρονοῦντας ἐφ᾽ ἱππικῇ ἐνενικήκει σὺν ᾧ αὐτὸς ἐμηχανήσατο ἱππικῷ. Τῇ δ᾽ ὑστεραίᾳ ὑπερβάλλων τὰ Ἀχαϊκὰ τῆς Φθίας ὄρη, τὴν λοιπὴν ἤδη πᾶσαν διὰ φιλίας ἐπορεύθη εἰς τὰ τῶν Βοιωτῶν ὅρια. (6) Ἐνταῦθα δὴ ἀντιτεταγμένους εὑρὼν Θηβαίους, Ἀθηναίους, Ἀργείους, Κορινθίους, Αἰνιᾶνας, Εὐβοέας καὶ Λοκροὺς ἀμφοτέρους, οὐδὲν ἐμέλλησεν, ἀλλ᾽ ἐκ τοῦ φανεροῦ ἀντιπαρέταττε, Λακεδαιμονίων μὲν ἔχων μόραν καὶ ἥμισυ, τῶν δ᾽ αὐτόθεν συμμάχων Φωκέας καὶ Ὀρχομενίων μόνους, τό τ᾽ ἄλλο στράτευμα ὅπερ ἠγάγετο αὐτός. (7) Καὶ οὐ τοῦτο λέξων ἔρχομαι ὡς πολὺ μὲν ἐλάττους πολὺ δὲ

quam principis solum, sed etiam ut patris ac sodalis dolebant. Ac tandem declarabant non fictum se studium præbuisse : quippe sponte cum eo profecti sunt ad ferendum Lacedæmoni suppetias, tametsi scirent sibi non adversus se deteriores esse pugnandum. Et hic quidem rerum in Asia gestarum finis fuit.

CAPUT II.

Ceterum Hellespontum cum trajecisset, per easdem nationes iter faciebat, per quas Persarum rex ingenti cum exercitu : et quod iter in annum totum extraxerat barbarus, illud minori quam mensis spatio confecit Agesilaus : non enim in animum inducebat ut patriæ serius adesset. Posteaquam autem Macedonia peragrata, in Thessaliam pervenit, Larissæi, et Cranonii, et Scotusæi, et Pharsalii Bœotorum socii, omnesque adeo Thessali, præterquam quotquot eorum exules tunc forte erant, insequentes eum infestabant. Ac ille quidem prius copias agmine duxerat quadrato, cum partem equitum dimidiam a fronte, dimidiam a tergo haberet : verum ubi Thessali extremos adorti itinere eum prohibebant, partem eorum qui primo erant in agmine, exceptis iis qui circa ipsum erant, ad agmen ultimum mittit. Cumque acies altera adversus alteram instructa consisteret, Thessali minus commode se prælio equestri cum gravis armaturæ militibus congressuros arbitrati, converso agmine pedetentim abibant : at illi prudenter admodum eos insequebantur. Agesilaus autem cum animadvertisset quæ peccaverant utrique, equites qui circum ipsum erant admodum robustos mittit, eosque jubet tum aliis id denuntiare, tum ipsos totis viribus hostes persequi, nec iis amplius se convertendi potestatem dare. Eos ut Thessali præter opinionem equos agitare viderunt, ex ipsis alii quidem se non converterunt, alii vero, se dum convertere conabantur, dum equos circumagerent, capiebantur. Polycharmus vero Pharsalius equitum præfectus sese convertit, et dum una cum iis qui circum ipsum erant pugnabat, interfectus est. Hoc autem ubi accidisset, fuga ingens facta fuit ; adeo ut ex iis alii interirent alii vivi caperentur ; nec certe prius subsistere, quam ad montem Narthacium pervenissent. Ac tunc quidem Agesilaus tropæum statuit inter Prantem et Narthacium ; atque mansit ibi, valde hoc facinore delectatus, quod eos, qui se maxime ob rem equestrem efferebant, eo cum equitatu vicisset, quem ipse instituerat : postridie Achaicis Phthiæ montibus superatis, reliquum jam totum iter per regionem amicam fecit ad Bœotorum fines. Ibi cum in acie adversus se instructa consistentes reperisset Thebanos, Athenienses, Corinthios, Argivos, Ænianes, Eubœos, et Locros utrosque, nihil cunctatus est, at aciem contra instruebat, cum moram Lacedæmoniorum et dimidiam alterius partem haberet, ex sociis autem qui iis in locis habitant, Phocenses et Orchomenios solos, ceterasque, quas ipse ducebat, copias. Nec jam hoc dicturus sum, quod cum multo pauciores, multo

χείρονας ἔχων ὅμως συνέβαλεν· εἰ γὰρ ταῦτα λέγοιμι, Ἀγησίλαόν τ' ἄν μοι δοκῶ ἄφρονα ἀποφαίνειν καὶ ἐμαυτὸν μωρόν, εἰ ἐπαινοίην τὸν περὶ τῶν μεγίστων εἰκῇ κινδυνεύοντα· ἀλλὰ μᾶλλον τάδ' αὐτοῦ ἄγαμαι ὅτι πλῆθός τε οὐδὲν μεῖον ἢ τὸ τῶν πολεμίων παρεσκευάσατο, ὥπλισέ τε οὕτως ὡς ἅπαντα μὲν χαλκόν, ἅπαντα δὲ φοινικᾶ φαίνεσθαι. (8) Ἐπεμελήθη δ' ὅπως οἱ στρατιῶται τοὺς πόνους δυνήσοιντο ὑποφέρειν. Ἐνέπλησε δὲ καὶ φρονήματος τὰς ψυχὰς αὐτῶν, ὡς ἱκανοὶ εἶεν πρὸς οὑστινας δέοι μάχεσθαι· ἔτι δὲ φιλονεικίαν ἐνέβαλε πρὸς ἀλλήλους τοῖς μετ' αὐτοῦ ὅπως ἕκαστοι αὐτῶν ἄριστοι φαίνοιντο. Ἐλπίδων γε μὴν πάντας ἐνέπλησεν ὡς πᾶσι πολλὰ κἀγαθὰ ἔσοιτο εἰ ἄνδρες ἀγαθοὶ γίγνοιντο, νομίζων ἐκ τῶν τοιούτων ἀνθρώπους προθυμότατα τοῖς πολεμίοις μάχεσθαι. (9) Καὶ μέντοι οὐκ ἐψεύσθη. Διηγήσομαι δὲ καὶ τὴν μάχην· καὶ γὰρ ἐγένετο οἵαπερ οὐκ ἄλλη τῶν ἐφ' ἡμῶν. Συνῄεσαν μὲν γὰρ εἰς τὸ κατὰ Κορώνειαν πεδίον οἱ μὲν σὺν Ἀγησιλάῳ ἀπὸ τοῦ Κηφισοῦ, οἱ δὲ σὺν τοῖς Θηβαίοις ἀπὸ τοῦ Ἑλικῶνος. Ἑώρων δὲ τάς τε φάλαγγας ἀλλήλων μάλα ἰσομάχους, σχεδὸν δὲ καὶ οἱ ἱππεῖς ἦσαν ἑκατέρων ἰσοπληθεῖς. Εἶχε δὲ ὁ Ἀγησίλαος μὲν τὸ δεξιὸν τοῦ μεθ' ἑαυτοῦ, Ὀρχομένιοι δὲ ἔσχατοι ἦσαν αὐτῷ τοῦ εὐωνύμου. Οἱ δ' αὖ Θηβαῖοι αὐτοὶ μὲν δεξιοὶ ἦσαν, Ἀργεῖοι δ' αὐτοῖς τὸ εὐώνυμον εἶχον. (10) Συνιόντων δὲ τέως μὲν σιγὴ πολλὴ ἦν ἀπ' ἀμφοτέρων· ἡνίκα δὲ ἀπεῖχον ἀλλήλων ὅσον στάδιον, ἀλαλάξαντες οἱ Θηβαῖοι δρόμῳ ὁμόσε ἐφέροντο. Ὡς δὲ τριῶν ἔτι πλέθρων ἐν μέσῳ ὄντων ἀντεξέδραμον ἀπὸ τῆς Ἀγησιλάου φάλαγγος ὃν Ἡριππίδας ἐξανάγει. (11) Ἦσαν δ' οὗτοι τῶν τε ἐξ οἴκου αὐτῷ συστρατευσαμένων καὶ τῶν Κυρείων τινὲς καὶ Ἰωνες δὲ καὶ Αἰολεῖς καὶ Ἑλλησπόντιοι ἐχόμενοι. Καὶ πάντες οὗτοι τῶν συνεκδραμόντων τε ἐγένοντο καὶ εἰς δόρυ ἀφικόμενοι ἐτρέψαντο τὸ καθ' ἑαυτούς. Ἀργεῖοι μέντοι οὐκ ἐδέξαντο τοὺς ἀμφ' Ἀγησίλαον, ἀλλ' ἔφυγον ἐπὶ τὸν Ἑλικῶνα. Κἀνταῦθα οἱ μέν τινες τῶν ξένων ἐστεφάνουν ἤδη τὸν Ἀγησίλαον, ἀγγέλλει δέ τις αὐτῷ ὅτι Θηβαῖοι τοὺς Ὀρχομενίους διακόψαντες ἐν τοῖς σκευοφόροις εἰσί. Καὶ ὁ μὲν εὐθὺς ἐξελίξας τὴν φάλαγγα ἦγεν ἐπ' αὐτούς· οἱ δ' αὖ Θηβαῖοι ὡς εἶδον τοὺς συμμάχους πρὸς τῷ Ἑλικῶνι πεφυγότας, διαπεσεῖν βουλόμενοι πρὸς τοὺς ἑαυτῶν ἐχώρουν ἐῤῥωμένως. (12) Ἐνταῦθα δὴ Ἀγησίλαον ἀνδρεῖον μὲν ἔξεστιν εἰπεῖν ἀναμφιλόγως, οὐ μέντοι εἵλετό γε τὰ ἀσφαλέστατα· ἐξὸν γὰρ αὐτῷ παρέντι τοὺς διαπίπτοντας ἑπομένῳ χειροῦσθαι τοὺς ὄπισθεν οὐκ ἐποίησε τοῦτο, ἀλλ' ἀντιμέτωπος συνέῤῥαξε τοῖς Θηβαίοις. Καὶ συμβαλόντες τὰς ἀσπίδας ἐωθοῦντο, ἐμάχοντο, ἀπέκτεινον, ἀπέθνησκον. Καὶ κραυγὴ μὲν οὐδεμία παρῆν, οὐ μὴν οὐδὲ σιγή, φωνὴ δέ τις ἦν τοιαύτη οἵαν ὀργή τε καὶ μάχη παράσχοιτ' ἄν. Τέλος δὲ τῶν Θηβαίων οἱ μὲν διαπίπτουσι πρὸς τὸν Ἑλικῶνα, πολλοὶ δ' ἀποχωροῦντες ἀπέθανον. (13) Ἐπειδὴ δὲ ἡ μὲν νίκη σὺν Ἀγησιλάῳ ἐγένετο, τετρωμένος δ' αὐτὸς προςηνέ-

deteriores haberet, nihilominus conflixerit; nam si hæc dicam, Agesilaum mihi videar amentem declarare, ac me ipsum stultum, si hominem laudem temere rebus de maximis periclitantem. Sed hoc in eo potius admiror, quod multitudinem hostium numero non minorem comparaverit, et sic armis instruxerit, ut omnia merum æs, omnia mera purpura viderentur. Id etiam operam dederat, ut milites labores perferre possent : quin et animos eorum tanta impleverat elatione, ut ad pugnandum adversus quoscumque opus foret idonei essent : præterea contentionem mutuam inter suos excitaverat, ut eorum singuli præstantissimos se palam præberent. Spe porro impleverat omnes, omnibus multa cessura bona, si viros se fortes præstarent : quippe existimabat exercitum ex ejusmodi hominibus conflatum promptissime cum hostibus pugnaturum : nec sane hæc eum fefellit opinio. Pugnam quoque narrabo; etenim talis fuit, qualis alia nostro ævo nulla. Nam in campum apud Coroneam convenerunt, Agesilaus quidem cum suis a Cephisso, Thebani vero cum suis, ab Helicone. Videbant autem phalanges utrinque suas admodum in prælio committendo pares ; propeque etiam equites ex utraque parte numero pares erant. Agesilaus cornu dextrum sui tenebat exercitus, in lævo ejus postremi erant Orchomenii. Contra Thebani ipsi in dextro erant cornu, Argivi lævum eorum tenebant. Ac iis congredientibus, primum quidem ab utraque parte magnum erat silentium ; cum vero a se invicem stadii circiter spatio abessent, Thebani clamore sublato cursu ad manus conserendas ferebantur. At ubi tria inter utrosque adhuc essent plethra, ab Agesilai phalange adversi currebant quos Herippidas ducebat mercenarii. Erant autem hi ex illis alii qui domo secum in expeditionem fuerant profecti, pars de iis qui Cyrum sequuti fuerant, et Iones et Æolenses et Hellespontii his vicini : atque hi omnes illorum erant in numero qui una excucurrerunt; ad hastæque ictum cum venissent, cornu sibi oppositum in fugam verterunt. Argivi quidem illorum impetum, qui apud Agesilaum erant, non sustinuere, sed ad Heliconem fuga se receperunt ; atque ibi tum ex peregrinis militibus nonnulli Agesilaum jam coronabant : at ei quidam nuntiat Thebanos, perruptis Orchomeniis, in impedimentis versari. Itaque in eos phalangem statim evolutam ducebat ; Thebani contra cum socios suos ad Heliconem fugisse viderent, quod ad suos elabi vellent, fortibus animis eo tendebant. Hic Agesilaum sane fortem adpellare sine controversia licet ; tutissima certe non elegit. Nam cum, dimissis illis qui elabi conabantur, sequi posset et ultimos capere, non hoc fecit, sed adversa fronte cum Thebanis conflixit : atque adeo collisis clypeis impellebantur, pugnabant, interficiebant, interficiebantur. Ac nullus quidem excitatus erat clamor, neque tamen erat silentium ; sed ejusmodi quidam sonus, qualem ira præliumque posset efficere. Tandem Thebanorum alii ad Heliconem elabuntur, multi dum abscedunt occubuerunt. Posteaquam autem victoria cessit Agesilao, et ipse vulneratus

χρῆ πρὸς τὴν φάλαγγα, προσελάσαντές τινες τῶν ἱππέων λέγουσιν αὐτῷ ὅτι τῶν πολεμίων ὀγδοήκοντα σὺν τοῖς ὅπλοις ὑπὸ τῷ ναῷ εἰσι, καὶ ἡρώτων τί χρὴ ποιεῖν. Ὁ δὲ καίπερ πολλὰ τραύματα ἔχων πάντοσε καὶ παντοίοις ὅπλοις ὅμως οὐκ ἐπελάθετο τοῦ θείου, ἀλλ᾽ ἐᾶν τε ἀπιέναι ὅποι βούλοιντο ἐκέλευε καὶ ἀδικεῖν οὐκ εἴα, καὶ προπέμψαι ἐπέταξε τοὺς ἀμφ᾽ αὐτὸν ἱππεῖς ἔστε ἐν τῷ ἀσφαλεῖ ἐγένοντο. (13) Ἐπεί γε μὴν ἔληξεν ἡ μάχη παρῆν δὴ θεάσασθαι ἔνθα συνέπεσον ἀλλήλοις τὴν μὲν γῆν αἵματι πεφυρμένην, νεκροὺς δὲ κειμένους φιλίους καὶ πολεμίους μετ᾽ ἀλλήλων, ἀσπίδας δὲ διατεθρυμμένας, δόρατα συντεθραυσμένα, ἐγχειρίδια γυμνὰ κολεῶν, τὰ μὲν χαμαί, τὰ δ᾽ ἐν σώμασι, τὰ δ᾽ ἔτι μετὰ χεῖρας. (14) Τότε μὲν οὖν, καὶ γὰρ ἦν ἤδη ὀψέ, συνελκύσαντες τοὺς [τῶν πολεμίων] νεκροὺς εἴσω φάλαγγος, ἐδειπνοποιήσαντο καὶ ἐκοιμήθησαν· πρωὶ δὲ Γύλιν τὸν πολέμαρχον παρατάξαι τε ἐκέλευσε τὸ στράτευμα καὶ τρόπαιον ἵστασθαι καὶ στεφανοῦσθαι πάντας τῷ θεῷ καὶ τοὺς αὐλητὰς πάντας αὐλεῖν. (15) Καὶ οἱ μὲν ταῦτ᾽ ἐποίουν· οἱ δὲ Θηβαῖοι ἔπεμψαν κήρυκα, ὑποσπόνδους τοὺς νεκροὺς αἰτοῦντες θάψαι. Καὶ οὕτω δὴ αἵ τε σπονδαὶ γίγνονται καὶ ὁ Ἀγησίλαος οἴκαδε ἀπεχώρει, ἑλόμενος ἀντὶ τοῦ μέγιστος εἶναι ἐν τῇ Ἀσίᾳ οἴκοι τὰ νόμιμα μὲν ἄρχειν, τὰ νόμιμα δὲ ἄρχεσθαι.

17. Ἐκ δὲ τούτου κατανοήσας τοὺς Ἀργείους τοὺς μὲν οἴκοι καρπουμένους, Κόρινθον δὲ προσειληφότας, ἡδομένους δὲ τῷ πολέμῳ, στρατεύει ἐπ᾽ αὐτούς· καὶ δηώσας πᾶσαν αὐτῶν τὴν χώραν εὐθὺς ἐκεῖθεν ὑπερβαλὼν κατὰ τὰ στενὰ εἰς Κόρινθον αἱρεῖ τὰ ἐπὶ τὸ Λέχαιον τείνοντα τείχη· καὶ ἀναπετάσας τῆς Πελοποννήσου τὰς πύλας οὕτως οἴκαδε ἀπελθὼν εἰς τὰ Ὑακίνθια ὅπου ἐτάχθη ὑπὸ τοῦ χοροποιοῦ τὸν παιᾶνα τῷ θεῷ συνεπέτελει. (18) Ἐκ τούτου δὲ αἰσθανόμενος τοὺς Κορινθίους πάντα μὲν τὰ κτήνη ἐν τῷ Πειραίῳ σωζομένους, μέγιστον δὲ ἡγησάμενος, ὅτι Βοιωτοὶ ταύτῃ ἐκ Κρεύσιος ὁρμώμενοι εὐπετῶς τοῖς Κορινθίοις παρεγίγνοντο, στρατεύει ἐπὶ τὸ Πείραιον. Ἰδὼν δὲ ὑπὸ πολλῶν φυλαττόμενον, ὡς ἐνδεδωμένης τῆς πόλεως ἐξ ἀρίστου μετεστρατοπεδεύσατο πρὸς τὸ ἄστυ· (19) αἰσθόμενος δὲ ὑπὸ νύκτα βεβοηθηκότας ἐκ τοῦ Πειραίου εἰς τὴν πόλιν πασσυδίᾳ, ὑποστρέψας ἅμα τῇ ἡμέρᾳ αἱρεῖ τὸ Πείραιον, ἐρήμου εὑρὼν φυλακῆς, καὶ τά τε ἄλλα τὰ ἐνόντα λαμβάνει καὶ τὰ τείχη ἃ ἐνετετείχιστο. Ταῦτα δὲ ποιήσας οἴκαδε ἀπεχώρησε. (20) Μετὰ δὲ ταῦτα προθύμων ὄντων τῶν Ἀχαιῶν εἰς τὴν συμμαχίαν καὶ δεομένων συστρατεύειν αὐτοῖς εἰς Ἀκαρνανίαν καὶ ἐπιθεμένων ἐν στενοῖς τῶν Ἀκαρνάνων καταλαβὼν τοῖς ψιλοῖς τὰ ὑπὲρ κεφαλῆς αὐτῶν μάχην συνάπτει καὶ πολλοὺς ἀποκτείνας αὐτῶν τρόπαιον ἐστήσατο, καὶ οὐ πρότερον ἔληξε πρὶν Ἀχαιοῖς μὲν φίλους ἐποίησεν Ἀκαρνᾶνας καὶ Αἰτωλοὺς καὶ Ἀργείους, ἑαυτῷ δὲ καὶ συμμάχους. (21) Ἐπειδὴ δὲ εἰρήνης ἐπιθυμήσαντες οἱ πολέμιοι ἐπρεσβεύοντο, Ἀγησίλαος ἀντεῖπε τῇ εἰρήνῃ, ἕως τοὺς διὰ Λακεδαιμονίους φυγόντας Κορινθίων καὶ Θηβαίων ἠνάγκασε τὰς πόλεις

ad phalangem adlatus est, quidam ex equitibus cum eo adequitassent, ei dicunt ex hostibus octoginta armatos esse sub templo; quidque de his faciendum esset, interrogabant. Ille vero, quanquam multis adfectus erat ab omni corporis parte vulneribus iisque omnis generis armis inflictis, non tamen numinis obliviscebatur, sed imperabat uti copiam eis facerent abeundi quo vellent, nec laedere eos sinebat quenquam; equitibus etiam qui circum ipsum erant praecepit ut eos deducerent, donec ad locum tutum pervenissent. Finito vero praelio videre erat illo in loco, ubi pugnam inter se conseruerant, terram sanguine perfusam, cadavera tam amica quam hostilia inter se jacentia, clypeos disruptos, hastas confractas, pugiones vaginis nudos, partim humi, partim in corporibus, partim ipsis adhuc in manibus. Ac tum quidem (etenim diei jam vesper erat) tractis [hostium] cadaveribus intra phalangem, coenam sumpserunt et quieti se dederunt: postridie autem mane Gylin polemarchum exercitum instruere jussit et tropaeum statuere, omnes etiam coronis dei in honorem se redimire, et tibicines cunctos tibiis canere. Atque haec quidem illi fecerunt; at Thebani praecone misso petebant ut per inducias cadavera sepelirent. Itaque fiunt induciae, ac domum Agesilaus discedit, cum mallet domi potius ex institutis patriae imperare, ex iisdem institutis imperio subjici, quam in Asia maximus esse.

Deinde vero cum animadvertisset Argivos rebus frui domesticis, Corinthumque ipsorum ditioni adjecisse, et bello delectari, expeditionem adversus eos suscipit; cumque omnem eorum agrum vastasset, mox inde superatis angustiis ad Corinthum progressus, muros Lechaeum usque pertinentes capit; et patefactis Peloponnesi portis, domum ita demum reversus ad Hyacinthia, quo constitutus erat loco a chori magistro, paeana deo una cum aliis absolvebat. Post haec cum intelligeret Corinthios omnia pecora in Piraeo servare, ac maximum quiddam duceret quod hac Baeoti e Creusi profecti facile se cum Corinthiis conjungerent, Piraeum versus copias ducit. Cum autem Piraeum a multis custodiri videret, quasi civitas ad deditionem spectaret, a prandio motis castris ad urbem pergebat. Cum autem animadvertisset sub noctem e Piraeo custodes omnibus viribus in urbem opis ferendae causa se contulisse, prima luce converso itinere, Piraeum capit, quem a praesidio desertum offenderat; atque tum alia quae in eo erant capit, tum castella quae istic instaurata fuerant. Haec cum fecisset, domum discessit. Post haec autem cum Achaei animis essent ad societatem inclinatis, et ut secum in Acarnaniam expeditionem susciperet orarent, Acarnanesque eos in viarum angustiis adgrederentur, occupatis per levis armaturae milites superioribus locis, pugnam cum eis conserit: ac cum ex iis multos interfecisset, tropaeum statuit; neque prius finem fecit, quam Achaeis Acarnanas et Aetolos et Argivos amicos, sibi ipsi socios etiam reddidisset. Ubi vero hostes pacis cupidi legatos qui eam peterent misissent, Agesilaus paci refragatus est, donec civitates coegisset ut eos ex Corinthiis et Thebanis, qui ob Lacedaemonios exulabant, do-

οἴκαδε καταδέξασθαι. Ὕστερον δ' αὖ καὶ Φλιασίων τοὺς διὰ Λακεδαιμονίους φυγόντας κατήγαγεν, αὐτὸς στρατευσάμενος ἐπὶ Φλιοῦντα. Εἰ δέ τις ἄλλῃ πῃ ταῦτα μέμφεται, ἀλλ' οὖν φιλεταιρία γε πραχθέντα φανερά ἐστι. (22) Καὶ γὰρ ἐπεὶ τοὺς ἐν Θήβαις τῶν Λακεδαιμονίων κατέκανον οἱ ἐναντίοι, βοηθῶν αὖ τούτοις στρατεύει ἐπὶ τὰς Θήβας. Εὑρὼν δὲ ἀποτεταφρευμένα καὶ ἀπεσταυρωμένα ἅπαντα, ὑπερβὰς τὰς Κυνὸς κεφαλὰς ἐδῄου τὴν χώραν μέχρι τοῦ ἄστεος, παρέχων καὶ ἐν πεδίῳ καὶ ἀνὰ τὰ ὄρη μάχεσθαι Θηβαίοις, εἰ βούλοιντο. Ἐστράτευσε δὲ καὶ τῷ ἐπιόντι ἔτει πάλιν ἐπὶ Θήβας· καὶ ὑπερβὰς τὰ κατὰ Σκῶλον σταυρώματα καὶ τάφρους ἐδῄωσε τὰ λοιπὰ τῆς Βοιωτίας. (23) Τὰ μὲν δὴ μέχρι τούτου κοινῇ αὐτός τε καὶ ἡ πόλις εὐτύχει· ὅσα γε μὴν μετὰ ταῦτα σφάλματα ἐγένοντο οὐδεὶς ἂν εἴποι ὡς Ἀγησιλάου ἡγουμένου ἐπράχθη. Ἐπεὶ δ' αὖ τῆς ἐν Λεύκτροις συμφορᾶς γεγενημένης κατακαίνουσι τοὺς ἐν Τεγέᾳ φίλους καὶ ξένους αὐτοῦ οἱ ἀντίπαλοι σὺν Μαντινεῦσι, συνεστηκότων ἤδη Βοιωτῶν τε πάντων καὶ Ἀρκάδων καὶ Ἠλείων, στρατεύει σὺν μόνῃ τῇ Λακεδαιμονίων δυνάμει, πολλῶν νομιζόντων οὐδ' ἂν ἐξελθεῖν Λακεδαιμονίους πολλοῦ χρόνου ἐκ τῆς αὑτῶν. Δῃώσας δὲ τὴν χώραν τῶν κατακανόντων τοὺς φίλους οὕτως αὖ οἴκαδε ἀπεχώρησεν. (24) Ἀπό γε μὴν τούτου ἐπὶ τὴν Λακεδαίμονα στρατευσαμένων Ἀρκάδων τε πάντων καὶ Ἀργείων καὶ Ἠλείων καὶ Βοιωτῶν, καὶ σὺν αὐτοῖς Φωκέων καὶ Λοκρῶν ἀμφοτέρων καὶ Θετταλῶν καὶ Αἰνιάνων καὶ Ἀκαρνάνων καὶ Εὐβοέων, πρὸς δὲ τούτοις ἀφεστηκότων μὲν τῶν δούλων, πολλῶν δὲ περιοικίδων πόλεων, καὶ αὐτῶν Σπαρτιατῶν οὐ μεταίνων ἀπολωλότων ἔν τε τῇ ἐν Λεύκτροις μάχῃ ἢ λειπομένων, ὅμως διεφύλαξε τὴν πόλιν, καὶ ταῦτα ἀτείχιστον οὖσαν, ὅπου μὲν παντὶ πλεῖον ἂν ἔχοι οἱ πολέμιοι, οὐκ ἐξάγων ἐνταῦθα, ὅπου δὲ οἱ πολῖται πλέον ἕξειν ἔμελλον, εὐρώστως παρατεταγμένος, νομίζων εἰς μὲν τὸ πλατὺ ἐξιὼν πάντοθεν ἂν περιέχεσθαι, ἐν δὲ τοῖς στενοῖς καὶ ὑπερδεξίοις τόποις ὑπομένων τῷ παντὶ κρατεῖν ἄν. (25) Ἐπεί γε μὴν ἀπεχώρησε τὸ στράτευμα, πῶς οὐκ ἂν φαίη τις αὐτὸν εὐγνωμόνως χρῆσθαι ἑαυτῷ; ὡς γὰρ τοῦ στρατεύεσθαι καὶ πεζῇ καὶ ἐφ' ἵππων ἀπείργεν ἤδη τὸ γῆρας, χρημάτων δὲ ἑώρα τὴν πόλιν δεομένην, εἰ μέλλοι σύμμαχόν τινα ἕξειν, ἐπὶ τὸ πορίζειν ταῦτα ἑαυτὸν ἔταξε. Καὶ ὅσα μὲν ἐδύνατο οἴκοι μένων ἐμηχανᾶτο, ἃ δὲ καιρὸς ἦν οὐκ ὤκνει μετιέναι, οὐδ' ἡγεῖτο, εἰ μέλλοι τὴν πόλιν ὠφελήσειν, πρεσβευτὴς ἐκπορευόμενος ἀντὶ στρατηγοῦ. (26) Ὅμως δὲ καὶ ἐν τῇ πρεσβείᾳ μεγάλου στρατηγοῦ ἔργα διεπράξατο. Αὐτοφραδάτης τε γὰρ πολιορκῶν ἐν Ἄσσῳ Ἀριοβαρζάνην σύμμαχον ὄντα δείσας Ἀγησίλαον φεύγων ᾤχετο. Κότυς δ' αὖ Σηστὸν πολιορκῶν Ἀριοβαρζάνου ἔτι οὖσαν λύσας καὶ οὗτος τὴν πολιορκίαν ἀπηλλάγη· ὥστ' οὐκ ἀλόγως καὶ ἀπὸ τῆς πρεσβείας τρόπαιον τῶν πολεμίων ἐστήκει αὐτῷ. Μαύσωλός γε μὴν κατὰ θάλασσαν ἑκατὸν ναυσὶ πολιορκῶν ἀμφότερα τὰ χωρία

mum reducerent. Deinde ex Phliasiis etiam eos, qui ob Lacedaemonios exulabant, reduxit, cum expeditionem adversus Phliuntem ipse suscepisset. Quod si quis haec quadam ratione vituperat, certe tamen prae amicorum sociorumve studio gesta fuisse constat. Etenim cum ex Lacedaemoniis quosdam qui Thebis erant adversarii necassent, ut iis etiam succurreret, adversus Thebas exercitum ducit. Cumque fossis omnia vallisque in terram depactis munita reperisset, superatis Cynoscephalis, ad urbem usque vastabat agrum, facta Thebanis pugnae copia tam in planitie quam in montibus, si pugnare vellent. Rursus anno quoque sequenti adversus Thebas exercitum duxit; et superatis vallis fossisque ad Scolum, reliquas Boeotiae partes vastavit. Et hactenus quidem ipse communiter cum civitate prospera usus est fortuna : quicunque vero deinceps casus adversi acciderunt, nemo eos Agesilai ductu accidisse dixerit. Ubi autem, apud Leuctra calamitate ab iis accepta, amicos et hospites ipsius Tegeae necare coeperunt adversarii cum Mantineensibus, Boeotis jam omnibus et Arcadibus et Eleis inter se consociatis, moram unam in expeditionem educit, existimantibus multis longo tempore Lacedaemonios ex ipsorum agro non egressuros. Cumque vastasset regionem eorum qui amicos ipsius occiderant, ita demum rursus domum discessit. Deinde vero Arcadibus omnibus, et Argivis, et Eleis, et Boeotis, et Phocensibus cum iis, et utrisque Locris, et Thessalis, et Aenianibus, et Acarnanibus et Euboeis, adversus Lacedaemonem cum exercitu progressis, cum servi praeterea multaeque civitates finitimae defecissent, ac Spartiatarum non pauciores in commisso apud Leuctra praelio fuissent interempti, quam superessent, nihilominus urbem tutatus est, quanquam sine muris esset : cum non eo quidem, ubi hostes rebus omnibus superiores fuissent, suos educeret, sed ubi cives superiores futuri erant, fortiter in structos teneret ; quippe quod existimaret, in spatiosum si quem locum egrederetur, undique cingi se posse; sin angustis et superioribus in locis permaneret, rebus omnibus superiorem se futurum. Cum vero exercitus discessisset, quidni dixerit aliquis cum ita se gessisse, ut virum se bonum praeberet? Nam cum senectus eum a militia tam pedestri quam equestri jam arceret, ac civitatem pecuniis indigere cerneret, si quem vellet socium habere, harum ipse parandarum usus in se recepit. Et quaecumque quidem poterat, domi manens moliebatur, quaeque pro occasione data erant facienda, adgredi non gravabatur : neque erubescebat, modo civitati profuturus esset, pro imperatore legatus exire. Verumtamen in legatione ipsa magni imperatoris exsequutus est munera. Nam cum Autophradates Ariobarzanem, qui ejus erat socius, apud Assum obsideret, Agesilaum veritus, fuga inde abivit. Cotys item cum Sestum obsideret, Ariobarzanis quod adhuc erat oppidum, et ipse soluta obsidione discessit; adeo ut non sine causa tropaeum et ob hostes superatos etiam ex legatione statutum fuerit. Porro cum Mausolus mari centum navibus utrumque locum hunc obsideret, non item metu adductus, sed suasu, donum

ταῦτα οὐκέτι δείσας ἀλλὰ πεισθεὶς ἀπέπλευσεν οἴκαδε. (27) Κἀνταῦθα οὖν ἄξια θαύματος διεπράξατο. Οἵ τε γὰρ εὖ πεπονθέναι νομίζοντες ὑπ' αὐτοῦ καὶ οἱ φεύγοντες αὐτὸν χρήματα ἀμφότεροι ἔδοσαν. Ταχὺς γε μὴν καὶ Μαύσωλος, διὰ τὴν πρόσθεν Ἀγησιλάου ξενίαν συμβαλόμενος καὶ οὕτος χρήματα τῇ Λακεδαίμονι, ἀπέπαμψαν αὐτὸν οἴκαδε προπομπὴν δόντες μεγαλοπρεπῆ. (28) Ἐκ δὲ τούτου ἤδη μὲν ἐγγεγόνει ἔτη ἀμφὶ τὰ ὀγδοήκοντα· κατανενοηκὼς δὲ τὸν Αἰγυπτίων βασιλέα ἐπιθυμοῦντα τῷ Πέρσῃ πολεμεῖν, καὶ πολλοὺς μὲν πεζούς, πολλοὺς δὲ ἱππέας, πολλὰ δὲ χρήματα ἔχοντα, ἄσμενος ἤκουσεν ὅτι μετεπέμπετο αὐτόν, καὶ ταῦτα ἡγεμονίαν ὑπισχνούμενος. (29) Ἐνόμιζε γὰρ τῇ αὐτῇ ὁρμῇ τῷ μὲν Αἰγυπτίῳ χάριν ἀποδώσειν ἀνθ' ὧν εὐεργετήκει τὴν Λακεδαίμονα, τοὺς δ' ἐν τῇ Ἀσίᾳ Ἕλληνας πάλιν ἐλευθερώσειν, τῷ δὲ Πέρσῃ δίκην ἐπιθήσειν καὶ τῶν πρόσθεν καὶ ὅτι νῦν σύμμαχος εἶναι φάσκων ἐπέταττε Μεσσήνην ἀφιέναι. (30) Ἐπεὶ μέντοι ὁ μεταπεμψάμενος οὐκ ἀπεδίδου τὴν ἡγεμονίαν αὐτῷ, ὁ μὲν Ἀγησίλαος ὡς τὸ μέγιστον ἐξηπατημένος ἐφρόντιζε τί δεῖ ποιεῖν. Ἐκ τούτου δὲ πρῶτον μὲν οἱ δίχα στρατευόμενοι τῶν Αἰγυπτίων ἀφίστανται τοῦ βασιλέως, ἔπειτα δὲ καὶ οἱ ἄλλοι πάντες ἀπέλιπον αὐτόν. Καὶ αὐτὸς μὲν δείσας ἀπεχώρησε φυγῇ εἰς Σιδῶνα τῆς Φοινίκης, οἱ δ' Αἰγύπτιοι στασιάζοντες δισσοὺς βασιλέας αἱροῦνται. (31) Ἐνταῦθα δὴ Ἀγησίλαος γνοὺς ὅτι εἰ μὲν μηδετέρῳ συλλήψοιτο, μισθὸν οὐδέτερος λύσει τοῖς Ἕλλησιν, ἀγορὰν δὲ οὐδότερος παρέξει, ὁπότερος δ' ἂν κρατήσῃ, οὕτος ἐχθρὸς ἔσται· εἰ δὲ τῷ ἑτέρῳ συλλήψοιτο, οὕτός γε εὖ παθών, ὡς τὸ εἰκός, φίλος ἔσοιτο, οὕτω δὴ κρίνας, ὁπότερος φιλέλλην μᾶλλον δοκεῖ εἶναι, στρατευσάμενος μετὰ τούτου τὸν μὲν μισέλληνα μάχῃ νικήσας χειροῦται, τὸν δ' ἕτερον συγκαθίστησι· καὶ φίλον ποιήσας τῇ Λακεδαίμονι καὶ χρήματα πολλὰ προσλαβὼν οὕτως ἀποπλεῖ οἴκαδε καίπερ μέσου χειμῶνος ὄντος, σπεύδων ὡς μὴ ἀργὸς ἡ πόλις εἰς τὸ ἐπιὸν θέρος πρὸς τοὺς πολεμίους γένοιτο.

ΚΕΦΑΛΑΙΟΝ Γ.

Καὶ ταῦτα μὲν δὴ εἴρηται ὅσα τῶν ἐκείνου ἔργων μετὰ πλείστων μαρτύρων ἐπράχθη. Τὰ γὰρ τοιαῦτα οὐ τεκμηρίων προσδεῖται, ἀλλ' ἀναμνῆσαι μόνον ἀρκεῖ καὶ εὐθὺς πιστεύεται. Νῦν δὲ τὴν ἐν τῇ ψυχῇ αὐτοῦ ἀρετὴν πειράσομαι δηλοῦν, δι' ἣν ταῦτα ἔπραττε καὶ πάντων τῶν καλῶν ἤρα καὶ πάντα τὰ αἰσχρὰ ἐξεδίωκεν. (2) Ἀγησίλαος γὰρ τὰ μὲν θεῖα οὕτως ἐσέβετο ὡς καὶ οἱ πολέμιοι τοὺς ἐκείνου ὅρκους καὶ τὰς ἐκείνου σπουδὰς πιστοτέρας ἐνόμιζον ἢ τὴν ἑαυτῶν φιλίαν *** μὲν ὤκνουν εἰς ταὐτὸν ἰέναι, Ἀγησιλάῳ δὲ αὐτοὺς ἐνεχείριζον. Ὅπως δὲ μή τις ἀπιστῇ, καὶ ὀνομάσαι βούλομαι τοὺς ἐπιφανεστάτους αὐτῶν. (α) Σπιθριβάτης μέν γε ὁ Πέρσης εἰδὼς ὅτι Φαρνάβαζος γῆμαι

CAPUT III.

Et hæc quidem certe de iis rebus dicta sunt quarum erant plurimi testes dum ab eo gerebantur : nam res ejusmodi documentis non egent, sed eas tantum in memoriam revocare sat est, ac statim fidem merentur. Jam vero virtutem, ejus quæ fuerat in animo, indicare conabor, qua res lasce gerebat, et honesta diligebat omnia, et turpia omnia a se avertebat. Agesilaus utique ita res divinas venerabatur, ut etiam hostes unumquodque ejus jusjurandum ejusque fœdera majorem mereri fidem arbitrarentur, quam ipsorum inter se amicitiam. (Et suis quidem cum hominibus) in eundem locum convenire verebantur, at Agesilao in manus ipsimet se tradebant. Ut ne quis autem fidem mihi deneget, eorum illustrissimos nominatim etiam recensere volo. Spithridates certe quidem Persa, cum sciret Pharnabazum

cum classe discessit. Etiam tum res dignas admiratione gessit ; nam et illi qui ab eo se beneficio adfectos putabant, et qui fugiebant eum, utrique pecunias ei dabant. Tachos quidem et Mausolus, hic etiam ob pristinum suum cum Agesilao hospitium pecuniis Lacedæmoni in usum concessis, eum dimisere domum, addito comitatu magnifico. Inde vero annos jam ferme octoginta natus erat : cumque animadvertisset, regem Ægyptiorum Persæ bellum inferre cupere, et multos pedites, multos equites, multas pecunias habere, libenter illum se accersere audivit ; præsertim, quod ei ducis munus polliceretur. Existimabat enim eadem profectione se gratiam Ægyptio pro collatis in Lacedæmonem beneficiis relaturum, Græcosque in Asia sitos rursus liberaturum, ac Persæ pœnam irrogaturum tum ob injurias antea factas, tum quod eo tempore se socium esse professus, Messenen Lacedæmonios dimittere jussisset. Postquam vero ille, qui eum accersiverat, ducis ei munus non attribuebat, Agesilaus, ut qui in maxima re fuerat deceptus, quid faciendum esset cogitabat. Hinc ex Ægyptiis primum ii, qui seorsum militabant, a rege deficiunt ; deinde et alii omnes cum deseruerunt. Atque ipse quidem metu permotus, Sidoniam Phœniciæ urbem fuga se recepit : at Ægyptii, commota inter ipsos seditione, reges duos creant. Ibi tum Agesilaus, qui futurum intelligeret ut, si neutri opitularetur, Græcis neuter stipendium solveret, neuter rerum venalium forum suppeditaret, et utercunque superior evaderet, is hostis esset ; sin alteri opitularetur, is, quod beneficium acceperat, uti par esset, amicus esset ; facto demum judicio uter Græcorum magis studiosus esse videretur, cum hoc in bellum profectus, Græcorum illum osorem prælio victum capit, alterum in regno constituit ; eumque cum Lacedæmoni amicum fecisset, multasque pecunias accepisset, domum tandem inde navigat, quanquam media hieme, idcirco festinans ne sequenti æstate civitas foret adversus hostes otiosa.

μὲν τὴν βασιλέως ἔπραττε θυγατέρα, τὴν δ' αὐτοῦ ἄνευ γάμου λαβεῖν ἐβούλετο, ὕβριν νομίσας τοῦτο Ἀγησιλάῳ ἑαυτὸν καὶ τὴν γυναῖκα καὶ τὰ τέκνα καὶ τὴν δύναμιν ἐνεχείρισε. (4) Κότυς δὲ ὁ τῶν Παφλαγόνων ἄρχων βασιλεῖ μὲν οὐχ ὑπήκουσε δεξιὰν πέμποντι, φοβούμενος μὴ ληφθεὶς ἢ χρήματα πολλὰ ἀποτίσειεν ἢ καὶ ἀποθάνοι, Ἀγησιλάου δὲ καὶ οὗτος ταῖς σπονδαῖς πιστεύσας εἰς τὸ στρατόπεδόν τε ἦλθε καὶ συμμαχίαν ποιησάμενος εἵλετο σὺν Ἀγησιλάῳ στρατεύεσθαι, χιλίους μὲν ἱππέας, δισχιλίους δὲ πελτοφόρους ἔχων. (5) Ἀφίκετο δὲ καὶ Φαρνάβαζος Ἀγησιλάῳ εἰς λόγους καὶ διωμολόγησεν, εἰ μὴ αὐτὸς πάσης τῆς στρατιᾶς στρατηγὸς κατασταθείη, ἀποστήσεσθαι βασιλέως· ἢν μέντοι ἐγὼ γένωμαι στρατηγός, ἔφη, πολεμήσω σοι, ὦ Ἀγησίλαε, ὡς ἂν ἐγὼ δύνωμαι κράτιστα. Καὶ ταῦτα λέγων ἐπίστευε μηδὲν ἂν παρασπονδον παθεῖν. Οὕτω μέγα καὶ καλὸν κτῆμα τοῖς τε ἄλλοις ἅπασι καὶ ἀνδρὶ δὴ στρατηγῷ τὸ ὅσιόν τε καὶ πιστὸν εἶναί τε καὶ ὄντα ἐγνῶσθαι. Καὶ περὶ μὲν εὐσεβείας ταῦτα.

id agere ut filiam regis uxorem duceret, at ipsius filiam sine nuptiis sumere velle, ratus hoc contumeliose adversus se patrari, Agesilao se ipsum et uxorem et liberos et facultates in manus tradidit. Et Cotys, Paphlagonum princeps, regi quidem dextram mittenti non paruit, veritus ne, si comprehenderetur, vel pecuniis magnis multaretur, vel etiam interficeretur: verum et Agesilai foederibus cum fidem habuisset, tum in castra ejus venit, tum inita societate, cum Agesilao militare maluit, cum quidem equites mille, bis mille qui gestarent peltas haberet. Quin Pharnabazus etiam cum Agesilao in colloquium venit, et confessus est, se, ni totius exercitus constitueretur dux, a rege defecturum: verum ego si dux creer, inquit, fortissime bellum adversus te, Agesilae, geram, quantum potero. Atque haec cum diceret, credebat nihil usu sibi contra foedera venturum. Adeo magna et praeclara possessio est cum in aliis omnibus, tum in duce, religiosum esse ac fidei servantem, talemque, talis cum sit, cognitum esse. Atque haec quidem de Agesilai pietate.

ΚΕΦΑΛΑΙΟΝ Δ.

Περί γε μὴν τῆς εἰς χρήματα δικαιοσύνης ποῖα ἄν τις μείζω τεκμήρια ἔχοι τῶνδε; ὑπὸ γὰρ Ἀγησιλάου στέρεσθαι μὲν οὐδεὶς οὐδὲν πώποτε ἐνεκάλεσεν, εὖ δὲ πεπονθέναι πολλοὶ πολλὰ ὡμολόγουν. Ὅτῳ δὲ ἡδὺ τὰ αὑτοῦ διδόναι ἐπ' ὠφελείᾳ ἀνθρώπων, πῶς ἂν οὗτος ἐθέλοι τὰ ἀλλότρια ἀποστερεῖν ἐφ' ᾧ κακόδοξος εἶναι; εἰ γὰρ χρημάτων ἐπιθυμοίη, πολὺ ἀπραγμονέστερον τὰ αὑτοῦ φυλάττειν ἢ τὰ μὴ προσήκοντα λαμβάνειν. (2) Ὃς δὲ δὴ καὶ χάριτας ἀποστερεῖν μὴ ἐθέλοι, ὧν οὐκ εἰσὶ δίκαι πρὸς τὸν μὴ ἀποδιδόντα, πῶς ἄ γε καὶ νόμος κωλύει ἐθέλοι ἂν ἀποστερεῖν; Ἀγησίλαος δὲ οὐ μόνον τὸ μὴ ἀποδιδόναι χάριτας ἄδικον ἔκρινεν, ἀλλὰ καὶ τὸ μὴ πολὺ μείζους τὸν μείζω δύνάμενον. (3) Τά γε μὴν τῆς πόλεως κλέπτειν πῇ ἄν τις αὐτὸν εἰκότως αἰτιάσαιτο, ὃς καὶ τὰς αὑτῷ χάριτας ὀφειλομένας τῇ πατρίδι καρποῦσθαι παρεδίδου; τὸ δ' ὁπότε βουλοιτο εὖ ποιεῖν ἢ πόλιν ἢ φίλους χρήμασι, δύνασθαι παρ' ἑτέρων λαμβάνοντα ὠφελεῖν, οὐ καὶ τοῦτο μέγα τεκμήριον ἐγκρατείας χρημάτων; (4) εἰ γὰρ ἐπώλει τὰς χάριτας ἢ μισθοῦ εὐεργέτει, οὐδεὶς ἂν οὐδὲν ὀφείλειν αὐτῷ ἐνόμισεν· ἀλλ' οἱ προῖκα εὖ πεπονθότες, οὗτοι ἀεὶ ἡδέως ὑπηρετοῦσι τῷ εὐεργέτῃ, καὶ διότι εὖ ἔπαθον καὶ διότι προεπιστεύθησαν ἄξιοι εἶναι παρακαταθήκην χάριτος φυλάττειν. (5) Ὅστις δ' ᾑρεῖτο καὶ σὺν τῷ γενναίῳ μειονεκτεῖν ἢ σὺν τῷ ἀδίκῳ πλέον ἔχειν, πῶς οὗτος οὐκ ἂν πολὺ τὴν αἰσχροκέρδειαν ἀποφεύγοι; Ἐκεῖνος τοίνυν κριθεὶς ὑπὸ τῆς πόλεως ἅπαντα ἔχειν τὰ Ἄγιδος τὰ ἡμίσεα τοῖς ἀπὸ μητρὸς αὑτῷ ὁμογόνοις μετέδωκεν, ὅτι πενομένους αὐτοὺς ἑώρα. Ὡς δὲ ταῦτα ἀληθῆ πᾶσα μάρτυς ἡ τῶν Λακεδαιμονίων πόλις. (6) Διδόντος δ' αὐτῷ πάμπολλα δῶρα

CAPUT IV.

Justitiae vero ad pecunias quod attinet qualia quis argumenta hisce majora proferre possit? Nimirum ab Agesilao nemo unquam ulla se re spoliatum esse questus est, at multi multa fatebantur ab eo se accepisse beneficia. Cuicunque vero dulce est sua hominum ad utilitatem largiri, qui velit is aliena auferre, quo male audiat? Nam si pecuniarum cupidus sit, longe minoris est negotii sua servare, quam quae sua non sunt capere. Qui porro nolit gratiis quenquam privare pro iis, in quibus poenae non sunt in eum qui non referat constituta, qui pro iis ille, in quibus etiam lex ingratum esse vetat, eas denegare velit? Agesilaus autem non tantum injustum esse judicabat non referre gratias, sed hoc etiam, si is nimirum qui plus posset, non longe majores quoque gratias referret. Jam vero peculatus qui possit aliquis eum merito accusare, qui beneficia sibi debita patriae fruenda concesserit? Quod autem, cum pecuniis bene mereri vel de civitate vel de amicis volebat, ab aliis eas accipiendo juvare poterat, an non et hoc magnum est argumentum animi pecuniis abstinentis? nam si venderet beneficia, vel mercedis gratia beneficus esset, nemo se quidquam ei debere putaret: at qui gratis beneficium acceperunt, libenter illi semper auctori beneficii obsequuntur, tum quod beneficio sint adfecti, tum quod ultro digni crediti sint qui beneficii depositum custodiant. Quicunque porro minus habere malebat dum liberaliter ageret, quam plus habere dum lucrum daret injustitiae, qui non ille a turpis lucri cupiditate multum abhorrebat? Atqui ille cum a civitate judicatus fuerit legitimus possessor omnium Agidis facultatum, partem earum dimidiam cum maternis ejus cognatis communicavit, quod eos paupertate premi videret. Haec autem esse vera, testis universa Lacedaemoniorum est civitas. Cum vero dona ei

Τιθραύστος, εἰ ἀπέλθοι ἐκ τῆς χώρας, ἀπεκρίνατο ὁ Ἀγησίλαος, Ὦ Τιθραύστα, νομίζεται παρ᾽ ἡμῖν τῷ ἄρχοντι κάλλιον εἶναι τὴν στρατιὰν ἢ ἑαυτὸν πλουτίζειν, καὶ παρὰ τῶν πολεμίων λάφυρα μᾶλλον πειρᾶσθαι ἢ δῶρα λαμβάνειν.

ΚΕΦΑΛΑΙΟΝ Ε.

Ἀλλὰ μὴν καὶ ὅσαι γε ἡδοναὶ πολλῶν κρατοῦσιν ἀνθρώπων, ποίας οἶδέ τις Ἀγησίλαον ἡττηθέντα; ὃς μέθης μὲν ἀπέχεσθαι ὁμοίως ᾤετο χρῆναι καὶ μανίας, σίτου δ᾽ ὑπὲρ καιρὸν ὁμοίως καὶ ἀργίας. Διμοιρίαν γε μὴν λαμβάνων ἐν ταῖς θοίναις οὐχ ὅπως ἀμφοτέραις ἐχρῆτο, ἀλλὰ διαπέμπων οὐδετέραν αὑτῷ κατέλειπε, νομίζων βασιλεῖ τοῦτο διπλασιασθῆναι οὐχὶ πλησμονῆς ἕνεκα, ἀλλ᾽ ὅπως ἔχοι καὶ τούτῳ τιμᾶν εἴ τινα βούλοιτο. (2) Οὐ μὴν ὕπνῳ γε δεσπότῃ ἀλλ᾽ ἀρχομένῳ ὑπὸ τῶν πράξεων ἐχρῆτο, καὶ εὐνήν γε εἰ μὴ τῶν συνόντων φαυλοτάτην ἔχοι, αἰδούμενος οὐκ ἄδηλος ἦν· ἡγεῖτο γὰρ ἄρχοντι προσήκειν οὐ μαλακίᾳ ἀλλὰ καρτερίᾳ τῶν ἰδιωτῶν περιεῖναι. (3) Τάδε μέντοι πλεονεκτῶν οὐκ ᾐσχύνετο, ἐν μὲν τῷ θέρει τοῦ ἡλίου, ἐν δὲ τῷ χειμῶνι τοῦ ψύχους. Καὶ μὴν εἴ ποτε μοχθῆσαι στρατιᾷ συμβαίη, ἑκὼν ἐπόνει παρὰ τοὺς ἄλλους, νομίζων πάντα τὰ τοιαῦτα παραμυθίαν εἶναι τοῖς στρατιώταις. Ὡς δὲ συνελόντι εἰπεῖν, Ἀγησίλαος πονῶν μὲν ἠγάλλετο, ῥᾳστώνην δὲ πάμπαν οὐ προσίετο. (4) Περί γε μὴν ἀφροδισίων ἐγκρατείας αὐτοῦ ἆρ᾽ οὐχὶ εἰ μὴ τοῦ ἄλλου ἀλλὰ θαύματος ἕνεκα ἄξιον μνησθῆναι; τὸ μὲν γὰρ ὧν μὴ ἐπεθύμησεν ἀπέχεσθαι ἀνθρώπινον ἄν τις φαίη εἶναι· τὸ δὲ Μεγαβάτου τοῦ Σπιθριδάτου παιδὸς ἐρασθέντα ὥσπερ ἂν τοῦ καλλίστου ἡ σφοδροτάτη φύσις ἐρασθείη, ἔπειτα ἡνίκα ἐπιχωρίου ὄντος τοῖς Πέρσαις φιλεῖν οὓς ἂν τιμῶσιν ἐπιχειρήσαι καὶ ὁ Μεγαβάτης φιλῆσαι τὸν Ἀγησίλαον, διαμάχεσθαι ἀνὰ κράτος τῷ μὴ φιληθῆναι, ἆρ᾽ οὐ τοῦτό γε ἤδη τὸ σωφρόνημα καὶ λίαν γεννικόν; (5) Ἐπεὶ δὲ ὥσπερ ἀτιμασθῆναι νομίσας ὁ Μεγαβάτης τοῦ λοιποῦ οὐκέτι φιλεῖν ἐπειρᾶτο, προσφέρει τινὶ λόγον τῶν ἑταίρων ὁ Ἀγησίλαος πεῖθειν τὸν Μεγαβάτην πάλιν τιμᾶν αὐτόν. Ἐρομένου δὲ τοῦ ἑταίρου, ἢν πεισθῇ ὁ Μεγαβάτης, εἰ φιλήσει, ἐνταῦθα διασιωπήσας ὁ Ἀγησίλαος εἶπεν οὑτωσί· Οὐδ᾽ εἰ μέλλοιμί γε αὐτίκα μάλα κάλλιστός τε καὶ ἰσχυρότατος καὶ τάχιστος ἀνθρώπων ἔσεσθαι· μάχεσθαί γε μέντοι πάλιν τὴν αὐτὴν μάχην ὄμνυμι πάντας θεοὺς ἢ μὴ μᾶλλον βούλεσθαι ἢ πάντα μοι ὅσα ὁρῶ χρύσεα γενέσθαι. (6) Καὶ ὅτι μὲν δὴ ὑπολαμβάνουσί τινες ταῦτα οὐκ ἀγνοῶ· ἐγὼ μέντοι δοκῶ εἰδέναι ὅτι πολλῷ πλέονες τῶν πολεμίων ἢ τῶν τοιούτων δύνανται κρατεῖν. Ἀλλὰ ταῦτα μὲν ὀλίγων εἰδότων πολλοῖς ἔξεστιν ἀπιστεῖν· τὰ δὲ πᾶσιν ἐπιστάμεθα ὅτι ἥκιστα μὲν οἱ ἐπιφανέστατοι τῶν ἀνθρώπων λανθάνουσιν ὅ,τι ἂν ποιῶσιν· Ἀγησίλαον δέ τι πράξαντα μὲν τοιοῦτον οὔτε ἰδὼν πώποτε οὐδεὶς ἀνήγγειλεν οὔτε εἰκά-

permulta Tithraustes offerret, si regione excederet, respondit Agesilaus, Existimatur apud nos, Tithrausta, honestius imperatori esse, exercitum quam se ipsum ditare, et ab hostibus spolia potius quam dona captare.

CAPUT V.

Ceterum a quanam earum voluptatum, quae voluptates multos sane vincunt homines, Agesilaum quis superatum vidit? qui ab ebrietate perinde abstinendum putabat atque ab insania, a cibis immodicis perinde atque a desidia. Adeo cum portionem in conviviis dupliciem acciperet, tantum aberat ut utraque uteretur, ut hinc inde mittens, neutram sibi relinqueret: quippe existimabat regi eam duplicari non satietatis causa, sed quo hac etiam posset, si quem vellet, honorare. Nec somno quidem ut domino, sed eo qui negotiis subjiceretur ipsius utebatur. Atque lectum sane nisi inter familiares vilissimum haberet, non obscurum erat ipsum pudore adfici: existimabat enim principem decere, non mollitie sed tolerantia privatis praestare. Horum tamen majorem habere partem eum non pudebat, nimirum per aestatem, solis; per hiemem, frigoris. Et sane si aliquando usus veniret ut exercitus laboribus premeretur, sponte sua praeter ceteros laborabat; quippe arbitrabatur ejusmodi omnia militibus esse solatio. Ut autem summatim dicam, inter laborandum quidem exsultabat Agesilaus, otium vero ipsi omnino ingratum erat. De ipsius porro rebus in venereis continentia nonne si nullius alius, saltem admirationis causa, aequum sit mentionem facere? Nam quod ab iis, quae non expeteret, seso abstinuerit, id quidem ex humani generis natura factum esse dicere possit aliquis: quod vero, Megabatis Spithridatae filii amore captus (quemadmodum pulcherrima vegetissima natura deamare posset), deinde cum (siquidem Persis mos erat patrius eos osculari, quos honore adficere vellent) adgrederetur etiam Megabates Agesilaum osculari, ne osculum ipsi daretur id totis viribus pugnaverit, nonne hoc jam certe facinus est pudicum atque egregium valde? Cum vero Megabates, quasi qui despectum se putaret, non jam deinceps amplius eum osculari adgrederetur, quemdam ex sodalibus ejus adpellat Agesilaus de persuadendo Megabate, ut rursum honore se adficeret. Sodale autem quaerente, si pareret Megabates, an ipsum osculaturus esset, hic Agesilaus cum parumper obticuisset, sic tandem loquutus est: « Non si confestim et formosissimus et robustissimus et celerrimus hominum sane futurus sim: sed tamen pugnam rursus eandem pugnare me malle deos omnes juro, quam mihi omnia, quae cerno, aurea fieri. Atque non ignoro equidem quid aliqui de his rebus existiment: tamen ego scire videor multo plures hostium quam ejusmodi adfectuum victores posse evadere. » Atqui cum pauci haec cognoscant, multis licet fidem negare: id vero scimus omnes, nimirum minime latere quidquid egerint homines illustrissimi; at Agesilaum aliquid ejusmodi designasse nemo unquam vel conspicatus narravit, vel, si

AGESILAI CAP. VI.   503

ζῶν πιστὰ ἂν ἔδοξε λέγειν. (7) Καὶ γὰρ εἰς οἰκίαν μὲν οὐδεμίαν ἰδίᾳ ἐν ἀποδημίᾳ κατήγετο, ἀεὶ δὲ ἦν ἢ ἐν ἱερῷ, ἔνθα δὴ ἀδύνατον τὰ τοιαῦτα πράττειν, ἢ ἐν φανερῷ, μάρτυρας τοὺς πάντων ὀφθαλμοὺς τῆς σωφροσύνης ποιούμενος. Εἰ δ᾽ ἐγὼ ταῦτα ψεύδομαι ἀντία τῆς Ἑλλάδος ἐπισταμένης, ἐκεῖνον μὲν οὐδὲν ἐπαινῶ, ἐμαυτὸν δὲ ψέγω.

conjectura nixus suspicaretur, probabilia dicere visus fuerit. Etenim nullam in domum privatim, dum peregre erat, divertebat, verum semper vel in fano aliquo erat, ubi fieri certe non potest ut talia quis patret, vel in propatulo, adeo ut suæ pudicitiæ testes faceret omnium oculos. Quod si de his ego mentior, Græcia iis contraria sciente, nihil ipsi quidem laudis tribuo, me ipsum vero vitupero.

ΚΕΦΑΛΑΙΟΝ ϛ.

Ἀνδρείας γε μὴν οὐκ ἀφανῆ τεκμήριά μοι δοκεῖ παρασχέσθαι ὑφιστάμενος μὲν ἀεὶ πολεμεῖν πρὸς τοὺς ἰσχυροτάτους τῶν ἐχθρῶν τῇ τε πόλει καὶ τῇ Ἑλλάδι, ἐν δὲ τοῖς πρὸς τούτους ἀγῶσι πρῶτον ἑαυτὸν τάττων. (2) Ἔνθα γε μὴν ἠθέλησαν αὐτῷ οἱ πολέμιοι μάχην συνάψαι, οὐ φόβῳ τρεψάμενος νίκης ἔτυχεν, ἀλλὰ μάχῃ ἀντιτύπῳ κρατήσας τρόπαιον ἐστήσατο, ἀθάνατα μὲν τῆς ἑαυτοῦ ἀρετῆς μνημεῖα καταλιπών, σαφῆ δὲ καὶ αὐτὸς σημεῖα ἀπενεγκάμενος τοῦ θυμῷ μάχεσθαι· ὥστ᾽ οὐκ ἀκούοντας ἀλλ᾽ ὁρῶντας ἐξῆν αὐτοῦ τὴν ψυχὴν δοκιμάζειν. (3) Τρόπαια μὲν οὖν Ἀγησιλάου οὐχ ὅσα ἐστήσατο ἀλλ᾽ ὅσα ἐστρατεύσατο δίκαιον νομίζειν. Μεῖον μὲν γὰρ οὐδὲν ἐκράτει ὅτε οὐκ ἤθελον αὐτῷ οἱ πολέμιοι μάχεσθαι, ἀκινδυνότερον δὲ καὶ συμφορώτερον τῇ τε πόλει καὶ τοῖς συμμάχοις· καὶ ἐν τοῖς ἀγῶσι δὲ οὐδὲν ἧττον τοὺς ἀκονιτὶ ἢ τοὺς διὰ μάχης νικῶντας στεφανοῦσι. (4) Τήν γε μὴν σοφίαν αὑτοῦ ποῖαι τῶν ἐκείνου πράξεων οὐκ ἐπιδεικνύουσιν; ὃς τῇ μὲν πατρίδι οὕτως ἐχρῆτο ὥστε μάλιστα πειθόμενος· * * ἑταίροις δὲ προθύμως ὢν ἀπροφασίστους τοὺς φίλους ἐκέκτητο· τοὺς δὲ γε στρατιώτας ἅμα πειθομένους καὶ φιλοῦντας αὐτὸν παρεῖχε. Καίτοι πῶς ἂν ἰσχυροτέρα γένοιτο φάλαγξ ἢ διὰ τὸ μὲν πείθεσθαι εὔτακτος οὖσα, διὰ δὲ τὸ φιλεῖν τὸν ἄρχοντα πιστῶς παροῦσα; (5) Τούς γε μὴν πολεμίους εἶχε ψέγειν μὲν οὐ δυναμένους, μισεῖν δὲ ἀναγκαζομένους. Τοὺς γὰρ συμμάχους ἀεὶ πλέον ἔχειν αὐτῶν ἐμηχανᾶτο, ἐξαπατῶν μὲν ὅπου καιρὸς εἴη, φθάνων δὲ ὅπου τάχους δέοι, λήθων δὲ ὅπου τοῦτο συμφέροι, πάντα δὲ τἀναντία πρὸς τοὺς πολεμίους ἢ πρὸς τοὺς φίλους ἐπιτηδεύων. (6) Καὶ γὰρ νυκτὶ μὲν ὅσαπερ ἡμέρᾳ ἐχρῆτο, ἡμέρᾳ δὲ ὅσαπερ νυκτί, πολλάκις ἄδηλος γιγνόμενος ὅπου τε εἴη καὶ ὅποι ἴοι καὶ ὅ,τι ποιήσοι· ὥστε καὶ τὰ ἐχυρὰ ἀνόχυρα τοῖς ἐχθροῖς καθίστη, τὰ μὲν παριών, τὰ δὲ ὑπερβαίνων, τὰ δὲ κλέπτων. (7) Ὁπότε γε μὴν πορεύοιτο εἰδὼς ὅτι ἐξείη τοῖς πολεμίοις μάχεσθαι εἰ βούλοιντο, συντεταγμένον μὲν οὕτως ἦγε τὸ στράτευμα ὡς ἂν ἐπικουρεῖν μάλιστα ἑαυτῷ δύναιτο, ἡσύχως δὲ ὥσπερ ἂν παρθένος ἡ σωφρονεστάτη προβαίνοι, νομίζων ἐν τῷ τοιούτῳ τό τε ἀτρεμὲς καὶ ἀνεκπληκτότατον καὶ ἀθορυβητότατον καὶ ἀναμαρτητότατον καὶ δυσεπιβουλευτότατον εἶναι. (8) Τοιγαροῦν τοιαῦτα ποιῶν τοῖς μὲν πολεμίοις δεινὸς ἦν, τοῖς δὲ φίλοις θάρσος καὶ ῥώμην

CAPUT VI.

Porro fortitudinis argumenta non obscura mihi quidem exhibuisse videtur, cum semper ad gerendum adversus hostes tum civitatis suæ tum Græciæ potentissimos bellum se obtulerit, et in certaminibus cum iis prima se in acie collocarit. Ubi vero hostes manum cum eo conserere voluerunt, non ita demum, cum ipsos timore perculsos in fugam verterat, victoriam adeptus est, sed cum prælio pertinaci superior discessarat, tropæum statuit, immortalibus virtutis suæ monumentis relictis, cum ipse signa manifesta auferret, quod animose pugnaret: adeo ut non audiendo, sed intuendo liceret animum ejus explorare. Tropæa vero Agesilai non ea solum quæ statuit, sed quascunque suscepit expeditiones, putare æquum est. Neque enim minus victoriam reportabat, quando cum eo hostes dimicare nollent, sed minori cum periculo majorique tum civitati suæ tum sociis utilitate adlata; imo etiam in certaminibus non minus eos qui sine pulvere, quam qui pugnando vincunt, coronare solent. Ceterum ejus sapientiam quænam ex illius actionibus non demonstrant? qui sic se erga patriam gerebat, ut ipse maxime ejus legibus parens * * ; sodalibus autem obsequium exhibens, amicos sibi tales, qui nulla, quominus ei adessent, excusatione uterentur, comparavit: milites denique dicto simul audientes et sui amantes reddidit. Atqui quonam pacto phalanx esse firmior possit, quam si propter obedientiam ordinem servet, et propter amorem erga imperatorem fideliter ei præsto sit? Hostes certe habuit, eum qui vituperare non possent, at qui odio habere cogerentur: semper enim id moliebatur, ut sociorum melior esset quam illorum conditio, quippe quos dolis falleret ubi tempus iis utendum esse moneret, et anteverteret ubi celeritate opus esset, cum lateret etiam ubi hoc ex usu foret, atque adeo omnia in hostes contraria, ac in amicos institueret. Etenim nocte perinde ac die utebatur, die perinde ac nocte, cum sæpe ubi esset, et quo iret, et quid faceret, non constaret: adeo ut etiam munita loca redderet immunita, partim prætereundo, partim superando, partim occupando furtim. Quoties autem iter faceret, dum sciret hostibus pugnandi potestatem esse, si vellent, ita instructum ducebat exercitum, ut sibi ipsi maxime opem ferre posset, placideque perinde ut virgo pudicissima procederet: quippe qui existimabat in ejusmodi suorum ordine et quietem eorum et summam a terrore et tumultuatione et peccatis et insidiis vacuitatem esse sitam. Quare dum hæc faceret, hostibus quidem erat formidolosus,

ΑΓΗΣΙΛΑΟΥ ΚΕΦ. Ζ.

ἐνεποίει· ὥστε ἀκαταφρόνητος μὲν ὑπὸ τῶν ἐχθρῶν διετέλεσεν, ἀζήμιος δ' ὑπὸ τῶν πολιτῶν, ἄμεμπτος δὲ ὑπὸ τῶν φίλων, πολυεραστότατος δὲ καὶ πολυεπαινετώτατος ὑπὸ πάντων ἀνθρώπων.

ΚΕΦΑΛΑΙΟΝ Ζ.

Ὡς γε μὴν φιλόπολις ἦν καθ' ἓν μὲν ἕκαστον μακρὸν ἂν εἴη γράφειν· οἶομαι γὰρ οὐδὲν εἶναι τῶν πεπραγμένων αὐτῷ ὅ,τι οὐκ εἰς τοῦτο συντείνει. Ὡς δ' ἐν βραχεῖ εἰπεῖν, ἅπαντες ἐπιστάμεθα ὅτι Ἀγησίλαος ὅπου ᾤετο τὴν πατρίδα τι ὠφελήσειν οὐ πόνων ὑφίετο, οὐ κινδύνων ἀφίστατο, οὐ χρημάτων ἐφείδετο, οὐ σῶμα, οὐ γῆρας προὐφασίζετο, ἀλλὰ καὶ βασιλέως ἀγαθοῦ τοῦτο ἔργον ἐνόμιζε τὸ τοὺς ἀρχομένους ὡς πλεῖστα ἀγαθὰ ποιεῖν. (2) Ἐν τοῖς μεγίστοις δὲ ὠφελήμασι τῆς πατρίδος καὶ τόδε ἐγὼ τίθημι αὐτοῦ ὅτι δυνατώτατος ὢν ἐν τῇ πόλει φανερὸς ἦν μάλιστα τοῖς νόμοις λατρεύων. Τίς γὰρ ἂν ἠθέλησεν ἀπειθεῖν ὁρῶν τὸν βασιλέα πειθόμενον; τίς δ' ἂν ἡγούμενος μειονεκτεῖν νεώτερόν τι ἐπεχείρησε ποιεῖν ἰδὼν τὸν βασιλέα νομίμως καὶ τὸ κρατεῖσθαι φέροντα; (3) ὃς καὶ πρὸς τοὺς διαφόρους ἐν τῇ πόλει ὥσπερ πατὴρ πρὸς παῖδας προσεφέρετο. Ἐλοιδορεῖτο μὲν γὰρ ἐπὶ τοῖς ἁμαρτήμασιν, ἐτίμα δ' εἴ τι καλὸν πράσσοιεν, παρίστατο δ' εἴ τις συμφορὰ συμβαίνοι, ἐχθρὸν μὲν οὐδένα ἡγούμενος πολίτην, ἐπαινεῖν δὲ πάντας ἐθέλων, σώζεσθαι δὲ πάντας κέρδος νομίζων, ζημίαν δὲ τιθεὶς εἰ καὶ ὁ μικροῦ ἄξιος ἀπόλοιτο· εἰ δ' ἐν τοῖς νόμοις ἠρεμοῦντες διαμένοιεν, δῆλος ἦν εὐδαίμονα μὲν ἀεὶ ἔσεσθαι τὴν πατρίδα λογιζόμενος, ἰσχυρὰν δὲ τότε ὅταν οἱ Ἕλληνες σωφρονῶσιν. (4) Εἰ γε μὴν αὖ καλὸν Ἕλληνα ὄντα φιλέλληνα εἶναι, τίνα τις εἶδεν ἄλλον στρατηγὸν ἢ πόλιν οὐκ ἐθέλοντα αἱρεῖν, ὅταν οἴηται πορθήσειν, ἢ συμφορὰν νομίζοντα τὸ νικᾶν ἐν τῷ πρὸς Ἕλληνας πολέμῳ; (5) ἐκείνως τοίνυν, ἀγγελίας μὲν ἐλθούσης αὐτῷ ὡς ἐν τῇ ἐν Κορίνθῳ μάχῃ ὀκτὼ μὲν Λακεδαιμονίων, ἐγγὺς δὲ μύριοι τῶν πολεμίων τεθναῖεν, οὐκ ἐφησθεὶς φανερὸς ἐγένετο, ἀλλ' εἶπεν ἄρα, Φεῦ ὦ Ἑλλάς, ὁπότε οἱ νῦν τεθνηκότες ἱκανοὶ ἦσαν ζῶντες νικᾶν μαχόμενοι πάντας τοὺς βαρβάρους. (6) Κορινθίων γε μὴν τῶν φευγόντων λεγόντων ὅτι ἐνδιδοῖτο αὐτοῖς ἡ πόλις, καὶ μηχανὰς ἐπιδεικνύντων αἷς πάντως ἤλπιζον ἑλεῖν τὰ τείχη, οὐκ ἤθελε προσβάλλειν, λέγων ὅτι οὐκ ἀνδραποδίζεσθαι δέοι Ἑλληνίδας πόλεις ἀλλὰ σωφρονίζειν. Εἰ δὲ τοὺς ἁμαρτάνοντας, ἔφη, ἡμῶν αὐτῶν ἀφανιοῦμεν, ὁρᾶν χρὴ μὴ οὐδ' ἕξομεν μεθ' ὅτου τῶν βαρβάρων κρατήσομεν. (7) Εἰ δ' αὖ καλὸν καὶ μισοπέρσην εἶναι, ὅτι καὶ ὁ πάλαι ἐξεστράτευσεν ὡς δουλωσόμενος τὴν Ἑλλάδα καὶ ὁ νῦν συμμαχεῖ μὲν τούτοις μεθ' ὁπότερον ἂν οἴηται μείζω βλάψειν, δωρεῖται δ' ἐκείνοις οὓς ἂν νομίζῃ λαβόντας πλεῖστα κακὰ τοὺς Ἕλληνας ποιήσειν, εἰρήνην δὲ συμπράττει ἐξ ἧς ἂν ἡγῆται μάλιστ' ἂν ἡμᾶς ἀλλήλοις πολεμήσειν,

at amicis fiduciam animique robur addebat: adeo ut semper a contemptu inter hostes vacaret, inter cives multæ inter amicos vituperationis expers semper esset, ab omnibus autem hominibus longe amabilissimus et laude longe dignissimus haberetur.

CAPUT VII.

Ceterum quam civitatis suæ studiosus fuerit, singulatim scribere longum foret : nihil enim esse arbitror ex iis quæ ab eo gesta erant, quod eo non tendat : ut vero brevi dicam, scimus omnes Agesilaum, ubicunque se profuturum patriæ putaret, non labores subterfugisse, non a periculis recessisse, non pepercisse opibus, non corporis, non senectutis excusatione usum fuisse ; quinimo regis hoc boni officium esse ducebat, ut quamplurimis beneficiis sibi subjectos adficiat. In maximis autem commodis quæ patriæ attulit, hoc etiam ejus beneficium ego pono, quod cum in civitate plurimum posset, maxime tamen legibus se servire declararet. Nam quis tandem obedientiam recusare voluisset, cum regem eis obtemperantem videret? quis, quod deteriore se existimaret esse conditione, novi aliquid moliri tentasset, cum regem pati sciret, ut sibi etiam legitime imperaretur? qui in illos etiam, qui ab eo in civitate dissidebant, quemadmodum pater erga liberos, se gerebat : nam de delictis eos objurgabat, honore adficiebat si quid præclari gessissent ; ferebat auxilium si qua accidisset calamitas ; cum civem nullum pro inimico haberet, omnes collaudare vellet, servari omnes pro lucro duceret, et contra in damno poneret, si quis etiam parvi pretii homo periisset. Quod si in legibus quieti permanerent, palam erat eum patriam usque beatam fore censuisse, tum vero potentem, quando Græci moderati et frugi essent. Si porro præclarum est Græcum hominem Græci nominis esse studiosum, quem quis alium vidit ducem, qui vel urbem capere nollet, cum eam se vastaturum putaret, vel pro calamitate duceret, in bello adversus Græcos gesto victoria potiri? Agesilaus quidem certe, cum nuntius ei venisset, in pugna Corinthi commissa de Lacedæmoniis quidem octo duntaxat, hostium vero propemodum decem millia interiisse, clare significabat nullam inde se lætitiam percepisse, verum, Heu Græcia, aiebat utique, cum qui nunc interierunt, vivi barbaros omnes prælio vincere potuissent ! Cum autem exules Corinthii dicerent civitatem ipsis se dedere velle, ac machinas ostenderent, quibus mœnia se capturos sperabant omnes, eam adoriri noluit, aiens civitates Græcas non esse in servitutem redigendas, sed ad sanam mentem reducendas : Quod si eos, inquit, qui ex nostrum ipsorum numero aliquid delinquant, e medio sustulerimus, videndum est ne quo barbaros superemus non habeamus. Rursus si præclarum est Persam odio prosequi, propterea quod is, qui olim summi imperii potitus est, exercitum eduxerat eo consilio ut Græciam in servitutem redigeret, et qui nunc rerum potitur, socius iis fit, quibuscum conjunctus majora se damna ei illaturum existimet, munera dat illis, quos putet iis acceptis plurima Græcis detrimenta illaturos, paci conficiendæ operam accommodat, ex qua nosmet inter nos

ἑρῶσι μὲν οὖν ἅπαντες ταῦτα· ἐπεμελήθη δέ τις ἄλλος πώποτε πλὴν Ἀγησιλάος ἢ ὅπως φῦλόν τι ἀποστήσεται τοῦ Πέρσου ἢ ὅπως τὸ ἀποστὰν μὴ ἀπόληται ἢ τὸ παράπαν ὡς καὶ βασιλεὺς κακὰ ἔχων μὴ δυνήσεται τοῖς Ἕλλησι πράγματα παρέχειν; ὃς καὶ πολεμούσης τῆς πατρίδος πρὸς Ἕλληνας ὅμως τοῦ κοινοῦ ἀγαθοῦ τῇ Ἑλλάδι οὐκ ἠμέλησεν, ἀλλ' ἐξέπλευσεν ὅ,τι δύναιτο κακὸν ποιήσων τὸν βάρβαρον.

maxime bellum gesturos censeat; hæc quidem certe vident omnes: an alius unquam, præterquam Agesilaus, curam adhibuit vel ut natio aliqua a Persa deficeret, vel ut quæ defecisset non periret, vel omnino ut rex malis pressus Græcis negotium facessere non posset? qui patria etiam sua bellum adversus Græcos gerente, nihilominus communem Græciæ utilitatem non neglexit, sed domo enavigavit barbarum pro viribus suis male multaturus.

ΚΕΦΑΛΑΙΟΝ Η.

Ἀλλὰ μὴν ἄξιόν γε αὐτοῦ καὶ τὸ εὔχαρι μὴ σιωπᾶσθαι· ᾧ γε ὑπαρχούσης μὲν τιμῆς, παρούσης δὲ δυνάμεως, πρὸς δὲ τούτοις βασιλείας, καὶ ταύτης οὐκ ἐπιβουλευομένης ἀλλ' ἀγαπωμένης, τὸ μὲν μεγάλαυχον οὐκ ἄν εἶδέ τις, τὸ δὲ φιλόστοργον καὶ θεραπευτικὸν τῶν φίλων καὶ μὴ ζητῶν κατενόησεν ἄν. (2) Καὶ μὴν μετεῖχε μὲν ἥδιστα παιδικῶν λόγων, συνεσπούδαζε δὲ πᾶν ὅ,τι δέοι φίλοις. Διὰ δὲ τὸ εὔελπις καὶ εὔθυμος καὶ ἀεὶ ἱλαρὸς εἶναι πολλοὺς ἐποίει μὴ τοῦ διαπράξασθαί τι μόνον ἕνεκα πλησιάζειν, ἀλλὰ καὶ τοῦ ἥδιον διημερεύειν. Ἥκιστα δ' ὢν οἷος μεγαληγορεῖν ὅμως τῶν ἐπαινούντων αὐτοὺς οὐ βαρέως ἤκουεν, ἡγούμενος βλάπτειν οὐδὲν αὐτούς, ὑπισχνεῖσθαι δὲ ἄνδρας ἀγαθοὺς ἔσεσθαι. (3) Ἀλλὰ μὴν καὶ τῇ μεγαλογνωμοσύνῃ ὡς ἐν εὐκαίρως ἐχρῆτο οὐ παραλειπτέον. Ἐκεῖνος γὰρ ὅτ' ἦλθεν αὐτῷ ἐπιστολὴ παρὰ βασιλέως, ἣν ὁ μετὰ Καλλέα τοῦ Λακεδαιμονίου Πέρσης ἤνεγκε, περὶ ξενίας τε καὶ φιλίας αὐτοῦ, ταύτην μὲν οὐκ ἐδέξατο, τῷ δὲ φέροντι εἶπεν ἀπαγγεῖλαι βασιλεῖ ὡς ἰδίᾳ μὲν πρὸς αὐτὸν οὐδὲν δέοι ἐπιστολὰς πέμπειν, ἢν δὲ φίλος τῇ Λακεδαίμονι καὶ τῇ Ἑλλάδι εὔνους ὢν φαίνηται, ὅτι καὶ αὐτὸς φίλος ἀνὰ κράτος αὐτῷ ἔσοιτο· ἢν μέντοι, ἔφη, ἐπιβουλεύων ἁλίσκηται, μηδ' ἄν πάνυ πολλὰς ἐπιστολὰς δέχωμαι, φίλον ἕξειν με οἰέσθω. (4) Ἐγὼ οὖν καὶ τοῦτο ἐπαινῶ Ἀγησιλάου τὸ πρὸς τὸ ἀρέσκειν τοῖς Ἕλλησιν ὑπεριδεῖν τὴν βασιλέως ξενίαν. Ἄγαμαι δὲ κἀκεῖνο ὅτι οὐχ ὁπότερος πλείω τε χρήματα ἔχοι καὶ πλειόνων ἄρχοι, τοῦτον ἡγήσατο μείζων φρονητέον εἶναι, ἀλλ' ὁπότερος αὐτός τε ἀμείνων εἴη καὶ ἀμεινόνων ἡγοῖτο. (5) Ἐπαινῶ δὲ κἀκεῖνο τῆς προνοίας αὐτοῦ ὅτι νομίζων ἀγαθὸν τῇ Ἑλλάδι ἀφίστασθαι τοῦ βασιλέως ὡς πλείστους σατράπας, οὐκ ἐκρατήθη οὔθ' ὑπὸ δώρων οὔθ' ὑπὸ τῆς βασιλέως ῥώμης ἐθελῆσαι ξενωθῆναι αὐτῷ, ἀλλ' ἐφυλάξατο μὴ ἄπιστος γενέσθαι τοῖς ἀφίστασθαι βουλομένοις. (6) Ἐκεῖνό γε μὴν αὐτοῦ τίς οὐκ ἂν ἀγασθείη; ὁ μὲν γὰρ Πέρσης, νομίζων, ἢν χρήματα πλεῖστα ἔχῃ, πάνθ' ὑφ' ἑαυτῷ ποιήσεσθαι, διὰ τοῦτο πᾶν μὲν τὸ ἐν ἀνθρώποις χρυσίον, πᾶν δὲ τὸ ἀργύριον, πάντα δὲ τὰ πολυτελέστατα ἐπειρᾶτο πρὸς ἑαυτὸν ἀθροίζειν· ὁ δὲ οὕτως ἀντεσκευάσατο τὸν οἶκον ὥστε τούτων μηδενὸς προσδεῖσθαι. (7) Εἰ δέ τις ταῦτα ἀπιστεῖ, ἰδέτω μὲν οἵα οἰκία ἤρκει αὐτῷ, θεασάσθω δὲ τὰς θύρας αὐτοῦ· εἰκάσειε γὰρ ἄν

CAPUT VIII.

At vero est operæ certe pretium suavitatem etiam ejus ingenii non silentio præterire; in quo, cum honore sane potiretur et potentia, regno præterea, eoque non insidiis petito, sed ab omnibus adprobato, jactantiæ indicia nemo videre potuit, at ingenium ad suos diligendos propensum, et amicos colendi studium, quivis etiam aliud agens animadvertere potuisset. Quin etiam cum suis libentissime sermones habebat quales ab amantibus habentur, et operam cum amicis in rebus quibuscunque opus esset diligenter navabat: et quia bona spe plenus, alacri animo et hilaris semper erat, efficiebat ut multi ad eum familiariter accederent, non tantum ut aliquid impetrarent, sed uti jucundius diem traducerent. Cum autem minime is esset qui se jactaret, nihilominus haud gravatim audiebat eos qui se ipsos laudarent, quod eos nihil injurii facere putaret, et polliceri strenuos se viros futuros. Ceterum nec id omittendum, quam opportune animi sane magnitudine uti soleret. Ille enim, cum a rege ei venisset epistola, quam is Persa, qui cum Callea erat Lacedæmonio, attulerat de hospitio atque amicitia ejus perscriptam, eam non accepit, sed illum qui eandem attulerat, regi renuntiare jussit, nihil opus esse epistolas ad se privatim mittere; quod si Lacedæmoni se amicum et Græciæ benevolum declararet, ipsum quoque pro virili parte amicum futurum: verum si deprehensus fuerit, ait, insidiis struendis occupatus, ne se, etiamsi epistolas admodum multas ab eo acceperim, amicum me labiturum existimet. Igitur hoc etiam Agesilao factum laudo, quod, ut Græcis placeret, hospitium regis aspernatus sit. Illud quoque admiror, quod non uter plures haberet pecunias ac pluribus imperaret, ei majores spiritus gerendos esse arbitraretur, sed ei, qui tum ipse melior esset tum melioribus præesset. Præterea et illud providentiæ ipsius exemplum laudo, quod, cum Græciæ utile duceret, quamplurimos a rege satrapas deficere, non vel muneribus vel potentia regis fuerit victus, ut ei hospitio jungi vellet; sed caverit ne is fieret cujus illis, qui a rege deficere vellent, suspecta esset fides. Quis illud porro in ipso non miretur? Persa utique, propterea quod arbitraretur, si plurimas haberet pecunias, omnia se suam in potestatem redacturum, idcirco quidquid esset inter homines auri, quidquid argenti, quidquid maximi pretii rerum, id totum ad se cogere conabatur; at ille contra domum suam sic instruebat, ut horum nullo egeret. Quod si quis hæc fide minus digna putet, is velim adspiciat qualis ei domus suffecerit, fores etiam ejus intueatur: nam suspicari quis

τις ὅτι ταύτας ἐκείνας εἶναι ἅσπερ Ἀριστόδημος ὁ Ἡρακλέους ὅτε κατῆλθε λαβὼν ἐπεστήσατο· πειράσθω δὲ θεάσασθαι τὴν ἔνδον κατασκευήν, ἐννοησάτω δὲ ὡς ἐθοίναζεν ἐν ταῖς θυσίαις, ἀκουσάτω δὲ ὡς ἐπὶ πολιτικοῦ κανάθρου κατῄει εἰς Ἀμύκλας ἡ θυγάτηρ αὐτοῦ. (6) Τοιγαροῦν οὕτως ἐφαρμόσας τὰς δαπάνας ταῖς προσόδοις οὐδὲν ἠναγκάζετο χρημάτων ἕνεκα ἄδικον πράττειν. Καίτοι καλὸν μὲν δοκεῖ εἶναι τείχη ἀνάλωτα κτᾶσθαι ὑπὸ πολεμίων· πολὺ μέντοι ἔγωγε κάλλιον κρίνω τὸ τὴν αὑτοῦ ψυχὴν ἀνάλωτον κατασκευάσαι καὶ ὑπὸ χρημάτων καὶ ὑπὸ ἡδονῶν καὶ ὑπὸ φόβου.

ΚΕΦΑΛΑΙΟΝ Θ.

Ἀλλὰ μὴν ἐρῶ γε ὡς καὶ τὸν τρόπον ὑπεστήσατο τῇ τοῦ Πέρσου ἀλαζονείᾳ. Πρῶτον μὲν γὰρ ὁ μὲν τῷ σπανίως ὁρᾶσθαι ἐσεμνύνετο, Ἀγησίλαος δὲ τῷ ἀεὶ ἐμφανὴς εἶναι ἠγάλλετο, νομίζων αἰσχρουργίᾳ μὲν τὸ ἀφανίζεσθαι πρέπειν, τῷ δὲ εἰς κάλλος βίῳ τὸ φῶς μᾶλλον κόσμον παρέχειν. (2) Ἔπειτα δὲ ὁ μὲν τῷ δυσπρόσοδος εἶναι ἐσεμνύνετο, ὁ δὲ τῷ πᾶσιν εὐπρόσοδος εἶναι ἔχαιρε· καὶ ὁ μὲν ἠβρύνετο τῷ βραδέως διαπράττειν, ὁ δὲ τότε μάλιστα ἔχαιρεν ὁπότε τάχιστα τυχόντας ὧν δέοιντο ἀποπέμποι. (3) Ἀλλὰ μὴν καὶ τὴν εὐπάθειαν ὅσῳ ῥᾴονα καὶ εὐπορωτέραν Ἀγησίλαος ἐπετήδευσεν ἄξιον κατανοῆσαι. Τῷ μὲν γὰρ Πέρσῃ πᾶσαν γῆν περιέρχονται μαστεύοντες τί ἂν ἡδέως πίοι, μυρίοι δὲ τεχνῶνται τί ἂν ἡδέως φάγοι· ὅπως γε μὴν καταδάρθοι οὐδ' ἂν εἴποι τις ὅσα πραγματεύονται. Ἀγησίλαος δὲ διὰ τὸ φιλόπονος εἶναι πᾶν μὲν τὸ παρὸν ἡδέως ἔπινε, πᾶν δὲ τὸ συντυχὸν ἡδέως ἤσθιεν· εἰς δὲ τὸ ἀσμένως κοιμηθῆναι πᾶς τόπος ἱκανὸς ἦν αὐτῷ. (4) Καὶ ταῦτα οὐ μόνον πράττων ἔχαιρεν, ἀλλὰ καὶ ἐνθυμούμενος ἠγάλλετο ὅτι αὐτὸς μὲν ἐν μέσαις ταῖς εὐφροσύναις ἀναστρέφοιτο, τὸν δὲ βάρβαρον ἑώρα, εἰ μέλλοι ἀλύπως βιώσεσθαι, συνελκυστέον αὐτῷ ἀπὸ περάτων τῆς γῆς τὰ τέρποντα. (5) Εὔφραινε δὲ καὶ τάδε ὅτι αὐτὸς μὲν ᾔδει τῇ τῶν θεῶν κατασκευῇ δυναμένους ἀλύπως χρῆσθαι, τὸν δὲ ἑώρα φεύγοντα μὲν θάλπη, φεύγοντα δὲ ψύχη, δι' ἀσθένειαν ψυχῆς, οὐκ ἀνδρῶν ἀγαθῶν ἀλλὰ θηρίων τῶν ἀσθενεστάτων βίον μιμούμενον. (6) Ἐκεῖνό γε μὴν πῶς οὐ καλὸν καὶ μεγαλόγνωμον; τὸ αὑτὸν μὲν ἀνδρὸς ἔργοις καὶ κτήμασι κοσμεῖν τὸν ἑαυτοῦ οἶκον, κύνας τε πολλοὺς θηρευτὰς καὶ ἵππους πολεμιστηρίους τρέφοντα, Κυνίσκαν δὲ ἀδελφὴν οὖσαν πεῖσαι ἁρματοτροφεῖν καὶ ἐπιδεῖξαι νικώσης αὐτῆς ὅτι τὸ θρέμμα τοῦτο οὐκ ἀνδραγαθίας ἀλλὰ πλούτου ἐπίδειγμά ἐστι. (7) Τόδε γε μὴν πῶς οὐ σαφῶς πρὸς τὸ γενναῖον ἔγνω ὅτι ἅρματι μὲν νικήσας τοὺς ἰδιώτας οὐδὲν ὀνομαστότερος ἂν γένοιτο, εἰ δὲ φίλην μὲν πάντων μάλιστα τὴν πόλιν ἔχοι, πλείστους δὲ φίλους καὶ ἀρίστους ἀνὰ πᾶσαν τὴν γῆν κεκτῷτο, νικῴη δὲ τὴν μὲν πατρίδα καὶ τοὺς ἑταίρους εὐ-

possit has adhuc illas ipsas esse, quas Aristodemus ab Hercule oriundus, cum Spartam rediit, sumptas statuerit: conetur idem domesticam supellectilem spectare; atque ipse secum cogitet quo pacto in sacrificiis epularetur; audiat filiam ejus Amyclas in canathro, quibus plaustris imposita sirpea cives uti solent, descendisse. Cum igitur sumptus ad reditus ita accommodaret, injusti nihil pecuniarum causa facere cogebatur. Atque præclarum quiddam esse videtur, muros habere hostibus inexpugnabiles: verum ego certe multo præclarius esse judico, ita suum animum parare, ut et pecuniis, et voluptatibus, et formidini sit inexpugnabilis.

CAPUT IX.

At vero exponam quo pacto mores etiam suos Persæ fastui repugnantes instituit. Primum enim ille gloriosius se efferebat, quod raro conspiceretur; at in eo Agesilaus exultabat, quod semper hominum in conspectu versaretur, quippe existimabat factis turpibus convenire ut in occulto lateant, at vitæ ad honestatem institutæ lucem ipsam potius ornamentum conciliare: deinde, gravitatem ille captabat ex eo quod difficilis ad eum esset aditus, gaudebat hic quod facilis ad se omnibus esset aditus. Atque ille splendorem inde sibi colligebat, quod negotia tarde conficeret, hic tum maxime lætabatur, cum homines ea, quæ cupiebant, celerrime consequutos dimitteret. Atqui operæ pretium est considerare, quanto faciliorem ac magis parabilem voluptatem Agesilaus consectaretur. Sunt enim Persæ qui terram universam circumeunt, quid jucunde bibat quæritantes, innumeri alii artificiose parant quod cum voluptate edat: ut porro dormiat, ne dicere quidem quis possit quam multa moliantur. At Agesilaus, quod patiens laboris esset, quidquid aderat cum voluptate bibebat; quidquid oblatum forte fuisset, cum voluptate comedebat; ut autem suaviter somno frueretur, quivis ei locus erat idoneus. Atque hæc non modo dum faceret gaudebat, sed lætitia etiam exultabat quoties cogitaret se quidem mediis in voluptatibus versari; illum vero barbarum videret, si absque tristitia vivere vellet, necesse habere ut ab extremis terræ finibus ea contraheret, de quibus voluptatem esset capturus. Quin hæc etiam eum delectabant, quod se quidem sciret absque animi ægritudine posse deum dispositione uti; illum vero videret æstus fugere, fugere frigora; ac propter imbecillitatem animi, non fortium virorum, sed debilissimarum bestiarum vitam imitari. Illud quidem certe qui non præclarum ac magni animi indicium erat, quod ipse factis viro dignis et rebus partis domum suam ornaret, cum multos canes venaticos et equos ad bellicos usus suos aleret; et Cyniscæ sorori ut equos currui jungendos aleret persuaserit, eaque vincente, demonstraret his alendis non fortitudinis sed divitiarum editum esse specimen? Hoc vero qui non ille manifeste ex generosa animi indole statuit, se nempe, homines si privatos curru vicerit, nequaquam clariorem fore; at si civitatem haberet amicissimam, amicos plurimos optimosque per universum terrarum orbem comparasset,

ἐργετῶν, τοὺς δὲ ἀντιπάλους τιμωρούμενος, ὅτι ὄντως ἂν εἴη νικηφόρος τῶν καλλίστων καὶ μεγαλοπρεπεστάτων ἀγωνισμάτων καὶ ὀνομαστότατος καὶ ζῶν καὶ τελευτήσας γένοιτ' ἄν;

patriam et sodales beneficiis, adversarios ulciscendo superasset, reapse pulcherrimis ac magnificentissimis in certaminibus victorem se futurum, futurum etiam tum vivum tum mortuum clarissimum?

ΚΕΦΑΛΑΙΟΝ Ι.

Ἐγὼ μὲν οὖν τὰ τοιαῦτα ἐπαινῶ Ἀγησίλαον. Ταῦτα γὰρ οὐχ, ὥσπερ εἴ θησαυρῇ τις ἐντύχοι, πλουσιώτερος μὲν ἂν εἴη, οἰκονομικώτερος δὲ οὐδὲν ἄν, καὶ εἰ νόσου δὲ πολεμίοις ἐμπεσούσης κρατήσειεν, εὐτυχέστερος μὲν ἂν εἴη, στρατηγικώτερος δὲ οὐδὲν ἄν· ὁ δὲ καρτερίᾳ μὲν πρωτεύων ἔνθα πονεῖν καιρός, ἀλκῇ δὲ ὅπου ἀνδρείας ἀγών, γνώμῃ δὲ ὅπου βουλῆς ἔργον, οὗτος ἔμοιγε δοκεῖ δικαίως ἀνὴρ ἀγαθὸς παντελῶς ἂν νομίζεσθαι. (2) Εἰ δὲ καλὸν εὕρημα ἀνθρώποις στάθμη καὶ κανὼν πρὸς τὸ ἀγαθὰ ἐργάζεσθαι, καλὸν ἄν μοι δοκεῖ ἡ Ἀγησιλάου ἀρετὴ παράδειγμα γενέσθαι τοῖς ἀνδραγαθίαν ἀσκεῖν βουλομένοις. Τίς γὰρ ἂν ἢ θεοσεβῆ μιμούμενος ἀνόσιος γένοιτο ἢ δίκαιον ἄδικος ἢ σώφρονα ὑβριστὴς ἢ ἐγκρατῆ ἀκρατής; καὶ γὰρ δὴ οὐχ οὕτως ἐπὶ τῷ ἄλλων βασιλεύειν ὡς ἐπὶ τῷ ἑαυτοῦ ἄρχειν ἐμεγαλύνετο, οὐδ' ἐπὶ τῷ πρὸς τοὺς πολεμίους ἀλλ' ἐπὶ τῷ πρὸς πᾶσαν ἀρετὴν ἡγεῖσθαι τοῖς πολίταις. (3) Ἀλλὰ γὰρ μὴ ὅτι τετελευτηκὼς ἐπαινεῖται τούτου ἕνεκα θρῆνόν τις τοῦτον τὸν λόγον νομισάτω, ἀλλὰ πολὺ μᾶλλον ἐγκώμιον. Πρῶτον μὲν γὰρ ἅπερ ζῶν ἤκουε, ταῦτα καὶ νῦν λέγεται περὶ αὐτοῦ· ἔπειτα δὲ τί καὶ πλέον θρήνου ἄπεστιν ἢ βίος τε εὐκλεὴς καὶ θάνατος ὡραῖος; ἐγκωμίων δὲ τί ἀξιώτερον ἢ νῖκαί τε αἱ κάλλισται καὶ ἔργα τὰ πλείστου ἄξια; (4) Δικαίως δ' ἂν ἐκεῖνός γε μακαρίζοιτο ὃς εὐθὺς μὲν ἐκ παιδὸς ἐρασθεὶς τοῦ εὐκλεὴς γενέσθαι ἔτυχε τούτου μάλιστα τῶν καθ' ἑαυτόν· φιλοτιμότατος δὲ πεφυκὼς ἀήττητος διετέλεσεν, ἐπεὶ βασιλεὺς ἐγένετο. Ἀφικόμενος δὲ ἐπὶ τὸ μήκιστον ἀνθρωπίνου αἰῶνος ἀναμάρτητος ἐτελεύτησε καὶ περὶ τούτους ὃν ἡγεῖτο καὶ πρὸς ἐκείνους οἷς ἐπολέμει.

CAPUT X.

Ob res ejusmodi certe quidem Agesilaum laudo: haec enim non ita sunt veluti si quis thesaurum forte reperiat, opulentior quidem fuerit, nihilo tamen rei familiaris administrandae peritior; et si morbo hostes invadente victoria potiatur, felicior quidem fuerit, nihilo tamen arte imperatoria instructior: qui vero laborum tolerantia praestat aliis, ubi laborem perferendi tempus est; et robore, ubi fortitudinis est certamen; et prudentia, ubi consilium res poscit, is mihi quidem videtur merito vir omnino bonus existimandus. Quod si amussis et norma sint inventum hominibus commodum ad efficienda praeclara opera, mihi egregium exemplum Agesilai virtus extitisse videtur iis, qui ipsi virtutem exercere volunt. Nam quis impius fiat, qui religiosum imitatur; vel qui justum, injustus; vel qui modestam, petulans; vel qui temperantem, intemperans? Etenim Agesilaus non tam in eo quod aliorum rex esset, quam quod imperare sibi ipsi posset, gloriabatur; neque in eo quod adversus hostes, sed quod ad omnem virtutem civibus suis dux esset. Enimvero quod a morte laudatur, non idcirco quisquam orationem hanc esse lamentationem putet, sed multo magis laudationem. Nam primum quae vivus audiebat, ea nunc etiam de ipso commemorantur: deinde, quid a lamentatione longius abest, quam gloriosa vita et mors matura? quid laudationibus item convenientius, quam victoriae pulcherrimae maximique pretii faciora? Ac jure quidem ille beatus praedicetur, qui statim a puero celebris evadendi cupiditate incensus, id praecipue quod concupivit praeter omnes aetatis suae viros consequutus est; et cum honoris natura esset cupidissimus, perpetuo invictus extitit, ex quo rex factus fuit; cunque longissimum vitae humanae terminum attigisset, inculpatus obiit tum ab iis quibus praeerat, tum ab iis adversus quos bellum gerebat.

ΚΕΦΑΛΑΙΟΝ ΙΑ.

Βούλομαι δὲ καὶ ἐν κεφαλαίοις ἐπανελθεῖν τὴν ἀρετὴν αὐτοῦ, ὡς ἂν ὁ ἔπαινος εὐμνημονεστέρως ἔχῃ. Ἀγησίλαος ἱερὰ μὲν καὶ τὰ ἐν τοῖς πολεμίοις ἐσέβετο, ἡγούμενος τοὺς θεοὺς οὐχ ἧττον ἐν τῇ πολεμίᾳ χρῆναι ἢ ἐν τῇ φιλίᾳ συμμάχους ποιεῖσθαι. Ἱκέτας δὲ θεῶν οὐδὲ ἐχθροὺς ἐβιάζετο, νομίζων ἄλογον εἶναι τοὺς μὲν ἐξ ἱερῶν κλέπτοντας ἱεροσύλους καλεῖν, τοὺς δὲ βωμῶν ἱκέτας ἀποσπῶντας εὐσεβεῖς ἡγεῖσθαι. (2) Ἐκεῖνός γε μὴν ὑμνῶν οὔποτ' ἔληγεν ὡς τοὺς θεοὺς οἴοιτο οὐδὲν ἧττον ὁσίοις ἔργοις ἢ ἁγνοῖς ἱεροῖς ἥδεσθαι. Ἀλλὰ μὴν ὁπότε εὐτυχοίη, οὐκ ἀνθρώπων ὑπερεφρόνει, ἀλλὰ θεοῖς χάριν ᾔδει. Καὶ θαρρῶν πλείονα ἔθυεν ἢ ὀκνῶν

CAPUT XI.

Libet autem virtutem ejus per locos repetere, quo facilius haec laudatio memoriae inhaereat. Agesilaus delubra etiam hostium in agro sita venerabatur, quippe qui existimaret deorum auxilia non minus in hostili quam pacato solo quaerenda esse: eos autem, qui ad deos supplicater accederent, ne si hostes quidem essent, violabat, quod absurdum esse duceret eos, qui e fanis aliquid furto subtrahunt, sacrilegos adpellare; eos autem, qui supplices ab aris avellant, pro religiosis habere. Porro nunquam ille praedicare desinebat se deos arbitrari non minus factis piis quam sacrificiis puris delectari. Quin etiam fortuna quoties utebatur prospera, non altiores quam homines deceret spiritus gerebat, sed diis habebat gratias; et cum bono esset animo plures mactabat

ΑΓΗΣΙΛΑΟΥ ΚΕΦ. ΙΑ.

ηὔχετο. Εἴθιστο δὲ φοβούμενος μὲν ἱλαρὸς φαίνεσθαι, εὐτυχῶν δὲ πρᾶος εἶναι. (3) Τῶν γε μὴν φίλων οὐ τοὺς δυνατωτάτους ἀλλὰ τοὺς προθυμοτάτους μάλιστα ἠσπάζετο. Ἐμίσει δὲ οὐκ εἴ τις κακῶς πάσχων ἠμύνετο, ἀλλ᾽ εἴ τις εὐεργετούμενος ἀχάριστος φαίνοιτο. Ἔχαιρε δὲ τοὺς μὲν αἰσχροκερδεῖς πένητας ὁρῶν, τοὺς δὲ δικαίους πλουσίους ποιῶν, βουλόμενος τὴν δικαιοσύνην τῆς ἀδικίας κερδαλεωτέραν καθιστάναι. (4) Ἤσκει δὲ ἐξομιλεῖν μὲν παντοδαποῖς, χρῆσθαι δὲ τοῖς ἀγαθοῖς. Ὁπότε δὲ ψεγόντων ἢ ἐπαινούντων τινὰς ἀκούοι, οὐχ ἧττον ᾤετο καταμανθάνειν τοὺς τῶν λεγόντων τρόπους ἢ περὶ ὧν λέγοιεν. Καὶ τοὺς μὲν ὑπὸ φίλων ἐξαπατωμένους οὐκ ἔψεγε, τοὺς δὲ ὑπὸ πολεμίων πάμπαν κατεμέμφετο, καὶ τὸ μὲν ἀπιστοῦντας ἐξαπατᾶν σοφὸν ἔκρινε, τὸ δὲ πιστεύοντας ἀνόσιον. (5) Ἐπαινούμενος δὲ ἔχαιρεν ὑπὸ τῶν καὶ ψέγειν ἐθελόντων τὰ μὴ ἀρεστά, καὶ τῶν παρρησιαζομένων οὐδένα ἤχθαιρε, τοὺς δὲ κρυψίνους ὥσπερ ἐνέδρας ἐφυλάττετο. Τούς γε μὴν διαβόλους μᾶλλον ἢ τοὺς κλέπτας ἐμίσει, μείζω ζημίαν ἡγούμενος φίλων ἢ χρημάτων στερίσκεσθαι. (6) Καὶ τὰς μὲν τῶν ἰδιωτῶν ἁμαρτίας πρᾴως ἔφερε, τὰς δὲ τῶν ἀρχόντων μεγάλας ἦγε, κρίνων τοὺς μὲν ὀλίγα, τοὺς δὲ πολλὰ κακῶς διατιθέναι. Τῇ δὲ βασιλείᾳ προσήκειν ἐνόμιζεν οὐ ῥᾳδιουργίαν ἀλλὰ καλοκἀγαθίαν. (7) Καὶ τοῦ μὲν σώματος εἰκόνα στήσασθαι ἀπέσχετο, πολλῶν αὐτῷ τοῦτο δωρεῖσθαι θελόντων, τῆς δὲ ψυχῆς οὐδέποτε ἐπαύετο μνημεῖα διαπονούμενος, ἡγούμενος τὸ μὲν ἀνδριαντοποιῶν, τὸ δὲ αὑτοῦ ἔργον εἶναι, καὶ τὸ μὲν πλουσίων, τὸ δὲ τῶν ἀγαθῶν. (8) Χρήμασί γε μὴν οὐ μόνον δικαίως ἀλλὰ καὶ ἐλευθερίως ἐχρῆτο, τῷ μὲν δικαίῳ ἀρκεῖν ἡγούμενος τὸ ἐᾶν τὰ ἀλλότρια, τῷ δὲ ἐλευθερίῳ καὶ τῶν ἑαυτοῦ προσωφελητέον εἶναι. Ἀεὶ δὲ δεισιδαίμων ἦν, νομίζων τοὺς μὲν καλῶς ζῶντας οὔπω εὐδαίμονας, τοὺς δ᾽ εὐκλεῶς τετελευτηκότας ἤδη μακαρίους. (9) Μεῖζω δὲ συμφορὰν ἔκρινε τὸ γιγνώσκοντα ἢ ἀγνοοῦντα ἀμελεῖν τῶν ἀγαθῶν. Δόξης δὲ οὐδεμιᾶς ἤρα ἧς οὐκ ἐξεπόνει τὰ ἴδια. Μετ᾽ ὀλίγων δέ μοι ἐδόκει ἀνθρώπων οὐ καρτερίαν τὴν ἀρετὴν ἀλλ᾽ εὐπάθειαν νομίζειν. Ἐπαινούμενος γοῦν ἔχαιρε μᾶλλον ἢ χρήματα κτώμενος. Ἀλλὰ μὴν ἀνδρείαν γε τὸ πλέον μετ᾽ εὐβουλίας ἢ μετὰ κινδύνων ἐπεδείκνυτο. Καὶ σοφίαν ἔργῳ μᾶλλον ἢ λόγοις ἤσκει. (10) Πρᾳότατός γε μὴν φίλοις ὢν ἐχθροῖς φοβερώτατος ἦν· καὶ πόνοις μάλιστα ἀντίχων ἑταίροις ἥδιστα ὑπεῖκε, καλῶν ἔργων μᾶλλον ἢ τῶν καλῶν σωμάτων ἐπιθυμῶν· ἔν γε μὴν ταῖς εὐπραξίαις σωφρονεῖν ἐπιστάμενος ἐν τοῖς δεινοῖς εὐθαρσὴς ἐδύνατο εἶναι. (11) Καὶ τὸ εὔχαρι οὐ σκώμμασιν ἀλλὰ τρόπῳ ἐπετήδευε· καὶ τῷ μεγαλόφρονι οὐ σὺν ὕβρει ἀλλὰ σὺν γνώμῃ ἐχρῆτο. Τῶν γοῦν ὑπεραύχων καταφρονῶν τῶν μετρίων ταπεινότερος ἦν. Καὶ γὰρ ἐκαλλωπίζετο τῷ μὲν ἀμφὶ τὸ σῶμα φαυλότητι, τῷ δ᾽ ἀμφὶ τὸ στράτευμα κόσμῳ· τῷ δ᾽ αὐτὸς μὲν ὡς ἐλαχίστων δεῖσθαι, τοὺς δὲ φίλους ὡς πλεῖστα ὠφελεῖν.

hostias quam, cum suis metueret rebus, voverat. Praeterea adsuetus erat, cum in metu esset, hilaritatem prae se ferre; cum prospera uteretur fortuna, mitis esse. Ex amicis porro non potentissimos, sed promptissimos maxime amplectebatur. Odio prosequebatur, non eum, qui laesus se ulciscebatur, sed eum, qui beneficiis adfectus ingratum se declarabat. Gaudebat quoties turpis quidem lucri avidos videbat pauperes, justos vero quoties locupletabat; utpote qui justitiam injustitia lucrosiorem efficere volebat. Cum omnis generis hominibus versari, bonis uti solebat. Cumque eos qui vituperabant aliquos vel laudabant audiret, non minus eorum se mores pernoscere, quam eorum, de quibus verba facerent, existimabat. Atque eos quidem, qui per amicos deciperentur, non vituperabat, qui vero per hostes, eos omnino reprehendebat. Ac diffidentes quidem fallere, sapientis esse judicabat, at fidem habentes, impium. Si ab iis laudaretur, qui vellent etiam vituperare quae minus ipsis placerent, gaudebat; et eorum, qui libere quod sentiebant dicebant, neminem odio habebat: at ab iis, qui mentem suam astute celant, tanquam ab insidiis sibi cavebat. Ceterum calumniatores majori prosequebatur odio, quam fures; quippe qui majus esse detrimentum duceret, amicis quam rebus suis spoliari. Atque privatorum quidem hominum peccata miti ferebat animo, principum vero magna censebat; quod illos paucorum, multorum hos malorum esse auctores judicaret. Regno non levitatem, sed absolutam probitatem convenire putabat. Et a statuenda quidem corporis imagine abstinebat, multis id honoris ei largiri volentibus : animi vero monumenta nunquam desinebat elaborare; quippe qui arbitrabatur illud statuariorum, hoc sui ipsius opus esse; atque illud, divitum; hoc, bonorum. Facultatibus non juste tantum, sed etiam liberaliter utebatur; utpote qui homini justo satis esse ducebat, ab alienis abstinere, liberalem etiam de suis utilitatem aliis adferre debere. Semper autem deorum metu tenebatur, cum honeste quidem viventes, necdum felices; eos vero, qui gloriose mortem oppetiissent, jam beatos existimaret. Majorem autem esse calamitatem judicabat, scientem, quam inscium res praeclaras negligere: gloriae nullius amore tenebatur, cui quae propria essent non elaboraret : cum paucis hominibus mihi videbatur existimare virtutem non tolerantiam esse, sed voluptatem. Certe si laudaretur magis gaudebat, quam si opes acquisivisset. At vero fortitudinem potius cum consilio quam cum periculis ostendebat; et sapientiam re magis quam verbis exercebat. Porro cum in amicos esset mitissimus, inimicis maximo erat terrori: cumque labores inprimis toleraret, sodalibus tamen libentissime cedebat, magis actiones pulchras quam corpora pulchra desiderans. In rebus utique secundis modeste se gerere callens, in adversis sapi plenus esse poterat. Atque urbanitatem non dicteriis, sed moribus studiose colebat : et animi magnitudine non cum injuria petulanter illata, sed cum prudentia utebatur. Jactatores certe cum contemneret, modestis erat submissior: etenim de vili corporis cultu, de pulchro exercitus sui ordine, de eo etiam quod ipse quam paucissimis egeret, et amicis quamplurimum prodesset,

AGESILAI CAP. XI.

(12) Πρὸς δὲ τούτοις βαρύτατος μὲν ἀνταγωνιστὴς ἦν, κουφότατος δὲ κρατήσας· ἐχθροῖς μὲν δυσεξαπάτητος, φίλοις δὲ εὐπαραπειστότατος. Ἀεὶ δὲ τιθεὶς τὰ τῶν φίλων ἀσφαλῶς ἀεὶ ἀμαυροῦν τὰ τῶν πολεμίων ἔργον εἶχεν. (13) Ἐκεῖνον οἱ μὲν συγγενεῖς φιλοκηδεμόνα ἐκάλουν, οἱ δὲ χρώμενοι ἀπροφάσιστον, οἱ δ᾽ ὑπουργήσαντές τι μνήμονα, οἱ δ᾽ ἀδικούμενοι ἐπίκουρον, οἵ γε μὴν συγκινδυνεύοντες μετὰ θεοὺς σωτῆρα. (14) Δοκεῖ δ᾽ ἔμοιγε καὶ τόδε μόνος ἀνθρώπων ἐπιδεῖξαι ὅτι ἡ μὲν τοῦ σώματος ἰσχὺς γηράσκει, ἡ δὲ τῆς ψυχῆς ῥώμη τῶν ἀγαθῶν ἀνδρῶν ἀγήρατός ἐστιν. Ἐκεῖνος γοῦν οὐκ ἀπεῖπε μεγάλην καὶ καλὴν ἐφιέμενος δόξαν, εἰ καὶ μὴ τὸ σῶμα φέρειν ἠδύνατο τὴν τῆς ψυχῆς αὐτοῦ ῥώμην. (15) Τοιγαροῦν ποίας νεότητος οὐ κρεῖττον τὸ ἐκείνου γῆρας ἐφάνη; τίς μὲν γὰρ τοῖς ἐχθροῖς ἀκμάζων οὕτω φοβερὸς ἦν ὡς Ἀγησίλαος τὸ μήκιστον τοῦ αἰῶνος ἔχων; τίνος δ᾽ ἐκποδὼν γενομένου μᾶλλον ἥσθησαν οἱ πολέμιοι ἢ Ἀγησιλάου καίπερ γηραιοῦ τελευτήσαντος; τίς δὲ συμμάχοις θάρσος παρέσχεν ὅσον Ἀγησίλαος, καίπερ ἤδη πρὸς τῷ στόματι τοῦ βίου ὤν; τίνα δὲ νέον οἱ φίλοι πλέον ἐπόθησαν ἢ Ἀγησίλαον γηραιὸν ἀποθανόντα; (16) Οὕτω δὲ τελέως ὁ ἀνὴρ τῇ πατρίδι ὠφέλιμος ὢν διεγένετο ὡς καὶ τετελευτηκὼς ἤδη ἔτι μεγαλείως ὠφελεῖν τὴν πόλιν εἰς τὴν ἀΐδιον οἴκησιν κατηγάγετο, μνημεῖα μὲν τῆς ἑαυτοῦ ἀρετῆς ἀνὰ πᾶσαν τὴν γῆν κτησάμενος, τῆς δὲ βασιλικῆς ταφῆς ἐν τῇ πατρίδι τυχών.

gloriabatur. Ad hæc, gravissimus quidem erat dum certaret adversarius; ubi vero victoria potitus esset, lenissimus: ab inimicis difficulter circumveniri poterat, ab amicis facile in falsam persuasionem adducebatur: semper autem amicorum res in tuto collocans, ut hostium semper exstingueret id agebat. Illum cognati propinquorum studiosum nominabant; qui eo utebantur, amicum sine tergiversatione; qui aliquid officii præstitissent, memorem; injuria læsi, adjutorem; qui vero periculum una cum eo adibant, post deos servatorem. Et mihi sane videtur etiam solus ex hominibus demonstrasse, corporis quidem vires senescere, sed animi robur in viris fortibus senectutis esse expers. Ille certe magnam præclaramque famam adpetere non destitit, etiam si corpus animi ipsius robur ferre non poterat. Qua igitur juventute non illius senecta præstantior adparuit? Quis enim, ætate florens, hostibus tam fuit terribilis, quam Agesilaus, cum jam ultimum vitæ terminum attingeret? quonam e medio sublato magis gavisi sunt hostes, quam Agesilao, tametsi senex vitam finivisset? quis tantum fiduciæ sociis præbuit, quantum Agesilaus, licet ad vitæ jam terminum pervenisset? quem amici juvenem magis desiderarunt, quam Agesilaum, qui senex mortem obierat? Is autem adeo perfecte semper patriæ fuit utilis, ut etiam jam defunctus, magnifice adhuc civitatem juvans ad æternum domicilium deductus sit; monumenta quidem virtutis suæ per universum terrarum orbem adeptus, sepulturam vero regiam in patria consequutus.

ΞΕΝΟΦΩΝΤΟΣ
ΙΕΡΩΝ Η ΤΥΡΑΝΝΙΚΟΣ.

XENOPHONTIS
HIERO SIVE DE REGE.

ΚΕΦΑΛΑΙΟΝ Α.

Σιμωνίδης ὁ ποιητὴς ἀφίκετό ποτε πρὸς Ἱέρωνα τὸν τύραννον. Σχολῆς δὲ γενομένης ἀμφοῖν εἶπεν ὁ Σιμωνίδης, Ἆρ᾽ ἄν μοι ἐθελήσαις, ὦ Ἱέρων, διηγήσασθαί ἃ εἰκὸς εἰδέναι σε βέλτιον ἐμοῦ; Καὶ ποῖα ταῦτ᾽ ἐστὶν, ἔφη ὁ Ἱέρων, ὁποῖα δὴ ἐγὼ βέλτιον ἂν εἰδείην σοῦ οὕτως ὄντος σοφοῦ ἀνδρός; (2) Οἶδά σε, ἔφη, ἐγὼ καὶ ἰδιώτην γεγενημένον καὶ νῦν τύραννον ὄντα· εἰκὸς οὖν ἀμφοτέρων πεπειραμένον καὶ εἰδέναι σε μᾶλλον ἐμοῦ πῇ διαφέρει ὁ τυραννικός τε καὶ ἰδιωτικὸς βίος εἰς εὐφροσύνας τε καὶ λύπας ἀνθρώποις. (3) Τί οὖν, ἔφη ὁ Ἱέρων, οὐχὶ καὶ σὺ, ἐπεὶ νῦν γε ἔτι ἰδιώτης εἶ, ὑπέμνησάς με τὰ ἐν τῷ ἰδιωτικῷ βίῳ; οὕτω γὰρ ἄν σοι οἶμαι μάλιστα ἐγὼ δύνασθαι δηλοῦν τὰ διαφέροντα ἐν ἑκατέρῳ. (4) Οὕτω δὴ ὁ Σιμωνίδης εἶπε, Τοὺς μὲν δὴ ἰδιώτας ἔγωγε, ὦ Ἱέρων, δοκῶ μοι καταμεμαθηκέναι διὰ μὲν τῶν ὀφθαλμῶν ὁράμασιν ἡδομένους τε καὶ ἀχθομένους, διὰ δὲ τῶν ὤτων ἀκούσμασι, διὰ δὲ τῶν ῥινῶν ὀσμαῖς, διὰ δὲ τοῦ στόματος σίτοις τε καὶ ποτοῖς, τὰ δὲ ἀφροδίσια δι᾽ ὧν δὴ πάντες ἐπιστάμεθα· (5) τὰ δὲ ψύχη καὶ θάλπη καὶ σκληρὰ καὶ μαλακὰ καὶ κοῦφα καὶ βαρέα ὅλῳ τῷ σώματί μοι δοκοῦμεν, ἔφη, κρίνοντες ἥδεσθαί τε καὶ λυπεῖσθαι ἐπ᾽ αὐτοῖς· ἀγαθοῖς δὲ καὶ κακοῖς ἔστι μὲν ὅτε δι᾽ αὐτῆς τῆς ψυχῆς μοι δοκοῦμεν ἥδεσθαί τε καὶ λυπεῖσθαι, ἔστι δ᾽ ὅτε κοινῇ διά τε τῆς ψυχῆς καὶ διὰ τοῦ σώματος. (6) Τῷ δὲ ὕπνῳ ὅτι μὲν ἡδόμεθα δοκῶ μοι αἰσθάνεσθαι, ὅπως δὲ καὶ ᾗτινι καὶ ὁπότε, ταῦτα μᾶλλόν πως, ἔφη, δοκῶ μοι ἀγνοεῖν. Καὶ οὐδὲν ἴσως τοῦτο θαυμαστὸν, εἰ τὰ ἐν τῷ ἐγρηγορέναι σαφεστέρας ἡμῖν τὰς αἰσθήσεις παρέχεται ἢ τὰ ἐν τῷ ὕπνῳ. (7) Πρὸς ταῦτα δὴ ὁ Ἱέρων ἀπεκρίνατο, Ἐγὼ μὲν τοίνυν, ἔφη, ὦ Σιμωνίδη, ἔξω τούτων ὧν εἴρηκας σύ γε οὐδ᾽ ὅπως ἂν αἴσθοιτό τινος ἄλλου ὁ τύραννος ἔχοιμ᾽ ἂν εἰπεῖν, ὥστε μέχρι γε τούτου οὐκ οἶδ᾽ εἴ τινι διαφέρει ὁ τυραννικὸς βίος τοῦ ἰδιωτικοῦ βίου. (8) Καὶ ὁ Σιμωνίδης εἶπεν, Ἀλλ᾽ ἐν τοῖςδε, ἔφη, διαφέρει· πολλαπλάσια μὲν δι᾽ ἑκάστου τούτων εὐφραίνεται, πολὺ δὲ μείω τὰ λυπηρὰ ἔχει. Καὶ ὁ Ἱέρων εἶπεν, Οὐχ οὕτως ἔχει, ὦ Σιμωνίδη, ταῦτα, ἀλλ᾽ εὖ ἴσθι ὅτι μείω πολλῷ εὐφραίνονται οἱ τύραννοι τῶν μετρίως διαγόντων ἰδιωτῶν, πολλῷ δὲ πλείω καὶ μείζω λυποῦνται. (9) Ἄπιστα λέγεις, ἔφη ὁ Σιμωνίδης. Εἰ γὰρ οὕτω ταῦτ᾽ εἶχε, πῶς ἂν πολλοὶ μὲν ἐπεθύμουν τυραννεῖν, καὶ ταῦτα τῶν δοκούντων ἱκανωτάτων ἀνδρῶν εἶναι; πῶς δὲ πάντες ἐζήλουν ἂν τοὺς τυράννους; (10) Ὅτι ναὶ μὰ τὸν Δί᾽, ἔφη ὁ Ἱέρων, ἄπειροι ὄντες ἀμφοτέρων τῶν ἔργων

CAPUT I.

Veniebat aliquando ad regem Hieronem poeta Simonides: quumque otium obtigisset utrique, Simonides hoc modo loquutus est : Vellesne mihi exponere, mi Hiero, quæ consentaneum est rectius te scire quam me? Et cujusmodi sunt illa, inquit Hiero, quæ rectius ego scilicet noverim, quam tu, qui vir es tam sapiens? Equidem, ait, scio te privata fortuna usum fuisse, ac nunc esse regem. Quapropter consentaneum est, te, qui utraque sis expertus, rectius me scire, quo pacto vita tum regia, tum privata, quod voluptates ac molestias humanas attinet, differant. Quid igitur? ait Hiero, non tu quoque, quum hoc tempore sis adhuc homo privatus, revocare mihi possis in memoriam ea quæ sunt in vita privata? Nam ita equidem maxime futurum arbitror, ut quæ in utraque discrimina sunt, indicare possim. Quamobrem in hunc modum Simonides dicere cœpit : Animadvertisse mihi videor, Hiero, privatos homines, iis rebus quæ sub aspectum cadunt, vel cum voluptate vel cum molestia per oculos adfici ; per aures, iis quæ auribus percipiuntur; per nares, odoribus ; per os, cibo et potu ; rebus venereis, per ea quæ omnibus nota sunt ; frigora vero et calores, et dura et mollia, et levia et gravia, toto corpore dijudicare mihi videmur, atque ita deinde vel delectationem vel molestiam ex eis percipere : bonis autem ac malis nonnunquam per animum solum vel delectari, vel de iisdem adfici molestia videmur ; nonnunquam communiter per animum et corpus. Somno delectari nos, ipse me sensus docere videtur : quo autem pacto, et qua parte nostri, et quando, ea vero magis, inquit, ignorare mihi videor. Nec fortasse mirum putari debet, quæ vigilantibus nobis accidant, evidentiores nobis sensus sui præbere, quam quæ per somnum. Ad ea respondebat Hiero : Ego sane, mi Simonides, haud possim dicere, quo pacto rex aliud quid sentire possit, extra illa quæ tu commemorasti. Quo fit, ut hactenus quidem haud sciam, an aliquod inter regiam et privatam vitam discrimen sit. Tum Simonides, At in his ipsis, ait, regiæ vitæ discrimen est. Nam multis partibus majorem ex his singulis voluptatem percipit, et molestiarum minus habet. Et Hiero, Non ita res habet, ait, mi Simonides, sed scire debes, reges multo minus delectationis capere, quam privatos homines, qui quidem vitam mediocrem agunt, ac multo plures majoresque molestias sentire. Dicis tu quidem incredibilia, inquit Simonides. Nam si hæc esset harum rerum ratio, cur multi regnandi essent cupidi, et quidem ii, qui homines videntur esse rerum maxime periti? qui fieret, ut universi reges admirarentur? Quia profecto vitam, inquit Hiero,

HIERONIS CAP. I.

σκοποῦνται περὶ αὐτοῦ. Ἐγὼ δὲ πειράσομαί σε διδάσκειν ὅτι ἀληθῆ λέγω, ἀρξάμενος ἀπὸ τῆς ὄψεως· ἐντεῦθεν γὰρ καὶ σὲ δοκῶ μεμνῆσθαι ἀρξάμενον λέγειν. (11) Πρῶτον μὲν γὰρ ἐν τοῖς διὰ τῆς ὄψεως θεάμασι λογιζόμενος εὑρίσκω μειονεκτοῦντας τοὺς τυράννους. Ἀλλὰ μέν γε ἐν ἄλλῃ χώρᾳ ἐστὶν ἀξιοθέατα· ἐπὶ δὲ τούτων ἕκαστα οἱ μὲν ἰδιῶται ἔρχονται καὶ εἰς πόλεις ἃς ἂν βούλωνται θεαμάτων ἕνεκα, καὶ εἰς τὰς κοινὰς πανηγύρεις, ἔνθα τὰ ἀξιοθεατότατα δοκεῖ [εἶναι] ἀνθρώποις συναγείρεσθαι. (12) Οἱ δὲ τύραννοι οὐ μάλα ἀμφὶ θεωρίας ἔχουσιν. Οὔτε γὰρ ἰέναι αὐτοῖς ἀσφαλὲς ὅπου μὴ κρείττονες τῶν παρόντων μέλλωσιν ἔσεσθαι, οὔτε τὰ οἴκοι κέκτηνται ἐχυρά, ὥστε ἄλλοις παρακαταθεμένους ἀποδημεῖν. Φοβερὸν γὰρ μὴ ἅμα τε στερηθῶσι τῆς ἀρχῆς καὶ ἀδύνατοι γένωνται τιμωρήσασθαι τοὺς ἀδικήσαντας. (13) Εἴποις οὖν ἂν ἴσως σύ, ἀλλ᾽ ἄρα ἔρχεται αὐτοῖς τὰ τοιαῦτα καὶ οἴκοι μένουσι. Ναὶ μὰ Δία, ὦ Σιμωνίδη, ὀλίγα τε τῶν πολλῶν καὶ ταῦτα τοιαῦτα ὄντα οὕτω τίμια πωλεῖται τοῖς τυράννοις ὥστε οἱ ἐπιδεικνύμενοι καὶ ὁτιοῦν ἀξιοῦσι πολλαπλάσια λαβόντες ἐν ὀλίγῳ χρόνῳ ἀπιέναι παρὰ τοῦ τυράννου ἢ ὅσα ἐν παντὶ τῷ βίῳ παρὰ πάντων τῶν ἄλλων ἀνθρώπων κτῶνται. (14) Καὶ ὁ Σιμωνίδης εἶπεν, Ἀλλ᾽ εἰ τοῖς θεάμασι μειονεκτεῖτε, διά γέ τοι τῆς ἀκοῆς πλεονεκτεῖτε. Ἐπεὶ τοῦ μὲν ἡδίστου ἀκροάματος ἐπαίνου οὔποτε σπανίζετε· πάντες γὰρ οἱ παρόντες ὑμῖν πάντα καὶ ὅσα ἂν λέγητε καὶ ὅσα ἂν ποιῆτε ἐπαινοῦσι. Τοῦ δ᾽ αὖ χαλεπωτάτου ἀκροάματος λοιδορίας ἀνήκοοί ἐστε· οὐδεὶς γὰρ ἐθέλει τυράννου κατ᾽ ὀφθαλμοὺς κατηγορεῖν. (15) Καὶ ὁ Ἱέρων εἶπε, Καὶ τί οἴει, ἔφη, τοὺς μὴ λέγοντας κακῶς εὐφραίνειν, ὅταν εἰδῇ τις σαφῶς ὅτι οἱ σιωπῶντες οὗτοι πάντα κακὰ νοοῦσι τῷ τυράννῳ; ἢ τοὺς ἐπαινοῦντας τί δοκεῖς εὐφραίνειν, ὅταν ὕποπτοι ὦσιν ἕνεκα τοῦ κολακεύειν τοὺς ἐπαίνους ποιεῖσθαι; (16) Καὶ ὁ Σιμωνίδης εἶπε, Τοῦτο μὲν δὴ ναὶ μὰ τὸν Δία ἔγωγέ σοι, Ἱέρων, πάνυ συγχωρῶ, τοὺς ἐπαίνους παρὰ τῶν ἐλευθερωτάτων ἡδίστους εἶναι, ἀλλ᾽, ὁρᾷς, ἐκεῖνό γε οὐκ ἄν τι πείσαις ἀνθρώπων οὐδένα ὡς οὐχὶ δι᾽ ὧν τρεφόμεθα οἱ ἄνθρωποι, πολὺ πλείω ὑμεῖς ἐν αὐτοῖς εὐφραίνεσθε. (17) Καὶ οἶδά γ᾽, ἔφη, ὦ Σιμωνίδη, ὅτι τούτῳ κρίνουσιν οἱ πλεῖστοι ἥδιον ἡμᾶς καὶ πίνειν καὶ ἐσθίειν τῶν ἰδιωτῶν, ὅτι δοκοῦσιν καὶ αὐτοὶ ἥδιον ἂν δειπνῆσαι τὸ ἡμῖν παρατιθέμενον δεῖπνον ἢ τὸ ἑαυτοῖς. Τὸ γὰρ τὰ εἰωθότα ὑπερβάλλον, τοῦτο παρέχει τὰς ἡδονάς. (18) Διὸ καὶ πάντες ἄνθρωποι ἡδέως προσδέχονται τὰς ἑορτὰς πλὴν οἱ τύραννοι. Ἔκπλεῳ γὰρ αὐτοῖς ἀεὶ παρεσκευασμέναι οὐδεμίαν ἐν ταῖς ἑορταῖς ἔχουσιν αἱ τράπεζαι αὐτῶν ἐπίδοσιν. Ὥστε ταύτῃ πρῶτον τῇ εὐφροσύνῃ τῆς ἐλπίδος μειονεκτοῦσι τῶν ἰδιωτῶν. (19) Ἔπειτα δ᾽, ἔφη, ἐκεῖνο οἶδ᾽ ὅτι καὶ σὺ ἔμπειρος εἶ ὅτι ὅσῳ ἂν πλείω τις παρατιθῆται τὰ περιττὰ τῶν ἱκανῶν, τοσούτῳ θᾶττον κόρος ἐμπίπτει τῆς ἐδωδῆς. Ὥστε καὶ τῷ χρόνῳ τῆς ἡδονῆς μειονεκτεῖ ὁ παρατιθέμενος πολλὰ τῶν μετρίως διαιτωμένων. (20) Ἀλλὰ ναὶ μὰ

utramque non experti, de regia considerationem instituant. Ego vero enitar te docere, me verum dicere, facto a visu initio : nam meminisse videor, inde te quoque exorsum esse. Primum enim, quum mecum ipse ratiocinando versor in iis quae oculis cernuntur, deteriorem esse regum conditionem reperio. Sunt aliis atque aliis in regionibus alia spectatu digna, ad quae singula privati homines accedunt, tam in urbes quas volunt, spectaculorum causa; quam ad conventus publicos, in quibus colliguntur quae dignissima esse spectatu mortalibus videntur. Reges vero spectaculis non admodum occupantur. Nam neque tutum est ipsis eo pergere, ubi non superiores illis futuri sunt, qui istic adsunt : neque res ipsorum domi tam tuto sunt loco, ut iis aliorum fidei creditis, peregre proficisci possint. Nam metuendum est, ne simul et imperio spolientur, et ulciscendi eos, a quibus sunt laesi, facultatem amittant. Fortasse tu dixeris : At enim spectacula nihilominus eis veniunt, etiamsi domi maneant. Sane quam pauca, mi Simonides, de multis : atque etiam quum hujusmodi sint, tanti venduntur regibus, ut, qui aliquid exhibent, quicquid tandem id fuerit, multo majoribus praemiis brevi tempore acceptis a rege discedere velint, quam per omnem vitam a ceteris hominibus universis comparent. Et Simonides, At si maxime, quod attinet spectacula, deterior est vestra conditio, saltem plus voluptatis auribus percipitis. Nam quod unum est auditu jucundissimum, numquam laudes vobis desunt : omnes enim qui vos conveniunt, quaecumque vel dicitis, vel facitis, ea omnia laudibus praedicant. Quod vero longe molestissimum auditu est, convicia numquam auditis : nemo enim regem in os accusare vult. Ad ea Hiero, Quid vero putas, inquit, voluptatis illos adferre, qui non maledicunt, quando plane notum alicui est, hosce, qui tacent, mala omnia de tyranno cogitare? vel quid adferre delectationis putas illos laudatores, quando suspecti sunt, ne forte laudationes illas adsentandi causa instituunt? Ad ea Simonides, Equidem hoc profecto, inquit, tibi concedo, mi Hiero; laudes, quae ab hominibus maxime liberis proficiscantur, jucundissimas esse. Sed (vides ipse) numquam persuadebis ulli hominum, non multo plus ex iis voluptatis capere, per quae homines alimur. Novi, ait, mi Simonides, de hoc statuere maximam hominum partem, suavius nos et bibere, et vesci, quam privatos, quod et ipsis videatur esse jucundius eam coenam sumere, quae nobis adponitur, quam quae ipsis. Etenim quod usitata excedit, id voluptates suppeditat. Quamobrem universi homines magna cum voluptate dies festos exspectant, extra solos reges. Nam illorum mensae semper instructae magna rerum copia, incrementum festis diebus nullum habent. Quo fit, ut primum hac spei voluptate a privatis hominibus superentur. Deinde probe scio te quoque expertum esse, fieri ut quanto plura sibi quis adposuerit modum excedentia illorum quae satis fuissent, tanto citius satietas ipsum cibi capiat. Itaque ipso etiam tempore minus voluptatis percipit is, qui adponit sibi multa, quam ii qui modice victitant. At profecto, inquit Simoni-

ΙΕΡΩΝΟΣ ΚΕΦ. Α.

Δί', ἔφη ὁ Σιμωνίδης, ὅσον ἂν χρόνον ἡ ψυχὴ προσίηται, τοῦτον πολὺ μᾶλλον ἥδονται οἱ ταῖς πολυτελεστέραις παρασκευαῖς τρεφόμενοι τῶν τὰ εὐτελέστερα παρατιθεμένων. (21) Οὐκοῦν, ἔφη ὁ Ἱέρων, ὃ Σιμωνίδη, τὸν ἑκάστῳ ἡδόμενον μάλιστα, τοῦτον οἴει καὶ ἐρωτικώτατα ἔχειν τοῦ ἔργου τούτου; Πάνυ μὲν οὖν, ἔφη. Ἦ οὖν ὁρᾷς τι τοὺς τυράννους ἥδιον ἐπὶ τὴν ἑαυτῶν παρασκευὴν ἰόντας ἢ τοὺς ἰδιώτας ἐπὶ τὴν ἑαυτῶν; Οὐ μὰ τὸν Δί', ἔφη, οὐ μὲν οὖν, ἀλλὰ καὶ ἀγλευκέστερον, ὡς πολλοῖς ἂν δόξειε. (22) Τί γάρ, ἔφη ὁ Ἱέρων, τὰ πολλὰ ταῦτα μηχανήματα κατανενόηκας ἃ παρατίθεται τοῖς τυράννοις, ὀξέα καὶ δριμέα καὶ στρυφνὰ καὶ τὰ τούτων ἀδελφά; Πάνυ μὲν οὖν, ἔφη ὁ Σιμωνίδης, καὶ πάνυ γέ μοι δοκοῦντα παρὰ φύσιν εἶναι ταῦτα ἀνθρώποις. (23) Ἄλλο τι οὖν οἴει, ἔφη ὁ Ἱέρων, ταῦτα τὰ ἐδέσματα εἶναι ἢ μαλακῆς καὶ ἀσθενούσης τρυφῇ ψυχῆς ἐπιθυμήματα; ἐπεὶ εὖ οἶδ' ἔγωγε ὅτι οἱ ἡδέως ἐσθίοντες καὶ σύ που οἶσθα ὅτι οὐδὲν προσδέονται τούτων τῶν σοφισμάτων. (24) Ἀλλὰ μέντοι, ἔφη ὁ Σιμωνίδης, τῶν γε πολυτελῶν ὀσμῶν τούτων αἷς χρίεσθε τοὺς πλησιάζοντας οἶμαι μᾶλλον ἀπολαύειν ἢ αὐτοὺς ὑμᾶς, ὥσπερ γε καὶ τῶν ἀχαρίστων ὀσμῶν οὐκ αὐτὸς ὁ βεβρωκὼς αἰσθάνεται, ἀλλὰ μᾶλλον οἱ πλησιάζοντες. (25) Οὕτω μέντοι, ἔφη ὁ Ἱέρων, καὶ τῶν σίτων ὁ μὲν ἔχων παντοδαπὰ ἀεὶ οὐδὲν μετὰ πόθου αὐτῶν λαμβάνει· ὁ δὲ σπανίσας τινός, οὗτός ἐστιν ὁ μετὰ χαρᾶς πιμπλάμενος, ὅταν αὐτῷ προφανῇ τι. (26) Κινδυνεύουσιν, ἔφη ὁ Σιμωνίδης, αἱ τῶν ἀφροδισίων μόνον ὑμῖν ἀπολαύσεις τοῦ τυραννεῖν τὰς ἐπιθυμίας παρέχειν. Ἐν γὰρ τούτῳ ἔξεστιν ὑμῖν ὅ,τι ἂν κάλλιστον ἰδόντες τούτῳ συνεῖναι. (27) Νῦν δή, ἔφη ὁ Ἱέρων, εἴρηκας ἐν ᾧ σάφ' ἴσθι πλεῖστον μειονεκτοῦμεν τῶν ἰδιωτῶν. Πρῶτον μὲν γὰρ γάμος ὁ μὲν ἐκ μειζόνων δήπου καὶ πλούτῳ καὶ δυνάμει κάλλιστος δοκεῖ εἶναι, καὶ παρέχειν τινὰ τῷ γήμαντι φιλοτιμίαν μεθ' ἡδονῆς· δεύτερον δ' ὁ ἐκ τῶν ὁμοίων· ὁ δ' ἐκ τῶν φαυλοτέρων πάνυ ἄτιμός τε καὶ ἄχρηστος νομίζεται. (28) Τῷ τοίνυν τυράννῳ, ἂν μὴ ξένην γήμῃ, ἀνάγκη ἐκ μειόνων γαμεῖν, ὥστε τὸ ἀγαπητὸν οὐ πάνυ αὐτῷ παραγίγνεται. Πολὺ δὲ καὶ αἱ θεραπεῖαι αἱ ἀπὸ τῶν μέγιστον φρονουσῶν γυναικῶν εὐφραίνουσι μάλιστα, αἱ δ' ἀπὸ τῶν δούλων παροῦσαι μὲν οὐδέν τι ἀγαπῶνται, ἐὰν δέ τι ἐλλείπωσι, δεινὰς ὀργὰς καὶ λύπας ἐμποιοῦσιν. (29) Ἐν δὲ τοῖς παιδικοῖς ἀφροδισίοις ἔτι αὖ πολὺ μᾶλλον ἢ ἐν τοῖς τεκνοποιοῖς μειονεκτεῖ τῶν εὐφροσυνῶν ὁ τύραννος. Ὅτι μὲν γὰρ τὰ μετ' ἔρωτος ἀφροδίσια πολὺ διαφερόντως εὐφραίνει πάντες δήπου ἐπιστάμεθα· (30) ὁ δὲ ἔρως πολὺ αὖ ἐθέλει ἥκιστα τῷ τυράννῳ ἐγγίγνεσθαι. Οὐ γὰρ τῶν ἑτοίμων ἥδεται ὁ ἔρως ἐφιέμενος, ἀλλὰ τῶν ἐλπιζομένων. Ὥσπερ οὖν εἴ τις ἄπειρος ὢν δίψους τοῦ πιεῖν ἀπολαύει, οὕτω καὶ ὁ ἄπειρος ὢν ἔρωτος ἄπειρός ἐστι τῶν ἡδίστων ἀφροδισίων. (31) Ὁ μὲν οὖν Ἱέρων οὕτως εἶπεν. Ὁ δὲ Σιμωνίδης ἐπιγελάσας, Πῶς λέγεις, ἔφη, ὦ Ἱέρων; τυράννῳ οὐ φῂς παιδικῶν ἔρωτας ἐμφύεσθαι; πῶς μὴν σύ, ἔφη, ἐρᾷς Δαΐ-

des, quam diu admittit cibum animus, tam diu multo majorem voluptatem capiunt qui sumptuoso adparatu nutriuntur, quam qui viliora quædam sibi adponunt. An igitur, mi Simonides, inquit Hiero, putas, eum qui re aliqua delectatur, vehementissimo ejus rei amore teneri? Omnino, inquit. Num ergo vides majori reges cum voluptate ad cibum sibi adparatum accedere, quam privatos homines ad suum? Nequaquam certe, ait: immo etiam injucundius, ut plerisque videri possit. Quid? ait Hiero, num multa illa magnaque arte elaborata considerasti, quæ regibus adponuntur, acria, mordacia, acerba, et quæ his germana sunt? Maxime, ait Simonides, et quidem talia quæ plane videantur mihi esse præter hominum naturam. Ergone putas, ait Hiero, hæc edulia quiddam esse aliud quam mollis et languentis præ deliciis animi cupidines? nam certo scio (neque tu fortassis ignoras) eos, qui jucunde vescantur, istis artificiosis inventis non indigere. At vero, ait Simonides, etiam sumptuosis illis odoribus, quibus ungimini, magis arbitror eos qui vobiscum sunt frui, quam vos ipsos : veluti ingratos quoque odores non sentit is qui ederit, sed illi potius qui cum eo versantur. Sic igitur, ait Hiero, qui varios semper cibos habet, nullos eorum cum adpetitu sumit : at cui raro quid obvenit, is vero est qui cum lætitia satiatur, quum quid ei objicitur. Videntur, ait Simonides, tantum rei venereæ fruitiones in vobis regnandi cupiditates excitare. Nam hac in parte licet vobis, ut quodcumque pulcherrimum videritis, cum eo consuescatis. Dixisti tu modo quiddam, ait Hiero, in quo scire debes, nos a privatis hominibus omnium maxime superari. Primum enim conjugium, quod cum præstantioribus scilicet contrahitur, ob opes et potentiam longe pulcherrimum esse videtur, et ei, qui ducit uxorem, cum voluptate quamdam dignitatem præbere; altero loco est id quod inter æquales contrahitur : denique quod ex vilioribus constat, plane ignominiosum et inutile putatur. Rex quidem, si exteram non duxerit, ex inferioribus uxorem ducat necesse est : quo fit, ut non admodum id consequatur, quo contentus sit. At vero coli a feminis, quæ maximos spiritus gerant, maximæ voluptati est : ab iis autem, quæ servæ nostræ sunt, si colamur, non admodum satisfit animo; sin minus, graves ea res iras ac molestias in nobis excitat. Jam masculorum in amoribus multo etiam minus voluptatem rex percipit, quam in iis quibus soboles procreatur. Scimus enim omnes, congressus venereos, cum amore conjunctos, eximiam voluptatem adferre : verum amor in nullorum animis minus excitatur quam regis. Non enim amori jucundum est illa expetere, quæ in promptu sunt, sed quæ sperantur. Itaque eadem ratione qua is qui sitim expertus non est, potu possit frui : sic etiam is qui amorem non est expertus, longe suavissimæ veneris est expers. Hujusmodi erant, quæ ab Hierone dicebantur. Ad quæ risu Simonides sublato, Quid ais, inquit, Hiero? negas tu regum in animis excitari amores puerorum? qui fit, ut-tu certe Dailochum,

HIERONIS CAP. II.

λόχου τοῦ καλλίστου ἐπικαλουμένου; (32) Ὅτι μὰ τὸν Δί᾽, ἔφη, ὦ Σιμωνίδη, οὐ τοῦ ἑτοίμου παρ᾽ αὑτοῦ δοκοῦντος εἶναι τυχεῖν τούτου μάλιστα ἐπιθυμῶ, ἀλλὰ τοῦ ἥκιστα τυράννῳ προσήκοντος κατεργάσασθαι. (33) Ἐγὼ γὰρ δὴ ἐρῶ μὲν Δαϊλόχου ὧνπερ ἴσως ἀναγκάζει ἡ φύσις ἀνθρώπου δεῖσθαι παρὰ τῶν καλῶν, τούτων δὲ ὧν ἐρῶ τυχεῖν, μετὰ μὲν φιλίας καὶ παρὰ βουλομένου πάνυ ἰσχυρῶς ἐπιθυμῶ τυγχάνειν, βίᾳ δὲ λαμβάνειν παρ᾽ αὑτοῦ ἧσσον ἄν μοι δοκῶ ἐπιθυμεῖν ἢ ἐμαυτὸν κακόν τι ποιεῖν. (34) Παρὰ μὲν γὰρ πολεμίων ἀκόντων λαμβάνειν πάντων ἥδιστον ἔγωγε νομίζω εἶναι, παρὰ δὲ παιδικῶν βουλομένων ἥδισται οἶμαι αἱ χάριτές εἰσιν. (35) Εὐθὺς γὰρ παρὰ τοῦ ἀντιφιλοῦντος ἡδεῖαι μὲν αἱ ἀντιβλέψεις, ἡδεῖαι δὲ αἱ ἐρωτήσεις, ἡδεῖαι δὲ αἱ ἀποκρίσεις, ἥδισται δὲ καὶ ἐπαφροδιτόταται αἱ μάχαι τε καὶ ἔριδες· (36) τὸ δὲ ἀκόντων παιδικῶν ἀπολαύειν λεηλασίᾳ, ἔφη, ἔμοιγε δοκεῖ ἐοικέναι μᾶλλον ἢ ἀφροδισίοις. Καίτοι τῷ μὲν λῃστῇ παρέχει τινὰς ὅμως ἡδονὰς τό τε κέρδος καὶ τὸ ἀνιᾶν τὸν ἐχθρόν· τὸ δὲ οὗ ἄν ἐρᾷ τις τούτῳ ἥδεσθαι ἀνιωμένῳ καὶ φιλοῦντα μισεῖσθαι καὶ ἅπτεσθαι ἀχθομένου πῶς οὐχὶ τοῦτο ἤδη δυσχερὲς τὸ πάθημα καὶ οἰκτρόν; (37) Καὶ γὰρ δὴ τῷ μὲν ἰδιώτῃ εὐθὺς τεκμήριόν ἐστιν, ὅταν ὁ ἐρώμενός τι ὑπουργῇ, ὅτι ὡς φιλῶν χαρίζεται, διὰ τὸ εἰδέναι ὅτι οὐδεμιᾶς ἀνάγκης οὔσης ὑπηρετεῖ, τῷ δὲ τυράννῳ οὔποτ᾽ ἔστι πιστεῦσαι ὡς φιλεῖται. (38) Ἐπιστάμεθα γὰρ [αὖ] τοὺς διὰ φόβον ὑπηρετοῦντας ὡς ᾗ μάλιστ᾽ ἄν δύνωνται ἐξεικάζουσιν αὑτοὺς ταῖς τῶν φιλούντων ὑπουργίαις. Καὶ τοίνυν αἱ ἐπιβουλαὶ ἐξ οὐδένων πλέον τοῖς τυράννοις εἰσὶν ἢ ἀπὸ τῶν μάλιστα φιλεῖν αὐτοὺς προσποιησαμένων.

ΚΕΦΑΛΑΙΟΝ Β.

Πρὸς ταῦτα δὲ εἶπεν ὁ Σιμωνίδης, Ἀλλὰ ταῦτα μὲν πάνυ ἔμοιγε μικρὰ δοκεῖ εἶναι ἃ σὺ λέγεις. Πολλοὺς γάρ, ἔφη, ἔγωγε ὁρῶ τῶν δοκούντων ἀνδρῶν εἶναι ἑκόντας μειονεκτοῦντας καὶ σίτων καὶ ποτῶν καὶ ὄψων καὶ ἀφροδισίων γε ἀπεχομένους. (2) Ἀλλ᾽ ἐν ἐκείνοις γε πολὺ διαφέρετε τῶν ἰδιωτῶν, ὅτι μεγάλα μὲν ἐπινοεῖτε, ταχὺ δὲ κατεργάζεσθε, πλεῖστα δὲ τὰ περισσὰ ἔχετε, κέκτησθε δὲ διαφέροντας μὲν ἀρετῇ ἵππους, διαφέροντα δὲ κάλλει ὅπλα, ὑπερέχοντα δὲ κόσμον γυναιξί, μεγαλοπρεπεστάτας δ᾽ οἰκίας, καὶ ταύτας κατεσκευασμένας τοῖς πλείστου ἀξίοις, ἔτι δὲ πλήθει καὶ ἐπιστήμαις θεράποντας ἀρίστους κέκτησθε, ἱκανώτατοι δέ ἐστε κακῶσαι μὲν ἐχθρούς, ὀνῆσαι δὲ φίλους. (3) Πρὸς ταῦτα δὲ ὁ Ἱέρων εἶπεν, Ἀλλὰ τὸ μὲν πλῆθος τῶν ἀνθρώπων, ὦ Σιμωνίδη, ἐξαπατᾶσθαι ὑπὸ τῆς τυραννίδος οὐδέν τι θαυμάζω· μάλα γὰρ ὁ ὄχλος μοι δοκεῖ δοξάζειν ὁρῶν καὶ εὐδαίμονάς τινας εἶναι καὶ ἀθλίους. (4) Ἡ δὲ τυραννὶς τὰ μὲν δοκοῦντα πολλοῦ ἄξια κτήματα εἶναι ἀνεπτυγμένα θεᾶσθαι φανερὰ πᾶσι παρέχεται, τὰ δὲ χαλεπὰ

CAPUT II.

Ad ea Simonides, Videntur mihi, inquit, hæc quæ tu profers, admodum exigua esse. Nam multos equidem video, viros hominum opinione vero dictos, qui sua sponte sunt aliis inferiores, quod cibos attinet, quod potum, quod obsonia; atque etiam venereis a voluptatibus abstinent. Verum in illis multum inter privatos homines ac vos interest, quod et magnas res animo concipitis, et celeriter conficitis. Habetis et abundantem rerum copiam, equos insigni virtute, arma pulchritudine eximia, mundum pro uxoribus egregium, ædes magnificentissimas, easque maximi pretii rebus instructas: sunt item vobis famuli plurimi, et artium cognitione præstantissimi: ac potestas vobis est maxima tum lædendi hostes tum commodandi amicis. Ad quæ Hiero: Sed enim vulgo mortalium, mi Simonides, a regno præstringi oculos equidem non miror. Nam vulgus hominum valde mihi videtur ex iis quæ sub ejus oculos cadunt, opinionem de quorundam felicitate et infelicitate concipere. At regnum eas res quæ maximi esse pretii videntur, explicatas palam spectandas omnibus exhibet: quæ vero molesta sunt, ea

quem formosissimum vocant, ames? Quia, mi Simonides, ait, profecto non id potissimum concupisco, quod ab ipso impetraturus facile videor, sed id, quod efficere regis est a conditione maxime alienum. Etenim Dailochum equidem amo propter ea quæ fortasse cogit hominis natura petere a formosis: ea vero quæ consequi cupio, ut a volente, ac mutua cum amicitia mihi eveniant, vehementissime desidero: at vi ab eo sumere mihus mihi cupere videor, quam me ipsum lædere. Nam hostibus invitis aliquid eripere, jucundissimum equidem esse arbitror: et gratificationes, quæ ab amoribus ultro contingunt, suavissimæ sunt, mea quidem sententia. Statim enim redamantis adspectus mutuus gratus est, gratæ interrogationes, gratæ responsiones, gratissimæ ac inprimis jucundæ pugnæ et contentiones: at amoribus invitis frui, quiddam prædationis similius esse mihi videtur, quam rei venereæ. Immo prædoni voluptates quasdam et lucrum ipsum suppeditat, et quod molestia hostem adficiat: quum voluptatem ex eo, quod aliquis amet, molestiam sentiente percipere, atque amantem esse in odio, graviterque ferentem attingere, quo pacto hoc non molestum deplorandumque malum sit? Nam homini privato mox argumento est, quum qui amatur obsequentem se præbet, fieri hoc tanquam ab amante gratificandi studio: scit enim illum id nulla necessitate cogente præstare. Verum tyrannus numquam diligi se credere potest. Novimus enim, illos, qui metus causa obsequuntur, quam possunt maxime amantium obsequia simulare. Itaque tyrannis insidiæ ab aliis nullis tam sunt frequentes, quam ab iis qui maxime se amare eos simulant.

ἐν ταῖς ψυχαῖς τῶν τυράννων κέκτηται ἀποκεκρυμμένα, ἔνθαπερ καὶ τὸ εὐδαιμονεῖν [καὶ τὸ κακοδαιμονεῖν] τοῖς ἀνθρώποις ἀπόκειται. (5) Τὸ μὲν οὖν τὸ πλῆθος περὶ τούτου λεληθέναι, ὥσπερ εἶπον, οὐ θαυμάζω· τὸ δὲ καὶ ὑμᾶς ταῦτ᾽ ἀγνοεῖν, οἳ διὰ τῆς γνώμης δοκεῖτε θεᾶσθαι κάλλιον ἢ διὰ τῶν ὀφθαλμῶν τὰ πλεῖστα τῶν πραγμάτων, τοῦτό μοι δοκεῖ θαυμαστὸν εἶναι. (6) Ἐγὼ δὲ πεπειραμένος σαφῶς οἶδα, ὦ Σιμωνίδη, καὶ λέγω σοι ὅτι οἱ τύραννοι τῶν μεγίστων ἀγαθῶν ἐλάχιστα μετέχουσι, τῶν δὲ μεγίστων κακῶν πλεῖστα κέκτηνται. (7) Αὐτίκα γὰρ εἰ μὲν εἰρήνη δοκεῖ μέγα ἀγαθὸν τοῖς ἀνθρώποις εἶναι, ταύτης ἐλάχιστον τοῖς τυράννοις μέτεστιν· εἰ δὲ πόλεμος μέγα κακόν, τούτου πλεῖστον μέρος οἱ τύραννοι μετέχουσιν. (8) Εὐθὺς γὰρ τοῖς μὲν ἰδιώταις, ἂν μὴ ἡ πόλις αὐτῶν κοινὸν πόλεμον πολεμῇ, ἔξεστιν ὅποι ἂν βούλωνται πορεύεσθαι μηδὲ φοβουμένους μή τις αὐτοὺς ἀποκτείνῃ, οἱ δὲ τύραννοι πάντες πανταχῇ ὡς διὰ πολεμίας πορεύονται. Αὐτοί τε γοῦν ὡπλισμένοι οἴονται ἀνάγκην εἶναι διάγειν καὶ ἄλλους ὁπλοφόρους ἀεὶ συμπεριάγεσθαι. (9) Ἔπειτα δὲ οἱ μὲν ἰδιῶται, ἐὰν καὶ στρατεύωνταί που εἰς πολεμίαν, ἀλλ᾽ οὖν ἐπειδάν γε ἔλθωσιν οἴκαδε, ἀσφάλειαν σφίσιν ἡγοῦνται εἶναι, οἱ δὲ τύραννοι ἐπειδὰν εἰς τὴν ἑαυτῶν πόλιν ἀφίκωνται, τότε ἐν πλείστοις πολεμίοις ἴσασιν ὄντες. (10) Ἐὰν δὲ δὴ καὶ ἄλλοι στρατεύωσιν εἰς τὴν πόλιν κρείττους, ἐὰν ἔξω τοῦ τείχους ὄντες οἱ ἥσσονες ἐν κινδύνῳ δοκῶσιν εἶναι, ἀλλ᾽ ἐπειδάν γε εἴσω τοῦ ἐρύματος ἔλθωσιν, ἐν ἀσφαλείᾳ πάντες νομίζουσι καθεστάναι, ὁ δὲ τύραννος οὐδ᾽ ἐπειδὰν εἴσω τῆς οἰκίας παρέλθῃ ἐν ἀκινδύνῳ ἐστίν, ἀλλ᾽ ἐνταῦθα δὴ καὶ μάλιστα φυλακτέον οἴεται εἶναι. (11) Ἔπειτα τοῖς μὲν ἰδιώταις καὶ διὰ σπονδῶν καὶ δι᾽ εἰρήνης γίγνεται πολέμου ἀνάπαυσις, τοῖς δὲ τυράννοις οὔτε εἰρήνη ποτὲ πρὸς τοὺς τυραννευομένους γίγνεται οὔτε σπονδαῖς ἄν ποτε πιστεύσας ὁ τύραννος θαρρήσειε. (12) Καὶ πόλεμοι μὲν δή εἰσιν οὕς τε αἱ πόλεις πολεμοῦσι καὶ οὓς οἱ τύραννοι πρὸς τοὺς βεβιασμένους· τούτων δὴ τῶν πολέμων ὅσα μὲν ἔχει χαλεπὰ ὁ ἐν ταῖς πόλεσι, ταῦτα καὶ ὁ τύραννος ἔχει. (13) καὶ γὰρ ἐν ὅπλοις δεῖ εἶναι ἀμφοτέρους καὶ φυλάττεσθαι καὶ κινδυνεύειν, καὶ ἄν τι πάθωσι κακὸν ἡττηθέντες, λυποῦνται ἐπὶ τούτοις ἑκάτεροι. (14) Μέχρι μὲν δὴ τούτου ἴσοι οἱ πόλεμοι· ἃ δὲ ἔχουσιν ἡδέα οἱ ἐν ταῖς πόλεσι πρὸς τὰς πόλεις, ταῦτα οὐκέτι ἔχουσιν οἱ τύραννοι. (15) Αἱ μὲν γὰρ πόλεις δήπου ὅταν κρατήσωσι μάχῃ τῶν ἐναντίων, οὐ ῥᾴδιον εἰπεῖν ὅσην μὲν ἡδονὴν ἔχουσιν ἐν τῷ τρέψασθαι τοὺς πολεμίους, ὅσην δ᾽ ἐν τῷ διώκειν, ὅσην δ᾽ ἐν τῷ ἀποκτείνειν τοὺς πολεμίους, ὡς δὲ γαυροῦνται ἐπὶ τῷ ἔργῳ, ὡς δὲ δόξαν λαμπρὰν ἀναλαμβάνουσιν, ὡς δ᾽ εὐφραίνονται τὴν πόλιν νομίζοντες ηὐξηκέναι. (16) Ἕκαστος δέ τις προσποιεῖται καὶ τῆς βουλῆς μετεσχηκέναι καὶ πλείστους ἀπεκτονέναι, χαλεπὸν δὲ εὑρεῖν ὅπου οὐχὶ καὶ ἐπιψεύδονται, πλέονας φάσκοντες ἀπεκτονέναι ἢ ὅσοι ἂν τῷ ὄντι ἀποθάνωσιν· οὕτω καλόν τι αὐτοῖς δοκεῖ εἶναι τὸ πολὺ νικᾶν. (17) Ὁ δὲ τύραννος

regum in animis occulta tenet, in quibus et felicitas et infelicitas hominum sita est. Quamobrem hæc multitudinem latere non miror, ut dixi : sed vobis quoque ignota esse, qui animi judicio maxima ex parte res pulchrius contemplari videmini, quam oculis, hoc quidem mihi videtur mirum. At ego experiundo plane cognovi, mi Simonides, ac tibi dico, reges maximorum bonorum minime participes fieri, et gravissimorum malorum insignem habere copiam. Protinus enim, si pax magnum hominibus esse bonum videtur, quam minimum ejus participes sunt reges : si bellum ingens est malum, maxima ejus pars ad reges pertinet. Primum hominibus privatis, si non ipsorum civitas bellum publicum susceperit, quocumque lubet, abire licet, nihil metuentibus, ne quis eis vitam adimat : reges vero universi ubique tamquam per hostium fines proficiscuntur. Itaque necessarium putant, ut et ipsi semper sint armati, et armatos semper secum circumducant. Deinde privati homines, licet hostilem in agrum militatum abeant, nihilominus ubi domum redierint, esse tutos sese arbitrantur : at tyranni postea quam civitatem suam pervenerint, inter hostes se plurimos esse sciunt. Quod si hostes etiam potentiores adversus urbem aliquam expeditionem susceperint, dum qui sunt illis inferiores, extra mœnia positi videantur esse in periculo, verum postea quam intra munitionem sese receperint, omnes in tuto se esse credunt : tyrannus autem ne tum quidem, quum domum ingressus fuerit, expers est periculi ; immo istic vel maxime sibi cavendum esse arbitratur. Præterea privati homines, per fœdera et pacem, belli molestia liberantur ; regibus vero neque pax ab iis quos regunt, conceditur, neque quisquam tyrannus confidenter fœderibus habere fidem ausit. Sunt item bella, quæ a civitatibus, et alia, quæ a regibus adversus illos quos vi oppresserunt, geruntur : ex his igitur bellis quæcumque gravia molestaque habet illud quod civitates inter se gerunt, ea cadunt etiam in tyrannum : nam utrosque necesse est in armis esse, cavere sibi, adire pericula, et si quid calamitatis victis accidat, utrique dolent. Atque hactenus paria sunt utriusque bella. Quæ vero jucunda accidunt in illis quæ civitates gerunt adversus civitates, ea tyranni minime habent. Etenim urbes, quum adversarios pugna vicerunt, dici facile non potest, quantum voluptatis ex eo percipiant, quod in fugam hostes egerint ; quantum in persequendo, quantum in occidendis hostibus ; quam ob ipsum facinus exultent, quam insignem gloriam sibi vindicent, quam propterea gaudeant, quod rempublicam amplificasse se existimant. Arrogat quisque sibi, quod et consilii particeps fuerit, et plurimos interfecerit. Ac difficulter invenias, ubi non etiam falso quædam addant ; quam plures se intercmisse prædicant, quam reipsa ceciderint. Adeo res ipsis esse præclara videtur, populum victoria potiri. Tyrannus autem, quando

ὅταν ὑποπτεύσῃ καὶ αἰσθανόμενος τῷ ὄντι ἀντιπραττομένους τινὰς ἀποκτείνῃ, οἶδεν ὅτι οὐκ αὔξει ὅλην τὴν πόλιν, ἐπίσταταί τε ὅτι μειόνων ἄρξει, φαιδρός τε οὐ δύναται εἶναι, οὐδὲ μεγαλύνεται ἐπὶ τῷ ἔργῳ, ἀλλὰ καὶ μειοῖ καθ' ὅσον ἂν δύνηται τὸ γεγενημένον, καὶ ἀπολογεῖται ἅμα πράττων ὡς οὐκ ἀδικῶν πεποίηκεν. Οὕτως οὐδ' αὐτῷ δοκεῖ καλὰ τὰ ποιούμενα εἶναι. (18) Καὶ ὅταν ἀποθάνωσιν οὓς ἐφοβήθη, οὐδέ τι μᾶλλον τούτου θαρρεῖ, ἀλλὰ φυλάττεται ἔτι μᾶλλον ἢ τὸ πρόσθεν. Καὶ πόλεμον μὲν δὴ τοιοῦτον ἔχων διατελεῖ ὁ τύραννος ὃν ἐγὼ δηλῶ.

ΚΕΦΑΛΑΙΟΝ Γ.

Φιλίας δ' αὖ καταθεάσαι ὡς κοινωνοῦσιν οἱ τύραννοι. Πρῶτον μὲν εἰ μέγα ἀγαθὸν ἀνθρώποις ἡ φιλία, τοῦτο ἐπισκεψώμεθα. (2) Ὃς γὰρ ἂν φιλῆται δήπου ὑπό τινων, ἡδέως μὲν τοῦτον οἱ φιλοῦντες παρόντα ὁρῶσιν, ἡδέως δ' εὖ ποιοῦσι, ποθοῦσι δέ, ἄν που ἀπίῃ, ἥδιστα δὲ πάλιν προσιόντα δέχονται, συνήδονται δ' ἐπὶ τοῖς αὐτοῦ ἀγαθοῖς, συνεπικουροῦσι δέ, ἐάν τι σφαλλόμενον ὁρῶσιν. (3) Οὐ μὲν δὴ λέληθεν οὐδὲ τὰς πόλεις ὅτι ἡ φιλία μέγιστόν ἀγαθὸν καὶ ἥδιστον ἀνθρώποις ἐστί. Μόνους γοῦν τοὺς μοιχοὺς νομίζουσι πολλαὶ τῶν πόλεων νηποινεὶ ἀποκτείνειν, δῆλον ὅτι διὰ ταῦτα ὅτι λυμαντῆρας αὐτοὺς νομίζουσι τῆς τῶν γυναικῶν φιλίας πρὸς τοὺς ἄνδρας εἶναι. (4) Ἐπεὶ ὅταν γε ἀφροδισιασθῇ κατὰ συμφοράν τινα γυνή, οὐδὲν ἧττον τούτου ἕνεκεν τιμῶσιν αὐτὰς οἱ ἄνδρες, ἐάνπερ ἡ φιλία δοκῇ αὐτοῖς ἀκήρατος διαμένειν. (5) Τοσοῦτον δέ τι ἀγαθὸν κρίνω ἔγωγε τὸ φιλεῖσθαι εἶναι ὥστε νομίζω τῷ ὄντι αὐτόματα τἀγαθὰ τῷ φιλουμένῳ γίγνεσθαι καὶ παρὰ θεῶν καὶ παρὰ ἀνθρώπων. (6) Καὶ τούτου τοίνυν τοῦ κτήματος τοιούτου ὄντος μειονεκτοῦσιν οἱ τύραννοι πάντων μάλιστα. Εἰ δὲ βούλει, ὦ Σιμωνίδη, εἰδέναι ὅτι ἀληθῆ λέγω, ὧδε ἐπίσκεψαι. (7) Βεβαιόταται μὲν γὰρ δήπου δοκοῦσι φιλίαι εἶναι γονεῦσι πρὸς παῖδας καὶ παισὶ πρὸς γονεῖς καὶ ἀδελφοῖς πρὸς ἀδελφοὺς καὶ γυναιξὶ πρὸς ἄνδρας καὶ ἑταίροις πρὸς ἑταίρους. (8) Εἰ τοίνυν ἐθέλεις κατανοεῖν, εὑρήσεις μὲν τοὺς ἰδιώτας ὑπὸ τούτων μάλιστα φιλουμένους, τοὺς δὲ τυράννους πολλοὺς μὲν παῖδας ἑαυτῶν ἀπεκτονηκότας, πολλοὺς δ' ὑπὸ παίδων αὐτοὺς ἀπολωλότας, πολλοὺς δὲ ἀδελφοὺς ἐν τυραννίσιν ἀλληλοφόνους γεγενημένους, πολλοὺς δὲ καὶ ὑπὸ γυναικῶν τῶν ἑαυτῶν τυραννοῦντας διεφθαρμένους, καὶ ὑπὸ ἑταίρων γε τῶν μάλιστα δοκούντων φίλων εἶναι. (9) Οἵτινες οὖν ὑπὸ τῶν φύσει πεφυκότων μάλιστα φιλεῖν καὶ νόμῳ συνηγκασμένων οὕτω μισοῦνται, πῶς ὑπ' ἄλλου γέ τινος οἴεσθαι χρὴ αὐτοὺς φιλεῖσθαι;

CAPUT III.

Jam mihi velim etiam amicitiæ, quomodo tyranni participes sint, inspicias. Primum, an magnum amicitia bonum sit hominibus, consideremus. Nam si quis ab aliquibus diligitur, cum adesse sibi lubenter vident ii qui diligunt; lubenter eidem benefaciunt, absentem desiderant, redeuntem jucundissime excipiunt, voluptatem ex rebus ipsius prosperis communem percipiunt, opem una ferunt, si quid adversi acciderc videant. Nec ignorant urbes, amicitiam maximum suavissimumque bonum hominibus esse. Itaque plerisque in urbibus ea lex valet, ut solos adulteros occidere liceat impune: nimirum propterea, quod eos uxorum erga maritos amicitiæ corruptores esse existiment. Nam adeo quum mulier casu quodam stuprum fuerit passa, nihilominus illa vel sic apud maritos in honore sunt, si quidem amicitia inter ipsos inviolata constare putetur. Tantum autem bonum esse judico amari, ut existimem, ei qui diligitur, tum a diis tum ab hominibus ultro bona omnia contingere. Atque in hac tali possessione deterior inprimis est regum quam aliorum conditio. Quod si, mi Simonides, scire vis, num vera loquar, sic rem considerato. Firmissimæ videntur esse amicitiæ parentum erga liberos, liberûm erga parentes, fratrum erga fratres, uxorum erga maritos, sodalium erga sodales. Quod si ergo rem animadvertere vis, invenies privatos homines ab his maxime diligi: quum interim complures tyranni liberos suos occiderint, complures suis a liberis interfecti sint, multi fratres in usurpatione tyrannidum mutuis se cædibus confecerint, multi denique tyranni tum ab uxoribus suis, tum a sodalibus qui amicissimi viderentur, interempti sint. Qui ergo apud illos, quos ut maxime diligamus, a natura comparatum est, simul legibus etiam ad hoc nos compellentibus, tanto sunt in odio: quo pacto existimandum est, eos ab alio quopiam diligi?

ΚΕΦΑΛΑΙΟΝ Δ.

Ἀλλὰ μὴν καὶ πίστεως ὅστις ἐλάχιστον μετέχει, πῶς οὐχὶ μεγάλου ἀγαθοῦ μειονεκτεῖ; ποία μὲν γὰρ ξυνουσία ἡδεῖα ἄνευ πίστεως τῆς πρὸς ἀλλήλους, ποία δ' ἀνδρὶ καὶ γυναικὶ τερπνὴ ἄνευ πίστεως ὁμιλία, ποῖος δὲ θεράπων ἡδὺς ἀπιστούμενος; (2) Καὶ τούτου τοίνυν τοῦ πιστοῖς πρός τινας ἔχειν ἐλάχιστον μέτεστι τυράννῳ· ὁπότε γε οὐδὲ σίτοις καὶ ποτοῖς πιστεύων διάγει, ἀλλὰ καὶ τούτων πρὶν ἀπάρχεσθαι τοῖς θεοῖς, τοὺς διακόνους πρῶτον κελεύουσιν ἀπογεύσασθαι διὰ τὸ ἀπιστεῖν μὴ καὶ ἐν τούτοις κακόν τι φάγωσιν ἢ πίωσιν.

(3) Ἀλλὰ μὴν καὶ αἱ πατρίδες τοῖς μὲν ἄλλοις ἀνθρώποις πλείστου ἄξιαι. Πολῖται γὰρ δορυφοροῦσι μὲν ἀλλήλους ἄνευ μισθοῦ ἐπὶ τοὺς δούλους, δορυφοροῦσι δ' ἐπὶ τοὺς κακούργους, ὑπὲρ τοῦ μηδένα τῶν πολιτῶν βιαίῳ θανάτῳ ἀποθνήσκειν. (4) Οὕτω δὲ πόρρω προεληλύθασι φυλακῆς ὥστε πεποίηνται πολλοὶ νόμῳ τῷ μιαιφόνῳ μηδὲ τὸν συνόντα καθαρεύειν· ὥστε διὰ τὰς πατρίδας ἀσφαλῶς ἕκαστος βιοτεύει τῶν πολιτῶν. (5) Τοῖς δὲ τυράννοις καὶ τοῦτο ἔμπαλιν ἀνέστραπται. Ἀντὶ γὰρ τοῦ τιμωρεῖν αὐτοῖς αἱ πόλεις μεγάλως τιμῶσι τὸν ἀποκτείναντα τὸν τύραννον, καὶ ἀντί γε τοῦ εἴργειν ἐκ τῶν ἱερῶν, ὥσπερ τοὺς τῶν ἰδιωτῶν φονέας, ἀντὶ τούτου καὶ εἰκόνας ἐν τοῖς ἱεροῖς ἱστᾶσιν αἱ πόλεις τῶν τὸ τοιοῦτο ποιησάντων.

6. Εἰ δὲ σὺ οἴει ὡς πλείω ἔχων τῶν ἰδιωτῶν κτήματα ὁ τύραννος διὰ τοῦτο καὶ πλείω ἀπ' αὐτῶν εὐφραίνεται, οὐδὲ τοῦτο οὕτως ἔχει, ὦ Σιμωνίδη, ἀλλ' ὥσπερ οἱ ἀθληταὶ οὐχ ὅταν ἰδιωτῶν γένωνται κρείττονες, τοῦτο αὐτοὺς εὐφραίνει, ἀλλ' ὅταν τῶν ἀνταγωνιστῶν ἥττους, τοῦτ' αὐτοὺς ἀνιᾷ, οὕτω καὶ ὁ τύραννος οὐχ ὅταν τῶν ἰδιωτῶν πλείω φαίνηται ἔχων, τότ' εὐφραίνεται, ἀλλ' ὅταν ἑτέρων τυράννων ἐλάττω ἔχῃ, τούτῳ λυπεῖται. Τούτους γὰρ ἀνταγωνιστὰς ἡγεῖται αὑτῷ τοῦ πλούτου εἶναι. (7) Οὐδέ γε θᾶττόν τι γίγνεται τῷ τυράννῳ ἢ τῷ ἰδιώτῃ ὧν ἐπιθυμεῖ. Ὁ μὲν γὰρ ἰδιώτης οἰκίας ἢ ἀγροῦ ἢ οἰκέτου ἐπιθυμεῖ, ὁ δὲ τύραννος ἢ πόλεων ἢ χώρας πολλῆς ἢ λιμένων ἢ ἀκροπόλεων ἰσχυρῶν, ἅ ἐστι πολὺ χαλεπώτερα καὶ ἐπικινδυνότερα κατεργάσασθαι τῶν ἰδιωτικῶν ἐπιθυμημάτων. (8) Ἀλλὰ μέντοι καὶ πένητας ὄψει οὐχ οὕτως ὀλίγους τῶν ἰδιωτῶν ὡς πολλοὺς τῶν τυράννων. Οὐ γὰρ τῷ ἀριθμῷ οὔτε τὰ πολλὰ κρίνεται οὔτε τὰ ἱκανά, ἀλλὰ πρὸς τὰς χρήσεις· ὥστε τὰ μὲν ὑπερβάλλοντα τὰ ἱκανὰ πολλά ἐστι, τὰ δὲ τῶν ἱκανῶν ἐλλείποντα ὀλίγα. (9) Τῷ οὖν τυράννῳ τὰ πολλαπλάσια ἧττον ἱκανά ἐστιν εἰς τὰ ἀναγκαῖα δαπανήματα ἢ τῷ ἰδιώτῃ. Τοῖς μὲν γὰρ ἰδιώταις ἔξεστι τὰς δαπάνας συντέμνειν εἰς τὰ καθ' ἡμέραν ὅπῃ βούλονται, τοῖς δὲ τυράννοις οὐκ ἐνδέχεται. Αἱ γὰρ μέγισται αὐτοῖς δαπάναι καὶ ἀναγκαιόταται εἰς τὰς τῆς ψυχῆς φυλακάς εἰσιν· τὸ δὲ τούτων συντέμνειν ὄλεθρος δοκεῖ εἶναι. (10) Ἔπειτα δὲ ὅσοι μὲν δύνανται ἔχειν ἀπὸ τοῦ δικαίου ὅσων δέονται, τί ἂν τούτους οἰκτίροι τις ὡς πέ-

CAPUT IV.

Praeterea cui-quam minimum fidei habetur, qui non magno in bono ceteris inferior est? Nam quae tandem familiaritas absque fide mutua jucunda fuerit? quae inter virum ac feminam absque fide consuetudo delectationem habere potest? quis minister gratus fuerit, si fides ei non habeatur? Atque hoc etiam, nimirum ut fides aliis habeatur, parum admodum ad tyrannum pertinet : quandoquidem is sic vivit, ut neque cibis, neque potui fidem habere possit; sed vel antequam diis inde primitiae offerantur, primum famulos degustare jubent, idque propter diffidentiam, ne forte vel in his mali aliquid aut comedant, aut bibant. Quin etiam patria sua cuique reliquorum hominum maximo est in pretio. Nam cives mutuo se quasi satellitio quodam sine stipendio adversus servos tuentur, itemque adversus facinorosos, ut ne quis civium morte violenta e medio tollatur. Atque hac in custodia mutua cives eo sunt progressi, ut a multis lata lex sit, qua sancitur, ut ne is quidem purus habeatur, qui cum homicida versetur. Quo fit, ut beneficio patriae suae quisque civium tuto vivat. At in tyrannis etiam hic contraria ratio est. Tantum enim abest ut horum mortem civitates ulciscantur, ut etiam magnis honoribus eum afficiant, qui tyrannum interfecerit : tantum item, ut a sacris eos arceant, quemadmodum solent interfectores privatorum hominum, ut etiam imagines tale quid designantium in templis statuant.

Quod si tu tyrannum existimas, propterea quod fortunas, quam privati homines, ampliores habeat, etiam majorem ex iis voluptatem percipere; ne id quidem ita se habet, mi Simonides : sed quemadmodum athletae non quum imperitos superant, laetantur; sed ubi ab adversariis superantur, tum vero ingenti molestia afficiuntur : sic et tyrannus non quum plura possidere videtur, quam privati homines, tum gaudet; sed magnum ex eo dolorem percipit, si minus quam tyranni ceteri habeat. Nam hos in opibus adversarios suos esse statuit. Neque citius tyranno, quod concupiscit, obtingit, quam homini privato. Homo enim privatus vel domum, vel fundum, vel servum appetit; tyrannus autem vel oppida, vel regionem amplam, vel portus, vel munitas arces : quae nullo majori cum difficultate ac periculo acquiruntur, quam quae privati homines concupiscunt. Quin etiam non tam paucos, inter homines privatos, pauperes videbis, quam multos, inter tyrannos. Quippe numero nec ea quae multa sunt, nec quae sufficiunt, aestimantur, sed ex usu. Quo fit, ut quae superant ultra id quod satis est, multa sint; quae vero sunt infra id quod sufficit, pauca. Tyranno igitur multis partibus plura minus ad necessarios sumptus sufficiunt, quam homini privato. Nam privatis licet praecidere sumptus quotidianos, ex animi arbitratu ; quod in tyranno locum non habet. Etenim maximos sumptus, eosque summe necessarios in excubias vitae faciunt, de quibus si quid decidatur, id cum ipsorum exitio conjunctum esse videtur. Deinde quicumque habere justa ratione possunt quantum requirunt, cur eos quis misereatur ut inopes? at qui ob ege-

νητας; ὅσοι δ' ἀναγκάζονται δι' ἔνδειαν κακόν τι καὶ αἰσχρὸν μηχανώμενοι ζῆν, πῶς οὐ τούτους ἀθλίους ἄν τις καὶ πένητας δικαίως καλοῖ; (11) Οἱ τύραννοι τοίνυν ἀναγκάζονται πλεῖστα συλᾶν ἀδίκως καὶ ἱερὰ καὶ ἀνθρώπους, διὰ τὸ εἰς τὰς ἀναγκαίας δαπάνας ἀεὶ προσδεῖσθαι χρημάτων. Ὥσπερ γὰρ πολέμου ὄντος ἀεὶ ἀναγκάζονται στράτευμα τρέφειν ἢ ἀπολωλέναι.

ΚΕΦΑΛΑΙΟΝ Ε.

Χαλεπὸν δ' ἐρῶ σοι καὶ ἄλλο πάθημα, ὦ Σιμωνίδη, τῶν τυράννων. Γιγνώσκουσι μὲν γὰρ οὐδὲν ἧττον τῶν ἰδιωτῶν τοὺς κοσμίους τε καὶ σοφοὺς καὶ δικαίους. Τούτους δ' ἀντὶ τοῦ ἄγασθαι φοβοῦνται, τοὺς μὲν ἀνδρείους, μή τι τολμήσωσι τῆς ἐλευθερίας ἕνεκεν, τοὺς δὲ σοφούς, μή τι μηχανήσωνται, τοὺς δὲ δικαίους, μὴ ἐπιθυμήσῃ τὸ πλῆθος ὑπ' αὐτῶν προστατεῖσθαι. (2) Ὅταν δὲ τοὺς τοιούτους διὰ τὸν φόβον ὑπεξαιρῶνται, τίνες ἄλλοι αὐτοῖς καταλείπονται χρῆσθαι ἀλλ' ἢ οἱ ἄδικοί τε καὶ ἀκρατεῖς καὶ ἀνδραποδώδεις; οἱ μὲν ἄδικοι πιστευόμενοι, διότι φοβοῦνται ὥσπερ οἱ τύραννοι τὰς πόλεις μήποτε ἐλεύθεραι γενόμεναι ἐγκρατεῖς αὐτῶν γένωνται, οἱ δ' ἀκρατεῖς τῆς εἰς τὸ παρὸν ἐξουσίας ἕνεκα, οἱ δ' ἀνδραποδώδεις, διότι οὐδ' αὐτοὶ ἀξιοῦσιν ἐλεύθεροι εἶναι. Χαλεπὸν οὖν καὶ τοῦτο τὸ πάθημα ἔμοιγε δοκεῖ εἶναι, τὸ ἄλλους μὲν ἡγεῖσθαι ἀγαθοὺς ἄνδρας, ἄλλοις δὲ χρῆσθαι ἀναγκάζεσθαι. (3) Ἔτι δὲ φιλόπολιν μὲν ἀνάγκη καὶ τὸν τύραννον εἶναι· ἄνευ γὰρ τῆς πόλεως οὔτ' ἂν σώζεσθαι δύναιτο οὔτ' ἂν εὐδαιμονεῖν· ἡ δὲ τυραννὶς ἀναγκάζει καὶ ταῖς ἑαυτῶν πατρίσιν ἐγκαλεῖν. Οὔτε γὰρ ἀλκίμους οὔτ' εὐόπλους χαίρουσι τοὺς πολίτας παρασκευάζοντες, ἀλλὰ τοὺς ξένους δεινοτέρους τῶν πολιτῶν ποιοῦντες ἥδονται μᾶλλον καὶ τούτοις χρῶνται δορυφόροις. (4) Ἀλλὰ μὴν οὐδ' ἂν εὐετηριῶν γενομένων ἀφθονία τῶν ἀγαθῶν γίγνηται, οὐδὲ τότε συγχαίρει ὁ τύραννος. Ἐνδεεστέροις γὰρ οὖσι ταπεινοτέροις αὐτοῖς οἴονται χρῆσθαι.

ΚΕΦΑΛΑΙΟΝ ς.

Βούλομαι δέ σοι, ἔφη, ὦ Σιμωνίδη, κἀκείνας τὰς εὐφροσύνας δηλῶσαι ὅσαις ἐγὼ χρώμενος ὅτ' ἦν ἰδιώτης, νῦν ἐπειδὴ τύραννος ἐγενόμην, αἰσθάνομαι στερόμενος αὐτῶν. (2) Ἐγὼ γὰρ ξυνῆν μὲν ἡλικιώταις ἡδόμενος ἡδομένοις ἐμοί, συνῆν δὲ ἐμαυτῷ, ὁπότε ἡσυχίας ἐπιθυμήσαιμι, διῆγον δ' ἐν συμποσίοις πολλάκις μὲν μέχρι τοῦ ἐπιλαθέσθαι πάντων εἴ τι χαλεπὸν ἐν ἀνθρωπίνῳ βίῳ ἦν, πολλάκις δὲ μέχρι τοῦ ᾠδαῖς τε καὶ θαλίαις καὶ χοροῖς τὴν ψυχὴν συγκαταμιγνύναι, πολλάκις δὲ μέχρι κοινῆς ἐπιθυμίας ἐμῆς τε καὶ τῶν παρόντων. (3) Νῦν δὲ ἀπεστέρημαι μὲν τῶν ἡδομένων ἐμοὶ διὰ τὸ δούλους ἀντὶ φίλων ἔχειν τοὺς ἑταίρους, ἀπεστέρημαι δ' αὐτὸς

CAPUT V.

Exponam vero tibi, mi Simonides, etiam aliam quamdam regum sane gravem calamitatem. Etenim non minus norunt quam privati homines, quinam egregii viri sint, et sapientes, et justi : sed quum eos suspicere deberent, metuunt; fortes quidem, ne quid libertatis causa audeant; sapientes, ne quid artificiose moliantur; justos, ne plebs eos sibi præesse cupiat. Quum vero hujusmodi homines e medio propter metum sustulerint, quinam alii sunt ipsis reliqui, quorum scilicet uti opera possunt, quam injusti, intemperantes, serviles? Injusti, quod his fides habeatur, utpote qui metuunt æque, ac tyranni, ne ad libertatem urbes quum pervenerint, ipsos suam in potestatem redigant : intemperantes, ob præsentem licentiam : serviles, quod ne ipsi quidem liberi esse cupiant. Quapropter equidem arbitror, hanc etiam calamitatem gravem esse, quod alios quidem viros bonos esse ducant, aliis vero uti cogantur. Præterea necesse est, etiam tyrannum civitatis suæ studiosum esse, quippe qui absque civitate neque salvus esse possit, neque beatus : at cogit eadem tyrannis quosdam, ut patriam quoque suam ignominia adficiant. Nec enim cives suos fortes efficere, nec armis instruere gaudent : sed magis ipsis volupe est, exterorum potentiam supra cives amplificare, atque his satellitum loco utuntur. Quin etiam quum proventus annonæ benignator omnium bonorum ubertatem adfert, ne tum quidem tyrannus communem cum ceteris voluptatem percipit. Existimat enim, suos in rerum inopia humilioribus animis futuros.

CAPUT VI.

Volo autem tibi, mi Simonides, etiam illas voluptates exponere, quibuscumque, dum privatus adhuc essem, utebar, spoliatus eis, uti quidem animadverto, posteaquam regnum adeptus sum. Versabar cum æqualibus, quorum ego consuetudine delectabar, sicut et illi mea : versabar et mecum solo, si quando quietem expeterem. Intereram sæpenumero conviviis eo usque, dum omnium oblivisceret; quæ hominum in vita molesta eveniunt; sæpenumero dum cantilenis, hilaritatibus, choreis animum commiscerem; sæpenumero quamdiu tum nihil tum iis qui aderant, collubitum fuisset. Nunc vero spoliatus iis sum, quæ mihi jucunda erant; idque propterea, quod amicorum loco, ser-

τοῦ ἡδέως ἐκείνοις ὁμιλεῖν διὰ τὸ μηδεμίαν ἐνορᾶν εὔνοιαν ἐμοὶ παρ' αὐτῶν· μέθην δὲ καὶ ὕπνον ὁμοίως ἐνέ-
δρᾳ φυλάττομαι. (4) Τὸ δὲ φοβεῖσθαι μὲν ὄχλον, φοβεῖσθαι δ' ἐρημίαν, φοβεῖσθαι δὲ ἀφυλαξίαν, φοβεῖσθαι
δὲ καὶ αὐτοὺς τοὺς φυλάσσοντας, καὶ μήτ' ἀνόπλους
ἐθέλειν ἔχειν περὶ αὑτὸν μηθ' ὡπλισμένους ἡδέως θεᾶσθαι, πῶς οὐκ ἀργαλέον ἐστὶ πρᾶγμα; (5) Ἔτι δὲ ξένοις
μὲν μᾶλλον ἢ πολίταις πιστεύειν, βαρβάροις δὲ μᾶλλον
ἢ Ἕλλησιν, ἐπιθυμεῖν δὲ τοὺς μὲν ἐλευθέρους δούλους
ἔχειν, τοὺς δὲ δούλους ἀναγκάζεσθαι ποιεῖν ἐλευθέρους,
οὐ πάντα σοι ταῦτα δοκεῖ ψυχῆς ὑπὸ φόβων καταπε-
πληγμένης τεκμήρια εἶναι; (6) Ὅ γέ τοι φόβος οὐ
μόνον αὐτὸς ἐνὼν ταῖς ψυχαῖς λυπηρός ἐστιν, ἀλλὰ καὶ
πάντων τῶν ἡδέων συμπαρακολουθῶν λυμεὼν γίγνεται.
(7) Εἰ δὲ καὶ σὺ πολεμικῶν ἔμπειρος εἶ, ὦ Σιμωνίδη,
καὶ ἤδη ποτὲ πολεμίᾳ φάλαγγι πλησίον ἀντετάξω,
ἀναμνήσθητι ποῖον μέν τινα σῖτον ᾑροῦ ἐν ἐκείνῳ τῷ
χρόνῳ, ποῖον δέ τινα ὕπνον ἐκοιμῷ. (8) Οἷα μέντοι
σοὶ ποτ' ἦν τὰ λυπηρά, τοιαῦτ' ἐστὶ τὰ τῶν τυράννων
καὶ ἔτι δεινότερα· οὐ γὰρ ἐξ ἐναντίας μόνον, ἀλλὰ καὶ
πάντοθεν πολεμίους ὁρᾶν νομίζουσιν οἱ τύραννοι. (9)
Ταῦτα δ' ἀκούσας ὁ Σιμωνίδης ὑπολαβὼν εἶπεν, Ὑπάρ-
ευ μοι δοκεῖς ἔνια λέγειν. Ὁ γὰρ πόλεμος φοβερὸν
μέν, ἀλλ' ὅμως, ὦ Ἱέρων, ἡμεῖς γε ὅταν ὦμεν ἐν στρατιᾷ, φύλακας προκαθιστάμενοι θαῤῥαλέως δειπνόν τε
καὶ ὕπνου λαγχάνομεν. (10) Καὶ ὁ Ἱέρων ἔφη, Ναὶ
μὰ Δία, ὦ Σιμωνίδη, αὐτῶν μὲν γὰρ προφυλάττουσιν οἱ
νόμοι, ὥστε περὶ ἑαυτῶν φοβοῦνται καὶ ὑπὲρ ὑμῶν· οἱ
δὲ τύραννοι μισθοῦ φύλακας ἔχουσιν ὥσπερ θερισταῖς.
(11) Καὶ δεῖ μὲν δήπου τοὺς φύλακας μηδὲν οὕτω ποιεῖν
δύνασθαι ὡς πιστοὺς εἶναι· πιστὸν δὲ ἕνα πολὺ χαλεπώτερον εὑρεῖν ἢ πάνυ πολλοὺς ἐργάτας ὁποῖον βούλει ἔργου, ἄλλως τε καὶ ὁπόταν χρημάτων μὲν ἕνεκα παρῶσιν οἱ φυλάσσοντες, ἐξῇ δ' αὐτοῖς ἐν ὀλίγῳ χρόνῳ πολὺ
πλείω λαβεῖν ἀποκτείναντι τὸν τύραννον ἢ ὅσα πολὺν
χρόνον φυλάττοντες παρὰ τοῦ τυράννου λαμβάνουσιν.
(12) Ὁ δ' ἐζήλωσας ἡμᾶς ὡς τοὺς μὲν φίλους μάλιστα
εὖ ποιεῖν δυνάμεθα, τοὺς δ' ἐχθροὺς πάντων μάλιστα
χειρούμεθα, οὐδὲ ταῦθ' οὕτως ἔχει. (13) Φίλους μὲν
γὰρ πῶς ἂν νομίσαις ποτὲ εὖ ποιεῖν, ὅταν εὖ εἰδῇς ὅτι
ὁ τὰ πλεῖστα λαμβάνων παρὰ τοῦ ἥδιστ' ἂν ὡς τάχιστα
ἐξ ὀφθαλμῶν σου γένοιτο; ὅ,τι γὰρ ἄν τις λάβῃ παρὰ
τοῦ τυράννου, οὐδεὶς οὐδὲν αὑτοῦ νομίζει πρὶν ἂν ἔξω
τῆς τούτου ἐπικρατείας γένηται. (14) Ἐχθρούς δ' αὖ
πῶς ἂν φαίης μάλιστα τοῖς τυράννοις ἐξεῖναι χειροῦσθαι,
ὅταν εὖ εἰδῶσιν ὅτι ἐχθροὶ αὐτῶν εἰσὶ πάντες οἱ τυραν-
νούμενοι, τούτους δὲ μήτε κατακτείναιν ἅπαντας μήτε
δεσμεύειν οἷόν τε ᾖ, τίνων γὰρ ἔτι ἄρξει; ἀλλ' εἰδότα
ὅτι ἐχθροί εἰσι, τούτοις ἅμα μὲν φυλάττεσθαι δέῃ, καὶ
χρῆσθαι δ' αὐτοῖς ἀναγκάζεσθαι; (15) Εὖ δ' ἴσθι καὶ
τοῦτο, ὦ Σιμωνίδη, ὅτι καὶ οὓς τῶν πολιτῶν δεδίασι χαλεπῶς μὲν αὐτοὺς ζῶντας ὁρῶσι, χαλεπῶς δ' ἀποκτεί-
νουσιν· ὥσπερ γε καὶ ἵππος εἰ ἀγαθὸς μὲν εἴη φοβερὸς δὲ
μὴ ἀνήκεστόν τι ποιήσῃ, χαλεπῶς μὲν ἂν τις αὐτὸν

vorum sodalitio utar : sum item spoliatus dulci eorum consuetudine, propterea quod jam nullam in eis erga me
benevolentiam perspiciam. Ebrietatem ac somnum non
aliter atque insidias vito. Jam quod hominum turbam
metuo, quod e contrario solitudinem ; quod custodum absentiam, quod ipsos etiam custodes ; quod neque inermes eos
circum me habere volo, neque armatos lubenter adspicio :
quo pacto haec non res est aerumnosa? Praeterea plus exteris
habere fidei, quam civibus ; barbaris, quam Graecis ; cupere
ingenuis hominibus ut servis uti, contraque cogi ad conce-
dendam servis libertatem ; haec omnia non tibi esse videntur indicia perculsi a terroribus animi? Neque solum metus
ipse in animis molestiam doloremque creat, sed etiam existit voluptatum omnium quoddam exitium usque comitans.
Quod si tu quoque, Simonides, res bellicas expertus es,
atque aliquando adversus hostilem phalangem in acie con-
stitisti : quantum id temporis cibi sumpseris, recordare,
qualique somno sis usus. Nimirum quales tum molestias
experiebaris, tales tyranni semper experiuntur, atque etiam
graviores : non enim hostes solum ex adverso, sed omni ex
parte videre se putant. Quae quum Simonides audivisset,
Videris, inquit, mihi quaedam nimium bene dicere. Bellum
enim, terribile quidem illud est, sed tamen nos quum mili-
tamus, Hiero, excubiis ante castra collocatis, secure tum
coenamus tum dormimus. Et Hiero, Ita est profecto,
inquit : nimirum leges pro illis ipsis excubant ; quo fit ut
et suo et vestro nomine in metu sint : at tyranni custodes
habent stipendio conductos, perinde ac messores. Et
requiritur sane potissimum ab illis custodibus fides, verum
fidelem unum custodem multo difficilius inveneris, quam
multos admodum operarios, quodvis tandem opus desideres :
praesertim si custodes, quos diximus, pecuniae causa adsint, atque liceat eis, interfecto tyranno, multo majorem
pecuniae vim exiguo tempore consequi, quam diu pro
tyranno excubantes, ab eo accipiant. Jam quod felices
nos praedicasti, ut qui amicos maxime beneficiis adficere
possimus, et hostes facillime nostram in potestatem redigere, ne id quidem ita comparatum est. Nam quo pacto
existimare possis unquam de amicis bene te promeriturum,
si plane noris, eum qui accipit abs te plurima, lubentissime tuo ex conspectu abire quamprimum cupere? quidquid
enim abs tyranno quis accipit, ejus nihil esse suum arbitratur, priusquam ex illius potestate evaserit. Et quo pacto dicere possis, tyrannis facultatem inprimis non deesse
redigendi hostes in potestatem suam, quum certo sciant,
omnes illos se hostes habere, qui eorum imperio subjecti
sunt? at illos omnes neque occidere, neque vinculis con-
stringere possunt. Nam in quos tandem imperium esset?
Nimirum necesse est, eum, non ignorantem, se illos hostes
habere, simul et cavere sibi ab eis, et opera tamen ipsorum
uti. Hoc quoque scire debes, mi Simonides, a tyrannis
etiam illos cives, quos metuant, magna cum molestia vivos
adspici, neque cum minore occidi : perinde atque equum,
qui bonus quidem sit, metuatur autem, ne quod imme-

ἀποκτεῖναι διὰ τὴν ἀρετὴν, χαλεπῶς δὲ ζῶντι χρῆτο, εὐλαβούμενος μή τι ἀνήκεστον ἐν τοῖς κινδύνοις ἐργάσηται. (16) Καὶ τἆλλα γε κτήματα ὅσα χαλεπὰ μὲν χρήσιμα δ' ἐστὶν, ὁμοίως ἅπαντα λυπεῖ μὲν τοὺς κεκτημένους, λυπεῖ δὲ ἀπαλλασσομένους.

dicabile det malum, haud facile quis ob virtutem interficit, nec facile eo vivo utitur; dum cavet, ne in periculis malum insanabile sibi creet. Itidem res aliæ, quæcumque molestiam quamdam cum utilitate conjunctam habent, tum possidentibus tum abjicientibus eas dolorem adferunt.

ΚΕΦΑΛΑΙΟΝ Z.

Ἐπεὶ δὲ ταῦτα αὐτοῦ ἤκουσεν ὁ Σιμωνίδης, εἶπεν, Ἔοικεν, ἔφη, ὦ Ἱέρων, μέγα τι εἶναι ἡ τιμὴ, ἧς ὀρεγόμενοι οἱ ἄνθρωποι πάντα μὲν πόνον ὑποδύονται, πάντα δὲ κίνδυνον ὑπομένουσι. (2) Καὶ ὑμεῖς ὡς ἔοικε τοσαῦτα πράγματα ἐχούσης ὁπόσα λέγεις τῆς τυραννίδος, ὅμως προπετῶς φέρεσθε εἰς αὐτὴν, ὅπως τιμᾶσθε καὶ ὑπηρετῶσι μὲν ὑμῖν πάντες πάντα τὰ προςταττόμενα ἀπροφασίστως, περιβλέπωσι δὲ πάντες, ὑπανιστῶνται δ' ἀπὸ τῶν θάκων, ὁδῶν τε παραχωρῶσι, γεραίρωσι δὲ καὶ λόγοις καὶ ἔργοις πάντες οἱ παρόντες ἀεὶ ὑμᾶς· τοιαῦτα γὰρ δὴ ποιοῦσι τοὺς τυράννους οἱ ἀρχόμενοι καὶ ἄλλον ὅντινα ἂν τιμῶντες τυγχάνουσι. (3) Καὶ γάρ μοι δοκεῖ, ὦ Ἱέρων, τούτῳ διαφέρειν ἀνὴρ τῶν ἄλλων ζώων, τῷ τιμῆς ὀρέγεσθαι. Ἐπεὶ σιτίοις γε καὶ ποτοῖς καὶ ὕπνοις καὶ ἀφροδισίοις πάντα ὁμοίως ἥδεσθαι ἔοικε τὰ ζῷα· ἡ δὲ φιλοτιμία οὔτ' ἐν τοῖς ἀλόγοις ζῴοις ἐμφύεται οὔτ' ἐν ἅπασιν ἀνθρώποις· οἷς δ' ἂν ἐμφυῇ τιμῆς τε καὶ ἐπαίνου ἔρως, οὗτοί εἰσιν ἤδη οἱ πλεῖστον μὲν τῶν βοσκημάτων διαφέροντες, ἄνδρες δὲ καὶ οὐκέτι ἄνθρωποι μόνον νομιζόμενοι. (4) Ὥστε ἐμοὶ μὲν εἰκότως δοκεῖτε ταῦτα πάντα ὑπομένειν ἃ φέρετε ἐν τῇ τυραννίδι, ἐπείπερ τιμᾶσθε διαφερόντως τῶν ἄλλων ἀνθρώπων. Καὶ γὰρ οὐδεμία ἀνθρωπίνη ἡδονὴ τοῦ θείου ἐγγυτέρω δοκεῖ εἶναι ἢ ἡ περὶ τὰς τιμὰς εὐφροσύνη. (5) Πρὸς ταῦτα δὴ εἶπεν ὁ Ἱέρων, Ἀλλ', ὦ Σιμωνίδη, καὶ αἱ τιμαὶ τῶν τυράννων ὅμοιαι ἐμοὶ δοκοῦσιν εἶναι οἷάπερ ἐγώ σοι τὰ ἀφροδίσια ὄντα αὐτῶν ἀπέδειξα. (6) Οὔτε γὰρ αἱ μὴ ἐξ ἀντιφιλούντων ὑπουργίαι χάριτες ἡμῖν ἐδόκουν εἶναι οὔτε τὰ ἀφροδίσια τὰ βίαια ἡδέα ἐφαίνετο. Ὡσαύτως τοίνυν οὐδὲ αἱ ὑπουργίαι αἱ παρὰ τῶν φοβουμένων τιμαί εἰσι. (7) Πῶς γὰρ ἂν φαίημεν ἢ τοὺς βίᾳ ἐξανισταμένους θάκων διὰ τὸ τιμᾶν τοὺς ἀδικοῦντας ἐξανίστασθαι, ἢ τοὺς ὁδῶν παραχωροῦντας τοῖς κρείττοσι διὰ τὸ τιμᾶν τοὺς ἀδικοῦντας παραχωρεῖν; (8) Καὶ δῶρά γε διδόασιν οἱ πολλοὶ τούτῳ οὓς μισοῦσι, καὶ ταῦτα ὅταν μάλιστα φοβῶνται μή τι κακὸν ὑπ' αὐτῶν πάθωσιν. Ἀλλὰ ταῦτα μὲν οἶμαι δουλείας ἔργα εἰκότως ἂν νομίζοιτο· αἱ δὲ τιμαὶ ἔμοιγε δοκοῦσιν ἐκ τῶν ἐναντίων τούτοις γίγνεσθαι. (9) Ὅταν γὰρ ἄνθρωποι ἄνδρα ἡγησάμενοι εὐεργετεῖν ἱκανὸν εἶναι, καὶ ἀπολαύειν αὐτοῦ ἀγαθὰ νομίσαντες, ἔπειτα τούτου ἀνὰ στόμα τε ἔχωσιν ἐπαινοῦντες, θεῶνταί τ' αὐτὸν ὡς οἰκεῖον ἕκαστος ἀγαθόν, ἑκόντες τε παραχωρῶσι τούτῳ ὁδῶν καὶ θάκων ὑπανιστῶνται φιλοῦντές τε καὶ μὴ φοβούμενοι, καὶ στεφανῶσι κοινῆς ἀρετῆς καὶ εὐεργεσίας ἕνεκα, καὶ δωρεῖσθαι ἐθέ-

CAPUT VII.

His ex ipso auditis Simonides, Magnum, inquit, esse quiddam honos videtur, Hiero; quem qui adpetunt, laborem omnem subeunt, omne periculum sustinent. Vos quoque, sicuti videtur, utut tantum molestiarum tyrannis habeat, quantum commemoras, nihilominus præcipiti ad eam impetu ferimini, ut nimirum honorem adipiscamini, atque ut vobis omnes in omnibus, quæ mandatis, sine ulla recusatione inserviant, universi vos respiciant, de sellis adsurgant, de via cedant; omnes denique qui adsint semper vobis tum verbis tum factis honorem deferant. Nam talia quidem certe subditi regibus exhibent, atque aliis, quos suo quemque tempore honoribus adficiendi. Etenim videtur, Hiero, ceteris ab animantibus homo in hoc mihi differre, quod honoris sit cupidus. Nam de cibis, potu, somno, re venerea, consentaneum est, pari quodam modo animalia cuncta voluptatem percipere: verum ambitio neque animantibus rationis expertibus a natura inest, neque cuivis homini. Quibus autem honoris ac laudis innata est cupiditas, illi vero sunt, qui plurimum a pecudum natura differunt, ac viri plane, non homines duntaxat existimantur. Quo fit, ut equidem arbitrer, merito vos omnia in regno, quæ fertis, ferre, quando supra mortales ceteros vobis honos defertur. Nulla enim voluptas humana videtur ad divinam accedere propius, quam ea, quæ ex honoribus percipitur, delectatio. Ad hæc Hiero, Verum, mi Simonides, ait, etiam honores tyrannorum illis mihi consimiles venereis congressibus esse videntur, qualibus eos uti ego tibi demonstrabam. Nam neque obsequia eorum qui non redamarent, pro gratificationibus habenda nobis videbantur, nec congressus veneret vi extorti, voluptati esse. Eodem scilicet modo nec obsequia præstita ab illis qui nos metuunt, pro honoribus haberi debent. Nam qui dicere possimus, eos qui vi coacti de sellis adsurgunt, idcirco surgere, quod homines injustos honore cupiant adficere? vel eos qui superioribus de via cedunt, idcirco decedere, ut injustos homines honore adficiant? Plerique certe etiam iis quos odere, munera largiuntur; idque tum maxime, quum metuunt, ne quid ipsis mali ab eis accidat. Verum hæc mea quidem sententia servilia putari merito debent, quum honores ex eis oriantur, quæ his sunt contraria. Nam quum hominum ea est opinio, ut quis ad bene de ipsis promerendum satis sit idoneus, ab eoque se bonis fruituros arbitrantur: tum vero si eum et prædicantes in ore habeant, et tamquam bonum proprium singuli spectent, ac lubentibus animis ei de via cedant, de sellis adsurgant, cum benevolentia, non metu, et virtutis ac beneficiorum in rempublicam causa coronis

ΙΕΡΩΝΟΣ ΚΕΦ. ΙΙ.

λωσιν, οἱ αὐτοὶ οὗτοι ἔμοιγε δοκοῦσι τιμᾶν τε τοῦτον ἀληθῶς οἷ ἂν τοιαῦτα ὑπουργήσωσι, καὶ ὁ τούτων ἀξιούμενος τιμᾶσθαι τῷ ὄντι. (10) Καὶ ἔγωγε τὸν μὲν οὕτω τιμώμενον μακαρίζω· αἰσθάνομαι γὰρ αὐτὸν οὐκ ἐπιβουλευόμενον, ἀλλὰ φροντιζόμενον, μή τι πάθῃ, καὶ ἀρόδως, καὶ ἀνεπιφθόνως, καὶ ἀκινδύνως, καὶ εὐδαιμόνως τὸν βίον διάγοντα· ὁ δὲ τύραννος, ὡς ὑπὸ πάντων ἀνθρώπων κατακεκριμένος δι' ἀδικίαν ἀποθνήσκειν, οὕτως, ὦ Σιμωνίδη, εὖ ἴσθι, καὶ νύκτα καὶ ἡμέραν διάγει. (11) Ἐπεὶ δὲ ταῦτα πάντα διήκουσεν ὁ Σιμωνίδης, Καὶ πῶς, ἔφη, ὦ Ἱέρων, εἰ οὕτω πονηρόν ἐστι τὸ τυραννεῖν, καὶ τοῦτο σὺ ἔγνωκας, οὐκ ἀπαλλάττῃ οὕτω μεγάλου κακοῦ; οὔτε σύ, οὔτε ἄλλος μὲν δὴ οὐδείς πώποτε ἑκὼν εἶναι τυραννίδος ἀφεῖτο, ὅπερ ἂν ἅπαξ κτήσαιτο; (12) Ὅτι, ἔφη, ὦ Σιμωνίδη, καὶ ταύτῃ ἀθλιώτατόν ἐστιν ἡ τυραννίς· οὐδὲ γὰρ ἀπαλλαγῆναι δυνατὸν αὐτῆς ἐστι. Πῶς γὰρ ἄν τις ποτὲ ἐξαρκέσειε τυράννῳ ἢ χρήματα ἐκτίνων, ὅσους ἀφείλετο, ἢ δεσμοὺς ἀντιπάσχων, ὅσους δὴ ἐδέσμευσεν, ἢ ὅσους κατέκτανε, πῶς ἂν ἱκανὰς ψυχὰς ἀντιπαράσχοιτο ἀποθανουμένας; (13) Ἀλλ' εἴπερ τῳ ἄλλῳ, ὦ Σιμωνίδη, λυσιτελεῖ ἀπάγξασθαι, ἴσθι, ἔφη, ὅτι τυράννῳ ἔγωγε εὑρίσκω μάλιστα τοῦτο λυσιτελοῦν ποιῆσαι. Μόνῳ γὰρ αὐτῷ οὔτε ἔχειν, οὔτε καταθέσθαι τὰ κακὰ λυσιτελεῖ.

ΚΕΦΑΛΑΙΟΝ Η.

Καὶ ὁ Σιμωνίδης ὑπολαβὼν εἶπεν, Ἀλλὰ τὸ μὲν νῦν, ὦ Ἱέρων, ἀθύμως ἔχειν σε πρὸς τὴν τυραννίδα οὐ θαυμάζω, ἐπείπερ ἐπιθυμῶν φιλεῖσθαι ὑπ' ἀνθρώπων, ἐμποδών σοι τούτου νομίζεις αὐτὴν εἶναι. Ἐγὼ μέντοι ἔχειν μοι δοκῶ διδάξαι σε, ὡς τὸ ἄρχειν οὐδὲν ἀποκωλύει τοῦ φιλεῖσθαι, ἀλλὰ καὶ πλεονεκτεῖ γε τῆς ἰδιωτείας. (2) Ἐπισκοποῦντες δὲ αὐτό, εἰ οὕτως ἔχει, μήπω ἐκεῖνο σκοπῶμεν, εἰ διὰ τὸ μείζω δύνασθαι ὁ ἄρχων καὶ χαρίζεσθαι πλείω δύναιτ' ἄν, ἀλλ', ἂν τὰ ὅμοια ποιῶσιν ὅ τε ἰδιώτης καὶ ὁ τύραννος, ἐννόει, πότερος μείζω ἀπὸ τῶν ἴσων κτᾶται χάριν. Ἄρξομαι δέ σοι ἀπὸ τῶν μικροτάτων παραδειγμάτων. (3) Ἰδὼν γὰρ πρῶτον προσειπάτω τινὰ φιλικῶς ὅ τε ἄρχων καὶ ὁ ἰδιώτης· ἐν τούτῳ τὴν ποτέρου πρόσρησιν μᾶλλον εὐφραίνειν τὸν ἀκούσαντα νομίζεις; Ἴθι δὴ ἐπαινεσάντων ἀμφοτέρων τὸν αὐτὸν τὴν ποτέρου δοκεῖς ἔπαινον ἐξικνεῖσθαι μᾶλλον εἰς εὐφροσύνην; θύσας δέ τις τιμήσας ἑκάτερος τὴν παρὰ ποτέρου τιμὴν μείζονος ἂν χάριτος δοκεῖς τυγχάνειν; (4) Κάμνοντα θεραπευσάτωσαν ὁμοίως· οὐκοῦν τοῦτο σαφὲς ὅτι αἱ ἀπὸ τῶν δυνατωτάτων θεραπεῖαι καὶ χαρὰν ἐμποιοῦσι μεγίστην; Δότωσαν δὴ τὰ ἴσα· οὐ καὶ ἐν τούτῳ σαφὲς ὅτι αἱ ἀπὸ τῶν δυνατωτάτων ἡμίσεαι χάριτες πλέον ἢ ὅλον τὸ παρὰ τοῦ ἰδιώτου δώρημα δύνανται; (5) Ἀλλ' ἔμοιγε δοκεῖ καὶ ἐκ θεῶν τιμή τις καὶ χάρις συμπαρέπεσθαι ἀνδρὶ ἄρχοντι.

ornent, muneraque largiantur: hi vero videntur mihi, quotquot hæc obsequia præstant, revera ipsum honore prosequi; pariterque is, quem his dignantur, revera honore adfici. Atque ego illum, cui talis honos defertur, felicem prædico: nam animadverto, insidias ei nullas fieri, sed aliis id esse curæ, ne quid ipsi accidat: adeoque hunc metus, invidiæ, periculi expertem, ævum beatum agere: at tyrannus sat scito, mi Simonides, neque noctu, neque interdiu vivit aliter, atque si propter injustitiam damnatus ad mortem ab hominibus universis esset. Posteaquam hæc omnia Simonides audivisset, Qui vero fit, inquit, Hiero, quod quum tam mala res sit regno potiri, idque tu animadverteris, tam grandi malo temet non liberes? an nec tu, nec quisquam alius umquam sponte sua regnum reliquerit, posteaquam semel id nactus esset? Quia enim, ait, mi Simonides, hac ipsa in parte miserrimum quiddam est tyrannis. Nec enim ea quis liberari potest. Nam qui tandem tyrannus quispiam tantum opum habeat, quantum satis sit ad persolvendum iis quibus abstulit sua? qui compensare possit iis vincula, quos vinculis constrinxit? qui tot animas ad mortem ab iis retribuat, quot e medio sustulit? Nimirum si ulli alii, mi Simonides, laqueo vitam ut finiat, expedit, equidem reperio maxime tyranni e re esse, ut id faciat. Nam illi soli neque retinere, neque deponere quæ mala sunt, expedit.

CAPUT VIII.

Et Simonides hoc ipsius sermone excepto, Te vero, inquit, non æquo esse erga tyrannidem animo non miror, Hiero: quippe dum amari ab hominibus cupis, hanc esse tibi impedimento arbitraris. At ego posse me docere arbitror, imperium minime prohibere, quominus quis diligatur: immo etiam in hoc vitam privatam superare. Verum in hac consideratione non ad hoc respiciamus, num is, qui cum imperio est, propterea quod potentiam majorem habeat, beneficia præstare majora possit; sed si paria faciant homo privatus et rex, cogites velim, uter paribus beneficiis plus sit initurus gratiæ. Ordiar autem minimis ab exemplis. Primum aliquem visum amanter tum princeps, tum privatus aliquis, salutet: utrius compellationem magis illi, qui audiat, gratam fore arbitraris? Age vero, si ambo aliquem laudent, utrius prædicationem existimas eo magis pertingere, ut voluptati sit? Facta re sacra, honoris causa aliquem uterque vocet; ab utro putas exhibitum honorem, majorem mereri gratiam? Adversa valetudine laborantis uterque similiter curam habeat: an non clarissime adparebit, profectam ab iis qui plurimum possunt curam, et officia, maximam quoque lætitiam adferre? Donent utrique æqualia: an non hic etiam perspicuum erit, profecta ab eis qui plurimum possunt, dimidia beneficia plus posse, quam totam hominis privati largitionem? Equidem puto etiam divinitus fieri, ut hominem, qui cum imperio sit, honor ac gratia quædam comitetur. Non quod hominem pulchriorem

Μὴ γὰρ ὅτι καλλίονα ποιεῖ ἄνδρα, ἀλλὰ καὶ τὸν αὐτὸν τοῦτον καλλίω θεώμεθά τε ὅταν ἄρχῃ ἢ ὅταν ἰδιωτεύῃ, διαλεγόμενοί τε ἀγαλλόμεθα τοῖς προτετιμημένοις μᾶλλον ἢ τοῖς ἐκ τοῦ ἴσου ἡμῖν οὖσι. (6) Καὶ μὴν παιδικά γε, ἐν οἷς δὴ καὶ οὐ μάλιστα κατεμέμφω τὴν τυραννίδα, ἥκιστα μὲν γῆρας ἄρχοντος δυσχεραίνει, ἥκιστα δ' αἶσχος, πρὸς ὃν ἂν τυγχάνῃ ὁμιλῶν, τοῦτον ὑπολογίζεται. Αὐτὸ γὰρ τὸ τετιμῆσθαι μάλιστα συνεπικοσμεῖ, ὥστε τὰ μὲν δυσχερῆ ἀφανίζειν, τὰ δὲ καλὰ λαμπρότερα ἀναφαίνειν. (7) Ὁπότε γε μὴν ἐκ τῶν ἴσων ὑπουργημάτων μειζόνων χαρίτων ὑμεῖς τυγχάνετε, πῶς οὐκ ἐπειδάν γε ὑμεῖς πολλαπλάσια μὲν διαπράττοντες ὠφελεῖν δύνησθε, πολλαπλάσια δὲ δωρεῖσθαι ἔχητε, ὑμᾶς καὶ πολὺ μᾶλλον φιλεῖσθαι τῶν ἰδιωτῶν προσήκει; (8) Καὶ ὁ Ἱέρων εὐθὺς ὑπολαβών, Ὅτι νὴ Δία, ἔφη, ὦ Σιμωνίδη, καὶ ἐξ ὧν ἀπεχθάνονται οἱ ἄνθρωποι, ἡμᾶς πολὺ πλείω τῶν ἰδιωτῶν ἀνάγκη ἐστὶ πραγματεύεσθαι. (9) Πρακτέον μέν γε χρήματα, εἰ μέλλομεν ἕξειν δαπανᾶν εἰς τὰ δέοντα, ἀναγκαστέον δὲ φυλάσσειν ὅσα δεῖται φυλακῆς, κολαστέον δὲ τοὺς ἀδίκους, κωλυτέον δὲ τοὺς ὑβρίζειν βουλομένους· καὶ ὅταν γε τάχους καιρὸς παραστῇ ἢ πεζῇ ἢ κατὰ θάλασσαν ἐξορμᾶσθαι, οὐκ ἐπιτρεπτέον τοῖς ῥᾳδιουργοῦσιν. (10) Ἔτι δὲ μισθοφόρων μὲν ἀνδρὶ τυράννῳ δεῖ· τούτου δὲ βαρύτερον φόρημα οὐδέν ἐστι τοῖς πολίταις. Οὐ γὰρ τυράννοις ἰσοτίμους, ἀλλὰ πλεονεξίας ἕνεκα νομίζουσι τούτους τρέφεσθαι.

ΚΕΦΑΛΑΙΟΝ Θ.

Πρὸς ταῦτα δὴ πάλιν εἶπεν ὁ Σιμωνίδης, Ἀλλ' ὅπως μὲν οὐ πάντων τούτων ἐπιμελητέον, ὦ Ἱέρων, οὐ λέγω. Ἐπιμέλειαι μέντοι μοι δοκοῦσιν αἱ μὲν πάνυ πρὸς ἔχθραν ἄγειν, αἱ δὲ πάνυ διὰ χαρίτων εἶναι. (2) Τὸ μὲν γὰρ διδάσκειν ἅ ἐστι βέλτιστα, καὶ τὸν κάλλιστα ταῦτα ἐξεργαζόμενον ἐπαινεῖν καὶ τιμᾶν, αὕτη μὲν ἡ ἐπιμέλεια διὰ χαρίτων γίγνεται, τὸ δὲ τὸν ἐνδεῶς τι ποιοῦντα λοιδορεῖν τε καὶ ἀναγκάζειν καὶ ζημιοῦν καὶ κολάζειν, ταῦτα δὲ ἀνάγκη δι' ἀπεχθείας μᾶλλον γίγνεσθαι. (3) Ἐγὼ οὖν φημι ἀνδρὶ ἄρχοντι τὸ μὲν τὸν ἀνάγκης δεόμενον ἄλλοις προστακτέον εἶναι κολάζειν, τὸ δὲ τὰ ἆθλα ἀποδιδόναι δι' αὑτοῦ ποιητέον. Ὡς δὲ ταῦτα καλῶς ἔχει μαρτυρεῖ τὰ γιγνόμενα. (4) Καὶ γὰρ ὅταν χοροῖς ἡμῖν βουλώμεθα ἀγωνίζεσθαι, ἆθλα μὲν ὁ ἄρχων προτίθησιν, ἀθροίζειν δὲ αὐτοὺς προστέτακται χορηγοῖς καὶ ἄλλοις διδάσκειν καὶ ἀνάγκην προστιθέναι τοῖς ἐνδεῶς τι ποιοῦσιν. Οὐκοῦν εὐθὺς ἐν τούτοις τὸ μὲν ἐπίχαρι διὰ τοῦ ἄρχοντος ἐγένετο, τὰ δ' ἀντίτυπα δι' ἄλλων. (5) Τί οὖν κωλύει καὶ τἆλλα τὰ πολιτικὰ οὕτω περαίνεσθαι; διῄρηνται μὲν γὰρ ἅπασαι αἱ πόλεις αἱ μὲν κατὰ φυλάς, αἱ δὲ κατὰ μόρας, αἱ δὲ κατὰ λόχους, καὶ ἄρχοντες ἐφ' ἑκάστῳ μέρει ἐφεστήκασιν. (6) Οὐκοῦν εἴ τις καὶ τούτοις ὥσπερ τοῖς χοροῖς ἆθλα προτι-

---

efficiat imperium, sed eundem ipsum tamquam pulchriorem contemplamur, ubi nactus est imperium; quam quum privatus esset: atque etiam magis avemus cum illis colloqui, qui eximio supra ceteros in honore sunt, quam cum iis, qui nobis sunt pares. Amores itidem (qua in parte tu maxime tyrannidem vituperabas) minime senectutem ejus, qui cum imperio est, moleste ferunt: neque ulla ratione id turpe ducitur, cum quocumque tandem ille conversetur. Nam ornamento est eis maximo, quod apud illum in honore sunt: itaque fit, ut quae in eo sunt molesta, evanescant; quae vero pulchra, splendidius elucescant. Enimvero quum ex paribus officiis majores vos ineatis gratias, et multo certe plura, quam nos, praestando juvare possitis alios, atque etiam multo plura largiri: cur non magis vos amari consentaneum fuerit, quam privatos homines? Et excepto ipsius sermone Hiero, Quia, mi Simonides, inquit, necesse nos est multo etiam plura ejusmodi agere, quam privatos, ob quae homines in odio sunt. Exigendae pecuniae, si quidem ad res necessarias sumptus habere volumus; cogendi quidam ad custodiendum ea quae custodia indigent; puniendi injusti, et coercendi qui petulantes esse volunt. Quod si celeritatem occasio temporis postulet, ad suscipiendam vel terra vel mari expeditionem, non ignavis res committenda est. Praeterea mercenario milite opus est regi; quo nullum onus civibus gravius est. Arbitrantur enim, hos a tyrannis ali, non ob juris aequalitatem tuendam, sed ad augendam potentiam.

CAPUT IX.

Ad quae rursus Simonides: Ego vero, mi Hiero, non nego harum omnium rerum curam suscipiendam esse: sed tamen videntur mihi curationes aliae prorsus in odium adducere, aliae magna cum gratia conjunctae esse. Nam docere quae optima sunt, et pulcherrime illa praestantem praedicare atque in honore habere, ea curatio cum gratia fit: at eum, qui non recte aliquid agit, conviciis incessere, cogere, multare, punire, haec vero cum odio potius fieri necesse est. Quamobrem ego equidem, debere illum qui cum imperio est, eum qui vi cogendus foret, aliis puniendum mandare; praemia vero per se ipsum largiri. Quod sane recte fieri, rerum eventa testantur. Nam quum choros decertare volumus, praemia quidem praefectus ipse proponit, congregandi autem ipsos munus choragis datur, itemque aliis, docendi, et cogendi eos qui non sat recte aliquid praestent. Ita statim hic quod cum gratia conjunctum est, per praefectum ipsum curatur; quae vero dura sunt, per alios. Quid igitur impedimento sit, quominus etiam res civiles ceterae consimili ratione peragantur? Divisae sunt enim urbes universae partim in tribus, partim in Moras, partim in Lochos, ac singulis partibus praefecti quidam sunt. Quamobrem si quis his quoque, tamquam choris, praemia proponeret ob insignem armaturam, ob ordinis observatio-

θείη καὶ εὐοπλίας καὶ εὐταξίας καὶ ἱππικῆς καὶ ἀλκῆς τῆς ἐν πολέμῳ καὶ δικαιοσύνης τῆς ἐν συμβολαίοις, εἰκὸς καὶ ταῦτα πάντα διὰ φιλονεικίαν εὐτόνως ἀσκεῖσθαι. (7) Καὶ ναὶ μὰ Δία ὁρμῶντό γ᾽ ἂν θᾶσσον ὅπαι δέοι, τιμῆς ὀρεγόμενοι, καὶ χρήματα θᾶσσον ἂν εἰσφέροιεν, ὁπότε τοῦτου καιρὸς εἴη, καὶ τὸ πάντων μὲν χρησιμώτατον ἥκιστα δὲ εἰθισμένον διὰ φιλονεικίας πράσσεσθαι, ἡ γεωργία αὐτὴ ἂν πολὺ ἐπιδοίη, εἰ τις ἆθλα προτιθείη κατ᾽ ἀγροὺς ἢ κατὰ κώμας τοῖς κάλλιστα τὴν γῆν ἐξεργαζομένοις, καὶ τοῖς εἰς τοῦτο τῶν πολιτῶν ἐρρωμένως τρεπομένοις πολλὰ ἂν ἀγαθὰ παραίνοιτο. (8) Καὶ γὰρ αἱ πρόσοδοι αὔξοιντ᾽ ἂν καὶ ἡ σωφροσύνη πολὺ μᾶλλον σὺν τῇ ἀσχολίᾳ συμπαραμαρτοῖ. Καὶ μὴν κακουργίαι γε ἧσσον τοῖς ἐνεργοῖς ἐμφύονται. (9) Εἰ δὲ καὶ ἐμπορία ὠφελεῖ τι πόλιν, τιμώμενος ἂν ὁ πλεῖστα τοῦτο ποιῶν καὶ ἐμπόρους ἂν πλείους ἀγείροι. Εἰ δὲ φανερὸν γένοιτο ὅτι καὶ ὁ πρόσοδόν τινα ἄλυπον ἐξευρίσκων τῇ πόλει τιμήσεται, οὐδ᾽ αὕτη ἂν ἡ σκέψις ἀργοῖτο. (10) Ὡς δὲ συνελόντι εἰπεῖν, εἰ καὶ κατὰ πάντα ἐμφανὲς εἴη ὅτι ὁ ἀγαθόν τι εἰσηγούμενος οὐκ ἀτίμητος ἔσται, πολλοὺς ἂν καὶ τοῦτο ἐξορμήσειεν ἔργον ποιεῖσθαι τὸ σκοπεῖν τι ἀγαθόν. Καὶ ὅταν γε πολλοῖς περὶ τῶν ὠφελίμων μέλῃ, ἀνάγκη εὑρίσκεσθαί τε μᾶλλον καὶ ἐπιτελεῖσθαι. (11) Εἰ δὲ φοβῇ, ὦ Ἱέρων, μὴ ἐν πολλοῖς ἄθλοις προτεθεμένων πολλαὶ δαπάναι γίγνωνται, ἐννόησον ὅτι οὐκ ἔστιν ἐμπορεύματα λυσιτελέστερα ἢ ὅσα ἄνθρωποι ἄθλων ὠνοῦνται. Ὁρᾷς ἐν ἱππικοῖς καὶ γυμνικοῖς καὶ χορηγικοῖς ἀγῶσιν ὡς μικρὰ ἆθλα μεγάλας δαπάνας καὶ πολλοὺς πόνους καὶ πολλὰς ἐπιμελείας ἐξάγεται ἀνθρώπων;

ΚΕΦΑΛΑΙΟΝ Ι.

Καὶ ὁ Ἱέρων εἶπεν, Ἀλλὰ ταῦτα μέν, ὦ Σιμωνίδη, καλῶς μοι δοκεῖς λέγειν· περὶ δὲ τῶν μισθοφόρων ἔχεις τι εἰπεῖν ὡς μὴ μισεῖσθαι δι᾽ αὐτούς; ἢ λέγεις ὡς φιλίαν κτησάμενος ἄρχων οὐδὲν ἔτι δεήσεται δορυφόρων; (2) Ναὶ μὰ Δία, εἶπεν ὁ Σιμωνίδης, δεήσεται μὲν οὖν. Οἶδα γὰρ ὅτι ὥσπερ ἐν ἵπποις οὕτως καὶ ἐν ἀνθρώποις τισὶν ἐγγίγνεται, ὅσῳ ἂν ἔκπλεα τὰ δέοντα ἔχωσι, τοσούτῳ ὑβριστοτέροις εἶναι. (3) Τοὺς μὲν οὖν τοιούτους μᾶλλον ἂν σωφρονίζοι ὁ ἀπὸ τῶν δορυφόρων φόβος. Τοῖς δὲ καλοῖς κἀγαθοῖς ἀπ᾽ οὐδενὸς ἄν μοι δοκεῖς τοσαῦτα ὠφελήματα παρασχεῖν ὅσα ἀπὸ τῶν μισθοφόρων. (4) Τρέφεις μὲν γὰρ δήπου καὶ σὺ αὐτοὺς σαυτῷ φύλακας· ἤδη δὲ πολλοὶ καὶ δεσπόται βίᾳ ὑπὸ τῶν δούλων ἀπέθανον. Εἰ οὖν ἓν πρῶτον τοῦτ᾽ εἴη τῶν προστεταγμένων τοῖς μισθοφόροις ὡς πάντων ὄντας δορυφόρους τῶν πολιτῶν βοηθεῖν πᾶσιν, ἄν τι τοιοῦτον αἰσθάνωνται γιγνόμενον δέ που, ὡς πάντες ἴσμεν, κακοῦργοι ἐν πόλεσιν· εἰ οὖν καὶ τούτους φυλάττειν εἶεν τεταγμένοι, καὶ τοῦτ᾽ ἂν εἰδεῖεν ὑπ᾽ αὐτῶν ὠφελούμενοι. (5) Πρὸς δὲ τούτοις καὶ τοῖς ἐν τῇ χώρᾳ ἐργάταις καὶ

---

nem, ob rem equestrem, ob fortitudinem in bello, ob justitiam in commerciis: consentaneum esset, futurum ut etiam hæc omnia per contentionem acriter exercerentur. Ac profecto ad id, quo opus esset, celerius impellerentur, si quidem honoris cupiditate ducerentur; itemque citius pecuniam conferrent, quando sic usus postularet : et (quod quidem fructuosissimum est, quamquam per contentionem agi minime consueverit) ipsa agricultura magnum incrementum sumeret, si quis per agros, vel per vicos, optime terram excolentibus præmia constitueret; adeoque civibus; qui totis viribus in id incumberent, multa bona conficerentur. Nam et proventus augerentur, et modestia multo magis occupationum comes esset : ne dicam, etiam facinora minus in iis qui opus faciunt, existere. Quod si etiam mercatura reipublicæ commodum aliquod adfert, major mercatorum numerus excitabitur, si is, qui plurimum negotiatur, adfectus honore fuerit. Quod si futurum pateat, ut qui sine aliorum molestia proventum aliquem reipublicæ excogitat, et ipse ornetur, ne illa quidem consideratio cessaverit. Denique, summatim ut dicam, si in omnibus perspicuum esset, non cariturum honore, si quis boni alicujus auctor extiterit, multos hoc etiam impelleret, ut studiose boni aliquid investigarent. Quod si commoda reipublicæ multis curæ sint, necesse est magis et inveniri res, et præstari. Quod si metuis, Hiero, ne propositis ad multa præmiis, magni sumptus fiant, cogitato, nullas esse merces viliori pretio quam quæ præmiis redimuntur. Vides in equestribus, et gymnicis, et scenicis certaminibus, quam exiguis præmiis ingentes sumptus, multique labores, et multa etiam hominum studia eliciantur?

CAPUT X.

Et Hiero, Recte tu quidem, inquit, illa mihi dicere videris, Simonides. Ceterum de stipendiario milite num proferre quid potes, ut videlicet propter ipsos minus in odio simus? an aliis principem, amicitia hominum conciliata, satellitum opera nihil amplius egere? Immo, inquit Simonides, egebit certe. Nam scio, perinde ut equis, ita et hominibus quibusdam accidere, ut quanto magis ipsis necessaria suppetant, tanto sint petulantiores. Hos igitur magis modestos reddet ortus a satellitibus metus : bonis autem egregiisque viris nulla re tantum mihi posse prodesse videris, quantum his ipsis stipendiariis militibus. Nam aliis certe es, ut tui sint corporis custodes, et multi jamdudum domini vi suis a servis sunt interempti. Quod si primum hoc militi mercenario imperetur, ut succurrant omnibus, tamquam si essent satellites omnium civium, si quid animadverterint; quumque soleant, ut omnibus notum, existere facinorosi homines in civitatibus, hos quoque si observare jubeantur: scient cives, hanc se utilitatem ex eis percipere. Deinde ruri opus facientibus, ac jumentis quoque, consentaneum

κτήνεσιν οὗτοι ἂν εἰκότως καὶ θάρσος καὶ ἀσφάλειαν δύναιντο μάλιστα παρέχειν, ὁμοίως μὲν τοῖς σοῖς ἰδίοις, ὁμοίως δὲ τοῖς ἀνὰ τὴν χώραν. Ἱκανοί γε μὴν εἰσι καὶ σχολὴν παρέχειν τοῖς πολίταις τῶν ἰδίων ἐπιμελεῖσθαι, τὰ ἐπίκαιρα φυλάσσοντες. (6) Πρὸς δὲ τούτοις καὶ πολεμίων ἐφόδους κρυφαίας καὶ ἐξαπιναίας τίνες ἑτοιμότεροι ἢ προαισθέσθαι ἢ κωλῦσαι τῶν ἀεὶ ἐν ὅπλοις τε ὄντων καὶ συντεταγμένων; ἀλλὰ μὴν καὶ ἐν τῇ στρατιᾷ τί ἐστιν ὠφελιμώτερον πολίταις μισθοφόρων; τούτους γὰρ προπονεῖν καὶ προκινδυνεύειν καὶ προφυλάττειν εἰκὸς ἑτοιμοτάτους εἶναι. (7) Τὰς δ' ἀγχιτέρμονας πόλεις οὐκ ἀνάγκη διὰ τοὺς ἀεὶ ἐν ὅπλοις ὄντας καὶ εἰρήνης μάλιστα ἐπιθυμεῖν; οἱ γὰρ συντεταγμένοι καὶ σώζειν τὰ τῶν φίλων μάλιστα καὶ σφάλλειν τὰ τῶν πολεμίων δύναιντ' ἄν. (8) Ὅταν γε μὴν γνῶσιν οἱ πολῖται ὅτι οὗτοι κακὸν μὲν οὐδὲν ποιοῦσι τὸν μηδὲν ἀδικοῦντα, τοὺς δὲ κακουργεῖν βουλομένους κωλύουσι, βοηθοῦσι δὲ τοῖς ἀδικουμένοις, προνοοῦσι δὲ καὶ προκινδυνεύουσι τῶν πολιτῶν, πῶς οὐκ ἀνάγκη καὶ δαπανᾶν εἰς τούτους ἥδιστα; τρέφουσι γοῦν καὶ ἰδίᾳ ἐπὶ μείοσι τούτων φύλακας.

ΚΕΦΑΛΑΙΟΝ ΙΑ.

Χρὴ δὲ, ὦ Ἱέρων, οὐδ' ἀπὸ τῶν ἰδίων κτημάτων ὀκνεῖν δαπανᾶν εἰς τὸ κοινὸν ἀγαθόν. Καὶ γὰρ ἔμοιγε δοκεῖ τὰ εἰς τὴν πόλιν ἀναλούμενα μᾶλλον ἡγεῖ κόσμον ἄν σοι παρέχειν ἢ πᾶσαν τὴν πόλιν τείχεσί τε καὶ ναοῖς καὶ παραστάσι καὶ ἀγοραῖς καὶ λιμέσι κατεσκευασμένην; (3) ὅπλοις δὲ πότερον τοῖς ἐκπαγλοτάτοις αὐτὸς κατακεκοσμημένος δεινότερος ἂν φαίνοιο τοῖς πολεμίοις ἢ τῆς πόλεως ὅλης εὐόπλου σοι οὔσης; (4) προσόδους δὲ ποτέρως ἂν δοκεῖς πλείονας γίγνεσθαι, εἰ τὰ σὰ ἴδια μόνον ἐνεργὰ ἔχοις ἢ εἰ τὰ πάντων τῶν πολιτῶν μεμηχανημένος εἴης ἐνεργὰ εἶναι; (5) τὸ δὲ πάντων κάλλιστον καὶ μεγαλοπρεπέστατον νομιζόμενον εἶναι ἐπιτήδευμα ἁρματοτροφίαν, ποτέρως ἂν δοκεῖς μᾶλλον κοσμεῖν, εἰ αὐτὸς πλεῖστα τῶν Ἑλλήνων ἅρματα τρέφοις τε καὶ πέμποις εἰς τὰς πανηγύρεις, ἢ εἰ ἐκ τῆς σῆς πόλεως πλεῖστοι μὲν ἱπποτρόφοι εἶεν, πλεῖστοι δ' ἀγωνίζοιντο; νικᾶν δὲ πότερα δοκεῖς κάλλιον εἶναι ἅρματος ἀρετῇ ἢ πόλεως ἧς προστατεύεις εὐδαιμονίᾳ; (6) ἐγὼ μὲν γὰρ οὐδὲ προσήκειν φημὶ ἀνδρὶ τυράννῳ πρὸς ἰδιώτας ἀγωνίζεσθαι. Νικῶν μὲν γὰρ οὐκ ἂν θαυμάζοιο ἀλλὰ φθονοῖο, ὡς ἀπὸ πολλῶν οἴκων τὰς δαπάνας ποιούμενος, νικώμενος δ' ἂν πάντων μάλιστα καταγελῷο. (7) Ἀλλ' ἐγώ σοί φημι, ὦ Ἱέρων, πρὸς ἄλλους προστάτας πόλεων τὸν ἀγῶνα εἶναι, ὧν ἐὰν σὺ εὐδαιμονεστάτην τὴν πόλιν ἧς προστατεύεις παρέχῃς, εὖ ἴσθι νικῶν τῷ καλλίστῳ καὶ μεγαλοπρεπεστάτῳ ἐν ἀνθρώποις ἀγω-

CAPUT XI.

est hos et fiduciam, et securitatem præstare posse, idque perinde privatim tuis, atque aliis, qui passim in regione degunt. Possunt etiam civibus præstare otium, per quod liceat ipsis res suas curare, si loca opportuna custodierint. Ad hostium præterea repentinas et occultas insidias vel præsentiendas, vel impediendas, quinam paratiores fuerint, quam illi, qui semper armati sunt, et uno quasi corpore conjuncti? Etiam in ipso bello quid civibus est milite stipendiario utilius? nam eos et ad laborandum pro aliis, et adeundum pericula, et excubandum, promptissimos esse, consentaneum est. Finitimas quoque civitates an non propter eos, qui semper in armis sunt, necesse est etiam pacis maxime cupidas esse? nam qui merendis stipendiis conscripti sunt milites, maxime tum amicorum fortunas tueri tum hostium pessundare possunt. Jam si cives intelligant, hos nihil injuste agentibus haud nocere, sed illos impedire, qui alios lædere volunt; injuriam passis succurrere, pro civibus et sollicitos esse, et pericula obire : qui non eos necesse est lubentissime sumptum in hos conferre? Alunt certe privatim custodes rerum etiam minoris momenti.

CAPUT XI.

Necesse est etiam, Hiero, ut boni publici causa de tuis quoque facultatibus sumptus facere non recuses. Nam equidem arbitror, ea, quæ civitati impendantur, utilius expendi, quam quæ rex privatim insumit. Consideremus sane rem singillatim. Utrum existimas domum immenso sumptu elegantissime exstructam ornamento tibi majori esse, quam si urbem universam, mœnibus, templis, columnis, foris, portubus instruas? Num si armis ipse plane formidabilibus ornatus sis, majori hostibus terrori fueris; quam si civitas universa bene tibi sit armis instructa? Utrum te proventus plures putas habiturum, si tantum quæ privatim ad te spectant, ad fructum comparata tibi sunt, an si viam ac rationem excogitaveris, qua cives universi quæstum industria sua faciant? Jam quod omnium præclarissimum et magnificentissimum studium esse ducitur, utrum te putas majori cum decore currus instructurum, si unus inter omnes Græcos maximam currum copiam instituas, et ad celebres illos conventus mittas : an vero si maxima civium pars equos alat, et plurimi decertent? Utrum putas esse pulchrius, currus præstantia vincere, an urbis, cujus es præses, felicitate? Equidem ne convenire quidem alo, ut rex cum privatis hominibus certamine congrediatur. Nam si vincas, non eris in admiratione, sed invidia, veluti qui sumptus ex re familiari multorum facias : at si vincaris, maxime omnium irrisioni eris expositus. Equidem tibi, mi Hiero, propositum esse certamen adversus aliorum urbium præsides aio, inter quos si tu civitatem, cujus es princeps, felicissimam reddas, scito te pulcherrimo et magnificentissimo inter homines cer-

νίσματι. (8) Καὶ πρῶτον μὲν εὐθὺς κατειργασμένος ἂν εἴης τὸ φιλεῖσθαι ὑπὸ τῶν ἀρχομένων, οὗ δὴ σὺ ἐπιθυμῶν τυγχάνεις· ἔπειτα δὲ τὴν σὴν νίκην οὐκ ἂν εἷς εἴη ὁ ἀνακηρύττων, ἀλλὰ πάντες ἄνθρωποι ὑμνοῖεν ἂν τὴν σὴν ἀρετήν. (9) Περίβλεπτος δὲ ὢν οὐχὶ ὑπὸ ἰδιωτῶν μόνον ἀλλὰ καὶ ὑπὸ πολλῶν πόλεων ἀγαπῷο ἄν, καὶ θαυμαστὸς οὐκ ἰδίᾳ μόνον ἀλλὰ καὶ δημοσίᾳ παρὰ πᾶσιν ἂν εἴης, (10) καὶ ἐξείη μὲν ἄν σοι ἕνεκεν ἀσφαλείας, εἴ ποι βούλοιο, θεωρήσοντι πορεύεσθαι, ἐξείη δ᾽ ἂν αὐτοῦ μένοντι τοῦτο πράττειν. Ἀεὶ γὰρ ἂν παρὰ σοὶ πανήγυρις εἴη τῶν βουλομένων ἐπιδεικνύναι εἴ τί τι σοφὸν ἢ καλὸν ἢ ἀγαθὸν ἔχοι, τῶν δὲ καὶ ἐπιθυμούντων ὑπηρετεῖν. (11) Πᾶς δὲ ὁ μὲν παρὼν σύμμαχος ἄν εἴη σοι, ὁ δὲ ἀπὼν ἐπιθυμοίη ἂν ἰδεῖν σε· ὥστε οὐ μόνον φιλοῖο ἄν, ἀλλὰ καὶ ἐρῷο ὑπ᾽ ἀνθρώπων, καὶ τοὺς καλοὺς οὐ πειρᾶν, ἀλλὰ πειρώμενον ὑπ᾽ αὐτῶν ἀνέχεσθαι ἄν σε δέοι, φόβον δὲ οὐκ ἂν ἔχοις ἀλλ᾽ ἄλλοις παρέχοις μή τι πάθῃς, (12) ἑκόντας δὲ τοὺς πειθομένους ἔχοις ἂν καὶ ἐθελουσίως σου προνοοῦντας θεῷο ἄν, εἰ δέ τις κίνδυνος εἴη, οὐ συμμάχους μόνον ἀλλὰ καὶ προμάχους καὶ προθύμους ὁρῴης ἄν, πολλῶν μὲν δωρεῶν ἀξιούμενος, οὐκ ἀπορῶν δὲ ὅτῳ τούτων εὐμενεῖ μεταδώσεις, πάντας μὲν συγχαίροντας ἔχων ἐπὶ τοῖς σοῖς ἀγαθοῖς, πάντας δὲ πρὸ τῶν σῶν ὥσπερ τῶν ἰδίων μαχομένους. (13) Θησαυρούς γε μὴν ἔχοις ἂν πάντας τοὺς παρὰ τοῖς φίλοις πλούτους. Ἀλλὰ θαρρῶν, ὦ Ἱέρων, πλούτιζε μὲν τοὺς φίλους· σαυτὸν γὰρ πλουτιεῖς· αὖξε δὲ τὴν πόλιν· σαυτῷ γὰρ δύναμιν περιάψεις· κτῶ δὲ αὐτῇ συμμάχους * * * (14) νόμιζε δὲ τὴν μὲν πατρίδα οἶκον, τοὺς δὲ πολίτας ἑταίρους, τοὺς δὲ φίλους τέκνα σεαυτοῦ, τοὺς δὲ παῖδας ὅ,τιπερ τὴν σὴν ψυχήν, καὶ τούτους πάντας πειρῶ νικᾶν εὖ ποιῶν. (15) Ἐὰν γὰρ τοὺς φίλους κρατῇς εὖ ποιῶν, οὐ μή σοι δύνωνται ἀντέχειν οἱ πολέμιοι. Κἂν ταῦτα πάντα ποιῇς, εὖ ἴσθι πάντων τῶν ἐν ἀνθρώποις κάλλιστον καὶ μακαριώτατον κτῆμα κεκτήσῃ· εὐδαιμονῶν γὰρ οὐ φθονηθήσῃ.

taminis genere victorem futurum. Primum statim effeceris, ut a subditis tuis diligaris, quod tu quidem expetis: deinde victoriam tuam non unus præconio suo publicaret, sed virtutem tuam prædicarent homines universi. Suspicereris itidem ac diligereris, non solum a privatis hominibus, sed a multis etiam urbibus; nec privatim modo esses in admiratione, sed et publice apud omnes. Liceret tibi, si velles quod securitatem attinet, spectatum aliquo proficisci; et hic manenti liceret hoc ipsum facere. Semper enim esset apud te cœtus frequens eorum qui edere specimina vellent, si quid haberent vel sapientiæ, vel pulchræ, vel egregiæ rei; atque illorum etiam, qui tibi cuperent operam inserviendo dare. Quisquis adesset tibi, socius esse tibi vellet; et qui abesset, videre te cuperet. Adeoque non tantum ab hominibus diligereris, sed etiam amareris. Forma præstantes non ipse tentares, sed tentari te ab eis patereris. Non esset, quod tibi metueres; sed potius alii, ne quid accideret tibi, metuerent. Parerent tibi subditi, eosque videres sua sponte de te sollicitos esse. Si quid esset periculi, non auxiliarios tantum, sed etiam propugnatores, eosque alacres cerneres. Multis muneribus dignus judicareris, neque copia deesset, bene tibi volenti vicissim illa impertiendi. Omnes ob commoda tua tecum gauderent, omnes pro bonis privatim tuis, tamquam propriis, dimicarent. Omnes quæ apud amicos essent opes, thesauri tui forent. Tu vero, mi Hiero, amicos collocupletare ne dubites, quum temet ipsum hoc modo ditaturus sis. Rempublicam augeto, ac tibimet ipsi potentiam adjunges. Comparato reipublicæ belli socios. Patriam existimato, domum tuam esse; cives, socios; amicos, liberos tuos; liberos, nihil aliud quam tuum ipsius animum. Atque hos omnes beneficiis superare contendito. Nam si amicos benefaciendo viceris, resistere tibi hostes minime poterunt. Denique si hæc omnia præstiteris, scito plane quiddam te longe humanis in rebus præclarissimum felicissimumque consequuturum, ut tametsi beatus sis, invidiam tamen haud experiaris.

ΞΕΝΟΦΩΝΤΟΣ ΑΠΟΜΝΗΜΟΝΕΥΜΑΤΑ.

ΒΙΒΛΙΟΝ Α.

ΚΕΦΑΛΑΙΟΝ Α.

Πολλάκις ἐθαύμασα τίσι ποτὲ λόγοις Ἀθηναίους ἔπεισαν οἱ γραψάμενοι Σωκράτην ὡς ἄξιος εἴη θανάτου τῇ πόλει. Ἡ μὲν γὰρ γραφὴ κατ' αὐτοῦ τοιάδε τις ἦν· ἀδικεῖ Σωκράτης οὓς μὲν ἡ πόλις νομίζει θεοὺς οὐ νομίζων, ἕτερα δὲ καινὰ δαιμόνια εἰσφέρων· ἀδικεῖ δὲ καὶ τοὺς νέους διαφθείρων.

2. Πρῶτον μὲν οὖν ὡς οὐκ ἐνόμιζεν οὓς ἡ πόλις νομίζει θεοὺς ποίῳ ποτ' ἐχρήσαντο τεκμηρίῳ; θύων τε γὰρ φανερὸς ἦν πολλάκις μὲν οἴκοι, πολλάκις δὲ ἐπὶ τῶν κοινῶν τῆς πόλεως βωμῶν, καὶ μαντικῇ χρώμενος οὐκ ἀφανὴς ἦν· διετεθρύλητο γὰρ ὡς φαίη Σωκράτης τὸ δαιμόνιον ἑαυτῷ σημαίνειν· ὅθεν δὴ καὶ μάλιστά μοι δοκοῦσιν αὐτὸν αἰτιάσασθαι καινὰ δαιμόνια εἰσφέρειν. (3) Ὁ δὲ οὐδὲν καινότερον εἰσέφερε τῶν ἄλλων, ὅσοι μαντικὴν νομίζοντες οἰωνοῖς τε χρῶνται καὶ φήμαις καὶ συμβόλοις καὶ θυσίαις. Οὗτοί τε γὰρ ὑπολαμβάνουσιν οὐ τοὺς ὄρνιθας οὐδὲ τοὺς ἀπαντῶντας εἰδέναι τὰ συμφέροντα τοῖς μαντευομένοις, ἀλλὰ τοὺς θεοὺς διὰ τούτων αὐτὰ σημαίνειν, κἀκεῖνος δὲ οὕτως ἐνόμιζεν. (4) Ἀλλ' οἱ μὲν πλεῖστοι φασὶν ὑπό τε τῶν ὀρνίθων καὶ τῶν ἀπαντώντων ἀποτρέπεσθαι τε καὶ προτρέπεσθαι· Σωκράτης δὲ ὥσπερ ἐγίγνωσκεν, οὕτως ἔλεγε· τὸ δαιμόνιον γὰρ ἔφη σημαίνειν. Καὶ πολλοῖς τῶν ξυνόντων προηγόρευε τὰ μὲν ποιεῖν, τὰ δὲ μὴ ποιεῖν, ὡς τοῦ δαιμονίου προσημαίνοντος. Καὶ τοῖς μὲν πειθομένοις αὐτῷ συνέφερε, τοῖς δὲ μὴ πειθομένοις μετέμελε. (5) Καίτοι τίς οὐκ ἂν ὁμολογήσειεν αὐτὸν βούλεσθαι μήτ' ἠλίθιον μήτ' ἀλαζόνα φαίνεσθαι τοῖς συνοῦσιν; ἐδόκει δ' ἂν ἀμφότερα ταῦτα, εἰ προαγορεύων ὡς ὑπὸ θεοῦ φαινόμενα κἆτα ψευδόμενος ἐφαίνετο. Δῆλον οὖν ὅτι οὐκ ἂν προέλεγεν, εἰ μὴ ἐπίστευεν ἀληθεύσειν. Ταῦτα δὲ τίς ἂν ἄλλῳ πιστεύσειεν ἢ θεῷ; πιστεύων δὲ θεοῖς πῶς οὐκ εἶναι θεοὺς ἐνόμιζεν; (6) Ἀλλὰ μὴν ἐποίει καὶ τάδε πρὸς τοὺς ἐπιτηδείους· τὰ μὲν γὰρ ἀναγκαῖα συνεβούλευε καὶ πράττειν ὡς ἐνόμιζεν ἄριστ' ἂν πραχθῆναι· περὶ δὲ τῶν ἀδήλων ὅπως ἀποβήσοιτο μαντευσομένους ἔπεμπεν εἰ ποιητέα. (7) καὶ τοὺς μέλλοντας οἴκους τε καὶ πόλεις καλῶς οἰκήσειν μαντικῆς ἔφη προσδεῖσθαι· τεκτονικὸν μὲν γὰρ ἢ χαλκευτικὸν ἢ γεωργικὸν ἢ ἀνθρώπων ἀρχικὸν ἢ τῶν τοιούτων ἔργων ἐξεταστικὸν ἢ λογιστικὸν ἢ οἰκονομικὸν ἢ στρατηγικὸν γενέσθαι, πάντα τὰ τοιαῦτα μαθήματα καὶ ἀνθρώπου γνώμῃ αἱρετὰ ἐνόμιζεν εἶναι· (8) τὰ δὲ

XENOPHONTIS MEMORABILIA.

LIBER I.

CAPUT I.

Sæpenumero miratus sum quibus tandem argumentis accusatores Socratis Atheniensibus persuaserint, eum dignum esse qui a civitate capitis damnaretur. Nam accusatio instituta adversus eum hujuscemodi fere erat: Agit injuste Socrates, quod deos non ducat, quos civitas ducit, alia vero nova numina introducat; præterea injuste agit, quod et adolescentes corrumpat.

Primum igitur, quod deos non duceret, quos civitas ducit, quo tandem argumento sunt usi? Etenim palam sacrificabat, sæpe quidem domi, sæpe communibus in aris civitatis; nec divinatione clam utebatur. Erat enim pervulgatum, dicere Socratem, numen sibi hoc aut illud significare: ex quo certe vel maxime mihi videntur de introductis novis numinibus illum accusasse. At Socrates nihil magis novi introduxit, quam alii, qui divinationem esse statuentes, et auguriis et ominibus et præsagiis et extispiciis utuntur: existimant enim illi nec aves, nec obviantes scire quæ ex usu sint divinantibus, sed horum opera deos ea significare: quod etiam putabat Socrates. At valgus quidem se ab avibus ac obviis vel deterreri vel impelli ad rem agendam asserit: Socrates autem dicebat id quod et sentiebat; aiebat enim numen multisque familiaribus prænuntiabat, ut hæc facerent, omitterent illa, tanquam numine sibi ea prædicente. Et his, qui ei parebant, conducebat; qui vero non, illos pœnitebat. Quis autem non fateatur, noluisse Socratem vel stolidum vel ostentatorem apud eos videri, qui consuetudine ipsius utebantur? Utrumque certe visum esset in eum cadere, si quid tanquam a deo indicatum prænuntiasset, ac deinde mentitus deprehenderetur. Ex quo patet eum nihil prædicturum fuisse, nisi vera se dicturum credidisset. In hisce autem quis alteri fidem habeat, quam deo? jam qui diis fidem habebat, quomodo deos non esse putabat? Enimvero faciebat hæc quoque ad familiares. Res necessarias agere consulebat, quemadmodum ea fieri putaret optime: verum de iis quorum incertus esset eventus, oracula consultum mittebat suos, an suscipienda essent; atque eos, qui præclare domos et urbes administraturi essent, dicebat arte divinandi egere. Namque ut artis ædificandi, aut fabrilis, aut agrum colendi, aut hominibus imperandi, aut hujusmodi opera examinandi, aut rationes ineundi, aut rem domesticam administrandi, aut exercitum ducendi quis peritus evadat, omnes hujusmodi disciplinas etiam ab hominis consilio eligi posse censebat: quæ vero in his essent

μέγιστα τῶν ἐν τούτοις ἔφη τοὺς θεοὺς ἑαυτοῖς καταλείπεσθαι, ὧν οὐδὲν δῆλον εἶναι τοῖς ἀνθρώποις. Οὔτε γὰρ τῷ καλῶς ἀγρὸν φυτευσαμένῳ δῆλον ὅστις καρπώσεται, οὔτε τῷ καλῶς οἰκίαν οἰκοδομησαμένῳ δῆλον ὅστις οἰκήσει, οὔτε τῷ στρατηγικῷ δῆλον εἰ συμφέρει στρατηγεῖν, οὔτε τῷ πολιτικῷ δῆλον εἰ συμφέρει τῆς πόλεως προστατεῖν, οὔτε τῷ καλὴν γήμαντι, ἵν᾽ εὐφραίνηται, δῆλον εἰ διὰ ταύτην ἀνιάσεται, οὔτε τῷ δυνατοὺς ἐν τῇ πόλει κηδεστὰς λαβόντι δῆλον εἰ διὰ τούτους στερήσεται τῆς πόλεως. (9) Τοὺς δὲ μηδὲν τῶν τοιούτων οἰομένους εἶναι δαιμόνιον, ἀλλὰ πάντα τῆς ἀνθρωπίνης γνώμης, δαιμονᾶν ἔφη· δαιμονᾶν δὲ καὶ τοὺς μαντευομένους ἃ τοῖς ἀνθρώποις ἔδωκαν οἱ θεοὶ μαθοῦσι διακρίνειν, οἷον εἴ τις ἐπερωτῴη πότερον ἐπιστάμενον ἡνιοχεῖν ἐπὶ ζεῦγος λαβεῖν κρεῖττον ἢ μὴ ἐπιστάμενον, ἢ πότερον ἐπιστάμενον κυβερνᾶν ἐπὶ τὴν ναῦν κρεῖττον λαβεῖν ἢ μὴ ἐπιστάμενον, ἢ ἃ ἔξεστιν ἀριθμήσαντας ἢ μετρήσαντας ἢ στήσαντας εἰδέναι, τοὺς τὰ τοιαῦτα παρὰ τῶν θεῶν πυνθανομένους ἀθέμιστα ποιεῖν ἡγεῖτο. Ἔφη δὲ δεῖν ἃ μὲν μαθόντας ποιεῖν ἔδωκαν οἱ θεοί, μανθάνειν, ἃ δὲ μὴ δῆλα τοῖς ἀνθρώποις ἐστὶ, πειρᾶσθαι διὰ μαντικῆς παρὰ τῶν θεῶν πυνθάνεσθαι· τοὺς θεοὺς γὰρ οἷς ἂν ὦσιν ἵλεῳ σημαίνειν.

10. Ἀλλὰ μὴν ἐκεῖνός γε ἀεὶ μὲν ἦν ἐν τῷ φανερῷ. Πρωΐ τε γὰρ εἰς τοὺς περιπάτους καὶ τὰ γυμνάσια ᾔει καὶ πληθούσης ἀγορᾶς ἐκεῖ φανερὸς ἦν, καὶ τὸ λοιπὸν ἀεὶ τῆς ἡμέρας ἦν ὅπου πλείστοις μέλλοι συνέσεσθαι· καὶ ἔλεγε μὲν ὡς τὸ πολὺ, τοῖς δὲ βουλομένοις ἐξῆν ἀκούειν. (11) Οὐδεὶς δὲ πώποτε Σωκράτους οὐδὲν ἀσεβὲς οὐδὲ ἀνόσιον οὔτε πράττοντος εἶδεν οὔτε λέγοντος ἤκουσεν. Οὐδὲ γὰρ περὶ τῆς τῶν πάντων φύσεως ᾗπερ τῶν ἄλλων οἱ πλεῖστοι διελέγετο σκοπῶν ὅπως ὁ καλούμενος ὑπὸ τῶν σοφιστῶν κόσμος ἔχει καὶ τίσιν ἀνάγκαις ἕκαστα γίγνεται τῶν οὐρανίων, ἀλλὰ καὶ τοὺς φροντίζοντας τὰ τοιαῦτα μωραίνοντας ἀπεδείκνυε. (12) Καὶ πρῶτον μὲν αὐτῶν ἐσκόπει πότερά ποτε νομίσαντες ἱκανῶς ἤδη, τἀνθρώπεια εἰδέναι ἔρχονται ἐπὶ τὸ περὶ τῶν τοιούτων φροντίζειν, ἢ τὰ μὲν ἀνθρώπινα παρέντες, τὰ δαιμόνια δὲ σκοποῦντες, ἡγοῦνται τὰ προσήκοντα πράττειν. (13) Ἐθαύμαζε δ᾽ εἰ μὴ φανερὸν αὐτοῖς ἐστιν ὅτι ταῦτα οὐ δυνατόν ἐστιν ἀνθρώποις εὑρεῖν· ἐπεὶ καὶ τοὺς μέγιστον φρονοῦντας ἐπὶ τῷ περὶ τούτων λέγειν οὐ ταὐτὰ δοξάζειν ἀλλήλοις, ἀλλὰ τοῖς μαινομένοις ὁμοίως διακεῖσθαι πρὸς ἀλλήλους. (14) Τῶν τε γὰρ μαινομένων τοὺς μὲν οὐδὲ τὰ δεινὰ δεδιέναι, τοὺς δὲ καὶ τὰ μὴ φοβερὰ φοβεῖσθαι, καὶ τοῖς μὲν οὐδ᾽ ἐν ὄχλῳ δοκεῖν αἰσχρὸν εἶναι λέγειν ἢ ποιεῖν ὁτιοῦν, τοῖς δὲ οὐδ᾽ ἐξιτητέον εἰς ἀνθρώπους εἶναι δοκεῖν, καὶ τοὺς μὲν οὔθ᾽ ἱερὸν οὔτε βωμὸν οὔτ᾽ ἄλλο τῶν θείων οὐδὲν τιμᾶν, τοὺς δὲ καὶ λίθους καὶ ξύλα τὰ τυχόντα καὶ θηρία σέβεσθαι, τῶν τε περὶ τῆς τῶν πάντων φύσεως μεριμνώντων τοῖς μὲν δοκεῖν ἓν μόνον τὸ ὂν εἶναι, τοῖς δ᾽ ἄπειρα τὸ πλῆθος, καὶ τοῖς μὲν ἀεὶ κινεῖσθαι πάντα, τοῖς δ᾽ οὐδὲν ἄν ποτε κινηθῆναι, καὶ τοῖς μὲν

maxima, deos sibi ea aiebat reservare, eorumque nihil hominibus certum esse. Nec enim constat ei, qui agrum pulchre consevit, quisnam fructum sit percepturus; nec qui pulchre domum ædificavit, quis eam sit habitaturus; nec duci, an exercitum ducere expediat; nec perito rerum civilium, an ex usu futurum sit ut civitati præsit; nec qui formosam duxit, ut lætetur, an propter hanc dolorem sensurus sit; nec qui potentes in civitate affines adeptus est , an propter hos civitate sit exulaturus. Horum omnium si qui nihil ad numen referant, sed universa potius ad hominis consilium, furere dicebat. Itidem illos etiam aiebat furere, qui per divinationem explorarent ea, de quibus discernendis data est hominibus, si didicerint, a diis facultas : veluti si quis consulat, utrum moderandi currus peritum , an imperitum præstet ad vehiculum recipere; vel gubernandi peritum in navem recipere præstet, an imperitum : quæ item homines numerando, vel metiendo, vel ponderando scire possunt, ea qui a diis quærerent, nefarie ducebat agere : et quæ doctrina percipi dii voluerunt, discere homines oportere dicebat; quæ vero sunt obscura hominibus, ea conandum ut per divinationem a diis percipiantur : nam significare deos hæc illis, quibus sint propitii.

Erat autem Socrates semper in propatulo. Nam mane ad loca deambulationibus et exercitiis destinata pergebat , et quum frequens erat forum, conspiciebatur in publico, reliquamque diei degebat istic, ubi versaturus inter plurimos esset : disserebat autem plerumque, *omni vero volenti* audire licebat. Neque ullus unquam Socratem impii quidquam aut nefandi vel patrare vidit, vel audiit dicere. Nec enim de rerum omnium natura sic disserebat, uti complures alii, nimirum considerans quo pacto is , qui a professoribus sapientiæ Mundus appellatur, se habeat, quibusque de causis necessariis singulæ res cœlestes fiant : imo eos, qui talibus quæstionibus occuparentur, fatuos esse demonstrabat. Ac primum de eis hoc considerabat, an quod rati se humana jam satis intelligere, ad talia tractanda accederent; an relictis rebus humanis, divinas contemplantes, recte se agere putarent. Mirabatur etiam, si forte iis perspicuum non esset, homines hæc invenire non posse. Nec enim eos , qui plurimum arrogent sibi, quod de his disserere norint, idem inter se sentire, sed eorum inter se eandem atque insanientium esse rationem. Nam qui animo insani sunt, partim quæ sunt terribilia, non metuere; partim etiam non metuenda metuere : itidem his non videri turpe esse, in turba quicquid vel dicere vel facere; aliis vero ne exeundum quidem esse ad homines videri : hos neque fanum, neque aram, neque rerum divinarum quicquam in honore habere; illos et lapides, et ligna quælibet, et belluas colere : itidem eorum, qui de rerum omnium natura sollicite inquirant, aliis videri unum solum esse id quod est, aliis vero numero infinita : his omnia semper moveri, illis nihil unquam moveri posse :

πάντα γίγνεσθαί τε καὶ ἀπόλλυσθαι, τοῖς δὲ οὔτ' ἂν γενέσθαι ποτὲ οὐδὲν οὔτ' ἀπολεῖσθαι. (16) Ἔσκόπει δὲ περὶ αὐτῶν καὶ τάδε. Ἆρ' ὥσπερ οἱ τἀνθρώπεια μανθάνοντες ἡγοῦνται τοῦθ' ὅ,τι ἂν μάθωσιν ἑαυτοῖς τε καὶ τῶν ἄλλων ὅτῳ ἂν βούλωνται ποιήσειν, οὕτω καὶ οἱ τὰ θεῖα ζητοῦντες νομίζουσιν, ἐπειδὰν γνῶσιν αἷς ἀνάγκαις ἕκαστα γίγνεται, ποιήσειν, ὅταν βούλωνται, καὶ ἀνέμους καὶ ὕδατα καὶ ὥρας καὶ ὅτου δ' ἂν ἄλλου δέωνται τῶν τοιούτων, ἢ τοιοῦτο μὲν οὐδὲν οὐδ' ἐλπίζουσιν, ἀρκεῖ δ' αὐτοῖς γνῶναι μόνον ᾗ τῶν τοιούτων ἕκαστα γίγνεται. (16) Περὶ μὲν οὖν τῶν ταῦτα πραγματευομένων τοιαῦτα ἔλεγεν· αὐτὸς δὲ περὶ τῶν ἀνθρωπείων ἀεὶ διελέγετο σκοπῶν τί εὐσεβές, τί ἀσεβές, τί καλόν, τί αἰσχρόν, τί δίκαιον, τί ἄδικον, τί σωφροσύνη, τί μανία, τί ἀνδρεία, τί δειλία, τί πόλις, τί πολιτικός, τί ἀρχὴ ἀνθρώπων, τί ἀρχικὸς ἀνθρώπων, καὶ περὶ τῶν ἄλλων, ἃ τοὺς μὲν εἰδότας ἡγεῖτο καλοὺς κἀγαθοὺς εἶναι, τοὺς δ' ἀγνοοῦντας ἀνδραποδώδεις ἂν δικαίως κεκλῆσθαι.

17. Ὅσα μὲν οὖν μὴ φανερὸς ἦν ὅπως ἐγίγνωσκεν, οὐδὲν θαυμαστὸν ὑπὲρ τούτων περὶ αὐτοῦ παραγνῶναι τοὺς δικαστάς· ὅσα δὲ πάντες ᾔδεσαν, οὐ θαυμαστὸν εἰ μὴ τούτων ἐνεθυμήθησαν; (18) Βουλεύσας γάρ ποτε, καὶ τὸν βουλευτικὸν ὅρκον ὀμόσας, ἐν ᾧ ἦν κατὰ τοὺς νόμους βουλεύσειν, ἐπιστάτης ἐν τῷ δήμῳ γενόμενος, ἐπιθυμήσαντος τοῦ δήμου παρὰ τοὺς νόμους ἐννέα στρατηγοὺς μιᾷ ψήφῳ τοὺς ἀμφὶ Θράσυλλον καὶ Ἐρασινίδην ἀποκτεῖναι πάντας, οὐκ ἠθέλησεν ἐπιψηφίσαι, ὀργιζομένου μὲν αὐτῷ τοῦ δήμου, πολλῶν δὲ καὶ δυνατῶν ἀπειλούντων, ἀλλὰ περὶ πλείονος ἐποιήσατο εὐορκεῖν ἢ χαρίσασθαι τῷ δήμῳ παρὰ τὰ δίκαιον καὶ φυλάξασθαι τοὺς ἀπειλοῦντας. (19) Καὶ γὰρ ἐπιμελεῖσθαι θεοὺς ἐνόμιζεν ἀνθρώπων οὐχ, ὃν τρόπον οἱ πολλοὶ νομίζουσιν· οὗτοι μὲν γὰρ οἴονται τοὺς θεοὺς τὰ μὲν εἰδέναι, τὰ δ' οὐκ εἰδέναι· Σωκράτης δ' ἡγεῖτο πάντα μὲν θεοὺς εἰδέναι, τά τε λεγόμενα καὶ πραττόμενα καὶ τὰ σιγῇ βουλευόμενα, πανταχοῦ δὲ παρεῖναι καὶ σημαίνειν τοῖς ἀνθρώποις περὶ τῶν ἀνθρωπείων πάντων.

20. Θαυμάζω οὖν ὅπως ποτὲ ἐπείσθησαν Ἀθηναῖοι Σωκράτην περὶ τοὺς θεοὺς μὴ σωφρονεῖν, τὸν ἀσεβὲς μὲν οὐδέν ποτε περὶ τοὺς θεοὺς οὔτ' εἰπόντα οὔτε πράξαντα, τοιαῦτα δὲ καὶ λέγοντα καὶ πράττοντα περὶ θεῶν οἷά τις ἂν καὶ λέγων καὶ πράττων εἴη τε καὶ νομίζοιτο εὐσεβέστατος.

ΚΕΦΑΛΑΙΟΝ Β.

Θαυμαστὸν δὲ φαίνεταί μοι καὶ τὸ πεισθῆναί τινας ὡς Σωκράτης τοὺς νέους διέφθειρεν, ὃς πρὸς τοῖς εἰρημένοις πρῶτον μὲν ἀφροδισίων καὶ γαστρὸς πάντων ἀνθρώπων ἐγκρατέστατος ἦν, εἶτα πρὸς χειμῶνα καὶ θέρος καὶ πάντας πόνους καρτερικώτατος, ἔτι δὲ πρὸς τὸ μετρίων δεῖσθαι πεπαιδευμένος οὕτως ὥστε πάνυ μικρὰ κεκτημένος πάνυ ῥᾳδίως ἔχειν ἀρκοῦντα. (2)

---

his omnia tum oriri, tum interire; illis nihil unquam oriri posse, aut interire. Praeterea de his illud quoque considerabat : utrum, perinde atque illi, qui res humanas discunt, arbitrantur hoc quod didicere, tum sibi tum aliis, quibuscunque velint, se facere posse; sic et illi, qui res divinas inquirunt, arbitrentur se, posteaquam cognoverint quibus rationibus necessariis singula fiant, effecturos ubi velint ventos, aquas, temporum vicissitudines, aliaque, si quo sit opus, his consimilia : an ejusmodi quiddam ne sperent quidem, satisque habeant scire tantum, quo pacto rerum hujusmodi singulae fiant. De illis igitur, qui haec tractarent, talia proferebat. Ipse de rebus humanis disserebat semper, considerans quid pium esset, quid impium; quid pulchrum, quid turpe; quid justum, quid injustum; quid animi sanitas, quid insanitas; quid fortitudo, quid ignavia; quid civitas, quid rerum civilium peritus; quid imperium in homines, quid hominibus imperandi peritus; itemque de rebus ceteris, quarum cognitione instructos arbitrabatur pulchri bonique studiosos esse, qui autem eas ignorarent, ingenio serviles vocari debere.

Quapropter de quibus quid sentiret Socrates, non constabat, in iis de illo inique statuisse judices, mirum non est : quae vero sciebant omnes, nonne mirum est eos haec non considerasse? Nam quum aliquando senator esset, ac sacramentum senatorium praestitisset, in quo hoc inserebatur, ut secundum leges consilium agitaret, praeses populi factus, cupiente contra leges populo novem praetores, inter quos Thrasyllus et Erasinides erant, omnes uno calculo morte multari, populo suffragii ferendi potestatem dare noluit : quumque populus ei succenseret, multique potentes minarentur, nihilominus pluris fecit sancte jurare, quam gratificari populo contra jus et fas, illorumque minas evitare. Etenim deos putabat hominum curam gerere alia quadam ratione, quam vulgo existimetur. Nam plerique putant deos quaedam scire, quaedam nescire : Socrates autem arbitrabatur deos omnia, quae vel dicerentur vel agerentur, vel clam deliberarentur, scire : eosdem ubique adesse, ac de rebus humanis omnia hominibus significare.

Quamobrem mirari subit, quo tandem pacto persuasi fuerint Athenienses, Socratem animo erga deos sano non uti, quum ille nihil unquam impii in deos vel dixerit vel commiserit; sed potius sic et de iis locutus sit, et in eos se gesserit, ut, si quis ea tum dicat tum faciat, sit ac putari debeat religiosissimus.

CAPUT II.

Hoc quoque mirum mihi videtur, persuaderi quosdam potuisse, quod Socrates adolescentes corrumperet, qui praeter ea quae dicta sunt, primo rerum venerearum, ac gulae, supra omnes homines continentissimus erat : deinde hiemis, aestatis, laborum omnium tolerantissimus : atque etiam sic ad mediocritatem institutus, ut quum valde modicum possideret, facillime contentus iis esset, quae sufficiant. Quo

Πῶς οὖν αὐτὸς ἂν τοιοῦτος ἄλλους ἂν ἢ ἀσεβεῖς ἢ παρανόμους ἢ λίχνους ἢ ἀφροδισίων ἀκρατεῖς ἢ πρὸς τὸ πονεῖν μαλακοὺς ἐποίησεν; ἀλλ᾽ ἔπαυσε μὲν τούτων πολλούς, ἀρετῆς ποιήσας ἐπιθυμεῖν καὶ ἐλπίδας παρασχών, ἂν ἑαυτῶν ἐπιμελῶνται, καλοὺς κἀγαθοὺς ἔσεσθαι. (3) Καίτοι γε οὐδεπώποτε ὑπέσχετο διδάσκαλος εἶναι τούτου, ἀλλὰ τῷ φανερὸς εἶναι τοιοῦτος ὢν ἐλπίζειν ἐποίει τοὺς συνδιατρίβοντας ἑαυτῷ, μιμουμένους ἐκεῖνον τοιούσδε γενήσεσθαι. (4) Ἀλλὰ μὴν καὶ τοῦ σώματος αὐτός τε οὐκ ἠμέλει τούς τε ἀμελοῦντας οὐκ ἐπῄνει. Τὸ μὲν οὖν ὑπερεσθίοντα ὑπερπονεῖν ἀπεδοκίμαζε, τὸ δὲ ὅσα γ᾽ ἡδέως ἡ ψυχὴ δέχεται, ταῦτα ἱκανῶς ἐκπονεῖν ἐδοκίμαζε. Ταύτην γὰρ τὴν ἕξιν ὑγιεινήν τε ἱκανῶς εἶναι καὶ τὴν τῆς ψυχῆς ἐπιμέλειαν οὐκ ἐμποδίζειν ἔφη. (5) Ἀλλ᾽ οὐ μὴν θρυπτικός γε οὐδ᾽ ἀλαζονικὸς ἦν οὔτ᾽ ἀμπεχόνῃ οὔθ᾽ ὑποδέσει οὔτε τῇ ἄλλῃ διαίτῃ. Οὐ μὴν οὐδ᾽ ἐραστιχρημάτους γε τοὺς συνόντας ἐποίει. Τῶν μὲν γὰρ ἄλλων ἐπιθυμιῶν ἔπαυε, τοὺς δὲ ἑαυτοῦ ἐπιθυμοῦντας οὐκ ἐπράττετο χρήματα. (6) Τούτου δ᾽ ἀπεχόμενος ἐνόμιζεν ἐλευθερίας ἐπιμελεῖσθαι· τοὺς δὲ λαμβάνοντας τῆς ὁμιλίας μισθὸν ἀνδραποδιστὰς ἑαυτῶν ἀπεκάλει, διὰ τὸ ἀναγκαῖον αὐτοῖς εἶναι διαλέγεσθαι παρ᾽ ὧν ἂν λάβοιεν τὸν μισθόν. (7) Ἐθαύμαζε δ᾽ εἴ τις ἀρετὴν ἐπαγγελλόμενος ἀργύριον πράττοιτο καὶ μὴ νομίζοι τὸ μέγιστον κέρδος ἕξειν φίλον ἀγαθὸν κτησάμενος, ἀλλὰ φοβοῖτο μὴ ὁ γενόμενος καλὸς κἀγαθὸς τῷ τὰ μέγιστα εὐεργετήσαντι μὴ τὴν μεγίστην χάριν ἕξοι. (8) Σωκράτης δὲ ἐπηγγείλατο μὲν οὐδενὶ πώποτε τοιοῦτον οὐδέν, ἐπίστευε δὲ τῶν ξυνόντων ἑαυτῷ τοὺς ἀποδεξαμένους ἅπερ αὐτὸς ἐδοκίμαζεν εἰς τὸν πάντα βίον ἑαυτῷ τε καὶ ἀλλήλοις φίλους ἀγαθοὺς ἔσεσθαι. Πῶς ἂν οὖν ὁ τοιοῦτος ἀνὴρ διαφθείροι τοὺς νέους; εἰ μὴ ἄρα ἡ τῆς ἀρετῆς ἐπιμέλεια διαφθορά ἐστιν.

9. Ἀλλὰ νὴ Δία, ὁ κατήγορος ἔφη, ὑπερορᾶν ἐποίει τῶν καθεστώτων νόμων τοὺς συνόντας, λέγων ὡς μωρὸν εἴη τοὺς μὲν τῆς πόλεως ἄρχοντας ἀπὸ κυάμου καθιστάναι, κυβερνήτῃ δὲ μηδένα ἐθέλειν χρῆσθαι κυαμευτῷ μηδὲ τέκτονι μηδ᾽ αὐλητῇ, μηδ᾽ ἐπ᾽ ἄλλα τοιαῦτα, ἃ πολλῷ ἐλάττονας βλάβας ἁμαρτανόμενα ποιεῖ τῶν περὶ τὴν πόλιν ἁμαρτανομένων· τοὺς δὲ τοιούτους λόγους ἐπαίρειν ἔφη τοὺς νέους καταφρονεῖν τῆς καθεστώσης πολιτείας καὶ ποιεῖν βιαίους. (10) Ἐγὼ δ᾽ οἶμαι τοὺς φρόνησιν ἀσκοῦντας καὶ νομίζοντας ἱκανοὺς ἔσεσθαι τὰ συμφέροντα διδάσκειν τοὺς πολίτας ἥκιστα γίγνεσθαι βιαίους, εἰδότας ὅτι τῇ μὲν βίᾳ πρόσεισιν ἔχθραι καὶ κίνδυνοι, διὰ δὲ τοῦ πείθειν ἀκινδύνως τε καὶ μετὰ φιλίας ταὐτὰ γίγνεται. Οἱ μὲν γὰρ βιασθέντες ὡς ἀφαιρεθέντες μισοῦσιν, οἱ δὲ πεισθέντες ὡς κεχαρισμένοι φιλοῦσιν. Οὔκουν τῶν φρόνησιν ἀσκούντων τὸ βιάζεσθαι, ἀλλὰ τῶν ἰσχὺν ἄνευ γνώμης ἐχόντων τὰ τοιαῦτα πράττειν ἐστίν. (11) Ἀλλὰ μὴν καὶ συμμάχων ὁ μὲν βιάζεσθαι τολμῶν δέοιτ᾽ ἂν οὐκ ὀλίγων, ὁ δὲ πείθειν δυνάμενος οὐδενός· καὶ γὰρ μόνος ἡγοῖτ᾽ ἂν δύνασθαι

igitur pacto, quum talis esset ipse, redderet alios vel impios, vel legum violatores, vel luxuriosos, vel in rebus venereis incontinentes, vel molles ad perferendos labores? Imo vero multos ab his vitiis revocavit, utque virtutis essent studiosi, perfecit; etiam injecta spe, futurum ut, si sui ipsorum curam gererent, viri pulchri bonique studiosi evaderent. Neque tamen unquam hæc se docere velle profitebatur, sed quia conspiciebatur esse talis, in spem erigebat eos qui cum illo versabantur, futurum ut, si sui imitarentur, et ipsi tales evaderent. Neque corpus ipse suum negligenter curabat, ac, si qui curarent negligenter, eos minime laudabat. Itaque improbabat si quis nimio cibo refertus labores immodicos susciperet, ac probabat, si, quod animus lubenter admisisset, id laborando recte conficeretur. Nam ejusmodi habitum valetudini sufficere, et animæ studium hauddaquaquam impedire aiebat. Minime vero delicatus erat, aut ostentandi se cupidus, sive vestitu, sive calceatu, seu reliqua vitæ ratione. Neque rursus avaros efficiebat eos, qui cum ipso versabantur; nam et aliis a libidinibus eos revocabat, et a studiosis sui pecuniam non exigebat. Qua in re quum abstinentem se ostenderet, libertatem se colere judicabat; qui autem conversationis causa mercedem caperent, suimet quosdam quasi plagiarios appellabat, propterea quod necessario disserere cogerentur apud eos, a quibus mercedem acciperent. Ac mirum ipsi videbatur, cum qui virtutem profiteretur, pecuniam exigere, neque maximum lucrum ducere, quod bonum amicum sibi adjungeret; potius autem metuere, ne is qui studiosus pulchri bonique vir factus esset, homini optime de se merito non etiam maximam gratiam haberet. Socrates nemini unquam tale quid pollicebatur, sed futurum credebat, ut qui de numero familiarium suorum amplexi fuissent ea, quæ probabat ipse, toto vitæ tempore tum sibi tum aliis boni amici essent. Quo igitur modo vir talis adolescentes corrumperet? nisi forte virtutis studium corruptelam quis esse putat.

At profecto, dixit accusator, familiares suos tales effecit, ut leges receptas contemnerent; quum diceret, stultorum esse hominum, magistratus civitatis a faba sibi constituere; quando nemo velit fabis delecto uti navis gubernatore, nec fabro, nec tibicine, neque aliis in rebus talibus, in quibus si erretur, multo minora detrimenta capiantur, quam si peccetur in republica. Tales ille sermones efferre adolescentium animos aiebat, ut præsentem reipublicæ statum contemnerent, coslemque violentos reddere. Verum ego arbitror, eos qui prudentiam exercent, seque putant posse cives ea docere, quæ expediant, minime violentos fieri; quippe qui sciant, cum violentia quidem inimicitias et pericula conjuncta esse, eadem autem posse fieri absque omni periculo, et cum amicitia, persuadendo : nam qui vi coguntur, ita oderunt, ut quibus aliquid ademptum sit; at qui persuadentur, quasi quibus grata res acciderit, etiam amant : quamobrem horum minime est, qui prudentiam exercent, vim inferre; sed illorum, qui vires habent absque consilio. Præterea si quis violenter audeat agere, non paucis egebit sociis; qui vero persuadere potest, nullo : nam solum se putat ad persuadendum satis valere. Quin etiam

πείθειν. Καὶ φονεύειν δὲ τοῖς τοιούτοις ἥκιστα συμβαίνει· τίς γὰρ ἀποκτεῖναί τινα βούλοιτ' ἂν μᾶλλον ἢ ζῶντι πειθομένῳ χρῆσθαι;

12. Ἀλλ' ἔφη γε ὁ κατήγορος, Σωκράτει ὁμιλητὰ γενομένω Κριτίας τε καὶ Ἀλκιβιάδης πλεῖστα κακὰ τὴν πόλιν ἐποιησάτην. Κριτίας μὲν γὰρ τῶν ἐν τῇ ὀλιγαρχίᾳ πάντων κλεπτίστατός τε καὶ βιαιότατος καὶ φονικώτατος ἐγένετο, Ἀλκιβιάδης δὲ αὖ τῶν ἐν τῇ δημοκρατίᾳ πάντων ἀκρατέστατός τε καὶ ὑβριστότατος. (13) Ἐγὼ δ', εἰ μέν τι κακὸν ἐκείνω τὴν πόλιν ἐποιησάτην, οὐκ ἀπολογήσομαι· τὴν δὲ πρὸς Σωκράτην συνουσίαν αὐτοῖν, ὡς ἐγένετο, διηγήσομαι. (14) Ἐγενέσθην μὲν γὰρ δὴ τὼ ἄνδρε τούτω φύσει φιλοτιμοτάτω πάντων Ἀθηναίων βουλομένω τε πάντα δι' ἑαυτῶν πράττεσθαι καὶ πάντων ὀνομαστοτάτω γενέσθαι. Ἤιδεσαν δὲ Σωκράτην ἀπ' ἐλαχίστων μὲν χρημάτων αὐταρκέστατα ζῶντα, τῶν ἡδονῶν δὲ πασῶν ἐγκρατέστατον ὄντα, τοῖς δὲ διαλεγομένοις αὐτῷ πᾶσι χρώμενον ἐν τοῖς λόγοις ὅπως βούλοιτο. (15) Ταῦτα δὲ ὁρῶντες καὶ ὄντε οἵω προείρησθον, πότερόν τις αὐτὼ φῇ τοῦ βίου τοῦ Σωκράτους ἐπιθυμήσαντε καὶ τῆς σωφροσύνης ἣν ἐκεῖνος εἶχεν ὀρέξασθαι τῆς ὁμιλίας αὐτοῦ, ἢ νομίσαντε, εἰ ὁμιλησαίτην ἐκείνῳ, γενέσθαι ἂν ἱκανωτάτω λέγειν τε καὶ πράττειν; (16) Ἐγὼ μὲν γὰρ ἡγοῦμαι, θεοῦ διδόντος αὐτοῖν ἢ ζῆν ὅλον τὸν βίον ὥσπερ ζῶντα Σωκράτην ἑώρων, ἢ τεθνάναι, ἑλέσθαι ἂν αὐτὼ μᾶλλον τεθνάναι. Δῆλω δ' ἐγενέσθην ἐξ ὧν ἐπραξάτην· ὡς γὰρ τάχιστα κρείττονε τῶν συγγιγνομένων ἡγησάσθην εἶναι, εὐθὺς ἀποπηδήσαντε Σωκράτους ἐπραττέτην τὰ πολιτικά, ὧνπερ ἕνεκα Σωκράτους ὠρεχθήτην.

(17) Ἴσως οὖν εἴποι τις ἂν πρὸς ταῦτα ὅτι χρῆν τὸν Σωκράτην μὴ πρότερον τὰ πολιτικὰ διδάσκειν τοὺς συνόντας ἢ σωφρονεῖν. Ἐγὼ δὲ πρὸς τοῦτο μὲν οὐκ ἀντιλέγω· πάντας δὲ τοὺς διδάσκοντας ὁρῶ αὐτοὺς δεικνύντας τε τοῖς μανθάνουσιν ᾗπερ αὐτοὶ ποιοῦσιν ἃ διδάσκουσι καὶ τῷ λόγῳ προσβιβάζοντας. Οἶδα δὲ καὶ Σωκράτην δεικνύντα τοῖς ξυνοῦσιν ἑαυτὸν καλὸν κἀγαθὸν ὄντα καὶ διαλεγόμενον κάλλιστα περὶ ἀρετῆς καὶ τῶν ἄλλων ἀνθρωπίνων. (18) Οἶδα δὲ κἀκείνω σωφρονοῦντε, ἔστε Σωκράτει συνήστην, οὐ φοβουμένω μὴ ζημιοῖντο ἢ παίοιντο ὑπὸ Σωκράτους, ἀλλ' οἰομένω τότε κράτιστον εἶναι τοῦτο πράττειν.

19. Ἴσως οὖν εἴποιεν ἂν πολλοὶ τῶν φασκόντων φιλοσοφεῖν ὅτι οὐκ ἄν ποτε ὁ δίκαιος ἄδικος γένοιτο οὐδὲ ὁ σώφρων ὑβριστής οὐδὲ ἄλλο οὐδὲν ὧν μάθησίς ἐστιν ὁ μαθὼν ἀνεπιστήμων ἄν ποτε γένοιτο. Ἐγὼ δὲ περὶ τούτων οὐχ οὕτω γιγνώσκω· ὁρῶ γὰρ ὥσπερ τὰ τοῦ σώματος ἔργα τοὺς μὴ τὰ σώματα ἀσκοῦντας οὐ δυναμένους ποιεῖν, οὕτω καὶ τὰ τῆς ψυχῆς ἔργα τοὺς μὴ τὴν ψυχὴν ἀσκοῦντας οὐ δυναμένους· οὔτε γὰρ ἃ δεῖ πράττειν οὔτε ὧν δεῖ ἀπέχεσθαι δύνανται. (20) Διὸ καὶ τοὺς υἱεῖς οἱ πατέρες, κἂν ὦσι σώφρονες, ὅμως ἀπὸ τῶν πονηρῶν ἀνθρώπων εἴργουσιν, ὡς τὴν μὲν τῶν χρηστῶν ὁμι-

ejusmodi hominibus minime accidit, ut quenquam occidant: quis enim interficere velit aliquem potius, quam vivum obsequentem habere?

At vero, dicebat accusator, usi consuetudine Socratis Critias et Alcibiades maximis malis civitatem affecerunt. Nam Critias quidem paucorum in dominatu longe omnium avarissimus et violentissimus et ad caedes propensissimus fuit: Alcibiades autem longe omnium in statu populari fuit intemperantissimus et petulantissimus. Equidem, si quo damno civitatem hi duo affecerunt, non excusabo: qualis autem fuerit utriusque cum Socrate consuetudo, commemoraturus sum. Fuerunt hi viri natura longe omnium Atheniensium ambitiosissimi, et qui cuperent omnia per se geri, ipsique omnium clarissimi evadere. Norunt autem, minimis facultatibus Socratem plane contentum vivere, cunctisque a voluptatibus se prorsus abstinere; denique illos, quibuscum dissereret, in colloquiis ita flectere, prout ipse vellet. Quae quum illi viderent, ac tales essent, quales fuisse eos ante referebamus, an quis dicat, eos cupidos vitae et animi sanitatis, qua usus est Socrates, consuetudinem ipsius expetivisse: an potius quod existimarent, se, si cum ipso versarentur, futuros et ad dicendum, et ad gerendas res promptissimos? Arbitror equidem, si deus optionem utrique dedisset, ut vel totam vitam sic viverent, quemadmodum Socratem viderent vivere, vel morerentur, potius mortem fuisse electuros. Ex iis autem rebus, quas gessere, cogniti fuerunt. Nam ubi primum arbitrabantur, se condiscipulis praestantiores esse, statim a Socrate resilierunt, remque publicam gerendam susceperunt, cujus gratia Socratis studiosi fuerant.

Fortasse quis ad haec responderit, debuisse Socratem non prius familiares suos in rerum civilium scientia instituere, quam animi sanitatis illi didicissent. Ego vero nihil ad hoc contradico: video tamen omnes eos, qui docent, se ipsos discipulis exhibere, quo pacto praestent ipsi quod docent, atque etiam oratione eos ad suum morem adducere. Novi Socratem quoque se ipsum pulchri bonique studiosum familiaribus suis exhibuisse, deque virtute ac rebus humanis ceteris praeclarissime disseruisse. Nec non illos duos novi animo sanos fuisse, quam quidem diu Socratis utebantur familiaritate; non quod vererentur, ne a Socrate vel multarentur vel crederentur; sed quod putarent id temporis hanc agendi modum sibi maxime ex usu esse.

Fortassis autem plerique illorum, qui philosophari se profitentur, dixerint, justum hominem nunquam injustum fieri posse, neque sanum animo insanum; neque in quoquam illorum, quae discendo percipiuntur, eum, qui didicit, indoctum posse fieri. Verum ego de iis non ita sentio. Video enim, perinde atque corporis actiones ab iis perfici non possunt, qui corpora non exercent; sic etiam actiones animi non posse, ab iis perfici, qui animum non exercent: nec enim quae oportet facere, nec a quibus oportet abstinere, possunt. Quamobrem et parentes filios suos, tametsi animo sani sint, nihilominus ab improbis hominibus arcent; quippe quod bonorum consuetudo, virtutis exercitatio sit;

λίαν ἄσκησιν οὖσαν τῆς ἀρετῆς, τὴν δε τῶν πονηρῶν κατάλυσιν. Μαρτυρεῖ δὲ καὶ τῶν ποιητῶν ὅ τε λέγων,

Ἐσθλῶν μὲν γὰρ ἀπ' ἐσθλὰ διδάξεαι· ἢν δὲ κακοῖσι
συμμίσγῃς, ἀπολεῖς καὶ τὸν ἐόντα νόον·

καὶ ὁ λέγων,

Αὐτὰρ ἀνὴρ ἀγαθὸς τοτὲ μὲν κακός, ἄλλοτε δ' ἐσθλός.

(21) Κἀγὼ δὲ μαρτυρῶ τούτοις· ὁρῶ γὰρ ὥσπερ τῶν ἐν μέτρῳ πεποιημένων ἐπῶν τοὺς μὴ μελετῶντας ἐπιλανθανομένους, οὕτω καὶ τῶν διδασκαλικῶν λόγων τοῖς ἀμελοῦσι λήθην ἐγγιγνομένην. Ὅταν δὲ τῶν νουθετικῶν λόγων ἐπιλάθηταί τις, ἐπιλέλησται καὶ ὧν ἡ ψυχὴ πάσχουσα τῆς σωφροσύνης ἐπεθύμει· τούτων δ' ἐπιλαθόμενον οὐδὲν θαυμαστὸν καὶ τῆς σωφροσύνης ἐπιλαθέσθαι. (22) Ὁρῶ δὲ καὶ τοὺς εἰς φιλοποσίαν προαχθέντας καὶ τοὺς εἰς ἔρωτας ἐκκυλισθέντας ἧττον δυναμένους τῶν τε δεόντων ἐπιμελεῖσθαι καὶ τῶν μὴ δεόντων ἀπέχεσθαι. Πολλοὶ γὰρ καὶ χρημάτων δυνάμενοι φείδεσθαι, πρὶν ἐρᾶν, ἐρασθέντες οὐκέτι δύνανται· καὶ τὰ χρήματα καταναλώσαντες, ὧν πρόσθεν ἀπείχοντο κερδῶν, αἰσχρὰ νομίζοντες εἶναι, τούτων οὐκ ἀπέχονται. (23) Πῶς οὖν οὐκ ἐνδέχεται σωφρονήσαντα πρόσθεν αὖθις μὴ σωφρονεῖν καὶ δίκαια δυνηθέντα πράττειν αὖθις ἀδυνατεῖν; Πάντα μὲν οὖν ἔμοιγε δοκεῖ τὰ καλὰ καὶ τἀγαθὰ ἀσκητὰ εἶναι, οὐχ ἥκιστα δὲ σωφροσύνη· ἐν τῷ γὰρ αὐτῷ σώματι συμπεφυτευμέναι τῇ ψυχῇ αἱ ἡδοναὶ πείθουσιν αὐτὴν μὴ σωφρονεῖν, ἀλλὰ τὴν ταχίστην ἑαυταῖς τε καὶ τῷ σώματι χαρίζεσθαι.

24. Καὶ Κριτίας δὴ καὶ Ἀλκιβιάδης, ἕως μὲν Σωκράτει συνήστην, ἐδυνάσθην ἐκείνῳ χρωμένω συμμάχῳ τῶν μὴ καλῶν ἐπιθυμιῶν κρατεῖν· ἐκείνου δ' ἀπαλλαγέντε, Κριτίας μὲν φυγὼν εἰς Θετταλίαν ἐκεῖ συνῆν ἀνθρώποις ἀνομίᾳ μᾶλλον ἢ δικαιοσύνῃ χρωμένοις, Ἀλκιβιάδης δ' αὖ διὰ μὲν κάλλος ὑπὸ πολλῶν καὶ σεμνῶν γυναικῶν θηρώμενος, διὰ δύναμιν δὲ τὴν ἐν τῇ πόλει καὶ τοῖς συμμάχοις ὑπὸ πολλῶν καὶ δυνατῶν κολακεύειν ἀνθρώπων διαθρυπτόμενος, ὑπὸ δὲ τοῦ δήμου τιμώμενος, καὶ ῥᾳδίως πρωτεύων, ὥσπερ οἱ τῶν γυμνικῶν ἀγώνων ἀθληταὶ ῥᾳδίως πρωτεύοντες ἀμελοῦσι τῆς ἀσκήσεως, οὕτω κἀκεῖνος ἠμέλησεν αὑτοῦ. (25) Τοιούτων δὲ συμβάντων αὐτοῖν, καὶ ὀγκωμένω μὲν ἐπὶ γένει, ἐπηρμένω δ' ἐπὶ πλούτῳ, πεφυσημένω δ' ἐπὶ δυνάμει, διατεθρυμμένω δὲ ὑπὸ πολλῶν ἀνθρώπων, ἐπὶ δὲ πᾶσι τούτοις διεφθαρμένω καὶ πολὺν χρόνον ἀπὸ Σωκράτους γεγονότε, τί θαυμαστόν, εἰ ὑπερηφάνω ἐγενέσθην; (26) Εἶτα εἰ μέν τι ἐπλημμελησάτην, τούτου Σωκράτην ὁ κατήγορος αἰτιᾶται; ὅτι δὲ νέω ὄντε αὐτώ, ἡνίκα καὶ ἀγνωμονεστάτω καὶ ἀκρατεστάτω εἰκὸς εἶναι, Σωκράτης παρέσχε σώφρονε, οὐδενὸς ἐπαίνου δοκεῖ τῷ κατηγόρῳ ἄξιος εἶναι; (27) Οὐ μὴν τά γε ἄλλα οὕτω κρίνεται. Τίς μὲν γὰρ αὐλητής, τίς δὲ κιθαριστής, τίς δὲ ἄλλος διδάσκαλος ἱκανοὺς ποιήσας τοὺς μαθητάς, ἐὰν πρὸς ἄλλους ἐλθόντες χείρους φανῶσιν, αἰτίαν ἔχει τούτου;

malorum autem, ejusdem exitium. Idem testatur poetarum ille, qui ait,

A bonis enim viris bona disces : si vero malis
commiscearis, perdes et quam habebas mentem ;

et qui ait :

Vir bonus interdum male, interdum bene se gerit.

Equidem hæc ipse testor. Video enim, quod perinde ac illi carminum certa lege compositorum obliviscuntur, qui ea non meditantur ; sic et præceptorum doctrina traditorum oblivio in iis nascatur, qui ea negligunt. Quum autem aliquis moralium præceptorum obliviscitur, eorum etiam oblitus est, quibus dum anima afficitur, animi sanitatem appetit. Eum vero, qui horum obliviscitur, mirum non est ipsius etiam animi sanitatis oblivisci. Video etiam illos, qui ad potandi studium plus æquo provecti sunt, et ad amores effusi, minus posse et ea curare, quæ agenda sunt, et ab iis abstinere, quæ non sunt agenda. Nam multi, qui etiam pecuniis parcere prius poterant, quam amarent, in amorem prolapsi jam non amplius id possunt : absumptisque pecuniis, ab iis lucris, a quibus ante se continebant, quippe quæ turpia ducerent, non jam abstinent. Cur igitur fieri non possit, ut qui ante animo sanus fuerit, deinde non sit animo sanis ; et qui juste agere potuerit, deinde non possit ? Equi dem omnia pulchra et bona comparari exercitatione posse statuo, nec minime quidem animi sanitatem : nam in eodem corpore voluptates animæ insitæ persuadent ei, ne animo utatur sano, sed quamprimum et ipsis et corpori gratificetur.

Quamobrem etiam Critias et Alcibiades, quamdiu cum Socrate versabantur, quum illum opitulatorem haberent, cupiditates inhonestas vincere poterant : verum posteaquam ab eo discessissent, Critias quidem, quum in Thessaliam fuga se recepisset, consuetudine hominum istic utebatur, qui vitam facinorosam potius, quam justam agerent : Alcibiades autem, posteaquam eum ob elegantiam formæ multæ ac speciosæ mulieres venatæ essent, atque ipse propter potentiam, quam et in urbe et apud socios obtinebat, a multis hominibus, iisdemque assentandi peritis, dissolutior fieret, et a populo honorem ei habente coleretur, facileque primas obtineret ; perinde ac athletæ, qui gymnicis in certaminibus facile primas adepti sunt, exercitationem negligunt ; sic et ipse se ipsum neglexit. Hujusmodi ergo res quum illis accidissent, quum ob generis nobilitatem intumuissent, elati essent propter opes, inflati propter potentiam, dissolutiores multorum hominum opera facti, et iis adeo omnibus corrupti ; quum etiam longo tempore abfuissent a Socrate, quid mirum erat, eos insolentes evasisse ? Deinde, si quid ab his peccatum est, an ejus culpam accusator in Socratem confert ? quod autem eos adhuc adolescentes (qua ætate consentaneum est, maxime inopes consilii et intemperantissimos fuisse) Socrates animo sanos reddiderit, an id nulla dignum laude putat accusator ? Atqui eo modo de aliis non judicatur. Quis tibicen, quis citharedus, quis magister alius, posteaquam discipulos idoneos satis instituit, si deinde ad alios profecti pejores evaserint, culpam ejus rei sustinet ?

MEMORABILIUM LIB. I. CAP. II.

του; τίς δὲ πατήρ, ἐὰν ὁ παῖς αὐτοῦ συνδιατρίβων τῳ σώφρονι ᾖ, ὕστερον δὲ ἄλλῳ τῳ συγγενόμενος πονηρὸς γένηται, τὸν πρόσθεν αἰτιᾶται; ἀλλ' οὐχ ὅσῳ ἂν παρὰ τῷ ὑστέρῳ χείρων φαίνηται, τοσούτῳ μᾶλλον ἐπαινεῖ τὸν πρότερον; ἀλλ' οἵ γε πατέρες αὐτοὶ συνόντες τοῖς υἱέσι, τῶν παίδων πλημμελούντων, οὐκ αἰτίαν ἔχουσιν, ἐὰν αὐτοὶ σωφρονῶσιν. (28) Οὕτω δὲ καὶ Σωκράτην δίκαιον ἦν κρίνειν· εἰ μὲν αὐτὸς ἐποίει τι φαῦλον, εἰκότως ἂν ἐδόκει πονηρὸς εἶναι· εἰ δ' αὐτὸς σωφρονῶν διετέλει, πῶς ἂν δικαίως τῆς οὐκ ἐνούσης αὐτῷ κακίας αἰτίαν ἔχοι;

29. Ἀλλ' εἰ καὶ μηδὲν αὐτὸς πονηρὸν ποιῶν ἐκείνους φαῦλα πράττοντας ὁρῶν ἐπῄνει, δικαίως ἂν ἐπετιμᾶτο. Κριτίαν μὲν τοίνυν αἰσθανόμενος ἐρῶντα Εὐθυδήμου, καὶ πειρῶντα χρῆσθαι καθάπερ οἱ πρὸς τἀφροδίσια τῶν σωμάτων ἀπολαύοντες, ἀπέτρεπε, φάσκων ἀνελεύθερόν τε εἶναι καὶ οὐ πρέπον ἀνδρὶ καλῷ κἀγαθῷ τὸν ἐρώμενον, ᾧ βούλεται πολλοῦ ἄξιος φαίνεσθαι, προσαιτεῖν ὥσπερ τοὺς πτωχοὺς ἱκετεύοντα καὶ δεόμενον προσδοῦναι, καὶ ταῦτα μηδενὸς ἀγαθοῦ. Τοῦ δὲ Κριτίου τοῖς τοιούτοις οὐχ ὑπακούοντος οὐδὲ ἀποτρεπομένου, λέγεται τὸν Σωκράτην ἄλλων τε πολλῶν παρόντων καὶ τοῦ Εὐθυδήμου εἰπεῖν ὅτι ὑϊκὸν αὐτῷ δοκοίη πάσχειν ὁ Κριτίας, ἐπιθυμῶν Εὐθυδήμῳ προσκνῆσθαι ὥσπερ τὰ ὑΐδια τοῖς λίθοις. (31) Ἐξ ὧν δὴ καὶ ἐμίσει τὸν Σωκράτην ὁ Κριτίας, ὥστε καὶ ὅτε τῶν τριάκοντα ὢν νομοθέτης μετὰ Χαρικλέους ἐγένετο, ἀπεμνημόνευσεν αὐτῷ καὶ ἐν τοῖς νόμοις ἔγραψε λόγων τέχνην μὴ διδάσκειν, ἐπηρεάζων ἐκείνῳ, καὶ οὐκ ἔχων ὅπῃ ἐπιλάβοιτο, ἀλλὰ τὸ κοινῇ τοῖς φιλοσόφοις ὑπὸ τῶν πολλῶν ἐπιτιμώμενον ἐπιφέρων αὐτῷ, καὶ διαβάλλων πρὸς τοὺς πολλούς. Οὔτε γὰρ ἔγωγε οὔτ' αὐτὸς τοῦτο πώποτε Σωκράτους ἤκουσα οὔτ' ἄλλου του φάσκοντος ἀκηκοέναι ᾐσθόμην. (32) Ἐδήλωσε δέ· ἐπεὶ γὰρ οἱ τριάκοντα πολλοὺς μὲν τῶν πολιτῶν καὶ οὐ τοὺς χειρίστους ἀπέκτεινον, πολλοὺς δὲ προετρέποντο ἀδικεῖν, εἶπέ που ὁ Σωκράτης ὅτι θαυμαστόν οἱ δοκοίη εἶναι, εἴ τις γενόμενος βοῶν ἀγέλης νομεὺς καὶ τὰς βοῦς ἐλάττους τε καὶ χείρους ποιῶν μὴ ὁμολογοίη κακὸς βουκόλος εἶναι, ἔτι δὲ θαυμαστότερον, εἴ τις προστάτης γενόμενος πόλεως καὶ ποιῶν τοὺς πολίτας ἐλάττους καὶ χείρους μὴ αἰσχύνεται μηδ' οἴεται κακὸς εἶναι προστάτης τῆς πόλεως. (33) Ἀπαγγελθέντος δὲ αὐτοῖς τούτου, καλέσαντες ὅ τε Κριτίας καὶ ὁ Χαρικλῆς τὸν Σωκράτην τόν τε νόμον ἐδεικνύτην αὐτῷ καὶ τοῖς νέοις ἀπειπέτην μὴ διαλέγεσθαι. Ὁ δὲ Σωκράτης ἐπήρετο αὐτὼ εἰ ἐξείη πυνθάνεσθαι, εἴ τι ἀγνοοῖτο τῶν προηγορευμένων. (34) Τὼ δ' ἐφάτην. Ἐγὼ τοίνυν, ἔφη, παρεσκεύασμαι μὲν πείθεσθαι τοῖς νόμοις· ὅπως δὲ μὴ δι' ἄγνοιαν λάθω τι παρανομήσας, τοῦτο βούλομαι σαφῶς μαθεῖν παρ' ὑμῶν, πότερον τὴν τῶν λόγων τέχνην σὺν τοῖς ὀρθῶς λεγομένοις εἶναι νομίζοντες ἢ σὺν τοῖς μὴ ὀρθῶς, ἀπέχεσθαι κελεύετε αὐτῆς. Εἰ μὲν γὰρ σὺν τοῖς ὀρθῶς, δῆλον ὅτι ἀφεκτέον εἴη τοῦ ὀρθῶς λέγειν· εἰ δὲ σὺν τοῖς μὴ ὀρθῶς, δῆλον ὅτι πειρα-

Quis pater, si filius ejus cum aliquo vivens animo sanus sit, deinde alterius usus consuetudine pravus efficiatur, priorem culpet; ac non tanto magis priorem laudet, quanto filius apud posteriorem pejor evaserit? quin ne ipsi quidem parentes, quum filios secum habent, filiis delinquentibus, culpam ullam merentur, modo ipsi animo utantur sano. Sic æquum erat etiam de Socrate judicium fieri. Si quid ipse rei turpis ageret, merito malus esse videretur : at si ipse animo sano constanter usus est, qui fieri potest, ut jure culpam ejus vitii sustineat, quod in ipso non erat?

Quin etiam , si nihil ipse delinquens, illos tamen vitiose se gerentes aspiciens, laudabat : jure scilicet reprehenderetur. At vero quum Critiam Euthydemi amore captum, eoque non aliter atque illi, qui corporibus ad venerem abutuntur, frui velle animadverteret, cum avertere conatus est; quum illiberale esse diceret, neque decorum viro pulchri boniœque studioso, ab amato, apud quem esse magno velit in pretio, aliquid pauperum instar mendicare ac supplicare, darique sibi quidpiam petere, quod ne bonum quidem sit. Quibus quum Critias non obediret, neque se averti pateretur, dixisse Socratem perhibent, quum aliis multis præsentibus, tum Euthydemo, videri accidisse quiddam Critiæ porcorum naturæ consentaneum, qui concupiscat ad Euthydemum se affricare, quemadmodum porcelli soleant ad saxa. Quibus de causis usque adeo Socratem Critias oderat, ut, quum Triginta virûm unus esset, et cum Charicle legumlator factus esset, hoc ipsum in memoriam ei revocaret, atque in legibus perscripserit, nulli licere disserendi artem docere, Socrati nimirum obtrectans, et quum ansam criminandi non haberet, torquens in eum id, quod vulgo in philosophis reprehenditur, et apud multitudinem eum calumnians. Etenim ego de Socrate nunquam ipse tale aliquid audivi, neque de alio commemorante, quod audierit, comperi. Res autem ipsa hoc manifestavit. Quippe quum Trigintaviri multos cives, eosque non infimos, morte multassent, multosque ad injuste agendum impellerent; dixit forte Socrates mirum videri sibi, si bubulcus quispiam, qui vaccas quum pauciores tum deteriores reddat, non malum se bubulcum esse fateatur : sed hoc magis mirum , si quis præses civitatis factus, et cives pauciores deterioresque reddens, non erubescat, neque malum se civitatis præfectum esse putet. Quod quum ad eos renuntiatum esset, accessito Socrati Critias et Charicles non solum legem ostendunt, verum etiam, ne cum adolescentibus colloqueretur, interdicunt. At Socrates interrogabat eos, eequid in interdictis, quod non intelligeretur, quærere liceret. Assentiunt illi. Ego igitur, inquit , legibus quidem parere sum paratus : verum, ne per ignorationem inscius transgrediar, scire de vobis aperte volo, utrum hanc disserendi artem inter ea esse censeatis, quæ recte dicuntur, an quæ non recte, quum ab illa abstinendum esse dicitis? Nam si inter illa quæ recte dicuntur, patet, a recte dicendo abstinendum esse : sin vero sit inter ea quæ non recte, patet conandum esse ut recte

τέον ὀρθῶς λέγειν. (35) Καὶ ὁ Χαρικλῆς ὀργισθεὶς αὐτῷ, Ἐπειδὴ, ἔφη, ὦ Σώκρατες, ἀγνοεῖς, τάδε σοι εὐμαθέστερα ὄντα προαγορεύομεν, τοῖς νέοις ὅλως μὴ διαλέγεσθαι. Καὶ ὁ Σωκράτης, Ἵνα τοίνυν, ἔφη, μὴ ἀμφίβολον ᾖ, ὡς ἄλλο τι ποιῶ ἢ τὰ προηγορευμένα, ὁρίσατέ μοι μέχρι πόσων ἐτῶν δεῖ νομίζειν νέους εἶναι τοὺς ἀνθρώπους. Καὶ ὁ Χαρικλῆς, Ὅσουπερ, εἶπε, χρόνου βουλεύειν οὐκ ἔξεστιν, ὡς αὔπω φρονίμοις οὖσι· μηδὲ σὺ διαλέγου νεωτέροις τριάκοντα ἐτῶν. (36) Μηδὲ, ἄν τι ὠνῶμαι, ἔφη, ἢν πωλῇ νεώτερος τριάκοντα ἐτῶν, ἔρωμαι ὁπόσου πωλεῖ; Ναὶ τά γε τοιαῦτα, ἔφη ὁ Χαρικλῆς· ἀλλὰ τοι σύ γε, ὦ Σώκρατες, εἴωθας εἰδὼς πῶς ἔχει τὰ πλεῖστα ἐρωτᾷν. Ταῦτα οὖν μὴ ἐρώτα. Μηδ᾽ ἀποκρίνωμαι οὖν, ἔφη, ἄν τίς με ἐρωτᾷ νέος, ἐὰν εἰδῶ, οἷον, ποῦ οἰκεῖ Χαρικλῆς, ἢ ποῦ ἐστι Κριτίας; Ναὶ τά γε τοιαῦτα, ἔφη ὁ Χαρικλῆς. (37) Ὁ δὲ Κριτίας, Ἀλλὰ τῶνδέ τοί σε ἀπέχεσθαι, ἔφη, δεήσει, ὦ Σώκρατες, τῶν σκυτέων καὶ τῶν τεκτόνων καὶ τῶν χαλκέων· καὶ γὰρ οἶμαι αὐτοὺς ἤδη κατατετρῖφθαι διαθρυλουμένους ὑπὸ σοῦ. Οὐκοῦν, ἔφη ὁ Σωκράτης, καὶ τῶν ἑπομένων τούτοις, τοῦ τε δικαίου καὶ τοῦ ὁσίου καὶ τῶν ἄλλων τῶν τοιούτων; Ναὶ μὰ Δί᾽, ἔφη ὁ Χαρικλῆς, καὶ τῶν βουκόλων γε· εἰ δὲ μή, φυλάττου ὅπως μὴ καὶ σὺ ἐλάττους τὰς βοῦς ποιήσῃς. (38) Ἔνθα καὶ δῆλον ἐγένετο ὅτι ἀπαγγελθέντος αὐτοῖς τοῦ περὶ τῶν βοῶν λόγου ὠργίζοντο τῷ Σωκράτει. Οἵα μὲν οὖν ἡ συνουσία ἐγεγόνει Κριτίᾳ πρὸς Σωκράτην καὶ ὡς εἶχον πρὸς ἀλλήλους εἴρηται. (39) Φαίην δ᾽ ἂν ἔγωγε μηδενὶ μηδεμίαν εἶναι παίδευσιν παρὰ τοῦ μὴ ἀρέσκοντος. Κριτίας δὲ καὶ Ἀλκιβιάδης οὐκ ἀρέσκοντος αὐτοῖς Σωκράτους ὡμιλησάτην ὃν χρόνον ὡμιλείτην αὐτῷ, ἀλλ᾽ εὐθὺς ἐξ ἀρχῆς ὡρμηκότε προεστάναι τῆς πόλεως. Ἔτι γὰρ Σωκράτει συνόντες οὐκ ἄλλοις τισὶ μᾶλλον ἐπεχείρουν διαλέγεσθαι ἢ τοῖς μάλιστα πράττουσι τὰ πολιτικά. (40) Λέγεται γὰρ Ἀλκιβιάδην, πρὶν εἴκοσιν ἐτῶν εἶναι, Περικλεῖ ἐπιτρόπῳ μὲν ὄντι ἑαυτοῦ, προστάτῃ δὲ τῆς πόλεως τοιάδε διαλεχθῆναι περὶ νόμων. (41) Εἰπέ μοι, φάναι, ὦ Περίκλεις, ἔχοις ἄν με διδάξαι τί ἐστι νόμος; Πάντως δήπου, φάναι τὸν Περικλέα. Δίδαξον δὴ πρὸς τῶν θεῶν, φάναι τὸν Ἀλκιβιάδην· ὡς ἔγωγ᾽ ἀκούων τινῶν ἐπαινουμένων ὅτι νόμιμοι ἄνδρες εἰσίν, οἶμαι μὴ ἂν δικαίως τούτου τυχεῖν τοῦ ἐπαίνου τὸν μὴ εἰδότα τί ἐστι νόμος. (42) Ἀλλ᾽ οὐδέν τι χαλεποῦ πράγματος ἐπιθυμεῖς, ὦ Ἀλκιβιάδη, φάναι τὸν Περικλέα, βουλόμενος γνῶναι τί ἐστι νόμος· πάντες γὰρ οὗτοι νόμοι εἰσίν, οὓς τὸ πλῆθος συνελθὸν καὶ δοκιμάσαν ἔγραψε, φράζον ἅ τε δεῖ ποιεῖν καὶ ἃ μή. Πότερον δὲ τἀγαθὰ ἐνόμισαν δεῖν ποιεῖν ἢ τὰ κακά; Τἀγαθὰ νὴ Δία, φάναι, ὦ μειράκιον, τὰ δὲ κακὰ οὔ. (43) Ἐὰν δὲ μὴ τὸ πλῆθος, ἀλλ᾽ ὥσπερ ὅπου ὀλιγαρχία ἐστίν, ὀλίγοι συνελθόντες γράψωσιν ὅ,τι χρὴ ποιεῖν, ταῦτα τί ἐστι; Πάντα, φάναι, ὅσα ἂν τὸ κρατοῦν τῆς πόλεως βουλευσάμενον ἃ χρὴ ποιεῖν γράψῃ, νόμος καλεῖται. Καὶ ἂν τύραννος οὖν κρατῶν τῆς πόλεως γράψῃ τοῖς

dicamus. Tum excandescens Charicles, Quando, inquit, ignoras hoc, Socrates, edicimus tibi quiddam intellectu facilius, cum adolescentibus omnino non colloqui. Et Socrates, Itaque, ne sit ambiguum, ait, an aliud faciam quam quod præscriptum sit, definite mihi, ad quot usque annos existimandum sit, homines esse adolescentes. Tum Charicles, Quousque, ait, senatoribus esse non licet, nimirum hominibus istis nondum prudentiam consequutis : neu tu cum iis colloquitor, qui annum trigesimum non attigere. Ne tunc quidem, Socrates inquit, si quid emam ego, quod minor triginta annis vendit, quanti vendat, interrogato? Ea vero quærere licet, ait Charicles : sed soles tu, Socrates, interrogare, quum scias quomodo se habeant, plurima : itaque noli hæc quærere. Ergo non respondebo, inquit, si quis ex me interrogando exquiret, utinam habitet Charicles, vel ubi sit Critias? Hujusmodi vero licet respondere, ait Charicles. Critias autem, Ab his abstinendum tibi est, Socrates, inquit, nimirum a sutoribus, et fabris, et ærariis artificibus. Etenim arbitror illos jam confectos et absumptos esse frequenti tua commemoratione. Ergo, subjecit Socrates, ab iis etiam abstinendum, quæ huic adjungere soleo, a justo et pio, et ab aliis quæ sunt talia? Profecto, ait Charicles, etiam a bubulcis : quod nisi feceris, cave ne et ipse vaccas pauciores reddas. Hinc autem constabat, renuntiato ad ipsos sermone de vaccis, eos Socrati succensuisse. Qualis itaque cum Socrate consuetudo fuerit Critiæ, et quo modo alter ad alterum se habuerit, dictum est. Dixerim equidem, non posse ullum hominem ab ullo institui, qui ipsi non placeat. Critias autem et Alcibiades, versabantur illi quidem cum Socrate, qui eis non placebat, quamdiu ea consuetudo duravit, verum ita ut statim ab initio studerent civitati præesse. Nam eo etiam tempore quo Socrati familiares erant, non cum aliis disserere conabantur potius, quam qui rempublicam inprimis tractarent. Proditum est enim Alcibiadem, priusquam viginti natus esset annos, cum Pericle tutore suo, civitatis præside, de legibus talia disseruisse : Mi Pericles, ait, dicito mihi, possisne me, quid lex sit, docere? Omnino, inquit Pericles. Et Alcibiades : Ergo me, per deos immortales, hoc doceto : quoniam ego laudari quosdam audiens quod legum observantes sint, arbitror non jure tribui laudem hanc illi, qui, quid lex sit, ignoret. Tu vero, mi Alcibiades, rem non difficilem cupis, ait Pericles; qui cognoscere velis, quod lex sit : etenim omnes hæ leges sunt, quas in unum convenions et consentiens populus conscripsit, declarans quæ facienda sint, quæ non. Utrum autem ea facienda sanverunt, quæ bona sunt, an quæ mala? Profecto bona, mi adolescentule, ait Pericles, minimeque mala. Jam si non populus, sed, uti paucorum in dominatu fit, pauci quidam congressi, quid faciendum sit, conscripserint, ea quid sunt? Omnia, inquit, quæcunque pars ea quæ summam in republica potentiam obtinet, habita de iis quæ agenda sint consultatione, scripserit, lex appellantur. Si ergo tyrannus etiam civitate potitus, quæ

πολίταις ἃ χρὴ ποιεῖν, καὶ ταῦτα νόμος ἐστί; Καὶ ὅσα τύραννος ἄρχων, φάναι, γράφει, καὶ ταῦτα νόμος καλεῖται. (44) Βίᾳ δέ, φάναι, καὶ ἀνομία, τί ἐστιν, ὦ Περίκλεις; ἆρ' οὐχ ὅταν ὁ κρείττων τὸν ἥττων μὴ πείσας, ἀλλὰ βιασάμενος ἀναγκάσῃ ποιεῖν ὅ,τι ἂν αὐτῷ δοκῇ ; Ἔμοιγε δοκεῖ, φάναι τὸν Περικλέα. Καὶ ὅσα ἄρα τύραννος μὴ πείσας τοὺς πολίτας ἀναγκάζει ποιεῖν γράφων, ἀνομία ἐστί ; Δοκεῖ μοι, φάναι τὸν Περικλέα ἀνατίθεμαι γὰρ τὸ ἂν τύραννος μὴ πείσας γράφει, νόμον εἶναι. (45) Ὅσα δὲ οἱ ὀλίγοι τοὺς πολλοὺς μὴ πείσαντες ἀλλὰ κρατοῦντες γράφουσι, πότερον βίαν φῶμεν ἢ μὴ φῶμεν εἶναι; Πάντα μοι δοκεῖ, φάναι τὸν Περικλέα, ὅσα τις μὴ πείσας ἀναγκάζει τινὰ ποιεῖν, εἴτε γράφων εἴτε μή, βία μᾶλλον ἢ νόμος εἶναι. Καὶ ὅσα ἄρα τὸ πᾶν πλῆθος κρατοῦν τῶν τὰ χρήματα ἐχόντων γράφει μὴ πεῖσαν, βία μᾶλλον ἢ νόμος ἂν εἴη; Μάλα τοι, φάναι τὸν Περικλέα, ὦ Ἀλκιβιάδη. (46) Καὶ ἡμεῖς τηλικοῦτοι ὄντες δεινοὶ τὰ τοιαῦτα ἦμεν· τοιαῦτα γὰρ καὶ ἐμελετῶμεν καὶ ἐσοφιζόμεθα οἷάπερ καὶ σὺ νῦν ἐμοὶ δοκεῖς μελετᾶν. Τὸν δ' Ἀλκιβιάδην φάναι, Εἴθε σοι, ὦ Περίκλεις, τότε συνεγενόμην ὅτε δεινότατος σαυτοῦ ταῦτα ἦσθα. (47) Ἐπεὶ τοίνυν τάχιστα τῶν πολιτευομένων ὑπέλαβον κρείττονες εἶναι, Σωκράτει μὲν οὐκέτι προσῇεσαν· οὔτε γὰρ αὐτοῖς ἄλλως ἤρεσκεν, εἴ τε προσέλθοιεν, ὑπὲρ ὧν ἡμάρτανον ἐλεγχόμενοι ἤχθοντο· τὰ δὲ τῆς πόλεως ἔπραττον, ὧνπερ ἕνεκα καὶ Σωκράτει προσῆλθον. (48) Ἀλλὰ Κρίτων τε Σωκράτους ἦν ὁμιλητὴς καὶ Χαιρεφῶν καὶ Χαιρεκράτης καὶ Ἑρμοκράτης καὶ Σιμίας καὶ Κέβης καὶ Φαιδώνδης καὶ ἄλλοι οἳ ἐκείνῳ συνῆσαν, οὐχ ἵνα δημηγορικοὶ ἢ δικανικοὶ γένοιντο, ἀλλ' ἵνα καλοί τε κἀγαθοὶ γενόμενοι καὶ οἴκῳ καὶ οἰκέταις καὶ οἰκείοις καὶ φίλοις καὶ πόλει καὶ πολίταις δύναιντο καλῶς χρῆσθαι. Καὶ τούτων οὐδεὶς οὔτε νεώτερος οὔτε πρεσβύτερος ὢν οὔτ' ἐποίησε κακὸν οὐδὲν οὔτ' αἰτίαν ἔσχεν.

49. Ἀλλὰ Σωκράτης γ', ἔφη ὁ κατήγορος, τοὺς πατέρας προπηλακίζειν ἐδίδασκε, πείθων μὲν τοὺς συνόντας αὐτῷ σοφωτέρους ποιεῖν τῶν πατέρων, φάσκων δὲ κατὰ νόμον ἐξεῖναι παρανοίας ἑλόντα καὶ τὸν πατέρα δῆσαι, τεκμηρίῳ τούτῳ χρώμενος, ὡς τὸν ἀμαθέστερον ὑπὸ τοῦ σοφωτέρου νόμιμον εἴη δεδέσθαι. (50) Σωκράτης δὲ τὸν μὲν ἀμαθίας ἕνεκα δεσμεύοντα δικαίως ἂν καὶ αὐτὸν ᾤετο δεδέσθαι ὑπὸ τῶν ἐπισταμένων ἃ μὴ αὐτὸς ἐπίσταται· καὶ τῶν τοιούτων ἕνεκα πολλάκις ἐσκόπει τί διαφέρει μανίας ἀμαθία· καὶ τοὺς μὲν μαινομένους ᾤετο συμφερόντως ἂν δεδέσθαι καὶ αὐτοῖς καὶ τοῖς φίλοις, τοὺς δὲ μὴ ἐπισταμένους τὰ δέοντα δικαίως ἂν μανθάνειν παρὰ τῶν ἐπισταμένων. (51) Ἀλλὰ Σωκράτης γε, ἔφη ὁ κατήγορος, οὐ μόνον τοὺς πατέρας ἀλλὰ καὶ τοὺς ἄλλους συγγενεῖς ἐποίει ἐν ἀτιμίᾳ εἶναι παρὰ τοῖς αὑτοῦ συνοῦσι, λέγων ὡς οὔτε τοὺς κάμνοντας οὔτε τοὺς δικαζομένους, οἱ συγγενεῖς ὠφελοῦσιν, ἀλλὰ τοὺς μὲν οἱ ἰατροί, τοὺς δὲ οἱ συνδικεῖν ἐπιστάμενοι. (52) Ἔφη δὲ καὶ περὶ τῶν φίλων αὐτὸν λέγειν ὡς οὐδὲν ὄφελος εὔνους

civibus agenda sint, perscripserit, num et ea lex sunt? Nimirum, ait, quæcumque tyrannus imperans perscribit, ea quoque lex appellantur. Quid autem, inquit Alcibiades, vis est, et legum eversio, mi Pericles? an non quum fortior imbecilliorem, non persuadendo, sed vim adferendo, quodcunque sibi videatur, facere cogit? Ita mihi videtur, ait Pericles. Ergo quæcumque tyrannus, non persuasis civibus, perscribit, atque ut illi faciant, cogit, nonne legum sunt eversio? Id mihi videtur, inquit Pericles: nam hoc retracto, nimirum legem esse, quæcumque tyrannus suis non persuasis scribat. Quæ vero pauci, multitudine non persuasa, sed rerum potientes scribunt, num vim esse, vel non, dicemus? Tum Pericles, Videntur mihi, inquit, illa omnia, quæcumque non persuadendo quis cogit aliquem facere, sive scribat ea, sive non, vis potius esse, quam lex. Ergo quæcumque plebs universa, iis superior qui locupletes sunt, non persuadendo scribit, vis erit potius quam lex? Tum dixit Pericles : Maxime quidem, mi Alcibiades. Ac nos quoque, quum istac ætate essemus, peracres in hujusmodi rebus eramus; nam et meditabamur ejusmodi et argutabamur, qualia tu mihi nunc meditari videris. Subjecit Alcibiades : Utinam, mi Pericles, id temporis tecum essem versatus, quum teipsum in his rebus superabas! Ubi primum igitur se hi superiores esse arbitrabantur illis, qui rempublicam gerebant, non jam ad Socratem amplius accedebant (quod id ceteroquin eis haud placeret : et si accederent, reprehendi se propter ea, in quibus peccabant, graviter ferebant), sed reipublicæ negotia capessebant, quæ una causa fuerat, quamobrem ad Socratem accesserant. Crito autem, et Chærephon, et Chærecrates, et Hermocrates, et Simias, et Cebes, et Phædondas, et alii plerique Socrati familiares erant, quum eo conversabantur, non ut oratores vel causidici fierent; sed ut viri pulchri bonique studiosi evadentes, et domo, et domesticis, et propinquis, et amicis, civitateque ac civibus suis quam optime uti possent. Quorum quidem nemo neque dum junior esset, neque dum senior, mali quidpiam vel commisit, vel commisisse culpatus fuit.

At enim Socrates, inquit accusator, patres contemnere docebat, dum persuaderet, se familiares suos patribus sapientiores effecturum ; atque etiam diceret, lege permissum esse, ut aliquis patrem convictum amentiæ devinciat; hoc argumento usus, quod imperitiorem a sapientiore vinciri jus esset. Imo vero Socrates, eum qui imperitiæ causa quempiam ligasset, merito et ipsum vinciendum esse putabat ab iis qui, quod ipse ignoraret, scirent : adeoque sæpenumero propter talia quid imperitia differat ab animi insanitate, dispiciebat : atque animo insanos quidem vinciri cum suo et amicorum emolumento putabat; inscios vero illorum quæ sciri oporteret, merito debere ab iis discere , qui scirent. At Socrates, inquit accusator, non solum ut patres, sed ut ceteri etiam cognati parvo in honore apud familiares ipsius essent, effecit; dicebat enim, propinquos nec illis esse usui, qui adversa valetudine laborarent, nec illis, quorum de re in judicio ageretur; sed illis quidem prodesse medicos, his vero eos qui patrocinari scirent. Addebat etiam de amicis eum dicere, nihil esse commodi si benevoli sint, nisi

ΑΠΟΜΝΗΜΟΝΕΥΜΑΤΩΝ ΒΙΒΛ. Α. ΚΕΦ. Β.

εἶναι, εἰ μὴ καὶ ὠφελεῖν δυνήσονται· μόνους δὲ φάσκειν αὐτὸν ἀξίους εἶναι τιμῆς τοὺς εἰδότας τὰ δέοντα καὶ ἑρμηνεῦσαι δυναμένους. Ἀναπείθοντα οὖν τοὺς νέους αὐτὸν ὡς αὐτὸς εἴη σοφώτατός τε καὶ ἄλλους ἱκανώτατος ποιῆσαι σοφούς, οὕτω διατιθέναι τοὺς αὐτῷ συνόντας ὥστε μηδαμοῦ παρ' αὐτοῖς τοὺς ἄλλους εἶναι πρὸς αὐτόν. (53) Ἐγὼ δ' αὐτὸν οἶδα μὲν καὶ περὶ πατέρων τε καὶ τῶν ἄλλων συγγενῶν καὶ περὶ φίλων ταῦτα λέγοντα, καὶ πρὸς τούτοις γε δὴ ὅτι τῆς ψυχῆς ἐξελθούσης, ἐν ᾗ μόνῃ γίγνεται φρόνησις, τὸ σῶμα καὶ τοῦ οἰκειοτάτου ἀνθρώπου τὴν ταχίστην ἐξενέγκαντες ἀφανίζουσιν. (54) Ἔλεγε δὲ ὅτι καὶ ζῶν ἕκαστος ἑαυτοῦ, ὃ πάντων μάλιστα φιλεῖ, τοῦ σώματος ὅ,τι ἂν ἀχρεῖον ᾖ καὶ ἀνωφελές, αὐτός τε ἀφαιρεῖ καὶ ἄλλῳ παρέχει. Αὐτοί τε γὰρ αὑτῶν ὄνυχάς τε καὶ τρίχας καὶ τύλους ἀφαιροῦσι καὶ τοῖς ἰατροῖς παρέχουσι μετὰ πόνων τε καὶ ἀλγηδόνων καὶ ἀποτέμνειν καὶ ἀποκάειν, καὶ τούτου χάριν οἴονται δεῖν αὐτοῖς καὶ μισθὸν τίνειν· καὶ τὸ σίαλον ἐκ τοῦ στόματος ἀποπτύουσιν ὡς δύνανται ποῤῥωτάτω, διότι ὠφελεῖ μὲν οὐδὲν αὐτοὺς ἐνόν, βλάπτει δὲ πολὺ μᾶλλον. (55) Ταῦτ' οὖν ἔλεγεν, οὐ τὸν μὲν πατέρα ζῶντα κατορύττειν διδάσκων, ἑαυτὸν δὲ κατατέμνειν, ἀλλ' ἐπιδεικνύων ὅτι τὸ ἄφρον ἄτιμόν ἐστι παρεκάλει ἐπιμελεῖσθαι τοῦ ὡς φρονιμώτατον εἶναι καὶ ὠφελιμώτατον, ὅπως, ἐάν τε ὑπὸ πατρός, ἐάν τε ὑπὸ ἀδελφοῦ, ἐάν τε ὑπ' ἄλλου τινὸς βούληται τιμᾶσθαι, μὴ τῷ οἰκεῖος εἶναι πιστεύων ἀμελῇ, ἀλλὰ πειρᾶται ὑφ' ὧν ἂν βούληται τιμᾶσθαι, τούτοις ὠφέλιμος εἶναι.

56. Ἔφη δ' αὐτὸν ὁ κατήγορος καὶ τῶν ἐνδοξοτάτων ποιητῶν ἐκλεγόμενον τὰ πονηρότατα, καὶ τούτοις μαρτυρίοις χρώμενον διδάσκειν τοὺς συνόντας κακούργους τε εἶναι καὶ τυραννικούς, Ἡσιόδου μὲν τὸ

Ἔργον δ' οὐδὲν ὄνειδος, ἀεργίη δέ τ' ὄνειδος,

τοῦτο δὴ λέγειν αὐτὸν ὡς ὁ ποιητὴς κελεύοι μηδενὸς ἔργου μήτε ἀδίκου μήτε αἰσχροῦ ἀπέχεσθαι, ἀλλὰ καὶ ταῦτα ποιεῖν ἐπὶ τῷ κέρδει. (57) Σωκράτης δ' ἐπειδὴ ὁμολογήσαιτο τὸ μὲν ἐργάτην εἶναι ὠφέλιμόν τε ἀνθρώπῳ καὶ ἀγαθὸν εἶναι, τὸ δὲ ἀργὸν βλαβερόν τε καὶ κακόν, καὶ τὸ μὲν ἐργάζεσθαι ἀγαθόν, τὸ δὲ ἀργεῖν κακόν, τοὺς μὲν ἀγαθόν τι ποιοῦντας ἐργάζεσθαί τε ἔφη καὶ ἐργάτας ἀγαθοὺς εἶναι, τοὺς δὲ κυβεύοντας ἤ τι ἄλλο πονηρὸν καὶ ἐπιζήμιον ποιοῦντας ἀργοὺς ἀπεκάλει. Ἐκ δὲ τούτων ὀρθῶς ἂν ἔχοι·

Ἔργον δ' οὐδὲν ὄνειδος, ἀεργίη δέ τ' ὄνειδος.

(58) Τὸ δὲ Ὁμήρου ἔφη ὁ κατήγορος πολλάκις αὐτὸν λέγειν, ὅτι Ὀδυσσεύς,

Ὅντινα μὲν βασιλῆα καὶ ἔξοχον ἄνδρα κιχείη,
τὸν δ' ἀγανοῖς ἐπέεσσιν ἐρητύσασκε παραστάς·
Δαιμόνι', οὔ σε ἔοικε κακὸν ὣς δειδίσσεσθαι,
ἀλλ' αὐτός τε κάθησο καὶ ἄλλους ἵδρυε λαούς.
Ὅν δ' αὖ δήμου τ' ἄνδρα ἴδοι βοόωντά τ' ἐφεύροι,
τὸν σκήπτρῳ ἐλάσασκεν ὁμοκλήσασκέ τε μύθῳ·
Δαιμόνι', ἀτρέμας ἧσο, καὶ ἄλλων μῦθον ἄκουε,

possint etiam prodesse. Eos quoque solos dicere Socratem dignos honore esse, qui quæ deceat sciant, et oratione possint explicare : quapropter ipsum, persuadendo adolescentibus se sapientissimum esse, atque ad efficiendum alios sapientes maxime idoneum, sic affectos erga se reddidisse familiares suos, ut nequaquam apud eos alii cujusquam essent pretii, cum Socrate comparati. Ego vero memini eum de patribus, de propinquis ceteris, et de amicis hæc dicere; ac præter hæc etiam illud : postequam migraverit anima, in qua sola est prudentia, hominis etiam maxima necessitudine conjuncti corpus quamprimum elatum e conspectu auferri. Dicebat etiam quemlibet, dum in vivis est, de corpore suo, quod omnium maxime diligit, quicquid otiosum et inutile sit, tum per se tollere, tum aliis tollendum præbere. Nam homines ipsi suos ungues, capillos, callos tollunt; eosdemque medicis cum molestiis ac doloribus amputandos deurendosque præbent, eaque de causa putant ipsis etiam se mercedem debere solvere. Salivam quoque quam possunt longissime ab ore exspuunt; quod dum ore continetur, non solum nihil prosit, sed multo magis etiam noceat. Hæc igitur dicebat Socrates, non quidem docens, patrem vivum sepeliendum esse, ac se ipsum in frusta concidendum; sed demonstrans, quod insipiens omne sine pretio sit, hortabatur, ut studeat quisque quam prudentissimus fieri ac utilissimus : quo sive a patre quis, seu a fratre, seu alio quopiam honore affici velit, non idcirco negligens sit quod propinquum se credat, sed conetur ut illis prosit, a quibus honorem consequi cupiat.

Præterea dicebat accusator Socratem seligentem de poetis celeberrimis ea, quæ essent pessima, eisque testimoniis utentem, docere familiares suos, ut facinorosi essent ac tyrannici : Hesiodi quidem illud,

Negotium nullum est opprobrium, otium autem opprobrium est;

hoc illum sic exponere, quasi poeta nullo jubeat ab opere, nec injusto nec turpi, abstinere, sed quæstus gratia hæc quoque facere. At enim Socrates quum fateretur, ex usu hominis ac bonum esse, occupari labore; contraque, otiosum esse, noxium et malum; et operari, bonum; otiari, malum esse : quoscunque boni aliquid facientes operari dicebat, ac bonos esse operarios; qui vero talis luderent, vel aliud quidpiam pravi damnosique agerent, hos otiosos appellabat. Qua sententia recte se habuerit hoc,

Negotium nullum est opprobrium, otium autem opprobrium est.

Illud etiam Homeri dicebat accusator Socratem sæpenumero proferre, quod Ulysses,

Quemcunque quidem, seu regem seu primarium virum, invehunc vero blandis verbis detinebat astans : [niret,
« Vir optime, non te decet, timidum uti, trepidare;
quin et ipse sede, et alios sedere fac viros.»
Quemcunque vero plebeium virum videret, vociferantemque hunc sceptro percutiebat, increpabatque voce : [offenderet,
« Improbe, quiete sede, et aliorum verba audi,

οἱ σέο φέρτεροί εἰσι· σὺ δ' ἀπτόλεμος καὶ ἄναλκις,
οὔτε ποτ' ἐν πολέμῳ ἐναρίθμιος οὔτ' ἐνὶ βουλῇ.

Ταῦτα δὴ αὐτὸν ἐξηγεῖσθαι ὡς ὁ ποιητὴς ἐπαινοίη παίεσθαι τοὺς δημότας καὶ πένητας. (59) Σωκράτης δ' οὐ ταῦτ' ἔλεγε, καὶ γὰρ ἑαυτὸν οὕτω γ' ἂν ᾤετο δεῖν παίεσθαι, ἀλλ' ἔφη δεῖν τοὺς μήτε λόγῳ μήτε ἔργῳ ὠφελίμους ὄντας, μήτε στρατεύματι μήτε πόλει μήτε αὐτῷ τῷ δήμῳ, εἴ τι δέοι, βοηθεῖν ἱκανούς, ἄλλως τ' ἐὰν πρὸς τούτῳ καὶ θρασεῖς ὦσι, πάντα τρόπον κωλύεσθαι, κἂν πάνυ πλούσιοι τυγχάνωσιν ὄντες. (60) Ἀλλὰ Σωκράτης γε τἀναντία τούτων φανερὸς ἦν καὶ δημοτικὸς καὶ φιλάνθρωπος ὤν. Ἐκεῖνος γὰρ πολλοὺς ἐπιθυμητὰς καὶ ἀστοὺς καὶ ξένους λαβὼν οὐδένα πώποτε μισθὸν τῆς συνουσίας ἐπράξατο, ἀλλὰ πᾶσιν ἀφθόνως ἐπήρκει τῶν ἑαυτοῦ· ὧν τινες μικρὰ μέρη παρ' ἐκείνου προῖκα λαβόντες πολλοῦ τοῖς ἄλλοις ἐπώλουν, καὶ οὐκ ἦσαν ὥσπερ ἐκεῖνος δημοτικοί· τοῖς γὰρ μὴ ἔχουσι χρήματα διδόναι οὐκ ἤθελον διαλέγεσθαι. (61) Ἀλλὰ Σωκράτης γε καὶ πρὸς τοὺς ἄλλους ἀνθρώπους κόσμον τῇ πόλει παρεῖχε πολλῷ μᾶλλον ἢ Λίχας τῇ Λακεδαιμονίων, ὃς ὀνομαστὸς ἐπὶ τούτῳ γέγονε. Λίχας μὲν γὰρ ταῖς γυμνοπαιδίαις τοὺς ἐπιδημοῦντας ἐν Λακεδαίμονι ξένους ἐδείπνιζε, Σωκράτης δὲ διὰ παντὸς τοῦ βίου τὰ ἑαυτοῦ δαπανῶν τὰ μέγιστα πάντας τοὺς βουλομένους ὠφέλει· βελτίους γὰρ ποιῶν τοὺς συγγιγνομένους ἀπέπεμπε.

62. Ἐμοὶ μὲν δὴ Σωκράτης τοιοῦτος ὢν ἐδόκει τιμῆς ἄξιος εἶναι τῇ πόλει μᾶλλον ἢ θανάτου. Καὶ κατὰ τοὺς νόμους δὲ σκοπῶν ἄν τις τοῦτ' εὕροι. Κατὰ γὰρ τοὺς νόμους ἐάν τις φανερὸς γένηται κλέπτων ἢ λωποδυτῶν ἢ βαλαντιοτομῶν ἢ τοιχωρυχῶν ἢ ἀνδραποδιζόμενος ἢ ἱεροσυλῶν, τούτοις θάνατός ἐστιν ἡ ζημία· ὧν ἐκεῖνος πάντων ἀνθρώπων πλεῖστον ἀπεῖχεν. (63) Ἀλλὰ μὴν τῇ πόλει γε οὔτε πολέμου κακῶς συμβάντος οὔτε στάσεως οὔτε προδοσίας οὔτε ἄλλου κακοῦ οὐδενὸς πώποτε αἴτιος ἐγένετο. Οὐδὲ μὴν ἰδίᾳ γε οὐδένα πώποτε ἀνθρώπων οὔτε ἀγαθῶν ἀπεστέρησεν οὔτε κακοῖς περιέβαλεν, ἀλλ' οὐδ' αἰτίαν τῶν εἰρημένων οὐδενὸς πώποτ' ἔσχε. (64) Πῶς οὖν ἔνοχος ἂν εἴη τῇ γραφῇ; ὃς ἀντὶ μὲν τοῦ μὴ νομίζειν θεούς, ὡς ἐν τῇ γραφῇ ἐγέγραπτο, φανερὸς ἦν θεραπεύων τοὺς θεοὺς μάλιστα τῶν ἄλλων ἀνθρώπων, ἀντὶ δὲ τοῦ διαφθείρειν τοὺς νέους, ὃ δὴ ὁ γραψάμενος αὐτὸν ᾐτιᾶτο, φανερὸς ἦν τῶν συνόντων τοὺς πονηρὰς ἐπιθυμίας ἔχοντας τούτων μὲν παύων, τῆς δὲ καλλίστης καὶ μεγαλοπρεπεστάτης ἀρετῆς, ᾗ πόλεις τε καὶ οἶκοι εὖ οἰκοῦσι, προτρέπων ἐπιθυμεῖν· ταῦτα δὲ πράττων πῶς οὐ μεγάλης ἄξιος ἦν τιμῆς τῇ πόλει;

ΚΕΦΑΛΑΙΟΝ Γ.

Ὡς δὲ δὴ καὶ ὠφελεῖν ἐδόκει μοι τοὺς ξυνόντας τὰ μὲν ἔργῳ δεικνύων ἑαυτὸν οἷος ἦν, τὰ δὲ καὶ διαλεγόμενος,

qui te præstantiores sunt: tu autem imbellis et invalidus, neque unquam in bello æstimabilis, neque in consilio. »

Hæc vero eum sic interpretari, quasi poeta probaret, si plebeii pauperesque cæderentur. At vero Socrates minime ista dicebat (nam illo pacto se ipsum esse cædendum existimasset), sed dicebat, eos qui nec oratione nec facto utiles essent, neque vel exercitui, vel civitati, vel ipsi etiam populo, si opus fuerit, possent succurrere, præsertim si ad hæc sibi præfidant, omni modo coercendos esse, quamvis ditissimi essent. Erat certe Socrates e contrario palam popularis et humanus. Nam quum multos sui studiosos tum cives eum exteros haberet, nullam unquam mercedem consuetudinis exegit, sed omnibus abunde citraque invidiam sua communicabat; quorum exiguas quasdam partes nonnulli gratis ab eo consequuti, magno aliis vendebant, neque erant, ut ipse, populares : quippe cum iis, quibus ad largiendum pecunia deesset, disserere nolebant. Socrates autem huic civitati apud alios homines etiam multo majus ornamentum conciliabat, quam Lichas Lacedæmoniorum civitati, qui eo nomine celeberrimus evasit. Nam ludis illis, qui a nudis exhibebantur, Lichas hospitibus Lacedæmonem peregre venientibus cœnam præbere solebat : Socrates autem, quum per omnem vitam impenderet sua, plurimum omnibus non nolentibus proderat : etenim eos, qui ad ipsum accedebant, reddebat meliores, ac deinde dimittebat.

Quamobrem mihi sane Socrates, qui talis esset, potius honorem de republica, quam mortem, meruisse videbatur : atque si leges etiam aliquis consideret, hoc ipsum inveniet. Nam secundum leges, si quis furari, vel grassando vestes auferre, vel crumenas incidere, vel parietes perfodere, vel plagium vel sacrilegium committere palam deprehendatur, talibus flagitiis mors est pœna : a quibus hic longissime supra mortales omnes aberat. Neque vero civitati belli alicujus male cedentis, neque seditionis, neque proditionis, neque ullius unquam mali alius auctor extitit : neque privatim quidem ullum hominem unquam vel bonis privavit, vel in mala conjecit: adeoque nullius horum, quæ diximus, vel criminationem unquam sustinuit. Quo igitur pacto illi accusationi obnoxius esset, qui pro eo, quod deos esse non putaret, quemadmodum in actione perscriptum erat, palam deos coluit præ ceteris hominibus studiosissime : ac pro eo, quod adolescentes corrumperet, quando et hoc ei crimen actor impingebat, palam eos ex familiaribus, qui pravis libidinibus flagrarent, ab iisdem cessare faciebat, ac ipsos ad pulcherrimæ splendidissimæque virtutis, qua tam civitates quam familiæ bene administrantur, amorem incitabat? Atque hæc quum faceret, quo pacto de civitate honorem non meruit maximum?

CAPUT III.

Quo autem modo mihi visus sit familiaribus suis prodesse, partim operibus demonstrans, qualis ipse esset, partim

τούτων δὴ γράψω ὁπόσα ἂν διαμνημονεύσω. Τὰ μὲν τοίνυν πρὸς τοὺς θεοὺς φανερὸς ἦν καὶ ποιῶν καὶ λέγων ἥπερ ἡ Πυθία ἀποκρίνεται τοῖς ἐρωτῶσι, πῶς δεῖ ποιεῖν ἢ περὶ θυσίας ἢ περὶ προγόνων θεραπείας ἢ περὶ ἄλλου τινὸς τῶν τοιούτων· ἥ τε γὰρ Πυθία νόμῳ πόλεως ἀναιρεῖ ποιοῦντας εὐσεβῶς ἂν ποιεῖν, Σωκράτης τε οὕτω καὶ αὐτὸς ἐποίει καὶ τοῖς ἄλλοις παρῄνει, τοὺς δὲ ἄλλως πως ποιοῦντας περιέργους καὶ ματαίους ἐνόμιζεν εἶναι. (2) Καὶ εὔχετο δὲ πρὸς τοὺς θεοὺς ἁπλῶς τἀγαθὰ διδόναι, ὡς τοὺς θεοὺς κάλλιστα εἰδότας ὁποῖα ἀγαθά ἐστι· τοὺς δ' εὐχωμένους χρυσίον ἢ ἀργύριον ἢ τυραννίδα ἢ ἄλλο τι τῶν τοιούτων οὐδὲν διάφορον ἐνόμιζεν εὔχεσθαι ἢ εἰ κυβείαν ἢ μάχην ἢ ἄλλο τι εὔχοιντο τῶν φανερῶς ἀδήλων ὅπως ἀποβήσοιτο. (3) Θυσίας δὲ θύων μικρὰς ἀπὸ μικρῶν οὐδὲν ἡγεῖτο μειοῦσθαι τῶν ἀπὸ πολλῶν καὶ μεγάλων πολλὰ καὶ μεγάλα θυόντων. Οὔτε γὰρ τοῖς θεοῖς ἔφη, καλῶς ἔχειν εἰ ταῖς μεγάλαις θυσίαις μᾶλλον ἢ ταῖς μικραῖς ἔχαιρον· πολλάκις γὰρ ἂν αὐτοῖς τὰ παρὰ τῶν πονηρῶν μᾶλλον ἢ τὰ παρὰ τῶν χρηστῶν εἶναι κεχαρισμένα· οὔτ' ἂν τοῖς ἀνθρώποις ἄξιον εἶναι ζῆν, εἰ τὰ παρὰ τῶν πονηρῶν μᾶλλον ἦν κεχαρισμένα τοῖς θεοῖς ἢ τὰ παρὰ τῶν χρηστῶν· ἀλλ' ἐνόμιζε τοὺς θεοὺς ταῖς παρὰ τῶν εὐσεβεστάτων τιμαῖς μάλιστα χαίρειν. Ἐπαινέτης δ' ἦν καὶ τοῦ ἔπους τούτου,

Κὰδ δύναμιν δ' ἔρδειν ἱερ' ἀθανάτοισι θεοῖσι.

Καὶ πρὸς φίλους δὲ καὶ ξένους καὶ πρὸς τὴν ἄλλην δίαιταν καλὴν ἔφη, παραίνεσιν εἶναι τὴν Κὰδ δύναμιν ἔρδειν. (4) Εἰ δέ τι δόξειεν αὐτῷ σημαίνεσθαι παρὰ τῶν θεῶν, ἧττον ἂν ἐπείσθη παρὰ τὰ σημαινόμενα ποιῆσαι ἢ εἴ τις αὐτὸν ἔπειθεν ὁδὸν λαβεῖν ἡγεμόνα τυφλὸν καὶ μὴ εἰδότα τὴν ὁδὸν ἀντὶ βλέποντος καὶ εἰδότος· καὶ τῶν ἄλλων δὲ μωρίαν κατηγόρει, οἵτινες παρὰ τὰ ὑπὸ τῶν θεῶν σημαινόμενα ποιοῦσί τι, φυλαττόμενοι τὴν παρὰ τοῖς ἀνθρώποις ἀδοξίαν. Αὐτὸς δὲ πάντα τἀνθρώπινα ὑπερεώρα πρὸς τὴν παρὰ τῶν θεῶν ξυμβουλίαν.

5. Διαίτῃ δὲ τήν τε ψυχὴν ἐπαίδευσε καὶ τὸ σῶμα ᾗ χρώμενος ἄν τις, εἰ μή τι δαιμόνιον εἴη, θαρραλέως τε καὶ ἀσφαλῶς διάγοι, καὶ οὐκ ἂν ἀπορήσειε τοσαύτης δαπάνης. Οὕτω γὰρ εὐτελὴς ἦν ὥστ' οὐκ οἶδ' εἴ τις οὕτως ἂν ὀλίγα ἐργάζοιτο ὥστε μὴ λαμβάνειν τὰ Σωκράτει ἀρκοῦντα. Σίτῳ μὲν γὰρ τοσούτῳ ἐχρῆτο ὅσον ἡδέως ἤσθιε, καὶ ἐπὶ τοῦτον οὕτω παρεσκευασμένος ᾔει ὥστε τὴν ἐπιθυμίαν τοῦ σίτου ὄψον αὐτῷ εἶναι· ποτὸν δὲ πᾶν ἡδὺ ἦν αὐτῷ διὰ τὸ μὴ πίνειν, εἰ μὴ διψῴη. (6) Εἰ δέ ποτε κληθεὶς ἐθελήσειεν ἐπὶ δεῖπνον ἐλθεῖν, ὃ τοῖς πλείστοις ἐργωδέστατόν ἐστιν ὥστε φυλάξασθαι τὸ ὑπὲρ τὸν καιρὸν ἐμπίπλασθαι, τοῦτο ῥᾳδίως πάνυ ἐφυλάττετο. Τοῖς δὲ μὴ δυναμένοις τοῦτο ποιεῖν συνεβούλευε φυλάττεσθαι τὰ ἀναπείθοντα μὴ πεινῶντας ἐσθίειν μηδὲ διψῶντας πίνειν· καὶ γὰρ τὰ λυμαινόμενα γαστέρας καὶ κεφαλὰς καὶ ψυχὰς ταῦτ' ἔφη εἶναι. (7) Οἴε-

colloquiis usus, horum conscribam quæcunque meminero. Itaque divinis in rebus constabat eum et facere et loqui eo modo, quo Pythia respondet consulentibus quid faciendum sit, vel de sacrificiis, vel de cultu majorum, vel de alia re quapiam, quæ hujus sit generis. Nam Pythia respondet oraculo, pie facturos, si ex instituto civitatis hæc agant : ac Socrates ita et ipse faciebat, et alios facere cohortabatur ; eosque, qui aliter faciebant, novandi studiosos et vanos esse censebat. Precabatur etiam deos simpliciter, ut bona largirentur, tanquam dii optime scirent, cujusmodi res essent bonæ. At qui aurum, vel argentum, vel tyrannidem, vel aliquid aliud hujusmodi a diis peterent, non dissimile quid petere putabat, quam si aleam, vel prælium, vel quid aliud earum rerum peterent, quæ omnino sunt obscuræ, cujusmodi sint eventum habituræ. Quumque de facultatibus exiguis exigua sacra faceret, nihilo se putabat minus præstare, quam ii qui de multis et magnis opibus multas et magnas hostias caderent. Etenim neque decere deos hoc aiebat, ut magnis potius, quam exiguis sacrificiis gauderent (alioquin eis improborum sacrificia sæpius essent grata, quam bonorum) ; nec vitam mortalibus optandam esse, si sacrificia scelestorum diis essent acceptiora, quam bonorum. Nimirum existimabat deos inprimis his honoribus gaudere, qui ab hominibus maxime religiosis oblati sibi essent. Laudabat et hoc carmen,

Pro facultatibus sacrificia immortalibus diis offerre :

et aiebat hanc admonitionem, ut pro viribus agamus, ad amicorum, ad hospitum usum, ad reliquam vitæ rationem, præclaram esse. Quod si quid divinitus ei significari visum esset, difficilius persuaderi potuisset, ut præter significata faceret, quam si quis ei suadere conatus esset, ut cæcum et ignarum viæ ducem pro vidente et gnaro acciperet. Et alios stultitiæ accusabat, qui, præter illa quæ a diis significata essent, aliquid facerent, caventes malam apud homines existimationem : ipse vero res humanas omnes præ divinis consiliis aspernabatur.

Corpus et animam ea vivendi ratione temperabat, qua si quis utatur, nisi quid accidat ultra hominem, et confidenter et secure possit degere ; nec tantulo caruerit unquam sumptu. Nam adeo frugalis erat, ut nesciam, num quis lucrum tam exiguum labore suo facere possit, quod non Socrati sufficeret. Quippe cibi tantum sumebat, quantum jucunde comederet ; et ad eum sic paratus accedebat, ut appetitus ei cibi esset obsonium. Etiam quivis potus ei gratus erat, propterea quod non liberet, nisi sitiret. Si vero nonnunquam invitatus ad cœnam vellet accedere, tum id, quod difficillimum est plurimis, cavere scilicet, ne se replent ultra modum, ipse perquam facile cavebat. Illis autem, qui hoc facere non possent, consilium dabat, ab iis sibi caverent, quæ suadent non esurientes edere, et non sitientes bibere. Hæc enim illa esse dicebat, quæ et ventribus, et capitibus, et animis detrimento sint. Arbitrari autem se jo-

σθαι δ' ἔφη ἐπισκώπτων καὶ τὴν Κίρκην ὗς ποιεῖν τοιούτοις πολλοῖς δειπνίζουσαν· τὸν δὲ Ὀδυσσέα Ἑρμοῦ τε ὑποθημοσύνῃ καὶ αὐτὸν ἐγκρατῆ ὄντα καὶ ἀποσχόμενον τὸ ὑπὲρ τὸν καιρὸν τῶν τοιούτων ἅπτεσθαι, διὰ ταῦτα οὐ γενέσθαι ὗν.

8. Τοιαῦτα μὲν περὶ τούτων ἔπαιζεν ἅμα σπουδάζων· ἀφροδισίων δὲ παρῄνει τῶν καλῶν ἰσχυρῶς ἀπέχεσθαι· οὐ γὰρ ἔφη ῥᾴδιον εἶναι τῶν τοιούτων ἁπτόμενον σωφρονεῖν. Ἀλλὰ καὶ Κριτόβουλόν ποτε τὸν Κρίτωνος πυθόμενος ὅτι ἐφίλησε τὸν Ἀλκιβιάδου υἱὸν καλὸν ὄντα, παρόντος τοῦ Κριτοβούλου ἤρετο Ξενοφῶντα, (9) Εἰπέ μοι, ἔφη, ὦ Ξενοφῶν, οὐ σὺ Κριτόβουλον ἐνόμιζες εἶναι τῶν σωφρονικῶν ἀνθρώπων μᾶλλον ἢ τῶν θρασέων καὶ τῶν προνοητικῶν μᾶλλον ἢ τῶν ἀνοήτων τε καὶ ῥιψοκινδύνων; Πάνυ μὲν οὖν, ἔφη ὁ Ξενοφῶν. Νῦν τοίνυν νόμιζε αὐτὸν θερμουργότατόν τε εἶναι καὶ λεωργότατον· οὗτος κἂν εἰς μαχαίρας κυβιστήσειε κἂν εἰς πῦρ ἅλοιτο. (10) Καὶ τί δή, ἔφη ὁ Ξενοφῶν, ἰδὼν ποιοῦντα ταῦτα κατέγνωκας αὐτοῦ; Οὐ γὰρ οὗτος, ἔφη, ἐτόλμησε τὸν Ἀλκιβιάδου υἱὸν φιλῆσαι, ὄντα εὐπροσωπότατον καὶ ὡραιότατον; Ἀλλ᾽ εἰ μέντοι, ἔφη ὁ Ξενοφῶν, τοιοῦτόν ἐστι τὸ ῥιψοκίνδυνον ἔργον, κἂν ἐγὼ δοκῶ μοι τὸν κίνδυνον τοῦτον ὑπομεῖναι. (11) Ὦ τλήμων, ἔφη ὁ Σωκράτης, καὶ τί ἂν οἴει παθεῖν καλὸν φιλήσας; ἆρ᾽ οὐκ ἂν αὐτίκα μάλα δοῦλος μὲν εἶναι ἀντ᾽ ἐλευθέρου, πολλὰ δὲ δαπανᾶν εἰς βλαβερὰς ἡδονάς, πολλὴν δὲ ἀσχολίαν ἔχειν τοῦ ἐπιμεληθῆναί τινος καλοῦ κἀγαθοῦ, σπουδάζειν δ᾽ ἀναγκασθῆναι ἐφ᾽ οἷς οὐδ᾽ ἂν μαινόμενος σπουδάσειεν; (12) Ὦ Ἡράκλεις, ἔφη ὁ Ξενοφῶν, ὡς δεινήν τινα λέγεις δύναμιν τοῦ φιλήματος εἶναι. Καὶ τοῦτο, ἔφη ὁ Σωκράτης, θαυμάζεις; οὐκ οἶσθα, ἔφη, ὅτι τὰ φαλάγγια οὐδ᾽ ἡμιωβολιαῖα τὸ μέγεθος ὄντα προσαψάμενα μόνον τῷ στόματι ταῖς τε ὀδύναις ἐπιτρίβει τοὺς ἀνθρώπους καὶ τοῦ φρονεῖν ἐξίστησι; Ναὶ μὰ Δί᾽, ἔφη ὁ Ξενοφῶν· ἐνίησι γάρ τι τὰ φαλάγγια κατὰ τὸ δῆγμα. (13) Ὦ μωρέ, ἔφη ὁ Σωκράτης, τοὺς δὲ καλοὺς οὐκ οἴει φιλοῦντας ἐνιέναι τι ὅτι σὺ οὐχ ὁρᾷς; οὐκ οἶσθ᾽ ὅτι τοῦτο τὸ θηρίον, ὃ καλοῦσι καλὸν καὶ ὡραῖον, τοσούτῳ δεινότερόν ἐστι τῶν φαλαγγίων ὅσῳ ἐκεῖνα μὲν ἁψάμενα, τοῦτο δὲ οὐδ᾽ ἁπτόμενον, ἐὰν δέ τις αὐτὸ θεᾶται, ἐνίησί τι καὶ πάνυ πρόσωθεν τοιοῦτον ὥστε μαίνεσθαι ποιεῖν; ἴσως δὲ καὶ οἱ Ἔρωτες τοξόται διὰ τοῦτο καλοῦνται, ὅτι καὶ πρόσωθεν οἱ καλοὶ τιτρώσκουσιν. Ἀλλὰ συμβουλεύω σοι, ὦ Ξενοφῶν, ὁπόταν ἴδῃς τινὰ καλόν, φεύγειν προτροπάδην. Σοὶ δέ, ὦ Κριτόβουλε, συμβουλεύω ἀπενιαυτίσαι· μόλις γὰρ ἂν ἴσως ἐν τοσούτῳ χρόνῳ τὸ δῆγμα ὑγιὲς γένοιο. (14) Οὕτω δὴ καὶ ἀφροδισιάζειν τοὺς μὴ ἀσφαλῶς ἔχοντας πρὸς ἀφροδίσια ᾤετο χρῆναι πρὸς τοιαῦτα οἷα μὴ πάνυ μὲν δεομένου τοῦ σώματος οὐκ ἂν προσδέξαιτο ἡ ψυχή, δεομένου δὲ οὐκ ἂν πράγματα παρέχοι. Αὐτὸς δὲ πρὸς ταῦτα φανερὸς ἦν οὕτω παρεσκευασμένος ὥστε ῥᾷον ἀπέχεσθαι τῶν καλλίστων καὶ ὡραιοτάτων ἢ οἱ ἄλλοι τῶν αἰσχίστων καὶ ἀωροτάτων. (15) Περὶ μὲν

ose dicebat, Circen ex hominibus fecisse sues, quod multis talibus eos in coenis exciperet: Ulyssem vero partim Mercurii monitu, partim quod ipse temperans esset, seque cohibere posset, quo minus ultra modum talia attingeret, idcirco non factum fuisse suem.

Atque hujusmodi dicta de his serio simul ac joco proferebat. Quod vero ad res venereas attinet, monebat ut a formosis summopere abstineretur: nec enim esse dicebat facile, ut tales attingendo, animi quis sano utatur. Quin imo quum aliquando audiisset Critobulum Critonis filium, osculatum esse Alcibiadis filium pulchrum, Xenophontem, praesente Critobulo, interrogabat: Dic mihi, mi Xenophon, non tu Critobulum existimabas potius eorum ex hominum esse numero, qui animo utuntur sano, quam qui sibi praefidunt; providumque potius quam amentem ac temerarium? Omnino, inquit Xenophon. Nunc igitur cum velim existimes fervidissimum in agendo esse, ac audacissimum; ita ut se vel in enses praecipitem dare, vel in ignem insilire audeat. Et quidnam, subjecit Xenophon, committentem vidisti, quod ita de ipse statuis? An non hic ille est, ait, qui filium Alcibiadis, vultu elegantissimo praeditum, ac formosissimum, osculari ausus est? Enimvero si tale quid, inquit Xenophon, temerarium facinus est, etiam ipse viderer id adire periculi posse. Miserum te, ait Socrates, quid eventurum tibi existimas, si pulchrum osculeris? an non subito pro libero servus esses? non multa in voluptates noxias impenderes? non occupatus esses, quo minus pulchrae alicui bonaeque rei operam dares? non in ea cogereris incumbere, quae ne insanus quidem animo studiose curaverit? Acrem tu, mehercules, inquit Xenophon, inesse vim dicis osculo. Hoccine, inquit Socrates, tibi mirum est? an nescis phalangia, quae vix oboli dimidii magnitudinem aequant, tantum ori applicata, doloribus homines conficere, et mentis alienationem inducere? Ita est profecto, ait Xenophon: nam phalangia morsu ipso quiddam infigunt. O stulte, ait Socrates, an non existimas pulchros osculando quiddam infigere, quod tu non videas? an nescis, eam belluam, quam appellant pulchrum ac formosum, eo phalangiis esse acriorem, quod haec quidem tangendo, illa vero ne tangens quidem, sed si modo spectetur, infigat etiam longo ex intervallo aliquid ejusmodi, quod animo insanire faciat? Fortassis etiam Amores hac ipsa de causa sagittarii dicuntur, quod pulchri etiam longo ex intervallo vulnus infligant. Quamobrem, mi Xenophon, tibi consulo, ut, ubi pulchram videris, sine respectu fugias. Tibi vero, mi Critobule, hoc do consilii, ut anno toto peregrineris; nam vix fortasse tantum intra spatium in hoc morsu convalueris. Sic nimirum Socrates eos rebus uti venereis, qui adversus talia muniti non essent, oportere putabat cum talibus, qualium consuetudinem anima non expeteret, et corpus illis non admodum egeret: sin egeret, negotia non facesserent. At ipsum constabat adversus haec adeo paratum fuisse, ut facilius a pulcherrimis ac formosissimis abstineret, quam ceteri a turpissimis maximeque defor-

δὴ βρώσεως καὶ πόσεως καὶ ἀφροδισίων οὕτω κατεσκευασμένος ἦν, καὶ ᾤετο οὐδὲν ἧττον ἀρκούντως ἥδεσθαι τῶν πολλὰ ἐπὶ τούτοις πραγματευομένων, λυπεῖσθαι δὲ πολὺ ἔλαττον.

mibus. Quod igitur cibum, potum, et res venereas attinet, ita se comparaverat, ac se nihil quidem minus ad satietatem delectari putabat, quam qui multum in his laborarent, multo vero minus dolere.

ΚΕΦΑΛΑΙΟΝ Δ.

Εἰ δέ τινες Σωκράτην νομίζουσιν, ὡς ἔνιοι γράφουσί τε καὶ λέγουσι περὶ αὐτοῦ τεκμαιρόμενοι, προτρέψασθαι μὲν ἀνθρώπους ἐπ' ἀρετὴν κράτιστον γεγονέναι, προαγαγεῖν δ' ἐπ' αὐτὴν οὐχ ἱκανὸν, σκεψάμενοι μὴ μόνον ἃ ἐκεῖνος κολαστηρίου ἕνεκα τοὺς πάντ' οἰομένους εἰδέναι ἐρωτῶν ἤλεγχεν, ἀλλὰ καὶ ἃ λέγων συνημέρευε τοῖς συνδιατρίβουσι, δοκιμαζόντων εἰ ἱκανὸς ἦν βελτίους ποιεῖν τοὺς συνόντας. (2) Λέξω δὲ πρῶτον ἅ ποτε αὐτοῦ ἤκουσα περὶ τοῦ δαιμονίου διαλεγομένου πρὸς Ἀριστόδημον τὸν μικρὸν ἐπικαλούμενον. Καταμαθὼν γὰρ αὐτὸν οὔτε θύοντα τοῖς θεοῖς οὔτε μαντικῇ χρώμενον, ἀλλὰ καὶ τῶν ποιούντων ταῦτα καταγελῶντα, Εἰπέ μοι, ἔφη, ὦ Ἀριστόδημε, ἔστιν οὕστινας ἀνθρώπων τεθαύμακας ἐπὶ σοφίᾳ; Ἔγωγε, ἔφη. (3) Καὶ ὅς, Λέξον ἡμῖν, ἔφη, τὰ ὀνόματα αὐτῶν. Ἐπὶ μὲν τοίνυν ἐπῶν ποιήσει Ὅμηρον ἔγωγε μάλιστα τεθαύμακα, ἐπὶ δὲ διθυράμβῳ Μελανιππίδην, ἐπὶ δὲ τραγῳδίᾳ Σοφοκλέα, ἐπὶ δὲ ἀνδριαντοποιΐᾳ Πολύκλειτον, ἐπὶ δὲ ζωγραφίᾳ Ζεῦξιν. (4) Πότερά σοι δοκοῦσιν οἱ ἀπεργαζόμενοι εἴδωλα ἄφρονά τε καὶ ἀκίνητα ἀξιοθαυμαστότεροι εἶναι ἢ οἱ ζῷα ἔμφρονά τε καὶ ἐνεργά; Πολὺ νὴ Δία οἱ ζῷα, εἴπερ γε μὴ τύχῃ τινὶ, ἀλλὰ ὑπὸ γνώμης ταῦτα γίγνεται. Τῶν δὲ ἀτεκμάρτως ἐχόντων ὅτου ἕνεκά ἐστι καὶ τῶν φανερῶν ἐπ' ὠφελείᾳ ὄντων πότερα τύχης καὶ πότερα γνώμης ἔργα κρίνεις; Πρέπει μὲν τὰ ἐπ' ὠφελείᾳ γιγνόμενα γνώμης ἔργα εἶναι. (5) Οὐκοῦν δοκεῖ σοι ὁ ἐξ ἀρχῆς ποιῶν ἀνθρώπους ἐπ' ὠφελείᾳ προσθεῖναι αὐτοῖς δι' ὧν αἰσθάνονται ἕκαστα, ὀφθαλμοὺς μὲν ὥσθ' ὁρᾶν τὰ ὁρατὰ, ὦτα δὲ ὥστ' ἀκούειν τὰ ἀκουστά; ὀσμῶν γε μὴν, εἰ μὴ ῥῖνες προσετέθησαν, τί ἂν ἡμῖν ὄφελος ἦν; τίς δ' ἂν αἴσθησις ἦν γλυκέων καὶ δριμέων καὶ πάντων τῶν διὰ στόματος ἡδέων, εἰ μὴ γλῶττα τούτων γνώμων ἐνειργάσθη; (6) Πρὸς δὲ τούτοις οὐ δοκεῖ σοι καὶ τόδε προνοίας ἔργῳ ἐοικέναι, τὸ, ἐπεὶ ἀσθενὴς μέν ἐστιν ἡ ὄψις, βλεφάροις αὐτὴν θυρῶσαι, ἃ, ὅταν μὲν αὐτῇ χρῆσθαί τι δέῃ, ἀναπετάννυται, ἐν δὲ τῷ ὕπνῳ συγκλείεται; ὡς δ' ἂν μηδὲ ἄνεμοι βλάπτωσιν, ἠθμὸν βλεφαρίδας ἐμφῦσαι· ὀφρύσι τε ἀπογεισῶσαι τὰ ὑπὲρ τῶν ὀμμάτων, ὡς μηδ' ὁ ἐκ τῆς κεφαλῆς ἱδρὼς κακουργῇ· τὸ δὲ τὴν ἀκοὴν δέχεσθαι μὲν πάσας φωνὰς, ἐμπίπλασθαι δὲ μήποτε· καὶ τοὺς μὲν πρόσθεν ὀδόντας πᾶσι ζῴοις οἵους τέμνειν εἶναι, τοὺς δὲ γομφίους οἵους παρὰ τούτων δεξαμένους λεαίνειν· καὶ τὸ στόμα μὲν, δι' οὗ ὧν ἐπιθυμεῖ τὰ ζῷα εἰσπέμπεται, πλησίον ὀφθαλμῶν καὶ ῥινῶν καταθεῖναι· ἐπεὶ δὲ τὰ ἀποχωροῦντα δυσχερῆ, ἀποστρέψαι τοὺς

CAPUT IV

Quod si qui Socratem putant, ut et scribunt nonnulli de eo, et loquuntur, quibusdam argumentis inducti, fuisse quidem excellentissimum ad impellendos homines ad virtutem, verum eos deducere non potuisse eo ut in ea profectus aliquos facerent; considerent non modo quibus castigationis causa interrogationibus usus, illos, qui se omnia scire opinabantur, redarguebat: sed etiam ea, quæ quotidie cum familiaribus disserebat; atque ita periculum faciant, potueritne suos familiares meliores reddere. Dicam autem primum, quæ aliquando ex ipso audivi disserente de deo ad Aristodemum, cognomento Parvum. Hunc enim quum accepisset nec diis sacrificare, nec divinatione uti, atque etiam eos deridere, qui hæc facerent: Dic mihi, ait, Aristodeme, suntne homines aliqui, quos sapientiæ nomine sis admiratus? Equidem, ait. Dicito nobis, inquit Socrates, eorum nomina. Equidem, respondit is, Homerum in pangendis carminibus epicis maxime admirari soleo; in dithyrambo, Melanippidem; in tragœdia, Sophoclem; in statuaria, Polycletum; in pictura, Zeuxim. Utri vero, inquit Socrates, videntur tibi digni esse majori admiratione: num qui simulacra mentis et motus expertia perficiunt, an qui animalia mente et efficacitate prædita? Multo magis profecto miror auctores animalium, si quidem ea non forte fortuna, sed consilio fiunt. Utra vero vel fortunæ, vel consilii judicas esse opera? num ea, de quibus assequi conjectura non licet, quanam de causa facta sint; an quæ manifesto sunt ad utilitatem aliquam parata? Prætera nonne tibi videtur a consilio convenit opera, quæ utilitatis causa fiunt. An non igitur tibi videtur is, qui ab initio fecit homines, utilitatis causa iis addidisse, per quæ sensu perciperent singula: nimirum oculos, ut ea cernerent, quæ cerni possunt; aures, ut audirent, quæ audiri possunt? Odorum profecto, si nares additæ non fuissent, quis nobis extitisset usus? quinam sensus fuisset rerum dulcium, et acrium, et suavium illarum omnium, quæ ore percipiuntur, si non lingua nobis fuisset indita, quæ harum est exploratrix? Præterea nonne tibi videtur hoc quoque putandum esse providentiæ opus, quum oculos imbecillis sit, palpebris eum quasi foribus munivisse, quæ, ubi visu opus est, aperiuntur; obrepente somno, clauduntur? Ut autem ne venti quidem nocerent, cilia quasi colum a natura inseruisse; ac superciliis, quasi suggrundiis, ea quæ supra oculos sunt, texisse, ut ne sudor quidem de capite manans eos læderet. Hoc quoque providentiæ opus, aurem voces omnes excipere, nunquam tamen repleri: dentesque anteriores omnibus animalibus ad secandum aptos esse, molares vero ad comminuendum, quæ ab his acceperint: atque os, per quod ea, quæ appetunt animalia, in ventrem immittuntur, juxta oculos et nares apposuisse: quumque molesta sint quæ per dejectiones excernuntur,

τούτων ὀχετοὺς καὶ ἀπενεγκεῖν ᾗ δυνατὸν προσωτάτω ἀπὸ τῶν αἰσθήσεων· ταῦτα οὕτω προνοητικῶς πεπραγμένα ἀπορεῖς πότερα τύχης ἢ γνώμης ἔργα ἐστίν; (7) Οὐ μὰ τὸν Δί', ἔφη, ἀλλ' οὕτω γε σκοπουμένῳ πάνυ ἔοικε ταῦτα σοφοῦ τινος δημιουργοῦ καὶ φιλοζῴου τεχνήματι. Τὸ δὲ ἐμφῦσαι μὲν ἔρωτα τῆς τεκνοποιίας, ἐμφῦσαι δὲ ταῖς γειναμέναις ἔρωτα τοῦ ἐκτρέφειν, τοῖς δὲ τραφεῖσι μέγιστον μὲν πόθον τοῦ ζῆν, μέγιστον δὲ φόβον τοῦ θανάτου; Ἀμέλει καὶ ταῦτα ἔοικε μηχανήμασί τινος ζῷα εἶναι βουλευσαμένου. (8) Σὺ δὲ σαυτὸν φρόνιμόν τι δοκεῖς ἔχειν, ἀλλοθι δὲ οὐδαμοῦ οὐδὲν οἴει φρόνιμον εἶναι; καὶ ταῦτα εἰδὼς ὅτι γῆς τε μικρὸν μέρος ἐν τῷ σώματι πολλῆς οὔσης ἔχεις καὶ ὑγροῦ βραχὺ πολλοῦ ὄντος καὶ τῶν ἄλλων δήπου μεγάλων ὄντων ἑκάστου μικρὸν μέρος λαβόντι τὸ σῶμα συνήρμοσταί σοι· νοῦν δὲ ἄρα μόνον οὐδαμοῦ ὄντα σε εὐτυχῶς πως δοκεῖς συναρπάσαι, καὶ τάδε τὰ ὑπερμεγέθη καὶ πλῆθος ἄπειρα δι' ἀφροσύνην τινά οὕτως οἴει εὐτάκτως ἔχειν; (9) Μὰ Δί'· οὐ γὰρ ὁρῶ τοὺς κυρίους, ὥσπερ τῶν ἐνθάδε γιγνομένων τοὺς δημιουργούς. Οὐδὲ γὰρ τὴν ἑαυτοῦ σύ γε ψυχὴν ὁρᾷς, ἣ τοῦ σώματος κυρία ἐστίν· ὥστε κατά γε τοῦτο ἔξεστί σοι λέγειν ὅτι οὐδὲν γνώμῃ, ἀλλὰ τύχῃ πάντα πράττεις. (10) Καὶ ὁ Ἀριστόδημος, Οὕτοι, ἔφη, ἐγώ, ὦ Σώκρατες, ὑπερορῶ τὸ δαιμόνιον, ἀλλ' ἐκεῖνο μεγαλοπρεπέστερον ἡγοῦμαι ἢ ὡς τῆς ἐμῆς θεραπείας προσδεῖσθαι. Οὐκοῦν, ἔφη, ὅσῳ μεγαλοπρεπέστερον ἀξιοῖ σε θεραπεύειν, τοσούτῳ μᾶλλον καὶ τιμητέον αὐτό. (11) Εὖ ἴσθι, ἔφη, ὅτι, εἰ νομίζοιμι θεοὺς ἀνθρώπων τι φροντίζειν, οὐκ ἂν ἀμελοίην αὐτῶν. Ἔπειτ' οὐκ οἴει φροντίζειν; οἳ πρῶτον μὲν μόνον τῶν ζῴων ἄνθρωπον ὀρθὸν ἀνέστησαν· ἡ δὲ ὀρθότης καὶ προορᾶν πλέον ποιεῖ δύνασθαι καὶ τὰ ὑπερθεν μᾶλλον θεᾶσθαι καὶ ἧττον κακοπαθεῖν [καὶ ὄψιν καὶ ἀκοὴν καὶ στόμα ἐνεποίησαν]· ἔπειτα τοῖς μὲν ἄλλοις ἑρπετοῖς πόδας ἔδωκαν, οἳ τὸ πορεύεσθαι μόνον παρέχουσιν ἀνθρώπῳ δὲ καὶ χεῖρας προσέθεσαν, αἳ τὰ πλεῖστα οἷς εὐδαιμονέστεροι ἐκείνων ἐσμὲν ἐξεργάζονται. (12) Καὶ μὴν γλῶτταν γε πάντων τῶν ζῴων ἐχόντων, μόνην τὴν τῶν ἀνθρώπων ἐποίησαν οἵαν ἄλλοτε ἀλλαχῇ ψαύουσαν τοῦ στόματος ἀρθροῦν τε τὴν φωνὴν καὶ σημαίνειν πάντα ἀλλήλοις ἃ βουλόμεθα. Τὸ δὲ καὶ τὰς τῶν ἀφροδισίων ἡδονὰς τοῖς μὲν ἄλλοις ζῴοις δοῦναι περιγράψαντας τοῦ ἔτους χρόνον, ἡμῖν δὲ συνεχῶς μέχρι γήρως ταύτας παρέχειν; (13) Οὐ τοίνυν μόνον ἤρκεσε τῷ θεῷ τοῦ σώματος ἐπιμεληθῆναι, ἀλλ' ὅπερ μέγιστόν ἐστι, καὶ τὴν ψυχὴν κρατίστην τῷ ἀνθρώπῳ ἐνέφυσε. Τίνος γὰρ ἄλλου ζῴου ψυχὴ πρῶτα μὲν θεῶν τῶν τὰ μέγιστα καὶ κάλλιστα συνταξάντων ᾔσθηται ὅτι εἰσί; τί δὲ φῦλον ἄλλο ἢ οἱ ἄνθρωποι θεοὺς θεραπεύουσι; ποία δὲ ψυχὴ τῆς ἀνθρωπίνης ἱκανωτέρα προφυλάττεσθαι ἢ λιμὸν ἢ δίψος ἢ ψύχη, ἢ θάλπη ἢ νόσοις ἐπικουρῆσαι, ἢ ῥώμην ἀσκῆσαι ἢ πρὸς μάθησιν ἐκπονῆσαι, ἢ ὅσα ἂν ἀκούσῃ ἢ ἴδῃ ἢ μάθῃ ἱκανωτέρα ἐστὶ διαμεμνῆσθαι; (14) Οὐ γὰρ πάνυ σοι κατάδηλον ὅτι παρὰ τὰ ἄλλα ζῷα

canales horum avertisse atque segregasse, quantum fieri potest, remotissime a sensibus : hæc tam provide facta, dubitasne, utrum fortunæ sint opera, an consilii? Minime profecto, inquit, sed mihi sic ea consideranti sapientis cujusdam opificis et animantium studiosi artificium præ se ferre videntur. At cupiditatem procreandæ sobolis a natura inseruisse, ac matribus cupiditatem educandi, educatis maximum vitæ desiderium, maximumque mortis metum? Sine dubio hæc quoque videntur alicujus esse artificii consentanea, qui, ut essent animalia, cum consilio instituerit. Tu vero te ipsum aliquid habere prudentiæ putas, et nusquam alibi quicquam esse prudentiæ? præsertim quum scias, quod exiguam terræ partem habeas in corpore, quum ea magna sit; quod partem exiguam habeas humoris, quum is multus sit; itemque de singulis rebus ceteris, quæ magnæ sunt, exiguam partem quum accepisses, ita deinde corpus tuum compactum fuit : mentem vero, quæ sola nusquam est, tibi videris forte fortuna feliciter arripuisse, et amplissima hæc, numeroque infinita, per dementiam aliquam sic in recto ordine disposita stare opinaris? Ita profecto, inquit Aristodemus. Nam eorum rectores non video, sicut earum rerum opifices cerno, quæ hic fiunt. Nimirum tu ne tuam quidem ipsius animam cernis, quæ rerum in corpore potitur; ideoque, si ita velis, licet tibi dicere, nihil te judicio tuo facere, sed omnia fortuito. Tum Aristodemus, Ego, nui Socrates, inquit, numen non sperno, sed arbitror id esse magnificentius, quam ut cultu meo indigeat. Imo, ait Socrates, quanto magnificentius tui curam habere dignatur, tanto magis a te colendum est. Equidem, inquit Aristodemus, scire te volo, non me deos neglecturum, si putarem eos in ulla re homines curare. Tu ergo curare ipsos res nostras non arbitraris, qui primo inter animalia cetera solum hominem erectum constituerunt (et habet hoc erecta figura, ut prospicere longius possit, et melius superna spectare, et ut minus lædamur); atque etiam oculos, aures, atque os addiderunt : deinde ceteris quidem, quæ humi repunt, pedes dederunt, qui solum hoc eis præbent, ut incedere possint; homini vero etiam manus addiderunt, quæ plurima perficiunt, ob quæ illis beatiores sumus? Linguam vero quum animalia cuncta habeant, solam humanam ejusmodi condiderunt, ut ore alias alibi contacto, vocem articulet, omniaque significet, quæcunque significare nobis inter nos libeat. Quid quod rei venereæ voluptates animalibus ceteris ita dederunt, ut certum anni tempus eis præscripserint, nobis vero usque ad senectutem has continuo suppeditant? Neque tamen satis hoc deo fuit, ut corporis curam haberet; sed (quod maximum est) etiam præstantissimam animam hominis naturæ dedit. Nam cujus alius animalis anima deprehendit primum de diis, qui hæc amplissima longeque pulcherrima construxerunt, eos esse? quod item aliud genus, præter homines, deos colit? quænam alia anima humanam superat in præcavenda fame, siti, frigoribus, caloribus, vel in medendis morbis, vel in exercendo robore, vel in doctrina comparanda, vel in eorum memoria retinenda, quæcunque vel audierit, vel viderit, vel didicerit? An non enim plane tibi manifestum est, homines inter

ὥσπερ θεοὶ ἀνθρώποι βιοτεύουσι, φύσει καὶ τῷ στόματι καὶ τῇ ψυχῇ κρατιστεύοντες; οὔτε γὰρ βοὸς ἂν ἔχων σῶμα, ἀνθρώπου δὲ γνώμην, ἠδύνατ᾽ ἂν πράττειν ἃ ἐβούλετο, οὐδ᾽ ὅσα χεῖρας ἔχει, ἄφρονα δ᾽ ἐστί, πλέον οὐδὲν ἔχει. Σὺ δὲ ἀμφοτέρων τῶν πλείστου ἀξίων τετυχηκὼς οὐκ οἴει σοῦ θεοὺς ἐπιμελεῖσθαι; ἀλλ᾽ ὅταν τί ποιήσωσι, νομιεῖς αὐτοὺς σοῦ φροντίζειν; (15) Ὅταν πέμπωσιν, ὥσπερ σὺ φῂς πέμπειν αὐτούς, συμβούλους ὅ,τι χρὴ ποιεῖν καὶ μὴ ποιεῖν. Ὅταν δὲ Ἀθηναίοις, ἔφη, πυνθανομένοις τι διὰ μαντικῆς φράζωσιν, οὐ καὶ σοὶ δοκεῖς φράζειν αὐτούς, οὐδ᾽ ὅταν τοῖς Ἕλλησι τέρατα πέμποντες προσημαίνωσιν, οὐδ᾽ ὅταν πᾶσιν ἀνθρώποις, ἀλλὰ μόνον σὲ ἐξαιροῦντες ἐν ἀμελείᾳ κατατίθενται; (16) Οἴει δ᾽ ἂν τοὺς θεοὺς τοῖς ἀνθρώποις δόξαν ἐμφῦσαι ὡς ἱκανοί εἰσιν εὖ καὶ κακῶς ποιεῖν, εἰ μὴ δυνατοὶ ἦσαν, καὶ τοὺς ἀνθρώπους ἐξαπατωμένους τὸν πάντα χρόνον οὐδέποτ᾽ ἂν αἰσθέσθαι; οὐχ ὁρᾷς ὅτι τὰ πολυχρονιώτατα καὶ σοφώτατα τῶν ἀνθρωπίνων, πόλεις καὶ ἔθνη, θεοσεβέστατά ἐστι καὶ αἱ φρονιμώταται ἡλικίαι θεῶν ἐπιμελέσταται; (17) Ὦ ᾽γαθέ, ἔφη, κατάμαθε ὅτι καὶ ὁ σὸς νοῦς ἐνὼν τὸ σὸν σῶμα ὅπως βούλεται μεταχειρίζεται. Οἴεσθαι οὖν χρὴ καὶ τὴν ἐν τῷ παντὶ φρόνησιν τὰ πάντα, ὅπως ἂν αὐτῇ ἡδὺ ᾖ, οὕτω τίθεσθαι, καὶ μὴ τὸ σὸν μὲν ὄμμα δύνασθαι ἐπὶ πολλὰ στάδια ἐξικνεῖσθαι, τὸν δὲ τοῦ θεοῦ ὀφθαλμὸν ἀδύνατον εἶναι ἅμα πάντα ὁρᾷν, μηδὲ τὴν σὴν μὲν ψυχὴν καὶ περὶ τῶν ἐνθάδε καὶ περὶ τῶν ἐν Αἰγύπτῳ καὶ ἐν Σικελίᾳ δύνασθαι φροντίζειν, τὴν δὲ τοῦ θεοῦ φρόνησιν μὴ ἱκανὴν εἶναι ἅμα πάντων ἐπιμελεῖσθαι. (18) Ἢν μέντοι ὥσπερ ἀνθρώπους θεραπεύων γιγνώσκεις τοὺς ἀντιθεραπεύειν ἐθέλοντας καὶ χαριζόμενος τοὺς ἀντιχαριζομένους καὶ συμβουλευόμενος καταμανθάνεις τοὺς φρονίμους, οὕτω καὶ τῶν θεῶν πεῖραν λαμβάνῃς θεραπεύων, εἴ τί σοι θελήσουσι περὶ τῶν ἀδήλων ἀνθρώποις συμβουλεύειν, γνώσῃ τὸ θεῖον ὅτι τοσοῦτον καὶ τοιοῦτόν ἐστιν ὥσθ᾽ ἅμα πάντα ὁρᾷν καὶ πάντα ἀκούειν καὶ πανταχοῦ παρεῖναι καὶ ἅμα πάντων ἐπιμελεῖσθαι. (19) Ἐμοὶ μὲν οὖν ταῦτα λέγων οὐ μόνον τοὺς συνόντας ἐδόκει ποιεῖν, ὁπότε ὑπὸ τῶν ἀνθρώπων ὁρῷντο, ἀπέχεσθαι τῶν ἀνοσίων τε καὶ ἀδίκων, καὶ αἰσχρῶν, ἀλλὰ καὶ ὁπότε ἐν ἐρημίᾳ εἶεν, ἐπείπερ ἡγήσαιντο μηδὲν ἄν ποτε ὧν πράττοιεν θεοὺς διαλαθεῖν.

ΚΕΦΑΛΑΙΟΝ Ε.

Εἰ δὲ δὴ καὶ ἐγκράτεια καλόν τε κἀγαθὸν ἀνδρὶ κτῆμά ἐστιν, ἐπισκεψώμεθα εἴ τι προὐβίβαζε λέγων εἰς αὐτὴν τοιάδε. Ὦ ἄνδρες, εἰ πολέμου ἡμῖν γενομένου βουλοίμεθα ἑλέσθαι ἄνδρα ὑφ᾽ οὗ μάλιστ᾽ ἂν αὐτοὶ μὲν σωζοίμεθα, τοὺς δὲ πολεμίους χειροίμεθα, ἆρ᾽ ὅντιν᾽ ἂν αἰσθανοίμεθα ἥττω γαστρὸς ἢ οἴνου ἢ ἀφροδισίων ἢ πόνου ἢ ὕπνου, τοῦτον ἂν αἱροίμεθα; καὶ πῶς ἂν οἰηθείημεν τὸν τοιοῦτον ἢ ἡμᾶς σῶσαι ἢ τοὺς πολεμίους

CAPUT V.

animalia cetera quasi deos quosdam vivere, longe, ab ipsa natura, tum corpore tum anima ceteris præstantes? Nec enim si bovis haberet corpus, consilium autem hominis, facere, quæ voluisset, potuisset: nec illa, quæ manus quidem habent, sed prudentia carent, ceteris præstant. Tu vero, quum utrumque pretii longe maximi consequutus sis, non curare te deos arbitraris? At quidnam quum fecerint, curam eos habere tui putabis? Quum miserint, inquit Aristodemus, quemadmodum tu dicis eos mittere, consiliarios eorum quæ vel agenda, vel non agenda sint. Verum ubi quid Atheniensibus, inquit Socrates, per divinationes consuentibus respondent, an non tibi quoque eos respondere putas? non, quum Græcis, quum hominibus universis portenta mittunt, quibus aliquid ante denuntiant? te scilicet solum eximentes, extra curam suam collocant? Num arbitraris deos hominibus opinionem a natura inseruisse, quod eos et beneficiis et pœnis afficere possint, si non revera id possent? et homines perpetuo deceptos horum nihil unquam sensisse? Non vides, quod quæ inter res humanas et antiquitatis et sapientiæ principatum tenent, nimirum civitates et nationes, divino cultui sint addictissimæ; quodque hominum ætates prudentissimæ res divinas maxime curent? Disce, inquit, o bone vir, etiam mentem tuam, dum inest corpori, ex arbitratu suo corpus gubernare. Quamobrem existimandum est, illam quoque prudentiam, quæ est in hoc universo, sic omnia ponere, quemadmodum ipsi gratum est: non oculum tuum ad multa usque stadia pertingere posse, et non posse dei oculum simul omnia intueri; neque animam tuam tam de rebus, quæ hic accidunt, quam de illis, quæ in Ægypto et Sicilia, cogitare posse, et non posse dei sapientiam simul omnia cura sua complecti. Enimvero, quemadmodum animadvertis, dum homines colis, eos qui te vicissim colere velint; ac dum gratificaris, eos qui gratiam referunt; et dum consulis alios, quinam prudentes sint, perspicis: eodem modo, deos etiam colendo si periculum feceris, an quid tibi velint iis de rebus, quæ hominibus obscuræ sunt, consilium dare, intelliges numen tantum ac tale esse, ut omnia pariter videat, et audiat omnia, et ubique adsit, et pariter omnium curam gerat. Hæc quum diceret Socrates, mihi videbatur efficere, ut familiares sui a rebus impiis, injustis, et turpibus abstinerent, non solum quando ab hominibus conspicerentur, verum etiam quando in solitudine essent: quippe qui existimarent, nihil unquam eorum quæ agerent, occultum esse diis posse.

CAPUT V.

Quod si etiam temperantia possessio quædam pulchra et bona est homini, dispiciamus, an aliquid proficeret, ita de ea disserens: Si bello nobis indicto, viri, aliquem velimus eligere, per quem nos maxime salutem consequi, atque hostes in potestatem nostram redigere possimus; num aliquem legeremus, qui aut a gula, aut a vino, aut a rebus venereis, aut a labore, aut a somno vinci se pateretur? Et quinam statuere possemus, ejusmodi hominem vel saluti nostræ

κρατῆσαι; (2) Εἰ δ' ἐπὶ τελευτῇ τοῦ βίου γενόμενοι βουλοίμεθά τῳ ἐπιτρέψαι ἢ παῖδας ἄρρενας παιδεῦσαι ἢ θυγατέρας παρθένους διαφυλάξαι ἢ χρήματα διασῶσαι, ἆρ' ἀξιόπιστον εἰς ταῦτα ἡγησόμεθα τὸν ἀκρατῆ; δούλῳ δ' ἀκρατεῖ ἐπιτρέψαιμεν ἂν ἢ βοσκήματα ἢ ταμιεῖα ἢ ἔργων ἐπίστασιν; διάκονον δὲ καὶ ἀγοραστὴν τὸν τοιοῦτον ἐθελήσαιμεν ἂν προῖκα λαβεῖν; (3) Ἀλλὰ μὴν εἴ γε μηδὲ δοῦλον ἀκρατῆ δεξαίμεθ' ἄν, πῶς οὐκ ἄξιον αὐτόν γε φυλάξασθαι τοιοῦτον γενέσθαι; καὶ γὰρ οὐχ ὥσπερ οἱ πλεονέκται τῶν ἄλλων ἀφαιρούμενοι χρήματα ἑαυτοὺς δοκοῦσι πλουτίζειν, οὕτως ὁ ἀκρατὴς τοῖς μὲν ἄλλοις βλαβερός, ἑαυτῷ δ' ὠφέλιμος, ἀλλὰ κακοῦργος μὲν τῶν ἄλλων, ἑαυτοῦ δὲ πολὺ κακουργότερος, εἴ γε κακουργότατόν ἐστι μὴ μόνον τὸν οἶκον τὸν ἑαυτοῦ φθείρειν, ἀλλὰ καὶ τὸ σῶμα καὶ τὴν ψυχήν. (4) Ἐν συνουσίᾳ δὲ τίς ἂν ἡσθείη τῷ τοιούτῳ ἐν εἰδείη τῷ ὄψῳ τε καὶ τῷ οἴνῳ χαίροντα μᾶλλον ἢ τοῖς φίλοις καὶ τὰς πόρνας ἀγαπῶντα μᾶλλον ἢ τοὺς ἑταίρους; ἆρά γε οὐ χρὴ πάντα ἄνδρα, ἡγησάμενον τὴν ἐγκράτειαν ἀρετῆς εἶναι κρηπῖδα, ταύτην πρῶτον ἐν τῇ ψυχῇ κατασκευάσασθαι; (5) Τίς γὰρ ἄνευ ταύτης ἢ μάθοι τι ἂν ἀγαθὸν ἢ μελετήσειεν ἀξιολόγως; ἢ τίς οὐκ ἂν ταῖς ἡδοναῖς δουλεύων αἰσχρῶς διατεθείη καὶ τὸ σῶμα καὶ τὴν ψυχήν; Ἐμοὶ μὲν δοκεῖ νὴ τὴν Ἥραν ἐλευθέρῳ μὲν ἀνδρὶ εὐκτὸν εἶναι μὴ τυχεῖν δούλου τοιούτου, δουλεύοντα δὲ ταῖς τοιαύταις ἡδοναῖς ἱκετεύειν τοὺς θεοὺς δεσποτῶν ἀγαθῶν τυχεῖν· οὕτω γὰρ ἂν μόνως ὁ τοιοῦτος σωθείη. (6) Τοιαῦτα δὲ λέγων ἔτι ἐγκρατέστερον τοῖς ἔργοις ἢ τοῖς λόγοις ἑαυτὸν ἐπεδείκνυεν· οὐ γὰρ μόνον τῶν διὰ τοῦ σώματος ἡδονῶν ἐκράτει, ἀλλὰ καὶ τῆς διὰ τῶν χρημάτων, νομίζων τὸν παρὰ τοῦ τυχόντος χρήματα λαμβάνοντα δεσπότην ἑαυτοῦ καθιστάναι καὶ δουλεύειν δουλείαν οὐδεμιᾶς ἥττον αἰσχράν.

ΚΕΦΑΛΑΙΟΝ ς.

Ἄξιον δ' αὐτοῦ καὶ ἃ πρὸς Ἀντιφῶντα τὸν σοφιστὴν διελέχθη μὴ παραλιπεῖν. Ὁ γὰρ Ἀντιφῶν ποτὲ βουλόμενος τοὺς συνουσιαστὰς αὐτοῦ παρελέσθαι προσελθὼν τῷ Σωκράτει παρόντων αὐτῶν ἔλεξε τάδε. (2) Ὦ Σώκρατες, ἐγὼ μὲν ᾤμην τοὺς φιλοσοφοῦντας εὐδαιμονεστέρους χρῆναι γίγνεσθαι· σὺ δέ μοι δοκεῖς τἀναντία τῆς φιλοσοφίας ἀπολελαυκέναι. Ζῇς γοῦν οὕτως ὡς οὐδ' ἂν εἷς δοῦλος ὑπὸ δεσπότῃ διαιτώμενος μείνειε· σῖτά τε σιτῇ καὶ ποτὰ πίνεις τὰ φαυλότατα, καὶ ἱμάτιον ἠμφίεσαι οὐ μόνον φαῦλον, ἀλλὰ τὸ αὐτὸ θέρους τε καὶ χειμῶνος, ἀνυπόδητός τε καὶ ἀχίτων διατελεῖς. (3) Καὶ μὴν χρήματά γε οὐ λαμβάνεις, ἃ καὶ κτωμένους εὐφραίνει καὶ κεκτημένους ἐλευθεριώτερόν τε καὶ ἥδιον ποιεῖ ζῆν. Εἰ οὖν ὥσπερ καὶ τῶν ἄλλων ἔργων οἱ διδάσκαλοι τοὺς μαθητὰς μιμητὰς ἑαυτῶν ἀποδεικνύουσιν, οὕτω καὶ σὺ τοὺς συνόντας διαθήσεις, νόμιζε κακοδαιμονίας διδάσκαλος εἶναι. (4) Καὶ ὁ Σωκράτης

CAPUT VI.

Fuerit autem operae pretium, illa non praeterire, quae cum Antiphonte sapientiae professore disseruit. Antiphon enim, quum aliquando familiares Socratis ab eo vellet abducere, ad Socratem accedens, ipsis etiam praesentibus, hac usus est oratione: Arbitrabar ego, Socrates, eos qui philosopharentur, feliciores fieri oportere: at tu mihi videris contraria quadam ratione fructum ex sapientia tua percepisse. Sic enim vivis, quo pacto si vel quivis servus sub domino victitaret, non maneret: uteris cibo potuque vilissimo, neque tantum veste vili, sed eadem quoque per aestatem et hiemem indueris, et semper calceis tunicaque cares. Praeterea pecuniam non accipis, quae et comparantibus est voluptati, et iis qui jam comparârunt, liberalius jucundiusque vivendi causam praebet. Quamobrem, si, quemadmodum reliquorum studiorum magistri discipulos suos imitatores sui efficiunt, tales tu quoque familiares tuos reddes; putare debes, infelicitatis te magistrum esse. Ad

consulere, vel victoria de hostibus potiri posse? Itidem si vitae fine nobis imminente, committere velimus alicui vel liberos mares erudiendos, vel filias virgines custodiendas, vel servandam pecuniam; num hominem intemperantem in his fide dignum esse putabimus? Et servo intemperanti num vel pecora, vel penum, vel ut operi praeesset, committeremus? num ministrum, et obsonatorem ejusmodi hominem vel gratis accipere vellemus? Enimvero si ne servum quidem intemperantem accepturi simus, qui non operae pretium sit cavere, ne quis ipse talis fiat? Etenim non ita, quemadmodum avari homines, qui, dum aliis pecunias auferunt, se ipsos videntur collocupletare; sic et intemperans nihil quidem nocet, sibi vero ipsi prodest: sed ut aliis perniciosus est, ita sibi ipsi multo perniciosior: si quidem perniciosissimum est, non modo res suas familiares destruere, sed corpus etiam atque animam. Ceterum in consuetudine familiari quis ejusmodi homine delectetur, quem et de obsonio, et de vino majorem sciat voluptatem capere, quam ex amicis; magisque scorta diligere, quam socios? nonne quemvis hominem, qui norit temperantiam virtutis esse fundamentum, hanc primum in anima sua parare decet? Quis enim absque hac vel boni aliquid discat, vel exercitatione consequatur? quis voluptatibus serviens non turpiter tum corpore tum anima affectus sit? Equidem ita profecto statuo, homini libero optandum esse, ut hujusmodi servum non consequatur; atque illi, qui voluptatibus ejusmodi servit, deos esse obsecrandos, ut dominos bonos nanciscatur; nam hoc modo tantum vir talis salvus esse possit. Talia quum diceret, longe se temperantiorem ipsa re, quam oratione, demonstrabat. Quippe non solum iis voluptatibus superior erat, quae corpore percipiuntur, sed etiam ea, quae ex opibus; existimabat enim, qui a quopiam pecuniam acciperet, dominum sibi hunc constituere, ac servitutem servire ulla alia turpiorem.

πρὸς ταῦτα εἶπε, Δοκεῖς μοι, ἔφη, ὦ Ἀντιφῶν, ὑπειληφέναι με οὕτως ἀνιαρῶς ζῆν ὥστε πέπεισμαι σὲ μᾶλλον ἀποθανεῖν ἂν ἑλέσθαι ἢ ζῆν ὥσπερ ἐγώ. Ἴθι οὖν ἐπισκεψώμεθα τί χαλεπὸν ᾔσθησαι τοὐμοῦ βίου. (5) Πότερον ὅτι τοῖς μὲν λαμβάνουσιν ἀργύριον ἀναγκαῖόν ἐστιν ἀπεργάζεσθαι τοῦτο ἐφ' ᾧ ἂν μισθὸν λαμβάνωσιν, ἐμοὶ δὲ μὴ λαμβάνοντι οὐκ ἀνάγκη διαλέγεσθαι ᾧ ἂν μὴ βούλωμαι; ἢ τὴν δίαιτάν μου φαυλίζεις ὡς ἧττον μὲν ὑγιεινὰ ἐσθίοντος ἐμοῦ ἢ σοῦ, ἧττον δὲ ἰσχὺν παρέχοντα; ἢ ὡς χαλεπώτερα πορίσασθαι τὰ ἐμὰ διαιτήματα τῶν σῶν διὰ τὸ σπανιώτερά τε καὶ πολυτελέστερα εἶναι; ἢ ὡς ἡδίω σοι ἃ σὺ παρασκευάζει ὄντα ἢ ἐμοὶ ἃ ἐγώ; Οὐκ οἶσθ' ὅτι ὁ μὲν ἥδιστα ἐσθίων ἥκιστα ὄψου δεῖται, ὁ δὲ ἥδιστα πίνων ἥκιστα τοῦ μὴ παρόντος ἐπιθυμεῖ ποτοῦ; (6) Τά γε μὴν ἱμάτια οἶσθ' ὅτι οἱ μεταβαλλόμενοι ψύχους καὶ θάλπους ἕνεκα μεταβάλλονται, καὶ ὑποδήματα ὑποδοῦνται, ὅπως μὴ διὰ τὰ λυποῦντα τοὺς πόδας κωλύωνται πορεύεσθαι· ἤδη οὖν ποτε ᾔσθου ἐμὲ ἢ διὰ ψῦχος μᾶλλόν του ἔνδον μένοντα ἢ διὰ θάλπος μαχόμενόν τῳ περὶ σκιᾶς ἢ διὰ τὸ ἀλγεῖν τοὺς πόδας οὐ βαδίζοντα ὅπου ἂν βούλωμαι; (7) Οὐκ οἶσθ' ὅτι οἱ φύσει ἀσθενέστατοι τῷ σώματι μελετήσαντες τῶν ἰσχυροτάτων ἀμελησάντων κρείττους τε γίγνονται πρὸς ἃ ἂν μελετῶσι καὶ ῥᾷον αὐτὰ φέρουσιν; ἐμὲ δὲ ἄρα οὐκ οἴει τῷ σώματι ἀεὶ τὰ συντυγχάνοντα μελετῶντα καρτερεῖν πάντα ῥᾷον φέρειν σοῦ μὴ μελετῶντος; (8) Τοῦ δὲ μὴ δουλεύειν γαστρὶ μηδὲ ὕπνῳ καὶ λαγνείᾳ οἴει τι ἄλλο αἰτιώτερον εἶναι ἢ τὸ ἕτερα ἔχειν τούτων ἡδίω, ἃ οὐ μόνον ἐν χρείᾳ ὄντα εὐφραίνει, ἀλλὰ καὶ ἐλπίδας παρέχοντα ὠφελήσειν ἀεί; Καὶ μὴν τοῦτό γε οἶσθα, ὅτι οἱ μὲν οἰόμενοι μηδὲν εὖ πράττειν οὐκ εὐφραίνονται, οἱ δὲ ἡγούμενοι καλῶς προχωρεῖν ἑαυτοῖς ἢ γεωργίαν ἢ ναυκληρίαν ἢ ἀλλ' ὅ,τι ἂν τυγχάνωσιν ἐργαζόμενοι ὡς εὖ πράττοντες εὐφραίνονται. (9) Οἴει οὖν ἀπὸ πάντων τούτων τοσαύτην ἡδονὴν εἶναι ὅσην ἀπὸ τοῦ ἑαυτόν τε ἡγεῖσθαι βελτίω γίγνεσθαι καὶ φίλους ἀμείνους κτᾶσθαι; ἐγὼ τοίνυν διατελῶ ταῦτα νομίζων. Ἐὰν δὲ δὴ φίλους ἢ πόλιν ὠφελεῖν δέῃ, ποτέρῳ ἡ πλείων σχολὴ τούτων ἐπιμελεῖσθαι, τῷ ὡς ἐγὼ νῦν ἢ τῷ ὡς σὺ μακαρίζεις διαιτωμένῳ; στρατεύοιτο δὲ πότερος ἂν ῥᾷον, ὁ μὴ δυνάμενος ἄνευ πολυτελοῦς διαίτης ζῆν ἢ ᾧ τὸ παρὸν ἀρκοίη; ἐκπολιορκηθείη δὲ πότερος ἂν θᾶττον, ὁ τῶν χαλεπωτάτων εὑρεῖν δεόμενος ἢ ὁ τοῖς ῥᾴστοις ἐντυγχάνειν ἀρκούντως χρώμενος; (10) Ἔοικας, ὦ Ἀντιφῶν, τὴν εὐδαιμονίαν οἰομένῳ τρυφὴν καὶ πολυτέλειαν εἶναι· ἐγὼ δὲ νομίζω τὸ μὲν μηδενὸς δεῖσθαι θεῖον εἶναι, τὸ δὲ ὡς ἐλαχίστων ἐγγυτάτω τοῦ θείου, καὶ τὸ μὲν θεῖον κράτιστον, τὸ δὲ ἐγγυτάτω τοῦ θείου ἐγγυτάτω τοῦ κρατίστου.

11. Πάλιν δέ ποτε ὁ Ἀντιφῶν διαλεγόμενος τῷ Σωκράτει εἶπεν, Ὦ Σώκρατες, ἐγώ τοι σὲ δίκαιον μὲν νομίζω, σοφὸν δὲ οὐδ' ὁπωστιοῦν. Δοκεῖς δέ μοι καὶ αὐτὸς τοῦτο γιγνώσκειν· οὐδένα γοῦν τῆς συνουσίας ἀργύριον πράττῃ. Καίτοι τό γε ἱμάτιον ἢ τὴν οἰκίαν ἢ

ea Socrates hæc dixit : Suspicari mihi videris, Antiphon, tam ærumnosam me vitam degere, ut equidem persuasus sim, malle te mori, quam mei moris vitam capere. Age igitur, dispiciamus quid in mea vita acerbi deprehenderis: an quod necesse sit, eos, qui pecuniam accipiunt, hoc ipsum præstare, cujus causa mercedem accipiunt; quum mihi mercedem nullam accipienti necesse non sit cum eo disserere, quocum nolim? an viiem victum esse meum putas, qui minus salubribus vescar, ac tu, quæque minus roboris suppeditent? an quod ea comparatu difficiliora putas esse, quibus ego vescor, quam quibus tu vesceris, quod et rariora sint, et majoris pretii? an ea quæ tu paras, tibi jucundiora esse, quam quæ egomet mihi? Num ignoras, quod qui suavissime vescitur, minime indiget obsonio; qui summa cum voluptate bibit, minime potum aliquem absentem desideret? Vestes quidem qui commutant, frigoris eas æstusque causa commutare nosti; et calceis pedes muniunt, ne per illa, quæ pedes lædunt, iter facere prohibeantur. Dic igitur, quæso, si quando me deprehendisti aut frigoris causa plus ullo alio domi manentem, aut æstus gratia pro umbra cum alio contendentem, aut propter pedum dolorem non prodire, quocunque vellem. An nescis, eos qui a natura sunt corporibus maxime imbecillis præditi, postequam se exercuerint, in iis ad quæcunque se exercuerint, robustissimos quosque, qui exercitationes neglexerint, superare, et ea facilius ferre? me autem perpetuo memet exercentem, ut quæ corpori accidant, ea perferam, nonne putas omnia ferre facilius, quam tu, qui te non exerces? An vero causam tu aliam veriorem esse putas, quod gulæ, somno, lasciviæ non servio, quam quod his alia quædam habeo suaviora, quæ non solum in usu exhilarant; verum etiam hoc ipso, quod commodi perpetui spem faciant? Præterea scis, eos homines qui nihil prospere sibi successurum existimant, non esse lætos : quum illi, qui præclare sibi vel agriculturam, vel navicularioriam, vel quid aliud, quo occupati sunt, succedere putant, quasi qui rebus utantur prosperis, voluptatem capiant. Tune vero de his omnibus tantum voluptatis percipi putas, quantum ex eo, quod aliquis se ipsum meliorem reddi putat, et amicos meliores consequi? quod equidem nunquam non de me statuo. Jam si vel amici juvandi sint, vel ipsa civitas, cuinam plus otii fuerit ad ea procuranda? eine, qui ut ego, vivitat; an qui illo modo, quem tu beatum prædicas? uter facilius militiam perferat? isne, qui nequit absque sumptuoso victu vivere, an cui satis est id quod adest? uter citius expugnabitur? isne, qui quod inventu difficillimum sit requirit; an qui eorum usu, quæ facillime obvia sunt, abunde contentus est? Videris, Antiphon, felicitatem deliciis ac sumptuoso apparatu metiri: ego vero arbitror, nulla re indigere, divinum esse; quam paucissimis, proximum dei naturæ : ac divinum quidem quod sit, præstantissimum esse; quod autem divino proximum, id etiam præstantissimo proximum esse.

Rursus Antiphon disserens aliquando cum Socrate, ait : Justum equidem esse te judico, mi Socrates : sapientem autem minime. Quod etiam ipse mihi non videris ignorare: nam a nemine mercedem exigis eo nomine quod tecum versetur. Atqui si vestem tuam, vel domum, vel aliud

ἄλλο τι ὧν κέκτησαι νομίζων ἀργυρίου ἄξιον εἶναι οὐδενὶ ἂν μὴ ὅτι προῖκα δοίης, ἀλλ᾽ οὐδ᾽ ἔλαττον τῆς ἀξίας λαβών. (12) Δῆλον δὴ ὅτι εἰ καὶ τὴν συνουσίαν ᾤου τινὸς ἀξίαν εἶναι, καὶ ταύτης ἂν οὐκ ἔλαττον τῆς ἀξίας ἀργύριον ἐπράττου. Δίκαιος μὲν οὖν ἂν εἴης, ὅτι οὐκ ἐξαπατᾷς ἐπὶ πλεονεξίᾳ, σοφὸς δὲ οὐκ ἄν, μηδενός γε ἄξια ἐπιστάμενος. (13) Ὁ δὲ Σωκράτης πρὸς ταῦτα εἶπεν, Ὦ Ἀντιφῶν, παρ᾽ ἡμῖν νομίζεται τὴν ὥραν καὶ τὴν σοφίαν ὁμοίως μὲν καλόν, ὁμοίως δὲ αἰσχρὸν διατίθεσθαι εἶναι. Τήν τε γὰρ ὥραν ἐὰν μέν τις ἀργυρίου πωλῇ τῷ βουλομένῳ, πόρνον αὐτὸν ἀποκαλοῦσιν, ἐὰν δέ τις ὃν ἂν γνῷ καλόν τε κἀγαθὸν ἐραστὴν ὄντα, τοῦτον φίλον ἑαυτῷ ποιῆται, σώφρονα νομίζομεν· καὶ τὴν σοφίαν ὡσαύτως τοὺς μὲν ἀργυρίου τῷ βουλομένῳ πωλοῦντας σοφιστὰς ὥσπερ πόρνους ἀποκαλοῦσιν, ὅστις δὲ ὃν ἂν γνῷ εὐφυᾶ ὄντα διδάσκων ὅ,τι ἂν ἔχῃ ἀγαθὸν φίλον ποιεῖται, τοῦτον νομίζομεν ἃ τῷ καλῷ κἀγαθῷ πολίτῃ προσήκει, ταῦτα ποιεῖν. (14) Ἐγὼ δ᾽ οὖν καὶ αὐτός, ὦ Ἀντιφῶν, ὥσπερ ἄλλος τις ἢ ἵππῳ ἀγαθῷ ἢ κυνὶ ἢ ὄρνιθι ἥδεται, οὕτω καὶ ἔτι μᾶλλον ἥδομαι φίλοις ἀγαθοῖς, καὶ ἐάν τι ἔχω ἀγαθόν, διδάσκω, καὶ ἄλλοις συνίστημι παρ᾽ ὧν ἂν ἡγῶμαι ὠφελήσεσθαί τι αὐτοὺς εἰς ἀρετήν. Καὶ τοὺς θησαυροὺς τῶν πάλαι σοφῶν ἀνδρῶν, οὓς ἐκεῖνοι κατέλιπον ἐν βιβλίοις γράψαντες, ἀνελίττων κοινῇ σὺν τοῖς φίλοις διέρχομαι, καὶ ἄν τι ὁρῶμεν ἀγαθόν, ἐκλεγόμεθα, καὶ μέγα νομίζομεν κέρδος ἐὰν ἀλλήλοις ὠφέλιμοι γιγνώμεθα. Ἐμοὶ μὲν δὴ ταῦτα ἀκούοντι ἐδόκει αὐτός τε μακάριος εἶναι καὶ τοὺς ἀκούοντας ἐπὶ καλοκἀγαθίαν ἄγειν.

15. Καὶ πάλιν ποτὲ τοῦ Ἀντιφῶντος ἐρομένου αὐτὸν πῶς ἄλλους μὲν ἡγοῖτο πολιτικοὺς ποιεῖν, αὐτὸς δὲ οὐ πράττοι τὰ πολιτικά, εἴπερ ἐπίσταιτο, Ποτέρως δ᾽ ἄν, ἔφη, ὦ Ἀντιφῶν, μᾶλλον τὰ πολιτικὰ πράττοιμι, εἰ μόνος αὐτὰ πράττοιμι ἢ εἰ ἐπιμελοίμην τοῦ ὡς πλείστους ἱκανοὺς εἶναι πράττειν αὐτά;

ΚΕΦΑΛΑΙΟΝ Ζ.

Ἐπισκεψώμεθα δὲ εἰ καὶ ἀλαζονείας ἀποτρέπων τοὺς συνόντας ἀρετῆς ἐπιμελεῖσθαι προέτρεπεν· ἀεὶ γὰρ ἔλεγεν ὡς οὐκ εἴη καλλίων ὁδὸς ἐπ᾽ εὐδοξίαν ἢ δι᾽ ἧς ἄν τις ἀγαθὸς τοῦτο γένοιτο ὃ καὶ δοκεῖν βούλοιτο. Ὅτι δ᾽ ἀληθῆ ἔλεγεν ὧδε ἐδίδασκεν. (2) Ἐνθυμώμεθα γάρ, ἔφη, εἴ τις μὴ ὢν ἀγαθὸς αὐλητὴς δοκεῖν βούλοιτο, τί ἂν αὐτῷ ποιητέον εἴη. Ἆρ᾽ οὐ τὰ ἔξω τῆς τέχνης μιμητέον τοὺς ἀγαθοὺς αὐλητάς; καὶ πρῶτον μὲν ὅτι ἐκεῖνοι σκεύη τε καλὰ κέκτηνται καὶ ἀκολούθους πολλοὺς περιάγονται, καὶ τούτῳ ταῦτα ποιητέον· ἔπειτα ὅτι ἐκείνους πολλοὶ ἐπαινοῦσι, καὶ τούτῳ πολλοὺς ἐπαινέτας παρασκευαστέον. Ἀλλὰ μὴν ἔργον γε οὐδαμοῦ ληπτέον, ἢ εὐθὺς ἐλεγχθήσεται γελοῖος ὢν καὶ οὐ μόνον αὐλητὴς κακός, ἀλλὰ καὶ ἄνθρωπος ἀλαζών. Καίτοι πολλὰ μὲν δαπανῶν, μηδὲν δὲ ὠφελούμενος, πρὸς δὲ

quiddam, quod in bonis tuis est, pretio dignum esse putas; non dicam gratis, sed ne minori quidem accepto pretio, quam quanti ea res esset, dares. Itaque patet te, si existimares ullius esse pretii consuetudinem quæ tecum sit, ex dignitate ejus pecuniam exacturum. Sis ergo sane justus, quod ob avaritiam neminem decipis: nequaquam vero sapiens, quum nullius pretii sint ea, quæ nosti. Ad hæc respondit Socrates: Apud nos, Antiphon, existimatur eodem modo posse aliquem et forma, et sapientia, vel honeste, vel turpiter uti. Nam quum aliquis formam pro pecunia cuivis volenti prostituit, impudicum appellant: si quis autem, quemcunque intellexerit rerum pulchrarum bonarumque amatorem esse, amicum sibi adjungat, hunc animo sanum ducimus. Itidem qui sapientiam pro pecunia cuivis volenti prostituunt, sophistas, quasi impudicos, vocant: quicunque vero illum, quem bona præditum esse indole animadvertat, quicquid boni scit docens, amicum facit, hunc facere putamus, quod civi pulchri bonique studioso convenit. Quamobrem et ego, mi Antiphon, perinde ac alius quisquam vel equo bono, vel cane, vel ave delectatur, sic bonis amicis etiam magis delector; eosque, si quid habeo boni, doceo, atque aliis commendo, a quibus nonnihil eos habituros adjumenti ad virtutem arbitror. Etiam thesauros priscorum sapientum, quos illi literis mandatos nobis reliquerunt, una cum amicis revolvens percurro: quod si quid in eis boni videmus, seligimus, magnique lucri loco ducimus, si utiles nobis invicem fiamus. Hæc ego quum audirem, et ipsum Socratem beatum esse arbitrabar, et auditores suos ad pulchri bonique studium ducere.

Rursus quum interrogaret ipsum Antiphon, quo pacto se alios rerum civilium peritos efficere putaret, quum ipse reipublicæ negotia non attingeret, si quidem sciret: Utro, inquit, modo magis res publicas tracto, mi Antiphon? si solus eas tractem, an vero si dem operam, ut plurimi ad eas tractandas sint idonei?

CAPUT VII.

Hoc quoque consideremus, an Socrates familiares suos a jactantia revocans, ad virtutis studium impulerit. Semper enim aiebat, viam ad gloriam meliorem nullam esse, quam qua bonus in re aliqua quis esset, ac non videri velit: atque hoc ab se vere dici, sic docebat. Cogitemus enim, aiebat, si quispiam, quum tibicen bonus non sit, videri tamen velit, quid ei faciendum sit. An non imitari bonos tibicines debet in iis quæ extra artem posita sunt? ac primum quidem, quum illi indumenta pulchra habeant, multosque pedissequos circumducant, etiam ipsi hoc faciendum: deinde quum multi eos laudent, etiam huic multi laudatores comparandi sunt. Verum res ipsa nullibi aggredienda est: aut mox deprehendetur esse ridiculus homo, ac non modo tibicen malus, verum etiam homo jactator. At vero si sumptus magnos faciat, et utilitatem capiat nul-

τούτοις κακοδοξῶν, πῶς οὐκ ἐπιπόνως τε καὶ ἀλυσιτελῶς καὶ καταγελάστως βιώσεται; (2) Ὡς δ' αὔτως εἴ τις βούλοιτο στρατηγὸς ἀγαθὸς μὴ ὢν φαίνεσθαι ἢ κυβερνήτης, ἐννοῶμεν τί ἂν αὐτῷ συμβαίνοι. Ἆρ' οὐκ ἂν εἰ μὲν ἐπιθυμῶν τοῦ δοκεῖν ἱκανὸς εἶναι ταῦτα πράττειν μὴ δύναιτο πείθειν, ταύτῃ λυπηρόν, εἰ δὲ πείσειεν, ἔτι ἀθλιώτερον; δῆλον γὰρ ὅτι κυβερνᾶν κατασταθεὶς ὁ μὴ ἐπιστάμενος ἢ στρατηγεῖν ἀπολέσειεν ἂν οὓς ἥκιστα βούλοιτο καὶ αὐτὸς αἰσχρῶς ἂν καὶ κακῶς ἀπαλλάξειεν. (4) Ὡσαύτως δὲ καὶ τὸ πλούσιον καὶ τὸ ἀνδρεῖον καὶ τὸ ἰσχυρὸν μὴ ὄντα δοκεῖν ἀλυσιτελὲς ἀπέφαινε· προστάττεσθαι γὰρ αὐτοῖς ἔφη μείζω ἢ κατὰ δύναμιν, καὶ μὴ δυναμένους ταῦτα ποιεῖν δοκοῦντας ἱκανοὺς εἶναι συγγνώμης οὐκ ἂν τυγχάνειν. (5) Ἀπατεῶνα δ' ἐκάλει οὐ μικρὸν μὲν εἴ τις ἀργύριον ἢ σκεύος παρά του πειθοῖ λαβὼν ἀποστεροίη, πολὺ δὲ μέγιστον ὅστις μηδενὸς ἄξιος ὢν ἐξηπατήκει πείθων ὡς ἱκανὸς εἴη τῆς πόλεως ἡγεῖσθαι. Ἐμοὶ μὲν οὖν ἐδόκει καὶ τοῦ ἀλαζονεύεσθαι ἀποτρέπειν τοὺς συνόντας τοιάδε διαλεγόμενος.

ΒΙΒΛΙΟΝ Β.

ΚΕΦΑΛΑΙΟΝ Α.

Ἐδόκει δέ μοι καὶ τοιαῦτα λέγων προτρέπειν τοὺς συνόντας ἀσκεῖν ἐγκράτειαν πρὸς ἐπιθυμίαν βρωτοῦ καὶ ποτοῦ καὶ λαγνείας καὶ ὕπνου καὶ ῥίγους καὶ θάλπους καὶ πόνου. Γνοὺς δέ τινα τῶν συνόντων ἀκολαστοτέρως ἔχοντα πρὸς τὰ τοιαῦτα, Εἰπέ μοι, ἔφη, ὦ Ἀρίστιππε, εἰ δέοι σε παιδεύειν παραλαβόντα δύο τῶν νέων, τὸν μέν, ὅπως ἱκανὸς ἔσται ἄρχειν, τὸν δέ, ὅπως μηδ' ἀντιποιήσεται ἀρχῆς, πῶς ἂν ἑκάτερον παιδεύοις; βούλει σκοπῶμεν ἀρξάμενοι ἀπὸ τῆς τροφῆς ὥσπερ ἀπὸ τῶν στοιχείων; Καὶ ὁ Ἀρίστιππος ἔφη, Δοκεῖ γοῦν μοι ἡ τροφὴ ἀρχὴ εἶναι· οὐδὲ γὰρ ζῴη γ' ἄν τις, εἰ μὴ τρέφοιτο. (2) Οὐκοῦν τὸ μὲν βούλεσθαι σίτου ἅπτεσθαι, ὅταν ὥρα ἥκῃ, ἀμφοτέροις εἰκὸς παραγίγνεσθαι; Εἰκὸς γάρ, ἔφη. Τὸ οὖν προαιρεῖσθαι τὸ κατεπεῖγον μᾶλλον πράττειν ἢ τῇ γαστρὶ χαρίζεσθαι πότερον ἂν αὐτῶν ἐθίζοιμεν; Τὸν εἰς τὸ ἄρχειν, ἔφη, νὴ Δία παιδευόμενον, ὅπως μὴ τὰ τῆς πόλεως ἄπρακτα γίγνηται παρὰ τὴν ἐκείνου ἀρχήν. Οὐκοῦν, ἔφη, καὶ ὅταν πιεῖν βούλωνται, τὸ δύνασθαι διψῶντα ἀνέχεσθαι τῷ αὐτῷ προσθετέον; Πάνυ μὲν οὖν, ἔφη. Τὸ δὲ ὕπνου ἐγκρατῆ εἶναι, ὥστε δύνασθαι καὶ ὀψὲ κοιμηθῆναι καὶ πρῲ ἀναστῆναι καὶ ἀγρυπνῆσαι, εἴ τι δέοι, ποτέρῳ ἂν προσθείημεν; Καὶ τοῦτο, ἔφη, τῷ αὐτῷ. Τί δέ, ἔφη, τὸ ἀφροδισίων ἐγκρατῆ εἶναι, ὥστε μὴ διὰ ταῦτα κωλύεσθαι πράττειν εἴ τι δέοι; Καὶ τοῦτο, ἔφη, τῷ αὐτῷ. Τί δέ; τὸ μὴ φεύγειν τοὺς πόνους, ἀλλ' ἐθελοντὴν ὑπομένειν, ποτέρῳ ἂν προσθείημεν; Καὶ τοῦτο, ἔφη, τῷ

Iam, ac præterea male audiat, qui non et ærumnose et Inutiliter et ridicule vivet? Eodem modo si quis, qui non esset, vel bonus imperator vel gubernator videri velit; quid huic eventurum sit, cogitemus. An non sic molestum erit, si quum cupiat videri ad hæc perficienda idoneus, aliis id persuadere non possit? ac si persuaserit, multo miserius? Constat enim, quod si aut ad gubernandum constituatur, aut exercitum ducturus, qui nescius horum est, perdet eos quos minime vellet; atque ipse turpiter ac fœde ab incepto desistet. Eodem modo non expedire aiebat, si quis vel opulentus, vel fortis, vel robustus esse videretur, incipientes? Nam his aiebat imperari majora ipsorum viribus; quumque præstare illa deinde non possit, quæ posse videbantur, veniam minime consequi. Impostorem autem appellabat nec modicum, si quis pecunia, vel supellectile ab aliquo, cui persuaserit, accepta eum spoliaret; sed longe maximum, qui nullius homo pretii fefellisset alios, persuadendo se idoneum esse qui civitati præsit. Quæ ita disserens, mihi quidem videbatur familiares suos etiam a jactantia revocare.

LIBER II.

CAPUT I.

Videbatur etiam mihi familiares suos ad exercendam temperantiam in cibi, et potus, et lasciviæ, et somni, appetitu, et ad patientiam frigoris, æstus, laboris impellere, quoties talia diceret. Quum de familiaribus quendam intemperantius se gerere accepisset: Dic mihi, ait, Aristippe, si te duos adolescentes tibi traditos instituere oporteat, alterum, ut ad imperandum sit idoneus; alterum, ut imperare nunquam cupiat: quo pacto utrumque institues? Vis dispiciamus a nutrimento, tanquam ab ipsis elementis, incipientes? Et Aristippus, Nimirum mihi videtur, ait, nutrimentum esse principium : nam ne vixerit quidem aliquis, si non nutriatur. Nonne igitur consentaneum est utrisque accidere, ut, ubi tempus adest, cibum sumere velint? Consentaneum, ait. Utrum igitur horum consuefaciamus, ut potius eligat rem urgentem conficere, quam gulæ gratificari? Eum profecto, inquit, qui ad imperandum instituetur, ne durante ipsius imperio negotia civitatis infecta sint. Nonne, subjecit Socrates, etiam quum bibere volent, eidem hoc inerendum, ut sitim perferre possit? Omnino vero, ait. At in somno capiendo temperantem esse, ut et sero dormire possit, et primo diluculo surgere, et vigilare, ut opus sit, utri attribuere debemus? Etiam hoc eidem, ait. Quid vero, inquit, veneris in rebus temperantem esse, ut per eas non impediatur id agere, quod opus sit? Etiam hoc eidem, inquit. Quid autem? labores non fugere, sed sponte sua perferre, utri attribuere debemus? Hoc itidem illi, ait, qui

ἄρχειν παιδευομένῳ. Τί δέ; τὸ μαθεῖν εἴ τι ἐπιτήδειόν ἐστι μάθημα πρὸς τὸ κρατεῖν τῶν ἀντιπάλων, πότερον ἄν προσεῖναι μᾶλλον πρέποι; Πολὺ νὴ Δί', ἔφη, τῷ ἄρχειν παιδευομένῳ· καὶ γὰρ τῶν ἄλλων οὐδὲν ὄφελος ἄνευ τῶν τοιούτων μαθημάτων. (4) Οὐκοῦν ὁ οὕτω πεπαιδευμένος ἥττον ἄν δοκεῖ σοι ὑπὸ τῶν ἀντιπάλων ἢ τὰ λοιπὰ ζῷα ἁλίσκεσθαι; τούτων γὰρ δήπου τὰ μὲν γαστρὶ δελεαζόμενα, καὶ μάλα ἔνια δυσωπούμενα, ὅμως τῇ ἐπιθυμίᾳ τοῦ φαγεῖν ἀγόμενα πρὸς τὸ δέλεαρ ἁλίσκεται, τὰ δὲ ποτῷ ἐνεδρεύεται. Πάνυ μὲν οὖν, ἔφη. Οὐκοῦν καὶ ἄλλα ὑπὸ λαγνείας, οἷον οἵ τε ὄρτυγες καὶ οἱ πέρδικες, πρὸς τὴν τῆς θηλείας φωνὴν τῇ ἐπιθυμίᾳ καὶ τῇ ἐλπίδι τῶν ἀφροδισίων φερόμενοι καὶ ἐξιστάμενοι τοῦ τὰ δεινὰ ἀναλογίζεσθαι τοῖς θηράτροις ἐμπίπτουσι; Συνέφη καὶ ταῦτα. (5) Οὐκοῦν δοκεῖ σοι αἰσχρὸν εἶναι ἀνθρώπῳ ταὐτὰ πάσχειν τοῖς ἀφρονεστάτοις τῶν θηρίων; ὥσπερ οἱ μοιχοὶ εἰσέρχονται εἰς τὰς εἱρκτάς, εἰδότες ὅτι κίνδυνος τῷ μοιχεύοντι ἅ τε ὁ νόμος ἀπειλεῖ παθεῖν καὶ ἐνεδρευθῆναι καὶ ληφθέντα ὑβρισθῆναι· καὶ τηλικούτων μὲν ἐπικειμένων τῷ μοιχεύοντι κακῶν τε καὶ αἰσχρῶν, ὄντων δὲ πολλῶν τῶν ἀπολυσόντων τῆς τῶν ἀφροδισίων ἐπιθυμίας ἐν ἀδείᾳ, ὅμως εἰς τὰ ἐπικίνδυνα φέρεσθαι, ἆρ᾽ οὐκ ἤδη τοῦτο παντάπασι κακοδαιμονῶντός ἐστιν; Ἔμοιγε δοκεῖ, ἔφη. (6) Τὸ δὲ εἶναι μὲν τὰς ἀναγκαιοτάτας πλείστας πράξεις τοῖς ἀνθρώποις ἐν ὑπαίθρῳ, οἷον τάς τε πολεμικὰς καὶ τὰς γεωργικὰς καὶ τῶν ἄλλων οὐ τὰς ἐλαχίστας, τοὺς δὲ πολλοὺς ἀγυμνάστως ἔχειν πρός τε ψύχη καὶ θάλπη, οὐ δοκεῖ σοι πολλὴ ἀμέλεια εἶναι; Συνέφη καὶ τοῦτο. Οὐκοῦν δοκεῖ σοι τὸν μέλλοντα ἄρχειν ἀσκεῖν δεῖν καὶ ταῦτα εὐπετῶς φέρειν; Πάνυ μὲν οὖν, ἔφη. (7) Οὐκοῦν εἰ τοὺς ἐγκρατεῖς τούτων ἁπάντων εἰς τοὺς ἀρχικοὺς τάττομεν, τοὺς ἀδυνάτους ταῦτα ποιεῖν εἰς τοὺς μηδ᾽ ἀντιποιησομένους τοῦ ἄρχειν τάξομεν; Συνέφη καὶ τοῦτο. Τί οὖν; ἐπειδὴ καὶ τούτων ἑκατέρου τοῦ φύλου τὴν τάξιν οἶσθα, ἤδη ποτ᾽ ἐπεσκέψω εἰς ποτέραν τῶν τάξεων τούτων σαυτὸν δικαίως ἂν τάττοις; (8) Ἔγωγ᾽, ἔφη ὁ Ἀρίστιππος, καὶ οὐδαμῶς γε τάττω ἐμαυτὸν εἰς τὴν τῶν ἄρχειν βουλομένων τάξιν. Καὶ γὰρ πάνυ μοι δοκεῖ ἄφρονος ἀνθρώπου εἶναι τὸ μεγάλου ἔργου ὄντος τοῦ ἑαυτῷ τὰ δέοντα παρασκευάζειν μὴ ἀρκεῖν τοῦτο, ἀλλὰ προσαναθέσθαι τὸ καὶ τοῖς ἄλλοις πολίταις ὧν δέονται πορίζειν· καὶ ἑαυτῷ μὲν πολλὰ ὧν βούλεται ἐλλείπειν, τῆς δὲ πόλεως προεστῶτα, ἐὰν μὴ πάντα ὅσα ἡ πόλις βούλεται καταπράττῃ, τούτου δίκην ὑπέχειν, τοῦτο πῶς οὐ πολλὴ ἀφροσύνη ἐστί; (9) καὶ γὰρ ἀξιοῦσιν αἱ πόλεις τοῖς ἄρχουσι δι᾿περ ἐγὼ τοῖς οἰκέταις χρῆσθαι. Ἐγώ τε γὰρ ἀξιῶ τοὺς θεράποντας ἐμοὶ μὲν ἄφθονα τὰ ἐπιτήδεια παρασκευάζειν, αὐτοὺς δὲ μηδενὸς τούτων ἅπτεσθαι, αἵ τε πόλεις οἴονται χρῆναι τοὺς ἄρχοντας ἑαυταῖς μὲν ὡς πλεῖστα ἀγαθὰ πορίζειν, αὐτοὺς δὲ πάντων τούτων ἀπέχεσθαι. Ἐγὼ οὖν τοὺς μὲν βουλομένους πολλὰ πράγματα ἔχειν αὐτούς τε καὶ ἄλλοις παρέχειν οὕτως ἂν παιδεύσας εἰς

ad imperandum instituitur. Quid? si qua disciplina sit ad vincendos hostes idonea, eandem sibi comparare, utri magis convenit? Multis profecto, ait, modis ei, qui ad imperandum instituitur : nam neque aliarum rerum usus ullus est absque hujusmodi disciplinis. Nonne igitur is, qui sic institutus est, minus tibi videtur ab adversariis posse capi, quam animalia cetera? quorum scilicet quædam a gula inescata, tametsi nonnulla etiam valde meticulosa sint, nihilominus vescendi cupiditate speque rei venereæ agitata, et ejecta cogitatione de periculis, in casses incidunt? Concessit et hæc. Nonne etiam alia præ lascivia, velut coturnices ac perdices, ad femellæ vocem cupiditate speque rei venereæ possint sine periculo, ipse tamen nihilominus in pericula præceps feratur : Nonne hoc jam hominis est omnino a malo genio percīti? Ita mihi videtur, ait. Jam quum plurimæ sint maximeque necessariæ res sub dio peragendæ hominibus, veluti res bellicæ, res agricolarum, aliæque non paucæ; multos tamen ad frigora et æstus ferendos exercitos non esse, non tibi magnus esse videtur neglectus exercitationis? Concessit etiam hoc Aristippus. Ergo tibi videtur, inquit Socrates, exercendus is, qui velit imperare, ut haud difficulter hæc quoque toleret? Omnino, ait. Ergo si homines in rebus hisce omnibus temperantes inter viros ad imperandum comparatos ponemus, nonne illos qui hæc præstare non possunt, inter eos collocabimus, qui de imperando ne cogitare quidem debeant? Hoc etiam concessit Aristippus. Quid igitur? quandoquidem utriusque generis ordinem nosti, jamne aliquando considerasti, utrum ad ordinem horum merito te ipsum referre possis? Equidem, inquit Aristippus : et nequaquam equidem eorum in ordinem me refero, qui imperare volunt. Etenim hominis admodum imprudentis esse mihi videtur, non ei hoc sufficere, ut sibi ipsi necessaria comparet (quod quidem magnum quiddam est); sed hoc etiam sibi imponere, ut aliis etiam civibus ea suppeditet, quibus indigent : ac sibi quidem ipsi multa deesse eorum, quæ velit, præpositum vero civitati, si non omnia perficiat, quæ civitas velit, hujus pœnam sustinere, nonne hoc ingens imprudentia? nam civitates æquum censent, perinde magistratibus uti, atque ego mancipiis. Nam et ego æquum esse censeo, ut famuli mihi quidem abunde res necessarias parent, ipsi vero nihil earum attingant; et civitates esse magistratuum putant, ut maximam eis bonorum copiam comparent, ipsi vero ab iis omnibus abstineant. Quapropter equidem eos qui multa velint et ipsi habere negotia, et cum aliis communicare, sic institutos inter eos pono, qui ad imperandum

τοὺς ἀρχικοὺς καταστήσαιμι· ἐμαυτὸν μέντοι τάττω εἰς τοὺς βουλομένους ᾗ ῥᾷστά τε καὶ ἥδιστα βιοτεύειν. (10) Καὶ ὁ Σωκράτης ἔφη, Βούλει οὖν καὶ τοῦτο σκεψώμεθα, πότεροι ἥδιον ζῶσιν, οἱ ἄρχοντες ἢ οἱ ἀρχόμενοι; Πάνυ μὲν οὖν, ἔφη. Πρῶτον μὲν τοίνυν τῶν ἐθνῶν ὧν ἡμεῖς ἴσμεν ἐν μὲν τῇ Ἀσίᾳ Πέρσαι μὲν ἄρχουσιν, ἄρχονται δὲ Σύροι καὶ Φρύγες καὶ Λυδοί· ἐν δὲ τῇ Εὐρώπῃ Σκύθαι μὲν ἄρχουσι, Μαιῶται δὲ ἄρχονται· ἐν δὲ τῇ Λιβύῃ Καρχηδόνιοι μὲν ἄρχουσι, Λίβυες δὲ ἄρχονται. Τούτων οὖν ποτέρους ἥδιον οἴει ζῆν; ἢ τῶν Ἑλλήνων, ἐν οἷς καὶ αὐτὸς εἶ, πότεροί σοι δοκοῦσιν ἥδιον, οἱ κρατοῦντες ἢ οἱ κρατούμενοι, ζῆν; (11) Ἀλλ᾽ ἐγώ τοι, ἔφη ὁ Ἀρίστιππος, οὐδὲ εἰς τὴν δουλείαν αὖ ἐμαυτὸν τάττω, ἀλλ᾽ εἶναί τίς μοι δοκεῖ μέση τούτων ὁδός, ἣν πειρῶμαι βαδίζειν, οὔτε δι᾽ ἀρχῆς οὔτε διὰ δουλείας, ἀλλὰ δι᾽ ἐλευθερίας, ἥπερ μάλιστα πρὸς εὐδαιμονίαν ἄγει. (12) Ἀλλ᾽ εἰ μέντοι, ἔφη ὁ Σωκράτης, ὥσπερ οὔτε δι᾽ ἀρχῆς οὔτε διὰ δουλείας ἡ ὁδὸς αὕτη φέρει, οὕτω μηδὲ δι᾽ ἀνθρώπων, ἴσως ἄν τι λέγοις· εἰ μέντοι ἐν ἀνθρώποις ὢν μήτε ἄρχειν ἀξιώσεις μήτε ἄρχεσθαι μήτε τοὺς ἄρχοντας ἑκὼν θεραπεύσεις, οἶμαί σε ὁρᾶν ὡς ἐπίστανται οἱ κρείττονες τοὺς ἥττονας καὶ κοινῇ καὶ ἰδίᾳ κλαίοντας καθίσαντες δούλοις χρῆσθαι. (13) Ἢ λανθάνουσί σε οἱ ἄλλων σπειράντων καὶ φυτευσάντων τόν τε σῖτον τέμνοντες καὶ δενδροκοποῦντες καὶ πάντα τρόπον πολιορκοῦντες τοὺς ἥττονας καὶ μὴ θέλοντας θεραπεύειν, ἕως ἂν πείσωσιν ἑλέσθαι δουλεύειν ἀντὶ τοῦ πολεμεῖν τοῖς κρείττοσι; καὶ ἰδίᾳ αὖ οἱ ἀνδρεῖοι καὶ δυνατοὶ τοὺς ἀνάνδρους καὶ ἀδυνάτους οὐκ οἶσθα ὡς καταδουλωσάμενοι καρποῦνται; Ἀλλ᾽ ἐγώ τοι, ἔφη, ἵνα μὴ πάσχω ταῦτα, οὐδ᾽ εἰς πολιτείαν ἐμαυτὸν κατακλείω, ἀλλὰ ξένος πανταχοῦ εἰμι. (14) Καὶ ὁ Σωκράτης ἔφη, Τοῦτο μέντοι ἤδη λέγεις δεινὸν πάλαισμα. Τοὺς γὰρ ξένους ἐξ οὗ ὅ τε Σίνις καὶ ὁ Σκείρων καὶ ὁ Προκρούστης ἀπέθανον οὐδεὶς ἔτι ἀδικεῖ· ἀλλὰ νῦν οἱ μὲν πολιτευόμενοι ἐν ταῖς πατρίσι καὶ νόμους τίθενται, ἵνα μὴ ἀδικῶνται, καὶ φίλους πρὸς τοῖς ἀναγκαίοις καλουμένοις ἄλλους κτῶνται βοηθούς, καὶ ταῖς πόλεσιν ἐρύματα περιβάλλονται, καὶ ὅπλα κτῶνται οἷς ἀμύνονται τοὺς ἀδικοῦντας, καὶ πρὸς τούτοις ἄλλους ἔξωθεν συμμάχους κατασκευάζονται· καὶ οἱ μὲν πάντα ταῦτα κεκτημένοι ὅμως ἀδικοῦνται· (15) σὺ δὲ οὐδὲν μὲν τούτων ἔχων, ἐν δὲ ταῖς ὁδοῖς, ἔνθα πλεῖστοι ἀδικοῦνται, πολὺν χρόνον διατρίβων, εἰς ὁποίαν δ᾽ ἂν πόλιν ἀφίκῃ, τῶν πολιτῶν πάντων ἥττων εἶ, καὶ τοιοῦτος οἵοις μάλιστα ἐπιτίθενται οἱ βουλόμενοι ἀδικεῖν, ὅμως διὰ τὸ ξένος εἶναι οὐκ ἂν οἴει ἀδικηθῆναι; ἦ διότι αἱ πόλεις σοι κηρύττουσιν ἀσφάλειαν καὶ προσιόντι καὶ ἀπιόντι, θαρρεῖς; ἢ διότι καὶ δοῦλος ἂν οἴει τοιοῦτος εἶναι οἷος μηδενὶ δεσπότῃ λυσιτελεῖν; τίς γὰρ ἂν ἐθέλοι ἄνθρωπον ἐν οἰκίᾳ ἔχειν πονεῖν μὲν μηδὲν ἐθέλοντα, τῇ δὲ πολυτελεστάτῃ διαίτῃ χαίροντα; (16) Σκεψώμεθα δὲ καὶ τοῦτο, πῶς οἱ δεσπόται τοῖς τοιούτοις οἰκέταις χρῶνται. Ἆρα οὐ τὴν

sunt idonei : me vero inter illos colloco, qui quam facillime suavissimeque vivere cupiunt. Ad hæc deinde Socrates dixit : Visne ergo, ut hoc etiam consideremus, iine suavius vivant, qui imperant, an qui imperantur? Omaino, inquit. Primum igitur ex iis nationibus, quæ nobis cognitæ sunt, in Asia Persæ imperant, Syri vero, ac Phryges, ac Lydi imperantur; in Europa penes Scythas est imperium, Mæotæ parent; in Libya Carthaginienses dominantur, Libyes obtemperant: horum igitur utros vivere jucundius arbitraris? vel inter Græcos, in quibus es tu quoque, utri jucundius tibi videntur vivere, ii, qui imperant, an qui imperantur? Ego vero, inquit Aristippus, neque in servitutem iterum me pono : sed esse mihi videtur via quædam inter hæc media, qua incedere conor, neque per imperium, neque per servitutem, sed per libertatem, quæ maxime ad beatitudinem ducit. Enimvero, inquit Socrates, si hæc via non etiam per homines duceret, quemadmodum neque per imperium neque servitutem tendit, fortasse aliquid diceres : Verum si esse inter homines vis, ac neque imperare, neque imperio subesse, neque magistratus sponte colere, videre te arbitror, quod sciant superiores inferioribus pro servis uti, dum eos et publice et privatim ejulare faciunt. An te latent qui, aliis seminantibus arboresque serentibus, et fruges resecant et arbores cædunt, omnibusque modis inferiores ac se colere nolentes oppugnant, donec persuaserint eis velle servire potius quam bellum cum fortioribus gerere? an rursus privatim nescis viros gnavos ac potentes ex ignavis et impotentibus in servitutem redactis fructum sibi percipere? Ego vero, inquit Aristippus, ut id mihi non accidat, non in rempublicam me ipsum concludo, sed ubique versor hospes. Inde Socrates, Sollers vero, ait, artificium jam narras. Nam hospites, ex quo Sinis, et Sciron, et Procrustes obierunt, injuria nemo amplius afficit : at qui hoc tempore respublicas patrias administrant, etiam leges sibi ferunt, quo minus lædantur : ac amicos, præter illos qui necessarii vocantur, alios sibi comparant auxiliarios ; et urbibus munitiones circumdant ; et arma parant, quibus injuriosos a se propellant ; ac præter hæc etiam, alios peregre socios acquirunt : nihilominus ab his omnibus instructi, injuria afficiuntur. Tu vero quum horum nihil habeas, atque in viis, ubi plurimi injuria afficiuntur, multo tempore verseris ; et quamcumque in urbem venias, civibus in rebus omnibus inferior sis, adeoque talis, quales pro suo commodo maxime aggrediuntur ii qui injuria afficere volunt ; tamen, quia hospes es, futurum putas, ut injuria non afficiaris? an idcirco fidenti es animo, quod civitates tibi securitatem præconio publico polliceantur tam adeunti quam abeunti? an quod talem te servum esse putas, qui nulli domino prosit? nam quis hominem habere domi velit, qui laborare quidem omnino recuset, sumptuosissima autem vivendi ratione utatur ? Quia illud etiam consideremus, quo pacto ejusmodi servos domini tractent. An non eorum lasciviam fame ad animi sanitatem

μὲν λαγνείαν αὐτῶν τῷ λιμῷ σωφρονίζουσι; κλέπτειν δὲ κωλύουσιν ἀποκλείοντες ὅθεν ἄν τι λαβεῖν ᾖ; τοῦ δὲ δραπετεύειν δεσμοῖς ἀπείργουσι; τὴν ἀργίαν δὲ πληγαῖς ἐξαναγκάζουσιν; ἢ σὺ πῶς ποιεῖς, ὅταν τῶν οἰκετῶν τινὰ τοιοῦτον ὄντα καταμανθάνῃς; (17) Κολάζω, ἔφη, πᾶσι κακοῖς, ἕως ἂν δουλεύειν ἀναγκάσω. Ἀλλὰ γάρ, ὦ Σώκρατες, οἱ εἰς τὴν βασιλικὴν τέχνην παιδευόμενοι, ἣν δοκεῖς μοι σὺ νομίζειν εὐδαιμονίαν εἶναι, τί διαφέρουσι τῶν ἐξ ἀνάγκης κακοπαθούντων, εἴ γε πεινήσουσι καὶ διψήσουσι καὶ ῥιγώσουσι καὶ ἀγρυπνήσουσι καὶ τἄλλα πάντα μοχθήσουσιν ἑκόντες; ἐγὼ μὲν γὰρ οὐκ οἶδ' ὅ τι διαφέρει τὸ αὐτὸ δέρμα ἑκόντα ἢ ἄκοντα μαστιγοῦσθαι, ἢ ὅλως τὸ αὐτὸ σῶμα πᾶσι τοῖς τοιούτοις ἑκόντα ἢ ἄκοντα πολιορκεῖσθαι ἄλλο γε ἢ ἀφροσύνη πρόσεστι τῷ θέλοντι τὰ λυπηρὰ ὑπομένειν; (18) Τί δέ, ὦ Ἀρίστιππε, ὁ Σωκράτης ἔφη, οὐ δοκεῖ σοι τῶν τοιούτων διαφέρειν τὰ ἑκούσια τῶν ἀκουσίων, ᾗ ὁ μὲν ἑκὼν πεινῶν φάγοι ἂν ὁπότε βούλοιτο καὶ ὁ ἑκὼν διψῶν πίοι καὶ τἄλλα ὡσαύτως, τῷ δ' ἐξ ἀνάγκης ταῦτα πάσχοντι οὐκ ἔξεστιν ὁπόταν βούληται παύεσθαι; ἔπειτα ὁ μὲν ἑκουσίως ταλαιπωρῶν ἐπ' ἀγαθῇ ἐλπίδι πονῶν εὐφραίνεται, οἷον οἱ τὰ θηρία θηρῶντες ἐλπίδι τοῦ λήψεσθαι ἡδέως μοχθοῦσι. (19) Καὶ τὰ μὲν τοιαῦτα ἆθλα τῶν πόνων μικροῦ τινος ἄξιά ἐστι· τοὺς δὲ πονοῦντας ἵνα φίλους ἀγαθοὺς κτήσωνται ἢ ὅπως ἐχθροὺς χειρώσωνται ἢ ἵνα δυνατοὶ γενόμενοι καὶ τοῖς σώμασι καὶ ταῖς ψυχαῖς καὶ τὸν ἑαυτῶν οἶκον καλῶς οἰκῶσι καὶ τοὺς φίλους εὖ ποιῶσι καὶ τὴν πατρίδα εὐεργετῶσι, πῶς οὐκ οἴεσθαι χρὴ τούτους καὶ πονεῖν ἡδέως εἰς τὰ τοιαῦτα καὶ ζῆν εὐφραινομένους, ἀγαμένους μὲν ἑαυτούς, ἐπαινουμένους δὲ καὶ ζηλουμένους ὑπὸ τῶν ἄλλων; (20) Ἔτι δὲ αἱ μὲν ῥᾳδιουργίαι καὶ ἐκ τοῦ παραχρῆμα ἡδοναὶ οὔτε σώματι εὐεξίαν ἱκαναί εἰσιν ἐνεργάζεσθαι, ὥς φασιν οἱ γυμνασταί, οὔτε ψυχῇ ἐπιστήμην ἀξιόλογον οὐδεμίαν ἐμποιοῦσιν, αἱ δὲ διὰ καρτερίας ἐπιμέλειαι τῶν καλῶν τε κἀγαθῶν ἔργων ἐξικνεῖσθαι ποιοῦσιν, ὥς φασιν οἱ ἀγαθοὶ ἄνδρες. Λέγει δέ που καὶ Ἡσίοδος,

Τὴν μὲν γὰρ κακότητα καὶ ἰλαδὸν ἔστιν ἑλέσθαι
ῥηϊδίως· λείη μὲν ὁδός, μάλα δ' ἐγγύθι ναίει.
Τῆς δ' ἀρετῆς ἱδρῶτα θεοὶ προπάροιθεν ἔθηκαν
ἀθάνατοι· μακρὸς δὲ καὶ ὄρθιος οἶμος ἐπ' αὐτὴν
καὶ τρηχὺς τὸ πρῶτον· ἐπὴν δ' εἰς ἄκρον ἵκηαι,
ῥηϊδίη δὴ ἔπειτα πέλει, χαλεπή περ ἐοῦσα.

Μαρτυρεῖ δὲ καὶ Ἐπίχαρμος ἐν τῷδε·

Τῶν πόνων πωλοῦσιν ἡμῖν πάντα τἀγαθά οἱ θεοί.

καὶ ἐν ἄλλῳ δὲ τόπῳ φησίν,

Ὦ πονηρέ, μὴ τὰ μαλακὰ μῶσο, μὴ τὰ σκληρά ἔχῃς.

(21) Καὶ Πρόδικος δὲ ὁ σοφὸς ἐν τῷ συγγράμματι τῷ περὶ τοῦ Ἡρακλέους, ὅπερ δὴ καὶ πλείστοις ἐπιδείκνυται, ὡσαύτως περὶ τῆς ἀρετῆς ἀποφαίνεται ὧδέ πως λέγων, ὅσα ἐγὼ μέμνημαι. Φησὶ γὰρ Ἡρακλέα, ἐπεὶ ἐκ παίδων εἰς ἥβην ὡρμᾶτο, ἐν ᾗ οἱ νέοι

reducunt? nonne, occludendo ea, unde aliquid poterant sumere, eos a furando cohibent? nonne vinculis coercent, ne aufugiant? nonne desidiam verberibus expellunt? aut quo pacto tu facis, quando de servis aliquem talem esse animadvertis? Suppliciis, inquit, omnibus afficio, donec eum servire cogam. Verum, mi Socrates, qui ad regnandi artem instituuntur, quam tu mihi videris pro beatitate ducere, quid ab iis differunt, qui præ necessitate laborant incommodis, si quidem esurient, sitient, frigebunt, vigilabunt, et alias omnes ærumnas sponte perferent? nam equidem haud scio, quid discriminis sit, utrum cutis eadem, volenti an nolenti, flagris cædatur; vel omnino corpus idem his omnibus vel volenti vel nolenti prematur: an aliud ei inest atque animi insanitas, qui ærumnosa illa patitur volens. Quid, Aristippe? inquit Socrates: in rebus talibus, nonne tibi differre videntur voluntaria ab involuntariis, quatenus qui sponte esurit, comedere potest, quum vult; et qui sponte sitit, bibere potest; et in aliis rebus similiter: qui vero ex necessitate hæc perfert, non potest, ubi vult, ab iis cessare? deinde qui sponte perfert ærumnas, bona spe laborans lætatur; sicut, qui feras venantur, spe capiendi suaviter laborant. Atque hujusmodi sane laborum præmia non magni pretii sunt; qui vero in hoc incumbant, ut amicos bonos sibi parent, vel inimicos domitent, vel ut, quum in corporis animæque viribus adaugendis plurimum profecerint, familiam suam pulchre administrent, amicis prosint, patriam beneficiis afficiant: quomodo non debuerit existimari, hos et suaviter laborare in hujusmodi rebus, et cum lætitia vivere, dum et se ipsos probant, aliique eos laudant et æmulantur? Præterea mollities, ac in promptu positæ voluptates, neque corpori bonam parere constitutionem possunt, uti gymnasiorum magistri asserunt, neque alicujus pretii scientiam ullam induunt animæ: at per tolerantiam exercita studia faciunt, ut ad pulchra et bona facinora perveniamus, quemadmodum boni viri prædicant. Ait alicubi et Hesiodus:

Malitiam quidem cumulatim etiam capere licet
facile: brevis quippe via est, et in proximo habitat.
Ante virtutem vero sudorem dii posuerunt
immortales; longa autem atque ardua via est ad illam,
primumque aspera: ubi vero ad summum veneris,
facilis deinceps est, quantumvis difficilis sit.

Hoc testatur et Epicharmus his verbis:

Laboribus vendunt nobis omnia bona dii:

Idem alio quoque loco inquit:

O tu male, noli ambire mollia, ne dura accidant tibi.

Quin et Prodicus ille sapiens in libro de Hercule, quem plurimis solet ostendere, similiter de virtute pronuntiat, in hunc fere modum, quantum memini, dicens. Herculem ait, postquam ex pueritia ad pubertatem properaret, in qua jam adolescentes sui juris fiunt, et indicia præbent virtu-

ἤδη αὐτοκράτορες γιγνόμενοι δηλοῦσιν εἴτε τὴν δι' ἀρετῆς ὁδὸν τρέψονται ἐπὶ τὸν βίον εἴτε τὴν διὰ κακίας, ἐξελθόντα εἰς ἡσυχίαν καθῆσθαι ἀποροῦντα ὁποτέραν τῶν ὁδῶν τράπηται· (22) καὶ φανῆναι αὐτῷ δύο γυναῖκας προσιέναι μεγάλας, τὴν μὲν ἑτέραν εὐπρεπῆ τε ἰδεῖν καὶ ἐλευθέριον φύσει, κεκοσμημένην τὸ μὲν σῶμα καθαρότητι, τὰ δὲ ὄμματα αἰδοῖ, τὸ δὲ σχῆμα σωφροσύνῃ, ἐσθῆτι δὲ λευκῇ, τὴν δὲ ἑτέραν τεθραμμένην μὲν εἰς πολυσαρκίαν τε καὶ ἁπαλότητα, κεκαλλωπισμένην δὲ τὸ μὲν χρῶμα ὥστε λευκοτέραν τε καὶ ἐρυθροτέραν τοῦ ὄντος δοκεῖν φαίνεσθαι, τὸ δὲ σχῆμα ὥστε δοκεῖν ὀρθοτέραν τῆς φύσεως εἶναι, τὰ δὲ ὄμματα ἔχειν ἀναπεπταμένα, ἐσθῆτα δὲ ἐξ ἧς ἂν μάλιστα ἡ ὥρα διαλάμποι, κατασκοπεῖσθαι δὲ θαμὰ ἑαυτήν, ἐπισκοπεῖν δὲ καὶ εἴ τις ἄλλος αὐτὴν θεᾶται, πολλάκις δὲ καὶ εἰς τὴν ἑαυτῆς σκιὰν ἀποβλέπειν. (23) Ὡς δ' ἐγένοντο πλησιαίτερον τοῦ Ἡρακλέους, τὴν μὲν πρόσθεν ῥηθεῖσαν ἰέναι τὸν αὐτὸν τρόπον, τὴν δ' ἑτέραν φθάσαι βουλομένην προσδραμεῖν τῷ Ἡρακλεῖ καὶ εἰπεῖν, Ὁρῶ σε, ὦ Ἡράκλεις, ἀποροῦντα ποίαν ὁδὸν ἐπὶ τὸν βίον τράπῃ. Ἐὰν οὖν ἐμὲ φίλην ποιήσῃ, ἐπὶ τὴν ἡδίστην τε καὶ ῥᾴστην ὁδὸν ἄξω σε καὶ τῶν μὲν τερπνῶν οὐδενὸς ἄγευστος ἔσῃ, τῶν δὲ χαλεπῶν ἄπειρος διαβιώσῃ. (24) Πρῶτον μὲν γὰρ οὐ πολέμων οὐδὲ πραγμάτων φροντιεῖς, ἀλλὰ σκοπούμενος διοίσῃ τί ἂν κεχαρισμένον ἢ σιτίον ἢ ποτὸν εὕροις ἢ τί ἂν ἰδὼν ἢ τί ἀκούσας τερφθείης ἢ τίνων ὀσφραινόμενος ἢ ἁπτόμενος ἡσθείης, τίσι δὲ παιδικοῖς ὁμιλῶν μάλιστ' ἂν εὐφρανθείης, καὶ πῶς ἂν μαλακώτατα καθεύδοις, καὶ πῶς ἂν ἀπονώτατα τούτων πάντων τυγχάνοις. (25) Ἐὰν δέ ποτε γένηταί τις ὑποψία σπάνεως ἀφ' ὧν ἔσται ταῦτα, οὐ φόβος μή σε ἀγάγω ἐπὶ τὸ πονοῦντα καὶ ταλαιπωροῦντα τῷ σώματι καὶ τῇ ψυχῇ ταῦτα πορίζεσθαι, ἀλλ' οἷς ἂν οἱ ἄλλοι ἐργάζωνται, τούτοις σὺ χρήσῃ, οὐδενὸς ἀπεχόμενος ὅθεν ἂν δυνατὸν ᾖ τι κερδᾶναι. Πανταχόθεν γὰρ ὠφελεῖσθαι τοῖς ἐμοὶ ξυνοῦσιν ἐξουσίαν ἐγὼ παρέχω. (26) Καὶ ὁ Ἡρακλῆς ἀκούσας ταῦτα, Ὦ γύναι, ἔφη, ὄνομα δέ σοι τί ἐστιν; Ἡ δέ, Οἱ μὲν ἐμοὶ φίλοι, ἔφη, καλοῦσί με Εὐδαιμονίαν, οἱ δὲ μισοῦντές με ὑποκοριζόμενοι ὀνομάζουσι Κακίαν. (27) Καὶ ἐν τούτῳ ἡ ἑτέρα γυνὴ προσελθοῦσα εἶπε, Καὶ ἐγὼ ἥκω πρὸς σέ, ὦ Ἡράκλεις, εἰδυῖα τοὺς γεννήσαντάς σε καὶ τὴν φύσιν τὴν σὴν ἐν τῇ παιδείᾳ καταμαθοῦσα, ἐξ ὧν ἐλπίζω, εἰ τὴν πρὸς ἐμὲ ὁδὸν τράποιο, σφόδρ' ἄν σε τῶν καλῶν καὶ σεμνῶν ἐργάτην ἀγαθὸν γενέσθαι καὶ ἐμὲ ἔτι πολὺ ἐντιμοτέραν καὶ ἐπ' ἀγαθοῖς διαπρεπεστέραν φανῆναι. Οὐκ ἐξαπατήσω δέ σε προοιμίοις ἡδονῆς, ἀλλ' ᾗπερ οἱ θεοὶ διέθεσαν τὰ ὄντα διηγήσομαι μετ' ἀληθείας. (28) Τῶν γὰρ ὄντων ἀγαθῶν καὶ καλῶν οὐδὲν ἄνευ πόνου καὶ ἐπιμελείας θεοὶ διδόασιν ἀνθρώποις, ἀλλ' εἴτε τοὺς θεοὺς ἵλεως εἶναί σοι βούλει, θεραπευτέον τοὺς θεούς, εἴτε ὑπὸ φίλων ἐθέλεις ἀγαπᾶσθαι, τοὺς φίλους εὐεργετητέον, εἴτε ὑπό τινος πόλεως ἐπιθυμεῖς τιμᾶσθαι, τὴν πόλιν ὠφελητέον, εἴτε

tisne via perrecturi sint ad vitam, an vero vitiositatis: egressum in solitudinem ibi consedisse, ambigentem, ad utram se viam converteret. Tum ei apparuisse duas grandi statura mulieres accedere; alteram quidem venusto ac liberali vultu a natura, cujus corpus munditie esset ornatum, oculi verecundia, habitus sanitate animi, veste candida : alteram vero nutrimento redditam obesam et teneram, sic ornatam, quantum ad colorem, ut candidior ac rubicundior videretur, quam revera esset; habitu, ut erectior videretur, quam esset a natura; oculis sursum expassis; veste tali, ex qua venustas maxime pelluceret : eandem saepius se contemplari, ac num aliquis ipsam spectet, considerare; saepe ad umbram quoque suam respicere. Quum ad Herculem venissent propius, incessisse illam, de qua prius diximus, uno eodemque passu : alteram vero, praevenire volentem, accurrisse ad Herculem, atque dixisse : Video te, mi Hercules, ambigere, quanam via te ad vitam conferas. Quapropter, si me tibi amicam adjunxeris, ducam te ad iter jucundissimum ac facillimum; ut eorum, quae suavia sunt, nihil non gustes, simulque molestiae usque expers vivas. Nam primum tibi neque bella, neque negotia curanda erunt; sed semper dispicies, quonam tibi gratum vel cibum vel potum invenire possis; quid vel aspectu, vel auditu, vel odorato, vel tactu te delectare possit; quibus amoribus fruens, plurimum gaudeas; quo pacto quam mollissime dormias; qui absque labore minimo possis haec omnia consequi. Quod si aliquando illa defectura, de quibus haec percipies, suspicio sit, nihil est quod metuas, ne eo te deducam, ut haec laborando variisque tum animae tum corporis aerumnis perferendis tibi compares : sed aliorum laboribus tu frueris nec ab ulla re abstinebis, de qua capi aliquid lucri possit. Nam equidem familiaribus meis potestatem facio, ut ex omnibus partibus utilitatem capiant. Haec quum audisset Hercules, Quodnam est, inquit, tibi nomen, mulier? Illa vero, Amici mei, ait, Felicitatem me appellant : at qui me oderunt, depravato nomine vocant me Vitiositatem. Quum interim altera mulier accessisset : Ego quoque, inquit, ad te veni, mi Hercules, quae et parentes tuos novi, et quae tua esset natura, in pueritia animadverti. De quibus spero, ut si ea, quae ad me ducit, via incesseris, strenue tu pulchras et honestas res geras, atque ego posthac longe honoratior et propter bona opera illustrior videar. Neque vero te decipiam voluptatis prooemiis, sed quo modo dii res constituerunt, vere commemorabo. Nihil enim eorum, quae bona et pulchra sunt, sine labore et exercitatione dii hominibus largiuntur : sed sive deos esse propitios tibi vis, colendi sunt dii ; seu ab amicis vis diligi, beneficiis amici sunt afficiendi; sive a civitate aliqua vis honorari, utilitatis quid civitati afferendum est; seu apud universam Graeciam

ὑπὸ τῆς Ἑλλάδος πάσης ἀξιοῖς ἐπ' ἀρετῇ θαυμάζεσθαι, τὴν Ἑλλάδα πειρατέον εὖ ποιεῖν, εἴτε γῆν βούλει σοι καρποὺς ἀφθόνους φέρειν, τὴν γῆν θεραπευτέον, εἴτε ἀπὸ βοσκημάτων οἴει δεῖν πλουτίζεσθαι, τῶν βοσκημάτων ἐπιμελητέον, εἴτε διὰ πολέμου ὁρμᾷς αὔξεσθαι καὶ βούλει δύνασθαι τούς τε φίλους ἐλευθεροῦν καὶ τοὺς ἐχθροὺς χειροῦσθαι, τὰς πολεμικὰς τέχνας αὐτάς τε παρὰ τῶν ἐπισταμένων μαθητέον καὶ ὅπως αὐταῖς δεῖ χρῆσθαι ἀσκητέον, εἰ δὲ καὶ τῷ σώματι βούλει δυνατὸς εἶναι, τῇ γνώμῃ ὑπηρετεῖν, ἐθιστέον τὸ σῶμα καὶ γυμναστέον σὺν πόνοις καὶ ἱδρῶτι. (20) Καὶ ἡ Κακία ὑπολαβοῦσα εἶπεν, ὥς φησι Πρόδικος, Ἐννοεῖς, ὦ Ἡράκλεις, ὡς χαλεπὴν καὶ μακρὰν ὁδὸν ἐπὶ τὰς εὐφροσύνας ἡ γυνή σοι αὕτη διηγεῖται; ἐγὼ δὲ ῥᾳδίαν καὶ βραχεῖαν ὁδὸν ἐπὶ τὴν εὐδαιμονίαν ἄξω σε. (30) Καὶ ἡ Ἀρετὴ εἶπεν, Ὦ τλῆμον, τί δὲ σὺ ἀγαθὸν ἔχεις; ἢ τί ἡδὺ οἶσθα μηδὲν τούτων ἕνεκα πράττειν ἐθέλουσα; ἥτις οὐδὲ τὴν τῶν ἡδέων ἐπιθυμίαν ἀναμένεις, ἀλλὰ πρὶν ἐπιθυμῆσαι πάντων ἐμπίπλασαι, πρὶν μὲν πεινῆν ἐσθίουσα, πρὶν δὲ διψῆν πίνουσα, καὶ ἵνα μὲν ἡδέως φάγῃς, ὀψοποιοὺς μηχανωμένη, ἵνα δὲ ἡδέως πίνῃς, οἴνους τε πολυτελεῖς παρασκευάζῃ καὶ τοῦ θέρους χιόνα περιθέουσα ζητεῖς, ἵνα δὲ καθυπνώσῃς ἡδέως, οὐ μόνον τὰς κλίνας μαλακάς, ἀλλὰ καὶ τὰ ὑπόβαθρα ταῖς κλίναις παρασκευάζῃ. Οὐ γὰρ διὰ τὸ πονεῖν, ἀλλὰ διὰ τὸ μηδὲν ἔχειν ὅ,τι ποιῇς ὕπνου ἐπιθυμεῖς. Τὰ δ' ἀφροδίσια πρὸ τοῦ δεῖσθαι ἀναγκάζεις, πάντα μηχανωμένη καὶ γυναιξὶ τοῖς ἀνδράσι χρωμένη· οὕτω γὰρ παιδεύεις τοὺς σεαυτῆς φίλους, τῆς μὲν νυκτὸς ὑβρίζουσα, τῆς δ' ἡμέρας τὸ χρησιμώτατον κατακοιμίζουσα. (31) Ἀθάνατος δὲ οὖσα ἐκ θεῶν μὲν ἀπέρριψαι, ὑπὸ δὲ ἀνθρώπων ἀγαθῶν ἀτιμάζῃ· τοῦ δὲ πάντων ἡδίστου ἀκούσματος, ἐπαίνου σεαυτῆς, ἀνήκοος εἶ, καὶ τοῦ πάντων ἡδίστου θεάματος ἀθέατος· οὐδὲν γὰρ πώποτε σεαυτῆς ἔργον καλὸν τεθέασαι. Τίς δ' ἄν σοι λεγούσῃ τι πιστεύσειε; τίς δ' ἂν δεομένῃ τινὸς ἐπαρκέσειεν; ἢ τίς ἂν εὖ φρονῶν τοῦ σοῦ θιάσου τολμήσειεν εἶναι; οἳ νέοι μὲν ὄντες τοῖς σώμασιν ἀδύνατοί εἰσι, πρεσβύτεροι δὲ γενόμενοι ταῖς ψυχαῖς ἀνόητοι, ἀπόνως μὲν λιπαροὶ διὰ νεότητος φερόμενοι, ἐπιπόνως δὲ αὐχμηροὶ διὰ γήρως περῶντες, τοῖς μὲν πεπραγμένοις αἰσχυνόμενοι, τοῖς δὲ πραττομένοις βαρυνόμενοι, τὰ μὲν ἡδέα ἐν τῇ νεότητι διαδραμόντες, τὰ δὲ χαλεπὰ εἰς τὸ γῆρας ἀποθέμενοι. (32) Ἐγὼ δὲ σύνειμι μὲν θεοῖς, σύνειμι δὲ ἀνθρώποις τοῖς ἀγαθοῖς· ἔργον δὲ καλὸν οὔτε θεῖον οὔτ' ἀνθρώπινον χωρὶς ἐμοῦ γίγνεται. Τιμῶμαι δὲ μάλιστα πάντων καὶ παρὰ θεοῖς καὶ παρὰ ἀνθρώποις οἷς προσήκει, ἀγαπητὴ μὲν συνεργὸς τεχνίταις, πιστὴ δὲ φύλαξ οἴκων δεσπόταις, εὐμενὴς δὲ παραστάτις οἰκέταις, ἀγαθὴ δὲ συλλήπτρια τῶν ἐν εἰρήνῃ πόνων, βεβαία δὲ τῶν ἐν πολέμῳ σύμμαχος ἔργων, ἀρίστη δὲ φιλίας κοινωνός. (33) Ἔστι δὲ τοῖς μὲν ἐμοῖς φίλοις ἡδεῖα μὲν καὶ ἀπράγμων σίτων καὶ ποτῶν ἀπόλαυσις· ἀνέχονται γάρ, ἕως ἂν ἐπιθυμήσωσιν αὐτῶν. Ὕπνος

virtutis nomine vis esse in admiratione, Græciæ ut benefacias conandum erit; sive terram tibi fructus uberes ferre vis, colenda erit terra; seu a jumentis ditari putas, jumentorum cura erit habenda; sive bello res tuas amplificare desideras, ac potestatem consequi vis tum amicos liberandi, tum subigendi hostes, non solum artes bellicæ tibi ab earum peritis discendæ sunt, sed etiam percipiendum exercitatione, quo pacto sit iis utendum : denique, si etiam eo valere vis ut corpus tuum rationi pareat, necesse est corpus assuefacias perque labores ac sudorem exerceas. Tum ejus sermonem excipiens Vitiositas, quemadmodum Prodicus ait : Videsne, inquit, mi Hercules, quam longam ac difficilem viam ad delectationes hæc tibi mulier exponat? ego vero facili brevique ad beatitatem itinere te ducam. Tum Virtus, Misera vero tu, ait, quid boni habes? aut quam delectationem nosti, quum nihil horum causa facere velis? quæ jucundorum ne appetitum quidem exspectas, sed priusquam appetas, omnibus repleris; priusquam esurias, comedis; priusquam sitias, bibis : atque ut suaviter comedas, obsoniorum structores excogitas; ut suaviter bibas, vina pretiosa circumiens hinc et illinc quæritas, et, qua utaris in æstate, nivem tibi comparas; ut suaviter dormias, non stragula tantum mollia, sed etiam fulcra ad lectulos motitandos paras: non enim propter labores somnum appetis; sed quia nihil est tibi quod agas. Venerem vero prius, quam ea indigeas, omni arte impellis; et ipsis viris tanquam mulieribus uteris. Sic enim amicos tuos instituis, noctu eos contumeliosa injuria afficiens, et utilissima diei parte, somno obruens. Quumque sis immortalis, a diis quidem rejecta es, et a bonis hominibus probro afficeris. Jam quod omnium auditu jucundissimum est, tuam ipsius laudem nullam audis; nec, quod spectaculum jucundissimum est, spectare potes : quippe nullum unquam pulchrum facinus tuum vidisti. Quis vero tibi aliquid dicenti fidem habeat? quis rei alicujus egenti quidquam suppeditet? quis animi sani compos ex tuæ sodalitatis coetu esse audeat? quum tui, si adolescentes sint, corporibus sint debiles; provectiores facti, animis desipiant: sine labore nitidi per adolescentiam feruntur; cum labore squalidi senectam ætatem transeunt : atque eorum, quæ egerunt, pudet; eorum, quæ agunt, onus haud sustinent; jucundis in adolescentia cursu quasi peragratis, in senectutem molesta reservant. Ego vero cum dils versor, cum hominibus versor bonis : nec ullum præclarum facinus, sive divinum sive humanum, absque me perficitur. In summo honore et apud deos sum, et apud eos homines, apud quos par est; quum sim artificibus cara laborum socia, fida rerum familiarium custos heris, opitulatrix benigna servis, in laboribus pace curandis adjutrix egregia, strenua in negotiis bellicis auxiliatrix, amicitiæ consors optima. Est etiam amicis meis cibi et potus perceptio suavis pariter, ac labore nullo quæsita : expectant enim, donec ea appetant. Iidem somnum capiunt suaviorem, quam otiosi : ac

δὲ αὐτοῖς πάρεστιν ἡδίων ἢ τοῖς ἀμόχθοις, καὶ οὔτε ἀπολείποντες αὐτὴν ἄχθονται οὔτε διὰ τοῦτον μεθιᾶσι τὰ δέοντα πράττειν. Καὶ οἱ μὲν νέοι τοῖς τῶν πρεσβυτέρων ἐπαίνοις χαίρουσιν, οἱ δὲ γεραίτεροι ταῖς τῶν νέων τιμαῖς ἀγάλλονται, καὶ ἡδέως μὲν τῶν παλαιῶν πράξεων μέμνηνται, εὖ δὲ τὰς παρούσας ἥδονται πράττοντες, δι' ἐμὲ φίλοι μὲν θεοῖς ὄντες, ἀγαπητοὶ δὲ φίλοις, τίμιοι δὲ πατρίσιν. Ὅταν δ' ἔλθῃ τὸ πεπρωμένον τέλος, οὐ μετὰ λήθης ἄτιμοι κεῖνται, ἀλλὰ μετὰ μνήμης τὸν ἀεὶ χρόνον ὑμνούμενοι θάλλουσι. Τοιαῦτά σοι, ὦ παῖ τοκέων ἀγαθῶν Ἡράκλεις, ἔξεστι διαπονησαμένῳ τὴν μακαριστοτάτην εὐδαιμονίαν κεκτῆσθαι. (34) Οὕτω πως διώκει Πρόδικος τὴν ὑπ' Ἀρετῆς Ἡρακλέους παίδευσιν· ἐκόσμησε μέντοι τὰς γνώμας ἔτι μεγαλειοτέροις ῥήμασιν ἢ ἐγὼ νῦν. Σοὶ δ' οὖν ἄξιον, ὦ Ἀρίστιππε, τούτων ἐνθυμουμένῳ πειρᾶσθαί τι καὶ τῶν εἰς τὸν μέλλοντα χρόνον τοῦ βίου φροντίζειν.

neque eum excutientes moleste ferunt, neque hujus causa, quæ sunt agenda, negligunt. Adolescentes seniorum laudibus gaudent, seniores adolescentium honoribus delectantur. Iidem rerum olim gestarum memoriam jucunde repetunt, et cum voluptate præsentia peragunt feliciter; quum per me quidem diis accepti sint, amicis cari, patriis honorati. Et quum venerit finis a fato præstitutus, non inhonorati jacent, oblivioni traditi; sed perpetua sui memoria celebrati florent. Hujusmodi, mi Hercules, parentum soboles fortium, laboribus exanclatis, licet tibi vitam agere ab omni parte beatissimam. Hoc quodam modo Prodicus Herculis sub Virtute institutionem persequitur : sententias quidem ipsas verbis multo magis magnificis, quam ego nunc, ornavit. Quamobrem, mi Aristippe, te decet hæc animo perpendentem moliri aliquid atque ea curare, quæ futuris temporibus vitæ prosint.

ΚΕΦΑΛΑΙΟΝ Β.

CAPUT II.

Αἰσθόμενος δέ ποτε Λαμπροκλέα τὸν πρεσβύτατον υἱὸν ἑαυτοῦ πρὸς τὴν μητέρα χαλεπαίνοντα, Εἰπέ μοι, ἔφη, ὦ παῖ, οἶσθά τινας ἀνθρώπους ἀχαρίστους καλουμένους; Καὶ μάλα, ἔφη ὁ νεανίσκος. Καταμεμαθήκας οὖν τοὺς τί ποιοῦντας τὸ ὄνομα τοῦτο ἀποκαλοῦσιν; Ἔγωγε, ἔφη· τοὺς γὰρ εὖ παθόντας, ὅταν δυνάμενοι χάριν ἀποδοῦναι μὴ ἀποδῶσιν, ἀχαρίστους καλοῦσιν. Οὐκοῦν δοκοῦσί σοι ἐν τοῖς ἀδίκοις καταλογίζεσθαι τοὺς ἀχαρίστους; Ἔμοιγε, ἔφη. (2) Ἤδη δέ ποτ' ἐσκέψω εἰ ἄρα ὥσπερ τὸ ἀνδραποδίζεσθαι τοὺς μὲν φίλους ἄδικον εἶναι δοκεῖ, τοὺς δὲ πολεμίους δίκαιον, οὕτω καὶ τὸ ἀχαριστεῖν πρὸς μὲν τοὺς φίλους ἄδικόν ἐστι, πρὸς δὲ τοὺς πολεμίους δίκαιον; Καὶ μάλα, ἔφη· καὶ δοκεῖ μοι, ὑφ' οὗ ἄν τις εὖ παθὼν εἴτε φίλου εἴτε πολεμίου μὴ πειρᾶται χάριν ἀποδιδόναι, ἄδικος εἶναι. Οὐκοῦν, εἴ γε οὕτως ἔχει τοῦτο, εἰλικρινής τις ἂν εἴη ἀδικία ἡ ἀχαριστία; Συνωμολόγει. (3) Οὐκοῦν ὅσῳ ἄν τις μείζω ἀγαθὰ παθὼν μὴ ἀποδιδῷ χάριν, τοσούτῳ ἀδικώτερος ἂν εἴη; Συνέφη καὶ τοῦτο. Τίνας οὖν, ἔφη, ὑπὸ τίνων εὕροιμεν ἂν μείζονα εὐεργετημένους ἢ παῖδας ὑπὸ γονέων; οὓς οἱ γονεῖς ἐκ μὲν οὐκ ὄντων ἐποίησαν εἶναι, τοσαῦτα δὲ καλὰ ἰδεῖν καὶ τοσούτων ἀγαθῶν μεταςχεῖν ὅσα οἱ θεοὶ παρέχουσι τοῖς ἀνθρώποις· ἃ δὴ καὶ οὕτως ἡμῖν δοκεῖ παντὸς ἄξια εἶναι ὥστε πάντες τὸ καταλιπεῖν αὐτὰ πάντων μάλιστα φεύγομεν. Καὶ αἱ πόλεις ἐπὶ τοῖς μεγίστοις ἀδικήμασι ζημίαν θάνατον πεποιήκασιν, ὡς οὐκ ἂν μείζονος κακοῦ φόβῳ τὴν ἀδικίαν παύσοντες. (4) Καὶ μὴν οὐ τῶν γε ἀφροδισίων ἕνεκα παιδοποιεῖσθαι τοὺς ἀνθρώπους ὑπολαμβάνεις, ἐπεὶ τούτου γε τῶν ἀπολυσόντων μεσταὶ μὲν αἱ ὁδοί, μεσταὶ δὲ τὰ οἰκήματα. Φανερὸν δ' ἐσμὲν καὶ σκοπούμενοι ἐξ ὁποίων ἂν γυναικῶν βέλτιστα ἡμῖν τέκνα γένοιτο, αἷς συνελθόντες τεκνοποιούμεθα. (5) Καὶ ὁ μέν γε

Ceterum quum animadvertisset aliquando Lamproclem, filium suum natu maximum, matri suæ succensere : Dic mihi, ait, mi fili, nostine quosdam homines qui appellantur ingrati? Omnino, inquit adolescentulus. Animadvertisti ergo, quid illi faciant, qui hoc nomine dicuntur? Equidem, ait : nam illos ingratos vocant, qui affecti beneficiis, quum referre gratiam possint, non referunt. Ergo tibi videntur ingratos cum injustis reponere? Mihi quidem, inquit. Verum jamne considerasti, inquit, an, quemadmodum amicos in servitutem redigere, injustum esse videtur, inimicos autem, justum; sic etiam erga amicos ingratum esse, injustum sit, erga inimicos autem, justum? Omnino, inquit; adeoque mihi a quocunque quispiam beneficiis affectus, sive amico, sive inimico, non conatur gratias reddere, injustus esse. Ergo, si res ita se habet, mera quædam injustitia fuerit ingratitudo? Concessit. Quanto quis igitur majoribus beneficiis affectus gratiam non retulerit, tanto erit injustior? Concessit etiam hoc. Quos autem, ait, a quibus reperire possimus majoribus adfectos beneficiis, quam liberos a parentibus? quibus, quum antea non essent, parentes existendi causa fuerunt, atque tot pulchras ut res cernerent, tot bonorum participes fierent, quot bona hominibus dii suppeditant : quæ sane usque adeo maximi facienda ducimus, ut omnes inprimis eorum amissionem refugiamus. Civitates quoque maximis sceleribus mortem in pœnam statuerunt, quod gravioris mali metu injustitiam coercere nequeant. Nec vero homines rei venereæ causa liberos procreare existimes : nam eorum, qui ab illa quemvis liberent, plenæ sunt viæ, plena lupanaria. Præterea manifestum est, considerare nos, ex cujusmodi mulieribus liberos optimos suscipere possimus, quibuscum congressi liberos procreamus. Ac vir quidem eam, quæ in

ἀνὴρ τήν τε συντεκνοποιήσουσαν ἑαυτῷ τρέφει καὶ τοῖς μέλλουσιν ἔσεσθαι παισὶ προπαρασκευάζει πάντα ὅσα ἂν οἴηται συνοίσειν αὐτοῖς πρὸς τὸν βίον, καὶ ταῦτα ὡς ἂν δύνηται πλεῖστα. Ἡ δὲ γυνὴ ὑποδεξαμένη τε φέρει τὸ φορτίον τοῦτο, βαρυνομένη τε καὶ κινδυνεύουσα περὶ τοῦ βίου, καὶ μεταδιδοῦσα τῆς τροφῆς ᾗ καὶ αὐτὴ τρέφεται, καὶ σὺν πολλῷ πόνῳ διενέγκασα καὶ τεκοῦσα τρέφει τε καὶ ἐπιμελεῖται, οὔτε προπεπονθυῖα οὐδὲν ἀγαθὸν οὔτε γιγνῶσκον τὸ βρέφος ὑφ' ὅτου εὖ πάσχει, οὐδὲ σημαίνειν δυνάμενον ὅτου δεῖται, ἀλλ' αὐτὴ στοχαζομένη τά τε συμφέροντα καὶ τὰ κεχαρισμένα πειρᾶται ἐκπληροῦν, καὶ τρέφει πολὺν χρόνον καὶ ἡμέρας καὶ νυκτὸς ὑπομένουσα πονεῖν, οὐκ εἰδυῖα τίνα τούτων χάριν ἀπολήψεται. (6) Καὶ οὐκ ἀρκεῖ θρέψαι μόνον, ἀλλὰ καὶ ἐπειδὰν δόξωσιν ἱκανοὶ εἶναι οἱ παῖδες μανθάνειν τι, ἃ μὲν ἂν αὐτοὶ ἔχωσιν οἱ γονεῖς ἀγαθὰ πρὸς τὸν βίον διδάσκουσιν, ἃ δ' ἂν οἴωνται ἄλλον ἱκανώτερον εἶναι διδάξαι, πέμπουσι πρὸς τοῦτον δαπανῶντες, καὶ ἐπιμελοῦνται πάντα ποιοῦντες ὅπως ἂν οἱ παῖδες αὐτοῖς γένωνται ὡς δυνατὸν βέλτιστοι. (7) Πρὸς ταῦτα ὁ νεανίσκος ἔφη, Ἀλλά τοι εἰ καὶ ταῦτα πάντα πεποίηκε καὶ ἄλλα τούτων πολλαπλάσια, οὐδεὶς ἂν δύναιτο αὐτῆς ἀνασχέσθαι τὴν χαλεπότητα. Καὶ ὁ Σωκράτης, Πότερα δὲ οἴει, ἔφη, θηρίου ἀγριότητα δυσπορωτέραν εἶναι ἢ μητρός; Ἐγὼ μὲν οἶμαι, ἔφη, μητρός τῆς γε τοιαύτης. Ἤδη πώποτε οὖν ἢ δακοῦσά κακόν τί σοι ἔδωκεν ἢ λακτίσασα, οἷα ὑπὸ θηρίων ἤδη πολλοὶ ἔπαθον; (8) Ἀλλὰ νὴ Δία, ἔφη, λέγει ἃ οὐκ ἄν τις ἐπὶ τῷ βίῳ παντὶ βούλοιτο ἀκοῦσαι. Σὺ δὲ πόσα, ἔφη, ὁ Σωκράτης, οἴει ταύτῃ δυσχέρεα καὶ τῇ φωνῇ καὶ τοῖς ἔργοις ἐκ παιδίου δυσκολαίνων καὶ ἡμέρας καὶ νυκτὸς πράγματα παραγεῖν, πόσα δὲ λυπηκέναι κάμνων; Ἀλλ' οὐδεπώποτε αὐτήν, ἔφη, οὔτ' εἶπα οὔτ' ἐποίησα οὐδὲν ἐφ' ᾧ ἠισχύνθη. (9) Τί δ'; οἴει, ἔφη, χαλεπώτερον εἶναί σοι ἀκούειν ὧν αὕτη λέγει ἢ τοῖς ὑποκριταῖς, ὅταν ἐν ταῖς τραγῳδίαις ἀλλήλους τὰ ἔσχατα λέγωσιν; Ἀλλ' οἶμαι, ἐπειδὴ οὐκ οἴονται τῶν λεγόντων οὔτε τὸν ἐλέγχοντα ἐλέγχειν, ἵνα ζημιώσῃ, οὔτε τὸν ἀπειλοῦντα ἀπειλεῖν, ἵνα κακόν τι ποιήσῃ, ῥᾳδίως φέρουσι. Σὺ δ' εὖ εἰδὼς ὅτι ἃ λέγει σοι ἡ μήτηρ οὐ μόνον οὐδὲν κακὸν νοοῦσα λέγει, ἀλλὰ καὶ βουλομένη σοι ἀγαθὰ εἶναι ὅσα οὐδενὶ ἄλλῳ, χαλεπαίνεις; ἢ νομίζεις κακόνουν τὴν μητέρα σοι εἶναι; (10) Οὐ δῆτα, ἔφη, τοῦτό γε οὐκ οἴομαι. Καὶ ὁ Σωκράτης, Οὐκοῦν, ἔφη, σὺ ταύτην, εὔνουν τέ σοι οὖσαν καὶ ἐπιμελομένην ὡς μάλιστα δύναται κάμνοντος ὅπως ὑγιανεῖς τε καὶ ὅπως τῶν ἐπιτηδείων μηδενὸς ἐνδεὴς ἔσῃ, καὶ πρὸς τούτοις πολλὰ τοῖς θεοῖς εὐχομένην ἀγαθὰ ὑπὲρ σοῦ καὶ εὐχὰς ἀποδιδοῦσαν, χαλεπὴν εἶναι φῄς; ἐγὼ μὲν οἶμαι, εἰ τοιαύτην μὴ δύνασαι φέρειν μητέρα, τἀγαθά σε οὐ δύνασθαι φέρειν. (11) Εἰπὲ δέ μοι, ἔφη, πότερον ἄλλον τινὰ οἴει δεῖν θεραπεύειν ἢ παρασκεύασαι μηδενὶ ἀνθρώπων πειρᾶσθαι ἀρέσκειν, μηδ' ἕπεσθαι μηδὲ πείθεσθαι μήτε στρατηγῷ μήτε ἄλλῳ ἄρχοντι; Ναὶ μὰ Δί'

procreatione ipsi cooperatur, nutrit, liberisque nascendis præparat omnia, quæcunque ad vitam eis conductura putat, eaque quam potest plurima : mulier vero exceptum onus hoc gestat, cum gravamine vitæque periculo, alimentumque suppeditans, quo alitur et ipsa; ac posteaquam magno cum labore gestavit ac peperit, tum nutrit, et curat infantem, nullo prius affecta beneficio, non agnoscentem a quo beneficium accipiat, neque valentem indicare, quibus egeat; sed ipsa quid ei conducat ac gratum esse possit, conjectura colligens, illum explere nititur, et longo nutrit tempore, ac noctu dieque labores perfert, quam pro his gratiam reportatura sit ignorans. Neque tantum nutrire sufficit, sed etiam, ubi ad discendum aliquid idonei videantur esse liberi, si qua parentes ipsi tenent ad vitam utilia, ea illos docent: quibus vero docendis alium magis idoneum esse putant, ad hunc eos magno cum sumptu mittunt, omnique conatu dant operam ut liberi eis reddantur, quantum fieri potest, optimi. Ad hæc subjecit adolescentulus : Tametsi hæc omnia fecerit, aliaque his multo plura, nemo tamen ejus asperitatem perferre possit. Et Socrates, Utrum existimas, inquit, toleratu esse difficilius, feræne sævitiam, an matris? Equidem arbitror, inquit, matris arbitror, quæ sane talis sit. Ergone unquam vel mordendo vel recalcitrando te læsit? qualia a belluis multi perpessi sunt. At enim profecto, inquit, ea loquitur, quæ quis audire vel ob omnem hanc vitam nolit. Tu vero quam multa, inquit Socrates, ægre toleranda te illi negotia, tum voce tum facto, tum interdiu tum noctu, a prima usque ætate molestando putas exhibuisse? quantum doloris attulisse, quoties ægrotares? At ego illi, ait, neque dixi, neque feci quidquam, cujus eam puderet. Quid autem, inquit, molestius esse putas, tibine audire, quæ dicit ipsa; an histrionibus quum in tragœdiis alter alteri convicia extrema dicit? Enimvero arbitror eos, quia non existimant vel illum qui redarguit, lædendi causa redarguere, vel minantem, damni alicujus inferendi causa minari, æquo illa ferre animo. Tu vero, quam plane scias, matrem quæ dicit non modo nihil mali cogitantem dicere, sed etiam optantem tibi tantum boni, quantum alii nulli, inique fers? an existimas matrem esse tibi malevolam? Non equidem, inquit: hoc certe non arbitror. Et Socrates, Ergone tu illam, ait, quæ tibi benevola est, et, quam maxime potest, ægrotantem curat, ut valeas ac re necessaria nulla egeas, præterque hæc multa diis bona pro te vovet, ac vota persolvit, sævam esse dicis? Equidem statuo, ejusmodi si matrem ferre non possis, non posse te bona ferre. Dic autem mihi, ait, utrum tibi alium quempiam colendum putas? an ita comparatus es, tu nemini hominum placere studeas, neminem sequi, nemini parere, neque imperatori nec magistratui alii? Equidem profecto, ait

ἔγωγε, ἔφη. (12) Οὐκοῦν, ἔφη ὁ Σωκράτης, καὶ τῷ γείτονι βούλει σὺ ἀρέσκειν, ἵνα σοι καὶ πῦρ ἐναύῃ, ὅταν τούτου δέῃ, καὶ ἀγαθοῦ τέ σοι γίγνηται συλλήπτωρ καὶ ἄν τι σφαλλόμενος τύχῃς, εὐνοϊκῶς ἐγγύθεν βοηθῇ σοι; Ἔγωγε, ἔφη. Τί δέ; συνοδοιπόρον ἢ σύμπλουν, ἢ εἴ τῳ ἄλλῳ ἐντυγχάνοις, οὐδὲν ἄν σοι διαφέροι φίλον ἢ ἐχθρὸν γενέσθαι, ἢ καὶ τῆς παρὰ τούτων εὐνοίας οἴει δεῖν ἐπιμελεῖσθαι; Ἔγωγε, ἔφη. (13) Εἶτα τούτων μὲν ἐπιμελεῖσθαι παρεσκεύασαι, τὴν δὲ μητέρα τὴν πάντων μάλιστά σε φιλοῦσαν οὐκ οἴει δεῖν θεραπεύειν; οὐκ οἶσθ᾽ ὅτι καὶ ἡ πόλις ἄλλης μὲν ἀχαριστίας οὐδεμιᾶς ἐπιμελεῖται οὐδὲ δικάζει, ἀλλὰ περιορᾷ τοὺς εὖ πεπονθότας χάριν οὐκ ἀποδιδόντας, ἐὰν δέ τις γονέας μὴ θεραπεύῃ, τούτῳ δίκην τε ἐπιτίθησι καὶ ἀποδοκιμάζουσα οὐκ ἐᾷ ἄρχειν τοῦτον, ὡς οὔτε ἂν τὰ ἱερὰ εὐσεβῶς θυόμενα ὑπὲρ τῆς πόλεως τούτου θύοντος οὔτε ἄλλο καλῶς καὶ δικαίως οὐδὲν ἂν τούτου πράξαντος; καὶ νὴ Δία ἐάν τις τῶν γονέων τελευτησάντων τοὺς τάφους μὴ κοσμῇ, καὶ τοῦτο ἐξετάζει ἡ πόλις ἐν ταῖς τῶν ἀρχόντων δοκιμασίαις. (14) Σὺ οὖν, ὦ παῖ, ἂν σωφρονῇς, τοὺς μὲν θεοὺς παραιτήσῃ συγγνώμονάς σοι εἶναι εἴ τι παρημέληκας τῆς μητρός, μή σε καὶ οὗτοι νομίσαντες ἀχάριστον εἶναι οὐκ ἐθελήσωσιν εὖ ποιεῖν, τοὺς δὲ ἀνθρώπους αὖ φυλάξῃ μή σε αἰσθόμενοι τῶν γονέων ἀμελοῦντα πάντες ἀτιμάσωσιν, κᾆτα ἐν ἐρημίᾳ φίλων ἀναφανῇς. Εἰ γάρ σε ὑπολάβοιεν πρὸς τοὺς γονέας ἀχάριστον εἶναι, οὐδεὶς ἂν νομίσειεν εὖ σε ποιήσας χάριν ἀπολήψεσθαι.

Ergo, inquit Socrates, etiam vicino placere velis, ut ignem accendat tibi, quum opus erit, teque in aliqua re bona adjuvet, ac, si quid adversi accidat, e propinquo tibi benevole succurrat? Equidem, ait. Quid autem? nihil interesse putas, comitem itineris, aut navigationis, aut quempiam, in quem incideris, amicum an inimicum habeas; vel potius eorum etiam benevolentiam consequendam esse putas? Equidem, ait. Ergo comparatus es horum habere rationem, matrem vero, quæ te plus omnibus hisce diligit, colendam tibi non existimas? An ignoras, civitatem alterius quidem nullius ingratitudinis habere rationem, nec in eam actionem dare, sed susque deque ferre, si beneficiis affecti gratiam non referant : at si quis parentes non colat, eum pœna multare, rejectumque magistratus obire non pati, quod ab illo pro salute civitatis non possint neque sacrificia pie sacrificari, nec aliud quicquam bene aut juste agi? Etiam hoc profecto, si quis parentum mortuorum sepulchra non ornet, respublica magistratuum in examinibus inquirit. Ergo tu, mi fili, si animo utaris sano, deos ipsos deprecaberis, ut ignoscant tibi, si quid deliquisti erga matrem, ne te illi et ingratum esse existiment, et benefacere tibi nolint : et cavebis ab hominibus, ne hi te nullam animadvertentes parentum rationem habere, omnes pro nihilo habeant, ac deinde privatus amicis omnibus apparueris. Nam si te suspicabuntur erga parentes ingratum esse, nemo existimaturus est, se pro beneficiis tibi præstitis gratiam reportaturum.

ΚΕΦΑΛΑΙΟΝ Γ.

Χαιρεφῶντα δέ ποτε καὶ Χαιρεκράτην, ἀδελφὼ μὲν ὄντε ἀλλήλοιν, ἑαυτῷ δὲ γνωρίμω, αἰσθόμενος διαφερομένω, ἰδὼν τὸν Χαιρεκράτην, Εἰπέ μοι, ἔφη, ὦ Χαιρέκρατες, οὐ δήπου καὶ σὺ εἶ τῶν τοιούτων ἀνθρώπων οἳ χρησιμώτερον νομίζουσι χρήματα ἢ ἀδελφούς; καὶ ταῦτα τῶν μὲν ἀφρόνων ὄντων, τοῦ δὲ φρονίμου, καὶ τῶν μὲν βοηθείας δεομένων, τοῦ δὲ βοηθεῖν δυναμένου, καὶ πρὸς τούτοις τῶν μὲν πλειόνων ὑπαρχόντων, τοῦ δὲ ἑνός. (2) Θαυμαστὸν δὲ καὶ τοῦτο, εἴ τις τοὺς μὲν ἀδελφοὺς ζημίαν ἡγεῖται, ὅτι οὐ καὶ τὰ τῶν ἀδελφῶν κέκτηται, τοὺς δὲ πολίτας οὐχ ἡγεῖται ζημίαν, ὅτι οὐ καὶ τὰ τῶν πολιτῶν ἔχει, ἀλλ᾽ ἐνταῦθα μὲν δύναται λογίζεσθαι ὅτι κρεῖττον σὺν πολλοῖς οἰκοῦντα ἀσφαλῶς τἀρκοῦντα ἔχειν ἢ μόνον διαιτώμενον τὰ τῶν πολιτῶν ἐπικινδύνως πάντα κεκτῆσθαι· ἐπὶ δὲ τῶν ἀδελφῶν τὸ αὐτὸ τοῦτο ἀγνοοῦσιν. (3) Καὶ οἰκέτας μὲν οἱ δυνάμενοι ὠνοῦνται, ἵνα συνεργοὺς ἔχωσι, καὶ φίλους κτῶνται, ὡς βοηθῶν δεόμενοι, τῶν δ᾽ ἀδελφῶν ἀμελοῦσιν, ὥσπερ ἐκ πολιτῶν μὲν γιγνομένους φίλους, ἐξ ἀδελφῶν δὲ οὐ γιγνομένους. (4) Καὶ μὴν πρὸς φιλίαν μέγα μὲν ὑπάρχει τὸ ἐκ τῶν αὐτῶν φῦναι, μέγα δὲ τὸ ὁμοῦ τραφῆναι, ἐπεὶ καὶ τοῖς θηρίοις πόθος τις ἐγγίγνεται τῶν

CAPUT III.

Animadvertens aliquando Socrates Chærephontem et Chærecratem, qui fratres erant, et ipsi familiares, inter se dissidere; ubi Chærecratem vidisset, Dic mihi, mi Chærecrates, ait, num et tu ex iis es hominibus, qui utilius quid esse divitias putant, quam fratrem? quanquam illæ imprudentes sunt, hic prudens; illæ ope indigent, hic opitulari possit : illæ denique multæ sint, frater autem unus? Mirum hoc quoque, posse quem fratres suos sibi detrimento esse putare, propterea quod non etiam fratrum facultates possidet; at cives sibi detrimento esse non arbitrari, quod civium bona non habet; sed posse hac in parte ratiocinari, quod præstet, ut cum multis habitans secure, quæ sufficiant, habeat; quam si solus vivat, ac civium facultates cum periculo omnes possideat : in fratribus vero hoc idem ignorant homines. Ac servos quidem emunt, qui possunt, ut laborum socios habeant; amicos parant, quod opitulatoribus egeant : fratres autem negligunt, quasi ex civibus amici fieri possint, ex fratribus non possint. Atqui multum ad amicitiam conducit, ex iisdem natum esse, multum, una nutriri : nam et belluis quoddam carum, quæ una nutritæ sunt, de-

συντρόφων· πρὸς δὲ τούτοις καὶ οἱ ἄλλοι ἄνθρωποι τιμῶσί τε μᾶλλον τοὺς συναδέλφους ὄντας τῶν ἀναδέλφων καὶ ἧττον τούτοις ἐπιτίθενται. (5) Καὶ ὁ Χαιρεκράτης εἶπεν, Ἀλλ' εἰ μέν, ὦ Σώκρατες, μὴ μέγα εἴη τὸ διάφορον, ἴσως ἂν δέοι φέρειν τὸν ἀδελφὸν καὶ μὴ μικρῶν ἕνεκα φεύγειν· ἀγαθὸν γάρ, ὥσπερ καὶ σὺ λέγεις, ἀδελφὸς ὢν οἷον δεῖ· ὁπότε μέντοι παντὸς ἐνδέοι καὶ πᾶν τὸ ἐναντιώτατον εἴη, τί ἄν τις ἐπιχειροίη τοῖς ἀδυνάτοις; (6) Καὶ ὁ Σωκράτης ἔφη, Πότερα δέ, ὦ Χαιρέκρατες, οὐδενὶ ἀρέσαι δύναται Χαιρεφῶν, ὥσπερ οὐδὲ σοί, ἢ ἔστιν οἷς καὶ πάνυ ἀρέσκει; Διὰ τοῦτο γάρ τοι, ἔφη, ὦ Σώκρατες, ἄξιόν ἐστιν ἐμοὶ μισεῖν αὐτόν, ὅτι ἄλλοις μὲν ἀρέσκειν δύναται, ἐμοὶ δέ, ὅπου ἂν παρῇ, πανταχοῦ καὶ ἔργῳ καὶ λόγῳ ζημία μᾶλλον ἢ ὠφελειά ἐστιν. (7) Ἆρ' οὖν, ἔφη ὁ Σωκράτης, ὥσπερ ἵππος τῷ ἀνεπιστήμονι μέν, ἐγχειροῦντι δὲ χρῆσθαι ζημία ἐστίν, οὕτω καὶ ἀδελφός, ὅταν τις αὐτῷ μὴ ἐπιστάμενος ἐγχειρῇ χρῆσθαι, ζημία ἐστί; (8) Πῶς δ' ἂν ἐγώ, ἔφη ὁ Χαιρεκράτης, ἀνεπιστήμων εἴην ἀδελφῷ χρῆσθαι, ἐπιστάμενός γε καὶ εὖ λέγειν τὸν εὖ λέγοντα καὶ εὖ ποιεῖν τὸν εὖ ποιοῦντα; τὸν μέντοι καὶ λόγῳ καὶ ἔργῳ πειρώμενον ἐμὲ ἀνιᾶν οὐκ ἂν δυναίμην οὔτ' εὖ λέγειν οὔτ' εὖ ποιεῖν, ἀλλ' οὐδὲ πειράσομαι. (9) Καὶ ὁ Σωκράτης ἔφη, Θαυμαστά γε λέγεις, ὦ Χαιρέκρατες, εἰ κύνα μέν, εἴ σοι ἦν ἐπὶ προβάτοις ἐπιτήδειος καὶ τοὺς μὲν ποιμένας ἠσπάζετο, σοὶ δὲ προσιόντι ἐχαλέπαινεν, ἀμελήσας ἂν τοῦ ὀργίζεσθαι ἐπειρῶ εὖ ποιήσας πραΰνειν αὐτόν, τὸν δὲ ἀδελφὸν φῂς μὲν μέγα ἂν ἀγαθὸν εἶναι ὄντα πρὸς σὲ οἷον δεῖ, ἐπίστασθαι δὲ ὁμολογῶν καὶ εὖ ποιεῖν καὶ εὖ λέγειν οὐκ ἐπιχειρεῖς μηχανᾶσθαι ὅπως σοι ὡς βέλτιστος ἔσται. (10) Καὶ ὁ Χαιρεκράτης, Δέδοικα, ἔφη, ὦ Σώκρατες, μὴ οὐκ ἔχω ἐγὼ τοσαύτην σοφίαν ὥστε Χαιρεφῶντα ποιῆσαι πρὸς ἐμὲ οἷον δεῖ. Καὶ μὴν οὐδέν γε ποικίλον, ἔφη ὁ Σωκράτης, οὐδὲ καινὸν δεῖ ἐπ' αὐτόν, ὡς ἐμοὶ δοκεῖ, μηχανᾶσθαι, οἷς δὲ καὶ σὺ ἐπίστασαι αὐτὸς οἴομαι ἂν αὐτὸν ἁλόντα περὶ πολλοῦ ποιεῖσθαί σε. (11) Οὐκ ἂν φθάνοις, ἔφη, λέγων, εἴ τι ᾐσθησαί με φίλτρον ἐπιστάμενον ὃ ἐγὼ εἰδὼς λέληθα ἐμαυτόν; Λέγε δή μοι, ἔφη, εἴ τινα τῶν γνωρίμων βούλοιο κατεργάσασθαι, ὁπότε θύοι, καλεῖν σε ἐπὶ δεῖπνον, τί ἂν ποιοίης; Δῆλον ὅτι κατάρχοιμι ἂν τοῦ αὐτός, ὅτε θύοιμι, καλεῖν ἐκεῖνον. (12) Εἰ δὲ βούλοιο τῶν φίλων τινὰ προτρέψασθαι, ὁπότε ἀποδημοίης, ἐπιμελεῖσθαι τῶν σῶν, τί ἂν ποιοίης; Δῆλον ὅτι πρότερος ἂν ἐγχειροίην ἐπιμελεῖσθαι τῶν ἐκείνου, ὁπότε ἀποδημοίη. (13) Εἰ δὲ βούλοιο ξένον ποιῆσαι ὑποδέχεσθαι σεαυτόν, ὁπότε ἔλθοις εἰς τὴν ἐκείνου, τί ἂν ποιοίης; Δῆλον ὅτι καὶ τοῦτον ὑποδεχοίμην ἄν, ὁπότε ἔλθοι Ἀθήναζε. Καὶ εἴ γε βουλοίμην αὐτὸν προθυμεῖσθαι διαπράττειν μοι ἐφ' ἃ ἥκοιμι, δῆλον ὅτι καὶ τοῦτο δέοι ἂν πρότερον αὐτὸν ἐκείνῳ ποιεῖν. (14) Πάντ' ἄρα σύ γε τὰ ἐν ἀνθρώποις φίλτρα ἐπιστάμενος πάλαι ἀπεκρύπτου. Ἢ ὀκνεῖς, ἔφη, ἄρξαι, μὴ αἰσχρὸς φανῇς, ἐὰν πρότερος τὸν ἀδελφὸν εὖ ποιῇς; καὶ μὴν πλείστου

siderium innascitur. Præterea ceteri quoque homines honorant magis eos, qui fratres habent, quam qui nullos fratres habent; ac minus illos aggrediuntur. Tum Chærecrates, Enimvero, mi Socrates, ait, si non magnum sit dissidium, fortasse ferendus sit frater, neque ob exiguas causas fugiendus. Quippe bonum quoddam, sicut et tu dicis, frater est, si talis sit, qualem esse convenit : quum vero ab hoc longissime absit, et in omni re maxime sit adversarius; quamobrem quis ea, quæ fieri nequeunt, conetur? Utrum vero, mi Chærecrates, inquit Socrates, nemini Chærephon placere potest, sicut et tibi non placet? an sunt nonnulli, quibus egregie placet? Hac ipsa de causa, mi Socrates, ait, æquum est illum mihi esse odio, quod aliis quidem placere possit, mihi vero, ubicunque adest, verbis ac factis detrimento potius, quam commodo sit. Ergone, ait Socrates, perinde atque equus homini imperito, qui uti eo conetur, damno est; sic et frater, quum quis eo vult uti, qui nescit, est detrimento? Quonam modo erga fratrem, inquit Chærecrates, recte me gerere non norim, quum et verbis et factis benignus in illum esse possim, qui verbis itidem ac factis benignus erga me est? At vero qui et verbis et factis mihi molestiam parere dat operam, benigne me in eum verbo factove gerere neque possum neque conabor. Et Socrates, Mira profecto narras, inquit, mi Chærecrates; si canis tibi sit ovibus custodiendis aptus, ac is pastoribus quidem blandiatur, in te vero adeuntem sæviat, omissa iracundia, tua gratia eniti soles, ut eum mitiges benefaciendo: fratrem vero, quem magnum quoddam bonum ais esse si erga te talis sit, qualem esse decet, non te operam dare ut optimum tibi reddas; præsertim quum et verbis et factis benignus esse ex confesso scias. Vereor, ait Chærecrates, ne non tanta sit in me solertia, mi Socrates, ut Chærephontem erga me talem reddere possim, qualem esse oportet. Atqui, subjecit Socrates, nihil artificiosi nec novi ut ejus causa excogites opus est, mea quidem sententia : nam existimo eum illis artibus, quas tu non ignoras, allectum abs te, plurimi te facturum. Dicesne mihi prius, inquit, an me quasdam illecebras nosse senseris, quas ipsemet scire me ignoraverim? Tu vero mihi dicito, inquit, si quem familiarium eo deducere velles, ut, ubi rem sacram facit, ad cœnam te vocaret; quid faceres? Nimirum prior hominem, ipse rem sacram faciens, invitarem. Etsi velles amicorum aliquem impellere, ut, te peregrinante, rerum tuarum curam gereret, quid faceres? Nimirum prior operam darem, ut, eo peregrinante, res ipsius curarem. Et si velles ab hospite impetrare, ut te exciperet in ipsius patriam venientem, quid faceres? Nimirum hunc quoque prior exciperem, venientem Athenas; ac, si vellem efficere alacrem ad ea mihi conficienda, quorum causa venirem, necesse foret ut ipse prior idem illi præstarem. Ergo tu quum omnes illecebras, quibus inter homines sunt, dudum noris, eas celabas. An cunctaris, inquit, principium facere propterea, ne turpis videare, si prior beneficio fratrem afficias? Atqui maxima vir laude dignus esse vide-

γε δοκεῖ ἀνὴρ ἐπαίνου ἄξιος εἶναι, ὃς ἂν φθάνῃ τοὺς μὲν πολεμίους κακῶς ποιῶν, τοὺς δὲ φίλους εὐεργετῶν. Εἰ μὲν οὖν ἐδόκει μοι Χαιρεφῶν ἡγεμονικώτερος εἶναι σοῦ πρὸς τὴν φιλίαν ταύτην, ἐκείνῳ ἂν ἐπειρώμην πείθειν πρότερον ἐγχειρεῖν τῷ σε φίλον ποιεῖσθαι· νῦν δέ μοι σὺ δοκεῖς ἡγούμενος μᾶλλον ἂν ἐξεργάζεσθαι τοῦτο. (15) Καὶ ὁ Χαιρεκράτης εἶπεν, Ἄτοπα λέγεις, ὦ Σώκρατες, καὶ οὐδαμῶς πρὸς σοῦ, ὅς γε κελεύεις ἐμὲ νεώτερον ὄντα καθηγεῖσθαι. Καίτοι τούτου γε παρὰ πᾶσιν ἀνθρώποις τἀναντία νομίζεται, τὸν πρεσβύτερον ἡγεῖσθαι παντὸς καὶ ἔργου καὶ λόγου. (16) Πῶς; ἔφη ὁ Σωκράτης· οὐ γὰρ καὶ ὁδοῦ παραχωρῆσαι τὸν νεώτερον τῷ πρεσβυτέρῳ συντυγχάνοντι πανταχοῦ νομίζεται καὶ καθήμενον ὑπαναστῆναι καὶ κοίτῃ μαλακῇ τιμῆσαι καὶ λόγων ὑπεῖξαι; Ὠγαθέ, μὴ ὄκνει, ἔφη, ἀλλ' ἐγχείρει τὸν ἄνδρα καταπραΰνειν· καὶ πάνυ ταχύ σοι ὑπακούσεται. Οὐχ ὁρᾷς ὡς φιλότιμός ἐστι καὶ ἐλευθέριος; τὰ μὲν γὰρ πονηρὰ ἀνθρώπια οὐκ ἂν ἄλλως μᾶλλον ἕλοις ἢ εἰ δοίης τι, τοὺς δὲ καλοὺς κἀγαθοὺς ἀνθρώπους προσφιλῶς χρώμενος μάλιστ' ἂν κατεργάσαιο. (17) Καὶ ὁ Χαιρεκράτης εἶπεν, Ἐὰν οὖν ἐμοῦ ταῦτα ποιοῦντος ἐκεῖνος μηδὲν βελτίων γίγνηται; Τί γὰρ ἄλλο, ἔφη ὁ Σωκράτης, ἢ κινδυνεύσεις ἐπιδεῖξαι σὺ μὲν χρηστός τε καὶ φιλάδελφος εἶναι, ἐκεῖνος δὲ φαῦλός τε καὶ οὐκ ἄξιος εὐεργεσίας; Ἀλλ' οὐδὲν οἶμαι τούτων ἔσεσθαι· νομίζω γὰρ αὐτόν, ἐπειδὰν αἴσθηταί σε προκαλούμενον ἑαυτὸν εἰς τὸν ἀγῶνα τοῦτον, πάνυ φιλονεικήσειν, ὅπως περιγένηταί σου καὶ λόγῳ καὶ ἔργῳ εὖ ποιῶν. (18) Νῦν μὲν γὰρ οὕτως, ἔφη, διάκεισθον, ὥσπερ εἰ τὼ χεῖρε, ἃς ὁ θεὸς ἐπὶ τὸ συλλαμβάνειν ἀλλήλαιν ἐποίησεν, ἀφεμένω τούτου τράποιντο πρὸς τὸ διακωλύειν ἀλλήλω, ἢ εἰ τὼ πόδε θείᾳ μοίρᾳ πεποιημένω πρὸς τὸ συνεργεῖν ἀλλήλοιν, ἀμελήσαντε τούτου ἐμποδίζοιεν ἀλλήλω. (19) Οὐκ ἂν πολλὴ ἀμαθία εἴη καὶ κακοδαιμονία τοῖς ἐπ' ὠφελείᾳ πεποιημένοις ἐπὶ βλάβῃ χρῆσθαι; καὶ μὴν ἀδελφώ γε, ὡς ἐμοὶ δοκεῖ, ὁ θεὸς ἐποίησεν ἐπὶ μείζονι ὠφελείᾳ ἀλλήλοιν ἢ χεῖρέ τε καὶ πόδε καὶ ὀφθαλμὼ καὶ τἄλλα γε ὅσα ἀδελφὰ ἔφυσεν ἀνθρώποις. Χεῖρες μὲν γάρ, εἰ δέοι αὐτὰς τὰ πλέον ὀργυιᾶς διέχοντα ἅμα ποιῆσαι, οὐκ ἂν δύναιντο, πόδες δὲ οὐδ' ἂν ἐπὶ τὰ ὀργυιὰν διέχοντα ἔλθοιεν ἅμα, ὀφθαλμοὶ δὲ οἱ καὶ δοκοῦντες ἐπὶ πλεῖστον ἐξικνεῖσθαι οὐδ' ἂν τῶν ἔτι ἐγγυτέρω ὄντων τά τ' ἔμπροσθεν ἅμα καὶ τὰ ὄπισθεν ἰδεῖν δύναιντο· ἀδελφὼ δὲ φίλω ὄντε καὶ πολὺ διεστῶτε πράττετον ἅμα καὶ ἐπ' ὠφελείᾳ ἀλλήλοιν.

ΚΕΦΑΛΑΙΟΝ Δ.

Ἤκουσα δέ ποτε αὐτοῦ καὶ περὶ φίλων διαλεγομένου ἐξ ὧν ἔμοιγε ἐδόκει μάλιστ' ἄν τις ὠφελεῖσθαι πρὸς φίλων κτῆσίν τε καὶ χρείαν. Τοῦτο μὲν γὰρ δὴ πολλῶν ἔφη ἀκούειν, ὡς πάντων κτημάτων κράτιστον εἴη φίλος σαφὴς καὶ ἀγαθός· ἐπιμελομένους δὲ παντὸς μᾶλλον

tur, qui inimicos, lædendo; benefaciendo, amicos antevertit. Quare si mihi videretur Chærephon aptior ad hanc amicitiam inchoandam, quam tu, in illo persuadendo operam collocarem, ut prior amicitiam tuam conciliare sibi studeret; nunc tu mihi videris, si rem ordiare, rectius confecturus. Absurda dicis, mi Socrates, inquit Chærecrates, minimeque tibi convenientia, qui me minorem ætate jubeas initium facere : quum apud omnes homines contrarium quiddam in ore positum sit, nimirum ut ætate provectior in omni dicto factoque principium faciat. Qui hoc? ait Socrates; an non ubique receptum more est, ut junior grandiori occurrenti de via cedat? an non ut sedens assurgat, et lecti mollis honorem tribuat, et sinat ut prior eloquatur? Ne cuncteris, inquit, vir bone, sed hominem mitigare tenta, qui quidem celeriter admodum tibi obediet. Non vides, quam cupidus honoris, quam liberalis sit? Homunciones enim futiles alia ratione nulla facilius allicies, quam aliquid largiendo : verum pulchri bonique studiosos homines, si cum eis amanter agas, maxime in tuam rem pertraxeris. Et Chærecrates, Quid si, inquit, me hoc agente, nihilo fiat ille melior? Quid aliud periculi fuerit, inquit Socrates, quam ut tu declares, te quidem virum bonum fratrisque studiosum esse; illum vero pravum, et indignum beneficio? sed horum nihil futurum arbitror. Nam existimo ipsum, ubi animadverterit se ad certamen hoc abs te provocari, magna contentione conaturum, ut te verbis ac re ipsa superare beneficentia possit. Nunc quidem, inquit, ita adfecti estis, ac si manus ambæ, quas deus idcirco creavit, ut mutuo se juvent, hoc omisso, ad impediendum sese invicem converterent; vel si pedes ambo, qui divino consilio mutuas ad operas conditi sunt, hoc ipso neglecto, sibi invicem impedimento essent. An non magna fuerit inscitia, magnaque infelicitas, iis ad detrimentum uti, quæ ad utilitatem facta sunt? Et profecto fratres duos germanos, mea quidem sententia, condidit deus majorem ad utilitatem mutuam, quam manus utrasque, quam pedes, quam oculos, quam cetera, quæcunque voluit in hominibus natura esse germana. Quippe manus, si eas necesse sit illa simul agere, quæ longiori spatio quam unius brachiorum expansionis distent, nequaquam id potuerint; pedes nec ea quidem, quæ eodem distent inter se spatio, simul accesserint; oculi, qui pertingere quam longissime putantur, ne propiora quidem a fronte simul et a tergo videre possint : at fratres, si amici sint, etiam magno dissiti intervallo, ea simul agunt, quæ et ad utriusque utilitatem conducunt.

CAPUT IV.

Et Socratem aliquando de amicis etiam id disserentem audivi, de quo mihi quidem videretur aliquis utilitatem maximam ad conciliationem et usum amicorum percepturus. Nam audire se dicebat ex multis, omnium possessionum præstantissimam esse amicum sapientem ac bonum : videre tamen plurimos cujusvis rei cura potius affici, quam ut

ὁρᾶν ἔφη τοὺς πολλοὺς ἢ φίλων κτήσεως. (2) Καὶ γὰρ οἰκίας καὶ ἀγροὺς καὶ ἀνδράποδα καὶ βοσκήματα καὶ σκεύη κτωμένους τε ἐπιμελῶς· ὁρᾶν ἔφη καὶ τὰ ὄντα σώζειν πειρωμένους, φίλων δὲ, ὃ μέγιστον ἀγαθὸν εἶναί φασιν, ὁρᾶν ἔφη τοὺς πολλοὺς οὔτε ὅπως κτήσονται φροντίζοντας οὔτε ὅπως οἱ ὄντες ἑαυτοῖς σώζωνται. (3) Ἀλλὰ καὶ καμνόντων φίλων τε καὶ οἰκετῶν ὁρᾶν τινας ἔφη τοῖς μὲν οἰκέταις καὶ ἰατροὺς εἰσάγοντας καὶ τἆλλα τὰ πρὸς ὑγίειαν ἐπιμελῶς παρασκευάζοντας, τῶν δὲ φίλων ὀλιγωροῦντας· ἀποθανόντων τε ἀμφοτέρων ἐπὶ μὲν τοῖς οἰκέταις ἀχθομένους τε καὶ ζημίαν ἡγουμένους, ἐπὶ δὲ τοῖς φίλοις οὐδὲν οἰομένους ἐλαττοῦσθαι· καὶ τῶν μὲν ἄλλων κτημάτων οὐδὲν ἐῶντας ἀθεράπευτον οὐδ᾽ ἀνεπίσκεπτον, τῶν δὲ φίλων ἐπιμελείας δεομένων ἀμελοῦντας. (4) Ἔτι δὲ πρὸς τούτοις ὁρᾶν ἔφη τοὺς πολλοὺς τῶν μὲν ἄλλων κτημάτων καὶ πάνυ πολλῶν αὐτοῖς ὄντων τὸ πλῆθος εἰδότας, τῶν δὲ φίλων ὀλίγων ὄντων οὐ μόνον τὸ πλῆθος ἀγνοοῦντας, ἀλλὰ καὶ τοῖς πυνθανομένοις τοῦτο καταλέγειν ἐγχειρήσαντας, οὓς ἐν τοῖς φίλοις ἔθεσαν, πάλιν τούτους ἀνατίθεσθαι· τοσοῦτον αὐτοὺς τῶν φίλων φροντίζειν. (5) Καίτοι πρὸς ποῖον κτῆμα τῶν ἄλλων παραβαλλόμενος φίλος ἀγαθὸς οὐκ ἂν πολλῷ κρεῖττον φανείη; ποῖος γὰρ ἵππος ἢ ποῖον ζεῦγος οὕτω χρήσιμον ὥσπερ ὁ χρηστὸς φίλος, ποῖον δὲ ἀνδράποδον οὕτως εὔνουν καὶ παραμόνιμον, ἢ ποῖον ἄλλο κτῆμα οὕτω πάγχρηστον; ὁ γὰρ ἀγαθὸς φίλος ἑαυτὸν τάττει πρὸς πᾶν τὸ ἐλλεῖπον τῷ φίλῳ, καὶ τῆς τῶν ἰδίων κατασκευῆς καὶ τῶν κοινῶν πράξεως· καὶ ἄν τέ τινα εὖ ποιῆσαι δέῃ, συνεπισχύει, ἄν τέ τις φόβος ταράττῃ, συμβοηθεῖ τὰ μὲν συναναλίσκων, τὰ δὲ συμπράττων, καὶ τὰ μὲν συμπείθων, τὰ δὲ βιαζόμενος, καὶ εὖ μὲν πράττοντας πλεῖστα εὐφραίνων, σφαλλομένους δὲ πλεῖστα ἐπανορθῶν. (6) Ἃ δὲ αἵ τε χεῖρες ἑκάστῳ ὑπηρετοῦσι καὶ οἱ ὀφθαλμοὶ προορῶσι καὶ τὰ ὦτα προακούουσι καὶ οἱ πόδες διανύτουσι, τούτων φίλος εὐεργετῶν οὐδενὸς λείπεται· πολλάκις δὲ ἃ πρὸ αὑτοῦ τις οὐκ ἐξειργάσατο ἢ οὐκ εἶδεν ἢ οὐκ ἤκουσεν ἢ οὐ διήνυσε, ταῦτα ὁ φίλος πρὸ τοῦ φίλου ἐξήρκεσεν. Ἀλλ᾽ ὅμως ἔνιοι δένδρα μὲν πειρῶνται θεραπεύειν τοῦ καρποῦ ἕνεκεν, τοῦ δὲ παμφορωτάτου κτήματος, ὃ καλεῖται φίλος, ἀργῶς καὶ ἀνειμένως οἱ πλεῖστοι ἐπιμέλονται.

ΚΕΦΑΛΑΙΟΝ Ε.

Ἤκουσα δέ ποτε καὶ ἄλλον αὐτοῦ λόγον, ὃς ἐδόκει μοι προτρέπειν τὸν ἀκούοντα ἐξετάζειν ἑαυτὸν, ὁπόσου τοῖς φίλοις ἄξιος εἴη. Ἰδὼν γάρ τινα τῶν ξυνόντων ἀμελοῦντα φίλου πενίᾳ πιεζομένου, ἤρετο Ἀντισθένην ἐναντίον τοῦ ἀμελοῦντος αὐτοῦ καὶ ἄλλων πολλῶν, (2) Ἆρα, ἔφη, ὦ Ἀντίσθενες, εἰσί τινες ἀξίαι φίλων, ὥσπερ οἰκετῶν; τῶν γὰρ οἰκετῶν ὁ μέν που δυοῖν μναῖν ἄξιός ἐστιν, ὁ δὲ οὐδ᾽ ἡμιμναίου, ὁ δὲ πέντε μνῶν, ὁ δὲ καὶ δέκα· Νικίας δὲ ὁ Νικηράτου λέγεται ἐπιστάτην

amicos sibi comparantes. Aiebat enim videre se quosdam, qui et domos, et prædia, et mancipia, et rem pecuariam, et supellectilem studiose comparant, acquisitaque conservare conantur, at plurimos amicum, quem bonum esse maximum perhibent, neque ut sibi comparent sollicitos esse; neque ut, quantum fieri potest, eum sibi conservent. Quin etiam videre se aiebat nonnullos, amicis et servis simul ægrotantibus, ad servos quidem adducere etiam medicos, ceteraque valetudini conducentia studiose parare, quum interim amicos negligant. Itidem utrisque morientibus, servorum eos obitum graviter ferre, ac detrimento ducere ; in amicis vero nullum se damnum putare fecisse : nec in reliquis facultatibus quicquam non curatum, vel inexploratum relinquere, quum amicos, egentes ipsorum cura, negligant. Præterea videre se aiebat, plerosque facultatum suarum, tametsi admodum multas habeant, numerum scire: sed tantum abesse, ut amicorum, quos paucos habent, numerum norint, ut etiam quum sciscitantibus aliis indicare conantur, quos inter amicos posuerint, hos iterum retractent: tantum scilicet eis amicos esse curæ! Atqui amicus bonus cum quanam possessione comparatus, non sit multo melior? nam qui equus, quodve jumentorum par adeo fuerit utile ac bonus amicus? quodnam mancipium adeo benevolum fuerit, tecumque manendi studiosum? quænam alia possessio sic ex omni parte sit utilis? Etenim amicus bonus se ipsum instruit ad omne, quod deest amicis, supplendum et in rebus privatis, et in publicis. Idem, sive quis afficiendus est beneficio, vires sufficit; seu quis metus perturbet, fert opem partim sumptus impertiendo, partim operas mutuas tradendo, partim una persuadendo, partim [una] cogendo. Idem bene agentes maxime exhilarat, maxime erigit calamitatibus pressos. Quæcunque vero vel manus cuique subministrant, vel prospiciunt oculi, vel aures ante percipiunt, vel perficiunt pedes, in eorum nullo amici benefici est inferior opera. Sæpe quæ quis pro se ipso non elaboraverit, vel non viderit, vel non audiverit, vel non perfecerit, ea amicus pro amico præstare valuit. Nihilominus arbores nonnulli multo cum labore student excolere, fructus causa; possessionem vero illam omnium fertilissimam, quæ amicus vocatur, segniter remisseque plurimi curant.

CAPUT V.

Audivi aliquando etiam aliud ejus colloquium, quod mihi videbatur auditorem excitare, ut se ipsum exploret, quanti amicis pretii esse possit. Nam quum vidisset quendam ex familiaribus suis amicum, qui egestate premeretur, negligere; interrogabat Antisthenem in illius præsentia, qui amicum negligebat, aliorumque multorum: Suntne, inquit, amicorum quædam, mi Antisthenes, perinde ac servorum, æstimationes? nam ex servis hic duabus minis æstimatur, ille vix mina dimidia, alius minis quinque, alius etiam decem: quin etiam Nicias, Nicerati filius, emisse talento di-

εἰς τἀργύρεια πρίασθαι ταλάντου. Σκοπῶμεν δὴ τοῦτο, ἔφη, εἰ ἄρα ὥσπερ τῶν οἰκετῶν, οὕτω καὶ τῶν φίλων εἰσὶν ἀξίαι. (a) Ναὶ μὰ Δί', ἔφη ὁ Ἀντισθένης. Ἔγωγ' οὖν βουλοίμην ἂν τὸν μέν τινα φίλον μοι εἶναι μᾶλλον ἢ δύο μνᾶς, τὸν δ' οὐδ' ἂν ἡμιμναίου προτιμησαίμην, τὸν δὲ καὶ πρὸ δέκα μνῶν ἑλοίμην ἄν, τὸν δὲ πρὸ πάντων χρημάτων καὶ πόνων πριαίμην ἂν φίλον μοι εἶναι. (b) Οὐκοῦν, ἔφη ὁ Σωκράτης, εἴ γε ταῦτα τοιαῦτά ἐστι, καλῶς ἂν ἔχοι ἐξετάζειν τινὰ ἑαυτὸν πόσου ἄρα τυγχάνει τοῖς φίλοις· ἀξίως ὢν καὶ πειρᾶσθαι ὡς πλείστου ἄξιος εἶναι, ἵνα ἧττον αὐτὸν οἱ φίλοι προδιδῶσιν. Ἐγὼ γάρ τοι, ἔφη, πολλάκις ἀκούω τοῦ μὲν ὅτι προὔδωκεν αὐτὸν φίλος ἀνήρ, τοῦ δὲ ὅτι μνᾶν ἀνθ' ἑαυτοῦ μᾶλλον εἵλετο ἀνήρ ὃν ᾤετο φίλον εἶναι. (c) Τὰ τοιαῦτα πάντα σκοπῶ μὴ ὥσπερ, ὅταν τις οἰκέτην πονηρὸν πωλῇ καὶ ἀποδιδῶται τοῦ εὑρόντος, οὕτω καὶ τὸν πονηρὸν φίλον, ὅταν ἐξῇ τὸ πλεῖον τῆς ἀξίας λαβεῖν, ἐπαγωγὸν ᾖ προδίδοσθαι. Τοὺς δὲ χρηστοὺς οὔτε οἰκέτας πάνυ τι πωλουμένους ὁρῶ οὔτε φίλους προδιδομένους.

ΚΕΦΑΛΑΙΟΝ ς.

Ἐδόκει δέ μοι καὶ εἰς τὸ δοκιμάζειν φίλους ὁποίους ἄξιον κτᾶσθαι φρενοῦν τοιάδε λέγων. Εἰπέ μοι, ἔφη, ὦ Κριτόβουλε, εἰ δεοίμεθα φίλου ἀγαθοῦ, πῶς ἂν ἐπιχειροίημεν σκοπεῖν; ἆρα πρῶτον μὲν ζητητέον, ὅστις ἄρχει γαστρός τε καὶ φιλοποσίας καὶ λαγνείας καὶ ὕπνου καὶ ἀργίας; ὁ γὰρ ὑπὸ τούτων κρατούμενος οὔτ' αὐτὸς ἑαυτῷ δύναιτ' ἂν οὔτε φίλῳ τὰ δέοντα πράττειν. Μὰ Δί' οὐ δῆτα, ἔφη. Οὐκοῦν τοῦ μὲν ὑπὸ τούτων ἀρχομένου ἀφεκτέον δοκεῖ σοι εἶναι; Πάνυ μὲν οὖν, ἔφη. (a) Τί γάρ; ἔφη, ὅστις δαπανηρὸς ὢν μὴ αὐτάρκης ἐστίν, ἀλλ' ἀεὶ τῶν πλησίον δεῖται, καὶ λαμβάνων μὲν μὴ δύναται ἀποδιδόναι, μὴ λαμβάνων δὲ τὸν μὴ διδόντα μισεῖ, οὐ δοκεῖ σοι καὶ οὗτος χαλεπὸς φίλος εἶναι; Πάνυ, ἔφη. Οὐκοῦν ἀφεκτέον καὶ τούτου; Ἀφεκτέον μέντοι, ἔφη. (b) Τί γάρ; ὅστις χρηματίζεσθαι μὲν δύναται, πολλῶν δὲ χρημάτων ἐπιθυμεῖ, καὶ διὰ τοῦτο δυσξύμβολός ἐστι, καὶ λαμβάνων μὲν ἥδεται, ἀποδιδόναι δὲ μὴ βούλεται; Ἐμοὶ μὲν δοκεῖ, ἔφη, οὗτος ἔτι πονηρότερος ἐκείνου εἶναι. (c) Τί δέ; ὅστις διὰ τὸν ἔρωτα τοῦ χρηματίζεσθαι μηδὲ πρὸς ἓν ἄλλο σχολὴν ποιεῖται ἢ ὁπόθεν αὐτὸς κερδανεῖ; Ἀφεκτέον· καὶ τούτου, ὡς ἐμοὶ δοκεῖ· ἀνωφελὴς γὰρ ἂν εἴη τῷ χρωμένῳ. Τί δέ; ὅστις στασιώδης τέ ἐστι καὶ θέλων πολλοὺς τοῖς φίλοις ἐχθροὺς παρέχειν; Φευκτέον νὴ Δία καὶ τοῦτον. Εἰ δέ τις τούτων μὲν τῶν κακῶν μηδὲν ἔχοι, εὖ δὲ πάσχων ἀνέχεται, μηδὲν φροντίζων τοῦ ἀντιυπεργετεῖν; Ἀνωφελὴς ἂν εἴη καὶ οὗτος. Ἀλλὰ ποῖον, ὦ Σώκρατες, ἐπιχειρήσομεν φίλον ποιεῖσθαι; (d) Οἶμαι μέν, ὃς τἀναντία τούτων ἐγκρατὴς μέν ἐστι τῶν διὰ τοῦ σώματος ἡδονῶν, εὔοικος δὲ καὶ εὐξύμβολος ὢν τυγχάνει καὶ φιλόνεικος πρὸς τὸ μὴ ἐλλείπεσθαι εὖ ποιῶν τοὺς εὐερ-

---

citur eam qui argentifodinis praeesset. Itaque consideremus, an perinde ac servorum, sic et amicorum sint aestimationes. Sunt profecto, inquit Antisthenes : uam equidem velim hunc potius amicum mihi esse, quam duas habere minas; illam ne dimidia quidem minae praeferrem; alium potius, quam decem minas, eligerem; alium vero omnibus pecuniis atque laboribus emerem, ut esset mihi amicus. Ergo, subjecit Socrates, siquidem haec ita se habent, bene esset, si unusquisque se ipsum exploraret, quanti amicis aestimandus sit; atque operam daret, ut quam maximi sit pretii, quo minus amici eum deserant. Nam equidem saepe audio, inquit, dicentem alium, ab homine amico se esse desertum; alium, quod is, quem amicum esse arbitratus sit, vel unam sibi minam praeferret. Ob quae omnia considero, num, quemadmodum ubi quis servum malum vendit, alterique addicit quocumque pretio, ita etiam amicum malum, quum pro eo liceat plus accipere quam valet, vendere expediat. At neque bonos servos video fere vendi, neque bonos amicos deseri.

CAPUT VI.

Visus est etiam mihi ad explorandos amicos, quales parari debeant, suos ad animum sanum revocare, talia proferens : Dic mihi, mi Critobule, si amico nobis bono sit opus, quo pacto considerare rem conabimur? num primo quaerendus erit qui imperet gulae, potus cupiditati, lasciviae, somno, ignaviae? nam qui ab his vincitur, is neque sibi ipsi, neque amico possit praestare quae oportet. Non profecto, inquit Critobulus. Ergo tibi videtur abstinendum ab eo, qui rebus hisce serviat? Omnino, inquit. Quid vero? ait : qui, sumptuosus quum sit, suis rebus non est contentus, sed semper rebus vicinorum eget, easque impetrans reddere non potest, non impetrans vero, odio non dantem habet; non tibi videtur hic quoque difficilis amicus esse? Omnino, inquit. Igitur ab hoc etiam abstinendum? Abstinendum scilicet, inquit. Quid autem? si quis rem facere potest, multasque pecunias concupiscit, et propterea difficiliem se in pactis praebet, et accipiendo delectatur, reddere vero non vult? Videtur is mihi, ait, etiam improbior esse illo altero. Quid autem? si quis ob rei faciendae cupiditatem nulli alii rei vacet, quam unde lucrum ipse possit capere? Ab hoc quoque, mea quidem sententia, est abstinendum : nam inutilis illi fuerit, qui eo utatur. Quid vero? si quis homo sit seditiosus, ac multos amicis inimicos velit excitare? Fugiendus et ille profecto. At si quis horum quidem vitiorum expers sit, beneficiis autem se affici patiatur, nulla vicissim beneficiendi ratione habita? Inutilis et ille fuerit. Sed qualem, mi Socrates, enitamur amicum nobis adjungere? Eum arbitror, qui diversa ab his ratione, corporis voluptatibus dominetur, juramentum servet, in pactis facilem se exhibeat, denique conetur, ut suis benefactoribus, vicissim beneficiendo, non sit inferior; ita ut iis, qui eo

γετοῦντας αὐτὸν, ὥςτε λυσιτελεῖν τοῖς χρωμένοις. (6) Πῶς οὖν ἂν ταῦτα δοκιμάσαιμεν, ὦ Σώκρατες, πρὸ τοῦ χρῆσθαι; Τοὺς μὲν ἀνδριαντοποιούς, ἔφη, δοκιμάζομεν οὐ τοῖς λόγοις αὐτῶν τεκμαιρόμενοι, ἀλλ' ὃν ἂν ὁρῶμεν τοὺς πρόσθεν ἀνδριάντας καλῶς εἰργασμένον, τούτῳ πιστεύομεν καὶ τοὺς λοιποὺς εὖ ποιήσειν. (7) Καὶ ἄνδρα δὴ λέγεις, ἔφη, ὃς ἂν τοὺς φίλους τοὺς πρόσθεν εὖ ποιῶν φαίνηται, δῆλον εἶναι καὶ τοὺς ὑστέρους εὐεργετήσοντα; Καὶ γὰρ ἵπποις, ἔφη, ὃν ἂν τοῖς πρόσθεν ὁρῶ καλῶς κεχρημένον, τοῦτον καὶ ἄλλοις οἶμαι καλῶς χρῆσθαι. (8) Εἶεν, ἔφη· ὃς δ' ἂν ἡμῖν ἄξιος φιλίας δοκῇ εἶναι, πῶς χρὴ φίλον τοῦτον ποιεῖσθαι; Πρῶτον μὲν, ἔφη, τὰ παρὰ τῶν θεῶν ἐπισκεπτέον, εἰ συμβουλεύουσιν αὐτὸν φίλον ποιεῖσθαι. Τί οὖν; ἔφη, ὃν ἂν ἡμῖν τε δοκῇ καὶ οἱ θεοὶ μὴ ἐναντιῶνται, ἔχεις εἰπεῖν ὅπως οὗτος θηρατέος; (9) Μὰ Δί', ἔφη, οὐ κατὰ πόδας ὥςπερ ὁ λαγώς, οὐδ' ἀπάτῃ ὥςπερ αἱ ὄρνιθες, οὐδὲ βίᾳ ὥςπερ οἱ ἐχθροί· ἄκοντα γὰρ φίλον ἑλεῖν ἐργῶδες· χαλεπὸν δὲ καὶ δήσαντα κατέχειν ὥςπερ δοῦλον· ἐχθροὶ γὰρ μᾶλλον ἢ φίλοι γίγνονται οἱ τοιαῦτα πάσχοντες. Φίλοι δὲ πῶς; ἔφη. (10) Εἶναι μέν τινάς φασιν ἐπῳδὰς, ἃς οἱ ἐπιστάμενοι ἐπᾴδοντες οἷς ἂν βούλωνται φίλους ἑαυτοῖς ποιοῦνται· εἶναι δὲ καὶ φίλτρα, οἷς οἱ ἐπιστάμενοι πρὸς οὓς ἂν βούλωνται χρώμενοι φιλοῦνται ὑπ' αὐτῶν. (11) Πόθεν οὖν, ἔφη, ταῦτα μάθοιμεν ἄν; Ἃ μὲν αἱ Σειρῆνες ἐπῇδον τῷ Ὀδυσσεῖ ἤκουσας Ὁμήρου, ὧν ἐστιν ἀρχὴ τοιάδε τις·

Δεῦρ' ἄγε δή, πολυαίν' Ὀδυσεῦ, μέγα κῦδος Ἀχαιῶν.

Ταύτην οὖν, ἔφη, τὴν ἐπῳδὴν, ὦ Σώκρατες, καὶ τοῖς ἄλλοις ἀνθρώποις αἱ Σειρῆνες ἐπᾴδουσαι κατεῖχον, ὥςτε μὴ ἀπιέναι ἀπ' αὐτῶν τοὺς ἐπᾳσθέντας; Οὐκ, ἀλλὰ τοῖς ἐπ' ἀρετῇ φιλοτιμουμένοις οὕτως ἐπῇδον. (12) Σχεδόν τι λέγεις τοιαῦτα χρῆναι ἑκάστῳ ἐπᾴδειν οἷα μὴ νομιεῖ ἀκούων τὸν ἐπαινοῦντα καταγελῶντα λέγειν. Οὕτω μὲν γὰρ ἐχθίων τ' ἂν εἴη καὶ ἀπελαύνοι τοὺς ἀνθρώπους ἀφ' ἑαυτοῦ, εἰ τὸν εἰδότα ὅτι μικρός τε καὶ αἰσχρὸς καὶ ἀσθενής ἐστιν ἐπαινοίη λέγων ὅτι καλός τε καὶ μέγας καὶ ἰσχυρός ἐστιν. Ἄλλας δέ τινας οἶσθα ἐπῳδάς; (13) Οὔκ, ἀλλ' ἤκουσα μὲν ὅτι Περικλῆς πολλὰς ἐπίσταιτο, ἃς ἐπᾴδων τῇ πόλει ἐποίει αὐτὴν φιλεῖν αὐτόν. Θεμιστοκλῆς δὲ πῶς ἐποίησε τὴν πόλιν φιλεῖν αὐτόν; Μὰ Δί' οὐκ ἐπᾴδων, ἀλλὰ περιάψας τι ἀγαθὸν αὐτῇ. (14) Δοκεῖς μοι λέγειν, ὦ Σώκρατες, ὡς εἰ μέλλοιμεν ἀγαθόν τινα κτήσασθαι φίλον, αὐτοὺς ἡμᾶς ἀγαθοὺς δεῖ γενέσθαι λέγειν τε καὶ πράττειν. Σὺ δ' ᾤου, ἔφη ὁ Σωκράτης, οἷόν τ' εἶναι πονηρὸν ὄντα χρηστοὺς φίλους κτήσασθαι; (15) Ἑώρων γὰρ, ἔφη ὁ Κριτόβουλος, ῥήτοράς τε φαύλους ἀγαθοῖς δημηγόροις φίλους ὄντας, καὶ στρατηγεῖν οὐχ ἱκανοὺς πάνυ στρατηγικοῖς ἀνδράσιν ἑταίρους. (16) Ἆρ' οὖν, ἔφη, καὶ περὶ οὗ διαλεγόμεθα, οἶσθά τινας οἳ ἀνωφελεῖς ὄντες ὠφελίμους δύνανται φίλους ποιεῖσθαι; Μὰ Δί' οὐ δῆτ', ἔφη. Ἀλλ' εἰ ἀδύνατόν ἐστι πονηρὸν ὄντα καλοὺς κἀγαθοὺς φίλους κτήσασθαι, ἐκεῖνο ἤδη μέλει μοι, εἰ

utantur, sit usui. At quo pacto hæc explorare, mi Socrates, possimus priusquam eis utamur? Statuarios, inquit, sic exploramus, non ex ipsorum verbis statuentes, sed quem prius statuas egregie fecisse cernimus, ei fidem habemus, quod etiam recte ceteras sit elaboraturus. Ergo tu, inquit, dicis hominem, qui se prioribus amicis beneficum declaraverit, plane posterioribus quoque benefacturum? Nimirum, ait, quemcunque prioribus equis recte usum video, eum arbitror etiam aliis bene usurum. Sint hæc, ait. At quo pacto is efficiendus est amicus, qui amicitia nobis dignus esse videatur? Primum, ait, res divinæ considerandæ sunt, num dii nobis consultant, ut eum amicum faciamus. Quid igitur? potesne dicere, quo pacto is, qui nobis adjungendus videatur, etiam diis haud adversantibus, venandus sit? Profecto ait, non velocitate pedum, sicut lepus; neque fraude, sicut aves; neque vi, sicut hostes. Nam invitum amicum capere, perquam est difficile; neque minus difficile, vinctum retinere tanquam servum : potius enim hostes, quam amici fiunt, si hæc illis accidant. At quo pacto amici? Esse quasdam aiunt incantationes, quas qui sciunt, incantando quoscunque voluerint, amicos sibi ipsis efficiunt : atque esse etiam quædam ad amorem veneficia, quibus utentes ii qui sciunt ad quoscunque voluerint, ab iis diliguntur. Unde igitur hæc percipiamus? ait. Ex Homero audisti, quibus verbis Ulyssem Sirenes incantarint, quorum est hujusmodi quoddam principium:

Age veni, Ulysses, magnis laudibus digne, magnum decus Græcorum.

Hanc igitur incantationem, mi Socrates, quum ad alios etiam homines adhibebant Sirenes, num detinebant eos, ne excantati ab eis discederent? Nequaquam; sed his incantationibus ad illos utebantur, qui ob virtutem gloriæ cupidi erant. Propemodum dicis, ejusmodi verbis unumquemque incantandum esse, quæ si audiat, a laudante non irridendi causa proferri existimet. Nam laudans ita quidem esset odiosior, hominesque abs se repelleret, si quem, scientem se parvum esse ac turpem et imbecillum esse, laudaret ut pulchrum, ut magnum, ut robustum. Num et alias quasdam scis incantationes? Non : sed audivi Periclem multas scivisse, quibus hanc civitatem incantando efficerit ut ipsum diligeret. At quo pacto Themistocles ad amorem sui civitatem pellexit? Non incantando mehercule, sed bonum quoddam ipsi appendendo. Videris mihi dicere, mi Socrates, si quidem bonum amicum paraturi simus, nos ipsos oportere tam in dicendo quam in agendo bonos effici. An tu existimabas, ait Socrates, fieri posse, ut pravus quispiam bonos amicos pararet? Videbam enim, subjecit Critobulus, etiam oratores viles bonis concionatoribus amicos esse, et non satis ad imperatorium munus idoneos viris ejusdem muneris peritissimis esse familiares. Num igitur, inquit, de quo etiam disserimus, nosti quosdam, qui quum inutiles ipsi sint, viros utiles sibi efficere amicos possint? Minime vero, inquit. At si fieri non potest, ut vir improbus pulchri bonique studiosos amicos sibi comparet, jam hoc mihi curæ

ἔστιν αὐτὸν καλὸν κἀγαθὸν γενόμενον ἐξ ἑτοίμου τοῖς καλοῖς κἀγαθοῖς φίλον εἶναι. (17) Ὅ ταράττει σε, ὦ Κριτόβουλε, ὅτι πολλάκις ἄνδρας καὶ καλὰ πράττοντας καὶ τῶν αἰσχρῶν ἀπεχομένους ὁρᾷς ἀντὶ τοῦ φίλους εἶναι στασιάζοντας ἀλλήλοις καὶ χαλεπώτερον χρωμένους τῶν μηδενὸς ἀξίων ἀνθρώπων. (18) Καὶ οὐ μόνον γ᾽, ἔφη ὁ Κριτόβουλος, οἱ ἰδιῶται τοῦτο ποιοῦσιν, ἀλλὰ καὶ πόλεις αἱ τῶν τε καλῶν μάλιστα ἐπιμελόμεναι καὶ τὰ αἰσχρὰ ἥκιστα προσιέμεναι πολλάκις πολεμικῶς ἔχουσι πρὸς ἀλλήλας. (19) Ἃ λογιζόμενος πάνυ ἀθύμως ἔχω πρὸς τὴν τῶν φίλων κτῆσιν· οὔτε γὰρ τοὺς πονηροὺς ὁρῶ φίλους ἀλλήλοις δυναμένους εἶναι· πῶς γὰρ ἂν ἢ ἀχάριστοι ἢ ἀμελεῖς ἢ πλεονέκται ἢ ἄπιστοι ἢ ἀκρατεῖς ἄνθρωποι δύναιντο φίλοι γενέσθαι; οἱ μὲν οὖν πονηροὶ πάντως ἔμοιγε δοκοῦσιν ἀλλήλοις ἐχθροὶ μᾶλλον ἢ φίλοι πεφυκέναι. (20) Ἀλλὰ μὴν, ὥσπερ σὺ λέγεις, οὐδ᾽ ἂν τοῖς χρηστοῖς οἱ πονηροί ποτε συναρμόσειαν εἰς φιλίαν· πῶς γὰρ οἱ τὰ πονηρὰ ποιοῦντες τοῖς τὰ τοιαῦτα μισοῦσι φίλοι γένοιντ᾽ ἄν; εἰ δὲ δὴ καὶ οἱ ἀρετὴν ἀσκοῦντες στασιάζουσί τε περὶ τοῦ πρωτεύειν ἐν ταῖς πόλεσι καὶ φθονοῦντες ἑαυτοῖς μισοῦσιν ἀλλήλους, τίνες ἔτι φίλοι ἔσονται καὶ ἐν τίσιν ἀνθρώποις εὔνοια καὶ πίστις ἔσται; (21) Ἀλλ᾽ ἔχει μέν, ἔφη ὁ Σωκράτης, ποικίλως πως ταῦτα, ὦ Κριτόβουλε. Φύσει γὰρ ἔχουσιν οἱ ἄνθρωποι τὰ μὲν φιλικά· δέονταί τε γὰρ ἀλλήλων καὶ ἐλεοῦσι καὶ συνεργοῦντες ὠφελοῦσι καὶ τοῦτο συνιέντες χάριν ἔχουσιν ἀλλήλοις· τὰ δὲ πολεμικά· τά τε γὰρ αὐτὰ καλὰ καὶ ἡδέα νομίζοντες ὑπὲρ τούτων μάχονται καὶ διχογνωμονοῦντες ἐναντιοῦνται. Πολεμικὸν δὲ καὶ ἔρις καὶ ὀργή· καὶ δυσμενὲς μὲν ὁ τοῦ πλεονεκτεῖν ἔρως, μισητὸν δὲ ὁ φθόνος. (22) Ἀλλ᾽ ὅμως διὰ τούτων πάντων ἡ φιλία διαδυομένη συνάπτει τοὺς καλούς τε κἀγαθούς· διὰ γὰρ τὴν ἀρετὴν αἱροῦνται μὲν ἄνευ πόνου τὰ μέτρια κεκτῆσθαι μᾶλλον ἢ διὰ πολέμου πάντων κυριεύειν· καὶ δύνανται πεινῶντες καὶ διψῶντες ἀλύπως σίτου καὶ ποτοῦ κοινωνεῖν, καὶ τοῖς τῶν ὡραίων ἀφροδισίοις ἡδόμενοι ἐγκρατεύειν, ὥστε μὴ λυπεῖν οὓς μὴ προσήκει· (23) δύνανται δὲ καὶ χρημάτων οὐ μόνον τοῦ πλεονεκτεῖν ἀπεχόμενοι νομίμως κοινωνεῖν, ἀλλὰ καὶ ἐπαρκεῖν ἀλλήλοις· δύνανται δὲ καὶ τὴν ἔριν οὐ μόνον ἀλύπως ἀλλὰ καὶ συμφερόντως ἀλλήλοις διατίθεσθαι, καὶ τὴν ὀργὴν κωλύειν εἰς τὸ μεταμεληεσόμενον προϊέναι. Τὸν δὲ φθόνον παντάπασιν ἀφαιροῦσι, τὰ μὲν ἑαυτῶν ἀγαθὰ τοῖς φίλοις οἰκεῖα παρέχοντες, τὰ δὲ τῶν φίλων ἑαυτῶν νομίζοντες. (24) Πῶς οὖν οὐκ εἰκὸς τοὺς καλούς τε κἀγαθοὺς καὶ τῶν πολιτικῶν τιμῶν μὴ μόνον ἀβλαβεῖς ἀλλὰ καὶ ὠφελίμους ἀλλήλοις κοινωνοὺς εἶναι; οἱ μὲν γὰρ ἐπιθυμοῦντες ἐν ταῖς πόλεσι τιμᾶσθαί τε καὶ ἄρχειν, ἵνα ἐξουσίαν ἔχωσι χρήματά τε κλέπτειν καὶ ἀνθρώπους βιάζεσθαι καὶ ἡδυπαθεῖν, ἄδικοί τε καὶ πονηροὶ ἂν εἶεν καὶ ἀδύνατοι ἄλλῳ συναρμόσαι. (25) Εἰ δέ τις ἐν πόλει τιμᾶσθαι βουλόμενος, ὅπως αὐτός τε μὴ ἀδικῆται καὶ τοῖς φίλοις τὰ δίκαια βοηθεῖν δύνηται, καὶ ἄρξας ἀγαθόν τι ποιεῖν

est ut sciam an facile sit eam, qui vir ipse pulchri bonique studiosus factus sit, pulchri bonique studiosis amicum fieri. Num te, mi Critobule, perturbat, quod sæpe vides homines res etiam pulchras gerentes, et abstinentes a turpibus, non amicos esse, sed dissidere potius inter se, et indigniùs sese tractare, quam homines nullius pretii? At non modo, inquit Critobulus, privati homines hoc faciunt; sed etiam illæ civitates, quæ pulchrorum maxime studiosæ sunt, turpiaque minime admittunt, sæpe hostiliter erga se invicem sunt affectæ: quæ mecum reputans, vehementer de acquirendis amicis despero. Nec enim improbos inter se amicos esse posse video. Nam quo pacto vel inter ingratos, vel socordes, vel plus habendi cupidos, vel infidos, vel intemperantes homines amicitia conciliari possit? adeo ut improbos omnes potius a natura inter se inimicos esse, quam amicos, existimem. At vero, uti tu ais, ne bonis quidem in amicitia pravi congruere umquam possunt. Nam quo pacto illi, qui improbe agunt, amici possint esse iis qui talia oderunt? Quod si etiam illi, qui virtutem colunt, inter se per seditiones in civitatibus de principatu contendant, et præ invidia alii aliis invicem oderunt; quinam deinceps inter se amici erunt, et quos inter homines benevolentia fidesque reperiatur? Enimvero, ait Socrates, hæc varie se habent, mi Critobule. Nam homines a natura partim ad amicitiam comparati sunt (etenim alii aliis indigent, atque invicem miserentur, et cooperantes invicem prosunt, idque quum intellexere, gratiam sibi invicem habent); partim ad inimicitias propendent : nam quum eadem bona et jucunda putent, de iis dimicant, et dissentientes sibi adversantur. Contentio autem et ira, res quædam hostiles sunt; itemque plus habendi cupiditas, infestum quiddam est; et odio dignum, invidia. Nihilominus amicitia per hæc omnia penetrans, pulchri bonique studiosos copulat. Nam propter virtutem malunt absque labore facultates mediocres possidere, quam bello in omnia dominari; et possunt esurientes ac sitientes sine dolore cibi ac potus participes fieri, et formosorum amoribus delectati se coercere, ut non offendant eos, quos non convenit. Possunt etiam, pecuniis non modo communiter habere et administrare legitime, sine ulla plus habendi cupiditate, sed etiam sibi invicem largiri. Possunt et simultati non modo sine molestia, sed etiam ex utilitate mutua moderari; ac prohibere quo minus ad hoc ira progrediatur, cujus ipsos deinde pœnitet. Invidiam prorsus tollunt, partim bona propria amicis mancipando, partim amicorum bona pro suis ducendo. Qui ergo non consentaneum sit, viros pulchri bonique studiosos non solum sine damno, sed etiam mutua cum utilitate honorum civilium participes fieri? nam qui honores in civitatibus ac magistratus ambiunt, idcirco ut potestatem habeant pecuniam publicam peculandi, vi homines opprimendi, fruendi voluptatibus; illi injusti sint ac improbi necesse est; neque fieri potest, ut cum alio conjungantur. At si quis velit honoribus in republica frui, ut tum ipse non afficiatur injuria, tum justis in rebus opem amicis ferre possit, simul-

τὴν πατρίδα πειρᾶται, διὰ τί ὁ τοιοῦτος ἄλλῳ τοιούτῳ οὐκ ἂν δύναιτο συναρμόσαι; πότερον τοὺς φίλους ὠφελεῖν μετὰ τῶν καλῶν κἀγαθῶν ἧττον δυνήσεται; ἢ τὴν πόλιν εὐεργετεῖν ἀδυνατώτερος ἔσται καλοὺς τε κἀγαθοὺς ἔχων συνεργούς; (26) Ἀλλὰ καὶ ἐν τοῖς γυμνικοῖς ἀγῶσι δῆλόν ἐστιν ὅτι, εἰ ἐξῆν τοῖς κρατίστοις συνθεμένους ἐπὶ τοὺς χείρους ἰέναι, πάντας ἂν τοὺς ἀγῶνας οὗτοι ἐνίκων καὶ πάντα τὰ ἆθλα οὗτοι ἐλάμβανον. Ἐπεὶ οὖν ἐκεῖ μὲν οὐκ ἐῶσι τοῦτο ποιεῖν, ἐν δὲ τοῖς πολιτικοῖς, ἐν οἷς οἱ καλοὶ κἀγαθοὶ κρατιστεύουσιν, οὐδεὶς κωλύει μεθ᾽ οὗ ἄν τις βούληται τὴν πόλιν εὐεργετεῖν, πῶς οὐ λυσιτελεῖ τοὺς βελτίστους φίλους κτησάμενον πολιτεύεσθαι, τούτοις κοινωνοῖς καὶ συνεργοῖς τῶν πράξεων μᾶλλον ἢ ἀνταγωνισταῖς χρώμενον; (27) Ἀλλὰ μὴν κἀκεῖνο δῆλον, ὅτι, κἂν πολεμῇ τίς τινι, συμμάχων δεήσεται, καὶ τούτων πλειόνων, ἐὰν καλοῖς κἀγαθοῖς ἀντιτάττηται. Καὶ μὴν οἱ συμμαχεῖν ἐθέλοντες εὖ ποιητέοι, ἵνα θέλωσι προθυμεῖσθαι. Πολὺ δὲ κρεῖττον τοὺς βελτίστους ἐλάττονας εὖ ποιεῖν ἢ τοὺς χείρονας πλείονας ὄντας· οἱ γὰρ πονηροὶ πολὺ πλειόνων εὐεργεσιῶν ἢ οἱ χρηστοὶ δέονται. (28) Ἀλλὰ θαῤῥῶν, ἔφη, ὦ Κριτόβουλε, πειρῶ ἀγαθὸς γενέσθαι, καὶ τοιοῦτος γενόμενος θηρᾶν ἐπιχείρει τοὺς καλούς τε κἀγαθούς. Ἴσως δ᾽ ἄν τί σοι κἀγὼ συλλαβεῖν εἰς τὴν τῶν καλῶν τε κἀγαθῶν θήραν ἔχοιμι διὰ τὸ ἐρωτικὸς εἶναι· δεινῶς γὰρ ὧν ἂν ἐπιθυμήσω ἀνθρώπων ὅλος ὥρμημαι ἐπὶ τὸ φιλῶν τε αὐτοὺς ἀντιφιλεῖσθαι ὑπ᾽ αὐτῶν καὶ ποθῶν ἀντιποθεῖσθαι καὶ ἐπιθυμῶν ξυνεῖναι ἀντεπιθυμεῖσθαι τῆς ξυνουσίας. (29) Ὁρῶ δὲ καὶ σοὶ τούτων δεῆσον, ὅταν ἐπιθυμήσῃς φιλίαν πρός τινας ποιεῖσθαι. Μή σὺν οὖν ἀποκρύπτου με οἷς ἂν βούλοιο φίλος γενέσθαι· διὰ γὰρ τὸ ἐπιμελεῖσθαι τοῦ ἀρέσαι τῷ ἀρέσκοντί μοι οὐκ ἀπείρως οἶμαι ἔχειν θήρας ἀνθρώπων. (30) Καὶ ὁ Κριτόβουλος ἔφη, Καὶ μὴν, ὦ Σώκρατες, τούτων ἐγὼ τῶν μαθημάτων πάλαι ἐπιθυμῶ ἄλλως τε καὶ εἰ ἐξαρκέσει μοι ἡ αὐτὴ ἐπιστήμη ἐπὶ τοὺς ἀγαθοὺς τὰς ψυχὰς καὶ ἐπὶ τοὺς καλοὺς τὰ σώματα. (31) Καὶ ὁ Σωκράτης ἔφη, Ἀλλ᾽, ὦ Κριτόβουλε, οὐκ ἔνεστιν ἐν τῇ ἐμῇ ἐπιστήμῃ τὸ τὰς χεῖρας προσφέροντα ποιεῖν ὑπομένειν τοὺς καλούς· πέπεισμαι δὲ καὶ ἀπὸ τῆς Σκύλλης διὰ τοῦτο φεύγειν τοὺς ἀνθρώπους, ὅτι τὰς χεῖρας αὐτοῖς προσέφερε· τὰς δέ γε Σειρῆνας, ὅτι τὰς χεῖρας οὐδενὶ προσέφερον, ἀλλὰ πᾶσι πόῤῥωθεν ἐπῇδον, πάντας φασὶν ὑπομένειν καὶ ἀκούοντας αὐτῶν κηλεῖσθαι. (32) Καὶ ὁ Κριτόβουλος ἔφη, Ὡς οὐ προσοίσοντος τὰς χεῖρας, εἴ τι ἔχεις ἀγαθὸν εἰς φίλων κτῆσιν, δίδασκε. Οὐδὲ τὸ στόμα οὖν, ἔφη ὁ Σωκράτης, πρὸς τὸ στόμα προσοίσεις; Θάῤῥει, ἔφη ὁ Κριτόβουλος· οὐδὲ γὰρ τὸ στόμα προσοίσω οὐδενί, ἐὰν μὴ καλὸς ᾖ. Εὐθύς, ἔφη, σύ γε, ὦ Κριτόβουλε, τοὐναντίον τοῦ συμφέροντος εἴρηκας. Οἱ μὲν γὰρ καλοὶ τὰ τοιαῦτα οὐχ ὑπομένουσιν, οἱ δὲ αἰσχροὶ καὶ ἡδέως προσίενται, νομίζοντες διὰ τὴν ψυχὴν καλοὶ καλεῖσθαι. (33) Καὶ ὁ Κριτόβουλος ἔφη, Ὡς τοὺς μὲν καλοὺς φιλήσοντός μου, τοὺς δ᾽ ἀγαθοὺς καταφιλήσοντος,

que imperans aliquo bono patriam afficere conetur : quamobrem talis homo cum alio tali conjungi non possit? num amicis esse usui una cum pulcri bonique studiosis minus poterit, vel ad bene reipublicae faciendum minus valebit, si pulcri bonique studiosos coadjutores habeat? Quin etiam gymnicis in certaminibus patet, si liceat praestantissimis una conjunctis pejores aggredi, futurum esse ut ipsi cunctis in certaminibus victores evadant, omniaque praemia consequantur. Quando igitur hoc istic fieri non permittitur, at in negotiis civilibus, ubi homines pulcri bonique studiosi praecipuas partes obtinent, quum nemo impediat, quominus quis beneficio reipublicam, cum quo ipse velit, adficiat : qui non ex usu sit, ut, optimis amicis comparatis, rempublicam aliquis administret, atque iis potius sociis et coadjutoribus gerendarum rerum, quam adversariis utatur? Enimvero patet hoc etiam, si bellum aliquis adversus alium gerere velit, ei sociis opus esse, illisque pluribus, si pulcri bonique studiosis se opponat. At beneficiis adficiendi sunt, qui opitulari volunt, ut sint animis alacres. Multo autem melius est, optimis, tametsi panciores sint, benefacere, quam deterioribus, qui plures sint : nam improbi multo pluribus beneficiis, quam probi, egent. Tu vero, mi Critobule, fidenti animo bonus esse enitere, atque ubi talis factus fueris, pulcri bonique studiosos venari coneris. Ac fortassis etiam ipse nonnihil tibi conferre ad hanc virorum pulcri bonique studiosorum venationem possim, propterea quod ad amorem propensus sum. Nam quoscunque homines amem, totus ardenter in hoc feror, ut ab iis diligens, vicissim diligar; et desiderans, vicissim ut desiderer : et conversationis cupidus, vicissim ut expetar. Quibus et tibi opus fore video, si quando cum quibusdam amicitiam inire cupies. Itaque ne me celes, quibus esse amicus velis. Nam quum placere studeam illi, qui mihi placet, minime venandi homines imperitum me esse arbitror. Atqui, ait Critobulus, harum artium ego, mi Socrates, jamdudum cupidus sum; praesertim si eadem mihi scientia erit suffectura et ad eos, qui animae bonitate praestant, et ad eos, qui corporis elegantia. At vero, mi Critobule, inquit Socrates, non haec scientia mea continetur, ut manus hjiciens, forma praestantes aliquis remoretur. Scio enim, homines ea de causa Scyllam fugere, quod manus eis admoveret : Sirenes vero, quia nemini manus injicerent, sed longo ex intervallo cunctos incantarent, cunctos aiunt morari, atque hos audiendo ipsas demulceri. Et Critobulus, Doce vero me, inquit, si quid habes, quod ad conciliandos amicos conferat; non enim cuiquam manus injiciam. Ac ne os quidem, ait Socrates, ori admovebis? Bono sis animo, inquit Critobulus : nec enim os ulli admovebo, nisi forma praestet. En, statim tu, ait, mi Critobule, contrarium ei, quod utile sit, dixisti. Nam qui pulcri sunt, talia non sufferunt : at qui deformes, lubenter admittunt, existimantes, propter animam se pulchros appellari. Et Critobulus, Age, animo alacri me doceto, inquit, artem venandi amicos; quando-

θαρρῶν δίδασκε τῶν φίλων τὰ θηρατικά. Καὶ ὁ Σωκράτης ἔφη, Ὅταν οὖν, ὦ Κριτόβουλε, φίλος τινὶ βούλῃ γενέσθαι, ἐάσεις με κατειπεῖν σου πρὸς αὐτὸν ὅτι ἄγασαί τε αὐτοῦ καὶ ἐπιθυμεῖς φίλος αὐτοῦ εἶναι; Κατηγόρει, ἔφη ὁ Κριτόβουλος, οὐδένα γὰρ οἶδα μισοῦντα τοὺς ἐπαινοῦντας. (34) Ἐὰν δέ σου προσκατηγορήσω, ἔφη, ὅτι διὰ τὸ ἄγασθαι αὐτοῦ καὶ εὐνοϊκῶς ἔχεις πρὸς αὐτὸν, ἆρα μὴ διαβάλλεσθαι δόξεις ὑπ' ἐμοῦ; Ἀλλὰ καὶ αὐτῷ μοι, ἔφη, ἐγγίγνεται εὔνοια πρὸς οὓς ἂν ὑπολάβω εὐνοϊκῶς ἔχειν πρὸς ἐμέ. (35) Ταῦτα μὲν δὴ, ἔφη ὁ Σωκράτης, ἐξέσται μοι λέγειν περὶ σοῦ πρὸς οὓς ἂν βούλῃ φίλους ποιήσασθαι· ἐὰν δέ μοι ἔτι ἐξουσίαν δῷς λέγειν περὶ σοῦ ὅτι ἐπιμελής τε τῶν φίλων εἶ καὶ οὐδενὶ οὕτω χαίρεις ὡς φίλοις ἀγαθοῖς, καὶ ἐπί τε τοῖς καλοῖς ἔργοις τῶν φίλων ἀγάλλῃ οὐχ ἧττον ἢ ἐπὶ τοῖς ἑαυτοῦ καὶ ἐπὶ τοῖς ἀγαθοῖς τῶν φίλων χαίρεις οὐδὲν ἧττον ἢ ἐπὶ τοῖς ἑαυτοῦ, ὅπως τε ταῦτα γίγνηται τοῖς φίλοις οὐκ ἀποκάμνεις μηχανώμενος, καὶ ὅτι ἔγνωκας ἀνδρὸς ἀρετὴν εἶναι νικᾶν τοὺς μὲν φίλους εὖ ποιοῦντα, τοὺς δ' ἐχθροὺς κακῶς, πάνυ ἂν οἶμαί σοι ἐπιτήδειον εἶναί με σύνθηρον τῶν ἀγαθῶν φίλων. (36) Τί οὖν, ἔφη ὁ Κριτόβουλος, ἐμοὶ τοῦτο λέγεις, ὥσπερ οὐκ ἐπὶ σοὶ ὂν ὅ,τι ἂν βούλῃ περὶ ἐμοῦ λέγειν; Μὰ Δί' οὔχ, ὅς ποτε ἐγὼ Ἀσπασίας ἤκουσα. Ἔφη γὰρ τὰς ἀγαθὰς προμνηστρίδας μετὰ μὲν ἀληθείας τἀγαθὰ διαγγελλούσας δεινὰς εἶναι συνάγειν ἀνθρώπους εἰς κηδείαν, ψευδομένας δ' οὐκ ἐθέλειν ἐπαινεῖν· τοὺς γὰρ ἐξαπατηθέντας ἅμα μισεῖν ἀλλήλους τε καὶ τὴν προμνησαμένην. Ἃ δὴ καὶ ἐγὼ πεισθεὶς ὀρθῶς ἔχειν ἡγοῦμαι οὐκ ἐξεῖναί μοι λέγειν περὶ σοῦ ἐπαινοῦντι οὐδὲν ὅ,τι ἂν μὴ ἀληθεύω. (37) Σὺ μὲν ἄρα, ἔφη ὁ Κριτόβουλος, τοιοῦτός μοι φίλος εἶ, ὦ Σώκρατες, οἷος, ἂν μὲν αὐτὸς ἔχω ἐπιτήδειον εἰς τὸ φίλους κτήσασθαι συλλαμβάνειν μοι, εἰ δὲ μὴ, οὐκ ἂν ἐθέλοις πλάσας τι εἰπεῖν ἐπὶ τῇ ἐμῇ ὠφελείᾳ. Πότερα δ' ἂν, ἔφη ὁ Σωκράτης, ὦ Κριτόβουλε, δοκῶ σοι μᾶλλον ὠφελεῖν ἄν σε τὰ ψευδῆ ἐπαινῶν ἢ πείθων πειρᾶσθαί σε ἀγαθὸν ἄνδρα γενέσθαι; (38) Εἰ δὲ μὴ φανερὸν οὕτω σοι, ἐκ τῶνδε σκέψαι· εἰ γάρ με βουλόμενος φίλον ποιῆσαι ναυκλήρῳ ψευδόμενος ἐπαινοίην, φάσκων ἀγαθὸν εἶναι κυβερνήτην, ὁ δέ μοι πεισθεὶς ἐπιτρέψειέ σοι τὴν ναῦν μὴ ἐπισταμένῳ κυβερνᾶν, ἔχεις τινὰ ἐλπίδα μὴ ἂν σαυτόν τε καὶ τὴν ναῦν ἀπολέσαι; ἢ εἴ σοι πείσαιμι κοινῇ τὴν πόλιν ψευδόμενος ὡς ἂν στρατηγικῷ τε καὶ δικαστικῷ καὶ πολιτικῷ ἑαυτὴν ἐπιτρέψαι, τί ἂν οἴει σεαυτὸν καὶ τὴν πόλιν ὑπὸ σοῦ παθεῖν; ἢ εἴ τινας ἰδίᾳ τῶν πολιτῶν πείσαιμι ψευδόμενος ὡς ὄντι οἰκονομικῷ τε καὶ ἐπιμελεῖ τὰ ἑαυτῶν ἐπιτρέψαι, ἆρ' οὐκ ἂν πεῖραν διδοὺς ἅμα τε βλαβερὸς εἴης καὶ καταγέλαστος φαίνοιο; (39) Ἀλλὰ συντομωτάτη τε καὶ ἀσφαλεστάτη καὶ καλλίστη ὁδός, ὦ Κριτόβουλε, ὅ,τι ἂν βούλῃ δοκεῖν ἀγαθὸς εἶναι, τοῦτο καὶ γενέσθαι ἀγαθὸν πειρᾶσθαι. Ὅσαι δ' ἐν ἀνθρώποις ἀρεταὶ λέγονται σκοπούμενος εὑρήσεις πάσας μαθήσει τε καὶ μελέτῃ αὐξανομένας. Ἐγὼ μὲν οὖν, ὦ Κριτόβουλε, οἶμαι δεῖν ἡμᾶς ταύτῃ θηρᾶσθαι· εἰ δὲ σύ πως ἄλλως

quidem pulchros osculatus, honestos exosculaturus sum. Et Socrates, Ubi, mi Critobule, amicitiam cum aliquo, inquit, contrahere velis, an mihi permittes, ut ad ipsum deferam, te admiratorem ipsius esse, atque amicitiam ejus expetere? Defer, ait Critobulus; quippe neminem novi, qui se laudantes oderit. At si praeterea deferam, ait, quod prae admiratione ipsius etiam benevolus erga ipsum sis, nonne te putabis a me accusari? Atqui in me ipso, inquit, benevolentia quaedam erga illos innascitur, quos animis in me benevolis esse suspicor. Haec igitur, ait Socrates, mihi de te dicere licebit ad eos, quos amicos efficere velis: si mihi praeterea potestatem facias dicendi de te, quod amici tibi curae sint, et quod nulla re sic delecteris, atque bonis amicis; quod ob amicorum praeclara facinora non minus exsiltes, quam ob tua; quod ob amicorum commoda non minus gaudeas, quam ob tua; quod conando, ut amici ea consequantur, non defatigeris; quodque nosti hominis virtutem esse, beneficiis amicos, inimicos vero maleficiis vincere: pro certo arbitror aptum me tibi convenatorem bonorum amicorum fore. Quamobrem, ait Critobulus, hoc mihi commemoras, quasi non penes te sit, ut de me, quod velis, dicas? Non profecto, uti quidem ego de Aspasia aliquando audivi. Aiebat enim bonas pronubas, quae cum veritate bona commemorent, plurimum ad conciliandam inter homines affinitatem valere; easdem vero non velle per mendacia laudare. Qui enim decepti sint, se odisse mutuo dicebat, atque etiam conciliatricem ipsam. Quae quum ita esse persuasus sim, recte arbitror nihil mihi dicere licere in laudem tuam, quod non vere dicam. Nimirum tu, mi Socrates, ait Critobulus, talis amicus es mihi, ut me sis adjuturus, si ad parandos amicos aliquo modo aptus fuero; sin minus, nihil utilitatis meae causa ficti sis dicturus. Utrum autem, inquit Socrates, magis tibi prodesse videor, si falsis te ornem laudibus; an si persuadeam, ut vir bonus esse studeas? Quod si hoc ita necdum perspicis, ex his considera. Nam si tibi cum naviculatore volens amicitiam conciliare, falso te laudem, bonumque gubernatorem esse dicam; atque ille persuasus a me, navem imperito tibi gubernandam committat: aliunde quidquam sperare possis, quam te tum navem tum te ipsum exitio daturum? vel si tua causa civitati publice persuadeam mentiens, ut se tibi, tanquam viro artis imperatoriae, judiciorum, rerumque civilium perito committat: quid putas et tibi et per te civitati eventurum? vel si privatim civibus nonnullis persuadeam, idque mentiendo, ut tibi res suas credant, tanquam administrandae rei familiaris perito, atque industrio: an non, periculo facto, damnosus simulque ridiculus esse apparebis? At vero via maxime compendiaria, tutissima, et pulcherrima est, mi Critobule, ut, in quocunque bonus esse videri velis, in eo operam des ut etiam bonus sis. Quaecumque autem apud homines virtutes appellantur, eas omnes si consideres, doctrina et exercitatione augeri animadvertes. Atque hoc modo, mi Critobule, nos amicos

γιγνώσκεις, δίδασκε. Καὶ ὁ Κριτόβουλος, Ἀλλ' αἰσχυνοίμην ἄν, ἔφη, ὦ Σώκρατες, ἀντιλέγων τούτοις· οὔτε γὰρ καλὰ οὔτε ἀληθῆ λέγοιμ' ἄν.

venari oportere arbitror : tu si aliter judicas, doce. Et Critobulus, Me vero pudeat, inquit, his contradicere, mi Socrates : nec enim honesta, nec vera dicerem.

ΚΕΦΑΛΑΙΟΝ Ζ.

Καὶ μὴν τὰς ἀπορίας γε τῶν φίλων τὰς μὲν δι' ἄγνοιαν ἐπειρᾶτο γνώμῃ ἀκεῖσθαι, τὰς δὲ δι' ἔνδειαν διδάσκων κατὰ δύναμιν ἀλλήλοις ἐπαρκεῖν. Ἐρῶ δὲ καὶ ἐν τούτοις ἃ σύνοιδα αὐτῷ. Ἀρίσταρχον γάρ ποτε ὁρῶν σκυθρωπῶς ἔχοντα, Ἔοικας, ἔφη, ὦ Ἀρίσταρχε, βαρέως φέρειν τι. Χρὴ δὲ τοῦ βάρους μεταδιδόναι τοῖς φίλοις· ἴσως γὰρ ἄν τί σε καὶ ἡμεῖς κουφίσαιμεν. (2) Καὶ ὁ Ἀρίσταρχος, Ἀλλὰ μήν, ἔφη, ὦ Σώκρατες, ἐν πολλῇ γέ εἰμι ἀπορίᾳ. Ἐπεὶ γὰρ ἐστασίασεν ἡ πόλις πολλῶν φυγόντων εἰς τὸν Πειραιᾶ, συνεληλύθασιν ὡς ἐμὲ καταλελειμμέναι ἀδελφαί τε καὶ ἀδελφιδαῖ καὶ ἀνεψιαὶ τοσαῦται ὥστ' εἶναι ἐν τῇ οἰκίᾳ τεσσαρεσκαίδεκα τοὺς ἐλευθέρους. Λαμβάνομεν δὲ οὔτε ἐκ τῆς γῆς οὐδέν, οἱ γὰρ ἐναντίοι κρατοῦσιν αὐτῆς, οὔτε ἀπὸ τῶν οἰκιῶν, ὀλιγανθρωπία γὰρ ἐν τῷ ἄστει γέγονε. Τὰ ἔπιπλα δὲ οὐδεὶς ὠνεῖται, οὐδὲ δανείσασθαι οὐδαμόθεν ἔστιν ἀργύριον, ἀλλὰ πρότερον ἄν τις μοι δοκεῖ ἐν τῇ ὁδῷ ζητῶν εὑρεῖν ἢ δανειζόμενος λαβεῖν. Χαλεπὸν μὲν οὖν ἐστιν, ὦ Σώκρατες, τοὺς οἰκείους περιορᾶν ἀπολλυμένους, ἀδύνατον δὲ τοσούτους τρέφειν ἐν τοιούτοις πράγμασι. (3) Ἀκούσας οὖν ταῦτα ὁ Σωκράτης, Τί ποτέ ἐστιν, ἔφη, ὅτι ὁ Κεράμων μὲν πολλοὺς τρέφων οὐ μόνον ἑαυτῷ τε καὶ τούτοις τὰ ἐπιτήδεια δύναται παρέχειν, ἀλλὰ καὶ περιποιεῖται τοσαῦτα ὥστε καὶ πλουτεῖν, σὺ δὲ πολλοὺς τρέφων δέδοικας μὴ δι' ἔνδειαν τῶν ἐπιτηδείων ἅπαντες ἀπόλησθε; Ὅτι νὴ Δί', ἔφη, ὁ μὲν δούλους τρέφει, ἐγὼ δὲ ἐλευθέρους. (4) Καὶ πότερον, ἔφη, τοὺς παρὰ σοὶ ἐλευθέρους οἴει βελτίους εἶναι ἢ τοὺς παρὰ Κεράμωνι δούλους; Ἐγὼ μὲν οἶμαι, ἔφη, τοὺς παρ' ἐμοὶ ἐλευθέρους. Οὐκοῦν, ἔφη, αἰσχρὸν τὸν μὲν ἀπὸ τῶν πονηροτέρων εὐπορεῖν, σὲ δὲ πολλῷ βελτίους ἔχοντα ἐν ἀπορίαις εἶναι; Νὴ Δί', ἔφη, ὁ μὲν γὰρ τεχνίτας τρέφει, ἐγὼ δὲ ἐλευθερίως πεπαιδευμένους. (5) Ἆρ' οὖν, ἔφη, τεχνῖταί εἰσιν οἱ χρήσιμόν τι ποιεῖν ἐπιστάμενοι; Μάλιστά γ', ἔφη. Οὐκοῦν χρήσιμά γ' ἄλφιτα; Σφόδρα γε. Τί δ' ἄρτοι; Οὐδὲν ἧττον. Τί γάρ, ἔφη, ἱμάτιά τε ἀνδρεῖα καὶ γυναικεῖα καὶ χιτωνίσκοι καὶ χλαμύδες καὶ ἐξωμίδες; Σφόδρα γε, ἔφη, καὶ πάντα ταῦτα χρήσιμα. Ἔπειτα, ἔφη, οἱ παρὰ σοὶ τούτων οὐδὲν ἐπίστανται ποιεῖν; Πάντα μὲν οὖν, ὡς ἐγῷμαι. (6) Εἶτ' οὐκ οἶσθα ὅτι ἀφ' ἑνὸς μὲν τούτων, ἀλφιτοποιίας, Ναυσικύδης οὐ μόνον ἑαυτόν τε καὶ τοὺς οἰκέτας τρέφει, ἀλλὰ πρὸς τούτοις καὶ ὗς πολλὰς καὶ βοῦς, καὶ περιποιεῖται τοσαῦτα ὥστε καὶ τῇ πόλει πολλάκις λειτουργεῖν, ἀπὸ δὲ ἀρτοποιίας Κύρηβος τήν τε οἰκίαν πᾶσαν διατρέφει καὶ ζῇ δαψιλῶς, Δημέας δὲ ὁ Κολλυτεὺς ἀπὸ χλαμυ-

CAPUT VII.

Et profecto amicorum difficultatibus, quæ ex ignoratione provenirent, consilio mederi conabatur; quæ vero ex egestate, docendo ut pro viribus sibi invicem subvenirent. Dicam autem, quid hac etiam in parte mihi de ipso constet. Nam, quum aliquando Aristarchum tristem cerneret, Videris, ait, mi Aristarche, quiddam moleste ferre. Debes autem molestiam hanc cum amicis communicare; fortassis enim nonnihil etiam nos te sublevaverimus. Et Aristarchus, Euimvero, mi Socrates, ait, magna in difficultate versor. Nam ut seditiones hae in civitate motæ sunt, multis in Piræeum confugientibus, convenerunt ad me relictæ tot sorores, sororum filiæ, et consobrinæ, ut meis in ædibus quatuordecim homines liberi sint. Neque vero vel ex agro, quo potiuntur adversarii, quicquam paramus; neque, quod hominum exiguus in urbe sit numerus, ex ædibus. Supellectilem emit nemo, neque usquam mutuum capi potest argentum : sed citius in via quis quærendo invenerit, quam mutuum acceperit. Grave quidem certe est, mi Socrates, ut quis propinquos negligat pereuntes; sed fieri non potest, ut aliquis, quum res ita sint comparatæ, tot homines alat. Hæc quum audisset Socrates? Quid est causæ, inquit, quod Ceramo multos alens, non sibi solum atque illis suppeditare necessaria possit, sed etiam tantum præterea lucrum faciat, ut dives sit : tu multos alens metuis, ne ob necessariorum inopiam omnes pereatis? Quia profecto, ait, servos alit ille, ego liberos homines. Utrum vero, inquit Socrates, putas liberos, qui tecum sunt, meliores esse, an Ceramonis servos? Puto liberos qui mecum sunt. An non igitur turpe est, inquit, illum per homines viliores opibus affluere, te, qui multo meliores habes, inopia premi? Minime, inquit : nam ille artifices alit, ego liberaliter educatos. Artifices ergo sunt, inquit, qui quid utile facere possunt? Maxime, ait. Ergo farina est utilis? Ac vehementer quidem. Quid, panes? Nihilo minus. Quid, ait, vestes viriles ac muliebres, et tuniculæ, et chlamydes, et exomides? Admodum, ait, utilia etiam hæc omnia. Jam vero, inquit, qui tecum sunt, nihil horum possunt elaborare? Immo vero omnia, ut arbitror. Ergo tu ignoras Nausicydem facienda farina, quum unum ex his est, non solum se ipsum et domesticos alere, sed præterea multas sues, et vaccas ; atque etiam lucrari tantum, ut sæpius civitati sumptum suppeditet; Cyrebum pane faciendo et familiam omnem nutrire, et ipsum vivere largiter; Demeam Collytensem, contri-

δουργίας, Μέγαριν δ' ἀπὸ χλανιδοποιίας, Μεγαρέων δὲ οἱ πλεῖστοι, ἔφη, ἀπὸ ἐξωμιδοποιίας διατρέφονται· Νὴ Δί', ἔφη· οὗτοι μὲν γὰρ ὠνούμενοι βαρβάρους ἀνθρώπους ἔχουσιν, ὥςτ' ἀναγκάζειν ἐργάζεσθαι ἃ καλῶς ἔχει· ἐγὼ δ' ἐλευθέρους τε καὶ συγγενεῖς. (7) Ἔπειτ', ἔφη, ὅτι ἐλεύθεροί τ' εἰσὶ καὶ συγγενεῖς σοι, οἴει χρῆναι αὐτοὺς μηδὲν ἄλλο ποιεῖν ἢ ἐσθίειν καὶ καθεύδειν; πότερον καὶ τῶν ἄλλων ἐλευθέρων τοὺς οὕτω ζῶντας ἄμεινον διάγοντας ὁρᾷς καὶ μᾶλλον εὐδαιμονίζεις ἢ τοὺς ἃ ἐπίστανται χρήσιμα πρὸς τὸν βίον, τούτων ἐπιμελομένους; ἢ τὴν μὲν ἀργίαν καὶ τὴν ἀμέλειαν αἰσθάνη τοῖς ἀνθρώποις πρός τε τὸ μαθεῖν ἃ προςήκει ἐπίστασθαι καὶ πρὸς τὸ μνημονεύειν ἃ ἂν μάθωσι, καὶ πρὸς τὸ ὑγιαίνειν τε καὶ ἰσχύειν τοῖς σώμασι, καὶ πρὸς τὸ κτήσασθαί τε καὶ σώζειν τὰ χρήσιμα πρὸς τὸν βίον ὠφέλιμα ὄντα, τὴν δὲ ἐργασίαν καὶ τὴν ἐπιμέλειαν οὐδὲν χρήσιμα; (8) ἔμαθον δὲ ἃ φὴς αὐτὰς ἐπίστασθαι πότερον ὡς οὔτε χρήσιμα ὄντα πρὸς τὸν βίον οὔτε ποιήσουσαι αὐτῶν οὐδέν, ἢ τοὐναντίον ὡς καὶ ἐπιμεληθησόμεναι τούτων καὶ ὠφεληθησόμεναι ἀπ' αὐτῶν; ποτέρως γὰρ ἂν μᾶλλον ἄνθρωποι σωφρονοῖεν, ἀργοῦντες ἢ τῶν χρησίμων ἐπιμελούμενοι; ποτέρως δ' ἂν δικαιότεροι εἶεν, εἰ ἐργάζοιντο ἢ εἰ ἀργοῦντες βουλεύοιντο περὶ τῶν ἐπιτηδείων; (9) Ἀλλὰ καὶ νῦν μέν, ὡς ἐγᾦμαι, οὔτε σὺ ἐκείνας φιλεῖς οὔτε ἐκεῖναι σέ· σὺ μὲν ἡγούμενος αὐτὰς ἐπιζημίους εἶναι σεαυτῷ, ἐκεῖναι δὲ σὲ ὁρῶσαι ἀχθόμενον ἐφ' ἑαυταῖς. Ἐκ δὲ τούτων κίνδυνος μείζω τε ἀπέχθειαν γίγνεσθαι καὶ τὴν προγεγονυῖαν χάριν μειοῦσθαι. Ἐὰν δὲ προστατήσῃς ὅπως ἐνεργοὶ ὦσι, σὺ μὲν ἐκείνας φιλήσεις, ὁρῶν ὠφελίμους σεαυτῷ οὔσας, ἐκεῖναι δὲ σὲ ἀγαπήσουσιν, αἰσθόμεναι χαίροντά σε αὐταῖς, τῶν δὲ προγεγονυιῶν εὐεργετιῶν ἥδιον μεμνημένοι τὴν ἀπ' ἐκείνων χάριν αὐξήσετε καὶ ἐκ τούτων φιλικώτερόν τε καὶ οἰκειότερον ἀλλήλοις ἕξετε. (10) Εἰ μὲν τοίνυν αἰσχρόν τι ἔμελλον ἐργάσασθαι, θάνατον ἀντ' αὐτοῦ προαιρετέον ἦν· νῦν δὲ ἃ μὲν δοκεῖ κάλλιστα καὶ πρεπωδέστατα γυναιξὶν εἶναι ἐπίστανται, ὡς ἔοικε. Πάντες δὲ ἃ ἐπίστανται ῥᾷστά τε καὶ τάχιστα καὶ κάλλιστα καὶ ἥδιστα ἐργάζονται. Μὴ οὖν ὄκνει, ἔφη, ταῦτα εἰσηγεῖσθαι αὐταῖς ἃ σοί τε λυσιτελήσει, κἀκείναις, καί, ὡς εἰκός, ἡδέως ὑπακούσονται. (11) Ἀλλὰ νὴ τοὺς θεούς, ἔφη ὁ Ἀρίσταρχος, οὕτω μοι δοκεῖς καλῶς λέγειν, ὦ Σώκρατες, ὥςτε πρόσθεν μὲν οὐ προςιέμην δανείσασθαι, εἰδὼς ὅτι ἀναλώσας ἃ ἂν λάβω οὐχ ἕξω ἀποδοῦναι, νῦν δέ μοι δοκῶ εἰς ἔργων ἀφορμὴν ὑπομεῖναί σε ποιῆσαι.

12. Ἐκ τούτων δὲ ἐπορίσθη μὲν ἀφορμή, ἐωνήθη δὲ ἔρια, καὶ ἐργαζόμεναι μὲν ἠρίστων, ἐργασάμεναι δὲ ἐδείπνουν, ἱλαραὶ δὲ ἀντὶ σκυθρωπῶν ἦσαν καὶ ἀντὶ ὑφορωμένων ἑαυτὰς ἡδέως ἀλλήλας ἑώρων, καὶ αἱ μὲν ὡς κηδεμόνα ἐφίλουν, ὁ δὲ ὡς ὠφελίμους ἠγάπα. Τέλος δὲ ἐλθὼν πρὸς τὸν Σωκράτην χαίρων διηγεῖτο ταῦτά τε καὶ ὅτι αἰτιῶνται αὐτὸν μόνον τῶν ἐν τῇ οἰκίᾳ ἀργὸν ἐσθίειν. (13) Καὶ ὁ Σωκράτης ἔφη, Εἶτα οὐ λέγεις

ficiendis chlamydibus; Menonem, penulis; Megarensium maximam partem exomidum confectione sese alere? Profecto, inquit: nam illi barbaros quosdam emptos habent, quos possunt cogere ad elaborandum quae istos homines deceat: ego autem liberos homines et cognatos. Ergo, inquit, quod liberi sint et tibi cognati, propterea putas eis aliud nihil faciendum esse, quam ut edant ac dormiant? Num et inter alios liberos homines, eos qui ita vivant commodius degere vides, felicioresque praedicas illis, qui ea exercere curant, quaecunque ad vitam utilia norunt? an otium et negligentiam prodesse animadvertis hominibus ad discendum ea quae scire convenit, et ad reminiscendum quaecunque didicerint, et ad valetudinem roburque corporum, et ad parandum ac conservandum ea quae vitae utilia sunt; negotium vero ac diligentiam nihil prodesse putas? Num ea, quae dicis illas tenere, sic didicerunt, ut nec ad vitam utilia essent, neque quidquam eorum facerent; an e diverso, ut et diligenter in eis elaborarent, et utilitatem inde caperent? Utro modo homines animo saniori uterentur, in otio degendo, an curam iis impendendo, quae expediant? utro modo officia sua melius praestarent, si operentur, an si in otio de victu deliberare? Quin etiam, mea sententia, neque tu jam illas diligis, neque illae te: tu, quod eas esse tibi detrimento existimes, illae, quod te sua causa gravari videant: ex his periculum est, et majus odium oriatur, et pristina gratia minuatur. At si tu cures ut operas faciant, tu quidem eas diliges, quia videbis ipsas tibi esse utiles; et amabunt illae te contra, ubi animadvertent, te iis delectari: atque etiam priorum beneficiorum cum voluptate recordantes, gratiam eis partam augebitis, ac deinde amicius familiariusque invicem adficiernini. Jam si turpe quid eis esset agendum, mors potius esset eligenda. At vero norunt illae, ut apparet, quaecunque videntur mulieribus honestissima esse, maximeque decora. Omnes autem, quae norunt, tum facillime, tum celerrime, tum elegantissime, tum summa cum voluptate operantur. Ne cuncteris igitur, inquit, ut ad eas iis illis auctor, quae tum tibi tum illis expedient: in quo quidem, uti par est, perlubenter tibi obtemperabunt. Profecto, inquit Aristarchus, tam mihi praeclare dicere videris, mi Socrates, ut quum antea mutuari noluissem, quod scirem me, absumpta mutuo data pecunia, non habiturum unde solverem; nunc mihi videar id facturus ad subeundas materiae operum coemendae impensas.

Inde comparata fuit illa impensa; emptae lanae, mulieres inter operas prandebant, atque operis absolutis coenabant: item pro tristibus hilares erant; et quae prius suspectae invicem erant, nunc aliae alias suaviter intuebantur: Aristarchum illae tanquam curatorem diligebant, illas Aristarchus tanquam sibi utiles amabat. Tandem ad Socratem quum accessisset, narrabat et haec cum voluptate, et quod se solum inter omnes in domo reprehenderent, ut qui otiosus ederet. Tum Socrates, Tu vero, inquit, non canis fabulam

αὐταῖς τὸν τοῦ κυνὸς λόγον; φασὶ γὰρ, ὅτε φωνήεντα ἦν τὰ ζῶα, τὴν οὖν πρὸς τὸν δεσπότην εἰπεῖν, Θαυμαστὸν ποιεῖς, ὃς ἡμῖν μὲν ταῖς καὶ ἔριά σοι καὶ ἄρνας καὶ τυρὸν παρεχούσαις οὐδὲν δίδως ὅ,τι ἂν μὴ ἐκ τῆς γῆς λάβωμεν, τῷ δὲ κυνὶ, ὃς οὐδὲν τοιοῦτόν σοι παρέχει, μεταδίδως οὗπερ αὐτὸς ἔχεις σίτου. (14) Τὸν κύνα οὖν ἀκούσαντα εἰπεῖν, Ναὶ μὰ Δία· ἐγὼ γάρ εἰμι ὁ καὶ ὑμᾶς αὐτὰς σώζων, ὥστε μήτε ὑπ᾽ ἀνθρώπων κλέπτεσθαι μήτε ὑπὸ λύκων ἁρπάζεσθαι, ἐπεὶ ὑμεῖς γε, εἰ μὴ ἐγὼ προφυλάττοιμι ὑμᾶς, οὐδ᾽ ἂν νέμεσθαι δύναισθε, φοβούμεναι μὴ ἀπόλησθε. Οὕτω δὴ λέγεται καὶ τὰ πρόβατα συγχωρῆσαι τὸν κύνα προτιμᾶσθαι. Καὶ σὺ οὖν ἐκείναις λέγε ὅτι ἀντὶ κυνὸς εἶ φύλαξ καὶ ἐπιμελητής, καὶ διὰ σὲ οὐδ᾽ ὑφ᾽ ἑνὸς ἀδικούμεναι ἀσφαλῶς τε καὶ ἡδέως ἐργαζόμεναι ζῶσιν.

ΚΕΦΑΛΑΙΟΝ Η.

Ἄλλον δέ ποτε ἀρχαῖον ἑταῖρον διὰ χρόνου ἰδὼν, Πόθεν, ἔφη, Εὔθηρε, φαίνῃ; Ὑπὸ μὲν τὴν κατάλυσιν τοῦ πολέμου, ἔφη, ὦ Σώκρατες, ἐκ τῆς ἀποδημίας, νυνὶ μέντοι αὐτόθεν. Ἐπειδὴ γὰρ ἀφῃρέθημεν τὰ ἐν τῇ ὑπερορίᾳ κτήματα, ἐν δὲ τῇ Ἀττικῇ ὁ πατήρ μοι οὐδὲν κατέλιπεν, ἀναγκάζομαι νῦν ἐπιδημήσας τῷ σώματι ἐργαζόμενος τὰ ἐπιτήδεια πορίζεσθαι. Δοκεῖ δέ μοι τοῦτο κρεῖττον εἶναι ἢ δεῖσθαί τινος ἀνθρώπων, ἄλλως τε καὶ μηδὲν ἔχοντα ἐφ᾽ ὅτῳ ἂν δανειζοίμην. (2) Καὶ πόσον χρόνον οἴει σοι, ἔφη, τὸ σῶμα ἱκανὸν εἶναι μισθοῦ τὰ ἐπιτήδεια ἐργάζεσθαι; Μὰ τὸν Δί᾽, ἔφη, οὐ πολὺν χρόνον. Καὶ μήν, ἔφη, ὅταν γε πρεσβύτερος γένῃ, δῆλον ὅτι δαπάνης μὲν δεήσῃ, μισθὸν δὲ οὐδείς σοι θελήσει τῶν τοῦ σώματος ἔργων διδόναι. Ἀληθῆ λέγεις, ἔφη. (3) Οὐκοῦν, ἔφη, κρεῖττόν ἐστιν αὐτόθεν τοῖς τοιούτοις τῶν ἔργων ἐπιτίθεσθαι ἃ καὶ πρεσβυτέρῳ γενομένῳ ἐπαρκέσει, καὶ προσελθόντα τῳ τῶν πλείονα χρήματα κεκτημένων τῷ δεομένῳ τοῦ συνεπιμελησομένου ἔργων τε ἐπιστατοῦντα καὶ συγκομίζοντα τοὺς καρποὺς καὶ συμφυλάττοντα τὴν οὐσίαν ὠφελοῦντα ἀντωφελεῖσθαι. (4) Χαλεπῶς ἄν, ἔφη, ἐγώ, ὦ Σώκρατες, δουλείαν ὑπομείναιμι. Καὶ μὴν οἵ γε ἐν ταῖς πόλεσι προστατεύοντες καὶ τῶν δημοσίων ἐπιμελόμενοι οὐ δουλοπρεπέστεροι ἕνεκα τούτου, ἀλλ᾽ ἐλευθεριώτεροι νομίζονται. (5) Ὅλως μήν, ἔφη, ὦ Σώκρατες, τὸ ὑπαίτιον εἶναί τινι οὐ πάνυ προσίεμαι. Καὶ μήν, ἔφη, Εὔθηρε, οὐ πάνυ γε ῥᾴδιόν ἐστιν εὑρεῖν ἔργον ἐφ᾽ ᾧ οὐκ ἄν τις αἰτίαν ἔχοι. Χαλεπὸν γὰρ οὕτω τι ποιῆσαι ὥστε μηδὲν ἁμαρτεῖν, χαλεπὸν δὲ καὶ ἀναμαρτήτως τι ποιήσαντα μὴ ἀγνώμονι κριτῇ περιτυχεῖν· ἐπεὶ καὶ οἷς νῦν ἐργάζεσθαι φῂς θαυμάζω εἰ ῥᾴδιόν ἐστιν ἀνέγκλητον διαγενέσθαι. (6) Χρὴ οὖν πειρᾶσθαι τοὺς φιλαιτίους φεύγειν καὶ τοὺς εὐγνώμονας διώκειν, καὶ τῶν πραγμάτων ὅσα μὲν δύνασαι ποιεῖν ὑπομένειν, ὅσα δὲ μὴ δύνασαι φυλάττεσθαι, ὅ,τι δ᾽ ἂν πράττῃς, τούτων ὡς κάλλιστα καὶ προθυμότατα

cis narras? Aiunt enim, id temporis, quum voce uterentur animalia, dixisse ad herum suum ovem: Facis sane mirum quiddam, qui nobis, lanas, agnos, caseum tibi suppeditantibus, nihil des extra id, quod e terra consequimur; cani vero, qui nihil tale tibi præbet, cibum illum communicas, quo ipse vesceris. At canem his auditis dixisse: Non abs re profecto: nam ego is sum, qui vos etiam ipsas conservat, ut nec furto ab hominibus auferamini, neque a lupis rapiamini: quum vos quidem certe, nisi pro vobis ego excubarem, ne pastum quidem ire possetis, veritæ scilicet ne periretis. Atque hoc modo perhibetur, oves ipsas concessisse, ut canis potiori conditione fruerentur. Itaque tu etiam illis dicito, te canis instar custodem esse, curamque earum gerere; cujus opera læsæ a nemine, secure suaviterque suas operas obeundo vivant.

CAPUT VIII.

Quum aliquando sodalem alium veterem longo ex intervallo videret: Unde nobis ades, ait, Euthere? Sub exitum belli, mi Socrates, inquit, de peregrinatione; nunc ex hac ipsa urbe. Quando enim extra fines Atticæ sita prædia mihi sunt adempta, nec pater in Attica mihi quidquam reliquit; cogor jam domi degens corpore faciundis operis victum quærere. Et videtur hoc mihi præstare, quam aliquem rogare mortalium, præsertim quum nihil habeam, super quo mutuarer. At quamdiu putas, inquit, corpus tibi suffecturum, ut victum pro mercede laborando quæras? Profecto non diu, inquit. Itaque quum consenueris, ait, sumptu tu quidem egebis, at nemo tibi mercedem pro corporis laboribus pendet. Vere dicis, inquit. Ergo præstat, ait, ea te opera jam nunc aggredi, quæ tibi etiam ubi senueris sufficiant; et locuplete quodam convento, qui coadjutore indigeat, operibus ipsius præfici, fructus congerere, facultates una custodire; ut eum juvans ab illo vicissim adjuveris. Ego vero, mi Socrates, inquit, ægre servitutem perferre possim. Atqui civitatum præsides, publicarumque rerum curatores, non idcirco magis serviles, sed magis liberales existimantur. Omnino, mi Socrates, ait, non admodum velim alicui me culpabilem esse. Atqui, mi Euthere, inquit, non facile reperiri potest opus, in quo non aliquis culpetur. Est enim difficile, sic aliquid agere, ut nihil delinquas; quod si etiam sine delicto quisquam aliquid faciat, in judicem non iniquum incidere difficile est: nam et in illis quam nunc operari dicis, miror si facile sit ut inculpatus degas. Te igitur conari decet, ut culpandi cupidos fugias, æquosque rerum æstimatores secteris; et negotia, quæcunque conficere potes, ut suscipias; quæ non potes, caveas: quicquid autem feceris, in id uti quam rectissime promptissimeque incumbas. Nam ita futurum arbitror,

ἐπιμελεῖσθαι. Οὕτω γὰρ ἥκιστα μέν σε οἶμαι ἐν αἰτίᾳ εἶναι, μάλιστα δὲ τῇ ἀπορίᾳ βοήθειαν εὑρεῖν, ῥᾷστα δὲ καὶ ἀκινδυνότατα ζῆν καὶ εἰς τὸ γῆρας διαρκέστατα.

ut minime culperis, inopiamque tuam maxime subleves, ac facillime, omnis expers periculi, satis magna in rerum copia etiam in senecta vivas.

ΚΕΦΑΛΑΙΟΝ Θ.

Οἶδα δέ ποτε αὐτὸν καὶ Κρίτωνος ἀκούσαντα ὡς χαλεπὸν ὁ βίος Ἀθήνησιν εἴη ἀνδρὶ βουλομένῳ τὰ ἑαυτοῦ πράττειν. Νῦν γάρ, ἔφη, ἐμέ τινες εἰς δίκας ἄγουσιν, οὐχ ὅτι ἀδικοῦνται ὑπ' ἐμοῦ, ἀλλ' ὅτι νομίζουσιν ἥδιον ἄν με ἀργύριον τελέσαι ἢ πράγματα ἔχειν. (2) Καὶ ὁ Σωκράτης, Εἰπέ μοι, ἔφη, ὦ Κρίτων, κύνας δὲ τρέφεις, ἵνα σοι τοὺς λύκους ἀπὸ τῶν προβάτων ἀπερύκωσι; Καὶ μάλα, ἔφη· μᾶλλον γάρ μοι λυσιτελεῖ τρέφειν ἢ μή. Οὐκ ἂν οὖν θρέψαις καὶ ἄνδρα ὅστις ἐθέλοι τε καὶ δύναιτό σου ἀπερύκειν τοὺς ἐπιχειροῦντας ἀδικεῖν σε; Ἡδέως γ' ἄν, ἔφη, εἰ μὴ φοβοίμην ὅπως μὴ ἐπ' αὐτόν με τράποιτο. (3) Τί δ', ἔφη, οὐχ ὁρᾷς ὅτι πολλῷ ἥδιόν ἐστι χαριζόμενον οἵῳ σοὶ ἀνδρὶ ἢ ἀπεχθόμενον ὠφελεῖσθαι; εὖ ἴσθι ὅτι εἰσὶν ἐνθάδε τῶν τοιούτων ἀνδρῶν, οἳ πάνυ ἂν φιλοτιμηθεῖεν φίλῳ σοι χρῆσθαι.

4. Καὶ ἐκ τούτων ἀνευρίσκουσιν Ἀρχέδημον, πάνυ μὲν ἱκανὸν εἰπεῖν τε καὶ πρᾶξαι, πένητα δέ. Οὐ γὰρ ἦν οἷος ἀπὸ παντὸς κερδαίνειν, ἀλλὰ φιλόχρηστός τε καὶ ἔφη ῥᾷστον εἶναι ἀπὸ τῶν συκοφαντῶν λαμβάνειν. Τούτῳ οὖν ὁ Κρίτων, ὁπότε συγκομίζοι ἢ σῖτον ἢ ἔλαιον ἢ οἶνον ἢ ἔρια, ἢ ἄλλο τι τῶν ἐν ἀγρῷ γιγνομένων χρησίμων πρὸς τὸν βίον, ἀφελὼν ἐδίδου· καὶ ὁπότε θύοι, ἐκάλει, καὶ τὰ τοιαῦτα πάντα ἐπεμελεῖτο. (5) Νομίσας δὲ ὁ Ἀρχέδημος ἀποστροφὴν οἱ τὸν Κρίτωνος οἶκον μάλα περιεῖπε αὐτόν. Καὶ εὐθὺς τῶν συκοφαντούντων τὸν Κρίτωνα ἀνευρίσκει πολλὰ μὲν ἀδικήματα, πολλοὺς δ' ἐχθρούς· καὶ αὐτῶν τινα προσεκαλέσατο εἰς δίκην δημοσίαν, ἐν ᾗ αὐτὸν ἔδει κριθῆναι ὅ,τι δεῖ παθεῖν ἢ ἀποτῖσαι. (6) Ὁ δὲ συνειδὼς αὑτῷ πολλὰ καὶ πονηρὰ πάντ' ἐποίει ὥστε ἀπαλλαγῆναι τοῦ Ἀρχεδήμου. Ὁ δὲ Ἀρχέδημος οὐκ ἀπηλλάττετο, ἕως τόν τε Κρίτωνα ἀφῆκε καὶ αὐτῷ χρήματα ἔδωκεν. (7) Ἐπεὶ δὲ τοῦτό τε καὶ ἄλλα τοιαῦτα ὁ Ἀρχέδημος διεπράξατο, ἤδη τότε ὥσπερ ὅταν νομεὺς ἀγαθὰς κύνας ἔχῃ, καὶ οἱ ἄλλοι νομεῖς βούλονται πλησίον αὐτοῦ τὰς ἀγέλας ἱστάναι, ἵνα τοῦ κυνὸς ἀπολαύωσιν, οὕτω καὶ τοῦ Κρίτωνος πολλοὶ τῶν φίλων ἐδέοντο καὶ σφίσι παρέχειν φύλακα τὸν Ἀρχέδημον. (8) Ὁ δὲ Ἀρχέδημος τῷ Κρίτωνι ἡδέως ἐχαρίζετο, καὶ οὐχ ὅτι μόνος ὁ Κρίτων ἐν ἡσυχίᾳ ἦν, ἀλλὰ καὶ οἱ φίλοι αὐτοῦ. Εἰ δέ τις αὐτῷ τούτων οἷς ἀπήχθετο ὀνειδίζοι ὡς ὑπὸ Κρίτωνος ὠφελούμενος κολακεύει αὐτόν, Πότερον οὖν, ἔφη, ὦ Ἀρχέδημε, αἰσχρόν ἐστιν εὐεργετούμενον ὑπὸ χρηστῶν ἀνθρώπων καὶ ἀντευεργετοῦντα τοὺς μὲν τοιούτους φίλους ποιεῖσθαι, τοῖς δὲ πονηροῖς διαφέρεσθαι, ἢ τοὺς μὲν καλοὺς κἀγαθοὺς ἀδικεῖν πειρώμενον ἐχθροὺς ποιεῖσθαι, τοῖς δὲ πονηροῖς συνεργοῦντα πει-

CAPUT IX.

Et scio ipsum etiam aliquando ex Critone audivisse, difficulter Athenis hominem degere posse, qui velit suas res agere. Nunc enim me nonnulli, ait, in jus rapiunt, non quod a me fiat eis injuria, sed quod existiment, libentius me pecuniam exsoluturum, quam habiturum negotia. Tum Socrates, Dic mihi, mi Crito, ait, an non canes alis, ut lupos ab ovibus arceant? Maxime, inquit; quam mihi plus expediat illos alere, quam non. An non igitur etiam hominem decet alere, qui et velit et possit illos arcere, quotquot injuria te conantur adficere? Perlubenter sane, inquit; nisi vererer, ne adversus me ipsum se converteret. Quid autem? ait: non multo jucundius esse vides, aliquem viro tali, qualis tu es, gratificantem potius, quam infestum, juvari? Sat scito esse tales hic homines, qui magno sibi honori ducerent, si te amico uterentur.

Ex eorum numero Archedemum invenient, dicendi quidem agendique peritissimum, sed pauperem. Non enim is erat, qui abs quovis lucrum caperet, sed qui æquitatis studiosus esset, ac solebat dicere, esse facillimum a sycophantis rem acquirere. Huic igitur Crito, quoties aut frumentum, aut oleum, aut vinum, aut lanas, aut aliquid aliud rerum in prædio suo nascentium, et ad vitam utilium, colligeret, partem detractam donabat; eundem quoties rem sacram faceret, invitabat; et in omnibus hujusmodi curam ejus habebat. Itaque quum existimaret Archedemus, domum Critonis sibi refugii loco esse, cœpit eum plurimum observare. Moxque calumniatorum Critonis multa per injuriam facta, multosque reperit inimicos; atque eorum unum in judicium publicum accersit, ubi judicari oportebat, quid pati aut solvere oporteret. Calumniator, multorum sibi malorumque facinorum conscius, nihil non moliebatur, ut ab Archedemo liberaretur. Archedemus vero finem nullum faciebat, donec et Critonem absolvisset, et pecuniam sibi numerasset. Id ubi Archedemus, aliaque similia perfecisset; tum non aliter, atque ubi pastor aliquis canem bonum habet, ceterique pastores haud procul ab illo greges suos sistere cupiunt, ut cane fruantur; ita et Critonis amici multi rogabant, ut etiam sibi Archedemum custodem concederet. Archedemus vero Critoni perlubenter gratificabatur, neque jam solus Crito quiete fruebatur, sed etiam ipsius amici. Et si quis eorum quibus erat odio, exprobraret ei, quod perceptis a Critone commodis, eidem adularetur : Utrum, inquit, turpe est, eum, qui a probis hominibus beneficiis adfectus sit, vicissim beneficium præstando, ejusmodi homines amicos facere, et ab improbis dissidere; an pulchri bonique studiosos lædere conantem,

ρᾶσθαι φίλους ποιεῖσθαι καὶ χρῆσθαι τούτοις ἀντ' ἐκείνων· Ἐκ δὲ τούτου εἷς τε τῶν Κρίτωνος φίλων Ἀρχέδημος ἦν καὶ ὑπὸ τῶν ἄλλων Κρίτωνος φίλων ἐτιμᾶτο.

eosdem inimicos efficere, et pravos juvando, amicitiam eorum sibi conciliare, hisque potius quam illis uti? Ex eo tempore unus ex Critonis amicis Archedemus erat, et a ceteris Critonis amicis colebatur.

ΚΕΦΑΛΑΙΟΝ Ι.

Οἶδα δὲ καὶ Διοδώρῳ αὐτὸν ἑταίρῳ ὄντι τοιάδε διαλεχθέντα. Εἰπέ μοι, ἔφη, ὦ Διόδωρε, ἄν τίς σοι τῶν οἰκετῶν ἀποδρᾷ, ἐπιμελῇ ὅπως ἀνακομίσῃ; (2) Καὶ ἄλλους γε νὴ Δί', ἔφη, παρακαλῶ, σῶστρα τούτου ἀνακηρύσσων. Τί γάρ; ἔφη, ἐάν τίς σοι κάμνῃ τῶν οἰκετῶν, τούτου ἐπιμελῇ καὶ παρακαλεῖς ἰατρούς, ὅπως μὴ ἀποθάνῃ; Σφόδρα γ', ἔφη. Εἰ δέ τίς σοι τῶν γνωρίμων, ἔφη, πολὺ τῶν οἰκετῶν χρησιμώτερος ὢν κινδυνεύει δι' ἔνδειαν ἀπολέσθαι, οὐκ οἴει σοι ἄξιον εἶναι ἐπιμεληθῆναι ὅπως διασωθῇ; (3) Καὶ μὴν οἶσθά γε ὅτι οὐκ ἀγνώμων ἐστὶν Ἑρμογένης· αἰσχύνοιτο δ' ἄν, εἰ ὠφελούμενος ὑπὸ σοῦ μὴ ἀντωφελοίη σε. Καίτοι τὸ ὑπηρέτην ἑκόντα τε καὶ εὔνουν καὶ παράμονον [καὶ τὸ κελευόμενον ἱκανὸν ποιεῖν] ἔχειν, καὶ μὴ μόνον τὸ κελευόμενον ἱκανὸν ὄντα ποιεῖν, ἀλλὰ δυνάμενον καὶ ἀφ' ἑαυτοῦ χρήσιμον εἶναι καὶ προνοεῖν καὶ προβουλεύεσθαι πολλῶν οἰκετῶν οἶμαι ἀντάξιον εἶναι. (4) Οἱ μέντοι ἀγαθοὶ οἰκονόμοι, ὅταν τὸ πολλοῦ ἄξιον μικροῦ ἐξῇ πρίασθαι, τότε φασὶ δεῖν ὠνεῖσθαι. Νῦν δὲ διὰ τὰ πράγματα εὐωνοτάτους ἐστὶ φίλους ἀγαθοὺς κτήσασθαι. (5) Καὶ ὁ Διόδωρος, Ἀλλὰ καλῶς γε, ἔφη, λέγεις, ὦ Σώκρατες, καὶ κέλευσον ἐλθεῖν ὡς ἐμὲ τὸν Ἑρμογένην. Μὰ Δί', ἔφη, οὐκ ἔγωγε· νομίζω γὰρ οὔτε σοὶ κάλλιον εἶναι τὸ καλέσαι ἐκεῖνον τοῦ αὐτὸν ἐλθεῖν πρὸς ἐκεῖνον οὔτε ἐκείνῳ μεῖζον ἀγαθὸν τὸ πραχθῆναι ταῦτα ἢ σοί. (6) Οὕτω δὴ ὁ Διόδωρος ᾤχετο πρὸς τὸν Ἑρμογένην, καὶ οὐ πολὺ τελέσας ἐκτήσατο φίλον, ὃς ἔργον εἶχε σκοπεῖν ὅ,τι ἂν ἢ λέγων ἢ πράττων ὠφελοίη τε καὶ εὐφραίνοι Διόδωρον.

CAPUT X.

Et memini Socratem etiam cum Diodoro, qui ex familiaribus suis erat, aliquando talia disseruisse. Dic mihi, mi Diodore, ait, si quis tuorum servorum abs te aufugiat, conarisne ut eum recipias? Immo et alios etiam mehercule evoco, mercedem inventionis ejus praeconio denuntians. Quid autem? si quis servorum adversa valetudine laboret, an non curam ejus habes, ac medicos accessis, ne moriatur? Admodum vero, inquit. Jam si quis familiarium tuorum, ait, qui longe pluris sit tibi quam quisquam servorum, in periculo sit pereundi ex inopia, nonne putas dignum esse, ejus te curam habere, ut evadat incolumis? Scis profecto Hermogenem minime ingratum esse; et eum puderet adjutum abs te, non vicissim te adjuvare. Habere autem ministrum quendam volentem et benevolum, et constantem [et ad agenda imperata idoneum]; immo non solum ad imperata agenda promptum, sed qui etiam per se usui possit esse tum in providendo tum in praecipiendis consiliis; equidem multorum servorum instar esse duco. Jubent certe rei familiaris administratores boni tunc emere, quum magni quidpiam pretii licet exiguo comparare. Boni vero amici, hoc rerum statu, vilissimo pretio parari possunt. Bene dicis, ait Diodorus; et jube Hermogenem ad me accedere. Non ego, inquit, per Jovem : puto enim, neque tibi melius fore illum te, quam te illum adire; neque magis ex illius esse re, quam tua, haec ita fieri. Hoc modo factum, ut ad Hermogenem Diodorus statim accederet, neque magna pecunia erogata, compararet amicum talem, cui id esset negotii, ut quid vel proferendo vel agendo Diodoro prodesse, laetitiamque posset afferre, dispiceret.

ΒΙΒΛΙΟΝ Γ.

ΚΕΦΑΛΑΙΟΝ Α.

Ὅτι δὲ τοὺς ὀρεγομένους τῶν καλῶν ἐπιμελεῖς ὧν ὀρέγοιντο ποιῶν ὠφέλει, νῦν τοῦτο διηγήσομαι. Ἀκούσας γάρ ποτε Διονυσόδωρον εἰς τὴν πόλιν ἥκειν ἐπαγγελλόμενον στρατηγεῖν διδάξειν, ἔλεξε πρός τινα τῶν ξυνόντων, ὃν ᾐσθάνετο βουλόμενον τῆς τιμῆς ταύτης ἐν τῇ πόλει τυγχάνειν, (2) Αἰσχρόν μέντοι, ὦ νεανία, τὸν βουλόμενον ἐν τῇ πόλει στρατηγεῖν, ἐξὸν τοῦτο μαθεῖν, ἀμελῆσαι αὐτοῦ· καὶ δικαίως ἂν οὗτος ὑπὸ τῆς πόλεως ζημιοῖτο πολὺ μᾶλλον ἢ εἴ τις ἀνδριάντας ἐργολαβοίη μὴ μεμαθηκὼς ἀνδριαντοποιεῖν. (3) Ὅλης γὰρ τῆς

LIBER III.

CAPUT I.

Quod honorum cupidis perutilis erat Socrates, eos excitando, ut se exercerent in iis quae expeterent, id jam commemorabo. Nam quum audisset aliquando Dionysodorum in civitatem advenisse, qui exercitus ducendi artem docere profiteretur, ad quendam e familiaribus, quem hujus honoris in civitate consequendi cupidum esse animadverteret, ita dixit : Turpe est eum, mi adolescentule, qui exercitum velit ducere in republica, quum id discere liceat, idem negligere : atque hic multo justius a civitate puniretur, quam si quis statuas fingendas susciperet, quum artem statuariam nunquam didicerit. Nam quum bellicis in periculis uni-

πόλεως ἐν τοῖς πολεμικοῖς κινδύνοις ἐπιτρεπομένης τῷ στρατηγῷ, μεγάλα τά τε ἀγαθὰ κατορθοῦντος αὐτοῦ καὶ τὰ κακὰ διαμαρτάνοντος εἰκὸς γίγνεσθαι. Πῶς οὖν οὐκ ἂν δικαίως ὁ τοῦ μὲν μανθάνειν τοῦτο ἀμελῶν, τοῦ δὲ αἱρεθῆναι ἐπιμελόμενος ζημιοῖτο; Τοιαῦτα μὲν δὴ λέγων ἔπεισεν αὐτὸν ἐλθόντα μανθάνειν. (4) Ἐπεὶ δὲ μεμαθηκὼς ἧκε, προσέπαιζεν αὐτῷ λέγων, Οὐ δοκεῖ ὑμῖν, ὦ ἄνδρες, ὥσπερ Ὅμηρος τὸν Ἀγαμέμνονα γεραρὸν ἔφη εἶναι, οὕτω καὶ ὅδε στρατηγεῖν μαθὼν γεραρώτερος φαίνεσθαι; καὶ γὰρ ὥσπερ ὁ κιθαρίζειν μαθών, καὶ ἐὰν μὴ κιθαρίζῃ, κιθαριστής ἐστι, καὶ ὁ μαθὼν ἰᾶσθαι, κἂν μὴ ἰατρεύῃ, ὅμως ἰατρός ἐστιν, οὕτω καὶ ὅδε ἀπὸ τοῦδε τοῦ χρόνου διατελεῖ στρατηγὸς ὤν, κἂν μηδεὶς αὐτὸν ἕληται. Ὁ δὲ μὴ ἐπιστάμενος οὔτε στρατηγὸς οὔτε ἰατρός ἐστιν, οὐδὲ ἐὰν ὑπὸ πάντων ἀνθρώπων αἱρεθῇ. (5) Ἀτάρ, ἔφη, ἵνα καὶ ἐὰν ἡμῶν τις ταξιαρχῇ ἢ λοχαγῇ σοι, ἐπιστημονέστεροι τῶν πολεμικῶν ὦμεν, λέξον ἡμῖν πόθεν ἤρξατό σε διδάσκειν τὴν στρατηγίαν. Καὶ ὅς, Ἐκ τοῦ αὐτοῦ, ἔφη, εἰς ὅπερ καὶ ἐτελεύτα· τὰ γὰρ τακτικὰ ἐμέ γε καὶ ἄλλο οὐδὲν ἐδίδαξε. (6) Ἀλλὰ μήν, ἔφη ὁ Σωκράτης, τοῦτό γε πολλοστὸν μέρος ἐστὶ στρατηγίας. Καὶ γὰρ παρασκευαστικὸν τῶν εἰς τὸν πόλεμον τὸν στρατηγὸν εἶναι χρὴ καὶ ποριστικὸν τῶν ἐπιτηδείων τοῖς στρατιώταις καὶ μηχανικὸν καὶ ἐργαστικὸν καὶ ἐπιμελῆ καὶ καρτερικὸν καὶ ἀγχίνουν καὶ φιλόφρονά τε καὶ ὠμὸν καὶ ἁπλοῦν τε καὶ ἐπίβουλον καὶ φυλακτικόν τε καὶ κλέπτην καὶ προετικὸν καὶ ἅρπαγα καὶ φιλόδωρον καὶ πλεονέκτην καὶ ἀσφαλῆ καὶ ἐπιθετικόν, καὶ ἄλλα πολλὰ καὶ φύσει καὶ ἐπιστήμῃ δεῖ τὸν εὖ στρατηγήσοντα ἔχειν. (7) Καλὸν δὲ καὶ τὸ τακτικὸν εἶναι· πολὺ γὰρ διαφέρει στράτευμα τεταγμένον ἀτάκτου, ὥσπερ λίθοι τε καὶ πλίνθοι καὶ ξύλα καὶ κέραμος ἀτάκτως μὲν ἐῤῥιμμένα οὐδὲν χρήσιμά ἐστιν, ἐπειδὰν δὲ ταχθῇ κάτω μὲν καὶ ἐπιπολῆς τὰ μήτε σηπόμενα μήτε τηκόμενα, οἵ τε λίθοι καὶ ὁ κέραμος, ἐν μέσῳ δὲ αἵ τε πλίνθοι καὶ τὰ ξύλα, ὥσπερ ἐν οἰκοδομίᾳ συντίθενται, τότε γίγνεται πολλοῦ ἄξιον κτῆμα οἰκία. (8) Ἀλλὰ πάνυ, ἔφη ὁ νεανίσκος, ὅμοιον, ὦ Σώκρατες, εἴρηκας. Καὶ γὰρ ἐν τῷ πολέμῳ τούς τε πρώτους ἀρίστους δεῖ τάττειν καὶ τοὺς τελευταίους, ἐν μέσῳ δὲ τοὺς χειρίστους, ἵνα ὑπὸ μὲν τῶν ἄγωνται, ὑπὸ δὲ τῶν ὠθῶνται. (9) Εἰ μὲν τοίνυν, ἔφη, καὶ διαγιγνώσκειν σε τοὺς ἀγαθοὺς καὶ τοὺς κακοὺς ἐδίδαξεν· εἰ δὲ μή, τί σοι ὄφελος ὧν ἔμαθες; οὐδὲ γὰρ εἴ σε ἀργύριον ἐκέλευσε πρῶτον μὲν καὶ τελευταῖον τὸ κάλλιστον τάττειν, ἐν μέσῳ δὲ τὸ χείριστον, μὴ διδάξας διαγιγνώσκειν τό τε καλὸν καὶ τὸ κίβδηλον, οὐδὲν ἄν σοι ὄφελος ἦν. Ἀλλὰ μὰ Δί', ἔφη, οὐκ ἐδίδαξεν· ὥστε αὐτοὺς ἂν ἡμᾶς δέοι τούς τε ἀγαθοὺς καὶ τοὺς κακοὺς κρίνειν. (10) Τί οὖν οὐ σκοποῦμεν, ἔφη, πῶς ἂν αὐτῶν μὴ διαμαρτάνοιμεν; Βούλομαι, ἔφη ὁ νεανίσκος. Οὐκοῦν, ἔφη, εἰ μὲν ἀργύριον δέοι ἁρπάζειν, τοὺς φιλαργυρωτάτους πρώτους καθιστάντες ὀρθῶς ἂν τάττοιμεν; Ἔμοιγε δοκεῖ. Τί δὲ τοὺς κινδυνεύειν μέλλοντας; ἆρα

versa republica imperator committatur, consentaneum est, magna et commoda, eo rem feliciter gerente, et mala, peccante ipso, evenire. Cur igitur non is merito, qui id discere negligit, nihilominus ut eligatur sollicitus, multari debeat? Haec quum diceret, persuasit homini, ut ad discendum accederet. Postquam edoctus rediret, illudens ei, An non, inquit, videtur vobis, amici, perinde atque Homerus Agamemnonem venerabilem dixit, ita etiam hic, quum imperare didicit, venerabilior videri? Etenim quemadmodum qui citharam pulsare didicit, etiamsi non pulset citharam, citharoedus est; et qui medendi artem didicit, etiamsi non medeatur, nihilominus medicus est : ita hic quoque semper ex hoc tempore imperator est, etiamsi a nemine electus fuerit. Qui vero nescit, nec imperator nec medicus est, etiamsi vel ab universis hominibus eligatur. Ut autem, ait, etiam nos, si quis forte nostrûm vel cohortis præfectus vel manipuli ductor tibi fuerit, rerum bellicarum peritiores simus, dic nobis, unde cœperit te imperandi artem docere. At ille, Ab illo ipso, inquit, in quod etiam desiit : nam aciei instruendæ artem, atque aliud nihil, me docuit. Atqui, inquit Socrates, hæc artis imperatoriæ pars est multesima. Nam oportet imperatorem esse peritum parandi ea quæ ad bellum requiruntur, et expediendi necessaria militibus, et in consiliis solertem, et in labore strenuum et diligentem, et tolerantem et perspicacem, et benignum et sævum, et simplicem et insidiosum, et cautum et furem, et profusum et rapacem, et largiendi cupidum et plus habendi appetentem, et muniendi se peritum et alios aggrediendi doctum; et alia multa sunt, quæ, tum natura tum doctrina, habere oportet illum, qui bene sit imperaturus. Bonum vero est etiam aciei instruendæ peritum esse. Nam multo differt exercitus ordinatus ab inordinato : quemadmodum lapides, et lateres, et ligna, et tegulæ, si confuse disjecta sint, ad nihil utilia sunt : postquam autem ordinantur in imo ac summo ea quæ neque patrescunt, neque liquescunt, ut sunt lapides ac tegulæ, in medio vero lateres et ligna, sicut in ædium structura componuntur, tum efficitur res magni pretii, domus. Et adolescentulus, Divisti, inquit, equidem mi valde simile, mi Socrates. Nam et in bello optimos quosque primo ultimoque loco collocare oportet, pessimos vero in medio, ut ab illis ducantur, ab his impellantur. Si quidem, ait, te docuit etiam bonos ab ignavis discernere, bene se res habet : sin minus, quænam tibi utilitas eorum, quæ didicisti? Nam si te argentum jussisset optimum primo ultimoque loco ponere, in medio vero pessimum, neque tamen docuisset bonum ab adulterino discernere, nullo id tibi usui erat. Profecto, inquit, non hoc me docuit; quamobrem nos ipsi necesse est bonos ab ignavis secernamus. Cur igitur non consideremus, ait, quo pacto in eis non fallamur? Cupio, dixit adolescentulus. Ergo, inquit, si argentum diripere oportet, an non, argenti cupidissimis primo loco dispositis, recte aciem instrueremus? Ita mihi videtur. Quid si eos collocare deceat in fronte, qui

τοὺς φιλοτιμοτάτους προτακτέον; Οὗτοι γοῦν εἰσιν, ἔφη, οἱ ἕνεκα ἐπαίνου κινδυνεύειν ἐθέλοντες. Οὐ τοίνυν οὗτοί γε ἄδηλοι, ἀλλ' ἐπιφανεῖς πανταχοῦ ὄντες εὐαίρετοι ἂν εἶεν. (11) Ἀτὰρ, ἔφη, πότερά σε τάττειν μόνον ἐδίδαξεν, ἢ καὶ ὅπῃ καὶ ὅπως χρηστέον ἑκάστῳ τῶν ταγμάτων; Οὐ πάνυ, ἔφη. Καὶ μὴν πολλά γ' ἐστὶ πρὸς ἃ οὔτε τάττειν οὔτε ἄγειν ὡσαύτως προσήκει. Ἀλλὰ μὰ Δί', ἔφη, οὐ διεσαφήνιζε ταῦτα. Νὴ Δί', ἔφη, πάλιν τοίνυν ἐλθὼν ἐπανερώτα· ἢν γὰρ ἐπίστηται καὶ μὴ ἀναιδὴς ᾖ, αἰσχυνεῖται ἀργύριον εἰληφὼς ἐνδεᾶ σε ἀποπέμψασθαι.

ΚΕΦΑΛΑΙΟΝ Β.

Ἐντυχὼν δέ ποτε στρατηγεῖν ᾑρημένῳ τῳ, Τοῦ ἕνεκεν, ἔφη, Ὅμηρον οἴει τὸν Ἀγαμέμνονα προσαγορεῦσαι ποιμένα λαῶν; ἆρά γε ὅτι ὥσπερ τὸν ποιμένα δεῖ ἐπιμελεῖσθαι ὅπως σῶαί τε ἔσονται αἱ οἶες καὶ τὰ ἐπιτήδεια ἕξουσιν, οὕτω καὶ τὸν στρατηγὸν ἐπιμελεῖσθαι δεῖ ὅπως σῶοί τε οἱ στρατιῶται ἔσονται καὶ τὰ ἐπιτήδεια ἕξουσι, καὶ οὗ ἕνεκα στρατεύονται, τοῦτο ἔσται; στρατεύονται δὲ, ἵνα κρατοῦντες τῶν πολεμίων εὐδαιμονέστεροι ὦσιν. (2) Ἢ τί δήποτε οὕτως ἐπῄνεσε τὸν Ἀγαμέμνονα εἰπών,

Ἀμφότερον, βασιλεύς τ' ἀγαθὸς κρατερός τ' αἰχμητής;

ἆρά γε ὅτι αἰχμητής τε κρατερὸς ἂν εἴη, οὐκ εἰ μόνος αὐτὸς εὖ ἀγωνίζοιτο πρὸς τοὺς πολεμίους, ἀλλ' εἰ καὶ παντὶ τῷ στρατοπέδῳ τούτου αἴτιος εἴη, καὶ βασιλεὺς ἀγαθὸς, οὐκ εἰ μόνου τοῦ ἑαυτοῦ βίου καλῶς προεστήκοι, ἀλλ' εἰ καὶ ὧν βασιλεύοι, τούτοις εὐδαιμονίας αἴτιος εἴη; (3) καὶ γὰρ βασιλεὺς αἱρεῖται οὐχ ἵνα ἑαυτοῦ καλῶς ἐπιμελῆται, ἀλλ' ἵνα καὶ οἱ ἑλόμενοι δι' αὐτὸν εὖ πράττωσι. Καὶ στρατεύονται δὲ πάντες, ἵνα ὁ βίος αὐτοῖς ὡς βέλτιστος ᾖ, καὶ στρατηγοὺς αἱροῦνται τούτου ἕνεκα, ἵνα πρὸς τοῦτο αὐτοῖς ἡγεμόνες ὦσι. (4) Δεῖ οὖν τὸν στρατηγοῦντα τοῦτο παρασκευάζειν τοῖς ἑλομένοις αὐτὸν στρατηγόν· καὶ γὰρ οὔτε κάλλιον τούτου ἄλλο ῥᾴδιον εὑρεῖν οὔτε αἴσχιον τοῦ ἐναντίου. Καὶ οὕτως ἐπισκοπῶν τίς εἴη ἀγαθοῦ ἡγεμόνος ἀρετὴ τὰ μὲν ἄλλα περιῄρει, κατέλειπε δὲ τὸ εὐδαίμονας ποιεῖν ὧν ἂν ἡγῆται.

ΚΕΦΑΛΑΙΟΝ Γ.

Καὶ ἱππαρχεῖν δέ τινι ᾑρημένῳ οἶδά ποτε αὐτὸν τοιάδε διαλεχθέντα. Ἔχοις ἄν, ἔφη, ὦ νεανία, εἰπεῖν ἡμῖν ὅτου ἕνεκα ἐπεθύμησας ἱππαρχεῖν; οὐ γὰρ δὴ τοῦ πρῶτος τῶν ἱππέων ἐλαύνειν· καὶ γὰρ οἱ ἱπποτοξόται τούτου γε ἀξιοῦνται· προελαύνουσι γοῦν καὶ τῶν ἱππάρχων. Ἀληθῆ λέγεις, ἔφη. Ἀλλὰ μὴν οὐδὲ τοῦ γνωσθῆναί γε· ἐπεὶ καὶ οἱ μαινόμενοί γε ὑπὸ πάντων γιγνώσκονται. (2) Ἀληθές, ἔφη, καὶ τοῦτο λέγεις.

---

periculum subituri sint? nonne cupidissimi honoris præponendi? Nam hi certe sunt, ait, qui laudis gratia periclitari volunt. Ideoque obscuri esse nequeunt, sed, utpote ubique conspicui, facile deligi poterunt. At enim utrum te solummodo ordinare docuit, an etiam ubi, et quo pacto singulis ordinibus utendum sit? Non omnino, ait. Atqui multa sunt, ad quæ neque ordinare neque ducere convenit eodem modo. Ea vero, inquit, non profecto declaravit. Ergo tu, inquit, rursus accede, et interroga. Nam si quidem hoc sciat, atque impudens non sit, pudebit eum accepta pecunia te mancum dimisisse.

CAPUT II.

Quum aliquando in aliquem imperatorem electum incidisset, Quamobrem, ait, Homerum existimas appellasse Agamemnonem pastorem populorum? an ideo, quod quemadmodum pastorem in hoc curam adhibere oportet, ut oves et salvæ sint, et victum habeant : ita etiam imperatori curandum sit, ut milites sint salvi, et victum habeant; et id ipsum eis sit, cujus causa militant? militant autem, ut hostibus victis beatiores sint. Cur etiam ita laudavit Agamemnonem, dicens :

Utrumque, rexque bonus, fortisque bellator?

An non propterea quod tum demum aliquis bellator fortis sit, non si solus ipse acriter luctetur adversus hostes, sed etiam si universo exercitui ejusdem rei auctor sit? quodque rex bonus, non si suæ tantum vitæ bene præsit, sed iis etiam quibus imperat, auctor sit felicitatis? Nam rex eligitur, non ut præclare sui ipsius curam habeat, sed ut illi etiam, qui eum elegerunt, per ipsum bene agant. Et militant omnes, ut vita illis quam felicissima sit : et imperatores propterea deligunt, ut eis ad hoc duces sint. Itaque debet is, qui imperat, hoc illis procurare, qui eum imperatorem elegerunt. Nec enim proclive est quidquam hoc pulchrius invenire, nec contrario turpius. Atque ita considerans, quæ boni ducis esset virtus, cetera quidem auferebat, hoc solo relicto, ut illos, quibus præsit, beatos reddat.

CAPUT III.

Memini etiam ipsum aliquando ita ad quendam disseruisse, qui ut copiis equestribus præesset, electus erat. Potesne dicere nobis, mi adolescentule, quamobrem equitibus præesse concupiveris? Non enim ideo certe, ut equitum primus ipse equitares : nam equites sagittarii illo dignantur, qui quidem etiam præfectos equitum præcedunt. Vere dicis, ait. Enimvero ne ideo quidem, ut notus esses : nam et qui insaniunt omnibus sunt noti. Hoc etiam, in-

Ἀλλ' ἆρα ὅτι τὸ ἱππικὸν οἴει τῇ πόλει βέλτιον ἂν ποιήσας παραδοῦναι, καὶ εἴ τις χρεία γίγνοιτο ἱππέων, τούτων ἡγούμενος ἀγαθοῦ τινος αἴτιος γενέσθαι τῇ πόλει; Καὶ μάλα, ἔφη. Καὶ ἔστι γε νὴ Δί', ἔφη ὁ Σωκράτης, καλόν, ἐὰν δύνῃ ταῦτα ποιῆσαι. Ἡ δὲ ἀρχή που ἐφ' ᾗς ᾕρησαι ἵππων τε καὶ ἀμβατῶν ἐστιν. Ἔστι γὰρ δή, ἔφη. (3) Ἴθι δὴ λέξον ἡμῖν πρῶτον τοῦτο, ὅπως διανοῇ τοὺς ἵππους βελτίους ποιῆσαι; Καὶ ὃς, Ἀλλὰ τοῦτο μὲν, ἔφη, οὐκ ἐμὸν οἶμαι τὸ ἔργον εἶναι, ἀλλὰ ἰδίᾳ ἕκαστον δεῖν τοῦ ἑαυτοῦ ἵππου ἐπιμελεῖσθαι. (4) Ἐὰν οὖν, ἔφη ὁ Σωκράτης, παρέχωνταί σοι τοὺς ἵππους οἱ μὲν οὕτω κακόποδας ἢ κακοσκελεῖς ἢ ἀσθενεῖς, οἱ δὲ οὕτως ἀτρόφους ὥστε μὴ δύνασθαι ἀκολουθεῖν, οἱ δὲ οὕτως ἀναγώγους ὥστε μὴ μένειν ὅπου ἂν σὺ τάξῃς, οἱ δὲ οὕτω λακτιστὰς ὥστε μηδὲ τάξαι δυνατὸν εἶναι, τί σοι τοῦ ἱππικοῦ ὄφελος ἔσται; ἢ πῶς δυνήσῃ, τοιούτων ἡγούμενος ἀγαθόν τι ποιῆσαι τὴν πόλιν; Καὶ ὃς, Ἀλλὰ καλῶς τε λέγεις, ἔφη, καὶ πειράσομαι τῶν ἵππων εἰς τὸ δυνατὸν ἐπιμελεῖσθαι. (5) Τί δέ; τοὺς ἱππέας οὐκ ἐπιχειρήσεις, ἔφη, βελτίονας ποιῆσαι; Ἔγωγε, ἔφη. Οὐκοῦν πρῶτον μὲν ἀναβατικωτέρους ἐπὶ τοὺς ἵππους ποιήσεις αὐτούς; Δεῖ γοῦν, ἔφη, καὶ γὰρ εἴ τις αὐτῶν καταπέσοι, μᾶλλον ἂν οὕτω σώζοιτο. (6) Τί γάρ; ἐάν που κινδυνεύειν δέῃ, πότερον ἐπαγαγεῖν τοὺς πολεμίους ἐπὶ τὴν ἄμμον κελεύσεις, ἔνθαπερ εἰώθατε ἱππεύειν, ἢ πειράσῃ τὰς μελέτας ἐν τοιούτοις ποιεῖσθαι χωρίοις ἐν οἷοισπερ οἱ πολέμιοι γίγνονται; Βέλτιον γοῦν, ἔφη. (7) Τί δέ; τοῦ βάλλειν ὡς πλείστους ἀπὸ τῶν ἵππων ἐπιμελειάν τινα ποιήσῃ; Βέλτιον γοῦν, ἔφη, καὶ τοῦτο. Θήγειν δὲ τὰς ψυχὰς τῶν ἱππέων καὶ ἐξοργίζειν πρὸς τοὺς πολεμίους, ἅπερ ἀλκιμωτέρους ποιεῖ, διανενόησαι; (8) Εἰ δὲ μή, ἀλλὰ νῦν γε πειράσομαι, ἔφη. Ὅπως δέ σοι πείθωνται οἱ ἱππεῖς πεφρόντικάς τι; ἄνευ γὰρ δὴ τούτου οὔτε ἵππων οὔτε ἱππέων ἀγαθῶν καὶ ἀλκίμων οὐδὲν ὄφελος. Ἀληθῆ λέγεις, ἔφη· ἀλλὰ πῶς ἄν τις μάλιστα, ὦ Σώκρατες, ἐπὶ τοῦτο αὐτοὺς προτρέψαιτο; (9) Ἐκεῖνο μὲν δήπου οἶσθα, ὅτι ἐν παντὶ πράγματι οἱ ἄνθρωποι τούτοις μάλιστα ἐθέλουσι πείθεσθαι οὓς ἂν ἡγῶνται βελτίστους εἶναι. Καὶ γὰρ ἐν νόσῳ ὃν ἂν ἡγῶνται ἰατρικώτατον εἶναι, τούτῳ μάλιστα πείθονται, καὶ ἐν πλοίῳ οἱ πλέοντες, ὃν ἂν κυβερνητικώτατον, καὶ ἐν γεωργίᾳ, ὃν ἂν γεωργικώτατον. Καὶ μάλα, ἔφη. Οὐκοῦν εἰκὸς, ἔφη, καὶ ἐν ἱππικῇ ὃς ἂν μάλιστα εἰδὼς φαίνηται ἃ δεῖ ποιεῖν, τούτῳ μάλιστα ἐθέλειν τοὺς ἄλλους πείθεσθαι; (10) Ἐὰν οὖν, ἔφη, ἐγὼ, ὦ Σώκρατες, βέλτιστος ὢν αὐτῶν δῆλος ὦ, ἀρκέσει μοι τοῦτο εἰς τὸ πείθεσθαί μοι αὐτοὺς ἐμοί; Ἐάν γε πρὸς τούτῳ, ἔφη, διδάξῃς αὐτοὺς, ὡς τὸ πείθεσθαί σοι κάλλιόν τε καὶ σωτηριώτερον αὐτοῖς ἔσται. Πῶς οὖν, ἔφη, τοῦτο διδάξω; Πολλῷ νὴ Δί', ἔφη, ῥᾷον ἢ εἰ σοι δέοι διδάσκειν ὡς τὰ κακὰ τῶν ἀγαθῶν ἀμείνω καὶ λυσιτελέστερά ἐστι. (11) Λέγεις, ἔφη, σὺ τὸν ἵππαρχον πρὸς τοῖς ἄλλοις ἐπιμελεῖσθαι δεῖν καὶ τοῦ λέγειν δύνασθαι; Σὺ δ' ᾤου, ἔφη, χρῆναι

quit, vere dictum. Num igitur propterea, quod equestres copias reipublicae te meliores effectas traditurum existimas ? atque ut, si forte opus fuerit equitibus, iis ita praesis, ut civitati boni alicujus auctor sis? Omnino, inquit. Praeclarum profecto quiddam hoc fuerit, ait Socrates, si praestare possis. Imperium vero, in quod electus es, equorum, opinor est et equitum. Ita scilicet est, inquit ille. Age igitur, hoc primum nobis dicito, quo pacto equos te praestantiores effecturum cogites? Et ille, Puto equidem, ait, meum non esse hoc munus, sed privatim unumquemque oportere equum suum curare. Ergo si tibi, inquit Socrates, equos exhibeant alii tam vitiatis pedibus, tam aegris cruribus, tam imbecillos, alii tam strigosos, ut sequi non possint; alii tam contumaces, ut quo tu eos loco constitueris, manere nolint; alii tam calcitrosos, ut ne constitui quidem alicubi possint : quinam tibi hujusce equitatus erit usus? aut quomodo poteris, dum talibus praees, civitatem bono aliquo adficere? Tum ille, Praeclare mones, inquit ; ac conabor equidem pro meis viribus equorum habere curam. Quid autem? non operam dabis, inquit, ut equites meliores efficias? Equidem, inquit. Ergo primum hoc efficies, ut in equos ascendendi sint peritiores? Hoc quidem necesse est, inquit. Nam si quis eorum decideret, multo magis hoc modo salvus evaserit. Quid vero? sicubi periculum subeundum est, utrum hostes ad arenam jubebis adducere, ubi vos equitare consuevistis, an operam dabis ut iis in locis tales exercitationes instruantur, in qualibus hostes esse solent? Melius hoc sane, inquit. Quid autem? num ut quamplurimi ex equis sciant jaculari, curae tibi erit ? Hoc quoque melius fuerit, ait. Etiam ut acuantur animi equitum, et irritentur adversus hostem, qua re fortiores ipsi redduntur, tu jam meditatus es? Si non hactenus, saltem nunc id aggrediar, inquit. Ecquid vero curasti, ut tibi pareant equites? Nam absque illo, nec equorum, nec equitum bonorum ac fortium usus ullus erit. Vere dicis, ait; sed qua potissimum ratione, mi Socrates , ad hoc quis eos impulerit ? Nimirum nosti, quavis in re parere homines his maxime velle, quoscunque existimant esse praestantissimos. Nam in morbo potissimum huic parent, quemcumque medicae rei putant esse peritissimum ; et in navi qui navigant, huic, quemcumque gubernandi peritissimum ; et in agricultura ei, quemcumque agri colendi peritissimum. Omnino, inquit. Igitur consentaneum est, etiam in equestri re ceteros huic, quicumque maxime scire videatur quae facienda sint, maxime parituros. Itaque si ego, inquit, mi Socrates, praestantissimus eorum appaream, num ad hoc mihi sufficiet illud, ut mihi pareant? Si quidem praeterea, inquit, docueris eos, fore melius ipsis ac salutarius, si tibi obtemperent. At quo pacto, inquit, hoc docebo? Multo facilius profecto, quam si docere te oporteat, mala meliora esse bonis atque utiliora. Dicis tu, inquit, debere praefectum equitum praeter alia curam adhibere, ut etiam dicendi facultatem habeat? Tu vero existimabas, inquit, oportere silentio equitibus impe-

σιωπῇ ἱππαρχεῖν; ἢ οὐκ ἐντεθύμησαι ὅτι ὅσα τε νόμῳ μεμαθήκαμεν κάλλιστα ὄντα, δι' ὧν γε ζῆν ἐπιστάμεθα, ταῦτα πάντα διὰ λόγου ἐμάθομεν, καὶ εἴ τι ἄλλο καλὸν μανθάνει τις μάθημα, διὰ λόγου μανθάνει, καὶ οἱ ἄριστα διδάσκοντες μάλιστα λόγῳ χρῶνται καὶ οἱ τὰ σπουδαιότατα μάλιστα ἐπιστάμενοι κάλλιστα διαλέγονται; (12) Ἢ τόδε οὐκ ἐντεθύμησαι, ὅταν γε χορὸς εἷς ἐκ τῆςδε τῆς πόλεως γίγνηται, ὥςπερ ὁ εἰς Δῆλον πεμπόμενος, οὐδεὶς ἄλλοθεν οὐδαμόθεν τούτῳ ἐφάμιλλος γίγνεται, οὐδὲ εὐανδρία ἐν ἄλλῃ πόλει ὁμοία τῇ ἐνθάδε συνάγεται; (13) Ἀληθῆ λέγεις, ἔφη. Ἀλλὰ μὴν οὔτε εὐφωνίᾳ τοσοῦτον διαφέρουσιν Ἀθηναῖοι τῶν ἄλλων οὔτε σωμάτων μεγέθει καὶ ῥώμῃ, ὅσον φιλοτιμίᾳ, ἥπερ μάλιστα παροξύνει πρὸς τὰ καλὰ καὶ ἔντιμα. Ἀληθές, ἔφη, καὶ ταῦτα. (14) Οὐκοῦν οἴει, ἔφη, καὶ τοῦ ἱππικοῦ τοῦ ἐνθάδε εἴ τις ἐπιμεληθείη, ὡς πολὺ ἂν καὶ τοῦτο διενέγκοιεν τῶν ἄλλων ὅπλων τε καὶ ἵππων παρασκευῇ καὶ εὐταξίᾳ καὶ τῷ ἑτοίμως κινδυνεύειν πρὸς τοὺς πολεμίους, εἰ νομίσειαν ταῦτα ποιοῦντες ἐπαίνου καὶ τιμῆς τεύξεσθαι; Εἰκός γε, ἔφη. (15) Μὴ τοίνυν ὄκνει, ἔφη, ἀλλὰ πειρῶ τοὺς ἄνδρας ἐπὶ ταῦτα προτρέπειν ἀφ' ὧν αὐτός τε ὠφεληθήσῃ καὶ οἱ ἄλλοι πολῖται διὰ σέ. Ἀλλὰ νὴ Δία πειράσομαι, ἔφη.

ΚΕΦΑΛΑΙΟΝ Δ.

Ἰδὼν δέ ποτε Νικομαχίδην ἐξ ἀρχαιρεσιῶν ἀπιόντα ἤρετο, Τίνες, ὦ Νικομαχίδη, στρατηγοὶ ᾕρηνται; Καὶ ὅς, Οὐ γάρ, ἔφη, ὦ Σώκρατες, τοιοῦτοί εἰσιν Ἀθηναῖοι, ὥςτε ἐμὲ μὲν οὐχ εἵλοντο, ὃς ἐκ καταλόγου στρατευόμενος κατατέτριμμαι καὶ λοχαγῶν καὶ ταξιαρχῶν καὶ τραύματα ὑπὸ τῶν πολεμίων τοσαῦτα ἔχων· ἅμα δὲ τὰς οὐλὰς τῶν τραυμάτων ἀπογυμνούμενος ἐπεδείκνυεν· Ἀντισθένην δέ, ἔφη, εἵλοντο, τὸν οὔτε ὁπλίτην πώποτε στρατευσάμενον, ἔν τε τοῖς ἱππεῦσιν οὐδὲν περίβλεπτον ποιήσαντα, ἐπιστάμενόν τε ἄλλο οὐδὲν ἢ χρήματα συλλέγειν. (2) Οὐκοῦν, ἔφη ὁ Σωκράτης, τοῦτο μὲν ἀγαθόν, εἰ τοῖς στρατιώταις ἱκανὸς ἔσται τὰ ἐπιτήδεια πορίζειν. Καὶ γὰρ οἱ ἔμποροι, ἔφη ὁ Νικομαχίδης, χρήματα συλλέγειν ἱκανοί εἰσιν· ἀλλ' οὐχ ἕνεκα τούτου καὶ στρατηγεῖν δύναιντ' ἄν. (3) Καὶ ὁ Σωκράτης ἔφη, Ἀλλὰ καὶ φιλόνεικος Ἀντισθένης ἐστίν, ὃ στρατηγῷ προςεῖναι ἐπιτήδειόν ἐστιν. Οὐχ ὁρᾷς ὅτι καὶ ὁσάκις κεχορήγηκε, πᾶσι τοῖς χοροῖς νενίκηκε; Μὰ Δί', ἔφη ὁ Νικομαχίδης, ἀλλ' οὐδὲν ὅμοιόν ἐστι χοροῦ τε καὶ στρατεύματος προεστάναι. (4) Καὶ μήν, ἔφη ὁ Σωκράτης, οὐδὲ ᾠδῆς γε ὁ Ἀντισθένης οὐδὲ χορῶν διδασκαλίας ἔμπειρος ὢν ὅμως ἐγένετο ἱκανὸς εὑρεῖν τοὺς κρατίστους ταῦτα. Καὶ ἐν τῇ στρατιᾷ οὖν, ἔφη ὁ Νικομαχίδης, ἄλλους μὲν εὑρήσει τοὺς τάξοντας ἀνθ' ἑαυτοῦ, ἄλλους δὲ τοὺς μαχουμένους. (5) Οὐκοῦν, ἔφη ὁ Σωκράτης, ἐάν γε καὶ ἐν τοῖς πολεμικοῖς τοὺς κρατίστους, ὥςπερ

rare? an non tecum cogitasti, nos ea universa, quæcunque didicimus optima et honestissima de more et instituto civitatis habita, et per quæ vivendi modum tenere scimus, orationis ope didicisse, et si quam aliam bonam disciplinam aliquis discat, orationis ope discere; quodque doctores optimi sermone inprimis utantur, et qui dignissima cognitione optime teneant, hi pulcherrime disserant? An id nunquam animadvertisti, quod quum chorus unus ex hac civitate efficitur, verbi causâ, qui in Delum mittitur, nullus aliunde huic æqualis instituatur; quodque tanta virorum præstantia in alia civitate nulla cogatur, quanta in hac nostra? Vere dicis, ait. Atqui neque vocis elegantiâ tantum præstant Athenienses aliis, neque corporum magnitudine ac robore, quantum honoris studio, quod maxime ad præclara et honorifica homines excitat. Etiam hoc, ait, verum est. Ergone putas, inquit, etiam equestres copias, quæ hic sunt, si quis diligenter curet, longe præstaturas aliis armorum equorumque apparatu, atque ordine, et prompte pericula adversus hostes subeundo, si existimarent, hæc facientes, se laudem ac gloriam consequuturos? Hoc quidem est consentaneum, inquit. Ergo no' cuncteris, ait, sed operam dato, ut homines ad ea propellas, de quibus et tibi et ceteris propter te civibus utilitas erit. Equidem hoc profecto conabor, inquit.

CAPUT IV.

Quum autem aliquando Nicomachidem abeuntem e comitiis vidisset, interrogabat : Quinam, mi Nicomachides, imperatores electi sunt? Et ille, An non tales sunt, ait, Athenienses, mi Socrates, ut me quidem non elegerint, qui ex delectus tabellis militans tum manipulos ducendo, tum cohortibus imperando, tum vulnera tot ab hostibus accipiendo (simul se denudans, vulnerum cicatrices ostendebat), jam confectus sum : Antisthenem vero elegerunt, qui neque pedes unquam militavit, neque inter equites quidquam illustre gessit, nihilque aliud novit, quam pecuniam colligere; neque tamen idcirco etiam imperatoris munere fungi possunt. Etiam contentiosus est Antisthenes, ait Socrates, quod in imperatore necessario requiritur. An non vides eum, quoties choregus fuit, omnibus choris vicisse? Profecto, inquit Nicomachides, nihil similitudinis habet chori et exercitus præfectura. Atqui, ait Socrates, quum neque canendi, neque docendi choros peritus esset Antisthenes, tamen potuit reperire eos, qui in his optimi essent. Ergo et in exercitu, inquit Nicomachides, alios inveniet, qui ejus loco aciem struent, alios, qui pugnabunt. Nimirum, ait Socrates, si etiam in rebus bellicis præstantissimos quosque perinde atque in iis, quæ ad chorum pertinent, repererit, ac

ἐν τοῖς χορικοῖς, ἐξευρίσκῃ τε καὶ προαιρῆται, εἰκότως ἂν καὶ τούτου νικηφόρος εἴη· καὶ δαπανᾶν δ' αὐτὸν εἰκὸς μᾶλλον ἂν ἐθέλειν εἰς τὴν ξὺν ὅλῃ τῇ πόλει τῶν πολεμικῶν νίκην ἢ εἰς τὴν ξὺν τῇ φυλῇ τῶν χορικῶν. (6) Λέγεις σύ, ἔφη, ὦ Σώκρατες, ὡς τοῦ αὐτοῦ ἀνδρός ἐστι χορηγεῖν τε καλῶς καὶ στρατηγεῖν; Λέγω ἔγωγ', ἔφη, ὡς ὅτου ἄν τις προστατεύῃ, ἐὰν γιγνώσκῃ τε ὧν δεῖ καὶ ταῦτα πορίζεσθαι δύνηται, ἀγαθὸς ἂν εἴη προστάτης, εἴτε χοροῦ εἴτε οἴκου εἴτε πόλεως εἴτε στρατεύματος προστατεύοι. (7) Καὶ ὁ Νικομαχίδης, Μὰ Δί', ἔφη, ὦ Σώκρατες οὐκ ἄν ποτε ᾤμην ἐγὼ σου ἀκοῦσαι ὡς οἱ ἀγαθοὶ οἰκονόμοι ἀγαθοὶ στρατηγοὶ ἂν εἶεν. Ἴθι δή, ἔφη, ἐξετάσωμεν ἑκατέρου αὐτῶν τὰ ἔργα, ἵνα εἰδῶμεν πότερον τὰ αὐτά ἐστιν ἢ διαφέρει τι. Πάνυ γε, ἔφη. (8) Οὐκοῦν, ἔφη, τὸ μὲν τοὺς ἀρχομένους κατηκόους τε καὶ εὐπειθεῖς ἑαυτοῖς παρασκευάζειν ἀμφοτέρων ἐστὶν ἔργον; Καὶ μάλα, ἔφη. Τί δέ; τὸ προστάττειν ἕκαστα τοῖς ἐπιτηδείοις πράττειν; Καὶ τοῦτο, ἔφη. Καὶ μὴν καὶ τὸ τοὺς κακοὺς κολάζειν καὶ τοὺς ἀγαθοὺς τιμᾶν ἀμφοτέροις οἶμαι προσήκειν. Πάνυ μὲν οὖν, ἔφη. (9) Τὸ δὲ τοὺς ὑπηκόους εὐμενεῖς ποιεῖσθαι πῶς οὐ καλὸν ἀμφοτέροις; Καὶ τοῦτ', ἔφη. Συμμάχους δὲ καὶ βοηθοὺς προσάγεσθαι δοκεῖ σοι συμφέρειν ἀμφοτέροις ἢ οὔ; Πάνυ μὲν οὖν, ἔφη. Ἀλλὰ φυλακτικοὺς τῶν ὄντων οὐκ ἀμφοτέρους εἶναι προσήκει; Σφόδρα γ', ἔφη. Οὐκοῦν καὶ ἐπιμελεῖς καὶ φιλοπόνους ἀμφοτέρους εἶναι προσήκει περὶ τὰ αὐτῶν ἔργα. (10) Ταῦτα μέν, ἔφη, πάντα ὁμοίως ἀμφοτέρων ἐστίν· ἀλλὰ τὸ μάχεσθαι οὐκέτι ἀμφοτέρων. Ἀλλ' ἐχθροί γέ τοι ἀμφοτέροις γίγνονται; Καὶ μάλα, ἔφη, τοῦτό γε. Οὐκοῦν τὸ περιγενέσθαι τούτων ἀμφοτέροις συμφέρει; (11) Πάνυ γε, ἔφη· ἀλλ' ἐκεῖνο παρίης, ἂν δέῃ μάχεσθαι, τί ὠφελήσει ἡ οἰκονομική; Ἐνταῦθα δήπου καὶ πλεῖστον, ἔφη· ὁ γὰρ ἀγαθὸς οἰκονόμος, εἰδὼς ὅτι οὐδὲν οὕτω λυσιτελές τε καὶ κερδαλέον ἐστὶν ὡς τὸ μαχόμενον τοὺς πολεμίους νικᾶν, οὐδ' οὕτως ἀλυσιτελές τε καὶ ζημιῶδες ὡς τὸ ἡττᾶσθαι, προθύμως μὲν τὰ πρὸς τὸ νικᾶν συμφέροντα ζητήσει καὶ παρασκευάσεται, ἐπιμελῶς δὲ τὰ πρὸς τὸ ἡττᾶσθαι φέροντα σκέψεται καὶ φυλάξεται, ἐνεργῶς δ', ἂν τὴν παρασκευὴν ὁρᾷ νικητικὴν οὖσαν, μαχεῖται, οὐχ ἥκιστα δὲ τούτων, ἐὰν ἀπαράσκευος ᾖ, φυλάξεται συνάπτειν μάχην. (12) Μὴ καταφρόνει, ἔφη, ὦ Νικομαχίδη, τῶν οἰκονομικῶν ἀνδρῶν· ἡ γὰρ τῶν ἰδίων ἐπιμέλεια πλήθει μόνον διαφέρει τῆς τῶν κοινῶν, τὰ δὲ ἄλλα παραπλήσια ἔχει· τὸ δὲ μέγιστον, ὅτι οὔτε ἄνευ ἀνθρώπων οὐδέτερα γίγνεται οὔτε δι' ἄλλων μὲν ἀνθρώπων τὰ ἴδια πράττεται, δι' ἄλλων δὲ τὰ κοινά· οὐ γὰρ ἄλλοις τισὶν ἀνθρώποις οἱ τῶν κοινῶν ἐπιμελόμενοι χρῶνται ἢ οἷσπερ οἱ τὰ ἴδια οἰκονομοῦντες· οἷς οἱ ἐπιστάμενοι χρῆσθαι καὶ τὰ ἴδια καὶ τὰ κοινὰ καλῶς πράττουσιν, οἱ δὲ μὴ ἐπιστάμενοι ἀμφοτέρωθι πλημμελοῦσιν.

præ aliis delegerit, consentaneum est, eum hac quoque in parte victoriam reportaturum. Etiam credi par est, eum plus velle impendere in hanc rerum bellicarum victoriam cum civitate universa reportandam, quam in victoriam chori cum tribu sua partam. Ain' tu, mi Socrates, inquit, ejusdem esse hominis, recte et choro et exercitui præesse? Aio equidem, inquit, illum qui sciat quibus sit opus, eaque comparare possit, cuicunque rei præsit, bonum præfectum esse; seu choro, seu familiæ, seu civitati, seu exercitui præsit. Profecto, ait Nicomachides, nunquam ex te auditurum me arbitrabar, mi Socrates, bonos patres-familias etiam bonos fore imperatores. Age igitur, inquit, utriusque officia indagemus, ut sciamus, eademne sint an diversa. Omnino, ait. An non igitur utriusque officium est, ut imperio suo subjectos sibi morigeros et obsequentes reddat? Maxime, inquit. Quid? an non ut idoneis imperent ea facere, quæ oportet? Et hoc, inquit. Etiam illud utrique convenire arbitror, ut malos puniant, et honore adficiant bonos. Prorsus ita est, ait. Subditos autem benevolos reddere, qui bon utrique fuerit honestum? Ita est, inquit. Ut socios et auxiliatores sibi adsciscant, num utrique putas expedire, necne? Omnino, inquit. Nonne ad res suas custodiendas utrumque idoneum esse convenit? Maxime, inquit. Ergo et diligentem et industrium in officiis suis oportet esse utrumque. Hæc quidem omnia, inquit, pariter utriusque sunt officia : verum pugnare, non est utriusque. Verum an non utrique hostes sunt? Maxime, inquit. Ergone utrique expedit, ut his superior evadat? Omnino, inquit. At hoc tu prætermittis : si pugnandum sit, quid rei familiaris administrandæ ratio proderit? Ibidem etiam plurimum, inquit : nam bonus pater familias, quum sciat, nihil adeo utile ac fructuosum esse, ac pugnando hostes vincere, neque quidquam esse tam inutile et damnosum, ac superari; prompte quæ ad vincendum conducant, quæret et parabit; ac diligenter considerabit et cavebit, quæ ad hoc faciunt, ut vincantur : quumque videbit apparatum ad victoriam idoneum esse, viriliter dimicabit, at si imparatus fuerit, prælium ne conserat, haud minus cavebit. Ne tu, mi Nicomachides, inquit, homines familiaris rei administraudæ peritos contempseris. Nam cura rerum privatarum tantum a publicarum cura differt amplitudine; cetera consimiles sunt. Quodque maximum est, neutra fit absque hominibus; neque per alios quidem homines privatæ, per alios autem publicæ res tractantur. Nam qui publica procurant, non aliis utuntur hominibus, quam quibus illi qui privata administrant; quibus qui norunt uti, tum privatas tum publicas res bene tractant : qui vero ignorant, utrimque peccant.

ΚΕΦΑΛΑΙΟΝ Ε.

Περικλεῖ δέ ποτε τῷ τοῦ πάνυ Περικλέους υἱῷ διαλεγόμενος, Ἐγώ τοι, ἔφη, ὦ Περίκλεις, ἐλπίδα ἔχω σοῦ στρατηγήσαντος ἀμείνω τε καὶ ἐνδοξοτέραν τὴν πόλιν εἰς τὰ πολεμικὰ ἔσεσθαι καὶ τῶν πολεμίων κρατήσειν. Καὶ ὁ Περικλῆς, Βουλοίμην ἄν, ἔφη, ὦ Σώκρατες, ἃ λέγεις· ὅπως δὲ ταῦτα γένοιτ' ἂν οὐ δύναμαι γνῶναι. Βούλει οὖν, ἔφη ὁ Σωκράτης, διαλογιζόμενοι περὶ αὐτῶν ἐπισκοπῶμεν ὅπου ἤδη τὸ δυνατόν ἐστιν; Βούλομαι, ἔφη. (2) Οὐκοῦν οἶσθα, ἔφη, ὅτι πλήθει μὲν οὐδὲν μείους εἰσὶν Ἀθηναῖοι Βοιωτῶν; Οἶδα γάρ, ἔφη. Σώματα δὲ ἀγαθὰ καὶ καλὰ πότερον ἐκ Βοιωτῶν οἴει πλείω ἂν ἐκλεχθῆναι ἢ ἐξ Ἀθηνῶν; Οὐδὲ ταύτῃ μοι δοκοῦσι λείπεσθαι. Εὐμενεστέρους δὲ ποτέρους ἑαυτοῖς εἶναι νομίζεις; Ἀθηναίους ἔγωγε· Βοιωτῶν μὲν γὰρ πολλοὶ πλεονεκτούμενοι ὑπὸ Θηβαίων δυσμενῶς αὐτοῖς ἔχουσιν, Ἀθήνησι δὲ οὐδὲν ὁρῶ τοιοῦτον. (3) Ἀλλὰ μὴν φιλοτιμότατοί γε καὶ φιλοφρονέστατοι πάντων εἰσίν· ἅπερ οὐχ ἥκιστα παροξύνει κινδυνεύειν ὑπὲρ εὐδοξίας τε καὶ πατρίδος. Οὐδὲ ἐν τούτοις Ἀθηναῖοι μεμπτοί. Καὶ μὴν προγόνων γε καλὰ ἔργα οὐκ ἔστιν οἷς μείζω καὶ πλείω ὑπάρχει ἢ Ἀθηναίοις· ᾧ πολλοὶ ἐπαιρόμενοι προτρέπονταί τε ἀρετῆς ἐπιμελεῖσθαι καὶ ἀλκιμοι γίγνεσθαι. (4) Ταῦτα μὲν ἀληθῆ λέγεις πάντα, ὦ Σώκρατες· ἀλλ' ὁρᾷς ὅτι ἀφ' οὗ ἥ τε σὺν Τολμίδῃ τῶν χιλίων ἐν Λεβαδείᾳ συμφορὰ ἐγένετο καὶ ἡ μεθ' Ἱπποκράτους ἐπὶ Δηλίῳ, ἐκ τούτων τεταπείνωται μὲν ἡ τῶν Ἀθηναίων δόξα πρὸς τοὺς Βοιωτούς, ἐπῆρται δὲ τὸ τῶν Θηβαίων φρόνημα πρὸς τοὺς Ἀθηναίους· ὥστε Βοιωτοὶ μὲν οἱ πρόσθεν οὐδ' ἐν τῇ ἑαυτῶν τολμῶντες Ἀθηναίοις ἄνευ Λακεδαιμονίων τε καὶ τῶν ἄλλων Πελοποννησίων ἀντιτάττεσθαι νῦν ἀπειλοῦσιν αὐτοὶ καθ' ἑαυτοὺς ἐμβαλεῖν εἰς τὴν Ἀττικήν· Ἀθηναῖοι δὲ οἱ πρότερον, ὅτε Βοιωτοὶ μόνοι ἐγένοντο, πορθοῦντες τὴν Βοιωτίαν, φοβοῦνται μὴ Βοιωτοὶ δῃώσωσι τὴν Ἀττικήν. (5) Καὶ ὁ Σωκράτης, Ἀλλ' αἰσθάνομαι μέν, ἔφη, ταῦτα οὕτως ἔχοντα· δοκεῖ δέ μοι ἀνδρὶ ἀγαθῷ ἄρχοντι νῦν εὐαρεστοτέρως διακεῖσθαι ἡ πόλις. Τὸ μὲν γὰρ θάρρος ἀμέλειάν τε καὶ ῥᾳθυμίαν καὶ ἀπείθειαν ἐμβάλλει, ὁ δὲ φόβος προσεκτικωτέρους τε καὶ εὐπειθεστέρους καὶ εὐτακτοτέρους ποιεῖ. (6) Τεκμήραιο δ' ἂν τοῦτο καὶ ἀπὸ τῶν ἐν ταῖς ναυσίν. Ὅταν μὲν γὰρ δήπου μηδὲν φοβῶνται, μεστοί εἰσιν ἀταξίας· ἐπ' ἂν δὲ ἢ χειμῶνα ἢ πολεμίους δείσωσιν, οὐ μόνον τὰ κελευόμενα πάντα ποιοῦσιν, ἀλλὰ καὶ σιγῶσι καραδοκοῦντες τὰ προσταχθησόμενα ὥσπερ χορευταί. (7) Ἀλλὰ μήν, ἔφη ὁ Περικλῆς, εἴ γε νῦν μάλιστα πείθοιντο, ὥρα ἂν εἴη λέγειν πῶς ἂν αὐτοὺς προτρεψαίμεθα πάλιν ἀνερασθῆναι τῆς ἀρχαίας ἀρετῆς τε καὶ εὐκλείας καὶ εὐδαιμονίας. (8) Οὐκοῦν, ἔφη ὁ Σωκράτης, εἰ μὲν ἐβουλόμεθα χρημάτων αὐτοὺς ὧν οἱ ἄλλοι εἶχον ἀντιποιεῖσθαι, ἀποδεικνύοντες αὐτοῖς ταῦτα πατρῷά τε ὄντα καὶ προσήκοντα μάλιστ' ἂν οὕτως αὐτοὺς

CAPUT V.

Quum etiam aliquando cum Pericle, Periclis illius clarissimi filio dissereret, Equidem, mi Pericles, ait, spero, te imperatore, meliorem honorabilioremque civitatem in rebus bellicis fore, hostesque superaturam. Velim, mi Socrates, inquit, quae tu narras : verum quo pacto fieri possint, intelligere nequeo. Vis igitur, ait Socrates, de his disputando consideremus, quo pacto fieri possint? Volo, inquit. Nostin' igitur, ait Socrates, Athenienses multitudine Bœotis nequaquam inferiores esse? Novi, inquit Pericles. S. Utrum vero putas plura bona pulchraque corpora deligi de Bœotis posse, an Athenis? P. Neque in hac parte nihil videntur inferiores esse. S. Utros autem putas magis esse erga se invicem benevolos? P. Athenienses equidem : nam plerique Bœotorum, quod a Thebanis molestentur, male erga ipsos adfecti sunt : Athenis vero nihil ejusmodi video. S. Et honoris etiam cupidissimi sunt, omniumque humanissimi, quae non parum excitant homines, ut pro gloria patriaque periculum adeant. P. Neque in hoc Athenienses reprehendi possunt. S. Majorum quidem praeclara facinora nulli nec insigniora nec plura habent, quam Athenienses : quo multi accensi excitantur ad exercendam virtutem ac fortitudinem. P. Vere tu quidem dicis haec omnia, mi Socrates : sed ex quo illa mille militum strages cum Tolmida apud Lebadiam facta est, illaque ad Delium cum Hippocrate, inde Atheniensium gloria apud Bœotos imminuta est; ita vero Thebanorum animi adversus Athenienses elati sunt, ut jam Bœoti, qui antea ne suis quidem in finibus absque Lacedaemoniis aliisque Peloponnesiis aciem adversus Athenienses audebant struere, nunc se suo Marte Atticam invasuros minitentur; Athenienses vero, qui prius, quum adhuc Bœoti soli essent, Bœotiam populabantur, nunc ne Atticam Bœoti vastent, metuant. Et Socrates, Animadverto, inquit, haec ita se habere : sed videtur mihi civitas nostra nunc animo beniguiori erga bonum imperatorem adfecta. Nam spiritus sibi praefidens negligentiam et ignaviam et inobedientiam parit; metus autem homines attentiores, obedientiores, magisque compositos reddit. Hujus argumentum etiam de nautis indubitatum sumas : nam utique ubi nihil metuant, confusionis omnia plena sunt : at ubi vel tempestatem vel hostes verentur, non solum imperata cuncta faciunt, sed etiam cum silentio, quid mandetur, sollicite exspectant, ut choreutae. Enimvero, inquit Pericles, si jam maxime parituri sint, opportunum fuerit disserere, quo pacto eos hortemur, ut rursus virtutem, gloriam, felicitatem pristinam arripiant. Ergo, ait Socrates, si vellemus eos opes sibi vindicare, quas habebant alii, maxime ad has repetendas incitaremus, si ostenderemus has illis paternas esse ac peculiares : quia vero

ἐξορμῶμεν ἀντέχεσθαι τούτων· ἐπεὶ δὲ τοῦ μετ᾽ ἀρετῆς πρωτεύειν αὐτοὺς ἐπιμελεῖσθαι βουλόμεθα, τοῦτ᾽ αὖ δεικτέον ἐκ παλαιοῦ μάλιστα προσῆκον αὐτοῖς, καὶ ὡς τούτου ἐπιμελόμενοι πάντων ἂν εἶεν κράτιστοι. (9) Πῶς οὖν ἂν τοῦτο διδάσκοιμεν; Οἶμαι μέν, εἰ τοὺς γε παλαιοτάτους ὧν ἀκούομεν προγόνους αὐτῶν ἀναμιμνήσκοιμεν αὐτοὺς ἀκηκοότας ἀρίστους γεγονέναι. (10) Ἆρα λέγεις τὴν τῶν θεῶν κρίσιν, ἣν οἱ περὶ Κέκροπα δι᾽ ἀρετὴν ἔκριναν; Λέγω γάρ, καὶ τὴν Ἐρεχθέως γε τροφήν καὶ γένεσιν, καὶ τὸν πόλεμον τὸν ἐπ᾽ ἐκείνου γενόμενον πρὸς τοὺς ἐκ τῆς ἐχομένης ἠπείρου πάσης, καὶ τὸν ἐφ᾽ Ἡρακλειδῶν πρὸς τοὺς ἐν Πελοποννήσῳ, καὶ πάντας τοὺς ἐπὶ Θησέως πολεμηθέντας, ἐν οἷς πᾶσιν ἐκεῖνοι δῆλοι γεγόνασι τῶν καθ᾽ ἑαυτοὺς ἀνθρώπων ἀριστεύσαντες· (11) εἰ δὲ βούλει, ἃ ὕστερον οἱ ἐκείνων μὲν ἀπόγονοι, οὐ πολὺ δὲ πρὸ ἡμῶν γεγονότες, ἔπραξαν, τὰ μὲν αὐτοὶ καθ᾽ ἑαυτοὺς ἀγωνιζόμενοι πρὸς τοὺς κυριεύοντας τῆς τε Ἀσίας πάσης καὶ τῆς Εὐρώπης μέχρι Μακεδονίας καὶ πλείστην τῶν προγόνων τε δύναμιν καὶ ἀφορμὴν κεκτημένους καὶ μέγιστα ἔργα κατειργασμένους, τὰ δὲ καὶ μετὰ Πελοποννησίων ἀριστεύοντες καὶ κατὰ γῆν καὶ κατὰ θάλατταν· οἳ δὴ καὶ λέγονται πολὺ διενεγκεῖν τῶν καθ᾽ ἑαυτοὺς ἀνθρώπων. (12) Λέγονται γάρ, ἔφη. Τοιγαροῦν πολλῶν μὲν μετανάστασεων ἐν τῇ Ἑλλάδι γεγονυιῶν διέμειναν ἐν τῇ ἑαυτῶν, πολλοὶ δὲ ὑπὲρ δικαίων ἀντιλέγοντες ἐπέτρεπον ἐκείνοις, πολλοὶ δὲ ὑπὸ κρειττόνων ὑβριζόμενοι κατέφυγον πρὸς ἐκείνους. (13) Καὶ ὁ Περικλῆς, Καὶ θαυμάζω γε, ἔφη, ὦ Σώκρατες, ἡ πόλις ὅπως ποτ᾽ ἐπὶ τὸ χεῖρον ἔκλινεν. Ἐγὼ μέν, ἔφη, οἶμαι, ὁ Σωκράτης, ὥσπερ καὶ ἀθληταί τινες διὰ τὸ πολὺ ὑπερενεγκεῖν καὶ κρατιστεῦσαι καταρρᾳθυμήσαντες ὑστερίζουσι τῶν ἀντιπάλων, οὕτω καὶ Ἀθηναίους πολὺ διενεγκόντας ἀμελῆσαι ἑαυτῶν, καὶ διὰ τοῦτο χείρους γεγονέναι. (14) Νῦν οὖν, ἔφη, τί ἂν ποιοῦντες ἀναλάβοιεν τὴν ἀρχαίαν ἀρετήν; Καὶ ὁ Σωκράτης, Οὐδέν ἀπόκρυφον δοκεῖ μοι εἶναι, ἀλλ᾽ εἰ μὲν ἐξευρόντες τὰ τῶν προγόνων ἐπιτηδεύματα μηδὲν χεῖρον ἐκείνων ἐπιτηδεύοιεν, οὐδὲν ἂν χείρους ἐκείνων γενέσθαι· εἰ δὲ μή, τούς γε νῦν πρωτεύοντας μιμούμενοι καὶ τούτοις τὰ αὐτὰ ἐπιτηδεύοντες, ὁμοίως μὲν τοῖς αὐτοῖς χρώμενοι οὐδὲν ἂν χείρους ἐκείνων εἶεν, εἰ δ᾽ ἐπιμελέστερον, καὶ βελτίους. (15) Λέγεις, ἔφη, πόρρω που εἶναι τῇ πόλει τὴν καλοκἀγαθίαν. Πότε γὰρ οὕτως Ἀθηναῖοι ὥσπερ Λακεδαιμόνιοι ἢ πρεσβυτέρους αἰδέσονται, οἳ ἀπὸ τῶν πατέρων ἄρχονται καταφρονεῖν τῶν γεραιτέρων, ἢ σωμασκήσουσιν οὕτως, οἳ οὐ μόνον αὐτοὶ εὐεξίας ἀμελοῦσιν, ἀλλὰ καὶ τῶν ἐπιμελομένων καταγελῶσι; (16) πότε δὲ οὕτω πείσονται τοῖς ἄρχουσιν, οἳ καὶ ἀγάλλονται ἐπὶ τῷ καταφρονεῖν τῶν ἀρχόντων; ἢ πότε οὕτως ὁμονοήσουσιν, οἵ γε ἀντὶ μὲν τοῦ συνεργεῖν ἑαυτοῖς τὰ συμφέροντα ἐπηρεάζουσιν ἀλλήλοις καὶ φθονοῦσιν ἑαυτοῖς μᾶλλον ἢ τοῖς ἄλλοις ἀνθρώποις· μάλιστα δὲ πάντων ἔν τε ταῖς ἰδίαις συνόδοις καὶ ταῖς κοιναῖς διαφέρονται,

volumus eos operam dare, ut in virtute primas obtineant, iterum demonstrandum erit, hoc ipsum jam olim ad ipsos potissimum pertinere; quodque, si in hoc incumbant, omnium fuerint præstantissimi. P. At quomodo possimus hoc docere? S. Sic arbitror, si majores ipsorum longe antiquissimos, de quibus accepimus, in memoriam eis revocemus, quod nimirum audiverint eos fuisse optimos. P. Num de judicio deorum loqueris, quod ob virtutem Cecrops cum suis fecit? S. De hoc ipso loquor, ac de educatione et ortu Erechthei, et de bello, quod ab eo susceptum fuit contra ejus, quæ fines Atticæ tangebat, continentis universæ habitatores; et de illo, quod sub Herculis nepotibus contra Peloponnesios, et de bellis omnibus, quæ sub Theseo gesta sunt; in quibus universis illi suæ ætatis hominibus manifesto præstiterunt. Adde, si placet, quæ deinde illorum nepotes gesserunt, qui non ita multum ante nos vixere, dum partim ipsi per se dimicarunt adversus eos qui Asiæ universæ et Europæ ad Macedoniam usque dominabantur, maximamque priorum hominum potentiam atque opes possidebant, res maximas exsequuti; partim etiam cum Peloponnesiis fortiter se gesserunt terra et mari, hi igitur longe præstitisse suæ ætatis hominibus dicuntur. P. Ita sane dicuntur, ait. Quapropter quum multæ in Græcia migrationes acciderent, illi suo in agro permanserunt : ac multi, qui inter se de jure disceptabant, ipsorum arbitrio controversias permittebant : multi denique a potentioribus contumeliosa injuria adfecti, ad eos potissimum confugiebant. Tum Pericles, Equidem miror, inquit, mi Socrates, quo pacto civitas hæc in pejus sit prolapsa. Arbitror, inquit Socrates, perinde atque athletæ nonnulli, eo quod sæpe superiores et victores evaserint, tandem desides facti, minus adversariis valent; sic et Athenienses, quum longe præstarent aliis, se ipsos neglexisse, ac propterea evasisse pejores. Nunc igitur, inquit Pericles, quid facientes pristinam virtutem recuperent? Et Socrates : Nihil occultum, ut mihi videtur. Nimirum si, cognitis majorum suorum institutis, nihilo pejus quam illi agere instituerent, nihilo ipsi essent eis pejores : sin minus, saltem eos imitando qui nunc primas tenent, et eorundem institutis inhærendo, si quidem id pari facerent industria, nihilo deteriores illis essent; sin majori, etiam meliores. Dicis, ait Pericles, longe a civitate nostra abesse pulchri bonique studium. Nam quando Athenienses ita, ut Lacedæmonii, vel natu grandiores reverebuntur, qui ab ipsis patribus ordiuntur seniores contemnere? vel ita corporis exercitiis utentur, qui non solum ipsi bonam corporis constitutionem parvi faciunt, sed etiam illos irrident, qui curam ejus habent? quando ita magistratibus obtemperabunt, qui gloriantur etiam propterea, quod magistratus contemnant? quando ita concordes erunt, qui pro studio juvandi se invicem, injuriis sese afficiunt, et magis invident sibi, quam ceteris hominibus? qui omnium maxime tum in privatis tum publicis congressibus inter se dissident, litesque invicem sibi

καὶ πλείστας δίκας ἀλλήλοις δικάζονται, καὶ προαιροῦνται μᾶλλον οὕτω κερδαίνειν ἀπ' ἀλλήλων ἢ συνωφελοῦντες αὑτούς, τοῖς δὲ κοινοῖς ὥσπερ ἀλλοτρίοις χρώμενοι, περὶ τούτων αὖ μάχονται καὶ ταῖς εἰς τὰ τοιαῦτα δυνάμεσι μάλιστα χαίρουσιν. (17) Ἐξ ὧν πολλὴ μὲν ἀπειρία καὶ κακία τῇ πόλει ἐμφύεται, πολλὴ δὲ ἔχθρα καὶ μῖσος ἀλλήλων τοῖς πολίταις ἐγγίγνεται, δι' ἃ ἔγωγε μάλα φοβοῦμαι ἀεὶ μή τι μεῖζον ἢ ὥστε φέρειν δύνασθαι κακὸν τῇ πόλει συμβῇ. (18) Μηδαμῶς, ἔφη ὁ Σωκράτης, ὦ Περίκλεις, οὕτως ἡγοῦ, ἀνηκέστῳ πονηρίᾳ νοσεῖν Ἀθηναίους. Οὐχ ὁρᾷς ὡς εὔτακτοι μέν εἰσιν ἐν τοῖς ναυτικοῖς, εὐτάκτως δ' ἐν τοῖς γυμνικοῖς ἀγῶσι πείθονται τοῖς ἐπιστάταις, οὐδένων δὲ καταδεέστερον ἐν τοῖς χοροῖς ὑπηρετοῦσι τοῖς διδασκάλοις; (19) Τοῦτο γάρ τοι, ἔφη, καὶ θαυμαστόν ἐστι, τὸ τοὺς μὲν τοιούτους πειθαρχεῖν τοῖς ἐφεστῶσι, τοὺς δὲ ὁπλίτας καὶ τοὺς ἱππέας, οἳ δοκοῦσι καλοκἀγαθίᾳ προκεκρίσθαι τῶν πολιτῶν, ἀπειθεστάτους εἶναι πάντων. (20) Καὶ ὁ Σωκράτης ἔφη, Ἡ δ' ἐν Ἀρείῳ πάγῳ βουλή, ὦ Περίκλεις, οὐκ ἐκ τῶν δεδοκιμασμένων καθίσταται; Καὶ μάλα, ἔφη. Οἶσθα οὖν τινας, ἔφη, κάλλιον ἢ νομιμώτερον ἢ σεμνότερον ἢ δικαιότερον τάς τε δίκας δικάζοντας καὶ τἆλλα πάντα πράττοντας; Οὐ μέμφομαι, ἔφη, τούτοις. Οὐ τοίνυν, ἔφη, δεῖ ἀθυμεῖν ὡς οὐκ εὐτάκτων ὄντων Ἀθηναίων. (21) Καὶ μὴν ἔν γε τοῖς στρατιωτικοῖς, ἔφη, ἔνθα μάλιστα δεῖ σωφρονεῖν τε καὶ εὐτακτεῖν καὶ πειθαρχεῖν, οὐδενὶ τούτων προσέχουσιν. Ἴσως γάρ, ἔφη, ὁ Σωκράτης, ἐν τούτοις οἱ ἥκιστα ἐπιστάμενοι ἄρχουσιν αὐτῶν. Οὐχ ὁρᾷς ὅτι κιθαριστῶν μὲν καὶ χορευτῶν καὶ ὀρχηστῶν οὐδὲ ἐπιχειρεῖ ἄρχειν μὴ ἐπιστάμενος, οὐδὲ παλαιστῶν οὐδὲ παγκρατιαστῶν; ἀλλὰ πάντες, ὅσοι τούτων ἄρχουσιν, ἔχουσι δεῖξαι ὁπόθεν ἔμαθον ταῦτα ἐφ' οἷς ἐφεστᾶσι· τῶν δὲ στρατηγῶν οἱ πλεῖστοι αὐτοσχεδιάζουσιν. (22) Οὐ μέντοι σέ γε τοιοῦτον ἐγὼ νομίζω εἶναι, ἀλλ' οἶμαί σε οὐδὲν ἧττον ἔχειν εἰπεῖν ὁπότε στρατηγεῖν ἢ ὁπότε παλαίειν ἤρξω μανθάνειν. Καὶ πολλὰ μὲν οἶμαί σε τῶν πατρῴων στρατηγημάτων παρειληφότα διασῴζειν, πολλὰ δὲ πανταχόθεν συνενηνοχέναι, ὁπόθεν οἷόν τε ἦν μαθεῖν τι ὠφέλιμον εἰς στρατηγίαν. (23) Οἶμαι δέ σε πολλὰ μεριμνᾶν ὅπως μὴ λάθῃς σεαυτὸν ἀγνοῶν τι τῶν εἰς στρατηγίαν ὠφελίμων· καὶ ἐάν τι τοιούτων αἴσθῃ σεαυτὸν μὴ εἰδότα, ζητεῖν τοὺς ἐπισταμένους ταῦτα, οὔτε δώρων οὔτε χαρίτων φειδόμενον, ὅπως μάθῃς παρ' αὐτῶν ἃ μὴ ἐπίστασαι καὶ συνεργοὺς ἀγαθοὺς ἔχῃς. (24) Καὶ ὁ Περικλῆς, Οὐ λανθάνεις με, ὦ Σώκρατες, ἔφη, ὅτι οὐδ' οἰόμενός με τούτων ἐπιμελεῖσθαι ταῦτα λέγεις, ἀλλ' ἐγχειρεῖς με διδάσκειν ὅτι τὸν μέλλοντα στρατηγεῖν τούτων ἁπάντων ἐπιμελεῖσθαι δεῖ. Ὁμολογῶ μέντοι κἀγώ σοι ταῦτα. (25) Τοῦτο δ', ἔφη, ὦ Περίκλεις, κατανενόηκας, ὅτι πρόκειται τῆς χώρας ἡμῶν ὄρη μεγάλα, καθήκοντα ἐπὶ τὴν Βοιωτίαν, δι' ὧν εἰς τὴν χώραν εἴσοδοι στεναί τε καὶ προσάντεις εἰσί, καὶ ὅτι μέση διέζωσται ὄρεσιν ἐρυμνοῖς; Καὶ μάλα, ἔφη. (26) Τί δέ;

plurimas movent, maluntque isto modo alter ab altero quid lucrari, quam mutuo sibi prodesse? qui communibus rebus perinde utuntur atque alienis, deque iis rixantur, et viribus ad res hujuscemodi maxime gaudent? Ex quibus sane magna inscitia pulchri bonique in civitate oritur, magnaeque inimicitiae et odia mutua inter cives nascuntur. Quas ob res equidem vehementer metuere non desino, ne quod civitas detrimentum capiat majus, quam quod tolerare possit. Nequaquam, mi Pericles, existimaveris Athenienses tam incurabili pravitate, tanquam morbo, laborare, subjecit Socrates. An non vides, quam composite nauticis in rebus se gerant, quam composite gymnicis in certaminibus praefectis obediant, quam eximie subserviant magistris in choris? Est hoc certe mirum, ait Pericles, quod tales praefectis obediant: at pedites et equites, qui in pulchri bonique studio civibus ceteris praelati esse videntur, omnium sint inobedientissimi. Et Socrates: At vero is, qui est in Areopago, senatus, mi Pericles, an non ex probatis hominibus constat? Omnino, inquit Pericles. An igitur nosti aliquos, ait Socrates, qui vel honestius, vel magis legitime, vel gravius, vel aequius lites judicent, ceteraque cuncta gerant? Nihil, inquit Pericles, de iis queror. Non igitur, inquit Socrates, animum despondere oportet, quasi Athenienses composite se non gerant. At in re militari, inquit Pericles, ubi maxime decet animo sano uti, composite, atque obedienter se gerere, nulli horum attendunt. Fortassis, ait Socrates, in his praesunt eis homines minime periti. An non vides citharoedorum, et eorum qui choros agunt, et pugilum et pancratiastarum ne unum quidem conari ut imperet, si quidem sit imperitus; sed omnes quotquot his praesunt, posse commonstrare, a quibus ea didicerint, quibus sunt praepositi: at plerique imperatorum temere neque tentatam ante hoc munus capessunt? Te quidem minime talem esse arbitror, sed opinor te non minus posse dicere, quo tempore imperandi, quam quo luctandi artem discere occoeperis. Multa etiam te imperatoria consilia de patre accepta tenere puto, multa undecunque congessisse, unde disci abs te poterat aliquid, quod ad imperatoriam artem conferret. Atque te arbitror valde sollicitum esse, ne te ipsum lateas ignorans aliquid eorum quae ad munus imperatoris pertinent; ac si quid ejusmodi nescire te animadverteris, harum rerum peritos inquirere, neque muneribus neque gratiis parcentem, ut ab eis discas quae nescis, et bonos coadjutores habeas. Tum Pericles, Non me clam est, mi Socrates, inquit, haec te dicere, non existimantem quidem me his studere, sed conantem me docere, quod si quis velit exercitum ducere, horum omnium habenda ei sit cura. Equidem hoc tibi fateor, ait Socrates. Ceterum animadvertisti, mi Pericles, ait, magnos quosdam montes ante nostram regionem sitos esse, ad Boeotiam usque pertinentes, per quos in agrum nostrum aditus arcti et ardui sunt: cumque medium cinctum esse montibus munitis? Omnino, inquit Pericles. S. Quid?

ἐκεῖνο ἀκήκοας, ὅτι Μυσοὶ καὶ Πισίδαι ἐν τῇ βασιλέως χώρᾳ κατέχοντες ἐρυμνὰ πάνυ χωρία καὶ κούφως ὡπλισμένοι δύνανται πολλὰ μὲν τὴν βασιλέως χώραν καταθέοντες κακοποιεῖν, αὐτοὶ δὲ ζῆν ἐλεύθεροι; Καὶ τοῦτό γε, ἔφη, ἀκούω. (27) Ἀθηναίους δ' οὐκ ἂν οἴει, ἔφη, μέχρι τῆς ἐλαφρᾶς ἡλικίας ὡπλισμένους κουφοτέροις ὅπλοις καὶ τὰ προκείμενα τῆς χώρας ὄρη κατέχοντας βλαβεροὺς μὲν τοῖς πολεμίοις εἶναι, μεγάλην δὲ προβολὴν τοῖς πολίταις τῆς χώρας κατεσκευάσθαι; Καὶ ὁ Περικλῆς, Πάντ' οἶμαι, ἔφη, ὦ Σώκρατες, καὶ ταῦτα χρήσιμα εἶναι. (28) Εἰ τοίνυν, ἔφη ὁ Σωκράτης, ἀρέσκει σοι ταῦτα, ἐπιχείρει αὐτοῖς, ὦ ἄριστε· ὅ,τι μὲν γὰρ ἂν τούτων καταπράξῃς, καὶ σοὶ καλὸν ἔσται καὶ τῇ πόλει ἀγαθόν· ἐὰν δέ τι ἀδυνατῇς, οὔτε τὴν πόλιν βλάψεις οὔτε σεαυτὸν καταισχυνεῖς.

ΚΕΦΑΛΑΙΟΝ ς.

Γλαύκωνα δὲ τὸν Ἀρίστωνος, ὅτ' ἐπεχείρει δημηγορεῖν, ἐπιθυμῶν προστατεύειν τῆς πόλεως, οὐδέπω εἴκοσιν ἔτη γεγονώς, ὄντων ἄλλων οἰκείων τε καὶ φίλων οὐδεὶς ἐδύνατο παῦσαι ἑλκόμενόν τε ἀπὸ τοῦ βήματος καὶ καταγέλαστον ὄντα· Σωκράτης δὲ, εὔνους ὢν αὐτῷ διά τε Χαρμίδην τὸν Γλαύκωνος καὶ διὰ Πλάτωνα, μόνος ἔπαυσεν. (2) Ἐντυχὼν γὰρ αὐτῷ πρῶτον μὲν εἰς τὸ ἐθελῆσαι ἀκούειν τοιάδε λέξας κατέσχεν. Ὦ Γλαύκων, ἔφη, προστατεύειν ἡμῖν διανενόησαι τῆς πόλεως; Ἔγωγ', ἔφη, ὦ Σώκρατες. Νὴ Δί', ἔφη· καλὸν γὰρ εἴπερ τι καὶ ἄλλο τῶν ἐν ἀνθρώποις. Δῆλον γὰρ ὅτι ἐὰν τοῦτο διαπράξῃ, δυνατὸς μὲν ἔσῃ αὐτὸς τυγχάνειν ὅτου ἂν ἐπιθυμῇς, ἱκανὸς δὲ τοὺς φίλους ὠφελεῖν, ἐπαρεῖς δὲ τὸν πατρῷον οἶκον, αὐξήσεις δὲ τὴν πατρίδα, ὀνομαστὸς δ' ἔσῃ πρῶτον μὲν ἐν τῇ πόλει, ἔπειτα δ' ἐν τῇ Ἑλλάδι, ἴσως δὲ ὥσπερ Θεμιστοκλῆς καὶ ἐν τοῖς βαρβάροις· ὅπου δ' ἂν ᾖς, πανταχοῦ περίβλεπτος ἔσῃ. (3) Ταῦτ' οὖν ἀκούων ὁ Γλαύκων ἐμεγαλύνετο, καὶ ἡδέως παρέμενε. Μετὰ δὲ ταῦτα ὁ Σωκράτης, Οὐκοῦν, ἔφη, τοῦτο μὲν, ὦ Γλαύκων, δῆλον, ὅτι εἴπερ τιμᾶσθαι βούλει, ὠφελητέα σοι ἡ πόλις ἐστίν; Πάνυ μὲν οὖν, ἔφη. Πρὸς θεῶν, ἔφη, μὴ τοίνυν ἀποκρύψῃ, ἀλλ' εἰπὸν ἡμῖν ἐκ τίνος ἄρξῃ τὴν πόλιν εὐεργετεῖν; (4) Ἐπεὶ δὲ ὁ Γλαύκων διεσιώπησεν, ὡς ἂν τότε σκοπῶν ὁπόθεν ἄρχοιτο, Ἆρ', ἔφη ὁ Σωκράτης, ὥσπερ φίλου οἶκον εἰ αὐξῆσαι βούλοιο, πλουσιώτερον αὐτὸν ἐπιχειροίης ἂν ποιεῖν, οὕτω καὶ τὴν πόλιν πειράσῃ πλουσιωτέραν ποιῆσαι; Πάνυ μὲν οὖν, ἔφη. (5) Οὐκοῦν πλουσιωτέρα γ' ἂν εἴη προσόδων αὐτῇ πλειόνων γενομένων; Εἰκὸς γοῦν, ἔφη. Λέξον δὴ, ἔφη, ἐκ τίνων νῦν αἱ πρόσοδοι τῇ πόλει καὶ πόσαι τινές εἰσι; δῆλον γὰρ ὅτι ἔσκεψαι, ἵνα, εἰ μέν τινες αὐτῶν ἐνδεῶς ἔχουσιν, ἐκπληρώσῃς, εἰ δὲ παραλείπονται, προσπορίσῃς. Ἀλλὰ μὰ Δί', ἔφη ὁ Γλαύκων, ταῦτά γε οὐκ ἐπέσκεμμαι. (6) Ἀλλ' εἰ τοῦτο, ἔφη, παρέλιπες, τάς γε δα-

---

CAPUT VI.

Glauconem, Aristonis filium, quum is necdum viginti natus annos concionari aggrederetur, et præesse civitati cuperet, nemo dissuadere poterat, quanquam alios et propinquos et amicos haberet, ac de tribunali detraheretur, planeque ridiculus esset : Socrates vero, qui ei benevolus erat et ob Charmidem Glauconis filium, et ob Platonem, solus dissuasit. Nam quum in eum incidisset, primo quidem ut vellet audire, hujuscemodi verbis eum detinuit : Præesse civitati nostræ cogitas, inquit, mi Glauco? Equidem, mi Socrates, inquit. Profecto enim si quid aliud humanis in rebus, hoc certe præclarum est. Perspicuum est enim, quod, si hoc impetrabis, poteris ipse consequi quæcunque concupiveris, amicos juvare, domum paternam extollere, patriam amplificare, atque celebris efficieris primum in civitate, deinde in Græcia, ac fortassis etiam, uti Themistocles, apud barbaros : ubicunque autem fueris, ubique eris illustris. Hæc quum audiret Glauco, efferebatur animo, lubenterque manebat. Post hæc Socrates, Palam est igitur, ait, mi Glauco, necessarium esse, ut, si quidem esse in honore velis, aliquam civitati utilitatem afferas? Omnino, ait. Non igitur rem celaveris, per deos, inquit Socrates, sed dicito nobis, unde incipies civitati benefacere. Hic quum Glauco subticeret, ut qui tum consideraret unde potissimum inciperet : An non, ait Socrates, perinde ac, dum amici domum vis amplificare, locupletiorem efficere niteris, ita et civitatem conaberis opulentiorem reddere? Omnino, inquit. Fueritne igitur locupletior, si proventus ei plures accedant? Consentaneum quidem, ait. Dic ergo, ait, quibus ex rebus nunc civitas proventus habet, et quanti sunt? nam palam est, hoc te considerasse, ut si quidam ex eis exigui sint, eos tu expleas; si qui autem amittantur, eos rursum compares. Ego vero, ait Glauco, nunquam profecto hæc consideravi. At si hoc

πάνας τῆς πόλεως ἡμῖν εἰπέ· δῆλον γὰρ ὅτι καὶ τούτων τὰς περιττὰς ἀφαιρεῖν διανοῇ. Ἀλλὰ μὰ τὸν Δί', ἔφη, οὐδὲ πρὸς ταῦτά πω ἐσχόλασα. Οὐκοῦν, ἔφη, τὸ μὲν πλουσιωτέραν τὴν πόλιν ποιεῖν ἀναβαλούμεθα· πῶς γὰρ οἷόν τε μὴ εἰδότα γε τὰ ἀναλώματα καὶ τὰς προσόδους ἐπιμεληθῆναι τούτων; (7) Ἀλλ', ὦ Σώκρατες, ἔφη ὁ Γλαύκων, δυνατόν ἐστι καὶ ἀπὸ πολεμίων τὴν πόλιν πλουτίζειν. Νὴ Δία σφόδρα γ', ἔφη ὁ Σωκράτης, ἐάν τις αὐτῶν κρείττων ᾖ· ἥττων δὲ ὢν καὶ τὰ οἰκεῖα προσαποβάλοι ἄν. (8) Ἀληθῆ λέγεις, ἔφη. Οὐκοῦν, ἔφη, τόν γε βουλευσόμενον πρὸς οὕστινας δεῖ πολεμεῖν τήν τε τῆς πόλεως δύναμιν καὶ τὴν τῶν ἐναντίων εἰδέναι δεῖ, ἵνα, ἐὰν μὲν ἡ τῆς πόλεως κρείττων ᾖ, συμβουλεύῃ ἐπιχειρεῖν τῷ πολέμῳ, ἐὰν δὲ ἥττων τῶν ἐναντίων, εὐλαβεῖσθαι πείθῃ. (9) Ὀρθῶς λέγεις, ἔφη. Πρῶτον μὲν τοίνυν, ἔφη, λέξον ἡμῖν τῆς πόλεως τήν τε πεζικὴν καὶ τὴν ναυτικὴν δύναμιν, εἶτα τὴν τῶν ἐναντίων. Ἀλλὰ μὰ τὸν Δί', ἔφη, οὐκ ἂν ἐχοιμί σοι οὕτω γε ἀπὸ στόματος εἰπεῖν. Ἀλλ' εἰ γέγραπταί σοι, ἔνεγκε, ἔφη· πάνυ γὰρ ἡδέως ἂν τοῦτο ἀκούσαιμι. Ἀλλὰ μὰ τὸν Δί', ἔφη, οὐδὲ γέγραπταί μοί πω. (10) Οὐκοῦν, ἔφη, καὶ περὶ πολέμου συμβουλεύειν τήν γε πρώτην ἐπισχήσομεν· ἴσως γὰρ καὶ διὰ τὸ μέγεθος αὐτῶν ἄρτι ἀρχόμενος τῆς προστατείας οὔπω ἐξήτακας. Ἀλλά τοι περί γε φυλακῆς τῆς χώρας οἶδ' ὅτι σοι μεμέληκεν καὶ οἶσθα ὁπόσαι τε φυλακαὶ ἐπίκαιροί εἰσι καὶ ὁπόσαι μὴ καὶ ὁπόσοι τε φρουροὶ ἱκανοί εἰσι καὶ ὁπόσοι μή εἰσι· καὶ τὰς μὲν ἐπικαίρους φυλακὰς συμβουλεύσεις μείζονας ποιεῖν, τὰς δὲ περιττὰς ἀφαιρεῖν. (11) Νὴ Δί', ἔφη ὁ Γλαύκων, ἁπάσας μὲν οὖν ἔγωγε ἕνεκά γε τοῦ οὕτως αὐτὰς φυλάττεσθαι ὥστε κλέπτεσθαι τὰ ἐκ τῆς χώρας. Ἐὰν δέ τις ἀφέλῃ γ', ἔφη, τὰς φυλακάς, οὐκ οἴει καὶ ἁρπάζειν ἐξουσίαν ἔσεσθαι τῷ βουλομένῳ; ἀτάρ, ἔφη, πότερον ἐλθὼν αὐτὸς ἐξήτακας τοῦτο ἢ πῶς οἶσθα ὅτι κακῶς φυλάττονται; Εἰκάζω, ἔφη. Οὐκοῦν, ἔφη, καὶ περὶ τούτων, ὅταν μηκέτι εἰκάζωμεν, ἀλλ' ἤδη εἰδῶμεν, τότε συμβουλεύσομεν; Ἴσως, ἔφη ὁ Γλαύκων, βέλτιον. (12) Εἴς γε μὴν, ἔφη, τἀργύρεια οἶδ' ὅτι οὐκ ἀφῖξαι, ὥστ' ἔχειν εἰπεῖν διότι νῦν ἔλαττον ἢ πρόσθεν προσέρχεται αὐτόθεν. Οὐ γὰρ οὖν ἐλήλυθα, ἔφη. Καὶ γὰρ νὴ Δί', ἔφη ὁ Σωκράτης, λέγεται βαρὺ τὸ χωρίον εἶναι, ὥστε, ὅταν περὶ τούτου δέῃ συμβουλεύειν, αὕτη σοι ἡ πρόφασις ἀρκέσει. (13) Σκώπτομαι, ἔφη ὁ Γλαύκων. Ἀλλ' ἐκείνου γέ τοι, ἔφη, οἶδ' ὅτι οὐκ ἠμέληκας, ἀλλ' ἔσκεψαι, πόσον χρόνον ἱκανός ἐστιν ὁ ἐκ τῆς χώρας γιγνόμενος σῖτος διατρέφειν τὴν πόλιν, καὶ πόσου εἰς τὸν ἐνιαυτὸν προσδεῖται, ἵνα μὴ τούτου γε λάθῃ σέ ποτε ἡ πόλις ἐνδεὴς γενομένη, ἀλλ' εἰδὼς ἔχῃς ὑπὲρ τῶν ἀναγκαίων συμβουλεύειν τῇ πόλει βοηθεῖν τε καὶ σώζειν αὐτήν. Λέγεις, ἔφη ὁ Γλαύκων, παμμέγεθες πρᾶγμα, εἴ γε καὶ τῶν τοιούτων ἐπιμελεῖσθαι δεήσει. (14) Ἀλλὰ μέντοι, ἔφη ὁ Σωκράτης, οὐδ' ἂν τὸν ἑαυτοῦ ποτε οἶκον καλῶς τις οἰκήσειεν, εἰ μὴ πάντα μὲν εἴσεται

neglexisti, ait Socrates, sumptus certe civitatis nobis exponito: nam palam est, cogitare te jam, ut ex his tollas supervacaneos. Ne his quidem profecto, ait, unquam vacavi. Ergo, inquit, differamus aliquantum rationem locupletandæ civitatis: nam qui possit fieri, ut harum rerum curam habeat is, qui et sumptus et proventus ignoret? Verum, mi Socrates, ait Glauco, potest etiam ab hostibus civitas reddi locupletior. Ac vehementer quidem, ait Socrates, si quis eos vincit: at si vincitur, etiam sua amittat. Vere dicis, inquit. Ergo, inquit, deliberaturum adversus quos pugnandum sit, et civitatis et adversariorum vires habere cognitas oportet, ut, si majores sint civitatis, bellum suscipi suadeat; sin minores quam hostium, cavere consulat. Recte dicis, ait. Ergo nobis primum exponito, inquit, quæ civitatis tum pedestres tum navales sint copiæ; deinde, quæ adversariorum. Ego vero, inquit, non possim hoc tibi profecto sic de memoria exponere. At si quid conscriptum habes, profer, ait: nam lubenter admodum hoc audiero. At ne conscriptum quidem hoc unquam a me, inquit. Ergo, inquit, et deliberationem de bello nonnihil primo suspendemus. Nam de rei magnitudinem fortasse nondum explorati quidquam labes, præsertim quum civitati præesse nuper inceperis. Ceterum custodiam regionis scio tibi curæ fuisse, ac te scire quot opportunæ, et quot superfluæ custodiæ sunt, et quot custodes sufficient, et quot non sufficient: si opportunas quidem custodias consules augere, superfluas vero auferre. Imo vero, subjecit Glauco, equidem tollendas universas arbitror, quod ita custodiant, ut ea etiam sibi attrahant, quæ ex agro proveniunt. At si quis custodias tollat, inquit Socrates, an non existimas cupienti fore potestatem etiam rapiendi? Tu vero, inquit, num profectus eo, rem indagasti, aut quomodo scis eos male excubias agere? Conjicio, inquit. Ergone de his quoque tum deliberabimus, quum non amplius utemur conjectura, sed cognitam rem habebimus? Fortassis hoc fuerit potius, ait Glauco. In argentifodinas quidem certe, inquit Socrates, non venisse te scio, ut dicere possis, quamobrem nunc minus inde, quam antehac, proveniat. Equidem eo non sum profectus, ait. Profecto, inquit Socrates, fertur is locus esse pestilenti aere: quamobrem, ubi de hoc consultari debebit, hæc tibi excusatio sufficiet. Rideor ab te, ait Glauco. Hoc tamen, ait, te non neglexisse scio, sed considerasse, quamdiu frumentum, quod in agro nascitur, ad alendam civitatem sufficiat; quantumque insuper requiratur in annum, ne te lateat quum civitas ejus inopia laboret, sed hoc sciens possis de necessariis consulendo civitatem adjuvare, salvamque facere. Rem permagnam dicis, inquit Glauco, si quidem erit talium habenda cura. Enimvero, inquit Socrates, ne suam quidem familiam recte quis administraverit, si non sciat

ὧν προσδεῖται, πάντων δὲ ἐπιμελόμενος ἐκπληρώσει. Ἀλλ᾽ ἐπεὶ ἡ μὲν πόλις ἐκ πλειόνων ἢ μυρίων οἰκιῶν συνέστηκε, χαλεπὸν δέ ἐστιν ἅμα τοσούτων οἴκων ἐπιμελεῖσθαι, πῶς οὐχ ἕνα, τὸν τοῦ θείου, πρῶτον ἐπειράθης αὐξῆσαι; δεῖται δέ· κἂν μὲν τοῦτον δύνῃ, καὶ πλείοσιν ἐπιχειρήσεις· ἕνα δὲ μὴ δυνάμενος ὠφελῆσαι πῶς ἂν πολλούς γε δυνηθείης; ὥσπερ εἴ τις ἓν τάλαντον μὴ δύναιτο φέρειν, πῶς οὐ φανερὸν ὅτι πλείω γε φέρειν οὐδ᾽ ἐπιχειρητέον αὐτῷ; (15) Ἀλλ᾽ ἔγωγ᾽, ἔφη, ὁ Γλαύκων, ὠφελοίην ἂν τὸν τοῦ θείου οἶκον, εἴ μοι ἐθέλοι πείθεσθαι. Εἶτα, ἔφη ὁ Σωκράτης, τὸν θεῖον οὐ δυνάμενος πείθειν, Ἀθηναίους πάντας μετὰ τοῦ θείου νομίζεις δυνήσεσθαι ποιῆσαι πείθεσθαί σοι; (16) Φυλάττου, ἔφη, ὦ Γλαύκων, ὅπως μὴ τοῦ εὐδοξεῖν ἐπιθυμῶν εἰς τοὐναντίον ἔλθῃς. Ἢ οὐχ ὁρᾷς ὡς σφαλερόν ἐστι τὸ ἃ μὴ οἶδέ τις, ταῦτα λέγειν ἢ πράττειν; Ἐνθυμοῦ δὲ τῶν ἄλλων, ὅσους οἶσθα τοιούτους, οἷοι φαίνονται καὶ λέγοντες ἃ μὴ ἴσασι καὶ πράττοντες, πότερά σοι δοκοῦσιν ἐπὶ τοῖς τοιούτοις ἐπαίνου μᾶλλον ἢ ψόγου τυγχάνειν καὶ πότερον θαυμάζεσθαι μᾶλλον ἢ καταφρονεῖσθαι. (17) Ἐνθυμοῦ δὲ καὶ τῶν εἰδότων ὅ,τι τε λέγουσι καὶ ὅ,τι ποιοῦσι καὶ, ὡς ἐγὼ νομίζω, εὑρήσεις ἐν πᾶσιν ἔργοις τοὺς μὲν εὐδοκιμοῦντάς τε καὶ θαυμαζομένους ἐκ τῶν μάλιστα ἐπισταμένων ὄντας, τοὺς δὲ κακοδοξοῦντάς τε καὶ καταφρονουμένους ἐκ τῶν ἀμαθεστάτων. (18) Εἰ οὖν ἐπιθυμεῖς εὐδοκιμεῖν τε καὶ θαυμάζεσθαι ἐν τῇ πόλει, πειρῶ κατεργάσασθαι ὡς μάλιστα τὸ εἰδέναι ἃ βούλει πράττειν· ἐὰν γὰρ τούτῳ διενέγκας τῶν ἄλλων ἐπιχειρῇς τὰ τῆς πόλεως πράττειν, οὐκ ἂν θαυμάσαιμι, εἰ πάνυ ῥᾳδίως τύχοις ὧν ἐπιθυμεῖς.

ΚΕΦΑΛΑΙΟΝ Ζ.

Χαρμίδην δὲ τὸν Γλαύκωνος ὁρῶν ἀξιόλογον μὲν ἄνδρα ὄντα καὶ πολλῷ δυνατώτερον τῶν τὰ πολιτικὰ τότε πραττόντων, ὀκνοῦντα δὲ προσιέναι τῷ δήμῳ καὶ τῶν τῆς πόλεως πραγμάτων ἐπιμελεῖσθαι, Εἰπέ μοι, ἔφη, ὦ Χαρμίδη, εἴ τις ἱκανὸς ὢν τοὺς στεφανίτας ἀγῶνας νικᾶν, καὶ διὰ τοῦτο αὐτός τε τιμᾶσθαι καὶ τὴν πατρίδα ἐν τῇ Ἑλλάδι εὐδοκιμωτέραν ποιεῖν, μὴ θέλοι ἀγωνίζεσθαι, ποῖόν τινα τοῦτον νομίζοις ἂν τὸν ἄνδρα εἶναι; Δῆλον ὅτι, ἔφη, μαλακόν τε καὶ δειλόν. (2) Εἰ δέ τις, ἔφη, δυνατὸς ὢν τῶν τῆς πόλεως πραγμάτων ἐπιμελόμενος τήν τε πόλιν αὔξειν καὶ αὐτὸς διὰ τοῦτο τιμᾶσθαι, ὀκνοίη δὴ τοῦτο πράττειν, οὐκ ἂν εἰκότως δειλὸς νομίζοιτο; Ἴσως, ἔφη. Ἀτὰρ πρὸς τί με ταῦτ᾽ ἐρωτᾷς; Ὅτι, ἔφη, οἶμαί σε δυνατὸν ὄντα ὀκνεῖν ἐπιμελεῖσθαι, καὶ ταῦτα ὧν ἀνάγκη σοι μετέχειν πολίτῃ γε ὄντι. (3) Τὴν δὲ ἐμὴν δύναμιν, ἔφη ὁ Χαρμίδης, ἐν ποίῳ ἔργῳ καταμαθὼν ταῦτά μου καταγιγνώσκεις; Ἐν ταῖς συνουσίαις, ἔφη, αἷς σύνει τοῖς τὰ τῆς πόλεως πράττουσι· καὶ γὰρ ὅταν τι ἀνακοινῶνταί σοι, ὁρῶ σε

CAPUT VII.

Quum autem videret Charmidem Glauconis filium hominem esse magni pretii, multoque solertiorem illis, qui rempublicam tunc gerebant, nolentem vero ad populum accedere, reique publicae tractare negotia, Dic mihi, mi Charmides, inquit, si quis, quum in certaminibus coronariis vincere possit, eaque re tum ipse honorem consequi, tum patriam in Graecia illustriorem reddere, decertare nolit, qualem existimes hunc hominem esse? Certe mollem, ait, et timidum. At si quis, quum possit rempublicam tractando tum civitatem amplificare, tum ipse ob id honorari, hoc tamen facere reformidet, an non is merito pro timido habeatur? Fortassis, inquit : sed cur haec me interrogas? Quod te, inquit, quum possis, reformidare arbitror negotia suscipere; idque quum eorum participem fieri necesse sit, quippe quum civis sis. At quonam ex facinore, ait Charmides, potentia mea cognita, ita de me sentias? Iis, inquit, ex congressibus, in quibus adesse soles illis, qui rempublicam administrant : nam ubi quid tecum commu-

καλῶς συμβουλεύοντα, καὶ ὅταν τι ἁμαρτάνωσιν, ὀρθῶς ἐπιτιμῶντα. (4) Οὐ ταυτόν ἐστιν, ἔφη, ὦ Σώκρατες, ἰδίᾳ τε διαλέγεσθαι καὶ ἐν τῷ πλήθει ἀγωνίζεσθαι. Καὶ μήν, ἔφη, ὅ γε ἀριθμεῖν δυνάμενος οὐδὲν ἧττον ἐν τῷ πλήθει ἢ μόνος ἀριθμεῖ, καὶ οἱ κατὰ μόνας ἄριστα κιθαρίζοντες, οὗτοι καὶ ἐν τῷ πλήθει κρατιστεύουσιν. (5) Αἰδῶ δὲ καὶ φόβον, ἔφη, οὐχ ὁρᾷς ἐμφυτά τε ἀνθρώποις ὄντα καὶ πολλῇ μᾶλλον ἐν τοῖς ὄχλοις ἢ ἐν ταῖς ἰδίαις ὁμιλίαις παριστάμενα; Καὶ σέ γε διδάξων, ἔφη, ὥρμημαι, ὅτι οὔτε τοὺς φρονιμωτάτους αἰδούμενος οὔτε τοὺς ἰσχυροτάτους φοβούμενος ἐν τοῖς ἀφρονεστάτοις τε καὶ ἀσθενεστάτοις αἰσχύνῃ λέγειν. (6) Πότερον γὰρ τοὺς γναφεῖς αὐτῶν ἢ τοὺς σκυτεῖς ἢ τοὺς τέκτονας ἢ τοὺς χαλκεῖς ἢ τοὺς γεωργοὺς ἢ τοὺς ἐμπόρους ἢ τοὺς ἐν τῇ ἀγορᾷ μεταβαλλομένους καὶ φροντίζοντας ὅ,τι ἐλάττονος πριάμενοι πλείονος ἀποδῶνται αἰσχύνῃ; ἐκ γὰρ τούτων ἁπάντων ἡ ἐκκλησία συνίσταται. (7) Τί δὲ οἴει διαφέρειν ὃ σὺ ποιεῖς ἢ τῶν ἀσκητῶν ὄντα κρείττω τοὺς ἰδιώτας φοβεῖσθαι; σὺ γὰρ τοῖς πρωτεύουσιν ἐν τῇ πόλει, ὧν ἔνιοι καταφρονοῦσί σου, ῥαδίως διαλεγόμενος, καὶ τῶν ἐπιμελομένων τοῦ τῇ πόλει διαλέγεσθαι πολὺ περιών, ἐν τοῖς μηδεπώποτε φροντίσασι τῶν πολιτικῶν μηδὲ σοῦ καταπεφρονηκόσιν ὀκνεῖς λέγειν, δεδιὼς μὴ καταγελασθῇς; (8) Τί δ', ἔφη, οὐ δοκοῦσί σοι πολλάκις οἱ ἐν τῇ ἐκκλησίᾳ τῶν ὀρθῶς λεγόντων καταγελᾶν; Καὶ γὰρ οἱ ἕτεροι, ἔφη. Διὸ καὶ θαυμάζω σου, εἰ ἐκείνους, ὅταν τοῦτο ποιῶσι, ῥᾳδίως χειρούμενος, τούτοις δὲ μηδένα τρόπον οἴει δυνήσεσθαι προσενεχθῆναι. (9) Ὠγαθέ, μὴ ἀγνόει σεαυτόν, μηδὲ ἁμάρτανε ἃ οἱ πλεῖστοι ἁμαρτάνουσιν. Οἱ γὰρ πολλοὶ ὡρμηκότες ἐπὶ τὸ σκοπεῖν τὰ τῶν ἄλλων πράγματα οὐ τρέπονται ἐπὶ τὸ ἑαυτοὺς ἐξετάζειν. Μὴ οὖν ἀποραθύμει τούτου, ἀλλὰ διατείνου μᾶλλον πρὸς τὸ σεαυτῷ προσέχειν· καὶ μὴ ἀμέλει τῶν τῆς πόλεως, εἴ τι δυνατόν ἐστι διὰ σὲ βέλτιον ἔχειν. Τούτων γὰρ καλῶς ἐχόντων οὐ μόνον οἱ ἄλλοι πολῖται, ἀλλὰ καὶ οἱ σοὶ φίλοι καὶ αὐτός, σὺ οὐκ ἐλάχιστα ὠφελήσει.

ΚΕΦΑΛΑΙΟΝ Η.

Ἀριστίππου δὲ ἐπιχειροῦντος ἐλέγχειν τὸν Σωκράτην, ὥσπερ αὐτὸς ὑπ' ἐκείνου τὸ πρότερον ἠλέγχετο, βουλόμενος τοὺς συνόντας ὠφελεῖν ὁ Σωκράτης ἀπεκρίνατο οὐχ ὥσπερ οἱ φυλαττόμενοι μή πῃ ὁ λόγος ἐπαλλαχθῇ, ἀλλ' ὡς ἂν πεπεισμένος μάλιστα πράττειν τὰ δέοντα. (2) Ὁ μὲν γὰρ αὐτὸν ἤρετο εἴ τι εἰδείη ἀγαθόν, ἵνα, εἴ τι εἴποι τῶν τοιούτων, οἷον ἢ σιτίον ἢ ποτὸν ἢ χρήματα ἢ ὑγίειαν ἢ ῥώμην ἢ τόλμαν, δεικνύοι δὴ τοῦτο κακὸν ἐνίοτε ὄν. Ὁ δὲ εἰδὼς ὅτι ἐάν τι ἐνοχλῇ ἡμᾶς, δεόμεθα τοῦ παύσοντος, ἀπεκρίνατο ᾗπερ καὶ ποιεῖν κράτιστον· (3) Ἆρά γε, ἔφη, ἐρωτᾷς με εἴ τι οἶδα πυρετοῦ ἀγαθόν; Οὐκ ἔγωγ', ἔφη. Ἀλλ' ὀφθαλμίας; Οὐδὲ τοῦτο. Ἀλλὰ λιμοῦ; Οὐδὲ λιμοῦ. Ἀλλὰ μήν,

CAPUT VIII.

Quum autem Aristippus in hoc incumberet, ut Socratem convinceret, sicut ipse convictus ab illo prius fuerat, volens Socrates prodesse familiaribus suis, sic respondebat, non ut illi, qui cavent, ne qua parte sermo invertatur; sed persuasus se maxime facere ea, quae deberet. Nam interrogabat eum Aristippus, an aliquid nosset bonum; ut, si quid hujusmodi diceret, verbi gratia, cibum, potum, pecuniam, valetudinem, robur, audaciam, id ipsum ostenderet aliquando malum esse. At Socrates, sciens quod si quid nos conturbet, optamus ut aliquis nos eo liberet, sic respondebat, ut erat factu optimum : Tune me rogas, inquit, num febris aliquod bonum sciam? Non equidem, ait. At lippitudinis? Ne hoc quidem. At famis? Nec famis. At-

ἔφη, εἴ γ' ἐρωτᾷς με εἴ τι ἀγαθὸν οἶδα ὃ μηδενὸς ἀγαθόν ἐστιν, οὔτ' οἶδα, ἔφη, οὔτε δέομαι.

4. Πάλιν δὲ τοῦ Ἀριστίππου ἐρωτῶντος αὐτὸν εἴ τι εἰδείη καλόν· Καὶ πολλά, ἔφη. Ἆρ' οὖν, ἔφη, πάντα ὅμοια ἀλλήλοις; Ὡς οἷόν τε μὲν οὖν, ἔφη, ἀνομοιότατα ἔνια. Πῶς οὖν, ἔφη, τὸ τῷ καλῷ ἀνόμοιον καλὸν ἂν εἴη; Ὅτι νὴ Δί', ἔφη, ἔστι μὲν τῷ καλῷ πρὸς δρόμον ἀνθρώπῳ ἄλλος ἀνόμοιος καλὸς πρὸς πάλην, ἔστι δὲ καὶ ἀσπὶς καλὴ πρὸς τὸ προβαλέσθαι ὡς ἔνι ἀνομοιοτάτη τῷ ἀκοντίῳ, καλῷ πρὸς τὸ σφόδρα τε καὶ ταχὺ φέρεσθαι. (5) Οὐδὲν διαφερόντως, ἔφη, ἀποκρίνῃ μοι ἢ ὅτε σε ἠρώτησα εἴ τι ἀγαθὸν εἰδείης. Σὺ δ' οἴει, ἔφη, ἄλλο μὲν ἀγαθὸν, ἄλλο δὲ καλὸν εἶναι; οὐκ οἶσθ' ὅτι πρὸς ταὐτὰ πάντα καλά τε κἀγαθά ἐστι; Πρῶτον μὲν γὰρ ἡ ἀρετὴ οὐ πρὸς ἄλλα μὲν ἀγαθόν, πρὸς ἄλλα δὲ καλόν ἐστιν· ἔπειτα οἱ ἄνθρωποι τὸ αὐτό τε καὶ πρὸς τὰ αὐτὰ καλοί κἀγαθοὶ λέγονται· πρὸς τὰ αὐτὰ δὲ καὶ τὰ σώματα τῶν ἀνθρώπων καλά τε κἀγαθὰ φαίνεται· πρὸς ταὐτὰ δὲ καὶ τἆλλα πάντα οἷς ἄνθρωποι χρῶνται καλά τε κἀγαθὰ νομίζεται, πρὸς ἅπερ ἂν εὔχρηστα ᾖ. (6) Ἆρ' οὖν, ἔφη, καὶ κόφινος κοπροφόρος καλός ἐστιν; Νὴ Δί', ἔφη, καὶ χρυσῆ γε ἀσπὶς αἰσχρόν, ἐὰν πρὸς τὰ ἑαυτῶν ἔργα ὁ μὲν καλῶς πεποιημένος ᾖ, ἡ δὲ κακῶς. Λέγεις σύ, ἔφη, καλά τε καὶ αἰσχρὰ τὰ αὐτὰ εἶναι; (7) Καὶ νὴ Δί' ἔγωγ', ἔφη, ἀγαθά τε καὶ κακά· πολλάκις γὰρ τό τε λιμοῦ ἀγαθὸν πυρετοῦ κακόν ἐστι καὶ τὸ πυρετοῦ ἀγαθὸν λιμοῦ κακόν ἐστι, πολλάκις δὲ τὸ μὲν πρὸς δρόμον καλὸν πρὸς πάλην αἰσχρόν, τὸ δὲ πρὸς πάλην καλὸν πρὸς δρόμον αἰσχρόν· πάντα γὰρ ἀγαθὰ μὲν καὶ καλά ἐστι πρὸς ἃ ἂν εὖ ἔχῃ, κακὰ δὲ καὶ αἰσχρὰ πρὸς ἃ ἂν κακῶς.

8. Καὶ οἰκίας δὲ λέγων τὰς αὐτὰς καλάς τε εἶναι καὶ χρησίμους παιδεύειν ἔμοιγ' ἐδόκει οἵας χρὴ οἰκοδομεῖσθαι. Ἐπεσκόπει δὲ ὧδε· Ἆρά γε τὸν μέλλοντα οἰκίαν οἵαν χρὴ ἔχειν τοῦτο δεῖ μηχανᾶσθαι, ὅπως ἡδίστη τε ἐνδιαιτᾶσθαι καὶ χρησιμωτάτη ἔσται; (9) Τούτου δὲ ὁμολογουμένου, Οὐκοῦν ἡδὺ μὲν θέρους ψυχεινὴν ἔχειν, ἡδὺ δὲ χειμῶνος ἀλεεινήν; Ἐπειδὴ δὲ καὶ τοῦτο συμφαῖεν, Οὐκοῦν ἐν ταῖς πρὸς μεσημβρίαν βλεπούσαις οἰκίαις τοῦ μὲν χειμῶνος ὁ ἥλιος εἰς τὰς παστάδας ὑπολάμπει, τοῦ δὲ θέρους ὑπὲρ ἡμῶν αὐτῶν καὶ τῶν στεγῶν πορευόμενος σκιὰν παρέχει. Οὐκοῦν εἴ γε καλῶς ἔχει ταῦτα οὕτω γίγνεσθαι, οἰκοδομεῖν δεῖ ὑψηλότερα μὲν τὰ πρὸς μεσημβρίαν, ἵνα ὁ χειμερινὸς ἥλιος μὴ ἀποκλείηται, χθαμαλώτερα δὲ τὰ πρὸς ἄρκτον, ἵνα οἱ ψυχροὶ μὴ ἐμπίπτωσιν ἄνεμοι. (10) Ὡς δὲ συνελόντι εἰπεῖν ὅποι πάσας ὥρας αὐτός τε ἂν ἥδιστα καταφεύγοι καὶ τὰ ὄντα ἀσφαλέστατα τιθοῖτο, αὕτη ἂν εἰκότως ἡδίστη τε καὶ καλλίστη οἴκησις εἴη. Γραφαὶ δὲ καὶ ποικιλίαι πλείονας εὐφροσύνας ἀποστεροῦσιν ἢ παρέχουσι. Ναοῖς γε μὴν καὶ βωμοῖς χώραν ἔφη εἶναι πρεπωδεστάτην ἥτις ἐμφανεστάτη οὖσα ἀστιβεστάτη εἴη· ἡδὺ μὲν γὰρ ἰδόντας προσεύξασθαι, ἡδὺ δὲ ἁγνῶς ἔχοντας προσιέναι.

qui, si me rogas, an aliquid noverim bonum, quod nullius bonum sit, equidem nec novi, nec noscere desidero.

Rursus Aristippo eum interrogante, an quid pulchrum sciret? Multa quidem, ait. An vero inquit, omnia sibi invicem similia? Quantum fieri potest, nonnulla quidem sunt dissimillima. Quonam igitur pacto, ait, id pulchrum fuerit, quod est pulchro dissimile? Quoniam, inquit, homini ad cursum pulchro dissimilis alius est, pulcher ad palæstram : et scutum ad protegendum pulchrum, quam dissimillimum est jaculo ad hoc pulchro, ut vehementer celeriterque feratur. Non aliter, ait, respondes, ac quum interrogarem, an aliquid bonum nosceres. Tu vero putas, inquit, aliud bonum, aliud pulchrum esse? an ignoras ad eadem referri omnia pulchra et bona? Nam primum virtus non ad alia bonum quiddam est, ad alia vero, pulchrum; deinde homines secundum idem, et ad eadem pulchri bonique dicuntur; etiam corpora hominum ad eadem pulchra bonaque videntur : denique cetera omnia, quibus utuntur homines, ad eadem pulchra bonaque putantur, ad ea scilicet, quibus sunt accommodata. Num igitur, ait, etiam qualus, quo efferuntur stercora, pulchrum quiddam est? Profecto, ait : atque etiam aureum scutum est turpe, modo ad usus suos ille quidem pulchre sit factus, hoc vero male. Dicis tu, inquit, pulchra et turpia esse eadem? Dico, ait, atque etiam eadem esse bona et mala. Sæpe enim quod fami bonum, febri malum est; quod febri bonum, fami malum : sæpe quod ad cursum pulchrum est, ad luctam est turpe; quod ad luctam pulchrum, ad cursum turpe : quippe omnia bona sunt ac pulchra, ad quæ bene se habent; mala vero ac turpia, ad quæ male.

Idem quum diceret easdem ædes pulchras et utiles esse, docere mihi quidem videbatur, quales sint exstruendæ. Id autem considerabat hoc modo : An non habiturus qualem decet domum, hoc moliri debet, ut habitatu sit jucundissima, et utilissima? Hoc autem concesso, Ergo jucundum est per æstatem domum habere frigidam; per hiemem, calidam? Ut hoc inter eos convenerat, Ergo in ædificiis, quæ meridiem spectant, per hiemem sol in cubicula splendet, per æstatem vero supra nos, supraque tecta incedens umbram suppeditat. Quamobrem si hæc ita fieri bonum est, altius ædificanda sunt ea, quæ meridiem spectant, ut sol hibernus non excludatur; humilius vero, quæ septentrionem spectant, ne venti frigidi incidant. Ut summatim dicam, quo quis singulis anni temporibus jucundissime se recipiat, ac res suas familiares tutissime collocet, id haud dubie jucundissimum ac pulcherrimum ædificium fuerit. Ceterum picturæ variique colores plures delectationes adimunt, quam suppeditant. Templis quidem et aris eum locum aiebat esse convenientissimum, qui apertissimus pariter ac minime tritus esset : nam jucundum, ut vel e longinquo videntes orent; jucundum, ut puri accedant.

ΚΕΦΑΛΑΙΟΝ Θ.

Πάλιν δὲ ἐρωτώμενος ἡ ἀνδρεία πότερον εἴη διδακτὸν ἢ φυσικὸν, Οἶμαι μὲν, ἔφη, ὥσπερ σῶμα σώματος ἰσχυρότερον πρὸς τοὺς πόνους φύεται, οὕτω καὶ ψυχὴν ψυχῆς ἐρρωμενεστέραν πρὸς τὰ δεινὰ φύσει γίγνεσθαι. Ὁρῶ γὰρ ἂν τοῖς αὐτοῖς νόμοις τε καὶ ἔθεσι τρεφομένους πολὺ διαφέροντας ἀλλήλων τόλμῃ. (2) Νομίζω μέντοι πᾶσαν φύσιν μαθήσει καὶ μελέτῃ πρὸς ἀνδρείαν αὔξεσθαι. Δῆλον μὲν γὰρ ὅτι Σκύθαι καὶ Θρᾷκες οὐκ ἂν τολμήσειαν ἀσπίδας καὶ δόρατα λαβόντες Λακεδαιμονίοις διαμάχεσθαι· φανερὸν δὲ ὅτι καὶ Λακεδαιμόνιοι οὔτ' ἂν Θρᾳξὶν ἐν πέλταις καὶ ἀκοντίοις οὔτε Σκύθαις ἐν τόξοις ἐθέλοιεν ἂν διαγωνίζεσθαι. (3) Ὁρῶ δ' ἔγωγε καὶ ἐπὶ τῶν ἄλλων πάντων ὁμοίως καὶ φύσει διαφέροντας ἀλλήλων τοὺς ἀνθρώπους καὶ ἐπιμελείᾳ πολὺ ἐπιδιδόντας. Ἐκ δὲ τούτων δῆλόν ἐστιν ὅτι πάντας χρὴ καὶ τοὺς εὐφυεστέρους καὶ τοὺς ἀμβλυτέρους τὴν φύσιν ἐν οἷς ἂν ἀξιόλογοι βούλωνται γενέσθαι, ταῦτα καὶ μανθάνειν καὶ μελετᾶν.

4. Σοφίαν δὲ καὶ σωφροσύνην οὐ διώριζεν, ἀλλὰ τῷ τὰ μὲν καλά τε καὶ ἀγαθὰ γιγνώσκοντα χρῆσθαι αὐτοῖς καὶ τῷ τὰ αἰσχρὰ εἰδότα εὐλαβεῖσθαι σοφόν τε καὶ σώφρονα ἔκρινε. Προσερωτώμενος δὲ εἰ τοὺς ἐπισταμένους μὲν ἃ δεῖ πράττειν, ποιοῦντας δὲ τἀναντία, σοφούς τε καὶ ἐγκρατεῖς εἶναι νομίζοι, Οὐδέν γε μᾶλλον, ἔφη, ἢ ἀσόφους τε καὶ ἀκρατεῖς. Πάντας γὰρ οἶμαι προαιρουμένους ἐκ τῶν ἐνδεχομένων ἃ οἴονται συμφορώτατα αὐτοῖς εἶναι, ταῦτα πράττειν. Νομίζω οὖν τοὺς μὴ ὀρθῶς πράττοντας οὔτε σοφοὺς οὔτε σώφρονας εἶναι. (5) Ἔφη δὲ καὶ τὴν δικαιοσύνην καὶ τὴν ἄλλην πᾶσαν ἀρετὴν σοφίαν εἶναι. Τά τε γὰρ δίκαια καὶ πάντα ὅσα ἀρετῇ πράττεται καλά τε καὶ ἀγαθὰ εἶναι· καὶ οὔτ' ἂν τοὺς ταῦτα εἰδότας ἄλλο ἀντὶ τούτων οὐδὲν προελέσθαι οὔτε τοὺς μὴ ἐπισταμένους δύνασθαι πράττειν, ἀλλὰ καὶ ἐὰν ἐγχειρῶσιν, ἁμαρτάνειν. Οὕτω καὶ τὰ καλά τε καὶ ἀγαθὰ τοὺς μὲν σοφοὺς πράττειν, τοὺς δὲ μὴ σοφοὺς οὐ δύνασθαι, ἀλλὰ καὶ ἐὰν ἐγχειρῶσιν, ἁμαρτάνειν. Ἐπεὶ οὖν τά τε δίκαια καὶ τὰ ἄλλα καλά τε καὶ ἀγαθὰ πάντα ἀρετῇ πράττεται, δῆλον εἶναι ὅτι καὶ δικαιοσύνη καὶ ἡ ἄλλη πᾶσα ἀρετὴ σοφία ἐστί. (6) Μανίαν γε μὴν ἐναντίον μὲν ἔφη εἶναι σοφίᾳ, οὐ μέντοι γε τὴν ἀνεπιστημοσύνην μανίαν ἐνόμιζε. Τὸ δὲ ἀγνοεῖν ἑαυτὸν, καὶ ἃ μὴ οἶδε δοξάζειν τε καὶ οἴεσθαι γιγνώσκειν, ἐγγυτάτω μανίας ἐλογίζετο εἶναι. Τοὺς μέντοι πολλοὺς ἔφη, ἃ μὲν οἱ πλεῖστοι ἀγνοοῦσι, τοὺς διημαρτηκότας τούτων οὐ φάσκειν μαίνεσθαι, τοὺς δὲ διημαρτηκότας ὧν οἱ πολλοὶ γιγνώσκουσι μαινομένους καλεῖν· (7) ἐάν τε γάρ τις μέγας οὕτως οἴηται εἶναι ὥστε κύπτειν τὰς πύλας τοῦ τείχους διεξιών, ἐάν τε οὕτως ἰσχυρὸς οἴεσθ' ἐπιχειρεῖν οἰκίας αἴρεσθαι ἢ ἄλλῳ τῳ ἐπιτίθεσθαι τῶν πᾶσι δήλων ὅτι ἀδύνατά ἐστι, τούτους μαίνεσθαι φάσκειν· τοὺς δὲ μικρὸν διαμαρτάνοντας οὐ δοκεῖν τοῖς πολλοῖς μαίνεσθαι, ἀλλ' ὥσπερ τὴν ἰσχυρὰν

CAPUT IX.

Rursum interrogatus, num fortitudo acquiri disciplina possit, an esset a natura? Equidem arbitror, ait, ut corpus corpore robustius a natura est ad labores, sic et animam anima firmiorem esse natura ad terribilia. Nam video illos, qui in iisdem legibus ac moribus sunt educati, longe inter se audacia differre. Arbitror equidem naturam omnem doctrina et exercitatione ad fortitudinem proficere. Nam patet, Scythas ac Thraces non ausuros sumptis clypeis et hastis adversus Lacedæmonios dimicare : contraque manifestum est, non etiam Lacedæmonios vel adversus Thraces peltis ac jaculis, vel adversus Scythas arcubus libenter depugnaturos. Equidem in aliis etiam omnibus consimiliter homines video et natura inter se differre, et exercitatione multum proficere. Et ex his patet, debere omnes, sive a natura præstantiori sint indole præditi, sive hebetiori, ea discere ac meditari, in quibus excellere velint.

Sapientiam vero, atque animi sanitatem non discernebat; sed sapientem pariter atque animo sanum ex eo judicabat, quod pulchra et bona cognoscens iisdem utatur, ac turpia itidem sciat, sed ab iis sibi caveat. Interrogatus præterea, num eos, qui scirent quid agere oporteat, et contraria facerent, sapientes ac temperantes esse putaret; Potius insipientes ac intemperantes, respondit. Omnes enim arbitror ex possibilibus, quæ putant sibi ipsis esse utilissima eligentes, hæc agere. Quamobrem qui non recte agunt, eos nec sapientes nec animo sanos esse statuo. Dicebat etiam justitiam et omnem aliam virtutem esse sapientiam : nam justa, atque omnia, quæ cum virtute aguntur, pulchra et bona esse; neque posse eos, qui hæc sciant, aliud pro his quidpiam eligere, neque eos, qui nesciant, præstare posse; imo etiam si præstare conentur, peccare : eodem modo sapientes et pulchra ac bona facere; non sapientes autem id non posse, atque etiam, si conentur, peccare : quum igitur et justa et alia pulchra ac bona omnia cum virtute efficiantur, manifestum esse, tum justitiam tum omnem aliam virtutem esse sapientiam. Animi vero insanitatem sapientiæ quiddam esse contrarium dicebat, non tamen inscitiam existimabat insanitatem animi : sed ignorare se ipsum, et quæ quis nesciat, opinari ac putare se scire, proximum quiddam esse arbitrabatur animi insanitati. Aiebat vulgus negare illos esse animo insanos, qui ab iis aberrant, quæ plurimi ignorant; at qui ab iis aberrant, quæ scit vulgus, animo insanos appellare. Nam si quis sibi tam magnus videatur, ut per oppidi portas transiens sese inclinet, tamque robustus, ut ædes sustollere conetur, vel aliquid aliud eorum aggrediatur, de quibus constet omnibus fieri ea non posse, hunc animo insanire aiunt : sed qui paulum quid delinquunt, non videntur vulgo insanire animo : sed quemadmodum vehe-

37.

ἐπιθυμίαν ἔρωτα καλοῦσιν, οὕτω καὶ τὴν μεγάλην παράνοιαν μανίαν αὐτοὺς καλεῖν. (8) Φθόνον δὲ σκοπῶν ὅ,τι εἴη λύπην μέν τινα ἐξεύρισκεν αὐτὸν ὄντα, οὔτε μέντοι τὴν ἐπὶ φίλων ἀτυχίαις οὔτε τὴν ἐπ᾽ ἐχθρῶν εὐτυχίαις γιγνομένην, ἀλλὰ μόνους ἔφη φθονεῖν τοὺς ἐπὶ ταῖς τῶν φίλων εὐπραξίαις ἀνιωμένους. Θαυμαζόντων δέ τινων εἴ τις φιλῶν τινα ἐπὶ τῇ εὐπραξίᾳ αὐτοῦ λυποῖτο, ὑπεμίμνησκεν ὅτι πολλοὶ οὕτως πρός τινας ἔχουσιν ὥστε κακῶς μὲν πράττοντας μὴ δύνασθαι περιορᾶν, ἀλλὰ βοηθεῖν ἀτυχοῦσιν, εὐτυχούντων δὲ λυπεῖσθαι. Τοῦτο δὲ φρονίμῳ μὲν ἀνδρὶ οὐκ ἂν συμβῆναι, τοὺς ἠλιθίους δὲ ἀεὶ πάσχειν αὐτό. (9) Σχολὴν δὲ σκοπῶν τί εἴη, ποιοῦντας μέν τι τοὺς πλείστους ἔφη εὑρίσκειν· καὶ γὰρ τοὺς πεττεύοντας καὶ τοὺς γελωτοποιοῦντας ποιεῖν τι· πάντας δὲ τούτους ἔφη σχολάζειν· ἐξεῖναι γὰρ αὐτοῖς ἰέναι πράξοντας τὰ βελτίω τούτων. Ἀπὸ μέντοι τῶν βελτιόνων ἐπὶ τὰ χείρω ἰέναι οὐδένα σχολάζειν· εἰ δέ τις ἴοι, τοῦτον ἀσχολίας αὐτῷ οὔσης κακῶς ἔφη τοῦτο πράττειν. (10) Βασιλεῖς δὲ καὶ ἄρχοντας οὐ τοὺς τὰ σκῆπτρα ἔχοντας ἔφη εἶναι οὐδὲ τοὺς ὑπὸ τῶν τυχόντων αἱρεθέντας οὐδὲ τοὺς κλήρῳ λαχόντας οὐδὲ τοὺς βιασαμένους οὐδὲ τοὺς ἐξαπατήσαντας, ἀλλὰ τοὺς ἐπισταμένους ἄρχειν. (11) Ὁπότε γάρ τις ὁμολογήσειε τοῦ μὲν ἄρχοντος εἶναι τὸ προστάττειν ὅ,τι χρὴ ποιεῖν, τοῦ δὲ ἀρχομένου τὸ πείθεσθαι, ἐπεδείκνυεν ἔν τε νηὶ τὸν μὲν ἐπιστάμενον ἄρχοντα, τὸν δὲ ναύκληρον καὶ τοὺς ἄλλους τοὺς ἐν τῇ νηὶ πάντας πειθομένους τῷ ἐπισταμένῳ, καὶ ἐν γεωργίᾳ τοὺς κεκτημένους ἀγροὺς καὶ ἐν νόσῳ τοὺς νοσοῦντας καὶ ἐν σωματικῇ τοὺς σωμασκοῦντας, καὶ τοὺς ἄλλους πάντας οἷς ὑπάρχει τι ἐπιμελείας δεόμενον, ἂν μὲν αὐτοὶ ἡγῶνται ἐπίστασθαι ἐπιμελεῖσθαι· εἰ δὲ μή, τοῖς ἐπισταμένοις οὐ μόνον παροῦσι πειθομένους, ἀλλὰ καὶ ἀπόντας μεταπεμπομένους, ὅπως ἐκεῖνοι πειθόμενοι τὰ δέοντα πράττωσιν. Ἐν δὲ ταλασίᾳ καὶ τὰς γυναῖκας ἀπεδείκνυεν ἀρχούσας τῶν ἀνδρῶν διὰ τὸ τὰς μὲν εἰδέναι ὅπως χρὴ ταλασιουργεῖν, τοὺς δὲ μὴ εἰδέναι. (12) Εἰ δέ τις πρὸς ταῦτα λέγοι ὅτι τῷ τυράννῳ ἔξεστι μὴ πείθεσθαι τοῖς ὀρθῶς λέγουσι, Καὶ πῶς ἄν, ἔφη, ἐξείη μὴ πείθεσθαι, ἐπικειμένης γε ζημίας, ἐάν τις τῷ εὖ λέγοντι μὴ πείθηται; ἐν ᾧ γὰρ ἄν τις πράγματι μὴ πείθηται τῷ εὖ λέγοντι, ἁμαρτήσεται δήπου, ἁμαρτάνων δὲ ζημιωθήσεται. (13) Εἰ δὲ φαίη τις τῷ τυράννῳ ἐξεῖναι καὶ ἀποκτεῖναι τὸν εὖ φρονοῦντα, Τὸν δὲ ἀποκτείναντα, ἔφη, τοὺς κρατίστους τῶν συμμάχων οἴει ἀζήμιον γίγνεσθαι ἢ ὡς ἔτυχε ζημιοῦσθαι; πότερον γὰρ ἂν μᾶλλον οἴει σώζεσθαι τὸν ταῦτα ποιοῦντα ἢ οὕτω καὶ τάχιστ᾽ ἂν ἀπολέσθαι; (14) Ἐρομένου δέ τινος αὐτὸν τί δοκοίη αὐτῷ κράτιστον ἀνδρὶ ἐπιτήδευμα εἶναι, ἀπεκρίνατο εὐπραξίαν. Ἐρομένου δὲ πάλιν εἰ καὶ τὴν εὐτυχίαν ἐπιτήδευμα νομίζοι εἶναι, Πᾶν μὲν οὖν τοὐναντίον ἔγωγ᾽, ἔφη, τύχην καὶ πρᾶξιν ἡγοῦμαι· τὸ μὲν γὰρ μὴ ζητοῦντα ἐπιτυχεῖν τινι τῶν δεόντων εὐτυχίαν οἶμαι εἶναι, τὸ δὲ μαθόντα τε καὶ μελετήσαντά τι εὖ

mentem libidinem appellant amorem, eodem modo dementiam ingentem animi insanitatem vocant. Considerans autem invidiam, quid esset, dolorem esse quemdam reperiebat, non ex amicorum adversis rebus natum, neque ex secundis inimicorum; sed eos solum aiebat invidere, qui amicorum felicitatem iniquè ferrent: quumque mirarentur nonnulli, posse aliquem in ejus successu prospero, quem diligeret, dolere; eos commonefaciebat, multos esse ad quosdam sic adfectos, ut illos male se habentes negligere non possint, sed succurrant infelicibus; si tamen prospere agant, doleant ipsi: hoc autem viro prudenti non posse accidere, sed fatuos hoc modo per omne tempus adfici. Quum, quid sit otium, consideraret, aiebat se deprehendere, plurimos aliquid agere: quippe illos etiam, qui talis ludunt, et qui faciunt ut moveatur risus, facere quidem aliquid aiebat, verum hos omnes esse otiosos; licere etenim eis ire ad agendum aliquid hisce melius: a melioribus autem ad pejora eundi otium esse nemini: at si quis iret, hunc, quum ei negotium esset, dicebat male hoc facere. Reges ac principes non illos dicebat esse, qui sceptra tenerent, nec illos, qui vel ab infimis essent delecti, vel sorte, vi, aut fraudibus eo pervenissent; sed quotquot imperandi periti essent. Nam ubi quis fateretur, principis esse, jubere quod agendum sit; subditi vero, parere: demonstrabat in navi peritum præesse, nauclerum vero, cum ceteris in navi omnibus, huic perito parere; itidem in agricultura, illos, qui agros possiderent; in morbo, qui eo laborarent; in corporis exercitio, qui eo uterentur; alios denique omnes, quibus quiddam sit quod curatione indigeat, id curare si quidem se arbitrentur rem curandam intelligere; sin minus, non modo peritis præsentibus obtemperare, sed etiam absentes accessere, ut ipsis parentes, quæ oporteat, agant. In lanificio etiam mulieres viris præesse demonstrabat, quod illæ sciant, quo pacto exercendum sit lanificium; viri autem ignorent. Si quis ad hæc diceret, posse tyrannum recte monentibus non obtemperare: Et qui non obtemperare possit, respondebat, quum si quis recte monenti non obtemperet, damnum sit propositum? nam quacunque in re non paret aliquis recte monenti, nimirum peccabit; qui vero peccat, damno multabitur. Si quis autem diceret, posse tyrannum etiam occidere eum, qui recte sapit: Tu vero existimas, inquit, eum, qui præstantissimos quosque ex sociis occidat, vel levi danmum pati? utrum enim arbitraris eum, qui hoc perpetret, incolumem posse manere, an hoc pacto etiam celerrime periturum? Quum autem quidam eum interrogaret, quodnam ipsi videretur vitæ institutum homini optimum; respondit, Actionem bonam e consilio natam. At quum rursus interrogaret, an etiam fortunam bonam pro instituto duceret? Equidem, ait, fortunam et actionem e consilio natam prorsus esse contraria statuo. Nam si quis nihil quærens, aliquid necessarium consequatur, id fortunam esse bonam puto: at si quis doctrina

ποιεῖν εὐπραξίαν νομίζω, καὶ οἱ τοῦτο ἐπιτηδεύοντες δοκοῦσί μοι εὖ πράττειν. (15) Καὶ ἀρίστους δὲ καὶ θεοφιλεστάτους ἔφη εἶναι ἐν μὲν γεωργίᾳ τοὺς τὰ γεωργικὰ εὖ πράττοντας, ἐν δ᾽ ἰατρείᾳ τοὺς τὰ ἰατρικά, ἐν δὲ πολιτείᾳ τοὺς τὰ πολιτικά· τὸν δὲ μηδὲν εὖ πράττοντα οὔτε χρήσιμον οὐδὲν ἔφη εἶναι οὔτε θεοφιλῆ.

ΚΕΦΑΛΑΙΟΝ Ι.

Ἀλλὰ μὴν καὶ εἴ ποτε τῶν τὰς τέχνας ἐχόντων καὶ ἐργασίας ἕνεκα χρωμένων αὐταῖς διαλέγοιτό τινι, καὶ τούτοις ὠφέλιμος ἦν. Εἰσελθὼν μὲν γάρ ποτε πρὸς Παρράσιον τὸν ζωγράφον καὶ διαλεγόμενος αὐτῷ, Ἆρα, ἔφη, ὦ Παρράσιε, γραφική ἐστιν ἡ εἰκασία τῶν ὁρωμένων; τὰ γοῦν κοῖλα καὶ τὰ ὑψηλὰ καὶ τὰ σκοτεινὰ καὶ τὰ φωτεινὰ καὶ τὰ σκληρὰ καὶ τὰ μαλακὰ καὶ τὰ τραχέα καὶ τὰ λεῖα καὶ τὰ νέα καὶ τὰ παλαιὰ σώματα διὰ τῶν χρωμάτων ἀπεικάζοντες ἐκμιμεῖσθε. Ἀληθῆ λέγεις, ἔφη. (2) Καὶ μὴν τά γε καλὰ εἴδη ἀφομοιοῦντες, ἐπειδὴ οὐ ῥᾴδιον ἑνὶ ἀνθρώπῳ περιτυχεῖν ἄμεμπτα πάντα ἔχοντι, ἐκ πολλῶν συνάγοντες τὰ ἐξ ἑκάστου κάλλιστα οὕτως ὅλα τὰ σώματα καλὰ ποιεῖτε φαίνεσθαι. (3) Ποιοῦμεν γάρ, ἔφη, οὕτως. Τί γάρ, ἔφη, τὸ πιθανώτατόν τε καὶ ἥδιστον καὶ φιλικώτατον καὶ ποθεινότατον καὶ ἐρασμιώτατον ἀπομιμεῖσθε τῆς ψυχῆς ἦθος; ἢ οὐδὲ μιμητόν ἐστι τοῦτο; Πῶς γὰρ ἄν, ἔφη, μιμητὸν εἴη, ὦ Σώκρατες, ὃ μήτε συμμετρίαν μήτε χρῶμα μήτε ὧν σὺ εἶπας ἄρτι μηδὲν ἔχει μηδ᾽ ὅλως ὁρατόν ἐστιν; (4) Ἆρ᾽ οὖν, ἔφη, γίγνεται ἐν ἀνθρώπῳ τό τε φιλοφρόνως καὶ τὸ ἐχθρῶς βλέπειν πρός τινας; Ἔμοιγε δοκεῖ, ἔφη. Οὐκοῦν τοῦτό γε μιμητὸν ἐν τοῖς ὄμμασιν; Καὶ μάλα, ἔφη. Ἐπὶ δὲ τοῖς φίλων ἀγαθοῖς καὶ τοῖς κακοῖς ὁμοίως σοι δοκοῦσιν ἔχειν τὰ πρόσωπα οἵ τε φροντίζοντες καὶ οἱ μή; Μὰ Δί᾽ οὐ δῆτα, ἔφη· ἐπὶ μὲν γὰρ τοῖς ἀγαθοῖς φαιδροί, ἐπὶ δὲ τοῖς κακοῖς σκυθρωποὶ γίγνονται. Οὐκοῦν, ἔφη, καὶ ταῦτα δυνατὸν ἀπεικάζειν; Καὶ μάλα, ἔφη. (5) Ἀλλὰ μὴν καὶ τὸ μεγαλοπρεπές τε καὶ ἐλευθέριον καὶ τὸ ταπεινόν τε καὶ ἀνελεύθερον καὶ τὸ σωφρονικόν τε καὶ φρόνιμον καὶ τὸ ὑβριστικόν τε καὶ ἀπειρόκαλον καὶ διὰ τοῦ προσώπου καὶ διὰ τῶν σχημάτων καὶ ἑστώτων καὶ κινουμένων ἀνθρώπων διαφαίνει. Ἀληθῆ λέγεις, ἔφη. Οὐκοῦν καὶ ταῦτα μιμητά; Καὶ μάλα, ἔφη. Πότερον οὖν, ἔφη, νομίζεις ἥδιον ὁρᾶν τοὺς ἀνθρώπους δι᾽ ὧν τὰ καλά τε κἀγαθὰ καὶ ἀγαπητὰ ἤθη φαίνεται ἢ δι᾽ ὧν τὰ αἰσχρά τε καὶ πονηρὰ καὶ μισητά; Πολὺ νὴ Δί᾽, ἔφη, διαφέρει, ὦ Σώκρατες.

6. Πρὸς δὲ Κλείτωνα τὸν ἀνδριαντοποιὸν εἰσελθών ποτε καὶ διαλεγόμενος αὐτῷ, Ὅτι μέν, ἔφη, ὦ Κλείτων, καλοὶ οὓς ποιεῖς δρομέας τε καὶ παλαιστὰς καὶ πύκτας καὶ παγκρατιαστὰς ὁρῶ τε καὶ οἶδα· ὃ δὲ μάλιστα ψυχαγωγεῖ διὰ τῆς ὄψεως τοὺς ἀνθρώπους, τὸ ζωτικὸν φαίνεσθαι, πῶς τοῦτο ἐνεργάζῃ τοῖς ἀνδριᾶσιν; (7)

CAPUT X.

Atqui si quando cum artificibus colloqueretur, qui quæstus gratia artificiis uterentur, etiam iis proderat. Nam quum aliquando ad Parrhasium pictorem ingressus esset, cum eoque colloqueretur, Num pictura, mi Parrhasi, ait, earum rerum est repræsentatio, quæ cernuntur? nam et concava et eminentia, et obscura et lucida, et dura et mollia, et aspera et lævia, et nova et vetera corpora per colores repræsentando exprimitis. Vere dicis, ait. Quum vero formas elegantes imitamini, quia non facile est unum hominem nancisci omnia irreprehensibilia habentem, de multis colligentes ea quæ in singulis pulcherrima sunt, ita tota corpora, ut pulchra videantur, efficitis. Sic etiam facimus, ait. Quid vero? inquit, num indolem animæ ad alliciendum aptissimam, et suavissimam, et amicissimam, et desiderabilem maxime, maximeque amabilem imitamini? an vero illa inimitabilis est? Quo pacto, mi Socrates, inquit, possit hoc esse imitabile, quod neque proportionem, neque colorem, neque quidquam habet illorum, quæ modo tu commemorabas, neque omnino cerni potest? At non, inquit, usu venit homini, ut blande vel inimice quosdam intueatur? Ita mihi videtur, ait. Ergo hoc certe exprimi potest in oculis? Omnino, inquit. At in amicorum rebus secundis et adversis iidemne vultus esse tibi videntur eorum, qui de iis soliciti sunt, et qui non? Nequaquam profecto, ait: nam in prosperis hilares, in adversis tristes sunt. Ergo possunt, ait, hæc quoque repræsentari? Omnino, respondit Parrhasius. Quin etiam et magnificum et liberale, et humile et illiberale, et animo sanum et prudens, et contumeliosum ac honesti ignarum tam per vultum quam per gestus hominum seu stantium seu se moventium elucet. Vere dicis, ait. An non et hæc imitabilia? Omnino, inquit. Utrum ergo, ait, illa cernere lubentius homines putas per quæ honesti, boni, amabiles mores elucent; an per quæ turpes, mali et odiosi? Multum profecto interest, inquit, mi Socrates.

Etiam ingressus aliquando ad Clitonem statuarium, et cum eo colloquutus, Quod pulchri sint, mi Clito, quos tu fingis cursores, luctatores, pugiles, pancratiastæ, hoc equidem et video et scio : quod autem maxime recreat homines in aspectu, nimirum ut vivaces appareant, id quo pacto statuis indis? Hic quum dubitans Clito non celeriter

ΑΠΟΜΝΗΜΟΝΕΥΜΑΤΩΝ ΒΙΒΛ. Γ. ΚΕΦ. Ι.

Ἐπεὶ δὲ ἀπορῶν ὁ Κλείτων οὐ ταχὺ ἀπεκρίνατο, Ἆρ', ἔφη, τοῖς τῶν ζώντων εἴδεσιν ἀπεικάζων τὸ ἔργον ζωτικωτέρους ποιεῖς φαίνεσθαι τοὺς ἀνδριάντας; Καὶ μάλα, ἔφη. Οὐκοῦν τά τε ὑπὸ τῶν σχημάτων κατασπώμενα καὶ τὰ ἀνασπώμενα ἐν τοῖς σώμασι, καὶ τὰ συμπιεζόμενα καὶ τὰ διελκόμενα, καὶ τὰ ἐντεινόμενα καὶ τὰ ἀνιέμενα ἀπεικάζων ὁμοιότερά τε τοῖς ἀληθινοῖς καὶ πιθανώτερα ποιεῖς φαίνεσθαι; Πάνυ μὲν οὖν, ἔφη. (8) Τὸ δὲ καὶ τὰ πάθη τῶν ποιούντων τι σωμάτων ἀπομιμεῖσθαι οὐ ποιεῖ τινα τέρψιν τοῖς θεωμένοις; Εἰκὸς γοῦν, ἔφη. Οὐκοῦν καὶ τῶν μὲν μαχομένων ἀπειλητικὰ τὰ ὄμματα ἀπεικαστέον, τῶν δὲ νενικηκότων εὐφραινομένων ἡ ὄψις μιμητέα; Σφόδρα γε, ἔφη. Δεῖ ἄρα, ἔφη, τὸν ἀνδριαντοποιὸν τὰ τῆς ψυχῆς ἔργα τῷ εἴδει προσεικάζειν.

9. Πρὸς δὲ Πιστίαν τὸν θωρακοποιὸν εἰσελθών, ἐπιδείξαντος αὐτοῦ τῷ Σωκράτει θώρακας εὖ εἰργασμένους, Νὴ τὴν Ἥραν, ἔφη, καλόν γε, ὦ Πιστία, τὸ εὕρημα τὸ τὰ μὲν δεόμενα σκέπης τοῦ ἀνθρώπου σκεπάζειν τὸν θώρακα, ταῖς δὲ χερσὶ μὴ κωλύειν χρῆσθαι. (10) Ἀτάρ, ἔφη, λέξον μοι, ὦ Πιστία, διὰ τί οὔτε ἰσχυροτέρους οὔτε πολυτελεστέρους τῶν ἄλλων ποιῶν τοὺς θώρακας πλείονος πωλεῖς; Ὅτι, ἔφη, ὦ Σώκρατες, εὐρυθμοτέρους ποιῶ. Τὸν δὲ ῥυθμόν, ἔφη, πότερα μέτρῳ ἢ σταθμῷ ἐπιδεικνύων πλείονος τιμᾷ; οὐ γὰρ δὴ ἴσους γε πάντας οὐδὲ ὁμοίους οἶμαί σε ποιεῖν, εἴ γε ἁρμόττοντας ποιεῖς. Ἀλλὰ νὴ Δί', ἔφη, ποιῶ· οὐδὲν γὰρ ὄφελός ἐστι θώρακος ἄνευ τούτου. (11) Οὐκοῦν, ἔφη, σώματά γε ἀνθρώπων τὰ μὲν εὔρυθμά ἐστι, τὰ δὲ ἄρρυθμα; Πάνυ μὲν οὖν, ἔφη. Πῶς οὖν, ἔφη, τῷ ἀρρύθμῳ σώματι ἁρμόττοντα τὸν θώρακα εὔρυθμον ποιεῖς; Ὥσπερ καὶ ἁρμόττοντα, ἔφη· ὁ ἁρμόττων γάρ ἐστιν εὔρυθμος. (12) Δοκεῖς μοι, ἔφη ὁ Σωκράτης, τὸ εὔρυθμον οὐ καθ' ἑαυτὸ λέγειν, ἀλλὰ πρὸς τὸν χρώμενον· ὥσπερ ἂν εἰ φαίης ἀσπίδα, ᾧ ἂν ἁρμόττῃ, τούτῳ εὔρυθμον εἶναι, καὶ χλαμύδα, καὶ τἆλλα ὡσαύτως ἔοικεν ἔχειν τῷ σῷ λόγῳ. (13) Ἴσως δὲ καὶ ἄλλο τι οὐ μικρὸν ἀγαθὸν τῷ ἁρμόττειν πρόσεστι. Δίδαξον, ἔφη, ὦ Σώκρατες, εἴ τι ἔχεις. Ἧττον, ἔφη, τῷ βάρει πιέζουσιν οἱ ἁρμόττοντες τῶν ἀναρμόστων, τὸν αὐτὸν σταθμὸν ἔχοντες. Οἱ μὲν γὰρ ἀνάρμοστοι ἢ ὅλοι ἐκ τῶν ὤμων κρεμάμενοι ἢ καὶ ἄλλο τι τοῦ σώματος σφόδρα πιέζοντες δύσφοροι καὶ χαλεποὶ γίγνονται, οἱ δὲ ἁρμόττοντες, διειλημμένοι τὸ βάρος τὸ μὲν ὑπὸ τῶν κλειδῶν καὶ ἐπωμιδίων, τὸ δὲ ὑπὸ τῶν ὤμων, τὸ δὲ ὑπὸ τοῦ στήθους, τὸ δὲ ὑπὸ τοῦ νώτου, τὸ δὲ ὑπὸ τῆς γαστρός, ὀλίγου δεῖν οὐ φορήματι ἀλλὰ προσθήματι ἐοίκασιν. (14) Εἴρηκας, ἔφη, αὐτὸ δι' ὅπερ ἔγωγε τὰ ἐμὰ ἔργα πλείστου ἄξια νομίζω εἶναι. Ἔνιοι μέντοι τοὺς ποικίλους καὶ τοὺς ἐπιχρύσους θώρακας μᾶλλον ὠνοῦνται. Ἀλλὰ μήν, ἔφη, εἴ γε διὰ ταῦτα μὴ ἁρμόττοντας ὠνοῦνται, κακὸν ἔμοιγε δοκοῦσι ποικίλον τε καὶ ἐπίχρυσον ὠνεῖσθαι. (15) Ἀτάρ, ἔφη, τοῦ σώματος μὴ μένοντος, ἀλλὰ τοτὲ μὲν κυρτουμένου, τοτὲ δὲ ὀρθουμένου, πῶς

responderet : An, inquit, opus tuum formis viventium assimilando, statuas vivaciores videri facis? Omnino, inquit. Ergo, dum quæ per gestus deorsum sursumque trahuntur in corporibus, et quæ comprimuntur et quæ diducuntur, et quæ intenduntur et quæ remittuntur, exprimis, facis ut similiora veris magisque apta ad alliciendum appareant? Maxime scilicet, inquit. At vero etiam affectiones corporum aliquid agentium imitari, an non delectationem aliquam spectantibus affert? Verisimile est, ait. Quamobrem pugnantium oculi repræsentandi sunt ut minaces, vincentium vero vultus effingendus, quasi lætantium? Prorsus, inquit. Ergo statuarium, inquit, animi actiones per formam repræsentare oportet.

Itidem ad Pistiam fabrum loricarium ingressus, quum is Socrati loricas egregie factas ostenderet, Profecto, ait, mi Pistia, pulchrum hoc inventum est, tegere loricam eas hominis partes quas tegi necesse est; neque tamen impedire, quominus quis manibus utatur. Verum, inquit, dicito mihi, mi Pistia, quamobrem nec firmiores nec materiæ pretiosioris loricas faciens, quam alii, pluris tamen eas vendis? Propterea, mi Socrates, ait, quod concinniores facio. Concinnitatem vero an mensura vel pondere demonstrans, pluris æstimas? nec enim loricas omnes æquales, neque similes te puto facere, siquidem congruentes corporibus facis. Sic facio, inquit : nam absque illo nullus loricæ usus fuerit. Ergo, inquit, etiam hominum corpora partim concinna sunt, partim inconcinna? Maxime, inquit. Quo igitur pacto, inquit, loricam inconcinno corpori congruentem, concinnam efficis? Sic nimirum, ait, ut et congruentem faciam : nam quæ congruit, concinna est. Videris mihi, ait Socrates, concinnitatem non per se appellare, sed respectu utentis : quemadmodum si dicas clypeum concinnum illi esse, cui congruit ; itidemque chlamydem, ac ceteras res se habere ex tuo quidem sermone constat. Fortassis autem aliud quoddam non exiguum bonum inest huic congruentiæ. Doce me, mi Socrates, ait, si quid habes. Minus, inquit, pondere suo premunt loricæ congruæ, quam incongruæ, licet pondus æquale habent. Nam incongruæ, vel ab humeris totæ dependendo, vel aliquam aliam partem corporis vehementer premendo, gestatu difficiles ac molestæ fiunt; congruæ vero, quum onus partim a claviculis et parte scapulis vicina, partim ab humeris, a pectore, a tergo, a ventre distributum sublevetur, prope non gestamini, sed appendicis esse loco videntur. Dixisti hoc ipsum, ait, propter quod equidem opera mea maximi esse pretii duco. Nonnulli tamen loricas varias ac deauratas lubentius emunt. At vero, inquit Socrates, si propterea non congruentes emunt, varium mihi et inauratum malum emere videntur. Quum autem corpus in eodem situ non maneat, ait, sed modo curvetur,

ἂν ἀκριβεῖς θώρακες ἁρμόττοιεν; Οὐδαμῶς, ἔφη. Λέγεις, ἔφη, ἁρμόττειν οὐ τοὺς ἀκριβεῖς, ἀλλὰ τοὺς μὴ λυποῦντας ἐν τῇ χρείᾳ. Αὐτός, ἔφη, τοῦτό λέγεις, ὦ Σώκρατες, καὶ πάνυ ὀρθῶς ἀποδέχῃ.

ΚΕΦΑΛΑΙΟΝ ΙΑ.

Γυναικὸς δέ ποτε οὔσης ἐν τῇ πόλει καλῆς, ᾗ ὄνομα ἦν Θεοδότη, καὶ οἵας συνεῖναι τῷ πείθοντι, μνησθέντος αὐτῆς τῶν παρόντων τινός, καὶ εἰπόντος ὅτι κρεῖττον εἴη λόγου τὸ κάλλος τῆς γυναικός, καὶ ζωγράφους φήσαντος εἰσιέναι πρὸς αὐτὴν ἀπεικασομένους, οἷς ἐκείνη ἐπιδεικνύειν ἑαυτῆς ὅσα καλῶς ἔχοι, Ἰτέον ἂν εἴη θεασομένους, ἔφη ὁ Σωκράτης· οὐ γὰρ δὴ ἀκούσαί γε τὸ λόγου κρεῖττόν ἐστι καταμαθεῖν. Καὶ ὁ διηγησάμενος, Οὐκ ἂν φθάνοιτ', ἔφη, ἀκολουθοῦντες; (2) Οὕτω μὲν δὴ πορευθέντες πρὸς τὴν Θεοδότην, καὶ καταλαβόντες ζωγράφῳ τινὶ παρεστηκυῖαν, ἐθεάσαντο. Παυσαμένου δὲ τοῦ ζωγράφου, Ὦ ἄνδρες, ἔφη ὁ Σωκράτης, πότερον ἡμᾶς δεῖ μᾶλλον Θεοδότῃ χάριν ἔχειν ὅτι ἡμῖν τὸ κάλλος ἑαυτῆς ἐπέδειξεν ἢ ταύτην ἡμῖν ὅτι ἐθεασάμεθα; ἆρ' εἰ μὲν ταύτῃ ὠφελιμωτέρα ἐστὶν ἡ ἐπίδειξις, ταύτην ἡμῖν χάριν ἑκτέον, εἰ δὲ ἡμῖν ἡ θέα, ἡμᾶς ταύτῃ; (3) Εἰπόντος δέ τινος ὅτι δίκαια λέγοι, Οὐκοῦν, ἔφη, αὕτη μὲν ἤδη τε τὸν παρ' ἡμῶν ἔπαινον κερδαίνει καὶ ἐπειδὰν εἰς πλείους διαγγείλωμεν, πλείω ὠφεληθήσεται· ἡμεῖς δὲ ἤδη τε ὧν ἐθεασάμεθα ἐπιθυμοῦμεν ἅψασθαι καὶ ἄπιμεν ὑποκνιζόμενοι καὶ ἀπελθόντες ποθήσομεν. Ἐκ δὲ τούτων εἰκὸς ἡμᾶς μὲν θεραπεύειν, ταύτην δὲ θεραπεύεσθαι. Καὶ ἡ Θεοδότη, Νὴ Δί', ἔφη, εἰ τοίνυν ταῦθ' οὕτως ἔχει, ἐμὲ ἂν δέοι ὑμῖν τῆς θέας χάριν ἔχειν. (4) Ἐκ δὲ τούτου ὁ Σωκράτης ὁρῶν αὐτήν τε πολυτελῶς κεκοσμημένην καὶ μητέρα παροῦσαν αὐτῇ ἐν ἐσθῆτί τε καὶ θεραπείᾳ οὐ τῇ τυχούσῃ, καὶ θεραπαίνας πολλὰς καὶ εὐειδεῖς, καὶ οὐδὲ ταύτας ἠμελημένως ἐχούσας, καὶ τοῖς ἄλλοις τὴν οἰκίαν ἀφθόνως κατεσκευασμένην, Εἰπέ μοι, ἔφη, ὦ Θεοδότη, ἔστι σοι ἀγρός; Οὐκ ἔμοιγ', ἔφη. Ἀλλ' ἄρα οἰκία προσόδους ἔχουσα; Οὐδὲ οἰκία, ἔφη. Ἀλλὰ μὴν χειροτέχναι τινές; Οὐδὲ χειροτέχναι, ἔφη. Πόθεν οὖν, ἔφη, τἀπιτήδεια ἔχεις; Ἐάν τις, ἔφη, φίλος μοι γενόμενος εὖ ποιεῖν ἐθέλῃ, οὗτός μοι βίος ἐστί. (5) Νὴ τὴν Ἥραν, ἔφη, ὦ Θεοδότη, καλόν γε τὸ κτῆμα, καὶ πολλῷ κρεῖττον ἢ οἰῶν τε καὶ βοῶν καὶ αἰγῶν φίλων ἀγέλην κεκτῆσθαι. Ἀτάρ, ἔφη, πότερον τῇ τύχῃ ἐπιτρέπεις, ἐάν τίς σοι φίλος ὥσπερ μυῖα προσπτῆται, ἢ καὶ αὐτή τι μηχανᾷ; (6) Πῶς δ' ἄν, ἔφη, ἐγὼ τούτου μηχανὴν εὕροιμι; Πολὺ νὴ Δί', ἔφη, προσηκόντως μᾶλλον ἢ αἱ φάλαγγες· οἶσθα γὰρ ὡς ἐκεῖναι θηρῶσι τὰ πρὸς τὸν βίον· ἀράχνια γὰρ δήπου λεπτὰ ὑφηνάμεναι, ὅ,τι ἂν ἐνταῦθα ἐμπέσῃ, τούτῳ τροφῇ χρῶνται. (7) Καὶ ἐμοὶ οὖν, ἔφη, συμβουλεύεις ὑφήνασθαί τι θήρατρον; Οὐ γὰρ δή, ἔφη, οὕτω γε ἀτέχνως οἴεσθαι χρὴ τὸ πλείστου ἄξιον ἄγρευμα

modo erigatur, quo pacto loricæ corporis partes accurate referentes congruere possint? Nequaquam, inquit. Dicis tu congruere, ait, non accuratas, sed in ipso usu non molestas. Tute dicis, mi Socrates, ait, et rectissime rem accipis.

CAPUT XI.

Ceterum quum aliquando in urbe mulier quædam esset formosa, cui nomen erat Theodota, et quæ cum persuadente consuesceret; facta ejus mentione ab aliquo eorum, qui aderant, dicente, mulieris pulchritudinem verba exsuperare, atque etiam narrante, pictores ad eam commeare assimilaturos, quibus illa commonstraret quæcunque honeste posset : Nos etiam, ait Socrates, hanc spectatum ire par est; nec enim audientibus licet cognoscere id, quod omnem sermonem superat. Tum qui hæc narraverat, Quin confestim, ait, sequimini? Itaque quum ad Theodotam ivissent, et hanc pictori cuidam astantem reperissent, inspiciebant : quumque cessasset pictor, O viri, inquit Socrates, utrum nos gratiam potius habere Theodotæ convenit, quod pulchritudinem suam nobis ostenderit, an nobis illam, quod eam spectaverimus ? an, si quidem hæc ostensio ipsi utilior est, nobis habere gratiana debet; sin autem nobis contemplatio, nos ipsi? Et quum quidam dixisset, justa cum dicere : Ergo, inquit, hæc quidem modo laudem hanc a nobis lucratur, ac, posteaquam ad plures rem enuntiaverimus, plus utilitatis capiet : nos autem quæ jam spectavimus, attingere cupimus, et abimus nonnihil titillati, et ubi discesserimus, desiderabimus. De quibus consentaneum est, nos quidem hanc colere, ipsam vero coli. Tum Theodota, Profecto, inquit, si hæc ita se habent, me vobis spectationis causa gratiam habere oporteat. Deinde Socrates, quum eam sumptuose ornatam videret, ac matrem cum ea esse veste indutam et cultu non vulgari, itemque multas ac formosas ancillas, ne illas quidem neglectim habitas, ceterisque rebus abunde instructas ædes, Dic mihi, ait, mea Theodota, estne tibi prædium? Non est mihi, inquit. At domus cum proventibus? Nec domus, ait. At servi artes manuarias exercentes? Nec illi quidem, ait. Unde igitur habes necessaria, inquit? Si quis, ait, amicus mihi factus, bene mihi facere velit, is mihi pro victu est. Profecto, ait, mea Theodota, præclara illa possessio est, multoque potius est amicorum habere gregem, quam ovium, boum, caprarum. Verum, ait, an rem fortunæ committis, ut aliquis ad te amicus instar muscæ advolet, an et ipsa nonnihil machinaris? Qui possim ego, inquit, artis aliquid ad hoc invenire? Multo, inquit, convenientius, quam araneæ. Nosti enim quo pacto illæ victum venentur: telas enim tenues texunt, et quicquid in eas inciderit, eo, cibi loco, utuntur. Ergo mihi quoque, ait, consulis, ut rete aliquod texam? Non enim scilicet adeo te sine arte putare

ΑΠΟΜΝΗΜΟΝΕΥΜΑΤΩΝ ΒΙΒΛ. Γ. ΚΕΦ. ΙΑ.

φίλους θηράσειν. Οὐχ ὁρᾷς ὅτι καὶ τὸ μικροῦ ἄξιον τοὺς λαγὼς θηρῶντες πολλὰ τεχνάζουσιν; (8) ὅτι μὲν γὰρ τῆς νυκτὸς νέμονται, κύνας νυκτερευτικὰς πορισάμενοι, ταύταις αὐτοὺς θηρῶσιν· ὅτι δὲ μεθ᾽ ἡμέραν ἀποδιδράσκουσιν, ἄλλας κτῶνται κύνας, αἵτινες, ᾗ ἂν ἐκ τῆς νομῆς εἰς τὴν εὐνὴν ἀπέλθωσι, τῇ ὀσμῇ αἰσθανόμεναι εὑρίσκουσιν αὐτούς· ὅτι δὲ ποδώκεις εἰσὶν ὥστε καὶ ἐκ τοῦ φανεροῦ τρέχοντες ἀποφεύγειν, ἄλλας αὖ κύνας ταχείας παρασκευάζονται, ἵνα κατὰ πόδας ἁλίσκωνται· ὅτι δὲ καὶ ταύτας αὐτῶν τινες ἀποφεύγουσι, δίκτυα ἱστᾶσιν εἰς τὰς ἀτραπούς, ᾗ φεύγουσιν, ἵν᾽ εἰς ταῦτα ἐμπίπτοντες συμποδίζωνται. (9) Τίνι οὖν, ἔφη, τοιούτῳ φίλους ἂν ἐγὼ θηρῴην; Ἐὰν νὴ Δί᾽, ἔφη, ἀντὶ κυνὸς κτήσῃ ὅστις σοι ἰχνεύων μὲν τοὺς φιλοκάλους καὶ πλουσίους εὑρήσει, εὑρὼν δὲ μηχανήσεται ὅπως ἐμβάλῃ αὐτοὺς εἰς τὰ σὰ δίκτυα. (10) Καὶ ποῖα, ἔφη, ἐγὼ δίκτυα ἔχω; Ἓν μὲν δήπου, ἔφη, καὶ μάλα εὖ περιπλεκόμενον, τὸ σῶμα· ἐν δὲ τούτῳ ψυχήν, ᾗ καταμανθάνεις καὶ ὡς ἂν ἐμβλέπουσα χαρίζοιο καὶ ὅ,τι ἂν λέγουσα εὐφραίνοις, καὶ ὅτι δεῖ τὸν μὲν ἐπιμελόμενον ἀσμένως ὑποδέχεσθαι, τὸν δὲ τρυφῶντα ἀποκλείειν, καὶ ἀρρωστήσαντός γε φίλου φροντιστικῶς ἐπισκέψασθαι, καὶ καλόν τι πράξαντος σφόδρα συνησθῆναι, καὶ τῷ σφόδρα σοῦ φροντίζοντι ὅλῃ τῇ ψυχῇ κεχαρίσθαι. Φιλεῖν γε μὴν εὖ οἶδ᾽ ὅτι ἐπίστασαι οὐ μόνον μαλακῶς, ἀλλὰ καὶ εὐνοϊκῶς· καὶ ὅτι ἀρεστοί σοί εἰσιν οἱ φίλοι, οἶδ᾽ ὅτι οὐ λόγῳ ἀλλ᾽ ἔργῳ ἀναπείθεις. Μὰ τὸν Δί᾽, ἔφη ἡ Θεοδότη, ἐγὼ τούτων οὐδὲν μηχανῶμαι. (11) Καὶ μήν, ἔφη, πολὺ διαφέρει τὸ κατὰ φύσιν τε καὶ ὀρθῶς ἀνθρώπῳ προσφέρεσθαι. Καὶ γὰρ δὴ βίᾳ μὲν οὔτ᾽ ἂν ἕλοις οὔτε κατάσχοις φίλον, εὐεργεσίᾳ δὲ καὶ ἡδονῇ τὸ θηρίον τοῦτο ἁλώσιμόν τε καὶ παραμόνιμόν ἐστιν. Ἀληθῆ λέγεις, ἔφη. (12) Δεῖ τοίνυν, ἔφη, πρῶτον μὲν τοὺς φροντίζοντάς σου τοιαῦτα ἀξιοῦν οἷα ποιοῦσιν αὐτοῖς σμικρότατα μελήσει, ἔπειτα δὲ αὐτὴν ἀμείβεσθαι χαριζομένην τὸν αὐτὸν τρόπον. Οὕτω γὰρ ἂν μάλιστα φίλοι γίγνοιντο καὶ πλεῖστον χρόνον φιλοῖεν καὶ μέγιστα εὐεργετοῖεν. (13) Χαρίζοιο δ᾽ ἂν μάλιστα, εἰ δεομένοις δωροῖο τὰ παρὰ σεαυτῆς· ὁρᾷς γὰρ ὅτι καὶ τῶν βρωμάτων τὰ ἥδιστα, ἐὰν μέν τις προσφέρῃ πρὶν ἐπιθυμεῖν, ἀηδῆ φαίνεται, κεκορεσμένοις δὲ καὶ βδελυγμίαν παρέχει· ἐὰν δέ τις προσφέρῃ λιμὸν ἐμποιήσας, κἂν φαυλότερα ᾖ, πάνυ ἡδέα φαίνεται. (14) Πῶς οὖν ἂν, ἔφη, ἐγὼ λιμὸν ἐμποιεῖν τῷ τῶν παρ᾽ ἐμοὶ δυναίμην; Εἰ νὴ Δί᾽, ἔφη, πρῶτον μὲν τοῖς κεκορεσμένοις μήτε προσφέροις μήτε ὑπομιμνῄσκοις, ἕως ἂν τῆς πλησμονῆς παυσάμενοι πάλιν δέωνται, ἔπειτα τοὺς δεομένους ὑπομιμνῄσκοις ὡς κοσμιωτάτῃ τε ὁμιλίᾳ καὶ τῷ φαίνεσθαι βουλομένη χαρίζεσθαι, καὶ διαφεύγουσα, ἕως ἂν ὡς μάλιστα δεηθῶσι· τηνικαῦτα γὰρ πολὺ διαφέρει τὰ αὐτὰ δῶρα ἢ πρὶν ἐπιθυμῆσαι διδόναι. (15) Καὶ ἡ Θεοδότη, Τί οὖν οὐ σύ μοι, ἔφη, ὦ Σώκρατες, ἐγένου συνθηρατὴς τῶν φίλων; Ἐάν γε νὴ Δί᾽, ἔφη, πείθῃς με σύ. Πῶς οὖν ἂν, ἔφη, πείσαιμί σε; Ζητήσεις, ἔφη, τοῦτο αὐτή,

debes prædam pretiosissimam, amicos, venaturam. Non vides eos, qui etiam lepores, rem non magni æstimandam, venantur, multa artificiose moliri? Nam quum illi noctu se pascant, comparatis canibus nocturnis eos venantur : et quia interdiu aufugiunt, alias acquirunt canes, quæ ex odore sentientes, quo se ex pastu ad cubile receperint, eos reperiant : quia vero pedibus celeres sunt, ut etiam ex oculis effugere currendo possint, rursus alias canes veloces comparant, ut pedum velocitate capiantur : rursum quia lepores nonnulli has quoque effugiunt, retia statuunt iis in semitis, per quas fugiunt, ut, in ea delapsi, velut compedibus quibusdam implicentur. Qua igitur re tali, ait, possim, amicos ego venari? Si profecto canis loco, inquit, comparaveris aliquem, qui indagando tibi formæ studiosos ac locupletes inveniat; atque ubi invenerit, hoc machinetur, ut eos in retia tua conjiciat. Et qualianam, inquit, retia mihi sunt? Unum certe, ait, atque etiam optime se applicans, corpus ; atque in hoc anima, qua intelligere potes, quo pacto homines intuendo grata esse possis; quid dicens, exhilarare possis; et quod suscipiendus sit comiter tui studiosus, excludendus vero qui te ludibrio habeat; solicite invisendus amicus, qui ægrotet; vehementer congratulandum ei, qui præclare quid gesserit; denique tota anima gratificandum illi, cui admodum curæ ais. Osculari quidem certe scio te non modo molliter nosse, sed et benevole ; et ut optimi tibi adsint amici, te scio non oratione, sed ipsa re persuadere. Ego vero, inquit Theodota, nihil horum machinor. At profecto multum refert, ait, prout sua natura fert, ac recte homine uti. Nam vi quidem neque capere, neque retinere amicum possis : sed hæc bestia beneficio et voluptate tum capi potest, tum, ut maneat, retineri. Vere dicis, inquit. Quamobrem oportet, ait, primum a tui studiosis hujusmodi petere, qualia tu præstent minimi sunt facturi; deinde et ipsam gratificando eodem modo vicem referre. Nam hoc pacto maxime tibi amici fient, ac diutissime diligent, et maximis te beneficiis adficient. Gratificaberis autem maxime, si tua, quum eis indigent, concesseris. Vides enim etiam suavissimas escas, allatas prius quam appetantur, insuaves videri; exsaturatis vero etiam fastidium parere : at si quis eas porrigat iis quibus famem excitaverit, etiamsi viliores sint, persuaves videntur. Quo igitur pacto, ait, famem ego in aliquo apud me possim excitare? Primum profecto, ait, si saturatis neque porrigas, neque eos commonefacias prius, quam a repletione desinentes rursus egeant : deinde indigentes commonefacias colloquio quam maxime decoro, atque apparendo quasi gratificari velis, interimque elabaris, donec quam maxime indigeant. Tunc enim longe præstat eadem dona concedere, quam prius, quum nondum expeterentur. Et Theodota, Quid ergo, inquit, non tu mihi, mi Socrates, amicorum convenator esse velis? Profecto, ait, si tu mihi persuaseris. Quo igitur pacto, ait, tibi persuaserim? Quæres, inquit, hoc ipsa

σεις, ἔφη, τοῦτο αὐτὴ καὶ μηχανήσῃ, ἐάν τί μου δέῃ. Εἴσιθι τοίνυν, ἔφη, θαμινά. (16) Καὶ ὁ Σωκράτης ἐπισκώπτων τὴν αὑτοῦ ἀπραγμοσύνην, Ἀλλ', ὦ Θεοδότη, ἔφη, οὐ πάνυ μοι ῥᾴδιόν ἐστι σχολάσαι· καὶ γὰρ ἴδια πράγματα πολλὰ καὶ δημόσια παρέχει μοι ἀσχολίαν· εἰσὶ δὲ καὶ φίλαι μοι, αἳ οὔτε ἡμέρας οὔτε νυκτὸς ἀφ' αὑτῶν ἐάσουσί με ἀπιέναι, φίλτρα τε μανθάνουσαι παρ' ἐμοῦ καὶ ἐπῳδάς. (17) Ἐπίστασαι γὰρ, ἔφη, καὶ ταῦτα, ὦ Σώκρατες; Ἀλλὰ διὰ τί οἴει, ἔφη, Ἀπολλόδωρόν τε τόνδε καὶ Ἀντισθένην οὐδέποτέ μου ἀπολείπεσθαι; διὰ τί δὲ καὶ Κέβητα καὶ Σιμίαν Θήβηθεν παραγίγνεσθαι; εὖ ἴσθι ὅτι ταῦτα οὐκ ἄνευ πολλῶν φίλτρων τε καὶ ἐπῳδῶν καὶ ἰύγγων ἐστί. (18) Χρῆσον τοίνυν μοι, ἔφη, τὴν ἴυγγα, ἵνα ἐπὶ σοὶ πρῶτον ἕλκω αὐτήν. Ἀλλὰ μὰ Δί', ἔφη, οὐκ αὐτὸς ἕλκεσθαι πρός σε βούλομαι, ἀλλὰ σὲ πρὸς ἐμὲ πορεύεσθαι. Ἀλλὰ πορεύσομαι, ἔφη, μόνον ὑποδέχου. Ἀλλ' ὑποδέξομαί σε, ἔφη, ἐὰν μή τις φιλωτέρα σου ἔνδον ᾖ.

tu, et excogitabis, si qua in re mea tibi opus sit opera. Ergo frequenter, ait, ad me ingredere. Et Socrates, suum ipsius in otium jocans, Enimvero, mea Theodota, inquit, non mihi admodum facile est otiari. Nam compluribus tum privatis tum publicis negotiis occupatus sum; atque etiam amicæ mihi sunt, quæ nec interdiu, nec noctu abesse me ab ipsis patientur amoris conciliandi rationes, et incantationes ex me discentes. An et illa nosti, ait, mi Socrates? Cur enim existimas, respondit, et Apollodorum hunc, et Antisthenem nunquam a me discedere? cur et Cebetem et Simiam Thebis ad me ventitare? Sat scito, ea non absque multis philtris et incantationibus et illecebris fieri. Ergo tu, inquit, commodes mihi Iyngem, ut eam de te primo traham. At enim, inquit Socrates, nolo ad te profecto trahi, sed te ad me venire. Veniam vero, ait; tantum me suscipe. Atque ego te suscipiam, inquit, si non aliqua te carior apud me fuerit.

ΚΕΦΑΛΑΙΟΝ ΙΒ.

Ἐπιγένην δὲ τῶν ξυνόντων τινά, νέον τε ὄντα καὶ τὸ σῶμα κακῶς ἔχοντα, ἰδών, Ὡς ἰδιωτικῶς, ἔφη, τὸ σῶμα ἔχεις, ὦ Ἐπίγενες. Καὶ ὅς, Ἰδιώτης μὲν, ἔφη, εἰμί, ὦ Σώκρατες. Οὐδέν γε μᾶλλον, ἔφη, τῶν ἐν Ὀλυμπίᾳ μελλόντων ἀγωνίζεσθαι· ἢ δοκεῖ σοι μικρὸς εἶναι ὁ περὶ τῆς ψυχῆς πρὸς τοὺς πολεμίους ἀγών, ὃν Ἀθηναῖοι θήσουσιν, ὅταν τύχωσι; (2) Καὶ μὴν οὐκ ὀλίγοι μὲν διὰ τὴν τοῦ σώματος καχεξίαν ἀποθνήσκουσί τε ἐν τοῖς πολεμικοῖς κινδύνοις καὶ αἰσχρῶς σώζονται, πολλοὶ δὲ δι' αὐτὸ τοῦτο ζῶντές τε ἁλίσκονται καὶ ἁλόντες ἤτοι δουλεύουσι τὸν λοιπὸν βίον, ἐὰν οὕτω τύχωσι, τὴν χαλεπωτάτην δουλείαν, ἢ εἰς τὰς ἀνάγκας τὰς ἀλγεινοτάτας ἐμπεσόντες καὶ ἐκτίσαντες ἐνίοτε πλείω τῶν ὑπαρχόντων αὐτοῖς τὸν λοιπὸν βίον ἐνδεεῖς τῶν ἀναγκαίων ὄντες καὶ κακοπαθοῦντες διαζῶσι, πολλοὶ δὲ δόξαν αἰσχρὰν κτῶνται, διὰ τὴν τοῦ σώματος ἀδυναμίαν δοκοῦντες ἀποδειλιᾶν. (3) Ἢ καταφρονεῖς τῶν ἐπιτιμίων τῆς καχεξίας τούτων, καὶ ῥᾳδίως ἂν οἴει φέρειν τὰ τοιαῦτα; καὶ μὴν οἶμαί γε πολλῷ ῥᾷω καὶ ἡδίω τούτων εἶναι ἃ δεῖ ὑπομένειν τὸν ἐπιμελούμενον τῆς τοῦ σώματος εὐεξίας. Ἢ ὑγιεινότερόν τε καὶ εἰς τἆλλα χρησιμώτερον νομίζεις εἶναι τὴν καχεξίαν τῆς εὐεξίας; ἢ τῶν διὰ τὴν εὐεξίαν γιγνομένων καταφρονεῖς; (4) καὶ μὴν πάντα γε τἀναντία συμβαίνει τοῖς εὖ τὰ σώματα ἔχουσιν ἢ τοῖς κακῶς. Καὶ γὰρ ὑγιαίνουσιν οἱ τὰ σώματα εὖ ἔχοντες καὶ ἰσχύουσι, καὶ πολλοὶ μὲν διὰ τοῦτο ἐκ τῶν πολεμικῶν ἀγώνων σώζονταί τε εὐσχημόνως καὶ τὰ δεινὰ πάντα διαφεύγουσι, πολλοὶ δὲ φίλοις τε βοηθοῦσι καὶ τὴν πατρίδα εὐεργετοῦσι, καὶ διὰ ταῦτα χάριτός τε ἀξιοῦνται καὶ δόξαν μεγάλην κτῶνται καὶ τιμῶν καλλίστων τυγχάνουσι, καὶ διὰ ταῦτα τόν τε λοιπὸν βίον ἥδιον καὶ κάλλιον διαζῶσι καὶ τοῖς ἑαυ-

CAPUT XII.

Epigenem quendam e familiaribus videns adolescentem, et corpore male usum, Quam umbratico, inquit, corpore uteris, mi Epigenes! Et ille, Umbraticus profecto sum, inquit, mi Socrates. Nihilo magis certe, inquit, iis, qui in Olympicis certaturi sunt: an tibi videtur esse certamen exiguum de vita adversus hostes, quod Athenienses proponent, quum res feret? Atqui non pauci bellicis in periculis ob malam corporis valetudinem moriuntur, alii turpiter evadunt: multi eadem de causa capiuntur vivi, capti vel reliquum vitæ serviunt, si res ita forte evenerit, servitutem gravissimam; vel in necessitates maxime ærumnosas prolapsi, atque etiam persolventes nonnunquam plura quam in bonis habeant, quod reliquum vitæ est, in rerum necessariarum inopia et ærumnis transigunt: multi etiam sibi existimationem turpem comparant, quod ob corporis imbecillitatem formidolose se gerere videantur. An has tu malæ valetudinis pœnas contemnis, teque putas talia facile laturum? Atqui arbitror longe faciliora et jucundiora his esse, quæ illi ferenda sunt, qui bonæ corporis valetudini studet. An tu salubriorem, et ad alia putas utiliorem esse malam corporis constitutionem, quam bonam? an ea, quæ per bonam corporis constitutionem fiunt, contemnis? Atqui contraria eveniunt omnia his qui bona habitudine corporis fruuntur, atque his qui mala. Nam quibus bene affecta sunt corpora, valent, et robusti sunt, et multi hac ratione incolumes in præliis evadunt honestissime, cunctaque pericula effugiunt, multi amicis succurrunt, de patria bene merentur, et ob hæc gratiam consequuntur, et ingentem gloriam comparant, et honores præclarissimos adipiscuntur. Quo fit ut reliquam vitam suavius ac præclarius transigant, liberisque suis pulchriora relinquant ad vitam subsidia. Ne-

τῶν παισὶ καλλίους ἀφορμὰς εἰς τὸν βίον καταλείπουσιν. (5) Οὕτοι χρὴ ὅτι ἡ πόλις οὐκ ἀσκεῖ δημοσίᾳ τὰ πρὸς τὸν πόλεμον, διὰ τοῦτο καὶ ἰδίᾳ ἀμελεῖν, ἀλλὰ μηδὲν ἧττον ἐπιμελεῖσθαι. Εὖ γὰρ ἴσθι ὅτι οὐδὲ ἐν ἄλλῳ οὐδενὶ ἀγῶνι οὐδὲ ἐν πράξει οὐδεμιᾷ μεῖον ἕξεις διὰ τὸ βέλτιον τὸ σῶμα παρεσκευάσθαι· πρὸς πάντα γὰρ ὅσα πράττουσιν ἄνθρωποι χρήσιμον τὸ σῶμά ἐστιν· ἐν πάσαις δὲ ταῖς τοῦ σώματος χρείαις πολὺ διαφέρει ὡς βέλτιστα τὸ σῶμα ἔχειν. (6) Ἐπεὶ καὶ ἐν ᾧ δοκεῖς ἐλαχίστην σώματος χρείαν εἶναι, ἐν τῷ διανοεῖσθαι, τίς οὐκ οἶδεν ὅτι καὶ ἐν τούτῳ πολλοὶ μεγάλα σφάλλονται διὰ τὸ μὴ ὑγιαίνειν τὸ σῶμα; καὶ λήθη δὲ καὶ ἀθυμία καὶ δυσκολία καὶ μανία πολλάκις πολλοῖς διὰ τὴν τοῦ σώματος καχεξίαν εἰς τὴν διάνοιαν ἐμπίπτουσιν οὕτως ὥστε καὶ τὰς ἐπιστήμας ἐκβάλλειν. (7) Τοῖς δὲ τὰ σώματα εὖ ἔχουσι πολλὴ ἀσφάλεια καὶ οὐδεὶς κίνδυνος διά γε τὴν τοῦ σώματος καχεξίαν τοιοῦτόν τι παθεῖν, εἰκὸς δὲ μᾶλλον πρὸς τὰ ἐναντία τῶν διὰ τὴν καχεξίαν γιγνομένων καὶ τὴν εὐεξίαν χρήσιμον εἶναι. Καίτοι τῶν γε τοῖς εἰρημένοις ἐναντίων ἕνεκα τί οὐκ ἂν τις νοῦν ἔχων ὑπομείνειεν; (8) Αἰσχρὸν δὲ καὶ τὸ διὰ τὴν ἀμέλειαν γηρᾶσαι, πρὶν ἰδεῖν ἑαυτὸν ποῖος ἂν κάλλιστος καὶ κράτιστος τῷ σώματι γένοιτο. Ταῦτα δὲ οὐκ ἔστιν ἰδεῖν ἀμελοῦντα· οὐ γὰρ ἐθέλει αὐτόματα γίγνεσθαι.

ΚΕΦΑΛΑΙΟΝ ΙΓ΄.

Ὀργιζομένου δέ ποτέ τινος, ὅτι προσειπὼν τινα χαίρειν οὐκ ἀντιπροσερρήθη, Γελοῖον, ἔφη, τὸ, εἰ μὲν τὸ σῶμα κάκιον ἔχοντί τῳ ἀπήντησάς τῳ, μὴ ἂν ὀργίζεσθαι, ὅτι δὲ τὴν ψυχὴν ἀγροικοτέρως διακειμένῳ περιέτυχες, τοῦτό σε λυπεῖν.

2. Ἄλλου δὲ λέγοντος ὅτι ἀηδῶς ἐσθίοι, Ἀκουμενὸς ἔφη, τούτου φάρμακον ἀγαθὸν διδάσκει. Ἐρομένου δὲ, Ποῖον; Παύσασθαι ἐσθίοντα, ἔφη· καὶ ἥδιόν τε καὶ εὐτελέστερον καὶ ὑγιεινότερόν φησι διάξειν παυσάμενον.

3. Ἄλλου δ᾿ αὖ λέγοντος ὅτι θερμὸν εἴη παρ᾿ ἑαυτῷ τὸ ὕδωρ ὃ πίνοι, Ὅταν ἄρ᾿ ἔφη, βούλῃ θερμῷ λούσασθαι, ἕτοιμόν ἔσται σοι. Ἀλλὰ ψυχρόν, ἔφη, ὥστε λούσασθαί ἐστιν. Ἆρ᾿ οὖν, ἔφη, καὶ οἱ οἰκέται σου ἄχθονται πίνοντές τε αὐτὸ καὶ λουόμενοι αὐτῷ; Μὰ τὸν Δί᾿, ἔφη· ἀλλὰ καὶ πολλάκις τεθαύμακα ὡς ἡδέως αὐτῷ πρὸς ἀμφότερα ταῦτα χρῶνται. Πότερον δὲ, ἔφη, τὸ παρὰ σοὶ ὕδωρ θερμότερον πιεῖν ἐστιν ἢ τὸ ἐν Ἀσκληπιοῦ; Τὸ ἐν Ἀσκληπιοῦ, ἔφη. Πότερον δὲ λούσασθαι ψυχρότερον, τὸ παρὰ σοὶ ἢ τὸ ἐν Ἀμφιαράου; Τὸ ἐν Ἀμφιαράου, ἔφη. Ἐνθυμοῦ οὖν, ἔφη, ὅτι κινδυνεύεις δυσαρεστότερος εἶναι τῶν τε οἰκετῶν καὶ τῶν ἀρρωστούντων.

4. Κολάσαντος δέ τινος ἰσχυρῶς ἀκόλουθον, ἤρετο τί χαλεπαίνοι τῷ θεράποντι. Ὅτι, ἔφη, ὀψοφαγίστατός τε ὢν βλακότατός ἐστι καὶ φιλαργυρώτατος ὢν

---

quaquam propterea, quod civitas ea quæ pertinent ad bellum publice non exerceat, etiam privatim negligenda sunt; sed nihilo minus sunt excolenda. Certo scire te velim, nec in ullo alio certamine, nec quavis in actione deteriorem idcirco te futurum, quod corpore rectius comparato utaris. Nam ad omnia, quæcunque agunt homines, utile corpus est : atque in omnibus corporis usibus multum interest, uti corpore quam optime adfecto. Quis enim ignorat, etiam in eo, in quo putas usum corporis esse minimum, videlicet in cogitando, multos vehementer impingere, propterea quod corpus non recte valeat? Etiam oblivio, et mœror, et morositas, et animi insanitas sæpius in multis ob malam corporis adfectionem sic in mentem penetrant, ut etiam scientias ejiciant. At quibus adfecta bene sunt corpora, multa illis securitas, neque quicquam est periculi ob malam corporis constitutionem hujusmodi quid eis eventurum : potiusque consentaneum est, valetudinem integram ad contraria iis, quæ ex mala constitutione oriuntur, conducere. Atqui propter ea quæ jam dictis sunt contraria, quid non aliquis toleraret mentis compos? Turpe est, aliquem propter exercitationis omissionem senescere, priusquam videat, qualis foret, ubi et pulcherrimus et robustissimus corpore evaserit. At hæc videre nequit qui exercitationem nullam adhibet : non enim hæc sponte sua fiunt.

CAPUT XIII.

Quum autem aliquando quidam excandesceret, quod salutans quendam, resalutatus non fuisset : Ridiculum est, inquit, te, si cui occurrisses, qui se corpore deterius habuisset, non successurum fuisse; quod autem in hominem incideris anima rusticiore præditum, id tibi molestum esse.

Quum alius diceret, insuaviter se comedere : Acumenus, inquit, bonum remedium ad hoc docet. Illo interrogante, qualenam id esset? Cessare a cibo ante satietatem, inquit. Et quidem si cessaveris, ait, etiam suavius, et parcius, et salubrius vives.

Rursus alio dicente, aquam apud se calidam esse, quam biberet : Ergo quum lavare calida voles, inquit, in promptu tibi erit. Atqui, ait, frigida nimis est, quam ut lavare liceat. An ergo, inquit, etiam famuli tui graviter ferunt bibere illam, illaque lavare? Non profecto, inquit : sed sæpe miratus sum, quam jucunde ad horum utrumque illa utantur. Num aqua, inquit, quæ penes te est, an quæ est in Æsculapii, calidior est ad potum? Illa, inquit, quæ in Æsculapii fano est. Num ea, quæ penes te est, an quæ in Amphiarai, frigidior est ad lavandum? Illa, inquit, quæ est in Amphiarai. Ergo cogitato, ait, periculum esse, ne et famulis et ægrotantibus sis fastidiosior.

Quum quidam pedissequum suum vehementer cecidisset, quamobrem servo succenseret, interrogabat. Quod, inquit, voracissimus sit obsoniorum, et simul mollissimus; avaris-

ἀργότατος. Ἤδη ποτὲ οὖν ἐπεσκέψω πότερος πλειόνων πληγῶν δεῖται, σὺ ἢ ὁ θεράπων;

5. Φοβουμένου δέ τινος τὴν εἰς Ὀλυμπίαν ὁδὸν, Τί, ἔφη, φοβῇ σὺ τὴν πορείαν; οὐ καὶ οἴκοι σχεδὸν ὅλην τὴν ἡμέραν περιπατεῖς; καὶ ἐκεῖσε πορευόμενος περιπατήσας ἀριστήσεις, περιπατήσας δειπνήσεις καὶ ἀναπαύσῃ. Οὐκ οἶσθα ὅτι εἰ ἐκτείναις τοὺς περιπάτους, οὓς ἐν πέντε ἢ ἓξ ἡμέραις περιπατεῖς, ῥᾳδίως ἂν Ἀθήνηθεν εἰς Ὀλυμπίαν ἀφίκοιο; χαριέστερον δὲ καὶ προεξορμᾶν ἡμέρᾳ μιᾷ μᾶλλον ἢ ὑστερίζειν. Τὸ μὲν γὰρ ἀναγκάζεσθαι περαιτέρω τοῦ μετρίου μηκύνειν τὰς ὁδοὺς χαλεπόν, τὸ δὲ μιᾷ ἡμέρᾳ πλείονας πορευθῆναι πολλὴν ῥᾳστώνην παρέχει. Κρεῖττον οὖν ἐν τῇ ὁρμῇ σπεύδειν ἢ ἐν τῇ ὁδῷ.

6. Ἄλλου δὲ λέγοντος ὡς παρετάθη μακρὰν ὁδὸν πορευθείς, ἤρετο αὐτὸν εἰ καὶ φορτίον ἔφερε. Μὰ Δί᾽ οὐκ ἔγωγ᾽, ἔφη, ἀλλὰ τὸ ἱμάτιον. Μόνος δ᾽ ἐπορεύου, ἔφη, ἢ καὶ ἀκόλουθός σοι ἠκολούθει; Ἠκολούθει, ἔφη. Πότερον κενὸς, ἔφη, ἢ φέρων τι; Φέρων νὴ Δί᾽, ἔφη, τά τε στρώματα καὶ τἆλλα σκεύη. Καὶ πῶς δὴ, ἔφη, ἀπήλλαχεν ἐκ τῆς ὁδοῦ; Ἐμοὶ μὲν δοκεῖ, ἔφη, βέλτιον ἐμοῦ. Τί οὖν; ἔφη, εἰ τὸ ἐκείνου φορτίον ἔδει σε φέρειν, πῶς ἂν οἴει διατεθῆναι; Κακῶς νὴ Δί᾽, ἔφη· μᾶλλον δὲ οὐδ᾽ ἂν ἠδυνήθην κομίσαι. Τὸ οὖν τοσούτῳ ἧττον τοῦ παιδὸς δύνασθαι πονεῖν πῶς ἠσκημένου δοκεῖ σοι ἀνδρὸς εἶναι;

ΚΕΦΑΛΑΙΟΝ ΙΔ.

Ὁπότε δὲ τῶν ξυνιόντων ἐπὶ δεῖπνον οἱ μὲν μικρὸν ὄψον, οἱ δὲ πολὺ φέροιεν, ἐκέλευεν ὁ Σωκράτης τὸν παῖδα τὸ μικρὸν ἢ εἰς τὸ κοινὸν τιθέναι ἢ διανέμειν ἑκάστῳ τὸ μέρος. Οἱ οὖν τὸ πολὺ φέροντες ᾐσχύνοντό τε τὸ μὴ κοινωνεῖν τοῦ εἰς τὸ κοινὸν τιθεμένου καὶ τὸ μὴ ἀντιτιθέναι τὸ ἑαυτῶν. Ἐτίθεσαν οὖν καὶ τὸ ἑαυτῶν εἰς τὸ κοινὸν καὶ ἐπεὶ οὐδὲν πλέον εἶχον τῶν μικρὸν φερομένων, ἐπαύοντο πολλοῦ ὀψωνοῦντες.

2. Καταμαθὼν δέ τινα τῶν ξυνδειπνούντων τοῦ μὲν σίτου πεπαυμένον, τὸ δὲ ὄψον αὐτὸ καθ᾽ αὑτὸ ἐσθίοντα, λόγου ὄντος περὶ ὀνομάτων, ἐφ᾽ οἵῳ ἔργῳ ἕκαστον εἴη, Ἔχοιμεν ἄν, ἔφη, ὦ ἄνδρες, εἰπεῖν ἐπὶ ποίῳ ποτὲ ἔργῳ ἄνθρωπος ὀψοφάγος καλεῖται; ἐσθίουσι μὲν γὰρ δὴ πάντες ἐπὶ τῷ σίτῳ ὄψον, ὅταν παρῇ· ἀλλ᾽ οὐκ οἶμαί πω ἐπί γε τούτῳ ὀψοφάγοι καλοῦνται. (a) Οὐ γὰρ οὖν, ἔφη τις τῶν παρόντων. Τί γάρ; ἔφη, ἐὰν τις ἄνευ τοῦ σίτου τὸ ὄψον αὐτὸ ἐσθίῃ, μὴ ἀσκήσεως, ἀλλ᾽ ἡδονῆς ἕνεκα, πότερον ὀψοφάγος εἶναι δοκεῖ ἢ οὔ; Σχολῇ γ᾽ ἄν, ἔφη, ἄλλος τις ὀψοφάγος εἴη. Καί τις ἄλλος τῶν παρόντων, Ὁ δὲ μικρῷ σίτῳ, ἔφη, πολὺ ὄψον ἐπεσθίων; Ἐμοὶ μὲν, ἔφη ὁ Σωκράτης, καὶ οὗτος δοκεῖ δικαίως ἂν ὀψοφάγος καλεῖσθαι· καὶ ὅταν γε οἱ ἄλλοι ἄνθρωποι τοῖς θεοῖς εὔχωνται πολυκαρπίαν, εἰκότως ἂν οὗτος πολυοψίαν εὔχοιτο. (b) Ταῦτα δὲ τοῦ

CAPUT XIV.

Quum autem aliquibus ad cœnam convenientibus, alii parum obsonii, multum alii adferrent, jubere solebat Socrates puerum parum illud vel in commune apponere, vel partem aliquam in singulos distribuere. Eos itaque qui multum attulerant, pudebat non ejus participes fieri, quod esset in commune propositum, ac non suum ibidem collocare. Itaque suum etiam in commune apponebant, et quia nihilo plus habebant quam illi, qui parum afferebant, magnam in emendis obsoniis sumptu desistebant.

Idem quum animadvertisset quendam ex iis qui una cœnabant, a pane quidem desiisse, sed obsonio adhuc mero vesci, dum haberetur sermo de nominibus, quam ob rem singula essent indita, Possumusne dicere, ait, o viri, quam ob causam homo obsonii esor appelletur? Edunt enim omnes cum pane obsonium, quum adest: at opinor, non ob eam causam obsonii esores vocentur. Minime scilicet, ait quidam ex iis qui aderant. Quid? inquit : si quis absque pane comedat obsonium, non victus corroborantis, sed voluptatis causa, utrum obsonii csor esse videtur, an non? Vix alius, ait, obsonii esor sit. Tum alius quidam illorum qui aderant, At vero qui cum exiguo pane, inquit, multum obsonii comedit? Is etiam mihi, ait Socrates, merito obsonii esor videtur dici: quumque ceteri homines a diis fructuum poscent copiam, par fuerit illum obsonii copiam poscere. His

Σωκράτους εἰπόντος νομίσας ὁ νεανίσκος εἰς αὐτὸν εἰρῆσθαι τὰ λεχθέντα τὸ μὲν ὄψον οὐκ ἐπαύσατο ἐσθίων,
ἄρτον δὲ προσέλαβεν. Καὶ ὁ Σωκράτης καταμαθὼν,
Παρατηρεῖτ', ἔφη, τοῦτον οἱ πλησίον ὁπότερα τῷ σίτῳ
ὄψῳ ἢ τῷ ὄψῳ σίτῳ χρήσεται.

5. Ἄλλον δέ ποτε τῶν συνδείπνων ἰδὼν ἐπὶ τῷ ἑνὶ
ψωμῷ πλειόνων ὄψων γευόμενον, Ἆρα γένοιτ' ἂν, ἔφη,
πολυτελεστέρα ὀψοποιΐα ἢ μᾶλλον τὰ ὄψα λυμαινομένη
ἢ ἣν ὀψοποιεῖται ὁ ἅμα πολλὰ ἐσθίων καὶ ἅμα παντοδαπὰ ἡδύσματα εἰς τὸ στόμα λαμβάνων; πλείω μέν γε
τῶν ὀψοποιῶν συμμιγνύων πολυτελέστερα ποιεῖ· ἃ δὲ
ἐκεῖνοι μὴ συμμιγνύουσιν, ὡς οὐχ ἁρμόττοντα, ὁ συμμιγνύων, εἴπερ ἐκεῖνοι ὀρθῶς ποιοῦσιν, ἁμαρτάνει τε
καὶ καταλύει τὴν τέχνην αὐτῶν. (6) Καίτοι πῶς οὐ
γελοῖόν ἐστι παρασκευάζεσθαι μὲν ὀψοποιοὺς τοὺς ἄριστα
ἐπισταμένους, αὐτὸν δὲ μηδ' ἀντιποιούμενον τῆς τέχνης
ταύτης τὰ ὑπ' ἐκείνων ποιούμενα μετατιθέναι; Καὶ ἄλλο
δέ τι προσγίγνεται τῷ ἅμα πολλὰ ἐσθίειν εἰθισθέντι· μὴ
παρόντων γὰρ πολλῶν μειονεκτεῖν ἄν τι δοκοίη ποθῶν
τὸ σύνηθες· ὁ δὲ συνεθισθεὶς τὸν ἕνα ψωμὸν ἑνὶ ὄψῳ
προσπέμπειν, ὅτε μὴ παρείη πολλὰ, δύναιτ' ἂν ἀλύπως
τῷ ἑνὶ χρῆσθαι.

7. Ἔλεγε δὲ καὶ ὡς τὸ εὐωχεῖσθαι ἐν τῇ Ἀθηναίων
γλώττῃ ἐσθίειν καλοῖτο· τὸ δὲ εὖ προσκεῖσθαι ἔφη ἐπὶ
τῷ ταῦτα ἐσθίειν ἅτινα μήτε τὴν ψυχὴν μήτε τὸ σῶμα
λυποίη μήτε δυσεύρετα εἴη· ὥστε καὶ τὸ εὐωχεῖσθαι
τοῖς κοσμίως διαιτωμένοις ἀνετίθει.

ΒΙΒΛΙΟΝ Δ.

ΚΕΦΑΛΑΙΟΝ Α.

Οὕτω δὲ ὁ Σωκράτης ἦν ἐν παντὶ πράγματι καὶ
πάντα τρόπον ὠφέλιμος ὥστε σκοπουμένῳ τῷ καὶ μετρίως αἰσθανομένῳ φανερὸν εἶναι ὅτι οὐδὲν ὠφελιμώτερον ἦν τοῦ Σωκράτει συνεῖναι καὶ μετ' ἐκείνου διατρίβειν ὅπου οὖν καὶ ἐν ὅτῳ οὖν πράγματι, ἐπεὶ καὶ τὸ
ἐκείνου μεμνῆσθαι μὴ παρόντος οὐ μικρὰ ὠφέλει τοὺς
εἰωθότας τε αὐτῷ συνεῖναι καὶ ἀποδεχομένους ἐκεῖνον·
καὶ γὰρ παίζων οὐδὲν ἧττον ἢ σπουδάζων ἐλυσιτέλει
τοῖς συνδιατρίβουσι. (2) Πολλάκις γὰρ ἤρα μὲν ἄν τινος ἐρῶν, φανερὸς δ' ἦν οὐ τῶν τὰ σώματα πρὸς ὥραν,
ἀλλὰ τῶν τὰς ψυχὰς πρὸς ἀρετὴν εὖ πεφυκότων ἐφιέμε-
νος· ἐτεκμαίρετο δὲ τὰς ἀγαθὰς φύσεις ἐκ τοῦ ταχύ τε
μανθάνειν οἷς προσέχοιεν καὶ μνημονεύειν ἃ μάθοιεν
καὶ ἐπιθυμεῖν τῶν μαθημάτων πάντων δι' ὧν ἔστιν οἰκίαν τε καλῶς οἰκεῖν καὶ πόλιν καὶ τὸ ὅλον ἀνθρώποις
τε καὶ ἀνθρωπίνοις πράγμασιν εὖ χρῆσθαι. Τοὺς γὰρ
τοιούτους ἡγεῖτο παιδευθέντας οὐκ ἂν μόνον αὐτούς τε
εὐδαίμονας εἶναι καὶ τοὺς ἑαυτῶν οἴκους καλῶς οἰκεῖν,
ἀλλὰ καὶ ἄλλους ἀνθρώπους καὶ πόλεις δύνασθαι εὐδαί-

a Socrate prolatis, existimans is adolescentulus in se illa esse dicta, obsonio quidem vesci non desinebat, sed panem adhibebat. Quod Socrates ut animadverteret, Observate hunc, inquit, qui propius estis, num pane pro obsonio, an obsonio pro pane utatur.

Quum itidem aliquando vidisset alium ex convivis, ad unum panis frustum obsonia plura degustantem: Num, ait, fieri potest obsoniorum confectio sumptuosior, aut quæ magis obsonia corrumpat, quam ea confectio, quam sibi instituit is, qui multa simul comedit, et omnigena simul condimenta in os ingerit? Qui certe plura commisceri, quam instructores obsoniorum, sumptuosiora facit: qui vero commiscet ea, quæ illi tanquam non congruentia minime commiscent (si quidem illi recte faciunt), peccat, et artem ipsorum evertit. Atqui quo pacto non ridiculum fuerit, aliquem sibi structores obsoniorum comparare peritissimos, atque ipsum interim, artis hujus cognitionem sibi non vindicantem, ab illis confecta immutare? Quin etiam aliud quiddam accidit ei, qui multa simul vorare consuevit, quam qui non: nam ubi parum adest, minus habere se putat, quippe qui consueta desiderat: at qui se consuefecit unum panis frustum uni obsonio præmittere, is, quum multa non adsunt, sine molestia potest uno illo uti.

Aiebat etiam, verbum εὐωχεῖσθαι Atheniensium lingua edendi significationem habere: additum vero esse vocabulum εὖ (bene) dicebat, ut ea comedantur, quæcunque nec animam, neque corpus lædant, nec inventu sint difficilia. Itaque verbum hoc εὐωχεῖσθαι victu decenter utentibus tribuebat.

LIBER IV.

CAPUT I.

Tam vero Socrates utilis erat in negotio quovis, atque omni modo, ut cuivis hoc consideranti, etiam si vel mediocriter intelligat, perspicuum sit, nihil fuisse utilius, quam Socrate familiariter uti, et cum eo ubivis locorum, et quavis in re versari. Nam ejus etiam absentis recordari, non parum proderat illis, qui cum eo solebant esse, et qui comprobabant eum. Quippe non minus joco quam serio loquens, familiaribus suis proderat. Sæpe enim amare se aliquem aiebat, sed ostendebat se non illos quorum corpora ad pulchritudinem, sed quorum animæ ad virtutem a natura comparatæ essent, expetere. Certa vero indicia bonæ indolis colligebat ex eo, si celeriter discerent illa, quibus animum adjicerent; quæque didicissent, memoria tenerent; omnesque artes expeterent, per quas liceret et domum præclare gubernare, et civitatem; summatim, denique tum hominibus tum rebus humanis recte uti. Nam si tales instituerentur, existimabat, non ipsos modo beatos esse, suasque domos recte gubernare; sed eosdem posse tum ceteros etiam homines, tum civitates reddere beatas.

μονὰς ποιεῖν. (3) Οὐ τὸν αὐτὸν δὲ τρόπον ἐπὶ πάντας ᾔει, ἀλλὰ τοὺς μὲν οἰομένους φύσει ἀγαθοὺς εἶναι, μαθήσεως δὲ καταφρονοῦντας, ἐδίδασκεν ὅτι αἱ ἄρισται δοκοῦσαι εἶναι φύσεις μάλιστα παιδείας δέονται, ἐπιδεικνύων τῶν τε ἵππων τοὺς εὐφυεστάτους, θυμοειδεῖς τε καὶ σφοδροὺς ὄντας, εἰ μὲν ἐκ νέων δαμασθεῖεν, εὐχρηστοτάτους καὶ ἀρίστους γιγνομένους, εἰ δὲ ἀδάμαστοι γένοιντο, δυσκαθεκτοτάτους καὶ φαυλοτάτους. Καὶ τῶν κυνῶν τῶν εὐφυεστάτων, φιλοπόνων τε οὐσῶν καὶ ἐπιθετικῶν τοῖς θηρίοις, τὰς μὲν καλῶς ἀχθείσας ἀρίστας γίγνεσθαι πρὸς τὰς θήρας καὶ χρησιμωτάτας, ἀναγώγους δὲ γιγνομένας ματαίους τε καὶ μανιώδεις καὶ δυσπειθεστάτας. (4) Ὁμοίως δὲ καὶ τῶν ἀνθρώπων τοὺς εὐφυεστάτους ἐρρωμενεστάτους τε ταῖς ψυχαῖς ὄντας καὶ ἐξεργαστικωτάτους ὧν ἂν ἐγχειρῶσι, παιδευθέντας μὲν καὶ μαθόντας ἃ δεῖ πράττειν, ἀρίστους τε καὶ ὠφελιμωτάτους γίγνεσθαι· πλεῖστα γὰρ καὶ μέγιστα ἀγαθὰ ἐργάζεσθαι· ἀπαιδεύτους δὲ καὶ ἀμαθεῖς γενομένους κακίστους τε καὶ βλαβερωτάτους γίγνεσθαι· κρίνειν γὰρ οὐκ ἐπισταμένους ἃ δεῖ πράττειν πολλάκις πονηροῖς ἐπιχειρεῖν πράγμασι, μεγαλείους δὲ καὶ σφοδροὺς ὄντας δυσκαθέκτους τε καὶ δυσαποτρέπτους εἶναι· διὸ πλεῖστα καὶ μέγιστα κακὰ ἐργάζεσθαι. (5) Τοὺς δὲ ἐπὶ πλούτῳ μέγα φρονοῦντας καὶ νομίζοντας οὐδὲν προσδεῖσθαι παιδείας, ἐξαρκέσειν δὲ σφίσι τὸν πλοῦτον οἰομένους πρὸς τὸ διαπράττεσθαί τε ὅ,τι ἂν βούλωνται καὶ τιμᾶσθαι ὑπὸ τῶν ἀνθρώπων, ἐφρένου λέγων ὅτι μωρὸς μὲν εἴη, ὅς τις οἴεται μὴ μαθὼν τά τε ὠφέλιμα καὶ τὰ βλαβερὰ τῶν πραγμάτων διαγνώσεσθαι, μωρὸς δ᾽, εἴ τις μὴ διαγιγνώσκων μὲν ταῦτα, διὰ δὲ τὸν πλοῦτον ὅ,τι ἂν βούληται ποριζόμενος οἴεται δυνήσεσθαι καὶ τὰ συμφέροντα πράττειν· ἠλίθιος δ᾽, εἴ τις μὴ δυνάμενος τὰ συμφέροντα πράττειν εὖ τε πράττειν οἴεται καὶ τὰ πρὸς τὸν βίον αὑτῷ ἢ καλῶς ἢ ἱκανῶς παρεσκευάσθαι· ἠλίθιος δὲ καί, εἴ τις οἴεται διὰ τὸν πλοῦτον μηδὲν ἐπιστάμενος δόξειν τι ἀγαθὸς εἶναι, ἢ μηδὲν ἀγαθὸς εἶναι δοκῶν εὐδοκιμήσειν.

ΚΕΦΑΛΑΙΟΝ Β.

Τοῖς δὲ νομίζουσι παιδείας τε τῆς ἀρίστης τετυχηκέναι καὶ μέγα φρονοῦσιν ἐπὶ σοφίᾳ ὡς προςεφέρετο νῦν διηγήσομαι. Καταμαθὼν γὰρ Εὐθύδημον τὸν καλὸν γράμματα πολλὰ συνειλεγμένον ποιητῶν τε καὶ σοφιστῶν τῶν εὐδοκιμωτάτων, καὶ ἐκ τούτων ἤδη τε νομίζοντα διαφέρειν τῶν ἡλικιωτῶν ἐπὶ σοφίᾳ καὶ μεγάλας ἐλπίδας ἔχοντα πάντων διοίσειν τῷ δύνασθαι λέγειν τε καὶ πράττειν, πρῶτον μέν, αἰσθανόμενος αὐτὸν διὰ νεότητα οὔπω εἰς τὴν ἀγορὰν εἰσιόντα, εἰ δέ τι βούλοιτο διαπράξασθαι, καθίζοντα εἰς ἡνιοποιεῖόν τι τῶν ἐγγὺς τῆς ἀγορᾶς, εἰς τοῦτο καὶ αὐτὸς ᾔει τῶν μεθ᾽ ἑαυτοῦ τινας ἔχων. (2) Καὶ πρῶτον μὲν πυνθανομένου τινὸς πότερον Θεμιστοκλῆς διὰ συνουσίαν τινὸς τῶν σοφῶν

CAPUT II.

Non eodem vero modo ad omnes accedebat, sed eos, qui natura se bonos esse arbitrarentur, doctrinam autem contemnerent, docebat, illas naturas, quæ viderentur esse præstantissimæ, inprimis institutione indigere; quum quidem ostenderet, equos generosissimos, qui et animosi et acres sunt, si a parvulis domentur, utilissimos ac præstantissimos fieri; sin indomiti sint, effrenatissimos ac pravissimos : et canes a natura optimas, quæ minime desides sint et feras aggrediantur, si recte instituantur, optimas fieri, ac ad venationes aptissimas; non institutas vero, ineptas reddi, ac furiosas, et contumacissimas. Itidem homines optimæ indolis, qui et animis essent firmissimis, et in efficiendis iis, quæ molirentur, efficacissimi, si quidem instituti essent, et quæ agenda sunt, didicissent, præstantissimos atque utilissimos fieri; sic enim eos plurima et maxima bona conficere : at si tum institutionis, tum doctrinæ expertes essent, fieri pessimos ac nocentissimos. Nam quum dijudicare minime norint, quæ sint facienda, prava sæpe eos moliri; quumque magnifici ac acres sint, difficulter contineri ac abduci posse; quo fiat, ut plurima maximaque mala committant. Quod si qui ob divitias magnos animos gererent, ac se nihil institutionis egere ducerent, sed divitias sibi suffecturas putarent ad perficiendum quæ vellent, et ad consequendum honores ab hominibus, eos sanum ad animum revocabat, dicendo, stolidum esse, si quis, quum non didicerit, quæ utilia, quæve noxia sunt, putet ea se discreturum; stolidumque, si quis, quum hæc non discernat, propter divitias putet posse se, quodcunque velit adeptum, etiam quæ sibi conducant, agere; stultum, si quis, quum non possit agere, quæ sibi conducant, bene se agere putet, ac res ipsi ad vitam vel recte, vel idonee comparatas esse; stultum denique, si quis, quum nihil horum sciat, putet fore, ut propter divitias aliqua in re bonus videatur; vel quum nulla in re bonus esse videatur, fama se clarum evasurum.

CAPUT II.

Quod si qui existimarent se optime institutos esse, et ob doctrinam elatis essent animis, erga eos quomodo se gereret, jam commemorabo. Nam quum pulchrum illum Euthydemum intellexisset multa poetarum et sophistarum clarissimorum scripta collegisse, et ob ea jam arbitrari, se sapientia juvenes suæ ætatis vincere, ac magna esse in spe, futurum ut omnes in dicendi et agendi facultate præcelleret; primum animadvertens eum propter adolescentiam needum in forum ingredi, ac si quid conficere vellet, sedere apud officinam frenarii prope forum, ad eandem et ipse ibat cum quibusdam familiaribus suis. Ac primum quidem quodam interrogante, utrum Themistocles ex consuetudine cum aliquo sapienti viro, an vero natura, tantum civibus suis

ἢ φύσει τοσοῦτον διήνεγκε τῶν πολιτῶν ὥςτε πρὸς ἐκεῖνον ἀποβλέπειν τὴν πόλιν, ὁπότε σπουδαίου ἀνδρὸς δεηθείη, ὁ Σωκράτης βουλόμενος κινεῖν τὸν Εὐθύδημον εὐήθες ἔφη εἶναι τὸ οἴεσθαι τὰς μὲν ὀλίγου ἀξίας τέχνας μὴ γίγνεσθαι σπουδαίους ἄνευ διδασκάλων ἱκανῶν, τὸ δὲ προεστάναι πόλεως, πάντων ἔργων μέγιστον ὄν, ἀπὸ ταὐτομάτου παραγίγνεσθαι τοῖς ἀνθρώποις. (3) Πάλιν δέ ποτε παρόντος τοῦ Εὐθυδήμου, ὁρῶν αὐτὸν ἀπαχωροῦντα τῆς συνεδρίας καὶ φυλαττόμενον μὴ δόξῃ τὸν Σωκράτην θαυμάζειν ἐπὶ σοφίᾳ, Ὅτι μέν, ἔφη, ὦ ἄνδρες, Εὐθύδημος οὑτοσὶ ἐν ἡλικίᾳ γενόμενος τῆς πόλεως λόγου περί τινος προτιθείσης οὐκ ἀφέξεται τοῦ συμβουλεύειν εὔδηλόν ἐστιν ἐξ ὧν ἐπιτηδεύει· δοκεῖ δέ μοι καλὸν προοίμιον τῶν δημηγοριῶν παρασκευάζεσθαι φυλαττόμενος μὴ δόξῃ μανθάνειν τι παρά του. Δῆλον γὰρ ὅτι λέγειν ἀρχόμενος ὧδε προοιμιάσεται· (4) Παρ' οὐδενὸς μὲν πώποτε, ὦ ἄνδρες Ἀθηναῖοι, οὐδὲν ἔμαθον, οὐδ' ἀκούων τινὰς εἶναι λέγειν τε καὶ πράττειν ἱκανοὺς ἐζήτησα τούτοις ἐντυχεῖν, οὐδ' ἐπεμελήθην τοῦ διδάσκαλόν μοί τινα γενέσθαι τῶν ἐπισταμένων, ἀλλὰ καὶ τἀναντία· διατετέλεκα γὰρ φεύγων οὐ μόνον τὸ μανθάνειν τι παρά τινος, ἀλλὰ καὶ τὸ δόξαι. Ὅμως δέ ὅ,τι ἂν ἀπὸ ταὐτομάτου ἐπίῃ μοι συμβουλεύσω ὑμῖν. (5) Ἁρμόσειε δ' ἂν οὕτω προοιμιάζεσθαι καὶ τοῖς βουλομένοις παρὰ τῆς πόλεως ἰατρικὸν ἔργον λαβεῖν· ἐπιτήδειον γ' ἂν αὐτοῖς εἴη τοῦ λόγου ἄρχεσθαι ἐντεῦθεν· Παρ' οὐδενὸς μὲν πώποτε, ὦ ἄνδρες Ἀθηναῖοι, τὴν ἰατρικὴν τέχνην ἔμαθον, οὐδ' ἐζήτησα διδάσκαλον ἐμαυτῷ γενέσθαι τῶν ἰατρῶν οὐδένα· διατετέλεκα γὰρ φυλαττόμενος οὐ μόνον τὸ μαθεῖν τι παρὰ τῶν ἰατρῶν, ἀλλὰ καὶ τὸ δόξαι μεμαθηκέναι τὴν τέχνην ταύτην. Ὅμως δέ μοι τὸ ἰατρικὸν ἔργον δότε· πειράσομαι γὰρ ἐν ὑμῖν ἀποκινδυνεύων μανθάνειν. Πάντες οὖν οἱ παρόντες ἐγέλασαν ἐπὶ τῷ προοιμίῳ. (6) Ἐπεὶ δὲ φανερὸς ἦν ὁ Εὐθύδημος ἤδη μὲν οἷς ὁ Σωκράτης λέγοι προσέχων, ἔτι δὲ φυλαττόμενος αὐτός τι φθέγγεσθαι, καὶ νομίζων τῇ σιωπῇ σωφροσύνης δόξαν περιβάλλεσθαι, τότε ὁ Σωκράτης βουλόμενος αὐτὸν παῦσαι τούτου, Θαυμαστὸν γάρ, ἔφη, τί ποτε οἱ βουλόμενοι κιθαρίζειν ἢ αὐλεῖν ἢ ἱππεύειν ἢ ἄλλο τι τῶν τοιούτων ἱκανοὶ γενέσθαι πειρῶνται ὡς συνεχέστατα ποιεῖν ὅ,τι ἂν βούλωνται δυνατοὶ γενέσθαι, καὶ οὐ καθ' ἑαυτούς, ἀλλὰ παρὰ τοῖς ἀρίστοις δοκοῦσιν εἶναι, πάντα ποιοῦντες καὶ ὑπομένοντες ἕνεκα τοῦ μηδὲν ἄνευ τῆς ἐκείνων γνώμης ποιεῖν, ὡς οὐκ ἂν ἄλλως ἀξιόλογοι γενόμενοι· τῶν δὲ βουλομένων δυνατῶν γενέσθαι λέγειν τε καὶ πράττειν τὰ πολιτικὰ νομίζουσί τινες ἄνευ παρασκευῆς καὶ ἐπιμελείας αὐτομάτοι ἐξαίφνης δυνατοὶ ταῦτα ποιεῖν ἔσεσθαι. (7) Καίτοι γε τοσούτῳ ταῦτα ἐκείνων δυςκατεργαστότερα φαίνεται ὅσῳπερ πλειόνων περὶ ταῦτα πραγματευομένων ἐλάττους οἱ κατεργαζόμενοι γίγνονται. Δῆλον οὖν ὅτι καὶ ἐπιμελείας δέονται πλείονος καὶ ἰσχυροτέρας οἱ τούτων ἐφιέμενοι ἢ οἱ ἐκείνων. (8) Κατ' ἀρχὰς μὲν οὖν ἀκούοντος Εὐθυδή-

præstitisset ; ut oculos in eum civitas conjiceret, si quando egregio viro opus esset; Socrates qui lacessere vellet Euthydemum, stultum esse dixit existimare, exigui quidem momenti artium absque magistris idoneis non existere peritos ; civitati vero praeesse, quod sit opus omnium maximum, hoc ad homines sua sponte accedere. Rursus quam adesset aliquando Euthydemus, quia videbat eum a consessu recedere, caventem scilicet, ne Socratem colere ob sapientiam videretur : Euthydemum hunc, inquit, o viri, posteaquam adoleverit, civitate de re quapiam consultationem proponente, minime a consilio dando sibi temperaturum, satis ex ipsius studiis manifestum est : ac videtur mihi praeclarum jam orationum ad populum habendarum exordium parare, qui caveat scilicet, ne videatur abs quoquam aliquid didicisse. Nimirum ubi dicendi volet initium facere, ita exordietur : « Equidem, o viri Athenienses, a nullo unquam quidquam didici; et quum audiebam, esse quosdam dicendi agendique peritos, non tamen, ut eos convenirem, operam dedi ; neque curam adhibui, ut hominem aliquem doctum mihi magistrum adjungerem : sed e contrario, semper fugi, non solum ne quid ab aliquo discerem, verum etiam ne discere viderer. Nihilominus id consilii vobis dabo, quodcunque sua sponte mihi in animum venerit. » Eodem uti exordio conveniret etiam iis, qui medendi munus a republica impetrare coeperint. Nam illis ex usu fuerit, hinc orationem ordiri : « Equidem a nemine, viri Athenienses, medendi artem unquam didici, neque quenquam medicorum quaesivi, quo magistro uterer. Semper enim cavi non solum ne a medicis aliquid discerem, sed etiam ne viderer artem hanc didicisse. Nihilominus velim medendi munus mihi mandetis : nam enitar quidem, in vobis periculum faciendo, eam discere. » Ad hoc exordium risum est ab omnibus, qui aderant. Ubi autem appareret Euthydemus iis quæ a Socrate dicerentur jam animum attendere, verum adhuc cavere, ne quid ipse proloqueretur, arbitrarique se per silentium animi sani laudem sibi consequuturum : tum Socrates, qui vellet eum ab hoc instituto avocare, Mirum est, ait, quamobrem illi, qui cithara canere vel tibia cupiunt, vel equitandi artem discere, vel ad aliud ejusmodi quidpiam idonei fieri, non conentur hoc sanequam continuo agere, in quo valere volunt, neque marte suo, sed apud eos, qui praestare ceteris videntur, omnia tum agant, tum sustineant, ne quid absque illorum judicio faciant, quasi alia ratione praeclari evadere non possint : quum ex iis, qui facultatem dicendi gerendique publicas res adipisci volunt, nonnulli existimant se absque praeparatione, et exercitatione, per se ac subito idoneos ad ea praestanda futuros. Atqui tanto haec illis effectu difficiliora sunt, quanto in his plures operam ponunt, pauciores tamen aliquid conficiunt. Ex quo patet ab iis et studium majus requiri et vehementius, qui haec concupiscunt, quam ab iis qui illa. Hujusmodi igitur quaedam, Euthydemo

μου τοιούτους λόγους ἔλεγε Σωκράτης· ὡς δ' ᾔσθετο αὐτὸν ἑτοιμότερον ὑπομένοντα, ὅτε διαλέγοιτο, καὶ προθυμότερον ἀκούοντα, μόνος ἦλθεν εἰς τὸ ἡνιοποιεῖον· παρακαθεζομένου δ' αὐτῷ τοῦ Εὐθυδήμου, Εἰπέ μοι, ἔφη, ὦ Εὐθύδημε, τῷ ὄντι, ὥσπερ ἐγὼ ἀκούω, πολλὰ γράμματα συνῆχας τῶν λεγομένων σοφῶν ἀνδρῶν γεγονέναι; Νὴ τὸν Δί', ἔφη, ὦ Σώκρατες· καὶ ἔτι γε συνάγω, ἕως ἂν κτήσωμαι ὡς ἂν δύνωμαι πλεῖστα. (9) Νὴ τὴν Ἥραν, ἔφη ὁ Σωκράτης, ἄγαμαί γέ σου, διότι οὐκ ἀργυρίου καὶ χρυσίου προείλου θησαυροὺς κεκτῆσθαι μᾶλλον ἢ σοφίας· δῆλον γὰρ ὅτι νομίζεις ἀργύριον καὶ χρυσίον οὐδὲν βελτίους ποιεῖν τοὺς ἀνθρώπους, τὰς δὲ τῶν σοφῶν ἀνδρῶν γνώμας ἀρετῇ πλουτίζειν τοὺς κεκτημένους. Καὶ ὁ Εὐθύδημος ἔχαιρεν ἀκούων ταῦτα, νομίζων δοκεῖν τῷ Σωκράτει ὀρθῶς μετιέναι τὴν σοφίαν. (10) Ὁ δὲ καταμαθὼν αὐτὸν ἡσθέντα τῷ ἐπαίνῳ τούτῳ, Τί δὲ δὴ βουλόμενος ἀγαθὸς γενέσθαι, ἔφη, ὦ Εὐθύδημε, συλλέγεις τὰ γράμματα; Ἐπεὶ δὲ διεσιώπησεν ὁ Εὐθύδημος σκοπῶν ὅ,τι ἀποκρίναιτο, πάλιν ὁ Σωκράτης, Ἆρα μὴ ἰατρός; ἔφη· πολλὰ γὰρ καὶ ἰατρῶν ἐστι συγγράμματα. Καὶ ὁ Εὐθύδημος, Μὰ Δί', ἔφη, οὐκ ἔγωγε. Ἀλλὰ μὴ ἀρχιτέκτων βούλει γενέσθαι; γνωμονικοῦ γὰρ ἀνδρὸς καὶ τοῦτο δεῖ. Οὔκουν ἔγωγ', ἔφη. Ἀλλὰ μὴ γεωμέτρης ἐπιθυμεῖς, ἔφη, γενέσθαι ἀγαθός, ὥσπερ ὁ Θεόδωρος; Οὐδὲ γεωμέτρης, ἔφη. Ἀλλὰ μὴ ἀστρολόγος, ἔφη, βούλει γενέσθαι; Ὡς δὲ καὶ τοῦτο ἠρνεῖτο, Ἀλλὰ μὴ ῥαψῳδός; ἔφη· καὶ γὰρ τὰ Ὁμήρου σέ φασιν ἔπη πάντα κεκτῆσθαι. Μὰ Δί', οὐκ ἔγωγ', ἔφη· τοὺς γάρ τοι ῥαψῳδοὺς οἶδα τὰ μὲν ἔπη ἀκριβοῦντας, αὐτοὺς δὲ πάνυ ἠλιθίους ὄντας. (11) Καὶ ὁ Σωκράτης ἔφη, Οὐ δήπου, ὦ Εὐθύδημε, ταύτης τῆς ἀρετῆς ἐφίεσαι δι' ἣν ἄνθρωποι πολιτικοὶ γίγνονται καὶ οἰκονομικοὶ καὶ ἄρχειν ἱκανοὶ καὶ ὠφέλιμοι τοῖς τε ἄλλοις ἀνθρώποις καὶ ἑαυτοῖς; Καὶ ὁ Εὐθύδημος, Σφόδρα γ', ἔφη, ὦ Σώκρατες, ταύτης τῆς ἀρετῆς δέομαι. Νὴ Δί', ἔφη ὁ Σωκράτης, τῆς καλλίστης ἀρετῆς καὶ μεγίστης ἐφίεσαι τέχνης· ἔστι γὰρ τῶν βασιλέων αὕτη καὶ καλεῖται βασιλική. Ἀτάρ, ἔφη, κατανενόηκας, εἰ οἷόν τ' ἐστὶ μὴ ὄντα δίκαιον ἀγαθὸν ταῦτα γενέσθαι; Καὶ μάλα, ἔφη, καὶ οὐχ οἷόν τέ γε ἄνευ δικαιοσύνης ἀγαθὸν πολίτην γενέσθαι. (12) Τί οὖν, ἔφη, σὺ δὴ τοῦτο κατείργασαι; Οἶμαί γε, ἔφη, ὦ Σώκρατες, οὐδενὸς ἂν ἧττον φανῆναι δίκαιος. Ἆρ' οὖν, ἔφη, τῶν δικαίων ἐστὶν ἔργα ὥσπερ τῶν τεκτόνων; Ἔστι μέντοι, ἔφη. Ἆρ' οὖν, ἔφη, ὥσπερ οἱ τέκτονες ἔχουσι τὰ ἑαυτῶν ἔργα ἐπιδεῖξαι, οὕτως οἱ δίκαιοι τὰ ἑαυτῶν ἔχοιεν ἂν διεξηγήσασθαι; Μὴ οὖν, ἔφη ὁ Εὐθύδημος, οὐ δύνωμαι ἐγὼ τὰ τῆς δικαιοσύνης ἔργα ἐξηγήσασθαι; καὶ νὴ Δί' ἔγωγε τὰ τῆς ἀδικίας· ἐπεὶ οὐκ ὀλίγα ἐστὶ καθ' ἑκάστην ἡμέραν τοιαῦτα ὁρᾶν τε καὶ ἀκούειν. (13) Βούλει οὖν, ἔφη ὁ Σωκράτης, γράψωμεν ἐνταυθὶ μὲν δέλτα, ἐνταυθὶ δὲ ἄλφα; εἶτα ὅ,τι μὲν ἂν δοκῇ ἡμῖν τῆς δικαιοσύνης ἔργον εἶναι, πρὸς τὸ δέλτα τιθῶμεν, ὅ,τι δ' ἂν τῆς ἀδικίας, πρὸς τὸ ἄλφα; Εἴ τί σοι δοκεῖ,

audiente, Socrates initio proferebat. Quum autem animadverteret ipsum jam promptius ejus disputationes tolerare, atque alacrius eas audire, solus ad officinam frenorum opificis accessit. Quumque consedisset propter ipsum Euthydemum, Dic mihi, inquit, mi Euthydeme, an revera, quemadmodum audio, multa eorum scripta collegisti, qui viri sapientes fuisse dicuntur? Est ita profecto, mi Socrates, inquit, atque etiam modo colligo, donec comparavero mihi, quam possim, plurima. Admiror te profecto, inquit Socrates, quod nec auri nec argenti thesauros tibi comparare malueris, quam sapientiæ. Patet enim quod existimas argentum et aurum homines nihilo meliores efficere; sed sapientum dicta virtute illos ditare, qui ea acquisiverint. Hæc quum audiret Euthydemus, gaudebat, ut qui existimaret videri Socrati, se sapientiam recte inquirere. At ille animadvertens hominem ea laudatione esse delectatum : In quanam vero re, mi Euthydeme, inquit, peritus evadere desiderans, hæc scripta colligis? Quumque taceret Euthydemus, secum quid responderet dispiciens, rursum Socrates, Num ut medicus fias? inquit : nam multa etiam medicorum scripta sunt. Minime equidem, inquit Euthydemus. At architectus fieri cogitas? nam id quoque magno judicio hominem requirit. Non ego, inquit. At geometra bonus fieri cupis, ut Theodorus? Ne geometra quidem. At astrologus fieri vis? Quum hoc quoque negasset : num carminum recitator? ait : nam te Homeri versus omnes habere dicunt. Minime profecto, inquit : nam recitatores versuum scio accurate quidem tenere versus, verum ipsos admodum esse stolidos. Et Socrates : At non, opinor, illam expetis virtutem, ait, mi Euthydeme, per quam homines rerum civilium et administrationis domesticæ periti fiunt, et ad imperandum idonei, et utiles quum ceteris hominibus tum sibimetipsis? Hic Euthydemus, Imo vehementer, inquit, hac virtute mihi, mi Socrates, opus est. Profecto, ait Socrates, virtutem pulcherrimam, artemque maximam expetis : nam regum ea est, ac regia vocatur. Sed an considerasti, ait, num is qui justus non est, in his rebus fieri possit bonus? Maxime vero, inquit : nec enim fieri potest, ut aliquis absque justitia civis bonus existat. Quid igitur? ait : tune hoc ut esses operatus fuisti? Arbitror equidem, mi Socrates, inquit, me nemine minus videri justum. Ergone justorum hominum opera quædam sunt, uti fabrorum? Sunt, inquit. Num igitur perinde ac fabri opera sua demonstrare possunt, sic et justi sua possint enarrare? Ergo vereris, subjecit Euthydemus, ut ego justitiæ opera enarrare possim? quin ego et injustitiæ profecto opera; nam ejusmodi non pauca quotidie tum cernere, tum audire est. Vis igitur, ait Socrates, hic quidem D, istic vero A scribamus? ac deinde quodcumque nobis esse opus justitiæ videbitur, id ad D collocemus: quodcumque autem injustitiæ, ad A?

ἔφη, προσδεῖν τούτων, ποίει ταῦτα. (14) Καὶ ὁ Σωκράτης γράψας ὥσπερ εἶπεν, Οὐκοῦν, ἔφη, ἔστιν ἐν ἀνθρώποις τὸ ψεύδεσθαι; Ἔστι μέντοι, ἔφη. Ποτέρωσε
οὖν, ἔφη, θῶμεν τοῦτο; Δῆλον, ἔφη, ὅτι πρὸς τὴν ἀδικίαν. Οὐκοῦν, ἔφη, καὶ τὸ ἐξαπατᾶν ἔστι; Καὶ μάλα,
ἔφη. Τοῦτο οὖν ποτέρωσε θῶμεν; Καὶ τοῦτο δῆλον
ὅτι, ἔφη, πρὸς τὴν ἀδικίαν. Τί δὲ τὸ κακουργεῖν;
Καὶ τοῦτο, ἔφη. Τὸ δὲ ἀνδραποδίζεσθαι; Καὶ τοῦτο.
Πρὸς δὲ τῇ δικαιοσύνῃ οὐδὲν ἡμῖν τούτων κείσεται, ὦ
Εὐθύδημε; Δεινὸν γὰρ ἂν εἴη, ἔφη. (15) Τί δέ; ἐάν
τις στρατηγὸς αἱρεθεὶς ἀδικόν τε καὶ ἐχθρὰν πόλιν ἐξαν-
δραποδίσηται, φήσομεν τοῦτον ἀδικεῖν; Οὐ δῆτα, ἔφη.
Δίκαια δὲ ποιεῖν οὐ φήσομεν; Καὶ μάλα. Τί δ'; ἐὰν
ἐξαπατᾷ πολεμῶν αὐτοῖς; Δίκαιον, ἔφη, καὶ τοῦτο.
Ἐὰν δὲ κλέπτῃ τε καὶ ἁρπάζῃ τὰ τούτων, οὐ δίκαια
ποιήσει; Καὶ μάλα, ἔφη. Ἀλλ' ἐγώ σε τὸ πρῶτον
ὑπελάμβανον πρὸς τοὺς φίλους μόνον ταῦτα ἐρωτᾶν.
Οὐκοῦν, ἔφη, ὅσα πρὸς τῇ ἀδικίᾳ ἐθήκαμεν, πάντα καὶ
πρὸς τῇ δικαιοσύνῃ θετέον ἂν εἴη; Ἔοικεν, ἔφη. (16)
Βούλει οὖν, ἔφη, ταῦτα οὕτω θέντες διορισώμεθα πάλιν
πρὸς μὲν τοὺς πολεμίους δίκαιον εἶναι τὰ τοιαῦτα ποιεῖν, πρὸς δὲ τοὺς φίλους ἄδικον, ἀλλὰ δεῖν πρός γε τούτους ὡς ἁπλούστατον εἶναι; Πάνυ μὲν οὖν, ἔφη δ Εὐθύδημος. (17) Τί οὖν; ἔφη ὁ Σωκράτης, ἐάν τις στρατηγὸς ὁρῶν ἀθύμως ἔχον τὸ στράτευμα, ψευσάμενος
φήσῃ συμμάχους προσιέναι, καὶ τῷ ψεύδει τούτῳ παύσῃ
τῆς ἀθυμίας τοὺς στρατιώτας, ποτέρωθι τὴν ἀπάτην
ταύτην θήσομεν; Δοκεῖ μοι, ἔφη, πρὸς τὴν δικαιοσύνην. Ἐὰν δέ τις υἱὸν ἑαυτοῦ δεόμενον φαρμακείας
καὶ μὴ προσιέμενον φάρμακον ἐξαπατήσας ὡς σιτίον τὸ
φάρμακον δῷ, καὶ τῷ ψεύδει χρησάμενος οὕτως ὑγιᾶ
ποιήσῃ, ταύτην αὖ τὴν ἀπάτην ποῖ θετέον; Δοκεῖ μοι,
ἔφη, καὶ ταύτην εἰς τὸ αὐτό. Τί δ'; ἐάν τις, ἐν ἀθυμίᾳ
ὄντος φίλου, δείσας μὴ διαχρήσηται ἑαυτόν, κλέψῃ ἢ
ἁρπάσῃ ἢ ξίφος ἢ ἄλλο τι τοιοῦτον, τοῦτο αὖ ποτέρωσε
θετέον; Καὶ τοῦτο νὴ Δί', ἔφη, πρὸς τὴν δικαιοσύνην.
(18) Λέγεις, ἔφη, σὺ οὐδὲ πρὸς τοὺς φίλους ἅπαντα δεῖν
ἁπλοΐζεσθαι; Μὰ Δί' οὐ δῆτα, ἀλλὰ μετατίθεμαι
τὰ εἰρημένα, εἴπερ ἔξεστι. Δεῖ γέ τοι, ἔφη ὁ Σωκράτης, ἐξεῖναι πολὺ μᾶλλον ἢ μὴ ὀρθῶς τιθέναι. (19)
Τῶν δὲ δὴ τοὺς φίλους ἐξαπατώντων ἐπὶ βλάβῃ, ἵνα
μηδὲ τοῦτο παραλείπωμεν ἄσκεπτον, πότερος ἀδικώτε-
ρός ἐστιν, ὁ ἑκὼν ἢ ὁ ἄκων; Ἀλλ', ὦ Σώκρατες, οὐκέτι
μὲν ἔγωγε πιστεύω οἷς ἀποκρίνομαι· καὶ γὰρ τὰ πρόσθεν
πάντα νῦν ἄλλως ἔχειν δοκεῖ μοι ἢ ὡς ἐγὼ τότε ᾤμην·
ὅμως δὲ εἰρήσθω μοι ἀδικώτερον εἶναι τὸν ἑκόντα ψευδόμενον τοῦ ἄκοντος. (20) Δοκεῖ δέ σοι μάθησις καὶ
ἐπιστήμη τοῦ δικαίου εἶναι, ὥσπερ τῶν γραμμάτων;
Ἔμοιγε. Πότερον δὲ γραμματικώτερον κρίνεις, ὃς ἂν
ἑκὼν μὴ ὀρθῶς γράφῃ καὶ ἀναγιγνώσκῃ ἢ ὃς ἂν ἄκων;
Ὃς ἂν ἑκών, ἔγωγε· δύναιτο γὰρ ἄν, ὁπότε βούλοιτο,
καὶ ὀρθῶς αὐτὰ ποιεῖν. Οὐκοῦν ὁ μὲν ἑκὼν μὴ ὀρθῶς
γράφων γραμματικὸς ἂν εἴη, ὁ δὲ ἄκων ἀγράμματος;
Πῶς γὰρ οὔ; Τὰ δίκαια δὲ πότερον ὁ ἑκὼν ψευδόμενος

Facito vero hæc, ait, si quid horum requiri tibi videtur.
Et Socrates posteaquam hæc ita, ut dixerat, scripsisset;
Ergo, inquit, inter homines est mendacium? Est, inquit
Euthydemus. Utra in parte hoc collocabimus? Palam,
inquit, quod ad injustitiam. Ergo est et decipere? Omnino, ait. Utra in parte hoc collocabimus? Etiam hoc palam
est, inquit, quod ad injustitiam. Quid; damno afficere?
Etiam hoc, inquit. Quid autem, in servitutem redigere?
Etiam hoc. Ad justitiam vero, mi Euthydeme, nihil horum collocabitur? Mirum sane id esset, ait. Quid autem,
si quis imperator lectus injustam et hostilem urbem in
servitutem redigat, hunccine quidpiam in hoc injusti per-
petrare dicemus? Nequaquam, ait. Nonne eum juste agere
dicemus? Omnino. Quid si decipiat eos, dum bellum adversus illos gerit? Hoc quoque justum est, inquit. At si
suffuretur et eripiat ipsorum res, nonne juste aget? Omnino, ait : at ego primum arbitrabar hæc te respectu amicorum solummodo interrogare. Quæcumque igitur, inquit,
ad injustitiam retuleramus, ea sunt omnia ad justitiam quoque referenda? Sic videtur, ait. Vis igitur, ait, his ita
positis, iterum definiamus, adversus hostes quidem justum
esse talia facere; sed injustum, adversus amicos : imo erga
hos quam maxime simplicem esse oportere? Omnino, inquit Euthydemus. Quid igitur, inquit Socrates, si quis
imperator dejectis animis esse copias suas videat, et confi-
cto mendacio dicat adventare socios, atque hoc mendacio
militibus animi dejectionem eximat; quanam in parte fraudem hanc collocabimus? Videtur mihi ad justitiam, inquit.
Si quis autem filium suum indigentem usu pharmacorum,
et pharmacum respuentem, ita deceperit, ut cibi loco ei
det pharmacum; eoque usus mendacio, valetudini eum re-
stituat; hæc item fraus ubi erit collocanda? Videtur, inquit,
ea quoque ad idem. Quid autem si quis, ubi dejecto animo
amicus est, metuens, ne ille se ipsum interficiat, suffuretur
aut eripiat gladium vel quid aliud ejusmodi; utra iterum in
parte hoc ponendum? Hoc quoque profecto ad justitiam,
inquit. Dicis tu, inquit, non debere nos etiam erga amicos
in omnibus nosmet simplices exhibere? Non profecto, inquit; imo quæ dixi, retracto, si quidem licet. Atqui, subjecit Socrates, multo magis hoc licere debet, quam non recte
aliquid constituere. Ceterum ex iis, qui amicos nocendi
causa decipiunt (ut ne hac quidem haud consideratam
relinquamus), uter injustior est, volens, an nolens? Ego
vero, mi Socrates, non amplius eis fidem habeo, quæ respondeo. Nam quæ diximus antehac omnia nunc aliter se
habere mihi videntur, quam ego tum putaram. Sed tamen
dictum a me esto, qui volens fallat, illo injustiorem esse, qui
nolens. Num vero tibi esse doctrina quædam et scientia
justi videtur, uti literarum? Mihi quidem. Utrum vero
magis esse literatum judicas, eumne qui volens non recte
scribat et legat, an qui nolens? Qui volens scilicet : nam
poterit is ubi velit, etiam recte utrumque facere. Qui
ergo volens non recte scribit, literatus erit; qui vero nolens,

καὶ ἐξαπατῶν οἶδεν ἢ ὁ ἄκων; Δῆλον ὅτι ὁ ἑκών. Οὐκοῦν γραμματικώτερον μὲν τὸν ἐπιστάμενον γράμματα τοῦ μὴ ἐπισταμένου φῂς εἶναι; Ναί. Δικαιότερον δὲ τὸν ἐπιστάμενον τὰ δίκαια τοῦ μὴ ἐπισταμένου; Φαίνομαι, δοκῶ δέ μοι καὶ ταῦτα οὐκ οἶδ᾽ ὅπως λέγειν. (21) Τί δὲ δή, ὃς ἂν βουλόμενος τἀληθῆ λέγειν μηδέποτε τὰ αὐτὰ περὶ τῶν αὐτῶν λέγῃ, ἀλλ᾽ ὁδόν τε φράζων τὴν αὐτὴν τοτὲ μὲν πρὸς ἕω, τοτὲ δὲ πρὸς ἑσπέραν φράζῃ, καὶ λογισμὸν ἀποφαινόμενος τὸν αὐτὸν τοτὲ μὲν πλείω, τοτὲ δ᾽ ἐλάττω ἀποφαίνηται, τί σοι δοκεῖ ὁ τοιοῦτος; Δῆλος νὴ Δί᾽ εἶναι ὅτι ἃ ᾤετο εἰδέναι οὐκ οἶδεν. (22) Οἶσθα δέ τινας ἀνδραποδώδεις καλουμένους; Ἔγωγε. Πότερον διὰ σοφίαν ἢ δι᾽ ἀμαθίαν; Δῆλον ὅτι δι᾽ ἀμαθίαν. Ἆρ᾽ οὖν διὰ τὴν τοῦ χαλκεύειν ἀμαθίαν τοῦ ὀνόματος τούτου τυγχάνουσιν; Οὐ δῆτα. Ἀλλ᾽ ἆρα διὰ τὴν τοῦ τεκταίνεσθαι; Οὐδὲ διὰ ταύτην. Ἀλλὰ διὰ τὴν τοῦ σκυτεύειν; Οὐδὲ δι᾽ ἓν τούτων, ἔφη, ἀλλὰ καὶ τοὐναντίον· οἱ γὰρ πλεῖστοι τῶν γε τὰ τοιαῦτα ἐπισταμένων ἀνδραποδώδεις εἰσίν. Ἆρ᾽ οὖν τῶν τὰ καλὰ καὶ ἀγαθὰ καὶ δίκαια μὴ εἰδότων τὸ ὄνομα τοῦτ᾽ ἐστίν; Ἔμοιγε δοκεῖ, ἔφη. (23) Οὐκοῦν δεῖ παντὶ τρόπῳ διατεινάμενος φεύγειν ὅπως μὴ ἀνδράποδα ὦμεν. Ἀλλὰ νὴ τοὺς θεούς, ἔφη, ὦ Σώκρατες, πάνυ ᾤμην φιλοσοφεῖν φιλοσοφίαν δι᾽ ἧς ἂν μάλιστα ἐνόμιζον παιδευθῆναι τὰ προσήκοντα ἀνδρὶ καλοκἀγαθίας ὀρεγομένῳ· νῦν δὲ πῶς οἴει με ἀθύμως ἔχειν, ὁρῶντα ἐμαυτὸν διὰ μὲν τὰ προπεπονημένα οὐδὲ τὸ ἐρωτώμενον ἀποκρίνασθαι δυνάμενον ὑπὲρ ὧν μάλιστα χρὴ εἰδέναι, ἄλλην δὲ ὁδὸν οὐδεμίαν ἔχοντα ἣν ἂν πορευόμενος βελτίων γενοίμην; (24) Καὶ ὁ Σωκράτης, Εἰπέ μοι, ἔφη, ὦ Εὐθύδημε, εἰς Δελφοὺς ἤδη πώποτε ἀφίκου; Καὶ δίς γε νὴ Δία, ἔφη. Κατέμαθες οὖν πρὸς τῷ ναῷ που γεγραμμένον τὸ Γνῶθι σαυτόν; Ἔγωγε. Πότερον οὖν οὐδέν σοι τοῦ γράμματος ἐμέλησεν, ἢ προσέσχες τε καὶ ἐπεχείρησας σαυτὸν ἐπισκοπεῖν, ὅστις εἴης; Μὰ Δί᾽ οὐ δῆτα, ἔφη. Καὶ γὰρ δὴ πάνυ τοῦτό γε ᾤμην εἰδέναι· σχολῇ γὰρ ἂν ἄλλο τι ᾔδειν, εἴ γε μηδ᾽ ἐμαυτὸν ἐγίγνωσκον. (25) Πότερα δέ σοι δοκεῖ γιγνώσκειν ἑαυτὸν ὅστις τοὔνομα τὸ ἑαυτοῦ μόνον οἶδεν, ἢ ὅστις, ὥσπερ οἱ τοὺς ἵππους ὠνούμενοι οὐ πρότερον οἴονται γιγνώσκειν ὃν ἂν βούλωνται γνῶναι, πρὶν ἂν ἐπισκέψωνται πότερον εὐπειθής ἐστιν ἢ δυσπειθὴς καὶ πότερον ἰσχυρός ἐστιν ἢ ἀσθενὴς καὶ πότερον ταχὺς ἢ βραδύς, καὶ τἆλλα τὰ πρὸς τὴν τοῦ ἵππου χρείαν ἐπιτήδειά τε καὶ ἀνεπιτήδεια ὅπως ἔχει, οὕτως ὁ ἑαυτὸν ἐπισκεψάμενος ὁποῖός ἐστι πρὸς τὴν ἀνθρωπίνην χρείαν ἔγνωκε τὴν αὑτοῦ δύναμιν; Οὕτως ἔμοιγε δοκεῖ, ἔφη, ὁ μὴ εἰδὼς τὴν ἑαυτοῦ δύναμιν ἀγνοεῖν ἑαυτόν. (26) Ἐκεῖνο δὲ οὐ φανερόν, ἔφη, ὅτι διὰ μὲν τὸ εἰδέναι ἑαυτοὺς πλεῖστα ἀγαθὰ πάσχουσιν ἄνθρωποι, διὰ δὲ τὸ ἐψεῦσθαι ἑαυτῶν πλεῖστα κακά; οἱ μὲν γὰρ εἰδότες ἑαυτοὺς τά τε ἐπιτήδεια ἑαυτοῖς ἴσασι καὶ διαγιγνώσκουσιν ἅ τε δύνανται καὶ ἃ μή· καὶ ἃ μὲν ἐπίστανται πράττοντες πορίζονταί τε ὧν δέονται

illiteratus? Cur non? Utrum vero is, qui volens mentitur ac decipit, justa novit, an qui nolens? Nimirum is, qui volens. Ergo literatiorem illum, qui literas novit, eo putas esse, qui has ignorat? Ita. Et qui justa scit, eo justiorem qui nescit? Videor : et videor mihi etiam hac nescire, quo modo dicam. Quid autem, si quis verum dicere velit, ac nunquam de iisdem rebus eadem dicat, sed de eadem via loquens, modo quidem hanc versus orientem, modo versus occidentem dicat esse; et computationem eandem exhibens, modo majorem summam, modo pauciorem exhibeat; hic homo quid tibi videtur? manifestus profecto esse nescius ea, quae scire se putat. An autem nosti quosdam, qui serviles homines appellantur? Equidem. Num ob sapientiam, an propter inscitiam? Haud dubie propter inscitiam. Ergone propter inscitiam artis aerariae nomen hoc consequuntur? Minime. An ob fabricandi inscitiam? Ne hac quidem de causa. An ob sutoriae? Ob nihil horum; imo vero contrarium : nam illorum plurimi serviles sunt, qui res hujusmodi sciunt. Ergo nomen hoc iis competit, qui pulchra et bona et justa ignorant? Mihi videtur, inquit. Intentis itaque viribus omni modo fugere oportet, ne mancipia simus. Per deos immortales, inquit, mi Socrates, omnino me illi philosophiae studere putabam, per quam maxime existimabam in iis institui, quae homini pulchri bonique studioso convenirent : nunc quam maesto me putas esse animo, quum videam me per studia prius agitata ne respondere quidem interrogatis posse in iis, quae maxime scienda sunt; quumque doctrinae via nulla alia mihi restet, qua pergens evadam melior? Tum Socrates, Die mihi, mi Euthydeme, ait, Delphosne profectus aliquando es? Imo bis profecto, inquit. An animadvertisti ad templum alicubi scriptum esse, Nosce te Ipsum? Equidem. Utrum igitur id ita scriptum nihili fecisti, an advertisti animum, ac temet considerare conatus es, qui sis? Minime hercle, inquit : nam prorsus id me putabam jam scire. Vix enim aliquid aliud scirem, si ne ipsum quidem me nossem. Utrum vero tibi videtur is semet nosse, qui nomen tantum suum novit, an ille qui, equos ementium more, non prius equum se nosse putantium, quem nosse volunt, quam inspexerint, utrum sit tractabilis, necne; utrum robustus an debilis; utrum celer, an tardus itemque in ceteris, quae equo vel convenient vel non conveniunt, quomodo se habet : ita et ipse considerans semet, qualis sit ad usum humanum, vires suas novit? Sic mihi videtur is, ait, qui vires suas non noverit, se ipsum non nosse. An vero non perspicuum est, inquit, ex eo quod se noverint, maxima homines bona percipere; quod autem suas vires ignorent, mala plurima? Nam qui se ipsos norunt, quae sibi commoda sint, sciunt, et quae vel possint vel nequeant, dignoscunt; et quum faciant quae sciunt, comparant sibi ea quibus indigent, ac bene agunt;

καὶ εὖ πράττουσιν, ὧν δὲ μὴ ἐπίστανται ἀπεχόμενοι ἀναμάρτητοι γίγνονται καὶ διαφεύγουσι τὸ κακῶς πράττειν· διὰ τοῦτο δὲ καὶ τοὺς ἄλλους ἀνθρώπους δυνάμενοι δοκιμάζειν καὶ διὰ τῆς τῶν ἄλλων χρείας τά τε ἀγαθὰ πορίζονται καὶ τὰ κακὰ φυλάττονται. (27) Οἱ δὲ μὴ εἰδότες, ἀλλὰ διεψευσμένοι τῆς ἑαυτῶν δυνάμεως, πρός τε τοὺς ἄλλους ἀνθρώπους καὶ τἆλλα ἀνθρώπινα πράγματα ὁμοίως διάκεινται καὶ οὔτε ὧν δέονται ἴσασιν, οὔτε ὅ,τι πράττουσιν οὔτε οἷς χρῶνται, ἀλλὰ πάντων τούτων διαμαρτάνοντες τῶν τε ἀγαθῶν ἀποτυγχάνουσι καὶ τοῖς κακοῖς περιπίπτουσι. (28) Καὶ οἱ μὲν εἰδότες ὅ,τι ποιοῦσιν, ἐπιτυγχάνοντες ὧν πράττουσιν, εὐδοξοί τε καὶ τίμιοι γίγνονται· καὶ οἱ ὅμοιοι τούτοις ἡδέως χρῶνται, οἵ τε ἀποτυγχάνοντες τῶν πραγμάτων ἐπιθυμοῦσι τούτους ὑπὲρ αὑτῶν βουλεύεσθαι, καὶ προΐστασθαί γε ἑαυτῶν τούτους, καὶ τὰς ἐλπίδας τῶν ἀγαθῶν ἐν τούτοις ἔχουσι, καὶ διὰ πάντα ταῦτα πάντων μάλιστα τούτους ἀγαπῶσιν. (29) Οἱ δὲ μὴ εἰδότες ὅ,τι ποιοῦσι, κακῶς δὲ αἱρούμενοι, καὶ οἷς ἂν ἐπιχειρήσωσιν ἀποτυγχάνοντες, οὐ μόνον ἐν αὐτοῖς τούτοις ζημιοῦνταί τε καὶ κολάζονται, ἀλλὰ καὶ ἀδοξοῦσι διὰ ταῦτα καὶ καταγέλαστοι γίγνονται, καὶ καταφρονούμενοι καὶ ἀτιμαζόμενοι ζῶσιν. Ὁρᾷς δὲ καὶ τῶν πόλεων ὅτι ὅσαι ἂν ἀγνοήσασαι τὴν ἑαυτῶν δύναμιν κρείττοσι πολεμήσωσιν, αἱ μὲν ἀνάστατοι γίγνονται, αἱ δὲ ἐξ ἐλευθέρων δοῦλαι. (30) Καὶ ὁ Εὐθύδημος, Ὡς πάνυ μοι δοκοῦν, ἔφη, ὦ Σώκρατες, περὶ πολλοῦ ποιητέον εἶναι τὸ ἑαυτὸν γιγνώσκειν, οὕτως ἴσθι· ὁπόθεν δὲ χρὴ ἄρξασθαι ἐπισκοπεῖν ἑαυτόν, τοῦτό πρὸς σὲ ἀποβλέπω· εἰ μοί ἐθελήσαις ἂν ἐξηγήσασθαι. (31) Οὐκοῦν, ἔφη ὁ Σωκράτης, τὰ μὲν ἀγαθὰ καὶ τὰ κακὰ ὁποῖά ἐστι πάντως που γιγνώσκεις. Νὴ Δί᾽, ἔφη· εἰ γὰρ μηδὲ ταῦτα οἶδα, καὶ τῶν ἀνδραπόδων φαυλότερος ἂν εἴην. Ἴθι δή, ἔφη, καὶ ἐμοὶ ἐξήγησαι αὐτά. Ἀλλ᾽ οὐ χαλεπόν, ἔφη· πρῶτον μὲν γὰρ αὐτὸ τὸ ὑγιαίνειν ἀγαθὸν εἶναι νομίζω, τὸ δὲ νοσεῖν κακόν, ἔπειτα καὶ τὰ αἴτια ἑκατέρου αὐτῶν καὶ ποτὲ καὶ βρωτὰ καὶ ἐπιτηδεύματα τὰ μὲν πρὸς τὸ ὑγιαίνειν φέροντα ἀγαθά, τὰ δὲ πρὸς τὸ νοσεῖν κακά. (32) Οὐκοῦν, ἔφη, καὶ τὸ ὑγιαίνειν καὶ τὸ νοσεῖν, ὅταν μὲν ἀγαθοῦ τινος αἴτια γίγνηται, ἀγαθὰ ἂν εἴη, ὅταν δὲ κακοῦ, κακά. Πότε δ᾽ ἂν, ἔφη, τὸ μὲν ὑγιαίνειν κακοῦ αἴτιον γένοιτο, τὸ δὲ νοσεῖν ἀγαθοῦ; Ὅταν νὴ Δί᾽, ἔφη, στρατείας τε αἰσχρᾶς καὶ ναυτιλίας βλαβερᾶς καὶ ἄλλων πολλῶν τοιούτων οἱ μὲν διὰ ῥώμην μετασχόντες ἀπόλωνται, οἱ δὲ δι᾽ ἀσθένειαν ἀπολειφθέντες σωθῶσιν. Ἀληθῆ λέγεις· ἀλλ᾽ ὁρᾷς, ἔφη, ὅτι καὶ τῶν ὠφελίμων οἱ μὲν διὰ ῥώμην μετέχουσιν, οἱ δὲ δι᾽ ἀσθένειαν ἀπολείπονται. Ταῦτα οὖν, ἔφη, ποτὲ μὲν ὠφελοῦντα, ποτὲ δὲ βλάπτοντα, τί μᾶλλον ἀγαθὰ ἢ κακά ἐστιν; Οὐδὲν μὰ Δία φαίνεται κατά γε τοῦτον τὸν λόγον. (33) Ἀλλ᾽ ἥ γέ τοι σοφία, ὦ Σώκρατες, ἀναμφισβητήτως ἀγαθόν ἐστιν. Ποῖον γὰρ ἄν τις πρᾶγμα οὐ βέλτιον πράττοι σοφὸς ὢν ἢ ἀμαθής; Τί δέ; τὸν

quumque ab illis abstineant quæ nesciunt, non delinquunt, et quominus male agant, vitant : ac proinde, ceteros quoque homines quum explorare possint, etiam ex aliorum usu bona sibi comparant, et a malis sibi cavent. Qui vero se ipsos ignorant, et plus virium tribuunt sibi, quam habent, illi ad homines ceteros resque humanas alias eodem modo adfecti sunt; nec quibus opus sibi sit, norunt, nec quid agant, nec quibus utantur; sed ab omnibus his aberrantes, et bonis frustrantur, et in mala incidant. Et qui, quum sciant id quod faciunt, actionum suarum finem consequuntur, illi celebres honoratique evadunt, quique similes sunt, lubenter his utuntur; et qui frustrantur instituto suo, cupiunt hos sibi consiliis subvenire, sibique præesse, ac spem bonorum sibi adipiscendorum in eis collocant, et propter hæc omnia hos præ omnibus maxime diligunt. Qui vero nesciunt ea, quæ agant, et eligunt male, etiam iis, quæ moliti sunt, frustrati, non modo in his ipsis damno quodam ac pœna multantur, sed etiam propter hæc inglorii et ridiculi fiunt, et spreti dedecoreque notati vivant. Vides etiam civitates, quotquot ignorantes vires suas bellum adversus potentiores suscipiunt, partim prorsus everti, partim ex liberis in servitutem redigi. Tum Euthydemus, Velim scias, inquit, mi Socrates, hoc, se ipsum noscere, prorsus magni mihi faciendum videri; verum unde cognoscendi sui sit faciendum initium, ad te respicio, si id mihi velis exponere. Nosti tu omnino, inquit Socrates, qualia sint tum quæ bona tum quæ mala sunt. Profecto, ait : vel ipsis enim mancipiis vilior essem, si hæc ignorarem. Age vero, inquit, mihi quoque illa exponito. Id quidem difficile non est, inquit Euthydemus. Primo, ipsum recte valere, bonum esse arbitror; morbo autem laborare, malum. Deinde, quæ horum utriusque causæ sunt, potus, cibi, studia, si qua rectam ad valetudinem conferunt, bona sunt; quæ vero ad ægrotationem, mala. Ergo, inquit Socrates, tum recte valere, tum ægrotare, quum quidem boni alicujus causa sunt, bona fuerint scilicet; quum vero mali, mala. At quando, ait Euthydemus, recte quidem valere mali alicujus causa esse possit, ægrotare vero boni? Tum profecto, inquit, quum qui vel militiæ turpi, vel navigationi damnosæ, vel aliis plerisque talibus ob robur intersunt, pereunt; alii vero, qui propter imbecillitatem absunt, incolumes evadunt. Vere dicis : sed vides, inquit, etiam nonnullos ob robur utilium participes fieri, quum alii propter imbecillitatem relinquantur. Ergo hæc, ait, quum nunc prosint, nunc noceant, non magis bona quam mala sunt? Non profecto apparet, ait, secundum hanc quidem rationem. Sed tamen sapientia, mi Socrates, haud dubie bonum est. Nam quale tandem negotium non melius efficiat sapiens, quam rudis? Quid vero? non audisti, inquit Socrates, Dæ-

MEMORABILIUM LIB. IV. CAP. II.

Δαίδαλον, ἔφη; οὐκ ἀκήκοας ὅτι ληφθεὶς ὑπὸ Μίνω διὰ τὴν σοφίαν ἠναγκάζετο ἐκείνῳ δουλεύειν, καὶ τῆς τε πατρίδος ἅμα καὶ τῆς ἐλευθερίας ἐστερήθη, καὶ ἐπιχειρῶν ἀποδιδράσκειν μετὰ τοῦ υἱοῦ τόν τε παῖδα ἀπώλεσε καὶ αὐτὸς οὐκ ἠδυνήθη σωθῆναι, ἀλλ' ἀπενεχθεὶς εἰς τοὺς βαρβάρους πάλιν ἐκεῖ ἐδούλευε; Λέγεται νὴ Δί', ἔφη, ταῦτα. Τὰ δὲ Παλαμήδους οὐκ ἀκήκοας πάθη; τοῦτον γὰρ δὴ πάντες ὑμνοῦσιν ὡς διὰ σοφίαν φθονηθεὶς ὑπὸ τοῦ Ὀδυσσέως ἀπώλετο. Λέγεται καὶ ταῦτα, ἔφη. Ἄλλους δὲ πόσους οἴει διὰ σοφίαν ἀναρπάστους πρὸς βασιλέα γεγονέναι καὶ ἐκεῖ δουλεύειν; (34) Κινδυνεύει, ἔφη, ὦ Σώκρατες, ἀναμφιλογώτατον ἀγαθὸν εἶναι τὸ εὐδαιμονεῖν. Εἴ γε μή τις αὐτό, ἔφη, ὦ Εὐθύδημε, ἐξ ἀμφιλόγων ἀγαθῶν συντιθείη. Τί δ' ἄν, ἔφη, τῶν εὐδαιμονικῶν ἀμφίλογον εἴη; Οὐδέν, ἔφη, εἴ γε μὴ προσθήσομεν αὐτῷ κάλλος ἢ ἰσχὺν ἢ πλοῦτον ἢ δόξαν ἤ καί τι ἄλλο τῶν τοιούτων. Ἀλλὰ νὴ Δία προσθήσομεν, ἔφη· πῶς γὰρ ἄν τις ἄνευ τούτων εὐδαιμονοίη; (35) Νὴ Δί', ἔφη, προσθήσομεν ἄρα, ἐξ ὧν πολλὰ καὶ χαλεπὰ συμβαίνει τοῖς ἀνθρώποις· πολλοὶ μὲν γὰρ διὰ τὸ κάλλος ὑπὸ τῶν ἐπὶ τοῖς ὡραίοις παρακεκινηκότων διαφθείρονται, πολλοὶ δὲ διὰ τὴν ἰσχὺν μείζοσιν ἔργοις ἐπιχειροῦντες οὐ μικροῖς κακοῖς περιπίπτουσι, πολλοὶ δὲ διὰ τὸν πλοῦτον, διαθρυπτόμενοί τε καὶ ἐπιβουλευόμενοι ἀπόλλυνται, πολλοὶ δὲ διὰ δόξαν καὶ πολιτικὴν δύναμιν μεγάλα κακὰ πεπόνθασιν. (36) Ἀλλὰ μήν, ἔφη, εἴ γε μηδὲ τὸ εὐδαιμονεῖν ἐπαινῶν ὀρθῶς λέγω, ὁμολογῶ μηδ' ὅ,τι πρὸς τοὺς θεοὺς εὔχεσθαι χρὴ εἰδέναι. Ἀλλὰ ταῦτα μέν, ἔφη ὁ Σωκράτης, ἴσως διὰ τὸ σφόδρα πιστεύειν εἰδέναι οὐδ' ἔσκεψαι· ἐπεὶ δὲ πόλεως δημοκρατουμένης παρασκευάζῃ προεστάναι, δῆλον ὅτι δημοκρατίαν γε οἶσθα τί ἐστι. Πάντως δήπου, ἔφη. (37) Δοκεῖ οὖν σοι δυνατὸν εἶναι δημοκρατίαν εἰδέναι μὴ εἰδότα δῆμον; Μὰ Δί' οὐκ ἔμοιγε. Καὶ τί νομίζεις δῆμον εἶναι; Τοὺς πένητας τῶν πολιτῶν ἔγωγε. Καὶ τοὺς πένητας ἄρα οἶσθα; Πῶς γὰρ οὔ; Ἆρ' οὖν καὶ τοὺς πλουσίους οἶσθα; Οὐδέν γε ἧττον ἢ καὶ τοὺς πένητας. Ποίους δὲ πένητας καὶ ποίους πλουσίους καλεῖς; Τοὺς μέν, οἶμαι, μὴ ἱκανὰ ἔχοντας εἰς ἃ δεῖ τελεῖν πένητας, τοὺς δὲ πλείω τῶν ἱκανῶν πλουσίους. (38) Καταμεμάθηκας οὖν ὅτι ἐνίοις μὲν πάνυ ὀλίγα ἔχουσιν οὐ μόνον ἀρκεῖ ταῦτα, ἀλλὰ καὶ περιποιοῦνται, ἀπ' αὐτῶν, ἐνίοις δὲ πάνυ πολλὰ οὐχ ἱκανά ἐστι; Καὶ νὴ Δί', ἔφη ὁ Εὐθύδημος, ὀρθῶς γάρ με ἀναμιμνήσκεις, οἶδα γὰρ καὶ τυράννους τινάς, οἳ δι' ἔνδειαν ὥσπερ οἱ ἀπορώτατοι ἀναγκάζονται ἀδικεῖν. (39) Οὐκοῦν, ἔφη ὁ Σωκράτης, εἴ γε ταῦτα οὕτως ἔχει, τοὺς μὲν τυράννους εἰς τὸν δῆμον θήσομεν, τοὺς δὲ ὀλίγα κεκτημένων, ἐὰν οἰκονομικοὶ ὦσιν, εἰς τοὺς πλουσίους. Καὶ ὁ Εὐθύδημος ἔφη, Ἀναγκάζει με καὶ ταῦτα ὁμολογεῖν δῆλον ὅτι ἡ ἐμὴ φαυλότης· καὶ φροντίζω μὴ κράτιστον ᾖ μοι σιγᾶν· κινδυνεύω γὰρ ἁπλῶς οὐδὲν εἰδέναι. Καὶ πάνυ ἀθύμως ἔχων ἀπῆλθε, καὶ καταφρονήσας ἑαυτοῦ καὶ νομίσας τῷ ὄντι ἀνδράποδον εἶναι. (40) Πολλοὶ

dalum a Minoe captum ob sapientiam servitutem servire coactum fuisse, tum patria tum libertate orbatum : quamque aufugere cum filio conaretur, filium amisisse, ac ne ipsum quidem salvum elabi potuisse; sed ad barbaros delatum, rursus ibidem servîisse? Dicuntur illa sane, inquit. Et Palamedis calamitates nonne audisti? hunc enim prædicant omnes, ob sapientiam Ulyssi invisum periisse. Id etiam fertur, ait. Quot item alios existimas ob sapientiam abreptos ad regem esse, atque istic servire? Videtur, mi Socrates, dixit deinde Euthydemus, felicitas bonum esse maxime indubium. Nisi quis, inquit, mi Euthydeme, ex dubiis eam bonis componat. Quid autem, ait, dubium esse possit inter illa, quæ ad felicitatem pertinent? Nihil, inquit : modo non addamus ei pulchritudinem, vel robur, vel opes, vel gloriam, vel quid aliud ejusmodi. At vero, ait, hæc addemus profecto : nam quo pacto sine his felix quisquam esse possit? Addemus igitur illa sane, inquit Socrates, ob quæ multa, eaque gravia hominibus accidant. Multi enim ob pulchritudinem ab iis violantur, qui forma elegantium amore insanierunt; multi ob robur suum majora quædam aggressi opera, non exiguas in calamitates incidunt; multi propter opes emolliti deliciis, atque insidiis petiti, pereunt, multi ob gloriam potentiamque in republica, magna sunt mala perpessi. Enimvero, ait, si nec felicitatem ipsam laudans, recte dico, fateor me ne id quidem, quod precibus petendum a diis sit, nosse. Fortasse tu hæc, ait Socrates, non considerasti, propterea quod omnino scire te illa crederes. Quia vero te paras, ut civitati præsis, in qua populus dominatur, haud dubie quid dominatus popularis sit, nosti. Omnino, ait. Ergone putas scire te posse, quid populi sit dominatus, si nescias, quid sit populus? Minime equidem, inquit. Et quid putas esse populum? Equidem cives pauperes. Pauperes igitur nosti? Qui non? Ergo etiam nosti divites? Nihilo minus quam pauperes. Quales autem pauperes et quales appellas divites? Pauperes arbitror esse, quibus non suppetit sumptus, quem facere decet : at quibus plus, quam satis est, suppetit, divites. Ergone unquam animadvertisti, nonnullis, qui admodum pauca possident, non solum ea ipsa sufficere, sed eos alia quoque de his lucrifacere; quum aliis etiam admodum multa non sufficiant? Ita est profecto, ait Euthydemus : nam recte me mones. Etenim quosdam adeo tyrannos novi, qui ob inopiam, perinde ac maxime egeni, injuste coguntur agere. Ergo si hæc, inquit Socrates, ita se habent, tyrannos quidem inter populum, eos autem qui pauca possident, si modo rei familiaris administrandæ periti fuerint, inter opulentos ponemus. Etiam id fateri me, ait Euthydemus, stupiditas nimirum mea cogit; adeoque jam cogito, an non optimum mihi fuerit silere : nam metuo ne jam plane nihil sciam. Itaque animo valde dejectus abiit, quum quidem et contemneret se ipsum, et reapse mancipium se esse crederet. Ac multi quidem hoc

38.

μὲν οὖν τῶν οὕτω διατεθέντων ὑπὸ Σωκράτους οὐκέτι αὐτῷ προσῄεσαν, οὓς καὶ βλακοτέρους ἐνόμιζεν· ὁ δὲ Εὐθύδημος ὑπέλαβεν οὐκ ἂν ἄλλως ἀνὴρ ἀξιόλογος γενέσθαι, εἰ μὴ ὅτι μάλιστα Σωκράτει συνείη· καὶ οὐκ ἀπελείπετο ἔτι αὐτοῦ, εἰ μή τι ἀναγκαῖον εἴη· ἔνια δὲ καὶ ἐμιμεῖτο ὧν ἐκεῖνος ἐπετήδευεν. Ὁ δὲ ὡς ἔγνω αὐτὸν οὕτως ἔχοντα, ἥκιστα μὲν διετάραττεν, ἁπλούστατα δὲ καὶ σαφέστατα ἐξηγεῖτο ἅ τε ἐνόμιζεν εἰδέναι δεῖν καὶ ἐπιτηδεύειν κράτιστα εἶναι.

modo habiti a Socrate, non amplius eum conveniebant, quos etiam ignaviores esse putabat. Verum Euthydemus non alia se ratione hominem bona existimatione dignum posse fieri arbitrabatur, quam si cum Socrate frequentissime versaretur : et posthac ab eo nunquam aberat, nisi quid rei necessariæ incideret : quin etiam quædam ipsius instituta imitabatur. Itaque Socrates, qui eum sic adfectum esse animadverteret, minime ipsum perturbabat, sed quam simplicissime et clarissime exponebat quæ putabat eum scire debere et quibus operam dare, esse optimum.

ΚΕΦΑΛΑΙΟΝ Γ.

CAPUT III.

Τὸ μὲν οὖν λεκτικοὺς καὶ πρακτικοὺς καὶ μηχανικοὺς γίγνεσθαι τοὺς συνόντας οὐκ ἔσπευδεν, ἀλλὰ πρότερον τούτων ᾤετο χρῆναι σωφροσύνην αὐτοῖς ἐγγενέσθαι. Τοὺς γὰρ ἄνευ τοῦ σωφρονεῖν ταῦτα δυναμένους ἀδικωτέρους τε καὶ δυνατωτέρους κακουργεῖν ἐνόμιζεν εἶναι. (2) Πρῶτον μὲν δὴ περὶ θεοὺς ἐπειρᾶτο σώφρονας ποιεῖν τοὺς συνόντας. Ἄλλοι μὲν οὖν αὐτῷ πρὸς ἄλλους οὕτως ὁμιλοῦντι παραγενόμενοι διηγοῦντο· ἐγὼ δὲ, ὅτε πρὸς Εὐθύδημον τοιάδε διελέγετο, παρεγενόμην. (3) Εἰπέ μοι, ἔφη, ὦ Εὐθύδημε, ἤδη ποτέ σοι ἐπῆλθεν ἐνθυμηθῆναι ὡς ἐπιμελῶς οἱ θεοὶ ὧν οἱ ἄνθρωποι δέονται κατεσκευάκασι; Καὶ ὃς, Μὰ τὸν Δί', ἔφη, οὐκ ἔμοιγε. Ἀλλ' οἶσθά γ', ἔφη, ὅτι πρῶτον μὲν φωτὸς δεόμεθα, ὃ ἡμῖν οἱ θεοὶ παρέχουσι; Νὴ Δί', ἔφη, ὅ γ' εἰ μὴ εἴχομεν, ὅμοιοι τοῖς τυφλοῖς ἂν ἦμεν ἕνεκά γε τῶν ἡμετέρων ὀφθαλμῶν. Ἀλλὰ μὴν καὶ ἀναπαύσεώς γε δεομένοις ἡμῖν νύκτα παρέχουσι, κάλλιστον ἀναπαυτήριον. Πάνυ γ', ἔφη, καὶ τοῦτο χάριτος ἄξιον. (4) Οὐκοῦν καὶ ἐπειδὴ ὁ μὲν ἥλιος φωτεινὸς ὢν τάς τε ὥρας ἡμῖν τῆς ἡμέρας καὶ τἆλλα πάντα σαφηνίζει, ἡ δὲ νὺξ διὰ τὸ σκοτεινὴ εἶναι ἀσαφεστέρα ἐστίν, ἄστρα ἐν τῇ νυκτὶ ἀνέφηναν, ἃ ἡμῖν τὰς ὥρας τῆς νυκτὸς ἐμφανίζει, καὶ διὰ τοῦτο πολλὰ ὧν δεόμεθα πράττομεν. Ἔστι ταῦτα, ἔφη. Ἀλλὰ μὴν ἥ γε σελήνη οὐ μόνον τῆς νυκτὸς ἀλλὰ καὶ τοῦ μηνὸς τὰ μέρη φανερὰ ἡμῖν ποιεῖ. Πάνυ μὲν οὖν, ἔφη. (5) Τὸ δ', ἐπεὶ τροφῆς δεόμεθα, ταύτην ἡμῖν ἐκ τῆς γῆς ἀναδιδόναι, καὶ ὥρας ἁρμοττούσας πρὸς τοῦτο παρέχειν, αἳ ἡμῖν οὐ μόνον ὧν δεόμεθα πολλὰ καὶ παντοῖα παρέχουσιν ἡμᾶς, ἀλλὰ καὶ οἷς εὐφραινόμεθα; Πάνυ, ἔφη, καὶ ταῦτα φιλάνθρωπα. (6) Τὸ δὲ καὶ ὕδωρ ἡμῖν παρέχειν, οὕτω πολλοῦ ἄξιον ὥστε καὶ φύειν καὶ συναύξειν τῇ γῇ καὶ ταῖς ὥραις πάντα τὰ χρήσιμα ἡμῖν, συντρέφειν δὲ καὶ αὐτοὺς ἡμᾶς, καὶ μιγνύμενον πᾶσι τοῖς τρέφουσιν ἡμᾶς εὐκατεργαστότερά τε καὶ ὠφελιμώτερα καὶ ἡδίω ποιεῖν αὐτά, καὶ ἐπειδὴ πλείστου δεόμεθα τούτου, ἀφθονέστατον αὐτὸ παρέχειν ἡμῖν; Καὶ τοῦτο, ἔφη, προνοητικόν. (7) Τὸ δὲ καὶ τὸ πῦρ πορίσαι ἡμῖν, ἐπίκουρον μὲν ψύχους, ἐπίκουρον δὲ σκότους, συνεργὸν δὲ πρὸς πᾶσαν τέχνην καὶ πάντα ὅσα ὠφελείας ἕνεκα ἄνθρωποι κατασκευάζονται; ὡς γὰρ συνελόντι εἰπεῖν, οὐδὲν ἀξιόλογον ἄνευ πυρὸς ἄνθρωποι

Non ille quidem familiares suos disserendi, agendi, ingeniose machinandi aliquid peritos efficere festinabat, sed prius existimabat oportere animi sanitatem ipsis inuli. Nam qui sine animi sanitate his rebus valerent, eos et injustiores et ad nocendum potentiores esse arbitrabatur. Primum igitur enitebatur hoc efficere, ut familiares sui erga deos animo sano uterentur. Et alii quidem, quum ipsius ad alios sermonibus interessent, eos exposuerunt : ego vero aderam, quum ad Euthydemum hujusmodi quædam dissereret. Dic mihi, mi Euthydeme, ait, venitne tibi in mentem cogitare, quam diligenter dii paraverint ea, quibus homines indigent? Et ille, Minime profecto, ait, mihi. At nosti, ait, primum nos lucis egere, quam dii nobis suppeditant? Prefecto, inquit, quam nisi haberemus, cæcis essemus similes, per nostros quidem oculos si staret. Atqui quum quiete etiam indigeamus, noctem nobis largiuntur, rem accommodatissimam quieti. Hoc etiam, inquit, omnino gratias meretur. Inde etiam quia sol lucidus est, ac nobis horas dici alioquae omnia clare demonstrat; nox autem propter tenebras nihil fere oculis distingui patitur; astra noctu fecerunt apparere, quæ noctis horas nobis indicarent; quo fit ut multa, quæ necesse sit, perficiamus. Ita est, inquit. Enimvero luna non solum noctis, sed etiam mensis partes nobis patefacit. Omnino, ait. Quid autem quod, quum nutrimento egeamus, illud e terra nobis producant, et ad hoc anni tempora convenientia præbeant, quæ nobis non modo quibus indigemus, multa atque omnigena parant, sed ea quoque, quibus delectamur? Etiam hæc, inquit, magnæ sunt deorum erga homines benevolentiæ. Quod item nobis aquam largiantur, rem adeo pretiosam, ut et germinare faciat et augeat una cum terra et cum anni temporibus omnia, quæ nobis usui sunt; simulque nos etiam alat, ac nutrimentis nostris omnibus admista faciat nt et confici ea facilius possint, et utiliora sint et suaviora : quodque maxima nobis eandem copia largiantur, quum ipsa plurimum egeamus? Hoc quoque, ait, providentiæ opus est. Quod item nobis ignem dederit, præsidium quoddam adversus frigus et caliginem, omnibusque in opificiis, ac rebus ceteris, quas utilitatis causa suscipiunt homines, cœcis quendam cooperatorem? nam ut summatim dicam, rerum ad vitam utilium nihil homines, quod operæ pretium sit, absque igne

τῶν πρὸς τὸν βίον χρησίμων κατασκευάζονται. Ὑπερβάλλει, ἔφη, καὶ τοῦτο φιλανθρωπίᾳ. (8) Τὸ δὲ τὸν ἥλιον, ἐπειδὰν ἐν χειμῶνι τράπηται, προσιέναι τὰ μὲν ἁδρύνοντα, τὰ δὲ ξηραίνοντα, ὧν καιρὸς διελήλυθεν, καὶ ταῦτα διαπραξάμενον μηκέτι ἐγγυτέρω προσιέναι, ἀλλ' ἀποτρέπεσθαι φυλαττόμενον μή τι ἡμᾶς μᾶλλον τοῦ δέοντος θερμαίνων βλάψῃ· καὶ ὅταν αὖ πάλιν ἀπιὼν γένηται, ἔνθα καὶ ἡμῖν δῆλόν ἐστιν ὅτι εἰ προσωτέρω ἄπεισιν, ἀποπαγησόμεθα ὑπὸ τοῦ ψύχους, πάλιν αὖ τρέπεσθαι καὶ προσχωρεῖν, καὶ ἐνταῦθα τοῦ οὐρανοῦ ἀναστρέφεσθαι ἔνθα μάλιστ' ἂν ἡμᾶς ὠφελοίη; Νὴ τὸν Δί', ἔφη, καὶ ταῦτα παντάπασιν ἔοικεν ἀνθρώπων ἕνεκα γιγνομένοις. (9) Τὸ δ' αὖ, ἐπειδὴ καὶ τοῦτο φανερόν, ὅτι οὐκ ἂν ὑπενέγκαιμεν οὔτε τὸ καῦμα οὔτε τὸ ψῦχος, εἰ ἐξαπίνης γίγνοιτο, οὕτω μὲν κατὰ μικρὸν προσιέναι τὸν ἥλιον, οὕτω δὲ κατὰ μικρὸν ἀπιέναι ὥστε λανθάνειν ἡμᾶς εἰς ἑκάτερα τὰ ἰσχυρότατα καθισταμένους; Ἐγὼ μέν, ἔφη ὁ Εὐθύδημος, ἤδη τοῦτο σκοπῶ, εἰ ἄρα τί ἐστι τοῖς θεοῖς ἔργον ἢ ἀνθρώπους θεραπεύειν· ἐκεῖνο δὲ μόνον ἐμποδίζει με, ὅτι καὶ τἆλλα ζῷα τούτων μετέχει. (10) Οὐ γὰρ καὶ τοῦτ', ἔφη ὁ Σωκράτης, φανερόν, ὅτι καὶ ταῦτα ἀνθρώπων ἕνεκα γίγνεταί τε καὶ ἀνατρέφεται; τί γὰρ ἄλλο ζῷον αἰγῶν τε καὶ οἰῶν καὶ ἵππων καὶ βοῶν καὶ ὄνων καὶ τῶν ἄλλων ζῴων τοσαῦτα ἀγαθὰ ἀπολαύει ὅσα ὁ ἄνθρωπος; Ἐμοὶ μὲν γὰρ δοκεῖ πλείω τῶν φυτῶν· τρέφονται γοῦν καὶ χρηματίζονται οὐδὲν ἧττον ἀπὸ τούτων ἢ ἀπ' ἐκείνων· πολὺ δὲ γένος ἀνθρώπων τοῖς μὲν ἐκ τῆς γῆς φυομένοις εἰς τροφὴν οὐ χρῶνται, ἀπὸ δὲ βοσκημάτων γάλακτι καὶ τυρῷ καὶ κρέασι τρεφόμενοι ζῶσι· πάντες δὲ τιθασεύοντες καὶ δαμάζοντες τὰ χρήσιμα τῶν ζῴων εἴς τε πόλεμον καὶ εἰς ἄλλα πολλὰ συνεργοῖς χρῶνται. Ὁμογνωμονῶ σοι καὶ τοῦτ', ἔφη, ὁρῶ γὰρ αὐτῶν καὶ τὰ πολὺ ἰσχυρότερα ἡμῶν οὕτως ὑποχείρια γιγνόμενα τοῖς ἀνθρώποις ὥστε χρῆσθαι αὐτοῖς ὅ,τι ἂν βούλωνται. (11) Τὸ δ', ἐπειδὴ πολλὰ μὲν καλὰ καὶ ὠφέλιμα, διαφέροντα δὲ ἀλλήλων ἐστί, προσθεῖναι τοῖς ἀνθρώποις αἰσθήσεις ἁρμοττούσας πρὸς ἕκαστα, δι' ὧν ἀπολαύομεν πάντων τῶν ἀγαθῶν· τὸ δὲ καὶ λογισμὸν ἡμῖν ἐμφῦσαι, ᾧ περὶ ὧν αἰσθανόμεθα λογιζόμενοί τε καὶ μνημονεύοντες καταμανθάνομεν ὅπῃ ἕκαστα συμφέρει καὶ πολλὰ μηχανώμεθα δι' ὧν τῶν τε ἀγαθῶν ἀπολαύομεν καὶ τὰ κακὰ ἀλεξόμεθα· (12) τὸ δὲ καὶ ἑρμηνείαν δοῦναι, δι' ἧς πάντων τῶν ἀγαθῶν μεταδίδομέν τε ἀλλήλοις διδάσκοντες καὶ κοινωνοῦμεν καὶ νόμους τιθέμεθα καὶ πολιτευόμεθα; Παντάπασιν ἐοίκασιν, ὦ Σώκρατες, οἱ θεοὶ πολλὴν τῶν ἀνθρώπων ἐπιμέλειαν ποιεῖσθαι. Τὸ δὲ καὶ ᾗ ἀδυνατοῦμεν τὰ συμφέροντα προνοεῖσθαι ὑπὲρ τῶν μελλόντων, ταύτῃ αὐτοὺς ἡμῖν συνεργεῖν διὰ μαντικῆς τοῖς πυνθανομένοις φράζοντας τὰ ἀποβησόμενα καὶ διδάσκοντας ᾗ ἂν ἄριστα γίγνοιτο; Σοὶ δ', ἔφη, ὦ Σώκρατες, ἐοίκασιν ἔτι φιλικώτερον ἢ τοῖς ἄλλοις χρῆσθαι, εἴ γε μηδὲ ἐπερωτώμενοι ὑπὸ σοῦ προσημαίνουσί σοι ἅ τε χρὴ ποιεῖν καὶ ἃ μή. (13) Ὅτι δέ γε ἀληθῆ λέγω

parare possunt. Etiam hoc, inquit, benignitatis est eximiæ. Quod item sol, ubi in hieme se convertit, accedendo hæc quidem maturat, illa vero exsiccat, quorum scilicet tempus præteriit; atque ubi id perfecit, non accedit propius, sed avertit sese, cavens ne supra modum nos calefaciendo lædat; ac quum eo recessit, ubi nobis manifestum est fore ut frigore congelaremus, si quidem abiret longius, ad eam cœli partem revertitur, ubi nobis plurimum prodest? Profecto, ait, etiam hæc omnino videntur hominum causa fieri. Quid quod item (quum hoc etiam manifestum sit, non posse nos nec æstum nec frigus tolerare, si repente illa fierent) sol ita paulatim accedat, atque ita paulatim abscedat, ut nosmet lateat ad utraque vehementissima jam constitutos? Ego quidem hoc ipsum, ait Euthydemus, modo considero, aliunde quidpiam diis sit negotium, quam ut hominibus inserviant. Nam illud solum mihi est impedimento, quod hæc animalibus etiam ceteris communia sint. An vero non perspicuum est, ait Socrates, etiam hæc animalia hominum causa nasci et nutriri? quod enim aliud animal tot commoda percipit ex capris, ovibus, equis, bobus, asinis, animalibusque ceteris, quot homines? Mihi sane quidem videntur hi plura ex animalibus commoda, quam ex plantis capere: nam et aluntur, et sibi rem faciunt non minus ex animalibus quam ex illis: atque adeo magna pars hominum nascentibus e terra non utitur ad cibum, sed pecudum lacte, caseo, carnibus se nutricutes vivunt: ceterum animalibus, quæ utilia sunt, cicuratis ae domitis, omnes ad bellum aliaque multa utuntur, veluti coadjutoribus. In hoc etiam assentior tibi, ait. Nam inter ea video quædam longe nobis validiora, adeo tamen in potestatem hominum redacta, ut eis quamcumque ad rem velint, utuntur. Quid quod dii, quum multa sint pulchra et utilia, sed inter se diversa, sensus etiam hominibus addiderint ad singula congruentes, per quos bonis omnibus fruimur? item quod rationem nobis a natura concesserint, qua, de rebus quæ percipimus ratiocinando et reminiscendo, discimus ad quæ singula conducant, multaque molimur, per quæ bonis fruamur, et mala depellamus? quod orationis quoque facultatem largiti sint, per quam invicem omnia bona inter nos docendo communicamus, et leges nobismet ipsi ferimus, et rem publicam administramus? Omnino videntur, mi Socrates, valde dii de hominibus esse soliciti. Quid quod, quum nobis in futurum utilia prospicere non possumus, ipsi nos in hoc ita juvent, ut per divinationem consulentibus futura indicent, et quo pacto fiant optime, doceant? Te vero, ait, mi Socrates, etiam familiarius uti videntur, quam ceteris, quandoquidem tibi, ne interrogati quidem abs te, præsignificant, quid vel faciendum vel non faciendum sit. At verum me dicere etiam tu intelliges, mi Euthy-

καὶ σὺ, ὦ Εὐθύδημε, γνώσῃ, ἂν μὴ ἀναμένῃς ἕως ἂν τὰς μορφὰς τῶν θεῶν ἴδῃς, ἀλλ' ἐξαρκῇ σοι τὰ ἔργα αὐτῶν ὁρῶντι σέβεσθαι καὶ τιμᾶν τοὺς θεούς. Ἐννόει δὲ ὅτι καὶ αὐτοὶ οἱ θεοὶ οὕτως ὑποδεικνύουσιν· οἵ τε γὰρ ἄλλοι ἡμῖν τἀγαθὰ διδόντες οὐδὲν τούτων εἰς τοὐμφανὲς ἰόντες διδόασιν καὶ ὁ τὸν ὅλον κόσμον συντάττων τε καὶ συνέχων, ἐν ᾧ πάντα τὰ καλὰ καὶ ἀγαθά ἐστι, καὶ ἀεὶ μὲν χρωμένοις ἀτριβῆ τε καὶ ὑγιᾶ καὶ ἀγήρατον παρέχων, θᾶττον δὲ νοήματος ἀναμαρτήτως ὑπηρετοῦντα, οὗτος τὰ μέγιστα μὲν πράττων ὁρᾶται, τάδε δὲ οἰκονομῶν ἀόρατος ἡμῖν ἐστιν. (14) Ἐννόει δὲ ὅτι καὶ ὁ πᾶσι φανερὸς δοκῶν εἶναι ἥλιος οὐκ ἐπιτρέπει τοῖς ἀνθρώποις ἑαυτὸν ἀκριβῶς ὁρᾶν, ἀλλ' ἐάν τις αὐτὸν ἀναιδῶς ἐγχειρῇ θεᾶσθαι, τὴν ὄψιν ἀφαιρεῖται. Καὶ τοὺς ὑπηρέτας δὲ τῶν θεῶν εὑρήσεις ἀφανεῖς ὄντας· κεραυνός τε γὰρ ὅτι μὲν ἄνωθεν ἀφίεται δῆλον καὶ ὅτι οἷς ἂν ἐντύχῃ πάντων κρατεῖ· ὁρᾶται δ' οὔτ' ἐπιὼν οὔτε κατασκήψας οὔτε ἀπιών. Καὶ ἄνεμοι αὐτοὶ μὲν οὐχ ὁρῶνται, ἃ δὲ ποιοῦσι φανερὰ ἡμῖν ἐστι, καὶ προσιόντων αὐτῶν αἰσθανόμεθα. Ἀλλὰ μὴν καὶ ἀνθρώπου γε ψυχή, ἣ εἴπερ τι καὶ ἄλλο τῶν ἀνθρωπίνων τοῦ θείου μετέχει, ὅτι μὲν βασιλεύει ἐν ἡμῖν φανερόν, ὁρᾶται δὲ οὐδ' αὐτή. Ἃ χρὴ κατανοοῦντα μὴ καταφρονεῖν τῶν ἀοράτων, ἀλλ' ἐκ τῶν γιγνομένων τὴν δύναμιν αὐτῶν καταμανθάνοντα τιμᾶν τὸ δαιμόνιον. (15) Ἐγὼ μέν, ὦ Σώκρατες, ἔφη ὁ Εὐθύδημος, ὅτι μὲν οὐδὲ μικρὸν ἀμελήσω τοῦ δαιμονίου σαφῶς οἶδα· ἐκεῖνο δὲ ἀθυμῶ, ὅτι μοι δοκεῖ τὰς τῶν θεῶν εὐεργεσίας οὐδ' ἂν εἷς ποτε ἀνθρώπων ἀξίαις χάρισιν ἀμείβεσθαι. (16) Ἀλλὰ μὴ τοῦτο ἀθύμει, ἔφη, ὦ Εὐθύδημε· ὁρᾷς γὰρ ὅτι ὁ ἐν Δελφοῖς θεός, ὅταν τις αὐτὸν ἐπερωτᾷ πῶς ἂν τοῖς θεοῖς χαρίζοιτο, ἀποκρίνεται, Νόμῳ πόλεως. Νόμος δὲ δήπου πανταχοῦ ἐστι κατὰ δύναμιν ἱεροῖς θεοὺς ἀρέσκεσθαι. Πῶς οὖν ἂν τις κάλλιον καὶ εὐσεβέστερον τιμῴη θεοὺς ἢ ὡς αὐτοὶ κελεύουσιν, οὕτω ποιῶν; (17) Ἀλλὰ χρὴ τῆς μὲν δυνάμεως μηδὲν ὑφίεσθαι· ὅταν γάρ τις τοῦτο ποιῇ, φανερὸς δήπου ἐστὶ τότε οὐ τιμῶν θεούς· χρὴ οὖν μηδὲν ἐλλείποντα κατὰ δύναμιν τιμᾶν τοὺς θεοὺς θαρρεῖν τε καὶ ἐλπίζειν τὰ μέγιστα ἀγαθά· οὐ γὰρ παρ' ἄλλων γ' ἄν τις μείζω ἐλπίζων σωφρονοίη ἢ παρὰ τῶν τὰ μέγιστα ὠφελεῖν δυναμένων, οὐδ' ἂν ἄλλως μᾶλλον ἢ εἰ τούτοις ἀρέσκοι· ἀρέσκοι δὲ πῶς ἂν μᾶλλον ἢ εἰ ὡς μάλιστα πείθοιτο αὐτοῖς; (18) Τοιαῦτα μὲν δὴ λέγων τε καὶ αὐτὸς ποιῶν εὐσεβεστέρους τε καὶ σωφρονεστέρους τοὺς συνόντας παρεσκεύαζεν.

ΚΕΦΑΛΑΙΟΝ Δ.

Ἀλλὰ μὴν καὶ περὶ τοῦ δικαίου γε οὐκ ἀπεκρύπτετο ἣν εἶχε γνώμην, ἀλλὰ καὶ ἔργῳ ἐπεδείκνυτο, ἰδίᾳ τε πᾶσι νομίμως τε καὶ ὠφελίμως χρώμενος καὶ κοινῇ ἄρχουσί τε ἃ οἱ νόμοι προστάττοιεν πειθόμενος καὶ κατὰ πόλιν καὶ ἐν ταῖς στρατείαις οὕτως ὥστε διάδηλος εἶ-

deme, si non exspectaveris, donec deorum formas intuearis, sed suffecerit inspicienti eorum opera, tum venerari, tum honore presequi deos. Cogita etiam deos ipsos ita submonere. Nam et dii ceteri, quum bona nobis largiuntur, nihil horum ita largiuntur, ut in apertum prodeant; et is, qui mundum universum composuit et continet, in quo pulchra et bona omnia sunt, quique utentibus eo semper expertem detrimenti, et morbi, et senectutis exhibet, atque etiam cogitatione celerius obsequentem sine ullo errore; is, inquam, maxima quæque consilio agere conspicitur, hoc tamen universum gubernans, a nobis cerni non potest. Id quoque cogita, solem, quum omnibus conspicuus esse videatur, non permittere hominibus, uti se accurate aspiciant, sed si quis eum impudentius intueri conetur, ei visum adimere. Sed et deorum ministros conspici non posse reperies. Nam fulmen desuper mitti patet, et omnia, in quæ incidit, vincere : non tamen vel ut accedat, vel ut feriat, vel ut recedat, cernitur. Neque ipsi venti videntur, quanquam eorum effecta nobis conspicua sunt; et accedentes eos sentimus. Quin etiam, si quid rerum humanarum aliud, anima hominis certe de divina natura participat : verum patet quidem hanc in nobis imperare; non tamen ipsa cernitur. Quæ considerantem, nequaquam ea quæ cerni nequeant, contemnere decet; sed ex iis quæ fiunt eorum potestate animadversa, numen ipsum honore prosequi. Ego certe scio me, ait Euthydemus, ne minima quidem in parte numen, mi Socrates, neglecturum : verum id ægre fero, quod mihi ne unus quidem hominum beneficia divina unquam gratiis rependere meritis videatur. Tu vero, mi Euthydeme, ait Socrates, ægre hoc ne feras. Vides enim Delphicum deum quando interrogatur, quo pacto quis gratificari diis possit, respondere, Ex civitatis instituto. Est autem certe institutum hoc ubique, pro facultatibus deos sacrificiis placare. Qui ergo possit aliquis rectius et religiosius deos honorare, quam si ita agat, ut ipsimet jubent? Sed de facultatibus minime aliquid remittere oportet : nam quum aliquis hoc facit, eo tempore se deos haud honorare palam indicat. Itaque nihil remittentem deos honorare pro facultatibus, sibi confidere decet, et bona maxima sperare. Nemo enim animo sano uteretur, si ab ullis aliis majora speraret, quam ab iis qui plurimum prodesse possunt; nec alia potius ratione, quam si his placeat : et quo pacto magis placere possit, quam si maxime ipsis obtemperet? Hæc igitur tum dicens tum ipse faciens, et religiosiores et animo saniores reddebat familiares suos.

CAPUT IV.

Nec de justitia quidem sententiam suam occultabat, sed eam reipsa declarabat, quum et privatim erga omnes ex legum præscripto et utiliter se gereret, et publice magistratibus, in iis quæ leges jubent, adeo tum domi tum militiæ pareret, ut supra ceteros eum se recte atque ordine gerere

ναι παρὰ τοὺς ἄλλους εὐτάκτων, (2) καὶ ὅτε ἐν ταῖς ἐκκλησίαις ἐπιστάτης γενόμενος οὐκ ἐπέτρεψε τῷ δήμῳ παρὰ τοὺς νόμους ψηφίσασθαι, ἀλλὰ σὺν τοῖς νόμοις ἠναντιώθη τοιαύτῃ ὁρμῇ τοῦ δήμου ἣν οὐκ ἂν οἶμαι ἄλλον οὐδένα ἄνθρωπον ὑπομεῖναι, (3) καὶ ὅτε οἱ τριάκοντα προσέταττον αὐτῷ παρὰ τοὺς νόμους τι, οὐκ ἐπείθετο. Τοῖς τε γὰρ νέοις ἀπαγορευόντων αὐτῶν μὴ διαλέγεσθαι καὶ προσταξάντων ἐκείνῳ τε καὶ ἄλλοις τισὶ τῶν πολιτῶν ἀγαγεῖν τινα ἐπὶ θανάτῳ, μόνος οὐκ ἐπείσθη διὰ τὸ παρὰ τοὺς νόμους αὐτῷ προστάττεσθαι. (4) Καὶ ὅτε τὴν ὑπὸ Μελήτου γραφὴν ἔφευγε, τῶν ἄλλων εἰωθότων ἐν τοῖς δικαστηρίοις πρός τε χάριτι τοῖς δικασταῖς διαλέγεσθαι καὶ κολακεύειν καὶ δεῖσθαι παρὰ τοὺς νόμους, καὶ διὰ τὰ τοιαῦτα πολλῶν πολλάκις ὑπὸ τῶν δικαστῶν ἀφιεμένων, ἐκεῖνος οὐδὲν ἠθέλησε τῶν εἰωθότων ἐν τῷ δικαστηρίῳ παρὰ τοὺς νόμους ποιῆσαι, ἀλλὰ ῥᾳδίως ἂν ἀφεθεὶς ὑπὸ τῶν δικαστῶν, εἰ καὶ μετρίως τι τούτων ἐποίησε, προείλετο μᾶλλον τοῖς νόμοις ἐμμένων ἀποθανεῖν ἢ παρανομῶν ζῆν. (5) Καὶ ἔλεγε δὲ οὕτω καὶ πρὸς ἄλλους μὲν πολλάκις, οἶδα δέ ποτε αὐτὸν καὶ πρὸς Ἱππίαν τὸν Ἠλεῖον περὶ τοῦ δικαίου τοιάδε διαλεχθέντα. Διὰ χρόνου γὰρ ἀφικόμενος ὁ Ἱππίας Ἀθήναζε παρεγίνετο τῷ Σωκράτει λέγοντι πρός τινας ὡς θαυμαστὸν εἴη τὸ, εἰ μέν τις βούλοιτο σκυτέα διδάξασθαί τινα ἢ τέκτονα ἢ χαλκέα ἢ ἱππέα, μὴ ἀπορεῖν ὅποι ἂν πέμψας τούτου τύχοι· φασὶ δέ τινες καὶ ἵππον καὶ βοῦν τῷ βουλομένῳ δικαίους ποιήσασθαι πάντα μεστὰ εἶναι τῶν διδαξόντων· ἐὰν δέ τις βούληται ἢ αὐτὸς μαθεῖν τὸ δίκαιον ἢ υἱὸν ἢ οἰκέτην διδάξασθαι, μὴ εἰδέναι ὅποι ἂν ἐλθὼν τύχοι τούτου. (6) Καὶ ὁ μὲν Ἱππίας ἀκούσας ταῦτα ὥσπερ ἐπισκώπτων αὐτὸν, Ἔτι γὰρ σὺ, ἔφη, ὦ Σώκρατες, ἐκεῖνα τὰ αὐτὰ λέγεις ἃ ἐγὼ πάλαι ποτέ σου ἤκουσα; Καὶ ὁ Σωκράτης, Ὃ δέ γε τούτου δεινότερον, ἔφη, ὦ Ἱππία, οὐ μόνον ἀεὶ τὰ αὐτὰ λέγω, ἀλλὰ καὶ περὶ τῶν αὐτῶν. Σὺ δ' ἴσως διὰ τὸ πολυμαθὴς εἶναι περὶ τῶν αὐτῶν οὐδέποτε τὰ αὐτὰ λέγεις. Ἀμέλει, ἔφη, πειρῶμαί καινόν τι λέγειν ἀεί. (7) Πότερον, ἔφη, καὶ περὶ ὧν ἐπίστασαι; οἷον περὶ γραμμάτων ἐάν τις ἔρηταί σε, πόσα καὶ ποῖα Σωκράτους ἐστίν, ἄλλα μὲν πρότερον, ἄλλα δὲ νῦν πειρᾷ λέγειν; ἢ περὶ ἀριθμῶν τοῖς ἐρωτῶσιν εἰ τὰ δὶς πέντε δέκα ἐστίν, οὐ τὰ αὐτὰ νῦν ἃ καὶ πρότερον ἀποκρίνῃ; Περὶ μὲν τούτων, ἔφη, ὦ Σώκρατες, ὥσπερ αὖ καὶ ἐγὼ ἀεὶ τὰ αὐτὰ λέγω· περὶ μέντοι τοῦ δικαίου πάνυ οἶμαι·νῦν ἔχειν εἰπεῖν πρὸς ἃ οὔτε σὺ οὔτ' ἂν ἄλλος οὐδεὶς δύναιτ' ἀντειπεῖν. (8) Νὴ τὴν Ἥραν, ἔφη, μέγα λέγεις ἀγαθὸν εὑρηκέναι, εἰ παύσονται μὲν οἱ δικασταὶ δίχα ψηφιζόμενοι, παύσονται δὲ οἱ πολῖται περὶ τῶν δικαίων ἀντιλέγοντές τε καὶ ἀντιδικοῦντες καὶ στασιάζοντες, παύσονται δὲ αἱ πόλεις διαφερόμεναι περὶ τῶν δικαίων καὶ πολεμοῦσαι. Καὶ ἐγὼ μὲν οὐκ οἶδ' ὅπως ἂν ἀπολειφθείην σου πρὸ τοῦ ἀκοῦσαι τηλικοῦτον ἀγαθὸν εὑρηκότος. (9) Ἀλλὰ μὰ Δί', ἔφη, οὐκ ἀκούσῃ, πρίν γ' ἂν αὐτὸς ἀποφήνῃ ὅ,τι νομίζεις τὸ δίκαιον εἶναι. Ἀρκεῖ γὰρ ὅτι τῶν ἄλλων κατα-

palam esset : et quando præses comitiorum factus non permisit populo, ut præter leges suffragiis sententias ferret, sed cum legibus tanto impetui populi adversatus est, quantum non puto ullum alium hominem toleraturum fuisse ; et quum Trigintaviri contra leges aliquid ei præcipiebant, non obtemperabat. Nam quum edixissent, ne cum adolescentibus dissereret, ac mandassent tum ipsi tum aliis quibusdam civibus, ut quendam ad mortem adducerent, solus non paruit, propterea quod contra leges mandaretur. Quum itidem, accusante Melito, reus ageretur, quanquam aliis in more esset apud tribunalia ad gratiam judicum captandam disserere, et adulari, et precari præter leges, quibus sane artibus multi multoties a judicibus absolvuntur ; ille nihil horum usu receptorum apud tribunal præter leges facere voluit : sed tametsi facillime absolutus a judicibus fuisset, si vel modice horum fecisset aliquid, perstare tamen in legibus maluit ac mori, quam præter leges aliquid designando vivere. Atque talia ad alios etiam sæpe dicebat : et ipse memini eum aliquando de justitia ita ad Hippiam Eleum disseruisse. Quippe quum longo ex intervallo Athenas venisset Hippias, Socrati aderat, dicenti ad quosdam, mirum esse, quod si quis sibi sutorem aliquem, vel fabrum, vel artificem ærarium, vel equitem erudiri velit, non desit quo illum possit mittere et hoc impetrare : (aiunt certe aliqui, si equum ac bovem quis ad operas suas idoneos velit effici, omnia plena iis esse qui hos docere voluat : at si quis vel ipse quidnam sit justum discere cupiat, vel sibi filium vel famulum erudiri, non scire se, quo accedere possit, ut hoc consequatur. Quæ quum audisset Hippias, tanquam irridens Socratem, ait : Num adhuc tu, mi Socrates, illa ipsa dicis, quæ ego ex te jam olim audivi? Et Socrates, Imo quod hoc etiam gravius est, inquit, mi Hippia, non modo semper eadem dico, sed etiam de iisdem. Tu vero fortasse, quod sis admodum doctus, de iisdem eadem nunquam dicis. Certe, inquit, semper aliquid novi proferre conor. Num et de iis, ait Socrates, quæ scis? verbi gratia, de literis si quis te roget, quot et quales sint literæ in nomine Socratis, alia prius, alia nunc dicere conaris? de numeris si qui rogent, an bis quinque sint decem, non eadem nunc, quæ et prius, respondes? De his, ait, mi Socrates, et ego perinde ac tu, semper eadem dico. Sed de eo, quod justum est, nunc me dicere posse omnino arbitror, quæ neque tu, neque quisquam alius contradicere queat. Magnum profecto, ait, bonum reperisse te refers, si quidem judices jam diversa statuere desinent, et cives de iis, quæ justa sint, disceptare, experiri jure, dissidere ; denique civitates ipsæ discordes esse de iis, quæ justa sint, bellaque gerere desinent. Atque equidem quomodo abs te discedere possim prius, quam te, qui tantum bonum inveneris, audiverim, non video. At tu profecto, inquit, non audies, priusquam ipse pronuntiaris, quid esse justum statuas. Nam sufficit tibi alios irridere, interroganti et convincenti omnes ;

γελᾷς ἐρωτῶν μὲν καὶ ἐλέγχων πάντας, αὐτὸς δ' οὐδενὶ θέλων ὑπέχειν λόγον οὐδὲ γνώμην ἀποφαίνεσθαι περὶ οὐδενός. (10) Τί δέ; ὦ Ἱππία, ἔφη, οὐκ ᾔσθησαι ὅτι ἐγὼ ἃ δοκεῖ μοι δίκαια εἶναι οὐδὲν παύομαι ἀποδεικνύμενος; Καὶ ποῖος δή σοι, ἔφη, οὗτος ὁ λόγος ἐστίν; Εἰ δὲ μὴ λόγῳ, ἔφη, ἀλλ' ἔργῳ ἀποδείκνυμαι. Ἦ οὐ δοκεῖ σοι ἀξιοτεκμαρτότερον τοῦ λόγου τὸ ἔργον εἶναι; Πολύ γε νὴ Δί', ἔφη, δίκαια μὲν γὰρ λέγοντες πολλοὶ ἄδικα ποιοῦσι δίκαια δὲ πράττων οὐδ' ἂν εἷς ἄδικος εἴη. (11) Ἤσθησαι οὖν πώποτέ μου ἢ ψευδομαρτυροῦντος ἢ συκοφαντοῦντος ἢ φίλους ἢ πόλιν εἰς στάσιν ἐμβάλλοντος ἢ ἄλλο τι ἄδικον πράττοντος; Οὐκ ἔγωγε, ἔφη. Τὸ δὲ τῶν ἀδίκων ἀπέχεσθαι οὐ δίκαιον ἡγῇ; Δῆλος εἶ, ἔφη, ὦ Σώκρατες, καὶ νῦν διαφεύγειν ἐγχειρῶν τὸ ἀποδείκνυσθαι γνώμην ὅ,τι νομίζεις τὸ δίκαιον· οὐ γὰρ ἃ πράττουσιν οἱ δίκαιοι, ἀλλ' ἃ μὴ πράττουσι, ταῦτα λέγεις. (12) Ἀλλ' ᾤμην ἔγωγε, ἔφη ὁ Σωκράτης, τὸ μὴ θέλειν ἀδικεῖν ἱκανὸν δικαιοσύνης ἐπίδειγμα εἶναι. Εἰ δέ σοι μὴ δοκεῖ, σκέψαι ἐὰν τόδε σοι μᾶλλον ἀρέσκῃ· φημὶ γὰρ ἐγὼ τὸ νόμιμον δίκαιον εἶναι. Ἆρα τὸ αὐτὸ λέγεις, ὦ Σώκρατες, νόμιμόν τε καὶ δίκαιον εἶναι; Ἔγωγε, ἔφη. (13) Οὐ γὰρ αἰσθάνομαί σου ὁποῖον νόμιμον ἢ ποῖον δίκαιον λέγεις. Νόμους δὲ πόλεως, ἔφη, γιγνώσκεις; Ἔγωγε, ἔφη. Καὶ τίνας τούτους νομίζεις; Ἃ οἱ πολῖται, ἔφη, συνθέμενοι ἅ τε δεῖ ποιεῖν καὶ ὧν ἀπέχεσθαι ἐγράψαντο. Οὐκοῦν, ἔφη, νόμιμος μὲν ἂν εἴη ὁ κατὰ ταῦτα πολιτευόμενος, ἄνομος δὲ ὁ ταῦτα παραβαίνων; Πάνυ μὲν οὖν, ἔφη. Οὐκοῦν καὶ δίκαια μὲν ἂν πράττοι ὁ τούτοις πειθόμενος, ἄδικα δ' ὁ τούτοις ἀπειθῶν; Πάνυ μὲν οὖν. Οὐκοῦν ὁ μὲν τὰ δίκαια πράττων δίκαιος, ὁ δὲ τὰ ἄδικα ἄδικος; Πῶς γὰρ οὔ; Ὁ μὲν ἄρα νόμιμος δίκαιός ἐστιν, ὁ δὲ ἄνομος ἄδικος. (14) Καὶ ὁ Ἱππίας, Νόμους δ', ἔφη, ὦ Σώκρατες, πῶς ἄν τις ἡγήσαιτο σπουδαῖον πρᾶγμα εἶναι ἢ τὸ πείθεσθαι αὐτοῖς, οὕς γε πολλάκις αὐτοὶ οἱ θέμενοι ἀποδοκιμάσαντες μετατίθενται; Καὶ γὰρ πόλεμον, ἔφη ὁ Σωκράτης, πολλάκις ἀράμεναι αἱ πόλεις πάλιν εἰρήνην ποιοῦνται. Καὶ μάλα, ἔφη. Διάφορον οὖν τι οἴει ποιεῖν, ἔφη, τοὺς τοῖς νόμοις πειθομένους φαυλίζων ὅτι καταλυθεῖεν ἂν οἱ νόμοι ἢ εἰ τοὺς ἐν τοῖς πολέμοις εὐτακτοῦντας ψέγοις ὅτι γένοιτ' ἂν εἰρήνη; ἢ καὶ τοὺς ἐν τοῖς πολέμοις ταῖς πατρίσι προθύμως βοηθοῦντας μέμφῃ; Μὰ Δί' οὐκ ἔγωγ', ἔφη. (15) Λυκοῦργον δὲ τὸν Λακεδαιμόνιον, ἔφη ὁ Σωκράτης, καταμεμάθηκας ὅτι οὐδὲν ἂν διάφορον τῶν ἄλλων πόλεων τὴν Σπάρτην ἐποίησεν, εἰ μὴ τὸ πείθεσθαι τοῖς νόμοις μάλιστα ἐνειργάσατο αὐτῇ; τῶν δὲ ἀρχόντων ἐν ταῖς πόλεσιν οὐκ οἶσθα ὅτι οἵτινες ἂν τοῖς πολίταις αἰτιώτατοι ὦσι τοῦ τοῖς νόμοις πείθεσθαι, οὗτοι ἄριστοί εἰσι, καὶ πόλις ἐν ᾗ μάλιστα οἱ πολῖται τοῖς νόμοις πείθονται, ἐν εἰρήνῃ τε ἄριστα διάγει καὶ ἐν πολέμῳ ἀνυπόστατός ἐστιν; (16) Ἀλλὰ μὴν καὶ ὁμονοία γε μέγιστόν τε ἀγαθὸν δοκεῖ ταῖς πόλεσιν εἶναι καὶ πλειστάκις ἐν αὐταῖς αἵ τε γερουσίαι καὶ οἱ ἄριστοι ἄνδρες παρακελεύονται τοῖς πολίταις ὁμονοεῖν, καὶ πανταχοῦ

quum ipse nemini respondere sustineas, nec sententiam tuam ulla de re proferre. Quid vero, mi Hippia? inquit, an nescis me illa quæ justa putem, nunquam non indicare? Et cujusmodi ea, inquit, oratio tua est? At si non oratione, ait, saltem re ipsa demonstro. An non tibi res ipsa videtur fide dignior esse, quam sit oratio? Multo magis profecto, ait : nam multi, quum justa dicant, injusta faciunt; at qui justa agit e consilio, injustus esse nequit. Sensistine vero unquam me vel falsum testimonium perhibuisse, vel calumniatem quenquam, vel amicos aut civitatem ad seditionem impulisse, vel aliud quidpiam injusti e consilio egisse? Minime equidem, ait. Ab injustis autem abstinere, non justum esse arbitraris? Palam, ait, mi Socrates, etiam nunc conaris effugere, quoniuus sententiam tuam proferas, quid justum esse putes. Non enim ea dicis, quæ justi agunt e consilio, sed ea quæ non agunt. Ego vero, ait Socrates, satis idoneum esse justitiæ specimen arbitrabar, nolle quid injuste designare. Quod si tibi non ita videtur, considera, num magis hoc tibi placeat. Nam equidem aio, quod legitimum est, id esse justum. Dicis, mi Socrates, idem esse legitimum et justum? Equidem, ait. Non enim scio, inquit Hippias, quid legitimum, quid justum dicas. Leges civitatis, inquit Socrates, an nosti? Equidem, ait. Et quas putas illas esse? Quæ cives, inquit, conscripserunt, statuentes quæ facere et a quibus abstinere oporteat. Ergo legibus obtemperans erit, ait, qui secundum hæc in civitate sese gerat; contrarius vero legibus, qui ea transgrediatur? Omnino, inquit. Igitur etiam ille qui his obtemperat, justa agit e consilio, injusta vero, qui non obtemperat? Omnino. Ergo qui justa agit e consilio, justus : qui injusta, injustus est? Qui non? Itaque legibus obtemperans justus est ; contrarius vero legibus, injustus. Tum Hippias, At quo pacto aliquis, mi Socrates, ait, vel leges, vel ipsarum observantiam, rem magni faciendam putare possit, quum eas ipsimet auctores sæpe improbatas mutent? Atqui etiam bellum, inquit Socrates, sæpe civitates suscipiunt, ac rursus pacem faciunt. Omnino, ait. Ergone aliud quid facere te putas, inquit, quum legibus obtemperantes vituperas, propterea quod antiquari leges possint; quam si homines in bello recte se decore gerentes reprehendas, propterea quod pax fieri possit? num et illos, qui alacriter in bellis succurrunt patriæ, vituperas? Minime profecto equidem, ait. An Lycurgum Lacedæmonium, ait Socrates, animadvertisti, re nulla Spartam a ceteris civitatibus diversam fuisse redditurum, nisi hoc in ea maxime perfecisset, ut legibus cives obtemperent? an item nescis eos magistratus in civitatibus optimos esse, qui maxime sunt auctores civibus, ut legibus obtemperent? atque eam civitatem, in qua maxime legibus pareant cives, tum in pace esse optime degere, tum in bello inexpugnabilem esse? Quin etiam concordia maximum rebuspublicis bonum esse videtur; et ut plurimum in eis senatus, et optimi quique cives, uti concordes sint, hortantur : et ubique in Græcia lex posita est,

ἐν τῇ Ἑλλάδι νόμος κεῖται τοὺς πολίτας ὀμνύναι ὁμονοήσειν, καὶ πανταχοῦ ὀμνύουσι τὸν ὅρκον τοῦτον. Οἶμαι δ' ἔγωγε ταῦτα γίγνεσθαι οὐχ ὅπως τοὺς αὐτοὺς χοροὺς κρίνωσιν οἱ πολῖται οὐδ' ὅπως τοὺς αὐτοὺς αὐλητὰς ἐπαινῶσιν, οὐδ' ὅπως τοὺς αὐτοὺς ποιητὰς αἱρῶνται, οὐδ' ἵνα τοῖς αὐτοῖς ἥδωνται, ἀλλ' ἵνα τοῖς νόμοις πείθωνται. Τούτοις γὰρ τῶν πολιτῶν ἐμμενόντων, αἱ πόλεις ἰσχυρόταταί τε καὶ εὐδαιμονέσταται γίγνονται· ἄνευ δὲ ὁμονοίας οὔτ' ἂν πόλις εὖ πολιτευθείη οὔτ' οἶκος καλῶς οἰκηθείη. (17) Ἰδίᾳ δὲ πῶς μὲν ἄν τις ἧττον ὑπὸ πόλεως ζημιοῖτο, πῶς δ' ἂν μᾶλλον τιμῷτο ἢ εἰ τοῖς νόμοις πείθοιτο; πῶς δ' ἂν ἧττον ἐν τοῖς δικαστηρίοις ἡττῷτο; ἢ πῶς ἂν μᾶλλον νικῴη; τίνι δ' ἄν τις μᾶλλον πιστεύσειε παρακαταθέσθαι ἢ χρήματα ἢ υἱοὺς ἢ θυγατέρας; τίνα δ' ἂν ἡ πόλις ὅλη ἀξιοπιστότερον ἡγήσαιτο τοῦ νομίμου; παρὰ τίνος δ' ἂν μᾶλλον τῶν δικαίων τύχοιεν ἢ γονεῖς ἢ οἰκεῖοι ἢ οἰκέται ἢ φίλοι ἢ πολῖται ἢ ξένοι; τίνι δ' ἂν μᾶλλον πολέμιοι πιστεύσειαν ἢ ἀνοχὰς ἢ σπονδὰς ἢ συνθήκας περὶ εἰρήνης; τίνι δ' ἂν μᾶλλον ἢ τῷ νομίμῳ σύμμαχοι ἐθέλοιεν γίγνεσθαι; τῷ δ' ἂν μᾶλλον οἱ σύμμαχοι πιστεύσειαν ἢ ἡγεμονίαν ἢ φρουραρχίαν ἢ πόλεις; τίνα δ' ἄν τις εὐεργετήσας ὑπολάβοι χάριν κομιεῖσθαι μᾶλλον ἢ τὸν νόμιμον; ἢ τίνα μᾶλλον ἄν τις εὐεργετήσειεν ἢ παρ' οὗ χάριν ἀπολήψεσθαι νομίζει; τῷ δ' ἄν τις βούλοιτο μᾶλλον φίλος εἶναι ἢ τῷ τοιούτῳ ἢ τῷ ἧττον ἐχθρός; τῷ δ' ἂν ἧττον πολεμήσειεν ἢ ᾧ ἂν μάλιστα μὲν φίλος εἶναι βούλοιτο, ἥκιστα δὲ ἐχθρός, καὶ ᾧ πλεῖστοι μὲν φίλοι καὶ σύμμαχοι βούλοιντο εἶναι, ἐλάχιστοι δ' ἐχθροὶ καὶ πολέμιοι; (18) Ἐγὼ μὲν οὖν, ὦ Ἱππία, τὸ αὐτὸ ἀποδείκνυμαι νόμιμόν τε καὶ δίκαιον εἶναι· σὺ δ' εἰ τἀναντία γιγνώσκεις, δίδασκε. Καὶ ὁ Ἱππίας, Ἀλλὰ μὰ τὸν Δία, ἔφη, ὦ Σώκρατες, οὔ μοι δοκῶ τἀναντία γιγνώσκειν οἷς εἴρηκας περὶ τοῦ δικαίου. (19) Ἀγράφους δέ τινας οἶσθα, ἔφη, ὦ Ἱππία, νόμους; Τούς γ' ἐν πάσῃ, ἔφη, χώρᾳ κατὰ ταὐτὰ νομιζομένους. Ἔχοις ἂν οὖν εἰπεῖν, ἔφη, ὅτι οἱ ἄνθρωποι αὐτοὺς ἔθεντο; Καὶ πῶς ἄν, ἔφη, οἵ γε οὔτε συνελθεῖν ἅπαντες ἂν δυνηθεῖεν οὔτε ὁμόφωνοί εἰσι; Τίνας οὖν, ἔφη, νομίζεις τεθεικέναι τοὺς νόμους τούτους; Ἐγὼ μέν, ἔφη, θεοὺς οἶμαι τοὺς νόμους τούτους τοῖς ἀνθρώποις θεῖναι. Καὶ γὰρ παρὰ πᾶσιν ἀνθρώποις πρῶτον νομίζεται θεοὺς σέβειν. (20) Οὐκοῦν καὶ γονέας τιμᾶν πανταχοῦ νομίζεται; Καὶ τοῦτο, ἔφη. Οὐκοῦν καὶ μήτε γονέας παισὶ μίγνυσθαι μήτε παῖδας γονεῦσιν; Οὐκέτι μοι δοκεῖ, ἔφη, ὦ Σώκρατες, οὗτος θεοῦ νόμος εἶναι. Τί δή; ἔφη. Ὅτι αἰσθάνομαί τινας, ἔφη, παραβαίνοντας αὐτόν. (21) Καὶ γὰρ ἄλλα πολλά, ἔφη, παρανομοῦσιν. Ἀλλ' οὖν δίκην γέ τοι διδόασιν οἱ παραβαίνοντες τοὺς ὑπὸ τῶν θεῶν κειμένους νόμους, ἣν οὐδενὶ τρόπῳ δύνατὸν ἀνθρώπῳ διαφυγεῖν, ὥσπερ τοὺς ὑπ' ἀνθρώπων κειμένους νόμους ἔνιοι παραβαίνοντες διαφεύγουσι τὸ δίκην διδόναι, οἱ μὲν λανθάνοντες, οἱ δὲ βιαζόμενοι. (22) Καὶ ποίαν, ἔφη, δίκην, ὦ Σώκρατες, οὐ δύνανται διαφεύγειν γονεῖς τε παισὶ καὶ παῖδες γο-

ut jurent cives se concordes fore; quod etiam sacramentum ubique præstatur. Existimo autem hæc fieri, non ut eosdem choros cives ceteris præferant, non ut tibicines eosdem laudent, non ut eosdem poetas coronent, non ut eisdem rebus delectentur; sed ut legibus obtemperent. Nam in his si cives persistant, civitates potentissimæ beatissimæque fiunt : at sine concordia nec civitas recte gubernari poterit, nec domus recte administrari. Privatim vero qui possit aliquis vel minus a civitate multari, vel magis honorari, quam si legibus obtemperet? quo pacto minus pro tribunalibus vinci possit? quo pacto magis vincere? Cui quis potius fidem habeat, ut apud eum vel pecunias, vel filios, vel filias tanquam deposita tradat? quemnam civitas universa fide digniorem putare possit, quam legibus obtemperantem? a quonam vel parentes, vel propinqui, vel famuli, vel amici, vel cives, vel hospites magis ea impetrare possint, quæ justa sunt? cui potius hostes vel Inducias, vel fœdera, vel conventa de pace credant? cum quonam potius societatem coire velint, quam cum legibus obtemperante? cui potius socii vel ducis munus, vel præsidiorum magisterium, vel civitates credant? cui potius aliquis benefaciendo gratiam se reportaturum putet, quam legibus obsequenti? aut cui potius bene faciat aliquis, quam a quo se gratiam recepturum arbitretur? cui quis vel magis amicus esse velit, vel minus hostis, quam tali? cui quis minus velit bellum facere, quam cui esse cupiat amicissimus, ac minime hostis, et cui plurimi quidem esse velint amici et socii; inimici vero et hostes, paucissimi? Itaque ego, mi Hippia, demonstro idem esse quod legitimum sit, et quod justum : tu vero si contraria sentis, velim me doceas. Imo ego, inquit Hippias, non profecto videor iis contraria sentire de justo, quæ tu, mi Socrates, protulisti. An vero quasdam, mi Hippia, inquit, non scriptas leges esse nosti? Eas, ait, quæ ubivis locorum similiter statuuntur. Potesne igitur, ait, dicere, has homines sibi posuisse? Quo pacto, inquit, quum universi convenire non potuissent, nec unius sint linguæ? Quosnam igitur, ait, leges has posuisse arbitraris? Equidem, ait, has leges hominibus posuisse deos existimo. Nam apud homines universos hoc primum lege receptum est, Deos colere. An non et parentes honore prosequi, ubique locorum lege receptum est? Etiam hoc, ait. An non et illud, quod neque liceret parentibus cum liberis, neque liberis cum parentibus misceri? Illa mihi lex, ait, mi Socrates, non jam amplius esse dei videtur. Quamobrem? inquit. Quod animadverto, inquit, nonnullos eam violare. Nimirum, ait, etiam alia multa contra leges committunt. Verum qui leges a diis positas violant, pœnas dant, quas homo nulla ratione potest effugere, quemadmodum nonnulli leges latas ab hominibus transgredientes, quominus pœnas dent, vel latendo vel vim adhibendo effugiunt. Et qualem, inquit, pœnam effugere, mi Socrates, non possunt tum paren-

νεῦσι μιγνύμενοι; Τὴν μεγίστην νὴ Δί', ἔφη. Τί γὰρ ἂν μεῖζον πάθοιεν ἄνθρωποι τεκνοποιούμενοι τοῦ κακῶς τεκνοποιεῖσθαι; (23) Πῶς οὖν, ἔφη, κακῶς οὗτοι τεκνοποιοῦνται, οὕς γε οὐδὲν κωλύει ἀγαθοὺς αὐτοὺς ὄντας ἐξ ἀγαθῶν παιδοποιεῖσθαι; "Ὅτι νὴ Δί', ἔφη, οὐ μόνον ἀγαθοὺς δεῖ τοὺς ἐξ ἀλλήλων παιδοποιουμένους εἶναι, ἀλλὰ καὶ ἀκμάζοντας τοῖς σώμασιν· ἢ δοκεῖ σοι ὅμοια τὰ σπέρματα εἶναι τὰ τῶν ἀκμαζόντων τοῖς τῶν μήπω ἀκμαζόντων ἢ τῶν παρηκμακότων; Ἀλλὰ μὰ Δί', ἔφη, οὐκ εἰκὸς ὅμοια εἶναι. Πότερα οὖν, ἔφη, βελτίω; Δῆλον ὅτι, ἔφη, τὰ τῶν ἀκμαζόντων. Τὰ τῶν μὴ ἀκμαζόντων ἄρα οὐ σπουδαῖα; Οὐκ εἰκὸς μὰ Δί', ἔφη, Οὐκοῦν οὕτω γε οὐ δεῖ παιδοποιεῖσθαι; Οὐ γὰρ οὖν, ἔφη. Οὐκοῦν οἵ γε οὕτω παιδοποιούμενοι ὡς οὐ δεῖ παιδοποιοῦνται; Ἔμοιγε δοκεῖ, ἔφη. Τίνες οὖν ἄλλοι, ἔφη, κακῶς ἂν παιδοποιοῖντο, εἴ γε μὴ οὗτοι; Ὁμογνωμονῶ σοι, ἔφη, καὶ τοῦτο. (24) Τί δέ; τοὺς εὖ ποιοῦντας ἀντευεργετεῖν οὐ πανταχοῦ νόμιμόν ἐστι; Νόμιμον, ἔφη. Παραβαίνεται δὲ καὶ τοῦτο. Οὐκοῦν καὶ οἱ τοῦτο παραβαίνοντες δίκην διδόασι φίλων μὲν ἀγαθῶν ἔρημοι γιγνόμενοι, τοὺς δὲ μισοῦντας ἑαυτοὺς ἀναγκαζόμενοι διώκειν. Ἢ οὐχ οἱ μὲν εὖ ποιοῦντες τοὺς χρωμένους ἑαυτοῖς ἀγαθοὶ φίλοι εἰσίν, οἱ δὲ μὴ ἀντευεργετοῦντες τοὺς τοιούτους διὰ μὲν τὴν ἀχαριστίαν μισοῦνται ὑπ' αὐτῶν, διὰ δὲ τὸ μάλιστα λυσιτελεῖν τοῖς τοιούτοις χρῆσθαι τούτους μάλιστα διώκουσι; Νὴ τὸν Δία, ὦ Σώκρατες, ἔφη, θείοις ταῦτα πάντα ἔοικε· τὸ γὰρ τοὺς νόμους αὐτοὺς τοῖς παραβαίνουσι τὰς τιμωρίας ἔχειν βελτίονος ἢ κατ' ἄνθρωπον νομοθέτου δοκεῖ μοι εἶναι, (25) Πότερον οὖν, ὦ Ἱππία, τοὺς θεοὺς ἡγῇ τὰ δίκαια νομοθετεῖν ἢ ἄλλα τῶν δικαίων; Οὐκ ἄλλα μὰ Δί', ἔφη. Σχολῇ γὰρ ἂν ἄλλος γέ τις τὰ δίκαια νομοθετήσειεν εἰ μὴ θεός. Καὶ τοῖς θεοῖς ἄρα, ὦ Ἱππία, τὸ αὐτὸ δίκαιόν τε καὶ νόμιμον εἶναι ἀρέσκει.

Τοιαῦτα λέγων τε καὶ πράττων δικαιοτέρους ἐποίει τοὺς πλησιάζοντας.

tes, si cum liberis; tum liberi, si cum parentibus misceantur? Maximam profecto, ait. Quid enim malorum hominibus liberos procreantibus accidere majus possit, quam si male procreent? Quo vero pacto, inquit, male procreant hi, quos nihil vetat bonos ipsos ex bonis liberos sibi suscipere? Quia non tantum, ait, bonos esse necesse est, qui ex se invicem procreant; sed etiam corporibus vegetis. Num tibi videntur semina illorum, qui aetate sunt vegeta, seminibus eorum esse similia, qui ad aetatem vegetam necdum accesserunt, vel jam praetergressi sunt eam? Nequaquam, ait, esse similia possunt. Utra igitur sunt meliora? Patet, inquit, illorum meliora esse, qui sint aetate vegeta. Ergo illorum, qui hac aetate non sunt, semina minime proba? Non sane consentaneum est, inquit. Isto igitur modo prolem non oportet procreare? Nequaquam, ait. Qui igitur prolem procreant isto modo, prolem non ut oportet procreant? Mihi quidem videtur, ait. Quinam igitur alii male procreent, si non hi? Sentio, ait, tecum, etiam quod ad hoc. Quid autem? benefaciantibus vicissim benefacere, an non ubique legibus sancitum est? Est, inquit. Verum haec etiam lex violatur. Quo fit ut et illi qui hanc violant, poenas dent, dum ab amicis bonis deseruntur, et eos quaerere coguntur quibus sunt odio. An non qui benefaciunt illis qui ipsorum opera utuntur, amici boni sunt; at qui vicissim illis bene non faciunt, licet ob ingratitudinem suam eis odio sint, tamen, quod horum opera inprimis sibi utilis sit, eosdem studiose quaeritant? Profecto, inquit, mi Socrates, haec omnia divina esse videntur. Nam leges ipsas continere illorum poenas qui eas violant, id mihi cujusdam esse praestantioris legislatoris videtur, quam humani. Num igitur existimas, mi Hippia, deos justa praescribere legibus, an vero a justis aliena? Minime aliena, inquit : nec enim facile quis alius, praeter deum, justa sancire possit. Ergo etiam diis, mi Hippia, placet idem et justum esse et legitimum.

Talia quum et diceret et e consilio ageret, reddebat illos, qui conveniebant ipsum, justiores.

ΚΕΦΑΛΑΙΟΝ Ε.

Ὡς δὲ καὶ πρακτικωτέρους ἐποίει τοὺς συνόντας αὐτῷ, νῦν αὖ τοῦτο λέξω. Νομίζων γὰρ ἐγκράτειαν ὑπάρχειν ἀγαθὸν εἶναι τῷ μέλλοντι καλόν τι πράξειν, πρῶτον μὲν αὐτὸς φανερὸς ἦν τοῖς συνοῦσιν ἠσκηκὼς ἑαυτὸν μάλιστα πάντων ἀνθρώπων, ἔπειτα διαλεγόμενος προετρέπετο πάντων μάλιστα τοὺς συνόντας πρὸς ἐγκράτειαν. (2) Ἀεὶ μὲν οὖν περὶ τῶν πρὸς ἀρετὴν χρησίμων αὐτός τε διετέλει μεμνημένος καὶ τοὺς συνόντας πάντας ὑπομιμνήσκων· οἶδα δέ ποτε αὐτὸν καὶ πρὸς Εὐθύδημον περὶ ἐγκρατείας τοιάδε διαλεχθέντα. Εἰπέ μοι, ἔφη, ὦ Εὐθύδημε, ἆρα καλὸν καὶ μεγαλεῖον νομίζεις εἶναι καὶ ἀνδρὶ καὶ πόλει κτῆμα ἐλευθερίαν; Ὡς οἷόν τέ γε μάλιστα, ἔφη. (3) Ὅστις οὖν ἄρχεται ὑπὸ τῶν διὰ τοῦ σώματος ἡδονῶν καὶ διὰ ταύ-

CAPUT V.

Ceterum, quo pacto familiares suos magis ad agendum idoneos efficiebat, nunc dicam. Nam quum existimaret temperantiam esse bonum ei, qui praeclarum aliquid gesturus esset, primum ipse familiaribus suis hominum omnium maxime in hoc exercitatus apparebat; deinde disserendo omnium maxime familiares suos ad temperantiam impellebat. Itaque semper et ipse meminerat illorum, quae ad virtutem conducerent, et familiares omnes commonefaciebat. Scio ipsum aliquando ad Euthydemum de temperantia hujusmodi quaedam disseruisse: Dic mihi, Euthyleme, ait, num pulchram et magnificam tum viro tum civitati possessionem esse putas libertatem? Maximam vero, inquit. Qui ergo a corporeis voluptatibus vincitur, ac per has, quae

τὰς μὴ δύναται πράττειν τὰ βέλτιστα, νομίζεις τοῦτον ἐλεύθερον εἶναι; Ἥκιστα, ἔφη. Ἴσως γὰρ ἐλεύθερον φαίνεταί σοι τὸ πράττειν τὰ βέλτιστα· εἶτα τὸ ἔχειν τοὺς κωλύσοντας τὰ τοιαῦτα ποιεῖν ἀνελεύθερον νομίζεις; Παντάπασί γε, ἔφη. (4) Παντάπασιν ἄρα σοι δοκοῦσιν οἱ ἀκρατεῖς ἀνελεύθεροι εἶναι; Νὴ τὸν Δί᾽, ἔφη, εἰκότως. Πότερον δέ σοι δοκοῦσιν οἱ ἀκρατεῖς κωλύεσθαι μόνον τὰ κάλλιστα πράττειν ἢ καὶ ἀναγκάζεσθαι τὰ αἴσχιστα ποιεῖν; Οὐδὲν ἧττον ἔμοιγ᾽, ἔφη, δοκοῦσι ταῦτα ἀναγκάζεσθαι ἢ ἐκεῖνα κωλύεσθαι. (5) Ποίους δέ τινας δεσπότας ἡγῇ τοὺς τὰ μὲν ἄριστα κωλύοντας, τὰ δὲ κάκιστα ἀναγκάζοντας; Ὡς δυνατὸν νὴ Δί᾽, ἔφη, κακίστους. Δουλείαν δὲ ποίαν κακίστην νομίζεις εἶναι; Ἐγὼ μὲν, ἔφη, τὴν παρὰ τοῖς κακίστοις δεσπόταις. Τὴν κακίστην ἄρα δουλείαν οἱ ἀκρατεῖς δουλεύουσιν; Ἔμοιγε δοκεῖ, ἔφη. (6) Σοφίαν δὲ τὸ μέγιστον ἀγαθὸν οὐ δοκεῖ σοι ἀπείργουσα τῶν ἀνθρώπων ἡ ἀκρασία εἰς τοὐναντίον αὐτοὺς ἐμβάλλειν; ἢ οὐ δοκεῖ σοι προσέχειν τε τοῖς ὠφελοῦσι καὶ καταμανθάνειν αὐτὰ κωλύειν ἀφέλκουσα ἐπὶ τὰ ἡδέα, καὶ πολλάκις αἰσθανομένους τῶν ἀγαθῶν τε καὶ τῶν κακῶν ἐκπλήξασα ποιεῖν τὸ χεῖρον ἀντὶ τοῦ βελτίονος αἱρεῖσθαι; Γίγνεται τοῦτο, ἔφη. (7) Σωφροσύνης δὲ, ὦ Εὐθύδημε, τίνι ἂν φαίημεν ἧττον ἢ τῷ ἀκρατεῖ προσήκειν; αὐτὰ γὰρ δήπου τὰ ἐναντία σωφροσύνης καὶ ἀκρασίας ἔργα ἐστίν. Ὁμολογῶ καὶ τοῦτο, ἔφη. Τοῦ δ᾽ ἐπιμελεῖσθαι ὧν προσήκει οἴει τι κωλυτικώτερον ἀκρασίας εἶναι; Οὔκουν ἔγωγε, ἔφη. Τοῦ δὲ ἀντὶ τῶν ὠφελούντων τὰ βλάπτοντα προαιρεῖσθαι ποιοῦντος, καὶ τούτων μὲν ἐπιμελεῖσθαι, ἐκείνων δὲ ἀμελεῖν πείθοντος καὶ τοῖς σωφρονοῦσι τὰ ἐναντία ποιεῖν ἀναγκάζοντος οἴει τι ἀνθρώπῳ κάκιον εἶναι; Οὐδέν, ἔφη. (8) Οὐκοῦν τὴν ἐγκράτειαν τῶν ἐναντίων ἢ τὴν ἀκρασίαν εἰκὸς τοῖς ἀνθρώποις αἰτίαν εἶναι; Πάνυ μὲν οὖν, ἔφη. Οὐκοῦν καὶ τῶν ἐναντίων τὸ αἴτιον εἰκὸς ἄριστον εἶναι; Εἰκὸς γάρ, ἔφη. Ἔοικεν ἄρα, ἔφη, ὦ Εὐθύδημε, ἄριστον ἀνθρώπῳ ἡ ἐγκράτεια εἶναι; Εἰκότως γάρ, ἔφη, ὦ Σώκρατες. (9) Ἐκεῖνο δέ, ὦ Εὐθύδημε, ἤδη πώποτε ἐνεθυμήθης; Ποῖον; ἔφη. Ὅτι καὶ ἐπὶ τὰ ἡδέα, ἐφ᾽ ἅπερ μόνα δοκεῖ ἡ ἀκρασία τοὺς ἀνθρώπους ἄγειν, αὐτὴ μὲν οὐ δύναται ἄγειν, ἡ δ᾽ ἐγκράτεια πάντων μάλιστα ἥδεσθαι ποιεῖ; Πῶς; ἔφη. Ὥσπερ ἡ μὲν ἀκρασία οὐκ ἐῶσα καρτερεῖν οὔτε λιμὸν οὔτε δίψον οὔτε ἀφροδισίων ἐπιθυμίας οὔτε ἀγρυπνίαν, δι᾽ ὧν μόνων ἔστιν ἡδέως μὲν φαγεῖν τε καὶ πιεῖν καὶ ἀφροδισιάσαι, ἡδέως δ᾽ ἀναπαύσασθαί τε καὶ κοιμηθῆναι, καὶ περιμείναντας καὶ ἀνασχομένους ἕως ἂν ταῦτα ὡς ἔνι ἥδιστα γένηται, κωλύει τοῖς ἀναγκαιοτάτοις τε καὶ συνεχεστάτοις ἀξιολόγως ἥδεσθαι· ἡ δ᾽ ἐγκράτεια μόνη ποιοῦσα καρτερεῖν τὰ εἰρημένα μόνη καὶ ἥδεσθαι ποιεῖ ἀξίως μνήμης ἐπὶ τοῖς εἰρημένοις. Παντάπασιν, ἔφη, ἀληθῆ λέγεις. (10) Ἀλλὰ μὴν τοῦ μαθεῖν τι καλὸν καὶ ἀγαθὸν καὶ τοῦ ἐπιμεληθῆναι τῶν τοιούτων τινὸς δι᾽ ὧν ἄν τις καὶ τὸ ἑαυτοῦ σῶμα καλῶς διοικήσειε καὶ τὸν

optima sunt, e consilio agere nequit; eumne tu hominem esse liberum putas? Minime, ait. Fortassis enim hoc tibi videtur esse liberale, e consilio agere nimirum optima : ergo quosdam habere qui vetent quominus facias talia, idne putas esse illiberale? Omnino, ait. Igitur intemperantes tibi omnino esse videntur illiberales? Profecto, inquit, et merito. Utrum vero tibi videntur intemperantes tantum impediri, quominus pulcherrima e consilio agant, an etiam cogi ad efficiendum turpissima? Nihilo mihi minus, inquit, ad hæc cogi videntur, quam in illis impediri. At quales illos esse putas dominos, qui optima quidem impediunt, ad pessima vero cogunt? Longissime pessimos, ait. Et quam esse pessimam servitutem arbitraris? Eam, ait, quæ apud pessimos dóminos serviatur. Ergone intemperantes servitutem pessimam serviunt? Ita mihi videtur, inquit. An non sapientiam, bonum maximum, ab hominibus arcere videtur tibi intemperantia, atque in contrarium eos conjicere? nonne videtur tibi prohibere, quominus aliquis rebus ex usu futuris attendat, easque discat; dum pertrahit nos ad res voluptuarias, ac sæpe bona malaque sentientes percellens facit ut pejus melioris loco eligamus? Fit hoc, inquit. At animi sanitatis, mi Euthydeme, quem minus participem esse dicemus quam intemperantem? nam sanitatis animi ac intemperantiæ opera plane sibimet contraria sunt. Id etiam fateor, ait. Putasne quid a studio eorum, quæ conveniunt, magis prohibere, quam intemperantiam? Minime equidem, ait. An quid homini putas esse nocentius, quam id, quod efficit ut noxia præferat utilibus, atque illis quidem operam impendere, hæc vero negligere suadeat; denique cogat nos contraria facere iis, qui solent animo sano utentes? Nihil, ait. Ergo temperantiam consentaneum est hominibus esse causam contrariorum iis quorum causa est intemperantia? Omnino, ait. Igitur etiam causam hanc contrariorum consentaneum est optimam esse? Consentaneum, inquit. Ergo apparet, mi Euthydeme, temperantiam quiddam esse homini optimum? Recte enim, ait, o Socrates. Illud autem, mi Euthydeme, considerastine unquam? Qualenam? inquit. Quod ad voluptates, ad quas quidem solas nos ducere videtur intemperantia, minime illa possit perducere; sed quod temperantia longe maxima voluptatis sit causa. Quo modo, ait? Hoc fere modo. Intemperantia, non ferens ut tolerentur fames, sitis, rei venereæ cupiditas, vigiliæ (per quæ sola suaviter comedere, bibere, venerem exercere possumus; item suaviter quiescere ac dormire, si exspectemus et sustineamus, donec illa quam jucundissime fiant), quominus maxime naturalibus et continuis voluptatibus digne fruamur, impedit : temperantia vero, dum sola facit ut quæ diximus toleremus, etiam sola voluptatem memoratu dignam excitat in iis, quæ recensuimus. Omnino vera dicis, ait. Quin, etiam a disciplina rerum honestarum et egregiarum, et a studio talium impedit, per quæ quis recte corpus suum regat, et familiam

ἑαυτοῦ οἶκον καλῶς οἰκονομήσειε καὶ φίλοις καὶ πόλει ὠφέλιμος γένοιτο καὶ ἐχθρῶν κρατήσειεν, ἀφ᾽ ὧν οὐ μόνον ὠφέλειαι, ἀλλὰ καὶ ἡδοναὶ μέγισται γίγνονται, οἱ μὲν ἐγκρατεῖς ἀπολαύουσι πράττοντες αὐτά, οἱ δὲ ἀκρατεῖς οὐδενὸς μετέχουσι. Τῷ γὰρ ἂν ἧττον φήσαιμεν τῶν τοιούτων προσήκειν ᾗ ᾧ ἥκιστα ἔξεστι ταῦτα πράττειν, κατεχομένῳ ἐπὶ τῷ σπουδάζειν περὶ τὰς ἐγγυτάτω ἡδονάς; (11) Καὶ ὁ Εὐθύδημος, Δοκεῖς μοι, ἔφη, ὦ Σώκρατες, λέγειν ὡς ἀνδρὶ ἥττονι τῶν διὰ τοῦ σώματος ἡδονῶν πάμπαν οὐδεμιᾶς ἀρετῆς προσήκει. Τί γὰρ διαφέρει, ἔφη, ὦ Εὐθύδημε, ἄνθρωπος ἀκρατὴς θηρίου τοῦ ἀμαθεστάτου; ὅστις γὰρ τὰ μὲν κράτιστα μὴ σκοπεῖ, τὰ ἥδιστα δ᾽ ἐκ παντὸς τρόπου ζητεῖ ποιεῖν, τί ἂν διαφέροι τῶν ἀφρονεστάτων βοσκημάτων; ἀλλὰ τοῖς ἐγκρατέσι μόνοις ἔξεστι σκοπεῖν τὰ κράτιστα τῶν πραγμάτων, καὶ ἔργῳ καὶ λόγῳ διαλέγοντας κατὰ γένη τὰ μὲν ἀγαθὰ προαιρεῖσθαι, τῶν δὲ κακῶν ἀπέχεσθαι. (12) Καὶ οὕτως ἔφη ἀρίστους τε καὶ εὐδαιμονεστάτους ἄνδρας γίγνεσθαι καὶ διαλέγεσθαι δυνατωτάτους. Ἔφη δὲ καὶ τὸ διαλέγεσθαι ὀνομασθῆναι ἐκ τοῦ συνιόντας κοινῇ βουλεύεσθαι διαλέγοντας κατὰ γένη τὰ πράγματα. Δεῖν οὖν πειρᾶσθαι ὅτι μάλιστα πρὸς τοῦτο ἑαυτὸν ἕτοιμον παρασκευάζειν, καὶ τούτου μάλιστα ἐπιμελεῖσθαι· ἐκ τούτου γὰρ γίγνεσθαι ἄνδρας ἀρίστους τε καὶ ἡγεμονικωτάτους καὶ διαλεκτικωτάτους.

recte administret, et amicis patriæque prosit, et hostes superet, de quibus maximæ non utilitates modo, sed etiam voluptates existunt : ex his igitur fructum percipiunt temperantes, dum ea faciunt; quum intemperantes nullius horum participes fiant. Nam quem dicere possimus horum minus esse participem, quam cui minime licet hæc e consilio agere, occupato quærendis gnaviter voluptatibus maxime obviis? Tum Euthydemus, Dicere mihi, ait, videris, mi Socrates, homini, qui a corporeis voluptatibus vincitur, nullam omnino virtutem esse posse. Nam quid interest, mi Euthydeme, inquit, inter hominem intemperantem et rudissimam belluam? nam qui non considerat optima, et omni modo facere quærit ea, quæ jucundissima sunt, quid ille differat ab imprudentissimis pecudibus? At soli temperantes res optimas considerare possunt, easque tum re tum verbis secundum genera secernere, ac bonas quidem eligere, a malis autem abstinere. Atque hoc modo dicebat viros præstantissimos ac felicissimos effici, maximeque ad disserendum idoneos. Aiebat etiam διαλέγεσθαι (disserere) ex eo dictum esse, quod convenientes communiter consultent, dum res secundum genera discernant. Itaque enitendum esse, ut ad hoc se quam paratissimum quisque reddat, eique rei maxime studeat. Nam ex eo fieri homines præstantissimos, et imperio dignissimos, et disserendi peritissimos.

ΚΕΦΑΛΑΙΟΝ ς'.

Ὡς δὲ καὶ διαλεκτικωτέρους ἐποίει τοὺς συνόντας, πειράσομαι καὶ τοῦτο λέγειν. Σωκράτης γὰρ τοὺς μὲν εἰδότας τί ἕκαστον εἴη τῶν ὄντων ἐνόμιζε καὶ τοῖς ἄλλοις ἂν ἐξηγεῖσθαι δύνασθαι· τοὺς δὲ μὴ εἰδότας οὐδὲν ἔφη θαυμαστὸν εἶναι αὐτούς τε σφάλλεσθαι καὶ ἄλλους σφάλλειν. Ὧν ἕνεκα σκοπῶν σὺν τοῖς συνοῦσι τί ἕκαστον εἴη τῶν ὄντων οὐδέποτ᾽ ἔληγε. Πάντα μὲν οὖν ᾗ διωρίζετο πολὺ ἔργον ἂν εἴη διεξελθεῖν· ἐν ὅσοις δὲ καὶ τὸν τρόπον τῆς ἐπισκέψεως δηλώσειν οἴμαι, τοσαῦτα λέξω. (2) Πρῶτον δὲ περὶ εὐσεβείας ὧδέ πως ἐσκόπει· Εἰπέ μοι, ἔφη, ὦ Εὐθύδημε, ποῖόν τι νομίζεις εὐσέβειαν εἶναι; Καὶ ὅς, Κάλλιστον νὴ Δί᾽, ἔφη. Ἔχεις οὖν εἰπεῖν ὁποῖός τις ὁ εὐσεβής ἐστιν; Ἐμοὶ μὲν δοκεῖ, ἔφη, ὁ τοὺς θεοὺς τιμῶν. Ἔξεστι δὲ ὃν ἄν τις βούληται τρόπον τοὺς θεοὺς τιμᾶν; Οὔκ· ἀλλὰ νόμοι εἰσὶ καθ᾽ οὓς δεῖ τοῦτο ποιεῖν. (3) Οὐκοῦν ὁ τοὺς νόμους τούτους εἰδὼς εἰδείη ἂν ὡς δεῖ τοὺς θεοὺς τιμᾶν; Οἶμαι ἔγωγ᾽, ἔφη. Ἆρ᾽ οὖν ὁ εἰδὼς τοὺς θεοὺς τιμᾶν οὐκ ἄλλως οἴεται δεῖν τοῦτο ποιεῖν ἢ ὡς οἶδεν; Οὐ γὰρ οὖν, ἔφη. Ἄλλως δέ τις θεοὺς τιμᾷ ἢ, ὡς οἴεται δεῖν; Οὐκ οἶμαι, ἔφη. (4) Ὁ ἄρα τὰ περὶ τοὺς θεοὺς νόμιμα εἰδὼς νομίμως ἂν τοὺς θεοὺς τιμῴη; Πάνυ μὲν οὖν. Οὐκοῦν ὅ γε νομίμως τιμῶν ὡς δεῖ τιμᾷ; Πῶς γὰρ οὔ; Ὁ δέ γε ὡς δεῖ τιμῶν εὐσεβής ἐστι; Πάνυ μὲν

CAPUT VI.

Quo quidem modo familiares suos etiam disserendi peritiores effecerit, etiam hoc exponere conabor. Etenim putabat Socrates, eos, qui scirent quid essent res singulæ, posse aliis etiam eas explicare : qui vero nescirent, ipsos et falli et alios quoque fallere, non mirum esse dicebat. Ideoque nunquam suis cum familiaribus considerare desinebat, quid res quælibet esset. Omnia quidem quomodo definiret, operosum fuerit percensere : per quæ vero et quanta modum considerationis hujus judicaturum me esse puto, illa dicam.

Primum de pietate hoc fere modo considerabat : Die mihi, mi Euthydeme, inquit, quale quiddam esse putas pietatem? Et ille, Pulcherrimum profecto, ait. Potesne igitur dicere, qualis sit homo pius? Is, ait, mihi videtur, qui deos honore adficit. Licetne vero deos eo modo honorare, quo quisque vult? Non, sed leges quædam sunt, secundum quas id faciendum est. Ergo qui leges has novit, is sciret, quo pacto dii sint honorandi? Arbitror, ait. Ergo qui deos novit honorare, non aliter id faciendum putat, quam uti scit? Non aliter, inquit. Estne vero quisquam qui Deos honoret aliter, quam putet oportere? Non arbitror, ait. Ergo qui novit ea quæ legitima sunt erga deos, is legitime deos honorat? Omnino, ait. Qui igitur legitime ipsos honorat, is honorat, ut oportet? Qui non? Qui vero sic, ut oportet, honorat, an

οὖν, ἔφη. Ὁ ἄρα τὰ περὶ τοὺς θεοὺς νόμιμα εἰδὼς ὀρθῶς ἂν ἡμῖν εὐσεβὴς ὡρισμένος εἴη; Ἐμοὶ γοῦν, ἔφη, δοκεῖ.

6. Ἀνθρώποις δὲ ἆρα ἔξεστιν ὃν ἄν τις τρόπον βούληται χρῆσθαι; Οὔκ, ἀλλὰ καὶ περὶ τούτους ὁ εἰδὼς ἅ ἐστι νόμιμα, καθ' ἃ δεῖ πως ἀλλήλοις χρῆσθαι, νόμιμος ἂν εἴη. Οὐκοῦν οἱ κατὰ ταῦτα χρώμενοι ἀλλήλοις ὡς δεῖ χρῶνται; Πῶς γὰρ οὔ; Οὐκοῦν οἵ γε ὡς δεῖ χρώμενοι καλῶς χρῶνται; Πάνυ μὲν οὖν, ἔφη. Οὐκοῦν οἵ γε τοῖς ἀνθρώποις καλῶς χρώμενοι καλῶς πράττουσι τἀνθρώπεια πράγματα; Εἰκός γ', ἔφη. Οὐκοῦν οἱ τοῖς νόμοις πειθόμενοι δίκαια οὗτοι ποιοῦσι; Πάνυ μὲν οὖν, ἔφη. (6) Δίκαια δὲ οἶσθα, ἔφη, ὁποῖα καλεῖται; Ἃ οἱ νόμοι κελεύουσιν, ἔφη. Οἱ ἄρα ποιοῦντες ἃ οἱ νόμοι κελεύουσι δίκαιά τε ποιοῦσι καὶ ἃ δεῖ; Πῶς γὰρ οὔ; Οὐκοῦν οἵ γε τὰ δίκαια ποιοῦντες δίκαιοί εἰσιν; Οἶμαι ἔγωγ', ἔφη. Οἴει οὖν τινας πείθεσθαι τοῖς νόμοις μὴ εἰδότας ἅ οἱ νόμοι κελεύουσιν; Οὐκ ἔγωγ', ἔφη. Εἰδότας δὲ ἃ δεῖ ποιεῖν οἴει τινὰς οἴεσθαι δεῖν μὴ ποιεῖν ταῦτα; Οὐκ οἶμαι, ἔφη. Οἶδας δέ τινας ἄλλα ποιοῦντας ἤ ἃ οἴονται δεῖν; Οὐκ ἔγωγ', ἔφη. Οἱ ἄρα τὰ περὶ ἀνθρώπους νόμιμα εἰδότες τὰ δίκαια οὗτοι ποιοῦσι; Πάνυ μὲν οὖν, ἔφη. Οὐκοῦν οἵ γε τὰ δίκαια ποιοῦντες δίκαιοί εἰσι; Τίνες γὰρ ἄλλοι; ἔφη. Ὀρθῶς ἄν ποτε ἄρα ὁριζοίμεθα ὁριζόμενοι δικαίους εἶναι τοὺς εἰδότας τὰ περὶ ἀνθρώπους νόμιμα; Ἔμοιγε δοκεῖ, ἔφη.

7. Σοφίαν δὲ τί ἂν φήσαιμεν εἶναι; εἰπέ μοι, πότερά σοι δοκοῦσιν οἱ σοφοὶ ἃ ἐπίστανται, ταῦτα σοφοὶ εἶναι, ἢ εἰσί τινες ἃ μὴ ἐπίστανται σοφοί; Ἃ ἐπίστανται δῆλον ὅτι, ἔφη. Πῶς γὰρ ἄν τις ἅ γε μὴ ἐπίσταιτο, ταῦτα σοφὸς εἴη; Ἆρ' οὖν οἱ σοφοὶ ἐπιστήμῃ σοφοί εἰσι; Τίνι γὰρ, ἔφη, ἄλλῳ τις ἂν εἴη σοφός, εἴ γε μὴ ἐπιστήμῃ; Ἄλλο δέ τι σοφίαν οἴει εἶναι ἢ ᾧ σοφοί εἰσιν; Οὐκ ἔγωγε. Ἐπιστήμη ἄρα σοφία ἐστίν; Ἔμοιγε δοκεῖ. Ἆρ' οὖν δοκεῖ σοι ἀνθρώπῳ δυνατὸν εἶναι τὰ ὄντα πάντα ἐπίστασθαι; Οὐδὲ μὰ Δί' ἔμοιγε πολλοστὸν μέρος αὐτῶν. Πάντα μὲν ἄρα σοφὸν οὐχ οἷόν τε ἄνθρωπον εἶναι; Μὰ Δί' οὐ δῆτα, ἔφη. Ὃ ἄρα ἐπίσταται ἕκαστος, τοῦτο καὶ σοφός ἐστιν; Ἔμοιγε δοκεῖ.

8. Ἆρ' οὖν, ὦ Εὐθύδημε, καὶ τἀγαθὸν οὕτω ζητητέον ἐστί; Πῶς; ἔφη. Δοκεῖ σοι τὸ αὐτὸ πᾶσιν ὠφέλιμον εἶναι; Οὐκ ἔμοιγε. Τί δέ; τὸ ἄλλῳ ὠφέλιμον οὐ δοκεῖ σοι ἐνίοτε ἄλλῳ βλαβερὸν εἶναι; Καὶ μάλα, ἔφη. Ἄλλο δ' ἄν τι φαίης ἀγαθὸν εἶναι ἢ τὸ ὠφέλιμον; Οὐκ ἔγωγε. Τὸ ἄρα ὠφέλιμον ἀγαθόν ἐστιν ὅτῳ ἂν ὠφέλιμον ᾖ; Δοκεῖ μοι, ἔφη.

9. Τὸ δὲ καλὸν ἔχοιμεν ἄν πως ἄλλως εἰπεῖν ἤ, εἰ ἔστιν, ὀνομάζεις καλὸν ἢ σῶμα ἢ σκεῦος ἢ ἀλλ' ὁτιοῦν, ὃ οἶσθα πρὸς πάντα καλὸν ὄν; Μὰ Δί' οὐκ ἔγωγε, ἔφη. Ἆρ' οὖν πρὸς ὃ ἂν ἕκαστον χρήσιμον ᾖ, πρὸς τοῦτο ἑκάστῳ καλῶς ἔχει χρῆσθαι; Πάνυ μὲν οὖν, ἔφη. Καλὸν δὲ πρὸς ἄλλο τι ἐστὶν ἕκαστον ἢ πρὸς ὃ ἑκάστῳ καλῶς ἔχει χρῆσθαι; Οὐδὲ πρὸς ἓν ἄλλο, ἔφη. Τὸ

pius est? Omnino, inquit. Ergo qui legitima novit erga deos, eum recte pium definiverimus? Ita mihi videtur, ait.

An vero licet hominibus sic uti, quemadmodum aliquis velit? Non : sed apud hos etiam qui novit legitima, secundum quæ fere alios aliis uti decet, legitimus esset. Ergo qui secundum hæc se invicem utuntur, ut decet utuntur? Qui non? Num vero qui utuntur ut decet, recte utuntur? Omnino, ait. At qui sciunt quid faciendum sit, eosne putas arbitrari, faciendum id non esse? Non puto, ait. An aliquos nosti, qui alia faciunt, quam quæ fieri debere putant? Minime, inquit. Ergo qui sciunt quæ legitima sunt erga homines, justa faciunt? Omnino, ait. Qui igitur justa faciunt, justi sunt? Qui tandem alii? ait. Ergo recte definimus, si eos esse justos definiverimus, qui sciunt quæ legitima sint erga homines? Sic mihi videtur, ait.

Quid vero dicere possimus sapientiam esse? Dic mihi, utrum tibi sapientes, in iis rebus, quæ norunt, sapientes esse videantur ; an aliqui sint in iis sapientes, quæ nesciunt? Nimirum in illis sapientes sunt, quæ sciunt. Nam qui possit aliquis esse sapiens in illis, quæ nescit? Num igitur sapientes, scientia sunt sapientes? Quanam alia re sapiens aliquis fuerit, si non scientia? Num vero putas quiddam aliud esse sapientiam, quam quo homines sapientes sunt? Non equidem. Ergo sapientia est scientia? Mihi quidem videtur. Ergone tibi videtur, hominem res omnes scire posse? Imo nec partem profecto rerum multesimam. Homo igitur in omnibus nequit esse sapiens? Minime profecto, ait. Ergo in eo quisque est sapiens, quod scit? Mihi quidem videtur.

Num et de bono, Euthydeme, sic quærendum erit? Quomodo? ait. Num idem tibi videtur omnibus hominibus esse utile? Non mihi quidem. Quid? an quod utile est alteri, non tibi videtur esse nonnunquam alteri noxium? Omnino, ait. Num quid aliud potes dicere bonum esse, quam id, quod est utile? Non equidem, ait. Ergo quod est utile, bonum est illi, cui utile fuerit? Ita mihi videtur, inquit.

An vero pulchrum alio quodam modo appellare possimus, quam ut pulchrum, si ita est, nomines aut corpus, aut vas, aut aliud quiddam, quod scis ad omnia pulchrum esse? Non equidem profecto, inquit. Ergo ad quod utile quidque fuerit, ad id cuique pulchrum est eo uti? Omnino, ait. Num autem quævis res ad aliud quiddam pulchra est, quam cujus usui singula pulchre inserviant? Ad nihil plane aliud,

χρήσιμον ἄρα καλόν ἐστι πρὸς ὃ ἂν ᾖ χρήσιμον; Ἔμοιγε δοκεῖ, ἔφη.

10. Ἀνδρίαν δέ, ὦ Εὐθύδημε, ἆρα τῶν καλῶν νομίζεις εἶναι; Κάλλιστον μὲν οὖν ἔγωγ', ἔφη. Χρήσιμον ἄρα οὐ πρὸς τὰ ἐλάχιστα νομίζεις τὴν ἀνδρείαν; Μὰ Δί', ἔφη, πρὸς τὰ μέγιστα μὲν οὖν. Ἆρ' οὖν δοκεῖ σοι πρὸς τὰ δεινά τε καὶ ἐπικίνδυνα χρήσιμον εἶναι τὸ ἀγνοεῖν αὐτά; Ἥκιστά γ', ἔφη. Οἱ ἄρα μὴ φοβούμενοι τὰ τοιαῦτα διὰ τὸ μὴ εἰδέναι τί ἐστιν οὐκ ἀνδρεῖοί εἰσι; Νὴ Δί', ἔφη. Πολλοὶ γὰρ ἂν οὕτω γε τῶν τε μαινομένων καὶ τῶν δειλῶν ἀνδρεῖοι εἶεν. Τί δὲ οἱ καὶ τὰ μὴ δεινὰ δεδοικότες; Ἔτι γε νὴ Δία ἧττον, ἔφη. Ἆρ' οὖν τοὺς μὲν ἀγαθοὺς πρὸς τὰ δεινὰ καὶ ἐπικίνδυνα ὄντας ἀνδρείους ἡγῇ εἶναι, τοὺς δὲ κακοὺς δειλούς; Πάνυ μὲν οὖν, ἔφη. (11) Ἀγαθοὺς δὲ πρὸς τὰ τοιαῦτα νομίζεις ἄλλους τινὰς ἢ τοὺς δυναμένους αὐτοῖς καλῶς χρῆσθαι; Οὔκ, ἀλλὰ τούτους, ἔφη. Κακοὺς δὲ ἄρα τοὺς οἵους τούτοις κακῶς χρῆσθαι; Τίνας γὰρ ἄλλους; ἔφη. Ἆρ' οὖν ἕκαστοι χρῶνται ὡς οἴονται δεῖν; Πῶς γὰρ ἄλλως; ἔφη. Ἆρα οὖν οἱ μὴ δυνάμενοι καλῶς χρῆσθαι ἴσασιν ὡς δεῖ χρῆσθαι; Οὐ δήπου γε, ἔφη. Οἱ ἄρα εἰδότες ὡς δεῖ χρῆσθαι, οὗτοι καὶ δύνανται; Μόνοι γε, ἔφη. Τί δέ; οἱ μὴ διημαρτηκότες ἆρα κακῶς χρῶνται τοῖς τοιούτοις; Οὐκ οἶομαι, ἔφη. Οἱ ἄρα κακῶς χρώμενοι διημαρτήκασιν; Εἰκός γε, ἔφη. Οἱ μὲν ἄρα ἐπιστάμενοι τοῖς δεινοῖς τε καὶ ἐπικινδύνοις καλῶς χρῆσθαι ἀνδρεῖοί εἰσιν, οἱ δὲ διαμαρτάνοντες τούτου δειλοί; Ἔμοιγε δοκοῦσιν, ἔφη.

12. Βασιλείαν δὲ καὶ τυραννίδα ἀρχὰς μὲν ἀμφοτέρας ἡγεῖτο εἶναι, διαφέρειν δὲ ἀλλήλων ἐνόμιζε. Τὴν μὲν γὰρ ἑκόντων τε τῶν ἀνθρώπων καὶ κατὰ νόμους τῶν πόλεων ἀρχὴν βασιλείαν ἡγεῖτο, τὴν δὲ ἀκόντων τε καὶ μὴ κατὰ νόμους, ἀλλ' ὅπως ὁ ἄρχων βούλοιτο, τυραννίδα. Καὶ ὅπου μὲν ἐκ τῶν τὰ νόμιμα ἐπιτελούντων αἱ ἀρχαὶ καθίστανται, ταύτην τὴν πολιτείαν ἀριστοκρατίαν ἐνόμιζεν εἶναι, ὅπου δ' ἐκ τιμημάτων, πλουτοκρατίαν, ὅπου δ' ἐκ πάντων, δημοκρατίαν.

13. Εἰ δέ τις αὐτῷ περί του ἀντιλέγοι μηδὲν ἔχων σαφὲς λέγειν, ἀλλ' ἄνευ ἀποδείξεως ἤτοι σοφώτερον φάσκων εἶναι ὃν αὐτὸς λέγοι ἢ πολιτικώτερον ἢ ἀνδρειότερον ἢ ἄλλο τι τῶν τοιούτων, ἐπὶ τὴν ὑπόθεσιν ἐπανῆγεν ἂν πάντα τὸν λόγον ὧδέ πως· (14) Φὴς σὺ ἀμείνω πολίτην εἶναι ὃν σὺ ἐπαινεῖς ἢ ὃν ἐγώ; Φημὶ γὰρ οὖν. Τί οὖν οὐκ ἐκεῖνο πρῶτον ἐπεσκεψάμεθα, τί ἐστιν ἔργον ἀγαθοῦ πολίτου; Ποιῶμεν τοῦτο. Οὐκοῦν ἐν μὲν χρημάτων διοικήσει κρατοίη ἂν ὁ χρήμασιν εὐπορωτέραν τὴν πόλιν ποιῶν; Πάνυ μὲν οὖν, ἔφη. Ἐν δέ γε πολέμῳ ὁ καθυπερτέραν τῶν ἀντιπάλων; Πῶς γὰρ οὔ; Ἐν δὲ πρεσβείᾳ ἆρα ὃς ἂν φίλους ἀντὶ πολεμίων παρασκευάζῃ; Εἰκότως γε. Οὐκοῦν καὶ ἐν δημηγορίᾳ ὁ στάσεις τε παύων καὶ ὁμόνοιαν ἐμποιῶν; Ἔμοιγε δοκεῖ. Οὕτω δὲ τῶν λόγων ἐπαναγομένων καὶ τοῖς ἀντιλέγουσιν αὐτοῖς φανερὸν ἐγίγνετο τἀληθές. (15) Ὁπότε δὲ αὐτός τι τῷ λόγῳ διεξίοι, διὰ τῶν μάλιστα ὁμολογουμένων inquit. Ergo quod est utile, pulchrum est ad quodcunque utile fuerit? Ita mihi videtur, inquit.

Fortitudinem vero, mi Euthydeme, num inter pulchra esse censes? Imo pulcherrimum censeo, ait. Ergo tu fortitudinem non ad minima utilem esse statuis? Minime profecto ad haec, inquit, sed ad maxima. Num igitur tibi utile esse ad terribilia et periculosa videtur, ea ipsa ignorare? Minime, ait. Ergo qui talia non metuunt, propterea quod nesciant quid sint, non sunt fortes? Profecto non sunt, inquit : nam sic multi homines animo insani et timidi, fortes essent. Quid autem illi, qui non terribilia metuunt? Multo profecto minus, ait. Qui ergo boni sunt ad terribilia et periculosa, hos fortes esse putas; qui vero mali, timidos? Omnino, inquit. An vero putas ad talia quosdam alios etiam bonos esse quam qui eis uti recte possint? Non, ait, sed hos ipsos. Malos autem, qui his male utantur? Quosnam alios? inquit. Ergone utuntur singuli, ut oportere se uti arbitrantur? Qui aliter? inquit. Sciuntne qui non possunt recte uti, quo pacto utendum sit? Nequaquam opinor, inquit. Igitur qui norunt quomodo sit utendum, illi etiam uti possunt? Imo soli, inquit. Quid? si qui non aberraverunt ab eorum usu, num talibus utuntur? Non arbitror, inquit. Ergo qui male utuntur, aberrant? Consentaneum, ait. Qui igitur terribilibus et periculosis recte uti sciunt, sunt fortes; qui vero ab hoc aberrant, timidi sunt? Mihi quidem videntur, inquit.

Regnum etiam et tyrannidem, utrumque judicabat esse quidem imperium, verum inter se differre statuebat. Nam regnum esse putabat, in homines volentes et secundum civitatum leges imperium; at in homines nolentes, nec secundum leges, sed ex arbitrio principis imperium esse tyrannidem. Atque ubi magistratus ex iis constituerentur, qui legitima perficiunt, eam reipublicae formam existimabat esse, in qua optimates dominantur; ubi ex censibus, locupletum imperium; ubi ex universis, statum popularem.

Quod si quis ipsi aliqua in re contradiceret, qui nihil certi quod diceret haberet, sed sine demonstratione vel sapientiorem esse praedicaret illum cujus ipse mentionem faceret, vel civilis administrationis peritiorem, vel fortiorem, vel quid aliud ejusmodi; hoc fere modo orationem omnem ad rem propositam reducebat. Tune civem esse meliorem ais, quem ipse praedicas, quam quem ego? Aio. Quid ergo non illud primum consideravimus, quodnam boni civis sit officium? Faciamus id sane. Ergo in opum administratione potior illius erit ratio, qui civitatem opulentiorem reddit? Omnino, ait. At in bello, ejus qui hostium victricem efficit? Qui non? At in legatione, ejus qui amicos ex hostibus efficit? Merito. Ergo etiam in concionibus ad plebem, ejus qui seditiones compescuerit, et auctor concordiae fuerit? Ita mihi videtur. Hoc modo quum sermo reduceretur, etiam illis ipsis, qui contradicebant, veritas elucescebat. Et quum ipse aliquid oratione percurrebat, per ea pro-

μένων ἐπορεύετο, νομίζων ταύτην ἀσφάλειαν εἶναι λόγου. Τοιγαροῦν πολὺ μάλιστα ὧν ἐγὼ οἶδα, ὅτε λέγοι, τοὺς ἀκούοντας ὁμολογοῦντας παρεῖχεν. Ἔφη δὲ καὶ Ὅμηρον τῷ Ὀδυσσεῖ ἀναθεῖναι τὸ ἀσφαλῆ ῥήτορα εἶναι, ὡς ἱκανὸν αὐτὸν ὄντα διὰ τῶν δοκούντων τοῖς ἀνθρώποις ἄγειν τοὺς λόγους.

ΚΕΦΑΛΑΙΟΝ Ζ.

Ὅτι μὲν οὖν ἁπλῶς τὴν ἑαυτοῦ γνώμην ἀπεφαίνετο Σωκράτης πρὸς τοὺς ὁμιλοῦντας αὐτῷ δοκεῖ μοι δῆλον ἐκ τῶν εἰρημένων εἶναι· ὅτι δὲ καὶ αὐτάρκεις ἐν ταῖς προσηκούσαις πράξεσιν αὐτοὺς εἶναι ἐπεμελεῖτο, νῦν τοῦτο λέξω. Πάντων μὲν γὰρ ὧν ἐγὼ οἶδα μάλιστα ἔμελεν αὐτῷ εἰδέναι ὅτου τις ἐπιστήμων εἴη τῶν συνόντων αὐτῷ· ὧν δὲ προσῆκε ἀνδρὶ καλῷ κἀγαθῷ εἰδέναι ὅ,τι μὲν αὐτὸς εἰδείη πάντων προθυμότατα ἐδίδασκεν· ὅτου δὲ αὐτὸς ἀπειρότερος εἴη, πρὸς τοὺς ἐπισταμένους ἦγεν αὐτούς. (a) Ἐδίδασκε δὲ καὶ μέχρι ὅτου δέοι ἔμπειρον εἶναι ἑκάστου πράγματος τὸν ὀρθῶς πεπαιδευμένον. Αὐτίκα γεωμετρίαν μέχρι μὲν τούτου ἔφη δεῖν μανθάνειν, ἕως ἱκανός τις γένοιτο, εἴ ποτε δεήσειε, γῆν μέτρῳ ὀρθῶς ἢ παραλαβεῖν ἢ παραδοῦναι ἢ διανείμαι ἢ ἔργον ἀποδείξασθαι. Οὕτω δὲ τοῦτο ῥᾴδιον εἶναι μαθεῖν ὥστε τὸν προσέχοντα τὸν νοῦν τῇ μετρήσει ἅμα τήν τε γῆν ὁπόση ἐστὶν εἰδέναι καὶ ὡς μετρεῖται ἐπιστάμενον ἀπιέναι. (3) Τὸ δὲ μέχρι τῶν δυσξυνέτων διαγραμμάτων γεωμετρίαν μανθάνειν ἀπεδοκίμαζεν. Ὅ,τι μὲν γὰρ ὠφελοίη ταῦτα οὐκ ἔφη ὁρᾶν· καίτοι οὐκ ἄπειρός γε αὐτῶν ἦν. Ἔφη δὲ ταῦτα ἱκανὰ εἶναι ἀνθρώπου βίον κατατρίβειν καὶ ἄλλων πολλῶν τε καὶ ὠφελίμων μαθημάτων ἀποκωλύειν. (4) Ἐκέλευε δὲ καὶ ἀστρολογίας ἐμπείρους γίγνεσθαι, καὶ ταύτης μέντοι μέχρι τοῦ νυκτός τε ὥραν καὶ μηνὸς καὶ ἐνιαυτοῦ δύνασθαι γιγνώσκειν, ἕνεκα πορείας τε καὶ πλοῦ καὶ φυλακῆς, καὶ ὅσα ἄλλα ἢ νυκτὸς ἢ μηνὸς ἢ ἐνιαυτοῦ πράττεται, πρὸς ταῦτ᾽ ἔχειν τεκμηρίοις χρῆσθαι, τὰς ὥρας τῶν εἰρημένων διαγιγνώσκοντας. Καὶ ταῦτα δὲ ῥᾴδια εἶναι μαθεῖν παρά τε τῶν νυκτοθηρῶν καὶ κυβερνητῶν καὶ ἄλλων πολλῶν οἷς ἐπιμελὲς ταῦτα εἰδέναι. (5) Τὸ δὲ μέχρι τούτου ἀστρονομίαν μανθάνειν, μέχρι τοῦ καὶ τὰ μὴ ἐν τῇ αὐτῇ περιφορᾷ ὄντα καὶ τοὺς πλάνητάς τε καὶ ἀσταθμήτους ἀστέρας γνῶναι, καὶ τὰς ἀποστάσεις αὐτῶν ἀπὸ τῆς γῆς καὶ τὰς περιόδους καὶ τὰς αἰτίας αὐτῶν ζητοῦντας κατατρίβεσθαι, ἰσχυρῶς ἀπέτρεπεν. Ὠφέλειαν μὲν γὰρ οὐδεμίαν οὐδ᾽ ἐν τούτοις ἔφη ὁρᾶν· καίτοι οὐδὲ τούτων γε ἀνήκοος ἦν· ἔφη δὲ καὶ ταῦτα ἱκανὰ εἶναι κατατρίβειν ἀνθρώπου βίον καὶ πολλῶν καὶ ὠφελίμων ἀποκωλύειν. (6) Ὅλως δὲ τῶν οὐρανίων, ᾗ ἕκαστα ὁ θεὸς μηχανᾶται, φροντιστὴν γίγνεσθαι ἀπέτρεπεν· οὔτε γὰρ εὑρετὰ ἀνθρώποις αὐτὰ ἐνόμιζεν εἶναι οὔτε χαρίζεσθαι θεοῖς ἂν ἡγεῖτο τὸν ζητοῦντα ἃ ἐκεῖνοι σαφηνίσαι οὐκ ἐβουλήθησαν. Κινδυ-

CAPUT VII.

Itaque perspicuum esse ex iis quæ diximus arbitror, Socratem ad eos, qui ejus consuetudine utebantur, sententiam suam simpliciter protulisse. Quod etiam operam dederit, ut ipsi in agendis iis, quæ sibi convenirent, satis essent idonei; id nunc exponam. Etenim maxime Socrati omnium, quos equidem novi, curæ erat, ut sciret qua scientia suorum familiarium quisque polleret: in iis autem, quæ virum pulchri bonique studiosum scire conveniret; quodcumque ipse cognoverat, summa cum alacritate edocebat: qua vero in re ipse minus esset peritus, ad peritos eos deducebat. Edocebat etiam, quousque hominem recte institutum cujusque rei peritum esse conveniat. Exempli gratia, geometriam eo usque discendam aiebat, donec quis posset, si quando opus fuerit, terram vel recta metiendi ratione accipere, vel tradere, vel distribuere, vel opus exigenti approbare. Hoc tam facile disci posse, ut qui mentem ad dimensionem advertat, is et scire possit, quanta sit ipsa terra, et cognita metiendi ratione discedat. Verum in geometria discenda progressum ad descriptiones usque intellectu difficiles improbabat. Nec enim, quid eæ res usus haberent, videre se dicebat; atqui erat illarum minime rudis: hæc vero sufficere ad vitam hominis consumendam aiebat, ac ab aliis multis utilibusque disciplinis eum arcere. Et jubebat astronomiæ adeo peritos fieri, ut et noctis et mensis et anni tempora cognoscere possent, tum itineris ac navigationis causa, tum excubiarum, aliarumque rerum, quæcumque vel per noctem, vel in mense, vel in anno geruntur; ut ad ea certis indiciis uti possent, quibus illorum, quæ diximus, tempora dignoscerent. Atque hæc disci facile ab iis posse, qui noctu feras venantur, et a navium gubernatoribus, aliisque multis, quibus est curæ, ut hæc sciant. At vero in astronomia discenda eo progredi, donec et illa cognoscantur, quæ in eodem non comprehenduntur curli motu, et planetæ et errantia sidera, et ipsorum a terra intervalla, et circuitus, eorumque causas inquirendo confici, vehementer dehortabatur. Quippe nec in his quidem ullam se utilitatem videre dicebat, quanquam eorum non esset rudis: aiebat vero, etiam hæc sufficere ad vitam hominis consumendam, et a multis rebus utilibus eum arcere. Atque in universum dehortabatur, ne quis studium in res cœlestes impenderet, quo scilicet artificio Deus omnia moliatur. Nec enim illa posse ab hominibus inveniri putabat, nec diis eum rem facere gratam arbitrabatur, qui quæ illi manifesta esse noluissent, inquireret. Addebat esse peri-

νεῦσαι δ᾽ ἂν ἔφη καὶ παραφρονῆσαι τὸν ταῦτα μεριμνῶντα, οὐδὲν ἧττον ἢ Ἀναξαγόρας παρεφρόνησεν ὁ μέγιστον φρονήσας ἐπὶ τῷ τὰς τῶν θεῶν μηχανὰς ἐξηγεῖσθαι. (7) Ἐκεῖνος γὰρ λέγων μὲν τὸ αὐτὸ εἶναι πῦρ τε καὶ ἥλιον ἠγνόει ὡς τὸ μὲν πῦρ οἱ ἄνθρωποι ῥᾳδίως καθορῶσιν, εἰς δὲ τὸν ἥλιον οὐ δύνανται ἀντιβλέπειν, καὶ ὑπὸ μὲν τοῦ ἡλίου καταλαμπόμενοι τὰ χρώματα μελάντερα ἔχουσιν, ὑπὸ δὲ τοῦ πυρὸς οὔ. Ἠγνόει δὲ καὶ ὅτι τῶν ἐκ τῆς γῆς φυομένων ἄνευ μὲν ἡλίου αὐγῆς οὐδὲν δύναται καλῶς αὔξεσθαι, ὑπὸ δὲ τοῦ πυρὸς θερμαινόμενα πάντα ἀπόλλυται· φάσκων δὲ τὸν ἥλιον λίθον διάπυρον εἶναι καὶ τοῦτο ἠγνόει, ὅτι λίθος μὲν ἐν πυρὶ ὢν οὔτε λάμπει οὔτε πολὺν χρόνον ἀντέχει, ὁ δὲ ἥλιος τὸν πάντα χρόνον πάντων λαμπρότατος ὢν διαμένει. (8) Ἐκέλευε δὲ καὶ λογισμοὺς μανθάνειν· καὶ τούτων δὲ ὁμοίως τοῖς ἄλλοις ἐκέλευε φυλάττεσθαι τὴν μάταιον πραγματείαν, μέχρι δὲ τοῦ ὠφελίμου πάντα καὶ αὐτὸς συνεπεσκόπει καὶ συνδιεξῄει τοῖς συνοῦσι. (9) Προέτρεπε δὲ σφόδρα καὶ ὑγιείας ἐπιμελεῖσθαι τοὺς συνόντας παρά τε τῶν εἰδότων μανθάνοντας ὅσα ἐνδέχοιτο καὶ ἑαυτῷ ἕκαστον προσέχοντα διὰ παντὸς τοῦ βίου τί βρῶμα ἢ τί πόμα ἢ ποῖος πόνος συμφέροι αὐτῷ, καὶ πῶς τούτοις χρώμενος ὑγιεινότατ᾽ ἂν διάγοι. Τὸν γὰρ οὕτω προσέχοντα ἑαυτῷ ἔργον ἔφη εἶναι εὑρεῖν ἰατρὸν τὰ πρὸς ὑγίειαν συμφέροντα αὐτῷ μᾶλλον διαγιγνώσκοντα ἑαυτοῦ. (10) Εἰ δέ τις μᾶλλον ἢ κατὰ τὴν ἀνθρωπίνην σοφίαν ὠφελεῖσθαι βούλοιτο, συνεβούλευε μαντικῆς ἐπιμελεῖσθαι. Τὸν γὰρ εἰδότα δι᾽ ὧν οἱ θεοὶ τοῖς ἀνθρώποις περὶ τῶν πραγμάτων σημαίνουσιν οὐδέποτ᾽ ἔρημον ἔφη γίγνεσθαι συμβουλῆς θεῶν.

ΚΕΦΑΛΑΙΟΝ Η´.

Εἰ δέ τις, ὅτι φάσκοντος αὐτοῦ τὸ δαιμόνιον ἑαυτῷ προσημαίνειν ἅ τε δέοι καὶ ἃ μὴ δέοι ποιεῖν ὑπὸ τῶν δικαστῶν κατεγνώσθη θάνατος, οἴεται αὐτὸν ἐλέγχεσθαι περὶ τοῦ δαιμονίου ψευδόμενον, ἐννοησάτω πρῶτον μὲν ὅτι οὕτως ἤδη τότε πόρρω τῆς ἡλικίας ἦν ὥστ᾽ εἰ καὶ μὴ τότε, οὐκ ἂν πολλῷ ὕστερον τελευτῆσαι τὸν βίον· εἶτα ὅτι τὸ μὲν ὀχθεινότατον τοῦ βίου καὶ ἐν ᾧ πάντες τὴν διάνοιαν μειοῦνται ἀπέλιπεν, ἀντὶ δὲ τούτου τῆς ψυχῆς τὴν ῥώμην ἐπιδειξάμενος εὔκλειαν προσεκτήσατο, τήν τε δίκην πάντων ἀνθρώπων ἀληθέστατα καὶ ἐλευθεριώτατα καὶ δικαιότατα εἰπὼν καὶ τὴν κατάγνωσιν τοῦ θανάτου πρᾳότατα καὶ ἀνδρωδέστατα ἐνέγκας. (2) Ὁμολογεῖται γὰρ οὐδένα πώποτε τῶν μνημονευομένων ἀνθρώπων κάλλιον θάνατον ἐνεγκεῖν. Ἀνάγκη μὲν γὰρ ἐγένετο αὐτῷ μετὰ τὴν κρίσιν τριάκοντα ἡμέρας βιῶναι διὰ τὸ Δήλια μὲν ἐκείνου τοῦ μηνὸς εἶναι, τὸν δὲ νόμον μηδένα ἐᾶν δημοσίᾳ ἀποθνῄσκειν ἕως ἂν ἡ θεωρία ἐκ Δήλου ἐπανέλθῃ, καὶ τὸν χρόνον τοῦτον ἅπασι τοῖς συνήθεσι φανερὸς ἐγένετο οὐδὲν ἀλλοιότερον διαβιοὺς ἢ τὸν ἔμπροσθεν χρόνον· καίτοι τὸν ἔμπροσθέν γε πάντων ἀνθρώπων

culum , ne qui de hisce inquirendis solicitus esset , deliraret nihilo minus quam deliravit Anaxagoras , qui animo maxime fuit elato , propterea quod deorum machinas enarraret. Nimirum ille , dum ait ignem ac solem idem esse , ignorabat ab hominibus ignem inspici facile posse , quum solem adversum intueri non possint , quodque illis , qui a sole collustrantur , colores reddantur nigriores ; qui vero ab igne , non ita. Ignorabat etiam , quod nihil eorum , quæ e terra nascuntur , absque solis splendore possit augescere ; quum omnia , quæ ab igne calefiunt , pereant. Idem quum solem esse lapidem ignitum diceret , etiam ignorabat , lapidem , qui sit in igne , neque lucere , neque diu perdurare ; quum sol per omne tempus omnium splendidissimus maneat. Jubebat etiam numerandi rationem disci , et in hac perinde atque in aliis monebat , ut ab inani occupatione sibi caveretur ; atque ipse etiam omnia eatenus pervestigabat , quatenus essent utilia , et una cum familiaribus perquirebat. Et vehementer familiares suos hortabatur , ut etiam valetudinis curam haberent , discentes a peritis , quæ possent ; atque ut eorum unusquisque per omnem vitam se ipsum animadverteret , quinam cibus , qui potus , qui labor ei conduceret , et quo pacto his utendo quam optima valetudine frui posset. Nam ei , qui ita se animadverteret , difficile aiebat esse , ut medicum invenireret , qui ad valetudinem conducentia magis se ipso dijudicaret. Si quis autem majora , quam pro sapientia humana , vellet assequi , consulebat ut divinationi operam daret. Etenim aiebat , eum qui sciret , quibus indiciis dii hominibus aliquid de negotiis significent , nunquam consilio divino destitutum fore.

CAPUT VIII.

Quod si quis ipsum , dicentem numen sibi præsignificare , quæ facienda essent , quæ non , mendacii de eo convictum fuisse propterea existimat , quod a judicibus morte multatus sit ; is primum velim consideret , illum jam tum eo ætatis provectum fuisse , ut si non id temporis , certe non multo post vita excessurus fuerit : deinde quod partem vitæ molestissimam , et in qua omnibus sit mentis quædam imminutio , reliquerit ; atque illius loco demonstrata fortitudine animæ gloriam consequutus sit , quum quidem causam suam supra omnes homines longe verissime , et inprimis ingenue justissimeque dixisset , et condemnationem ad mortem mitissime maximeque viriliter tulisset. Eteuim in confesso est , neminem unquam hominum , de quibus nos acceperimus , mortem pertulisse præclarius. Nam necesse erat ut a condemnatione dies adhuc triginta viveret , quod in illo mense Delia essent , ac lex vetaret quenquam publice prius interfici , quam Theororum cœtus ex Delo rediisset. Et hoc durante tempore familiaribus ipsius universis compertus fuit nihil de vivendi ratione pristina immutasse , quanquam profecto superiore tempore præ hominibus universis summæ ad-

μάλιστα ἐθαυμάζετο ἐπὶ τῷ εὐθύμως τε καὶ εὐκόλως ζῆν. (5) Καὶ πῶς ἄν τις κάλλιον ἢ οὕτως ἀποθάνοι; ἢ ποῖος ἂν εἴη θάνατος καλλίων ἢ ὃν ἂν κάλλιστά τις ἀποθάνοι; ποῖος δ᾽ ἂν γένοιτο θάνατος εὐδαιμονέστερος τοῦ καλλίστου; ἢ ποῖος θεοφιλέστερος τοῦ εὐδαιμονεστάτου; (3) Λέξω δὲ καὶ ἃ Ἑρμογένους τοῦ Ἱππονίκου ἤκουσα περὶ αὐτοῦ. Ἔφη γάρ, ἤδη Μελήτου γεγραμμένου αὐτὸν τὴν γραφήν, αὐτὸς ἀκούων αὐτοῦ πάντα μᾶλλον ἢ περὶ τῆς δίκης διαλεγομένου λέγειν αὐτῷ ὡς χρὴ σκοπεῖν ὅ,τι ἀπολογήσεται. Τὸν δὲ τὸ μὲν πρῶτον εἰπεῖν, Οὐ γὰρ δοκῶ σοι τοῦτο μελετῶν διαβεβιωκέναι; ἐπεὶ δὲ αὐτὸν ἤρετο, ὅπως, εἰπεῖν αὐτὸν ὅτι οὐδὲν ἄλλο ποιῶν διαγεγένηται ἢ διασκοπῶν μὲν τά τε δίκαια καὶ τὰ ἄδικα, πράττων δὲ τὰ δίκαια καὶ τῶν ἀδίκων ἀπεχόμενος· ἥνπερ νομίζοι καλλίστην μελέτην ἀπολογίας εἶναι. (6) Αὐτὸς δὲ πάλιν εἰπεῖν, Οὐχ ὁρᾷς, ὦ Σώκρατες, ὅτι οἱ Ἀθήνησι δικασταὶ πολλοὺς μὲν ἤδη μηδὲν ἀδικοῦντας λόγῳ παραχθέντες ἀπέκτειναν, πολλοὺς δὲ ἀδικοῦντας ἀπέλυσαν; Ἀλλὰ νὴ τὸν Δία, φάναι αὐτόν, ὦ Ἑρμόγενες, ἤδη μου ἐπιχειροῦντος φροντίσαι τῆς πρὸς τοὺς δικαστὰς ἀπολογίας ἠναντιώθη τὸ δαιμόνιον. (5) Καὶ αὐτὸς εἰπεῖν, Θαυμαστὰ λέγεις. Τὸν δέ, Θαυμάζεις, φάναι, εἰ τῷ θεῷ δοκεῖ βέλτιον εἶναι ἐμὲ τελευτᾶν τὸν βίον ἤδη; οὐκ οἶσθ᾽ ὅτι μέχρι μὲν τοῦδε τοῦ χρόνου ἐγὼ οὐδενὶ ἀνθρώπων ὑφείμην ἂν οὔτε βέλτιον οὔθ᾽ ἥδιον ἐμοῦ βεβιωκέναι· ἄριστα μὲν γὰρ οἶμαι ζῆν τοὺς ἄριστα ἐπιμελομένους τοῦ ὡς βελτίστους γίγνεσθαι, ἥδιστα δὲ τοὺς μάλιστα αἰσθανομένους ὅτι βελτίους γίγνονται. (7) Ἃ ἐγὼ μέχρι τοῦδε τοῦ χρόνου ᾐσθανόμην ἐμαυτῷ συμβαίνοντα καὶ τοῖς ἄλλοις ἀνθρώποις ἐντυγχάνων καὶ πρὸς τοὺς ἄλλους παραθεωρῶν ἐμαυτόν, οὕτω διατετέλεκα περὶ ἐμαυτοῦ γιγνώσκων. Καὶ οὐ μόνον ἐγώ, ἀλλὰ καὶ οἱ ἐμοὶ φίλοι οὕτως ἔχοντες περὶ ἐμοῦ διατελοῦσιν, οὐ διὰ τὸ φιλεῖν ἐμέ, καὶ γὰρ οἱ τοὺς ἄλλους φιλοῦντες οὕτως ἂν εἶχον πρὸς τοὺς ἑαυτῶν φίλους, ἀλλὰ διόπερ καὶ αὐτοὶ ἂν οἴονται ἐμοὶ συνόντες βέλτιστοι γίγνεσθαι. (8) Εἰ δὲ βιώσομαι πλείω χρόνον, ἴσως ἀναγκαῖον ἔσται τὰ τοῦ γήρως ἐπιτελεῖσθαι, καὶ ὁρᾶν τε καὶ ἀκούειν ἧττον, καὶ διανοεῖσθαι χεῖρον, καὶ δυσμαθέστερον καὶ ἐπιλησμονέστερον ἀποβαίνειν, καὶ ὧν πρότερον βελτίων ἦν, τούτων χείρω γίγνεσθαι. Ἀλλὰ μὴν ταῦτά γε μὴ αἰσθανομένῳ μὲν ἀβίωτος ἂν εἴη ὁ βίος, αἰσθανόμενον δὲ πῶς οὐκ ἀνάγκη χεῖρόν τε καὶ ἀηδέστερον ζῆν; (9) Ἀλλὰ μὴν εἴ γε ἀδίκως ἀποθανοῦμαι, τοῖς μὲν ἀδίκως ἐμὲ ἀποκτείνασιν αἰσχρὸν ἂν εἴη τοῦτο· εἰ γὰρ τὸ ἀδικεῖν αἰσχρόν ἐστι, πῶς οὐκ αἰσχρὸν καὶ τὸ ἀδίκως ὁτιοῦν ποιεῖν; ἐμοὶ δὲ τί αἰσχρὸν τὸ ἑτέρους μὴ δύνασθαι περὶ ἐμοῦ τὰ δίκαια μήτε γνῶναι μήτε ποιῆσαι; (10) Ὁρῶ δ᾽ ἔγωγε καὶ τὴν δόξαν τῶν προγεγονότων ἀνθρώπων ἐν τοῖς ἐπιγιγνομένοις οὐχ ὁμοίαν καταλειπομένην τῶν τε ἀδικησάντων καὶ τῶν ἀδικηθέντων. Οἶδα δὲ ὅτι καὶ ἐγὼ ἐπιμελείας τεύξομαι ὑπ᾽ ἀνθρώπων, καὶ ἐὰν νῦν ἀποθάνω, οὐχ ὁμοίως τοῖς ἐμὲ ἀποκτείνασιν. Οἶδα γὰρ ἀεὶ μαρτυρήσεσθαί μοι ὅτι ἐγὼ

mirationi erat, quod magna cum animi tranquillitate facilitateque viveret. Et qui possit aliquis honestius quam sic mori? quæ mors esse possit pulchrior, quam quæ ab aliquo pulcherrime obitur? quæ mors possit esse felicior, quam quæ pulcherrima sit? quæ diis acceptior, quam quæ felicissima? Dicam etiam quæ ex Hermogene, Hipponici filio, de ipso accepi. Nam aiebat, se, ubi audivisset illum a Melito jam accusatum de rebus omnibus potius disserere quam de sua causa, monuisse eum, id considerandum esse, quidnam sui defendendi causa proferret. Illum primo respondisse : An non tibi videor in hac meditatione pervixisse? Ipso vero quærente, Quo pacto? dixisse illum, nihil aliud perpetuo se fecisse, quam justa injustaque considerasse, justa quidem e consilio agentem, ab injustis vero abstinentem; quam sane meditationem defendendi sui pulcherrimam duceret. Tum se rursus dixisse : Non vides, mi Socrates, quod judices Athenis multos, qui nihil injuste perpetrassent, oratione a vero diducti interfecerint, item multos scelerum reos absolverint? At profecto, respondisse illum, quum modo conarer, mi Hermogenes, meditari defensionem ad judices, numen adversatum est mihi. Tum se dixisse : Mira refers. Illum autem, Miraris, subjecisse, deo videri potius esse, hoc me tempore vivendi finem facere? An nescis me ad hoc usque tempus nemini hominum concessisse, quod vel melius vel jucundius me vixisset? nam optime quidem arbitror illos vivere, qui optime dant operam, ut quam optimi fiant; jucundissime vero, qui maxime fieri se meliores sentiunt. Quæ ego hactenus evenire mihi animadverti; ac partim alios homines conveniens, partim me ipsum ad alios collatum inspiciens, sic de me semper statui. Neque tantum ego, sed amici etiam mei de me constanter ita sentiunt, qui fieri potest, ut non et qui alios amant, ita suos in amicos adfecti essent), sed quod se ipsos etiam ex consuetudine mea quam optimos existiment evadere. Quod si diutius vivam, fortasse necessarium erit ea confieri, quæ in senectutem cadunt, et minus audire, minus cernere, minus intelligentia valere, ineptiorem ad discendum reddi, magisque obliviosum, et in iis fieri deteriorem, in quibus antelac præstiteram. Atqui hæc accessisse non sentienti, esset ipsa vita minime vitalis ; sin sentiantur, qui fieri potest, ut non et pejus vivatur et injucundius? Enimvero si interficiar injuste, turpitudo ea in auctores mortis mea redundabit. Nam si turpe sit adficere aliquem injuria, quomodo non turpe sit injuste quicquam facere? Qui vero mihi sit turpe, quod alii de me neque cognoscere neque facere ea possint, quæ quidem justa sint? Video vero ex superiorum temporum hominibus non eandem posteris opinionem de se reliquisse qui injuriam fecerunt, et quibus facta fuit injuria. Studia quoque hominum, tamensi jam neci tradar, erga me futura scio plane alia, quam erga interfectores meos. Semper enim testimonium mihi

ἠδίκησα μὲν οὐδένα πώποτε ἀνθρώπων οὐδὲ χείρω ἐποίησα, βελτίους δὲ ποιεῖν ἐπειρώμην ἀεὶ τοὺς ἐμοὶ συνόντας. Τοιαῦτα μὲν πρὸς Ἑρμογένην τε διελέχθη καὶ πρὸς τοὺς ἄλλους. (11) Τῶν δὲ Σωκράτην γιγνωσκόντων οἷος ἦν οἱ ἀρετῆς ἐφιέμενοι πάντες ἔτι καὶ νῦν διατελοῦσι πάντων μάλιστα ποθοῦντες ἐκεῖνον, ὡς ὠφελιμώτατον ὄντα πρὸς ἀρετῆς ἐπιμέλειαν. Ἐμοὶ μὲν δὴ, τοιοῦτος ὢν οἷον ἐγὼ διήγημαι, εὐσεβὴς μὲν οὕτως ὥστε μηδὲν ἄνευ τῆς τῶν θεῶν γνώμης ποιεῖν, δίκαιος δὲ ὥστε βλάπτειν μὲν μηδὲ μικρὸν μηδένα, ὠφελεῖν δὲ τὰ μέγιστα τοὺς χρωμένους αὐτῷ, ἐγκρατὴς δὲ ὥστε μηδέποτε προαιρεῖσθαι τὸ ἥδιον ἀντὶ τοῦ βελτίονος, φρόνιμος δὲ ὥστε μὴ διαμαρτάνειν κρίνων τὰ βελτίω καὶ τὰ χείρω, μηδὲ ἄλλου προσδεῖσθαι, ἀλλ' αὐτάρκης εἶναι πρὸς τὴν τούτων γνῶσιν, ἱκανὸς δὲ καὶ λόγῳ εἰπεῖν τε καὶ διορίσασθαι τὰ τοιαῦτα, ἱκανὸς δὲ καὶ ἄλλους δοκιμάσαι τε καὶ ἁμαρτάνοντας ἐξελέγξαι καὶ προτρέψασθαι ἐπ' ἀρετὴν καὶ καλοκἀγαθίαν, ἐδόκει τοιοῦτος εἶναι οἷος ἂν εἴη ἄριστός τε ἀνὴρ καὶ εὐδαιμονέστατος. Εἰ δέ τῳ μὴ ἀρέσκει ταῦτα, παραβάλλων τὸ ἄλλων ἦθος πρὸς ταῦτα, οὕτω κρινέτω.

datum iri scio, quod neminem unquam hominum læserim neque deteriorem reddiderim; sed potius operam perpetuo dederim, ut familiares meos meliores efficerem. Hujusmodi sermonibus tum ad Hermogenem, tum ad alios disseruit. Quotquot autem ex iis, qui virtutis studiosi sunt, novere Socratem, hi omnes etiam nunc eum maximo cum desiderio expetunt, ut qui ad virtutis studium utilissimus fuerit. Mihi quidem, quum talis esset, qualem commemoravi, nimirum adeo pius, ut sine deorum consilio nihil faceret; adeo justus, ut nemini ne exigua quidem in re noceret, maxime prodesset autem iis qui eo uterentur; adeo temperans, ut nunquam id, quod jucundius esset, meliori anteponeret; adeo prudens, ut in melioribus ac pejoribus dijudicandis non erraret, neque alterius ad hoc opera egeret, sed ipse sibi ad horum cognitionem sufficeret; et oratione proferre ac definire res hujusmodi posset, atque etiam alios explorare, delinquentes arguere, ad virtutem ac pulchri bonique studium hortari: ejusmodi vir esse visus est, qualis esset optimus et felicissimus. Si cui vero hæc non probantur, is, comparatis alius cujuspiam ad hæc moribus, ita deinde judicium facito.

ΞΕΝΟΦΩΝΤΟΣ
ΑΠΟΛΟΓΙΑ ΣΩΚΡΑΤΟΥΣ
ΠΡΟΣ ΤΟΥΣ ΔΙΚΑΣΤΑΣ.

XENOPHONTIS
DEFENSIO SOCRATICA
AD JUDICES.

Σωκράτους δὲ ἄξιόν μοι δοκεῖ εἶναι μεμνῆσθαι καὶ ὡς ἐπειδὴ ἐκλήθη εἰς τὴν δίκην ἐβουλεύσατο περί τε τῆς ἀπολογίας καὶ τῆς τελευτῆς τοῦ βίου. Γεγράφασι μὲν οὖν περὶ τούτου καὶ ἄλλοι καὶ πάντες ἔτυχον τῆς μεγαληγορίας αὐτοῦ· ᾧ καὶ δῆλον ὅτι τῷ ὄντι οὕτως ἐρρήθη ὑπὸ Σωκράτους. Ἀλλ' ὅτι ἤδη ἑαυτῷ ἡγεῖτο αἱρετώτερον εἶναι τοῦ βίου τὸν θάνατον, τοῦτο οὐ διεσαφήνισαν· ὥστε ἀφρονεστέρα αὐτοῦ φαίνεται εἶναι ἡ μεγαληγορία. (2) Ἑρμογένης μέντοι ὁ Ἱππονίκου ἑταῖρός τε ἦν αὐτῷ καὶ ἐξήγγειλε περὶ αὐτοῦ τοιαῦτα ὥστε πρέπουσαν φαίνεσθαι τὴν μεγαληγορίαν αὐτοῦ τῇ διανοίᾳ. Ἐκεῖνος γὰρ ἔφη ὁρῶν αὐτὸν περὶ πάντων μᾶλλον διαλεγόμενον ἢ περὶ τῆς δίκης εἰπεῖν, (3) Οὐκ ἐχρῆν μέντοι σκοπεῖν, ὦ Σώκρατες, καὶ ὅ,τι ἀπολογήσῃ; τὸν δὲ τὸ μὲν πρῶτον ἀποκρίνασθαι, Οὐ δοκῶ σοι ἀπολογεῖσθαι μελετῶν διαβεβιωκέναι; ἐπεὶ δ' αὐτὸν ἐρέσθαι, Πῶς; Ὅτι οὐδὲν ἄδικον διαγεγένημαι ποιῶν· ἥνπερ νομίζω μελέτην εἶναι καλλίστην ἀπολογίας. (4) Ἐπεὶ δὲ αὐτὸν πάλιν λέγειν, Οὐχ ὁρᾷς ὡς Ἀθηναίων δικαστήρια ὡς πολλάκις μὲν οὐδὲν ἀδικοῦντας λόγῳ παραχθέντες ἀπέκτειναν, πολλάκις δὲ ἀδικοῦντας

Operæ pretium esse duco, ejus quoque mentionem a me fieri, quo pacto Socrates, quum in judicium vocatus esset, tam de purgatione sui, quam de exitu vitæ consultarit. De quo quidem et alii perscripserunt, et omnes magniloquentiam ejus sunt assequuti; unde patet, re vera Socratem sic fuisse loquutum. Non tamen declararunt, quod jam nortem sibi vitæ præferendam duxerit; quo fit, ut illa verborum magnificentia minus prudens fuisse videatur. Hermogenes autem, Hipponici filius, familiaris erat Socrati, et de eo talia protulit; ut illa magniloquentia videatur ejus consilio recte convenisse. Nam is, quum videret ipsum de quavis alia re potius, quam de causa sua disserere, dixisse se ait: Nonne par erat, mi Socrates, ut considerares etiam, qua tibi utendum sit defensione? Tum illum primo respondisse: Nonne tibi videor, vitæ cursum peregisse defensionem meditans? Rogasse deinde se: Qui sic? Quod nihil iniqui unquam in vita perpetraverim, quam defensionis meditationem honestissimam esse arbitror. Quumque ipse rursum dixisset: An non vides in Atheniensium judiciis sæpe judices oratione adductos interfecisse insontes; sæpe vero sontes, quum vel

ἢ ἐκ τοῦ λόγου οἰκτίσαντες ἢ ἐπιχαρίτως εἰπόντας ἀπέλυσαν; Ἀλλὰ ναὶ μὰ Δία, φάναι αὐτὸν, καὶ δὶς ἤδη ἐπιχειρήσαντός μου σκοπεῖν περὶ τῆς ἀπολογίας ἐναντιοῦταί μοι τὸ δαιμόνιον. (5) Ὡς δὲ αὐτὸν εἰπεῖν, Θαυμαστὰ λέγεις, τὸν δ' αὖ ἀποκρίνασθαι, Ἦ θαυμαστὸν νομίζεις εἰ καὶ τῷ θεῷ δοκεῖ ἐμὲ βέλτιον εἶναι ἤδη τελευτᾶν; οὐκ οἶσθα ὅτι μέχρι μὲν τοῦδε οὐδενὶ ἀνθρώπων ὑφείμην ἂν βέλτιον ἐμοῦ βεβιωκέναι; ὅπερ γὰρ ἥδιστόν ἐστιν, ᾔδειν ὁσίως μοι καὶ δικαίως ἅπαντα τὸν βίον βεβιωμένον· ὥστε ἰσχυρῶς ἀγάμενος ἐμαυτὸν ταὐτὰ εὕρισκον καὶ τοὺς ἐμοὶ συγγιγνομένους γιγνώσκοντας περὶ ἐμοῦ. (6) Νῦν δὲ εἰ ἔτι προβήσεται ἡ ἡλικία, οἶδ' ὅτι ἀνάγκη ἔσται τὰ τοῦ γήρως ἀποτελεῖσθαι καὶ ὁρᾶν τε χεῖρον καὶ ἀκούειν ἧσσον καὶ δυσμαθέστερον εἶναι καὶ ὧν ἔμαθον ἐπιλησμονέστερον. Ἢν δὲ αἰσθάνωμαι χείρων γιγνόμενος καὶ καταμέμφωμαι ἐμαυτὸν, πῶς ἂν, εἰπεῖν, ἐγὼ ἔτι ἂν ἡδέως βιοτεύοιμι; (7) Ἴσως δέ τοι, φάναι αὐτὸν, καὶ ὁ θεὸς δι' εὐμένειαν προξενεῖ μοι οὐ μόνον τὸ ἐν καιρῷ τῆς ἡλικίας καταλῦσαι τὸν βίον, ἀλλὰ καὶ τὸ ᾖ ῥᾷστα. Ἢν γὰρ νῦν κατακριθῇ μου, δῆλον ὅτι ἐξέσται μοι τῇ τελευτῇ χρῆσθαι ᾗ ῥᾴστη μὲν ὑπὸ τῶν τούτου ἐπιμεληθέντων κέκριται, ἀπραγμονεστάτη δὲ τοῖς φίλοις, πλεῖστον δὲ πόθον ἐμποιοῦσα τοῦ τελευτῶντος. Ὅταν γὰρ ἀσχημον μὲν μηδὲν μηδὲ δυσχερὲς ἐν ταῖς γνώμαις τῶν παρόντων καταλείπηται, ὑγιὲς δὲ τὸ σῶμα ἔχων καὶ τὴν ψυχὴν δυναμένην φιλοφρονεῖσθαι ἀπομαραίνηται, πῶς οὐκ ἀνάγκη τοῦτον ποθεινὸν εἶναι; (8) Ὀρθῶς δὲ οἱ θεοὶ τότε μου ἠναντιοῦντο, φάναι αὐτὸν, τῇ τοῦ λόγου ἐπισκέψει ὅτε ἐδόκει ἡμῖν ζητητέα εἶναι ἐκ παντὸς τρόπου τὰ ἀποφευκτικά. Εἰ γὰρ τοῦτο διεπραξάμην, δῆλον ὅτι ἡτοιμασάμην ἂν ἀντὶ τοῦ ἤδη λῆξαι τοῦ βίου ἢ νόσοις ἀλγυνόμενος τελευτῆσαι ἢ γήρᾳ, εἰς ὃ πάντα τὰ χαλεπὰ συρρεῖ καὶ μάλα ἔρημα εὐφροσυνῶν. (9) Μὰ Δί', εἰπεῖν αὐτὸν, ὦ Ἑρμόγενες, ἐγὼ ταῦτα οὐδὲ προθυμήσομαι, ἀλλ' ὅσων νομίζω τετυχηκέναι καλῶν καὶ παρὰ θεῶν καὶ παρ' ἀνθρώπων, καὶ ἣν ἐγὼ δόξαν ἔχω περὶ ἐμαυτοῦ, ταύτην ἀναφαίνων εἰ βαρύνω τοὺς δικαστὰς, αἱρήσομαι τελευτᾶν μᾶλλον ἢ ἀνελευθέρως τὸ ζῆν ἔτι προσαιτῶν, κερδᾶναι τὸν πολὺ χείρω βίον ἀντὶ θανάτου. (10) Οὕτω δὲ γνόντα αὐτὸν ἔφη, ἐπειδὴ κατηγόρησαν αὐτοῦ οἱ ἀντίδικοι ὡς οὓς μὲν ἡ πόλις νομίζει θεοὺς οὐ νομίζοι, ἕτερα δὲ καινὰ δαιμόνια εἰσφέροι καὶ τοὺς νέους διαφθείροι, παρελθόντα εἰπεῖν, (11) Ἀλλ' ἐγὼ, ὦ ἄνδρες, τοῦτο μὲν πρῶτον θαυμάζω Μελήτου ὅτῳ ποτὲ γνοὺς λέγει ὡς τοὺς ἣ πόλις νομίζει θεοὺς οὐ νομίζω· ἐπεὶ θύοντά γέ με ἐν ταῖς κοιναῖς ἑορταῖς καὶ ἐπὶ τῶν δημοσίων βωμῶν καὶ οἱ ἄλλοι οἱ παρατυγχάνοντες ἑώρων καὶ αὐτὸς Μέλητος, εἰ ἠβούλετο. (12) Καινά γε μὴν δαιμόνια πῶς ἂν ἐγὼ εἰσφέροιμι λέγων ὅτι θεοῦ μοι φωνὴ φαίνεται σημαίνουσα ὅ,τι χρὴ ποιεῖν; καὶ γὰρ οἱ φθόγγοις οἰωνῶν καὶ οἱ φήμαις ἀνθρώπων χρώμενοι φωναῖς δήπου τεκμαίρονται. Βροντὰς δὲ ἀμφιλέξει τις ἢ μὴ φωνεῖν ἢ μὴ μέ-

oratione commiserationem movissent, vel magna cum gratia causam egissent, absolvisse? At mihi profecto, dixisse illum, bis jam conanti de purgatione considerare, numen adversatur. Hic quum ipse diceret, mira quædam ab eo proferri : respondisse illum, Tune mirandum putas, si etiam deo videatur præstare, ut jam moriar? An nescis nulli me hominum ad hunc usque diem concessisse, quod melius me vixisset? nam, quod jucundissimum est, sciebam vitam a me omnem sancte ac juste transactam : adeo ut et valde me ipsum admirarer, et animadverterem etiam familiares meos idem de me sentire. At si nunc ætas mea progrediatur ulterius, scio necessarium esse, ut quæ senectutis sunt, eveniant; nimirum ut pejus videam, minus audiam, ad discendum minus idoneus sim, eorum vero, quæ didicerim, facilius obliviscar. Jam si animadverteram, deteriorem me fieri, et mihi ipse succenseam : qui dicere possim, me jucunde vivere? Fortassis vero, inquit, deus ipse hoc mihi quædam ex benignitate præstat, ut non solum opportuno ætatis tempore vivendi finem faciam, sed etiam quam facillime. Nam si modo condemnatus fuero, patet, posse me uti mortis genere, quod lenissimum esse judicatum sit ab iis, quibus hoc curæ fuit, minimumque negotii sit exhibiturum amicis, ac morientis maximum indat desiderium. Quippe quum nihil indecori, neque offensionis aliquid in animis eorum, qui adsunt, relinquitur; et ita quispiam existinguitur, ut et sanum habeat corpus, et animum qui grate affici possit : qui non necesse est, ut hic sit desiderabilis? Recte autem dii tunc adversabantur, inquit, cogitationibus meis, quam nobis videren tur omni modo effugiendi rationes esse quærendæ. Nam si hoc perfecissem, nimirum comparassem mihi, ut pro eo quod nunc e vita excedendum est, vel morbis excruciatus ipsam clauderem, vel senectute, ad quam omnia molesta, planeque gaudii expertia confluunt. Equidem, mi Hermogenes, inquit, hæc profecto non expetiam : sed si ea commemorans, quæ consequutum me præclara tum a diis tum ab hominibus puto, quæque mea sit de me ipso opinio, gravis judicibus ero, mortem potius eligam, quam ut, parum ingenue vitam longiorem emendicando, pro morte vitam multo deteriorem lucrer. At illum ita statuentem tradit dixisse, quum jam accusassent eum adversarii, quod quos civitas pro diis haberet, ipse non haberet, aliosque Deos novos introduceret, ac juventutem corrumperet, tunc, inquam, prodeuntem dixisse : Ego vero, o viri, primum hoc miror, unde unquam Melitus hoc animadverterit, quod ait me, quos deos existimet civitas, non existimare : nam sacrificantem me communibus festis, et in aris publicis; tum alii præsentes videbant, tum Melitus ipse, si quidem voluit. Nova vero numina quo pacto ego introducerem, dum dico, dei quidem vocem mihi obversari, denuntiantem quid sit agendum? Nam qui gannitu avium, et hominum utuntur ominibus, ex vocibus certe conjecturas sumunt. De tonitruis an aliquis dubitet, num vocem edant,

γιστον οἰωνιστήριον εἶναι; ἡ δὲ Πυθοῖ ἐν τῷ τρίποδι ἱέρεια οὐ καὶ αὐτὴ φωνῇ τὰ παρὰ τοῦ θεοῦ διαγγέλλει; (13) Ἀλλὰ μέντοι καὶ τὸ προειδέναι γε τὸν θεὸν τὸ μέλλον, καὶ τὸ προσημαίνειν ᾧ βούλεται, καὶ τοῦτο, ὥσπερ ἐγώ φημι, οὕτω πάντες καὶ λέγουσι καὶ νομίζουσιν. Ἀλλ' οἱ μὲν οἰωνούς τε καὶ φήμας καὶ συμβόλους τε καὶ μάντεις ὀνομάζουσι τοὺς προσημαίνοντας εἶναι, ἐγὼ δὲ τοῦτο δαιμόνιον καλῶ καὶ οἶμαι οὕτως ὀνομάζων καὶ ἀληθέστερα καὶ ὁσιώτερα λέγειν τῶν τοῖς ὄρνισιν ἀνατιθέντων τὴν τῶν θεῶν δύναμιν. Ὥς γε μὴν οὐ ψεύδομαι κατὰ τοῦ θεοῦ καὶ τοῦτ' ἔχω τεκμήριον· καὶ γὰρ τῶν φίλων πολλοῖς δὴ ἐξαγγείλας τὰ τοῦ θεοῦ συμβουλεύματα οὐδεπώποτε ψευσάμενος ἐφάνην. (14) Ἐπεὶ δὲ ταῦτα ἀκούοντες οἱ δικασταὶ ἐθορύβουν, οἱ μὲν ἀπιστοῦντες τοῖς λεγομένοις οἱ δὲ καὶ φθονοῦντες εἰ καὶ παρὰ θεῶν μειζόνων ἢ αὐτοὶ τυγχάνοι, πάλιν εἰπεῖν τὸν Σωκράτην, Ἄγε δὴ ἀκούσατε καὶ ἄλλα, ἵνα ἔτι μᾶλλον οἱ βουλόμενοι ὑμῶν ἀπιστῶσι τῷ ἐμὲ τετιμῆσθαι ὑπὸ δαιμόνων. Χαιρεφῶντος γάρ ποτε ἐπερωτῶντος ἐν Δελφοῖς περὶ ἐμοῦ πολλῶν παρόντων ἀνεῖλεν ὁ Ἀπόλλων μηδένα εἶναι ἀνθρώπων ἐμοῦ μήτε ἐλευθεριώτερον μήτε δικαιότερον μήτε σωφρονέστερον. (15) Ὡς δ' αὖ ταῦτ' ἀκούσαντες οἱ δικασταὶ ἔτι μᾶλλον ἐθορύβουν εἰκότως, αὖθις εἰπεῖν τὸν Σωκράτην, Ἀλλὰ μείζω μέν, ὦ ἄνδρες, εἶπεν ὁ θεὸς ἐν χρησμοῖς περὶ Λυκούργου τοῦ Λακεδαιμονίοις νομοθετήσαντος ἢ περὶ ἐμοῦ. Λέγεται γὰρ εἰς τὸν ναὸν εἰσιόντα προσειπεῖν αὐτόν, Φροντίζω πότερα θεόν σε εἴπω ἢ ἄνθρωπον. Ἐμὲ δὲ θεῷ μὲν οὐκ εἴκασεν, ἀνθρώπων δὲ πολλῶν προέκρινεν ὑπερέχειν. Ὅμως δὲ ὑμεῖς μηδὲ ταῦτα εἰκῇ πιστεύσητε τῷ θεῷ, ἀλλὰ καθ' ἓν ἕκαστον ἐπισκοπεῖτε ὧν εἶπεν ὁ θεός. (16) Τίνα μὲν γὰρ ἐπίστασθε ἧσσον ἐμοῦ δουλεύοντα ταῖς τοῦ σώματος ἐπιθυμίαις; τίνα δὲ ἀνθρώπων ἐλευθεριώτερον, ὃς παρ' οὐδενὸς οὔτε δῶρα οὔτε μισθὸν δέχομαι; δικαιότερον δὲ τίνα ἂν εἰκότως νομίσαιτε τοῦ πρὸς τὰ παρόντα συνηρμοσμένου, ὡς τῶν ἀλλοτρίων μηδενὸς προσδεῖσθαι; σοφὸν δὲ πῶς οὐκ ἂν τις εἰκότως ἄνδρα φήσειεν εἶναι ὃς ἐξ ὅτουπερ ξυνιέναι τὰ λεγόμενα ἠρξάμην οὐπώποτε διέλιπον καὶ ζητῶν καὶ μανθάνων ὅ,τι ἐδυνάμην ἀγαθόν; (17) ὡς δὲ οὐ μάτην ἐπόνουν οὐ δοκεῖ ὑμῖν καὶ τάδε τεκμήρια εἶναι, τὸ πολλοὺς μὲν πολίτας τῶν ἀρετῆς ἐφιεμένων, πολλοὺς δὲ ξένων, ἐκ πάντων προαιρεῖσθαί ἐμοὶ ξυνεῖναι; Ἐκείνου δὲ τί φήσομεν αἴτιον εἶναι, τοῦ πάντας εἰδέναι ὅτι ἐγὼ ἥκιστα ἔχοιμι χρήματα ἀντιδιδόναι, ὅμως πολλοὺς ἐπιθυμεῖν ἐμοί τι δωρεῖσθαι; τὸ δ' ἐμὲ μὲν μηδ' ὑφ' ἑνὸς ἀπαιτεῖσθαι εὐεργεσίαν, ἐμοὶ δὲ πολλοὺς ὁμολογεῖν χάριτας ὀφείλειν; (18) τὸ δ' ἐν τῇ πολιορκίᾳ τοὺς μὲν ἄλλους οἰκτείρειν ἑαυτούς, ἐμὲ δὲ μηδὲν ἀπορώτερον διάγειν ἢ ὅτε τὰ μάλιστα ἡ πόλις εὐδαιμόνει; τὸ δὲ τοὺς ἄλλους μὲν τὰς εὐπαθείας ἐκ τῆς ἀγορᾶς πολυτελεῖς πορίζεσθαι, ἐμὲ δὲ ἐκ τῆς ψυχῆς ἄνευ δαπάνης ἡδίους ἐκείνων μηχανᾶσθαι; Εἴ γε μὴν ὅσα εἴρηκα περὶ ἐμαυτοῦ, μηδεὶς δύναιτ' ἂν ἐξελέγξαι με ὡς ψεύδομαι, πῶς οὐκ ἂν ἤδη δικαίως καὶ ὑπὸ θεῶν καὶ ὑπ' ἀνθρώπων

vel non maximum sint augurium? Sacerdos item in tripode Pythia nonne et ipsa voce, quæ habet a deo, enuntiat? Enimvero deum futuri præscium esse, ac significare futura cui velit, omnes haud aliter atque ego, tum dicunt tum existimant. Sed alii auguria, et omina, et conjectores, et vates appellant eos, qui futura significant : ego vero numen hoc appello, meque arbitror, dum sic voco, veriora magisque pia dicere, quam ii, qui avibus divinam potestatem attribuunt. Atque non mentiri me contra deum, hoc etiam habeo argumentum : nam licet amicis plerisque consulta numinis enuntiaverim, nunquam tamen mendax sum visus. Hæc ubi judices audientes tumultuarentur, quia partim dictis fidem non haberent, partim inviderent ei, quod consequeretur a diis majora quam ipsi ; rursum dixisse Socratem : Age vero alia quoque audite, ut magis etiam ex vobis illi, qui volent, divinitus honorem mihi tributum non credant. Nam quum Chærephon aliquando Delphis oraculum de me sciscitaretur in multorum præsentia, respondit Apollo, neminem hominum esse me vel liberaliorem, vel justiorem, vel prudentiorem. Posteaquam his etiam auditis judices magis tumultuarentur, ut par erat, rursus dixisse Socratem : Atqui majora, o viri, deus ille de Lycurgo, qui Lacedæmoniis leges tulit, quam de me, oraculis prodidit. Fertur enim eum ingredientem fanum sic allocutus esse : Cogito equidem, num te deum appellem, an hominem. Me vero deo quidem non comparavit, sed hominibus tamen plurimum præstare censuit. Nihilominus vos ne in his quidem deo temere fidem habueritis, sed singilatim ea quæ deus prodidit, considerate. Quem enim minus me cupiditatibus corporis servire nostis ? quem esse liberaliorem me qui a nemine nec munera, nec mercedem accipiam? quem vero justiorem merito existimetis eo, qui ad præsentia semet accommodat, ut alienæ rei nullius egeat? Et sapientem virum quis merito non dixerit me, qui, ex quo tempore intelligere quæ dicebantur cœpi, nunquam intermiserim tum inquirere, tum discere, quicquid boni possem? At minime frustra me laborasse, an non et illa vobis argumento esse videntur, quod multi cives ex iis qui virtutis studiosi sunt, multi etiam exteri, mea consuetudine præ omnibus uti maluerint? Quid esse dicemus in causa, quod quum omnes norint, minime mihi facultates esse ad remunerandum, nihilominus multi cupiant aliquid mihi donare? quod a me nemo beneficium reposcit, quum complures se mihi gratias debere fateantur? quod in obsidione suam deplorabant sortem alii, quum ego degerem tum nihilo indigentior, quam quum maxime beata civitas esset? quod alii delicias e foro ingenti pretio mercantur, ego sine sumptu suaviores illis ex animo mihi comparo? Quod si nemo in iis, quæcunque de me ipso dixi, redarguere mendacii me potest : cur non merito tum a diis tum

ἐπαινοίμην; (19) Ἀλλ' ὅμως σύ με φῂς, ὦ Μέλητε, τοιαῦτα ἐπιτηδεύοντα τοὺς νέους διαφθείρειν; καίτοι ἐπιστάμεθα μὲν δήπου τίνες εἰσὶ νέων διαφθοραί· σὺ δ' εἰπὲ εἴ τινα οἶσθα ὑπ' ἐμοῦ γεγενημένον ἢ ἐξ εὐσεβοῦς ἀνόσιον ἢ ἐκ σώφρονος ὑβριστὴν ἢ ἐξ εὐδιαίτου πολυδάπανον ἢ ἐκ μετριοπότου οἰνόφλυγα ἢ ἐκ φιλοπόνου μαλακὸν ἢ ἄλλης πονηρᾶς ἡδονῆς ἡσσημένον. (20) Ἀλλὰ ναὶ μὰ Δία, ἔφη ὁ Μέλητος, ἐκείνους οἶδα οὓς σὺ πέπεικας σοὶ πείθεσθαι μᾶλλον ἢ τοῖς γειναμένοις. Ὁμολογῶ, φάναι τὸν Σωκράτην, περί γε παιδείας· τοῦτο γὰρ ἴσασιν ἐμοὶ μεμεληκός. Περὶ δὲ ὑγιείας τοῖς ἰατροῖς μᾶλλον οἱ ἄνθρωποι πείθονται ἢ τοῖς γονεῦσι, καὶ ἐν ταῖς ἐκκλησίαις γε πάντως οἱ Ἀθηναῖοι πάντες δήπου τοῖς φρονιμώτατα λέγουσι πείθονται μᾶλλον ἢ τοῖς προσήκουσιν. Οὐ γὰρ δὴ καὶ στρατηγοὺς αἱρεῖσθε καὶ πρὸ πατέρων καὶ ἀδελφῶν, καὶ ναὶ μὰ Δία γε ὑμεῖς πρὸ ὑμῶν αὐτῶν, οὓς ἂν ἡγῆσθε περὶ τῶν πολεμικῶν φρονιμωτάτους εἶναι; Οὕτω γάρ, φάναι τὸν Μέλητον, ὦ Σώκρατες, καὶ συμφέρει καὶ νομίζεται. (21) Οὔκουν, εἰπεῖν τὸν Σωκράτην, θαυμαστὸν καὶ τοῦτό σοι δοκεῖ εἶναι, τὸ ἐν μὲν ταῖς ἄλλαις πράξεσι μὴ μόνον ἰσομοιρίας τυγχάνειν τοὺς κρατίστους, ἀλλὰ καὶ προτετιμῆσθαι, ἐμὲ δέ, ὅτι περὶ τοῦ μεγίστου ἀγαθοῦ ἀνθρώποις, περὶ παιδείας, βέλτιστος εἶναι ὑπό τινων προκρίνομαι, τούτου ἕνεκα θανάτου ὑπὸ σοῦ διώκεσθαι;

22. Ἐρρήθη μὲν δῆλον ὅτι τούτων πλείονα ὑπό τε αὐτοῦ καὶ τῶν συναγορευόντων φίλων αὐτῷ. Ἀλλ' ἐγὼ οὐ τὰ πάντα εἰπεῖν τὰ ἐκ τῆς δίκης ἐσπούδασα, ἀλλ' ἤρκεσέ μοι δηλῶσαι ὅτι Σωκράτης τὸ μὲν μήτε περὶ θεοὺς ἀσεβῆσαι μήτε περὶ ἀνθρώπους ἄδικος φανῆναι περὶ παντὸς ἐποιεῖτο· (23) τὸ δὲ μὴ ἀποθανεῖν οὐκ ᾤετο λιπαρητέον εἶναι, ἀλλὰ καὶ καιρὸν ἤδη ἐνόμιζεν ἑαυτῷ τελευτᾶν. Ὅτι δὲ οὕτως ἐγίγνωσκε καταδηλότερον ἐγίγνετο, ἐπειδὴ ἡ δίκη κατεψηφίσθη. Πρῶτον μὲν γὰρ κελευόμενος ὑποτιμᾶσθαι οὔτε αὐτὸς ὑπετιμήσατο οὔτε τοὺς φίλους εἴασεν, ἀλλὰ καὶ ἔλεγεν ὅτι τὸ ὑποτιμᾶσθαι ὁμολογοῦντος εἴη ἀδικεῖν. Ἔπειτα τῶν ἑταίρων ἐκκλέψαι βουλομένων αὐτὸν οὐκ ἐφείπετο, ἀλλὰ καὶ ἐπισκώψαι ἐδόκει, ἐρόμενος εἴ που εἰδεῖέν τι χωρίον ἔξω τῆς Ἀττικῆς ἔνθα οὐ προσβατὸν θανάτῳ.

24. Ὡς δὲ τέλος εἶχεν ἡ δίκη, εἰπεῖν αὐτόν, Ἀλλ', ὦ ἄνδρες, τοὺς μὲν διδάσκοντας τοὺς μάρτυρας ὡς χρὴ ἐπιορκοῦντας καταψευδομαρτυρεῖν ἐμοῦ καὶ τοὺς πειθομένους τούτοις ἀνάγκη ἐστὶ πολλὴν ἑαυτοῖς συνειδέναι ἀσέβειαν καὶ ἀδικίαν· ἐμοὶ δὲ τί προσήκει νῦν μεῖον φρονεῖν ἢ πρὶν κατακριθῆναι, μηδὲν ἐλεγχθέντι ὡς πεποίηκά τι ὧν ἐγράψατό με; οὔτε γὰρ ἔγωγε ἀντὶ Διὸς καὶ Ἥρας καὶ τῶν σὺν τούτοις θεῶν οὔτε θύων τισὶ καινοῖς δαίμοσιν οὔτε ὀμνὺς οὔτε νομίζων ἄλλους θεοὺς ἀναπέφηνα. (25) Τούς γε μὴν νέους πῶς ἂν διαφθείροιμι, καρτερίαν καὶ εὐτέλειαν προσεθίζων; ἐφ' οἷς γε μὴν ἔργοις κεῖται θάνατος ἡ ζημία, ἱεροσυλίᾳ, τοιχωρυχίᾳ, ἀνδραποδίσει, πόλεως προδοσίᾳ, οὐδ' αὐτοὶ οἱ ἀντίδικοι τούτων πρᾶξαί τι κατ' ἐμοῦ φασιν· ὥστε

ab hominibus lauder? Sed nihilominus dicis tu, Melite, me his utentem institutis corrumpere juvenes? Atqui novimus certe, quæ juvenum corruptelæ sunt. Tu dicito, an quem per me scias ex me religioso impium, vel ex modesto petulantem, vel ex frugi sumptuosum, vel ex sobrio vinosum, vel ex laborum tolerante mollem factum, vel ab alia voluptate prava superatum. At ego profecto, ait Melitus, novi eos, qui abs te persuasi sunt, ut tibi magis obtemperarent, quam parentibus. Equidem hoc, inquit Socrates, de institutione fateor. Sciunt enim, hanc meam fuisse curam. De valetudine vero medicis potius homines, quam parentibus obtemperant; et in concionibus omnino Athenienses universi potius iis qui prudentissime dicunt, quam necessariis suis parent. An non in delectu imperatorum et parentibus vestris, et fratribus, adeoque hercle vobis ipsis anteferris eos, quos existimatis rerum bellicarum peritissimos esse? Nimirum, o Socrates, inquit Melitus, et expedit ita, et usu receptum est. An non igitur, subjecit Socrates, mirum hoc tibi videtur esse, quod quum in actionibus ceteris praestantissimi quique non solum pares aliis sunt, sed etiam praeferantur; ego quia maximo in hominum bono, quod institutionis est, quorundam opinione ceteris praestare judicer, capitis abs te accuser?

Fuerunt autem plura scilicet his dicta, quum ab ipso jam ab amicis, qui ejus causae patrocinabantur. Mihi vero non omnia recensere, quae in judicio fuere dicta, studio fuit : sed satis habui ostendere, Socratem nihil fecisse pluris, quam quod nec in deos impium, nec in homines injustum se gessisse videretur. Quominus autem morte afficeretur, minime sibi deprecandum putabat; adeoque sibi jam opportunum esse moriendi tempus arbitrabatur. Eum vero ita sensisse, magis patuit, postquam judicio condemnatus fuit. Primum enim jussus multam exsolvere, neque de suo eam solvit, neque amicos passus est, immo dicebat, multae solutionem ejus esse, qui se injuste fecisse fateretur. Deinde quum familiares eum surripere vellent, non obsequebatur: immo ridere illos videbatur, dum quaereret, ecquem alicubi locum extra Atticam scirent, quo mors non posset accedere?

Ut judicio finis impositus est, dixisse illum : Necesse est eos, o viri, qui testes docuerunt, ut pejerando falsum adversus me testimonium dicerent, una cum illis, qui paruerunt, magnae sibi tum impietatis tum injustitiae conscios esse. Me vero cur animo dejectiore nunc esse conveniat, quam ante condemnationem, quum non sim convictus, quidquam eorum fecisse, ob quae ille me accusavit? Nec enim pro Jove, Junone, et diis praeter hos ceteris, vel ad sacra novis aliquibus diis fecisse, aut alios deos jurasse, aut denique nominasse compertum est. Juvenes autem quo pacto corrumperem, ad tolerantiam et frugalitatem eos assuefaciens? Quibus vero facinoribus mors in poenam constituta est, ut sunt sacrilegia, parietum perfossiones, plagium, urbis proditio; eorum aliquid a me factum esse, ne ipsi qui-

ΑΠΟΛΟΓΙΑ ΣΩΚΡΑΤΟΥΣ.

θαυμαστὸν ἔμοιγε δοκεῖ εἶναι ὅπως ποτὲ ἐφάνη ὑμῖν τοῦ θανάτου ἔργον ἄξιον ἐμοὶ εἰργασμένον. (26) Ἀλλ' οὐδὲ μέντοι ὅτι ἀδίκως ἀποθνήσκω, διὰ τοῦτο μεῖον φρονητέον. Οὐ γὰρ ἐμοὶ ἀλλὰ τοῖς καταγνοῦσι τοῦτο αἰσχρόν ἐστι. Παραμυθεῖται δ' ἔτι με καὶ Παλαμήδης ὁ παραπλησίως ἐμοὶ τελευτήσας· ἔτι γὰρ καὶ νῦν πολὺ καλλίους ὕμνους παρέχεται Ὀδυσσέως τοῦ ἀδίκως ἀποκτείναντος αὐτόν. Οἶδ' ὅτι καὶ ἐμοὶ μαρτυρήσεται ὑπό τε τοῦ ἐπιόντος καὶ ὑπὸ τοῦ παρεληλυθότος χρόνου ὅτι ἠδίκησα μὲν οὐδένα πώποτε οὐδὲ πονηρότερον ἐποίησα, εὐεργέτουν δὲ τοὺς ἐμοὶ διαλεγομένους προῖκα διδάσκων ὅ,τι ἐδυνάμην ἀγαθόν. (27) Εἰπὼν δὲ ταῦτα μάλα ὁμολογουμένως δὴ τοῖς εἰρημένοις ἀπῄει καὶ ὄμμασι καὶ σχήματι καὶ βαδίσματι φαιδρός. Ὡς δὲ ᾔσθετο ἄρα τοὺς παρεπομένους δακρύοντας, Τί τοῦτο; εἰπεῖν αὐτόν, ἢ ἄρτι δακρύετε; οὐ γὰρ πάλαι ἴστε ὅτι ἐξ ὅτουπερ ἐγενόμην κατεψηφισμένος ἦν μου ὑπὸ τῆς φύσεως ὁ θάνατος; ἀλλὰ μέντοι εἰ μὲν ἀγαθῶν ἐπιρρεόντων προαπόλλυμαι, δῆλον ὅτι ἐμοὶ καὶ τοῖς ἐμοῖς εὐνοις λυπητέον· εἰ δὲ χαλεπῶν προσδοκωμένων καταλύω τὸν βίον, ἐγὼ μὲν οἶμαι ὡς εὐπραγοῦντος ἐμοῦ πᾶσιν ὑμῖν εὐθυμητέον εἶναι. (28) Παρὼν δέ τις Ἀπολλόδωρος, ἐπιθυμητὴς μὲν ἰσχυρῶς αὐτοῦ, ἄλλως δ' εὐήθης, εἶπεν, Ἀλλὰ τοῦτο ἔγωγε, ὦ Σώκρατες, χαλεπώτατα φέρω ὅτι ὁρῶ σε ἀδίκως ἀποθνήσκοντα. Τὸν δὲ λέγεται καταψήσαντα αὐτοῦ τὴν κεφαλὴν εἰπεῖν, Σὺ δέ, ὦ φίλτατε Ἀπολλόδωρε, μᾶλλον ἂν ἐβούλου με ὁρᾶν δικαίως ἢ ἀδίκως ἀποθνήσκοντα; καὶ ἅμα ἐπιγελάσαι. (29) Λέγεται δὲ καὶ Ἄνυτον παριόντα ἰδὼν εἰπεῖν, Ἀλλ' ὁ μὲν ἀνὴρ ὅδε κυδρός, ὡς μέγα τι καὶ καλὸν διαπεπραγμένος, εἰ ἀπέκτονέ με, ὅτι αὐτὸν τῶν μεγίστων ὑπὸ τῆς πόλεως ὁρῶν ἀξιούμενον οὐκ ἔφην χρῆναι τὸν υἱὸν περὶ βύρσας παιδεύειν. Ὡς μοχθηρὸς οὗτος, ἔφη, ὃς οὐκ ἔοικεν εἰδέναι ὅτι ὁπότερος ἡμῶν καὶ συμφορώτερα καὶ καλλίω εἰς τὸν ἀεὶ χρόνον διαπέπρακται, οὗτός ἐστι καὶ ὁ νικῶν. (30) Ἀλλὰ μέντοι, φάναι αὐτόν, ἀνέθηκε μὲν καὶ Ὅμηρος ἔστιν οἷς τῶν ἐν καταλύσει τοῦ βίου προγιγνώσκειν τὰ μέλλοντα, βούλομαι δὲ καὶ ἐγὼ χρησμῳδῆσαί τι. Συνεγενόμην γάρ ποτε βραχέα τῷ Ἀνύτου υἱῷ, καὶ ἔδοξέ μοι οὐκ ἄρρωστος τὴν ψυχὴν εἶναι· ὥστε φημὶ αὐτὸν ἐπὶ τῇ δουλοπρεπεῖ διατριβῇ ἣν ὁ πατὴρ αὐτῷ παρεσκεύακεν οὐ διαμενεῖν· διὰ δὲ τὸ μηδένα ἔχειν σπουδαῖον ἐπιμελητὴν προσπεσεῖσθαί τινι αἰσχρᾷ ἐπιθυμίᾳ, καὶ προβήσεσθαι μέντοι πόρρω μοχθηρίας. (31) Ταῦτα δ' εἰπὼν οὐκ ἐψεύσατο, ἀλλ' ὁ νεανίσκος ἡσθεὶς οἴνῳ οὔτε νυκτὸς οὔτε ἡμέρας ἐπαύετο πίνων, καὶ τέλος οὔτε τῇ ἑαυτοῦ πόλει οὔτε τοῖς φίλοις οὔτε αὐτῷ ἄξιος οὐδενὸς ἐγένετο. Ἄνυτος μὲν δὴ διὰ τὴν τοῦ υἱοῦ πονηρὰν παιδείαν καὶ διὰ τὴν αὐτοῦ ἀγνωμοσύνην ἔτι καὶ τετελευτηκὼς τυγχάνει κακοδοξίας. (32) Σωκράτης δὲ διὰ τὸ μεγαλύνειν ἑαυτὸν ἐν τῷ δικαστηρίῳ φθόνον ἐπαγόμενος μᾶλλον καταψηφίσασθαι ἑαυτοῦ ἐποίησε τοὺς δικαστάς. Ἐμοὶ μὲν οὖν δοκεῖ θεοφιλοῦς μοίρας τετυχηκέναι· τοῦ μὲν γὰρ βίου τὸ

dem adversarii objiciunt : adeo ut mirandum mihi esse videatur, ubi tandem facinus morte dignum a me designatum conspexistis. Sed ne ideo quidem, quod injuste occidar, animo esse dejectiore debeo. Non enim hoc mihi, sed iis, qui me condemnarunt, dedecori est. Praeterea me Palamedes consolatur, qui simili fere modo obiit. Nam is etiam nunc longe pulchriorem hymnorum materiem suppeditat, quam Ulysses, qui eum injuste occidit. Et scio non modo futurum sed et praeteritum tempus testimonium mihi perhibiturum, me neminem unquam laesisse, neque reddidisse pejorem; sed bene eis fecisse, qui mecum disserebant, quum gratis, quicquid boni poteram, docerem. Haec iam dixisset, uti maxime consentaneum erat iis quae ab ipso fuerunt dicta, discedebat, tum oculis, tum gestu, tum incessu hilaris. Quumque animadverteret eos qui comitabantur lacrimari : Quid hoc? inquit, modone fletis? non jamdudum scitis, ex quo genitus fui, a natura me ad mortem condemnatum esse? Enimvero si secundis rebus affluentibus e vita praeripior, patet tum mihi tum aliis mihi benevolis dolendum esse : si vero diris rebus imminentibus vivendi finem facio, vobis omnibus, tanquam me bene agente, laetandum arbitror. Quum vero adesset Apollodorus quidam, mirifice studiosus Socratis, ceteroqui vir simplex, dixit : Ego vero, mi Socrates, molestissime fero, quod injuste necari te video. Ille autem caput ejus demulcens, dixisse perhibetur : Tune, carissime Apollodore, videre me malles juste quam injuste occidi? et simul subrisisse fertur. Quum etiam Anytum praetereuntem videret, dixisse perhibetur : Hic vir gloriabundus exultat, quasi me interfecto magnum quid praeclarumque gesserit; quod quum ipsum maximi viderem in republica fieri, filium ejus ad operas coriariorum institui debere negaverim. Quam excors hic est, ait, qui nescire videatur, uter nostrum et utiliora et praeclariora in omne aevum gesserit, eum esse victorem. Enimvero, inquit, quum Homerus etiam nonnullos, qui erant in exitu vitae, futura praenoscere fecerit : lubet et mihi quiddam quasi per oraculum significare. Fuit aliquando mecum Anyti filius exiguo tempore , visueque est mihi indolis esse non ignavae : itaque aio, non permansurum in illo servili vitae genere, quod pater ei praescripsit : quia vero nullum habet bonum curatorem, futurum ut in aliquam libidinem foedam proruat, et in depravatione longius progrediatur. Haec dicens, nequaquam mentitus est. Nam adolescens hic quum vino delectaretur, neque noctu, neque interdiu potare cessabat : ac tandem nec patriae, nec amicis, nec sibi utilis fuit. Anytus ipse propter educationem filii pravam, et suam amentiam, etiam post mortem infamis est. Socrates autem, quod magnifice pro tribunali se praedicaret, invidia contracta, magis judices ad damnandum sese impulit. Illi equidem fatum diis acceptum obtigisse arbitror. Quippe molestissimam vitae partem valere jussit, et mortis genus

χαλεπώτατον ἀπέλιπε, τῶν δὲ θανάτων τοῦ ῥᾴστου ἔτυχεν. (33) Ἐπεδείξατο δὲ τῆς ψυχῆς τὴν ῥώμην. Ἐπεὶ γὰρ ἔγνω τοῦ ἔτι ζῆν τὸ τεθνάναι αὑτῷ κρεῖσσον εἶναι, ὥσπερ οὐδὲ πρὸς τἆλλα τἀγαθὰ προσάντης ἦν, οὐδὲ πρὸς τὸν θάνατον ἐμαλακίσατο, ἀλλ᾽ ἱλαρῶς καὶ προσεδέχετο αὐτὸν καὶ ἐπετελέσατο. (34) Ἐγὼ μὲν δὴ κατανοῶν τοῦ ἀνδρὸς τήν τε σοφίαν καὶ τὴν γενναιότητα οὔτε μὴ μεμνῆσθαι δύναμαι αὐτοῦ οὔτε μεμνημένος μὴ οὐκ ἐπαινεῖν. Εἰ δέ τις τῶν ἀρετῆς ἐφιεμένων ὠφελιμωτέρῳ τινὶ Σωκράτους συνεγένετο, ἐκεῖνον ἐγὼ τὸν ἄνδρα ἀξιομακαριστότατον νομίζω.

tranquillissimum obiit. Idem robur animi sui declaravit. Nam quum intelligeret, magis ex re sua esse, ut moreretur, quam ut diutius viveret; quemadmodum ad alias res bonas se non difficilem, ita nec ad mortem se mollem præbuit : immo hilariter eam et exspectabat et obibat. Sapientiam quidem certe, animique magnitudinem quum in hoc viro considero, non possum non ejus meminisse, nec, ubi meminerim, non etiam laudare. Quod si quis eorum qui virtutis studiosi sunt, cum aliquo versatus est, qui Socrate fuerit utilior; eum ego virum dignissimum judico, qui beatus prædicetur.

ΞΕΝΟΦΩΝΤΟΣ
ΟΙΚΟΝΟΜΙΚΟΣ.

XENOPHONTIS
DE
ADMINISTRATIONE DOMESTICA.

ΚΕΦΑΛΑΙΟΝ Α.

Ἤκουσα δέ ποτε αὐτοῦ καὶ περὶ οἰκονομίας τοιάδε διαλεγομένου. Εἰπέ μοι, ἔφη, ὦ Κριτόβουλε, ἆρά γε ἡ οἰκονομία ἐπιστήμης τινὸς ὄνομά ἐστιν, ὥσπερ ἡ ἰατρικὴ καὶ ἡ χαλκευτικὴ καὶ ἡ τεκτονική; Ἔμοιγε δοκεῖ, ἔφη ὁ Κριτόβουλος. (2) Ἦ καὶ ὥσπερ τούτων τῶν τεχνῶν ἔχοιμεν ἂν εἰπεῖν ὅ,τι ἔργον ἑκάστης, οὕτω καὶ τῆς οἰκονομίας δυναίμεθ᾽ ἂν εἰπεῖν ὅ,τι ἔργον αὐτῆς ἐστι; Δοκεῖ γοῦν, ἔφη ὁ Κριτόβουλος, οἰκονόμου ἀγαθοῦ εἶναι εὖ οἰκεῖν τὸν ἑαυτοῦ οἶκον. (3) Ἦ καὶ τὸν ἄλλου δὲ οἶκον, ἔφη ὁ Σωκράτης, εἰ ἐπιτρέποι τις αὐτῷ, οὐκ ἂν δύναιτο, εἰ βούλοιτο, εὖ οἰκεῖν, ὥσπερ καὶ τὸν ἑαυτοῦ; ὁ μὲν γὰρ τεκτονικὴν ἐπιστάμενος ὁμοίως ἂν καὶ ἄλλῳ δύναιτο ἐργάζεσθαι ὅ,τιπερ καὶ ἑαυτῷ, καὶ ὁ οἰκονομικός γ᾽ ἂν ὡσαύτως. Ἔμοιγε δοκεῖ, ὦ Σώκρατες. (4) Ἔστιν ἄρα, ἔφη ὁ Σωκράτης, τὴν τέχνην ταύτην ἐπισταμένῳ, καὶ εἰ μὴ αὐτὸς τύχοι χρήματα ἔχων, τὸν ἄλλου οἶκον οἰκονομοῦντα ὥσπερ καὶ οἰκοδομοῦντα μισθοφορεῖν; Νὴ Δία καὶ πολύν γε μισθόν, ἔφη ὁ Κριτόβουλος, φέροιτ᾽ ἄν, εἰ δύναιτο οἶκον παραλαβὼν τελεῖν τε ὅσα δεῖ καὶ περιουσίαν ποιῶν αὔξειν τὸν οἶκον. (5) Οἶκος δὲ δὴ τί δοκεῖ ἡμῖν εἶναι; ἆρα ὅπερ οἰκία, ἢ καὶ ὅσα τις ἔξω τῆς οἰκίας κέκτηται, πάντα τοῦ οἴκου ταῦτά ἐστιν; Ἐμοιγ᾽ οὖν, ἔφη ὁ Κριτόβουλος, δοκεῖ, καὶ εἰ μηδ᾽ ἐν τῇ αὐτῇ πόλει εἴη τῷ κεκτημένῳ, πάντα τοῦ οἴκου εἶναι ὅσα τις κέκτηται. (6) Οὐκοῦν καὶ ἐχθροὺς κέκτηνταί τινες; Νὴ Δία καὶ πολλούς γε ἔνιοι. Ἦ καὶ κτήματα αὐτῶν φήσομεν εἶναι τοὺς ἐχθρούς; Γελοῖον μεντἂν εἴη, ἔφη ὁ Κριτόβουλος, εἰ ὁ τοὺς ἐχθροὺς αὔξων προσέτι καὶ μισθὸν τούτου φέροι. (7) Ὅτι τοι ἡμῖν ἐδόκει οἶκος ἀνδρὸς εἶναι ὅπερ κτῆσις. Νὴ

CAPUT I.

Audivi etiam Socratem aliquando de administratione rei familiaris hujusmodi quædam disserentem : Dic mihi, Critobule, inquit, estne rei familiaris administratio scientiæ alicujus nomen, ut ars medendi, ut ærariorum, ut fabrilis? Mihi quidem esse videtur, ait Critobulus. An etiam ut de his artibus singulis dicere possumus, quod sit opus cujusque; sic etiam quod domesticæ administrationis opus sit, indicare possimus? Videtur, ait Critobulus, boni patrisfamilias esse, domum suam recte colere. An non etiam alterius domum, inquit Socrates, si quis hanc ei committat, et velit ipse, recte colere perinde possit, ut suam? nam qui artem fabrilem tenet, etiam alii possit elaborare, quod sibi; idemque de administrationis familiaris perito dici potest. Ita mihi quidem, mi Socrates, videtur. Ergone peritus aliquis artis hujus, etiamsi facultates ipse nullas habeat, domum alterius administrando, perinde ut ædificando, pro mercede operam suam locare potest? Ita certe, ait Critobulus, adeoque mercedem amplam accipere possit, si domum sibi traditam perficiendo quæ poscit usus, et uberem rerum copiam efficiendo augere queat. Quid vero nobis videtur esse domus? num idem quod domicilium, an vero etiam illa omnia, quæ extra ædes suas quis possidet, domus appellatione veniunt? Mihi sic videtur, ait Critobulus, omnia domo comprehendi, quæ possidet aliquis, etiamsi non sint in eadem civitate, in qua possessor. Igitur etiam hostes aliqui possident? Etiam multos profecto nonnulli. Num igitur etiam hostes possessionem eorum dicemus? Ridiculum fuerit, inquit Critobulus, si quis hostes augendo, præterea mercedem eo nomine accipiat. At nobis videbatur, idem esse domum alicujus, et possessionem. Quidquid

ΟΙΚΟΝΟΜΙΚΟΥ ΚΕΦ. Α.

Δἰ, ἔφη ὁ Κριτόβουλος, ὅ,τι γέ τις ἀγαθὸν κέκτηται· οὐ μὰ Δἰ' οὐκ εἴ τι κακόν, τοῦτο κτῆμα ἐγὼ καλῶ. Σὺ δ' ἔοικας τὰ ἑκάστῳ ὠφέλιμα κτήματα καλεῖν. Πάνυ μὲν οὖν, ἔφη· τὰ δέ γε βλάπτοντα ζημίαν ἔγωγε νομίζω μᾶλλον ἢ χρήματα. (8) Κἂν ἄρα γέ τις ἵππον πριάμενος μὴ ἐπίστηται αὐτῷ χρῆσθαι ἀλλὰ καταπίπτων ἀπ' αὐτοῦ κακὰ λαμβάνῃ, οὐ χρήματα αὐτῷ ἐστιν ὁ ἵππος; Οὔκ, εἴπερ τὰ χρήματά γ' ἐστὶν ἀγαθόν. Οὐδ' ἄρα γε ἡ γῆ ἀνθρώπῳ ἐστὶ χρήματα, ὅστις οὕτως ἐργάζεται αὐτὴν ὥστε ζημιοῦσθαι ἐργαζόμενος. Οὐδὲ ἡ γῆ μέντοι χρήματά ἐστιν, εἴπερ ἀντὶ τοῦ τρέφειν πεινῆν παρασκευάζει. (9) Οὐκοῦν καὶ τὰ πρόβατα ὡσαύτως, εἴ τις διὰ τὸ μὴ ἐπίστασθαι προβάτοις χρῆσθαι ζημιοῖτο, οὐδὲ τὰ πρόβατα χρήματα τούτῳ εἴη ἄν; Οὔκουν ἔμοιγε δοκεῖ. Σὺ ἄρα ὡς ἔοικε τὰ μὲν ὠφελοῦντα χρήματα ἡγῇ, τὰ δὲ βλάπτοντα οὐ χρήματα. Οὕτω. (10) Ταὐτὰ ἄρα ὄντα τῷ μὲν ἐπισταμένῳ χρῆσθαι αὐτῶν ἑκάστοις χρήματά ἐστι, τῷ δὲ μὴ ἐπισταμένῳ οὐ χρήματα· ὥσπερ γε αὐλοὶ τῷ μὲν ἐπισταμένῳ ἀξίως λόγου αὐλεῖν χρήματά εἰσι, τῷ δὲ μὴ ἐπισταμένῳ οὐδὲν μᾶλλον ἢ ἄχρηστοι λίθοι, εἰ μὴ ἀποδιδοῖτό γε αὐτούς. (11) Τοῦτ' αὐτὸ φαίνεται ἡμῖν, ἀποδιδομένοις μὲν οἱ αὐλοὶ χρήματα, μὴ ἀποδιδομένοις δὲ ἀλλὰ κεκτημένοις οὔ, τοῖς μὴ ἐπισταμένοις αὐτοῖς χρῆσθαι. Καὶ ὁμολογουμένως γε, ὦ Σώκρατες, ὁ λόγος ἡμῖν χωρεῖ, ἐπείπερ εἴρηται τὰ ὠφελοῦντα χρήματα εἶναι. Μὴ πωλούμενοι μὲν γὰρ οὐ χρήματά εἰσιν οἱ αὐλοί· οὐδὲν γὰρ χρήσιμοί εἰσι· πωλούμενοι δὲ χρήματα. (12) Πρὸς ταῦτα δ' ὁ Σωκράτης εἶπεν, Ἢν ἐπίστηταί γε πωλεῖν. Εἰ δὲ πωλοίη αὖ πρὸς τοῦτο ὃς μὴ ἐπίσταιτο χρῆσθαι, οὐδὲ πωλούμενοί εἰσι χρήματα κατά γε τὸν σὸν λόγον. Λέγειν ἔοικας, ὦ Σώκρατες, ὅτι οὐδὲ τὸ ἀργύριόν ἐστι χρήματα, εἰ μή τις ἐπίσταιτο χρῆσθαι αὐτῷ. (13) Καὶ σὺ δέ μοι δοκεῖς οὕτω συνομολογεῖν, ἀφ' ὧν τις ὠφελεῖσθαι δύναται, χρήματα εἶναι. Εἰ γοῦν τις τῷ ἀργυρίῳ ὥστε πριάμενος οἷον ἑταίραν διὰ ταύτην κάκιον μὲν τὸ σῶμα ἔχοι, κάκιον δὲ τὴν ψυχήν, κάκιον δὲ τὸν οἶκον, πῶς ἂν ἔτι τὸ ἀργύριον αὐτῷ ὠφέλιμον εἴη; Οὐδαμῶς, εἰ μή περ γε καὶ τὸν ὑοσκύαμον καλούμενον χρήματα εἶναι φήσομεν, ὑφ' οὗ οἱ φαγόντες αὐτῶν παραπλῆγες γίγνονται. (14) Τὸ μὲν δὴ ἀργύριον, εἰ μή τις ἐπίσταιτο αὐτῷ χρῆσθαι, οὕτω πόρρω ἀπωθείσθω, ὦ Κριτόβουλε, ὥστε μηδὲ χρήματα εἶναι. Οἱ δὲ φίλοι, ἤν τις ἐπίστηται αὐτοῖς χρῆσθαι ὥστε ὠφελεῖσθαι ἀπ' αὐτῶν, τί φήσομεν αὐτοὺς εἶναι; Χρήματα νὴ Δἰ', ἔφη ὁ Κριτόβουλος, καὶ πολύ γε μᾶλλον ἢ τοὺς βοῦς, ἢν ὠφελιμώτεροί γε ὦσι τῶν βοῶν. (15) Καὶ οἱ ἐχθροὶ ἄρα κατά γε τὸν σὸν λόγον χρήματά εἰσι τῷ δυναμένῳ ἀπὸ τῶν ἐχθρῶν ὠφελεῖσθαι. Ἔμοιγ' οὖν δοκεῖ. Οἰκονόμου ἄρα ἐστὶν ἀγαθοῦ καὶ τοῖς ἐχθροῖς ἐπίστασθαι χρῆσθαι ὥστε ὠφελεῖσθαι ἀπὸ τῶν ἐχθρῶν. Ἰσχυρότατά γε. Καὶ γὰρ δὴ ὁρᾷς, ἔφη, ὦ Κριτόβουλε, ὅσοι μὲν δὴ οἶκοι ἰδιωτῶν ηὐξημένοι εἰσὶν ἀπὸ πολέμου, ὅσοι δὲ τυράννων. (16) Ἀλλὰ γὰρ τὰ μὲν καλῶς ἔμοιγε

scilicet, ait Critobulus, boni quis possidet : nec enim ego quod malum est, possessionem appello. Videris id possessionem appellare, quod cuique est usui. Omnino, ait : nam ea quæ nocent, magis esse detrimentum arbitror, quam facultates. At si quis equo empto nesciat uti, sed ab eo delapsus damnum accipiat, non facultates ei sunt hic equus? Non, siquidem facultates esse bonum aliquid necesse est. Ergo ne solum quidem ei facultates sunt, qui suo cum detrimento solum colit. Nam solum adeo esse facultates nego, si, quum debeat alere, ut esuriamus, efficit. Ergo idem de ovibus statuendum, si quis propterea, quod ovibus uti nesciat, damnum accipiat, ne oves quidem ei facultates esse? Mihi sane non videntur esse. Ergo tu, quemadmodum videtur, ea quæ utilitatem habent, facultates esse ducis : quæ vero noceant, minime. Sic est. Eadem igitur illi, qui usum eorum teneat, facultates sunt; eundem ignoranti, non sunt facultates : quemadmodum tibiæ illi, qui canere tibiis satis norit, facultates sunt; qui vero nesciat, nihilo magis, quam inutilia saxa, nisi eas vendiderit. Itidem scilicet videntur nobis tibiæ, si quidem vendantur; facultates esse; si non vendantur, sed retineantur ab illis qui usum earum ignorant, haudquaquam. Sane consentanea ratione, mi Socrates, nostra progreditur oratio, quando dictum est, ea quæ utilia sint, facultates esse. Nam si tibiæ non vendantur, non sunt facultates, quippe quæ nullam ad rem faciendam utiles sint : venditæ vero, sunt facultates. Ad quæ Socrates : Si quidem, ait, etiam vendere quis sciat. Si vero vendat ei qui uti nequeat, ne venditæ quidem facultates sunt, uti tu ais. Videris dicere, mi Socrates, ne argentum quidem esse facultates, nisi quis uti eo norit. Tu quoque mecum fateri videris, eas res facultates esse, de quibus utilitatem aliquis capere possit. Ergo si quis argento sic utatur, ut, verbi gratia, scortum emat, propter quod minus bene affecto sit corpore atque animo, et domus etiam pejus administretur, quo pacto possit huic argentum esse usui? Nequaquam, nisi si et hyoscyamum quam vocant herbam inter facultates quis recenseat, qua qui vescuntur, apud sese non sunt. Argentum quidem certe, mi Critobule, nisi quis uti eo norit, adeo procul amoveatur, ut nec in bonis habeatur. Quid vero amicos esse dicemus, si quis ita sciat eis uti, ut fructum aliquem ex ipsis percipiat? Facultates profecto, ait Critobulus, ac multo quidem magis, quam boves; si quidem utilitates majores afferant, quam boves. Ergo etiam hostes, tua quidem sententia, facultates sunt ei qui capere fructum aliquem ex hostibus potest. Ita mihi quidem videtur. Est igitur boni administratoris rei domesticæ, hostibus etiam uti scire, quo fructum ex ipsis capiat. Maxime vero. Nam vides certe, mi Critobule, quot privatorum hominum domus bello auctæ sint, quot tyrannorum. Sed enim hæc, mi Socrates, præclare

δοκεῖ λέγεσθαι, ὦ Σώκρατες, ἔφη ὁ Κριτόβουλος· ἐκεῖνο δ' ἡμῖν τί φαίνεται ὁπόταν ὁρῶμέν τινας ἐπιστήμας μὲν ἔχοντας καὶ ἀφορμὰς ἀφ' ὧν δύνανται ἐργαζόμενοι αὔξειν τοὺς οἴκους, αἰσθανόμεθα δὲ αὐτοὺς ταῦτα μὴ θέλοντας ποιεῖν, καὶ διὰ τοῦτο ὁρῶμεν ἀνωφελεῖς οὔσας αὐτοῖς τὰς ἐπιστήμας· ἄλλο τι ἢ τούτοις αὖ οὔτε αἱ ἐπιστῆμαι χρήματά εἰσιν οὔτε τὰ κτήματα; (17) Περὶ δούλων μοι, ἔφη ὁ Σωκράτης, ἐπιχειρεῖς, ὦ Κριτόβουλε, διαλέγεσθαι; Οὐ μὰ Δί', ἔφη, οὐκ ἔγωγε, ἀλλὰ καὶ πάνυ εὐπατριδῶν ἐνίων γε δοκούντων εἶναι, οὓς ἐγὼ ὁρῶ τοὺς μὲν πολεμικὰς, τοὺς δὲ καὶ εἰρηνικὰς ἐπιστήμας ἔχοντας, ταύτας δὲ οὐκ ἐθέλοντας ἐργάζεσθαι, ὡς μὲν ἐγὼ οἶμαι, δι' αὐτὸ τοῦτο ὅτι δεσπότας οὐκ ἔχουσιν. (18) Καὶ πῶς ἂν, ἔφη ὁ Σωκράτης, δεσπότας οὐκ ἔχοιεν, εἰ εὐχόμενοι εὐδαιμονεῖν καὶ ποιεῖν βουλόμενοι ἀφ' ὧν ἔχοιεν ἀγαθὰ ἔπειτα κωλύονται ποιεῖν ταῦτα ὑπὸ τῶν ἀρχόντων; Καὶ τίνες δὴ οὗτοί εἰσιν, ἔφη ὁ Κριτόβουλος, οἱ ἀφανεῖς ὄντες ἄρχουσιν αὐτῶν; (19) Ἀλλὰ μὰ Δί', ἔφη ὁ Σωκράτης, οὐκ ἀφανεῖς εἰσιν, ἀλλὰ καὶ πάνυ φανεροί. Καὶ ὅτι πονηρότατοί γέ εἰσιν οὐδέ σε λανθάνουσιν, εἴπερ πονηρίαν γε νομίζεις ἀργίαν τ' εἶναι καὶ μαλακίαν ψυχῆς καὶ ἀμέλειαν. (20) Καὶ ἄλλαι δ' εἰσὶν ἀπατηλαί τινες δέσποιναι προσποιούμεναι ἡδοναὶ εἶναι, κυβεῖαί τε καὶ ἀνωφελεῖς ἀνθρώπων ὁμιλίαι, αἳ προϊόντος τοῦ χρόνου καὶ αὐτοῖς τοῖς ἐξαπατηθεῖσι καταφανεῖς γίγνονται ὅτι λῦπαι ἄρα ἦσαν ἡδοναῖς περιπεπεμμέναι, αἳ διακωλύουσιν αὐτοὺς ἀπὸ τῶν ὠφελίμων ἔργων κρατοῦσαι. (21) Ἀλλὰ καὶ ἄλλοι, ἔφη, ὦ Σώκρατες, ἐργάζεσθαι μὲν οὐ κωλύονται ὑπὸ τούτων, ἀλλὰ καὶ πάνυ σφοδρῶς πρὸς τὸ ἐργάζεσθαι ἔχουσι καὶ μηχανᾶσθαι προσόδους· ὅμως δὲ καὶ τοὺς οἴκους κατατρίβουσι καὶ ἀμηχανίᾳ συνέχονται. (22) Δοῦλοι γάρ εἰσι καὶ οὗτοι, ἔφη ὁ Σωκράτης, καὶ πάνυ γε χαλεπῶν δεσποινῶν, οἱ μὲν λιχνειῶν, οἱ δὲ λαγνειῶν, οἱ δὲ οἰνοφλυγιῶν, οἱ δὲ φιλοτιμιῶν τινων μωρῶν καὶ δαπανηρῶν, ἃ οὕτω χαλεπῶς ἄρχει τῶν ἀνθρώπων ὧν ἂν ἐπικρατήσωσιν ὥσθ' ἕως μὲν ἂν ὁρῶσιν ἡβῶντας αὐτοὺς καὶ δυναμένους ἐργάζεσθαι, ἀναγκάζουσι φέρειν ἃ ἂν αὐτοὶ ἐργάσωνται καὶ τελεῖν εἰς τὰς αὑτῶν ἐπιθυμίας, ἐπειδὰν δὲ αὐτοὺς ἀδυνάτους αἴσθωνται ὄντας ἐργάζεσθαι διὰ τὸ γῆρας, ἀπολείπουσι τούτους κακῶς γηράσκειν, ἄλλοις δ' αὖ πειρῶνται δούλοις χρῆσθαι. (23) Ἀλλὰ δεῖ, ὦ Κριτόβουλε, πρὸς ταῦτα οὐχ ἧσσον διαμάχεσθαι περὶ τῆς ἐλευθερίας ἢ πρὸς τοὺς σὺν ὅπλοις πειρωμένους καταδουλοῦσθαι. Πολέμιοι γοῦν ἤδη ὅταν καλοὶ κἀγαθοὶ ὄντες καταδουλώσωνταί τινας, πολλοὺς δὴ βελτίους ἠνάγκασαν εἶναι σωφρονίσαντες, καὶ ῥᾷον βιοτεύειν τὸν λοιπὸν χρόνον ἐποίησαν· αἱ δὲ τοιαῦται δέσποιναι αἰκιζόμεναι τὰ σώματα τῶν ἀνθρώπων καὶ τὰς ψυχὰς καὶ τοὺς οἴκους ὅσπερ ἂν λήγουσιν ἔστ' ἂν ἄρχωσιν αὐτῶν.

mihi dici videntur, inquit Critobulus : illud autem quam speciem habet, quod nonnullos videmus, scientia quidem illos ac facultatibus instructos, quibus faciendo quæstum augere domos possent; verum id eos facere nolle animadvertimus, ac propterea scientias ipsis usui nulli esse cernimus? num quid est aliud, quam his scientias illas neque facultates esse, neque possessiones? De servis, mi Critobule, disserere instituis? Minime vero, ait : sed sunt nonnulli, qui valde videntur esse bono loco nati, quorum alios video rerum bellicarum, alios pacis artium peritos esse; quas tamen exercere nolint, eam ipsam ob causam, mea quidem sententia, quod dominos non habeant. Qui dominos non habere possint, ait Socrates, quum felicitatem adipisci cupientes, atque res gerere, de quibus capere fructus utiles possint, in hoc conatu ab illis impediantur, qui eis imperant? Et quinam illi sunt, ait Critobulus, qui, quanquam non cernantur, eis imperant? Immo, inquit Socrates, obscuri non sunt, sed conspici manifesto possunt. Et improbissimos quidem esse, ne te quidem latet, siquidem ignaviam, et mollitiem animi, et negligentiam esse putas improbitatem. Sunt aliæ fraudulentæ quædam dominæ, quæ se pro voluptatibus venditant, aleæ lusus, et inutiles hominum inter se conversationes, quæ temporis progressu manifesto deprehendunt etiam illi, qui decepti sunt, dolores esse voluptatibus obtectos. Atque hæ potestatem in ipsos nactæ, ab operibus utilibus avocant. At enim alii, inquit, o Socrates, ab his non impediuntur, quominus quæstum faciant, sed ad eum faciundum excogitandosque proventus vehementer incitati sunt : nihilominus et rem familiarem atterunt, et rerum inopia conflictantur. Nimirum et illi servi sunt, ait Socrates, ac profecto permolestos habent dominos, alii luxum, alii libidines, alii temulentiam, alii stultas quasdam et sumptuosas ambitiones, quæ quidem adeo graviter in eos homines, quos occupaverint, imperium exercent; ut quamdiu cernunt eos adhuc vegetos esse, quæstumque facere posse, quidquid lucri fecerint, ad se deferre cogant, ac suas in cupiditates impendero : verum posteaquam animadverterint eos propter senectutem nihil amplius comparare posse, relinquunt eos misere senectutem exacturos, atque aliis uti servis instituunt. Oportet autem, mi Critobule, non minus de libertate adversus hæc dimicare, quam adversus eos qui armati nos in servitutem redigere conantur. Etenim hostes virtute præstantes quum in servitutem aliquos redigere, castigando multos meliores fieri coegerunt, atque ut facilius deinceps vivant efficere. At hujusmodi dominæ corpora hominum et animos, et rem familiarem fœde perdere nunquam desinunt, quamdiu imperium in eos exercent.

ΚΕΦΑΛΑΙΟΝ Β.

Ὁ οὖν Κριτόβουλος ἐκ τούτων ὧδέ πως εἶπεν. Ἀλλὰ περὶ μὲν τῶν τοιούτων ἀρκούντως πάνυ μοι δοκῶ τὰ λεγόμενα ὑπὸ σοῦ ἀκηκοέναι· αὐτὸς δ' ἐμαυτὸν ἐξετάζων δοκῶ μοι εὑρίσκειν ἐπιεικῶς τῶν τοιούτων ἐγκρατῆ ὄντα, ὥστ' εἴ μοι συμβουλεύοις ὅ,τι ἂν ποιῶν αὔξοιμι τὸν οἶκον, οὐκ ἄν μοι δοκῶ ὑπό γε τούτων ὧν σὺ δεσποινῶν καλεῖς κωλύεσθαι· ἀλλὰ θαρρῶν συμβούλευε ὅ,τι ἔχεις ἀγαθόν· ἢ κατέγνωκας ἡμῶν, ὦ Σώκρατες, ἱκανῶς πλουτεῖν καὶ οὐδὲν δοκοῦμέν σοι προσδεῖσθαι χρημάτων; (2) Οὔκουν ἔγωγ', ἔφη ὁ Σωκράτης, εἰ καὶ περὶ ἐμοῦ λέγεις οὐδέν μοι δοκῶ προσδεῖσθαι χρημάτων, ἀλλ' ἱκανῶς πλουτεῖν· σὺ μέντοι, ὦ Κριτόβουλε, πάνυ μοι δοκεῖς πένεσθαι, καὶ ναὶ μὰ Δί' ἔστιν ὅτε καὶ πάνυ οἰκτείρω σε ἐγώ. (3) Καὶ ὁ Κριτόβουλος γελάσας εἶπε, Καὶ πόσον ἂν πρὸς τῶν θεῶν οἴει, ὦ Σώκρατες, ἔφη, εὑρεῖν τὰ σὰ κτήματα πωλούμενα, πόσον δὲ τὰ ἐμά; Ἐγὼ μὲν οἶμαι, ἔφη ὁ Σωκράτης, εἰ ἀγαθοῦ ὠνητοῦ ἐπιτύχοιμι, εὑρεῖν ἂν μοι σὺν τῇ οἰκίᾳ καὶ τὰ ὄντα πάντα πάνυ ῥᾳδίως πέντε μνᾶς· τὰ μέντοι σὰ ἀκριβῶς οἶδα ὅτι πλέον ἂν εὕροι ἢ ἑκατονταπλασίονα τούτου. (4) Κᾆτα οὕτως ἐγνωκὼς σὺ μὲν οὐχ ἡγῇ προσδεῖσθαι χρημάτων, ἐμὲ δὲ οἰκτείρεις ἐπὶ τῇ πενίᾳ; Τὰ μὲν γὰρ ἐμά, ἔφη, ἱκανά ἐστιν ἐμοὶ παρέχειν τὰ ἀρκοῦντα· εἰς δὲ τὸ σὸν σχῆμα ὃ σὺ περιβέβλησαι καὶ τὴν σὴν δόξαν, οὐδ' εἰ τρὶς ὅσα νῦν κέκτησαι προσγένοιτό σοι, οὐδ' ὣς ἄν ἱκανά μοι δοκεῖ εἶναί σοι. (5) Πῶς δὴ τοῦτ'; ἔφη ὁ Κριτόβουλος. Ἀπεφήνατο ὁ Σωκράτης· Ὅτι πρῶτον μὲν ὁρῶ σοι ἀνάγκην οὖσαν θύειν πολλά τε καὶ μεγάλα, ἢ οὔτε θεοὺς οὔτε ἀνθρώπους οἶμαί σε ἂν ἀνασχέσθαι· ἔπειτα ξένους προσήκει σοι πολλοὺς δέχεσθαι, καὶ τούτους μεγαλοπρεπῶς· ἔπειτα δὲ πολίτας δειπνίζειν καὶ εὖ ποιεῖν, ἢ ἔρημον συμμάχων εἶναι. (6) Ἔτι δὲ καὶ τὴν πόλιν αἰσθάνομαι τὰ μὲν ἤδη σοι προστάττουσαν μεγάλα τελεῖν, ἱπποτροφίας τε καὶ χορηγίας καὶ γυμνασιαρχίας καὶ προστατείας, ἢν δὲ δὴ πόλεμος γένηται, οἶδ' ὅτι καὶ τριηραρχίας μισθοὺς καὶ εἰσφορὰς τοσαύτας σοι προστάξουσιν ὅσας σὺ οὐ ῥᾳδίως ὑποίσεις. Ὅπου δ' ἂν ἐνδεῶς δόξῃς τι τούτων ποιεῖν, οἶδ' ὅτι σε τιμωρήσονται Ἀθηναῖοι οὐδὲν ἧττον ἤ, εἰ τὰ αὑτῶν λάβοιεν κλέπτοντα. (7) Πρὸς δὲ τούτοις ὁρῶ σε οἰόμενον πλουτεῖν, καὶ ἀμελῶς μὲν ἔχοντα πρὸς τὸ μηχανᾶσθαι χρήματα, παιδικοῖς δὲ πράγμασι προσέχοντα τὸν νοῦν, ὥσπερ ἐξὸν σοι. Ὧν ἕνεκα οἰκτείρω σε μή τι ἀνήκεστον κακὸν πάθῃς καὶ εἰς πολλὴν ἀπορίαν καταστῇς. (8) Καὶ ἐμοὶ μέν, εἴ τι καὶ προσδεηθείην, οἶδ' ὅτι καὶ σὺ γιγνώσκεις ὡς εἰσὶν οἳ καὶ ἐπαρκέσειαν ὥστε πάνυ μικρὰ πορίσαντες κατακλύσειαν ἂν ἀφθονίᾳ τὴν ἐμὴν δίαιταν· οἱ δὲ σοὶ φίλοι πολὺ ἀρκοῦντα σοῦ μᾶλλον ἔχοντες τῇ ἑαυτῶν κατασκευῇ ἢ σὺ τῇ σῇ ὅμως ὡς παρὰ σοῦ ὠφελησόμενοι ἀποβλέπουσι. (9) Καὶ ὁ Κριτόβουλος εἶπεν, Ἐγὼ τούτοις, ὦ Σώκρατες, οὐκ ἔχω ἀντιλέγειν· ἀλλ' ὥρα σοι προστατεύειν ἐμοῦ, ὅπως μὴ τῷ ὄντι οἰκτρὸς γένωμαι. Ἀκούσας οὖν ὁ Σωκρά-

CAPUT II.

Secundum hæc Critobulus hujusmodi quædam dicebat: Ego vero de talibus sat audisse mihi videor abs te dicta, et ipse me explorans, in hujusmodi rebus satis mihi videor mecum esse compos. Itaque si consilium mihi dederis, quo pacto rem domesticam augere possim, non existimo futurum, ut illæ-me-dominæ, quas vocas, impediant. Tu vero confidenter impertire mihi consilium bonum, quodcunque tandem habes: an vero satis esse nos, mi Socrates, opibus instructos putas, nec facultatibus aliis egere? Equidem, ait Socrates, si de me quoque loqueris, nullis indigere præterea me opibus puto, sed satis esse locupletem: tu vero, mi Critobule, valde mihi pauper esse videris, ac profecto nonnunquam valde tui me miseret. Tum ridens Critobulus, Quæso te per deos immortales, inquit, quantum te de tuis facultatibus venditis redempturum, quantum me, existimas? Arbitror ego, ait Socrates, si emptor mihi bonus contingat, facile me de cunctis facultatibus meis, cum domo, minas quinque coacturum: de tuis vero sat scio redditura ad te centies plura. Itane vero, quum hoc scias, tibi nullis opus esse opibus censes, mei autem ob paupertatem te misereret? Nimirum mea, inquit, plane mihi suppeditare possunt quæ mihi sufficiant; ad eam vero speciem, qua tu indutus es, et tuam ad existimationem, ne si triplo quidem plura tibi accederent iis quæ modo possides, satis tibi fore puto. Quinam istuc? ait Critobulus. Et Socrates hoc declarans, Primum, inquit, video tibi necessitatem impositam, ut multa et ampla sacrificia instituas: ceteroqui nec deos nec homines te laturos. Deinde necesse est hospites multos domi tuæ excipias, eosque magnifice. Præterea cives multi cœnis excipiendi tibi sunt, ac beneficiis demulcendi, nisi ab opitulatoribus destitui velis. Animadverto etiam a civitate partim nunc magnas expensas imperari tibi, ut equos alas, ut eboros exhibeas, ut gymnasiis præsis, ut patrocinia suscipias: partim si bellum oriatur, illam tibi imperatoriam scio mercedem remigum et militum in triremibus, tantasque collationes, quantis tu non facile subsistes. Horum si quid non ita gerere videberis uti debebat geri; sat scio, non minus Athenienses te multaturos, quam si te in peculatu deprehendissent. Præter hæc video te hanc de temetipso concepisse opinionem, quod dives sis, et negligenter in excogitandis parandæ pecuniæ rationibus versari, et rebus luderis ita esse occupatum, atque si id tibi liceret. Quas ob causas miseret me tui, ne quod insanabile malum accidat tibi, et magnam ad inopiam redigaris. Ac mihi quidem, etiamsi aliquid etiam deesset, scio habere te perspectum, esse qui suppeditare possint tantum ut modicis admodum subministratis, abundantia quadam victus mei rationem inundent: tui vero amici, quum rerum te copia superent, nihilo minus ad te respiciunt, quasi abs te nonnihil utilitatis expectantes. Tum Critobulus, Non possum, inquit, his adversari, Socrates. Ceterum tempus est, ut mihi patronus fias, ne reapse miserabilis evadam. Quæ quum audisset

OECONOMICI CAP. II.

της εἶπε, Καὶ οὐ θαυμαστὸν δοκεῖς, ὦ Κριτόβουλε, τοῦτο σαυτῷ ποιεῖν ὅτι ὀλίγον μὲν πρόσθεν ὅτε ἐγὼ ἔφην πλουτεῖν ἐγέλασας ἐπ' ἐμοὶ ὡς οὐδὲ εἰδότι ὅ,τι εἴη πλοῦτος, καὶ πρότερον οὐκ ἐπαύσω πρὶν ἐξήλεγξάς με καὶ ὁμολογεῖν ἐποίησας μηδὲ ἑκατοστὸν μέρος τῶν σῶν κεκτῆσθαι, νῦν δὲ κελεύεις με προστατεύειν σου καὶ ἐπιμελεῖσθαι ὅπως ἂν μὴ παντάπασιν ἀληθῶς πένης γένοιο; (10) Ὁρῶ γάρ σε, ἔφη, ὦ Σώκρατες, ἕν τι πλουτηρὸν ἔργον ἐπιστάμενον περιουσίαν ποιεῖν. Τὸν οὖν ἀπ' ὀλίγων περιποιοῦντα ἐλπίζω ἀπὸ πολλῶν γ' ἂν πάνυ ῥᾳδίως πολλὴν περιουσίαν ποιῆσαι. (11) Οὔκουν μέμνησαι ἀρτίως ἐν τῷ λόγῳ ὅτε οὐδ' ἀναγρύζειν μοι ἐξουσίαν ἐποίησας, λέγων ὅτι τῷ μὴ ἐπισταμένῳ ἵπποις χρῆσθαι οὐκ εἴη χρήματα οἱ ἵπποι οὐδὲ ἡ γῆ οὐδὲ τὰ πρόβατα οὐδὲ ἀργύριον οὐδὲ ἄλλο οὐδὲ ἓν ὅτῳ τις μὴ ἐπίσταιτο χρῆσθαι; εἰσὶ μὲν οὖν αἱ πρόσοδοι ἀπὸ τῶν τοιούτων· ἐμὲ δὲ πῶς τινι τούτων οἴει ἂν ἐπιστηθῆναι χρῆσθαι, ᾧ τὴν ἀρχὴν οὐδὲν πώποτ' ἐγένετο τούτων; (12) Ἀλλ' ἐδόκει ἡμῖν, καὶ εἰ μὴ χρήματά τις τύχοι ἔχων, ὅμως εἶναί τις ἐπιστήμη οἰκονομίας. Τί οὖν κωλύει καὶ σὲ ἐπίστασθαι; Ὅπερ νὴ Δία καὶ αὐλεῖν ἂν κωλύσειεν ἄνθρωπον ἐπίστασθαι, εἰ μήτε αὐτὸς πώποτε κτήσαιτο αὐλοὺς μήτε ἄλλος αὐτῷ παράσχοι ἐν τοῖς αὐτοῦ μανθάνειν· οὕτω δὴ καὶ ἐμοὶ ἔχει περὶ τῆς οἰκονομίας. (13) Οὔτε γὰρ αὐτὸς ὄργανα χρήματα ἐκεκτήμην ὥστε μανθάνειν οὔτε ἄλλος πώποτέ μοι παρέσχε τὰ ἑαυτοῦ διοικεῖν ἀλλ' ἢ σὺ νυνὶ ἐθέλεις παρέχειν. Οἱ δὲ δήπου τὸ πρῶτον μανθάνοντες κιθαρίζειν καὶ τὰς λύρας λυμαίνονται· καὶ ἐγὼ δὴ εἰ ἐπιχειρήσαιμι ἐν τῷ σῷ οἴκῳ μανθάνειν οἰκονομεῖν, ἴσως ἂν καταλυμηναίμην ἄν σου τὸν οἶκον. (14) Πρὸς ταῦτα ὁ Κριτόβουλος εἶπε, Προθύμως γε, ὦ Σώκρατες, ἀποφεύγειν μοι πειρᾷ μηδέν με συνωφελῆσαι εἰς τὸ ῥᾷον ὑποφέρειν τὰ ἐμοὶ ἀναγκαῖα πράγματα. Οὐ μὰ Δί', ἔφη ὁ Σωκράτης, οὐκ ἔγωγε, ἀλλ' ὅσα ἐγὼ καὶ πάνυ προθύμως ἐξηγήσομαί σοι. (15) Οἶμαι δ' ἂν καὶ εἰ ἐπὶ πῦρ ἐλθόντος σου καὶ μὴ ὄντος παρ' ἐμοί, εἰ ἄλλοσε ἡγησάμην ὁπόθεν σοι εἴη λαβεῖν, οὐκ ἄν με ἐμέμφου, καὶ εἰ ὕδωρ παρ' ἐμοῦ αἰτοῦντί σοι αὐτὸς μὴ ἔχων ἄλλοσε καὶ ἐπὶ τοῦτο ἤγαγον, οἶδ' ὅτι οὐδ' ἂν τοῦτό μοι ἐμέμφου, καὶ εἰ βουλομένῳ μουσικὴν μαθεῖν σου παρ' ἐμοῦ δείξαιμί σοι πολὺ δεινοτέρους ἐμοῦ περὶ μουσικὴν καὶ χάριν εἰδότας εἰ ἐθέλοις παρ' αὐτῶν μανθάνειν, τί ἂν ἔτι μοι ταῦτα ποιοῦντι μέμφοιο; Οὐδὲν ἂν δικαίως γε, ὦ Σώκρατες. (16) Ἐγὼ τοίνυν σοι δείξω, ὦ Κριτόβουλε, ὅσα νῦν λιπαρεῖς παρ' ἐμοῦ μανθάνειν πολὺ ἄλλους ἐμοῦ δεινοτέρους περὶ ταῦτα. Ὁμολογῶ δὲ μεμεληκέναι μοι οἵτινες ἕκαστα ἐπιστημονέστατοί εἰσι τῶν ἐν τῇ πόλει. (17) Καταμαθὼν γάρ ποτε ἀπὸ τῶν αὐτῶν ἔργων τοὺς μὲν πάνυ ἀπόρους ὄντας, τοὺς δὲ πάνυ πλουσίους, ἀπεθαύμασα, καί ἔδοξέ μοι ἄξιον εἶναι ἐπισκέψεως, ὅ,τι εἴη τοῦτο. Καὶ εὗρον ἐπισκοπῶν πάνυ οἰκείως ταῦτα γιγνόμενα. (18) Τοὺς μὲν γὰρ εἰκῇ ταῦτα πράττοντας ζημιουμένους ἑώρων, τοὺς δὲ γνώμῃ συντεταμένῃ ἐπι-

Socrates, An non mirum est, inquit, hoc te adversus temetipsum committere, mi Critobule, quod, quum paulo ante me divitem memetipsum praedicantem irriseris, quasi qui nesciret quid sint divitiae, neque prius destiteris, quam me convicisses, et ad fatendum adegisses, ne centesimam quidem partem tuarum me facultatum possidere, nunc me patronum tibi expetas, utque dem operam horteris, ne vere pauper fias? Nimirum te video, mi Socrates, inquit, unum hoc opus intelligere, quod ad parandas divitias pertinet, ut rerum copiam efficere possis. Itaque illum, qui de exiguis aliquam copiam parare possit, spero de multis facillime magnam effecturum abundantiam. Non autem tu meministi, te modo in eo, quem habuimus, sermone, quum ne biscendi quidem potestatem mihi concederes, dicere, non equos illi facultates esse, qui uti eis nesciret, nec solum, nec oves, nec argentum, nec quidquam aliud, quo quis uti nesciret? redeunt autem fructus ex hujusmodi rebus. Et quo pacto me putas horum aliquo uti scire, quum ab initio nihil eorum habuerim? At enim videbatur nobis, etiam si quis facultates nullas haberet, tamen esse in ipso administrationis domesticae scientiam posse. Quid igitur obstat, quominus tu quoque hanc teneas? Hoc ipsum, ait, quod etiam impedire potest, quominus tibia quis norit canere, si videlicet neque tibias unquam ipse habuerit neque alius ei concesserit suas, ut in eis artem discernet. Eadem in administratione domestica mea est ratio. Nam opes, quae instrumenta sunt, nunquam habui, quibus eam discerem; neque sua mihi alius quispiam administranda tradidit, extra te unum, qui tua jam tradere mihi vis. Enimvero qui primum cithara canere discunt, etiam lyras ipsas corrumpunt : atque equidem si tua in domo rei familiaris administrationem discere instituerem, fortassis illam plane corrumperem. Ad ea Critobulus, Studiose, mi Socrates, inquit, elabi velle videris, ne mihi quid adjumenti afferas, ut rerum necessariarum onera facilius feram. Minime profecto, ait Socrates, sed perlubens exponam tibi, quae scio. Arbitror autem, te, si ignis petendi causa venires ad me, atque illo equidem carerem, non me reprehensuram si alio te ducerem, unde petere posses : itidem si te aquam a me poscente, apud me illa non esset, alio te ad eam ducerem; sat scio ne id quidem te mihi exprobraturum : denique musicam discere a me volenti, si longe me peritiores musicae commonstrarem, atque etiam tibi gratiam habituros, quod ab eis hanc discere cuperes; quid esset, quod in hoc meo instituto posses culpare? Nihil quidem merito, mi Socrates. Quamobrem ego tibi, Critobule, ostendam alios, eorum, quae tu discere studiose cupis ex me, longe peritiores. Fateor autem curae mihi fuisse, ut quinam rerum hac in civitate quarumcumque peritissimi sint cognoscerem. Nam quum aliquando animadverterem, iisdem operibus faciundis alios quidem inopes admodum esse, alios opulentos, fuit ea res mihi admiratione, adeoque digna visa, de qua, quid esset, dispiceretur. Itaque considerans ipse mecum reperi, per illa convenienter fieri. Nam qui agerent ea temere, suo cum damno factitare videbam; at qui in-

ΚΕΦΑΛΑΙΟΝ Γ.

μελουμένους καὶ θᾶττον καὶ ῥᾷον καὶ κερδαλεώτερον κατέγνων πράττοντας. Παρ' ὧν ἂν καὶ σὲ οἶμαι, εἰ βούλοιο, μαθόντα, εἴ σοι ὁ θεὸς μὴ ἐναντιοῖτο, πάνυ ἂν δεινὸν χρηματιστὴν γενέσθαι.

ΚΕΦΑΛΑΙΟΝ Γ.

Ἀκούσας ταῦτα ὁ Κριτόβουλος εἶπε, Νῦν τοι, ἔφη, ἐγώ σε οὐκέτι ἀφήσω, ὦ Σώκρατες, πρὶν ἄν μοι ἃ ὑπέσχησαι ἐναντίον τῶν φίλων τουτωνὶ ἀποδείξῃς. Τί οὖν, ἔφη ὁ Σωκράτης, ὦ Κριτόβουλε, ἤν σοι ἀποδεικνύω πρῶτον μὲν οἰκίας τοὺς μὲν ἀπὸ πολλοῦ ἀργυρίου ἀχρήστους οἰκοδομοῦντας, τοὺς δὲ ἀπὸ πολὺ ἐλάττονος πάντα ἐχούσας ὅσα δεῖ, ἦ δόξω ἕν τί σοι τοῦτο τῶν οἰκονομικῶν ἔργων ἐπιδεικνύναι; Καὶ πάνυ γ', ἔφη ὁ Κριτόβουλος. (2) Τί δ' ἢν τὸ τούτου ἀκόλουθον μετὰ τοῦτό σοι ἐπιδεικνύω, τοὺς μὲν πάνυ πολλὰ καὶ παντοῖα κεκτημένους ἔπιπλα, καὶ τούτοις, ὅταν δέωνται, μὴ ἔχοντας χρῆσθαι μηδὲ εἰδότας εἰ σῶά ἐστιν αὐτοῖς, καὶ διὰ ταῦτα πολλὰ μὲν αὐτοὺς ἀνιωμένους, πολλὰ δὲ ἀνιῶντας τοὺς οἰκέτας· τοὺς δὲ οὐδὲν πλέον εἰδὼς ἀλλὰ καὶ μείονα τούτων κεκτημένους ἔχοντας εὐθὺς ἕτοιμα, ὅταν δέωνται, χρῆσθαι; (3) Ἄλλο τι οὖν τούτων ἐστίν, ὦ Σώκρατες, αἴτιον ἢ ὅτι τοῖς μὲν ὅπου ἔτυχεν ἕκαστον καταβέβληται, τοῖς δὲ ἐν χώρᾳ ἕκαστα τεταγμένα κεῖται; Ναὶ μὰ Δί', ἔφη ὁ Σωκράτης· καὶ οὐδ' ἐν χώρᾳ γ' ἐν ᾗ ἔτυχεν, ἀλλ' ἔνθα προσήκει, ἕκαστα διατέτακται. Λέγειν τί μοι δοκεῖς, ἔφη, καὶ τοῦτο, ὁ Κριτόβουλος, τῶν οἰκονομικῶν. (4) Τί οὖν ἢν καὶ οἰκέτας αὖ ἐπιδεικνύω ἔνθα μὲν πάντας ὡς εἰπεῖν δεδεμένους, καὶ τούτους θαμινὰ ἀποδιδράσκοντας, ἔνθα δὲ λελυμένους, καὶ ἐθέλοντάς τε ἐργάζεσθαι καὶ παραμένειν, οὐ καὶ τοῦτό σοι δόξω ἀξιοθέατον τῆς οἰκονομίας ἔργον ἐπιδεικνύναι; Ναὶ μὰ Δί', ἔφη ὁ Κριτόβουλος, καὶ σφόδρα γε. (5) Ἢν δὲ καὶ παραπλησίας γεωργίας γεωργοῦντας, τοὺς μὲν ἀπολωλέναι φάσκοντας ὑπὸ γεωργίας καὶ ἀπορουμένους, τοὺς δὲ ἀφθόνως καὶ καλῶς πάντα ἔχοντας ὅσων δέονται ἀπὸ τῆς γεωργίας; Ναὶ μὰ Δί', ἔφη ὁ Κριτόβουλος. Ἴσως γὰρ ἀναλίσκουσιν οὐκ εἰς ἃ δεῖ μόνον, ἀλλὰ καὶ εἰς ἃ βλάβην φέρει αὐτῷ καὶ τῷ οἴκῳ. Εἰσὶ μέν τινες ἴσως, ἔφη ὁ Σωκράτης, καὶ τοιοῦτοι. Ἀλλ' ἐγὼ οὐ τούτους λέγω, ἀλλ' οἳ οὐδ' εἰς τἀναγκαῖα ἔχουσι δαπανᾶν, γεωργεῖν φάσκοντες. Καὶ τί ἂν εἴη τούτου αἴτιον, ὦ Σώκρατες; Ἐγώ σε ἄξω καὶ ἐπὶ τούτους, ἔφη ὁ Σωκράτης· σὺ δὲ θεώμενος δήπου καταμαθήσῃ. (7) Νὴ Δί', ἔφη, ἢν δύνωμαί γε. Οὐκοῦν χρὴ θεώμενον σαυτοῦ ἀποπειρᾶσθαι εἰ γνώσῃ. Νῦν δ' ἐγὼ σε σύνοιδα ἐπὶ μὲν κωμῳδῶν θέαν καὶ πάνυ πρῲ ἀνιστάμενον καὶ πάνυ μακρὰν ὁδὸν βαδίζοντα καὶ ἐμὲ ἀναπείθοντα προθύμως συνθεᾶσθαι· ἐπὶ δὲ τοιοῦτον οὐδέν με πώποτε ἔργον παρεκάλεσας. Οὐκοῦν γελοῖός σοι φαίνομαι εἶναι, ὦ Σώκρατες. Σαυτῷ δὲ πολὺ νὴ Δί', ἔφη, γελοιότερος. (8) Ἢν δὲ καὶ ἀφ'

CAPUT III.

tento animo curam adhiberent, eos tum celerius faciliusque, tum majori cum lucro sua facere animadvertebam. A quibus te quoque arbitror, si velis, et si deus non adversetur, discere posse, atque ita rei faciundæ peritissimum fore.

CAPUT III.

Ea quum Critobulus audiisset, Nunc ego te, mi Socrates, ait, non missum faciam prius, quam mihi quod pollicitus es horum in amicorum præsentia, præstiteris. Quid ergo, mi Critobule, subjecit Socrates, si demonstrabo tibi primum quosdam ædes inutiles ingenti pecunia, quosdam longe minore domos ejusmodi exstruere, quæ ab omnibus instructæ sint, a quibus esse debent, an videbor tibi unum aliquod opus ex eis, quæ ad domesticam administrationem pertinent, ostendere? Omnino, ait Critobulus. Quid autem, si, quod consequens hujus est, deinceps commonstrem tibi? nimirum quosdam, qui supellectilem multam ac variam possideant, nec ea, quum opus est, uti posse, neque scire, an omnia sint eis integra, easque ob causas magna molestia tum se tum familiam afficere; quosdam vero, qui non his ampliorem, sed tenuiorem etiam possideant, ad usum omnia parata habere, quum eis opus est. An alia hujus rei causa est, mi Socrates, nisi quod illis quidem fortuitu projecta singula, his in loco collocata jacent? Ita profecto est, ait Socrates. Imo ne fortuito quidem in loco, sed eo distributa singula sunt, quo sita esse par erat. Videris mihi hoc quoque proferre, subjecit Critobulus, unum ex iis quæ ad rem domesticam pertinent. Quid autem, si et famulos demonstrem tibi istic quidem vinctos, ut ita dicam, omnes ac nihilominus frequenter aufugientes, hic vero solutos, non tamen invitos vel laborantes, vel manentes: an non illud etiam opus consideratu dignum in administratione domestica tibi ostendere videbor? Maxime quidem certe, ait Critobulus. Quid si hominum agros plane similes arantium alii se per agriculturam perditos esse dicant, et inopes sint; alii abunde commodeque omnia necessaria ex eadem agricultura habeant? Ita est profecto, inquit Critobulus. Nam fortassis impensas faciunt non in ea modo, in quæ fieri par est; sed etiam in alia, quæ tum domino tum familiæ damnum adferant. Sunt fortasse nonnulli tales, ait Socrates: verum ego non de his loquor, sed de iis qui quum agriculturam exercere se fateantur, non tamen ne necessarias quidem in res sumptum facere possunt. Et quænam, inquit, ejus rei fuerit causa, mi Socrates? Deducam ego te, ait Socrates, ad hos quoque : tu eos contemplatus, rem animadvertes. Profecto, si quidem possim, inquit. Necesse est igitur periculum tui contemplando facias, an intelligere possis. Memini vero te ad spectandas comœdiarum actores admodum aliquando mane surrexisse, ac valde longam viam confecisse, mihique auctorem fuisse, ut una tecum spectator esse non recusarem : verum ad rem quandam hujusmodi nunquam me es cohortatus. Ergo tibi, mi Socrates, ridiculus esse videor. Imo tibimet profecto, ait, multo magis ridiculus. An vero tibi quos-

OECONOMICI CAP. III.

ἱππικῆς σοι ἐπιδεικνύω τοὺς μὲν εἰς ἀπορίαν τῶν ἐπιτηδείων ἐληλυθότας, τοὺς δὲ διὰ τὴν ἱππικὴν καὶ πάνυ εὐπόρους ὄντας, καὶ ἅμα ἀγαλλομένους ἐπὶ τῷ κέρδει; Οὐκοῦν τούτους μὲν καὶ ἐγὼ ὁρῶ καὶ οἶδα ἑκατέρους, καὶ οὐδέν τι μᾶλλον τῶν κερδαινόντων γίγνομαι. (9) Θεᾷ γὰρ αὐτοὺς ᾗπερ τοὺς τραγῳδούς τε καὶ κωμῳδούς, οὐχ ὅπως ποιητὴς οἴομαι γένῃ, ἀλλ' ὅπως ἡσθῇς ἰδών τι ἢ ἀκούσας· καὶ ταῦτα μὲν ἴσως οὕτως ὀρθῶς ἔχει, οὐ γὰρ ποιητὴς βούλει γενέσθαι, ἱππικῇ δ' ἀναγκαζόμενος χρῆσθαι οὐ μωρὸς οἴει εἶναι εἰ μὴ σκοπεῖς ὅπως μὴ ἰδιώτης ἔσῃ τούτου τοῦ ἔργου, ἄλλως τε καὶ τῶν αὐτῶν ὄντων ἀγαθῶν εἴς τε τὴν χρῆσιν καὶ κερδαλέων εἰς πώλησιν ὄντων; (10) Πωλοδαμεῖν με κελεύεις, ὦ Σώκρατες; Οὐ μὰ Δί' οὐδέν τι μᾶλλον ἢ καὶ γεωργοὺς ἐκ παιδίων ὠνούμενον κατασκευάζειν, ἀλλ' εἶναί τινές μοι δοκοῦσιν ἡλικίαι καὶ ἵππων καὶ ἀνθρώπων αἳ εὐθύς τε χρήσιμοί εἰσι καὶ ἐπὶ τὸ βέλτιον ἐπιδιδόασιν. Ἐγὼ δ' ἐπιδείξαι καὶ γυναιξὶ ταῖς γαμεταῖς τοὺς μὲν οὕτω χρωμένους ὥστε συνεργοὺς ἔχειν αὐτὰς εἰς τὸ συναύξειν τοὺς οἴκους, τοὺς δὲ ᾗ ὡς πλεῖστα λυμανοῦνται. (11) Καὶ τούτου πότερον χρὴ, ὦ Σώκρατες, τὸν ἄνδρα αἰτιᾶσθαι ἢ τὴν γυναῖκα; Πρόβατον μὲν, ἔφη ὁ Σωκράτης, ὡς ἐπὶ τὸ πολὺ ἢν κακῶς ἔχῃ, τὸν νομέα αἰτιώμεθα, καὶ ἵππος ὡς ἐπὶ τὸ πολὺ ἢν κακουργῇ, τὸν ἱππέα κακίζομεν· τῆς δὲ γυναικὸς, εἰ μὲν διδασκομένη ὑπὸ τοῦ ἀνδρὸς τἀγαθὰ κακοποιεῖ, ἴσως δικαίως ἂν ἡ γυνὴ τὴν αἰτίαν ἔχοι· εἰ δὲ μὴ διδάσκων τὰ καλὰ κἀγαθὰ ἀνεπιστήμονι τούτων χρῷτο, ἆρ' οὐ δικαίως ἂν ὁ ἀνὴρ τὴν αἰτίαν ἔχοι; (12) Πάντως δ', ἔφη, ὦ Κριτόβουλε, φίλοι γάρ ἐσμεν οἱ παρόντες, ἀπαληθεύσαι πρὸς ἡμᾶς. Ἔστιν ὅτῳ ἄλλῳ τῶν σπουδαίων πλείω ἐπιτρέπεις ἢ τῇ γυναικί; Οὐδενί, ἔφη. Ἔστι δὲ ὅτῳ ἐλάσσονα διαλέγῃ ἢ τῇ γυναικί; Εἰ δὲ μὴ, οὐ πολλοῖς γε, ἔφη. (13) Ἔγημας δὲ αὐτὴν παῖδα νέαν μάλιστα, [ἢ] καὶ ὡς ἡδύατα ἑώρακυῖαν καὶ ἀκηκουῖαν; Μάλιστα. Οὐκοῦν πολὺ θαυμαστότερον εἴ τι ὧν δεῖ λέγειν ἢ πράττειν ἐπίσταιτο ἢ εἰ ἐξαμαρτάνοι. (14) Οἷς δὲ σὺ λέγεις ἀγαθὰς εἶναι γυναῖκας, ὦ Σώκρατες, ἢ αὐτοὶ ταύτας ἐπαίδευσαν; Οὐδὲν οἷον τὸ ἐπισκοπεῖσθαι. Συστήσω δέ σοι ἐγὼ καὶ Ἀσπασίαν, ἣ ἐπιστημονέστερον ἐμοῦ σοι ταῦτα πάντα ἐπιδείξει. (15) Νομίζω δὲ γυναῖκα κοινωνὸν ἀγαθὴν οἴκου οὖσαν πάνυ ἀντίρροπον εἶναι τῷ ἀνδρὶ ἐπὶ τὸ ἀγαθόν. Ἔρχεται μὲν γὰρ εἰς τὴν οἰκίαν διὰ τῶν τοῦ ἀνδρὸς πράξεων τὰ κτήματα ὡς ἐπὶ τὸ πολὺ, δαπανᾶται δὲ διὰ τῶν τῆς γυναικὸς ταμιευμάτων τὰ πλεῖστα· καὶ εὖ μὲν τούτων γιγνομένων αὔξονται οἱ οἶκοι, κακῶς δὲ τούτων πραττομένων οἱ οἶκοι μειοῦνται. (16) Οἶμαι δέ σοι καὶ τῶν ἄλλων ἐπιστημῶν τοὺς ἀξίως λόγου ἑκάστην ἐργαζομένους ἔχειν ἄν ἐπιδεῖξαί σοι, εἴ τι προσδεῖσθαι νομίζεις.

dam commonstrem, qui ex re equestri ad rerum necessariarum inopiam redacti sint; itemque alios, qui per eandem rem equestrem magnam rerum copiam paraverint, atque de hoc lucro mirificam voluptatem capiant? Eos vero ipse quoque video, et utrosque novi, quanquam nihilo sim magis eorum in numero, qui lucrum faciunt. Nimirum sic eos spectas, ut tragœdiarum et comœdiarum actores, non illos quidem, mea sententia, ut poeta fias; sed ut videndo, atque audiendo nonnihil, voluptatem capias. Ac fortassis id quidem recte: nec enim poeta vis fieri. Quum autem necessario rem equestrem tractare cogaris, non te stultum existimas esse, si non id cogites, quo pacto ea in re minime rudis sis, præsertim quum eadem hæc et ad usum commoda sint, et ad vendendum fructuosa? Pullos equorum domare me jubes, Socrates? Nihilo magis, ait, quam emere quos a pueris ad colendum agrum præpares. Sed quædam mihi tam equorum quam hominum ætates esse videntur, quæ statim utiles sint, et in melius proficiant. Possum etiam commonstrare quosdam, qui nuptas sibi uxores ita tractant, ut earum adjumento rem familiarem augeant; alios, ut damna maxima accipiant. Hac etiam in parte, mi Socrates, virone an uxori tribuenda culpa est? Si pecus, ait Socrates, plerumque male affectum sit, pastorem accusamus: si equus plerumque lædat, crimen in equitem conferimus: uxor a marito si recte instituta male se gerit, merito fortasse culpam ipsa sustineat; at si vir quæ honesta et laudabilia sunt non docuerit illam, et ita borum ignara utatur, an non in virum merito ea culpa conferri debeat? Omnino, mi Critobule, inquit, (sumus enim amici, quotquot hic adsumus) verum nobis dicito. Estne aliquis alius, cui plus rerum seriarum committas, quam uxori? Nemini, ait. Estne vero quispiam, cum quo minus colloquare, quam cum illa? Si minus, inquit, cum nemine; saltem cum non multis. An vero eam puellam admodum duxisti, aut saltem quæ, quam fieri potuit, minime multa tum vidisset tum audivisset? Maxime. Multo igitur magis mirum erit, si, quid dicendum faciundumve sit, sciat, quam si peccet. Quibus autem bonas tu dicis uxores esse, mi Socrates, num illi eas ipsi instituerunt? Nihil vetat, id a nobis considerari. Atque equidem etiam Aspasiam tibi commendabo, quæ multo peritius, quam ego, hæc omnia tibi ostendet. Existimo autem, uxorem, quæ in domo bona sit socia, tantundem habere momenti ad utriusque utilitatem, quantum vir habeat. Nam plerumque viri opera facultates in domum veniant, et maxima pars earum uxore promente consumitur. Quæ quidem si recte fiant, amplificantur domus: sin autem male, deminuuntur. Arbitror autem me posse tibi aliarum etiam artium opifices, qui singulas satis bene faciant, commonstrare; si quidem id necessarium putas esse.

ΚΕΦΑΛΑΙΟΝ Δ.

Ἀλλὰ πάσας μὲν τί σε δεῖ ἐπιδεικνύναι, ὦ Σώκρατες, ἔφη ὁ Κριτόβουλος· οὔτε γὰρ κτήσασθαι πασῶν τῶν τεχνῶν ἐργάτας ῥᾴδιον οἵους δεῖ, οὔτε ἔμπειρον γενέσθαι αὐτῶν οἷόν τε, ἀλλ' αἳ δοκοῦσι κάλλισται τῶν ἐπιστημῶν καὶ ἐμοὶ πρέπον ἂν μάλιστα ἐπιμελομένῳ, ταύτας μοι καὶ αὐτὰς ἐπιδείκνυε καὶ τοὺς πράττοντας αὐτάς, καὶ αὐτὸς δὲ ὅ,τι δύνασαι συνωφέλει εἰς ταῦτα διδάσκων. (2) Ἀλλὰ καλῶς, ἔφη, λέγεις, ὦ Κριτόβουλα. Καὶ γὰρ αἵ γε βαναυσικαὶ καλούμεναι καὶ ἐπίρρητοί εἰσι, καὶ εἰκότως μέντοι πάνυ ἀδοξοῦνται πρὸς τῶν πόλεων. Καταλυμαίνονται γὰρ τὰ σώματα τῶν τε ἐργαζομένων καὶ τῶν ἐπιμελομένων, ἀναγκάζουσαι καθῆσθαι καὶ σκιατραφεῖσθαι, ἔνιαι δὲ καὶ πρὸς πῦρ ἡμερεύειν. Τῶν δὲ σωμάτων θηλυνομένων καὶ αἱ ψυχαὶ πολὺ ἀρρωστότεραι γίγνονται. (3) Καὶ ἀσχολίας δὲ μάλιστα ἔχουσι καὶ φίλων καὶ πόλεως συνεπιμελεῖσθαι αἱ βαναυσικαὶ καλούμεναι· ὥστε οἱ τοιοῦτοι δοκοῦσι κακοὶ καὶ φίλοις χρῆσθαι καὶ ταῖς πατρίσιν ἀλεξητῆρες εἶναι. Καὶ ἐν ἐνίαις μὲν τῶν πόλεων, μάλιστα δὲ ἐν ταῖς εὐπολέμοις δοκούσαις εἶναι, οὐδ' ἔξεστι τῶν πολιτῶν οὐδενὶ βαναυσικὰς τέχνας ἐργάζεσθαι. (4) Ἡμῖν δὲ δὴ ποίαις συμβουλεύεις, ὦ Σώκρατες, χρῆσθαι; Ἆρα, ἔφη ὁ Σωκράτης, μὴ αἰσχυνθῶμεν τὸν Περσῶν βασιλέα μιμήσασθαι; ἐκεῖνον γάρ φασιν ἐν τοῖς καλλίστοις τε καὶ ἀναγκαιοτάτοις ἡγούμενον εἶναι ἐπιμελήμασι γεωργίαν τε καὶ τὴν πολεμικὴν τέχνην τούτων ἀμφοτέρων ἰσχυρῶς ἐπιμελεῖσθαι. (5) Καὶ ὁ Κριτόβουλος ἀκούσας ταῦτα εἶπε, Καὶ τοῦτο, ἔφη, πιστεύεις, ὦ Σώκρατες, βασιλέα τῶν Περσῶν γεωργίας τι συνεπιμελεῖσθαι; Ὧδ' ἂν, ἔφη ὁ Σωκράτης, ἐπισκοποῦντες, ὦ Κριτόβουλε, ἴσως ἂν καταμάθοιμεν εἴ τι συνεπιμελεῖται. Τῶν μὲν γὰρ πολεμικῶν ἔργων ὁμολογοῦμεν αὐτὸν ἰσχυρῶς ἐπιμελεῖσθαι, ὅτι ἐξ ὁπόσων ἐθνῶν δασμοὺς λαμβάνει τέταχε τῷ ἄρχοντι ἑκάστῳ εἰς ὁπόσους δεῖ διδόναι τροφὴν ἱππέας καὶ τοξότας καὶ σφενδονήτας καὶ γερροφόρους, οἵτινες τῶν τε ὑπ' αὐτοῦ ἀρχομένων ἱκανοὶ ἔσονται κρατεῖν καὶ ἢν πολέμιοι ἐπίωσιν, ἀρήξουσι τῇ χώρᾳ, (6) χωρὶς δὲ τούτων φύλακας ἐν ταῖς ἀκροπόλεσι τρέφει· καὶ τὴν μὲν τροφὴν τοῖς φρουροῖς δίδωσιν ὁ ἄρχων ᾧ τοῦτο προστέτακται, βασιλεὺς δὲ κατ' ἐνιαυτὸν ἐξέτασιν ποιεῖται τῶν μισθοφόρων καὶ τῶν ἄλλων οἷς ὡπλίσθαι προστέτακται, καὶ πάντας ἅμα συνάγων πλὴν τοὺς ἐν ταῖς ἀκροπόλεσιν ἔνθα δὴ ὁ σύλλογος καλεῖται· καὶ τοὺς μὲν ἀμφὶ τὴν ἑαυτοῦ οἴκησιν αὐτὸς ἐφορᾷ, τοὺς δὲ πρόσω ἀποικοῦντας πιστοὺς πέμπει ἐπισκοπεῖν· (7) καὶ οἳ μὲν ἂν φαίνωνται τῶν φρουράρχων καὶ τῶν χιλιάρχων καὶ τῶν σατραπῶν τὸν ἀριθμὸν τὸν τεταγμένον ἔκπλεων ἔχοντες, καὶ τούτους δοκίμοις ἵπποις τε καὶ ὅπλοις κατεσκευασμένους παρέχωσι, τούτους μὲν τοὺς ἄρχοντας καὶ ταῖς τιμαῖς αὔξει καὶ δώροις μεγάλοις καταπλουτίζει, οὓς δ' ἂν εὕρῃ τῶν ἀρχόντων ἢ καταμελοῦντας τῶν φρου-

CAPUT IV.

Et Critobulus, Quid vero necesse sit, ait, mi Socrates, universas ostendere? Nec enim facile possunt parari qui artes omnes recte exerceant, nec illarum peritis aliquis fieri potest. Saltem mihi velim ostendas tum quæ pulcher rimæ videantur, ac me decere maxime, si operam in eis ponam, tum eos qui has exercaeant : quin etiam ipse aliquid adjumenti, si potes, ad hoc mihi docendo affer. Recte dicis, ait, mi Critobule. Nam quæ artes infimæ notæ sunt, et appellantur sordidæ, infames sunt, et merito in civitatibus non magni fiunt. Etenim corpora illorum, qui eas vel exercent, vel curant, corrumpunt, dum sedere illos cogunt, et in umbra vivere, nonnullæ totos dies ad ignem esse. Jam si corpora effeminentur, etiam animi longe debiliores redduntur. Eædem illiberales artes tantas plerumque habent occupationes, ut amicis et reipublicæ dari operam non possit. Quo fit, ut ejusmodi homines nec amicorum usui videantur esse commodi, nec tueri patriam possint. Etiam nonnullis in urbibus, maxime quæ bellis occupantur, ne licet quidem cuiquam civium sordidas hasce artes exercere. Nobis vero, Socrates, quibus utendum esse consulis? Num nos pudeat, inquit, Persarum regem imitari? nam illum, aiunt, agriculturam et bellicæ rei artem pulcherrimas et maxime necessarias esse occupationes existimare et utramque maximo studio colere. Quibus auditis Critobulus, Tune vero, mi Socrates, inquit, Persarum regem inter alia agriculturæ operam aliquam dare credis? Si hoc modo, ait Socrates, rem consideraverimus, fortassis intelligemus, Critobule, num inter alia etiam agriculturæ det operam. Etenim rerum bellicarum maxime studiosum esse fatemur, idcirco quod in omnibus nationibus, quæ tributum ei pendunt, constitutum sit cuique prætori, quot equites, sagittarios, funditores, scutatos præbere debeat; qui ad continendum in officio subjectos ipsius imperio sufficiant, et si hostes invadant ipsius regnum, tueri illud possint. Præter hos alit in arcibus præsidiarios, et annonam dat præsidiariis præfectus is, cui datum est hoc negotii : rex autem in annos singulos et stipendiarios et alios lustrat quibus injunctum est, ut sint in armis; omnesque in unum cogit, exceptis iis qui arces custodiant, ad eum locum quo conventus indicitur. Qui vicini sunt locis iis, in quibus degit, eos ipse inspicit; ad eos autem, qui procul habitant, fidos quosdam mittit, qui inspiciant. Ac magistri quidem præsidiorum, et tribuni, et satrapæ, qui numerum constitutum habere se integrum palam ostendunt, militesque bonis equis et armis instructos exhibent, a rege honoribus augentur, et magnis donis collocupletantur. Quos vero prætores vel negligere præsidio-

ρῶν ἢ κατακερδαίνοντας, τούτους χαλεπῶς κολάζει καὶ παύων τῆς ἀρχῆς ἄλλους ἐπιμελητὰς καθίστησι. Τῶν μὲν δὴ πολεμικῶν ἔργων ταῦτα ποιῶν δοκεῖ ἡμῖν ἀναμφιλόγως ἐπιμελεῖσθαι. (8) Ἔτι δὲ ὁπόσην μὲν τῆς χώρας διελαύνων ἐφορᾷ αὐτὸς καὶ δοκιμάζει, ὁπόσην δὲ μὴ αὐτὸς ἐφορᾷ, πέμπων πιστοὺς ἐπισκοπεῖται. Καὶ οὓς μὲν ἂν αἰσθάνηται τῶν ἀρχόντων συνοικουμένην τε τὴν χώραν παρεχομένους καὶ ἐνεργὸν οὖσαν τὴν γῆν καὶ πλήρη δένδρων τε ὧν ἑκάστη φέρει καὶ καρπῶν, τούτοις μὲν χώραν τε ἄλλην προστίθησι καὶ δώροις κοσμεῖ καὶ ἕδραις ἐντίμοις γεραίρει, οἷς δ' ἂν ὁρᾷ ἀργόν τε τὴν χώραν οὖσαν καὶ ὀλιγάνθρωπον ἢ διὰ χαλεπότητα ἢ δι' ὕβριν ἢ δι' ἀμέλειαν, τούτους δὲ κολάζων καὶ παύων τῆς ἀρχῆς ἀρχοντας ἄλλους καθίστησι. (9) Ταῦτα ποιῶν δοκεῖ ἧττον ἐπιμελεῖσθαι ὅπως ἡ γῆ ἐνεργὸς ἔσται ὑπὸ τῶν κατοικούντων ἢ ὅπως εὖ φυλάξεται ὑπὸ τῶν φρουρούντων; καὶ εἰσὶ δ' αὐτῷ οἱ ἄρχοντες διατεταγμένοι ἐφ' ἑκάτερον οὐχ οἱ αὐτοί, ἀλλ' οἱ μὲν ἄρχουσι τῶν κατοικούντων τε καὶ τῶν ἐργατῶν, καὶ δασμοὺς ἐκ τούτων ἐκλέγουσιν, οἱ δ' ἄρχουσι τῶν ὁπλισμένων φρουρῶν. (10) Κἂν μὲν ὁ φρούραρχος μὴ ἱκανῶς τῇ χώρᾳ ἀρήγῃ, ὁ τῶν ἐνοικούντων ἄρχων καὶ τῶν ἔργων ἐπιμελούμενος κατηγορεῖ τοῦ φρουράρχου, ὅτι οὐ δύνανται ἐργάζεσθαι διὰ τὴν ἀφυλαξίαν, ἢν δὲ παρέχοντος τοῦ φρουράρχου εἰρήνην τοῖς ἔργοις ὁ ἄρχων ὀλιγάνθρωπόν τε παρέχηται καὶ ἀργὸν τὴν χώραν, τούτου αὖ κατηγορεῖ ὁ φρούραρχος. (11) Καὶ γὰρ σχεδόν τι οἱ κακῶς τὴν χώραν ἐργαζόμενοι οὔτε τοὺς φρουροὺς τρέφουσιν οὔτε τοὺς δασμοὺς δύνανται ἀποδιδόναι. Ὅπου δ' ἂν σατράπης καθιστῆται, οὗτος ἀμφοτέρων τούτων ἐπιμελεῖται. (12) Ἐκ τούτων ὁ Κριτόβουλος εἶπεν, Οὐκοῦν εἰ μὲν δὴ ταῦτα ποιεῖ βασιλεύς, ὦ Σώκρατες, οὐδὲν ἔμοιγε δοκεῖ ἧττον τῶν γεωργικῶν ἔργων ἐπιμελεῖσθαι ἢ τῶν πολεμικῶν. (13) Ἔτι δὲ πρὸς τούτοις, ἔφη ὁ Σωκράτης, ἐν ὁπόσαις τε χώραις ἐνοικεῖ καὶ εἰς ὁπόσας ἐπιστρέφεται, ἐπιμελεῖται τούτων ὅπως κῆποί τε ἔσονται οἱ παράδεισοι καλούμενοι πάντων καλῶν τε κἀγαθῶν μεστοὶ ὅσα ἡ γῆ φύειν θέλει, καὶ ἐν τούτοις αὐτὸς τὰ πλεῖστα διατρίβει, ὅταν μὴ ἡ ὥρα τοῦ ἔτους ἐξείργῃ. (14) Νὴ Δί', ἔφη ὁ Κριτόβουλος, ἀνάγκη τοίνυν, ὦ Σώκρατες, ἔνθα γε διατρίβει αὐτός, καὶ ὅπως ὡς κάλλιστα κατεσκευασμένοι ἔσονται οἱ παράδεισοι ἐπιμελεῖσθαι δένδρεσι καὶ τοῖς ἄλλοις ἅπασι καλοῖς ὅσα ἡ γῆ φύει. (15) Φασὶ δέ τινες, ἔφη ὁ Σωκράτης, ὦ Κριτόβουλε, καὶ ὅταν δῶρα διδῷ ὁ βασιλεύς, πρῶτον μὲν εἰσκαλεῖν τοὺς πολέμῳ ἀγαθοὺς γεγονότας, ὅτι οὐδὲν ὄφελος πολλὰ ἀροῦν, εἰ μὴ εἶεν οἱ ἀρήξοντες· δεύτερον δὲ τοὺς κατασκευάζοντας τὰς χώρας ἄριστα καὶ ἐνεργοὺς ποιοῦντας, λέγοντα ὅτι οὐδ' ἂν οἱ ἄλκιμοι δύναιντο ζῆν, εἰ μὴ εἶεν οἱ ἐργαζόμενοι. (16) Λέγεται δὲ καὶ Κῦρός ποτε, ὅσπερ εὐδοκιμώτατος δὴ βασιλεὺς γεγένηται, εἰπεῖν τοῖς ἐπὶ τὰ δῶρα κεκλημένοις ὅτι αὐτὸς ἂν δικαίως τὰ ἀμφοτέρων δῶρα λαμβάνοι· κατασκευάζειν τε γὰρ ἄρι-

rum magistros, vel quæstum suum facere compererit; eos graviter punit, ademptoque ipsis imperio, alios eorum loco rerum suarum curatores constituit. Atque hæc quia facit, haud dubie nobis aliquid bellicis in rebus studii ponere videtur. Præterea quantum regionis suæ peragrans ipse inspicit, in eo etiam omnia explorat; quantum vero ipse non inspicit, id missis fidis hominibus invisit. Et quos quidem prætores animadvertit egregie habitatam terram exhibere, solumque cultum, et arboribus, pro cujusque soli natura, fructibusque plenum; eis alium etiam agrum attribuit, et muneribus eos cohonestat, et locis in consessu honoratis ornat: quorum vero terram incultam esse videt, et a paucis habitatam, vel propter ipsorum asperitatem, vel petulantiam, vel negligentiam; iis multatis, et magistratu dejectis, alios eorum loco prætores constituit. Hæc dum facit, an tibi minus curare videtur, ut terra colatur ab incolis, quam ut a præsidiis recte custodiatur? Et sunt ei sane prætores ad utrumque constituti, non iidem: sed alii præsunt incolis, et operas facientibus, deque his vectigalia colligunt, alii præsidiis armatis præsunt. Ac si quidem præsidii magister regionem non satis defenderit, incolarum prætor, et is, qui operum faciundorum curam gerit, accusat ipsum, quod ob negligentiam custodiæ exerceri opera non possint: sin præsidii magistro pacem operibus faciundis præstante, prætor regionem a paucis habitatam et incultam exhibeat, vicissim ille a præsidii magistro accusatur. Nam fere illi, qui terram male colunt, neque præsidiarios alunt, neque tributa possunt pendere. Ubi vero satrapa constitutus est, is curam horum utriusque habet. Secundum ea Critobulus, Quod si, mi Socrates, inquit, hæc facit rex, nihilo mihi videtur minus agriculturæ, quam rei bellicæ curam gerere. Præter hæc, ait Socrates, quascunque regiones incolit, et quocunque se confert, studiose dat operam, ut horti sint, quos paradisos vocant, omnibus referti quæcunque pulchra et bona enasci de terra possunt. Atque in his ipse magna ex parte versatur, quum anni tempus id fieri non prohibet. Profecto igitur, inquit Critobulus, curari necesse est illic, mi Socrates, ubi rex versatur, ut pulcherrime instructi sint paradisi, tum arboribus tum ceteris rebus e terra nascentibus. Proditur etiam a nonnullis, mi Critobule, ait Socrates, quoties rex munera largitur, primum eos accersi ad ipsum, qui præclare se in bello gesserint; quod multum arare, nihil prosit, nisi sint qui arantes defendant: deinde, qui regiones suas quam optimas præstant, et cultas reddunt: etenim dicere regem, ne vivere quidem posse viros fortes, nisi sint qui terram colant. Et Cyrum aiunt, maxima gloria regem, dixisse aliquando ad eos qui ad accipienda munera vocati essent, merito sibi utraque dona deberi; nam se re-

στος εἶναι ἔφη χώραν καὶ ἀρήγειν τοῖς κατεσκευασμένοις. (17) Κῦρος μὲν τοίνυν, ἔφη ὁ Κριτόβουλος, ὦ Σώκρατες, [καὶ] ἐπηγάλλετο οὐδὲν ἧττον, εἰ ταῦτα ἔλεγεν, ἐπὶ τῷ χώραν ἐνεργὸς ποιεῖν καὶ κατασκευάζειν ἢ ἐπὶ τῷ πολεμικὸς εἶναι. (18) Καὶ ναὶ μὰ Δί', ἔφη ὁ Σωκράτης, Κῦρός γε, εἰ ἐβίωσεν, ἄριστος ἂν δοκεῖ ἄρχων γενέσθαι, καὶ τούτου τεκμήρια ἄλλα τε πολλὰ παρέσχηται καὶ ὁπότε περὶ τῆς βασιλείας τῷ ἀδελφῷ ἐπορεύετο μαχούμενος, παρὰ μὲν Κύρου οὐδεὶς λέγεται αὐτομολῆσαι πρὸς βασιλέα, παρὰ δὲ βασιλέως πολλαὶ μυριάδες πρὸς Κῦρον. (19) Ἐγὼ δὲ καὶ τοῦτο ἡγοῦμαι μέγα τεκμήριον ἄρχοντος ἀρετῆς εἶναι, ᾧ ἂν ἑκόντες ἕπωνται καὶ ἐν τοῖς δεινοῖς παραμένειν ἐθέλωσιν. Ἐκείνῳ δὲ [καὶ] οἱ φίλοι ζῶντί τε συνεμάχοντο καὶ ἀποθανόντι συναπέθανον πάντες περὶ τὸν νεκρὸν μαχόμενοι πλὴν Ἀριαίου· Ἀριαῖος δ' ἔτυχεν ἐπὶ τῷ εὐωνύμῳ κέρατι τεταγμένος. (20) Οὗτος τοίνυν ὁ Κῦρος λέγεται Λυσάνδρῳ, ὅτε ἦλθεν ἄγων αὐτῷ τὰ παρὰ τῶν συμμάχων δῶρα, ἄλλα τε φιλοφρονεῖσθαι, ὡς αὐτὸς ἔφη ὁ Λύσανδρος ξένῳ ποτέ τινι ἐν Μεγάροις διηγούμενος, καὶ τὸν ἐν Σάρδεσι παράδεισον ἐπιδεικνύναι αὐτὸν ἔφη. (21) Ἐπεὶ δὲ ἐθαύμαζεν αὐτὸν ὁ Λύσανδρος ὡς καλὰ μὲν τὰ δένδρα εἴη, δι' ἴσου δὲ [τὰ] πεφυτευμένα, ὀρθοὶ δὲ οἱ στίχοι τῶν δένδρων, εὐγώνια δὲ πάντα καλῶς εἴη, ὀσμαὶ δὲ πολλαὶ καὶ ἡδεῖαι συμπαρομαρτοῖεν αὐτοῖς περιπατοῦσι, καὶ ταῦτα θαυμάζων εἶπεν, Ἀλλ' ἐγώ τοι, ὦ Κῦρε, πάντα μὲν ταῦτα θαυμάζω ἐπὶ τῷ κάλλει, πολὺ δὲ μᾶλλον ἄγαμαι τοῦ καταμετρήσαντός σοι καὶ διατάξαντος ἕκαστα τούτων. (22) Ἀκούσαντα δὲ ταῦτα τὸν Κῦρον ἡσθῆναί τε καὶ εἰπεῖν, Ταῦτα τοίνυν, ὦ Λύσανδρε, ἐγὼ πάντα καὶ διεμέτρησα καὶ διέταξα, ἔστι δ' αὐτῶν, φάναι, ἃ καὶ ἐφύτευσα αὐτός. (23) Καὶ ὁ Λύσανδρος ἔφη, ἀποβλέψας εἰς αὐτὸν καὶ ἰδὼν τῶν τε ἱματίων τὸ κάλλος ὧν εἶχε καὶ τῆς ὀσμῆς αἰσθόμενος καὶ τῶν στρεπτῶν καὶ τῶν ψιλίων τὸ κάλλος καὶ τοῦ ἄλλου κόσμου οὗ εἶχεν, εἰπεῖν, Τί λέγεις, φάναι, ὦ Κῦρε; ἦ γὰρ σὺ ταῖς σαῖς χερσὶ τούτων τι ἐφύτευσας; (24) Καὶ τὸν Κῦρον ἀποκρίνασθαι, Θαυμάζεις τοῦτο, ἔφη, ὦ Λύσανδρε; ὄμνυμί σοι τὸν Μίθρην, ὅτανπερ ὑγιαίνω, μηπώποτε δειπνῆσαι πρὶν ἱδρῶσαι· ἢ τῶν πολεμικῶν τι ἢ τῶν γεωργικῶν ἔργων μελετῶν, ἢ ἀεὶ οὖν γέ τι φιλοτιμούμενος. (25) Καὶ αὐτὸς μέντοι ἔφη ὁ Λύσανδρος ἀκούσας ταῦτα δεξιώσασθαί τε αὐτὸν καὶ εἰπεῖν, Δικαίως μοι δοκεῖς, ἔφη, ὦ Κῦρε, εὐδαίμων εἶναι· ἀγαθὸς γὰρ ὢν ἀνὴρ εὐδαιμονεῖς.

ΚΕΦΑΛΑΙΟΝ Ε.

Ταῦτα δὲ, ὦ Κριτόβουλε, ἐγὼ διηγοῦμαι, ἔφη ὁ Σωκράτης, ὅτι τῆς γεωργίας οὐδ' οἱ πάνυ μακάριοι δύνανται ἀπέχεσθαι. Ἔοικε γὰρ ἡ ἐπιμέλεια αὐτῆς εἶναι ἅμα τε ἡδυπάθειά τις καὶ οἴκου αὔξησις καὶ σωμάτων ἄσκησις

gionem optime posse instruere, et quam jam instructa sint, defendere. Cyrus ergo, mi Socrates, subjecit Critobulus, si hoc dixit, non minus gloriabatur eo, quod regiones cultas efficere posset, atque instruere, quam quod rei militaris peritus esset. Ac profecto, subjecit Socrates, si vixisset Cyrus, longe præstantissimus in imperio futurus fuisse videtur. Ejus rei quum alia fuere argumenta, tum illud etiam, quod quum de regno manum cum fratre consertus proficisceretur, nullus ab ipso ad regem transiisse feratur, multis millibus hominum a rege ad ipsum deficientibus. Ego hoc quoque magnum esse argumentum virtutis in imperatore statuo, si homines eum lubenter sequantur, ac manere apud ipsum in periculis velint. Cyro autem, dum viveret, et in prælio amici aderant, et quum interfectus esset, omnes circa mortuum pugnantes cum ipso occubuerunt, extra unum Ariæum, qui lævo in cornu collocatus fuerat. Atque hic Cyrus perhibetur Lysandro, quum a sociis dona ferens ad eum venisset, inter alias comitatis et benevolentiæ significationes, quemadmodum aliquando Lysander ipse cuidam hospiti suo Megaris narravit, etiam hortum, qui Sardibus est, ipsemet ostendisse. Hunc Lysander quum admiraretur ob arborum pulchritudinem, et quod æqualiter essent omnes consitæ, quod ordines earum recti, quod angulis rectis dispositæ omnes, quod odores multi ac suaves obambulantes ipsos comitarentur : hæc, inquam, ille quum admiraretur, Equidem, ait, admiror hæc omnium pulchritudinem, Cyre : multo tamen magis eum suspicio, qui singula tibi sic et dimensus est, et disposuit. Quæ ut Cyrus audisset, delectatum eis, dixisse : Atque omnia hæc, mi Lysander, ego dimensus sum ac disposui : nonnulla sunt etiam, quæ ipsemet consevi. Tum Lysander se Cyrum intuentem, conspecta vestium ipsius pulchritudine, et odore percepto, torquium denique armillarumque animadversa elegantia, ceterique ornatus, quem habebat, dixisse commemorabat : Quid ais, Cyre? tune manibus tuis aliquid horum consevisti? Respondisse vero Cyrum : Hoccine tibi admirationi est, mi Lysander? Mithren juratus testor, nunquam me, quum recte valeo, cibum capere prius quam vel ex bellicis, vel rusticæ rei exercitiis, vel alia quapiam studiosa contentione sudaverim. Atque his auditis Lysander ipse aiebat, manum se Cyri comprehendisse, ac dixisse: Jure mihi beatus esse videris, Cyre : nam eo quod es vir egregius, fortunatus es.

CAPUT V.

Hæc tibi ego commemoro, Critobule, inquit Socrates, ut scias, ne felicissimos quidem homines ab agricultura posse abstinere. Nam videtur ejus studium simul et voluptatem quandam habere, et rei familiaris amplificationem, et exer-

ŒCONOMICI CAP. V.

εἰς τὸ δύνασθαι ὅσα ἀνδρὶ ἐλευθέρῳ προσήκει. (2) Πρῶτον μὲν γὰρ ἀφ' ὧν ζῶσιν οἱ ἄνθρωποι, ταῦτα ἡ γῆ φέρει ἐργαζομένοις, καὶ ἀφ' ὧν τοίνυν ἡδυπαθοῦσι, προσεπιφέρει. (3) Ἔπειτα δὲ ὅσα κοσμοῦσι βωμοὺς καὶ ἀγάλματα καὶ οἷς αὐτοὶ κοσμοῦνται, καὶ ταῦτα μετὰ ἡδίστων ὀσμῶν καὶ θεαμάτων παρέχει· ἔπειτα δὲ ὄψα πολλὰ τὰ μὲν φύει, τὰ δὲ τρέφει· καὶ γὰρ ἡ προβατευτικὴ τέχνη συνῆπται τῇ γεωργίᾳ, ὥστε ἔχειν καὶ θεοὺς ἐξαρέσκεσθαι θύοντας καὶ αὑτοῖς χρῆσθαι. (4) Παρέχουσα δ' ἀφθονώτατα ἀγαθὰ οὐκ ἐᾷ ταῦτα μετὰ μαλακίας λαμβάνειν, ἀλλὰ ψύχη τε χειμῶνος καὶ θάλπη θέρους ἐθίζει καρτερεῖν. Καὶ τοὺς μὲν αὐτουργοὺς διὰ τῶν χειρῶν γυμνάζουσα ἰσχὺν αὐτοῖς προστίθησι, τοὺς δὲ τῇ ἐπιμελείᾳ γεωργοῦντας ἀνδρίζει πρωί τε ἐγείρουσα καὶ πορεύεσθαι σφοδρῶς ἀναγκάζουσα. Καὶ γὰρ ἐν τῷ χώρῳ καὶ ἐν τῷ ἄστει ἀεὶ ἐν ὥρᾳ αἱ ἐπικαιριώταται πράξεις εἰσίν. (5) Ἔπειτα δ' ἤν τε σὺν ἵππῳ ἀρήγειν τις τῇ πόλει βούληται, τὸν ἵππον ἱκανωτάτη ἡ γεωργία συντρέφειν, ἤν τε πεζῇ, σφοδρὸν τὸ σῶμα παρέχει· θήραις τέ τι φιλοπονεῖσθαι συνεπαίρει τῇ γῇ καὶ κυσὶν εὐπέτειαν τροφῆς παρέχουσα καὶ θηρία συμπαρατρέφουσα. (6) Ὠφελούμενοι δὲ καὶ οἱ ἵπποι καὶ αἱ κύνες ἀπὸ τῆς γεωργίας ἀντωφελοῦσι τὸν χῶρον, ὁ μὲν ἵππος πρωί τε κομίζων τὸν κηδόμενον εἰς τὴν ἐπιμέλειαν καὶ ἐξουσίαν παρέχων ὀψὲ ἀπιέναι, αἱ δὲ κύνες τά τε θηρία ἀπερύκουσαι ἀπὸ λύμης καρπῶν καὶ προβάτων καὶ τῇ ἐρημίᾳ τὴν ἀσφάλειαν συμπαρέχουσαι. (7) Παρορμᾷ δέ τι καὶ εἰς τὸ ἀρήγειν σὺν ὅπλοις τῇ χώρᾳ καὶ ἡ γῆ τοὺς γεωργοὺς ἐν τῷ μέσῳ τοὺς καρποὺς τρέφουσα τῷ κρατοῦντι λαμβάνειν. (8) Καὶ δραμεῖν δὲ καὶ βαλεῖν καὶ πηδῆσαι τίς ἱκανωτέρους τέχνη γεωργίας παρέχεται; τίς δὲ τοῖς ἐργαζομένοις πλείω τέχνη ἀντιχαρίζεται; τίς δὲ ἥδιον τὸν ἐπιμελόμενον δέχεται, προτείνουσα προσιέναι λαβεῖν ὅ,τι χρῄζει; τίς δὲ ξένους ἀφθονώτερον δέχεται; (9) χειμάσαι δὲ πυρὶ ἀφθόνῳ καὶ θερμοῖς λουτροῖς ποῦ πλείων εὐμάρεια ἢ ἐν χωρίῳ; ποῦ δὲ ἥδιον θερίσαι ὕδασί τε καὶ πνεύμασι καὶ σκιαῖς ἢ κατ' ἀγρόν; (10) τίς δὲ ἄλλη θεοῖς ἀπαρχὰς πρεπωδεστέρας παρέχει ἢ ἑορτὰς πληρεστέρας ἀποδείκνυει; τίς δὲ οἰκέταις προσφιλεστέρα ἢ γυναικὶ ἡδίων ἢ τέκνοις ποθεινοτέρα ἢ φίλοις εὐχαριστοτέρα; (11) Ἐμοὶ μὲν θαυμαστὸν δοκεῖ εἶναι εἴ τις ἐλεύθερος ἄνθρωπος ἢ κτῆμά τι τούτου ἥδιον κέκτηται ἢ ἐπιμέλειαν ἡδίω τινὰ ταύτης εὕρηκεν ἢ ὠφελιμωτέραν εἰς τὸν βίον. (12) Ἔτι δὲ ἡ γῆ θεὸς οὖσα τοὺς δυναμένους καταμανθάνειν καὶ δικαιοσύνην διδάσκει· τοὺς γὰρ ἄριστα θεραπεύοντας αὐτὴν πλεῖστα ἀγαθὰ ἀντιποιεῖ. (13) Ἐὰν δ' ἄρα καὶ ὑπὸ πλήθους ποτὲ στρατευμάτων τῶν ἔργων στερηθῶσιν οἱ ἐν τῇ γεωργίᾳ ἀναστρεφόμενοι καὶ σφοδρῶς καὶ ἀνδρικῶς παιδευόμενοι οὗτοι εὖ παρεσκευασμένοι καὶ τὰς ψυχὰς καὶ τὰ σώματα, ἢν μὴ θεὸς ἀποκωλύῃ, δύνανται ἰόντες εἰς τὰς τῶν ἀποκωλυόντων λαμβάνειν ἀφ' ὧν θρέψονται. Πολλάκις δ' ἐν τῷ πολέμῳ καὶ ἀσφαλέστερόν ἐστι σὺν τοῖς ὅπλοις τὴν τροφὴν μαστεύειν ἢ τοῖς γεωρ-

citationem corporum, ut ad ea perficienda robur habeant, quæ ingenuis hominibus conveniunt. Primum enim fert terra se colentibus, ea quæ hominibus ad victum necessaria sunt; atque etiam illa fert, de quibus voluptatem capiunt. Deinde suppeditat omnia suavissimis cum odoribus, et gratissima specie, quæcunque homines ad aras, et ad simulacra deorum, atque etiam ad se ipsos ornandos adhibent. Præterea multa obsonia partim producit, partim nutrit. Etenim ars pecuaria cum agricultura conjuncta est. Quo fit ut multa suppetant, quibus sacrificandis tum placare deos, tum ipsimet uti possimus. Quumque copiosissime bona subministret, non sinit ea cum mollitia capi, sed ad hiemis frigora, et æstatis calores tolerandos consuefacit. Eadem illos, qui manibus suis laborant, exercendo magis robustos efficit; alios vero, qui colendum dant agrum, et ad inspiciunt ipsi, strenuos reddit, dum mane ipsos excitat, acriterque ambulare cogit. Etenim et ruri, et in urbe semper stato anni tempore fiunt actiones opportunissimæ. Deinde sive quis eques operam civitati suæ ferre velit, agricultura maxime alendo equo sufficit; sive pedes, eadem acre corpus reddit. Etiam venationis ad studium nonnihil adjumenti præstat per fundum, et quod per eam facile canes ali possint, et feræ nutriri. Et quia canes quoque cum equis ex agricultura commodum aliquod percipiant, vicissim et ipsi ruri prosunt: equus, dum mane portat rei rusticæ curatorem ad inspiciendum, ac sero redeunti potestatem fucit; canes, dum feras abigunt, ne fructibus pecudibusve noceant, ac solitudini securitatem præstant. Incitat etiam terra nonnihil agricolas ad defendendum armis agrum, quum fructus in medio propositos educet, qui victori cedant. Et quæ tandem ars homines magis ad currendum, ad jaculandum, ad saliendum idoneos reddit quam agricultura? quæ ars se exercentibus plura contra largitur? quænam sui studiosum suavius excipit, porrigens accedenti quod sumat ex animi arbitratu? quænam majori cum rerum copia hospites excipit? ubinam commodius copioso igne calidisque lavacris pro hiemem uti licet, quam ruri? ubi quis aquarum, auræ, umbrarumque causa jucundius traducere possit æstatem, quam ruri? quænam ars alia primitias suppeditat diis magis convenientes, vel festos dies abundantiori cum copia rerum exhibet? quænam domesticis gratior est, uxori jucundior, liberis optatior, erga amicos benignior? Mihi quidem mirum videatur, posse hominem ingenuum vel possessionem aliquam acceptiorem hac ducere, vel studium aliquod hoc tam jucundius tum ad vitam utilius reperire. Præterea tellus benigna justitiam quoque docet illos, qui animum ad hoc advertere possunt. Nam studiosissime se colentibus, maximam bonorum copiam vicissim largitur. Quod si aliquando ii qui in agricultura versantur, et tum ad alacritatem tum fortitudinem condocefacti sunt, a magnis copiis hostium ab operis suis arceantur, possunt certe, nisi deus prohibeat, præsertim quum et animis et corporibus egregie instructi sint, invasis eorum finibus, a quibus impediuntur quominus operas suas faciant, indidem capere unde se alant. Atque in bello sæpe

γικοῖς ὀργάνοις. (14) Συμπαιδεύει δὲ καὶ εἰς τὸ ἐπαρκεῖν ἀλλήλοις ἡ γεωργία. Ἐπί τε γὰρ τοὺς πολεμίους σὺν ἀνθρώποις δεῖ ἰέναι, τῆς τε γῆς σὺν ἀνθρώποις ἐστὶν ἡ ἐργασία. (15) Τὸν οὖν μέλλοντα εὖ γεωργήσειν δεῖ τοὺς ἐργαστῆρας καὶ προθύμους παρασκευάζειν καὶ πείθεσθαι θέλοντας· τὸν δὲ ἐπὶ πολεμίους ἄγοντα ταῦτα δεῖ μηχανᾶσθαι, δωρούμενόν τε τοῖς ποιοῦσιν ἃ δεῖ ποιεῖν τοὺς ἀγαθούς, καὶ κολάζοντα τοὺς ἀτακτοῦντας. (16) Καὶ παρακελεύεσθαι δὲ πολλάκις οὐδὲν ἧττον δεῖ τοῖς ἐργάταις τὸν γεωργὸν ἢ τὸν στρατηγὸν τοῖς στρατιώταις· καὶ ἐλπίδων δὲ ἀγαθῶν οὐδὲν ἧττον οἱ δοῦλοι τῶν ἐλευθέρων δέονται, ἀλλὰ καὶ μᾶλλον, ὅπως μένειν ἐθέλωσι. (17) Καλῶς δὲ κἀκεῖνος εἶπεν, ὃς ἔφη τὴν γεωργίαν τῶν ἄλλων τεχνῶν μητέρα καὶ τροφὸν εἶναι. Εὖ μὲν γὰρ φερομένης τῆς γεωργίας, ἔρρωνται καὶ αἱ ἄλλαι τέχναι ἅπασαι, ὅπου δ᾽ ἂν ἀναγκασθῇ ἡ γῆ χερσεύειν, ἀποσβέννυνται καὶ αἱ ἄλλαι τέχναι σχεδόν τι καὶ κατὰ γῆν καὶ κατὰ θάλατταν.

18. Ἀκούσας δὲ ταῦτα ὁ Κριτόβουλος εἶπεν, Ἀλλὰ ταῦτα μὲν ἔμοιγε, ὦ Σώκρατες, καλῶς δοκεῖς λέγειν· ὅτι δὲ τῆς γεωργικῆς τὰ πλεῖστά ἐστιν ἀνθρώπῳ ἀδύνατα προνοῆσαι, καὶ γὰρ χάλαζαι καὶ πάχναι ἐνίοτε καὶ αὐχμοὶ ἢ ὄμβροι ἐξαίσιοι καὶ ἐρυσῖβαι καὶ ἄλλα πολλάκις τὰ καλῶς ἐγνωσμένα καὶ πεποιημένα ἀφαιροῦνται· καὶ πρόβατα δ᾽ ἐνίοτε κάλλιστα τεθραμμένα νόσος ἐλθοῦσα κάκιστα ἀπώλεσεν. (19) Ἀκούσας δὲ ταῦτα ὁ Σωκράτης εἶπεν, Ἀλλ᾽ ᾤμην ἔγωγέ σε, ὦ Κριτόβουλε, εἰδέναι ὅτι οἱ θεοὶ οὐδὲν ἧττόν εἰσι κύριοι τῶν ἐν τῇ γεωργίᾳ ἔργων ἢ τῶν ἐν τῷ πολέμῳ. Καὶ τοὺς μὲν ἐν τῷ πολέμῳ ὁρᾷς οἶμαι πρὸ τῶν πολεμικῶν πράξεων ἐξαρεσκευομένους τοῖς θεοῖς καὶ ἐπερωτῶντας θυσίαις καὶ οἰωνοῖς ὅ,τι τε χρὴ ποιεῖν καὶ ὅ,τι μή· (20) περὶ δὲ τῶν γεωργικῶν πράξεων ἧττον οἴει δεῖν τοὺς θεοὺς ἱλάσκεσθαι; Εὖ γὰρ ἴσθι, ἔφη, ὅτι οἱ σώφρονες καὶ ὑπὲρ ὑγρῶν καὶ ξηρῶν καρπῶν καὶ βοῶν καὶ ἵππων καὶ προβάτων καὶ ὑπὲρ πάντων γε δὴ τῶν κτημάτων τοὺς θεοὺς θεραπεύουσιν.

ΚΕΦΑΛΑΙΟΝ ϛ.

Ἀλλὰ ταῦτα μὲν, ἔφη, ὦ Σώκρατες, καλῶς μοι δοκεῖς λέγειν, κελεύων πειρᾶσθαι σὺν τοῖς θεοῖς ἄρχεσθαι παντὸς ἔργου, ὡς τῶν θεῶν κυρίων ὄντων οὐδὲν ἧττον τῶν εἰρηνικῶν ἢ τῶν πολεμικῶν ἔργων. Ταῦτα μὲν οὖν πειρασόμεθα οὕτω ποιεῖν. Σὺ δ᾽ ἡμῖν ἔνθεν λέγων περὶ τῆς οἰκονομίας ἀπέλιπες, πειρῶ τὰ τούτων ἐχόμενα διεκπεραίνειν, ὡς καὶ νῦν μοι δοκῶ ἀκηκοὼς ὅσα εἶπες μᾶλλόν τι ἤδη διορᾶν ἢ πρόσθεν ὅ,τι χρὴ ποιοῦντα βιοτεύειν. (2) Τί οὖν, ἔφη ὁ Σωκράτης, ἄρα, εἰ πρῶτον μὲν ἐπανέλθοιμεν ὅσα ὁμολογοῦντες διεληλύθαμεν, ἵν᾽ ἤν πως δυνώμεθα πειραθῶμεν οὕτω καὶ τὰ λοιπὰ διεξιέναι συνομολογοῦντες; (3) Ἡδύ γ᾽ οὖν ἐστιν, ἔφη ὁ Κριτόβουλος, ὥσπερ καὶ χρημάτων κοινωνήσαντας ἀναμφιλόγως διελθεῖν, οὕτω καὶ λόγων

etiam tutius est armis victum quaerere, quam instrumentis rusticis. Instituit etiam nos agricultura, ut mutuo nosmet juvemus. Nam adversus hostes cum hominum copiis pergendum est, et hominum opera terra est colenda. Itaque necesse est, eum, qui recte agriculturam exercere velit, operas suas sic instruere, ut sint alacres, et ad parendum promptae. Eadem moliatur oportet, qui copias adversus hostes ducturus sit, ut eos, qui faciunt quod viros fortes decet, muneribus orent, ac non recte atque ordine munus suum obeuntes plectat. Etiam necesse est agricolam non minus interdum operas suas cohortando excitare, quam imperatorem milites. Neque servis minus spe bona quam ingenuis hominibus opus est, imo vero etiam magis, ut manere velint. Recte is quoque dixit, qui agriculturam aliarum artium matrem et nutricem esse perhibuit. Nam quum agricultura prospere succedit, etiam artes ceterae omnes vigent : at ubi terra necessitate aliqua inculta manet, etiam artes ceterae fere terra marique exstinguuntur.

Quibus auditis Critobulus, Enimvero, inquit, haec mihi dicere praeclare videris, mi Socrates. Sed plurima sunt in agricultura, quae provideri ab homine non possunt. Quippe nonnunquam grandines, pruinae, aestus, imbres immensi, rubigines, aliaque, pulchre cogitata et elaborata tollunt. Etiam oves interdum educatas egregie morbus aliquis invadens miserrime perimit. Quae quum audiisset Socrates, Ego vero, mi Critobule, ait, scire te arbitrabar, penes deos nihilo minus potestatem rusticis in operibus summam esse, quam in bellicis. Vides autem, opinor, eos qui re militari occupantur, ante bellicas actiones deos placare, ac tum per sacrificia tum per auguria inquirere, quid faciundum, quid omittendum sit : et in actionibus rei rusticae minus tibi laborandum putas, ut deos propitios reddas? Omnino scire debes, homines, qui quidem sapiant, humidorum et siccorum fructuum, boum, equorum, ovium, omnium denique fortunarum suarum causa deos colere.

CAPUT VI.

Dicis tu praeclare, mi Socrates, ait, qui jubeas operam dare, ut opus omne non sine diis ordiamur, quippe quorum in potestate sint tam ea quae pace, quam quae bello suscipiuntur. Itaque studebimus haec ita facere. Tu vero nobis enitere, istuc redeundo, ubi de administratione domestica dicere desiisti, quae porro sequuntur, absolvere. Videor enim mihi, posteaquam audivi abs te dicta, magis perspicere quid, ut commode vivam, faciundum sit. Quid igitur? ait Socrates, placetne ut redeamus ad illa, quaecunque sic percurrimus, ut de iis inter nos conveniret, quo, si fieri possit, ita deinde reliqua percurrere conemur, ut inter nos conveniat? Jucundum sane est, inquit Critobulus, uti solent ii, quibus pecuniae communes sunt, earum sine controversia rationem subducere, sic etiam nos, qui sermones

κοινωνοῦντας περὶ ὧν ἂν διαλεγώμεθα συνομολογοῦντας διεξιέναι. (4) Οὐκοῦν, ἔφη ὁ Σωκράτης, ἐπιστήμης μέν τινος ἐδόξεν ἡμῖν ὄνομα εἶναι ἡ οἰκονομία, ἡ δὲ ἐπιστήμη αὕτη ἐφαίνετο ᾗ οἴκους δύνανται αὔξειν ἄνθρωποι, οἶκος δ' ἡμῖν ἐφαίνετο ὅπερ κτῆσις ἡ σύμπασα, κτῆσιν δὲ τοῦτο ἔφαμεν εἶναι ὅ,τι ἑκάστῳ εἴη ὠφέλιμον εἰς τὸν βίον, ὠφέλιμα δὲ ὄντα εὑρίσκετο πάντα ὁπόσοις τις ἐπίσταιτο χρῆσθαι. (5) Πάσας μὲν οὖν τὰς ἐπιστήμας οὔτε μαθεῖν οἷόν τε ἡμῖν ἐδόκει, συναποδοκιμάζειν τε ταῖς πόλεσι τὰς βαναυσικὰς καλουμένας τέχνας, ὅτι καὶ τὰ σώματα καταλυμαίνεσθαι δοκοῦσι καὶ τὰς ψυχὰς καταγνύουσι. (6) Τεκμήριον δὲ σαφέστατον γενέσθαι ἂν τούτου ἔφαμεν, εἰ πολεμίων εἰς τὴν χώραν ἰόντων, διακαθίσας τις τοὺς γεωργοὺς καὶ τοὺς τεχνίτας χωρὶς ἑκατέρους ἐπερωτῴη πότερα δοκεῖ ἀρήγειν τῇ χώρᾳ ἢ ὑφεμένους τῆς γῆς τὰ τείχη διαφυλάττειν. (7) Οὕτω γὰρ ἂν τοὺς μὲν ἀμφὶ γῆν ἔχοντας φήμεθ' ἂν ψηφίζεσθαι ἀρήγειν, τοὺς δὲ τεχνίτας μὴ μάχεσθαι, ἀλλ' ὅπερ πεπαίδευνται καθῆσθαι μήτε πονοῦντας μήτε κινδυνεύοντας. (8) Ἐδοκιμάσαμεν δὲ ἀνδρὶ καλῷ τε κἀγαθῷ ἐργασίαν εἶναι καὶ ἐπιστήμην κρατίστην τὴν γεωργίαν, ἀφ' ἧς τὰ ἐπιτήδεια ἄνθρωποι πορίζονται. Αὕτη γὰρ ἡ ἐργασία μαθεῖν τε ῥᾴστη ἐδόκει εἶναι καὶ ἡδίστη ἐργάζεσθαι, καὶ τὰ σώματα κάλλιστά τε καὶ εὐρωστότατα παρέχεσθαι, καὶ ταῖς ψυχαῖς ἥκιστα ἀσχολίαν παρέχειν φίλων τε καὶ πόλεων συνεπιμελεῖσθαι. (10) Συμπαροξύνειν δέ τι ἐδόκει ἡμῖν καὶ εἰς τὸ ἀλκίμους εἶναι ἡ γεωργία ἔξω τῶν ἐρυμάτων τὰ ἐπιτήδεια φύουσά τε καὶ τρέφουσα τοὺς ἐργαζομένους. Διὰ ταῦτα δὲ καὶ ἐνδοξοτάτη εἶναι πρὸς τῶν πόλεων αὕτη ἡ βιοτεία, ὅτι καὶ πολίτας ἀρίστους καὶ εὐνουστάτους παρέχεσθαι δοκεῖ τῷ κοινῷ. (11) Καὶ ὁ Κριτόβουλος, Ὅτι μὲν, ὦ Σώκρατες, κάλλιστόν τε καὶ ἄριστον καὶ ἥδιστον ἀπὸ γεωργίας τὸν βίον ποιεῖσθαι πάνυ μοι δοκῶ πεπεῖσθαι ἱκανῶς· ὅτι δὲ ἔφησθα καταμαθεῖν τὰ αἴτια τῶν τε οὕτως γεωργούντων ὥστε ἀπὸ τῆς γεωργίας ἀφθόνως ἔχειν ὧν δέονται καὶ τῶν οὕτως ἐργαζομένων ὡς μὴ λυσιτελεῖν αὐτοῖς τὴν γεωργίαν, καὶ ταῦτά μοι δοκῶ ἡδέως ἑκάτερα ἀκούειν σου, ὅπως ἃ μὲν ἀγαθά ἐστι ποιῶμεν, ἃ δὲ βλαβερὰ μὴ ποιῶμεν. (12) Τί οὖν, ἔφη ὁ Σωκράτης, ὦ Κριτόβουλε, ἤν σοι ἐξαρχῆς διηγήσωμαι ὡς συνεγενόμην ποτὲ ἀνδρὶ ὅς ἐμοὶ ἐδόκει εἶναι τῷ ὄντι τούτων τῶν ἀνδρῶν ἐφ' οἷς τοῦτο τὸ ὄνομα δικαίως ἐστὶν ὃ καλεῖται καλός τε καὶ ἀγαθὸς ἀνήρ; Πάνυ ἄν, ἔφη ὁ Κριτόβουλος, βουλοίμην ἂν οὕτως ἀκούειν, ὡς καὶ ἔγωγε ἐρῶ τούτου τοῦ ὀνόματος ἄξιος γενέσθαι. (13) Λέξω τοίνυν σοι, ἔφη ὁ Σωκράτης, ὡς καὶ ἦλθον ἐπὶ τὴν σκέψιν αὐτοῦ. Τοὺς μὲν γὰρ ἀγαθοὺς τέκτονας, χαλκέας ἀγαθοὺς, ζωγράφους ἀγαθοὺς, ἀνδριαντοποιοὺς, καὶ τὰ ἄλλα τὰ τοιαῦτα, πάνυ ὀλίγος μοι χρόνος ἐγένετο ἱκανὸς περιελθεῖν τε καὶ θεάσασθαι τὰ δεδοκιμασμένα καλὰ ἔργα αὐτοῖς εἶναι. (14) Ὅπως δὲ δὴ καὶ τοὺς ἔχοντας τὸ σεμνὸν ὄνομα τοῦτο τὸ καλός τε κἀγαθὸς ἐπισκεψαίμην, τί

inter nos communicamus, omnia percurrere, de quibus colloquimur, ita ut consentiamus. Visa est igitur nobis, inquit Socrates, administratio domestica nomen esse scientiæ; atque hæc ipsa scientia definiebatur ea esse, qua domos amplificare homines possint : domus autem esse definiebatur idem quod facultates universæ; deinde facultates esse dicebamus id quod cuique ad vitam sit utile : utilia denique omnia esse reperiebamus, quibuscunque uti aliquis sciret. Ac scientias quidem universas non posse disci placuit nobis, et itidem ut civitatibus, artes improbandas esse eas, quæ sordidæ appellentur, quod et corpora lædere videantur, et animos frangant. Ejus rei argumentum fore clarissimum diximus, si hostibus agrum invadentibus, agricolas aliquis et opifices diversis locis constitutos, seorsim utrosque interroget, utrum esse defendenda regio videatur, an agro cedendum, ac deinde custodienda mœnia. Nam ea ratione futurum arbitrabamur, ut qui exercendo solo occupantur, defendendum esse agrum decernant; opifices autem dimicandum non esse, sed, prout ipsi instituti sunt, desidendum, nullo neque labore, neque periculo adito. Comprobavimus etiam, agriculturam viro bono et honesto exercitationem et scientiam esse longe præstantissimam, qua homines necessariorum sibi copiam parent. Atque videbatur eadem disci facillime posse, ac summa cum voluptate exerceri, et corpora longe pulcherrima robustissimaque efficere, animis denique negotii nihil exhibere, quominus cura sua tum amicos tum respublicas complectantur. Videbatur etiam agricultura nobis excitare animos ad fortitudinem, quod extra munitiones ad victum necessaria producat, iisque alat homines se exercentes. Itaque rationem hanc vitæ a civitatibus quoque maximam mereri prædicationem, quippe quæ cives præstantissimos, maximeque reipublicæ studiosos suppeditare videatur. Tum Critobulus, Pulcherrimum esse, mi Socrates, inquit, et optimum jucundissimumque, victum sibi ex agricultura parare, satis esse mihi persuasum arbitror. Ceterum quod aiebas animadvertisse te, quæ causæ sint, quamobrem alii sic agriculturam exerceant, ut ex ea percipiant abunde omnia, quibus est ipsis opus; alii sic laborent, ut nulli ipsis usui sit, eas equidem lubenter auditurus ex te videor utrasque, ut ex te sua tum faciamus, omissis iis quæ cum detrimento sunt conjuncta. Quid igitur, ait Socrates, mi Critobule, si tibi a principio narrem, quo pacto convenerim hominem aliquando quendam, qui reapse mihi de illorum esse numero videbatur, quibus merito nomen illud tribuitur, quo quis vir bonus et honestus appellatur? Id equidem, ait Critobulus, vehementer audire velim, quippe qui et ipse dignus haberi eo nomine cupiam. Dicam igitur, inquit Socrates, quomodo ad invisendum hominem illum accesserim. Nam ad bonorum fabrorum, bonorum ærariorum, pictorum bonorum, itemque statuariorum, et hujusmodi opera aliorum quæ præclara judicentur, obeunda spectandaque, mihi temporis perexiguum quiddam sufficiebat. Verum ut considerarem, quidnam agendo illi, qui nomen hoc boni et ho-

ποτ' ἐργαζόμενοι τοῦτ' ἀξιοῖντο καλεῖσθαι, πάνυ μου ἡ ψυχὴ ἐπεθύμει αὐτῶν τινι συγγενέσθαι. (16) Καὶ πρῶτον μὲν ὅτι προςέκειτο τὸ καλὸς τῷ ἀγαθῷ, ὅντινα ἴδοιμι καλὸν, τούτῳ προςῄειν καὶ ἐπειρώμην καταμανθάνειν εἴ που ἴδοιμι προςηρτημένον τῷ καλῷ τὸ ἀγαθόν. (16) Ἀλλ' οὐκ ἄρα εἶχες οὕτως, ἀλλ' ἐνίους ἐδόκουν καταμανθάνειν τῶν καλῶν τὰς μορφὰς πάνυ μοχθηροὺς ὄντας τὰς ψυχάς. Ἔδοξεν οὖν μοι ἀφεμένῳ τῆς καλῆς ὄψεως ἐπ' αὐτῶν τινα ἐλθεῖν τῶν καλουμένων καλῶν τε κἀγαθῶν. (17) Ἐπεὶ οὖν τὸν Ἰσχόμαχον ἤκουον πρὸς πάντων καὶ ἀνδρῶν καὶ γυναικῶν καὶ ξένων καὶ ἀστῶν καλόν τε κἀγαθὸν ἐπονομαζόμενον, ἔδοξέ μοι τούτῳ πειραθῆναι συγγενέσθαι.

ΚΕΦΑΛΑΙΟΝ Ζ.

Ἰδὼν οὖν ποτε αὐτὸν ἐν τῇ τοῦ Διὸς τοῦ ἐλευθερίου στοᾷ καθήμενον, ἐπεί μοι ἐδόξε σχολάζειν, προςῆλθον αὐτῷ, καὶ παρακαθιζόμενος εἶπον, Τί, ὦ Ἰσχόμαχε, οὐ μάλα εἰωθὼς σχολάζειν κάθησαι; ἐπεὶ τά γε πλεῖστα ἢ πράττοντά τί σε ὁρῶ ἢ οὔ πάνυ σχολάζοντα ἐν τῇ ἀγορᾷ. (2) Οὐδὲ ἂν γε νῦν, ἔφη ὁ Ἰσχόμαχος, ὦ Σώκρατες, ἑώρας, εἰ μὴ ξένους τινὰς συνεθέμην ἀναμένειν ἐνθάδε. Ὅταν δὲ μὴ πράττῃς τι τοιοῦτον, πρὸς τῶν θεῶν, ἔφην ἐγώ, ποῦ διατρίβεις καὶ τί ποιεῖς; ἐγὼ γάρ τοι πάνυ βούλομαί σου πυθέσθαι τί ποτε πράττων καλός τε κἀγαθὸς κέκλησαι, ἐπεὶ οὐκ ἔνδον γε διατρίβεις οὐδὲ τοιαύτη σου ἡ ἕξις τοῦ σώματος καταφαίνεται. (3) Καὶ ὁ Ἰσχόμαχος γελάσας ἐπὶ τῷ τί ποιῶν καλὸς κἀγαθὸς κέκλησαι, καὶ ἡσθείς, ὥς γ' ἐμοὶ ἐδόξεν, εἶπεν, Ἀλλ' εἰ μὲν ὅταν σοι διαλέγωνται περὶ ἐμοῦ τινες καλοῦσί με τοῦτο τὸ ὄνομα οὐκ οἶδα· οὐ γὰρ δὴ ὅταν γέ με εἰς ἀντίδοσιν καλῶνται τριηραρχίας ἢ χορηγίας, οὐδείς, ἔφη, ζητεῖ τὸν καλόν τε κἀγαθὸν, ἀλλὰ σαφῶς, ἔφη, ὀνομάζοντές με Ἰσχόμαχον πατρόθεν προςκαλοῦνται. Ἐγὼ μὲν τοίνυν, ἔφη, ὦ Σώκρατες, ὃ με ἐπήρου, οὐδαμῶς ἔνδον διατρίβω. Καὶ γὰρ δὴ, ἔφη, τά γε ἐν τῇ οἰκίᾳ μου πάνυ καὶ αὐτὴ ἡ γυνή ἐστιν ἱκανὴ διοικεῖν. (4) Ἀλλὰ καὶ τοῦτο, ἔφην ἔγωγε, ὦ Ἰσχόμαχε, πάνυ ἂν ἡδέως σου πυθοίμην πότερα αὐτὸς σὺ ἐπαίδευσας τὴν γυναῖκα ὥςτε εἶναι οἵαν δεῖ ἢ ἐπισταμένην ἔλαβες παρὰ τοῦ πατρὸς καὶ τῆς μητρὸς διοικεῖν τὰ προςήκοντα αὐτῇ. (5) Καὶ τί ἂν, ἔφη, ὦ Σώκρατες, ἐπισταμένην αὐτὴν παρέλαβον, ἣ ἔτη μὲν οὔπω πεντεκαίδεκα γεγονυῖα ἦλθε πρὸς ἐμέ, τὸν δ' ἔμπροσθεν χρόνον ἔζη ὑπὸ πολλῆς ἐπιμελείας ὅπως ὡς ἐλάχιστα μὲν ὄψοιτο, ἐλάχιστα δ' ἀκούσοιτο, ἐλάχιστα δ' ἔροιτο; (6) οὐ γὰρ ἀγαπητόν σοι δοκεῖ εἶναι εἰ μόνον ἦλθεν ἐπισταμένη ἔρια παραλαβοῦσα ἱμάτιον ἀποδεῖξαι, καὶ ἑωρακυῖα ὡς ἔργα ταλάσια θεραπαίναις δίδοται; ἐπεὶ τά γε ἀμφὶ γαστέρα, ἔφη, πάνυ καλῶς, ὦ Σώκρατες, ἦλθε πεπαιδευμένη· ὅπερ μέγιστον ἔμοιγε δοκεῖ παίδευμα εἶναι καὶ ἀνδρὶ καὶ γυναικί. (7) Τὰ δ' ἄλλα, ἔφην ἐγώ, ὦ Ἰσχόμαχε, αὐτὸς ἐπαίδευσας τὴν γυναῖκα ὥςτε ἱκανὴν εἶναι ὧν προςήκει ἐπι-

---

nesti viri sane plenum gravitatis obtinerent, hoc ipso digni judicarentur, vehementer animus meus aliquem ipsorum convenire cupiebat. Ac primo quidem, quod honesti nomen ad bonum adjiceretur : si quem honesta facie cernerem, eum adibam, ac dabam operam, ut intelligerem, anne videre possem alicubi bonum cum honesto conjunctum. Verum aliter se res habebat; nonnullos videbar animadvertere, forma quidem illos perquam honesta præditos, sed animis pravis. Itaque visum fuit, omissa vultus honesta specie, quendam eorum accedere, qui honesti et boni appellarentur. Quum igitur audirem, Ischomachum, ab omnibus, viris, mulieribus, exteris, civibus, honestum ac bonum virum nominari, visum est operam mihi dandam, ut eum convenirem.

CAPUT VII.

Ergo, ubi aliquando conspexissem eum in Jovis Liberalis porticu sedentem, quod otiosum esse putarem, accessi, ac propter ipsum adsidens, Quid tu, Ischomache, dixi, desides hic, qui non admodum otiari consuevisti? nam maxima ex parte vel agere te aliquid video, vel saltem otiosum in foro non versari. Ne nunc quidem, subjecit Ischomachus, me conspiceres, Socrates, nisi ex convento quosdam hic hospites præstolarer. At quum nihil ejusmodi agis, inquam ego, quæso te per deos, ubinam tempus teris, et quid facis? Nam quærere ex te omnino cupio, quid tandem agas, quod vir bonus et honestus appelleris : quandoquidem domi tempus non teris, neque corporis tui habitus talis apparet. Tum Ischomachus, ad ea verba, « Quid tandem agas, quod vir bonus et honestus appelleris ; » arridens, eisque, ut mihi videbatur, delectatus: Equidem, ait, an me hoc nomine appellent aliqui, quum tecum de me colloquuntur, nescio. Non enim certe, quum me vocant ad suscipiendam vice alia vel trierarchiam vel munus choragi, quisquam virum illum bonum et honestum quærit, sed perspicue me Ischomachum, addito nomine patris, appellatum accessunt. Sed ego quidem, mi Socrates, quod de me quærebas, domi tempus non admodum tero. Nam ad res domesticas administrandas uxor ipsa satis est idonea. Quin hoc quoque, inquam ego, mi Ischomache, perlubenter de te quærerem, num uxorem ipse talem instituendo effeceris, qualem esse oportet, an a patro matreque acceperis peritam earum rerum administrandarum, quæ ad ipsius officium pertinent. Et quid, mi Socrates, ait, scire poterat, quum eam ducerem quæ necdum annos nata quindecim ad me venerit, ac superiore tempore magna cura asservata vixerit, ut quamminimum cerneret, quamminimum audiret, quamminimum sciscitaretur? An non autem boni consulendum tibi videtur, quod saltem venerit perita conficiendi accepta lana vestem, et animadversa ratione pensi ancillis dandi? Nam quod gulam attinet, hic in parte, mi Socrates, recte admodum instituta venit, quæ quidem mihi disciplina tum in viro tum in femina videtur esse maxima. Ceteræne, inquam ego, mi Ischomache, uxorem tuam instituendo ipse docuisti, ut curandis iis, quæ ad munus ipsius pertinent, sufficiat? Non prius profecto, inquit Ischoma-

μελεῖσθαι; Οὐ μὰ Δί', ἔφη ὁ Ἰσχόμαχος, οὐ πρίν γε καὶ ἔθυσα καὶ εὐξάμην ἐμέ τε τυγχάνειν διδάσκοντα καὶ ἐκείνην μανθάνουσαν τὰ βέλτιστα ἀμφοτέροις ἡμῖν. (8) Οὐκοῦν, ἔφην ἐγώ, καὶ ἡ γυνή σοι συνέθυε καὶ συνεύχετο αὐτὰ ταῦτα; Καὶ μάλα γ', ἔφη ὁ Ἰσχόμαχος, πολλὰ ὑπισχνουμένη μὲν πρὸς τοὺς θεοὺς γενέσθαι οἵαν δεῖ, καὶ εὔδηλος ἦν ὅτι οὐκ ἀμελήσει τῶν διδασκομένων. (9) Πρὸς θεῶν, ἔφην ἐγώ, ὦ Ἰσχόμαχε, τί πρῶτον διδάσκειν ἤρχου αὐτήν, διηγοῦ μοι· ὡς ἐγὼ ταῦτ' ἂν ἥδιόν σου διηγουμένου ἀκούοιμι ἢ εἴ μοι γυμνικὸν ἢ ἱππικὸν ἀγῶνα τὸν κάλλιστον διηγοῖο. (10) Καὶ ὁ Ἰσχόμαχος ἀπεκρίνατο, Τί δ', ἔφη, ὦ Σώκρατες; ἐπεὶ ἤδη μοι χειροήθης ἦν καὶ ἐτετιθάσσευτο ὥστε διαλέγεσθαι, ἠρόμην αὐτήν, ἔφη, ὡδέ πως· Εἰπέ μοι, ὦ γύναι, ἆρα ἤδη κατενόησας τίνος ποτὲ ἕνεκα ἐγώ τε σὲ ἔλαβον καὶ οἱ σοὶ γονεῖς ἔδοσάν σε ἐμοί; (11) ὅτι μὲν γὰρ οὐκ ἀπορία ἦν μεθ' ὅτου ἄλλου ἐκαθεύδομεν ἂν οἶδ' ὅτι καὶ σοὶ καταφανὲς τοῦτ' ἐστί. Βουλευόμενος δ' ἔγωγε ὑπὲρ ἐμοῦ καὶ οἱ σοὶ γονεῖς ὑπὲρ σοῦ τίν' ἂν κοινωνὸν βέλτιστον οἴκου τε καὶ τέκνων λάβοιμεν, ἐγώ τε σὲ ἐξελεξάμην καὶ οἱ σοὶ γονεῖς, ὡς ἐοίκασιν, ἐκ τῶν δυνατῶν ἐμέ. (12) Τέκνα μὲν οὖν ἢν θεός ποτε διδῷ ἡμῖν γενέσθαι, τότε βουλευσόμεθα περὶ αὐτῶν ὅπως ὅτι βέλτιστα παιδεύσομεν αὐτά· κοινὸν γὰρ ἡμῖν καὶ τοῦτο ἀγαθόν, συμμάχων καὶ γηροβοσκῶν ὅτι βελτίστων τυγχάνειν· νῦν δὲ δὴ οἶκος ἡμῖν ὅδε κοινός ἐστιν. (13) Ἐγώ τε γὰρ ὅσα μοι ἐστιν ἅπαντα εἰς τὸ κοινὸν ἀποφαίνω, σύ τε ὅσα ἠνέγκω πάντα εἰς τὸ κοινὸν κατέθηκας. Καὶ οὐ τοῦτο δεῖ λογίζεσθαι πότερος ἄρα ἀριθμῷ πλείω συμβέβληται ἡμῶν, ἀλλ' ἐκεῖνο δεῖ εὖ εἰδέναι ὅτι ὁπότερος ἂν ἡμῶν βελτίων κοινωνὸς ᾖ, οὗτος τὰ πλείονος ἄξια συμβάλλεται. (14) Ἀπεκρίνατο δέ μοι, ὦ Σώκρατες, πρὸς ταῦτα ἡ γυνή, Τί δ' ἂν ἐγώ σοι, ἔφη, δυναίμην συμπρᾶξαι; τίς δὲ ἡ ἐμὴ δύναμις; ἀλλ' ἐν σοὶ πάντα ἐστίν· ἐμὸν δ' ἔφησεν ἡ μήτηρ ἔργον εἶναι σωφρονεῖν. (15) Ναὶ μὰ Δί', ἔφην ἐγώ, ὦ γύναι, καὶ γὰρ καὶ ἐμοὶ ὁ πατήρ. Ἀλλὰ σωφρόνων τοί ἐστι καὶ ἀνδρὸς καὶ γυναικὸς οὕτω ποιεῖν ὅπως τά τε ὄντα ὡς βέλτιστα ἕξει καὶ ἄλλα ὅτι πλεῖστα ἐκ τοῦ καλοῦ τε καὶ δικαίου προσγενήσεται. (16) Καὶ τί δέ, ἔφη ἡ γυνή, ὁρᾷς ὅ,τι ἂν ἐγὼ ποιοῦσα συναύξοιμι τὸν οἶκον; Ναὶ μὰ Δί', ἔφην ἐγώ, ἅ τε οἱ θεοὶ ἔφυσάν σε δύνασθαι καὶ ὁ νόμος συναινεῖ, ταῦτα πειρῶ ὡς βέλτιστα ποιεῖν. (17) Καὶ τί δὴ ταῦτά ἐστιν; ἔφη ἐκείνη. Οἶμαι μὲν ἔγωγε, ἔφην, οὐ τὰ ἐλαχίστου ἄξια, εἰ μὴ πέρ γε καὶ ἡ ἐν τῷ σμήνει ἡγεμὼν μέλιττα ἐπ' ἐλαχίστοις ἀξίοις ἔργοις ἐφέστηκεν. (18) Ἐμοὶ γάρ τοι, ἔφη φάναι, καὶ οἱ θεοί, ὦ γύναι, δοκοῦσι πολὺ διεσκεμμένως μάλιστα τὸ ζεῦγος τοῦτο συντεθεικέναι ὃ καλεῖται θῆλυ καὶ ἄρρεν, ὅπως ὅτι ὠφελιμώτατον ᾖ αὐτῷ εἰς τὴν κοινωνίαν. (19) Πρῶτον μὲν γὰρ ἐπὶ τῷ μὴ ἐκλιπεῖν ζώων γένη τοῦτο τὸ ζεῦγος κεῖται μετ' ἀλλήλων τεκνοποιούμενον, ἔπειτα τὸ γηροβοσκοὺς κεκτῆσθαι ἑαυτοῖς ἐκ τούτου τοῦ ζεύγους τοῖς γοῦν ἀνθρώποις πορίζεται· ἔπειτα δὲ καὶ ἡ δίαιτα τοῖς ἀνθρώ-

chus, quam rem sacram fecissem, et precatus essem, ut quae utrique nostrûm essent optima, tum ipse doceretur, tum ex me illa disceret. Ergo, inquam ego, etiam uxor rem sacram tecum faciebat, et una tecum haec precabatur? Omnino, ait Ischomachus, et quidem multum diis testibus promittens, fore se talem, qualem esse oportet; nec obscurum erat, minime in iis, quae doceretur, negligentem futuram. Quaeso te per deos, inquam ego, mi Ischomache, narra mihi, quid eam primum docere coeperis. Nam jucundius id mihi fuerit ex te narrante audire, quam si vel gymnicum, vel equestre mihi certamen longe pulcherrimum narres. Ischomachus respondens, Quid enim, inquit, mi Socrates? posteaquam mansueta jam, et cicur reddita esset, ita ut colloqueremur, hoc quodam, ait, modo ipsam interrogabam: Dic mihi, mea uxor, jamne animadvertisti, qua tandem de causa tum ego te duxerim, tum tui parentes mihi te tradiderint? non enim inopiam nobis alterius ullam fuisse, quicum cubaremus, te ipsam perspicere scio. Quum autem ego quidem de me, parentes vero tui de te consultaremus, quemnam consortem optimum domus et liberûm caperemus, ego te delegi, et parentes tui me, quemadmodum videtur, quantum licuit optimum. Quod si liberos nobis aliquando nobis dederit, tum de illis consultabimus, quo pacto eos quam optime possimus instituere. Nam et illud bonum utrique nostrûm erit commune, ut et socios, et eos qui nos in senectute alant, longe optimos consequamur. Nunc domus haec nobis communis est. Nam et ego cuncta, quae mea sunt, in medium exhibeo; et tu quaecunque attulisti, omnia in commune deposuisti. Neque jam ejus habenda est ratio, uter nostrûm numero plura contulerit; sed probe sciendum est, eum res majoris pretii conferre, qui se hac in societate rectius gesserit. Ad ea, mi Socrates, uxor mihi haec respondebat: In quonam ego tibi esse adjumento possim? quae mea facultas est? In te omnia sita sunt. Mei muneris esse mater aiebat, ut frugi sim. Profecto, inquam ego, mea uxor, etiam meum hoc esse dicebat pater. Verum frugi hominum munus est, sive quis vir sit, sive mulier, ita se gerere, ut et facultates, quae adsunt, optimo sint loco, et aliae quamplurimae honestis justisque rationibus accedant. Et quidnam tu vides, inquit, uxor, quo efficiundo possim ego tecum domum nostram augere? Enitere profecto, inquam, ut illa quam optime efficias, quae a natura tibi dii tribuerunt, ut posses, et quae lex comprobat. Ea vero quid sunt? ait illa. Meo quidem judicio, inquam ego, non minimi momenti, nisi etiam apum illa dux in alveari minimi momenti operibus praees constituta est. Nam mihi, dixisse se aiebat, videntur dii, mea uxor, maxima consideratione par hoc conjunxisse, quod mas et femina vocatur, ut ad societatem mutuam quamplurimum sibi conduceret. Primum enim, ne animantum genera deficiant, par hoc conjunctum liberos procreat. Deinde facultas hominibus conceditur, ut ex hac conjunctione adquirere sibi possint eos qui senes alant.

ποις οὐχ ὥςπερ τοῖς κτήνεσίν ἐστιν ἐν ὑπαίθρῳ, ἀλλὰ στεγνῶν δεῖται δῆλον ὅτι. (20) Δεῖ μέντοι τοῖς μέλλουσιν ἀνθρώποις ἕξειν ὅ,τι εἰςφέρωσιν εἰς τὸ στεγνὸν ἔχειν τοὺς ἐργαζομένους τὰς ἐν τῷ ὑπαίθρῳ ἐργασίας. Καὶ γὰρ νεατὸς καὶ σπόρος καὶ φυτεία καὶ νομαὶ ὑπαίθρια ταῦτα πάντα ἔργα ἐστίν· ἐκ τούτων δὲ τὰ ἐπιτήδεια γίγνεται. (21) Δεῖ δ᾽ αὖ, ἐπειδὰν ταῦτα εἰςενεχθῇ εἰς τὸ στεγνὸν, καὶ τοῦ σώσοντος ταῦτα καὶ τοῦ ἐργασομένου δ᾽ ἃ τῶν στεγνῶν ἔργα δεόμενά ἐστι. Στεγνῶν δὲ δεῖται καὶ ἡ τῶν νεογνῶν τέκνων παιδοτροφία, στεγνῶν δὲ δεῖται καὶ αἱ ἐκ τοῦ καρποῦ σιτοποιίαι δέονται· ὡςαύτως δὲ καὶ ἡ τῆς ἐσθῆτος ἐκ τῶν ἐρίων ἐργασία. (22) Ἐπεὶ δ᾽ ἀμφότερα ταῦτα καὶ ἔργων καὶ ἐπιμελείας δεῖται τά τε ἔνδον καὶ τὰ ἔξω, καὶ τὴν φύσιν, φάναι, εὐθὺς παρεσκεύασεν ὁ θεὸς, ὡς ἐμοὶ δοκεῖ, τὴν μὲν τῆς γυναικὸς ἐπὶ τὰ ἔνδον ἔργα καὶ ἐπιμελήματα, τὴν δὲ τοῦ ἀνδρὸς ἐπὶ τὰ ἔξω ἔργα καὶ ἐπιμελήματα. (23) Ῥίγη μὲν γὰρ καὶ θάλπη καὶ ὁδοιπορίας καὶ στρατείας τοῦ ἀνδρὸς τὸ σῶμα καὶ τὴν ψυχὴν μᾶλλον δύνασθαι καρτερεῖν κατεσκεύασεν· ὥςτε τὰ ἔξω ἐπέταξεν αὐτῷ ἔργα· τῇ δὲ γυναικὶ ἧσσον τὸ σῶμα δυνατὸν πρὸς ταῦτα φύσας τὰ ἔνδον ἔργα αὐτῇ, φάναι ἔφη, προςτάξει μοι δοκεῖ ὁ θεός. (24) Εἰδὼς δὲ ὅτι τῇ γυναικὶ καὶ ἐνέφυσε καὶ προςέταξε τὴν τῶν νεογνῶν τέκνων τροφὴν καὶ τοῦ στέργειν τὰ νεογνὰ βρέφη πλεῖον αὐτῇ ἐδάσατο ἢ τῷ ἀνδρί. (25) Ἐπεὶ δὲ καὶ τὸ φυλάττειν τὰ εἰςενεχθέντα τῇ γυναικὶ προςέταξε, γιγνώσκων ὁ θεὸς ὅτι πρὸς τὸ φυλάττειν οὐ κάκιόν ἐστι φοβερὰν εἶναι τὴν ψυχὴν πλεῖον μέρος καὶ τοῦ φόβου ἐδάσατο τῇ γυναικὶ ἢ τῷ ἀνδρί. Εἰδὼς δὲ ὅτι καὶ ἀρήγειν αὖ δεήσει, ἐάν τις ἀδικῇ, τὸν τὰ ἔξω ἔργα ἔχοντα, τούτῳ αὖ πλεῖον μέρος τοῦ θράσους ἐδάσατο. (26) Ὅτι δ᾽ ἀμφοτέρους δεῖ καὶ διδόναι καὶ λαμβάνειν, τὴν μνήμην καὶ τὴν ἐπιμέλειαν εἰς τὸ μέσον ἀμφοτέροις κατέθηκεν. Ὥςτε οὐκ ἂν ἔχοις διελεῖν πότερα τὸ ἔθνος τὸ θῆλυ ἢ τὸ ἄρρεν τούτων πλεονεκτεῖ. (27) Καὶ τὸ ἐγκρατεῖς δὲ εἶναι ὧν δεῖ εἰς τὸ μέσον ἀμφοτέροις κατέθηκε, καὶ ἐξουσίαν ἐποίησεν ὁ θεὸς ὁπότερος ἂν ᾖ βελτίων, εἴθ᾽ ὁ ἀνὴρ εἴθ᾽ ἡ γυνὴ, τοῦτον καὶ πλεῖον φέρεσθαι τούτου τοῦ ἀγαθοῦ. (28) Διὰ δὲ τὸ τὴν φύσιν μὴ πρὸς πάντα ταῦτα ἀμφοτέρων εὖ πεφυκέναι διὰ τοῦτο καὶ δέονται μᾶλλον ἀλλήλων καὶ τὸ ζεῦγος ὠφελιμώτερον ἑαυτῷ γεγένηται, ἃ τὸ ἕτερον ἐλλείπεται τὸ ἕτερον δυνάμενον. (29) Ταῦτα δὲ, ἔφην, δεῖ ἡμᾶς, ὦ γύναι, εἰδότας ἃ ἑκατέρῳ ἡμῶν προςτέτακται ὑπὸ τοῦ θεοῦ πειρᾶσθαι ὅπως ὡς βέλτιστα τὰ προςήκοντα ἑκάτερον ἡμῶν διαπράττεσθαι. (30) Συνεπαινεῖ δὲ, ἔφη φάναι, καὶ ὁ νόμος αὐτῇ, συζυγνὺς ἄνδρα καὶ γυναῖκα. Καὶ κοινωνοὺς ὥςπερ τῶν τέκνων ὁ θεὸς ἐποίησεν, οὕτω καὶ ὁ νόμος τοῦ οἴκου κοινωνοὺς καθίστησι. Καὶ καλὰ δὲ εἶναι ὁ νόμος ἀποδείκνυσιν ἃ δ θεὸς ἔφυσεν ἑκάτερον μᾶλλον [ἂν] δύνασθαι. Τῇ μὲν γὰρ γυναικὶ κάλλιον ἔνδον μένειν ἢ θυραυλεῖν, τῷ δὲ ἀνδρὶ αἴσχιον ἔνδον μένειν ἢ τῶν ἔξω ἐπιμελεῖσθαι. (31) Εἰ δέ τις παρ᾽ ἃ ὁ θεὸς ἔφυσε ποιεῖ, ἴσως τι καὶ ἀτακτῶν τοὺς θεοὺς οὐ λήθει καὶ δίκην

Præterea non sub dio jumentorum instar homines vivunt, sed tectis scilicet indigent. Quamobrem necesse est, ii qui consequi volunt, quod sub tectum importent, habeant aliquos qui operas obeundas sub dio suscipiant. Nam et arvorum renovatio, et seminum sparsio, et consitio, et pascendi opera ejusmodi sunt, quæ omnia sub dio curentur : et ex eis necessaria comparantur. Requiritur autem, posteaquam hæc intra tectum illata fuerint, ejus etiam opera, qui hæc servet, et qui ea conficiat opera, quæ non nisi sub tectis fieri possunt. Requirit vero tecta liberorum recens natorum educatio prima, et cibi ex illata segete confectio tecta requirit ; ac similiter etiam vestis ex lanis elaboratio. Et quoniam hæc utraque, tum interiora tum externa, labores et curam requirunt ; idcirco etiam deus, dixisse se perhibebat, statim naturam præparavit feminæ quidem, ad opera et curationes interiores ; viri autem, ad opera et curationes externas. Nam viri corpus et animum sic condidit, ut magis et frigora, et calores, et itinera, et expeditiones militares tolerare possit ; quo factum, ut opera illi externa injungeret. Mulieri vero quia minus ad hæc firmum corpus a natura largitus esset, idcirco illi opera interiora, dixisse se aiebat, mandasse mihi deus videtur. Et quia sciebat, quod et a natura indidisset, et mandasset feminæ, ut ea recens natos liberos educaret, idcirco majorem etiam amorem erga modo natos liberos ei quam viro tribuit. Quia item illata custodiendi curam mandavit feminæ, idcirco deus, qui sciret animum timidum ad custodiam minime deteriorem esse, majorem etiam metus partem feminæ, quam viro impertivit. Quod sciret eum, qui foris opera faciat, ad defendendum præsto esse debere, rursus huic audaciæ plus tribuit. Quod utrosque tum expendere tum recipere necesse sit, idcirco memoriam et diligentiam in ambobus ex æquo posuit. Itaque non facile possis discernere, utrum femineum an virile genus hac in parte excellat. Itidem ex æquo deus posuit in ambobus abstinentiam a rebus, quibus abstinendum est ; et potestatem eis fecit, uter foret melior, sive vir, sive mulier, is ut hujus boni partem majorem consequeretur. Quia vero natura utriusque non eadem ad eadem omnia bene comparata, idcirco etiam alter alterius magis indiget, fitque par hoc sibi ipsi utilius, quum alterius in potestate sint ea quibus alterum fere destituitur. Hæc, dicebam ad eam, quum sciamus, mea uxor, nimirum quæ utrique nostrûm a deo sint imperata, enixe operam dare debemus, ut uterque nostrûm ea quæ sui officii ratio postulat, quam rectissime præstemus. Etiam lex, dixisse se aiebat, hæc approbat, marem ac feminam copulans. Atque uti deus liberorum societatis inter ipsos auctor est, ita lex domus societatem eis instituit. Præterea lex ea pulchra esse demonstrat, quæ naturæ deus indidit ut præstare possit alter altero rectius. Est enim feminæ pulchrius, intra ædes se continere, quam foris agere ; viro autem turpius, intus manere, quam res exteras curare. Quod si quis aliud agit, quam quod ipsius naturæ deus indidit ; certe occultum esse diis non potest, ordi-

δίδωσιν ἀμελῶν τῶν ἔργων τῶν ἑαυτοῦ ἢ πράττων τὰ τῆς γυναικὸς ἔργα. (32) Δοκεῖ δέ μοι, ἔφην, καὶ ἡ τῶν μελισσῶν ἡγεμὼν τοιαῦτα ἔργα ὑπὸ τοῦ θεοῦ προστετγμένα διαπονεῖσθαι. Καὶ ποῖα δ', ἔφη, ἐκείνη, ἔργα ἔχουσα ἡ τῶν μελισσῶν ἡγεμὼν ἐξομοιοῦται τοῖς ἔργοις οἷς ἐμὲ δεῖ πράττειν; (33) Ὅτι, ἔφην ἐγώ, ἐκείνη τε ἐν τῷ σμήνει μένουσα οὐκ ἐᾷ ἀργοὺς τὰς μελίσσας εἶναι, ἀλλ' ἃς μὲν δεῖ ἔξω ἐργάζεσθαι ἐκπέμπει ἐπὶ τὸ ἔργον, καὶ ἃ ἂν αὐτῶν ἑκάστη εἰσφέρῃ οἶδέ τε καὶ δέχεται, καὶ σώζει ταῦτα ἔστ' ἂν δέῃ χρῆσθαι. Ἐπειδὰν δὲ ἡ ὥρα τοῦ χρῆσθαι ἥκῃ, διανέμει τὸ δίκαιον ἑκάστῃ. (34) Καὶ ἐπὶ τοῖς ἔνδον δ' ἐξυφαινομένοις κηρίοις ἐφέστηκεν, ὡς καλῶς καὶ ταχέως ὑφαίνηται, καὶ τοῦ γιγνομένου τόκου ἐπιμελεῖται ὡς ἐκτρέφηται· ἐπειδὰν δὲ ἐκ τραφῇ καὶ ἀξιοεργοὶ οἱ νεοσσοὶ γένωνται, ἀποικίζει αὐτοὺς σὺν τῶν ἐπιγόνων τινὶ ἡγεμόνι. (35) Ἦ καὶ ἐμὲ οὖν, ἔφη, ἡ γυνή, δεήσει ταῦτα ποιεῖν; Δεήσει μέντοι σε, ἔφην ἐγώ, ἔνδον τε μένειν καὶ οἷς μὲν ἂν ἔξω τὸ ἔργον ᾖ τῶν οἰκετῶν, τούτους συνεκπέμπειν, οἷς δ' ἂν ἔνδον ἔργον ἐργαστέον, τούτων σοι ἐπιστατητέον, (36) καὶ τά τε εἰσφερόμενα ἀποδεκτέον, καὶ ἃ μὲν ἂν αὐτῶν δέῃ δαπανᾶν, σοὶ διανεμητέον, ἃ δ' ἂν περιττεύειν δέῃ, προνοητέον καὶ φυλακτέον ὅπως μὴ ἡ εἰς τὸν ἐνιαυτὸν κειμένη δαπάνη εἰς τὸν μῆνα δαπανᾶται. Καὶ ὅταν ἔρια εἰσενεχθῇ σοι, ἐπιμελητέον ὅπως οἷς δεῖ ἱμάτια γίγνηται. Καὶ ὅ γε ξηρὸς σῖτος ὅπως καλῶς ἐδώδιμος γίγνηται ἐπιμελητέον. (37) Ἓν μέντοι τῶν σοὶ προσηκόντων, ἔφην ἐγώ, ἐπιμελημάτων ἴσως ἀχαριστότερον δόξει εἶναι, ὅτι ἢς ἂν κάμνῃ τῶν οἰκετῶν, τούτων σοι ἐπιμελητέον πάντων ὅπως θεραπεύηται. Νὴ Δί', ἔφη ἡ γυνή, ἐπιχαριτώτατον μὲν οὖν, ἢν μέλλωσί γε οἱ καλῶς θεραπευθέντες χάριν εἴσεσθαι καὶ εὐνούστεροι ἢ πρόσθεν ἔσεσθαι. (38) Καὶ ἐγώ, ἔφη ὁ Ἰσχόμαχος, ἀγασθεὶς αὐτῆς τὴν ἀπόκρισιν εἶπον, Ἆρά γε, ὦ γύναι, διὰ τοιαύτας τινὰς προνοίας καὶ τῆς ἐν τῷ σμήνει ἡγεμόνος αἱ μέλισσαι οὕτω διατίθενται πρὸς αὐτὴν ὥστε ὅταν ἐκείνη ἐκλίπῃ οὐδεμία οἴεται δεῖν τῶν μελισσῶν ἀπολειπτέον εἶναι, ἀλλ' ἕπονται πᾶσαι; (39) Καὶ ἡ γυνὴ μοι ἀπεκρίνατο, Θαυμάζοιμ' ἄν, ἔφη, εἰ μὴ πρὸς σὲ μᾶλλον τείνοι τὰ τοῦ ἡγεμόνος ἔργα ἢ πρὸς ἐμέ. Ἡ γὰρ ἐμὴ φυλακὴ τῶν ἔνδον καὶ διανομὴ γελοία τις ἂν οἶμαι φαίνοιτο, εἰ μὴ σύ γε ἐπιμελοῖο ὅπως ἔξωθέν τι εἰσφέροιτο. (40) Γελοία δ' αὖ, ἔφην ἐγώ, ἡ ἐμὴ εἰσφορὰ φαίνοιτ' ἄν, εἰ μὴ εἴη ὅστις τὰ εἰσενεχθέντα σώζοι. Οὐχ ὁρᾷς, ἔφη ἐγώ, οἱ εἰς τὸν τετρημένον πίθον ἀντλεῖν λεγόμενοι ὡς οἰκτείρονται ὅτι μάτην πονεῖν δοκοῦσι; Νὴ Δί', ἔφη ἡ γυνή, καὶ γὰρ τλήμονές εἰσιν, εἰ τοῦτό γε ποιοῦσιν. (41) Ἄλλαι δέ τοι, ἔφην ἐγώ, ἴδιαί σοι ἐπιμέλειαι, ὦ γύναι, ἡδεῖαί σοι γίγνονται, ὁπόταν ἀνεπιστήμονα ταλασίας λαβοῦσα ἐπιστήμονα ποιήσῃς, καὶ διπλασίου σοι ἀξία γένηται, καὶ ὁπόταν ἀνεπιστήμονα ταμιείας καὶ διακονίας παραλαβοῦσα ἐπιστήμονα καὶ πιστὴν καὶ διακονικὴν ποιησαμένη παντὸς ἀξίαν ἔχῃς, καὶ ὁπόταν τοὺς μὲν σώφρονάς τε καὶ ὠφελίμους τῷ σῷ οἴκῳ ἐξῇ σοι εὖ ποιῆσαι, ἐὰν δέ τις πονηρὸς φαίνηται, ἐξῇ σοι

nem ab ipso perturbari, adeoque pœnas dat, sive quis opera sibi convenientia negligit, sive muliebria facit. Ac mihi quidem videtur, inquam, etiam apis illa, quæ ceterarum dux est, sibi divinitus præscripta constanter elaborare. Quænam vero, ait hæc, apum illa dux opera tractat, illis actionibus consimilia, quæ mihi conveniunt? Quod illa, inquam, in alveari manens otiosas esse apes non patitur; sed quas foris laborare oportet, eas ad opus emittit, ac quidquid intulerint singulæ, novit et accipit, tamque diu servat, donec eo sit utendum. Id vero tempus ubi jam adest, justam cuique partem tribuit. Præest etiam favis, qui intus texuntur, uti recte celeriterque texantur; et fœtus, qui nascitur, educandi curam habet. Is posteaquam educatus est, jamque operi faciundo idoneæ sunt apiculæ, coloniam ex eis deducit, adjuncta ipsis quadam nepotum duce. Num igitur me quoque, ait uxor, hæc facere necesse erit? Erit, inquam ego, necesse domi ut maneas, atque emittas famulos quibus foris est laborandum : quibus autem intus faciundum opus, eis præesse debes, et quæ inferuntur, recipere. Præterea distribuendum erit tibi, quidquid eorum expendendum est, quæque superare debebunt, de iis prudenter prospiciendum tibi erit, et cavendum, ne sumptus in annum reconditus uno mense absumatur. Quum lanæ in domum illatæ fuerint, adhibenda cura ut vestes illis parentur, quibus confici debent. Curandum item, ut frumentum aridum pulchre idoneum ad vescendum fiat. Una, inquam, curatio ex iis quæ tui sunt muneris, fortassis ingratior esse videbitur, quod famulorum omnium cura tibi suscipienda erit, ut si quis ex iis ægrotet, curetur. Illud profecto, ait uxor, longe gratissimum fuerit, si quidem curati gratiam habituri sint, animoque magis benevolo futuri, quam prius. Quam ipsius responsionem, aiebat Ischomachus, admiratus equidem, An non, inquam, mea uxor, propterea quod apum illa dux in alveari sic earum commodis prospicit, ea est vicissim aliarum apum erga hanc affectio, ut alveum si deserat, nulla se abesse putet ab illa debere, sed omnes sequantur? Tum illa mihi respondens, Mihi vero mirum videatur, ait, non potius ad te ducis officium pertinere, quam ad me. Nam mea rerum, quæ intus sunt, custodia et distributio ridiculam speciem habuerit, nisi tu curam adhibeas, ut extrinsecus aliquid inferatur. Mea quoque, inquam ego, ridicula videbitur illatio, nisi sit qui illata servet. Non vides, inquam, quo pacto illorum homines miserari consueverint, qui pertusum in dolium aliquid haurire dicuntur, idque propterea, quod laborare frustra putentur? Video certe, ait uxor, ac sunt sane miseri, si hoc faciunt. Sunt et aliæ, inquam ego, curationes propriæ tuæ, mea uxor, futuræ non injucundæ : et quum imperitam lanificii nacta, peritam efficies, atque ea tibi deinde duplo pluris erit; quum imperitam condendi promendique et ministrandi nacta, talem efficies, quæ et horum perita, et fida, et in ministrando prompta, quantivis tibi sit pretii; quum tibi modestos, ac domui tuæ utiles afficere beneficio licebit, ac si quis improbus esse videatur, punire. Quod deniuqe omnium jucundissimum

κολάσαι· (12) τὸ δὲ πάντων ἥδιστον, ἐὰν βελτίων ἐμοῦ φανῇς, καὶ ἐμὲ σὸν θεράποντα ποιήσῃς, καὶ μὴ δέῃ σε φοβεῖσθαι μὴ προϊούσης τῆς ἡλικίας ἀτιμοτέρα ἐν τῷ οἴκῳ γένῃ, ἀλλὰ πιστεύῃς ὅτι πρεσβυτέρα γιγνομένη ὅσῳ ἂν καὶ ἐμοὶ κοινωνὸς καὶ παισὶν οἴκου φύλαξ ἀμείνων γίγνῃ, τοσούτῳ καὶ τιμιωτέρα ἐν τῷ οἴκῳ ἔσῃ. (13) Τὰ γὰρ καλά τε κἀγαθά, ἐγὼ ἔφην, οὐ διὰ ὡραιότητας, ἀλλὰ διὰ τὰς ἀρετὰς εἰς τὸν βίον τοῖς ἀνθρώποις ἐπαύξεται. Τοιαῦτα μὲν, ὦ Σώκρατες, δοκῶ μεμνῆσθαι αὐτῇ τὰ πρῶτα διαλεχθείς.

ΚΕΦΑΛΑΙΟΝ Η.

Ἦ καὶ ἐπέγνως τι, ὦ Ἰσχόμαχε, ἔφην ἐγὼ, ἐκ τούτων κεκινημένην αὐτὴν μᾶλλον πρὸς τὴν ἐπιμέλειαν; Ναὶ μὰ Δί᾽, ἔφη ὁ Ἰσχόμαχος, καὶ δηχθεῖσάν γε αὐτὴν οἶδα καὶ ἐρυθριάσασαν σφόδρα ὅτι τῶν εἰσενεχθέντων τι αἰτήσαντος ἐμοῦ οὐκ εἶχέ μοι δοῦναι. (2) Καὶ ἐγὼ μέντοι ἰδὼν ἀχθεσθεῖσαν αὐτὴν εἶπον, Μηδέν τι, ἔφην, ἀθυμήσῃς, ὦ γύναι, ὅτι οὐκ ἔχεις δοῦναί ὅ σε αἰτῶν τυγχάνω. Ἔστι μὲν γὰρ πενία αὕτη σαφής, τὸ δεόμενόν τινος μὴ ἔχειν χρῆσθαι· ἀλυποτέρα δὲ αὕτη ἡ ἔνδεια τὸ ζητοῦντά τι μὴ δύνασθαι λαβεῖν ἢ τὴν ἀρχὴν μηδὲ ζητεῖν, εἰδότα ὅτι οὐκ ἔστιν. Ἀλλὰ γὰρ, ἔφην ἐγὼ, τούτων οὐ σὺ αἰτία, ἀλλ᾽ ἐγὼ, ὅτι οὐ τάξας σοι παρέδωκα ὅπου χρὴ ἕκαστα κεῖσθαι, ὅπως εἰδῇς ὅπου τε δεῖ τιθέναι καὶ ὁπόθεν λαμβάνειν. (3) Ἔστι δ᾽ οὐδὲν οὕτως, ὦ γύναι, οὔτ᾽ εὔχρηστον οὔτε καλὸν ἀνθρώποις ὡς ἡ τάξις. Καὶ γὰρ χορὸς ἐξ ἀνθρώπων συγκείμενός ἐστιν· ἀλλ᾽ ὅταν μὲν ποιῶσιν ὅ,τι ἂν τύχῃ ἕκαστος, ταραχή τις φαίνεται καὶ θεᾶσθαι ἀτερπής, ὅταν δὲ τεταγμένως ποιῶσι καὶ φθέγγωνται, ἅμα οἱ αὐτοὶ οὗτοι καὶ ἀξιοθέατοι δοκοῦσιν εἶναι καὶ ἀξιάκουστοι. (4) Καὶ στρατιά γε, ἔφην ἐγὼ, ὦ γύναι, ἄτακτος μὲν οὖσα ταραχωδέστατον, καὶ τοῖς μὲν πολεμίοις εὐχειρότατον, τοῖς δὲ φίλοις ἀηδέστατον ὁρᾶν καὶ ἀχρηστότατον, ὄνος ὁμοῦ, ὁπλίτης, σκευοφόρος, ψιλός, ἱππεύς, ἅμαξα. Πῶς γὰρ ἂν πορευθείησαν, ἐὰν ἔχοντες οὕτως ἐπικωλύσωσιν ἀλλήλους, ὁ μὲν βαδίζων τὸν τρέχοντα, ὁ δὲ τρέχων τὸν ἑστηκότα, ἡ δὲ ἅμαξα τὸν ἱππέα, ὁ δὲ ὄνος τὴν ἅμαξαν, ὁ δὲ σκευοφόρος τὸν ὁπλίτην; (5) εἰ δὲ καὶ μάχεσθαι δέοι, πῶς ἂν οὕτως ἔχοντες μαχέσαιντο; οἷς γὰρ ἀνάγκη αὐτῶν τοὺς ἐπιόντας φεύγειν, οὗτοι ἱκανοί εἰσι φεύγοντες καταπατῆσαι τοὺς ὅπλα ἔχοντας. (6) Τεταγμένη δὲ στρατιὰ κάλλιστον μὲν ἰδεῖν τοῖς φίλοις, δυσχερέστατον δὲ τοῖς πολεμίοις. Τίς μὲν γὰρ οὐκ ἂν φίλος ἡδέως θεάσαιτο ὁπλίτας πολλοὺς ἐν τάξει πορευομένους, τίς δ᾽ οὐκ ἂν θαυμάσειεν ἱππέας κατὰ τάξιν ἐλαύνοντας, τίς δὲ οὐκ ἂν πολέμιος φοβηθείη ἰδὼν διευκρινημένους ὁπλίτας, ἱππέας, πελταστάς, τοξότας, σφενδονήτας, καὶ τοῖς ἄρχουσι τεταγμένως ἑπομένους; (7) ἀλλὰ καὶ πορευομένων ἐν τάξει, κἂν πολλαὶ μυριάδες ὦσιν, ὁμοίως ὥσπερ εἷς ἕκαστος καθ᾽ ἡσυχίαν πάντες πορεύονται· εἰς γὰρ τὸ κενούμενον ἀεὶ ὄπισθεν ἐπέρχονται. (8) Καὶ

est, quum me esse melior videberis, meque famulum tuum effeceris, neque verendum tibi sit, ne ætate procedente minus in domo tibi honoris exhibeatur, sed persuasum habueris, te ætate provectiori tanto majore futuram in honore, quanto tum mihi consors, tum liberis custos domus melior exstiteris. Nam honestorum bonorumque dignitas non propter elegantiam formæ, sed propter virtutes ad vitam mortalibus utiles incrementa sumit. Hujusmodi quædam me, mi Socrates, primum cum ipsa colloquutum esse, meminisse videor.

CAPUT VIII.

Tum ego, An etiam intellexisti, inquam, nonnihil ex his eam commotam esse ad diligentiam? Intellexi profecto, inquit Ischomachus, atque etiam memini, quum valde morderetur et erubesceret propterea, quod me quiddam eorum poscente, quæ a me illata fuerant, dare id non posset. Quod ego quum eam graviter et ægre tulisse vidissem, Ne sit hoc, inquam, animo tuo molestum, mea mulier, quod dare non potes id, quod ego nunc forte abs te posco. Nam certa paupertas est, quum alicujus indigeas, uti eo non posse: verum minus est in hac penuria molestiæ, quum quid inveniri quærendo non potest, quam si ab initio non quæras; non ignorans scilicet, illud abesse. Enimvero hæc ad te culpa non pertinet, sed ad me, qui non omnia tibi tradiderim designato singulis loco, quo ea collocari deberent, ut scires, ubi ea reponenda, et unde rursus essent promenda. Nihil est autem, mea uxor, in rebus humanis vel utilius, vel pulchrius ordine. Nam et chorus ex hominibus constat : verum ubi quisque quod temere visum est, facit, turbæ cujusdam species se exhibet, ac spectatu quiddam injucundum; at quum omnia recte atque ordine agunt et proferunt, eadem opera faciunt, ut et spectatu et auditu digni esse videantur. Itidem exercitus, inquam, mea uxor, dum non in ordines digestus est, longe quiddam est turbulentissimum, ac hostium quidem victoriæ maxime expositum, suis autem spectatu fœdissimum, et ad usum minime accommodatum, ubi simul sunt asinus, gravis armaturæ pedes, lixa, veles, eques, plaustrum. Nam quo pacto progredi poterunt, siquidem in hac perturbatione mutuo sese impediant; gradatim incedens currentem, currens stantem, plaustrum equitem, asinus plaustrum, lixa gravis armaturæ peditem? si etiam dimicandum sit, quomodo in tali omnium perturbatione dimicare possint? nam qui invadentibus terga dare coguntur, illi dum fugiunt, proterere milites etiam armatos possunt. At instructus recte exercitus quiddam est suis spectatu pulcherrimum, hostibus vero gravissimum. Nam cui suorum non volupe sit multos videre gravis armaturæ pedites instructis ordinibus incedentes? quis non admirere equites, qui ordines inter equitandum observent? quis hostis metu non percelliatur, si recte dispositos gravis armaturæ pedites, equites, cetratos, sagittarios, funditores viderit, eosdemque suos imperatores composite sequentes? Imo etiam si multa millia sint, tamen quamdiu sic incedunt, ut ordines servent, pergunt omnes placide, non aliter atque singuli progredientes, succedentibus semper vacuum in locum illis qui a tergo sunt.

τριήρης δέ τοι ἡ σεσαγμένη ἀνθρώπων διὰ τί ἄλλο φοβερόν ἐστι πολεμίοις ἢ φίλοις ἀξιοθέατον ἢ ὅτι ταχὺ πλεῖ; διὰ τί δὲ ἄλλο ἄλυποι ἀλλήλοις εἰσὶν οἱ ἐμπλέοντες ἢ διότι ἐν τάξει μὲν κάθηνται, ἐν τάξει δὲ προνεύουσιν, ἐν τάξει δ᾽ ἀναπίπτουσιν, ἐν τάξει δ᾽ ἐμβαίνουσι καὶ ἐκβαίνουσιν; (9) Ἡ δ᾽ ἀταξία ὁμοιόν τί μοι δοκεῖ εἶναι οἰόνπερ εἰ γεωργὸς ὁμοῦ ἐμβάλοι κριθὰς καὶ πυροὺς καὶ ὄσπρια· κἄπειτα ὁπότε δέοι ἢ μάζης ἢ ἄρτου ἢ ὄψου, διαλέγειν δέοι αὐτῷ ἀντὶ τοῦ λαβόντα διευκρινημένοις χρῆσθαι. (10) Καὶ σὺ οὖν, ὦ γύναι, εἰ τοῦ μὲν ταράχου τούτου μὴ δέοιο, βούλοιο δ᾽ ἀκριβῶς διοικεῖν τὰ ὄντα εἰδέναι καὶ τῶν ὄντων εὐπόρως λαμβάνουσα ὅτου ἂν δέῃ χρῆσθαι, καὶ ἐμοί, ἐάν τι αἰτῶ, ἐν χάριτι διδόναι, χώραν τε δοκιμασώμεθα τὴν προσήκουσαν ἑκάστοις ἔχειν, καὶ ἐν ταύτῃ θέντες διδάξωμεν τὴν διάκονον λαμβάνειν τε ἐντεῦθεν καὶ κατατιθέναι πάλιν εἰς ταύτην· καὶ οὕτως εἰσόμεθα τά τε σῶα ὄντα καὶ τὰ μή· ἡ γὰρ χώρα αὐτὴ τὸ μὴ ὂν ποθήσει, καὶ δεόμενον θεραπείας ἐξετάσει ἡ ὄψις, καὶ τὸ εἰδέναι ὅπου ἕκαστόν ἐστι, ταχὺ ἐγχειριεῖ, ὥστε μὴ ἀπορεῖν χρῆσθαι. (11) Καλλίστην δέ ποτε καὶ ἀκριβεστάτην ἔδοξα σκευῶν τάξιν ἰδεῖν, ὦ Σώκρατες, εἰσβὰς ἐπὶ θέαν εἰς τὸ μέγα πλοῖον τὸ Φοινικικόν. Πλεῖστα γὰρ σκεύη ἐν σμικροτάτῳ ἀγγείῳ διακεχωρισμένα ἐθεασάμην. (12) Διὰ πολλῶν μὲν γὰρ δήπου, ἔφη, ξυλίνων σκευῶν καὶ πλεκτῶν ὁρμίζεται ναῦς καὶ ἀνάγεται, διὰ πολλῶν δὲ τῶν κρεμαστῶν καλουμένων πλεῖ, πολλοῖς δὲ μηχανήμασιν ἀνθώπλισται πρὸς τὰ πολέμια πλοῖα, πολλὰ δὲ ὅπλα τοῖς ἀνδράσι συμπεριάγει, πάντα δὲ σκεύη ὅσαπερ ἐν οἰκίᾳ χρῶνται ἀνθρώποι τῇ συσσιτίᾳ ἑκάστῃ κομίζει· γέμει δὲ παρὰ πάντα φορτίων ὅσα ναύκληρος κέρδους ἕνεκα ἄγεται. (13) Καὶ ὅσα ποτε, ἔφη, ἐγώ, πάντα οὐκ ἐν πολλῷ τινι μείζονι χώρᾳ ἔκειτο ἢ ἐν δεκακλίνῳ στέγῃ συμμέτρῳ. Καὶ οὕτω κατακείμενα ἕκαστα κατενόησα ὡς οὔτε ἀλλήλοις ἐμποδίζει οὔτε μαστευτοῦ δεῖται οὔτε ἀσυσκεύαστά ἐστι οὔτε δυσλύτως ἔχει, ὥστε διατριβὴν παρέχειν, ὅταν τῳ ταχὺ δέῃ χρῆσθαι. (14) Τὸν δὲ τοῦ κυβερνήτου διάκονον, ὃς πρῳρεὺς τῆς νεὼς καλεῖται, οὕτως εὗρον ἐπιστάμενον ἑκάστου τὴν χώραν ὡς καὶ ἀπὼν ἂν εἴποι ὅπου ἕκαστα κεῖται καὶ ὁπόσα ἐστὶν οὐδὲν ἧττον ἢ ὁ γράμματα ἐπιστάμενος εἴποι ἂν Σωκράτους καὶ ὁπόσα γράμματα καὶ ὅπου ἕκαστον τέτακται. (15) Εἶδον δὲ, ἔφη, ὁ Ἰσχόμαχος, καὶ ἐξετάζοντα τοῦτον αὐτὸν ἐν τῇ σχολῇ πάντα ὁπόσοις ἄρα δεῖ ἐν τῷ πλοίῳ χρῆσθαι. Θαυμάσας δὲ, ἔφη, τὴν ἐπίσκεψιν αὐτοῦ ἠρόμην τί πράττοι. Ὁ δ᾽ εἶπεν, Ἐπισκοπῶ, ἔφη, ὦ ξένε, εἴ τι συμβαίνει γίγνεσθαι, πῶς κεῖται, ἔφη, τὰ ἐν τῇ νηΐ, ἤ, εἴ τι ἀποστατεῖ ἢ εἰ δυστραπέλως τι σύγκειται. (16) Οὐ γὰρ, ἔφη, ἐγχωρεῖ ὅταν χειμάζῃ ὁ θεὸς ἐν τῇ θαλάσσῃ οὔτε μαστεύειν ὅτου ἂν δέῃ οὔτε δυστραπέλως ἔχον διδόναι. Ἀπειλεῖ γὰρ ὁ θεὸς καὶ κολάζει τοὺς βλᾶκας. Ἐὰν δὲ μόνον μὴ ἀπολέσῃ τοὺς μὴ ἁμαρτάνοντας, πάνυ ἀγαπητόν· ἐὰν δὲ καὶ πάνυ καλῶς ὑπηρετοῦντας σώζῃ, πολλὴ χάρις, ἔφη, τοῖς θεοῖς.

Etiam triremis hominibus onusta quam aliam ob causam vel hostibus est terrori, vel amicis jucunda spectatu, nisi ob navigationem celerem? quam aliam ob causam molesti sibi mutuo non sunt vectores, nisi quod ordine sedeant, ordine in remos incumbant, ordine se retro flectant, ordine tum ingrediantur, tum egrediantur? Ordinis autem perturbatio quiddam mihi simile videtur esse, ac si agricola eodem loco conjiciat hordeum, triticum, legumina: deinde si vel pane hordeaceo, vel tritico, vel obsonio sit opus, necesse sit eum singula seligere, pro eo quoid jam secreta sumere ad usum debebat. Itaque tu etiam, mea uxor, si hoc modo te conturbari non cupias, sed accurate administrandi facultates nostras rationem scire velis, ac sine difficultate sumere id quod utendum sit, mihique si quid poposcero, sic tradere ut gratam mihi rem facias: inquiramus sane locum singulis convenientem, eoque posita re quavis moneamus ancillam, ut inde sumat, ac rursus ibidem collocet. Ita nimirum sciemus, quae nobis supersint, quae sint amissa. Nam locus ipse quod abest, requiret, quodque curandum erit, adspectus ipse arguet: denique quod sciamus, ubi quodque sit, id ipsum singula nobis exhibebit, ut ad usum nihil desideraturi simus. Atque equidem, mi Socrates, pulcherrimum aliquando, longeque accuratissimum instrumentorum ordinem inspicere mihi visus sum, quum spectandi causa ingentem illam navim Phoeniciam ingressus essem. Armamenta namque plurima separatim collocata exiguo in receptaculo contemplabar. Etenim ea navis multis ligneis et intortis instrumentis in portum deducitur, ac vicissim solvit; multorum adjumento, quae pensilia vocant, impellitur; multis machinamentis adversus hostiles naves armatur; multa etiam hominum arma vehit; omnia vasa, quibus in domo utuntur homines, pro quolibet una victitantium contubernio vehit; denique praeter haec omnia referta est oneribus, quae nauclerus quaestus causa secum vehit. Atque haec omnia, ut dico, non multo ampliori loco sita erant, quam sit conclave decem lectulorum mediocriter capax. Animadverti autem sic omnia fuisse condita, ut nihil alteri esset impedimento, neque vestigatore egeret, neque imparatum esset, nec soluta difficile, quin moram afferret, ubi subito esset aliquo ut utendum. Ministrum autem gubernatoris, quem proretam navis vocant, ita cujusque loci gnarum reperi, ut vel absens dicere posset, ubi singula sita essent, et quam essent multa, non minus atque is qui literas norit, quot in Socratis nomine literae sint, dicere possit, et ubi singulae sint collocatae. Eundem etiam vidi, ait Ischomachus, per otium omnia lustrantem, quibus utendum in navi esset. Quumque hanc ejus inspectionem admiratus essem, quaerebam quid ageret? Respondebat ille: Inspicio, mi hospes, si quid forte accidat, quo pacto sita sint omnia in navi, ac num quid absit, vel inconcinne collocatum sit. Nec enim ubi tempestatem deus in mari excitat, spatii quidquam reliquum est vel inquirendi, quoeumque tandem opus sit, vel tradendi, quod incondite collocatum sit. Nam minis terrere deus et punire ignavos homines solet. Ac si quidem illos, qui nihil perperam agunt, saltem non perdit, bene cum eis agitur: quod si etiam rectissime omnia administrantes servat, magna diis habenda est gratia.

(17) Ἐγὼ οὖν κατιδὼν ταύτην τὴν ἀκρίβειαν τῆς κατασκευῆς ἔλεγον τῇ γυναικὶ ὅτι πάνυ ἂν ἡμῶν εἴη βλακικὸν εἰ οἱ μὲν ἐν τοῖς πλοίοις καὶ μικροῖς οὖσι χώρας εὑρίσκουσι, καὶ σαλεύοντες ἰσχυρῶς ὅμως σώζουσι τὴν τάξιν, καὶ ὑπερφοβούμενοι ὅμως εὑρίσκουσι τὸ δέον λαμβάνειν, ἡμεῖς δὲ καὶ διῃρημένοις ἑκάστοις θηκῶν ἐν τῇ οἰκίᾳ μεγάλων καὶ βεβηκυίας τῆς οἰκίας ἐν δαπέδῳ, εἰ μὴ εὑρήσομεν καλὴν καὶ εὑεύρετον χώραν ἑκάστοις αὐτῶν, πῶς οὐκ ἂν πολλὴ ἡμῶν ἀσυνεσία εἴη; (18) Ὡς μὲν δὴ ἀγαθὸν τετάχθαι σκευῶν κατασκευὴν καὶ ὡς ῥᾴδιον χώραν ἑκάστοις αὐτῶν εὑρεῖν ἐν οἰκίᾳ θεῖναι ὡς ἑκάστοις συμφέρει εἴρηται· (19) ὡς δὲ καλὸν φαίνεται, ἐπειδὰν ὑποδήματα ἐφεξῆς κέηται, κἂν ὁποῖα ᾖ, καλὸν δὲ ἱμάτια κεχωρισμένα ἰδεῖν, κἂν ὁποῖα ᾖ, καλὸν δὲ στρώματα, καλὸν δὲ χαλκία, καλὸν δὲ τὰ ἀμφὶ τραπέζας, καλὸν δὲ καὶ ὁ πάντων καταγελάσειεν ἂν μάλιστα οὐχ ὁ σεμνὸς ἀλλ' ὁ κομψός, ὅτι καὶ χύτρας φημὶ εὔρυθμον φαίνεσθαι εὐκρινῶς κειμένας· (20) τὰ δὲ ἄλλα ἤδη που ἀπὸ τούτου ἅπαντα καλλίω φαίνεται κατὰ κόσμον κείμενα· χορὸς γὰρ σκευῶν ἕκαστα φαίνεται, καὶ τὸ μέσον δὲ τούτων καλὸν φαίνεται, ἐκποδὼν ἑκάστου κειμένου· ὥσπερ κύκλιος χορὸς οὐ μόνον αὐτὸς καλὸς θέαμά ἐστιν, ἀλλὰ καὶ τὸ μέσον αὐτοῦ καλὸν καὶ καθαρὸν φαίνεται. (21) Εἰ δ' ἀληθῆ ταῦτα λέγω, ἔξεστιν, ἔφην, ὦ γύναι, καὶ πεῖραν λαμβάνειν αὐτῶν οὔτε τι ζημιωθέντας οὔτε τι πολλὰ πονήσαντας. Ἀλλὰ μὴν οὐδὲ τοῦτο δεῖ ἀθυμῆσαι, ὦ γύναι, ἔφην ἐγώ, ὡς χαλεπὸν εὑρεῖν τὸν μαθησόμενόν τε τὰς χώρας καὶ μεμνησόμενον καταχωρίζειν ἕκαστα. (22) Ἴσμεν γὰρ δήπου ὅτι μυριοπλάσια ἡμῶν ἅπαντα ἔχει ἡ πᾶσα πόλις, ἀλλ' ὅμως ὁποῖον ἂν τῶν οἰκετῶν κελεύσῃς περιμενόν τί σοι ἐξ ἀγορᾶς ἐνεγκεῖν, οὐδεὶς ἀπορήσει, ἀλλὰ πᾶς εἰδὼς φανεῖται ὅποι χρὴ ἐλθόντα λαβεῖν ἕκαστα τούτου μέντοι, ἔφην ἐγώ, οὐδὲν ἄλλο αἴτιόν ἐστιν ἢ ὅτι ἐν χώρᾳ κεῖται τεταγμένη. (23) Ἄνθρωπον δέ γε ζητῶν, καὶ ταῦτα ἐνίοτε ἀντιζητοῦντα, πολλάκις ἄν τις πρότερον πρὶν εὑρεῖν ἀπείπῃ. Καὶ τούτου αὖ οὐδὲν ἄλλο αἴτιόν ἐστιν ἢ τὸ μὴ εἶναι τεταγμένον ὅπου ἕκαστον δεῖ ἀναμένειν. Περὶ μὲν δὴ τάξεως σκευῶν καὶ χρήσεως τοιαῦτα αὐτῇ διαλεχθεὶς δοκῶ μεμνῆσθαι.

ΚΕΦΑΛΑΙΟΝ Θ.

Καὶ τί δή; ἡ γυνὴ ἐδόκει σοι, ἔφην ἐγώ, ὦ Ἰσχόμαχε, πῶς τι ὑπακούειν ὧν σὺ ἐσπούδαζες διδάσκων; Τί δέ, εἰ μὴ ὑπισχνεῖτό γε ἐπιμελήσεσθαι καὶ φανερὰ ἦν ἡδομένη ἰσχυρῶς, ὥσπερ ἐξ ἀμηχανίας εὐπορίαν τινὰ εὑρηκυῖα, καὶ ἐδεῖτό μου ὡς τάχιστα ᾗπερ ἔλεγον διατάξαι. (2) Καὶ πῶς δή, ἔφην ἐγώ, ὦ Ἰσχόμαχε, διέταξας αὐτῇ; Τί δέ, εἰ μὴ τῆς οἰκίας τὴν δύναμιν ἔδοξέ μοι πρῶτον ἐπιδεῖξαι αὐτῇ. Οὐ γὰρ ποικίλμασι κεκόσμηται, ὦ Σώκρατες, ἀλλὰ τὰ οἰκήματα ᾠκοδόμηται πρὸς αὐτὸ τοῦτο ἐσκεμμένα ὅπως ἀγγεῖα ὡς συμφορώτατα ᾖ τοῖς μέλλουσιν ἐν αὐτοῖς ἔσεσθαι, ὥστε αὐτὰ

Quamobrem quum collocationem ego tam accuratam inspexissem, dicebam uxori, admodum in nobis stolidum fore, si isti in navigiis, quæ exigua sunt, loca tamen invenirent; magnis tempestatibus jactati, nihilominus ordinem servarent; ingenti metu perculsi, nihilominus ea, quæ sumere necesse sit, reperirent; nos, quum cellas habeamus in ædibus amplas, eásque singillatim distinctas, et ædes firmiter in pavimento sitas, non singulis aptum et inventu facilem locum reperire: quonam modo non magna sit istæc inscitia? Dictum hactenus, quam utile sit ordine collocatam esse vasorum supellectilem, quamque sit facile singulis invenire locum, quo in ædibus reponantur. Quam vero pulchra species est, calceamenta, qualiacunque sint, ordine collocata esse; pulchrum, vestimenta seorsum condita videre, qualiacunque sint; pulchrum, idem in stragulis, in vasis æreis, in iis quæ ad mensam pertinent; pulchrum etiam, licet maxime ridiculum sit non homini gravi, sed faceto, quod ollas quoque concinnitatis quandam habere speciem, si distincte collocatæ sint, aio. Jam cetera quoque deinceps pulchriorem speciem exhibent, decenter reposita. Nam singula quidem quasi chorus vasorum esse videntur: quin etiam quod medio loci est interjectum, pulchrum est, remotis inde ceteris; quemadmodum chorus circularis non ipse modo pulchrum spectaculum est, sed etiam id, quod in ejus est medio, pulchrum parumque cernitur. An autem hæc a me vere dicantur, licet, mea uxor, inquam, periculum faciamus, nullo cum nostro neque detrimento, neque labore magno. Ne hoc quidem, inquam, molestum animo nostro esse debet, uxor, quod sit difficile reperire aliquem, qui loca cognoscere discat, et meminerit singula suo loco reponere. Scimus enim, hac in civitate decies millies amplius contineri, quam apud nos; et nihilominus, quemcunque famulorum jusseris e foro emptum aliquid afferre, nullus dubitabit; sed quemvis scire apparebit, quo ire debeat, atque unde singula petere. Cujus rei nulla est alia causa, inquam ego, quam quod certo sita loco sint. At si hominem quæras, qui quidem nonnunquam vicissim et ipse te quærat, sæpenumero citius re desperata desines, quam ipsum invenias. Atque quis etiam alia nulla causa est, quam quod constitutum non sit, ubi quemque exspectare oporteat. Ac de ordine quidem vasorum et usu cum ea me hujusmodi quædam colloquutum esse meminisse videor.

CAPUT IX.

Quid autem? num uxor, inquam ego, mi Ischomache, visa tibi est auscultare iis quæ tu docere cupiebas? Quid aliud quam quod polliceretur, diligentiam se adhibituram, ac præ se ferret, quasi maximam voluptatem caperet, uti quæ magna ex inopia insignem copiam rerum invenisset? Etiam me rogabat, uti quam primum eo, quem explicassem, modo singula ordine disponerem. Et qui tandem, mi Ischomache, inquam ego, hæc ei disposuisti? Qui aliter, quam quod initio ipsi ostendendum arbitrarer, quæ domus esset nostræ commoditas? Nec enim variis ea picturis est ornata, mi Socrates, sed omnes cellæ tali consideratione sunt exstructæ, ut quam commodissima sint ils receptacula, quæ in eis collocanda sunt: ita tunc ipsæmet singula sibi

ἐκάλει τὰ πρέποντα ἐνὶ ἑκάστῳ. (3) Ὁ μὲν γὰρ θάλαμος ἐν ὀχυρῷ ὢν τὰ πλείστου ἄξια καὶ στρώματα καὶ σκεύη παρεκάλει, τὰ δὲ ξηρὰ τῶν στεγνῶν τὸν σῖτον, τὰ δὲ ψυχεινὰ τὸν οἶνον, τὰ δὲ φανὰ ὅσα φάους δεόμενα ἔργα τε καὶ σκεύη ἐστί. (4) Καὶ διαιτητήρια δὲ τοῖς ἀνθρώποις ἐπεδείκνυον αὐτῇ κεκαλλωπισμένα τοῦ μὲν θέρους ἔχειν ψυχεινά, τοῦ δὲ χειμῶνος ἀλεεινά. Καὶ σύμπασαν δὲ τὴν οἰκίαν ἐπέδειξα αὐτῇ ὅτι πρὸς μεσημβρίαν ἀναπέπταται, ὥστε εὔδηλον εἶναι ὅτι χειμῶνος μὲν εὐηλιός ἐστι, τοῦ δὲ θέρους εὔσκιος. (5) Ἔδειξα δὲ καὶ τὴν γυναικωνῖτιν αὐτῇ, θύρᾳ βαλανείῳ ὡρισμένην ἀπὸ τῆς ἀνδρωνίτιδος, ἵνα μήτε ἐκφέρηται ἔνδοθεν ὅ,τι μὴ δεῖ, μήτε τεκνοποιῶνται οἱ οἰκέται ἄνευ τῆς ἡμετέρας γνώμης. Οἱ μὲν γὰρ χρηστοὶ παιδοποιησάμενοι εὐνούστεροι ὡς ἐπὶ τὸ πολύ, οἱ δὲ πονηροὶ συζυγέντες εὐπορώτεροι πρὸς τὸ κακουργεῖν γίγνονται. (6) Ἐπεὶ δὲ ταῦτα διήλθομεν, ἔφη, οὕτω δὴ ἤδη κατὰ φυλὰς διεκρίνομεν τὰ ἔπιπλα. Ἠρχόμεθα δὲ πρῶτον, ἔφη, ἁθροίζοντες, οἷς ἀμφὶ θυσίας χρώμεθα. Μετὰ ταῦτα κόσμον γυναικὸς τὸν εἰς ἑορτὰς διῃροῦμεν, ἐσθῆτα ἀνδρὸς τὴν εἰς ἑορτὰς καὶ πόλεμον, καὶ στρώματα ἐν γυναικωνίτιδι, στρώματα ἐν ἀνδρωνίτιδι, ὑποδήματα γυναικεῖα, ὑποδήματα ἀνδρεῖα. (7) Ὅπλων ἄλλη φυλή, ἄλλη ταλασιουργικῶν ὀργάνων, ἄλλη σιτοποιικῶν, ἄλλη ὀψοποιικῶν, ἄλλη τῶν ἀμφὶ λουτρόν, ἄλλη ἀμφὶ μάκτρας, ἄλλη ἀμφὶ τραπέζας. Καὶ ταῦτα πάντα διεχωρίσαμεν, οἷς τε ἀεὶ δεῖ χρῆσθαι, καὶ τὰ θοινητικά. (8) Χωρὶς δὲ καὶ τὰ κατὰ μῆνα δαπανώμενα ἀφείλομεν, δίχα δὲ καὶ τὰ εἰς ἐνιαυτὸν ἀπολελογισμένα κατέθεμεν. Οὕτω γὰρ ἧττον λανθάνει ὅπως τὸ τέλος ἐκβήσεται. Ἐπεὶ δὲ ἐχωρίσαμεν πάντα κατὰ φυλὰς τὰ ἔπιπλα, εἰς τὰς χώρας τὰς προσηκούσας ἕκαστα διηνέγκαμεν. (9) Μετὰ δὲ τοῦτο ὅσοις μὲν τῶν σκευῶν καθ᾽ ἡμέραν χρῶνται οἱ οἰκέται, οἷον σιτοποιικοῖς, ὀψοποιικοῖς, ταλασιουργικοῖς, καὶ εἴ τι ἄλλο τοιοῦτο, ταῦτα μὲν αὐτοῖς τοῖς χρωμένοις δείξαντες ὅπου δεῖ τιθέναι, παρεδώκαμεν καὶ ἐπετάξαμεν σῶα παρέχειν· (10) ὅσοις δ᾽ εἰς ἑορτὰς ἢ ξενοδοχίας χρώμεθα ἢ εἰς τὰς διὰ χρόνου πράξεις, ταῦτα δὲ τῇ ταμίᾳ παρεδώκαμεν, καὶ δείξαντες τὰς χώρας αὐτῶν καὶ ἀπαριθμήσαντες καὶ γραψάμενοι ἕκαστα, εἴπομεν αὐτῇ διδόναι τούτων ὅτῳ δέοι ἑκάστῳ, καὶ μεμνῆσθαι ὅτῳ ἄν τι διδῷ, καὶ ἀπολαμβάνουσαν κατατιθέναι πάλιν ὅθενπερ ἂν ἕκαστα λαμβάνῃ.

11. Τὴν δὲ ταμίαν ἐποιησάμεθα ἐπισκεψάμενοι ἥτις ἡμῖν ἐδόκει εἶναι ἐγκρατεστάτη καὶ γαστρὸς καὶ οἴνου καὶ ὕπνου καὶ ἀνδρῶν συνουσίας· πρὸς τούτοις δὲ ἣ τὸ μνημονικὸν μάλιστα ἐδόκει ἔχειν καὶ τὸ προνοεῖν μή τι κακὸν λάβῃ παρ᾽ ἡμῶν ἀμελοῦσα, καὶ σκοπεῖν ὅπως χαριζομένη τι ἡμῖν ὑφ᾽ ἡμῶν ἀντιτιμήσεται. (12) Ἐδιδάσκομεν δὲ αὐτὴν καὶ εὐνοϊκῶς ἔχειν πρὸς ἡμᾶς, ὅτ᾽ εὐφραινοίμεθα, τῶν εὐφροσυνῶν μεταδιδόντες, καὶ εἴ τι λυπηρὸν εἴη, εἰς ταῦτα παρακαλοῦντες. Καὶ τὸ προθυμεῖσθαι δὲ συναύξειν τὸν οἶκον ἐπαιδεύομεν αὐτήν,

convenientia velut arcessebant. Nam penetralia loco sita munito, vestes stragulas vasaque maximi pretii sibi deposcebant; quæ vero partes ædificii siccæ sunt, frumentum; quæ frigidæ, vinum; quæ plenæ lucis, opera et vasa maxime lumen requirentia. Præterea demonstrabam ei loca luminum usui et habitationi destinata, eaque satis ornata, et quæ per æstatem sint frigida, per hiemem calida. Adeoque domum universam ei commonstrabam, meridiem versus apertam : unde obscurum esse non posset, hieme illam sat habere solis, æstate umbrarum. Et gynæceum ei ostendebam, et fores per balneum a virorum contubernio secretas ne vel foras aliquid efferretur, quod non deberet; vel famuli absque consensu nostro liberis creandis operam darent. Nam qui probi sunt, posteaquam liberos procrearunt, plerumque sunt benevolentiores; perversi vero inter se copulati, ad malefaciendum fiunt instructiores. Posteaquam hæc percurrissemus, inquit, ita deinde supellectilem per classes distinximus. Ordiebamur autem primum a colligendis iis quibus ad rem sacram utimur. Secundum id munitum muliebrem, qui festis conveniret, distinguebamus : itemque vestes viriles tam festorum quam belli : stragula in gynæceo, stragula virorum in contubernio : calceamenta muliebria, calceamenta virilia. Classis alia armorum, alia instrumentorum lanificii, alia necessariorum ad molendum frumentum, alia ad conficienda obsonia, alia ad lavationem, alia vasis pistoriis, alia ad mensas. Atque hæc omnia locis distinximus, tum quibus semper utendum est, tum quæ ad epulationes festas pertinent. Seorsum etiam ab aliis auferebamus, quæ menstruo spatio absumerentur; et seorsum, quæ rationibus subductis in annum essent destinata, collocabamus. Sic enim minus obscurum est, qui futurus sit exitus. Posteaquam supellectilem universam in classes secrevimus, ad convenientia loca singula detulimus. Deinde vasa omnia, quibuscumque quotidie famuli utuntur, verbi gratia quibus cibi conficiuntur, quibus obsonia, quæ ad lanificium pertinent, et si qua sunt ejusmodi, tradidimus iis qui uti his deberent, commonstrato loco, ubi ea reponerent: simul imperavimus, ut ea nobis integra præstarent. Quibus autem ad festos dies, vel ad hospites excipiendos, vel ad negotia quædam rara utimur, ea tradidimus promæ; locisque horum indicatis, et adnumeratis consignatisque singulis jussimus eam quidvis horum ei dare, cui dandum esset, et cuinam quid daret, memoria complecti; et ubi quid reciperet, rursus unde singula sumpsisset, reponere.

At munus promæ mandavimus alicui, postquam considerassemus, quæ nobis videretur et gulæ maxime temperans, et in vino, et somno, et virorum consuetudine. Præterea quam memoria plurimum valere judicaremus, et prospiciendo, ne ob negligentiam a nobis puniretur, et considerando, qua ratione gratum aliquid nobis faceret, ac vicissim ipsa honore a nobis afficeretur. Eandem ut benevolo esset erga nos animo, consuefaciebamus, communicando cum ea laetitiam nostram, quoties lœti essemus, ac si quid accidisset triste, ad hoc quoque illam advocando. Instituebamus itidem, ut cupida esset ad augendam rem

ἐπιγιγνώσκειν αὐτὴν ποιοῦντες καὶ τῆς εὐπραγίας αὐτῇ μεταδιδόντες. (13) Καὶ δικαιοσύνην δ' αὐτῇ ἐνεποιοῦμεν, τιμιωτέρους τιθέντες τοὺς δικαίους τῶν ἀδίκων καὶ ἐπιδεικνύοντες πλουσιώτερον καὶ ἐλευθεριώτερον βιοτεύοντας τῶν ἀδίκων· καὶ αὐτὴν δὲ ἐν αὐτῇ τῇ χώρᾳ κατετάττομεν. (14) Ἐπὶ δὲ τούτοις πᾶσιν εἶπον, ἔφη, ὦ Σώκρατες, ἐγὼ τῇ γυναικὶ ὅτι πάντων τούτων οὐδὲν ὄφελος, εἰ μὴ αὐτὴ ἐπιμελήσεται ὅπως διαμένῃ ἑκάστῳ ἡ τάξις. Ἐδίδασκον δὲ αὐτὴν ὅτι καὶ ἐν ταῖς εὐνομουμέναις πόλεσιν οὐκ ἀρκεῖν δοκεῖ τοῖς πολίταις, ἢν νόμους καλοὺς γράψωνται, ἀλλὰ καὶ νομοφύλακας προσαιροῦνται, οἵτινες ἐπισκοποῦντες τὸν μὲν ποιοῦντα τὰ νόμιμα ἐπαινοῦσιν, ἢν δέ τις παρὰ τοὺς νόμους ποιῇ, ζημιοῦσι. (15) Νομίσαι οὖν ἐκέλευον, ἔφη, τὴν γυναῖκα καὶ αὐτὴν νομοφύλακα τῶν ἐν τῇ οἰκίᾳ εἶναι, καὶ ἐξετάζειν δέ, ὅταν δόξῃ αὐτῇ, τὰ σκεύη, ὥσπερ ὁ φρούραρχος τὰς φυλακὰς ἐξετάζει, καὶ δοκιμάζειν εἰ καλῶς ἕκαστον ἔχει, ὥσπερ ἡ βουλὴ ἵππους καὶ ἱππέας δοκιμάζει, καὶ ἐπαινεῖν δὲ καὶ τιμᾶν ὥσπερ βασίλισσαν τὸν ἄξιον ἀπὸ τῆς παρούσης δυνάμεως, καὶ λοιδορεῖν καὶ κολάζειν τὸν τούτων δεόμενον. (16) Πρὸς δὲ τούτοις ἐδίδασκον αὐτήν, ἔφη, ὡς οὐκ ἂν ἄχθοιτο δικαίως εἰ πλείω αὐτῇ πράγματα προστάττω ἢ τοῖς οἰκέταις περὶ τὰ κτήματα, ἐπιδεικνύων ὅτι τοῖς μὲν οἰκέταις μέτεστι τῶν δεσποσύνων χρημάτων τοσοῦτον ὅσον φέρειν ἢ θεραπεύειν ἢ φυλάττειν, χρῆσθαι δὲ οὐδενὶ αὐτῶν ἔξεστιν, ὅτῳ ἂν μὴ δῷ ὁ κύριος· δεσπότου δὲ ἅπαντά ἐστιν, ᾧ ἂν βούληται ἕκαστα, χρῆσθαι. (17) Ὅτῳ οὖν καὶ σῳζομένων μεγίστη ὄνησις καὶ φθειρομένων μεγίστη βλάβη, τούτῳ καὶ τὴν ἐπιμέλειαν μάλιστα προσηκούσαν ἀπέφαινον. (18) Τί οὖν; ἔφην ἐγώ, ὦ Ἰσχόμαχε, ταῦτα ἀκούσασά ἡ γυνή πῶς σοι ὑπήκουσε; Τί δέ, ἔφη, εἰ μὴ εἶπέ γέ μοι, ὦ Σώκρατες, ὅτι οὐκ ὀρθῶς γιγνώσκοιμι εἰ οἰοίμην χαλεπὰ ἐπιτάττειν διδάσκων ὅτι ἐπιμελεῖσθαι δεῖ τῶν ὄντων. Χαλεπώτερον γὰρ ἂν, ἔφη φάναι, εἰ αὐτῇ ἐπέταττον ἀμελεῖν τῶν ἑαυτῆς ἢ εἰ ἐπιμελεῖσθαι δεήσει τῶν οἰκείων ἀγαθῶν. (19) Πεφυκέναι γὰρ δοκεῖ, ἔφη, ὥσπερ καὶ τέκνων ῥᾷον τὸ ἐπιμελεῖσθαι τῇ σώφρονι τῶν ἑαυτῆς ἢ ἀμελεῖν, οὕτω καὶ τῶν κτημάτων ὅσα ἴδια ὄντα εὐφραίνει ἥδιον τὸ ἐπιμελεῖσθαι νομίζειν ἔφη εἶναι τῇ σώφρονι τῶν ἑαυτῆς ἢ ἀμελεῖν.

ΚΕΦΑΛΑΙΟΝ Ι.

Καὶ ἐγὼ ἀκούσας, ἔφη ὁ Σωκράτης, ἀποκρίνασθαι τὴν γυναῖκα αὐτῷ ταῦτα, εἶπον, Νὴ τὴν Ἥραν, ἔφην, ὦ Ἰσχόμαχε, ἀνδρικήν γε ἐπιδεικνύεις τὴν διάνοιαν τῆς γυναικός. Καὶ ἄλλα τοίνυν, ἔφη ὁ Ἰσχόμαχος, θέλω σοι πάνυ μεγαλόφρονα αὐτῆς διηγήσασθαι, ἅ μου ἅπαξ ἀκούσασα ταχὺ ἐπείθετο. Τὰ ποῖα; ἔφην ἐγώ· λέγε· ὡς ἐμοὶ πολὺ ἥδιον ζώσης ἀρετὴν γυναικὸς καταμαν-

---

nostram familiarem, dum et ipsam de rebus nostris consultare juberemus fortunaeque prospera faceremus participem. Etiam justitiae studium excitabamus in ea, dum majori justos honore quam injustos prosequeremur, eosque vitam agere tum opulentiorem, tum magis liberalem, quam injustos, declararemus. : et ipsam in tali loco constituebamus. Ceterum praeter haec omnia, mi Socrates, ait, uxori meae dixi, nullum esse horum omnium usum, nisi studiose daret operam ipsa, ut hic ordo in singulis maneret. Quin etiam docebam illam, in urbibus praeclare constitutis non videri civibus satis esse, si leges egregias jubeant scribi; sed eos omnes inspiciendo, legibus obtemperantes laudent, adversus eas delinquentes puniant. Quamobrem, inquit, hortabar ut existimaret, uxorem esse quasi legum in domo constitutarum custodem; atque ubi visum ipsi sit, lustrare vasa debere, quemadmodum praesidii magister vigilum copias lustrat; eidem explorandum esse, num recte habeant omnia, quemadmodum senatus equos et equites explorat; etiam laudari et ornari ab ipsa debere dignos tanquam a regina, pro ea quidem copia, quae adsit, et probris incessi ac puniri eos quos par esset. Praeterea docebam, inquit, eam, non esse cur merito moleste ferret, si fortunas quod nostras attineret, plus ei laboris imponerem, quam famulis: ostendebam enim, servos herilium facultatum catenus participes esse, quatenus eas gestent, aut curent, aut custodiant : quum nemini concessus illarum sit usus, nisi cui tribuat hoc is cujus sunt in potestate; heri autem omnia sunt, ac ejusdem est, uti singulis pro libitu suo. Qui ergo ex conservatis lisce facultatibus commodum maximum perciperet, et maximum ex dissipatis detrimentum, ei curam quoque de his maximam convenire declarabam. Quid autem, Ischomache? inquam ego, quum audisset haec uxor tua, obtemperabatne tibi? Quid aliud? inquit, nisi quod respondit mihi, mi Socrates, non recte me de ipsa judicare, si dum eam docerem fortunarum nostrarum curam habendam esse, molesta me ipsi mandare putarem. Nam gravius longe futurum, dixisse illam aiebat, si praeciperem, suarum ut rerum esset negligens potius, quam ut bona propria studiose curaret. Sic enim a natura comparatum esse videtur, inquit, ut, quemadmodum pudicae modestaeque mulieri suorum liberum curam habere facilius est, quam eos negligere : ita etiam feminae modestae curam suscipere fortunarum suarum, quae quia propriae sunt, exhilarant nos, jucundius esse arbitrer, quam easdem negligere.

CAPUT X.

Quae quum uxorem ei respondisse, ait Socrates, audivissem : Ita me Juno amet, inquam, mi Ischomache, virilem uxoris tuae animum esse demonstras. Etiam alia, subjecit Ischomachus, commemorare tibi de ea volo, magno ab animo profecta, quam mihi celeriter, semel audiis quibusdam ex me, paruerit. Quaenam? inquam ego; dic quaeso. Nam mihi longe jucundius est vivae mulieris virtutem co-

θάνειν ἢ εἰ Ζεῦξίς μοι καλὴν εἰκάσας γραφῇ γυναῖκα ἐπεδείκνυεν. (2) Ἐντεῦθεν δὴ λέγει ὁ Ἰσχόμαχος, Ἐγὼ τοίνυν, ἔφη, ἰδών ποτε αὐτὴν, ὦ Σώκρατες, ἐντετριμμένην πολλῷ μὲν ψιμμυθίῳ, ὅπως λευκοτέρα ἔτι δοκοίη εἶναι ἢ ἦν, πολλῇ δὲ ἐγχούσῃ, ὅπως ἐρυθροτέρα φαίνοιτο τῆς ἀληθείας, ὑποδήματα δ' ἔχουσαν ὑψηλὰ, ὅπως μείζων δοκοίη εἶναι ἢ ἐπεφύκει, (3) εἰπέ μοι, ἔφην, ὦ γύναι, ποτέρως ἄν με κρίναις ἀξιοφίλητον μᾶλλον εἶναι χρημάτων κοινωνὸν, εἴ σοι αὐτὰ τὰ ὄντα ἀποδεικνύοιμι, καὶ μήτε κομπάζοιμι ὡς πλείω τῶν ὄντων ἔστι μοι, μήτε ἀποκρυπτοίμην τι τῶν ὄντων μηδέν, ἢ εἰ ἐπειρώμην σε ἐξαπατᾶν λέγων τε ὡς πλείω τῶν ὄντων ἔστι μοι, ἐπιδεικνὺς τε ἀργύρων κίβδηλον καὶ ὅρμους ὑποξύλους, καὶ πορφυρίδας ἐξιτήλους φαίην ἀληθινὰς εἶναι; (4) Καὶ ὑπολαβοῦσα εὐθύς, Εὐφήμει, ἔφη· μὴ γένοιό σὺ τοιοῦτος· οὐ γὰρ ἂν ἔγωγέ σε δυναίμην, εἰ τοιοῦτος εἴης, ἀσπάσασθαι ἐκ τῆς ψυχῆς. Οὐκοῦν, ἔφην ἐγώ, συνεληλύθαμεν, ὦ γύναι, ὡς καὶ τῶν σωμάτων κοινωνήσοντες ἀλλήλοις; Φασὶ γοῦν, ἔφη, οἱ ἄνθρωποι. (5) Ποτέρως ἂν οὖν, ἔφην ἐγώ, τοῦ σώματος αὖ δοκοίην εἶναι ἀξιοφίλητος μᾶλλον κοινωνός, εἴ σοι τὸ σῶμα πειρώμην παρέχειν τὸ ἐμαυτοῦ ἐπιμελόμενος ὅπως ὑγιαίνῃ τε καὶ ἐρρωμένον ἔσται, καὶ διὰ ταῦτα τῷ ὄντι εὔχρως σοι ἔσομαι, ἢ εἴ σοι μίλτῳ ἀλειφόμενος καὶ τοὺς ὀφθαλμοὺς ὑπαλειφόμενος ἀνδρεικέλῳ ἐπιδεικνύοιμί τε ἐμαυτὸν καὶ συνείην ἐξαπατῶν σε καὶ παρέχων ὁρᾶν καὶ ἅπτεσθαι μίλτου ἀντὶ τοῦ ἐμαυτοῦ χρωτός; (6) Ἐγὼ μέν, ἔφη ἐκείνη, οὔτ' ἂν μίλτου ἁπτοίμην ἥδιον ἢ σοῦ οὔτ' ἂν ἀνδρεικέλου χρῶμα ὁρώην ἥδιον ἢ τὸ σὸν οὔτ' ἂν τοὺς ὀφθαλμοὺς ὑπαληλιμμένους ἥδιον ὁρώην τοὺς σοὺς ἢ ὑγιαίνοντας. (7) Καὶ ἐμὲ τοίνυν νόμιζε, εἰπεῖν ἔφη ὁ Ἰσχόμαχος, ὦ γύναι, μήτε ψιμμυθίου μήτε ἐγχούσης χρώματι ἥδεσθαι μᾶλλον ἢ τῷ σῷ, ἀλλ' ὥσπερ οἱ θεοὶ ἐποίησαν ἵπποις μὲν ἵππους, βουσὶ δὲ βοῦς ἥδιστον, προβάτοις δὲ πρόβατα, οὕτω καὶ οἱ ἄνθρωποι ἀνθρώπου σῶμα καθαρὸν οἴονται ἥδιστον εἶναι· (8) αἱ δ' ἀπάται αὗται τοὺς μὲν ἔξω πως δύναιντ' ἂν ἀνεξελέγκτως ἐξαπατᾶν, συνόντας δὲ ἀεὶ ἀνάγκη ἁλίσκεσθαι, ἂν ἐπιχειρῶσιν ἐξαπατᾶν ἀλλήλους. Ἢ γὰρ ἐξ εὐνῆς ἁλίσκονται ἐξανιστάμενοι πρὶν παρασκευάσασθαι, ἢ ὑπὸ ἱδρῶτος ἐλέγχονται ἢ ὑπὸ δακρύων βασανίζονται ἢ ὑπὸ λουτροῦ ἀληθινῶς κατοπτεύθησαν. (9) Τί οὖν πρὸς θεῶν, ἔφην ἐγώ, πρὸς ταῦτα ἀπεκρίνατο; Τί δέ, ἔφη, εἰ μὴ τοῦ λοιποῦ τοιοῦτον μὲν οὐδὲν πώποτε ἔτι ἐπραγματεύσατο, καθαρὰν δὲ καὶ πρεπόντως ἔχουσαν ἐπειρᾶτο ἑαυτὴν ἐπιδεικνύναι. Καὶ ἐμὲ μέντοι ἠρώτα εἴ τι ἔχοιμι συμβουλεῦσαι ὡς ἂν τῷ ὄντι καλὴ φαίνοιτο ἀλλὰ μὴ μόνον δοκοίη. (10) Καὶ ἐγὼ μέντοι, ὦ Σώκρατες, ἔφη, συνεβούλευον αὐτῇ μὴ δουλικῶς ἀεὶ καθῆσθαι, ἀλλὰ σὺν τοῖς θεοῖς πειρᾶσθαι δεσποτικῶς πρὸς μὲν τὸν ἱστὸν προστᾶσαν ὅ,τι μὲν βέλτιον ἄλλου ἐπίσταιτο ἐπιδιδάξαι, ὅ,τι δὲ χεῖρον ἐπιμαθεῖν· ἐπισκέψασθαι δὲ καὶ σιτοποιὸν, παραστῆναι δὲ καὶ ἀπομετρούσῃ τῇ ταμίᾳ, περιελθεῖν δ' ἐπισκοπουμένην καὶ εἰ κατὰ

gnoscere, quam si mihi Zeuxis formosam feminam pictura expressam ostendat. Secundum illa Ischomachus, Quum igitur, inquit, aliquando eam conspexissem, mi Socrates, multum infricasse sibi cerussæ, ut candidior etiam videretur, quam esset; multum item rubricæ, ut quam esset reapse, rubicundior appareret, atque etiam calceos haberet altos, ut procerior, quam esset a natura, videretur: Dic mihi, mea uxor, inquam, utro modo me consortem facultatum amore digniorem judicares, num si eas ipsas tibi demonstrarem, ac neque gloriarer ampliores mihi esse, quam essent, neque eorum quæ essent quidquam celarem; an vero si fallere te conarer, narrando plura mihi bona esse, quam essent; et adulterinum argentum ostendendo, et monilia, quibus materia subesset lignea, vestesque purpureas coloris evanidi, veras esse prædicarem? Tum illa continuo sermonem meum excipiens, Bona verba quæso, ait; ne tu mihi talis sis. Non enim te, si talis esses, ex animo complecti possem. Ergone, inquam ego, mea uxor, sic convenimus, ut inter nos etiam corporum esset communio? Sic homines aiunt, inquit. Utro igitur modo, inquam ego, etiam corporis particeps viderer amore dignior, num si corpus meum conarer tibi studiose curando sanum ac validum exhibere, ac sic reipsa bono tibi colore præditus essem; an vero si oblitus minio, et oculis purpurisso sublitis tibi me ostentarem, atque ita tecum versarer, ut te deciperem, cutisque loco minium tibi spectandum et attrectandum præberem? Equidem, respondit illa, nec minium lubentius attrectarem, quam te; nec purpurissi colorem lubentius, quam tuum adspicerem; neque tuos oculos sublitos intuerer libentius, quam sanos. Itaque me etiam putato, inquit, dixisse se narrabat Ischomachus, mea uxor, nec cerussæ, nec rubricæ colore magis quam tuo delectari, sed quemadmodum dii fecerunt, ut equis equi, bobus boves, oves ovibus gratissimæ sint; ita etiam homines purum hominis corpus esse jucundissimum putant. Atque hæ fraudes possint quidem aliquo modo extraneos sic fallere, ut non convincantur; verum eos, qui semper una versantur, si decipere se mutuo conentur, deprehendi necesse est. Nam vel quum de lecto surgunt, deprehenduntur antequam ornentur, vel coarguuntur a sudore, vel per lacrimas explorantur, vel per lavationem prorsus oculis produntur. Quæso te per deos immortales, inquam ego, quid ad hæc respondit? Quid aliud dicam? ait, nisi quod ex eo tempore nihil ejusmodi unquam hactenus instituerit, sed puram ac decenter ornatam conata mihi sit semet exhibere? Quin quærebat etiam ex me, num quid ei dare consilii possem, ut esset reapse pulchra specie, neque tantum esse videretur. Itaque, mi Socrates, inquit, hoc ei consilii dedi, ne perpetuo serviliter sederet, sed cum ope deûm eniteretur herilem in modum ante telam adstando, quidquid aliis rectius sciret, docere; quod autem minus, addiscere; præterea pistricem inspicere; promæ aliquid emetienti assistere, circumeuntem spectare, num

χώραν ἔχει ᾗ δεῖ ἕκαστα. Ταῦτα γὰρ ἐδόκει μοι ἅμα ἐπιμέλεια εἶναι καὶ περίπατος. (11) Ἀγαθὸν δὲ ἔφην εἶναι γυμνάσιον καὶ τὸ δεῦσαι καὶ μάξαι καὶ ἱμάτια καὶ στρώματα ἀνασεῖσαι καὶ συνθεῖναι. Γυμναζομένην δὲ ἔφην οὕτως ἂν καὶ ἐσθίειν ἥδιον καὶ ὑγιαίνειν μᾶλλον καὶ εὐχροωτέραν φαίνεσθαι τῇ ἀληθείᾳ. (12) Καὶ ὄψις δὲ ὁπόταν ἀνταγωνίζηται διακόνῳ, καθαρωτέρα οὖσα πρεπόντως τε μᾶλλον ἡμφιεσμένη κινητικὸν γίγνεται ἄλλως τε καὶ ὁπόταν τὸ ἐκοῦσαν χαρίζεσθαι προσῇ ἀντὶ τοῦ ἀναγκαζομένην ὑπηρετεῖν. (13) Αἱ δ᾽ ἀεὶ καθήμεναι σεμνῶς πρὸς τὰς κεκοσμημένας καὶ ἐξαπατώσας κρίνεσθαι παρέχουσιν ἑαυτάς. Καὶ νῦν, ἔφη, ὦ Σώκρατες, οὕτως εὖ ἴσθι ἡ γυνή μου κατεσκευασμένη βιοτεύει ὥσπερ ἐγὼ ἐδίδασκον αὐτὴν καὶ ὥσπερ νῦν σοι λέγω.

ΚΕΦΑΛΑΙΟΝ ΙΑ.

Ἐντεῦθεν δ᾽ ἐγὼ εἶπον, Ὦ Ἰσχόμαχε, τὰ μὲν δὴ περὶ τῶν τῆς γυναικὸς ἔργων ἱκανῶς μοι δοκῶ ἀκηκοέναι τὴν πρώτην, καὶ ἄξιά γε πάνυ ἐπαίνου ἀμφοτέρων ὑμῶν. Τὰ δ᾽ αὖ σὰ ἔργα, ἔφην ἐγώ, ἤδη μοι λέγε, ἵνα σύ τε ἐφ᾽ οἷς εὐδοκιμεῖς διηγησάμενος ἡσθῇς, κἀγὼ τὰ τοῦ καλοῦ κἀγαθοῦ ἀνδρὸς ἔργα τελέως διακούσας καὶ καταμαθών ἣν δύνωμαι πολλήν σοι χάριν εἰδῶ. (2) Ἀλλὰ νὴ Δί᾽, ἔφη ὁ Ἰσχόμαχος, καὶ πάνυ ἡδέως σοι, ὦ Σώκρατες, διηγήσομαι ἅ ἐγὼ ποιῶν διατελῶ, ἵνα καὶ μεταρρυθμίσῃς με, ἐάν τί σοι δοκῶ μὴ καλῶς ποιεῖν. (3) Ἀλλ᾽ ἐγὼ μὲν δή, ἔφην, πῶς ἂν δικαίως μεταρρυθμίσαιμι ἄνδρα ἀπειργασμένον καλόν τε κἀγαθόν, καὶ ταῦτα ὢν ἀνὴρ ὃς ἀδολεσχεῖν τε δοκῶ καὶ ἀερομετρεῖν καὶ τὸ πάντων δὴ ἀνοητότατον δοκοῦν εἶναι ἔγκλημα πένης καλοῦμαι. (4) Καὶ πάνυ μεντᾶν, ὦ Ἰσχόμαχε, ἦν ἐν πολλῇ ἀθυμίᾳ τῷ ἐπικλήματι τούτῳ, εἰ μὴ πρώην ἀπαντήσας τῷ Νικίου τοῦ ἐπηλύτου ἵππῳ εἶδον πολλοὺς ἀκολουθοῦντας αὐτῷ θεατάς, πολὺν δὲ λόγον ἐχόντων τινῶν περὶ αὐτοῦ ἤκουον· καὶ δῆτα πρόσμην προσελθὼν τὸν ἱπποκόμον εἰ πολλὰ εἴη χρήματα τῷ ἵππῳ. (5) Ὁ δὲ προσβλέψας με ὡς οὐδὲ ὑγιαίνοντα τῷ ἐρωτήματι εἶπε, Πῶς δ᾽ ἂν ἵππῳ χρήματα γένοιτο; Οὕτω δὴ ἐγὼ ἀνέκυψα ἀκούσας ὅτι ἔστιν ἄρα θεμιτὸν καὶ πένητι ἵππῳ ἀγαθῷ γενέσθαι, εἰ τὴν ψυχὴν φύσει ἀγαθὴν ἔχοι. (6) Ὡς οὖν θεμιτὸν ὂν καὶ ἐμοὶ ἀγαθῷ ἀνδρὶ γενέσθαι διηγοῦ τελέως τὰ σὰ ἔργα, ἵνα ὅ,τι ἂν δύνωμαι ἀκούων καταμαθεῖν πειράσομαι καὶ ἐγώ σε ἀπὸ τῆς αὔριον ἡμέρας ἀρξάμενος μιμεῖσθαι. Καὶ γὰρ ἀγαθή ἐστιν, ἔφην ἐγώ, ἡμέρα ὡς ἀρετῆς ἄρχεσθαι. (7) Σὺ μὲν παίζεις, ἔφη ὁ Ἰσχόμαχος, ὦ Σώκρατες, ἐγὼ δ᾽ ὅμως σοι διηγήσομαι ἃ ἐγὼ ὅσον δύναμαι πειρῶμαι ἐπιτηδεύων διαπερᾶν τὸν βίον. (8) Ἐπεὶ γὰρ καταμεμαθηκέναι δοκῶ ὅτι οἱ θεοὶ τοῖς ἀνθρώποις ἄνευ μὲν τοῦ γιγνώσκειν τε ἃ δεῖ ποιεῖν καὶ ἐπιμελεῖσθαι ὅπως ταῦτα περαίνηται οὐ θεμιτὸν ἐποίησαν εὖ πράττειν, φρονίμοις

suo quæque loco sita sint. Hæc enim mihi videbatur simul et diligentia quædam esse, et obambulatio. Aiebam quoque bonum esse exercitium, macerare ac subigere farinam, vestes et stragula excutere atque componere. Atque hoc modo exercitam jucunditas sumpturam cibos dicebam, et valetudine commodiori usuram, et revera cum colore venusto apparituram. Etiam ipse ejus adspectus si comparatur cum adspectu ancillæ, et purior et decenti amictu ornatior, multum allicit, præsertim si addas, uxorem sponte gratificari, non coactam obsequi. Quæ vero mulieres perpetuo quadam cum gravitate desident, ea faciunt, ut non aliter de ipsis judicetur, atque de illis ornatis, ac fraude utentibus. Ac meam quidem uxorem, mi Socrates, ait, scire debes ita nunc instructam vivere, quemadmodum ipsam ego docui, ac modo tibi commemoro.

CAPUT XI.

Tum ego, De uxoris quidem tuæ operibus, inquam, mi Ischomache, primo loco satis audisse mihi videor, et utriusque vestrûm valde laudabilia. Nunc tui muneris actiones mihi exponito, inquam, ut et tu commemorando ea de quibus magnam es gloriam consequutus, voluptatem aliquam capias; et ego boni et honesti viri actionibus auditione cognitis et animadversis, si quidem id potero, magnam tibi gratiam habeam. Ego vero, mi Socrates, inquit, perlubenter profecto sum tibi commemoraturus, quæ nunquam non ago, ut me corrigendo concinniorem efficias; si quid tibi non recte agere videbor. At enim qui par sit, inquam, me illum corrigendo concinniorem reddere, qui jam vir bonus et honestus absolute sit elaboratus? præsertim quum ego sim is qui hominum opinione nugatorie garriam, et aera metiar; et, quod omnium ineptissimum videtur esse crimen, pauper appeletur. Atque equidem, mi Ischomache, appellationem hanc molestissime ferrem, nisi nuper equo Niciæ illius advenæ factus obviam, multos ipsum spectatores sequi vidissem, et multos de eo sermones habere aliquos audivissem; inde nimirum accedens equi curatorem, num magnas is equus facultates haberet, quærebam. Ille me intuitus, ut qui tale quid rogans satis sanus non esses : Qui facultates, ait, equus habere possit? Ita tum ego his auditis oculos attollere sum ausus, propterea quod fas sit etiam pauperem equum bonum esse, si quidem animum a natura bonum haberet. Quamobrem mihi, cui et ipsi fas sit esse viro bono, penitus exponito actiones tuas, ut si quid audiendo animadvertere possim, et ipse a die crastino incipiens imitari te coner. Etenim is dies percommodus est, inquam, ad oriendam virtutem. Ludis tu quidem, mi Socrates, ait Ischomachus. Verum ego nihilo minus tibi narrare conabor, quibus institutis ad studiis enitar ego vitam hanc transire. Nam quia videor animadvertisse, deos hominibus absque rerum earum cognitione, quæ suscipiendæ sunt, et perficiendi eas studio, non fas esse voluisse ut prosperitate

δ' οὖσι καὶ ἐπιμελέσι τοῖς μὲν διδάσκειν εὐδαιμονεῖν, τοῖς δ' οὔ, οὕτω δὴ ἐγὼ ἄρχομαι μὲν τοὺς θεοὺς θεραπεύειν, πειρῶμαι δὲ ποιεῖν ὡς ἂν θέμις ᾖ μοι εὐχομένῳ καὶ ὑγιείας τυγχάνειν καὶ ῥώμης σώματος καὶ τιμῆς ἐν πόλει καὶ εὐνοίας ἐν φίλοις καὶ ἐν πολέμῳ καλῆς σωτηρίας καὶ πλούτου καλῶς αὐξομένου. (9) Καὶ ἐγὼ ἀκούσας ταῦτα, Μέλει γάρ δή σοι, ὦ Ἰσχόμαχε, ὅπως πλουτῇς καὶ πολλὰ χρήματα ἔχων πολλὰ ἔχῃς πράγματα τούτων ἐπιμελόμενος; Καὶ πάνυ γε, ἔφη ὁ Ἰσχόμαχος, μέλει μοι τούτων ὧν ἐρωτᾷς· ἡδὺ γάρ μοι δοκεῖ, ὦ Σώκρατες, καὶ θεοὺς μεγαλείως τιμᾶν καὶ φίλους ἤν τινος δέωνται ἐπωφελεῖν καὶ τὴν πόλιν μηδὲν κατ' ἐμὲ χρήμασιν ἀκόσμητον εἶναι. (10) Καὶ γὰρ καλά, ἔφην ἐγώ, ὦ Ἰσχόμαχε, ἐστὶν ἃ σὺ λέγεις, καὶ δυνατοῦ γε ἰσχυρῶς ἀνδρός· πῶς γὰρ οὔ; ὅτε πολλοὶ μὲν εἰσὶν ἄνθρωποι οἳ οὐ δύνανται ζῆν ἄνευ τοῦ ἄλλων δεῖσθαι, πολλοὶ δ' ἀγαπῶσιν ἢν δύνωνται τὰ ἑαυτοῖς ἀρκοῦντα πορίζεσθαι. Οἱ δὲ δὴ δυνάμενοι μὴ μόνον τὸν ἑαυτῶν οἶκον διοικεῖν, ἀλλὰ καὶ περιποιεῖν ὥστε καὶ τὴν πόλιν κοσμεῖν καὶ τοὺς φίλους ἐπικουφίζειν, πῶς τούτους οὐχὶ βαθεῖς τε καὶ ἐρρωμένους ἄνδρας χρὴ νομίζειν; (11) Ἀλλὰ γὰρ ἐπαινεῖν μέν, ἔφην ἐγώ, τοὺς τοιούτους πολλοὶ δυνάμεθα· σὺ δέ μοι λέξον, ὦ Ἰσχόμαχε, ἀφ' ὧνπερ ἤρξω, πῶς ὑγιείας ἐπιμελῇ; πῶς τῆς τοῦ σώματος ῥώμης; πῶς θέμις ἐστὶ σοι καὶ ἐκ πολέμου καλῶς σώζεσθαι; τῆς δὲ χρηματίσεως καὶ μετὰ ταῦτα, ἔφην ἐγώ, ἀρκέσει ἀκούειν. (12) Ἀλλ' ἔστι μέν, ἔφη ὁ Ἰσχόμαχος, ὡς γε ἐμοὶ δοκεῖ, ὦ Σώκρατες, ἀκόλουθα ταῦτα πάντα ἀλλήλων. Ἐπεὶ γὰρ ἐσθίειν τις τὰ ἱκανὰ ἔχοι, ἐκπονοῦντι μὲν ὀρθῶς μᾶλλον δοκεῖ μοι ἡ ὑγίεια παραμένειν, ἐκπονοῦντι δὲ μᾶλλον ἡ ῥώμη προσγίγνεσθαι, ἀσκοῦντι δὲ τὰ τοῦ πολέμου κάλλιον σώζεσθαι, ὀρθῶς δὲ ἐπιμελομένῳ καὶ μὴ καταμαλακιζομένῳ μᾶλλον εἰκὸς τὸν οἶκον αὔξεσθαι. (13) Ἀλλὰ μέχρι μὲν τούτου ἕπομαι, ἔφην ἐγώ, ὦ Ἰσχόμαχε, ὅτι ἐκπονοῦντα φῂς καὶ ἐπιμελόμενον καὶ ἀσκοῦντα ἄνθρωπον μᾶλλον τυγχάνειν τῶν ἀγαθῶν, ὁποίῳ δὲ πόνῳ χρῇ πρὸς τὴν εὐεξίαν καὶ ῥώμην καὶ ὅπως ἀσκεῖς τὰ τοῦ πολέμου καὶ ὅπως ἐπιμελῇ τοῦ περιουσίαν ποιεῖν ὡς καὶ φίλους ἐπωφελεῖν καὶ πόλιν ἐπισχύειν, ταῦτα ἂν ἡδέως, ἔφην ἐγώ, πυθοίμην. (14) Ἐγὼ τοίνυν, ἔφη, ὦ Σώκρατες, ὁ Ἰσχόμαχος, ἀνίστασθαι μὲν ἐξ εὐνῆς εἴθισμαι ἡνίκ' ἂν ἔτι ἔνδον καταλαμβάνοιμι εἴ τινα δεόμενος ἰδεῖν τυγχάνοιμι. (15) Κἂν μέν τι κατὰ πόλιν δέῃ πράττειν, ταῦτα πραγματευόμενος περιπάτῳ τούτῳ χρῶμαι· ἢν δὲ μηδὲν ἀναγκαῖον ᾖ κατὰ πόλιν, τὸν μὲν ἵππον ὁ παῖς προάγει εἰς ἀγρόν, ἐγὼ δὲ περιπάτῳ χρῶμαι τῇ εἰς ἀγρὸν ὁδῷ ἴσως ἀμεινον, ὦ Σώκρατες, ἢ εἰ ἐν τῷ ξυστῷ περιπατοίην. (16) Ἐπειδὰν δὲ ἔλθω εἰς ἀγρόν, ἤν τέ μοι φυτεύοντες τυγχάνωσιν ἤν τε νεοποιοῦντες ἤν τε σπείροντες ἤν τε καρπὸν προσκομίζοντες, ταῦτα ἐπισκεψάμενος ὅπως ἕκαστα γίγνεται, μεταρρυθμίζω, ἐὰν ἔχω τι βέλτιον τοῦ παρόντος. (17) Μετὰ δὲ ταῦτα ὡς τὰ πολλὰ ἀναβὰς ἐπὶ τὸν ἵππον ἱππασάμην ἱππασίαν ὡς ἂν ἐγὼ δύ-

fruerentur, ac prudentibus et studiosis partim concessisse felicitatem, partim non : idcirco equidem ordior a cultu divino, atque efficere conor, ut mihi precanti fas sit et valetudinem bonam contingere, et corporis robur, et honorem in republica, et benevolentiam ab amicis, et honestam incolumitatem in bello, et incrementum divitiarum honestum. Quibus ego auditis, Tibine hoc curae est, inquam, Ischomache, ut opulentus fias, ac magnas facultates nactus, in earum curatione multum negotii habeas? Omnino, ait Ischomachus, ea mihi curae sunt, de quibus rogas. Nam mihi jucundum esse videtur, mi Socrates, deos magnifice colere, et amicis indigentibus prodesse, et urbem hanc, me quod attinet, opum ornamento non carere. Sunt illa sane praeclara, inquam, Ischomache, quae commemoras, hominisque valde potentis. Quidni enim? quum multi sint, qui sine aliorum ope ne vivere quidem possint; multi boni consulant, si parare possint quantum ipsis solis sufficiat. At vero qui non modo suam domum administrare possunt, sed etiam facere lucrum, de quo et reipublicae ornamentum accedat, et amici subleventur; cur illi non et copiosi, et potentes existimari debeant? Enimvero, inquam, plerique praedicare viros hujusmodi possumus: verum tu mihi dicito, Ischomache, unde coepisti, quo pacto valetudinem curas? quo pacto corporis robur? quo pacto licet tibi honeste etiam e bello incolumi evadere? nam de ratione rei faciundae mihi satis erit, inquam, vel deinceps aliquid audire. Haec omnia, subjecit Ischomachus, ut mihi certe videtur, semetipsa consequuntur, mi Socrates. Nam qui quo vescatur satis habet, is laborando cibos conficiens, ceteris rectius mihi valetudinem suam posse conservare videtur, et laborans item majus robur adquirere; ac si res bellicas exerceat, honestius incolumis evadere; denique consentaneum est, rem familiarem hujus magis augescere, si quidem recte sua curet, et non remissior ignaviorque fiat. Hactenus ego te assequor, inquam, Ischomache, quod hominem laborando cibos conficientem, et curam adhibentem, et exercentem se, magis bona consequi dicis. At quo labore utaris, ut et valetudo commoda, et robur corporis tibi contingat, quoque pacto te bellicis in rebus exerceas, quo studio efficias ut copiis abundes, quibus tum amicis prodesse tum vires aliquas huic civitati possis addere : haec, inquam, perlubenter velim quaerendo percipere. Ego vero, mi Socrates, ait Ischomachus, surgere de lecto consuevi, quo tempore adhuc domi repertarus sim aliquem, quem forte me videre necesse sit. Ac si quid in urbe sit agendum, id curans hoc modum ambulatione fruor. Sin rei necessariae nihil sit, quod in urbe geratur, equum puer ante me rus deducit, ego vero itinere hoc quo eo, loco ambulationis fortasse rectius utor, mi Socrates, quam si in xysto deambularem. Posteaquam rus venio, sive qui mihi serunt, seu novales instruunt, sive seminant, seu fructus important, inspectis omnibus, quo pacto fiant singula, corrigendo concinnius facio, si quid opere praesenti melius teneo. Secundum ea plerumque conscenso equo quam simillimas iis quae in bello necessariae

νέμαι ὁμοιοτάτην ταῖς ἐν τῷ πολέμῳ ἀναγκαίαις ἱππασίαις, οὔτε πλαγίου οὔτε κατάντους οὔτε τάφρου οὔτε ὀχετοῦ ἀπεχόμενος, ὡς μέντοι δυνατὸν ταῦτα ποιοῦντα ἐπιμέλομαι μὴ ἀποχωλεῦσαι τὸν ἵππον. (18) Ἐπειδὰν δὲ ταῦτα γένηται, ὁ παῖς ἐξαλίσας τὸν ἵππον οἴκαδε ἀπάγει, ἅμα φέρων ἀπὸ τοῦ χωρίου ἢν τι δεώμεθα εἰς ἄστυ. Ἐγὼ δὲ τὰ μὲν βάδην τὰ δὲ ἀποδραμὼν οἴκαδε ἀπεστλεγγισάμην. Εἶτα δὲ ἀριστῶ, ὦ Σώκρατες, ὅσα μήτε κενὸς μήτε ἄγαν πλήρης διημερεύειν. (19) Νὴ τὴν Ἥραν, ἔφην ἐγώ, ὦ Ἰσχόμαχε, ἀρεσκόντως γέ μοι ταῦτα ποιεῖς. Τὸ γὰρ ἐν τῷ αὐτῷ χρόνῳ συνεσκευασμένοις χρῆσθαι τοῖς τε πρὸς τὴν ὑγίειαν καὶ τοῖς πρὸς τὴν ῥώμην παρασκευάσμασι καὶ τοῖς εἰς τὸν πόλεμον ἀσκήμασι καὶ ταῖς τοῦ πλούτου ἐπιμελείαις, ταῦτα πάντα ἀγαστά μοι δοκεῖ εἶναι. (20) Καὶ γὰρ ὅτι ὀρθῶς ἑκάστου τούτων ἐπιμελῇ ἱκανὰ τεκμήρια παρέχῃ· ὑγιαίνοντά τε γὰρ καὶ ἐρρωμένον ὡς ἐπὶ τὸ πολὺ σὺν τοῖς θεοῖς σε ὁρῶμεν καὶ ἐν τοῖς ἱππικωτάτοις τε καὶ πλουσιωτάτοις λεγομένων σε ἐπιστάμεθα. (21) Ταῦτα τοίνυν ἐγὼ ποιῶν, ἔφη, ὦ Σώκρατες, ὑπὸ πολλῶν πάνυ συκοφαντοῦμαι, σὺ δ' ἴσως ᾤου με ἐρεῖν ὡς ὑπὸ πολλῶν καλός κἀγαθὸς κέκλημαι. (22) Ἀλλὰ καὶ ἔμελλον δὲ ἐγώ, ἔφην, ὦ Ἰσχόμαχε, τοῦτό ἐρήσεσθαι εἴ τινα καὶ τούτου ἐπιμελείαν ποιῇ ὅπως δύνῃ λόγον διδόναι καὶ λαμβάνειν ἤν τινί ποτε δέῃ. Οὐ γάρ δοκῶ σοι, ἔφη, ὦ Σώκρατες, αὐτὰ ταῦτα διατελεῖν μελετῶν, ἀπολογεῖσθαι μὲν ὅτι οὐδένα ἀδικῶ, εὖ δὲ ποιῶ πολλοὺς ὅσον ἂν δύνωμαι, κατηγορεῖν δὲ οὐ δοκῶ σοι μελετᾶν ἀνθρώπων, ἀδικοῦντας μὲν καὶ ἰδίᾳ πολλοὺς καὶ τὴν πόλιν καταμανθάνων τινας, εὖ δὲ ποιοῦντας οὐδένα; (23) Ἀλλ' εἰ καὶ ἑρμηνεύειν τοιαῦτα μελετᾷς, τοῦτό μοι, ἔφην ἐγώ, ἔτι, ὦ Ἰσχόμαχε, δήλωσον. Οὐδὲν μὲν οὖν, ὦ Σώκρατες, παύομαι, ἔφη, λέγειν μελετῶν. Ἢ γὰρ κατηγοροῦντός τινος τῶν οἰκετῶν ἢ ἀπολογουμένου ἀκούσας ἐλέγχειν πειρῶμαι ἢ μέμφομαί τινα πρὸς τοὺς φίλους ἢ ἐπαινῶ ἢ διαλλάττω τινὰς τῶν ἐπιτηδείων, πειρώμενος διδάσκειν ὡς συμφέρει αὐτοῖς φίλους εἶναι μᾶλλον ἢ πολεμίους. (24) Ἐπιτιμῶμέν τινι στρατηγῷ συμπαρόντες, ἢ ἀπολογούμεθα ὑπέρ του, εἴ τις ἀδίκως αἰτίαν ἔχει, ἢ κατηγοροῦμεν πρὸς ἀλλήλους, εἴ τις ἀδίκως τιμᾶται. Πολλάκις δὲ καὶ βουλευόμενοι ἃ μὲν ἂν ἐπιθυμῶμεν πράττειν, ταῦτα ἐπαινοῦμεν, ἃ δ' ἂν μὴ βουλώμεθα πράττειν, ταῦτα μεμφόμεθα. (25) Ἤδη δ', ἔφη, ὦ Σώκρατες, καὶ διειλημμένος πολλάκις ἐκρίθην ὅ,τι χρὴ παθεῖν ἢ ἀποτῖσαι. Ὑπὸ τοῦ, ἔφην ἐγώ, ὦ Ἰσχόμαχε; ἐμὲ γὰρ δὴ τοῦτο ἐλάνθανεν. Ὑπὸ τῆς γυναικός, ἔφη. Καὶ πῶς δή, ἔφην ἐγώ, ἀγωνίζῃ; Ὅταν μὲν ἀληθῆ λέγειν συμφέρῃ, πάνυ ἐπιεικῶς· ὅταν δὲ ψεύδη, τὸν ἥττω λόγον, ὦ Σώκρατες, οὐ μὰ τὸν Δί', οὐ δύναμαι κρείττω ποιεῖν. Καὶ ἐγὼ εἶπον, Ἴσως γάρ, ὦ Ἰσχόμαχε, τὸ ψεῦδος οὐ δύνασαι ἀληθὲς ποιεῖν.

sunt, equitationes instituo, neque transversa, neque acclivia, neque fossas neque aquarum ductus vito : atque interea curam adhibeo, ne facientem hæc equum clau dum efficiam. His peractis, equum puer volutatum domum abducit, simul rure secum ferens in urbem, si quo nobis opus est. Ego vero nunc pedetentim incedens, nunc currens, domum ut veni, strigili sudorem mihi detergo. Deinde tantum, mi Socrates, prandii sumo, ut eum diem nec vacuus, nec valde repletus exigam. Ita me Juno amet, inquam, facis hæc ita tu, Ischomache, ut omnino mihi placeant. Nam eodem tempore conjunctim uti apparatu, qui et valetudini et viribus conducat, exercitationibus ad rem militarem pertinentibus, denique curatione opum, eorum nihil est, quod non admirandum mihi videatur. Etenim te recte hæc singula suscipere, satis magna de te indicia præbes. Nam et commoda valetudine utentem te plerumque robustumque deûm beneficio videmus; et inter peritissimis artis equestris, opulentissimosque recenseri te scimus. Hæc igitur, mi Socrates, ait, quum agam, vehementer multorum calumniis exagitor. Tu vero procul dubio dicturum me putabas, quomodo a multis vir bonus et honestas appeller. At hoc quoque, inquam, Ischomache, quærere volebam, ecquid operæ studiique ponas in eo, ut si quando sit opus, rationem reddere tuarum actionum, et vicissim ab aliis exigere possis. Tu vero, mi Socrates, inquit, non id ipsum me perpetuo meditari putas? nimirum defendendi mei rationem, quia nemini sum injurius, atque etiam pro viribus meis bene de multis mereor; accusationes vero quorundam ut institutam, non meditari tibi videor, quum privatim multos injustos esse animadvertam, et nonnullos etiam erga rempublicam, de nemine autem velle bene mereri? An vero mediteris hæc etiam oratione exponere, velim mihi significes, Ischomache. Equidem, ait, mi Socrates, in dicendo me exercere non desino. Nam sive accusantem aliquem in familia, seu defendentem se audiero, quidquid mentiatur redarguere conor; vel de aliquo ad amicos queror, vel aliquem laudo, vel necessarios quosdam reconcilio, dum ostendere ipsis enitor, potius eis conducere, ut amici sint, quam ut hostes. Quum militiæ prætori adsumus, increpamus aliquem, vel causam alicujus defendimus, si præter meritum culpa in eum confertur; vel inter nos mutuo accusationes instituimns, si cui honos immerito defertur. Sæpenumero etiam consultantes, quæ agere cupimus, laudamus; quæ nolumus agere, vituperamus. Jam vero, mi Socrates, etiam sæpenumero seorsum factum est de me judicium, quid me perpeti, quidve multæ nomine oporteret exsolvere. A quonam? inquam ego, mi Ischomache : nam equidem hoc antehac ignorabam. Ab uxore, inquit. Et quonam pacto, inquam ego, causam agis? Quum vera dicere conducit, egregie admodum; quum falsa, causam deteriorem, mi Socrates, non possum profecto meliorem facere. Certe non potes, inquam ego, mi Ischomache, quod falsum est, verum facere.

ΚΕΦΑΛΑΙΟΝ ΙΒ.

Ἀλλὰ γάρ, ἔφην ἐγώ, μή σε κατακωλύω, ὦ Ἰσχόμαχε, ἀπιέναι ἤδη βουλόμενον; Μὰ Δί', ἔφη, ὦ Σώκρατες· ἐπεὶ οὐκ ἂν ἀπέλθοιμι πρὶν παντάπασιν ἡ ἀγορὰ λυθῇ. (2) Νὴ Δί', ἔφην ἐγώ, φυλάττῃ γὰρ ἰσχυρῶς μὴ ἀποβάλῃς τὴν ἐπωνυμίαν, τὸ ἀνὴρ καλὸς κἀγαθὸς κεκλῆσθαι. Νῦν γὰρ πολλῶν σοι ἴσως ὄντων ἐπιμελείας δεομένων, ἐπεὶ συνέθου τοῖς ξένοις, ἀναμένεις αὐτούς, ἵνα μὴ ψεύσῃ. Ἀλλά τοι, ὦ Σώκρατες, ἔφη ὁ Ἰσχόμαχος, οὐδ' ἐκεῖνά μοι ἀμελεῖται ἃ σὺ λέγεις· ἔχω γὰρ ἐπιτρόπους ἐν τοῖς ἀγροῖς. (3) Πότερα δέ, ἐγώ ἔφην, ὦ Ἰσχόμαχε, ὅταν δεηθῇς ἐπιτρόπου, καταμαθὼν ἤν που ᾖ ἐπιτροπευτικὸς ἀνήρ, τοῦτον πειρᾷ ὠνεῖσθαι, ὥσπερ ὅταν τέκτονος δεηθῇς, καταμαθὼν εὖ οἶδ' ὅτι ἤν που ἴδῃς τεκτονικόν, τοῦτον πειρᾷ κτᾶσθαι, ἢ αὐτὸς παιδεύεις τοὺς ἐπιτρόπους; Αὐτὸς νὴ Δί', ἔφη, ὦ Σώκρατες, πειρῶμαι παιδεύειν. (4) Καὶ γὰρ ὅστις μέλλει ἀρκέσειν ὅταν ἐγὼ ἀπῶ ἀντ' ἐμοῦ ἐπιμελόμενος, τί αὐτὸν καὶ δεῖ ἄλλο ἐπίστασθαι ἢ ἅπερ ἐγώ, εἴπερ γὰρ ἱκανός εἰμι τῶν ἔργων προστατεύειν, κἂν ἄλλον δήπου δυναίμην διδάξαι ἅπερ αὐτὸς ἐπίσταμαι. (5) Οὐκοῦν εὐνοίαν πρῶτον, ἔφην ἐγώ, δεήσει αὐτὸν ἔχειν σοὶ καὶ τοῖς σοῖς, εἰ μέλλει ἀρκέσειν ἀντὶ σοῦ παρών. Ἄνευ γὰρ εὐνοίας τί ὄφελος καὶ ὁποιαστινοσοῦν ἐπιτρόπου ἐπιστήμης γίγνεται; Οὐδὲν μὰ Δί', ἔφη ὁ Ἰσχόμαχος, ἀλλά τοι τὸ εὐνοεῖν ἐμοὶ καὶ τοῖς ἐμοῖς ἐγὼ πρῶτον πειρῶμαι παιδεύειν. (6) Καὶ πῶς, ἐγὼ ἔφην, πρὸς τῶν θεῶν εὔνοιαν ἔχειν σοὶ καὶ τοῖς σοῖς διδάσκεις ὅντινα ἂν βούλῃ; Εὐεργετῶν νὴ Δί', ἔφη ὁ Ἰσχόμαχος, ὅταν τινὸς ἀγαθοῦ οἱ θεοὶ ἀφθονίαν διδῶσιν ἡμῖν. (7) Τοῦτ' οὖν λέγεις, ἔφην ἐγώ, ὅτι οἱ ἀπολαύοντες τῶν σῶν ἀγαθῶν εὖνοί σοι γίγνονται καὶ ἀγαθόν τί σε βουλόμενοι πράττειν; Τοῦτο γὰρ ὄργανον, ὦ Σώκρατες, εὐνοίας ἄριστον ὁρῶ ὄν. (8) Ἢν δὲ δὴ εὖνους σοι γένηται, ἔφην, ὦ Ἰσχόμαχε, ἦ τούτου ἕνεκα ἱκανὸς ἔσται ἐπιτροπεύειν; οὐχ ὁρᾷς ὅτι καὶ ἑαυτοῖς εὖνοι πάντες ὄντες ὡς εἰπεῖν ἄνθρωποι, πολλοὶ αὐτῶν εἰσιν οἳ οὐκ ἐθέλουσιν ἐπιμελεῖσθαι ὅπως αὐτοῖς ἔσται ταῦτα ἃ βούλονται εἶναί σφισι τὰ ἀγαθά; (9) Ἀλλὰ ναὶ μὰ Δί', ἔφη ὁ Ἰσχόμαχος, ἐγὼ τοιούτους ὅταν ἐπιτρόπους βούλωμαι καθιστάναι, καὶ ἐπιμελεῖσθαι διδάσκω. (10) Πῶς, ἔφην ἐγώ, πρὸς τῶν θεῶν; τοῦτο γὰρ δὴ ἐγὼ παντάπασιν οὐ διδακτὸν ᾤμην εἶναι τὸ ἐπιμελῆ ποιῆσαι. Οὐδὲ γάρ ἐστιν, ἔφη, ὦ Σώκρατες, ἐφεξῆς γε οὕτως οἷόν τε πάντας διδάξαι ἐπιμελεῖς εἶναι. (11) Ποίους μὲν δή, ἐγὼ ἔφην, οἷόν τε; πάντως μοι σαφῶς τούτους διασκήνωσον. Πρῶτον μέν, ἔφη, ὦ Σώκρατες, τοὺς οἴνου ἀκρατεῖς οὐκ ἂν δύναιο ἐπιμελεῖς ποιῆσαι· τὸ γὰρ μεθύειν λήθην ἐμποιεῖ πάντων τῶν πράττειν δεομένων. (12) Οἱ οὖν τούτου ἀκρατεῖς μόνοι, ἐγὼ ἔφην, ἀδύνατοί εἰσιν ἐπιμελεῖς ἔσεσθαι ἢ καὶ ἄλλοι τινές; Ναὶ μὰ Δί', ἔφη ὁ Ἰσχόμαχος, καὶ οἵ γε τοῦ ὕπνου. Οὔτε γὰρ αὐτὸς δύναιτο καθεύδων τὰ δέοντα ποιεῖν οὔτε ἄλλους παρέχεσθαι. (13)

CAPUT XII.

Verum nam te, Ischomache, detineo discedere volentem? Non profecto, mi Socrates, ait. Etenim prius, quam penitus finis concionis fuerit, discessurus non sum. Vehementer enim profecto caves, inquam, ne cognomentum illud, quo vir bonus et honestus appellaris, amittas. Nam tametsi jam fortasse multa tibi necessario curanda sunt, quia tamen ita convenit inter vos, hospites illos operiris, ne mentiaris. Atqui, mi Socrates, ait Ischomachus, ne illa quidem negliguntur, de quibus tu loqueris. Quippe villicos in praediis habeo. Utrum vero, inquam, Ischomache, quum villico tibi est opus, exploras an alicubi sit quispiam ad hanc procurationem idoneus, eumque das operam ut emas; veluti quum fabro tibi est opus, sat scio, sicubi peritum fabricae noveris, eum te operam dare uti comparares? an vero ipse villicos tuos instituas? Ego ipse profecto, mi Socrates, ait, in hoc incumbo, ut eos instituam. Nam si qui talis esse debeat, ut me absente rem meam satis idonee curet, quid eum scire aliud, quam me ipsum, oporteat? Quippe si sum ego satis ad hoc idoneus, ut praesim operis illis, etiam alium scilicet docere possum, quae ipse teneo. Primum igitur, inquam ego, necesse est benevolo sit erga te ac tuos animo, si quidem ejus praesentia tuo loco sufficere debeat. Nam sine benevolentia quisnam scientiae procuratoriae fuerit usus, qualiscunque tandem illa sit? Nullus profecto, inquit Ischomachus: verum ego primum sic eos conor instituere, ut erga me meosque benevoli sint animo. At obscuro te per deos immortales, inquam ego, quo pacto quemcunque vis doces, ut benevolentia te tuosque complectatur? Beneficiundo, ait, quando boni alicujus copiam dii nobis largiuntur. Ergo tu dicere vis, inquam, in eis, qui bonis tuis fruantur, benevolentiam erga te excitari, atque illos bene tibi facere velle. Esse enim, mi Socrates, instrumentum hoc benevolentiae optimum video. At si quis benevolentiam erga te concipiat, inquam, Ischomache, an propterea satis ad procurationem erit idoneus? an non vides, quod quum homines, ut ita dicam, universi bene sibi velint, multi tamen sint, qui curam adhibere nolint, ut ea bona consequantur, quae sibi cupiant evenire? Ego vero, inquit Ischomachus, quum tales villicos constituere volo, etiam doceo eos curam adhibere. Qui hoc? quaeso per deos, inquam. Etenim id ego plane sub doctrinam non cadere putabam, ut quis diligens efficiatur. Sane fieri non potest, mi Socrates, ait, ut quis serie quadam omnes diligentes esse doceat. Quinam igitur, inquam ego, doceri possunt? Velim omnino mihi hos perspicue indices. Primum eos, ait, mi Socrates, qui a vino sibi temperare nequeunt, diligentes efficere non poteris : nam ebrietas oblivionem omnium, quae agi oportet, inducit. Num igitur, inquam ego, qui ab hoc se continere non possunt, soli diligentes esse nequeunt, an et alii quidam? Profecto, ait Ischomachus, etiam illi, qui somno moderari non possunt. Quippe nec ipse dormiens facere, quae debet, nec alios

Τί οὖν; ἔφην ἐγώ, οὗτοι αὖ μόνοι ἀδύνατοι ἡμῖν ἔσονται ταύτην τὴν ἐπιμέλειαν διδαχθῆναι ἢ καὶ ἄλλοι τινὲς πρὸς τούτοις; Ἔμοιγέ τοι δοκοῦσιν, ἔφη ὁ Ἰσχόμαχος, καὶ οἱ τῶν ἀφροδισίων δυσέρωτες ἀδύνατοι εἶναι διδαχθῆναι ἄλλου τινὸς μᾶλλον ἐπιμελεῖσθαι ἢ τούτου. (14) Οὔτε γὰρ ἐλπίδα οὔτ' ἐπιμέλειαν ἡδίονα ῥᾴδιον εὑρεῖν τῆς τῶν παιδικῶν ἐπιμελείας, οὐδὲ μὴν ὅταν παρῇ τὸ πρακτέον, τιμωρίας χαλεπωτέραν εὐπετές ἐστι τοῦ ἀπὸ τῶν ἐρωμένων κωλύεσθαι. Ὑφίεμαι οὖν καὶ οὓς ἂν τοιούτους γνῶ ὄντας μηδ' ἐπιχειρεῖν ἐπιμελητὰς τούτων τινὰς καθιστάναι. (15) Τί δέ, ἔφην ἐγώ, οἵτινες αὖ ἐρωτικῶς ἔχουσι τοῦ κερδαίνειν, ἦ καὶ οὗτοι ἀδύνατοί εἰσιν εἰς ἐπιμέλειαν τῶν κατ' ἀγρὸν ἔργων παιδεύεσθαι; Οὐ μὰ Δί', ἔφη ὁ Ἰσχόμαχος, οὐδαμῶς γε, ἀλλὰ καὶ πάνυ εὐάγωγοί εἰσιν εἰς τὴν τούτων ἐπιμέλειαν· οὐδὲν γὰρ ἄλλο δεῖ ἢ δεῖξαι μόνον αὐτοῖς ὅτι κερδαλέον ἐστὶν ἡ ἐπιμέλεια. (16) Τοὺς δὲ ἄλλους, ἔφην ἐγώ, εἰ ἐγκρατεῖς τέ εἰσιν ὧν σὺ κελεύεις καὶ πρὸς τὸ φιλοκερδεῖς εἶναι μετρίως ἔχουσιν, πῶς ἐκδιδάσκεις ὧν σὺ βούλει ἐπιμελεῖς γίγνεσθαι; Ἁπλῶς, ἔφη, πάνυ, ὦ Σώκρατες. Ὅταν μὲν γὰρ ἐπιμελομένους ἴδω, καὶ ἐπαινῶ καὶ τιμᾶν πειρῶμαι αὐτούς, ὅταν δὲ ἀμελοῦντας, λέγειν τε πειρῶμαι καὶ ποιεῖν ὁποῖα δήξεται αὐτούς. (17) Ἴθι, ἐγώ ἔφην, ὦ Ἰσχόμαχε, καὶ τόδε μοι παρατραπόμενος τοῦ λόγου περὶ τῶν παιδευομένων εἰς τὴν ἐπιμέλειαν δήλωσον περὶ τοῦ παιδεύεσθαι, εἰ οἷόν τέ ἐστιν ἀμελῆ αὐτὸν ὄντα ἄλλους ποιεῖν ἐπιμελεῖς. (18) Οὐ μὰ Δί', ἔφη ὁ Ἰσχόμαχος, οὐδέν γε μᾶλλον ἢ ἄμουσον ὄντα αὐτὸν ἄλλους μουσικοὺς ποιεῖν. Χαλεπὸν γὰρ τοῦ διδασκάλου πονηρῶς τι ὑποδεικνύοντος καλῶς τοῦτο ποιεῖν μαθεῖν, καὶ ἀμελεῖν γε ὑποδεικνύοντος τοῦ δεσπότου χαλεπὸν ἐπιμελῆ θεράποντα γενέσθαι. (19) Ὡς δὲ συντόμως εἰπεῖν, πονηροῦ μὲν δεσπότου οἰκέτας οὐ δοκῶ χρηστοὺς καταμεμαθηκέναι· χρηστοῦ μέντοι πονηροὺς ἤδη εἶδον, οὐ μέντοι ἀζημίους γε. Τὸν δὲ ἐπιμελητικοὺς βουλόμενον ποιήσασθαί τινας καὶ ἐφορατικὸν δεῖ εἶναι τῶν ἔργων καὶ ἐξεταστικὸν καὶ χάριν θέλοντα τῶν καλῶς τελουμένων ἀποδιδόναι τῷ αἰτίῳ, καὶ δίκην μὴ ὀκνοῦντα τὴν ἀξίαν ἐπιθεῖναι τῷ ἀμελοῦντι. (20) Καλῶς δέ μοι δοκεῖ ἔχειν, ἔφη ὁ Ἰσχόμαχος, καὶ ἡ τοῦ βαρβάρου λεγομένη ἀπόκρισις, ὅτε βασιλεὺς ἄρα ἵππου ἐπιτυχὼν ἀγαθοῦ παχῦναι αὐτὸν ὡς τάχιστα βουλόμενος ἤρετο τῶν δεινῶν τινα ἀμφ' ἵππους δοκούντων εἶναι τί τάχιστα παχύνει ἵππον· τὸν δ' εἰπεῖν λέγεται ὅτι δεσπότου ὀφθαλμός. Οὕτω δ', ἔφη, ὦ Σώκρατες, καὶ τἆλλα μοι δοκεῖ δεσπότου ὀφθαλμὸς τὰ καλά τε κἀγαθὰ μάλιστα ἐργάζεσθαι.

ΚΕΦΑΛΑΙΟΝ ΙΓ.

Ὅταν δὲ παραστήσῃς τινί, ἔφην ἐγώ, τοῦτο καὶ πάνυ ἰσχυρῶς ὅτι δεῖ ἐπιμελεῖσθαι ὧν ἂν σὺ βούλῃ, ἦ ἱκανὸς ἤδη ἔσται ὁ τοιοῦτος ἐπιτροπεύειν, ἤ τι καὶ ἄλλο

ad hoc possit impellere. Quid igitur? inquam ego, soli sunt hi, quibus hæc diligentia tradi non potest, an præterea quidam alii? Sane mihi videntur, ait Ischomachus, etiam illi qui perdite rebus venereis dediti sunt, ut alterius rei majorem curam habeant, quam illius, doceri non posse. Nam neque spes, neque cura reperiri alia jucundior facile potest, quam sit cura ejus quod amet; nec invenire supplicium gravius in proclivi est, quam si rerum expediundarum cura suis ab amoribus aliquis avocaretur. Quamobrem quoscunque tales esse animadverto, ab iis abstineo, ut ne coner quidem tales procuratores constituere. Quid autem, inquam ego, si quibus inest amor lucrifaciundi, num et illi ad attentionem in rebus rusticis institui nequeunt? Non profecto, ait Ischomachus, nequeunt, imo facillime ad hoc studium deduci possunt. Quippe nulla hic opus est alia re, nisi ut eis ostendas, fructuosam esse diligentiam. Ceteros autem, inquam ego, si et iis in rebus sint continentes, in quibus hoc ab ipsis requiris, et quæstus mediocriter cupidi sint, quo tandem pacto doces, ut pro arbitrio tuo sint diligentes? Per sane simpliciter, ait, mi Socrates. Nam quum eos diligenter sua curare video, non solum collaudo ipsos, sed etiam ut ornem honore aliquo, do operam; sin negligentes esse, dicere ac facere conor id, quod eos mordeat. Age vero, inquam, Ischomache, nonnihil ab hac oratione de iis qui ad diligentiam instituuntur, deflectens, etiam illud mihi de instituendi ratione declarato : num fieri possit, ut quis ipse negligens alios efficere diligentes possit? Nequaquam, ait Ischomachus, nulloque modo magis, quam qui ipse musicæ imperitus, alios efficere musicos velit. Est enim difficile, doctore non recte monstrante, discere, ut bene aliquid efficias : itidem quum exemplum negligentiæ dominus suppeditat, difficile est servum diligentem fieri. Atque breviter ut dicam, futilis domini servos nunquam fuisse frugi animadvertisse videor. Frugi autem domini servos equidem pravos quidem vidi, sed non sine dominorum detrimento. At qui reddere quosdam velit ad attentionem idoneos, eum et inspicere opera necesse est, et in ea inquirere, et non illubenter auctori eorum, quæ bene perfecta sunt, gratiam referre, et non vereri merito illum supplicio afficere, qui negligens sit. Etiam illud mihi hominis cujusdam barbari responsum præclarum videtur, quum rex scilicet equum nactus bonum, quem cuperet quamprimum saginari, quendam inprimis equestris rei peritam interrogaret : quidnam equum brevissimo spatio pinguem efficeret? fertur enim is respondisse : Oculus domini. Sic mihi videtur, inquit, mi Socrates, etiam alia plurima domini oculus quam maxime pulchra et egregia efficere.

CAPUT XIII.

Ceterum ubi, inquam ego, jam alicui vehementer inculcaveris, diligenter esse curanda, quæ tu velis; num is jam idoneus ad procurationem erit? an et aliud quippiam præterea

OECONOMICI CAP. XIII.

προμαθητέον αὐτῷ ἔσται, εἰ μέλλει ἐπίτροπος ἱκανὸς ἔσεσθαι; (2) Ναὶ μὰ Δί', ἔφη ὁ Ἰσχόμαχος, ἔτι μέντοι λοιπὸν αὐτῷ ἐστι γνῶναι δ᾽, τι τε ποιητέον καὶ ὁπότε καὶ ὅπως, εἰ δὲ μὴ, τί μᾶλλον ἐπιτρόπου ἄνευ τούτων ὄφελος ἢ ἰατροῦ ὃς ἐπιμελοῖτο μὲν κάμνοντός τινος πρωΐ τε ἰὼν καὶ ὀψὲ, ὅ,τι δὲ συμφέρον τῷ κάμνοντι ποιεῖν εἴη, τοῦτο μὴ εἰδείη; (3) Ἐὰν δὲ δὴ καὶ τὰ ἔργα μάθῃ ὡς ἐστιν ἐργαστέα, ἔτι τινὸς, ἔφην ἐγὼ, προσδεήσεται, ἢ ἀποτετελεσμένος ἤδη οὗτός σοι ἔσται ἐπίτροπος; Ἄρχειν γε, ἔφη, οἶμαι δεῖν αὐτὸν μαθεῖν τῶν ἐργαζομένων. (4) Ἦ οὖν, ἔφην ἐγὼ, καὶ σὺ ἄρχειν ἱκανοὺς εἶναι παιδεύεις τοὺς ἐπιτρόπους; Πειρῶμαί γε δὴ, ἔφη, ὁ Ἰσχόμαχος. Καὶ πῶς δὴ, ἔφην ἐγὼ, πρὸς τῶν θεῶν τὸ ἀρχικοὺς εἶναι ἀνθρώπων παιδεύεις; Φαύλως, ἔφη, πάνυ, ὦ Σώκρατες, ὥστε ἴσως ἂν καὶ καταγελάσαις ἀκούων. (5) Οὐ μὲν δὴ ἄξιόν γ᾽, ἔφην ἐγὼ, τὸ πρᾶγμα καταγέλωτος, ὦ Ἰσχόμαχε. Ὅστις γάρ τοι ἀρχικοὺς ἀνθρώπων δύναται ποιεῖν, δῆλον ὅτι οὗτος καὶ δεσποτικοὺς ἀνθρώπων δύναται διδάσκειν, ὅστις δὲ δεσποτικοὺς, δύναται ποιεῖν καὶ βασιλικούς. Ὥστε οὐ καταγελαστός μοι δοκεῖ ἄξιος εἶναι ἀλλ᾽ ἐπαίνου μεγάλου ὁ τοῦτο δυνάμενος ποιεῖν. (6) Οὐκοῦν, ἔφη, ὦ Σώκρατες, τὰ μὲν ἄλλα ζῷα ἐκ δυοῖν τούτοιν τὸ πείθεσθαι μανθάνουσιν, ἔκ τε τοῦ ὅταν ἀπειθεῖν ἐπιχειρῶσι κολάζεσθαι, καὶ ἐκ τοῦ ὅταν προθύμως ὑπηρετῶσιν εὖ πάσχειν. (7) Οἵ τε γοῦν πῶλοι καταμανθάνουσιν ὑπακούειν τοῖς πωλοδάμναις τῷ ὅταν μὲν πείθωνται τῶν ἡδέων τι αὐτοῖς γίγνεσθαι, ὅταν δὲ ἀπειθῶσι πράγματα ἔχειν ἔς τ᾽ ἂν ὑπηρετήσωσι κατὰ γνώμην τῷ πωλοδάμνῃ· (8) καὶ τὰ κυνίδια δὲ πολὺ τῶν ἀνθρώπων καὶ τῇ γνώμῃ καὶ τῇ γλώσσῃ ὑποδεέστερα ὄντα ὅμως καὶ περιτρέχειν καὶ κυβιστᾶν καὶ ἄλλα πολλὰ μανθάνει τῇ αὐτῇ τούτῳ τρόπῳ. Ὅταν μὲν γὰρ πείθηται, λαμβάνει τι ὧν δεῖται, ὅταν δὲ ἀμελῇ, κολάζεται. (9) Ἀνθρώπους δ᾽ ἔστι πιθανωτέρους ποιεῖν καὶ λόγῳ, ἐπιδεικνύοντα ὡς συμφέρει αὐτοῖς πείθεσθαι, τοῖς δὲ δούλοις καὶ ἡ δοκοῦσα θηριώδης παιδεία εἶναι πάνυ ἐστὶν ἐπαγωγὸς πρὸς τὸ πείθεσθαι διδάσκειν· τῇ γὰρ γαστρὶ αὐτῶν ἐπὶ ταῖς ἐπιθυμίαις προσχαριζόμενος ἂν πολλὰ ἀνύοις παρ᾽ αὐτῶν. Αἱ δὲ φιλότιμοι τῶν φύσεων καὶ τῷ ἐπαίνῳ παροξύνονται. Πεινῶσι γὰρ τοῦ ἐπαίνου οὐχ ἧττον ἔνιαι τῶν φύσεων ἢ ἄλλαι τῶν σίτων τε καὶ ποτῶν. (10) Ταῦτά τε οὖν ὅσαπερ αὐτὸς ποιῶν οἶμαι πιθανωτέροις ἀνθρώποις χρῆσθαι διδάσκων οὓς ἂν ἐπιτρόπους βούλωμαι καταστῆσαι καὶ τάδε συλλαμβάνω αὐτοῖς· ἱμάτιά τε γὰρ ὅσα δεῖ παρέχειν ἐμὲ τοῖς ἐργαστῆρσι καὶ ὑποδήματα οὐχ ὅμοια πάντα ποιῶ, ἀλλὰ τὰ μὲν χείρω τὰ δὲ βελτίω, ἵνα ᾖ τὸν κρείττω τοῖς βελτίοσι τιμᾶν, τῷ δὲ χείρονι τὰ ἥττω διδόναι. (11) Πάνυ γάρ μοι, ἔφη, δοκεῖ, ὦ Σώκρατες, ἀθυμία ἐγγίγνεσθαι τοῖς ἀγαθοῖς, ὅταν ὁρῶσι τὰ μὲν ἔργα δι᾽ αὐτῶν καταπραττόμενα, τῶν δὲ ὁμοίων τυγχάνοντας αὐτοῖς τοὺς μήτε πονεῖν μήτε κινδυνεύειν ἐθέλοντας, ὅταν δέῃ. (12) Αὐτός τε οὖν οὐδ᾽ ὁπωστιοῦν τῶν ἴσων ἀξιῶ τοὺς ἀμείνους

discendum erit ei, si quidem villicus esse satis aptus velit? Erit profecto, inquit Ischomachus : siquidem restat, ut et quid, et quando, et quo pacto sit agendum, intelligat. Nam absque hoc quis villici usus potior fuerit, quam medici, qui haberet quidem ægrotantis alicujus curam, tum mane, tum vesperi eum conveniendo; verum quid ægroto possit conducere, id facere nesciat? Quod si didicerit, inquam ego, quo pacto faciunda sint opera, num adhuc aliquid desiderabitur, an jam talis villicus tibi absolutus erit? Equidem arbitror, ait, discendam ei esse rationem imperandi operariis. Num igitur, inquam ego, tu quoque villicos instituis, ut ad imperandum sint idonei? Sane id enitor facere, ait Ischomachus. Quæso te per deos, inquam, quo pacto eos instituis in hoc, ut rationem regendi alios teneant? Sane vulgariter, ait, mi Socrates, adeo ut fortassis tu hæc audiens, sis risurus. Certe, inquam ego, minime risu digna res est, Ischomache. Nam qui efficere quosdam potest idoneos ad imperandum hominibus, eum patet etiam herilem quandam disciplinam posse tradere; quam qui teneat, possit item tradere regiam. Itaque non irrisionem mihi, sed magnam laudem mereri videtur, qui hoc efficere possit. Cetera igitur animalia, mi Socrates, ait, duabus hisce rebus parere discunt : partim quod, ubi nolunt obtemperare, puniantur; partim quod, ubi alacriter obsequuntur, benigne cum eis agatur. Ita pulli equorum obedire domitoribus suis ea re discunt, quod quum parent, suave quid consequantur; contumaces autem, molestias quasdam experiantur, donec voluntati domitoris obsequantur. Etiam catelli, qui hominibus et intelligentia et lingua longe sunt inferiores, nihilominus et in gyrum currere, et in aquam se immergere, et alia multa eodem hoc modo discunt. Nam ubi parent, aliquid eorum, quæ expetunt, consequuntur; ubi vero negligenter se gerunt, dant pœnas. Homines autem etiam oratione reddi obedientiores possunt, si quis demonstret ipsis expedire, ut pareant; servis ea quoque disciplina, quæ belluina videtur esse, valde conducit ad hoc, ut parere discant. Nam si gratificeris cupiditatibus gulæ ipsorum, multum apud eos efficeris. Quæcunque tribuenda sunt operariis, non omnia fieri æqualia curo, sed quædam deteriora, quædam meliora; ut rectius se gerentem melioribus ornem, et pejori dem deteriora. Videtur autem mihi, mi Socrates, inquit, omnino in bonis magnus quidam animi mœror oriri, quum opera per se fieri vident, ac nihilominus æqualia secum præmia consequi eos, qui quum opus est, neque laborare, neque adire pericula volunt. Quamobrem nequaquam meliores cum deterioribus præmiis æqualibus dignor, ac vil-

41.

τοῖς κακίστοις τυγχάνειν, τούς τε ἐπιτρόπους, ὅταν μὲν ἴδω διαδεδωκότας τοῖς πλείστου ἀξίοις τὰ κράτιστα, ἐπαινῶ, ἢν δὲ ἴδω ἢ κολακεύμασί τινα προτιμώμενον ἢ καὶ ἄλλῃ τινὶ ἀνωφελεῖ χάριτι, οὐκ ἀμελῶ ἀλλ' ἐπιπλήττω καὶ πειρῶμαι διδάσκειν, ὦ Σώκρατες, ὅτι οὐδ' αὐτῷ σύμφορα ταῦτα ποιεῖ.

ΚΕΦΑΛΑΙΟΝ ΙΔ.

Ὅταν δὲ, ὦ Ἰσχόμαχε, ἔφην ἐγώ, καὶ ἄρχειν ἤδη ἱκανός σοι γένηται ὥστε πειθομένους παρέχεσθαι, ἢ ἀποτετελεσμένον ἤδη τοῦτον ἡγῇ ἐπίτροπον, ἢ ὅτι τινὸς προσδεῖται ὁ ταῦτα ἔχων ἃ σὺ εἴρηκας; (2) Ναὶ μὰ Δί', ἔφη ὁ Ἰσχόμαχος, τοῦ τε ἀπέχεσθαι τῶν δεσποσύνων καὶ μὴ κλέπτειν. Εἰ γὰρ ὁ τοὺς καρποὺς μεταχειριζόμενος τολμώη ἀφανίζειν ὥστε μὴ λείπειν λυσιτελοῦντας τοῖς ἔργοις, τί ἂν ὄφελος εἴη τὸ διὰ τῆς τούτου ἐπιμελείας γεωργεῖν; (3) Ἦ καὶ ταύτην οὖν, ἔφην ἐγώ, τὴν δικαιοσύνην σὺ ὑποδύῃ διδάσκειν; Καὶ πάνυ, ἔφη ὁ Ἰσχόμαχος· οὐ μέντοι γε πάντας ἐξ ἑτοίμου εὑρίσκω ὑπακούοντας τῆς διδασκαλίας ταύτης. (4) Καίτοι τὰ μὲν καὶ ἐκ τῶν Δράκοντος νόμων, τὰ δὲ καὶ ἐκ τῶν Σόλωνος πειρῶμαι, ἔφη, λαμβάνων ἐμβιβάζειν εἰς τὴν δικαιοσύνην τοὺς οἰκέτας. Δοκοῦσι γάρ μοι, ἔφη, καὶ οὗτοι οἱ ἄνδρες θεῖναι πολλοὺς τῶν νόμων ἐπὶ δικαιοσύνης τῆς τοιαύτης διδασκαλίᾳ. (5) Γέγραπται γὰρ ζημιοῦσθαι ἐπὶ τοῖς κλέμμασι, καὶ δεδέσθαι, ἤν τις ἁλῷ ποιῶν, καὶ θανατοῦσθαι τοὺς ἐγχειροῦντας. Δῆλον οὖν, ἔφη, ὅτι ἔγραφον αὐτὰ βουλόμενοι ἀλυσιτελῆ ποιῆσαι τοῖς ἀδίκοις τὴν αἰσχροκέρδειαν. (6) Ἐγὼ οὖν, ἔφη, καὶ τούτων προφέρων ἔνια καὶ ἄλλα τῶν βασιλικῶν νόμων προσφερόμενος πειρῶμαι δικαίους περὶ τὰ διαχειριζόμενα ἀπεργάζεσθαι τοὺς οἰκέτας. (7) Ἐκεῖνοι μὲν γὰρ οἱ νόμοι ζημίαι μόνον εἰσὶ τοῖς ἁμαρτάνουσιν, οἱ δὲ βασιλικοὶ νόμοι οὐ μόνον ζημιοῦσι τοὺς ἀδικοῦντας, ἀλλὰ καὶ ὠφελοῦσι τοὺς δικαίους· ὥστε ὁρῶντες πλουσιωτέρους γιγνομένους τοὺς δικαίους τῶν ἀδίκων πολλοὶ καὶ φιλοκερδεῖς ὄντες εὖ μάλα ἐπιμένουσι τῷ μὴ ἀδικεῖν. (8) Οὓς δ' ἂν αἰσθάνωμαι, ἔφη, ὅμως καὶ ἐπὶ πάσχοντας ἔτι ἀδικεῖν πειρωμένους, τούτους ὡς ἀνηκέστως πλεονέκτας ὄντας ἤδη καὶ τῆς χρήσεως ἀποπαύω. (9) Οὓς δ' ἂν αὖ καταμάθω μὴ τῷ πλέον ἔχειν μόνον διὰ τὴν δικαιοσύνην ἐπαιρομένους δικαίους εἶναι, ἀλλὰ καὶ τοῦ ἐπαινεῖσθαι ἐπιθυμοῦντας ὑπ' ἐμοῦ, τούτοις ὥσπερ ἐλευθέροις ἤδη χρῶμαι, οὐ μόνον πλουτίζων ἀλλὰ καὶ τιμῶν ὡς καλούς τε κἀγαθούς. (10) Τούτῳ γάρ μοι δοκεῖ, ἔφη, ὦ Σώκρατες, διαφέρειν ἀνὴρ φιλότιμος ἀνδρὸς φιλοκερδοῦς, τῷ ἐθέλειν ἐπαίνου καὶ τιμῆς ἕνεκα καὶ πονεῖν ὅπου δεῖ καὶ κινδυνεύειν καὶ αἰσχρῶν κερδῶν ἀπέχεσθαι.

villicos meos laudo, quum eos optima distribuisse video in maxime dignos : sin quem vel per adulationes, vel alia quapiam inutili gratificatione video potiorem honorem consequutum, id equidem non negligo, sed objurgo villicum, eumque docere, mi Socrates, conor fieri ea ne cum ipsius quidem commodo.

CAPUT XIV.

Quum autem, inquam ego, villicus tibi satis, Ischomache, ad imperandum aliis idoneus factus est, ut jam illos obsequentes reddere possit ; num illum jam perfectum tibi putas, an adhuc aliquid in eo desideratur qui hæc, quæ tu narrasti, habet? Desideratur profecto, inquit Ischomachus, nimirum herilibus a rebus ut abstineat, neque quidquam furto subtrahat. Nam si is, qui fructus habet in manibus, ausit eos sic intervertere, ut in iis, qui relinquuntur, operæ rusticæ lucrum non constet; cui, quæso, fuerit usui curatio hujus in agricultura? Num igitur, inquam ego, hanc quoque justitiam tu docendam suscipis? Omnino, ait Ischomachus : neque tamen omnes ad parendum huic doctrinæ satis promptos invenio. Certe partim ex legibus Draconis, partim Solonis, quædam adsumere conor, quibus efficiam, ut in justitia famuli mei proficiant. Videntur enim mihi etiam hi viri multas leges de justitiæ hujus doctrina condidisse. Nam perscripserunt multandos esse, qui furtum faciant, ac deprehensos in re, esse vinciendos, morteque afficiendos, qui aggrediantur. Quamobrem perspicuum est, eos has leges sic perscripsisse, ut qui turpem illum quæstum vellent injustis inutilem reddere. De his igitur quædam producens, atque alia e legibus regiis adhibens, famulos efficere justos in iis tractandis enitor, quæ in manibus habent. Nam illae quidem leges tantum pœnas delinquentibus constituunt ; at regiæ non injustos tantum puniunt, sed justis etiam emolumentum afferunt. Quo fit, ut plerique injusti, dum justos locupletiores esse factos vident, præsertim quia lucri sunt cupidi, egregie se contineant, ne quid injuste faciant. Quos autem animadverto beneficiis affectos, nihilominus injusta moliri, illis, ut insanabilis avaritiæ hominibus, uti deinceps desino. Rursum quos animadverto non tantum elatis esse animis, quod ob justitiam in meliori conditione sint, sed etiam laudari a me cupere, hos velut ingenuos tracto, neque divites tantum facio, sed etiam honore prosequor, ut viros bonos et honestos. Nam in hoc mihi, Socrates, differre vir honoris cupidus a lucri cupido videtur, quod laudis honorisque causa et labores suscipere, quum opus est, velit, et adire pericula, et a turpibus lucris abstinere.

ΚΕΦΑΛΑΙΟΝ ΙΕ.

Ἀλλὰ μέντοι ἐπειδάν γε ἐμποιήσῃς τινὶ τὸ βούλεσθαί σοι εἶναι τἀγαθά, ἐμποιήσῃς δὲ τῷ αὐτῷ τούτῳ ἐπιμελεῖσθαι ὅπως ταῦτά σοι ἐπιτελῆται, ἔτι δὲ πρὸς τούτοις ἐπιστήμην κτήσῃ αὐτῷ, ὡς ἂν ποιούμενα ἕκαστα τῶν ἔργων ὠφελιμώτερα γίγνοιτο, πρὸς δὲ τούτοις ἄρχειν ἱκανὸν αὐτὸν ποιήσῃς, ἐπὶ δὲ τούτοις πᾶσιν ἥδηταί σοι τὰ ἐκ τῆς γῆς ὡραῖα ἀποδεικνύων ὅτι πλεῖστα ὥσπερ σὺ σαυτῷ, οὐκέτι ἐρήσομαι περὶ τούτου εἰ ἔτι τινὸς ὁ τοιοῦτος προσδεῖται· πάνυ γάρ μοι δοκεῖ ἤδη πολλοῦ ἂν ἄξιος εἶναι ἐπίτροπος ὢν τοιοῦτος. Ἐκεῖνο μέντοι, ἔφην ἐγώ, ὦ Ἰσχόμαχε, μὴ ἀπολίπῃς, ὃ ἡμῖν ἀργότατα ἐπιδεδράμηται τοῦ λόγου. (2) Τὸ ποῖον; ἔφη ὁ Ἰσχόμαχος. Ἔλεξας δήπου, ἔφην ἐγώ, ὅτι μέγιστον εἴη μαθεῖν ὅπως δεῖ ἐξεργάζεσθαι ἕκαστα· εἰ δὲ μή, οὐδὲ τῆς ἐπιμελείας ἔφησθα ὄφελος οὐδὲν γίγνεσθαι, εἰ μή τις ἐπίσταιτο ἃ δεῖ καὶ ὡς δεῖ ποιεῖν. (3) Ἀλλὰ ταῦτα μὲν ἐγώ, ἔφην, ὦ Ἰσχόμαχε, ἱκανῶς δοκῶ καταμεμαθηκέναι ἢ εἶπας, καθὰ δεῖ διδάσκειν τὸν ἐπίτροπον· καὶ γὰρ ᾗ ἔφησθα εὔνουν σοι ποιεῖν αὐτὸν μαθεῖν δοκῶ, καὶ ᾗ ἐπιμελῆ καὶ ἀρχικὸν καὶ δίκαιον. (4) Ὁ δὲ εἶπας ὡς δεῖ μαθεῖν τὸν μέλλοντα ὀρθῶς γεωργίας ἐπιμελήσεσθαι καὶ ἃ δεῖ ποιεῖν καὶ ὡς δεῖ καὶ ὁπότε ἕκαστα, ταῦτά μοι δοκοῦμεν, ἔφην ἐγώ, ἀργότερόν πως ἐπιδεδραμηκέναι τῷ λόγῳ. (5) ὥσπερ εἰ εἴποις ὅτι δεῖ γράμματα ἐπίστασθαι τὸν μέλλοντα δυνήσεσθαι τὰ ὑπαγορευόμενα γράφειν καὶ τὰ γεγραμμένα ἀναγιγνώσκειν. Ταῦτα γὰρ ἐγὼ ἀκούσας, ὅτι μὲν δεῖ γράμματα ἐπίστασθαι ἠκηκόειν ἄν, τοῦτο δὲ εἰδὼς οὐδέν τι οἶμαι μᾶλλον ἂν ἐπισταίμην γράμματα. (6) Οὕτω δὲ καὶ νῦν ὅτι μὲν δεῖ ἐπίστασθαι γεωργίαν τὸν μέλλοντα ὀρθῶς ἐπιμελήσεσθαι αὐτῆς ῥᾳδίως πέπεισμαι, τοῦτο μέντοι εἰδὼς οὐδέν τι μᾶλλον ἐπίσταμαι ὅπως δεῖ γεωργεῖν. (7) Ἀλλ᾽ εἴ μοι αὐτίκα μάλα δόξειε γεωργεῖν, ὅμοιος ἄν μοι δοκῶ εἶναι τῷ περιιόντι ἰατρῷ καὶ ἐπισκοποῦντι τοὺς κάμνοντας, εἰδότι δὲ οὐδὲν ὅ,τι συμφέρει τοῖς κάμνουσιν. Ἵν᾽ οὖν μὴ τοιοῦτος ὦ, ἔφην ἐγώ, δίδασκέ με αὐτὰ τὰ ἔργα τῆς γεωργίας. (8) Ἐνταῦθα δὴ εἶπεν ὁ Ἰσχόμαχος, Τὴν τέχνην με ἤδη, ὦ Σώκρατες, κελεύεις αὐτὴν διδάσκειν τῆς γεωργίας; Αὕτη γὰρ ὅπως, ἔφην ἐγώ, ἤδη ἐστὶν ἡ ποιοῦσα τοὺς μὲν ἐπισταμένους αὐτὴν πλουσίους, τοὺς δὲ μὴ ἐπισταμένους πολλὰ πονοῦντας ἀπόρως βιοτεύειν. (9) Νῦν τοίνυν, ἔφη, ὦ Σώκρατες, καὶ τὴν φιλανθρωπίαν ταύτης τῆς τέχνης ἀκούσῃ. Τὸ γὰρ ὠφελιμωτάτην οὖσαν καὶ ἡδίστην ἐργάζεσθαι καὶ καλλίστην καὶ προσφιλεστάτην θεοῖς τε καὶ ἀνθρώποις ἔτι πρὸς τούτοις καὶ ῥᾴστην εἶναι μαθεῖν πῶς οὐχὶ γενναῖόν ἐστι; γενναῖα δὲ δήπου καλοῦμεν καὶ τῶν ζῴων ὁπόσα καλὰ καὶ μεγάλα καὶ ὠφέλιμα ὄντα πρᾷά ἐστι πρὸς τοὺς ἀνθρώπους. (10) Ἀλλὰ μήν, ἔφη, ὦ Σώκρατες, οὐχ ὥσπερ γε τὰς ἄλλας τέχνας καταπριβῆναι δεῖ μανθάνοντας πρὶν ἄξια τῆς τροφῆς ἐργάζεσθαι τὸν διδασκόμενον, οὐχ οὕτω καὶ ἡ γεωργία

CAPUT XV.

Sed enim postquam hoc alicujus animo indidisti, ut prospere tibi omnia cedere velit, atque etiam ut curam adhibeat ad haec tibi perficienda; ac praeterea comparasti ei scientiam, ut opera singula majori cum utilitate fiant, idoneum insuper ad regendum effecisti, denique talem, ut e terra nata suo tempore uberrima tibi exhibere gaudeat itidem, ac tu ipse tibi : non jam amplius de hoc interrogabo, numquid in tali desideretur. Nam mihi videtur hoc modo villicus esse quantivis pretii, qui quidem talis sit. Verum hoc, inquam, Ischomache, ne omiseris, quod a nobis dicendo levissime percursum est. Quid hoc est? ait Ischomachus. Dixisti scilicet, inquam, maximum esse quiddam discere, quo pacto sint elaboranda omnia. Quod nisi fiat, ne studii quidem et curae aiebas usum ullum esse, nisi quis videlicet intelligeret, quae, et quomodo facienda sint. At ista, inquam, Ischomache, quo pacto abs te sunt exposita, satis intellexisse videor, quomodo scilicet villicus instituendus sit. Nam didicisse me arbitror, qua ratione dixeris efficiundum, ut benevolo sit erga te animo, et diligens, et ad regendum idoneus, et justus. Quod autem aiebas, discendum esse illi, qui recte rem rusticam curare velit, quae facienda sint, et quomodo, et quando singula; ea mihi videmur, inquam, levius nonnihil oratione nostra percurrisse. Perinde ac si dicas, esse necessarium, ut literas sciat is, qui scribere, quae dictantur, et scripta legere velit. Nam his auditis, equidem huic literas esse notas oportere, audiverim; id vero sciam, nihilo magis, mea quidem sententia, literas scivero. Sic nunc quoque peritum esse debere illum agriculturae, qui curationem ejus recte suscipere velit, facile persuasus sum : sed quum id scio, nihilo magis teneo, quo pacto agricultura sit exercenda. Adeoque si statuero mox agrum colere, similis esse mihi videbor medico, qui circumeat quidem, et aegrotantes inspiciat, verum nihil sciat, quod eis sit usui. Quapropter ne talis sim, inquam, ipsa me agriculturae opera doceto. Tum Ischomachus, Tune me, inquit, artem ipsam agriculturae jam docere jubes, Socrates? Nimirum, inquam ego, haec ea est, quae peritos ipsius locupletes efficit, imperitos autem, tametsi magnopere laborent, nihilominus in rerum inopia vitam agere sinit. Ergo jam, mi Socrates, quae artis hujus erga homines sit benignitas, audies. Nam quo pacto non generosum sit aliquid, eam et utilissimam esse, et exercendo jucundissimam, et pulcherrimam, et acceptissimam tum diis tum hominibus, ac praeter haec etiam facillimam ad perdiscendum? nimirum et animalia generosa vocamus, quaecunque quum pulchra sint, et procera, et utilia, mansueta sunt erga homines. Enimvero, mi Socrates, ait, non sic ad discendum agricultura difficilis est, ut artes ceterae, quibus discendis prope consumi necesse est prius quam discipulus exercere

δύσκολός ἐστι μαθεῖν, ἀλλὰ τὰ μὲν ἰδὼν ἂν ἐργαζομένους, τὰ δὲ ἀκούσας, εὐθὺς ἂν ἐπίσταιο, ὥστε καὶ ἄλλον, εἰ βούλοιο, διδάσκειν. Οἴομαι δ', ἔφη, πάνυ καὶ λεληθέναι πολλὰ σεαυτὸν ἐπιστάμενον αὐτῆς. (11) Καὶ γὰρ δὴ οἱ μὲν ἄλλοι τεχνῖται ἀποκρύπτονταί πως τὰ ἐπικαιριώτατα ἧς ἕκαστος ἔχει τέχνης, τῶν δὲ γεωργῶν ὁ κάλλιστα μὲν φυτεύων μάλιστ' ἂν ἥδοιτο, εἴ τις αὐτὸν θεῷτο, ὁ κάλλιστα δὲ σπείρων ὡσαύτως· ὅ,τι δὲ ἔροιο τῶν καλῶς πεποιημένων, οὐδὲν ὅ,τι ἄν σε ἀποκρύψαιτο ὅπως ἐποίησεν. (12) Οὕτω καὶ τὰ ἤθη, ὦ Σώκρατες, ἔφη, γενναιοτάτους τοὺς αὑτῇ συνόντας ἡ γεωργία ἔοικε παρέχεσθαι. (13) Ἀλλὰ τὸ μὲν προοίμιον, ἔφην ἐγώ, καλὸν καὶ οὐχ οἷον ἀκούσαντα ἀποτρέπεσθαι τοῦ ἐρωτήματος· σὺ δὲ, ὅτι εὐπετές ἐστι μαθεῖν, διὰ τοῦτο πολύ μοι μᾶλλον διέξιθι αὐτήν. Οὐ γάρ σοι αἰσχρόν τὰ ῥᾴδια διδάσκειν ἐστιν, ἀλλ' ἐμοὶ πολὺ αἴσχιον μὴ ἐπίστασθαι ἄλλως τε καὶ εἰ χρήσιμα ὄντα τυγχάνει.

ΚΕΦΑΛΑΙΟΝ Ις.

Πρῶτον μὲν τοίνυν, ἔφη, ὦ Σώκρατες, τοῦτο ἐπιδεῖξαι βούλομαί σοι ὡς οὐ χαλεπόν ἐστιν ὃ λέγουσι ποικιλώτατον τῆς γεωργίας εἶναι οἱ λόγῳ μὲν ἀκριβέστατα αὐτὴν διεξιόντες, ἥκιστα δὲ ἐργαζόμενοι. (2) Φασὶ γὰρ τὸν μέλλοντα ὀρθῶς γεωργήσειν τὴν φύσιν χρῆναι πρῶτον τῆς γῆς εἰδέναι. Ὀρθῶς γε, ἔφην ἐγώ, ταῦτα λέγοντες. Ὁ γὰρ μὴ εἰδὼς ὅ,τι φέρειν ἡ γῆ δύναται, οὐδ' ὅ,τι σπείρειν οἴομαι οὐδ' ὅ,τι φυτεύειν δεῖ εἰδείη ἄν. (3) Οὐκοῦν, ἔφη δ' Ἰσχόμαχος, καὶ ἀλλοτρίας γῆς τοῦτό ἐστι γνῶναι ὅ,τι τε δύναται φέρειν καὶ ὅ,τι μὴ δύναται, ὁρῶντα τοὺς καρποὺς καὶ τὰ δένδρα. Ἐπειδὰν μέντοι γνῷ τις, οὐκέτι συμφέρει θεομαχεῖν. Οὐ γὰρ ἂν ὅτου δέοιτο αὐτὸς τοῦτο σπείρων καὶ φυτεύων μᾶλλον ἂν ἔχοι τὰ ἐπιτήδεια ἢ ὅ,τι ἡ γῆ ἥδοιτο φύουσά τε καὶ τρέφουσα. (4) Ἢν δ' ἄρα δι' ἀργίαν τῶν ἐχόντων αὐτὴν μὴ ἔχῃ τὴν ἑαυτῆς δύναμιν ἐπιδεικνύναι, ἔστι καὶ παρὰ γείτονος τόπου πολλάκις ἀληθέστερα περὶ αὐτῆς γνῶναι ἢ παρὰ γείτονος ἀνθρώπου πυθέσθαι. (5) Καὶ χερσεύουσα δὲ ὅμως ἐπιδείκνυσι τὴν αὑτῆς φύσιν· ἡ γὰρ τὰ ἄγρια καλὰ φύουσα δύναται θεραπευομένη καὶ τὰ ἥμερα καλὰ ἐκφέρειν. Φύσιν μὲν δὴ γῆς οὕτω καὶ οἱ μὴ πάνυ ἔμπειροι γεωργίας ὅμως δύνανται διαγνώσκειν. (6) Ἀλλὰ τοῦτο μέν, ἔφην ἐγώ, ὦ Ἰσχόμαχε, ἱκανῶς ἤδη μοι δοκῶ ἀποτεθαρρηκέναι ὡς οὐ δεῖ φοβούμενον μὴ οὐ γνῶ τῆς γῆς φύσιν ἀπέχεσθαι γεωργίας. (7) Καὶ γὰρ δή, ἔφην, ἀνεμνήσθην τὸ τῶν ἁλιέων, ὅτι θαλασσουργοὶ ὄντες καὶ οὔτε καταστήσαντες ἐπὶ θέαν οὔθ' ἡσυχῇ βαδίζοντες, ἀλλὰ παρατρέχοντες ἅμα τοὺς ἀγρούς, ὅταν ὁρῶσι τοὺς καρποὺς ἐν τῇ γῇ, ὅμως οὐκ ὀκνοῦσιν ἀποφαίνεσθαι περὶ τῆς γῆς ὁποία τε ἀγαθή ἐστι καὶ ὁποία κακή, ἀλλὰ τὴν μὲν ψέγουσι, τὴν δ' ἐπαινοῦσι. Καὶ πάνυ τοίνυν τοῖς ἐμπείροις γεωργίας ὁρῶ αὐτοὺς τὰ πλεῖστα κατὰ ταῦτα ἀποφαινο-

opus possit, quod ipsi alendo satis sit : sed partim operarios inspiciendo, partim audiendo tantum, mox cognoveris, ut etiam alium, si velis, docere possis. Quin etiam arbitror, inquit, ne ipsum quidem te scire, quod magnam ejus partem jam teneas. Nam ceteri quidem artifices aliquo modo celant ea quæ sunt in arte cujusvis opportunissima; verum ex agricolis qui egregie conserit, maximam voluptatem capit, si eum alius adspectet; itidem puta de eo qui semina rectissime spargit. Quod si etiam roges de iis quæ pulcherrime sunt elaborata, nihil te celabit, quo pacto singula fecerit. Adeo, mi Socrates, ait, etiam mores quod attinet, agricultura generosissimos efficere videtur illos qui in ea versantur. Enimvero, inquam ego, procemium ipsum pulchrum est, neque auditorem ab interrogando avertet. Tu vero propterea, quod facile sit discere, multo magis eam mihi enarrato. Nam tibi turpe non est, quæ facilia sunt, docere; sed mihi longe turpius, ea nescire, præsertim quum sint utilia.

CAPUT XVI.

Primum igitur, ait, mi Socrates, demonstrare tibi volo, non esse difficile, quod in agricultura maxime varium esse prædicant illi qui de illa plurimum verbis disserunt, quum eam exercendo non attingant. Aiunt enim ei, qui agrum recte colere velit, primum soli naturam esse debere cognitam. Ac recte quidem, inquam ego, id ipsum aiunt. Nam qui compertum non habet, quid ferre solum possit, is etiam, mea quidem sententia, quæ semina spargenda, quid conserendum scire non poterit. Id vero, subjecit Ischomachus, vel alieno in solo licet cognoscere, quid ferre vel possit, vel non possit, si quis et fructus et arbores inspiciat. Posteaquam vero quis hoc cognovit, non amplius cum deo bellum expedit gerere. Non enim id, quo indiget, seminando et conserendo, majorem victus copiam consequetur, quam ea solum lubens proferet ac educabit. At si ob ignaviam possessorum vires suas declarare nequeat, sæpenumero ex loco vicino veriora de ejus natura cognosci possunt, quam si vicinum solum aliquem interroges. Quin etiam incultum si sit, nihilominus naturam suam indicat. Etenim quod producit etiam agrestes fructus pulchros, si colatur, mites quoque fructus pulchros proferre poterit. Ac soli naturam hoc modo etiam ii, qui agriculturæ non admodum periti sunt, discernere possunt. Enimvero hac in parte, inquam, Ischomache, satis jam mihi confidere videor; ut metuendum non sit, ne, quod soli naturam cognitam non habeam, abstineam me ab agricultura. Nam recordor, quid piscatores faciant, qui, quum in mari occupentur, neque consistant ad inspectionem neque lente progrediantur, sed rura cursu prætereant : nihilominus ubi fructus soli vident, laudquaquam pronuntiare de solo, quodnam bonum, quodve malum sit, dubitant : sed hoc vituperant, illud laudant. Adeoque video illos eodem modo de bono solo

μένους περὶ τῆς ἀγαθῆς γῆς. (8) Πόθεν οὖν βούλει, ἔφη, ὦ Σώκρατες, ἄρξωμαί σε τῆς γεωργίας ὑπομιμνήσκειν; οἶδα γὰρ ὅτι ἐπισταμένῳ σοι πάνυ πολλὰ φράσω ὡς δεῖ γεωργεῖν. (9) Ἐκεῖνό μοι δοκῶ, ἔφην ἐγώ, ὦ Ἰσχόμαχε, πρῶτον ἂν ἡδέως μανθάνειν, φιλοσόφου γὰρ μάλιστά ἐστιν ἀνδρός, ὅπως ἂν ἐγώ, εἰ βουλοίμην, γῆν ἐργαζόμενος πλείστας κριθὰς καὶ πλείστους πυροὺς λαμβάνοιμι. (10) Οὐκοῦν τοῦτο μὲν οἶσθα ὅτι τῷ σπόρῳ νεὸν δεῖ ὑπεργάζεσθαι; Οἶδα γάρ, ἔφην ἐγώ. (11) Εἰ οὖν ἀρχοίμεθα, ἔφη, ἀροῦν τὴν γῆν χειμῶνος; Ἀλλὰ πηλὸς ἂν εἴη, ἐγὼ ἔφην. Ἀλλὰ τοῦ θέρους σοι δοκεῖ; Σκληρά, ἔφην ἐγώ, ἔσται ἡ γῆ κινεῖν τῷ ζεύγει. (12) Κινδυνεύει ἔαρος, ἔφη, εἶναι τούτου τοῦ ἔργου ἀρκτέον. Εἰκὸς γάρ, ἔφην ἐγώ, ἐστι μάλιστα χεῖσθαι τὴν γῆν τηνικαῦτα κινουμένην. Καὶ τὴν πόαν γε ἀναστρεφομένην, ἔφη, ὦ Σώκρατες, τηνικαῦτα κόπρον μὲν τῇ γῇ ἤδη παρέχειν, καρπὸν δ' οὔπω καταβαλεῖν ὥστε φύεσθαι. (13) Οἶμαι γὰρ δὴ καὶ τοῦτό σε γιγνώσκειν ὅτι ἡ μέλλει ἀγαθὴ ἡ νεὸς ἔσεσθαι, ὕλης τε δεῖ καθαρὰν αὐτὴν εἶναι καὶ ὀπτὴν ὅτι μάλιστα πρὸς τοῦ ἡλίου. Πάνυ γε, ἔφην ἐγώ, καὶ ταῦτα οὕτως ἡγοῦμαι χρῆναι ἔχειν. (14) Ταῦτ' οὖν, ἔφη, σὺ ἄλλως πως νομίζεις μᾶλλον ἂν γίγνεσθαι ἢ εἰ ἐν τῷ θέρει ὅτι πλειστάκις μεταβάλλει τις τὴν γῆν; Οἶδα μὲν οὖν, ἔφην ἐγώ, ἀκριβῶς ὅτι οὐδαμῶς ἂν μᾶλλον ἥ μὲν ὕλη ἐπιπολάζοι καὶ αὐαίνοιτο ὑπὸ τοῦ καύματος, ἡ δὲ γῆ ὀπτῷτο ὑπὸ τοῦ ἡλίου, ἢ εἴ τις αὐτὴν ἐν μέσῳ τῷ θέρει καὶ ἐν μέσῃ τῇ ἡμέρᾳ κινοίη τῷ ζεύγει. (15) Εἰ δὲ ἄνθρωποι σκάπτοντες τὴν νεὸν ποιοῖεν, ἔφη, οὐκ εὔδηλον ὅτι καὶ τούτους δίχα δεῖ ποιεῖν τὴν γῆν καὶ τὴν ὕλην; Καὶ τὴν μέν γε ὕλην, ἔφην ἐγώ, καταβάλλειν, ὡς αὐαίνηται, ἐπιπολῆς, τὴν δὲ γῆν στρέφειν, ὡς ἡ ὠμὴ αὐτῆς ὀπτῷτο.

ΚΕΦΑΛΑΙΟΝ ΙΖ.

Περὶ μὲν τῆς νεοῦ ὀρθῆς, ἔφη, ὦ Σώκρατες, ὡς ἀμφοτέροις ἡμῖν ταῦτα δοκεῖ. Δοκεῖ γὰρ οὖν, ἔφην ἐγώ. Περί γε μέντοι τοῦ σπόρου ὥρας ἄλλο τι, ἔφη, ὦ Σώκρατες, γιγνώσκεις ἢ τὴν ὥραν σπείρειν ἧς πάντες μὲν οἱ πρόσθεν ἄνθρωποι πεῖραν λαβόντες, πάντες δὲ οἱ νῦν λαμβάνοντες, ἐγνώκασι κρατίστην εἶναι; (2) Ἐπειδὰν γὰρ ὁ μετοπωρινὸς χρόνος ἔλθῃ, πάντες πού οἱ ἄνθρωποι πρὸς τὸν θεὸν ἀποβλέπουσιν, ὁπότε βρέξας τὴν γῆν ἀφήσει αὐτοὺς σπείρειν. Ἐγνώκασι δέ γ', ἔφην ἐγώ, ὦ Ἰσχόμαχε, καὶ τὸ μὴ ἐν ξηρᾷ σπείρειν ἑκόντες εἶναι πάντες ἄνθρωποι, δῆλον ὅτι πολλαῖς ζημίαις παλαίσαντες οἱ πρὶν κελευσθῆναι ὑπὸ τοῦ θεοῦ σπείραντες. (3) Οὐκοῦν ταῦτα μέν, ἔφη ὁ Ἰσχόμαχος, ὁμογνωμονοῦμεν πάντες οἱ ἄνθρωποι. Ἃ γὰρ ὁ θεὸς διδάσκει, ἔφην ἐγώ, οὕτω γίγνεται ὁμονοεῖν οἷον ἅμα πᾶσι δοκεῖ βέλτιον εἶναι ἐν τῷ χειμῶνι παχέα ἱμάτια φορεῖν, ἢν δύνωνται, καὶ πῦρ κάειν ἅμα πᾶσι δοκεῖ, ἢν ξύλα

CAPUT XVII.

pronuntiare, quo solent agriculturæ periti. Unde vis igitur, inquit, mi Socrates, ut incipiam de agricultura tibi quædam in mentem revocare? nam futurum scio, ut quo pacto colendus sit ager, indicaturus sim tibi, qui horum maximam partem scias. Videor, inquam, primum hoc libenter scire cupere, mi Ischomache, quandoquidem hominis est maxime sapientiæ studiosi, quo pacto, si ita lubeat, terram exercendo maximam hordei, maximam tritici copiam consequi possim. Ergone nosti, novalem præparari oportere ad sationem? Novi, inquam. Quid igitur, ait, si solum hiemis tempore incipiamus arare? At vero, inquam ego, tum non nisi lutum fuerit. Num igitur æstate tibi faciundum id videtur? Durior, inquam, erit terra, quam ut moveri a jumentis possit. Fortassis igitur, inquit, verno tempore fuerit hoc opus inchoandum. Nimirum consentaneum est, inquam, tum solum maxime motum diffundi. Imo etiam herbam ipsam aratro inversam, mi Socrates, ait, tunc fimum quidem solo suppeditare; sed nondum semen de se spargere, de quo possit aliquid enasci. Nam, hoc certe etiam te scire existimo, si bona futura sit novalis, necessario puram a materia esse debere, et ad solem maxime tostam. Omnino, inquam, existimo debere ad hunc modum hæc sese habere. Tune vero putas, inquit, aliter fieri ac posse potius, quam si quis sæpissime per æstatem terram invertat? Equidem accurate scio, inquam, nullo modo magis fieri, ut materia summo in solo appareat, et ab æstu exsiccetur, solum vero a sole percoquatur, quam si quis terram æstate media, atque etiam in meridie jumentis moveat. Quod si homines fodiendo novalem faciant, ait, an non perspicuum est, eos quoque solum a materia separare debere? Ac materiam quidem, inquam ego, projicere ut in agri superficie, arescat; terram autem invertere, ut pars ejus cruda percoquatur.

CAPUT XVII.

De novali, inquit, vides, mi Socrates, utrique nostrum eadem videri. Videtur sane, inquam ego. De sementis autem tempore num aliquid aliud statuis, ait, mi Socrates, quam id ejus esse tempus, quod omnes superiorum ætatum homines experti, itidemque qui nunc vivunt, experiundo optimum esse animadverterunt? Nam quum autumni tempus advenerit, homines omnes ad deum respiciunt, quando terra irrigata seminandi potestatem eis facturus sit. Et sunt certe, inquam ego, mi Ischomache, omnes in ea sententia homines, ut sua quidem cum voluntate nequaquam arido in solo semen jaciant: nimirum quod multis eum damnis conflictati essent, qui prius sementem fecerant, quam jussi a deo fuissent. Ergo in his, inquit Ischomachus, omnium hominum eadem est sententia. Nimirum quæ deus docet, inquam ego, in iis accidit, ut consentiamus. Verbi gratia, videtur omnibus melius esse, ut hieme vestes crassiores, si quidem possint, homines gestent; etiam tum statuunt omnes ignem accendendum esse,

ἔχωσιν. (4) Ἀλλ᾽ ἐν τῇδε, ἔφη, ὁ Ἰσχόμαχος, πολλοὶ ἤδη διαφέρονται, ὦ Σώκρατες, περὶ τοῦ σπόρου, πότερον ὁ πρώιμος κράτιστος ἢ ὁ μέσος ἢ ὁ ὀψιμώτατος. Ἀλλ᾽ ὁ θεός, ἔφην ἐγώ, οὐ τεταγμένως τὸ ἔτος ἄγει, ἀλλὰ τὸ μὲν τῷ πρωίμῳ κάλλιστα, τὸ δὲ τῷ μέσῳ, τὸ δὲ τῷ ὀψιμωτάτῳ. (5) Σὺ οὖν, ἔφη, ὦ Σώκρατες, πότερον ἡγῇ κρεῖττον εἶναι ἑνὶ τούτων τῶν σπόρων χρῆσθαι ἐκλεξάμενον, ἐάν τε πολὺ ἐάν τε ὀλίγον σπέρμα σπείρῃ τις, ἢ ἀρξάμενον ἀπὸ τοῦ πρωιμωτάτου μέχρι τοῦ ὀψιμωτάτου σπείρειν; (6) Καὶ ἐγὼ εἶπον, Ἐμοὶ μέν, ὦ Ἰσχόμαχε, δοκεῖ κράτιστον εἶναι παντὸς μετέχειν τοῦ σπόρου. Πολὺ γὰρ νομίζω κρεῖττον εἶναι ἀεὶ ἀρκοῦντα σῖτον λαμβάνειν ἢ ποτὲ μὲν πάνυ πολὺν ποτὲ δὲ μηδ᾽ ἱκανόν. Καὶ τοῦτο τοίνυν σύ γε, ἔφη, ὦ Σώκρατες, ὁμογνωμονεῖς ἐμοὶ ὁ μανθάνων τῷ διδάσκοντι, καὶ ταῦτα πρόσθεν ἐμοῦ τὴν γνώμην ἀποφαινόμενος. (7) Τί γάρ, ἔφην ἐγώ, ἐν τῷ ῥίπτειν τὸ σπέρμα ποικίλη τέχνη ἔνεστι; Πάντως, ἔφη, ὦ Σώκρατες, ἐπισκεψώμεθα καὶ τοῦτο. Ὅτι μὲν γὰρ ἐκ τῆς χειρὸς δεῖ ῥίπτεσθαι τὸ σπέρμα καὶ σὺ που οἶσθα, ἔφη. Καὶ γὰρ ἑώρακα, ἔφην ἐγώ. Ῥίπτειν δέ γε, ἔφη, οἱ μὲν ὁμαλῶς δύνανται, οἱ δ᾽ οὔ. Οὐκοῦν τοῦτό γε, ἔφην ἐγώ, ἤδη μελέτης δεῖται, ὥσπερ τοῖς κιθαρισταῖς ἡ χείρ, ὅπως δύναται ὑπηρετεῖν τῇ γνώμῃ. (8) Πάνυ μὲν οὖν, ἔφη, ἢν δέ γε ᾖ, ἔφη, ἡ γῆ ἡ μὲν λεπτοτέρα, ἡ δὲ παχυτέρα; Τί τοῦτο, ἐγὼ ἔφην, λέγεις; ἆρά γε τὴν μὲν λεπτοτέραν ἥπερ ἀσθενεστέραν, τὴν δὲ παχυτέραν ἥπερ ἰσχυροτέραν; Τοῦτ᾽, ἔφη, λέγω, καὶ ἐρωτῶ γέ σε πότερον ἴσον ἂν ἑκατέρᾳ τῇ γῇ σπέρμα διδοίης ἢ ποτέρᾳ ἂν πλεῖον. (9) Τῷ μὲν οἴνῳ, ἔφη, ἔγωγε νομίζω τῷ ἰσχυροτέρῳ πλεῖον ἐπιχεῖν ὕδωρ, καὶ ἀνθρώπῳ τῷ ἰσχυροτέρῳ πλεῖον βάρος, ἐὰν δέῃ τι φέρειν, ἐπιτιθέναι, κἂν δέῃ τρέφεσθαί τινας, τοῖς δυνατωτέροις τρέφειν ἂν τοὺς πλείους προστάξαιμι. Εἰ δὲ ἡ ἀσθενὴς γῆ ἰσχυροτέρα, ἔφην ἐγώ, γίγνεται, ἢν τις πλείονα καρπὸν αὐτῇ ἐμβάλῃ, ὥσπερ τὰ ὑποζύγια, τοῦτό σύ με δίδασκε. (10) Καὶ ὁ Ἰσχόμαχος γελάσας εἶπεν, Ἀλλὰ παίζεις μὲν σύ γε, ἔφη, ὦ Σώκρατες· εὖ γε μέντοι ἴσθι, ἔφη, ἢν μὲν ἐμβαλών τὸ σπέρμα τῇ γῇ ἔπειτα ἐν ᾧ πολλὴν ἔχει τροφὴν ἡ γῆ ἀπὸ τοῦ οὐρανοῦ χλόης γενομένης ἀπὸ τοῦ σπέρματος καταστρέψῃς αὐτὸ πάλιν, τοῦτο γίγνεται σῖτος τῇ γῇ, καὶ ὥσπερ ὑπὸ κόπρου ἰσχὺς αὐτῇ ἐγγίγνεται· ἢν μέντοι ἐκτρέφειν ἐᾷς τὴν γῆν διὰ τέλους τὸ σπέρμα εἰς καρπόν, χαλεπὸν τῇ ἀσθενεῖ γῇ ἐς τέλος πολὺν καρπὸν ἐκφέρειν. Καὶ σὺ δὲ ἀσθενεῖ χαλεπὸν πολλοὺς ἁδροὺς χοίρους ἐκτρέφειν. (11) Λέγεις σύ, ἔφην ἐγώ, ὦ Ἰσχόμαχε, τῇ ἀσθενεστέρᾳ γῇ μεῖον δεῖν τὸ σπέρμα ἐμβαλεῖν; Ναὶ μὰ Δί᾽, ἔφη, ὦ Σώκρατες, καὶ σύ γε συνομολογεῖς, λέγων ὅτι νομίζεις τοῖς ἀσθενεστέροις πᾶσι μείω προστάττειν πράγματα. (12) Τοὺς δὲ δὴ σκαλέας, ἔφην ἐγώ, ὦ Ἰσχόμαχε, τίνος ἕνεκα ἐμβάλλετε τῷ σίτῳ; Οἶσθα δήπου, ἔφη, ὅτι ἐν τῷ χειμῶνι πολλὰ ὕδατα γίγνεται. Τί γὰρ οὔκ, ἔφην ἐγώ. Οὐκοῦν ὑδῶμεν τοῦ σίτου καὶ κατακρυφθῆναί τι

si ligna suppetant. Verum in hoc, ait Ischomachus, valde dissident multi, mi Socrates, num optima sit sementis præcox, an media, an serotina. Deus ipse, inquam ego, non eodem ordine annos vertit, sed hic præcoci sementi commodissimus est, ille mediæ, alius serotinæ. Tu ergo, mi Socrates, ait, utrum ducis unam ex his sementibus eligendam esse, sive quis multum, sive parum seminis jaciat; an facto a maxime praecoce initio, seminandum usque ad maxime serotinam? Tum ego, Mihi vero videtur, inquam, Ischomache, optimum esse, ut omnis sementis participes simus. Nam longe melius esse arbitror, semper tantum frumenti accipere, quantum satis sit, quam aliquando admodum multum, aliquando ne tantum quidem, quantum sufficiat. Ergo tu, ait, hac etiam in parte mecum eadem es in sententia, mi Socrates, discipulus scilicet cum doctore, et quidem ante me, quid tui esset judicii, pronuntians. Quid vero? inquam ego, num in semine jaciendo varia quædam ars inest? Omnino, mi Socrates, ait, hoc etiam consideremus. Nam de manu quidem semen esse projiciendum, opinor te quoque scire. Nimirum, inquam, hoc vidi. At projicere alii æqualiter possunt, ait, alii non possunt. Hoc igitur, inquam ego, indiget exercitatione, perinde ac citharœdorum manus, ut inservire voluntati animi possit. Omnino, inquit. At si fuerit, ait, solum aliud tennius, aliud densius? Quid hoc, inquam, dicis? num tenuius vocas quod est imbecillius, densius autem, quod robustius? Hoc ipsum, inquit, dico. Atque adeo te interrogo, num seminis tantundem utrique solo mandaturus sis, vel utri plus. Equidem, inquam, vino fortiori plus aquæ affundere soleo; et homini robustiori plus oneris, si quid portandum sit, imponere; ac si qui sint alendi, mandaturus sim, ut plures alant ii, quibus facultates sint majores. An vero solum imbecillum robustius fiat, inquam, si plus ei injicatur frugum, perinde ac jumenta bene nutrita, doceto me. Tum ridens Ischomachus, Ludis tu quidem, Socrates, ait. Verum hoc scias velim, si jacto aliquo in terram semine, deinceps ubi multum e cœlo nutrimenti solum habuerit, herba de seminenata rursus solum aratro inverteris: futurum id solo pabuli loco, ac tanquam de stercore robur ei accedet. Quod si autem solum de semine prorsus fruges producere sinas, difficile est solo imbecillo multam frugum tandem producere: sicut et imbecillæ sui difficile est multos porcellos majusculos alere. An tu hoc dicis, inquam, Ischomache, solo imbecilliori minus seminis mandandum esse? Ita profecto, mi Socrates, inquit, tuque adeo fateris hoc, qui dicis, arbitrari te omnibus imbecillioribus minus esse imponendum. At sarcula, inquam ego, quamobrem frugibus immittitis, Ischomache? Scis, inquit, hiemis tempore magnam esse aquarum copiam. Cur non? inquam ego. Ponamus ergo fruges aliquas ab his tegi, infuso

να ὑπ' αὐτῶν ἰλύος ἐπιχυθείσης καὶ ψιλωθῆναί τινας ῥίζας ὑπὸ ῥεύματος. Καὶ ὕλη δὲ πολλάκις ὑπὸ τῶν ὑδάτων δήπου συνεξορμᾷ τῷ σίτῳ καὶ παρέχει πνιγμὸν αὐτῷ. Πάντα, ἔφην ἐγώ, εἰκὸς ταῦτα γίγνεσθαι. (12) Οὐκοῦν δοκεῖ σοι, ἔφη, ἐνταῦθα ἤδη ἐπικουρίας τινὸς δεῖσθαι ὁ σῖτος; Πάνυ μὲν οὖν, ἔφην ἐγώ. Τῷ οὖν κατιλυθέντι τί ἂν ποιοῦντες δοκοῦσιν ἄν σοι ἐπικουρῆσαι; Ἐπικουρίσαντες, ἔφην ἐγώ, τὴν γῆν. Τί δὲ, ἔφη, τῷ ἐψιλωμένῳ τὰς ῥίζας; Ἀντιπροσαμησάμενοι τὴν γῆν ἄν, ἔφην ἐγώ. (14) Τί γὰρ, ἔφη, ἢν ὕλη πνίγῃ συνεξορμῶσα τῷ σίτῳ καὶ διαρπάζουσα τοῦ σίτου τὴν τροφὴν ὥσπερ οἱ κηφῆνες διαρπάζουσιν ἀχρηστοι ὄντες τῶν μελισσῶν ἃ ἂν ἐκεῖναι ἐργασάμεναι τροφὴν καταθῶνται; Ἐκκόπτειν ἂν νὴ Δία, ἔφην ἐγώ, δέοι τὴν ὕλην, ὥσπερ τοὺς κηφῆνας ἐκ τῶν σμηνῶν ἀφαιρεῖν. (15) Οὐκοῦν, ἔφη, εἰκότως σοι δοκοῦμεν ἐμβαλεῖν τοὺς σκάλεας; Πάνυ γε. Ἀτὰρ ἐνθυμοῦμαι, ἔφην ἐγώ, ὦ Ἰσχόμαχε, οἷόν ἐστι τὸ εὖ τὰς εἰκόνας ἐπάγεσθαι. Πάνυ γὰρ σύ με ἐξώργισας πρὸς τὴν ὕλην τοὺς κηφῆνας εἰπών, πολὺ μᾶλλον ἢ ὅτε περὶ αὐτῆς τῆς ὕλης ἔλεγες.

ΚΕΦΑΛΑΙΟΝ ΙΙΙ.

Ἀτὰρ οὖν, ἔφην ἐγώ, ἐκ τούτου ἆρα θερίζειν εἰκός. Δίδασκε οὖν εἴ τι ἔχεις με καὶ εἰς τοῦτο. Ἢν μή γε φανῇς, ἔφη, καὶ εἰς τοῦτο ταὐτὰ ἐμοὶ ἐπιστάμενος. Ὅτι μὲν οὖν τέμνειν τὸν σῖτον δεῖ οἶδα. Τί δ' οὐ μέλλω; ἔφην ἐγώ. Πότερα οὖν τέμνεις, ἔφη, στὰς ἔνθα πνεῖ ἄνεμος ἢ ἀντίος; Οὐκ ἀντίος, ἔφη, ἔγωγε· χαλεπὸν γὰρ οἶμαι καὶ τοῖς ὄμμασι καὶ ταῖς χερσὶ γίγνεται ἀντίον ἀχύρων καὶ ἀθέρων θερίζειν. (2) Καὶ ἀκροτομοίης δ' ἄν, ἔφη, ἢ παρὰ γῆν τέμνοις; Ἢν μὲν βραχὺς ᾖ ὁ κάλαμος τοῦ σίτου, ἐγώ', ἔφην, κάτωθεν ἂν τέμνοιμι, ἵνα ἱκανὰ τὰ ἄχυρα μᾶλλον γίγνηται· ἐὰν δὲ ὑψηλὸς ᾖ, νομίζω ὀρθῶς ἂν ποιεῖν μεσοτομῶν, ἵνα μήτε οἱ ἁλοῶντες μοχθῶσι περιττὸν πόνον μήτε οἱ λικμῶντες ὧν οὐδὲν προσδέονται. Τὸ δὲ ἐν τῇ γῇ λειφθὲν ἡγοῦμαι καὶ κατακαυθὲν συνωφελεῖν ἂν τὴν γῆν καὶ εἰς κόπρον ἐμβληθὲν τὴν κόπρον συμπληθύνειν. (3) Ὁρᾷς, ἔφη, ὦ Σώκρατες, ὡς ἁλίσκῃ ἐπ' αὐτοφώρῳ καὶ περὶ θερισμοῦ εἰδὼς ἅπερ ἐγώ; Κινδυνεύω, ἔφην ἐγώ, καὶ βούλομαί γε σκέψασθαι εἰ καὶ ἁλοᾶν ἐπίσταμαι. Οὐκοῦν, ἔφη, τοῦτο μὲν οἶσθα ὅτι ὑποζυγίοις ἁλοῶσι τὸν σῖτον. (4) Τί δ' οὐκ, ἔφην ἐγώ, οἶδα; καὶ ὑποζύγιά γε καλούμενα πάντα ὁμοίως, βοῦς, ἡμιόνους, ἵππους. Οὐκοῦν, ἔφη, ταῦτα μὲν δοκεῖς σοι εἰδέναι, πατεῖν τὸν σῖτον ἐλαυνόμενα; Τί γὰρ ἂν ἄλλο, ἔφην ἐγώ, ὑποζύγια εἰδείη; (5) Ὅπως δὲ τὸ δεόμενον κόψουσι καὶ ὁμαλιεῖται ὁ ἁλοητὸς, τίνι τοῦτο, ὦ Σώκρατες; ἔφη. Δῆλον ὅτι, ἔφην ἐγώ, τοῖς ἐπαλωσταῖς. Στρέφοντες γὰρ καὶ ὑπὸ τοὺς πόδας ὑποβάλλοντες τὰ ἄτριπτα ἀεὶ δῆλον ὅτι μάλιστα ὁμαλίζοιεν ἂν τὸ δεινὸν καὶ τάχιστα ἀνύτοιεν. Ταῦτα μὲν τοίνυν, ἔφη, οὐδὲν

CAPUT XVIII.

limo, ac radices quasdam nudari a fluxione. Nonnunquam et materia per aquas una cum frugibus erumpit, easque suffocat. Haec, inquam, omnia fieri consentaneum est. Ergo, inquit, jam hic tibi fruges ope quadam egere videntur? Omnino, inquam. Quid autem agendo videntur tibi oppressis limo succurrere posse? Si solum, inquam, levius fecerint. Quid illis, quibus radices nudatae sunt? Terram vicissim aggerendo, inquam. Quid si materia cum frugibus enata eas suffocet, nutrimentumque illis eripuerit, quemadmodum fuci prorsus inutiles deripiunt ea, quae apes pro nutrimento sibi elaborata reposuerunt? Oportet, inquam ego, profecto excidi materiam illam, quemadmodum fucos ex alvearibus ejici necesse est. Ergone tibi, inquit Ischomachus, ratione quadam consentanea videmur sarcula frugibus immittere? Omnino. Verum equidem cum animo meo cogito, inquam, Ischomache, quale quiddam sit, apte similitudines applicare. Nam tu valde me ad iram adversus materiam commovisti, posteaquam fecisti fucorum mentionem, multo certe magis, quam quum de sola materia tu diceres.

CAPUT XVIII.

Sed enim, inquam, ab hoc jam tempore fruges erunt demetendae. Quamobrem si quid habes hac etiam in parte, doceto me. Nisi quidem, ait, appareat hic etiam eadem te scire, quae mihi cognita sunt. Fruges quidem resecandas esse nosti. Quidni nossem? inquam. Num igitur eas ita resecas, ut stes ubi ventus spirat, inquit, an contra ventum. Non certe contra hunc, inquam. Nam et oculis et manibus molestia quaedam exhibetur, si quis adversus paleas et aristas metat. Num item malis summos culmos praecidere, an prope terram? Si brevis, inquam, sit culmus, equidem inferius abscinderem, ut palearum majorem copiam consequerer; at si procerus, recte me facturum arbitror, si eum in medio resecem, ut neque triturantibus labor supervacaneus addatur, neque ventilantibus. Quod item in solo relictum et, arbitror exustum aliquam sibi utilitatem afferre, et in fimum conjectum, cum ipsum auctorum. Vides, inquit, mi Socrates, quo pacto tanquam in ipso facinore deprehendaris, quippe qui etiam de messe scias eadem quae ego? Videor sane, inquam, et considerare lubet, num etiam trituraudi rationem teneam. Scis igitur, ait, jumenta ad trituram adhiberi. Quidni sciam? inquam; etiam omnia pariter quae appellantur jumenta, boves, mulos, equos. Atque haec existimas nihil aliud scire, nisi inter agendum frumenta calcare? Quid enim aliud, inquam ego, scire possint jumenta? Ut autem comminuatur id quod comminui debet, atque tritura fiat aequabilis, cuinam, mi Socrates, hoc tribuis? ait. Haud dubie, inquam, trituratoribus. Nam et invertendo, et subjiciendo pedibus ea quae needum trita sunt, semper scilicet id, quod horridum est, egregie exaquaverint, remque maturrime confecerint. In his ergo,

ἐμοῦ λείπῃ γιγνώσκων. (6) Οὐκοῦν, ἔφην ἐγώ, ὦ Ἰσχόμαχε, ἐκ τούτου δὴ καθαροῦμεν τὸν σῖτον λικμῶντες. Καὶ λέξον γέ μοι, ὦ Σώκρατες, ἔφη ὁ Ἰσχόμαχος, ἦ οἶσθα ὅτι ἣν ἐκ τοῦ προσηνέμου μέρους τῆς ἅλω ἄρχῃ, δι' ὅλης τῆς ἅλω οἴσεταί σοι τὰ ἄχυρα; Ἀνάγκη γάρ, ἔφην ἐγώ. (7) Οὐκοῦν εἰκὸς καὶ ἐπιπίπτειν, ἔφη, αὐτὰ ἐπὶ τὸν σῖτον. Πολὺ γάρ ἐστιν, ἔφην ἐγώ, τὸ ὑπερενεχθῆναι τὰ ἄχυρα ὑπὲρ τὸν σῖτον εἰς τὸ κενὸν τῆς ἅλω. Ἦν δέ τις, ἔφη, λικμῇς ἐκ τοῦ ὑπηνέμου ἀρχόμενος; Δῆλον, ἔφην ἐγώ, ὅτι εὐθὺς ἐν τῇ ἀχυροδόκῃ ἔσται τὰ ἄχυρα. (8) Ἐπειδὰν δὲ καθαρὴς, ἔφη, τὸν σῖτον μέχρι τοῦ ἡμίσεως τῆς ἅλω, πότερον εὐθὺς οὕτω κεχυμένου τοῦ σίτου λικμήσεις τὰ ἄχυρα τὰ λοιπά, ἢ συνώσας τὸν καθαρὸν πρὸς τὸν πόλον ὡς εἰς στενώτατον; Συνώσας νὴ Δί', ἔφην ἐγώ, τὸν καθαρὸν σῖτον, ἵν' ὑπερφέρηταί μοι τὰ ἄχυρα εἰς τὸ κενὸν τῆς ἅλω, καὶ μὴ δὶς ταὐτὰ ἄχυρα δέῃ λικμᾶν. (9) Σὺ μὲν δὴ ἄρα, ἔφη, ὦ Σώκρατες, σῖτόν γε ὡς ἂν τάχιστα καθαρὸς γένοιτο κἂν ἄλλον δύναιο διδάσκειν. Ταῦτα τοίνυν, ἔφην ἐγώ, ἐλελήθειν ἐμαυτὸν ἐπιστάμενος. Καὶ πάλαι ἐννοῶ ἄρα εἰ λέληθα καὶ χρυσοχοεῖν καὶ αὐλεῖν καὶ ζωγραφεῖν ἐπιστάμενος. Ἐδίδαξε γὰρ οὔτε ταῦτά με οὐδεὶς οὔτε γεωργεῖν· ὁρῶ δ' ὥσπερ γεωργοῦντας καὶ τὰς ἄλλας τέχνας ἐργαζομένους ἀνθρώπους. (10) Οὐκοῦν, ἔφη ὁ Ἰσχόμαχος, ἔλεγον ἐγώ σοι πάλαι ὅτι καὶ ταύτη εἴη γενναιοτάτη ἡ γεωργικὴ τέχνη ὅτι καὶ ῥᾴστη ἐστὶ μαθεῖν. Ἄγε δή, ἔφην ἐγώ, οἶδα, Ἰσχόμαχε· τὰ μὲν δὴ ἀμφὶ σπόρον ἐπιστάμενος ἄρα ἐλελήθειν ἐμαυτὸν ἐπιστάμενος.

ΚΕΦΑΛΑΙΟΝ ΙΘ.

Ἔστιν οὖν, ἔφην ἐγώ, τῆς γεωργικῆς τέχνης καὶ ἡ τῶν δένδρων φυτεία; Ἔστι γὰρ οὖν, ἔφη ὁ Ἰσχόμαχος. Πῶς ἂν οὖν, ἔφην ἐγώ, τὰ μὲν ἀμφὶ τὸν σπόρον ἐπισταίμην, τὰ δ' ἀμφὶ τὴν φυτείαν οὐκ ἐπίσταμαι; (2) Οὐ γὰρ σύ, ἔφη ὁ Ἰσχόμαχος, ἐπίστασαι; Πῶς; ἐγώ, ἔφην, ὅστις μήτ' ἐν ὁποίᾳ τῇ γῇ δεῖ φυτεύειν οἶδα μήτε ὁπόσον βάθος ὀρύττειν τὸ φυτὸν μήτε ὁπόσον πλάτος μήτε ὁπόσον μῆκος τὸ φυτὸν ἐμβάλλειν μήτε ὅπως ἂν ἐν τῇ γῇ κείμενον τὸ φυτὸν μάλιστ' ἂν βλαστάνοι. (3) Ἴθι δή, ἔφη ὁ Ἰσχόμαχος, μάνθανε ὅ,τι μὴ ἐπίστασαι. Βοθύνους μὲν γὰρ οἵους ὀρύττουσι τοῖς φυτοῖς οἶδ' ὅτι ἑώρακας, ἔφη. Καὶ πολλάκις ἔγωγε, ἔφην. Ἤδη τινὰ οὖν αὐτῶν εἶδες βαθύτερον τριπόδου; Οὐδὲ μὰ Δί' ἔγωγ', ἔφην, πενθημιποδίου. Τί δὲ τὸ πλάτος ἤδη τινὰ τριπόδου πλέον εἶδες; Οὐδὲ μὰ Δί', ἔφην ἐγώ, διπόδου. (4) Ἴθι δή, ἔφη, καὶ τόδε ἀπόκριναί μοι, ἤδη τινὰ εἶδες τὸ βάθος ἔλαττον ποδιαίου; Οὐδὲ μὰ Δί', ἔφην, ἔγωγε τριημιποδίου. Καὶ γὰρ ἐξορύττοιτο ἂν σκαπτόμενα, ἔφην ἐγώ, τὰ φυτά, εἰ λίαν γε οὕτως ἐπιπολῆς πεφυτευμένα εἴη. (5) Οὐκοῦν τοῦτο μέν, ἔφη, ὦ Σώκρατες, ἱκανῶς οἶσθα ὅτι οὔτε

---

ait, nihil est quod tu minus, quam ego, scias. Secundum hæc, mi Ischomache, inquam ego, ventilando frumentum purgabimus. Tu vero mihi dicito, Socrates, ait Ischomachus, num scias futurum, ut si ab ea parte areæ incipias, qua ventus allabitur, paleæ per aream universam spargantur? Nimirum ita fieri necesse est, inquam ego. Ergo etiam est consentaneum, ait, eas in frumentum incidere. Multum scilicet fuerit, inquam, paleas supra frumentum in partem areæ vacuam deferri. Quid si quis, ait, ventilandi faciat initium a loco, qui adversus sit a vento? Perspicuum est, inquam, paleas mox in suo receptaculo fore. Verum ubi jam purgaveris, ait, frumentum usque ad aream dimidiam, num perges ita reliquas paleas eventilare frumento diffuso, an parte purgata ad palum in area media statutum quam arctissimo loco congesta? Congesto hercle, inquam ego, frumento purgato, ut paleæ ultra ipsum in partem areæ vacuam ferantur, ac non bis easdem eventilare paleas necesse sit. Profecto tu, mi Socrates, ait, quo pacto frumentum purgari quam primum possit, vel alium docere queas. At equidem, inquam ego, ignorabam me scire, et quidem jamdudum. Quamobrem in mentem mihi venit, an etiam ignorem ipse, me et auri fundendi, et canendi tibia, et pingendi peritum esse. Nam hæc nemo me docuit, uti nec agri colendi rationem. Video autem homines ita, ut agros colunt, ita etiam artes alias exercere. Idcirco, ait Ischomachus, jamdudum dicebam tibi, hac etiam in parte agri colendi artem longe generosissimam esse, quod ad discendum sit facillima. Age vero, inquam, novi, mi Ischomache. Nam quum mihi de facienda semente constaret, ignorabam ipse cognitum id mihi esse.

CAPUT XIX.

Num igitur, inquam; ad artem agriculturæ pertinet etiam arborum consitio? Pertinet sane, ait Ischomachus. Qui ergo, inquam ego, quæ ad sementem faciendam pertinent scio, quum consitionis imperitus sim? Tu vero, inquit Ischomachus, non ejus peritus es? Quo pacto? inquam, qui neque in cujusmodi solo consitio fieri debeat, novi; neque quam ad altitudinem infodi id, quod conseritur; neque ad quam latitudinem, neque quanta longitudine in terram demitti, neque quo potissimum pacto collocari ut facillime frondescat. Age vero, inquit Ischomachus, discito quod nescis. Vidisse autem scio te scrobes, quas plantis fodiunt. Sæpe quidem, inquam. Num igitur vidisti unquam altiorem tribus pedibus? Non altiorem vidi, inquam ego, pedibus duobus ac semisse. Quid autem? an unquam vidisti aliquam, cujus latitudo tres pedes excederet? Imo non supra pedes duos, inquam. Age vero, inquit, etiam hoc mihi respondeto, an unquam vidisti scrobem, quæ pedem unum profunda non esset? Imo ego ne pedis quidem unius et semissis, inquam. Nam plantæ inter pastinandum effoderentur, si quidem usque adeo in summa soli superficie consertæ essent. Ergo tu hoc, mi Socrates, inquit, satis

βαθύτερον πενθημιποδίου ὀρύττουσιν οὔτε βραχύτερον τριημιποδίου. Ἀνάγκη γάρ, ἔφην ἐγώ, τοῦτο ὁρᾶσθαι οὕτω καταφανὲς ὄν. (6) Τί δέ, ἔφη, ξηροτέραν καὶ ὑγροτέραν γῆν γιγνώσκεις ὁρῶν; Ξηρὰ μὲν γοῦν μοι δοκεῖ, ἔφην ἐγώ, εἶναι ἡ περὶ τὸν Λυκαβηττὸν καὶ ἡ ταύτῃ ὁμοία, ὑγρὰ δὲ ἡ ἐν τῷ Φαληρικῷ ἕλει καὶ ἡ ταύτῃ ὁμοία. (7) Πότερα οὖν, ἔφη, ἐν τῇ ξηρᾷ ἂν βαθὺν ὀρύσσοις βόθρον τῷ φυτῷ ἢ ἐν τῇ ὑγρᾷ; Ἐν τῇ ξηρᾷ νὴ Δί', ἔφην ἐγώ· ἐπεὶ ἐν γε τῇ ὑγρᾷ ὀρύττων βαθύν, ὕδωρ ἂν εὑρίσκοις καὶ οὐκ ἂν δύναιο ἔτι ἐν ὕδατι φυτεύειν. Καλῶς μοι δοκεῖς, ἔφη, λέγειν. Οὐκοῦν ἐπειδὰν ὀρωρυγμένοι ὦσιν οἱ βόθροι, ὁπηνίκα δεῖ τιθέναι ἑκάτερα τὰ φυτὰ ἤδη εἶδες; Μάλιστα, ἔφην ἐγώ. (8) Σὺ οὖν βουλόμενος ὡς τάχιστα φῦναι αὐτὰ πότερον ὑποβαλὼν ἂν τῆς γῆς τῆς εἰργασμένης οἴει τὸν βλαστὸν τοῦ κλήματος θᾶττον χωρεῖν διὰ τῆς μαλακῆς ἢ διὰ τῆς ἀργοῦ εἰς τὸ σκληρόν; Δῆλον, ἔφην ἐγώ, ὅτι διὰ τῆς εἰργασμένης θᾶττον ἂν ἢ διὰ τῆς ἀργοῦ βλαστάνοι. (9) Οὐκοῦν ὑποθετέα ἂν εἴη τῷ φυτῷ γῆ. Τί δ' οὐ μέλλει; ἔφην ἐγώ. Πότερα δὲ ὅλον τὸ κλῆμα ὀρθὸν τιθεὶς πρὸς τὸν οὐρανὸν βλέπον ἡγῇ μᾶλλον ἂν ῥιζοῦσθαι αὐτὸ ἢ καὶ πλάγιόν τι ὑπὸ τῇ ὑποδεβλημένῃ γῇ θείης ἄν, ὥστε κεῖσθαι ὥσπερ γάμμα ὕπτιον; (10) Οὕτω νὴ Δία· πλείονες γὰρ ἂν οἱ ὀφθαλμοὶ κατὰ γῆς εἶεν· ἐκ δὲ τῶν ὀφθαλμῶν καὶ ἄνω ὁρῶ βλαστάνοντα τὰ φυτά. Καὶ τοὺς κατὰ τῆς γῆς οὖν ὀφθαλμοὺς ἡγοῦμαι τὸ αὐτὸ τοῦτο ποιεῖν. Πολλῶν γὰρ φυομένων βλαστῶν κατὰ τῆς γῆς ταχὺ ἂν καὶ ἰσχυρὸν τὸ φυτὸν ἡγοῦμαι βλαστάνειν. (11) Ταῦτα τοίνυν, ἔφη, καὶ περὶ τούτων γιγνώσκων ἐμοὶ τυγχάνεις. Ἐπαινήσαιο δ' ἄν μόνον, ἔφη, τὴν γῆν, ἦ καὶ σάξαις ἂν εὖ μάλα περὶ τὸ φυτόν; Σάττοιμ' ἄν, ἔφην, νὴ Δί' ἐγώ. Εἰ [μὲν] γὰρ μὴ σεσαγμένον εἴη, ὑπὸ μὲν τοῦ ὕδατος εὖ οἶδ' ὅτι πηλὸς ἂν γίγνοιτο ἡ ἄσακτος γῆ, ὑπὸ δὲ τοῦ ἡλίου ξηρὰ μέχρι βυθοῦ, ὥστε τὰ φυτὰ κίνδυνος ὑπὸ μὲν τοῦ ὕδατος σήπεσθαι μὲν δι' ὑγρότητα, αὐαίνεσθαι δὲ διὰ ξηρότητα, διὰ χαυνότητα τῆς γῆς θερμαινομένων τῶν ῥιζῶν. (12) Καὶ περὶ ἀμπέλων ἄρα σύ γε, ἔφη, φυτείας, ὦ Σώκρατες, τὰ αὐτὰ ἐμοὶ πάντα γιγνώσκων τυγχάνεις. Ἦ καὶ συκῆν, ἔφην ἐγώ, οὕτω δεῖ φυτεύειν; Οἶμαι δ', ἔφη ὁ Ἰσχόμαχος, καὶ τἆλλα ἀκρόδρυα πάντα. Τῶν γὰρ ἐν τῇ τῆς ἀμπέλου φυτείᾳ καλῶς ἐχόντων τί ἂν ἀποδοκιμάσαις εἰς τὰς ἄλλας φυτείας; (13) Ἐλαίαν δὲ πῶς, ἔφην ἐγώ, φυτεύσομεν, ὦ Ἰσχόμαχε; Ἀποπειρᾷ μου καὶ τοῦτο, ἔφη, μάλιστα πάντων ἐπιστάμενος. Ὁρᾷς μὲν γὰρ δὴ ὅτι βαθύτερος ὀρύσσεται τῇ ἐλαίᾳ βόθρος· καὶ γὰρ παρὰ τὰς ὁδοὺς μάλιστα ὀρύσσεται· ὁρᾷς δ' ὅτι πρέμνα πᾶσι τοῖς φυτευτηρίοις πρόσεστιν· ὁρᾷς δ', ἔφη, τῶν φυτῶν πηλὸν ταῖς κεφαλαῖς πάσαις ἐπικείμενον καὶ πάντων τῶν φυτῶν τὰ ἄνω ἐστεγασμένον τὸ ἄνω. (14) Ὁρῶ, ἔφην ἐγώ, ταῦτα πάντα. Καὶ ὁρῶν δή, ἔφη, τί αὐτῶν οὐ γιγνώσκεις; ἢ τὸ ὄστρακον ἀγνοεῖς, ἔφη, ὦ Σώκρατες, πῶς ἂν ἐπὶ τοῦ πηλοῦ ἄνω καταθείης; Μὰ τὸν Δί', ἔφην ἐγώ, οὐδὲν ὧν

nosti, non effodi scrobes pedibus duobus ac semisse profundiores, nec minus profundas pede uno cum semisse. Nimirum id, inquam ego, oculis conspici necesse est, quum adeo sit manifestum. Quid vero, ait, num intuendo terram sicciorem et humidiorem agnoscis? Siccum mihi videtur, inquam, esse solum propter Lycabettum, et si quod aliud huic est simile; humidum vero, quod est in palude Phalerica, et si quod illi simile est. Utrum igitur in arido solo profundam plantae scrobem foderes, an in humido? Profecto in arido, inquam: nam si fodias in humido scrobem altam, aquam invenies, neque poteris amplius in aqua plantam conserere. Recte mihi dicere videris, ait. Ergo tu, quum effossae scrobes fuerint, quando utraeque plantae collocandae sint, jam vidisti? Maxime, inquam ego. Quum igitur eas quam celerrime vis enasci, num germen surculi, subjectum solo culto, citius existimas per mollem terram penetrare, an per duritiem incultam? Patet, inquam ego, citius id per cultum quam per incultum solum pullulare. Erit igitur, inquit, plantae terra subjicienda. Quidni? inquam. Utrum vero, si totum surculum rectum statuas, ut ad coelum spectet, magis eum radices acturum arbitraris, an vero si obliquum nonnihil sub terra subjecta deposueris, ut instar literae Gamma supinae jaceat? Sic profecto, inquam : plures enim hoc modo sub terra fuerint oculi, de quibus plantas sursum enasci video. Quamobrem existimo etiam oculos, qui sub terra sunt, idem facere. Quippe quum multa germina enascantur sub terra, puto celeriter et fortiter plantam pullulare. Ergo tu de his etiam, ait, idem quod ego intelligis. Utrum vero terram dumtaxat aggesseris, an etiam bene circum plantam compresseris? Profecto comprimerem, inquam. Etenim nisi compressa sit, sat scio solum non compressum propter aquam instar luti futurum, ac per solem ad imum usque siccum. Itaque periculum esset, ne plantae ab aqua propter humoris copiam putrescerent; propter siccitatem vero exarescerent, dum ob laxitatem terrae radices torrentur. Itaque de vitium quoque, mi Socrates, consitione nihil non, quod mihi cognitum sit, intelligis. Num et ficus, inquam, sic erit conserenda? Sic arbitror, ait Ischomachus, atque etiam arbores frugiferas omnes ita conserendas esse. Nam quae in vitium consitione recte conveniunt, cur in aliis consitionibus improbes? At oleam, inquam ego, quo pacto consereremus? Hac etiam in parte me tentas, ait, quum rectissime rem intelligas. Nam vides sane profundiorem oleae scrobem fodi, quod maxima ex parte ad vias fodiatur; vides et in omnibus plantariis esse stipites; vides plantarum capitibus coenum imponi, et partes in omnibus plantis summas esse tectas. Haec omnia video, inquam. At quum videas, ait, quid eorum tibi cognitum non est? num ignoras, mi Socrates, ait, quo pacto supra coenum testam colloces? Nihil istorum

εἶπας, ὦ Ἰσχόμαχε, ἀγνοῶ, ἀλλὰ πάλιν ἐννοῶ τί ποτε, ὅτε πάλαι ἤρου με συλλήβδην εἰ ἐπίσταμαι φυτεύειν, οὐκ ἔφην. Οὐ γὰρ ἐδόκουν ἔχειν ἂν εἰπεῖν οὐδὲν ᾗ δεῖ φυτεύειν· ἐπεὶ δέ με καθ' ἓν ἕκαστον ἐπεχείρησας ἐρωτᾶν, ἀποκρίνομαί σοι, ὡς σὺ φῄς, ἅπερ σὺ γιγνώσκεις ὁ δεινὸς λεγόμενος γεωργός. (15) Ἆρα, ἔφην, ὦ Ἰσχόμαχε, ἡ ἐρώτησις διδασκαλία ἐστίν; ἄρτι γὰρ δή, ἔφην ἐγώ, καταμανθάνω ᾗ με ἐπηρώτησας ἕκαστα· ἄγων γάρ με δι' ὧν ἐγὼ ἐπίσταμαι, ὅμοια τούτοις ἐπιδεικνὺς ἃ οὐκ ἐνόμιζον ἐπίστασθαι ἀναπείθεις οἶμαι ὡς καὶ ταῦτα ἐπίσταμαι. (16) Ἆρ' οὖν, ἔφη ὁ Ἰσχόμαχος, καὶ περὶ ἀργυρίου ἐρωτῶν ἄν σε πότερον καλὸν ἢ οὔ, δυναίμην ἄν σε πεῖσαι ὡς ἐπίστασαι διαδοκιμάζειν τὰ καλὰ καὶ τὰ κίβδηλα ἀργύρια; καὶ περὶ αὐλητῶν ἂν δυναίμην ἀναπεῖσαι ὡς ἐπίστασαι αὐλεῖν, καὶ περὶ ζωγράφων καὶ τῶν ἄλλων τῶν τοιούτων; Ἴσως ἄν, ἔφην ἐγώ, ἐπειδὴ καὶ γεωργεῖν ἀνέπεισάς με ὡς ἐπιστήμων εἴην, καίπερ εἰδὼς ὅτι οὐδείς πώποτέ με ἐδίδαξε ταύτην τὴν τέχνην. (17) Οὐκ ἔστι ταῦτ', ἔφη, ὦ Σώκρατες· ἀλλ' ἐγὼ καὶ πάλαι σοι ἔλεγον ὅτι ἡ γεωργία οὕτω φιλάνθρωπός ἐστι καὶ πραεῖα τέχνη ὥστε καὶ ὁρῶντας καὶ ἀκούοντας ἐπιστήμονας εὐθὺς ἑαυτῆς ποιεῖν. (18) Πολλὰ δ', ἔφη, καὶ αὐτὴ διδάσκει ὡς ἂν κάλλιστά τις αὐτῇ χρῷτο. Αὐτίκα ἄμπελος ἀναβαίνουσα μὲν ἐπὶ τὰ δένδρα, ὅταν ἔχῃ τι πλησίον δένδρον, διδάσκει ἱστάναι αὑτήν· περιπεταννύουσα δὲ τὰ οἴναρα, ὅταν ἔτι αὐτῇ ἁπαλοὶ οἱ βότρυες ὦσι, διδάσκει σκιάζειν τὰ ἡλιούμενα ταύτην τὴν ὥραν· ὅταν δὲ καιρὸς ᾖ ὑπὸ τοῦ ἡλίου ἤδη γλυκαίνεσθαι τὰς σταφυλάς, φυλλοῤῥοοῦσα διδάσκει ἑαυτὴν ψιλοῦν καὶ πεπαίνειν τὴν ὀπώραν, διὰ πολυφορίαν δὲ τοὺς μὲν πέπονας δεικνύουσα βότρυς, τοὺς δὲ ἔτι ὠμοτέρους φέρουσα, διδάσκει τρυγᾶν ἑαυτήν, ὥσπερ τὰ σῦκα συκάζουσι, τὸ ὀργῶν ἀεί.

ΚΕΦΑΛΑΙΟΝ Κ.

Ἐνταῦθα δὴ ἐγώ εἶπον, Πῶς οὖν, ὦ Ἰσχόμαχε, εἰ οὕτω γε ῥᾴδιά ἐστι μαθεῖν τὰ περὶ τὴν γεωργίαν καὶ πάντες ὁμοίως ἴσασιν ἃ δεῖ ποιεῖν, οὐχὶ καὶ πάντες πράττουσιν ὁμοίως, ἀλλ' οἱ μὲν αὐτῶν ἀφθόνως τε ζῶσι καὶ περισσὰ ἔχουσιν, οἱ δ' οὐδὲ τὰ ἀναγκαῖα δύνανται πορίζεσθαι, ἀλλὰ καὶ προσοφείλουσιν; (2) Ἐγώ δή σοι λέξω, ὦ Σώκρατες, ἔφη ὁ Ἰσχόμαχος. Οὐ γὰρ ἡ ἐπιστήμη οὐδ' ἡ ἀνεπιστημοσύνη τῶν γεωργῶν ἐστιν ἡ ποιοῦσα τοὺς μὲν εὐπορεῖν, τοὺς δὲ ἀπόρους εἶναι· (3) οὐδ' ἂν ἀκούσαις, ἔφη, λόγου οὕτω διαδεδομένου ὅτι διέφθαρται ὁ οἶκος, διότι οὐχ ὁμαλῶς ὁ σπορεὺς ἔσπειρεν, οὐδ' ὅτι οὐκ ὀρθῶς τοὺς ὄρχους ἐφύτευσεν, οὐδ' ὅτι ἀγνοήσας τις τὴν γῆν φέρουσαν ἀμπέλους ἐν ἀφόρῳ ἐφύτευσεν, οὐδ' ὅτι ἠγνόησέ τις ὅτι ἀγαθόν ἐστι τῇ σπορίμῳ νεὸν προεργάζεσθαι, οὐδ' ὅτι ἠγνόησέ τις ὡς ἀγαθόν ἐστι τῇ γῇ κόπρον μιγνύναι· (4) ἀλλὰ πολὺ μᾶλλόν ἐστιν ἀκοῦσαι ἀνὴρ οὐ λαμβάνει σῖτον ἐκ τοῦ ἀγροῦ· οὐ γὰρ ἐπιμελεῖται ὡς

profecto, inquam, Ischomache, quae commemorasti, ignoro : sed rursus mecum ipse cogito, quamobrem, quum tu me summatim interrogares, an conserendi rationem tenerem, id negaverim. Non enim videbar dicere posse, quo pacto consitio fiat. Verum idem posteaquam singillatim interrogare me coepisti, ea respondeo tibi, quemadmodum ais, quae tu ipse scis, qui quidem insigniter agriculturae peritus esse perhiberis. Num, inquam, Ischomache, interrogatio quaedam est doctrina? Nam modo animadverto, quo pacto de singulis ex me quaesiveris. Etenim dum me per nota ducis, atque his consimilia commonstras, quae me putabam ignorare, persuades, ut opinor, etiam illa me scire. An igitur, ait Ischomachus, si etiam de argento te interrogem, bonum sit, necne; persuadere te possim, nosse te rationem explorandi bonos et adulterinos nummos? itidem de tibicinibus si te rogem, nam persuadere possim, scire te cancre tibiis? itemque de pictoribus et aliis hujusmodi? Fortassis, inquam ego, quando tu me persuasisti, peritum me agri colendi esse, quanquam sciam hanc artem neminem unquam me docuisse. Nihil horum est, inquit, mi Socrates. Imo jam pridem dicebam tibi, tantam esse erga homines agriculturae benignitatem, tamque mitem hanc artem esse, ut videntes et audientes statim peritos sui efficiat. Multa etiam ipsa docet, quo pacto quis ea pulcherrime uti possit. Primum vitis in arbores, si quidem aliquam arborem vicinam habeat, ascendens docet, qua ratione efficere debeas, ut vitis consistat. Deinde pampinos explicans, quamdiu sunt ejus uvae adhuc tenerae, docet ea, quae tum temporis soli exposita sunt, umbra aliqua esse tegenda. Quum autem jam tempus est, ut uvae a sole dulcescant, tum foliis decidentibus, docet ipsa, se nudari debere, ac fructum esse maturandum. Ob foecunditatem denique, quod alias uvas maturas ostendat, alias adhuc crudiores ferat, decerpendum ex ipsa semper esse docet quod turgeat, quemadmodum et ficus legi solent.

CAPUT XX.

Tum ego, Qui fit igitur, inquam, Ischomache, si quidem ea, quae ad agriculturam pertinent, tam ad discendum facilia sunt, atque omnes ex aequo sciunt, quid in ea faciundum sit, ut non etiam omnes pari ratione illam exerceant; sed alii magna rerum in abundantia copiose vivant, alii ne necessaria quidem parare possint, atque etiam aere alieno sint obruti? Id equidem exponam tibi, Socrates, ait Ischomachus. Nec enim vel agricolarum scientia, vel inscientia facit, ut aliis copia quaedam suppetat, alii premantur inopia. Nec tu facile audiveris dici sermonem hujusmodi quendam : Res familiaris pessum ivit, quod seminator non aequabiliter semen in agrum sparsit, vel quod recte plantarum ordines non instituit; vel quod, quum nesciret an solum aliquod vites ferret, in sterili eas solo consevit; vel quod ignoravit aliquis, etiam bonum esse sementi, novalem exercer; vel quod ignoravit, bonum esse terrae fimum admiscere. Sed multo magis audire est : Ille frumentum ex hoc fundo nullum accipit : non enim curam adhibet, ut

αὐτῷ σπείρηται ἢ ὡς κόπρος γίγνηται. Οὐδ' οἶνον ἔχει ἀνήρ· οὐ γὰρ ἐπιμελεῖται ὡς φυτεύσῃ ἀμπέλους οὐδὲ αἱ οὖσαι ὅπως φέρωσιν αὐτῷ. Οὐδὲ ἔλαιον οὐδὲ σῦκα ἔχει ἀνήρ· οὐ γὰρ ἐπιμελεῖται οὐδὲ ποιεῖ ὅπως ταῦτα ἔχῃ. (5) Τοιαῦτ', ἔφη, ἐστίν, ὦ Σώκρατες, ἃ διαφέροντες ἀλλήλων οἱ γεωργοὶ διαφερόντως καὶ πράσσουσι πολὺ μᾶλλον ἢ οἱ δοκοῦντες σοφόν τι εὑρηκέναι εἰς τὰ ἔργα. (6) Καὶ οἱ στρατηγοί ἐστιν ἐν οἷς τῶν στρατηγικῶν ἔργων οὐ γνώμῃ διαφέροντες ἀλλήλων οἱ μὲν βελτίονες οἱ δὲ χείρονές εἰσιν, ἀλλὰ σαφῶς ἐπιμελείᾳ. Ἃ γὰρ καὶ οἱ στρατηγοὶ γιγνώσκουσι πάντες τῶν ἰδιωτῶν οἱ πλεῖστοι, ταῦτα οἱ μὲν ποιοῦσι τῶν ἀρχόντων οἱ δ' οὔ. (7) Οἷον καὶ τόδε γιγνώσκουσι ἅπαντες ὅτι διὰ πολεμίας πορευομένους βέλτιόν ἐστι τεταγμένους πορεύεσθαι οὕτως ὡς ἂν ἄριστα μάχοιντο, εἰ δέοι· τοῦτο τοίνυν γιγνώσκοντες οἱ μὲν ποιοῦσιν οὕτως οἱ δ' οὐ ποιοῦσιν. (8) Φυλακὰς ἅπαντες ἴσασιν ὅτι βέλτιόν ἐστι καθιστάναι καὶ ἡμερινὰς καὶ νυκτερινὰς πρὸ τοῦ στρατοπέδου· ἀλλὰ καὶ τούτου οἱ μὲν ἐπιμελοῦνται ὡς ἔχῃ οὕτως, οἱ δ' οὐκ ἐπιμελοῦνται. (9) Ὅταν τε αὖ διὰ στενοπόρων ἴωσιν, πάνυ χαλεπὸν εὑρεῖν ὅστις οὐ γιγνώσκει ὅτι προκαταλαμβάνειν τὰ ἐπίκαιρα κρεῖσσον ἢ μή· ἀλλὰ καὶ τούτου οἱ μὲν ἐπιμελοῦνται οὕτω ποιεῖν, οἱ δ' οὔ. (10) Ἀλλὰ καὶ κόπρον λέγουσι μὲν πάντες ὅτι ἄριστον εἰς γεωργίαν ἐστὶ καὶ ὁρῶσι δὲ αὐτομάτην γιγνομένην· ὅμως δὲ καὶ ἀκριβοῦντες ὡς γίγνεται, καὶ ῥᾴδιον ὂν πολλὴν ποιεῖν, οἱ μὲν καὶ τούτου ἐπιμελοῦνται ὅπως ἀθροίζηται, οἱ δὲ παραμελοῦσιν. (11) Καίτοι ὕδωρ μὲν ὁ ἄνω θεὸς παρέχει, τὰ δὲ κοῖλα πάντα τέλματα γίγνεται, ἡ γῆ δὲ ὕλην παντοίαν παρέχει· καθαίρειν δὲ δεῖ τὴν γῆν τὸν μέλλοντα σπείρειν· ἃ δ' ἐκποδὼν ἀναιρεῖται, ταῦτα εἴ τις ἐμβάλλοι εἰς τὸ ὕδωρ, ὁ χρόνος ἤδη αὐτὸς ἂν ποιοίη οἷς ἡ γῆ ἥδεται. Ποία μὲν γὰρ ὕλη, ποία δὲ γῆ ἐν ὕδατι στασίμῳ οὐ κόπρος γίγνεται; (12) Καὶ ὁπόσα δὲ θεραπείας δεῖταί ἡ γῆ, ὑγροτέρα τε οὖσα πρὸς τὸν σπόρον ἢ ἁλμωδεστέρα πρὸς φυτείαν, καὶ ταῦτα γιγνώσκουσι μὲν πάντες, καὶ ὡς τὸ ὕδωρ ἐξάγεται τάφροις καὶ ὡς ἡ ἅλμη κολάζεται μιγνυμένη πᾶσι τοῖς ἀνάλμοις [καὶ] ὑγροῖς τε καὶ ξηροῖς· ἀλλὰ καὶ τούτων ἐπιμελοῦνται οἱ μὲν οἱ δ' οὔ. (13) Εἰ δέ τις πανταπάσιν ἀγνὼς εἴη τί δύναται φέρειν ἡ γῆ, καὶ μήτε ἰδεῖν ἔχοι καρπὸν μηδὲ φυτὸν αὐτῆς, μήτε τοῦ ἀκοῦσαι τὴν ἀλήθειαν περὶ αὐτῆς ἔχοι, οὐ πολὺ μὲν ῥᾷον γῆς πεῖραν λαμβάνειν παντὶ ἀνθρώπῳ ἢ ἵππου, πολὺ δὲ ῥᾷον ἢ ἀνθρώπου; οὐ γὰρ ἔστιν ὅ,τι ἐπὶ ἀπάτῃ δείκνυσιν, ἀλλ' ἁπλῶς ἅ τε δύναται καὶ ἃ μὴ σαφηνίζει τε καὶ ἀληθεύει. (14) Δοκεῖ δέ μοι ἡ γῆ καὶ τοὺς κακούς τε κἀγαθοὺς τῇ εὐγνώστα καὶ εὐμαθῆ πάντα παρέχειν ἄριστα ἐξετάζειν. Οὐ γὰρ ὥσπερ τὰς ἄλλας τέχνας τοῖς μὴ ἐργαζομένοις ἔστι προφασίσασθαι ὅτι οὐκ ἐπίστανται· γῆν δὲ πάντες οἴδασιν ὅτι εὖ πάσχουσα εὖ ποιεῖ. (15) Ἀλλ' ἡ ἐν γεωργίᾳ ἐστὶ σαφὴς ψυχῆς κατήγορος κακῆς. Ὡς μὲν γὰρ ἂν δύναιτο ἄνθρωπος ζῆν ἄνευ τῶν ἐπιτηδείων οὐδεὶς τοῦτο αὐτὸς αὑτὸν πείθει· ὁ δὲ μήτε ἄλλην τέχνην χρηματο-

semen in eum spargatur, vel ut fimum habeat. Vinum hic non habet : non enim curam adhibet in conserendis vitibus, et colendis, quas habet, ut sint fertiles. Nec oleum nec ficus habet : non enim efficit cura studioque suo, ut habeat. Hujusmodi sunt, mi Socrates, in quibus agricolæ, quum inter se differant, etiam diversam fortunam experiuntur; idque multo magis, quam qui sapienter ad opera quiddam invenisse existimantur. Etiam imperatores interdum quibusdam in actionibus imperatoriis, quum intelligentia non differant, nihilominus alii meliores, alii deteriores sunt, haud dubie propter diligentiam. Nam quæ duces omnes norunt, et privatorum pars maxima ; ea duces alii faciunt, alii non faciunt. Verbi gratia, norunt omnes potius esse, ut qui per agrum hostium transeunt, instructis ordinibus iter faciant, quod ita dimicaturi commodissime sint, si usus ferat : hoc quum sciant, inquam, alii præstant, alii non. Norunt omnes optimum esse, diurnas et nocturnas excubias ante castra constitui : verum id quoque ut fiat, aliis est curæ, aliis non est. Difficile sit aliquem reperire, qui quum meatus angusti transeundi sunt, non intelligat potius esse, præoccupari opportuna loca, quam non : nihilominus hoc quoque alii faciunt, alii non. Etiam fimum aiunt omnes ad agriculturam optimum quiddam esse, ac provenire hunc sua sponte vident : tamen utut accurate sciant, quo pacto conficiatur, ac facile copiam ejus haberi posse, curam adhibent alii, ut colligatur, alii negligunt. Atqui aquam deus, qui supra nos est, suppeditat, et omnia cava, palustria fiunt, et variam materiem solum ipsum præbet, quod quidem ab ea purgare debet qui sementem est facturus ; quæ vero removentur, iis in aquam conjectis tempus ipsum effecerit aliquid terræ gratum. Nam quæ materies, quæ terra non in aqua consistente fimus fit? Quam item curationem solum requirat, sive humidius æquo ad sementem, seu ad consitionem salsius, norunt omnes ; item quo pacto fossis aqua educatur, et quam salsa corrigatur, miscendo eam cum aliis non salsis, et humidis, et siccis : verum hæc quoque nonnulli diligentia sua complectuntur, alii non item. Quod si quis omnino ignoret, quid ferre solum possit, ac neque fructum ipsius aliquem, neque plantam inspiciendi copiam habeat, neque sit ex quo verum audire de eo possit : an non multo facilius est cuivis homini facere soli periculum, quam vel equi, vel hominis? Nec enim quidquam est, quod fallendi causa ostentet; sed simpliciter quid vel possit, vel non possit, declarat cum indicatione veritatis. Videtur etiam mihi terra ignavos et industrios egregie explorare, quæ omnia ad cognoscendum ac discendum facilia exhibeat. Non enim, ut in artibus ceteris uti excusatione inscitiæ licet iis qui eas non exercent, ita etiam hic fit : sed terram norunt omnes, quum beneficium accipit, beneficium rependere. Quæ autem per agriculturam exercetur, ea insignis est ignavi animi accusatrix. Nam posse hominem absque necessario victu vivere, nemo sibimet ipsi persuadet : at qui artem aliam nullam, qua rem faciat, novit, neque agrum

ποιῶν ἐπιστάμενος μήτε γεωργεῖν ἐθέλων φανερὸν ὅτι κλέπτων ἢ ἁρπάζων ἢ προςαιτῶν διανοεῖται βιοτεύειν, ἢ παντάπασιν ἀλόγιστός ἐστι. (16) Μέγα δὲ διαφέρειν εἰς τὸ λυσιτελεῖν γεωργίαν ἔφη καὶ μὴ λυσιτελεῖν, ὅταν ὄντων ἐργαστήρων καὶ πλεόνων ὁ μὲν ἔχῃ τινὰ ἐπιμέλειαν ὡς τὴν ὥραν αὐτῷ ἐν τῷ ἔργῳ οἱ ἐργάται ὦσιν, ὁ δὲ μὴ ἐπιμελῆται τούτου. Ῥᾳδίως γὰρ ἀνὴρ εἷς παρὰ τοὺς δέκα διαφέρει τῷ ἐν ὥρᾳ ἐργάζεσθαι, καὶ ἄλλος γε ἀνὴρ διαφέρει τῷ πρὸ τῆς ὥρας ἀπιέναι. (17) Τὸ δὲ δὴ ἐᾶν ῥᾳδιουργεῖν δι' ὅλης τῆς ἡμέρας τοὺς ἀνθρώπους ῥᾳδίως τὸ ἥμισυ διαφέρει τοῦ ἔργου παντός. (18) Ὥςπερ καὶ ἐν ταῖς ὁδοιπορίαις παρὰ στάδια διακόσια ἔστιν ὅτε τοῖς ἑκατὸν σταδίοις διήνεγκαν ἀλλήλων ἄνθρωποι τῷ τάχει, ἀμφότεροι καὶ νέοι ὄντες καὶ ὑγιαίνοντες, ὅταν ὁ μὲν πράσσῃ ἐφ' ὅπερ ὥρμηται, βαδίζων, ὁ δὲ ῥᾳστωνεύῃ τῇ ψυχῇ καὶ παρὰ κρήναις καὶ ὑπὸ σκιαῖς ἀναπαυόμενος τε καὶ θεώμενος καὶ αὔρας θηρεύων μαλακάς. (19) Οὕτω δὲ καὶ ἐν τοῖς ἔργοις πολὺ διαφέρουσιν εἰς τὸ ἀνύτειν οἱ πράττοντες ἐφ' ὅπερ τεταγμένοι εἰσί, καὶ οἱ μὴ πράττοντες ἀλλ' εὑρίσκοντες προφάσεις τοῦ μὴ ἐργάζεσθαι καὶ ἐώμενοι ῥᾳδιουργεῖν. (20) Τὸ δὴ καὶ τὸ καλῶς ἐργάζεσθαι ἢ κακῶς ἐπιμελεῖσθαι, τοῦτο δὴ τοσοῦτον διαφέρει ὅσον ἢ ὅλως ἐργάζεσθαι ἢ ὅλως ἀργὸν εἶναι. Ὅταν σκαπτόντων, ἵνα ὕλης καθαραὶ αἱ ἄμπελοι γένωνται, οὕτω σκάπτωσιν ὥςτε πλείω καὶ καλλίω τὴν ὕλην γίγνεσθαι, πῶς οὗτος οὐκ ἀργὸν ἂν φήσαις εἶναι; (21) Τὰ οὖν συντρίβοντα τοὺς οἴκους πολὺ μᾶλλον ταῦτά ἐστιν ἢ αἱ λίαν ἀνεπιστημοσύναι. Τὸ γὰρ τὰς μὲν δαπάνας χωρεῖν ἐντελεῖς ἐκ τῶν οἴκων, τὰ δὲ ἔργα μὴ τελεῖσθαι λυσιτελούντως πρὸς τὴν δαπάνην, ταῦτα οὐκέτι δεῖ θαυμάζειν ἐὰν ἀντὶ τῆς περιουσίας ἔνδειαν παρέχηται. (22) Τοῖς γε μέντοι ἐπιμελεῖσθαι δυναμένοις καὶ συντεταμένως γεωργοῦσιν ἀνυτικωτάτην χρηματίσιν ἀπὸ γεωργίας καὶ αὐτὸς ἐπετήδευσε καὶ ἐμὲ ἐδίδαξεν ὁ πατήρ. Οὐδέποτε γὰρ εἴα χῶρον ἐξειργασμένον ὠνεῖσθαι, ἀλλ' ὅστις ἢ δι' ἀμέλειαν ἢ δι' ἀδυναμίαν τῶν κεκτημένων καὶ ἀργὸς καὶ ἀφύτευτος εἴη, τοῦτον ὠνεῖσθαι παρῄνει. (23) Τοὺς μὲν γὰρ ἐξειργασμένους ἔφη καὶ πολλοῦ ἀργυρίου γίγνεσθαι καὶ ἐπίδοσιν οὐκ ἔχειν· τοὺς δὲ μὴ ἔχοντας ἐπίδοσιν οὐδὲ ἡδονὰς ὁμοίας ἐνόμιζε παρέχειν, ἀλλὰ πᾶν κτῆμα καὶ θρέμμα τὸ ἐπὶ τὸ βέλτιον ἰὸν τοῦτο καὶ εὐφραίνειν μάλιστα ᾤετο. Οὐδὲν οὖν ἔχει πλείονα ἐπίδοσιν ἢ χῶρος ἐξ ἀργοῦ πάμφορος γιγνόμενος. (24) Εὖ γὰρ ἴσθι, ἔφη, ὦ Σώκρατες, ὅτι τῆς ἀρχαίας τιμῆς πολλοὺς πολλαπλασίου χώρους ἀξίους ἡμεῖς ἤδη ἐποιήσαμεν. Καὶ τοῦτο, ὦ Σώκρατες, ἔφη, οὕτω μὲν πολλοῦ ἄξιον τὸ ἐνθύμημα, οὕτω δὲ καὶ μαθεῖν ῥᾴδιον, ὥςτε νυνὶ ἀκούσας σὺ τοῦτο ἐμοὶ ὁμοίως ἐπιστάμενος ἄπει, καὶ ἄλλον διδάξεις, ἐὰν βούλῃ. (25) Καὶ ὁ ἐμὸς δὲ πατὴρ οὔτε ἔμαθε παρ' ἄλλου τοῦτο οὔτε μεριμνῶν εὗρεν, ἀλλὰ διὰ τὴν φιλογεωργίαν καὶ φιλοπονίαν ἐπιθυμῆσαι ἔφη τοιούτου χωρίου ὅπως ἔχοι ὅ,τι ποιοῖ ἅμα καὶ ὠφελούμενος ἥδοιτο. (26) Ἦν γὰρ τοι, ἔφη, ὦ Σώκρατες,

colere vult, is præ se fert, quod vel furando, vel prædando, vel mendicando victum quærere cogitet; aut omnino rationis est expers. Aiebat etiam multum in hoc, ut agricultura vel fructuosa sit, vel cum detrimento conjuncta, situm esse; si, quum operarii sunt, et quidem complures, alius coram adhibet in hoc, ut operarii suo tempore opere faciundo occupentur, alius id non curet. Nam facile vir unus decem aliis præstat, si suo tempore opus faciat; et alius in hoc a ceteris differt ut ante tempus discedat. Permittere autem hominibus, ut toto die segniter opus faciant, id vero facile dimidiam solummodo partem operis præstat loco totius. Sicut et in itineribus ad ducenta stadia nonnunquam homines a se invicem stadiis centum distant ad celeritatem, quanquam et ambo sint juvenes, et valetudine integra utantur; quando scilicet unus id agit, cujus causa proficiscendi fecerat initium, alius animo est soluto, ac propter fontes, et sub umbris quiescendo se recreat, omniaque spectat, et auras teneras captat. Sic etiam in ipsis operibus perficiendis multum inter se differunt ii qui agunt quod est ipsis mandatum, et qui hoc non agunt, sed ne opus faciant, praetextus quosdam inveniunt, concessa etiam otiandi facultate. Recte autem opus facere, vel negligenter curam faciundo adhibere, hoc tantum inter se discriminis habent, quantum inter se differunt prorsus opus facere, vel prorsus otiosum esse. Ut quum pastinantes, qui purgare vites a materia debent, sic pastinant, ut et copiosior et pulchrior materia succrescat; quo pacto non esse dixeris hoc otiosum? Quæ igitur familias detrimento afficiant, multo magis hæc sunt, quam illæ imperitiæ nimiæ. Nam quum sumptus integri ex re familiari procedunt, opera vero non perficiuntur ita, ut sumptui congrua redeat utilitas; mirum videri non debet, egestatem hinc pro abundantia rerum oriri. Eum vero quæstum ex agricultura, qui diligentiam adhibere valentibus, et non sine contentione virium agriculturam exercentibus ad parandam rem efficacissimus est, pater meus et ipse fecit, et me docuit. Nunquam enim permittebat, ut agrum emerem cultum; sed hortabatur, ut eum, qui vel per negligentiam vel possessorum inopiam incultus, minimeque consitus esset, mercarer. Nam agros excultos magno parari pretio dicebat, et incrementum nullum habere : qui autem incrementum nullum haberent, eos neque voluptates pares suppeditare ducebat. Nimirum quidquid vel possideretur, vel educaretur, quod in melius proficeret, id etiam plurimum delectationis afferre putabat. Nihil autem majus incrementum habet, quam si fundus ex inculto fiat fertilissimus. Certe, mi Socrates, scire debes, nos complures fundos effecisse tales, ut jam multipliciter antiquum pretium superent. Atque hoc inventum, Socrates, tanti est pretii, tamque ad discendum facile, ut quum modo primum illud audieris, æque tamen ejus peritus, atque ego, discedas; possisque, si velis, alium etiam docere. Meus quoque pater neque didicit illud ab alio, neque sollicite meditando reperit; sed propter studium agriculturæ ac laborum, quo flagrabat, talem se fundum concupivisse narrabat, ut simul et quod ageret, et de quo utilitate percepta delectaretur, haberet. Erat enim a natura pater meus, mi

φύσει, ὥς μοὶ δοκεῖ, φιλογεωργότατος Ἀθηναίων ὁ ἐμὸς πατήρ. Καὶ ἐγὼ μέντοι ἀκούσας τοῦτο, ἠρόμην αὐτόν, Πότερα δὲ ὦ, Ἰσχόμαχε, ὁπόσους ἐξειργάσατο χώρους ὁ πατὴρ πάντας ἐκέκτητο, ἢ καὶ ἀπεδίδοτο, εἰ πολὺ ἀργύριον εὑρίσκοι; Καὶ ἀπεδίδοτο νὴ Δί', ἔφη ὁ Ἰσχόμαχος· ἀλλὰ ἄλλον τοι εὐθὺς ἀντεωνεῖτο, ἀργὸν δὲ, διὰ τὴν φιλεργίαν. (27) Λέγεις, ἔφην ἐγὼ, ὦ Ἰσχόμαχε, τῷ ὄντι φύσει τὸν πατέρα φιλογεωργὸν εἶναι οὐδὲν ἧσσον ἢ οἱ ἔμποροι φιλόσιτοί εἰσι. Καὶ γὰρ οἱ ἔμποροι διὰ τὸ σφόδρα φιλεῖν τὸν σῖτον, ὅπου ἂν ἀκούσωσι πλεῖστον εἶναι, ἐκεῖσε πλέουσιν ἐπ' αὐτὸν καὶ Αἰγαῖον καὶ Εὔξεινον καὶ Σικελικὸν πόντον περῶντες (28) ἔπειτα δὲ λαβόντες ὁπόσον δύνανται πλεῖστον ἄγουσιν αὐτὸν διὰ τῆς θαλάττης, καὶ ταῦτα εἰς τὸ πλοῖον ἐνθέμενοι ἐν ᾧπερ αὐτοὶ πλέουσι. Καὶ ὅταν δεηθῶσιν ἀργυρίου, οὐκ εἰκῇ αὐτὸν ὅπου ἂν τύχωσιν ἀπέβαλον, ἀλλ' ὅπου ἂν ἀκούσωσι τιμᾶσθαί τε μάλιστα τὸν σῖτον καὶ περὶ πλείστου αὐτὸν ποιῶνται οἱ ἄνθρωποι, τούτοις αὐτὸν ἄγοντες παραδιδόασι. Καὶ ὁ σὸς δὲ πατὴρ οὕτω πως ἔοικε φιλογεωργὸς εἶναι. (29) Πρὸς ταῦτα δὲ εἶπεν ὁ Ἰσχόμαχος, Σὺ μὲν παίζεις, ἔφη, ὦ Σώκρατες· ἐγὼ δὲ καὶ φιλοικοδόμους νομίζω οὐδὲν ἧττον οἵτινες ἂν ἀποδιδῶνται ἐξοικοδομοῦντες τὰς οἰκίας, εἶτ' ἄλλας οἰκοδομῶσι. Νὴ Δία ἐγὼ δέ γέ σοι, ἔφην, ὦ Ἰσχόμαχε, ἐπομόσας λέγω ἦ μὴν πιστεύειν σοι φύσει νομίζειν φιλεῖν ταῦτα πάντας ἀφ' ὧν ἂν ὠφελεῖσθαι νομίζωσιν.

ΚΕΦΑΛΑΙΟΝ ΚΑ.

Ἀτὰρ ἐννοῶ γε, ἔφην, ὦ Ἰσχόμαχε, ὡς εὖ τῇ ὑποθέσει ὅλον τὸν λόγον βοηθοῦντα παρέσχησαι. Ὑπέθου γὰρ τὴν γεωργικὴν τέχνην πασῶν εἶναι εὐμαθεστάτην, καὶ νῦν ἐγὼ ἐκ πάντων ὧν εἴρηκας τοῦτο οὕτως ἔχειν παντάπασιν ὑπὸ σοῦ ἀναπέπεισμαι. (2) Νὴ Δί', ἔφη ὁ Ἰσχόμαχος, ἀλλὰ τόδε τοι, ὦ Σώκρατες, ὃ πάσαις κοινόν ταῖς πράξεσι καὶ γεωργικῇ καὶ πολιτικῇ καὶ οἰκονομικῇ καὶ πολεμικῇ τὸ ἀρχικὸν εἶναι, τοῦτο δὴ συνομολογῶ σοὶ ἐγὼ πολὺ διαφέρειν γνώμῃ τοὺς ἑτέρους τῶν ἑτέρων. (3) οἷον καὶ ἐν τριήρει, ἔφη, ὅταν πελαγίζωσι, καὶ δέῃ περᾶν ἡμερινοὺς πλοῦς ἐλαύνοντας, οἱ μὲν τῶν κελευστῶν δύνανται τοιαῦτα λέγειν καὶ ποιεῖν ὥστε ἀκονᾶν τὰς ψυχὰς τῶν ἀνθρώπων ἐπὶ τὸ ἐθελοντὰς πονεῖν, οἱ δὲ οὕτως ἀγνώμονές εἰσιν ὥστε πλεῖον ἢ ἐν διπλασίῳ χρόνῳ τὸν αὐτὸν ἀνύτουσι πλοῦν. Καὶ οἱ μὲν ἱδροῦντες καὶ ἐπαινοῦντες ἀλλήλους, ὅ τε κελεύων καὶ οἱ πειθόμενοι, ἐκβαίνουσιν, οἱ δὲ ἀνιδρωτὶ ἥκουσι, μισοῦντες τὸν ἐπιστάτην καὶ μισούμενοι. (4) Καὶ τῶν στρατηγῶν ταύτῃ διαφέρουσιν, ἔφη, οἱ ἕτεροι τῶν ἑτέρων· οἱ μέν γε οὐδὲ πονεῖν ἐθέλοντας οὔτε κινδυνεύειν παρέχονται, πείθεσθαί τε οὐκ ἀξιοῦντας οὐδ' ἐθέλοντας ὅσον ἂν μὴ ἀνάγκη ᾖ, ἀλλὰ καὶ μεγαλυνομένους ἐπὶ τῷ ἐναντιοῦσθαι τῷ ἄρχοντι· οἱ δὲ αὐτοὶ οὗτοι οὐδ' αἰσχύνεσθαι ἐπισταμένους παρέχου-

CAPUT XXI.

Socrates, inter omnes Athenienses, agriculturæ, mea quidem sententia, studiosissimus. Quibus auditis, equidem ex ipso quærebam : Utrum autem, inquam, Ischomache, pater tuus fundos omnes, quos excoluit, possedit ipse; an etiam vendebat eos, si magnum aliquod pretium reperiret? Vendebat certe, ait Ischomachus, verum mox vicissim venditi loco alium emebat incultum, idque propter studium faciundi operis, quod in ipso erat. Dicis tu, inquam ego, Ischomache, patrem tuum revera nihilo minus a natura studiosum agriculturæ fuisse, quam mercatores frumenti sunt cupidi. Nam hi quia studiosissimi sunt frumenti, ubicunque maximam ejus esse copiam audierint, eo se navigiis conferunt, trajecto Ægeo, Euxino, Siculo mari. Posteaquam tantam ejus nacti sunt copiam, quantam possunt maximam, per mare avehunt, et quidem illam in navim collocant, qua ipsimet vehuntur. Ubi pecunia ipsis opus est, non temere illud quovis loco abjiciunt, sed ubi maximum ejus esse pretium audierint, et ubi sint homines, qui frumentum quantivis æstimant, illis afferunt, ac venditum tradunt. Eodem modo pater tuus fuisse studiosus agriculturæ videtur. Ad quæ Ischomachus, Jocaris tu quidem, ait, Socrates. Verum ego nihilominus exstruendarum ædium studiosos arbitror esse, qui ædificiis absolutis ea vendunt, ac alia deinde ædificant. Imo per Jovem, inquam, juratus dico tibi, mi Ischomache, omnino me tibi credere, ipsa natura instituente qui existimes, omnes ea diligere, de quibus aliquid se percepturos utilitatis putant.

CAPUT XXI.

Verum cogito, inquam, Ischomache, quam egregie totam orationem instituto argumento opitulantem exhibueris. Sumebas enim hoc argumentum, artem agriculturæ ad discendum inter omnes alias esse facillimam. Jam vero ex omnibus, quæ dixisti, ita se hoc habere prorsus abs te persuasus sum. Sic est, ait Ischomachus : hoc autem, mi Socrates, quod omnibus est actionibus commune, tum agriculturæ, tum administrationis civilis rationi, tum domesticæ, tum bellicæ rei, nimirum ut quis regendi peritus sit; assentior equidem tibi, alios aliis judicio multum præstare. Sicut in triremi, quum in alto diurnæ sunt navigationes conficiendæ, alii ex eorum numero, qui hortando nautas excitant, ejusmodi quædam proferre ac facere possunt, ut hominum animos exacuant ad sponte laborandum; alii tam sunt imperiti, ut duplo plus temporis in eadem navigatione conficienda consumant. Rursus illi cum sudore ac mutua prædicatione, tam is qui cohortatur, quam qui obtemperant, de navi egrediuntur : hi sine sudore veniunt, ac non solum ipsi præfectum odere, sed etiam præfectus ipsos vicissim. Eodem modo etiam imperatores alii ab aliis differunt. Nam alii milites exhibent ejusmodi, qui neque laborem ullum suscipere, neque periculum adire, neque dicto audientes esse, nisi quantum necessitas urgeat, velint; atque etiam magnifice se efferant, propterea quod duci suo adversentur. Iidem exhibent quoque nonnullos, qui, si

σιν, ἤν τι τῶν αἰσχρῶν συμβαίνῃ. (5) Οἱ δ' αὖ θεῖοι καὶ ἀγαθοὶ καὶ ἐπιστήμονες ἄρχοντες τοὺς αὐτοὺς τούτους, πολλάκις δὲ καὶ ἄλλους παραλαμβάνοντες, αἰσχυνομένους τε ἔχουσιν αἰσχρόν τι ποιεῖν καὶ πείθεσθαι οἰομένους βέλτιον εἶναι, καὶ ἀγαλλομένους τῷ πείθεσθαι ἕνα ἕκαστον καὶ σύμπαντας, πονεῖν ὅταν δεήσῃ, οὐκ ἀθύμως πονοῦντας. (6) Ἀλλ' ὥσπερ ἰδιώταις ἔστιν οἷς ἐγγίγνεται ἐθελοπονία τις, οὕτω καὶ ὅλῳ τῷ στρατεύματι ὑπὸ τῶν ἀγαθῶν ἀρχόντων ἐγγίγνεται καὶ τὸ φιλοπονεῖν καὶ τὸ φιλοτιμεῖσθαι ὀφθῆναι καλόν τι ποιοῦντας ὑπὸ τοῦ ἄρχοντος. (7) Πρὸς ὄντινα δ' ἂν ἄρχοντα διατεθῶσιν οὕτως οἱ ἑπόμενοι, οὗτοι δὴ ἐῤῥωμένοι γε ἄρχοντες γίγνονται, οὐ μὰ Δί' οὐχ οἳ ἂν αὐτῶν ἄριστα τὸ σῶμα τῶν στρατιωτῶν ἔχωσι καὶ ἀκοντίζωσι καὶ τοξεύωσιν ἄριστα καὶ ἵππον ἔχοντες ἄριστον ὡς ἱππικώτατα ἢ πελταστικώτατα προκινδυνεύωσιν, ἀλλ' οἳ ἂν δύνωνται ἐμποιῆσαι τοῖς στρατιώταις ἀκολουθητέον εἶναι καὶ διὰ πυρὸς καὶ διὰ παντὸς κινδύνου. (8) Τούτους δὴ δικαίως ἄν τις καλοίη μεγαλογνώμονας, ᾧ ἂν ταῦτα γιγνώσκοντες πολλοὶ ἕπωνται, καὶ μεγάλῃ χειρὶ εἰκότως οὗτος λέγοιτο πορεύεσθαι οὗ ἂν τῇ γνώμῃ πολλαὶ χεῖρες ὑπηρετεῖν ἐθέλωσι, καὶ μέγας τῷ ὄντι οὗτος ἀνὴρ ὃς ἂν μεγάλα δύνηται γνώμῃ διαπράξασθαι μᾶλλον ἢ ῥώμῃ. (9) Οὕτω δὲ καὶ ἐν τοῖς ἰδίοις ἔργοις, ἄν τε ἐπίτροπος ᾖ ὁ ἀφεστηκὼς ἄν τε καὶ ἐπιστάτης, ὃς ἂν δύνηται προθύμους καὶ ἐντεταμένους παρέχεσθαι εἰς τὸ ἔργον καὶ συνεχεῖς, οὗτοι δὴ οἱ ἀνύοντές εἰσιν ἐπὶ τἀγαθὰ καὶ πολλὴν τὴν περιουσίαν ποιοῦντες. (10) Τοῦ δὲ δεσπότου ἐπιφανέντος, ὦ Σώκρατες, ἔφη, ἐπὶ τὸ ἔργον, ὅστις δύναται καὶ μέγιστα βλάψαι τὸν κακὸν τῶν ἐργατῶν καὶ μέγιστα τιμῆσαι τὸν πρόθυμον, εἰ μηδὲν ἐπίδηλον ποιήσουσιν οἱ ἐργάται, ἐγὼ μὲν αὐτὸν οὐκ ἂν ἀγαίμην, ἀλλ' ὃν ἂν ἰδόντες κινηθῶσι καὶ μένος ἑκάστῳ ἐμπέσῃ τῶν ἐργατῶν καὶ φιλονεικία πρὸς ἀλλήλους καὶ φιλοτιμία κρατίστη οὖσα ἑκάστῳ, τοῦτον ἐγὼ φαίην ἂν ἔχειν τι ἤθους βασιλικοῦ. (11) Καὶ ἔστι τοῦτο μέγιστον, ὡς ἐμοὶ δοκεῖ, ἐν παντὶ ἔργῳ ὅπου τι δι' ἀνθρώπων πράττεται, καὶ ἐν γεωργίᾳ δέ. Οὐ μέντοι μὰ Δία τοῦτό γε ἔτι ἐγὼ λέγω, ἰδόντα μαθεῖν εἶναι, οὐδὲ ἅπαξ ἀκούσαντα, ἀλλὰ καὶ παιδείας δεῖν φημι τῷ ταῦτα μέλλοντι δυνήσεσθαι καὶ φύσεως ἀγαθῆς ὑπάρξαι, καὶ τὸ μέγιστον δὴ θεῖον γενέσθαι. (12) Οὐ γὰρ πάνυ μοι δοκεῖ ὅλον τουτὶ τὸ ἀγαθὸν ἀνθρώπινον εἶναι ἀλλὰ θεῖον, τὸ ἐθελόντων ἄρχειν· σαφῶς δὲ δέδοται τοῖς ἀληθινῶς σωφροσύνῃ τετελεσμένοις. Τὸ δὲ ἀκόντων τυραννεῖν διδόασιν, ὡς ἐμοὶ δοκεῖ, οὓς ἂν ἡγῶνται ἀξίους εἶναι βιοτεύειν ὥσπερ ὁ Τάνταλος ἐν Ἅδου λέγεται τὸν ἀεὶ χρόνον διατρίβειν φοβούμενος μὴ δὶς ἀποθάνῃ.

quid accidat rei turpis, affici pudore nesciant. Contra divini, et boni, et periti rectores, quum vel hos ipsos, vel alios etiam sæpenumero accipiunt, talibus ipsis utuntur, ut turpe quiddam patrare verecundia præpediti nolint, ac rectius esse arbitrentur parere, atque etiam singuli obedientia delectentur; et universi, quum labores suscipi necesse est, non illubenter eos suscipiant. Nimirum ut privatis nonnunquam hominibus laboris quoddam studium innascitur, sic etiam in exercitu toto a bonis imperatoribus studium excitari solet, ut omnes et laborare, et ambitiose conspirari cupiant a rectore suo, dum præclarum aliquod facinus edunt. Ceterum erga quoscunque rectores hoc modo milites, qui eos sequuntur, affecti sunt, hi vero potentes rectores evadunt; non illi profecto, qui robustiore sunt corpore præditi, quam ipsi milites; et jaculandi sagittandique artem optime tenent, atque optimum equum habent, ut tanquam præstantissimi equites et cetrati ante alios discrimen adeant; sed qui hoc in militum animis efficere possunt, ut per ignem, et quodvis periculum, sequendum statuant. Hos certe merito quis magnanimos dixerit, quos sequuntur multi eo quem diximus animo. Itidem par fuerit dicere, magna cum manu eum proficisci, cujus voluntati multæ manus obsequi volunt : ac magnus idem reapse vir est, qui res magnas consilio potius quam robore perficere potest. Sic in operibus cujusque suis, sive villicus sit, qui præest, seu magister operariorum, quicunque præstare suos alacres, et contentis viribus laborantes, et assiduos potest : illi vere sunt, qui proficiunt in bonis, et abundantiam multam rerum comparant. Domino certe, mi Socrates, ipso in opere conspecto, qui et ignavum operarium maximo afficere malo possit, et alacrem honore maximo ornare; si quidem tunc nihil ab operariis insigne fiat, non possum equidem eum admirari. Quo vero conspecto moti fuerint, et quidam impetus operarios invaserit, itemque contentio mutua, et ambitio, quæ nemini non est optima, hunc equidem regium quoddam ingenium habere dixerim. Atque hoc, mea quidem sententia, ut quovis in opere maximum est, ubi per homines aliquid efficitur, ita etiam in agricultura. Non tamen id profecto disci posse dico vel intuendo vel audiendo semel : sed equidem aio et institutione illi opus esse, qui præstare id posse cupiat, et ut indoles in eo bona sit : quod denique maximum est, divinus sit homo necesse est. Quippe non omnino mihi videtur totum hoc bonum humanum esse, ut aliquis non invitis imperet, sed divinum : quod quidem iis aperte datur, qui revera prudentiæ sacris initiati sunt. At invitis tyrannide quadam premere, mea quidem sententia, datur iis quos dignos esse dii statuunt, ut sic vitam degant, quemadmodum apud inferos agere Tantalum perhibent, in omne ævum metuentem ne bis moriatur.

ΞΕΝΟΦΩΝΤΟΣ ΣΥΜΠΟΣΙΟΝ.

ΚΕΦΑΛΑΙΟΝ Α.

Ἀλλ' ἐμοὶ δοκεῖ τῶν καλῶν κἀγαθῶν ἀνδρῶν ἔργα οὐ μόνον τὰ μετὰ σπουδῆς πραττόμενα ἀξιομνημόνευτα εἶναι, ἀλλὰ καὶ τὰ ἐν ταῖς παιδιαῖς. Οἷς δὲ παραγενόμενος ταῦτα γιγνώσκω δηλῶσαι βούλομαι. (2) Ἦν μὲν γὰρ Παναθηναίων τῶν μεγάλων ἱπποδρομία, Καλλίας δὲ ὁ Ἱππονίκου ἐρῶν ἐτύγχανεν Αὐτολύκου παιδὸς ὄντος, καὶ νενικηκότα αὐτὸν παγκράτιον ἧκεν ἄγων ἐπὶ τὴν θέαν. Ὡς δὲ ἡ ἱπποδρομία ἐλήξεν, ἔχων τόν τε Αὐτόλυκον καὶ τὸν πατέρα αὐτοῦ ἀπῄει εἰς τὴν ἐν Πειραιεῖ οἰκίαν· συνείπετο δὲ αὐτῷ καὶ Νικήρατος. (3) Ἰδὼν δὲ ὁμοῦ ὄντας Σωκράτην τε καὶ Κριτόβουλον καὶ Ἑρμογένην καὶ Ἀντισθένην καὶ Χαρμίδην, τοῖς μὲν ἀμφ' Αὐτόλυκον ἡγεῖσθαί τινα ἔταξεν, αὐτὸς δὲ προσῆλθε τοῖς ἀμφὶ Σωκράτην, καὶ εἶπεν, (4) Εἰς καλόν γε ὑμῖν συντετύχηκα· ἑστιᾷν γὰρ μέλλω Αὐτόλυκον καὶ τὸν πατέρα αὐτοῦ. Οἶμαι οὖν πολὺ ἂν τὴν κατασκευήν μοι λαμπροτέραν φανῆναι εἰ ἀνδράσιν ἐκκεκαθαρμένοις τὰς ψυχὰς ὥσπερ ὑμῖν ὁ ἀνδρὼν κεκοσμημένος εἴη μᾶλλον ἢ εἰ στρατηγοῖς καὶ ἱππάρχοις καὶ σπουδαρχίαις. (5) Καὶ ὁ Σωκράτης εἶπεν, Ἀεὶ σὺ ἐπισκώπτεις ἡμᾶς καταφρονῶν, ὅτι σὺ μὲν Πρωταγόρᾳ τε πολὺ ἀργύριον δέδωκας ἐπὶ σοφίᾳ καὶ Γοργίᾳ καὶ Προδίκῳ καὶ ἄλλοις πολλοῖς, ἡμᾶς δ' ὁρᾷς αὐτουργούς τινας τῆς φιλοσοφίας ὄντας. (6) Καὶ ὁ Καλλίας, Καὶ πρόσθεν μέν γε, ἔφη, ἀπεκρυπτόμην ὑμᾶς ἔχων πολλὰ καὶ σοφὰ λέγειν, νῦν δέ, ἐὰν παρ' ἐμοὶ ἦτε, ἐπιδείξω ὑμῖν ἐμαυτὸν πάνυ πολλῆς σπουδῆς ἄξιον ὄντα. (7) Οἱ οὖν ἀμφὶ τὸν Σωκράτην πρῶτον μὲν ὥσπερ εἰκὸς ἦν ἐπαινοῦντες τὴν κλῆσιν οὐχ ὑπισχνοῦντο συνδειπνήσειν· ὡς δὲ πάνυ ἀχθόμενος φανερὸς ἦν εἰ μὴ ἕποιντο, συνηκολούθουν. Ἔπειτα δὲ αὐτῷ οἱ μὲν γυμνασάμενοι καὶ χρισάμενοι, οἱ δὲ καὶ λουσάμενοι παρῆλθον. (8) Αὐτόλυκος μὲν οὖν παρὰ τὸν πατέρα ἐκαθέζετο, οἱ δ' ἄλλοι ὥσπερ εἰκὸς κατεκλίθησαν. Εὐθὺς [μὲν] οὖν ἐννοήσας τις τὰ γιγνόμενα ἡγήσατ' ἂν φύσει βασιλικόν τι τὸ κάλλος εἶναι, ἄλλως τε καὶ ἢν μετ' αἰδοῦς καὶ σωφροσύνης καθάπερ Αὐτόλυκος τότε κεκτῆταί τις αὐτό. (9) Πρῶτον μὲν γὰρ ὥσπερ ὅταν φέγγος τι ἐν νυκτὶ φανῇ, πάντων προσάγεται τὰ ὄμματα, οὕτω καὶ τότε τοῦ Αὐτολύκου τὸ κάλλος πάντων εἷλκε τὰς ὄψεις πρὸς αὐτόν· ἔπειτα τῶν ὁρώντων οὐδεὶς οὐκ ἔπασχέ τι τὴν ψυχὴν ὑπ' ἐκείνου. Οἱ μὲν γε σιωπηρότεροι ἐγίγνοντο, οἱ δὲ καὶ ἐσχηματίζοντό πως. (10) Πάντες μὲν οὖν οἱ ἐκ θεῶν τοῦ κατεχόμενοι ἀξιοθέατοι δοκοῦσιν εἶναι· ἀλλ' οἱ μὲν ἐξ ἄλλων πρὸς τὸ γοργότεροί τε ὁρᾶσθαι καὶ φοβερώτερον φθέγγεσθαι καὶ

XENOPHONTIS CONVIVIUM.

CAPUT I.

Mihi vero memoratu digna esse videntur, non tantum quæ serio aguntur ab honestis bonisque viris, sed etiam quæ inter jocandum. Quibus autem interfuerim, unde sic statuam, equidem indicare volo. Panathenæis magnis equestres ludi celebrabantur, et Callias, Hipponici filius, Autolycum adhuc puerum, quem amore complectebatur, forte tunc quinquertii victorem ad ludorum spectacula deducebat. Posteaquam ludi equestres peracti fuissent, Callias una cum Autolyco ejusque patre ad ædes suas, quas habebat in Piræeo, pergebat, etiam Nicerato comitante. Quumque Socratem, et Critobulum, et Hermogenem, et Antisthenem, et Charmidem congressos eodem loco conspexisset; jusso quodam eos deducere, qui erant cum Autolyco, ipse secessit ad hos qui erant apud Socratem, et, Peropportune, ait, in vos incidi. Nam Autolycum ejusque patrem convivio sum excepturus. Quamobrem futurum existimo, ut hic apparatus splendidior sit, si viris, quibus animi purgati sint, quo in numero vos estis, ornatum sit conclave virorum potius, quam imperatoribus, et equitum magistris, et magistratuum petitoribus. Ad ea Socrates, Semper tu nos contemnendo irrides, ait, quod sapientiæ discendæ nomine ingentem Protagoræ pecuniam dedisti, et Gorgiæ, et Prodico, et aliis multis; nos vero vides nostramet opera sapientiæ studium consectari. Tum Callias, Equidem antehac, ait, celabam vos multa, eaque sapientiæ plena, quæ proferre poteram. Verum si jam apud me fueritis, demonstrabo vobis, esse me quantivis hominem pretii. Socrati autem qui aderant, initio collaudata, uti par erat, ipsius invitatione, cœnaturos se cum eo non pollicebantur. Quum autem præ se ferret, graviter se laturum, si non sequerentur, comitati sunt illum. Deinde partim exercitati et uncti, partim etiam loti quum essent, ad ipsum intrarunt. Autolycus apud patrem adsidebat, ceteris, uti convenlebat, accumbentibus. Qui vero tum animadvertisset, quid ageretur, is statim sibi persuasisset, elegantiam formæ a natura quiddam esse regium, præsertim si quis hanc, ut tum Autolycus, cum verecundia modestiaque conjunctam haberet. Primum enim, veluti quum noctu jubar aliquod exoritur, omnium oculos in se convertit: ita tum quoque Autolyci pulchritudo oculos omnium in eum trahebat; deinde illorum, qui eum adspiciebant, nemo erat, cujus animus intuendo non afficeretur. Alii plus solito silebant, alii adeo in gestum aliquem se componebant. Ac videntur quidem omnes spectatu digni, qui ab aliquo deûm afflati detinentur: verum qui ab aliis diis afflati sunt, eo adiguntur, ut aspectu sint truculentiores,

σφοδρότεροι εἶναι φέρονται, οἱ δ' ὑπὸ τοῦ σώφρονος ἔρωτος ἔνθεοι τά τε ὄμματα φιλοφρονεστέρως ἔχουσι καὶ τὴν φωνὴν πρᾳοτέραν ποιοῦνται καὶ τὰ σχήματα εἰς τὸ ἐλευθεριώτατον ἄγουσιν. Ἃ δὴ καὶ Καλλίας τότε διὰ τὸν ἔρωτα πράττων ἀξιοθέατος ἦν τοῖς τετελεσμένοις τούτῳ τῷ θεῷ. (11) Ἐκεῖνοι μὲν οὖν σιωπῇ ἐδείπνουν, ὥσπερ τοῦτο ἐπιτεταγμένον αὐτοῖς ὑπὸ κρείττονός τινος. Φίλιππος δ' ὁ γελωτοποιὸς κρούσας τὴν θύραν εἶπε τῷ ὑπακούσαντι εἰσαγγεῖλαι ὅστις τε εἴη καὶ διότι κατάγεσθαι βούλοιτο· συνεσκευασμένος δὲ παρεῖναι ἔφη πάντα τὰ ἐπιτήδεια ὥστε δειπνεῖν τἀλλότρια, καὶ τὸν παῖδα δὲ ἔφη πάνυ πιέζεσθαι διά τε τὸ φέρειν μηδὲν καὶ διὰ τὸ ἀνάριστον εἶναι. (12) Ὁ οὖν Καλλίας ἀκούσας ταῦτα εἶπεν, Ἀλλὰ μέντοι, ὦ ἄνδρες, αἰσχρὸν στέγης γε φθονῆσαι· εἰσίτω οὖν. Καὶ ἅμα ἀπέβλεψεν εἰς τὸν Αὐτόλυκον, δῆλον ὅτι ἐπισκοπῶν τί ἐκείνῳ δόξειε τὸ σκῶμμα εἶναι. (13) Ὁ δὲ στὰς ἐπὶ τῷ ἀνδρῶνι ἔνθα τὸ δεῖπνον ἦν εἶπεν, Ὅτι μὲν γελωτοποιός εἰμι ἴστε πάντες· ἥκω δὲ προθύμως νομίσας γελοιότερον εἶναι τὸ ἄκλητον ἢ τὸ κεκλημένον ἐλθεῖν ἐπὶ τὸ δεῖπνον. Κατακλίνου τοίνυν, ἔφη ὁ Καλλίας. Καὶ γὰρ οἱ παρόντες σπουδῆς μέν, ὡς ὁρᾷς, μεστοί, γέλωτος δὲ ἴσως ἐνδεέστεροι. (14) Δειπνούντων δὲ αὐτῶν, ὁ Φίλιππος γελοῖόν τι εὐθὺς ἐπεχείρει λέγειν, ἵνα δὴ ἐπιτελοίη, ὧνπερ ἕνεκα ἐκαλεῖτο ἑκάστοτε ἐπὶ τὰ δεῖπνα. Ὡς δ' οὐκ ἐκίνησε γέλωτα, τότε μὲν ἀχθεσθεὶς φανερὸς ἐγένετο. Αὖθις δ' ὀλίγον ὕστερον ἄλλο τι γελοῖον ἐβούλετο λέγειν. Ὡς δὲ οὐδὲ τότε ἐγέλασαν ἐπ' αὐτῷ, ἐν τῷ μεταξὺ παυσάμενος τοῦ δείπνου, συγκαλυψάμενος κατέκειτο. (15) Καὶ ὁ Καλλίας, Τί τοῦτ', ἔφη, ὦ Φίλιππε; ἀλλ' ὀδύνη σε εἴληφε; Καὶ ὃς ἀναστενάξας εἶπε, Ναὶ μὰ Δί', ἔφη, ὦ Καλλία, μεγάλη γε. Ἐπεὶ γὰρ γέλως ἐξ ἀνθρώπων ἀπόλωλεν, ἔρρει τὰ ἐμὰ πράγματα. Πρόσθεν μὲν γὰρ τούτου ἕνεκα ἐκαλούμην ἐπὶ τὰ δεῖπνα, ἵνα εὐφραίνοιντο οἱ συνόντες, δι' ἐμὲ γελῶντες· νῦν δὲ τίνος ἕνεκα καλεῖ μέ τις; οὔτε γὰρ ἔγωγε σπουδάσαι ἂν δυναίμην μᾶλλον, ἤπερ ἀθάνατος γενέσθαι, οὔτε μὴν ὡς ἀντικληθησόμενος καλεῖ μέ τις, ἐπεὶ πάντες ἴσασιν, ὅτι ἀρχὴν οὐδὲ νομίζεται εἰς τὴν ἐμὴν οἰκίαν δεῖπνον εἰσφέρεσθαι. Καὶ ἅμα λέγων ταῦτα ἀπεμύττετό τε, καὶ τῇ φωνῇ σαφῶς κλαίειν ἐφαίνετο. (16) Πάντες μὲν οὖν παρεμυθοῦντό τε αὐτόν, ὡς αὖθις γελασόμενοι, καὶ δειπνεῖν ἐκέλευον· Κριτόβουλος δὲ καὶ ἐξεκάγχασεν ἐπὶ τῷ οἰκτισμῷ αὐτοῦ. Ὁ δὲ ὡς ᾔσθετο τοῦ γέλωτος, ἀνεκαλύψατό τε, καὶ τῇ ψυχῇ παρακελευσάμενος θαρρεῖν, ὅτι ἔσονται συμβολαί, πάλιν ἐδείπνει.

ΚΕΦΑΛΑΙΟΝ Β.

Ὡς δ' ἀφῃρέθησαν αἱ τράπεζαι καὶ ἐσπείσαντο καὶ ἐπαιάνισαν, ἔρχεται αὐτοῖς ἐπὶ κῶμον Συρακόσιός τις ἄνθρωπος, ἔχων τε αὐλητρίδα ἀγαθὴν καὶ ὀρχηστρίδα τῶν τὰ θαύματα δυναμένων ποιεῖν, καὶ παῖδα πάνυ γε

et in loquendo terribiliores ac vehementiores : nihilominus illi, qui ab amoris pudici numine afflati sunt, tum quod ad oculos attinet, amabiliores sunt; tum vocem mitiorem fingunt, et gestus ad speciem quandam maxime liberalem conformant. Quæ quum id temporis præ amore Callias faceret, conspicuus illis erat, qui essent huic deo initiati. Atque hi quidem cœnabant taciti, quasi mandatum hoc ipsis ab aliquo potiore fuisset. Philippus autem joculator, quum fores pulsasset, jussit eum qui venerat auditum, renuntiare intro, quinam esset, et quamobrem ad ipsos divertere vellet. Addebat, se instructum adesse ab omnibus rebus necessariis, ad sumendum cœnam alienam. Etiam puerum aiebat admodum premi, tum quod nihil ferret, tum quod esset impransus. Quibus auditis Callias, Turpe fuerit, ait, o viri, tectum ei denegare. Quamobrem ingrediatur sane. Simul vultu ad Autolycum converso, cujusmodi scilicet is jocus illi videretur, considerabat. Philippus autem quum in virorum conclavi constitisset, ubi tum cœnabatur, Nostis, ait, omnes, esse me joculatorem. Lubens autem veni, quod magis esse joculare existimarem, ad cœnam invocatum accedere, quam si invitatus essem. Accumbito igitur, ait Callias. Nam quotquot hic adsunt, toti rebus abundant seriis, ut vides, ac risu fortassis indigent. Inter cœnandum Philippus statim ridiculi quiddam dicere conabatur, ut nimirum peregeret ea quorum causa vocari plerumque ad cœnas consueverat. Verum ubi risum non movisset, moleste id se ferre non obscure indicabat : nec multo post rursum aliud quiddam rei ridiculæ proferre volebat. Quum autem ne tum quidem ad id arrisissent, interim, cœnantibus aliis, a cibis abstinuit, et capite obvoluto jacebat. Et Callias, Quid hoc rei est, Philippe? ait. Num te dolor aliquis invasit? Tum ille suspirans, Ingens profecto quidam, inquit, mi Callia. Quippe quum risus ex hominum vita perierit, actum est de rebus meis. Nam antehac propterea vocabar ad cœnas, ut quotquot adessent, excitato per me risu exhilararentur : nunc vero cujus me rei causa quispiam invitet? Etenim seria proferre non magis equidem possum, quam immortalis fieri : neque vocabit me quisquam scilicet, ut a me vicissim invitetur, quod norint omnes, prorsus in more non esse, ut cœna mea in ædes inferatur. Atque interim dum hæc diceret, nares emungebat, et voce fletum egregie exprimebat. Quamobrem omnes hominem consolari, quasi posterius risuri essent ; atque uti cœnaret, hortari ; Critobulo in hac commiseratione cachinnum tollente. Ibi Philippus, ut risum audierat, detecta facie suum ipsius animum cohortatus, uti confideret, non defutura sibi convivia, rursus cœnabat.

CAPUT II.

Mensis tandem ablatis, ac libationibus pæanque absolutis, Syracusanus quidam ipsis ad comessationem accedit, qui secum et tibicinam egregiam, et saltatricem ex earum numero haberet, quæ mira quædam efficere sciunt, et for-

ὡραῖον καὶ πάνυ καλῶς κιθαρίζοντα καὶ ὀρχούμενον. Ταῦτα δὲ [καὶ] ἐπιδεικνὺς ὡς ἐν θαύματι ἀργύριον ἐλάμβανεν. (2) Ἐπεὶ δὲ αὐτοῖς ἡ αὐλητρὶς μὲν ηὔλησεν, ὁ δὲ παῖς ἐκιθάρισε, καὶ ἐδόκουν μάλα ἀμφότεροι ἱκανῶς εὐφραίνειν, εἶπεν ὁ Σωκράτης, Νὴ Δί', ὦ Καλλία, τελέως ἡμᾶς ἑστιᾷς. Οὐ γὰρ μόνον δεῖπνον ἄμεμπτον παρέθηκας, ἀλλὰ καὶ θεάματα καὶ ἀκροάματα ἥδιστα παρέχεις. (3) Καὶ ὃς ἔφη, Τί οὖν εἰ καὶ μύρον τις ἡμῖν ἐνέγκαι, ἵνα καὶ εὐωδίᾳ ἑστιώμεθα; Μηδαμῶς, ἔφη ὁ Σωκράτης. Ὥσπερ γάρ τοι ἐσθὴς ἄλλη μὲν γυναικί, ἄλλη δὲ ἀνδρὶ καλή, οὕτω καὶ ὀσμὴ ἄλλη μὲν ἀνδρί, ἄλλη δὲ γυναικὶ πρέπει. Καὶ γὰρ ἀνδρὸς μὲν δήπου ἕνεκα ἀνὴρ οὐδεὶς μύρῳ χρίεται. Αἱ μέντοι γυναῖκες ἄλλως τε καὶ ἢν νύμφαι τύχωσιν οὖσαι, ὥσπερ ἡ Νικηράτου τοῦδε καὶ ἡ Κριτοβούλου, μύρου μέν τι καὶ προσδέοιντ' ἄν· αὐταὶ γὰρ τούτου ὄζουσιν· ἐλαίου δὲ τοῦ ἐν γυμνασίοις ὀσμὴ καὶ παροῦσα ἀνδράσιν ἢ μύρου γυναιξὶν ἡδίων καὶ ἀποῦσα ποθεινοτέρα. (4) Καὶ γὰρ δὴ μύρῳ μὲν ὁ ἀλειψάμενος καὶ δοῦλος καὶ ἐλεύθερος εὐθὺς ἅπας ὅμοιον ὄζει· αἱ δ' ἀπὸ τῶν ἐλευθερίων μόχθων ὀσμαὶ ἐπιτηδευμάτων τε πρῶτον καὶ χρόνου δέονται, εἰ μέλλουσιν ἡδεῖαί τε καὶ ἐλευθέριοι ἔσεσθαι. Καὶ ὁ Λύκων εἶπεν, Οὐκοῦν νέοις μὲν ἂν εἴη ταῦτα· ἡμᾶς δὲ τοὺς μηκέτι γυμναζομένους τίνος ὄζειν δεήσει; Καλοκἀγαθίας νὴ Δί', ἔφη ὁ Σωκράτης. Καὶ πόθεν ἄν τις τοῦτο τὸ χρῖσμα λάβοι; Οὐ μὰ Δί', ἔφη, οὐ παρὰ τῶν μυροπωλῶν. Ἀλλὰ πόθεν δή; Ὁ μὲν Θέογνις ἔφη,

Ἐσθλῶν μὲν γὰρ ἀπ' ἐσθλὰ διδάξεαι· ἢν δὲ κακοῖσι
συμμίσγῃς, ἀπολεῖς καὶ τὸν ἐόντα νόον.

(5) Καὶ ὁ Λύκων εἶπεν, Ἀκούεις ταῦτα, ὦ υἱέ; Ναὶ μὰ Δί', ἔφη ὁ Σωκράτης, καὶ χρῆταί γε. Ἐπεὶ γοῦν νικηφόρος ἐβούλετο τοῦ παγκρατίου γενέσθαι, σὺν σοὶ σκεψάμενος *** αὖ, ὃς ἂν δοκῇ αὐτῷ ἱκανώτατος εἶναι εἰς τὸ ταῦτα ἐπιτηδεῦσαι, τούτῳ συνέσται. (6) Ἐνταῦθα δὴ πολλοὶ ἐφθέγξαντο· καὶ ὁ μέν τις αὐτῶν εἶπε, Ποῦ οὖν εὑρήσει τούτου διδάσκαλον; ὁ δέ τις ὡς οὐδὲ διδακτὸν τοῦτό εἴη, ἕτερος δέ τις ὡς εἴπερ τι καὶ ἄλλο καὶ τοῦτο μαθητόν. (7) Ὁ δὲ Σωκράτης ἔφη, Τοῦτο μὲν ἐπειδὴ ἀμφιλογόν ἐστιν, εἰς αὖθις ἀπολυσόμεθα· νυνὶ δὲ τὰ προκείμενα ἀποτελῶμεν. Ὁρῶ γὰρ ἔγωγε τηνδὶ τὴν ὀρχηστρίδα ἐφεστηκυῖαν καὶ τροχούς τινας αὐτῇ προσφέροντα. (8) Ἐκ τούτου δὴ ηὔλει μὲν αὐτῇ ἡ ἑτέρα, παρεστηκὼς δέ τις τῇ ὀρχηστρίδι ἀνεδίδου τοὺς τροχοὺς μέχρι δώδεκα. Ἡ δὲ λαμβάνουσα ἅμα τε ὠρχεῖτο καὶ ἀνερρίπτει δινουμένους συντεκμαιρομένη ὅσον ἔδει ῥιπτεῖν ὕψος, ὡς ἐν ῥυθμῷ δέχεσθαι αὐτούς. (9) Καὶ ὁ Σωκράτης εἶπεν, Ἐν πολλοῖς μέν, ὦ ἄνδρες, καὶ ἄλλοις δῆλον καὶ ἐν οἷς δ' ἡ παῖς ποιεῖ ὅτι ἡ γυναικεία φύσις οὐδὲν χείρων τῆς τοῦ ἀνδρὸς οὖσα τυγχάνει, γνώμης δὲ καὶ ἰσχύος δεῖται. Ὥστε εἴ τις ὑμῶν γυναῖκα ἔχει, θαρρῶν διδασκέτω ὅ,τι βούλοιτ' ἂν αὐτῇ ἐπισταμένῃ χρῆσθαι. (10) Καὶ ὁ Ἀντισθένης, Πῶς οὖν, ἔφη, ὦ Σώκρατες, οὕτω γιγνώσκων οὐ καὶ σὺ παιδεύεις Ξανθίπ-

mosum admodum puerum, belle admodum canentem cithara, et saltantem. Atque haec ille miraculi loco exhibendo, pecuniam accipiebat. Posteaquam tibicina et puer cecinissent, illa tibia, hic cithara, viderenturque satis homines exhilarasse: Profecto, mi Callia, inquit Socrates, convivio nos rebus omnibus absoluto excipis. Non enim tantum coenam minime contemnendam nobis adposuisti, sed etiam spectacula et acroamata jucundissima exhibes. Tum ille, Quid ergo, inquit, si quis unguentum nobis attulerit, ut etiam fragrantia odoris excipiamur? Nequaquam, ait Socrates. Nam uti vestis alia mulieri, alia viro pulchra est: sic alius odor virum, alius mulierem decet. Nemo certe virorum unguento viri causa sese ungit. Mulieres vero, praesertim si sponsae sint, quemadmodum jam est illa Nicerati, et Critobuli, unguento aliquantum etiam indigere possint, nam ipsaemet unguentum redolent: at odor olei, quo in gymnasiis utimur, si quidem adsit, viris gratior est, quam unguenti mulieribus, et magis, si absit, expetitur. Etenim si quis unguento sit delibutus, sive servus, seu ingenuus, mox illorum quivis eodem modo redolet. At qui sunt ex laboribus exercitiorum liberalium odores, primum et exercitationes et tempus desiderant, si quidem et suaves et liberales futurae esse debeant. Tum Lyco, Haec igitur ad juvenes pertinent, ait. Nos autem, qui exercitiis illis non amplius utimur, quid redolere debemus? Virtutem profecto et honestatem, ait Socrates. Atque unde quis illud unguentum sumpserit? Nequaquam certe, ait, ad unguentariis. Unde igitur, quaeso? Theognis dixit,

Justi justa docent: sed si versaberis inter
pravos, amittes quod tibi mentis adest.

Tum Lyco: Audis haec, inquit, fili? Profecto, ait Socrates, et quidem ad usum confert. Quoniam igitur quinquertii victor esse cupiebat, ubi tecum considerarit, ** qui ad exercendum hoc studii genus illi maxime convenire videatur, ejus consuetudine utetur. Atque hic varii multorum sermones erant. Unus inter alios aiebat: Ubinam ad hoc magistrum reperiet? Alius, ne doceri quidem id posse, dicebat. Rursus alius quispiam, si quid esset aliud, quod disci posset, hoc certe posse. Tum Socrates; Quandoquidem controversum hoc est, inquit, in aliud tempus rejiciamus. Nunc quae proposita sunt, absolvamus. Nam video saltatricem hanc adstare, et orbes quendam ei afferre. Secundum haec tibia canebat illi altera, et adstans saltatrici quidam, orbes ei tradebat ad duodecim. Quibus acceptis illa, simul et saltabat, et vibratos jactabat sursum, facile conjiciens, quamnam in altitudinem conjiciendi essent, ut eos concinne posset excipere. Tum Socrates; Quum ex aliis rebus, inquit, amici, tum ex iis quae puella haec praestat, perspicuum est, sexus muliebris indolem nihilo deteriorem esse virili, nisi quod consilium mentis et robur eam deficiat. Quapropter si cui vestrum uxor est, fidenter eam doceat, quidquid libuerit in ea, in quo illam peritam habere cupit. Hic Antisthenes, Cur igitur, ait, qui ea sis in sententia, Socrates, non tu quoque Xanthippam instituis, quam uxo-

42.

πην, ἀλλὰ χρῇ γυναικὶ τῶν οὐσῶν οἴμαι· δὲ καὶ τῶν γεγενημένων καὶ τῶν ἐσομένων χαλεπωτάτῃ; Ὅτι, ἔφη, ὁρῶ καὶ τοὺς ἱππικοὺς βουλομένους γενέσθαι οὐ τοὺς εὐπειθεστάτους ἀλλὰ τοὺς θυμοειδεῖς ἵππους κτωμένους. Νομίζουσι γάρ, ἢν τοὺς τοιούτους δύνωνται κατέχειν, ῥᾳδίως τοῖς γε ἄλλοις ἵπποις χρήσεσθαι. Κἀγὼ δὴ βουλόμενος ἀνθρώποις χρῆσθαι καὶ ὁμιλεῖν ταύτην κέκτημαι, εὖ εἰδὼς ὅτι εἰ ταύτην ὑποίσω, ῥᾳδίως τοῖς γε ἄλλοις ἅπασιν ἀνθρώποις συνέσομαι. Καὶ οὗτος μὲν δὴ ὁ λόγος οὐκ ἀπὸ τοῦ σκοποῦ ἔδοξεν εἰρῆσθαι. (11) Μετὰ δὲ τοῦτο κύκλος εἰσηνέχθη περίμεστος ξιφῶν ὀρθῶν. Εἰς οὖν ταῦτα ἡ ὀρχηστρὶς ἐκυβίστα τε καὶ ἐξεκυβίστα ὑπὲρ αὐτῶν. Ὥστε οἱ μὲν θεώμενοι ἐφοβοῦντο μή τι πάθῃ, ἡ δὲ θαρροῦντως τε καὶ ἀσφαλῶς ταῦτα διεπράττετο. (12) Καὶ ὁ Σωκράτης καλέσας τὸν Ἀντισθένην εἶπεν, Οὔτοι τούς γε θεωμένους τάδε ἀντιλέξειν ἔτι οἴομαι ὡς οὐχὶ καὶ ἡ ἀνδρεία διδακτόν, ὁπότε αὕτη καίπερ γυνὴ οὖσα οὕτω τολμηρῶς εἰς τὰ ξίφη ἵεται. (13) Καὶ ὁ Ἀντισθένης εἶπεν, Ἆρ᾽ οὖν καὶ τῷδε τῷ Συρακοσίῳ κράτιστον ἐπιδείξαντι τῇ πόλει τὴν ὀρχηστρίδα εἰπεῖν, ἐὰν διδῶσιν αὐτῷ Ἀθηναῖοι χρήματα, ποιήσειν πάντας Ἀθηναίους τολμᾶν ὁμόσε ταῖς λόγχαις ἰέναι; (14) Καὶ ὁ Φίλιππος, Νὴ Δί', ἔφη, καὶ μὴν ἔγωγε ἡδέως ἂν θεῴμην Πείσανδρον τὸν δημηγόρον μανθάνοντα κυβιστᾶν εἰς τὰς μαχαίρας, ὃς νῦν διὰ τὸ μὴ δύνασθαι λόγχαις ἀντιβλέπειν οὐδὲ συστρατεύεσθαι ἐθέλει. Ἐκ τούτου ὁ παῖς ὠρχήσατο. (15) Καὶ ὁ Σωκράτης εἶπεν, Εἴδετ᾽, ἔφη, ὡς καλὸς παῖς ὢν ὅμως σὺν τοῖς σχήμασιν ἔτι καλλίων φαίνεται ἢ ὅταν ἡσυχίαν ἔχῃ; Καὶ ὁ Χαρμίδης εἶπεν, Ἐπαινοῦντι ἔοικας τὸν ὀρχηστοδιδάσκαλον. (16) Ναὶ μὰ τὸν Δί', ἔφη ὁ Σωκράτης· καὶ γὰρ ἄλλο τι προσενενόησα, ὅτι οὐδὲν ἀργὸν τοῦ σώματος ἐν τῇ ὀρχήσει ἦν, ἀλλ' ἅμα καὶ τράχηλος καὶ σκέλη καὶ χεῖρες ἐγυμνάζοντο, ὥσπερ χρὴ ὀρχεῖσθαι τὸν μέλλοντα εὐφορώτερον τὸ σῶμα ἕξειν. Καὶ ἐγὼ μέν, ἔφη, πάνυ ἂν ἡδέως, ὦ Συρακόσιε, μάθοιμι τὰ σχήματα παρὰ σοῦ. Καὶ ὅς, Τί οὖν χρήσῃ αὐτοῖς; ἔφη. (17) Ὀρχήσομαι νὴ Δία. Ἐνταῦθα δὴ ἐγέλασαν ἅπαντες. Καὶ ὁ Σωκράτης μάλα ἐσπουδακότι τῷ προσώπῳ, Γελᾶτε, ἔφη, ἐπ᾽ ἐμοί; πότερον ἐπὶ τούτῳ εἰ βούλομαι γυμναζόμενος μᾶλλον ὑγιαίνειν ἢ εἰ ἥδιον ἐσθίειν καὶ καθεύδειν ἢ τοιούτων γυμνασίων ἐπιθυμῶ, μὴ ὥσπερ οἱ δολιχοδρόμοι τὰ σκέλη μὲν παχύνονται, τοὺς ὤμους δὲ λεπτύνονται, μηδ᾽ ὥσπερ οἱ πύκται τοὺς μὲν ὤμους παχύνονται, τὰ δὲ σκέλη λεπτύνονται, ἀλλὰ παντὶ διαπονῶν τῷ σώματι πᾶν ἰσόρροπον ποιεῖν; (18) ἢ ἐπ᾽ ἐκείνῳ γελᾶτε ὅτι οὐ δεήσει με συγγυμναστὴν ζητεῖν, οὐδ᾽ ἐν ὄχλῳ πρεσβύτην ὄντα ἀποδύεσθαι, ἀλλ᾽ ἀρκέσει μοι οἶκος ἑπτάκλινος, ὥσπερ καὶ νῦν τῷδε τῷ παιδὶ ἤρκεσε τόδε τὸ οἴκημα ἐνιδρῶσαι, καὶ χειμῶνος μὲν ἐν στέγῃ γυμνάσομαι, ὅταν δὲ ἄγαν καῦμα ᾖ, ἐν σκιᾷ; (19) ἢ τόδε γελᾶτε, εἰ μεῖζον τοῦ καιροῦ τὴν γαστέρα ἔχων μετριωτέραν βούλομαι ποιῆσαι αὐτήν; ἢ οὐκ ἴστε ὅτι ἔναγχος ἕωθεν Χαρμίδης οὑτοσὶ κα

rem habes omnium, quæ sunt, et fuerunt, ut arbitror, et deinceps erunt, acerbissimam? Quod, inquit, eos etiam video, qui equestris rei peritissimi fieri volunt, non illos sibi equos comparare, qui lubentissime pareant, sed valde animosos : existimant enim, se, si tales cohibere possint, facile alios etiam equos tractaturos. Itaque et ipse quum uti hominum consuetudine cuperem, hanc mihi quæsivi; quod futurum scirem, ut si eam tolerare possem, facile cum universis hominibus ceteris versarer. Atque hæc quidem oratio minime a scopo aberrans proferri visa est. Post hæc illatus est circulus quidam, gladiis erectis undique plenus : inter quos saltatrix in caput saliebat, ac rursus supra eos in caput exsiliebat. Itaque metuebant spectatores, ne quid accideret ei; quum illa confidenter ac tuto hæc faceret. Tum Socrates adpellato Antisthene, Non amplius contradicturos mihi spectatores arbitror, ait, quin fortitudo quoque sub doctrinam cadat : quando hæc, tametsi mulier sit, tam audacter in adversos gladios pergit. Ad hæc Antisthenes, Ergone fuerit huic Syracusano, ait, optimum, ut saltatrice sua civitati ostensa dicat se , si pecuniam ei largiantur Athenienses, effecturum ut audeant omnes Athenienses in hastas adversas pergere? Tum Philippus, Profecto, inquit, lubenter equidem Pisandrum concionatorem spectare velim discentem hanc rationem provolvendi se inter gladios in caput : qui nunc propterea, quod hastas adversas intueri nequeat, ne cum aliis quidem militatum ire vult. Deinde puer saltabat. Ac Socrates, Videtis, inquit, quam elegans hic puer sit, verum si gestus adhibeat, etiam elegantior videatur, quam si quiescat? Tum Charmides, Videris, ait, mihi magistrum saltationis hujus laudare velle. Sic est profecto, inquit Socrates. Nam præterea quiddam aliud animadverti, quod videlicet in ipsa saltatione nulla pars corporis ociosa esset; sed simul et collum, et crura, et manus exercerentur, quemadmodum saltare convenit eum qui corpus agilius habere velit. Atque equidem, ait, perlubenter, mi Syracusane, gestus hos abs te discerem. Et ille, Cuinam, ait, usui tibi fuerint illi? Saltabo scilicet. Tum vero sublatus ab omnibus risus. Et Socrates vultu maxime ad seriam quandam speciem composito : Meane causa ridetis? inquit. Num id propterea, quod exercendo me rectius valere cupio, vel quod majori cum voluptate cibis vesci ac dormire velim; vel, quod hæc exercitia desidero, ut mihi non, quemadmodum in stadio currentibus, crura compactiora fiant, humeri tenuiores; nec pugilum instar humeri crassescant, crura attenuentur : sed toto corpore laborando, universum etiam eodem ut robore polleat, efficiam? An ideo ridetis, quod minime fuerit necessarium , ut quæram exercitationis socium, neque ut in turba me senex exuam : sed suffectura mihi sit domus septem lectulorum capax, quemadmodum huic etiam puero satis hoc conclave fuit, ubi sudaret? tum quod per liemem sub tecto me sim exerciturus, vicissim ubi magnus æstus fuerit, in umbra? An id potius ridetis, quod quum ampliorem, quam par sit, ventrem habeam, reddere hunc aliquanto minorem velim? An nescitis, Charmidem hunc nuper admodum me saltantem

τἐλαβέ με ὀρχούμενον; Ναὶ μὰ τὸν Δί', ἔφη ὁ Χαρμίδης· καὶ τὸ μέ γε πρῶτον ἐξεπλάγην καὶ ἔδεισα μὴ μαίνοιο· ἐπεὶ δέ σου ἤκουσα ὅμοια οἷς νῦν λέγεις, καὶ αὐτὸς ἐλθὼν οἴκαδε ὠρχούμην μὲν οὔ, οὐ γὰρ πώποτε τοῦτ' ἔμαθον, ἐχειρονόμουν δέ· ταῦτα γὰρ ἠπιστάμην. (20) Νὴ Δί', ἔφη ὁ Φίλιππος, καὶ γὰρ οὖν οὕτω τὰ σκέλη τοῖς ὤμοις φαίνῃ ἰσοφόρα ἔχειν ὥστε δοκεῖς ἐμοὶ κἂν εἰ τοῖς ἀγορανόμοις ἀριστίνην ὥσπερ ἄρτους τὰ κάτω πρὸς τὰ ἄνω ἀζήμιος ἂν γενέσθαι. Καὶ ὁ Καλλίας εἶπεν, Ὦ Σώκρατες, ἐμὲ μὲν παρακάλει, ὅταν μέλλῃς μανθάνειν ὀρχεῖσθαι, ἵνα σοι ἀντιστοιχῶ τε καὶ συμμανθάνω.

21. Ἄγε δή, ἔφη ὁ Φίλιππος, καὶ ἐμοὶ αὐλησάτω, ἵνα καὶ ἐγὼ ὀρχήσωμαι. Ἐπειδὴ δ' ἀνέστη, διῆλθε μιμούμενος τήν τε τοῦ παιδὸς καὶ τὴν τῆς παιδὸς ὄρχησιν. (22) Καὶ πρῶτον μὲν ὅτι ἐπῄνεσαν ὡς ὁ παῖς σὺν τοῖς σχήμασιν ἔτι καλλίων ἐφαίνετο, ἀνταπέδειξεν ὅ,τι κινοίη τοῦ σώματος ἅπαν τῆς φύσεως γελοιότερον· ὅτι δ' ἡ παῖς εἰς τοὔπισθεν καμπτομένη τροχοὺς ἐμιμεῖτο, ἐκεῖνος ταῦτα εἰς τὸ ἔμπροσθεν ἐπικύπτων μιμεῖσθαι τροχοὺς ἐπειρᾶτο. Τέλος δ' ὅτι τὸν παῖδ' ἐπῄνουν ὡς ἐν τῇ ὀρχήσει ἅπαν τὸ σῶμα γυμνάζοι, κελεύσας τὴν αὐλητρίδα θάττονα ῥυθμὸν ἐπάγειν ἵει ἅμα πάντα καὶ σκέλη καὶ χεῖρας καὶ κεφαλήν. (23) Ἐπειδὴ δὲ ἀπειρήκει, κατακλινόμενος εἶπε, Τεκμήριον, ὦ ἄνδρες, ὅτι καλῶς γυμνάζει καὶ τὰ ἐμὰ ὀρχήματα. Ἔγωγ' οὖν διψῶ· καὶ ὁ παῖς ἐγχεάτω μοι τὴν μεγάλην φιάλην. Νὴ Δί', ἔφη ὁ Καλλίας, καὶ ἡμῖν γε, ἐπεὶ καὶ ἡμεῖς διψῶμεν ἐπὶ σοὶ γελῶντες. (24) Ὁ δ' αὖ Σωκράτης εἶπεν, Ἀλλὰ πίνειν μὲν, ὦ ἄνδρες, καὶ ἐμοὶ πάνυ δοκεῖ· τῷ γὰρ ὄντι ὁ οἶνος ἄρδων τὰς ψυχὰς τὰς μὲν λύπας ὥσπερ ὁ μανδραγόρας τοὺς ἀνθρώπους κοιμίζει, τὰς δὲ φιλοφροσύνας ὥσπερ ἔλαιον φλόγα ἐγείρει. (25) Δοκεῖ μέντοι μοι καὶ τὰ τῶν ἀνδρῶν συμπόσια ταὐτὰ πάσχειν ἅπερ καὶ τὰ ἐν γῇ φυόμενα. Καὶ γὰρ ἐκεῖνα, ὅταν μὲν ὁ θεὸς αὐτὰ ἄγαν ἀθρόως ποτίζῃ, οὐ δύνανται ὀρθοῦσθαι οὐδὲ ταῖς αὔραις διαπνεῖσθαι· ὅταν δ' ὅσῳ ἥδεται τοσοῦτο πίνῃ, καὶ μάλα ὀρθά τε αὔξεται καὶ θάλλοντα ἀρκνεῖται εἰς τὴν καρπογονίαν. (26) Οὕτω δὲ καὶ ἡμεῖς ἢν μὲν ἀθρόον τὸ ποτὸν ἐγχεώμεθα, ταχὺ ἡμῖν καὶ τὰ σώματα καὶ αἱ γνῶμαι σφαλοῦνται, καὶ οὐδὲ ἀναπνεῖν, μὴ ὅτι λέγειν τι δυνησόμεθα· ἢν δὲ ἡμῖν οἱ παῖδες μικραῖς κύλιξι πυκνὰ ἐπιψεκάζωσιν, ἵνα καὶ ἐγὼ ἐν Γοργιείοις ῥήμασιν εἴπω, οὕτως οὐ βιαζόμενοι ὑπὸ τοῦ οἴνου μεθύειν ἀλλ' ἀναπειθόμενοι πρὸς τὸ παιγνιωδέστερον ἀφιξόμεθα. (27) Ἐδόκει μὲν δὴ ταῦτα πᾶσι· προσέθηκε δὲ ὁ Φίλιππος ὡς χρὴ τοὺς οἰνοχόους μιμεῖσθαι τοὺς ἀγαθοὺς ἁρματηλάτας, θᾶττον περιελαύνοντας τὰς κύλικας. Οἱ μὲν δὴ οἰνοχόοι οὕτως ἐποίουν.

mane deprehendisse? Profecto sic est, ait Charmides. Et initio quidem obstupui, ac ne insanires, veritus sum. Verum ubi te audivi consimilia dicere iis quæ nunc dicis, etiam ipse domum ubi venissem, non saltabam quidem (quando id nunquam didici), sed manibus gesticulabar, quod facere noram. Est ita profecto, inquit Philippus: nam crura videris tam æqualis habere cum humeris ponderis, ut si annonæ præfectis inferiorum pondus ad superiora examinatum appenderes (sicut in panibus fieri solet), non multatus evaderes. Tum Callias, Me vero arcesse, ait, mi Socrates, quum saltandi rationem voles discere, ut tibi oppositus saltem, et una discam.

Age vero, inquit Philippus, etiam mihi tibiam inflet, ut et ipse saltem. Quumque surrexisset, hinc inde incedebat ac pueri puellæque saltationem imitabatur. Primum vero, quod prædicassent puerum, qui ex gestibus etiam pulchrior exstitisset; ipse contra, quancumque corporis partem movisset, corpus totum magis, quam esset reapse, ridiculum monstravit. Quod autem puella flexo retro corpore rotas imitaretur, ipse antrorsum se flectens rotas imitari conabatur. Tandem quia puerum laudabant, qui inter saltandum corpus universum exerceret; jussa fidicina celeriorem aliquem numerum inferre, crura, manus, caput, omnia simul jactabat. Posteaquam defatigatus esset, Hoc argumento est, inquit in lectulum procumbens, o viri, etiam meas saltationes egregie corpus exercere: sitio etenim. Infundat mihi puer magnam illam pateram. Et nobis quoque profecto, subjecit Callias: quippe nos etiam sitimus, dum te ridemus. At Socrates, Enimvero, ait, o viri, etiam mihi vel maxime videtur esse bibendum. Nam revera vinum, dum animos rigat, mœrores quidem, perinde ac mandragoras homines, sopit; et hilaritates, perinde atque oleum flammam, excitat. Videtur autem mihi hominum quoque conviviis idem accidere, quod iis quæ terra nascuntur. Nam quum hæc a deo rigantur imbre nimio, non possunt erigi, nec ab auris perflari. At ubi tantum hauriunt, quantum eis gratum est, admodum erecta incrementa sumunt, florent, ad frugem perveniunt. Ita nos quoque, si potum immodicum infundamus, mox et corpora nobis, et animi vacillabunt; ac ne respirare quidem, nedum proferre quidquam poterimus. At si pueri minutis poculis crebro nos quasi rore quodam adsperserint, ut et ipse verbis Gorgianis utar, tum scilicet non coacti a vino temulenti fieri, sed quasi persuasione ejus ducti ad ludicra descendemus. Atque hæc tunc omnibus ita placuerunt. Philippus autem adjecit: debere pocillatores imitari strenuos aurigas in eo, ut pocula celeriuscule circumagerent: quod quidem a pocillatoribus est factum.

ΚΕΦΑΛΑΙΟΝ Γ.

Ἐκ δὲ τούτου συνηρμοσμένη τῇ λύρᾳ πρὸς τὸν αὐλὸν ἐκιθάρισεν ὁ παῖς καὶ ᾖσεν. Ἔνθα δὴ ἐπῄνεσαν μὲν ἅπαντες· ὁ δὲ Χαρμίδης καὶ εἶπεν, Ἀλλ' ἐμοὶ μὲν δοκεῖ, ὦ ἄνδρες, ὥσπερ Σωκράτης ἔφη τὸν οἶνον, οὕτω καὶ αὕτη ἡ κρᾶσις τῶν τε παίδων τῆς ὥρας καὶ τῶν φθόγγων τὰς μὲν λύπας κοιμίζειν, τὴν δ' ἀφροδίτην ἐγείρειν. (2) Ἐκ τούτου δὲ πάλιν εἶπεν ὁ Σωκράτης, Οὗτοι μὲν δὴ, ὦ ἄνδρες, ἱκανοὶ τέρπειν ἡμᾶς φαίνονται· ἡμεῖς δὲ τούτων οἶδ' ὅτι πολὺ βελτίονες οἰόμεθα εἶναι· οὐκ αἰσχρὸν οὖν εἰ μηδ' ἐπιχειρήσομεν συνόντες ὠφελεῖν τι ἢ εὐφραίνειν ἀλλήλους; Ἐντεῦθεν εἶπον πολλοί, Σὺ τοίνυν ἡμῖν ἐξηγοῦ ποίων λόγων ἁπτόμενοι μάλιστ' ἂν ταῦτα ποιοῖμεν. (3) Ἐγὼ μὲν τοίνυν, ἔφη, ἥδιστ' ἂν ἀπολάβοιμι παρὰ Καλλίου τὴν ὑπόσχεσιν. Ἔφη γὰρ δήπου, εἰ συνδειπνοῖμεν, ἐπιδείξειν τὴν αὐτοῦ σοφίαν. Καὶ ἐπιδείξω γε, ἔφη, ἐὰν καὶ ὑμεῖς ἅπαντες εἰς μέσον φέρητε ὅ,τι ἕκαστος ἐπίστασθε ἀγαθόν. Ἀλλ' οὐδείς σοι, ἔφη, ἀντιλέγει τὸ μὴ οὐ λέξειν ὅ,τι ἕκαστος ἡγεῖται πλείστου ἄξιον ἐπίστασθαι. (4) Ἐγὼ μὲν τοίνυν, ἔφη, λέγω ὑμῖν ἐφ' ᾧ μέγιστον φρονῶ. Ἀνθρώπους γὰρ οἶμαι ἱκανὸς εἶναι βελτίους ποιεῖν. Καὶ ὁ Ἀντισθένης εἶπε, Πότερον τέχνην τινὰ βαναυσικὴν ἢ καλοκἀγαθίαν διδάσκων; Εἰ καλοκἀγαθία ἐστὶν ἡ δικαιοσύνη. Νὴ Δί', ἔφη ὁ Ἀντισθένης, ἥ γε ἀναμφιλογωτάτη· ἐπεί τοι ἀνδρεία μὲν καὶ σοφία ἔστιν ὅτε βλαβερὰ καὶ φίλοις καὶ πόλει δοκεῖ εἶναι, ἡ δὲ δικαιοσύνη οὐδὲ καθ' ἓν συμμίγνυται τῇ ἀδικίᾳ. (5) Ἐπειδὰν τοίνυν καὶ ἡμῶν ἕκαστος εἴπῃ ὅ,τι ὠφέλιμον ἔχει, τότε κἀγὼ οὐ φθονήσω εἰπεῖν τὴν τέχνην δι' ἧς τοῦτο ἀπεργάζομαι. Ἀλλὰ σὺ αὖ, ἔφη, λέγε, ὦ Νικήρατε, ἐπὶ ποίᾳ ἐπιστήμῃ μέγα φρονεῖς. Καὶ ὃς εἶπεν, Ὁ πατὴρ ἐπιμελούμενος ὅπως ἀνὴρ ἀγαθὸς γενοίμην, ἠνάγκασέ με πάντα τὰ Ὁμήρου ἔπη μαθεῖν· καὶ νῦν δυναίμην ἂν Ἰλιάδα ὅλην καὶ Ὀδύσσειαν ἀπὸ στόματος εἰπεῖν. (6) Ἐκεῖνο δ', ἔφη ὁ Ἀντισθένης, λέληθέ σε ὅτι καὶ οἱ ῥαψῳδοὶ πάντες ἐπίστανται ταῦτα τὰ ἔπη; Καὶ πῶς ἄν, ἔφη, λελήθοι ἀκροώμενόν γε αὐτῶν ὀλίγου ἂν ἑκάστην ἡμέραν; Οἶσθά τι οὖν ἔθνος, ἔφη, ἠλιθιώτερον ῥαψῳδῶν; Οὐ μὰ τὸν Δί', ἔφη ὁ Νικήρατος, οὔκουν ἔμοιγε δοκεῖ. Δῆλον γάρ, ἔφη ὁ Σωκράτης, ὅτι τὰς ὑπονοίας οὐκ ἐπίστανται. Σὺ δὲ Στησιμβρότῳ τε καὶ Ἀναξιμάνδρῳ καὶ ἄλλοις πολλοῖς πολὺ δέδωκας ἀργύριον, ὥστε οὐδέν σε τῶν πολλοῦ ἀξίων λέληθε. (7) Τί γὰρ σύ, ἔφη, ὦ Κριτόβουλε, ἐπὶ τίνι μέγιστον φρονεῖς; Ἐπὶ κάλλει, ἔφη. Ἦ οὖν καὶ σύ, ἔφη ὁ Σωκράτης, ἕξεις λέγειν ὅτι τῷ σῷ κάλλει ἱκανὸς εἶ βελτίους ἡμᾶς ποιεῖν; Εἰ δὲ μή, δῆλόν γε ὅτι φαῦλος φανοῦμαι. (8) Τί γὰρ σύ, εἶπεν, ἐπὶ τίνι μέγα φρονεῖς, ὦ Ἀντίσθενες; Ἐπὶ πλούτῳ, ἔφη. Ὁ μὲν δὴ Ἑρμογένης ἀνήρετο εἰ πολὺ εἴη αὐτῷ ἀργύριον. Ὁ δὲ ἀπώμοσε μηδὲ ὀβολόν. Ἀλλὰ γῆν πολλὴν κέκτησαι; Ἴσως ἄν, ἔφη, Αὐτολύκῳ τούτῳ ἱκανὴ γένοιτο ἐγκονίσασθαι. (9)

CAPUT III.

Secundum hæc lyra ad tibiam accommodata puer et cithara utebatur, et canebat. Quod quum laudassent universi, Charmides ait : Mihi vero videtur, o viri, quemadmodum de vino dixit Socrates, ita puerilis hæc venustas commista sonis illis mœrores sopire, ac venerem excitare. Tum Socrates rursum ; Videntur hi quidem, ait, o viri, satis delectare nos posse : verum sat scio nos existimare, quod illis multo simus meliores. An non igitur est turpe, nos, quum una simus, non eniti, ut nonnihil invicem et commodi nobis et hilaritatis afferamus? Tum vero complures, Ergo tu nobis exponito, inquiunt, quos attingere sermones oporteat , ut id maxime consequamur. Equidem, ait, lubentissime frui Calliæ promisso velim. Dicebat enim, si cum ipso cœnaremus, ostentaturum se nobis sapientiam suam. Ostendam equidem, ait, si quidem vos quoque universi, quidquid boni nostis singuli, in medium contuleritis. At nemo est qui adversetur, ait, quominus expositurus sit, quidnam quisque maximi faciundum scire se arbitretur. Ego igitur vobis, ait, dico, quo me potissimum efferam. Nam arbitror posse me homines meliores efficere. Tum Antisthenes, Utrum, inquit, artem aliquam sordidam docendo, an honestatem? Ita, si justitia est honestas. Est profecto, ait Antisthenes, et quidem ea, de qua minime dubitari debeat. Nam fortitudo et doctrina nonnunquam et amicis et reipublicæ videntur esse noxiæ : verum justitia ne quidem minima parte cum injustitia miscetur. Posteaquam igitur unusquisque nostrum dixerit, quid habeat rei utilis, tum et ego dicere non gravabor, quanam illud arte efficiam. Tu vero, Nicerate, dicito nobis, cujus scientiæ causa elato sis animo. Pater meus, ait Niceratus, quum studiose daret operam, ut vir honestus ac bonus evaderem, coegit me ut omnes Homeri versus discerem. Jamque adeo possem totam Iliadem et Ulysseam de memoria promptam recitare. Tu vero ignorasti, inquit Antisthenes, etiam omnes rhapsodos eosdem versus tenere? Qui possem ignorare, ait, quum propemodum singulis eos diebus audirem? An igitur ullam nationem hominum stultiorem nosti, quam sint illi rhapsodi? Non profecto, inquit Niceratus, non ita mihi videtur. Perspicuum est enim, ait Socrates, illos versuum sententias non intelligere. Tu vero Stesimbroto, et Anaximandro, et multis aliis non parum pecuniæ dedisti : quo fit ut nihil eorum, quæ magni sunt facienda, ignores. Quid tu vero, Critobule, inquit, habes rei, quo te plurimum efferas? Ob formæ elegantiam, ait. Num igitur et tu, inquit Socrates, dicere poteris te pulchritudine tua posse nos meliores reddere? Ni possim id, perspicuum est, me nullius hominum pretii visum iri. Quid tu autem, Antisthenes? ait ; quam ob rem te efferas? Ob divitias, inquit. Quem rursus Hermogenes interrogabat, an multum haberet argenti. At is cum jurejurando, Ne obolum quidem, ait. Sed multum agri possides? inquit. Fortasse tantum, respondit, quantum huic Autolyco satis sit, de quo se pulvere conspergat. Sed

Ἀκουστέον ἂν εἴη καὶ σοῦ. Τί γὰρ σύ, ἔφη, ὦ Χαρμίδη, ἐπὶ τίνι μέγα φρονεῖς; Ἐγὼ αὖ, ἔφη, ἐπὶ πενίᾳ μέγα φρονῶ. Νὴ Δί', ἔφη ὁ Σωκράτης, ἐπ' εὐχαρίστῳ γε πράγματι. Τοῦτο γὰρ δὴ ἥκιστα μὲν ἐπίφθονον, ἥκιστα δὲ περιμάχητον, καὶ ἀφύλακτον ὂν σώζεται, καὶ ἀμελούμενον ἰσχυρότερον γίγνεται. (10) Σὺ δὲ δή, ἔφη ὁ Καλλίας, ἐπὶ τίνι μέγα φρονεῖς, ὦ Σώκρατες; Καὶ ὅς, μάλα σεμνῶς ἀνασπάσας τὸ πρόσωπον, Ἐπὶ μαστροπείᾳ, εἶπεν. Ἐπεὶ δὲ ἐγέλασαν ἐπ' αὐτῷ, Ὑμεῖς μὲν γελᾶτε, ἔφη· ἐγὼ δὲ οἶδ' ὅτι καὶ πάνυ ἂν πολλὰ χρήματα λαμβάνοιμι, εἰ βουλοίμην χρῆσθαι τῇ τέχνῃ. (11) Σύ γε μὴν δῆλον, ἔφη ὁ Λύκων πρὸς τὸν Φίλιππον, ὅτι ἐπὶ τῷ γελωτοποιεῖν μέγα φρονεῖς. Δικαιότερόν γ', ἔφη, οἴομαι ἢ Καλλιππίδης ὁ ὑποκριτής, ὃς ὑπερσεμνύνεται, ὅτι δύναται πολλοὺς κλαίοντας καθίζειν. (12) Οὐκοῦν καὶ σύ, ἔφη ὁ Ἀντισθένης, λέξεις, ὦ Λύκων, ἐπὶ τίνι μέγα φρονεῖς. Καὶ ὃς ἔφη· Οὐ γὰρ ἅπαντες ἴστε, ἔφη, ὅτι ἐπὶ τούτῳ τῷ υἱεῖ; Οὑτός γε μήν, ἔφη τις, δηλονότι ἐπὶ τῷ νικηφόρος εἶναι. Καὶ ὁ Αὐτόλυκος ἀνερυθριάσας εἶπε, Μὰ Δί', οὐκ ἔγωγε. (13) Ἐπεὶ δὲ ἅπαντες ἡσθέντες, ὅτι ἤκουσαν αὐτοῦ φωνήσαντος, προσέβλεψαν, ἤρετό τις αὐτόν, Ἀλλ' ἐπὶ τῷ μήν, ὦ Αὐτόλυκε; Ὁ δ' εἶπεν, ἐπὶ τῷ πατρί. Καὶ ἅμα ἐνεκλίθη αὐτῷ. Καὶ ὁ Καλλίας ἰδών, Ἆρ' οἶσθα, ἔφη, ὦ Λύκων, ὅτι πλουσιώτατος εἶ ἀνθρώπων; Μὰ Δί', ἔφη, τοῦτο μέντοι ἐγὼ οὐκ οἶδα. Ἀλλὰ λανθάνει σε, ὅτι οὐκ ἂν δέξαιο τὰ βασιλέως χρήματα ἀντὶ τοῦ υἱοῦ; Ἐπ' αὐτοφώρῳ εἴλημμαι, ἔφη, πλουσιώτατος, ὡς ἔοικεν, ἀνθρώπων ὤν. (14) Σὺ δέ, ἔφη ὁ Νικήρατος, ὦ Ἑρμόγενες, ἐπὶ τίνι μάλιστα ἀγάλλῃ; Καὶ ὅς, Ἐπὶ φίλων, ἔφη, ἀρετῇ καὶ δυνάμει, καὶ ὅτι τοιοῦτοι ὄντες ἐμοῦ ἐπιμελοῦνται. Ἐνταῦθα τοίνυν πάντες προσέβλεψαν αὐτῷ, καὶ πολλοὶ ἅμα ἤροντο, εἰ καὶ σφίσι δηλώσοι αὐτούς. Ὁ δὲ εἶπεν, ὅτι οὐ φθονήσει.

ΚΕΦΑΛΑΙΟΝ Δ.

Ἐκ τούτου ἔλεξεν ὁ Σωκράτης, Οὐκοῦν λοιπὸν ἂν εἴη ἡμῖν ὃ ἕκαστος ὑπέσχετο ἀποδεικνύναι ὡς πολλοῦ ἀξιά ἐστιν. Ἀκούοιτ' ἄν, ἔφη ὁ Καλλίας, ἐμοῦ πρῶτον. Ἐγὼ γὰρ ἐν τῷ χρόνῳ ᾧ ὑμῶν ἀκούω ἀπορούντων τί τὸ δίκαιον, ἐν τούτῳ δικαιοτέρους τοὺς ἀνθρώπους ποιῶ. Καὶ ὁ Σωκράτης, Πῶς, ὦ λῷστε; ἔφη. Διδοὺς νὴ Δί' ἀργύριον. (a) Καὶ ὁ Ἀντισθένης ἐπαναστὰς μάλα ἐλεγκτικῶς αὐτὸν ἐπήρετο, Οἱ δὲ ἄνθρωποι, ὦ Καλλία, πότερον ἐν ταῖς ψυχαῖς ἢ ἐν τῷ βαλλαντίῳ τὸ δίκαιόν σοι δοκοῦσιν ἔχειν; Ἐν ταῖς ψυχαῖς, ἔφη. Κἄπειτα σὺ εἰς τὸ βαλλάντιον ἐμβάλλων ἀργύριον τὰς ψυχὰς δικαιοτέρας ποιεῖς; Μάλιστα. Πῶς; Ὅτι διὰ τὸ εἰδέναι ὡς ἔστιν ὅτου πριάμενοι τὰ ἐπιτήδεια ἕξουσιν οὐκ ἐθέλουσι κακουργοῦντες κινδυνεύειν. (a) Ἦ καὶ σοί, ἔφη, ἀποδιδόασιν ὅ,τι ἂν λάβωσι; Μὰ τὸν Δί', ἔφη, οὐ μὲν δή. Τί δέ, ἀντὶ τοῦ ἀργυρίου χάριτας;

et tu audiendus es. Quanam re, Charmides, temet effers? Equidem me, inquit, ob paupertatem effero. Profecto, ait Socrates, jucundam quidem ac gratam ob rem : quæ minime obnoxia est invidiæ, minime pugnas de se concitat, sine custodia servari potest, neglecta denique vires adquirit. At tu Socrates, inquit Callias, qua re fretus de te magnifice sentis? Ille vultu maximam ad gravitatem composito, Lenocinio, respondit. Quumque risissent omnes, Vos quidem ridete, inquit, at ego scio me magnam accipere posse pecuniæ copiam, si hac arte velim uti. Lyco autem Philippo, Tu quidem, ait, sine dubio idcirco te effers, quod risum excitare possis. Justius, inquit, mea quidem sententia, quam Callippides histrio, qui mirifice propterea superbit, quod multis lacrimas excutere possit. Ergo jam tu quoque, Lyco, subjecit Antisthenes, indicabis, quam ob causam elato sis animo. An non vobis omnibus notum est, ait, quod ob filium hunc meum? Atque is ipse, subjecit aliquis, haud dubie propterea, quod victoriam sit adeptus. Et Autolycus quum erubuisset : Minime profecto, inquit. Ibi conjectis in eum oculis omnium, qui quidem delectati essent, quod loquentem audivissent, quidam ipsum interrogat : Ob quid igitur, Autolyce? Ob patrem, inquit : simulque ad patrem sese acclinabat. Quod ubi conspexisset Callias : Scis, inquit, mi Lyco, te omnium hominum esse opulentissimum? Id ego profecto, ait, ignoro. An igitur fugit te, quod ne regis quidem opes cum filio commutares? Ipso in facinore deprehensus sum, inquit, omnium, uti quidem videtur, hominum opulentissimus. Tu vero, Hermogenes, ait Niceratus, qua re potissimum tibi places? Ob amicorum, inquit, virtutem et potentiam, et quod tales quum sint, mei curam habeant. Tum omnes eum intueri, ac plerique interrogare, num et ipsis eos indicare vellet. Respondebat autem, non velle se hoc ipsis invidere.

CAPUT IV.

Secundum hæc Socrates, Restat igitur, ait, ut demonstret quilibet, ea quæ pollicitus est, maximi esse facienda. Audietis, ait Callias, me primum. Nam interea, dum vos audio, quid jus et æquum sit, ambigentes; homines efficio justiores. Qui hoc, vir optime? ait Socrates. Sane dum pecuniam largior. Et surgens Antisthenes, admodum acriter eum confutaturus, interrogabat : Homines vero, Callia, utrum tibi videntur in animis an in crumena justitiam habere? In animis, inquit. Et tu quum in crumenam argentum largiris, animos justiores facis? Maxime. Quo pacto? Quod quum sciant habere se, unde necessaria parare sibi emendo possint, malefacere suo cum periculo nolint. Num tibi reddunt, quod acceperunt? Non profecto. Quid autem? pro pecunia gratias? Ne id quidem certe, inquit :

ΣΥΜΠΟΣΙΟΥ ΚΕΦ. Δ.

Οὐ μὰ τὸν Δί', ἔφη, οὐδὲ τοῦτο, ἀλλ' ἔνιοι καὶ ἐχθίονας ἔχουσιν ἢ πρὶν λαβεῖν. Θαυμαστά γ', ἔφη ὁ Ἀντισθένης ἅμα εἰσβλέπων ὡς ἐλέγχων αὐτόν, εἰ πρὸς μὲν τοὺς ἄλλους δύνασαι δικαίους ποιεῖν αὐτούς, πρὸς δὲ σαυτὸν οὔ. (4) Καὶ τί τοῦτ', ἔφη ὁ Καλλίας, θαυμαστόν; οὐ καὶ τέκτονάς τε καὶ οἰκοδόμους πολλοὺς ὁρᾷς οἳ ἄλλοις μὲν πολλοῖς ποιοῦσιν οἰκίας, ἑαυτοῖς δὲ οὐ δύνανται ποιῆσαι, ἀλλ' ἐν μισθωταῖς οἰκοῦσι; καὶ ἀνάσχου μέντοι, ὦ σοφιστά, ἐλεγχόμενος. (5) Νὴ Δί', ἔφη ὁ Σωκράτης, ἀνεχέσθω μέντοι· ἐπεὶ καὶ οἱ μάντεις λέγονται δήπου ἄλλοις μὲν προαγορεύειν τὸ μέλλον, ἑαυτοῖς δὲ μὴ προορᾶν τὸ ἐπιόν. Οὗτος μὲν δὴ ὁ λόγος ἐνταῦθα ἔληξεν. (6) Ἐκ τούτου δὲ ὁ Νικήρατος, Ἀκούσατ', ἔφη, καὶ ἐμοῦ ἃ ἔσεσθε βελτίονες, ἢν ἐμοὶ συνῆτε. Ἴστε γὰρ δήπου ὅτι Ὅμηρος ὁ σοφώτατος πεποίηκε σχεδὸν περὶ πάντων τῶν ἀνθρωπίνων. Ὅστις ἂν οὖν ὑμῶν βούληται ἢ οἰκονομικὸς ἢ δημηγορικὸς ἢ στρατηγικὸς γενέσθαι ἢ ὅμοιος Ἀχιλλεῖ ἢ Αἴαντι ἢ Νέστορι ἢ Ὀδυσσεῖ, ἐμὲ θεραπευέτω. Ἐγὼ γὰρ ταῦτα πάντα ἐπίσταμαι. Ἢ καὶ βασιλεύειν, ἔφη ὁ Ἀντισθένης, ἐπίστασαι, ὅτι οἶσθα ἐπαινέσαντα αὐτὸν τὸν Ἀγαμέμνονα ὡς βασιλεύς τε εἴη ἀγαθὸς κρατερός τ' αἰχμητής; Καὶ ναὶ μὰ Δί', ἔφη, ἔγωγε ὅτι ἁρματηλατοῦντα δεῖ ἐγγὺς μὲν τῆς στήλης κάμψαι,

αὐτὸν δὲ κλινθῆναι ἐϋξέστου ἐπὶ δίφρου
ἧκ' ἐπ' ἀριστερὰ τοῖϊν, ἀτὰρ τὸν δεξιὸν ἵππον
κένσαι ὁμοκλήσαντ' εἶξαί τέ οἱ ἡνία χερσί.

(7) Καὶ πρὸς τούτοις γε ἄλλο οἶδα, καὶ ὑμῖν αὐτίκα μάλ' ἔξεστι πειρᾶσθαι. Εἶπε γάρ που Ὅμηρος, Ἐπὶ δὲ κρόμυον ποτῷ ὄψον. Ἐὰν οὖν ἐνέγκῃ τις κρόμυον, αὐτίκα μάλα τοῦτό γε ὠφελημένοι ἔσεσθε· ἥδιον γὰρ πίεσθε. (8) Καὶ ὁ Χαρμίδης εἶπεν, Ὦ ἄνδρες, ὁ Νικήρατος κρομύων ὄζων ἐπιθυμεῖ οἴκαδε ἐλθεῖν, ἵν' ἡ γυνὴ αὐτοῦ πιστεύῃ μὴ διανοηθῆναι μηδένα ἂν φιλῆσαι αὐτόν. Νὴ Δί', ἔφη ὁ Σωκράτης, ἀλλ' ἄλλην πού δόξαν γελοίαν κίνδυνος ἡμῖν προσλαβεῖν. Ὄψον μὲν γὰρ δὴ ὄντως ἔοικεν εἶναι, ὡς κρόμυόν γε οὐ μόνον σῖτον ἀλλὰ καὶ ποτὸν ἡδύνει. Εἰ δὲ δὴ τοῦτο καὶ μετὰ δεῖπνον τρωξόμεθα, ὅπως μὴ φήσει τις ἡμᾶς πρὸς Καλλίαν ἐλθόντας ἡδυπαθεῖν. (9) Μηδαμῶς, ἔφη, ὦ Σώκρατες. Εἰς μὲν γὰρ μάχην ὁρμωμένῳ καλῶς ἔχει κρόμυον ὑποτρώγειν, ὥσπερ ἔνιοι τοὺς ἀλεκτρυόνας σκόροδα σιτίσαντες συμβάλλουσιν· ἡμεῖς δὲ ἴσως βουλευόμεθα ὅπως φιλήσομέν τινα μᾶλλον ἢ μαχούμεθα. Καὶ οὕτως μὲν δὴ ὁ λόγος οὕτω πως ἐπαύσατο. (10) Ὁ δὲ Κριτόβουλος, Οὐκοῦν αὖ ἐγὼ λέξω, ἔφη, ἐξ ὧν ἐπὶ τῷ κάλλει μέγα φρονῶ. Λέγε, ἔφασαν. Εἰ μὲν τοίνυν μὴ καλός εἰμι ὡς οἴομαι, ὑμεῖς ἂν δικαίως ἀπάτης δίκην ὑπέχοιτε· οὐδενὸς γὰρ ὁρκίζοντος ἀεὶ ὀμνύοντες καλόν μέ φατε εἶναι. Κἀγὼ μέντοι πιστεύω. Καλοὺς γὰρ καὶ ἀγαθοὺς ὑμᾶς ἄνδρας νομίζω. (11) Εἰ δ' εἰμί τε τῷ ὄντι καλὸς καὶ ὑμεῖς εἰς αὐτὰ πρὸς ἐμὲ πάσχετε οἷάπερ ἐγὼ πρὸς τὸν ἐμοὶ δοκοῦντα καλὸν εἶναι, ὄμνυμι πάντας θεοὺς μὴ ἑλέσθαι ἂν τὴν βασιλέως ἀρχὴν

imo nonnulli etiam magis hostiliter affecti sunt, quam prius, quam nondum accepissent. Mira quidem, ait Antisthenes simul eum intuendo quasi coarguens, posse te illos reddere justos erga ceteros, non autem erga te ipsum. Et cur hoc mirum est? ait Callias. An non et fabros, et structores aedium complures cernis, qui aliis quidem multis domos aedificant, sibi aedificare non possunt, sed mercede conductas incolunt? Patere te coargui, professor sapientiae. Profecto, inquit Socrates, patiatur sane : nam et vates feruntur certe aliis quidem futurum quod sit, denuntiare ; sibi vero quod immineat, non prospicere. Atque hujusce sermonis hic finis fuit. Secundum haec Niceratus : Audite, inquit, me quoque, in quibus vos meliores sitis futuri, si mecum versabimini. Nostis certe, enim Homerum illum sapientissimum fere complexum esse poematis suis omnes res humanas. Quamobrem quisquis vestrum vel administrationis domesticae, vel orandi ad populum, vel rei imperatoriae peritus fieri vult, vel Achilli, Ajaci, Nestori, Ulyssi similis, me colat, qui haec omnia cognita habeo. Num et regnandi, ait Antisthenes, scientiam habes? Nosti enim laudatum esse ab ipso Agamemnonem, quod rex esset bonus, et bellator fortis. Etiam hoc profecto scio, inquit, aurigam quidem prope columnam debere se convertere :

Ille sed inclinet se laevam versus, in ipso
curru; et equum dextrum propellat voce, manuque
caedat, eique simul laxas permittat habenas.

Praeterea quiddam aliud novi, vosque adeo periculum ejus mox facere poteritis. Dixit enim Homerus alicubi, cepam esse potus condimentum. Quamobrem si cepam quis adferat, mox hanc utilitatem percipietis, quod sitis majori cum voluptate bibituri. Tum Charmides, Cupit, inquit, o viri, Niceratus ita redire domum, ut cepas redoleat; quo uxor ipsius credat, nullum ne cogitasse quidem ipsum osculari. Immo vero, inquit Socrates, aliam fortassis opinionem ridiculam metuendum est ne de nobis excitemus. Nimirum cepam adeo esse condimentum apparet, ut non cibum modo sed potum quoque suaviorem efficiat. Quod si hac etiam a coena vescamur, verendum, ne quis nos ad Calliam sic accessisse dicat, ut voluptati indulgeremus. Nequaquam, ait, o Socrates. Nam in pugnam pergenti ceparum usus convenit, quemadmodum quidam alio gallos pascunt, ac deinde committunt. Nobis autem hoc fortasse consilii est, ut osculari potius simus, quam proelio congressuri. Hujusce orationis hic fere finis fuit. Tum Critobulus, Ergo et ipse dicam, ait, quibus de causis ob formae elegantiam me efferam. Dic, aiunt. Atqui si formosus non sum, ut me esse puto, merito vos fraudis poenam sustineretis. Nam semper jurejurando confirmatis, formosum esse me, nemine id a vobis exigente. Ac fidem vobis equidem habeo,'quos esse bonos et honestos viros arbitror. At si revera formosus sum, ac vobis idem erga me accidit, quod mihi erga illum, quem formosum esse puto : deos omnes testor, nolle me regis imperium, potius quam formae

ἀντὶ τοῦ καλὸς εἶναι. (12) Νῦν γὰρ ἐγὼ Κλεινίαν ἥδιον μὲν θεῶμαι ἢ τἄλλα πάντα τὰ ἐν ἀνθρώποις καλά· τυφλὸς δὲ τῶν ἄλλων ἁπάντων μᾶλλον δεξαίμην ἂν εἶναι ἢ ἐκείνου καὶ ἑνὸς ὄντος· ἄχθομαι δὲ καὶ νυκτὶ καὶ ὕπνῳ, ὅτι ἐκεῖνον οὐχ ὁρῶ, ἡμέρᾳ δὲ καὶ ἡλίῳ τὴν μεγίστην χάριν οἶδα, ὅτι μοι Κλεινίαν ἀναφαίνουσιν. (13) Ἄξιόν γε μὴν ἡμῖν τοῖς καλοῖς καὶ ἐπὶ τοῖςδε μέγα φρονεῖν, ὅτι τὸν μὲν ἰσχυρὸν πονοῦντα δεῖ κτᾶσθαι τἀγαθὰ καὶ τὸν ἀνδρεῖον κινδυνεύοντα, τὸν δέ γε σοφὸν λέγοντα· ὁ δὲ καλὸς καὶ ἡσυχίαν ἔχων πάντ' ἂν διαπράξαιτο. (14) Ἔγωγ' οὖν καίπερ εἰδὼς ὅτι χρήματα ἡδὺ κτῆμα ἥδιον μὲν ἂν Κλεινίᾳ τὰ ὄντα διδοίην ἢ ἕτερα παρ' ἄλλου λαμβάνοιμι, ἥδιον δ' ἂν δουλεύοιμι ἢ ἐλεύθερος εἴην, εἰ μου Κλεινίας ἄρχειν ἐθέλοι. Καὶ γὰρ πονοίην ἂν ῥᾷον ἐκείνῳ ἢ ἀναπαυοίμην, καὶ κινδυνεύοιμ' ἂν πρὸ ἐκείνου ἥδιον ἢ ἀκίνδυνος ζῴην. (15) Ὥστε εἰ σύ, ὦ Καλλία, μέγα φρονεῖς ὅτι δικαιοτέρους δύνασαι ποιεῖν, ἐγὼ πρὸς πᾶσαν ἀρετὴν δικαιότερος σοῦ εἰμι ἄγειν ἀνθρώπους. Διὰ γὰρ τὸ ἐμπνεῖν τι ἡμᾶς τοῖς καλοῖς τοὺς ἐρωτικοὺς ἐλευθεριωτέρους μὲν αὐτοὺς ποιοῦμεν εἰς χρήματα, φιλοπονωτέρους δὲ καὶ φιλοκαλωτέρους ἐν τοῖς κινδύνοις, καὶ μὴν αἰδημονεστέρους τε καὶ ἐγκρατεστέρους, οἵ γε καὶ ὧν δέονται μάλιστα ταῦτα αἰσχύνονται. (16) Μαίνονται δὲ καὶ οἱ μὴ τοὺς καλοὺς στρατηγοὺς αἱρούμενοι. Ἔγωγ' οὖν μετὰ Κλεινίου κἂν διὰ πυρὸς ἰοίην· οἶδα δ' ὅτι καὶ ὑμεῖς μετ' ἐμοῦ. Ὥστε μηκέτι ἀπόρει, ὦ Σώκρατες, εἴ τι τοὐμὸν κάλλος ἀνθρώπους ὠφελήσει. (17) Ἀλλ' οὐδὲ μέντοι ταύτῃ γε ἀτιμαστέον τὸ κάλλος ὡς ταχὺ παρακμάζον, ἐπεὶ ὥσπερ γε παῖς γίγνεται καλός, οὕτω καὶ μειράκιον καὶ ἀνὴρ καὶ γέρων πρεσβύτης. Τεκμήριον δέ· θαλλοφόρους γὰρ τῇ Ἀθηνᾷ τοὺς καλοὺς γέροντας ἐκλέγονται, ὡς συμπαρομαρτοῦντος πάσῃ ἡλικίᾳ τοῦ κάλλους. (18) Εἰ δὲ ἡδὺ τὸ παρ' ἑκόντων διαπράττεσθαι ὧν τις δέοιτο, εὖ οἶδ' ὅτι καὶ νυνὶ θᾶττον ἂν ἐγὼ καὶ σιωπῶν πείσαιμι τὸν παῖδα τόνδε καὶ τὴν παῖδα φιλῆσαί με ἢ σύ, ὦ Σώκρατες, εἰ καὶ πάνυ πολλὰ καὶ σοφὰ λέγοις. (19) Τί τοῦτο; ἔφη ὁ Σωκράτης· ὡς γὰρ ἐμοῦ καλλίων ὢν ταῦτα κομπάζεις. Νὴ Δί', ἔφη ὁ Κριτόβουλος, ἢ πάντων Σιληνῶν τῶν ἐν τοῖς σατυρικοῖς αἴσχιστος ἂν εἴην. [Ὁ δὲ Σωκράτης καὶ ἐτύγχανε προσεμφερὴς τούτοις ὤν.] (20) Ἄγε νυν, ἔφη ὁ Σωκράτης, ὅπως μεμνήσῃ διακριθῆναι περὶ τοῦ κάλλους, ἐπειδὰν οἱ προκείμενοι λόγοι περιέλθωσιν. Κρινάτω δ' ἡμᾶς μὴ Ἀλέξανδρος ὁ Πριάμου, ἀλλ' αὐτοὶ οὗτοι οὕσπερ σὺ οἴει ἐπιθυμεῖν σε φιλῆσαι. (21) Κλεινίᾳ δ', ἔφη, ὦ Σώκρατες, οὐκ ἂν ἐπιτρέψαις; Καὶ ὃς εἶπεν, Οὐ γὰρ αὖ παύσῃ σὺ Κλεινίου μεμνημένος; Ἢν δὲ μὴ ὀνομάζω, ἧττόν τί με οἴει μεμνῆσθαι αὐτοῦ; οὐκ οἶσθα ὅτι οὕτω σαφὲς ἔχω εἴδωλον αὐτοῦ ἐν τῇ ψυχῇ ὡς εἰ πλαστικὸς ἢ ζωγραφικὸς ἦν, οὐδὲν ἂν ἧττον ἐκ τοῦ εἰδώλου ἢ πρὸς αὐτὸν ὁρῶν ὅμοιον αὐτῷ ἀπειργασάμην; (22) Καὶ ὁ Σωκράτης ὑπέλαβε, Τί δῆτα οὕτως ὅμοιον εἴδωλον ἔχων πράγματά μοι παρέχεις ἄγεις τε αὐτὸν

præstantiam. Quippe Cliniam modo specto lubentius, quam cetera universa, quæ pulchra sunt in rebus humanis: malimque ceterarum rerum omnium, quam ejus unius aspectu carere. Nocti etiam somnoque succenseo, quod eum non video: dici vero ac soli gratiam habeo maximam, quod Cliniam mihi spectandum exhibeant. Æquum est etiam, ut nos formosi propter hæc quoque simus animis elatis, quod eum, qui viribus polleat, laborando adquirere bona necesse sit; et fortem, pericula subeundo; et sapientem, dicendo: at qui formosus est, etiamsi quiescat, omnia tamen perficere potest. Equidem tametsi norim opes esse possessionem gratam: lubentius tamen ea quæ mea sunt, Cliniæ donarem, quam alia ab altero acciperem: lubentius servus, quam liber essem, si Clinias mihi velit imperare. Nam facilius esset mihi Cliniæ laborare, quam quietem capere; ac periculum ejus nomine lubentius adirem, quam expers periculi viverem. Si tu denique, Callia, magnopere te effers, quod homines possis justiores facere; multo ego te aptior ad omnem virtutem homines perducendo. Nam quia nos formosi quiddam amori deditis inspiramus, id efficimus, ut quod pecuniam attinet, sint liberaliores; in periculis laborum et honesti studiosiores; verecundiores etiam, ac modestiores: adeo quidem, ut etiam maxime in iis quæ desiderant sint pudibundi. Insani sunt autem, qui non formosos imperatores eligunt. Equidem cum Clinia vel per ignem incederem, neque dubito vos idem mecum facturos. Quamobrem non est, quod dubites amplius, mi Socrates, an formæ venustas in me bono alicui sit hominibus. Ne hac quidem in parte forma vituperanda est, quod cito flos ejus prætereat: nam ut puer, ita et adolescentulus formosus est, et vir, et senex. Ejus rei argumentum est, quod Minervæ in Thallophoros delegantur formosissimi senes, quasi forma sit omni ætati comes. Quod si jucundum est a volentibus impetrare, quibus aliquis indiget: sat scio, mi Socrates, me nunc quoque citius vel tacentem huic puero puellæque persuasurum, ut me osculentur, quam tu possis, tametsi plurima sapienter proferas. Quid hoc est? ait Socrates: joëtitas hæc tu, quasi etiam me sis formosior. Profecto, inquit Critobulus: ceteroquin omnium Silenorum satyricorum essem turpissimus. [Erat autem Socrates his perquam similis.] Age vero, subjecit Socrates, memineris habendum esse judicium de forma, ubi sermones hi, quos instituimus, circumierint. Ferat autem judicium de nobis non Alexander ille Priami filius, sed hi ipsi quos tu osculandi tui cupidos esse putas. At Cliniæ, Socrates, judicium non permiseris? Et ille: Non tu Cliniæ meminisse desines? At si eum non nominem, an propterea minus me putas ipsius meminisse? num ignoras, tam illustre me simulacrum ipsius habere in animo, ut si vel fictor, vel pictor essem, nihilo minus ei similem exprimerem ex hoc simulacro, ac si ipsum intuerer. Ejus sermonem excipiens Socrates: Quamobrem igitur, ait, quum simulacrum et tam simile habeas, mihi

ὅπου ὄψει; Ὅτι, ὦ Σώκρατες, ἡ μὲν αὐτοῦ ὄψις εὐφραίνειν δύναται, ἡ δὲ τοῦ εἰδώλου τέρψιν μὲν οὐ παρέχει, πόθον δὲ ἐμποιεῖ. (23) Καὶ ὁ Ἑρμογένης εἶπεν, Ἀλλ' ἔγωγ', ὦ Σώκρατες, οὐδὲ πρὸς σοῦ ποιῶ τὸ περιιδεῖν Κριτόβουλον οὕτως ὑπὸ τοῦ ἔρωτος ἐκπεπληγμένον. Δοκεῖς γὰρ, ἔφη ὁ Σωκράτης, ἐξ οὗ ἐμοὶ σύνεστιν οὕτω διατεθῆναι αὐτόν; Ἀλλὰ πότε μήν; Οὐχ ὁρᾷς ὅτι τούτῳ μὲν παρὰ τὰ ὦτα ἄρτι ἴουλος καθέρπει, Κλεινίᾳ δὲ πρὸς τὸ ὄπισθεν ἤδη ἀναβαίνει; οὗτος οὖν συμφοιτῶν εἰς ταὐτὰ διδασκαλεῖα ἐκείνῳ τότε ἰσχυρῶς προσεκαύθη. (24) Ἃ δὴ αἰσθόμενος ὁ πατὴρ παρέδωκέ μοι αὐτὸν εἴ τι δυναίμην ὠφελῆσαι. Καὶ μέντοι πολὺ βέλτιον ἤδη ἔχει. Πρόσθεν μὲν γὰρ ὥσπερ οἱ τὰς Γοργόνας θεώμενοι λιθίνως ἔβλεπε πρὸς αὐτὸν καὶ οὐδαμοῦ ἀπῄει ἀπ' αὐτοῦ· νῦν δὲ εἶδον αὐτὸν καὶ σκαρδαμύττοντα. (25) Καίτοι νὴ τοὺς θεούς, ὦ ἄνδρες, δοκεῖ μοί γ', ἔφη, ὡς ἐν ἡμῖν αὐτοῖς εἰρῆσθαι, καὶ περιλελυκέναι τὸν Κλεινίαν· οὗ ἔρωτος οὐδέν ἐστι δεινότερον ὑπεκκαυμα. Καὶ γὰρ ἄπληστον ὄν καὶ ἐλπίδας τινὰς γλυκείας παρέχει. (26) [Ἴσως δὲ καὶ τὸ μόνον πάντων ἔργων τὸ τοῖς στόμασι συμψαύειν ὁμώνυμον εἶναι τῷ ταῖς ψυχαῖς φιλεῖσθαι ἐντιμότερόν ἐστιν.] Οὗ ἕνεκα ἀφεκτέον ἐγώ φημι εἶναι φιλημάτων ὡραίων τῷ σωφρονεῖν δυνησομένῳ. (27) Καὶ ὁ Χαρμίδης εἶπεν, Ἀλλὰ τί δὴ ποτε, ὦ Σώκρατες, ἡμᾶς μὲν οὕτω τοὺς φίλους μορμολύττῃ ἀπὸ τῶν καλῶν, αὐτὸν δέ σε, ἔφη, ἐγὼ εἶδον ναὶ μὰ τὸν Ἀπόλλω, ὅτε παρὰ τῷ γραμματιστῇ ἐν τῷ αὐτῷ βιβλίῳ ἀμφοτέρων ἐμαστεύετέ τι, τὴν κεφαλὴν πρὸς τῇ κεφαλῇ καὶ τὸν ὦμον γυμνὸν πρὸς γυμνῷ τῷ Κριτοβούλου ὤμῳ ἔχοντα. (28) Καὶ ὁ Σωκράτης, Φεῦ, ἔφη, ταῦτ' ἄρα, ἔφη, ἐγὼ ὥσπερ ὑπὸ θηρίου τινὸς δεδηγμένος τόν τε ὦμον πλέον ἢ πέντε ἡμέρας ὤδαξον καὶ ἐν τῇ καρδίᾳ ὥσπερ κνῆσμά τι ἐδόκουν ἔχειν. Ἀλλὰ νῦν τοί σοι, ἔφη, ὦ Κριτόβουλε, ἐναντίον τοσούτων μαρτύρων προαγορεύω μὴ ἅπτεσθαί μου πρὶν ἂν τὸ γένειον τῇ κεφαλῇ ὁμοίως κομήσῃ. Καὶ οὗτοι μὲν δὴ οὕτως ἀναμὶξ ἐσκωψάν τε καὶ ἐσπούδασαν. (29) Ὁ δὲ Καλλίας, Σὸν μέρος, ἔφη, λέγειν, ὦ Χαρμίδη, διότι ἐπὶ πενίᾳ μέγα φρονεῖς. Οὐκοῦν τάδε μὲν, ἔφη, ὁμολογεῖται κρεῖττον εἶναι θαρρεῖν ἢ φοβεῖσθαι καὶ ἐλεύθερον εἶναι μᾶλλον ἢ δουλεύειν καὶ θεραπεύεσθαι μᾶλλον ἢ θεραπεύειν καὶ πιστεύεσθαι ὑπὸ τῆς πατρίδος μᾶλλον ἢ ἀπιστεῖσθαι. (30) Ἐγὼ τοίνυν ἐν τῇδε τῇ πόλει ὅτε μὲν πλούσιος ἦν πρῶτον μὲν ἐφοβούμην μή τίς μου τὴν οἰκίαν διορύξας καὶ τὰ χρήματα λάβοι καὶ αὐτόν τί με κακὸν ἐργάσαιτο· ἔπειτα δὲ καὶ τοὺς συκοφάντας ἐθεράπευον, εἰδὼς ὅτι παθεῖν μᾶλλον κακῶς ἱκανὸς εἴην ἢ ποιῆσαι ἐκείνους. Καὶ γὰρ δὴ καὶ προσετάττετο μὲν ἀεί τί μοι δαπανᾶν ὑπὸ τῆς πόλεως, ἀποδημῆσαι δὲ οὐδαμοῖ ἐξῆν. (31) Νῦν δ' ἐπειδὴ τῶν ὑπερορίων ἐστέρημαι καὶ τὰ ἔγγαια οὐ καρποῦμαι καὶ τὰ ἐκ τῆς οἰκίας πέπραται, ἡδέως μὲν καθεύδω ἐκτεταμένος, πιστὸς δὲ τῇ πόλει γεγένημαι, οὐκέτι δὲ ἀπειλοῦμαι, ἀλλ' ἤδη ἀπειλῶ ἄλλοις, ὡς ἐλευθέρῳ τε ἔξεστί μοι καὶ ἀπο-

negotium facessis, eoque eum ducis, ubi videas? Propterea, mi Socrates, ait, quod vultus ejus esse mihi voluptati potest; simulacri vero species, ut delectationem nullam affert, ita desiderium excitat. Tum Hermogenes, Ego vero, ni Socrates, inquit, non tuum esse puto, ut Critobulum adeo præ amore obstupefactum contemnas. An tu existimas eum, inquit Socrates, ex quo mecum versatur, hoc pacto unquam esse affectum? Quando tandem? Non vides huic quidem lanuginem propter aures serpere, Cliniæ vero jam retrorsum surgere? nimirum hic id temporis, quo ad eosdem cum illo magistros itabat, ita vehementer exarsit. Quibus animadversis pater eum mihi tradidit, si qua re prodesse ipsi possem. Et habet sane jam multo melius. Nam antehac quasi qui Gorgones spectant, saxeum in morem Cliniam inspectabat, neque usquam ab ipso discedebat: nunc vero eum vidi etiam oculis conniventem. Imo per deos immortales videtur mihi, o viri, quod quidem inter nos solos dictum esto, etiam deosculatus esse Cliniam: quo sane nihil est ad amorem accendendum acrius. Quippe satiari nequit, et spes quasdam jucundas præbet. [Fortassis etiam, quia unicum hoc opus, quod ore os contingitur, adpellationem communem habet cum amore illo qui est in animo, honestius est.] Quamobrem aio equidem abstinendum esse formosorum ab osculis illi, qui pudice ut vivere possit expetit. Ad ea Charmides, Tu vero, mi Socrates, inquit, quamobrem nos amicos tuos adeo quibusdam quasi puerorum terriculamentis a formosis depellis, quum ego te ipsum viderim, ita me Apollo amet, quo tempore apud litteratorem eodem in libro uterque aliquid quærebatis, caput capiti, humerumque nudum nudo Critobuli humero admovisse? Et Socrates, Proh, inquit, ob hæc igitur ego, velut si a bellua quadam morsus essem, diutius quam dies quinque humerum dolebam, et in corde quasi pruritum eundem animo videbar habere. Verum nunc tibi, Critobule, coram tot testibus denuntio, ne me prius attingas, quam mentum tibi pilis, perinde atque caput, vestitum fuerit. Atque ita quidem in hunc modum seria jocosque miscebant. Et Callias, Tuum fuerit, inquit, dicere, mi Charmides, quamobrem ob paupertatem elato sis animo. Nimirum in confesso est, ait, potiorem esse fiduciam animi, quam metum; potiorem libertatem, quam servitutem; potius esse coli, quam colere: fidem a patria haberi alicui, quam non haberi. Itaque quum in hac civitate opulentus equidem essem, primum verebar ne quis parietibus ædium mearum perfossis, et facultates adimeret mihi, et me quoque læderet. Deinde colebam calumniatores, quod scirem ad perpetiendum aliquid mali magis esse me comparatum, quam ut iis facerem. Nam semper aliquid mihi sumptuum, qui expenderentur, a republica imperabatur, et abire peregre licebat nusquam. Nunc posteaquam fortunis, quas extra fines nostros habebam, spoliatus sum, et de iis, quæ in hac regione sita sunt, fructum nullum percipio; et res familiaris est vendita: porrectus scilicet jucunde dormio, fidem auctoritatemque apud rempublicam nactus sum, aliorum minas non experior, aliis ipse minitor, ut homo liber abeundi peregre domique ma-

CONVIVII CAP. IV.   667

δημεῖν καὶ ἐπιδημεῖν· ὑπανίστανται δέ μοι ἤδη καὶ θάκων καὶ ὁδῶν ἐξίστανται οἱ πλούσιοι. (32) Καὶ εἰμὶ νῦν μὲν τυράννῳ ἐοικώς, τότε δὲ σαφῶς δοῦλος ἦν· καὶ τότε μὲν ἐγὼ φόρον ἀπέφερον τῷ δήμῳ, νῦν δὲ ἡ πόλις τέλος φέρουσα τρέφει με. Ἀλλὰ καὶ Σωκράτει ὅτε μὲν πλούσιος ἦν ἐλοιδόρουν με ὅτι συνῆν, νῦν δ' ἐπεὶ πένης γεγένημαι, οὐκέτι οὐδὲν μέλει οὐδενί. Καὶ μὴν ὅτε μέν γε πολλὰ εἶχον ἀεί τι ἀπέβαλλον ἢ ὑπὸ τῆς πόλεως ἢ ὑπὸ τῆς τύχης· νῦν δὲ ἀποβάλλω μὲν οὐδέν, οὐδὲ γὰρ ἔχω, ἀεὶ δέ τι λήψεσθαι ἐλπίζω. (33) Οὐκοῦν, ἔφη ὁ Καλλίας, καὶ εὔχῃ μηδέποτε πλουτεῖν, καὶ ἐάν τι ὄναρ ἀγαθὸν ἴδῃς, τοῖς ἀποτροπαίοις θύεις; Μὰ Δία τοῦτο μέντοι, ἔφη, ἐγὼ οὐ ποιῶ, ἀλλὰ μάλα φιλοκινδύνως ὑπομένω, ἥν ποθέν τι ἐλπίζω λήψεσθαι. (34) Ἀλλ' ἄγε δή, ἔφη ὁ Σωκράτης, σὺ αὖ λέγε ἡμῖν, ὦ Ἀντίσθενες, πῶς οὕτω βραχέα ἔχων μέγα φρονεῖς ἐπὶ πλούτῳ. Ὅτι νομίζω, ὦ ἄνδρες, τοὺς ἀνθρώπους οὐκ ἐν τῷ οἴκῳ τὸν πλοῦτον καὶ τὴν πενίαν ἔχειν, ἀλλ' ἐν ταῖς ψυχαῖς. (35) Ὁρῶ γὰρ πολλοὺς μὲν ἰδιώτας οἳ πάνυ πολλὰ ἔχοντες χρήματα οὕτω πένεσθαι ἡγοῦνται ὥστε πάντα μὲν πόνον, πάντα δὲ κίνδυνον ὑποδύονται, ἐφ' ᾧ πλείονα κτήσονται, οἶδα δὲ καὶ ἀδελφοὺς οἳ τὰ ἴσα λαχόντες ὁ μὲν αὐτῶν τἀρκοῦντα ἔχει καὶ περισσεύοντα τῆς δαπάνης, ὁ δὲ τοῦ παντὸς ἐνδεῖται· (36) αἰσθάνομαι δὲ καὶ τυράννους τινὰς οἳ οὕτω πεινῶσι χρημάτων ὥστε ποιοῦσι πολὺ δεινότερα τῶν ἀπορωτάτων· δι' ἔνδειαν μὲν γὰρ δήπου οἱ μὲν κλέπτουσιν, οἱ δὲ τοιχωρυχοῦσιν, οἱ δὲ ἀνδραποδίζονται· τύραννοι δ' εἰσί τινες οἳ ὅλους μὲν οἴκους ἀναιροῦσιν, ἀθρόους δὲ ἀποκτείνουσι, πολλάκις δὲ καὶ ὅλας πόλεις χρημάτων ἕνεκα ἐξανδραποδίζονται. (37) Τούτους μὲν οὖν ἔγωγε καὶ πάνυ οἰκτείρω τῆς ἄγαν χαλεπῆς νόσου. Ὅμοια γάρ μοι δοκοῦσι πάσχειν ὥσπερ εἴ τις [πολλὰ ἔχων καὶ] πολλὰ ἐσθίων μηδέποτε ἐμπίπλαιτο. Ἐγὼ δὲ οὕτω μὲν πολλὰ ἔχω ὡς μόλις αὐτὰ καὶ ἐγὼ αὐτὸς εὑρίσκω· ὅμως δὲ περίεστί μοι καὶ ἐσθίοντι ἄχρι τοῦ μὴ πεινῆν ἀφικέσθαι καὶ πίνοντι μέχρι τοῦ μὴ διψῆν καὶ ἀμφιέννυσθαι οὕτως ἔξω μὲν μηδὲν μᾶλλον Καλλίου τουτουΐ τοῦ πλουσιωτάτου ῥιγοῦν· ἐπειδὰν γε μὴν ἐν τῇ οἰκίᾳ γένωμαι, πάνυ μὲν ἀλεεινοὶ χιτῶνες οἱ τοῖχοί μοι δοκοῦσιν εἶναι, πάνυ δὲ παχεῖαι ἐφεστρίδες οἱ ὄροφοι, στρωμνήν γε μὴν οὕτως ἀρκοῦσαν ἔχω ὥστ' ἔργον μέ γ' ἐστὶ καὶ ἀνεγεῖραι. Ἦν δέ ποτε καὶ ἀφροδισιᾶσαί τὸ σῶμά μου δεηθῇ, οὕτω μοι τὸ παρὸν ἀρκεῖ ὥστε αἷς ἂν προσέλθω ὑπερασπάζονταί με διὰ τὸ μηδένα ἄλλον αὐταῖς ἐθέλειν προσιέναι. (39) Καὶ πάντα τοίνυν ταῦτα οὕτως ἡδέα μοι δοκεῖ εἶναι ὡς μᾶλλον μὲν ἥδεσθαι ποιῶν ἕκαστα αὐτῶν οὐκ ἂν εὐξαίμην, ἧττον δέ· οὕτω μοι δοκεῖ ἔνια αὐτῶν ἡδίω εἶναι τοῦ συμφέροντος. (40) Πλείστου δ' ἄξιον κτῆμα ἐν τῷ ἐμῷ πλούτῳ λογίζομαι εἶναι ἐκεῖνο ὅτι εἴ μού τις καὶ τὰ νῦν ὄντα παρέλοιτο, οὐδὲν οὕτως ὁρῶ φαῦλον ἔργον ὁποῖον οὐκ ἀρκοῦσαν ἂν τροφὴν ἐμοὶ παρέχοι. (41) Καὶ γὰρ ὅταν ἡδυπαθῆσαι βουληθῶ, οὐκ ἐκ τῆς ἀγορᾶς τὰ τίμια ὠνοῦμαι, πολυτελῆ γὰρ γίγνεται, ἀλλ' ἐκ τῆς

nendi facultatem habeo; denique opulenti jam et de honestiore loco mihi adsurgunt, et via cedunt. Nunc regi similis videor, qui tunc haud dubie servus eram : tum temporis populo tributum ego pendebam; nunc respublica vectigal mihi pendit, dum me alit. Etiam conviciis me incessebant, quum locuples essem, quod consuetudine Socratis uterer : nunc, postseaquam ad paupertatem redactus sum, ea res nemini amplius est curæ. Præterea quum multa possiderem, semper aliquid vel respublica mihi, vel fortuna adimebat : nunc nihil amitto, qui nec habeam, et semper aliquid accepturum me spero. Ergo, inquit Callias, etiam optas tu, numquam ut opulentus fias, ac si quod somnium faustum vidisti, diis averruncis rem sacram facis? Id equidem profecto non facio, ait, sed valde tamen alacriter opperior, sicunde quid accepturum me spero. Age vero, inquit Socrates, tu nobis, Antisthenes, dicito, quo pacto tam elato sis ob divitias animo, quum tam exiguæ sint facultates tuæ? Quod arbitror, ait, o viri, non in ædibus sitas esse tum opes tum paupertatem hominibus, sed in animis. Multos enim privatos homines esse video, qui quum facultates amplissimas possideant, adeo se tamen esse pauperes arbitrantur, ut quemvis laborem, quodvis periculum subeant, quo plura comparare possint. Fratres etiam novi, quibus quum facultates æquales obtigerint, tamen alter eorum quæ abunde sufficiant, et sumptum etiam superent, habet; alteri nihil non deest. Animadverto et reges quosdam esse, qui tanta opum fame laborant, ut longe graviora committant, quam homines maxime inopes. Nam propter egestatem nonnulli furantur, alii parietes perfodiunt, alii committunt plagium : at reges quidam sunt, qui pecuniarum causa familias totas evertunt, occidunt multos, sæpenumero totas etiam urbes in servitutem redigunt. Hos igitur equidem non possum non vehementer miserari, quod tam gravi morbo laborent. Nam simile quid ipsis accidere mihi videtur, ac si quis multa [possideat multaque] comedat, nunquam tamen saturetur. Ego vero tam multa scilicet habeo, vix ut ea possim ipse invenire : nihilominus superat mihi quod edere possim, donec eo pervenerim, ut non esuriam; et quod bibere, donec non sitiam; et quo vestiar, ut foris nihilo magis quam ditissimus hic Callias frigeam. Quum domi sum, admodum mihi calidæ videntur esse tunicæ parietes ipsi, et tecta crassorum paludamentorum instar : stragula veste usque adeo abundo, ut etiam excitari difficulter possim. Quod si quando re venerea corpus indigeat, adeo mihi satisfacit quod adest, ut illæ, ad quas accedo, mirifice me complectantur, propterea quod eas alii convenire nolint. Atque hæc omnia tam jucunda mihi accidunt, ut dum ea facio singula, non equidem majori, sed minori potius delectatione perfrui optem : adeo pleraque mihi jucundiora esse videntur quam expediat. Rem autem longe maximi pretii meis in opibus illis esse existimo, quod etiam si quis ea mihi adimat, quæ nunc adsunt, nullum esse tam vile opus videam, quod mihi non satis alimenti suppediet. Etenim ubi genio indulgere voluero, non ex foro quæ ibi sunt magni pretii coemo, quod ea nimis magno sumptu veneant, sed ex cupiditate

ψυχῆς ταμιεύομαι. Καὶ πολὺ πλεῖον διαφέρει πρὸς ἡδονὴν ὅταν ἀναμείνας τὸ δεηθῆναι προσφέρωμαι ἢ ὅταν τινὶ τῶν τιμίων χρῶμαι, ὥσπερ καὶ νῦν τῷδε τῷ Θασίῳ οἴνῳ ἐντυχὼν οὐ διψῶν πίνω αὐτόν. (42) Ἀλλὰ μὴν καὶ πολὺ δικαιοτέρους γε εἰκὸς εἶναι τοὺς εὐτελείαν μᾶλλον ἢ πολυχρηματίαν σκοποῦντας. Οἷς γὰρ μάλιστα τὰ παρόντα ἀρκεῖ ἥκιστα τῶν ἀλλοτρίων ὀρέγονται. (43) Ἄξιον δ' ἐννοῆσαι ὡς καὶ ἐλευθερίους ὁ τοιοῦτος πλοῦτος παρέχεται. Σωκράτης τε γὰρ οὗτος παρ' οὗ ἐγὼ τοῦτον ἐκτησάμην οὔτ' ἀριθμῷ οὔτε σταθμῷ ἐπήρκει μοι, ἀλλ' ὁπόσον ἐδυνάμην φέρεσθαι τοσοῦτόν μοι παρεδίδου· ἐγώ τε νῦν οὐδενὶ φθονῶ, ἀλλὰ πᾶσι τοῖς φίλοις καὶ ἐπιδεικνύω τὴν ἀφθονίαν καὶ μεταδίδωμι τῷ βουλομένῳ τοῦ ἐν τῇ ἐμῇ ψυχῇ πλούτου. (44) Καὶ μὴν καὶ τὸ ἁβρότατόν γε κτῆμα τὴν σχολὴν ἀεὶ ὁρᾶτέ μοι παροῦσαν, ὥστε καὶ θεᾶσθαι τὰ ἀξιοθέατα καὶ ἀκούειν τὰ ἀξιάκουστα καὶ ὃ πλείστου ἐγὼ τιμῶμαι Σωκράτει σχολάζων συνδιημερεύειν. Καὶ οὗτος δὲ οὐ τοὺς πλεῖστον ἀριθμοῦντας χρυσίον θαυμάζει, ἀλλ' οἳ ἂν αὐτῷ ἀρέσκωσι τούτοις συνὼν διατελεῖ. Οὗτος μὲν οὖν οὕτως εἶπεν. (45) Ὁ δὲ Καλλίας, Νὴ τὴν Ἥραν, ἔφη, τά τε ἄλλα ζηλῶ σε τοῦ πλούτου καὶ ὅτι οὔτε ἡ πόλις σοι ἐπιτάττουσα ὡς δούλῳ χρῆται οὔτε οἱ ἄνθρωποι ἢν μὴ δανείσῃς ὀργίζονται. Ἀλλὰ μὰ Δί', ἔφη ὁ Νικήρατος, μὴ ζήλου· ἐγὼ γὰρ ἥξω παρ' αὐτοῦ δανεισόμενος τὸ μηδενὸς προσδεῖσθαι· οὕτω πεπαιδευμένος ὑπὸ Ὁμήρου ἀριθμεῖν

ἑπτ' ἀπύρους τρίποδας, δέκα δὲ χρυσοῖο τάλαντα,
αἴθωνας δὲ λέβητας ἐείκοσι, δώδεκα δ' ἵππους

σταθμῷ καὶ ἀριθμῷ ὡς πλείστου πλούτου ἐπιθυμῶν οὐ παύομαι· ἐξ ὧν ἴσως καὶ φιλοχρηματώτερός τισι δοκῶ εἶναι. Ἔνθα δὴ ἀνεγέλασαν ἅπαντες, νομίζοντες τὰ ὄντα εἰρηκέναι αὐτόν. (46) Ἐκ τούτου εἶπέ τις, Σὸν ἔργον, ὦ Ἑρμόγενες, λέγειν τε τοὺς φίλους οἵτινές εἰσι καὶ ἐπιδεικνύναι ὡς μέγα τε δύνανται καὶ σοῦ ἐπιμέλονται, ἵνα δοκῇς δικαίως ἐπ' αὐτοῖς μέγα φρονεῖν. (47) Οὐκοῦν ὡς μὲν οἱ Ἕλληνες καὶ βάρβαροι νομίζουσι θεοὺς ἡγεῖσθαι πάντα εἰδέναι τά τε ὄντα καὶ τὰ μέλλοντα εὔδηλον. Πᾶσαι γοῦν αἱ πόλεις καὶ πάντα τὰ ἔθνη διὰ μαντικῆς ἐπερωτῶσι τοὺς θεοὺς τί τε χρὴ καὶ τί οὐ χρὴ ποιεῖν. Καὶ μὴν ὅτι νομίζομέν γε δύνασθαι αὐτοὺς καὶ εὖ καὶ κακῶς ποιεῖν καὶ τοῦτο σαφές· πάντες γοῦν αἰτοῦνται τοὺς θεοὺς τὰ μὲν φαῦλα ἀποτρέπειν, τἀγαθὰ δὲ διδόναι. (48) Οὗτοι τοίνυν οἱ πάντα μὲν εἰδότες πάντα δὲ δυνάμενοι θεοὶ οὕτω μοι φίλοι εἰσὶν ὥστε διὰ τὸ ἐπιμελεῖσθαί μου οὔποτε λήθω αὐτοὺς οὔτε νυκτὸς οὔθ' ἡμέρας οὔθ' ὅποι ἂν ὁρμῶμαι οὔθ' ὅ,τι ἂν μέλλω πράττειν. Διὰ δὲ τὸ προειδέναι καὶ ὅ,τι ἐξ ἑκάστου ἀποβήσεται σημαίνουσί μοι πέμποντες ἀγγέλους φήμας καὶ ἐνύπνια καὶ οἰωνοὺς ἅ τε δεῖ καὶ ἃ οὐ χρὴ ποιεῖν· οἷς ἐγὼ ὅταν μὲν πείθωμαι, οὐδέποτέ μοι μεταμέλει· ἤδη δέ ποτε καὶ ἀπιστήσας ἐκολάσθην. (49) Καὶ ὁ Σωκράτης εἶπεν, Ἀλλὰ τούτων μὲν οὐδὲν ἄπιστον. Ἐκεῖνο μέντοι

promo. Adeoque multo plus confert ad voluptatem, quod exspectato tempore, quo quid requiram, ita deinde sumo; quam si magno pretio redemptis utar: quemadmodum nunc quoque, quum in hoc vinum Thasium inciderim, bibo illud sine siti. Enimvero par est credere, multo etiam justiores esse, qui vilitatem victus potius quam caritatem spectant. Nam quibus maxime praesentia satisfaciunt, ii minime aliena concupiscunt. Est autem operae pretium considerare, liberales etiam effici homines hujusmodi divitiis. Nam Socrates hic, a quo has sum consequutus, neque numero, neque pondere mihi eas suppeditabat: sed dabat mihi tantum quantum ferre poteram. Atque equidem nemini mea nunc invideo, sed hanc abundantiam amicis omnibus ostento, et animi mei opes volenti cuique communico. Quin etiam rem omnium delicatissimam, otium, semper adesse mihi videtis: qui spectem, quae digna sunt contemplatu; et audiam, quae auditu digna: et, quod equidem maximi facio, adesse Socrati totos dies in otio possim. Atque is etiam ipse non eos admiratur, qui plurimum auri numerant; sed perpetuo cum iis versatur, qui ipsi placent. Atque hoc modo quum loquutus is esset: Per Junonem, ait Callias, quum alias ob causas his cum opibus admirationi mihi es, tum quod nec te servi loco civitas habeat, aliquid semper imperans; neque homines tibi succenseant, si nihil des mutuo. Tu vero hunc, ait Niceratus, beatum praedicare noli: ego enim eum conveniam, qui quidem sumam hoc ab eo mutuo, nullius rei amplius indigere. Etenim ab Homero edoctus, ut ita numerem,

Septenos tripodes, atque auri dena talenta,
viginticque lebetes, bis senosque caballos,

non desino pondere ac numero divitias quam plurimas expetere. Quo fortasse fit, ut quibusdam avidior esse pecuniae videar. Ibi vero in risum effusi sunt omnes, qui cum quod res esset, dixisse arbitrarentur. Secundum haec quidam, Tuum jam est, ait, de amicis dicere, Hermogenes, quinam illi sint; ac demonstrare, magnam illorum esse potentiam, teque illis esse curae, ut merito magnos spiritus gerere propter eos videaris. « Notum igitur tam Graecos quam barbaros existimare, deos universa tum praesentia tum futura scire. Omnes itaque tum civitates, tum nationes, per divinationem consulunt deos, quid faciundum, quid omittendum sit. Etiam nos illa patet esse in sententia, quod dii nobis tum commodare tum incommodare possint. Nam deos precantur universi, ut mala quidem avertant, bona vero largiantur. Hi ergo dii, qui omnia norunt, et possunt omnia, tam mihi sunt amici, ut, quia sum ipsis curae, numquam meae res eos fugiant, neque noctu, neque interdiu, neque quo pergam, neque quid suscepturus sim. Et quia prospiciunt, quinam cujusque rei futurus sit eventus: missis, ut nuntiis, ominibus, somniis, auguriis, quid faciundum, quid omittendum sit, mihi significant. Eis quum obtempero, non unquam ejus rei me poenitet; imo aliquando eis non obsequutus, poenas dedi. » Tum Socrates, Nihil horum, ait, est incredibile: verum hoc equidem sciscitari

ἔγωγε ἡδέως ἂν πυθοίμην, πῶς αὐτοὺς θεραπεύων οὕτω φίλους ἔχεις. Ναὶ μὰ τὸν Δία, ἔφη ὁ Ἑρμογένης, καὶ μάλα εὐτελῶς. Ἐπαινῶ τε γὰρ αὐτοὺς οὐδὲν δαπανῶν, ὧν τε διδόασιν ἀεὶ αὖ παρέχομαι, εὐφημῶ τε ὅσα ἂν δύνωμαι καὶ ἐφ᾽ οἷς ἂν αὐτοὺς μάρτυρας ποιήσωμαι ἑκὼν οὐδὲν ψεύδομαι. Νὴ Δί᾽, ἔφη ὁ Σωκράτης, εἰ ἄρα τοιοῦτος ὢν φίλους αὐτοὺς ἔχεις, καὶ οἱ θεοί, ὡς ἔοικε, καλοκἀγαθίᾳ ἥδονται. (50) Οὗτος μὲν δὴ ὁ λόγος οὕτως ἐσπουδαιολογήθη. Ἐπειδὴ δὲ εἰς τὸν Φίλιππον ἧκον, ἠρώτων αὐτὸν τί ὁρῶν ἐν τῇ γελωτοποιίᾳ μέγα ἐπ᾽ αὐτῇ φρονοίη. Οὐ γὰρ ἄξιον, ἔφη, ὁπότε γε πάντες εἰδότες ὅτι γελωτοποιός εἰμι, ὅταν μέν τι ἀγαθὸν ἔχωσι, παρακαλοῦσί με ἐπὶ ταῦτα προθύμως, ὅταν δὲ κακόν τι λάβωσι, φεύγουσιν ἀμεταστρεπτί, φοβούμενοι μὴ καὶ ἄκοντες γελάσωσι; (51) Καὶ ὁ Νικήρατος εἶπε, Νὴ Δία σὺ τοίνυν δικαίως μέγα φρονεῖς. Ἐμοὶ γὰρ αὖ τῶν φίλων οἱ μὲν εὖ πράττοντες ἐκποδὼν ἀπέρχονται, οἱ δ᾽ ἂν κακόν τι λάβωσι, γενεαλογοῦσι τὴν συγγένειαν καὶ οὐδέποτέ μου ἀπολείπονται. (52) Εἶεν· σὺ δὲ δή, ἔφη ὁ Χαρμίδης, ὦ Συρακόσιε, ἐπὶ τῷ μέγα φρονεῖς; ἢ δῆλον ὅτι ἐπὶ τῷ παιδί; Μὰ τὸν Δί᾽, ἔφη, οὐ μὲν δή· ἀλλὰ καὶ δέδοικα περὶ αὐτοῦ ἰσχυρῶς. Αἰσθάνομαι γάρ τινας ἐπιβουλεύοντας διαφθεῖραι αὐτόν. (53) Καὶ ὁ Σωκράτης ἀκούσας, Ἡράκλεις, ἔφη, τί τοσοῦτον νομίζοντες ἠδικῆσθαι ὑπὸ τοῦ σοῦ παιδὸς ὥστε ἀποκτεῖναι αὐτὸν βούλεσθαι; Ἀλλ᾽ οὗτοι, ἔφη, ἀποκτεῖναι βούλονται, ἀλλὰ πεῖσαι αὐτὸν συγκαθεύδειν αὑτοῖς. Σὺ δ᾽, ὡς ἔοικας, εἰ τοῦτο γένοιτο, νομίζεις ἂν διαφθαρῆναι αὐτόν; Ναὶ μὰ Δί᾽, ἔφη, παντάπασί γε. (54) Οὐδ᾽ αὐτὸς ἄρ᾽, ἔφη, συγκαθεύδεις αὐτῷ; Νὴ Δί᾽ ὅλας γε καὶ πάσας τὰς νύκτας. Νὴ τὴν Ἥραν, ἔφη ὁ Σωκράτης, εὐτύχημά γέ σου μέγα τὸ τὸν χρῶτα τοιοῦτον φῦναι ἔχοντα ὥστε μόνον μὴ διαφθείρειν τοὺς συγκαθεύδοντας. Ὥστε σοί γε εἰ μὴ ἐπ᾽ ἄλλῳ ἀλλ᾽ ἐπὶ τῷ χρωτὶ ἄξιον μέγα φρονεῖν. (55) Ἀλλὰ μὰ Δί᾽, ἔφη, οὐκ ἐπὶ τούτῳ μέγα φρονῶ. Ἀλλ᾽ ἐπὶ τῷ μήν; Ἐπὶ νὴ Δία τοῖς ἄφροσιν. Οὗτοι γὰρ τὰ ἐμὰ νευρόσπαστα θεώμενοι τρέφουσί με. Ταῦτα γάρ, ἔφη ὁ Φίλιππος, καὶ πρώην ἐγώ σου ἤκουον εὐχομένου πρὸς τοὺς θεοὺς ὅπου ἂν ᾖς διδόναι καρποῦ μὲν ἀφθονίαν, φρενῶν δὲ ἀφορίαν. (56) Εἶεν, ἔφη ὁ Καλλίας· σὺ δὲ δή, ὦ Σώκρατες, τί ἔχεις εἰπεῖν ὡς ἄξιόν σοί ἐστι μέγα φρονεῖν ἐφ᾽ ᾗ εἶπας οὕτως ἀδόξῳ οὔσῃ τέχνῃ; Καὶ ὃς εἶπεν, Ὁμολογησώμεθα πρῶτον ποῖά ἐστιν ἔργα τοῦ μαστροποῦ· καὶ ὅσα ἂν ἐρωτῶ, μὴ ὀκνεῖτε ἀποκρίνεσθαι, ἵνα εἰδῶμεν ὅσα ἂν συνομολογῶμεν. Καὶ ὑμῖν οὕτω δοκεῖ; ἔφη. Πάνυ μὲν οὖν, ἔφασαν. Ὡς δ᾽ ἅπαξ εἶπον Πάνυ μὲν οὖν, τοῦτο πάντες ἐκ τοῦ λοιποῦ ἀπεκρίναντο. (57) Οὐκοῦν ἀγαθοῦ μέν, ἔφη, ὑμῖν δοκεῖ μαστροποῦ ἔργον εἶναι ἢν ἂν ᾖ ἢ ὃν ἂν μαστροπεύῃ ἀρέσκοντα τούτων ἀποδεικνύναι οἷς ἂν συνῇ; Πάνυ μὲν οὖν, ἔφασαν. Οὐκοῦν ἕν μέν τί ἐστιν εἰς τὸ ἀρέσκειν ἐκ τοῦ πρέπουσαν ἔχειν σχέσιν καὶ τριχῶν καὶ ἐσθῆτος; Πάνυ μὲν οὖν, ἔφασαν. (58) Οὐκοῦν καὶ τόδε ἐπιστάμεθα ὅτι ἔστιν ἀνθρώπῳ

tari lubens velim, qua ratione colas eos, ut tam amicos habeas. Vili profecto, inquit Hermogenes. Quippe nullum sumptum faciens, eos laudo, et de iis, quæ dederunt, vicissim præbeo : quantumque possum, pie loquor; et quibus in rebus eos testes cito, in iis volens equidem nunquam mentior. Profecto, ait Socrates, si quum talis sis, amicos eos experiris; etiam Deos par est credere, virtute ac honestate delectari. Atque hactenus in hunc modum serio colloquebantur. Verum ubi ad Philippum ventum esset, quærebant ex eo, quidnam perspexisset in risus movendi arte, quod propterea sese efferret. A non operæ pretium est, ait, quod quum omnes norint, me joculatorem esse, si quid nacti sunt boni, perlubenter ad id me invitant; sin quid accidit mali, fugiunt ita, ut ne quidem respiciant; veriti scilicet, ne vel inviti rideant? Jure tu, ait Niceratus, te effers. Etenim meorum amicorum ii, quibus res sunt prosperæ, longe me fugiunt; at quibus adversi quid accidit, cognationem recensendo enumerant, nec unquam me missum faciunt. Esto. Tu vero, inquit Charmides, Syracusane, qua te re efferis? an perspicuum est efferri te animo propter hunc puerum? Nequaquam, ait : imo propter ipsum magno sum in metu. Nam quosdam animadverto ei insidiari, ut eum perdant. Id Socrates quum audivisset, Proh Hercules, inquit, quare tantopere se abs tuo puero læsos arbitrantur, ut eum interficere velint? At enim, ait, nequaquam eum interficere volunt, sed persuadere ut cum ipsis dormiat. Tu vero, quemadmodum videris, id si fiat, existimas eum perditum iri? Planissime profecto, ait. Ergo ne ipse quidem cum eo cubas? Vero, inquit, et quidem totas omnesque noctes. Ita me Juno amet, ait Socrates, magna istæc felicitas tua est, quod a natura tale corpus habeas, ut sotus tecum cubantes non corrumpas. Quo fit, ut si non aliam ob rem, saltem propter hoc corpus æquum sit magnopere te efferri. Ego vero non hanc ob causam me effero, inquit. Propter quam igitur? Profecto propter homines stultos, ait. Nam illi propterea, quod spectent imagunculas meas fidiculis motas, me alunt. Ideo enim nuper, subjecit Philippus, id a diis precari te audiebam, ut, ubicumque esses, ibi fructuum quidem magnam copiam largirentur, sapientiæ vero sterilitatem. Sit ita sane, inquit Callias : tu vero Socrates, quid proferre potes, quamobrem æquum censeas, elato te esse animo, propter artem quam dixisti adeo ignominiosam? Et Socrates, Primum, inquit, velim inter nos conveniat, quod lenonis sit officium. Tum quod interrogavero, ad id respondete prompte : ut sciamus, de quibus inter nos conveniat. Num ita vobis etiam videtur? Maxime vero, inquiunt. Atque uti semel dicebant « Maxime vero »; ita hoc ipsum in respondendo deinceps omnes retinebant. Ergo vobis boni lenonis esse videtur, inquit, ut eorum, quamve perduxerit, cum iis gratum efficiat, quibuscum is consuescit? Maxime vero, aiunt. An non igitur unum quiddam quo placeat, ex eo est, quod et capillorum, et vestis ratio decori legem servet? Maxime vero. Etiam scimus, posse hominem iisdem oculis tum amice tum hosti-

τοῖς αὐτοῖς ὄμμασι καὶ φιλικῶς καὶ ἐχθρῶς πρός τινας βλέπειν; Πάνυ μὲν οὖν. Τί δὲ, τῇ αὐτῇ φωνῇ ἔστι καὶ αἰδημόνως καὶ θρασέως φθέγγεσθαι; Πάνυ μὲν οὖν. Τί δὲ, λόγοι οὖν εἰσὶ μέν τινες ἀπεχθανόμενοι, εἰσὶ δὲ τινες οἳ πρὸς φιλίαν ἄγουσι; Πάνυ μὲν οὖν. (39) Οὐκοῦν τούτων ὁ ἀγαθὸς μαστροπὸς τὰ συμφέροντα εἰς τὸ ἀρέσκειν διδάσκοι ἄν; Πάνυ μὲν οὖν. Ἀμείνων δ' ἂν εἴη, ἔφη, ὁ ἑνὶ δυναμένῳ ἀρεστοὺς ποιεῖν ἢ ὅστις καὶ πολλοῖς; Ἐνταῦθα μέντοι ἐσχίσθησαν, καὶ οἱ μὲν εἶπον Δῆλον ὅτι ὅστις πλείστοις, οἱ δὲ Πάνυ μὲν οὖν. (40) Ὁ δ' εἰπὼν ὅτι καὶ τοῦτο ὁμολογεῖται ἔφη, Εἰ δέ τις καὶ ὅλῃ τῇ πόλει ἀρέσκοντας δύναιτο ἀποδεικνύναι, οὐχ οὗτος παντελῶς ἂν ἤδη ἀγαθὸς μαστροπὸς εἴη; Σαφῶς γε νὴ Δία, πάντες εἶπον. Οὐκοῦν εἴ τις τοιούτους δύναιτο ἐξεργάζεσθαι ὧν προστατοίη, δικαίως ἂν μέγα φρονοίη ἐπὶ τῇ τέχνῃ καὶ δικαίως ἂν πολὺν μισθὸν λαμβάνοι; (41) Ἐπεὶ δὲ καὶ ταῦτα πάντες συνωμολόγουν, Τοιοῦτος μέντοι, ἔφη, μοι δοκεῖ Ἀντισθένης εἶναι οὗτος. Καὶ ὁ Ἀντισθένης, Ἐμοὶ, ἔφη, παραδίδως, ὦ Σώκρατες, τὴν τέχνην; Ναὶ μὰ Δί', ἔφη. Ὁρῶ γάρ σε καὶ τὴν ἀκόλουθον ταύτης πάνυ ἐξειργασμένον. Τίνα ταύτην; Τὴν προαγωγείαν, ἔφη. (42) Καὶ ὃς μάλα ἀχθεσθεὶς ἐπήρετο, Καὶ τί μοι σύνοισθα, ὦ Σώκρατες, τοιοῦτον εἰργασμένῳ; Οἶδα μὲν, ἔφη, σὲ Καλλίαν τουτονὶ προαγωγεύσαντα τῷ σοφῷ Προδίκῳ ὅτε ἑώρας τοῦτον μὲν φιλοσοφίας ἐρῶντα, ἐκεῖνον δὲ χρημάτων δεσμενον· οἶδα δέ σε Ἱππίᾳ τῷ Ἠλείῳ, παρ' οὗ οὗτος καὶ τὸ μνημονικὸν ἔμαθεν· ἀφ' οὗ δὴ καὶ ἐρωτικώτερος γεγένηται διὰ τὸ ὅ,τι ἂν καλὸν ἴδῃ μηδέποτε ἐπιλανθάνεσθαι. (43) Ἔναγχος δὲ δήπου καὶ πρὸς ἐμὲ ἐπαινῶν τὸν Ἡρακλεώτην ξένον, ἐπεί με ἐποίησας ἐπιθυμεῖν αὐτοῦ, συνέστησάς μοι αὐτόν. Καὶ χάριν μέντοι σοι ἔχω· πάνυ γὰρ καλὸς κἀγαθὸς δοκεῖ μοι εἶναι. Αἰσχύλον δὲ τὸν Φλιάσιον πρὸς ἐμὲ ἐπαινῶν καὶ ἐμὲ πρὸς ἐκεῖνον οὐχ οὕτω διέθηκας ὥστε διὰ τοὺς σοὺς λόγους ἐρῶντες ἐκυνοδρομοῦμεν ἀλλήλους ζητοῦντες; (44) Ταῦτα οὖν ὁρῶν δυνάμενόν σε ποιεῖν ἀγαθὸν νομίζω προαγωγὸν εἶναι. Ὁ γὰρ οἷός τε ὢν γιγνώσκειν τε τοὺς ὠφελίμους αὐτοῖς καὶ τούτους δυνάμενος ποιεῖν ἐπιθυμεῖν ἀλλήλων, οὗτος ἄν μοι δοκεῖ καὶ πόλεις δύνασθαι φίλας ποιεῖν καὶ γάμους ἐπιτηδείους συνάγειν, καὶ πολλοῦ ἂν ἄξιος εἶναι καὶ πόλεσι καὶ φίλοις καὶ συμμάχοις κεκτῆσθαι. Σὺ δὲ ὡς κακῶς ἀκούσας ὅτι ἀγαθόν σε ἔφην προαγωγὸν εἶναι ὠργίσθης. Ἀλλὰ μὰ Δί', ἔφη, οὐ νῦν. Ἐὰν γὰρ ταῦτα δύνωμαι, σεσαγμένος δὴ παντάπασι πλούτου τὴν ψυχὴν ἔσομαι. Καὶ αὕτη μὲν δὴ ἡ περίοδος τῶν λόγων ἀπετελέσθη.

ΚΕΦΑΛΑΙΟΝ Ε.

Ὁ δὲ Καλλίας ἔφη, Σὺ δὲ δὴ, ὦ Κριτόβουλε, εἰς τὸν περὶ τοῦ κάλλους ἀγῶνα πρὸς Σωκράτην οὐκ ἀνθίστασαι; Νὴ Δί', ἔφη ὁ Σωκράτης, ἴσως γὰρ εὐδαιμονοῦντα τὸν μαστροπὸν παρὰ τοῖς κριταῖς ὁρᾷ. (2) Ἀλλ' ὅμως,

liter aliquos intueri? Maxime vero. Quid? an non eadem voce licet tum verecunde tum audacter loqui? Maxime vero. Quid? nonne quidam sermones odiosi sunt, alii ad amicitiam impellunt? Maxime vero. Ex his igitur quaecumque ad placendum conducunt, ea bonus leno suos docebit? Maxime vero. Num autem potior is fuerit, qui uni reddere gratos potest, an vero qui pluribus? Hic in duas partes divisis omnibus, alii manifestum esse dicebant, potiorem esse, qui plurimis : alii subjiciebant, Maxime vero. Socrates quum de hoc etiam ipsis convenire diceret : Quid si quis, inquit, ut toti civitati quidam placeant, efficere possit, an non omnino ille bonus leno fuerit? Id quidem manifestum est, aiunt omnes. Ergo si quis eos, quibus ipse praesit, tales efficere studio suo possit, an non optimo jure ob hanc artem elato sit animo, atque etiam optimo jure mercedem debeat amplam accipere? Quum his etiam universi adsensi essent : Talis est scilicet, inquit, mea quidem sententia, hic Antisthenes. Tum ille : Mihine tribuis, inquit, artem hanc, Socrates? Profecto, ait : nam te video etiam in hujus pedissequa probe exercitum esse. Quaenam illa est? Ars perductorum, ait. Et graviter id ferens Antisthenes, Ecquid, ait, tale me commisisse scis, Socrates? Scio equidem, inquit, te Calliam hunc ad doctum illum Prodicum perduxisse : quum illum ardentem amore philosophiae cerneres, hunc vero pecunia indigentem. Scio item te perduxisse eundem ad Hippiam Eleum, a quo etiam artem memoriae didicit : et ex quo tempore magis amoribus esse deditus coepit, quod pulchri quidquid viderit, ejus nunquam obliviscatur. Nuper adeo quod, hospitem quoque Heracleotam apud me praedicando, ubi effeceris ut ipsius cupidus essem, conciliasti eum mihi : quo quidem nomine tibi gratiam habeo. Nam mihi valde esse bonus honestusque videtur. An non item Æschylum illum Phliasium apud me praedicando, meque apud ipsum, ita effecisti, ut nosmet amantes mutuo quaereremus cursitando, perinde atque canes solent? Haec quum ego te facere posse videam, bonum esse perductorem arbitror. Nam qui agnoscere potest eos, qui sibi futuri sunt utiles; ac potest efficere, ut illi se mutuo expetant : is mihi videtur et urbes amicitia conjungere posse, et nuptias commodas conciliare, utque magni vir pretii sit tum apud civitates, tum apud amicos, tum apud socios, efficere. Et tu, quasi qui non satis recte audieris, quod te dixerim esse bonum perductorem, succensuisti. Ego vero, subjecit ille, non jam amplius. Nam licet si possim, nimirum animus meus divitiis constipatus erit. Atque hoc pacto colloquiorum circuitus absolutus fuit.

CAPUT V.

Callias autem, Sed tu, Critobule, ait, in certamen adversus Socratem de pulchritudine non descendis? Non profecto, ait Socrates : nam fortasse lenonem apud judices magna esse in existimatione videt. Nihilominus ego, sub-

CONVIVII CAP. V.

ἔφη ὁ Κριτόβουλος, οὐκ ἀναδύομαι· ἀλλὰ δίδασκε, εἴ τι ἔχεις σοφὸν, ὡς καλλίων εἶ ἐμοῦ. Μόνον, ἔφη, τὸν λαμπτῆρα ἐγγὺς προςενεγκάτω. Εἰς ἀνάκρισιν τοίνυν σε, ἔφη, πρῶτον τῆς δίκης καλοῦμαι· ἀλλ' ἀποκρίνου. (3) Σὺ δέ γε ἐρώτα. Πότερον οὖν ἐν ἀνθρώπῳ μόνῳ νομίζεις τὸ καλὸν εἶναι ἢ καὶ ἐν ἄλλῳ τινί; Ἐγὼ μὲν ναὶ μὰ Δί', ἔφη, καὶ ἐν ἵππῳ καὶ βοῒ καὶ ἐν ἀψύχοις πολλοῖς. Οἶδα γοῦν οὖσαν καὶ ἀσπίδα καλὴν καὶ ξίφος καὶ δόρυ. (4) Καὶ πῶς, ἔφη, οἷόν τε ταῦτα μηδὲν ὅμοια ὄντα ἀλλήλοις πάντα καλὰ εἶναι; Ἢν νὴ Δί', ἔφη, πρὸς τὰ ἔργα ὧν ἕνεκα ἕκαστα κτώμεθα εὖ εἰργασμένα ᾖ ἢ εὖ πεφυκότα πρὸς ἃ ἂν δεώμεθα, καὶ ταῦτ', ἔφη ὁ Κριτόβουλος, καλά. (5) Οἶσθα οὖν, ἔφη, ὀφθαλμῶν τίνος ἕνεκα δεόμεθα; Δῆλον, ἔφη, ὅτι τοῦ ὁρᾷν. Οὕτω μὲν τοίνυν ἤδη οἱ ἐμοὶ ὀφθαλμοὶ καλλίονες ἂν τῶν σῶν εἴησαν. Πῶς δή; Ὅτι οἱ μὲν σοὶ τὸ κατευθὺ μόνον ὁρῶσιν, οἱ δὲ ἐμοὶ καὶ τὸ ἐκ πλαγίου διὰ τὸ ἐπιπόλαιοι εἶναι. Λέγεις σὺ, ἔφη, καρκίνον εὐοφθαλμότατον εἶναι τῶν ζώων; Πάντως δήπου, ἔφη· ἐπεὶ καὶ πρὸς ἰσχὺν τοὺς ὀφθαλμοὺς ἄριστα πεφυκότας ἔχει. (6) Εἶεν, ἔφη, τῶν δὲ ῥινῶν ποτέρα καλλίων, ἡ σὴ ἢ ἡ ἐμή; Ἐγὼ μὲν, ἔφη, οἶμαι τὴν ἐμὴν, εἴπερ γε τοῦ ὀσφραίνεσθαι ἕνεκα ἐποίησαν ἡμῖν ῥῖνας οἱ θεοί. Οἱ μὲν γὰρ σοὶ μυκτῆρες εἰς γῆν ὁρῶσιν, οἱ δὲ ἐμοὶ ἀναπέπτανται, ὥστε τὰς πάντοθεν ὀσμὰς προςδέχεσθαι. Τὸ δὲ δὴ σιμὸν τῆς ῥινὸς πῶς τοῦ ὀρθοῦ κάλλιον; Ὅτι, ἔφη, οὐκ ἀντιφράττει, ἀλλ' ἐᾷ εὐθὺς τὰς ὄψεις ὁρᾷν ἃ ἂν βούλωνται· ἡ δὲ ὑψηλὴ ῥὶς ὥςπερ ἐπηρεάζουσα διατετείχικε τὰ ὄμματα. (7) Τοῦ γε μὴν στόματος, ἔφη ὁ Κριτόβουλος, ὑφίεμαι. Εἰ γὰρ τοῦ ἀποδάκνειν ἕνεκα πεποίηται, πολὺ ἂν σὺ μεῖζον ἢ ἐγὼ ἀποδάκοις. Διὰ δὲ τὸ παχέα ἔχειν τὰ χείλη οὐκ οἴει καὶ μαλακώτερόν σου ἔχειν τὸ φίλημα; Ἔοικα, ἔφη, ἐγὼ κατὰ τὸν σὸν λόγον καὶ τῶν ὄνων αἴσχιον τὸ στόμα ἔχειν. Ἐκεῖνο δὲ οὐδὲν τεκμήριον λογίζῃ ὡς ἐγὼ σοῦ καλλίων εἰμὶ, ὅτι καὶ Ναΐδες θεαὶ οὖσαι τοὺς Σειληνοὺς ἐμοὶ ὁμοιοτέρους τίκτουσιν ἢ σοί; (8) Καὶ ὁ Κριτόβουλος, Οὐκέτι, ἔφη, ἔχω πρὸς σὲ ἀντιλέγειν, ἀλλὰ διαφερόντων, ἔφη, τὰς ψήφους, ἵνα ὡς τάχιστα εἰδῶ ὅτι με χρὴ παθεῖν ἢ ἀποτῖσαι. Μόνον, ἔφη, κρυφῇ φερόντων· δέδοικα γὰρ τὸν σὸν καὶ Ἀντισθένους πλοῦτον μή με καταδυναστεύσῃ. (9) Ἡ μὲν δὴ παῖς καὶ ὁ παῖς κρύφα ἀνέφερον. Ὁ δὲ Σωκράτης ἐν τούτῳ διεπράττετο τόν τε λύχνον ἀντιπροςενεγκεῖν τῷ Κριτοβούλῳ, ὡς μὴ ἐξαπατηθείησαν οἱ κριταὶ, καὶ τῷ νικήσαντι μὴ ταινίας ἀλλὰ φιλήματα ἀναδήματα παρὰ τῶν κριτῶν γενέσθαι. (10) Ἐπεὶ δὲ ἐξέπεσον αἱ ψῆφοι καὶ ἐγένοντο πᾶσαι σὺν Κριτοβούλῳ, Παπαῖ, ἔφη ὁ Σωκράτης, οὐχ ὅμοιον ἔοικε τὸ σὸν ἀργύριον, ὦ Κριτόβουλε, τῷ Καλλίου εἶναι. Τὸ μὲν γὰρ τούτου δικαιοτέρους ποιεῖ, τὸ δὲ σὸν ὥςπερ τὸ πλεῖστον διαφθείρειν ἱκανόν ἐστι καὶ δικαστὰς καὶ κριτάς.

jecit Critobulus, non recuso. Doceto autem me si quid habes callidum, te pulchriorem esse quam sim ego. Tantum, ait, lucernam aliquis propius admoveat. Primum ad causam te inquisitionem provoco : tu vero respondeto. At tu interrogato. Utrum igitur pulchritudinem in homine tantum existimas esse, an etiam in aliqua re alia? Profecto, ait, mea quidem sententia, est etiam in equo, et bove, et multis rebus inanimis. Nam et scutum esse pulchrum scio, et gladium, et hastam. Et qui fieri potest, ait, quae invicem sibi nulla sunt re similia, esse omnia pulchra? Si ad opera, quorum causa nos ea singula paravimus, bene fuerint elaborata, vel apta satis a natura illis usibus, quibus serviunt : et ipsa pulchra sunt, inquit Critobulus. Nosti ergo, cui nobis usui sint oculi? Hi scilicet, ait, ut videamus. Hoc igitur pacto tuis pulchriores oculi mei fuerint. Qui sic? Nam tui tantum quod adversum est spectant, mei etiam quod est a latere, propterea quod exterius prominent. Ain' tu cancrum inter animalia cuncta praeditum esse oculis optimis?. Maxime vero, inquit : nam habet oculos a natura egregie ad firmitatem quoque comparatos. Esto sane, ait. At uter nasus, meusne, an tuus, est pulchrior? Equidem, ait, meum esse pulchriorem arbitror : si quidem odores percipiendi causa dii nobis nares condiderunt. Nam meatus narium tui terram versus spectant, mei vero sursum expansi sunt : quo fit, ut ab omni parte odores recipere possint. Nasus autem simus quomodo recto potest esse pulchrior? Quia nihil est, ait, quod obsepiat, sed permittit, ut oculi statim, quae velint, videant. At nasus sublimior, quasi si faciat id per injuriam, sepimento quodam oculos disjungit. Quod os autem attinet, ait Critobulus, equidem tibi cedo. Nam si mordendi causa factum est, longe tu majus aliquid morsu avellere possis, quam ego. At vero quia tibi labra sunt crassa, non meum putas osculum esse mollius? Videor, inquit, uti tu quidem praedicas, etiam asinis os habere turpius. Illud tamen non existimas argumento esse satis magnum, me pulchritudine te superare, quod et Naides, quae divae sunt, Silenos pariant, mihi quam tibi similiores? Non possum, inquit Critobulus, amplius contradicere. Itaque distribuantur sane calculi, ut quamprimum sciam, quid me vel perpeti, vel exsolvere oporteat. Modo, ait, clanculum eos ferant : nam tuas et Antisthenis opes metuo, ne me copia sua opprimant. Puella igitur et puer clanculum eos colligebant. Interim Socrates perfecit ut lucerna Critobulo admoveretur, ne deciperentur judices ; atque etiam ut victori non fasciae, sed oscula corollarum loco a judicibus decernerentur. Posteaquam ejecti essent calculi, atque omnes pro Critobulo facerent : Papae, ait Socrates, argentum tuum non videtur esse argento Calliae simile, mi Critobule. Nam quod ille habet, justiores reddit homines : tuum vero, quemadmodum alioqui argentum maxima ex parte, tum judices tum disceptatores corrumpere potest.

ΚΕΦΑΛΑΙΟΝ ς'.

Ἐκ δὲ τούτου οἱ μὲν τὰ νικητήρια φιλήματα ἀπολαμβάνειν τὸν Κριτόβουλον ἐκέλευον, οἱ δὲ τὸν κύριον πείθειν, οἱ δὲ καὶ ἄλλα ἔσκωπτον. Ὁ δὲ Ἑρμογένης κἀνταῦθα ἐσιώπα. Καὶ ὁ Σωκράτης ὀνομάσας αὐτὸν, Ἔχοις ἂν, ὦ Ἑρμόγενες, εἰπεῖν ἡμῖν τί ἐστι παροινία; Καὶ ὃς ἀπεκρίνατο, Εἰ μὲν ὅ,τι ἐστὶν ἐρωτᾷς, οὐκ οἶδα· τὸ μέντοι μοι δοκοῦν εἴποιμ' ἄν. (α) Ἀλλὰ δοκεῖ τοῦτ', ἔφη. Τὸ τοίνυν παρ' οἶνον λυπεῖν τοὺς συνόντας, τοῦτ' ἐγὼ κρίνω παροινίαν. Οἶσθ' οὖν, ἔφη, ὅτι καὶ σὺ νῦν ἡμᾶς λυπεῖς σιωπῶν; Ἢ καὶ ὅταν λέγητε; ἔφη. Οὐδ' ἀλλ' ὅταν διαλίπωμεν. Ἢ οὖν λέληθέ σε ὅτι μεταξὺ τοῦ ὑμᾶς λέγειν οὐδ' ἂν τρίχα, μὴ ὅτι λόγον ἄν τις παρείρειε; (α) Καὶ ὁ Σωκράτης, Ὦ Καλλία, ἔχοις ἄν τι, ἔφη, ἀνδρὶ ἐλεγχομένῳ βοηθῆσαι; Ἔγωγ', ἔφη. Ὅταν γὰρ ὁ αὐλὸς φθέγγηται, παντάπασι σιωπῶμεν. Καὶ ὁ Ἑρμογένης, Ἢ οὖν βούλεσθε, ἔφη, ὥσπερ Νικόστρατος ὁ ὑποκριτὴς τετράμετρα πρὸς τὸν αὐλὸν κατέλεγεν, οὕτω καὶ ὑπὸ τὸν αὐλὸν ὑμῖν διαλέγωμαι; (α) Καὶ ὁ Σωκράτης, Πρὸς τῶν θεῶν, ἔφη, Ἑρμόγενες, οὕτω ποίει. Οἶμαι γὰρ, ὥσπερ ἡ ᾠδὴ ἡδίων πρὸς τὸν αὐλὸν, οὕτω καὶ τοὺς σοὺς λόγους ἡδύνεσθαι ἄν τι ὑπὸ τῶν φθόγγων, ἄλλως τε καὶ εἰ μορφάζοις ὥσπερ ἡ αὐλητρὶς καὶ σὺ πρὸς τὰ λεγόμενα. (ο) Καὶ ὁ Καλλίας ἔφη, Ὅταν οὖν ὁ Ἀντισθένης ἔβδ' ἐλέγχῃ τινὰ ἐν τῷ συμποσίῳ, τί ἔσται τὸ αὔλημα; Καὶ ὁ Ἀντισθένης εἶπε, Τῷ μὲν ἐλεγχομένῳ οἶμαι ἂν, ἔφη, πρέπειν συριγμόν.

6. Τοιούτων δὲ λόγων ὄντων ὡς ἑώρα ὁ Συρακόσιος τῶν μὲν αὐτοῦ ἐπιδειγμάτων ἀμελοῦντας, ἀλλήλοις δὲ ἡδομένους, φθονῶν τῷ Σωκράτει εἶπεν, Ἆρα σὺ, ὦ Σώκρατες, ὁ φροντιστὴς ἐπικαλούμενος; Οὐκοῦν κάλλιον, ἔφη, ἢ εἰ ἀφρόντιστος ἐκαλούμην; (γ) Οἴσθα οὖν, ἔφη ὁ Σωκράτης, μετεωρότερόν τι τῶν θεῶν; Ἀλλ' οὐ μὰ Δί', ἔφη, οὐ τούτων σε λέγουσιν ἐπιμελεῖσθαι, ἀλλὰ τῶν ἀνωφελεστάτων. Οὐκοῦν καὶ οὕτως ἂν, ἔφη, θεῶν ἐπιμελοίμην. Ἄνωθεν μέν γε ὕοντες ὠφελοῦσιν, ἄνωθεν δὲ φῶς παρέχουσιν. Εἰ δὲ ψυχρὰ λέγω, σὺ αἴτιος, ἔφη, πράγματά μοι παρέχων. (s) Ταῦτα μὲν, ἔφη, ἔα· ἀλλ' εἰπέ μοι πόσους ψύλλης πόδας ἐμοῦ ἀπέχεις. Ταῦτα γάρ σέ φασι γεωμετρεῖν. Καὶ ὁ Ἀντισθένης εἶπε, Σὺ μέντοι δεινὸς εἶ, ὦ Φίλιππε, εἰκάζειν. Οὐ δοκεῖ σοι ὁ ἀνὴρ οὗτος λοιδορεῖσθαι βουλομένῳ ἐοικέναι; Ναὶ μὰ τὸν Δί', ἔφη, καὶ ἄλλοις γε πολλοῖς. (9) Ἀλλ' ὅμως, ἔφη ὁ Σωκράτης, σὺ αὐτὸν μὴ εἰκάσῃς, ἵνα μὴ καὶ σὺ λοιδορουμένῳ ἐοίκῃς. Ἀλλ' εἴπερ γέ τοι τοῖς πᾶσι καλοῖς καὶ τοῖς βελτίστοις εἰκάζω αὐτὸν, ἐπαινοῦντί μᾶλλον ἢ λοιδορουμένῳ δικαίως ἄν τις εἰκάζοι μέ τις. Καὶ νῦν σύ γε λοιδορουμένῳ ἔοικας, εἰ πάντ' αὐτοῦ βελτίω φῂς εἶναι. (10) Ἀλλὰ βούλει πονηροτέροις εἰκάζω αὐτόν; Μηδὲ πονηροτέροις. Ἀλλὰ μηδενί; Μηδενὶ μηδὲν τούτων εἰκαζε. Ἀλλ' οὐ μέντοι γε σιωπῶν οἶδα ὅπως ἄξια τοῦ δείπνου ἐργάσομαι. Καὶ ῥᾳδίως γ', ἂν ἃ μὴ

CAPUT VI.

Secundum hæc alii Critobulum hortabantur, ut oscula victoriæ præmia reciperet ; alii, ut persuaderet prius eum, cujus essent in potestate ; alii aliter jocabantur. Hermogenes etiam tum silebat. Quo nominatim Socrates compellato, Possisne dicere nobis, ait, Hermogenes, quid sit παροινία? Et ille, Si quæras quid sit, inquit, nihil mihi constat : quid autem mihi esse videatur, dicere forte possim. Id placet, ait Socrates. Ego igitur esse judico παροινίαν, in vino molestum esse iis quibuscum verseris. Ergo scire debes, ait Socrates, te quoque silendo nobis jam molestiam exhibere. Num etiam quando loquimini? Non, sed quum intermittimus. Tene vero fugit, ne pilum quidem, nedum sermonem aliquem interea, dum vos loquimini, interjici a quoquam posse? Tum Socrates, Possisne alicui, Callia, inquit, qui coarguitur, succurrere? Possim equidem, ait. Nam quum tibia sonum edit, prorsus silemus. Et Hermogenes, Vultisne igitur, ait, ut quemadmodum Nicostratus histrio ad tibiam tetrametra recitabat, ita et ipse, dum tibia sonat, vobiscum colloquar? Sic facito, quæso per deos, mi Hermogenes, ait Socrates. Arbitror enim perinde ut cantus ad tibiam adhibitus jucundior est, ita etiam futurum, ut sermones tui sonis illis nonnihil suaviores reddantur ; præsertim si gestum aliquem addas ad ea quæ dicuntur abs te, id quod hæc fidicina facit. Et Callias, Ergo quum Antisthenes hic, ait, quendam in convivio coarguerit, quis erit concentus tibiarum? Ei, qui coarguetur, ait Antisthenes, convenire arbitror sibilum.

Hujusmodi colloquia quum haberentur, ac videret eos Syracusanus illa quidem negligere, quæ ipse exhiberet, mutuus autem sermonibus se oblectare, Socrati invidens, Tune, ait, Socrates, ille ipse es, quem meditatorem vocant? Certe pulchrius hoc est, inquit, quam si vocarer incogitans. Nisi quidem sublimium meditator esse videreris. Num ergo quidquam nosti, ait Socrates, quod diis sit sublimius? Minime vero te istis occupari aiunt, sed rebus maxime « supervacaneis ». Ergo sic etiam, inquit, dii mihi curæ sunt. Nam illi, quum « superne » pluant, nostro « vacant » commodo, iidem « superne » lucem suppeditant. Quod si frigida profero, tu auctor es, qui negotium mihi facessis. Tu vero, inquit alter, mitte ista, ac dicito mihi, quot pulicis pedes tu a me absis : nam hæc metiri te aiunt. Tum Antisthenes : Enimvero, Philippe, ait, tu in assimilando acutus es : an non videtur hic homo tibi similis illi esse, qui convicium facere velit? Profecto, inquit, atque aliis etiam multis. Tu tamen, ait Socrates, nulli eum similem facito, ne et ipse convicium facienti similis videare. Verum si honestis et optimis quibusque similem eum fecero, merito me laudanti potius quam convicianti similem dixerit. Atqui tu conviciantis es similis, si omnia in eo meliora dicis quam in aliis. Vis igitur magis perversis eum comparem? Ne illis quidem. Nulli ergo? Nulli in nulla re eum similem dixeris. Atqui nescio quo pacto, si taceam, digna hoc convivio facturus sim. Imo facile, inquit, si ta-

δεῖ λέγειν, ἔφη, σιωπῇς. Αὕτη μὲν δὴ ἡ παροινία οὕτω κατεσβέσθη.

ΚΕΦΑΛΑΙΟΝ Ζ.

Ἐκ τούτου δὲ τῶν ἄλλων οἱ μὲν ἐκέλευον εἰκάζειν, οἱ δὲ ἐκώλυον. Θορύβου δὲ ὄντος ὁ Σωκράτης αὖ πάλιν εἶπεν, Ἆρα ἐπειδὴ πάντες ἐπιθυμοῦμεν λέγειν, νῦν ἂν μάλιστα καὶ ἅμα ᾄσαιμεν; καὶ εὐθὺς ταῦτ' εἰπὼν ἦρχεν ᾠδῆς. (2) Ἐπεὶ δ' ᾖσεν, εἰσηρέρετο τῇ ὀρχηστρίδι τροχὸς τῶν κεραμεικῶν, ἐφ' οὗ ἔμελλε θαυματουργήσειν. Ἔνθα δὴ εἶπεν ὁ Σωκράτης, Ὦ Συρακόσιε, κινδυνεύω ἐγώ, ὥσπερ σὺ λέγεις, τῷ ὄντι φροντιστὴς εἶναι· νῦν γοῦν σκοπῶ ὅπως ἂν ὁ μὲν παῖς ὅδε ὁ σὸς καὶ ἡ παῖς ἥδε ὡς ῥᾷστα διάγοιεν, ἡμεῖς δ' ἂν μάλιστα ἂν εὐφραινοίμεθα θεώμενοι αὐτούς· ὅπερ εὖ οἶδα ὅτι καὶ σὺ βούλει. (3) Δοκεῖ οὖν μοι τὸ μὲν εἰς μαχαίρας κυβιστᾶν κινδύνου ἐπίδειγμα εἶναι, ὃ συμποσίῳ οὐδὲ προσήκει. Καὶ μὴν τό γε ἐπὶ τοῦ τροχοῦ ἅμα περιδινουμένου γράφειν τε καὶ ἀναγιγνώσκειν θαῦμα μὲν ἴσως τί ἐστιν, ἡδονὴν δὲ οὐδὲ ταῦτα δύναμαι γνῶναι τίν' ἂν παράσχοι. Οὐδὲ μὴν τό γε διαστρέφοντας τὰ σώματα καὶ τροχοὺς μιμουμένους ἡδίων ἢ ἡσυχίαν ἔχοντας τοὺς καλοὺς καὶ ὡραίους θεωρεῖν. (4) Καὶ γὰρ δὴ οὐδὲ πάνυ τι σπάνιον τό γε θαυμασίοις ἐντυχεῖν, εἴ τις τούτου δεῖται, ἀλλ' ἔξεστιν αὐτίκα μάλα τὰ παρόντα θαυμάζειν, τί ποτε ὁ μὲν λύχνος διὰ τὸ λαμπρὰν φλόγα ἔχειν φῶς παρέχει, τὸ δὲ χαλκεῖον λαμπρὸν ὂν φῶς μὲν οὐ ποιεῖ, ἐν αὐτῷ δὲ ἄλλα ἐμφαινόμενα παρέχεται· καὶ πῶς τὸ μὲν ἔλαιον ὑγρὸν ὂν αὔξει τὴν φλόγα, τὸ δὲ ὕδωρ ὅτι ὑγρόν ἐστι κατασβέννυσι τὸ πῦρ. Ἀλλὰ γὰρ καὶ ταῦτα μὲν οὐκ εἰς ταὐτὸν τῷ οἴνῳ ἐπισπεύδει· (5) εἰ δὲ ὀρχοῖντο πρὸς τὸν αὐλὸν σχήματα ἐν οἷς Χάριτές τε καὶ Ὧραι καὶ Νύμφαι γράφονται, πολὺ ἂν οἶμαι αὐτούς τε ῥᾷον διάγειν καὶ τὸ συμπόσιον πολὺ ἐπιχαριτώτερον εἶναι. Ὁ οὖν Συρακόσιος, Ἀλλὰ ναὶ μὰ τὸν Δί', ἔφη, ὦ Σώκρατες, καλῶς τε λέγεις καὶ ἐγὼ εἰσάξω θεάματα ἐφ' οἷς ὑμεῖς εὐφρανεῖσθε.

ΚΕΦΑΛΑΙΟΝ Η.

Ὁ μὲν δὴ Συρακόσιος ἐξελθὼν συνεκροτεῖτο· ὁ δὲ Σωκράτης πάλιν αὖ καινοῦ λόγου κατῆρχεν. Ἆρ', ἔφη, ὦ ἄνδρες, εἰκὸς ἡμᾶς παρόντος δαίμονος μεγάλου καὶ τῷ μὲν χρόνῳ ἰσήλικος τοῖς ἀειγενέσι θεοῖς, τῇ δὲ μορφῇ νεωτάτου, καὶ μεγέθει μὲν πάντα ἐπέχοντος, ψυχῇ δὲ ἀνθρώπου ἱδρυμένου, Ἔρωτος, μὴ ἀμνημονῆσαι, ἄλλως τε καὶ ἐπειδὴ πάντες ἐσμὲν τοῦ θεοῦ τούτου θιασῶται; (2) Ἐγώ τε γὰρ οὐκ ἔχω χρόνον εἰπεῖν ἐν ᾧ οὐκ ἐρῶν τινος διατελῶ, Χαρμίδην δὲ τόνδε οἶδα πολλοὺς μὲν ἐραστὰς κτησάμενον, ἔστι δὲ ὧν καὶ αὐτὸν ἐπιθυμήσαντα· Κριτόβουλός γε μὴν καὶ ἐρώμενος ὢν ἤδη ἄλλων ἐπιθυμεῖ. (3) Ἀλλὰ μὴν καὶ ὁ Νικήρατος, ὡς ἐγὼ ἀκούω, ἐρῶν τῆς γυναικὸς ἀντερᾶται. Ἑρμογένη γε

XENOPHON.

CONVIVII CAP. VIII.

ceas quæ proferri non oportet. Atque hæc quidem in vino rixa sic exstincta fuit.

CAPUT VII.

Post hæc alii pergere jubebant in comparando, alii vetabant. Quumque tumultus esset exortus, rursum loqui Socrates incipiebat : Num quia cuncti loqui cupimus, etiam una cecinerimus? Et quum primum id dixisset, cantilenam ordiebatur. Ubi cecinisset, illata est saltatrici rota ex earum genere quibus utuntur figuli, in qua miranda quædam exhibitura erat. Tum Socrates, Periculum erit, mi Syracusane, inquit, ne, quemadmodum tu ais, sim revera meditator : nunc certe considero, quo pacto puero huic tuo et huic puellæ optime possit esse, ac nos eos spectando voluptatis plurimum capiamus : quod quidem sat scio te quoque velle. Videtur ergo mihi, provolutionem in caput, quæ fit super gladios, exhibitionem esse periculi a convivio alienam. Quod vero etiam in rota circumvoluta scribit ac lectitat, est illud quidem certe miraculum quoddam : verum intelligere non possum, quam etiam hæc voluptatem suppeditet. Nec item jucundius est formosos et elegantes spectare, quum corpora torquent et rotas imitantur, quam ubi quiescunt. Etenim non admodum rarum est, in res admiratione dignas incidere, si quis hoc desideret : sed licet statim admiremur ea quæ adsunt, quonam modo lucerna, quod flammam splendidam habeat, lumen suppeditet, quum ahenum, et ipsum splendens, lucem id quidem non emittat, sed in se tamen alia apparentia exhibeat ; quo pacto oleum, quum humidum sit, flammam augeat, quum aqua, quod sit humida, ignem exstinguat. Verum ne hæc quidem eodem impellunt animos quo vinum. At si ad tibiam formis iis saltarent, quibus tum Gratiæ, tum Horæ, Nymphæ denique pinguntur, multo id ipsis facilius futurum arbitrarer, ac longe convivium hoc fore hilarius ac gratius. Et Syracusanus ille, Profecto, inquit, mi Socrates, recte dicis, et introducam ego spectacula, quæ delectationem vobis sunt allatura.

CAPUT VIII.

Quapropter egressus Syracusanus ad agenda se componebat, et Socrates novum orationis exordium instituebat : Profecto, viri, par est nos, quum magnus quidam deus adsit, qui ætate deos æternos æquat, forma maxime juvenis est ; amplitudine sua cuncta sustinet, animo hominibus insidet, nimirum Amor, ejus minime oblivisci ; præsertim quum omnes in ejus dei sacris sodales simus. Nam equidem tempus aliquod commemorare non possum, quo non aliquo semper amore fuerim occupatus ; et Charmidem hunc scio multos amatores habere, ac nonnullos ab ipso quoque expeti : Critobulus certe, quum adametur, jam et ipse alios amore complectitur. Quin etiam Niceratus, ut equidem accepi, uxorem amans, vicissim ab ea diligitur.

43

μὴν τίς ἡμῶν οὐκ οἶδεν ὡς, ὅ,τι ποτ' ἐστὶν ἡ καλοκἀγαθία, τῷ ταύτης ἔρωτι κατατήκεται; οὐχ ὁρᾶτε ὡς σπουδαῖαι μὲν αὐτοῦ αἱ ὀφρύες, ἀτρεμὲς δὲ τὸ ὄμμα, μέτριοι δὲ οἱ λόγοι, πραεῖα δὲ ἡ φωνή, ἱλαρὸν δὲ τὸ ἦθος; τοῖς δὲ σεμνοτάτοις θεοῖς φίλοις χρώμενος οὐδὲ ἡμῶς τοὺς ἀνθρώπους ὑπερορᾷ; σὺ δὲ μόνος, ὦ Ἀντίσθενες, οὐδενὸς ἐρᾷς; (4) Ναὶ μὰ τοὺς θεούς, εἶπεν ἐκεῖνος, καὶ σφόδρα γε σοῦ. Καὶ ὁ Σωκράτης ἐπισκώψας ὡς δὴ θρυπτόμενος εἶπε, Μή νύν μοι ἐν τῷ παρόντι ὄχλον πάρεχε. Ὡς γὰρ ὁρᾷς, ἄλλα πράττω. (5) Καὶ ὁ Ἀντισθένης ἔλεξεν, Ὡς σαφῶς μέντοι σύ, μαστροπὲ σαυτοῦ, ἀεὶ τοιαῦτα ποιεῖς· τοτὲ μὲν τὸ δαιμόνιον προφασιζόμενος οὐ διαλέγῃ μοι, τοτὲ δ' ἄλλου του ἐφιέμενος. (6) Καὶ ὁ Σωκράτης ἔφη, Πρὸς τῶν θεῶν, ὦ Ἀντίσθενες, μόνον μὴ συγκόψῃς με· τὴν δ' ἄλλην χαλεπότητα ἐγώ σου καὶ φέρω καὶ οἴσω φιλικῶς. Ἀλλὰ γάρ, ἔφη, τὸν μὲν σὸν ἔρωτα κρυπτῶμεν, ἐπειδὴ καὶ ἔστιν οὐ ψυχῆς ἀλλ' εὐμορφίας τῆς ἐμῆς. (7) Ὅτι γε μὴν σύ, ὦ Καλλία, ἐρᾷς Αὐτολύκου πᾶσα μὲν ἡ πόλις οἶδε, πολλοὺς δ' οἶμαι καὶ τῶν ξένων. Τούτου δ' αἴτιον τὸ πατέρων τε ὀνομαστῶν ἀμφοτέρους ὑμᾶς εἶναι καὶ αὐτοὺς ἐπιφανεῖς. (8) Ἀεὶ μὲν οὖν ἔγωγε ἠγάμην τὴν σὴν φύσιν, νῦν δὲ καὶ πολὺ μᾶλλον, ἐπεὶ ὁρῶ σε ἐρῶντα οὐχ ἁβρότητι χλιδαινομένου, οὐδὲ μαλακίᾳ θρυπτομένου, ἀλλὰ πᾶσιν ἐπιδεικνυμένου ῥώμην τε καὶ καρτερίαν καὶ ἀνδρείαν καὶ σωφροσύνην· τὸ δὲ τοιούτων ἐπιθυμεῖν τεκμήριόν ἐστι καὶ τῆς τοῦ ἐραστοῦ φύσεως. (9) Εἰ μὲν οὖν μία ἐστὶν Ἀφροδίτη ἢ διτταί, Οὐρανία τε καὶ Πάνδημος, οὐκ οἶδα· καὶ γὰρ Ζεὺς ὁ αὐτὸς δοκῶν εἶναι πολλὰς ἐπωνυμίας ἔχει· ὅτι γε μέντοι χωρὶς ἑκατέρᾳ βωμοί τε καὶ ναοί εἰσι καὶ θυσίαι τῇ μὲν Πανδήμῳ ῥᾳδιουργότεραι, τῇ δὲ Οὐρανίᾳ ἁγνότεραι, οἶδα. (10) Εἰκάσαις δ' ἂν καὶ τοὺς ἔρωτας τὴν μὲν Πάνδημον τῶν σωμάτων ἐπιπέμπειν, τὴν δ' Οὐρανίαν τῆς ψυχῆς τε καὶ τῆς φιλίας καὶ τῶν καλῶν ἔργων. Ὑφ' οὗ δὴ καὶ σύ, ὦ Καλλία, κατέχεσθαί μοι δοκεῖς ἔρωτος. (11) Τεκμαίρομαι δὲ τῇ τοῦ ἐρωμένου καλοκἀγαθίᾳ καὶ ὅτι σε ὁρῶ τὸν πατέρα αὐτοῦ παραλαμβάνοντα εἰς τὰς πρὸς τοῦτον συνουσίας. Οὐδὲν γὰρ τούτων ἐστὶν ἀπόκρυφον πατρὸς τῷ καλῷ τε κἀγαθῷ ἐραστῇ. (12) Καὶ ὁ Ἑρμογένης εἶπε, Νὴ τὴν Ἥραν, ἔφη, ὦ Σώκρατες, ἄλλα τέ σου πολλὰ ἄγαμαι καὶ ὅτι νῦν ἅμα χαριζόμενος Καλλίᾳ καὶ παιδεύεις αὐτὸν οἷόνπερ χρὴ εἶναι. Νὴ Δί', ἔφη, ὅπως δὲ καὶ ἔτι μᾶλλον εὐφραίνηται, βούλομαι αὐτῷ μαρτυρῆσαι ὡς καὶ πολὺ κρεῖττων ἐστὶν ὁ τῆς ψυχῆς ἢ ὁ τοῦ σώματος ἔρως. (13) Ὅτι μὲν γὰρ δὴ ἄνευ φιλίας συνουσία οὐδεμία ἀξιόλογος πάντες ἐπιστάμεθα. Φιλεῖν γε μὴν τῶν μὲν τὸ ἦθος ἀγαμένων ἀνάγκη ἡδεῖα καὶ ἐθελουσία καλεῖται· τῶν δὲ τοῦ σώματος ἐπιθυμούντων πολλοὶ μὲν τοὺς τρόπους μέμφονται καὶ μισοῦσι τῶν ἐρωμένων· ἢν δὲ καὶ ἀμφότερα στέρξωσι, τὸ μὲν τῆς ὥρας ἄνθος ταχὺ δήπου παρακμάζει, ἀπολείποντος δὲ τούτου ἀνάγκη καὶ τὴν φιλίαν συναπομαραίνεσθαι, ἡ δὲ ψυχὴ ὅσονπερ ἂν χρόνον ἐπὶ τὸ φρονιμώτερον καὶ

Quis autem nostrûm nescit, Hermogenem honestatis amore, quidquid tandem ea sit, contabescere? non videtis, quam ejus severa sint supercilia, oculi immoti, oratio moderata, vox lenis, mores hilares? quumque deos, qui maxime nobis venerandi sunt, amicos habeat, nos tamen, qui homines sumus, non negligit. Tu vero, Antisthenes, solus neminem amas? Imo te vehementer amo profecto. Tum jocando Socrates quasi fastidiens, Ne in præsentia mihi, ait, molestus sis. Nam, uti vides, aliud ago. Et Antisthenes, Quam tu, inquit, leno tui, semper hujusmodi plane quædam facis, ac nonnumquam mecum non colloqueris, numinis utens prætextu, nonnumquam aliud quidpiam agens. Tum Socrates, Quæso te per deos, mi Antisthenes, ait, tantum ne concidas me: qui molestiam quamvis aliam abs te tum fero, tum laturus sum amice. Enimvero amorem tuum nos occulteimus, quam non animi sit, sed pulchritudinis meæ. Quod autem tu, Callia, Autolycum ames, civitas universa novit; atque, ut arbitror, etiam exteri plerique. Ejus rei causa est, quod uterque vestrûm parentes habeat claros, et ipsi quoque illustres sitis. Atque equidem indolem tuam semper admiratus sum, sed multo nunc magis, quum te illum amare video, qui non deliciis diffluit, neque præ mollitie languescit; sed omnibus et robur, et tolerantiam, et fortitudinem, et temperantiam suam demonstrat. Hujusmodi vero amores expetere, argumentum est etiam ingenii ejus qui amat. Equidem num una sit Venus, an duæ, Cœlestis nimirum et Vulgaris, haud scio. Nam et Jupiter, qui unus esse videtur, cognomina multa habet. Distinctas quidem utrique Veneri esse aras et fana, sacrificiaque, Vulgari quidem leviora, Cœlesti puriora, fieri scio. Et conjicere licet, etiam amores, corporum quidem, a Vulgari illa immitti: animi vero, et amicitiæ, et actionum honestarum, a Cœlesti. Ac tu quidem, mi Callia, hoc ipso amore mihi videris esse captus. Argumento mihi est ejus, quem amas, honestas; quodque te video patrem ejus ad congressus cum hoc tuos adjungere. Quippe nihil horum bonus et honestus amator occultum patri esse vult. Et Hermogenes, Per Junonem, inquit, mi Socrates, quum ob alia te multa admiror, tum quod modo Calliæ simul rem gratam facis, et qualem ipsum esse oporteat, instituis. Profecto sic est, ait: atque ut magis etiam delectetur, confirmare illi volo, multo præstantiorem esse animi quam corporis amorem. Novimus enim omnes absque amicitia consuetudinem nullam cujusquam esse pretii. Amor autem eorum, qui mores et indolem admirantur, necessitudo quædam jucunda et voluntaria vocatur; multi eorum, qui corpus adpetunt, mores vituperant et odere eorum quos amant. Quod si ament corpus simul cum anima, formæ flos sine dubio celeriter ætate quasi marcescit; quo deficiente, necesse esset una etiam amicitiam marcescere; verum animus quamdiu prudentia proficit, etiam

CONVIVII CAP. VIII.

ἀξιεραστοτέρα γίγνεται. (15) Καὶ μὴν ἕν μὲν τῇ τῆς μορφῆς χρήσει ἔνεστί τις καὶ κόρος, ὥστε ἅπερ καὶ πρὸς τὰ σιτία διὰ πλησμονήν, ταῦτα ἀνάγκη καὶ πρὸς τὰ παιδικὰ πάσχειν· ἡ δὲ τῆς ψυχῆς φιλία διὰ τὸ ἁγνὴ εἶναι καὶ ἀκορεστοτέρα ἐστίν, οὐ μέντοι, ὥς γ᾽ ἄν τις οἰηθείη, διὰ τοῦτο καὶ ἀνεπαφροδιτοτέρα, ἀλλὰ σαφῶς καὶ ἀποτελεῖται ἡ εὐχὴ ἐν ᾗ αἰτούμεθα τὴν θεὸν ἐπαφρόδιτα καὶ ἔπη καὶ ἔργα διδόναι. (16) Ὡς μὲν γὰρ ἀγαπᾷ τε καὶ φιλεῖ τὸν ἐρώμενον θάλλουσα μορφῇ τε ἐλευθερίᾳ καὶ ἤθει αἰδήμονί τε καὶ γενναίῳ ψυχὴ εὐθὺς ἐν τοῖς ἥλιξιν ἡγεμονική τε ἅμα καὶ φιλόφρων οὖσα οὐδὲν ἐπιδεῖται λόγου· ὅτι δὲ εἰκὸς καὶ ὑπὸ τῶν παιδικῶν τὸν τοιοῦτον ἐραστὴν ἀντιφιλεῖσθαι, καὶ τοῦτο διδάξω. (17) Πρῶτον μὲν γάρ τίς μισεῖν δύναιτ᾽ ἂν ὑφ᾽ οὗ εἰδείη καλός τε καὶ ἀγαθὸς νομιζόμενος, ἔπειτα δὲ ὁρῴη αὐτὸν τὰ τοῦ παιδὸς καλὰ μᾶλλον ἢ τὰ ἑαυτοῦ ἡδέα σπουδάζοντα· πρὸς δὲ τούτοις πιστεύοι μήτ᾽ ἂν παρὰ τι ποιήσῃ μήτ᾽ ἂν κάμων ἀμορφότερος γένηται, μειωθῆναι ἂν τὴν φιλίαν; (18) Οἷς γε μὴν κοινὸν τὸ φιλεῖσθαι, πῶς οὐκ ἀνάγκη τούτους ἡδέως μὲν προσορᾶν ἀλλήλους, εὐνοϊκῶς δὲ διαλέγεσθαι, πιστεύειν δὲ καὶ πιστεύεσθαι, καὶ προνοεῖν μὲν ἀλλήλων, συνήδεσθαι δ᾽ ἐπὶ ταῖς καλαῖς πράξεσι, συνάχθεσθαι δὲ ἤν τι σφάλμα προσπίπτῃ, τότε δ᾽ εὐφραινομένους διατελεῖν ὅταν ὑγιαίνοντες συνῶσιν, ἢν δὲ κάμῃ ὁποτερωσοῦν, πολὺ συνεχεστέραν τὴν συνουσίαν ἔχειν, καὶ ἀπόντων ἔτι μᾶλλον ἢ παρόντων ἐπιμελεῖσθαι; οὐ ταῦτα πάντα ἐπαφρόδιτα; διά γέ τοι τὰ τοιαῦτα ἔργα ἅμα ἐρῶντες τῆς φιλίας καὶ χρώμενοι αὐτῇ εἰς γῆρας διατελοῦσι. (19) Τὸν δὲ ἐκ τοῦ σώματος κρεμάμενον διὰ τί ἀντιφιλήσειεν ἂν ὁ παῖς; πότερον ὅτι ἑαυτῷ μὲν νέμει ὧν ἐπιθυμεῖ, τῷ δὲ παιδὶ τὰ ἐπονειδιστότατα; ἢ διότι ἃ σπεύδει πράττειν παρὰ τῶν παιδικῶν, εἴργει μάλιστα τοὺς οἰκείους ἀπὸ τούτων; (20) Καὶ μὴν ὅτι γε οὐ βιάζεται, ἀλλὰ πείθει, διὰ τοῦτο μᾶλλον μισητέος. Ὁ μὲν γὰρ βιαζόμενος ἑαυτὸν πονηρὸν ἀποδεικνύει, ὁ δὲ πείθων τὴν τοῦ ἀναπειθομένου ψυχὴν διαφθείρει. (21) Ἀλλὰ μὴν καὶ ὁ χρημάτων γε ἀπεμπολῶν τὴν ὥραν τί μᾶλλον στέρξει τὸν πριάμενον ἢ ὁ ἐν ἀγορᾷ πωλῶν καὶ ἀποδιδόμενος; οὐ μὴν ὅτι γε ὡραῖος ἀώρῳ, οὐδ᾽ ὅτι γε καλὸς οὐκέτι καλῷ καὶ ἐρῶντι οὐκ ἐρῶν ὁμιλεῖ, φιλήσει αὐτόν. Οὐδὲ γὰρ ὁ παῖς τῷ ἀνδρὶ ὥσπερ γυνὴ κοινωνεῖ τῶν ἐν τοῖς ἀφροδισίοις εὐφροσυνῶν, ἀλλὰ νήφων μεθύοντα ὑπὸ τῆς ἀφροδίτης θεᾶται. (22) Ἐξ ὧν οὐδὲν θαυμαστὸν εἰ καὶ τὸ ὑπερορᾶν ἐγγίγνεται αὐτῷ τοῦ ἐραστοῦ. Καὶ σκοπῶν δ᾽ ἄν τις εὕροι ἐκ μὲν τῶν διὰ τοὺς τρόπους φιλουμένων οὐδὲν χαλεπὸν γεγενημένων, ἐκ δὲ τῆς ἀναιδοῦς ὁμιλίας πολλὰ ἤδη καὶ ἀνόσια πεπραγμένα. (23) Ὡς δὲ καὶ ἀνελεύθερος ἡ συνουσία τῷ τὸ σῶμα μᾶλλον ἢ τῷ τὴν ψυχὴν ἀγαπῶντι, νῦν τοῦτο δηλώσω. Ὁ μὲν γὰρ παιδεύων λέγεταί τε ἃ δεῖ καὶ πράττειν δικαίως ἂν ὥσπερ Χείρων καὶ Φοῖνιξ ὑπ᾽ Ἀχιλλέως τιμῷτο, ὁ δὲ τοῦ σώματος ὀρεγόμενος εἰκότως ἂν ὥσπερ πτωχὸς περιέποιτο. Ἀεὶ γάρ τοι προσαιτῶν καὶ προσδεόμενος ἢ

fit amabilior. Quin et in usu formæ satietas quædam inest. Quo fit, ut quæ in ciborum usu propter satietatem, ea in amoribus quoque necessario accidant. At animi amor, propterea quod castus sit, etiam insatiabilior est; nec idcirco uti quis existimare possit, minus est venustus ac jucundus; sed plane votum illud perficitur, quo petimus, ut dea tum verba, tum actiones venustas largiatur. Quod enim liberali forma et indole verecunda generosaque florens animus, quique statim inter æquales principe loco dignus simul et comis est, tum suspicari, tum diligat amores suos; id vero verbis ostendi non est opus. Esse autem consentaneum, amatorem hujusmodi etiam suis amoribus gratum fore vicissim, id quoque docebo. Primum enim quis odisse possit illum a quo se bonum et honestum haberi sciat? deinde quem cernat amati decora magis quam suas voluptates curare? credat præterea, sive quid delinquatur, sive morbo deformior factus sit, amicitiam diminutum non iri? Quibus autem communis amor est, quo pacto non hos necesse est libenter se intueri, benevole colloqui, fidem habere sibi mutuo, prospicere sibi invicem, voluptatem simul capere ex honestis actionibus; condolere, si quid adversi accidat; denique perpetuo gaudere, dum bona cum valetudine frui consuetudine mutua possunt; sin alteruter ægrotet, multo frequentius convenire; de absentibus denique quam præsentibus, magis esse sollicitum? an non hæc omnia sunt amoris plena? Certe ob hujusmodi officia simul et amicitiæ studio tenentur, et ea perpetuo ad senectutem usque fruuntur. At cum, qui a corpore pendet, quamobrem diligat aliquis mutuo? utrum idcirco, quod sibi tribuit ea quæ concupiscit, adamato maxime probrosa? an quod ab iis, quæ impetrare ab amato studiose cupit, maxime necessarios arcet? Atqui magis etiam odio dignus est, quod non vim afferat, sed persuadeat. Nam qui vim affert, improbum esse hominem sese declarat : qui vero persuadet, is illius qui persuadetur animum corrumpit. Jam vero et is qui pecunia formam vendit, qui magis diliget ementem sese, quam emptorem is qui vendit res in foro, et addicit? non enim certe, quod formosus cum deformi, pulcher cum non pulchro, non amans cum amante versatur, idcirco eum diliget. Non enim mas ita, uti mulier, voluptatum rei venereæ cum viro particeps est; sed sobrius ipse temulentum ex venere spectat. Unde non mirum est, si contemptus amatoris in ipso exsistit. Quod si quis rem consideret, inveniet nihil rei gravis ex illorum amore, qui ob mores amantur, accidisse; quum multa, eaque nefaria, de illa impudenti consuetudine evenerint. Jam et illiberalem esse consuetudinem illius, qui corpus magis, quam animum diligit, modo indicabo. Nam qui aliquem instituit, ut et dicere, quæ necesse sit, et gerere possit; is merito, perinde ac Chiro et Phœnix ab Achille, affici honore debet : at qui corpus concupiscit, merito mendici cujusdam instar sectetur. Semper etenim comitatur emendicans et addi cupiens vel osculum, vel aliquam aliam tactio-

ΣΥΜΠΟΣΙΟΥ ΚΕΦ. Η.

φιλήματος ἢ ἄλλου τινὸς ψηλαφήματος παρακολουθεῖ. (24) Εἰ δὲ λαμπρότερον λέγω, μὴ θαυμάζετε· ὅ τε γὰρ οἶνος συνεπαίρει καὶ ὁ ἀεὶ σύνοικος ἐμοὶ ἔρως κεντρίζει εἰς τὸν ἀντίπαλον ἔρωτα αὐτῷ παρρησιάζεσθαι. (25) Καὶ γὰρ δὴ δοκεῖ μοι ὁ μὲν τῷ εἴδει τὸν νοῦν προσέχων μεμισθωμένῳ χωρίον ἐοικέναι. Οὐ γὰρ ὅπως πλείονος ἄξιος γένηται ἐπιμελεῖται, ἀλλ' ὅπως αὐτὸς ὅτι πλεῖστα ὡραῖα καρπώσεται. Ὁ δὲ τῆς φιλίας ἐφιέμενος μᾶλλον ἔοικε τῷ τὸν οἰκεῖον ἀγρὸν κεκτημένῳ. Πάντοθεν γοῦν φέρων ὅ,τι ἂν δύνηται πλείονος ἄξιον ποιεῖ τὸν ἐρώμενον. (26) Καὶ μὴν καὶ τῶν παιδικῶν ὅσα μὲν ἂν εἰδῇ ὅτι ὁ τοῦ εἴδους ἐπαρκῶν ἄρξει τοῦ ἐραστοῦ, εἰκὸς αὐτὸν τἄλλα ῥᾳδιουργεῖν· ὃς δ' ἂν γιγνώσκῃ ὅτι ἂν μὴ καλὸς κἀγαθὸς ᾖ, οὐ καθέξει τὴν φιλίαν, τοῦτον προσήκει μᾶλλον ἀρετῆς ἐπιμελεῖσθαι. (27) Μέγιστον δ' ἀγαθὸν τῷ ὀρεγομένῳ ἐκ παιδικῶν φίλον ἀγαθὸν ποιήσασθαι, ὅτι ἀνάγκη καὶ αὐτὸν ἀσκεῖν ἀρετήν. Οὐ γὰρ οἷόν τε πονηρὰ αὐτὸν ποιοῦντα ἀγαθὸν τὸν συνόντα ἀποδεῖξαι, οὐδέ γε ἀναισχυντίαν καὶ ἀκρασίαν παρεχόμενον ἐγκρατῆ καὶ αἰδούμενον τὸν ἐρώμενον ποιῆσαι. (28) Ἐπιθυμῶ δέ σοι, ἔφη, ὦ Καλλία, καὶ μυθολογῆσαι ὡς οὐ μόνον ἄνθρωποι ἀλλὰ καὶ θεοὶ καὶ ἥρωες τὴν τῆς ψυχῆς φιλίαν περὶ πλείονος ἢ τὴν τοῦ σώματος χρῆσιν ποιοῦνται. (29) Ζεύς τε γὰρ ὅσων μὲν θνητῶν οὐσῶν μορφῶν ἠράσθη, συγγενόμενος εἴα αὐτὰς θνητὰς εἶναι· ὅσων δὲ ψυχαῖς ἀγασθείη, ἀθανάτους τούτους ἐποίει· ὧν Ἡρακλῆς μὲν καὶ Διόσκουροί εἰσι, λέγονται δὲ καὶ ἄλλοι. (30) Καὶ ἐγὼ δέ φημι καὶ Γανυμήδην οὐ σώματος ἀλλὰ ψυχῆς ἕνεκα ὑπὸ Διὸς εἰς Ὄλυμπον ἀνενεχθῆναι. Μαρτυρεῖ δὲ καὶ τοὔνομα αὐτοῦ. Ἔστι μὲν γὰρ δήπου καὶ Ὁμήρῳ

γάνυται δέ τ' ἀκούων·

τοῦτο δὲ φράζει ὅτι ἥδεται δέ τ' ἀκούων. Ἔστι δὲ καὶ ἄλλοθί που

πυκινὰ φρεσὶ μήδεα εἰδώς·

τοῦτο δ' αὖ λέγει σοφὰ φρεσὶ βουλεύματα εἰδώς. Ἐξ οὖν συναμφοτέρων τούτων οὐχ ἡδυσώματος ὀνομασθεὶς ὁ Γανυμήδης ἀλλ' ἡδυγνώμων ἐν θεοῖς τετίμηται. (31) Ἀλλὰ μὴν, ὦ Νικήρατε, καὶ Ἀχιλλεὺς Ὁμήρῳ πεποίηται οὐχ ὡς παιδικοῖς Πατρόκλῳ ἀλλ' ὡς ἑταίρῳ ἀποθανόντι ἐκπρεπέστατα τιμωρῆσαι. Καὶ Ὀρέστης δὲ καὶ Πυλάδης καὶ Θησεὺς καὶ Πειρίθους καὶ ἄλλοι δὲ πολλοὶ τῶν ἡμιθέων οἱ ἄριστοι ὑμνοῦνται οὐ διὰ τὸ συγκαθεύδειν ἀλλὰ διὰ τὸ ἄγασθαι ἀλλήλους τὰ μέγιστα καὶ κάλλιστα κοινῇ διαπεπρᾶχθαι. (32) Τί δὲ, τὰ νῦν καλὰ ἔργα οὐ πάντ' ἄν εὕροι τις ἕνεκα ἐπαίνου ὑπὸ τῶν καὶ πονεῖν καὶ κινδυνεύειν ἐθελόντων πραττόμενα μᾶλλον ἢ ὑπὸ τῶν ἐθιζομένων ἡδονὴν ἀντ' εὐκλείας αἱρεῖσθαι; καίτοι Παυσανίας γε ὁ Ἀγάθωνος τοῦ ποιητοῦ ἐραστὴς ἀπολογούμενος ὑπὲρ τῶν ἀκρασίᾳ συγκυλινδουμένων εἴρηκεν ὡς καὶ στράτευμα ἀλκιμώτατον ἂν γένοιτο ἐκ παιδικῶν τε καὶ ἐραστῶν. (33) Τούτους γὰρ ἂν ἔφη οἴεσθαι μάλιστα αἰδεῖσθαι ἀλλήλους ἀπολείπειν,

nem. Quod si dicacius quid profero, velim mirum vobis non videatur. Nam et vinum me impellit, et amor ille meus domesticus, ut liberius adversus amorem illum loquar, quem aemulum habet, me pungit. Videtur enim is mihi, qui formae animum adjicit, similis illi esse, qui fundum mercede conducit. Nam ille, ut melior reddatur, nihil pensi habet ; sed ut ipse quam plurimum fructus ex eo percipiat. Qui vero amicitiam expetit, magis illi similis est, qui fundum proprium possidet. Etenim undecumque, si quid potest, colligens, adamatum meliorem efficit. Quin etiam ipsos amores, qui sciunt formam suam praebentes amatoribus imperare, consentaneum est in reliquis nequiter versari : at qui animadverterit non futurum ut, nisi bonus et honestus sit, amicitiam retineat, eum par est majori studio virtutem colere. Maximum autem bonum illi contingit, qui ex adamato amicum egregium efficere vult, quod et ipsum necesse sit colere virtutem. Nec enim fieri potest, ut, si ipse nequiter se gerat, secum versantem bonum efficiat ; neque si intemperantem et impudentem illi se exhibeat, adamatum temperantem ac verecundum efficere potest. Libet autem tibi, mi Callia, de fabularum etiam enarratione indicare, non solum homines, sed etiam deos ac heroas amorem animi pluris quam corporis usum facere. Jupiter enim mortales mulieres, quibuscumque ob formae venustatem amatis est congressus, eas mortales manere passus est : quorum vero animos admirabatur, eos immortales faciebat. Eorum in numero sunt Hercules, Castor, Pollux ; atque etiam alii quidam commemorantur. Quin etiam, mea sententia, Ganymedes non corporis sed animi causa in Olympum a Jove translatus est : cui quidem sententiae nomen etiam suffragatur. Est enim alicubi apud Homerum ,

. . " γάνυται " δέ τ' ἀκούων·

hoc est, delectatur autem audiendo. Et alio in loco est,

. . πυκινὰ φρεσὶ " μήδεα " εἰδώς·

hoc autem est, animo consilia sapientiae plena cognoscens. De quibus duobus verbis junctis non propter corporis , sed ob animi suavitatem, nuncupatus Ganymedes, a diis honore afficitur. Achillem quoque, mi Nicerate, fecit Homerus Patroclum, non ut amores suos, sed ut sodalem, gloriosissime ulciscentem, posteaquam mortuus esset. Et Orestes ac Pylades, Theseus ac Pirithous, aliique complures ac semideis praestantissimi, non propterea, quod una cubarint, sed quod invicem se suspiciendo res maximas et pulcherrimas una perfecerint, celebrantur. Quid autem? an non quae jam praeclara patrantur facinora, reperiet aliquis laudis gratia potius ab iis fieri, qui et labores et pericula volunt adire, quam ab aliis qui voluptatem pro gloria eligere consueverunt ? Quamquam Agathonis poetae amator Pausanias, dum purgaret eos qui per intemperantiam una volutantur, etiam exercitum ex adamatis et amatoribus fortissimum fieri posse dixit. Nam existimare se aiebat, hos in primis pudore praepediri, quominus se mutuo deserant.

θαυμαστὰ λέγων, εἴ γε οἱ ψόγου τε ἀφροντιστεῖν καὶ ἀναισχυντεῖν πρὸς ἀλλήλους ἐθιζόμενοι οὗτοι μάλιστα αἰσχύνονται αἰσχρόν τι ποιεῖν. (34) Καὶ μαρτύρια δὲ ἐπήγετο ὡς ταῦτα ἐγνωκότες εἶεν καὶ Θηβαῖοι καὶ Ἠλεῖοι. Συγκαθεύδοντας γοῦν αὐτοῖς ὅμως παρατάττεσθαι ἔφη τὰ παιδικὰ εἰς τὸν ἀγῶνα, οὐδὲν τοῦτο σημεῖον λέγων ὅμοιον. Ἐκείνοις μὲν γὰρ ταῦτα νόμιμα, ἡμῖν δ᾽ ἐπονείδιστα. Δοκοῦσι δ᾽ ἔμοιγε οἱ μὲν παραταττόμενοι ἀπιστοῦσιν ἐοικέναι μὴ χωρὶς γενόμενοι οἱ ἐρώμενοι οὐκ ἀποτελοῦσι τὰ τῶν ἀγαθῶν ἀνδρῶν ἔργα. (35) Λακεδαιμόνιοι δὲ οἱ νομίζοντες, ἐὰν καὶ ὀρεχθῇ τις σώματος, μηδενὸς ἂν ἔτι καλοῦ κἀγαθοῦ τούτου τυχεῖν, οὕτω τελέως τοὺς ἐρωμένους ἀγαθοὺς ἀπεργάζονται ὡς κἂν μετὰ ξένων κἂν μὴ ἐν τῇ αὐτῇ τάξει ταχθῶσι τῷ ἐραστῇ, ὁμοίως αἰδοῦνται τοὺς παρόντας ἀπολείπειν. Θεὰν γὰρ οὐ τὴν Ἀναίδειαν ἀλλὰ τὴν Αἰδῶ νομίζουσι. (36) Δοκοῦμεν δ᾽ ἄν μοι πάντες ὁμόλογοι γενέσθαι περὶ ὧν λέγω, εἰ ὧδε ἐπισκοποῖμεν, τῷ ποτέρῳ παιδὶ φιληθέντι μᾶλλον ἄν τις πιστεύσειεν ἢ χρήματα ἢ τέκνα ἢ χάριτας παρακατατίθεσθαι. Ἐγὼ μὲν γὰρ οἶμαι καὶ αὐτὸν τὸν τῷ εἴδει τοῦ ἐρωμένου χρώμενον μᾶλλον ἂν ταῦτα τῷ τὴν ψυχὴν ἐρασμίῳ πιστεῦσαι. (37) Σοί γε μήν, ὦ Καλλία, δοκεῖ μοι ἄξιον εἶναι καὶ θεοῖς χάριν εἰδέναι ὅτι σοι Αὐτολύκου ἔρωτα ἐνέβαλον. Ὡς μὲν γὰρ φιλότιμός ἐστιν εὔδηλον, ὃς τοῦ κηρυχθῆναι ἕνεκα νικῶν παγκράτιον πολλοὺς μὲν πόνους, πολλὰ δ᾽ ἄλγη ἀνέχεται. (38) Εἰ δὲ οἴοιτο μὴ μόνον ἑαυτὸν καὶ τὸν πατέρα κοσμήσειν, ἀλλ᾽ ἱκανὸς γενήσεσθαι δι᾽ ἀνδραγαθίαν καὶ φίλους εὖ ποιεῖν καὶ τὴν πατρίδα αὔξειν τρόπαια τῶν πολεμίων ἱστάμενος, καὶ διὰ ταῦτα περίβλεπτός τε καὶ ὀνομαστὸς ἔσεσθαι καὶ ἐν Ἕλλησι καὶ ἐν βαρβάροις, πῶς οὐκ οἴει αὐτὸν ὄντιν᾽ ἡγοῖτο εἰς ταῦτα συνεργὸν εἶναι κράτιστον τοῦτον ἂν γε ταῖς μεγίσταις τιμαῖς περιέπειν; (39) Εἰ οὖν βούλει τούτῳ ἀρέσκειν, σκεπτέον μέν σοι ποῖα ἐπιστάμενος Θεμιστοκλῆς ἱκανὸς ἐγένετο τὴν Ἑλλάδα ἐλευθεροῦν, σκεπτέον δὲ ποῖά ποτε εἰδὼς Περικλῆς κράτιστος ἐδόκει τῇ πατρίδι σύμβουλος εἶναι, ἀθρητέον δὲ καὶ πῶς ποτε Σόλων φιλοσοφήσας νόμους κρατίστους τῇ πόλει κατέθηκεν, ἐρευνητέον δὲ καὶ ποῖα Λακεδαιμόνιοι ἀσκοῦντες κράτιστοι δοκοῦσιν ἡγεμόνες εἶναι· πρόξενοι δὲ καὶ κατάγονται ἀεὶ παρὰ σοὶ οἱ κράτιστοι αὐτῶν. (40) Ὡς μὲν οὖν σοι ἡ πόλις ταχὺ ἂν ἐπιτρέψειεν αὑτήν, εἰ βούλει, εὖ ἴσθι. Τὰ μέγιστα γάρ σοι ὑπάρχει. Εὐπατρίδης εἶ, ἱερεὺς θεῶν τῶν ἀπ᾽ Ἐρεχθέως, οἳ καὶ ἐπὶ τὸν βάρβαρον σὺν Ἰάκχῳ ἐστράτευσαν, καὶ νῦν ἐν τῇ ἑορτῇ ἱεροπρεπέστατος δοκεῖς εἶναι τῶν προγεγενημένων, καὶ σῶμα ἀξιοπρεπέστατον μὲν ἰδεῖν τῆς πόλεως ἔχεις, ἱκανὸν δὲ μόχθους ὑποφέρειν. (41) Εἰ δ᾽ ὑμῖν δοκῶ σπουδαιολογῆσαι μᾶλλον ἢ παρὰ πότον πρέπει, μηδὲ τοῦτο θαυμάζετε. Ἀγαθῶν γὰρ φύσει καὶ τῆς ἀρετῆς φιλοτίμως ἐρωμένων ἀεί ποτε τῇ πόλει συνεραστὴς ὢν διατελῶ. (42) Οἱ μὲν δὴ ἄλλοι περὶ τῶν ῥηθέντων διελέγοντο, ὁ δ᾽ Αὐτόλυκος κατεθεᾶτο τὸν Καλλίαν. Καὶ ὁ Καλλίας δὲ παρορῶν εἰς ἐκεῖνον

Quod quidem ab eo dictum mirari subit, eos scilicet, qui reprehensionem negligere, seque non revereri consuevissent mutuo, maxime verituros turpe quiddam admittere. Producebat et testimonia Thebanorum ac Eleorum, qui tale quid statuissent. Quamquam enim una cubent, nihilominus amores in præliis eadem in acie collocari. Quod quidem argumentum minime congruens afferebat. Nam apud illos hæc consentanea sunt legibus, apud nos autem probro ducuntur. At mihi sane, qui eadem in acie collocantur, diffidere sibi videntur; ne videlicet, si seorsum essent dispositi ab ipsis adamati, fortium virorum muneri non responderent. Lacedæmonii vero, qui existimant corpus appetentem nihil amplius boni et præclari consequi, tam perfecte bonos ac fortes viros ex adamatis efficiunt, ut etiam si inter exteros vel non in eadem cum amatore acie sint constituti, pariter tamen illes, qui adsunt, deserere vereantur. Non enim Impudentiam, sed Verecundiam deam credunt. Et videmur sane omnes in iis, de quibus loquimur, consentire; si hoc modo rem consideremus: utro scilicet modo adamato quis potius vel fortunas suas et liberos crediderit, vel beneficium præstiterit. Atque equidem sentio, etiam illum, qui amati forma utitur, lubentius hæc universa crediturum ei qui animo quoque sit amabilis. Te certe, mi Callia, diis gratias agere æquum est, mea sane sententia, qui Autolyci amorem tibi indiderint. Nam hunc honoris esse cupidum re ipsa patet, quippe qui ut per præconem quinquertii victor pronuntietur, labores multos multosque dolores tolerat. Quod si putat, se solum sibi ac patri ornamento esse posse, sed etiam propter virtutem amicos beneficiis afficere, ac patriam amplificare, tropæa de superatis hostibus statuentem, eaque de causa conspicuum et celebrem futurum tum apud Græcos tum barbaros: qui non existimes ipsum maximis aliquem prosequuturum honoribus, quem duceret in hoc adjutorem se præstantissimum habiturum? Quare si huic placere vis, considerandum erit tibi, quo pacto Themistocles idoneus ad Græciam liberandam factus sit; itemque considerandum, quali Pericles instructus scientia visus sit patriæ consiliarius fuisse optimus; inquirendum, quo pacto philosophatus Solon patriæ leges optimas tulerit; pervestigandum, qualibus exercitiis utentes Lacedæmonii, præstantissimi duces esse videantur: et divertunt ad te semper præstantissimi quique et hi publici hospites. Itaque scire debes, rempublicam cito semet tibi traditurum, si velis. Nam adjumenta maxima ad eam rem habes. Patricius es, sacerdos es deorum, ex iis qui sunt ab Erechtheo, qui cum Iaccho adversus regem barbarum militarunt: et nunc in festo augustissimus esse videris omnium majorum, et corpus habes inter hujus urbis alia spectatu dignissimum, tolerandisque laboribus idoneum. Quod si vobis videor magis serio loqui, quam in vino conveniat, mirum id vobis ne videatur. Nam semper ego una cum republica dilexi eos, qui bona præditi essent indole, ac virtutis ambitiose cupidi essent. Ac de his quidem, ita dictis, ceteri disserebant. Autolycus autem Calliam adspiciebat, in quem vicissim Callias conjectis oculis: Ergo tu, mi Socrates,

εἶπεν, Οὐκοῦν σύ με, ὦ Σώκρατες, μαστροπεύσεις πρὸς τὴν πόλιν, ὅπως πράττω τὰ πολιτικὰ καὶ ἀεὶ ἀρεστὸς ὦ αὐτῇ. (43) Ναὶ μὰ Δί', ἔφη, ἢν ὁρῶσί γέ σε μὴ τῷ δοκεῖν ἀλλὰ τῷ ὄντι ἀρετῆς ἐπιμελούμενον. Ἡ μὲν γὰρ ψευδὴς δόξα ταχὺ ἐλέγχεται ὑπὸ τῆς πείρας· ἡ δ' ἀληθὴς ἀνδραγαθία, ἢν μὴ θεὸς βλάπτῃ, ἀεὶ ἐν ταῖς πράξεσι λαμπροτέραν τὴν εὔκλειαν συμπαρέχεται.

ΚΕΦΑΛΑΙΟΝ Θ.

Οὗτος μὲν δὴ ὁ λόγος ἐνταῦθα ἔληξεν. Αὐτόλυκος δὲ, ἤδη γὰρ ὥρα ἦν αὐτῷ, ἐξανίστατο εἰς περίπατον· καὶ ὁ Λύκων ὁ πατὴρ αὐτῷ συνεξιὼν ἐπιστραφεὶς εἶπε, Νὴ τὴν Ἥραν, ὦ Σώκρατες, καλός γε κἀγαθὸς δοκεῖς μοι ἄνθρωπος εἶναι.

2. Ἐκ δὲ τούτου πρῶτον μὲν θρόνος τις ἔνδον κατετέθη, ἔπειτα δὲ ὁ Συρακόσιος εἰσελθὼν εἶπεν, Ὦ ἄνδρες, Ἀριάδνη εἴσεισιν εἰς τὸν ἑαυτῆς τε καὶ Διονύσου θάλαμον. Μετὰ δὲ τοῦθ' ἥξει Διόνυσος ὑποπεπωκὼς παρὰ θεοῖς καὶ εἴσεισι πρὸς αὐτήν, ἔπειτα παιξοῦνται πρὸς ἀλλήλους. (3) Ἐκ τούτου πρῶτον μὲν ἡ Ἀριάδνη ὡς νύμφη κεκοσμημένη παρῆλθε καὶ ἐκαθέζετο ἐπὶ τοῦ θρόνου. Οὔπω δὲ φαινομένου τοῦ Διονύσου ηὐλεῖτο ὁ βακχεῖος ῥυθμός. Ἔνθα δὴ ἠγάσθησαν τὸν ὀρχηστοδιδάσκαλον. Εὐθὺς μὲν γὰρ ἡ Ἀριάδνη ἀκούσασα τοιοῦτόν τι ἐποίησεν ὡς πᾶς ἂν ἔγνω ὅτι ἀσμένη ἤκουσε· καὶ ὑπήντησε μὲν οὐ οὐδὲ ἀνέστη, δῆλη δ' ἦν μόλις ἠρεμοῦσα. (4) Ἐπεί γε μὴν κατεῖδεν αὐτὴν ὁ Διόνυσος, ἐπιχορεύσας ὥσπερ ἂν εἴ τις φιλικώτατα ἐκαθέζετο ἐπὶ τῶν γονάτων, καὶ περιλαβὼν ἐφίλησεν αὐτήν. Ἡ δ' αἰδουμένη μὲν ἐῴκει, ὅμως δὲ φιλικῶς ἀντιπεριελάμβανεν. Οἱ δὲ συμπόται ὁρῶντες ἅμα μὲν ἐκρότουν, ἅμα δὲ ἐβόων αὖθις. (5) Ὡς δὲ ὁ Διόνυσος ἀνιστάμενος συνανέστησε μεθ' ἑαυτοῦ τὴν Ἀριάδνην, ἐκ τούτου δὴ φιλούντων τε καὶ ἀσπαζομένων ἀλλήλους σχήματα παρῆν θεάσασθαι. Οἱ δ' ὁρῶντες ὄντως καλὸν μὲν τὸν Διόνυσον, ὡραίαν δὲ τὴν Ἀριάδνην, οὐ σκώπτοντας δὲ ἀλλ' ἀληθινῶς τοῖς στόμασι φιλοῦντας, πάντες ἀνεπτερωμένοι ἐθεῶντο. (6) Καὶ γὰρ ἤκουον τοῦ Διονύσου μὲν ἐπερωτῶντος αὐτὴν εἰ φιλεῖ αὐτόν, τῆς δ' οὕτως ἐπομνυούσης ὥστε μὴ μόνον τὸν Διόνυσον ἀλλὰ καὶ τοὺς παρόντας ἅπαντας συνομόσαι ἂν ἦ μὴν τὸν παῖδα καὶ τὴν παῖδα ὑπ' ἀλλήλων φιλεῖσθαι· ἐῴκεσαν γὰρ οὐ δεδιδαγμένοις τὰ σχήματα ἀλλ' ἐφειμένοις πράττειν ἃ πάλαι ἐπεθύμουν. (7) Τέλος δὲ οἱ συμπόται ἰδόντες περιβεβληκότας τε ἀλλήλους καὶ ὡς εἰς εὐνὴν ἀπιόντας, οἱ μὲν ἄγαμοι γαμεῖν ἐπώμνυσαν, οἱ δὲ γεγαμηκότες ἀναβάντες ἐπὶ τοὺς ἵππους ἀπήλαυνον πρὸς τὰς ἑαυτῶν γυναῖκας, ὅπως τούτων τύχοιεν. Σωκράτης δὲ καὶ τῶν ἄλλων οἱ ὑπομείναντες πρὸς Λύκωνα καὶ τὸν υἱὸν σὺν Καλλίᾳ περιπατήσοντες ἀπῆλθον. Αὕτη τοῦ τότε συμποσίου κατάλυσις ἐγένετο.

lenocinio tuo me civitati conciliabis, ait, ut res civiles tractem, ac semper ei placeam. Profecto fiet hoc, inquit, si te non opinione sed re ipsa virtutis esse studiosum viderint. Nam falsa gloria celeriter ab experientia redarguitur; at vera strenuitas, nisi Deus impedimento sit, semper in actionibus splendidiorem gloriam suppeditat.

CAPUT IX.

Hujus quidem colloquii finis hic fuit. Et Autolycus, quod ita tempus posceret, ad deambulationem surgebat, ac Lyco pater una cum ipso exibat; ac tum conversus : Per Junonem, inquit, mi Socrates, bonus et honestus mihi vir esse videris.

Secundum haec primo solium quoddam intus est collocatum, deinde Syracusanus ingressus, Ariadna, inquit, o viri, suum et Bacchi thalamum ingreditur. Postea Bacchus adveniet, largiuscule potus apud deos, et ingrediens ad illam : deinde ludent inter se. Hinc jam Ariadna tanquam sponsa exornata ingressa est, et in solio considebat. Interim, Baccho nondum prodeunte, tibia numerus Bacchicus canebatur. Tum omnes magistrum choreae praedicare. Nam Ariadna statim, quum haec audiisset, tale quid faciebat, ut quivis animadverteret, lubenter id eam audiisse. Atque obviam quidem illa non processit, nec adsurrexit; prae se ferebat tamen, quod vix conquiesceret. Postquam vero Bacchus eam vidisset, ita saltans, ut si quis cum summo amore, in genibus considebat; quumque complexus illam fuisset, etiam osculatus est. Ea vero tametsi pudore quodam affecta similis esset, amice tamen illum vicissim amplectebatur. Quod quum conviviae cernerent, partim plausum dabant, partim rursus exclamabant. Quum autem Bacchus surgens Ariadnam secum erexisset, osculantium jam et complectentium sese gestus erat spectare. Illi quum revera Bacchum formosum esse cernerent, et Ariadnam venustate florentem, eosque non per jocum, sed vere se admotis oribus osculari, omnes erectis animis spectabant. Audiebant enim Bacchum interrogantem ipsam, num se amaret, atque illam hoc ita confirmantem jurejurando, ut non modo Bacchus, sed omnes etiam, qui aderant, jurassent, revera mutuum esse inter puerum et puellam amorem. Erant enim similes iis qui gestus hos non docti essent, sed facere cuperent id quod jamdudum expetivissent. Tandem quum conviviae illos sese complexos cernerent, quasique ad cubile tendentes, quotquot uxores nondum duxerant, ducturos se jurabant; qui vero conscensis equis ad uxores suas avehebantur, ut iis potirentur. Socrates cum illis, qui remanserant, ad Lyconem ejusque filium una cum Callia deambulatari discedebant. Hunc ad modum convivium tunc temporis dimissum est.

ΞΕΝΟΦΩΝΤΟΣ
ΛΑΚΕΔΑΙΜΟΝΙΩΝ
ΠΟΛΙΤΕΙΑ.

ΚΕΦΑΛΑΙΟΝ Α.

Ἀλλ᾽ ἐγὼ ἐννοήσας ποτὲ ὡς ἡ Σπάρτη τῶν ὀλιγανθρωποτάτων πόλεων οὖσα δυνατωτάτη τε καὶ ὀνομαστοτάτη ἐν τῇ Ἑλλάδι ἐφάνη, ἐθαύμασα ὅτῳ ποτὲ τρόπῳ τοῦτ᾽ ἐγένετο· ἐπεὶ μέντοι κατενόησα τὰ ἐπιτηδεύματα τῶν Σπαρτιατῶν, οὐκέτι ἐθαύμαζον. (2) Λυκοῦργον μέντοι τὸν θέντα αὐτοῖς τοὺς νόμους οἷς πειθόμενοι ηὐδαιμόνησαν, τοῦτον καὶ θαυμάζω καὶ εἰς τὰ ἔσχατα μάλα σοφὸν ἡγοῦμαι. Ἐκεῖνος γὰρ οὐ μιμησάμενος τὰς ἄλλας πόλεις, ἀλλὰ καὶ ἐναντία γνοὺς ταῖς πλείσταις, προέχουσαν εὐδαιμονίᾳ τὴν πατρίδα ἀπέδειξεν. (a) Αὐτίκα γὰρ περὶ τεκνοποιίας, ἵνα ἐξ ἀρχῆς ἄρξωμαι, οἱ μὲν ἄλλοι τὰς μελλούσας τίκτειν καὶ καλῶς δοκούσας κόρας παιδεύεσθαι καὶ σίτῳ ᾗ ἀνυστὸν μετριωτάτῳ τρέφουσι καὶ ὄψῳ ᾗ δυνατὸν μικροτάτῳ· οἴνου ἢ μὴ ἢ πάμπαν ἀπεχομένας ἢ ὑδαρεῖ χρωμένας διάγουσιν. Ὥσπερ δὲ οἱ πολλοὶ τῶν τὰς τέχνας ἐχόντων ἑδραῖοί εἰσιν, οὕτω καὶ τὰς κόρας οἱ ἄλλοι Ἕλληνες ἠρεμιζούσας ἐριουργεῖν ἀξιοῦσι. Τὰς μὲν οὖν οὕτω τρεφομένας πῶς χρὴ προσδοκῆσαι μεγαλεῖον ἄν τι γεννῆσαι; (4) Ὁ δὲ Λυκοῦργος ἐσθῆτας μὲν καὶ δούλας παρέχειν ἱκανὰς ἡγήσατο εἶναι, ταῖς δ᾽ ἐλευθέραις μέγιστον νομίσας εἶναι τὴν τεκνοποιίαν πρῶτον μὲν σωμασκεῖν ἔταξεν οὐδὲν ἧττον τὸ θῆλυ τοῦ ἄρρενος φῦλον· ἔπειτα δὲ δρόμου καὶ ἰσχύος, ὥσπερ καὶ τοῖς ἀνδράσιν, οὕτω καὶ ταῖς θηλείαις ἀγῶνας πρὸς ἀλλήλας ἐποίησε, νομίζων ἐξ ἀμφοτέρων ἰσχυρῶν καὶ τὰ ἔκγονα ἐρρωμενέστερα γίγνεσθαι. (5) Ἐπεί γε μὴν γυνὴ πρὸς ἄνδρα ἔλθοι, ὁρῶν τοὺς ἄλλους τὸν πρῶτον τοῦ χρόνου ἀμέτρως ταῖς γυναιξὶ συνόντας, καὶ τούτου τἀναντία ἔγνω· ἔθηκε γὰρ αἰδεῖσθαι μὲν εἰσιόντα ὀφθῆναι, αἰδεῖσθαι δ᾽ ἐξιόντα. Οὕτω δὲ συνόντων ποθεινοτέρως μὲν ἀνάγκη σφῶν αὐτῶν ἔχειν, ἐρρωμενέστερα δὲ γίγνεσθαι εἴ τι βλάστοι οὕτω μᾶλλον ἢ εἰ διάκοροι ἀλλήλων εἶεν. (6) Πρὸς δὲ τούτοις καὶ ἀποπαύσας τοῦ ὁπότε βούλοιντο ἕκαστοι γυναῖκα ἄγεσθαι ἔταξεν ἐν ἀκμαῖς τῶν σωμάτων τοὺς γάμους ποιεῖσθαι, καὶ τοῦτο συμφέρον τῇ εὐγονίᾳ νομίζων. (7) Εἴ γε μέντοι συμβαίη γεραιῷ νέαν ἔχειν, ὁρῶν τοὺς τηλικούτους φυλάττοντας μάλιστα τὰς γυναῖκας, τἀναντία καὶ τούτου ἐνόμισε· τῷ γὰρ πρεσβύτῃ ἐποίησεν, ὁποίου ἀνδρὸς σῶμά τε καὶ ψυχὴν ἀγασθείη, τούτῳ ἐπαγομένῳ τεκνοποιήσασθαι. (8) Εἰ δέ τις αὖ γυναικὶ μὲν συνοικεῖν μὴ βούλοιτο, τέκνων δὲ ἀξιολόγων ἐπιθυμοίη, καὶ τοῦτον νόμον ἐποίησεν, ἥντινα [ἂν] εὔ-

XENOPHONTIS
LACEDÆMONIORUM
RESPUBLICA.

CAPUT I.

Cogitanti mihi aliquando Spartam, cum una ex urbibus minime populosis sit, nihilominus et potentissimam et clarissimam in Græcia extitisse, mirum videbatur, quonam modo id fieri potuerit. Sed posteaquam Spartanorum instituta perspexi, non amplius mirabar. Lycurgum sane, qui illas eis tulit leges, quibus parendo felices evasere, non modo admiror, sed etiam summe sapientem fuisse arbitror. Nam is haudquaquam alias civitates imitatus, imo etiam contraria plurimis statuens, ut patria felicitate ceteris præstaret, effecit. Quippe statim (ut ab ipso principio rem ordiar) quod sobolis procreationem attinet, ceteri puellas, quæ pariturae sunt et recte videntur educari, modico quam maxime fieri potest pane, ac prout licet obsonio tenuissimo alunt; verum vino aut prorsus abstinentes aut diluto utentes agere jubent. Ut autem plerique opifices sedentarii sunt, sic ceteri Græci puellas quoque sine omni motu lanificium exercere volunt. At quomodo potest expectari, ut quae sic educantur, generosum aliquid pariant? Lycurgus autem existimabat, vel ancillas ad vestem parandam sufficere: ingenuarum vero munus in primis esse ratus procreare liberos, primum non minus femineum sexum habere corporis exercitia jussit quam masculum; deinde sicut viris inter se certamina cursus et roboris instituit, sic etiam feminis; quod statueret, ex utroque parente robusto etiam sobolem robustiorem nasci. Jam ubi ad virum accedit mulier, quod alios immodice videret initio uxoribus consuescere, hac etiam in parte plane diversum statuit. Quippe sanxit pudorem esse, ut quis in thalamum vel ingrediens, vel egrediens inde, conspiceretur. Hoc modo si consuescant, majori eos ergo sui desiderio teneri necesse est, et fœtus, si qui producantur, fieri robustiores, quam si satietas mutua obrepat. Præterea potestate adempta, qua quivis uxores ducerent cum ipsis lubitum esset, præcepit, ut dum vigerent corpora, matrimonia contraherent, idque ad bonæ sobolis procreationem conducere putabat. Sin vero usu veniret, ut senex uxorem juvenilem haberet, quia qui in hac ætate essent, videbat uxores diligentissime custodire, etiam in ea parte contrarium plane statuit. Tulit enim, ut hic senex, si vir, quem ob corporis et animi dotes suspiceret, ad uxorem adducto, sobolem susciperet. Quod si quis feminæ conjugium aversaretur, ac nihilominus præstantium liberorum cupidus esset; etiam huic rei legem servavit, ut quamcunque fœcundam et indolis generosæ

τέκνον καὶ γενναίαν ὁρώῃ, πείσαντα τὸν ἔχοντα ἐκ ταύτης τεκνοποιεῖσθαι. (9) Καὶ πολλὰ μὲν τοιαῦτα συνεχώρει. Αἵ τε γὰρ γυναῖκες διττοὺς οἴκους βούλονται κατέχειν, οἵ τε ἄνδρες ἀδελφοὺς τοῖς παισὶ προσλαμβάνειν, οἳ τοῦ μὲν γένους καὶ τῆς δυνάμεως κοινωνοῦσι, τῶν δὲ χρημάτων οὐκ ἀντιποιοῦνται. (10) Περὶ μὲν δὴ τεκνοποιίας οὕτω τἀναντία γνοὺς τοῖς ἄλλοις εἴ τι διαφέροντας καὶ κατὰ μέγεθος καὶ κατ' ἰσχὺν ἄνδρας τῇ Σπάρτῃ ἀπετέλεσεν ὁ βουλόμενος ἐπισκοπείτω.

ΚΕΦΑΛΑΙΟΝ Β.

Ἐγὼ μέντοι, ἐπεὶ καὶ περὶ γενέσεως ἐξήγημαι, βούλομαι καὶ τὴν παιδείαν ἑκατέρων σαφηνίσαι. Τῶν μὲν τοίνυν ἄλλων Ἑλλήνων οἱ φάσκοντες κάλλιστα τοὺς υἱεῖς παιδεύειν, ἐπειδὰν τάχιστα αὐτοῖς οἱ παῖδες τὰ λεγόμενα ξυνιῶσιν, εὐθὺς μὲν ἐπ' αὐτοῖς παιδαγωγοὺς θεράποντας ἐφιστᾶσιν, εὐθὺς δὲ πέμπουσιν εἰς διδασκάλων μαθησομένους καὶ γράμματα καὶ μουσικὴν καὶ τὰ ἐν παλαίστρᾳ. Πρὸς δὲ τούτοις τῶν παίδων πόδας μὲν ὑποδήμασιν ἁπαλύνουσι, σώματα δὲ ἱματίων μεταβολαῖς διαθρύπτουσι· σίτου γε μὴν αὐτοῖς γαστέρα μέτρον νομίζουσι. (2) Ὁ δὲ Λυκοῦργος ἀντὶ μὲν τοῦ ἰδίᾳ ἕκαστον παιδαγωγοὺς δούλους ἐφιστάναι ἄνδρα ἐπέστησε κρατεῖν αὐτῶν ἐξ ὧνπερ αἱ μέγισται ἀρχαὶ καθίστανται, ὃς δὴ καὶ παιδονόμος καλεῖται. Τοῦτον δὲ κύριον ἐποίησε καὶ ἀθροίζειν τοὺς παῖδας, καὶ ἐπισκοποῦντα, εἴ τις ῥᾳδιουργοίη, ἰσχυρῶς κολάζειν. Ἔδωκε δ' αὐτῷ καὶ τῶν ἡβώντων μαστιγοφόρους, ὅπως τιμωροῖεν ὅτε δέοι. Ὥστε πολλὴν μὲν αἰδῶ, πολλὴν δὲ πειθὼ ἐκεῖ συμπαρεῖναι. (3) Ἀντί γε μὴν τοῦ ἁπαλύνειν τοὺς πόδας ὑποδήμασιν ἔταξεν ἀνυποδησίᾳ κρατύνειν, νομίζων, εἰ τοῦτ' ἀσκήσειαν, πολὺ μὲν ῥᾷον ἂν τὰ ὀρθιάδε βαίνειν, ἀσφαλέστερον δὲ πρανῆ καταβαίνειν, καὶ πηδῆσαι δὲ καὶ ἀναθορεῖν καὶ δραμεῖν θᾶττον ἀνυπόδητον, ἢ ἠσκηκὼς εἴη τοὺς πόδας, ἢ ὑποδεδεμένον. (4) Καὶ ἀντί γε τοῦ ἱματίοις διαθρύπτεσθαι ἐνόμισεν ἑνὶ ἱματίῳ δι' ἔτους προσεθίζεσθαι, νομίζων οὕτω καὶ πρὸς ψύχη καὶ πρὸς θάλπη ἄμεινον ἂν παρασκευάσασθαι. (5) Σῖτόν γε μὴν ἔταξε τοσοῦτον ἔχοντα συμβουλεύειν τὸν ἄρρενα ὡς ὑπὸ πλησμονῆς μὲν μήποτε βαρύνεσθαι, τοῦ δὲ ἐνδεεστέρως διάγειν μὴ ἀπείρως ἔχειν, νομίζων τοὺς οὕτω παιδευομένους μᾶλλον μὲν ἂν δύνασθαι, εἰ δεήσειεν, ἀσιτήσαντας ἐπιπονῆσαι, μᾶλλον δ' ἄν, εἰ παραγγελθείη, ἀπὸ τοῦ αὐτοῦ σίτου πλείω χρόνον ἐπιταθῆναι, ἧττον δ' ἂν ὄψου δεῖσθαι, εὐχερέστερον δὲ πρὸς πᾶν ἔχειν βρῶμα· (6) καὶ ὑγιεινοτέρως δ' ἂν διάγειν, καὶ εἰς μῆκος ἂν αὐξάνεσθαι τὴν ῥᾳδίως τὰ σώματα ποιοῦσαν τροφὴν μᾶλλον συλλαμβάνειν ἡγήσατο ἢ τὴν διαπλατύνουσαν τῷ σίτῳ. Ὡς δὲ μὴ ὑπὸ λιμοῦ ἄγαν αὖ πιέζοιντο, ἀπραγμόνως μὲν αὐτοῖς οὐκ ἔδωκε λαμβάνειν

conspexisset, persuaso ejus marito, prolem ex ea procrearet. Atque hujusmodi multa concessit. Etenim feminæ binas domos occupatas tenere, et mariti earum liberis suis fratres adjungere volunt, qui in generis quidem ac virium societatem veniunt, a facultatibus tamen excluduntur. Hoc modo cum de procreatione sobolis statueret diversa ceteris, num Spartæ viros tam proceritate quam robore præstantes produxerit, consideret qui volet.

CAPUT II.

Equidem quia de procreatione dixi, etiam utriusque sexus institutionem exponam. Ex Græcis ergo ceteris ii, qui rectissime liberos suos instituere se aiunt, ubi primum pueri ea, quæ dicuntur, intelligunt, mox servos eis pædagogos præficiunt, mox eos ad magistrorum ludos mittunt, ut et litteras, et musicam, et quæ ad palæstram pertinent, discant. Præterea puerorum pedes per calceos teneriores reddunt, et corpora vestium mutationibus ad mollitiem consuefaciunt : cibi modum ventre metiuntur. Lycurgus autem, pro eo quod illis seorsum singuli servos pædagogos præficiunt, virum eis præesse instituit ex eorum numero, qui magistratus summos possunt obire : huic a puerorum gubernatione Pædonomi est nomen ; cui quidem potestatem plenam colligendi pueros concessit, et easdem puniendi graviter, inspectanti an quis nequiter agat. Eidem ex ephebis quosdam, qui flagella gestarent, adjunxit, ut, cum res posceret, pœnas pueris irrogarent. Quo factum, ut magnum verecundiæ, magnum simul in pueris obedientiæ studium esset. Pro eo vero quod alii calceis pedes emollirent, jussit ut nuditate pedes duriores efficerent : existimabat enim futurum, si ad hoc semet exercitarent, ut multo facilius ardua loca conscenderent, per declivia tutius descenderent, saltum darent, subsilirent, currerent discalceati, siquidem pedes adsuefecissent, multo expeditius quam calceati. Itidem pro eo, quod illi vestibus sese emollirent, statuit ut ad unum se vestimentum anno toto adsuefacerent, quod putaret hac ipsos ratione tum ad frigora tum ad calores ferendos rectius instructos fore. Cibi tantum sumi masculo suadendum censuit, ut præ repletione non gravaretur, et penuriam tolerandi non ignarus esset : putabat enim illos, qui sic instituerentur, diutius, ubi usus ita posceret, labores sine cibo toleraturos, magisque futurum ut, si esset imperatum, ab eodem cibo longius in tempus durarent, minus obsonii requirerent, quamvis escam denique facilius admitterent. Præterea putabat, alimentum, quod corpora gracilia potius efficeret quam cibo dilataret, ad salubrius vivendum et ad incrementum proceritatis, adjumenti plus adferre. Ut autem a fame non nimium premerentur, non concessit eis, ut sine negotio consequeren-

ὧν ἂν προςδέωνται, κλέπτειν δ' ἐφῆκεν ἔστιν ᾧ τῷ λιμῷ ἐπικουροῦντας. (7) Καὶ ὡς μὲν οὐκ ἀπορῶν ὅ,τι δοίη ἐφῆκεν αὐτοῖς γε μηχανᾶσθαι τὴν τροφὴν οὐδένα οἶμαι τοῦτο ἀγνοεῖν· δῆλον δ' ὅτι τὸν μέλλοντα κλοπεύειν καὶ νυκτὸς ἀγρυπνεῖν δεῖ καὶ μεθ' ἡμέραν ἀπατᾶν καὶ ἐνεδρεύειν, καὶ κατασκόπους δὲ ἑτοιμάζειν τὸν μέλλοντά τι λήψεσθαι. Ταῦτα οὖν δὴ πάντα δῆλον ὅτι μηχανικωτέρους τῶν ἐπιτηδείων βουλόμενος τοὺς παῖδας ποιεῖν καὶ πολεμικωτέρους οὕτως ἐπαίδευσεν. (8) Εἴποι δ' ἂν οὖν τις, τί δῆτα, εἴπερ τὸ κλέπτειν ἀγαθὸν ἐνόμιζε, πολλὰς πληγὰς ἐπέβαλε τῷ ἁλισκομένῳ; ὅτι, φημὶ ἐγώ, καὶ τἆλλα ὅσα ἄνθρωποι διδάσκουσι κολάζουσι τὸν μὴ καλῶς ὑπηρετοῦντα. Κἀκεῖνοι οὖν τοὺς ἁλισκομένους ὡς κακῶς κλέπτοντας τιμωροῦνται. (9) Καὶ ὡς πλείστους δὴ ἁρπάσαι τυροὺς παρ' Ὀρθίας καλὸν θείς, μαστιγοῦν τούτους ἄλλοις ἐπέταξε, τοῦτο δὴ δηλῶσαι καὶ ἐν τούτῳ βουλόμενος ὅτι ἔστιν ὀλίγον χρόνον ἀλγήσαντα πολὺν χρόνον εὐδοκιμοῦντα εὐφραίνεσθαι. Δηλοῦται δὲ ἐν τούτῳ ὅτι καὶ ὅπου τάχους δεῖ ὁ βλακεύων ἐλάχιστα μὲν ὠφελεῖται, πλεῖστα δὲ πράγματα λαμβάνει. (10) Ὅπως δὲ μηδ' εἰ ὁ παιδονόμος ἀπέλθοι, ἐρημοί ποτε οἱ παῖδες εἶεν ἄρχοντος, ἐποίησε τὸν ἀεὶ παρόντα τῶν πολιτῶν κύριον εἶναι καὶ ἐπιτάττειν τοῖς παισὶν ὅ,τι ἂν ἀγαθὸν δοκῇ εἶναι, καὶ κολάζειν, εἴ τι ἁμαρτάνοιεν. Τοῦτο δὲ ποιήσας διέπραξε καὶ αἰδημονεστέρους εἶναι τοὺς παῖδας· οὐδὲν γὰρ οὕτως αἰδοῦνται οὔτε παῖδας οὔτε ἄνδρας ὡς τοὺς ἄρχοντας. (11) Ὡς δὲ καὶ εἴ ποτε μηδεὶς τύχοι ἀνὴρ παρών, μηδ' ὡς ἔρημοι οἱ παῖδες ἄρχοντος εἶεν, ἔθηκε τῆς ἴλης ἑκάστης τὸν γοραιότατον τῶν εἰρένων ἄρχειν· ὥστε οὐδέποτε ἐκεῖ οἱ παῖδες ἔρημοι ἄρχοντός εἰσι.

12. Λεκτέον δέ μοι δοκεῖ εἶναι καὶ περὶ τῶν παιδικῶν ἐρώτων· ἔστι γάρ τι καὶ τοῦτο πρὸς παιδείαν. Οἱ μὲν τοίνυν ἄλλοι Ἕλληνες ἢ ὥσπερ Βοιωτοὶ ἀνὴρ καὶ παῖς συζυγέντες ὁμιλοῦσιν, ἢ ὥσπερ Ἠλεῖοι διὰ χαρίτων τῇ ὥρᾳ χρῶνται· εἰσὶ δὲ καὶ οἳ παντάπασι τοῦ διαλέγεσθαι τοὺς ἐραστὰς εἴργουσιν ἀπὸ τῶν παίδων. (13) Ὁ δὲ Λυκοῦργος ἐναντία καὶ τούτοις πᾶσι γνούς, εἰ μέν τις αὐτὸς ὢν οἷον δεῖ ἀγασθεὶς ψυχὴν παιδὸς πειρῷτο ἄμεμπτον φίλον ἀποτελέσασθαι καὶ συνεῖναι, ἐπῄνει καὶ καλλίστην παιδείαν ταύτην ἐνόμιζεν· εἰ δέ τις παιδὸς σώματος ὀρεγόμενος φανείη, αἴσχιστον τοῦτο θεὶς ἐποίησεν ἐν Λακεδαίμονι μηδὲν ἧττον ἐραστὰς παιδικῶν ἀπέχεσθαι ἢ γονεῖς παίδων ἢ καὶ ἀδελφοὶ ἀδελφῶν εἰς ἀφροδίσια ἀπέχονται. (14) Τὸ μέντοι ταῦτα ἀπιστεῖσθαι ὑπό τινων οὐ θαυμάζω· ἐν πολλαῖς γὰρ τῶν πόλεων οἱ νόμοι οὐκ ἐναντιοῦνται ταῖς πρὸς τοὺς παῖδας ἐπιθυμίαις. Καὶ τῶν μὲν αὖ παιδικῶν οὕτως ἐπεμελήθη.

tur quibus ipsis opus esset; sed permisit, ut furto aliqua subtraherent, quibus levari fames posset. Non tamen eum idcirco concessisse, ut artificiosa industria sibi victum pararent, quia non haberet ipse quod aliud illis daret, nemineni ignorare arbitror. Nimirum patet, eum, qui aliquid furto sit ablaturus, necesse habere ut noctu vigilet, interdiu fallat, insidias locet, atque etiam exploratores paret, si quidem aliquid accipere velit. In quibus omnibus apparet ita cum pueros instituisse, quod eos ad paranda necessaria sollertiores, adeoque bellicosiores facere vellet. Fortasse quis dixerit : Cur igitur si quidem furari bonum quid esse arbitrabatur, multis eum verberibus castigabat, qui deprehendebatur? Nimirum ideo, mea quidem sententia, quod aliis etiam in rebus, quas homines docent, non recte aliquid exsequentem plectant. Quamobrem illi quoque in deprehensos, ut parum peritos fures, animadvertunt. Cumque ingeniosum esse statuisset, si qui quam plurimos ex ara Dianæ Orthiæ caseos surripuissent, eos tamen ab aliis virgis cædi jussit. Quo quidem significare voluit, fieri posse ut qui exiguo tempore dolores perferat, diuturna voluptate cum gloria fruatur. Præterea significatur hoc ipso, mollem et ignavum hominem, cum celeritate opus est, utilitatis minimum capere, molestiæ plurimum. Ut autem pueri, etiam moderatore suo absente, nunquam aliquo destituerentur, qui eis præesset, instituit, ut ex civibus quicunque præsens quovis esset tempore, potestatem haberet tam imperandi pueris, quod ex usu esse videretur, tum plectendi, si quid delinquerent. Qua re perfecit ut pueri etiam verecundiores essent. Quippe nihil ita neque pueri, neque viri reverentur, atque præfectos suos. Ut autem ne tunc quidem, si forte nullus ætatis virilis adesset, rectore pueri suo carerent, sanxit, ut cuilibet classi imperaret acerrimus eorum, qui pueritiam jam egressi essent. Quo fit, ut istic pueri nunquam rectore careant.

Etiam de puerorum amoribus dicendum mihi videtur, quod hoc quoque ad institutionem valeat. Aliis in more Græcis est, ut vel conjuncti vir ac puer degant, quod fit apud Bœotos, vel formæ venustate muneribus potiantur, quod Eleis in usu est. Nonnulli sunt, qui prorsus amatores cum pueris etiam colloqui vetant. Lycurgus autem his quoque omnibus contraria statuens, si quis vir esset ejusmodi qualem esse deceret indolemque pueri admiratus, amicum sibi sincerum efficere cuperet, et cum eo versari; hoc ipsum laudabat, eamque putabat institutionem esse optimam. Sin aliquem pueri corpore duntaxat capi adpareret, id turpissimum esse statuit, adeoque perfecit ut apud Lacedaemonios nihilo utique minus amatores a puerorum amatorum congressu abstinerent, quam vel parentes a filiis, vel a fratribus fratres venereis in rebus abstinent. Quæ sane fidem apud quosdam non mereri, nihil miror. Nam leges in plerisque civitatibus libidines ejusmodi non coercent. Atque hac quidem ratione curavit etiam puerorum amores.

ΚΕΦΑΛΑΙΟΝ Γ.

Ὅταν γε μὴν ἐκ παίδων εἰς τὸ μειρακιοῦσθαι ἐκβαίνωσι, τηνικαῦτα οἱ μὲν ἄλλοι παύουσι μὲν ἀπὸ παιδαγωγῶν, παύουσι δὲ καὶ ἀπὸ διδασκάλων, ἄρχουσι δὲ οὐδένες ἔτι αὐτῶν, ἀλλ' αὐτονόμους ἀφιᾶσιν· ὁ δὲ Λυκοῦργος καὶ τούτων τἀναντία ἔγνω. (2) Καταμαθὼν γὰρ τοῖς τηλικούτοις μέγιστον μὲν φρόνημα ἐμφυόμενον, μάλιστα δὲ ὕβριν ἐπιπολάζουσαν, ἰσχυροτάτας δὲ ἐπιθυμίας τῶν ἡδονῶν παρισταμένας, τηνικαῦτα πλείστους μὲν πόνους αὐτοῖς ἐπέβαλε, πλείστην δὲ ἀσχολίαν ἐμηχανήσατο. (3) Ἐπιθεὶς δὲ καὶ εἴ τις ταῦτα φύγοι, μηδενὸς ἔτι τῶν καλῶν τυγχάνειν, ἐποίησε μὴ μόνον τοὺς ἐκ δημοσίου ἀλλὰ καὶ τοὺς κηδομένους ἑκάστων ἐπιμελεῖσθαι ὡς μὴ ἀποδειλιάσαντες ἀδόκιμοι παντάπασιν ἐν τῇ πόλει γένοιντο. (4) Πρὸς δὲ τούτοις τὸ αἰδεῖσθαι ἰσχυρῶς ἐμφυσῆσαι βουλόμενος αὐτοῖς καὶ ἐν ταῖς ὁδοῖς ἐπέταξεν ἐντὸς μὲν τοῦ ἱματίου τὼ χεῖρε ἔχειν, σιγῇ δὲ πορεύεσθαι, περιβλέπειν δὲ μηδαμοῖ, ἀλλ' αὐτὰ τὰ πρὸ τῶν ποδῶν ὁρᾶν. Ἔνθα δὴ καὶ δῆλον γεγένηται ὅτι τὸ ἄρρεν φῦλον καὶ εἰς τὸ σωφρονεῖν ἰσχυρότερόν ἐστι τῆς τῶν θηλειῶν φύσεως. (5) Ἐκείνων γοῦν ἧττον μὲν ἂν φωνὴν ἀκούσαις ἢ τῶν λιθίνων, ἧττον δ' ἂν ὄμματα μεταστρέψαις ἢ τῶν χαλκῶν, αἰδημονεστέρους δ' ἂν αὐτοὺς ἡγήσαιο καὶ αὐτῶν τῶν ἐν τοῖς θαλάμοις παρθένων. Καὶ ἐπειδὰν εἰς τὸ φιλίτιόν γε ἀφίκωνται, ἀγαπητὸν αὐτῶν καὶ τὸ ἐρωτηθὲν ἀκοῦσαι. (6) Ἣ μὲν δὴ παιδεία εἴρηταί ἥ τε Λακωνικὴ καὶ ἡ τῶν ἄλλων Ἑλλήνων· ἐξ ὁποτέρας δ' αὐτῶν καὶ εὐπειθέστεροι καὶ αἰδημονέστεροι καὶ ὧν δεῖ ἐγκρατέστεροι ἄνδρες ἀποτελοῦνται ὁ βουλόμενος καὶ ταῦτα ἐπισκοπείσθω.

ΚΕΦΑΛΑΙΟΝ Δ.

Περί γε μὴν τῶν ἡβώντων πολὺ μάλιστα ἐσπούδασε, νομίζων τούτους, εἰ γένοιντο οἵους δεῖ, πλεῖστον ῥέπειν ἐπὶ τὸ ἀγαθὸν τῇ πόλει. (2) Ὁρῶν οὖν, οἷς ἂν μάλιστα φιλονεικία ἐγγένηται, τούτων καὶ χοροὺς ἀξιακροατοτάτους γιγνομένους, καὶ γυμνικοὺς ἀγῶνας ἀξιοθεατοτάτους, ἐνόμιζεν, εἰ καὶ τοὺς ἡβῶντας συμβάλοι εἰς ἔριν περὶ ἀρετῆς, οὕτως ἂν καὶ τούτους ἐπὶ πλεῖστον ἀφικνεῖσθαι ἀνδραγαθίας. Ὡς οὖν τούτους αὖ συνέβαλεν ἐξηγήσομαι. (3) Αἱροῦνται τοίνυν αὐτῶν οἱ ἔφοροι ἐκ τῶν ἀκμαζόντων τρεῖς ἄνδρας· οὗτοι δὲ ἱππαγρέται καλοῦνται. Τούτων δ' ἕκαστος ἄνδρας ἑκατὸν καταλέγει, διασαφηνίζων ὅτου ἕνεκα τοὺς μὲν προτιμᾷ, τοὺς δὲ ἀποδοκιμάζει. (4) Οἱ οὖν μὴ τυγχάνοντες τῶν καλῶν πολεμοῦσι τοῖς τε ἀποστείλασιν αὐτοὺς καὶ τοῖς αἱρεθεῖσιν ἀνθ' αὑτῶν καὶ παραφυλάττουσιν ἀλλήλους, ἐάν τι παρὰ τὰ καλὰ νομιζόμενα ῥᾳδιουργῶσι.

5. Καὶ αὕτη δὴ γίγνεται ἡ θεοφιλεστάτη τε καὶ πολιτικωτάτη ἔρις, ἐν ᾗ ἀποδέδεικται μὲν ἃ δεῖ ποιεῖν τὸν

CAPUT III.

Quando autem e pueritia transeunt ad adolescentiam, tum Græci quidem ceteri pædagogis magitrisque liberos suos committere desinunt, neque quisquam amplius eis imperat, sed juris sui fiunt: Lycurgus autem his quoque contraria statuit. Nam quod animadverteret, illis, qui hac essent ætate, spiritus a natura maximos inesse, maximamque petulantiam redundare, cupiditates denique voluptatum vehementissimas adesse: idcirco tunc plurimos iis labores imposuit, et occupationes eorum plurimas excogitavit. Cumque addidisset, cum, qui hæc fugeret, expertem fore deinceps rerum egregiarum omnium, perfecit, ut non tantem publici præfecti, sed illi etiam, qui gererent privatim curam singulorum, operam darent, ne præ ignavia improbati civibus universis essent. Præterea cum vehementer animis eorum pudorem inserere cuperet, instituit, ut in via manum utramque intra vestem continerent, incederent taciti, nusquam circumspicerent, ea tantum intuerentur, quæ ante pedes essent. Unde patuit, sexum marem etiam femineo se modestius posse gerere. Sane vocem illorum minus audias, quam si lapidei; minus oculos flexeris, quam si essent ahenei: denique verecundiores esse duxeris, quam sint illæ ipsæ quæ in thalamis degunt virgines. Quod si stant ad philitium veniant, satis habendum hoc ex eis audiri, de quo interrogati sunt. Hactenus de institutione tum Laconica tum ceterorum Græcorum. Utra vero promptiores ad parendum et verecundiores et continentiores in iis, in quibus necesse est, viros efficiat, etiam hoc, qui volet, consideret.

CAPUT IV.

Ceterum multo maximam diligentiam puberibus impendit, quod eos duceret, si tales evaderent, quales esse conveniret, plurimum momenti civitatis commodis allaturos. Itaque cum videret, quibuscumque maxime studium confentionis innatum esset, horum et choros auditu, et certamina gymnica spectatu esse dignissima; arbitrabatur, si puberes in contentionem virtutis inter se committeret, etiam illos hoc modo evasuros esse fortissimos. Exponam autem quo modo inter se hos commiserit. Eligant ephori ex eorum numero, qui ætate sunt vegeta, tres viros, quos Hippagretas vocant. Eorum quisque centum sibi viros deligit, ac simul declarat quamobrem alios præferat, alios rejiciat. Itaque illi, qui honorem hunc non consequuntur, inimici fiunt tam iis, a quibus rejecti sunt, quam in electione sibi prælatis, seque observant mutuo, num quid adversus ea, quæ honesta ducuntur, nequiter committant.

Atque hæc est diis acceptissima, et inprimis utilis reipublicæ contentio, qua demonstratur, quid viro forti

ἀγαθῶν, χωρὶς δ' ἑκάτεροι ἀσκοῦσιν ὅπως ἀεὶ κράτιστοι ἔσονται, ἐὰν δέ τι δέῃ, καθ' ἕνα ἀρήξουσι τῇ πόλει παντὶ σθένει. (6) Ἀνάγκη δ' αὐτοῖς καὶ εὐεξίας ἐπιμελεῖσθαι. Καὶ γὰρ πυκτεύουσι διὰ τὴν ἔριν ὅπου ἂν συμβάλωσι· διαλύειν μέντοι τοὺς μαχομένους πᾶς ὁ παραγενόμενος κύριος. Ἢν δέ τις ἀπειθῇ τῷ διαλύοντι, ἄγει αὐτὸν ὁ παιδονόμος ἐπὶ τοὺς ἐφόρους· οἱ δὲ ζημιοῦσι μεγάλως, καθιστάναι βουλόμενοι εἰς τὸ μήποτε ὀργὴν τοῦ μὴ πείθεσθαι τοῖς νόμοις κρατῆσαι. (7) Τοῖς γε μὴν τὴν ἡβητικὴν ἡλικίαν πεπερακόσιν, ἐξ ὧν ἤδη καὶ αἱ μέγισται ἀρχαὶ καθίστανται, οἱ μὲν ἄλλοι Ἕλληνες ἀφελόντες αὐτῶν τὸ ἰσχύος ἔτι ἐπιμελεῖσθαι στρατεύεσθαι ὅμως αὐτοῖς ἐπιτάττουσιν, ὁ δὲ Λυκοῦργος τοῖς τηλικούτοις νόμιμον ἐποίησε κάλλιστον εἶναι τὸ θηρᾶν, εἰ μή τι δημόσιον κωλύοι, ὅπως δύναιντο καὶ οὗτοι μηδὲν ἧττον τῶν ἡβώντων στρατιωτικοὺς πόνους ὑποφέρειν.

ΚΕΦΑΛΑΙΟΝ Ε.

Ἃ μὲν οὖν ἑκάστῃ ἡλικίᾳ ἐνομοθέτησεν ὁ Λυκοῦργος ἐπιτηδεύματα σχεδὸν εἴρηται· οἵαν δὲ καὶ πᾶσι δίαιταν κατεσκεύασε νῦν πειράσομαι διηγεῖσθαι. (2) Λυκοῦργος τοίνυν παραλαβὼν τοὺς Σπαρτιάτας ὥσπερ τοὺς ἄλλους Ἕλληνας οἴκοι σκηνοῦντας, γνοὺς ἐν τούτοις πλεῖστα ῥᾳδιουργεῖσθαι εἰς τὸ φανερὸν ἐξήγαγε τὰ συσκήνια, οὕτως ἡγούμενος ἥκιστ' ἂν παραβαίνεσθαι τὰ προσταττόμενα. (3) Καὶ σῖτόν γε ἔταξεν αὐτοῖς ὡς μήτε ὑπερπληροῦσθαι μήτε ἐνδεεῖς γίγνεσθαι. Πολλὰ δὲ καὶ παράλογα γίγνεται ἀπὸ τῶν ἀγρευομένων· οἱ δὲ πλούσιοι ἔστιν ὅτε καὶ ἄρτον ἀντιπαραβάλλουσιν· ὥστε οὔτε ἔρημός ποτε ἡ τράπεζα βρωτῶν γίγνεται, ἔστ' ἂν διασκηνῶσιν, οὔτε πολυδάπανος. (4) Καὶ μὴν τοῦ πότου ἀποπαύσας τὰς οὐκ ἀναγκαίας πόσεις, αἳ σφάλλουσι μὲν σώματα, σφάλλουσι δὲ γνώμας, ἐφῆκεν ὁπότε διψῴη ἕκαστος πίνειν, οὕτω νομίζων ἀβλαβέστατόν τε καὶ ἥδιστον ποτὸν γίγνεσθαι. Οὕτω γε μὴν συσκηνούντων πῶς ἄν τις ἢ ὑπὸ λιχνείας ἢ οἰνοφλυγίας ἢ αὑτὸν ἢ οἶκον διαφθείρειεν; (5) Καὶ γὰρ δὴ ἐν μὲν ταῖς ἄλλαις πόλεσιν ὡς τὸ πολὺ οἱ ἥλικες ἀλλήλοις σύνεισι, μεθ' ὧνπερ καὶ ἐλαχίστη αἰδὼς παραγίγνεται· ὁ δὲ Λυκοῦργος ἐν τῇ Σπάρτῃ ἀνέμιξε παιδεύεσθαι τὰ πολλὰ τοὺς νεωτέρους ὑπὸ τῆς τῶν γεραιτέρων ἐμπειρίας. (6) Καὶ γὰρ δὴ ἐπιχώριον ἐν τοῖς φιλιτίοις λέγεσθαι ὅ,τι ἂν καλῶς τις ἐν τῇ πόλει ποιήσῃ· ὥστ' ἐκεῖ ἥκιστα μὲν ὕβριν, ἥκιστα δὲ παροινίαν, ἥκιστα δὲ αἰσχρουργίαν καὶ αἰσχρολογίαν ἐγγίγνεσθαι. (7) Ἀγαθά γε μὴν ἀπεργάζεται καὶ τάδε ἡ ἔξω σίτησις· περιπατεῖν τε γὰρ ἀναγκάζονται ἐν τῇ οἴκαδε ἀφόδῳ, καὶ μὴν τὸ ὑπὸ οἴνου μὴ σφάλλεσθαι ἐπιμελεῖσθαι, εἰδότες ὅτι οὐκ ἔνθαπερ ἐδείπνουν καταμενοῦσι, καὶ τῇ ὄρφνῃ ὅσα ἡμέρᾳ χρηστέον· οὐδὲ γὰρ ὑπὸ φανοῦ τὸν ἔτι ἔμφρουρον ἔξεστι πορεύεσθαι.

8. Καταμαθών γε μὴν ὁ Λυκοῦργος καὶ ὅτι ἀπὸ τῶν

CAPUT V.

Ac prope jam explicatum est, quæ cuilibet ætati studia Lycurgus præscripserit. Qualem vero victus rationem universis instituerit, jam exponere conabor. Cum igitur Lycurgus Spartanos accepisset pro Græcorum reliquorum consuetudine domi suæ victitantes, cumque animadvertisset, in his plurima ignavē geri, convictus illos in publicum eduxit, quod ea ratione futurum existimaret, ut minime imperata transgrederentur. Cibum etiam eis ita instituit, ut nec nimium replerentur, nec penuria laborarent. Multa vero etiam præter rationem fiunt de captis venando; pro quibus locupletes nonnunquam panem triticeum ad symbolam adventitiam exhibent. Quo fit, ut mensa nunquam careat cibis, quam diu convictus ille durat; nec tamen sumptuosa sit. Sublatis etiam potationibus non necessariis, quæ tum corpora, tum animos labefactant, potestatem eis bibendi reliquit, ubi quisque sitiret; hac ratione putabat potum minime noxium, et longe suavissimum effici. Hinc qui fieri potest, ut aliquis ex iis, qui simul hoc modo victitant, vel gula, vel temulentia se remve suam familiarem perdat? Etenim aliis in urbibus plerumque æquales inter se versantur, inter quos minimum adest pudoris. Lycurgus vero Spartæ cives sic miscuit, ut illic juniores ab experientia seniorum utplurimum erudiantur. Nam more patrio commemoratur in publicis illis epulis, quicquid in republica quisque præclare fecerit; quo fit, ut istic minime vel injuria, vel ex vino petulantia, vel factum turpe, vel turpe dictum interveniat. Etiam ad hoc utiles sunt epulæ foris publicæ, quod obambulare cogantur, ubi domum discedunt, atque operam dare, ne præ vino titubent, quippe qui sciant se non ibi mansuros, ubi cœnaverint, et tenebris perinde sibi esse uteandum, ac die. Non enim cum face licet ei, qui necdum militiæ vacationem impetravit, incedere.

Cum autem animadvertisset Lycurgus, ab eodem cibo

αὐτῶν σίτων οἱ μὲν διαπονούμενοι εὔχροοί τε καὶ εὔσαρ-
κοι καὶ εὔρωστοί εἰσιν, οἱ δ' ἄπονοι πεφυσημένοι τε καὶ
αἰσχροὶ καὶ ἀσθενεῖς ἀναφαίνονται, οὐδὲ τούτου ἠμέλησεν, ἀλλ' ἐννοῶν ὅτι καὶ ὅταν αὐτός τις τῇ ἑαυτοῦ γνώμῃ
φιλοπονῇ, ἀρκοῦν τὸ σῶμα ἔχων ἀναφαίνεται, ἐπέταξε
τὸν ἀεὶ πρεσβύτατον ἐν τῷ γυμνασίῳ ἑκάστῳ ἐπιμελεῖσθαι ὡς μήποτε αὐτοὶ ἐλάττους τῶν σιτίων γίγνεσθαι.
(9) Καὶ ἐμοὶ μὲν οὐδ' ἐν τούτῳ σφαλῆναι δοκεῖ. Οὐκ
ἂν οὖν ῥᾳδίως γέ τις εὕροι Σπαρτιατῶν οὔτε ὑγιεινοτέ-
ρους οὔτε τοῖς σώμασι χρησιμωτέρους· ὁμοίως γὰρ ἀπό
τε τῶν σκελῶν καὶ ἀπὸ χειρῶν καὶ ἀπὸ τραχήλου γυ-
μνάζονται.

ΚΕΦΑΛΑΙΟΝ ς'.

Ἐναντία γε μὴν ἔγνω καὶ τάδε τοῖς πλείστοις. Ἐν
μὲν γὰρ ταῖς ἄλλαις πόλεσι τῶν ἑαυτοῦ ἕκαστος καὶ
παίδων καὶ οἰκετῶν καὶ χρημάτων ἄρχουσιν· ὁ δὲ Λυκοῦργος, κατασκευάσαι βουλόμενος ὡς ἂν μηδὲν βλά-
πτοντες ἀπολαύοιέν τι οἱ πολῖται ἀλλήλων ἀγαθόν,
ἐποίησε παίδων ἕκαστον ὁμοίως τῶν ἑαυτοῦ καὶ τῶν ἀλλοτρίων ἄρχειν. (2) Ὅταν δέ τις εἰδῇ ὅτι οὗτοι πατέρες
εἰσὶ τῶν παίδων ὧν αὐτὸς ἄρχει, ἀνάγκη οὕτως ἄρχειν
ὥσπερ ἂν καὶ τῶν ἑαυτοῦ ἄρχεσθαι βούλοιτο. Ἢν δέ τις
παῖς ποτε πληγὰς λαβὼν ὑπ' ἄλλου κατείπῃ πρὸς τὸν
πατέρα, αἰσχρόν ἐστι μὴ οὐκ ἄλλας πληγὰς ἐμβάλλειν
τῷ υἱεῖ. Οὕτω πιστεύουσιν ἀλλήλους μηδὲν αἰσχρὸν
προστάττειν τοῖς παισίν. (3) Ἐποίησε δὲ καὶ οἰκέταις,
εἴ τις δεηθείη, χρῆσθαι καὶ τοῖς ἀλλοτρίοις. Καὶ κυνῶν
δὲ θηρευτικῶν συνῆψε κοινωνίαν· ὥστε οἱ μὲν δεόμενοι
παρακαλοῦσιν ἐπὶ θήραν, ὁ δὲ μὴ αὐτὸς σχολάζων ἡδέως
ἐκπέμπει. Καὶ ἵπποις δὲ ὡσαύτως χρῶνται· ὁ γὰρ
ἀσθενήσας ἢ δεηθεὶς ὀχήματος ἢ ταχύ ποι βουληθεὶς
ἀφικέσθαι ἤν που ἴδῃ ἵππον ὄντα, λαβὼν καὶ χρησάμενος καλῶς ἀποκαθίστησιν. (4) Οὐ μὴν οὐδ' ἐκεῖνό γε
παρὰ τοῖς ἄλλοις εἰθισμένον ἐποίησεν ἐπιτηδεύεσθαι.
Ὅπου γὰρ ἂν ὑπὸ θήρας ὀψισθέντες δεηθῶσι τῶν ἐπιτηδείων, ἢν μὴ συνεσκευασμένοι τύχωσι, καὶ ἐνταῦθα
ἔθηκε τοὺς μὲν πεπαμένους καταλείπειν τὰ πεποιημένα,
τοὺς δὲ δεομένους ἀνοίξαντας τὰ σήμαντρα, λαβόντας
ὅσων ἂν δέωνται σημηναμένους καταλιπεῖν. Τοιγαροῦν οὕτως μεταδιδόντες ἀλλήλοις καὶ οἱ τὰ μικρὰ
ἔχοντες μετέχουσι πάντων τῶν ἐν τῇ χώρᾳ, ὁπόταν
τινὸς δεηθῶσιν.

ΚΕΦΑΛΑΙΟΝ Ζ.

Ἐναντία γε μὴν καὶ τάδε τοῖς ἄλλοις Ἕλλησι κατέστησεν ὁ Λυκοῦργος ἐν τῇ Σπάρτῃ νόμιμα. Ἐν μὲν
γὰρ δήπου ταῖς ἄλλαις πόλεσι πάντες χρηματίζονται
ὅσον δύνανται· ὁ μὲν γὰρ γεωργεῖ, ὁ δὲ ναυκληρεῖ,
ὁ δὲ ἐμπορεύεται, οἱ δὲ καὶ ἀπὸ τεχνῶν τρέφονται·

eos, qui inter se contendant laboribus, et boni coloris, et succulentos et robustos esse, qui vero a laboribus abstinerent, tumentes, ac deformes, imbecillosque conspici; ne id quidem neglexit: sed considerans, etiam eum, qui solus per se labores susciperet, exhibere corpus ad quævis idoneum ac sufficiens, præcepit, ut semper is, qui quolibet esset in gymnasio natu maximus, curam adhiberet, ne quando a cibis vincerentur. Neque hac in re mihi quidem aberrasse videtur. Nec enim facile quis homines inveniat, qui Spartanis aut bona valetudine, aut corporis viribus præstent: nam pariter et cruribus, et manibus, et cervicibus exercentur.

CAPUT VI.

Præterea hac etiam in parte judicabat diverse ab aliis plurimis. Nam ceteris in urbibus quisque suis liberis, servis, facultatibus præest, Lycurgus autem, qui efficere vellet, ut cives, nullo sibi invicem damno dato, etiam commodis quibusdam opera mutua fruerentur, instituit, ut quisque tam suis quam alienis liberis imperaret. Quod si quis sciat hos esse parentes liberorum, in quos imperium ipse habet, necesse est ut iis sic imperet, quemadmodum etiam suis velit imperari. Si quis autem puer verberibus aliquando cæsus ab alio, patri id enuntiet, turpe est, non eidem alias insuper plagas addere. Usque adeo fidem sibi invicem habent, nequaquam futurum, ut turpia pueris præcipiant. Sanxit etiam, ut famulis, si eorum opera quis egeat, alienis uti liceat. Instituta venaticorum quoque canum communio, ita ut si qui canibus egeant, ad venationem alios invitent: ac si cui non sit otium, libenter canes concedit. Itidem equis quoque utuntur. Nam qui æger est, aut vehiculo indiget, vel celeriter aliquo pergere cupit, sicubi equum videat, cum sumit, ac posteaquam illo usus est, ut par est restituit. Ne id quidem apud suos fieri voluit, quod ceteris est in usu. Quippe cum præ venandi studio ita nox eos oppressit, ut necessariis ad victum egeant, eorumque paratum nihil habent; sanxit, ut illi, qui cœnarunt, instructa relinquant; qui vero iis egent, apertis sigillis, et acceptis necessariis, cetera rursus obsignata relinquant. Atque hoc modo communicatis inter se rebus, etiam illi, qui pauca possident, participes omnium fiunt, quæ regio illa fert, ubi quid suum ad usum requirunt.

CAPUT VII.

Etiam hoc ratione plane diversa reliquorum a Græcorum consuetudine Lycurgus Lacedæmone sanxit. Nam aliis in urbibus omnes, quocumque modo possunt, rem faciunt. Hic agrum colit, ille naviculatoriæ deditus est, hic mercatura, ille opificio exercendo se alit. Spartæ vero Ly-

(2) ἐν δὲ τῇ Σπάρτῃ ὁ Λυκοῦργος τοῖς μὲν ἐλευθέροις τῶν ἀμφὶ χρηματισμὸν ἀπεῖπε μηδενὸς ἅπτεσθαι, ὅσα δ' ἐλευθερίαν ταῖς πόλεσι παρασκευάζει, ταῦτα ἔταξε μόνα ἔργα αὐτῶν νομίζειν. (3) Καὶ γὰρ δὴ τί πλοῦτος ἐκεῖ γε σπουδαστέος ἔνθα ἴσα μὲν φέρειν εἰς τὰ ἐπιτήδεια, ὁμοίως δὲ διαιτᾶσθαι τάξας, ἐποίησε μὴ ἡδυπαθείας ἕνεκα χρημάτων ὀρέγεσθαι; ἀλλὰ μὴν οὐδ' ἱματίου γε ἕνεκα χρηματιστέον· οὐ γὰρ ἐσθῆτος πολυτελείᾳ ἀλλὰ σώματος εὐεξίᾳ κοσμοῦνται. (4) Οὐδὲ μὴν τοῦ γε εἰς τοὺς συσκήνους ἕνεκα ἔχειν δαπανᾶν χρήματα ἀθροιστέον, ἐπεὶ τὸ τῷ σώματι πονοῦντα ὠφελεῖν τοὺς συνόντας ἐνδοξότερον ἐποίησεν ἢ τὸ δαπανῶντα, ἐπιδείξας τὸ μὲν ψυχῆς, τὸ δὲ πλούτου ἔργον. (5) Τό γε μὴν ἐξ ἀδίκων χρηματίζεσθαι καὶ ἐν τοῖς τοιούτοις διεκώλυσε. Πρῶτον μὲν γὰρ νόμισμα τοιοῦτον κατεστήσατο ὃ δέκα μνῶν μόνον ἂν εἰς οἰκίαν εἰσελθὸν οὔ ποτε δεσπότας οὔτε οἰκέτας λάθοι· καὶ γὰρ χώρας μεγάλης καὶ ἁμάξης ἀγωγῆς δέοιτ' ἄν. (6) Χρυσίον γε μὴν καὶ ἀργύριον ἐρευνᾶται, καὶ ἄν τί που φανῇ, ὁ ἔχων ζημιοῦται. Τί οὖν ἂν ἐκεῖ χρηματισμὸς σπουδάζοιτο ἔνθα ἡ κτῆσις πλείους λύπας ἢ ἡ χρῆσις εὐφροσύνας παρέχει;

ΚΕΦΑΛΑΙΟΝ Η.

Ἀλλὰ γὰρ ὅτι μὲν ἐν Σπάρτῃ μάλιστα πείθονται ταῖς ἀρχαῖς τε καὶ τοῖς νόμοις ἴσμεν ἅπαντες. Ἐγὼ μέντοι οὐδ' ἐγχειρῆσαι οἶμαι πρότερον τὸν Λυκοῦργον ταύτην τὴν εὐταξίαν καθιστάναι πρὶν ὁμογνώμονας ἐποιήσατο τοὺς κρατίστους τῶν ἐν τῇ πόλει. (2) Τεκμαίρομαι δὲ ταύτῃ ὅτι ἐν μὲν ταῖς ἄλλαις πόλεσιν οἱ δυνατώτεροι οὐδὲ βούλονται δοκεῖν τὰς ἀρχὰς φοβεῖσθαι, ἀλλὰ νομίζουσι τοῦτο ἀνελεύθερον εἶναι· ἐν δὲ τῇ Σπάρτῃ οἱ κράτιστοι καὶ ὑπέρχονται μάλιστα τὰς ἀρχὰς καὶ τῷ ταπεινοὶ εἶναι μεγαλύνονται, καὶ τῷ ὅταν καλῶνται τρέχοντες ἀλλὰ μὴ βαδίζοντες ὑπακούειν, νομίζοντες, ἢν αὐτοὶ κατάρχωσι τοῦ σφόδρα πείθεσθαι, ἕψεσθαι καὶ τοὺς ἄλλους· ὅπερ καὶ γεγένηται. (3) Εἰκὸς δὲ καὶ τὴν τῆς ἐφορείας δύναμιν τοὺς αὐτοὺς τούτους συγκατασκευάσαι, ἐπείπερ ἔγνωσαν τὸ πείθεσθαι μέγιστον ἀγαθὸν εἶναι καὶ ἐν πόλει καὶ ἐν στρατιᾷ καὶ ἐν οἴκῳ· ὅσῳ γὰρ μείζω δύναμιν ἔχει ἡ ἀρχή, τοσούτῳ μᾶλλον ἡγήσαντο αὐτὴν καὶ καταπλήξειν τοὺς πολίτας τοῦ ὑπακούειν. (4) Ἔφοροι οὖν ἱκανοὶ μέν εἰσι ζημιοῦν ὃν ἂν βούλωνται, κύριοι δ' ἐκπράττειν παραχρῆμα, κύριοι δὲ καὶ ἄρχοντας μεταξὺ καὶ καταπαῦσαι καὶ εἱρξαί γε καὶ περὶ τῆς ψυχῆς εἰς ἀγῶνα καταστῆσαι. Τοσαύτην δὲ ἔχοντες δύναμιν, οὐχ ὥσπερ αἱ ἄλλαι πόλεις ἐῶσι τοὺς αἱρεθέντας ἀεὶ ἄρχειν τὸν ἔτος ὅπως ἂν βούλωνται, ἀλλ' ὥσπερ οἱ τύραννοι καὶ οἱ ἐν τοῖς γυμνικοῖς ἀγῶσιν ἐπιστάται, ἤν τινα αἰσθάνωνται παρανομοῦντά τι, εὐθὺς παραχρῆμα κολάζουσι. (5) Πολλῶν δὲ καὶ ἄλλων ὄντων μηχανημάτων καλῶν τῷ Λυκούργῳ εἰς τὸ πείθεσθαι

CAPUT VIII.

Enimvero cives Spartanos inprimis et magistratibus et legibus parere, scimus omnes. At ego Lycurgum ne adgressum quidem arbitror egregiam illam reipublicae constitutionem, priusquam civitatis optimates suam in sententiam adduxisset. Ejus rei hoc argumentum habeo, quod, cum aliis in urbibus potentiores sunt, ne videri quidem volunt metuere magistratus, nec ducunt hoc esse ab homine libero alienum. Spartae vero praestantissima dignitate viri maxime magistratus observant, ac sibi gloriosum putant, si humiles sint, et accessiti non gradatim incedendo, sed currendo, dictis audiant: existimant enim, si ad summam obedientiam praestandam duces ipsi fuerint, etiam alios ipsorum exemplum secuturos: quod quidem ita accidit. Et consentaneum vero est, hos ipsos Ephororum potestatem una cum Lycurgo instituisse; quod animadverterent, obedientiam summum et in urbe, et apud exercitum, et in familia bonum esse. Nam quanto major magistratus potestas esset, tanto plus terroris civibus adlaturam arbitrabatur ad hoc, ut dicto essent audientes. Igitur Ephoris potestas est multandi; quem velint, et subito multam exigendi; atque etiam magistratus, dum adhuc cum imperio sunt, vel loco movendi, vel carceribus constringendi, vel in judicium de vita vocandi. Tanta cum eorum potestas sit, non, quemadmodum aliis fit in urbibus, magistratus creatos ex animi arbitratu per totum annum uti permittant imperio suo; sed regum instar, eorumve praesidum, qui certaminibus gymnicis moderantur, si quem in leges aliquid committere animadvertunt, eum ilico puniunt. Cumque alia multa praeclare Lycurgus excogitaverit, ut cives legibus obtemperare

τοῖς νόμοις ἐθέλειν τοὺς πολίτας, ἐν τοῖς καλλίστοις καὶ τοῦτό μοι δοκεῖ εἶναι ὅτι οὐ πρότερον ἀπέδωκε τῷ πλήθει τοὺς νόμους πρὶν ἐλθὼν σὺν τοῖς κρατίστοις εἰς Δελφοὺς ἐπήρετο τὸν θεὸν εἰ λῷον καὶ ἄμεινον εἴη τῇ Σπάρτῃ πειθομένῃ οἷς αὐτὸς ἔθηκε νόμοις. Ἐπεὶ δὲ ἀνεῖλε τῷ παντὶ ἄμεινον εἶναι, τότε ἀπέδωκεν, οὐ μόνον ἄνομον ἀλλὰ καὶ ἀνόσιον θεὶς τὸ πυθοχρήστοις νόμοις μὴ πείθεσθαι.

ΚΕΦΑΛΑΙΟΝ Θ.

Ἄξιον δὲ τοῦ Λυκούργου καὶ τόδε ἀγασθῆναι, τὸ κατεργάσασθαι ἐν τῇ πόλει αἱρετώτερον εἶναι τὸν καλὸν θάνατον ἀντὶ τοῦ αἰσχροῦ βίου· καὶ γὰρ δὴ ἐπισκοπῶν τις ἂν εὕροι μείους ἀποθνήσκοντας τούτων τῶν ἐκ τοῦ φοβεροῦ ἀποχωρεῖν αἱρουμένων. (2) Ὥστε τἀληθὲς εἰπεῖν, καὶ ἕπεται τῇ ἀρετῇ σώζεσθαι εἰς τὸν πλείω χρόνον μᾶλλον ἢ τῇ κακίᾳ· καὶ γὰρ ῥᾴων καὶ ἡδίων καὶ εὐπορωτέρα καὶ ἰσχυροτέρα. Δῆλον δὲ ὅτι καὶ εὔκλεια μάλιστα ἕπεται τῇ ἀρετῇ· καὶ γὰρ συμμαχεῖν πως πάντες τοῖς ἀγαθοῖς βούλονται. (3) Ἦ μέντοι ᾧστε ταῦτα γίγνεσθαι ἐμηχανήσατο, καὶ τοῦτο καλὸν μὴ παραλιπεῖν. Ἐκεῖνος τοίνυν σαφῶς παρεσκεύασε τοῖς μὲν ἀγαθοῖς εὐδαιμονίαν, τοῖς δὲ κακοῖς κακοδαιμονίαν. (4) Ἐν μὲν γὰρ ταῖς ἄλλαις πόλεσιν, ὁπόταν τις κακὸς γένηται, ἐπίκλησιν μόνον ἔχει κακὸς εἶναι, ἀγοράζει δὲ ἐν τῷ αὐτῷ ὁ κακὸς τἀγαθῷ καὶ κάθηται, καὶ γυμνάζεται, ἐὰν βούληται· ἐν δὲ τῇ Λακεδαίμονι πᾶς μέν ἂν τις αἰσχυνθείη τὸν κακὸν σύσκηνον παραλαβεῖν, πᾶς δ᾽ ἂν ἐν παλαίσματι συγγυμναστήν. (5) Πολλάκις δ᾽ ὁ τοιοῦτος καὶ διαιρουμένων τοὺς ἀντισφαιριοῦντας ἀχώριστος περιγίγνεται, καὶ ἐν χοροῖς δ᾽ εἰς τὰς ἐπονειδίστους χώρας ἀπελαύνεται, καὶ μὴν ἐν ὁδοῖς παραχωρητέον αὐτῷ καὶ ἐν θάκοις καὶ τοῖς νεωτέροις ὑπαναστατέον, καὶ τὰς μὲν προσηκούσας κόρας οἴκοι θρεπτέον, καὶ ταύταις τῆς ἀνανδρίας αἰτίαν ὑφεκτέον, γυναικὸς δὲ κενὴν ἑστίαν [οὐ] περιοπτέον, καὶ ἅμα τούτου ζημίαν ἀποτιστέον, λιπαρὸν δὲ οὐ πλανητέον, οὐδὲ μιμητέον τοὺς ἀνεγκλήτους, ἢ πληγὰς ὑπὸ τῶν ἀμεινόνων ληπτέον. (6) Ἐγὼ μὲν δὴ τοιαύτης τοῖς κακοῖς ἀτιμίας ἐπικειμένης οὐδὲν θαυμάζω τὸ προαιρεῖσθαι ἐκεῖ θάνατον ἀντὶ τοῦ οὕτως ἀτίμου τε καὶ ἐπονειδίστου βίου.

ΚΕΦΑΛΑΙΟΝ Ι.

Καλῶς δέ μοι δοκεῖ ὁ Λυκοῦργος νομοθετῆσαι καὶ ᾗ μέχρι γήρως ἀσκοῖτ᾽ ἂν ἀρετή. Ἐπὶ γὰρ τῷ τέρματι τοῦ βίου τὴν κρίσιν τῆς γεροντείας προσθεὶς ἐποίησε μηδὲ ἐν τῷ γήρᾳ ἀμελεῖσθαι τὴν καλοκἀγαθίαν. (2) Ἀξιάγαστον δ᾽ αὐτοῦ καὶ τὸ ἐπικουρῆσαι τῷ τῶν ἀγαθῶν γήρᾳ· θεὶς γὰρ τοὺς γέροντας κυρίους τοῦ περὶ τῆς ψυχῆς ἀγῶνος διέπραξεν ἐντιμότερον εἶναι τὸ γῆρας τῆς

vellent, inprimis hoc pulchrum equidem statuo, quod multitudini leges non prius tradiderit, quam cum optimatibus Delphos profectus, deum consuluisset, an Spartæ status melior feliciorque futurus esset, si legibus, quas tulisset ipse, pareret. Is vero cum respondisset, omnino id ex usu fore, tum demum eas tradidit, non modo contra leges, sed etiam contra pietatem facturos statuens, si legibus oraculo Pythio comprobatis non obtemperaturi essent.

CAPUT IX.

Hoc etiam in Lycurgo admiratione dignum est, quod in civitate sua perfecerit, ut vitæ turpi mors honesta præferretur. Nam si quis rem consideret, inveniet pauciores ex his perire, quam ex illis, qui periculo subducere se malint. Adeo verum ut dicam, magis virtutem comitatur incolumitas diuturnior quam ignaviam: nam virtus et facilior est, et suavior, et expeditior, et firmior. Etiam hoc manifestum est, gloriam inprimis virtutis comitem esse: etenim viris fortibus fere omnes in bello socii esse volunt. Qua vero arte consequutus sit, ut hoc efficeret, id quoque rectam erit haud omittere. Nimirum Lycurgus plane præstitit, ut viri fortes beatam, ignavi miseram vitam agerent. Nam aliis in urbibus cum ignaviter aliquis se gerit, duntaxat cognomento hominis ignavi notatur; ac nihilominus negotiatur in eodem loco vir ignavus, quo strenuus; in eodem et sedet, et exercet se, si velit. At Lacedæmone quivis pudendum duxerit, hominem ignavum vel in idem contubernium, vel ad eadem exercitia in luctis admittere. Sæpenumero etiam vir hujusmodi, cum dividuntur pila ex adverso lusuri, neutram ad partem admissus, pro supervacaneo relinquitur; itidemque in choris ad ignominiosa loca rejicitur. In via adeo aliis ut cedat necesse habet, et in consessibus ut etiam junioribus adsurgat, præterea, ut puellas ad se pertinentes alat domi, quibus ipsis illud probrum tolerandum est, quod maritos non reperiunt; domus etiam sine conjugio ei sustinenda est, atque adeo simul hoc nomine multa persolvenda. Neque unctus nitidusque obambulare debet, neque honestæ famæ homines imitari, nisi a melioribus verberari velit. Hujusmodi cum ignavos infamia premat, nihil miror, istic mortem adeo probrosæ infamiæque vitæ anteferri.

CAPUT X.

Videtur etiam mihi Lycurgus egregie sanxisse, qua ratione virtus ad senectutem usque possit exerceri. Nam quia judicium de senatoribus ad vitæ metam ceteris institutis addidit, hoc ipso effecit, ut ne in senectute quidem laudis et honesti studium negligeretur. Hoc quoque dignum admiratione, quod fortium virorum senectuti consuluerit. Quia enim sanxit ut judicandi de vita jus penes seniores esset, perfecit ut hominum vegetorum robore

τῶν ἀκμαζόντων ῥώμης.· (3) Εἰκότως δέ τοι καὶ σπουδάζεται οὗτος ὁ ἀγὼν μάλιστα τῶν ἀνθρώπων. Καλοὶ μὲν γὰρ καὶ οἱ γυμνικοί· ἀλλ' οὗτοι μὲν σωμάτων εἰσίν· ὁ δὲ περὶ τῆς γεροντείας ἀγὼν ψυχῶν ἀγαθῶν κρίσιν παρέχει. Ὅσῳ οὖν κρεῖττον ψυχὴ σώματος, τοσούτῳ καὶ οἱ ἀγῶνες οἱ τῶν ψυχῶν ἢ οἱ τῶν σωμάτων ἀξιοσπουδαστότεροι.

4. Τόδε γε μὴν τοῦ Λυκούργου πῶς οὐ μεγάλως ἄξιον ἀγασθῆναι; ὃς ἐπειδὴ κατέμαθεν ὅτι ὅπου οἱ βουλόμενοι ἐπιμελεῖσθαι τῆς ἀρετῆς οὐχ ἱκανοί εἰσι τὰς πατρίδας αὔξειν, ἐκεῖνος ἐν τῇ Σπάρτῃ ἠνάγκασε δημοσίᾳ πάντας πάσας ἀσκεῖν τὰς ἀρετάς. Ὥσπερ οὖν ἰδιῶται ἰδιωτῶν διαφέρουσιν ἀρετῇ οἱ ἀσκοῦντες τῶν ἀμελούντων, οὕτω καὶ ἡ Σπάρτη εἰκότως πασῶν τῶν πόλεων ἀρετῇ διαφέρει, μόνη δημοσίᾳ ἐπιτηδεύουσα τὴν καλοκἀγαθίαν. (b) Οὐ γὰρ κἀκεῖνο καλόν, τὸ τῶν ἄλλων πόλεων κολαζουσῶν ἤν τίς τι ἕτερος ἕτερον ἀδικῇ, ἐκεῖνον ζημίας μὴ ἐλάττους ἐπιθεῖναι εἴ τις φανερὸς εἴη ἀμελῶν τοῦ ὡς βέλτιστος εἶναι; (a) ἐνόμιζε γὰρ, ὡς ἔοικεν, ὑπὸ μὲν τῶν ἀνδραποδιζομένων τινὰς ἢ ἀποστερούντων τι ἢ κλεπτόντων τοὺς βλαπτομένους μόνον ἀδικεῖσθαι, ὑπὸ δὲ τῶν κακῶν καὶ ἀνάνδρων ὅλας τὰς πόλεις προδίδοσθαι. Ὥστε εἰκότως ἔμοιγε δοκεῖ τούτοις μεγίστας ζημίας ἐπιθεῖναι. (7) Ἐπέθηκε δὲ καὶ τὴν ἀνυπόστατον ἀνάγκην, ἀσκεῖν ἅπασαν πολιτικὴν ἀρετήν. Τοῖς μὲν γὰρ τὰ νόμιμα ἐκτελοῦσιν ὁμοίως ἅπασι τὴν πόλιν οἰκείαν ἐποίησε, καὶ οὐδὲν ὑπελογίσατο οὔτε σωμάτων οὔτε χρημάτων ἀσθένειαν· εἰ δέ τις ἀποδειλιάσειε τοῦ τὰ νόμιμα διαπονεῖσθαι, τοῦτον ἐκείνος ἀπέδειξε μηδὲ νομίζεσθαι ἔτι τῶν ὁμοίων εἶναι. (8) Ἀλλὰ γὰρ ὅτι μὲν παλαιότατοι οὗτοι οἱ νόμοι εἰσὶ σαφές· ὁ γὰρ Λυκοῦργος κατὰ τοὺς Ἡρακλείδας λέγεται γενέσθαι· οὕτω δὲ παλαιοὶ ὄντες ἔτι καὶ νῦν τοῖς ἄλλοις καινότατοί εἰσι· καὶ γὰρ τὸ πάντων θαυμαστότατον, ἐπαινοῦσι μὲν πάντες τὰ τοιαῦτα ἐπιτηδεύματα, μιμεῖσθαι δὲ αὐτὰ οὐδεμία πόλις ἐθέλει.

ΚΕΦΑΛΑΙΟΝ ΙΑ.

Καὶ ταῦτα μὲν δὴ κοινὰ ἀγαθὰ καὶ ἐν εἰρήνῃ καὶ ἐν πολέμῳ· εἰ δέ τις βούλεται καταμαθεῖν ὅ,τι καὶ εἰς τὰς στρατείας βέλτιον τῶν ἄλλων ἐμηχανήσατο, ἔξεστι καὶ τούτων ἀκούειν. (2) Πρῶτον μὲν τοίνυν οἱ ἔφοροι προκηρύττουσι τὰ ἔτη, εἰς ἃ δεῖ στρατεύεσθαι καὶ ἱππεῦσι καὶ ὁπλίταις, ἔπειτα δὲ καὶ τοῖς χειροτέχναις· ὥστε ὅσαιπερ ἐπὶ πόλεως χρόνοις ἄνθρωποι, πάντων τούτων καὶ ἐπὶ στρατιᾶς οἱ Λακεδαιμόνιοι εὐποροῦσιν· καὶ ὅσα δὲ ὀργάνων ἡ στρατιὰ κοινῇ δεηθείη ἄν, ἁπάντων τὰ μὲν ἁμάξῃ προστέτακται παρέχειν, τὰ δὲ ὑποζυγίῳ· οὕτω γὰρ ἥκιστ' ἂν τὸ ἐκλεῖπον διαλάθοι. (3) Εἰς γε μὴν τὸν ἐν τοῖς ὅπλοις ἀγῶνα τοιάδ' ἐμηχανήσατο, στολὴν μὲν ἔχειν φοινικίδα καὶ χαλκῆν ἀσπίδα, ταύτην νομίζων ἥκιστα μὲν γυναικείᾳ κοινωνεῖν, πολε-

senectus sit honoratior. Ac merito sane huic laudis certamini inter mortales studium maximum adhibetur. Nam honesti quidem sunt gymnici ludi, verum ad corpora pertinent; cum in hoc de ordine senum certamine judicium de fortibus animis exhibetur. Quanto igitur animus corpore praestat, tanto majoris animorum certamina, quam corporum, fieri debent.

Jam illud etiam in Lycurgo nonne insignem admirationem meretur? quod cum animadvertisset, eos, qui virtutis studiosi sunt, saepe non posse patriam majorem ad potentium evehere, omnes Spartae coegerit in omni se genere virtutum publice exercere. Itaque ut homines privati privatis virtute praestant, nimirum studiosi negligentibus; sic urbibus haud dubie cunctis Sparta virtute praestat, quippe quae sola publice honesti studio se exerceat. An non enim hoc quoque praeclarum, quod, cum urbes ceterae plectant si quis in alium injurius extiterit; Lycurgus nihilo minus in eum animadvertat, qui se negligentem in hoc declarat, ut sit vir quam optimus? Existimabat enim, uti quidem apparet, a plagiariis, vel fraudatoribus, vel furibus eos tantum injuria adfici, qui damnum accipiunt, ab ignavis autem effeminatisque totas civitates prodi. Quare, pro mea sententia, maximas his poenas jure constituit. Praeterea suis necessitatem quamdam, quae recusari nequeat, colendi omnem virtutem civilem imposuit. Nam iis, qui praescripta legibus perficerent, pariter universis rempublicam propriam esse voluit, nulla neque corporum imbecillitatis, neque tenuitatis facultatum habita ratione. At si quis prae ignavia defugeret labores in obeundis iis, quae leges jubent; eum ille in numero parium ne haberi quidem debere decrevit. Jam quod hae leges antiquissimae sint, patet: nam Lycurgus temporibus Heraclidarum vixisse perhibetur: sed licet antiquae sint, tamen nunc quoque maxime novae sunt aliis. Etenim quod admiratione dignissimum est, hujusmodi vitae studia collaudant omnes, imitari nulla civitas cupit.

CAPUT XI.

Atque haec quidem communia sunt pacis ac belli bona. Si quis autem cognoscere vult, quid Lycurgus bellicis etiam in rebus invenerit rectius, quam ceteri, de eo licet haec audiat. Primum Ephori annos aetatis indicant publice, quibus in militiam tum equitibus, tum peditibus gravis armaturae, denique opificibus sit eundum. Quo fit, ut quorumcumque opera in urbibus homines utuntur, eorum omnium Lacedaemonii copiam etiam in castris habeant. Itidem quibuscumque instrumentis exercitui communiter opus est, ea partim plaustris suppeditari mandatum est, partim jumentorum subvectione. Nam ea ratione, si quid deest, latere minime poterit. Ad armorum certamina, hujusmodi quaedam excogitavit: vestem eos punicam habere voluit, et scutum aereum. Existimabat enim, illam minime cum muliebri commune quidquam habere,

μικωτάτην δ' εἶναι· καὶ γὰρ τάχιστα λαμπρύνεται καὶ σχολαιότατα ῥυπαίνεται. Ἔφηκε δὲ καὶ κομᾶν τοῖς ὑπὲρ τὴν ἡβητικὴν ἡλικίαν, νομίζων οὕτω καὶ μείζους ἂν καὶ ἐλευθεριωτέρους καὶ γοργοτέρους φαίνεσθαι. (4) Οὕτω γε μὴν κατεσκευασμένων μόρας μὲν διεῖλεν ἓξ καὶ ἱππέων καὶ ὁπλιτῶν. Ἑκάστη δὲ τῶν πολιτικῶν τούτων μορῶν ἔχει πολέμαρχον ἕνα, λοχαγοὺς τέτταρας, πεντηκοστῆρας ὀκτώ, ἐνωμοτάρχας ἑκκαίδεκα. Ἐκ δὲ τούτων τῶν μορῶν διὰ παρεγγυήσεως καθίστανται τότε μὲν εἰς ἐνωμοτίας, τότε δὲ εἰς τρεῖς, τότε δὲ εἰς ἕξ. (5) Ὃ δὲ οἱ πλεῖστοι οἴονται, πολυπλοκωτάτην εἶναι τὴν ἐν ὅπλοις Λακωνικὴν τάξιν, τὸ ἐναντιώτατον ὑπειλήφασι τοῦ ὄντος. Εἰσὶ μὲν γὰρ ἐν τῇ Λακωνικῇ τάξει οἱ πρωτοστάται ἄρχοντες, καὶ ὁ στίχος ἕκαστος πάνθ' ὅσα δεῖ παρέχεται. (6) Οὕτως δὲ ῥᾴδιον ταύτην τὴν τάξιν μαθεῖν ὡς ὅστις τοὺς ἀνθρώπους δύναται γιγνώσκειν, οὐδεὶς ἂν ἁμάρτοι· τοῖς μὲν γὰρ ἡγεῖσθαι δέδοται, τοῖς δὲ ἕπεσθαι τέτακται. Αἱ δὲ παραγωγαὶ ὥσπερ ὑπὸ κήρυκος ὑπὸ τοῦ ἐνωμοτάρχου λόγῳ δηλοῦνται, [αἷς] ἀραιαί τε καὶ βαθύτεραι αἱ φάλαγγες γίγνονται· ὧν δὴ οὐδ' ὁπωστιοῦν χαλεπὸν μαθεῖν. (7) Τὸ μέντοι κἂν ταραχθῶσι μετὰ τοῦ παρατυγχάνοντος ὁμοίως μάχεσθαι, ταύτην τὴν τάξιν οὐκέτι ῥᾴδιόν ἐστι μαθεῖν πλὴν τοῖς ὑπὸ τῶν τοῦ Λυκούργου νόμων πεπαιδευμένοις. (8) Εὐπορώτατα δὲ καὶ ἐκεῖνα Λακεδαιμόνιοι ποιοῦσι τὰ τοῖς ὁπλομάχοις πάνυ δοκοῦντα χαλεπὰ εἶναι· ὅταν μὲν γὰρ ἐπὶ κέρως πορεύωνται, κατ' οὐρὰν δήπου ἐνωμοτία ἐνωμοτίᾳ ἕπεται· ἐὰν δ' ἐν τῷ τοιούτῳ ἐκ τοῦ ἐναντίου πολεμία φάλαγξ ἐπιφανῇ, τῷ ἐνωμοτάρχῃ παρεγγυᾶται εἰς μέτωπον παρ' ἀσπίδα καθίστασθαι, καὶ διὰ παντὸς οὕτως, ἔστ' ἂν ἡ φάλαγξ ἐναντία καταστῇ. Ἤν γε μὴν οὕτως ἐχόντων ἐκ τοῦ ὄπισθεν οἱ πολέμιοι ἐπιφανῶσιν, ἐξελίττεται ἕκαστος ὁ στίχος, ἵνα οἱ κράτιστοι ἐναντίοι ἀεὶ τοῖς πολεμίοις ὦσιν. (9) Ὅτι δὲ ὁ ἄρχων εὐώνυμος γίγνεται, οὐδ' ἐν τούτῳ μειονεκτεῖν ἡγοῦνται, ἀλλ' ἔστιν ὅτε καὶ πλεονεκτεῖν. Εἰ γάρ τινες κυκλοῦσθαι ἐπιχειροῖεν, οὐκ ἂν κατὰ τὰ γυμνὰ ἀλλὰ κατὰ τὰ ὡπλισμένα περιβάλλοιεν ἄν. Ἤν δέ ποτε ἕνεκά τινος δοκῇ συμφέρειν τὸν ἡγεμόνα δεξιὸν κέρας ἔχειν, στρέψαντες τὸ ἄγημα ἐπὶ κέρας ἐξελίττουσι τὴν φάλαγγα, ἔστ' ἂν ὁ μὲν ἡγεμὼν δεξιὸς ᾖ, ἡ δὲ οὐρὰ εὐώνυμος γένηται. (10) Ἢν δ' αὖ ἐκ τῶν δεξιῶν πολεμίων τάξις ἐπιφαίνηται, ἐπὶ κέρως πορευομένων, οὐδὲν ἄλλο πραγματεύονται ἢ τὸν λόχον ἕκαστον ὥσπερ τριήρη ἀντίπρωρον τοῖς ἐναντίοις στρέφουσι, καὶ οὕτως αὖ γίγνεται ὁ κατ' οὐρὰν λόχος παρὰ δόρυ. Ἤν γε μὴν κατὰ τὰ εὐώνυμα πολέμιοι προσίωσιν, οὐδὲ τοῦτο ἐῶσιν, ἀλλ' ἀπωθοῦσιν ἢ ἐναντίους ἀντιπάλοις τοὺς λόχους στρέφουσι· καὶ οὕτως αὖ ὁ κατ' οὐρὰν λόχος παρ' ἀσπίδα καθίσταται.

bello autem aptissimam esse. Nam et celerrime nitescit, et sordes haud facile contrahit. Fecit etiam illis, qui pubertatis annos excessissent, comam alendi copiam, quod eos hoc pacto grandiores, ac vultu magis liberali, terribilioresque visum iri arbitraretur. Quibus in hunc modum instructis, in sex cohortes equitatum ac gravem armaturam distribuit. Quælibet autem civium cohors polemarchum unum habet, centuriones quatuor, quinquagenum præfectos octo, manipulorum duces sedecim. Ex his vero cohortibus, ubi sic imperatur, nonnunquam milites per manipulos disponuntur, nonnunquam in ternos, nonnunquam in senos. Quod autem complures existimant, armatorum aciem Laconicam valde implicatam esse, ii secius opinantur quam sese res habet. Nam in acie Laconica præfecti sunt loco principe constituti, et series quælibet habet omnia, quibus suppeditatis opus est. Tam facile est autem, hanc aciei rationem intelligere, ut nemo, qui homines queat agnoscere, possit unquam errare : nam aliis præcedendi munus datum est, aliis imperatum, ut sequantur. Ordinum vero promotiones, tanquam a præcone, manipularis præfecti verbis indicantur; ita fiunt phalanges tum rariores tum densiores : quarum rerum nihil omnino cognitu est difficile. At quomodo, etiamsi turbati fuerint, cum obvio quovis similiter possint dimicare, hæc aciei ratio intellectu facilis non est, extraquam iis, qui Lycurgi legibus sunt instituti. Facillima sunt ea Lacedæmoniis factu, quæ his esse perdifficilia videntur, qui didicerunt armis decertare : nam cum in cornu pergunt, a tergo manipularia series altera sequitur alteram : quando phalanx hostilis ex adverso interea se ostentaverit, manipulario duci denuntiatur, ut ad frontem clypeum versus consistat; atque ita fit penitus, donec phalanx hostibus adversa steterit. Nam si acie ipsorum hoc pacto disposita, hostes a tergo venientes apparuerint, quælibet series convertitur, ut fortissimi quique semper hostibus sint oppositi. Quod si aliquando dux agminis ad latus lævum sit, ne tum quidem conditione se deteriore esse putant, imo nonnunquam meliore. Nam si qui eos undique cingere conarentur, non versus partes nudas, sed armis munitas, eos circumdarent. Si certa de causa visum aliquando sit expedire, ut cornu dextrum ductor obtineat; verso in cornu agmine phalangem evolvunt, donec ad dextram sit ductor, et agmen extremum ad lævam. Rursus si ab hostibus ad dextram constitutis acies sese ostenderit, progredientes in cornu nihil agunt aliud, quam quod centurias singulas, triremis instar, hostibus velut objecta prora, convertunt ; qua ratione series ea, quæ extremo est in agmine, hastam versus constituitur. At si a lævo latere accesserint hostes, ne hoc quidem permittunt, sed repellunt eos, vel adversas series adversariis obvertunt. Qua ratione fit, ut extremi agminis series clypeum versus constituatur.

LACEDÆMONIORUM REIPUBLICÆ CAP. XIII.

ΚΕΦΑΛΑΙΟΝ ΙΒ.

Ἐρῶ δὲ καὶ ᾗ στρατοπεδεύεσθαι ἐνόμισε χρῆναι Λυκοῦργος. Διὰ μὲν γὰρ τὸ τὰς γωνίας τοῦ τετραγώνου ἀχρήστους εἶναι εἰς κύκλον ἐστρατοπεδεύσατο, εἰ μὴ ὄρος ἀσφαλὲς εἴη, ἢ τεῖχος ἢ ποταμὸν ὄπισθεν ἔχοιεν. (2) Φυλακάς γε μὴν ἐποίησε μεθημερινὰς, τὰς μὲν παρὰ τὰ ὅπλα εἴσω βλεπούσας· οὐ γὰρ πολεμίων ἕνεκα ἀλλὰ φίλων αὗται καθίστανται· τοὺς γε μὴν πολεμίους ἱππεῖς φυλάττουσιν ἀπὸ χωρίων ὧν ἂν ἐκ πλείστου προορῷεν. (3) Εἰ δέ τις προΐοι νύκτωρ ἔξω τῆς φάλαγγος, ἐνόμισεν ὑπὸ Σκιριτῶν προφυλάττεσθαι· νῦν δ' ἤδη καὶ ὑπὸ ξένων *** αὐτῶν τινες συμπαρόντες. (4) Τὸ δὲ ἔχοντας τὰ δόρατα ἀεὶ παριέναι, εὖ καὶ τοῦτο δεῖ εἰδέναι ὅτι τοῦ αὐτοῦ ἕνεκά ἐστιν οὗπερ καὶ τοὺς δούλους εἴργουσιν ἀπὸ τῶν ὅπλων. Καὶ τοὺς ἐπὶ τὰ ἀναγκαῖα ἀπιόντας οὐ δεῖ θαυμάζειν ὅτι οὔτε ἀλλήλων οὔτε τῶν ὅπλων πλέον ἢ ὅσον μὴ λυπεῖν ἀλλήλους ἀπέρχονται· καὶ γὰρ ταῦτα ἀσφαλείας ἕνεκα ποιοῦσι. (5) Μεταστρατοπεδεύονταί γε μὴν πυκνὰ καὶ τοῦ σίνεσθαι τοὺς πολεμίους ἕνεκα καὶ τοῦ ὠφελεῖν τοὺς φίλους. Καὶ γυμνάζεσθαι δὲ προαγορεύεται ὑπὸ τοῦ νόμου ἅπασι Λακεδαιμονίοις ἕωσπερ ἂν στρατεύωνται· ὥστε μεγαλοπρεπεστέρους μὲν αὐτοὺς ἐφ' ἑαυτοῖς γίγνεσθαι, ἐλευθεριωτέρους δὲ τῶν ἄλλων φαίνεσθαι. Δεῖ δὲ οὔτε περίπατον οὔτε δρόμον ἐλάσσω ποιεῖσθαι ἢ ὅσον ἂν ἡ μόρα ἐφήκῃ, ὅπως μηδεὶς τῶν αὐτοῦ ὅπλων πόρρω γίγνηται. (6) Μετὰ δὲ τὰ γυμνάσια καθίζειν μὲν ὁ πρῶτος πολέμαρχος κηρύττει· ἔστι δὲ τοῦτο ὥσπερ ἐξέτασις· ἐκ τούτου δὲ ἀριστοποιεῖσθαι, καὶ ταχὺ τὸν πρόσκοπον ὑπολύεσθαι· ἐκ τούτου δ' αὖ διατριβαὶ καὶ ἀναπαύσεις πρὸ τῶν ἑσπερινῶν γυμνασίων. (7) Μετά γε μὴν ταῦτα δειπνοποιεῖσθαι κηρύττεται, καὶ ἐπειδὴ ᾄσωσιν εἰς τοὺς θεοὺς οἷς ἂν κεκαλλιερηκότες ὦσιν, ἐπὶ τῶν ὅπλων ἀναπαύεσθαι. Ὅτι δὲ πολλὰ γράφω οὐ δεῖ θαυμάζειν· ἥκιστα γὰρ Λακεδαιμονίοις εὕροι ἄν τις παραλελειμμένα ἐν τοῖς στρατιωτικοῖς ὅσα δεῖ ἐπιμελείας.

ΚΕΦΑΛΑΙΟΝ ΙΓ.

Διηγήσομαι δὲ καὶ ἣν ἐπὶ στρατιᾶς ὁ Λυκοῦργος βασιλεῖ δύναμιν καὶ τιμὴν παρεσκεύασε. Πρῶτον μὲν γὰρ ἐπὶ φρουρᾶς τρέφει ἡ πόλις βασιλέα καὶ τοὺς σὺν αὐτῷ· συσκηνοῦσι δὲ αὐτῷ οἱ πολέμαρχοι, ὅπως ἀεὶ συνόντες μᾶλλον καὶ κοινοβουλῶσιν, ἤν τι δέωνται. Συσκηνοῦσι δὲ καὶ ἄλλοι τρεῖς ἄνδρες τῶν ὁμοίων· οὗτοι τούτοις ἐπιμελοῦνται πάντων τῶν ἐπιτηδείων, ὡς μηδεμία ἀσχολία ᾖ αὐτοῖς τῶν πολεμικῶν ἐπιμελεῖσθαι. (2) Ἐπαναλήψομαι δὲ ὡς ἐξορμᾶται σὺν στρατιᾷ ὁ βασιλεύς. Θύει μὲν γὰρ πρῶτον οἴκοι ὢν Διὶ ἀγήτορι καὶ τοῖς σὺν αὐτῷ· ἢν δὲ ἐνταῦθα καλλιερήσῃ, λαβὼν ὁ πυρφόρος πῦρ ἀπὸ τοῦ βωμοῦ προηγεῖται ἐπὶ τὰ ὅρια

CAPUT XII.

Dicam etiam, quo pacto Lycurgus castra esse metanda censuerit. Nam quia quadrati agminis anguli sunt inutiles, in orbem castra ponebat, extraquam si monte tuti essent, vel a tergo murum fluviumve haberent. Excubias quidem diurnas instituit, alias propter castra, intro spectantes; nam amicorum, non hostium causa, illæ constituuntur : alias equitum, hostes observantium iis e locis de quibus prospici longissime potest. Quod si quis noctu extra phalangem progrediatur, a Sciritis ea de causa instituit habendas excubias; et hoc tempore præstant id mercenarii milites, [si qui adsunt]. Jam quod cum hastis semper obversantur, id sciendum eadem de causa fieri, ob quam servos etiam ab armis arcent. Præterea mirum videri non debet, eos, qui ad naturæ necessaria secedunt, neque ab se invicem, neque ab exercitu longius progredi, quam uti caveant, ne sibi mutuo molestiam creent. Hæc enim securitatis causa faciunt. Castra sæpius mutant, partim ut hostibus detrimentum adferant, partim ut amicis prosint. Etiam a lege mandatur Lacedæmoniis omnibus, ut, quantum temporis expeditionibus intersunt, exercitiis utantur : quo fit, ut ipsi magis inter se magnanimi evadant, ac supra ceteros indole magis esse liberali videantur. Locus exercitationis et cursus intra id spatium necessario describitur, quousque cohors ipsa pertinet, ne quis ab suis armis recedat longius. Peractis exercitiis, polemarchus primus, uti sedeant, per præconem edicit; quod quidem lustrationis cujusdam instar est; deinde prandium uti sumant, ac speculatorem mox dimittant. Hinc inter se conversantur milites, ac se quiescendo recreant ante vespertina exercitia. Secundum hæc per præconem denuntiatur, sumendam esse cœnam, et posteaquam hymnos diis cecinerint, quibus feliciter est facta res sacra, armis incubando quietem capiendam. Nemo vero miretur, tam multa me scribere : nam minime quis a Lacedæmoniis omissum aliquid reperiat in re militari, quod quidem curandum veniat.

CAPUT XIII.

Commemorabo etiam, quam Lycurgus regi potestatem et dignitatem in exercitu adsignaverit. Primo regem in bello, cum iis, qui adsunt regi, civitas alit. In ejus autem contubernio sunt Polemarchi, ut semper illi præsto sint communicandorum consiliorum causa, si quidem usus ita postulet. In eodem regis contubernio viri præterea tres ex parium numero degunt, qui quidem eis omnia necessaria procurant, ne ab ulla impediantur occupatione, quominus res bellicas studiose tractent. Repetam vero altius, quo pacto rex cum copiis in expeditionem domo proficiscatur. Primum domi adhuc sacrum Jovi ductori cum adjunctis ipsi facit; ac si litatum illic fuerit, Ignifer (sive fe-

τῆς χώρας· ὁ δὲ βασιλεὺς ἐκεῖ αὖ θύεται Διὶ καὶ Ἀθηνᾷ. (3) Ὅταν δὲ ἀμφοῖν τούτοιν τοῖν θεοῖν καλλιερηθῇ, τότε διαβαίνει τὰ ὅρια τῆς χώρας· καὶ τὸ πῦρ μὲν ἀπὸ τούτων τῶν ἱερῶν προηγεῖται οὔποτε ἀποσβεννύμενον, σφάγια δὲ παντοῖα ἕπεται. Ἀεὶ δὲ ὅταν θύηται ἄρχεται μὲν τούτου τοῦ ἔργου ἔτι κνεφαῖος, προλαμβάνειν βουλόμενος τὴν τοῦ θεοῦ εὔνοιαν. (4) Πάρεισι δὲ περὶ τὴν θυσίαν πολέμαρχοι, λοχαγοί, πεντηκοντῆρες, ξένων στρατίαρχοι, στρατοῦ σκευοφορικοῦ ἄρχοντες, καὶ τῶν ἀπὸ τῶν πόλεων δὲ στρατηγῶν ὁ βουλόμενος· (5) πάρεισι δὲ καὶ τῶν ἐφόρων δύο, οἳ πολυπραγμονοῦσι μὲν οὐδέν, ἢν μὴ ὁ βασιλεὺς προκαλῇ· ὁρῶντες δὲ ὅ,τι ποιεῖ ἕκαστος πάντας σωφρονίζουσιν, ὡς τὸ εἰκός. Ὅταν δὲ τελεσθῇ τὰ ἱερά, ὁ βασιλεὺς προσκαλέσας πάντας παραγγέλλει τὰ ποιητέα. Ὥστε ὁρῶν ταῦτα ἡγήσαιο ἂν τοὺς μὲν ἄλλους αὐτοσχεδιαστὰς εἶναι τῶν στρατιωτικῶν, Λακεδαιμονίους δὲ μόνους τῷ ὄντι τεχνίτας τῶν πολεμικῶν. (6) Ἐπειδὰν γε μὴν ἡγῆται ὁ βασιλεύς, ἢν μὲν μηδεὶς ἐναντίος φαίνηται, οὐδεὶς αὐτοῦ πρόσθεν πορεύεται πλὴν Σκιρῖται καὶ οἱ προερευνώμενοι ἱππεῖς· ἢν δέ ποτε μάχην οἴωνται ἔσεσθαι, λαβὼν τὸ ἄγημα τῆς πρώτης μόρας ὁ βασιλεὺς ἄγει στρέψας ἐπὶ δόρυ, ἔστ' ἂν γένηται ἐν μέσῳ δυοῖν μόραιν καὶ δυοῖν πολεμάρχοιν. (7) Οὓς δὲ δεῖ ἐπὶ τούτοις τετάχθαι, ὁ πρεσβύτατος τῶν περὶ δαμοσίαν συντάττει· εἰσὶ δὲ οὗτοι ὅσοι ἂν σύσκηνοι ὦσι τῶν ὁμοίων, καὶ μάντεις καὶ ἰατροὶ καὶ αὐληταὶ οἱ τοῦ στρατοῦ ἄρχοντες, καὶ ἐθελούσιοι ἤν τινες παρῶσιν. Ὥστε τῶν δεομένων γίγνεσθαι οὐδὲν ἀπορεῖται· οὐδὲν γὰρ ἀπρόσκεπτόν ἐστι. (8) Μάλα δὲ καὶ τάδε ὠφέλιμα, ὥς ἐμοὶ δοκεῖ, ἐμηχανήσατο Λυκοῦργος εἰς τὸν ἐν ὅπλοις ἀγῶνα. Ὅταν γὰρ ὁρώντων ἤδη τῶν πολεμίων χίμαιρα σφαγιάζηται, αὐλεῖν τε πάντας τοὺς παρόντας αὐλητὰς νόμος καὶ μηδένα Λακεδαιμονίων ἀστεφάνωτον εἶναι καὶ ὅπλα δὲ λαμπρύνεσθαι προαγορεύεται. (9) Ἔξεστι δὲ τῷ νέῳ καὶ κεχριμένῳ εἰς μάχην συνιέναι, καὶ φαιδρὸν εἶναι καὶ εὐδόκιμον. Καὶ παρακελεύονται δὲ τῷ ἐνωμοτάρχῳ· οὐδ' ἀκούεται γὰρ εἰς ἑκάστην πᾶσαν τὴν ἐνωμοτίαν ἀφ' ἑκάστου ἐνωμοτάρχου ἔξω· ὅπως δὲ καλῶς γίγνηται πολεμάρχῳ δεῖ μέλειν. (10) Ὅταν γε μὴν καιρὸς δοκῇ εἶναι στρατοπεδεύεσθαι, τούτου μὲν αὐτουργὸς βασιλεύς, καὶ τοῦ δεῖξαί γε ὅπου δεῖ· τὸ μέντοι πρεσβείας ἀποπέμπεσθαι καὶ φιλίας καὶ πολεμίας, τοῦτ' αὖ βασιλέως. Καὶ ἄρχονται μὲν πάντες ἀπὸ βασιλέως, ὅταν βούλωνται πρᾶξαί τι. (11) Ἢν δ' οὖν δίκης δεόμενός τις ἔλθῃ, πρὸς Ἑλλανοδίκας τοῦτον ὁ βασιλεὺς ἀποπέμπει, ἢν δὲ χρημάτων, πρὸς ταμίας, ἢν δὲ ληΐδα ἄγων, πρὸς λαφυροπώλας. Οὕτω δὲ πραττομένων βασιλεῖ οὐδὲν ἄλλο ἔργον καταλείπεται ἐπὶ φρουρᾶς ἢ ἱερεῖ μὲν τὰ πρὸς τοὺς θεοὺς εἶναι, στρατηγῷ δὲ τὰ πρὸς τοὺς ἀνθρώπους.

cialis), sublato ab ara igne, ad regionis fines præcedit, ubi rex Jovi Minervæque rursum sacrificat. Ubi diis hisce litatum ambobus est, tum deinde limites regionis transit. Atque ab his sacris sublatus ignis præfertur, et nunquam extinguitur, sequente omni hostiarum genere. Quoties autem rex sacrificat, primo id crepusculo facere incipit, quasi benevolentiam dei cupiens antevertere. Adsunt sacrificio Polemarchi, centuriones, quinquagenum præfecti, militum stipendiariorum duces, impedimentis præfecti, ex civitatum denique prætoribus cui lubet. Adsunt præterea duo Ephori, qui nihil quidem agunt curiosius, nisi a rege adhibiti, sed considerantes tamen, quid quisque faciat, omnes, uti fieri par est, modestiores reddunt. Posteaquam facta est res sacra, rex accersitis omnibus, quid faciendum sit, imperat. Quo fit, ut si hæc videas, existimes ceteros quidem homines studio subitario rem militarem tractare, Lacedæmonios autem solos reapse bellicorum operum artifices esse. Posteaquam rex ducere copias cœpit, si quidem hostis se nullus ostendat, nemo ipsum præcedit, præter Sciritas, et equites exploratores: sin prœlium committendum putant, rex prævio agmine primæ cohortis secum sumpto, conversoque ad hastam pergit, donec medio inter duas cohortes ac duos Polemarchos loco sit. Qui vero post hos collocandi sunt, illos maximus natu inter eos, qui ad tabernaculum publicum pertinent, ordinat. Sunt autem hi, quicumque contubernio cum paribus eodem utuntur, et haruspices, et medici, et tibicines, exercitus duces, et si qui sponte sua expeditioni adsunt. Quo fit, ut eorum, quæ fieri necesse est, nihil quidquam desideretur, quippe quod nihil non ante fuit prospectum. Etiam hæc Lycurgus utiliter, mea quidem sententia, ad armatum certamen excogitavit. Nam cum jam hostium in conspectu capra mactatur, lege constitutum est, ut omnes, quotquot adsunt, tibicines tibia canant, ac nemo Lacedæmoniorum serto careat: etiam ut arma polita niteant, edicitur. Juveni quoque permittitur ut delectus [pexus?] pugnam ineat, hilarem et egregium se gerat. Atque hi etiam acclamant manipularium præfecto: neque enim per unumquemque manipulum totum exaudiuntur imperata ab unoquoque præfecto in fronte collocato. Ut autem omnia recte fiant, Polemarchi curæ committitur. Quodnam tempus esse metandi castra videatur, regis est in arbitrio situm, itemque locum commonstrare, ubi poni debeant. Præterea sive fœderatorum, seu hostium dimittere legationes, ad regem pertinet. Quoties aliquid agendum est, omnes a rege initium sumunt. Si quis judicia disceptaturus ad regem veniat, ad Hellanodicas, sive Græcorum judices, a rege remittitur: si pecunia quis egeat, ad quæstores: sin prædam adferat, ad mancipiarum distractores. Quæ cum ita gerantur, regi nihil aliud in exercitu restat negotii, quam ut rerum divinarum respectu sit sacerdos, humanarum vero, imperator.

ΚΕΦΑΛΑΙΟΝ ΙΔ.

[Εἰ δέ τις με ἔροιτο εἰ καὶ νῦν ἔτι μοι δοκοῦσιν οἱ Λυκούργου νόμοι ἀκίνητοι διαμένειν, τοῦτο μὰ Δία οὐκ ἂν ἔτι θρασέως εἴποιμι. (2) Οἶδα γὰρ πρότερον μὲν Λακεδαιμονίους αἱρουμένους οἴκοι τὰ μέτρια ἔχοντας ἀλλήλοις συνεῖναι μᾶλλον ἢ ἁρμόζοντας ἐν ταῖς πόλεσι καὶ κολακευομένους διαφθείρεσθαι. (3) Καὶ πρόσθεν μὲν οἶδα αὐτοὺς φοβουμένους χρυσίον ἔχοντας φαίνεσθαι· νῦν δ᾽ ἔστιν οὓς καὶ καλλωπιζομένους ἐπὶ τῷ κεκτῆσθαι. (4) Ἐπίσταμαι δὲ καὶ πρόσθεν τούτου ἕνεκα ξενηλασίας γιγνομένας καὶ ἀποδημεῖν οὐκ ἐξόν, ὅπως μὴ ῥᾳδιουργίας οἱ πολῖται ἀπὸ τῶν ξένων ἐμπίπλαιντο· νῦν δ᾽ ἐπίσταμαι τοὺς δοκοῦντας πρώτους εἶναι ἐσπουδακότας ὡς μηδέποτε παύωνται ἁρμόζοντες ἐπὶ ξένης. (5) Καὶ ἦν μὲν ὅτε ἐπεμελοῦντο ὅπως ἄξιοι εἶεν ἡγεῖσθαι· νῦν δὲ πολὺ μᾶλλον πραγματεύονται ὅπως ἄρξουσιν ἢ ὅπως ἄξιοι τούτου ἔσονται. (6) Τοιγαροῦν οἱ Ἕλληνες πρότερον μὲν ἰόντες εἰς Λακεδαίμονα ἐδέοντο αὐτῶν ἡγεῖσθαι ἐπὶ τοὺς δοκοῦντας ἀδικεῖν· νῦν δὲ πολλοὶ παρακαλοῦσιν ἀλλήλους ἐπὶ τὸ διακωλύειν ἄρξαι πάλιν αὐτούς. (7) Οὐδὲν μέντοι δεῖ θαυμάζειν τούτων τῶν ἐπιψόγων αὐτοῖς γιγνομένων, ἐπειδὴ φανεροί εἰσιν οὔτε τῷ θεῷ πειθόμενοι οὔτε τοῖς Λυκούργου νόμοις.]

CAPUT XIV.

[Quod si quis me roget, an etiam nunc Lycurgi leges immotæ mihi permanere videantur; id profecto non audacter dixero. Nam scio Lacedæmonios pridem maluisse domi modicis cum facultatibus consuetudine mutua uti, quam in præfecturis civitatum per adsentationes degenerare. Scio metuisse antehac eos sibi, ne aurum possidere deprehenderentur: jam nonnulli sunt, qui hoc ipso semet ostentant, quod aurum possideant. Præterea scio peregrinos ob eam causam olim ejectos fuisse, neque concessas peregrinationes, ne ab exteris cives improbitatem haurirent : nunc mihi constat, eos, qui loco videantur apud ipsos esse principe, studiose in hoc incubuisse, ut nunquam non apud exteros urbium præfecti essent. Fuit etiam aliquando tempus, cum operam dabant, ut principatu digni essent : nunc id magis enituntur, ut imperent, quam ut imperio digni sint. Itaque fit, ut Græci qui olim Spartam profecti Lacedæmonios orabant, ut duces sibi adversus illos essent, qui injuste agere viderentur; nunc magna ex parte se mutuo cohortentur, ad impediendum quominus ad Lacedæmonios rerum summa redeat. Neque vero mirum videri debet, quod in has reprehensiones incurrant, quando palam est, eos neque Apollini, neque Lycurgi legibus parere.]

ΚΕΦΑΛΑΙΟΝ ΙΕ.

Βούλομαι δὲ καὶ ἃς βασιλεῖ πρὸς τὴν πόλιν συνθήκας ὁ Λυκοῦργος ἐποίησε διηγήσασθαι· μόνη γὰρ δὴ αὕτη ἡ ἀρχὴ διατελεῖ οἵαπερ ἐξ ἀρχῆς κατεστάθη· τὰς δὲ ἄλλας πολιτείας εὕροι ἄν τις μετακεκινημένας καὶ ἔτι καὶ νῦν μετακινουμένας. (2) Ἔθηκε γὰρ θύειν μὲν βασιλέα πρὸ τῆς πόλεως τὰ δημόσια ἅπαντα, ὡς ἀπὸ τοῦ θεοῦ ὄντα, καὶ στρατιὰν ὅποι ἂν ἡ πόλις ἐκπέμπῃ, ἡγεῖσθαι. (3) Ἔδωκε δὲ καὶ γέρα ἀπὸ τῶν θυομένων λαμβάνειν, καὶ γῆν δὲ ἐν πολλαῖς τῶν περιοίκων πόλεων ἀπέδειξεν ἐξαίρετον τοσαύτην ὥστε μήτε δεῖσθαι τῶν μετρίων μήτε πλούτῳ ὑπερφέρειν. (4) Ὅπως δὲ καὶ οἱ βασιλεῖς ἔξω σκηνοῖεν, σκηνὴν αὐτοῖς δημοσίαν ἀπέδειξε, καὶ διμοιρίᾳ γε ἐπὶ τῷ δείπνῳ ἐτίμησεν, οὐχ ἵνα διπλάσια καταφάγοιεν, ἀλλ᾽ ἵνα καὶ ἀπὸ τοῦδε τιμῆσαι ἔχοιεν εἴ τινα βούλοιντο. (5) Ἔδωκε δ᾽ αὖ καὶ συσκήνους δύο ἑκατέρῳ προσελέσθαι οἳ δὴ καὶ Πύθιοι καλοῦνται. Ἔδωκε δὲ καὶ πασῶν τῶν συῶν ἀπὸ τόκου χοῖρον λαμβάνειν, ὡς μή ποτε ἀπορήσαι βασιλεὺς ἱερῶν, ἤν τι δεηθῇ θεοῖς συμβουλεύσασθαι. (6) Καὶ πρὸς τῇ οἰκίᾳ δὲ λίμνη ὕδατος ἀφθονίαν παρέχει· ὅτι δὲ καὶ τοῦτο πρὸς πολλὰ χρήσιμον οἱ μὴ ἔχοντες αὐτὸ μᾶλλον γιγνώσκουσι. Καὶ ἕδρας δὲ πάντες ὑπανίστανται βασιλεῖ, πλὴν οὐκ ἔφοροι ἀπὸ τῶν ἐφορικῶν δίφρων. (7) Καὶ ὅρκους δὲ ἀλλήλοις κατὰ μῆνα ποιοῦνται, ἔφοροι μὲν ὑπὲρ τῆς πόλεως, βασιλεὺς

CAPUT XV.

Lubet etiam commemorare, quæ pacta Lycurgus inter regem et civitatem constituit. Nam solus hic principatus in eodem permanet statu, quo fuit ab initio : ceteras administrationum publicarum formas vel immutatas vel etiam nunc aliquis mutari comperiat. Sanxit igitur, ut rex pro salute civitatis rem divinam in omnibus sacris publicis faceret, veluti ortus a deo; ut, quocunque civitas militum copias mitteret, ducis munere fungeretur. Attribuit hoc quoque, ut de victimis cæsis honoris causa quædam ipse caperet; præterea tantum agri eximii multis in urbibus finitimis secrevit, ut mediocrium quidem illi facultatum copia non desit, non tamen opibus antecellat. Atque ut etiam reges foris uti contubernio possent, ad hoc eis tabernaculum publicum ordinavit, eumque honorem illis addidit, ut in cœna duplex ipsis portio cederet; non id quidem, ut duplo plus, quam alii, vorarent, sed ut aliquid inde honoris causa dare possent, cui libuisset. Præterea regi utrique potestatem sibi deligendi contubernales binos concessit, quos Pythios vocant. Permisit etiam, ut de quovis scrofarum partu porcum acciperet, ne unquam rex victimis careret, si qua in re dii consulendi essent. Prope domum regiam stagnum aquæ copiam suppeditat. Quod quidem ad multa esse perutile, magis intelligunt ii, qui eo carent. Etiam de sella regi adsurgunt omnes, præterquam Ephori de sellis ephoricis. Mensibus singulis jurejurando se invicem ad-

δ' ὑπὲρ ἑαυτοῦ. Ὁ δὲ ὅρκος ἐστὶ τῷ μὲν βασιλεῖ κατὰ τοὺς τῆς πόλεως κειμένους νόμους βασιλεύσειν, τῇ δὲ πόλει ἐμπεδορκοῦντος ἐκείνου ἀστυφέλικτον τὴν βασιλείαν παρέξειν. (2) Αὗται μὲν οὖν αἱ τιμαὶ οἴκοι ζῶντι βασιλεῖ δέδονται, οὐδέν τι πολὺ ὑπερφέρουσαι τῶν ἰδιωτικῶν· οὐ γὰρ ἐβουλήθη οὔτε τοῖς βασιλεῦσι τυραννικὸν φρόνημα παραστῆσαι οὔτε τοῖς πολίταις φθόνον ἐμποιῆσαι τῆς δυνάμεως. (b) Αἳ δὲ τελευτήσαντι τιμαὶ βασιλεῖ δέδονται, τῇδε βούλονται δηλοῦν οἱ Λυκούργου νόμοι ὅτι οὐχ ὡς ἀνθρώπους ἀλλ' ὡς ἥρωας τοὺς Λακεδαιμονίων βασιλεῖς προτετιμήκασιν.

stringunt, Ephori quidem nomine civitatis, rex autem suo. Regis jusjurandum est, regnum se gesturum ex præscripto legum latarum : civitatis, conservaturam se regnum ipsius inconcussum, si quidem jusjurandum hoc sancte servaret. Atque hi honores in patria regi, quamdiu vivit, concessi sunt, non multum privatorum honoribus potiores. Etenim neque regibus animos addere tyrannicos voluit legislator, neque civibus eorum potestatem invisam reddere. Qui autem regi mortuo concessi sunt honores, iis Lycurgi leges indicare volunt, non se Lacedæmoniorum reges ut homines, sed tanquam heroas honore eximio adfecisse.

ΞΕΝΟΦΩΝΤΟΣ
ΑΘΗΝΑΙΩΝ ΠΟΛΙΤΕΙΑ.

XENOPHONTIS
ATHENIENSIUM RESPUBLICA.

ΚΕΦΑΛΑΙΟΝ Α.

Περὶ δὲ τῆς Ἀθηναίων πολιτείας, ὅτι μὲν εἵλοντο τοῦτον τὸν τρόπον τῆς πολιτείας οὐκ ἐπαινῶ διὰ τόδε ὅτι ταῦθ' ἑλόμενοι εἵλοντο τοὺς πονηροὺς ἄμεινον πράττειν ἢ τοὺς χρηστούς· διὰ μὲν οὖν τοῦτο οὐκ ἐπαινῶ. Ἐπεὶ δὲ ταῦτα οὕτως ἔδοξεν αὐτοῖς, ὡς εὖ διασώζονται τὴν πολιτείαν καὶ τἆλλα διαπράττονται ἃ δοκοῦσιν ἁμαρτάνειν τοῖς ἄλλοις Ἕλλησι, τοῦτ' ἀποδείξω. (2) Πρῶτον μὲν οὖν τοῦτο ἐρῶ ὅτι δικαίως αὐτόθι καὶ οἱ πένητες καὶ ὁ δῆμος πλέον ἔχει τῶν γενναίων καὶ τῶν πλουσίων διὰ τόδε ὅτι ὁ δῆμός ἐστιν ὁ ἐλαύνων τὰς ναῦς καὶ ὁ τὴν δύναμιν περιτιθεὶς τῇ πόλει· καὶ γὰρ οἱ κυβερνῆται καὶ οἱ κελευσταὶ καὶ οἱ πεντηκόνταρχοι καὶ οἱ πρωρᾶται καὶ οἱ ναυπηγοί, οὗτοί εἰσιν οἱ τὴν δύναμιν περιτιθέντες τῇ πόλει πολὺ μᾶλλον ἢ οἱ ὁπλῖται καὶ οἱ γενναῖοι καὶ οἱ χρηστοί. Ἐπειδὴ οὖν ταῦτα οὕτως ἔχει, δοκεῖ δίκαιον εἶναι πᾶσι τῶν ἀρχῶν μετεῖναι ἔν τε τῷ κλήρῳ καὶ ἐν τῇ χειροτονίᾳ, καὶ λέγειν ἐξεῖναι τῷ βουλομένῳ τῶν πολιτῶν. (3) Ἔπειτα ὁπόσαι μὲν σωτηρίαν φέρουσι τῶν ἀρχῶν, χρησταὶ οὖσαι καὶ μὴ χρησταὶ, ἢ κίνδυνον τῷ δήμῳ ἅπαντι, τούτων οὐδὲν τῶν ἀρχῶν οὐδὲν δεῖται ὁ δῆμος μετεῖναι, οὔτε τῶν στρατηγικῶν κλήρων οἴονταί σφισι χρῆναι μετεῖναι οὔτε τῶν ἱππαρχιῶν· γιγνώσκει γὰρ ὁ δῆμος ὅτι πλείω ὠφελεῖται ἐν τῷ μὴ αὐτὸς ἄρχειν ταύτας τὰς ἀρχάς, ἀλλ' ἐᾶν τοὺς δυνατωτάτους ἄρχειν· ὁπόσαι δ' εἰσὶν ἀρχαὶ μισθοφορίας ἕνεκα καὶ ὠφελείας εἰς τὸν οἶκον, ταύτας ζητεῖ ὁ δῆμος ἄρχειν. (4) Ἔπειτα δὲ ὃ ἔνιοι θαυμάζουσιν ὅτι πανταχοῦ πλέον νέμουσι τοῖς πονηροῖς καὶ πένησι καὶ δημοτικοῖς ἢ τοῖς χρηστοῖς, ἐν αὐτῷ τούτῳ φανοῦνται τὴν δημοκρατίαν διασώζοντες.

CAPUT I.

Jam de Atheniensium republica, quod hanc reipublicæ formam sequuti sint, propterea non laudo, quia dum illam voluerunt, voluerunt improbos homines meliori esse conditione, quam probos. Hanc itaque ob causam non laudo. Quia vero ita eis visum est, equidem ostendam, bene eos rempublicam suam incolumem conservare, atque etiam alia perficere, in quibus aberrare Græcis ceteris existimantur. Primum igitur hoc dicam, merito pauperes ac plebem ibi plus posse, quam nobiles et divites, idque ob hanc causam, quod plebs et naves agat, et potentiam civitati conciliet : adeoque gubernatores, et incitatores nautarum, et quinquaginta remigibus præfecti, et proretæ, et navium fabricatores, hi sunt qui multo magis reipublicæ potentiam amplificant, quam cives, quam nobiles, quam homines frugi. Haec quum ita se habeant, æquum esse videtur, ut omnes magistratuum participes fiant, sive per sortem, seu per suffragium, utque cuivis civium dicere liceat, qui quidem velit. Deinde quotquot magistratus, bene gesti seu male, universo populo vel salutis vel periculorum auctores sunt, eorum se participem esse vulgus non curat. Neque plebs sortes prætorias, neque præfecturas equitum ad se pertinere putat. Animadvertit enim, se plus emolumenti capere, dum magistratus hosce non obit, sed illis relinquit gerendos, qui plurimum possunt. Quotquot vero magistratus obeunter ob stipendia sua reique familiaris incrementum, hos vulgus ambit. Quod autem nonnulli mirantur, ubique plus eos hominibus nullius momenti, et pauperibus, et plebejis, quam egregiis viris tribuere ; in hoc ipso popularem civitatis statum aperte conservant. Quippe dum pauperes,

ATHENIENSIUM REIPUBLICÆ CAP. I.

Οἱ μὲν γὰρ πένητες καὶ οἱ δημόται καὶ οἱ χείρους εὖ πράττοντες καὶ πολλοὶ οἱ τοιοῦτοι γιγνόμενοι τὴν δημοκρατίαν αὔξουσιν· ἐὰν δὲ εὖ πράττωσιν οἱ πλούσιοι καὶ οἱ χρηστοί, ἰσχυρὸν τὸ ἐναντίον σφίσιν αὐτοῖς καθιστᾶσιν οἱ δημοτικοί. (5) Ἔστι δὲ ἐν πάσῃ γῇ τὸ βέλτιστον ἐναντίον τῇ δημοκρατίᾳ· ἐν γὰρ τοῖς βελτίστοις ἔνι ἀκολασία τε ὀλιγίστη καὶ ἀδικία, ἀκρίβεια δὲ πλείστη εἰς τὰ χρηστά· ἐν δὲ τῷ δήμῳ ἀμαθία τε πλείστη καὶ ἀταξία καὶ πονηρία· ἥ τε γὰρ πενία αὐτοὺς μᾶλλον ἄγει ἐπὶ τὰ αἰσχρὰ καὶ ἡ ἀπαιδευσία καὶ ἡ ἀμαθία δι' ἔνδειαν χρημάτων ἐνίοις τῶν ἀνθρώπων. (6) Εἴποι δ' ἄν τις ὡς ἐχρῆν αὐτοὺς μὴ ἐᾶν λέγειν πάντας ἐξῆς μηδὲ βουλεύειν, ἀλλὰ τοὺς δεξιωτάτους καὶ ἄνδρας ἀρίστους· οἱ δὲ καὶ ἐν τούτῳ ἄριστα βουλεύονται, ἐῶντες καὶ τοὺς πονηροὺς λέγειν. Εἰ μὲν γὰρ οἱ χρηστοὶ ἔλεγον καὶ ἐβουλεύοντο, τοῖς ὁμοίοις σφίσιν αὐτοῖς ἦν ἀγαθά, τοῖς δὲ δημοτικοῖς οὐκ ἀγαθά· νῦν δὲ λέγων ὁ βουλόμενος ἀναστὰς ἄνθρωπος πονηρὸς ἐξευρίσκει τὸ ἀγαθὸν αὐτῷ τε καὶ τοῖς ὁμοίοις αὐτῷ. (7) Εἴποι τις ἂν τί ἂν οὖν γνοίη ἀγαθὸν αὑτῷ ἢ τῷ δήμῳ τοιοῦτος ἄνθρωπος; οἱ δὲ γιγνώσκουσιν ὅτι ἡ τούτου ἀμαθία καὶ πονηρία καὶ εὔνοια μᾶλλον λυσιτελεῖ ἢ ἡ τοῦ χρηστοῦ ἀρετὴ καὶ σοφία καὶ κακόνοια. (8) Εἴη μὲν οὖν ἂν πόλις οὐκ ἀπὸ τοιούτων διαιτημάτων ἡ βελτίστη, ἀλλ' ἡ δημοκρατία μάλιστ' ἂν σώζοιτο οὕτως. Ὁ γὰρ δῆμος οὐ βούλεται εὐνομουμένης τῆς πόλεως αὐτὸς δουλεύειν, ἀλλ' ἐλεύθερος εἶναι καὶ ἄρχειν, τῆς δὲ κακονομίας αὐτῷ ὀλίγον μέλει· ὃ γὰρ σὺ νομίζεις οὐκ εὐνομεῖσθαι, αὐτὸς ἀπὸ τούτου ἰσχύει ὁ δῆμος καὶ ἐλεύθερός ἐστιν. (9) Εἰ δ' εὐνομίαν ζητεῖς, πρῶτα μὲν ὄψει τοὺς δεξιωτάτους αὐτοῖς τοὺς νόμους τιθέντας· ἔπειτα κολάσουσιν οἱ χρηστοὶ τοὺς πονηρούς, καὶ βουλεύσουσιν οἱ χρηστοὶ περὶ τῆς πόλεως, καὶ οὐκ ἐάσουσι μαινομένους ἀνθρώπους βουλεύειν οὐδὲ λέγειν οὐδὲ ἐκκλησιάζειν. Ἀπὸ τούτων τοίνυν τῶν ἀγαθῶν τάχιστ' ἂν ὁ δῆμος εἰς δουλείαν καταπέσοι.

10. Τῶν δούλων δ' αὖ καὶ τῶν μετοίκων πλείστη ἐστὶν Ἀθήνησιν ἀκολασία, καὶ οὔτε πατάξαι ἔξεστιν αὐτόθι οὔτε ὑπεκστήσεταί σοι ὁ δοῦλος. Οὗ δ' ἕνεκά ἐστι τοῦτο ἐπιχώριον ἐγὼ φράσω· εἰ νόμος ἦν τὸν δοῦλον ὑπὸ τοῦ ἐλευθέρου τύπτεσθαι ἢ τὸν μέτοικον ἢ τὸν ἀπελεύθερον, πολλάκις ἂν οἰηθεὶς εἶναι τὸν Ἀθηναῖον δοῦλον ἐπάταξεν ἄν· ἐσθῆτά τε γὰρ οὐδὲν βελτίω ἔχει ὁ δῆμος αὐτόθι ἢ οἱ δοῦλοι καὶ οἱ μέτοικοι καὶ τὰ εἴδη οὐδὲν βελτίους εἰσίν. (11) Εἰ δέ τις καὶ τοῦτο θαυμάζει ὅτι ἐῶσι τοὺς δούλους τρυφᾶν αὐτόθι καὶ μεγαλοπρεπῶς διαιτᾶσθαι ἐνίους, καὶ τοῦτο γνώμῃ φανεῖεν ἂν ποιοῦντες. Ὅπου γὰρ ναυτικὴ δύναμίς ἐστιν, ἀπὸ χρημάτων ἀνάγκη τοῖς ἀνδραπόδοις δουλεύειν ἵνα λαμβάνωμεν ὧν πράττει τὰς ἀποφοράς, καὶ ἐλευθέρους ἀφιέναι· ὅπου δ' εἰσὶ πλούσιοι οἱ δοῦλοι, οὐκέτι ἐνταῦθα λυσιτελεῖ τὸν ἐμὸν δοῦλον σὲ δεδιέναι· ἐν δὲ τῇ Λακεδαίμονι ὁ ἐμὸς δοῦλος σὲ δέδοικεν· ἂν δὲ δεδίῃ ὁ σὸς δοῦλος ἐμέ, κινδυνεύσει καὶ τὰ χρήματα διδόναι τὰ ἑαυτοῦ ὥστε μὴ κινδυνεύειν περὶ ἑαυτοῦ. (12) Διὰ

et plebeji, et nauci homines bene agunt, et ad aliquem numerum excrescunt, statum civitatis popularem augent. Sin divitibus et egregiis hominibus bene sit, tum plebeji contrariam sibi partem corroborant. Sunt autem ubique terrarum optimates dominatui plebejo contrarii. Nam in optimatibus petulantiæ ac injustitiæ minimum est, studium vero rerum honestarum accuratissimum; contra, in plebe plurimum inscitiæ, confusionis, improbitatis. Etenim paupertas magis eos adducit ad turpia, et satis multi propter penuriam neque liberaliter educati, nec recte instituti sunt. Fortasse dixerit aliquis non permittendum fuisse, ut prorsus omnes dicendi potestatem habeant, nec consulendi, sed peritissimos tantum et præstantissimos viros. At illi in hoc quoque sibi rectissime consulunt, dum futilibus quam viri egregii virtutem ac sapientiam cum malevolentia. At inquiet aliquis, quid hujusmodi homo boni vel sibi vel populo possit excogitare? Nimirum intelligunt illi, hujus imperitiam ac futilitatem cum benevolentia plus sibi prodesse, quam viri egregii virtutem ac sapientiam cum malevolentia. Potest igitur fieri, ut his moribus civitas non efficiatur optima, sed status tamen popularis hac ratione conservabitur. Populus enim non vult rempublicam bene constitutam, in qua sibi sit serviendum, sed liber esse vult, et imperio potiri, ac minus interim civitatis statum flocci pendit. Nam quod tu non recte constitutum existimas, id ipsum plebis potentiam libertatemque sustinet. Quod si bonum reipublicæ statum requiris, primum videbis peritissimos populo leges ferre; deinde boni malos punient, deque republica consultabunt boni, et homines insanos nec consiliis adesse, nec verba facere, nec concionari permittent. Quapropter ex his bonis celerrime plebs ad servitutem reciderit.

Servorum autem et advenarum maxima est Athenis petulantia, neque pulsandi eos cuiquam illic jus est, neque servus tibi cedet. Cur autem hoc moribus illic ita receptum sit, equidem exponam. Si consuetudo ferret servum hominem ab ingenuo verberari, vel advenam, vel liberum; sæpe quis Atheniensem pulsaret, servum esse ratus. Nam neque vestitu, neque forma, quidquam istic plebs servis adveniisve præstat. Jam si quis etiam miratur, quod istic et delicate servos et splendide viventes nonnullos vivere patiantur, hoc quoque certo eos judicio facere constabit. Nam ubi potentia navalis est, propter pecuniam mancipiis servire oportet, ut pro opera aliis collocata pensiones accipiamus , atque liberius vivendi genus iis permittere. Ubi vero servi opulenti sunt, ibi meus ut servus te metuat, non expedit. Lacedæmone quidem meus servus te metuit. Jam si me servus tuus metuat, sane verendum, ut res suas mihi det, ne quo ipse sit in periculo. Quamobrem æqualitatem

ΑΘΗΝΑΙΩΝ ΠΟΛΙΤΕΙΑΣ ΚΕΦ. Α.

τοῦτο οὖν ἰσηγορίαν καὶ τοῖς δούλοις πρὸς τοὺς ἐλευθέρους ἐποιήσαμεν καὶ τοῖς μετοίκοις πρὸς τοὺς ἀστούς, διότι δεῖται ἡ πόλις μετοίκων διά τε τὸ πλῆθος τῶν τεχνῶν καὶ διὰ τὸ ναυτικόν. Διὰ τοῦτο οὖν καὶ τοῖς μετοίκοις εἰκότως τὴν ἰσηγορίαν ἐποιήσαμεν.

13. Τοὺς δὲ γυμναζομένους αὐτόθι καὶ τὴν μουσικὴν ἐπιτηδεύοντας καταλέλυκεν ὁ δῆμος, νομίζων τοῦτο οὐ καλὸν εἶναι, γνοὺς ὅτι οὐ δυνατὸς ταῦτά ἐστιν ἐπιτηδεύειν. Ἐν ταῖς χορηγίαις αὖ καὶ γυμνασιαρχίαις καὶ τριηραρχίαις γιγνώσκουσιν ὅτι χορηγοῦσι μὲν οἱ πλούσιοι, χορηγεῖται δὲ ὁ δῆμος, καὶ τριηραρχοῦσι μὲν καὶ γυμνασιαρχοῦσιν οἱ πλούσιοι, ὁ δὲ δῆμος τριηραρχεῖται καὶ γυμνασιαρχεῖται. Ἀξιοῖ οὖν ἀργύριον λαμβάνειν ὁ δῆμος καὶ ᾄδων καὶ τρέχων καὶ ὀρχούμενος καὶ πλέων ἐν ταῖς ναυσίν, ἵνα αὐτός τε ἔχῃ καὶ οἱ πλούσιοι πενέστεροι γίγνωνται. Ἐν δὲ τοῖς δικαστηρίοις οὐ τοῦ δικαίου αὐτοῖς μέλει μᾶλλον ἢ τοῦ αὐτοῖς συμφέροντος.

14. Περὶ δὲ τῶν συμμάχων, οἱ ἐκπλέοντες συκοφαντοῦσιν, ὡς δοκοῦσι, καὶ μισοῦσι τοὺς χρηστούς, γιγνώσκοντες ὅτι μισεῖσθαι μὲν ἀνάγκη τὸν ἄρχοντα ὑπὸ τοῦ ἀρχομένου· εἰ δὲ ἰσχύσουσιν οἱ πλούσιοι καὶ οἱ ἰσχυροὶ ἐν ταῖς πόλεσιν, ὀλίγιστον χρόνον ἡ ἀρχὴ ἔσται τοῦ δήμου τοῦ Ἀθήνησι. Διὰ ταῦτα οὖν τοὺς μὲν χρηστοὺς ἀτιμοῦσι καὶ χρήματα ἀφαιροῦνται καὶ ἐξελαύνουσι καὶ ἀποκτείνουσι, τοὺς δὲ πονηροὺς αὔξουσιν. Οἱ δὲ χρηστοὶ Ἀθηναίων τοὺς χρηστοὺς ἐν ταῖς συμμαχίσι πόλεσι σώζουσι, γιγνώσκοντες ὅτι σφίσιν ἀγαθόν ἐστι τοὺς βελτίστους σώζειν ἀεὶ ἐν ταῖς πόλεσιν. (15) Εἴποι δέ τις ἂν ὅτι ἰσχύς ἐστιν αὕτη Ἀθηναίων, ἐὰν οἱ σύμμαχοι δυνατοὶ ὦσι χρήματα εἰσφέρειν. Τοῖς δὲ δημοτικοῖς δοκεῖ μεῖζον ἀγαθὸν εἶναι τὰ τῶν συμμάχων χρήματα ἕνα ἕκαστον ἔχειν Ἀθηναίων, ἐκείνους δὲ ὅσον ζῆν καὶ ἐργάζεσθαι, ἀδυνάτους ὄντας ἐπιβουλεύειν.

16. Δοκεῖ δὲ ὁ δῆμος ὁ Ἀθηναίων καὶ ἐν τῷδε κακῶς βουλεύεσθαι ὅτι τοὺς συμμάχους ἀναγκάζουσι πλεῖν ἐπὶ δίκας Ἀθήναζε· οἱ δὲ ἀντιλογίζονται ὅσα ἐν τούτῳ ἔνι ἀγαθὰ τῷ δήμῳ τῶν Ἀθηναίων· πρῶτον μὲν ἀπὸ τῶν πρυτανείων τὸν μισθὸν δι' ἐνιαυτοῦ λαμβάνειν· εἶτ' οἴκοι καθήμενοι ἄνευ νεῶν ἔκπλου διοικοῦσι τὰς πόλεις τὰς συμμαχίδας· καὶ τοὺς μὲν τοῦ δήμου σώζουσι, τοὺς δ' ἐναντίους ἀπολλύουσιν ἐν τοῖς δικαστηρίοις· εἰ δὲ οἴκοι εἶχον ἕκαστοι τὰς δίκας, ἅτε ἀχθόμενοι Ἀθηναίοις, τούτους ἂν σφῶν αὐτῶν ἀπώλλυσαν οἵτινες φίλοι μάλιστα ἦσαν Ἀθηναίων τῷ δήμῳ. (17) Πρὸς δὲ τούτοις ὁ δῆμος τῶν Ἀθηναίων τάδε κερδαίνει τῶν δικῶν Ἀθήνησιν οὐσῶν τοῖς συμμάχοις. Πρῶτον μὲν γὰρ ἡ ἑκατοστὴ τῇ πόλει πλείων ἡ ἐν Πειραιεῖ· ἔπειτα εἴ τῳ συνοικία ἐστιν, ἄμεινον πράττει· ἔπειτα εἴ τῳ ζεῦγός ἐστιν ἢ ἀνδράποδον μισθοφοροῦν· ἔπειτα οἱ κήρυκες ἄμεινον πράττουσι διὰ τὰς ἐπιδημίας τὰς τῶν συμμάχων. (18) Πρὸς δὲ τούτοις, εἰ μὲν μὴ ἐπὶ δίκας ᾔεσαν οἱ σύμμαχοι, τοὺς ἐκπλέοντας Ἀθηναίων ἐτίμων ἂν μόνους, τούς τε στρατηγοὺς καὶ τοὺς τριηράρχους καὶ πρέσβεις· νῦν δ' ἠνάγκασται τὸν δῆμον κολακεύειν τῶν Ἀθηναίων εἰς

quandam servis et liberis concessimus, itemque advenis et civibus, quod advenarum egeat opera civitas, quum propter opificiorum multitudinem, tum ob rem navalem. Igitur hac de causa merito juris quædam æqualitas etiam advenis a nobis data est.

Ceterum eos qui corporum exercitiis ibi musicæque artis dediti sunt studio, plebs sustulit; quod existimaret hæc non expedire, et non posse ab se his dari operam sentiret. In chori vero ac gymnasiorum triremiumque cura et sumptibus præstandis, intelligunt penes opulentos esse facere impensas in chorum, vulgi autem, eorum fructum accipere; eodemque modo locupletes pro triremibus et gymnasiis præbere sumptus, vulgus autem eorum percipere fructum. Vult igitur pecuniam accipere vulgus, atque ita canere, currere, saltare, navigare, ut et ipsum habeat aliquid, et divites reddantur tenuiores. Nec in judiciis magis ejus quod justum est, quam commodi sui rationem habent.

Socios autem quod attinet, ii qui navigiis eos adeunt, calumniari et odisse videntur egregios illic viros, sentientes fieri non posse, quin qui sub imperio est, oderit eum qui est cum imperio : si vero majores locupletum et potentium vires sint in civitatibus, imperium populi Atheniensis haud diu duraturum. Ob has inquam causas viris egregiis honores adimunt, facultates auferunt, exilia capitisque pœnas irrogant, dum nihili homines evehunt. Contra qui Athenienses frugi sunt, ii salutem virorum egregiorum in civitatibus sociis tuentur, quod animadvertant sibi ex usu esse, conservari semper in urbibus optimates. At dixerit aliquis, in eo potentiam Atheniensium esse sitam, si pecunias eorum socii conferre possint. At plebejis hominibus magis expedire videtur, ut Atheniensium unusquisque facultates sociorum obtineat, socii tantum modo habeant, quanto opus sit ad victum et opera rustica, ne possint insidiari.

Hac etiam in parte populus Atheniensis uti consilio malo existimatur, quod socios Athenas navigare ad petendum jus cogant. Verum illi contra ratiocinantur, quantum in hoc insit Atheniensium populo commodi. Primum est, quod e sacramento judicibus deposito per totum annum salaria percipiant. Deinde, quod domi residentes, nullis emissis navibus, civitates socias administrent; plebejoque statui addictos incolumes servant, adversariis eorum in judiciis oppressis. Quod si judicia singuli exercerent in patria, nimirum Atheniensibus infensi, eos ipsos de numero suorum opprimerent, quicumque populo Atheniensium inprimis amici essent. Præterea populus Atheniensis, dum jus Athenis socii petunt, hæc lucratur. Primum e centesima in Piræeo civitati proventus major accedit; deinde, si cui domus est ad locandum, is plus lucri facit; item, si cui jumentum vel mancipium meritorium. Itidem præconibus sociorum adventus emolumentum adfert. Præterea si Athenas socii jus petitum non irent, solos ex Atheniensibus illos honoribus adficerent, qui ad ipsos navigant, nimirum prætores, triremium præfectos, legatos. Nunc vero sociorum unusquisque populum Atheniensem blandiendo deme-

ἕκαστος τῶν συμμάχων, γιγνώσκων ὅτι δεῖ μὲν ἀφικόμενον Ἀθήναζε δίκην δοῦναι καὶ λαβεῖν οὐκ ἐν ἄλλοις τισὶν ἀλλ' ἐν τῷ δήμῳ, ὅς ἐστι δὴ νόμος Ἀθήνησι. Καὶ ἀντιβολῆσαι ἀναγκάζεται ἐν τοῖς δικαστηρίοις καὶ εἰσιόντος του ἐπιλαμβάνεσθαι τῆς χειρός. Διὰ τοῦτο οὖν οἱ σύμμαχοι δοῦλοι τοῦ δήμου τῶν Ἀθηναίων καθεστᾶσι μᾶλλον.

19. Πρὸς δὲ τούτοις διὰ τὴν κτῆσιν τὴν ἐν τοῖς ὑπερορίοις καὶ διὰ τὰς ἀρχὰς τὰς εἰς τὴν ὑπερορίαν λελήθασι μανθάνοντες ἐλαύνειν τῇ κώπῃ αὐτοί τε καὶ οἱ ἀκόλουθοι· ἀνάγκη γὰρ ἄνθρωπον πολλάκις πλέοντα κώπην λαβεῖν καὶ αὐτὸν καὶ τὸν οἰκέτην, καὶ ὀνόματα μαθεῖν τὰ ἐν τῇ ναυτικῇ. (20) Καὶ κυβερνῆται ἀγαθοὶ γίγνονται δι' ἐμπειρίαν τε τῶν πλόων καὶ διὰ μελέτην· ἐμελέτησαν δὲ οἱ μὲν πλοῖον κυβερνῶντες, οἱ δὲ ὁλκάδα, οἱ δ' ἐντεῦθεν ἐπὶ τριήρη κατέστησαν· οἱ δὲ πολλοὶ ἐλαύνειν εὐθέως οἷοί τε εἰσβάντες εἰς ναῦς, ἅτε ἐν παντὶ τῷ βίῳ προμεμελετηκότες.

ΚΕΦΑΛΑΙΟΝ Β.

Τὸ δὲ ὁπλιτικὸν αὐτοῖς, ὃ ἥκιστα δοκεῖ εὖ ἔχειν Ἀθήνησιν, οὕτω καθέστηκε· τῶν μὲν πολεμίων ἥττους τε σφᾶς αὐτοὺς ἡγοῦνται εἶναι καὶ μείους, τῶν δὲ συμμάχων, οἳ φέρουσι τὸν φόρον καὶ κατὰ γῆν κράτιστοί εἰσι, νομίζουσι τὸ ὁπλιτικὸν ἀρκεῖν, εἰ τῶν συμμάχων κρείττονές εἰσι. (2) Πρὸς δὲ καὶ κατὰ τύχην τι αὐτοῖς τοιοῦτον καθέστηκε· τοῖς μὲν κατὰ γῆν ἀρχομένοις οἷόν τ' ἐστὶν ἐκ μικρῶν πόλεων συνοικισθέντας ἀθρόους μάχεσθαι· τοῖς δὲ κατὰ θάλατταν ἀρχομένοις, ὅσοι νησιῶταί εἰσιν, οὐχ οἷόν τε συνάρασθαι εἰς τὸ αὐτὸ τὰς πόλεις. Ἡ γὰρ θάλαττα ἐν τῷ μέσῳ· οἱ δὲ κρατοῦντες θαλαττοκράτορές εἰσιν· εἰ δ' οἷόν τε καὶ λαθεῖν συνελθοῦσιν εἰς ταὐτὸ τοῖς νησιώταις εἰς μίαν νῆσον, ἀπολοῦνται λιμῷ. (3) Ὁπόσαι δ' ἐν τῇ ἠπείρῳ εἰσὶ πόλεις ὑπὸ τῶν Ἀθηναίων ἀρχόμεναι, αἱ μὲν μεγάλαι διὰ δέος ἄρχονται, αἱ δὲ μικραὶ πάνυ διὰ χρείαν· οὐ γὰρ ἔστι πόλις οὐδεμία ἥτις οὐ δεῖται εἰσάγεσθαί τι ἢ ἐξάγεσθαι. Ταῦτα τοίνυν οὐκ ἔσται αὐτῇ, ἐὰν μὴ ὑπήκοος ᾖ τῶν ἀρχόντων τῆς θαλάττης. (4) Ἔπειτα δὲ τοῖς ἄρχουσι τῆς θαλάττης οἷόν τ' ἐστὶ ποιεῖν ἅπερ οἱ τῆς γῆς, ἐνίοτε τέμνειν τὴν γῆν τῶν κρειττόνων· παραπλεῖν γὰρ ἔξεστιν ὅπου ἂν μηδεὶς ᾖ πολέμιος ἢ ὅπου ἂν ὀλίγοι, ἐὰν δὲ προσίωσιν, ἀναβάντα ἀποπλεῖν. Καὶ τοῦτο ποιῶν ἧττον ἀπορεῖ ἢ ὁ πεζῇ παραβοηθῶν. (5) Ἔπειτα δὲ τοῖς μὲν κατὰ θάλατταν ἄρχουσιν οἷόν τ' ἀποπλεῦσαι ἀπὸ τῆς σφετέρας αὐτῶν ὁπόσον βούλει πλοῦν, τοῖς δὲ κατὰ γῆν οὐχ οἷόν τε ἀπὸ τῆς σφετέρας αὐτῶν ἀπελθεῖν πολλῶν ἡμερῶν ὁδόν· βραδεῖαί τε γὰρ αἱ πορεῖαι καὶ σῖτον οὐχ οἷόν τε ἔχειν πολλοῦ χρόνου πεζῇ ἰόντα. Καὶ τὸν μὲν πεζῇ ἰόντα δεῖ διὰ φιλίας ἰέναι, ἢ νικᾶν μαχόμενον· τὸν δὲ πλέοντα οὗ μὲν ἂν ᾖ κρείττων ἔξεστιν ἀποβῆναι ταύτῃ τῆς γῆς, ἄλλως δὲ παραπλεῦσαι, ἕως ἂν ἐπὶ φιλίαν χώραν ἀφίκηται ἢ ἐπὶ

ATHENIENSIUM REIPUBLICÆ CAP. II.

reri cogitur : quippe qui intelligat, Athenas sibi proficiscendum, causamque agendam non tam apud alios, quam apud populum : quæ sane lex Athenis est. Etiam in judiciis supplicare cogitur, et si quis ingrediatur, manum ejus prensare. Quæ causa est, quamobrem socii multo magis populo Atheniensi serviant.

Præterea propter id quod extra fines patriæ possident, et propter magistratus gerendos apud exteros, sensim remo navem agere tum ipsi tum comites discunt. Est enim necesse, ut qui sæpius navigat, remum in manus sumat, tam ipse quam famulus, reique navalis adpellationes discat. Etiam boni gubernatores fiunt, partim propter usum navigiorum, partim propter exercitationem. Exercent autem sese alii navigium minus gubernando, alii navim onerariam, ac nonnulli ad triremes hinc transeunt. Homines de vulgo statim in ipso ingressu in naves remigare possunt, ut qui jam sint ad hoc exercitati per omnem vitam.

CAPUT II.

Ceterum pedestris militiæ, quæ Athenis non satis bene comparata esse videtur, hæc est ratio : arbitrantur se in eo Atheniensium ipsi hostibus et inferiores, et pauciores : sociorum vero, qui tributum eis pendunt, longe etiam terra præstant, pedestres copias sibi sufficere putant, si sint ipsi sociis superiores. Præterea fortuna quadam talis ipsorum est conditio. Possunt subditi in continenti parvis ex oppidis coire, conjunctisque copiis pugnare. At vero maritimorum subditorum, hominum videlicet insularium, oppida conjungere vires non possunt. Est enim in medio mare; quique rerum potiuntur, etiam maris imperium obtinent. Quod si etiam fieri possit, ut insulares clam in unam omnes convenirent insulam, fame peribunt. Quotquot autem civitates subjectæ Atheniensium imperio in continenti sitæ sunt, earum quæ majores sunt, metus causa parent; quæ minores, propter penuriam. Nec enim oppidum ullum est, cui non opus sit aliquid vel importari, vel exportari. Nequit autem hæc consequi, si non iis obtemperet, qui maris imperio potiuntur. Deinde possunt ii, qui mare sua in potestate habent, ea facere, quæ rerum in terra domini non possunt, nimirum nonnunquam vastare agrum etiam potentiorum. Possunt enim propter oa loca naves adpellere, ubi vel nullus sit hostis, vel pauci : at si hostes accurrant, conscensis navibus discedere licet. Atque hoc qui facit, minori est in difficultate, quam qui pedestribus cum copiis expeditionem suscipit. Deinde possunt ii qui maris imperium tenent, suis a finibus quamlibet longo itinere navigare, quum iis, quibus est potentia pedestris, non liceat multorum dierum itinere ab agro suo discedere. Sunt enim tardi progressus, et fieri non potest, ut is, qui terra facit iter, commeatum longo tempori sufficientem secum ferat. Itidem qui pedibus incedit, necesse habet, uti vel per amicorum fines eat, vel pugnando vincat : qui navigat, ubicunque superior est, ibi de navibus potest egredi in terram; sin minus legere littora, donec vel amicorum ad fines pervene-

ἥττους αὐτοῦ. (6) Ἔπειτα νόσους τῶν καρπῶν, αἳ ἐκ Διός εἰσιν, οἱ μὲν κατὰ γῆν κράτιστοι χαλεπῶς φέρουσιν, οἱ δὲ κατὰ θάλατταν ῥᾳδίως. Οὐ γὰρ ἅμα πᾶσα γῆ νοσεῖ· ὥστε ἐκ τῆς εὐθηνούσης ἀφικνεῖται τοῖς τῆς θαλάττης ἄρχουσιν. (7) Εἰ δ᾽ δεῖ καὶ σμικροτέρων μνησθῆναι, διὰ τὴν ἀρχὴν τῆς θαλάττης πρῶτον μὲν τρόπους εὐωχιῶν ἐξεῦρον ἐπιμισγόμενοι ἀλλήλοις, ὅ,τι ἐν Σικελίᾳ ἡδὺ ἢ ἐν Ἰταλίᾳ ἢ ἐν Κύπρῳ ἢ ἐν Αἰγύπτῳ ἢ ἐν Λυδίᾳ ἢ ἐν τῷ Πόντῳ ἢ ἐν Πελοποννήσῳ ἢ ἄλλοθί που, ταῦτα πάντα εἰς ἓν ἠθροῖσθαι διὰ τὴν ἀρχὴν τῆς θαλάττης. (8) Ἔπειτα φωνὴν πᾶσαν ἀκούοντες ἐξελέξαντο τοῦτο μὲν ἐκ τῆς τοῦτο δὲ ἐκ τῆς. Καὶ οἱ μὲν Ἕλληνες ἰδίᾳ μᾶλλον καὶ φωνῇ καὶ διαίτῃ καὶ σχήματι χρῶνται, Ἀθηναῖοι δὲ κεκραμένῃ ἐξ ἁπάντων τῶν Ἑλλήνων καὶ βαρβάρων.

9. Θυσίας δὲ καὶ ἱερὰ καὶ ἑορτὰς καὶ τεμένη γνοὺς ὁ δῆμος ὅτι οὐχ οἷόν τέ ἐστιν ἑκάστῳ τῶν πενήτων θύειν καὶ εὐωχεῖσθαι καὶ κτᾶσθαι ἱερὰ καὶ πόλιν οἰκεῖν καλὴν καὶ μεγάλην, ἐξεῦρεν ὅτῳ τρόπῳ ἔσται ταῦτα. Θύουσιν οὖν δημοσίᾳ μὲν ἡ πόλις ἱερεῖα πολλά· ἔστι δὲ ὁ δῆμος ὁ εὐωχούμενος καὶ διαλαγχάνων τὰ ἱερεῖα. (10) Καὶ γυμνάσια καὶ λουτρὰ καὶ ἀποδυτήρια τοῖς μὲν πλουσίοις ἐστὶν ἰδίᾳ ἐνίοις, ὁ δὲ δῆμος αὐτὸς αὑτῷ οἰκοδομεῖται ἰδίᾳ παλαίστρας πολλάς, ἀποδυτήρια, λουτρῶνας· καὶ πλείω τούτων ἀπολαύει ὁ ὄχλος ἢ οἱ ὀλίγοι καὶ οἱ εὐδαίμονες.

11. Τὸν δὲ πλοῦτον μόνοι οἷοί τ᾽ εἰσὶν ἔχειν τῶν Ἑλλήνων καὶ τῶν βαρβάρων· εἰ γάρ τις πόλις πλουτεῖ ξύλοις ναυπηγησίμοις, ποῖ διαθήσεται, ἐὰν μὴ πείσῃ τὸν ἄρχοντα τῆς θαλάττης; τί δ᾽ εἴ τις σιδήρῳ ἢ χαλκῷ ἢ λίνῳ πλουτεῖ πόλις, ποῖ διαθήσεται, ἐὰν μὴ πείσῃ τὸν ἄρχοντα τῆς θαλάττης; ἐξ αὐτῶν μέντοι τούτων καὶ δὴ νῆές μοί εἰσι· παρὰ μὲν τοῦ ξύλα, παρὰ δὲ τοῦ σίδηρος, παρὰ δὲ τοῦ χαλκός, παρὰ δὲ τοῦ λίνον, παρὰ δὲ τοῦ κηρός· (12) πρὸς δὲ τούτοις ἄλλοσε ἄγειν οὐκ ἐάσουσιν οἵτινες ἀντίπαλοι ἡμῖν εἰσιν ἢ οὐ χρήσονται τῇ θαλάττῃ. Καὶ ἐγὼ μὲν οὐδὲν ποιῶν ἐκ τῆς γῆς πάντα ταῦτα ἔχω διὰ τὴν θάλατταν· ἄλλη δ᾽ οὐδεμία πόλις δύο τούτων ἔχει, οὐδ᾽ ἔστι τῇ αὐτῇ ξύλα καὶ λίνον, ἀλλ᾽ ὅπου λίνον ἐστὶ πλεῖστον, λεία χώρα καὶ ἄξυλος· οὐδὲ χαλκὸς καὶ σίδηρος ἐκ τῆς αὐτῆς πόλεως, οὐδὲ τἆλλα δύο ἢ τρία μιᾷ πόλει, ἀλλὰ τὸ μὲν τῇ τὸ δὲ τῇ. (13) Ἔτι δὲ πρὸς τούτοις παρὰ πᾶσαν ἤπειρόν ἐστιν ἢ ἀκτὴ προέχουσα ἢ νῆσος προκειμένη ἢ στενοπόρον τι· ὥστε ἔξεστιν ἐνταῦθα ἐφορμοῦσι τοῖς τῆς θαλάττης ἄρχουσι λωβᾶσθαι τοὺς τὴν ἤπειρον οἰκοῦντας.

14. Ἑνὸς δὲ ἐνδεεῖς εἰσιν· εἰ γὰρ νῆσον οἰκοῦντες θαλαττοκράτορες ἦσαν Ἀθηναῖοι, ὑπῆρχεν ἂν αὐτοῖς ποιεῖν μὲν κακῶς εἰ ἐβούλοντο, πάσχειν δὲ μηδέν, ἕως τῆς θαλάττης ἦρχον, μηδὲ τμηθῆναι τὴν αὐτῶν γῆν μηδὲ προσδέχεσθαι τοὺς πολεμίους· νῦν δὲ οἱ γεωργοῦντες καὶ οἱ πλούσιοι Ἀθηναίων ὑπέρχονται τοὺς πολεμίους μᾶλλον, ὁ δὲ δῆμος, ἅτε εὖ εἰδὼς ὅτι οὐδὲν τῶν σφῶν ἐμπρήσουσιν οὐδὲ τεμοῦσιν, ἀδεῶς ζῇ καὶ οὐχ

rit, vel eorum qui sunt ipso inferiores. Deinde frugum labes, quæ a Jove sunt, graves illis accidunt qui terra rerum potiuntur; qui vero mari, facile has ferunt. Non enim omnes una regiones iis laborant. Quo fit, ut ex ea quæ fructus uberes tulit, commeatus ad illos perveniat, quibus mare paret. Quod si etiam leviorum quorundam facienda est mentio, primum propter imperium maris Athenienses ex commerciis mutuis varios epulandi modos invenerunt : quidquid rei suavis vel in Sicilia, vel in Italia, vel Cypro, vel Ægypto, vel Lydia, vel Ponto, vel Peloponneso, vel alibi erat, hæc omnia in unum congesta sunt propter maris imperium. Deinde quum linguas omnes audiant, aliud ex alia delegerunt. Et Græci quidem magis peculiari tum lingua, tum victus ratione, tum habitus, utuntur : Athenienses vero mixta quadam ex omnibus tum Græcis tum barbaris.

Jam sacrificia, fana, festa, lucos et delubra quod attinet, quia populus intelligebat, non posse quemvis pauperem sacrificare, epulari, fana sua possidere, civitatem pulchram et amplam incolere, quo pacto hæc quoque fierent, excogitavit. Itaque civitatis sumptu multæ hostiæ publice mactantur : et populus est is qui epulatur, et sorte victimas inter se partitur. Gymnasia, lavacra, spoliaria privatim homines quidam opulenti habent : ac populus sibi peculiariter multas palæstras, spoliaria, lavacra ædificat, eorumque pluribus fruitur vulgus, quam pauci ac beati.

Divitias etiam soli ex Græcis ac barbaris Athenienses habere possunt. Nam si qua civitas lignis abundat ad naves fabricandas, ubinam ea vendet, si non dominum maris prius sibi conciliaverit? quid, si qua civitas ferri, vel æris, vel lini copiam habeat, ubinam ea vendet, si non prius eum, qui mari potitur, sibi conciliaverit? Atqui ab his ipsis naves mihi sunt, et ab uno ligna, ferrum ab alio, ab alio æs, ab alio linum, ab alio cera. Præterea non patientur, qui adversarii nobis sunt, hæc exportari alio, quam ubi navigant ipsi. Equidem qui nihil ex terra laborando comparo, per mare omnia hæc habeo. Nulla vero civitas alia utrumque horum habet, nec suppetunt eidem ligna et linum : sed ubi maxima lini est copia, ibi regio lævis est, et silvis caret. Ne æs quidem ac ferrum ex eadem est civitate; neque alius generis duo, vel tria, oppido uni suppetunt, sed hoc huic, illud isti. Præterea juxta quamvis continentem, vel littus est prominens, vel adjacet insula, vel fretum aliquod. Itaque domini maris istis in locis adpellere possunt, atque illos qui continentem incolunt, damno adficere.

Unum tamen eis deest : nam si Athenienses, maris potentes, insulam incolerent, facultatem haberent ex arbitrata suo lædendi alios, neque tamen detrimenti quidquam acciperent, quam quidem diu mari dominarentur, neque vastationem agri paterentur, neque hostis adventum metuerent. Nunc vero cultores agrorum, et quotquot ex Atheniensibus locupletes sunt, hostibus se summittunt magis ; plebs quod sciat eos nihil rerum suarum neque igni neque ferro vastaturos, ab omni metu libera vivit, nec hostibus se

ὑπερχόμενος αὐτούς. (15) Πρὸς δὲ τούτοις καὶ ἑτέρου δέους ἀπηλλαγμένοι ἂν ἦσαν, εἰ νῆσον ᾤκουν, μηδέποτε προδοθῆναι τὴν πόλιν ὑπ' ὀλίγων μηδὲ πύλας ἀνοιχθῆναι μηδὲ πολεμίους ἐπειπεσεῖν· τοῖς γὰρ νῆσον οἰκοῦντων ταῦτ' ἂν ἐγίγνετο; μηδ' αὖ στασιάσαι τῷ δήμῳ μηδέν, εἰ νῆσον ᾤκουν· νῦν μὲν γὰρ εἰ στασιάσαιεν, ἐλπίδα ἂν ἔχοντες ἐν τοῖς πολεμίοις στασιάσειαν, ὡς κατὰ γῆν ἐπαξόμενοι· εἰ δὲ νῆσον ᾤκουν, καὶ ταῦτα ἂν ἀδεῶς αὐτοῖς εἶχεν. (16) Ἐπειδὴ οὖν ἐξ ἀρχῆς οὐκ ἔτυχον οἰκήσαντες νῆσον, νῦν τάδε ποιοῦσι· τὴν μὲν οὐσίαν ταῖς νήσοις παρατίθενται, πιστεύοντες τῇ ἀρχῇ τῇ κατὰ θάλατταν, τὴν δὲ Ἀττικὴν γῆν περιορῶσι τεμνομένην, γιγνώσκοντες ὅτι εἰ αὐτὴν ἐλεήσουσιν, ἑτέρων ἀγαθῶν μειζόνων στερήσονται.

17. Ἔτι δὲ συμμαχίας καὶ τοὺς ὅρκους ταῖς μὲν ὀλιγαρχουμέναις πόλεσιν ἀνάγκη ἐμπεδοῦν· ἢν δὲ μὴ ἐμμένωσι ταῖς συνθήκαις, ἢ ὑφ' ὅτου ἀδικεῖν ὀνόματα ἀπὸ τῶν ὀλίγων οἳ συνέθεντο. Ἅττα δ' ἂν ὁ δῆμος συνθῆται, ἔξεστιν αὐτῷ ἑνὶ ἀνατιθέντι τὴν αἰτίαν τῷ λέγοντι καὶ τῷ ἐπιψηφίσαντι ἀρνεῖσθαι τοῖς ἄλλοις ὅτι οὐ παρῆν οὐδὲ ἀρέσκει οἵ γε τὰ συγκείμενα. Πυνθάνονται ἐν πλήρει τῷ δήμῳ καὶ εἰ μὴ δόξαι εἶναι ταῦτα, προφάσεις μυρίας ἐξεύρηκε τοῦ μὴ ποιεῖν ὅσα ἂν μὴ βούλωνται. Καὶ ἂν μέν τι κακὸν ἀναβαίνῃ ἀφ' ὧν ὁ δῆμος ἐβούλευσεν, αἰτιᾶται ὁ δῆμος ὡς ὀλίγοι ἄνθρωποι αὐτῷ ἀντιπράττοντες διέφθειραν· ἐὰν δέ τι ἀγαθόν, σφίσιν αὐτοῖς τὴν αἰτίαν ἀνατιθέασι.

18. Κωμῳδεῖν δ' αὖ καὶ κακῶς λέγειν τὸν μὲν δῆμον οὐκ ἐῶσιν, ἵνα μὴ αὐτοὶ ἀκούωσι κακῶς· ἰδίᾳ δὲ κελεύουσιν, εἴ τίς τινα βούλεται, εὖ εἰδότες ὅτι οὐχὶ τοῦ δήμου ἐστὶν οὐδὲ τοῦ πλήθους ὁ κωμῳδούμενος ὡς ἐπὶ τὸ πολύ, ἀλλ' ἢ πλούσιος ἢ γενναῖος, ἢ δυνάμενος, ὀλίγοι δέ τινες τῶν πενήτων καὶ τῶν δημοτικῶν κωμῳδοῦνται, καὶ οὐδ' οὗτοι ἐὰν μὴ διὰ πολυπραγμοσύνην καὶ διὰ τὸ ζητεῖν πλέον τι ἔχειν τοῦ δήμου. Ὥστε οὐδὲ τοὺς τοιούτους ἄχθονται κωμῳδουμένους. (19) Φημὶ οὖν ἔγωγε τὸν δῆμον τὸν Ἀθήνησι γιγνώσκειν μὲν οἵτινες χρηστοί εἰσι τῶν πολιτῶν καὶ οἵτινες πονηροί· γιγνώσκοντες δὲ τοὺς μὲν σφίσιν αὐτοῖς ἐπιτηδείους καὶ συμφόρους φιλοῦσι, κἂν πονηροὶ ὦσι, τοὺς δὲ χρηστοὺς μισοῦσι μᾶλλον. Οὐ γὰρ νομίζουσι τὴν ἀρετὴν αὐτοῖς πρὸς τῷ σφετέρῳ ἀγαθῷ πεφυκέναι, ἀλλ' ἐπὶ τῷ κακῷ. Καὶ τοὐναντίον γε τούτου ἔνιοι ὄντες ὡς ἀληθῶς τοῦ δήμου τὴν φύσιν οὐ δημοτικοί εἰσι. (20) Δημοκρατίαν δ' ἐγὼ μὲν αὐτῷ τῷ δήμῳ συγγιγνώσκω· αὑτὸν μὲν γὰρ εὖ ποιεῖν παντὶ συγγνώμη ἐστίν· ὅστις δὲ μὴ ὢν τοῦ δήμου εἵλετο ἐν δημοκρατουμένῃ πόλει οἰκεῖν μᾶλλον ἢ ἐν ὀλιγαρχουμένῃ ἀδικεῖν παρεσκευάσατο καὶ ἔγνω ὅτι οἷόν τε διαλαθεῖν κακῷ ὄντι ἐν δημοκρατουμένῃ πόλει μᾶλλον ἢ ἐν ὀλιγαρχουμένῃ.

summittit. Præterea si insulam incolerent, ab alio etiam metu essent liberi : nimirum ut nunquam civitas a paucis proderetur, nec portæ aperirentur, neque hostes una irrumperent. Nam quo pacto hæc insulam incolentibus acciderent? Nec populus inter se dissideret, si insulam habitarent. Nunc enim si existant inter eos seditiones, hac spe tumultuentur, quod terra hostes sint accessituri. At vero si incolerent insulam, nihil esset cur illud metuerent. Postquam igitur ab initio insulam non habitarunt, nunc id agunt, ut facultates suas committant insulis, maris imperio freti, atque interim vastari agrum Atticum patiantur. Animadvertunt enim se, si ejus misereantur, alia quædam majora bona amissuros.

Præterea necesse est ut in societatibus ac fœderibus civitates eæ constanter persistent, quæcumque paucos rerum administrationi præficiunt. Quod si pactis conventis non steterint, a quonam profecta esse injuria [putari possit, quam] ab illis paucis, qui pepigere? At quæ populus pepigerit, in iis licet ei conferenti culpam in illum unum qui suaserit, et decretum fecerit, pro reliquis negare se adfuisse, nec probasse se ea de quibus convenerit. Populum frequentem sciscitantur; qui si aliter sentiat, prætextus innumeros invenerit, quominus id faciat, quod nolint. Quod si mali quiddam acciderit ex eo quod populus scivit, queritur populus, paucos quosdam homines adversantes sibi, rem totam corrupisse : sin boni quid evenerit, ejus causam ad se ipsum refert.

Salibus comicis in populum agi, eumque proscindi conviciis non patiuntur, ne ipsimet male audiant; sed privatim præcipiunt, si quis aliquem velit. Norunt enim plerumque non e populo, neque de plebe illum esse, qui in comœdiis exagitetur, sed vel opulentum, vel nobilem, vel potentem. Nimirum pauci ex egentibus ac plebejis exagitantur, ac ne illi quidem aliam ob causam, quam propter nimiam sedulitatem in rebus ad se non pertinentibus et quod populo esse potiores quærant. Quo fit ut homines hujusmodi exagitari moleste non ferant. Equidem dico, intelligere populum Atheniensem, qui sint egregii cives, qui nullius momenti. Quumque hoc intelligant, amant eos qui sunt utiles ipsis, et commodi, licet nullius pretii sint; egregios autem potius odere. Non enim existimant, virtutem multitudini utilem esse, sed damnosam. Contra nonnulli eo loco nati ut vere ad plebem pertineant, non tamen indole plebeja præditi sunt. Ac populi quidem dominatum ipsi populo equidem condono : nam cuivis concessum est sibi benefacere. Verum qui, quum ex populo non sit, mavult habitare in urbe populi dominatui subjecta, quam in ea quæ a paucis regatur, is injuste agere constituit, et scit facilius latere se posse, si malus sit, in republica populari, quam in ea quæ a paucis administretur.

ΚΕΦΑΛΑΙΟΝ Γ.

Καὶ περὶ τῆς Ἀθηναίων πολιτείας τὸν μὲν τρόπον οὐκ ἐπαινῶ· ἐπειδήπερ δ᾽ ἔδοξεν αὐτοῖς δημοκρατεῖσθαι, εὖ μοι δοκοῦσι διασώζεσθαι τὴν δημοκρατίαν, τούτῳ τῷ τρόπῳ χρώμενοι ᾧ ἐγὼ ἐπέδειξα.

Ἔτι δὲ καὶ τάδε τινὲς ὁρῶ μεμφομένους Ἀθηναίους ὅτι ἐνίοτε οὐκ ἔστιν αὐτόθι χρηματίσαι τῇ βουλῇ οὐδὲ τῷ δήμῳ ἐνιαυτὸν καθημένῳ ἀνθρώπῳ· καὶ τοῦτο Ἀθήνησι γίγνεται οὐδὲν δι᾽ ἄλλο ἢ ὅτι διὰ τὸ πλῆθος τῶν πραγμάτων οὐχ οἷοί τε πάντας ἀποπέμπειν εἰσὶ χρηματίσαντες. (2) Πῶς γὰρ ἂν καὶ οἷοί τε εἶεν, οἷςτινας πρῶτον μὲν δεῖ ἑορτάσαι ἑορτὰς ὅσας οὐδεμία τῶν Ἑλληνίδων πόλεων· ἐν δὲ ταύταις ἧττόν τινα δυνατόν ἐστι διαπράττεσθαι τῶν τῆς πόλεως· ἔπειτα δὲ δίκας καὶ γραφὰς καὶ εὐθύνας ἐκδικάζειν ὅσας οὐδ᾽ οἱ σύμπαντες ἄνθρωποι ἐκδικάζουσι· τὴν δὲ βουλὴν βουλεύεσθαι πολλὰ μὲν περὶ τοῦ πολέμου, πολλὰ δὲ περὶ πόρου χρημάτων, πολλὰ δὲ περὶ νόμων θέσεως, πολλὰ δὲ περὶ τῶν κατὰ πόλιν ἀεὶ γιγνομένων, πολλὰ δὲ καὶ τοῖς συμμάχοις, καὶ φόρον δέξασθαι καὶ νεωρίων ἐπιμεληθῆναι καὶ ἱερῶν. Ἆρα δή τι θαυμαστόν ἐστιν εἰ τοσούτων ὑπαρχόντων μὴ οἷοί τ᾽ εἰσὶ πᾶσιν ἀνθρώποις χρηματίσαι; (3) Λέγουσι δέ τινες, ἤν τις ἀργύριον ἔχων προςίῃ πρὸς βουλὴν ἢ δῆμον, χρηματιεῖται. Ἐγὼ δὲ τούτοις ὁμολογήσαιμ᾽ ἂν ἀπὸ χρημάτων πολλὰ διαπράττεσθαι Ἀθήνησι, καὶ ἔτι ἂν πλείω διαπράττεσθαι, εἰ πλείους ἐπεδίδοσαν ἀργύριον· τοῦτο μέντοι εὖ οἶδα ὅτι πᾶσι διαπρᾶξαι ἡ πόλις τῶν δεομένων οὐχ ἱκανή, οὐδ᾽ εἰ ὁποσονοῦν χρυσίον καὶ ἀργύριον διδοίη τις αὐτοῖς. (4) Δεῖ δὲ καὶ τάδε διαδικάζειν, εἴ τις τὴν ναῦν μὴ ἐπισκευάζει ἢ κατοικοδομεῖ τι [τὸ] δημόσιον. Πρὸς δὲ τούτοις χορηγοῖς διαδικάσαι εἰς Διονύσια καὶ Θαργήλια καὶ Παναθήναια καὶ Προμήθεια καὶ Ἡφαίστεια ὅσα ἔτη· καὶ τριήραρχοι καθίστανται τετρακόσιοι ἑκάστου ἐνιαυτοῦ, καὶ τούτων τοῖς βουλομένοις διαδικάσαι ὅσα ἔτη. Πρὸς δὲ τούτοις ἀρχὰς δοκιμάσαι, καὶ διαδικάσαι καὶ ὀρφανοὺς δοκιμάσαι, καὶ φύλακας δεσμωτῶν καταστῆσαι. Ταῦτα μὲν οὖν ὅσα ἔτη. (5) Διὰ χρόνου [δὲ] διαδικάσαι δὲ στρατείας καὶ ἐάν τι ἄλλο ἐξαπιναῖον ἀδίκημα γένηται, ἐάν τε ὑβρίζωσί τινες ἀήθες ὕβρισμα ἐάν τε ἀσεβήσωσι. Πολλὰ ἔτι πάνυ παραλείπω· τὸ δὲ μέγιστον εἴρηται πλὴν αἱ τάξεις τοῦ φόρου· τοῦτο δὲ γίγνεται ὡς τὰ πολλὰ δι᾽ ἔτους πέμπτου. Φέρε δὴ τοίνυν, ταῦτα οὐκ οἴεσθε χρῆναι διαδικάζειν ἅπαντα; (6) εἰπάτω γάρ τις ὅ τι οὐ χρὴν αὐτόθεν διαδικάζεσθαι. Εἰ δ᾽ αὖ ὁμολογεῖν δεῖ ἅπαντα χρῆναι διαδικάζειν, ἀνάγκη δι᾽ ἐνιαυτοῦ. Ὡς οὐδὲ νῦν δι᾽ ἐνιαυτοῦ δικάζοντες ἐπαρκοῦσιν ὥστε παύειν τοὺς ἀδικοῦντας ὑπὸ τοῦ πλήθους τῶν ἀνθρώπων. (7) Φέρε δή, ἀλλὰ φήσει τις χρῆναι δικάζειν μέν, ἐλάττους δὲ δικάζειν. Ἀνάγκη τοίνυν, ἐὰν μὴ πολλὰ ποιῶνται δικαστήρια, ὀλίγοι ἐν ἑκάστῳ ἔσονται τῷ δικαστηρίῳ· ὥστε καὶ διασκευάσασθαι ῥᾴδιον ἔσται πρὸς ὀλίγους δικαστὰς καὶ συνδεκάσαι πολὺ ἧττον

CAPUT III.

De Atheniensium republica institutum quidem non probo; sed quia sic visum est ipsis, ut imperio populi pareant, recte mihi statum popularem civitatis incolumem servare videntur, idque eo pacto quo demonstravi.

Præter hoc video nonnullos ideo Athenienses reprehendere, quod interdum illic responsum nec a senatu aliquis, nec a populo possit impetrare, qui totum istic annum hæret. Fitque hoc Athenis nullam aliam ob causam, quam quod ob negotiorum multitudinem omnes, responso dato, dimittere non possint. Nam qui possint? quum eos necesse sit primum tot dies festos celebrare, quot nulla Græci nominis civitas celebrat; quibus occupati minus transigere reipublicæ negotia possunt : deinde de tot litibus, causis publicis, actorum rationibus cognoscere, de quot ne homines quidem universi cognoscunt. Itidem senatus necessario multa de bello deliberat, multa de ratione pecuniæ conficiundæ, multa de legum latione, multa de iis quæ in urbe quovis tempore accidunt; multa sociorum agit in negotiis, tributum exigit, navalium pariter et templorum curam gerit. An vero fuerit mirandum, si, quum tot sint negotia, dare omnibus responsa nequeant? Verum dicunt nonnulli, dari responsa, si quis cum pecunia vel senatum vel populum adeat. Ilis ego fatebor, multa posse Athenis pecunia impetrari; atque etiam futurum, ut plura impetrarentur, si plures pecuniam numerent. Sed scio tamen, civitatem non posse sufficere ad hoc, ut omnibus ea conficiantur quæ requirunt, ne si omne quidem aurum et argentum quis eis donet. De his etiam cognosci necesse est, si quis navim non reficit, vel si publicum locum inædificat. Præterea de choragis judicandum in Bacchanalia, Thargelia, Panathenæa, Promethealia, Vulcanalia, idque quotannis. Et triremibus præbendis quadringenti singulis annis leguntur, quibus petentibus judicia quotannis danda sunt. Præterea magistratus probandi sunt, judicia habenda in inquirenda conditione pupillorum, custodes captivorum constituendi. Et hæc quidem singulis annis. Ad tempus et causæ militares disceptandæ sunt, et si quod aliud injustum facinus repente extiterit, et si nonnulli petulantiam insolitam et impium facinus commiserint. Præter hæc valde multa sunt, quæ silentio prætereo : maxima vero pars commemorata est, exceptis tributorum indictionibus. Eæ plerumque quinto quolibet anno fiunt. Age igitur, nonne existimatis de his omnibus cognosci debere? Dicat aliquis, ibi non esse statim cognoscendum. At si fateri oportet, omnino cognoscendum esse de omnibus; necesse est, per annum id fieri. Sed ne nunc quidem ad hoc anno toto judicando sufficiunt, ut injuste agentes coerceant, idque præ hominum multitudine. Age vero, dixerit aliquis, Judicare quidem debent, sed pauciores. Ergo necesse est, si tribunalia multa instituant, ut quolibet in judicio pauci sint; itaque facile fiet, ut ad paucos judices machinatio quædam instruatur, et per corru-

δικαίως δικάζειν. (8) Πρὸς δὲ τούτοις οἴεσθαι χρὴ καὶ ἑορτὰς ἄγειν χρῆναι Ἀθηναίους ἐν αἷς οὐχ οἷόν τε δικάζειν. Καὶ ἄγουσι μὲν ἑορτὰς διπλασίους ἢ οἱ ἄλλοι· ἀλλ' ἐγὼ μὲν τίθημι ἴσας τῇ ὀλιγίστας ἀγούσῃ πόλει. Τούτων τοίνυν τοιούτων ὄντων οὔ φημι οἷόν τ' εἶναι ἄλλως ἔχειν τὰ πράγματα Ἀθήνησιν ἢ ὥσπερ νῦν ἔχει, πλὴν εἰ κατὰ μικρόν τι οἷόν τε τὸ μὲν ἀφελεῖν τὸ δὲ προσθεῖναι· πολὺ δ' οὐχ οἷόν τε μετακινεῖν, ὥςτε μὴ οὐχὶ τῆς δημοκρατίας ἀφαιρεῖν τι. (9) Ὥςτε μὲν γὰρ βέλτιον ἔχειν τὴν πολιτείαν οἷόν τε πολλὰ ἐξευρεῖν· ὥςτε μέντοι ὑπάρχειν δημοκρατίαν μὲν εἶναι, ἀρκούντως δὲ τοῦτο ἐξευρεῖν ὅπως δὴ βέλτιον πολιτεύσονται οὐ ῥᾴδιον, πλὴν ὅπερ ἄρτι εἶπον κατὰ μικρόν τι προςθέντα ἢ ἀφελόντα.

10. Δοκοῦσι δὲ Ἀθηναῖοι καὶ τοῦτό τοι οὐκ ὀρθῶς βουλεύεσθαι ὅτι τοὺς χείρους αἱροῦνται ἐν ταῖς πόλεσι ταῖς στασιαζούσαις. Οἱ δὲ τοῦτο γνώμῃ ποιοῦσιν· εἰ μὲν γὰρ ᾑροῦντο τοὺς βελτίους, ᾑροῦντ' ἂν οὐχὶ τοὺς ταὐτὰ γιγνώσκοντας σφίσιν αὐτοῖς· ἐν οὐδεμιᾷ γὰρ πόλει τὸ βέλτιστον εὔνουν ἐστὶ τῷ δήμῳ, ἀλλὰ τὸ κάκιστον ἐν ἑκάστῃ ἐστὶ πόλει εὔνουν τῷ δήμῳ· οἱ γὰρ ὅμοιοι τοῖς ὁμοίοις εὖνοί εἰσι. Διὰ ταῦτα οὖν Ἀθηναῖοι τὰ σφίσιν αὐτοῖς προςήκοντα αἱροῦνται. (11) Ὁποσάκις δ' ἐπεχείρησαν αἱρεῖσθαι τοὺς βελτίστους, οὐ συνήνεγκεν αὐτοῖς, ἀλλ' ἐντὸς ὀλίγου χρόνου ὁ δῆμος ἐδούλευσεν· ὁ μὲν Βοιωτοῖς· τοῦτο δὲ ὅτε Μιλησίων εἵλοντο τοὺς βελτίστους, ἐντὸς ὀλίγου χρόνου ἀποστάντες τὸν δῆμον κατέκοψαν· τοῦτο δὲ ὅτε εἵλοντο Λακεδαιμονίους ἀντὶ Μεσσηνίων, ἐντὸς ὀλίγου χρόνου Λακεδαιμόνιοι καταστρεψάμενοι Μεσσηνίους ἐπολέμουν Ἀθηναίοις.

12. Ὑπολάβοι δέ τις ἂν ὡς οὐδεὶς ἄρα ἀδίκως ἠτίμωται Ἀθήνησιν· ἐγὼ δέ φημι τινας εἶναι οἳ ἀδίκως ἠτίμωνται, ὀλίγοι μέντοι τινές. Ἀλλ' οὐκ ὀλίγων δεῖ τῶν ἐπιθησομένων τῇ δημοκρατίᾳ τῇ Ἀθήνησιν· ἐπεί τοι καὶ οὕτως ἔχει, οὐδὲν ἐνθυμεῖσθαι ἀνθρώπους οἵτινες δικαίως ἠτίμωνται, ἀλλ' εἴ τινες ἀδίκως. (13) Πῶς ἂν οὖν ἀδίκως οἴοιτό τις ἂν τοὺς πολλοὺς ἠτιμῶσθαι Ἀθήνησιν, ὅπου ὁ δῆμός ἐστιν ὁ ἄρχων τὰς ἀρχάς; ἐκ δὲ τοῦ μὴ δικαίως ἄρχειν μηδὲ λέγειν τὰ δίκαια ἢ πράττειν, ἐκ τοιούτων ἄτιμοί εἰσιν Ἀθήνησι. Ταῦτα χρὴ λογιζόμενον μὴ νομίζειν εἶναί τι δεινὸν ἀπὸ τῶν ἀτίμων Ἀθήνησιν.

ptiones sententiae ferantur injustiores. Praeterea cogitandum est, necessarium esse Atheniensibus, ut festos dies agant, quibus exerceri judicia non possint. Et agunt illi dies festos duplo plures, quam ceteri; quanquam ego pares ponam civitati quae paucissimos agit. Quae quum ita se habeant, nego posse rerum Athenis alium esse statum, quam qui modo sit, nisi paullatim tolli hoc, illud addi queat. Multum certe immutari non potest, ut non aliquid de populi potestate decedat. Nam ut respublica melius adfecta sit, excogitari multa possunt; ut autem forma popularis maneat, et simul hoc idonee reperiatur, quo melius administretur, id facile non est, extraquam, si paullatim, ut modo aiebam, vel aliquid addatur, vel detrahatur.

In hoc quoque Athenienses non rectum sequi consilium videntur, quod in oppidis seditione agitatis ad deteriores se partes applicant. Faciunt hoc autem certo judicio. Nam si meliores anteferrent, anteferrent eos qui non in eadem cum ipsis essent sententia. Quippe nulla in civitate benevoli sunt optimates vulgo, sed deterrimi quique singulis in urbibus vulgo bene volunt. Existit enim in paribus erga pares benevolentia. Quapropter etiam Athenienses sibi congruentia adoptant. Quoties autem partes optimatium sequi constituerunt, nequaquam hoc eis profuit, sed brevi plebs in servitutem redacta fuit. Haec Boeotis..... Rursus ubi Milesiorum optimates amplexi fuissent, intra modicum tempus illi defecerunt, et plebem trucidarunt. Itidem quum Lacedaemonios Messeniis praetulissent, non multo post subactis Lacedaemonii Messeniis, bellum adversus Athenienses susceperunt.

Fortassis autem suspicetur aliquis, neminem Athenis injuste suis honoribus spoliari. Ego vero quosdam esse dico, qui per injuriam ab honoribus remoti fuerint, sed paucos. At paucos esse non oportet, qui popularem Athenis statum hostiliter adgredi velint. Quippe sic se res habet, ut nihil animis ii concipiant, quibus jure honores adempti sunt, sed si quibus injuria. Quonam autem modo putare possit aliquis, injuria multos Athenis infamia notari, quum illic vulgus summos magistratus gerat? ex eo vero quod non juste gerant imperia, neque justa dicant aut faciant, ex his, inquam, causis Athenis sunt inhonorati. Haec qui secum expendit, non est quod cogitet Athenis quidquam esse periculi ab inhonoratis.

ΞΕΝΟΦΩΝΤΟΣ
ΠΟΡΟΙ Η ΠΕΡΙ ΠΡΟΣΟΔΩΝ.

ΚΕΦΑΛΑΙΟΝ Α.

Ἐγὼ μὲν τοῦτο ἀεί ποτε νομίζω, ὁποῖοί τινες ἂν οἱ προστάται ὦσι, τοιαύτας καὶ τὰς πολιτείας γίγνεσθαι. Ἐπεὶ δὲ τῶν Ἀθήνησι προεστηκότων ἐλέγοντό τινες ὡς γιγνώσκουσι μὲν τὸ δίκαιον οὐδενὸς ἧττον τῶν ἄλλων ἀνθρώπων, διὰ δὲ τὴν τοῦ πλήθους πενίαν ἀναγκάζεσθαι ἔφασαν ἀδικωτέρους εἶναι περὶ τὰς πόλεις, ἐκ τούτου ἐπεχείρησα σκοπεῖν εἴ πῃ δύναιντ' ἂν οἱ πολῖται διατρέφεσθαι ἐκ τῆς ἑαυτῶν, ὅθενπερ καὶ δικαιότατον, νομίζων, εἰ τοῦτο γένοιτο, ἅμα τῇ τε πενίᾳ αὐτῶν ἐπικεκουρῆσθαι ἂν καὶ τῷ ὑπόπτους τοῖς Ἕλλησιν εἶναι. (2) Σκοποῦντι δή μοι ἃ ἐπενόησα τοῦτο μὲν εὐθὺς ἀνεφαίνετο ὅτι ἡ χώρα πέφυκεν οἷα πλείστας προσόδους παρέχεσθαι. Ὅπως δὲ γνωσθῇ ὅτι ἀληθὲς τοῦτο λέγω, πρῶτον διηγήσομαι τὴν φύσιν τῆς Ἀττικῆς. (3) Οὐκοῦν τὸ μὲν τὰς ὥρας ἐνθάδε πραοτάτας εἶναι καὶ αὐτὰ τὰ γιγνόμενα μαρτυρεῖ· ἃ γοῦν πολλαχοῦ οὐδὲ βλαστάνειν δύναιτ' ἂν ἐνθάδε καρποφορεῖ. Ὥσπερ δὲ ἡ γῆ, οὕτω καὶ ἡ περὶ τὴν χώραν θάλαττα παμφορωτάτη ἐστί. Καὶ μὴν ὅσαπερ οἱ θεοὶ ἐν ταῖς ὥραις ἀγαθὰ παρέχουσι, καὶ ταῦτα πάντα ἐνταῦθα πρωιαίτατα μὲν ἄρχεται, ὀψιαίτατα δὲ λήγει. (4) Οὐ μόνον δὲ κρατεῖ τοῖς ἐπ' ἐνιαυτὸν θάλλουσί τε καὶ γηράσκουσιν, ἀλλὰ καὶ ἀΐδια ἀγαθὰ ἔχει ἡ χώρα. Πέφυκε μὲν γὰρ λίθος ἐν αὐτῇ ἄφθονος, ἐξ οὗ κάλλιστοι μὲν ναοί, κάλλιστοι δὲ βωμοὶ γίγνονται, εὐπρεπέστατα δὲ θεοῖς ἀγάλματα· πολλοὶ δ' αὐτοῦ καὶ Ἕλληνες καὶ βάρβαροι προσδέονται. (5) Ἔστι δὲ καὶ γῆ ἣ σπειρομένη μὲν οὐ φέρει καρπόν, ὀρυσσομένη δὲ πολλαπλασίους τρέφει ἢ εἰ σῖτον ἔφερε. Καὶ μὴν ὑπάργυρός ἐστι σαφῶς θείᾳ μοίρᾳ. Πολλῶν γοῦν πόλεων παροικουσῶν καὶ κατὰ γῆν καὶ κατὰ θάλατταν εἰς οὐδεμίαν τούτων οὐδὲ μικρὰ φλὲψ ἀργυρίτιδος διήκει. (6) Οὐκ ἂν ἀλόγως δέ τις οἰηθείη τῆς Ἑλλάδος καὶ πάσης δὲ τῆς οἰκουμένης ἀμφὶ τὰ μέσα ᾠκίσθαι τὴν πόλιν. Ὅσῳ γὰρ ἄν τινες πλεῖον ἀπέχωσιν αὐτῆς, τοσούτῳ χαλεπωτέροις ἢ ψύχεσιν ἢ θάλπεσιν ἐντυγχάνουσιν· ὁπόσοι τ' ἂν αὖ βουληθῶσιν ἀπ' ἐσχάτων τῆς Ἑλλάδος ἐπ' ἔσχατα ἀφικέσθαι, πάντες οὗτοι ὥσπερ κύκλου τόρνον τὰς Ἀθήνας ἢ παραπλέουσιν ἢ παρέρχονται. (7) Καὶ μὴν οὐ περίρρυτός γε οὖσα ὅμως ὥσπερ νῆσος πᾶσιν ἀνέμοις προσάγεταί τε ὧν δεῖται καὶ ἀποπέμπεται ἃ βούλεται· ἀμφιθάλασσος γάρ ἐστι. Καὶ κατὰ γῆν δὲ πολλὰ δέχεται ἐμπόρια· ἤπειρος γάρ ἐστιν. (8) Ἔτι δὲ ταῖς μὲν πλείσταις πόλεσι βάρβαροι προσοικοῦντες πράγματα παρέχουσιν· Ἀθηναίοις δὲ γειτνεύουσιν αἳ καὶ αὐταὶ πλεῖστον ἀπέχουσι τῶν βαρβάρων.

XENOPHONTIS
DE REDITIBUS, sive DE VECTIGALIBUS
CIVITATIS AUGENDIS LIBER.

CAPUT I.

Equidem in hac sententia sum perpetuo, quales sint præsides, tales et respublicas esse. Quia vero nonnulli ex iis qui Atheniensium reipublicæ præsunt, scire quidem illi quid justum sit non minus quam homines ceteri perhibebantur, at propter inopiam plebis cogi se dicebant ut erga civitates se gererent iniquius; considerare mecum ipse aggressus sum, an aliqua ratione cives suis ex finibus ali possint, quæ quidem ratio esset justissima. Existimabam enim, si id accideret, eadem opera consultum inopiæ ipsorum esse, ipsosque Græcis aliis minime suspectos evadere. Consideranti vero mihi ea, quæ excogitaram, hoc quidem statim apparuit, regionem natura ita comparatam esse, ut maximam proventuum vim suppeditare possit. Atque ut intelligatur, hoc vere me dicere, primum, quæ Atticæ natura sit, commemorabo. Anni ergo tempora hic admodum esse mitia, fructus ipsi, qui proveniunt, testantur. Etenim multa, quæ alibi ne pullulare quidem possent, hic fructus suos proferunt. Atque ut solum ipsum, ita etiam mare, quod regionem ambit, omnium rerum feracissimum est. Quin etiam quæcumque bona dii singulis anni temporibus suppeditant, ea bona omnia hic et tempestive admodum incipiunt, et tardissime deficiunt. Neque tantum longe feracissima est eorum quæ in annos singulos et florent et senescunt, sed habet hæc regio etiam perpetua bona. Nam marmoris nativi perennis est in ea copia, ex quo fana pulcherrima, pulcherrimæ aræ, signa deorum maxime decora fiunt; quod quidem marmor multi et Græci et barbari desiderant. Præterea solum quoddam est, quod quidem consitum non fert fructum, at si fodiatur, multo plures alit, quam si frumenti ferax esset. Etenim divino quodam munere haud dubie sub eo est argentum. Multæ certe quum sint urbes tum terra tum mari finitimæ, in nullam earum vel exigua terræ argentiferæ vena pertinet. Neque vero absque ratione quis existimet urbem hanc Græciæ, imo vero totius terrarum orbis in medio conditam esse. Quanto scilicet longius absunt aliquæ ab ea, tanto molestiori vel frigore vel æstus experiuntur. Quotquot item ab extremis Græciæ finibus ad alios itidem extremos pergere voluerint, omnes tanquam circuli umbilicum Athenas vel præternavigant, vel prætereunt. Ac tametsi aquis non circumfusa est, nihilominus, tanquam insula, quævis vento, quæ necessaria sunt, sibi adfert, et quæ vult, exportat, quippe quæ a mari utrinque ambiatur. Etiam terra mercatus multos admittit, quod terra sit continens. Præterea quum barbari plurimis urbibus finitimi negotia facessant, Athenienses vicinas illas habent civitates, quæ maximo et ipsæ a barbaris intervallo distant.

ΚΕΦΑΛΑΙΟΝ Β.

Τούτων μὲν οὖν ἁπάντων, ὥσπερ εἶπον, νομίζω αὐτὴν τὴν χώραν αἰτίαν εἶναι. Εἰ δὲ πρὸς τοῖς αὐτοφυέσιν ἀγαθοῖς πρῶτον μὲν τῶν μετοίκων ἐπιμέλεια γένοιτο· αὕτη γάρ ἡ πρόσοδος τῶν καλλίστων ἔμοιγε δοκεῖ εἶναι, ἐπείπερ αὐτοὺς τρέφοντες καὶ πολλὰ ὠφελοῦντες τὰς πόλεις οὐ λαμβάνουσι μισθὸν, ἀλλὰ μετοίκιον προςφέρουσιν. (2) Ἐπιμέλεια δέ γε μὴν ἥδ' ἂν ἀρκεῖν μοι δοκεῖ, εἰ ἀφέλοιμεν μὲν ὅσα μηδὲν ὠφελοῦντα τὴν πόλιν ἀτιμίας δοκεῖ τοῖς μετοίκοις παρέχειν, ἀφέλοιμεν δὲ καὶ τὸ συστρατεύεσθαι ὁπλίτας μετοίκους τοῖς ἀστοῖς. Μέγας μὲν γὰρ ὁ κίνδυνος αὐτοῖς· μέγα δὲ καὶ τὸ ἀπὸ τῶν τεχνῶν καὶ τῶν οἰκιῶν ἀπιέναι. (3) Ἀλλὰ μὴν καὶ ἡ πόλις γ' ἂν ὠφεληθείη, εἰ οἱ πολῖται μετ' ἀλλήλων στρατεύοιντο μᾶλλον ἢ εἰ συναττοίοιντο αὐτοῖς, ὥσπερ νῦν, Λυδοὶ καὶ Φρύγες καὶ Σύροι καὶ ἄλλοι παντοδαποὶ βάρβαροι· πολλοὶ γὰρ τοιοῦτοι τῶν μετοίκων. (4) Πρὸς δὲ τῷ ἀγαθῷ τῷ τούτους ἐκ τοῦ συντάττεσθαι ἀφεθῆναι καὶ κόσμος ἂν τῇ πόλει εἴη, εἰ δοκοῖεν Ἀθηναῖοι εἰς τὰς μάχας αὑτοῖς μᾶλλον πιστεύειν ἢ ἀλλοδαποῖς. (5) Καὶ μεταδιδόντες δ' ἄν μοι δοκοῦμεν τοῖς μετοίκοις τῶν ἄλλων ὧν καλὸν μεταδιδόναι καὶ τοῦ ἱππικοῦ εὐνουστέρους ἂν ποιεῖσθαι καὶ ἅμα ἰσχυροτέραν ἂν καὶ μείζω τὴν πόλιν ἀποδεικνύναι. (6) Εἶτα ἐπειδὴ καὶ πολλὰ οἰκιῶν ἔρημά ἐστιν ἐντὸς τῶν τειχῶν [καὶ] οἰκόπεδα, εἰ ἡ πόλις διδοίη οἰκοδομησαμένοις ἐγκεκτῆσθαι οἳ ἂν αἰτούμενοι ἄξιοι δοκῶσιν εἶναι, πολὺ ἂν οἶμαι καὶ διὰ ταῦτα πλείους τε καὶ βελτίους ὀρέγεσθαι τῆς Ἀθήνησιν οἰκήσεως. (7) Καὶ εἰ μετοικοφύλακάς γε ὥσπερ ὀρφανοφύλακας ἀρχὴν καθισταῖμεν, καὶ τούτοις τιμή τις ἐπείη οἵτινες πλείους μετοίκους ἀποδείξειαν, καὶ τοῦτο εὐνουστέρους ἂν τοὺς μετοίκους ποιοίη, καὶ ὡς τὸ εἰκὸς πάντες ἂν οἱ ἀπόλιδες τῆς Ἀθήνηθεν μετοικίας ὀρέγοιντο καὶ τὰς προςόδους ἂν αὔξοιεν.

ΚΕΦΑΛΑΙΟΝ Γ.

Ὡς γε μὴν καὶ ἐμπορεύεσθαι ἡδίστη τε καὶ κερδαλεωτάτη ἡ πόλις, νῦν ταῦτα λέξω. Πρῶτον μὲν γὰρ δήπου ναυσὶ καλλίστας καὶ ἀσφαλεστάτας ὑποδοχὰς ἔχει, ὅπου γ' ἔστιν εἰςορμισθέντας ἡδέως ἕνεκα χειμῶνος ἀναπαύεσθαι. (2) Ἀλλὰ μὴν καὶ τοῖς ἐμπόροις ἐν μὲν ταῖς πλείσταις τῶν πόλεων ἀντιφορτίζεσθαί τι ἀνάγκη· νομίσμασι γὰρ οὐ χρησίμοις ἔξω χρῶνται· ἐν δὲ ταῖς Ἀθήναις πλεῖστα μὲν ἐστιν ἀντεξάγειν ὧν ἂν δέωνται ἄνθρωποι, ἢν δὲ μὴ βούλωνται ἀντιφορτίζεσθαι, καὶ τὸ ἀργύριον ἐξάγοντες καλὴν ἐμπορίαν ἐξάγουσιν. Ὅπου γὰρ ἂν πωλῶσιν αὐτὸ, πανταχοῦ πλεῖον τοῦ ἀρχαίου λαμβάνουσιν. (3) Εἰ δὲ καὶ τῇ τοῦ ἐμπορίου ἀρχῇ ἆθλα προτιθείη τις ὅςτις δικαιότατα καὶ τάχιστα διαιροίη τὰ ἀμφίλογα, ὡς μὴ ἀποκωλύε-

CAPUT II.

Horum igitur omnium causam, ut dixi, positam in ipso esse solo arbitror. Quod si ad nativa bona, primum accedat inquilinorum cura : nam hic mihi proventus ex optimis esse videtur; quippe quum illi se ipsi alant, et multis commodis civitates adficiant, non tamen ullam mercedem accipiunt, sed potius etiam pensionem inquilinis positam offerunt. Existimo certe curam eam suffecturam, si adimamus illa quæcumque reipublicæ nulli sunt usui, ac potius inquilinis infamiæ notam inurere videntur, itemque si adimamus id, quod inquilini una cum civibus armati pedites militatum eant. Etenim magnum est eorum periculum, atque magnum quiddam est ab opificio suo et domo quemque discedere. Quin etiam utile civitati fuerit, si potius cives soli militatum eant, quam si, quod modo fit, eorum ordinibus adjungantur Lydi, Phryges, Syri, aliique diversi generis barbari, cujusmodi plerique sunt inquilini. Præter hoc vero bonum, quod adempta his ordinum militarium societate existeret, etiam ornamento esset civitati, si viderentur Athenienses in prœliis sibimet ipsis potius fidere, quam exteris. Quod si cum inquilinis communicemus præter alia, quæ recte communicantur, etiam rei equestris usum : arbitror nos id effecturos, ut magis benevolo sint animo, et civitas viribus augeatur majorque reddatur. Deinde quum multæ urbis intra muros areæ domorum vacuæ sint, si decreto civitatis concederetur, ut inquilini domos sibi exstructas possiderent, quicumque hoc petentes digni esse viderentur : multo plures ac præstantiores etiam ob has causas arbitror expetituros, ut Athenis habitent. Quod si etiam magistratus institueremus, qui ut, pupillorum sunt custodes, ita et ipse inquilinorum custos diceretur, atque illis præmium quoddam proponeretur, quorum opera plures inquilini existerent : hoc quoque inquilinos efficeret magis benevolos, et omnes, uti quidem consentaneum est, quotquot alibi cives non essent, Athenis consequi jus inquilinorum cuperent, et proventus augerent.

CAPUT III.

Urbem vero hanc nostram ad exercendam mercaturam tum optatissimam esse, tum maxime quæstuosam, nunc exponam. Primum enim navibus ea pulcherrimos ac tutissimos receptus præbet, ubi licet adpulsis tempestatis causa suaviter quiescere. Præterea mercatores plurimis in civitatibus commutare oneribus onera necesse est, quod nummis illæ foris inutilibus utantur : Athenis vero maxima rerum est ad exportandum copia, quibus homines egent : sin onerare navem mercibus permutatis nolint, egregias avehunt merces, qui argentum avehunt. Nam ubicumque tandem illud vendiderint, ubique plus recipiunt quam prius habebant. Quod si quis mercaturæ præfecto præmia proponeret, qui æquissime celerrimeque dijudicaret ea de quibus controvertitur, ut non impedirentur ii, qui navigiis disce-

σθαι ἀποπλεῖν τὸν βουλόμενον, πολὺ ἂν καὶ διὰ ταῦτα πλείους τε καὶ ἥδιον ἐμπορεύοιντο. (4) Ἀγαθὸν δὲ καὶ καλὸν καὶ προεδρίαις τιμᾶσθαι ἐμπόρους καὶ ναυκλήρους, καὶ ἐπὶ ξενία γ' ἔστιν ὅτε καλεῖσθαι, οἳ ἂν δοκῶσιν ἀξιολόγοις καὶ πλοίοις καὶ ἐμπορεύμασιν ὠφελεῖν τὴν πόλιν. Ταῦτα γὰρ τιμώμενοι οὐ μόνον τοῦ κέρδους ἀλλὰ καὶ τῆς τιμῆς ἕνεκεν πρὸς φίλους ἐπισπεύδοιεν ἄν. (5) Ὅσῳ γε μὴν πλείονες εἰσοικίζοιντό τε καὶ ἀφικνοῖντο, δῆλον ὅτι τοσούτῳ ἂν πλείω καὶ εἰσάγοιτο καὶ ἐξάγοιτο καὶ ἐκπέμποιτο καὶ πωλοῖτο καὶ μισθοφοροῖτο καὶ τελεσφορίη. (6) Εἰς μὲν οὖν τὰς τοιαύτας αὐξήσεις τῶν προσόδων οὐδέπω δαπανῆσαι δεῖ οὐδὲν ἀλλ' ἢ ψηφίσματά τε φιλάνθρωπα καὶ ἐπιμελείας. Ὅσαι δ' ἂν ἄλλαι δοκῶσί μοι πρόσοδοι γίγνεσθαι, γιγνώσκω ὅτι ἀφορμῆς δεήσει εἰς αὐτάς. (7) Οὐ μέντοι δυσέλπις εἰμὶ τὸ μὴ οὐχὶ προθύμως ἂν τοὺς πολίτας εἰς τὰ τοιαῦτα εἰσφέρειν, ἐνθυμούμενος ὡς πολλὰ μὲν εἰσήνεγκεν ἡ πόλις ὅτε Ἀρκάσιν ἐβοήθει ἐπὶ Λυσιστράτου ἡγουμένου, πολλὰ δὲ ἐπὶ Ἡγησίλεω. (8) Ἐπίσταμαι δὲ καὶ τριήρεις πολλάκις ἐκπεμπομένας σὺν πολλῇ δαπάνῃ, καὶ ταύτας γιγνομένας τούτου μὲν ἀδήλου ὄντος εἴτε βέλτιον εἴτε κάκιον ἔσται ἐκείνου δὲ δῆλου ὅτι οὐδέποτε ἀπολήψονται ἃ ἂν εἰσενέγκωσιν οὐδὲ μεθέξουσιν ὧν ἂν εἰσενέγκωσι. (9) Κτῆσιν δὲ ἀπ' οὐδενὸς ἂν οὕτω καλὴν κτήσαιντο ὥσπερ ἀφ' οὗ ἂν προτελέσωσιν εἰς τὴν ἀφορμήν· ᾧ μὲν γὰρ ἂν δέκα μναῖ εἰσφορὰ γένηται, ὥσπερ ναυτικὸν σχεδὸν ἐπίπεμπτον αὐτῷ γίγνεται, τριώβολον τῆς ἡμέρας λαμβάνοντι· ᾧ δὲ γ' ἂν πέντε μναῖ, πλεῖον ἢ ἐπίτριτον. (10) Οἱ δέ γε πλεῖστοι Ἀθηναίων πλείονα λήψονται κατ' ἐνιαυτὸν ἢ ὅσα ἂν εἰσενέγκωσιν. Οἱ γὰρ μνᾶν προτελέσαντες ἐγγὺς δυοῖν μναῖν πρόσοδον ἕξουσι, καὶ ταῦτα ἐν πόλει, ὃ δοκεῖ τῶν ἀνθρωπίνων ἀσφαλέστατόν τε καὶ πολυχρονιώτατον εἶναι. (11) Οἶμαι δὲ ἔγωγε, εἰ μέλλοιεν ἀναγραφήσεσθαι εὐεργέται εἰς τὸν ἅπαντα χρόνον, καὶ ξένους ἂν πολλοὺς εἰσενεγκεῖν, ἔστι δὲ ἃς καὶ πόλεις τῆς ἀναγραφῆς ὀρεγομένας. Ἐλπίζω δὲ καὶ βασιλέας ἄν τινας καὶ τυράννους καὶ σατράπας ἐπιθυμῆσαι μετασχεῖν ταύτης τῆς χάριτος.

12. Ὁπότε γε μὴν ἀφορμὴ ὑπάρχοι, καλὸν μὲν καὶ ἀγαθὸν ναυκλήροις οἰκοδομεῖν καταγώγια περὶ λιμένας πρὸς τοῖς ὑπάρχουσι, καλὸν δὲ καὶ ἐμπόροις ἐπὶ προσηκόντως τόποις ὠνῇ τε καὶ πράσει, καὶ τοῖς εἰσαφικνουμένοις δὲ δημόσια καταγώγια. (13) Εἰ δὲ καὶ τοῖς ἀγοραίοις οἰκήσεις τε καὶ πωλητήρια κατασκευασθείη κἀν Πειραιεῖ καὶ ἐν τῷ ἄστει, ἅμα τ' ἂν κόσμος εἴη τῇ πόλει καὶ πολλαὶ ἂν ἀπὸ τούτων πρόσοδοι γίγνοιντο. (14) Ἀγαθὸν δέ μοι δοκεῖ εἶναι πειραθῆναι εἰ καὶ ὥσπερ τριήρεις δημοσίας ἡ πόλις κέκτηται, οὕτω καὶ ὁλκάδας δημοσίας δυνατὸν ἂν γένοιτο κτήσασθαι, καὶ ταύτας ἐκμισθοῦν ἐπ' ἐγγυητῶν ὥσπερ καὶ τἆλλα δημόσια. Εἰ γὰρ καὶ τοῦτο οἷόν τε ὂν φανείη, πολλὴ ἂν καὶ ἀπὸ τούτων πρόσοδος γίγνοιτο.

dere volunt : etiam hanc ob causam longe plures, et quidem libentius hic negotiarentur. Esset etiam tum utile tum honestum, mercatores et naucleros loco magis honorato in consessibus ornari, atque illos etiam ad hospitii necessitudinem invitari, qui navibus ac mercibus egregiis civitati prodesse viderentur. Hoc enim honore adfecti, non tam quæstus quam honoris causa redire ad amicos properarent. Enimvero quo plures in urbem admitterentur, Athenasque venirent, eo plus mercium importaretur, exportaretur, emitteretur, venderetur, mercedis, tributi penderetur. Nec ad hæc proventuum incrementa sumptus ulli requiruntur, præter decreta humanitatis plena, et ipsam diligentiam. Quotquot autem proventus alios nobis accedere posse puto, ad eos impensis opus fore animadverto. Neque tamen despero, quin cives perlubenter ad has collaturi sint, quum mecum cogito, civitatem hanc multa contulisse, quum Lysistrato duce opem Arcadibus ferret, multa item, duce Hegesilao. Scio item, sæpenumero triremes magno sumptu emissas esse, quum quidem illis effectis esset obscurum, utrum id profuturum potius quam obfuturum esset, minime autem dubitaretur, nunquam recepturos quæ contulissent, nec participes futuros eorum quæ contribuissent. Neque vero tam egregium aliunde lucrum paraverint, quam ex illis ipsis in quæ factæ prius impensæ fuerint. Etenim qui decem minas contribueret, velut in naves, ei fere sesquiquintum redit, triobolum in singulos dies recipienti; qui vero quinque minas, amplius sesquitertio. Plurimi autem Atheniensium quotannis plura recepturi essent, quam contribuissent. Nam qui minam prius expenderint, prope duarum minarum proventum habituri sunt, et cum quidem in urbe, quod humanis in rebus tutissimum esse maximeque durabile videtur. Atque arbitror equidem, si litteris mandaturi essemus eorum nomina, qui beneficium reipublicæ præstitissent, ad omnem posteritatem : etiam multos hospites contributuros, et quidem urbes quoque nonnullas, ut monumentis litterarum inserantur expetentes. Quin etiam reges quosdam, et tyrannos, et satrapas fore spero, qui desideraturi sint, ut hujus beneficii participes fiant.

Ceterum ubi jam subsidium comparatum erit, bonum atque utile fuerit, naucleris diversoria quædam, præter illa quæ jam facta sunt, exstrui propter ipsos portus; bonum item mercatoribus ad loca emptioni ac venditioni opportuna, denique publica diversoria in urbem venientibus adsignari. Quod si etiam nundinatoribus habitationes et tabernæ vendendis mercibus idoneæ tum in Piræeo tum in urbe pararentur, simul id et civitati ornamento foret, et multi proventus inde perciperentur. Videtur etiam mihi conducere, ut periculum fiat, num, quemadmodum triremes publicas habet civitas, ita etiam onerarias naves publicas parare possit, ut eas acceptis fidejussoribus locet, velut alia quoque publica. Nam si hoc fieri posse videretur, magnus etiam hinc proventus accederet.

ΚΕΦΑΛΑΙΟΝ Δ.

Τὰ γε μὴν ἀργυρεῖα εἰ κατασκευασθείη ὡς δεῖ, πάμπολλα ἂν νομίζω χρήματα ἐξ αὐτῶν καὶ ἄνευ τῶν ἄλλων προσόδων προσιέναι. Βούλομαι δὲ καὶ τοῖς μὴ εἰδόσι τὴν τούτων δύναμιν δηλῶσαι· ταύτην γὰρ γνόντες καὶ ὅπως χρῆσθαι δεῖ αὐτοῖς ἄμεινον ἂν βουλεύοισθε. (2) Οὐκοῦν ὅτι μὲν πάνυ παλαιὰ ἐνεργά ἐστι πᾶσι σαφές· οὐδεὶς γοῦν οὐδὲ πειρᾶται λέγειν ἀπὸ ποίου χρόνου ἐπεχειρήθη. Οὕτω δὲ πάλαι ὀρυσσομένης τε καὶ ἐκφορουμένης τῆς ἀργυρίτιδος κατανοήσατε τί μέρος οἱ ἐκβεβλημένοι σωροὶ τῶν αὐτοφυῶν τε καὶ ὑπαργύρων λόφων. (3) Οὐδὲ μὴν ὁ ἀργυρώδης τόπος εἰς μεῖόν τι συστελλόμενος ἀλλ' ἀεὶ ἐπὶ πλεῖον ἐκτεινόμενος φανερός ἐστιν. Ἐν ᾧ γε μὴν χρόνῳ οἱ πλεῖστοι ἄνθρωποι ἐγένοντο ἐν αὐτοῖς, οὐδεὶς πώποτε ἔργου ἠπόρησεν, ἀλλ' ἀεὶ τὰ ἔργα τῶν ἐργαζομένων περιῆν. (4) Καὶ νῦν δὲ οἱ κεκτημένοι ἐν τοῖς μετάλλοις ἀνδράποδα οὐδεὶς τοῦ πλήθους ἀφαιρεῖ, ἀλλ' ἀεὶ προσκτᾶται ὁπόσα ἂν πλεῖστα δύνηται. Καὶ γὰρ δὴ ὅταν μὲν ὀλίγοι ὀρύσσωσι καὶ ζητῶσιν, ὀλίγα οἶμαι καὶ τὰ χρήματα εὑρίσκεται· ὅταν δὲ πολλοὶ, πολλαπλασία ἡ ἀργυρῖτις ἀναφαίνεται· ὥστε ἐν μόνῳ τούτῳ ὧν ἐγὼ οἶδα ἔργων οὐδὲ φθονεῖ οὐδεὶς τοῖς ἐπισκευαζομένοις. (5) Ἔτι δὲ οἱ μὲν ἀγροὺς κεκτημένοι πάντες ἔχοιεν ἂν εἰπεῖν ὁπόσα ζεύγη ἀρκεῖ εἰς τὸ χωρίον καὶ ὁπόσοι ἐργάται· ἢν δ' ἐπὶ πλεῖον τῶν ἱκανῶν ἐμβάλλῃ τις, ζημίαν λογίζονται· ἐν δὲ τοῖς ἀργυρείοις ἔργοις πάντας δή φασιν ἐνδεῖσθαι ἐργατῶν. (6) Καὶ γὰρ οὐχ ὥσπερ ὅταν πολλοὶ οἱ χαλκοτύποι γένωνται, ἀξίων γενομένων τῶν χαλκευτικῶν ἔργων καταλύονται οἱ χαλκοτύποι, καὶ οἱ σιδηρεῖς γε ὡσαύτως· καὶ ὅταν γε πολὺς σῖτος καὶ οἶνος γένηται, ἀξίων ὄντων τῶν καρπῶν ἀλυσιτελεῖς αἱ γεωργίαι γίγνονται, ὥστε πολλοὶ ἀφιέμενοι τοῦ τὴν γῆν ἐργάζεσθαι ἐπ' ἐμπορίας καὶ καπηλείας καὶ τοκισμοὺς τρέπονται· ἀργυρῖτις δὲ ὅσῳ ἂν πλείων φαίνηται καὶ ἀργύριον πλεῖον γίγνηται, τοσούτῳ πλείονες ἐπὶ τὸ ἔργον τοῦτο ἔρχονται. (7) Καὶ γὰρ δὴ ἔπιπλα μὲν ἐπειδὰν ἱκανά τις κτήσηται τῇ οἰκίᾳ, οὐ μάλα ἔτι προσωνοῦνται· ἀργύριον δὲ οὐδείς πω οὕτω πολὺ ἐκτήσατο ὥστε μὴ ἔτι προσδεῖσθαι· ἀλλ' ἤν τισι γένηται παμπληθές, τὸ περιττεῦον κατορύττοντες οὐδὲν ἧττον ἥδονται ἢ χρώμενοι αὐτῷ. (8) Καὶ μὴν ὅταν γε εὖ πράττωσιν αἱ πόλεις, ἰσχυρῶς οἱ ἄνθρωποι ἀργυρίου δέονται· οἱ μὲν γὰρ ἄνδρες ἀμφὶ ὅπλα τε καλὰ καὶ ἵππους ἀγαθοὺς καὶ οἰκίας καὶ κατασκευὰς μεγαλοπρεπεῖς βούλονται δαπανᾶν, αἱ δὲ γυναῖκες εἰς ἐσθῆτα πολυτελῆ καὶ χρυσοῦν κόσμον τρέπονται. (9) Ὅταν τε αὖ νοσήσωσι πόλεις ἢ ἀφορίας καρπῶν ἢ πολέμου, ἔτι καὶ πολὺ μᾶλλον ἀργοῦ τῆς γῆς γιγνομένης καὶ εἰς ἐπιτήδεια καὶ εἰς ἐπικούρους νομίσματος δέονται. (10) Εἰ δέ τις φήσειε καὶ χρυσίον μηδὲν ἧττον χρήσιμον εἶναι ἢ ἀργύριον, τοῦτο μὲν οὐκ ἀντιλέγω, ἐκεῖνο μέντοι οἶδα ὅτι καὶ χρυσίον ὅταν πολὺ παραφανῇ, αὐτὸ μὲν ἀτιμότερον γίγνεται, τὸ δὲ ἀργύριον τιμιώτερον ποιεῖ. (11) Ταῦτα μὲν

CAPUT IV.

Praeterea si argenti fodinae instruerentur ita ut debent, existimarem ex iis insignem pecuniae vim praeter fructus ceteros proventuram. Lubet autem ignaris quae potissimum vis atque commoditas earum sit exponere; qua cognita, rectius etiam iniri a vobis ratio poterit, quo pacto sit eis utendum. Ignotum autem nemini est, inde ab antiquissimis temporibus operam iis datam esse; itaque ne conatur quidem indicare quisquam a quo tempore coeptae sint. Quum autem hoc modo jam antiquitus argentifera terra fodiatur et egeratur, velim consideretis, quantula pars sint ejecti hactenus acervi collium sponte nascentium, quique subargentei sunt. Neque locum illum argento abundantem diminui constat, sed amplius semper extendi. Quo etiam tempore maxima hominum in eis copia fuit, nemini unquam defuit quod ageret, sed semper ea quae agenda erant, operarum numerum superabant. Et nunc quoque illorum qui in metallis habent mancipia, nemo diminuit numerum, sed quam potest plurima adquirit. Etenim quum pauci fodiunt et quaerunt, etiam paucae, ut equidem arbitror, pes reperiuntur; sin multi, multis partibus copiosior argenti materies prodit. Quo fit, ut hoc solo operum omnium quae equidem sciam, nemo fabricas novas instituentibus invideat. Praeterea qui agros possident, norunt omnes dicere, quot jumentorum juga, quot operarii ad fundum colendum satis sint; ac si plures, quam sufficiant, adhibeantur, hoc ipsum in damno ponunt. At in his eruendi argenti operibus omnes operariis egere dicunt. Nec enim hic idem accidit, quod in artificum aerariorum copia, ubi quum facta ex aere opera vili venduntur, everti fortunae horum solent, et ferrariorum similiter; itemque ubi magna frumenti vinique copia provenit, fructibus vili veneuntibus, agrorum culturae sunt inutiles, adeo quidem, ut multi relicta soli cultione ad mercaturam, ad cauponariam, ad usuras se convertant: verum argenti materies quanto copiosior exstiterit, et argenti plus fuerit, tanto plures ad hoc opus se conferre solent. Etenim supellectili familiae necessaria comparata, non multum ulterius coemi solet: at argenti nemo adhuc tam multum habuit, ut nihil amplius requireret; sed si qui permultum nacti fuerint, quod redundat, defodiunt; quo quidem non minus delectantur, quam si eo uterentur. Quum etiam quum civitates secunda utuntur fortuna, tum civibus maxime argento est opus. Viri enim in arma elegantia, et generosos equos, in aedes et structuras magnificas pecuniam impendere volunt: mulieres vero ad cultum sumptuosum, et mundum aureum animos adjiciunt. Rursus quum civitates caritate annonae laborant, aut bello, quia terra nullo cultu adhibito otiosa est, multo magis tum ad commeatum tum ad auxiliares copias nummos requirunt. Quod ai quis dixerit, aurum nihilo esse minus utile quam argentum, huic non repugnabo; illud tamen scio, quod etiam aurum, si magna ejus esse copia videatur, minoris esse soleat aestimationis, et argentum reddat pretiosius. Atque haec a

οὖν ἐδήλωσα τούτου ἕνεκα ὅπως θαρσοῦντες μὲν ὅτι πλείστους ἀνθρώπους ἐπὶ τὰ ἀργυρεῖα ἄγωμεν, θαρσοῦντες δὲ κατασκευαζώμεθα ἐν αὐτοῖς, ὡς οὔτε ἐπιλειψούσης ποτὲ ἀργυρίτιδος οὔτε τοῦ ἀργυρίου ἀτίμου ποτὲ ἐσομένου. (12) Δοκεῖ δέ μοι καὶ ἡ πόλις προτέρα ἐμοῦ ταῦτα ἐγνωκέναι. Παρέχει γοῦν ἐπὶ ἰσοτελείᾳ καὶ τῶν ξένων τῷ βουλομένῳ ἐργάζεσθαι ἐν τοῖς μετάλλοις.

13. Ἵνα δὲ καὶ σαφέστερον περὶ τῆς τροφῆς εἴπω, νῦν διηγήσομαι ὡς κατασκευασθέντα τὰ ἀργυρεῖα ὠφελιμώτατ' ἂν εἴη τῇ πόλει. Ἀπ' αὐτῶν μὲν οὖν ἔγωγε ἀφ' ὧν μέλλω λέγειν οὐδέν τι ἀξιῶ θαυμάζεσθαι ὡς δυσεύρετόν τι ἐξευρηκώς. Τὰ μὲν γὰρ ὧν λέξω καὶ νῦν ἔτι πάντες ὁρῶμεν, τὰ δὲ παροιχόμενα τῶν πραγμάτων κατὰ ταὐτὰ αὖ ἀκούομεν. (14) Τῆς μέντοι πόλεως πάνυ ἄξιον θαυμάσαι τὸ αἰσθανομένην πολλοὺς πλουτιζομένους ἐξ αὐτῆς ἰδιώτας μὴ μιμεῖσθαι τούτους. Πάλαι μὲν γὰρ δήπου οἷς μεμέληκεν ἀκηκόαμεν ὅτι Νικίας ποτὲ ὁ Νικηράτου ἐκτήσατο ἐν τοῖς ἀργυρείοις χιλίους ἀνθρώπους, οὓς ἐκεῖνος Σωσίᾳ τῷ Θρᾳκὶ ἐξεμίσθωσεν, ἐφ' ᾧ ὀβολὸν μὲν ἀτελῆ ἑκάστου τῆς ἡμέρας ἀποδιδόναι, τὸν δ' ἀριθμὸν ἴσους ἀεὶ παρέχειν. (15) Ἐγένετο δὲ καὶ Ἱππονίκῳ ἑξακόσια ἀνδράποδα κατὰ τὸν αὐτὸν τρόπον τοῦτον ἐκδεδομένα, ἃ προσέφερε μνᾶν ἀτελῆ τῆς ἡμέρας. Φιλημονίδῃ δὲ τριακόσια ἡμιμναῖον· ἄλλοις δέ γε ὡς οἶομαι δύναμις ἑκάστοις ὑπῆρχεν. (16) Ἀτὰρ τί τὰ παλαιὰ δεῖ λέγειν; καὶ γὰρ νῦν πολλοί εἰσιν ἐν τοῖς ἀργυρείοις ἄνθρωποι οὕτως ἐκδεδομένοι. (17) Περαινομένων γε μὴν ὧν λέγω τοῦτ' ἂν μόνον καινὸν γένοιτο εἰ ὥσπερ οἱ ἰδιῶται κτησάμενοι ἀνδράποδα πρόσοδον ἀέναον κατασκευασμένοι εἰσίν, οὕτω καὶ ἡ πόλις κτῷτο δημόσια ἀνδράποδα, ἕως γίγνοιτο τρία ἑκάστῳ Ἀθηναίων. (18) Εἰ δὲ δυνατὰ λέγομεν καθ' ἓν ἕκαστον αὐτῶν ὁ σκοπῶν ὁ βουλόμενος κρινέτω. Οὐκοῦν τιμὴν μὲν ἀνθρώπων εὐδηλον ὅτι μᾶλλον ἂν τὸ δημόσιον δύναιτο ἢ οἱ ἰδιῶται παρασκευάσασθαι. Τῇ γε μὴν βουλῇ ῥᾴδιον καὶ κηρῦξαι ἄγειν τὸν βουλόμενον ἀνδράποδα καὶ τὰ προσαχθέντα πρίασθαι. (19) Ἐπειδὰν δὲ ὠνηθῇ, τί ἂν ἧττον μισθοῖτό τις παρὰ τοῦ δημοσίου ἢ παρὰ τοῦ ἰδιώτου, ἐπὶ τοῖς αὐτοῖς μέλλων ἕξειν; μισθοῦνται γοῦν καὶ τεμένη καὶ ἱερὰ καὶ οἰκίας καὶ τέλη ὠνοῦνται παρὰ τῆς πόλεως. (20) Ὅπως γε μὴν τὰ ὠνηθέντα σῴζηται, τῷ δημοσίῳ ἔστι λαμβάνειν ἐγγύους παρὰ τῶν μισθουμένων, ὥσπερ καὶ παρὰ τῶν ὠνουμένων τὰ τέλη. Ἀλλὰ μὴν καὶ ἀδικῆσαί γε ῥᾷον τῷ τέλος πριαμένῳ ἢ τῷ ἀνδράποδα μισθουμένῳ. (21) Ἀργύριον μὲν γὰρ πῶς καὶ φωράσειεν ἄν τις τὸ δημόσιον ἐξαγόμενον, ὁμοίου τοῦ ἰδίου ὄντος αὐτῷ; ἀνδράποδα δὲ σεσημασμένα τῷ δημοσίῳ σημάντρῳ καὶ προσκειμένης ζημίας τῷ τε πωλοῦντι καὶ τῷ ἐξάγοντι, πῶς ἄν τις ταῦτα κλέψειεν; Οὐκοῦν μέχρι μὲν τούτου δυνατὸν φαίνεται τῇ πόλει εἶναι τὸ ἀνθρώπους καὶ κτήσασθαι καὶ φυλάξαι. (22) Εἰ δ' αὖ τις τοῦτ' ἐννοεῖται ὡς ἐπειδὰν πολλοὶ ἐργάται γένωνται, πολλοὶ φανοῦνται καὶ οἱ μισθωσόμενοι, ἐκεῖνο κατανοήσας θαρρείτω ὅτι πολλοὶ

me idcirco explicata sunt, ut fidenter quamplurimos homines in argenti fodinas mittamus, atque illic substruamus haud dubitanter, quum neque argentifera terra defectura, neque futurum sit, ut argentum ullo unquam tempore vilescat. Videtur autem mihi civitas ipsa hæc ante me perspexisse. Nam peregrinis etiam, si qui velint, excolendi metalla potestatem facit æquali cum civibus pensione.

Ut autem apertius de eo victu loquar, nunc exponam, quomodo instauratæ argenti fodinæ civitati possint esse utilissimæ. Nec ex iis, quæ dicturus sum, ullam quæro mei admirationem, quasi aliquid difficile reperta invenerim. Nam quæ dicturus sum, partim etiam nunc omnes cernimus, partim vero eadem ratione præterita se habuisse audimus. Illud admodum admiratione dignum est, quod quum sentiat civitas multos privatos ex ipsa locupletatos esse, tales non imitetur. Jampridem enim illi de nobis, quibus ea res curæ fuit, audivimus Niciam Nicerati filium in argenti fodinis mille homines habuisse, quos Sosiæ Thraci locarit, qui ultra impensas obolum pro singulis quotidie persolveret, numerumque semper parem exhibuisse. Fuerant item Hipponico sexcenta mancipia eodem isto modo elocata, quæ quotidie minam ferebant ultra impensas : et Philemonidi mancipia trecenta minæ semissem; aliis, opinor, ut cuique facultates suppetebant. Sed quid necesse est vetera commemorare, quum et hoc tempore multi sint homines in argenti fodinis ista ratione locati? Et hæc quidem, quæ a me dicuntur, si peragerentur, illud tantum novi fieret, ut quemadmodum privati comparatis mancipiis proventum sibi perennem adquisiverunt, ita coemeret et ipsa civitas mancipia publica, donec unicuique Atheniensium tria contigissent. An hæc autem, quæ dicimus, fieri possint, secum de singulis cogitans qui volet judicet. Hoc quidem plane perspicuum est, posse publicum ærarium facilius privatis pretium mancipiorum cogere. Senatui quidem certe facile est, per præconem edicere, ut qui volet, adducat sua mancipia, atque ita quæ oblata fuerint, pretio redimere. Posteaquam autem coempta fuerint, cur aliquis minus velit a republica conducere, quam a privato, quum iisdem conditionibus obtenturus sit? Conducunt enim a republica lucos, sacra, domos, et ab eadem vectigalia redimunt. Ut autem redemptæ res salvæ sint, licet ærario fidejussores a conductoribus accipere, quemadmodum etiam ab iis qui vectigalia rediment. Imo vero facilius est emptori vectigalis fraudare, quam conductori mancipiorum. Nam quo pacto deprehendere quis possit argentum publicum avertens, quum sit huic simile privatum? Mancipia vero signo publico notata, si pœna constituta sit et vendenti et exportanti, quomodo subduci furto possint? Atque hactenus civitatem et comparare hujusmodi homines, et conservare posse patebit. Contra si quis cogitet, existentibus multis operariis, exituros etiam multos, qui mancipia locare velint, illud animadvertat et confidat fore ut multi jam mancipiis instructi, alios insuper

μὲν τῶν κατεσκευασμένων προςμισθώσονται τοὺς δημοσίους, πολλὰ γάρ ἐστι τὰ ὑπάρχοντα, πολλοὶ δ' εἰσὶ καὶ αὐτῶν τῶν ἐν τοῖς ἔργοις γηρασκόντων, πολλοὶ δὲ καὶ ἄλλοι Ἀθηναῖοί τε καὶ ξένοι οἳ τῷ σώματι μὲν οὔτε βούλοιντ' ἂν οὔτε δύναιντ' ἂν ἐργάζεσθαι, τῇ δὲ γνώμῃ ἐπιμελούμενοι ἡδέως ἂν τὰ ἐπιτήδεια πορίζοιντο. (22) Ἢν γε μέντοι τὸ πρῶτον συστῇ διακόσια καὶ χίλια ἀνδράποδα, εἰκὸς ἤδη ἀπ' αὐτῆς τῆς προςόδου ἐν ἔτεσι πέντε ἢ ἓξ μὴ μεῖον αὐτῇ ἑξακιςχιλίων γενέσθαι. Ἀπὸ γε μὴν τούτου τοῦ ἀριθμοῦ ἂν ὀβολὸν ἕκαστος ἀτελῆ τῆς ἡμέρας φέρῃ, ἡ μὲν πρόςοδος ἑξήκοντα τάλαντα τοῦ ἐνιαυτοῦ. (23) Ἀπὸ δὲ τούτων ἢν εἰς ἄλλα ἀνδράποδα τιθῆται εἴκοσι, τοῖς τεσσαράκοντα ἤδη ἐξέσται τῇ πόλει χρῆσθαι εἰς ἄλλο ὅ,τι ἂν δέῃ. Ὅταν δέ γε μύρια ἀναπληρωθῇ, ἑκατὸν τάλαντα ἡ πρόςοδος ἔσται. (23) Ὅτι δὲ δέξεται πολλαπλάσια τούτων μαρτυρήσαιεν ἄν μοι εἴ τινες ἔτι εἰσὶ τῶν μεμνημένων ὅσον τὸ τέλος εὕρισκε τῶν ἀνδραπόδων πρὸ τῶν ἐν Δεκελείᾳ. Μαρτυρεῖ δὲ κἀκεῖνο ὅτι εἰργασμένων ἀνθρώπων ἐν τοῖς ἀργυρείοις ἐν τῷ παντὶ χρόνῳ ἀναριθμήτων νῦν οὐδὲν διαφέρει τὰ ἀργυρεῖα ἢ ἃ οἱ πρόγονοι ἡμῶν ὄντα ἐμνημόνευον αὐτά. (26) Καὶ τὰ νῦν δὲ γιγνόμενα πάντα μαρτυρεῖ ὅτι οὐκ ἄν ποτε πλείω ἀνδράποδα ἐκεῖ γένοιτο ἢ ὅσων ἂν τὰ ἔργα δέηται. Οὔτε γὰρ βάθους πέρας οὔτε ὑπονόμων οἱ ὀρύττοντες εὑρίσκουσι. (27) Καὶ μὴν καινοτομεῖν γε οὐδὲν ἧττον ἔξεστι νῦν ἢ πρότερον. Οὐ τοίνυν οὐδ' εἰπεῖν ἂν ἔχοι οὐδεὶς οὐδὲν πότερον ἐν τοῖς κατατετμημένοις πλείων ἀργυρῖτις ἢ ἐν τοῖς ἀτμήτοις ἐστί. (28) Τί δῆτα, φαίη ἄν τις, οὐ καὶ νῦν, ὥςπερ ἔμπροσθεν, πολλοὶ καινοτομοῦσιν; Ὅτι πενέστεροι μέν εἰσιν οἱ περὶ τὰ μέταλλα· νεωστὶ γὰρ πάλιν κατασκευάζονται· κίνδυνος δὲ μέγας τῷ καινοτομοῦντι. (29) Ὁ μὲν γὰρ εὑρὼν ἀγαθὴν ἐργασίαν πλούσιος γίγνεται· ὁ δὲ μὴ εὑρὼν πάντα ἀπόλλυσιν ὅσα ἂν δαπανήσῃ. Εἰς τοῦτον οὖν τὸν κίνδυνον οὐ μάλα πως ἐθέλουσιν οἱ νῦν ἰέναι. (30) Ἐγὼ μέντοι ἔχειν μοι δοκῶ καὶ περὶ τούτου συμβουλεῦσαι ὡς ἂν ἀσφαλέστατα καινοτομοῖτο. Εἰσὶ μὲν γὰρ δήπου Ἀθηναίων δέκα φυλαί· εἰ δ' ἡ πόλις δοίη ἑκάστῃ αὐτῶν ἴσα ἀνδράποδα, αἱ δὲ κοινωσάμεναι τὴν τύχην καινοτομοῖεν, οὕτως ἄν, εἰ μία εὕροι, πάσαις γε λυσιτελὲς ἀποδείξειεν, (31) εἰ δὲ δύο ἢ τρεῖς ἢ τέτταρες ἢ αἱ ἡμίσειαι εὕροιεν, δῆλον ὅτι λυσιτελέστερα ἂν τὰ ἔργα ταῦτα γίγνοιτο. Τό γε μὴν πάσας ἀποτυχεῖν οὐδενὶ τῶν παρεληλυθότων ἔοικε. (32) Οἷόν τε δὴ οὕτω καὶ ἰδιώτας συνισταμένους καὶ κοινουμένους τὴν τύχην ἀσφαλέστερον κινδυνεύειν. Μηδὲν μέντοι τοῦτο φοβεῖσθαι ὡς ἢ τὸ δημόσιον οὕτω κατασκευαζόμενον παραλυπήσει τοὺς ἰδιώτας ἢ οἱ ἰδιῶται τὸ δημόσιον· ἀλλ' ὥςπερ σύμμαχοι ἂν ὅσῳ πλείους συνιῶσιν, ἰσχυροτέρους ἀλλήλους ποιοῦσιν, οὕτω καὶ ἐν τοῖς ἀργυρείοις ὅσῳπερ ἂν πλείους ἐργάζωνται, τόσῳ πλείονα τἀγαθὰ εὑρήσουσί τε καὶ φορήσουσι. (33) Καὶ ἐμοὶ μὲν δὴ εἴρηται ὡς ἂν ἡγοῦμαι κατασκευασθείσης τῆς πόλεως ἱκανὴν ἂν πᾶσιν Ἀθηναίοις τροφὴν ἀπὸ κοινοῦ γενέσθαι.

XENOPHON.

homines publicos conducant (nam magnae sunt opum facultates), et multi eorum in ipsis operibus senescant, et multi quoque alii tum Athenienses, tum peregrini sint, qui corpore quidem nec velint nec possint opus facere, sed animi tamen adhibita cura, libenter necessaria sibi adquisiverint. Itaque si primum cogantur mille ducenta mancipia, conjici potest, intra quinque annos, aut sex, de hoc ipso proventu civitatem non pauciora sex millibus habituram. Jam ex hoc numero, si obolum unusquisque diebus singulis immunem adferat, sexaginta talentorum proventus annuus erit. Ex iis autem si viginti talenta in alia mancipia impendantur, reliqua quadraginta, prout res postulabit, in aliquem usum conferre civitati licebit. Quumque numerus ad decem millia excreverit, jam centum talentorum proventus existet. Verum longe plus acceptaram rempublicam, testes mihi esse possunt, si qui sunt adhuc, qui meminere, quanti venderentur vectigalia ex mancipiis ante res ad Deceleam gestas. Illud quoque testimonio est, quod quum innumerabiles omni tempore in argenti fodinis opus fecerint, nihil hae tamen ab illis hoc tempore differant, quarum mentionem majores nostri fecerunt. Et ea quidem, quae nunc fiunt, omnia testantur, nunquam plura mancipia illic esse posse, quam ipsa requirant opera. Nec enim illi, qui fodiunt, vel profunditatis vel cuniculorum finem inveniunt. Atqui licet hoc tempore nihilo minus novum opus facere quam prius. Neque quisquam certo se scire possit dicere, num in locis hactenus excisis plus argenteae materiei sit, an in necdum apertis. Cur igitur, dicat aliquis, non nunc etiam, sicut antea, multi novum opus faciunt? Quia pauperiores sunt qui res metallicas faciunt, non ita pridem instaurari coeptas. Operis etiam novi adgressio admodum periculosa est. Nam qui fructuosum opus excolendum invenit, dives efficitur; qui non invenit, ei sumptus impensi pereunt. Itaque periculum illud non admodum adire hujus aetatis homines volunt. Ego tamen habere mihi videor quod dem consilium in hoc quoque negotio, quomodo novum opus tutissime instituatur. Athenis enim decem sunt tribus; quarum cuique si civitas parem mancipiorum numerum concederet, ipsae vero communi fortuna novum opus adgrederentur: ita fieret, ut inventum ab una quidpiam universis utilitatem exhiberet; sin duae, aut tres, aut quatuor, aut etiam dimidia pars tribuum inveniret, haud dubie majores ex ejusmodi operibus utilitates caperentur. Omnes enim spe sua frustrari, praeteritorum exemplo caret. Possent etiam privati eadem ratione se conjungendo et consociando, fortunam tutius periclitari. Neque vero metuendum putetis, ne vel fiscus is constitutus privatos laedat, vel privati fiscum; sed ut armorum ac belli socii, quo plures conjuncti fuerint, tanto firmiores reddunt, sic in argenti fodinis quo plures erunt qui faciant opus, eo plus bonorum et reperient et reportabunt. Sic a me expositum, qua ratione constituta republica, universis Atheniensibus de publico ad victum necessaria suppeditari posse arbitror.

ΠΕΡΙ ΠΡΟΣΟΔΩΝ ΚΕΦ. Δ.

31. Εἰ δέ τινες λογιζόμενοι παμπόλλης ἂν δεῖν ἀφορμῆς εἰς ταῦτα πάντα οὐχ ἡγοῦνται ἱκανὰ ἄν ποτε χρήματα εἰσενεχθῆναι, μηδ' οὕτως ἀθυμούντων. (35) Οὐ γὰρ οὕτως ἔχει ὡς ἀνάγκη ἅμα πάντα ταῦτα γίγνεσθαι, ἢ μηδὲν ὄφελος αὐτῶν εἶναι· ἀλλ' ὁπόσα ἂν ἢ οἰκοδομηθῇ ἢ ναυπηγηθῇ ἢ ἀνδράποδα ὠνηθῇ, εὐθὺς ταῦτα ἐν ὠφελείᾳ ἔσται. (36) Ἀλλὰ μὴν καὶ τῇδέ γε συμφορώτερον τὸ κατὰ μέρος ἢ τὸ ἅμα πάντα πράττεσθαι. Οἰκοδομοῦντες μὲν γὰρ ἀθρόοι πολυτελέστερον ἂν καὶ κάκιον ἢ κατὰ μέρος ἀποτελοῖμεν· ἀνθρώποδα δὲ παμπληθῆ ζητοῦντες ἀναγκαζοίμεθ' ἂν καὶ χείρω καὶ τιμιώτερα ὠνεῖσθαι. (37) Κατὰ γε μὴν τὸ δυνατὸν περαίνοντες τὰ μὲν καλῶς γνωσθέντα καὶ αὖθις ἂν ἀνθρώπων ποιοῖμεν· εἰ δέ τι ἁμαρτηθείη, ἀπεχοίμεθ' ἂν αὐτοῦ. (38) Ἔτι δὲ πάντων ἅμα γιγνομένων, ἡμᾶς ἂν ἅπαντα δέοι ἐκπορίζεσθαι· εἰ δὲ τὰ μὲν περαίνοιτο, τὰ δὲ μέλλοι, ἡ ὑπάρχουσα πρόσοδος τὸ ἐπιτήδειον συγκατασκευάζοι ἄν. (39) Ὃ δὲ ἴσως φοβερώτατον δοκεῖ πᾶσιν εἶναι, μὴ εἰ ἄγαν πολλὰ κτήσαιτο ἡ πόλις ἀνδράποδα, ὑπεργεμισθῇ τὰ ἔργα, καὶ τούτου τοῦ φόβου ἀπηλλαγμένοι ἂν εἴημεν, εἰ μὴ πλείονας ἀνθρώπους ἢ ὅσους αὐτὰ τὰ ἔργα προσαιτοίη κατ' ἐνιαυτὸν ἐμβάλοιμεν. (40) Οὕτως ἔμοιγε δοκεῖ, ᾗπερ ῥᾷστον, ταύτῃ καὶ ἄριστον εἶναι ταῦτα πράττειν. Εἰ δ' αὖ διὰ τὰς ἐν τῷ νῦν πολέμῳ γεγενημέναις εἰσφορὰς νομίζετ' ἂν μηδ' ὁτιοῦν δύνασθαι εἰσενεγκεῖν, ὑμεῖς δ' ὅσα μὲν πρὸ τῆς εἰρήνης χρήματα εὕρισκε τὰ τέλη, ἀπὸ τοσούτων καὶ τὸ ἐπιὸν ἔτος διοικεῖτε τὴν πόλιν· ὅσα δ' ἂν ἐφευρίσκῃ διά τε τὸ εἰρήνην εἶναι καὶ διὰ τὸ θεραπεύεσθαι μετοίκους καὶ ἐμπόρους καὶ διὰ τὸ πλειόνων συναγειρομένων ἀνθρώπων πλείω εἰσάγεσθαι καὶ ἐξάγεσθαι καὶ διὰ τὸ ἐν λιμένι καὶ τὰς ἀγορὰς αὐξάνεσθαι, ταῦτα λαμβάνοντες κατασκευάσεσθε ὡς ἂν πλεῖσται πρόσοδοι γίγνοιντο. (41) Εἰ δέ τινες αὖ φοβοῦνται μὴ ματαία ἂν γένοιτο αὕτη ἡ κατασκευή, εἰ πόλεμος ἐγερθείη, ἐννοησάτω ὅτι τούτων γιγνομένων πολὺ φοβερώτερος ὁ πόλεμος τοῖς ἐπιφέρουσιν ἢ τῇ πόλει. (42) Τί γὰρ δὴ εἰς πόλεμον κτῆμα χρησιμώτερον ἀνθρώπων· πολλὰς μὲν γὰρ ναῦς πληροῦν ἱκανοὶ ἂν εἶεν δημοσίᾳ· πολλοὶ δ' ἂν καὶ πεζοὶ δημοσίᾳ δύναιντ' ἂν βαρεῖς εἶναι τοῖς πολεμίοις, εἴ τις αὐτοὺς θεραπεύοι.

43. Λογίζομαι δ' ἔγωγε καὶ πολέμου γιγνομένου οἷόν τ' εἶναι μὴ ἐκλείπεσθαι τὰ ἀργυρεῖα. Ἔστι μὲν γὰρ δήπου περὶ τὰ μέταλλα ἐν τῇ πρὸς μεσημβρίαν θαλάττῃ τεῖχος ἐν Ἀναφλύστῳ, ἔστι δ' ἐν τῇ πρὸς ἄρκτον τεῖχος ἐν Θορικῷ· ἀπέχει δὲ ταῦτα ἀπ' ἀλλήλων ἀμφὶ τὰ ἑξήκοντα στάδια. (44) Εἰ οὖν καὶ ἐν μέσῳ τούτων γένοιτο ἐπὶ τῷ ὑψηλοτάτῳ Βήσης τρίτον ἔρυμα, συνήκοι τ' ἂν τὰ ἔργα εἰς ἓν ἐξ ἁπάντων τῶν τειχῶν, καὶ εἴ τι αἰσθάνοιτο πολεμικόν, βραχὺ ἂν εἴη ἑκάστῳ εἰς τὸ ἀσφαλὲς ἀποχωρῆσαι. (45) Εἰ δὲ καὶ ἔλθοιεν πλείους πολέμιοι, δῆλον ὅτι εἰ μὲν σῖτον ἢ οἶνον ἢ πρόβατα ἔξω εὕροιεν, ἀφέλοιντ' ἂν ταῦτα· ἀργυρίτιδος δὲ κρατήσαντες τί ἂν μᾶλλον ἢ λίθοις ἔχοιεν χρῆ-

Si qui existiment ad hæc conficienda permagnis impensis opus esse, nec unquam satis magnam pecuniam conferri posse, ne sic quidem animum despondeant. Non enim ita comparata res est, ut aut simul omnia fieri, aut ex eis utilitatem nullam capi necesse sit : sed ubi quæque primum ædificata fuerint, vel domus, vel naves, vel empta fuerint mancipia, statim hæc utilitatem adlatura sunt. Utilius adeo erit hæc particulatim, quam simul omnia fieri, hanc ob causam : si subito ædificemus multi, majori cum sumptu, et pejus absolvemus, quam si res particulatim fiat; mancipiorum autem permagnum quærentes numerum, et deteriora, et carius emere cogemus. Sin vero pro ratione facultatum rem conficiemus, quæ erunt recte instituta, rursus imitari licebit : sin autem in aliquo peccatum fuerit, ab eo abstinebimus. Præterea si omnia simul fierent, paranda quoque nobis esset omnium copia; sin alia perficiantur, alia differantur, adquisitus jam ante proventus necessaria suppeditabit. Illud fortasse videri possit summopere metuendum, ne, si civitas valde multa mancipia compararit, etiam opera nimis magna copia onerentur. Verum hoc quoque metu liberati erimus, si non plures, quam ipsa requirunt opera, singulis annis immittemus. Ita mihi quidem videtur in his rebus eam sequi rationem optimum esse, quæ sit facillima. Quod si rursus existimatis, ob tributa hoc bello exacta ne tantulum quidem posse contribui : quantum ante factam pacem vectigalia reddebant, tantum in administratione reipublicæ anno proximo impendite : quæ vero amplius illa reddent, tum propterea quia pax est, tum quia inquilinorum et mercatorum ratio habebitur, ac pluribus huc confluentibus hominibus et importabuntur, et exportabuntur plura, et ad portum mercatus erunt frequentiores; hæc inquam recipientes, ut quam maximi sint proventus, efficere debetis. At si quis est qui vereatur, ne, si bellum ingruat, hoc ist inane institutum, is cogitare debebit, si quidem hæc efficiantur, bellum fore formidolosius iis ipsis, qui inferent, quam civitati nostræ. Quid enim ad belli usum hominum multitudine utilius? Nimirum hi multis reipublicæ navibus explendis sufficerent; multi terra graves hostibus esse pro republica possent, modo humaniter tractarentur.

Ceterum reputo, belli etiam tempore fieri posse, ut argenti fodinæ non deserantur. Non procul enim a metallis ad mare, quod meridiem versus extenditur, una est munitio in Anaphlysto, altera vero in Thorico, versus mare aquilonare, ab altero stadiis circiter sexaginta distat. Si igitur inter hæc duo tertium aliquod castellum in editissimo Besæ loco excitetur, et in unum locum ex omnibus his castellis opera possint coire, si quid ibi sentiat hostile, breve spatium quislibet ad tutum receptum habebit. Quod si majores hostium copiæ irruerint, ut frumentum, aut vinum, aut pecudes invenerint extra munitiones, ea nimirum secum auferent; sin argenti metallis potiti fuerint, quid aliud habituri sunt, quo utantur, nisi saxa? Et

DE VECTIGALIBUS CAP. V.

σθαι; πῶς δὲ καὶ ὁρμήσειαν ἄν ποτε πολέμιοι πρὸς τὰ μέταλλα; ἀπέχει μὲν γὰρ δήπου τῶν ἀργυρείων ἡ ἐγγύτατα πόλις Μέγαρα πολὺ πλεῖον τῶν πεντακοσίων σταδίων· ἀπέχει δὲ ἡ μετὰ ταῦτα πλησιαίτατα Θῆβαι πολὺ πλεῖον τῶν ἑξακοσίων. (47) Ἢν οὖν πορεύωνται ἐντεῦθέν ποθεν ἐπὶ τὰ ἀργυρεῖα, παριέναι αὐτοὺς δεήσει τὴν πόλιν· κἂν μὲν ὦσιν ὀλίγοι, εἰκὸς αὐτοὺς ἀπόλλυσθαι καὶ ὑπὸ ἱππέων καὶ ὑπὸ περιπόλων. Πολλῇ γε μὴν δυνάμει πορεύεσθαι ἐξερημοῦντας τὰ ἑαυτῶν χαλεπόν· πολὺ γὰρ ἐγγύτερον ἂν εἴη ταῖς πόλεσιν αὐτῶν τὸ τῶν Ἀθηναίων ἄστυ ἢ αὐτοὶ πρὸς τοῖς μετάλλοις ὄντες. (48) Εἰ δὲ καὶ ἔλθοιεν, πῶς ἂν καὶ δύναιντο μένειν μὴ ἔχοντες τὰ ἐπιτήδεια; ἐπισιτίζεσθαί γε μὴν μέρει μὲν κίνδυνος καὶ περὶ τῶν μετιόντων καὶ περὶ ὧν ἀγωνίζονται· πάντες δὲ ἀεὶ μετιόντες πολιορκοῖεν ἂν μᾶλλον ἢ πολιορκοῖεν. (49) Οὐ τοίνυν μόνον ἡ ἀπὸ τῶν ἀνδραπόδων εἰσφορὰ τὴν διατροφὴν τῇ πόλει αὔξοι ἄν, ἀλλὰ πολυανθρωπίας περὶ τὰ μέταλλα ἁθροιζομένης καὶ ἀπ' ἀγορᾶς τῆς ἐκείνου αὖ καὶ ἀπ' οἰκιῶν περὶ τἀργυρεῖα δημοσίων καὶ ἀπὸ καμίνων καὶ ἀπὸ τῶν ἄλλων ἁπάντων πρόσοδοι ἂν πολλαὶ γίγνοιντο. (50) Ἰσχυρῶς γὰρ καὶ αὕτη πολυάνθρωπος γένοιτο πόλις, εἰ οὕτω κατασκευασθείη· καὶ οἵ γε χῶροι οὐδὲν ἂν εἶεν μείονος ἄξιοι τοῖς κεκτημένοις ἐνταῦθα ἢ τοῖς περὶ τὸ ἄστυ. (51) Πραχθέντων γε μὴν ὧν εἴρηκα ξύμφημι ἐγὼ οὐ μόνον ἂν χρήμασιν εὐπορωτέραν τὴν πόλιν εἶναι, ἀλλὰ καὶ εὐπειθεστέραν καὶ εὐτακτοτέραν καὶ εὐπολεμωτέραν γενέσθαι. (52) Οἵ τε γὰρ ταχθέντες γυμνάζεσθαι πολὺ ἂν ἐπιμελέστερον πράττοιεν τὰ ἐν τοῖς γυμνασίοις, τὴν τροφὴν ἀπολαμβάνοντες πλείω ἢ ἐν ταῖς λαμπάσι γυμνασιαρχούμενοι· οἵ τε φρουρεῖν ἐν τοῖς φρουρίοις, οἵ τε πελτάζειν καὶ περιπολεῖν τὴν χώραν, πάντα ταῦτα μᾶλλον ἂν πράττοιεν, ἐφ' ἑκάστοις τῶν ἔργων τῆς τροφῆς ἀποδιδομένης.

ΚΕΦΑΛΑΙΟΝ Ε.

Εἰ δὲ σαφὲς δοκεῖ εἶναι ὡς εἰ μέλλουσι πᾶσαι αἱ πρόσοδοι ἐκ πόλεως προσιέναι, ὅτι εἰρήνην δεῖ ὑπάρχειν, ἆρ' οὐκ ἄξιον καὶ εἰρηνοφύλακας καθιστάναι; πολὺ γὰρ ἂν καὶ αὕτη αἱρεθεῖσα ἡ ἀρχὴ προσφιλεστέραν καὶ πυκνοτέραν εἰσαφικνεῖσθαι πᾶσιν ἀνθρώποις ποιήσειε τὴν πόλιν. (2) Εἰ δέ τινες οὕτω γιγνώσκουσιν ὡς ἐὰν ἡ πόλις εἰρήνην ἄγουσα διατελῇ, ἀδυνατωτέρα τε καὶ ἀδοξοτέρα καὶ ἧττον ὀνομαστὴ ἐν τῇ Ἑλλάδι ἔσται, καὶ οὗτοί γε ὡς ἐμῇ δόξῃ παραλόγως σκοποῦσιν. Εὐδαιμονέστατα μὲν γὰρ δήπου πόλεις λέγονται αἳ ἂν πλεῖστον χρόνον ἐν εἰρήνῃ διατελῶσι· πασῶν δὲ πόλεων Ἀθῆναι μάλιστα πεφύκασιν ἐν εἰρήνῃ αὔξεσθαι. (3) Τίνες γὰρ ἡσυχίαν ἀγούσης τῆς πόλεως οὐ προσδέοιντ' ἂν αὐτῆς ἀρξάμενοι ἀπὸ ναυκλήρων καὶ ἐμπόρων; οὐχ οἱ πολυσῖτοι, οὐχ οἱ πολυοίνιοι, οὐχ οἱ ἡδύοινοι, τί δὲ οἱ πολυέλαιοι, τί δὲ οἱ πολυπρόβατοι, οἱ

CAPUT V.

Quod si evidens esse videtur, pace ad hoc opus fore, si proventibus hisce potiri civitas velit; an non par fuerit, etiam pacis custodes quosdam constitui? Nam delectus hic magistratus efficiet ut omnes mortales et lubentius et frequentius hanc urbem adeant. Si qui vero judicant, eandem civitatem in pace perpetua minus potentiæ, famæ, celebritatis habituram in Graecia; hi sane rem opinione mea non rite considerant. Nam beatissimæ dicuntur respublicæ, quæ longissimum tempus in pace permanserint. Et Athenarum ea ratio est, ut in pace supra civitates alias omnes incrementum sumant. Quis est enim omnium, cujus hujus urbis, si quieta sit, adjumento non indigeat? Atque ut a naucleris et mercatoribus ordiamur, an non qui frumento, vino, eoque suavi, qui oleo, qui pecudibus abundant,

quo tandem modo in metalla hostes irruptionem facere possint? abest enim a metallis proxima urbs Megara multo longius quingentis stadiis; absunt deinde proximo ex intervallo Thebæ multo amplius sexcentis. Itaque si ad argenti fodinas illinc alicunde venerint, ut ipsam urbem prætereant, necesse est : ac si pauci fuerint, ab equitibus, et illis, qui præsidii causa regionem circumeunt, eos interemptum iri consentaneum est. Ut vero, deserta regione sua, cum magnis copiis e finibus suis excant, non facile fuerit, propterea quod urbs Atheniensis ita longe propior esset futura civitatibus eorum, quam illi ipsi qui ad metalla versarentur. Si tamen accedent, quonam modo illic manere possent, a commeatu destituti? Quod si copiarum aliqua cum parte pabulando necessaria parare velint, erunt in periculo tum pabulatores tum ii, qui in acie relicti sunt. Sin exeant semper omnes, non tam oppugnabunt alios, quam ipsi oppugnabuntur. Non igitur illa de mancipiis pensio civitati ad alendos modo suos incrementum adseret, verum etiam ubi magnus hominum ad metalla concursus erit, magni et ex foro, quod illic instituetur, et ex publicis ad argenti fodinas ædificiis, et ex fornacibus, et omnibus aliis, proventus accedent. Fiet enim ipsa etiam civitas admodum populosa, si ad hunc modum instructa fuerit, nec fundi minoris erunt istic dominis suis, quam hic ad urbem fundos possidentibus. Itaque si, quæ dixi, facta fuerint, non solum pecuniis copiosiorem, verum etiam magis obedientem, magisque studiosam ordinis, et bellicosiorem fore civitatem nostram confirmo. Nam qui se jussi fuerint exercere, multo diligentius obibunt in exercitiis peragenda, si victus eis copiosior suppetet, quam qui gymnasiarchæ parent in decursione cum facibus : itidemque constituti ad præsidia castellorum, et gestare parmas et regionem obire jussi, hæc omnia majore studio facient, si victus cuique pro laboribus suis tribuatur.

ΠΕΡΙ ΠΡΟΣΟΔΩΝ ΚΕΦ. Ε.

δὲ γνώμῃ καὶ ἀργυρίῳ δυνάμενοι χρηματίζεσθαι; (4) καὶ μὴν χειροτέχναι τε καὶ σοφισταὶ καὶ φιλόσοφοι, οἱ δὲ ποιηταί, οἱ δὲ τὰ τούτων μεταχειριζόμενοι, οἱ δὲ ἀξιοθεάτων ἢ ἀξιακούστων ἱερῶν ἢ ὁσίων ἐπιθυμοῦντες, ἀλλὰ μὴν καὶ οἱ δεόμενοι πολλὰ ταχὺ ἀποδίδοσθαι ἢ πρίασθαι, ποῦ τούτων μᾶλλον ἂν τύχοιεν ἢ Ἀθήνησιν; (5) Εἰ δὲ πρὸς ταῦτα μὲν οὐδεὶς ἀντιλέγει, τὴν δὲ ἡγεμονίαν βουλόμενοί τινες ἀναλαβεῖν τῇ πόλει, ταύτην διὰ πολέμου μᾶλλον ἢ δι' εἰρήνης ἡγοῦνται ἂν καταπραχθῆναι, ἐννοησάτωσαν πρῶτον μὲν τὰ Μηδικά, πότερον βιαζόμενοι ἢ εὐεργετοῦντες τοὺς Ἕλληνας ἡγεμονίας τε τοῦ ναυτικοῦ καὶ ἑλληνοταμίας ἐτύχομεν. (6) Ἔτι δ' ἐπεὶ ὠμῶς ἄγαν δόξασα προστατεύειν ἡ πόλις ἐστερήθη τῆς ἀρχῆς, οὐ καὶ τότ', ἐπεὶ τοῦ ἀδικεῖν ἀπεσχόμεθα, πάλιν ὑπὸ τῶν νησιωτῶν ἑκόντων προστάται τοῦ ναυτικοῦ ἐγενόμεθα; (7) Οὐκοῦν καὶ Θηβαῖοι εὐεργετούμενοι ἡγεμονεύειν αὑτῶν ἔδωκαν Ἀθηναίοις, ἀλλὰ μὴν καὶ Λακεδαιμόνιοι οὐ βιασθέντες ὑφ' ἡμῶν ἀλλ' αὖ πάσχοντες ἐπέτρεψαν Ἀθηναίοις περὶ τῆς ἡγεμονίας θέσθαι ὅπως βούλοιντο. (8) Νῦν δέ γε διὰ τὴν ἐν τῇ Ἑλλάδι ταραχὴν παραπεπτωκέναι μοι δοκεῖ τῇ πόλει ὥστε καὶ ἄνευ πόνων καὶ ἄνευ κινδύνων καὶ ἄνευ δαπάνης ἀνακτᾶσθαι τοὺς Ἕλληνας. Ἔστι μὲν γὰρ πειρᾶσθαι διαλλάττειν τὰς πολεμούσας πρὸς ἀλλήλας πόλεις, ἔστι δὲ συναλλάττειν, εἴ τινες ἐν αὐταῖς στασιάζουσιν. (9) Εἰ δὲ καὶ ὅπως τὸ ἐν Δελφοῖς ἱερὸν αὐτόνομον ὥσπερ πρόσθεν γένοιτο φανεροὶ εἴητε ἐπιμελούμενοι, μὴ συμπολεμοῦντες, ἀλλὰ πρεσβεύοντες ἀνὰ τὴν Ἑλλάδα, ἐγὼ μὲν οὐδὲν ἂν οἶμαι θαυμαστὸν εἶναι εἰ καὶ πάντας τοὺς Ἕλληνας ὁμογνώμονάς τε καὶ συνόρκους καὶ συμμάχους λάβοιτε ἐπ' ἐκείνους οἵτινες ἐκλιπόντων Φωκέων τὸ ἱερὸν καταλαμβάνειν ἐπειρῶντο. (10) Εἰ δὲ καὶ ὅπως ἀνὰ πᾶσαν γῆν καὶ θάλατταν εἰρήνη ἔσται φανεροὶ εἴητε ἐπιμελούμενοι, ἐγὼ μὲν οἶμαι πάντας ἂν εὔχεσθαι μετὰ τὰς ἑαυτῶν πατρίδας Ἀθήνας μάλιστα σώζεσθαι. (11) Εἰ δέ τις αὖ εἰς χρήματα κερδαλεώτερον νομίζει εἶναι τῇ πόλει πόλεμον ἢ εἰρήνην, ἐγὼ μὲν οὐκ οἶδα πῶς ἂν ἄμεινον ταῦτα κριθείη ἢ εἴ τις τὰ προγεγενημένα ἔτι ἀνασκοποίη τῇ πόλει πῶς ἀποβέβηκεν. (12) Εὑρήσει γὰρ τό τε παλαιὸν ἐν εἰρήνῃ μὲν πάνυ πολλὰ χρήματα εἰς τὴν πόλιν ἀνενεχθέντα, ἐν πολέμῳ δὲ ταῦτα πάντα καταδαπανηθέντα· γνώσεται δέ, ἢν σκοπῇ, καὶ ἐν τῷ νῦν χρόνῳ διὰ μὲν τὸν πόλεμον καὶ τῶν προσόδων πολλὰς ἐκλειπούσας, καὶ τὰς εἰσελθούσας εἰς παντοδαπὰ πολλὰ καταδαπανηθείσας· ἐπεὶ δὲ κατὰ θάλατταν εἰρήνη γεγένηται, ηὐξημένας τε τὰς προσόδους, καὶ ταύταις ἐξὸν τοῖς πολίταις χρῆσθαι ὅ,τι βούλωνται. (13) Εἰ δέ τις με ἐπερωτῴη, ἢ καὶ ἄν τις ἀδικῇ τὴν πόλιν, λέγεις ὡς χρὴ καὶ πρὸς τοῦτον εἰρήνην ἄγειν; οὐκ ἂν φαίην· ἀλλὰ μᾶλλον λέγω ὅτι πολὺ θᾶττον ἂν τιμωροίμεθα αὐτούς, εἰ μηδένα παρέχοιμεν ἀδικοῦντα· οὐδένα γὰρ ἂν ἔχοιεν σύμμαχον.

qui et consilio, et re quæstum facere possunt? addantur opifices, sapientiæ professores, philosophi, poetæ, quique istorum opera tractant, et qui rerum spectatu, qui auditu dignarum vel sacrarum vel religiosarum studio tenentur: præterea si qui multa cito vendere vel emere velint, ubi facilius quod cupiunt, adsequentur, quam Athenis? Quod si nemo his contradicit, nonnulli tamen dum civitati principatum recuperare cupiunt, bello magis, quam pace, id effici posse arbitrantur: ii velim primum Medica mihi bella considerent, utrum vi potius an nostris erga Græcos beneficiis et maris principatum, et Græciæ quæsturam adepti simus. Præterea quum sævius uti hac præfectura visa civitas imperium amisisset, an non tum quoque ab injuriis abstinentes, rursus ab insulanis ad hoc sponte sua permotis navalem præfecturam consequuti sumus? Inde Thebani quoque provocati beneficiis imperii summam Atheniensium concesserunt: quin et Lacedæmonii non vi coacti a nobis, sed beneficiis adfecti, Atheniensibus, ut quod vellent de principatu constituerent, permiserunt. Nunc vero propter hanc rerum in Græcia perturbationem hoc accidisse civitati nostræ videtur, ut nullo labore, sine periculo, sine sumptu, Græcos sibi rursus adjungere possit. Civitates enim, quæ inter se bella gerunt, niti licet ut reconciliemus: licet etiam, si qui in illis dissideant, in gratiam ut redeant efficere. Si declaretis vobis esse curæ, ut templo Delphico libertas pristina restituatur, idque efficiatis non belli cum aliis societate, sed mittendis per Græciam legatis: nihil erit mirum, si Græcos omnes vobiscum unanimes, confœderatos, socios habebitis adversus illos, qui templum Delphicum a Phocensibus desertum occupare conati sunt. Quod si etiam aperte detis operam, ut terra marique omnia pacata sint, equidem cunctos existimo votis expetiturus, ut Athenæ, secundum patriam cujusque suam, maxime salvæ sint. Si rursus quisquam est, qui existimet, bellum, quam pacem, esse reipublicæ nostræ magis fructuosum ad pecuniam conficiundam: non video, qua ratione hæc melius dijudicari possint, quam si quis res ante gestas consideret, qui fuerint carum eventus civitati nostræ. Reperiet enim, quondam in pace permultum pecuniæ in urbem invectum, quæ omnis bello absumpta fuerit. Intelliget etiam, si considerare volet, hoc quoque tempore multos proventus bello defecisse, et eos, qui percepti sint, in omnis generis usus exhaustos esse; jam vero pacato mari, eosdem et auctos esse, et iis uti licere civibus arbitratu suo. Si quis autem me roget, an etiam aliquo injuria civitatem hanc adficiente, censeam cum eo pacem colendam, equidem id dicere nolim; sed hoc potius adfirmo, nos hostes facilius ulcisci posse, siquidem e nobis auctor injuriæ nullus existat; quippe sic adversarii nullos habebunt belli socios.

ΚΕΦΑΛΑΙΟΝ ϛ.

Ἀλλ' εἴ γε μὴν τῶν εἰρημένων ἀδύνατον μὲν μηδέν ἐστι μηδὲ χαλεπόν, πραττομένων δὲ αὐτῶν, προσφιλέστεροι μὲν τοῖς Ἕλλησι γενησόμεθα, ἀσφαλέστερον δὲ οἰκήσομεν, εὐκλεέστεροι δὲ ἐσόμεθα, καὶ ὁ μὲν δῆμος τροφῆς εὐπορήσει, οἱ δὲ πλούσιοι τῆς εἰς τὸν πόλεμον δαπάνης ἀπαλλαγήσονται, περιουσίας δὲ πολλῆς γενομένης μεγαλοπρεπέστερον μὲν ἔτι ἢ νῦν ἑορτὰς ἄξομεν, ἱερὰ δ' ἐπισκευάσομεν, τείχη δὲ καὶ νεώρια ἀνορθώσομεν, ἱερεῦσι δὲ καὶ βουλῇ καὶ ἀρχαῖς καὶ ἱππεῦσι τὰ πάτρια ἀποδώσομεν, πῶς οὐκ ἄξιον ὡς τάχιστα τούτοις ἐγχειρεῖν, ἵνα ἔτι ἐφ' ἡμῶν ἐπίδωμεν τὴν πόλιν μετ' ἀσφαλείας εὐδαιμονοῦσαν; (2) Εἰ γε μὴν ταῦτα δόξειεν ὑμῖν πράττειν, συμβουλεύσαιμ' ἂν ἔγωγε πέμψαντας καὶ εἰς Δωδώνην καὶ εἰς Δελφοὺς ἐπέρεσθαι τοὺς θεοὺς εἰ λῷον καὶ ἄμεινον εἴη, [ἂν] τῇ πόλει οὕτω κατασκευαζομένῃ καὶ αὐτίκα καὶ εἰς τὸν ἔπειτα χρόνον. (3) Εἰ δὲ ταῦτα συναινοῖεν, τότ' ἂν αὖ φαίην χρῆναι ἐπερωτᾶν τίνας θεῶν προσποιούμενοι ταῦτα κάλλιστα καὶ ἄριστα πράττοιμεν ἄν· οὓς δ' ἀνέλοιεν θεούς, τούτοις εἰκὸς καλλιερήσαντας ἄρχεσθαι τοῦ ἔργου. Σὺν γὰρ θεῷ πραττομένων εἰκὸς καὶ τὰς πράξεις προϊέναι ἐπὶ τὸ λῷον καὶ ἄμεινον ἀεὶ τῇ πόλει.

CAPUT VI.

Sed enim si nihil est eorum, quæ a me dicta sunt, quod fieri non possit, neque adeo difficile; et ista agendo si Græcis amiciores et gratiores erimus, urbem tutius incolemus, gloria majore fruemur, plebs rebus omnibus ad victum necessariis abundabit, locupletes impensis bellicis liberabuntur; quumque futura sit major omnium rerum copia, magnificentius etiam quam nunc dies festos celebrabimus, et templa instaurabimus, itemque muros et navalia reficiemus; sacerdotibus, senatui, magistratibus, equitibus more patrio præberi solita restituemus : quo pacto non fuerit operæ pretium, nos hæc quam primum adgredi, ut etiam nobis adhuc superstitibus rempublicam in tuto collocatam felicemque videamus? Quod si vobis hæc agenda placuerit, equidem id consilii dederim, ut Dodonam Delphosque mittatis qui deos consulant, an satius meliusque sit huic civitati, tam in præsentia, quam in posterum, hanc formam institui. Si adnuerit, censerem rursus interrogandos, quosnam deos nobis conciliando quam rectissime atque optime hæc essemus effecturi. Quoscunque vero deos illi indicarint, iis litando conciliatis rem ordiri par erit. Nam quæ res numine propitio suscipiuntur, eas semper reipublicæ melius feliciusque cessuras consentaneum est.

ΞΕΝΟΦΩΝΤΟΣ
ΠΕΡΙ ΙΠΠΙΚΗΣ.

ΚΕΦΑΛΑΙΟΝ Α.

Ἐπειδὴ διὰ τὸ συμβῆναι ἡμῖν πολὺν χρόνον ἱππεύειν οἰόμεθα ἔμπειροι ἱππικῆς γεγενῆσθαι, βουλόμεθα καὶ τοῖς νεωτέροις τῶν φίλων δηλῶσαι ᾗ ἂν νομίζομεν αὐτοὺς ὀρθότατα ἵπποις προσφέρεσθαι. Συνέγραψε μὲν οὖν καὶ Σίμων περὶ ἱππικῆς, ὃς καὶ τὸν κατὰ τὸ Ἐλευσίνιον Ἀθήνησιν ἵππον χαλκοῦν ἀνέθηκε, καὶ ἐν τῷ βάθρῳ τὰ ἑαυτοῦ ἔργα ἐξετύπωσεν· ἡμεῖς γε μέντοι ὅσοις συνετύχομεν ταὐτὰ γνόντες ἐκείνῳ, οὐκ ἐξαλείψομεν ἐκ τῶν ἡμετέρων, ἀλλὰ πολὺ ἥδιον παραδώσομεν αὐτὰ τοῖς φίλοις, νομίζοντες ἀξιοπιστότεροι εἶναι, ὅτι κἀκεῖνος κατὰ ταὐτὰ ἡμῖν ἔγνω ἱππικὸς ὤν· καὶ ὅσα δὴ παρέλιπεν, ἡμεῖς πειρασόμεθα δηλῶσαι.

Πρῶτον δὲ γράψομεν ὡς ἄν τις ἥκιστα ἐξαπατῷτο ἂν ἱππωνείᾳ. Τοῦ μὲν τοίνυν ἔτι ἀδαμάστου πώλου δῆλον ὅτι τὸ σῶμα δεῖ δοκιμάζειν· τῆς γὰρ ψυχῆς οὐ πάνυ σαφῆ τεκμήρια παρέχεται ὁ μήπω ἀναβαινόμενος. (2) Τοῦ γε μὴν σώματος πρῶτόν φαμεν χρῆναι τοὺς πόδας σκοπεῖν. Ὥσπερ γὰρ οἰκίας οὐδὲν ὄφελος ἂν εἴη, εἰ τὰ ἄνω πάνυ καλὰ ἔχοι, μὴ ὑποκειμένων οἵων δεῖ θεμελίων, οὕτω καὶ ἵππου πολεμιστηρίου οὐδὲν ἂν

XENOPHONTIS
DE RE EQUESTRI LIBER.

CAPUT I.

Quoniam rei nos equestris usum adsequutos inde ducimus, quod equitando sane longo tempore nos occupari contigerit : amicis etiam junioribus indicare volumus, qua ratione equos rectissime ab ipsis tractari existimemus. Scripsit quidem et Simo librum de re equestri, qui Athenis equum æneum in Eleusinio dicatum posuit, et in basi opera sua et facta cælavit. Nos autem, in quibus cognovimus nos idem cum illo sentire, ea de nostris haud expungimus : sed multo libentius amicis hæc quoque trademus, eo quod arbitremur fidem nos inde majorem inventuros, quia vir equestris rei peritus in eadem nobiscum sententia fuerit. Quæcunque vero prætermisit, nos indicare conabimur.

Primum autem scribemus, quonam modo minime aliquis in equorum emptione circumveniatur. Itaque pulli necdum adhuc domiti corpus explorandum esse constat. Nam qui nondum conscenditur, animi satis clara non præbet indicia. In corpore vero pedes primum spectandos dicimus. Sicut enim domus usui nulli fuerit, si perpulchre structæ sint partes ejus superiores, fundamentis inferius haud locatis ut oportebat : ita nec bellatoris equi fuerit usus ullus, si

ὄφελος εἴη, οὐδ' εἰ τἆλλα πάντα ἀγαθὰ ἔχοι, κακόπους δ' εἴη· οὐδενὶ γὰρ ἂν δύναιτο τῶν ἀγαθῶν χρῆσθαι. (a) Πόδας δ' ἄν τις δοκιμάζοι πρῶτον μὲν τοὺς ὄνυχας σκοπῶν. Οἱ γὰρ παχεῖς πολὺ τῶν λεπτῶν διαφέρουσιν εἰς εὐποδίαν· ἔπειτα οὐδὲ τοῦτο δεῖ λανθάνειν, πότερον αἱ ὁπλαί εἰσιν ὑψηλαί [ἢ ταπειναὶ] καὶ ἔμπροσθεν καὶ ὄπισθεν ἢ χαμηλαί. Αἱ μὲν γὰρ ὑψηλαὶ πόρρω ἀπὸ τοῦ δαπέδου ἔχουσι τὴν χελιδόνα καλουμένην, αἱ δὲ ταπειναὶ ὁμοίως βαίνουσι τῷ τε ἰσχυροτάτῳ καὶ τῷ μαλακωτάτῳ τοῦ ποδός, ὥσπερ οἱ βλαισοὶ τῶν ἀνθρώπων· καὶ τῷ ψόφῳ δέ φησι Σίμων δήλους εἶναι τοὺς εὔποδας, καλῶς λέγων· ὥσπερ γὰρ κύμβαλον ψοφεῖ πρὸς τῷ δαπέδῳ ἡ κοίλη ὁπλή. (4) Ἐπεὶ δὲ ἠρξάμεθα ἐντεῦθεν, ταύτῃ καὶ ἀναβησόμεθα πρὸς τὸ ἄλλο σῶμα. Δεῖ τοίνυν καὶ τὰ ἀνωτέρω μὲν τῶν ὁπλῶν κατωτέρω δὲ τῶν κυνηπόδων ὀστᾶ μήτε ἄγαν ὀρθὰ εἶναι ὥσπερ αἰγός· ἀντιτυπώτερα γὰρ ὄντα κόπτει τε τὸν ἀναβάτην καὶ παραπίμπραται μᾶλλον τὰ τοιαῦτα σκέλη· οὐδὲ μὴν ἄγαν ταπεινὰ τὸ ὀστᾶ δεῖ εἶναι· ψιλοῖντο γὰρ ἂν καὶ ἑλκοῖντο οἱ κυνήποδες εἴτ' ἐν βώλοις εἴτ' ἐν λίθοις ἐλαύνοιτο ὁ ἵππος. (5) Τῶν γε μὴν κνημῶν τὰ ὀστᾶ παχέα χρὴ εἶναι· ταῦτα γάρ ἐστι στήριγγες τοῦ σώματος· οὐ μέντοι φλεψί γε οὐδὲ σαρξὶ παχέα. Εἰ δὲ μή, ὅταν ἐν σκληροῖς ἐλαύνηται, ἀνάγκη αἵματος ταῦτα πληροῦσθαι καὶ κιρσοὺς γίγνεσθαι, καὶ παχύνεσθαι μὲν τὰ σκέλη, ἀφίστασθαι δὲ τὸ δέρμα. Χαλῶντος δὲ τούτου πολλάκις καὶ ἡ περόνη ἀποστᾶσα χωλὸν ἀπέδειξε τὸν ἵππον. (6) Τά γε μὴν γόνατα ἢν βαδίζων ὁ πῶλος ὑγρῶς κάμπτῃ, εἰκάζοις ἂν καὶ ἱππεύοντα ὑγρὰ ἕξειν τὰ σκέλη. Πάντες γὰρ προϊόντος τοῦ χρόνου ὑγροτέρως κάμπτουσιν ἐν τοῖς γόνασι. Τὰ δὲ ὑγρὰ δικαίως εὐδοκιμεῖ· ἀπταιστότερον γὰρ καὶ ἀκοπώτερον τὸν ἵππον τῶν σκληρῶν σκελῶν παρέχει. (7) Μηροί γε μέντοι οἱ ὑπὸ ταῖς ὠμοπλάταις ἢν παχεῖς ὦσιν, ἰσχυρότεροί τε καὶ εὐπρεπέστεροι ὥσπερ ἀνδρὸς φαίνονται. Καὶ μὴν στέρνα πλατύτερα ὄντα καὶ πρὸς κάλλος καὶ πρὸς ἰσχὺν καὶ πρὸς τὸ μὴ ἐπαλλὰξ ἀλλὰ διὰ πολλοῦ τὰ σκέλη φέρειν εὐφυέστερα. (8) Ἀπό γε μὴν τοῦ στέρνου ὁ μὲν αὐχὴν αὐτοῦ μὴ ὥσπερ κάπρου προπετὴς πεφύκοι, ἀλλ' ὥσπερ ἀλεκτρυόνος ὀρθὸς πρὸς τὴν κορυφὴν ἥκοι, λαγαρὸς δὲ εἴη τὰ κατὰ τὴν συγκαμπήν, ἡ δὲ κεφαλὴ ὀστώδης οὖσα μικρὰν σιαγόνα ἔχοι. Οὕτως ὁ μὲν τράχηλος πρὸ τοῦ ἀναβάτου ἂν εἴη, τὸ δὲ ὄμμα τὰ πρὸ τῶν ποδῶν ὁρῷη. Καὶ βιάζεσθαι δὲ ἥκιστ' ἂν δύναιθ' ὁ τοιοῦτον σχῆμα ἔχων καὶ εἰ πάνυ θυμοειδὴς εἴη· οὐ γὰρ ἐγκάμπτοντες ἀλλ' ἐκτείνοντες τὸν τράχηλον καὶ τὴν κεφαλὴν βιάζεσθαι οἱ ἵπποι ἐπιχειροῦσιν. (9) Σκοπεῖν δὲ χρὴ καὶ εἰ ἀμφότεραι μαλακαὶ αἱ γνάθοι ἢ σκληραί, ἢ ἡ ἑτέρα. Ἑτερόγναθοι γὰρ ὡς τὰ πολλὰ οἱ μὴ ὁμοίας τὰς γνάθους ἔχοντες γίγνονται. Καὶ μὴν τὸ ἐξόφθαλμον εἶναι ἐγρήγορός μᾶλλον φαίνεται τοῦ κοιλοφθάλμου, καὶ ἐπὶ πλεῖον δ' ἂν ὁ τοιοῦτος ὁρῴη. (10) Καὶ μυκτῆρές γε οἱ ἀναπεπταμένοι τῶν συμπεπτωκότων εὐπνοώτεροί τε ἅμα

cetera quidem bonus omnia, pedes tamen malos habeat: nequit enim dotibus illis aliis uti. Pedes sic aliquis explorare queat, si ungulas primum spectet. Praestant enim pedes bonitate, si spissae potius ungulae sint, quam si tenues. Deinde nec illud negligendum, an arduae sint ungulae, tam anterius quam posterius, an depressae. Nam arduae remotam a solo hirundinem, quam vocant, vel ranulam habent; depressae vero, tam firmissima, quam maxime tenera parte pedis pariter ingrediuntur, ut inter homines qui valgi dicuntur. Etiam sonitu recte memorat Simo pedum bonitatem prodi. Nam ungula concava solo impacta velut cymbalum resonat. Quia vero hinc orsi sumus, indidem ad alias partes corporis adscendemus. Igitur ossa, quae supra ungulas sunt, infra tamen Cynepodas, nec admodum esse recta debent, ut in capris; quia quum duriora sint, equitem succutiunt, et hujusmodi crura facilius etiam inflammantur: nec eadem ossa debent esse nimis depressa; nam ceteroqui cynepodes deglabrarentur, et exulcerarentur, sive per glebas, seu per saxa sit equus agendus. Ossa tibiarum oportet esse crassa: etenim ea corporis fulcra sunt: nec tamen crassa appareant aut per venas aut per carnes. Nam alioquin equo per aspera gradiente necesse est eas partes sanguine repleri, et varices existere, crassaque fieri crura, cum separatione cutis: quae si laxior fiat, etiam fibula saepius luxatur, equo claudicandi causam praebens. Jam vero si genua pullus inter incedendum molli flexu moveat, hoc ipso conjecturam feceris, eum etiam habiturum agilia crura, quum ad equitationis usum idoneus erit. Quippe solent omnes genua progressu temporis etiam mollius et agilius inflectere. Non autem abs re agilia crura laudantur: quippe minus et offendit et succussat equus talis, quam cui rigida crura sunt. Femora sub armis si crassa sint, robustiora pariter et venustiora, sicut etiam in corpore virili, videntur. Armi quo latiores sint, eo sunt melius structa, sive formam spectes, seu robur, et ut equus non implicita sibi, sed satis in gressu secreta crura ferat. A pectore cervix ejus enata sit non prona, sicut in verre; sed recta velut in gallo tendat ad verticem, et gracilis sit, qua incurvatur. Caput sit osseum, idque mandibulam parvam habeat. Sic equi collum ante sessorem erit, et oculus ante pedes spectabit. Formae vero talis equus minime vi cogere sessorem poterit, etiamsi valde sit animosus. Quippe quum equi vim moliuntur, collum et caput non inflectunt, sed extendunt. Maxillae quoque considerandae sunt, anne tenerae sint, vel duriores, an alterutra. Nam qui maxillas dissimiles habent, ab oris altera parte contumaces fiunt. Indicia vigilantiae potiora sunt in oculis prominentibus, quam intra concavitatem abditis; et equus ejusmodi etiam longius prospexerit. Nares patulae compressis et ad respirandum commodiores sunt,

DE RE EQUESTRI CAP. II.

εἰσὶ καὶ γοργότερον τὸν ἵππον ἀποδεικνύουσι. Καὶ γὰρ ὅταν ὀργίζηται ἵππος ἵππῳ ἢ ἐν ἱππασίᾳ θυμῶται, εὐρύνει μᾶλλον τοὺς μυκτῆρας. (11) Καὶ μὴν κορυφὴ μὲν μείζων, ὦτα δὲ μικρότερα ἱππωδεστέραν τὴν κεφαλὴν ἀποφαίνει. Ἡ δ' αὖ ὑψηλὴ ἀκρωμία τῷ τε ἀναβάτῃ ἀσφαλεστέραν τὴν ἕδραν καὶ τοῖς ὤμοις [καὶ τῷ σώματι] ἰσχυροτέραν τὴν πρόσφυσιν παρέχεται. Ῥάχις γε μὴν ἡ διπλῆ τῆς ἁπλῆς καὶ ἐγκαθῆσθαι μαλακωτέρα καὶ ἰδεῖν ἡδίων. (12) Καὶ πλευρὰ δὲ ἡ βαθυτέρα καὶ πρὸς τὴν γαστέρα ὀγκωδεστέρα ἅμα εὐεδρότερόν τε καὶ ἰσχυρότερον καὶ εὐχιλότερον ὡς ἐπὶ πολὺ τὸν ἵππον παρέχεται. Ὀσφὺς γε μὴν ὅσῳ ἂν πλατυτέρα καὶ βραχυτέρα ᾖ, τοσούτῳ ῥᾷον μὲν ὁ ἵππος τὰ πρόσθεν αἴρεται, ῥᾷον δὲ τὰ ὄπισθεν προσάγεται· καὶ ὁ κενεὼν δὲ οὕτω μικρότατος φαίνεται, ὅσπερ μέγας ὢν μέρος μέν τι καὶ αἰσχύνει, μέρος δέ τι καὶ ἀσθενέστερον καὶ δυσφορώτερον αὐτὸν τὸν ἵππον παρέχεται. (13) Τά γε μὴν ἰσχία πλατέα εἶναι [μὲν] χρὴ καὶ εὔσαρκα, ἵνα ἀκόλουθα ᾖ ταῖς πλευραῖς καὶ τοῖς στέρνοις· ἢν δὲ ταῦτα στερεὰ ᾖ, κουφότερα ἂν τὰ πρὸς τὸν δρόμον εἴη καὶ ὀξύτερον μᾶλλον ἂν τὸν ἵππον παρέχοιτο. (14) Μηρούς γε μὴν τοὺς ὑπὸ τῇ οὐρᾷ ἢν ἅμα πλατεῖς τε καὶ μὴ διεστραμμένους ἔχῃ, οὕτω καὶ τὰ ὄπισθεν σκέλη διὰ πολλοῦ ὑποθήσει· τοῦτο δὲ ποιῶν ἅμα γοργότερά τε καὶ ἰσχυρότερα ἕξει τὴν ὑπόβασιν τε καὶ ἱππασίαν, καὶ ἅπαντα βελτίων ἔσται ἑαυτοῦ. Τεκμήραιο δ' ἂν καὶ ἀπ' ἀνθρώπων· ὅταν γάρ τι ἀπὸ τῆς γῆς ἄρασθαι βούλωνται, διαβαίνοντες πάντες μᾶλλον ἢ συμβεβηκότες ἐπιχειροῦσιν αἴρεσθαι. (15) Τούς γε μὴν ὄρχεις δεῖ μὴ μεγάλους τὸν ἵππον ἔχειν, ὃ οὐκ ἔστι πώλου κατιδεῖν. Περί γε μὴν κάτωθεν ἀστραγάλων ἢ κνημῶν καὶ κυνηπόδων καὶ ὁπλῶν τὰ αὐτὰ λέγομεν ἅπερ περὶ τῶν ἔμπροσθεν.

16. Γράψαι δὲ βούλομαι καὶ ἐξ ὧν ἂν περὶ μεγέθους ἥκιστα ἀποτυγχάνοι τις. Ὅτου γὰρ ἂν ὦσιν αἱ κνῆμαι εὐθὺς γιγνομένου ὑψηλόταται οὗτος μέγιστος γίγνεται. Προϊόντος γὰρ τοῦ χρόνου πάντων τῶν τετραπόδων αἱ μὲν κνῆμαι εἰς μέγεθος οὐ μάλα αὔξονται, πρὸς δὲ ταύτας ὡς ἂν συμμέτρως ἔχῃ συναύξεται καὶ τὸ ἄλλο σῶμα. (17) Εἶδος μὲν δὴ πώλου οὕτω δοκιμάζοντες μάλιστ' ἂν ἡμῖν δοκοῦσι τυγχάνειν εὔποδος καὶ ἰσχυροῦ καὶ εὐσάρκου καὶ εὐσχήμονος καὶ εὐμεγέθους. Εἰ δέ τινες αὐξανόμενοι μεταβάλλουσιν, ὅμως οὕτω θαρροῦντες δοκιμάζοιμεν ἄν· πολλῷ γὰρ πλείονες εὐχρᾴστατοι ἐξ αἰσχρῶν ἢ ἐκ τοιούτων αἰσχροὶ γίγνονται.

ΚΕΦΑΛΑΙΟΝ Β.

Ὅπως γε μὴν δεῖ πωλεύειν δοκεῖ ἡμῖν μὴ γραπτέον εἶναι. Τάττονται μὲν γὰρ δὴ ἐν ταῖς πόλεσιν ἱππεύειν οἱ τοῖς χρήμασί τε ἱκανώτατοι καὶ τῆς πόλεως οὐκ ἐλάχιστον μετέχοντες· πολὺ δὲ κρεῖττον τοῦ πωλοδάμνην εἶναι τῷ μὲν νέῳ εὐεξίας τε ἐπιμελεῖσθαι τῆς ἑαυτοῦ καὶ

et equi speciem magis terribilem efficiunt. Nam quum equus equo irascitur, vel quum inter equitandum ferocior evadit, magis diducit nares. Vertex major, aures minutiores, equinum caput elegantius reddunt. Si prominentium armorum extremitas sit altior, et equiti sedem magis tutam præbet, et ut armi firmius corpori adhæreant, facit. Spina si duplex sit, ad insidendum mollior erit, quam simplex, et adspectu gratior. Latera profundiora, et ad alvum turgidiuscula, simul efficiunt, ut equus ad insidendum plerumque commodior sit et robustior, et pabulo melius proveniat. Lumbi quo latiores et breviores sunt, eo facilius attollit partes equus anteriores, et posteriores facilius attrahit: eodemque modo fit, ut venter quam minime appareat, qui vastior partim deformat equum, partim debilitat, et ad gestandum minus aptum reddit. Coxas oportet esse latas et carnosas, ut lateribus et pectori respondeant. Quod si solida sint hæc omnia, leviora ad cursum erunt, et equum magis acrem exhibebunt. Si femora equus sub cauda habeat crassa neque exterius detorta, etiam crura posteriora spatiosius subjiciet: id vero sic faciat, simul et perniciorem et firmiorem equiti subsessionem præbebit atque incessum: et ad omnia erit longe præstantissimus. Licebit ex ipsis hominibus hoc conjicias: quippe quum aliquid attollere de terra volunt, magis omnes id crura divaricando, quam iisdem conjunctis, facere nituntur. Coleos equus grandes habere non debet, quod in pullo deprehendi nequit. De talis posterioribus, deque tibiis, et callosis crurum partibus, quæ cynepodes sunt, et de ungulis, eadem dicimus, quæ de anterioribus.

Nunc ea scribere volo, de quibus equi magnitudinem conjicies, minime quispiam aberraverit. Cujus enim pulli tibiæ statim ab ortu fuerint altiores, is maximus fieri solet. Nam omnium quadrupedum tibiæ progressu temporis magnitudine non admodum crescunt, sed proportione quadam apta corpus etiam reliquum pro ratione tibiarum sumit incrementum. Qui formam pulli ad hunc modum explorant, facile consequuturi nobis equum videntur, qui pedes habeat bonos, et robustus sit, et corpulentus, et elegans, et justæ magnitudinis. Si maxime quidam inter crescendum mutantur, nos tamen hæc confidenter in explorando sequi possimus: nam longe plures ex deformibus pulcri, quam ex pulchris deformes fiunt.

CAPUT II.

Quomodo autem pulli sint instituendi, de eo nobis scribendum non videtur. Res equestris in urbibus mandari solet iis, quibus opes inprimis idoneæ sunt, et reipublicæ pars non minima creditur. Longe vero satius est, ut juvenis quidem tum valetudinis suæ tum equestris rei studiosus

ἱππικῆς ἢ ἐπισταμένῳ ἤδη ἱππάζεσθαι μελετᾶν· τῷ δὲ πρεσβυτέρῳ τοῦ τε οἴκου καὶ τῶν φίλων καὶ τῶν πολιτικῶν καὶ τῶν πολεμικῶν μᾶλλον ἢ ἀμφὶ πώλευσιν διατρίβειν. (2) Ὁ μὲν δὴ ὥσπερ ἐγὼ γιγνώσκων περὶ πωλείας δῆλον ὅτι ἐκδώσει τὸν πῶλον. Χρὴ μέντοι ὥσπερ τὸν παῖδα ὅταν ἐπὶ τέχνην ἐκδῷ, συγγραψάμενον ἃ δεήσει ἐπιστάμενον ἀποδοῦναι οὕτως ἐκδιδόναι. Ταῦτα γὰρ ὑποδείγματα ἔσται τῷ πωλοδάμνῃ ὧν δεῖ ἐπιμεληθῆναι, εἰ μέλλει τὸν μισθὸν ἀπολήψεσθαι. (3) Ὅπως μέντοι πρᾷός τε καὶ χειροήθης καὶ φιλάνθρωπος ὁ πῶλος ἐκδιδῶται τῷ πωλοδάμνῃ ἐπιμελητέον. Τὸ γὰρ τοιοῦτον οἴκοι τε τὰ πλεῖστα καὶ διὰ τοῦ ἱπποκόμου ἀποτελεῖται, ἢν ἐπίστηται τὸ μὲν πεινῆν καὶ διψῆν καὶ μυωπίζεσθαι παρασκευάζειν μετ' ἐρημίας γίγνεσθαι τῷ πώλῳ, τὸ δὲ φαγεῖν καὶ πιεῖν καὶ τῶν λυπούντων ἀπαλλάττεσθαι δι' ἀνθρώπων. Τούτων γὰρ γιγνομένων ἀνάγκη μὴ μόνον φιλεῖσθαι ἀλλὰ καὶ ποθεῖσθαι ὑπὸ πώλων ἀνθρώπους. (4) Καὶ ἅπτεσθαι δὲ χρὴ οὗ ἂν ψηλαφωμένου ὁ ἵππος μάλιστα ἥδεται. Ταῦτα δ' ἐστὶ τά τε λασιώτατα καὶ οἷς αὐτὸς ἥκιστα δύναται ὁ ἵππος, ἤν τι λυπῇ αὐτόν, ἐπικουρεῖν. (5) Προστετάχθω δὲ τῷ ἱπποκόμῳ καὶ οὐ δι' ὄχλου διάγειν, καὶ παντοδαπαῖς μὲν ὄψεσι παντοδαποῖς δὲ ψόφοις πλησιάζειν. Τούτων δὲ ὁπόσα ἂν ὁ πῶλος φοβῆται, οὐ χαλεπαίνοντα δεῖ ἀλλὰ πραΰνοντα διδάσκειν ὅτι οὐ δεινά ἐστι. Καὶ περὶ μὲν πωλείας ἀρκεῖν μοι δοκεῖ τῷ ἰδιώτῃ εἰπεῖν τοσαῦτα πράττειν.

ΚΕΦΑΛΑΙΟΝ Γ.

Ὅταν γε μὴν ἱππαζόμενον ὠνῆταί τις, ὑπομνήματα γράψομεν ἃ δεῖ καταμανθάνειν τὸν μέλλοντα μὴ ἐξαπατᾶσθαι ἐν ἱππωνείᾳ. Πρῶτον μὲν τοίνυν μὴ λαθέτω αὐτὸν τίς ἡ ἡλικία· ὁ γὰρ μηκέτι ἔχων γνώμονας οὔτ' ἐλπίσιν εὐφραίνει οὔτε ὁμοίως εὐαπάλλακτος γίγνεται. (2) Ὁπότε δὲ ἡ νεότης σαφής, δεῖ αὖ μὴ λαθεῖν πῶς μὲν εἰς τὸ στόμα δέχεται τὸν χαλινόν, πῶς δὲ περὶ τὰ ὦτα τὴν κορυφαίαν. Ταῦτα δ' ἥκιστ' ἂν λανθάνοι εἰ ὁρῶντος μὲν τοῦ ὠνουμένου ἐμβάλλοιντο ὁ χαλινός, ὁρῶντος δ' ἐξαιροῖτο. (3) Ἔπειτα δὲ προσέχειν δεῖ τὸν νοῦν πῶς ἐπὶ τὸν νῶτον δέχεται τὸν ἀναβάτην. Πολλοὶ γὰρ ἵπποι χαλεπῶς προσίενται ἃ πρόδηλα αὐτοῖς ἐστιν ὅτι προσέμενοι πονεῖν ἀναγκασθήσονται. (4) Σκεπτέον δὲ καὶ τόδε εἰ ἀναβαθεὶς ἐθέλει ἀφ' ἵππων ἀποχωρεῖν ἢ εἰ παρ' ἑστηκότας ἱππεύων μὴ ἐκφέρει πρὸς τούτους. Εἰσὶ δὲ καὶ οἳ διὰ κακὴν ἀγωγὴν πρὸς τὰς οἰκάδε ἀφόδους φεύγουσιν ἐκ τῶν ἱππασιῶν. (5) Τούς γε μὴν ἑτερογνάθους μηνύει μὲν καὶ ἡ πέδη καλουμένη ἱππασία, πολὺ δὲ μᾶλλον καὶ τὸ μεταβάλλεσθαι τὴν ἱππασίαν. Πολλοὶ γὰρ οὐκ ἐγχειροῦσιν ἐκφέρειν, ἢν μὴ ἅμα συμβῇ ἥ τε ἀδικος γνάθος καὶ ἡ πρὸς οἶκον ἐκφορά. Δεῖ γε μὴν εἰδέναι καὶ εἰ ἀφεθεὶς εἰς τάχος ἀναλαμβάνεται ἐν βραχεῖ καὶ εἰ ἀποστρέφεσθαι ἐθέλει. (6) Ἀγά-

CAPUT III.

Jam ubi quis equum comparare vult, qui agitari cœperit; admonitiones quasdam adscribemus, quas scire debet qui nolit equorum in emptione circumveniri. Primum non ignoret, quæ sit ætas equi. Nam qui dentes pullinos, ætatis indices, amisit, nec spe delectat, nec perinde iterum vendi potest. Ubi juvenem esse constiterit, cognoscendum est, quomodo frænum ore, verticis habenas ad aures admittat. Id vero nequit obscurum esse, si frænum in conspectu emptoris et injiciatur, et eximatur. Hinc animadvertendum, quonam modo equitem dorso suscipiat. Ex equis enim plerique difficulter admittunt quæ jam ante intelligunt admissa laborandi necessitatem sibi adlatura. Hoc quoque considerandum, an conscensus ab equis aliis digredi velit, vel an propter equos stantes actus, ad eos sessorem auferat. Sunt etiam, qui ob educationem malam ex ipsis agitationibus se fuga domum recipiunt. Ex oris altera parte duriores prodit etiam equitatio, quæ pedica vel gyrus vocatur; ac multo magis, ipsa equitationis mutatio. Nam plerique sessorem auferre non conantur, nisi simul et improbioris maxillæ sint et impetus ipse domum tendat. Etiam sciri oportet, an dimissus ad cursum celeriorem paullo momento

θὸν δὲ μὴ ἄπειρον εἶναι εἰ καὶ πληγῇ ἐγερθεὶς ἐθέλει ὁμοίως πείθεσθαι. Ἄχρηστον μὲν γὰρ δήπου καὶ οἰκέτης καὶ στράτευμα ἀπειθές· ἵππος δὲ ἀπειθὴς οὐ μόνον ἄχρηστος ἀλλὰ πολλάκις καὶ ὅσαπερ προδότης διαπράττεται. (7) Ἐπεὶ δὲ πολεμιστήριον ἵππον ὑπεθέμεθα ὠνεῖσθαι, ληπτέον πεῖραν ἁπάντων ὅσωνπερ καὶ ὁ πόλεμος πεῖραν λαμβάνει. Ἔστι δὲ ταῦτα, τάφρους διαπηδᾶν, τειχία ὑπερβαίνειν, ἐπ᾽ ὄχθους ἀνορούειν, ἀπ᾽ ὄχθων καθάλλεσθαι· καὶ πρὸς ἄναντες δὲ καὶ κατὰ πρανοῦς καὶ πλάγια ἐλαύνοντα πεῖραν λαμβάνειν. Πάντα γὰρ ταῦτα καὶ τὴν ψυχὴν εἰ καρτερὰ καὶ τὸ σῶμα εἰ ὑγιὲς βασανίζει. (8) Οὐ μέντοι τὸν μὴ καλῶς πάνυ ταῦτα ποιοῦντα ἀποδοκιμαστέον. Πολλοὶ γὰρ οὐ διὰ τὸ μὴ δύνασθαι ἀλλὰ διὰ τὸ ἄπειροι εἶναι τούτων ἐλλείπονται. Μαθόντες δὲ καὶ ἐθισθέντες καὶ μελετήσαντες καλῶς ἂν ταῦτα πάντα ποιοῖεν, εἴ γ᾽ ἄλλως ὑγιεῖς καὶ μὴ κακοὶ εἶεν. (9) Τούς γε μέντοι ὑπόπτας φύσει φυλακτέον. Οἱ γὰρ ὑπέρφοβοι βλάπτειν μὲν τοὺς πολεμίους ἀφ᾽ ἑαυτῶν οὐκ ἐῶσι, τὸν δὲ ἀναβάτην ἐσφηλάν τε πολλάκις καὶ εἰς τὰ χαλεπώτατα ἐνέβαλον. (10) Δεῖ δὲ καὶ εἴ τινα χαλεπότητα ἔχοι ὁ ἵππος, καταμανθάνειν, εἴτε πρὸς ἵππους εἴτε πρὸς ἀνθρώπους, καὶ εἰ δυσγάργαλις γε εἴη· πάντα γὰρ ταῦτα χαλεπὰ τοῖς κεκτημένοις γίγνεται. (11) Τὰς δέ γε τῶν χαλινώσεων καὶ ἀναβάσεων ἀποκωλύσεις καὶ τἆλλα δινεύματα πολὺ ἂν ἔτι μᾶλλον καταμάθοι τις εἰ πεπονηκότος ἤδη τοῦ ἵππου πάλιν πειρῷτο ποιεῖν ταῦτα ὅσαπερ πρὶν ἄρξασθαι ἱππεύειν. Ὅσοι δ᾽ ἂν πεπονηκότες ἐθέλωσι πάλιν πόνους ὑποδύεσθαι, ἱκανὰ τεκμήρια παρέχονται ταῦτα ψυχῆς καρτερᾶς. (12) Ὡς δὲ συνελόντι εἰπεῖν, ὅστις εὔπους μὲν εἴη, πρᾷος δέ, ἀρκούντως δὲ ποδώκης, ἐθέλοι δὲ καὶ δύναιτο πόνους ὑποφέρειν, πείθοιτο δὲ μάλιστα, οὗτος ἂν εἰκότως ἀλυπότατός τ᾽ εἴη καὶ σωτηριώτατος τῷ ἀναβάτῃ ἐν τοῖς πολεμικοῖς. Οἱ δὲ ἢ διὰ βλακείαν ἐλάσεως πολλῆς δεόμενοι ἢ διὰ τὸ ὑπέρθυμοι εἶναι πολλῆς θωπείας τε καὶ πραγματείας ἀσχολίαν μὲν ταῖς χερσὶ τοῦ ἀναβάτου παρέχουσιν, ἀθυμίαν δ᾽ ἐν τοῖς κινδύνοις.

ΚΕΦΑΛΑΙΟΝ Δ.

Ὅταν γε μὴν ἀγασθεὶς ἵππον πρίηταί τις καὶ οἴκαδε ἀγάγηται, καλὸν μὲν ἐν τοιούτῳ τῆς οἰκίας τὸν σταθμὸν εἶναι ὅπου πλειστάκις ὁ δεσπότης ὄψεται τὸν ἵππον· ἀγαθὸν δ᾽ οὕτω κατεσκευάσθαι τὸν ἱππῶνα ὥστε μηδὲν μᾶλλον οἷόν τ᾽ εἶναι τὸν τοῦ ἵππου σῖτον κλαπῆναι ἐκ τῆς φάτνης ἢ τὸν τοῦ δεσπότου ἐκ τοῦ ταμιείου. Ὁ δὲ τούτου ἀμελῶν ἐμοὶ μὲν ἑαυτοῦ δοκεῖ ἀμελεῖν· δῆλον γὰρ ὅτι ἐν τοῖς κινδύνοις τὸ αὑτοῦ σῶμα τῷ ἵππῳ ὁ δεσπότης παρακατατίθεται. (2) Ἔστι δὲ οὐ μόνον τοῦ μὴ κλέπτεσθαι ἕνεκα τὸν σῖτον ἀγαθὸς ὁ ἐχυρὸς ἱππών, ἀλλ᾽ ὅτι καὶ ὅταν πῃ ἐκκομίσῃ τὸν σῖτον ὁ ἵππος φανερὸν γίγνεται. Τοῦτου δ᾽ ἄν τις αἰσθόμε-

DE RE EQUESTRI CAP. IV. 713

inhibeatur, et an reverti velit. Hoc quoque non ignorari conducit, an excitatus ictu perinde, ac prius, parere velit. Quippe nullius usus est et famulus, et exercitus contumax: equus vero contumax non tantum inutilis est, sed etiam saepenumero perpetrat ea quae proditor solet. Et quando nobis equum bellatorem comparandum suscepimus, periculum ejus, faciundum in omnibus, quae in bello tentari consueverunt. Ea vero sunt, transilire fossas, superare muros, in tumulos evadere cum impetu, de tumulis desilire. Faciundum quoque periculum et sursum agitando per acclivia, et per declivia, et in transversum. Nam his omnibus et animus exploratur, an tolerans; et corpus, an sanum sit. Non tamen is, qui haec non admodum bene praestat, rejiciendus est. Etenim plerique, non quia non possint, sed quia rudes sint, in his deficiunt. At vero si didicerint, et adsuefacti sint, et exercitati, haec omnia recte praestiterint; modo sani sint, et non ignavi. Suspicaces tamen ab natura sunt cavendi. Nam qui valde formidolosi sunt, ut hostem de se laedi non sinunt, ita saepenumero etiam in gravissima pericula conjecto sessori detrimentum attulerunt. Cognoscendum quoque, num aliqua saevitias insit equo, vel adversus equos vel adversus homines; et an se titillari non patiatur. Etenim haec omnia non possunt non iis esse gravia, qui equum talem possident. An autem se fraenari, et conscendi recuset, vel alio quo modo se agitet, multo facilius cognoverit aliquis, si post exhaustos ab equo labores rursus ea facere, quae prius ante equitationem, aggrediatur. Quippe si qui laboribus exhaustis, iterum labores subire volunt; indicia satis idonea firmi ac tolerantis animi praebent. Ad summam, is equus, cui boni sunt pedes, qui mansuetus est, qui satis velox, qui sustinere labores velit et possit, ac maxime pareat, is in actionibus bellicis equiti haud dubie nec ullius rei gravis, et salutis auctor inprimis existet. Qui vero vel propter ignaviam multum impellendi sunt, vel propter animositatem nimiam magno cum labore demulcendi; pariter et negotium manibus equitis exhibent, et in periculis examinant.

CAPUT IV.

Jam ubi quis equum sibi probatum comparaverit, ac domum duxerit; commodum erit, ea parte domus esse stabulum, ubi dominus equum creberrime conspiciet; commodum, sic equile construi, ut non magis equi pabulum e praesepi, quam domini cibus e penu subtrahi furto possit. Qua quidem in re qui negligens est, se ipsum negligere mihi videtur: nam perspicuum est, dominum in periculis equo corpus suum credere. Nec tantum hanc commoditatem habet equile munitum, ne pabulum furto subtrahatur; sed etiam ut constet, quando equus e praesepi dissipet. Id vero si quis sentiat, intelligat licet, vel corpus

νος γιγνώσκοι ὅτι ἢ τὸ σῶμα ὑπεραιμοῦν δεῖται θεραπείας ἢ κόπου ἐνόντος δεῖται ἀναπαύσεως ἢ κριθίασις ἢ ἄλλη τις ἀρρωστία ὑποδύεται. Ἔστι δ᾽ ὥσπερ ἀνθρώπῳ, οὕτω καὶ ἵππῳ ἀρχόμενα πάντα εὐιατότερα ἢ ἐπειδὰν ἐνσκιρρωθῇ τε καὶ ἐξαμαρτηθῇ τὰ νοσήματα. (3) Ὥσπερ δὲ τῷ ἵππῳ σίτου τε καὶ γυμνασίων ἐπιμελητέον, ὅπως ἂν τὸ σῶμα ἰσχύῃ, οὕτω καὶ τοὺς πόδας ἀσκητέον. Τὰ μὲν τοίνυν ὑγρά τε καὶ λεῖα τῶν σταθμῶν λυμαίνεται καὶ ταῖς εὐφυέσιν ὁπλαῖς. Δεῖ δέ, ὡς μὲν μὴ ᾖ ὑγρά, εἶναι ἀπόρρυτα, ὡς δὲ μὴ λεῖα, λίθους ἔχοντα κατορωρυγμένους προσαλλήλους παραπλησίους ὁπλαῖς τὸ μέγεθος. Τὰ γὰρ τοιαῦτα σταθμὰ καὶ ἐφεστηκότων ἅμα στερεοῖ τοὺς πόδας. (4) Ἔπειτά γε μὴν τῷ ἱπποκόμῳ ἐξακτέον μὲν τὸν ἵππον ὅπου ψήξει, μεταδοτέον δὲ μετὰ τὸ ἄριστον ἀπὸ τῆς φάτνης, ἵν᾽ ἥδιον ἐπὶ τὸ δεῖπνον ἴῃ. Ὧδε δ᾽ ἂν αὖ ὁ ἔξω σταθμὸς βέλτιστος εἴη καὶ τοὺς πόδας κρατύνοι, εἰ λίθους στρογγύλους ἀμφιδόχμιους, ὅσον μναιαίων ἀμάξας τέτταρας ἢ πέντε χύδην καταβάλλοι, περιχειλώσας σιδήρῳ, ὡς ἂν μὴ σκεδαννύωνται. Ἐπὶ γὰρ τούτων ἑστηκὼς ὥσπερ ἐν ὁδῷ λιθώδει ἀεί μέρος τῆς ἡμέρας πορεύοιτο. (5) Ἀνάγκη δὲ καὶ ψηχόμενον καὶ μυωπιζόμενον χρῆσθαι ταῖς ὁπλαῖς καθάπερ ὅταν βαδίζῃ. Καὶ τὰς χελιδόνας δὲ τῶν ποδῶν οἱ οὕτω κεχυμένοι λίθοι στερεοῦσιν. Ὡς δὲ περὶ τῶν ὁπλῶν ὅπως καρτεραὶ ἔσονται, οὕτω καὶ περὶ τῶν στομάτων ὅπως μαλακὰ ἔσται ἐπιμελεῖσθαι δεῖ. Τὰ δ᾽ αὐτὰ ἀνθρώπου τε σάρκα καὶ ἵππου ἁπαλύνει.

ΚΕΦΑΛΑΙΟΝ Ε.

Ἱππικοῦ δὲ ἀνδρὸς ἡμῖν δοκεῖ εἶναι καὶ τὸν ἱπποκόμον πεπαιδεῦσθαι ἃ δεῖ περὶ τὸν ἵππον πράττειν. Πρῶτον μὲν τοίνυν τῆς ἐπιπρανιδίας φορβεῖᾶς ἐπίστασθαι αὐτὸν δεῖ μήποτε τὸ ἅμμα ποιεῖσθαι ἔνθαπερ ἡ κορυφαία περιτίθεται. Πολλάκις γὰρ κνῶν ὁ ἵππος ἐπὶ τῇ φάτνῃ τὴν κεφαλήν, εἰ μὴ ἀσινὴς ἡ φορβειὰ περὶ τὰ ὦτα ἔσται, πολλάκις ἂν ἕλκη ποιοίη. Ἑλκουμένων γε μὴν τούτων ἀνάγκη τὸν ἵππον καὶ περὶ τὸ χαλινοῦσθαι καὶ περὶ τὸ ψήχεσθαι δυσκολώτερον εἶναι. (2) Ἀγαθὸν δὲ καὶ τὸ τετάχθαι τῷ ἱπποκόμῳ καθ᾽ ἡμέραν τὴν κόπρον καὶ τὰ ὑποστρώματα τοῦ ἵππου ἐκφέρειν εἰς ἓν χωρίον. Τοῦτο γὰρ ποιῶν αὐτός τ᾽ ἂν ῥᾷστα ἀπαλλάττοι καὶ ἅμα τὸν ἵππον ὠφελοίη. (3) Εἰδέναι δὲ χρὴ τὸν ἱπποκόμον καὶ τὸν κημὸν περιτιθέναι τῷ ἵππῳ, καὶ ὅταν ἐπὶ ψῆξιν καὶ ὅταν ἐπὶ καλίστραν ἐξάγῃ. Καὶ ἀεὶ δὲ ὅποι ἂν ἀχαλίνωτον ἄγῃ κημοῦν δεῖ. Ὁ γὰρ κημὸς ἀναπνεῖν μὲν οὐ κωλύει, δάκνειν δὲ οὐκ ἐᾷ· καὶ τὸ ἐπιβουλεύειν δὲ περικείμενος μᾶλλον ἐξαιρεῖ τῶν ἵππων. (4) Καὶ μὴν δεσμεύειν τὸν ἵππον ἄνωθεν τῆς κεφαλῆς δεῖ. Πάντα γὰρ ὁπόσα ἂν δύσκολα ᾖ περὶ τὸ πρόσωπον ὁ ἵππος ἐκνεύειν πέφυκεν ἄνω. Ἐκνεύων γε μὴν οὕτω δεδε-

ejus sanguinis nimium abundans , remedii alicujus indigere, vel lassum quiete reficiendum, vel cruditatem aliumve quendam languorem obrepere. Sunt autem omnia non aliter atque in homine, magis ab initio etiam in equo curabilia, quam ubi vel inhæsere morbi firmius, vel in eis peccatum fuerit. Quemadmodum vero et pabuli, et exercitiorum equi ratio haberi debet, ut corpus robustum efficiatur; ita pedes quoque muniendi sunt. Humida lævia que stabula bonas etiam a natura corrumpunt ungulas. Itaque ne stabula sint humida, declivia esse debent; ne lævia, lapides conjunctim defossos habere, magnitudine pares ungulis. Nam hujusmodi stabula pedes insistentium lapidibus equorum solidiores efficiunt. Secundum hæc in eum locum equus educendus curatori, ubi destringatur; et post prandii pabulum solatis loris removendus a præsepi, quo jucundius ad pabulum vespertinum accedat. Sic autem et stabulum exterius optimum erit, et equi pedes corroborabit, si lapidum rotundorum palmarium, minæ fere pondus habentium, plaustra quatuor aut quinque passim substernas, et ferreo labro includas, ne diffundantur. Quippe dum his institerit , nunquam non diei partem aliquam velut in via lapidea ingrediendo exiget. Necesse est etiam, ut ungulis perinde utatur, dum et destringitur, et pungitur, atque inter incedendum. Pedum quoque ranulæ a lapidibus hoc modo substratis solidantur. Sicut autem ungularum , quo firmæ sint; ita etiam oris, ut sit tenerum, curageri debet. Eadem vero et hominis carnem, et os equi tenerius efficiunt.

CAPUT V.

Videtur etiam nobis viri equestris esse, ut equisonem edoctum habeat, quomodo cum equo sit agendum. Ac primum scire hunc oportet , nunquam præsepialis capistri nodum ea parte capitis adstringendum, cui verticis habenæ adhiberi solent. Quum enim equus ad præsepe frequenter caput scabere consueverit, nisi capistrum auribus ita sit adplicatum, ut non noceat, sæpenumero partes illas exulcerat. Ob eas autem exulcerationes fieri necesse est, ut equus et ad frænandum et ad destringendum se difficiliorem præbeat. Fuerit hoc quoque bonum, ut equiso mandatum efferendi quotidie fimi, et stramentorum equi, unum aliquem in locum , habeat. Id enim si faciat, simul eo labore nullo negotio defungetur, et equo proderit. Etiam sciat equiso camum equo admovendum, sive ad destrictionem, seu ad volutabrum educat. Adeoque semper, quocumque duxerit equum sine fræno, camum adhibere debet. Quippe camus ut respirationem non impedit, ita mordere non sinit : idemque si equis adhibitus sit, magis ab insidiis homini struendis avocat. Supra caput adligari debet equus. Nam omnia, quæ circum os equo molesta contingunt , sursum elato capite declinare solet. Itaque sic alligatus si quid declinet,

μένος χαλᾷ μᾶλλον ἢ διασπᾷ τὰ δεσμά. (5) Ἐπειδὰν δὲ ψήχῃ, ἄρχεσθαι μὲν ἀπὸ τῆς κεφαλῆς καὶ τῆς χαίτης· μὴ γὰρ καθαρῶν τῶν ἄνω ὄντων μάταιον τὰ κάτω καθαίρειν. Ἔπειτα δὲ κατὰ μὲν τὸ ἄλλο σῶμα πᾶσι τοῖς τῆς καθάρσεως ὀργάνοις ἀνιστάντα δεῖ τὴν τρίχα σοβεῖν τὴν κόνιν οὐ κατὰ φύσιν τῆς τριχός· τῶν δ' ἐν τῇ ῥάχει τριχῶν ἄλλῳ μὲν ὀργάνῳ οὐδενὶ δεῖ ἅπτεσθαι, ταῖς δὲ χερσὶ τρίβειν καὶ ἀπαλύνειν ᾗπερ φύσει κέκλινται· ἥκιστα γὰρ ἂν βλάπτοι τὴν ἕδραν τοῦ ἵππου. (6) Ὕδατι δὲ καταπλύνειν τὴν κεφαλὴν χρή· ὀστώδης γὰρ οὖσα εἰ σιδήρῳ ἢ ξύλῳ καθαίροιτο, λυποῖ ἂν τὸν ἵππον. Καὶ τὸ προκόμιον δὲ χρὴ βρέχειν· καὶ γὰρ αὗται εὐμήκεις οὖσαι αἱ τρίχες ὁρᾶν μὲν οὐ κωλύουσι τὸν ἵππον, ἀποσοβοῦσι δὲ ἀπὸ τῶν ὀφθαλμῶν τὰ λυποῦντα. Καὶ τοὺς θεοὺς δὲ οἴεσθαι χρὴ δεδωκέναι ταύτας τὰς τρίχας ἵππῳ ἀντὶ τῶν μεγάλων ὤτων ἃ ὄνοις τε καὶ ἡμιόνοις ἔδοσαν ἀλεξητήρια πρὸ τῶν ὀμμάτων. (7) Καὶ οὐρὰν δὲ καὶ χαίτην πλύνειν χρή, ἐπείπερ αὔξειν δεῖ τὰς τρίχας, τὰς μὲν ἐν τῇ οὐρᾷ, ὅπως ἐπὶ πλεῖστον ἐξικνούμενος ἀποσοβῆται ὁ ἵππος τὰ λυποῦντα, τὰς δὲ ἐν τῷ τραχήλῳ, ὅπως τῷ ἀναβάτῃ ὡς ἀφθονωτάτη ἀντίληψις ᾖ. (8) Δέδοται δὲ παρὰ θεῶν καὶ ἀγλαΐας ἕνεκα ἵππῳ χαίτη καὶ προκόμιον δὲ καὶ οὐρά. Τεκμήριον δέ· αἱ γὰρ ἀγελαῖαι τῶν ἵππων οὐχ ὁμοίως ὑπομένουσι τοὺς ὄνους ἐπὶ τῇ ὀχείᾳ ἕως ἂν κομῶσιν. Οὗ ἕνεκα καὶ ἀποκείρουσι πρὸς τὴν ὀχείαν τὰς ἵππους ἅπαντες οἱ ὀνοβατοῦντες. (9) Τήν γε μὴν τῶν σκελῶν κατάπλυσιν ἀφαιρούμεν· ὠφελεῖ μὲν γὰρ οὐδέν, βλάπτει δὲ τὰς ὁπλὰς ἡ καθ' ἑκάστην ἡμέραν βρέξις. Καὶ τὴν ὑπὸ γαστέρα δὲ ἄγαν κάθαρσιν μειοῦν χρή· αὕτη γὰρ λυπεῖ μὲν μάλιστα τὸν ἵππον, ὅσῳ δ' ἂν καθαρώτερα ταῦτα γένηται, τοσούτῳ πλείονα τὰ λυποῦντα ἀθροίζει ὑπὸ τὴν γαστέρα· (10) ἢν δὲ καὶ πάνυ διαπονήσηταί τις ταῦτα, οὐ φθάνει τε ἐξαγόμενος ὁ ἵππος καὶ εὐθὺς ὅμοιός ἐστι τοῖς ἀκαθάρτοις. Ταῦτα μὲν οὖν ἐᾶν χρή. Ἀρκεῖ δὲ καὶ ἡ τῶν σκελῶν ψῆξις αὐταῖς ταῖς χερσὶ γιγνομένη.

ΚΕΦΑΛΑΙΟΝ ς.

Δηλώσομεν δὲ καὶ τοῦτο ὡς ἂν ἀβλαβέστατα μέν τις ἑαυτῷ, τῷ δ' ἵππῳ ὠφελιμώτατα ψήχοι. Ἢν μὲν γὰρ εἰς τὸ αὐτὸ βλέπων τῷ ἵππῳ καθαίρῃ, κίνδυνος καὶ τῷ γόνατι καὶ τῇ ὁπλῇ ἐς τὸ πρόσωπον πληγῆναι· (2) ἢν δὲ ἀντία τῷ ἵππῳ ὁρῶν καὶ ἔξω τοῦ σκέλους ὅταν καθαίρῃ κατὰ τὴν ὠμοπλάτην καθίζων ἀποτρίβῃ, οὕτω πάθοι μὲν ἂν οὐδέν, δύναιτο δ' ἂν καὶ τὴν χελιδόνα τοῦ ἵππου θεραπεύειν ἀναπτύσσων τὴν ὁπλήν. (3) Ὡς δ' αὕτως καὶ τὰ ὀπισθεν σκέλη καθαιρέτω. Εἰδέναι δὲ χρὴ τὸν περὶ τὸν ἵππον ὅτι καὶ ταῦτα καὶ τἆλλα πάντα ὅσα πράττειν δεῖ ὡς ἥκιστα χρὴ κατὰ τὸ πρόσωπόν τε καὶ οὐρὰν ποιήσαντα προσιέναι· ἢν γὰρ ἐπιχειρῇ ἀδικεῖν, κατ' ἀμφότερα ταῦτα κρείττων ὁ

DE RE EQUESTRI CAP. VI.

laxat potius vincula, quam rumpit. Strigili usurus, a capite ac juba incipiat. Nam frustra sit inferiora purgare, si superiora necdum munda sint. Deinde reliquo corpore cunctis ad expurgandos equos factis instrumentis erigere pilos, et pulverem extergere contra naturam pilorum debet: at spinæ pilos alio nullo tanget instrumento, nisi quod manibus eos fricabit, et secundum naturalem eorum situm emolliet. Quippe sic illam in equo sellam quam minimum læserit. Aqua caput eluendum est. Quum enim ossuum sit, dolorem sentiet equus, si ferro vel ligno purgetur. Capronæ quoque sunt humectandæ. Quum enim prolixi sint hi capilli, sicut equum in adspiciendo non impediunt, ita depellunt ab oculis, si qua molesta iis accidant. Deos quoque putandum hos equo capillos aurium magnarum loco dedisse, quas asinis et mulis ad depellendas oculorum injurias concesserunt. Eluenda quoque cauda cum juba, quo capilli crescant; caudæ quidem, ut eam longissime porrigens equus, abigere molesta possit; colli vero, ut adminiculum, quod adprehendat conscensor, copiosum habeat. Etiam venustatis causa divinitus equo juba, capillus anterior, cauda contigit. Ejus argumentum hoc fuerit, quod equæ armentales non perinde asinos ad coitum admittant, dum comatae sunt. Propterea tondent ad coitum equas omnes illi, qui volunt ut ab asinis ineantur. Crura ceteris membris abluendis eximimus. Ut enim utilitatis nihil habet, ita etiam noxia est ungularum humectatio quotidiana. Nimia quoque repurgatio eorum, quæ sub alvo sunt, moderanda. Nam equo maximam illa molestiam exhibet, et quo partes eæ mundiores fuerint, eo plura sub alvo dolorem equo concitantia colligunt. Quod si maxime laborem in his perpetuus aliquis impenderit, non prius educitur equus, quin statim similis sit immundis. Quapropter hæc omittenda sunt. Crurum quoque detersio, quæ duntaxat fit ipsis manibus, sufficit.

CAPUT VI.

Indicabimus hoc etiam, quemadmodum aliquis suo cum damno minimo, et equi commodo maximo, defricatione utatur. Nam ita si detergat sordes, ut in eandem cum equo spectet partem; periculum erit, ne in faciem ab equo tum genu tum ungula percutiatur. Sin adversus equum intuens, et extra crus ipsum inter tergendum ad scapulam constitutus defricuerit, nec ipse damni hoc modo quidquam acceperit, et possit itidem equi ungulam aperiende ranulæ remedium adferre. Similiter et crura posteriora purget. Verum id observet qui versatur apud equum, et hæc et alia sane omnia, quæ fieri oportet, minime sic facienda ut a fronte et a tergo accedatur: quippe si nocere homini equus adgredia-

ΠΕΡΙ ΙΠΠΙΚΗΣ ΚΕΦ. ϛ.

ἵππος ἀνθρώπου. Ἐκ πλαγίου δ' ἄν τις προςιὼν ἀβλαβέστατα μὲν ἑαυτῷ, πλεῖστα δ' ἂν ἵππῳ δύναιτο χρῆσθαι. (4) Ἐπειδὰν γε μὴν ἄγειν δέῃ τὸν ἵππον, τὴν μὲν ὄπισθεν ἀγωγὴν διὰ τάδε οὐκ ἐπαινοῦμεν ὅτι τῷ μὲν ἄγοντι οὕτως ἥκιστά ἐστι φυλάξασθαι, τῷ δ' ἵππῳ οὕτω μάλιστα ἔξεστι ποιῆσαι ὅ τι ἂν βούληται. (5) Τὸ δ' αὖ ἔμπροσθεν μακρῷ ῥυταγωγεῖ προϊόντα διδάσκειν ὑφηγεῖσθαι τὸν ἵππον διὰ τάδε αὖ ψέγομεν. Ἔξεστι μὲν γὰρ τῷ ἵππῳ καθ' ὁπότερ' ἂν βούληται τῶν πλαγίων κακουργεῖν, ἔξεστι δὲ ἀναστρεφόμενον ἀντίον γίγνεσθαι τῷ ἄγοντι. (6) Ἁθρόοι δὲ δὴ ἵπποι πῶς ἄν ποτε ἀλλήλων δύναιντο ἀπέχεσθαι οὕτως ἀγόμενοι; ἐκ πλαγίου δὲ ἵππος ἐθισθεὶς παράγεσθαι ἥκιστα μὲν ἂν καὶ ἵππους καὶ ἀνθρώπους δύναιτ' ἂν κακουργεῖν, κάλλιστα δ' ἂν παρεσκευασμένος τῷ ἀναβάτῃ εἴη καὶ εἴ ποτε ἐν τάχει ἀναβῆναι δεήσειεν. (7) Ἵνα δὲ ὁ ἱπποκόμος καὶ τὸν χαλινὸν ὀρθῶς ἐμβάλῃ, πρῶτον μὲν προςίτω κατὰ τὰ ἀριστερὰ τοῦ ἵππου· ἔπειτα τὰς μὲν ἡνίας περιβαλὼν περὶ τὴν κεφαλὴν καταθέτω ἐπὶ τῇ ἀκρωμίᾳ, τὴν δὲ κορυφαίαν τῇ δεξιᾷ αἰρέτω, τὸ δὲ στόμιον τῇ ἀριστερᾷ προςφερέτω. (8) Κἂν μὲν δέχηται, δῆλον ὅτι περιτιθέναι δεῖ τὸν κεκρύφαλον· ἐὰν δὲ μὴ ὑποχάσκῃ, ἔχοντα δεῖ πρὸς τοῖς ὀδοῦσι τὸν χαλινὸν τὸν μέγαν δάκτυλον τῆς ἀριστερᾶς χειρὸς εἴσω τῆς γνάθου τῷ ἵππῳ ποιῆσαι. Οἱ γὰρ πολλοὶ τούτου γιγνομένου χαλῶσι τὸ στόμα. Ἢν δὲ μηδ' οὕτω δέχηται, πιεσάτω τὸ χεῖλος περὶ τῷ κυνόδοντι· καὶ πάνυ τινὲς ὀλίγοι οὐ δέχονται τοῦτο πάσχοντες. (9) Δεδιδάχθω δὲ καὶ τάδε ὁ ἱπποκόμος, πρῶτον μὲν μήποτε ἄγειν τῆς ἡνίας τὸν ἵππον· τοῦτο γὰρ ἑτερογνάθους ποιεῖ· ἔπειτα δὲ ὅσον δεῖ ἀπέχειν τὸν χαλινὸν τῶν γνάθων. Ὁ μὲν γὰρ ἄγαν πρὸς αὐταῖς τυλοῖ τὸ στόμα, ὥστε μὴ εὐαίσθητον εἶναι, ὁ δὲ ἄγαν εἰς ἄκρον τὸ στόμα καθιέμενος ἐξουσίαν παρέχει συνδάκνοντι τὸ στόμιον μὴ πείθεσθαι. (10) Χρὴ δὲ τὸν ἵππον μὴ κατὰ τοιάδε παροξύνθαι, αἵ τι δεῖ πονεῖν. Οὕτω γὰρ δὴ μέγα ἐστὶ τὸ λαμβάνειν ἐθέλειν τὸν ἵππον τὸν χαλινὸν, ὡς ὁ μὴ δεχόμενος παντάπασιν ἄχρηστος. (11) Ἢν δὲ μὴ μόνον ὅταν πονεῖν μέλλῃ χαλινῶται, ἀλλὰ καὶ ὅταν ἐπὶ τὸν σῖτον καὶ ὅταν ἐξ ἱππασίας εἰς οἶκον ἀπάγηται, οὐδὲν ἂν εἴη θαυμαστὸν εἰ ἁρπάζοι τὸν χαλινὸν αὐτόματος προτεινόμενον. (12) Ἀγαθὸν δὲ τὸν ἱπποκόμον καὶ ἀναβάλλειν ἐπίστασθαι τὸν Περσικὸν τρόπον, ὅπως αὐτός τε ὁ δεσπότης, ἤν ποτε ἀῤῥωστήσῃ ἢ πρεσβύτερος γένηται, ἔχῃ τὸν εὐπετῶς ἀναβιβάζοντα, καὶ ἄλλῳ ἢν τινι βούληται τὸν ἀναβαλόντα ἐπιχαρίσηται. (13) Τὸ δὲ μήποτε σὺν ὀργῇ τῷ ἵππῳ προςφέρεσθαι, ἐν τοῦτο καὶ δίδαγμα καὶ ἔθισμα πρὸς ἵππον ἄριστον. Ἀπρονόητον γὰρ ἡ ὀργὴ, ὥστε πολλάκις ἐξεργάζεται ὧν μεταμέλειν ἀνάγκη. (14) Καὶ ὅταν δὲ ὑποπτεύσας τι ὁ ἵππος μὴ θέλῃ πρὸς τοῦτο προςιέναι, διδάσκειν δεῖ ὅτι οὐ δεινά ἐστι, μάλιστα μὲν [οὖν] ἵππῳ εὐκαρδίῳ· εἰ δὲ μή, ἁπτόμενον αὐτὸν τοῦ δεινοῦ δοκοῦντος εἶναι καὶ τὸν ἵππον πρᾴως προς-

tur, ab utraque parte viribus homine superior est. At si quis a latere adierit, is minime cum damno suo, multa cum equo poterit agere. Jam ubi ducendus est equus, ut aliquis a tergo sequens eum ducat, propterea non probamus, quia ductor hoc modo minime sibi cavere potest, et equo facere nullo negotio licet omnia quæ vult. Rersus ut aliquis antecedentem a fronte, longo cum loro ductorio doceat equum præire, propter has causas reprehendimus : quod equo nocere liceat utrocumque velit a latere, atque etiam se convertere possit, et in ductorem adversus irruere. Quod si plures equi sic ducantur, quinam fiet ut a se invicem abstineant? Qui vero a latere duci consuevit equus, is minime nec equos nec homines lædere possit, et equiti commodissime paratus ad manum fuerit, si quando celeriter in eum sit adscendendum. Ut autem curator equo frænum etiam recte injiciat, ad lævum latus equi primum accedat; deinde habenas circum caput injectas, in summis armis deponat, verticisque lorum dextra tollat, læva autem lupos admoveat. Hos si admittat, totum fræni reticulum ei scilicet induendum erit. Sin os pandere nolit, frænum equi dentibus adhibendo digitus maximus sinistræ manus buccæ inseratur. Nam plerique, si hoc fiat, os laxant. Si ne ita quidem admittat, labrum ad dentem, qui caninus dicitur, premat. Paucissimi quidem, si hoc eis accidat, frænum non recipiunt. Etiam in his instructus sit curator : primum, ne ducat equum habenæ fune altero : sic enim pars oris altera fit durior : deinde, ut a maxillis intervallo conveniente frænum absit. Nam si valde maxillis incumbat, cori callum obducit, adeo ut sensum perdat ; at si nimis ad os extremum demittatur, potestatem præbet equo se contumaciter gerendi, si frænum simul mordeat. In talibus vero minime irritari debet equus, si quid elaborari oportet. Quippe tantum in hoc momenti situm est, ut equus admittere frænum velit, ut si quis non admittat, omnino inutilis sit. Quod si non tantum frænetur, ubi laborandum est equo, verum etiam quum ad pabulum ducitur, et quum ex agitatione domum reducitur ; mirum non sit, frænum oblatum ab eo sponte rapi. Bonum hoc quoque, scire curatorem, quo pacto sessor more Persico in equum sustollendus sit : ut et ipse dominus, si morbo languescat, aut ætate provectior fiat, habeat hominem, a quo facile imponatur in equum ; et alteri, cui velit, gratificari queat hominem concedendo a quo sustollatur. Unum autem hoc ad equos et præceptum et institutum est optimum, nunquam ut iracunde cum equo agatur. Nam ira quiddam est inconsideratum. Itaque sæpenumero facit ea quorum pœnitere necesse sit. Quum etiam suspectum aliquid habens equus, id adire non vult ; docendus est, in eo nihil esse terribile, præsertim equo animoso : sin id fieri nequeat, equitem ipsum attingere oportet id, quod terribile videtur, equum leniter adducendo.

ἄγοντα. (15) Οἱ δὲ πληγαῖς ἀναγκάζοντες ἔτι πλείω φόβον παρέχουσιν. Οἴονται γὰρ οἱ ἵπποι, ὅταν τι χαλεπὸν πάσχωσιν ἐν τῷ τοιούτῳ, καὶ τούτου τὰ ὑποπτευόμενα αἴτια εἶναι. (16) Ἐπειδὰν γε μὴν ὁ ἱπποκόμος τὸν ἵππον παραδῷ τῷ ἀναβάτῃ, τὸ μὲν ἐπίστασθαι ὑποβιβάζεσθαι τὸν ἵππον, ὥστε εὐπετὲς εἶναι ἀναβῆναι, οὐ μεμφόμεθα· τόν γε μέντοι ἱππέα νομίζομεν χρῆναι μελετᾶν καὶ μὴ παρέχοντος ἵππου δύνασθαι ἀναβαίνειν. Ἄλλοτε μὲν γὰρ ἀλλοῖος ἵππος παραπίπτει, ἄλλοτε δὲ ἄλλως ὁ αὐτὸς ὑπηρετεῖ.

ΚΕΦΑΛΑΙΟΝ Ζ.

Ὅταν γε μὴν παραδέξηται τὸν ἵππον ὡς ἀναβησόμενος, νῦν αὖ γράψομεν ὅσα ποιῶν ὁ ἱππεὺς καὶ ἑαυτῷ καὶ τῷ ἵππῳ ὠφελιμώτατος ἂν ἐν τῇ ἱππείᾳ εἴη. Πρῶτον μὲν τοίνυν τὸν ῥυταγωγέα χρὴ ἐκ τῆς ὑποχαλινιδίας ἢ ἐκ τοῦ ψαλίου ἠρτημένον εὐτρεπῆ εἰς τὴν ἀριστερὰν χεῖρα λαβεῖν, καὶ οὕτω χαλαρὸν ὡς μήτ' ἂν ἀνιμῶν τῶν τριχῶν παρὰ τὰ ὦτα λαβόμενος μέλλῃ ἀναβήσεσθαι, μήτε ἂν ἀπὸ δόρατος ἀναπηδᾷ, σπᾶν τὸν ἵππον. Τῇ δεξιᾷ δὲ τὰς ἡνίας παρὰ τὴν ἀκρωμίαν λαμβανέτω ὁμοῦ τῇ χαίτῃ, ὅπως μηδὲ καθ' ἕνα τρόπον ἀναβαίνων σπάσῃ τῷ χαλινῷ τὸ στόμα τοῦ ἵππου. (2) Ἐπειδὰν δὲ ἀνακουφίσῃ ἑαυτὸν εἰς τὴν ἀνάβασιν, τῇ μὲν ἀριστερᾷ ἀνιμάτω τὸ σῶμα, τὴν δὲ δεξιὰν ἐκτείνων συνεπαιρέτω ἑαυτόν, οὕτω γὰρ ἀναβαίνων οὐδὲ ὄπισθεν αἰσχρὰν θέαν παρέξει, συγκεκαμμένῳ δὲ τῷ σκέλει, καὶ μηδὲ τὸ γόνυ ἐπὶ τὴν ῥάχιν τοῦ ἵππου τιθέτω, ἀλλ' ὑπερβησάτω ἐπὶ τὰς δεξιὰς πλευρὰς τὴν κνήμην. Ὅταν δὲ περιενέγκῃ τὸν πόδα, τότε καὶ τὸ γλουτὸν καταθέτω ἐπὶ τὸν ἵππον. (3) Ἢν δὲ τύχῃ ὁ ἱππεὺς τῇ μὲν ἀριστερᾷ ἄγων τὸν ἵππον, τῇ δὲ δεξιᾷ τὸ δόρυ ἔχων, ἀγαθὸν μὲν ἡμῖν δοκεῖ εἶναι τὸ καὶ ἐκ τῶν δεξιῶν μελετῆσαι ἀναπηδᾶν. Μαθεῖν δ' οὐδὲν δεῖ ἄλλο ἢ ἃ μὲν τότε τοῖς δεξιοῖς τοῦ σώματος ἐποίει τοῖς ἀριστεροῖς ποιεῖν, ἃ δὲ τότε τοῖς ἀριστεροῖς τοῖς δεξιοῖς. (4) Τούτου δ' ἕνεκα καὶ ταύτην ἐπαινοῦμεν τὴν ἀνάβασιν, ὅτι ἅμα τε ἀναβεβηκὼς ἂν εἴη καὶ κατεσκευασμένος πάντα, εἴ τι δέοι ἐξαίφνης πρὸς πολεμίους ἀγωνίζεσθαι. (5) Ἐπειδὰν γε μὴν καθίζηται ἐάν τε ἐπὶ ψιλοῦ ἐάν τε ἐπὶ τοῦ ἐφιππίου, οὐ τὴν ὥσπερ ἐπὶ τοῦ δίφρου ἕδραν ἐπαινοῦμεν, ἀλλὰ τὴν ὥσπερ ὀρθὸς ἂν διαβεβηκὼς εἴη τοῖν σκελοῖν. Τοῦν τε γὰρ μηροῖν οὕτως ἂν ἔχοιτο μᾶλλον τοῦ ἵππου, καὶ ὀρθὸς ὢν ἐρρωμενεστέρως ἂν δύναιτο καὶ ἀκοντίσαι καὶ πατάξαι ἀπὸ τοῦ ἵππου, εἰ δέοι. (6) Χρὴ δὲ καὶ χαλαρὰν ἀπὸ τοῦ γόνατος ἀφεῖσθαι τὴν κνήμην σὺν τῷ ποδί. Σκληρὸν μὲν γὰρ ἔχων τὸ σκέλος εἰ προσκόψειέ τῳ προσκεκλασμένος ἂν εἴη· ὑγρὰ δὲ οὖσα ἡ κνήμη, εἴ τι καὶ προσπίπτοι αὐτῇ, ὑπείκοι ἂν καὶ τὸν μηρὸν οὐδὲν μετακινοίη. (7) Δεῖ δὲ τὸν ἱππέα καὶ τὸ ἄνωθεν τῶν ἑαυτοῦ ἰσχίων σῶμα ὡς ὑγρότατον ἐθίζειν εἶναι. Οὕτω γὰρ ἂν ποιεῖν τέ τι μᾶλλον δύναιτο, καὶ

CAPUT VII.

Qui vero verberibus eos cogunt, etiam majorem metum incutiunt. Putant enim equi, quum interim aliquid grave ferunt, etiam id ab illo, quod suspectum habent, proficisci. Quum sessori curator equum tradit, non improbamus sane, si norit equum sic ei subjicere, quo facilis adscensus sit. Ipsam tamen equitem in hoc exercere se debere ducimus, ut etiam equo ascensum non præbente conscendere possit. Nam aliquando alius atque alius equus ei contingit, aliquando idem equus aliter imperatum facit.

Jam quum eques aliquis acceperit equum, tanquam in eum conscensurus; scribemus modo, quæ facere debeat eques, ut in equitando tam sibi quam equo plurimum conferat. Primo lorum ductorium, vel ad menti catenulam, vel ad fræni partem nares superne cingentem religatum, commode manu sinistra sumat, et ita laxum, ut nec in adscendendi conatu, dum jubis ad aures equi prehensis se sublevat, nec per hastam insiliens, equum convellat. Dextra sumat habenas juxta summos armos simul cum juba, ne ullo modo inter adscendendum os equi fræno torqueat. Posteaquam ad conscensum se leviorem reddiderit, sinistra corpus sublevet; simul dextram extendens, se sustollat. Nam ita conscendens, ne a tergo quidem deforme spectaculum exhibebit. Et fiant hæc inflexo crure, ne genu quidem in equi dorsum imponendo; sed in latus dextrum tibia trajiciatur. Ubi pedem circumactum in alteram partem transtulerit, tunc etiam equo clunes imponat. Bonum quoque nobis esse videtur, ut etiam a dextro latere in equum insiliendi usum aliquis sibi paret; si forte contingat, ut eques sinistra ducat equum, hastam dextra teneat. Nec aliud hic discendum, quam ut sinistris partibus corporis ea peragat, quæ illic dextris faciebat; quæ sinistris illic, jam dextris hic agat. Et laudamus hanc adscensionem, propterea quod hoc modo simul atque conscenderit equum, paratus sit ad omnia, si forte subito pugnandum sit adversus hostes. Ubi jam insederis vel equo nudo, vel ephippio, non laudamus sessionem, qualis est in sella; sed eam, quasi stes erectus cruribus divaricatis. Sic enim et femoribus equo firmius adhærebit, et erectus tam jacula vibrare quam ferire validius ex equo, si ferat usus, poterit. Tibiam quoque cum pede fluxam ac liberam inde usque a genu demittere oportet. Nam si quis crure rigido in aliquid impegerit, etiam crus fortasse fregerit. At tibia fluxa, licet aliquid in eam inpingat, et cedere possit et femur loco suo non moverit. Debet etiam eques ita corporis sui partes, quæ supra coxas sunt, exercere consuefaciendo, ut quam maxime sint agiles. Sic enim et laboribus magis sufficerit,

εἰ ἕλκοι τις αὐτὸν ἢ ὠθοίη, ἧττον ἂν σφάλλοιτο. (8) Ἐπειδὰν γε μὴν καθίζηται, πρῶτον μὲν ἠρεμεῖν δεῖ διδάσκειν τὸν ἵππον, ἕως ἂν καὶ ὑποσπάσηται ἤν τι δέηται, καὶ τὰς ἡνίας ἰσώσηται, καὶ τὸ δόρυ λάβῃ ὡς ἂν εὐφορώτατον εἴη. Ἔπειτα δὲ ἐχέτω τὸν ἀριστερὸν βραχίονα πρὸς ταῖς πλευραῖς· οὕτω γὰρ εὐσταλέστατός τε ὁ ἱππεὺς ἔσται καὶ ἡ χεὶρ ἐγκρατεστάτη. (9) Ἡνίας γε μὴν ἐπαινοῦμεν ὁποῖαι ἴσαι τέ εἰσι καὶ μὴ ἀσθενεῖς μηδὲ ὀλισθηραὶ μηδὲ παχεῖαι, ἵνα καὶ τὸ δόρυ ὅταν δέῃ δέχεσθαι ἡ χεὶρ δύνηται.

10. Ὅταν δὲ προχωρεῖν σημαίνῃ τῷ ἵππῳ, βάδην μὲν ἀρχέσθω· τοῦτο γὰρ ἀταρακτότατον. Ἡνιοχείτω δὲ, ἢν μὲν κυφαγωγότερος ᾖ ὁ ἵππος, ἀνωτέρω ταῖς χερσίν, ἢν δὲ μᾶλλον ἀνακεκυφώς, κατωτέρω· οὕτω γὰρ ἂν μάλιστα κοσμοίη τὸ σχῆμα. (11) Μετὰ δὲ ταῦτα τὸν αὐτοφυῆ διατροχάζων διαχαλῴη τ᾽ ἂν ἀλυπότατα τὸ σῶμα καὶ εἰς τὸ ἐπιρραβδοφορεῖν ἥδιστ᾽ ἂν ἀφικνοῖτο. Ἐπειδήπερ καὶ ἀπὸ τῶν ἀριστερῶν ἄρχεσθαι εὐδοκιμώτερον, ὧδ᾽ ἂν μάλιστα ἀπὸ τούτων ἄρχοιτο· εἰ διατροχάζοντος μὲν, ὁπότε ἀναβαίνει τῷ ἀριστερῷ, τότε σημαίνοι τῷ ἵππῳ τὸ ἐπιρραβδοφορεῖν. (12) Τὸ γὰρ ἀριστερὸν μέλλων αἴρειν ἐκ τούτου ἂν ἄρχοιτο· καὶ ὁπότε ἐπὶ τὰ εὐώνυμα ἀναστρέφοι, τότε καὶ τῆς ἐπισκελίσεως ἂν ἄρχοιτο. Καὶ γὰρ πέφυκεν ὁ ἵππος εἰς μὲν τὰ δεξιὰ στρεφόμενος τοῖς δεξιοῖς ἀφηγεῖσθαι, εἰς εὐώνυμα δὲ τοῖς ἀριστεροῖς. (13) Ἱππασίαν δ᾽ ἐπαινοῦμεν τὴν πέδην καλουμένην. Ἐπ᾽ ἀμφοτέρας γὰρ τὰς γνάθους στρέφεσθαι ἐθίζει. Καὶ τὸ μεταβάλλεσθαι δὲ τὴν ἱππασίαν ἀγαθὸν, ἵνα ἀμφότεραι αἱ γνάθοι καθ᾽ ἑκατέραν τῆς ἱππασίας ἰσάζωνται. (14) Ἐπαινοῦμεν δὲ καὶ τὴν ἑτερομήκη πέδην μᾶλλον τῆς κυκλοτεροῦς. Ἥδιον μὲν γὰρ οὕτως ἂν στρέφοιτο ὁ ἵππος ἤδη πλήρης ὢν τοῦ εὐθέος, καὶ τό τε ὀρθοδρομεῖν καὶ τὸ ἀποκάμπτειν ἅμα μελετώη ἄν. (15) Δεῖ δὲ καὶ ὑπολαμβάνειν ἐν ταῖς στροφαῖς. Οὐ γὰρ ῥᾴδιον τῷ ἵππῳ οὐδ᾽ ἀσφαλὲς ἐν τῷ τάχει ὄντα κάμπτειν ἐν μικρῷ, ἄλλως τε κἂν ἀπόκροτον ἢ καὶ ὀλισθηρὸν ᾖ τὸ χωρίον. (16) Ὅταν γε μὴν ὑπολαμβάνῃ, ὡς ἥκιστα μὲν χρὴ τὸν ἵππον πλαγιοῦν τῷ χαλινῷ, ὡς ἥκιστα δ᾽ αὐτὸν πλαγιοῦσθαι· εἰ δὲ μὴ, εὖ χρὴ εἰδέναι ὅτι μικρᾷ προφάσει ἀρκέσει κεῖσθαι καὶ αὑτὸν καὶ τὸν ἵππον. (17) Ἐπειδὰν γε μὴν ἐκ τῆς στροφῆς εἰς τὸ εὐθὺ βλέπῃ ὁ ἵππος, ἐν τούτῳ πρὸς τὸ θᾶττον αὐτὸν ὁρμάτω. Δῆλον γὰρ ὅτι καὶ ἐν τοῖς πολεμικοῖς αἱ στροφαί εἰσιν ἢ τοῦ διώκειν ἢ τοῦ ἀποχωρεῖν ἕνεκα. Ἀγαθὸν οὖν τὸ στραφέντα ταχύνειν μελετᾷν. (18) Ὅταν δὲ ἱκανῶς ἤδη δοκῇ τὸ γυμνάσιον τῷ ἵππῳ ἔχειν, ἀγαθὸν καὶ διαπαύσαντα ὁρμῆσαι ἐξαίφνης ἐκ τῶν τάχιστον, καὶ ἀφ᾽ ἵππων μέντοι καὶ πρὸς ἵππους· καὶ ἐκ τοῦ ταχέος αὖ ὡς ἐγγυτάτω ἠρεμίζειν, καὶ ἐκ τοῦ ἑστάναι δὲ στρέψαντα δεῖ πάλιν ὁρμᾷν. Πρόδηλον γὰρ ὅτι ἔσται ποτὲ ὅτε ἑκατέρου τούτων δεήσει. (19) Ὅταν γε μὴν καταβαίνειν ἤδη καιρὸς ᾖ, μήτε ἐν ἵπποις ποτὲ καταβαίνειν μήτε παρὰ σύστασιν ἀνθρώπων μήτε ἔξω τῆς

ac si quis eum vel trahat, vel trudendo impellat, minus everti possit. Ubi jam insidet equo, primum docere debet eum, ut placide quiescat, donec subduxerit ipse si quid oporteat, et habenas æquales reddiderit, et hastam ita sumpserit, ut gestari facillime possit. Deinde brachium sinistrum lateri admotum teneat. Hic enim gestus equitem maxime decet; ac manui robur inprimis addit. Habenas laudamus æquales, non fragiles, nec lubricas, nec crassas : ut eadem manus, quoties opus est, hastam quoque prehendere possit.

Signo dato, ut equus progrediatur; pedetentim fiat initium : nam in hoc minimum est perturbationis. Habenas, si cernuus incedat equus, altiores gerat manibus; demissiores sin erectiori capite : hoc enim formam equi maxime decoraverit. Secundum hæc si naturali cursitet incessu, reddetur corpus ejus absque molestia laxius, et sic lenissime ad incitatum cursum veniet. Quum vero magis probetur, ut a sinistris initium fiat, ita maxime hinc incipiet, si equo currente, quando pedem is tollat sinistrum, tunc incitati cursus signum dederit. Quippe dum sinistrum jam est sublaturus, ab eo incipiet; et ubi ad sinistram se convertit, tunc et cursus initium faciet. Solet enim equus, si convertatur ad dextram, dextris primum insistere; si ad lævam, sinistris. Eam vero laudamus equorum agitationem, quæ pedicæ nomen habet [*et figuram fere circuli*]. Nam adsuefacit equos, ut ab utraque maxillarum parte convertantur. Et mutare motum equi bonum est, ut utraque agitationis ratione similes sibi maxillæ fiant ambæ. Laudamus et pedicam altera parte longiorem potius quam rotundam. Sic enim libentius convertetur equus, jam recti cursus satur; et simul ad cursum rectum, et ad inflexionem exercebitur. Etiam cohibendi sunt a celeriore cursu in flexibus equi. Nec enim vel facile, vel tuto fieri potest, ut equus in cursu citatiore angusto se circuitu flectat; præsertim si locus salebrosus sit, aut lubricus. Inter cohibendum quam minime frœno flectendus in obliquum equus, nec in alterum latus ipsi sessori procumbendum. Ceteroquin sciendum est, levem suffecturam occasionem ad hoc, ut tam ipse quam equus humi jaceant. Ubi jam post flexum recta prospicitet equus, tum vero ad celeritatem incitandus erit. Nimirum constat, in bellis quoque fieri flexus vel hostem insequendi, vel receptus causa. Quapropter utile est equos exercere, ut post flexum cursu celeriore ferantur. Posteaquam exerciti satis habere jam videbitur equus, bonum erit etiam post quietem eum subito ab cursum celerrimum incitare, tam ab equis aliis quam in equos : rursumque ab hac celeritate brevissimo tempore eum sistere, atque ubi steterit aliquamdiu, denuo conversum incitare. Quippe manifestum est, venturum aliquando tempus, quo amborum usus ei futurus sit necessarius. Ubi jam descendendi tempus erit, non hoc fiat inter equos, nec juxta cœtum aliquem

ΚΕΦΑΛΑΙΟΝ Η.

Ἐπειδήπερ ἔστιν ὅπου τρέχειν δεήσει τὸν ἵππον καὶ πρανῆ καὶ ὄρθια καὶ πλάγια, ἔστι δ᾽ ὅπου διαπηδᾶν, ἔστι δ᾽ ὅπου καὶ ἐκπηδᾶν, ἔνθα δὲ καὶ καθάλλεσθαι, καὶ ταῦτα πάντα διδάσκειν τε δεῖ καὶ μελετᾶν καὶ αὐτὸν καθόλου καὶ τὸν ἵππον. Οὕτω γὰρ ἂν σωτήριοί τε εἶεν ἀλλήλοις καὶ χρησιμώτεροι ἂν δοκοῖεν εἶναι. (2) Εἰ δέ τις διλογεῖν ἡμᾶς οἴεται, ὅτι περὶ τῶν αὐτῶν λέγομεν νῦν τε καὶ πρόσθεν, οὐ διλογία ταῦτά ἐστιν. Ὅτε μὲν γὰρ ἐωνεῖτο, πειρᾶσθαι ἐκελεύομεν εἰ δύναιτο ὁ ἵππος ταῦτα ποιεῖν· νῦν δὲ διδάσκειν φαμὲν χρῆναι τὸν ἑαυτοῦ καὶ γράψομεν ὡς δεῖ διδάσκειν. (3) Τὸν μὲν γὰρ παντάπασιν ἄπειρον τοῦ διαπηδᾶν λαβόντα δεῖ τοῦ ἀγωγέως καταβεβλημένου προδιαβῆναι αὐτὸν τὴν τάφρον, ἔπειτα δὲ ἐντείνειν δεῖ τῷ ἀγωγεῖ ὡς διαλλῆται. (4) Ἢν δὲ μὴ ἐθέλῃ, ἔχων τις μάστιγα ἢ ῥάβδον ἐμβαλέτω ὡς ἰσχυρότατα· καὶ οὕτως ὑπεραλεῖται οὐ τὸ μέτρον, ἀλλὰ πολὺ πλεῖον τοῦ καιροῦ· καὶ τὸ λοιπὸν οὐδὲν δεήσει παίειν, ἀλλ᾽ ἢν μόνον ἤδη ὄπισθέν τινα ἐπελθόντα, ἁλεῖται. (5) Ἐπειδὰν δὲ οὕτω διαπηδᾶν ἐθισθῇ, καὶ ἀναβεβηκὼς ἐπαγέτω τὸ μὲν πρῶτον μικρᾶς, ἔπειτα δὲ καὶ μείζους. Ὅταν δὲ μέλλῃ πηδᾶν, παισάτω αὐτὸν τῷ μύωπι. Ὡσαύτως δὲ καὶ τὸ ἀναπηδᾶν καὶ τὸ καταπηδᾶν διδάσκων παισάτω τῷ μύωπι. Ἀθρόῳ γὰρ τῷ σώματι ταῦτα πάντα ποιῶν καὶ ἑαυτῷ ὁ ἵππος καὶ τῷ ἀναβάτῃ ἀσφαλέστερον ποιήσει μᾶλλον ἢ ἂν ἐκλείπῃ τὰ ὄπισθεν ἢ διαπηδῶν ἢ ἀνορούων ἢ καθαλλόμενος. (6) Εἰς γε μὴν τὸ κατάντες πρῶτον χρὴ ἐν μαλακῷ χωρίῳ διδάσκειν. Καὶ τελευτῶν ἐπειδὰν τοῦτο ἐθισθῇ, πολὺ ἥδιον τὸ πρανὲς τοῦ ὀρθίου δραμεῖται. Ἃ δὲ φοβοῦνταί τινες μὴ ἀπορρηγνύωνται τοὺς ὤμους κατὰ τὰ πρανῆ ἐλαυνόμενοι, θαρρούντων μαθόντες ὅτι Πέρσαι καὶ Ὀδρύσαι ἅπαντες τὰ κατάντη ἁμιλλώμενοι οὐδὲν ἧττον τῶν Ἑλλήνων ὑγιεῖς τοὺς ἵππους ἔχουσι. (7) Παρήσομεν δὲ οὐδὲ ὅπως τὸν ἀναβάτην ὑπηρετεῖν δεῖ ἕκαστα τούτων. Χρὴ γὰρ ὁρμῶντος μὲν ἐξαίφνης ἵππου προνεύειν· ἧττον γὰρ ἂν καὶ ὑποδύοι ὁ ἵππος καὶ ἀναβάλλοι τὸν ἀναβάτην· ἐν μικρῷ δὲ ἀναλαμβανομένου ἀναπίπτειν· ἧττον γὰρ ἂν αὐτὸς κόπτοιτο. (8) Τάφρον δὲ διαλλομένου καὶ πρὸς ὄρθιον ἱεμένου καλὸν χαίτης ἐπιλαμβάνεσθαι, ὡς μὴ ὁ ἵππος τῷ τε χωρίῳ ἅμα καὶ τῷ χαλινῷ βαρύνηται. Εἰς γε μὴν τὸ πρανὲς καὶ ἑαυτὸν ὑπτιαστέον καὶ τοῦ ἵππου ἀντιληπτέον τῷ χαλινῷ, ὡς μὴ προπετῶς εἰς τὸ κάταντες μήτε αὐτὸς μήτε ὁ ἵππος φέρηται.

9. Ὀρθῶς δ᾽ ἔχει καὶ τὸ ἄλλοτε μὲν ἐν ἄλλοις τόποις, ἄλλοτε δὲ μακρὰς ἄλλοτε δὲ βραχείας τὰς ἱππασίας ποιεῖσθαι. Ἀμισέστερα γὰρ τῷ ἵππῳ καὶ ταῦτα τοῦ ἀεὶ ἐν τοῖς αὐτοῖς τόποις καὶ ὁμοίως τὰς ἱππασίας ποιεῖσθαι, ἀλλ᾽ ὅπουπερ καὶ πονεῖν ἀναγκάζεται ὁ ἵππος, ἐνταῦθα καὶ τῆς ῥαστώνης τυγχανέτω.

CAPUT VIII.

Et quoniam equo nonnunquam currendum erit per declivia, acclivia, transversa; nonnunquam transiliendum, et exsiliendum, et desiliendum; ad istaec omnia prorsus et instituere et exercere tam se ipsum quam equum debet. Hoc enim modo et salutaris alter alteri fuerit, et utilis. Si quis autem nos eadem bis repetere putat, qui de iisdem et prius et nunc loquamur; sane non hoc est bis dicere. Nam in emptione periculum fieri jubebamus, an equus haec praestare posset; nunc unicuique sic equum suum docendum dicimus, et docendi rationem litteris prodemus. Nam qui transiliendi rudem prorsus accepit equum, is humi demisso loro ductorio, prior ipse transire fossam debet; deinde intento loro ductorio urgendus equus, ut transiliat. Si nolit, flagellum aliquis aut virgam totis viribus adhibeat. Ita non solum id spatium, sed majus etiam quam oportebit, transiliet; ac deinceps non opus erit verberibus, sed ubi duntaxat accedentem a tergo quendam conspexerit, saliet. Posteaquam ita transilire adsueverit, etiam conscensum primo deducat ad minores, inde ad majores fossas. Quum vero jam in eo est ut saliat, calcaribus eum pungat. Similiter et quum eum exsilire, et quum desilire docet, calcaribus exstimulet. Nam si haec omnia toto simul corpore faciat equus, tam sibimet ipsi quam sessori minore cum periculo praestabit, quam si vel in transiliendo, vel sursum proruendo, vel desiliendo, a tergo posteriora deficiant. Ad declivia primum instituendus est in solo molli; tandem vero, quum assueverit, multo libentius per declivia, quam per acclivia curret. Si qui vero metuunt, ne, dum aguntur equi per declivia, scapulas et armos rumpant: bono esse animo poterunt, ubi cognoverint, Persas et Odrysas universos, per declivia cursu certantes, equos habere Graecorum equis non minus sanos. Nec omittemus, quo pacto sessor ad haec omnia se debeat accommodare. Nam ad impetum equi subitum, anterius ei propendendum, quod ita dorso minus subsidet equus, et minus inde equitem sursum jactabit; paulloque post, dum inhibetur equus, se retrorsum erigat. Sic enim minus ipse succutietur. Dum fossa transilitur, et in acclivia pergitur, non malum est jubam adprehendere; ne simul equus et difficultate loci, et fraeno gravetur. In agitatione vero declivi se ipsum resupinet, et equum fraeno contineat; ne praeceps tum ipse tum equus deorsum feratur.

Rectum est etiam, nonnunquam in aliis atque aliis locis, et interdum longas, interdum breves equitationes instituere. Nam et illa minus equo sunt odiosa, quam si semper in hominum, nec extra spatium agitationis: sed quo loco laborem equus perferre cogitur, ibidem et quiete potiatur.

ΠΕΡΙ ΙΠΠΙΚΗΣ ΚΕΦ. Θ.

εἶσθαι. (10) Ἐπεὶ δὲ δεῖ ἐν παντοίοις τε χωρίοις τὸν ἵππον ἀνὰ κράτος ἐλαύνοντα ἔποχον εἶναι καὶ ἀπὸ τοῦ ἵππου τοῖς ὅπλοις καλῶς δύνασθαι χρῆσθαι, ὅπου μέν ἐστι χωρία ἐπιτήδεια καὶ θηρία, ἄμεμπτος ἡ ἐν θήραις μελέτη τῆς ἱππικῆς· ὅπου δὲ ταῦτα μὴ ὑπάρχει, ἀγαθὴ ἄσκησις καὶ ἢν δύο ἱππόται συντιθεμένω ὁ μὲν φεύγῃ ἐπὶ τοῦ ἵππου παντοῖα χωρία, καὶ τὸ δόρυ εἰς τοὔπισθεν μεταβαλλόμενος ὑποχωρῇ, ὁ δὲ διώκῃ, ἐσφαιρωμένα τε ἔχων ἀκόντια καὶ δόρυ ὡσαύτως πεπραγματευμένον· καὶ ὅπου μὲν ἂν εἰς ἀκόντιον ἀφικνῆται, ἀκοντίζῃ τὸν φεύγοντα τοῖς σφαιρωτοῖς· ὅπου δ' ἂν εἰς δόρατος πληγήν, παίῃ τὸν ἁλισκόμενον. (11) Ἀγαθὸν δὲ κἂν ποτε συμπέσωσιν ἑλκύσαντα ἐφ' ἑαυτὸν τὸν πολέμιον ἐξαίφνης ἀπῶσαι· τοῦτο γὰρ καταπληκτικόν. Ὀρθῶς δὲ ἔχει καὶ τῷ ἑλκομένῳ ἐπελαύνειν τὸν ἵππον· τοῦτο γὰρ ποιῶν ὁ ἑλκόμενος καταβάλοι ἂν μᾶλλον τὸν ἕλκοντα ἢ καταπέσοι. (12) Ἢν δέ ποτε καὶ στρατοπέδου ἀντικαθημένου ἀνθιππεύωσιν ἀλλήλοις, καὶ διώκωσι μὲν μέχρι τῆς πολεμίας φάλαγγος τοὺς ἀντίους, φεύγωσι δὲ μέχρι τῆς φιλίας, ἀγαθὸν καὶ ἐνταῦθα ἐπίστασθαι ὅτι ἕως μὲν ἂν παρὰ τοὺς φίλους τις ᾖ καλὸν καὶ ἀσφαλὲς τὸ ἐν πρώτοις ἐπιστρέψαντα ἀνὰ κράτος ἐπικεῖσθαι, ὅταν δ' ἐγγὺς τῶν ἐναντίων γίγνηται, ὑποχείριον τὸν ἵππον ἔχειν. Οὕτω γὰρ ἄν, ὡς τὸ εἰκός, μάλιστα δύναιτο βλάπτειν τοὺς ἐναντίους μὴ βλάπτεσθαι ὑπ' αὐτῶν. (13) Ἀνθρώποις μὲν οὖν ἀνθρώπους θεοὶ ἔδοσαν λόγῳ διδάσκειν ἃ δεῖ ποιεῖν, ἵππον δὲ δῆλον ὅτι λόγῳ μὲν οὐδὲν ἂν διδάξαις· ἢν δὲ ὅταν μὲν ποιήσῃ ὡς ἂν βούλῃ, ἀντιχαρίσῃ αὐτῷ, ὅταν δὲ ἀπειθῇ, κολάζῃς, οὕτως μάλιστα μάθοι ἂν τὸ δέον ὑπηρετεῖν. (14) Καὶ ἔστι μὲν τοῦτο ἐν βραχεῖ εἰπεῖν, δι' ὅλης δὲ τῆς ἱππικῆς παρακολουθεῖ. Καὶ γὰρ χαλινὸν μᾶλλον ἂν λαμβάνοι, εἰ ὁπότε δέξαιτο ἀγαθόν τι αὐτῷ ἀποβαίνοι· καὶ διαπηδῴη δ' ἂν καὶ ἐξάλλοιτο καὶ τἆλλα πάντα ὑπηρετοίη ἄν, εἰ προσδοκῴη ὁπόταν τὰ σημαινόμενα πράξειε ῥαστώνην τινά.

ΚΕΦΑΛΑΙΟΝ Θ.

Καὶ τὰ μὲν δὴ εἰρημένα ταῦτά ἐστιν ὡς ἂν ἥκιστα μὲν ἐξαπατῷτό τις καὶ πῶλον καὶ ἵππον ὠνούμενος, ἥκιστα δ' ἂν διαφθείροι χρώμενος, μάλιστα δ' ἂν ἵππον ἀποδεικνύειν δέοι ἔχοντα ὧν ἱππεὺς δεῖται εἰς πόλεμον. Καιρὸς δ' ἴσως γράψαι, καὶ εἴ ποτε συμβαίη θυμοειδεστέρῳ ἵππῳ τοῦ καιροῦ χρῆσθαι ἢ βλακωδεστέρῳ, ὡς ἂν ὀρθότατα ἑκατέρῳ χρῷτο. (2) Πρῶτον τοίνυν χρὴ τοῦτο γνῶναι ὅτι ἐστὶ θυμὸς ἵππῳ ὅπερ ὀργὴ ἀνθρώπῳ. Ὥσπερ οὖν καὶ ἄνθρωπον ἥκιστ' ἄν ὀργίζοι τις μήτε λέγων χαλεπὸν μηδὲν μήτε ποιῶν, οὕτω καὶ ἵππον θυμοειδῆ ὁ μὴ ἀνιῶν ἥκιστ' ἂν ἐξοργίζοι. (3) Εὐθὺς μὲν οὖν χρὴ ἐν τῇ ἀναβάσει ἐπιμελεῖσθαι ὡς ἂν ἥκιστ' ἀναβαίνων λυποῖ· ἐπειδὰν δ' ἀναβῇ, ἠρεμήσαντα πλείω χρόνον ἢ τὸν ἐπιτυχόντα οὕτω προκινεῖν αὐτὸν

CAPUT IX.

Et hactenus quidem haec exposita sunt, quomodo quam minime circumveniatur is, qui pullum vel equum emit; quomodo emptum quam minime usu corrumpat, praesertim si equus cum ostentatione sit exhibendus, qui habeat ea quibus equiti ad bellum sit opus. Tempus autem fortasse fuerit, ut etiam scribamus, si quando contingat, ut vel animosiore quis equo, vel ignaviore, quam par sit, utatur; quonam modo rectissime utroque possit uti. Primum igitur hoc sciendum est, in equo id animum esse, quod in homine sit iracundia. Itaque sicut hominem minime quis ad iram provocet, qui molestum ei quidquam neque dixit, neque facit : ita nec animosiorem equum ad iram aliquis commoveat, qui re nulla eum offendit. Statim igitur in adscensu adhibenda diligentia, ne quidquam molestum equo fiat, dum conscenditur. Ubi conscenderit eques, et diutius quieverit quam alio quovis equo fecisset : ita

iisdem locis, et eodem modo agitetur. Quia vero necessarium est, ut omnigenis in locis equum agens; eidem firmiter insideat, et armis ex eo recte uti possit; idcirco rei equestris exercitum in venationibus, ubi tum idonea loca, tum ferae sunt, reprehendi non potest : ubi vero nulla est horum copia, fuerit haec quoque non inutilis exercitatio, si duo equites sic inter se rem componant, ut alter in equo per omnigena loca fugiat, et hastam subinde retro transferens abscedat; alter insequatur cum jaculis in cuspidem pilarem desinentibus, et cum ejusdem formae hasta. Quum intra jactum teli pervenerit, illa jacula cuspidis pilaris in fugientem conjiciat; quum ad intervallum, quo hasta ferire licet, deprensum feriat. Bonum hoc quoque, ut his inter se congressis, alter hostem ad se tractum subito protrudat : haec enim est hostis dejiciendi ratio. Vicissim is qui trahitur, recte faciet si equum adigere nitatur. Quippe si hoc faciat is qui trahitur, citius trahentem dejecerit quam ipse ceciderit. Jam si aliquando, dum castra castris opponuntur, equites contra se provehantur, et ad hostilem usque phalangem adversarios insequantur, ad suam vero vicissim refugiant : hic etiam scire bonum est, quamdiu non procul aliquis a suis abest, recte tutoque facturum, si, equo converso in hostes adacto, totis viribus inter primos urgeat : ubi vero propior hostibus fuerit, equum in potestate retineat. Non enim abs re sic maxime damnum hostibus inferens, ipse nullum ab eis acceperit. Ceterum mortalibus hoc datum divinitus, ut alios oratione docere possit homo, quae facienda sint : equum vero ut nihil oratione profecto docueris, ita si pro voluntate tua quiddam agenti vicissim gratum aliquid feceris, et contumacem castigaveris, hoc inprimis modo didicerit, ubicumque debet, obsequi. Ac potest quidem paucis hoc dici, sed in equestri re tota locum habet ubique. Nam et fraenum facilius admittet, si quidem eo admisso boni aliquid ei contingat : itidemque tum transiliet, tum exsiliet, in aliisque omnibus obsequetur, si, postquam imperata fecerit, aliquam requietem exspectet.

ὡς πρᾳοτάτοις σημείοις. Ἔπειτα δ' ἐκ τοῦ βραδυτάτου ἀρχόμενον οὕτως αὖ εἰς τὸ θᾶττον προάγειν ὡς ἂν μάλιστα λανθάνοι αὐτὸν ὁ ἵππος εἰς τὸ ταχὺ ἀφικνούμενος. (4) Ὅ,τι δ' ἂν ἐξαίφνης σημήνῃ, θυμοειδῆ ἵππον ὥσπερ ἄνθρωπον ταράττει τὰ ἐξαπιναῖα καὶ δράματα καὶ ἀκούσματα καὶ παθήματα. Εἰδέναι δὲ χρὴ ὅτι ἐν ἵππῳ τὰ ἐξαπίναια τάραχον ἐξεργάζεται. (5) Ἢν δὲ καὶ εἰς τὸ θᾶττον δρομώμενον τοῦ καιροῦ ὑπολαμβάνειν βούλῃ τὸν θυμοειδῆ, οὐ δεῖ ἐξαπιναίως σπᾶν, ἀλλ' ἡρεμαίως προσάγεσθαι τῷ χαλινῷ, πραΰνοντα, οὐ βιαζόμενον ἠρεμεῖν. (6) Καὶ αἵ [τε] μακραὶ ἐλάσεις μᾶλλον ἢ αἱ πυκναὶ ἀποστροφαὶ πραΰνουσι τοὺς ἵππους καὶ αἱ ἡσυχαῖαι [μὲν] πολὺν χρόνον καθεψοῦσι καὶ πραΰνουσι καὶ οὐκ ἀνεγείρουσι τὸν θυμοειδῆ. (7) Εἰ δέ τις οἴεται, ἢν ταχὺ καὶ πολλὰ ἐλαύνηται, ἀπειπεῖν ποιήσας τὸν ἵππον πρᾷον εἶναι, τἀναντία γιγνώσκει τοῦ γιγνομένου. Ἐν γὰρ τοῖς τοιούτοις ὁ θυμοειδὴς καὶ ἄγειν βίᾳ μάλιστα ἐπιχειρεῖ καὶ σὺν τῇ ὀργῇ ὥσπερ ἄνθρωπος ὀργίλος πολλάκις καὶ ἑαυτὸν καὶ τὸν ἀναβάτην πολλὰ ἀνήκεστα ἐποίησεν. (8) Ὑπολαμβάνειν δὲ χρὴ ἵππον θυμοειδῆ καὶ τοῦ εἰς τὸ τάχιστα ὁρμᾶν, τοῦ δὲ δὴ παραβάλλειν ἵππῳ καὶ παντάπασιν ἀπέχεσθαι· σχεδὸν γὰρ οἱ φιλονεικότατοι καὶ θυμοειδέστατοι τῶν ἵππων γίγνονται. (9) Καὶ χαλινοὶ δὲ οἱ λεῖοι ἐπιτηδειότεροι τῶν τραχέων. Ἐὰν δὲ καὶ τραχὺς ἐμβληθῇ, τῇ χαλαρότητι τῷ λείῳ δεῖ αὐτὸν ἀφομοιοῦν. Ἀγαθὸν δὲ ἐθίζειν αὐτὸν καὶ τὸ ἠρεμεῖν μάλιστα ἐπὶ θυμοειδοῦς ἵππου, καὶ τὸ ὡς ἥκιστα ἄλλῳ τινὶ ἅπτεσθαι ἢ οἷς τοῦ καθῆσθαι ἀσφαλῶς ἕνεκα ἁπτόμεθα. (10) Εἰδέναι δὲ χρὴ ὅτι διδαγμά ἐστι καὶ τῷ ποππυσμῷ μὲν πραΰνεσθαι, κλωγμῷ δὲ ἐγείρεσθαι. Καὶ εἴ τις ἐξ ἀρχῆς ἐπὶ μὲν κλωγμῷ τὰ πρᾷα, ἐπὶ δὲ ποππυσμῷ τὰ χαλεπὰ προσφέροι, μάθοι ἂν ὁ ἵππος ποππυσμῷ μὲν ἐγείρεσθαι, κλωγμῷ δὲ πραΰνεσθαι. (11) Οὕτως οὖν δεῖ καὶ παρὰ κραυγῇ καὶ παρὰ σάλπιγγα μήτ' αὐτὸν φαίνεσθαι τεθορυβημένον τῷ ἵππῳ μήτε μὴν ἐκείνῳ θορυβῶδες μηδὲν προσφέρειν, ἀλλ' εἰς τὸ δυνατὸν καὶ ἀναπαύειν ἐν τῷ τοιούτῳ καὶ ἄριστα καὶ δεῖπνα, εἰ ἐγχωροίη, προσφέρειν. (12) Κάλλιστον δὲ συμβούλευμα τὸ ἄγαν θυμοειδῆ ἵππον μὴ κτᾶσθαι εἰς πολέμους. Βλακί γε μὴν ἵππῳ ἀρκεῖν μοι δοκεῖ γράψαι πάντα τἀναντία ποιεῖν ὅσα τῷ θυμοειδεῖ χρῆσθαι συμβουλεύομεν.

ΚΕΦΑΛΑΙΟΝ Ι.

Ἢν δέ τίς ποτε βουληθῇ χρῆσθαι τῷ χρησίμῳ εἰς πόλεμον ἵππῳ μεγαλοπρεπεστέρῳ τε καὶ περιβλεπτοτέρῳ ἱππάζεσθαι, τοῦ μὲν ἕλκειν τὸ στόμα τῷ χαλινῷ καὶ μυωπίζειν τε καὶ μαστιγοῦν τὸν ἵππον, ἃ οἱ πολλοὶ ποιοῦντες λαμπρύνειν οἴονται, ἀπέχεσθαι δεῖ· πάντα γὰρ τἀναντία οὗτοί γε ποιοῦσιν ὧν βούλονται. (2) Τά τε γὰρ στόματα ἕλκοντες ἄνω ἀντὶ τοῦ προορᾶν ἐκτυφλοῦσι τοὺς ἵππους, καὶ μυωπίζοντες καὶ παίοντες ἐκ-

deinde signis eum placidissimis loco moveat. Hinc a tardissimo incipiens, sic eum ad velociorem motum deducat, ut ipsemet equus se minime sentiat ad progressum celeriorem accessisse. Quidquid autem repente jusserit eques, id equum animosum non aliter atque hominem perturbat, sive subito conspicjat aliquid, seu audiat, seu patiatur. Sciendum vero, repentina perturbationis causam equo præbere. Quod si etiam equum animosum concitatius proruentem, quam par sit, inhibere velis; non eum convellere subito debes, sed placide fræno attrahere, ut eum mitigando, non vi cogendo, ad quiescendum permoveas. Agitationes quoque prolixiores magis mitigant equos, quam crebriæ inflexiones; itemque remissiores sensim quasi decoquunt, et placant, et minime concitant equum animosiorem. Si quis autem existimat, equum se agitatione celeri et diuturna fatigatum mansuetiorem effecturum: is contra statuit, quam fieri solet. Nam equus animosus in hujusmodi agitationibus inprimis vi nititur uti, et in ira perinde atque homo iracundus, sæpenumero tam se ipsum quam sessorem multis adficere malis gravissimis consuevit. Etiam continendus est equus animosus, quominus celerrime proruat; et ab eo prorsus abstinendum, ne cum alio quovis equo certaminis causa committatur. Nam equi plerumque contentiosissimi etiam existere solent animosissimi. Fræna quoque his aptiora lævia, quam aspera. Si tamen et asperum injectum fuerit, laxitate id efficiendum, ut lævi simile sit. Bonum vero est, ut eques se consuefaciat ad sessionem quietam in equo animoso, et ut cum alia sui parte non tangat, quam quibus partibus equum sessionis tutioris causa tangimus. Sciendum autem, solere præcipi, ut equi poppysmate mitigentur, clogmo sive linguæ ad palatum admotæ sonitu excitentur. Quod si quis initio lenius equum tractet cum clogmo, durius autem eum poppysmate : nimirum ad poppysma incitari adsueverit, ad clogmum mitigari. Eodem modo nec ad clamorem, nec ad tubam, vel ipse videri debet equo esse perturbatus, vel ei turbulentam aliquam speciem exhibere; sed in hujusmodi casu equum sedare, quantum ejus fieri potest, et eidem tum prandii, tum cœnæ pabula, si tum equidem id fieri liceat, offerre. Rectissimum vero consilium hoc fuerit, ut equus admodum ferox ad usum belli non ematur. De inerti equo sufficere mihi videtur id scripsisse, omnia huic facienda iis contraria, quibus utendum in animoso consulimus.

CAPUT X.

Si quis autem equo ad bellum idoneo sic uti voluerit, ut etiam inter equitandum magnificentior sit et spectabilior, is uti nec eo equi fræno torqueat, nec eum calcaribus et flagris urgeat, abstinere se debet : quæ plerique dum faciunt, splendidi quiddam se agere opinantur. Contraria nempe iis agunt omnia, quæ cupiunt. Etenim dum equorum ora sursum trahendo torquent, cæcos reddunt eos, qui ante se spectare debebant; dum calcaribus urgent, et flagris cæ-

ΠΕΡΙ ΙΠΠΙΚΗΣ ΚΕΦ. Ι.

πλήττουσιν,ὥστε τεταράχθαι καὶ κινδυνεύειν. Ταῦτα δ' ἐστὶν ἵππων ἔργα τῶν μάλιστα ἀχθομένων ἱππασίᾳ καὶ αἰσχρὰ καὶ οὐ καλὰ ποιούντων. (3) Ἐὰν δέ τις διδάξῃ τὸν ἵππον ἐν χαλαρῷ μὲν τῷ χαλινῷ ἱππεύειν, ἄνω δὲ τὸν αὐχένα διαίρειν, ἀπὸ δὲ τῆς κεφαλῆς κυρτοῦσθαι, οὕτως ἂν ἀπεργάζοιτο ποιεῖν τὸν ἵππον οἷσπερ καὶ αὐτὸς ἥδεταί τε καὶ ἀγάλλεται. (4) Τεκμήριον δὲ ὅτι τούτοις ἥδεται· ὅταν γὰρ αὐτὸς ἔλθῃ παρ' ἵππους, μάλιστα δὲ ὅταν παρὰ θηλείας, τότε αἴρει τε τὸν αὐχένα ἀνωτάτω καὶ κυρτοῖ μάλιστα τὴν κεφαλὴν γοργούμενος, καὶ τὰ μὲν σκέλη ὑγρὰ μετεωρίζει, τὴν δὲ οὐρὰν ἄνω ἀνατείνει. (5) Ὅταν οὖν τις αὐτὸν εἰς ταῦτα προάγῃ ἅπερ αὐτὸς σχηματοποιεῖται ὅταν μάλιστα καλλωπίζηται, οὕτως ἡδόμενόν τε τῇ ἱππασίᾳ καὶ μεγαλοπρεπῆ καὶ γοργὸν καὶ περίβλεπτον ἀποφαίνει τὸν ἵππον. Ὡς οὖν ἡγούμεθα ταῦτ' ἂν ἀπεργασθῆναι νῦν αὖ πειρασόμεθα διηγεῖσθαι. (6) Πρῶτον μὲν τοίνυν χρὴ οὐ μεῖον δυοῖν χαλινοῖν κεκτῆσθαι. Τούτων δὲ ἔστω ὁ μὲν λεῖος, τοὺς τροχοὺς εὐμεγέθεις ἔχων, ὁ δὲ ἕτερος τοὺς μὲν τροχοὺς καὶ βαρεῖς καὶ ταπεινούς, τοὺς δ' ἐχίνους ὀξεῖς, ἵνα ὁπόταν μὲν τοῦτον λάβῃ, ἀσχάλλων τῇ τραχύτητι διὰ τοῦτο ἀφῇ, ὅταν δὲ τὸν λεῖον μεταλάβῃ, τῇ μὲν λειότητι αὐτοῦ ἡσθῇ, ἃ δὲ ὑπὸ τοῦ τραχέος παιδεύθη, ταῦτα καὶ ἐν τῷ λείῳ ποιῇ. (7) Ἢν δ' αὖ καταφρονήσας τῆς λειότητος θαμινὰ ἀπερείδηται ἐν αὐτῷ, τούτου ἕνεκα τοὺς τροχοὺς μεγάλους τῷ λείῳ προστίθεμεν ἵνα χάσκειν ἀναγκαζόμενος ὑπ' αὐτῶν ἀφῇ τὸ στόμιον. Οἷόν τε δὲ καὶ τὸν τραχὺν παντοδαπὸν ποιεῖν καὶ κατειλοῦντα καὶ κατατείνοντα. (8) Ὁποῖοι δ' ἂν ὦσι χαλινοί, πάντες ὑγροὶ ἔστωσαν. Τὸν μὲν γὰρ σκληρόν, ὅπῃ ἂν ὁ ἵππος λάβῃ, ὅλον ἔχει πρὸς ταῖς γνάθοις· ὥσπερ καὶ ὀβελίσκον, ὁπόθεν ἄν τις λάβῃ, ὅλον αἴρει. (9) Ὁ δ' ἕτερος ὥσπερ ἡ ἅλυσις ποιεῖ· ὃ γὰρ ἂν ἔχῃ τις αὐτοῦ, τοῦτο μόνον ἀκαμπτον μένει, τὸ δὲ ἄλλο ἀπήρτηται· τὸ δὲ φεύγον ἐν τῷ στόματι ἀεὶ θηρεύων ἀφίησιν ἀπὸ τῶν γνάθων τὸ στόμιον· τούτου ἕνεκα καὶ κατὰ μέσον ἐκ τῶν ἀξόνων δακτύλιοι κρεμάννυνται, ὅπως τούτους διώκων τῇ τε γλώττῃ καὶ τοῖς ὀδοῦσιν ἀμελῇ τοῦ ἀναλαμβάνειν πρὸς τὰς γνάθους τὸν χαλινόν. (10) Εἰ δέ τις ἀγνοεῖ τί τὸ ὑγρὸν τοῦ χαλινοῦ καὶ τί τὸ σκληρόν, γράψομεν καὶ τοῦτο. Ὑγρὸν μὲν γάρ ἐστιν ὅταν οἱ ἄξονες εὐρείας καὶ λείας ἔχωσι τὰς συμβολάς, ὥστε ῥᾳδίως κάμπτεσθαι, καὶ πάντα δὲ ὁπόσα περιτίθεται περὶ τοὺς ἄξονας ἢν εὐρύστομα ᾖ καὶ μὴ σύμπυκνα, ὑγρότερά ἐστιν. (11) Ἢν δὲ χαλεπῶς ἕκαστα τοῦ χαλινοῦ διατρέχῃ καὶ συνδέῃ, τοῦτ' ἐστὶ σκληρὸν εἶναι. Ὁποῖος δ' ἂν ᾖ, τούτῳ τάδε πάντα ταὐτὰ ποιητέον, ἤνπερ γε βούληται ἀποδείξασθαι τὸν ἵππον οἷόνπερ εἴρηται. (12) Ἀνακρουστέον μὲν τὸ στόμα τοῦ ἵππου οὔτε ἄγαν χαλεπῶς ὥστε ἐκνεύειν, οὔτε ἄγαν ἡσύχως ὡς μὴ αἰσθάνεσθαι. Ἐπειδὰν δὲ ἀνακρουόμενος αἴρῃ τὸν αὐχένα, αὐτίκα εὐθὺς τὸν χαλινόν. Καὶ τἆλλα δὲ δεῖ, ὥσπερ οὐ παυόμεθα λέγοντες, ἐν ᾧ ἂν καλῶς ὑπηρετῇ, χαρίζεσθαι τῷ ἵππῳ.

dunt, ita territos obstupefaciunt, ut perturbati, se periculis exponant. Ea vero fieri ab equis solent, qui motum equitationis molestissime ferunt; ac foede, minimeque recte se gerunt. Si quis autem sic equum instituat, ut motus equestres fræno laxiore peragat, et cervicem sursum attollat, et a capite gibberis instar incurvet : ita scilicet illum impellat ad præstandum ea, quibus equus ipse gaudet et exsultet. His autem eum gaudere, vel hoc argumento constat. Nam quoties ipse alios accedit equos, feminei præsertim sexus, tunc et cervicem ad summum attollit, et caput agili maxime motu recurvat; atque alte tollit mollia crura, caudam vero sursum tendit. Itaque si quis eum ad ista deducat, quæ ipsemet effingit, quum pulchritudinem suam inprimis ostentat; tum vero talem exhibebit equum qui et voluptatem ex agitatione capiat, et magnificus sit, et alacer, et spectabilis. Quo autem modo putemus hæc posse perfici, nunc enarre conabimur. Primum igitur habere fræna non pauciora duobus oportet. Horum læve sit unum, et orbes habeat majusculos; alterum graves ac depressos orbes, et echinos acutos: ut ubi fræenum hujusmodi prehenderit, ob asperitatem ægre ferens, ideo libenter dimittat; at ubi læve cum isto commutaverit, ejus lævitate delectetur, quæ facere per illud asperum edoctus fuerat, etiam lævi utens efficiat. Sin ista lævitate contempta, frequenter huic incumbere velit : hanc ipsam ob causam lævi majores orbes addimus, ut os pandere per eos cogatur, atque ita lupos dimittat. Licebit et asperius fræenum variare tum explicando tum intendendo. Qualiacumque vero fræna fuerint, flexilia sint omnia. Nam durum quacumque parte prehenderit equus, totum ad maxillas tenet: sicut et veru quacumque parte quispiam prehenderit, totum sustollit. Alterum vero sic comparatum est, ut catena. Quam enim partem ejus aliquis tenet, ea sola non flexa manet, reliquis pendulis. Has dum fugientes in ore semper venando captat equus, lupos a maxillis dimittit. Eam ob causam pendent et annuli de axibus in medio, ut lios tam lingua quam dentibus insequendo prensans, fræenum ad maxillas corripere negligat. Si quis autem ignorat, quod fræenum flexile, quod durum sit; hoc quoque litteris complectemur. Est enim flexile, quum axes ita et latas et læves commissuras habent, ut facile flectantur: itidem omnia, quæ circum axes adhibentur, si largi sint oris, ac minime arcta, magis etiam sunt flexilia. Si vero fræni partes omnes difficulter discurrant et concurrant; hoc scilicet est, durum esse fræenum. Qualecumque vero aliquis habeat, eo peragat eadem hæc omnia; modo talem efficere voluerit equum, qualem descripsimus. Nimirum os equi sursum impellendum non adeo graviter, ut declinare velit; nec adeo placide, ut non sentiat. Ubi sursum caput impellendo cervicem attollit, mox ei fræenum concedendum erit. Quin etiam in aliis equo, sicuti monere non desinimus,

(13) Καὶ ὅταν δ' αἰσθηται ἡδόμενον τὸν ἵππον τῇ τε ὑψηλαυχενίᾳ καὶ τῇ χαλαρότητι, ἐν τούτῳ οὐδὲν δεῖ χαλεπὸν προσφέρειν ὡς πονεῖν ἀναγκάζοντα, ἀλλὰ θωπεύειν ὡς παύσασθαι βουλόμενον· οὕτω γὰρ μάλιστα θαρρῶν πρόεισιν εἰς τὴν ταχεῖαν ἱππασίαν. (14) Ὡς δὲ καὶ τῷ ταχὺ θεῖν ἵππος ἥδεται τεκμήριον. ἐκφυγὼν γὰρ οὐδεὶς βάδην πορεύεται, ἀλλὰ θεῖ. Τούτῳ γὰρ πέφυκεν ἥδεσθαι, ἢν μή τις πλείω τοῦ καιροῦ θεῖν ἀναγκάζῃ· ὑπερβάλλον δὲ τὸν καιρὸν οὐδὲν τῶν πάντων ἡδὺ οὔτε ἵππῳ οὔτε ἀνθρώπῳ. (15) Ὅταν γε μὴν εἰς τὸ ἱππάζεσθαι μετὰ τοῦ κυδροῦ ἀφιγμένος ᾖ, εἰθισμένος μὲν δήπου ἡμῖν ἦν ἐν τῇ πρώτῃ ἱππασίᾳ ἐκ τῶν στροφῶν εἰς τὸ θᾶττον ὁρμᾶσθαι. Ἢν δέ τις τοῦτο μὲν μεμαθηκότος αὐτοῦ, ἅμα ἀντιλαμβάνηταί τε τῷ χαλινῷ καὶ σημήνῃ τῶν ὁρμητηρίων τι τούτῳ, ὑπὸ μὲν τοῦ χαλινοῦ πιεσθεὶς, ὑπὸ δὲ τοῦ σημανθῆναι ὁρμᾶν ἐγείρεται, καὶ προβάλλεται μὲν τὰ στέρνα, αἴρει δὲ ἀνωτέρω τὰ σκέλη ὀργιζόμενος, οὐ μέντοι ὑγρά γε· οὐ γὰρ μάλα ὅταν λυπῶνται ὑγροῖς τοῖς σκέλεσιν ἵπποι χρῶνται. (16) Ἢν δέ τις οὕτως ἀνεζωπυρημένῳ αὐτῷ δῷ τὸν χαλινὸν, ἐνταῦθα ὑφ' ἡδονῆς τῷ διὰ τὴν χαλαρότητα τοῦ στομίου λελύσθαι νομίζειν, κυδρῷ μὲν τῷ σχήματι, ὑγροῖν δὲ τοῖν σκελοῖν γαυρούμενος φέρεται, παντάπασιν ἐκμιμούμενος τὸν πρὸς ἵππους καλλωπισμόν. (17) Καὶ οἱ θεώμενοι τὸν ἵππον τοιοῦτον ἀποκαλοῦσιν ἐλευθέριόν τε καὶ ἐθελουργὸν καὶ ἱππαστὴν καὶ θυμοειδῆ καὶ σοβαρὸν καὶ ἅμα ἡδύν τε καὶ γοργὸν ἰδεῖν. Καὶ ταῦτα μὲν δὴ, ἢν τούτων τις ἐπιθυμήσῃ, μέχρι τούτων ἡμῖν γεγράφθω.

ΚΕΦΑΛΑΙΟΝ ΙΑ.

Ἢν δέ τις ἄρα βουληθῇ καὶ πομπικῷ καὶ μετεώρῳ καὶ λαμπρῷ ἵππῳ χρήσασθαι, οὐ μάλα μὲν τὰ τοιαῦτα ἐκ παντὸς ἵππου γίγνεται, ἀλλὰ δεῖ ὑπάρξαι αὐτῷ καὶ τὴν ψυχὴν μεγαλόφρονα καὶ τὸ σῶμα εὔρωστον. (2) Οὐ μέντοι ὅ γε οἴονταί τινες τὸν τὰ σκέλη ὑγρὰ ἔχοντα καὶ τὸ σῶμα αἴρειν δυνήσεσθαι, οὐχ οὕτως ἔχει· ἀλλὰ μᾶλλον ὃς ἂν τὴν ὀσφὺν ὑγράν τε καὶ βραχεῖαν καὶ ἰσχυρὰν ἔχῃ, καὶ οὐ τὴν κατ' οὐρὰν λέγομεν, ἀλλ' ἣ πέφυκε μεταξὺ τῶν τε πλευρῶν καὶ τῶν ἰσχίων κατὰ τὸν κενεῶνα, οὗτος δυνήσεται πόρρω ὑποτιθέναι τὰ ὀπίσθια σκέλη ὑπὸ τὰ ἐμπρόσθια. (3) Ἢν οὖν τις ὑποτιθέντος αὐτοῦ ἀνακρούῃ τῷ χαλινῷ, ὀκλάζει μὲν τὰ ὀπίσθια ἐν τοῖς ἀστραγάλοις, αἴρει δὲ τὸ πρόσθεν σῶμα, ὥστε τοῖς ἐξ ἐναντίας φαίνεσθαι τὴν γαστέρα καὶ τὰ αἰδοῖα. Δεῖ δὲ καὶ ὅταν ταῦτα ποιῇ διδόναι αὐτῷ τὸν χαλινὸν, ὅπως τὰ κάλλιστα ἵππου ἑκών τε ποιῇ καὶ δοκῇ τοῖς ὁρῶσιν. (4) Εἰσὶ μέντοι οἳ καὶ ταῦτα διδάσκουσιν οἱ μὲν ῥάβδῳ ὑπὸ τοὺς ἀστραγάλους κρούοντες, οἱ δὲ καὶ βακτηρίᾳ παραπράγοντά τινα κελεύοντες ὑπὸ τὰς μηριαίας παίειν. (5) Ἡμεῖς γε μέντοι τὸ κράτιστον τῶν διδασκαλιῶν νομίζομεν, ὥσπερ ἀεὶ λέγομεν, ἢν ἐν παντὶ παρέπηται

CAPUT XI.

At si quis equo ad pompas idoneo et erigente se et splendido uti voluerit, sane non quovis ab equo haec exspectet, sed existere prius animum in eo magnum et robustum corpus oportet. Quod autem plerique existimant, equum, cui crura mollia sint, etiam corporis attollendi facultatem habiturum, non ita comparatum est : sed potius hoc illius erit, cui lumbi molles sunt, et breves, et robusti (nec jam de lumbis ad caudam loquimur, sed de iis qui ad alvum, inter latera et coxas existunt) : talis equus subjicere crura posteriora prioribus haud exiguum ad spatium poterit. Itaque si quis eo sic subjiciente, fraenum sursum adducat, posterioribus quidem partibus in talos recumbit, anterius vero corpus sic attollit, ut ab adversis et venter et verenda conspiciantur. Haec vero quum farit, fraenum ei remittendum est ; ut quae pulcherrima praestantur ab equo, et faciat lubens, et ita facere judicio spectatorum existimetur. Et haec quidem sunt qui doceant equos, dum eos alii virga subter talos pulsant, alii quendam propter equum currentem baculo caedere subjectas femoribus partes jubent. Nobis tamen ea disciplina judicatur optima, quemadmodum semper dicimus si comitetur hoc in omnibus, ut equus voluntati agita-

officium recte facienti vicissim est indulgendum. Quumque senserit eques, et elatione cervicis equum et habenarum laxitate delectari : tum vero nihil ei molestum adferre debet, quasi ad laborem cogere, sed blandiri, quasi potius eum quiescere velit. Sic enim animo maxime prompto ad agitationem celeriorem procedet. Nec argumentum nobis deest, quo constet, equum cursu velociore delectari. Quippe nullus omnino equus, ubi effugerit, gradatim incedit, sed cursu fertur. Hoc enim a natura delectari solet, nisi quis eum ulterius quam oportet, ad cursum cogat. Quidquid vero recti et tempestivi usus modum superat, hujusmodi nihil quicquam nec equo nec homini gratum est. Ubi jam ad agitationem quandam gloriosam pervenerit, adsuefactus scilicet a nobis fuit in agitatione prima, ut post inflexiones ad motum celeriorem tendat. Si quis autem equum jam sic institutum simul et fraeno retineat, et signum det aliquod eorum quae ad cursum incitant : tum vero pressus ille quidem a fraeno sed concitationis signo accensus excandescit, ac pectus protendit, et irascens altius crura tollit, non mollia tamen : quippe quum offenduntur equi, non ideo sane cruribus uti mollibus solent. At si quis equo sic excitato fraenum concesserit, ibi prae gaudio, quod ob laxitatem se lupis liberatum existimet, glorioso quodam gestu, cruribusque mollibus exsultabundus fertur, et in omnibus exprimit elegantiam illam, cum qua solet equos alios adire. Ac talem qui spectant equum, et liberalem adpellant, et sponte promptum, et equestrem, et animosum, et superbum, simulque jucundum et terribilem adspectu. Quae quidem si quis est qui adfectat, hactenus de iis expositum a nobis esto.

τὸ ἐν ᾧ ἂν ποιήσῃ τῷ ἀναβάτῃ κατὰ γνώμην τυγχάνειν ῥᾳστώνης παρ' αὐτοῦ. (6) Ἃ μὲν γὰρ ὁ ἵππος ἀναγκαζόμενος ποιεῖ, ὥσπερ καὶ Σίμων λέγει, οὔτ' ἐπίσταται οὔτε καλά ἐστιν, οὐδὲ μᾶλλον ἢ εἴ τις ὀρχηστὴν μαστιγώφη καὶ κεντρίζοι. Πολὺ γὰρ ἂν πλείω ἀσχημονοίη ἢ καλὰ ποιοίη ὁ τοιαῦτα πάσχων καὶ ἵππος καὶ ἄνθρωπος. Ἀλλὰ δεῖ ἀπὸ σημείων ἑκόντα πάντα τὰ κάλλιστα καὶ λαμπρότατα ἐπιδείκνυσθαι. (7) Ἢν δὲ καὶ ὅταν μὲν ἱππάζηται μέχρι πολλοῦ ἱδρῶτος ἐλαύνηται, ὅταν δὲ καλῶς μετεωρίζῃ ἑαυτόν, ταχύ τε καταβαίνηται καὶ ἀπαρχωτᾶται, εὖ χρὴ εἰδέναι ὅτι ἑκὼν εἶσιν εἰς τὸ μετεωρίζειν ἑαυτόν. (8) Ἐπὶ τῶν τοιούτων δὲ ἤδη ἱππαζόμενοι ἵππων καὶ θεοὶ καὶ ἥρωες γράφονται, καὶ ἄνδρες οἱ καλῶς χρώμενοι αὐτοῖς μεγαλοπρεπεῖς φαίνονται. (9) Οὕτω δὲ καὶ ἔστιν ὁ μετεωρίζων ἑαυτὸν ἵππος σφόδρα ἢ καλὸν ἢ θαυμαστὸν ἢ ἀγαστὸν ἢ πάντων τῶν ὁρώντων καὶ νέων καὶ γεραιτέρων τὰ ὄμματα κατέχει. Οὐδεὶς γοῦν οὔτε ἀπολείπει αὐτὸν οὔτε ἀπαγορεύει θεώμενος ἔστ' ἄνπερ ἐπιδεικνύηται τὴν λαμπρότητα. (10) Ἢν γε μὴν ποτε συμβῇ τινι τῶν τοιοῦτον ἵππον κεκτημένον ἢ φυλαρχῆσαι ἢ ἱππαρχῆσαι, οὐ δεῖ αὐτὸν τοῦτο σπουδάζειν ὅπως αὐτὸς μόνος λαμπρὸς ἔσται, ἀλλὰ πολὺ μᾶλλον ὅπως ὅλον τὸ ἑπόμενον ἀξιοθέατον φανεῖται. (11) Ἢν μὲν οὖν ἡγῆται, ὡς μάλιστα ἐπαινοῦσι τοὺς τοιούτους ἵππους, ὃς ἂν ἀνωτάτω αἰρόμενος καὶ πυκνότατα τὸ σῶμα βραχύτατον προβαίνῃ, δῆλον ὅτι καὶ βάδην ἕποιντ' ἂν οἱ ἄλλοι ἵπποι αὐτῷ. Ἐκ δὲ ταύτης τῆς ὄψεως τί ἂν καὶ λαμπρὸν γένοιτ' ἄν; (12) Ἢν δὲ ἐξεγείρας τὸν ἵππον ἡγῇ μήτε τῷ ἄγαν τάχει μήτε τῷ ἄγαν βραδεῖ, ὡς δ' εὐθυμότατοι ἵπποι καὶ γοργότατοι καὶ πονεῖν εὐσχημονέστατοι γίγνονται, ἐὰν ἡγῇ αὐτοῖς οὕτως, ἀθρόος μὲν ὁ τύπος, ἀθρόον δὲ τὸ φρύαγμα καὶ τὸ φύσημα τῶν ἵππων συμπαρέσοιτο, ὥστε οὐ μόνον αὐτὸς ἀλλὰ καὶ πάντες ὅσοι συμπαρεπόμενοι ἀξιοθέατοι ἂν φαίνοιντο. (13) Ἢν γε μέντοι τις καλῶς ἱππωνήσῃ, τρέφῃ δὲ ὡς πόνους δύνασθαι ὑποφέρειν, ὀρθῶς δὲ χρῆται καὶ ἐν τοῖς πρὸς πόλεμον μελετήμασι καὶ ἐν ταῖς πρὸς ἐπίδειξιν ἱππασίαις καὶ ἐν τοῖς πολεμικοῖς ἀγωνίσμασι, τί ἔτι ἐμποδὼν τούτῳ μὴ οὐχὶ πλείονός τε ἀξίους ἵππους ποιεῖν οὓς ἂν παραλαμβάνῃ, καὶ εὐδοκίμους μὲν ἵππους ἔχειν, εὐδοκιμεῖν δὲ αὐτὸν ἐν τῇ ἱππικῇ, ἣν μή τι δαιμόνιον κωλύῃ;

ΚΕΦΑΛΑΙΟΝ ΙΒ.

Γράψαι δὲ βουλόμεθα καὶ ὡς δεῖ ὡπλίσθαι τὸν μέλλοντα ἐφ' ἵππου κινδυνεύειν. Πρῶτον μὲν τοίνυν φαμὲν χρῆναι τὸν θώρακα πρὸς τὸ σῶμα πεποιῆσθαι, ὅτι τὸν μὲν καλῶς ἁρμόζοντα ὅλον φέρει τὸ σῶμα, τὸν δὲ ἄγαν χαλαρὸν οἱ ὦμοι μόνοι φέρουσιν, ὅ γε μὴν λίαν στενὸς δεσμὸς οὐχ ὅπλον ἐστίν. (2) Ἐπεὶ δὲ καὶ ὁ αὐχήν ἐστι τῶν καιρίων, φαμὲν χρῆναι καὶ τούτῳ ἐξ αὐτοῦ τοῦ θώ-

---

toris obsequens, vicissim ab eo quietem impetret. Nam equus ad quæ præstanda cogitur, ut Simo quoque monet, ea nec intelligit ipse, nec magis pulchra sunt, quam si quis saltatorem flagris et stimulis ad saltandum impellat. Quippe multo plura fœde, quam belle peregerit, qui sic excipiatur, et equus, et homo. Nimirum ex signis equus lubens et volens pulcherrima omnia et splendidissima debet exhibere. Quod si etiam, quoties equitationis motu exercetur equus, ad copiosum usque sudorem agitur, quoties pulchre semet erigit, eques cito descendat, et frænum adimat: omnino fore sciendum ut ad erigendum se non invitus accedat. Atque hujusmodi sane in equis tam dii quam heroes equitantes pingi solent; et homines, qui equis scite norunt uti, magnificentiam quandam præ se ferunt. Est autem tam vehementer pulchrum quiddam equus semet erigens, tam admirandum atque stupendum, ut omnium spectantium, tam juvenum quam seniorum, oculos detineat. Nemo certe vel ab eo discedit vel spectare desinit, dum splendorem ille suum ostentet. Quod si contingat alicui, talem equum nacto, vel tribunatus, neque tarditate nimia, sed ea ratione præcedas, qua fiunt equi et animosissimi, et inprimis truces, et specie ad labores obeundos maxime decenti; eo nimirum modo ai præcedas, et strepitus et hinnitus et flatus simul ab omnibus equis una aderit. Ita non ipse tantum, sed totus etiam comitatus spectatu dignus videbitur. Si denique feliciter equum aliquis emerit, ad laborum tolerantiam educarit, eodem recte tum in exercitiis ad actiones bellicas, tum in agitationibus ad ostentationem comparatis, et in præliorum certaminibus utatur: quid huic obstare possit amplius, quominus quos acceperit equos pretii majoris efficiat; ac tum probatos habeat, tum ipse rei equestris gloria floreat, nisi divinitus impediatur?

CAPUT XII.

His adjungere volumus et illam descriptionem, quonam modo armatum esse oporteat eum, qui periculum in equo sit aditurus. Primum ergo dicimus, loricam sive thoracem ad corpus factum esse debere. Si recte congruat, corpus ipsum hunc gestat; laxum nimis humeri soli portant; admodum angustus, vinculum est, non armatura. Quia vero inter exposita vulneribus letalibus et cervix est, fieri

ρακος ὅμοιον τῷ αὐχένι στέγασμα πεποιῆσθαι. Τοῦτο γὰρ ἅμα κόσμον τε παρέξει, καὶ ἢν οἶον δεῖ εἰργασμένον ᾖ, δέξεται ὅταν βούληται τῷ ἀναβάτῃ τὸ πρόσωπον μέχρι τῆς ῥινός. (3) Κράνος γε μὴν κράτιστον εἶναι νομίζομεν τὸ βοιωτιουργές· τοῦτο γὰρ αὖ στεγάζει μάλιστα πάντα τὰ ὑπερέχοντα τοῦ θώρακος, ὁρᾶν δὲ οὐ κωλύει. Ὁ δ᾽ αὖ θώραξ οὕτως εἰργάσθω ὡς μὴ κωλύῃ μήτε καθίζειν μήτ᾽ ἐπικύπτειν. (4) Περὶ δὲ τὸ ἦτρον καὶ τὰ αἰδοῖα καὶ τὰ κύκλῳ αἱ πτέρυγες τοιαῦται καὶ τοσαῦται ἔστωσαν ὥστε στέγειν τὰ μέλη. (5) Ἐπεὶ δὲ καὶ ἀριστερὰ χεὶρ ἥν τι πάθῃ, καταλύει τὸν ἱππέα, καὶ ταύτῃ ἐπαινοῦμεν τὸ εὑρημένον ὅπλον τὴν χεῖρα καλουμένην. Τόν τε γὰρ ὦμον σκεπάζει καὶ τὸν βραχίονα, καὶ τὸν πῆχυν καὶ τὸ ἐχόμενον τῆς ἡνίου, καὶ ἐκτείνεται δὲ καὶ συγκάμπτεται· πρὸς δὲ τούτοις καὶ τὸ διαλεῖπον τοῦ θώρακος ὑπὸ τῇ μασχάλῃ καλύπτει. (6) Τήν γε μὴν δεξιὰν ἐπαίρειν δεῖ, ἤν τε ἀκοντίσαι ἤν τε πατάξαι βουληθῇ. Τοῦ μὲν οὖν θώρακος τὸ κωλῦον ταύτῃ ἀφαιρετέον· ἀντὶ δὲ τούτου πτέρυγες ἐν γιγγλύμοις προσδεταί, ὅταν μὲν διαίρηται, ὁμοίως ἀναπτύσσονται· ὅταν δὲ κατείρηται, ἐπικλείονται. (7) Τῷ γε μὴν βραχίονι τὸ ὥσπερ κνημὶς παρατιθέμενον ἀρκεῖν βέλτιον ἡμῖν δοκεῖ εἶναι ἢ συνδεῖσθαι ὅπλῳ. Τὸ γε μὴν ψιλούμενον αἱρομένης τῆς δεξιᾶς στεγαστέον ἐγγὺς τοῦ θώρακος ἢ μοσχείῳ ἢ χαλκείῳ· εἰ δὲ μή, ἐν τῷ ἐπικαιροτάτῳ ἀφύλακτον ἔσται. (8) Ἐπείπερ δέ, ἥν τι πάσχῃ ὁ ἵππος, ἐν παντὶ κινδύνῳ καὶ ὁ ἀναβάτης γίγνεται, ὁπλίζειν δεῖ καὶ τὸν ἵππον προμετωπιδίῳ καὶ προστερνιδίῳ καὶ παραμηριδίοις· ταῦτα γὰρ ἅμα καὶ τῷ ἀναβάτῃ παραμηρίδια γίγνεται. Πάντων δὲ μάλιστα τοῦ ἵππου τὸν κενεῶνα δεῖ σκεπάζειν· καιριώτατον γὰρ ὂν καὶ ἀφαυρότατόν ἐστι· δυνατὸν δὲ σὺν τῷ ἐφιππίῳ αὐτὸν σκεπάσαι. (9) Χρὴ δὲ καὶ τὸ ἔποχον τοιοῦτον ἐρρᾶφθαι ὡς ἀσφαλέστερόν τε ὁ ἱππεὺς καθήσθαι καὶ τὴν ἕδραν τοῦ ἵππου μὴ σίνεσθαι. Καὶ τὰ μὲν δὴ ἄλλα [τοῦ ἵππου] οὕτω καὶ ὁ ἵππος καὶ ὁ ἱππεὺς ὡπλισμένοι ἂν εἶεν. (10) Κνήμας δὲ καὶ πόδας ὑπερέχοιεν μὲν ἂν εἰκότως τῶν παραμηρίδων, ὁπλισθείη δὲ καὶ ταῦτα, εἰ ἐμβάται γένοιντο σκύτους, ἐξ οἵουπερ αἱ κρηπῖδες ποιοῦνται· οὕτω γὰρ ἂν ἅμα ὅπλον τε κνήμαις καὶ ποσὶν ὑποδήματ᾽ ἂν εἴη. (11) Ὡς μὲν δὴ μὴ βλάπτεσθαι θεῶν ἵλεων ὄντων ταῦτα ὅπλα. Ὡς δὲ τοὺς ἐναντίους βλάπτειν, μάχαιραν μὲν μᾶλλον ἢ ξίφος ἐπαινοῦμεν· ἐφ᾽ ὑψηλοῦ γὰρ ὄντι τῷ ἱππεῖ κοπίδος μᾶλλον ἡ πληγὴ ἢ ξίφους ἀρκέσει. (12) Ἀντί γε μὴν δόρατος καμακίνου, ἐπειδὴ καὶ ἀσθενὲς καὶ δύσφορόν ἐστι, τὰ κρανέϊνα δύο παλτὰ μᾶλλον ἐπαινοῦμεν. Καὶ γὰρ ἐξαφεῖναι τὸ ἕτερον δυνατὸν τῷ ἐπισταμένῳ, καὶ τῷ λειπομένῳ οἶόν τε χρῆσθαι καὶ εἰς τὸ ἀντίον καὶ εἰς τὰ πλάγια καὶ εἰς τοὔμπροσθεν· καὶ ἅμα ἰσχυρότερά τε τοῦ δόρατος καὶ εὐφορώτερά ἐστιν.

12. Ἀκόντισμά γε μὴν τὸ μακρότατον ἐπαινοῦμεν· καὶ γὰρ ἀποστρέψαι καὶ μεταλαβεῖν παλτὸν οὕτω μᾶλλον ὁ χρόνος ἐγχωρεῖ. Γράφομεν δὲ ἐν βραχεῖ καὶ ὡς ἂν

debere dicimus aptum cervici quoque tegamentum ex ipso thorace surgens. Nam hoc et ornamentum adferet, et si justo modo fabricatum fuerit, equitis faciem usque ad nares, ubi sic ille voluerit, intra se recipiet. Galeam ducimus optimam, quæ Bœotii sit operis. Etenim ea rursus tegit extra thoracem eminentia prorsus omnia, nec prospectum impedit. Thorax quoque sic elaboratus sit, ut nec in sessione nec inclinatione prona ferat obstaculum. Circum partes inter umbilicum et pubem, cum pudendis, et aliis in horum ambitu, tales totque pinnæ sunto ut illa membra tegantur. Et quoniam sinistra quoque manus si læsa sit, equiti perniciem adfert; inventam est huic muniendæ laudamus armaturam, cui nomen manus inditum. Nam et humerum illa tegit, et brachium, et cubitum, et partes quibus habenæ tenentur; simulque tum extendi tum contrahi potest. Præterea partem sub alis a thorace destitutam obtegit. Dextram attolli necesse est, sive jaculum eques vibrare, seu percutere hostem voluerit. Quidquid igitur a thorace impedimentum adferre potest, hic removendum : et hujus loco pinnæ velut in quibusdam cardinibus erunt adplicatæ, ut quum dextra diducitur, et ipsæ pariter explicentur; quum reducitur, vicissim claudantur. Quod instar tegumenti tibiarum adhibetur brachio, commodius nobis esse videtur ad eam partem tuendam, quam si adligatum sit armatura : quod nudari solet, dum dextra sustollitur, muniendum juxta thoracem tegumento, vel e pelle vitulina, vel ære facto. Nam alioqui locus maxime letalis incustoditus erit. Quoniam vero si quid equo accidat, etiam sessor in periculo summo versatur; armandus et equus ipse, tum frontis, tum pectoris, atque laterum tegumentis. Hæc enim et equitis femora muniunt. Omnium vero maxime protegendus equi venter. Is enim et letalibus expositus est maxime vulneribus, et debilissimus. Potest autem ephippio quoque protegi. Debet illud etiam instratum, cui eques insidet, tali modo esse consutum, ut et tutior equiti sit sessio, et equi sella non lædatur. Et aliis quidem partibus hoc modo et equus et eques armati fuerint. Tibias autem cum pedibus exstare consentaneum est extra femorum tegumenta, munitæque fuerint hæ partes, si earum indumenta de illo corio fiant, ex quo crepidæ confici solent. Etenim hoc modo simul et armatæ tibiæ, et calceati pedes erunt. Et hæc quidem ad hoc comparata sunt arma, ne lædi quis possit, modo dii propitii fuerint. Hostibus autem lædendis ensi præferenda nobis videtur esse machæra. Nam ab equite, qui est in sublimi, vehementior est ictus copidis aut sicæ, quam ensis. Præ hasta in perticæ modum, quoniam fragilis est et incommoda gestatu, potius corneas tragulas duas probamus. Etenim harum altera conjici potest a perito, altera reservari ad usum vel in adversos, vel a latere, vel a tergo constitutos : simulque firmiores hæ sunt, quam hastæ, ac gestatu commodiores.

Jaculi vibrationem, quæ longissimum ad spatium fiat, laudamus : nam hoc modo plus temporis conceditur, ut et emittat et iterum retraehat tragulam. Scribemus etiam pau-

τις κράτιστα ἀκοντίζοι. Ἦν γὰρ προβαλλόμενος μὲν τὰ ἀριστερά, ἐπανάγων δὲ τὰ δεξιά, ἐξανιστάμενος δ' ἐκ τῶν μηρῶν, μικρὸν ἐπανακύπτουσαν τὴν λόγχην ἀφῇ, οὕτω σφοδρότατόν τε καὶ μακρότατον οἴσεται τὸ ἀκόντιον, εὐστοχώτατον μέντοι, ἐὰν κατὰ τὸν σκοπὸν ἀφιεμένη ἀεὶ ὁρᾷ ἡ λόγχη. (14) Καὶ ταῦτα μὲν δὴ ἰδιώτῃ καὶ ὑπομνήματα καὶ μαθήματα καὶ μελετήματα γεγράφθω ἡμῖν. Ἃ δὲ ἱππάρχῳ προσῆκεν εἰδέναι τε καὶ πράττειν ἐν ἑτέρῳ λόγῳ δεδήλωται.

cis, quæ jaculandi ratio sit optima. Quippe si quis partes sinistras anterius protendens, et dextras reducens, deque femoribus insurgens, sursum spectantem nonnihil cuspidem emiserit; ita nimirum et vehementissime cum impetu, et longissime feretur jaculum, atque etiam dexterrime, siquidem emissa cuspis semper ad scopum spectat. Et hæ quidem admonitiones, et documenta, et exercitia rudi adhuc equiti a nobis præscripta sunto. Quæ vero tum scire tum exsequi conveniat equitum magistrum, alio libro declaravimus.

ΞΕΝΟΦΩΝΤΟΣ
ΙΠΠΑΡΧΙΚΟΣ.

ΚΕΦΑΛΑΙΟΝ Α.

Πρῶτον μὲν θύοντα χρὴ αἰτεῖσθαι θεοὺς ταῦτα διδόναι καὶ νοεῖν καὶ λέγειν καὶ πράττειν ἀφ' ὧν θεοῖς μὲν κεχαρισμενώτατα ἄρξειας ἄν, σαυτῷ δὲ καὶ φίλοις καὶ τῇ πόλει προσφιλέστατα καὶ εὐκλεέστατα καὶ πολυωφελέστατα. (2) Θεῶν δὲ ἵλεων ὄντων ἀναβιβαστέον μέν σοι ἱππέας, καὶ ὅπως ἀναπληρῶται ὁ κατὰ τὸν νόμον ἀριθμός καὶ ὅπως τὸ ὂν ἱππικὸν μὴ μειῶται. Εἰ δὲ μὴ προσαναβήσονται ἱππεῖς, μείονες ἀεὶ ἔσονται· ἀνάγκη γὰρ τοὺς μὲν γήρᾳ ἀπαγορεύειν, τοὺς δὲ καὶ ἄλλως ἐκλείπειν. (3) Πληρουμένου γε μὴν τοῦ ἱππικοῦ ἐπιμελητέον μὲν ὅπως τρέφωνται οἱ ἵπποι ὡς ἂν δύνωνται πόνους ὑποφέρειν· οἱ γὰρ ἥττους τῶν πόνων οὔτε αἱρεῖν οὔτε ἀποφεύγειν δύναιντ' ἄν. Ἐπιμελητέον δὲ ὅπως εὔχρηστοι ὦσιν· οἱ γὰρ αὖ ἀπειθεῖς τοῖς πολεμίοις μᾶλλον ἢ τοῖς φίλοις συμμαχοῦσι. (4) Καὶ οἱ λακτίζοντες δὲ ἀναβεβαμένοι ἵπποι ἐκποδὼν ποιητέοι· οἱ γὰρ τοιοῦτοι πολλάκις πλείω κακὰ ἢ οἱ πολέμιοι ποιοῦσι. Δεῖ δὲ καὶ τῶν ποδῶν ἐπιμελεῖσθαι, ὅπως δύνωνται καὶ ἐν τραχείᾳ χώρᾳ ἱππεύειν, εἰδότας ὅτι ὅπου ἂν ἀλγῶσιν ἐλαυνόμενοι, ἐνταῦθα οὐ χρήσιμοί εἰσι. (5) Τῶν γε μὴν ἵππων ὑπαρχόντων οἵων δεῖ τοὺς ἱππέας αὖ ἀσκητέον, πρῶτον μὲν ὅπως ἐπὶ τοὺς ἵππους ἀναπηδᾶν δύνωνται· πολλοῖς γὰρ ἤδη ἡ σωτηρία παρὰ τοῦτο ἐγένετο· δεύτερον δὲ ὅπως ἐν παντοίοις χωρίοις ἱππάζεσθαι δυνήσονται· καὶ γὰρ οἱ πόλεμοι ἄλλοτε ἐν ἀλλοίοις τόποις γίγνονται. (6) Ὅταν δὲ ἤδη ἔποχοι ὦσι, δεῖ αὖ σκοπεῖσθαι ὅπως ἀκοντιοῦσί τε ὡς πλεῖστοι ἀπὸ τῶν ἵππων καὶ τἆλλα δυνήσονται ποιεῖν ἃ δεῖ τοὺς ἱππικούς. Μετὰ ταῦτα ὁπλιστέον καὶ ἵππους καὶ ἱππέας ὡς αὐτοὶ μὲν ἥκιστα τιτρώσκοιντ' ἄν, βλάπτειν δὲ τοὺς πολεμίους μάλιστα δύναιντ' ἄν. (7) Ἐκ τούτων παρασκευαστέον ὅπως εὐπειθεῖς οἱ ἄνδρες ὦσιν· ἄνευ γὰρ τούτου οὔθ' ἵππων ἀγαθῶν οὔτε ἱππέων ἐπόχων οὔτε ὅπλων καλῶν

XENOPHONTIS
DE MAGISTRI EQUITUM OFFICIO
LIBELLUS.

CAPUT I.

Primum rem sacram faciens, Deos precaberis, ut ea tibi concedant et intelligere, et proferre, et agere, de quibus et diis gratissimum sit imperium tuum, et tibi, amicis, reique publicæ cum primis acceptum, et gloriosum, et longe utilissimum. Diis placatis, equites instruendi tibi sunt, tum ut numerus lege præscriptus compleatur, tum ne jam ante collectæ copiæ minuantur. Quippe si non accedant equites ad priores alii, pauciores semper evadent. Nam alios ob senectutem abdicare se necesse est; alios aliis de causis deficere. Postquam equitatum compleveris, adhibenda cura, sic ut equi alantur, quo perferre labores possint. Quippe si laboribus impares sint, nec adsequi hostem, nec evadere fuga possunt. Id quoque curandum, ut ad usum idonei sint. Nam contumaces potius hostes quam suos in prœliis juvant. Etiam illi removendi sunt, qui calcitrant, postquam equitem susceperunt. Qui enim tales sunt, sæpenumero plus mali quam hostes inferunt. Haberi debet et pedum ratio, ut etiam in aspera regione agitari possint; quum esse constet in iis locis inutiles, ubi dolorem in agitatione sentient. Quando equi tales existunt, quales esse debent, exercendi et equites; ac primum, ut in equos insilire possint. Nam plerisque jam salus hinc parta. Alterum esto, ut in locis omnigenis equitare norint, quandoquidem et bella alias in aliis locis existunt. Ubi jam firmiter equis insederint, ejus erit habenda ratio, ut eorum quamplurimi ex equis jacula vibrent, et alia facere possint, quæ facere viros equestres oportet. Secundum hæc armandi tum equi, tum equites, ut ipsi minime vulnerentur, et hostes damnis adficere maximis possint. Hinc efficiendum, ut equites morigeri sint. Nam absque hoc nec equorum bonorum, nec equitum his recte insidentium,

ὄφελος οὐδέν. Προστατεύειν μὲν οὖν τούτων πάντων ὅπως καλῶς γίγνηται τὸν ἵππαρχον εἰκός ἐστιν. (8) Ἐπεὶ δὲ καὶ ἡ πόλις χαλεπὸν ἡγησαμένη ταῦτα πάντα τὸν ἵππαρχον μόνον ὄντα κατεργάζεσθαι προαιρεῖται μὲν αὐτῷ συνεργοὺς φυλάρχους, προσέταξε δὲ τῇ βουλῇ συνεπιμελεῖσθαι τοῦ ἱππικοῦ, ἀγαθόν μοι δοκεῖ εἶναι τοὺς μὲν φυλάρχους παρασκευάζειν συνεπιθυμεῖν σοι τῶν καλῶν τῷ ἱππικῷ, ἐν δὲ τῇ βουλῇ ἔχειν ῥήτορας ἐπιτηδείους, ὅπως λέγοντες φοβῶσί τε τοὺς ἱππέας, βελτίονες γὰρ ἂν εἶεν φοβούμενοι, καταπραΰνωσί τε τὴν βουλήν, ἤν τι παρὰ καιρὸν χαλεπαίνῃ. (9) Ταῦτα μὲν οὖν ὑπομνήματα ἄν δεῖ σε ἐπιμελεῖσθαι· ὡς δ' ἂν ἕκαστα τούτων βέλτιστα περαίνοιτο, τοῦτο δὴ πειράσομαι λέγειν.

Τοὺς μὲν τοίνυν ἱππέας δῆλον ὅτι καθιστάναι δεῖ κατὰ τὸν νόμον τοὺς δυνατωτάτους καὶ χρήμασι καὶ σώμασιν ἢ εἰσάγοντα εἰς δικαστήριον ἢ πείθοντα. (10) Ἐγὼ δὲ οἶμαι εἰς μὲν τὸ δικαστήριον τούτους εἰσακτέον εἶναι οὓς μὴ εἰσάγων ἄν τις διὰ κέρδος δοκοίη τοῦτο ποιεῖν· καὶ γὰρ τοῖς ἧττον δυναμένοις εὐθὺς ἂν εἴη ἀποστροφή, εἰ μὴ τοὺς δυνατωτάτους πρώτους ἀναγκάζοις. (11) Ἔστι δὲ καὶ οὕτως ἄν μοι δοκεῖ τις νέους μὲν τὰ ἐν ἱππικῇ λαμπρὰ λέγων εἰς ἐπιθυμίαν καθιστάναι τοῦ ἱππεύειν, τοὺς δὲ κυρίους αὐτῶν ἧττον ἀντιτείνοντας ἔχειν, τάδε διδάσκων ὡς ἀναγκασθήσονται μὲν ἱπποτροφεῖν, ἢν μὴ ὑπὸ σοῦ, ὑπ' ἄλλου, διὰ τὰ χρήματα (12) ἢν δὲ ἐπὶ σοῦ ἀναβῶσιν, ἃς ἀποστρέψεις μὲν τοὺς παῖδας αὐτῶν τῶν πολυτελῶν τε καὶ μανικῶν ἱππωνιῶν, ἐπιμελήσει δὲ ὡς ἂν ταχὺ ἱππικοὶ γίγνοιντο. Λέγοντα δὲ οὕτω καὶ ποιεῖν ταῦτα πειρατέον. (13) Τούς γε μὴν ὄντας ἱππέας ἡ βουλὴ ἄν μοι δοκεῖ προειποῦσα ὡς τὸ λοιπὸν δεήσει διπλάσια ἱππάζεσθαι καὶ ὡς τὸν μὴ δυνάμενον ἵππον ἀκολουθεῖν ἀποδοκιμάσει ἐπιτελεῖναι ἂν τρέφειν τε ἀμεινον καὶ ἐπιμελεῖσθαι μᾶλλον τῶν ἵππων. (14) Καὶ τοὺς βιαίους δ' ἵππους ἀγαθόν μοι δοκεῖ εἶναι προρρηθῆναι ὅτι ἀποδοκιμασθήσονται. Αὔτη γὰρ ἡ ἀπειλὴ πωλεῖν ἂν τοὺς τοιούτους μᾶλλον παρορμήσειε καὶ ἱππωνεῖν σωφρονέστερον. (15) Ἀγαθὸν δὲ καὶ τοὺς ἐν ταῖς ἱππασίαις λακτίζοντας ἵππους προρρηθῆναι ὅτι ἀποδοκιμασθήσονται· οὐδὲ γὰρ συντάττειν τοὺς τοιούτους δυνατόν, ἀλλ' ἀνάγκη, ἐάν ποι ἐπὶ πολεμίους δέῃ ἐλαύνειν, ὑστάτους [ἂν] αὐτοὺς ἕπεσθαι. Ὥστε διὰ τὴν τοῦ ἵππου κακουργίαν ἄχρηστος καὶ ὁ ἱππεὺς καθίσταται. (16) Ὡς δ' ἂν καὶ οἱ πόδες εἶεν τῷ ἵππῳ κράτιστοι, εἰ μέν τις ἔχει ῥᾷον καὶ εὐτελεστέραν ἄσκησιν, ἐκείνῃ ἔστω· εἰ δὲ μή, ἐγώ φημι χρῆναι πεῖραν ἔχων χύδην καταβαλόντα λίθους τῶν ἐκ τῆς ὁδοῦ ὅσον μναϊαίους καὶ πλείον καὶ μεῖον, ἐν τούτοις τὸν ἵππον ψήχειν καὶ ἐνιστάναι ὅταν ἀπὸ τῆς φάτνης ἀποβῇ· βαδίζων γὰρ ἐν τοῖς λίθοις οὔτοτε ὁ ἵππος παύσεται οὔθ' ὅταν ψήχηται οὔθ' ὅταν μυωπίζηται. Ὁ δὲ πειραθεὶς τά τε ἄλλα ἃ λέγω πιστεύσει καὶ στρογγύλους τοὺς πόδας τοῦ ἵππου ὄψεται. (17) Ὁπότε γε μὴν οἱ ἵπποι εἰσὶν οἵους δεῖ ὡς ἂν αὐτοὶ οἱ ἱππεῖς ἄρι-

nec armorum elegantium usus ullus fuerit. Atque his quidem omnibus, ut egregie fiant, præesse cum imperio magistrum equitum par est. Et quia civitas rata difficile quiddam esse, perfici hæc a solo magistro equitum omnia, tribunos ei deligit adjutores, et senatui injungit, ut equitatus curam una cum ipso gerat : recte mihi facturus videris, si tribunos sic instruas, ut tecum ea velint, quæ ad equitatus commoda pertinent; et oratores idoneos habeas in senatu, qui et dicendo terrorem equitibus incutiant, melioribus in metu futuris, et senatum mitigent, si forte plus æquo difficilem se præbeat. Ac istæ quidem admonitiones ad ea spectant, quæ diligentiam tuam requirunt. Quo autem modo singula rectissime peragantur, hoc dicere jam conabor.

Equitum in numerum ex legis præscripto sine dubio referes eos, qui et facultatibus, et viribus corporis præstent; idque vel in jus vocando, vel persuadendo. Sum autem in hac ego sententia, ut hos in jus vocandos existimem, quos nisi quis vocet, id quæstus causa facere videatur. Nam minus potentibus statim hoc excusationis loco fuerit, si non cogas primos, qui plurimum possint. Præterea videtur hoc modo mihi quispiam et juvenes ad equitationis studium adducturus, si splendorem equestris rei prædicet; et illos, quorum in potestate sunt, minus adversantes habiturus, si plane futurum ostendat, ut alere cogantur equos, si non abs te, saltem ab alio quopiam, propter opes. Quod si tuis auspiciis rei se dent equestri, te filios eorum a sumptuosis et insanis equorum emptionibus avocaturum, et operam daturum, ut equestris rei peritiam quamprimum consequantur. Hæc vero quum dices, etiam præstare conaberis. Equites, quotquot operam navant in præsentia, sic excitatum iri arbitror, ut melius et alant et curent equos, si senatus eis futurum denuntiet, ut equitationes in posterum duplicentur, et equi rejiciantur, qui pares in itinere aliis esse non poterunt. Etiam hoc utile futurum arbitror, ut denuntietur, rejectum iri equos violentos. Nam hæc eos impulerit comminatio, tales ut equos vendant, et alios prudentius emant. Bonum quoque denuntiari, futurum ut calcitrantes in agitationibus equi rejiciantur. Nequeunt enim tales in acie collocari, sed ubi ducendum in hostem, hos ultimos sequi necesse est. Itaque propter improbitatem equi, nec equitis usus aliquis est. Ut autem et pedes equorum sint optimi; si faciliorem aliquis simplicioremque rationem tenet, ea sane per me obtineat : sin minus, equidem usu edoctus aio, projiciendos passim lapides e via sumptos, qui minæ fere pondus habeant, plus minusve; atque in his constituendum equum ad destrictionem, quum a præsepi removetur. In illis enim lapidibus nunquam equus ingredi desinet, sive destringatur, seu (a muscis) pungatur. Qui periculum hujus rei fecerit, tum aliis, quæ profero, fidem habebit ; tum pedes equi teretes effici conspiciet.

Ubi jam equi fuerint, quales esse oportet : quonam modo

ΙΠΠΑΡΧΙΚΟΥ ΚΕΦ. Α.

στοι γίγνοιντο, τοῦτο διηγήσομαι. Τὸ μὲν τοίνυν τοὺς νέους αὐτῶν ἀναπηδᾶν ἐπὶ τοὺς ἵππους πείθοιμεν ἂν αὐτοὺς μανθάνειν· τὸν διδάξαντα δὲ παρασχὸν ἐπαίνου δικαίως ἂν τυγχάνοις. Τούς γε μὴν πρεσβυτέρους τὸν Περσικὸν τρόπον ἀναβάλλεσθαι ὑπ' ἄλλων προσεθίσας, καὶ τούτους ὠφελήσαις ἄν. (18) Ὅπως γε μὴν ἐν παντοδαποῖς χωρίοις ἔποχοι οἱ ἱππεῖς δυνήσωνται εἶναι, τὸ μὲν πυκνὰ ἐξάγειν μὴ πολέμου ὄντος ἴσως ὀχληρόν· συγκαλέσαντα δὲ χρὴ τοὺς ἱππέας συμβουλεῦσαι αὐτοῖς μελετᾶν, καὶ ὅταν εἰς χώραν ἐλαύνωσιν ὅταν καὶ ἄλλοσέ ποι, ἐκβιβάζοντας τῶν ὁδῶν καὶ ταχὺ ἐλαύνοντας ἐν τόποις παντοδαποῖς. Τοῦτο γὰρ ὠφελεῖ μὲν παραπλησίως τῷ ἐξάγειν, ὄχλον δ' οὐχ ὅμοιον παρέχει. (19) Ἐπιτήδειον δὲ ὑπομιμνήσκειν καὶ ὅτι ἡ πόλις ἀνέχεται δαπανῶσα εἰς τὸ ἱππικὸν ἐγγὺς τετταράκοντα τάλαντα τοῦ ἐνιαυτοῦ, ὡς ἢν πόλεμος γίγνηται, μὴ ζητεῖν δέῃ ἱππικόν, ἀλλ' ἐξ ἑτοίμου ἔχῃ παρεσκευασμένῳ χρῆσθαι. Ταῦτα γὰρ ἐνθυμουμένους εἰκὸς καὶ τοὺς ἱππέας μᾶλλον ἀσκεῖν τὴν ἱππικὴν, ὅπως ἢν πόλεμος ἐγείρηται, μὴ ἀμελετήσους ὄντας ἀγωνίζεσθαι δέῃ περί τε τῆς πόλεως καὶ περὶ εὐκλείας καὶ περὶ τῆς ψυχῆς. (20) Ἀγαθὸν δὲ καὶ τοῦτο προειπεῖν τοῖς ἱππεῦσιν ὅτι ἐξάξεις καὶ σύ ποτε αὐτοὺς καὶ διὰ παντοίων χωρίων ἡγήσῃ. Καὶ ἐν ταῖς μελέταις δὲ τῆς ἀνθιππασίας καλὸν ἐξάγειν ἄλλοτε εἰς ἀλλοίων τόπων· καὶ γὰρ τοῖς ἱππεῦσι καὶ τοῖς ἵπποις βέλτιον. (21) Ἀκοντίζειν γε μὴν ἀπὸ τῶν ἵππων ὧδ' ἂν πλεῖστοί μοι δοκοῦσι μελετᾶν, εἰ τοῦτ' αὖ προσείποις φυλάρχοις ὅτι αὐτοὺς δεήσει ἡγουμένους τοῖς τῆς φυλῆς ἀκοντισταῖς ἐλαύνειν ἐπὶ τὸ ἀκόντιον. Φιλοτιμοῖντο γὰρ ἄν, ἢ εἰκὸς, ὡς πλείστους ἕκαστος ἀποδεῖξαι ἀκοντιστὰς τῇ πόλει. (22) Ἀλλὰ μὴν καὶ τοῦ καλῶς γε ὁπλισθῆναι τοὺς ἱππέας οἱ φύλαρχοι ἂν μοι δοκοῦσι μέγιστον συλλαμβάνειν, εἰ πεισθείησαν ὅτι πολύ ἐστι πρὸς τῆς πόλεως εὐδοξότερον τῇ τῆς φυλῆς λαμπρότητι κεκοσμῆσθαι ἢ μόνον τῇ ἑαυτῶν στολῇ. (23) Εἰκὸς δὲ μὴ δυσπείστους εἶναι αὐτοὺς τὰ τοιαῦτα, οἵ γε φυλαρχεῖν ἐπεθύμησαν δόξης καὶ τιμῆς ὀρεγόμενοι. Δυνατοὶ δ' εἰσὶ κατὰ τὰ ἐν τῷ νόμῳ ὁπλίσαι καὶ ἄνευ τοῦ αὑτῶν δαπανᾶν τῷ μισθῷ ἐπαναγκάζοντες κατὰ τὸν νόμον ὁπλίζεσθαι. (24) Εἰς γε μὴν τὸ εὐπειθεῖς εἶναι τοὺς ἀρχομένους μέγα μὲν καὶ τὸ λόγῳ διδάσκειν ὅσα ἀγαθὰ ἔνι ἐν τῷ πειθαρχεῖν, μέγα δὲ καὶ τὸ ἔργῳ [κατὰ τὸν νόμον] πλεονεκτεῖν μὲν ποιεῖν τοὺς εὐτάκτους, μειονεκτεῖν δὲ ἐν πᾶσι τοὺς ἀτακτοῦντας. (25) Ἰσχυροτάτη δέ μοι δοκεῖ εἶναι παρόρμησις τῶν φυλάρχων εἰς τὸ φιλοτιμεῖσθαι αὐτοὺς καλῶς παρεσκευασμένους ἕκαστον τῆς φυλῆς ἡγεῖσθαι, εἰ τοὺς ἀμφὶ σὲ προδρόμους κοσμήσαις μὲν ὅπλοις ὡς κάλλιστα, ἀκοντίζειν δὲ μελετᾶν ἐπαναγκάσαις ὡς μάλιστα, εἰσηγοῖο δὲ αὐτοῖς ἐπὶ τὸ ἀκόντιον αὐτὸς εὖ μάλα μεμελετηκώς. (26) Εἰ δὲ καὶ ἄθλά τις δύναιτο προτιθέναι ταῖς φυλαῖς πάντων ὁπόσα ἀγαθὰ νομίζουσιν ἀσκεῖσθαι ἐν ταῖς θέαις ὑπὸ τοῦ ἱππικοῦ, τοῦτο πάντας οἶμαι Ἀθηναίους γε μάλιστα προτρέπειν εἰς φιλονει-

equites ipsi futuri sint optimi, nunc commemorabo. Junioribus quidem inter eos auctores simus, ut in equos insilire discant. Laudem vero jure mereberis, si quem eis adhibueris, qui doceat. Ætate provectioribus haud parum profueris, si consuefeceris eos, ut more Persico ab aliis in equos subleventur. Ad hoc autem, ut equites omnigenis in locis firmiter equis insidere possint, frequenter educere, quum bellum non geritur, fortasse molestum fuerit. Itaque convocatis equitibus consulere debes, ut exercitiis utantur, sive rus in equis provehantur, seu alio pergant, e viis declinando, et omnigenis in locis equos celeriter agendo. Nam hoc et parem cum educendo habet utilitatem, nec molestiæ tantum exhibet. Commodum id etiam eis in memoriam revocari, quod civitas in equitatum ad quadraginta talenta quotannis impendere sustineat, ut, si bellum existat, equitatus ei quærendus non sit, sed in promptu habeat, quo instructo possit uti. Nam vero consentaneum est, equites hoc cum animis suis expendentes rem equestrem diligentius exercituros, ut, bellum si moveatur, non exercitationis expertibus de patria, de honore ac gloria, de vita sit dimicandum. Bonum hoc quoque denuntiari equitibus, etiam te aliquando eos esse eductorum, ac per omnigena loca præiturum. In exercitiis etiam pugnæ equestris in alia atque alia loca nonnunquam educere prodest; hoc enim et equitibus et equis utilius. Ex equis autem jaculari, mea quidem opinione, sic plurimi consuescent, si tribunis futurum denuntiaveris, ut ipsi duces cujusque tribus jaculatorum ad exercitia jaculandi adigere cogantur. Nam excitabuntur ambitione quadam (ita par est), ut quisque jaculatores civitati quamplurimos instruat. Ad id quoque tribuni plurimum mihi videntur momenti adlaturi, ut equites egregie sint armati; si persuasum eis fuerit, multo a civitate esse gloriosius, splendore tribus ornari, quam suo duntaxat indumento. Nec difficulter hoc ipsis persuaderi posse crediderim, quum honoris et gloriæ studio tribunatum ambiverint. Poterunt autem suis arma secundum legem imperare, sineque suis impensis, equites adigere de præscripto legis, ut arma sibi de stipendio suo comparent. Ut vero qui reguntur abs te libenter pareant, non leve quiddam, verbis ostendere quam multa commoda contineat obedientia; sed magnum aliquid in hoc quoque, ut [secundum legem] reapse potior efficiatur morigerorum conditio, contraque deteriori loco in omnibus sit contumaces. Vis autem in hoc mihi maxima videtur esse ad impellendos tribunos, ut ambitiose dent operam quo suam quisque tribum egregie instructi ducant; si quos circum te præcursores habebis, pereleganter armis ornaveris, maximeque jaculationum ad exercitia coegeris, et auctor ad jaculandum fueris ipsemet in hoc genere plurimum exercitatus. Quod si quis etiam tribubus eorum omnium præmia proponere possit, quæcumque in spectaculis exerceri ab equitatu præclare solent; eum ego facillime cunctos Athenienses ad studia contentionum exci-

κίαν. Δῆλον δὲ τοῦτο καὶ ἐν τοῖς χοροῖς ὡς μικρῶν ἄθλων ἕνεκα πολλοὶ μὲν πόνοι, μεγάλαι δὲ δαπάναι τελοῦνται. Τοὺς μέντοι κριτὰς τοιούτους δεῖ εὑρίσκειν παρ᾿ οἷς νικῶντες μάλιστ᾿ ἂν ἀγάλλοιντο.

ΚΕΦΑΛΑΙΟΝ Β.

Ἢν δὲ δή σοι ταῦτα πάντα ἐξησκημένοι ὦσιν οἱ ἱππεῖς, δεῖ δήπου καὶ τάξιν τινὰ ἐπίστασθαι αὐτοὺς ἐξ ἧς κάλλιστα μὲν θεοῖς πομπὰς πέμψουσι, κάλλιστα δὲ ἱππάσονται, ἄριστα δὲ μαχοῦνται, ἣν δέῃ, ῥᾷστα δὲ καὶ ἀταρακτότατα ὁδοὺς πορεύσονται καὶ διαβάσεις περάσουσιν. Ἧι τοίνυν χρώμενοι τάξει δοκοῦσιν ἄν μοι ταῦτα κάλλιστα διαπράττεσθαι, ταύτην νῦν ἤδη πειράσομαι δηλοῦν. (2) Οὐκοῦν ὑπὸ μὲν τῆς πόλεως ὑπάρχουσι διῃρημέναι φυλαί. Τούτων δ᾿ ἐγώ φημι χρῆναι πρῶτον μὲν δεκαδάρχους σὺν τῇ τῶν φυλάρχων ἑκάστου γνώμῃ καταστῆσαι ἐκ τῶν ἀκμαζόντων τε καὶ φιλοτιμοτάτων καλόν τι ποιεῖν καὶ ἀκούειν· καὶ τούτους μὲν προστάτας δεῖ εἶναι. (3) Μετὰ δὲ τούτους ἴσους χρὴ τούτοις ἀριθμὸν ἐκ τῶν πρεσβυτάτων τε καὶ φρονιμωτάτων ἑλέσθαι οἵτινες τελευταῖοι τῶν δεκάδων ἔσονται. Εἰ γὰρ δεῖ καὶ ἀπεικάσαι, οὕτω καὶ σίδηρος μάλιστα διατέμνει σίδηρον ὅταν τό τε ἡγούμενον τοῦ τομέως ἐρρωμένον ᾖ καὶ τὸ ἐπελαυνόμενον ἱκανόν. (4) Τούς γε μὴν ἐν μέσῳ τῶν πρώτων καὶ τῶν τελευταίων, εἰ οἱ δεκάδαρχοι ἐπιστάτας ἕλοιντο καὶ οἱ ἄλλοι ἐφέλοιντο, οὕτως εἰκὸς ἑκάστῳ πιστότατον τὸν ἐπιστάτην εἶναι. (5) Τὸν μέντοι ἀφηγούμενον ἐκ παντὸς τρόπου δεῖ ἱκανὸν ἄνδρα καθιστάναι. Ἀγαθὸς γὰρ ὤν, εἴτε ποτὲ δέοι ἐπὶ πολεμίους ἐλαύνειν, ἐγκελεύων ῥώμην ἂν ἐμβάλλοι τοῖς ἔμπροσθεν, εἴτ᾿ αὖ καὶ ἀποχωρεῖν καιρὸς συμβαίνοι, φρονίμως ἀφηγούμενος μᾶλλον ἂν, ὡς τὸ εἰκός, σώζοι τοὺς φυλέτας. (6) Οἱ μέντοι δεκάδαρχοι ἄρτιοι ὄντες πλείω ἴσα μέρη παρέχοιεν ἂν διαιρεῖν ἢ εἰ περιττοὶ εἶεν. Αὕτη δέ μοι ἡ τάξις ἀρέσκει διὰ τάδε ὅτι πρῶτον μὲν οἱ προστάται πάντες ἄρχοντες γίγνονται· οἱ δ᾿ αὐτοὶ ἄνδρες ὅταν ἄρχωσι, μᾶλλόν πως οἴονται ἑαυτοῖς προσήκειν τι καλὸν ποιεῖν ἢ ὅταν ἰδιῶται ὦσιν· ἔπειτα δὲ καὶ ὅταν πρακτέον τι ᾖ, τὸ παραγγέλλειν μὴ ἰδιώταις ἀλλ᾿ ἄρχουσι πολὺ ἀνυτικώτερον. (7) Τεταγμένων γε μὴν οὕτω χρή, ὥσπερ καὶ τοῖς φυλάρχοις προαγορεύεται ἡ χώρα ὑπὸ τοῦ ἱππάρχου ἐν ᾗ ἑκάστην ἐλατέον, οὕτω καὶ τοῖς δεκαδάρχοις παρηγγέλθαι ὑπὸ τῶν φυλάρχων ὅπου πορευτέον ἑκάστῳ. Οὕτω γὰρ προειρημένων πολὺ εὐτακτοτέρως ἂν ἔχοι ἢ εἰ ὥσπερ ἐκ θεάτρου ἀπὸ τῶν τυχώσιν ἀπιόντες λυποῖεν ἀλλήλους. (8) Καὶ μάχεσθαι δὲ μᾶλλον ἐθέλουσιν οἵ τε πρῶτοι, ἤν τι ἐκ τοῦ πρόσθεν προσπίπτῃ, οἵ τ᾿ εἰδῶσιν ὅτι αὕτη ἡ χώρα αὐτῶν· καὶ οἱ τελευταῖοι, ἥν τι ὄπισθεν ἐπιφαίνηται, ἐπιστάμενοι ὅτι αἰσχρὸν λιπεῖν τὴν τάξιν. Ἄτακτοι δ᾿ ὄντες ἀλλήλους μὲν ταράττουσι καὶ ἐν στεναῖς ὁδοῖς καὶ ἐν διαβάσεσι, τοῖς δὲ πολεμίοις

CAPUT II.

Ubi jam equites in his omnibus exercitati fuerint, etiam ordinis cujusdam esse peritos oportet, cujus observatione pulcherrime diis pompas agant, in equitationibus cum laude se gerant, fortissime, poscente usu, dimicent, expeditissime ac minima cum perturbatione itinera conficiant, transitusque difficiles superent. Quo autem ordine utendo hæc mihi rectissime perfecturi videantur, eum declarare nunc adgrediar. Distinctæ sunt in civitate tribus: in his inquam ego debere primum, non sine tribunorum singulorum judicio et sententia, decuriones ex illorum numero constitui, qui et ætate vigeant, et ambitione maxima quadam in hoc ferantur, ut aliquid egregium et peragant, et audiant. Hi principes in ordine collocantor. Secundum eos totidem numero de provectioribus et inprimis prudentibus deligendi, qui ultimi sint in hisce decuriis. Nam si comparatione res explicanda, ferrum quoque sic ferrum maxime scindit, quando et anterior instrumenti pars sit ad secandum valida, et quod inde adigitur, vires habeat idoneas. Quod medios inter primos et ultimos attinet, si decuriones sibi proximos deligant adstites, aliique deligant post eos, ita par est credere, quemlibet sibi fidelissimum adstitem habiturum. Ducem sane modis omnibus idoneum constitui oportet. Nam si vir ille fortis sit, sive pergendum aliquando in hostes erit, cohortationes sua robur anterioribus indet; seu recipiendi se tempus adsit, prudenter abducendo tribules haud abs re melius conservaturus videtur. Jam si decuriones numero pares fuerint, plures partes æquales efficient dividendo, quam si fuerint impares. Hic ordo mihi de causis liisce probatur, quod ex divisione primum omnes principis loco constituti cum imperio futuri sunt: idem vero, quando cum imperio sunt, magis ad se quodammodo pertinere putant, ut egregium aliquid gerant, quam si privati sint; deinde quum aliquid agendum est, multo efficacius est, quod per eos denuntiatur, qui cum imperio sunt, quam quod opera privatorum. His hoc ordine collocatis, quemadmodum tribunis quoque ab equitum magistro prædici solet, quo provehi loco quisque debeat, sic et decurionibus denuntiatum a tribunis esse oportet, quo loco singulis pergendum. Nam hæc si prius indicata fuerint, longe meliori ordine fient omnia, quam si perinde ac de theatro, temere fortuitoque discedentes, mutuo semet offenderint. Etiam paratiores animis ad pugnam sunt anteriores, si ex adverso quid irruat, ubi locum hunc suum esse norunt: nec minus ultimi, si a tergo fiat in eos impetus, quum sciant esse turpe, locum in acie suum deserere. Sin ordo nullus servetur, se ipsos et angustis in itineribus, et locis difficilibus

οὐδεὶς ἑκὼν αὐτὸν τάττει μάχεσθαι. Καὶ ταῦτα μὲν δὴ πάντα ὑπάρχειν δεῖ ἐκπεπονημένα πᾶσι τοῖς ἱππεῦσιν, εἰ μέλλουσιν ἀπροφάσιστοι ἔσεσθαι σύνεργοι τῷ ἡγουμένῳ.

ΚΕΦΑΛΑΙΟΝ Γ.

Τῶνδέ γε μὴν αὐτῷ ἤδη μέλειν δεῖ τῷ ἱππάρχῳ· πρῶτον μὲν ὅπως καλλιερήσει τοῖς θεοῖς ὑπὲρ τοῦ ἱππικοῦ, ἔπειτα ὅπως τὰς πομπὰς ἐν ταῖς ἑορταῖς ἀξιοθεάτους ποιήσει, ἔτι δὲ καὶ τἆλλα ὅσα ἐπιδεικνύναι δεῖ τῇ πόλει ὅπως ᾗ δυνατὸν κάλλιστα ἐπιδείξει, τά τ' ἐν Ἀκαδημίᾳ καὶ τὰ ἐν Λυκείῳ καὶ τὰ Φαληροῖ καὶ τὰ ἐν τῷ ἱπποδρόμῳ. Καὶ ταῦτα μὲν ἄλλα ὑπομνήματα· ὡς δὲ τούτων ἕκαστα κάλλιστα ἂν πράττοιτο, νῦν αὖ ταῦτα λέξω.

2. Τὰς μὲν οὖν πομπὰς οἴομαι ἂν καὶ τοῖς θεοῖς κεχαρισμενωτάτας καὶ τοῖς θεαταῖς εἶναι εἰ ὅσων ἱερὰ καὶ ἀγάλματα ἐν τῇ ἀγορᾷ ἐστι ταῦτα ἀρξάμενοι ἀπὸ τῶν Ἑρμῶν κύκλῳ περὶ τὴν ἀγορὰν καὶ τὰ ἱερὰ περιελαύνοιεν τιμῶντες τοὺς θεούς. Καὶ ἐν τοῖς Διονυσίοις δὲ οἱ χοροὶ προσεπιχαρίζονται ἄλλοις τε θεοῖς καὶ τοῖς δώδεκα χορεύοντες. Ἐπειδὰν δὲ πάλιν πρὸς τοῖς Ἑρμαῖς γένωνται περιεληλακότες, ἐντεῦθεν καλόν μοι δοκεῖ εἶναι κατὰ φυλὰς εἰς τάχος ἀνιέναι τοὺς ἵππους μέχρι τοῦ Ἐλευσινίου. (3) Οὐδὲ δόρατα μὴν παραλείψω ὡς ἥκιστα ἂν ἀλλήλοις ἐπαλλάττοιτο. Δεῖ γὰρ μεταξὺ τοῖν ὤτοιν τοῦ ἵππου ἕκαστον ἔχειν, εἰ μέλλει φοβερά τε καὶ εὐκρινῆ ἔσεσθαι καὶ ἅμα πολλὰ φανεῖσθαι. (4) Ἐπειδὰν δὲ τῆς εἰς τάχος διελάσεως λήξωσι, τὴν ἄλλην ἤδη καλὸν σχέδην εἰς τὰ ἱερά, ᾗπερ καὶ πρόσθεν, διελαύνειν. Καὶ οὕτως ὅσα ἐστὶν ἐν ἵππῳ ἀναδεδαμένῳ πάντα ἐπιδεδειγμένα ἔσται καὶ τοῖς θεοῖς καὶ τοῖς ἀνθρώποις. (5) Καὶ ὅτι μὲν ταῦτα οὐκ εἰθισμένοι ποιεῖν οἱ ἱππεῖς εἰσιν οἶδα· γιγνώσκω δὲ ὅτι ἀγαθὰ καὶ καλὰ καὶ τοῖς θεαταῖς ἡδέα ἔσται. Αἰσθάνομαι δὲ καὶ ἄλλα ἀγωνίσματα τοὺς ἱππέας κεκαινουργηκότας, ἐπειδὴ οἱ ἵππαρχοι ἱκανοὶ ἐγένοντο πεῖσαί ἃ ἠβουλήθησαν. (6) Ὅταν γε μὴν πρὸ τοῦ ἀκοντισμοῦ διελαύνωσιν ἐν Λυκείῳ, καλὸν ἑκατέρας τὰς πέντε φυλὰς ἐπὶ μετώπου ἐλαύνειν ὥσπερ εἰς μάχην ἡγουμένου τοῦ ἱππάρχου καὶ τῶν φυλάρχων ἐν τοιαύτῃ τάξει ἀφ' ἧς πληρώσεται τοῦ δρόμου τὸ πλάτος. (7) Ἐπειδὰν δὲ ὑπερβάλωσι τὸ κεφάλαιον τοῦ ἀντιπροσώπου θεάτρου, χρήσιμον ἂν οἴομαι φανῆναι καὶ εἰ καθ' ὁπόσους μέτριον εἰς τὸ κάταντες δυναμένως ταχὺ ἐλαύνειν ἐπιδείξαις τοὺς ἱππέας. (8) Οὐ μέντοι ἀγνοῶ ὅτι ἢν μὲν πιστεύωσι δυνήσεσθαι ταχὺ ἐλαύνειν, πάνυ ἂν ἡδέως ἐπιδείξαιντο· ἢν δὲ ἀμελέτητοι ὦσιν, ὁρᾶν χρὴ ὅπως μὴ οἱ πολέμιοι αὐτοὺς τοῦτο δρᾶν ἀναγκάσωσιν.

9. Ἐν γε μὴν ταῖς δοκιμασίαις ἡ μὲν τάξις εἴρηται μεθ' ἧς ἂν κάλλιστα ἱππάζοιντο. Ἢν δ' ὁ ἡγούμενος, ᾗπερ ἔχῃ δυνατὸν ἵππον, ἐν τῷ ἔξωθεν ἀεὶ στίχῳ πε-

CAPUT III.

At soli jam equitum magistro hæc esse curæ debent : primum, ut pro equitatus incolumitate diis rite litet, deinde, ut in feriis pompas spectatu dignas exhibeat; præterea et alia, quæ civitati exhibenda sunt, ut quam pulcherrime pro virili exhibeat, tum in Academia, tum in Lyceo, et Phalero, et in hippodromo : quæ quidem admonitiones sunt aliæ. Quo autem modo hæc singula pulcherrime peragi possint, nunc dicam.

Pompas et diis et spectatoribus fore gratissimas arbitror, si quotquot deorum tam fana quam signa sunt in foro, Mercurialibus a statuis exorsi, undique in honorem deorum forum ac fana circumequitent. Liberalibus autem chori præterea gratificari solent tum aliis tum duodecim diis saltando. Ubi jam circumvecti rursus ad signa Mercurialia pervenerint, tum deinde pulchrum mihi fore videtur, si per tribus equi celerius usque ad Eleusinium incitentur. Nec de hastis omittam, quomodo illæ neutram in partem minime sibi mutuo illidantur. Debent enim singuli suas hastas inter aures equi tenere, si quidem et terribiles et distinctu faciles fore, et speciem multitudinis exhibituras velint. Postquam celerior istæc agitatio finem habuerit, pulchrum rursus ad alteram pompam eadem via, qua prius, ad fana pedetentim peragere : quo quidem modo fiet, ut quicquid est in equo, cui eques insidet, et diis et hominibus exhibitum sit. Nec equidem ignoro, minime ad ista facienda equites adsuetos esse; sed nihilo minus hæc et egregia, et pulchra, et spectatoribus jucunda fore judico. Quin et alia quædam ab equitibus instituta certamina nova intelligo, quando magistri equitum eis persuadere potuerunt, quæ voluissent. Quoties quidem in Lyceo ante jaculationem agitationes instituunt equites, sane pulchrum quiddam fuerit, utrasque tribus quinque tanquam ad prælium acie in frontem porrecta vehi, ducente magistro equitum et tribunis ordine tali, quo curriculi latitudo expleatur. Ubi vero fastigium adversi ipsis theatri superaverint, utile visum iri arbitror, si tot simul equites, quot modice satis erit, per declivia proveni posse celeriore cursu ostenderis. Neque me fugit, libenter eos hæc exhibituros, si concitatius equos agere se posse confidant. At vero si maneant exercitationis expertes, videndum, ne hostes hæc eos aliquando facere cogant.

Dictum de ordine in lustrationibus, quo pulcherrima institui equitatio possit. Si vero ductor, a valido instructus equo, in ea serie, quæ quoque tempore exterior est, ci-

ριφέρηται, οὕτως αὐτὸς μὲν ἀεὶ ταχὺ ἴδῃ καὶ οἱ σὺν αὐτῷ ἔξωθεν γιγνόμενοι πάλιν αὖ ταχὺ ἴδωσι· ὥστε ἡ μὲν βουλὴ ἀεὶ τὸ ταχὺ ἐλαυνόμενον θεάσεται, οἱ δὲ ἵπποι οὐκ ἀπεροῦσιν ἐν μέρει ἀναπαυόμενοι. (10) Ὅταν γε μὴν ἐν τῷ ἱπποδρόμῳ ἡ ἐπίδειξις ᾖ, καλὸν μὲν οὕτω πρῶτον τάξασθαι ὡς ἂν ἐπὶ μετώπου ἐμπλήσαντες ἵππων τὸν ἱππόδρομον ἐξελάσειαν τοὺς ἐκ τοῦ μέσου ἀνθρώπους. (11) Καλὸν δ', ἐπεὶ αἱ φυλαὶ ἐν τῇ ἀνθιππασίᾳ φεύγουσί τε ἀλλήλας καὶ διώκουσι ταχέως, ὅταν οἱ ἵππαρχοι ἡγῶνται ταῖς πέντε φυλαῖς, ἑκατέρας διελαύνειν τὰς φυλὰς δι' ἀλλήλων. Ταύτης γὰρ τῆς θέας τό τε ἀντιμετώπους προσελαύνειν ἀλλήλοις γοργὸν, τό τε διελάσαντας [τὸν ἱππόδρομον] ἀντίους πάλιν στῆναι ἀλλήλοις σεμνόν, (12) καὶ τὸ ἀπὸ σάλπιγγος αὖ τὸ δεύτερον θᾶττον ἐπελαύνειν καλόν. Στάντας δὲ ἤδη τὸ τρίτον αὖ ἀπὸ τῆς σάλπιγγος χρὴ τάχιστα ἀλλήλοις ἐπελαύνειν, καὶ διελάσαντας εἰς κατάλυσιν ἤδη ἐπὶ φάλαγγος ἅπαντας καταστάντας, ὥσπερ εἰώθατε, πρὸς τὴν βουλὴν προσελαύνειν. (13) Ταῦτά μοι δοκεῖ πολεμικώτερά τε φαίνεσθαι ἂν καὶ καινότερα. Τὸ δὲ βραδύτερον μὲν τῶν φυλάρχων ἐλαύνειν, τὸν δ' αὐτὸν τρόπον ἐκείνοις ἱππεύειν, οὐκ ἄξιον ἱππαρχίας. (14) Ὅταν γε μὴν ἐν τῷ ἐπικρότῳ ἐν Ἀκαδημίᾳ ἱππεύειν δέῃ, ἔχω τάδε παραινέσαι· εἰς μὲν τὸ μὴ ἀποκρούεσθαι ἀπὸ τῶν ἵππων ὑπτίους ἀναπεπτωκότας ἐλαύνειν, εἰς δὲ τὸ μὴ πίπτειν τοὺς ἵππους ὑπολαμβάνειν ἐν ταῖς ἀναστροφαῖς. Τὰ μέντοι ὀρθὰ ταχὺ ἐλαύνειν χρή· οὕτω γὰρ τὸ ἀσφαλές τε καὶ τὸ καλὸν θεάσεται ἡ βουλή.

ΚΕΦΑΛΑΙΟΝ Δ.

Ἐν γε μὴν ταῖς πορείαις ἀεὶ δεῖ τὸν ἵππαρχον προνοεῖν ὅπως ἀναπαύῃ μὲν τῶν ἵππων τὰς ἕδρας, ἀναπαύῃ δὲ τοὺς ἱππέας τοῦ βαδίζειν, μέτριον μὲν ὀχοῦντα, μέτριον δὲ πεζοπορούντα. Τοῦ δὲ μετρίου ἐννοῶν οὐκ ἂν ἁμαρτάνοις· αὐτὸς γὰρ μέτρον ἕκαστος τοῦ μὴ λαθεῖν ὑπερπονοῦντα. (2) Ὅταν μέντοι ἀδήλου ὄντος εἰ πολεμίοις ἐντεύξῃ πορεύῃ ποι, κατὰ μέρος χρὴ τὰς φυλὰς ἀναπαύειν. Χαλεπὸν γὰρ εἰ πᾶσι καταβεβηκόσι πλησιάσειαν οἱ πολέμιοι. (3) Καὶ ἢν μέν γε διὰ στενῶν ὁδῶν ἐλαύνῃς, ἀπὸ παραγγέλσεως εἰς κέρας ἡγητέον· ἢν δὲ πλατείαις ἐπιτυγχάνῃ ὁδοῖς, ἀπὸ παραγγέλσεως αὖ πλατυντέον τῆς φυλῆς ἑκάστης τὸ μέτωπον· ὅταν γε μὴν εἰς πεδίον ἀφικνῆσθε, ἐπὶ φάλαγγος πάσας τὰς φυλάς. Ἀγαθὸν γὰρ καὶ μελέτης ἕνεκα ταῦτα ποιεῖν, καὶ τοῦτο ἥδιον διαπερᾶναι τὰς ὁδοὺς ποικίλλοντας ἱππικαῖς τάξεσι τὰς πορείας. (4) Ὅταν μέντοι ἔξω τῶν ὁδῶν διὰ δυσχωρίας ἐλαύνητε, μάλα χρήσιμον καὶ ἐν πολεμίᾳ καὶ φιλίᾳ προσελαύνειν τῆς φυλῆς ἑκάστης τῶν ὑπηρετῶν οἵτινες ἢν ἄποροις νάπαις ἐντυγχάνωσι, παριόντες ἐπὶ τὰ εὔπορα δηλώσουσι τοῖς ἱππεῦσιν ᾗ χρὴ τὴν ἐλασίαν ποιεῖσθαι, ὡς μὴ ὅλαι αἱ τάξεις πλανῶνται. (5) Ἢν δὲ ἐπὶ κίνδυνον ἐλαύνητέ που, φρονίμου ἱππάρχου τὸ

CAPUT IV.

cumvehatur; ita fiet ut semper ipse celerius equum incitet, et qui exterius cum eo sunt, concitatius itidem ferantur. Itaque senatus semper aliquos velocius agitantes inspiciet, et viribus equi non deficient, dum vicissim quies eis concedetur. Quum autem in hippodromo spectaculum edendum erit, pulchrum sane sic eos primum instrui, ut a fronte compleatur equis hippodromus, et e medio, qui erunt illic homines, exigantur. Pulchrum et hoc, si, dum tribus in pugna ludicra se mutuo fugiunt, et celeriter insequuntur, magistris equitum tribus quinque ducentibus, sese mutuo tribus utræque perequitent. In hoc enim spectaculo terribile quiddam est, quod adversis frontibus contra se provehantur; et plenum splendoris, quod hippodromo perequitato, rursus adversi contra se consistant: itidem pulchrum, ad alterum tubæ signum celerius eos contra se ferri. Quum vero jam constiterint, tertia vice rursus post tubæ clangorem celerrime provehi contra se mutuo debent; et ubi perequitaverint, ad finem jam ludis imponendum, in phalange cuncti constituti, qui vobis mos est, ad senatum equis advehantur. Horum speciem magis existimo bellicosam, magisque novam visum iri. Minime vero dignum munere magistri equitum, ut ipse tardius tribunis invehatur, et eodem modo cum ipsis equitet. Quum autem in Academia, solo duro, instituendæ erunt equitationes, hæc quæ moneam habeo: ne ipsi dejiciantur ex equis, ut resupinent se inter agitandum, et equos, ne cadant, in reflexionibus inhibeant retineantque. In cursu certe recto celeriter eos agi oportet. Ita senatus et tutam et pulchram agitationem inspiciet.

CAPUT IV.

In itineribus vero prospicere semper debet equitum magister, ut et equorum sedibus in dorso quiete consulat, et equites pedibus incedentes rursus reficiat: quod equitatione mediocri, et pedestri incessu mediocri fiet. Quæ mediocritas si curæ tibi erit, haud aberrabis: nam sibi quisque pro modo est, ne imprudentes nimio labore graventur. Quum iter aliquo facis, et periculum est ne hostibus sis occursurus, per vices quiete tribus reficiendæ. Grave enim fuerit, si tunc adventent hostes, ubi ex equis omnes descenderint. Quod si per angustas vias tibi transeundum sit, ita duces, ut aciem in cornu protendi jubeas; sin latas in vias incidas, rursum jubebis tribus uniuscujusque frontem dilatari: ubi denique perveneritis in planitiem, tribus omnes in phalangem constituendæ. Hæc enim et exercitii causa facere bonum est, atque etiam jucundius, sic itinera conficere, ut profectiones ordinum equestrium varietate condiantur. Quum extra vias per loca difficilia provehimini, perquam utile fuerit, tam in hostili quam pacata regione, quosdam ex adparitoribus cujusque tribus antecedere; qui si forte in saltus invios inciderint, ad pervia transeuntes, equitibus indicabunt, qua equi sint agendi, ne toti ordines oberrent. Si prælio alicubi imminente proficiscimini,

τῶν προόδων ἄλλους προόδους διερευνωμένους πραγγεῖ-
σθαι τὰ τῶν πολεμίων. Χρήσιμον δὲ καὶ πρὸς τὸ ἐπιθέσθαι καὶ πρὸς τὸ φυλάξασθαι καὶ τὸ ἀναμένειν ἐπὶ
ταῖς διαβάσεσι, ὡς μὴ κατακόπωσι τοὺς ἵππους οἱ
τελευταῖοι τὸν ἡγεμόνα διώκοντες. Ἴσασι μὲν οὖν ταῦτα σχεδὸν πάντες, καρτερεῖν δ᾽ ἐπιμελόμενοι οὐ πολλοὶ
ἐθέλουσι.

6. Προσήκει δ᾽ ἱππάρχῳ ὅτι ἐν εἰρήνῃ ἐπιμελεῖσθαι
ὅπως ἐμπείρως ἕξει τῆς τε πολεμίας καὶ τῆς φιλίας χώ-
ρας· ἣν δ᾽ ἄρα αὐτὸς ἀπείρως ἔχῃ, τῶν ἄλλων γε δὴ τοὺς
ἐπιστημονεστάτους ἑκάστων τόπων παραλαμβάνειν.
Πάνυ γὰρ διαφέρει ὁ ἡγούμενος εἰδὼς τὰς ὁδοὺς τοῦ μὴ
εἰδότος, καὶ ἐπιβουλεύων δὲ πολεμίοις ὁ εἰδὼς τοὺς τόπους
τοῦ μὴ εἰδότος πολὺ διαφέρει. (7) Καὶ κατασκόπων δὲ
πρὶν πόλεμον εἶναι δεῖ μεμεληκέναι ὅπως ἔσονται καὶ ἐκ
πόλεων ἀμφοτέροις φιλίων καὶ ἐξ ἐμπόρων· πᾶσαι γὰρ
αἱ πόλεις τοὺς εἰσάγοντάς τι ἀεὶ ὡς εὐμενεῖς δέχονται·
καὶ ψευδαυτομόλοι δ᾽ ἐστὶν ὅτε χρήσιμοι. (8) Οὐ μέντοι τοῖς γε κατασκόποις δεῖ οὕτως πιστεύοντα φυλακῆς
ἀμελεῖν, ἀλλ᾽ ἀεὶ οὕτως κατεσκευάσθαι χρὴ ὥσπερ ἣν
ἥξοντες εἰσηγγελμένοι ὦσιν οἱ πολέμιοι. Καὶ γὰρ ἢν
πάνυ πιστοὶ ὦσιν οἱ κατάσκοποι, χαλεπὸν ἐν καιρῷ
ἀπαγγέλλειν· πολλὰ γὰρ ἐν πολέμῳ τὰ ἐμπόδια ἐμπίπτει. (9) Τάς γε μὴν ἐξαγωγὰς τοῦ ἱππικοῦ ἧττον ἂν
οἱ πολέμιοι αἰσθάνοιντο, εἰ ἀπὸ παραγγέλσεως γίγνοιντο
μᾶλλον ἢ ἀπὸ κήρυκος ἢ ἀπὸ προγραφῆς. Ἀγαθὸν οὖν
καὶ τὸ πρὸς τῇ διὰ παραγγέλσεως ἐξάγειν [τὸ] δεκαδάρχους καθιστάναι, καὶ τοῖς [δὲ] δεκαδάρχοις πεμπαδάρ-
χους, ἵνα ὡς ἐλαχίστοις ἕκαστος παραγγέλλῃ καὶ τὸ μέτωπον δὲ οὕτως μηκύνοιεν ἂν τῆς τάξεως ἀταράκτως οἱ
πεμπαδάρχαι παράγοντες, ὁπότε τούτου καιρὸς εἴη. (10)
Ὅταν γε μὴν προφυλάττειν δέῃ, ἐγὼ μὲν ἀεὶ ἐπαινῶ
τὰς κρυπτὰς σκοπιάς τε καὶ φυλακάς· οὕτω γὰρ ἅμα μὲν
τῶν φίλων φυλακαὶ γίγνονται, ἅμα δὲ τοῖς πολεμίοις
ἐνέδραι κατασκευάζονται. (11) Καὶ αὐτοὶ μὲν δυσεπι-
βουλευτότεροί εἰσιν ἀφανεῖς ὄντες, τοῖς δὲ πολεμίοις
φοβερώτεροι. Τὸ γὰρ εἰδέναι μὲν ὅτι εἰσί που φυλακαί,
ὅπου δ᾽ εἰσὶ καὶ ὁπόσαι μὴ εἰδέναι, τοῦτο θαρρεῖν μὲν
κωλύει τοὺς πολεμίους, ὑποπτεύειν δὲ ἀναγκάζει πάντα
τὰ χωρία· αἱ δὲ φανεραὶ φυλακαὶ δῆλα ἔχουσι καὶ τὰ
δεινὰ καὶ τὰ εὐθαρσῆ. (12) Ἔτι δὲ τῷ μὲν κρυπτὰς
ἔχοντι φυλακὰς ἐξέσται μὲν φανεροὺς ὀλίγοις ἔμπροσθε
τῶν κρυπτῶν φυλαττόντας πειρᾶσθαι τοὺς πολεμίους εἰς
ἐνέδρας ὑπάγειν. Ἀγρευτικὸν δὲ καὶ ὄπισθεν τῶν κρυπτῶν ἄλλοις φανεροῖς ἔστιν ὅτε φυλάττειν· καὶ τοῦτο γὰρ
γὰρ ἐξαπατητικὸν τῶν πολεμίων ὁμοίως τῷ πρόσθεν
εἰρημένῳ. (13) Ἀλλὰ μὴν φρονίμου γε ἄρχοντος καὶ
τὸ μήποτε κινδυνεύειν ἑκόντα, πλὴν ὅπου ἂν πρόδηλον ἦ
ὅτι πλεῖον ἕξει τῶν πολεμίων· τὸ δὲ ὑπηρετεῖν τὰ ἥδιστα τοῖς πολεμίοις προδοσία τῶν ξυμμάχων δικαίως ἂν
μᾶλλον ἢ ἀνδρεία κρίνοιτο. (14) Σῶφρον δὲ καὶ τὸ
ἐκεῖσε ὁρμᾶν ὅπου ἂν ἀσθενῆ τὰ τῶν πολεμίων ᾖ, κἂν
πρόσω ὄντα τυγχάνῃ. Τὸ γὰρ σφόδρα πονῆσαι ἀκινδυνότερον ἢ πρὸς τοὺς κρείττους ἀγωνίζεσθαι. (15)

prudentis erit equitum magistri curare ut ante praemissos etiam praemissi quidam alii praecedant, qui res hostium perquirendo explorent. Etiam utile tam ad invadendum quam ad cavendum, ut ubi difficiles sunt transitus, alteri alteros exspectent; ne postremi, dum itineris ducem insequuntur, verberibus equos concidant. Ac norunt quidem haec propemodum omnes, sed pauci curae laborem tolerare volunt.

Oportet item equitum magistrum adhuc tempore pacis in hoc incumbere, ut peritus sit tam hostilis quam suorum regionis: ac si nullam earum notitiam ipse habeat, ex aliis tamen sibi singulorum locorum maxime gnaros adjungat. Magnum enim discrimen est inter ducem peritum viarum, et imperitum; ut etiam is qui hostibus insidias struit, locorum peritus, multum ab imperito differt. Curae sint et exploratores ante bellum susceptam, ut haberi possint et ex iis qui civitatibus utrisque sunt amici, et ex mercatoribus. Omnes enim civitates admittere semper eos, ut benevolos, solent, qui aliquid important. Utiles sunt nonnunquam et ficti transfugae. Nec tamen sic exploratoribus fidendum, ut omittatur cautio; sed ita paratum semper esse oportet, quasi si jam nuntiatum sit, hostes adventare. Licet enim valde fideles sint exploratores, in eo tamen difficultas est, ut aliquid in tempore nuntient. Nam multa in bello accidere impedimenta solent. Eductiones equitatus minus hostes sentient, si jusso potius per singulos tradito, quam praeconis voce, vel per edictum imperentur. Ad hoc igitur, ut eductiones per singulos denuntiando fiant, bonum erit constituere decuriones, et cum decurionibus quinionum quoque duces, ut quam paucissimis unusquisque denuntiet; sic etiam duces hi quinionum suo tempore procedentes, absque perturbatione frontem aciei exporrigent. Ubi prae-cavendum est, equidem occultas semper et speculationes et excubias laudo. Sic enim et excubiae simul pro amicis habentur, et hostibus simul insidiae struuntur. Minus etiam speculatores ipsi, quum nihil de eis constat, insidiis hostium expositi sunt; et hostibus hoc modo sunt formidabiliores. Nam scire, quasdam esse collocatas alicubi excubias; sed ubi sint, et quo numero, nescire : id vero fidentibus hostes animis esse prohibet, et habere suspecta cogit omnia loca. Manifestae vero excubiae tam periculorum quam fiduciae causas apertas habent. Praeterea licebit occultas habenti excubias, ut cum paucis manifestis ante illos occultos excubans, hostes in insidias pertrahere conetur : nec idoneum minus venandis hostibus, etiam post occultos cum aliis manifestis nonnunquam excubare. Nam hac quoque ratione non aliter circumveniuntur hostes, ac prius indicata. Prudentis etiam ducis est, in periculum ultro se non conjicere; nisi quum manifestum sit, potiorem ipsius quam hostium conditionem futuram. At hostibus suppeditare causam voluptatis maximae, multo justius esse proditio sociorum, quam fortitudo, judicabitur. Prudens id quoque facinus, illuc progredi, ubi vires hostium debiles sunt, licet intervallo magno distent. Nam minus est in vehementi labore periculi, quam si praelio cum potioribus decertandum sit. Quod

Ἢν δέ πῃ εἰς μέσον φιλίων τειχέων εἰσίωσιν οἱ πολέμιοι, κἂν πολὺ κρείττους ὄντες, καλὸν μὲν ἐντεῦθεν ἐπιχειρεῖν ὁποτέρωθι ἂν λελήθης παρών, καλὸν δὲ καὶ ἅμα ἀμφοτέρωθεν. Ὅταν γὰρ οἱ ἕτεροι ἀποχωρῶσιν, οἱ ἐκ τοῦ ἐπὶ θάτερα ἐλαύνοντες ταράττοιεν μὲν ἂν τοὺς πολεμίους, σώζοιεν δ᾽ ἂν τοὺς φίλους. (16) Καὶ τὸ μὲν διὰ κατασκόπων πειρᾶσθαι εἰδέναι τὰ τῶν πολεμίων πάλαι εἴρηται ὡς ἀγαθόν ἐστιν. Ἐγὼ δὲ πάντων ἄριστον νομίζω εἶναι τὸ αὐτὸν πειρᾶσθαι, ἢν ᾖ ποθεν ἐξ ἀσφαλοῦς, θεώμενον τοὺς πολεμίους ἀθρεῖν, ἤν τι ἁμαρτάνωσι. (17) Καὶ τὸ μὲν κλαπῆναι δυνατὸν πέμπειν χρὴ τοὺς ἐπιτηδείους κλέψοντας, τὸ δ᾽ ἁρπασθῆναι ἐγχωροῦν ἐφιέναι τοὺς ἁρπάσοντας. Ἢν δέ ποι παρεωσμένων τῶν πολεμίων ἀπαρτᾶταί τι ἀσθενέστερον τῆς αὐτοῦ δυνάμεως ἢ θαῤῥοῦν ἀποσκεδαννύηται, οὐδὲ ταῦτα χρὴ λανθάνειν· ἀεὶ μέντοι τῷ ἰσχυροτέρῳ τὸ ἀσθενέστερον θηρᾶν. (18) Δυνατὸν δὲ προσέχοντι τὸν νοῦν ταῦτα καταμανθάνειν, ἐπεὶ καὶ βραχυγνωμονέστερα ἀνθρώπου θηρία οἵ τε ἰκτῖνοι δύνανται ὃ ἂν ἀφύλακτον ᾖ ἀναρπάσαντες εἰς τὸ ἀσφαλὲς ἀποχωρεῖν πρὶν ληφθῆναι καὶ οἱ λύκοι δὲ τά τε ἐρημούμενα φυλακῆς ἀγρεύουσι καὶ τὰ ἐν τοῖς δυσοράτοις κλέπτουσι, (19) κἂν μεταδιώκῃ γέ τις ἐπιγίγνηται κύων, ἢν μὲν ἥττων ᾖ, τούτῳ ἐπιτίθεται· ἢν δὲ κρείττων, ἀποσφάξας ὅ,τι ἂν ἔχῃ ἀποχωρεῖ. Ὅταν δέ γε φυλακῆς καταφρονήσωσι λύκοι, τάξαντες ἑαυτῶν τοὺς μὲν ἀπελαύνειν τὴν φυλακήν, τοὺς δὲ ἁρπάζειν, οὕτω τὰ ἐπιτήδεια πορίζονται. (20) Θηρίων γε μὴν δυναμένων τὰ τοιαῦτα φρονίμως λήζεσθαι πῶς οὐκ ἄνθρωπόν γε ὄντα εἰκὸς σοφώτερον τούτων φαίνεσθαι ἃ καὶ αὐτὰ τέχνῃ ὑπ᾽ ἀνθρώπου ἁλίσκεται;

ΚΕΦΑΛΑΙΟΝ Ε.

Κἀκεῖνό γε μὴν εἰδέναι ἱππικοῦ ἀνδρός, ἐκ πόσου ἂν ἵππος πεζὸν ἕλοι καὶ ἐξ ὁπόσου βραδεῖς ἂν ἵπποι ταχεῖς ἀποφύγοιεν. Ἱππαρχικὸν δὲ καὶ χωρία γιγνώσκειν ἔνθα πεζοὶ κρείττους ἱππέων καὶ ἔνθα πεζῶν κρείττους ἱππεῖς. (2) Χρὴ δὲ μηχανητικὸν εἶναι καὶ τοῦ πολλοὺς μὲν φαίνεσθαι τοὺς ὀλίγους ἱππέας, πάλιν δ᾽ ὀλίγους τοὺς πολλούς, καὶ τοῦ δοκεῖν παρόντα μὲν ἀπεῖναι, ἀπόντα δὲ παρεῖναι, καὶ τοῦ μὴ τὰ τῶν πολεμίων μόνον κλέπτειν ἐπίστασθαι, ἀλλὰ καὶ τοὺς ἑαυτοῦ ἱππέας ἅμα κλέπτοντα ἐξ ἀπροσδοκήτου τοῖς πολεμίοις ἐπιτίθεσθαι. (3) Ἀγαθὸν δὲ μηχάνημα καὶ τὸ δύνασθαι, ὅταν μὲν τὸ ἑαυτοῦ ἀσθενῶς ἔχῃ, φόβον παρασκευάζειν τοῖς πολεμίοις ὡς μὴ ἐπιθῶνται· ὅταν δ᾽ ἐῤῥωμένα, θάρσος αὐτοῖς ἐμποιεῖν ὡς ἐγχειρήσειν. Οὕτω γὰρ αὐτὸς μὲν ἂν ἥκιστα κακῶς πάσχοις, τοὺς δὲ πολεμίους μάλιστ᾽ ἂν ἁμαρτάνοντας λαμβάνοις. (4) Ὅπως δὲ μὴ προστάττειν δοκῶ ἀδύνατα, καὶ γράψω ὡς ἂν γίγνοιτο τὰ δοκοῦντα αὐτῶν χαλεπώτατα εἶναι. Τὸ μὲν τοίνυν μὴ σφάλλεσθαι ἐγχειροῦντα διώκειν ἢ ἀποχωρεῖν ἐμπειρία ποιεῖ ἵππων δυνάμεως. Πῶς δ᾽

MAGISTRI EQUITUM CAP. V.

si medias inter munitiones et castella tuorum penetraverint hostes, licet longe viribus superiores sint; pulchrum tamen eos hinc adgredi, quacumque tandem a parte clam hostibus adsis, nec minus honestum, id simul ab utraque parte fieri. Quum enim alii se recipiant, adequitantes ab alterutro latere tui tum perturbabunt hostes, tum saluti suorum consulent. Dictum jampridem, bonum esse, dari operam ut res hostium per exploratores cognoscantur. Ego vero esse omnium optimum existimo, ut aliquis ipse, si de tuto quopiam loco liceat, hostes alicunde contemplando, num in aliquo peccent, inspicere conetur. Ac siquidem aliquid eis furtim adimi poterit, ad hoc furtim peragendum idonei quidam mittendi : quod autem rapinae expositum, mittendi qui rapiant. Si hostibus aliquo proficiscentibus, pars quaedam copiarum hostilium debilior quam ipsius sint, separata sit ab reliquis, aut sumpta fiducia palari ausit, ne hoc quidem ignorare debet; sic tamen, ut manu validiore venetur id quod est debilius. Potest autem haec animadvertere qui mentem eis adhibet; quandoquidem et bestiae, quibus intelligentia minor est, quam homini, puta milvi, si quid incustoditum sit, rapere norunt, et prius in tuta se recipere, quam capiantur; et lupi, quae custodia destituuntur, venari solent, et in obscuris abdita furantur. Idem lupus, si canis insequens superveniat, viribus inferiorem adgreditur; sin ille superior sit, jugulatis iis quae nactus est, discedit. Ubi vero lupi oppositam ipsis custodiam contemnere ausi fuerint, ordinatis suis partim ad abigendos custodes, partim ad rapiendum, ita necessaria sibi adquirunt. Quum igitur bestiae prudenter in agendis hisce praedis se gerant, quomodo non par fuerit, cum qui homo sit, sapientiorem se declarare bestiis, quae ipsae capi arte ab homine solent?

CAPUT V.

Hoc quoque scire vir equestris debet, quonam ex intervallo peditem ceperit eques, et quantum ad intervallum celeres equi tardos effugerint. Itidem ad equitum magistri munus pertinet scire loca, quibus in locis pedites equitibus superiores sint, ac vicissim peditibus equites. Etiam sollerti artificio moliri debet, ut pauci equites, multi esse videantur; et multi vicissim, paucorum speciem habeant: itemque si praesens sit, ut alesse videatur; si absit, adesse: neque tantum ut norit hostibus sua furtim praeripere, verum equites etiam suos furtim circumveniendo, adoriri hostes de improviso. Egregium et hoc artificium, si possit, quum ipse viribus inferior est, metum hostibus incutere, ne se adoriantur: quum potior ipse viribus, eorundem animis indere fiduciam, ut adgrediantur. Sic enim et ipse minimum detrimenti acceperis, et inprimis hostes in errore deprehendere possis. Ne vero, quae fieri nequeant, praecipere videar, prodam sane litteris, quonam illa fiant, quae in his difficillima videntur. Itaque ne quis in conatu vel insequendi vel abscedendi offendat, ex eo consequetur, si vires equorum perspectas habeat. Quonam vero modo perspectas

ἂν ἐμπείρως ἔχοι; εἰ προσέχοι τὸν νοῦν ἐν ταῖς μετὰ φιλίας ἀνθιππασίαις οἷα ἀποβαίνουσιν ἐκ τῶν διώξεών τε καὶ φυγῶν. (5) Ὅταν μέντοι βούλῃ τοὺς ἱππέας πολλοὺς φαίνεσθαι, ἓν μὲν πρῶτον ὑπαρχέτω, ἥνπερ ἐγχωρῇ, μὴ ἐγγὺς τῶν πολεμίων ἐγχειρεῖν ἐξαπατᾶν· καὶ γὰρ ἀσφαλέστερον τὸ πρόσω καὶ ἀπατητικώτερον. Ἔπειτα δὲ χρὴ εἰδέναι ὅτι ἁθρόοι μὲν ἵπποι πολλοὶ φαίνονται διὰ τὸ μέγεθος τοῦ ζῴου, διασπειρόμενοι δ᾽ εὐαρίθμητοι γίγνονται. (6) Ἔτι δ᾽ ἂν πλεῖόν σοι τὸ ἱππικὸν τοῦ ὄντος φαίνοιτο, εἰ τοὺς ἱπποκόμους εἰς τοὺς ἱππέας ἐνισταίης μάλιστα μὲν δόρατα, εἰ δὲ μὴ, ὅμοια δόρασιν ἔχοντας, ἥν τε ἑστηκὸς ἐπιδεικνύῃς τὸ ἱππικὸν ἥν τε παράγῃς· ἀνάγκη γὰρ τὸν ὄγκον τῆς τάξεως οὕτω μείζω τε καὶ πυκνότερον φαίνεσθαι. (7) Ἢν δ᾽ αὖ τοὺς πολλοὺς ὀλίγους δοκεῖν εἶναι, ἢν μὲν σοι χωρία ὑπάρχῃ οἷα συγκρύπτειν, δῆλον ὅτι τοὺς μὲν ἐν τῷ φανερῷ ἔχων, τοὺς δ᾽ εἰς τὸ ἄδηλον ἀποκρύπτων, κλέπτοις ἂν τοὺς ἱππέας· ἢν δὲ πᾶν καταφανὲς ᾖ τὸ χωρίον, δεκάδας χρὴ στοιχούσας ποιήσαντα διαλειπούσας παράγειν· καὶ τοὺς μὲν πρὸ τῶν πολεμίων ἱππέας ἑκάστης δεκάδος ὀρθὰ τὰ δόρατα ἔχειν, τοὺς δ᾽ ἄλλους ταπεινὰ καὶ μὴ ὑπερφανῆ. (8) Φοβεῖν γε μὴν τοὺς πολεμίους καὶ ψευδενέδρας οἷόν τε καὶ ψευδοβοηθείαις καὶ ψευδαγγελίας ποιοῦντα. Θαρσοῦσι δὲ μάλιστα πολέμιοι, ὅταν τοῖς ἐναντίοις πράγματα καὶ ἀσχολίας πυνθάνωνται. (9) Τούτων δὲ γεγραμμένων μηχανᾶσθαι αὐτὸν χρὴ πρὸς τὸ παρὸν ἀεὶ ἀπατᾶν· ὄντως γὰρ οὐδὲν κερδαλεώτερον ἐν πολέμῳ ἀπάτης. (10) Ὁπότε γε καὶ οἱ παῖδες ὅταν παίζωσι ποσίνδα, δύνανται ἀπατᾶν προϊσχόντες ὥστε ὀλίγους τ᾽ ἔχοντας πολλοὺς δοκεῖν ἔχειν καὶ πολλοὺς προέχοντες ὀλίγους φαίνεσθαι ἔχειν. Πῶς οὐκ ἄνδρας γε τῷ ἐξαπατᾶν προσέχοντες τὸν νοῦν δύναιντ᾽ ἂν τοιαῦτα μηχανᾶσθαι; (11) Καὶ ἐνθυμούμενος δ᾽ ἄν τις ἐν τοῖς πολέμοις πλεονεκτήματα εὕροι ἂν τις τὰ πλεῖστα καὶ μέγιστα σὺν ἀπάτῃ γεγενημένα. Ὧν ἕνεκα ἢ οὐκ ἐγχειρητέον ἄρχειν ἢ τοῦτο σὺν τῇ ἄλλῃ παρασκευῇ καὶ παρὰ θεῶν αἰτητέον δύνασθαι ποιεῖν καὶ αὐτῷ μηχανητέον. (12) Οἷς δὲ θάλαττα πρόσεστιν, ἀπατητικῶν καὶ πλοῖα παρασκευαζόμενον πεζῇ τι πρᾶξαι καὶ τὸ πεζῇ προσποιούμενον ἐπιβουλεύειν κατὰ θάλατταν ἐπιχειρῆσαι. (13) Ἱππαρχικὸν δὲ καὶ τὸ διδάσκειν τὴν πόλιν ὡς ἀσθενὲς τὸ πεζῶν ἔρημον ἱππικὸν πρὸς τὸ ἀμίππους πεζοὺς ἔχειν. Ἱππαρχικὸν δὲ καὶ τὸ λαβόντα πεζοὺς αὐτοῖς χρῆσθαι. Ἔστι δὲ πεζοὺς οὐ μόνον ἐν τούτοις ἀλλὰ καὶ ὄπισθεν ἵππων ἀποκρύψασθαι· πολὺ γὰρ μείζων δ᾽ ἱππεὺς τοῦ πεζοῦ. (14) Ταῦτα δὲ πάντα ἐγὼ καὶ ὅσα πρὸς τούτοις τις μηχανήσεται ἢ βίᾳ ἢ τέχνῃ αἱρεῖν τοὺς ἐναντίους βουλόμενος σὺν τῷ θεῷ πράττειν συμβουλεύω, ἵνα καὶ τύχη συνεπαινῇ θεῶν ἵλεων ὄντων. (15) Ἔστι δ᾽ ὅτι πάνυ ἀπατητικὸν καὶ τὸ λίαν φυλακτικὸν προσποιήσασθαι εἶναι καὶ μηδαμῶς φιλοκίνδυνον· τοῦτο γὰρ τοὺς πολεμίους πολλάκις προάγεται ἀφυλακτοῦντας μᾶλλον ἁμαρτάνειν. Ἢν δ᾽ ἅπαξ δόξῃ τις φιλοκίνδυνος εἶναι, ἔξεστι καὶ ἡσυχίαν

habere possit? Si animum attendat in pugnis equestribus, quæ exercitii causa in pace fiunt, quid eveniat et e persequendo, et e fugiendo. Quum vero volueris equites multorum habere speciem, unum hoc primum esto, si liceat, ne prope hostes fraudem aliquam moliaris. Tutius enim quod e longinquo fit, et ad fraudem aptius. Deinde sciendum, equos catervatim incedentes, speciem multorum habere, propter ipsius animalis magnitudinem; quum dispersi, facile numerari possint. Præterea tibi copiosior equitatus adesse videbitur, quam sit reapse, si curatores equorum inter equites constituas, præsertim hastas, aut hastis aliquid simile tenentes; sive consistentem alicubi equitatum exhibeas, seu traducas: nam hoc modo necesse est aciei molem et majorem et spissiorem videri. Sin multos velis haberi pro paucis, siquidem ejusmodi loca tibi sint ad manum, in quibus occultare liceat; nimirum in aperto quosdam exhibens, in obscuro quosdam abdens, hac subtractione numerum equitum deminues: si vero locus ipse totus oculis expositus sit, in versus procedentes decurias ex intervallo traduces; et equites quidem cujusque decuriæ, qui hostibus ante oculos sunt, hastas tenere rectas debent, ceteri depressas et minime supereminentes. Licet etiam terrorem hostibus incutere, tum fictas insidias, tum auxilia ficta, fictosque rumores excogitando. Tum vero confidentissimi sunt hostes, quum adversariis multa negotia, multas occupationes exhiberi audiunt. His ita descriptis, ipsius jam ducis fuerit id moliri, ut pro re præsenti semper aliquam fallaciam struat. Nam revera nihil adeo fructuosum in bello, atque fallacia: quandoquidem etiam pueri, quoties ludunt in numero divinando, possunt specie aliqua fallere, ut paucos habentes, multos habere videantur; et multos præ se ferentes, paucos habere inveniantur. Quid vetet igitur quominus etiam viri, si fraudibus animum adjiciant, hujusmodi artificiis uti possint? Nam si cum animo suo meliores in bello conditiones aliquis expendat, is majorem earum partem, et quidem insigniores fraude captatas et partas inveniet. Quapropter vel non capessendum imperium, vel, ut hoc quoque præstare possit, divinitus præter alia subsidia petendum, et ipsimet in hoc adnitendum. Qui mare vicinum habent, iis ad fraudem hoc quoque commodum, ut, dum naves instruunt, aliquid terra gerant; ac vicissim, dum terra insidias se moliri simulant, mari rem adgrediantur. Etiam hoc equitum magistri est, docere civitatem, quam debile quiddam sit equitatus a peditatu destitutus; ut ipsemet equitibus pedites habeat. Nec minus ad officium magistri equitum pertinet, ut et peditibus acceptis uti sciat. Ac licet pedites non tantum inter equites, sed etiam post equos occultare: nam longe grandior est eques homine pedestri. Hæc vero equidem universa, et si qua moliri aliquis præterea volet, in conatu hostis aut vi aut arte superandi, divina cum ope suscipienda consulo; ut numine placato ac propitio, fortuna quoque prospera addicat. Nonnunquam et illud aptissimum ad fraudem, si nimis se cautum quispiam simulet, aleæque belli tentandæ nequaquam cupidum. Hoc enim hostes eo sæpius adigit, ut omisso cavendi et excubandi studio, magis delinquant. Si quis semel visus fuerit adeundi periculi

ἔχοντα, προσποιούμενον δὲ πράξειν τι, πράγματα τοῖς πολεμίοις παρέχειν.

cupidus esse, potest hostibus etiam quiescendo, dum aliquid se facturum simulat, negotia facessere.

ΚΕΦΑΛΑΙΟΝ ς.

CAPUT VI.

Ἀλλὰ γὰρ οὐδὲν ἄν τις δύναιτο πλάσαι οἷον βούλεται, εἰ μὴ ἐξ ὧν γε πλάττοιτο παρεσκευασμένα εἴη ὡς πείθεσθαι τῇ τοῦ χειροτέχνου γνώμῃ· οὐδέ γ' ἂν ἐξ ἀνδρῶν, εἰ μὴ σὺν θεῷ οὕτω παρεσκευασμένοι ἔσονται ὡς φιλικῶς τε ἔχειν πρὸς τὸν ἄρχοντα καὶ φρονιμώτερον σφῶν αὐτῶν ἡγεῖσθαι περὶ τῶν πρὸς τοὺς πολεμίους ἀγώνων. (2) Εὐνοϊκῶς μὲν οὖν ἔχειν καὶ ἐκ τοῦδε εἰκὸς τοὺς ἀρχομένους ὅταν φιλοφρόνως τις ἔχῃ πρὸς αὐτοὺς καὶ προνοῶν φαίνηται ὅπως τε σῖτον ἕξουσι καὶ ὅπως ἀσφαλῶς μὲν ἀποχωρήσουσι, πεφυλαγμένως δὲ ἀναπαύσονται. (3) Ἐν δὲ ταῖς φρουραῖς χρὴ καὶ χιλοῦ καὶ σκηνῶν καὶ ὑδάτων καὶ φυλακῶν καὶ τῶν ἄλλων ἐπιτηδείων φανερὸν εἶναι ἐπιμελούμενον καὶ προνοοῦντά τε καὶ ἀγρυπνοῦντα ἕνεκα τῶν ἀρχομένων. Καὶ ὅταν γε πλέον ἔχῃ τι, τὸ μεταδοῦναι κερδαλέον τῷ προεστηκότι. (4) Ἥκιστα δ' ἂν καταφρονοῖεν ἄρχοντος, ὡς μὲν συνελόντι εἰπεῖν, εἰ ὁπόσα ἐκείνοις παραινοίη, αὐτὸς ταῦτα βελτίον ἐκείνων φαίνοιτο ποιῶν. (5) Ἀρξάμενον οὖν δεῖ ἀπὸ τοῦ ἀναβαίνειν ἐπὶ τοὺς ἵππους πάντα τὰ ἐν ἱππικῇ μελετᾶν, ὅπως ὁρῶσι τὸν ἄρχοντα δυνάμενον ἐπὶ τοῦ ἵππου καὶ τάφρους ἀσφαλῶς περᾶν καὶ τειχία ὑπερακρίζειν καὶ ἀπ' ὄχθων καταίρειν καὶ ἀκοντίζειν ἱκανῶς· πάντα γὰρ ταῦτα προκόπτει τι εἰς τὸ μὴ καταφρονεῖσθαι. (6) Ἢν δὲ δὴ καὶ πράττειν γνῶσιν ἐπισταμένον τε καὶ δυνάμενον παρασκευάζειν ὅπως ἂν πλέον ἔχωσι τῶν πολεμίων, πρὸς δὲ τούτοις καὶ ἐκείνην λάβωσιν εἰς τὴν γνώμην, ὡς οὔτ' ἂν εἰκῇ οὔτ' ἄνευ θεῶν οὔτε παρὰ τὰ ἱερὰ ἡγήσαιτ' ἂν ἐπὶ πολεμίους, πάντα ταῦτα πιθανωτέρους τῷ ἄρχοντι τοὺς ἀρχομένους ποιεῖ.

Sed enim ex animi sui arbitrio nihil formare quispiam possit, si non ea de quibus aliquid fingendum ita comparata sint, ut artificis voluntati cedant : neque de hominibus aliquid efficiat, nisi, deo juvante, ita sint instructi, ut amore prosequantur illum qui eis cum imperio praeest, utque eum se prudentiorem judicent in iis quae ad certamina cum hostibus ineunda pertinent. Hinc quoque conciliari benevolentiam illorum, qui reguntur, consentaneum est ; si comiter aliquis eos complectatur, ac prospicere se declaret, ut et victum habeant, et tuto se recipiant, et idonea muniti custodia quiescant. In praesidiis manifesta debet ejus esse cura de pabulo, et tentoriis, et aquis, et excubiis, et aliis rebus necessariis; itemque providentia ipsius, et vigilantia pro iis quos regit. Ubi copia quadam rei alicujus abundat is qui aliis praeest, lucrosum erit, id suis impertiri. Minime vero contemnent eum, qui cum imperio est, si quaecumque, ut paucis rem complectar, suos facere jusserit, ea rectius ipsis facere visus fuerit. Quapropter exordiens ab inscendendis equis, exercere omnia debet ad rem equestrem pertinentia : quo praefectum suum posse videant in equo et fossas tuto trajicere, et muros superare, et de tumulis ad demittere, et idonee jaculari. Nam haec omnia nonnihil ad hoc conferunt adjumenti, ne contemptui sit. Jam si rerum gerendarum peritum esse norint, et idoneum ad efficiendum, ut hostibus ipsi potiore loco sint ; et animis praeterea impresserint, eum nec temere, nec absque numinis ope, neque extis adversantibus in hostes ducturum : haec scilicet ejusmodi sunt omnia, magis ut morigeros praefecto reddant illos qui ejus imperio continentur.

ΚΕΦΑΛΑΙΟΝ Ζ.

CAPUT VII.

Παντὶ μὲν οὖν προσήκει ἄρχοντι φρονίμῳ εἶναι· πολὺ μέντοι τὸν Ἀθηναίων ἵππαρχον διαφέρειν δεῖ καὶ τῷ τοὺς θεοὺς θεραπεύειν καὶ τῷ πολεμικὸν εἶναι, ᾧ γε ὑπάρχουσι μὲν ὅμοροι ἀντίπαλοι ἱππεῖς τε παραπλήσιοι τὸ πλῆθος καὶ ὁπλῖται πολλοί. (2) Κἂν μὲν εἰς τὴν πολεμίαν ἐμβάλλειν ἐπιχειρῇ ἄνευ τῆς ἄλλης πόλεως, πρὸς ἀμφοτέρους τούτους μόνοις ἂν τοῖς ἱππεῦσι διακινδυνεύοι. Ἢν δ' οἱ πολέμιοι εἰς τὴν Ἀθηναίων χώραν ἐμβάλλωσι, πρῶτον μὲν οὐκ ἂν ἄλλως ἔλθοιεν εἰ μὴ σὺν ἄλλοις τε ἱππεῦσι πλείοσι τοῖς ἑαυτῶν, καὶ πρὸς τούτοις ὁπλίταις ὁπόσους ἂν οἴωνται πάντας Ἀθηναίους μὴ ἱκανοὺς εἶναι μάχεσθαι. (3) Πρὸς οὖν τοσούτους πολεμίους ἢν μὲν ἡ πόλις πᾶσα ἐπεξῇ ἀρήξουσα τῇ χώρᾳ, ἐλπίδες καλαί. Ἱππεῖς τε γὰρ σὺν θεῷ ἀμεί-

Ac prudentem sane quemvis esse convenit, qui cum imperio sit : at populi Atheniensis equitum magistrum longe aliis praestare tum cultu deorum immortalium tum usu rei militaris oportet; qunm ei finitimi sint adversarii, tam equites numero pares, quam pedites sane multi. Si agrum hostilem sine reliquae civitatis auxiliis invadere conetur, adversus illos ambos ei solo cum equitatu periclitandum erit : sin hostes in Atheniensium regionem irrumpant, primam aliter non venient, quam aliis ad suos equitibus adjunctis, et cum illis praeterea peditum copiis, quibus Athenienses universos impares ad pugnam futuros existiment. Itaque si contra tantam hostium multitudinem civitas tota prodire velit, ut opem regioni ferat ; spem bonam concipere licebit. Nam et equites, deo juvante, meliores, si quis eorum curam

νους, ἤν τις αὐτῶν ἐπιμελῆται ὡς δεῖ, ὁπλῖταί τε οὐ μείους ἔσονται καὶ τὰ σώματα τοίνυν οὐ χεῖρω ἔχοντες καὶ τὰς ψυχὰς φιλοτιμότεροι, ἢν ὀρθῶς ἀσκηθῶσι σὺν θεῷ. Καὶ μὴν ἐπί γε τοῖς προγόνοις οὐ μεῖον Ἀθηναῖοι ἢ Βοιωτοὶ φρονοῦσιν. (4) Ἦν δὲ ἡ μὲν πόλις τρέπηται ἐπὶ τὰ ναυτικὰ καὶ ἀρκῇ αὐτῇ τὰ τείχη διασώζειν, ὥσπερ καὶ ὁπότε Λακεδαιμόνιοι σὺν ἅπασι τοῖς Ἕλλησιν ἐνέβαλον, τοὺς δὲ ἱππέας ἀξιώσῃ τά τε ἐκτὸς τοῦ τείχους διασώζειν καὶ αὐτοὺς μόνους διακινδυνεύειν πρὸς πάντας τοὺς ἐναντίους, ἐνταῦθα δὴ θεῶν μὲν οἶμαι πρῶτον συμμάχων ἰσχυρῶν δεῖ, ἔπειτα δὲ καὶ τὸν ἵππαρχον προσήκει ἀποτετελεσμένον ἄνδρα εἶναι. Καὶ γὰρ φρονήσεως δεῖ πολλῆς πρὸς τοὺς πολὺ πλείους, καὶ τόλμης, ὁπότε καιρὸς παραπέσοι. (5) Δεῖ δὲ, ὡς ἐμοὶ δοκεῖ, καὶ πονεῖν αὐτὸν ἱκανὸν εἶναι. Πρὸς μὲν γὰρ τὸ παρὸν στράτευμα διακινδυνεύων, ᾧ μηδὲ ὅλῃ ἡ πόλις θέλοι ἀντικαθίστασθαι, δῆλον ὅ,τι πάσχοι ἂν ὅ,τι οἱ κρείττους βούλοιντο, ποιεῖν δὲ οὐδὲν ἂν ἱκανὸς εἴη. (6) Εἰ δὲ φυλάττοι μὲν τὰ ἔξω τείχους τοσούτοις ὅσοι σκοπεύειν τε τοὺς πολεμίους ἱκανοὶ ἔσονται καὶ ἀναχωρεῖν εἰς τὸ ἀσφαλὲς τὰ δεόμενα ὡς ἐκ πλείστου· ἱκανοὶ δὲ καὶ προορᾶν οὐδὲν ἧττον οἱ ὀλίγοι τῶν πολλῶν καὶ φυλάττειν τοίνυν καὶ ἀναχωρεῖν εἰς τὰ φίλια οὐκ ἀκαιρότεροι οἱ μήτε αὐτοῖς μήτε τοῖς ἵπποις πιστεύοντες· ὁ γὰρ φόβος δεινὸς δοκεῖ συμφύλαξ εἶναι. (7) τοὺς μὲν φύλακας ἐκ τούτων ἄν τις ποιῶν ἴσως ὀρθῶς βουλεύοιτο· τοὺς δὲ περιττοὺς τῆς φυλακῆς εἰ μέν τις στρατιὰν ἔχειν ἡγήσεται, ὀλίγη αὐτῷ φανεῖται τοῦ παντός· γὰρ ἐνδεήσεται ὥστε ἐκ τοῦ ἐμφανοῦς διακινδυνεύειν. Ἢν δὲ ὡς λῃσταῖς αὐτοῖς χρῆται, πάνυ ἄν, ὡς τὸ εἰκὸς, ἱκανὴν τοῦτο πράττειν ἔχοι δύναμιν. (8) Δεῖ δὲ, ὡς ἐμοὶ δοκεῖ, τοὺς παρεσκευασμένους μὲν ὡς ποιεῖν τι μὴ καταφανῆ ὄντα φυλάττειν ἤν τι ἁμαρτάνῃ τὸ τῶν πολεμίων στράτευμα. (9) Φιλοῦσι δέ πως στρατιῶται ὅσῳ ἂν πλείους ὦσι τοσούτῳ πλείω ἁμαρτάνειν. Ἢ γὰρ ἐπὶ τὰ ἐπιτήδεια ἐπιμελείᾳ σκεδάννυνται, ἢ πορευομένων ἀταξίᾳ οἱ μὲν προέρχονται, οἱ δὲ ὑπολείπονται πλέον τοῦ καιροῦ. (10) Τὰ οὖν τοιαῦτα ἁμαρτήματα οὐ χρὴ παριέναι ἀκόλαστα· εἰ δὲ μὴ, ὅλη ἡ χώρα στρατόπεδον ἔσται· ἐκεῖνο καλῶς προνοοῦντα, ἢν ποιήσῃ τι, φθάσαι ἀποχωρήσαντα πρὶν τὸ πολὺ βοηθοῦν ἐπιγενέσθαι. (11) Πολλάκις δὲ πορευόμενον στράτευμα καὶ εἰς ὁδοὺς ἔρχεται ἐν αἷς οὐδὲν πλεῖον οἱ πολλοὶ τῶν ὀλίγων δύνανται. Καὶ ἐν διαβάσεσί γέ ἐστι τῷ προσέχοντι τὸν νοῦν ἀσφαλῶς ἐφεπομένῳ ταμιεύσασθαι ὥστε ὁπόσοις ἂν βούληται τῶν πολεμίων ἐπιτίθεσθαι. (12) Ἔστι δ' ὅτε καλὸν καὶ στρατοπεδευομένοις καὶ ἀριστῶσι καὶ δειπνοποιουμένοις ἐπιχειρεῖν, καὶ ἐκ κοίτης γε ἀνισταμένοις. Ἐν πᾶσι γὰρ τούτοις ἄοπλοι στρατιῶται γίγνονται, μείονα μὲν χρόνον οἱ ὁπλῖται, πλείονα δὲ οἱ ἱππεῖς. (13) Σκοποὺς μέντοι καὶ προφυλακὰς οὐδέποτε δεῖ παύεσθαι ἐπιβουλεύοντα. Οὗτοι γὰρ αὖ ὀλίγοι μὲν ἀεὶ καθίστανται, πολὺ δὲ τοῦ ἰσχυροῦ ἐνίοτε ἀποστατοῦσιν. (14) Ὅταν δὲ τὰ τοιαῦτα ἤδη

convenientem gerat, et pedites itidem non pauciores erunt: quorum quidem nec corpora deteriora sunt, et animi longe laudis avidiores, si, deo propitio, recte fuerint exerciti. Majores sane quod attinet, non minus Athenienses eorum nomine quam Bœoti, semet efferunt. Si vero civitas ad rem navalem se converterit, et mœnia tueri satis sibi duxerit, uti tum quoque factum quum Lacedæmonii Græcis universis sibi adjunctis Atticam invaserunt; equitesque sitis extra muros esse subsidio voluerit, ac solos contra copias adversariorum omnes periclitari: tum vero primum, mea sane sententia, divino erit opus auxilio firmo, atque ipsum deinde magistrum equitum esse virum prorsus absolutum conveniet. Nam et prudentia magna contra longe plures, et audacia requiritur, quum tale tempus inciderit. Itidem arbitror eum rebus cursu agendis idoneum esse debere. Si enim exercitus tali præsente, cui ne tota quidem civitas se putet objiciendam, rite pugnet; nimirum feret, quidquid illi viribus superiores faciundum statuerint, nullam ad rem peragendam sufficiens ipse. At vero si extra muros sita tot equitibus custodiat, quot hostium rebus speculandis sufficient, et qui ex longissimo intervallo in tutum se recipere possint, [vis is] quibus opus est; non minus autem idonei sunt ad prospiciendum pauci, quam plures, et tum ad custodiendum, tum ad recedendum ad suos non minus erunt opportuni qui nec sibi ipsis nec equis suis satis fidunt. Nam metus in custodiendo socius acer esse videtur. Itaque rectum fortasse consilium capiet, qui de his custodes ac præsidiarios efficiet. Eos vero, qui constituta jam custodia superfuerint, si quis ut exercitum habere se duxerit; sane perexiguus hic ei videbitur. Nam minime profecto erit idoneus ad pugnæ periculum aperto marte subeundum. Sin eis ut prædonibus utatur, satis superque magnas ad hoc instituti copias habebit, ut quidem apparet. Debet autem, meo judicio, paratos semper habere suos, et occultando suas actiones et consilia, num in aliqua re delinquat hostilis exercitus, observare. Solent plerumque milites, quanto plures sunt, tanto magis peccare ac labi. Nam vel ob curam parandi res necessarias, hinc inde disperguntur; vel iter absque ordine facientes, alii præcedunt, alii longius quam par et opportunum sit, a tergo manent. Hujusmodi errores et peccata minime relinquenda sunt impunita, nisi quis regionem totam castra dispersi militis esse velit: et hoc acriter providendum, ut facinore quodam edito prius abscedat, quam majores hostium copiæ ferendi auxilii causa superveniant. Sæpius etiam, dum iter facit exercitus, ad eas vias pervenit, in quibus multi plus efficere, quam pauci, minime possint. Itidem ad loca transitu difficilia licebit animum attendenti, ac tuto subsequenti, sic arbitrari suo rem gerere, ut quam multos ex hostibus velit, invadat. Nonnunquam commodum et castra metantes, et prandentes, et cœnantes, et e cubili surgentes adgredi. Sunt enim milites in his omnibus inermes, ac breviori quidem tempore pedites, equites diutius. Speculatoribus et excubiis nunquam insidiari desinet. Nam pauci semper ad hoc constituuntur, et interdum ab exercitus robore procul absunt. Ubi vero satis

καλῶς φυλάττωνται οἱ πολέμιοι, καλόν ἐστι σὺν θεῷ λαθόντα ἐλθεῖν εἰς τὴν πολεμίαν μεμελημηκότα ὅσοι τε ἑκασταχοῦ καὶ ποῦ τῆς χώρας προφυλάττουσιν. Οὐδεμία γὰρ οὕτω καλὴ λεία ὡς φυλακὰς ἢν κρατηθῶσι. (15) Καὶ εὐεξαπάτητοι δ' εἰσὶν οἱ φύλακες· διώκουσι γὰρ ὅ,τι ἂν ὀλίγον ἴδωσι, νομίζοντές σφισι τοῦτο προστετάχθαι. Τὰς μέντοι ἀποχωρήσεις σκοπεῖν δεῖ ὅπως μὴ ἐναντίαι τοῖς βοηθοῦσιν ἔσονται.

hostes in his sibi cavent, recte faciet, si ope divina fretus in hosticum occulte contendet : ubi prius ei curæ fuerit quotnam singulis in locis, et qua parte regionis excubias agant. Quippe nulla tam pulchra præda est, ut captarum excubiarum. Et decipi facile possunt excubitores. Nam quidquid exiguo numero viderint, persequuntur : idque sibi mandatum existimant. In recepta considerandum, ne fiat is in eam partem, qua suis opem laturi hostes occurrant.

ΚΕΦΑΛΑΙΟΝ Η.

CAPUT VIII.

Τοὺς μέντοι μέλλοντας δυνήσεσθαι ἀσφαλῶς τὸ πολὺ κρεῖττον στράτευμα κακουργεῖν σαφῶς δεῖ τοσοῦτον διαφέρειν ὥστε αὐτοὺς μὲν ἀσκητὰς φαίνεσθαι τῶν πολεμικῶν ἐν ἱππικῇ ἔργων, τοὺς δὲ πολεμίους ἰδιώτας. (2) Τοῦτο δ' ἂν εἴη πρῶτον μὲν εἰ οἱ λῃζεσθαι μέλλοντες ἐκπεπονημένοι εἶεν τῇ ἐλαίσει ὥστε δύνασθαι στρατιωτικοὺς πόνους ὑποφέρειν. Οἱ γὰρ πρὸς ταῦτα ἀμελῶς ἔχοντες καὶ ἵπποι καὶ ἄνδρες εἰκότως ἂν ὥσπερ γυναῖκες πρὸς ἄνδρας ἀγωνίζοντο. (3) Οἱ δέ γε δεδιδαγμένοι τε καὶ εἰθισμένοι τάφρους διαπηδᾶν καὶ τειχία ὑπεραίρειν καὶ ἐπ' ὄχθους ἀνάλλεσθαι καὶ ἀφ' ὑψηλῶν ἀσφαλῶς κατιέναι καὶ τὰ κατάντη ταχὺ ἐλαύνεσθαι, οὗτοι δ' αὖ τοσοῦτο διαφέροιεν ἂν τῶν ἀμελετήτων ταῦτα ὅσονπερ πτηνοὶ πεζῶν· οἱ δέ γε αὖ τοὺς πόδας ἐκπεπονημένοι τῶν ἀτριβάστων πρὸς τραχέα ὅσονπερ ὑγιεῖς χωλῶν· καὶ οἵ γε τοιούτων τόπων ἔμπειροι πρὸς τοὺς ἀπείρους τοσοῦτον ἐν ταῖς προελάσεσι καὶ ἀποχωρήσεσι διαφέροιεν ἂν ὅσονπερ οἱ ὁρῶντες τῶν τυφλῶν. (4) Καὶ τοῦτο δὲ χρὴ εἰδέναι ὅτι οἱ εὐωχούμενοι ἵπποι, ἐκπεπονημένοι δὲ ὥστε μὴ ἀποπνίγεσθαι ἐν τοῖς πόνοις, εὖ παρεσκευασμένοι εἰσί. Χρὴ δέ, ἐπείπερ χαλινοὶ καὶ ἐφίππια ἐξ ἱμάντων ἠρτημένα ἐστὶ [χρήσιμα], μήποτε τὸν ἵππαρχον τούτων ἔρημον εἶναι· μικρᾷ γὰρ δαπάνῃ τοὺς ἀπορoῦντας χρησίμους ἂν παρέχοιτο.

5. Εἰ δέ τις νομίζει πολλὰ ἂν ἔχειν πράγματα εἰ οὕτω δεήσει ἀσκεῖν τὴν ἱππικήν, ἐνθυμηθήτω ὅτι αἱ εἰς τοὺς γυμνικοὺς ἀγῶνας ἀσκοῦντες πολὺ πλείω πράγματα καὶ χαλεπώτερα ἔχουσιν ἢ οἱ τὴν ἱππικὴν τὰ μάλιστα μελετῶντες. (6) Καὶ γὰρ τῶν μὲν γυμνικῶν ἀσκημάτων τὰ πολλὰ σὺν ἱδρῶτι ἐκπονοῦνται, τῆς δὲ ἱππικῆς τὰ πλεῖστα μεθ' ἡδονῆς. Ὅπερ γὰρ εὔξαιτ' ἄν τις πτηνὸς γενέσθαι, οὐκ ἔστιν ὅ,τι μᾶλλον τῶν ἀνθρωπίνων ἔργων ἔοικεν αὐτῷ. (7) Καὶ μὴν τό γ' ἐν πολέμῳ νικᾶν πολλῷ εὐδοξότερον ἢ πυγμῇ· μετέχει μὲν γάρ τι καὶ ἡ πόλις ταύτης τῆς δόξης· ὡς δὲ τὰ πολλὰ ἐπὶ τῇ τοῦ πολεμίου νίκῃ καὶ εὐδαιμονίᾳ οἱ θεοὶ τὰς πόλεις στεφανοῦσιν. Ὥστ' οὐκ οἶδ' ἔγωγε τί προσήκει ἄλλ' ἄττα μᾶλλον ἀσκεῖσθαι ἢ τὰ πολεμικά. (8) Ἐννοεῖν δὲ χρὴ ὅτι καὶ οἱ κατὰ θάλατταν λῃσταὶ διὰ τὸ πονεῖν ἠσκηκέναι δύνανται ζῆν καὶ ἀπὸ τῶν πολὺ κρειττόνων. Προσήκει γε μὴν καὶ κατὰ γῆν οὐ τοῖς καρπουμένοις τὰ ἑαυτῶν ἀλλὰ τοῖς στερισκομένοις τῆς τροφῆς λῄζεσθαι

Qui vero facultatem habituri sint adficiendi detrimento copias longe se potiores absque discrimine suo, eos haud dubie necesse est adeo præstare ceteris, ut ipsi quidem in equestris rei bellicis operibus exerciti athletæ, hostes vero rudes esse videantur. Possit autem hoc primum ita fieri, si ad prædam exituri, sic equitationi laborando adsueverint, ut tolerare labores militares queant. Qui enim ad hæc et equi et equites studiose non adsuefiunt, haud dubie non aliter ac feminæ contra viros in certamen descendent. Edocti vero et adsuefacti transilire fossas, superare muros, in tumulos saltu evadere, de locis sublimibus tuto descendere, per declivia celeriter agere; hi scilicet exercitationis experitibus ad ista tantum præstiterint, quantum pedestribus alites : ac rursus illi, quorum pedes laboribus obduruere, tantum iis qui vias asperas non tritæ, quantum sani claudis : gnari denique locorum in procursionibus et receptibus, tantum ignaris præstiterint, quantum videntes cæcis. Hoc quoque sciendum, equos recte comparatos, eos esse, qui bene quidem nutriti, sed etiam exercitati sint, ut in laboribus ne suffocentur. Et quia ex loris fræni et ephippia consiunt et aptantur, nunquam his carere magister equitum debet. Nam exiguo sumptu eos qui talia non habent, utiles reddiderit.

Si quis autem existimet, multis se negotiis oneratum iri, si res equestris ei sic exercenda sit; is cum animo suo cogitet, illos, qui ad ludos gymnicos exercentur, multo plus laboris ac molestiæ sustinere, quam eos qui rem equestrem studio maximo tractant. Etenim exercitia pleraque gymnica cum sudore suscipiuntur, quum major equestris rei pars cum voluptate conjuncta sit. Quippe quod optare quispiam fortasse possit, ut alitis instar volet; ei nihil in rebus humanis equitatione similius est. Quin etiam in bello victoriam adipisci, multo gloriosius est, quam in lucta. Nam ad ipsam quoque civitatem ejus gloriæ pars aliqua manat : ac plerumque dii per victoriam felicesque successus in bello coronare civitates solent. Itaque scire equidem nequeo, quænam aliæ res potius exerceri, quam bellica, debeant. Hoc quoque cogitandum, prædones maritimos, propterea quod ad labores adsuefacti sint, victum ab iis sibi parare posse, qui viribus longe sunt ipsis potiores. Convenit et terra prædas agere, non eos, qui fructus e rebus suis percipiunt; sed qui victu carent. Nam aut opus faciun-

σθαι· ἢ γὰρ ἐργαστέον ἢ ἀπὸ τῶν εἰργασμένων θρεπτέον· ἄλλως δ᾽ οὐ ῥᾴδιον οὔτε βιοτεύειν οὔτε εἰρήνης τυχεῖν. (9) Μεμνῆσθαι δὲ κἀκεῖνο χρὴ μήποτε ἐπὶ τοὺς κρείττους ἐλαύνειν ὄπισθεν ἵπποις δύσβατον ποιούμενον· οὐ γὰρ ὅμοιον φεύγοντι καὶ διώκοντι σφαλῆναι. (10) Ἔτι δὲ βούλομαι ὑπομνῆσαι καὶ τόδε φυλάττεσθαι. Εἰσὶ γάρ τινες οἳ ὅταν μὲν ἴωσιν ἐπὶ τούτους ὧν ἂν οἴωνται κρείττους εἶναι, παντάπασιν ἀσθενεῖ δυνάμει ἔρχονται, ὥστε πολλάκις ἔπαθον ἃ ᾤοντο ποιήσειν· ὅταν δ᾽ ἐπὶ τούτους ὧν ἂν σαφῶς ἐπιστῶνται ἥττους ὄντες, πᾶσαν ὅσην ἂν ἔχωσι δύναμιν ἄγουσιν. (11) Ἐγὼ δέ φημι χρῆναι τἀναντία τούτων ποιεῖν· ὅταν μὲν κρατήσειν οἰόμενος ἄγῃ, μὴ φείδεσθαι τῆς δυνάμεως ὅσην ἂν ἔχῃ. Τὸ γὰρ πολὺ νικᾶν οὐδενὶ πώποτε μεταμέλειαν παρέσχεν. (12) Ὅταν δὲ τοῖς πολὺ κρείττοσιν ἐπιχειρῇ καὶ προγιγνώσκῃ ὅτι ποιήσαντα ὅ,τι ἂν δύνηται φευκτέον ἐστίν, εἰς τὰ τοιαῦτά φημι πολὺ κρεῖττον εἶναι ὀλίγους ἢ πάντας προσάγειν, τοὺς μέντοι ἀπειλεγμένους καὶ ἵππους καὶ ἄνδρας τοὺς κρατίστους. Τοσοῦτοι γὰρ ὄντες καὶ ποιῆσαι ἄν τι καὶ ὑποχωρῆσαι ἀσφαλέστερον ἂν δύναιντο. (13) Ὅταν δὲ πρὸς τοὺς κρείττους πάντας προσαγαγὼν ἀποχωρεῖν βούληται, ἀνάγκη τοὺς μὲν ἐπὶ τῶν βραδυτάτων ἵππων ἁλίσκεσθαι, τοὺς δὲ καὶ δι᾽ ἀριπτείαν πίπτειν, τοὺς δὲ καὶ διὰ δυσχωρίας ἀπολαμβάνεσθαι· καὶ γὰρ πολὺν τόπον χαλεπὸν εὑρεῖν οἷον ἄν τις εὔξαιτο. (14) Ὑπό γε μὴν τοῦ πλήθους καὶ συμπίπτειν ἄν καὶ ἐμποδίζοντες πολλὰ ἂν ἀλλήλους κακουργοῖεν. Οἱ δ᾽ ἀγαθοὶ ἵπποι καὶ ἱππεῖς δυνατοὶ καὶ ἐξ αὐτῶν διαφεύγειν ἄλλως τε καὶ μηχανᾶταί τις τοῖς διώκουσι φόβον ἀπὸ τῶν περιττῶν ἱππέων. (15) Σύμφορον δ᾽ εἰς τοῦτο καὶ αἱ ψευδενέδραι χρήσιμον δὲ κἀκεῖνο, τὸ εὑρίσκειν πόθεν ἂν οἱ φίλοι ἐξ ἀσφαλοῦς ἐπιφαινόμενοι βραδυτέρους τοὺς διώκοντας παρέχοιεν. (16) Ἀλλὰ μὴν καὶ τόδε δῆλον ὡς τόνοις καὶ τάχει οἱ ὀλίγοι τῶν πολλῶν πολὺ μᾶλλον ἢ οἱ πολλοὶ τῶν ὀλίγων περιγίγνοιντ᾽ ἄν. Καὶ οὐ λέγω ὡς διὰ τὸ ὀλίγοι εἶναι καὶ πονεῖν μᾶλλον δυνήσονται καὶ θάττους ἔσονται, ἀλλ᾽ ὅτι ῥᾷον εὑρεῖν ὀλίγους ἢ πολλοὺς τοὺς καὶ τῶν ἵππων ἐπιμελησομένους ὡς δεῖ καὶ αὐτοὺς φρονίμως μελετήσοντας τὴν ἱππικήν.

17. Ἂν δέ ποτε συμβαίνῃ ἀγωνίζεσθαι πρὸς παραπλησίους ἱππέας, ἐγὼ μὲν οἶμαι οὐκ ἂν χεῖρον εἶναι εἴ τις δύο τάξεις ἐκ τῆς φυλῆς ποιήσειε, καὶ τῆς μὲν ὁ φύλαρχος ἡγοῖτο, τῆς δὲ ἄλλης ὅστις ἄριστος δοκοίη εἶναι. (18) Οὗτος δὲ τέως μὲν ἕποιτο κατ᾽ οὐρὰν τῆς μετὰ τοῦ φυλάρχου τάξεως, ἐπεὶ δ᾽ ἐγγὺς ἤδη εἶεν οἱ ἀντίπαλοι, ἀπὸ παραγγέλσεως παρελαύνοι ἐπὶ τοὺς πολεμίους. Οὕτω γὰρ οἶμαι καὶ ἐκπληκτικωτέρους τοῖς ἐχθροῖς ἂν εἶναι καὶ δυσμαχωτέρους. (19) Εἰ δὲ πεζοὺς ἔχοιεν ἑκάτεροι, καὶ οὗτοι ἀποκεκρυμμένοι ὄπισθεν τῶν ἱππέων, ἐξαπίνης δὲ παραφαινόμενοι καὶ ὁμόσε ἰόντες, δοκοῦσιν ἄν μοι τὴν νίκην πολὺ μᾶλλον καταργάζεσθαι. Ὁρῶ γὰρ τὰ παράδοξα ἢν μὲν ἀγαθὰ ᾖ, μᾶλλον εὐφραίνοντα τοὺς ἀνθρώπους, ἢν δὲ

dum, aut victitandum ex iis, quae labor alienus excoluit: aliter nec vivere, nec pace potiri, facile. Revocandum et hoc in memoriam, ne quis in superiores se viribus sic invehatur, ut a tergo receptum equis difficilem ob locorum asperitatem habeat. Quippe non par in fuga et in persequendo impingendi, periculum est. Monere libet, in eo quoque cautionem adhibendam. Etenim quidam in eos pergentes, quibus se superiores esse putant, tam infirmas omnino copias secum summit, ut saepenumero passi sint ea quae aliis se illaturos existimabant: at illos invadentes, quibus se certo sciunt inferiores esse, vires omnes, quas habent, adducunt. Ego vero his adsero contrarie plane facienda: ut, quem in opinione ac spe victoriae copias aliquis educit, exercitui suo non parcat, quantuscumque is fuerit. Nunquam enim multis modis superiorem fuisse quemquam poenituit. Quam autem se multo superiores adgreditur, ac futurum prospicit, ut, tametsi pro viribus omnia gesserit, fugere tamen cogatur; tum longe satius esse aio, paucos potius, quam multos abduci; sed omnino et selectos equos, et viros validissimos. Tales enim et efficere aliquid et tutius se recipere poterunt. At si contra se potiores adductis suis omnibus, recipere se velit, necesse est tardissimis equis utentes capi, alios ob rei equestris imperitiam labi, alios ob locorum difficultates intercipi. Non enim facile est, ad magnum aliquod spatium talem invenire locum, qualem aliquis optet. Quin etiam fiet, ut ob equorum multitudinem in se ipsos corruant, et mutuo se non parum impedientes, damnis adficiant. E diverso et equi et equites boni e manibus hostium diffugere possunt; praesertim si quis arte quadam per equites quos superstites habet, firmidinem persequentibus incutiat. Sunt autem ad hoc utiles insidiae fictae. Nec minus hoc quoque commodum, invenire locum aliquem unde se nostri tuto conspiciendos hostibus exhibentes, impetum persequentium reprimant. Manifestum vero et illud, multo citius paucos pluribus superiores evadere, tum elaborando tum accelerando, quam multos paucis. Neque tamen hoc equidem dico, posse aliquos, propterea quod pauci sint, et alacres magis esse et celeritate vincere: sed esse facilius invenire paucos, quam multos, qui et curam equis debitam adhibeant, et ipsi rem equestrem prudenter exerceant.

Si quando usu veniat, ut certamen adversus equites pares ineundum sit; mea sane sententia non male quis egerit, si cohortes ex una tribu duas fecerit, quarum uni tribunus ipse praesit, alteri aliquis hominum opinione praestantissimus. Hic vero tribuni cohortem aliquantum a tergo sequatur, atque ubi jam propius ad hostes ventum fuerit, re suis denuntiata, in adversarios cursu praetervehatur. Sic enim futurum opinor, ut majori hostibus terrori sint, et pugna superari difficilius possint. Sin utrique pedites habeant, etiam hi post equites occultati, subitoque prodeuntes et hostem cominus invadentes, majus mihi momentum ad victoriam adlaturi videntur. Nam inopinata pleraque, si bona sint, majorem hominibus laetitiam adferre video; si dira, plus

δεινά, μᾶλλον ἐκπλήττοντα. (20) Ταῦτα δὲ γνοίη, ἄν τις μάλιστα ἐνθυμούμενος ὡς οἵ τε ἐνέδραις ἐμπίπτοντες ἐκπλήττονται, καὶ ἐὰν πολὺ πλείους ὦσι· καὶ ὅταν πολέμιοι ἀλλήλοις ἀντικάθωνται, ὡς πολὺ ταῖς πρώταις ἡμέραις φοβερώτατα ἔχουσιν. (21) Ἀλλὰ τὸ μὲν διατάξαι ταῦτα οὐ χαλεπόν· τὸ δ' εὑρεῖν τοὺς φρονίμως καὶ πιστῶς καὶ προθύμως καὶ εὐψύχως παρελῶντας ἐπὶ τοὺς πολεμίους, τοῦτο ἤδη ἀγαθοῦ ἱππάρχου. (22) Δεῖ γὰρ καὶ λέγειν αὐτὸν ἱκανὸν εἶναι καὶ ποιεῖν τοιαῦτα ἀφ' ὧν οἱ ἀρχόμενοι γνώσονται ἀγαθὸν εἶναι τό τε πείθεσθαι καὶ τὸ ἕπεσθαι καὶ τὸ ὁμόσε ἐλαύνειν τοῖς πολεμίοις καὶ ἐπιθυμήσουσι τοῦ καλοῦ τι ἀκούειν καὶ δυνήσονται ἃ ἂν γνῶσιν ἐγκαρτερεῖν. (23) Ἐὰν δέ ποτε αὖ ἢ φαλάγγων ἀντιτεταγμένων ἢ χωρίων ἑκατέροις ὑπαρχόντων ἐν τῷ μέσῳ τοῖς ἱππεῦσιν ἀναστροφαί τε καὶ διώξεις καὶ ἀποχωρήσεις γίγνωνται, εἰώθασι μὲν ὡς τὰ πολλὰ ἐκ τῶν τοιούτων ὁρμᾶν μὲν ἐκ τῶν ἀναστροφῶν βραδέως ἀμφότεροι, τὰ δ' ἐν μέσῳ τάχιστα ἐλαύνειν. (24) Ἢν δέ τις οὕτω προδείξας, ἔπειτα δ' ἐκ τῶν ἀναστροφῶν ταχέως τε διώκῃ καὶ ταχέως ἀποχωρῇ, βλάπτειν τ' ἂν μάλιστα τοὺς πολεμίους δύναιτο καὶ, ὡς τὸ εἰκός, ἀσφαλέστατ' ἂν διάγοι, ταχὺ μὲν διώκων ἐν ᾧ ἂν ἐγγὺς ᾖ τοῦ ἑαυτοῦ ἰσχυροῦ, ταχὺ δὲ ἀποχωρῶν ἀπὸ τῶν τοῖς πολεμίοις ἰσχυρῶν. (25) Εἰ δὲ καὶ λαθεῖν δύναιτο ἀπὸ τῆς τάξεως ἑκάστης καταλιπὼν [ἢ] τέτταρας ἢ πέντε τοὺς κρατίστους ἵππους τε καὶ ἄνδρας, πολὺ ἂν προέχοιεν εἰς τὸ ἐπαναστρεφομένοις τοῖς πολεμίοις ἐμπίπτειν.

ΚΕΦΑΛΑΙΟΝ Θ.

Ταῦτα δὲ ἀναγιγνώσκειν μὲν καὶ ὀλιγάκις ἀρκεῖ, ποιεῖν δὲ τὸ παρατυγχάνον ἀεὶ αὐτῷ δεῖ, καὶ πρὸς τὸ παριστάμενον σκοποῦντα τὸ συμφέρον ἐκπονεῖν. Γράψαι δὲ πάντα ὁπόσα δεῖ ποιεῖν οὐδὲν μᾶλλον οἷόν τέ ἐστιν ἢ τὰ μέλλοντα πάντα εἰδέναι. (2) Πάντων δὲ τῶν ὑπομνημάτων ἔμοιγε δοκεῖ κράτιστον εἶναι τὸ ὅσα ἂν γνῷ ἀγαθὰ εἶναι ἐπιμελεῖσθαι ὡς ἂν πραχθῇ. Ὀρθῶς δὲ γιγνωσκόμενα οὐ φέρει καρπὸν οὔτε ἐν γεωργίᾳ οὔτε ἐν ναυκληρίᾳ οὔτε ἐν ἀρχῇ, ἢν μή τις ἐπιμελῆται ὡς ἂν ταῦτα περαίνηται.

3. Φημὶ δ' ἐγὼ [ταῦτα] σὺν τοῖς θεοῖς καὶ τὸ πᾶν ἱππικὸν ὧδ' ἂν πολὺ θᾶσσον ἐκπληρωθῆναι εἰς τοὺς χιλίους ἱππέας καὶ πολὺ ῥᾷον τοῖς πολίταις, εἰ διακοσίους ἱππέας ξένους καταστήσαιντο· δοκοῦσι γὰρ ἄν μοι οὗτοι προσγενόμενοι καὶ εὐπειστότερον ἂν πᾶν τὸ ἱππικὸν ποιῆσαι καὶ φιλοτιμότερον πρὸς ἀλλήλους περὶ ἀνδραγαθίας. (4) Οἶδα δ' ἔγωγε καὶ Λακεδαιμονίοις ἱππικὸν ἀρξάμενον εὐδοκιμεῖν, ἐπεὶ ξένους ἱππέας προσέλαβον. Καὶ ἐν ταῖς ἄλλαις δὲ πόλεσι πανταχοῦ τὰ ξενικὰ ὁρῶ εὐδοκιμοῦντα· ἡ γὰρ χρεία μεγάλην προθυμίαν συμβάλλεται. (5) Εἰς δὲ τιμὴν τῶν ἵππων νομίζω ἂν αὐτοῖς χρήματα ὑπάρξαι καὶ παρὰ τῶν σφό-

---

terroris incutere. Licet hoc inprimis inde cognoscere, si quis secum expendat quantopere terreantur ii qui delabuntur in insidias, tametsi numero longe plures sint; et quum hostes hostibus adversi consident, quanto major primis diebus apud utrosque metus sit. Sed enim haec ordinari absque magna difficultate possunt : at eos invenire, qui et prudenter, et fideliter, et alacriter, et animose proruant in hostes, id jam boni est equitum magistri. Nam et dicendi facultate praeditum hunc esse oportet, et ea faciendi, de quibus illi, quos imperio suo continet, tum bonum esse cognoscant et parere huic, et ducentem sequi, et cominus hostes invadere; tum etiam cupidi sint laudis et celebrationis, et in sententia constanter perseverare possint. Jam si aliquando vel aciebus ex adverso instructis, vel locis amborum copiis interjectis, faciundae sint equitibus conversiones, et insequutiones, et receptus; solent quidem utplurimum secundum haec utrique lentius post conversiones provehi, mediumque spatium celerrime cum impetu conficere. Si quis autem his ita prius ostensis, deinde facta conversione celeriter insequatur, et celeriter se recipiat : plurimum sane damni hostibus hoc modo inferre poterit, et inprimis securitati suo procul dubio consulet; dum celeriter insequetur, robori suorum vicinus; et vicissim celeriter ab hostium robore se recipiet. Si quis vero de cohortibus singulis occulte vel quatuor vel quinque praestantissimos equos et viros relinquere posset, longe hi potiori essent conditione ad irruendum in hostes se convertentes.

CAPUT IX.

Haec ut vicibus non multis legisse sufficit, ita quod plerumque se offert, exsequendum; et ejus habita ratione, quod adest, quidquid expedit, elaborandum. Omnia vero, quae fieri oporteat, non magis prodi litteris possunt, quam futura omnia sciri. Hoc autem inter omnes has admonitiones et praecepta mihi quidem optimum esse videtur, ut quidquid aliquis bonum esse cognoverit, id uti fiat, diligenter enitatur. Nam quae recte intelliguntur, ea neque in agricultura, neque in naviculatoria, neque imperandi in munere fructum pariunt, nisi quis studium adhibeat, ut perficiantur.

Ego vero futurum adfirmo, ut diis bene juvantibus hoc modo totus equitatus ad mille compleatur longe citius et minore cum civium molestia, si ducentos equites externos stipendio conducerent. Videntur enim mihi, si accesserint, hi tum dicto magis audientem equitatum effecturi, tum virtutis in certamine mutuo laudis et honoris avidiorem. Nec me latet, equitatum apud Lacedaemonios in existimatione tune esse coepisse, quum equites suis externos adjunxissent. Itidem ubique probari video et in aliis civitatibus equites externos : nam usus atque necessitas ad alacritatem non parum confert. Ad equorum vero pretia pecuniam habituros arbitror etiam ab iis qui vehementer ab equitando

ὅρα ἀπεχομένων μὴ ἱππεύειν, ὅτι καὶ οἷς καθήκει τὸ ἱππικὸν ἐθέλουσι τελεῖν ἀργύριον ὡς μὴ ἱππεύειν, παρὰ πλουσίων μὲν ἀδυνάτων δὲ τοῖς σώμασιν· οἶομαι δὲ καὶ παρ' ὀρφανῶν τῶν δυνατοὺς οἴκους ἐχόντων. (6) Νομίζω δὲ καὶ μετοίκων φιλοτιμεῖσθαι ἄν τινας εἰς ἱππικὴν καθισταμένους· ὁρῶ γὰρ καὶ τῶν ἄλλων ὁπόσων ἂν καλῶν ὄντων μεταδιδῶσιν αὐτοῖς οἱ πολῖται, φιλοτίμως ἐνίους ἐθέλοντας τὸ προσταχθὲν διαπράττεσθαι. (7) Δοκεῖ δ' ἄν μοι καὶ πεζὸν σὺν τοῖς ἵπποις ἐνεργότατον εἶναι, εἰ συσταθείη ἐξ ἀνδρῶν τῶν ἐναντιωτάτων τοῖς πολεμίοις. (8) Ταῦτα δὲ πάντα θεῶν συνεθελόντων γένοιτ' ἄν. Εἰ δέ τις τοῦτο θαυμάζει ὅτι πολλάκις γέγραπται τὸ σὺν θεῷ πράττειν, εὖ ἴστω ὅτι ἢν πολλάκις κινδυνεύῃ, ἧττον τοῦτο θαυμάσεται· καὶ ἢν γε κατανοῇ ὅτι ὅταν πόλεμος ᾖ, ἐπιβουλεύουσι μὲν ἀλλήλοις οἱ ἐναντίοι, ὀλιγάκις δὲ ἴσασι πῶς ἔχει τὰ ἐπιβουλευόμενα. (9) Τὰ οὖν τοιαῦτα οὐδ' ὅτῳ συμβουλεύσαιτ' ἄν τις οἷόν τε εὑρεῖν πλὴν θεῶν· οὗτοι δὲ πάντα ἴσασι καὶ προσημαίνουσιν ᾧ ἂν ἐθέλωσι καὶ ἐν ἱεροῖς καὶ ἐν οἰωνοῖς καὶ ἐν φήμαις καὶ ἐν ὀνείρασιν. Εἰκὸς δὲ μᾶλλον ἐθέλειν αὐτοὺς συμβουλεύειν τούτοις οἳ ἂν μὴ μόνον ὅταν δέωνται ἐπερωτῶσι τί χρὴ ποιεῖν, ἀλλὰ καὶ ἐν ταῖς εὐτυχίαις θεραπεύωσιν ὅ,τι ἂν δύνωνται τοὺς θεούς.

abhorrent (quandoquidem illi pecuniam pendere malunt, ad quos munus equestris rei pertinet, ut equitare non cogantur), nimirum a locupletibus, sed robore corporum destitutis : nec minus a pupillis, mea quidem opinione, quibus opima domi res familiaris est. Advenarum etiam plerosque si referantur inter equites, liberaliter se gesturos arbitror. Nam in aliis quoque muneribus honestis, ad quorum societatem a civibus admittuntur, ambitiose nonnullos imperata facere velle video. Peditatus item adjunctus equitatui plurimum mihi videtur effecturus, si talibus e viris institutus fuerit, qui hostes maxime oderunt. Poterunt autem hæc omnia fieri, si divinum suffragium accesserit. Quod si miratur aliquis, in hoc scripto toties a me repeti, suscipiendas cum ope numinis actiones omnes : is minus se miraturum norit, si pericula sæpius adeat, secumque cogitet, adversarios in bello sibi mutuo insidiari; sed raro nosse quomodo res illorum comparatæ sint, quibus insidiæ struuntur. In his igitur minime potest inveniri quem in consilium adhibeat aliquis, extra deos. Hi vero norunt omnia, futuraque denuntiant, cui volunt, in extis, auguriis, ominibus, visis somniorum. Et consentaneum sane vero est, hos illis potius agendorum auctores esse velle, qui non solum eos, ubi res ita postulat, de agendis consulant, verum etiam rebus adhuc secundis, pro virili deos colunt.

ΞΕΝΟΦΩΝΤΟΣ ΚΥΝΗΓΕΤΙΚΟΣ.

XENOPHONTIS DE VENATIONE.

ΚΕΦΑΛΑΙΟΝ Α.

CAPUT I.

Τὸ μὲν εὕρημα θεῶν· Ἀπόλλωνος γὰρ καὶ Ἀρτέμιδος ἄγραι καὶ κύνες· ἔδοσαν δὲ καὶ ἐτίμησαν τούτῳ Χείρωνα διὰ δικαιότητα. (2) Ὁ δὲ λαβὼν ἐχάρη τῷ δώρῳ καὶ ἐχρῶντο αὐτῷ μαθηταὶ κυνηγεσίων τε καὶ ἑτέρων καλῶν Κέφαλος, Ἀσκληπιός, Μελανίων, Νέστωρ, Ἀμφιάραος, Πηλεύς, Τελαμών, Μελέαγρος, Θησεύς, Ἱππόλυτος, Παλαμήδης, Ὀδυσσεύς, Μενεσθεύς, Διομήδης, Κάστωρ, Πολυδεύκης, Μαχάων, Ποδαλείριος, Ἀντίλοχος, Αἰνείας, Ἀχιλλεύς, ὧν κατὰ χρόνον ἕκαστος ὑπὸ θεῶν ἐτιμήθη. (3) Θαυμαζέτω δὲ μηδεὶς ὅτι οἱ πολλοὶ αὐτῶν ἀρέσκοντες θεοῖς ὅμως ἐτελεύτησαν· τοῦτο μὲν γὰρ ἡ φύσις· ἀλλ' αἱ ἔπαινοι αὐτῶν μεγάλοι ἐγένοντο· μηδ' ὅτι οὐ καὶ αἱ αὐταὶ ἡλικίαι· ὁ γὰρ Χείρωνος βίος πᾶσιν ἐξήρκει. (4) Ζεὺς γὰρ καὶ Χείρων ἀδελφοὶ πατρὸς μὲν τοῦ αὐτοῦ, μητρὸς δὲ ὁ μὲν Ῥέας, ὁ δὲ Ναΐδος νύμφης. Ὥστε ἐγεγόνει μὲν πρότερος τούτων, ἐτελεύτησε δὲ ὕστερον ἢ [ὅς] Ἀχιλλέα ἐπαίδευσεν. (5) Ἐκ δὲ τῆς ἐπιμελείας τῆς τῶν κυνῶν

Inventum est deorum; nam Apollinis ac Dianæ sunt venationes cum canibus : inde Chironem eo donarunt et ornaverunt ob justitiam. Is hoc munere accepto lætus, utebatur, ac discipulos tum in venationibus tum aliis in rebus præclaris habebat Cephalum, Æsculapium, Melanionem, Nestorem, Amphiaraum, Peleum, Telamonem, Meleagrum, Theseum, Hippolytum, Palamedem, Ulyssem, Menestheum, Diomedem, Castorem, Pollucem, Machaonem, Podalirium, Antilochum, Æneam, Achillem : quorum quisque suo tempore a diis ornatus fuit. Neque vero miretur quispiam, eorum plerosque, tametsi diis accepti essent, nihilominus vivendi finem fecisse. Hoc enim naturæ tribuendum. Laudes tamen ipsorum magnæ exstiterunt. Nec item mirandum, quod eædem omnium ætates non fuerint. Nam vita Chironis horum omnium vitæ par fuit. Jupiter enim et Chiro fratres fuere, nati quidem illi eodem patre; verum is matre Rhea, hic Nympha Naide. Quo factum ut hos omnes Chiro ætate præcederet; et mortuus sit, postquam demum Achillem instituisset. Fuerunt autem hi propter virtutem magna hominum in admiratione, quum

DE VENATIONE CAP. I.

καὶ κυνηγεσίων καὶ ἐκ τῆς ἄλλης παιδείας πολὺ διενεγκόντες κατὰ τὴν ἀρετὴν ἐθαυμάσθησαν. (6) Κέφαλος μὲν καὶ ὑπὸ θεᾶς ἡρπάσθη, Ἀσκληπιὸς δὲ μειζόνων ἔτυχεν, ἀνιστάναι μὲν τεθνεῶτας, νοσοῦντας δὲ ἰᾶσθαι· διὰ δὲ ταῦτα θεὸς ὡς παρ᾽ ἀνθρώποις ἀείμνηστον κλέος ἔχει. (7) Μελανίων δὲ τοσοῦτον ὑπερέσχε φιλοπονίᾳ ὥστε ἂν αὐτῷ ἀντεραστοὶ ἐγένοντο οἱ [τότε] ἄριστοι τῶν τότε μεγίστων γάμων μόνος ἔτυχεν Ἀταλάντης. Νέστορος δὲ προδιελήλυθεν ἡ ἀρετὴ τῶν Ἑλλήνων τὰς ἀκοάς, ὥστε εἰδόσιν ἂν λέγοιμι. (8) Ἀμφιάραος δὲ ὅτε ἐπὶ Θήβας ἐστράτευσε πλεῖστον κτησάμενος ἔπαινον ἔτυχε παρὰ θεῶν ἀεὶ ζῶν τιμᾶσθαι. Πηλεὺς δ᾽ ἐπιθυμίαν παρέσχε καὶ θεοῖς δοῦναί τε Θέτιν αὐτῷ καὶ τὸν γάμον παρὰ Χείρωνι ὑμνῆσαι. (9) Τελαμὼν δὲ τοσοῦτο ἐγένετο ὥστε ἐκ μὲν πόλεως τῆς μεγίστης ἣν αὐτὸς ἐβούλετο γῆμαι Περίβοιαν τὴν Ἀλκάθου· ὅτε δὲ ὁ πρῶτος τῶν Ἑλλήνων ἐδίδου τὰ ἀριστεῖα Ἡρακλῆς ὁ Διός, ἑλὼν Τροίαν, Ἡσιόνην αὐτῷ ἔδωκεν. (10) Μελέαγρος δὲ τὰς μὲν τιμὰς ἃς ἔλαβε φανεραί· πατρὸς δ᾽ ἐν γήρᾳ ἐπιλανθανομένου τῆς θεοῦ οὐχ αὑτοῦ αἰτίαις ἐδυστύχησε. Θησεὺς δὲ τοὺς μὲν τῆς Ἑλλάδος ἐχθροὺς πάσης μόνος ἀπώλεσε· τὴν δ᾽ αὑτοῦ πατρίδα πολλῷ μείζω ποιήσας ἔτι καὶ νῦν θαυμάζεται. (11) Ἱππόλυτος δὲ ὑπὸ μὲν τῆς Ἀρτέμιδος ἐτιμᾶτο καὶ ἐν λόγοις ἦν, σωφροσύνῃ δὲ καὶ ὁσιότητι μακαρισθεὶς ἐτελεύτησε. Παλαμήδης δὲ ἕως μὲν ἦν πολὺ τῶν ἐφ᾽ ἑαυτοῦ ὑπερέσχε σοφίᾳ, ἀποθανὼν δὲ ἀδίκως τοσαύτης ἔτυχε τιμῆς ὑπὸ θεῶν ὅσης οὐδεὶς ἄλλος ἀνθρώπων. Ἐτελεύτησε δὲ οὐχ ὑφ᾽ ὧν οἴονταί τινες· οὐ γὰρ ἂν ἦν ὁ μὲν σχεδόν τι ἄριστος, ὁ δὲ ὅμοιος ἀγαθοῖς· κακοὶ δὲ ἔπραξαν τὸ ἔργον. (12) Μενεσθεὺς δὲ ἐκ τῆς ἐπιμελείας τῆς ἐκ τῶν κυνηγεσίων τοσοῦτον ὑπερέβαλε φιλοπονίᾳ ὥστε ὁμολογεῖν τοὺς τῶν Ἑλλήνων πρώτους ὑστέρους εἶναι τὰ εἰς τὸν πόλεμον ἐκείνου πλὴν Νέστορος· καὶ οὗτος οὐ προέχειν λέγεται, ἀλλ᾽ ἐρίζειν. (13) Ὀδυσσεὺς δὲ καὶ Διομήδης λαμπροὶ μὲν καὶ καθ᾽ ἓν ἕκαστον, τὸ δὲ ὅλον αἴτιοι Τροίαν ἁλῶναι. Κάστωρ δὲ καὶ Πολυδεύκης ὅσα ἐπεδείξαντο ἐν τῇ Ἑλλάδι τῶν παρὰ Χείρωνος διὰ τὸ ἀξίωμα τὸ ἐκ τούτων ἀθάνατοί εἰσι. (14) Μαχάων δὲ καὶ Ποδαλείριος παιδευθέντες τὰ αὐτὰ πάντα ἐγένοντο καὶ τέχναις καὶ λόγοις καὶ πολέμοις ἀγαθοί. Ἀντίλοχος δὲ τοῦ πατρὸς ὑπεραποθανὼν τοσαύτης ἔτυχεν εὐκλείας ὥστε μόνος φιλοπάτωρ παρὰ τοῖς Ἕλλησιν ἀναγορευθῆναι. (15) Αἰνείας δὲ σώσας μὲν τοὺς πατρῴους καὶ μητρῴους θεούς, σώσας δὲ καὶ αὐτὸν τὸν πατέρα, δόξαν εὐσεβείας ἐξηνέγκατο ὥστε καὶ οἱ πολέμιοι μόνῳ ἐκείνῳ ὧν ἐκράτησαν ἐν Τροίᾳ ἔδοσαν μὴ συληθῆναι. (16) Ἀχιλλεὺς δ᾽ ἐν ταύτῃ τῇ παιδείᾳ τραφεὶς οὕτω καλὰ καὶ μεγάλα μνημεῖα παρέδωκεν ὥστε οὔτε λέγων οὔτε ἀκούων περὶ ἐκείνου οὐδεὶς ἀπαγορεύει. (17) Οὗτοι τοσοῦτοι ἐγένοντο ἐκ τῆς ἐπιμελείας τῆς παρὰ Χείρωνος, ὧν οἱ μὲν ἀγαθοὶ ὅτι καὶ νῦν ἐρῶσιν, οἱ δὲ κακοὶ φθονοῦσιν, ὥστ᾽ ἐν μὲν τῇ Ἑλλάδι εἴ τῳ συμφοραὶ ἐγίγνοντο ἢ πόλει ἢ βασιλεῖ

diligentia, quam in canibus, venationibus, aliisque disciplinis adhibebant, longe ceteris præstarent. Cephalus certe raptus a diva fuit. Æsculapius majora consequutus est, ut mortuos suscitaret, ac morbis laborantes sanaret: atque has ob res tanquam deus est, et apud homines gloriam nominis æternam obtinet. Melanio tantum cursus studio præstitit, ut ei soli amplissimum id temporis Atalantæ conjugium obtigerit, in cujus petitione præstantissimos tunc rivales habuit. Nestoris virtus jam ante Græcorum aures pervagata est: itaque scientibus eam commemoraturus essem. Amphiaraus, expeditione adversus Thebas suscepta, maximam laudem adeptus, æternitatem et vitæ et honoris a diis est consequutus. Peleus in ipsis etiam diis id sui studium excitavit, ut Thetidem ei conjugem darent, ac nuptias ipsius apud Chironem celebrarent. Tantus vir fuit Telamo, ut Peribœam Alcathoi filiam, quam expetebat, ex urbe maxima uxorem duceret: quumque Græcorum princeps Hercules, Jovis filius, Troja capta virtutis præmia singulis largiretur, Hesionen ei dedit. Quos Meleager honores adeptus sit, notum est: quod vero in calamitatem inciderit, id non ipsius culpa factum, sed patris, qui divæ in senecta fuerat oblitus. Theseus Græciæ totius hostes solus delevit, patriaque sua non parum amplificata, etiam nunc in hominum est admiratione. Hippolytus in honore apud Dianam erat, et in ore omnium erat: tandem ob pudicitiam pietatemque felix habitus, vivendi finem fecit. Palamedes dum vixit, longe sapientia sæculi sui mortales excelluit: quumque injuste fuisset interemptus, tantum a diis assequutus est honorem, quantum inter homines alius nemo. Occisus est autem non ab illis quos nonnulli arbitrantur: quod ceteroqui non extitisset horum alter prope præstantissimus, alter vero par egregiis: sed homines improbi facinus hoc perpetrarunt. Menestheus ex venationum studio tantum industria laborumque tolerantia præstitit, ut Græcorum primi faterentur, eo se inferiores esse bellicis in rebus, extra unum Nestorem: qui quidem non præstitisse Menestheo dicitur, sed cum eo certasse. Ulysses, ac Diomedes, singulis in actionibus quibusque illustres exstiterunt; et ad summam, ut Troja caperetur effecere. Castor et Pollux propter existimationem ex iis comparatam, quæ a Chirone percepta, passim in Græcia exhibuerunt, immortales facti sunt. Machaon et Podalirius iisdem in rebus omnibus instituti, homines et in artibus, et in dicendo, et in bellis egregii exstiterunt. Antilochus pro patre morti sese objiciens, tantum gloriæ consequutus est, ut solus apud Græcos amans patris adpellatus fuerit. Æneas paternis maternisque diis una cum patre conservatis, pietatis gloriam tulit; eoque factum, ut etiam hostes illi soli inter omnes quibus Troja capta potiti fuerant, hoc concesserint, ut suis rebus non spoliaretur. Achilles in hac educatus institutione, tam præclara magnaque monumenta sui excitavit, ut nec dicendo, nec audiendo de ipso quisquam satietur. Atque hi ex eo studio, quo a Chirone fuerant exerciti, tales in viros evaserunt: qui quidem etiam nunc ab optimo quoque diliguntur, ignavis interim per invidiam eis obtrectantibus. In Græcia quidem certe si cui vel civitati vel regi calamitas accidisset, ab ea per hos li-

ἐλύοντο αὐτούς· εἰ δὲ πρὸς τοὺς βαρβάρους πάντας πάσῃ τῇ Ἑλλάδι νεῖκος ἢ πόλεμος, διὰ τούτους οἱ Ἕλληνες ἐκράτουν, ὥστε ἀνίκητον τὴν Ἑλλάδα παρασχεῖν. (16) Ἐγὼ μὲν οὖν παραινῶ τοῖς νέοις μὴ καταφρονεῖν κυνηγεσίων μηδὲ τῆς ἄλλης παιδείας· ἐκ τούτων γὰρ γίγνονται τά εἰς τὸν πόλεμον ἀγαθοί, εἴς τε τὰ ἄλλα ἐξ ὧν ἀνάγκη καλῶς νοεῖν καὶ λέγειν καὶ πράττειν.

berabantur: sin universæ Græciæ vel contentio, vel bellum adversus barbaros universos esset, per hos ipsos Græci victoria potiebantur: quo factum ut per eos Græcia reddita sit invicta. Quapropter juvenes equidem moneo, ut neque venationes, neque disciplinas alias contemnant. Nam ex iis egregie et ad bellum apti fiunt et ad alias res, unde hoc consequi hominem necesse est, ut præclare tum animo consideret omnia, tum dicat, tum gerat.

ΚΕΦΑΛΑΙΟΝ Β.

Πρῶτον μὲν οὖν χρὴ ἐλθεῖν ἐπὶ τὸ ἐπιτήδευμα τὸ τῶν κυνηγεσίων τὸν ἤδη ἐκ παιδὸς ἀλλάττοντα τὴν ἡλικίαν, εἶτα δὲ καὶ ἐπὶ τὰ ἄλλα παιδεύματα, τὸν μὲν ἔχοντα σκεψάμενον τὴν οὐσίαν· ᾧ μὲν ἔστιν ἱκανή, ἀξίως τῆς αὐτοῦ ὠφελείας, ᾧ δὲ μὴ ἔστιν, ἀλλ' οὖν τήν γε προθυμίαν παρεχέσθω μηδὲν ἐλλείπων τῆς ἑαυτοῦ δυνάμεως. (2) Ὅσα δὲ καὶ οἷα δεῖ παρεσκευασμένον ἐλθεῖν ἐπ' αὐτὸ φράσω καὶ αὐτὰ καὶ τὴν ἐπιστήμην ἑκάστου, ἵνα προειδὼς ἐγχειρῇ τῷ ἔργῳ. Καὶ μηδεὶς αὐτὰ φαῦλα νομισάτω εἶναι· ἄνευ γὰρ δὴ τούτων οὐκ ἂν εἴη πρᾶξις. (3) Χρὴ δὲ τὸν μὲν ἀρκυωρὸν εἶναι ἐπιθυμοῦντα τοῦ ἔργου καὶ τὴν φωνὴν Ἕλληνα, τὴν δὲ ἡλικίαν περὶ ἔτη εἴκοσι, τὸ δὲ εἶδος ἐλαφρόν, ἰσχυρόν, ψυχὴν δὲ ἱκανόν, ἵνα τῶν πόνων τούτοις κρατῶν χαίρῃ τῷ ἔργῳ. (4) Τὰς δὲ ἄρκυς Φασιανοῦ ἢ Καρχηδονίου λεπτοῦ λίνου καὶ τὰ ἐνόδια καὶ τὰ δίκτυα. Ἐστίωσαν δὲ αἱ μὲν ἄρκυες ἐννεάλινοι ἐκ τριῶν τόνων, ἕκαστος δὲ τόνος ἐκ τριῶν λίνων, τὸ δὲ μέγεθος πενταοπίθαμοι, διαπάλαιστοι δὲ τοὺς βρόχους, ὑφεστώσαων δὲ οἱ περίδρομοι ἀνάμματοι, ἵνα εὔτροχοι ὦσι· (5) τὰ δὲ ἐνόδια δωδεκάλινα, τὸ δὲ δίκτυα ἐκκαιδεκάλινα, τὸ δὲ μέγεθος τὰ μὲν ἐνόδια διόργυια, τετρόργυια, πεντόργυια, τὰ δὲ δίκτυα δεκόργυια, εἰκοσόργυια, τριακοντόργυια· ἐὰν δὲ ᾖ μείζω, δυσμεταχείριστα ἔσται· ἀμφότερα δὲ τριακονθάμματα, καὶ τῶν βρόχων τὸ διάστημα ἴσον ταῖς ἄρκυσιν. (6) Ἐν δὲ τοῖς ἀκρωλενίοις τὰ μὲν ἐνόδια ἐχέτω μαστοὺς, τὰ δὲ δίκτυα δακτυλίους, τοὺς δὲ περιδρόμους ἀπὸ στροφείων. (7) Αἱ δὲ σχαλίδες τῶν μὲν ἀρκύων τὸ μῆκος δέκα παλαιστῶν, ἔστωσαν δὲ καὶ ἐλάττους· αἱ μὲν ἄνισοι αὐτῶν ἐν τοῖς ἑτεροκλινέσι τῶν χωρίων, ἵν' ἴσα τὰ ὕψη ἐξαίρωσιν, ἐν δὲ τοῖς ὁμαλέσιν αἱ ἴσαι· αὖται δ' εὐπερίσπαστοι, τὰ ἄκρα καὶ αὐταὶ λεῖαι· τῶν δὲ ἐνοδίων διπλάσιαι, αἱ δὲ τῶν δικτύων τὸ μὲν μέγεθος πενταπίθαμοι, διπλῆ ἔχουσαι μικρά, τὰ ἐντμήματα μὴ βαθέα· εὐπαγεῖς δὲ πᾶσαι καὶ μὴ ἀσύμμετροι τὰ πάχη πρὸς τὰ μήκη. (8) Τῷ δὲ πλήθει τῶν σχαλίδων οἷόν τέ ἐστι χρῆσθαι πρὸς τὰ δίκτυα πολλαῖς καὶ ὀλίγαις· ἐλάττονι μέν, ἂν σφόδρα τείνηται ἐν τῇ στάσει· πλέονι δ', ἂν ἡσυχῇ. Ἔστω δὲ καὶ ἐν ὅτῳ ἔσονται αἱ ἄρκυες καὶ τὰ δίκτυα [ἐν] ἑκατέροις κυνοῦχος μόσχειος καὶ τὰ δρέπανα, ἵνα ᾖ τῆς ὕλης τέμνοντα φράττειν τὰ δεόμενα.

CAPUT II.

Ac primum quidem ad studium hoc venationum accedere debet is qui jam e pueris excedit, deinde ad ceteras quoque disciplinas honoratas se conferat: sic tamen, ut facultatum quisque suarum habeat rationem: cui sint sufficientes, illas artes ut tractet accommodate ad usum suum; sin minus, saltem alacritatem animi adforat, ac nihil omittat eorum quæ præstare potest. Quot autem quibusque rebus instructus ad hæc debeat accedere, dicam; ac præterea cujusque disciplinam, ut his præcognitis, ita deinde opus ipsum adgrediatur. Neque vero vulgaria quis hæc exiguique momenti ducat: quum absque iis res ipsa peragi nequeat. Necesse est, eum qui retium curam gerit, ejus operis studio teneri, lingua esse Græcum, ætate annorum plus minus viginti, forma corporis agilem et robustum, animo satis parato, ut per hæc superatis laboribus, ipso ex opere delectationem capiat. Retia de Phasiano vel Carthaginiensi lino tenui facta esse debent; itemque casses ad vias collocandæ, ac plagæ majores. Constent autem retia de filis novem, staminibus tribus, stamine quoque e tribus filis torto, et magnitudinem habeant spithamarum quinque, maculæ palmos duos æquent. Funes denique retia adducentes inserantur enodes ut facile possint moveri. Casses in viis collocandæ filorum sint duodecim; plagæ majores sedecim filorum: magnitudo autem cassium, orgyiarum duarum, vel quatuor, vel quinque; plagarum, decem, vel viginti, vel triginta orgyiarum. Quod si majora fuerint, tractari non facile poterunt. Utraque nodos habeant triginta, macularumque idem sit intervallum, quod in retibus. In cornibus vel alis eas casses, quæ in viis collocantur, habeant mamillas sive circulos ex nodis lineis, majores plagæ, annulos; funes adducentes ex restibus tortis conficiantur. Furculæ retium longitudine palmos decem æquent, nonnullæ minores sint. Harum quæ inæquales sunt, in locis ex altera parte declivibus adhibeantur, ut æquales ad altitudines retia tollant: æquales autem, in locis planis. Atque hæ quidem facile possint circumflecti debeant, in summoque esse læve. Furculæ cassium ad vias collocandarum duplo sint majores. Plagarum denique majorum furculæ magnitudine quinque spithamas æquent; et parvas furcas habeant, crenis non profunde incisis. Omnes tamen firmæ sint; atque ita factæ, ut spissitudo longitudini respondeat. Furculæ ad retia vel multis vel paucis uti licet: paucioribus, quum vehementer, dum consistunt, tenduntur; pluribus, quum remissius. Adsint etiam, quo includantur tam retia quam plagæ, culeus e corio vitulino, itemque falces, ut cæsa materia, quædam obstrui, prout usus postulat, possint.

DE VENATIONE CAP. III.

ΚΕΦΑΛΑΙΟΝ Γ.

Τὰ δὲ γένη τῶν κυνῶν ἐστι δισσά, αἱ μὲν καστόριαι, αἱ δὲ ἀλωπεκίδες. Ἔχουσι δ' αἱ μὲν καστόριαι τὴν ἐπωνυμίαν ταύτην ὅτι Κάστωρ ἡσθεὶς τῷ ἔργῳ μάλιστα αὐτὰς διεφύλαξεν· αἱ δ' ἀλωπεκίδες διότι ἐκ κυνῶν τε καὶ ἀλωπέκων ἐγένοντο· ἐν πολλῷ δὲ χρόνῳ συγκέκραται αὐτῶν ἡ φύσις. (2) Χείρους δὲ καὶ πλείους αἱ τοιαίδε, μικραί, γρυπαί, χαροποί, μυωποί, αἰσχραί, σκληραί, ἀσθενεῖς, ψιλαί, ὑψηλαί, ἀσύμμετροι, ἄψυχοι, ἄρρινες, οὐκ εὔποδες. (3) Αἱ μὲν οὖν μικραὶ πολλάκις ἐκ τῶν κυνηγεσίων ἀποστεροῦνται τῆς ἐργασίας διὰ τὸ μικρόν· αἱ δὲ γρυπαὶ ἄστομοι καὶ διὰ τοῦτο οὐ κατέχουσι τὸν λαγώ· μυωποὶ δὲ καὶ χαροποὶ χεῖρον τὰ ὄμματα ἔχουσιν, ἄμορφοι δὲ καὶ αἰσχραὶ ὁρᾶσθαι· αἱ δὲ σκληραὶ τὰ εἴδη χαλεπῶς ἀπὸ τῶν κυνηγεσίων ἀπαλλάττουσι· πονεῖν δὲ ἀδύνατοι αἱ ἀσθενεῖς καὶ αἱ ψιλαί· καὶ αἱ ὑψηλαὶ μὲν καὶ ἀσύμμετροι ἀσύντακτα ἔχουσαι τὰ σώματα βαρέως διαφοιτῶσιν· αἱ ἄψυχοι δὲ λείπουσι τὰ ἔργα, καὶ ἀφίστανται τὸν ἥλιον ὑπὸ τὰς σκιὰς καὶ κατακλίνονται· αἱ δὲ ἄρρινες μόλις καὶ ὀλιγάκις αἰσθάνονται τοῦ λαγώ· αἱ δὲ ἄποδες οὐδ' ἐὰν ὦσιν εὔψυχοι τοὺς πόνους δύνανται ἀνέχεσθαι, ἀλλ' ἀπαγορεύουσι διὰ τὸ ἄλγος τῶν ποδῶν.

4. Εἰσὶ δὲ καὶ τῆς ἰχνεύσεως πολλοὶ τρόποι ἐκ τῶν αὐτῶν κυνῶν· αἱ μὲν γὰρ ἐπειδὰν λάβωσι τὰ ἴχνη, πορεύονται ἀσήμως ὥστε μὴ γιγνώσκεσθαι ὅτι ἰχνεύουσιν, αἱ δὲ τὰ ὦτα μόνον διακινοῦσι, τὴν δὲ οὐρὰν ἡσυχῇ ἔχουσιν, αἱ δὲ τὰ ὦτα μὲν ἀκίνητα ἔχουσιν, ἄκρα δὲ τῇ οὐρᾷ σείουσιν. (5) Ἄλλαι δὲ συνάγουσι τὰ ὦτα καὶ ἐπισκυθρωπάσασαι διὰ τοῦ ἴχνους σχάσασαι τὴν οὐρὰν καὶ φράξασαι διατρέχουσι· πολλαὶ δὲ τούτων μὲν οὐδὲν ποιοῦσι, μανικῶς δὲ περιφερόμεναι ὑλακτοῦσι περὶ τὰ ἴχνη, ὅτε εἰσπίπτουσιν εἰς αὐτά, ἄφρονος καταπατοῦσαι τὰς αἰσθήσεις. (6) Εἰσὶ δ' αἱ κύκλοις πολλοῖς χρώμεναι καὶ πλάνοις ὑπολαμβάνουσαι ἐκ τοῦ πρόσθεν τὰ ἴχνη παραλείπουσι τὸν λαγώ, δσάκις δ' ἐπιτρέχουσι τὰ ἴχνη, εἰκάζουσι, προσορμώμεναι δὲ τὸν λαγώ τρέμουσι καὶ οὐκ ἐμπίπτουσι πρὶν ἂν ἴδωσιν ὑποκινοῦντα. (7) Ὅσαι δὲ τὰ τῶν ἄλλων κυνῶν ὁρήματα ἐν ταῖς ἰχνείαις καὶ μεταδρομαῖς προθέουσαι θαυμαινὰ σκοποῦσιν ἑαυταῖς ἀπίστως ἔχουσι· θρασεῖαι δ' αἱ οὐκ ἐῶσι τῶν συνεργῶν τὰς σορὰς εἰς τὸ πρόσθεν προϊέναι, ἀλλ' ἀνείργουσι θορυβοῦσαι· αἱ δὲ ἀσπαζόμεναι τὰ ψευδῆ καὶ ὑπερλαμπρυνόμεναι ἐφ' ὅτῳ ἂν τύχωσι προάγουσι συνειδυῖαι ἑαυταῖς ὅτι ἐξαπατῶσιν· αἱ δ' οὐκ εἰδυῖαι τὸ αὐτὸ ποιοῦσαι ταύταις· φαῦλαι δὲ αἱ οὐκ ἀπαλλαττόμεναι ἐκ τῶν τριμμῶν τὰ ὀρθὰ οὐ γιγνώσκουσι. (8) Ὅσαι δὲ τῶν κυνῶν τὰ ἴχνη τὰ μὲν εὐναῖα ἀγνοοῦσι, τὰ δὲ δρομαῖα ταχὺ διατρέχουσιν, οὐκ εἰσὶ γνήσιαι· διώκουσι δὲ αἱ μὲν ἀργοτέραι σφόδρα, διὰ δὲ μαλακίαν ἀνιᾶσιν, αἱ δὲ ὑποθέουσιν, εἶτα ἁμαρτάνουσιν, ἕτεραι δὲ ἀνοήτως ἐμπίπτουσαι εἰς τὰς ὁδοὺς ἁμαρτάνουσι τὸ ἀνήκουστον πολὺ ἔχουσιν. (9)

CAPUT III.

Canum genera duo sunt : aliæ castoriæ, aliæ vulpinæ. Castoriis inditum hoc cognomentum, quod Castor ex venandi labore voluptatem capiens, eas potissimum apud se retinuerit : vulpinis, quod ex canibus et vulpeculis natæ sint, earum natura temporis diuturnitate tandem plane commista. Ex utroque genere et deteriores et plures sunt exiguæ, naribus aduncis, oculis cæsiis, lusciosæ, deformes, rigidæ, debiles, pilis rarioribus, procerae, proportione corporis non concinna, non animosæ, naribus idoneis destitutæ, vitiosæ pedibus. Nimirum exiguæ, ob parvitatem, sæpenumero in venationibus operam perdunt : quibus nasus aduncus est, ore idoneo destituuntur, ac propterea leporem retinere nequeunt : lusciosæ cæsiisque præditæ oculis, deteriores habent oculos ; deformes, adspectu turpes sunt : rigidæ, difficulter e venationibus digrediuntur ; debiles, ac pilos habentes rariores, tolerare labores nequeunt : quibus altiora, nec proportione satis sunt concinna corpora, gravate discursitant : non animosæ, labores relinquunt, ex sole sub umbras se recipiunt, humi procumbunt : quæ nares bonas non habent, vix ac raro lepores sentiunt : quibus pedes vitiosi sunt, etiamsi sint animosæ, labores tamen perferre nequeunt, adeoque propter pedum dolorem deficiunt.

Vestigationis per easdem canes modi sunt multi. Etenim nonnullæ quum vestigia deprehenderunt, nullo de se indicio dato pergunt, ut non animadvertatur, investigationi esse intentas. Aliæ movent solas aures, cauda non mota. Aliis aures immotæ manent, extremam tantum caudam quassantibus. Aliæ contrahunt aures, ac vultu tristi per vestigium deflexo, caudaque demissa et inter crura condita, discurrunt. Multæ nihil horum faciunt, sed insano more vestigia circumlatrantes obeunt, quum in ea inciderint, atque indicia temere conculcant. Sunt quæ multis ambagibus utentes, et, dum vagantur, antrorsum prævertentes vestigia, leporem a latere relinquunt : et quoties vestigia incurrunt, incerta signa sequuntur ; tandem ubi leporem vident, trepidant ; nec prius invadunt, quam illum se loco movere conspexerint. Quæ vero in indagando et persequendo procurrentes aliorum canum inventa frequenter respiciunt, sibi ipsæ non fidunt. Feroces vero sunt, quæ peritas venationis socias progredi non sinunt, sed cum strepitu eas repellunt. Aliæ vestigiis falsis inhærere amant, et quidquid tandem sit in quod inciderint, nimia cum ostentatione tanquam prædæ magnificæ in id procurrunt, suæ sibi fraudis consciæ. Quædam hoc idem faciunt insciæ. Nullius pretii sunt, quæ nusquam tritis e tranitibus declinantes, recta vestigia ignorant. At quæcunque canes vestigia cubilium ignorant, cursu vero impressa celeriter percurrunt, non sunt indolis bonæ. Rursum pars ab initio vehementes in persequendo, præ mollitie deinde remittunt : pars celeriter procurrunt ac deinde aberrant : quædam in vias stulte incidunt aberrantque, et revocantes haudquaquam facile exaudiunt. Multæ ferarum

Πολλαὶ δὲ τὰ διώγματα ἀφεῖσαι ἐπανέρχονται διὰ τὸ μισόθηρον, πολλαὶ δὲ διὰ τὸ φιλάνθρωπον· αἱ δ' ἐκ τῶν ἰχνῶν κεκλαγγυῖαι ἐξαπατᾶν πειρῶνται ἀληθῆ τὰ ψευδῆ ποιούμεναι. (10) Εἰσὶ δ' αἳ τοῦτο μὲν οὐ ποιοῦσι, μεταξὺ δὲ θέουσαι ἄν ποθεν ἀκούσωσι κραυγῆς, καταλείπουσαι τὰ αὑτῶν ἔργα ἀπρονοήτως ἐπὶ τοῦτο φέρονται· μεταθέουσαι γὰρ αἱ μὲν ἀσαφῶς, αἱ δὲ πολὺ ὑπολαμβάνουσαι, δοξάζουσαι δὲ ἕτεραι, αἱ δὲ πεπλασμένως, φθονεραὶ δὲ ἄλλαι ἐκκυνοῦσι παρὰ τὸ ἴχνος διὰ τέλους συμπαραφερόμεναι. (11) Τὰ μὲν οὖν πλεῖστα τούτων φύσει ἔχουσαι, τὰ δὲ ἠγμέναι ἀνεπιστημόνως δύσχρηστοί εἰσιν· αἱ τοιαῦται μὲν οὖν κύνες ἀποτρέψειαν ἂν τοὺς ἐπιθυμοῦντας κυνηγεσίων. Οἴας δὲ δεῖ εἶναι τοῦ αὐτοῦ γένους τά τε εἴδη καὶ τὰ ἄλλα φράσω.

ΚΕΦΑΛΑΙΟΝ Δ.

Πρῶτον μὲν οὖν χρὴ εἶναι μεγάλας, εἶτα ἐχούσας τὰς κεφαλὰς ἐλαφράς, σιμάς, ἀρθρώδεις, ἰνώδη τὰ κάτωθεν τῶν μετώπων, ὄμματα μετέωρα, μέλανα, λαμπρά, μέτωπα μεγάλα καὶ πλατέα, τὰς διακρίσεις βαθείας, ὦτα μακρά, λεπτά, ψιλὰ ὄπισθεν, τραχήλους μακρούς, ὑγρούς, περιφερεῖς, στήθη πλατέα, μὴ ἄσαρκα, ἀπὸ τῶν ὤμων τὰς ὠμοπλάτας διεστώσας μικρόν, σκέλη τὰ πρόσθια μικρά, ὀρθά, στρογγύλα, στιφρά, τοὺς ἀγκῶνας ὀρθούς, πλευρὰς μὴ ἐπίπαν βαθείας, ἀλλ' εἰς τὸ πλάγιον παρηκούσας, ὀσφῦς σαρκώδεις τῷ μεγέθει μεταξὺ μακρῶν καὶ βραχέων, μήτε ὑγρὰς λίαν μήτε σκληράς, λαγόνας μεταξὺ μεγάλων καὶ μικρῶν, ἰσχία στρογγύλα, ὄπισθεν σαρκώδη, ἄνωθεν δὲ μὴ συνδεδεμένα, ἔνδοθεν δὲ προσεσταλμένα, τὰ κάτωθεν τῶν κενεώνων λαγαρά, καὶ αὐτοὺς τοὺς κενεῶνας, οὐρὰς μακράς, ὀρθάς, λιγυράς, μηριαίας σκληράς, ὑποκώλια μικρά, περιφερῆ, εὐπαγῆ, σκέλη πολὺ μείζων τὰ ὄπισθεν τῶν ἔμπροσθεν, καὶ ἐπίρρικνα, πόδας περιφερεῖς. (2) Καὶ ἐὰν ὦσι τοιαῦται τὰ εἴδη αἱ κύνες, ἔσονται ἰσχυραί, ἐλαφραί, σύμμετροι, ποδώκεις, καὶ ἀπὸ τῶν προσώπων φαιδραὶ καὶ εὔστομοι. (3) Ἰχνευέτωσαν δ' ἐκ τῶν τριμμάτων ταχὺ ἀπαλλαττόμεναι, τιθεῖσαι τὰς κεφαλὰς ἐπὶ γῆν λεχρίας, ἐπιμειδιῶσαι μὲν πρὸς τὰ ἴχνη, ἐπικαταβάλλουσαι δὲ τὰ ὦτα, τὰ μὲν ὄμματα πυκνὰ διακινοῦσαι, ταῖς δὲ οὐραῖς διασαίνουσαι, κύκλους πολλοὺς πρὸς τὰς εὐνὰς προϊτωσαν ὁμοῦ διὰ τοῦ ἴχνους ἅπασαι. (4) Ὅταν δὲ περὶ αὐτὸν ὦσι τὸν λαγῶ, δῆλον ποιείτωσαν τῷ κυνηγέτῃ θᾶττον φοιτῶσαι μᾶλλον, γνωρίζουσαι ἀπὸ τοῦ θυμοῦ, ἀπὸ τῆς κεφαλῆς, ἀπὸ τῶν ὀμμάτων, ἀπὸ τῆς μεταλλάξεως τῶν σχημάτων, καὶ ἀπὸ τῶν ἀναβλεμμάτων καὶ ἐμβλεμμάτων τῶν ἐπὶ τὰς καθέδρας τοῦ λαγῶ, καὶ ἀπὸ τῶν εἰς τὸ πρόσθεν καὶ ὄπισθεν καὶ εἰς τὸ πλάγιον διαρριμμάτων, καὶ ἀπὸ τοῦ ἀληθοῦς ἤδη αἰωρεῖσθαι τὴν ψυχὴν καὶ ὑπερχαίρειν ὅτι τοῦ λαγῶ ἐγγὺς εἰσί. (5) Διωκέτωσαν δὲ ἐρρωμένως καὶ μὴ ἐπανιεῖσαι σὺν πολλῇ κλαγγῇ καὶ ὑλαγμῷ, συνεκπερῶσαι μετὰ τοῦ

CAPUT IV

odio, pleræque hominum desiderio, persequutione omissa, recurrunt. Nonnullæ jam ex vestigiis latrando fallere tentant: quo fit, ut vera videantur quæ sunt falsa. Sunt quæ hoc non faciant, sed inter currendum, secunde clamorem audierint, ad hunc relicto labore suo temere feruntur. Aliæ enim sequuntur nihil habentes certi, aliæ multa conjectantes, aliæ quadam ex opinione; nonnullæ per simulationem, aliæ per invidiam vestigio excedunt, circa id usque oberrantes. Hæc vero vitia pleraque canibus insunt a natura, nonnulla vero, quod educatæ sunt inscite: quæ iis laborant, nulli fere sunt usui, atque adeo studiosos etiam venationis homines avertere possint. Quales autem ejusdem generis esse debeant, quod formas attinet, et cetera, jam ego dicam.

Primum igitur magnas esse oportet, deinde levia habere capita, sima, nervosa, inferiori frontis parte fibrosa; oculos sublimes, nigros, claros; magnas frontes, ac latas; discrimina profunda; parvas aures ac tenues, posteriore parte glabras; cervices longas, molles, ac flexiles; pectora lata, non macilenta; scapulas ab humeris parum distantes; anteriora crura parva, recta, teretia, firma; flexus crurum, rectos; latera non admodum profunda, sed in obliquum tendentia; lumbos carnosos, magnitudine media inter ea quæ longa et brevia sunt, nec nimis molles, nec rigidos; latera, inter magna et parva; coxas teretes, posterius carnosas, superius non connexas, interius contractas, inferiora illium, cum ipsis ilibus, laxa; caudas longas, rectas, acutas; femora, dura; partes femoribus subjectas longas, mobiles, compactas; posteriora crura anterioribus multo longiora, et aliquatenus macilenta; pedes agiles. Quod si canes tali specie fuerint, robustæ erunt, leves, aptæ proportionis, celeres, et elegantes adspectu, oreque idoneo. Sed ita vestigent, ut tritis tramitibus celeriter excedant, capita terræ obliqua admoventes, ad vestigia subrideant, auresque demittant, oculos hinc inde crebro moveant, et caudis usque blandientes, multis ambagibus per vestigia simul omnes ad cubile leporis progrediantur. Sed ubi ad leporem ipsum accesserint, tum vero id venatori significent cursitando etiam celerius, idem indicantes ipsa concitatione animi, capite, oculis, mutatione totius habitus, facie modo sursum, modo in leporis sessionem directa; corporibus in anteriora, posteriora, transversa cum impetu jactatis, et reapse jam elatis gaudio animis, et gestiendo, quod a lepore non procul absint. Totis autem viribus persequantur, nec remittant, haud absque ingenti clamore ac latratu,

DE VENATIONE CAP. V.

λαγῶ πάντῃ· μεταθέωσαν δὲ ταχὺ καὶ λαμπρῶς, πυκνὰ μεταφερόμεναι καὶ ἐπαναχλαγγάνουσαι δικαίως· πρὸς δὲ τὸν κυνηγέτην μὴ ἐπανίτωσαν λιποῦσαι τὰ ἴχνη. (6) Μετὰ δὲ τοῦ εἴδους καὶ τοῦ ἔργου τούτου εὔψυχοι ἔστωσαν καὶ εὔποδες καὶ εὔρινες καὶ εὔτριχες. Εὔψυχοι μὲν οὖν ἔσονται, ἐὰν μὴ λίπωσι τὰ κυνηγέσια ὅταν ᾖ πνῖγη· εὔρινες δὲ, ἐὰν τοῦ λαγῶ ὀσφραίνωνται ἐν τόποις ψιλοῖς, ξηροῖς, προσηλίοις τοῦ ἄστρου ἐπιόντος· εὔποδες δὲ, ἐὰν τῇ αὐτῇ ὥρᾳ μὴ καταρρηγνύωνται αὐτῶν οἱ πόδες τὰ ὄρη θεουσῶν· εὔτριχες δὲ, ἐὰν ἔχωσι λεπτὴν καὶ πυκνὴν καὶ μαλακὴν τὴν τρίχα. (7) Τὰ δὲ χρώματα οὐ χρὴ εἶναι τῶν κυνῶν οὔτε πυρρὰ οὔτε μέλανα οὔτε λευκὰ παντελῶς· ἔστι γὰρ οὐ γενναῖον τοῦτο, ἀλλ' ἁπλοῦν καὶ θηριῶδες. (8) Αἱ μὲν οὖν πυρραὶ ἔχουσαι ἔστωσαν λευκὴν τρίχα ἐπανθοῦσαν περὶ τὰ πρόσωπα· καὶ αἱ μέλαιναι, αἱ δὲ λευκαὶ πυρράν· ἐπὶ δὲ ταῖς μηριαίαις ἄκραις τρίχας ὀρθάς, βαθείας, καὶ ἐπὶ ταῖς ὀσφύσι καὶ ταῖς οὐραῖς κάτω, ἄνωθεν δὲ μετρίας.

9. Ἄγειν δὲ ἄμεινον τὰς κύνας εἰς τὰ ὄρη πολλάκις, τὰ δὲ ἔργα ἧττον· τὰ μὲν γὰρ ὄρη οἷόν τέ ἐστι καὶ ἰχνεύειν καὶ μεταθεῖν καθαρῶς, τὰ δὲ ἔργα οὐδέτερα διὰ τοὺς τριμμούς. (10) Ἔστι δὲ καὶ ἄνευ τοῦ εὑρίσκειν τὸν λαγῶ ἀγαθὸν ἄγειν τὰς κύνας εἰς τὰ τραχέα· καὶ γὰρ εὔποδες γίγνονται καὶ τὰ σώματα διαπονοῦσαι ἐν τόποις τοιούτοις ὠφελοῦνται. (11) Ἀγέσθωσαν δὲ θέρους μὲν μέχρι μεσημβρίας, χειμῶνος δὲ δι' ἡμέρας, μετοπώρου δ' ἔξω μεσημβρίας, ἐντὸς δ' ἑσπέρας τὸ ἔαρ. Ταῦτα γὰρ μέτρια.

ΚΕΦΑΛΑΙΟΝ Ε.

Τὰ δὲ ἴχνη τοῦ λαγῶ τοῦ μὲν χειμῶνος μακρά ἐστι διὰ τὸ μῆκος τῶν νυκτῶν· τοῦ δὲ θέρους βραχέα διὰ τὸ ἐναντίον. Χειμῶνος μὲν οὖν πρωὶ οὐκ ὄζει αὐτῶν, ὅταν πάχνη ᾖ ἢ παγετός· ἡ μὲν γὰρ πάχνη τῇ αὑτῆς ἰσχύι ἀντισπάσασα τὸ θερμὸν ἔχει ἐν αὑτῇ, ὁ δὲ παγετὸς ἐπιπήξας. (2) Καὶ αἱ κύνες μαλακιῶσαι τὰς ῥίνας οὐ δύνανται αἰσθάνεσθαι, ὅταν ᾖ τοιαῦτα, πρὶν ἂν ὁ ἥλιος διαλύσῃ αὐτὰ ἢ προϊοῦσα ἡ ἡμέρα· τότε δὲ καὶ αἱ κύνες ὀσφραίνονται καὶ αὐτὰ ἐπαναφερόμενα ὄζει. (3) Ἀφανίζει δὲ καὶ ἡ πολλὴ δρόσος καταφέρουσα αὐτὰ, καὶ οἱ ὄμβροι οἱ γιγνόμενοι διὰ χρόνου ὀσμὰς ἄγοντες τῆς γῆς ποιοῦσι δύσοσμον, ἕως ἂν ψυχθῇ. χείρω δὲ καὶ τὰ νότια ποιεῖ· ὑγραίνοντα γὰρ διαχεῖ· τὰ δὲ βόρεια, ἐὰν ᾖ ἄλυτα, συνίστησι καὶ σώζει. (4) Οἱ δὲ ὑετοὶ κατακλύζουσι καὶ αἱ ψεκάδες, καὶ ἡ σελήνη ἀμαυροῖ τὸ θερμὸν, μάλιστα δὲ ὅταν ᾖ πανσέληνος· καὶ μανότατα τότε· χαίροντες γὰρ τῷ φέγγει ἐπαναρριπτοῦντες μακρὰ διαιροῦσιν ἀντιπαίζοντες· ταραχώδη δὲ ὅταν ἀλώπεκες προδιεξέλθωσι γίγνεται. (5) Τὸ δὲ ἔαρ κεκραμένον τῇ ὥρᾳ καλῶς παρέχει τὰ ἴχνη λαμπρά, πλὴν εἴ τι ἡ γῆ ἐξανθοῦσα βλάπτει τὰς κύνας, εἰς τὸ

CAPUT V.

ipso cum lepore qualibet evadentes; ac veloci splendidoque cursu eum premant, crebro se cum lepore vertentes, justaque de causa latratu altiori utentes; nec tamen ad venatorem, omissis vestigiis, redeant. Præter hanc speciem, et hanc venandi rationem, requiritur ut animosæ sint, et pedibus, et naribus, et pilis bonis instructæ. Animosæ erunt, si venationem æstu incumbente non deserant: narium bonarum, si leporem nudis in locis, aridis, apricis, sub accessum sideris odoratu deprehendant: bonis præditæ pedibus, si eodem anni tempore, dum montes percurrunt, pedes eorum non findantur: pilis bonis, si quidem is et subtilis sit, et spissus, et mollis. At colore canes esse oportet neque rufo, neque nigro, neque candido prorsus: hic quippe non index generosæ indolis, sed vulgaris ac ferinæ. Si rufi nigrive coloris fuerint, villos candidos; si candidi, rufos habeant circum frontem nitentes. In summis femorum partibus pilos habeant rectos et longos, itemque in lumbis et cauda infima; superius autem, mediocres.

Satius autem fuerit, per montes sæpe, per culta ducere canes rarius. Nam montes pervestigari possunt absque impedimentis et hinc inde liquido percurri: quum tramitum causa neutrum cultis in locis fieri possit. Quin etiam si maxime lepus aliquis haud inveniatur, tamen per aspera loca ducere canes prodest; quum pedes hinc bonos consequantur, et corpora in ejusmodi locis exercentes, meliores evadant. Ducantur autem æstate, usque ad meridiem; hieme, per totum diem; autumno, extra meridiem: vere, intra vesperam. Inest enim his mediocritas.

CAPUT V.

Ceterum leporis vestigia hieme procul se porrigunt, quia longæ sunt noctes; parum autem æstate, ob rationem contrariam. Nec vero hieme olent diluculo, quum pruina fuerit, aut gelu. Pruina enim vi sua calorem in se contrahens, intra se retinet; gelu autem densat. Quæ quum acciderint, ob teneritatem narium canes prius sentire non possunt, quam sol diesve procedens ea solvat. Tunc et canes olfaciunt, et ipsa vestigia dum evaporant, redolent. Delet etiam ea ros multus deprimens. Imbres item, qui longioribus intervallis cadunt, eductis terræ odoribus faciunt, ut difficulter oleant vestigia, donec tellus exsiccetur. Etiam tempestas australis deteriora facit, dum humectata diffundit: septemtrionalis vero, si sint integra, durabilia reddit et servat. Tam pluviæ quam guttæ diluunt, et inundant. Luna quoque vestigia calida sentiri prohibet, præsertim quum plena est. Et vestigia tunc quidem rarissima sunt, quod gaudentes ejus luce lepores inter se culludunt, et procul se jactando magnis intervallis vestigia distinguunt. Eadem turbantur, quum vulpes antea pertransierint. Ver, propter anni temperiem, satis clara præbet vestigia; nisi quod terra, sicubi floret, canibus officit, dum in unum con-

ΚΥΝΗΓΕΤΙΚΟΥ ΚΕΦ. Ε.

αὐτὸ συμμιγνύουσα τῶν ἀνθέων τὰς ὀσμάς. Λεπτὰ δὲ καὶ ἀσαφῆ τοῦ θέρους· διάπυρος γὰρ οὖσα ἡ γῆ ἀφανίζει τὸ θερμὸν ὃ ἔχουσιν· ἔστι γὰρ λεπτὸν καὶ αἱ κύνες ἧττον ὀσφραίνονται τότε διὰ τὸ ἐκλελύσθαι τὰ σώματα. Τοῦ δὲ μετοπώρου καθαρά· ὅσα γὰρ ἡ γῆ φέρει, τὰ μὲν ἥμερα συγκεκόμισται, τὰ δὲ ἄγρια γήρᾳ διαλέλυται· ὥστε οὐ παραλυποῦσι τῶν καρπῶν αἱ ὀσμαὶ εἰς ταὐτὰ φερόμεναι. (6) Ἔστι δὲ τοῦ χειμῶνος καὶ τοῦ θέρους καὶ τοῦ μετοπώρου τὰ ἴχνη, ὀρθὰ ἐπὶ τὸ πολύ, τοῦ δ' ἦρος συμπεπλεγμένα· τὸ γὰρ θηρίον συνδυάζεται μὲν ἀεί, μάλιστα δὲ ταύτην τὴν ὥραν· ὥστε διὰ τοῦτο ἐξ ἀνάγκης μετ' ἀλλήλων πλανώμενοι τοιαῦτα ποιοῦσιν. (7) Ὄζει δὲ τῶν ἰχνῶν ἐπὶ πλείω χρόνον τῶν εὐναίων ἢ τῶν δρομαίων· τὰ μὲν γὰρ εὐναῖα ὁ λαγὼς πορεύεται ἐφιστάμενος, τὰ δὲ δρομαῖα ταχύ· ἡ γῆ οὖν τῶν μὲν πυκνοῦται, τῶν δὲ οὐ πίμπλαται. Ἐν δὲ τοῖς ὑλώδεσι μᾶλλον ἢ ἐν τοῖς ψιλοῖς ὄζει· διατρέχων γὰρ καὶ ἀνακαθίζων ἅπτεται πολλῶν. (8) Κατακλίνονται δ' εἰς ἃ ἡ γῆ φύει ἢ ἔχει ἐφ' ἑαυτῆς ὑπὸ παντί, ἐπ' αὐτῶν, ἐν αὑτοῖς, παρ' αὑτά, ἄποθεν πολύ, μικρόν, μεταξὺ τούτων· ὁτὲ δὲ καὶ ἐν τῇ θαλάττῃ διαρριπτῶν ἐπὶ τὸ δυνατὸν καὶ ἐν ὕδατι, ἐάν τι ἢ ὑπερέχον ἢ ἐμπεφυκὸς ἐν τούτῳ. (9) Ὁ μὲν οὖν εὐναῖος ποιούμενος εὐνὴν ἐπὶ τὸ πολὺ ὅταν μὲν ᾖ ψύχη, ἐν εὐδιεινοῖς, ὅταν δὲ καύματα, ἐν παλισκίοις, τοῦ δὲ ἔαρ καὶ τὸ φθινόπωρον ἐν προσηλίοις· οἱ δὲ δρομαῖοι οὐχ οὕτως διὰ τὸ ὑπὸ τῶν κυνῶν ἐμπληκτοι γίγνεσθαι. (10) Κατακλίνεται δὲ ὑποθεὶς τὰ ὑποκώλια ὑπὸ τὰς λαγόνας, τὰ δὲ πρόσθεν σκέλη τὰ πλεῖστα συνθεὶς καὶ ἐκτείνας, ἐπ' ἄκρους δὲ τοὺς πόδας τὴν γένυν καταθείς, τὰ δὲ ὦτα ἐπιπετάσας ἐπὶ τὰς ὠμοπλάτας, εἶτα δὴ ὑποστέγει τὰ ὑγρά· ἔχει δὲ καὶ τὴν τρίχα στεγανήν· πυκνὴ γὰρ καὶ μαλακή. (11) Καὶ ὅταν μὲν ἐγρήγορῃ, καταμύει τὰ βλέφαρα, ὅταν δὲ καθεύδῃ, τὰ μὲν βλέφαρα ἀναπέπταται ἀκίνητα, οἱ δὲ ὀφθαλμοὶ ἀτρέμας ἔχουσι· τοὺς δὲ μυκτῆρας, ὅταν μὲν εὕδῃ, κινεῖ πυκνά, ὅταν δὲ μή, ἧττον. (12) Ὅταν δὲ ἡ γῆ βρύῃ, μᾶλλον τὰ ἔργα ἢ τὰ ὄρη ἔχουσιν. Ὑπομένει δὲ πανταχοῦ ἰχνευόμενος, ἐὰν μή τι περίφοβος τῆς νυκτὸς γένηται· παθὸν δὲ τοῦτο ὑποκινεῖ. [13] Πολύγονον δ' ἐστὶν οὕτως ὥστε τὰ μὲν τέτοκε, τὰ δὲ τίκτει, τὰ δὲ κύει. Τῶν δὲ μικρῶν λαγίων ὄζει μᾶλλον ἢ τῶν μεγάλων· ἔτι γὰρ ὑγρομελῆ ὄντα ἐπισύρεται ὅλα ἐπὶ τῆς γῆς. (14) Τὰ μὲν οὖν λίαν νεογνὰ οἱ φιλοκυνηγέται ἀφιᾶσι τῇ θεῷ· οἱ δὲ ἤδη ἔτειοι τάχιστα θέουσι τὸν πρῶτον δρόμον, τοὺς δ' ἄλλους οὐκέτι· εἰσὶ γὰρ ἐλαφροί, ἀδύνατοι δέ. (15) Λαμβάνειν δὲ τοῦ λαγὼ τὰ ἴχνη ὑπάγοντα τὰς κύνας ἐκ τῶν ἔργων ἄνωθεν· ὅσοι δὲ μὴ ἔρχονται αὐτῶν εἰς τὰ ἐργάσιμα, τοὺς λειμῶνας, τὰς νάπας, τὰ ῥεῖθρα, τοὺς λίθους, τὰ ὑλώδη· καὶ ἐὰν ὑποκινῇ, μὴ ἀναβοᾷν, ἵνα μὴ αἱ κύνες ἔκφρονες γιγνόμεναι χαλεπῶς τὰ ἴχνη γνωρίζωσιν. (16) Εὑρισκόμενοι δὲ ὑπ' αὐτῶν καὶ διωκόμενοι ἔστιν ὅτε διαβαίνουσι τὰ ῥεύματα, καὶ ὑποκάμπτουσι, καὶ καταδύονται εἰς φάραγγας, καὶ εἰς εἰλυούς· πεφόβηνται γὰρ οὐ μόνον

fundit florum ac vestigiorum odores. Æstate vero exilia sunt, et obscuriora. Nam terra fervens abolet quidquid halitus et caloris habent. Est enim is tenuis, et canes tunc minus olfaciunt, quod eorum corpora resoluta languent. Autumni tempore vestigia pura sunt. Nam quæcumque terra producit, sativa quidem, jam congesta sunt; agrestia, senio contabuerunt. Itaque fructuum odores ad vestigia non ita feruntur, ut quidquam obsint. Iidem hieme, et æstate, et autumno recta sunt utplurimum vestigia, vere autem inter se perplexa. Nam coit quidem hæc fera semper, inprimis vero hoc tempore : ut a simul oberrantibus hanc ipsam ob causam necessario ejusmodi fieri vestigia oporteat. Olent autem quæ ad cubilia ducunt, diutius quam quæ fiunt in cursu. Nam illa insistendo, hæc autem currendo lepus imprimit. Itaque terra per illa densatur, his non impletur. In silvosis vero locis redolent magis, quam in nudis : siquidem modo percurrens lepus, modo sessitans, multa contingit. Procumbunt autem ad ea quæ terra gignit, vel superficie sua continet, et quidem sub re quavis, super re quavis, in rem quamvis, prope, longe, vel multum vel parum, inter easdem res; et in mare nonnunquam, ad id quod potest, exsiliens; et in aquam, si quid exstans, innatumve sit aquæ. Lepus sedis certæ cubile sibi struit utplurimum, quum frigora sunt, tepidis in locis; quum æstus, in opacis; quum ver et autumnus, in apricis : alia erraticorum est ratio, propterea quod eos canum terror vagari cogit. Sic autem procumbit, ut partes femorum posteriorum inferiores subter ilia collocet, cruribus anterioribus utplurimum compositis et exporrectis, mento extremis pedibus imposito, auribus supra scapulas expansis ; ita contegit partes flexibiles. Habet et pilos ad tegendum aptos, quippe qui densi sint ac molles. Quum vigilat, nonnihil connivet palpebris ; quum dormit, palpebras nullo cum motu apertas tabet ; oculis manentibus immotis. Nares per somnum frequenter movet, extra somnum rarius. Quum terra pullulat, culta magis quam montes eum retinent. Ubique subsistit, dum investigatur; nisi noctu ingens eum metus invaserit. Id ei quum accidit, loco se movet. Tam fœcundum est animal, ut partim recens pepererit, partim pariat, partim uterum gerat. Parvorum lepusculorum vestigia magis olent, quam adultorum. Nam quum membra eorum adhuc mollia sint, tota quasi tractim terram stringunt. Quicumque recens editi sunt admodum, eos venationum studiosi Dianæ dimittunt. Anniculi cursum primum celerrime conficiunt, reliquos non item. Sunt enim agiles quidem illi, sed imbecilles. Vestigia leporis captanda sunt ita, ut ex arvorum parte superiori canes ducas. Ii vero leporum qui ad loca culta non veniunt, in prata se conferunt, in saltus, fluenta, saxa, loca silvosa. Quod si loco se moverint, clamandum non erit; ne canes attonitæ vestigia difficulter agnoscant. Quum inveniuntur a canibus, iisdem insequentibus nonnunquam flumina tranant, et cursum flectunt, et in convalles se abdunt et in alia latibula. Non enim canes tantum

τὰς κύνας, ἀλλὰ καὶ τοὺς ἀετοὺς ὑπερβάλλοντες· γὰρ τὰ σιμὰ καὶ τὰ ψιλὰ ἀναρπάζονται ἕως ἂν ὦσιν ἐτειοι· τοὺς δὲ μείζους ἐπιτρέχουσαι αἱ κύνες ἀφαιροῦνται. (17) Ποδωκέστατοι μὲν οὖν εἰσιν οἱ ὄρειοι, οἱ πεδινοὶ δὲ ἧττον, βραδύτατοι δὲ οἱ ἕλειοι· οἱ δ' ἐπὶ πάντας τοὺς τόπους πλανῆται χαλεποὶ πρὸς τοὺς δρόμους· τὰ γὰρ σύντομα ἴσασι θέουσαι γὰρ μάλιστα μὲν τὰ ἀνάντη ἢ τὰ ὁμαλά, τὰ δὲ ἀνόμοια ἀνομοίως, τὰ δὲ κατάντη ἥκιστα. (18) Διωκόμενοι δὲ εἰσι κατάδηλοι μάλιστα μὲν διὰ γῆς κεκινημένης, ἐὰν ἔχωσιν ἔνιον ἐρύθημα, καὶ διὰ καλάμης διὰ τὴν ἀνταύγειαν κατάδηλοι δὲ καὶ ἐν τοῖς τριμμοῖς καὶ ἐν ταῖς ὁδοῖς, ἐὰν ὦσιν ἰσόπεδοι· τὸ γὰρ φανὸν τὸ ἐν αὐτοῖς ἐνὸν ἀντιλάμπει· ἄδηλοι δὲ, ὅταν τοὺς λίθους, τὰ ὄρη, τὰ ψιλία, τὰ δασέα ἀποχωρῶσι, διὰ τὴν ὁμόχροιαν. (19) Προλαμβάνοντες δὲ τὰς κύνας ἀφίστανται καὶ ἀνακαθίζοντες ἐπαίρουσιν αὑτοὺς καὶ ἐπακούουσιν εἴ που πλησίον κλαγγὴ ἢ ψόφος τῶν κυνῶν· καὶ ὅθεν ἂν ἀκούσωσιν, ἀποτρέπονται. (20) Ὁτὲ δὲ καὶ οὐκ ἀκούσαντες ἀλλὰ δόξαντες ἢ πεισθέντες ὑφ' αὑτῶν παρὰ τὰ αὐτά, διὰ τῶν αὐτῶν, ἐπαλλάττοντες ἅλματα, ἐμποιοῦντες ἴχνεσιν ἴχνη, ἀποχωροῦσι. (21) Καὶ εἰσὶ μικραδρομώτατοι μὲν οἱ ἐκ τῶν ψιλῶν εὑρισκόμενοι διὰ τὸ καταφανὲς, βραχυδρομώτατοι δὲ οἱ ἐκ τῶν δασέων· ἐμποδίζον γὰρ τὸ σκοτεινόν. (22) Δύο δὲ καὶ τὰ γένη ἐστὶν αὐτῶν· οἱ μὲν γὰρ μεγάλοι ἐπίπερκνοι καὶ τὸ λευκὸν τὸ ἐν τῷ μετώπῳ μέγα ἔχουσιν, οἱ δὲ ἐλάττους ἐπίξανθοι, μικρὸν τὸ λευκὸν ἔχοντες. (23) Τὴν δὲ οὐρὰν οἱ μὲν κύκλῳ περιποίκιλον, οἱ δὲ παράσειρον, καὶ τὰ ὄμματα οἱ μὲν ὑπόχαροποί, οἱ δὲ ὑπόγλαυκοι· καὶ τὰ μέλανα τὰ περὶ τὰ ἄκρα ὦτα οἱ μὲν ἐπὶ πολύ, οἱ δὲ ἐπὶ μικρόν. (24) Ἔχουσι δὲ αὐτῶν αἱ πολλαὶ τῶν νήσων τοὺς ἐλάττους, αἵ τ' ἔρημοι καὶ οἰκούμεναι· τὸ δὲ πλῆθος πλείους ἐν αὐταῖς ἢ ἐν ταῖς ἠπείροις· οὐ γὰρ εἰσὶν οὔτ' ἀλώπεκες ἐν ταῖς πολλαῖς αὐτῶν, αἵτινες καὶ αὐτοὺς καὶ τὰ τέκνα ἐπιοῦσαι ἀναιροῦνται, οὔτε ἀετοί· τὰ μεγάλα γὰρ ὄρη ἔχουσι μᾶλλον ἢ τὰ μικρά· ἐλάττω δ' ἐπὶ τὸ πολὺ τὰ ἐν ταῖς νήσοις. (25) Κυνηγέται δὲ εἰς μὲν τὰς ἐρήμους ὀλιγάκις ἀφικνοῦνται, ἐν δὲ ταῖς οἰκουμέναις ὀλίγοι ὄντες καὶ οὐ φιλόθηροι οἱ πολλοί· εἰς δὲ τὰς ἱερὰς τῶν νήσων οὐδὲ διαβιβάζειν οἶόν τε κύνας. Ὅταν οὖν τῶν τε ὑπαρχόντων ὀλίγους ἐκθηρῶνται καὶ τῶν ἐπιγιγνομένων, ἀνάγκη ἀφθόνους εἶναι. (26) Βλέπει δὲ οὐκ ὀξὺ διὰ πολλά· τά τε γὰρ ὄμματα ἔχει ἔξω καὶ τὰ βλέφαρα ἐλλείποντα καὶ οὐκ ἔχοντα προβολὴν ταῖς αὐγαῖς· ἡ ὄψις οὖν διὰ ταῦτα ἀμαυρὰ, ἐσκεδασμένη. (27) Ἅμα δὲ τούτοις καὶ ἐν ὕπνῳ ὂν τὰ πολλὰ τὸ θηρίον οὐκ ὠφελεῖται πρὸς τὸ ὁρᾶν. Καὶ ἡ ποδωκία πρὸς τὸ ἀμβλυωπεῖν αὐτῇ πολὺ συμβάλλεται· ταχὺ γὰρ ἑκάστου παραφέρει τὴν ὄψιν πρὶν νοῆσαι ὅ,τι ἐστί. (28) Καὶ οἱ φόβοι τῶν κυνῶν, ὅταν διώκωνται, ἑπόμενοι μετὰ τούτων συνεξαιροῦνται τὸ προνοεῖσθαι. Ὥστε διὰ ταῦτα προσπίπτων λανθάνει πρὸς πολλὰ καὶ εἰς τὰς ἄρκυς ἐμπίπτων. (29) Εἰ δ' ἔφευγεν ὀρθίον, ὀλιγάκις ἂν

metuunt, sed etiam aquilas; a quibus inter superandum loca montana silvisque nuda, donec sint anniculi rapiuntur; majores a canibus impetu facto auferuntur. Velocissimi sunt montani, campestres minus, palustres autem tardissimi. At qui locis omnibus oberrant, molesti sunt in cursu. Norunt enim itinera compendiaria, et maxime currunt per acclivia, vel per plana : si quæ sunt loca inæqualia, hæc inæqualiter percurrunt; per declivia minime feruntur. In persequendo maxime conspiciuntur, quum per agrum subactum currunt, si quidem rubor quidam eis adsit; itemque per stipulas, propter splendoris reflexionem. Conspici vix possunt, quum ad saxa, montes, loca petrosa silvisque densa secedunt, idque ob coloris similitudinem. Si antevertant canes, subsistunt; seque humi collocatos erigunt, et num alicubi latratus strepitusve canum in propinquo sit, auribus captant : et undecumque hunc percipiunt, inde se avertunt. Interdum, tametsi nihil audierint, opinione tamen vel persuasione sua, propter eadem, et per eadem loca, variatis saltibus, et in vestigia vestigiis aliis impressis, ita deinde discedunt. Cursu longissima spatia conficiunt, qui nudis in locis reperiuntur, quod ea satis lucis habeant; brevissima, qui in silvosis, quod tenebræ sint eis impedimento. Duo sunt autem eorum genera. Nam alli magni sunt, subnigri, albedinem in fronte insignem habentes : alii minores, subflavi, exigua cum albedine. Cauda illis undique varia est, his albedine insignis utrinque longiore spatio. Oculi illis subfulvi, his subcæsii. Quam circa summas aures nigredinem habent, ea magna est in illis, in his exigua. Minores maxime in insulis tum desertis, tum habitatis et cultis reperiuntur : atque adeo plures sunt in iis quam in terra continente. Quippe in plerisque nec vulpes sunt, quæ tum lepores tum fœtus eorum interficiunt, nec aquilæ : nam hæ magis in montibus vastis degunt, quam in exiguis : et sunt in insulis plerumque montes minores. Venatores etiam raro in desertas insulas veniunt, et in iis, quæ incoluntur, pauci sunt homines, neque venationis admodum studiosi. Quæ vero sacræ sunt insulæ, in eas haud fas est canes transvehi. Quo fit, ut, quum pauci de iis, qui jam illic existunt, venando capiantur, et plures semper gignantur, necessario magna sit eorum copia. Multæ sunt autem causæ, quamobrem lepores acutum non cernant. Nam et oculos habent exstantes, et palpebras curtas, quæque satis oculos obtegere nequeant : quibus sane rebus videndi vis hebes redditur, quippe quæ dissipetur. Præterea quum etiam somno plerumque fruatur hoc animal, parum inde ad visum adjumenti habet. Ipsa pedum velocitas ad obtusionem facultatis cernendi non parum confert. Nam celeriter ab objecto quovis oculos prius avertit, quam quid sit, animadvertat. Etiam canum persequentium comites, ipsæ formidines, inter alia providentiam omnem eis adimunt. Quæ causæ sunt, ut imprudenter irruens in multa, etiam in retia incidat. Quod

ἔπασχε τὸ τοιοῦτον· νῦν δὲ περιβάλλων καὶ ἀγαπῶν τοὺς τόπους ἐν οἷς ἐγένετο καὶ ἐτράφη ἁλίσκεται. Κατὰ πόδας δὲ οὐ πολλάκις ὑπὸ τῶν κυνῶν διὰ τὸ τάχος κρατεῖται· ὅσοι δὲ ἁλίσκονται, παρὰ φύσιν τοῦ σώματος, τύχῃ δὲ χρώμενοι· οὐδὲν γὰρ τῶν ὄντων ἰσομεγέθες τούτῳ ὁμοιόν ἐστι πρὸς δρόμον σύγκειται γὰρ ἐκ τοιούτων τὸ σῶμα. (30) Ἔχει γὰρ κεφαλὴν κούφην, μικράν, κατωφερῆ, στενὴν ἐκ τοῦ πρόσθεν, τράχηλον λεπτόν, περιφερῆ, οὐ σκληρόν, μῆκος ἱκανόν, ὠμοπλάτας ὀρθάς, ἀσυνδέτους ἄνωθεν, σκέλη τὰ ἐπ᾽ αὐτῶν ἐλαφρά, σύγκωλα, στῆθος οὐ βαρύτονον, πλευρὰς ἐλαφράς, συμμέτρους, ὀσφῦν περιφερῆ, κωλῆν σαρκώδη, λαγόνας ὑγράς, λαπαρὰς ἱκανῶς, ἰσχία στρογγύλα, πλήρη κύκλῳ, ἄνωθεν δὲ ὡς χρὴ διεστῶτα, μηροὺς μακροὺς, εὐπαγεῖς, ἔξωθεν μὲν ἐπιτεταμένους, ἔνδοθεν δὲ οὐκ ὀγκώδεις, ὑποκώλια μακρά, στιβρά, πόδας τοὺς πρόσθεν ἄκρους ὑγρούς, στενούς, ὀρθούς, τοὺς δὲ ὄπισθεν στερεούς, πλατεῖς, πάντας δὲ οὐδενὸς τραχέος φροντίζοντας, σκέλη τὰ ὄπισθεν μείζω πολὺ τῶν ἔμπροσθεν καὶ ἐγκεκλιμένα μικρὸν ἔξω, τρίχωμα βραχύ, κοῦφον. (31) Ἔστιν οὖν ἀδύνατον μὴ οὐκ εἶναι ἐκ τοιούτων συνηρμοσμένον ἰσχυρόν, ὑγρόν, ὑπέρελαφρον. Τεκμήριον δὲ ὡς ἐλαφρόν ἐστιν· ὅταν γὰρ ἀτρέμα διαπορεύηται, πηδᾷ, βαδίζοντα δὲ οὐδεὶς ἑώρακεν οὐδ᾽ ὄψεται, τιθεὶς εἰς τὸ ἐπέκεινα τῶν ἔμπροσθεν ποδῶν τοὺς ὄπισθεν καὶ ἔξω [καὶ] θεῖ οὕτω. Δῆλον δὲ τοῦτο ἐν χιόνι. (32) Οὐρὰν δὲ οὐκ ἐπιτηδείαν ἔχει πρὸς δρόμον. Ἐπευθύνειν γὰρ οὐχ ἱκανὴ τὸ σῶμα διὰ τὴν βραχύτητα· ἀλλὰ τῷ ὠτὶ ἑκατέρῳ τοῦτο ποιεῖ, καὶ ὅταν ἁλίσκηται ὑπὸ τῶν κυνῶν· καταβάλλων γὰρ καὶ παρεκβάλλων τὸ ἕτερον οὓς πλάγιον, ὁπότερα ἂν λυπῆται, ἀπερειδόμενος δὴ εἰς τοῦτο ὑποστρέφεται ταχύ, ἐν μικρῷ πολὺ καταλιπών τὸ ἐπιφερόμενον. (33) Οὕτω δὲ ἐπίχαρί ἐστι τὸ θηρίον ὥστε οὐδεὶς ὅστις οὐκ ἂν ἰδὼν ἰχνευόμενον, εὑρισκόμενον, μεταθεόμενον, ἁλισκόμενον, ἐπιλάθοιτ᾽ ἂν εἴ του ἐρῴη.

34. Ἐν δὲ τοῖς ἔργοις κυνηγετοῦντα ἀπέχεσθαι ὧν ὧραι φέρουσι καὶ τὰ νάματα καὶ τὰ ῥεῖθρα ἐᾶν. Τὸ γὰρ ἅπτεσθαι τούτων αἰσχρὸν καὶ κακόν, καὶ ἵνα μὴ τῷ νόμῳ ἐναντίοι ὦσιν οἱ ἰδόντες. Καὶ ὅταν ἀναγρία ἐμπίπτῃ ἀναλύειν χρὴ τὰ περὶ κυνηγέσιον πάντα.

ΚΕΦΑΛΑΙΟΝ ϛ.

Κυνῶν δὲ κόσμος δέραια, ἱμάντες, στελμονίαι· ἔστω δὲ τὰ μὲν δέραια μαλακά, πλατέα, ἵνα μὴ θραύῃ τὰς τρίχας τῶν κυνῶν, οἱ δὲ ἱμάντες ἔχοντες ἀγκύλας τῇ χειρί, ἄλλο δὲ μηδέν· οὐ γὰρ καλῶς τηροῦσι τὰς κύνας οἱ ἐξ αὐτῶν εἰργασμένοι· τὰ δέραια· αἱ δὲ στελμονίαι πλατείας τοὺς ἱμάντας, ἵνα μὴ τρίβωσι τὰς λαγόνας αὐτῶν· ἐγκατερραμμέναι δὲ ἐγκεντρίδες, ἵνα τὰ γένη φυλάττωσι. (2) Ἐξάγειν δὲ αὐτὰς οὐ χρὴ ἐπὶ τὰ κυνηγέσια ὅταν μὴ τὰ προσφερόμενα δέχωνται ἡδέως, τε-

---

si recta via fugeret, non frequenter hæc illi acciderent. Nunc quia revertitur atque amat ea loca, quibus in locis et ortus et educatus est, capitur : quam ceteroquin ob celeritatem in canum potestate, insistentium ipsius vestigiis, raro perveniat. Quod si qui capiantur, id casu potius quodam fit, quam natura corporis leporini. Quippe nullum animal est, quod lepori magnitudine par, eum cursu æquet. Ejusmodi scilicet ex partibus corpus ejus compositum est. Caput leve habet, idemque parvum, deorsum spectans, anteriori parte strictius; collum exile, flexile, non rigidum, justa longitudine; scapulas rectas, a summo non connexas; crura ipsis annexa, levia, partibus recte junctis, pectus haudquaquam graviter tentum; ; latera levia, proportionis aptæ; lumbos agiles; quam adjacent, carnosa; ilia mollia, satisque laxa; coxas rotundas, undique plenas, parte superiori a se invicem debito ex intervallo distantes; femora oblonga, satis spissa, extrinsecus tensa, interius non turgida; partes his subjectas, longas, firmas; pedes anteriores summopere molles, angustos, rectos; posteriores firmos, latos; omnes nihil, quod asperum sit, curantes; crura posteriora anterioribus longe majora, nonnihil extrorsum incurvata; pilos breves, ac leves. Quapropter fieri non potest, quin quod ex hujusmodi partibus compositum est animal, firmum sit, molle, vehementer leve. Cujus quidem levitatis agilis indicium est, quod quum etiam remissius aliquo pergit, saltare solet (gradientem nec vidit quisquam, nec videbit); adeo quidem, ut ultra extraque anteriores pedes collocet posteriores, itaque currat. Manifesto patet hoc in nive. Caudam habet ad cursum minus commodam. Non enim propter brevitatem ad dirigendum corpus idonea est, sed hoc utraque facit aure, etiam quando in eo est ut capiatur a canibus; nam alteram aurem demittit et detorquet obliquam, utra tandem parte lædatur; in hanc igitur innitens, celeriter sese flectit, exiguo temporis spatio longe canibus irruentibus post se relictis. Adeo lepidum vero animal est, ut nemo sit, qui, si eum videat, dum vestigatur, dum invenitur, dum cursu petitur, dum capitur, cujusvis rei caræ non obliviscatur.

At inter venandum in locis cultis a fructibus venator quorumvis anni temporum abstineat, atque latices et flumina relinquat intacta. Nam ut ea tangere fœdum ac improbum est; ita cavendum ne it legem violent, qui venatores ibi viderint versari. Quod si nulla se fera obtulerit, ad venationem pertinentia refigenda sunt omnia.

CAPUT VI.

Canum ornatus sunt collaria, lora, laterum cinctus. Collaria quidem mollia sint, et lata, ne pilos canum atterant. Lora pro manibus ansas habeant, præterea nihil : nec recte enim canes servant qui his ipsis de loris collaria faciunt. Cinctus laterum habeant lora lata ne canum ilia terant. Muniti sint etiam insutis aculeis, ut genus canum conservent. Venatum canes non educuntur, si cibos qui offeruntur, non lubenter accipiant, quod hoc minus commodus

DE VENATIONE CAP. VI.

κμήριον δὲ τοῦτο ὅτι οὐκ ἔρρωνται, μηδὲ ὅταν ἄνεμος πνέῃ μέγας· διαρπάζει γὰρ τὰ ἴχνη καὶ οὐ δύνανται ὀσφραίνεσθαι οὐδὲ αἱ ἄρκυς ἑστάναι οὐδὲ τὰ δίκτυα. (3) Ὅταν δὲ τούτων μηδέτερον κωλύῃ, ἄγειν διὰ τρίτης ἡμέρας. Τὰς δὲ ἀλώπεκας μὴ ἐθίζειν τὰς κύνας διώκειν· διαφθορὰ γὰρ μεγίστη καὶ ἐν τῷ δέοντι οὔποτε πάρεισιν. (4) Εἰς δὲ τὰ κυνηγέσια μεταβάλλοντα ἄγειν, ἵνα ὦσιν ἔμπειροι τῶν κυνηγεσίων, αὐτὸς δὲ τῆς χώρας. Ἐξιέναι δὲ πρωΐ, ἵνα τῆς ἰχνεύσεως μὴ ἀποστερῶνται, ὡς οἱ ὀψιζόμενοι ἀφαιροῦνται τὰς μὲν κύνας τοῦ εὑρεῖν τὸν λαγῶ, αὑτοὺς δὲ τῆς ὠφελείας· οὐ γὰρ ἐπιμένει τοῦ ἴχνους ἡ φύσις λεπτὴ οὖσα πᾶσαν ὥραν.

5. Τὴν δὲ στολὴν ὁ ἀρκυωρὸς ἐξίτω ἔχων ἐπὶ θήρᾳ μὴ ἔχουσαν βάρος. Τὰς δὲ ἄρκυς ἱστάτω ἀμφὶ δρόμους τραχείας, σιμὰς, λαγαρὰς, σκοτεινὰς, ῥοῦς, χαράδρας, χειμάρρους ἀεννάους· εἰς ταῦτα γὰρ μάλιστα φεύγει· εἰς ὅσα δὲ ἄλλα ἄπειρον εἰπεῖν. (6) Τούτων δὲ παρόδους, διόδους, καταφανεῖς, λεπτὰς, εἰς ὄρθρον καὶ μὴ πρωΐ, ἵνα ἐὰν ᾖ πλησίον τὸ ἀρκυστάσιον τῶν ζητησίμων, μὴ φοβῆται ἀκούων ὁμοῦ τὸν ψόφον. Ἐὰν δὲ ᾖ ἀπ' ἀλλήλων πολὺ, ἧττον κωλύει πρωῒ καθαρὰς ποιουμένους τὰς ἀρκυστασίας. (7) Ἵνα δὲ αὐτῶν μηδὲν ἀντιέχηται πηγνύειν τὰς σχαλίδας ὑπτίας, ὅπως ἂν ἐπαγόμεναι ἔχωσι τὸ σύντονον· ἐπὶ δὲ ἄκρας ἴσους τοὺς βρόχους ἐπιβαλλέτω καὶ ὁμοίας ἀντερειδέτω, ἐπαίρων εἰς μέσον τὸν κεκρύφαλον. (8) Εἰς δὲ τὸν περίδρομον ἐναπτέτω λίθον μακρὸν καὶ μέγαν, ἵνα ἡ ἄρκυς, ὅταν ἔχῃ τὸν λαγῶ, μὴ ἀντιτείνῃ· στοιχιζέτω δὲ μακρὰ, ὑψηλὰ, ὅπως ἂν μὴ ὑπερπηδᾷ· ἐν δὲ ταῖς ἰχνείαις μὴ ὑπερβάλλεσθαι· ἔστι γὰρ θηρατικὸν μὲν φιλόπονον δὲ ἐκ παντὸς τρόπου ἑλεῖν ταχύ. (9) Τὰ δὲ δίκτυα τεινέτω ἐν ἀπέδοις, ἐμβαλλέτω δὲ τὰ ἐνόδια εἰς τὰς ὁδοὺς, καὶ ἐκ τῶν τρημάτων εἰς τὰ συμφέροντα, καθάπτων τοὺς περιδρόμους ἐπὶ τὴν γῆν, τὰ ἀκρωλένια συνάγων, πηγνύων τὰς σχαλίδας μεταξὺ τῶν σαρδονίων, ἐπ' ἄκρας ἐπιβάλλων τοὺς ἐπιδρόμους καὶ παραδρόμα συμφράττων. (10) Φυλαττέτω δὲ ἐκπεριιών· ἐὰν δὲ ἐκκλίνῃ στοῖχος ἢ ἄρκυς, ἀνιστάτω· διωκόμενον δὲ τὸν λαγῶ εἰς τὰς ἄρκυς εἰς τὸ πρόσθεν προϊέσθω, καὶ ἐπιθύων μὲν ἐκδόατω· ἐμπεπτωκότος δὲ τὴν ὀργὴν τῶν κυνῶν παυέτω, μὴ ἁπτόμενος ἀλλὰ παραμυθούμενος· καὶ δηλούτω τῷ κυνηγέτῃ ὅτι ἑάλωκεν ἀναβοήσας ἢ ὅτι παραδεδράμηκε παρὰ τάδε ἢ τάδε ἢ ὅτι οὐχ ἑώρακεν ἢ οὗ κατεῖδε.

11. Τὸν δὲ κυνηγέτην ἔχοντα ἐξιέναι ἠμελημένην ἐλαφρὰν ἐσθῆτα ἐπὶ τὸ κυνηγέσιον καὶ ὑπόδεσιν, ἐν τε τῇ χειρὶ ῥόπαλον, τὸν δὲ ἀρκυωρὸν ἕπεσθαι· πρὸς δὲ τὸ κυνηγέσιον σιγῇ προσιέναι, ἵνα μὴ ὁ λαγὼς, ἐάν που ᾖ πλησίον, ὑποκινῇ ἀκούων τῆς φωνῆς. (12) Δήσαντα δ' ἐκ τῆς ὕλης τὰς κύνας ἑκάστην χωρὶς, ὅπως ἂν εὐλύτοι ὦσι, συνιστάναι τὰς ἄρκυς καὶ τὰ δίκτυα, ὡς εἴρηται. Μετὰ δὲ τοῦτο τὸν μὲν ἀρκυωρὸν εἶναι ἐν φυλακῇ· αὐτὸν δὲ τὰς κύνας λαβόντα ἰέναι πρὸς τὴν ὑπαγωγὴν τοῦ κυνηγεσίου. (13) Καὶ εὐξάμενον τῷ Ἀπόλλωνι καὶ

valetudinis indicium est; nec si flatus venti magnus sit. Is enim dissipat vestigia, nec canes tunc odorari, nec plagæ retiave stare possunt. Quod si horum neutrum impediat, ad tertium quemque diem educuntur. Nec vulpes persequi adsuefiant canes. Id enim eos maxime corrumpit, et quum oportet, nunquam præsto sunt. In educendo mutanda loca venationum, ut et canes venandi, et venator ipse regionis peritus evadat. Exeundum est autem diluculo, ne vestigatio frustra fiat. Quippe qui venatum serius educunt, canes inventione leporis, se ipsos fructus perceptione fraudant; etenim vestigii natura, quum subtilis sit, per totum diem non durat.

Veste custos retiarius minime ponderosa indutus venatum exeat. Retia collocet circa vestigia, [ad vias] asperas, acclives, laxas, caliginosas; ad rivos, convalles, aquas silvarum perennes : (ad hæc enim loca præcipue lepus se fuga confert), et ad alia plurima, quæ dicere infinitum est. Aditus eorum, transitus, manifesti, subtiles, versus diluculum, non ante lucem faciundi : ne, si retia prope feras inquirendas tendantur, audiens strepitum fera terreatur. Sin magnum intersit spatium, minus ante lucem aliquis ire prohibetur, ut in locis puris retia statuat. Ne quid autem eis firmius adhæreat, furculæ infigendæ sunt supinæ, ut magis tentæ sint, quum adducuntur. Summis furculis maculas indat æquales, parique modo contra fulciat, in medium attollens sinum retis. Ad funem adducentem adnectat lapidem longum magnumque, ne rete, quum leporem tenuerit, in contrariam partem tendat. Longa vero et alta indagine cingat, ne forte lepus transiliat. In ipsis investigationibus nulla interponenda mora. Quippe venatoris est, et industrii quidem, celeriter omnino feram capere. Retia majora in planitie tendat, casses autem in vias conjiciat, et in loca quæ ex tramitibus in unum coeunt, funes adducentes ad humum religans, alas contrahens, inter oras figens furculas, quibus summis funes superne adducentes imponat, et intervalla retium, quibus evadere fera posset, obstruat. Denique circumiens undique observet. Si vel furculæ vel rete inclinaverint, erigat. Leporem vero, dum ad retia agitur, antrorsum recta currere sinat, ipse cum clamore post eum currat : atque ubi jam inciderit reti, canum iram, non eos attingendo, sed verbis mitigando compescat : et venatori clamore significato canis, vel captum esse, vel hac illacve transcurrisse, vel non ab se visum, vel ubi conspexerit.

Venator autem, neglecto levique vestitu amictus, itidemque calceatus, venatum exeat, manu clavam gestans; eumque retium custos sequatur. Ad venandum vero taciti accedant, ne lepus, si forte alicubi sit in proximo, vocem audiens loco se moveat. Canibus ad silvam, seorsum singulis, ita religatis, ut facile solvi possint; retia et plagas majores, uti dictum, erigunto. Inde retium custos excubias agat; venator ipse canibus secum sumptis ad prædam in retia adducendam abeat. Votis hinc Apollini et Dianæ, quæ

τῇ Ἀρτέμιδι τῇ Ἀγροτέρᾳ μεταδοῦναι τῆς θήρας λῦσαι μίαν κύνα ἥτις ἂν ᾖ σοφωτάτη ἰχνεύειν, ἐὰν μὲν ᾖ χειμών, ἅμ' ἡλίῳ ἀνέχοντι· ἐὰν δὲ θέρος, πρὸ ἡμέρας· τὰς δὲ ἄλλας ὥρας μεταξὺ τούτων. (14) Ἐπειδὰν δὲ ἡ κύων λάβῃ τὸ ἴχνος ὀρθὸν ἐκ τῶν ἐπηλλαγμένων, παραλῦσαι καὶ ἑτέραν· περαινομένου δὲ τοῦ ἴχνους διαλιπόντα μὴ πολὺ καὶ τὰς ἄλλας ἀφεῖναι κατὰ μίαν, καὶ ἕπεσθαι μὴ ἐγκείμενον, ὀνομαστὶ ἑκάστην προσαγορεύοντα, μὴ πολλά, ἵνα μὴ παροξύνωνται πρὸ τοῦ καιροῦ. (15) Αἱ δ' ὑπὸ χαρᾶς καὶ μένους προϊᾶσιν ἐξίλλουσαι τὰ ἴχνη, ὡς πέφυκε, διπλᾶ, τριπλᾶ, προσφορούμεναι παρὰ τὰ αὐτά, διὰ τῶν αὐτῶν ἐπηλλαγμένα, περιφερῆ, ὀρθά, καμπύλα, πυκνά, μανά, γνώριμα, ἄγνωστα, ἑαυτὰς παραθέουσαι, ταχὺ ταῖς οὐραῖς διασείουσαι, καὶ ἐπικλίνουσαι τὰ ὦτα, καὶ ἀστράπτουσαι τοῖς ὄμμασιν. (16) Ἐπειδὰν δὲ περὶ τὸν λαγῶ ὦσι, δῆλον ποιήσουσι τῷ κυνηγέτῃ σὺν ταῖς οὐραῖς τὰ σώματα ὅλα συνεπικραδαίνουσαι, πολεμικῶς ἐπιφερόμεναι, φιλονείκως παραθέουσαι, συντρέχουσαι φιλοπόνως, συνιστάμεναι ταχύ, διιστάμεναι, πάλιν ἐπιφερόμεναι· τελευτῶσαι δὲ ἀφίξονται πρὸς τὴν εὐνὴν τοῦ λαγῶ, καὶ ἐπιδραμοῦνται ἐπ' αὐτόν. (17) Ὁ δ' ἐξαίφνης ἀναΐξας ἐφ' αὐτὸν ὑλαγμὸν ποιήσει τῶν κυνῶν καὶ κλαγγὴν φεύγων. Ἐμβοώντων δὲ αὐτῷ διωκομένῃ, ἰὼ κύνες, ἰὼ κύνες, σοφῶς γε ὦ κύνες, καλῶς γε ὦ κύνες. Καὶ κυνοδρομῶν περιελίξαντα δ' ἀμπέχεται περὶ τὴν χεῖρα καὶ τὸ ῥόπαλον ἀναλαβόντα κατὰ τὸν λαγῶ, καὶ μὴ ὑπαντᾶν· ἄπορον γάρ. (18) Ὁ δὲ ὑποχωρῶν ταχὺ ἐκλείπων τὴν ὄψιν πάλιν περιβάλλει ὅθεν εὑρίσκεται ἐπὶ τὸ πολύ. Ἀναβοᾶν δ' ἐκεῖνον μέν, αὐτῷ παῖς, αὐτῷ παῖς, παῖ δή, παῖ δή· ὁ δὲ ἐάν τε δαλωκὸς ᾖ ἐάν τε μὴ δηλούτω. Καὶ ἐὰν μὲν δαλωκὸς ᾖ ἐν τῷ πρώτῳ δρόμῳ, ἀνακαλεσάμενον τὰς κύνας ζητεῖν ἄλλον· ἐὰν δὲ μή, κυνοδρομεῖν ὡς τάχιστα καὶ μὴ ἀφεῖναι, ἀλλ' ἐκπερᾶν φιλοπόνως. (19) Καὶ ἐὰν πάλιν ἀπαντῶσι διώκουσαι αὐτὸν, ἀναβοᾶν, εὖ γε εὖ γε ὦ κύνες, ἕπεσθε ὦ κύνες· ἐὰν δὲ πολὺ προειληφυῖαι ὦσι καὶ μὴ οἷός τ' ᾖ κυνοδρομῶν ἐπιγίνεσθαι αὐταῖς, ἀλλὰ διημαρτηκὼς ᾖ τῶν δρόμων, ἢ καὶ πλησίον που φοιτήσας ἢ ἐπιδοῦσας ἢ ἐχομένας τῶν ἰχνῶν μὴ δύνηται ἰδεῖν, πυνθάνεσθαι παραθέοντα ἅμα ὅτῳ ἂν προσπελάζῃ ἀναβοῶντα, ᾖ κατεῖδες ὤ τὰς κύνας; (20) ἐπειδὰν δὲ πύθηται ἤδη, ἐὰν μὲν ἐν τῷ ἴχνει ὦσι, προστάντα ἐγκελεύειν, τοὔνομα μεταβάλλοντα ἑκάστης τῆς κυνός, ὁποσαχῇ οἷόν τ' ἂν ᾖ τοὺς τόνους τῆς φωνῆς ποιούμενον, ὀξύ, βαρύ, μικρόν, μέγα· πρὸς δὲ τοῖς ἄλλοις κελεύμασιν, ἐὰν ὦσιν ἐν ὄρει αἱ μεταδρομαί, ἐπικελεύειν τόδε, εὖ κύνες, εὖ ὦ κύνες. Ἐὰν δὲ μὴ πρὸς αὐτοῖς ὦσι τοῖς ἴχνεσιν, ἀλλ' ὑπερβάλλωσι, καλεῖν αὐτάς, οὐ πάλιν; οὐ πάλιν; ὤ κύνες. (21) Ἐπειδὰν δὲ προστῶσι τοῖς ἴχνεσι, περιάγειν αὐτὰς κύκλους πολλοὺς πυκνοὺς ποιούμενον· ὅπου δ' ἢ αὐταῖς ἀμαυρὸν τὸ ἴχνος, σημαίνειν θέσθαι στοῖχον ἑαυτῷ, καὶ ἀπὸ τούτου συνείρειν μέχρις ἂν σαφῶς γνωρίσωσιν ἐγκελεύοντα καὶ θωπεύοντα. (22) Αἱ δ' ἐπειδὰν λαμπρὰ ᾖ τὰ ἴχνη

feris præest, de impertiendis primitiis prædæ nuncupatis, canem unam solvat, quæ vestigandi peritissima sit, idque si tempus sit hibernum, ipso cum solis ortu; si æstas, ante diem; aliis anni temporibus, quodam inter hæc tempore medio. Postquam canis ista rectum feræ vestigium ex variatis et implicitis eruerit, alteram quoque solvat. Dum vero vestigii finis ab his quæritur, interjecto tempore non magno, singulatim et alias dimittat, ipseque sequatur, non urgens tamen, et unamquamque nominatim adpellet; neque id sæpius, quo ne ante tempus irritetur. Hæ vero præ gaudio et animi ardore procedunt, vestigia cujusmodi sunt, dupla, tripla, evolventes, hac illac pronuentes secundum eadem, per eadem, variata, in orbem acta, recta, curva, densa, rara, nota, ignota; prætercurrentes se invicem, caudas celerius quatientes, aures inclinantes, oculis coruscantes. Ubi vero prope leporem erunt, hoc ipsum venatori significabunt, una cum caudis corpora tota concutientes, bellico more irruentes, certatim procurrentes, celeriter concurrentes, cito se conjungantes, vicissim a se discedentes, ac rursus irruentes. Tandem ad leporis cubile pervenient, et in ipsum incurrent. Ille repente subsiliens, canum in se latratum et clamorem fugiendo convertet. Quem dum persequuntur, clametur simul, Io canes, Io canes! Recte o canes, belle o canes! Venator obvoluto manui quocumque circumdatur, clavaque sumpta, simul incitato cursu cum canibus feratur, et leporis quidem a tergo, non ut ei occurrat. Quoniam id difficultatem afferat. Lepus autem se subducens, et celeriter ex oculis evadens, rursus ea plerumque ad loca redit, quibus in locis inveniebatur. Exclamet eum puer! heus tu, In eum puer, In eum puer! Puer heus, Puer heus! Ille vero significet, captus sit, necne. Quod si primo cursu captus fuerit, revocatis canibus alium quærat; sin minus, quam celerrime potest, cum canibus currat, nec desistat, sed celeriter omnia pervadat. Quod si rursum persequentes leporem canes occurrerint, exclamet : Recte, recte o canes! Sequimini canes! Si canes eum longe anteverterint, ac jam citato cursu sequens ad eas pervenire nequeat, sed ab ipsorum vestigiis aberraverit, aut fuerit in propinquo alicubi vagantes, aut adlatrantes, aut vestigiis inhærentes videre non possit : in transcursu, ad quemcumque propius venerit, exclamans interroget : Heus tu, vidistine canes? Ubi jam cognoverit, tum vero, si in vestigio fuerint, accedens hortetur, toties cujusque canis nomen vicissim efferens, quoties poterit, et vocis intentionem formet in sonum acutum, gravem, parvum, magnum. Præter alias vero incitationes, si cursu lepores in monte petantur, sic etiam hortetur : Belle canes! belle o canes : Sin autem vestigiis non inhæreant, sed excesserint, tunc eas revocet in hunc modum : Retrorsum, retrorsum, o canes! Sed postquam vestigiis adstiterint, circumducat eas, orbes multos crebrosque faciens : et ubicumque obscura ipsis vestigia fuerint, signum sibi statuat ipsam vestigia, et hinc orbes cogat, eas exhortando et blandiendo, donec manifesto vestigia cognoverint. Illæ vero, simul ac clara erunt vestigia,

ἐπιρριπτοῦσαι, παρακηδῶσαι, κοινωνοῦσαι, ὑπολαμβάνουσαι, ἐνσημαινόμεναι, ὅρους τιθέμεναι ἑαυταῖς
γνωρίμους, ταχὺ μεταθεύσονται· ὅταν δὲ οὕτω διὰ τοῦ
ἴχνους πυκνῶς διάττωσι, μὴ κατέχοντα κυνοδρομεῖν,
ἵνα μὴ ὑπὸ φιλοτιμίας ὑπερβάλλωσι τὰ ἴχνη. (23)
Ἐπειδὰν δὲ περὶ τὸν λαγῶ ὦσι καὶ τοῦτο ἐπιδεικνύων-
ται σαφῶς τῷ κυνηγέτῃ, προσέχειν, ὅπως ἂν μὴ ὑποκινῇ εἰς τὸ πρόσθεν πεφοβημένος τὰς κύνας· αἱ δὲ διαρ-
ριπτοῦσαι τὰς οὐρὰς καὶ ἑαυταῖς ἐμπίπτουσαι καὶ
πολλὰ ὑπερπηδῶσαι καὶ ἐπανακλαγγάνουσαι, ἐπανει-
ροῦσαι τὰς κεφαλὰς, εἰσβλέπουσαι εἰς τὸν κυνηγέτην,
ἐπιγνωρίζουσαι ἀληθῆ εἶναι ἤδη ταῦτα, ὑφ᾽ αὑτῶν
ἀναστήσουσι τὸν λαγῶ καὶ ἐπιᾶσι κεκλαγγυῖαι. (24)
Ἐὰν δὲ εἰς τὰς ἄρκυς ἐμπίπτῃ ἢ ἔξω ἢ ἐντὸς παρενε-
χθῇ, καθ᾽ ἓν ἕκαστον τούτων ὁ ἀρκυωρὸς γεγωνείτω·
καὶ ἐὰν μὲν ᾖ ἑαλωκὼς, ἕτερον ἐπιζητεῖν· ἐὰν δὲ μὴ,
μεταθεῖν χρώμενον τοῖς αὐτοῖς ἐγκελεύμασιν. (25)
Ἐπειδὰν δὲ μεταθέουσαι αἱ κύνες ἤδη ὑπόκοποι ὦσι
καὶ ἡ ὀψὲ ἤδη τῆς ἡμέρας, τότε δεῖ τὸν κυνηγέτην τὸν
λαγῶ ἀπειρηκότα ζητεῖν, μὴ παραλείποντα μηδὲν ὧν
ἡ γῆ ἀνίησιν ἢ ἔχει ἐφ᾽ ἑαυτῆς, τὰς ἀναστροφὰς ποιούμενον πυκνὰς, ὅπως ἂν μὴ παραλειφθῇ· κατακλίνεται
γὰρ ἐν μικρῷ τὸ θηρίον καὶ οὐκ ἀνίσταται ὑπὸ κόπου
καὶ φόβου, τὰς κύνας ἐπαγόμενον, ἐγκελεύοντα, παρα-
μυθούμενον τὴν φιλάνθρωπον πολλὰ, τὴν αὐθάδη ὀλίγα,
τὴν μέσην μέτρια, ἕως ἂν ἢ ἀποκτείνῃ αὐτὸν κατὰ πόδας ἢ εἰς τὰς ἄρκυς ἐμβάλῃ. (26) Μετὰ δὲ ταῦτα ἀνε-
λόντα τὰς ἄρκυς καὶ τὰ δίκτυα ἀνατρίψαντα τὰς κύνας
ἀπιέναι ἐκ τοῦ κυνηγεσίου, ἐπιμείναντα, ἐὰν ᾖ θερινὴ
μεσημβρία, ὅπως ἂν τῶν κυνῶν οἱ πόδες μὴ καίωνται
ἐν τῇ πορείᾳ.

ΚΕΦΑΛΑΙΟΝ Ζ.

Σκυλακεύειν δὲ αὐτὰς ἐπανιέντα τῶν πόνων τοῦ χειμῶνος, ἵνα ἔχουσαι τὴν ἡσυχίαν πρὸς τὸ ἔαρ ἀπάγων-
ται φύσιν γενναίαν· ἡ γὰρ ὥρα πρὸς τὰς αὐξήσεις τῶν
κυνῶν κρατίστη αὕτη· εἰσὶ δὲ τεσσαρεσκαίδεκα ἡμέραι
ἐν αἷς ἡ ἀνάγκη αὕτη ἔχει. (2) Ἄγειν δὲ καταπαυομέ-
νας, ἵνα θᾶττον ἐγκύμονες γίγνωνται, πρὸς κύνας ἀγα-
θούς· ἐπειδὰν δὲ ὦσιν ἐπίφοροι, μὴ ἐξάγειν ἐπὶ κυνηγέσιον ἐνδελεχῶς, ἀλλὰ διαλείπειν, ἵνα μὴ φιλοπονίᾳ δια-
φθείρωσι. (3) Κύουσιν ἑξήκονθ᾽ ἡμέρας. Ἐπειδὰν
δὲ γένηται τὰ σκυλάκια, ὑπὸ τῇ τεκούσῃ ἐᾶν καὶ μὴ
ὑποβάλλειν ὑφ᾽ ἑτέρᾳ κυνί· αἱ γὰρ θεραπεῖαι αἱ ἀλλό-
τριαι οὐκ εἰσὶν αὔξιμοι· τὸ δὲ τῶν μητέρων καὶ τὸ γάλα
ἀγαθὸν καὶ τὸ πνεῦμα καὶ αἱ περιβολαὶ φίλαι. (4)
Ἐπειδὰν δὲ ἤδη πλανᾶται τὰ σκυλάκια, διδόναι γάλα
μέχρι ἐνιαυτοῦ καὶ οἷς μέλλει τὸν ἅπαντα χρόνον βιώσεσθαι, ἄλλο δὲ μηδέν· αἱ γὰρ βαρεῖαι πλησμοναὶ τῶν
σκυλακίων διαστρέφουσι τὰ σκέλη, τοῖς σώμασι νόσους
ἐμποιοῦσαι, καὶ τὰ ἐντὸς ἄδικα γίγνεται. (5) Τὰ δ᾽ ὀνόματα αὐταῖς τίθεσθαι βραχέα, ἵνα εὐανάκλητα ᾖ. Εἰ-

DE VENATIONE CAP. VII.

semet in ea conjicientes, adsilientes, consociantes, suspi-
cantes, notantes, fines sibi notos statuentes, cito leporem
cursu insequentur. Sed dum illae sic per ipsum vestigium
frequenter huc illuc prosiliunt, venator ne instet, neu currat
cum canibus; ne contentione quadam vestigia praetereant.
At quum juxta leporem erunt, idque venatori clare ostend-
ent; observet ne metu canum loco se movens, anterius
proruat. Illae vero caudas hinc inde jactantes, in se ipsas
ruentes, saltu se multo praecipitantes ultra alias, adlatrantes,
capita erigentes, venatorem inspectantes, haec vera jam esse
vestigia agnoscentes, per se ipsas leporem excitabunt, et
cum latratu invadent. Quod si lepus in retia inciderit, aut
exterius, aut interius evaserit, ad unumquodque horum
custos retium clamorem tollat : et, si captus fuerit, alius
inquiratur; sin minus, iisdem ut ante concitationibus utendo, persequendus erit. Sed ubi jam serum diei fuerit, canibus propemodum insequendo defatigatis; tum vero leporem
venator et ipsum cursu defessum inquirat, nihil eorum re-
linquens inexcussum, quae terra producit, aut supra se
continet; sed crebro se huc illuc convertat, ne praetereatur
(procumbit enim paullo in loco lepus, nec surgit prae lassitu-
dine ac metu), et secum ducat in eum canes, incitans et
verbis monens addens, si qua hominis est studiosa, pluribus; si contumax, paucis; si has inter media, mediocriter;
donec leporem vel e vestigio persequens interfecerit, vel in
retia compulerit. Post haec autem plagis retibusque sublatis, canes postquam fricaverit, a venatione discedat;
alicubi subsistens, si meridies aestivus sit, ne canum in itinere pedes urantur.

CAPUT VII.

Hieme sublevatas laboribus, ad foeturam admittat, ut
quietem nactae, verno tempore sobolem generosam addant.
Nam hoc anni tempus ad canum incrementa maxime convenit.
Sunt autem dies quatuordecim, quibus hac necessitate urg-
gentur. Ad egregios vero canes, quando is ardor paulum
remisit, eas admittat, ut celerius concipiant. Ubi jam
uterum gestant, assidue venatum eas non educat, sed
aliquo interposito spatio; ne per cursum sibi perniciem
adferant. Uterum gestant diebus sexaginta. Catulos,
quum nati fuerint, sub ea relinquat, quae partum edidit;
nec alteri cani subjiciat. Nam alienae curationes ad incrementa parum conferunt. Matrum vero et lac, et halitus
bonus est, et complexus grati. Quum jam oberrant catuli,
lac eis ad annum usque praebeatur, cum illis escis, quibus
omnem aetatem victitaturi sunt, ac praeterea nihil. Graves
enim repletiones catulorum crura distorquent, morbos corporibus ingenerant, interiora minus proba reddunt. Brevia vero nomina eis indantur, ut evocari facile possint. Et

ναι δὲ χρὴ τοιάδε. Ψυχή, Θυμός, Πόρπαξ, Στύραξ, Λόγχη, Λόχος, Φρουρά, Φύλαξ, Τάξις, Ξίφων, Φόναξ, Φλέγων, Ἀλκή, Τεύχων, Ὑλεύς, Μήδας, Πόρθων, Σπέρχων, Ὀργή, Βρέμων, Ὕβρις, Θάλλων, Ῥώμη, Ἀνθεύς, Ἧβα, Γηθεύς, Χαρά, Λεύσων, Αὐγώ, Πολύς, Βία, Στίχων, Σπουδή, Βρύας, Οἰνάς, Στερρός, Κραυγή, Καίνων, Τύρβας, Σθένων, Αἰθήρ, Ἀκτίς, Αἰχμή, Νόης, Γνώμη, Στίβων, Ὁρμή. (6) Ἄγειν δὲ τὰς σκύλακας ἐπὶ τὸ κυνηγέσιον, τὰς μὲν θηλείας ὀκταμήνους, τοὺς δὲ ἄῤῥενας δεκαμήνους· πρὸς δὲ τὰ ἴχνη τὰ εὐναῖα μὴ λύειν, ἀλλ' ἔχοντα ὁρμιμμένας μακροῖς ἱμᾶσιν ἀκολουθεῖν ταῖς κυσὶν ἰχνευούσαις, ἐῶντα αὐτὰς διατρέχειν τὰ ἴχνη. (7) Καὶ ἐπειδὰν ὁ λαγὼς εὑρίσκηται, ἐὰν μὲν καλαὶ ὦσι πρὸς τὸν δρόμον τὰ εἴδη, μὴ ἀνιέναι εὐθύς· ἐπειδὰν δὲ προλάβῃ ὁ λαγὼς τῷ δρόμῳ ὥστε μὴ ἐφορᾶν ἔτι αὐτόν, τὰς σκύλακας ἱέναι. (8) Ἐὰν γὰρ ὁμόθεν καλὰς τὰ εἴδη οὔσας καὶ εὐψύχους πρὸς τὸν δρόμον ἐπιλύῃ, ὁρῶσαι τὸν λαγὼν ἐντεινόμεναι ῥήγνυνται, οὕτως ἔχουσαι συνεστῶτα τὰ σώματα· διαφυλάττειν οὖν δεῖ τοῦτο τὸν κυνηγέτην. (9) Ἐὰν δὲ αἰσχίους ὦσι πρὸς τὸν δρόμον, οὐδὲν κωλύει ἱέναι· εὐθὺς γὰρ δὴ ἀνέλπιστοι οὖσαι τοῦ ἑλεῖν οὐ πείσονται τοῦτο. Τὰ δὲ δρομαῖα τῶν ἰχνῶν ἕως ἂν ἕλωσι, μεταθεῖν ἐᾶν· ἁλισκομένου δὲ τοῦ λαγὼ διδόναι αὐταῖς ἀναῤῥηγνύναι. (10) Ἐπειδὰν δὲ μηκέτι θέλωσι προσμένειν ταῖς ἄρκυσιν, ἀλλ' ἀποσκεδαννύωνται, ἀναλαμβάνειν, ἕως ἂν ἐθισθῶσιν εὑρίσκειν προσθέουσαι τὸν λαγώ, μὴ οὐκ ἐν κόσμῳ ἀεὶ τοῦτον ζητούσαις, τελευτῶσαι γίγνονται ἔκκυνοι, πονηρὸν μάθημα. (11) Πρὸς δὲ ταῖς ἄρκυσι διδόναι τὰ σιτία αὐταῖς, ἕως ἂν νέαι ὦσιν, ὅταν ἀναιρῶνται, ἵν' ἐὰν πλανηθῶσιν ἐν τῷ κυνηγεσίῳ δι' ἀπειρίαν, πρὸς τοῦτο ἐπανιοῦσαι σώζωνται. Ἀφεθήσονται δὲ τούτου ὅταν ἤδη τῷ θηρίῳ ἔχωσι πολεμίως, ἐπιμέλειαν δὲ ποιήσονται τούτου μᾶλλον ἢ ἐκείνου φροντίζειν. (12) Χρὴ δὲ καὶ ὡς τὰ πολλὰ διδόναι τὰ ἐπιτήδεια ταῖς κυσὶν αὐτόν· ὅταν μὲν γὰρ ἐνδεεῖς ὦσι, τούτου τὸν αἴτιον οὐκ ἴσασιν, ὅταν δὲ ἐπιθυμοῦσαι λάβωσι, τὸν διδόντα στέργουσιν.

ΚΕΦΑΛΑΙΟΝ Η.

Ἰχνεύεσθαι δὲ τοὺς λαγὼς ὅταν νίφῃ ὁ θεὸς ὥστε ἠφανίσθαι τὴν γῆν· εἰ δ' ἐνέσται μελάγχιμα, δυςδιήγητος ἔσται. Ἔστι δὲ, ὅταν μὲν ἐπινίφῃ καὶ ἡ βόρειος, τὰ ἴχνη ἔξω πολὺν χρόνον δῆλα· οὐ γὰρ ταχὺ συντήκεται· ἐὰν δὲ νότιός τε ᾖ καὶ ἥλιος ἐπιλάμπῃ, ὀλίγον χρόνον· ταχὺ γὰρ διαχεῖται· ὅταν δὲ ἐπινίφῃ συνεχῶς, οὐδὲν δεῖ· ἐπικαλύπτει γάρ· οὐδὲ ἂν πνεῦμα ᾖ μέγα· συμφοροῦν γὰρ τὴν χιόνα ἀφανίζει. (2) Κύνας μὲν οὖν οὐδὲν δεῖ ἔχοντα ἐξιέναι ἐπὶ τὴν θήραν ταύτην· ἡ γὰρ χιὼν καίει τῶν κυνῶν τὰς ῥῖνας, τοὺς πόδας, τὴν ὀσμὴν τοῦ λαγὼ ἀφανίζει διὰ τὸ ὑπέρπαγες· λαβόντα δὲ τὰ δίκτυα μετ' ἄλλου ἐλθόντα πρὸς τὰ ὄρη παριέναι

esse hujusmodi debent : Psyche, Thymus, Porpax, Styrax, Lonche, Lochos, Phrura, Phylax, Taxis, Xiphon, Phonax, Phlegon, Alce, Teuchon, Hyleus, Medas, Porthon, Sperchon, Orge, Bremon, Hybris, Thallon, Rhome, Antheus, Hebe, Getheus, Chara, Leuson, Augo, Polys, Bia, Stichon, Spude, Bryas, Œnas, Sterrhos, Crauge, Cænon, Tyrbas, Sthenon, Æther, Actis, Æchme, Noes, Gnome, Stibon, Horme. Ad venationem vero catulos educat, feminas mensium octo; mares, decem. Ad vestigia cubilium eos non solvat, sed adstrictos tenens longis loris, canes vestigantes subsequatur, et catulos per se sinat in vestigiis currere. Ubi jam lepus reperitur, si quidem catulorum species ad cursum egregie comparata sit, non statim eos dimittat : sed ubi cursu lepus aliquod spatium anticipaverit, ut jam non amplius eum intueatur, ibi tum catuli laxandi erunt. Nam si specie præditos egregia, et ad cursum animosos cominus solvat ; intuentes hi leporem, præ contentione rumpuntur, quum nedum habeant corpora solida compacta. Quapropter hoc venatori cavendum. Sin ad cursum parum sint idoneæ, nihil impedit quominus dimissæ abeant. Non enim malum hoc illis accidet, quum ab initio parum spei sit, futurum, ut leporem capiant. Vestigia vero, quæ cursu lepus impressit, catulos insequi sinat, donec eum invenerint. Ubi lepus ab eis capitur, discerpendum iisdem tradat. Quum ad retia manere nolunt, sed palantes hinc inde disperguntur; revocet eos, donec adcurrentes invenire leporem adsuescant; ne semper eum absque ordine quærentes, tandem temere vagandi consuetudinem sumant : quæ est pessima. Itaque dum juvenes sunt, escas eis objiciat sd retia, quando ea tollantur : ut si propter imperitiam in venatu aberraverint, ad escas redeuntes non amittantur. Hoc vero non amplius eis accidet quum infestis erunt in feram animis, sed hanc magis adpetent, quam escas. Plerumque vero canibus ipse venator cibos objiciat. Nam quum eis indigent, quis in causa sit, ignorant; at quando avide cibum adpetentes, accipiunt ; diligunt eum qui offert.

CAPUT VIII.

Lepores investigandi sunt, quum nix ita ceciderit, ut terram operiat. Quippe si nivi loca quædam nigricantia sint interjecta, difficilis erit investigatu lepus. Quum ningit, et flante borea, vestigia diu manifesta exstant; non enim cito liquescunt : sin et auster spiret, ac solis splendor accedat, pauxillum durant, cito diffluentia. Quum vero nix continuo cadit, vestigatione nulla utendum; nix enim vestigia tegit : nec, quum magni ventorum flatus sunt, quippe nivem congerens ventus, vestigia delet. Quapropter ad hujusmodi venationem cum canibus excundum non est, quandoquidem nix et canum nares adurit, et pedes, et leporis odorem gelu nimio cogit evanescere : sed sumptis retibus venator, alio sibi adjuncto, cultis a locis ad montes

DE VENATIONE CAP. IX.

ἀπὸ τῶν ἔργων, καὶ ἐπειδὰν λάθῃ τὰ ἴχνη, πορεύεσθαι κατὰ ταῦτα. (a) Ἐὰν δὲ ἐπηλλαγμένα ᾖ, ἐκ τῶν αὐτῶν πάλιν εἰς τὸ αὐτὸ ἥκοντα κύκλους ποιούμενον ἐκπεριιέναι τὰ τοιαῦτα ζητοῦντα ὅποι ἔξεισι. Πολλὰ δὲ πλανᾶται ὁ λαγὼς ἀπορούμενος ὅπου κατακλιθῇ, ἅμα δὲ καὶ εἴθισται τεχνάζειν τῇ βαδίσει διὰ τὸ διώκεσθαι ἀεὶ ἀπὸ τῶν τοιούτων. (4) Ἐπειδὰν δὲ φανῇ τὸ ἴχνος, προϊέναι εἰς τὸ πρόσθεν. Ἄξει δὲ ἢ πρὸς σύσκιον τόπον ἢ πρὸς ἀπόκρημνον· τὰ γὰρ πνεύματα ὑπερχορεῖ τὴν χιόνα ὑπὲρ τῶν τοιούτων. Παραλείπεται οὖν εὐνάσιμα πολλά· ζητεῖ δὲ τοῦτο. (5) Ἐπειδὰν δὲ τὰ ἴχνη πρὸς τοιαῦτα φέρῃ, μὴ προσιέναι ἐγγύς, ἵνα μὴ ὑποκινῇ, ἀλλὰ κύκλῳ ἐκπεριιέναι· ἐλπὶς γὰρ αὐτοῦ εἶναι. Δῆλον δ᾽ ἔσται· τὰ γὰρ ἴχνη ἀπὸ τῶν τοιούτων οὐδαμοῦ περάσει. (6) Ἐπειδὰν δὲ ᾖ σαφὲς ὅτι αὐτοῦ ἐστιν, ἐᾶν· μενεῖ γάρ· ἕτερον δὲ ζητεῖν πρὶν τὰ ἴχνη ἄδηλα γενέσθαι, τῆς ὥρας ἐνθυμούμενον, ὅπως ἂν καὶ ἑτέρους εὑρίσκῃ, ἔστιν ἡ λειπομένη ἱκανὴ περιστήσασθαι. (7) Ἥκοντος δὲ τούτου περιτείνειν αὐτὸν ἑκάστῳ τὰ δίκτυα τὸν αὐτὸν τρόπον ὅνπερ ἐν τοῖς μελαγχίμοις, περιλαμβάνοντα ἐντὸς πρὸς ὅτῳ ἂν ᾖ, καὶ ἐπειδὰν ἑστηκότα ᾖ, προσελθόντα κινεῖν. (8) Ἐὰν δὲ ἐκκυλισθῇ ἐκ τῶν δικτύων, μεταθεῖν κατὰ τὰ ἴχνη· ὁ δὲ ἀφίξεται πρὸς ἕτερα τοιαῦτα χωρία, ἐὰν μὴ ἄρα ἐν αὐτῇ τῇ χιόνι πιέσῃ ἑαυτόν. Σκεψάμενον οὖν δεῖ ὅπου ἂν ᾖ περιστασθαι. Ἐὰν δὲ ὑπομένῃ, μεταθεῖν· ἁλώσεται γὰρ καὶ ἄνευ τῶν δικτύων· ταχὺ γὰρ ἀπαγορεύει διά τε τὸ βάθος τῆς χιόνος καὶ διὰ τὸ κάτωθεν τῶν ποδῶν λασίων ὄντων προσέχεσθαι αὐτῷ ὄγκον πολύν.

ΚΕΦΑΛΑΙΟΝ Θ.

Ἐπὶ δὲ τοὺς νεβροὺς καὶ τὰς ἐλάφους κύνας εἶναι Ἰνδικάς· εἰσὶ γὰρ ἰσχυραί, μεγάλαι, ποδώκεις, οὐκ ἄψυχοι· ἔχουσαι δὲ ταῦτα ἱκαναὶ γίγνονται πονεῖν. Τοὺς μὲν οὖν νεογνοὺς τῶν νεβρῶν τῇ ἦρος ὥρᾳ θηρᾶν ταύτῃ γὰρ τὴν ὥραν γίγνονται. (2) Κατασκέψασθαι δὲ πρότερον προελθόντα εἰς τὰς ὀργάδας, οὗ εἰσιν ἔλαφοι πλεῖσται· ὅπου δ᾽ ἂν ὦσιν, ἔχοντα τὸν κυναγωγὸν τὰς κύνας καὶ ἀκόντια πρὸ ἡμέρας ἐλθόντα εἰς τὸν τόπον τοῦτον τοὺς μὲν κύνας δῆσαι ἄποθεν ἐκ τῆς ὕλης, ὅπως μὴ, ἂν ἴδωσι τὰς ἐλάφους, ὑλακτῶσιν, αὐτὸν δὲ σκοπιωρεῖσθαι. (3) Ἅμα δὲ τῇ ἡμέρᾳ ὄψεται ἀγούσας τοὺς νεβροὺς πρὸς τὸν τόπον οὗ ἂν μέλλῃ ἑκάστη τὸν ἑαυτῆς εὐνάσειν. Κατακλίνασαι δὲ καὶ γάλα δοῦσαι καὶ διασκεψάμεναι μὴ ὁρῶνται ὑπό τινος, φυλάξει τὸν ἑαυτῆς ἑκάστη ἀπελθοῦσα εἰς τὸ ἀντιπέρας. (4) Ἰδόντα δὲ ταῦτα τὰς μὲν κύνας λῦσαι, αὐτὸν δὲ λαβόντα ἀκόντια προϊέναι ἐπὶ τὸν νεβρὸν τὸν πρῶτον, ὅπου εἶδεν εὐνασθέντα, τῶν τόπων ἐνθυμούμενον, ὅπως μὴ διαμαρτήσεται· πολὺ γὰρ ἀλλοιοῦνται τῇ ὄψει ἐγγὺς προσιόντι ἤ, οἷοι πόρρωθεν ἔδοξαν εἶναι. (5) Ἐπειδὰν δὲ ἴδῃ αὐτόν, προσιέναι ἐγγύς. Ὁ δ᾽ ἕξει ἀτρέμα πιέσας ὡς ἐπὶ γῆν, καὶ ἐάσει ἀνελέσθαι,

ΞΕΝΟΦΩΝ.

CAPUT IX.

transeat, et quum vestigia deprehenderit, secundum ea progrediatur. Si variata et in se perplexa sint, ex iisdem, eodem rediens, multis ambagibus talia vestigia circumeat et quaerat, quo exeant. Non parum vero lepus oberrat, dubius ubi procumbat. Simul in ipso incessu, quodam uti adsuevit artificio, quod hinc peti persequendo soleat. Ubi vestigium adparuerit, antrorsum progrediatur. Deducetur autem ad locum vel opacum, vel abruptum; quod venti nivem trans ejusmodi loca ferant. Itaque leporinis cubilibus illic idonea loca multa relinquuntur, quae quidem lepus ipse quaeritat. Quum vero vestigia venatorem ad hujusmodi loca ducent, non accedat propius, ne lepus se loco moveat; sed per ambages circumeat. Nam spes est, illic esse leporem : statimque patebit hoc, quum inde vestigia nullum in aliud se locum ulterius porrigent. Ubi constiterit, leporem ille esse; relinquat eum ibidem : manebit enim ; et alium quaerat, antequam evanescant vestigia, temporis apud animum rationem habens, ut, si alios quoque reperiat, reliquum diei leporibus indagine cingendis sufficiat. Ubi ita acciderit, plagas singulis obtendat eodem modo, quo in locis nigricantibus; ita quidem, ut ubicumque fuerit, includatur. Plagis autem jam erectis, accedens leporem excitet. Quod si fuerit elapsus e plagis, per vestigia sequatur : quoniam ad alia lepus ejusmodi loca perveniet, nisi forte in ipsam nivem se depresserit. Itaque venator, ubi consideravit, quo loco sit, plagis eum cingat. Si non subsistat, cursu insequetur : nam sine plagis etiam capietur. Quippe celeriter animum despondet, tum ob nivis altitudinem, tum etiam propterea quod quum inferius ei pedes hirsuti sint, magna nivis moles eis adhaereat.

CAPUT IX.

Hinnulis cervisque venandis Indicae canes adhibendae sunt. Nam eae robustae, magnae, veloces sunt, nec pusillanimes : et quum tales sint, venationi sufficiunt. Ac tenerae quidem aetatis hinnulos verno tempore venetur : tunc enim nascuntur. Sed primum herbida loca silvis propinqua ingressus, in quibus cervae plurimae sunt, omnia contempletur; et ad eum locum, in quo fuerint, canum magister cum canibus et jaculis ante lucem veniens, canes procul ab illo loco religet ad arbores; ne, si cervas viderint, latratus emittant : ipse de specula prospiciat. Videbit autem simul atque illuxerit, cervas illuc ducentes hinnulos, ubi suum quaelibet in cubili est collocatura. Postquam eos hic reclinarunt humi, et lactarunt, et hinc inde consideraverunt, ne conspiciantur a quoquam : ita deinde in locum discedentes adversum suos singulae custodiant. Haec ubi viderit, canes solvat : ipse sumptis jaculis, ad primum hinnulum progrediatur, ad animum revocans, ubi locorum in cubili reclinatum conspexerit, ne forte aberret. Nam pleraque loca videntur aspectui propius accedentes alia quam eidem ipsi de longinquo apparuerant. Quum autem hunc viderit, accedat propius. Ille immotus manebit, humum versus se deprimens, et se tolli sinet, nisi sit imbre madidus, et valde cla-

48

ἐὰν μὴ ἐφωτισμένος ᾖ, βοῶν μέγα. Τούτου δὲ γενομένου οὐ μενεῖ· ταχὺ γὰρ τὸ ὑγρὸν ὃ ἔχει ἐν ἑαυτῷ ὑπὸ τοῦ ψυχροῦ συνιστάμενον ποιεῖ ἀποχωρεῖν αὐτόν. (6) Ἁλώσεται δὲ ὑπὸ τῶν κυνῶν σὺν πόνῳ διωκόμενος· λαβόντα δὲ δοῦναι τῷ ἀρκυωρῷ· ὁ δὲ βοήσεται· ἡ δ᾽ ἔλαφος τὰ μὲν ἰδοῦσα, τὰ δ᾽ ἀκούσασα, ἐπιδραμεῖται τῷ ἔχοντι αὐτὴν ζητοῦσα ἀφελέσθαι. (7) Ἐν δὲ τούτῳ τῷ καιρῷ ἐγκελεύειν ταῖς κυσὶ καὶ χρῆσθαι τοῖς ἀκοντίοις. Κρατήσαντα δὲ τούτου πορεύεσθαι καὶ ἐπὶ τοὺς ἄλλους, καὶ τῷ αὐτῷ εἴδει πρὸς αὐτοὺς χρῆσθαι τῆς θήρας. (8) Καὶ οἱ μὲν νέοι τῶν νεβρῶν οὕτως ἁλίσκονται· αἱ δὲ ἤδη μεγάλαι χαλεπῶς· νέμονται γὰρ μετὰ τῶν μητέρων καὶ ἑτέρων ἐλάφων· καὶ ἀποχωροῦσιν, ὅταν διώκωνται, ἐν μέσαις, δι᾽ ἐξ δὲ πρόσθεν, ἐν δὲ τῷ ὄπισθεν ὀλιγάκις. (9) Αἱ δ᾽ ἔλαφοι τὰς κύνας ὑπὲρ αὐτῶν ἀμυνόμεναι καταπατοῦσιν· ὥστ᾽ οὐκ εὐάλωτοί εἰσιν, ἐὰν μὴ προσμίξας τις εὐθὺς διασκεδάσῃ αὐτὰς ἀπ᾽ ἀλλήλων, ὥστε μονωθῆναί τινα αὐτῶν. (10) Βιασθεῖσαι δὲ τοῦτο, τὸν μὲν πρῶτον δρόμον αἱ κύνες ἀπολείπονται· ἥ τε γὰρ ἀπουσία τῶν ἐλάφων ποιεῖ αὐτὸν περίφοβον, τό τε τάχος οὐδενὶ ἔοικέ ἐστι τῶν τηλικούτων νεβρῶν· δευτέρῳ δὲ καὶ τρίτῳ δρόμῳ ταχὺ ἁλίσκονται· τὰ γὰρ σώματα αὐτῶν διὰ τὸ ἔτι νεαρὰ εἶναι τῷ πόνῳ οὐ δύνανται ἀντέχειν. (11) Ἵστανται δὲ καὶ ποδοστράβαι ταῖς ἐλάφοις ἐν τοῖς ὄρεσι, περὶ τοὺς λειμῶνας καὶ τὰ ῥεῖθρα καὶ τὰς νάπας ἐν ταῖς διόδοις καὶ τοῖς ἔργοις πρὸς ὅ,τι ἂν προσῇ. (12) Χρὴ δὲ εἶναι τὰς ποδοστράβας σμιλάκος πεπλεγμένας, μὴ περιφλοίους, ἵνα μὴ σήπωνται, τὰς δὲ στεφάνας εὐκύκλους ἐχούσας, καὶ τοὺς ἥλους ἐναλλὰξ σιδηροῦς τε καὶ ξυλίνους ἐγκαταπεπλεγμένους ἐν τῷ πλοκάμῳ· μείζους δὲ τοὺς σιδηρούς, ὅπως ἂν οἱ μὲν ξύλινοι ὑπείκωσι τῷ ποδί, οἱ δὲ πιέζωσι. (13) Τὸν βρόχον τῆς σειρίδος τὸν ἐπὶ τῇ στεφάνῃ ἐπιτεθησόμενον πεπλεγμένον καὶ αὐτὸν τὴν σειρίδα· ἔστι γὰρ ἀσηπτότατον τοῦτο. Ὁ δὲ βρόχος αὐτὸς ἔστω στιφρός, καὶ ἡ σειρίς· τὸ δὲ ξύλον τὸ ἐξαπτόμενον ἔστω μὲν δρυὸς ἢ πρίνου, μέγεθος τριπίθαμον, περίφλοιον, πάχος παλαιστῆς. (14) Ἱστάναι δὲ τὰς ποδοστράβας διελόντα τῆς γῆς βάθος πενταπάλαιστον, περιφερὲς δὲ τοῦτο, καὶ ἄνωθεν ἴσον ταῖς στεφάναις τῶν ποδοστράβων, εἰς δὲ τὸ κάτω ἀμειβόμενον στενότητι· διελεῖν δὲ καὶ τῇ σειρίδι καὶ τῷ ξύλῳ τῆς γῆς ὅσον ἕξεσθαι ἀμφοῖν. (15) Ποιήσαντα δὲ ταῦτα ἐπὶ μὲν τὸ βάθος τὴν ποδοστράβην ἐπιθεῖναι κατωτέρω ἰσόπεδον, περὶ δὲ τὴν στεφάνην τὸν βρόχον τῆς σειρίδος· καὶ αὐτὴν καὶ τὸ ξύλον καθέντα εἰς τὴν χώραν τὴν ἑκατέρου· τῇ στεφάνῃ ἐπιθεῖναι δοκίδας ἀτρακτυλίδος μὴ ὑπερτεινούσας εἰς τὸ ἔξω, ἐπὶ δὲ τούτων πέταλα λεπτὰ ὃν ἂν ᾖ ὥρᾳ ᾖ. (16) Μετὰ δὲ τοῦτο τῆς γῆς ἐπιβαλεῖν ἐπ᾽ αὐτὰ πρῶτον μὲν τὴν ἐπιπολῆς ἐξαιρεθεῖσαν ἐκ τῶν ὀρυγμάτων, ἄνωθεν δὲ [ταῦτα] γῆς στερεᾶς τῆς ἄποθεν, ἵνα ᾖ τῇ ἐλάφῳ ὅτι μάλιστα ἄδηλος ἡ στάσις· τὴν δὲ περιοῦσαν τῆς γῆς ἀποφέρειν πόῤῥω ἀπὸ τῆς ποδοστράβης· ἐὰν γὰρ ὀσφραίνηται νεωστὶ κεκινημένης, δυσωπεῖται· ταχὺ δὲ ποιεῖ τοῦτο. (17) Ἐπι-

met. Id enim si fiat, non manebit. Nam humor ille, quem intra se continet, præ frigore concrescens, celeriter ut inde se proripiat, efficit. Capietur autem a canibus alacriter insequentibus. Captum custodi retium tradat. Tollet ille clamorem, et cerva partim conspectis iis, partim auditis, cursu tenentem invadet, et eripiendi viam quaeret. Interea vero canes incitet venator, et jaculis utatur. Hunc ubi redegerit in potestatem, ad alios tendat; in quos eodem genere venationis utetur. Et juvenes quidem hinnuli hoc modo capientur: at vero jam grandiusculi, difficilius. Quippe cum matribus aliisque cervis pascuntur, et in eos medios se recipiunt, quoties ab insequentibus cursu petuntur : interdum ante illos procurrunt, a tergo rarius esse solent. Cervæ autem, hos protegendi studio, canes proterunt et proculcant. Itaque captu difficiles sunt, nisi quis statim irruerit, et feras a se invicem ita dissipaverit, ut solus hinnulorum aliquis desertus maneat. Quum autem hoc agere coactæ sunt, canes a tergo cursu primo relinquuntur. Nam et valde formidolosum reddit absentia cervarum, et hinnulorum id ætatis celeritas alia nulla cum celeritate comparari potest. Secundo autem tertiove cursu cito capiuntur. Quippe corpora illorum, quum adhuc recentia sint ac tenera, cursus laborem sustinere nequeunt. Solent etiam collocari pedicæ cervis in montibus, circa prata, rivos, saltus ac valles, ad viarum aditus atque transitus, in agris, quocumque adierint. Pedicas autem oportet e taxo contextas esse, delibratas, ne putrescant ; et habere coronas plane orbiculares, clavis alternatim ferreis atque ligneis in textura defixis ac innexis: inter quos majores sint ferrei, ut pedi cedant lignei, et eundem ferrei premant. Laqueus autem funiculi coronæ imponendi, cum ipso funiculo, nexus e sparto sit : quippe putredini hoc minime obnoxium est. Ipse laqueus et funiculus firmi sint. Lignum, quod funiculo adligabitur, quernum, aut ilignum esto; longitudine trium spithamarum, crassitudine unius palmi, corticemque suum adhuc habeat. Pedicas vero collocet aperta scrobe ad quinque palmos in orbem, superne coronis pedicarum æqualem, inferius subinde angustiorem; similiter funiculo et ligno scrobem aperiat, quanta demittendo utrique conveniat. Hæc ubi fecerit, in fundum scrobis inferius pedicam æquabili situ imponat ; laqueum vero funiculi circumponat coronæ. Et quum funiculum atque lignum suo utrumque loco demiserit, atractylidis (carthami lanati) virgulas imponat coronæ, non tendentes extrinsecus, et super eas folia minuta spargat, quæ tunc anni tempus habebit. Postea vero terra eis superinjiciatur primum e superficie scrobium egesta, et super eam solida terra procul inde sumpta, ut cervæ quam maxime occultus sit locus : quodque terræ supererit e scrobibus, procul a pedica deportetur. Etenim si motæ recenter humi odorem cerva perceperit, quod facere statim solet, hæsi-

σκοπεῖν δὲ ἔχοντα τὰς κύνας τὰς μὲν ἐν τοῖς ὄρεσιν ἑστώσας, μάλιστα μὲν ἔωθεν, χρὴ δὲ καὶ τῆς ἄλλης ἡμέρας, ἐν δὲ τοῖς ἔργοις πρωΐ. Ἐν μὲν γὰρ τοῖς ὄρεσιν οὐ μόνον τῆς νυκτὸς ἁλίσκονται ἀλλὰ καὶ μεθ' ἡμέραν διὰ τὴν ἐρημίαν· ἐν δὲ τοῖς ἔργοις τῆς νυκτὸς διὰ τὸ μεθ' ἡμέραν περιφοβεῖσθαι τοὺς ἀνθρώπους. (18) Ἐπειδὰν δὲ εὕρῃ ἀνεστραμμένην τὴν ποδοστράβην, μεταθεῖν ἐπιλύσαντα τὰς κύνας καὶ ἐπικελεύσαντα κατὰ τὸν ὁλκὸν τοῦ ξύλου, σκοπούμενον ὅπου ἂν φέρηται. Ἔσται δὲ οὐκ ἄδηλον ἐπὶ τὸ πολύ· οἵ τε γὰρ λίθοι ἔσονται κεκινημένοι τά τ' ἐπισύρματα τοῦ ξύλου καταφανῆ ἐν τοῖς ἔργοις· ἐὰν δὲ τραχέας τόπους διαπερᾷ, αἱ πέτραι ἕξουσι τὸν φλοιὸν τοῦ ξύλου ἀφῃρπασμένον, καὶ κατὰ τοῦτο ῥᾴους αἱ μεταδρομαὶ ἔσονται. (19) Ἐὰν μὲν οὖν τοῦ προσθίου ποδὸς ἁλῷ, ταχὺ ληφθήσεται· ἐν γὰρ τῷ δρόμῳ πᾶν τὸ σῶμα τύπτει καὶ τὸ πρόσωπον· ἐὰν δὲ τοῦ ὄπισθεν, ἐφελκόμενον τὸ ξύλον ἐμποδὼν ὅλῳ ἐστὶ τῷ σώματι· ἐνίοτε δὲ καὶ εἰς δικρύας τῆς ὕλης ἐμπίπτει φερόμενον, καὶ ἐὰν μὴ ἀπορρήξῃ τὴν σειρίδα, καταλαμβάνεται αὐτοῦ. (20) Χρὴ δ', ἐὰν οὕτως ἕλῃ ἢ περιγινόμενος πόνῳ, ἐὰν μὲν ᾖ ἄρρην, μὴ προσιέναι ἐγγύς· τοῖς γὰρ κέρασι παίει καὶ τοῖς ποσίν· ἄποθεν οὖν ἀκοντίζειν. Ἁλίσκονται δὲ καὶ ἄνευ ποδοστράβης διωκόμεναι, ὅταν ᾖ ἡ ὥρα θερινή· ἀπαγορεύουσι γὰρ σφόδρα, ὥστε ἑστῶσαι ἀκοντίζονται· ῥιπτοῦσι δὲ καὶ εἰς τὴν θάλατταν, ἐὰν κατέχωνται, καὶ εἰς τὰ ὕδατα ἀπορούμεναι· ὑπὸ δὲ διὰ δύσπνοιαν πίπτουσι.

ΚΕΦΑΛΑΙΟΝ Ι.

Πρὸς δὲ τὸν ὗν τὸν ἄγριον κεκτῆσθαι κύνας Ἰνδικάς, Κρητικάς, Λοκρίδας, Λακαίνας, ἄρκυς, ἀκόντια, προβόλια, ποδοστράβας. Πρῶτον μὲν οὖν χρὴ τὰς κύνας ἐκ τούτου τοῦ γένους μὴ τὰς ἐπιτυχούσας, ἵνα ἕτοιμοι ὦσι πολεμεῖν τῷ θηρίῳ. (2) Αἱ δὲ ἄρκυς λίνων μὲν τῶν αὐτῶν ὧνπερ αἱ τῶν λαγωῶν, ἑστωσαν δὲ πεντεκαιτετταρακοντάλινοι ἐκ τριῶν τόνων, ἕκαστος δὲ τόνος ἐκ πεντεκαίδεκα λινίων, ἀπὸ δὲ τοῦ κορυφαίου τὸ μέγεθος δεχάμματοι, τὸ δὲ βάθος τῶν βρόχων πυγόνος· οἱ δὲ περίδρομοι ἡμιόλιοι τοῦ τῶν ἄρκυων πάχους· ἐπ' ἄκροις δὲ δακτυλίους ἐχέτωσαν, ὑφαίσθωσαν δ' ὑπὸ τοὺς βρόχους, τὸ δὲ ἄκρον αὐτῶν ἐκπεράτω ἔξω διὰ τῶν δακτυλίων· ἱκαναὶ δὲ πεντεκαίδεκα. (3) Τὰ δὲ ἀκόντια ἔστω παντοδαπά, ἔχοντα τὰς λόγχας εὐπλατεῖς καὶ ξυρήκεις, ῥάβδους δὲ στιφράς. Τὰ δὲ προβόλια, πρῶτον μὲν λόγχας ἔχοντα τὸ μὲν μέγεθος πενταπαλαίστους, κατὰ δὲ μέσον τὸν αὐλὸν κνώδοντας ἀποκεχαλκευμένους, στιφρούς, καὶ τὰς ῥάβδους κρανείνας δορατοπαχεῖς. Αἱ δὲ ποδοστράβαι ὅμοιαι ταῖς τῶν ἐλάφων. Συγκυνηγέται δ' ἑστωσαν· τὸ γὰρ θηρίον μόλις καὶ ὑπὸ πολλῶν ἁλίσκεται. Ὅπως δὲ δεῖ τούτων ἑκάστῳ χρῆσθαι πρὸς θήραν διδάξω. (4) Πρῶτον μὲν οὖν χρὴ ἐλθόντας οὗ ἂν οἴωνται εἶναι ὑπάγειν

DE VENATIONE CAP. X.

tabunda restitat. Observet autem venator, cum canibus, cervas quae in montibus degant, matutino praesertim, nec minus etiam reliquo diei tempore; quae cultis in locis, ante lucem. Quippe non tantum noctu capiuntur in montibus, sed etiam interdiu, propter solitudinem : in locis autem cultis, noctu; idque propterea, quod homines admodum interdiu cervae metuant. Quum autem pedicam eversam repererit, solutis et incitatis canibus insequatur, qua lignum tractum erit; et quonam id tendat, observet. Plerumque vero non obscurum erit. Nam et lapides erunt loco moti, et ligni tracti vestigia manifesta in arvis exstabunt. Si per aspera loca feratur, delibrati ligni cortex saxis adhaerebit, et hoc ipso signo facilior erit insequutio. Quod si fera pede capta fuerit anteriori, cito in potestatem veniet. Nam lignum inter currendum corpus totum et os percutit. Sin posteriore, lignum, quod aegre trahitur, universum corpus impediet. Nonnunquam et in bifida quaedam per silvam incidit, dum ita trahitur; et nisi funiculum abruperit cerva, illic deprehenditur. Quod si feram venator vel hoc modo vel cursu victam ceperit, si mas sit, propius adire non debet : nam et cornibus ferit, et pedibus. Itaque jaculis eminus utendum. Capiuntur etiam sine pedicis, quum quis cervas aestate persequitur. Quippe cursu tam vehementer exanimantur, ut etiam stantes jaculis se conficiendas exhibeant. Itidem ubi ex propinquo urgentur, ad incitas redactae tam in mare quam in alias aquas se conjiciunt : non nunquam deficiente spiritu, concidunt.

CAPUT X.

At in aprum silvestrem canes comparet Indicas, Cretenses, Locrenses, Lacaenas : casses, jacula, venabula, pedicas. Ac primum quidem canes ex hoc genere oportet esse minime vulgares, ut ad pugnandum cum fera paratae sint ac promptae. Retia ex iisdem filis, quibus ad leporina utendum diximus, necti oportet : est constent filis quinque et quadraginta, staminibus tribus, unoquoque stamine ex quindecim filis torto. A summo limbo plectantur in altitudinem nodis decem; macularum latitudo sit cubiti minoris. Funes adducentes retium crassitiem habeant sesquialteram, et in alis annulos; trajiciantur autem per maculas, ita ut fines eorum per annulos excurrant. Sufficient retia quindecim. Jacula ex varia sint materia, spicula habentes satis lata et acuta novaculae instar, hastiliaque firma. Venabula vero primum habeant spicula quinum palmorum, et ubi spiculum hastili adnectitur, ad eum locum medium dentes sint exstantes ferruminati, firmi; ipsaque hastilia cornea sint, crassitudine hastae. Pedicae quales cervorum, sunto. Sed venationis comites adsint. Quippe fera ista vix a multis etiam capitur. Quomodo autem singulis instrumentis hisce sit utendum ad venationem, ostendam. Primum igitur, quum ad locum venerint, ubi aprum esse conjiciunt, adducere

ΚΥΝΗΓΕΤΙΚΟΥ ΚΕΦ. Ι.

τὸ κυνηγέσιον, λύσαντας μίαν τῶν κυνῶν τῶν Λακαινῶν, τὰς δ' ἄλλας ἔχοντας δεδεμένας συμπεριιέναι τῇ κυνί. (6) Ἐπειδὰν δὲ λάβῃ αὐτοῦ τὰ ἴχνη, ἕπεσθαι ἑξῆς τῇ ἰχνεύσει, ἡγουμένῃ ἀκολουθίᾳ. Ἔσται δὲ καὶ τοῖς κυνηγέταις πολλὰ δῆλα αὐτοῦ, ἐν μὲν τοῖς μαλακοῖς τῶν χωρίων τὰ ἴχνη, ἐν δὲ τοῖς λασίοις τῆς ὕλης κλάσματα· ὅπου δ' ἂν δένδρα ᾖ, πληγαὶ τῶν ὀδόντων. (6) Ἡ δὲ κύων ἐπὶ τὸ πολὺ ἀφίξεται τόπον ὑλώδη ἰχνεύουσα. Κατακλίνεται γὰρ τὸ θηρίον ὡς ἐπὶ τὸ πολὺ εἰς τοιαῦτα· τοῦ μὲν γὰρ χειμῶνός ἐστιν ἀλεεινά, τοῦ δὲ θέρους ψυχεινά. (7) Ἐπειδὰν δ' ἀφίκηται ἐπὶ τὴν εὐνήν, ὑλακτεῖ· ὁ δ' οὐκ ἀνίσταται ὡς τὰ πολλά. Λαβόντα οὖν τὴν κύνα καὶ ταύτην μετὰ τῶν ἄλλων δῆσαι ἄποθεν ἀπὸ τῆς εὐνῆς πολὺ καὶ εἰς τοὺς δρμοὺς ἐμβάλλεσθαι τὰς ἄρκυς, ἐπιβάλλοντα τοὺς βρόχους ἐπὶ ἀποσχαλιδώματα τῆς ὕλης δικρᾶ· τῆς δὲ ἄρκυος αὐτῆς μακρὸν προήκοντα κόλπον ποιεῖν, ἀντηρίδας ἔνδοθεν ἑκατέρωθεν ὑφιστάντα κλῶνας, ὅπως ἂν εἰς τὸν κόλπον διὰ τῶν βρόχων αἱ αὐγαὶ τοῦ φέγγους ὡς μάλιστα ἀνέχωσιν, ἵνα προσθέοντι ὡς φανότατον ᾖ τὸ ἔσω· καὶ τὸν περίδρομον ἐξάπτειν ἀπὸ δένδρου ἰσχυροῦ, καὶ μὴ ἐκ ῥάχου· συνέχονται γὰρ ἐν τοῖς ψιλοῖς οἱ ῥάχοι. Ὑπὲρ δὲ ἑκάστης ἐμφράττειν τὴν ὕλην καὶ τὰ δύσορμα, ἵνα εἰς τὰς ἄρκυς ποιῆται τὸν δρόμον [καὶ] μὴ ἐξαλλάττων. (9) Ἐπειδὰν δὲ στῶσιν, ἐλθόντας πρὸς τὰς κύνας λῦσαι ἁπάσας καὶ λαβόντας τὰ ἀκόντια καὶ τὰ προβόλια προτιέναι. Ἐγκελεύειν δὲ ταῖς κυσὶν ἕνα τὸν ἐμπειρότατον, τοὺς δ' ἄλλους ἕπεσθαι κοσμίως ἀπολείποντας ἀπ' ἀλλήλων πολύ, ὅπως ἂν ᾖ αὐτῷ ἱκανὴ διαδρομή· ἐὰν γὰρ ὑποχωρήσῃ ἐμπεσὼν εἰς πυκνούς, κίνδυνος πληγῆναι· ᾧ γὰρ ἂν προσπέσῃ, εἰς τοῦτον τὴν ὀργὴν κατέθετο. (9) Ἐπειδὰν δ' αἱ κύνες ἐγγὺς ὦσι τῆς εὐνῆς, ἐπεισίασι· θορυβούμενος δ' ἐξαναστήσεται, καὶ ᾗτις ἂν τῶν κυνῶν προσφέρηται αὐτῷ πρὸς τὸ πρόσωπον, ἀναρρίψει· θέων δ' ἐμπεσεῖται· ἐὰν δὲ μή, μεταθεῖν ἀνάγκη. Καὶ ἐὰν μὲν ᾖ τὸ χωρίον καταφερὲς ἐν ᾧ ἂν ἔχῃ αὐτὸν ἡ ἄρκυς, ταχὺ ἐξαναστήσεται· ἐὰν δὲ ἄπεδον, εὐθὺς ἑστήξεται περὶ αὐτὸν ἔχων. (10) Ἐν τούτῳ δὲ τῷ καιρῷ αἱ μὲν κύνες προσκείσονται· αὐτοὺς δὲ χρὴ φυλαττομένους αὐτὸν ἀκοντίζειν, καὶ λίθοις βάλλειν, περιιστασμένους ὄπισθεν καὶ πολὺ ἄποθεν, ἕως ἂν κατατείνῃ προωθῶν αὐτὸν τῆς ἄρκυος τὸν περίδρομον. Εἶτα ὅστις ἂν ᾖ τῶν παρόντων ἐμπειρότατος καὶ ἐγκρατέστατος προσελθόντα ἐκ τοῦ πρόσθεν τῷ προβολίῳ παῖσαι. (11) Ἐὰν δὲ μὴ βούληται ἀκοντιζόμενος καὶ βαλλόμενος καταστῆναι τὸν περίδρομον, ἀλλ' ἐπανιεὶς ἔχῃ πρὸς τὸν προσιόντα περιδρομὴν ποιούμενος, ἀνάγκη, ὅταν οὕτως ἔχῃ, λαβόντα τὸ προβόλιον προσιέναι, ἔχεσθαι δ' αὐτοῦ τῇ μὲν χειρὶ τῇ ἀριστερᾷ πρόσθεν, τῇ δ' ἑτέρᾳ ὄπισθεν· κατορθοῖ γὰρ ἡ μὲν ἀριστερὰ αὐτοῦ, ἡ δὲ δεξιὰ ἐπεμβάλλει· ἐμπεσόντος δὲ ὁ ποὺς ὁ μὲν ἀριστερὸς ἐπέσθω τῇ χειρὶ τῇ ὁμωνύμῳ· ὁ δὲ δεξιὸς τῇ ἑτέρᾳ. (12) Προσιόντα δὲ προβάλλεσθαι τὸ προβόλιον, μὴ πολλῷ μεῖζον· διαβάντα ᾗ ἐν πάλῃ, ἐπιστρέφοντα τὰς

---

canum gregem debent, una de canibus Lacænis soluta : reliquas loris adstrictas tenentes, cum soluta circumeant. Ubi vero canis hæc apri vestigia deprehenderit, ducentem per ea comitando debent constanter sequi. Sed et ipsis venatoribus argumenta multa prodent aprum, velut in mollibus locis, vestigia; in silvosis, ramorum fragmenta; ubi arbores fuerint, dentium ictus. Canis autem utplurimum ad locum aliquem silvosum indagando perveniet, quod in ejusmodi locis fera plerumque recumbit. Nam hieme calidiuscula sunt, æstate frigidiuscula. Cum ad apri cubile pervenerit, latrat : ille vero plerumque surgere non solet. Sumant igitur canem, et eam cum aliis omnino procul a cubili religent, ac retia in locos ab apro tritos injiciant, et maculas in erectos silvæ stipites bifidos imponant. Ipsius autem retis sinum longum producentes, intrinsecus ramos utrinque supponant tanquam sustentacula; quo per maculas splendor lucis in illum sinum maxime tendat, ut accurrenti apro pars interior sit quam lucidissima. Funem adducentem ab arbore firma religent, non ad arbusculam. Quippe nudis in locis arbusculæ funem intentum sequuntur. Circa singulas plagas ea loca, per quæ rueret aper, ramis arborum obstruant, ut in ipsa retia cursu feratur, nec usquam deflectat. Quum retia tetenderint, ad canes redeant, omnesque solvant, et jaculis venabulisque sumptis procedant. Canes unus aliquis incitet, qui ejus rei sit peritissimus. Reliqui ordine sequantur, magnis intervallis alius ab alio distantes, ut transitus feræ satis late pateat. Nam si retrocedens in confertos inciderit, periculum est ut saucietur. Etenim iram suam in eum effundere solet, cuicumque incidit. Canes autem, quum jam a cubili propius aberant, impetum facient : ille perturbatus exsurget, et quacumque canis ad os ejus cum impetu feretur, eam in altum jactabit : simul currens, in plagas incidet. Sin minus, omnino cursu persequendus erit. Quod si declivis fuerit locus, in quo reti captus detinetur, cito exsurget; si planus, ilico stabit, in se ipsum intentus. Tunc vero incumbent canes; et ipsi venatores, ab eo sibi caventes; tela conjicere debent, et lapides in eum torquere, a tergo circumstantes, et longo quidem ex intervallo, donec se ipsum propellens, retis funem adducentem humi detraxerit. Tunc aliquis eorum qui adsunt, peritissimus, et inprimis apro capiendo idoneus, in eum progressus, a fronte venabulo feriat. Quod si petitus ictusque telis ac lapidibus, funem illum deprimere noluerit, sed in accedentem conversus tendat, se ipsum circumagens : tum scilicet, ita re comparata, necesse est venatorem sumpto venabulo accedere, tenentem id anterius manu sinistra, posterius altera. Nam telum sinistra dirigit, dextra impellit et urget. Anterius autem pes sinister manum cognominem sequatur, dexter dextram. Accedens vero, venabulum objiciat, cruribus non multo plus divaricatis, quam in lucta fieri solet, ac toto latere lævo ad manum lævam converso.

DE VENATIONE CAP. X.

πλευρὰς τὰς εὐωνύμους ἐπὶ τὴν χεῖρα τὴν εὐώνυμον· εἶτα εἰςβλέποντα εἰς τὸ ὄμμα τοῦ θηρίου ἐνθυμούμενον τὴν κίνησιν τὴν ἀπὸ τῆς κεφαλῆς τῆς ἐκείνου. Προςφέρειν δὲ τὸ προβόλιον φυλαττόμενον μὴ ἐκκρούσῃ ἐκ τῶν χειρῶν τῇ κεφαλῇ ἐκνεύσας· τῇ γὰρ ῥύμῃ τῆς ἐκκρούσεως ἕπεται. (13) Παθόντα δὲ τοῦτο πίπτειν δεῖ ἐπὶ στόμα καὶ ἔχεσθαι τῆς ὕλης κάτωθεν· τὸ γὰρ θηρίον ἐὰν μὲν οὕτως ἔχοντι προςπέσῃ, διὰ τὴν σιμότητα τῶν ὀδόντων τὸ σῶμα οὐ δύναται ὑπολαβεῖν· ἐὰν δὲ μετεώρῳ, ἀνάγκη πληγῆναι. Πειρᾶται μὲν οὖν μετεωρίζειν· ἐὰν δὲ μὴ δύνηται, ἀμιβαδὰς πατεῖ. (14) Ἀπαλλαγὴ δὲ τούτων μία ἐστὶ μόνη, ὅταν ἐν τῇ ἀνάγκῃ ταύτῃ ἔχηται, προςελθόντα ἐγγὺς τῶν συγκυνηγετῶν ἕνα ἔχοντα προβόλιον ἐρεθίζειν ὡς ἀφήσοντα· ἀφιέναι δὲ οὐ χρή, μὴ τύχῃ τοῦ πεπτωκότος. (15) Ὅταν δὲ ἴδῃ τοῦτο, καταλιπὼν ὃν ἂν ἔχῃ ὑφ᾽ αὑτῷ ἐπὶ τὸν ἐρεθίζοντα ὑπ᾽ ὀργῆς καὶ θυμοῦ ἐπιστρέφει. Τὸν δὲ ταχὺ ἀναπηδᾷν, τὸ δὲ προβόλιον μεμνῆσθαι ἔχοντα ἀνίστασθαι· οὐ γὰρ καλὴ ἡ σωτηρία ἄλλως ἢ κρατήσαντι. (16) Προςφέρειν δὲ πάλιν τὴν αὐτὸν τρόπον καὶ προτείναι ἐντὸς τῆς ὠμοπλάτης ᾗ ἡ σφαγή· καὶ ἀντερείσαντα ἔχειν ἐρρωμένως· ὁ δ᾽ ὑπὸ τοῦ μένους πρόεισι, καὶ εἰ μὴ κωλύοιεν οἱ κνώδοντες τῆς λόγχης, ἀφίκοιτ᾽ ἂν διὰ τῆς ῥάβδου προωθῶν αὑτὸν πρὸς τὸν τὸ προβόλιον ἔχοντα. (17) Οὕτω δὲ πολλὴ ἡ δύναμίς ἐστιν αὐτοῦ ὥςτε καὶ ἃ οὐκ ἂν οἴοιτό τις προέχεστιν αὐτῷ· τεθνεῶτος γὰρ εὐθὺς ἐάν τις ἐπὶ τὸν ὀδόντα ἐπιθῇ τρίχας, συντρέχουσιν· οὕτως εἰσὶ θερμοί· ζῶντι δὲ διάπυροι, ὅταν ἐρεθίζηται· οὐ γὰρ ἂν τῶν κυνῶν ἁμαρτάνων τῇ πληγῇ τοῦ σώματος ἄκρα τὰ τριχώματα περιεπίμπρα. (18) Ὁ μὲν οὖν ἄρρην τοσαῦτα καὶ ἔτι πλείω πράγματα παρασχὼν ἁλίσκεται.

Ἐὰν δὲ θήλεια ᾖ ἡ ἐμπεσοῦσα, ἐπιθόντα παίειν φυλαττόμενον μὴ ὡσθεὶς πέσῃ· παθόντα δὲ τοῦτο πατεῖσθαι ἀνάγκη καὶ δάκνεσθαι. Ἑκόντα οὖν οὐ χρὴ ὑποπίπτειν· ἐὰν δὲ ἄκων ἔλθῃ εἰς τοῦτο, διαβάσεις αἱ αὐταὶ γίγνονται αἱ αὐταὶ ὥςπερ ἐπὶ τοῦ ἄρρενος· ἐξαναστάντα δὲ δεῖ παίειν τῷ προβολίῳ, ἕως ἂν ἀποκτείνῃ.

19. Ἁλίσκονται δὲ καὶ ὧδε. Ἵστανται μὲν αὐτοῖς αἱ ἄρκυς ἐπὶ τὰς διαβάσεις τῶν ναπῶν εἰς τοὺς δρυμοὺς, τὰ ἄγκη, τὰ τραχέα, ᾗ εἰςβολαί εἰσιν εἰς τὰς ὀργάδας καὶ τὰ ἕλη καὶ τὰ ὕδατα. Ὁ δὲ τεταγμένος ἔχων τὸ προβόλιον φυλάττει τὰς ἄρκυς. Οἱ δὲ τὰς κύνας ἐπάγουσι τοὺς τόπους ζητοῦντες τοὺς καλλίστους· ἐπειδὰν δὲ εὑρεθῇ, διώκεται. (20) Ἐὰν οὖν εἰς τὴν ἄρκυν ἐμπίπτῃ, τὸν ἀρκυωρὸν ἀναλαβόντα τὸ προβόλιον προςιέναι καὶ χρῆσθαι ὡς εἴρηκα· ἐὰν δὲ μὴ ἐμπέσῃ, μεταθεῖν. Ἁλίσκεται δὲ καὶ ὅταν ᾖ πνίγη διωκόμενον ὑπὸ τῶν κυνῶν· τὸ γὰρ θηρίον καίπερ ὑπερβάλλον δυνάμει ἀπογορεύει ὑπέρασθμον γιγνόμενον. (21) Ἀποθνήσκουσι δὲ κύνες πολλαὶ ἐν τῇ τοιαύτῃ θήρᾳ, καὶ αὐτοὶ οἱ κυνηγέται κινδυνεύουσιν. Ὅταν δ᾽ ἐν ταῖς μεταδρομαῖς ἀπειρηκότι ἀναγκάζωνται προςιέναι τὰ προβόλια ἢ ἐν ὕδατι ὄντι ἢ ἀφεστῶτι πρὸς ἀποκρήμνῳ ἢ ἐκ

Deinde feræ frontem et oculos inspiciat, capitis in ea motum observans. Venabulum infigens, caveat ne ictu declinatione capitis evitato, venabulum ei de manibus excutiat. Quippe sequitur excussionis impetum. Id autem si cui contigerit, pronus in os cadat oportet, et subjectæ sibi materiei adhæreat. Nam si fera in aliquem ita positum irruerit, prehendere, quia dentes ejus sunt simi, corpus nequit; sin erectus sit, necesse est eum sauciari. Sublevare quidem altius cum nititur; verum id si nequeat, hinc inde inscensum proculcat. In hoc vero discrimine constitutus unam duntaxat hanc viam liberationis habet, ut venationis sociorum quispiam cum venabulo accedens, velut hoc immissurus, aprum irritet. Non emittendum id tamen, ne lapsum feriat. Hoc aper ubi conspexerit, omisso illo, quem sub se premit, in provocantem præ ira et furore convertetur. Tunc ille celeriter exsiliat, memor interim ut cum venabulo surgat. Nam alia ratione saluti honeste non consulet, nisi fera superata. Rursus ergo venabulum eodem modo, quo prius, infigat; ac ferrum intra scapulas, ubi jugulum est, admoveat; et obnixus acriter venabulo incumbat. Ille præ animi ardore progreditur, et nisi dentes spiculi prohiberet, pro hastile se propellens ad eum penetraret, qui venabulum tenet. Adeo autem magna vis ejus est, ut ipsi etiam insint ea quæ nemo putaret: quippe recenter occisi dentes adeo fervent, ut eis impositi pili, in se contrahantur. Viventi vero, si quando provocatus irritetur, ignescunt. Nam alioquin aberrans in ictu a canum corpore, summos eorum pilos hinc inde non adureret. Ac mas quidem tot negotiis, atque etiam pluribus exhibitis, capitur.

At feminam, si ea inciderit in retia, venator accurrens feriat; non sine cautione tamen, ne impulsus cadat: quod si contigerit, proteratur necesse est, ac mordeatur. Non est igitur sponte cadendum. At si quis huc pervenerit invitus, ei non aliter surgendum est, quam qui sub masculo ceciderit. Exsurgens vero, venabulo percutiat oportet, donec eam occiderit.

Solent autem hoc etiam modo capi. Tenduntur eis retia ad transitus convallium in loca nemorosa, ad valles, ad aspera loca, ubi patent aditus ad prata herbosa et paludes, et aquas. Is, cui datum est hoc negotii, retia venabulo instructus servat: alii canes adducunt, aptissima quæque loca perquirunt. Ubi fera inventa fuerit, insequendo petitur. Quod si in retia inciderit, eorum custos accedat, sumpto venabulo, et cum fera sic agat, quemadmodum diximus: sin minus, cursu persequenda est. Capitur etiam, dum æstu medio premitur a canibus. Nam licet hæc fera viribus supra modum præstet, præ nimio tamen anhelitu exanimatur. Pereunt vero multæ in ejusmodi venatione canes, atque etiam venatores ipsi periclitantur. Quum autem persequendo exanimatam admovere venabula coguntur, sive in aqua, seu in rupis secessu præruptæ fuerit, seu

δασέος μὴ θέλοντι ἐξιέναι, οὐ γὰρ κωλύει αὐτὸν οὔτε ἄρκυς οὔτε ἄλλο οὐδὲν φέρεσθαι ὁμόσε τῷ πλησιάζοντι, ὅμως μέντοι προςιτέον, ὅταν ἔχῃ οὕτως, καὶ ἐπιδεικτέον τὴν εὐψυχίαν, δι' ἣν εἵλοντο ἐκπονεῖν τὴν ἐπιθυμίαν ταύτην. (22) Χρηστέον δὲ τῷ προβολίῳ καὶ ταῖς προβολαῖς τοῦ σώματος ὡς εἴρηται· εἰ γάρ τι καὶ πάσχοι, οὐκ ἂν διὰ τὸ μὴ ὀρθῶς ποιεῖν πάσχοι. Ἵστανται δὲ αἱ ποδοστράβαι αὐτοῖς ὥςπερ τοῖς ἐλάφοις ἐν τοῖς αὐτοῖς τόποις, καὶ ἐπισκέψεις αἱ αὐταὶ καὶ μεταδρομαὶ καὶ αἱ πρόςοδοι καὶ αἱ χρεῖαι τοῦ προβολίου. (23) Τὰ δὲ νεογενῆ αὐτῶν ὅταν ἁλίσκηται, χαλεπὸν τοῦτο πάσχει· οὔτε γὰρ μονοῦται, ἕως ἂν μικρὰ ᾖ, ὅταν τε αἱ κύνες εὕρωσιν ἢ προΐδῃ τι, ταχὺ εἰς τὴν ὕλην ἀφανίζεται· ἕπονταί τε ἐπὶ τὸ πολὺ ὂν ἂν ὦσιν ἄμφω χαλεποὶ ὄντες τότε καὶ μᾶλλον μαχόμενοι ὑπὲρ ἐκείνων ἢ ὑπὲρ αὑτῶν.

ΚΕΦΑΛΑΙΟΝ ΙΑ.

Λέοντες δὲ, παρδάλεις, λύγκες, πάνθηρες, ἄρκτοι καὶ τἆλλα ὅσα ἐστὶ τοιαῦτα θηρία, ἁλίσκεται ἐν ξέναις χώραις περὶ τὸ Πάγγαιον ὄρος καὶ τὸν Κιττὸν τὸν ὑπὲρ τῆς Μακεδονίας, τὰ δ' ἐν τῷ Ὀλύμπῳ τῷ Μυσίῳ καὶ ἐν Πίνδῳ, τὰ δ' ἐν τῇ Νύσῃ τῇ ὑπὲρ τῆς Συρίας, καὶ πρὸς τοῖς ἄλλοις ὄρεσιν ὅσα διά τ' ἐστὶ τρέφειν τοιαῦτα. (2) Ἁλίσκεται δὲ τὰ μὲν ἐν τοῖς ὄρεσι φαρμάκῳ διὰ δυςχωρίαν ἀκονιτικῷ. Παραβάλλουσι δὲ τοῦτο οἱ θηρευταὶ, συμμιγνύντες εἰς αὐτὸ ὅτῳ ἂν ἕκαστον χαίρῃ περὶ τὰ ὕδατα καὶ πρὸς ὅ,τι ἂν ἄλλο προςίῃ. (3) Τὰ δὲ αὐτῶν καταβαίνοντα εἰς τὸ πεδίον τῆς νυκτὸς ἀποκλεισθέντα μετὰ ἵππων καὶ ὅπλων ἁλίσκεται εἰς κίνδυνον καθισταντα τοὺς αἱροῦντας. (4) Ἔστι δὲ οἷς αὐτῶν καὶ ὀρύγματα ποιοῦσι περιφερῆ, μεγάλα, βαθέα, ἐν μέσῳ λείποντες κίονα τῆς γῆς. Ἐπὶ δὲ τοῦτον εἰς νύκτα ἐπέθεσαν δήσαντες αἶγα, καὶ ἔφραξαν κύκλῳ τὸ ὄρυγμα ὕλῃ ὥςτε μὴ προορᾶν, εἴςοδον οὐ λείποντες. Τὰ δὲ ἀκούοντα τῆς φωνῆς ἐν τῇ νυκτὶ κύκλῳ τὸν φραγμὸν περιθέουσι, καὶ ἐπειδὰν μὴ εὑρίσκῃ δίοδον, ὑπερπηδᾷ καὶ ἁλίσκεται.

ΚΕΦΑΛΑΙΟΝ ΙΒ.

Περὶ μὲν αὐτῶν τῶν πράξεων τῶν ἐν τοῖς κυνηγεσίοις εἴρηται. Ὠφεληθεῖσαι δ' οἱ ἐπιθυμήσαντες τούτου τοῦ ἔργου πολλὰ· ὑγίειάν τε γὰρ τοῖς σώμασι παρασκευάζουσι καὶ ὁρᾶν καὶ ἀκούειν μᾶλλον, γηράσκειν δὲ ἧττον· τὰ δὲ πρὸς τὸν πόλεμον μάλιστα παιδεύει. (2) Πρῶτον μὲν τὰ ὅπλα ὅταν ἔχοντες πορεύωνται ὁδοὺς χαλεπὰς, οὐκ ἀπεροῦσιν· ἀνέξονται γὰρ τοὺς πόνους διὰ τὸ εἰθίσθαι μετὰ τούτων αἱρεῖν τὰ θηρία. Ἔπειτα εὐνάζεσθαί τε σκληρῶς δυνατοὶ ἔσονται καὶ φύλακες εἶναι ἀγαθοὶ τοῦ ἐπιταττομένου. (3) Ἐν δὲ

CAPUT XI.

At leones, pardi, lynces, pantheræ, ursi, et aliæ quæcumque sunt ejusmodi feræ, partim peregrinis in locis capiuntur, circa Pangæum montem, et Cittum qui supra Macedoniam est; partim in Olympo Mysio, et in Pindo; aliæ in Nysa supra Syriam, et juxta montes alios, quotquot idonei sunt alendis hujus generis belluis. Capiuntur vero partim in montibus aconitico veneno, propter asperitatem regionum. Hoc autem venatores rebus iis miscentes, quibus quæque delectatur fera, secus aquas illis objiciunt, et si quid aliud adire consueverint. Partim etiam illæ, quæ noctu in plana descendunt, equis et armis interclusæ et circumventæ, nec sine venatorum discrimine, capiuntur. Sunt quibus et foveas amplas et profundas orbiculari forma confieiunt, in medio relinquentes terræ columnam, cui sub noctem capram religatam imponunt, et undique foveam materiæ silvestri circumsepiunt et obstruunt, ne inspiciendi facultas sit, aditu ad ingrediendum nullo relicto. Illæ vocem noctu audientes, sepen circumcursitant; et quum nusquam inveniunt aditum, transiliunt, et capiuntur.

CAPUT XII.

Hactenus de iis quæ in venatione facienda sunt, dictum. Huic autem labori ac studio dediti, magnam inde utilitatem capient. Nam et corporibus valetudinem bonam conciliabant, et visu auditusque meliori fruentur, et serius senescent. Ad disciplinam vero militarem potissimum eos venatio instituit. Primum, ubi gestantibus arma per difficiles vias incedunt, animos haud despondebunt. Quippe labores sustinere propterea poterunt, quod iis ad feras capiendas adsuefacti fuerint. Deinde poterunt etiam cubare duriter, et egregios se declarare custodes in eo quod fuerit

DE VENATIONE CAP. XII.

ταῖς προσόδοις ταῖς πρὸς τοὺς πολεμίους ἅμα οἷοί τε ἔσονται ἐπιέναι καὶ τὰ παραγγελλόμενα ποιεῖν διὰ τὸ οὕτω καὶ αὐτοὶ αἱρεῖν τὰς ἄγρας. Τεταγμένοι δ᾽ ἐν τῷ πρόσθεν οὐ λείψουσι τὰς τάξεις διὰ τὸ καρτερεῖν δύνασθαι. (4) Ἐν φυγῇ δὲ τῶν πολεμίων ὀρθῶς καὶ ἀσφαλῶς διώξονται τοὺς ἐναντίους ἐν παντὶ χωρίῳ διὰ συνήθειαν. Δυστυχήσαντος δὲ οἰκείου στρατοπέδου ἐν χωρίοις ὑλώδεσι καὶ ἀποκρήμνοις ἢ ἄλλοις χαλεποῖς οἷοί τ᾽ ἔσονται καὶ αὐτοὶ σώζεσθαι μὴ αἰσχρῶς καὶ ἑτέρους σώζειν· ἡ γὰρ συνήθεια τοῦ ἔργου παρέξει αὐτοῖς πλέον τι εἰδέναι. (5) Καὶ ἤδη τινὲς τῶν τοιούτων πολλοῦ ὄχλου συμμάχων τρεφθέντος τῇ αὑτῶν εὐεξίᾳ καὶ θράσει διὰ δυσχωρίαν ἁμαρτόντας τοὺς πολεμίους νενικηκότας ἀναμαχόμενοι ἐτρέψαντο· ἀεὶ γάρ ἐστι τοῖς τὰ σώματα καὶ τὰς ψυχὰς εὖ ἔχουσιν ἐγγὺς εἶναι τοῦ εὐτυχῆσαι. (6) Εἰδότες δὲ καὶ οἱ πρόγονοι ἡμῶν ὅτι ἐντεῦθεν εὐτύχουν πρὸς τοὺς πολεμίους, ἐπιμέλειαν τῶν νέων ἐποιήσαντο· σπανίζοντες γὰρ καρποῦ τὸ ἐξ ἀρχῆς ἐνόμισαν ὅμως τοὺς κυνηγέτας μὴ κωλύειν [διὰ] τὸ μηδὲν τῶν ἐπὶ τῇ γῇ φυομένων ἀγρεύειν· (7) πρὸς δὲ τούτῳ μὴ νυκτερεύειν ἐντὸς πολλῶν σταδίων, ἵνα μὴ ἀφαιροῖντο τὰς θήρας αὐτοῖς οἱ ἔχοντες ταύτην τὴν τέχνην. Ἑώρων γὰρ ὅτι τῶν νεωτέρων ἡ ἡδονὴ μόνη αὕτη πλεῖστα ἀγαθὰ παρασκευάζει. Σώφρονάς τε γὰρ ποιεῖ καὶ δικαίους διὰ τὸ ἐν τῇ ἀληθείᾳ παιδεύεσθαι· (8) [τά τε τοῦ πολέμου διὰ τῶν τοιούτων εὐτυχοῦντες ᾐσθάνοντο·] τῶν τε ἄλλων εἴ τι βούλονται ἐπιτηδεύειν καλῶν οὐδενὸς ἀποστατεῖ ὥσπερ ἕτεραι κακαὶ ἡδοναί, ἃς οὐ χρὴ μανθάνειν. Ἐκ τῶν τοιούτων οὖν στρατιῶται τὰ ἀγαθοὶ καὶ στρατηγοὶ γίγνονται. (9) Ὧν γὰρ οἱ πόνοι τὰ μὲν αἰσχρὰ καὶ ὑβριστικὰ ἐκ τῆς ψυχῆς καὶ τοῦ σώματος ἀφαιροῦνται, ἐπιθυμίαν δ᾽ ἀρετῆς ἐνηύξησαν, οὗτοι δὲ ἄριστοι· οὐ γὰρ ἂν τὴν ἑτέρων οὔτε τὴν πόλιν τὴν ἑαυτῶν ἀδικουμένην οὔτε τὴν χώραν πάσχουσαν κακῶς.

Λέγουσι δέ τινες ὡς οὐ χρὴ ἐρᾶν κυνηγεσίων, ἵνα μὴ τῶν οἰκείων ἀμελῶσιν, οὐκ εἰδότες ὅτι οἱ τὰς πόλεις καὶ τοὺς φίλους εὖ ποιοῦντες πάντες τῶν οἰκείων ἐπιμελέστεροί εἰσιν. (11) Εἰ οὖν οἱ φιλοκυνηγέται παρασκευάζουσιν αὑτοὺς τῇ πατρίδι χρησίμους εἶναι εἰς τὰ μέγιστα, οὐδ᾽ ἂν τῶν ἰδίων πρόσωπο· σὺν γὰρ τῇ πόλει καὶ σώζεται καὶ ἀπόλλυται τὰ οἰκεῖα ἑκάστου· ὥστε πρὸς τοῖς αὑτῶν καὶ τὰ τῶν ἄλλων ἰδιωτῶν οἱ τοιοῦτοι σώζουσι. (12) Πολλοὶ δὲ ὑπὸ φθόνου ἀλόγιστοι τῶν ταῦτα λεγόντων αἱροῦνται διὰ τὴν αὐτῶν κακίαν ἀπολέσθαι μᾶλλον ἢ ἑτέρων ἀρετῇ σώζεσθαι· αἱ γὰρ ἡδοναὶ αἱ πολλαὶ κακαί· ὧν ἡττώμενοι ἢ λέγειν ἢ πράττειν ἐπαίρονται τὰ χείρω. (13) Εἶτα ἐκ τῶν ματαίων λόγων ἔχθρας ἀναιροῦνται, ἐκ δὲ τῶν κακῶν ἔργων νόσους καὶ ζημίας καὶ θανάτους καὶ παισὶ καὶ φίλοις, ἀναισθήτως μὲν τῶν κακῶν ἔχοντες, τῶν δὲ ἡδονῶν πλέον τῶν ἄλλων αἰσθανόμενοι, οἷς τίς ἂν χρήσαιτο εἰς πόλεως σωτηρίαν; (14) Τούτων μέντοι τῶν κακῶν οὐδείς, ὅστις οὐκ ἀφέξεται ἐρασθεὶς ὧν ἐγὼ παραινῶ· παίδευσις

imperatum. In hostibus adeundis simul et progredi adversus eos, et facere poterunt quæ imperantur; idque propterea, quod eadem ratione feras etiam capere consueverint. In fronte collocati, quum labores tolerare norint, acies haud deseret. In hostium fuga propter consuetudinem et usum quibusvis in locis adversarios recte pariter ac tuto persequentur. Si quid infeliciter exercitui suo cesserit, in silvosis, præruptis, aliisque difficilibus locis tam se ipsos quam alios absque macula turpitudinis conservare poterunt. Nam præbebit hoc iis ipse rei usus, ut plus aliis norint. Nonnulli quidem tales aliquando, magna sociorum turba in fugam conjecta, jam victores hostes, ob difficultates locorum in errorem abreptos, suo ipsi robore atque audacia prælium instaurando terga dare coegerunt. Semper enim illi, qui tum a corporibus tum animis egregie comparati sunt, haud procul absunt ab eo ut rem prospere gerant. Quum autem majores quoque nostri cognovissent, hinc prosperos adversus hostes successus suos manare, juventutis curam sibi suscipiendam censuerunt. Nam licet ab initio frugum inopia laborarent, non tamen venatoribus interdicendum venatione judicarunt, quominus eorum quæ supra terram nascuntur, per omnia venentur. Præterea vetuerunt, intra multa stadia propter urbem venari per noctem, ne hujus artis periti homines venatione fraudarent juvenes. Videbant enim hanc unam voluptatem junioribus utilitates adferre plurimas; quum et prudentes eos reddat, et justos, quod in rebus ipsis instituantur. [Itidem res bellicas per hæc sibi cedere feliciter intelligebant.] Eadem voluptas a ceteris quoque præclaris et honestis rebus, quibus so dare velint, minime juvenes arcet; quod aliæ voluptates improbæ faciunt, quæ discendæ non sunt. Ex his igitur et boni milites, et imperatores boni evadunt. Quorum enim labores ex animis et corporibus turpitudinem et insolentiam expellunt, et studium virtutis excitant, ii præstantissimi sunt: quippe qui nec injurias patriæ illatas, nec regionis et agri vastationem sint neglecturi.

Dicunt vero nonnulli, non esse studio venationis indulgendum, ne res familiaris negligatur: quum non norint, eos rei familiari attentiores esse, qui de republica et amicis bene merentur. Quod si studiosi venationis ita se comparant, ut patriæ maximis in rebus utiles sint; nec privata certe negligent. Nam uniuscujusque fortunæ sic cum republica conjunctæ sunt, ut cum ea pariter et incolumes sint, et evertantur. Itaque viri tales simul et suam et aliorum rem privatam conservant. Multi tamen ex illis, qui hæc dictitant, per invidiam imprudentes, sua ipsorum ignavia perire malunt, quam aliorum virtute servari. Nam plurimæ voluptates pravæ sunt, quibus servientes, ut pejora dicant aut faciant, inducuntur. Hinc vana et inconsiderata oratione sibi odia pariunt, improbis vero factis morbos, damna, neces, non sibi solum, sed etiam liberis, et amicis accessunt; omni vitiorum sensu destituti, sed eodem ad voluptates ceteris acriore præditi; quorum opera quis uti ad reipublicæ salutem possit? At his a vitiis nemo non abstinebit, qui excitatus illorum studio fuerit, quæ ipse præcipio. Nam honesta institutio docet parere.

γὰρ καλὰ διδάσκει χρῆσθαι νόμοις καὶ λέγειν περὶ τῶν δικαίων καὶ ἀκούειν. (15) Οἱ μὲν οὖν παρασχόντες αὑτοὺς ἐπὶ τὸ ἀεί τι μοχθεῖν τε καὶ διδάσκεσθαι αὑτοῖς μὲν μαθήσεις καὶ μελέτας ἐπιπόνους ἔχουσι, σωτηρίαν δὲ ταῖς ἑαυτῶν πόλεσιν· οἱ δὲ μὴ θέλοντες διὰ τὸ ἐπιπονον διδάσκεσθαι, ἀλλ' ἐν ἡδοναῖς ἀκαίροις διάγειν, φύσει οὗτοι κάκιστοι. (16) Οὔτε γὰρ νόμοις οὔτε λόγοις ἀγαθοῖς πείθονται· οὐ γὰρ εὑρίσκουσι διὰ τὸ μὴ πονεῖν οἷόν χρὴ τὸν ἀγαθὸν εἶναι· ὥςτε οὔτε θεοσεβεῖς δύνανται εἶναι οὔτε σοφοί· τῷ δὲ ἀπαιδεύτῳ χρώμενοι πολλὰ ἐπιτιμῶσι τοῖς πεπαιδευμένοις. (17) Διὰ μὲν οὖν τούτων οὐδὲν ἂν καλῶς ἔχοι· διὰ δὲ τῶν ἀμεινόνων ἅπασαι αἱ ὠφέλειαι τοῖς ἀνθρώποις εὑρήνται· ἀμείνους οὖν οἱ θέλοντες πονεῖν. (18) Καὶ τοῦτο ἐπιδέδεικται μεγάλῳ παραδείγματι· τῶν γὰρ παλαιοτέρων οἱ παρὰ Χείρωνι ὧν ἐπεμνήσθην νέοι ὄντες ἀρξάμενοι ἀπὸ τῶν κυνηγεσίων πολλὰ καὶ καλὰ ἔμαθον· ἐξ ὧν ἐγένετο αὐτοῖς μεγάλη ἀρετή· δι' ἣν καὶ νῦν θαυμάζονται· ἧς ὅτι μὲν ἐρῶσι πάντες εὔδηλον, ὅτι δὲ διὰ πόνων ἔστι τυχεῖν αὐτῆς, οἱ πολλοὶ ἀφίστανται. (19) Τὸ μὲν γὰρ κατεργάσασθαι αὐτὴν ἄδηλον, οἱ δὲ πόνοι οἱ ἐν αὐτῇ ἐνόντες φανεροί· ἴσως μὲν οὖν, εἰ ἦν τὸ σῶμα αὐτῆς δῆλον, ᾗττον ἂν ἠμέλουν οἱ ἄνθρωποι ἀρετῆς, εἰδότες ὅτι ὥσπερ αὐτοῖς ἐκείνη ἐμφανής ἐστιν, οὕτω καὶ αὐτοὶ ὑπ' ἐκείνης ὁρῶνται. (20) Ὅταν μὲν γάρ τις ὁρᾶται ὑπὸ τοῦ ἐρωμένου, ἅπας ἑαυτοῦ ἐστι βελτίων, καὶ οὔτε λέγει οὔτε ποιεῖ αἰσχρὰ οὐδὲ κακά, ἵνα μὴ ὀφθῇ ὑπ' ἐκείνου. (21) Ὑπὸ δὲ τῆς ἀρετῆς οὐκ οἰόμενοι ἐπισκοπεῖσθαι πολλὰ κακὰ καὶ αἰσχρὰ ἐναντίον ποιοῦσιν, ὅτι αὐτὴν ἐκείνην οὐχ ὁρῶσιν· ἡ δὲ πανταχοῦ πάρεστι τῷ εἶναι ἀθάνατος καὶ τιμᾷ τοὺς περὶ αὐτὴν ἀγαθούς, τοὺς δὲ κακοὺς ἀτιμάζει. (22) Εἰ οὖν εἰδεῖεν τοῦτο ὅτι θεᾶται αὐτούς, ἵεντο ἂν ἐπὶ τοὺς πόνους καὶ τὰς παιδεύσεις αἷς ἁλίσκεται μόλις, καὶ κατεργάζοιντο ἂν αὐτήν.

ΚΕΦΑΛΑΙΟΝ ΙΓ.

Θαυμάζω δὲ τῶν σοφιστῶν καλουμένων ὅτι φασὶ μὲν ἐπ' ἀρετὴν ἄγειν οἱ πολλοὶ τοὺς νέους, ἄγουσι δ' ἐπὶ τοὐναντίον· οὔτε γὰρ ἄνδρα που ἑωράκαμεν ὄντιν' οἱ νῦν σοφισταὶ ἀγαθὸν ἐποίησαν, οὔτε γράμματα παρέχονται ἐξ ὧν χρὴ ἀγαθοὺς γίγνεσθαι, (2) ἀλλὰ περὶ μὲν τῶν ματαίων πολλὰ αὐτοῖς γέγραπται ἀφ' ὧν τοῖς νέοις αἱ μὲν ἡδοναὶ κεναί, ἀρετὴ δ' οὐκ ἔνι· διατριβὴν δ' ἄλλως παρέχει τοῖς ἐλπίσασί τι ἐξ αὐτῶν μαθήσεσθαι μάτην καὶ ἑτέρων κωλύει χρησίμων καὶ διδάσκει κακά. (3) Μέμφομαι οὖν αὐτοῖς τὰ μὲν μεγάλα μειζόνως· περὶ δὲ ὧν γράφουσιν ὅτι τὰ μὲν ῥήματα αὐτοῖς ἐζήτηται, γνῶμαι δὲ ὀρθῶς ἔχουσαι αἷς ἂν παιδεύοιντο οἱ νεώτεροι ἐπ' ἀρετὴν οὐδαμοῦ. (4) Ἐγὼ δὲ ἰδιώτης μέν εἰμι, οἶδα δὲ ὅτι κράτιστον μὲν ἐστι παρ' αὐτῆς τῆς φύσεως τὸ ἀγαθὸν διδάσκεσθαι· δεύτερον δὲ παρὰ τῶν ἀληθῶς ἀγαθόν τι ἐπισταμένων μᾶλλον ἢ ὑπὸ τῶν ἐξαπατᾶν

---

legibus, deque iis et loqui et audire quæ justa sunt. Quapropter ii qui sic se gerunt, ut semper aliquem obire laborem, et doceri velint, studia quidem illi et exercitationes sibi laboriosas sectantur, sed civitatibus suis salutares: qui vero laboris vitandi causa doceri nolunt, sed vitam potius in voluptatibus immodicis exigendam statuunt, ingeniis præditi sunt improbissimis. Quippe nec legibus, nec admonitionibus rectis obtemperant. Dum enim laborem fugiunt, qualis esse vir fortis et egregius debeat, non inveniunt. Itaque nec religiosi esse possunt, nec sapientes: quumque se gerant, ut rectæ institutionis expertes, bene institutos plerumque reprehendunt. Nequit ergo quidquam in statu per hos esse prospero, quum his meliorum opera mortalibus omnia commoda concilientur. Ideoque sequitur, eos esse meliores, qui labores suscipere non recusant. Exemplo id demonstratum insigni. Nam veteres illi apud Chironem, quorum mentionem feci, facto a venationibus ætate prima initio, multas et egregias artes didicerunt: ex quibus magnum virtutis fructum consequuti sunt, propter quam nunc quoque sunt in admiratione. Atque hanc quidem ab omnibus amari, manifestum est; sed quia labore comparatur, multi ab ea resiliunt. Etenim adipiscendi eam spes dubia est, in acquirendo labores manifesti sunt. Quod si virtutis quasi corpus quoddam conspici posset, minus eam mortales fortasse negligerent: quando perinde scirent ab ea se cerni, atque ipsa eorum oculis esset exposita. Quilibet enim, quum ab amato conspicitur, se ipso melior existit: et a dictis ac factis turpibus et improbis abstinet, ne ab illo talia conspiciantur. Quum autem a virtute se non putent inspici, multa palam et improba et fœda perpetrant; idque propterea, quod eam non cernant. Illa vero quum immortalis sit, ubique adest: et recte se in eam gerentes, honore afficit; improbos infamia notat. Itaque si conspici se ab ea scirent, ad labores et disciplinas accederent, quibus capitur, licet ægre; suamque in potestatem illam redigerent.

CAPUT XIII.

Mirum hoc vero mihi de illis hominibus videtur, qui sapientiæ professores appellantur, quod eorum plerique se juvenibus ad virtutem duces esse dicant, quum potius eis ad contraria se duces præbeant. Quippe neminem adhuc vidimus, quem illi modo sapientiæ professores egregium virum effecerint; neque scripta proferunt, quibus homines effici meliores possint. Sed multa de rebus vanis ab eis scripta sunt, ex quibus voluptates quidem inanes juventus, at fructum virtutis nullum percipit. Eadem et remorantur ac detinent illos qui frustra doctrinam ex eis aliquam sibi pollicentur; et ab aliis utilibus avocant, illorumque loco vitiosa tradunt. Quamobrem eos ob illa quæ graviora sunt, gravius reprehendo: in scriptis vero, quod verba quidem exquisita sint, rectæ vero sententiæ, quibus juniores ad virtutem instituerentur, nusquam adpareant. Equidem licet rerum imperitus, scio tamen optimum esse, ab ipsa natura id quod bonum est, doceri: proximum, ab iis potius qui vere boni alicujus scientiam nacti sunt, quam ab aliis qui

τέχνην ἐχόντων. (5) Ἴσως οὖν τοῖς μὲν ὀνόμασιν οὐ σεσοφισμένους λέγω· οὐδὲ γὰρ ζητῶ τοῦτο· ὧν δὲ δέονται εἰς ἀρετὴν οἱ καλῶς πεπαιδευμένοι ὀρθῶς ἐννοούμενα ζητῶ λέγειν· ὀνόματα μὲν γὰρ οὐκ ἂν παιδεύσειεν, γνῶμαι δέ, εἰ καλῶς ἔχοιεν. (6) Ψέγουσι δὲ καὶ ἄλλοι πολλοὶ τοὺς νῦν σοφιστὰς καὶ οὐ τοὺς φιλοσόφους, ὅτι ἐν τοῖς ὀνόμασι σοφίζονται καὶ οὐκ ἐν τοῖς νοήμασιν. Οὐ λανθάνει δέ με ὅτι καλὸν καὶ ἑξῆς γεγράφθαι ῥᾴδιον γὰρ ἔσται αὐτοῖς ταχὺ μὴ ὀρθῶς μέμψασθαι· (7) καίτοι γέγραπταί γε οὕτως, ἵνα ὀρθῶς ἔχῃ, καὶ μὴ σοφιστικοὺς ποιῇ ἀλλὰ σοφοὺς καὶ ἀγαθούς· οὐ γὰρ δοκεῖν αὐτὰ βούλομαι μᾶλλον ἢ εἶναι χρήσιμα, ἵνα ἀνεξέλεγκτα ᾖ εἰς ἀεί. (8) Οἱ σοφισταὶ δ' ἐπὶ τῷ ἐξαπατᾶν λέγουσι καὶ γράφουσιν ἐπὶ τῷ ἑαυτῶν κέρδει καὶ οὐδένα οὐδὲν ὠφελοῦσιν· οὐδὲ γὰρ σοφὸς αὐτῶν ἐγένετο οὐδὲ οὐδ' ἔστιν, ἀλλὰ καὶ ἀρκεῖ ἑκάστῳ σοφιστὴν κληθῆναι, ὅ ἐστιν ὄνειδος παρά γε τοῖς εὖ φρονοῦσι. (9) Τὰ μὲν οὖν τῶν σοφιστῶν παραγγέλματα παραινῶ φυλάττεσθαι, τὰ δὲ τῶν φιλοσόφων ἐνθυμήματα μὴ ἀτιμάζειν· οἱ μὲν γὰρ σοφισταὶ πλουσίους καὶ νέους θηρῶνται, οἱ δὲ φιλόσοφοι πᾶσι κοινοὶ καὶ φίλοι· τύχας δὲ ἀνδρῶν οὔτε τιμῶσιν οὔτε ἀτιμάζουσι.

10. Μὴ ζηλοῦν δὲ μηδὲ τοὺς ἐπὶ τὰς πλεονεξίας εἰκῇ ἰόντας, μήτ' ἐπὶ τὰς ἰδίας μήτ' ἐπὶ τὰς δημοσίας, ἐνθυμηθέντα ὅτι μὲν ἄριστοι αὐτῶν γιγνώσκονται μὲν ἐπὶ τὰ βελτίω ἐπίπονοί τ' εἰσίν, οἱ δὲ κακοὶ πάσχουσί τε κακῶς καὶ γιγνώσκονται ἐπὶ τὰ χείρω. (11) Τάς τε γὰρ τῶν ἰδιωτῶν οὐσίας ἀφαιρούμενοι καὶ τὰ τῆς πόλεως εἰς τὰς κοινὰς σωτηρίας ἀνωφελέστεροί εἰσι τῶν ἰδιωτῶν, τά τε σώματα πρὸς τὸν πόλεμον κάκιστα καὶ αἴσχιστα ἔχουσι πονεῖν οὐ δυνάμενοι. Οἱ δὲ κυνηγέται τό τε κοινὸν τοῖς πολίταις καὶ τὰ σώματα καὶ τὰ κτήματα καλῶς ἔχοντα παρέχουσιν. (12) Ἔρχονται δὲ οἱ μὲν ἐπὶ τὰ θηρία, οἱ δὲ ἐπὶ τοὺς φίλους. Καὶ οἱ μὲν ἐπὶ τοὺς φίλους ἰόντες δύσκλειαν ἔχουσι παρὰ πᾶσιν, οἱ δὲ κυνηγέται ἐπὶ τὰ θηρία ἰόντες εὔκλειαν· ἑλόντες μὲν γὰρ πολέμια νικῶσι, μὴ ἑλόντες δὲ πρῶτον μὲν ὅτι πάσης τῆς πόλεως ἐχθροῖς ἐπιχειροῦσιν ἔπαινον ἴσχει, ἔπειτα ὅτι οὔτ' ἐπ' ἀνδρὸς βλάβῃ οὔτε φιλοκερδείᾳ ἔρχονται. (13) Ἔπειτα ἐξ αὐτοῦ τοῦ ἐπιχειρήματος βελτίους γίγνονται πρὸς πολλὰ καὶ σοφώτεροι δι' ὧν διδάξομεν. Ἐὰν γὰρ μὴ πόνους καὶ ἐνθυμήμασι καὶ ἐπιμελείαις πολλαῖς ὑπερβάλλωνται, οὐκ ἂν ἕλοιεν ἄγρας. (14) Τὰ γὰρ ἀντίπαλα αὐτοῖς ὑπὲρ τῆς ψυχῆς ἀγωνιζόμενα καὶ ἐν τῇ αὐτῶν οἰκήσει ἐν ἰσχύϊ πολλῇ ἐστιν· ὥστε τῷ κυνηγέτῃ μάτην οἱ πόνοι γίγνονται, ἐὰν μὴ μείζονι φιλοπονίᾳ καὶ πολλῇ συνέσει κρατήσῃ αὐτῶν. (15) Οἱ μὲν οὖν κατὰ πόλιν βουλόμενοι πλεονεκτεῖν μελετῶσι νικᾶν φίλους, οἱ δὲ κυνηγέται, κοινοὺς ἐχθρούς· καὶ τοὺς μὲν ἡ μελέτη αὕτη ποιεῖ πρὸς τοὺς ἄλλους πολεμίους ἀμείνους, τοὺς δὲ πολὺ χείρους· καὶ τοῖς μὲν ἡ ἄγρα μετὰ σωφροσύνης, τοῖς δὲ μετὰ αἰσχροῦ θράσους. (16) Κακοηθείας δὲ καὶ αἰσχροκερδείας οἱ μὲν δύνανται καταφρονεῖν, οἱ δ' οὐ δύνανται· φωνὴν δὲ οἱ μὲν εὐεπῆ ἵασιν, οἱ δ'

fallendi artificium tenent. Itaque verbis forsitan non eleganter utor (hoc enim non adfecto); sed ea, quibus ad victutem præclare institutis opus est, a me recte cognita proferre cupio. Nam verba quidem ut parum ad institutionem conferant; ita sententiæ sunt utiles, si doctrinam egregiam contineant. Vituperant autem et alii plerique professores istos sapientiæ sæculi nostri, non sapientiæ studiosos; quod in verbis, non animorum sensibus, sapientiæ suæ acumen ostentent. Nec me latet, quod præstaret hæc a me scripta esse justa cum continuitate. Nam facile ipsis erit, cito nec recte reprehendere. Scripta tamen ita sunt, ut recte se habeant, nec ostentatores sapientiæ, sed reapse sapientes ac bonos efficiant. Neque enim hæc videri malo, quam esse utilia; ut numquam refutari possint. At illi sapientiæ professores ad fallendum et proferunt et scribunt sua, lucri sui causa, nec quidquam ulli hominum prosunt. Quippe nullus eorum nec fuit, nec est sapiens: sed unicuique sufficit habere nomen professoris sapientiæ (sophistæ), quod apud recte sentientes ignominiosum est. Quapropter horum sapientiæ professorum præcepta cavenda moneo, sapientiæ vero studiosorum (philosophorum) inventa cogitataque nequaquam rejicienda. Nam ut illi sapientiæ professores aucupantur eos qui divites sunt, et juvenes: ita communes sunt et amici omnibus ii sapientiæ studiosi. Fortunas hominum iidem ut in pretio non habent, ita nec ignominiosas ducunt.

Non illos item moneo tibi æmulandos, qui ad captandas conditiones meliores temere feruntur, sive privatis in rebus, seu publicis: et hac quidem in consideratione, quod optimi ex illis ob res bene gestas noti sint, et sint laboriosi; quum improbi turpiter in ærumnas incidant, et flagitiosis e rebus clari sint. Quippe quum et privatis auferant bona sua, et rempublicam expilent, minus ad salutem communem utilitatis adferunt, quam homines imperiti; et habent corpora bello ineptissima, fuedeque constituta, laboribus ferendis plane impares. At venatores et corpora et bona sua civibus bene comparata in medium exhibent. Et hi quidem feras invadunt, illi amicos. Qui amicos adgrediuntur, apud omnes infames sunt: venatores, dum feras adoriuntur, laudem inveniunt. Nam si feras ceperint, belluas hostiles vincunt; sin minus, laudantur tamen: primum, quia civitatis totius inimicos adgrediuntur; deinde, quod nec cum ullius hominis damno, nec lucri cupiditate id faciant. Ex hoc ipso denique conatu ad pleraque meliores et peritiores evadunt ex ratione quam ostendemus. Quippe nisi laboribus, et cogitationum inventis, et magna diligentia longe præstarent, praedas nullas caperent. Nam hostes eorum pro vita dimicantes, et in suo ipsorum domicilio, magnum robur habent. Itaque venator frustra laboraret, nisi feras industria majori, ac prudentia copiosa superaret. Ergo quotquot in civitate meliori esse supra ceteros conditione volunt, amicos vincere contendunt; venatores autem, communes inimicos. Et hos quidem hæc exercitatio præstantiores facit adversus alios hostes, illos multo deteriores: et sua utrisque venatio, his cum prudentia, illis cum turpi audacia conjuncta. Malitiam et quæstum hi contemnere possunt, illi non possunt: vocem hi bona proferentem emittunt, illi turpem. Adversus ipsum numen nihil illos ab impietate de-

αἰσχράν· πρὸς δὲ τὰ θεῖα τοῖς μὲν οὐδὲν ἐμποδὼν ἀσεβεῖν, οἱ δ' εὐσεβέστατοι. (17) Λόγοι γὰρ παλαιοὶ κατέχουσιν, ὡς καὶ θεοὶ τούτῳ τῷ ἔργῳ χαίρουσι καὶ πράττοντες καὶ ὁρῶντες· ὥστε ὑπάρχειν ἐνθυμουμένους τούτων θεοφιλεῖς τ' εἶναι καὶ εὐσεβεῖς τοὺς νέους, τοὺς ποιοῦντας ἃ ἐγὼ παραινῶ, οἰομένους ὑπὸ θεῶν του ὁρᾶσθαι ταῦτα. Οὗτοι δ' ἂν εἶεν καὶ τοκεῦσιν ἀγαθοὶ, καὶ πάσῃ τῇ ἑαυτῶν πόλει, καὶ ἑνὶ ἑκάστῳ τῶν πολιτῶν καὶ φίλων. (18) Οὐ μόνον δὲ, ὅσοι ἄνδρες κυνηγεσίων ἠράσθησαν, ἐγένοντο ἀγαθοὶ, ἀλλὰ καὶ αἱ γυναῖκες, αἷς ἔδωκεν ἡ θεὸς ταῦτα Ἄρτεμις, Ἀταλάντη, καὶ Πρόκρις, καὶ εἴ τις ἄλλη.

terret, at hi religiosissimi sunt. Perhibetur enim antiquo mortalium sermone, deos etiam hoc opere tum faciundo tum spectando voluptatem percipere. Quo fit, ut juvenes hæc ad animos revocantes, quæ ipse moneo, si ea faciant, religiosi sint et pii, quum hæc ab aliquo numine spectari arbitrentur: iidemque in parentes, in patriam universam, in unumquemque civium, in amicos egregie se gerent. Neque viri duntaxat, quotquot venationum fuere studiosi, laudem præclaram adepti sunt; sed etiam feminæ, quibus hæc dea Diana largita est, ut Atalanta, Procris, et si qua præter has alia fuit.

ΤΕΛΟΣ.

INDEX
NOMINUM ET RERUM.

Ag. Agesilai Encomium. — *Ap.* Socratis Apologia. — *Ath.* Atheniensium Respublica. — *Conv.* Convivium. — *Eq.* De Re Equestri. — *Exp.* Cyri Expeditio seu Anabasis. — *HG.* Historia Græca. — *Hi.* Hiero. — *Inst.* Cyri Institutio seu Cyropædia. — *Lac.* Lacedæmoniorum Respublica. — *Mag.* De Magistri Equitum Officio. — *Mem.* Socratis Memorabilia. — *Œc.* Œconomicus. — *Vec.* De Vectigalibus. — *Ven.* De Venatione.

A

Abarnis, promontorium ad Lampsacum, *HG.* II, 1, 29.
Abradatas, Susiorum rex, maritus Pantheæ, mittitur legatus ad regem Bactrianorum de societate belli, *Inst.* V, 1, 1, 2; ab uxore arcessitus fit socius Cyri fidelissimus, VI, 1, 45. Cyri rem curulem adjuvat, *ib.* 48 : præest centum curribus, et in pugna cum Crœso sortitur locum periculosissimum contra Ægyptiorum phalangem, VI, III, 36; ornatur et excitatur a conjuge carissima, VI, IV, 2. Cadit in pugna, VII, 1, 32; ejus cadaver misere concisum defertur a conjuge ad Pactolum amnem, VII, III, 4, 10. Lugetur a Cyro, *ib.* 6, 8, 11, 13; qui ei parentat, *ib.* 17. Monumentum, *ib.* 16.
Abrocomas (Satrapa Artaxerxis regis Persarum), hostis Cyri minoris ad Euphratem, *Exp.* I, III, 20. Ab eo Græci mercenarii deficiunt ad Cyrum, *Exp.* I, IV, 3. Nec Ciliciæ portas nec Phœnicen defendit, *ib.* 5; comburit naves, ne Cyrus Euphratem trajiciat, *ib.* 18; quinto demum die, postquam pugnatum est ad Cunaxa, advenit cum suis copiis, I, VII, 12.
Abrozelmes, Thrax, interpres Seuthis, *Exp.* VII, VI, 43.
Abydeni (Abydi incolæ), Lacedæmoniorum socii sub Lysandro, *HG.* II, 1, 18; in Lacedæmoniorum amicitia continentur per Dercyllidam, IV, VIII, 3 sqq.; quos jubente Pharnabazo ejicere recusant, licet agrum ipsorum vastet, *ib.* 6. Multi per insidias ab Iphicrate occiduntur, *ib.* 35 sqq. Abydenorum aurifodinæ, *ib.* 37.
Abydus, urbs, *Exp.* I, 1, 9. — In Chersoneso e regione Sesti, octo stadiorum spatio ab ea urbe distans, *HG.* IV, VIII, 5. *Ib.* I, 1, 5. Ab Atheniensibus invaditur, I, II, 15. Obsessa ab Iphicrate, V, 1, 25 sqq.
Academia (gymnasium Athenis celeberrimum, ab Academo quodam, qui dedicavit, sic dictum), *Inst.* III, 1, 14; V, 49. — Ibi decursiones equestres fiebant, *Mag.* III, 1, 14.
Acanthus, urbs Chalcidices, in agro Olynthiorum, patria Cligenis, auxilia a Lacedæmoniis petit contra Olynthios, *HG.* V, II, 11. *Ib.* III, 6. Acanthii incolæ, V, II, 23.
Acarnanes, Atheniensibus auxiliantur, *HG.* IV, VI, 17. Cum iisdem juncti Achæos invadunt, IV, VI, 1. Cum Agesilao pugnant et vincuntur, IV, VI, 3; *Ag.* II, 22. Pacem cum Achæis, societatem cum Lacedæmoniis pepigere, *HG.* IV, VII, 1. Vincuntur ab Agesilao et cum Argivis conciliantur, *Ag.* II, 20. Thebanorum socii, *HG.* VI, V, 23.
Acarnania, pars Helladis, *HG.* VI, III, 37; *Ag.* II, 20.
Achæi, multi fuerunt in exercitu Cyri minoris, *Exp.* V, IX, 10. Turbæ eorum in reditu, VI, II, 9 sqq.; III, 24.
— Produnt Heracleenses, *HG.* I, II, 18. Calydonem habentes, ab Acarnanibus, Atheniensibus et Bœotiis pressi, legatos Lacedæmonem miserunt, et auxilium impetrant, IV, VI, VII, coll. *Ag.* II, 20. Lacedæmonios fere sequuntur, *HG.* III, II, 26; IV, II, 18; VI, II, 2; IV, 18. Ab Epaminonda coguntur Thebanos sequi, VII, 1, 41 sqq. Defendunt Eleos contra Arcadas, VII, IV, 17, 28 sqq. Eorum socii contra Thebanos, VII, V, 1 et 18.
Achaia, *HG.* IV, III, 10, 23; VI, II, 2; VII, 1, 41 sqq.
Achaici Phthiæ montes, *HG.* IV, III, 9.
Acherusia Chersonesus (peninsula in ora Ponti prope Heracleam). Ibi Hercules descendit ad Cerberum educendum, *Exp.* VI, II, 2.
Achilles, Pelei et Thetidis filius, discipulus Chironis, *Ven.* I, 2, 4, 16; et præterea Phœnicis, *Conv.* VIII, 23; *ib.* 31.
Achilleum, (« oppidum juxta tumulum Achillis conditum a Mitylenæis in agro Trojano, » *Plin.*) *HG.* III, II, 17; IV, VIII, 17.
Acragas. V. Agrigentum.
Acrisius, dux Sicyonius, *HG.* VII, 1, 45.
Acrocorinthus (arx Corinthi), *HG.* IV, IV, 4.
Acrorii (in urbe Triphyliæ), Lacedæmoniis auxiliantur, *HG.* III, II, 30; IV, II, 16. Eorum oppida, VII, IV, 14.
Actis, nomen canis, *Ven.* VII, 5.
Acumenus, medicus, quo familiariter usus est Socrates, *Mem.* III, XIII, 2.
Adeas, dux Sicyonius, Euphronis filius, *HG.* VII, 1, 45.
Adimantus, Leucorophidæ filius, dux Atheniensis, *HG.* I, IV, 21; cum Conone, I, VII, 1. Captus a Lysandro et dimissus, II, 1, 30 sq. Solus humane suascrat in concione Atheniensium de Æginetis, *ib.* 32.
Adusius, Persa, redigit dolo ad concordiam Caras dissidentes, *Inst.* VII, IV, 1; adjuvat Hystaspam in subigenda Phrygia, *ib.* 8. Fit satrapa Cariæ, VIII, VI, 7.
Ælme, nomen canis, *Ven.* VII, 5.
Æetæ filius, rex Phasianorum, *Exp.* V, VI, 37. V. Tiribazus.
Ægæ, civitas Achaiæ, *HG.* IV, VIII, 5.
Ægeus pontus, *Œc.* XX, 27.
Ægina insula, *HG.* II, II, 9; V, 1, 2.
Æginetæ, crudeliter tractati ab Atheniensibus, *HG.* II, II, 3; ab Lysandro restituuntur, *ib.* 9. Vexata Attica, muro cinguntur, V, 1, 2. Conf. V, IV, 61; VI, II, 1.
Ægospotami, s. Ægos flumen (urbs Chersonesi Thracicæ), *HG.* II, 1, 21.

Ægosthena, agri Megarensis oppidum, *HG.* V, IV, 18; VI, IV, 26.
Ægyptii, Crœsi socii, utuntur clypeis magnis longisque hastis, *Inst.* VI, II, 10; aciem altissimam instruunt, VI, II, 20; fortiter pugnant, VII, I, 29; occidunt Abradatam, *ib.* 32; repelluntur Persas, *ib.* 34; a Cyro tandem pedem referre coguntur et cæduntur, *ib.* 36; pacta se dedunt Cyro, *ib.* 41; abs quo accipiunt in Asia tres urbes, exinde dictas urbes Ægyptiorum, *ib.* 45. — Hostes Persarum, *Exp.* II, V, 13. Eorum arma, I, VIII, 9. — Duos reges eligunt, *Ag.* II, 29.
Ægyptus, pars Asiæ, secundum veterum geographorum descriptionem, subigitur a Cyro, *Inst.* I, 1, 4; VIII, VI, 20. — Hinc mercatores Athenas advehebant navibus res ad victum suaves, *Ath.* I, 7. — *Mem.* I, IV, 17.
Æneas Stymphalius (oriundus Stymphalo, oppido Arcadiæ prope Tegeam) lochagus periit in reditu Decemmillium, *Exp.* IV, VII, 13.
Æneas, item Stymphalius, prætor Arcadum, *HG.* VII, III, 1.
Æneas, Anchisæ et Veneris filius. Penates et parentem servavit; a quo, Troja capta, omne jus belli abstinuerunt Achivi, *Ven.* I, 15. Chironis discipulus, *ib.* 2.
Ænesias, Ephorus Lacedæmonius, *HG.* II, III, 9.
Æmianes (habitantes ad Œtam montem, finitimi Thessalis. Sunt in expeditione Cyri minoris inter copias Menonis Thessali, *Exp.* I, II, 6. Horum saltatio, VI, I, 7. — Cum Lysandro Haliarti adesse jubentur, *HG.* III, V, 6. Lacedæmoniorum adversarii, IV, III, 15; *Ag.* II, 6 et 24.
Æoles, Crœsi socii adversus Cyrum, *Inst.* VI, II, 10. — Sunt cum Agesilao, *HG.* III, IV, 11; IV, III, 10; *Ag.* I, 14; II, 11.
Æolis (regio Asiæ minoris maritima ab Ionia usque ad Troadem seu Hellespontum), *Exp.* V, VI, 24. — Refertur ad satrapiam Phrygiæ majoris, *Inst.* VIII, VI, 7. — Pharnabazi satrapia, *HG.* III, I, 10. Add. III, II, 13; IV, VIII, 33.
Æschines Acarnan, præest cohorti peltastarum Arcadicorum in reditu Decemmillium, *Exp.* IV, III, 22; VIII, 18.
Æschines, Atheniensis, unus ex Triginta in oligarchia Atheniensi, *HG.* II, III, 2 et 13.
Æschylus Phliasius, amicus Socratis, *Conv.* IV, 63.
Æsculapius, Chironis discipulus, mortuos in vitam revocandi et morbos sanandi facultate præditus, inter deos est relatus, *Ven.* I, 2 et 6. — In ejus templo aquam calidam bibebant ægri, *Mem.* III, XIII, 3.
Æther, nomen canis, *Ven.* VII, 5.
Æthiopia, terminus imperii Persici versus meridiem, *Inst.* VIII, VI, 21; VIII, I.
Ætoli, eos Achæis amicos reddit Agesilaus, *HG.* IV, VI, 14; *Ag.* II, 20.
Æxonenses, tribus Atticæ, *HG.* II, IV, 26.
Agamemno Dianæ sacrificavit, *HG.* III, IV, 3; VII, I, 34.
Agasias Stymphalius, lochagus gravis armaturæ in reditu Decemmillium, *Exp.* IV, I, 27; indicat servilem statum Apollonidis, III, I, 31. Rem strenue gerit, IV, VI, 11; V, II, 15. Ridet Lacedæmoniorum regnandi aviditatem, VI, I, 30. Legatus mittitur ad Heracleotas, VI, II, 7; suadet, ne exercitus separetur, VI, IV, 10. Eripit Dexippo militem, VI, VI, 7; deinde ultro se sistit Cleandro ad judicium, *ib.* 17. Vulneratur, dum fortiter pugnat, VII, VIII, 19.
Agathinus, navarchus Corinthius, *HG.* IV, VIII, 10.
Agatho, poeta, *Conv.* VIII, 32.
Agesilaus, Archidami filius, Lacedæmoniorum rex, cujus *Encomium* vide p. 491 sqq. — Redit ex Asia adversus Bœotios, *Exp.* V, III, 6. — Ejus et Leotychidæ de regno contentio, *HG.* III, III, 2; Agesilaus creatur rex, *ib.* 4.

Ejus in Asiam profecturi sacrificium Aulide Bœoti impediunt, III, IV, 4. Adversus Tissaphernem expeditionem suscipit, *ib.* 6; et adversus Persas, *ib.* 10. Ejus magnanimitas, *ib.* 11. Honesta fraude Tissaphernem eludit, *ib.* 12. Ejus de Persarum equitatu victoria, *ib.* 24. Classem struit, *ib.* 27 sqq. Ejus res in Asia prospere gestæ, IV, per capita I et II. In medio victoriæ cursu revocatur, IV, II, 4. Reditus in Græciam, IV, III, 3. Agesilaus in Thessaliam venit, ubi ejus agmen varie premitur, *ibid.* Equestri prœlio Thessalos vincit, *ib.* 8. Eclipsis solis, *ib.* 10. Agesilai humanitas erga captivos, *ib.* 20. Delphos proficiscitur, *ib.* 21. Ad Piræeum copias ducit, IV, IV, 19. Ipsius ac Teleutiæ fratrum felicitas, *ibid.* Expeditio contra Argivos propter Corinthum, IV, V. Expeditio in Acarnaniam, IV, VI, 3. Cum exercitu cogit Bœotos liberare Thebanos, V, I, 31 sqq. In Mantinensæs bellum gerere deprecatur, V, II, 3. Phœbidæ patrocinatur, V, II, 32. Adversus Phliasios copias ducit, V, III, 15. Ejus sollertia, *ib.* 17. Mortem Agesipolidis ægre tulit, *ib.* 20. Detrectat imperium belli adversus Thebanos, V, IV, 13. Quo pacto Sphodriam excusarit, *ib.* 25. Expeditio in Bœotiam, *ib.* 35 sqq. Thespienses dissidentes reconciliat, *ib.* 55. Æger vena malleoli abrupta, *ib.* 58. Thebanos excludit e fœdere, VI, IV, 5. Ad Mantinenses legatus de mœnibus non reficiendis, re infecta iratus discedit, VI, V, 5. Exercitum adversus eos educit, *ib.* 12, et Mantinenses adgreditur, *ib.* 15. Post vastationes redit, *ib.* 16-22. Prævertit Epaminondam contra Spartam profecturum, VII, V, 9, 10.
Agesipolis, Pausaniæ exulis filius, *HG.* V, II, 3. Infantis tutor Aristodemus IV, II, 9. Expeditionem suscipit contra Argivos, sed fulmine territus copias dimittit, IV, VII, 2 sq. Arte Mantineam occupare nititur, V, II, 4. Instaurat bellum Olynthiacum, V, III, 8. Febre laborat, moritur, *ib. fine.*
Agesistratus, Ephorus Lacedæmonius, *HG.* II, III, 10.
Agias Arcas, strategus, cum ceteris ducibus dolo capitur a Tissapherne, *Exp.* II, V, 31; obtruncatur, II, VI, 1; laudatur, *ib. fine.*
Agis, rex Lacedæmonius, Deceleam tenens, Athenas invadit, æd repellitur, *Inst.* I, I, 33. Pace facta Deceleam relinquit, II, II, 7 sq., III, 3. Ab Eleis a sacrificio prohibitus, dux adversus eos constituitur, III, II, 22 sqq. Exercitum dimittit, *ib.* 24. Denuo contra Eleos mittitur, *ib.* 25. A Neptuno dicebatur esse e cubiculo uxoris expulsus adeo ut dubitaretur de Leotychide ejus filio, III, III, 1, 2 (conf. *Ag.* 1, 5). Ejus mors et sepultura, *ibid.*
Aglaitadas, Persa morosus, qui improbat jocos, *Inst.* II, II, 11.
Agrigentum, per famem a Carthaginiensibus capitur, *HG.* I, V, 21; II, II, 24.
Agyrrhius, Atheniensis, Thrasybuli successor in classis imperio, *HG.* IV, VIII, 31.
Alcathus, pater Peribœæ, *Ven.* I, 9.
Alce, nomen canis, *Ven.* VII, 5.
Alcetas, Lacedæmonius, trecentos fere Oreitas capit, sed custodit negligenter, *HG.* V, IV, 56, 57.
Alcetas, Epiri rex, Iasonis tyranni partes sequitur, *HG.* VI, I, 7. Ab eo auxilia petunt Athenienses Corcyræis, VI, II, 10.
Alceunas, dux Cadusiorum, *Inst.* V, III, 42.
Alcibiades, Cliniæ filius, exul Atheniensibus auxilio venit Abydum cum navibus aliquot, *HG.* I, I, 5; captus a Tissapherne, noctu aufugit, *ib.* 9, Clazomenas, *ib.* 11. Mindarum superat, classemque ejus diripit, *ib.* 18. Chalcedonem obsidet, I, III, 2; Selymbriam capit, *ib.* 10, et Byzantium, *ib.* 13. Dux eligitur cum Thrasybulo

INDEX NOMINUM ET RERUM.

et Conone, I, IV, 10. De eo varia hominum judicia, *ib.* 13. Ejus in patriam reditus, *ib.* 18; summo applausu exceptus ab Atheniensibus, *ib.* 20; gesta inde, *ib.* 21 sqq. Ei abrogatur imperium, I, V, 16. Consilium Atheniensibus datum ante pugnam ad Ægos flumen, II, 1, 25. Exul judicatus a Trigintaviris, II, III, 42. — Socratis discipulus, in democratia multa violenter fecit, *Mem.* I, II, 12; cur Socrate magistro usus sit, *ib.* 16 : quibus causis corruptus, *ib.* 24 sqq.; disputat cum Pericle tutore suo, *ib.* 40 sqq.

Alcibiades, modo dicti consanguineus et fugæ comes, *HG.* I, II, 13.

Alcibiadis filius, pulcherrimus, quem osculatur Critobulus, *Mem.* I, III, 8, 10.

Alcimenes, Corinthius : ejus audacia, *HG.* IV, IV, 7.

Alea, Minerva apud Lacedæmonios; ejus templum, *HG.* VI, V, 27.

Alexander (seu Paris, Priami filius) judicavit de pulchritudine, *Conv.* IV, 20.

Alexander, Thessalorum tyrannidem post Iasonem adeptus, interfecto a se Polyphrone, improbissimus, ab uxoris fratribus vicissim interficitur, *HG.* VI, IV, 34 sqq. Ab eo auxilia habebat Epaminondas ad Mantineam, VII, V, 4.

Alexias, Archon Atheniensis, *HG.* II, I, 10.

Alexippidas, Ephorus Lacedæmonius, *HG.* II, III, 10.

Alpheus amnis, *HG.* III, II, 29; ejus ostium VI, II, 31.

Altin (lucum sacrum Olympiæ) præterfluit Cladaus amnis, *HG.* VII, IV, 29.

Alypetus, Polemarchus Lacedæmonius, *HG.* V, IV, 52.

Alyzia (oppidum maritimum Acarnaniæ), *HG.* V, IV, 65.

Amazonum securis, *Exp.* V, IV, 16.

Amphiaraus, Chironis discipulus, dux Græcorum contra Thebas, ut deus honoratus est, *Ven.* I, 2 et 8. — In ejus templo vel luco aqua frigida lavabantur ægroti, *Mem.* III, XIII, 3.

Amphicrates, Amphidemi filius, Atheniensis, occiditur, *Exp.* IV, II, 13, 17.

Amphidemus, Atheniensis, *Exp.* IV, II, 13.

Amphidoli (incolæ urbis in finibus Elidis sitæ) *HG.* III, II, 25, 29; funditores, socii Lacedæmoniorum, IV, II, 16.

Amphion, vel Amphitum (tumulus prope arcem Thebanam), *HG.* V, IV, 8.

Amphipolis (urbs Macedoniæ), *HG.* IV, III, 1. Conf. *Exp.* I, X, 7.

Amyclæ, urbs Laconica, *HG.* VI, V, 30; VII, II, 3; *Ag.* VIII, 7.

Amyclæi, celebrant Hyacinthia, *HG.* IV, V, 11.

Amyntas, rex Macedonum, *HG.* V, II, 12; socius Lacedæmoniorum contra Olynthios, *ib.* 38; V, III, 9.

Anætius, Atheniensis, unus Trigintavirorum in oligarchia, *HG.* II, III, 2.

Anaphlystus, oppidum Atticæ, argentifodinis nobile, *Vec.* IV, 43.

Anaxagoras, Clazomenius (Physicæ sectæ Ionicæ), castigatur a Socrate, quod solem statuerit esse ignem, *Mem.* IV, VII, 6.

Anaxibius, Spartanæ classi præfectus Byzantii, a Pharnabazo corruptus, spe stipendii facta pellicit Græcos ex Asia Byzantium, *Exp.* V, I, 4; VI, I, 16; VII, I, 3 : sed fidem fallit, et Græcos Byzantio fraudulenter emittit, VII, I, 11; quorum metu fugit in arcem, *ib.* 20; decedit Byzantio, VII, II, 5; mittit Xenophontem ad exercitum, *ib.* 8.

Anaxibius, Lacedæmonius, præfectus Abydo, cum suis ab Iphicrate per insidias deprehensus, moritur, *HG.* IV, VIII, 35 sqq.

Anaxicrates, proditor Byzantii, *HG.* I, III, 18.

Anaxilaus Byzantius, proditionis accusatus, sed absolutus, *HG.* IV, VIII, 35, 36.

Anaximander, interpres Homeri, *Conv.* III, 6.

Andamyas, Medus, præest Medorum peditibus sub Cyro, *Inst.* V, III, 38.

Andrii ab Atheniensibus desciscunt, sed ab Alcibiade recuperantur, *HG.* I, IV, 21 sq. Andrius ager, *ibid.* Andrii aliquot ab Atheniensibus præcipitati, II, I, 31 sq.

Androclides Thebanus, corruptus auro Tithraustis Persæ, *HG.* III, V, 1; morte plectitur, V, II, 31.

Andromachus Eleus, dux equitum, victis suis, sibi mortem conscivit, *HG.* VII, IV, 19.

Andrus, insula, *HG.* I, IV, 21; V, 18.

Angenides, Ephorus Lacedæmonidis, *HG.* II, III, 10.

Antalcidas a Lacedæmoniis ad Tiribazum mittitur, ut Atheniensium rebus detraheretur, *HG.* IV, VIII, 12 sqq. Navarchus, V, I, 6, re feliciter gesta redit, *ib.* 25 sqq. Antalcideæ pacis causæ, *ib.* 29. Conf. VI, III, 12.

Antandrus (urbs maritima Troadis), *Exp.* VII, VIII, 7, *HG.* I, I, 25; II, I, 10; I, III, 17; IV, VIII, 35.

Antheus, nomen canis, *Ven.* VII, 5.

Antigenes, Archon Atheniensis, *HG.* I, III, 1.

Antileon Thurius (ex Thurio, urbe maritima Calabriæ) in reditu Decemmillium, pertæsus itineris terrestris, mavult navigare, *Exp.* V, I, 2.

Antiochus, Nestoris filius, Chironis discipulus, pro patre mortuus, cognominatus est φιλοπάτωρ, *Ven.* I, 2 et 14.

Antiochus Arcas, pancratiasta, legatus ad regem Persarum, *HG.* VII, I, 33; cujus munera respuit, *ib.* 38.

Antiochus, Atheniensis, dux navalis ab Alcibiade relictus, ob temeritatem suam vincitur, *HG.* I, V, 11 sqq.

Antiphon, Atheniensis (Lysonidæ filius, non Rhamnusius orator), duabus reipublicæ concessis triremibus, ab Theramenis factione perditus, *HG.* II, III, 40.

Antiphon sophista, refutatur a Socrate, *Mem.* I, VI, 1.

Antisthenes, Atheniensis, ex œconomo factus imperator, *Mem.* III, 4.

Antisthenes, Atheniensis, Socratis discipulus, *Conv.* I, 3. Cum eo disputat Socrates de amicorum pretio, *Mem.* II, V, 1. Nunquam relinquit Socratem, III, II, 17. Socratem interrogat, cur Xanthippen non erudiat, *Conv.* II, 10. Videtur negasse, virtutem doceri posse, *ib.* 12. Homo pauper, et tamen divitiis gloriatur, III, 7; IV, 34. Calliam adduxerat ad sophistas Prodicum et Hippiam, IV, 63; Æschylum Phliasium commendavit Socrati, *ib.* 64.

Antisthenes, Lacedæmonius, a magistratibus in Asiam missus ad inspiciendas res Dercyllidæ, *HG.* III, II, 6.

Anytus, Atheniensis, Socratis accusator, videtur fuisse coriarius, *Ap.* 29, 31. Ejus filius, *ib.* — Potens in republica, *HG.* II, III, 42.

Apaturia, festum Atheniense, *HG.* I, VII, 8.

Aphrodisium (Veneris templum) Megarorum, *HG.* V, IV, 58.

Aphytis, oppidum Pallenes, peninsulæ Thraciæ, *HG.* V, III, 19.

Apollo. De ejus oraculis Crœso datis disseritur, *Inst.* VII, II, 15. — Cutem detrahit Marsyæ, *Exp.* I, II, 8. Ei duces consecrant decimas prædæ, V, III, 4 (conf. *HG.* III, V, 5). Ei sacra facit Xenophon, VII, VIII, 3. — Ejus templum (seu Delium seu Delphicum), *HG.* VI, IV, 2, ubi pecuniæ depositæ, *ib.* 30. Donaria ei offeruntur a civitatibus ob factam pacem, VI, IV, 2. Ejus lucus prope Lacedæmonem, V, V, 27. — Inventor venationis, *Ven.* I, 1; ei vota facietant venatum exeuntes, VI, 13. — Ejus responsum de Socrate, *Ap.* 14.

Apollodorus, Atheniensis, assiduus Socratis discipulus,

Mem. III, 11. Ejus dictum, quum Socrates esset condemnatus, *Ap.* 28.

Apollonia (oppidum Lydiæ juxta Thyatira), *Exp.* VII, viii, 15. — Aliud, cum Acanthe maximum oppidum in agro Olynthiorum, *HG.* V, 11, 11; V, 111, 1 sqq. Incolæ Apolloniatæ, V, 11, 12.

Apollonides, ut Lydus auribus pertusis, ob ignaviam abigitur ab exercitu, *Exp.* III, 1, 26, 31.

Apollophanes, Cyzicenus, Agesilaum cum Pharnabazo conciliare nititur, *HG.* IV, 1, 29.

Arabes, subjiciuntur ab Assyriis, *Inst.* I, v, 2. Adjuvant Crœsum adversus Cyrum, VI, 11, 10; subiguntur a Cyro, *Inst.* I, 1, 4; VII, iv, 16. Conf. *Aragdus.*

Arabia (pars Mesopotamiæ juxta Euphraten inter Araxen et Mascam amnes) describitur *Exp.* I, v, 1 sqq.; VII, viii, 25. — *Inst.* VIII, vi, 7.

Aracus, navarchus Lacedæmonius sub Eteonico, *HG.* II, 1, 7.

Aracus, Ephorus Lacedæmonius, *HG.* II, iii, 10.

Aracus, Lacedæmonius, in Asiam missus ad inspiciendas res Dercyllidæ, *HG.* III, 11, 6.

Aragdus, Arabs, Assyriorum socius, *Inst.* II, 1, 5; occiditur in fuga, IV, 11, 31.

Araspas, Medus, Cyri æqualis et familiaris, donatus a Cyro veste Medica, fit custos Pantheæ, *Inst.* V, 1, 1; contendit amorem esse in hominis potestate, *ib.* 8; sed, captus amore Pantheæ, *ib.* 17, conatur vim ei inferre, *ib.* 32; inde mittitur tanquam transfuga ad Crœsum, VI, 1, 36. Unde redit et hostium exponit statum, VI, 111, 14; præest cornu dextro in prœlio cum Crœso, *ib.* 21.

Aratus, Lacedæmoniorum legatus Athenas missus, *HG.* VI, v, 33.

Araxes, amnis Mesopotamiæ, in Euphratem se effundens, ut videtur secundum *Exp.* I, iv, 19.

Arbaces, dux in exercitu Artaxerxis, *Exp.* I, vii, 12; Mediæ satrapa, VII, viii, 25.

Arcades, multi fuerunt in exercitu Græco Cyri contra Artaxerxem, *Exp.* VI, 11, 10; eorum saltatio, VI, 1, 11. Cum Achæis se separant a ceteris, VI, 11, 12; sed mox suæ temeritatis dant pœnas, VI, 111, 1 — 9. Arcas quidam temere accusat Xenophontem, VII, vi, 8 sqq. — Arcadibus opem tulerunt Athenienses duce Lysistrato, *Vec.* 111, 7. — Cum Lacedæmoniis proficiscuntur contra Eleos, *HG.* III, 11, 19; et contra Athenienses, 111, V, 12. Mantineensibus auxiliantur contra Lacedæmonios, IV, v, 11. sqq. (et *Ag.* 11, 23 sq.), Heræam, atque adeo Spartam petunt cum Thebanis, *ib.* 22 sqq. Thebanis iterum adsunt contra Lacedæmonios et Athenienses, VII, 1, 18 sq.; sed rerum suarum (quæ recensentur) gloria elati, Thebanos spernunt, *ib.* 22 sqq., ipsi Lacedæmoniis bellum illaturi, *ib.* 25 sqq.; sed eventorum vicissitudine premuntur, *ib.* 28 sqq. ad fin. Bella cum Phliasiis, VII, 11. Sicyoniis succurrunt, VII, 111, 1 sqq. Societatem ineunt cum Atheniensibus, VII, iv, 2 sqq. Ab Eleis lacessiti, bello hos petunt et vincunt, *ib.* 12 sqq., et Lacedæmonios ad Cromnum, *ib.* 23. Jus Olympicum, certamen moderandi sibi et Pisatis vindicantes, iterum bellant in Elide, *ib.* 28 sqq. Ob discordias suorum de usu sacræ pecuniæ recedunt, *ib.* 33 sqq. societate Thebanorum rejecta, præfectus Thebanus Tegeæ multos comprehendit, *ib.* 36 sqq. Epaminondas etiam bellum ipsis minato, *ib.* 40, socios parant, VII, v, 1 sqq., in quo cap. res ad Mantineam narrantur.

Archagoras, Argivus exul, lochagus in reditu Decemmillium, *Exp.* IV, 11, 13, 17.

Archedemus, Atheniensis, homo pauper et disertus, liberat Critonem a sycophantarum petulantia, *Mem.* II, ix,

Assyria, *Inst.* VI, 1, 17, et alibi. *V.* seq. 4. Posterius potens in republica, præfectus largitionibus in plebem, *HG.* I, vii, 1.

Archestratus, unus prætorum decem post Alcibiadem delectorum, *HG.* I, v, 16. In vincula conjectus, quod diceret propositis conditionibus pacem cum Lacedæmoniis ineundam, II, 11, 15.

Archias, Polemarchus Thebanus, *HG.* V, iv, 2; VII, 111, 7.

Archidamus, pater Agesilai, *HG.* V, 111, 13; *Ag.* 1, 15.

Archidamus, Agesilai filius, amat Cleonymum, cui veniam a patre impetrat, *HG.* V, iv, 25 sqq.; eligitur dux belli Thebani, VI, iv, 18; cum exercitu proficiscitur, *ib.* 19. Ejus expeditiones felices in Peloponneso, VII, 1, 28 sqq. Secunda omina ab Hercule ejus progenitore, *ib.* 31; inde victoria illustris, *ibid.* Iterum pugnat cum Arcadibus et vulneratur, VII, iv, 21 sqq. Thebanos prope ipsam Spartam vincit, VII, v, 12 sq.

Archidamus, Eleus, legatus ad regem Persarum, *HG.* VII, 1, 33.

Archytas, Ephorus Lacedæmonius, *HG.* II, 1, 10; 111, 10.

Areopagi senatus laudatur constantia, gravitas, justitia, *Mem.* III, v, 20.

Aresias, unus ex Triginta viris in oligarchia Atheniensi, *HG.* II, 111, 2.

Aresio, Arcas, etiam Parrhasius dictus (a parte Arcadiæ), haruspex, *Exp.* VI, iv, 13; V, 11, 8.

Argeus, Eleus, legatus ad regem Persarum, *HG.* VII, 1, 33; statui populari favet et cum aliis multis in exilium agitur, VII, iv, 15, 16.

Arginusæ, insulæ ante Lesbum sitæ, *HG.* I, vi, 27, ubi plura.

Argivi cum Atheniensibus legatos mittunt ad regem Persarum, *HG.* I, 111, 13. Atheniensium socii contra Lacedæmonios, II, 11, 7, coll. III, v, 11; Eleorum socii, III, 11, 21; Thebanorum', IV, 11, 16; 111, 15 sqq. (coll. *Ag.* 11, 9-12). Corinthum sibi subjiciunt, IV, iv, 1 sqq. Eos aggrediuntur Lacedæmonii, *ib.* 19; sed majore vi biennio post sub Agesipolide, IV, vii. Sacros menses obtendere solent, *ib.* 3. Ut Corinthi domini, Isthmia celebrant, IV, v, 1. Corinthum, etiam post Antalcidæ pacem retentam, IV, viii, 13 sq., ab Agesilao coguntur dimittere, V, 1, 29 sqq. Ab Atheniensibus et Corinthiis in urbe Epidauro obsessi, ab Arcadibus liberantur, VII, 1, 25. Arcadum socii, *ib.* 28 sq. Sicyone democratiam constituunt, *ib.* 44 sq. Bella contra Phliasios, VII, 11, 1 sqq.; pax, VII, v, 11; contra Eleos, *ib.* 30. sqq. Antiquos Argivos, qui ad Cadmeam ceciderant, sepelierunt Athenienses, VI, v, 46.

Argo, navis Argonautarum, *Exp.* VI, iv, 1.

Ariadne, in saltatione mimica cum Baccho inducta, *Conv.* ix, 2.

Ariæus, Cyri minoris amicus, præest cornu sinistro in pugna ad Cunaxa, *Exp.* I, viii, 5; ix, 31; fugit interfecto Cyro, *ib.* (coll. *Œc.* iv, 19). Imperium Persarum oblatum non accipit, *Exp.* II, 11, 1. Rationem itineris proponit, *ib.* 11. Impetrata venia a rege minus curat Græcos, *Exp.* II, iv, 2. — Sardibus degit, postquam a rege Persarum defecerat, *HG.* IV, 1, 27.

Aribæus, Cappadocum rex, Assyrios adjuvat contra Medos, *Inst.* II, 1, 5; in fuga occiditur ab Hyrcaniis, IV, 11, 31.

Ariobarzanes (Phrygia satrapa), proditus a filio Mithridate, *Inst.* VIII, viii, 4. — Idem, ut videtur, legatos Lacedæmoniorum Cium ducit, *HG.* I, iv, 7. Ejus satrapia et hospes Tiribazus, V, 1, 28. Pecuniam in Græciam misit, VII, 1, 27. — Lydiæ et Ioniæ satrapa, socius Agesilai, qui ejus urbes Assum et Sestum ab Autophradate et Cotye obsessas liberat, *Ag.* 11, 26.

INDEX NOMINUM ET RERUM.

Aristarchus, harmosta Lacedæmonius Byzantii, vendit quadringentos amplius Græcos, de exercitu Decemmillium, *Exp.* VII, II, 5, 6; quem corruptus a Pharnabazo prohibet a trajectu in Asiam, *ib.* 12; VI, 13, 24; insidiatur ipsi Xenophonti, VII, II, 14.

Aristarchus, Atheniensis, popularem statum solvit, Œnoen Thebanis prodidit, inde accusatus, *HG.* I, VII, 28. Dux, II, III, 46.

Aristarchus, Atheniensis, cujus inopiam sublevat consilium Socratis, *Mem.* II, VII.

Aristeas Chius, centurio levis armaturæ in reditu Decemmillium, vir fortis, *Exp.* IV, I, 28; VI, 20.

Aristippus Thessalus, civis Larissæ, a Cyro minore hospite accipit pecuniam et quatuor millia militum contra seditiosos cives, *Exp.* I, I, 10; II, I; his præficit Menonem, II, VI, 28.

Aristippus, Socraticus (Cyrenaicæ sectæ auctor) : cum eo disputat Socrates de voluptate, *Mem.* II, I; item de bono et pulchro, III, VIII.

Aristo, Atheniensis, legatus mittitur ad Sinopenses in reditu Decemmillium, *Exp.* V, VI, 14.

Aristo, Glauconis Atheniensis pater, *Mem.* III, VI, I.

Aristo, proditor Byzantii, *HG.* I, III, 18.

Aristocles, Atheniensium legatus Spartam, *HG.* VI, III, 2.

Aristocrates, dux Atheniensis cum Alcibiade, *HG.* I, IV, 21. Iterum electus inter decem prætores post Alcibiadem, I, V, 16; ad Arginusas, I, VI, 29; accusatur, I, VII, 2.

Aristodemus, unus ex Herculis posteris, rediit primus Spartam, *Ag.* VIII, 7.

Aristodemus, Laco, ex regio genere, tutor Agesipolidis, *HG.* IV, II, 9.

Aristodemus, Atheniensis, Socratis discipulus, cognomine Parvus, contemptor divinationis et religionis, a Socrate reducitur ad deos colendos, *Mem.* I, IV.

Aristogenes, Sicanus, pater Heraclidæ, *HG.* I, II, 8.

Aristogenes, dux Atheniensis inter decem prætores post Alcibiadem, *HG.* I, V, 16; ad Arginusas, I, VI, 29; non redit Athenas, I, VII, 1.

Aristolochus, Lacedæmoniorum legatus Athenas, *HG.* V, IV, 22.

Aristonymus, Methydriensis Arcas, lochagus præest gravi armaturæ in reditu Decemmillium, *Exp.* IV, I, 27; VI, 20. Rem strenue gerit, *Exp.* IV, VII, 9 sqq.

Aristophon, Atheniensis, pater Demostrati, *HG.* VI, III, 2.

Aristoteles, unus e Triginta viris in oligarchia Atheniensi, *HG.* II, III, 2. — Exul Atheniensis, siquidem est idem, II, II, 18; et dux Atheniensis, II, III, 46.

Armenia, regio Asiæ finitima Mediæ versus septemtriones; ejus satrapa Orontas, *Exp.* III, V, 17; IV, III, 4. In ea sunt fontes Tigridis et Euphratis, IV, I, 3. Eam Centrites amnis distinguit a Carduchorum regione, IV, III, 1. Ejus montes, *ib.* 20. Eam peragrant Græci, IV, IV, 1.

Armeniæ occidentalis satrapa Tiribazus, *ib.* IV, 5.

Armenii, finitimi Medis, in exercitu Assyriorum, *Inst.* II, I, 6; ab Astyage Medorum rege bello victi tributum pendere sunt coacti, III, 1, 10. Horum rex deficit a Medis, II, IV, 12; capitur a Cyro, III, I, 6; subit capitis judicium, *ib.* 8; defenditur a Tigrane filio, *ib.* 14 sqq.; et mittit Cyaxari tributum copiasque, *ib.* 42; Occidit filii magistrum innocentem, *ib.* 38. — Eorum equi describntur, *Exp.* IV, V, 36. Eorum pueri pincernarum vicem sustinent, *ib.* 33.

Arnapes, unus ex iis qui missi sunt a Pharnabazo ut ab Alcibiade fidem acciperent, *HG.* I, III, 12.

Arsamas, Persa, dux peditum Persarum sub Cyro, *Inst.* VII, I, 3; 8.

Artabatas, Persa, præest curribus in pompa, *Inst.* VIII, III, 18; fit satrapa Cappadociæ, VIII, VI, 7.

Artabazus, Medus, cupidus osculandi Cyrum, *Inst.* I, IV, 27; suadet Medis, ut Cyrum sequantur, IV, I, 23; et cum Cyro maneant, V, I, 23. Suadet, bellum esse continuandum, VI, I, 9; mittitur a Cyro ad Araspam, ne hic vim inferat Pantheæ, *ib.* 34. Est chiliarchus peditum in prœlio cum Crœso, VI, III, 31. In oratione repetit summam rerum a Cyro gestarum, VII, V, 48 sqq. Equo donatur a Cyro, VIII, III, 25; et vocatur ad convivium VIII, IV, 1; jocatur, *ib.* 12 : donatur aureo poculo, *ib.* 24.

Artabazus, Persa, ducit Persarum cetratos et sagittarios sub Cyro, *Inst.* V, III, 38.

Artacaenas, satrapa Phrygiæ magnæ, opem fert Assyriis, *Inst.* II, I, 5; a Cyro in dignitate sua servatur, VIII, VI, 7. — Alius, Phrygiæ satrapa tempore Cyri minoris, *Exp.* VII, VIII, 25.

Artagersas, chiliarchus peditum sub Cyro, *Inst.* VI, III, 31; VII, I, 22, 27.

Artagerses, præest sex millibus equitum in Artaxerxis exercitu contra Cyrum minorem, *Exp.* I, VII, 11; occiditur ab ipso Cyro in pugna, I, VIII, 24.

Artaozus, chiliarchus peditum sub Cyro, *Inst.* VI, III, 31. — Alius, Cyri minoris amicus, *Exp.* II, IV, 16; V, 35.

Artapatas, eunuchus Cyri minoris fidelissimus, *Exp.* I, VI, 11; immoritur Cyro, I, VIII, 28.

Artaxerxes, Persarum rex, Darii et Parysatidis filius, Cyri minoris frater, cognomine Mnemon, vino deditus, venandi studium negligere cœpit, *Inst.* VIII, VIII, 12. — Natus antequam pater regnum adeptus esset, *Exp.* I, I, 1; succedit patri, *ib.* 3; Cyrum non necat exoratus a matre, *ib.* : ejus frater spurius, II, IV, 25; vulneratur a Cyro in acie, I, VIII, 26; occisi Cyri castra diripit, I, X, 1; metuit Græcos victores, *ib.* 6; II, II, 18; III, I. Poscit a Græcis arma, II, I, 8; inducias facit cum Græcis, II, III, 25; obtruncat Græcorum duces, II, VI, 1. — Pacem imponit Lacedæmoniis et Atheniensibus, *HG.* V, I, 30, 31 ubi ejus formula. — *Xerxes* pro Artaxerxe in codd. *HG.* II, I, 8.

Artimas, Lydiæ satrapa, tempore Cyri minoris, *Exp.* VII, VIII, 25.

Artuchas, Hyrcaniorum dux, *Inst.* V, III, 38. — Alius, ut videtur, satrapa, de cujus mercenariis *Exp.* IV, III, 4.

Arystas Arcas, homo vorax, *Exp.* VII, III, 23.

Asca, Arcadiæ oppidum, *HG.* VI, V, 11.

Aseatæ rebus Thebanorum favent, *HG.* VII, V, 5.

Asia, i. e. Asia minor, *Inst.* I, I, 4; *HG.* III, IV, 5; IV, VIII, 5 et 27; V, I, 31; *Ag.* I, 7, et alibi.

Asiadatas, chiliarchus equitum sub Cyro, *Inst.* VI, III, 32.

Asiatici, cur secum in bellum ducant uxores et res pretiosissimas, *Inst.* IV, III, 2. Utuntur in bello curribus Cyrenaicis, VI, I, 27.

Asidates, nobilis et opulentus Persa, oppugnatur a Xenophonte frustra, *Exp.* VII, VIII, 9, 15; tandem capitur cum suis, *ib.* 22.

Asina, Laconiæ oppidum, et Asinæi incolæ, *HG.* VII, I, 25; *Exp.* V, VI, 36.

Aspasia, Socratis amica; ejus dictum de pronubis, *Mem.* II, VI, 36. Conf. *Œc.* III, 14.

(Aspasia) Phocensis, Cyri concubina, capitur ab Artaxerxe, pulchra et prudens mulier, *Exp.* I, X, 2.

Aspendii, cives Aspendi (urbis Pamphyliæ ad Eurymedontem amnem), *Exp.* I, II, 12.

Aspendius, urbs Pamphyliæ ad Eurymedontem, *HG.* IV, VIII, 30. Aspendii Thrasybulum concidunt, *ibid.*

Assus, urbs Troadis, in Ariobarzanis satrapia, ab Autophradate oppugnata, *Ag.* VIII, 7.

INDEX NOMINUM ET RERUM.

Assyrii in Medorum finibus prædas agunt, *Inst.* I, IV, 16. Eorum rex infert bellum Medis, I, V, 3, cum viginti millibus equitum, ducentis curribus et ingenti peditum vi, II, 1, 5. Hortatur suos ante prœlium, III, III, 44. Victus a Cyro et Cyaxare repellitur in castra, *ib.* 63; cadit in prœlio, IV, 1, 8. Assyrii noctu castra relinquunt, *ibid.* Castrorum metandorum qua utantur ratione, III, III, 26. Novus rex a Cyro, vastato agro, frustra ad pugnam provocatus, V, III, 1, 5; parat sibi socium Crœsum, VI, I, 25; a Gadata et Gobrya confoditur in regia, VII, V, 30. Quos quibus malis insolenter affecerit, v. s. ipsis.

Astyages, Medorum rex, avus Cyri maternus, *Inst.* I, II, 1, et in seqq., usque ad V, 2, ubi de morte ejus. Armenios subegit bello, III, 1, 10. Conf. *Cyrus.*

Astyochus (navarchus Lacedæmonius) quo testem agente Hermocrates Tissaphernem accusavit, *HG.* I, 1, 31.

Astyrine Diana, Thebis, *HG.* IV, 1, 41.

Atalanta, nupsit Melanioni, *Ven.* 1, 7; nobilis venatrix, XIII, 8.

Atarneus (urbs Mysiæ ad mare Ægeum), *Exp.* VII, VIII, 8. Ab exulibus Chiis obtinetur, *HG.* III, 1, 11.

Athenadas, lochagus Sicyonius; ejus audacia, *HG.* III, 1, 18.

Athenæ, in media Græcia et medio terrarum orbe sitæ, *Vec.* 1, 6. — Populosissima Græcarum urbium, *HG.* II, III, 24. — Ibi magna servorum et inquilinorum fuit licentia, *Ath.* 1, 10. Adde sequentia.

Athenienses. De eorum *Republica* actum in peculiari libello, cujus V. argumentum. Utuntur lingua et vivendi ratione mixta, *Ath.* II, 8. Plura quam ceteri Græci festa celebrant, III, 2 et 8. — Persas vincunt, voto de capris mactandis Dianæ facto, *Exp.* III, II, 11 et 12. Eorum thesaurus in templo Delphico, V, III, 5. Furantur pecunias publicas, *Exp.* IV, IV, 16. Eorum opes magnæ franguntur a Lacedæmoniis, VII, 1, 27. Eorum fidem laudat Seuthes, VII, II, 31; et suos cognatos vocat, *ibid.*. — Eorum laudes et vitia, *Mem.* III, V; victi a Bœotis, *ib.* 4; nunquam sedes mutarunt, *ib.* 12; minus colunt senes, *ib.* 15; non parent magistratibus, etc. *ibid.* — Sæpe injusti in judiciis, *Ap.* 4. — Perstringuntur ob ignaviam in bello, *Conv.* II, 3. — Gloria majorum excellunt, *Mag.* VII, 3; magnos sumptus impendunt in choros et ludos, 1, 26. — Distributi sunt in decem tribus, *Vec.* IV, 30. Arcadibus mittunt auxilia, III, 7. Quomodo principatum Græciæ consecuti, V, 5 sqq. Eorum moneta, III, 2. Ipsorum vectigalia tractat liber de *Vectigalibus.*

Athenienses vincuntur a Lacedæmoniis, *HG.* I, 1, 1; Chrysopolim capiunt et portorium ibi instituunt, *ib.* 22. Bellum cum Agide gerunt, *ib.* 33. Vincuntur ad Cœressum, I, II, 7. Chalcedonem oppugnant, I, III, 1, 2 sqq. Byzantium proditum ingrediuntur, *ib.* 18 sqq. Legatio ad Persam, I, IV, 4 sqq., delusa. Vincuntur absente Alcibiade, I, V, 12 sqq. Eorum clades duce Conone I, VI, 15; duce Diomedonte, *ib.* 22. Eorum acies navalis, *ib.* 29. Lacedæmonios navali prœlio vincunt, *ib.* 34. Duces suos accusant, et in carcerem conjiciunt, I, VII, 3; decreto senatus occidunt, *ib.* 34. Clades ad Ægos flumen, II, 1, 27; de captivis eorum interficiendis Lacedæmoniorum consultatio, *ib.* 32, ubi commemorantur Atheniensium in alios crudelia facinora. Urbis obsidio, II, II, 10 Obsessi neque inducias neque pacem impetrare potuerunt, *ib.* Fame domantur, *ib.* 22. Urbis deditio, murorumque eversio, *ib.* 23. Triginta viri electi, II, III, 2; et arma iis ablata, *ib.* 20. Seditio contra Trigintaviros, II, IV, 23. Pax et amnestia constituta, III, 1, 1. Lacedæmoniis præbent equites contra Tissaphernem, *ib.* 3. Athenienses Thebanis se adjungunt, III, V, 16. Corinthiorum muros reficiunt, IV, IV, 18. Muros instaurant, et Piræeum muniunt, IV, VIII, 10. Res in Asia contra Lacedæmonios gestæ sub Thrasybulo, Agyrrhio et Iphicrate, *ib.* usque ad fin. cap. Rursus maris obtinent imperium, V, 1, 13. Eos navibus spoliat Teleutias, *ib.* 24. Magnis difficultatibus impulsi pacem desiderant, *ib.* 29. Irritati ab Lacedæmoniis, Thebanorum socii bellum alacriter parant, V, IV, 34; navali pugna Pollim vincunt, *ib.* 61. Eorum cum Thessalis collatio in classis apparatu, VI, I, 10. Bello flacti, pacem cum Lacedæmoniis ineunt, VI, II, 1. Corcyræis succurrendum decernunt, *ib.* 10. Rursum pacem facere conantur, VI, III, 2. Nec audiunt Thebanos bellum renovaturos, VI, IV, 20. Pacis auctores, VI, V, 2; de ferendo Lacedæmoniis auxilio consultant, *ib.* 49, et Iphicratem mittunt, *ib.* 51 sqq. Athenienses mari, Lacedæmonii terra præstant, VII, 1, 9; et alternis utrique per quinos dies imperium tenent, *ib.* 12 sqq. Horum populorum adversus Thebanos societas, VII, 1, 15. Athenienses frustra affectant Corinthum, et cum Arcadibus ineunt fœdus, VII, IV, 4 sqq.

Atramyttium (urbs maritima Mysiæ), *Exp.* VII, VIII, 8.

Attica terra, cincta et divisa montibus, *Mem.* III, V, 25. — Fertilis, *Ath.* 1; abundat marmore, 1, 4. De natura ejus, *Vec.* 1. Dives argentifodinis, IV. Adde *Zoster.*

Augo, nomen canis, *Ven.* VII, 5.

Aulis, Bœotiæ oppidum maritimum, ubi Agamemno sacra fecerat, *HG.* III, IV, 3; V, 5; VII, 1, 34.

Aulon (urbs maritima in confiniis Messeniæ et Elidis), *HG.* II, II, 25; III, 8, ubi et Aulonitæ, ejus incolæ, et 10.

Autoboisaces, Persa, a Cyro minore interficitur, *HG.* II, I, 8.

Autocles, Strombichidæ filius, Atheniensis, legatus Lacedæmonem, *HG.* VI, III, 2; rhetor sollers, *ib.* 7, ubi verba facit.

Autolycus, Atheniensis, Lyconis filius, pancratio vicit, amatus Calliæ, qui in ejus honorem convivium instituit, *Conv.* I, 2, et sæpe alibi; de patre gloriatur, III. 13.

Autophradates (Lydiæ satrapa, qui regis jussu bello persequebatur eos qui defecerant) Ariobarzanem obsidet in Asso, *Ag.* II, 26.

B

Babylon, urbs Asiæ maxima et opulentissima, ad Euphratem, *Inst.* V, II, 8; VII, II, 11; mœnibus altis et latis, VII, V, 7; capitur a Cyro repente, Euphrate in fossam derivato, VII, V, 15; in ejus agro sunt multæ palmæ et proceræ, *ib.* 11. Babylone, ob cœlum tepidum, Cyrus septem menses hibernos degit, VIII, VI, 22. — Quantum distet a loco, ubi pugnatum est a Cyro minore et Artaxerxe, *Exp.* II, II, 6; quæ pugna ἐν Βαβυλῶνι accidisse dicitur V, V, 4. Quantum distet a Cotyoris Ponti, *ibid.*

Babylonia, regio, *Exp.* I, VII, 1; II, II, 13.

Bacchus congreditur cum Ariadne, in saltatione mimica, *Conv.* IX, 2. — Ejus fanum Aphyti, *HG.* V, III, 19.

Bactriani, seu Bactrii. Horum rex, hospes Abradatæ Susiorum regis, invitatur ab Assyrio ad societatem belli, *Inst.* V, 1, 2. Bactrii parent Cyro, I, 1, 4. Tentantur ab Assyriis, I, V, 2.

Bageus Persa, dux equitum sub Pharnabazo, *HG.* III, IV, 13.

Basias Arcas, occiditur a Carduchis, *Exp.* IV, 1, 8.

Basias Eleus, haruspex, *Exp.* VII, VIII, 10.

Belesis, Syriæ et Assyriæ satrapa tempore Cyri minoris, *Exp.* I, IV, 10; VII, VIII, 25.

Bendideum, Dianæ templum Athenis, *HG.* II, IV, 11.

INDEX NOMINUM ET RERUM.   769

Bia, nomen canis, *Ven.* VII, 5.
Bisanthe (urbs maritima Thraciae inter Perinthum et Ganum ad Propontidem), *Exp.* VII, II, 38; V, 8.
Bithyni, in ora Ponti, *Exp.* VI, II, 17, et IV, V, VI saepius. Horum satrapa erat Pharnabazus, VII, VIII, 25. — Bithyni Thraces, in Asia, *HG.* I, III, 2. Amicitia cum iis contracta per minas Alcibiadis, *ib.* 3, 4. Ab Dercyilida infestati, III, II, 2-6.
Bito, affert pecunias exercitui Decemmillium, *Exp.* VII, VIII, 6.
Boeotiam vastant Athenienses, *Mem.* III, v, 4. Inter eam et Atticam magni montes, *ib.* 25. — In eam irruit Cleombrotus, *HG.* VI, IV, 3.
Boeotii, comparantur cum Atheniensibus, *Mem.* III, v, 2 sqq. Insolentiores fiunt adversus Athenienses, *ib.* 4. — Puerorum amori turpi sunt dediti, *Lac.* II, 13; *Conv.* VIII, 34. — Obscurum aliquid de iis, *Ath.* III, 11. — Gloria majorum florent, *Mag.* VII, 3. — Eorum thoraces s. loricae, *Eq.* XII, 3. — Nolunt sequi Lacedaemonios contra Elidem, *HG.* III, II, 25; nec contra Athenienses, II, IV, 29. Eorum socii lacessunt Agesilaum ex Asia redeuntem, IV, III, 3; *Ag.* II, 2. Eorum legatos ablegat Agesilaus Creusim, *HG.* IV, V, 10. Universorum nomine Thebani jusjurandum praestare volunt, V, 1, 32. Boeotica oppida relinquere coacti sunt Thebani, *ibid.* 33. Adversus Boeotios Lacedaemonii copias mittunt, V, IV, 62. — Boeotarchi, *HG.* III, IV, 4.
Boeotus, Laco, ad regem Persarum legatus Lacedaemoniorum, *HG.* I, IV, 2.
Boiscus, Thessalus pugil, homo ignavus et improbus, *Exp.* V, VIII, 23.
Bradatas, praefectus turrium rotatarum Cyri, *Inst.* VI, III, 28.
Brasidas, Ephorus Lacedaemonius, *HG.* II, III, 10.
Breino, nomen canis, *Ven.* VII, 5.
Bryas, nomen canis, *Ven.* VII, 5.
Byzantium (urbs in Bosporo Thracio); ejus situs, *Exp.* VI, IV, 1 sqq. In eam vi irrumpunt Graeci in reditu Decemmillium, *Exp.* VII, 1, 16. Ante bellum Peloponnesiacum fuit Atheniensium, *ib.* 27. Praefecti, Cleander, VI, VI, 6 sqq., Aristarchus, VII, II, 12. — Eo ab Atheniensibus mittitur Clearchus, *HG.* I, 1, 35. Vallo cinctum Athenienses obsident, I, III, 14, dum Clearchus ibi est, Lacedaemonius praefectus, *ib.* 15. Quo absente proditum a Cydone, Aristone et aliis, *ib.* 18. Ab Alcibiade capitur, *ib.* 20. Recipit eam Lysander, II, II, 1. Eo navigat Thrasybulus, decimas Ponti vendit, democratiam restituit, IV, VIII, 27.

C

Cadmea, arx Thebarum (a Cadmo conditore), *HG.* V, II, 29. Mulieres dum ibi Cerealia agunt, Phoebidas Lacedaemonio proditur, *ib.*; sed recuperatur Thebanis opera exulum, V, IV, 1 sqq; Argivi ibi sepulti, VI, V, 46.
Cadusii, gens magna et bellicosa, infensa Assyriis, *Inst.* V, II, 25; fiunt Cyri socii, V, III, 22. Temere excurrentes clade afficiuntur, et ducem amittunt, V, IV, 15; novum ducem sibi creant, *ibid.* 22. Cadusius aliquis, VI, I, 8; VIII, III, 32. Iis constituitur satrapa, VIII, VI, 11. — Bello eos petit post defectionem Darius, *HG.* II, I, 13.
Caenae, urbs magna Mesopotamiae ad Tigrim, *Exp.* II, IV, 28.
Caeno, nomen canis, *Ven.* VII, 5.
Caici Campus (pars Mysiae fertilissima et opima ad Caicum

amnem, qui in sinum Elaiticum fluit), *Exp.* VII, VIII, 8, 18.
Calleas, Lacedaemonius, affert epistolam Agesilao a rege Persarum de hospitio, *Ag.* VIII, 3.
Callias, Lacedaemonius, idem, ut videtur, in Asia sub Agesilao, *HG.* IV, I, 15.
Callias, Archon apud Athenienses (Olymp. 93, 3, confusus cum antiquiore Olymp. 75, 1, qui et Calliades dicitur), *HG.* I, VI, 1.
Callias, Hipponici filius, dux Atheniensium gravis armaturae peditum, vincitur ab Agesilao, *HG.* IV, V, 13. Athenis hospes publicus Lacedaemoniorum, V, IV, 22. Legatus cum aliis Spartam mittitur, VI, III, 2; Daduchus dictus, *ib.* 3, coram Spartanis pro pace ambitiosius verba facit, *ib.* 4 sqq. — Protagorae, Gorgiae, ac Prodico sapientiae mercedem dedit pecuniam multam, *Conv.* I, 5; IV, 62; amator Autolyci, I, 1; gloriatur arte homines emendandi, III, 4; IV, 1; ditissimus, IV, 37; sacerdos deorum τῶν ἀπ' Ἐρεχθέως, VIII, 39.
Callibius, Lacedaemonius, praefectus, a Lysandro ad Trigintaviros mittitur, *HG.* II, III, 13, 14.
Callibius, Tegeates: ejus factio urbe ejicitur eamque virecipit, *HG.* VI, V, 6.
Callicratidas, Lacedaemonius, Lysandro in imperio Asiatico succedit, *HG.* I, VI, 1 : in quo capite ejus ingenium et res gestae adumbrantur. Occisus ad Arginusas, II, I, 1.
Callimachus Parrhasius Arcas, lochagus gravis armaturae in exercitu Decemmillium, *Exp.* IV, 1, 27; VII, 8; rem strenue gerit, *ib.* 10. Legatus mittitur ad Sinopenses, V, VI, 14; deinde ad Heracleotas, VI, II, 7. Seditiose sibi arrogat imperium Arcadum et Achaeorum, *ib.* 9, 10.
Callimedon, Atheniensium legatus ad Tiribazum missus, *HG.* IV, VIII, 13.
Callippides, histrio, hominibus lacrimas commovet, *Conv.* III, 11.
Callisthenes, Atheniensium legatus ad Tiribazum missus, *HG.* IV, VIII, 13.
Callistratus, Atheniensium orator, quem sibi adjungit Iphicrates, *HG.* VI, II, 39. Legatus cum Callia et aliis mittitur Lacedaemonem, VI, III, 3. Ejus oratio, *ib.* 10 sqq.
Callistratus, Atheniensis ex tribu Leontide, occiditur, *HG.* II, IV, 27.
Callixenus, demagogus Atheniensis, duces ad Arginusas accusat, *HG.* I, VII, 8; post exilium omnibus exosus fame perit, *ib.* 35.
Calpes portus (Ponti in Bithynia sive Thracia Asiatica), *Exp.* VI, II, 13; III, 2; describitur VI, IV, 1, 2.
Calydon, olim Aetolia, *HG.* VI, I, 1. Add. 14.
Camarina (urbs Siciliae), sub Dionysio, a Carthaginiensibus capitur, *HG.* II, III, 5.
Cambyses, Cyri pater, Persarum rex ex gente Persidarum, *Inst.* I, II, 1; revocat Cyrum domum, I, IV, 25. Deducit eundem, et egregie disserit de imperatoris summi officio, I, VI fere toto. Stabilit regnum Persarum Cyro, VIII, V, 23.
Cambyses, Cyri filius natu major, constituitur a patre moriente heres imperii paterni, *Inst.* VIII, VII, 11.
Camelorum magna vis capta ab Agesilao, *HG.* III, IV, 24.
Cannoai psephisma quid jusserit, *HG.* I, VII, 20.
Canum nomina, *Ven.* VII, 5.
Capithe, qualis mensura, *Exp.* I, V, 6.
Cappadoces. Eorum rex, *Inst.* I, V, 3. Sunt Croesi socii, VI, II, 10; subiguntur a Cyro, I, I, 4; VII, IV, 16; accipiunt satrapam Persam, VIII, VI, 7. Conf. *Aribaeus.*
Cappadocia, regio Asiae, *Inst.* VIII, VI, 7; *Exp.* I, II, 20; VII, VIII, 25.

XENOPHON.   49

Caranus, i. e. (dorice) dominus, *HG*. I, iv, 3.
Cardia (urbs Chersonesi Thraciæ), *HG*. I, 1, 11.
Carduchus præest carpentis mulierum in expeditione Cyri contra Assyrios, *Inst*. VI, iii, 30.
Carduchi (populi ad ripam sinistram Tigris in Armeniæ et Assyriæ confiniis), liberi, bellicosi, montani, *Exp*. III, v, 16; V, v, 17; VII, viii, 25. Horum montes petunt Græci, III, v, 17; IV, 1, 2; frustra eos sibi amicos conciliare student, *ib*. 8, 9 : urgent agmen extremum Græcorum, *ib*. 16 et IV, iii, 7 sqq. Eorum arcus, IV, ii, 28.
Cares, sollicitantur frustra ab Assyrio adversus Medos, *Inst*. I, v, 3; II, 1, 5. Dissidentes callide rediguntur ad concordiam ab Adusio, VII, iv, 1; quem a Cyro petunt satrapam, VII, iv, 7; VIII, vi, 7. — Cum scutis albis, *HG*. III, ii, 15.
Caria, *Inst*. VIII, vi, 7. — Tissaphernis satrapia, equestribus copiis non idonea, *HG*. III, ii, 12; *Ag*. 1, 14, 29. , Ab Lacedæmoniis bello petitur, *ibid*.
Carsus, amnis Ciliciæ, *Exp*. I, iv, 4.
Carthaginienses, imperium Libyæ tenent, *Mem*. II, 1, 10. — Hannibale duce in Siciliam profecti, *HG*. I, 1, 37; Agrigentum fame ad deditionem compellunt, I, v, 21. Dionysio victo, Gelam et Camarinam capiunt, II, iii, 5. — Linum Carthaginiense, *Ven*. ii, 4.
Caryæ (urbs in finibus Laconicis), capitur a Thebanis, *HG*. VI, v, 25; recipitur ab Archidamo et crudeliter tractatur, VII, 1, 28.
Castoli Campus, *Exp*. I, 1, 2; ix, 7, vel Castolus Campus, *HG*. I, iv, 3, in Lydia, ubi conventus agebantur populorum Persico imperio subjectorum.
Castor, frater Pollucis, discipulus Chironis, inter deos relatus, *Ven*. 1, 2 et 13; ab eo nomen habent Canes castoriæ (quæ et Lacænæ dicuntur), iii, 1.
Catana (urbs Siciliæ), *HG*. II, iii, 5.
Cavo, magnus vicus (in Mysia), *Exp*. IV, 1, 20.
Cayster (amnis Ioniæ) : in Caystri Campo rex Phrygiæ minoris congregat copias, *Inst*. II, 1, 5. Unde
Caystri Campus, urbs, *Exp*. I, ii, 11.
Cebes, Thebanus, *Mem*. III, ii, 17; Socratis auditor laude dignus, I, ii, 48.
Cebren, urbs (Æoliæ) munitissima, in Pharnabazi satrapia, *HG*. III, i, 10.
Cecrops (antiquissimus Atticæ rex) dijudicavit litem deorum, *Mem*. III, v, 20.
Cedreæ, Cariæ oppidum Atheniensibus deditum, a Lysandro capitur, *HG*. II, 1, 15.
Celænæ, urbs magna Phrygiæ (majoris), *Exp*. I, ii, 7; ubi erat Cyri prætorium et paradisus, per quem fluit Mæander, *ibid*.; arcem ibi exstruxit Xerxes, *ib*. 9.
Celti vel Celtæ, a Dionysio tyranno Lacedæmoniis mittuntur in auxilium, *HG*. VII, 1, 20; victores, *ib*. 31.
Celusa, mons (Sicyoniæ), *HG*. IV, vii, 7.
Cenchreæ, portus Corinthi, *HG*. IV, v, 1; VI, v, 51; VII, iv, 5.
Centrites, amnis (in Tigrim influens), distinguit Armeniam a Carduchorum regione, *Exp*. IV, iii, 1; lunc tandem trajiciunt Græci, *ib*. 15.
Ceos (insula e regione Sunii promontorii), *HG*. V, iv, 61.
Cephallenia (Ionii maris insula), *HG*. VI, ii, 31. Ejus oppida in potestatem suam redigit Iphicrates, *ib*. 33.
Cephalus, nobilis venator, discipulus Chironis, ab Aurora raptus, *Ven*. 1, 2 et 6.
Cephisodorus, Cephisphontis filius, Atheniensis, lochagus in exercitu Decemmillium, *Exp*. IV, iv, 13; occiditur, *ib*. 17.
Cephisodotus, orator Atheniensis, Lacedæmonem mittitur legatus, *HG*. VI, iii, 2. Ejus oratio contra Proclem Phlia-

sium, VII, 1, 12 — 14. — Alius, ut videtur, dux electus, II, 1, 16.
Cephisophon, Atheniensis, Lacedæmonem missus, *HG*. II, iv, 36. Nisi est alius, Cephisodori pater, *Exp*. IV, ii, 13.
Cephissus, fluvius Atticæ, *HG*. II, iv, 19. — Alius, Bœotiæ ex Parnasso, *HG*. IV, iii, 16; *Ag*. II, 9.
Ceramicus sinus Cariæ, *HG*. I, v, 8; II, 1, 15.
Ceramicus, vicus Athenarum, *HG*. II, iv, 33.
Ceramo, Atheniensis locuples, multos alebat servos, *Mem*. II, vii, 3.
Ceramorum Forum, urbs in finibus Mysiæ, *Exp*. I, ii, 10.
Cerasus, urbs Græca et maritima in Colchide, Sinopensium colonia, *Exp*. V, iii, 2; quibus et tributum pendebat, V, v, 10. Incolæ, Cerasuntii, V, vii, 13 sqq.
Cerberus, ab Hercule ex Orco protractus, *Exp*. VI, ii, 2.
Cereris et Proserpinæ sacra Eleusinia, *HG*. VI, iii, 6.
Certonus, (in aliis Certonium), urbs Mysiæ, *Exp*. VII, viii, 8.
Chabrias, Atheniensis, Iphicratis in imperio successor, *HG*. IV, v, 19; in Cyprum Evagoræ auxilio profecturus, Lacedæmonios multos in Ægina destruit, V, 1, 10 sqq. Lacedæmonios vincit navali pugna, V, iv, 61; summus, tunc imperator habitus, Corcyram mittitur, VI, ii, 39. Epidauri stat contra Argivos, VII, 1, 25.
Chærecrates, Atheniensis, frater minor Chærephontis, quorum dissidium componit Socrates, *Mem*. II, iii, 1, 15. Socratis discipulus probabilis, I, ii, 48.
Chæreleus, unus ex Trigintaviris in oligarchia Atheniensi, *HG*. II, iv, 19.
Chærephon, Atheniensis (Sphettius), frater Chærecratis, *Mem*. II, iii, 1, 15; Socratis discipulus honestus, *Mem*. I, ii, 48. — Oraculum consulit de Socrate, *Ap*. 14.
Chærilas, Ephorus Lacedæmonius, *HG*. II, iii, 10.
Chæron, Lacedæmonius Polemarchus, occisus in Piræeo, *HG*. II, iv, 33.
Chalcedon (urbs Bithyniæ e regione Byzantii), *Exp*. VII, 1, 20; ii, 24, 26. — Ab Alcibiade mari et fluvio arcetur et Atheniensibus redditur tributaria, *HG*. I, iii, 2 sqq. Lysander eam recipit, II, ii, 1. Thrasybulus eam sibi conciliat, IV, viii, 28.
Chalcedonia, ager Chalcedonis, *Exp*. VI, vi, 38.
Chaldæi, finitimi Armeniæ, *Inst*. III, ii, 34; a Cyro coguntur pacem facere cum Armeniis, III, ii, 1. Sunt bellicosi et mercede militant apud Indos, *ib*. 7; et apud Cyrum ipsum, a quo ob prædandi libidinem castigantur, VII, ii, 5. — Liberi, fortes, mercenarii, eorum arma, *Exp*. IV, iii, 4; V, v, 17; VII, viii, 25.
Chalus, amnis Syriæ piscosus, *Exp*. I, iv, 9.
Chalybes, duo populi : 1) liberi, *Exp*. VII, viii, 25; finitimi Armeniæ, IV, v, 34. Stipendia merent apud Tiribazum, IV, iv, 18; occurrunt Græcis, IV, 6, 5. Laudantur ob fortitudinem, et eorum arma describuntur, IV, vii, 15 sqq. 2) Populus in Ponto, Mossynœcorum imperio parens, *Exp*. V, v, 1.
Chara, nomen canis, *Ven*. vii, 5.
Charadra, locus in agro Nemeensi, a nonnullis intelligitur *HG*. IV, ii, 33, ubi alii χαράδραν simpliciter capiunt de alveo torrentis.
Chares, dux Atheniensis, Phliuntiis auxilio missus, *HG*. VII, ii, 18; Sicyoniis Thyamiam eripit, *ib*. 20 sqq. Revocatus Cenchreis cum classe appellens, Corinthios vult juvare, VII, iv, 1 sqq.
Charicles, Atheniensis, unus e Trigintaviris, *HG*. II, iii, 2. — Is et Critias quid contra Socratem egerint, *Mem*. I, ii, 31 sqq.
Charmanda, urbs magna ad Euphratem, *Exp*. I, v, 10.
Charmides, Glauconis filius, discipulus Socratis, *Mem*.

INDEX NOMINUM ET RERUM. 771

III, VI, 1; VII, 1; ad rempublicam capessendam excitatur a Socrate, *ibid.* — *Conv.* I, 3. Ejus dictum, III, 1. Paupertate gloriatur, *ib.* 9; IV, 29. — Unus e decem Piræi præfectis, interficitur, *HG.* II, IV, 19.

Charminus Laco, legatus Thimbronis ad Seuthen, *Exp.* VII, V, 1; defendit Xenophontem, *ib.* 39.

Charon, civis Thebanus, *HG.* V, IV, 3.

Charopus Eleus : ejus, Thrasonidæ et Argei factio democratica Elide, *HG.* VII, IV, 15.

Chersonesus Thraciæ e regione Abydi, *Exp.* I, I, 9; II, VI, 2; regio amœna et fertilis, *Exp.* V, VI, 25. Lacedæmoniorum juris est, VII, II, 2. — Ejus amplitudo, munitio, urbes, periculum a Thracibus, *HG.* III, II, 8 et 10. Ibi castella habet Alcibiades, I, V, 17. Eo ingreditur Pharnabazus, III, II, 9; post eum Ipsicrates, IV, VIII, 39. Europæ tribuitur, IV, II, 6. Incolæ, Cherronesitæ, I, III, 10; III, II, 8. — Adde *Acherusia.*

Chilon, Lacedæmonius, Archidami sororis maritus, interficitur in pugna cum Arcadibus, *HG.* VII, IV, 23.

Chirisophus Lacedæmonius adducit septingentos milites gravis armaturæ ad exercitum Cyri minoris, *Exp.* I, IV, 3; mittitur ad Ariæum, II, I, 5; laudat Xenophontem, III, I, 45; hortatur duces, III, II, 2. Cur semel a Xenophonte sit vituperatus, IV, VI, 3. Salse perstringit Athenienses, *ib.* 16. Trapezunte navigat ad naves adducendas, V, I, 4; sed redit cum una modo triremi, VI, I, 16; imperium totius exercitus in eum confertur, *ib.* 32; sed mox eo privatur, VI, II, 12. Medicamento sumpto perit, VI, IV, 11.

Chiro, Centaurus, filius Saturni et Naidis nymphæ, *Ven.* I, 4; justitia nobilis, *ib.* 1; præceptor multorum, *ib.* 2; diu vixit, *ib.* 3; præceptor Achillis, a quo ob disciplinam honoratur, *Conv.* VIII, 23.

Chius, insula, *HG.* I, I, 32; II, VI, passim. Incolæ Chii a periculo e conjuratione militum impendente servati ab Eteonico, II, I, 1 sqq.

Chremon, Atheniensis, unus e Trigintaviris, in oligarchia, *HG.* II, III, 2.

Chrysantas, Persa ὁμότιμος, corpore nec magnus nec robustus, sed animo fortis et prudens, *Inst.* II, III, 5 : suadet pro sua cujusque dignitate præmia esse distribuenda, II, II, 19; III, 5. Mittitur ad montes Armeniæ celeriter et clam occupandos, II, IV, 22. Captivos adducit, III, III, 48. Laudatur a Cyro ob fortitudinem et facilem obedientiam, IV, I, 3; fit ex centurione chiliarchus, *ib.* 4 : probat Cyri consilium de equitatu Persico instituendo, IV, III, 15; ducit loricatos, V, III, 36; adjuvat Cyrum in pavore exercitus sedando, VI, II, 21; præest equitatui, VII, I, 3; suadet eadem quæ Cyrus maxime expetebat, VII, V, 55; VIII, I, 1. Est myriarchus, VIII, III, 16. Laudatur a Cyro eximie, VIII, IV, 11; fit Lydiæ Ioniæque satrapa, VIII, VI, 7.

Chrysopolis (urbs Bithyniæ) propinqua Chalcedoni (e regione Byzantii, in Bosporo Thracio), *Exp.* VI, VI, 15; VI, 38; VII, I, 1; *HG.* I, III, 12. Ibi portitorium et decimas de mercibus exigendas ab nautis instituit Alcibiades, *HG.* I, I, 22.

Cilices, frustra tentantur ab Assyrio adversus Medos, *Inst.* I, V, 3; II, I, 5; sed adjuvant Crœsum, VI, II, 10. Liberi sine satrapa relinquuntur, VII, IV, 2; VIII, VI, 8; I, I, 4.

Cilicia, *Inst.* VIII, VI, 8. Aditu difficilis, *Exp.* I, II, 21; ejus situs et natura, *ib.* 22; pylæ ejus, I, IV, 4.

Cinadon, Lacedæmonius, juvenis pulcherrimus, princeps auctor conjurationis in Ephoros et optimates Lacedæmonios, *HG.* III, III, 4 sqq.; ejus supplicium, *ib.* 11.

Circe mutat Ulyssis socios in sues, *Mem.* I, III, 7.

Cissidas, Syracusanus, dux auxiliorum a Dionysio Lacedæmoniis missorum, *HG.* VII, I, 28.

Cithæron, mons Bœotiæ, superatur ab Agesilao, *HG.* V, IV, 37 et 47. *Ib.* 55, 59; VI, IV, 5.

Cittus, sive Cissus, mons supra Macedoniam, *Ven.* XI, 1.

Cius (Mysiæ oppidum), *HG.* I, IV, 7.

Cladaus, fluvius (Elidis, in Alpheum influens), *HG.* VII, IV, 29.

Clazomenæ, insula (sinui Smyrnensi adjacens), *HG.* I, I, 10 et 11. Eas sibi adjudicat Artaxerxes, V, I, 31.

Clcænetus, dux Græcus, perit cum aliis, *Exp.* V, I, 17.

Cleagoras pinxit frontispicium Lycei, *Exp.* VII, VIII, 1.

Cleander, harmosta Byzantii, Laco, *Exp.* VI, II, 13; IV, 18; venit Calpen cum navibus, inde turbas de præda, VI, VI, 5 sqq.; hospitium init cum Xenophonte, *ib.* 35; VII, I, 8. Imperium exercitus oblatum non recipit, religione impeditus, *ib.* 36.

Cleander, Sicyonius, dux electus, *HG.* VII, I, 45.

Cleanor, Arcas vel Orchomenius, nisi duo viri sunt intelligendi. Arcas natu maximus dux secundum Clearchum, in exercitu Cyri minoris, *Exp.* II, I, 10. Orchomenius graviter vituperat Ariæum, II, V, 39. Arcas sufficitur in locum Agiæ, III, I, 47. Orchomenius hortatur duces ad perfidiam Persarum ulciscendam, III, II, 4; præest Arcadibus gravis armaturæ, IV, VIII, 18. Arcadem rogat Xenophon, ut sacra diligenter inspiciat, VI, IV, 22. Cleanor simpliciter nominatus cum Phrynisco contendit ire militatum apud Seuthen, VII, II, 2; honorifice sentit de Xenophonte, VII, V, 10.

Clearchus, exul Lacedæmonius, comparat copias pecunia, quam a Cyro minore acceperat, *Exp.* I, I, 9; III, 3; II, VI, 4. Venit ad Cyrum Celænas cum mille militibus gravis armaturæ, octingentis peltastis Thracibus et ducentis Cretensibus sagittariis, I, II, 9; præest cornu sinistro, *ib.* 15; saxis petitur ab exercitu, I, III, 1; sedat milites, *ib.* III, 9 sqq. A Menonis militibus saxis petitur, I, V, 12. Præest cornu dextro in pugna, I, VIII, 4; minus auscultat Cyro, *ib.* 13; tesseram ei aperit, *ib.* 16. Eum maximi fecit Cyrus, I, I, 9; VI, 5; et suum consilium de bello inferendo regi communicavit, III, I, 10. Laudatur ut bonus imperator, II, III, 11; VI, 8; colloquitur cum Tissapherne de metu insidiarum, II, V, 3-15. Dolo capitur a Tissapherne, *ib.* 31; trucidatur, II, VI, I. Ejus vita et mores describuntur, *ib.* 1-15.

Clearchus, Lacedæmonius, Rhamphii filius, hospes publicus Byzantinorum, Chalcedonem et Byzantium missus, *HG.* I, I, 35. Idem, ut videtur, Byzantii præfectus, I, III, 15.

Cleartus, lochagus, ex temeritate perit, *Exp.* V, VII, 14-16.

Cleocritus, Atheniensis, mystarum præco, post cladem Trigintavirorum Atheniensem populum alloquitur, *HG.* II, IV, 20 sqq.

Cleombrotus, Lacedæmonius, ab Ephoris cum exercitu contra Thebanos mittitur, *HG.* V, IV, 14; domum redit cum difficultate, *ib.* 16 sqq. Sequenti anno iterum in Thebanos ducit, *ib.* 59 sqq. Maritimo itinere in Phocenses mittitur, VI, I, 1. Unde in Thebanos irruere jubetur, VI, IV, 3; a quibus in pugna superatur, *ib.* 6-13, ibidem occisus.

Cleomedes, Atheniensis, unus Trigintavirorum, in oligarchia, *HG.* II, III, 2.

Cleon, eques Lacedæmonius, cadit, *HG.* V, IV, 39.

Cleonæ (oppidum inter Corinthum et Argos situm), *HG.* V, 15.

Cleonymus Laco, vir fortis, interficitur a Carduchis, *Exp.* IV, I, 18.

Cleonymus, Laco, Sphodriæ filius egregius, amator ab

49.

Archidamo, *HG.* V, IV, 25 sqq., ubi plura de ejus virtutibus. Interficitur in pugna Leuctrensi, VI, IV, 14.
Cleophon, demagogus Atheniensis, interficitur in tumultu, *HG.* I, VII, 35.
Cleosthenes, Ephorus Lacedæmonius, *HG.* II, III, 10.
Cleostratus, Argivorum ad Pharnabazum legatus, *HG.* I, III, 13.
Cligenes, Acanthius, legatus ad Lacedæmonios missus, *HG.* V, II, 11 sqq., ubi ejus oratio.
Clinias (Alcibiadis frater), amatus Critobulo, *Conv.* IV, 12.
Clinomachus, Ephorus Lacedæmonius, *HG.* II, III, 10.
Cliteles, Corinthius; ejus oratio in concione Atheniensium, *HG.* VI, V, 37.
Clito, Atheniensis statuarius, quocum disserit Socrates de arte statuaria, *Mem.* III, x, 6 sqq.
Clitorii (Arcadiæ gens), cum Orchomeniis bellantur, et mercenarios milites alunt, *HG.* V, IV, 36 sq.
Cnidus (urbs Cariæ), *HG.* IV, III, 12; VIII, 22.
Cocylitæ (incolæ urbis Cocylii, in Æolide sitæ), *HG.* III, I, 16.
Cœratadas, Thebanus, artem imperatoriam profitetur et vult procæsse Græcis, *Exp.* VII, I, 33. — Dux Bœotorum, Byzantio præfectus a Clearcho, cui ad Pharnabazum proficiscendum erat, *HG.* I, III, 15; in tumultu se inimicis dedit, Athenas mittitur, aufugit et salvus Deceleam pervenit, *ib.* 21, 22. Si quidem est idem homo.
Cœtæ, gens Pontica libera, *Exp.* VII, VIII, 25. (Nomen ex *Taochi*, ut videtur, corruptum.)
Colchi (populus Ponti Euxini versus orientem), resistunt Decemmillibus in reditu, *Exp.* IV, VIII, 9; sed fugantur, *ib.* 20. Græci ibi vescuntur melle insaniam inferente, *ib.* 20. Colchorum legati lapidantur, V, VII, 2. Sunt liberi, VII, VIII, 25.
Colonæ (urbs maritima Troadis), se dedunt Dercyllidæ, *HG.* III, I, 13 et 16.
Colophon (urbs Ionia), et incolæ Colophonii, *HG.* I, II, 4.
Colossæ, urbs opulenta et magna Phrygiæ majoris, *Exp.* I, II, 6.
Colyttus (pagus Atticus), unde Colyttensis Thrasybulus, *HG.* V, I, 26.
Comania (castellum, ut videtur, non procul Pergamo), *Exp.* VII, VIII, 15.
Conon, dux eligitur ab Atheniensibus, *HG.* I, V, 10; iterum eligitur, cum novem aliis in locum Alcibiadis, I, V, 16; ab Andro profectus ad pugnam navalem se parat, *ib.* 18 sqq.; sed prælium evitat ob hostium numerum, I, VI, 15 sqq.; tandem Mitylenæ terra marique obsessus, cogitur ad pugnandum et vincitur a Callicratida, *ib.* 19 sq.; navium partem servat et cum imperio manet, *ib.* 38; I, VII, 1. In pugna ad Ægos flumen ipsius naves solæ non capiuntur, quibuscum abit in Cyprum, II, 1, 28 sq. Cum Pharnabazo Lacedæmonios vincit, IV, VIII, 1, et Hellesponti rebus ordinatis, classeque parata, Cytherios in fidem accipit, et murorum Atheniensium partem instaurat, *ib.* 2-10. Legatus ad regem Persarum, a Tiribazo in vincula conjicitur, *ib.* 13-16.
Corcyra, insula, a Timotheo in Atheniensium potestatem redigitur, *HG.* V, IV, 64. Mnasippus Lacedæmonius eam obsidet et vastat, VI, II, 4-7; quare Corcyræi legatos Athenas mittunt, *ib.* 8 sq; tandem ab Iphicrate servantur, *ib.* 36 sqq.
Core, quid, *HG.* II, I, 8.
Coressus, mons prope Ephesum, *HG.* I, II, 7.
Corinthus, urbs, *HG.* IV, IV, 18; VIII, 15, etc. Corinthii ab Atheniensibus capti, præcipitio puniti, II, 1, 31 sq. Quare nolebant parcere Atheniensibus, II, II, 19. Sed non agunt contra eos, II, IV, 30; neque contra Eleos,

III, II, 25; neque contra Thebanos, III, V, 17. Sunt inter hostes Lacedæmoniorum, IV, II, 14 sqq.; III, 15 sqq. (*Ag.* II, 5 sqq.). Turbæ maximæ factionum in urbe, et Atheniensium Lacedæmoniorumque de ea pugnæ narrantur, IV, fere toto (et *Ag.* II, 18 sqq.). Bellum contra Lacedæmonios, IV, VIII, 10 sqq. Neptuni Corinthii templum deflagrat, IV, V, 4. Corinthium relinquunt Argivi, V, I, 34; et Corinthii socii fiunt Lacedæmoniorum, *ib.*, et III, 27; VI, IV, 18; V, 29 sqq. Ibi moratur Iphicrates, VI, V, 49 sqq. Nolunt jurare in fœdus a rege propositum, VII, I, 40. Frumentum Phliuntem mittunt, VII, II, 23. Ab Atheniensium societate sese avertunt, VII, IV, 4 sq. Pacem a Thebanis rogant impetrantque, *ib.* 6 sq.; itidemque ab Lacedæmoniis, *ib.* 8 sqq. Prælium circa Corinthum, VII, I, 14 sqq. (*Ag.* II, 5). Longi muri, IV, IV, 18.
Coronea (urbs Bœotiæ), pugna ad eam, in qua vicit Agesilaus, *Exp.* V, III, 6; *HG.* IV, III, 15 sqq.; *Ag.* II, 9 sqq.
Corsote, urbs deserta ad Mascam amnem, *Exp.* I, V, 4.
Corylas, satrapa Paphlagoniæ, *Exp.* VII, VIII, 25; V, V, 12, 22; VI, II, 11. Fœdus offert Græcis, VI, I, 2.
Coryphasium (promontorium Messeniæ), quo Helotes concedunt, *HG.* I, II, 18.
Cotyora, urbs Græca, Sinopensium colonia in regione Tibarenorum ad Pontum Euxinum, *Exp.* V, V, 3 sqq. Incolæ, Cotyoritæ, *ib.* et 10, 19.
Cotys, rex vel satrapa Paphlagoniæ, Sestum obsidet in Ariobarzanis satrapia sitam, *Ag.* II, 26; Agesilao auxiliares copias mittit, III, 4. — Idem *Otys* vocari videtur in in *HG.* Vide *Otys.*
Cranium (lucus cyparissorum cum gymnasio, prope Corinthium), *HG.* IV, IV, 4.
Cranonii (incolæ Cranonis, urbis Thessaliæ), cum Thebanis juncti, extremum agmen Agesilai ex Asia reducis premunt, *HG.* I, II, 3; *Ag.* II, 2.
Cratesippidas, Lacedæmonius, dux mittitur adversus Athenienses in Chium, *HG.* I, I, 32; V, 1.
Crauge, nomen canis, *Ven.* VII, 5.
Cremaste, oppidulum prope Abydum, cum aurifodinis, *HG.* IV, VIII, 37.
Cretensium arcus, *Exp.* III, III, 7, 15; et sagittarii, I, II, 9; eorum opera multum prodest, IV, II, 29. — Cretenses in exercitu Lacedæmoniorum, *HG.* IV, II, 16; VII, 6. Conf. VII, V, 10. — Cretenses canes adversus aprum, *Ven.* x, 1.
Creusis (« Thespiensium emporium in intimo sinu Corinthiaco retractum » Livius), *HG.* IV, V, 10; V, IV, 16 et 60. Capitur a Cleombroto, VI, IV, 3. — *Ag.* II, 18.
Crinippus, dux subsidiorum a Dionysio missorum, ab Iphicrate captus manum sibi infert, *HG.* VI, IV, 36.
Critias Atheniensis, Trigintavirorum unus, in oligarchia multa crudeliter fecit, *Mem.* I, II, 12. Cur Socrate magistro usus, *ib.* 16. In Thessalia depravatus, *ib.* 24. Amator Euthydemi, *ib.* 29. Legem tulit ne ars disserendi doceretur, *ib.* 31 sqq., ubi multa de hostilitate in Socratem. — Trigintavir, *HG.* II, III, 2. Inimicitiæ cum Theramene, quem accusat et condemnandum curat, *ib.* 24-56. Cum reliquis Eleusinem profectus, ibi etiam crudelis, II, IV, 8; in prælio interficitur, *ib.* 19.
Crito, Atheniensis, pater Critobuli, *Mem.* I, II, 8; Socratis discipulus probabilis, I, II, 48; tutus redditur a sycophantarum injuria, II, IX.
Critobulus, Critonis filius, osculatur Alcibiadem pulcrum, *Mem.* I, III, 8; cum eo disserit Socrates de amicis deligendis et conciliandis, II, VI. Socratis auditor, *Conv.* I, 3. Cum eo habetur sermo de œconomia, *Œc.* I-V. Dives, II, 3 sqq. Novus maritus in *Conv.* II, 3; formosissimus,

pulchritudine gloriatur, III, 7; IV, 10; Cliniam amat, IV, 12. Socrates per lusum certat cum eo de forma, V, I sqq.

Crocmas, Thessalus, certaminis Olympici victor in stadio, *HG.* II, III, 1.

Crœsus, Lydorum rex, adest Assyrio adversus Medos cum ingenti vi peditum equitumque, *Inst.* I, v, 3; II, I, 5; fugit cum ceteris sociis domum, IV, 1, 8; II, 29. Eligitur summus dux sociorum adversus Cyrum, VI, II,9; habet socios belli plurimos, *ib.* 10 : mittit Lacedæmona de societate, *ib.* 11 : conatur Cyri exercitum multitudine cingere, VII, 1, 23; sed repellitur, *ib.* 25; equitatus ejus fugatur metu camelorum, *ib.* 27; ipse fugit Sardes, VII, II, 1; captis Sardibus se dedit Cyro, *ib.* 5; dissuadet urbis direptionem, *ib.* 12; exponit de Apollinis oraculis, et se stultitiæ damnat, *ib.* 15; clementer et benigne habetur a Cyro, *ib.* 26; tradit thesauros, VII, III, 1; IV, 12 : monet Cyrum ne nimis sit liberalis et redarguitur, VIII, II, 15. Primus e Crœsi stirpe rex servus fuerat, VII, II, 24.

Crommyon (castellum in agro Corinthiorum), capitur a Praxita, *HG.* IV, IV, 13; V, 19.

Cromnus, urbs Arcadiæ, capta ab Archidamo, *HG.* VII, IV, 20, acriter obsidetur ab Arcadibus, ac tandem vi recipitur, *ib.* 21 sqq.

Cronius, collis in Elide, ab Arcadibus munitur, *HG.* VII, IV, 14.

Ctesias, medicus, sanat Artaxerxem vulneratum, *Exp.* I, VIII, 26; laudatur ejus testimonium, *ib.* 27.

Cuma vel Cyme (urbs Æolidis), *Inst.* VII, I, 45; *HG.* III, IV, 27.

Cyaxares, Astyagis filius et avunculus Cyri, vituperat Cyrum, *Inst.* I, IV, 9; ignavus, *ib.* 22. Succedit Astyagi patri, I, V, 2. Contra Assyrios auxilium petit a Persis, *ib.* 4. Timidus queritur de paucitate Persarum, II, I, 7; recenset hostium copias, *ib.* 5 : reprehendit Cyrum, quod non splendida veste Medica sit indutus, II, IV, 5; proficiscitur cum Cyro adversus Assyrios, III, III, 25; intempestiva ejus cum hoste confligendi cupiditas refutatur a Cyro, *ib.* 29 : ob livorem et ignaviam non vult Cyrum persequi hostes, IV, I, 13. In castris captis Assyriorum indulget vino, et ignorat Medos abire cum Cyro, IV, V, 8; re comperta tandem ira percitus minitatur, furit frustra et mittit qui Medos revocet, *ib.* Delectatur formosis mulieribus, IV, V, 52. Accessitus a Cyro in castra, V, V, 1, queritur graviter de Cyro, *ib.* 8 : sed tandem reconciliatus deducitur in tabernaculum egregie instructum, *ib.* 37 : ubi genio, more suo, indulget, *ib.* 44. Apud cum fit consultatio de bello continuando, VI, I, 6 : ipse, dum Cyrus proficiscitur contra Crœsum, domi remanet cum tertia Medorum parte, VI, III, 2; offert Cyro filiam et Mediam dotis loco, VIII, V, 19.

Cydnus amnis, Tarsum mediam perfluens, *Exp.* I, II, 23.

Cydon, Byzantius, Byzantium prodidit, *HG.* I, III, 18.

Cyllene, ad Cymen Æolidis, Ægyptiorum urbs vocatur, *Inst.* VII, I, 45.

Cyllene (Eleorum urbs cum portu), *HG.* III, II, 27 et 30; VII, IV, 19.

Cylon, Argivus, auro se corrumpi patitur a Tithrauste, *HG.* III, V, 1.

Cyme. Vide *Cuma*.

Cynisca, soror Agesilai regis, *Ag.* IX, 6.

Cyniscus, Laco, ut videtur, *Exp.* VII, I, 13.

Cynoscephalæ (colles et vicus in Bœotia), in Thebanorum ditione, *HG.* V, IV, 15; *Ag.* II, 22.

Cyprii, socii Crœsi, *Inst.* VI, II, 10. Cur ad eos non mittatur satrapa, VII, IV, 2; VIII, VI, 8; I, I, 4.

Cyprus, insula, est terminus imperii Persici versus occidentem, *Inst.* VIII, VI, 21; VIII, 1. — Eam sibi vindicat rex Persarum in pace Antalcidæ, *HG.* V, I, 10 et 31. — Ex hac insula bellaria advehuntur Athenas, *Ath.* II, 7.

Cyrebus, pistor Atheniensis, *Mem.* II, VII, 6.

Cyrenaicus currus, *Inst.* VI, I, 27; II, 8.

Cyrus, major, auctor imperii Persici, Cambysis ex Mandane Astyagis filia filius, *Inst.* I, II, 1; annos 12 natus cum matre proficiscitur ad avum, I, III, 1; orat matrem, ut ipsum relinquat, *ib.* 13. Narrat judicium a se puero exercitum, *ibid.* 17; benevolos sibi reddit æquales, I, IV, 1; amat et colit avum, *ib.* 2; cur paulo loquacior ab initio fuerit, *ib.* 3; studet æmulari præstantiores, *ib.* 4; equitare discit, *ib.*; venatione delectatur, *ib.* 5; mittitur venatum cum Cyaxare, *ib.*; 7 cum Astyage ipso exit venatum, *ib.* 14; annos 16 natus specimen artis imperatoriæ edit, *ib.* 16. Redeuntem in Persiden deducunt Medi, *ib.* 25. Mittitur cum exercitu auxilio Cyaxari, I, V, 5; milites hortatur, *ib.* 7; disserit cum patre de officio imperatoris, VI toto. Nova arma capere jubet, II, I, 11; meditationes campestres instituit, *ib.* 20. Totas centurias epulo excipit præmii loco, II, III, 17. Accessitus a Cyaxare dat responsum legatis Indorum, II, IV, 8. Armeniorum regem capit, III, I, 1; et amicum sociumque fidelem reddit, *ib.* 31. Chaldæos Armeniis amicos et sibi socios reddit, III, II; legatum mittit ad Indum de pecunia, *ib.* 28; cum Cyaxare educit copias contra Assyrios, III, III, 20; quos victos in castra fugat, *ib.* 60; castra illa occupat, IV, I, 9. Cyaxarem, qui non vult hostes esse persequendos, dolo deludit, *ib.* 19. Ad eum deficiunt Hyrcanii, IV, II, 9. Equitatum Persicum instituit, IV, III, 3; novum militem accessit ex Perside, IV, V, 16. Cyaxari Medos avocanti litteras mittit, *ib.* 27. Prædam quali modo dividendam curaverit, *ibid.* 35. Non vult videre Pantheam, V, I, 7. Efficit ut Medi secum maneant, *ib.* 18; proficiscitur ad Gobryam, V, II, 1. Assyriam denuo vastat, V, III, 1; ducit exercitum ad Babylonem et provocat frustra Assyrium ad pugnam, *ib.* 5; auxilium fert Gadatæ, *ib.* 29. Cur nominatim appellet duces, *ib.* 46. Liberat Gadatam, V, IV, 7. Ulciscitur cladem Cadusiorum, *ib.* 23 : pactum init cum Assyrio de parcendis agricolis, *ib.* 24. Cur nolit exercitum reducere prope Babylonem, *ib.* 41; tribus castellis potitur, *ib.* 51. Accessit Cyaxarem, V, V, 1; ei obviam procedit, *ibid.* 5; ejus iræ et invidiæ medetur, *ib.* 37; de hibernorum ratione disserit, VI, I, 12; currus falcatos invenit, *ib.* 27; turres rotatas ædificat, *ib.* 52. Sedat pavorem exercitus, VI, II, 24. Parat expeditionem adversus Crœsum, *ib.* 23; quomodo aciem instruxerit, VI, III, 21; hortatur milites ante prœlium, VI, IV, 12; ejus arma, *Inst.* VII, I, 2; hortatur milites, *ib.* 37; excutitur ab equo vulnerato, *ib.* 37; capit Sardes et Crœsum, VII, II, 1; quem clementer habet, *ib.* 26. Luget mortem Abradatæ, VII, III, 2. Cum Crœso ejusque thesauris profectus Sardibus, in itinere Phrygibus, Cappadocibus, Arabibusque subactis, petit Babylonem, VII, IV, 12; adit Babylonem, VII, V, 1; fossam ducit circa urbem, *ibid.* 9; turres exstruit *ibid.* 12; Euphrate in fossam derivato urbem opprimit, *ib.* 15; regiam intrat, *ib.* 57. Eunuchos eligit corporis custodes, *ib.* 58; satellites regiæ et urbis præsidium instituit, *ib.* 66. Munera palatina inducit, VIII, 1, 9. Ubi sequuntur multa alia ad continuendum imperium ab ipso instituta, hoc et seq. capite. Cum Crœso disserit de utilitate liberalitatis, VIII,

II, 15. Pompam ducit, VIII, III, 1; ejus tiara recta et reliquus vestitus regius, *ib.* 13; adoratur, *ib.* 14; post sacra ludos equestres habet et vincit, *ib.* 24. Excipit amicos convivio, VIII, IV, 1. Proficiscitur in Persidem ad parentes, VIII, V, 1; devertitur apud Cyaxarem, quem invitat Babylonem, *ib.* 17; ducit Cyaxaris filiam, *ib.* 28. Satrapas de disciplina monitos in provincias mittit, VIII, VI, 1; equos per stationes disponere cœpit, *ib.* 17. Imminente vitæ fine agit diis gratias, VIII, VII, 3; habet orationem ad filios, *ib.* 6; moritur, *ib.* 28.

Cyrus, minor, Artaxerxis frater, *Inst.* VIII, VIII, 3. — Constituitur a Dario patre satrapa, *Exp.* I, I, 2; mortuo patre ab Artaxerxe, calumnia Tissaphernis, conjicitur in vincula, *ib.* 3; sed mox precibus matris liberatus remittitur in satrapiam. Inde bellum parat clam, *ib.* 6. Quod in Anabasis libro primo narratur. Clemens erga Xeniam et Pasionem, I, IV, 8; liberalis erga Silanum, I, VII, 18. Nudo capite prœlium ad Cunaxa committit, I, VIII, 6; occidit Artagersem in acie, *ib.* 24; vulnerat Artaxerxem, *ib.* 26; interficitur, *ib.* 27. Ejus encomium, I, IX, 1 sqq. — Quum munera distribueret militibus, ejus dictum, *Œc.* IV, 16; amatur a militibus, *ib.* 18; cum Artaxerxe fratre bellum, *ibid.*; ipse in horto arbores plantavit, quas admiratur Lysander, *ib.* 21. — A patre Asiæ minoris satrapa constituitur, cum mandato Lacedæmoniis opem ferendi, *HG.* I, IV, 3. Quibus auxilia offert, I, V, 3 sqq.; legati Atheniensium ad eum, *ib.* 9. Crudeel ejus facinus in propinquos, II, I, 8. Lysandrum arcessit et pecunias dat, *ib.* 13 sq.; et ad patrem proficiscitur, *ib.* 15. Expeditionem in fratrem suscipit, adjutus ab Lacedæmoniis, III, I, 1.

Cytheria (insula et urbs Laconiæ), vel potius Cythera, cum portu Phœnicunte, *HG.* IV, VIII, 7; occupata et in fidem recepta a Conone, *ib.* 8.

Cyzicus, urbs Mysiæ ad Propontidem, *Exp.* VII, II, 5. Pugna ad Cyzicum, *HG.* I, I, 11. Cyziceni recipiunt Athenienses, *ib.* 19, 20; IV, I, 29. — Stater Cyzicenus, *Exp.* V, VI, 23; VI, I, 4; VII, II, 35, etc.

D

Daduchus (proprie sacerdotii Cereris Eleusiniæ nomen), cognomen Calliæ, *HG.* IV, III, 3.

Dædalus, Atheniensis, ob artis peritiam captus a Minoe servus fœtus, inde cum filio aufugere conatus filium amisit, et ad barbaros delatus servivit, *Mem.* IV, II, 33.

Dæra sive Dæras (oppidum in agro Sicyonio) capitur a mercenariis Dionysii, *HG.* VII, I, 22.

Daïlochus, amatus Hieroni puer, *Hi.* I, 31.

Daïpharnes, tarde obedit Cyro, *Inst.* VIII, III, 21.

Damaratus, Lacedæmonius, *Exp.* II, I, 3; VII, VIII, 17. Adde *Demaratus*.

Damatas, dux Cadusiorum in exercitu Cyri, *Inst.* V, III, 38.

Dana, urbs major Cappadociæ, *Exp.* I, II, 20.

Daphnagoras, domus Gongyli amicus, *Exp.* VII, VIII, 9.

Dardes (amnis Syriæ parvus, in Euphratem influens), *Exp.* I, IV, 10.

Darius (Nothus, rex Persarum, frater Xerxis secundi); pater Artaxerxis Mnemonis et Cyri minoris, *Exp.* I, I, 1. — Ab eo Medi deficiunt, et sub ditionem ejus redeunt, *HG.* I, II, 19. Ægrotus ad se arcessit Cyrum, II, I, 8. Ejus (Δαρειαίον) soror, *ibid.*

Dascylium (locus in Phrygia), *HG.* III, IV, 13; ubi Pharnabazi regia, IV, I, 15.

Datamas, myriarchus sub Cyro, *Inst.* VIII, III, 17.

Daüchus, præfectus fabrum Cyri, *Inst.* VI, III, 29.

Decelia (locus in Attica), ubi servos publicos habebant Athenienses, *Vec.* IV, 25. — Inde Agis in Athenarum urbem impetum facit, *HG.* I, I, 33 sqq.; II, II, 7. Inde suos abducit Agis, II, III, 3. Memoratur etiam I, II, 14; III, 22.

Delia (festum, quo Athenienses theoriam in Delum mittunt), *Mem.* IV, VIII, 2.

Delium (oppidum Bœotiæ ab Aulide distans 30 stadia); hic victi sunt Athenienses ab Lacedæmoniis, *Mem.* III, V, 4.

Delphi (urbs Phocidis, templo et oraculo Apollinis Pythii nobilis), *Luc.* VIII, 5; *Ag.* I, 34. — In templo Apollinis fuit inscriptio : *Nosce te ipsum*, *Mem.* IV, II, 24. In eodem habent thesaurum Athenienses, *Exp.* V, III, 5. — Delphicus deus (i. e. Apollo), quid responderit de modo colendi deos, *Mem.* IV, III, 16.

Delphinium (urbs in Chio insula), capitur a Lacedæmoniis *HG.* I, V, 15.

Delphion, Phliasius apud suos illustris; ejus fortitudo et audacia, *HG.* V, III, 22.

Delta Thraciæ (« oppidum quod a Byzantio abest iter pedestre unius diei », Gyllius), *Exp.* VII, I, 33; V, I.

Delus, insula (maris Ægæi); huc chorus mittitur a Græcis, *Mem.* III, III, 12; et ab Atheniensibus quotannis navis sacra, IV, VIII, 2.

Demænetus, Atheniensium gravis armaturæ dux in Cypro, *HG.* V, I, 10 et 26.

Demaratus, Lacedæmonius, cujus posteri obtinebant urbes Asiaticas ab rege Persarum Demarato datas ob auxilium contra Græcos, *HG.* III, I, 6; *Exp.* in locis sub *Damaratus* citatis.

Demarchus, Epidoci filius, dux Syracusanus, *Exp.* I, I, 29.

Demeas Colyttensis, artifex chlamydum, *Mem.* II, VII, 6.

Democrates Temenites, homo diligens et certus in exercitu Decemmillium, *Exp.* IV, IV, 15.

Demostratus, Aristophontis filius, Atheniensis, legatus Lacedæmonem missus, *HG.* VI, III, 2.

Demoteles, præco, ab Archidamo nuntius victoriæ de Arcadibus Spartam missus, *HG.* VII, I, 32.

Demotion, Athenis verba facit in concione de rebus Peloponnesiacis, *HG.* VII, IV, 4.

Dercyllidas, Laco, bellum gerit cum Pharnabazo, *Exp.* V, VI, 24. — Sollertissimus, ideoque Sisyphus dictus, expeditionibus Asiaticis præficitur, *HG.* III, I, 8; Pharnabazo inimicus ex eo tempore quo ipse præfectus Abydi fuerat, in satrapiam irruit, *ib.* 9. Res contra Pharnabazum gestæ, *ib.* 16 sqq., et cap. II, 1-20, ubi narrantur quæ in urbibus ditionum Tissaphernis et Pharnabazi gessit, et colloquia pactaque cum his satrapis. Ab Agesilao legatus ad Tissaphernem missus, III, IV, 6. Illi nuntiat Amphipoli victoriam in Corinthiaca pugna, IV, III, 1 sqq., et in Hellespontum missus est. Ubi Abydum urbem Lacedæmoniis servavit, IV, VIII, 3.

Derdas, Elimiæ princeps, *HG.* V, II, 38. Lacedæmoniis instigantibus, Potidæam ingreditur et Olynthios vi reprimit, *ib.* 39-43; iterumque vincit eorum equites, V, III, 1 et 2.

Dernes, satrapa Phœniciæ et Arabiæ, *Exp.* VII, VIII, 25.

Dexippus, Laconicus periœcus, nave a Trapezuntiis accepta fugit, *Exp.* V, I, 15; VI, VI, 5; calumniatur Xenophontem apud Anaxibium, VI, I, 32; accusat exercitum apud Cleandrum, VI, VI, 9; et ipse accusator ab Agasio, *ib.* 22; occiditur in Thracia a Nicandro Spartano, V, I, 15.

Diana, venationis inventrix et præses, *Ven.* I, I; XII, 18. Dianæ relinqui dicitur fera, quam ob teneram ætatem non licet venari, V, 14. Ei vota faciunt ad venandum exeuntes, VI, 13. Hippolytum honore afficit, I, 11. —

Ei capræ Athenis mactantur quotannis, ob Persas e Græcia ejectos, *Exp.* III, II, 12. Ad ejus aram confugit Orontas, I, VI, 7. Ei partem manubiarum consecrant duces Græcorum in reditu Decemmillium, V, III, 4. Ei fanum, lucum et sacra instituit Xenophon, *ib.* 9 sqq. — Ephesia, *HG.* I, II, 6; III, IV, 18; *Ag.* I, 27. Dianæ Astyrinæ templum in campo Thebanorum, *HG.* IV, I, 41. Ei apud Aulidem sacrum fecit Agamemno, VII, I, 34. Ejus templum sacratissimum apud Leucophryn, III, II, 19; Munichiæ et Bendideum templum, II, IV, 11. Ejus fanum Pallantii in Arcadia, VI, V, 9. Dianæ capram mactant Lacedæmonii, IV, II, 20.

Digma (Δεῖγμα, locus ubi merces exponebantur in Piræeo), *HG.* V, I, 21.

Dino, polemarchus Lacedæmonius, *HG.* V, IV, 33, apud Leuctra dimicans ante regem una cum Cleonymo interficitur, VI, IV, 14.

Diocles, unus e Trigintaviris in oligarchia Atheniensi, *HG.* II, III, 2.

Diodorus, Socratis familiaris, compellitur ad beneficiendum Hermogeni, *Mem.* II, X, 1 sqq.

Diomedes (Tydei filius) Chironis discipulus, cujus opera capta est Troja, *Ven.* 1, 2 et 13.

Diomedon, dux electus ab Atheniensibus, *HG.* I, V, 16. Cum duodecim navibus in Mitylenæorum fretum se contulit, I, VI, 22. Interest prœlio navali ad Arginusas, *ib.* 29. Cum aliis accusatur, I, VII, 1. Euryptolemi amicus, *ib.* 16.

Dion, ab Atheniensibus ad Tiribazum mittitur legatus, *HG.* IV, VIII, 13.

Dionysia, sive Bacchi festum, *Mag.* III, 2.

Dionysius, senior, Hermocratis filius, Syracusanus, tyrannidem Syracusis arripit, *HG.* II, II, 24. Victus a Carthaginiensibus Gelam amisit et Camarinam, II, III, 5. Ad eum Lacedæmonii legatos mittunt, VI, II, 4 et 33. Naves in auxilium Lacedæmoniorum præbet, *ib.* 35. Lacedæmonii (duce Timocrate) nova auxilia mittit, VII, I, 12 et 20. Milites ejus Sicyonem invadunt, *ib.* 22, et Dœras oppidum vi capiunt, *ibid.*

Dionysius junior, illius filius, naves duodecim in subsidium Lacedæmoniis mittit, *HG.* VII, IV, 12.

Dionysius, dux Lacedæmonius, Antalcidam persequi statuit, *HG.* V, I, 26.

Dionysodorus (Chius), sophista, profitetur artem militarem, *Mem.* III, I, 1.

Dionysus. Vide *Bacchus.*

Diopithes, Lacedæmonius, vates et insigniter oraculorum gnarus, Leotychidæ causam adjuvat, *HG.* III, III, 3.

Dioscuri Lacedæmonii, a Triptolemo sacra Cereris edocentur, *HG.* VI, III, 6. — Ob virtutem immortales facti, *Conv.* VIII, 29.

*Diotimus, Atheniensis, Alcibiadis ad Pharnabazum legatus, *HG.* I, III, 12.

Diotimus, dux Atheniensis, obsedit Nicolochum Abydi una cum Iphicrate, *HG.* V, I, 25.

Diphridas, Lacedæmoniorum imperator, medius inter Thimbronem et Teleutiam, *HG.* IV, VIII, 21. Copiis Thimbronis præest, *ibid.* Longe ordinis observantior ac solertior quam Thimbro, *ib.* 22.

Dodona (urbs Chaoniæ in Epiro, in cujus nemore templum Jovis Dodonæi fuit, cum oraculo omnium antiquissimo), *Vec.* VI, 2.

Dolopes (populi Epiri), in Cyri minoris exercitu, *Exp.* I, II, 6. — *HG.* VI, I, 4 et 7; Iasonis imperio parent, *ibid.*

Dorieus, Rhodius, Diagoræ filius, cum quatuordecim navibus fugatur ab Atheniensibus, *HG.* I, I, 4 et 5. Captus

ab iisdem et dimissus, apud Thurios, jus civitatis adeptus, vivebat, I, V, 19.

Dorotheus ab Atheniensibus ad Pharnabazum legatus mittitur, *HG.* I, III, 13.

Dracon, Pellenæus, Dercyllida jubente, Atarneum occupat, *HG.* III, II, 11.

Draconis Atheniensis leges, *Œc.* XIV, 4.

Dracontides, unus e Trigintaviris in oligarchia Atheniensi, *HG.* II, III, 2.

Dracontius Spartiates, exul ob homicidium, præest certaminibus cursus in ludis, quos Trapezunte instituit exercitus Decemmillium, *Exp.* IV, VIII, 25. Mittitur ad Cleandrum deprecandi gratia, VI, VI, 30.

Drilæ, populus vicinus et hostilis Trapezuntiis, *Exp.* V, II, 1.

E

Ecbatana (urbs Mediæ celeberrima), *Exp.* II, IV, 25; III, V, 15. — Illic ob cœlum frigidius Cyrus duos menses æstivos degit, *Inst.* VIII, VI, 22.

Ecdicus, navarchus, a Lacedæmoniis octo navibus præficitur, *HG.* IV, VIII, 20. Cum classe Cnidum appulit, *ib.* 22.

Eionem (Thraciæ urbem) occupant Lacedæmonii, *HG.* I, V, 15.

Elæuntem (in Chersoneso portum) Athenienses ingressi sunt, *HG.* II, I, 20.

Elei (gens Elidos in Peloponneso), obscenæ amori puerorum dediti, *Lac.* II, 13; *Conv.* VIII, 34. — Elei cum Atheniensibus, Argivis et Mantineensibus societate juncti, *HG.* III, II, 21. Nolunt vota de prospero belli eventu ab Agide fieri, *ib.* 22. Eorum agrum Lacedæmonii ingressi sunt, *ib.* 23 et 27. Eorum et Arcadum de Lepreo lites, *ib.* 25. Epeum urbem a Lacedæmoniis postulant, *ib.* 30. Tandem pax et societas inter Lacedæmonios et Eleos, *ib.* 31. Jovis Olympii fano præsunt, *ibid.* Lacedæmoniorum contra Corinthios socii, IV, II, 16. Dant Lacedæmoniis naves, VI, II, 2. Nolunt participes esse pacis, quam rex Persarum præscriptam ad Græcos miserat, VI, V, 23. Mantineensibus pecuniam dant ad ædificandos muros, *ib.* 5, fiuntque cum Thebanorum socii contra Lacedæmonios, *ib.* 19 (*Ag.* II, 23). Cum Thebanis ad oppugnandas Sicyonem ac Pellenen pergunt, VII, I, 18. In bello Arcadibus adsunt, *ibid.* 26. Archidamum legatum ad regem Persarum mittunt, *ib.* 33. Rex iste Eleos Arcadibus prætulit, *ib.* 38. Per Nemeam pergunt, VII, II, 5. Lasionem occupant, oppidum tunc juris Arcadici, VII, IV, 12. Eorum cædes, *ib.* 13. Arcades ad eorum urbem usque accedunt, *ibid.* Tropæum erigant, *ib.* 14. Quoddam apud eos dissidium, *ib.* 15. Arcades alia expeditione Elidem adoriuntur, *ib.* 16, 19 et 28. Pellenenses apud Elidem, *ib.* 17. Elei, missis legatis, petebant ut Lacedæmonii bellum Arcadibus facerent, nam Lacedæmoniis cum Eleis societas erat, *ib.* 20. Eorum dux Andromachus sibi ipse manus attulit, *ib.* 19. Forte in Pylios incidunt, *ib.* 26. Armati ad delubrum Olympiacum perveniunt, *ib.* 29. Eorum virtus necopinata, et restitutio templi, *ib.* 35. Lacedæmoniis adsunt ad Mantineam, VII, V, 1, et 18.

Elis urbs, sine mœnibus, *HG.* III, II, 27.

Eleusinem profectus est Critias, *HG.* II, IV, 8. Eleusinem Trigintaviri suam privatim in potestatem redigere cogitant, ut illam refugii loco haberent, II, IV, 19 et 24. Eo Atheniensium equites profecti, VII, V, 15. Gentile, Eleusinius, II, IV, 9.

Eleusinium (templum Cereris Athenis): ibi equus æneus, *Eq.* 1, 1. — Eo fiunt cursus equitum, *Mag.* III, 2.

INDEX NOMINUM ET RERUM.

Eleutheræ (Bœotiæ oppidum), *HG*. V, ɪᴠ, 14.
Elymia (Arcadiæ urbs, vel regio), *HG*. VI, ᴠ, 13.
Elymia (Macedoniæ regio), cujus rex Derdas, *HG*. V, ɪɪ, 38.
Embas, ducit Armeniorum pedites sub Cyro, *Inst*. V, ɪɪɪ, 38.
Enarchippus, apud Spartanos Ephorus, Thoricum mittitur, *HG*. I, ɪɪ, 1.
Enyalius (nomen Martis), *Inst*. ᴠɪɪ, ɪ, 26; *Exp*. V, ɪɪ, 14; *HG*. II, ɪᴠ, 17.
Epaminondas, Thebanorum dux, victor Lacedæmoniorum ad Leuctra, *HG*. VI, ɪᴠ, 15. Novam fecit in Peloponnesum impressionem, VII, ɪ, 15. Nec, ut in priori expeditione, rem habuit cum Iphicrate, sed cum novo duce Atheniensi Chabria, *ib*. 18. Trœzenem et Epidaurum aggressus, *ibid*. Sicyonios in fidem Thebanorum recepit, *ib*. 22. Achæos ad suas partes traducere cogitat, *ib*. 41. Bello adoritur Achaiam, *ibid*. et 42. Pisiam permovet ut Oneum præoccuparet, *ibid*. Thebas discessit, *ibid*. Ab Achæis accusatus, quasi Lacedæmoniis favisset, *ib*. 43. (« Thebanus ille ») Thebanorum id temporis imperator, VII, ɪᴠ, 39, 40. Cum Bœotis, Eubœensibus multisque Thessalis domo proficiscebatur, VII, ᴠ, 3. Nemeam cum copiis ingressus est, *ib*. 6. Tegeam profectus, *ib*. 7. Ejus tum providentiæ, tum audaciæ facinora, *ib*. 8. Intra Tegeatarum muros castra locavit, *ibid*. Recta Spartam copias duxit, *ib*. 9. Ejus strategema, *ib*. 11 et 21. In prœlio victus, *ib*. 13. Celerrime Tegeam contendit et equitatum Mantineam misit, *ib*. 14. Honoris et laudis cupidus, *ib*. 19. Aciem struxit, *ib*. 21. Ejus apud exercitum auctoritas, *ib*. 22. Copias suas triremis instar duxit, *ib*. 24. Deliberat de imperio non relinquendo, *ibid*. Ipse cecidit, VII, ᴠ, 25.
Eparatus, Lacedæmoniorum Ephorus, *HG*. II, ɪɪɪ, 10.
Epariti qui, *HG*. VII, ɪᴠ, 22. Ex Eparitis legati Lacedæmonem missi sunt, VII, ᴠ, 3.
Epeum, Eleorum oppidum, inter Macistum et Heræum situm, *HG*. III, ɪɪ, 30.
Ephesus (urbs Ioniæ maritima), *Exp*. II, ɪɪ, 6; VI, ɪ, 23; *Ag*. ɪ, 14, 25. Eo navigat Thrasylus, *HG*. I, ɪɪ, 6; etiam Lysander, I, ᴠ, 15. Eo reversus est Dercyllidas, III, ɪɪ, 12. Trium dierum itinere distat a Sardibus, III, ɪɪ, 11. Ephesum cum classe petiit Agesilaus, III, ɪᴠ, 4; ᴠɪ, 11 et 16; et urbem reddit quasi belli officinam, III, ɪᴠ, 17. Epheso in Æginam navigat Gorgopas, V, ɪ, 7. Ephesii in victoria contra Thrasylum tropæum erigunt, *HG*. I, ɪɪ, 10. In Ephesiorum portum invectus est Antiochus, I, ᴠ, 12; et Alcibiades, *ib*. 15. Ephesiæ Dianæ templum, *Exp*. V, ɪɪɪ, 8 sqq.
Ephororum durante bello Peloponnesiaco catalogus, *HG*. II, ɪɪɪ, 10. Eorum prudentia in opprimenda conjuratione Spartæ orta, III, ɪɪɪ, 11.
Epicharmus (Cous, poeta comicus) : ex ejus comœdiis laudatur versus, *Mem*. II, ɪ, 20.
Epicydidas a Lacedæmoniis ad regem Agesilaum in Asiam mittitur, *HG*. IV, ɪɪ, 2.
Epidaurus (urbs Argolidis), in Lacedæmoniorum societate, *HG*. VI, ɪɪ, 2; quibuscum Epidaurii stant contra Corinthios, IV, ɪɪ, 6. Eorum agrum Thebani populantur, VII, ɪ, 18. Argivi ingressi sunt Epidaurum, *ib*. 25.
Epidocus, Siculus, Navarchus, *HG*. I, ɪ, 29.
Epiecia, urbs in Nemea sita, *HG*. IV, ɪɪ, 14. A Praxita munita, IV, ɪᴠ, 13.
Epigenes, Socratis discipulus, corporis negligentior, *Mem*. III, xɪɪ, 1.
Epilytidas, Spartanus eques, interficitur, *HG*. V, ɪᴠ, 39.
Episthenes Amphipolitanus (ex urbe Amphipoli Macedoniæ), præest peltastis in exercitu Cyri minoris, *Exp*. I, x, 7 : vir prudens, *ibid*. : cui committit Xenophon puerum e barbaris obsidem custodiendum, IV, ᴠɪ, 1 : eum Episthenes amat et domum secum abducit, *ibid*.
Episthenes Olynthius, puerorum amator formosorum, *Exp*. VII, ɪᴠ, 7 sqq.
Epitalium, urbs Eleorum Triphyliæ propter Alpheum amnem, *HG*. III, ɪɪ, 25, 29, 30. Incolæ, Epitalienses, *ib*. 25.
Epyaxa, Syennesis regis Cilicum conjux, ad Cyrum minorem venit, *Exp*. I, ɪɪ, 12 sqq.
Erasinides dux Atheniensium eligitur, *HG*. I, ᴠ, 16. In pugna navali ad Arginusas, I, ᴠɪ, 29. Ab Archedemo accusatus, I, ᴠɪɪ, 2 sqq. In vincula ductus et morte multatus, *ibid*., et *Mem*. I, ɪ, 18.
Erasistratus, unus e Trigintaviris in oligarchia Atheniensi, *HG*. II, ɪɪɪ, 2.
Eratosthenes, unus e Trigintaviris in oligarchia Atheniensi, *ibid*.
Erechtheus, rex Atheniensium : ejus educatio, hospitium, et bellum cum Græcis ceteris, *Mem*. III, ᴠ, 10. — Sacrorum Eleusiniorum auctor, *Conv*. ᴠɪɪɪ, 40.
Eurymachus Dardanus, in exercitu Decemmillium, *Exp*. V, ᴠɪ, 21.
Erythra (Bœotiæ oppidum, ut videtur), *HG*. V, ɪᴠ, 49.
Eteonicus Byzantio excludit Græcos exercitus Decemmillium, *Exp*. VII, ɪ, 12; et fugit, *ib*. 20. — Lacedæmoniorum harmosta, in seditione Thaso expulsus, *HG*. I, ɪ, 32. In Chio navibus quinquaginta præficitur, I, ᴠɪ, 26. Apud Mitylenen stationem habet, *ib*. 35. Ejusdem strategema, *ib*. 36. Castris succensis, pedestres copias Methymnam duxit, *ib*. 37. In Chio cum copiis degebat, II, ɪ, 5. Suorum militum conspiratio, *ibid*. Cum navibus e Chio ad Lysandrum venit, *ib*. 10. A Lysandro ad Thraciæ oppida cum decem triremibus mittitur, II, ɪɪ, 5. In Æginam mittitur a Lacedæmoniis, V, ɪ, 1. Æginetis potestatem fecit, ut quisque prædas ageret ex Attica, *ibid*. Ei parere nolunt nautæ, quia stipendium non numerabat, V, ɪ, 13.
Etymocles, Lacedæmoniorum legatus, Athenis adest apud Calliam, *HG*. V, ɪᴠ, 22; VI, ᴠ, 33. Agesilai amicus, V, ɪᴠ, 32.
Eubœa, insula, capta ab Atheniensibus, *HG*. II, ɪɪ, 10.
Eubœenses (incolæ Eubœæ insulæ) cum Thebanis stant contra Agesilaum, *Ag*. ɪɪ, 6, 24; *HG*. IV, ɪɪɪ, 15; VI, ᴠ, 23. Sunt cum Epaminonda ad Mantineam, VII, ᴠ, 4.
Eubotas, Cyrenensis, in stadio victor, *HG*. I, ɪɪ, 1.
Eubulus, Atheniensis, una cum Theramene, ab Alcibiade ad Chrysopolin (Chalcedoniæ oppidum) cum triginta navibus relictus est, *HG*. I, ɪ, 22.
Euclea, festum Dianæ apud Corinthios, *HG*. IV, ɪᴠ, 2.
Eucles, Siculus, Hipponis filius, navibus quinque Epheso præest, *HG*. I, ɪɪ, 8.
Euclides Phliasius (ex Phliunte, urbe Achaiæ), Cleagoræ pictoris filius, haruspex, *Exp*. VIII, ᴠɪɪɪ, 1 sqq. Alius tamen *Euclides* ibidem memoratur § 6, ubi codices fere præbent *Eusiclides*.
Euclides, unus e Trigintaviris in oligarchia Atheniensi, *HG*. II, ɪɪɪ, 2.
Euctemon, Atheniensis Archon, officio fungitur, *HG*. I, ɪɪ, 1.
Eudamidas, Lacedæmoniorum dux, ad oppida Thraciæ cum copiis mittitur, *HG*. V, ɪɪ, 24. Potidæam occupat, *ibid*.
Eudicus, Spartæ Ephorus, *HG*. II, ɪɪɪ, 1 et 10.
Eudicus, Lacedæmonius periœcus, interficitur, *HG*. V, ɪᴠ, 39.
Eumathes, unus e Trigintaviris in oligarchia Atheniensi, *HG*. II, ɪɪɪ, 2.
Eunomus ab Atheniensibus tredecim navibus præficitur,

HG. V, 1, 5. In eum forte incidit Gorgopas, *ib.* 7, eumque vincit, *ib.* 10.

Euodeus, lochagus in exercitu Decemmillium, vulneratur, *Exp.* VII, IV, 18.

Eunuchi Pantheæ, cum ea mortui, in monumento cernuntur, *Inst.* VII, III, 15, 16. Ad custodiam corporis cur eunuchos sibi adsciverit Cyrus, VIII, V, 58.

Euphrates, per mediam Babylonem fluens, latus et profundus, *Inst.* V, V, 8; a Cyro derivatur in fossam, *ibid.* 15. — Ejus latitudo, *Exp.* I, IV, 11; Cyrus minor cum copiis eum transit, *ib.* 17 sqq. Eundem Græci non procul a fontibus trajiciunt, IV, V, 2.

Euphro Sicyone summam auctoritatem supra cives ceteros obtinet, *HG.* VII, 1, 44. Lacedæmoniorum arrogantiam iniquo animo tulit, *ibid.* Præsentibus Argivis et Arcadibus populum convocat, *ib.* 45. Prætor electus, *ibid.* Palam tyrannidem exercet, *ib.* 46. Expeditioni adversus Phliasios interest, VII, II, 11, 12 et 15. In portum Sicyoniorum confugit et eum Lacedæmoniis tradit, VII, III, 2. Pasimelum Corintho ad se evocat, *ibid.* Secum Athenis ducto mercenario milite in patriam rediit, *ib.* 4. Coactis pecuniis, Thebas profectus est ut Thebani, optimatibus ejectis, urbem sibi restituerent, *ib* 5. Ibi in arce jugulatur, *ibid.* Ejus flagitia, *ib.* 8. Sicyone in foro sepultus atque ut patronus urbis cultus, VII, III, 12.

Europa, habet gentes liberas, *Inst.* I, 1, 4.

Eurotas, amnis, *HG.* V, IV, 27; VI, V, 27 et 30.

Eurylochus Lusiates (ex Lusis oppido Arcadiæ, haud dubie lochagus gravis armaturæ) in exercitu Decemmillium, protegit Xenophontem clypeo, *Exp.* IV, II, 21; rem strenue gerit, IV, VII, 11 sq. Legatus mittitur ad Anaxibium, VII, 1, 32; censet de stipendio Seuthæ extorquendo idem quod Xenophon, VII, VI, 40.

Eurymedon, amnis Pamphyliæ prope Aspendum urbem, *HG.* IV, VIII, 30.

Euryptolemus, Pisianactis filius, Atheniensium cum Mantitheo et aliis ad regem Persarum Pharnabazum legatus, *HG.* I, III, 12 et 13. Alcibiadis consobrinus, I, IV, 19. Pro ducibus octo Atheniensium orationem habet, I, VII, 16.

Eurysthenes, a Demarato Lacedæmonio ortus, cum Procle regulus Teuthraniæ et Halisarnæ, *HG.* III, 1, 6.

Eurystheus, a cujus injuriis olim Athenienses defenderunt Heraclidas, *HG.* VI, V, 47.

Eutæam (Arcadiæ oppidum) occupat Agesilaus, *HG.* VI, V, 12, 20.

Eutherus, Atheniensis, pauper per bellum factus, compellitur a Socrate ad vitæ genus eo quod egerat convenientius, *Mem.* II, VIII.

Euthycles, Lacedæmonius, legatus ad regem Persarum, *HG.* VII, I, 33.

Euthydemus, cognomine Formosus, ab initio alienus ab omni disciplina, postea assiduus Socratis discipulus, *Mem.* IV, II, 1 — 40; ad deos colendos excitatur, IV, III, 2 sqq; cum eo disputat Socrates de intemperantia, IV, V, 2 sqq; et de arte disserendi, IV, VI; amatus a Critia, I, II, 29.

Eutresii (Arcadiæ oppidum), *HG.* VII, 1, 29. Eo Archidamus milites duxit, *ibid.* Ibi contra Arcades et Argivos pugna, VII, 1, 32.

Euxenus, Lacedæmonius, ab Agesilao in Asia cum præsidiariis relinquitur, *HG.* IV, II, 5.

Euxinus pontus, terminus regni Persici versus septentriones, *Inst.* VIII, VI, 21; VIII, I. — Ibi Trapezus urbs, *Exp.* IV, VIII, 22. — *Œc.* 20, 27.

Evagoras, Eleus, in ludis Olympicis bigæ victoriam obtinet, *HG.* I, II, 1.

Evagoras, rex Cypri. Ad eum navigat Conon, *HG.* II, I,

29. Evagoras bellum gerit adversus Persas, IV, VIII, 24; V, 1, 10.

Evalces, Atheniensis athleta, inter pueros maximus, *HG.* IV, I, 40.

Evarchippus, apud Spartanos Ephorus, *HG.* I, II, 1 et II, III, 10.

Exarchus, Lacedæmoniorum Ephorus, *HG.* II, III, 10.

F

Fœderis faciendi ritus, *Exp.* II, II, 9.

G

Gabæus, rex s. satrapa Phrygiæ minoris, auxilio est Assyriis adversus Medos, *Inst.* II, 1, 5; fugit donum, victis Assyriis, IV, II, 30.

Gadatas, cur eunuchus sit factus a rege Assyriorum, *Inst.* V, II, 28; deficit ab Assyrio, et tradit Cyro castellum dolo captum, V, III, 15; ejus terram invadit Assyrius, *ibid.* 26 : illapsum in insidias et vulneratum a perfido duce servat Cyrus, V, IV, 1; cum suis recipitur in Cyri exercitum, *ibid.* 29. Ejus regio est prope Babylonem, *ibid.* 34. Interficit regem Assyriorum, VII, V, 30. Fit præfectus eunuchis Cyri custodibus, VIII, IV, 2.

Gæoochus. V. Neptunus.

Galaxidorus, Thebanus, aurum a Tithrauste accipit, ut bellum Lacedæmoniis faceret, *HG.* III, V, 1.

Galli aut Celtæ inter Dionysii auxilia Syracusana, *HG.* VII, 1, 20 et 31. Sicyonem invadunt, *ib.* 22. Syracusas navigant, *ibid.*

Gambrion (urbs Ioniæ), *HG.* III, 1, 6.

Ganus (oppidum sive castellum maritimum Thraciæ ad Propontidem), *Exp.* VIII, V, 8.

Ganymedes, propter animi virtutem a Jove raptus, *Conv.* VIII, 30.

Gaulites, exul Samius, Cyro fidelis, *Exp.* I, VII, 5.

Gaurium (castellum et portus in Andro insula) : eo Alcibiades pervenit, *HG.* I, IV, 22.

Gelam (Siciliæ urbem) amisit Dionysius, tyrannus Syracusanus, *HG.* II, III, 5.

Geranor, Polemarchus Spartanus, ad Asinen (Laconicæ oppidum) ab Arcadibus interficitur, *HG.* VII, I, 25.

Geræstum, Eubϫæ promontorium et vicus : eo venit Agesilaus, *HG.* III, IV, 4. Eo naves mittunt Athenienses, ut sibi frumentum subveheretur, V, IV, 61.

Gergis, munitum oppidum (Troadis) : ibi opes suas Mania reconditas habebat, occupatur autem a Pharnabazo, *HG.* III, 1, 15. Gergithem versus contendit Dercyllidas, *ib.* 19.

Getheus, nomen canis, *Ven.* VII, 5.

Glauco, Aristonis filius, temere reipublicæ capessendæ cupidus, *Mem.* III, VI, 1.

Glauco, Charmidis pater, *Mem.* III. VI, 1, et *HG.* II, IV, 19.

Glus, filius Tami, interpres, *Exp.* II, 1, 3; verbis Cyri minoris promittit Græcis præmia, I, 4, 16; jussu Cyri plaustra tradit e locis palustribus, I, V, 7; mortem Cyri nuntiat Græcis, II, 1, 3; observat Græcos, II, IV, 24.

Gnesippus, lochagus Atheniensis, facete petit munus a Seuthe, *Exp.* VII, III, 28.

Gnome, nomen canis, *Ven.* VII, 5.

Gnosias, Siculus Syracusanus, *HG.* I, 1, 29.

Gobryas, Assyrius, vir opulentus, deficit ad Cyrum, *Inst.* IV, VI, 1; privatus filio a rege Assyriorum, *ib.* 4; se, filiam, et omnia sua permittit fidei Cyri, *ibid.* : recipit Cyrum in castellum munitissimum, V, II, 5; admiratur

Persarum cœnam frugalem, *ib.* 14 : occidit regem Assyriorum in regia, VII, v, 30. Laudat amicos Cyri, VIII, IV, 7; locat nuptum filiam Hystaspæ, *ib.* 25. — Alius *Gobryas*, dux copiarum Artaxerxis, *Exp.* I, VII, 12.

Gongylus Eretriensis, qui Xenophonti ab hostibus presso auxilium tulit, *Exp.* VII, VIII, 8 et 17.

Gongylus, filius præcedentis : ei oppida ab Artaxerxe data, *HG.* III, 1, 6.

Gordium (Phrygiæ oppidum), *HG.* I, IV, 1.

Gorgias Leontinus (ex Leontio urbe Siciliæ maritima, sophista celeberrimus et antiquissimus fere rhetor) : cujus auditor fuit Proxenus, *Exp.* II, VI, 16. — Mercede docebat, *Conv.* 1, 5. Ejus genus dicendi tangitur, II, 26.

Gorgio, frater Gongyli minoris, *Exp.* VII, VIII, 8. — Oppida habebat ab Artaxerxe data, *HG.* III, 1, 6.

Gorgones, quarum aspectus lapideos facit, *Conv.* IV, 24.

Gorgopas, Lacedæmonius, Hieracis legatus, in Æginam relinquitur, *HG.* V, 1, 5. Ephesum contendit, *ib.* 6. Antalcidas eum cum duodecim navibus in Æginam remittit, *ibid.* Dum Epheso in Æginam navigabat, forte in Eunomum incidit, *ib.* 7. Quatuor triremes capit, *ib.* 9. Interficitur, *ib.* 12.

Græci, quot in Asiam ascenderint cum Cyro minore, *Exp.* I, II, 9; VII, 10. Eorum ornatus, I, II, 16. Nolunt contra Artaxerxem ascendere, I, III, 1; IV, 12; vincunt et fugant barbaros, I, VIII, 21; x, 11; redeunt in castra sua, I, x, 17; mortem Cyri ægre ferunt, II, 1, 4; redeunt ad Aræum, II, II, 8; non uno loco cum Arieo castra ponunt, II, IV, 1 ; perveniunt ad Zabatum amnem, ubi eorum duces dolo Tissaphernis capti interficiuntur, II, v, 31; eorum animos excitat Xenophon, III, 1, 15 sqq. Iter faciunt pugnantes, III, III, 7 ; fugant Persas, III, IV, 15; et pellunt de colle, *ib.* 25 et 44; iter molestissimum faciunt per montes Carduchorum, quibuscum per septem dies continuo pugnare coguntur, IV, III, 2; vadunt per Armeniam, IV, IV, 1; vexati nive et frigore, IV, v, 3; superant Chalybes, Taochos, et Phasianos, IV, vi, 24; pergunt per Scythinorum fines, IV, VII, 18; cum Macronibus fœdus faciunt, IV, VIII, 7 ; vincunt Colchos, *ib.* 19; perveniunt Trapezunta, *ib.* 22 ; aggrediuntur Drilas, V, II, 1; Mossynœcorum metropolin expugnant, V, IV, 26; Cotyoris navigant Sinopen, VI, I, 14; inde Heracleam Ponti, VI, II, 2; seditione orta, exercitus trifariam dividitur, *ib.* 16; sed mox rursus se conjungunt, VI, IV, 1; Bithynos acie vincunt, VI, v, 31 ; perveniunt Chrysopolin, VI, VI, 38; trajiciunt Byzantium, VII, 1, 7; apud Seuthen stipendia merent et vincunt Thracas, VII, III, 14 sqq; tandem conjungunt se cum Thimbrone exercitu, VII, VIII, 24; *HG.* III, 1, 2; *Ag.* 1, 4, 38. — Græci quomodo puellas educent, *Lac.* 1, 3; quomodo pueros, II, 1. — Græci debent esse retiarii in venatione (ut possint intelligere quæ præcipiunt venatores), *Ven.* II, 4. — Græcorum ad Persarum regem legatio, *HG.* I, III, 12. Eorum victoria de Persis, III, IV, 24. A victis Persis ingentem prædam auferunt, *ibid.* Græciæ civitatibus libertas restituta a Lacedæmoniis, V, 1, 35. Græci legationem ad regem Persarum mittunt, VII, 1, 33. — Græce, opposito, barbare, *Exp.* I, VIII, 1.

Græci Asiatici, an socii Assyriorum fuerint adversus Medos incertum est, *Inst.* II, 1, 5; sed adjuvant Crœsum adversum Cyrum, VI, II, 10; hinc tributum pendere coguntur Cyro, VII, IV, 9; I, 1, 4.

Gratiæ saltantes scite, *Conv.* IV, 5.

Grynium (Æolidis oppidum), *HG.* III, 1, 6.

Gylis, Lacedæmonius, Agesilai Polemarchus, in pugna ad Coroneam, *Ag.* II, 15, *HG.* IV, III, 21. Cum copiis in agrum Phocensem abiit, *ibid.* Interficitur, *ib.* 23.

Gymnasium dicitur Academia, *HG.* II, II, 8.

Gymnias, urbs magna in regione Scythinorum, *Exp.* IV, VII, 19.

Gythium (Laconiæ urbem) versus vehebatur Alcibiades, *HG.* 1, IV, 11. Quo loco navalia Lacedæmoniorum, VI, v, 32.

H

Hagnon, Theramenis pater, magno apud populum Atheniensium in honore, *HG.* II, III, 30.

Halæ (geminæ fuerunt agri Atticii), *HG.* II, IV, 34.

Haliartus, Bœotiæ urbs. Eo Lysander copias duxit, prius quam Pausanias præsto fuit, *HG.* III, v, 17. Hic Lysander in pugna periit, *ib.*

Halienses, Laconicæ urbis incolæ, Lacedæmoniorum contra Corinthios socii, *HG.* IV, II, 16; contra Thebanos, VI, II, 3; VII, II, 2.

Halipedon, (planities littoralis) castrum, non procul a Piræeo, *HG.* II, IV, 30.

Halisarne (oppidum Mysiæ), *Exp.* VII, VIII, 17. — A Thimbrone occupatur, *HG.* III, 1, 6.

Halys, amnis Paphlagoniæ, *Exp.* V, VI, 9; VI, II, 1.

Hamaxitus (maritimum oppidum Troadis) a Dercyllida capitur, *HG.* III, 1, 16.

Hannibal (Gesconis filius et nepos Hamilcaris), Carthaginiensium dux, cum centum millibus hominum Siciliam invadit, *HG.* I, 1, 37.

Harmene (vicus Paphlagoniæ, cum portu prope Sinopen), *Exp.* VI, 1, 15.

Harpasus (amnis qui distinguit Chalybes a Scythinis), *Exp.* IV, 7, 18.

Heba, nomen canis, *Ven.* VII, 5.

Hecatonymus, legatus Sinopensium ad exercitum Decemmillium, *Exp.* V, v, 7 et 24; VI, 3.

Hegesander, lochagus in exercitu Decemmillium, *Exp.* VI, III, 5.

Hegesandridas, Lacedæmonius; secunda ejus pugna in Thymocharidem Atheniensem, *HG.* 1, 1, 1.

Hegesandridas, Mindari classiarius, I, III, 17.

Hegesilaus, dux Atheniensium (bello in Eubœa contra Thebanos male gesto capitis damnatus), *Vec.* III. 7.

Helicon (mons Bœotiæ) : ejus mentio frequens in narrando prœlio ad Coroneam, *HG.* IV, III, 18 sqq., *Ag.* II, 9 sqq.

Helixus, Megarensis dux, Byzantio præest, *HG.* I, III, 15 et 21.

Hellas, Gongyli Eretriensis uxor, *Exp.* VII, VIII, 8.

Hellespontii, *Ag.* 1, 14; *HG.* III, IV, 11. In prœlio apud Coroneam, *HG.* IV, III, 17; *Ag.* II, 11.

Hellespontus : Græci super Hellespontum, *Exp.* I, 1, 19. Ex eo Thraces abiguntur, I, III, 4. — Hellespontum ingressus est Dorieus, *HG.* I, 1, 2. Hellesponti ad Ægospotamos in regione Lampsaci latitudo, II, 1, 20. Hellespontum cum copiis trajicit Dercyllidas, III, II, 8; et Pharnabazus, *ibid.* 9. Eum trajicit Agesilaus, *Ag.* II, 1.

Helos, civitas in Laconia, *HG.* VI, v, 32.

Helotes, servi : eorum seditio, *HG.* 1, II, 18; III, III, 6, 8. In copias describuntur, VI, v, 28 sq. Post Leuctricam pugnam omnes a Lacedæmoniis deficiunt, VII, II, 2.

Heraclea, urbs Ponti Græca, Megarensium colonia, in Mariandynorum regione, *Exp.* VI, II, 1; quantum distet a Byzantio, VI, IV, 2. Multæ ibi appellunt naves, V, VI, 10.

Heraclea (urbs Thessaliæ, Trachinia dicta), *HG.* 1, II, 18; I, III, 7. Ejus mœnia dejecit Iason, *HG.* VI, IV, 27.

Heracleota hospes (ut videtur, Zeuxis), *Conv.* IV, 63.

INDEX NOMINUM ET RERUM. 779

Heracleotæ Ponti, exercitui Decemmillium promittunt subsidia, *Exp.* V, vi, 21 sqq.; hospitalia dona eisdem mittunt, VI, ii, 3; sed intraturis penes eos portas claudunt, *ib.* 4 sqq. Arcadibus dant naves, *ib.* 17.

Heracleotæ Thessaliæ, socii Lacedæmoniorum, *HG.* III, v, 6; VI, iv, 9: sed Thebanorum, VI, v, 23.

Heracleotis, id est, ager Heracleotarum, in Ponto, *Exp.* VI, ii. 19.

Heracleum, id est Herculis templum s. fanum. V. *Hercules.*

Heraclidæ, nepotes Herculis, adjuti ab Atheniensibus, *Mem.* III, v, 10. — Eorum tempore Lycurgus ferebatur vixisse, *Lac.* x, 8.

Heraclides, Siculus, Aristogenis filius, navibus quinque præfectus, *HG.* I, ii, 8.

Heraclides Maronites (ex Maronea, urbe maritima Thraciæ ad mare Ægæum), hortatur convivas, ut Seuthæ dent munera, *Exp.* VII, iii, 15; el traditur præda vendenda, VII, iv, 2; v, 5: calumniatur Xenophontem, *ib.* 6, et VII, vi, 5; Græcus dicitur, *ib.* 41. Seuthæ iram timens, pecuniam prædæ solvit, VII, vii, 48.

Heræa, Eleorum urbs, *HG.* III, ii, 30. Apud eam Agis ægrotare cœpit, III, iii, 1.

Heræenses cum Lacedæmoniis adversus Mantineos conjuncti, *HG.* V, v, 11. In eos cum copiis proficiscuntur Arcades, VI, v, 22; VII, ii, 1.

Heræum (Corinthiorum promontorium et castrum adversus Sicyonem) deditione capit Agesilaus, *HG.* IV, v, 5 et 6.

Heræum (Junonis fanum), locus in agro Phliasiorum, *HG.* VII, ii, 1, 6, 11 sq.

Hercules, Jovis filius: ejus pubescentis optio inter virtutem et voluptatem, a Prodico ficta, *Mem.* II, i, 21 sqq. — Troja expugnata, præmii loco dedit Telamoni comiti Hesionen, *Ven.* i, 9. — Ob virtutem deus factus, *Conv.* viii, 29. — Herculi viæ duci sacra fiunt ab exercitu Decemmillium, *Exp.* IV, viii, 24; VI, ii, 15; v, 24 et 25. Ubi descenderit ad Cerberum educendum, VI, ii, 2. — Herculis fanum in agro Chalcedonensium, *HG.* I, iii, 7; in Ægina, V, i, 10. In ejus templo, quum nulla inventa essent arma, quod signum inde collegerint Thebani, VI, iv, 7. Lacedæmoniorum ἀρχηγέτης, VI, iii, 6. Posteri ejus reges Lacedæmoniorum, III, iii, 3; *Ag.* 1, 2; ex quibus Aristodemus, *Ag.* viii, 7.

Herippidas, Laco, dux in exercitu Agesilai ex Asia redeuntis, *Ag.* ii, 10. — Lacedæmoniorum ad Tissaphernem legatus, *HG.* III, iv, 6. Cyri militibus præficitur, III, iv, 20. Agesilai amicus et ad Spithridatem legatus, IV, i, 11. Præclari facinoris cupidus, *ib.* 21. Castra Pharnabazi aggressus est, *ib.* 24. Ejus avaritia, *ib.* 26. Ex Lacedæmoniis judex electus de præmiis Asiæ civitatibus distribuendis, IV, ii, 8. In prœlio apud Coroneam mercenarios ducit, IV, iii, 15 et 17. Classi Lacedæmoniorum præficitur, IV, viii, 11.

Hermæ (locus Athenis, a Mercurialibus statuis sic dictus), *Mag.* iii, 2.

Hermion, sive Hermione (oppidum Laconicæ), *HG.* VI, ii, 3. Hermionenses incolæ, Lacedæmoniorum contra Corinthios socii, *HG.* IV, ii, 16. Fidi, VII, ii, 2.

Hermocrates, discipulus Socratis, *Mem.* I, ii, 48.

Hermocrates Syracusanus, Syracusanorum ducum nomine verba fecit, eorumque calamitatem deplorat, *HG.* I, i, 27. Ejus diligentia et alacritas, *ib.* 30 et 31. Ad Pharnabazum se contulit, *ib.* Syracusis exul, legatos Græcorum ad regem Persarum comitatur, I, iii, 13.

Hermogenes, Atheniensis, Hipponici filius, hortatur Socratem, ut de apologia cogitet, *Mem.* IV, viii, 4; *Ap.* 2; pauper, *Mem.* II, x, 3. — Socratis familiaris, *Conv.* i, 3; amicorum, id est deorum potentia et benignitate gloriatur, iii, 14; iv, 47; vir bonus *ib.* 50; rogatus explicat, quid sit παροινία, vi, 2. Joco petitur a Socrate, viii, 3. — Alius *Hermogenes*, ut videtur, legatus Atheniensium ad Tiribazum ducem mittitur, *HG.* IV, viii, 13.

Hermon Megarensis, Callicratidæ gubernator, *HG.* I, vi, 32.

Herodas, Syracusanus, cum nauclero quodam in Phœnicia vivit, et Lacedæmoniis nuntiat belli apparatum regis, *HG.* III, iv, 1.

Hesiodus: hujus poetæ versus laudantur, *Mem.* I, ii, 56; iii, 3; II, i, 20.

Hesione (Laomedontis Trojanorum regis filia), Troja capta, ab Hercule præmii loco data Telamoni socio, *Ven.* i, 9.

Hesperitæ (populi partem Armeniæ occidentalem incolentes), *Exp.* VII, viii, 25.

Hieramenes, Persa, pater Autobœsacis et Mitræi, *HG.* II, i, 9.

Hierax, præfectus classi, a Lacedæmoniis in Æginam missus, *HG.* V, i, 3. In Rhodum navigat, *ib.* 5, et Teleutiæ succedit, *ib.*

Hiero, Atheniensis, unus e Trigintaviris, *HG.* II, iii, 2.

Hiero, Lacedæmonius: stipendiarii ejus sunt in exercitu Lacedæmoniorum', *HG.* VI, iv, 9.

Hiero, Syracusanorum tyrannus, *Hi.* i, 1, cujus colloquium cum Simonide poeta de principum et privatorum conditione finxit Xenophon, in scriptione cui titulus *Hiero.*

Hieronymus, lochagus in exercitu Decemmillium, vulneratur, *Exp.* VII, iv, 18.

Hieronymus, Eleus, Proxeni lochagorum natu maximus, *Exp.* III, i, 34; V, iv, 10; legatus mittitur ad Anaxibium, VII, i, 32.

Himera, Siculorum urbs, ab Hannibale capta, *HG.* I, i, 37.

Hippeus, Samius, in prœlio navali dux, *HG.* I, vi, 29.

Hippias, Eleus: ejus cum Stalca et Stratola factio Elide, *HG.* VII, iv, 15.

Hippias, sophista, disputat cum Socrate, de justitia et legibus naturalibus, *Mem.* IV, iv, 5. — Calliam artem memoriæ docuit, *Conv.* iii, 62.

Hippo, Siculus, *HG.* I, ii, 8.

Hippocrates, dux Atheniensium, victus ad Delium, *Mem.* III, v, 4.

Hippocrates, Mindari legatus, cum litteris Lacedæmonem mittitur, *HG.* I, i, 23. Chalcedone præfectus Lacedæmoniorum I, iii, 5. In agro Chalcedonensium interficitur, *ib.* 7.

Hippodamus (Milesius, architectus ætate Periclis): ab eo dictum Forum Hippodameum (in Piræeo structum), *HG.* II, iv, 11.

Hippodamas Sicyone prætor electus, *HG.* VII, i, 45.

Hippodamium forum: V. prius *Hippodamus.*

Hippolochus, unus e Trigintaviris in oligarchia Atheniensi, *HG.* II, iii, 2.

Hippolytus (Thesei filius), studio venationis nobilis, et Dianæ fuit in deliciis, *Ven.* i, 10.

Hippomachus, unus de Trigintavirorum Atheniensium numero, in prœlio interficitur, *HG.* II, iv, 19.

Hipponicus, Calliæ pater, *HG.* VI, iii, 2; — *Conv.* i, 2. — Atheniensis dives ex eadem familia, nisi est idem, qui sexcenta mancipia in argentifodinis Atticis occupata habuit, *Vec.* iv, 15.

Hipponicus, Atheniensis, pater Hermogenis, *Mem.* IV, viii, 4.

Hipponicus, pater Proclis (Phliasii), *HG.* V, iv, 13.

Hispani et Celtæ inter auxilia Syracusana Lacedæmonem mittuntur, *HG.* VII, i, 20. Sicyonem invadunt, VII, i, 22. Syracusas navigant, *ib.*

Histiæenses (Histiææ in Eubœa insula cives), ab Atheniensibus crudeliter tractati, *HG.* II, ii, 3.

Homerus, carminis epici princeps, *Mem.* I, IV, 3. Locus ejus laudatur, *Mem.* I, II, 58; II, VI, 11. — Fere de omnibus rebus exposuit, *Conv.* IV, 6, 7; ubi etiam versus ex eo. Ejus carmina edidicit Niceratus, III, 5. — Vaticinandi vim tribuit morituris, *Ap.* 30.
Horæ saltantes, *Conv.* VII, 5.
Horme, nomen canis, *Ven.* VII, 5.
Hyacinthia, Lacedæmoniorum festum, *Ag.* II, 17.
Hyampolitarum (civium Hyampoleos in Phocide) suburbia capit Iason, *HG.* VI, IV, 27.
Hybris, nomen canis, *Ven.* VII, 5.
Hyleus, nomen canis, *Ven.* VII, 5.
Hypates, Thebanus, occisus, *HG.* VII, III, 7.
Hypatodorus, Tanagræus, cum suis, Lacedæmoniis addictus, Tanagram tenet, *HG.* V, IV, 49.
Hyperrnenes, Lacedæmonius, Mnasippi legatus, Leucadem pervenit, *HG.* II, 25 et 26.
Hyrcanii (populus Asiæ majoris ad mare Caspium), finitimi Assyriis, *Inst.* IV, II, 1; equitatu valentes, subiguntur ab Assyriis, I, V, 2; deficiunt ad Cyrum, IV, II, 1; V, III, 24; iis præest Artuchas, *ib.* 38. Eorum regulus, IV, V, et in sqq. — In *Exp.* VII, VIII, 15, « equites Hyrcanii, stipendiarii regis », fortasse intelliguntur populi Hyrcaniæ oppidi in Lydia prope Thyatira.
Hystaspas, Persa nobilis, narrat morositatem cujusdam conviæ, *Inst.* II, II, 2; probat Cyri consilium de præda, IV, II, 46; præest dimidiæ parti equitum Persicorum, VII, I, 19; subigit Phrygiam minorem, VII, IV, 8. Queritur, quod Cyrus præferat sibi Chrysantam, VIII, IV, 9. Ducit in matrimonium filiam Gobryæ, *ib.* 25.

I

Iacchus, cum diis Eleusiniis opem fert Atheniensibus contra Xerxem, *Conv.* VIII, 40.
Iason, tyrannus Pherarum in Thessalia, copias ingentes habet et percelebris est, *HG.* VI, I, 4; perrobustus corpore, ac laboris ceteroqui amantissimus, *ib.* 6. Thessalorum imperator constituitur, *ib.* 18. Ad eum, quem habebant socium, Thebani post pugnam ad Leuctra nuntium victoriæ suæ miserunt, VI, IV, 20. Consilio ejus pax constituitur, *ib.* 24. Itinere terrestri in Bœotiam cum copiis profectus est, *ib.* 21. Ejus prudentia singularis et celeritas, *ib.* Per Phocidem discedit et Heracleotarum mœnia dejecit, *ib.* 27. In Thessaliam reductus, vir magnus habebatur, *ib.* Potentia ejus quomodo crevit, *ib.* 30. Hasta percussus interficitur, *ib.* 32. Successores ejus, *ib.* 33 sqq.
Iasonium litus (quod et promontorium dicitur, et est inter Cotyora et Sinopen medium) : ibi Argo navis appulit, *Exp.* VI, II, 1.
Ichthys, promontorium Elidis, *HG.* VI, II, 31.
Iconium, urbs Phrygiæ extrema versus Lycaoniam, *Exp.* I, II, 19.
Ida, mons Trojæ, *Exp.* VII, VIII, 7. — Ex Ida materia sumta in triremes, *HG.* I, I, 25.
Idæus, regis Agesilai pictor, *HG.* IV, I, 39.
Iarchus, Lacedæmoniorum Ephorus, *HG.* II, III, 10.
Iienses (populus in Æolide) Dercyllidam recipiunt, *HG.* III, I, 16.
Ilium : ibi Mindarus Minervæ sacrificavit, *HG.* I, I, 4.
Illyrii, aliis gentibus non imperant, *Inst.* I, I, 4.
Imbros, insula Thraciæ, in Atheniensium ditione. *HG.* IV, VIII, 15; qui eam retinent in pace Antalcidæ, V, I, 31.
Impudentia dea, *Conv.* VIII, 35.
Indi, sollicitantur ab Assyriis adversus Medos, *Inst.* I, V, 3; auro abundant, III, I, 25; eorum legati advenient ad Cyaxarem, II, IV, 7; Cyrus ad eos mittit legatum de pecunia, III, II, 25. Legati Indorum afferunt pecuniam Cyro, VI, II, 1; mittuntur a Cyro hostem speculandi causa, *ib.* 2 : redeuntium narratio terret Cyri exercitum, VI, II, 12. — Indicæ canes aptæ sunt ad apros venandos, *Ven.* X, 1; hinnulos et cervos, IX, 1.
Iones, socii Crœsi, *Inst.* VI, II, 10. — Socii Agesilai, *HG.* III, IV, 11. In prœlio apud Coroneam, IV, III, 17; *Ag.* II, 11.
Ioniæ et Lydiæ satrapa fit Chrysantas, *Inst.* VIII, VI, 7. Antalcidæ in potestate est Ionia, *HG.* V, I, 28. Memoratur *ib.* III, II, 13; *Ag.* I, 14, *Exp.* I, IV, 13; III, V, 15.
Ionicæ urbes (duodecim) deficiunt a Tissapherne ad Cyrum minorem, *Exp.* I, I, 6.
Iphicrates, Atheniensis. Milites ejus Corinthi, *HG.* IV, IV, 9. In Arcadiam irruptionem fecit, *ib.* 16. Cetratorum præfectus, IV, V, 13. Redeuntem ex comitatu Amyclæorum moram Polemarchi aggreditur, *ib.* 14; vicit, et Chabriam successorem habet, *ib.* 19. In Hellespontum cum copiis mittitur, IV, VIII, 34. Ex insidiis surgens Anaxibium cum exercitu fundit, *ib.* 35. Præconnesum versus navigat, *ib.* 36. Contra Anaxibium insidias locat, *ib.* 37. Rursus in Chersonesum se contulit, *ib.* 39. Nicoloclum Abydi obsedit, V, I, 25. Ejus stratagema et industria singularis, VI, II, 14, 27 et 28. Ab Atheniensibus sexaginta navibus præficitur, *ib.* 13. Naves capit Paralum et Salaminiam, *ib.* 14. Ad navalem pugnam omnia comparat, *ib.* 27. Quomodo milites suos exercuerit, *ib.* 29. Sphagiis adest, *ib.* 31. Cephalleniam versus navigat, *ib.* Pro Timotheo in Corcyram mittitur, *ib.* 33. Naves Syracusanas, a Dionysio tyranno in auxilium Lacedæmoniorum missas, intercipit, *ib.* 35 sq. Cum gravis armaturæ militibus in Acarnaniam trajecit, et bellum fecit Thyriensibus, *ib.* 37. Cum naves Corcyræorum suis adjunxisset, pecunias a Cephallenis exegit, *ib.* 38. A Xenophonte laudatus, quod jusserit attribui sibi Callistratum una cum Chabria, *ib.* 39. Dimisit Callistratum oratorem, ut pacem domi componeret, vel pecuniam mitteret, VI, I, 3. Pace facta revocatur e Corcyra, VI, IV, 1. Ducem eum Athenienses sibi eligunt, et Lacedæmoniis auxilio mittunt, VI, V, 49. Corinthum venit, *ib.* Ex Arcadia Corinthum Athenienses reducit, *ib.* 51. Ad Isthmi exitus intercludendos missus, *ib.*
Iris (amnis Paphlagoniæ), qui inter Thermodontem et Halyn influit in Pontum Euxinum), *Exp.* V, VI, 9.
Isanor, Lacedæmoniorum Ephorus, *HG.* II, III, 10.
Isarchus, Lacedæmoniorum Ephorus, *HG.* *ib.*
Ischolaus, dux Lacedæmoniorum, *HG.* VI, V, 24. Interficitur in prælio adversus Arcades, *ib.* 26.
Ischomachus, καλὸς κἀγαθὸς dictus, (*Œc.* VI, fin. : cum eo Socrates sermonem habet de re rustica, cap. VII, usque ad finem libri.
Islas, Lacedæmoniorum Ephorus, *HG.* II, III, 10.
Ismenias, Thebanorum dux, a Timocrate aurum accipit, ut Lacedæmoniis bellum faceret, *HG.* III, V, 1. Propter odium, quo Lacedæmonios prosequebatur, ad Phœbidam non accedit, V, II, 25. In carcerem conjectus, *ib.* 31; accusatus, quod faveret barbaris, *ib.* 35, et judicum suffragiis damnatus, mortem oppetiit, *ib.* 36.
Issi (alias Issus), urbs Ciliciæ maritima, magna et opulenta, *Exp.* I, II, 24; IV, I.
Isthmia celebrant Corinthii, *HG.* IV, V, 1.
Isthmus (Corinthi), *Exp.* II, VI, 3. Ad eum Agesilaus accessit, *HG.* IV, V, 1; eodem navigat Conon, IV, VIII, 8.
Isthmi Thracici latitudinem dimensus est Dercyllidas, *HG.* III, II, 10.

INDEX NOMINUM ET RERUM.   781

Isthmus peninsulæ Pallenes, *HG.* V, II, 15.
Itabelius opem fert Asidatæ, Persæ nobili, a Græcis appetito, *Exp.* VII, VIII, 15.
Italia, *Ath.* II, 7.

J

Juno. Per eam jurat Astyages Xenophonteus, *Inst.* I, IV, 12. — Junonis fanum prope Piræum Corinthi, *HG.* IV, V, 5. In Junonis (apud Tricaranum) templum fugientem quendam obtruncant Phliasii, VII, II, 6.
Jupiter, Patrius, *Inst.* I, VI, 1; VIII, VII, 3 : Rex seu Regius, regum servator, III, III, 21; II, IV, 9; VII, V, 57; Jovi mactat Cyrus tauros, VII, III, 11, 24. — Ξένιος, s. hospitalis, *Exp.* III, II, 4; Σωτὴρ, s. servator, *Exp.* III, II, 9; IV, VIII, 44 : in tessera exercitus, I, VIII, 16. Jupiter servator et dux, tesseræ pugnæ, VII, I, 10; huic sacra facit Xenophon de imperio oblato recipiendo, VI, I, 22 : conf. III, I, 12. Milichius, h. e. placabilis, placidus, VII, VIII, 4. — Unus plura habet nomina, *Conv.* VIII, 9. Ejus amores, *ib.* 29. — Filius Saturni ex Rhea et Chironis frater dicitur, *Ven.* I, 4. — Ἀγήτωρ cognominatus est Lacedæmone propterea, quod præerat expeditioni militari : hinc sacra ei fiebant a proficiscentibus in bellum, *Lac.* XIII, 2. — Jovi Olympio sacrificat Agis, *HG.* III, II, 22; etiam Aulo, III, II, 26. Jovem Agesipolis interrogat, IV, VII, 2. Jovis Olympii fano præsunt Elei, III, II, 31; VII, IV, 35.

L

Labotas, Lacedæmoniorum præfectus, interficitur, *HG.* I, II, 18.
Lacænæ canes, quæ et Castoriæ dicuntur, aptæ sunt ad apros venandos, *Ven.* X, 1, 4.
Lacedæmon. Eo mittit Cræsus de belli societate, *Inst.* VI, II, 11. Vide seq.
Lacedæmonii : apud eos procerum filii in pueritia furari discunt, sed in furto deprehensi virgis cæduntur, *Exp.* IV, VI, 15; contendunt cum Atheniensibus de principatu, VII, I, 27 : quem consecuti sunt, VI, VI, 12. Quæ loca ipsorum imperio subjecta erant, VII, I, 28. — Colunt senes, *Mem.* III, V, 15; corpus exercent, *ib.* ; parent legibus, *ib.* et IV, IV, 15; mutuam colunt concordiam, III, V, 16; utuntur clypeis et hastis, III, IX, 2. — Puellis non minus quam pueris corporis exercitia proponunt, *Lac.* I, 4. Apud eos sponsus modeste accedit ad sponsam, *ib.* 5; maritus uxorem cedit alteri, prolis procreandæ gratia, *ib.* 7; educatio liberorum commissa est magistratu publico, II, 2; pueri nudis pedibus, et uno vestitu induti, incedunt, *ib.* 3 sqq; iidem parco cibo utuntur ut furari cogantur, sed deprehensi in furto verberibus cæduntur, *ib.* 6 sqq ; cura liberorum est communis, *ib.* 11, et VI, amor puerorum castus, II, 13; pueri sunt modesti et temperantes, III; ephebi exercentur venando, IV, 7; cives publice epulantur, V; a lucri studio abstinent, VII; magistratus et leges colunt, VIII; honestati student, IX; senes judicium subeunt vitæ honeste transactæ, X; rei militari student, XI sqq. — Lacedæmonii beneficiis provocati concedunt Atheniensibus principatum Græciæ, *Vec.* V, 7. — Mercenarios equites habent, *Mag.* IX, 4 ; invadunt Atticam cum universa Græcis, VII, 1. — Lacedæmoniorum amor erga pueros, *Conv.* VIII, 25; imperium habent ob virtutem suam, *ib.* 39.
Lacedæmonii, ductu Hegesandridæ, in prælio navali contra Athenienses victores, *HG.* I, 1, 1. Eorum clades ad Cyzicum, *ib.* 18. Eis succurrit Pharnabazus, *ib.* 24. Helotas Coryphasio, fide data, dimittunt, I, II, 18. Chalcedonem et Byzantium perdunt, I, III. Auxilia iis Cyri minoris promittit rex Persarum, I, IV, 3. Cratesippidæ Lysandrum sufficiunt, Persarum opibus adjuti, I, V, 1. Delphinium et Eionem occupant, *ib.* 15. Callicratidam ducem eligunt, I, VI, 1. Ab Atheniensibus navali prælio superantur, *ib.* 34. Apud eos lege vetitum, in classe bis imperare : quare Lysander non jam dux eorum sed Arati ducis legatus, II, I, 7. Inde narratur pugna ad Ægos flumen, et occupatio Athenarum. In qua Lacedæmoniorum moderatio, II, II, 20. Cum Atheniensibus pacem faciunt, *ib.* Ne Athenæ evertantur intercedunt, *ib.* Sequuntur res Trigintavirorum, II, III, IV. Vicissim Cyrum adjuvant Lacedæmonii, III, I, 1 ; et Græcis Asiaticis mittunt auxilia, *ib.* 4, Apud eos honestis viris ignominiosum, scutum habentem stare, *ib.* 9. Eorum in fines Eleorum irruptio, III, II, 21. In eodem capite expeditiones eorum Asiaticæ : vide *Dercyllidas.* Contentiones de successione regum et Cinadonis conspiratio Lacedæmone, III, III. Eorum res in Asia sub Agesilao, III, IV; IV, I. Cum copiis in Bœotiam pergunt, III, V, 17. Abiere mœsti, *ib.* 24. Eorum res fluvio comparantur, IV, II, 11. Adjunctis sibi Tegeatis ac Mantineensibus contra Corinthios via maritima egressi, *ib.* 13. Eorum et sociorum copiæ adversus Athenienses instructæ : itidem Atheniensium et sociorum adversus eos collectus exercitus, *ib.* 16. Eorum et Atheniensium ac sociorum utriusque partis pugna ad Corinthium, *ib.* 19. Antequam proelium ineant, Dianæ capram immolant; Sociorum eorum clades, *ib.* 20. De Atheniensibus victoria, *ib.* 21. Superant Thebanos, *ib.* 22. Tropæum constituunt, *ib.* 23. De Thebanis victoria ad Coroneam, IV, III, 22. Eis Apollo victoriam insignem concessit ad Corinthum, IV, V, 12. Oppidum Phliasiorum iis reddunt, *ib.* 15. Corinthiorum urbem castris cingunt, *ib.* 17. Expeditionem adversus Argivos suscipiunt, *ib.* 19 et rursus adversus Corinthium, IV, V, 1. Eorum in Lechæo clades, *ib.* 7. Contemnunt hostem et in calamitate exultant, *ib.* 10. Lacedæmonum legatos mittunt Achæi, IV, VI, 1. Adversus Acarnanes cum Achæis arma capiunt Lacedæmonii, *ib.* 3. Adversus Argivos copias decreverunt, IV, VII, 2. Pæanem Neptuno cecinere, *ib.* 4. Classem comparant, IV, VIII, 11. Rhium occupant, *ib.* Ad Tiribazum mittunt Antalcidam, *ib.* 12. Paci Antalcideæ, quamvis reliquis Græcis adhuc refragantibus, favent, *ib.* Eorum ac Antalcidæ improbum facinus, *ib.* 14. Thimbronem contra Strutham mittunt, *ib.* 17. Eorum naves octo contra Rhodum, *ib.* 20. Bellum geri permoleste ferunt, V, 1, 29. Domum redeunt, *ib.* 33. Mantineenses opprimere cogitant, V, II, 1. Eorum bellum adversus Olynthios pro Amynta et Acanthiis et Apollonia, *ib.* 11 sqq. Ab Olynthiis devicti, et in fugam acti, V, III, 4. Altera eorum adversus Olynthios expeditio, *ib.* 8. Eorum reges domi cum sunt, eodem contubernio utuntur, V, III, 20. Debilitatæ potentiæ initium, V, IV, 1. Lacedæmoniorum legati Athenis capiuntur, sed re cognita dimittuntur, 22. Novos adversus Thebanos delectus decernunt Lacedæmonii, *ib.* 35. A Thebanis primum victi, *ib.* Thespias præsidio tenent, *ib.* 46. Classem adversus Thebanos instruunt, *ib.* 59. Propter Æginam et Ceum, et Andrum stationes habent, *ib.* 61. Eorum ingenuum responsum Pharsaliis datum, VI, 1, 17. Cum sociis in Phocensium agrum adsunt, VI, II, 1. Læsos se ab Atheniensibus existimantes rursum classem instruebant, *ib.* 3. Legatos ad Dionysium Siculum mittunt, *ib.* 4. Libertati aliarum urbium obstant, VI, III, 7. Inter eos et Athenienses fœdus ictum, *ib.* 18. Tum suo tum sociorum nomine jusjurandum præstiterunt de pace Græciæ, *ib.* 19. Eorum equitatus qualis , Cleombroto

imperante, VI, iv, 7. Victi sunt a Thebanis fatali ad Leuctra prœlio, *ib.* 13 sqq. Eorum magnanimitas, *ib.* 15. Lacedæmone puerorum nudorum certamen, *ib.* 16. Lacedæmoniorum et Mantineensium contentio, VI, v, 11. Eorum navalia, *ib.* 32. Eorum legati ab Atheniensibus auxilium petant contra Thebanos *ib.* 33; VII, 1, 1. Lacedæmonii terra, Athenienses mari superiores, VII, 1, 9. Eorum dux Euphro, *ib.* 45. Ad eos profecti Corinthii, VII, iv, 7. Corinthiis consilium dedere, ut pacem facerent, *ib.* 9. Nunquam concessuri, ut Messene sibi eriperetur, *ib.* 10. Eorum cum Eleis societas, *ib.* 19. Bellum Arcadibus faciunt, *ib.* 20. Quorum multitudini resistere non possunt, *ib.* 23. Quare noctu Cromnum profecti, *ib.* 27.
Lacones seditione ex Thaso expelluntur, *HG.* I, 1, 12.
Laconica epistola, *HG.* I, 1, 23.
Laconicæ Reipublicæ simplicitatem laudat Polydamas, *HG.* VI, 1, 18. Laconicos fines Agesilaus ingreditur, VI, v, 21. Laconicam Arcades et Argivi ingressi sunt, VII, 1, 29. Per Laconicam Athenienses iter faciunt, VII, v, 7.
Lacratas, certaminis Olympici victor, *HG.* II, iv, 33.
Lamprocles, Socratis filius natu maximus, matri iratus placatur, *Mem.* II, 11.
Lampsacus (urbs Mysiæ minoris cum portu commodo ad Hellespontum, inter Parium et Abydum, e regione Callipolis), *Exp.* VII, viii, 1 et 6. — In Atheniensium societate *HG.* I, 11, 14 sq. Ibi funduntur Athenienses, II, 1, 18. A Lysandro vi capitur, *ib.* 19. Lampsacum venit Dercyllidas, III, 11, 6.
Larissa (Æolidis), Ægyptiorum urbs vocata, *Inst.* VII, 1, 45. — Ægyptia, a Thimbrone obsessa, *HG.* III, 1, 7. Sponte se dedit Dercyllidæ, *ib.* 16.
Larissa, urbs magna, sed deserta, ad Tigrim, *Exp.* III, iv, 7-9.
Larissa, urbs Thessaliæ, *HG.* VI, iv, 33.
Larissæi (incolæ urbis Thessaliæ) contra Agesilaum stant ex Asia redeuntem, *Ag.* 11, 2. — Larissæos ac alios Thessalos Lycophron Pheræus prœlio vicit, *HG.* II, 111, 4. Bœotiis confœderati, IV, 11, 3. Agesilaum a tergo adoriuntur, *ib.*
Larissæi (Æolidis urbis incolæ), obsessi a Thimbrone, excursionem faciunt, *HG.* III, 1, 7.
Larissus fluvius, qui disterminabat Achaiam et Eleam regionem, *HG.* III, 11, 23.
Lasion, juris Arcadici urbs, *HG.* III, 11, 30. De Lasione controversia inter Eleos et Arcades, *ib.* 31. Lasionenses Lacedæmoniis adversus Corinthios auxiliantur, IV, 11, 16. Lasion ab Eleis occupatur, VII, iv, 12.
Lebadia (oppidum Bœotiæ) : hic clades Atheniensium accidit, *Mem.* III, v, 4.
Lechæum, portus Corinthiacus, *Ag.* 11, 2, *HG.* IV, iv, 7. E Lechæo Lacedæmonii profecti, *ib.* 17. Eorum in Lechæo clades, IV, v, 7. Agesilaus propter Lechæum castrametatus est, *ib.* 10. Lacedæmoniorum sociorumque præsidio custoditur, *ib.* 19. Cohortis unius Lacedæmonii præsidium in Lechæo constituunt V, 1, 29. Lechæi planities, *HG.* IV, v, 8.
Lemnus, insula ditionis Atheniensium, *HG.* IV, viii, 15; qui eam retinent in pace Antalcidea, V, 1, 31.
Leon, ad regem Persarum ab Atheniensibus legatus mittitur, VII, 1, 33. Orationem habet, *ib.* 37.
Leon, Lacedæmoniorum Ephorus, *HG.* II, 111, 10.
Leon, Salaminius, vir egregius, interficitur a Triginta viris, *HG.* II, iv, 39.
Leon, Atheniensis, unus decem prætorum qui ad Arginusas pugnarunt, *HG.* I, v, 16; accusatur, I, vi, 16.
Leontiades, Thebanorum Polemarchus, *HG.* V, 11, 25. Ejus ad Phœbidam sermo de Thebis occupandis, *ib.* 26

et 27. Cadmeam Phœbidæ prodit, *ib.* 29. Ejus in consilii publici cœtu oratio, *ib.* 30. Lacedæmonem proficiscitur, *ib.* 32. Oratio ejus, *ib.* 33. Trucidatur, V, iv, 7. Add. 19.
Leontichus, Atheniensium dux, Antalcidam persequitur, *HG.* V, 1, 26.
Leontini (Siciliæ populus), Syracusis habitant, sed a Dionysio ceterisque Syracusanis deficiunt, *HG.* II, 111, 5.
Leotychides, an Agidis, Lacedæmoniorum regis, sit filius disceptatur, dum de regno cum Agesilao contendit, *Ag.* 1, 5; *HG.* III, 111, 1.
Lepreatæ (incolæ Leprei, urbis in finibus Eleorum sitæ) ab Eleis deficiunt et ad Aulonis partes se adjungunt, *HG.* III, 11, 25. Lepreatas sibi vindicabant et Elei et Arcades, *ib.* Lepreatæ cum Lacedæmoniis adversus Mantineenses conjuncti, VI, v, 11.
Lesbus, insula, *HG.* I, 11, 11; VI, 26. Ejus res constituit Lysander, II, 11, 5. Lesbi oppida, præter Mitylenen, Lacedæmoniorum partibus addicta, per Thrasybulum Atheniensibus amica fiunt, IV, viii, 28 sq.
Letrini populi ab Eleis deficiunt, *HG.* III, 11, 25 et 30. Lacedæmoniorum contra Corinthios socii, IV, 11, 16.
Leucas (urbs Acarnaniæ), *HG.* VI, 11, 3 et 26.
Leucolophides, Atheniensis, Adimanti pater, *HG.* I, iv, 21.
Leucophrys (urbs in Mæandrio campo sita); ibi Dianæ fanum est imprimis sacrosanctum, *HG.* III, 11, 19 et IV, viii, 17.
Leuctra (oppidum Bœotiæ), *Ag.* 11, 22, in Thespiensium finibus *HG.* VI, iv, 4, Leuctrica pugna, *Ag.* 11, 23. sqq. — Quæ eam prodigia præcesserint, *HG.* VI, iv, 7. In ea victi sunt Lacedæmonii, *ib.* 13 sqq.
Leuctra (oppidulum Laconicæ), *HG.* VI, v, 24.
Leuso, nomen canis, *Ven.* viii, 5.
Libyes. Libyum (Cyrenensium) currus, *Inst.* VI, 11, 8. Parent Carthaginiensibus, *Mem.* II, 1, 10.
Libys, Lysandri frater, classis præfectus a Lacedæmoniis in Piræeum ablegatur et Eleusinem profectus est, *HG.* II, iv, 28.
Lichas, Lacedæmonius, peregrinos hospitio excepit festorum tempore, *Mem.* 1, 11, 61. — Alius, ut videtur, *HG.* III, 11, 21. In equestri certamine ab Eleis expulsus, *ib.*
Lochos, nomen canis, *Ven.* vii, 5.
Locri Opuntii ex agro inter Phocenses et Thebanos pecunias cogunt, *HG.* III, v, 3.
Locri Ozolæ Corinthiorum socii contra Lacedæmonios, *HG.* IV, ii, 17. Atheniensium auxiliantur, *ib.* In prœlio apud Coronæam, IV, iii, 15. Gylidis milites telis ac jaculis petiverunt, *ib.* 22; — Utrique (et Opuntii et Ozolæ), Thebanorum socii, *Ag.* 11, 6.
Locris. Locridem Phocenses invadunt, *HG.* III, v, 3. Locrides canes sunt idoneæ ad apros venandos, *Ven.* x, 1.
Lonche, nomen canis, *Ven.* vii, 5.
Lotophagi, *Exp.* III, 11, 25.
Lycabettus (Atticæ mons), *Œc.* xix, 6.
Lycæa, ludi Arcadum, *Exp.* I, 11, 10.
Lycæthus vel Lycanthus, Atheniensium legatus, Thebas et Lacedæmonem mittitur, *HG.* VI, 111, 2.
Lycaonia (regio Asiæ minoris), vastatur a Cyro minore, *Exp.* I, 11, 19; satrapa ejus est Mithridates, VII, viii, 25.
Lycaones, Crœsi socii, *Inst.* VI, 11, 10. — Non parent regi Persarum, *Exp.* III, 11, 23.
Lycarius, Lacedæmoniorum Ephorus, *HG.* II, 111, 10.
Lyceum (gymnasium Athenis celebre), *Exp.* VII, viii, 1; *Mag.* 111, 1 et 6; *HG.* I, 1, 33; II, iv, 27.
Lyciscus, Atheniensis, pro octo ducibus orationem habet, *HG.* I, vii, 13.
Lycius, Polystrati filius, Atheniensis, præest equitatui in

INDEX NOMINUM ET RERUM.

exercitu Decemmillium, *Exp.* III, III, 20; IV, III, 22 et 25; VII, 24.
Lyclus, Syracusanus eques, speculatum mittitur a Clearcho, *Exp.* I, x, 14.
Lyco, Achæus, adversatur Xenophonti, *Exp.* V, VI, 27; refert stulte ad exercitum, ut pecuniam poscant Heracleotas, VI, II, 4; legatus hanc ob causam Heracleam mittitur, *ib.* 7 : auctor seditionis, *ib.* 9.
Lyco, Atheniensis, Autolyci pater, *Conv.* 1, 2; II, 4; de filio suo gloriatur, III, 12.
Lycomedes, Mantinecensis, opibus pollens et ambitiosus, *HG.* VII, 1, 23. Arcadum animos erexit, *ib.* Arcades eum mirifice amplectuntur, *ib.* 24. Ad Thebanos legatus, *ib.* 39. Deciesmillibus auctor esse cœpit, ut de societate cum Atheniensibus agerent, VII, IV, 2. Athenis exitum vitæ felicissimum sortitus est, VII, IV, 3.
Lycophron, Pheræus, eclipsis tempore Larissæos et Thessalos, prœlio devicit, *HG.* II, III, 4. Thessaliæ totius affectat imperium, *ib.*
Lycurgus, legislator Lacedæmonius, vixit temporibus Heraclidarum, *Lac.* x, 8; ejus sapientia laudatur, quod formam civitatis constituerit a ceteris diversam, *ib.* 1 sqq; oraculo Apollinis leges suas confirmavit, VIII, 5.
— Fecit ut Spartani præ ceteris obedirent legibus, *Mem.* IV, IV, 15. Oraculi de eo responsum, *Ap.* 15.
Lycurgus, Lacedæmonius, prodidit Byzantium, *HG.* I, III, 18.
Lycus (amnis Paphlagoniæ), *Exp.* VI, II, 3.
Lydi, subjecti Persarum imperio, *Mem.* II, 1, 10. — Mercede conducti militant in exercitu Atheniensium, *Vec.* II, 3. — Lydorum magnam multitudinem secum abducit Cyrus, *Inst.* VII, IV, 14. — Aures perforatas gerunt, *Exp.* III, 1, 31.
Lydia (regio Asiæ minoris), *Exp.* VII, VIII, 20; ferax vini, ficorum, olei, aliorumque bonorum, *Inst.* VI, II, 21. — Lydium forum in castris Cyri minoris, *Exp.* I, v, 6.
Lysander, Lacedæmonius, venit ad Cyrum minorem et quæ sit cum eo colloculus, *Œc.* IV, 20 sqq. — A Lacedæmoniis navarchus creatur, *HG.* I, V, 1. Sardes Cyrum accedit, *ib.* Eumque hortatus est, ut ad stipendium singulorum nautarum obolum adjiceret, *ib.* 6. Ephesi classem reficit, *ib.* 10. Ad Notium inter Lysandrum et Antiochum, ab Alcibiade classi præfectum, navalis pugna, *ib.* 14. Vincit et tropæum erigit, *ib.* Lysandri invidia in Calliocratidam successorem, quem milites repudiant, I, VI, 2 sqq. De improviso Atheniensium classem diripit, II, 1, 2. Chii aliique socii et Cyrus eum classi præfectum poscunt, *ib.* 6 et 7. Ephesum venit et cum navibus e Chio Etœnicum accersit, *ib.* 10. Ad Cyrum venit, pecunias accipit et rerum moderationem, dum Cyrus ad patrem proficiscitur, *ib.* 14. Cedreas, Cariæ oppidum Atheniensibus socium diripit, *ib.* 15. Rhodum navigat, *ib.* Abydo relicta Lampsacum contendit et vi capit, *ib.* 18 et 19. Insigne ejus strategema, *ib.* 23. Bello finem imponit, victis ad Ægospotamos hostibus, *ib.* 28. Theopompum, nuntium victoriæ, Spartam ablegavit, *ib.* 30. Naves et captivos ad Lampsacum abducit, *ib.* Præsidiarios Atheniensium dimittit classemque reficit, *ib.* Philoclem morte multavit, *ib.* 32. Byzantium et Chalcedonem navigat, II, II, 1. Ex Hellesponto in Lesbum vectus, *ib.* 5, ad Agidem et Spartam scribit, se venturum cum 200 navibus, *ib.* 6. Æginam venit, *ib.* 9. Athenas obsidet cum Agide, *ib.* 10. Æginetis Æginam restituit, Salaminem vastat centumque quinquaginta navibus ad Piræeum appellit, *ib.* 16. Aristotelem Atheniensem exulem ad Ephoros misit, *ib.* 18. Piræei muros ad tibicinarum cantum diruit, *ib.* 23. Samum undique obsidet et capit,

II, III, 6. Laconica cum classe Lacedæmonem navigat *ib.* 8. Naves, spolia, coronas et argentum, hæc omnia Lacedæmoniis tradidit, *ib.* 9. Harmosta factus, frater autem ejus Libys navarchus, II, IV, 28. Invidia regis Pausaniæ impeditur, *ib.* 29. Eleusinem versus præfectus, *ib.* In Atticam redit, *ib.* 30. In Piræeo adest, *ib.* Agesilaum in regno petendo contra Leotychidem adjuvat, III, III, 3. Ejus hortatu, expeditionem in Asiam suscipit Agesilaus, III, IV, 2. Rex esse videbatur, *ib.* 7. Inter Lysandrum et Agesilaum æmulationis origo, *ibid.* Ejus expostulatio cum Agesilao, *ib.* 8. In Hellespontum ablegatur, *ib.* 10. Spithridatem ad defectionem induxit, *ib.* Ab Agesilao recedit, *ib.* Ejus adversus Thebanos expeditio, III, V, 6. Ephori eum Phocensibus mittunt, *ib.* Orchomenios a fide Thebanorum avertit, *ib.* Cum Phocensium copiis Haliartum adoritur, *ib.* 17. Priusquam Pausanias præsto esset, *ibid.*, ad Haliartum occiditur, *ib.* 19, 20.
Lysander, Sicyoniorum prætor, *HG.* VII, 1, 45.
Lysias, Atheniensis, in pugna quindecim navibus præest, *HG.* I, VI, 30.
Lysimachus, Trigintavirorum equitum præfectus, *HG.* II, IV, 8. Æxoneos quosdam jugulavit, *ib.* 26.
Lysimenes Sicyone mercenariis copiis præest, *HG.* VII, I, 45.
Lysippus, Lacedæmoniorum Harmosta, Epitalii ab Agide reliquitur Elidemque vastat, *HG.* III, II, 29 et 30.
Lysistratus, dux Atheniensium, auxilio missus Arcadibus, *Vec.* III, 7.

M

Macedones, *HG.* V, II, 12. Lacedæmoniis auxiliantur contra Olynthios, *ib.* 38.
Macedonia, *HG.* V, II, 12, 13, etc. Ligna inde petunt Athenienses, VI, I, 11. Eam transit Agesilaus, *Ag.* II, 2.
Machao (Æsculapii filius), Chironis discipulus, artis medicæ et bellicæ peritus, *Ven.* I, 14.
Macistus, Eleorum urbs, (in Triphylia), *HG.* III, II, 30. Macistii ab Eleis deficiunt, *ib.*
Macrones (gens Asiæ confinis Colchis et Armeniis), *Exp.* IV, VIII, 1; V, V, 18; suis legibus utuntur, VIII, VIII, 25.
Madatas, Persa, ducit Persarum equites, *Inst.* V, III, 41.
Madytus, urbs Chersonesi, *HG.* I, I, 3.
Mæander (fluvius Asiæ minoris valde flexuosus), *Exp.* I, II, 5, 6. Fontes ejus ad Celænas Phrygiæ, *ib.* 7. — Ioniæ et Cariæ terminus, *HG.* III, II, 14. Eum transiit Dercyllidas, *ib.* Mæandrius campus et planities, ubi seges densa, III, II, 17; III, IV, 12 et 21; IV, VIII, 17; *Ag.* I, 15 et 29.
Mæotæ, (Mæotidis lacus accolæ) in Europa, subjecti sunt Scythis, *Mem.* II, I, 10.
Mæsades, pater Seuthæ, rex Thraciæ, *Exp.* VII, II, 32; V, 1.
Magi, passim in *Inst.*, ut VII, v, 55, etc. Μάντεις dici videntur III, III, 34.
Magnetes (cives Magnesiæ, urbis maritimæ Thessaliæ) : horum saltatio, *Exp.* VI, I, 7.
Malea, promontorium Laconicum, *HG.* I, II, 18; VI, V, 24.
Malea, promontorium Lesbi insulæ, *HG.* I, VI, 26.
Malienses (Thessaliæ populus in Phthiotide), socii Thebanorum, *HG.* VI, V, 23.
Mandane, Astyagis filia, mater Cyri, *Inst.* I, II, 1; proficiscitur cum Cyro ad Astyagem, I, III, 1; inde redit, I, IV, 1.
Mania, Dardania, Zenis (in Æolide satrapæ) uxor, *HG.* III, 1, 10. A Pharnabazo satrapiam impetrat, *ib.* Maniæ vir-

tus, *ib.* 11. Pharnabazo tributa pendit, *ib.* 12. Larissam, Hamaxitum et Colonas imperio Pharnabazi adjecit, *ib.* 13. Pharnabazi signa in Mysorum et Pisidarum fines sequitur, *ib.* Cum filio a Midia genero impie occiditur, *ib* 14.

Mantinea (Arcadiæ urbs) antiqua in quatuor vicos dispersa, *HG.* V, II, 7. Apud Mantineam Peloponnesii multi convenere, VII, v, 7. Mantineam equitatum misit Epaminondas, *ib.* 14. Atheniensium equites forte ad Mantineam accedunt, *ib.* 15. Mantineam in tenebris præteriit et castrametatur Agesilaus, IV, v, 18. Inter Mantineam ac Tegeam montes, VI, v, 16 et 18. Ad Mantineam pugna, VII, v, 16 sqq.

Mantineenses : Lacedæmoniorum socii contra Eleos , *HG.* III, II, 21; sunt in Lacedæmoniorum exercitu, IV, II, 13; IV, 17. Cum Lacedæmoniis tricennales induciæ, V, II, 2; quarum in fine muros urbis suæ diruere coguntur, *ib.* 3. Mantineensibus bellum infert eorumque agros devastat Agesipolis, muros destruere et vicatim habitare cogit, *ib.* 4. Lacedæmoniis se contra Thebanos adjungunt, VI, IV, 18. In pace Antalcidea mœnibus circumdare civitatem incipiunt, VI, v, 3. Adversus Orchomenios bellum gerunt, et ab Orchomeniis fusi, *ib.* 13. Eorum fines ingreditur Agesilaus, *ib.* 15. Adjuvantur ab Arcadibus et Thebanis, *ib.* 20 sqq. Mantineenses Tegeæ capti dimittuntur, *ib.* 37 sq. (Conf. *Ag.* II , 23.) Facto decreto prohibuere, ne Arcadum præfecti pecuniis sacris uterentur, VII, IV, 33. Eorum præsides ad magistratum qui ex deciesmillibus constabat, injus vocati, *ib.* Auxilium petunt ab Arcadiæ civitatibus, *ib.* 38. Thebanos arcere student, VII, v, 1 sqq. — Eorum saltatio armata, *Exp.* VI, I, 11.

Mantinice, id est, Mantineensium ager, *HG.* VI, v, 15 et 17.

Mantitheus, Atheniensis, in Caria captus a Tissapherne, *HG.* I, I, 10. Ab Atheniensibus ad Pharnabazum mittitur, I, III, 13.

Maraces (gens Ætolica), parent Iasoni, *HG.* VI, I, 7.

Mardonii (referuntur ut populus Armeniæ vicinus), *Exp.* IV, III, 4 : ubi legendum *Mardi.*

Mare Rubrum, imperii Persici terminus versus orientem, *Inst.* VIII, vi, 20, 21; VIII, 1.

Margane (oppidum Elidis), ab Eleis capitur, *HG.* VII, IV, 11.

Marganenses Lacedæmoniis se adjungunt et ab Eleis deficiunt, *HG.* III, II, 25. Ab Eleis liberi dimittuntur in pace, *ib.* 29. Eorum funditores, Lacedæmoniorum contra Corinthios socii, IV, II, 16. Eos liberare nolunt Elei post pacem Antalcidæ, VI, v, 2. Eos Arcades eripiunt Eleis, VII, IV, 14; sed Elei eos recuperant, *ib.* 26.

Mariandyni (gens Paphlagoniæ aut Bithyniæ in ora Ponti Euxini), sub Persis, *Inst.* I, 1, 4. Horum in regione sita fuit Heraclea, *Exp.* VI, II, 1.

Maronites, V. *Heraclides.*

Marsyas, amnis exiguus, oriens non procul Celænis, influit in Mæandrum : hic Apollo dicitur cutim detraxisse Marsyæ, *Exp.* I, II, 8.

Mascas, amnis Mesopotamiæ influens in Euphratem, *Exp.* I, v, 4.

Mausolus (rex Cariæ), Sestum et Assum classe obsidet, *Ag.* II, 26.

Medas, nomen canis, *Ven.* VII, 5.

Medi, solent oculos suos pingere, capillis adscititiis et vestitu exquisito uti, *Inst.* I, III, 13; reguntur solo regis nutu, *ib.* 18. Numerus copiarum, II, I, 6. — Medorum feminæ pulcræ et magnæ laudantur, *Exp.* III, II, 25; eorum imperio potiuntur Persæ, *Exp.* III, IV, 8 et 11. — Dario (Notho), a quo defecerant, rursus accedunt, *HG.* I, II, 19.

Media, regio Asiæ finitima Assyriæ, *Inst.* I, IV, 17; Persidi, II, I, 1, et Armeniæ, II, IV, 20. — Per hanc redeunt Græci Cyri minoris socii, *Exp.* II, IV, 27; III, v, 15.

Media, regis Medorum uxor, *Exp.* III, IV, 11.

Mediæ murus (non procul Babylone), *Exp.* I, VII, 15; II, IV, 12.

Medica, i. e. bellum Persicum Græcorum, *Vec.* v, 5.

Medicus quidam Syracusanus Agesilaum curare aggreditur, *HG.* V, IV, 58.

Medocus (aliis Amadocus), rex Odrysarum, *Exp.* VII, II, 32; III, 16; VII, 3 et 11. — *HG.* IV, VIII, 26.

Medosades, mittitur a Seuthe ad Xenophontem, *Exp.* VII, I, 5; II, 10 et 24; a quo reprehenditur, VII, I, 11 sqq.

Megabates, Spithridatis filius, ab Agesilao amatus, *HG.* IV, I, 28; *Ag.* v, 4 sqq.

Megabyzus, Arabiæ satrapa, a Cyro missus, *Inst.* VIII, VI, 7.

Megabyzus, Dianæ Ephesiæ ædituus, *Exp.* V, III, 6 sqq.

Megalopolis, quando et quomodo condita , *HG.* VI, v, 3.

Megalopolitani, socii Thebanorum in Mantineensi pugna, *HG.* VII, v, 3 et 5.

Megaphernes, Persa purpuratus regius, occiditur a Cyro , *Exp.* I, II, 20.

Megara (urbs ad Isthmum Corinthiacum, media inter Peloponnesum, Bœotiam et Atticam), abest ab argentifodinis Atticis quingenta stadia, *Vec.* IV, 46. — *HG.* I, 1, 36; II, 14. Atheniensium exulibus repletur, II, IV, 1. Ad Megarensem urbem Praxitas profectus est, IV, IV, 13. Per eam via Lacedæmoniorum in Bœotiam, V, IV, 55, et alibi. Apud Megara Veneris fanum, *ib.* 58. Vide *Heraclea.*

Megarenses plerique occupati sunt exomidum confectione, *Mem.* II, VII, 6.

Megillus, Lacedæmoniorum ad Tissaphernem legatus, *HG.* III, IV, 6.

Melanditæ, gens Thraciæ, *Exp.* VII, II, 32.

Melanio, Chironis discipulus, virtute consecutus est nuptias Atalantæ, *Ven.* I, 2 et 7.

Melanippides, carminis dithyrambici princeps , *Mem.* I, IV, 3.

Melanippus, Rhodius, classi præfectus, ceteris prudentior, salvus e manibus Iphicratis evadit, *HG.* VI, II, 35.

Melanopus, Atheniensium legatus , Thebas et Lacedæmonem mittitur, *HG.* VI, III, 2.

Melanthius, Atheniensium dux, *HG.* II, III, 46.

Meleager, Chironis discipulus, culpa patris fuit infelix, *Ven.* I, 2 et 10.

Melienses (Thessaliæ populus), Lacedæmoniis adesse jubentur contra Thebanos, *HG.* III, v, 6. Sed postea Bœotorum socii contra Lacedæmonios, IV, II, 17.

Melii (incolæ Meli, insulæ Ægæi maris), Lacedæmoniorum coloni, crudeliter tractati ab Atheniensibus, *HG.* II, II, 3 et 9.

Melinophagi, populi Thraciæ (dicti a μελίνη , h. e. panico , quo vescebantur), *Exp.* VII, v, 12.

Melitus, Atheniensis, accusator Socratis, *Mem.* IV, IV, 4 ; VIII, 4. — Ad Lacedæmonios legatus, *HG.* II, IV, 36. Sed hic alius esse videtur.

Mellon, unus e Thebanis exulibus, *HG.* V, IV, 2. Thebas noctu ingressus Lacedæmonios interficit in arce Cadmea, V, IV, 3.

Melobius, unus e Trigintaviris in oligarchia Atheniensi, *HG.* II, III, 2.

INDEX NOMINUM ET RERUM. 785

Melus, insula. Eam Pharnabazus cum classe petiit, *HG.* IV, vIII, 7. V. et *Melii.*

Menander, Atheniensis, centum viginti gravis armaturæ peditibus præest, *HG.* I, II, 16. Dux Atheniensium eligitur, II, 1, 16. Alcibiadis consilium contemnit, *ib.* 26.

Menascus, ex Lacedæmoniis judex electus ab Agesilao, ad præmia civitatibus constituenda, *HG.* IV, II, 8.

Menecles, Atheniensis, intercedit in causa prætorum ad Arginusas, *HG.* I, vII, 38.

Menecrates, Siculus, *HG.* I, I, 29.

Menestheus (Pelei filius, Atheniensium dux in bello Trojano), discipulus Chironis, laude venationis et rei militaris clarus, *Ven.* I, 2 et 12.

Meno Atheniensis, opifex pœnularum, *Mem.* II, vII, 6.

Meno Thessalus, ex Larissa urbe, ducit ad Cyrum minorem mille pedites gravis armaturæ et quingentos cetratos, *Exp.* I, II, 6; mittitur a Cyro in Ciliciam, *ib.* 20 : primus cum suis transit Euphratem, I, IV, 13; ejus milites injuria afficiunt Clearchum et hujus milites, I, v, 11; cornu sinistro Græcorum præest, I, vII, 1; vIII, 4; hospes Ariæi, II, 5, apud eum remanet, II, II, 1; suspectus est ob proditionem, II, v, 28; capitur a Tissapherne, *ib.* 31; misere trucidatur, II, vI, 29. Describuntur ejus mores pessimi, *ib.* 21 sqq.

Meno Thespiensis, *HG.* V, IV, 55.

Mespila, urbs olim Medorum, capta a Persis, *Exp.* III, IV, 10-12.

Messene (urbs Peloponnesi) liberatur per pacem Antalcideam, *Ag.* II, 29. — Thebani nolunt eam sub Lacedæmoniis esse, *HG.* VII, I, 27 et 36.

Messenii (incolæ Messenes) a Lacedæmoniis devicti sunt, *Ath.* III, 11. — Cum Epaminonda juncti, *HG.* VII, v, 27; v, 5. Antiqua bella Messeniorum cum Lacedæmoniis, V, II, 3; VI, v, 33.

Methymna, urbs Lesbi, *HG.* I, IV, 12; vI, 37. A Callieratide vi capitur, et diripitur, I, vI, 13 et 14. (Ubi incolæ, Methymnæi). A Thrasybulo capitur, IV, vIII, 29.

Metrobates, Persa, Pharnabazi ad Alcibiadem legatus, *HG.* I, III, 12.

Midas, Brigum vel Phrygum rex, capit Satyrum, *Exp.* I, II, 13.

Midea (oppidum Argolidis), *HG.* VII, I, 28, 29.

Midias, Maniæ (Zenis uxoris) gener, *HG.* III, I, 14. Filium Maniæ interficit et Maniam suffocat, *ib.* Scepsim et Gergithem occupat, *ib.* 15. Munera ad Pharnabazum mittit, *ib.* Injuste parta amittit, *ib.* 26. Omnis potestas eo abrogatur, *ib.* 27. Scepsi, in patria sua, habitare a Dercyllida cogitur, *ib.* 28.

Migdon , Lacedæmonius, copiis equestribus præficitur ab Agesilao, *HG.* III, IV, 20.

Milesii (incolæ Mileti) : eorum optimates plebem trucidant, *Ath.* II, 11. — Milesii interfecti a quibusdam Atticis, *HG.* I, II, 2. *Ib.* I, vI, 8. — Non recipiunt Cyrum minorem, *Exp.* I, IX, 9. Milexia pellex Cyri, I, X, 3.

Miletus (urbs maritima Cariæ) obsidetur a Cyro minore, *Exp.* I, I, 7; IV, 2 : cur non defecerit ab Cyrum, I, IX, 9. — *Ag.* I, 1, 31; II, 2; v, 1; vI, 2, 7.

Miltocythes Thrax, cum suis transfugit ad regem Persarum, *Exp.* II, II, 7.

Mindarus, Lacedæmoniorum navarchus, apud Ilium Minervæ sacrificat, *HG.* I, 1, 4. Naves Doriæi recipit, *ib.* Cum sexaginta navibus se adversus Athenienses dirigit, *ib.* 11. Cyzici adest cum copiis, *ib.* 17. Ubi victus ab Atheniensibus interficitur, *ib.* 18.

Minervæ vovent Athenienses ante pugnam Marathoniam tot capras, quot hostes interfecturi forent, *Exp.* III, II, 12. Ei sacrificant Lacedæmonii, postquam ad patriæ fines pervenerunt, *Lac.* XIII, 2. — Ei Atheniis senes θαλλοφόροι deliguntur, *Conv.* IV, 17. — Minervæ apud Ilium sacrificat Mindarus, *HG.* I, 1, 4. Ejus fanum apud Phocæenses succensum est, I, III, 1. Atticæ templum Minervæ vetus conflagrat, I, vI, 1. Ei sacrum in arce Scepsiorum fecit Dercyllidas, III, I, 21. Minervæ templum in oppido Gergitlio, III, I, 22; in urbe Leucophry, III, II, 19, Ephesi, III, IV, 18; fanum Minervæ Aleæ, VI, v, 27. (Minerva Itonia,) *Ag.* II, 13.

Misgolaidas, Lacedæmoniorum Ephorus, *HG.* II, III, 10.

Mithras, sol, Persarum deus, *Inst.* VII, v, 63.

Mithridates, Phrygiæ satrapa, patris proditor, *Inst.* VIII, vIII, 14.

Mithridates, Cyri minoris amicus, *Exp.* II, v, 35; III, III, 2 et 4 ; adoritur Græcos abeuntes, *ib.* 6 : iterum adoritur, III, IV, 2 sqq. Idem esse videtur qui postea satrapa Lycaoniæ et Cappadociæ dicitur, VII, vIII, 25.

Mitræus, Persa, filius Dariææ sororis Xerxis [sororis Darii Nothi], *HG.* II, I, 8; interficitur a Cyro minore, *ib.*

Mitylenen, Lesbi oppidum, Conon recepit, *HG.* I, vI, 16; sed a Callicratide ibi obsidetur, *ib.* 18. Adde *ib.* 26, 27; II, II, 5; IV, vIII, 28 sq., ubi Mitylenæi Atheniensibus fideles. Mitylenæorum euripus, I, vI, 22.

Mnasippus a Lacedæmoniis navibus plus minus sexaginta præfectus, *HG.* VI, II, 4, Corcyram mittitur, *ib.* 5. Obsessam tam mari quam terra occupat et vastat, *ib.* 6 et 7. Ob avaritiam se cum suis evertit, *ib.* 16. Interficitur, *ib.* 23.

Mnesilochus, unus Triginta virorum in Oligarchia Atheniensi, *HG.* II, III, 2.

Mnesithides, item Trigintavir, *HG.* II, III, 2.

Mossynœci (populi Asiæ minoris ad Pontum Euxinum, finitimi Colchis et Tibarenis), *Exp.* V, IV, 2 sqq; ubi § 12 sqq, eorum armatura et acies describitur ; V, v, 1. Parent Persis, VII, vIII, 25.

Munychia (peninsula inter Athenarum portus Piræeum et Phalerum sita) : eo se recipiunt qui Phyla eruperant, *HG.* II, IV, 11. Munychia occupatur, *ib.* Diana Munychia, *ib.*

Mutus portus Atheniensium (situ incerto), *Exp.* I, IV, 6.

Myriandrus, urbs Syriæ ad mare mediterraneum, *Exp.* I, IV, 6.

Myrina (urbs Æolidis), *HG.* III, I, 6.

Myscon, Menecratis filius, Siculorum dux, *HG.* I, I, 29.

Mysia (regio Asiæ minoris ad Hellespontum et mare Ægæum), *Exp.* VII, vIII, 8.

Mysi, populantur Cyri minoris satrapiam, *Exp.* I, vI, 7 ; bellum gerit Cyrus cum iis, I, IX, 14 : non parent regi Persarum, II, v, 13; III, II, 23 sqq. — Libertate utuntur, et populantur Persarum regionem, *Mem.* III, v, 26. — Pharnabazus bellum cum iis gerit, *HG.* III, I, 10. Sunt inter milites ejus, sine dubio mercenarii, IV, I, 24. — Mysus, quidam saltat in ludis Decemmillium, *Exp.* VI, 1, 9 et 12. Mysus alius in eodem reditu insidias simulat, V, II, 29.

N

Nais nympha, pellex Saturni et mater Chironis, *Ven.* I, 4. — Naides deæ pariunt Silenos, *Conv.* v, 7.

Narthacius, mons (Pluthiotidis in Thessalia), *Ag.* II, 5; *HG.* IV, III, 9.

Nauates, Lacedæmoniorum ad Dercyllidam legatus, *HG.* III, II, 6.

Naucles, Oneum cum conductitio Lacedæmoniorum milite custodit, *HG.* VII, I, 41.

Nauclidas, Polybiadæ filius, Lacedæmoniorum Ephorus,

HG. II, IV, 36. Magis cum Pausania quam cum Lysandro sentit, *ib.*
Naupactus, Ætoliæ urbs, *HG.* IV, vi, 14.
Nauplia, (portus Argolidis) non longe ab Argis, *HG.* IV, vii, 6. Eo excurrunt Cretenses, *ib.*
Nausicydes, Atheniensis, multos alebat servos ad polentam faciendam, *Mem.* II, vii, 6.
Neandrenses, populi in Æolide, *HG.* III, i, 16. Dercyllidam recipiunt, *ib.*
Nemea (inter Corinthum et Sicyonem), *HG.* IV, ii, 14. Per eam fines Argivorum ingressus est Agesipolis, IV, vii, 3. Per eam Epaminondas in Arcadiam ducit, VII, ii, 5; VII, v, 6.
Neo Asinæus (ab oppido Laconiæ Asine dictus), vicem absentis Chirisophi imperatoris gerebat, *Exp.* V, vi, 36; calumniatur Xenophontem, V, vii, 1; malitiose suadet eidem, ut seorsum iter faciat, VI, ii, 13; succedit in locum Chirisophi vita defuncti, VI, iv, 11; temere educit nonnullos prædatum, *ib.* 23; affectat imperium totius exercitus, VII, ii, 2; dissidet a ceteris, VII, ii, 17, 29; iii, 2 et 7.
Neontichos, Νέον τεῖχος (castellum maritimum Thraciæ), *Exp.* VII, v, 8.
Neptuno ad Isthmum sacrificant Argivi, *HG.* IV, v, 1; etiam exules Corinthii, IV, v, 2. Ejus in Piræo fanum noctu ardere conspectum est, IV, v, 5. Neptunus terram succussit, IV, vii, 4. Ei Pæana cecinere Lacedæmonii, *ib.* Neptuni Gæaochi fanum, VI, v, 30.
Nestor (Pyliorum dux contra Trojanos), Chironis discipulus, *Ven.* i, 7; artis militaris peritissimus, *ib.* 12.
Nicander, Laco, occidit Dexippum, *Exp.* V, i, 15.
Nicarchus, Arcas, lochagus, vulneratus nuntiat calamitatem ducum Græcorum a Persis insidiose captorum, *Exp.* II, v, 33; cum viginti hominibus transfugit ad Persas, III, iii, 5.
Niceratus, familiaris Calliæ, *Conv.* i, 2; novus maritus, ii, 3; Homeri carmina edjdicit, iii, 5; divitiarum cupidior, iv, 46.
Niceratus, pater Niciæ, *Vec.* iv, 14.
Niceratus, Niciæ filius, civis Atheniensis dives, *HG.* II, iii, 39, ubi plura. Fortasse idem qui superior.
Nicias, Nicerati filius, homo locupletissimus, emit talento servum qui præesset argentifodinis, *Mem.* II, v, 2; mille servos in argentifodinis Atticis occupatos habuit, *Vec.* iv, 14.
Nicias ἐπήλυτος (nisi est superior), cujus equum admirantur omnes, *Œc.* ii, 4. — Nicerati pater, *HG.* II, iii, 39.
Nicolochus, Lacedæmoniorum navarchus in Hellesponto et Antalcidis legatus, *HG.* V, i, 6. Tenediorum agrum vastat, *ib.* Se Abydum recepit, *ib.* 7. Hic ab Iphicrate ac Diotimo obsessus, *ib.* 25. Corcyram missus, ut admodum audax, vincitur a Timotheo, V, iv, 65. Alyziam navigat, V, iv, 66.
Nicomachides, Atheniensis, repulsam tulit præturæ, qua re indignantem Socrates placat, *Mem.* III, iv, 1.
Nicomachus Œtæus (ex Œta urbe oriundus), præest peltastis in exercitu Decemmillium, *Exp.* IV, vi, 20.
Nicophemus, Atheniensis præfectus. Eum cum præsidiariis in portu Cytheræ reliquit Conon, *HG.* IV, viii, 8.
Nicostratus, histrio tetrametra ad tibiam recitat, *Conv.* vi, 3.
Nicostratus, eques Atheniensis cognomento Pulcher, occiditur, *HG.* II, iv, 6.
Noes, nomen canis, *Ven.* vii, 5.
Nomades, *HG.* IV, i, 25.
Notium (promontorium cum portu prope Colophonem),
HG. I, ii, 4, 11; I, v, 13. Ibi tropæum erigit Lysander, *ib.* 15.
Nymphæ saltantes, *Conv.* vii, 5.
Nysa, mons Syriæ, *Ven.* ii, 1.

O

Ocellus, Lacedæmoniorum ad Athenienses legatus, *HG.* V, iv, 22. Fortasse alius VI, v, 33, ubi legitur fere *Ocyllus.*
Odeum Athenis, *HG.* II, iv, 9.
Odrysæ (gens Thraciæ Europææ), *Exp.* VII, ii, 32; civili seditione laborant, iii, 16; Seuthis amicitiam quærunt, iv, 21; v, 15. Solent equis decurrere per derlivia, *Eq.* viii, 6. — Sunt Seuthis (regis Thraciæ) auxilia, Dercyllidæ contra Bithynos missa, *HG.* III, ii, 2. Eorum temeritas, *ib.* Custodes eorum interficiunt Bithyni, *ib.* 3. Bithynorum agros flammis vastant, *ib.* 5. Patrio more suis parentant et multo vino epoto equorum certamen peragunt, *ib.* Dissidia inter eorum regem et Seuthen componit Thrasybulus, IV, viii, 26.
Odrysas, antiquus, cujus filius Teres, *Exp.* VII, v, 1.
Œnas, nomen canis, *Ven.* vii, 5.
Œniadæ (urbs Acarnaniæ ad Acheloum), *HG.* IV, vi, 14.
Œnoe (pagus Atticus et castellum in Bœotiæ confinio), ab Aristarcho Thebanis proditur, *HG.* I, vii, 28.
Œnoe, castellum muris cinctum prope Piræum Corinthi, Agesilaus capit, *HG.* IV, v, 5. Præsidiis munivit Praxitas, *ib.* 19.
Œtæi (Thessaliæ populi ad montem Œtam), finitimi Trachiniis, *Exp.* i, 18. Socii Lacedæmoniorum, III, v, 6.
Œum, Sciritidis (in Arcadia) oppidum, *HG.* VI, v, 24 et 25.
Oligarchia, quomodo Athenis instituta, *HG.* II, iii, 2.
Olontheus, Lacedæmoniorum ad Athenienses legatus, *HG.* VI, v, 33; bonam voluntatem Lacedæmoniorum in memoriam Atheniensibus revocat, *ib.*
Olurus, Pellenæorum (in Achaia) urbs et castellum. Ab Arcadibus capitur, *HG.* VII, iv, 17.
Olympia (urbs Elidis in Peloponneso, ubi ludi Olympici celebrabantur), *Exp.* V, iii, 7, 11; *Mem.* III, xiii, 5. — Olympiæ oraculum, *HG.* IV, vii, 2. Olympiæ Agis rex sacram rem fecit, III, ii, 26. Olympiam Arcades vindicant et custodiunt (Pisatis), *HG.* VII, iv, 28. Olympiaco templo Pisati se primos præfuisse dicunt, *ib.* Ad delubrum Olympiacum Elei armati perveniunt, *ib.* 29.
Olympiacus mons : eo potiti sunt Arcades, *HG.* VII, iv, 14. Olympiaca via, *ib.* 28. Olympiacus annus, *ibid.*
Olympii Jovis templum et ludos curabant Elei, *HG.* III, ii, 31. conf. 26.
Olympionica, *HG.* II, iv, 33.
Olympus (sedes deorum) : eo abreptus Ganymedes, *Conv.* viii, 30.
Olympus Mysius, (mons Mysiæ), *Ven.* ii, 1.
Olynthus, inter urbes Thraciæ (Macedoniæ maritimæ) maxima, *HG.* V, ii, 12. Ad Olynthi urbis mœnia prælium contra Lacedæmonios, *ib.* 43. Eo proficiscitur Agesipolis, V, iii, 9 sqq. Et ante contra Olynthios Lacedæmonii miserant Eudamidam V, ii, 24 et Teleutiam, qui eos vincit, *ib.* 37. Ad portas eorum perrexit Derdas, *ib.* 41. Eorum fuga, V, iii, 1; deinde vero victoria insignis, *ib.* 4. In eos proficiscitur Agesipolis, *ib.* 10, et Polybiades, *ib.* 20. Fame laborantes de pace legatos mittunt Lacedæmonem, *ib.* 26. Pax eis datur certis conditionibus, *ib.* Eorum equites, V, iv, 52. — Olynthii, *Exp.* I, ii, 6.
Oneum, mons (Corinthi), ab Iphicrate occupatur, *HG.*

VI, v, 51; VII, 1, 15. A Naucleo et Timomacho negligenter custoditur, VII, 1, 41. Eum Pisias praeoccupat, *ib.* Thebani superant eum, *ib.* 42. Rursus Lacedaemonii praesidio Oneum tenent, VII, 11, 5.
Onomacles, unus Trigintavirorum in oligarchia Atheniensi, *HG.* II, 111, 2.
Onomacles, Lacedaemoniorum Ephorus, *HG.* II, 111, 10.
Onomantius, Lacedaemoniorum Ephorus, *HG.* II, 111, 10.
Ophrynium (oppidum Troadis, nisi alius locus intelligendus): ibi Xenophon sacra facit Jovi Milichio, *Exp.* VII, VIII, 5.
Opis, urbs magna ad Physcum amnem, *Exp.* II, IV, 25.
Orchomenus, Boeotiae urbs, *HG.* III, v, 17; IV, III, 15. Lacedaemonii praesidia ibi habent, V, 1, 29. Orchomenios Lysander a fide Thebanorum avertit, III, v, 6, 17. Conf. IV, II, 17, et *Ag.* II, 6 — 11. Adsunt in praelio ad Coroneam, *HG.* IV, III, 5 sqq. Bellum gerunt cum Clitoriis, V, IV, 36; et cum Thebanis, VI, IV, 10.
Orchomenus, Arcadiae urbs, ex qua mercenarii peltastae erant in exercitu Agesilai, *HG.* VI, v, 15, 17, 29. Inimicitias habebant et bellum cum Mantineensibus, socio Agesilao, VI, v, 11 sqq.
Orestes, Pyladis amicus, *Conv.* VIII, 31.
Oreum (Euboeae urbem) cum praesidio tenet Alcetas Lacedaemonius, *HG.* V, IV, 56.
Orge, nomen canis, *Ven.* VII, 5.
Orontas, Persa generis regii, insidias struit Cyro minori, *Exp.* I, VI, 1 sqq; mortis damnatur, *ib.* 10. Confer etiam I, II, 29.
Orontas, gener regis Persarum, *Exp.* II, IV, 8; III, IV, 13; est in Tissaphernis exercitu et comitatur Graecos redeuntes, II, IV, 9; V, 40: satrapa Armeniae, III, V, 17; IV, III, 4.
Oropus urbs, (Thesprotiae), ab exulibus occupatur, *HG.* VII, IV, 1.
Orsippus ex Lacedaemoniis judex electus ab Agesilao ex Asia abeunte, *HG.* IV, II, 8.
Otys, Paphlagonum rex, cum Agesilao foedus init, *HG.* IV, 1, 3. Spithridatae filiam uxorem ducit, IV, 1, 7.
Ozolae Locrenses Atheniensibus auxiliantur, *HG.* IV, II, 17.

P

Pactolus (amnis Lydiae): circa nunc cogit copias Croesus, *Inst.* VI, II, 11. — *HG.* III, IV, 22; *Ag.* 1, 30.
Paeanem, qui Neptuno solet accini, cocinere Lacedaemonii, *HG.* IV, VII, 4.
Pagasae (portus Thessaliae): inde frumentum petunt Thebani, *HG.* V, IV, 56.
Palaegambrium et Gambrium (Ioniae urbes), *HG.* III, 1, 6.
Palamedes (Nauplii, Euboeae regis, filius) celeber, ob sapientiam invisus Ulyssi periit, *Mem.* IV, II, 33; *Ap.* 26. Discipulus Chironis, *Ven.* 1, 2; prudentissimus hominum suae aetatis, injusto supplicio affectus est, quod dii eximie sunt ulti, *ib.* 11.
Palantienses (Palantii in Arcadia oppidi incolae), socii Thebanorum in Mantineensi pugna, *HG.* VII, v, 5.
Palantium, porta Megalopoleos eo ducens, *HG.* VI, v, 9.
Palladis templum in Phocaea fulmine ictum, *HG.* I, III, 1. Templum Palladis Athenis conflagravit, I, VI, 1. Palladi sacrum facit Dercylliidas, III, 1, 21. *V. Minerva.*
Pallene (peninsula Thraciae): in ejus Isthmo sita Potidaea, *HG.* V, II, 15.
Palmae. De iis memorabilia, *Exp.* II, III, 15, 16; *Inst.* VII, v, 11.

Pamphilus dux in Aeginam ab Atheniensibus missus, *HG.* V, 1, 2.
Panathenaea magna, festum, *Conv.* 1, 2.
Pangaeus, mons Thraciae, in quo aurifodinae, *HG.* V, II, 17. Circa eum ferae majores, *Ven.* II, 1.
Pantacles, Lacedaemoniorum Ephorus, *HG.* I, III, 1; II, III, 10.
Panthea, mulier Susia, uxor Abradatae, capta in Assyriorum castris, mulier omnium Asiaticarum formosissima, seligitur Cyro, *Inst.* IV, VI, 11; traditur custodienda Araspae, V, 1, 1: a quo tentata rem defert tandem ad Cyrum, VI, 1, 33; accessit maritum, *ib.* 45: ornat eum et hortatur, VI, IV, 3; occisum fert ad Pactolum amnem, VII, III, 4; et ibi super mortuum maritum se conficit ipsa, *ib.* 14.
Paphlagonia (regio Asiae minoris ad Pontum Euxinum, Bithyniae finitima), describitur, *Exp.* V, VI, 6 sqq. Eo venit et praedatur exercitus Decemmillium, VI, 1, 1 sqq. Corylas est ejus rex vel satrapa, VII, VIII, 25. Paphlagonicae galeae, V, II, 22; IV, 13. In Paphlagonica (Paphlagonum agro) habitant Sinopenses, VI, 1, 15. — In Paphlagoniam venit Agesilaus, *HG.* IV, 1, 3.
Paphlagones, ab Assyriis sollicitati adversus Medos non parent, *Inst.* I, v, 3; II, 1, 5; sed sunt Croesi socii, VI, II, 10. Cur non regantur a satrapa Persico, VIII, VI, 8. — Paphlagones equites in exercitu Cyri minoris, *Exp.* I, VIII, 5. — Eorum princeps Cotys, *Ag.* II, 4; et *HG.* IV, 1, 3. — Paphlagones Sardes ad Arieum se conferunt, *HG.* IV, 1, 27.
Paralus, nomen navis publicae Atheniensium, *HG.* II, 1, 28. In pugna ad Aegospotamos adest, *ib.* 29. Athenas contendit ad nuntiandum rerum eventum, *ib.* Noctu eo appulit, II, II, 2 et 3.
Parapita, Pharnabazi uxor, *HG.* IV, 1, 39.
Pariani, s. incolae Parii, *Exp.* VII, III, 16.
Parium (urbs Asiae minoris, ad Propontidem inter Cyzicum et Lampsacum, cum portu), *Exp.* VII, II, 7, 25; III, 20. — Parium navigat Alcibiades, *HG.* I, 1, 13.
Parrhasiorum oppidum in Arcadia, cujus agrum vastat Archidamus, *HG.* VII, 1, 28. Conf. *Arexio.*
Parrhasius, Atheniensis pictor, quocum Socrates disserit de arte pingendi, *Mem.* III, 10.
Parthenium (urbs Mysiae), *Exp.* VII, VIII, 15, 21.
Parthenius (fluvius inter Paphlagoniam et Bithyniam influens in Pontum Euxinum), *Exp.* V, VI, 9; VI, II, 1.
Parysatis (filia Ochi ex Andia Babylonica, soror Bagapaei), uxor Darii (Nothi), mater Artaxerxis et Cyri, *Exp.* I, 1, 1; Cyrum magis amat quam Artaxerxem, *ib.* 4; ejus prodia in Syria, I, IV, 9; in Media, II, IV, 27.
Pasimachus, Lacedaemoniorum equitum praefectus, *HG.* IV, IV, 10. Adversus Argivos multos cum paucis pugnat et interficitur, *ib.*
Pasimelus, Corinthius, Lacedaemoniis favens; Euphro eum Corintho ad se evocat, *HG.* IV, IV, 7; et iterum, VII, III, 2.
Pasio Megarensis (ex Megaris urbe inter Atticam et Isthmum), praeest septingentis in exercitu Cyri minoris, *Exp.* I, II, 3: a quibus desertus fugit domum, I, IV, 7.
Pasippidas, navarchus Lacedaemonius, accusatus seditionis in Thaso motae, Sparta exulare jussus est, *HG.* I, 1, 32. Lacedaemoniorum legatus ad regem Persarum Pharnabazum, I, III, 13; antea dux in Hellesponto, *ib.* 17.
Patagyas, Persa, Cyri minoris amicus, *Exp.* I, VIII, 1.
Patesiades, Lacedaemoniorum Ephorus, *HG.* II, III, 10.
Patrocles, Phliasius, verba fecit in concione Atheniensium, *HG.* VI, v, 38. Conf. *Procles.*

Patroclus, Achilli carus, *Conv.* VIII, 31.
Pausanias, Atheniensis, Agathonis amator, *Conv.* VIII, 32 : ejus sententia de exercitu ex amantibus et amatis conflato *ib.*
Pausanias, Lacedæmoniorum rex alter, Peloponnesios colligit, *HG.* II, II, 7. Ad urbem Atheniensem castrametatus est, *ib.* 8; II, IV, 30. Lysandro invidit et pacem, illo invito, Atheniensibus concedit, II, IV, 29 sqq. Tropæo excitato, *ib.* 35, ad suos exercitum reducit, *ib.* 39. Cum Lysandro auxiliis, quæ Phocenses contra Thebanos mittuntur, præest, III, v, 6. Tegeam subsistit, *ib.* 7. In Bœotiam pervenit, *ib.* 17. Interest pugnæ ad Haliartum, *ib.* 21. Domum rediit et accusatus ab Ephoris, capitis judicium subiit, *ib.* 25. Exsul Tegeæ morbo exstinctus est, *ib.* Dicitur Agesipolidis pater, et erga Mantinenses animo perbenevolo, V, II, 3 et 6.
Peleus (pater Achillis), discipulus Chironis, in cujus ædibus dii celebrarunt nuptias Thetidis et Pelei, *Ven.* I, 2 et 8.
Pella, inter oppida Macedoniæ longe maxima, *HG.* V, II, 13.
Pellene (Achaiæ oppidum), *HG.* VII, I, 18; II, 18, 20; IV, 18.
Pellene (Laconica, paulo plus 50 stadia Sparta distans), *HG.* VII, v, 9.
Pellenenses (Pellenes Achaicæ cives) contra Thespienses pugnant, *HG.* IV, II, 20; Lacedæmoniorum socii, *ib.*; VI, v, 29; VII, I, 14, 15; II, 2 etc. Cum Thebanis contra Phliasios militant, VII, II, 11 sqq. Eorum proxenus apud Phliasios, *ib.* 16. Ibidem 18 et 20. Phliasii et Lacedæmonii iis videntur reconciliati. Socii Lacedæmoniorum contra Arcades, VII, IV, 17.
Pelopidas, Thebanus, e carcere liberatus, a Thebanis ad regem Persarum legatus mittitur, *HG.* VII, I, 33. Regi omnium legatorum gratissimus, *ib.* 34. Imperii ejus affectatio ad nihilum recidit, *ib.* 40.
Peloponnesus, *Ath.* II, 7, et alibi. Inde naves adsunt Cyro minori, *Exp.* I, IV, 2. — Peloponnesio bello, post vigesimum octavum annum sextumque mensem, finis est impositus, *HG.* II, III, 9. Navigatio e Calydonis portu in Peloponnesum, IV, VI, 14; e Peloponneso in Siciliam per Corcyram, VI, II, 9. Peloponnesus prima a Triptolemo frumentum accepit, VI, III, 6. Solis Arcadibus patria, VII, I, 23. Ad Peloponnesi litora Athenienses sexaginta naves mittunt, V, IV, 63. In Peloponnesum veniunt Thebani, VI, v, 26; quam infirmissimam eam cupientes esse, *ib.* 1.
Peloponnesii bellum gerunt cum Atheniensibus, *Mem.* III, v, 4, 10, 11. — In exercitu Cyri minoris, *Exp.* I, I, 6. A Lacedæmoniis distinguuntur, VI, II, 10, *Mem.* III, v, 4; *HG.* II, II, 7; III, I, 4; III, v, 6. Versus Abydum fugiunt clade ab Atheniensibus affecti, *HG.* I, I, 6. Fuga se in Chium recepere itidem ab illis fusi, I, VI, 33. Eos invadit Epaminondas, VII, I, 15 et 42. Se adversus Thebanos conjungunt, VII, v, 1 et 7. Per decem annos bellum gerunt contra Athenienses, II, IV, 21.
Peltæ (urbs Phrygiæ majoris), *Exp.* I, II, 16.
Penestæ, sunt eadem apud Thessalos conditione, qua Helotes apud Spartanos, *HG.* II, III, 36.
Percote (urbs et portus Troadis) : ibi moratur in Græciam revertens Antalcidas, *HG.* V, I, 25.
Pergamus (urbs Mysiæ majoris), *Exp.* VII, VIII, 8, 23. — Pergamum defendit Eurysthenes et occupat Thimbro, *HG.* III, I, 6.
Pericles, dicitur ὁ πάνυ, *Mem.* III, v, 1; tutor Alcibiadis et civitatis præfectus, I, II, 40; disserit de legibus cum Alcibiade, *ib.* : disertissimus, II, VI, 13. — Consuluit patriæ, *Conv.* VIII, 39.

Pericles, Periclis illius nothus (ex Aspasia) : cum eo disputat Socrates de revocandis Atheniensibus ad pristinam fortitudinem, *Mem.* III, v, 1. — Dux Atheniensium eligitur, cum aliis post Alcibiadem, *HG.* I, v, 16. In prælio navali ad Arginusas, I, vi, 29. Ab Euryptolemo cognato accusatus, damnatur et interficitur, I, VII, 16.
Perinthus (urbs Thraciæ cum portu ad Propontidem), *Exp.* II, vi, 2; VII, II, 8, 11, 28; IV, 2. — Perinthii Alcibiadis exercitum in urbem admittunt, *HG.* I, I, 21.
Persæ, populus Asiæ, victu et habitu viliori utuntur, *Inst.* I, III, 2; VII, v, 67; solent cognatos osculari, I, IV, 27, 28. Eorum leges, instituta, arma, frugalitas, forma civitatis et multitudo, I, II,; ubi et de ὁμοτίμοις, proceribus eorum, de quibus conf. I, v, 5; II, I, 9, 14, 16; II, 3; III, III, 34, 41, 59; VIII, v, 21, alibi; et de nova eorum disciplina, VII, v, 70. Cœna parca, V, II, 16; jocandi liberalitas, *ib.* 18 : sunt curiosi et religiosi in sacris, VIII, III, 11, coll. VII, 1. Rem equestrem ipsis parat Cyrus, IV, III; currus falcatos, VI, 1, 27; et alia. V. *Cyrus.* Uti cœperunt stola Medica, *ib.* 1. Imperii administrandi forma, VIII, vI toto. A Cyri institutis deficiunt, VIII, vIII toto. Sine Græcorum auxilio non audent bellum suscipere, *ib.* 26. — Persarum educatio nobiliorum, *Exp.* I, IX, 3, 4. Nobiliores gestant torques et armillas, I, VIII, 29. Eorum feminæ laudantur ob formam, III, II, 25; arcus magni, III, IV, 17; IV, IV, 16; eorum equitatus nocte est inutilis, III, IV, 35. Flagellis adigebant milites ad pugnam, III, IV, 25. Eorum saltatio, VI, I, 10. Expeditiones sub Dario Hystarpis et Xerxe in Græciam, III, II, 11 sqq. Regni Persici fines, I, VII, 6. — Persæ imperium Asiæ tenent, *Mem.* II, I, 10; domini Asiæ et Europæ usque ad Macedoniam, *HG.* v, 11. — Persarum rex quomodo agriculturæ prospiciat remque militarem curet, *Œc.* IV, 4 sqq. — Idem adversus Græcos expeditionem suscipit, *Ag.* 1, 16; jubet Lacedæmonios Messenen relinquere, II, 29. — Persæ solent equis decurrere per declivia, *Eq.* VIII, 6. Persicus modus equum conscendendi, *Eq.* vI, 12; *Mag.* I, 17. — In tapetibus molliter sedent, *HG.* IV, I, 30. Non pedibus incedunt, sed curribus vehuntur, III, IV, 19; *Ag.* I, 28.
Perseus, Jovis et Danaes filius, *Inst.* I, II, 1. V. seq.
Perseidæ, posteri Persei, e quibus erant Persarum reges, *Inst.* I, II, 1.
Persis regio finitima Mediæ, *Inst.* II, I, 1; montana, I, III, 3; aspera, VII, v, 67.
Phædondes, Socratis discipulus probabilis, *Mem.* I, II, 48.
Phædrias, unus Trigintavirorum in oligarchia Atheniensi, *HG.* II, II, 2.
Phalerica palus (in Attica), *Œc.* XIX, 6.
Phalerus (portus Athenarum), *Mag.* III, 1.
Phalinus Zacynthius (ex Zacyntho insula maris Ionii), Tissapherni carus, *Exp.* II, I, 7; artem certandi armis et tacticen profitebatur, *ib.* : negat Græcos deciesmille, invito rege, salvos redire posse, *ib.* 18.
Phanias Atheniensis, ut videtur, navarchus, Antalcidam persequitur, *HG.* V, I, 26.
Phanosthenes, Atheniensis, cum quatuor navibus in Andrum Conenis loco missus est, *HG.* I, v, 18.
Pharax, Lacedæmonius navarchus, ad Cariæ oram navigat, *HG.* III, II, 12. In Asia cum Dercyllida colloquium habet, *ib.* Proxenus Thebanorum Lacedæmone, IV, v, 6. Lacedæmoniorum ad Athenienses legatus, pro concordia obtinenda orationem habet, VI, v, 33.
Pharnabazus Bithyniæ satrapa, *Exp.* VII, VIII, 25; sed idem et Phrygiæ præfuisse dicitur VI, IV, 24; v, 30. Adde V, vI, 24. Ejus equites clade afficiunt Græcos pa-

lantes, VI, IV, 24; sed deinde repelluntur a Græcis, VI, v, 30. Præmiis et pollicitationibus sollicitat Anaxibium et successorem ejus Aristarchum, ut Cyrianis liberet Asiam, VII, I, 2 sqq.; II, 7 sq. — Peloponnesiis fugientibus opem fert, *HG.* I, 1, 6. Cyzici cum pedestribus copiis adest, et exit inde occiso Mindaro, *ib.* 14. Universas Peloponnesiorum copias et socios solatus, *ib.* 24, novas eis naves ædificat et Chalcedonem ad opem ferendam contendit, *ib.* 26. Nox eum eripuit Alcibiadis manibus, *ib.* Victo Hippocrate Lacedæmonio cum Atheniensibus facit fœdus, ut redimeret ab iis Chalcedonem, eorumque legatos ad regem deducere promitteret, sed non prius jurat quam ei Alcibiades jurasset, I, III, 5 - 13. Nuntium de Byzantio occupato Gordii Phrygiæ accepit, I, IV, 1. Atheniensium legatos diu suspensos tenet, tandem ad mare deducit, *ib.* 6. Dercyllidas, ab ipso calumniis petitus, ipsius potius quam Tissaphernis regionem invadit, III, I, 9. Æolensium regio ei parebat, *ib.* 10. Bis facit inducias cum Dercyllida, III, II, 1 et 9. Cum Tissapherne, ei licet invidens, jungit se contra Dercyllidam, sed in ipso prælii apparatu pacem cum hoc faciunt; *ib.* 13 sqq. Spithridatem offendit, filiam ejus pellicem habiturus, III, IV, 10 (et *Ag.* III, 3). Ejus equites ab Agesilao fugati, *ib.* 13 sq. (conf. *Ag.* I, 23). Phrygiam, ejus satrapiam, devastat Agesilaus, IV, I, 1. Regia ejus, *ib.* 7. Regia ejus Dascylii, *ib.* 15. Castra ejus in vico Cave a Spithridate capiuntur, IV, I, 20 Ejus luxus Persicus et colloquium cum Agesilao, IV, I, 24 sqq. (*Ag.* III, 5.) Cum Conone vincit navali prælio apud Cnidum, IV, III, 11. Cum classe oppida maritima circumnavigat sibique conciliat, IV, VIII, 1. Ephesum descendit, *ib.* 3. Abydenorum agrum vastat, *ib.* 6. Melum per medias insulas una cum Conone et Spartam petiit, *ib.* 7. Ad Isthmum Corinthium, deinde domum navigat, *ib.* 8. Cononem cum pecuniis ad restaurandum murum longum et Piræeum mittit, *ib.* 9 et 10. Filiam regis uxorem ducit, V, I, 28.

Pharnabazi filius ex Parapita Agesilauni ad hospitii jus invitat, *HG.* IV, I, 38; eique munera dat, *ib.* 39. A fratre regno pellitur, *ib.* 40.

Pharnuchus, chiliarchus equitatus sub Cyro, *Inst.* VI, III, 32; VII, I, 22. Fit satrapa Phrygiæ minoris et Æoliæ, VIII, VI, 7.

Pharsalii (Thessaliæ gens), stant contra Agesilaum ex Asia redeuntem, *Ag.* II, 2; Bœotorum confœderati, *HG.* IV, III, 3. Eos sibi adjungere vult Iason vel precibus vel armis : quare Polydamas, ejus civitatis princeps, opem petit a Lacedæmoniis. Qui quum ei hoc tempore satisfacere non possent, pacem suis cum Iasone conciliat, VI, 1 fere toto.

Pharsalus urbs : in ea Polyphron optimates interficit, *HG.* VI, IV, 34.

Phasiani (qui videntur habitasse ad ripas Phasidis fluvii in Colchide), *Exp.* IV, VI, 5; V, III, 4; referuntur ad satrapiam Tiribazi (h. e. ad Armeniam occidentalem), VII, VIII, 25.

Phasis, fluvius Asiæ, *Exp.* IV, VI, 4. Ita vocatur etiam regio Phasianorum, V, VI, 36; V, VII, 1, 5 sqq Ibi provenit linum Phasianum, *Ven.* II, 4.

Phea, Eleorum urbs, *HG.* III, II, 30.

Pheræ (urbs Messeniæ) : cujus regionem. Conon devastat ferro et igni, *HG.* IV, VIII, 7.

Pheræi (urbis Pherarum in Thessalia) : eorum equitatus, *HG.* VI, IV, 31. Eorum tyranni Epaminondæ auxilia præstant, VII, V, 4.

Pheraulas, Persa plebeius, Cyri familiaris, vir fortis, suadet ut Cyrus fiat præmiorum militibus conferendorum

judex, *Inst.* II, III, 7; curator pompæ, VIII, III, 2, 6; donatur equo a Saca quodam, *ib.* 31; concedit Sacæ bona sua, *ib.* 35; laudatur, *ib.* 49.

Phidon, unus e Trigintaviris in oligarchia Atheniensi, *HG.* II, III, 2.

Philemonides, homo dives Atheniensis, qui ad argentum fodiendum trecenta mancipia elocat, *Vec.* IV, 15.

Philesius, Achæus, in exercitu Decemmillium, sufficitur in locum Menonis, *Exp.* III, I, 47; idem et Sophænetus dicuntur natu maximi duces, V, III, 1; adversatur Xenophonti, V, VI, 27; damnatur repetundarum, V, VIII, 1; legatus mittitur ad Anaxibium, VII, I, 32.

Philippus (Atheniensis), scurra, *Conv.* I, 11 sqq.; II, 14, 20-23, 27; et de arte scurrandi gloriatur, III, 11; IV, 51. sqq. Conf. VI, 8-10.

Philiscus, Abydenus, magnis cum pecuniis ab Ariobarzane in Græciam venit, legatus de pace, nomine regis Persarum, *HG.* VII, I, 27. Lacedæmonios et Thebanos Delphos convocat, *ib.*

Philocles, dux Atheniensium, Cononi adjungitur, *HG.* I, VII, 1. Ad Ægospotamos a Lysandro capitur, II, I, 30; et quia Andrios et Corinthios præcipitaverat, jugulatur, *ib.* 31.

Philocrates, Ephialtis filius, Atheniensis, proficiscitur Athenis cum imperio classis, *HG.* IV, VIII, 24. A Teleutia capitur, *ib.*

Philodices, Atheniensium ad Pharnabazum legatus, *HG.* I, III, 13.

Philoxenus Peleneus (ex Pelene, oppido Achaiæ), in exercitu Decemmillium, rem fortiter gerit, *Exp.* V, II, 15.

Phlego, nomen canis, *Ven.* VII, 5.

Phliasii (Phliuntis incolæ), in pugna ad Coroneam non adsunt Lacedæmoniis, ob inducias cum Thebanis, *HG.* IV, V, 16. Lacedæmoniorum opem poscunt, Iphicrate ipsos aggrediente, IV, IV, 15. Eorum ob Laconismum exules Lacedæmonem veniunt, et, intercedentibus Lacedæmoniis, reditum impetrant, V, II, 8-10. Eorum civitas ab Agesipolide collaudata, V, III, 10. Multarunt omnes quotquot Lacedæmonem profecti fuerant, *ib.* 11. Eorum insolentia, *ib.* 12. Quare in Phliasios expeditionem suscepit Agesilaus, *ib.* 13 et 15. Urbis obsessionem aliquamdiu perferunt; tandem fame pressis legatosque Lacedæmonem missuris ipse Agesilaus res componit, *ib.* 30-35 (et *Ag.* II, 21). Phliasii equites sunt cum Lacedæmoniis in pugna Leuctrica, VI, IV, 9; item post eam, *ib.* 18; et in bello contra Mantineenses, VI, V, 14 et 17; denique tum quum Thebani prope Spartam accederent, *ib.* 29. Thebanos urbi suæ imminentes repellunt, VII, I, 18 sq. Vehementer pressi, in fide Lacedæmoniorum persistunt, VII, II, 1. Eorum urbs dolo capitur, *ib.* 7 sqq. Adversus eos Sicyonis præfectus bellum movet, *ib.* 11. Vincunt et tropæum statuunt, *ib.* 15. Thyamiam muniunt, VII, IV, 1; sed, pace cum Thebanis facta, hac urbe excessere, *ib.* 7, 10, 11. Controversia cum Argivis de Tricarano, *ib.*

Phlius, Sicyoniæ urbs : Phliuntem cum exercitu ingreditur Iphicrates et agros populatur, *HG.* IV, IV, 15. Ibi convenit Agesilai exercitus, IV, VII, 3. Phliunte exules Lacedæmonem proficiscuntur, V, II, 8. In patriam recipiuntur, *ib.* 10. Multati sunt, V, III, 11. Phliuntis agrum Agesilaus ingressi sunt, VII, II, 4. Phlius oppugnatur, *ib.* Phliuntem Corinthii frumentum mittunt, VII, II, 23.

Phocenses (populi Phocidis, in qua Delphi fuerunt. Ii per Thebanos apud Amphictyonum consilium accusati, quod agrum Apollini sacrum excoluissent, et damnati sunt pecunia ingenti. Igitur ad illam solvendam, Philomelo

INDEX NOMINUM ET RERUM.

duce, templum Delphicum spoliarunt: hinc bellum ortum est Phocicum, sive sacrum), *Vec.* v, 9. — In Locridem irruunt, *HG.* III, v, 3. Lacedæmonem legatos mittunt, *ib.* 4. Stant cum Lacedæmoniis in prælio ad Coroneam, IV, III, 15. (et *Ag.* II, 6). Thebanorum in ipsorum fines expeditio, VI, I, 1. Iis auxilium ferunt Lacedæmonii, VI, II, 1. Sunt cum Lacedæmoniis in pugna Leuctrica, VI, IV, 9. Eorum odium contra Iasonem, *ib.* 21 et 27. Post Leuctricam pugnam parent Thebanis eorumque signa sequuntur, VI, v, 23; Lacedæmonem cum iis ingredientes, *ib.* 30 (coll. *Ag.* II, 24). Denique tamen Epaminondam non sequuntur, VII, v, 4.

Phocæa (urbs Ioniæ), *HG.* I, vi, 33. Munitur a Thrasybulo, I, v, 11. Phocæense Minervæ templum conflagrat, I, III, 1.

Phocais, Cyri pellex prudens et pulcra, capitur in castris, *Exp.* I, x, 2.

Phocis (Græciæ regio), *HG.* III, v, 4; VI, I, 1; IV, 27.

Phœbidas, Lacedæmoniorum dux, Eudamidæ frater, Thebas cum copiis venit, *HG.* V, II, 25. Thebanam arcem occupat, *ib.* Nec ingenii acrimonia, nec prudentia valet, *ib.* 28. Agesilao auctore ab Lacedæmoniis non punitur, *ib.* Ab eodem Thespiis harmostes relictus, prædonum manipulos emittit, V, IV, 41; et a Thebanis interficitur, *ib.* 45.

Phœnice, regio, *Exp.* I, IV, 5; VII, 12; VII, VIII, 25; *HG.* III, IV, 1. Describitur, *Ag.* II, 30.

Phœnices, sunt Crœsi socii, *Inst.* VI, II, 10; subacti a Cyro, I, I, 4. — Habitant in urbe Myriandro, *Exp.* I, IV, 6.

Phœnicia navis magna, *Œc.* VIII, 11.

Phœnicus, portus Cytheriæ. In Phœnicuntem se recepit Pharnabazus, *HG.* IV, VIII, 7.

Phœnix, cultus ab Achille ob disciplinam, *Conv.* VIII, 23.

Pholoe (mons Arcadicus, cujus radices in Elide sunt prope Olympiam, silvosus), *Exp.* V, III, 10.

Phonax, nomen canis, *Ven.* VII, 5.

Phrasias, Atheniensis, (lochagus vel taxiarchus) in exercitu Decemmillium, *Exp.* VI, v, 11.

Phrixa, Triphyliæ oppidum, *HG.* III, II, 30.

Phrura, nomen canis, *Ven.* VII, 5.

Phryges, populi Asiæ minoris, utrique (i. e. et qui majorem et qui minorem Phrygiam incolebant) societatem ineunt cum Assyrio adversus Medos, *Inst.* I, v, 3; adjuvant Crœsum, VI, II, 10. Sed ab Hystaspe subacti, VII, IV, 8, sunt cum Cyro, VII, v, 14. — Parent Persis, *Mem.* II, I, 10. — Militant in exercitu Atheniensium, *Vec.* II, 3.

Phrygia minor, *Inst.* II, 1, 5, i. e. Phrygia ad Hellespontum, quomodo vocatur IV, II, 30, ubi de rege a satrapa ejus, qui subigitur bello ab Hystaspa, VII, IV, 8. Satrapa ejus fit Pharnuchus, VIII, VI, 7. — Phrygia major seu magna, subigitur a Cyro, *Inst.* VII, IV, 16; ejus satrapa fit Artacamas, VIII, VI, 7. — Iter Cyri minoris per Phrygiam, *Exp.* I, II, 6 — 13. Data fuerat Cyro a patre satrapia, I, IX, 7. Jungitur Troadi et Æolidi, V, vi, 24. Ejus satrapa Artacamas, VII, IV, 25. In Phrygiam, Pharnabazi provinciam, Agesilaus ingreditur *HG.* IV, I, 1 sqq. et *Ag.* I, 16.

Phryniscus Achæus, in exercitu Decemmillium, *Exp.* VII, II, 1; strategus, *ib.* 29, et c. v, 4; negat se sine Xenophonte militaturum esse, *ib.* 10.

Phthia (Thessaliæ urbs): Achaia Phthiæ, *Ag.* II, 5. Phthiæ montes Achaici, *HG.* IV, III, 10.

Phyle castellum (Atticæ) occupat Thrasybulus, *HG.* II, IV, 2. Et sæpius memoratur in hoc cap.

Phyllidas, Thebanus, polemarchorum Archiæ collegarum scriba, *HG.* V, IV, 2. Ejus facinus insigne, *ib.* Astutum factum ejus, *ib.* 5. Leontiadem trucidat, *ib.* 7.

Physcus, amnis Assyriæ, qui in Tigrim influit, *Exp.* II, IV, 25.

Pigres (Car), Cyri interpres, *Exp.* I, II, 17; v, 7; VIII, 12.

Pindus (mons Thessaliæ) alit feras majores, *Ven.* II, 1.

Piræeus (Πειραιεύς, portus et pagus Atticæ): in eo erat domus Calliæ, *Conv.* I, 2. — *Ath.* I, 17; *Vec.* III, 13. — Piræei mœnia Trigintaviri demoliuntur, *HG.* II, III, 11. In Piræeum fugientes se recipiunt, II, IV, 1. Piræei theatrum, *ib.* 32. Decem in Piræeo præfecti, a Thrasybulo Trigintaviris oppositi, *ib.* 19, et 38.

Piræus (Πείραιος, portus Corinthi in sinu Crissæo, τὸ Πείραιον Xenophonti: de eo pugnæ, Agesilai narrantur *Ag.* II, 18 sqq. — et *HG.* IV, v, 1 sqq. Thermæ in eo, *ib.* 3 et 8. Piræum se muniturum promittit Conon, IV, VIII, 9.

Pirithous, Thesei amicus, *Conv.* VIII, 31.

Pisander (Atheniensis orator), homo timidus, *Conv.* II, 14.

Pisander, Lacedæmonius, frater uxoris Agesilai, qui eum classi præfecit, *HG.* III, IV, 29. Pisander a Conone ac Pharnabazo vincitur et in navali prœlio apud Cnidum occubuit, IV, III, 10 et 11.

Pisatæ (Pisæ incolæ) se primos templo Olympiaco præfuisse dicunt, *HG.* VII, IV, 28. Arcadum auxilio ludorum Olympicorum celebrationem sibi vindicant, sed vincuntur, *ib.* 28 — 30.

Piscis, Ἰχθύς, portus in Eleorum finibus, prope ad Alphei ostium, *HG.* VI, II, 31.

Pisias, Argivorum imperator, Oneum præoccupat, *HG.* VII, I, 41.

Pisidæ (incolæ regionis inter Pamphyliam, Phrygiam et Lycaoniam): hos bello se petere simulabat Cyrus minor, *Exp.* I, II, 1; qui cum iis olim bellum gesserat, I, IX, 14. Hostes erant regi Persarum, II, v, 13; III, II, 23.

Pison, unus e Trigintaviris in oligarchia Atheniensi, *HG.* II, III, 2.

Pistias, loricarum opifex, *Mem.* III, x, 9.

Pitis vel Pityas, Lacedæmoniorum Ephorus. Sub eo Athenis antiquum templum Minervæ conflagravit, *HG.* I, vi, 1; II, III, 10.

Plateæ (oppidum Bœotiæ), Lacedæmoniorum in fide, *HG.* V, IV, 14 et 48. Pugna regis Persarum ad Platæas, VII, I, 34.

Plateæenses, cæduntur a Thebanis, *HG.* V, IV, 10. Ab iisdem Bœotia ejecti, Atheniensibus amici, *HG.* VI, III, 1. Civitate donati ab Atheniensibus, VI, III, 8.

Platanus aurea regis Persarum, *HG.* VII, 1, 38.

Plato, amatur a Socrate, *Mem.* III, vi, 1.

Plistolas, Lacedæmoniorum Ephorus, *HG.* II, III, 10.

Plynteria, Minervæ festum Athenis celebratum, quo redit in patriam Alcibiades, *HG.* I, IV, 12.

Podalirius (Æsculapii filius), discipulus Chironis, artis medicæ et militaris peritus, *Ven.* I, 2 et 14.

Podanemus, classi præfectus a Lacedæmoniis, in conflictu quodam interiit, *HG.* IV, VIII, 11. — Podanemus Philiasius, si est idem, Archidami hospes, v, III, 13.

Pollis, Lacedæmoniorum legatus et classi præfectus, *HG.* IV, VIII, 11; V, IV, 61.

Pollux, discipulus Chironis, inter deos relatus, *Ven.* I, 2 et 13.

Polus, Lacedæmonius navarchus, succedit Anaxibio, *Exp.* VII, II, 5.

Polyænidas, Lacedæmonius, qui Archidamo propugnans, interficitur, *HG.* VII, IV, 23.

Polyanthes, Corinthius, aurum a Timocrate accipit, *HG.* III, v, 1.

INDEX NOMINUM ET RERUM.

Polyarchus, unus e Trigintaviris in oligarchia Atheniensi, *HG*. II, III, 2.
Polybiades, præfectus ab Lacedæmoniis ad oppugnandam Olynthum mittitur, *HG*. V, III, 20. Olynthios ad extremam famem redigit, *ib.* 26; et ad pacem a Lacedæmoniis petendam cogit, *ib.*
Polybotes in codd. pro Polycrate, *Exp.* IV, v, 24.
Polycharmus, Pharsalius, equitum præfectus, fortis in Thessalorum pugna contra Agesilaum redeuntem, *Ag.* II, 4; *HG*. IV, III, 8.
Polycharmus Lacedæmonius, equitum ductor, *HG*. V, II, 41.
Polycletus, statuariorum princeps, *Mem.* I, IV, 3.
Polycrates, Atheniensis, lochagus in exercitu Decemmillium, occupat vicum, *Exp.* IV, v, 24; mittitur ad naves conquirendas, V, I, 16; cum Xenophonte it ad Scuthen, VII, II, 17, 29; defendit Xenophontem, VII, VI, 41.
Polydamas, Pharsalius. Ejus legatio ad Lacedæmonios, et oratio de adjuvanda Pharsalo in Iasonem Pheræum, *HG.* VI, I, 2 sqq. Ei arcem suam committunt Pharsalii, *ib.* In Thessalia perillustris, *ib.* Thessalorum more magnificus ac hospitalis, *ib.* 3. Reipublicæ Laconicæ simplicitatem laudat, *ib.* 18.
Polydorus, princeps Thessalus, occiditur a fratre, *HG*. VI, IV, 33.
Polymachus in codd. pro Polycharmus, *HG*. IV, III, 8.
Polynicus Lacedæmonius, legatus Thimbronis ad Scuthen, *Exp.* VII, VI, 1, 39, 43; VII, II, 13, 56.
Polyphron, princeps Thessalus, occiditur, *HG*. VI, IV, 33 sqq.
Polys, nomen canis, *Ven.* VII, 5.
Polytropus, mercenariorum dux Corinthi, in prœlio ad Elymiam a Mantinoensibus interficitur, *HG*. VI, v, 14.
Polyxenus, dux navium Syracusanarum et Italicarum viginti, *HG*. V, 1, 26.
Pontus (pars Asiæ minoris ad Pontum Euxinum), *Ath.* II, 7; *Exp.* V, VI, 15; Pontus Euxinus ipse, *ib.* 16.
Porpax, nomen canis, *Ven.* VII, 5.
Porthο, nomen canis, *Ven.* VII, 5.
Poseidon. V. *Neptunus.*
Potamis, Gnosiæ filius, Siculus, Syracusanorum dux, *HG*. I, 1, 29.
Potidæa, urbs Olynthiorum ad Pallenes isthmum sita, *HG.* V, II, 15. Potidæam ingreditur Derdas, *ib.* 39. Add. V, III, 6.
Potniæ (oppidum Bœotiæ), *HG*. V, IV, 51.
Pras (gen. Prantis, Thessaliæ urbs in Perrhæbia), *Ag.* II, 5. Inter Prantem et Narthecium tropæum statuit Agesilaus, *HG*. IV, III, 9.
Prasiæ, Laconicæ urbs, *HG*. VII, II, 2.
Praxitas, Lacedæmoniorum Polemarchus Sicyone, *HG.* IV, IV, 7. Corinthum ingreditur, *ib.* 9. Cujus murorum partem demoliendam censuit, *ib.* 13. Megara profectus est, *ib.* Sidunlem et Crommyonem capit, *ib.* Œnoen præsidiis muniνit, IV, v, 19.
Priene, in Mæandri planitie oppidum (Ioniæ), *HG*. III, II, 17; IV, VIII, 17.
Proænus, Corinthiorum dux, acceptis ab Agathino navibus, excessit Rhio, *HG*. IV, VIII, 11.
Procles a Damarato Lacedæmonio ortus, Teuthraniæ præfectus, *Exp.* II, I, 3; II, 1; VII, VIII, 17; *HG*. III, I, 6.
Procles, Phliasius, Hipponici filius, Archidami hospes Phliunte, *HG*. V, III, 14 et 13. Ejus ad Athenienses oratio, VII, I, 2.
Procris (Iphidis filia et uxor Cephali), nobilis venatrix, *Ven.* XIII, 18.
Procrustes, latro, *Mem.* II, I, 14.

Prodicus, sapiens; ejus narratio de Hercule, *Mem.* II, I, 21. sqq. Magister Calliæ, *Conv.* I, 5; IV, 62.
Prœconnesus (insula in Propontide, prope Cyzicum) : eo cum navibus adveniunt Athenienses, *HG*. I, 1, 18; III, 1. Memoratur IV, VIII, 36; V, 1, 26.
Promethea, festum Athenis in honorem Promethei, *Ath.* III, 4.
Prometheus, cum Critia democratiam in Thessalia instituit, *HG*. II, III, 36.
Protagoras, sophista, *Conv.* I, 5.
Prothous, Lacedæmonius : ejus de pace consilium a magistratibus Spartanis exploditur, *HG*. VI, IV, 2.
Protomachus ab Atheniensibus dux eligitur, *HG*. I, v, 16. In pugna ad Arginusas navibus quindecim præest, I, VI, 30. Athenas non revertitur, I, VII, 1.
Proxenus, Thebanus, amicus Cyri minoris, cujus consilio milites conscribit adversus Pisidas, *Exp.* I, 1, 11; ducit ad Cyrum 1500 milites gravis armaturæ, I, II, 1, 3; studet Clearchi et Menonis rixas componere, I, v, 14; invitat Xenophontem et commendat Cyro, III, 1, 4, 8; respondet legatis regis de armis tradendis, II, 1, 10; captus dolo a Tissapherne, II, v, 31; trucidatur, II, VI, 1: ejus mores describuntur, *ib.* 16 sqq. Conf. V, III, 5.
Proxenus, Siculus, Syracusis exsul, cum fratre Hermocrate ab Lacedæmoniis ad Pharnabazum legatus mittitur, *HG*. I, III, 13.
Proxenus, Tegeates. Ejus et Callibii factio; opposita factioni Stasippi, *HG*. VI, v, 7. In tumultu interficitur, *ib.* Conf. § 36.
Proxenus, Pellenensis, a Phliasiis capitur et sine pretio dimittitur, *HG*. VII, II, 16.
Psarus, amnis Ciliciæ, *Exp.* I, IV, 1.
Psyche, nomen canis, *Ven.* VII, 5.
Punicum linum, *Ven.* II, 4.
Pygela (urbs Ioniæ), a Thrasylo oppugnatur et vastatur, *HG*. I, II, 2. Pygelensibus Milesii opem ferunt, *ib.*
Pylades, Orestæ amicus, *Conv.* VII, 31.
Pylæ Ciliciæ et Syriæ, *Exp.* I, IV, 4.
Pylæ Babyloniæ ad Euphratem, *Exp.* I, v, 5.
Pylus (urbs Elidis), ab exulibus et Arcadibus capitur, et multi Elei eo migrant, *HG*. VII, IV, 16. Eam recipiunt Elei, *ib.* 26. Pylios Thalamis expulsos vincunt Elei, *ib.*
Pyramus, amnis Ciliciæ, *Exp.* I, IV, 1.
Pyrias Arcas, taxiarchus in exercitu Decemmillium, *Exp.* VI, v, 11.
Pyrrholochus, Argivus, ad Pharnabazum legatus, *HG.* I, III, 13.
Pythagoras, Lacedæmonius, præfectus classi, quam Lacedæmonii Cyro minori miserunt auxilio, *Exp.* I, IV, 2.
Pythia (Apollinis Delphici sacerdos), *Mem.* I, III, 1.
Pythia (festum) celebrantur, *HG*. VI, IV, 30.
Pythii : ita dicti sunt Lacedæmone duo juvenes, qui comites et contubernales erant regis in bello, *Lac.* XV, 5.
Pythodorus, Archon Atheniensis, *HG*. II, III, 1.

R

Rhambacas, Medus, ducit equitatum Medorum, *Inst.* V, III, 42.
Rhamphius, Lacedæmonius, Clearchi pater, *HG*. I, I, 35.
Rhapsodi (Homerici), *Conv.* III, 6.
Rhathines, Persa, missus a Pharnabazo cum copiis contra exercitum Decemmillium, *Exp.* VI, III, 7. Cum Bagæo dux equitum Pharnabazi, *HG*. III, IV, 13.
Rhathines, Cadusius, victoriam reportat in certamine equestri, *Inst.* VIII, III, 33.

Rheomithres, Persa, perfidus, uxore suisque et amicorum liberis Ægyptio regi obsidibus relictis, Persarum regi gratificatur, *Inst.* VIII, vIII, 4.
Rhium, (Ætoliæ promontorium, alias vocatum Antirrhium), *HG.* IV, vi, 14. Rhium Lacedæmonii occupant, IV, vIII, 11.
Rhodii, in exercitu Decemmillium, laudantur ut boni funditores, *Exp.* III, III, 16; IV, 15. Rhodius quidam promittit se constructurum pontem ex utribus inflatis, quo exercitus Græcus transiret Euphratem, III, v, 8. — Rhodii quidam, a populo in exilium acti, Lacedæmonem veniunt, *HG.* IV, vIII, 20.
Rhodus, insula, *HG.* I, 1, 2; v, 1 et 19; vi, 3, etc. Rhodum Athenienses pæne occupant, IV, vIII, 20. In Rhodum navigat Hierax, V, 1, 5.
Rhœteum (promontorium et oppidum Troadis), *HG.* I, 1, 2.
Rhome, nomen canis, *Ven.* vII, 5.
Rhoparas, satrapa Babyloniæ, *Exp.* VII, vIII, 25 (idem cum Gobrya).

S

Sabaris, Armeniæ regis filius minor, *Inst.* III, 1, 2.
Sacæ, finitimi Hyrcaniis, vexantur ab Assyriis, *Inst.* V, II, 25; fiunt Cyri socii, V, III, 22. Horum pedites ducit Damatas, *ib.* 38. Sunt in Cyri pompa, VIII, III, 8.
Sacas quidam plebeius, egregium equum, quo vicerat in equestri certamine, *Inst.* VIII, III, 25, donat Pheraulæ, *ib.* 31; a quo fit particeps vel potius curator omnium ipsius bonorum, *ib.* 35.
Sacas, pocillator Astyagis, *Inst.* I, III, 8; contemnitur a Cyro puero, *ib.* 11. Reconciliatus cum eo, I, IV, 6.
Salaminia, navis publica Atheniensium, *HG.* VI. II, 14.
Salamis (insula et urbs Athenis opposita), a Lysandro vastata, *HG.* II, II, 9.
Salmydessus (urbs Thraciæ in ora Ponti Euxini inter Byzantium et Apolloniam), *Exp.* VII, v, 12.
Sambaulas, centurio Persa, adolescentem deformem amat, *Inst.* II, II, 28.
Samii : eorum crudelitas in suos, *HG.* II, 1, 32. Homines apud se nobiles occidunt, post pugnam ad Ægos flumen in fide Atheniensium permanentes, II, II, 6. Samii undique a Lysandro obsessi, II, III, 6. Se Lysandro dedunt, *ib.* Samiæ naves in classe Atheniensium, I, vi, 18; vII, 30.
Samius, Lacedæmoniorum navarchus et classis præfectus, cujus opera Cyrus minor usus est, *HG.* III, 1, 1. In Ciliciam navigat, *ib.*
Samolas, Achæus, ab exercitu Decemmillium mittitur legatus ad Sinopenses de navibus, *Exp.* V, vi, 14; præest ducentis hominibus subsidiariis, V, v, 11.
Samus, insula, *HG.* I, IV, 11, 22, etc. Apud Samum duces Atheniensium classem instruebant, II, 1, 12. In Samo cives veteres a Lysandro restituti, II, III, 3.
Sardes (caput Lydiæ, regia Crœsi, in latere Tmoli montis, unde Pactolus defluebat), urbs opulentissima Asiæ secundum Babylonem, *Inst.* VII, II, 11 ; capitur a Cyro, *ib.* 3 : ibidem præsidium Persicum relinquitur, VII, v, 12. — Illuc copias cogit Cyrus minor contra fratrem, *Exp.* 1, 2, sqq. Ejus arcem tenet Orontas, I, vi, 6. Huc venit Xenophon accessitus a Proxeno, III, 1, 8. — Cyrus minor ibi habebat παράδεισον, *Œc.* IV, 20. Sardibus a Tissapherne Alcibiades in vincula conjicitur, *HG.* I, 1, 10. Eo venit Cyrus, I, v, 1. In Sardianam regionem Agesilaus impetum fecit vastabundus, III, IV, 21 et *Ag.* 1, 29 sqq. Ibi est Arisæus, *HG.* IV, 1, 27.

Satyrus (id est Silenus) a Mida rege captus, *Exp.* I, II 13.
Satyrus, Atheniensis, Trigintavirorum audacissimus ac impudentissimus, *HG.* II, III, 54 sqq.
Scepsis (munitum oppidum, in quo Mania opes suas reconditas habebat) *HG.* III, 1, 15. A Midia occupatur, *ib.* 17. Quare eo contendit Dercyllidas, *ib.* 19. Et oppidum ingreditur, *ib.* 21.
Scillus (urbs Triphyliaca non procul ab Elide urbe) prope Olympiam : hanc Lacedæmonii exstructam (sive potius restauratam) Xenophonti exuli dederunt, *Exp.* V, III, 7. Scilluntios Elei suos esse dicunt nec liberare volunt secundum pacem Antalcideam, *HG.* VI, v, 2.
Scionæi (Scionæ, Thraciæ oppidi, incolæ), victi ab Atheniensibus male habentur, *HG.* II, II, 3.
Sciritæ Lacedæmoniorum ex Arcadibus sociis selecti, in comitatu regis, in cornu sinistro pugnantes, *Inst.* IV, II, 1. Conf. *Lac.* XII, 3; XIII, 6. — Sciritæ pugnant, *HG.* V, II, 24; IV, 52, 53.
Sciron, latro (in finibus Megarensium), *Mem.* II, 1, 14.
Scolus (oppidum Bœotiæ) : ejus valla superat Agesilaus, *HG.* V, IV, 49; *Ag.* II, 22.
Scopas, princeps Thessalus, *HG.* VI, 1, 7.
Scotussæi (incolæ Scotussæ regionis in Thessalia), Bœotiis confœderati, Agesilai agmen premunt, *HG.* IV, III, 3; *Ag.* II, 2.
Scylla (monstrum marinum), *Mem.* II, vi, 31.
Scyrus (insula ex Cycladibus), in Atheniensium ditione, *HG.* IV, vIII, 15 ; quam confirmat Artaxerxes in pace Antalcidea, V, 1, 31.
Scytala Laconica, *HG.* III, III, 8; V, II, 34.
Scythæ, gens magna, *Inst.*, I, 1, 4; *Mem.* II, 1, 10; excellunt usu arcuum, III, III, 6. — Scythæ sagittarii, *Exp.* III, IV, 15.
Scythes, Lacedæmonius, Agesilai prætor, *HG.* III, IV, 20.
Scythini (populi Asiæ liberi, Armeniæ occidentali finitimi), *Exp.* IV, vII, 18; vIII, 1.
Selinus, amnis templum Dianæ Ephesiæ præterfluens : item amnis Peloponnesi prope Olympiam, ad quem Xenophon exstruxit templum et lucum Dianæ, *Exp.* V, III, 8 sqq.
Selinus (urbs Græca Siciliæ) : eam et Himeram duce Hannibale capiunt Carthaginienses, *HG.* I, 1, 37. Quare Ephesii Selinuntiis, qui eos egregie defenderant, jus civitatis tribuerunt, 1, II, 10. Selinusiæ naves, *ib.* 8.
Sellasia, haud procul a Laconica, *HG.* II, II, 13, 19. A Thebanis incenditur et devastatur, VI, v, 27. Lacedæmonii eam expugnant VII, IV, 12.
Selybria, seu Selymbria (urbs Thraciæ ad Propontidem, inter Byzantium et Perinthum), *Exp.* VII, II, 28; v, 15. — Alcibiadi pecuniam numerat, *HG.* I, 1, 21. Ab Alcibiade capta, I, III, 11.
Sestus, oppidum (ad Propontidem) optime munitum, *HG.* IV, vIII, 5; e regione Abydi, spatio tantum octo stadiorum ab hac urbe distans, *ib.* Sæpe memoratur, I, 1 ; I, II, 14; II, 1, 20, 25, etc. Sestum et Abydum a maris navigatione prohibet Conon, IV, vIII, 6. Sestus et Abydus Lacedæmonios ejicere, jubente Pharnabazo, recusant, *ib.* — Cotys eam oppugnat, in Ariobarzanis ditione constitutam, *Ag.* II, 26.
Seuthes, Thraciæ rex, *Exp.* V, 1, 15; invitat Græcos ad stipendia facienda, VII, 1, 5; II, 10; sortem patris narrat, VII, II, 32; Athenienses vocat cognatos suos, *ib.* 31 ; Græcorum duces vocat ad cænam, VII, III, 15 sqq. (ubi describitur hoc convivium et ritus in regia ipsius). Incendit vicos hostium, VII, IV, 1 : captivos ipse jaculo configit, *ib.* 6 : conatur corrumpere duces, VII, v, 2, 9;

INDEX NOMINUM ET RERUM. 793

fit alienus a Xenophonte, *ib.* 7 et 16; agit cum Lacedæmoniorum legatis de remittendis Græcis, VII, vi, 3; Xenophontem tantum ob studium erga milites accusare potest, *ib.* iv, 39 : tandem oratione Xenophontis commovetur, ut reliquum stipendium solvat militibus, VII, vii, 55; promissa Xenophonti non præstat, VII, v, 8; vi, 18; vii, 39; conatur retinere Xenophontem, VII, vi, 43; 7, 50. — Seuthes equites ad Dercyllidam mittit, *HG.* III, ii, 2. Hospitio Dercyllidam recepit, *ib.* 9. Maritimam oram Thraciæ cum imperio tenet, IV, viii, 26; regis Odrysarum inimicus; eos et inter se et cum Atheniensibus reconciliat Teleutias, *ib.*

Sicilia, insula, unde deliciæ Athenas pervehuntur, *Ath.* ii, 7. — Carthaginiensium expeditiones in Sicillam, *HG.* I, i, 37; v, 21. Trajectus eo proficiscentibus Corcyra, VI, ii, 9. — *Mem.* I, iv, 17.

Siculi, relinquunt Agrigentum, *HG.* II, ii, 24.

Siculum mare, *Œc.* xx, 27.

Sicyon (urbs Peloponnesi), *HG.* IV, ii, 14; iv, 1. Lacedæmonii ibi habent polemarchum, qui cum suis Sicyoniisque Corinthiorum exules restituit, IV, iv, 7 sqq. Eo mittunt Lacedæmonii præsidia, *ib.* 14. Sicyoni imminent Thebani, VII, i, 18. Sicyone respublica secundum vetustas Achæorum leges administrabatur, sed Euphronis opera, adjuvantibus Arcadibus et Argivis, democratia instituitur, *ib.* 44 sq. Verum paullo post, ope Arcadum, optimates ab Euphrone ejecti reducuntur, pulso Euphrone, qui portum Lacedæmoniis tradiderat, VII, iii, 1 sqq. Sicyonis præfectus Thebanus adversus Phliasios bellum movit, VII, ii, 11. Sicyoniorum portus a civibus et Arcadibus Lacedæmoniis eripitur, VII, iv, 1.

Sicyonii cum Lacedæmoniis contra Corinthios juncti, *HG.* IV, ii, 16. Literam Σ clypeis suis inscribunt, IV, iv, 10. Cum Lacedæmoniis contra Thebanos juncti, VI, iv, 18. Eorum tumultus, VII, i, 22. In Sicyonios rem agunt Dionysii mercenarii fortissime, *ib.* Thyamiam muniunt contra Phliasios, Lacedæmoniorum socios, VII, ii, 1; sub præfecto Thebano ab illis vincuntur, *ib.* 14. Conf. § 20.

Sidon (urbs Phœniciæ), *Ag.* ii, 30.

Sidus (gen. Siduntis, oppidum in finibus Corinthiorum) : eam capit et Epiœcia munivit Praxitas, *HG.* IV, iv, 13 ; v, 19.

Siglus, qualis numus, *Exp.* I, v, 6.

Silanus, Ambraciota (ex Ambracia urbe Thesprotiæ in Epiro ad sinum Ambracium), haruspex, accipit decem talenta a Cyro minore, *Exp.* I, vii, 18; V, vi, 18; divulgat arcanum Xenophontis, V, vi, 17, 29; minitantur milites ei, si solus domum abire audeat, *ibid.* 34 : sed Heraclea, nave conducta, clam domum aufugit, VI, iv, 13.

Silanus, Macestius (ex Macesto oppido Elidis in Peloponneso), adolescens, in obsidione vici signum dat tuba, *Exp.* VII, iv, 16.

Sileni, in fabulis satyricis, *Conv.* iv, 19.

Simias Thebanus, Socratis discipulus, *Mem.* I, ii, 38; III, ii, 17.

Simo, Atheniensis, qui equum æreum Eleusinii dedicavit, et scripsit de re equestri, *Eq.* procem. Idem citatur, *Eq.* i, 3; xi, 6.

Simonides, poeta, ad Hieronem tyrannum venit, *Hi.* 1, 1; et per totum librum cum eo colloqui fingitur.

Sinis, latro (cognomine πιτυοκάμπτης, in Isthmo sublatus a Theseo), *Mem.* II, i, 14.

Sinope, urbs Græca maritima Ponti Euxini in Paphlagonia, Milesiorum colonia, *Exp.* VI, i, 15. Sinopensium coloniæ sunt Cerasus, Gotyora, Trapezus, quæ vocabula vide. Legatus hujus civitatis superbe loquitur cum Græcis, eique respondet Xenophon, V, v, 7 sqq. Sinopenses abundant navigiis, V, vi, 1. Naves et pecuniam promittunt Græcis, *ib.* 21 sqq.

Sirenes, *Mem.* II, vi, 11, 31.

Sisyphus, Dercyllidæ cognomentum, *HG.* III, i, 8.

Sitalcas, canticum Thracicum, *Exp.* VI, i, 6.

Sittace, urbs Babyloniæ magna ad Tigrim, *Exp.* II, iv, 13.

Smicres, dux cohortis Arcadum in exercitu Decemmillium, perit cum suis, *Exp.* VI, iii, 4, 5.

Soclidas, Spartanus, inter Cylienen ac Eliden interficitur, *HG.* VII, iv, 19.

Socrates, Achæus, Cyri minoris hospes, conscribit milites, *Exp.* I, i, 11; ducit ad Cyrum 500 milites gravis armaturæ, eique adest in oppugnatione Mileti, I, ii, 3. In reditu Decemmillium dolo captus a Tissapherne, II, v, 31 ; trucidatur, II, vi, 1 ; laudatur, *ib.* 30.

Socrates Atheniensis, interrogatus a Xenophonte de itinere ad Cyrum, quid responderit, *Exp.* III, i, 5 sqq. Senator, jurisjurandi senatorii observantissimus, *Mem.* I, i, 18; pater Lamproclis, *Mem.* II, ii, 1 ; ejus familiares aliquot, *Mem.* I , ii, 48; et quæ sunt alia in hoc libro Memorabilium, Commentarii potius de Socrate inscribendo : cujus v. Argumenta. — Est in Convivio a Xenophonte descripto. Cur Xanthippen ferat, *Conv.* ii, 10; lenocinio suo gloriatur, iii, 10; iv, 57; similis est Silenis, iv, 19; cum Critobulo de pulchritudine certat, per jocum, v, 1 sqq; φροντιστής vocatur, vi, 6. — Divitias suas æstimat, *Œc.* ii, 3. — Anyti filio vaticinatur, *Ap.* 30; in qua Apologia alia habentur multa de ipso. — Ejus constantia, *HG.* I, vii, 15. Plebi non vult assentire, *ib.*

Sol, Persarum deus : huic sacrificat Cyrus equos, *Inst.* VIII, viii, 12, 24; conf. vii, 3. El equos nutriunt et immolant Armenii, *Exp.* IV, v, 35.

Soli, urbs maritima Ciliciæ (inter Lamum fluvium et Tarsum), *Exp.* I, iv, 24.

Solon, legislator Atheniensis, *Conv.* viii, 39; ejus leges, *Œc.* xiv, 4.

Sophænetus, Arcas, ducit ad Cyrum minorem Celænas mille pedites gravis armaturæ, *Exp.* I, ii, 9.

Sophænetus, Stymphalius (ex Stymphalo oppido Arcadiæ) hospes Cyri minoris, *Exp.* I, i, 11; cum mille peditibus gravis armaturæ venit ad Cyrum, I, ii, 33; foras prodit ad Ariæum, II, v, 37; relinquitur ad castra tutanda, IV, iv, 19; natu maximus ducum, V, iii, 1 (sed ibi sine cognomine patriæ), VI, v, 13; damnatur muneris neglecti, V, viii, 1.

Sophocles, unus e Trigintaviris in oligarchia Atheniensi, *HG.* II, iii, 2.

Sosias, Syracusanus, venit ad Cyrum minorem cum mille peditibus gravis armaturæ, *Exp.* I, ii, 9.

Sosias, Thrax, cui Nicias locavit servos, qui operarentur in argentifodinis, *Vec.* iv, 14.

Sostratides, Lacedæmoniorum Ephorus, *HG.* II, iii, 10.

Soteridas, Sicyonius, homo ineptus et iniquus erga Xenophontem, *Exp.* III, iv, 47.

Sparta, urbs paucorum incolarum, sed potentissima in Græcia, *Lac.* I, 1. — Spartæ mortuus est Dercyllidas, *HG.* III, iii, 1. Ibi conjuratio detegitur et opprimitur, *ib.* 8. Spartam navigant Pharnabazus et Conon, IV, viii, 7. Spartam de prœlii Leuctrici eventu nuntius venit, VI, iv, 16. Spartam, omnino a defensoribus desertam, copias ducit et urbem pæne capit Epaminondas, VII, v, 9 et 11. — *Mem.* IV, iv, 15.

Spartiatæ, studiosi venationis, *Lac.* iv, 7; coronati prælium ineunt, *Lac.* xiii, 8. V. *Lacedæmonii*. — A Lacedæmoniis vel periœcis distinguuntur, *HG.* III, iii, 6;

VI, IV, 15; V, 25; *Ag.* II, 24, et aliis locis pluribus.
Spartolus (urbs Macedoniæ), *HG.* V, III, 6.
Spercho, nomen canis, *Ven.* VII, 5.
Sphagiæ Laconices, *HG.* VI, II, 31.
Sphodrias, Lacedæmoniorum præfectus Thespiis a Cleombroto relinquitur, *HG.* V, IV, 15. Ei persuadent Thebani ut Athenienses adoriatur, *ib.* In revocatum Ephori capitis judicium constituerunt, *ib.* 24. Sed filius ejus Cleonymus, quem amabat Agesilai filius, pater ut absolveretur impetrat, *ib.* 26-34. Una cum filio interficitur in pugna Leuctrica, VI, IV, 14.
Spithridates, Persa, a Pharnabazo mittitur adversus Græcos, *Exp.* VI, V, 7. Defecit a Pharnabazo, qui ejus filia concubinæ loco uti cupierat, et Agesilao se tradit, *Ag.* III, 3. Conf. *HG.* III, IV, 10. Cum Agesilao colloquitur, IV, I, 1. Quo auctore Cotys ejus filiam ducit, *ib.* 2 sqq. Postea cum Herippida Pharnabazum aggressus, prædæ parte a duce Lacedæmonio frustratus, Sardes ad Arixum Persam se contulit, *ib.* 20 sqq.
Spude, nomen canis, *Ven.* VII, 5.
Stages, Persa, cum equitibus Athenienses sparsos cædit, *HG.* I, II, 5.
Stalcas, Eleus: ejus, Hippiæ et Stratolæ factio Elide, *HG.* VII, IV, 15.
Stasippus, princeps factionis Tegeatarum Lacedæmoniis faventis, *HG.* VI, IV, 18; VI, V, 6. Cum suis in templo Dianæ captus, interficitur, *ib.* 9. Ejus factio inde fugit Lacedæmonem, *ib.* 10. Conf. *ib.* 36.
Sterrhos, nomen canis, *Ven.* VII, 5.
Stesicles, Atheniensium dux, ab eis in Corcyram mittitur, *HG.* VI, II, 10.
Stesimbrotus (interpres Homeri), *Conv.* III, 6.
Sthenelaus, Lacedæmonius, a Lysandro Byzantio et Chalcedoni præficitur, *HG.* II, II, 2.
Stheno, nomen canis, *Ven.* VII, 5.
Stibo, nomen canis, *Ven.* VII, 5.
Sticho, nomen canis, *Ven.* VII, 5.
Stratocles, Cretensis, præest sagittariis Cretensibus in exercitu Decemmillium, *Exp.* IV, II, 28.
Stratolas, Elide est inter duces factionis optimatium, *HG.* VII, IV, 15. Præfectus trecentorum, apud Cladaum amnem interficitur, *ib.* 31.
Stratus (urbs Acarnaniæ): ibi erat τὸ κοινὸν Ἀκαρνάνων, *HG.* IV, VI, 4.
Strombichides, Atheniensis, pater Autoclis, *HG.* VI, III, 2.
Struthas, Persa, ad maritimas regiones et in Asiam inferiorem a rege Persarum loco Tiribazi ablegatus, *HG.* IV, VIII, 17. Vehementer Atheniensibus addictus, *ib.* Ejus victoria de Thimbrone, *ib.* 19. Ejus filia, Tigranis uxor, capitur a Diphrida, *ib.* 21.
Styrax, nomen canis, *Ven.* VII, 5.
Susa, urbs, *Exp.* II, IV, 25; eorum situs, III, V, 15. Hic degit Cyrus et insecuti eum Persarum reges tres menses vernos, *ibid.* et *Inst.* VIII, VI, 22. Conf. *Abradatas.*
Syennesis, Cilicum rex, *Exp.* I, II, 12; custodit aditum Ciliciæ, I, IV, 4; II, 21; se tradit Cyro permotus ab uxore, I, II, 26; adjuvat Cyrum pecunia et denariat ab eo, *ib.* 27. — Cum imperio Ciliciam obtinet, *HG.* III, I, 1. A Samio, Lacedæmonio navarcho, prohibetur quominus terra possit Cyro obsistere, *ib.* Syennesis, proprium fere omnibus Ciliciæ regulis nomen, *ib.*
Syracusæ, urbs: *HG.* I, I, 29, 31; VII, I, 22.
Syracusani: Socii Lacedæmoniorum, quibuscum victi naves suas ipsi incendunt, *HG.* I, I, 18. Eorum ope Antandrii muri partem quamdam absolvunt, et Syracusanos civitate sua donant, *ib.* 26. Duces eorum domi exilio damnantur a populo, et ægre dimittuntur a militibus, suadentes ipsi ut novos recipiant, *ib.* 27. Contra Thrasylum præclarissime se gerunt, I, II, 10. Eorum quatuor naves captivas Thrasylus Athenas deportari jubet, *ib.* 12. Captivi, qui in Piræei lapidicinas conjecti fuerant, perfossa petra, nocte aufugiunt, *ib.* 14. Eorum tyrannus Dionysius, Hermocratis filius, II, II, 24. Carthaginienses vincunt, *ib.* Paulo post, victo a Carthaginiensibus Dionysio, ab iis se segregant Leontini, II, III, 5. Naves eorum prope Corcyram ab Iphicrate capiuntur, VI, II, 35.
Syracusius præstigiator, ostentans saltatricem, tibicinem et citharistriam in *Conv.* II, 8 et alibi; de stultitia hominum gloriatur, IV, 56. Add. VI, 6; VII, 2, 5; VIII, 1; IX, 2.
Syria, pro Assyria apud Xenoph. ponitur, *Inst.* V, IV, 51; VI, I, 27; II, 19; VIII, III, 24; VI, 20. Syriæ litteræ, VII, III, 17. Syriace, VII, V, 31. Proprie, *Exp.* I, IV, 6. (Sensu latissimo est regio inter mare Mediterraneum et Tigrim.) Ferax frumenti, ovium, palmarum fructiferarum, *Inst.* VI, II, 22. Barbari sub Syria, *ib.* 11. — Syriæ portæ, *Exp.* I, IV, 4, 5. — Mons Syriæ Nysa, *Ven.* XI, 1.
Syri, ab Assyriis, Persis, Arabibus, Phœnicibus, et Babyloniis distinguuntur, *Inst.* I, I, 4; V, 2. — Colunt pisces majores et columbas ut deos, *Exp.* I, IV, 9. — Parent Persis, *Mem.* II, I, 10. — Mercede militant in Atheniensium exercitu, *Vec.* II, 3.

T

Tamos, Ægyptius, præest navibus Spartanorum et Cyri minoris, *Exp.* I, II, 21; cum classe Cyri obsidet Miletum, I, IV, 2. Glus, ejus filius, si est idem intelligendus, II, I, 3.
Tanagra, (urbs Bœotiæ), ab Lacedæmoniorum amicis tenetur, *HG.* V, IV, 49.
Tanaoxares, Cyri filius natu minor, decernitur a patre moriente satrapa Medorum, Armeniorum et Cadusiorum, *Inst.* VIII, VII, 11.
Tantalus in fabula dicitur timere, ne bis moriatur, *Œc.* XXI, 12.
Taochi (populi Asiæ inter Armeniam et Pontum Euxinum), stipendia merent apud Tiribazum, *Exp.* IV, IV, 18; resistunt Græcis, IV, VI, 5; horum castella expugnant Græci, IV, VII, 2; non parent regi Persarum, V, V, 17.
Tarsus (apud Xenophontem Ταρσοί, Tarsi), urbs Ciliciæ magna et opulenta, per quam fluit Cydnus amnis, *Exp.* I, II, 23; diripitur a Menonis militibus, *ib.* 26.
Taxis, nomen canis, *Ven.* VII, 5.
Tegea (urbs Arcadiæ), *Ag.* II, 23; *HG.* III, V, 7. Eo Pausanias damnatus confugit, ibique moritur, *ib.* 25. Per eam iter solent Lacedæmonii in expeditionibus contra Thebanos, V, I, 33; IV, 37; VII, IV, 36 sqq. Tegeam profectus est Epaminondas, VII, V, 7, 8; et intra muros castra locat, *ib.* 8. Rursus eo contendit, *ib.* 14. Arcades ex Tegea, VI, V, 16.
Tegeatæ in expeditione contra Thebanos Lacedæmoniis se adjungunt, *HG.* II, II, 13; VI, V, 18. Seditionibus laborant, VI, V, 9. (Conf. *Ag.* II, 23.) In eos Agesilai expeditio, *ib.* 10. Eorum circiter octingenta Lacedæmonem fugiunt, *ib.* Pacis sacramentum jurant, VII, IV, 36. Rebus Thebanorum favent, et eorum sunt in Mantinensi pugna socii, VII, V, 3 et 5. Tegeatarum templum Dianæ, VI, V, 9. Eorum ager, *ib.* 15.
Telamo (frater Pelei et Ajacis pater), Chironis discipulus, duxit Peribœam Alcathi filiam; comes Herculi, a quo accepit Stesionem, *Ven.* I, 2 et 9.
Teleboas, amnis exiguus Armeniæ occidentalis, *Exp.* IV, IV, 3.
Teleutias, Lacedæmoniorum dux (Agesilai frater), duode-

cim triremibus præest in bello Agesilai contra Argivos, *HG*. IV, IV, 19. Classi præest contra Corinthios, et Corinthiacum sinum recuperat, IV, VIII, 11. A Lacedæmoniis cum navibus Eedico in auxilium mittitur contra Rhodios et Athenienses, *ib*. 23. In Rhodum navigat, *ib*. Philocratis naves intercepit, *ib*. 24. Opem Æginetis laturus properat, V, I, 2. Domum revertitur, *ib*. 3. Erga eum militum studia, *ib*. 4. Æginam venit, *ib*. 5. Post Gorgopæ mortem classis illius præfectus, *ib*. 13. Ejus oratio ad milites, *ib*. 14. Magnum quiddam molitur, *ib*. 18. Portum Atheniensium capit, *ib*. 19. Quomodo navigationem instituerit, *ib*. 21. In Æginam navigia mittit, *ib*. 23. Multa capit navigia piscatoria, *ib*. Sunium venit *ib*. Æginam versus navigat, *ib*. 24. Athenienses navibus spoliat, *ib*. Adversus Olynthios cum copiis mittitur, V, II, 37. Potidæam ingressus est, *ib*. 39. Ejus cum Olynthiis ad mœnia urbis Olynthi pugna, in qua victoriam obtinet, *ib*. 43. Denuo copias ad Olynthiorum urbem adduxit, V, III, 3. Excandescens infeliciter dimicat, *ib*. Ejus alterum erratum ex iracundia, *ib*. 5. Pugnans interficitur, *ib*. 6.

Temnus, (Æolidis) in Asia regi Persarum subjecta oppidum sane haud amplum, *HG*. IV, VIII, 5.

Tenea (vicus in agro Corinthiaco), *HG*. IV, IV, 19.

Tenedos, insula : vastatur a Lacedæmoniis, *HG*. V, I, 6. Incolæ, Tenedii, *ib*. 7.

Teres, unus e majoribus (πρόγονος) Seuthæ, *Exp*, VII, II, 22; Odrysæ filius, VII, V, I, si ita intelligendus hic locus.

Terra, dea : ei sacrificat Cyrus, *Inst*. III, III, 22; VIII, III, 24.

Terræ motum quale signum sibi esse putaverit Agesipolis, *HG*. IV, VII, 4.

Teucho, nomen canis, *Ven*. VII, 5.

Teuthrania (civitas Mysiæ ad Caicum amnem), *Exp*. II, I, 3; VII, VIII, 17. — Teuthraniam Thimbro occupat, *HG*. III, I, 6.

Thalamæ (Messeniæ civitas) : inde repulsi sunt Pylii, *HG*. VII, IV, 26.

Thallo, nomen canis, *Ven*. VII, 5.

Thambradas, præest Sacarum peditibus in exercitu Cyri, *Inst*. V, III, 38.

Thamneria (sive Thamneril), Mediæ oppidum, Cadusiis propinquum, *HG*. II, 1, 13.

Thapsacus, urbs Syriæ ad Euphratem (postea Amphipolis dicta) : hic transit Cyrus Euphratem, *Exp*. I, IV, 11.

Tharypas, amasius Menonis ducis, *Exp*. II, VI, 28.

Thasus insula, a Lacedæmoniis deficit, *HG*. I, I, 13 et 32. Urbs bellis, seditionibus et fame misere afflicta, *HG*. I, IV, 9. Add. V, I, 7. Thasium vinum, *Conv*. IV, 41.

Thebæ, urbs (Bœotiæ), distans ab argentifodinis Atticis 600 stadia amplius, *Vec*. IV, 46. — Antiquum bellum septem ducum adversus Thebas, *Ven*. I, 8. — Thebæ replentur exulibus Atheniensium, *HG*. II, IV, 1. Thebas cum copiis venit Phœbidas, V, II, 25. Urbs Olyntho longe amplior, *ib*. 27. Thebas invadunt Athenienses, V, IV, 19. Ferro et igni vastat Agesilaus, *ib*. 41 (et *Ag*. II, 22). Arcadum præfecti Thebas mittuntur, VII, IV, 34.

Thebæ campus in Asia (dictus ab urbe vetusta Thebe Troadis juxta Pergamum), *HG*. IV, I, 41; *Exp*. VII, VIII, 7.

Thebana respublica ad Derdam Eliminæ principem mittit, *HG*. V, II, 38.

Thebani, sunt erga ceteros Bœotios injurii, *Mem*. III, V, 2. — Eorum amor erga pueros, *Conv*. VIII, 34. — Beneficiis provocati, concesserunt Atheniensibus imperium Græciæ, *Vec*. V, 7. — Thebani funditus evertendos esse Athenienses censent, *HG*. II, II, 19. Phocidem invadunt, III, V, 4. Apud Deceleam Apollinis decumam sibi vindicaverunt, *ib*. 5. Legatos Athenas mittunt, *ib*. 7. Quorum oratio apud Athenienses, *ib*. 8. Ad defensionem se comparant, *ib*. 17. Pausaniam adorti vincuntur, *ib*. 18 sqq. In prœlio apud Coroneam, IV, III, 17 sqq. (*Ag*. II, 9), partim ad Heliconem evadunt, partim interficiuntur, *ib*. 19. Inducias petunt, *ib*. 21. Eorum legati ab Agesilao remittuntur, IV, V, 10. Bœotorum omnium nomine præstare jusjurandum volunt, V, I, 32. Oppida Bœotica relinquere libera coacti, *ib*. 33, pacis tamen conditiones respuunt, *ib*. Eorum prætores Ismenias et Leontiades, V, II, 25. Apud eos seditio, *ib*. 33. Cadmeam, ejectis Lacedæmoniis, recuperant, V, IV, 1 sqq. Ab eis Veneralia celebrantur, *ib*. 4. In eos expeditionem suscipere renuente Agesilao, ea mandatur Cleombroto, *ib*. 13. Qui quum fere nihil egisset, abit Sphodria harmosta Thespiis relicto, quem Thebani eo permovent, ut in Atticam impressionem faceret, *ib*. 15 sqq. Inde Agesilaus contra eos mittitur, *ib*. 38. Quo reversæ, Phœbidas ab ipso harmostes relictus, multum agri Thebanorum vastat, *ib*. 42. Sed Thebani exercitum ejus vincunt, ipsum interficiunt, *ib*. 43-45. Iterum adversus eos ducit Agesilaus, *ib*. 47, eosque deceptos violenter populatur, sed tandem Agesilaum reprimunt, statuuntque tropæum, *ib*. 49-54. (*Ag*. II, 22.) Et ob illam populationem et ob bella priorum annorum fame laborant: sed Pagasis habere frumenta ipsis contigit, *ib*. 56 sqq. Cleombrotum, iterum adversus eos missum, repellunt, *ib*. 59. Timotheus eis ab Atheniensibus mittitur auxilio, *ib*. 63. In Phocensium fines expeditionem suscipiunt, resistente ipsis Cleombroto, VI, I, 1 sq. Athenienses ipsis invident, VI, II, 1; et invitant eos ut Spartam legatos de pace mittant, VI, III, 2. Thebani autem quum Bœotorum omnium nomine jurare vellent, res ambigua mansit, *ib*. 19, 20. Libertatem Bœotiæ non reddunt; quare Cleombrotus eos adoritur : pugnæ Leuctricæ victoria penes Thebanos, VI, IV, 1-15. Athenienses frustra sollicitant, *ib*. 19. Ad Iasonem mittunt, qui pacem suadet, *ib*. 20 sq. Ab Arcadibus vocati, VI, V, 22 sq., in Laconiam irrumpunt, *ib*. 24 sqq. Domum redeunt, *ib*. 52. Oneum montem Lacedæmoniis eripiunt, VII, I, 15. Juncti cum Arcadibus, Argivis, Eleis, Epidauriorum agrum populantur sunt, *ib*. 18; sed Corinthii male accipiuntur, *ib*. 19. Redeunt, *ib*. 22. Nolunt, ut Messene Lacedæmoniorum esset in potestate, *ib*. 27. Imperium Græciæ affectantes Pelopidam ad regem Persarum mittunt, *ib*. 33. Soli ex Græcis regi Persarum ad Platæas aderant, *ib*. 34. Peloponnesii formulam ab rege impetratam accipere nolunt, *ib*. 39 sq. Universis cum sociorum copiis Achaiam, Epaminonda duce, invadunt, *ib*. 42. Præfectos ad urbes Achaicas mittunt, *ib*. 43. Eorum oratio ad Sicyonenses, quorum arcem tenebant, VII, I, II, 4, 6 sqq. Ab Corinthiis petebant, ut in ipsorum societatem jurarent, VII, IV, 10. Pacem eis et Philiasiis concesserunt, *ib*. Ab Arcadibus denuo evocati, *ib*. 34. Inde turbæ et pugna ad Mantineam, *ib*. 35 sqq. et v. toto.

Thebes campus. Vide *Thebæ campus*.

Thecibes, mons sacer, unde Græci pontum Euxinum summa cum lætitia despexerunt, *Exp*. IV, VII, 21.

Themistocles beneficiendo sibi paravit civium amorem, *Mem*. II, VI, 13; apud barbaros celeber, III, VI, 2 : unde factum sit, ut inter cives excelleret, IV, II, 2. — Liberavit Græciam, *Conv*. VIII, 39.

Themistogenes, Syracusanus, scripsit de expeditione Cyri minoris adversus fratrem, *HG*. III, I, 1 et 2.

Theodorus, geometra celeber, *Mem*. IV, II, 10.

INDEX NOMINUM ET RERUM.

Theodota, meretrix : colloquium Socratis cum ea, *Mem.* III, 11.

Theogenes, Locrensis, lochagus in exercitu Decemmillium, vulneratur, *Exp.* VII, iv, 18.

Theogenes, Atheniensis, ab Atheniensibus ad Pharnabazum mittitur, *HG.* I, iii, 13. Unus ex Trigintaviris in oligarchia, si est idem homo, II, iii, 2.

Theognis, poeta : versus ejus citantur, *Mem.* I, ii, 20, et *Conv.* viii, 39.

Theognis, unus Trigintavirorum in oligarchia Atheniensi, *HG.* II, iii, 2.

Theopompus, Atheniensis, loquitur in concione Decemmillium, *Exp.* II, 1, 12.

Theopompus Milesius, prædo et pirata, a Lysandro post prœlium ad Ægos flumen Lacedæmoniem ablegatur, ut victoriam nuntiaret, *HG.* II, 1, 30.

Theramenes e Macedonia cum navibus viginti cum Alcibiade se junxit et ei pecuniam coegit, *HG.* I, i, 12. Relinquitur præfectus Chrysopoli, *ib.* 22. Uno cum Thrasybulo ad naufragos Arginusis pergit, I, vi, 35. Duces Atheniensium octo accusat injuste, I, vii, 4. Urbe obsessa, de pace missus ad Lysandrum, II, ii, 16. Mense quarto redit, *ib.* 17. Inde Lacedæmonem plena cum potestate legatus, *ib.* Ejus astutia in frangenda suorum pertinacia, *ib.* 22. Est unus e Trigintaviris in oligarchia, II, iii, 2. Ceteris resistit, *ib.* 15. Ejus moderatio et magis sobria sententia, *ib.* Falso accusatus a collegis *ib.* 23. Critias contra eum exsistit, *ib.* 24 sqq. ubi sibi objecta diluit. Ejus adversus Critiam oratio, *ib.* Ad aram Vestæ accurrit, *ib.* 52. Cicutæ potu injuste necatur, *ib.* 56. Apophthegmata morituri, *ibid.*

Thermachus, Lacedæmoniorum in Methymna Lesbi præfectus, vincitur a Thrasybulo et interficitur, *HG.* IV, viii, 29.

Thermodon, fluvius Paphlagoniæ in Pontum Euxinum influens, *Exp.* V, vi, 9; VI, ii, 1.

Thersander, Thimbronis tibicen egregius, *HG.* IV, viii, 18. Cum eo cadit in prœlio, 19.

Theseus, rex Atheniensium, Græciæ hostes sustulit, et patriam auxit, *Ven.* i, 10. Chironis discipulus, *ib.* 2. — Hoc imperante Athenienses bella bene gesserunt, *Mem.* III, v, 10. — Amat Pirithoum propter virtutem, *Conv.* viii, 31.

Thesmophoria Thebanæ in Cadmea arce celebrant, *HG.* V, ii; 29.

Thespiæ (urbs Bœotiæ) : eo prœlium ducit Agesilaus, *HG.* V, iv, 15 et 38. Ephori Lacedæmoniorum Cleombrotum Thespias cum copiis mittunt, V, iv, 14.

Thespienses sunt in exercitu Thebanorum, *HG.* IV, ii, 20. Eos invadunt Thebani, V, iv, 42. Eorum hoplitæ in exercitu Lacedæmoniorum, *ib.* 43, 45. Turbas in eorum urbe sedat Agesilaus, *ib.* 55. Plurimi a Thebanis ejecti Atheniensibus supplicantur, VI, iii, 1. Thespienses cum Orchomeniis bellum contra Thebanos gesserunt, VI, iv, 10.

Thessali vincuntur ab rege Agesilao, *Ag.* ii, 3; et *HG.* IV, iii, 7. Eorum fuga, *ib.* 8. Magnifici ac hospitales, VI, i, 2. Eorum imperator Iason constituitur, *ib.* 18. Thessalos multos, quos ab Alexandro acceperat, Epaminondas secum duxit, VII, v, 4. Thessalorum equites hominum opinione præstantissimi, *ib.* 16.

Thessalia latissime patet, *HG.* VI, i, 9. Critias Atheniensis et Prometheus ibi democratiam instituere cupiunt, III, iii, 36. Frustra ei imperare vult Lycophro Pheræus, *ib.* 4.

Thetis : ejus cum Peleo nuptiæ, *Ven.* i, 8.

Thibrachus, polemarchus Lacedæmonius, certaminis Olympici victor, *HG.* II, iv, 33.

Thimbro, Lacedæmonius, arcessit Cyrianos contra Tissaphernem, *Exp.* VII, vi, 1, 7; tradito exercitu bellum gerit contra Tissaphernem et Pharnabazum, VII, viii, 24. Nimirum Asia provincia ei demandata erat a Lacedæmoniis ad civitates Ionicas cum copiis misso. *HG.* III, i, 4 sqq. Pergamum, Teuthraniam et Halisarnam vi capit, *ib.* 6. Larissam obsedit, *ib.* 7. In Cariam milites transfert, *ib.* Re minus bene gesta, domi damnatus exulatum abiit, *ib.* 8. A Lacedæmoniis contra Strutham mittitur, IV, viii, 17. In Asiam profectus, a Strutha tandem oppressus et occisus, *ib.* 18 et 19.

Thisbæ (urbs Bœotiæ), *HG.* VI, iv, 3.

Thorax, Bœotius, adversatur Xenophonti, *Exp.* V, vi, 19, 21, 25.

Thorax, Lacedæmoniorum dux, Abydi copiis præest, *HG.* II, i, 18. Ad Ægospotamos victor, *ib.* 28.

Thoricus (promontorium Atticæ et pagus Acamantidis tribus) ab Atheniensibus munitur, *HG.* I, ii, 1. — Ibi murus, *Vec.* iv, 43.

Thracia Asiatica, seu Bithynia, describitur, *Exp.* VI, ii, 14. VI, iv, 1 sqq., ubi et Thraces Bithyni. Thraces Asiatici obsident Arcadas, VI, iii, 4 sqq.

Thracia Europæ, *Exp.* V, 1, 15, VII, i, 1, 15. Contra eos pugnat Clearchus, I, i, 9; iii, 4; eosque vincit, II, vi, 5. Ex iis mercenarii in exercitu Decemmillium, I, ii, 9; v, 13 et alibi. Thracum saltatio, VI, i, 5; convivium, VII, iii, 16 sqq. Vestitus adversus frigus, VII, iv, 4. Sponsas emunt, VII, ii, 38. Ὀρεινοὶ vel Ὄρειοι Θρᾷκες, in montibus degentes, *ib.* 11; eorum modus fugiendi, *ib.* 17. — Thraces excellunt usu peltarum et jaculorum, *Mem.* III, ix, 2. — Nullius regis imperio subjecti, *HG.* V, i, 17. Græcæ urbes sub Thracia, IV, viii, 26.

Thracicam Chersonesum muro ducto munit Dercyllidas, *HG.* III, ii, 9.

Thracium, locus Byzantii, intra mœnia urbis, *Exp.* VII, i, 24; — *HG.* I, iii, 20.

Thrasonidas, Eleus. Ejus factio Elide Argivis adhæsit, *HG.* VII, iv, 15.

Thrasybulus, Stirlensis, Lyci filius, e Thaso cum navibus viginti Sestum venit, *HG.* I, i, 12. In Hellesponto bellum gerit, I, i, iv, 9. Cum triginta navibus Thraciam petiit, *ib.* Extra Hellespontum progreditur, I, v, 11. Ad demersas naves ac naufragos pergit, I, vi, 35. Vivit in exilio, II, iii, 45. Reversus Thebis Phylam occupat, I, ii, v, 2. Ejus stratagema, *ib.* 5. Noctu in Piræeum venit et eum occupat, 10. Ejus oratio ad milites, *ib.* 13. Sponte se morti objicit pro civium salute, *ib.* 18. Oratione usus est ad cives, *ib.* 40. Legatis Thebanorum respondet et una cum Atheniensibus gratum se erga Thebanos declarat, III, v, 16. Ab Atheniensibus cum quadraginta navibus contra Teleutiam mittitur, IV, viii, 25. A Rhodo in Hellespontum navigat, *ib.* 26. Amadocum Odrysarum et Seuthen Thraciæ reges invicem conciliavit, *ib.* Byzantium navigat, *ib.* 27. Robustissimos Mytilenæorum sibi adjunxit, *ib.* 28. Contra Methymnam copias ducit, *ib.* Rhodum properat, *ib.* 30. Ab Aspendiis noctu in tabernaculo obtruncatur, *ib.* 31.

Thrasybulus, Collytensis, dux classis, cum navibus octo ab Atticis conjungere vult, *HG.* V, i, 26. Nautæ ejus fugiunt, 27.

Thrasydæus, Eleus, *HG.* III, ii, 27. Eum Cyllenes præfectum facere Xeniæ vult interficere, *ib.* Sed vincit cum populari factione, *ib.* 29. Cum Lacedæmoniis paciscitur, *ib.* 30.

Thrasylus, Atheniensis dux ad Abydum, ubi Lacedæmonii vicii sunt, Athenas navigat ut victoriam nuntiaret et no-

vas copias impetraret, I, 1, 8. Athenis contra Agidem copias duxit, *ib.* 33. Agidem fugat, *ib.* Athenienses decrevere, ut equites et triremes sumeret, *ib.* 34. Cum nautis quinquies mille in Samum navigat, I, II, 1. Pygelam devastat, *ib.* 2. Ephesum aggreditur irrito conatu, *ib.* 6. A Tissapherne vincitur, *ib.* 8. Notium discedit, Lesbum versus et Hellespontum navigat, *ib.* 11. Sestum movet, unde copiæ omnes Lampsacum trajiciunt, *ib.* 14. Sequenti anno feliciter pugnat cum Hippocrate, I, III, 5. Athenas navigat, I, IV, 10. Dux Atheniensium eligitur, I, V, 16. Quindecim navibus in pugna ad Arginusas præest, I, VI, 30. Athenas reversus cum collegis accusatur, I, VII, 2. Jussus fuerat cum Theramene naufragos retrahere, *ib.* 17, coll. 29, 31. Damnatus est cum reliquis, *Mem.* I, 1, 18.

Thraustus, civitas montana Acroriorum (Triphyliæ), *HG.* VII, IV, 14.

Thriæ (in Attica), pagus Œneidis tribus) : ad eam Sphodrias accessit, *HG.* V, IV, 20.

Thyamia, castellum (in finibus Phliasiorum), a Sicyoniis munitur, *HG.* VII, II, 1; iis eripitur a Phliasiis, *ib.* 20 sqq., et munitur ab his, VII, IV, 1. Phliasii excessere Thyamia, VII, IV, 11.

Thymbrara, urbs Asiæ ad Pactolum sita, *Inst.* VI, II, 11; VII, 1, 45.

Thymbrium, urbs Phrygiæ superioris, *Exp.* I, II, 13, hic est fons Midæ, *ib.*

Thymochares, dux Atheniensium, cum paucis navibus Athenis profectus, *GH.* I, I, 1, et ab Hegesandrida Lacedæmonio rursus victus, *ib.*

Thymus, nomen canis, *Ven.* VII, 5.

Thyni, populus Thraciæ in Europa, nocte potissimum bellicosissimus, *Exp.* VII, II, 22. Eorum planities, VII, IV, 1, 14, 18.

Thyrienses (Thyrii, Acarnaniæ oppidi, incolæ), fortissimi viri Acarnaniæ; in bello cum Iphicrate, *HG.* VI, II, 37.

Tibareni, populus Asiæ liber ad Pontum Euxinum, finitimi Chalybibus, *Exp.* V, V, 2; VII, VIII, 25.

Tigranes, Armeniorum regis filius natu major, *Inst.* III, 1, 7; patris causam agit, *ib.* 14; quantum amet uxorem, *ib.* 36; amatur ab ipsa, *ib.* 41 : uxore secum ducta, præest Armeniis in exercitu Cyri, *ib.* 42 ; V, III, 42 ; se Cyro addictum fatetur, V, 1, 26. Victoriam in certamine equestri reportat, VIII, III, 25; vocatur ad cœnam a Cyro, VIII, IV, 1 ; ejus uxor muneribus donatur a Cyro, *ib.* 24.

Tigranes, quocum erat Struthæ nupta filia, a Diphrida Lacedæmonio cum uxore et opibus in itinere capitur, *HG.* IV, VIII, 21.

Tigris, amnis : ex eo canales ducti sunt in Euphratem, *Exp.* I, VII, 15; II, IV, 13; per pontem trajiciunt eum Græci, II, IV, 24; postquam fontes ejus præterierant, *ib.* 3.

Timagoras, Atheniensis, ad regem Persarum ab Atheniensibus mittitur, *HG.* VII, 1, 33. Secundum honoris a Pelopida locum apud regem obtinet, *ib.* 35. Athenas reversus, ab Atheniensibus necatus, quod collegarum contubernium recusasset, Pelopidæ favens, VII, 1, 38.

Timasio, Dardanius (ex Dardano, urbe Troadis ad Hellespontum), in locum Clearchi sufficitur dux in exercitu Decemmillium, *Exp.* III, 1, 47; VI, 1, 32; exul Troadis, V, VI, 23; cum Clearcho et Dercyllida antea militaverat in Asia, *ib.* 24 ; cum Xenophonte est natu minimus ducum, III, II, 37 : impedit, ne Xenophon urbem condat in Ponto, V, VI, 19, 21; frustra agit cum Heracleotis, *ib.* præest equitibus Xenophontis, VI, III, 12 sqq.; et hostes persequitur, V, 28 ; VII, 1, 40; II, 1; III, 46; habet multa pocula et tapetes Persicos, VII, III, 18; negat se sine Xenophonte esse militaturum, VII, V, 10.

Timesitheus, Trapezuntius, proxenus ibi Mossynœcorum, *Exp.* V, IV, 2, 4.

Timocrates, Atheniensis, censet Atheniensium duces octo populo victos tradendos esse, *HG.* I, VII, 3.

Timocrates, Rhodius, a Tithrauste cum pecuniis in Græciam mittitur, *HG.* III, IV, 1.

Timocrates, Lacedæmonius, a Lacedæmoniis ad Athenienses legatus de pace mittitur, *HG.* VII, 1, 13.

Timocrates, Syracusanus, a Dionysio minore duodecim navibus præficitur, *HG.* VII, IV, 12.

Timolaus, Corinthius, aurum a Timocrate accipit, ut bellum Lacedæmoniis faceret, *HG.* III, V, 1. Oratione usus est in conventu Græcorum contra Lacedæmonios, IV, II, 11.

Timomachus, Atheniensium dux, Oneum negligenter custodit, *HG.* VII, 1, 41.

Timotheus, præclarus Atheniensium dux, *HG.* V, IV, 63. Lacedæmoniis victis, Corcyram occupat, *ib.* 64. Facta pace domum revocatur, sed Zacynthios in itinere restituit, VI, II, 2. Inde bellum recrudescit, *ib.* Ab Atheniensibus sexaginta navibus præficitur, *ib.* 11; Sed ei imperium abrogatur, *ib.* 13.

Tiribazus, satrapa Armeniæ occidentalis, *Exp.* IV, IV, 4, sive Phasianorum et Hesperitarum, VII, VIII, 25; regi Persarum carus, IV, IV, 4; fictas inducias facit cum Græcis, *ib.*; vult adoriri Græcos, *ib.* 18 ; ejus tentorium capitur, *ib.* 21. — Regis Persarum præfectus, *HG.* IV, VIII, 12. Ad eum Antalcidam legatum mittunt de pace Lacedæmonii, *ib.*; alios Athenienses, *ib.* 13. Ejus perfidia erga Græcos, *ib.* 15. Antalcidæ clam pecunias dat, *ib.* 16. Struthum in Asiam inferiorem ablegavit, *ib.* 17. Lacedæmonii ejus gratiam captant, V, 1, 6 : quos juvat, *ib.* 25. Tenet Ioniam, *ib.* 28. Pacis formulam prælegi jubet legatis civitatum, *ib.* 30.

Tisamenus, vates vel hariolus Lacedæmoniorum, in conjuratione Cinadonis capitur, *HG.* III, III, 11.

Tisiphonus, Thessalus, Alexandri frater, imperium Thessaliæ obtinet, *HG.* VI, IV, 37.

Tissaphernes, Ioniæ et Cariæ satrapa, cum Cyro minore adscendit ad Darium, *Exp.* I, 1, 2; calumniatur Cyrum apud fratrem, *ib.* 3; Milesiorum alios occidit, alios expellit, *ib.* 7; aperit regi consilium Cyri, I, II, 4; II, III, 19; unus ex quatuor Artaxerxis ducibus, I, VII, 12; ab eo deficiunt omnes civitates ad Cyrum, I, IX, 9; homo impius et subdolus, II, V, 39; jactat suam erga Græcos benevolentiam, II, III, 18; facit fœdus cum Græcis, *ib.* 26; amoliri a se studet suspicionem insidiarum, II, V, 16; dolo capit duces Græcorum, *ib.* 32; adoritur Græcos, III, IV, 13. Decernunt Lacedæmonii bellum contra eum, duce Thimbrone VII, VI, 1, 7; VIII, 24. Frater ejus, II, V, 35. In Hellespontum venit, *HG.* I, 1, 9. Alcibiadem Sardibus in vincula conjecit, *ib.* Perfidiæ apud Lacedæmonios ab Hermocrate accusatur, I, II, 31. Magnas copias contra Thrasylum cogit, I, II, 6. Ejus segnities incusatur ab Lacedæmoniis apud Cyrum, I, V, 2. Favet Atheniensibus, *ib.* 8. Regi in Cyri bello profuit, III, 1, 3. Ejus satrapiam accipit, *ib.* Sed civitates Græcas Ioniæ sibi vindicanti, bellum indicitur et Thimbro contra eum mittitur, III, 1, 3 et 4; inde Dercyllidas, qui tamen, ut Pharnabazo noceret, cum Tissapherne amicitias fecit, *ib.* 9. Lacedæmonii bellum contra eum instaurant, II, 1, 12. Quare in gratiam redit cum Pharnabazo et copias cum eo jungit, ita ut ipse sit summus imperator, *ib.* 13. In Caria domicilium habet, *ib.* 12. Ejus timiditas, *ib.* 18. Cum Dercyllida inducias init, *ib.* 20.

Rex et Tissaphernes clam parant classem contra Lacedæmonios, qui Agesilaum regem adversus illos mittunt, III, IV, 1. Cum Agesilao colloquium habet, et inducias facit, *ib.* 5, 6 (et *Ag.* 1, 10): Sed eas statim violat, *ib.* (et *Ag.* 1, 11). Bellum Agesilao denuntiat, quod narratur *ib.* 11 sqq. et *Ag.* 1, 13 sqq. Dolosum dolis superat Agesilaus ad Sardes, *Ag.* 1, (6, 17, 29; *HG.* III, IV, 25. Re male gesta, *Ag.* 1, 32, in suspicionem venit regi, cujus jussu capite truncatur, *ib.* 35; *HG.* III, IV, 25.

Tithraustes, Persa, a Persarum rege missus, ut caput Tissapherno præcideret, *HG.* III, IV, 25 (et *Ag.* 1, 35). Legatos ad Agesilaum mittit, *ib.* et ingentes ei opes promittit, si e provincia velit decedere, *ib.* 26 (et *Ag.* IV, 26). Inimicus Lacedæmoniorum, Græcos ad bellum adversus eos concitat, III, V, 1.

Tlemonidas, Lacedæmonius, Teleutiæ eques et cetratorum dux, occiditur in pugna contra Olynthios, *HG.* V, III, 4.

Tolmidas, Atheniensium dux, victus ad Lebadiam, *Mem.* III, V, 4.

Tolmides, Eleensis, præco optimus in exercitu Decemmillium, *Exp.* II, II, 20; III, 1, 46.

Torone (Macedoniæ oppidum), ab Agesipolide vi capitur, *HG.* V, 3, 18. Toronæi incolæ crudeliter ab Atheniensibus tractati, II, II, 3.

Trachinia Heraclea. V. *Heraclea.*

Tralles (urbs Lydiæ ad Mæandrum fluvium), *Exp.* I, IV, 8. Urbs Cariæ dicitur *HG.* III, II, 19.

Tranipsæ (populus Thraciæ Europææ), *Exp.* VII, II, 32.

Trapezus, urbs Græca ad Pontum Euxinum, Sinopensium colonia, in Colchorum regione, *Exp.* IV, VIII, 22; pendebat tributum Sinopensibus, V, V, 1, 10. Angustus ad eam descensus e Drilarum regione, V, III, 1. Trapezuntii incolæ passim in iisdem capp.

Treanrres, (Τριπυργία, locus Æginæ insulæ) *HG.* V, 1, 10.

Tricaranum, Phliasiæ castellum, muniunt Argivi, *HG.* VII, II, 1, 5 et 11. In Tricarano Phliasiorum exules adsunt, VII, IV, 11.

Trigintavirorum in aligarchia Atheniensi catalogus, *HG.* II, III, 2. Eorum res gestæ, *ib.* 11 sqq. Eorum imperii initium, *ib.* 14. Facinora eorum *ib.* 17; II, IV, 8. Eorum magistratus abrogatur, II, IV, 23. Eleusinem se recipiunt, *ib.* 24. Trigintaviratus institutum, VI, III, 8.

Triobolum Æginæum, *HG.* V, II, 21. Triobolum nauticum, *Vec.* III, 9.

Triphylides (Triphyliæ in Elide) urbes, *HG.* III, II, 30.

Triphyli (gens Elidis), Lacedæmoniorum contra Corinthios socii, *HG.* IV, II, 16. Elei eos liberare notunt, VI, V, 2. Ab Arcadibus adjuti, VII, 1, 26.

Triptolemus Cereris ac Proserpinæ arcana sacra Herculi, Castori et Polluci primis ostendit, et fruges Peloponneso, *HG.* VI, III, 6.

Trœzen (urbs Argolidis), naves dat Lacedæmoniis, *HG.* VI, II, 3.

Trœzenii, Lacedæmoniorum contra Corinthios socii, IV, V, 16. Add. VI, II, 2.

Troja (pro Troas, regio Phrygiæ minoris ad mare Ægæum), *Exp.* V, VI, 24; VII, VIII, 7. Troja urbs capta ab Hercule, *Ven.* I, 9; iterum capta est consilio et opera Ulyssis et Diomedis, *ib.* 13. Eo navigat Agamemno, *HG.* III, IV, 3, et eam capit, VII, 1, 34.

Trojanus currus, *Inst.* VI, 1, 27; II, 8.

Trophimi, (Lacedæmoniis μόθακες), qui fuerint, *HG.* V, III, 9.

Tydeus, Atheniensium navarchus ad Ægos flumen, *HG.* II, 1, 16. Alcibiadis consilium contemnit, *ib.* 26.

Tyndaridarum domus Lacedæmone, *HG.* VI, V, 31.

Tyrbas, nomen canis, *Ven.* VII, 5.

Tyriæum, (urbs in finibus Phrygiæ et Lycaoniæ) *Exp.* I, II, 14.

U

Ulysses : ejus opera capta est Troja, *Ven.* I, 13. Chironis discipulus *ib.* 2. — Dormiens rediit in patriam, *Exp.* V, I, 2. Et temperans ipse Mercurii monitu ab incantationibus liber, *Mem.* I, III, 7; II, VI, 11; bonus orator, IV, VI, 15. Invidia ejus perit Palamedes, IV, II, 33; *Ap.* 26 : Sed ab hoc crimine eum vindicare videtur in *Ven.* I, 11.

V

Venus cœlestis et vulgaris, *Conv.* VIII, 9.

Verecundia, dea, *Conv.* VIII, 35.

Vesta. Vesta patria, tanquam a Persis culta, *Inst.* I, VI, 1; VII, V, 57. — Ad Vestæ aram Theramenes accurrit, *HG.* II, III, 52. Vestæ templum apud Cladaum amnem, VII, IV, 31.

Vetulæ pectus (Γραὸς στῆθος, locus prope Thebas) *HG.* V, IV, 50.

X

Xanthicles, Achæus, sufficitur dux in exercitu Decemmillium loco Socratis Achæi, *Exp.* III, I, 47; repetundarum damnatur, V, VIII, 1.

Xanthippa, Socratis uxor, *Conv.* II, 10. Conf. *Mem.* II, II.

Xenias, Parrhasius, sive Arcas, ascenderat cum Cyro minore ad patrem, *Exp.* I, 1, 2: ad expeditionem cum quatuor millibus gravis armaturæ venit ad Cyrum, *Exp.* I, II, 3; celebrat Lycæa, *ib.* 10; desertus a militibus clam aufugit domum, I, IV, 7.

Xenias, Eleus, seditionem excitat *HG.* III, II, 27.

Xenocles, Lacedæmonius, ab Agesilao copiis equestribus præficitur, *HG.* III, IV, 20.

Xenophon, Atheniensis, invitatus a Proxeno hospite, ut Cyrum minorem sequeretur, impellitur a Socrate, ut Apollinem de hoc itinere consulat, *Exp.* III, 1, 4; venit ad Cyrum Sardes, *ib.* 8; cum Cyro loquitur ante pugnam, I, VIII, 15; respondet Ariæo, II, V, 41. Valde sollicitus vidit somnium, III, 1, 11; surgit et convocat lochagos Proxeni, *ib.* 15; a quibus dux creatur loco Proxeni, *ib.* 26, 47; abigit Apollonidem, *ib.* 30; ostendit ducibus, quid fieri debeat, *ib.* 35; hortator milites, III, II, 1, 7; rationem itineris proponit, *ib.* 34; præest agmini extremo, *ib.* 37; persequitur hostes frustra, III, III, 8 : itaque instituit funditores et equites, *ib.* 20; celeritate occupat montem, III, IV, 44; lenis erga militem iniquum, *ib.* 47; fallit hostes strategemate, IV, II, 2; magna cum arte ducit copias per montes Carduchorum, *ib.* 9 sqq. ; desertur ab armigero, *ib.* 21; iterum valde sollicitus, somnio spem bonam accipit, IV, III, 8; strategema ejus, *ib.* 20; transigit noctem sine igne et cibo sub dio; IV, V, 21; perhumane tractat vici præfectum Armenium, *ib.* 28; de eodem fit rixa inter Xenophontem et Chirisophum, IV, VI, 3; ejus consilium de hostibus aggrediendis, *ib.* 10; idem de oppugnando castello Taochorum, IV, VII, 4; mutat prudenter aciem, IV, VIII, 10; suadet, quomodo tempus recte transigat exercitus, quam diu sit Trapezunte, V, 1, 5; oppugnat Drilarum castellum, V, II, 8. (In transitu hæc narrantur : cum Agesilao ex Asia redit, et interest pugnæ ad Coroneam, V, III, 6; exul habitat Scillunte, *ib.* 7; ex præda ibi exstruit fanum Dianæ, *ib.* 9.) Conatur urbem condere in Ponto, V, VI, 15; defendit se contra criminationem ducum, V, VII, 5; lustrat exercitum, *ib.* 35 : defendit se contra crimen ju-

solentiæ et petulantiæ, V, vIII, 2; imperium exercitus oblatum repudiat, VI, 1, 19; consulit Herculem, prositne ei apud exercitum manere, VI, II, 15; auxilio proficiscitur Arcadibus obsessis, VI, III, 19; hortatur milites ad hostes aggrediendos, VI, v, 14; sedat tumultum militum, VI, vI, 8; hortatur milites, ut Cleandro gratificentur, *ib.* 12; iram militum contra Byzantinos sedat, VII, 1, 22; valedicit exercitui et cum Cleandro discedit, *ib.* 40 : sed jussu Anaxibii redit ad exercitum, VII, II, 8; ei insidiatur Aristarchus, *ib.* 4, 16; proficiscitur ad Seuthen, *ib.* 17; refert ad milites, velintne stipendia mereri apud Seuthen, VII, III, 3; in convivio Seuthæ donat se et suos, *ib.* 30; defendit suam innocentiam, et docet milites, se non esse in culpa, quod Seuthes stipendium promissum non solvat, VII, vI, 11; fortiter respondet Medosadæ; VII, vII, 4; persuadet tandem Seuthæ, ut stipendium suis solvat, *ib.* 21; vendit equum, ut viaticum habeat, VII, vIII, 2; capit Asidatem cum multis opibus : hinc locupletatus discedit, *ib.* 23. — Refutatur a Socrate, quum negasset osculum esse periculosum, *Mem.* I, III, 11. — Xenophon non solum magnarum civitatum egregia facinora celebranda existimat, quod alii faciunt historici; sed et multo magis quæ a parvis memorabilia geruntur, *HG.* VII, II, 1. Dux Cyrianorum, III, II, 7.

Xerxes, rex Persarum, victus terra marique a Græcis, *Exp.* III, II, 13; post cladem in Græcia acceptam ædificat Celænarum arcem et regiam, I, II, 9. — Intelligitur *GH.* IV, II 8; *Ag.* II, 1. Pro Artaxerxe est in codd. *HG.* II; 1, 8.

Xipho, nomen canis, *l'en.* vII, 5.

Z

Zacynthii (incolæ Zacynthi, insulæ maris Ionii), legatos Lacedæmonem mittunt, *HG.* VI, II, 3,

Zapatus, amnis Assyriæ, *Exp.* II, v, 1; III, III, 6.

Zelarchus, curator fori rerum promercalium a Trapezuntiis exercitui Græco concessi, *Exp.* V, vII, 24.

Zenis, Dardanius, satrapa Æolidis a Pharnabazo constitutus, *HG.* III, 1, 10. Uxor ejus Mania, *ib.*

Zeuxippum pictorem nonnulli intelligunt *Conv.* Iv, 64, ubi est « Heracleota hospes. »

Zeuxippus, Lacedæmoniorum Ephorus, *HG.* II, III, 10.

Zeuxis, pictorum princeps, *Mem.* I, Iv; *Œc.* x, 1. De eo accipitur etiam « Heracleota hospes, » *Conv.* Iv, 64.

Zoster Atticæ (isthmus), *HG.* V, 1, 9.

THESAURUS
GRÆCÆ LINGUÆ

AB

HENRICO STEPHANO

CONSTRUCTUS.

Post editionem anglicam novis additamentis auctum, ordineque alphabetico digestum tertio ediderunt

CAROLUS BENEDICTUS HASE,

GUILELMUS ET LUDOVICUS DINDORF,

Secundum conspectum Academiæ regiæ inscriptionum et humaniorum litterarum die 29 maji 1829 approbatum.

CONDITIONS DE LA SOUSCRIPTION.

« L'ouvrage entier, imprimé sur papier vélin collé, formera environ 36 livraisons, petit in-folio à deux colonnes, même format que l'édition de *Henri Estienne* et celle de *Londres*. Le nom et les immenses travaux des savants éditeurs qui se sont dévoués à la rédaction de cette importante entreprise littéraire; le concours des savants les plus distingués de l'Europe, qui nous communiquent le fruit de leurs travaux avec un zèle que peut seul donner l'amour de la science; la découverte, dans la bibliothèque impériale de Vienne, du précieux exemplaire de *Henri Estienne*, enrichi de notes de sa main, et surtout les volumineux manuscrits de Valckenaer et d'Hemsterhuys, que la bibliothèque de Leyde a bien voulu mettre à notre disposition, ont dû augmenter nécessairement le nombre des livraisons annoncé d'abord. Mais cet important ouvrage, sur le mérite duquel les savants les plus distingués de l'Europe se sont hautement prononcés dès son apparition, devient chaque jour de plus en plus complet, grâce à la coopération de MM. AST, BOISSONADE, CRAMER, JACOBS, OSANN, BOIS, SCHÆFER, STRUVE, TAFEL, etc., etc., qui nous communiquent sans cesse des articles aussi nombreux qu'importants, ce qui rend cet ouvrage de plus en plus indispensable à tout philologue, et qui en fait un livre tout nouveau. Il peut en effet tenir lieu d'un commentaire perpétuel sur les anciens auteurs, et d'une bibliothèque philologique, puisque là où la place ne permettait pas d'insérer de trop longues dissertations, on y trouve du moins l'indication de toutes celles qui ont quelque importance. Les matériaux, rangés par ordre alphabétique rendent toute recherche facile, et font épargner une immense perte de temps.

La première partie du tome premier, formant cinq livraisons, est achevée.

Le second volume, dont la rédaction a été confiée à MM. GUILLAUME et LOUIS DINDORF, célèbres professeurs de philologie grecque à Leipzick, est aussi terminé. Il contient les lettres B, Γ, Δ.

Le troisième volume contenant la lettre E est terminé.

Le quatrième volume contenant les lettres Z, H, Θ, I, K, est terminé.

Sous presse, le cinquième volume qui contiendra les lettres Λ, M, N, Ξ, O.

Et le sixième volume qui contiendra la lettre Π, etc.

Prix de chaque livraison, composée de 160 pages à 2 col. .... 12 fr.

Et grand papier vélin, tiré à un petit nombre d'exemplaires. .... 24 fr.

www.ingramcontent.com/pod-product-compliance
Lightning Source LLC
Chambersburg PA
CBHW071426300426
44114CB00013B/1335